DICTIONNAIRE DES ARRESTS,

OU

JURISPRUDENCE UNIVERSELLE

DES PARLEMENS DE FRANCE,

ET AUTRES TRIBUNAUX.

TOME TROISIÉME.

P–Z

DICTIONNAIRE DES ARRESTS,
OU
JURISPRUDENCE UNIVERSELLE
DES PARLEMENS DE FRANCE,
ET AUTRES TRIBUNAUX;

CONTENANT PAR ORDRE ALPHABETIQUE

LES MATIERES BENEFICIALES, CIVILES ET CRIMINELLES:
Les principales maximes du Droit Ecclesiastique, du Droit Romain,
des Coûtumes & des Ordonnances.

TIRÉES DES PLUS CELEBRES CANONISTES, JURISCONSULTES,
& Commentateurs.

FONDÉES SUR L'USAGE ET SUR LES DECISIONS DES COURS:
A V E C
UNE CITATION FIDELE DES ARRETISTES ANCIENS ET MODERNES,
& une indication exacte des Auteurs.

Par M^e. PIERRE JACQUES BRILLON, *Avocat au Parlement.*

TOME TROISIÉME.

A PARIS,
Chez MICHEL BRUNET, dans la grand'Salle du Palais, au Mercure Galant.

M. DCC XI.
AVEC APPROBATION ET PRIVILEGE DU ROY.

DICTIONNAIRE DES ARRESTS
OU
JURISPRUDENCE UNIVERSELLE
DES PARLEMENS DE FRANCE.

PAC   PAC

DE PACIFICIS POSSESSORIBUS.

1. E Decret de *Pacificis*, porte, *Quicumque non violentus, sed habens coloratum titulum, pacificè, & sine lite prælaturam, dignitatem, beneficium, vel officium trienno proximo hactenus possedit, vel in futurum possidebit, non possit posteà in petitorio vel possessorio, à quoquam, etiam ratione juris noviter impetrati, molestari; excepto hostilitatis casu, vel alterius legitimi impedimenti, de quo protestari, & illud juxtà Concilium Viennense intimare teneatur.*

Ce Decret celebre, & dont il est souvent parlé dans les matieres Beneficiales, est tiré du Concile de Bâle tenu en 1431. il est observé en France, non comme une regle de Chancellerie Romaine, mais comme un Decret d'un Concile reçu en France, approuvé par la Pragmatique sanction, & autorisé par le Concordat. Rebuffe en a fait un ample traité qu'il faut voir avec la glose de la Pragmatique, tit. *de Pacificis possessoribus.*

2. La vingtiéme Regle de Chancellerie Romaine, intitulée *de annali possessore*, & qui est d'Innocent VIII. lequel monta sur la Chaire de saint Pierre en 1484. est conçuë en ces termes :

Item idem Dominus noster (ut improbi lites exquirentium motus reprimantur) voluit, statuit, & ordinavit, quod quicumque Beneficium Ecclesiasticum (tunc per annum immediatè præcedentem pacificè possessum) & quod certo modo vacare prætendit : deinceps impetraverit, nomen, gradum & nobilitatem possessoris ejusdem, & quot annis illud ipse possedit, & pacificam, & determinatam (ex quâ clarè constare poterit quod nullum ipsi possessori in dicto Beneficio jus competat) causam in hujusmodi impetratione exprimere, & infrà sex menses ipsum possessorem ad judicium evocari facere,

Tome III.

causamque extunc desuper, infrà annum usque ad sententiam diffinitivam exclusivè prosequi debeat & tentatur, alioquin impetratio prædicta & quæcumque inde secuta nullius existant firmitatis : & idem impetrans de damnis & interesse possessorem prædictum propterea contingentibus ei satisfacere, & si possessorem ipsum injustè, frivole ac indebitè molestasse repertus extiterit, quinquaginta florenos auri persolvere cameræ apostolicæ sit astrictus, nec alius quàm præmissa vacationis modus etiam per litteras, si neutri, aut subrogationis, vel aliàs sibi quoad hæc ut hujusmodi Beneficium eâ vice consequi vel obtinere valeat, quomodolibet suffragetur, illudque nullatenus in anteà litigiosum propterea censeatur.

Cette Regle n'est pas expressément reçuë dans le Royaume, mais elle ne doit pas laisser d'être observée, *est enim valdè laudabilis*, dit M. Charles du Moulin, *ut potè lata contrà involatores illos alienorum Beneficiorum litiumque artifices, quos devolutarios vulgò vocant : ideò in omni foro, etiam in hoc regno omnino practicanda est.*

Cette Regle *de annali possessore* ne convient point en toutes ses dispositions à nos mœurs & à nos usages; le commentaire de M. Charles du Moulin renferme tous les principes de décision établis parmi nous sur le fait de la paisible possession, autrement sur le decret *de pacificis possessoribus.*

3. *De pacificis possessoribus.* Voyez Pinson au titre *quibus modis conserventur Beneficia*, §. 4. & Tournet, lettre D. nomb. 1. & suiv.

4. De la Regle *de pacificis possessoribus*, ou *de annali possessore*, & plusieurs décisions sur cette matiere. Voyez la Bibliotheque Can. tome 2. p. 158. & suiv. & l'Auteur des Définitions Canoniques, verbo *Possession.*

5. *Quando quis possedit per annum, quod tunc non valet impetratio apostolica, nisi fiat mentio de tali possessore.* Voyez Franc. Marc. to. 1. quest. 1253.

6. *Simoniaco non prodest titulus de pacificis.* Du Moulin, sur la Regle *de Publicandis* n. 30.

A

7 Si le refignant fe peut aider du Decret *de pacificis poſſeſſoribus* contre fon refignataire, aprés avoir joüi paifiblement pendant trois années depuis la refignation faite? Du Moulin fur la même Regle *de publicandis*, *n*. 77. foûtient que non; dés que le refignataire a accepté la refignation faite en fa faveur, & qu'il en étoit capable; il y a une exception, fçavoir fi d'ailleurs il n'avoit quelqu'autre droit qui pût donner couleur à fa poſſeſſion, comme fi le refignataire luy avoit retrocedé le Benefice, ou bien s'il avoit revoqué la refignation: car en ce cas quoique la refignation, ou la revocation ne fuffent pas abfolument valables, elles ne laifferoient pas de rendre fa poſſeſſion de bonne foy, & de luy meriter la grace du Decret *de pacificis*.

8 C'eſt une regle conſtante que jamais le decret *de pacificis* ne peut avoir lieu, lorfqu'il y a fujet d'appeller comme d'abus du titre qui a donné lieu à la poſſeſſion paifible, étant certain que l'abus ôte non feulement toute la couleur à un titre, mais de plus qu'il le rend radicalement nul. Du Moulin, fur la Regle *de infirmis n.*106. où il dit *abuſus non ſolùm reddit titulum diſcoloratum, ſed etiam fundituſ nullum*. Voyez M. Loüet fur la même regle, *n*. 15. où il dit *ubi tanquam ab abuſu poteſt appellari, ceſſat regula de pacificis*.

9 Le Regle *de pacificis poſſeſſoribus*, regarde la poſſeſſion qui eſt de fait, & qui appartient au Juge Royal, & non au Juge Eccléfiaſtique. Jugé le 25. Juin 1493. Le Decret *de pacificis poſſeſſoribus* n'a lieu au poſſeſſeur incapable de tenir le Benefice, comme fi un feculier eſt pourvû par le Pape d'un Benefice regulier à la charge de prendre l'habit, *&c*. fans l'avoir fait, & qu'il ait joüi par trois ans paifiblement du Benefice, cela ne luy fert de rien. Charondas, *li*. 1. Rép. 37.

10 & 11 Le Decret *de pacificis poſſeſſoribus* ne peut fervir à un Curé de Ville murée non gradué, parce qu'il n'a point de titre coloré. Mainard. *livre* 1. *chap*. 56. Papon, *li*. 8. *n*. 6. Charondas, *li*. 13. *chap*. 10.

12 Arrêt pour le Curé de Montmartre, que celuy qui a obtenu Arrêt de récréance le peut faire executer contre celuy qui fe prétend plus que triennal poſſeſſeur, *quia in fraudem arreſti*, il s'aide de la poſſeſſion. Bibliot. Can. to. 2. p. 159. col. 1.

13 Poſſeſſion triennale eſt valable aprés la récréance, fi la matiere demeure fans pourfuite pendant trois ans. Jugé au Parlement de Paris de l'an 1509. qu'alors le Decret *de pacificis poſſeſſoribus* a lieu. Papon, *liv*. 8. *tit*. 9. *n*. 2.

14 Oppofant du Decret *de pacificis poſſeſſoribus* doit auparavant juſtifier de fon titre. Arrêt du Parlement de Paris des Grands Jours de Moulins du premier Septembre 1534. Idem, *nomb*. 6.

15 Le Decret *de pacificis poſſeſſoribus* a lieu, & ne peut être empêché par procez pourſuivi contre un autre que le poſſeſſeur paifible du Benefice, qui a toûjours l'exception affûrée, *quoad te liberas ædes habeo*, quelque procez qu'il y ait pour raifon du même Benefice entr'autres perfonnes. Arrêt du Parlement de Paris du 14. Août 1554. Ibidem, *n*. 7. & 8.

16 Celui qui obtient Lettres *in formâ de pacif. poſſ.* en vertu de fa refignation en titre, obtient toûjours la récréance contre celuy qui n'eſt Clerc ni Tonfuré. Arrêt du 15. Juin 1564. La regle *in formâ de pacif. poſſ.* n'a point lieu à l'égard des Hôpitaux, Maladeries, Leproferies. Arrêt du 4. Avril 1532. Ibidem, *n*. 6.

17 Voyez *decif*. 78. *Franciſci Stephani*, où en parlant de la triennale poſſeſſion, il dit qu'elle eſt fi favorable, que même *incapax retinetur potiùs quam regula violetur de triennali*; il en rapporte un Arrêt du Parlement d'Aix du 2. Mars 1585. fuivi de cette addition, *tanta vis hujus regulæ de triennali, ut publicè Præſes doctiſſimus admonueris advocatos indignum eſſe profeſſione extrà caſus regulæ, ne poſteà triennalem poſſeſſorem litigio ullo ex confilio vexarent, & poſt triennalem poſſeſſorem concremari poſſe bullas auſquaſcumque proviſionis*.

18 Le Decret *de pacificis poſſeſſoribus*, par lequel un poſſeſſeur triennal ne peut être inquieté au poſſeſſoire, ni au petitoire, s'entend de la poſſeſſion de fon chef, à laquelle il ne peut joindre la poſſeſſion de fon prédeceffeur; il faut auſſi qu'il ait titre coloré, car s'il étoit faux, la poſſeſſion luy feroit inutile. Arrêt du Parlement de Toulouſe en 1587. quant au titre celuy qui a été donné par l'Evêque fuffit, quoique la collation appartienne à un autre. Mainard, *liv*. 1. *chap*. 64.

19 Le triennal paifible poſſeſſeur d'un Benefice, eſt recevable en fa poſſeſſion & lettres *de pacificis poſſeſſoribus*, quelque Sentence ou Arrêt de récréance qui ait été donné entr'autres pour raifon du même Benefice. Jugé au mois de Juillet 1598. Charondas, *liv*. 1. Réponfe 30. V. Rép. 37.

20 L'effet de la Regle *de pacificis poſſeſſoribus*, eſt de maintenir le paifible poſſeſſeur par trois ans d'un Benefice au droit & titre du Benefice, tant au poſſeſſoire qu'au poſſeſſoire, pourvû qu'il ait titre, *ne videatur intruſus*. Jugé le 22. Février 1602. Charondas, *Livre* 13. Rép. 10.

21 Collation contenant une fauffe expreſſion, le titre *de pacificis* ne peut fervir à celuy qui a été pourvû. Montholon, Arrêt 122. à la Nôtre-Dame de Septembre 1613.

22 Il a été jugé en la feconde des Enquêtes au femeſtre de Janvier, aprés en avoir demandé avis aux Chambres, qu'un poſſeſſeur triennal ne peut fous ombre des irregularitez, incapicitez, & pluralitez contre luy alleguées, être troublé & inquieté en fon Benefice duquel il a été canoniquement pourvû, & joüiſſant paifiblement par trois ans. Bibliot. Can. tome 2. p. 159. col. 2.

23 Le Collecteur des décifions forenſes, *au livre* 1. *titre* 49. de la Regle du triennal paifible d'un Benefice, & autre temps à la negligence des prétendans droit, cotte les Arrêts par lefquels les queſtions qui fuivent ont été jugées.

Poſſeſſion triennale exclut un complaignant. *Deciſ.* 1. elle vaut après la récréance. *Deciſ.* 2.

Poſſeſſion n'eſt neceſſaire à prendre de nouveau par nouveau titre. *Deciſ.* 4.

Oppofant du Decret *de pacif. poſſeſſorib*. eſt tenu de montrer d'abord fon titre. *Déciſ.* 5.

Decret *de pacificis poſſeſſorib*. a lieu en Benefice litigieux entr'autres perfonnes que le paifible poſſeſſeur non inquieté, *déciſ.* 6.

Chanoine poſſeſſeur par 3. ans, ne peut être défaiſi par le Chapitre, *déciſ.* 7.

Paifible poſſeſſeur par procez entr'autres, n'eſt troublé, *déciſ.* 8.

Triennal poſſeſſeur, n'eſt tenu montrer fon titre, *déciſ.* 9.

Cette régle aide à celuy qui dans l'an, n'eſt promeu aux Ordres facrez, *déciſ.* 10.

24 Jugé au Parlement de Toulouſe le 18. Février 1650. que le Decret *de pacific. poſſeſſorib*. mettoit à couvert le poſſeſſeur d'une Chapelle de Patronage & Collation Laïque poſſedée plus de trois ans en vertu d'une refignation ou démiſſion en faveur du poſſeſſeur, & titre fait en conſequence par l'Ordinaire. Il n'y avoit pas lieu de douter que ce ne fût une fimonie, mais la qualité de fimonie qui paroiſſoit être de pure ignorance, jointe à la qualité de la Chapelle purement laïque ou preſtimonie ou legs pieux, plûtôt que Benefice garantirent le poſſeſſeur; cet Arrêt eſt rapporté par M. de Catellan, *liv*. 1. *chap*. 31.

25 En regale la Regle *de pacificis poſſeſſoribus*, la Regle *de verifimili notitiâ*, ni la Regle des vingt jours, n'ont lieu. Chenu première Centurie, *queſt*. 5. cite un Arrêt du 10. Decembre 1602. dans le cas de la Regle *de pacificis*. Toutefois le Journal du Palais dit que la Regle *de pacificis* y a lieu, & cite un Arrêt du 8. Mars 1672. & y ajoûte l'Ordonnance de 1606. *Voyez*

PAC   PAI

au même Journal du Palais, un Arrêt du 14. Mars 1679. Touchant la Regle *de verisimili notitiâ. Voyez Charondas*, li. 1. Rép. 6. Brodeau sur M. Loüet, lettre R. somm. 49. & lettre V. somm. 2.

PACTE.

Pacte, Convention *Pactum*, *Pactio*.
De pactis. D. 2. 14... C. 2. 3... C. Th. 2. 9... Lex 12. tabb.t. 5. Paul. I. 1.
Dec. Gr. 22. q. 4... *Extr.* 1. 35... S. 1. 18 Inst. L. 3. 3.
De transactionibus. D. 2. 15... C. 2. 4... *Extra.* 1. 35.
Privatorum pactiones jus publicum non immutant. L. 27. L. 45. §. 1. D. *de reg. jur.*

Les titres précedens parlent des conventions en general ; mais les titres suivans traitent de quelques conventions particulieres.

De pactis dotalibus. D. 23. 4... V. Dot.
De pactis conventis tam super dote, quàm super donatione ante nuptias, & paraphernis. C. 5. 14.
De pactis inter emptorem & venditorem compositis. C. 4. 54.
De contrahendâ emptione, & de pactis inter emptorem & venditorem compositis, &c. D. 18. 1. & duob. tit. seqq.
De pactis pignorum, & de lege commissoriâ in pignoribus rescindendâ. C. 8. 35.
De pacto paterno, ex aequo herede futurum filium. Leon. N. 19.
Ut pacta, etiam non constitutâ poenâ, valeant. Leon. N. 72.
De pactis inter virum & uxorem. Paul. 2. 22.

Voyez les titres Contract, Convention, Transaction.

1 Des pactes tacites introduits par la loy, ou par le fait de l'homme. *Voyez le traité de la Preuve par M. Danty Avocat en Parlement*, ch. 13. part. 1.

PACTUM DE QUOTA LITIS.

2 *Advocato & Procuratori de quotâ litis pacisci non licet. Voyez Franc. Marc.* tome 1. quest. 19. & le mot Avocat, nomb. 38. & 41.

3 Les Avocats, Procureurs, Solliciteurs ne peuvent faire paction, qu'ils auront le tiers ou le quart pour la poursuite ; telle convention est vicieuse & illicite. *Mainard en ses quest.* li. 3. chap. 12. L'Ordonnance d'Orleans, art. 54. Peleus, *liv.* 8. *chap.* 9. & 10. Bouvot, *tome* 2. verbo Procuration. quest. 18.

4 Arrêt du Parlement de Paris du 7. Juillet 1514. qui fait défenses à tous Avocats & Procureurs de contracter de l'émolument d'un procez, à peine d'amende. *Bibliotheque de Bouchel*, verbo Avocat.

5 *Pactum de quotâ litis improbatur.* Mornac *l.* 53. *ff. de pactis.* Entre Avocats, Procureurs, Solliciteurs, & autres qui ont charge de la cause. La paction *de quotâ litis* n'est point reprouvée entre coheritiers. Arrêts des 26. Août 1588. & 1. Mars 1607. *M. Loüet & son Commentateur lettre L. somm.* 2.

6 Arrêt du Parlement de Provence du 19. Octobre 1660. par lequel le pacte *de quotâ litis* est défendu à toutes sortes de personnes, même à la femme. *Boniface*, tome 1. liv. 1. tit. 40. nomb. 1.

PACTE DE SUCCESSION.

7 *De vi pacti de non succedendo. Per Berengarium Fernandum in ca.* 1. *de fin. nat. ex matrimo. ad morga.* contracto *in libris feudorum.*

8 *Pactum futurae successionis inter milites valet. Voyez Franc. Marc.* to. 2. quest. 128.

9 Deux heritiers pour paction qu'après le décés desdits conjoints, qui avoient fait don mutuel, ils partageroient également les biens meubles & conquêts immeubles qu'ils délaisseroient, telle paction doit être entretenuë *propter conditionis incertum*, & qu'elle étoit reciproque ; il y a Arrêt de l'an 1531. *Carondas*, livre 10. Rép. 25.

10 Trois freres pour conserver le nom de leur famille, font paction que les seuls mâles descendans d'eux, succederoient à une maison ou à une terre, & que les filles en seroient exclues ; l'un des freres n'ayant aucuns mâles, mais seulement des filles, par Lettres Royaux en a été relevé, les deux autres freres vivans. Arrêt au mois de May 1532. *Ibidem, Réponse* 27.

11 La paction faite en païs de Droit écrit de partager également entre deux freres, & sans le consentement de leur mere, que son mary avoit instituée son heritiere universelle, à la charge de rendre sa succession à tel de ses deux fils qu'elle voudra choisir, telle paction jugée valable *propter conditionis incertum*, & qu'il ne s'agissoit pas de la succession de la mere, mais de celle du pere décedé. Arrêt du mois d'Août 1547. *Ibidem*, liv. 13. Rép. 57.

Voyez le mot *Succession*.

PACTION, SOCIETE'.

12 La paction entre trois associez, est interrompuë par la survenance d'un enfant quant à la société, mais non pas quant à la paction de succeder, si ce n'est à l'égard du frere décedé, & qui a laissé une fille qui fut excluse de la succession de l'oncle, au profit du troisième frere. *Voyez Henrys*, tome 2. livre 6. quest. 15. & le tome 1. livre 4. chap. 6. quest. 93.

Voyez le mot *Société*.

PACTION, ACTE NON VÛ.

13 *Nemo obligatur ad tuendam pactionem instrumenti quod numquam viderit.* Arrêt du 19. May 1612. Mornac *l.* 6. *ff. de transactionibus.*

PACTION CONTRE LES BONNES MOEURS.

14 *Vide casum in quo pactum contra bonos mores & jus publicum fuit admissum*, au mois de Juillet 1587. Mornac *l.* 14. *ff. communia praediorum tam, &c.*

PAIN.

De pretio panis Ostiensis. C. Th. 14. 19.

PAIN BENIT.

1 *Voyez* lettre D. le titre des *Droits honorifiques*, nombre 40. & suivans.

CHERTE' DU PAIN.

2 *Voyez* le mot *Bled* nomb. 8. & suiv. M. Dolive, li. 4. chapitre 9. & les Declarations du Roy & Arrêts du Parlement de Paris rendus en l'année 1709. pour procurer l'abondance & empêcher la famine, dont les peuples se trouvent menacez, plûtôt par l'avarice de quelques-uns, que par la sterilité de la terre.

PAIRS DE FRANCE.

Chopin, en son traité de la Police Ecclesiast. liv. 1. tit. 1. nomb. 9. les appelle *Gallicae Curiae Patritii*, & les Pairies *Gallici Patriciatus.*

Pairs de France. *Voyez* au 1. volume *le mot* Duc, & *hoc verbo* Pairs de France, *la Bibliotheque du Droit François par* Bouchel.

De causis Parium Franciae. Voyez le 30. chapitre du Stile du Parlement dans *Du Moulin*, to. 2. p. 441.

De Paribus Franciae & eorum praerogativis. Voyez Ibidem, p. 470.

Des Pairs de France. *Voyez* les Ordonnances recuëillies par *Fontanon*, tome 2. liv. 1. titre 5. page 32. Du Luc, liv. 3. tit. 5. Filleau, part. 3. titre 7. chap. 4. & suivant. Coquille, *en son* Institution au Droit François, to. 2. p. 8. & au 10. 1. p. 450.

Pairs de France, & de ce qui les concerne. *Voyez* le Recuëil du Tillet, à la table au mot *Pairs*, & sous le même mot *l'Indice des Droits Royaux ou le Nouveau Glossaire du Droit François*, les Reliefs forensés de *Roüillard, chap.* 11. Au chapitre 25. il traite des prééminences des Pairs Ecclesiastiques, *V. le Recuëil des Ecrits faits sur le different d'entre les Pairs de France*, & les Presidens au Mortier du Parlement de Paris, pour la maniere d'opiner aux lits de Justice, avec l'Arrêt en faveur des *Pairs, Paris* 1664. & le Traité des Criées par *Me. Bruneau*, ch. 4. p. 71. & suiv.

Tome III.   A ij

PAI

1. L'établissement des Pairs de France est dû principalement au Roy Philippes de Valois, qui en créa huit de son temps. *Papon*, *p. 1367.*

2. Les femmes tenans Pairies de France, doivent être appellées, ont siege & opinion dans le Jugement des Pairs. En l'Arrêt du Comté de Clermont en Beauvoisis ajugé au Roy S. Loüis par la Cour des Pairs, la Comtesse de Flandres est nommée. *Voyez du Tillet.*

3. Messire Enguerrand de Coucy, Pair de France, du temps du Roy S. Loüis, fit pendre trois jeunes enfans Flamands qui avoient été chasser en ses forêts : on luy voulut faire son procez au Conseil du Roy ; il déclina, disant qu'il n'étoit tenu de répondre que devant les Pairs de France; toutefois il fut dit par le Conseil du Roy qu'il répondroit devant luy, & que telle étoit l'intention du Roy d'en faire grieve punition ; mais par l'intercession de ses parens & de la Noblesse, le Roy le condamna seulement à 10000. livres parisis, & aller trois ans outre-mer contre les Sarasins, & de ces 10000. livres fut bâti l'Hôtel-Dieu de Pontoise. *Nic. Gill.*

4. M. l'Evêque de Noyon assigné pardevant le Prévôt de Paris, à l'effet de representer un Vicariat que l'on disoit avoir été par luy donné, prétendoit comme Pair de France n'être pas justiciable du Prévôt de Paris. Le contraire fut jugé, ensorte que le Pair de France est de la Jurisdiction du prochain Juge Royal pour être contraint de garder les Ordonnances. *Bibliotheque Can. to. 2. p. 665.*

5. Pairs de la Cour. *Haynaut*, *chap. 68.* ils assistent au Grand Bailly de la Cour de Mons pour le Jugement des procez, comme par l'Arrêt donné à la Pentecôte 1264. il paroit que les hommes de l'Abbé de Corbie jugeoient en la Cour. *Voyez la Bibliotheque de Bouchel*, verbo *Pairs.*

6. La Pairie est réelle, en défaut de mâles, elle vient aux femelles par même droit que les Seigneuries, Arrêt du mois de Novembre 1509. *Carondas, livre 5. Rép. 19.* mais si elle est donnée aux hoirs en ligne masculine, & qu'il ne se trouve que des filles, la Pairie demeure éteinte. *Voyez du Frêne, liv. 1. chap. 29.* où il dit que les érections en titre de Duché & Pairie, se font sans distraction de ressort des Justices Royales de Montdidier. Arrêt du 10. Decembre 1624.

7. En la Cour des Pairs on n'a point d'égard au Sang, mais à l'ordre de la Pairie. Le 23. Novembre 1506. l'Evêque Pair de Laon séant, le Prince de la Roche-sur-Yon arriva; l'Evêque ne voulut ceder. Le Parlement ordonna qu'ils se retireroient, & qu'au premier jour leur differend seroit vuidé. Ce qui pourtant ne fut fait. *V. du Tillet.*

8. Le 5. Février 1516. parce que le Cardinal de Vendôme Evêque Duc de Laon, Pair de France, a fait sçavoir à la Cour qu'il y vouloit venir pour luy faire reverence & parler de ses affaires; le Comte de Nevers a dit qu'il étoit Pair laïc, & que les Pairs laïcs precedent tous les Pairs d'Eglise, & aussi quoique le Cardinal soit du Sang, vû qu'il n'est pas Chef de la Maison, il ne peut preceder, *imò* ledit de Nevers precede tous ceux du Sang qui ne sont Chefs de leurs Maisons, & a requis qu'il plaise à la Cour de luy garder le droit de sa Pairie: sur quoy, la matiere mise en déliberation, aprés plusieurs raisons alleguées, a été avisé par la Cour de dire au Comte de Nevers, qu'il se doit abstenir de se trouver quand le Cardinal y viendra, aussi la qualité de *Cardinal* est telle qu'on veut dire qu'il precede tous les Princes de France aprés la seconde personne, laquelle Deliberation a été depuis dite au Comte de Nevers, lequel s'est absenté. Fait en Parlement le 23. Février 1517. *Ibidem.*

9. Le dernier Juin 1523. le Roy séant en sa Cour de Parlement accompagné de plusieurs de son Sang, Pairs de France, & autres Princes & Seigneurs de son Conseil, aprés que ledit Seigneur a été assis en son lieu, le Duc d'Albanie est arrivé, auquel ledit Seigneur a déclaré qu'il luy vouloit faire honneur pour ce qu'il est Prince d'Ecosse, & que ledit Seigneur l'employe de present en ses affaires tant en France qu'en Ecosse ; & a ordonné que le Duc d'Albanie se mettre entre les Duc d'Alençon & l'Evêque & Duc de Langres, Pairs de France, pour cette fois seulement, & sans préjudice des droits & prééminences de l'Evêque & Duc de Langres & des autres Pairs de France. Et a ordonné le Roi, que l'Evêque & Duc de Langres & les autres Pairs de France se séeront dorénavant en ses Cours & Conseils les premiers & plus prochains dudit Seigneur selon leur ordre & dignitez de Pairies, & a commandé ledit Seigneur en faire Registre. *Ibidem.*

10. Les Ducs de Nivernois & de Montpensier ont été créez les premiers Pairs de France, celuy de Montpensier est le dernier créé; il eut neanmoins la préséance par Arrêt du Parlement le 17. Juin 1541. parce qu'il étoit parent du Roy. *Papon, liv. 4. tit. 5. n. 2.* & du Tillet. *Ibidem.*

11. Declaration qui porte que par provision les Ducs de Guise & de Nevers precederont le Duc de Montpensier au Sacre du Roy Henry II. comme étant créez & reçus Pairs avant luy. A Reims le 15. Juillet 1547. regîstrée le 18. Juillet 1548. *Joly, des Offices de France*, tome 2. page. 77. Voyez l'*Edit du mois de Decembre* 1576. qui a réglé cette contestation en faveur des Princes du Sang. *V. le Recueil de du Tillet.*

12. Les Pairs de France ont leurs causes commises en la Grand'-Chambre de Paris en premiere Instance, pour toutes celles concernant les droits de leurs Pairies, & peuvent pareillement *omisso medio* faire appeller pardevant le plus apparent Juge de leur Justice leurs sujets pour même cause. Jugé pour le Cardinal de Châtillon qui avoit fait assigner ses sujets de Bilencourt pardevant son Bailif de Beauvais, où ils furent renvoyez le 11. Decembre 1564. Ce privilege d'avoir ses causes ainsi comises directement & immédiatement à la Cour, ne s'entend pour les differends des sujets entre eux, quoiqu'ils soient de la Pairie ; mais ils doivent se pourvoir à l'ordinaire. Arrêt du 19. Novembre 1565. contre quelques sujets du Cardinal de Lorraine. Autre Arrêt du 17. Decembre de la même année contre ceux du Comte de Beauvais. *Papon, page 1366.*

13. Pairie, si elle est réelle ou personnelle, si masculine ou feminine ? Question fort disputée en Parlement, en la cause d'entre le Prince de Mantouë, qui avoit épousé la fille aînée du Duc de Nivernois, portoit le nom & les Armes d'une part, & Mre Anne de Montmorency Pair & Connétable de France; Mango pour le Connétable, Canaye pour le Prince de Mantouë, lequel soûtenoit que la Pairie est un fief réel, *quod ad fœminas etiam transire potest nullis existentibus masculis*, le 13. Mars 1567. Canaye allegua qu'en Picardie, & en plusieurs autres lieux de ce Royaume, il y a fief de Pairie & de Chambellage qui va aux femelles comme aux mâles. *Bibliotheque de Bouchel*, verbo *Pairie*, & cy-dessus *le nomb.* 4.

14. Les Pairs de France ne peuvent faire Ordonnance ni octroyer privileges en leurs territoires & détroits; cette puissance appartient au Roy seul, & à sa Cour d'en reformer les abus. Arrêt du 7. Février 1569. sur l'appel des Tailleurs d'habits de Nevers, ausquels M. de Nevers avoit fait défenses de plus tailler chausses; il fut ordonné qu'il seroit informé sur la commodité, &c. & que cependant les Parties exerceroient leur Métier comme auparavant les défenses dudit Seigneur. *Papon, liv. 4. tit. 5. n. 4.* & au même Recueil d'Arrêts, *p. 1367.*

15. Le 7. Janvier 1577. furent publiées au Parlement Lettres, par lesquelles le Roy entendoit que les Princes Pairs precederoient les autres és assemblées; & le 26. May 1579. fut arrêté en la Cour que l'Evêque de Beauvais marcheroit devant ceux du Conseil

Privé, quand la Cour alloit en Corps. *Papon, livre* 4. *titre* 5. *nomb.* 2.

16. On ne peut faire procez ni Jugement capital contre un Pair de France que dans une Cour Souveraine. Jugé par le Roy en personne, les Princes de France & la Cour de Parlement assistans le 2. Mars 1386. *Ibidem*, nomb. 1.

17. Pairs de France ont les causes concernant leurs Pairies commises à la Cour, mais non pas leurs Sujets qui ressortissent pardevant le Juge Royal. Jugé contre les Sujets du Cardinal de Lorraine le 19. Novembre 1595. Ils peuvent pour les droits de leur Pairie, faire convenir leurs Sujets en leur Justice pardevant le plus apparent de leurs Justiciers, *omisso medio*. Jugé pour M. de Châtillon le 11. Decembre 1564. Les Présidiaux ne peuvent connoître des differends des Pairs. Arrêt du 17. Decembre 1585. *Ibid.*

18. Par Arrêt de 1599. plaidant Duquênel pour M. le Duc de Longueville, contre les Officiers de Meaux, il fut dit que les appellations du Bailly de Coulommiers en Brie, quoique Coulommiers ne soit pas Pairie, mais seulement tenuë en Pairie, ressortiront au Parlement. *Bibliotheque de Bouchel*, verbo *Pairies.*

19. Par Arrêt du 29. Decembre 1609. il a été jugé que les appellations des Juges de Pairie où il y a des Grands Jours ne se doivent relever en Parlement, *omisso medio*; l'appel du Bailly d'Eu fut renvoyé pardevant les Gens tenans les Grands-Jours d'Eu. *Ibidem.*

20. L'insinuation ne peut être faite aux Sieges des Pairies; l'Arrêt de Jousse du 16. Avril 1615. *Ricard, des Donations entre-vifs*, 1. part. chap. 4. sect. 3. glose 5. nombre 1204.

21. Le 16. Février 1626. en l'Audience, Barnabé Avocat du Duc de Roannez, Intimé en une cause, demanda que Tallon Avocat de Maître Michel Chrestot, Appellant, eût à luy laisser le Barreau des Pairs de France, & à se retirer au Barreau du côté des Greffes, parce qu'il y avoit trente ans que l'érection du Duché de Roannez avoit été faite; & que depuis ce temps ledit Sieur Duc avoit toûjours joüi des droits de Pairie, même les appellations de ses Juges ressortissoient nuëment en la Cour, & de fait Tallon s'y en alla volontairement: mais M. Servin Avocat General se leva & remontra que la Pairie prétenduë par le Duc de Roannez n'avoit pas été verifiée en la Cour, Sur ce M le Premier Président alla au Conseil; il fut dit par Arrêt que le Duc de Roannez ne joüiroit du privilege de Pairie, attendu que ses Lettres n'avoient pas été verifiées en la Cour, & commanda aux Avocats de plaider à l'ordinair, & que Tallon Avocat de l'Appellant retournât au Barreau pour lui choisi qui étoit du côté de la cheminée, & que Barnabé passât au côté des Greffes, ce qui fut fait. *Bibliotheque de Bouchel*, verbo *Pairs.*

22. A présent les Pairs de France qui sont Juges du Corps du Parlement, ne peuvent être reçûs avant l'âge de 25. ans, suivant l'Arrêt donné, les trois Chambres assemblées, le 30. Avril 1643. *Brodeau sur M. Loüet lettre G. somm.* 9. *nomb.* 3.

23. Si les Pairs sont recevables à demander l'extinction d'une Pairie, ou si cela n'appartient qu'à Messieurs les Gens du Roy.
S'il y a des Pairies femelles quant à l'Office.
Si une Pairie créée pour des descendans mâles & femelles, & ayant causes, peut passer de la premiere fille à sa fille qui n'est plus de sa famille.
Histoire des Pairies & leur qualité.
Si le Roy par des Lettres de confirmation d'un mariage, dans le contract duquel les pere & mere de la future luy cedent & à son mary une Pairie, y ayant une forme de concession dans ces mêmes Lettres, est censé avoir fait une nouvelle érection, ou seulement agréé l'ancienne?
Si la Declaration du Roy faite en faveur des Conjoints, qu'il n'a point voulu faire de nouvelle érection, leur peut nuire, supposé que l'ancienne fût éteinte. *Voyez le Journ. des Audiences du P. de Paris, to.* 5. *liv.* 12. *chap.* 13. où est l'Arrêt du 13. Avril 1696. qui en appointant les Parties en droit, sans préjudice de leur droit au principal, ordonne que M. le Duc de Luxembourg sera reçû au serment de Duc & Pair en la Cour, de la même maniere & sous les mêmes reserves, que l'avoit été M. le Maréchal de Luxembourg.

24. Ajournemens donnez aux Pairs de France. *Voyez* le mot *Ajournement*, *nomb*. 29.
Voyez aussi les mots *Princes*, *Roy*, & *Seigneurs.*

PAIS.

Païs conquis pour les Droits du Roy, Païs d'obédience pour les Droits du Pape.

PAÏS CONQUIS.

Declaration du Roy du mois de Janvier 1681. qui oblige les Collateurs des Benefices situez és païs conquis, de nommer des Sujets du Roy, à peine de saisie de leur Temporel. *Journal des Audiences, to.* 4. *liv.* 4. *chapitre* 5.

Arrêt du Conseil d'Etat du 30. Juin 1688. au *Journal du Palais*, qui conformément au Concordat de 1516. étend le Droit des Graduez dans les païs conquis.

PAÏS D'OBEDIENCE.

Voyez les mots *Bretagne*, *Obédience*, *Pape* & *Rome*, & cy-après *Pays.*

PAIX.

De *Treugâ* & *Pace. D. Gr. dist.* 90.... 24. *q.* 3. *c.* 23. & 25.... *Extr.* 1. 34.... *Extr. co.* 1. 9. De la Trêve & de la Paix. *Treuga, nomen Barbarum: Latinè, Inducia.*

De pace Constantiâ, composita inter Imperatorem Fridericum, filium ejus Henricum, & quosdam nobiles Alemanniæ, ex unâ parte; & civitates Lombardiæ, Marchiæ, & Romandiolæ, ex alterâ. L. 1. *t.* 3. *vel* 21.
De pace tenendâ, & ejus violatoribus. F. 2. 27.
De pace tenendâ inter subditos, & juramento firmandâ, & vindicandâ, &c. F. 2. 53.
De Irenarchis. C. 10. 75.... *C. Th.* 12. 14. *Irenarcha*, ἀπὸ τοῦ εἰρήνης ἄρχων. Officiers qui avoient soin de maintenir la paix & la tranquillité publique.
De Treugâ, Pace, & Concordiâ, & earum privilegiis. Voyez le traité fait *Per Jacobum Novellum Venetum.*

Droit commun de paix, qui est un Droit Seigneurial. *Voyez M. Dolive, liv.* 2. *chap.* 9.

PALLIUM.

Voyez le mot *Archevêque*, *nomb*. 6. & *suivans*, & le petit Recüeil de *Borjon*, tome 1. verbo *Archevêque*, page 227.

1. *Pallium est plenitudinis potestatis Pontificalis insigne*. Voyez dans la Bibliotheque Canonique, *to.* 2. *p.* 160. plusieurs observations à ce sujet.

2. Le *Pallium* est formé particulierement de deux bandes, larges chacune de trois doigts, pendantes devant & derriere & épaules jusqu'à la ceinture, enchassées par les extrêmitez, en des lames de plomb, & tissuës avec du fil & de la laine de deux agneaux blancs, qui sont benis sur l'Autel dans l'Eglise de sainte Agnès le jour de la Fête. Il est posé pendant une nuit sur les Châsses de saint Pierre & saint Paul, & consacré ensuite sur l'Autel de saint Pierre, où les Metropolitains, ou les Evêques privilegiez, le doivent prendre en prêtant le serment accoûtumé. *Histoire d'Alemagne*, *p.* 398.

3. Le Pape n'accorde pas l'usage du *Pallium* à tous les Archevêques; & Alexandre VII. ne voulut jamais accorder cet honneur au Cardinal Antoine Barberin neveu d'Urbain VIII. qui étoit Archevêque de Reims, & qui ne l'eut que du temps de Clement IX.

aussi n'a-t-il jamais fait aucune consecration d'aucun Evêque son suffragant.

Cependant le Pape Innocent III. dit que le nom d'Archevêque est conferé par le *Pallium* dans le chapitre *Nisi de authoritate, & usu Pallii*, aux Decretales en ces termes, *non tamen deberet se Archiepiscopum appellare priusquàm à nobis Pallium suscepisset in quo Pontificalis Officii plenitudo, cum Archiepiscopali nominis appellatione confertur.* Ibid. p. 94.

4 Les Archevêques qui ont l'usage du *Pallium* n'en peuvent user qu'en certains jours de l'année. Les jours de Noël, de saint Jean, & de saint Etienne, de la Circoncision, de l'Epiphanie, le jour des Rameaux, le Jeudy Saint *in Cœnâ Domini*, le Samedy Saint, les trois Fêtes de Pâques, & de la Pentecôte, le jour de la Saint Jean Baptiste, & de tous les Apôtres, dans les trois Fêtes de la Vierge, dans la Commemoration de tous les Saints, dans la Dedicace des Eglises, dans les principales Fêtes de l'Eglise de l'Archevêque, dans l'Ordination des Clercs, & dans le Sacre des Evêques, & au jour de l'Anniversaire de sa Consecration. *Ibid.* p. 95.

5 Un Archevêque ne peut user du *Pallium* hors de sa Province, quand ce seroit la coûtume qui seroit mauvaise, & à moins qu'il n'en ait permission de celuy à qui l'Eglise appartient. *Ibid.* p. 95.

6 Le droit de *Pallium* n'est pas réel, mais personnel, & un Archevêque ne le peut ceder à un autre, tellement que l'Archevêque mourant, le *Pallium* doit être enseveli avec luy. *Ibidem*, page 95.

7 L'Archevêque qui a l'usage du *Pallium*, ne peut dire la sainte Messe, sans le *Pallium*, par le Canon 4. du Concile de Mâcon. *Archiepiscopus sine pallio missas dicere non præsumat.* Ibidem, page 100.

8 Le Concile de *Bâle* & la Pragmatique Sanction défendent aux Papes de rien prendre pour le Manteau *sive Pallium*, qu'ils avoient accoûtumé de vendre bien cherement aux Archevêques & Metropolitains, comme ils ont bien fait depuis nonobstant ces Decrets. *Voyez la Bibliot. Can. to.* 1. *page* 60.

9 L'usage du *Pallium* concedé aux Metropolitains, a aussi été accordé par privilege à quelques Evêques. L'Evêque du Puy en Auvergne, & celuy d'Autun, ont droit de *Pallium*. Févret, *traité de l'Abus*, *liv.* 3. *chapitre* 3. *article* 16.

PAMIERS.

Le 12. Juillet 1565. ont été presentées au Parlement de Toulouse, Lettres Patentes du Roy sur l'union de la Ville de Pamiers au Gouvernement du païs de Languedoc. M. Dampville fils de M. le Connétable étoit Gouverneur. *La Rocheflavin*, *livre* 3. *lettre P. tit.* 3. *Arrêt* 1.

PANONCEAU.

Panonceau. *Scutum*. Armes & Panonceaux. *Signa. Tituli.*

L'on attache aux portes des heritages saisis, les Armes & Panonceaux du Seigneur Justicier, de l'autorité duquel ils sont saisis. L'on y met aussi des Brandons, & autres marques.

Voyez le mot *Armes*, *nombre* 3. & le mot *Criées*, *nombre* 104.

1 Saisie d'immeubles doit être affichée avec Panonceaux Royaux, à peine de nullité. Arrêt du dernier Mars 1557. Papon, *liv.* 8. *tit.* 6. *nomb.* 29. il n'est pas de l'avis de l'Arrêt; cet Arrêt est neanmoins conforme à l'avis de *M. le Maître*, *au titre des Criées*, *chapitre* 11.

2 Il faut que les Panonceaux soient les Armes du Roy. Arrêt du 11. Decembre 1576. contre Monsieur le Cardinal de Guise, Archevêque de Reims, & Pair de France. *Bibliot. de Bouchel*, *verbo Panonceaux.*

3 En la saisie feodale d'une Seigneurie en laquelle le Manoir Seigneurial étoit ruiné, & au lieu de la Maison n'y avoit que *saxa interrupta minæque murorum ingentes*, le saisissant avoit fait mettre les Panonceaux au poreau qui étoit en la place publique pour marque de la Justice ; cela fut confirmé par Arrêt du 12. Mars 1603. au Rôle de Champagne, en la cause de la Dame de Courbouzon & du Duc de Nevers. *Ibidem.*

4 Jugé par Arrêt du 14. Mars 1607. qu'aux choses mêmes *quæ non habent situm*, comme en un droit de Minage. Il faut apposer Panonceaux, soit en la porte de l'Eglise & lieu public, soit en la maison du debiteur & sur la réédification des criées pour ce défaut déclaré nul. *Ibidem.*

PAPE.

De Episcopis, & summo Pontifice. *Inst.* L. 1. 5. De primatu, appellatione, & commoratione Papæ Romæ. *Const.* I. *Mich. Palæol.* 1.

Voyez les mots *Abbé*, *Archevêque*, *Bulles*, *Cardinal*, *Evêque*, *Primat*, *Rome*, *&c.* & le petit Recuëil de *Borjon*, *in* 12. *tome* 1.

AUTEURS A VOIR.

Jacobus Latomus & Francisc. Agricol. *de Primatu Romani Pontificis.*

Joannes Hieronymus Albanus, *de potestate Papæ & Concilii*, *& de dignitate Romani Pontificis.*

Petrus de Aliaco, *de electione Papæ.*

Jacobus Allindus, *de potestate summi Pontificis.*

Jacobus Almaini, *de potestate Papæ sive Ecclesiæ contra Cajetanum.*

Paulus Amicola, *de authoritate Papæ.*

Augustini Anchonatis, *de potestate Papæ*, *quæstiones* 112.

Nardii Arretini, *expunctiones libri de Papatu Romano*, *& libri Ant. de Dominis de Republicâ Ecclesiast.* Par. 1618.

Barclajus, *de potestate Papæ*, in 8. 1609.

Rob. Card. Bellarminus, *in opere Controv.*

Cyprianus Benetus, *de primâ orbis sede*, *de Ecclesiasticâ potestate*, *deque Papæ Dominio.*

Gabriëlis Biel, *defensorium obedientiæ Apostolicæ ad Pium secundum.*

Thomas Vius Cajetanus, *tomo* 1. *de authoritate Papæ & Concilii*, *cum Apologiâ contra Almain.*

Joannes de Capistrano, *de Papa & Concilii authoritate*, Venetiis 1580. in 4.

Thomas Campegius, *de authoritate & potestate Romani Pontificis.*

De Pontificiis *in Francum Regem privilegiis.* Voyez Chopin, en son traité du Domaine, liv. 3. tit. 30.

Ciaconius de Vitis *Pontificum.* 4. vol. in fol. Romæ 1677.

Alanus Copus, *Dialogo primo contra summi Pontificis oppugnatores.*

Cunerus, *tractatu* 9. *de firmitate Cathedræ Petri.*

Damasi *Pontificale.*

Cæsar Delphinus Parmensis, *de summo Romani Pontificis principatu*, *& de ipsius temporali ditione*, Venetiis 1547.

Joannes Delphius, *de potestate Pontificis.*

Dionysii Carthusiani, *tractatus quatuor de authoritate Papæ & generalis Concilii.*

Dominici de Dominicis, *de termino potestatis Pontificis. in Bibl. Nimivensi in Fland.*

De Principatu Romanæ Sedis. Per Hieronymum Donatum.

Hieronymi Donati, *Apologeticon ad Græcos*, *de primatu Romanæ Sedis.*

De Ecclesiæ sacris Ministeriis, ac beneficiis, ubi quid ad plenam juris Pont. cognitionem, necessarium est, explicatur. Per Fran. Duaren.

Joannis Ecxi, *contrà Lutherum de primatu Petri libri tres.*

De usu Judiciorum Palatii, Pontif. Per Anto. Massam Galesium,

PAP

Gennadius Patriarcha, *de primatu Papæ.*
Joannes Gerson, tomo 1. *an liceat in causis fidei à summo Pontifice appellare ? Idem de potestate Ecclesiæ, de auferibilitate Papæ ab Ecclesiâ.*
Henrici Gorichem, *tractatus de temerario judicio Hussitarum circà potestatem Papæ.*
Michaëlis Hageri, *Antichristus, & de eodem responsio secunda.*
Joannes Hesselius, *de Cathedra Petri firmitate.*
Stanislaus Hosius, *de authoritate Romani Pontificis.*
Joannes Hugo, *de authoritate Papæ*, Episcoporum *curatorum, Imperatoriæ Majestatis & Laicis*, Argentinæ 1504.
Joannes Parisiensis, *de potestate Papæ.*
Lælius Jordanus, *de Romana Sedis origine.*
Ælius Jordanus, *de Romana Sedis origine & authoritate.*
Leonardus Lessius, *Societ. Jesu, de Antechristo ad Sereniss. Jac. Regem Britanniæ.*
De Pontifice Maximo. V. Luc, li. 1. tit. 4.
Christophorus Marcellus, *contrà Lutherum de authoritate summi Pontificis.*
Petri Michaëlis, *decisio de proportione Papæ ad Concilium, & de ejus principatu.*
Petri de Monte, *Monarchia.*
Hervæus Natalis, *de potestate Papæ & Regis.*
Onumphrii Epitome, *Pontificum & Cardinalium.*
De Ponti. & Cardinalibus. Per Onophrium Panvinium.
Baptista Platina, *de Pontificibus, cum annotationibus Onuphrii.*
De authoritate summi Pontificis. Per Ange. Politianum *oratio.*
Reginaldus Polus, *de summo Pontifice.*
Pontificale Romanum, Venetiis 1572.
Antonii Possivini, *scriptum magno Duci Moscoviæ traditum.*
Silvestro Prierias, *contrà Lutherum de Ecclesiâ & Romano Pontifice.*
Petrus Ravennas, *de potestate Papæ & Imperatoris.*
Ægidius de Româ, *de renunciatione Papæ*, lib. 1. Gesn.
Antonius Rosellus, *de potestate Imperatoris & Papæ, salva censura.*
Antonii Roselli, *de potestate Imp. Papæ, & conciliis, & an apud Papam sit potestas utriusque gladii.* Venetiis 1487. Gesn.
Augustinus de Româ, *de Papa potestate.* Trith.
Hieronymus Rotta, *de principalitate Romanæ Ecclesiæ.*
Remundi Rufi, *pro Pontifice, Cardinalibus, Episcopis, & toto ordine sacro defensio & duplicatio contrà Carolum Molinæum.*
Nicolai Sanderi, *de visibili Ecclesiæ Monarchiâ*, lib. 8.
Voyez dans le 1. tome des Preuves des Libertez, la condamnation du Livre de Santarellus.
Æneæ Silvii, *de officio Papæ & officialibus ejus.* Gesn.
Joseph Stephani, *de osculo pedum Romani Pontificis, itemque de ejus coronatione & elevatione.*
Petrus Stockmans, *de jure Belgarum circà Bullarum pontificiarium receptionem.*
Ruardi Tapperi, *oratio 3. contrà Melanchtonem de judice controversiarum in Ecclesiâ septima contrà Sampsonem de sacerdotii christianæ religionis excellentiâ, suprà secularem potestatem.*
Joannis de Turrecrematâ, *libri 4. de Ecclesiâ contrà Ecclesiæ & primatûs Petri adversarios.*
Franciscus Turrianus, *de primi Capitis, ac Judicis authoritate ac principatu, de Ecclesiâ & ejus Pastore contrà Sadelium.*
Du-Vallius, *de potestate Papæ*, in 4. Paris 1614.
Franciscus Vargas, *de authoritate Papæ.*
Raphaël Venostus, *de Papâ.*

PAP 7

Joannes Maria Verratus, *de primatu Petri & Sedis Apostolicæ.*
Marianus Victorinus, *contrà Martinum de Papatu.*
Francisci Zabarellæ, *Consilium de duorum Pontificum de papatu contendentium causâ.*
Histoire des Papes par Duchesne, 2. vol. in fol. Paris 1653.
Remarques sur les Souverains Pontifes, par Gorgeu, vol. in 4. Abbeville 1659.
Vitæ Paparum Avenionensium, Baluzii, vol. in 4. Paris 1693.
Voyez cy-après le nombre 69. *& suiv.*

1 *Causa quæ pertinent ad Papam*, & desquelles il doit connoître. *Voyez* Tournet lettre C. nombre 4. & cy-après le nombre 14.

2 *Voyez dans* Rebuffe sur le Concordat *tit. de mand. apost. §. 1. casus in quibus probatur per testes gratia Papæ.*

3 *Differentia inter privilegium, rescriptum, & mandatum.* Voyez Rebuffe, 1. part. prax. benef.

4 Le Pape Innocent III. qui vivoit dans le regne de Philippe Auguste, a écrit dans une Lettre decretale *Archiepiscopis & Episcopis per Franciam constitutis, Regni Francorum exaltationem, sedis Apostolicæ sublimationem esse.*

5 Le Pape est obligé d'observer les anciens Canons. *Voyez* le 1. tome des Preuves des Libertez, chap. 12. où il est observé qu'en l'année 876. le Pape Jean VIII. envoya ses Legats en France pour entr'autres choses publier Ansegise Archevêque de Sens Vicaire du Siege Apostolique és Gaules. & en Germanie. Le Roy favorisa cette affaire ; les Evêques s'y opposerent, alleguans les anciens Canons.

6 Lettres du 8. Février 1365. par lesquelles le Roy nomma quelques Evêques, & autres pour poursuivre de sa part près du Pape le Jugement du different qu'il avoit contre le Roy de Navarre, s'étant soûmis à ce qu'en ordonneroit le Pape, sans préjudice de sa souveraineté. *Voyez les Preuves des Libertez*, tome 1. chap. 7. n. 25.

7 *Verbis narrativis Papæ, etiam si super his gratia vel intentio ipsius fundetur, non, nisi testibus, aut aliis legitimis documentis constiterit, credendum.* Voyez Franc. Marc, tome 1. quest. 1172.

8 Si le Pape a failli, devant qui peut-il être accusé ? La Glose répond in C. nemo 9. qu. 3. que sa faute peut être dénoncée à l'Eglise. *Voyez la* Bibliot. Can. tome 1. p. 29. à la fin.

9 Il n'y a que les Evêques & le Clergé assemblé qui puissent s'opposer aux abus que commettent les Papes. Si les Evêques negligent ou n'osent s'acquitter de leur devoir, c'est aux Rois & aux Princes temporels de corriger avec force & vigueur ces abus, & même les Rois peuvent alors s'élever contre les Ecclesiastiques ; c'est la disposition expresse du chapitre *Principes sæculi* 23. *quest.* dans lequel il est dit que les Princes seculiers ont quelquefois droit d'exercer leur pouvoir dans l'Eglise, afin de conserver & de fortifier la discipline Ecclésiastique. Du Moulin, sur la regle de *Infirmis. n.* 118.

10 Droit acquis ne se perd *etiam declarante Papâ.* Si le Pape confere un Benefice à deux personnes en temps differens, & que le dernier pourvû obtienne pendant le procez un rescrit par lequel le Pape déclare avoir entendu pourvoir le dernier, on juge neanmoins en faveur du premier. Arrêt du Grand Conseil pour le Prieuré de saint Martin des Champs. Papon, li. 3. tit. 3.

11 Le Pape étant saisi, lie les mains à l'Ordinaire. Tournet, lettre P. Arrêt 1.

12 Le Pape confere tous Benefices, même qualifiez par prévention, ou concurrence des Ordinaires. *Ibidem*, Arr. 3.

13 Si le Pape peut décharger de l'amende un Ecclesiastique ? *Voyez* le mot *Amende*, nomb. 87. *&* 88.

PAP

APPEL A ROME.

14 Appel au Pape *omisso medio*. Voyez *Appel*, *nombre* 217.

Appellation des Ordonnances du Pape. Voyez le mot *Appel*, nomb. 219. *& suiv*.

15 Arrêt du Parlement de Paris de l'année 1391. contre le Chapitre de Limoges qui avoit, le Siege vacant, fait ajourner pardevant le Pape les Commissaires de la Regale, & autres Officiers du Roy. *Voyez le* 1. *tome des Preuves des Libertez, chap.* 9. *nombre* 3. où il observe que les Lettres & Brefs du Pape ne peuvent contraindre les naturels Espagnols de plaider ni comparoir pardevant les Juges Ecclesiastiques hors l'Espagne ; le Conseil du Roy a coûtume de commander aux impetrans de n'en user, mais de se soûmettre aux Juges du Royaume.

16 L'an 1491. l'Evêque de Leon en Espagne Président & quatre Conseillers de la Cour souveraine pour la Justice à Valladolid, ayant permis qu'il fût déferé à l'appel à Rome d'une cause dont comme Juges Royaux ils devoient avoir connoissance ; Ferdinand & Isabelle Rois de Castille & d'Arragon furent tellement indignez de cette faute & grande negligence qu'ils priverent lesdits Président & Conseillers de leurs Offices, & en établirent d'autres en leurs lieux. *Garibay, lib.* 18. *del compendio historial. d'Espana cap.* 40. Voyez *le* 1. *to. des Preuves des Libertez chapitre* 9. *nomb.* 4.

17 Deux Arrêts donnez au profit du Procureur General du Roy, contre l'Evêque de Nantes, & ses Officiers pour n'avoir voulu reconnoître le Roy son souverain Seigneur, & avoir décliné la Justice du Parlement, & appellé en Cour de Rome. *Voyez ibidem*, nomb. 5.

18 Le Pape peut commettre un Evêque pour juger l'appel d'une Sentence donnée par deux Conseillers de la Cour, commis par un Evêque en vertu d'Arrêt d'icelle, si l'Evêque Commissaire n'est *ultra duas dietas*. Arrêt du 3. Mars 1605. *Peleus quest.* 115.

PAPE, CONCILE.

19 *De summi Pontificis autho. super Concilia. Per Franciscum Torrens*.

Le Pape n'est au dessus du Concile. *Voyez* le mot *Concile*, *nombre* 4. & *suiv*.

20 Le Pape Eugene IV. l'an 1437. voulut assembler un Concile à Ferrare, pour opposer à celuy de Basle, convoqué & autorisé par Martin V. son predecesseur ; il manda les Prélats de France pour y assister, mais le Roy Charles VII. leur ayant fait défenses d'y aller, ils obeïrent. *Biblioth. Can. tome* 1. *p.* 398. *col.* 1.

PAPE, COLLATEUR.

21 Des Collations faites par le Pape. *Voyez* le mot *Collation*, nomb. 120. *& suiv. &* le mot *Bretagne*.

22 Lorsque le Pape confere le Benefice vacant *in curiâ* dans son mois, à une personne incapable, inhabile, irreguliere, non dispensée, ou enfin que la provision est nulle, la plûpart des Canonistes attachez aux interêts du Saint Siege ont été d'avis que cette provision lioit les mains au Collateur, que le Pape seul pouvoir revoquer sa provision. *Du Moulin de Infirmis n.* 178. *& suiv*. tient l'opinion contraire, pretendant que ce seroit un abus, parce que ce seroit une réserve prorogée & multipliée, s'il pouvoit conferer une seconde fois : ainsi la puissance favorable de l'Ordinaire reprend son premier droit : mais si aprés les premiers six mois l'Evêque n'a point conferé, & le Pape dans son mois ayant donné une Collation nulle, il peut aprés ces six mois conferer le Benefice par droit de dévolution, & il aura droit de concourir avec l'Ordinaire. *Voyez* le même Docteur sur la Regle *de verisimili notitiâ*, nomb. 68.

23 Le Pape ne peut ratifier, confirmer, ou approuver une renonciation, ou une résignation faite mal à propos ; & s'il le faisoit, ce seroit usurper les droits des Collateurs ordinaires, & s'attribuer une puissance qui blesseroit non seulement la pureté des anciens Canons, mais aussi la disposition des Decretales. *Du Moulin* sur la Regle *de Infirmis*, *n.* 346.

24 La réserve des mois du Pape ne s'étend pas aux Benefices électifs. *Boyer*, quest. 2. nomb. 3. *Cod. fab. liv.* 1. *tit.* 3. *diff.* 44. 47. ni aux Offices Claustraux. *Cod. fab. des S. Egl. diff.* 26. verbo *observando. & diff.* 27. parce que la Collation des Offices & dignitez & des administrations claustrales n'appartient pas à l'Evêque ni au Pape, mais au Superieur de l'Ordre. *Cod. fab. ibid. diff.* 26.

25 Voyez dans le Recueïl de Pithou des Memoires dressez en 1548. par *M. Noël Brulart*, Procureur General du Roy, touchant quelques prétentions du Pape sur la *Bretagne* & la *Provence*, contraires aux Libertez de l'Eglise Gallicane.

26 Jugé qu'un Benefice vaquant aux mois reservez à Sa Sainteté, ne peut être conferé par l'Ordinaire. *Voyez Tournet lettre B*. nomb. 78.

27 Droits du Pape en *Bretagne* reglez par Edit du 14. Juin 1549. il y a eu plusieurs Declarations à ce sujet, une derniere du 29. Juillet 1550. qui fait défenses aux Evêques, Abbez, & autres Collateurs ordinaires de conferer les Benefices reservez, specialement dans les huit mois de la reservation Apostolique. *Voyez Hevin sur Frain*, *page* 661.

28 Arrêt du Parlement de Paris du 12. Mars 1624. qui maintient le Pourvû par le Pape d'un Benefice dont la vacance étoit arrivée dans un des huit mois reservez au Saint Pere ; le Pourvû par l'Ordinaire fut débouté ; & au contraire par autre Arrêt du Parlement de Bretagne du 24. Avril 1649. le Pourvû par l'Ordinaire fut maintenu. *Hevin*, *ibidem*, *pages* 645. *&* 648.

29 Le Pape est Ordinaire *en Bretagne*, & il n'y a lieu à la prévention entre luy & l'Evêque. *Ibidem*, *p.* 645.

30 Le Pape ne confere *en Bretagne* aux huit mois *ut Ordinarius*, *sed ut Papa ex reservatione Apostolicâ*. Ainsi les Indults & autres Graces expectatives, n'ont lieu dans ses mois, n'étant pas à présumer qu'il ait rien accordé au préjudice de ses droits. Il y en a un Arrêt du Grand Conseil du 29. Decembre 1600. rapporté par *Chopin liv.* 1. *de sacrâ Politiâ*, *titre* 7. Les huit mois ausquels il confere ne sont autre chose qu'une pure & simple reservation Apostolique, qui est la même reservation introduite ou bien confirmée par la 8. regle de la Chancellerie Romaine, pour avoir effet non seulement en Bretagne, mais en tous lieux de la Chrétienté, comme elle l'a encore en Italie & en Espagne ; & il n'y a d'autre distinction, quant à la France, sinon que la Bretagne & la Provence y ont déferé ; pourquoy ces deux Provinces sont appellées *Païs d'Obéïssance* ; Voyez Frain, pages 632. & 646. & le mot *Indult*.

31 L'Ordinaire peut conferer les Benefices qui viennent à vaquer dans les mois du Pape, pendant la vacance du Saint Siege ; mais s'il differe de conferer jusqu'à ce que le nouveau Pape les ait conferez ou se les soit reservez, il ne le peut plus faire ; cela fut ainsi préjugé au Parlement de Tournay le 26. Avril 1695. Il s'agissoit d'un Canonicat de la Collegiale de saint Hermez à Renaix qui avoit vaqué au mois de Juillet 1691. *Voyez Pinault*, *tome premier Arr.* 64.

DECLARATION DU PAPE.

Voyez cy-dessus le nombre 10.

32 *Narrationi Papæ in facto proprio standum*. Voyez *Franc. Marc. tome* 1. *quest.* 1187.

33 *Verbis Papæ an sit credendum* ? Voyez *Franc. Marc. to.* 1. quest. 1314.

Papæ declaratio non potest subverti aut prætextu erroris aut prætextu injustitiæ. Voyez *Lotherius*, *de re Beneficiariâ*, *li.* 3. *quæst.* 12.

34 La déclaration du Pape peut être arguée de nullité, devant les Juges Ecclesiastiques de ce Royaume.

Royaume. Jugé à Roüen le 19. Février 1507. *Peleus*, quest. 67.

DELEGUEZ DU PAPE.

35 Juges deleguez par le Pape. *Voyez* le mot *Delegué*, nomb. 9. *& suiv.*

PAPE, DEVOLUTION.

36 De la devolution qui se fait au Pape. *Voyez* le mot *Devolution*, nomb. 41.

ELECTION DU PAPE.

37 Conciles où le Pape est élû. *Voyez* le mot *Concile*, nombre 3.

38 *Papa electio ad omnes Cardinales pertinet : Consecratio verò ad solos Cardinales Episcopos.* Voyez Franc. Marc. to. 1. quest. 925. n. 11.

39 *Electio Papæ sorte fieri prohibita.* Voyez Ibidem, quest. 933.

40 *De electione Romani Pontificis.* Voyez Ibidem, quest. 934.

41 *Cardinalium cœtus Consilium generale convocare potest, si Papatus in discrimen inter duos electos vertatur.* Ibidem, quest. 935.

42 *Papa electus per seditionem, simoniam & ingenium, an recipiendus sit ?* Ibidem quest. 936.

43 *Papa statim atque electus est, quæ jurisdictionis sunt, exequatur, quæ verò sunt ordinis, non, nisi consecratus fuerit, exequatur.* Ibidem, quest. 939.

44 *Papa sibi successorem eligere potest.* Voyez, *ibidem*, quest. 941.

45 *Papa papatui renunciare in suis propriis manibus potest.*

Papa eligendi sibi successorem alteri facultatem concedere potest.

Quid si vivente Papa conventiculum de Papatu faciant; pœnam læsæ majestatis incurrunt. Ibidem, quest. 1097.

46 *Religiosus si Papa efficiatur, sui abbatis consensum habere debet.* Ibidem, quest. 1281.

48 *Papa de numero Cardinalium eligendus est.* Voyez *ibidem*, quest. 1293.

49 *Papa mortuo, an potestas penes Cardinalium collegium resideat ?* Voyez Ibidem, quest. 1299.

50 Le Pape Jean XXII. élû nouvellement députa le 26. Novembre 1410. l'Archevêque de Pise , & M. de Peyrusse Conseiller du Roy, vers la Cour du Parlement, pour leur donner avis de son élection. *Preuves des Libertez*, to. 1. chap. 1.

51 Les Rois de France ont la faculté d'examiner si l'élection des Papes est Canonique. *Voyez* M. Charles Du Moulin , sur la Regle *de Infirmis*, n. 199.

ENTREPRISES DES PAPES.

52 Des entreprises des Papes. *Voyez Coquille*, tome 1. page 258. *& suiv.*

53 Par Arrêt du P. de Paris un Religieux Carme, appellé Gratien, fut déclaré non recevable en la demande qu'il faisoit de certaine chose procedant d'un immeuble dont il étoit dispensé par le Pape, & il fut dit qu'il seroit tenu de la laisser. L'Arrêt est de l'an 1391. *Jo. Galli* , quest. 244. *per Arrestum condemnatus fuit Carmelita dictus Goulan ad dimittendum hospitium de Passy licet per Papam fuisset cum eo dispensatum ut teneret proprium.* Rebuff. 4. tract. de pacif. num. 258. *Voyez les Preuves des Libertez*, to. 1. chap. 7. n. 32.

54 Le Pape faisoit transporter & conduire en tous lieux & chemins où il alloit un homme à cheval tenant le saint Sacrement. Le Roy Henry second instruit que le saint Sacrement étoit exposé au mépris des libertins & heretiques, défendit en 1556. au Pape d'user de cette ceremonie, pompe & transport de la sainte Eucharistie par les champs venant en son Royaume , le surplus demeurant en sa conscience, & à la diligence des Seigneurs souverains qui luy peuvent faire pareille remontrance. *Voyez Henrici progymnasmata*, Arrêt 170.

55 Jean de Navarre soy disant Comte Palatin fit quelques Notaires , & legitima des bâtards, en vertu du pouvoir qu'il disoit avoir du Pape ; il fut condamné au Parlement de Toulouse, comme coupable de leze-Majesté , le 25. May 1562. *Bibliot. Can. tome* 2. p. 338.

56 Deux Sentences données au Présidial d'Angers les 3. & 26. Février 1626. contre un Bref du Pape publié à Angers, qui reserve au saint Siege comme un péché énorme , le fait du recours des Ecclesiastiques aux Juges seculiers. *Voyez le* 1. *to. des Preuves des Libertez*, chap. 7. n. 79.

57 Vû par la Cour la Requête à elle presentée par le Procureur General du Roy , contenant que l'on débite depuis quelques jours en cette Ville de Paris un imprimé en forme de Bref de Nôtre Saint Pere le Pape Innocent XI. adressé au Chapitre de l'Eglise de Pamiers , par lequel le Pape confirme les Grands Vicaires qu'il a élûs , & déclare qu'il confirmera tous ceux qu'il élira dans la suite ; défend à toutes autres personnes d'en faire les fonctions, quelque pouvoir qu'ils en eussent d'ailleurs , à peine d'excommunication, de privation des Benefices, & des Dignitez dont ils sont pourvûs, & d'incapacité d'en obtenir d'autres , & déclare sujets aux mêmes peines tous Clercs & Laïcs qui luy obéïroient, & qui les aideroient de leur conseil & autorité, même le Metropolitain : La Cour ordonne que communition sera délivrée au Procureur General pour informer contre ceux qui débitent lesdits libelles , fait défenses à toutes personnes de les vendre & de les retenir ; enjoint à tous ceux qui en ont des exemplaires, de les apporter au Greffe de la Cour pour être supprimez. Fait en Parl. le 31. Mars 1681. *Bibliot. Can.* to. 1. p. 797.

EXACTIONS PECUNIAIRES DES PAPES.

58 Le Pape ne peut faire aucune levée en France sans le consentement du Roy, ni faire de nouvelles impositions, ni augmenter les anciennes , fors des expeditions des Benefices de ce Royaume. *Voyez le* 2. to. *des Preuves des Libertez* , chap. 22.

59 Arrêt du Parlement de Paris du 28. Novembre 1413. portant défenses de ne plus porter d'argent à Rome, à peine de confiscation. Ce qui servit de prétexte étoit que le Pape pendant quatre ou cinq années avoit tiré des déports des Benefices jusques à trois cens mille écus *Papon*, livre 1. titre 5. nombre 28. Mêmes prohibitions ont été faites par Charles V. contre Urbain VI. par Charles VI. contre Benoît XIII. par Charles VII. Auteur de la Pragmatique, contre Eugene IV. par Loüis XI. contre Alex. Par Henry II. contre Jules III.

60 Le Roy ayant fait Edit portant défenses de porter l'argent de France à Rome, averti que quelques-uns en avoient appellé au Pape , fit Declaration qu'il entendoit que tels Appellans fussent accusez & condamnez comme coupables de leze-Majesté ; ce que la Cour approuva par son Arrêt du 25. Février 1417. *Voyez Papon*, li. 22. tit. 1. nomb. 2. & Du Luc.

61 Arrêt du Parlement de Paris du 25. Novembre 1517. par lequel il est pareillement fait défenses de porter de l'argent à Rome ; que l'on ne nommeroit aux Benefices que personnes capables; que l'on n'envoyeroit plus à Rome pour obtenir Benefices & dispenses ; que l'on se contenteroit du droit commun ; que chacun dresseroit son compte des deniers qui seroient tirez pour cette cause, à la charge neanmoins que s'il arrivoit que nôtre Saint Pere le Pape, ou l'Eglise universelle, fût reduite en necessité, celle de France contribuëroit avec les autres. *Ibidem*, livre 1. tit. 5. n. 29.

62 Le Clergé d'Espagne en l'année 1523. interjetta appel de l'imposition ordonnée par le Pape Adrien VI. de la quatriéme partie du revenu des Benefices d'Espagne. L'Acte en est rapporté dans le 2. *tome des Preuves des Libertez* , chap. 22. n. 29.

PAPE, GRADUEZ.

63 Si le Pape est sujet aux Graduez ? *Voyez* le mot *Gradué*, nomb. 127. *& suiv.*

Tome III. B

PAP

Si les Provisions du Pape prévalent à la requisition des Graduez ? *Voyez* le mot *Gradué*, *nomb.* 156. & *suivans*.

PAPE HERETIQUE.

64 Pape accusé d'heresie, *Voyez* le mot *Heresie*, *nomb.* 45. & *suivans*.

PREVENTION DU PAPE.

Voyez cy-dessus *le nombre* 12.

64 bis De la prévention du Pape, dans la Collation des Benefices. *Voyez* Hevin *sur* Frain, *p.* 658. & *suiv.*

65 Si le Pape par prévention ou concurrence au préjudice de l'Ordinaire ou Collateur Patron confere Benefice *in partibus Regni Franciæ*, comme il fait *in partibus obedientiæ*, on peut appeller comme d'abus. Arrêt du P. de Paris du 15. Juin 1564. Papon, *liv.* 19. *tit.* 2. *nomb.* 3.

66 Le Pape peut pourvoir à un Benefice *etiam spreto Patrono Ecclesiastico*. Et la présentation du Patron pour empêcher la prévention du Pape, doit être notifiée à l'Ordinaire, avant l'expedition des Provisions de Cour de Rome. Arrêt du 14. Février 1667. *Soëfve*, *tome* 2. *Cent.* 3. *chap.* 86.

Voyez cy-après *Prévention*.

PAPE, PROVISIONS.

Voyez cy-dessus *le nombre* 21. & *suiv.*

67 Des Provisions du Pape en cas d'élection. *Voyez* le mot *Election*, *n.* 131. & *suiv.*

68 De la clause *Anteferri* apposée dans les Provisions de Cour de Rome; elle n'a lieu en France. *Voyez* le mot *Anteferri*.

Voyez cy-après le mot *Provision*.

PUISSANCE DU PAPE.

69 *Voyez* les Auteurs & Traitez qui ont été citez au commencement de ce titre, y ajoûter les suivans.

De potestate Papæ. Per Cataldinum de Boncompagnis. *Per* Tho. Campegium *Episc. Feltrem. Per* Christoph. Marcell. Venetum, *Per* Jo. Hieronym. Albanum, & *per* Hermanum Theutonicum *Monachum Cisterciensem. Per* Raphaelem Venostum. *Per Fratrem* Thomam *Illiricum*. *Per* Cyprianum Beneti. *Per* Franciscum Turrensem. *Per* Petrum Albinianum Tretium. *Per* Frat. Andræam Bauria. *Per* Paulum Angelum. *Per* Ludovicum Oriano. *Per* Fratrem Jacobum Almani. *Per* Fratrem Tho. de Vio Caietan. *Per* Fratrem Pet. de Palude. *Per* Fratrem Jo. Pariensem. *Per* Fratrem Hericum Natalem. *Per* Fratrem Thomam Elisium Neapolitanum, Ordinis Prædicatorum, *in suo opere cui titulus est piorum Clypeus adversus hæreticorum pravitatem*, & *per* Henricum Institorem *contra* Monarchiam Antonii Roselli, & *per* Antonium Roxellum.

70 *De summi Pontificis potestate*. *Voyez* Franc. Marc. *to.* 1. *quæst.* 455. & 945.

Papa, licet possit præjudicare successori, tamen non potest ei legem imponere. Voyez *Ibidem*, *quæst.* 318.

71 De la puissance du Pape, des entreprises de Cour de Rome sur les Libertez, de l'Eglise Gallicane, & des graces que le Saint Siege a reçûës de la Cour de France & pieté de ses Rois. *V. la Bibliot. Can. to.* 2. *p.* 162. & *suiv.*

72 De la puissance du Pape dans la Collation des Benefices, & concession de dispenses. *Voyez* M. de Selve, 2. *part. tract. quæst.* 1.

73 Des bornes que reçoit la puissance du Pape. *Voyez* M. de Selve 3. *part. tract. quæst.* 8.

74 Il est parlé du Pape, de sa puissance & de ses privileges dans Lotherius *de re Beneficiariâ*, *li.* 1. *quæst.* 46.

75 De l'autorité & de la puissance du Pape en France. *Voyez* la question 589. *de* Guy Pape, & Bastet, *tome* 2. *liv.* 1. *tit.* 2. *chap.* 1.

76 Si le Pape peut homologuer & autoriser le transport d'un Monastere de tous les biens & droits qui en dépendent à d'autres Religieux du même Ordre, moyennant une somme d'argent, ou une pension destinée à leur nourriture ? *Voyez* Du Perrier, *livre* 2. *quest.* 1. il tient l'affirmative.

77 Par Arrêt du Parl. de Paris du 22. Avril 1625. rapporté par *Févret*, *en son traité de l'abus*, *liv.* 3. *chapitre premier*, il a été jugé que le Pape pouvoit déroger aux Statuts, & non pas aux Fondations.

78 Jean Tanquerel Bachelier en Theologie ayant soûtenu cette These, *Ecclesia cujus solus Papa Christi Vicarius Monarcha spiritualem* & *secularem habens potestatem omnes fideles subjectos continens Principes, suis præceptis rebelles regno* & *dignitatibus privare potest, nec suam hæresim occultam alteri revelare tenetur*; il y eut Arrêt au P. de Paris en 1561. qui défendit à ceux de la Faculté de Theologie de souffrir telles propositions être mises en dispute, sur peine de cent marcs d'or applicables au Roy, de privation de leurs privileges, & autres plus grandes peines s'il y échet, à la discretion de la Cour, La Faculté répondit, *qu'elle est toûjours tres-humble* & *tres-obéïssante au Roy* & *à la Cour*, & *fera en telle sorte que le Roy* & *la Cour se devront contenter*. Preuves des Libertez, *chap.* 4.

79 Arrêt du Parlement de l'an 1610. contre le Livre du Cardinal Bellarmin *de potestate summi Pontificis in rebus temporalibus*.

80 Le premier du mois de Decembre 1626. se fit l'assemblée ordinaire des Docteurs Theologiens en la Salle de Sorbonne, où l'on parla de la proposition que les *Epîtres decretales des Papes sont en pareil rang que la sainte Bible*. Il se fit sur cela un grand bruit, & plusieurs disoient hautement, que *ista propositio erat verissima*. Les autres mieux sensez & qui tiennent l'ancienne doctrine, soûtenoient le contraire, & disoient que ceux qui étoient de ce sentiment étoient *Doctores juris Pontificii*, *non Doctores sacræ Scripturæ*; & après de grandes contestations, il passa à la pluralité des voix, *Thesim istam non esse ferendam nec tolerandam*. Bibliot. Can. *to.* 2. p. 552. col. 2.

81 Lettres Patentes du Roy du 14. Decembre 1626. portant défenses à tous Sujets, même Recteurs Regens de l'Université, Docteurs de la Faculté, & à tous autres tels, de composer, traiter, disputer, déterminer, ni resoudre aucune chose touchant l'affirmative ou negative des propositions mentionnées aux Arrêts & Decret, concernans le pouvoir & autorité souveraine de la Couronne & des Rois de France, ni des autres Rois souverains, sans permission portée par Lettres Patentes en commandement de Sa Majesté, à peine d'être punis comme séditieux & perturbateurs du repos public; ordonne Sa Majesté que ces presentes soient enregistrées au Registre de l'Université & Faculté, afin que personne n'en prétende cause d'ignorance; se reserve neanmoins Sa Majesté de faire examiner par ceux qu'il appartient les questions & articles des Theses, pour y apporter le remede convenable par un bon Reglement, à ce que cy-après il ne soit publié ni mis en avant aucune proposition, question & conclusion qui puisse donner sujet de renouveller ces differends, & donner aucune inquietude pour ce regard, & cependant Sa Majesté veut toute deliberation surseoye pour raison de ce. *Ibidem*.

82 La Faculté de Theologie ayant censuré un Livre intitulé, *la défense de l'autorité de N. S. P. le Pape*, &c. par Jacques de Vernant à Mets 1658. Arrêt intervint au Parlement de Paris le 30. May 1663. qui ordonna que tous les articles contenus en la declaration de la Faculté de Theologie, seront enregistrez au Greffe d'icelle; qu'il en sera envoyé des copies dans tous les Bailliages & Université du Ressort, pour y être lûs, publiés & enregistrés. Fait défenses de soûtenir aucune doctrine contraire ausdits articles; & faisant a levé les suspensions portées par l'Arrêt du 14. Avril précedent, a fait inhibitions à tous Bacheliers, Licentiez, Docteurs & autres personnes de soûtenir & disputer, lire & enseigner directement ni indirecte-

ment és Ecoles publiques, ni ailleurs, aucunes propositions contraires à l'ancienne doctrine de l'Eglise, aux Saints Canons, Decrets des Conciles generaux, & aux Libertez de l'Eglise Gallicane, & autres anciens Decrets de la Faculté de Theologie, à peine de punition exemplaire, & aux Syndics, tant de ladite Faculté, que des autres Universitez, & Docteurs qui presideront aux Actes, de souffrir que telles propositions soient inserées dans aucunes Theses, à peine d'en répondre en leurs noms, & d'être procedé contre eux extraordinairement. *Ibidem, to. 1. p. 791.*

83 Vû par la Cour la Requête à elle presentée par le Procureur General du Roy, contenant que Maître Henry Buhy Religieux de l'Ordre des Carmes, ayant soûtenu au mois de Decembre dernier une Thèse de Theologie, on luy a fait un crime à Rome d'y avoir avancé qu'il y a des Loix Ecclesiastiques ausquelles le Pape est soûmis; qu'il ne peut pas dispenser en toutes occasions des Canons de tous les Conciles generaux; qu'il ne peut pas déposer les Rois, ni imposer des tributs sur le Clergé de leurs Etats sans leur consentement; que les Evêques tiennent leur Jurisdiction de Dieu; que la Faculté de Theologie de Paris n'estime pas que le Pape soit infaillible, ni qu'il soit au-dessus du Concile; & qu'enfin le droit de Regale n'est pas une chimere, ni une usurpation; que l'on prétend que nôtre Saint Pere le Pape, sur le rapport fait à Sa Sainteté de cette Thèse, & des réponses faites par ce Religieux aux argumens que l'on luy a proposez, a commandé au Commissaire General de cet Ordre, en l'absence du General, de déclarer ledit Frere Henry Buhy déchû des privileges accordez aux Reguliers par les Papes, incapable de toutes fonctions, soit pour l'administration des Sacremens, soit pour la Predication, quand même les Ordinaires des lieux lui ordonneroient de le faire, privé de voix active & passive dans toutes les Elections, à peine d'excommunication & de déposition aux Superieurs des Monasteres où il se trouvera, s'ils permettent qu'il contrevienne à ce Jugement; que ledit Commissaire General ayant executé cet Ordre du Pape, le Prieur du Convent des Carmes, auquel il a adressé son Decret, aussi-bien qu'aux Provinciaux qui sont établis en France, a été assez temeraire pour le publier dans ce Convent des Carmes, & pour le faire enregistrer dans le Registre des Deliberations de cette Maison, quoyque le Roy luy eût expressément défendu par une Lettre de cachet, d'executer aucun ordre de leur General touchant ce Religieux, sans recevoir auparavant les commandemens de Sa Majesté; & comme il est important au service du Roy, de proteger ledit Frere Henry Buhy, condamné pour avoir soûtenu les maximes que toutes les personnes sinceres & éclairées ont toûjours suivi dans ce Royaume, & qui sont conformes à l'autorité de l'Evangile, aux Décisions des Conciles, aux sentimens des anciens Papes & des Peres de l'Eglise; que la forme de cette condamnation n'est pas moins irreguliere, que le fond est injuste, puisque l'on établit une espece d'Inquisition dans le Royaume sur des paroles dont le recit est presque toûjours infidelle; que l'on condamne un homme sans preuve à cet égard, & sans luy donner moyen de défendre son innocence; que le Pape entreprend d'exercer une Jurisdiction immediate sur un Religieux, qui ne cessant pas par sa Profession d'être sujet au Roy, ne peut être accusé que devant ses Superieurs qui sont dans ce Royaume, & jugé par eux, au moins en premiere Instance, ainsi que tous les autres François; que la connoissance ordinaire de ces Theses appartenant à la Faculté de Theologie & à l'Archevêque de Paris, si l'on y avoit avancé quelque proposition qui blessât la foy; & enfin à la Cour si les droits du Roy, l'ordre, la police & les maximes du Royaume y étoient attaquées, les Papes n'ont jamais entrepris

d'en connoître; & que pour apporter des remedes convenables à cette nouvelle entreprise, dont les suites pourroient être si préjudiciables à la liberté du Royaume & à la bonne & sainte doctrine qui nous a été transmise par nos predecesseurs, il étoit necessaire de sçavoir certainement ce qui s'étoit passé sur ce sujet; & pour cet effet requeroit qu'il plût à la Cour mander le Prieur des Carmes pour être entendu sur les fins cy-dessus, & luy ordonner d'apporter en même temps le Registre où s'écrivent les Deliberations du Convent, pour le Prieur oüy, le Registre vû, être ordonné ce que de raison. La Cour a ordonné que le Prieur & deux anciens Religieux du Convent des Carmes de cette ville, se rendront en la Cour Samedy sept heures du matin, pour être oüys sur les faits contenus en la Requête du Procureur General du Roy, & que le Prieur fera apporter en même temps le Registre des Deliberations, pour ce fait & communiqué au Procureur General du Roy, être pourvû sur ses conclusions ainsi qu'il appartiendra. Fait en Parlement ce 9. Avril 1682.

Autre Arrêt du 11. Avril 1682. par lequel la Cour faisant droit sur les conclusions du Procureur General du Roy, ordonne que le Prieur du Grand Convent des Carmes de cette ville sera ajourné à comparoir en personne pour être oüy & interrogé pardevant M. Gaudart Conseiller, sur les faits qui seront donnez par M. le Procureur General du Roy, & répondre aux conclusions qu'il voudra prendre contre luy. Enjoint au Prieur de remettre incessamment au Greffe les ordres qu'il a reçus du Commissaire General au sujet du Frere Felix de Buhy, ensemble le Registre des affaires du Convent, pour être compulsé par le Procureur General du Roy, & en être tiré tels Extraits qu'il avisera, & jusqu'à ce que ledit Prieur ait obéi le present Registre, ordonné que ledit demeurera au Greffe avec l'un des Religieux qui l'ont assisté, pendant que l'autre ira querir son Registre; & à l'instant en execution de l'Arrêt, ledit Prieur des Carmes mené au Greffe, a mis és mains du principal Commis au Greffe de la Cour la Copie authentique de la Lettre du Commissaire General de l'Ordre du 18. Février dernier, avec la Lettre de Cachet du Roy du 25. Janvier précedent, & peu de temps après le Religieux qui étoit allé au Convent des Carmes étant de retour, le Prieur a representé son Registre qui a été compulsé par le Procureur General du Roy, & la copie authentique de la Lettre du 18. Février transcrite dans le Registre, verifiée avec la copie de la même Lettre mise au Greffe, & ledit Registre a été rendu, & lesdits Prieur & Religieux se sont retirez.

Et le 14. du même mois d'Avril 1682. est intervenu Arrêt, par lequel la Cour faisant droit sur les conclusions du Procureur General du Roy, ordonne que le Frere Gabriël Loubaissin Prieur du Grand Convent des Carmes de Paris, en presence de deux anciens Religieux, sera admonesté pour sa desobéissance aux ordres du Roy; lui fait défenses de recidiver à peine de punition exemplaire. Fait aussi tres-expresses inhibitions & défenses d'executer l'ordre concernant Frere Felix Buhy, porté par la Lettre du Commissaire General de l'Ordre des Carmes du 18. Février dernier. Ordonne qu'il continuëra ses fonctions de Lecteur en Theologie dans le Grand Convent. Fait défenses aux Religieux de l'y troubler. Enjoint au Prieur de le presenter à l'Archevêque de Paris avec les autres Religieux de la Maison, pour luy donner dans son Diocese les emplois dont il le jugera capable, à peine de saisie du Temporel dudit Convent, & d'être déclarez déchûs des privileges à eux accordez par le Roy. Ordonne que la copie de la Lettre du 18. Février representée par le Prieur demeurera supprimée; & celle qui se trouve enregistrée dans le Registre du Convent rayée, le present Arrêt transcrit à côté ; lequel sera signifié à tous les Provinciaux des Carmes qui sont en France. Fait défenses aux Religieux Carmes, & à tous les autres Religieux, dont les Superieurs sont hors le Royaume, d'executer aucuns Decrets, Lettres & Patentes de leurs Generaux, qui ne regarderont pas la discipline interieure & ordinaire de leurs Maisons sans Lettres Patentes du Roy enregistrées en la Cour, à peine de saisie du Temporel de ceux qui en ont, d'être privez de la liberté de quêter, & d'être déclarez déchûs de tous les privileges qui leur ont été accordez par le Roy & les Rois ses predecesseurs.

Et à l'instant le Prieur des Carmes, & deux anciens Religieux du Convent étant au Parquet mandez en la Cour, M. le Premier Président a dit au Prieur : La Cour a examiné ce que vous avez dit dans l'Interrogatoire qui vous a été fait par son ordre. Elle n'y a rien trouvé hors sa décharge. Vous avez injustement ordonné contre vôtre Religieux qui n'avoit point manqué, & vous avez contrevenu aux Commandemens du Roy, ses ordres sont sacrez comme sa personne. Rome & toute autre puissance ne peuvent exercer de Jurisdiction sur ses Sujets, même de leur consentement, au préjudice de la sienne. Nous ne vous en dirons pas davantage, le moindre reproche est sensible à un homme de vôtre profession. Retournez à vôtre fonction, & faites que vôtre vie soit un modele d'obéissance, comme elle est un exemple de pieté. Fait en Parlement le 14. Avril 1682. *Bibliot. Can. to. 1. p. 801. & suiv.*

84   Arrêt du Parlement de Paris du 23. Juin 1683. au sujet de deux Libelles, l'un en forme de Censure de l'Archevêque de Strigonie, & l'autre imprimé à Liege, intitulé *Disquisitio Theologico-Juridica.* Contre la declaration du Clergé de France du 19. Mars 1682. M. Talon Avocat General requit qu'une feüille volante qui se debite comme étant un Decret de l'Archevêque de Strigonie, & d'un autre Libelle imprimé à Liege, qui a pour titre *ad Illustrissimos & Reverendissimos Galliæ Episcopos disquisitio Theologico-Juridica super declaratione Cleri Gallicani facta Parisiis 19. Martii 1682. per quemdam S. Theologia Professorem*, soient supprimez ; défenses à toutes personnes de les publier, vendre ou debiter, à peine d'être procedé extraordinairement contre eux ; Enjoint à ceux qui en ont des exemplaires & des copies de les rapporter au Greffe de la Cour pour être supprimez.

Ce fait le Procureur General du Roy a laissé sur le Bureau ledit Avis doctrinal de la Faculté de Theologie, & les autres pieces, avec les conclusions par luy prises par écrit, & ils se sont retirez.

Ce jour la Cour, après avoir vû l'Arrêt par elle donné le 29. Janvier dernier, sur la requisition du Procureur General du Roy, par lequel il est ordonné que la Faculté de Theologie donneroit par écrit son Avis doctrinal sur une proposition conçûë en ces termes : *ad solam Sedem Apostolicam Divino & immutabili judicio spectat de controversiis fidei judicare*, & qu'à cet effet il seroit mise entre les mains du Syndic de la Faculté. Copia d'un Libelle en forme de Censure daté du 20. Octobre dernier, par lequel l'Archevêque de Strigonie, en attendant le Jugement du Saint Siege Apostolique, auquel seul, ainsi qu'il est porté par ledit Libelle, il appartient de juger des matieres de foy, condamne les Propositions presentées au Roy au mois de Mars 1682. par l'Assemblée du Clergé de France. Autre Libelle imprimé à Liege contre lesdites Propositions. Avis doctrinal presenté à la Cour par la Faculté de Theologie sur la proposition à elle communiquée en execution dudit Arrêt du 29. Janvier dernier, & les conclusions du Procureur General du Roy par luy laissées sur le Bureau le 22. de ce mois : Oüy le Rapport de M. Jean Gaudart Conseiller, la matiere mise en deliberation.

La Cour faisant droit sur les conclusions du Procureur General, ordonne que les exemplaires desdits deux Libelles seront supprimez, fait défenses à toutes personnes d'en retenir, debiter ni imprimer aucuns sous les peines portées par les Arrêts & Reglemens ; enjoint à ceux qui en ont de les rapporter au Greffe pour être supprimez, & aux Officiers de Police de tenir la main à l'execution du present Arrêt. *Bibliot. Can. to. 1. p. 818.*

PAPE, SECULARISATION.

85   Le Pape ne peut faire les mutations des Monasteres de regularité en secularité sans le consentement du Roy. La preuve en resulte d'une Lettre écrite par François I. le 19. Janvier 1538. au Sénéchal de Carcassonne. *Preuves des Libertez, tome 2. chap. 35. n. 53.*

PAPE, SIMONIE.

86   *Papa an labem simoniæ incurrere possit ? Per Thomam Campegium in tract. de auctoritate Romani Pontificis.*

PAPE, TEMPORALITÉ.

87   Les Constitutions des Papes n'ont point d'effet sur le Temporel des Rois & Princes Souverains, & ne peuvent exempter les Ecclesiastiques des droits qu'ils leur doivent. *Voyez les Preuves des Libertez, tome 1. chap. 7. n. 33.*

88   Dans les Preuves des Libertez de l'Eglise Gallicane, *chap. 15. & 16.* il paroît qu'un particulier ayant obtenu des Bulles de l'Archevêché de Tours, où il y avoit une clause, portant que le Pape luy donnoit l'administration du spirituel & du temporel de cet Archevêché, le Roy refusa de l'admettre au serment de fidelité, en ce que cette clause comprenoit la temporalité qui ne dépend pas du Pape, & qu'il n'appartient pas au Pape de donner, mais à luy seul en qualité de Roy & Souverain Seigneur de toutes les possessions & revenus temporels des Evêchez & Archevêchez de son Royaume, *nosque, respondere fecissemus eidem quod non ad summum Pontificem, sed ad nos potius ab antiquo committere regimen temporalitatis dictæ Ecclesiæ pertinebat.*

89   Le 9. Juillet 1632. cause appointée pour sçavoir si pendant la minorité de Henry de Lorraine, le Pape a eu le pouvoir de commettre l'administration de l'Archevêché de Reims à l'Evêque de Châlons, avec clause *tam in spiritualibus, quam in temporalibus.* Monsieur le Procureur General fut reçû appellant comme d'abus, & M. l'Avocat General Bignon prétendit que le Commis par le Pape n'avoit pû nommer un Grand Vicaire.

90   Declaration touchant l'autorité du Pape sur le temporel des Rois. A Paris le 4. Août 1663. registré au Parlement de Roüen le 27. Novembre suivant.

91   Par Arrêt du 24. Mars 1664. le Parlement de Paris a déclaré abusif certain cartulaire du Chapitre de l'Eglise Cathedrale de Chartres, portant que ce Chapitre ne reconnoissoit que le Pape, *tam in spiritualibus, quam in temporalibus*, il fut ordonné que les mots *in temporalibus* seroient rayés. *2. tome du Journ. des Aud. liv. 6. chap. 22.*

PAPE, TESTAMENT.

92   *Papa de fructibus beneficiorum testandi licentiam dare potest.* Voyez *Franc. Marc. to. 1. quest. 505.* & cy-après le mot *Testament.*

PAPE, VACANCE *in Curiâ.*

93   Les Benefices vacans *in Curiâ*, ou à deux journées de Rome sont reservez au Pape. Tel est l'usage en France. *Bibliot. Can. tome 2. p. 479. col. 1.*

Voyez cy-après lettre *V.* verbo vacance *in Curiâ.*

PAPESSE JEANNE.

DE Joannâ Papissâ quæ sedit in Cathedrâ Petri annis duobus mensibus tribus. Voyez *Franc. Marc. to. 1. quest. 1303.*

Blondellus de Joannâ Papissâ. in octavo *Amstel.* 1657.

Samuelis Maresii Joanna Papissa restituta ; seu Blondelli famosæ quæstionis de Papâ fœminâ anacrisis cum animadversionibus Maresii : Curcellæi præfatio apologetica anacriseos Blondellianæ editioni præfixa cum ejusdem Maresii refutatione : accedit Maresii differt. de vocibus Trinitatis, Essentiâ personâ adversus Curcellæum. Groningæ 1658.

PAPEGAULT.

1 Exemption du Roy Papegault. *Voyez* le mot *Exemption*, nomb. 118. & Mornac, *l*. 7. *Cod. de vectigalibus & commissis.*

2 Du 9. Septembre 1555. au Parlement de Bretagne la Cour dit que sous ces mots generaux rapportez aux privileges du jeu de Papegault, *ou autre imposition & subside quelconque* ne s'étendront aux devoirs specifiez par les Lettres. *Du Fail, liv.* 3. *chap.* 338.

3 Les Statuts & Privileges du Papegault seront gardez & lûs à l'entrée du Jeu chacun an, & sera chacun Arquebuzier appellé en son ordre selon le rang où il est écrit. Arrêt du Parlement de Bretagne du dernier Mars 1566. *Du Fail*, li. 2. *chap*. 352.

4 Par Arrêt du Parlement de Bretagne du 5. Juillet 1638. la Cour suivant les Arrêts du Privé Conseil du Roy, fait défenses aux Abateurs du Papegault de proceder par saisie ou arrêt sur les Hôtes ou Cabaretiers, & aux Juges des lieux d'autoriser les Arrêts que les Abateurs feront ; sçavoir, sur les Hôtes ou Cabaretiers, sur peine des dommages & interêts des Fermiers des devoirs, sauf aux Abateurs de Papegault à vendre ou faire vendre le nombre des vins à eux attribuez, sous un seul brandon, franc & quitte du devoir, si mieux ils n'aiment se contenter de la moitié du devoir qui leur sera payé par les Fermiers, dont ils seront tenus faire déclaration, huitaine aprés l'abat du Papegault. *Voyez les Arrêts étant ensuite du Recueil de du Fail*, p. 56.

PAPETIERS.

Par Sentence du Prévôt de Paris, confirmée par la Cour, les quatre Marchands Papetiers de l'Université ont été maintenus & gardez en la possession & joüissance de se dire seuls Papetiers en l'Université de Paris, sans qu'aucun autre puisse prendre qualité de Papetier en ladite Ville, ni visiter la marchandise de papier arrivant en la Ville, apportée tant par les Marchands forains qu'autres, & sans que les Maîtres, Jurez Batteurs, Colleurs de feüilles & feüillets à Paris puissent s'entremettre en la visitation du papier, ni se dire Jurez Papetiers ains Colleurs de papiers & feüilles, & visiter ceux dudit métier tant seulement. Arrêt du 10. May 1608. *Corbin, suite de Patronage, chap.* 218.

PAPIER.

PAPIER TERRIER.

1 Voyez Mornac, *l*. 11. *fixium regundorum.*

Le moyen Justicier peut faire papier terrier & obtenir Lettres à cette fin, pour contraindre les Censitaires à reconnoître les redevances, s'inscrire à son papier ; mais il ne peut faire proclamer ses tenanciers à cri public & son de trompe au territoire du Seigneur haut Justicier. Arrêt du 10. Avril 1607. *Chenu*, 2. *Cent. quæst.* 31.

2 *De libris censualibus, seu terrariis, ut vulgo dicimus.* Mornac, *lege* 10. ff. *de probationibus.* Voyez l'*Ordonnance de Melun*, *art.* 26.

3 Les Ecclesiastiques exempts de la confection de papier terrier. *Mem. du Clergé*, to. 9. part. 4. page 255. & *suivantes*, 286. & 287.

Surseance en faveur des Ecclesiastiques à l'execution des Lettres patentes pour la confection d'un papier terrier, par lesquelles il étoit mandé de déposer les Communautez de Paris de leurs Justices, Fiefs & Censives. *Ibid.* p. 251. & *suiv.*

4 Le second & posterieur fermier qui a pris un fief à loüage, à la charge de faire papier terrier, y est tenu, encore que les precedens fermiers qui étoient pareillement tenus d'en faire en ayent été tenus quites, & le Seigneur n'est obligé de chercher le premier papier terrier, pour le representer au fermier ; mais ce fermier peut poursuivre le précedent pour luy en bailler un, s'il y étoit tenu, & luy rendre les titres & enseignemens s'il en a été saisi. Arrêt du Parlement de Normandie du 16. Juin 1608. rapporté par Berault sur le titre des Fiefs, *art*. 195. *in verbo Gages, Pleiges.*

Voyez cy-aprés le mot Terrier.

PAPIER TIMBRÉ.

5 Arrêt du Parlement de Provence du 27. Octobre 1677. qui a jugé que les écritures privées ne sont pas sujettes d'être faites sur du papier timbré. *Boniface*, *tome* 3. li. 3. *tit.* 15. *chap.* 1.

PAPIERS, TITRES.

6 Un plaideur ayant intercepté les papiers de son adverse partie, avec une lettre adressée à sa femme, & mis des méchans papiers à la place de ceux qu'il avoit tirez ; il fut condamné à 20. livres d'amende envers le Roy, & 50. livres envers la partie. Arrêt du 11. Mars. 1634. *Boniface*, *tome* 2. part. 3. *livre* 1. *tit.* 2. *chap.* 35.

La perquisition des papiers peut être faite dans la maison de l'heritier saisi d'autres papiers, pour en faire la séparation. Arrêt du même Parl. de Provence du 7. May 1677. *Boniface*, *tome* 5. *livre* 1. *titre* 30. *chap.* 3.

PARAGE.

Voyez *hoc verbo* l'indice des droits Royaux, ou le nouveau Glossaire du Droit François, & le traité du Droit de Parage fait par M. Côme Bertet Avocat au Parlement de Paris, & Siége Presidial de Saintes, *in quarto*. A Saintes chez Jean Bichon 1647.

1 Il y a des Coûtumes qui établissent un droit de parage ; il est tel qu'un pere, ou un frere garantit la foy & hommage à ses enfans, ou à ses freres & sœurs pour une portion du fief qui leur a été donnée, sans qu'il ait été reservé sur cette portion aucun droit ni aucun hommage ; ce qui continuë jusqu'au troisiéme ou quatriéme degré. Dans la Coûtume du Maine le parage n'est établi que pour les femmes, d'autant que le bienfait des puîsnez n'est qu'un simple usufruit, & la proprieté reside en la personne de l'aîné, qui par consequent fait hommage pour luy-même. Il y a des loix communes pour le parage, qui sont qu'il n'a lieu qu'entre nobles. En second lieu, pour heritages nobles, Anjou 212. le Maine 127. En troisiéme lieu, que le parage fini le parageau tient à l'avenir l'heritage en fief du parageur, selon les articles 126. & 117. de la Coûtume de Tours, le 233. de celle du Maine, & le 228. de celle d'Anjou. En quatriéme lieu, que si durant le parage, le parageur vend à un étranger, l'acquereur tient l'heritage en fief du parageur selon la Coûtume de Blois art. 75. d'Angoumois art. 27. & d'Anjou art. 220. En cinquiéme lieu le parageau a la même Justice à proportion que le parageur selon l'article 25. de la Coûtume d'Anjou. En sixiéme lieu, un premier paragé n'empêche pas un second ; Anjou article 114 ; & ce'a ne produit point de depié de fief ni démembrement illicite. *Voyez M. le Brun en son traité des Successions*, li. 2. *chap.* 2. *sect.* 1. *n.* 101.

2 Autrefois en Normandie le parage avoit lieu entre freres, comme entre sœurs, ce que l'on remarque par un ancien Arrêt du Parlement de Paris de 1398. donné entre Guillaume Vicomte de Moulins, gardien-noble du Comte de Tancarville son frere, & Roger de Brequeville, à cause de Jeanne Campion sa femme, & le Procureur Quesnel pour l'hommage ou parage de la Baronnie de la Haye-du-Puits;

il est dit dans cet Arrêt que Robert de Mortemer avoit eu de Guillaume son frere la terre de la Haye-du Puits en premier degré de parage de la Baronnie de Varanguebec, *per consuetudinem nostræ Provinciæ Normaniæ observatam, per quam filius secundo genitus portionem hereditatis sibi ex successione paternâ obvenientem à fratre primogenito per paraguim tenere debebat usque ad sextum gradum consanguinitatis.* Voyez Basnage sur la Coûtume de Normandie, *art.* 127.

3   La vente faite par l'un des parageaux de son demi tiers à l'autre parageur, ne fait point finir le parage pour cette partie alienée, qu'il n'en est point dû de foy, ni de lods & ventes au parageur, ni à autre. *Voyez la* 33. *Consultation de M. Duplessis.*

PARAINS.

Parains ne sont tenus des alimens de leurs filleuls. *Voyez le mot* Alimens, *nomb.* 69. Filleau, *part.* 1. *tit.* 1. *chap.* 20. Papon, *li.* 18. *tit.* 1. *nomb.* 45. Despeisses, *tome* 3. *p.* 137.

Parain ne peut se marier avec sa filleule. *Voyez Despeisses, tome* 1. *p.* 258. *& le mot* Mariage.

PARALITIQUE.

Voyez les mots Malade & Testament. Peleus en la quest. 59. fait recit d'un testament d'un paralitique ne pouvant parler, & ayant neanmoins declaré son heritier par signes, en la presence de gens deputez par la Cour, lequel testament fut neanmoins declaré nul par Arrêt du 27. Octobre 1595.

PARAPHERNAL.

Biens paraphernaux, qui appartiennent à la femme outre sa dot. *Bona paraphernalia. De pactis conventis tam super dote, &c. & paraphernis. C.* 5. 14. *L.* 9. §. 3. *D. de reg. jur.* Voyez le mot Biens, *nomb.* 19. *& suiv.*

PARATA.

Ce mot est assez connu de ceux qui ont lû les formules de Marculfe avec les notes excellentes de M. Bignon, *p.* 445. il signifie les vivres qui étoient fournis en especes, *missis & Legatis principis, Ducibus, Comitibus & eorum ministris, quibus viaticum pro unuscujusque dignitate præstabatur*; comme *mansio & mansionaticum* signifie le logement, de sorte que *mansio & parata* se trouvent presque toûjours employez conjointement dans la patente qui s'appelloit *tractoria*; la fourniture des étapes qui se fait aux gens de guerre par les ordres du Roy, est proprement ce que les Chartes anciennes appellent *parata quasi cœna parata.* S. Hugues Evêque de Grenoble s'étoit reservé le même droit sur quelques Eglises de son Diocese, mais il le convertit en argent. *Salvaing de l'usage des Fiefs, ch.* 97. *p.* 491.

PARCAGE.

1 Droit de parcage est un droit que chacun des habitans tenant troupeau ou parc, doit à son Seigneur. Le sieur de Chevrieres Baron de Ferne a ce droit dans toute l'étendüe de sa Baronnie & pour iceluy, leve sur chacun des habitans tenant troupeau ou parc, un fromage de six livres; comme j'ay vû par ses titres. *Voyez Despeisses, tome* 3. *liv.* 6. *sect.* 11. *pag.* 227.

2 Arrêt du 26. Juin 1668. donné en la premiere des Enquêtes du Parlement de Bourdeaux au rapport de M. Delpech, entre George Moulard & autres Tenanciers des tenemens du Gros & Chassanac, & M. Côme Nande Prieur du Prieuré de Lartige prés saint Leonard en Limosin. Jugé que les Tenanciers étoient recevables à renoncer à un droit de Pascage, dans la Forêt du Prieur, dont la concession avoit été faite par un ancien Prieur, dans une reconnoissance du 17. Novembre 1558. & à cause de ladite concession la rente augmentée, laquelle par ledit Arrêt fut réglée à deux anciens titres de l'année 1410. *La Peirere lettre* P. *nombre* 65.

Voyez cy-aprés les mots Parcours & Pâturage.

PARCHEMIN.

Arrêt du Parlement de Paris du 22. Août 1562. faisant inhibitions au Recteur de l'Université, à peine d'amende arbitraire, dépens, dommages & interêts des parties interessées, d'entreprendre ni percevoir son droit Rectoral accoutumé sur la botte de parchemin, auparavant qu'elle soit menée en la Salle des Mathurins, vûë, visitée, prisée & estimée par les quatre Jurez. *Voyez les Chartres des Notaires, ch.* 17. *page* 757.

PARCOURS.

Voyez hoc verbo, l'*Indice des Droits Royaux*, ou le *nouveau Glossaire du Droit François*, & le Recüeil de Bouvot, *tome* 1. *p.* 71.

1 Si le Droit de parcours s'acquiert par longue possession ? *Voyez Bouvot, to.* 1. *part.* 3. *verbo Droit de parcours.*

2 Le parcours est une servitude discontinüe sur le fond d'autruy, & un droit reciproque de deux ou plusieurs Communautez voisines qui consiste à envoyer paître le bétail sur les heritages de l'un de l'autre en temps de vaine pâture; ce droit de parcours étant donc une servitude discontinuë, ne s'acquiert que par un temps immemorial. *Voyez Taisand, sur la Coûtume de Bourgogne, titre* 13. *art.* 5.

3 La Dame de Chazelle dénioit à ses habitans du même lieu qu'ils eussent droit de vain pâturage dans le pâquier appellé la Veure. Les habitans au contraire se défendoient sur un titre; lequel à la verité ils ne representoient pas : mais ils avoient pour eux une Sentence rendüe, il y avoit plus de 80. ans qui énonçoit ce titre, outre qu'ils prouvoient par témoins une possession immemoriale, de sorte qu'en cas que la Coûtume désire un titre, quand le parcours & la redevance manquent, il fut jugé que la possession immemoriale, avec un titre allegué dans un acte de Justice étoit suffisante, & même la seule possession immemoriale suffit pour établir le droit de vaine pâture : sur quoi, par Arrêt donné au Parlement de Dijon en Decembre 1560. les habitans de Chazelle furent maintenus au droit de vain pâturage dans le pâquier dont il s'agissoit. *Voyez ibidem, n.* 3.

4 Le droit de parcours n'ôte pas au proprietaire la faculté de fermer ses heritages de murailles ou de hayes pour empêcher le bétail d'y pâturer. Arrêts du Parlement de Dijon des premier Février 1595. 26. Avril 1613. & 13. May 1613. *Taisand sur la Coûtume de Bourgogne. tit.* 13. *art.* 5. *n.* 2.

PAREATIS.

1 Des *Pareatis* du grand & petit Sceau. *Voyez Despeisses, tome* 2. *pract. civ. & crim. tit.* 11. *sect.* 3. *nomb.* 8.

2 Par Arrêt du Parlement de Bretagne du 28. Septembre 1541. défenses au Sénéchal de Rennes, & tous autres Juges du Ressort de donner aucuns Mandemens ni *Pareatis. V. Du Fail, li.* 3. *chap.* 412.

3 *Pareatis* du Juge ne suffit pas pour mettre l'Arrêt d'un Parlement à execution dans le Ressort d'un autre, il faut en avoir un du Parlement où se fait l'execution. Arrêt du P. de Paris du 2. Juillet 1543. Papon, *liv.* 7. *tit.* 5. *n.* 1. où il est observé que la Cour de Toulouse n'en donne point, disant qu'il y a contract avec le Roy qui confirme le privilege de n'être point traduit ailleurs. *Voyez l'Ordonnance des Etats de Blois, article* 177.

4 Un Sergent travaillant sans *Pareatis* ne peut être arrêté, mais bien son cheval. Arrêt du Parlement de

PAR

Paris du premier Février 1543. qui confirme la faisie. Par Edit des ampliations de l'an 1586. les Sergens à cheval ont pouvoir d'exploiter par tout le Royaume sans *Visa* ni *Pareatis*. Ibidem *n.* 5.

5 Dans le Reſſort de Toulouſe un Sergent exploitant des provisions d'un autre Parlement ſans *Pareatis* peut être arrêté priſonnier, mais le *Pareatis* eſt aiſément octroyé, oüi le Procureur General du Roy en la Cour; les Juges inferieurs n'ayans tel pouvoir. *Voyez Mainard*, *liv.* 8. *chap.* 17.

6 Par Arrêt du Parlement de Paris du 12. Juillet 1552. jugé que pour executer les Commiſſions du Conſervateur des Privileges Royaux de l'Univerſité de Paris, hors la Ville de Paris, il ne faut point demander de *Pareatis*. *Bibliot. de Bouchel*, verbo *Pareatis*.

7 Il s'agiſſoit d'un Arrêt de la Cour, dont le Lieutenant de Bar-le-Duc, & le Procureur General de M. le Duc de Lorraine avoient empêché l'execution, parce qu'on n'avoit point demandé de *Pareatis*, & que l'Arrêt ne portoit point de clauſe rogatoire. M. Marion dit que le Superieur ne demande pas de *Pareatis* à l'inferieur, que M. le Duc de Lorraine tenoit le Duché de Bar en foy & hommage du Roy: les appellans reſſortiſſent à Sens ou à la Cour. Il demanda d'être reçû appellant de la procedure, & concluſt à ce qu'il fût ordonné que le Lieutenant comparoîtroit en perſonne pour défendre à cet appel, juſqu'à ce interdit, à peine de faux; & fut ordonné que la Cour verroit les pieces. M. Marion ſe releva, & la ſupplia pour la conſequence de la matiere, de la manutention en des droits du Roy, & de l'autorité de la Cour, ordonner que l'Arrêt qui interviendroit ſeroit lû en l'Audience à ce que chacun en fût averti. M. le Préſident Seguier luy fit ſeulement ſigne de la main, *quaſi annuendo*, ſans aller au Conſeil. Alors M. Servin premier Avocat General prit la parole, & dit qu'il avertiroit le Roy de ce qui ſe paſſoit en ſa cauſe particuliere. Et le 2. Mars 1599. fut lû en l'Audience aprés midy l'Arrêt qui intervint conforme aux Concluſions. *Bibliot. de Bouchel*, verbo *Pareatis*.

8 Les Juges ſubalternes ne peuvent octroyer *Pareatis* pour diſtraction de Reſſort. Arrêt du Parlement de Dijon du 6. Janvier 1606. *Bouvot*, *tome* 2. verbo *Pareatis*, *queſt.* 1.

9 Il n'eſt pas permis, en vertu d'une Commiſſion d'un Parlement d'autre Souveraineté, de permettre l'empriſonnement d'un Etranger en France. Arrêt du 4. Mars 1606. *Ibidem*, *queſt.* 2.

10 Il n'eſt pas permis aux Lieutenans Royaux de donner *Pareatis* en diſtraction de Reſſort. Arrêt du 17. Decembre 1610. *Ibidem*, *queſt.* 3.

11 Le Lieutenant au Bailliage de Châlons peut donner un *Pareatis* d'un Bailliage à un autre Bailliage du même Reſſort, & non à un autre étant d'autre Reſſort. Arrêt du Parlem. de Dijon du 28. Avril 1614. *Bouvot*, *to.* 1. *part.* 1. verbo *Pareatis*.

12 Un Lieutenant General au Bailliage ne peut octroyer *Pareatis* pour l'execution d'un Arrêt du Parlement de Paris. Arrêts de celuy de Dijon des 17. & 15. May 1619. *Bouvot*, *to.* 2. verbo *Pareatis*, *queſt.* 5.

13 On doit accorder *Pareatis* ſans oppoſition, pour executer les Arrêts des autres Parlemens. *Voyez Baſſet*, *to.* 1. *liv.* 2. *tit.* 20. *chap.* 3.

14 Si un Juge d'Egliſe donne *Pareatis*, il commet abus. Arrêt du Parlement de Grenoble du 21. Juin 1636. *V. Ibidem*, *chap.* 2. en ce cas il faut recourir au Juge Royal. Le même Arrêt eſt rapporté par *Chorier*, *en ſa Juriſprudence de Guy Pape*, p. 10.

15 Arrêt du Parlement de Provence du 7. Février 1647. qui a défendu aux Juges ſubalternes de donner aucuns *Pareatis*, pour executer les Commiſſions qui venoient hors de la Province M. le Procureur General de Gantes qui fit la requiſition allegua un Reglement de la Cour de l'année 1632. *Boniface*, *tome* 1. *liv.* 1. *tit.* 1. *nomb.* 18. Cette Juriſprudence a

PAR 15

été corrigée par l'art. 6. du tit. 17. de l'Ordonnance de 1667.

16 Les Jugemens donnez par les Juges d'une Monarchie étrangere, ſont executoires en France. Arrêt du même Parlement de Provence du 10. Mars 1687. par lequel la Cour accorda le *Pareatis*, aprés l'écheance de deux mois, ſans connoiſſance de cauſe. *Boniface*, *tome* 3. *liv.* 1. *tit.* 2. *chap.* 4.

PARENS.

Voyez les mots *Juges*, *Notaires*,& *Opinion.*
Propinquus, *Cognatus*, *Conſanguineus*, &c.
Jura ſanguinis non dirimuntur. L. 8. D. *de reg. jur.*

Les degrez de parenté ont été établis pour regler l'ordre des ſucceſſions & les mariages. De là vient la difference de compter les degrez par le Droit Civil, & par le Droit Canonique.

Voyez le mot *Degrez*, *nomb.* 2. *& ſuiv.* & cy aprés les nombres 8. *& 11.*

1 *De gradibus cognationis ſpiritualis.* Ar. *Per Berengarium Fernandum.*

2 *De falſà demonſtratione conſanguinitatis vel affinitatis in contractibus donationis. Voyez* Franc. Marc. to. 1. queſt. 884.

3 *Parentes & conſanguineos ſola profeſſio*, *& aſſeveratio non facit.* Arrêt du 14. Août 1582. Anne Robert *rerum judicat. liv.* 2. *chap.* 18.

4 L'aſſiſtance comme parent au contract de mariage, ne fait preuve de la qualité de parent, pour donner avis ſur la nomination d'un tuteur. Arrêt du Parlement de Dijon du 30. Septembre 1619. *Bouvot*, *tome* 2. verbo *Tuteurs*, *queſt.* 28.

PARENS, ALIMENS.

5 Au Parlement de Bretagne les parens juſqu'au quatriéme degré, ſont tenus de nourrir les pauvres de la famille. *Voyez* le mot *Alimens*, *nomb.* 51. *& 52.*

PARENS, ARBITRES.

6 *Voyez* le mot *Arbitres*, *nombre* 30.

PARENTÉ, EVOCATION.

7 Parenté, cauſe pour évoquer. *Voyez* le mot *Evocation*, *nomb.* 25. *& ſuiv.* & le mot *Juges*. §. *Juges parens.*

PARENTÉ POUR LES MARIAGES.

8 *De nuptiis. Inſt.* 1. 10. *ubi de affinibus & conſanguineis.*
De conſanguinitate & affinitate. D. Gr. 35. q. 1. 4. 5. & 8 . . . . 35. q. 2. & 10 . . . . Extr. 4. 14 . . . . Cl. 4. 1.
De triplici cognatione. Inſt. L. 2. 13.
De cognatione ſpirituali. Extr. 4. 11 . . . S. 4. 3.
De cognatione legali. Extr. 4. 12.
De eo qui cognovit conſanguineam uxoris ſuæ, vel ſponſæ. Extr. 4. 13 *Voyez* le mot *Mariage.*

PARENS, NOTAIRES.

9 Le 22. Mars 1550. il a été ordonné par Arrêt du Parlement de Paris, que le pere avec le fils, le frere avec le frere, l'oncle avec le neveu, le beaupere avec le gendre, ne pouvoient recevoir contracts; & ce pour obvier aux fautes, leſquelles ne ſe peuvent verifier & averer par telles perſonnes qui s'entendent enſemble. *Papon*, *liv.* 4. *tit.* 14. *nomb.* 14.

10 Par Arrêt du Parl. de Paris du 9 Juillet 1659. permis aux Notaires d'inſtrumenter pour leurs parens. *Voyez les Chartres des Notaires*, *chap* 19. p. 849.

PARENTÉ POUR LES SUCCESSIONS.

11 *De gradibus*, *& adſinibus*, *& nominibus corum.* D. 38. 10.
De gradibus cognationis. Inſt. 3. 6 . . . . Paul. 4. 11.
De ſervili cognatione. Inſt. 3. 7 . . . . Inſt. 1. 10 §. 10.
De conſanguineis & uterinis fratribus. N. 84. Succeſſion de pluſieurs freres. *Voyez* les mots *Double lien*, *Freres & Succeſſion.*

12 Preuve de parenté, ſans deſigner le degré, ſuffit pour ſucceder à un défunt, au préjudice du fiſc. Arrêt du Parlement de Paris du 4. May 1629. *Bardet*, *tome* 1. *livre* 3. *chap.* 47.

PARIAGE.

1 DEs Droits de Paitage. *Voyez l'Ordonnance des Eaux & Forêts en 1669. tit. 17.*
Voyez *hoc verbo* l'Indice des Droits Royaux par *Ragueau*, ou le nouveau Glossaire du Droit François. L'exigence de ce droit est marquée dans *La Rocheflavin, des Droits Seigneuriaux, chap. 24.*

2 Justices en pariage. *Voyez* le mot *Evêque*, *nombre* 203. *& suiv.* & les Memoires du Clergé, *to.* 3. *part.* 3. p. 224. *jusqu'à* 265. *& add. à la* 3. *part.* p. 586. *& suivantes.*

3 Droit de pariage est une espece de société entre le Roy ou quelque autre grand Seigneur, & un petit Seigneur, pour avoir, par le plus petit, protection du plus grand ; cela se pratiquoit autrefois par les Ecclesiastiques, pour avoir la protection des grands Seigneurs. Ce mot *pariage* vient *de pariatio*, qui signifie la même chose qu'association. *M. du Cange* dans son Glossaire dit que *parergium sumitur pro auxilio. La Rocheflavin*, dans son traité des Droits Seigneuriaux, a fait un chapitre de pariage qui est le 24. Il décide que le Roy qui est en pariage avec un autre Seigneur, ne peut point vendre ni aliener en aucune maniere sa part, ni rien innover aux clauses & conditions du traité. Dans les lieux où le Roy est en pariage avec quelque Seigneur, le Seigneur ne peut contraindre les vassaux & emphiteotes communs à luy faire hommage, ou passer reconnoissance sans appeller le Procureur General du Roy ou ses Substituts, afin d'obvier aux usurpations que l'on pourroit faire des Droits du Roy. *Graverol* dans ses notes sur cet endroit de la Rocheflavin, dit que ces pariages furent fort frequens dans les treiziéme & quatorziéme siécles, & qu'ils se faisoient en deux manieres, à temps ou à perpetuité ; que les premiers étoient limitez à la vie des grands Seigneurs, avec lesquels les Abbez & les Monasteres traitoient, & que souvent ils étoient renouvellez avec leurs successeurs. Il ne reste plus aucuns vestiges de ces pariages à temps ; mais ceux qui étoient à perpetuité sont demeurez dans leur force & vertu, quoique la raison de leur établissement ne subsiste plus.

Voyez Henrys, tome 1. *liv.* 3. *chap.* 3. *quest.* 39. où il parle du pariage qui a été entre l'Evêque du Puy & le Roy ; & d'un autre entre le Roy & les Evêques de Mande & de Cahors.

4 Droit de pariage dans les anciens Instrumens & Arrêts. C'est un droit de compagnie & de société, quand un Evêque, Abbé ou Eglise fait association perpétuelle avec un Seigneur temporel pour la Justice qui s'exerce sur leurs Sujets, & pour les amendes & tailles qui se levent sur eux, tel a été le pariage du Roy avec l'Evêque de Mande, dont le Registre de la Cour du 18. Juillet 1369. est chargé ; tel est le pariage d'entre le Roy & l'Evêque de Cahors pour la Jurisdiction commune : comme aussi par Arrêt des Prieurs de la Charité, Porte Saint Leon du 27. Mars 1405. apperr que les pariages des associations faites entre le Roy & ses Sujets, à la charge qu'il ne les mettra hors ses mains, doivent y demeurer, & le Roy ne peut les transporter, même en appanage ou récompense d'appanage ; tel aussi a été le pariage de l'an 1263. fait entre l'Abbaye de Luxeu & le Comte de Champagne, recité par *Pithou en ses Memoires*. Voyez la *Bibliotheque de Bouchel*, verbo *Pariage*.

5 Les Coseigneurs avec le Roy en pariage, ne peuvent proceder à leurs reconnoissances sans appeller le Procureur du Roy du lieu, s'il y en a, ou du Siege plus prochain. Arrêt du 17. May 1541. entre le Procureur General du Roy & le Syndic de l'Eglise Collegiale de Castelnaudary. Autre Arrêt du 6. May 1566. entre le même Procureur General & le sieur de Pauliac. *La Rocheflavin*, des Droits Seigneuriaux, *chap.* 1. *art.* 12.

6 Celuy qui est Seigneur en pariage avec le Roy, ne peut contraindre aucuns de ses Sujets à luy faire hommage, ou passer reconnoissance, sans à ce appeller le Procureur General du Roy, ou ses Substituts aux Sieges Royaux, comme il feroit s'il étoit avec d'autres, & ce pour obvier aux usurpations qu'on pourroit faire des Droits du Roy. Par Arrêt de l'an 1540. entre certains Seigneurs directs du païs d'Albigeois en pariage avec le Roy, il fut défendu à tous Seigneurs en pariage avec le Roy, de faire ni proceder aux reconnoissances des fiefs en pariage, sans à ce appeller le Procureur du Roy sur les lieux. Et par Arrêt du 6. May 1566. les reconnoissances faites par un Coseigneur de Versuel en Roüergue, sans avoir appellé le Procureur du Roy furent cassées. *Ibidem, chap.* 24. *art.* 2.

7 Par plusieurs Arrêts, & entre autres le 16. Février 1615. il a été jugé que le Roy étant en pariage avec un autre Seigneur, le Juge est créé alternativement. Le fait étoit que les Abbez de Simore en étant seuls Seigneurs, avoient établi le Juge du lieu, & parce que suivant les anciennes Ordonnances & Arrêts, qui avoit le Roy pour compagnon, l'avoit pour maître ; il étoit arrivé que le Juge établi par le Roy avoit exercé seul long-temps la Justice au nom du Roy & de l'Abbé, sans que l'Abbé y eût créé aucun Juge, sinon depuis quelques années ; auquel celuy mis par le Roy s'étant opposé, prétendant être Juge pour tous deux, & disant que ce seroit autrement luy ôter la moitié de son Office, & que l'Abbé se devoit contenter qu'il rendroit la Justice au nom de tous deux, offrant prêter le serment entre les mains de l'Abbé. L'Abbé disoit au contraire, qu'étant Seigneur par moitié, il pouvoit avoir un Juge ; que cela étoit décidé par l'Ordonnance de Charles IX. donnée à Orleans article 25. du Reglement de la Justice, où il est dit qu'au lieu où la Justice est exercée en commun sous l'autorité du Roy & sous le nom d'autres Seigneurs, il n'y aura qu'un Juge pour exercer l'entiere Justice, lequel y sera commis alternativement de trois ans en trois ans par le Roy ou le Sujet. *De Cambolas*, livre 4. *chap.* 2.

8 Quand un Seigneur est en pariage avec un autre, il peut faire proceder à ses reconnoissances sans appeller, & suivant l'usage. Quand il y a plusieurs Seigneurs directs, leur nombre n'est pas un obstacle à l'un d'eux, pour l'empêcher de faire sa reconnoissance generale, & de faire proceder encore, s'il le veut ainsi, à l'arpentement de tout le terroir, afin de pouvoir discerner les fiefs, comme il a été préjugé le 15. Avril 1674. Le Seigneur pariager est toûjours en droit de se faire reconnoître à son tour, sans qu'on puisse s'en dispenser, sous prétexte de la reconnoissance faite au Roy. Arrêt du 29. Janvier 1675. pour le Seigneur de Saint Jean de Vives. *Graverol sur la Rocheflavin, des Droits Seigneuriaux*, chap. 1. art. 12.

PARJURE.

1 DU parjure, des cas où il a lieu, & de la peine des parjures. *Julius Clarus*, li. 5. *sententiarum*, & les annotations qui sont à la fin de l'Ouvrage du même Auteur. §. *Parricidium*.

2 Du parjure & de sa peine. *Voyez Franc. Marc. en ses décisions du Parlement de Dauphiné*, to. 1. quest. 665.

3 Arrêt du Parlement de Paris de l'an 1553. par lequel l'amende honoraire d'un parjure a été remise en une pecuniaire de cent sols. Autre Arrêt du 2. Septembre 1576. par lequel un parjure ayant affirmé ne rien devoir, fut condamné à payer une double amende au Roy & à la Partie, oûtre le principal. *Papon*, liv. 22. tit. 12. n. 10.

4 Aprés le serment on ne peut agir pour le parjure. Arrêt du Parlement de Dijon du mois d'Août 1556. *Bouvot*, tome 1. part. 3. verbo *Parjure*.

5 Arrêt du Parlement de Provence du 1. Juin 1656. qui punit un parjure en l'amende applicable au luminaire

luminaire du Saint Sacrement. *Boniface*, to. 5. liv. 3. titre 1. chapitre 13.
Voyez le mot *Serment*.

PARLEMENT.

1. DE l'origine, pouvoir & droits des Parlemens. *Voyez* la Bibliotheque du Droit François par Bouchel, *verbo* Parlemens ; *Papon* dans son Prologue à la fin de son livre 1.
2. De la creation des douze Parlemens de France. *Voyez* l'avant-propos du Traité des criées par *Me. Bruneau*, édition de 1704.
3. *De institutione Parlamentorum Philippi IV. cognomento Pulchri*. Du Moulin, to. 2. p. 487. où est la troisiéme partie de l'ancien Stile du Parlement.
4. *De Parlamentis & eorum authorib*. Per *Jo.* Montaygne, *cum additionibus* Nicolai Boerii.
5. Ordonnance generale pour les Cours de Parlement de France. *Joly*, *des Offices de France*, to. 1. liv. 1. tit. 53. p. 323.
6. Du devoir des Présidens & Conseillers de la Cour, & de leur Charge en l'expedition & Reglement des procez, & de ce qui concerne le Corps de ladite Cour. Joly, *des Offices de France*, to. 1. liv. 1. tit. 4. pag. 24. & *aux additions*, pag. ij. iv. v. vj. *Ex. lxiij. lxxij. lxxiij. cv. cvj. & cvij*.
7. Du devoir en la Charge des Officiers du Parlement en l'expedition & reglement des procez, & de ce qui concerne le Corps de la Cour. Ordonnances de Fontanon, to. 1. liv. 1. tit. 7.
8. De l'instruction des procez en la Cour de Parlement, & quelles causes y peuvent être introduites en premiere Instance ? *V. Joly*, *des Offices de France*, to. 1. liv. 1. tit. 28. p. 288.
9. *Voyez* dans la Bibliotheque du Droit François par Bouchel, verbo *Sceaux*, plusieurs Reglemens concernans les Chancelleries des Parlemens & Présidiaux ; & *cy-dessus* le mot *Chancellerie*.
10. De la Cour de Parlement. *Voyez Du Luc*, livre 4. tit. 1. chap. 1.
11. *Voyez* Rebuffe *Procem. Concord*. sur le mot *Curias summas*, où il explique les droits & privileges du Parlement.
12. Des privileges, immunitez & exemptions des Officiers des Parlemens. *Voyez* la Rochestavin, *des Parlemens de France*, livre 10. Le même Auteur a fait un traité curieux des Parlemens de France, de leur origine & institution. Il a été imprimé à Bourdeaux en 1617.

A ces Livres, il faut ajoûter *Vincentius Lupanius*, *Comment. de Magistratibus & Præfecturis Francorum*, Fauchet dans son livre intitulé, *Origine des Dignitez & Magistrats de France* ; le Discours fait par *Charles de Figon*, tant du Gouvernement que de la Justice ; Barthelemy Chassanée *de Præsidibus Parlamenti*, p. vij. Catal. *gloria mundi* ; Chenu, *des Offices de France* ; le Memoire de Pierre Miraumont, *sur l'origine & institution des Cours Souveraines* ; Joly, *des Offices de France*, to. 1. li. 1. tit. 1. & *aux additions*, p. j. ij. *jusqu'à la* cv. Coquille, to. 2. *en son Institution au Droit Franç*. p. 2.

13. Anciennement le Parlement suivoit le Roy, & n'avoit la Justice souveraine. Le Roy Philippes de Valois l'a fait établir sedentaire & ordinaire en la ville de *Paris*, d'autres attribuent cette institution à Loüis Hutin, fils du Roy Philippes le Bel en l'an 1315. lequel Philippes aussi en l'an 1302. avoit ordonné que le Parlement tiendroit deux fois l'an en la ville de Paris. Ce Parlement de Paris est le plus ancien. Celuy de Toulouse a été fait sedentaire en 1443. par Charles VII. Celuy de Dijon en 1476. par Loüis XI. Celuy de Roüen en 1499. par Loüis XII. au lieu de l'Échiquier. Celuy d'Aix en 1501. par le même Roy. Celuy de Bretagne en 1553. par Henry II. Celuy du Duché d'Aquitaine, qui est de present à Bourdeaux dés l'an 1502. a été premierement établi en la ville de

Tome III.

Toulouse, avec celuy du païs de Languedoc par Charles VII. Bibliotheque de Bouchel, verbo *Parlement* ; & *cy-après le nombre* 16. & *suivans*, où il sera parlé de chaque Parlement suivant l'ordre alphabetique.

14. Ordre & ceremonies observés aux Parlemens, lorsque les Rois y prennent séance. *Voyez* Filleau, part. 3. tit. 11. chap. 9. & *suivans*.
15. En 1460. le 7. Août la Cour de Parlement de Toulouse avertie de la mort du Roy, délibera & conclut qu'attendant nouvelles du bon plaisir du Prince nouvellement venant à la Couronne, l'on ne tiendroit Audience ni Plaidoirie, ni prononceroit Arrêt ; mais seroient mis sur le Bureau les procez étans prêts à vuider. Et neanmoins s'il survenoit affaire requerant nouvelle provision, la Cour y procederoit par Lettres & Mandemens intitulez, *les Gens tenans le Parlement Royal de Toulouse*, & se scelleroit seulement du Sceau d'icelle Cour, sans faire mention du Roy défunt ni nouveau son successeur. Papon, liv. 4. tit. 2. nomb. 2.

PARLEMENT D'AIX.

16. Le Parlement de Provence séant à Aix fut établi par le Roy Loüis XII. en 1501. Il est le septiéme Parlement de France.
17. Du Parlement d'Aix en Provence. *Voyez* le Recüeil des Ordonnances par Fontanon, to. 1. liv. 1. tit. 20. p. 101. & Joly, *des Offices de France*, tome 1. liv. 1. tit. 60. p. 472. & *aux additions*, p. ccx.
17 bis. Les Parlemens Juges d'équité, & sommairement ; les autres Juges n'ont pas ce privilege. *Voyez les questions* 29. 98. & 110. *de Guy Pape*, & Chorier, p. 75.
18. L'Archevêque d'Aix prétendoit faire entrer sa croix dans la Chambre de l'Audience, l'on s'y opposa. M. l'Archevêque d'Aix fit donner assignation au Procureur General ; sur cette assignation le Parlement délibera ; il fut resolu, attendu ce qui a été fait lors par le Procureur General du Roy, & par luy ordonné aux Huissiers, de ne laisser entrer la croix d'un Archevêque dans la Grand'Chambre de l'Audience, ains de la faire tenir à la Chapelle qui est à l'entrée d'icelle, fut par l'exprés commandement de la Cour qui l'en chargea pour la conservation de l'autorité du Roy, & empêcher l'entreprise que ledit Archevêque vouloit faire, chose qu'aucun de ses predecesseurs n'avoit ni tentée, ni seulement pensée, n'étant permis à personne d'entrer avec marque de Jurisdiction aux lieux qui sont gardez par les Huissiers; a ordonné & ordonne que seront faites & envoyées tres-humbles remontrances à Sa Majesté de la part de ladite Cour, pour luy faire entendre l'importance de ce fait, & quel danger apporteroit à la seureté de son Etat, & quelle diminution à l'autorité de sa Justice, s'il falloit que des Procureurs Generaux allassent répondre ailleurs qu'esdites Cours où ils sont établis, de ce qu'ils font en leurs Charges pour la conservation des droits de sa Majesté, & execution des Ordonnances desdites Cours, & en cas que par lesdites remontrances Sa Majesté ne demeurât amplement instruite & satisfaite, & ne luy plût décharger ledit Procureur General de ladite assignation, seront députez un Président, deux Conseillers, & un des Avocats & Procureur Generaux du Roy, pour aller vers sadite Majesté, pour la pleinement informer de la verité & importance de cette affaire, & neanmoins luy representer les entreprises qui se font journellement contre ses droits & son autorité, & desquelles il ne peut lever la connoissance à ladite Cour, sans mettre la Province, & tout en si evident danger d'une entiere ruine, jusqu'à ce que sur lesdites remontrances faites par écrit & de bouche, Sa Majesté ait déclaré sa volonté, ladite Cour a fait inhibitions à sondit Procureur General de comparoître à ladite assignation. Cet Arrêt est du 14. Decembre 1614. ensuite sont les remontrances dressées par M. Du Vair

lors Premier Président d'Aix, sur la poursuite faite au Conseil de Sa Majesté. *Voyez le* 1. *tome des Preuves des Libertez, chap.* 7. *n.* 64.

19 Arrêt de Reglement du Conseil d'Etat entre le Gouverneur de Provence & la Cour de Parlement d'Aix du 8. Mars 1635. pour l'exercice de la Jurisdiction. *Boniface, tome* 3. *liv.* 1. *tit.* 5. *chap.* 1.

20 Edit portant que le Parlement de Provence sera tenu par deux séances, & ouvertures Semestres; suppression à perpetuité de la Chambre des Requêtes dudit Parlement, commutation des Officiers desdites Requêtes en Officiers dudit Parlement, creation d'autres Offices pour composer avec lesdits Officiers des Requêtes le Semestre de Janvier; rétablissement aux Officiers de Sénéchaussées, Vigueries, & autres Jurisdictions subalternes du Ressort de ladite Cour, de leur ancien pouvoir & Jurisdiction: creation de quatre Offices d'Huissiers en chacune desdites Sénéchaussées, & Vigueries, & d'un Sergent Royal en chacune des autres Jurisdictions du Comté de Provence, Forcalquier, & Terres adjacentes. A Fontainebleau en Octobre 1647. publié au Sceau le 27. Novembre de la même année. *Table Chronologique des Ordonnances par M*^e. *Blanchard.*

21 Resultat des Deliberations de Messieurs du Parlement d'*Aix* prises au sujet des Mercuriales présentées à la Cour par Messieurs les Gens du Roy au mois d'Août 1676. & 1677. *Voyez Boniface, to.* 3 *p.* 75. il y a en cet endroit tout ce qui concerne la discipline & ordre entre les Officiers du Parlement. *Voyez le même Auteur au même tome* 3. *p.* 67. où est un Reglement general pour le Parlement de Provence, Chambre des Comptes, & Cour des Aydes concernant leur Jurisdiction.

22 Declaration qui abroge l'usage établi dans le Parlement de Provence, de faire rapporter les Conseillers après leur résignation. A S. Germain en Laye le 12. Juillet 1680.

Voyez cy-après le nombre 85.

PARLEMENT DE BESANÇON.

21 Le Roy rétablit en 1674. le Parlement de Franche-Comté à Dole. Il est presentement à Besançon.

bis.

PARLEMENT DE BOURDEAUX.

23 Le quatriéme Parlement de France est celuy de Bourdeaux, institué par le Roy Loüis XI. en 1462. Il comprend le Perigord, le Limosin, le Bourdelois, les Landes, la Saintonge, le Basadois, la haute Gascogne, partie de la Biscaye, & le Medoc.

24 Du Parlement de Bourdeaux & de son Ressort. *Voyez Fontanon, to.* 1. *liv.* 1. *tit.* 18. *p.* 94. *& Joly, des Offices de France, tome* 1. *liv.* 1. *tit.* 56. *p.* 349. *& aux additions p. clxxxix.*

25 Declaration du Roy du 22. Janvier 1685. portant Reglement sur quelques points de la discipline interieure du Parlement de Guyenne. *Voyez les Edits & Arrêts recueillis par l'ordre de M. le Chancelier en* 1687.

Voyez cy-après le nombre 38.

PARLEMENT DE BRETAGNE.

26 Le huitiéme Parlement de France est celuy de Bretagne, qui est Semestre; il fut établi l'an 1553. à Rennes par le Roy Henry II. il fut transferé à Vannes en 1675. & depuis remis à Rennes.

Du Parlement de Bretagne. *Joly, des Offices de France, to.* 1. *li.* 1. *tit.* 61. *p.* 358. *& aux additions p. ccx.* & Fontanon, *to.* 1. *li.* 1. *tit.* 21. *p.* 107.

PARLEMENT DE DIJON.

27 Le cinquiéme Parlement de France est celuy de Dijon, pour la Bourgogne; il fut institué par le Roy Loüis XI. en 1476. & fut rendu sedentaire par le Roy Charles VIII. en 1494.

Du Parlement de Dijon en Bourgogne. *Voyez Joly, des Offices de France, to.* 1. *liv.* 1. *tit.* 57. *p.* 360. *& aux additions page cxoij. & suiv.* & le Recueil de Fontanon, *to.* 1. *liv.* 1. *tit.* 19. *p.* 98.

PARLEMENT DE DOMBES.

Voyez le mot *Dombes.*

PARLEMENT DE GRENOBLE.

28

Le troisiéme Parlement de France est celuy de 29 Grenoble. Il comprend le Dauphiné. Il eut premierement le nom de Conseil Delphinal, & le Roy Charles VII. l'établit en Parlement, l'an 1453.

Du Parlement de Grenoble. *Voyez Joly, des Offices de France, to.* 1. *liv.* 1. *tit.* 59. *p.* 426. *& aux additions p. ccix. & Chorier, en sa Jurisprudence de Guy Pape, page* 67.

Par le Statut du Gouverneur Jacques de Montmaur 30 de l'an 1399. & par celuy de Guillaume de Loire de l'an 1400. le Parlement de *Grenoble* connoît de même en premiere Instance du Domaine des Droits Royaux, de la Regale, des causes & des interêts des Archevêchez, Evêchez, Chapitres, Abbayes, Commanderies de S. Jean de Jerusalem, Comtez, Baronnies, Villes & Communautez, & des excés, crimes, délits & salaires des Officiers, suivant la disposition de l'Ordonnance d'Abbeville dans les articles 23. & 24. *Voyez Chorier, en sa Jurisprudence de Guy Pape, p.* 80.

Arrêt de Reglement du Parl. de Grenoble du 18. 31 Juillet 1633. qui ordonne entre autres choses, que les Présidens, les Conseillers & les Gens du Roy, ne paroîtront en public qu'en robe longue, en soutane & en long manteau; qu'ils ne porteront que des habits noirs, & ni or ni argent; que le Parlement étant séant, ils ne recevront qu'en habits longs les parties dans leurs maisons; qu'ils ne fréquenteront ni les Cabarets ni les Académies publiques de jeux de cartes & de dez; qu'ils ne solliciteront ni ne recommanderont aucuns procez que pour leurs proches parens, ou pour leurs alliez; enfin qu'ils ne feront aucune action qui ne soit digne d'Officiers de Cours Souveraines, à peine pour la premiere contravention de 50. livres, de 100. livres pour la seconde, & pour la troisiéme interdiction pendant trois mois. Ce Reglement est rapporté *Ibidem, page* 72.

Permis au Parlement de *Grenoble* de juger les pro-32 cez à l'extraordinaire, pourvû que les parties y consentent, & qu'elles ne soient du Ressort. *V. Basset, to.* 1. *liv.* 2. *titre* 4. *ch.* 2.

Voyez cy-après le nombre 86.

PARLEMENT DE METS.

En 1633. Loüis XIII. institua le Parlement de Mets, 33 qui est le dixiéme Parlement de France, pour le païs Messin & pour Mets, Toul & Verdun.

Du Parlement de Mets. *Joly, des Offices de France; to.* 1. *liv.* 1. *tit.* 63. *& aux additions p. ccxxiij.*

PARLEMENT DE PARIS.

Le Parlement de Paris est le premier de tous les 3 Parlemens, il fut ambulatoire jusqu'au regne de bis. Philippes le Bel, qui le déclara sedentaire à Paris, par Edit de l'an 1302. Ceux qui présidoient étoient alors nommez Maîtres du Parlement; Philippes de Valois par Edit de 1344. les honora du titre de Présidents. Le premier fut Simon le Buon.

Le Parlement de *Paris* connoît des droits de Regale, & des Pairies, privativement aux autres Parlemens. Il connoît aussi en premiere Instance, tant au Civil qu'au Criminel, des causes des Pairs de France, & des droits de leurs Pairies, qu'ils tiennent en appanage de la Couronne; des causes de l'Université de Paris, & de plusieurs autres Communautez qui y ont leurs causes commises; des causes où Monsieur le Procureur General est partie; des procez criminels des principaux Officiers de la Couronne, & des Présidens & Conseillers de la Cour; des crimes de leze Majesté, contre toutes sortes de personnes; de la confirmation des privileges des Villes & Communautez; des interpretations & reformations des Coûtumes; de la verification des Edits, Ordonnances & Declarations des Rois de France.

PAR PAR 19

Le Parlement de Paris reçoit aussi le serment des Ducs & Pairs, des Baillifs & Sénéchaux, & de tous les Juges & Magistrats, dont les appellations se relevent immédiatement pardevant luy. Il est composé de sept Chambres, qui sont la Grand'-Chambre, les cinq Chambres des Enquêtes, & la Chambre de la Tournelle.

Les Provinces du Ressort de ce Parlement sont l'Isle de France, la Beausse, la Sologne, le Berry, l'Auvergne, le Lyonnois, le Forêts, le Beaujolois, le Poitou, l'Anjou, l'Angoumois, le Maine, le Perche, la Picardie, la Brie, la Champagne, la Touraine, le Nivernois, le Bourbonnois, & le Mâconnois.

34 Du Parlement de *Paris*, & autres Parlemens du Royaume. *Voyez Coquille*, to. 2. en son *Institution au Droit François*, *page* 2.

Voyez le Recueïl de *Fontanon*, to. 1. liv. 1. tit. 2. p. 9. & Joly, *des Offices de France*, to. 1. liv. 1. tit. 1. *& aux additions*, p. i. ij. *jusqu'à la* cv. *& tit.* 15. *p*. 199.

35 De l'étenduë du Parlement de Paris & de ses anciens Ressorts. V. *Corbin*, *traité du Patronage*, to. 1. *chapitre* 1.

36 Le Parlement de Paris connoissoit anciennement & en certains cas des appellations de la Chambre des Comptes. *Papon*, *liv*. 4. *tit*. 6. n. 4.

37 Archevêques & Evêques, s'ils ne sont Pairs de France, hors l'Evêque de Paris & l'Abbé de Saint Denis, n'ont séance au Parlement au rang des Conseillers. Arrêt du 27. Avril 1463. L'Abbé du Cluny & l'Ambassadeur d'Autriche y ont été reçus en 1482. *Ibidem*, *nomb*. 11.

38 En l'an 1464. ceux du Parlement de Bourdeaux voulurent contraindre les Sujets de la Comté d'Angoulême de ressortir au Parlement de Bourdeaux; mais par Arrêt du Grand Conseil, il fut expressément ordonné qu'attendu les droits de parties, desquels le Roy & le Grand Conseil furent alors informez, les Sujets du Comté d'Angoulême ressortiroient au Parlement de Paris, nonobstant que ledit Comté fût és fins & limites du Ressort du Parlement de Bourdeaux. *Voyez le Recueil des Plaidoyers notables*, p. 57.

39 Ordonnance du Roy en l'an 1465. que les Présidens & Conseillers de Paris & de Toulouse se trouvant d'un Parlement en l'autre, y seroient reçus, & donneroient conseil; & de même que s'ils étoient du Corps du Parl. Messieurs de Paris ne voulurent le verifier, prétendans qu'ils avoient de tout temps ce droit sur les Parlemens, mais non les autres sur eux. De là vint que le 6. Août 1466. la Cour de Toulouse ordonna que les Présidens ou Conseillers de Paris venant à Toulouse n'entreroient point au Conseil, & ne seroient point reçus à assister avec eux jusqu'à ce que le Parlement de Paris eût obéï à l'Ordonnance. Maintenant on n'en fait difficulté. *Voyez Mainard*, li. 2. *de ses quest. ch.* 14. *Papon*, *li*. 4. *tit*. 6. *nomb*. 9.

40 Le 5. Février 1532. il fut conclu en la troisième Chambre des Enquêtes, que désormais Messieurs tiendront depuis la saint Martin jusqu'à Pâques, à sept heures du matin, & entreront en ladite Chambre ladite heure sonnante; & depuis Pâques jusqu'à la fin du Parlement à 6. heures sonnantes; & ayant dîné à trois heures, & en Carême à 4. heures lesdites heures sonnantes, & où mesdits sieurs ne se trouveront à chacune des heures & selon ladite forme, ils & chacun d'eux défaillans payeront pour chacune fois 5. s. tournois, laquelle somme sera mise entre les mains d'un de mesdits sieurs qui auront charge de faire recette des espices communes, & d'icelle somme sera faite distribution entre tous, & aussi se prendra ladite somme & amende sur la part du défaillant à luy dûë sur les épices communes; toutefois cette Ordonnance n'aura pas lieu contre les excusez. *Bibliot. de Bouchel*, verbo *Entrée en la Cour*.

41 Le Parlement de Paris a été souvent le mediateur

& le Juge sans reproche des differends entre les Souverains, & les têtes Couronnées; les Historiens en fournissent plusieurs exemples; les Ducs & Comtes d'Italie y ont été mandez pour rendre raison de leurs déportemens. Nos Rois s'étant reservé toute souveraineté aprés la conquête d'Italie; Tassillon Duc de Baviere fut obligé d'y venir, pour se purger du crime de rebellion que l'on luy imposoit. Ce fut ce Parlement qui decreta ajournement personnel contre l'Empereur Charles Quint en l'an 1536. Edmond rapporte qu'un Pape ayant excommunié le Comte de Toscanelle Formose Evêque du Port, le Pape fit porter au Parlement son procez verbal de ce qu'il avoit fait; les Rois étrangers y ont quelquefois envoyé leurs accords & contracts pour y être omologués, & les Rois de France même y ont souvent perdu leur cause quand elle n'a pas été trouvée juste. *Bibliot.Can.* to. 2. p. 414.

42 Statuons & ordonnons qu'en tous actes & assemblées publiques qui seront faites en nôtre Ville de Paris, & hors d'icelle, où lesdites assemblées se feront par nôtre Ordonnance & Commandement; nôtre Cour de Parlement ira & marchera la premiere, & aprés elle immediatement ira & marchera nôtre Chambre des Comptes, & aprés ladite Chambre marchera nôtre Cour des Aydes, & aprés, la Chambre de nos Monnoyes, & aprés elle, le Prévôt de Paris & Officiers du Châtelet, & aprés eux le Prévôt des Marchands & Echevins; & Officiers de nôtre Ville de Paris; chacun à part & separément, sans que l'un cottoye ni ne puisse cottoyer l'autre, ni se mêler. *Donné au mois d'Avril* 1557. *Fille* un, *part.* 3. *tit.* 11. *ch.* 49.

43 Sur l'Edit du rétablissement du Parlement en la Ville de Paris, aprés la réduction d'icelle. *Voyez la huitième action de M. le Bret, pour l'enregistrement des Lettres patentes en* 1594.

44 Le Parlement de Paris avoit par un Arrêt invité les Princes, Ducs, Pairs, & Officiers de la Couronne ayant séance, à voix deliberative de s'y trouver pour aviser aux propositions qui seroient faites pour le service de sa Majesté, soulagement de ses sujets, & bien du Royaume. Arrêt du Conseil d'Etat du 23. May 1615. qui casse & déclare nul celuy du Parlement, luy défend de s'entremettre à l'avenir des affaires d'Etat, sinon quand il luy sera commandé; & afin que la memoire de cette entreprise soit éteinte, ordonne que l'Arrêt, ensemble les remontrances soient biffées & ôtées des Reglemens, le Greffier tenu de les apporter à Sa Majesté, à peine de perdre son Office, se réservant Sa Majesté de pourvoir aux plaintes & remontrances. Les Edits seront envoyez à tous les Parlemens, & autres Cours Souveraines pour les verifier, & y faire les remontrances qu'ils jugeront en leur conscience devoir être utiles au public; lors elle les recevra volontiers, les mettra en consideration, & y aura autant d'égard qu'il sera requis pour témoigner le soin que Sa Majesté veut avoir du bien & soulagement de ses sujets. *Voyez la Bibliot. de Bouchel*, verbo *Remontrance*.

45 Declaration du 6. Juillet 1680. portant reglement sur les differends d'entre le Parlement de *Rouen* & la Chambre des Requêtes. *Voyez les Edits* & *Arrêts imprimez par l'ordre de M. le Chancelier p*. 137.

46 On ne peut pas évoquer au Parlement de Paris les causes de Pairie, même pour le fait des parentez & alliances de Messieurs les Ducs & Pairs. Arrêt du Conseil privé du 10. Mars 1694. *Journ. des Audiences*, *to*. 5. *liv*. 10. *ch*. 8

PARLEMENT DE PAU.

47 Le neuvième Parlement de France est celuy de Pau, qui comprend les Evêchez de Lescar & d'Oleron, il fut établi en 1519. par Henry II. Roy de Navarre, Prince de Bearn, & fut rétabli en 1621. par le Roy Loüis XIII.

Du Parlement de Pau. *Voyez Joly des Offices de*

Tome III. C ij

France, tome 1. liv. 1. tit. 62. page 594. & aux additions, *page ccxiv.*

Parlement de Roüen.

48 Le sixième Parlement de France est la Cour Souveraine de Normandie à Roüen, reglée sous le nom d'Echiquier par le Roy Philippes *le Bel* en 1302. elle fut renduë perpetuelle par le Roy Loüis XII. en 1499. & reçut du Roy François premier le nom de Parlement l'an 1515.

Edit du Roy Loüis XII. portant érection & établissement d'un Parlement en la Ville de Roüen, pour le Pays & Duché de Normandie, au lieu de l'Echiquier qui avoit accoûtumé tenir audit pays, avec suppression de la Cour de la grande Sénéchaussée, & l'établissement du Sceau en iceluy. Donné au Moutils sous Blois, au mois d'Avril l'an de grace 1499. Cet Edit avec ceux concernans la création & érection des Chambres des Requêtes & de l'Edit sont rapportez par *Berault à la fin du 2. to. de la Coût. de Norm.*

Voyez Fontanon tome 1. liv. 1. tit. 22. p. 115. & *Joly, des Offices de France*, to. 1. liv. 1. tit. 58. page 396. & *suiv. & aux additions, p. cxcvj.*

49 Declaration portant reglement pour les differends qui sont entre le Parlement & la Chambre des Requêtes du Palais de la Ville de Roüen. A Fontainebleau le 6. Juillet 1680. Registrée le 9 Août de la même année.

Parlement de Toulouse.

50 Le second Parlement de France est celuy de Toulouse. Il fut institué par le Roy Philippes *le Bel* en 1302. & rendu sédentaire par le Roy Charles VII. en 1443. Il a sous sa Jurisdiction le Languedoc, le Vivarais, le Velai, le Gevaudan, l'Albigeois, le Quercy, le Roüergue, le Lauragais, le Pays de Foix, & partie de la Gascogne. Les Conseillers du Parlement de Paris prétendent avoir droit de séance dans les autres Parlemens. Le Roy Charles VII. permit en 1454. aux Conseillers de Toulouse d'avoir même droit au Parlement de Paris, où l'on refusa de verifier l'Ordonnance. La Cour de Toulouse donna un Arrêt en 1466. par lequel elle protesta que les Conseillers de Paris ne seroient point reçûs à Toulouse, qu'ils n'eussent satisfait à l'Ordonnance.

Du Parlement de Toulouse, & de son Ressort. *Joly des Offices de France*, tome 1. liv. 1. tit. 54. page 315. & *aux additions, page clxxix. & suiv. & le Recüeil des Ordonnances de Fontanon*, tome 1. livre 1. tit. 18. page 94.

51 Commission du Roy au Parlement de *Toulouse* pour faire le procez au Parlement de *Bourdeaux*, à cause de sédition & émotion populaire. *Voyez* la *Rochestavin, liv. 13. chap. 10. p. 721.*

52 Arrêt du Parlement de Toulouse du 4. Avril 1463. qui fait défenses au Sénéchal de plus entreprendre cour ou connoissance sur les Clercs, Serviteurs, Domestiques des Présidens & Conseillers, mais de faire apporter en la Cour toutes les charges qu'il avoit contr'eux pour en faire justice. Du Moulin dit que cet Arrêt est injuste, & ne s'observe point à Paris. Papon, *liv. 5. tit. 12. n. 8. &* Mainard, *liv. 2. chap. 21. de ses quest.*

53 De la forme qu'on a accoûtumé d'observer en la nomination de l'Office de premier Président au Parlement de Toulouse. *Cambolas, liv. 6. chap. 25.*

54 Arrivée du Roy Loüis XIII. en Languedoc en Septembre 1632. où il tint les Etats, & vint après à Toulouse faire faire le procez à Monsieur de Montmorency. *Voyez ibidem chap. 37. où est marqué la* séance des Cours.

55 Dans le *Recüeil des Arrêts du Conseil d'Etat* donnés en interpretation des nouvelles Ordonnances, il y en a un du 23. Septembre 1668. qui est un Reglement notable entre la Grand' Chambre du Parlement de Toulouse & les Enquêtes pour l'execution des articles 24. & 28. titre 11. & art. 34. tit. 35. de l'Ordonnance de 1667. par lequel le Roy ordonne qu'aprés que les Requêtes civiles auront été appointées, elles seront renvoyées aux Chambres, où les Arrêts auront été rendus pour y être instruites, jugées, encore que lesdites Requêtes fussent fondées sur la contrarieté des Arrêts, que l'instruction des procez par écrit sera faite dans la Chambre des Enquêtes où ils auront été distribuez, que les incidens & interventions, demandes en excez, incidentes au civil jusqu'à la confrontation exclusivement, & les défauts criminels seront aussi portez, instruits, & jugez en la maniere prescrite par l'Ordonnance de 1667. ès Chambres où les procez seront pendans, que les executions des Arrêts, même les decrets des biens saisis en execution d'iceux, & les oppositions des tiers, & les appels des Ordonnances & procedures des Commissaires executeurs des Arrêts seront aussi portées, instruites & jugées aux Chambres où les Arrêts auront été rendus ; ordonne sa Majesté que ladite Grand' Chambre connoîtra par provision, & jusqu'à ce que sa Majesté y ait pourvû par un Reglement general, de tous les appels des taxes de dépens ajugez ausdites Chambres des Enquêtes, comme aussi de l'instruction de tous les procez par écrit relevez par appel audit Parlement, jusqu'à la distribution qui en sera faite ausdites Chambres des Enquêtes, & pour ce qui concerne l'indemnité prétenduë par ladite Grand' Chambre sur les procez par écrit, à cause du jugement fait en son ancien partage, en consequence de sadite Ordonnance & dudit Arrêt du mois d'Avril dernier, a sa Majesté ordonné & ordonne qu'il en sera déliberé dans l'assemblée des Chambres dudit Parlement, pour la déliberation prise en ladite assemblée, & rapportée à sa Majesté, être pourvû ainsi que de raison.

Bornier rapporte une partie de cet Arrêt sur l'article 24. au titre 11. de l'Ordonnance de 1667.

56 Declaration portant que les Conseillers du Parlement de Toulouse ne pourront travailler sans être assistez d'un Président, à S. Germain en Laye le 10. Mars 1681.

Voyez cy-après le nombre 83.

Parlement de Tournay.

57 Messire Mathieu Pinault, Seigneur des Jaunaux, Président à Mortier de ce Parlement, a fait un Recüeil des Arrêts qui y ont été rendus depuis le 23. Octobre 1693. jusqu'à la fin de 1699.

Evesques aux Parlemens.

58 *Voyez* le mot *Evêque*, nomb. 204. *& suiv. & cy-dessus le nomb.* 37.

Les Archevêques & les Evêques ont entrée & séance dans les Audiences ; mais il faut qu'ils s'y presentent en rochet & en camail, suivant le Reglement & l'arrêté du mois de Mars 1558. *Voyez* Chorier en *sa Jurisprudence de Guy Pape.*

59 Arrêt du Parlement de Toulouse du onze Janvier 1469. portant que les Evêques ou Prélats, quand même ils seroient Conseillers du Parlement de Paris, ne seroient plus reçûs à assister aux déliberations de la Cour. Papon liv. 4. tit. 6. n. 10.

60 Les Comtes ou les Conseillers du Conseil d'Etat n'ont point séance ni voix déliberative au Parlement de Toulouse. Arrêt de ce Parlement du 4. Juillet 1576. Cependant la séance & voix déliberative furent accordées à M. Dubourg, Evêque de Rieux, parce qu'il avoit été Maître des Requêtes, étoit fils d'un Chancelier de France, & avoit eu le même honneur à Paris. Mainard to. 1. liv. 1. ch. 8.

61 Arrêt du Parlement de Provence du 5. Decembre 1639. qui a déclaré que les Evêques en cette qualité peuvent porter leurs causes au Parlement en premiere instance en actions personnelles. Boniface, tom. 1. liv. 1. tit. 13. n. 1.

Parlement, Grand Conseil.

62 Arrêt du 17. Février 1499. qui ordonne qu'un ap-

PAR

pellant du Grand Conseil seroit reçû à la Cour. D'autre part quand les parties alleguent qu'elles sont de divers Parlemens, la Cour renvoye au Grand Conseil. Arrêt du 10. Janvier 1563. *Papon*, *liv.* 4. *tit.* 6. *nomb.* 5.

63   La Cour doit être mise devant le Grand Conseil. *Voyez du Luc*, *liv.* 4. *tit.* 1. *ch.* 11. & le mot, *Grand Conseil.*

JURIDICTION DES PARLEMENS.

64   *De quibus causis Curia Parlamenti cognoscere consuevit.* Du Moulin, to. 2. pag. 470. & suiv. & l'ancien stile du Parlement.

65   A Messieurs du Parlement appartient, privativement à tous autres Parlemens, la connoissance des Offices, comme fut jugé en un appel des Maîtres des Requêtes de l'Hôtel, qui avoient mis les procedures faites au Parlement de Rouën au neant, & retenu la connoissance de deux plaidans d'un Office de Verdier de Normandie le 15. May 1564. *Papon*, *liv.* 4. *tit.* 6. *n.* 8.

66   Les parties qui ont terminé leur procés par transaction, ne peuvent regulierement se retirer d'abord en la Cour, pour y demander cassation de la transaction, au moyen de laquelle le procés qui y étoit pendant, demeurant fini, il n'y a plus d'instance; elles doivent se retirer pardevant les Officiers ordinaires des lieux, neanmoins par Arrêt du 13. Février 1631. il fut dit, à cause de la pauvreté des parties, qu'elles procederoient en la Cour. Cet Arrêt est rapporté par *Boné*, *part.* 2. *pag.* 124. *Arr.* 51.

67   Arrêts du Parlement de Provence des 21. Novembre 1639. & 7. May 1647. qui permettent aux veuves pauvres de porter leurs causes au Parlement en premiere instance, & non aux riches. *Boniface*, to. 1. *li.* 1. *tit.* 13. *n.* 2.

68   Par autre Arrêt du 21. Janvier 1658. il fut dit que les Artisans, quoique pauvres, ne peuvent porter leurs causes au Parlement en premiere instance; mais bien les personnes pauvres & miserables. *Ibidem*, *n.* 3. & cy-aprés, *n.* 73.

69   Le 26. Janvier 1657. il fut déclaré que la Cour de Parlement connoît des causes criminelles des Juges souverains. *Ibidem*, *n.* 5.

70   La Cour de Parlement connoit en premiere instance des causes des Communautez. Arrêt du 18. Juin 1665. *Ibidem*, *n.* 4.

71   Arrêt du 28. Mars 1670. qui a jugé que les Religieux portent leurs causes en premiere instance au Parlement. *Boniface*, to. 3. *liv.* 1. *tit.* 5. *ch.* 9.

72   Jugé le 15. Decembre 1671. que la connoissance des Dîsmes appartient au Parlement, ou aux Lieutenans des Sénéchaux, & qu'il connoît de l'execution d'une transaction faite sur un procez qui étoit pendant au Parlement. *Ibidem*, *ch.* 15.

73   Arrêt du 7. Decembre 1676. qui a jugé que les pauvres personnes & miserables qui plaident en premiere instance pardevant la Cour de Parlement, doivent être mandians. *Ibidem*, *ch.* 8.

74   Jugé au même Parlement de Provence le 28. Février 1684. qu'un fils maltraité de son pere, & qui est en un état pitoyable, peut porter sa plainte au Parlement en premiere instance. *Boniface*, *ibid. ch.* 10.

PARLEMENT, PRESE'ANCE.

75   De la préséance & du rang qui se tient entre les Officiers du Parlement, & les Princes qui y viennent. Voyez *Henrici Progymnasmata*. Arrêt 41. il est de 1556.

76   Declaration portant que dans les assemblées publiques, le Parlement ira le premier, aprés luy la Chambre des Comptes, &c. A Villiers-Cotteretz en Avril 1557. registrée le 11. May suivant. *Joly*, *addit. to.* 1. *pag.* 97. *Constans*, *pag.* 110. *Filleau*, *part.* 3. *tit.* 11. *ch.* 49. *p.* 511.

77   De la séance & rang que les Conseillers de divers Parlemens ont, lors qu'ils sont assemblez pour quelques commissions extraordinaires du Roy. *Cambolas*, *liv.* 5. *ch.* 18.

PAR 21

78   Entrée du Roy Loüis XIII. dans Toulouse, & du rang & séance que la Cour de Parlement, & autres Corps & Communautez de la Ville ont accoûtumé de tenir en cette ceremonie, du 16. Novembre 1621. *Cambolas*, *liv.* 4. *ch.* 32.

79   Arrêt du Parlement de Provence du 25. Juin 1677. qui a jugé que Messieurs du Parlement en corps doivent occuper les premieres places aux Chœurs des Eglises aprés les Dignitez. *Boniface*, *tome* 3. *liv.* 1. *tom.* 5. *ch.* 12.

PRESIDENS DU PARLEMENT.

80   Le 27. Janvier 1463. la Cour allant au devant du Prince, un des quatre Présidens manqua, il fut dit que le plus ancien Conseiller le remplaceroit, & seroit vêtu de même sorte. *Papon*, *liv.* 4. *tit.* 6. *nombre* 10.

81   Le premier Président du Parlement de Toulouse se trouvant à Paris pour affaire, ayant une declaration du Roy pour assister & opiner au Parlement de Paris, il fut dit le 22. Avril 1463. qu'il pouvoit séoir au premier rang des Laïcs aprés le Président, à moins qu'il n'y eût un Pair de France. *Papon*, *liv.* 4. *tit.* 6. *nomb.* 12. où il est dit qu'aujourd'huy sans declaration du Roy un premier Président est reçû au lieu plus honorable aprés les quatre premiers Présidens.

82   Lors que la Cour va en sa magnificence, les Présidens des Enquêtes ne marchent point au rang des Présidens, mais des Conseillers. Ainsi fut dit le 8. Février 1491. *Papon* *liv.* 4. *tit.* 6. *n.* 19.

83   Declaration du Roy du 10. Mars 1681. pour dire qu'on ne pourra travailler sans Président au Parlement de Toulouse. Elle porte : Nous ordonnons que lors que l'heure qui sera reglée pour entrer au Palais, il ne se trouvera pas de Président pour présider, on sera obligé d'en aller demander, sçavoir de la Grand' Chambre à la Tournelle, de la Tournelle à la Grand' Chambre, de l'une des Chambres des Enquêtes à l'autre, nonobstant que le service des Présidens soit fixé à la Chambre où ils sont établis, & tous usages à ce contraires, ausquels nous dérogeons; n'entendons neanmoins en ce faisant, que lors qu'on ne trouvera pas de Président dans le Palais à ladite heure reglée, on soit tenu d'en envoyer querir dans la Ville; voulons en ce cas, & non autrement, pour l'expedition des Parties, que les Conseillers travaillent sans Président. *Voyez les Arrêts recueillis par l'ordre de M. le Chancelier en 1682.*

84   Arrêt du Conseil Privé du 28. Février 1681. qui fait défenses au Parlement de Pau de faire aucun Reglement sur les fonctions de la Charge du premier Président, d'assembler les Chambres sans son ordre, ni de faire prendre la place par un autre, & signer les Arrêts à son refus ; & à son Procureur General de le requerir, à peine d'interdiction contre celuy qui aura présidé, & contre celuy qui aura fait la requisition, sauf audit Parlement, & à tous autres, de porter leurs plaintes à Sa Majesté contre ledit premier Président, pour y être par elle pourvû, ainsi qu'elle verra à faire. *Voyez les Edits & Arrêts recueillis par l'ordre de M. le Chancelier en 1687.*

85   Par Arrêt du Conseil Privé du 7. Juillet 1682. il est dit : Lors qu'en l'absence ou legitime empêchement du Président du service en la Chambre des Vacations au Parlement de Provence, il ne se trouvera pas dans la Ville d'Aix aucun Président au Mortier, ou que celuy qui sera hors d'état de suppléer, les Arrêts qui seront rendus sans Président en ladite Chambre des Vacations, seront executez selon leur forme & teneur, nonobstant que suivant ce qui est porté par ladite Commission du 14. Juin 1682. ils soient déclarez nuls, & de nul effet & valeur. *Voyez ibidem.*

86   Declaration du Roy du 18. Février 1681. sur l'af-

C iij

sistance des Présidens au Jugement des affaires dans le Parlement de Dauphiné; elle porte: Voulons qu'à tous les Arrêts qui seront rendus tant à l'Audience, qu'autrement dans toutes les Chambres de nos Cours de Parlement de Grenoble, il assistera toûjours un Président, même dans les procés de Commissaires, à peine de nullité des Arrêts; & en cas de recusation ou legitime empêchement de tous les Présidens de service dans une Chambre, les Conseillers seront tenus d'en envoyer demander un dans les autres Chambres pour présider, nonobstant que le service desdits Présidens soit fixé dans celles où ils serviront actuellement, & tous Reglemens à ce contraires, ausquels nous avons dérogé: ordonnons néanmoins qu'en cas qu'és heures reglées par nôtredite Cour pour entrer au Palais, il ne se trouvât pas de Présidens, ou qu'il n'y en eût pas assez en nombre pour présider à toutes les Chambres, non seulement on ne sera pas tenu d'en envoyer querir dans la Ville; mais en ce cas le plus ancien Conseiller de la Chambre, laquelle ne pourra ainsi être présidée par le défaut de Président, en fera la fonction dans ladite Chambre, sans qu'on puisse prétendre pour raison de ce la nullité des Arrêts qui y seront rendus. *Voyez ibidem.*

PARQUET.

C'Est le lieu où Messieurs les Gens du Roy s'assemblent. *Voyez* le mot, *Avocats Generaux, Gens du Roy, Procureur General, Substituts.*

Communication des Avocats au Parquet. *Voyez* le mot, *Avocat*, *nomb. 26. & suiv.*

PARRICIDE.

LA dénomination en est commune au crime & au criminel.

Parricidium. Parricida.

De Parricidiis. C. Th. 9. 15.... Lex 12. tabb. t. 27. cap. 7.

De lege Pompeiâ, de Parricidiis. D. 48. 9.... Paul. 5. 22.

De his qui parentes vel liberos occiderunt. C. 9. 17. Voyez, Homicide.

Du crime de Parricide. *Voyez* Papon liv. 22. tit. 4. Despeisses, *to. 2. p. 648.* Julius Clarus, *liv. 5. Sentent. §. Parricidium,* & les annotations qui sont à la fin de l'ouvrage du même Auteur.

1. *Abolitio generalis novi adventus Principis non extenditur ad crimen Parricidii, & necis proprii infantis non baptizati.* Voyez Franc. Marc. *to. 1. quest. 162. & to. 2. quest. 624.*

2. Pere homicide de deux enfans. *Voyez* le mot, *Assassin, n.* 11.

3. Bâtards sont reçûs à poursuivre le parricide. *Voyez* le mot, *Bâtards, n.* 182.

4. Exheredation pour crime de Parricide. *Voyez* le mot, *Exheredation, nomb.* 18.

5. Un Avocat de Roüergue avoit injurié & battu sa mere, ce qui luy causa une longue maladie; étant à l'extremité, elle mande son fils, & luy fait offrir le pardon; il maltraite sa sœur, qui l'excitoit à le demander. Il refuse de voir sa mere, elle meurt; & sur l'accusation du Procureur d'Office, l'Avocat est condamné par le Juge ordinaire à faire amende honorable, & demeurer six mois en galéres, dont il appelle. Arrêt du Parlement de Toulouse du 25. Septembre 1548. qui met l'appellation au neant; & ayant égard à la jeunesse de ce fils, le condamne à faire amende honorable, la corde au col, & en chemise; & après battu de verges, & mis en galeres pour y demeurer perpetuellement, ses biens confisquez. *Papon, liv. 22. tit. 4. n.* 1.

6. Jugé par Arrêt du Parlement de Paris du 18. Decembre 1599. que toute action criminelle, soit pour l'interêt public, soit pour le civil, est éteinte & prescrite par le laps de 20. ans, tant contre majeurs que mineurs, absens que présens, encore qu'il fût question de parricide. *Filleau,* 4. *part. qu.* 83.

7. Le gendre qui a battu son beau-pere, peut être accusé de parricide; *quia vicem patris obtinet socer, lib. 1. ad L. Pomp. de parricid.* Arrêt du Parlement de Dijon du 7. Août 1613. *Bouvot, tom. 2. verbo parricide, quest.* 1.

8. Par Arrêt du Parlement de Dijon, un fils, pour avoir battu & injurié sa mere, fut condamné aux galéres à perpetuité, avec défenses d'en sortir, à peine d'être pendu & étranglé sans autre forme de procés; & en plusieurs amendes, condamné à faire amende honorable, tenant une torche ardente de deux livres, crier mercy à Dieu, au Roy, à la Justice, & à sa mere. Arrêt du Parlement de Dijon du dernier Juin 1615. *Bouvot, ibid. quest.* 2.

9. Parricide ne succede à son pere; il perd la disposition de ses propres biens, du jour du crime commis. Arrêt du Parlement de Paris du 25. Juin 1619. *Bardet, to. 1. liv. 1. ch.* 63. M. le Bret parla & conclut contre le possesseur, disant qu'il falloit une possession de 30. années. *Voyez le Bret, li. 6. décis.* 4.

10. Les enfans du parricide sont exclus à toûjours de la succession de l'ayeul. Arrêt du 15. May 1655. qui declare la Morineau non recevable: elle avoit fait assassiner son pere; & ayant depuis prescrit contre la peine, elle demanda la succession, & subordinément la faisant demander par une sienne fille, ou de son chef, ou au moins du chef d'une tante sœur du pere assassiné, la fille fut déboutée. *Le Bret, des successions, liv. 1. ch. 4. sect. 6. disp.* 3.

11. Jugé par Arrêt du 10. Juin 1659. qu'une Sentence intervenuë contre le fils parricide condamné à mort, peut avoir un effet retroactif au jour de l'action commise, pour le rendre indigne ou incapable de succeder à son pere décedé avant la Sentence de condamnation. *Soefve, to. 2. cent. 2. ch.* 1.

12. Un fils tuë son pere; il est condamné à mort; & en une amende de 800. liv. Cette amende ne peut être prise sur la part & portion du fils en la succession paternelle, dont il est devenu indigne. Arrêt du 12. Août 1659. *Des Maisons, lettre P. nombre* 1. De la Guessiere, *to. 2. liv. 2. ch.* 27. Et Jovet, *verbo enfans, nomb.* 24.

13. Par Arrêt du 5. Février 1665. jugé qu'un accusé de parricide, & même convaincu sur la poursuite du pere, mais non condamné, peut tester valablement, & disposer du bien de sa mere décedée lors de l'accusation, quoique l'on soûtint qu'un crime si horrible rendoit incapable *ipso jure.* Soefve, *t. 2. cent. 3. ch.* 45.

14. La prescription du crime de parricide n'emporte point celle de l'indignité, pour le regard des biens du pere assassiné, & l'enfant né du mary & de la femme complices du même crime, pendant le temps de leur fuite, ne peut rien prétendre dans les mêmes biens après le décés de sa mere. *Ibidem, chap.* 56. où est l'Arrêt du 14. May 1665.

PARROISSE.

1. DE Parochiis & alienis Parochianis, Dec. Gr. 10. qu. 2... 13. q. 1... 16. q. 5.... Ext. 3. 29. *Voyez* les mots, *Curé, Eglises.*

2. *De Juribus parochialibus.* Voyez ce qui a été écrit *per Jo. Baptistam Attestinum.*

3. Des Eglises Paroissiales & succursales. *Voyez* Francise. Pinson, *verbo militia, cap. de divisione Beneficiorum, §.* 21.

4. Bornes des Parroisses. *Voyez* le mot, *Bornes, n.* 7. *& suiv.*

5. Des marques de l'Eglise Paroissiale. *Voyez* Rebuffs sur le Concordat, tit. *de Collationibus §. Statuimus,* & l'Auteur des Définitions Canoniques, *p.* 582. *& suiv.*

6. Les Fonts Baptismaux & les saintes Huiles trouvez

PAR   PAR   23

dans des Eglises, comme aussi les cloches & le cimetiere, & autres semblables, ne suffisent pas pour prouver qu'une Eglise est Parroissiale, parce que ce ne sont que des marques équivoques de Parroissialité, & non pas des univoques, qui sont *Jurisdictio fori pœnitentialis; cum potestate ligandi, solvendi, suspendendi, excommunicandi, item locus certis finibus conclusus, unitas personæ*, & autres semblables. *Bibliot. Can.* 10. 2. p. 457.

7. La distinction des Parroisses comment & pourquoy établie? *Voyez les Memoires du Clergé*, to. 2. part. 2. pag. 394. & 395.

8. C'est à l'Evêque de regler le détroit des Parroisses lors qu'il n'est pas limité. *Ibid.* to. 1. part. 1. f. 222.

9. La direction des Parroisses dépendantes des Monasteres exempts ou non exempts, appartient à l'Evêque Diocesain privativement aux Religieux. *Ibidem*, pag. 1073. & suiv. *Vide verbo*, *Curé*.

10. Des criées qui se font dans les Parroisses, & comment; s'il y en a plusieurs qui confinent les heritages. *Voyez* le mot *Criées*, nomb. 107. & suiv.

11. Reglement entre un Curé & les Prêtres habituez en une Eglise Parroissiale: comment les Prêtres nez & habituez en une Eglise seront reçûs; de la forme de leur reception; de la réduction du nombre d'iceux; que le lieu & le rang ne se peut résigner; les seuls présens joüissent des distributions manuelles: leurs receptions gratuites. *Chenu*, tit. 1. chap. 10.

12. Les Parroissiens peuvent sans le consentement des Curez, faire celebrer la Messe à Diacre & Soûdiacre, suivant leur dévotion, és Chapelles particulieres, & ce és jours solemnels, & le Dimanche. Arrêt du 1. Octobre 1555. contre le Curé de la Parroisse S. Benoît de la Ville de Paris. *Papon*, liv. 1. tit. 1. n. 4.

13. Le Mardy 8. Janvier 1563. fut plaidé un appel interjetté par le sieur de Grimancourt, de l'execution d'un Arrêt, faite par un Conseiller de la Cour à la requête des Religieuses & Convent de Morgnienval au païs de Valois, qui avoient obtenu Sentence & Arrêt en toutes leurs possessions affirmatives & négatives pour le droit parrochial par elles prétendu. En vertu de cet Arrêt, le Conseiller executeur avoit fait abattre un clocher, que le sieur de Grimancourt avoit fait faire en une petite Chapelle, qu'il l'avoit fait découvrir, & fait aussi rompre les Fonts Baptismaux. Toute cette execution fut cassée par Arrêt, & ordonné que le tout seroit rétabli en l'état qu'il étoit lors de l'execution; & néanmoins que la Chapelle seroit close, & qu'il n'y seroit fait aucun acte parrochial, non plus qu'au Cimetiere. *Bibliot. Canon.* to. 2. pag. 167. col. 1.

14. Les Parroissiens sont tenus de rebâtir la maison d'habitation du Curé; & les Chanoines de S. Maurice de Vienne qui percevoient les dîmes du lieu, furent absous pour ce regard de l'instance contr'eux intentée. Arrêt du Parlem. de Grenoble du 21. Juin 1605. *M. Expilly*, Arrêt 133.

15. Les Parroissiens doivent bailler & meubler la maison Presbyterale. Arrêt du 19. Juillet 1605. Autre Arrêt du 31. Août 1621. qui a jugé qu'ils ne sont tenus que des reparations. Lesdits Arrêts rendus au Parlement de Bretagne sont rapportez par *Frain*, pag. 52. & 54.

16. *Henrys* tom. 2. liv. 1. quest. 5. rapporte un Arrêt du Parlement du 14. Février 1639. qui a maintenu les Prieure & Religieuses de Cropiere en Auvergne, Ordre de Fontevrault, dans la possession d'assister & répondre à tous les Services qui se disent & celebrent à haute voix dans leur Eglise, par le Vicaire perpetuel, & les Prêtres du lieu, & de recevoir la moitié des Fondations & autres retributions. L'Auteur observe que c'est le Monastere qui a établi la Parroisse dans son Eglise; & qu'ainsi le Vicaire & les Prêtres ne doivent être considerez

que comme de simples Chapelains. Cet Arrêt étant intervenu sur une hypothese particuliere, & sur un usage singulier, ne peut être tiré à consequence.

17. On demande si une ancienne Parroisse hors les murs, ayant été abandonnée & donnée à des Religieux par la Communauté, le Curé peut en demander la maintenuë. Arrêt du Parlement de Provence du 16. Mars 1645. en sa faveur, en payant les reparations faites avant l'Instance pour ce qui le concernoit. *Boniface*, to. 3. liv. 5. tit. 2. ch. 8.

18. Maison bâtie sur les confins de deux Parroisses, est réputée de celle en laquelle est la principale porte & entrée de la maison, Arrêt du 5. Mars 1650. *Du Frêne*, liv. 6. ch. 1.

19. Le Doyen de l'Eglise Cathedrale de Nôtre-Dame de Paris, & en son absence le plus ancien Chanoine, sont fondez à faire toutes les fonctions Curiales sur les Dignitez, Chanoines, Beneficiers, Chapelains, Habituez, Marguilliers, Clercs, & autres Officiers Clercs de cette Eglise, demeurans en la Ville, Fauxbourgs & banlieuë de Paris, & des Eglises qui en dépendent, vulgairement appellées les Filles de la Cathedrale, y sont Saint Etienne des Grez, S. Mederic, le S. Sepulcre, & S. Benoît, & en cette qualité leur administrer les Sacremens de Penitence, Communion, Extrême-Onction, & après leur décés lever leur corps, & les inhumer, prendre & s'approprier toutes les cires, torches & luminaires; & ce en quelque lieu & Parroisse qu'ils soient demeurans, & qu'ils decedent. Mais les Curez de Paris sont maintenus dans la possession d'exercer toutes fonctions Curiales sur les Marguilliers Laïcs de ladite Eglise demeurans dans leurs Parroisses. Arrêt du Parlement de Paris du 7. Septembre 1651. *Bibliot. Can.* to. 2. page 167.

20. Les Parroissiens sont obligez de rétablir les Presbyteres & Maisons Curiales démolies par l'injure des guerres civiles, ou par caducité, & de fournir d'Ornemens aux Eglises, nonobstant tous Arrêts à ce contraires; & pour cet effet ils pourront se cotiser & lever sur eux jusqu'à la somme de 330. liv. pour une fois seulement, en vertu des Lettres d'assiette qui leur seront accordées sans frais aux Chancelleries; & le département s'en fera, tant sur les Nobles de la Parroisse qu'autres, de l'avis des Parroissiens, sans frais à la Parroisse, & compteront desdits deniers comme de ceux de leur Fabrique. Défenses aux Elûs, & à tous autres Juges de les inquieter pour raison desdits comptes. Déclaration du Roy du mois de Février 1657. donnée sur la remontrance du Clergé art. 30. *Ibidem*, pag. 370.

21. La distance des lieux est une des raisons qui peuvent autoriser l'érection d'une Parroisse. Arrêt du Parlement de Paris du 14. Février 1658. lequel, attendu la distance qu'il y avoit de Brequigny au Plessis-Paté, permet au sieur Marquis du Plessis-Paté de faire ériger une Parroisse dans sa Terre, à la charge de la doter suivant ses offres; en consequence de quoy la Cour ordonna que les grosses Dixmes seroient payées au Curé de S. Pierre de Brequigny, avec une somme de 20. liv. pour les menuës Dîmes. Le Curé de Brequigny alleguoit plusieurs moïens d'abus, que le Grand Vicaire de l'Eglise de Paris avoit passé son pouvoir. 1°. En ce qu'il avoit donné une Ordonnance, portant permission d'ériger une Parroisse d'une simple Chapelle. 2°. Qu'il avoit nommé un Arpenteur: 3°. Qu'il avoit lui-même reçû l'Information, *super commodo & incommodo*; l'on ajoûtoit qu'il n'y avoit point de necessité. La Cour n'eut aucun égard à ces moyens. *Voyez les Définitions Canoniques* pag. 592.

22. Arrêt du Parlement de Provence du 24. Novembre 1672. qui a jugé que la désignation de la Parroisse nouvelle doit être faite par l'Evêque, & les prix faits par la Cour. *Boniface*, to. 3. liv. 5. tit. 2. ch. 2.

PAR

23 Les Parroisses de sainte Croix & de saint Maclou de Mante, doivent être divisées par territoire à proportion du nombre des habitans par l'Evêque; & ce en presence du Lieutenant General & de son Substitut. Jugé à Paris le 21. Juillet 1676. *Journ. du Palais.*

24 Arrêt du Parlement de Provence du 27. Janvier 1677. qui pour la décoration de la Parroisse de sainte Magdelaine d'Aix ordonna la vente d'une Chapelle voisine, en l'indemnisant. *Boniface, to. 3 livre 5. titre 2. chap. 6.*

25 Si la perception de la dîme, les fonts baptismaux, le Cimetiere sont preuve d'une veritable Parroisse? Si l'état d'une Parroisse peut être prescrit sous prétexte que ses Prieurs ont été pourvûs du Prieuré comme d'un Benefice simple ? Si le peuple ayant abandonné le lieu de la Parroisse, la Cure demeure toûjours pour lors habituelle, en sorte que le peuple revenant & s'augmentant, l'Eglise recouvre son premier état? Ces trois questions ont été préjugées par un Arrêt interlocutoire du Parlement d'Aix du 12. Février 1682. contre le Prieur. *Jour. du Palais* in quarto part. 9. page 286. & le 2. tome in folio.

26 Il a été jugé au Parlement de Roüen le 8. Mars 1688. qu'il n'est pas au pouvoir des Curez de priver ou destituer les Prêtres de leurs habituées sans cause, lors qu'ils en sont en possession, & qu'il y avoit abus en ce que l'Official de Roüen avoit privé un Prêtre de faire les fonctions d'habitué sans l'en juger en même temps indigne & incapable. L'Arrêt rendu en faveur d'un Ecclesiastique habitué en la Parroisse de saint Eloy de Roüen, que le Curé ne pouvoit plus souffrir, parce qu'il étoit boiteux. L'Arrêt porte qu'il sera payé de ses honoraires & distributions en son rang de Prêtre habitué. *Voyez le 10. Plaidoyé de M. le Noble Substitut de M. le Procureur General au même Parlement.*

27 Les Tourieres & autres domestiques qui ne sont point renfermées dans l'interieur du Monastere, sont tenus de satisfaire aux devoirs de la Parroisse comme les autres Parroissiens. Arrêt du Parlement de Paris en forme de Reglement, du 5. May 1689. *Au Journ. des Aud. tome 5. liv. 2. ch. 13.*

28 Le Magistrat de Lille comme Seigneur temporel des Eglises Parroissiales de cette Ville, a droit d'admettre aux Offices du Chœur, aux distributions d'iceluy, émoluments & casuels des Parroisses de ladite Ville, les Prêtres qu'il en juge capables selon l'exigence ou le besoin des Parroisses. Arrêt du Parlement de Tournay du 2. Decembre 1698. contre les Prêtres habituez, & Chapelains de l'Eglise Parroissiale de *Saint Etienne* à Lille. *Voyez M. Pinault, to. 1. Arrêt* 243.

29 S'il faut être Gradué pour une Cure qui a partie de la Parroisse, ou une annexe enclavée dans une ville ? *Henrys, tome 1. liv. 1. chap. 3. quest. 17.* tient l'affirmative. Il n'y a point eu d'Arrêt.

30 Par Arrêt du P. de Paris du premier Juillet 1684. un Curé du Diocese d'Amiens, ayant en sa Parroisse une Fillette du secours, fut maintenu, & enjoint aux Habitans de ce secours d'aller aux quatre Fêtes solemnelles, & jour de Patron, à la Parroisse : & pour les autres Fêtes & cas de necessité la Cour ordonna que le Curé y commettroit homme capable pour y faire son service, autrement obtiendroit dispense. *Biblot. Can. to. 2. p. 228. col. 2.*

31 Arrêt du Parlement de Provence du 12. May 1670. qui a jugé que l'Eglise matrice doit faire bâtir une nouvelle Parroisse à cause de l'accroissement du peuple, aux frais d'un tiers par l'Eglise, & des deux tiers par les habitans. *Boniface, tome 3. liv. 5. tit. 21. chap. 1.*

PART.

EN Latin *Pars* ou *Partus*, le François, Partie ou fruit de la grossesse.

PAR

PART, FACERE PARTEM.

1 *Qui non admittitur ad partem, tamen facit partem.* Arrêt du 7. Avril 1561. Le *Vest*, *Arrêt* 214. Voyez Charondas, liv. 8. Rép. 27. & liv. 2. Rép. 60.

2 Les enfans qui renoncent *aliquo accepto*, & la fille qui a renoncé par contract de mariage font part ; les Religieuses qui ont reçu une dot de leur pere ne font point de part. *Ricard des Donations entre-vifs partie 3. chap. 8. sect. 7. n. 1063. & suiv.*

Mais si la renonciation est pure & simple elle ne fait point de part. Arrêt du premier Février 1620. M. *Bouguier, lettre R. nombre 3.*

3 Part en la communauté. *Voyez le mot Communauté, nomb. 148. & suiv.*

4 Sœurs mariées non reservées à partage font part au profit des freres, & non des sœurs mariées & reservées pour les meubles & immeubles. Ainsi jugé au Parlement de Roüen. *Voyez Berault & Basnage sur la Coûtume de Normandie, art. 362.*

5 *Voyez* cy-devant le *titre Heritier*, & cy-après les mots, *Partage & Succession.*

DE PARTU CÆSAREO.

6 Un pere ne peut demander la succession d'un fils né à quatre mois *exsecto matris utero.* Arrêt du premier Août 1615. Chopin rapporte un Arrêt contraire, liv. 3. *de privileg. rusticorum*, part. 3. chap. 8. n. 5. *Voyez M. le Prêtre, 3. Cent. chap.* 35.

DE PARTU OCTRIMESTRI.

Voyez Peleus, Arrêt 105.

PART, SUPPOSITION.

7 D'une supposition de part, & des preuves ou conjectures d'icelle. *Voyez Henrys, to. 2. liv. 6. quest. 19.* où vous trouverez un Arrêt du 21. Juillet 1633. dans toute son étenduë. *Voyez le Plaidoyé* 30. *de M. le Maître, & du Frêne, liv. 2. chap.* 141.

En consequence des preuves & des présomptions, un enfant a été declaré supposé. *Voyez Henrys, tome 2. liv. 6. quest.* 21.

8 La femme qui fait la supposition de part, est indigne de l'heritage de son mary, de ses avantages nuptiaux, & autres liberalitez du mari, quoiqu'elle prétendît qu'ayant fait la supposition du consentement de son mari, elle n'étoit tombée dans aucune indignité. Arrêt du Parlement de Provence du 28. Juin 1671. *Boniface, tome 5. li. 3. tit. 22. chap.* 1.

9 Le mari & la femme accusez en supposition de part, & la femme ayant été emprisonnée, le mari n'est reçu à donner ses défenses & reclamer sa femme, sans se présenter en personne étant decretée de prise de corps, Arrêt du 29. May 1677. & depuis par Arrêt définitif du 16. Juillet 1677. Anne Ricard accusée fut condamnée au Refuge perpetuel. *Boniface, ibidem, chap.* 2.

PART, SUPPRESSION.

10 Deux femmes demandent un fils, & toutes deux s'en disent la mere, c'est la cause de la Dame de saint Geran. Arrêt au mois d'Août 1657. *Voyez des Maisons, lettre S. nomb. 1. du livre* 2.

PARTAGE.

Partage, Division, Partitio.
Sens de ce mot. *L.* 164. §. 1. *D. verb. sign.*
Partage entre coheritiers.
Familia erciscunda. D. 10. 2... *C.* 3. 36... *I.* 28. §. 4... *I.* 4. 17. §. 4. & 5... *I.* 4. 6. *de action.* §. 20... *C. Th.* 2. 24... *Paul.* 1. 26.., *Lex* 12. *tabb. t.* 12... *Familia erciscunda : i. e. hereditas dividenda*, Partage de succession entre plusieurs coheritiers. *Voyez* cy-après *le nombre* 10. *& suiv.*
Partage de chose commune.
2 *Communi dividundo. D.* 10. 3... *C.* 3. 37... *I.* 3. 28. §. 3. *de oblig. I.* 4. 6. §. 10 .. *I.* 4. 17. §. 5... *C. Th.* 2. 25... Partage d'une chose commune, ou possedée par indivis.

Communia

PAR

Communia utriusque judicii, tam familiæ erciscundæ, quàm communi dividundo. C. 3. 38.

3   *Si mensor falsum modum dixerit. D. 11. 6.* Pour partager les fonds on se sert d'Arpenteurs ou d'Experts: ce Titre est contre ceux qui, par dol, ou par ignorance, n'arpentent pas justement.

4   Partage de ce qui est trouvé par plusieurs ensemble. *Leon. N. 70. in princ.* C'est ce qu'on appelle vulgairement, *tenir sa part*.

PARTAGE ENTRE ABBE' ET RELIGIEUX.

Voyez le mot *Abbé, nomb.* 89. *& suiv.*

5   Reglement pour le partage des biens & revenus de l'Eglise & Abbaye seculiere de *Vezelay*, entre l'Abbé & les Chanoines de ladite Eglise en trois lots égaux. Arrêt du 9. Juillet 1667. *De la Gueff. tome 3. liv. 1. chap. 35.* Voyez *du Frêne liv. 1. chap. 8. & liv. 6. chap. 7. & cy-après le mot Religieux, §. Religieux, Partage.*

PARTAGE D'AUGMENT.

6   Du partage de l'augment entre enfans. *Voyez* le mot *Augment, nomb. 37.*

PARTAGE DE COMMUNAUTE'.

7   *Voyez* le mot *Communauté, nomb. 148. & suiv. & M. le Brun en son traité de la Communauté, livre 3. chap. 2. sect. 6.*

PARTAGE D'OPINIONS.

8   Le 4. Janvier 1508. les deux Chambres assemblées, a été conclu que les incidens ou points d'aucuns procez décidez, si le principal des procez est parti en l'une des Chambres, le partage se vuidera à l'autre Chambre, sur le principal seulement, sans pouvoir décider ni juger les incidens aux points décidez *Bibliotheque de Bouchel*, verbo *Partage de procez*.

Voyez les mots *Juges, Opinions*.

PARTAGE ENTRE PROPRIETAIRES.

Voyez cy-dessus le nomb. 2. & 3. & le mot Licitation.

9   On suppose deux proprietaires par indivis d'une maison dont l'un a joüi entierement pendant quelques années; Balde tient que l'autre ne peut pas luy demander la moitié que la maison pouvoit être accensée, parce que *non potest dividi usus nisi dividatur domus*: toutefois après une sommation de diviser, il en seroit tenu. Que s'il y a instance de partage, celuy, qui joüit, doit payer le loyer de la part du coproprietaire. Ainsi jugé le 14. Juillet 1582. *Papon, livre 15. tit. 2. n. 26.*

PARTAGE, SUCCESSION.

10   *Voyez* les mots *Division, Heritier, Legs. Bouvot, tome 2. La Bibliotheque de Jovet*, au mot *Partage. M. le Prêtre, 4. Centurie, chap. 89. Du Luc, liv. 8. tit. 11. familiæ erciscundæ.* Charondas, *liv. 5. Rép. 9. Papon, li. 15. tit. 7. & M. le Brun, en son traité des Successions, li. 4. chap. 1.*

11   De la nature du partage entre coheritiers, & comment il se fait, de ce qui entre ou n'entre point en partage, & des dépenses que les heritiers qui les ont faites peuvent recouvrer; des garanties entre coheritiers, & des autres suites du partage. *Voyez le 3. tome des Loix civiles, li. 1. tit. 4. & cy-dessus le nomb. 1.*

12   Quel effet a le partage des biens fait par celuy de qui est l'heredité, & s'il y a inégalité de lots? *Voyez Coquille, tome 2. quest. 244.*

13   Comment les biens se partagent entre heritiers de diverses souches? *Voyez le Vest, Arr. 127.*

14   Ce que l'heritier retire dépendant d'une succession, doit se partager avec ses coheritiers. *Voyez M. le Prêtre, 3. Cent. ch. p. 96.*

15   Si un coheritier demande partage, & que l'autre dise que le partage est déja fait, le demandeur peut obtenir Lettres pour être saisi, & joüir pendant le procez, de sa portion par indivis. Jugé par deux Arrêts du Parlement de Paris. *Papon, livre 15. tit. 7. n. 5.*

16   Si les copartageans ont joüi pendant dix ans différemment sans avoir fait partage, & que les biens dont ils joüissent se trouvent égaux, & les parties égales, il faut présumer pour le partage. *Ibidem, n. 7.*

17   Si le partage entre coheritiers peut couvrir & revoquer le fideicommis? *Voyez* le mot: *Fideicommis, nomb. 168. & suiv.*

17 bis   *Divisione bonorum, fideicommisso seu substitutioni in testamento vel codicillis renunciatum, nisi specialis mentio de testamento vel codicillis facta sit, ess.* Voyez *Franc. Marc. tome 1. quest. 245.*

18   *Divisio paterna inter filios facta, servanda.* Voyez *Andr. Gaill. lib. 2. observat. 116.*

19   *Coquille sur Nivernois, art. 18. titre des Justices,* rapporte des Arrêts des 7. Septembre 1534. 18. Décembre 1543. & 12. Février 1551. qui ont jugé le sequestre, lors qu'un des coheritiers use de subterfuge, pour empêcher le partage des biens communs.

20   Si un partage fait par le mari sous son écriture & signature entre ses enfans, y ayant compris une partie des biens de sa femme, aux clauses (qu'il vouloit que ses autres biens non partagez appartiendroient à ses enfans suivant la Coûtume,) peut valoir pour les biens de la femme, laquelle s'est souscrite, & a ratifié au bas ledit partage, & déclaré par plusieurs actes qu'elle vouloit que tel partage fait par sondit mari sortît son plein & entier effet? *Voyez Bouvot, tome 1. part. 1. verbo Partage entre enfans.*

21   S'il y a quatre enfans, & que l'un acquiert la portion de l'autre qui a la moitié, si le partage doit être fait par quart, & comment? *Voyez Bouvot, to. 1. part. 2. verbo Partage, quest. 1.*

22   Si en pays de *Droit* écrit les biens entre oncles & tantes, freres uterins ou consanguins, pere, mere, ayeul, ayeule, se partagent sans distinction des biens d'où ils procedent? *Bouvot, tome 1. partie 3. verbo Partage*, estime que sans avoir égard de quel côté sont procedez les biens du défunt, ils doivent être partagez *pro virili portione* entre les oncles & tantes par tête.

23   Par Arrêt du 10. Janvier 1513. rapporté par *Terrien, au chapitre 6. titre des Successions & partage d'heritages,* in verbo *Mariage encombreux,* il a été jugé qu'une reservation faite d'une fille au partage des successions de son pere & de sa mere, en rapportant ce qu'elle avoit reçû, ou moins prenant, en cas que la mere, qui étoit lors mineure d'ans, décederoit sans hoirs mâles, étoit bonne, nonobstant qu'auparavant ledit mariage, la mere du mari fût allée de vie à trepas.

24   La convention que le pere ne pourra avantager l'un de ses enfans plus que l'autre, est bonne. *Voyez Bouvot, to. 2. verbo Partage, qu. 13. 28. 31. 97.*

25   Heritage baillé par assignal peut entrer en partage avant le remboursement, ou bien l'action pour le rachat. Jugé au Parlement de Dijon le 2. Août 1569. que l'assignal entreroit en partage, sans que la femme ayant assignal pût être dépossedée jusqu'à remboursement. *Bouvot, tome 2. verbo Partage, quest. 19.*

26   Par le partage entre freres étant réservé à l'un de puiser de l'eau dans un puits, échû au lot de l'autre, cette reserve s'étend à l'abreuvage de son bétail, & la preuve par témoins qu'il en est en possession depuis le partage, est admissible. Arrêt du Parlement de Dijon du mois de Février 1591. *Bouvot, to. 2. verbo Preuve, quest. 9.*

27   Un partage peut valoir, comme testament. Arrêt du Parl. de Dijon du 15. Décembre 1584. *Ibidem,* verbo *Testament, quest. 14.*

28   Une succession ne peut se partager comme directe & comme collaterale *simul & semel*. Arrêt du 23. Août 1578. *Le Vest, Arr. 158.*

29   Le testateur peut partager son heredité entre ses heritiers inégalement, pourvû qu'il leur laisse ce

Tome III.   D

que la Coûtume ordonne. Arrêt en 1600. *Peleus*, *quest.* 142.

30 En matiere de partage réel, il faut suivre la Coûtume des lieux où les choses sont situées. Arrêt du 5. May 1602. *M. Bouguier lettre D. nomb.* 16.

31 La convention de n'avantager l'un de ses enfans plus que l'autre est valable. Arrêt du Parlement de Dijon du 6. Août 1602. *Bouvot, tome* 2. *verbo Mariage, quest.* 27. Elle s'étend aux petits enfans. Arrêt du 5. May 1603. *Ibid. quest.* 28. & *cy-dessus. n.* 24.

32 Jugé par Arrêt du 24. Mars 1620. que la succession ayant été épuisée par la multiplicité des legs faits aux presomptifs heritiers d'iceluy, auquel appartient la succession, le testament du défunt étoit un partage fait entr'eux; *Potius esse supremi judicii divisionem, quàm donationem, & sic contribuables aux dettes*, à raison de l'émolument, &c. *Tronçon, sur la Coûtume de Paris art.* 324.

33 Du choix qui se fait dans les partages. *Voyez* le mot *Choix, nomb.* 15. & *suiv.*

34 Des échanges qui se font dans les partages. *Voyez* le mot *Echange, nomb.* 20. & *suiv.*

35 Si un partage est bon, sur l'estimation faite en bloc des biens? *Voyez* le mot *Estimation, nomb.* 56.

36 Acte de Notorieté donné par M. le Lieutenant Civil le 12. May 1699. portant que suivant la Coût. & l'usage de tout temps observé, les successions se doivent partager en l'état qu'elles se trouvent au jour du décez de celuy dont les biens se partagent avec les recompenses du prix des biens propres, s'ils ont changé de nature pendant la minorité, & que le décez soit arrivé avant la majorité; & à l'égard des dettes payées par le tuteur des revenus du mineur, acquêts, & autres biens mobiliers, l'extinction de la dette étant faite, l'on ne peut la faire revivre, parce qu'elle ne fait plus partie des dettes, ni des charges de la succession, & qu'entre les coheritiers il ne peut plus naître aucune contestation pour raison desdites dettes acquittées, puisque les heritiers, soit des acquêts, soit des propres, n'en peuvent être recherchez, étant tous aux droits de celuy dont ils sont heritiers qui en étoit liberé, & qu'entr'eux ils n'ont droit que de prendre, chacun à leur égard, la succession en l'état qu'elle se trouve au jour du décez de celuy dont ils sont heritiers, n'ayant aucune action les uns contre les autres pour une dette qui n'étoit plus, ayant été acquittée, & dont les uns ni les autres ne peuvent jamais être recherchez ni inquietez. *Recueil des Actes de Notorieté*, p. 102.

37 *Voyez ibidem, p.* 151. & *suiv.* touchant le partage des biens d'une succession entre les donataires & legataires du défunt.

PARTAGE DES BIENS DE L'ABSENT.

38 Un absent par neuf ans est reputé mort, pour l'effet du partage de ses biens entre ses heritiers, & pour l'effet du compte de son tuteur. Filleau, *part.* 4. *quest.* 77.

39 Le tuteur condamné à rendre compte, & que partage seroit fait des biens de l'absent depuis neuf ans; appellez ceux qui pouvoient y prétendre quelque part, qui seront tenus bailler bonne & suffisante caution l'un à l'autre de rendre ce qui leur écherra en cas du retour de l'absent. Jugé le Mardy 24. May 1595. *Chenu, premiere Cent. quest.* 77. A la fin de l'Arrêt il y a quelques Observations touchant les heritiers dissipateurs.

Voyez le mot *Absent, nomb.* 3. & *suiv.*

PARTAGE D'ACQUESTS.

40 Pere & mere ayant acquis, constant leur mariage, quelques immeubles, étant décedez leur fils les auroit recueillis, & ensuite seroit décedé, tels heritages appellez propres naissans, se partagent entre les heritiers paternels & maternels. *Voyez Charondas, livre* 9. *Réponse* 61.

41 Les acquêts faits en pays de *Droit écrit* par des conjoints communs en bien par leur contract de mariage, se partagent sans distinction, de même que s'ils étoient faits en pays Coûtumier. Arrêt du mois de Février 1549. *Papon, livre* 5. *titre* 2. *n.* 14.

ACTION DE PARTAGE.

42 Arrêt du Parlement de Roüen, qu'après 19. ans on n'est point recevable à se pourvoir contre un partage qui admet les enfans d'un frere uterin à succeder avec leur oncle frere de pere & de mere. *Basnage sur la Coûtume de Normandie, art.* 312.

43 De la prescription en matiere de partage. *Voyez du Fail, liv.* 3. *chap.* 141. suivant l'article 282. de la Coûtume de *Bretagne*, la demande de partage va jusqu'à 40. ans, même entre freres & sœurs.

44 Action de partage doit être formée pardevant le Juge du lieu où sont situez les heritages. Arrêt du Parlement de Bretagne du 10. Septembre 1575. il s'agissoit de l'enterinement de Lettres de rescision prises contre un accord fait entre coheritiers. *Du Fail, liv.* 1. *chap.* 385.

45 Arrêt du 14. Janvier 1670. qui a jugé dans la Coûtume d'*Amiens* que l'action appartenoit à une sœur contre son frere pour le partage de la succession du pere commun, se prescrit par le laps de trente ans, quoique par la Coûtume la prescription de trente ans doive être accompagnée de bonne foy. *Soëfve, tome* 2. *Cent.* 4. *chap.* 44.

PARTAGE, CHOSE INDIVISE.

46 Tel partage se fait ou par l'accord des parties d'en joüir alternativement, ou bien en la licitant. *Voyez M. le Prêtre*, 2. *Cent. chap.* 41.

CONTESTATION EN PARTAGE.

47 Quand il y a contestation entre coheritiers, on ordonne que la succession sera sequestrée, & par provision les deniers distribuez également. Arrêt du Parlement de Paris du 24. Janvier 1563. pour la succession de Monsieur le Roux Conseiller. *Papon, liv.* 15. *tit.* 7. *n.* 5.

PARTAGE DES CONTRACTS.

48 Les Contracts pignoratifs seront partagez comme immeubles. Arrêt du 23. Août 1585. *Brodeau sur M. Loüet, lettre D. somm.* 30. *in fine.*

PARTAGE, CONVENTION.

49 On n'est point obligé de garder la convention qu'on auroit faite de ne point partager, parce que *communio solet discordias excitare.* Dictionnaire de la Ville, *verbo* Heritier.

50 Un pere institué heritiere sa femme à la charge de rendre ses biens à tel de deux enfans mâles que bon luy semblera après son décez, & au déçu de la mere, les freres conviennent secretement par transaction, que quelque nomination que la mere fasse, ils partageroient également. La mere décede, & nomme l'aîné qui impetre Lettres en rescision de la transaction, & en est debouté par Arrêt du 4. Février 1585. fondé sur ce qu'il n'avoit point transigé *de hereditate viventis*, mais du pere décedé, que la mere quoique vivante n'avoit autre droit sur les biens du pere que *jus electionis* de laquelle les enfans ne prenoient leur droit, mais du testament du pere, & que leur transaction avoit été faite pour éviter discorde, & reduisoit les choses à l'égalité. *Voyez Mainard, liv.* 2. *chap.* 69.

51 Paction entre mariez, qu'au partage des conquêts, l'un aura ceux qui sont en tel Evêché, l'autre ceux d'autre Evêché; confirmée par Arrêt du Parlement de Bretagne du mois de Decembre 1632. *Frain, page* 684.

PARTAGE, DISPOSITION DES COUTUMES.

52 Rentes constituées, & specialement assignées sur certains lieux, doivent être reglées aux successions, & partagées entre heritiers, selon les Coûtumes des lieux de leur assiette; mais si elles sont generalement constituées, parce qu'elles n'ont point de certaine assiette, elles doivent suivre la Coûtume du domicile

de celuy qui les a acquifes, comme fi telle avoit été fa deftination. Arrêt du premier Juin 1571. qu'on appelle l'Arrêt de Partenay. *Caronndas, lib.* 7. *Rep.* 22. *& Bouchel en fa Bibliotheque*, verbo *Rentes*.

COUTUME D'AMIENS.

53 Voyez cy-deffus *le nombre* 45.

COUTUME DE BOURBONNOIS.

54 Le partage fait en la Coûtume de *Bourbonnois* articles 305. & 306. par un oncle entre les neveux & niéces au préjudice de fes freres & fœurs, caffé, & remis à partager les biens dudit oncle *ab inteftat*. Arrêt du 14. Août 1587. *Le Veft*, *Arrêt* 184.

PARTAGE EN BOURGOGNE.

55 Voyez cy-deffus *le nomb.* 20. *& fuiv.*

PARTAGE EN BRETAGNE.

56 Voyez cy-deffus *le nombre* 93. & 94.
Sur les anciens partages nobles pratiquez en Bretagne. Voyez *les Annotations d'Hevin*, *page* 508. *& fuivantes*.

Entre Jacques de Beaumanoir, & Gilles de Beaumanoir fieur de Beffo, le partage eft jugé en noble comme en noble, & en partable comme en partable ; comptant, contribuant à la Coûtume pour le demandeur, qui eft Gilles Juveigneur, joüir de la portion qui fera trouvée luy appartenir en l'execution du prefent Arrêt, felon la nature, qualité & gouvernement des fiefs au defir de la Coûtume. Arrêt du Parlement de Bretagne du 14. Avril 1561. *Du Fail, liv.* 1. *chap.* 128.

57 Par Arrêt du Parlement de Bretagne du dernier Avril 1561. la Cour ordonne que partage fera fait entre les parties, qui font Renée de Bon-Amour, & Chriftophe de Chaurais, comme entre perfonnes Nobles & de Gouvernemens avantageux, pour raifon de la Terre & Seigneurie de Bon-Amour, & appartenances d'icelle, procedantes de la Maifon de Rohan ; & pour le regard des autres heritages, ordonné que partage & divifion feront faits felon la nature & qualité des heritages. Et pourront les parties informer plus amplement en l'execution du partage du Gouvernement des Terres & heritages. Ce Jugement eft fuivant l'art. 549. de la Coûtume, par lequel les puîsnez font reçûs à verifier la qualité roturiere des Terres poffedées noblement par 40. ans. *Idem, li.* 2. *ch.* 114.

58 Partage avoit été ordonné par Arrêt. L'aîné different de proceder, autre Arrêt du Parlement de Bretagne du dernier Octobre 1561. par lequel la Cour faifit toute la fucceffion, établit Commiffaires au gouvernement des fruits : défenfes à l'aîné de les exploiter, jufqu'à ce qu'il ait entierement obéi. *Ibid. chap.* 139.

59 L'article 561. de la Coûtume de Bretagne eft conforme à un Arrêt de ce Parlement du dernier Octobre 1561. *Du Fail, liv.* 2. *ch.* 137. où il eft obfervé, qu'encore que cet article ne parle que des acquêts, & que le mot de *meuble* n'y foit exprimé, néanmoins les meubles & font entendus ; puifque tout ce qui vient du profit, eft partable également, *dormiente ftatu*.

60 Entre Guillemette Grimault, curatrice de Jean Gafcher, & Adrien Bouvier, le partage avoit été jugé également en la fucceffion de Françoife Gafcher ; en l'execution on intime feulement le Procureur de Guillemette Grimault, qui comparant, demande temps pour avertir le Commiffaire ; ordonné nonobftant fes raifons, que le prifage jà fait tiendra, fauf droit de reveuë, laquelle avenant, fera faite à communs dépens. Arrêt du Parlement de Bretagne du 3. Septembre 1562. *Du Fail, liv.* 1. *ch.* 148.

61 Arrêt du 15. Septembre 1562. qui ordonne qu'un frere executera le partage dans quinze jours, & le temps paffé, le condamne *ex nunc prout ex tunc*, payer à fes fœurs 200. liv. pour faire faire le prifage.

& outre, que les biens de la fucceffion échuë feront fequeftrez & mis en main tierce. *Du Fail, livre* 2. *chap.* 186.

Entre François & Jeanne Darel, & Yvonne Darel 62 intimée, le Sénéchal de Rennes jugé que les parties joüiront de leurs lotties, felon la revûë du prifage : la Cour prononce mal jugé ; & reformant le Jugement, dit, qu'il fera procedé à la revûë des biens dont eft queftion, fans mutation & changement des premieres lotties contenuës au premier partage, fauf à employer en icelle revûë les biens heritels, fi aucuns font demeurez à partir par le premier partage. Arrêt du Parlement de Bretagne du 26. Mars 1614. *Du Fail, liv.* 1. *chap.* 60. fur quoy M. Sauvageau fait cette obfervation : La reveuë fe baille à qui fe plaint dans l'an & jour aux dépens du demandeur en reveuë, fuivant l'article 591. de nôtre Coûtume ; & l'an commence à courir du jour de la choifie. *Belord. Contr.* 119. & ce temps eft confideré à la rigueur *de momento ad momentum*, Arrêt d'Audience du 6. Juillet 1604. & comme elle fe doit demander dans l'an & jour, elle doit refaifir l'appellant, dans pareil temps après qu'elle eft jugée ; le prifage & l'affiette étant faits, autrement il y a fin de non recevoir. Arrêt d'Audience en Decembre 1613. Mais cette reveuë n'a lieu en contrat de vente, quand l'heritage vendu a été préalablement prife du confentement des parties. Arrêt d'Audience du 11. Février 1608.

L'intimé tuteur demande partage ; l'appellant dit 63 que les parties étant Nobles, comme il eft confeffé, & que l'intimé s'étoit emparé de la Terre de Vaujour, qui eft du partage, il doit refaifir l'appellant, qui eft l'aîné, avant qu'il procede. A Vannes il eft dit qu'il procedera. Appel. Par Arrêt du 30. Août 1565. la Cour dit qu'il eft mal jugé ; & corrigeant le Jugement, que l'appellant n'étoit tenu proceder & répondre défaifi. *Du Fail, li.* 1. *ch.* 202.

Arrêt du Parlement de Bretagne du 30. Août 1566. 64 qui ordonne que le partage de la fucceffion de Jeanne Bourdon fera ainfi fait ; c'eft à fçavoir que les meubles appartiendront entierement à François Poullain, fils aîné de défunt Jacques Poullain, à la charge de payer toutes les dettes perfonnelles de Jeanne Bourdon ; & pour le regard des immeubles, François prendra par précipur & avantage le lieu & manoir, avec fes pourpris & préclôtures prochaines, le furplus des immeubles partagé également ; & en tant que touche la fucceffion de la mere commune, le partage fera ainfi fait : Tous les meubles appartiendront à François frere aîné, à la charge de payer les dettes perfonnelles ; & fur les immeubles, François prendra par précipur un fol pour livre, & le furplus fera divifé également. *Du Fail, li.* 2. *chap.* 579. où il eft obfervé que l'aîné Noble n'a maintenant que les deux tiers des meubles, fuivant l'article 241. de la Coûtume, les harnois de guerre avec l'élite des chevaux, art. 568. & les roturiers partagent entr'eux également meubles & immeubles, fauf aux chofes nobles, aufquelles l'aîné prend le fol pour livre. Il a auffi la maifon principale, faifant récompenfe par les articles 587. 588. & 594. de la Coûtume. Maintenant fi les chofes font roturieres, elles font partagées roturierement entre Nobles, tant en fucceffion directe que collaterale, fuivant les articles 548. & 552. de la Coûtume. L'aîné Noble paye les deux tiers des dettes, & le puîné le tiers, fuivant l'art. 552. de la même Coûtume.

Partage caffé pour deux raifons. 1°. Parce que l'un 65 des Prifeurs n'étoit Juré lors du prifage. 2°. Les intimez avoient dit que tous les heritages de la fucceffion avoient entré au partage, *quod erat falfum*. Par Arrêt du 10. Septembre 1566. il eft ordonné que par autres Prifeurs le partage fera fait ; comme auffi nouveaux lots, éfquels feront employez les heritages ômis. *Du Fail, li.* 1. *ch.* 226.

Tome III.   D ij

66 L'intimé se disant heritier principal & Noble, veut congéer un teneur à domaine congeable ; l'appellant s'oppose , & dit que l'intimé prétend la tenuë en vertu du Testament de leur prédecesseur, contenant donation, laquelle ne vaut ; c'est pourquoi il conclud à partage. L'intimé répond qu'il est l'aîné du Noble , & que l'appellant n'est recevable en son opposition, sauf à luy à venir par action , ce qui est ainsi jugé. Arrêt du 18. Octobre 1566. qui prononce mal jugé ; & reformant le Jugement, ordonne que sans avoir égard à la donation, le partage sera fait. *Du Fail, li. 1. ch. 221.*

67 Arrêt du 19. Avril 1567. entre Guy Geslin & sa sœur , qui ordonne que partage sera fait également entr'eux , rapportant & précomptant ce que la sœur aura reçû. Geslin aura neanmoins la principale maison des successions , en recompensant en autre chose sa sœur. *Idem , li. 2. ch. 283.*

68 On jugeoit en 1567. au Parlement de Bretagne, que les enfans du premier lit auroient la moitié des acquêts faits par le pere commun & sa premiere femme, & ceux qu'il fit en sa premiere viduité jusqu'au second mariage. On suit à present l'article 587. de la Coûtume ; toute la succession paternelle , soit de patrimoine ou d'acquêt , se partage également entre les enfans de même pere : *pater erat, paterna peto. Ibid. ch. 282.*

69 M. Pierre Mignot , & Marie Harel sa femme en secondes nôces , s'étoient fait donation ; luy mort, l'appellant se dit heritier principal & Noble, demande à être reçû de tout , avant de répondre sur le partage des meubles & acquêts. Elle dit qu'elle est saisie au moyen de la donation , dont elle demande l'execution par provision, qui est ordonnée. Arrêt du Parl. de Bretagne du 27. Octobre 1568. qui dit, mal-jugé , en ce que le Juge *à quo* , auroit purement & simplement débouté l'appellant du refaisissement prétendu ; ordonné qu'il sera refaisi des Titres concernans la succession , ensemble des propres , si aucuns sont, autres que ceux compris en la donation, desquels Titres l'intimée pourra avoir copie ; & luy seront les Originaux communiquez toutefois & quantes qu'elle en aura besoin. *Du Fail , liv. 1. ch. 252.*

70 Le Juge de Porhoüet ordonne que partage sera fait , & que les heritiers conviendront de Priseurs. Quelques-uns, mais non tous , en conviennent ; il ordonne aussi que la choisie se fera par billets & au sort. Le Sénéchal de Ploarmel dit que c'est mal jugé, & qu'il sera fait nouveau partage, dont appel. Arrêt du Parlement de Bretagne du 20. Février 1570. qui dit bien jugé. *Ibid. chap. 295.* où il est observé qu'il avoit été jugé que les choisies se feront d'aîné en aîné , & non par sort & billets. Il y a pourtant quelques Arrêts qui autorisent le sort en fait de partage. Arrêt du 8. Août 1608.

71 Il avoit été ordonné que Silvestre de Guigny sieur de la Biardaye , pere & garde de Simon son fils sieur de Launay Romelin , feroit assembler quelques parens pour accorder une Instance de partage , à luy suscitée par M. de Bourgon, ce qu'il ne fait. Par Arrêt du Parlement de Bretagne du 17. Octobre 1571. la Cour sur Requête présentée par Bourgon, ordonne que l'Arrêt de partage sera exécuté , sans que Guigny se puisse prévaloir du renvoy pardevant les parens. *Du Fail, liv. 2. ch. 403.*

72 Arrêt du 30. Mars 1575. confirmatif de l'ordonnance d'un Conseiller & Commissaire de la Cour, portant que la choisie des lots se fera au sort. *Du Fail, liv. 2. ch. 496.* où il est observé que maintenant entre Nobles les partages se font aux deux tiers à l'aîné , le tiers aux cadets également , suivant l'article 541. de la Coûtume. Entre les roturiers , les aînez mâles , ou mâles descendans d'eux choisissent , aprés eux , les filles selon l'ordre de la naissance. Arrêt pour les mâles descendans des aînés du 1. Avril 1617. *At inter diversos jure succedentes fit sortitio.*

73 Femme Noble qui s'est mariée à un roturier, ne doit être frustrée du partage de la succession noble, autrement ce seroit *prorsus invertere jura sanguinis*; il fut dit par Arrêt du Parlement de Bretagne du 30. Avril 1575. que le partage se feroit également. *Voyez Du Fail , li. 3. ch. 247.*

74 En execution d'Arrêt donné entre Françoise Dubois , & François Dubois son frere , il fut dit que François auroit outre les deux tierces parties de la succession contentieuse, qui au precedent luy avoient été ajugées par adresse, le lieu & manoir principal, pourpris & préclôtures, & bois de haute-futaye de la Seigneurie de Dordu. Arrêt du 29. Octobre 1575. *Du Fail , liv. 2. ch. 483.*

75 Par Arrêt du 30. Avril 1578. prononcé en Robes rouges , il a été jugé que la part & portion d'un puîné noble qui est mort, quoi qu'elle n'ait été demandée, vient & accroît à l'aîné du Noble , en succession avantageuse. Sur cet Arrêt & autres semblables, l'article 559. de la Coûtume fut arrêté. *Ibid. chap. 584.*

76 Au Comté de Porhoüet , il y a un usement particulierement observé aux Paroisses de Glach de la Trinité, de Leon, de la Croix, & de Mohon, qu'entre les roturiers tous les enfans mâles , en quelque nombre qu'ils soient , ont les deux tiers des heritages pour eux , & la fille , ou filles, l'autre tiers : cela jugé & approuvé par Arrêt du 27. Septembre 1587. *Ibid. ch. 231.*

77 Si la fille Noble a plus qu'il ne luy appartient en la succession de sa mere , le frere la peut contraindre à partager , le pere vivant. Arrêt du 7. Septembre 1607. *Sauvageau sur Du Fail, li. 2. ch. 155.*

78 En succession collaterale noble , les deniers se partagent comme meubles , quoiqu'ils procedent de la vente des heritages du tige & tronc commun. Arrêt du 11. Juillet 1611. rapporté par *Frain, pag. 109.*

79 Femme épousant un Gentilhomme , & depuis un roturier, comment se partage la succession entre la fille du premier mariage , & l'enfant mâle du second ou troisiéme mariage ? Arrêt du Parlement de Rennes du 17. Janvier 1622. qui juge que le partage se fera également ; parce que la fille ne partage jamais noblement sur le mâle *in eodem gradu*. Frain. *pa. 412.*

80 L'action de partage est plus réelle que personnelle. Telle action renvoyée au Juge du lieu où les heritages étoient situez , par Arrêt du Parlement de Bretagne du 3. Septembre 1643. ordonné que l'Arrêt seroit publié au Siege de Rennes. M. le Président Busnel étoit partie intervenante en la cause pour sa Jurisdiction de Laillé. *Sauvageau sur Du Fail, liv. 1. chap. 188.*

COUTUME DE LILLE.

81 Jugé au Parlement de Tournay en la Coûtume de Lille , que le droit qu'a un enfant de demander partage des biens meubles à son pere survivant, du chef de sa mere prédecedée , se transmet à ses hoirs. L'Arrêt est du 20. Octobre 1700. rapporté par *M. Pinault, to. 2. Arrêt 290.*

COUTUME DE NORMANDIE.

82 C'est entre mâles seulement , & pour la conservation des maisons, que la Coûtume autorise l'inégalité entre les enfans ; entre filles leur condition est égale; le droit de choisir est la seule prérogative qui appartient à l'aînée , suivant un ancien Arrêt de Roüen du 13. Mars 1536. *Basnage sur la Coûtume de Normandie art. 272.*

83 Par Arrêt du Parlement de Roüen du 22. Février 1611. rapporté par Berault sur l'art. 354. de la Coûtume de Normandie, jugé que l'aîné, avant faire son choix, doit avoir un delai pour examiner les lettres & écritures.

84 C'est une maxime , que bien qu'une fille soit reservée à partage, quand il y a dans la succession des rotures & un Fief, la fille reservée ne peut avoir son partage que sur la roture , & non sur le Fief. Arrêt

du Parlement de Roüen du 29. Avril 1623. *Basnage*, *sur l'art.* 361. *de la Coûtume de Normandie.*

85 Jugé au Parlement de Normandie au mois de Mars 1643. que les sœurs admises à partage par les creanciers, n'auront que le tiers, & non part égale. *Basnage, sur l'art.* 270.

86 Jugé au Parlement de Roüen au mois de Mars 1657. que les descendans d'une sœur, laquelle avoit été reservée à partage, se trouvant en possession d'un bien de la succession, pouvoient se défendre par la possession centenaire contre les descendans d'un frere, qui prétendoient que faute de justifier d'un partage, ils pouvoient demander les deux tiers des biens dont les descendans de la sœur étoient en possession. *Basnage, ibidem sur l'art.* 529.

87 Par un usage local du Bourg de Bolbec il est dit que les freres & sœurs partagent également les heritages situez dans ce Bourg. Suzanne & Esther Gilles, demandant leur legitime à leurs freres, une portion des heritages de la succession se trouva située dans Bolbec; en procedant à l'arbitration du mariage avenant, les parens y donnerent part égale aux sœurs. Le Vicomte sans avoir égard à cette arbitration, leur ajugea seulement le tiers de tout le bien; sur l'appel des sœurs, le Bailli cassa la Sentence. Par Arrêt du 11. Janvier 1668. on cassa la Sentence du Bailli, & celle du Vicomte fut confirmée. *Basnage, ibidem, art.* 271.

88 Le sieur Baillard Maître des Comptes à Roüen,
89 reserva par son testament ses filles à sa succession; cette reservation étoit conçuë en ces termes: *Je veux que mes filles soient reçuës à partager ma succession avec leurs freres, pour & autant qu'il leur en peut appartenir, suivant la nature & la situation de l'oncle des biens qui seront à partager.* Cette succession étoit composée de trois sortes de biens, la première consistoit en meubles & immeubles assis en Bourgage; la seconde, en l'Office de Maître des Comptes, & en heritages situez dans la Coûtume generale; la troisiéme en biens situez dans la Coûtume de Caux. En consequence de cette reservation à partage, les sœurs au nombre de quatre partagerent également avec leurs freres, les meubles & les biens situez en Bourgage; elles eurent aussi le tiers des biens qui étoient sous la Coûtume generale; mais lorsqu'elles demanderent partage aux biens de Caux, M. Michel Baillard Maître des Comptes à Roüen, prétendit que son pere n'avoit pû dans la Coûtume de Caux reserver ses filles à partage, & qu'en tout cas le frere puîné & les sœurs ne pouvoient avoir tous ensemble que le tiers, sans y comprendre le precipit. L'affaire ayant été portée aux Requêtes du Palais, par Sentence du 7. Avril 1677. on ajugea au sieur le Tellier, au droit de Barbe Baillard sa femme, & à Marie, Catherine, & Marthe Baillard, le tiers en essence des biens situez en Caux, à prendre, tant sur les deux tiers du sieur Baillard aîné, que sur le tiers de Pierre Baillard puîné, avec le tiers des arrerages des rentes & fermages depuis le décez du pere, & qu'à cette fin les freres seroient tenus de faire lots entr'eux, pour être ensuite procedé par lesdits le Tellier & Baillard à la confection de nouveaux lots. Le 31. Mars 1678. la Sentence des Requêtes du Palais, dont le sieur Baillard étoit appellant, fut cassée au Parlement de Roüen; & en reformant, les Demoiselles Baillard furent privées de prendre part sur les immeubles en Caux, autres que ceux situez en Bourgage, sauf à elles à prendre mariage avenant, si elles avisent que bien soit, au lieu de partage sur les biens de la succession de leur pere, tant dans la Coûtume generale qu'en celle de Caux; ce qu'elles seront tenuës de déclarer dans la huitaine. On peut dire veritablement que cet Arrêt fut donné *multis & magnis nominis senatoribus contradicentibus*, & contre le sentiment de tout le Barreau. L'on proposa de faire publier cet Arrêt pour servir de Reglement, mais ceux qui ne l'approuvoient pas l'empêcherent. *Voyez Basnage sur la Coûtume de Normandie*, art. 279.

90 Jugé au Parlement de Roüen le 7. Mars 1681. qu'une rente duë par la Communauté des Arquebuziers de la Ville de Roüen, devoit être partagée comme un bien en Bourgage, ces Communautez n'ayant point d'étenduë ni de fonction que dans la Ville, quoique la rente eût été constituée sous le nom de quatre Capitaines des Arquebuziers; neanmoins il étoit constant au procez qu'ils ne s'étoient obligez que pour la Communauté qui devoit veritablement cette rente, quoique par le contract ils ne se fussent obligez que comme particuliers, & qu'il ne fût pas dit, que ce fût pour les affaires de la Communauté. *Basnage sur la Coûtume de Normandie*, article 392.

91 Monsieur de Lesville Evêque de Coutance étant à Paris pendant l'Assemblée du Clergé, y décede; procez pour le partage de ses biens; il fut dit que les heritages en rotures seulement, & les rentes constituées ailleurs que dans l'étenduë du Parlement de Normandie, seroient partagées entre la Dame le Gras & ses coheritiers, les autres biens meubles, rentes & heritages en fief demeureroient aux mâles. Arrêt du 8. Mars 1667. *De la Guess.* tome 3. livre 1. chap. 17.

COUTUME D'ORLEANS.

92 L'article 92. de la Coûtume d'*Orleans* permet au pere, soit en acquerant terres en fief, soit après les avoir acquises, de déclarer qu'il veut qu'elles soient partagées sans aucun droit d'aînesse. Jugé au P. de Paris le 25. Février 1608. que cet article n'a point lieu à l'égard de l'oncle, mais du pere seulement. *Le Bret, livre* 3. *décision* 2.

COUTUME DE POITOU.

93 En la Coûtume de *Poitou*, touchant le partage d'une succession, comme de biens nobles, &c. les deux tiers dans les deux tiers seulement, furent ajugez à l'intimé. Arrêt du 8. Août 1664. *De la Guess.* tome 2. liv. 6. chap. 44.

COUTUME DE TROYES.

94 Quel effet a l'article de la Coûtume de *Troyes*, qui dit *entre gens de condition servile, un parti, tout est parti?* Voyez *Coquille*, tome 2. quest. 70.

PARTAGE ENTRE ENFANS.

95 Les filles du premier mariage, ou leurs enfans partagent également avec la fille du second mariage leur sœur paternelle, tous les immeubles du côté paternel de la succession d'un de leurs freres decedé du second mariage. Arrêt du 8. Juillet 1558. *Le Vest*, *Arrêt* 15.

96 Le partage fait entre enfans est revocable. Arrêt du Parlement de Dijon du 15. Février 1618. *Bouvot*, to. 2. verbo *Partage*, quest. 21. & cy-dessus le n. 31.

PARTAGE, ESTIMATION.

97 Partage de choses nobles & autres, se doit également faire, & ayant égard à la valeur, estimation, & bonté des choses, & non la quantité. Arrêt du Parlment de Bourdeaux du 19. Decembre 1524. *Bibliot de Bouchel*, verbo *Partage*.

98 Le même Arrêt est rapporté dans *Papon*, livre 15. titre 7. nombre premier, il joint à cette citation celle d'un Arrêt du semblable rendu le 9. Août. 1510.

99 Sur le debat de deux partages, ordonné au Parlement de Bretagne le dernier Octobre 1561. que par trois Priseurs convenus, un troisiéme s'en ira sur les lieux contentieux; le tiers tenu accorder & signer ce que les deux accorderont. *Du Fail, livre premier, chapitre* 141.

PARTAGE, FIEF.

100 Du partage du fief. V. le mot *Fief*, n. 108. & suiv.

FRAIS DE PARTAGE.

101 Dépens faits pour arpenter bois pour parvenir à

un partage doivent être taxez contre les deux parties, quoique l'une le requiere, & l'autre y contredise. Arrêt du Parlement de Bourdeaux du 29. Novembre 1537. *Papon*, *li.*15. *tit.* 7. *n.*3.

102 Damoiselle Françoise de Maure requiert le Comte de Maure son frere être contraint bailler l'argent pour executer l'Arrêt de partage donné entr'eux. Par Arrêt du Parlement de Bretagne, la Cour dit que les parties fourniront aux frais de l'Arrêt, à raison de ce que chacune d'elles prendra en la succession. L'on suit la pratique de l'art. 565. portant obligation à l'ainé de consigner en cas de contestation par provision une somme, tant pour alimens que frais du prisage & procez, visite des biens & valeur d'iceux, s'il n'y avoit accord par écrit ; neanmoins les puînez sont obligez au remboursement des frais du partage pour leur tiers. *Du Fail*, *li.* 2. *chap.* 178.

PARTAGE ENTRE FRERES.

103 Voyez le mot *Freres*, & à la lettre *D*. au titre du *double lien*.

104 Si la fille qui a renoncé moyennant une dot, est considerée pour donner lieu au partage par souches, entre les neveux de differentes branches ? *Voyez Henrys*, tome 1. *liv.* 5. chapitre 4. *question* 55. il est d'avis qu'en ce cas le partage entre les enfans des freres & sœurs doit être fait par souches, parce que la fille qui a renoncé succede *quoad jus*, quoiqu'elle ne succede pas *quoad effectum*.

105 Le même *Henrys*, tome 1. livre 6. chapitre 1. *question* 6. établit qu'entre les freres consanguins & uterins, le partage se fait par têtes, quoyque le nombre soit plus grand d'un côté que de l'autre ; & qu'il en est de même entre les ascendans & tous les collateraux.

106 Si le frere qui est legataire & l'un des heritiers, peut être censé faire part & concours, & obliger les neveux à partager par souches, lorsqu'il se trouve à son legs ? *Voyez Henrys*, tome 1. livre 5. chapitre 4. *question* 53. il établit par des raisons trés solides, que dans ce cas le partage doit être fait par souches, parce que le legs fait au frere vivant, luy tient lieu de sa portion hereditaire.

PARTAGE, GARANTIE.

107 C'est une maxime que les coheritiers sont garands les uns aux autres de leurs lots de partage, *l. si fratres comment. Ind. l. unus individuum. Cod. in quibu caus. cess. long. temp. præscr.* combien qu'il y eût plus de trente ans passez qu'ils eussent été faits. Arrêt du 29. May 1553. *Jovet*, verbo *Partage*, *nomb.* 17.

108 Les tuteurs des enfans de deux lits font partage. Une maison tombée dans les lots de l'un, elle est par la suite brûlée ; celuy auquel elle est avenuë, ne peut demander nouveau partage sans avoir rebâti la maison au même état où elle étoit lors du partage. Arrêt du Parlement de Dijon du 28. Février 1603. *Bouvot*, tome 2. verbo , *Partage*, *quest.* 10.

Voyez le mot, *Garantie*, *nomb.* 78. & *suiv.*

PARTAGE DES GREFFES.

109 Voyez le mot, *Greffe*, *nomb.* 106. & *suiv.*

PARTAGE, HYPOTEQUE.

110 L'hypoteque en partage est du jour de l'adition d'heredité sur les biens particuliers des coheritiers, & non du jour du partage. Voyez le mot, *Hypoteque*, *nombre* 214.

111 *Post divisionem inter cohæredes factam idem jus non remanet hypotheca anteà contracta.* Arrêt du 6. May 1581. *Anne Robert*, *rerum judicat. li.* 3 *ch.* 19.

112 Le creancier qui a contracté avec un heritier, possedant par indivis avant le partage, ne se peut adresser sur l'heritage qui luy est obligé, & qui n'est avenu au lot de son debiteur. Arrêt du 8. Janvier 1566. entre Claire Verberis veuve de Corard Procureur en la Cour. Autre du 5. May 1581. entre les Pineaux & Gentils, ce qui a lieu *cessante fraude* ; autre Arrêt du 2. Août 1595. rapporté par *M. le Maître traité des Criées*, *chap.* 43. & Bibliotheque de Bouchel, *verbo Hypoteque*.

113 L'on a demandé de quel jour les copartageans ont hypoteque sur les biens particuliers de leurs coheritiers ? Les anciens Arrêts jugeoient que c'étoit du jour de leur partage ; mais les derniers ont décidé que c'étoit du jour de l'adition d'heredité ; le motif de cette nouvelle Jurisprudence est pour éviter les fraudes entre les heritiers qui pourroient opposer que les biens partagez ont changé de nature. *Voyez le Journ. du Pal. in fol. to.* 2. *p.* 606. où l'on rapporte un Arrêt précis du 27. Juin 1686.

PARTAGE, JUGE, JUGEMENT.

114 Le Jugement donné pour le partage d'une succession universelle en pays étranger, n'est pas executoire en France. Arrêt du 21. May 1585. *Charondas*, *liv.* 7. *Réponse.* 133.

115 Le Juge du lieu où sont les meubles, est Juge competent pour le partage des meubles. Arrêt du Parlement de Dijon du 13. Mars 1601. *Bouvot*, *to.* 2. verbo *Partage*, *quest.* 15.

116 En action de partage l'on se doit pourvoir par-devant le Juge Royal. Arrêt du Parlement de Dijon du 3. Octobre 1611. *Ibidem*, *quest.* 5.

117 Le partage d'une succession doit être fait devant le Juge du lieu où est décédé celuy dont elle vient, & non point devant celuy où la plus grande partie se trouve située. *M. Josias Berault* rapporte avoir été ainsi jugé le 14. Mars 1608. *Voyez Basnage*, titre de *Jurisdiction*, *art.* 5.

LOTS DE PARTAGE.

118 Une femme institue son mari son heritier universel, aprés son decez luy substitue ses tante & oncle, & son beaufrere ; le cas arrivé les Experts font le partage, la tante comme la plus jeune veut choisir : *C.* 1. *ex. de parochis.* Par Arrêt du 26. Octobre 1590. il a été ordonné que les lots seroient jettez au sort ; ce qui avoit été jugé le 15. Janvier 1582. *La Rocheflavin*, *liv.* 6. tit. 37. Arr. 3.

119 Quand tous les enfans, freres ou heritiers sont mineurs, l'on n'observe plus l'ancienne pratique, que le vieux fasse la division, & que le plus jeune choisisse : mais le partage des biens contentieux doit être fait par Experts. Arrêt de l'an 1607. *La Rocheflavin*, *ibid. arr.* 2.

120 Arrêt qui a jugé que le frere ainé fera les lots dans trois jours sans rien obmettre, à peine de perdre sa part, & le frere choisira ; & pour les subterfuges dont on avoit usé, condamné en 50. livres envers son dit frere, & en 100. livres de provision ; ce qui est fondé sur le chapitre 1. *Extra. de Parrochiis*. *Guid Papa quæst.* 230. La Rocheflavin, *ibidem Arrêt* 1.

121 L'ainé fait les portions, & le cadet choisit, suivant *Guid. Pap. qu.* 189. Quand les freres ou sœurs ne sont que deux, la Cour l'approuve, comme il fut jugé au Parlement de Toulouse le 31. Janvier 1645. en la cause de Soupsol contre son frere : mais quand ils sont trois, ou plus de trois, la Cour ne l'approuve pas comme il fut jugé en la cause d'Olives mary d'une nommée Deprat, par lequel il fut ordonné qu'il se feroit par Experts entre trois sœurs. Cet Arrêt est du 21. Juillet 1648. La même chose fut jugée en la cause de Bigose en 1655. Ordinairement en ce Parlement on fait des lots, & l'on tire au sort, *arg. l.* 3. *Cod. commun. de leg.* Albert, verbo freres, *art.* 1.

122 La Coûtume que l'ainé fait les lots, & le puiné choisit, s'observe au ressort du Parlement de Toulouse entre freres seulement, mais non entre étrangers. Dans ce dernier cas la division des biens est renvoyée au Jugement d'Experts. Arrêts en 1564. & 1579. *Maynard*, *li.* 7. *ch.* 96.

123 L'aîné fait les lots, le puiné choisit : cela n'a lieu que pendant la vie des freres ; car si l'un est décédé,

on a recours aux Experts & au sort. *Voyez Maynard, li. 9. ch. 52.*

114. Le Juge de Lesneven avoit broüillé une revûë de partage; la Cour ordonne que les loties seront reduites à égalité par trois Priseurs, ou gens, dont les parties conviendront, sans toutefois changer les loties du premier partage : mais la réduction se fera par adjudication de rentes annuelles, ou deniers, au choix de ceux qui auront des loties moins valantes, à l'encontre des ayans les plus riches & opulentes loties. Arrêt du Parlement de Bretagne du dernier Avril 1561. *Du Fail, li. 2. chap. 115.*

125. Un homme du tiers état laisse quatre enfans, deux filles, deux mâles : le dernier prétendoit n'être pas tenu de faire les loties ; les sœurs répondent qu'il doit les faire, & que c'est la coûtume que le dernier les fasse, & que la choisie se fasse d'aîné en aîné. Arrêt du Parlement de Bretagne du 2. Avril 1572. *Voyez Du Fail, li. 3. ch. 143.* où il est observé que les loties se font par Priseurs : l'un des copartageans n'est recevable à demander de les refaire. Arrêt de l'an 1633. Des partages des roturiers. *Voyez Dargentré sur le partage des Nobles, quest. 44. & la Coûtume art. 587. & suiv.*

126. La tante est obligée de faire les partages, quand elle succede avec les enfans du frere aîné. Arrêt du Parlement de Normandie, rapporté par *Basnage* & *Berault sur l'ar. 308. de cette Coûtume.*

127. Un frere qui joüissoit de toute la succession, en vendit quelque portion ; & lors de la choisie des lots, il laissa à son frere puîné celuy dans lequel les terres alienées étoient comprises. L'acquereur fut maintenu sur l'appel du frere ; son Avocat disoit que la vente faite par son frere n'empêchoit point son action ; que l'acquereur n'avoit point de titre, ayant acquis *a non domino, Lege 1. c. de rerum commun. alienationi* ; & que cet heritage étant tombé en son lot, il en devoit joüir. On répondoit pour l'acquereur, que l'appelant plaidoit sans interêt, son frere offrant de luy bailler d'autres terres. Par Arrêt du Parlement de Roüen du 4. Avril 1658. en reformant la Sentence, on ordonna que l'on procederoit à nouvelle choisie, en présence de l'acquereur. *Basnage, sur la Coûtume de Normandie art. 334.*

128. Les lots faits avec un tuteur sur l'avis des parens, sont valables, & ne peuvent être cassez que pour lesion, & la lesion doit être aussi grande qu'entre majeurs. Arrêt du Parlement de Roüen du 14. May 1657. *Voyez Basnage sur l'art. 353. de la Coûtume de Normandie.*

129. Dans le partage des biens du pere mort sans tester, l'aîné de ses fils doit faire les lots, & le puîné choisir. C'est l'usage observé de tout temps dans le Dauphiné ; les titres seront remis à l'aîné. *Voyez Guy Pape qu. 289.* Dans une succession étrangere le partage peut être fait par prud'hommes, & le choix mis au sort, ou en licitation. Arrêt du Parlement de Grenoble du 1. Juin 1679. rapporté par *Chorier en sa Jurisprudence de Guy Pape, pag. 197.*

130. Entre partageans, quand les lots ont esté jettez, quoique le partage n'ait pas encore été passé pardevant Notaires, s'il a été convenu de le faire, aucune des parties n'y peut contrevenir. Arrêt du Parlement de Tournay du 24. Avril 1698. rapporté par *M. Pinault to. 2. Arr. 217.*

PARTAGE, MEUBLES.

131. En partage de meubles, point de recours de garantie. *Brodeau sur M. Loüet let. F. nomb. 25.*

132. Arrêt du Parlement de Paris du 21. Mars 1548. rendu entre la Comtesse de Laval, & celle de Martigues ; par lequel il est ordonné que pour partager les meubles laissez par le sieur Comte de Laval, ils seroient tous apportez en la Ville de Tours *impensis communibus*, prises sur les meubles. *Papon, liv. 15. tit. 7. nomb. 2.* Celle qui se prétendoit heritiere des meubles, disoit qu'elle étoit saisie par la Coûtume, & que le transport devoit se faire aux frais & perils de l'autre.

133. Du partage des heritages meubles possedez par roturiers, tombez en tierce foy au païs de *Touraine*, & que plusieurs puînez joüissans par indivis de leurs tiers, si l'un décede, l'aîné n'y peut rien prétendre. *Voyez* l'Arrêt donné en la cause d'entre René de Bonamour, d'une part, & René Dassi d'autre, prononcé en Robes rouges le 13. May 1561. *Le Vest.*

134. Meubles & acquêts également partagez entre enfans de deux lits. Arrêt du Parlement de Bretagne du 6. Février 1574. *Du Fail, li. 1. ch. 360.*

PARTAGE, OFFICE, OFFICIERS.

135. Office de garde des petits Sceaux, controlle des Titres & Cayers, sont meubles, & se partagent suivant la Coûtume du domicile du defunt, non de celle du lieu où est leur exercice. Arrêt du Parlement de Paris du 22. Février 1629. *Bardet, to. 1. liv. 3. ch. 29.*

136. Les biens d'un Officier honoraire doivent être partagez noblement. Arrêt du 6. Mars 1675. *De la Guess. to. 3. li. 9. ch. 3.* Arrêt du Conseil Privé, qui décide le contraire ; il est du 4. Août 1677. *De la Guessiere, tom. 3. liv. 11. ch. 18.*

PARTAGE, SUCCESSION D'UNE NIECE.

137. Renard tuteur de Gabrielle Renard sa niéce, & son heritier en partie, devoit ouvrir partage à Jacquette Renard sa sœur dans la succession de leur niéce, & condamné à rendre compte. Arrêt du 18. Août 1684. *Idem, to. 4. liv. 7. chap. 21.*

PARTAGE, PARENS ARBITRES.

138. Arrêt du Parlement de Bretagne du 12. Octobre 1570. qui ordonne que les parties conviendront dans quinze jours de six de leurs plus proches parens, faute dequoy la succession sera sequestrée. *Du Fail, liv. 3. ch. 226.*

139. Partage renvoyé aux proches parens ou arbitres. Ordonnance de Moulins article 83. *Voyez Mornac li. ult. ff. familiæ erciscundæ, & du Frêne, liv. 1. ch. 90.* où il y a Arrêt du 19. Février 1626. qui a renvoyé les differends des partages aux proches parens.

PARTAGE, BIENS PATERNELS.

140. Biens maternels baillez en partage à l'enfant pour sa part qu'il avoit aux paternels, sont censez paternels, *& è converso.* Arrêt du 30. Mars 1596. *Charondas, liv. 11. Rép. 40.*

141. Partage entre trois freres des biens paternels & des biens d'un oncle, lequel avoit chargé ses biens de substitution ; les biens substituez se trouvent entierement au lot de Jean, les biens paternels aux lots de deux autres freres. Jean fait des dettes, & meurt sans enfans ; les autres freres prennent les biens en vertu de la substitution : les creanciers de Jean les attaquent ; ils sont recevables, parce que Jean leur debiteur avoit un tiers dans les biens de son pere qu'il avoit pû aliener. *V. Charondas, liv. 11. Rép. 15.*

PARTAGE FAIT PAR PERES ET MERES.

142. Partage entre les enfans des biens d'un pere par testament, & qui avoit des biens en païs de Droit écrit & Coûtumier, le partage & la division confirmée. *Peleus, quest. 134.* Il ne date point l'Arrêt.

143. Du partage fait par la mere, de la succession ; & si de son vivant elle le peut revoquer, l'ayant auparavant approuvé. *Voyez M. Loüst & son Commentateur lettre P. Som. 24.*

144. En la Coûtume de *Ponthieu* le partage fait par le pere & la mere entre leurs enfans, ne vaut ; mais s'ils commencent à faire don de leurs meubles & acquêts, ils peuvent ensuite faire partage. *Voyez M. Loüet & son Commentateur. Ibidem nombre 12.* Idem, *en la Coûtume de Poitou.*

145. Un pere qui avoit des Fiefs & des rotures, de son

vivant fit partage à tous ses enfans, & fit les lots égaux à chacun des autres ; ce partage fut accepté par tous. Après la mort du pere, l'aîné prend lettres pour faire casser le partage, fondées sur la réverence paternelle, & sur ce que par la Coûtume le droit d'aîné luy appartenoit, & demandoit qu'il fût procedé à nouveau partage. Par Arrêt prononcé en Robes rouges le 14. Août 1566. les Lettres furent enterinées. *Bibliotheque de Bouchel*, verbo, *Partage*.

146 Par Arrêt donné le 14. Mars 1603. en la cause de Jean Mailly Chevalier, Administrateur de la personne & biens d'Yolande de Netrancourt sa femme, appellant, & demandeur en Lettres, & Jean de Nettancourt intimé & défendeur ; la Cour declara nulle une homologation faite par le Duc de Lorraine en son Conseil à Nancy, d'un partage fait par les pere & mere entre leurs enfans, de biens sis en Vermandois & en Barrois ; & en enterinant les Lettres, a remis les parties en tel état qu'elles étoient auparavant le prétendu procés. *Voyez les Plaidoyez de M. Servin tom. 1. & la Bibliotheque de Bouchel*, verbo, *partages*.

147 Partage de pere & mere entre leurs enfans, quoiqu'un peu inégal, doit subsister, la legitime sauve. Arrêts du Parlement de Paris des 15. Février 1564. & 27. Février 1576. *Papon*, *liv. 15. tit. 7. n. 8.*

148 Le pere peut faire le partage des biens de sa femme, & la mere des biens de son mari, aussi-bien que des siens propres entre ses enfans. Arrêts du Parlement de Dijon des 29. Juillet 1594. & 17. Decembre 1641. fondez, sur ce que si les enfans veulent être heritiers de leurs pere & mere, qui ont ainsi disposé, il faut qu'ils executent la volonté du disposant. D'ailleurs, *præsumptio propter naturalem affectum, facit omnia patri videri concessa.* L'Empereur Alexandre dit à ce sujet : *Parentibus arbitrium dividendæ hereditatis inter liberos adimendum non est.* Taisand, *sur la Coûtume de Bourgogne*, *tit. 7. art. 6. n. 6.*

149 Declaration du Roy du 17. Mars 1643. pour la validité des partages des peres & meres entre leurs enfans dans la Coûtume de Bourgogne, & qui seront signez d'un Notaire & d'un témoin seulement, conformément aux articles 165. & 166. de l'Ordonnance de Blois : elle a été enregistrée le dernier Juin 1666. au Parlement de Dijon ; & il fut jugé le 26. Février 1672. qu'elle avoit lieu même à l'égard des testamens faits auparavant. *Taisand*, *ibidem*, *n. 1.*

150 Les Avocats du Parlement de Bourgogne certifient qu'ils ont toûjours vû & observé, qu'à l'égard des partages faits par les peres & meres entre leurs enfans sous leur écriture & signature, il falloit que l'acte & endossement requis en la Coûtume, fût signé actuellement par deux témoins, à peine de nullité ; parce que la Coûtume en ce genre de disposition, dit purement que les témoins signeront sans adjonction des mots, *suivant l'Ordonnance* ; mais quant aux partages & testamens passez noncupativement pardevant un Notaire & deux témoins, la Coûtume disant qu'ils pourront être faits pardevant un Notaire ou deux témoins qui signeront, *suivant l'Ordonnance* ; qu'ils ont toûjours vû & observé, qu'il suffisoit qu'en cette sorte de disposition noncupative, les témoins signassent s'ils sçavoient signer, ou déclarassent ne sçavoir signer enquis, & qu'il y eût un témoin actuellement signant, ainsi qu'il est permis & porté par les Ordonnances susdites ; certifians en outre, que l'Arrêt de 1638. n'a point été publié en Audience ; & qu'ainsi la disposition de la Coûtume est demeurée en sa force & vigueur. Fait à Dijon le 20. Mars 1654. *Voyez Taisand*, *ibid*.

151 Les derniers Arrêts du Parlement de Dijon ont décidé que tous partages étoient révocables, quoique la tradition s'en soit suivie, que la Coûtume donnant cette liberté aux peres & meres, ils ne faisoient injure à personne, en usant de leur droit. Arrêts des 7. May 1614. 16. Juillet 1622. & 23. Février 1657. mais lors que les choses ne sont plus entieres, & qu'il y a fraude de la part de celuy qui veut revoquer, la revocation n'a aucun effet. Nicole Briois avoit fait partage de ses biens entre ses enfans ; l'un d'eux ayant cedé les rentes constituées échûës à son lot, elle revoqua ce partage, afin qu'elle pût reprendre les rentes qu'il avoit cedées. Arrêt du 20. Decembre 1658. au profit des cessionnaires. Le partage est aussi irrevocable, s'il est fait dans un contract de mariage. *Taisand sur la Coûtume de Bourgogne*, *titre 7. article 8. note 4.*

152 André Chirat de Bellegarde ayant fait un partage de ses biens entre ses enfans, dans lequel il y avoit un témoin qui n'avoit pas quatorze ans complets ; ce partage en forme de testament fut déclaré nul au Parlement de Dijon, par Arrêt du 5. Février 1629. *Voyez ibidem art. 4. n. 7.*

153 Une disposition entre enfans par forme de partage n'a pas plus de force qu'un testament, elle peut être revoquée. Ainsi jugé au même Parlement de Dijon le 9. Juillet 1615. *Bouvot to. 1. verbo Disposition*. *Divisio testamentaria facta à patre inter liberos valet.*

154 Le 15. Janvier 1602. le 6. Mars 1603. le 9. Février 1610. *Mornat l. 10. C. familiæ erciscundæ. Voyez Brodeau sur M. Louet*, *lettre P. somm. 23.*

154 bis. Un pere peut ordonner par testament que tous ses meubles, acquêts & conquêts immeubles seront partagez également entre tous ses enfans, & ce faisant préjudicier à son aîné, en ce qui touche les acquêts en fief. Arrêt rendu en la Coûtume d'Amiens le 2. Janvier 1623. rapporté au 1. *Tome du Journal des Audiences*, *liv. 1. chap. 1.*

155 Si la division faite par le pere doit tenir entre les enfans, quand il n'a pas tout divisé ? Par Arrêt du Parlement de Toulouse du 10. Février 1645. ordonné qu'il seroit fait une autre division de tous les biens par Experts. *Voyez Albert*, verbo *Division*.

156 Arrêt du Parlement de Provence du 28. Avril 1659. qui a jugé qu'un partage de biens fait par le pere à ses enfans, ne peut être debatu sauf leur supplément de legitime. *Boniface*, *tome 2. livre 1. titre 13. chapitre 2.*

157 Un pere qui a promis par transaction à un de ses enfans de luy laisser part égale dans ses biens pour quelque cause, ne peut par d'autres dispositions le priver de l'effet de ses promesses. Arrêt du Parlement de Tournay du 24. Decembre 1699. rapporté par *M. Pinault*, *tome 2. Arr. 277.*

PARTAGE REFUSÉ.

158 Lorsque l'un des coheritiers refuse de partager l'heredité, la Cour a coûtume d'ordonner qu'elle sera sequestrée & regie par Commissaires. Sur l'execution d'un tel Arrêt il y eut contestation ; les uns vouloient que la ferme fût en moisson, comme grains & denrées, les autres en deniers. Arrêt du 18. Decembre 1543. qui ordonna que ce seroit en deniers. *Papon*, *li. 15. tit. 7. n. 4.*

159 Arrêt du Parlement de Paris du 30. Janvier 1545. par lequel un coheritier ne voulant point satisfaire à l'Arrêt du Parlement qui ordonnoit un partage, a été condamné en cent liv d'amende, outre celle dûë pour le fol appel, & ordonné qu'il seroit mené prisonnier en la Conciergerie pour y garder prison jusques à ce que le partage fût fait, & les Arrêts entierement executez. *Papon*, *liv. 18. tit. 5. n. 42.*

160 Par Arrêt du 30. Janvier 1555. donné entre deux freres nommez les Pleiards, celuy qui avoit refusé bailler partage à son frere l'espace de trente ans, quelques Arrêts qu'il y eût eu contre luy, fut condamné à tenir prison jusques à ce qu'il eût livré partage à son frere, & avec ce condamné à une réparation. *Bibliot. de Bouchel*, verbo *Partage*.

PARTAGE, RELIEF.

161 Pour partages faits entre les coheritiers en ligne directe

directe d'heritages feodaux, encore qu'il y ait foulte baillée, il n'est point dû de relief en la Coûtume de Paris. Arrêt du 27. May 1569. *Le Vest*, *Arrêt* 99. Voyez *le Journal du Palais*, dans l'Arrêt du 24. Juillet 1670.

RESTITUTION EN PARTAGE.

161 Un partage est sujet à rescision, quand il y a lézion *ultrà quartam partem*, sur tout entre freres, car la bonne foy doit être entiere parmi eux ; ainsi jugé. Voyez *Basset*, *to*. 2. *li*. 6. *tit*. 1. *chap*. 4.

162 La Cour a accoûtumé de recevoir restitution en entier contre partages faits entre majeurs dans les dix ans de l'Ordonnance, sous la déception d'outre le quart de juste portion qui échet à un ; car c'est toûjours la moitié du tout, si les partageans sont par égales portions, à sçavoir deux, chacun par moitié. *Papon*, *liv*. 15. *tit*. 7. *n*. 7.

164 Dans quel temps on peut venir contre un partage où l'on a pris pour fief ce qui étoit roture, *aut vice versâ* ? Voyez *le Brun, traité des Successions, livre 2. chap. 2. sect. 2. n. 47.* il dit que le partage étant nul à cause de l'erreur de droit, il y a trente ans pour demander la part qu'on auroit euë, si ce n'est qu'avant les trente ans on auroit eu connoissance de la qualité de l'heritage, auquel cas les dix ans marquez par l'article 46. de l'Ordonnance de Loüis XII. de 1546. courent du jour de la connoissance.

165 Le partage auquel il se trouve grande lézion, peut être cassé dans les dix ans, encore qu'il soit fait par transaction. Arrêts du Parlement de Bretagne des 18. Mars 1566. & 21. Decembre 1594. *Du Fail, livre* 1. *chap*. 108.

166 La Coûtume qui confirme le partage par dix ans ne s'entend point pour les mineurs qui ne laissent d'être restituez. Arrêt du 8. Juin 1585. Le nom de transaction intervenu en partage n'empêche la restitution ou le supplément à faire par l'avantage. Arrêts du mois de Février, & 17. Mars 1577. *Papon, livre* 15 *titre* 8. *nombre* 7.

167 Un mineur qui a provoqué à partage & jetté au sort, ne peut, s'il n'y a lézion, être restitué, quoique l'autorité du Juge ne soit intervenuë. Arrêt du P. de Dijon du 17. Avril 1581. *non videtur læsus qui jure communi utitur.* Bouvot, tome 2. *verbo* Partage, *quest*. 9.

168 Par Arrêt du même Parlement de Dijon du 29. Mars 1607. il a été jugé qu'un majeur ne devoit être relevé d'un partage fait pendant sa majorité, ayant vendu pendant l'appel quelques heritages de son lot, & ne pouvant plus être les choses remises en l'état qu'elles étoient lors du partage. *Jovet*, *verbo Partage*, *n*. 19.

169 On n'admet pas seulement la rescision pour la déception en la valeur des choses divisées, mais aussi pour l'erreur en droit sur la qualité de celuy que l'on a reçu à partager. Une succession aux meubles & acquêts, étant échûë en Normandie à un homme du Maine, il la partagea avec les heritiers en propre comme si c'eût été une seule & même succession ; après avoir reconnu son erreur, il ceda les droits à un Receveur des Tailles qui obtint des Lettres de rescision ; on les contesta par cette raison qu'il ne s'agissoit que de meubles, *quorum vilis & abjecta possessio*, & pour lesquels on n'accorde point de Lettres de rescision ; que c'étoit un majeur qui avoit reçu à partage ceux que la nature y appelle, & qui n'en sont exclus que par la Coûtume. On répondoit que cet homme ignoroit l'usage. Par Arrêt du P. de Roüen du 20. Juillet 1618. les Lettres furent enterinées. On jugeroit la même chose pour un homme de la Province qui auroit ignoré le droit qu'il avoit en une succession. *Basnage, sur l'article* 353. *de la Coût. de Normandie.*

170 Fille n'est restituable contre le partage fait avec ses freres des biens paternels & maternels, voulant rejetter la qualité d'heritiere de son pere, pour se tenir à la dot de 6000. liv. qu'il luy avoit constituée, tant

en son nom que comme tuteur, & l'imputer entierement sur les biens paternels. Arrêt du Parlement de Paris du 15. Avril 1638. *Bardet*, *to*. 2. *li*. 7. *chap*. 19.

171 Si un pere ayant fait heritiers ses enfans par égales portions, & nommé des Experts pour proceder au partage, avec défenses d'en pouvoir recourir, le recours peut être reçu ? Arrêt du P. d'Aix du 31. Janvier 1641. qui ordonne avant faire droit, qu'il seroit procedé à nouvelle estimation de biens. *Boniface, to*. 2. *liv*. 1. *tit*. 13. *chap*. 1.

172 Si au partage même fait par sort, il y a lézion du tiers. 2. Ou du quart, il y a lieu de restitution. *Ferrer. quæst.* 289. 2. *id.* Mornac , *ad L.* 20. §. *ult. ff. fam. ercisc.* 2. *id.* Papon, *lib.* 15. *tit.* 7. *n.* 6. *id.* Carond. *resp. lib.* 6. *n.* 3. *etiamsi per transactionem, id.* Fachin, *si sit læsio generaliter*, *lib.* 8. *cap.* 36. *id.* Coquille, *quæst.* 157. *si sit læsio generaliter.* L'on pratique dans le Ressort du Parl. de Bourdeaux la lézion du quart, & non autrement.

Arrêt du 10. Janvier 1645. Président Monsieur le Premier, plaidans Dalon & Hugon, entre les enfans de feu Mercier ; oüi Monsieur l'Avocat General la Vie jugé qu'en un partage d'heredité, quoique passé par forme de transaction & cession de droits entre les coheritiers, la lézion du quart devoit être reçûë. *La Peirere*, *lettre* P. *n*. 5.

173 Arrêt du Parlement de Provence du premier Avril 1678. qui a jugé que le recours est reçu d'un partage entre coheritiers, sans impetrer des Lettres Royaux de rescision du contract. *Boniface, tome*, 3. *liv.* 2. *tit.* 5. *chap.* 4.

PARTAGE, REVOCATION.

174 Partage erroné fait avec un heritier putatif est revocable. *Bouvot, tome* 1. *part*. 2. *verbo Fidejusseur*, *quest*. 1.

175 Les heritiers *ab intestat* institués heritiers par testament, ignorans le testament, partagent la succession *ab intestat* ; ils peuvent prendre des Lettres du Prince fondées sur l'ignorance du fait, faire rescinder le partage, & être reçûs à se dire heritiers testamentaires. Arrêt du Parlement de Paris sans date, rapporté par *Bouvot*, *tome* 1. *part*. 2. *verbo partage*, *quest*. 2.

SOULTE DE PARTAGE.

176 Le supplément de partage ou soulte qui se fait en deniers, lors qu'on partage la succession d'un défunt entre coheritiers, est reputé immeuble entre mariez & ceux qui les representent, & ne passe outre. *Chopin, Coûtume de Paris*, *liv*. 1. *tit*. 1. *n*. 24. *pretium conventum succedit loco rei.* Mornac, *l.* 25. *ff. de petitione hæredit. l.* 52. *§. penult. ff. famil. ercisc.* l'interêt court du jour du partage. *Leg. penult. ff. codem.*

177 Celuy qui doit soulte peut *pro re immobili*, *loco pretii*, constituer rente. Arrêt de l'an 1531. Papon, *li*. 15. *tit*. 7. *nomb*. 1.

178 Thibault de Vitry pendant son mariage avec Denise Aniorant sa seconde femme, fait partage avec ses freres ; une maison tombe dans son lot, il donne 812. livres de soulte. Après son décez, question de sçavoir si la portion acquise pour cette somme sera propre ou acquêt ? Les heritiers de la femme soutenoient que c'étoit un acquêt qui devoit être partagé selon sa juste valeur au temps de la dissolution de Communauté. Par Arrêt du Parlement de Paris du 14. Mars 1550. Cette portion fut déclarée propre, & appartient aux heritiers du mari, en remboursant à ceux de la femme moitié des 800. livres. *Corbin*, *suite de Patronage*, *chap.* 295.

179 Le privilege de la soulte de partage est sur le total de l'heritage qui la doit, & non sur une partie seulement. Ainsi jugé par plusieurs Arrêts, & un assez recent du 27. May 1689. *Voyez le Brun, des Successions, liv.* 4. *chap.* 1. *n.* 35.

PARTAGE, SUPPLEMENT.

180 Le supplément de partage ne se peut demander so-

lidairement contre l'un des coheritiers, mais divisément. Arrêt du 2. Mars 1566. *Charondas*, livre 8. *Réponse* 46.

PARTAGE, SUCCESSION, TANTE.

181. Si au partage de la succession d'une tante qui se fait par souches il peut y avoir droit d'aînesse entre les neveux d'une branche? Henrys tient la négative, d'autres tiennent l'affirmative; c'est pourquoi, *Voyez Henrys*, tome 1. *livre* 6. *chap*. 5. *quæst*. 34.

PARTAGE, TRANSACTION.

182. En l'an 1520. le pere de l'intimé accorda pour son droit naturel à 80. liv. L'intimé l'an 1554. accorde pour le supplément du partage à 20. liv. depuis il prend Lettres pour casser le second accord, fondées sur lézion & minorité de trente-cinq ans. L'appellant dit qu'il est non recevable, attendu le laps du temps, aussi que le premier accord demeurant, il ne pourroit être reçu à casser le second; l'intimé répond que par le second accord le premier est innové, insiste que *novâ præscriptione opus est*. Les Juges de Rennes entherinent les Lettres; appel. Arrêt du Parlement de Bretagne du 19. Mars 1565. qui prononce mal jugé, l'intimé déclaré non recevable en ses demandes. *Du Fail*, li. 1. chap. 193.

183. Partage entre coheritiers; revûë demandée, jugée, exécutée. Ensuite procez, sur lequel on transige. Les parties conviennent de Priseurs, & promettent tenir ce qui sera dit. Les Priseurs rapportent pardevant Notaires que les heritages sont d'égale valeur, & reservent aux parties la revûë. La demande en est formée. Le défendeur répond que la transaction a tout fini, & que la reserve est une clause de stile, par consequent inutile. Arrêt du Parlement de Bretagne du 20. Septembre 1575. qui déboute de la revûë. *Ibidem*, ch. 375.

184. Les freres Vertemont de Limoges, passent acte secret d'association generale de tous leurs presens & à venir au deçû de leur pere vivant, lequel par testament instituë le puîné, qui ayant demandé rescision de l'acte d'association, l'obtint par Arrêt du P. de Toulouse du 21. May 1571. fondé sur ce qu'ils avoient indirectement transigé de l'heredité de leur pere vivant, qu'étant fils de famille ils n'avoient alors aucuns biens qui pussent entrer en cette société prétendûë. *Voyez Mainard*, liv. 2. ch. 70.

185. D'un partage fait par forme de transaction, on distingue si la transaction est vraye, & qu'il n'y ait point de fiction, c'est-à-dire; s'il y ait procez, il n'y a point de restitution, quelque deception qu'il y ait du prix. *Ordonnance de Charles IX*. *Voyez Neron*. *secus*, si la transaction est feinte, & qu'il n'y ait point de procez, ni sujet d'en faire. Arrêt du 9. Juillet 1577. *Charondas*, livre 6. *Rep*. 3. en ce dernier cas les majeurs dans les dix ans peuvent être relevez; il est vulgaire en Droit que *transactio fit tantum de re dubiâ & lite incertâ*, *adeo ut fingi lites non debeant ut hoc colore transactiones fiant*; *quando enim nullum est subjectum litis, nullum est transactionis*. Brodeau, sur M. Loüet, lettre T. somm. 3. nomb. 5.

186. Jugé au Parl. de Provence le 17. Février 1668. que le premier acte passé entre coheritiers pour les droits successifs, quoique qualifié du nom de *transaction*, devoit être censé un partage, & comme tel sujet à rescision, attendu qu'il n'est pas necessaire de prouver une lézion d'outre moitié. *Boniface*, tome 2. liv. 1. tit. 13. chap. 3. il rapporte un Arrêt semblable du 21. Decembre 1645. en faveur de M. de Malnorry Maître des Requêtes, contre le Baron de Percy.

187. Sur une transaction contenant le partage des biens d'une personne vivante, mais tombée dans la foiblesse, & d'un fideicommis verbal, sans avoir égard à la nullité du partage articulée, ni au fait du fideicommis verbal, de la preuve duquel par témoins la partie est deboutée; il est ordonné qu'il sera procedé à la composition de la masse des hereditez de pere & de mere pour être examiné s'il y a lézion au partage. Jugé à Grenoble le 27. Mars 1680. *Journal du Palais*. 7. part. in 4. p. 497. & le 2. tome in fol.

Voyez le mot *Transaction*.

PARTICULE.

Particule conjonctive, & Particule disjonctive. De la Particule, *Et*, conjonctive: & de la particule, *vel*, ou, disjonctive. L. 124. D. *de Verb. significatione*.

L'une ou l'autre de ces particules fait souvent naître des difficultez entre les légataires & heritiers. *Voyez* le mot *Legs*.

PARTIE.

Partie, Portion. *Pars*. Définition de ce mot. L. 25. & 26. D. *de verb. significat*.

Voyez cy-dessus verbo Part.

PARTIE CIVILE.

1. *De accusationibus & inscriptionibus*. D. 48. 2... C. 9. 2... C. Th. 9. 1. Des plaintes formées par la partie civile: déclaration qu'elle entend faire partie. *Voyez l'Ordonnance criminelle de 1670*. tit. 3. art. 5.

2. De la partie formelle. *Voyez Coquille*, tome 2. quæst. 15. & cy-après, *Procez criminel*.

3. Partie civile peut se désister de l'accusation en tout état de cause, soit contestée ou non, quand il luy plaît. *Papon*, li. 23. tit. 11. n. 5.

4. Partie interessée peut à la faveur de la poursuite du Procureur du Roy s'il est pauvre & hors d'état de se rendre partie civile, obtenir amende honorable, & profitable. Arrêt du Parlement de Paris de l'an 1397. contre un Gendarme de la Compagnie du Comte de Grandpré: mais il faut d'abord representer sa pauvreté, car après le jugement donné, il n'y auroit plus lieu de faire instance criminelle sur un fait jugé civilement. *Papon*, livre 24. titre 1 n. 1.

5. Un delinquant condamné par son Juge, & depuis par Arrêt, n'est recevable à rien dire qu'auparavant il n'ait fourni à la partie civile ce qui luy est ajugé. Arrêt du Parlement de Paris du dernier Juin 1548. *Bibliot. de Bouchel*, verbo *Défaut*.

6. Quoyque la mere ni les enfans d'un défunt ne se rendent point parties pour venger sa mort, neanmoins le Juge doit d'Office leur ajuger une certaine somme, & s'il ne le fait, on en peut appeller, Arrêt du Parlement de Paris des années 1559. & 1564. *Papon*, liv. 24. tit. 1. nomb. 5.

7. La partie Civile n'est pas tenuë de fournir les alimens à l'accusé prisonnier pour crime; mais le Roy, ou le Seigneur haut-Justicier, quand le procez est fait par ses Officiers; *secus* pour dette civile. Jugé le 5. Juin 1602. *Chenu* 2. *Cent*. q. 39.

8. Partie civile ne doit avoir communication que du nom & surnom des témoins oüis dans l'Enquête d'Office du prévenû pour les contredire, & ne peut reprocher les témoins. Arrêt du Parlement de Grenoble du 12. Decembre 1611. *Basset*, tome 1. liv. 6. tit. 2. chap. 7. il cite un autre Arrêt du 28. Novembre 1600. qui ordonna que la partie civile ne pourroit donner memoires & instructions que sur la supposition des témoins seulement.

9. Celuy qui a déclaré ne vouloir faire partie pour n'avoir de quoy fournir les frais, en doit être déchargé. Arrêt du 23. Novembre 1617. *Basset*, tome 1. livre 6. titre 11. chap. 2.

10. Un procez criminel ne peut être repris après un desistement de la partie civile, ou quand elle a été témoin. Jugé au même Parl. de Grenoble le 10. Decembre 1639. *Basset*, tome 2. livre 9. titre 2. chapitre 2.

11. Jugé au Parlement de Paris le 2. Mars 1630. qu'une

PAS

partie civile qui a fait cession de son interêt civil, n'en peut être restituée. *Bardet*, tome 1. liv. 3. chapitre 92.

12 La partie civile ayant fait les frais de l'instruction du procez du condamné par Justice Royale, en sera remboursée sur les meubles & fruits de la premiere année du revenu ; le surplus des meubles & fruits appartiendra au Roy, sans préjudice de l'hypoteque des créanciers sur les meubles. Arrêté du Parlement de Roüen, les Chambres assemblées, du 6. Avril 1666. article 25. *Basnage*, tome 1. à la fin.

PARTISAN.

Partisan. *Publicanus. Vectigalium redemptor.*
Définition de ce mot, *Publicanus. L. 15. & 16. D. de verb. sign.*
De publicanis, & vectigalibus, & commissis. D. 39. 4. Des Partisans, des Impôts, & des Contraventions.
De exactoribus tributorum. C. 10. 19.
De capiendis & distrahendis pignoribus, tributorum causâ. C. 10. 21.
V. Confiscation. Exaction. Finance. Impôts.

PASCAGE.

Voyez cy-devant *Parcage*, & cy-aprés *Paturage*.
In dubio les droits d'usage, paturage, pascage, sont présumez roturiers & non féodaux, ni nobles, tout ainsi que les heritages.

PASQUEIRAGE.

Droit de *Pasqueirage* est levé par le Seigneur sur ceux qui font paître leur bétail dans sa terre;ainsi tous ceux tenant boeufs arables, doivent donner chaque année une émine d'avoine, un tas de paille. & une geline, & ceux qui y tiennent autres especes de bétail labourant, doivent payer la moitié moins. *V. Despeisses*, tome 3. page 227.

PASSAGE.

1 DU droit de passage par la Terre d'autruy. *Voyez Peleus*, question 108. & *M. Louët, lettre C. Sommaire* 1.

2 Quand un heritage a appartenu à une même famille, qui a été autrefois partagé, la présomption sera qu'en faisant le partage, le droit de passage a été retenu. *Coquille, Coûtume de Nivernois chap. 10. Des Maisons, Murs, Ruës, &c. art. 1.*

3 Passage sur le fonds d'autruy pour serrer les dîmes, n'est pas une servitude. Mornac, *l. ult. C. de servitutibus. & aquâ.* Pour le droit de passage, *Voyez* la Loy derniere *de servitutibus urban. prad.*

4 Le legs de passer par un fonds d'heritage, oblige le legataire de choisir un certain endroit du champ pour son passage. *M. Dolive liv.* 1. chap. 14.

5 On peut faire passage sur la riviere. Mornac, *l. ult. ff. de servitutibus rust. prad.*

6 *In prescribendâ servitute necessarium est factum utentis.* Mornac, *l. 5. ff. de servitutibus urban. prad.*

7 Le Seigneur n'est tenu donner passage par sa piece à son voisin, quoiqu'en payant, si celuy qui le demande peut passer ailleurs, quoyque ce soit avec grande difficulté. *Voyez Mainard, livre* 7. chapitre 100.

8 Si celuy qui a un heritage voisin d'un autre, peut prendre par longue joüissance le passage par la terre du voisin sans titre : & si on peut sur la place vuide acquerir & prescrire droit de servitude ? *Voyez Bouvot*, tome 1. part. 1. verbo, *Chemin*, question 1.

9 Si le droit de passage sur une terre peut s'acquerir par l'espace de trente ans: & si le Juge doit, y ayant preuve,suivre la preuve : & si le possesseur d'une terre peut contraindre son voisin de luy donner passage, en payant ? *Voyez Bouvot*, tome 1. partie 1. verbo, *Servitude*, question 1. Il rapporte un Arrêt du Parlement de Dijon du mois de Mars 1610. qui a jugé que la preuve de la possession par trente, quarante, & cinquante ans n'étoit suffisante.

PAT 35

10 Si celuy qui a droit de passage pour une allée peut le pretendre pour son cheval & bétail? *Voyez Bouvot*, tome 2. verbo *Servitude*, question 7.

11 Le voisin ne peut refuser à son voisin passage sur ses terres, en luy remboursant le dommage qu'il luy fera, lorsqu'elles seront ensemencées & non autrement. Arrêt du 9. Août 1564. *La Rochestavin,livre* 3. lettre S. tit. 4. Ar. 1.

12 Le sieur de Vassé condamné à donner passage au sieur de Coüan, en payant à un seul payement l'estimation du droit de chemin, au dire de gens à ce connoissans, & ce en cas de necessité absolüe. Jugé le 26. Mars 1588. *M. Louët, lettre C. Sommaire* 1.

13 *De transitu per ædes alienas, judicatum fuit ut hyberno tempore à die sancti Remigii usque ad Pascha transitus pateret ab horâ sextâ matutinâ ad nonam usque serotinam ; tempore autem æstivo post Pascha, ab horâ quartâ usque ad decimam.* Arrêt du 19. Février 1618. Mornac, *l. 4. §. 1. ff. de servitutibus*, & Auzanet, *sur l'article* 116. *de la Coûtume de Paris.*

14 La concession faite d'une porte particuliere dans l'Eglise à un proprietaire qui a un jardin attenant icelle, jugée licite à un bienfaicteur qui n'abuse point de la concession, Arrêt du 29. Decembre 1653. *Du Frêne, livre* 2. chap. 144. où il parle des Temples & de l'Eglise.

15 Le voisin n'est point tenu de donner passage par son pré en payant, si celuy qui le demande peut passer ailleurs en quelque façon que ce soit,encore qu'avec beaucoup de difficulté,ainsi jugé.Par autre Arrêt du 14. May 1663. sur l'appel d'une Sentence du Sénéchal de Montpellier il fut ordonné, avant faire droit diffinitivement aux parties, que l'appellant prouveroit que depuis 30. années consecutivement il avoit fait passer son bétail à laine dans le devoir duditDurand à son vû & sçû pour l'aller abreuver dans une fontaine qui étoit à l'extrémité du devois;la Sentence dont étoit appel avoit fait défenses à Serane, de passer par le devois de Durand, sur ce principalement qu'il n'étoit pas dénié que Serane pouvoit facilement & sans incommodité faire aller son troupeau à la fontaine en faisant le tour du devois. *La Rochestavin*, liv. 6. tit. 75. ar. 1.

PATERNA PATERNIS.

1 Voyez le Conseil 23. de M. Charles Du Moulin, au recueil de ses œuvres tome 2. p. 879. *Bacquet en son Traité du droit de déshérence, chapitre 4. & en son traité des droits de Justice chap.* 21. nombre 16. M. le Prêtre, *és Arrêts de la Cinquième & premiere Centurie chapitre* 71. Le Vest, Arrêt 56. Peleus, quest. 139. Francisci Stephani décis. 48. M. le Brun, *en son traité des successions liv.* 23 chap. 1. sect. 2. & suiv. & les Observations faites par *M. François Guiné en son traité de la representation, imprimé chez Simon Langlois en* 1698.

2 Renusson propose plusieurs difficultez sur cette matiere,en son traité des proprès, *ch.2.sect.* 2.Il dit que cette regle est un droit ancien & general de la France,& qu'elle a précedé les Ordonnances de nos Rois & la redaction de nos Coûtumes. En ligne directe on n'a pas besoin de cette regle, car les descendans succedent à tous les biens indistinctement ; elle n'y est necessaire qu'au cas que le défunt meure sans hoirs de luy.

3 Henrys, tome 1. livre 6. chapitre 1. question 4. décide que dans le païs de Droit écrit, il n'y a point de distinction à faire entre les freres consanguins & uterins, lesquelles succedent également sans distinguer l'origine ny la qualité des biens, & que la regle *paterna paternis, materna maternis*, n'a pas lieu à leur

Tome III. E ij

égard, non plus qu'à l'égard des autres parens.

4. Ayant été stipulé par le contract de mariage que le mary survivant gagneroit certaine somme, cette somme dans la personne des enfans est un bien paternel. V. Henrys, tome 2. livre 4. quest. 25.

5. La regle *paterna paternis*, n'a point de lieu en païs de Droit écrit; neanmoins la Loy *emancipatis* 13. *versiculo exceptis maternis* C. *de legitimis hæredibus* en fait mention, & ce entre les uterins & les consanguins, & l'authentique, *itaque mortuo* C. *communia de successionibus*.

6. En succession collaterale, celuy qui est plus prochain en dégré, hors les termes de representation, doit succeder pour le tout au défunt, quoiqu'il soit du côté maternel, & n'a lieu la regle, *paterna paternis materna maternis*, s'il n'y a Coûtume contraire. Arrêt du Parlement de Paris. Papon, liv. 21. tit. 1. n. 9. & Du Luc, au titre des hereditez, Arrêt 3. liv. 8.

7. Par Arrêt prononcé en Robes rouges le 7. Septembre 1552. entre M. Nicolas Rousseau Prêtre d'une part, & Jacques Girard d'autre, jugé qu'un cousin arriere-germain du côté paternel est préferé és biens échûs à son cousin du côté paternel, à un cousin germain dudit arriere cousin, suivant la regle *paterna paternis*. Voyez Le Vest, Arrêt 56.

8. Par Arrêt du 21. Decembre 1564. jugé que les heritages paternels doivent être ajugez à ceux qui sont du côté paternel, quoyqu'ils soient plus lointains en dégré que les heritiers du côté maternel, & que par donation on ne peut en changer la nature, & les ôter de l'estoc & famille dont ils sont procedez; on ne doit présumer qu'aucun prenne par donation ce qui par succession ou autrement luy doit appartenir, même en ligne collaterale en la Coûtume de Paris. Le Vest. Voyez la Loy *filia mea emancipata*. D. *solut. matrim.* Bibliotheque de Bouchel, verbo Paterna paternis.

9. La regle *paterna paternis, materna maternis* ne passe point les freres, elle ne s'étend pas aux autres heritiers; c'est une maxime au Parlement de Toulouse. Arrêt du mois de Septembre 1584. Mainard, liv. 6. chapitre 90.

10. Par Arrêt du 10. Février 1596. les biens de René Theron decedé sans enfans qui luy étoient échûs par la succession de Claude son pere, & qui avoient appartenu à Jean Theron ayeul, ont été jugez aux Belines freres uterins comme plus proches, d'autant qu'il n'y avoit personne qui fût parent de la défunte, du côté de Jean Theron. Quant aux biens acquis par Claude, ils ont été jugez aux Pouliots, parce qu'ils étoient parens de l'acquereur; depuis le même a été jugé en la Coûtume de Sens entre Enguerand de Vernon & les oncles de Jacques Tonnere le 21. Juin 1597. Autre Arrêt en la même Coûtume le 22. Juin 1601. que lorsqu'il n'y a aucuns parens de celuy qui originairement & personnellement a porté l'heritage à la famille, la regle *paterna paternis*, ne peut avoir lieu; mais appartient l'heritage au plus proche parent du défunt, sans considerer le côté & ligne. Voyez la Bibliotheque de Bouchel, verbo, *Paterna paternis*.

11. En Païs de Droit écrit les biens se partagent également entre les ayeuls paternels & maternels sans consideration de la regle *paterna paternis*. Arrêt du 18. Février 1618. M. le Prêtre, és Arrêts de la Cinquième.

12. Contre les paternels plus éloignez en faveur des ayeules & autres parens maternels. Voyez Bouguier, lettre E. nombre 1. avec la lettre S. nombre 16.

13. La Regle *paterna paternis*, &c. a lieu pour tous les degrez infiniment. Voyez Charondas, liv. 3. Rép. 18. Voyez M. Loüet lettre P. somm. 28. & 29. avec la lettre S. sommaire 17. & encore Charondas livre 13. Rép. 77.

14. Tous biens sont reputez paternels, s'il n'est justifié qu'ils soient maternels. Arrêté du Parlement de Roüen, les Chambres assemblées, du 6. Avril 1666. article 103. Voyez Basnage, tome 1, à la fin.

PATISSIER.

1. DU métier de Patissier & Oublayer en la Ville de Paris. Ordonnances de Fontanon, tome 1. livre 5. titre 39. page 1154.
Nota, voir let. M. verbo, Maison rasée.

2. Un Patissier de Paris demeurant en la Cité, convaincu d'avoir fait des pâtez de chair de pendu, fut condamné à être executé, & sa maison abbatuë. Papon, liv. 24. tit. 10. art. 5.

3. Patissier qui tua un homme, de la chair duquel il faisoit des pâtez. Voyez le mot, Crime, n. 44.

4. Par Arrêt du Parlement de Bretagne du 19. Octobre 1576. il fut permis aux Rotisseurs & Patissiers de la Ville de Nantes de vendre chevreaux; ce que le Prevôt du lieu leur avoit défendu à l'instance des Bouchers. Du Fail, liv. 2. ch. 526.

PATRIARCHE.

Voyez les mots, Archevêque, Cardinal, Evêque, Legat, Primat; le petit Recüeil de Borjon tom. 1. pag. 88.

De Patriarchis, Voyez Pinson, au titre de divisione beneficiorum, §. 3.

Les Patriarches peuvent conferer certains Benefices. Voyez Despeisses, tom. 3. au traité des Benefices Ecclesiastiques ti, 1. p. 402. & suiv.

PATRICE.

Patrice. Dignité de Patrice. Patriciat.
De Consulibus... & Patriciis. C. 12. 3.... C. Th. 6. 6.

Voyez les mots, Consul, Juge, Magistrat.

PATRIE.

Gentianus Hervetus, de amore in patriam.
Symphorianus Champerius, de charitate ergà patriam.
Joannes Lenseus, contrà Pseudopatriotas hæreticos.

PATRON.

Patron, Patronage. Patronus, Patronatus.

Ces termes ont deux sens differens dans le Droit. Suivant le Droit Romain, le Patron étoit le Maître qui avoit affranchi un de ses Esclaves; & ce Patron conservoit un Droit sur la personne & sur les biens de ses Affranchis: c'étoit le Droit de Patronage.

Suivant le Droit Canonique, Patron est celuy qui ayant fondé un Benefice, a droit de nommer un Ecclesiastique pour y faire le service, & pour percevoir les fruits du Benefice; & ce Droit s'appelle aussi, Droit de Patronage, duquel on se propose icy de traiter, après avoir marqué les titres du Droit Romain, qui conviennent à l'autre espece de Patron.

PATRONAGE, SUIVANT LE DROIT ROMAIN.
Ce qu'on entend par Patron. L. 52. D. de verb. sig.
De jure Patronatûs. D. 37. 14.
De bonis libertorum, & jure Patronatûs. C. 6. 4.
De operis libertorum. C. 6. 3.
Si in fraudem Patroni à libertis alienatio facta sit. C. 6. 5.
De obsequiis parentibus & Patronis præstandis. D. 37. 15. ... C. 6. 6.
De reverentiâ & obsequio Patronis à libertis præstandis. N. 78. c. 2.
De bonorum possessione contra tabulas liberti, quæ Patroni vel liberis eorum defertur. C. 6. 13.
De adsignandis libertis. D. 38. 4. ... l. 3. 9. La succession des Affranchis tombe à celuy des enfans du Patron, auquel ils ont été assignez. Adsignare libertum, est testificari cujus ex liberis libertum esse voluit. L. 107. D. de verb. sign.

PAT

Ce Titre peut bien s'étendre au Patronage Ecclésiastique, pour regler auquel des enfans appartient le droit de nommer au Benefice.

Si quid in fraudem Patroni factum sit. D. 38. 5.
Si an fraudem Patroni à liberis alienatio facta est. C. 6. 5.
De lege Fabianâ. Paul. 3. Sent. 4. Les Affranchis ne peuvent pas aliener leurs biens en fraude de leurs Patrons. *Actio Fabiana, & actio Calvisiana.*
Si libertam suam Patronus uxorem habere maluerit. N. 78. c. 3.
Voyez Affranchi.

PATRONAGE SUIVANT LE DROIT CANON.

2. *Voyez* les mots, Benefice, Collation, le mot, Chapelle, nomb. 18. Cure, nomb. 9. Elections, nomb. 130. & suiv. Fondation, nomb. 74. & suiv. Nomination, Présentation, Provisions, &c.
Droit de Patronage & présentation au Benefice appellé par Chopin, *jus offerendi Sacerdotes. De sacr. polit. lib.* 1. *tit.* 4. n. 4.

3. *De jure Patronatûs.* Voyez les Traitez faits *Per Rochum de Curte.*
Per Paul. de Citadinis.
Per Cæsarem Lambertinum, & Joannem Nicolaum Delphinatem.
Autores varii de jure Patronatûs, in folio, *Lugd.* 1579.
Vivianus de jure Patronatûs, vol. in folio, *Geneva* 1673.
De Roye, de jure Patronatûs, & de juribus honorificis in Ecclesiâ, Andegavi 1667.
Finckeltaüs, de jure Patronatûs, vol. in quarto, *Lipsia* 1680.
Traité du droit de Patronage, de la présentation aux Benefices, & des droits honorifiques des Seigneurs dans les Eglises, *par M. Simon,* Paris 1686. in 12.
Du droit de Patronage par *Ferrieres,* vol. in 4°. Paris 1686. & le Traité des droits honorifiques, par *Maréchal.* Ce Traité a eu plusieurs éditions du vivant de l'Auteur. La derniere a été augmentée par M. Danty Avocat.

4. Voyez *Tournet* lett. *P. Arr.* 5. & *suiv.* La Bibliotheque du Droit Canonique; celle de Jovet, les *Definitioni canoniches,* au mot, *Patron,* Coquille, tom. 1. p. 251. en son Traité des Benefices, & tom. 2. quest. 79. le petit Recueil de Borjon, tom. 4. ch. 6. & M. le Prêtre, 2. *Cent.* ch. 36.

5. Du droit de Patronage, & des Benefices qui sont en Patronage. Voyez *les Memoires du Clergé* tom. 2. part. 2. tit. 5. & ce que les Commentateurs de la Coûtume de Normandie ont écrit sur le titre 3. qui porte *Patronage d'Eglise.*

6. Voyez le traité des droits de Patronage honorifiques, & autres en dépendans, contenant les loix de tous les peuples, Ordonnances, Coûtumes & Arrêts sur ce intervenus par M. Jacques Corbin Avocat au Parlement de Paris, imprimé à Paris en 1622. Ce sont *deux volumes in* 12.

7. *Patronatus in Ecclesiis, qualiter introductus, & quid sit?* Voyez *Lotherius de re beneficiariâ, li. 2. q. 3.*
Quæ sit causa efficiens juris Patronatûs? Voyez *ibid. quæst.* 7. & *suiv.* où il est parlé de la possession & de la prescription du droit de Patronage.
Jus Patronatûs, quando reputetur Ecclesiasticum. Laicale, aut mixtum? & quomodo & qualiter his derogetur? Voyez *ibid. qu.* 10.
Quotuplex sit jus Patronatûs in articulo successionis? quæque sit cujusque speciei deductio? Voyez *ibidem, quæst.* 11.

8. *Jus Patronatûs, quando competit pluribus ut singulis vel universis? quomodo præsentari debeat, ut præsentatio valeat?* Voyez *Franc. Marc.* to. 1. q. 450.

9. *Jus Patronatûs an laico, vel privato legari possit, & quomodo?* Voyez *ibidem quæst.* 472.

PAT 37

10. *De jure Patronatûs. Jus Patronatûs, an in fideicommissi restitutione veniat?* Ibidem, quæst. 1133. & 1134. & cy après, nomb. 92.

11. *Jus Patronatûs Ecclesiasticum successione defertur,* ibid. quæst. 1135.

12. *Non, nisi cum Episcopi consensu, jus Patronatûs Ecclesia legari potest.* Ibid. qu. 1136.

13. *De honore Patronis exhibendo, & primum præsentationis.* Voyez Pinson au titre, *de oneribus Ecclesiarum,* §. 2.
De utilitate, & commodo, ex jure Patronatûs descendente. Ibid. §. 3.
De onere à Patronis subeundo. Voyez *ibid.* §. 4.
De divisione Patronorum, & variis differentiis, ibid. §. 7.
Quibus modis, jus Patronatûs adquiritur? V. Pinson, *ibidem,* §. 6.

14. *Processionis prærogativa quatenus est fructus juris Patronatûs, in quo consistat?* Voyez *Lotherius, de re beneficiariâ li.* 2. qu. 4.

14 bis. Patron acheteur, qui a nommé, est préferé au lignager qui a évincé par retrait, en la présentation posterieure. *Tournet, let. P. Arr.* 11.

15. Patronage appartenant à celuy qui porte les Armoiries pleines. *Ibidem,* Arr. 13. & *Charondas li.* 9. *Rép.* 31.

16. Patron étant en possession peut nommer, encore qu'il soit depuis évincé. *Tournet, let. P. Ar.* 26.

17. Patronage de l'Eglise de Troyes. Quelle loy de fondation a retenu? *Ibid.* Arr. 27.

18. Du Parlement des Octaves B. Maria, prouvé que la Comtesse Rouciaci, *ratione advocationis,* a droit de 12. deniers sur chacun de ses hôtes. *Corbin, suite de Patronage* ch. 12.

19. Le pere, sa vie durant, privé du privilege de Patronage, le fils en joüira après le décés du pere, *L. adoptivum. in fin. D. De in jus voc. ubi notand. glos. pro feudo.*

20. En la naissance de la Religion Chrétienne, les Fondateurs n'avoient aucun droit de patronage. Voyez *M. Dolive liv.* 1. ch. 3.

21. *Regula, de prohibitione unius in re communi, fallit in tribus casibus,* 1°. *in individuis,* 2°. *in causis universitatum,* 3°. *in jure Patronatûs; præsentatio enim facta à majori parte patronorum valet, licet magna pars in re illâ communi dissentiat. Mornac, L. 28. ff. communi dividundo.*

22. Arrêt du Parl. de Roüen du 13. Février 1504. entre Ceneseme d'une part, & Buisson d'autre, pour le possessoire de l'une des portions de la Chapelle d'Aubevoye, fondée en l'Eglise Cathedrale d'Evreux, qui avoit été aumônée par Amaury Comte d'Evreux, aux Doyen & Chapitre; lesquels pour le bien & service de l'Eglise, firent l'an 1495. un Statut, approuvé l'an 1497. par l'Evêque, que la Chapelle seroit affectée à un Maître de Musique. De cet Arrêt il resulte plusieurs consequences. La premiere, que l'intention du Donateur qui a aumôné le Patronage, n'est renduë vaine, quand il y a separation en deux du Titre & revenu du Benefice simple, applicable au même effet, à quoi il avoit été dés lors & premierement destiné. La seconde, que l'Evêque & le Chapitre peuvent faire Statuts, selon l'occurrence & necessité des affaires qui se presentent; pourvû que ce ne soit au desavantage d'autruy. Et la troisième, que le Competiteur au Benefice ne seroit de son chef recevable à dire que le Patron primitif n'a été appellé au demembrement ou dernier changement; & parce qu'en ce faisant il se seroit préjudicié, & détruiroit son Titre. *Bibliotheque Canon.* tom. 1. verbo *Dimes, pag.* 468. col. 1.

23. *De jure patronatûs consulibus sub nomine muneris sui relicto.* Voyez *Francisci Stephani decis.* 29. où il propose cette espece; *Notarius quidam Riantii oppidi sacellum splendidè dotaverat sub Patronatus consulum exis-*

E iij

tentium, aut qui futuri funt in posterium in d. oppido. Du-
bitabatur ad quem spectaret præsentatio ; ad Consules,
an ad consilium? Arrêt du Parlement d'Aix du 24.
Octobre 1582. en faveur du presenté par les Consuls.

24. Le Patronage accordé sur une Eglise par le Pape, *in causâ lucrativâ*, c'est-à-dire, sans qu'il en coûte rien à l'Impetrant, & par pure liberalité du Saint Siége, a été abrogé par le Concile de Trente, *sess.* 25. *cap.* 9. *de reformat.* Cela même est contraire aux Libertez de l'Eglise Gallicane. *Biblioteq. Can. tom.* 2. *pag.* 183.

25. Le Pape ne peut, sans abus, accorder le droit de Patronage, sous prétexte d'augmenter la dot d'une Eglise ; parce que ce seroit donner atteinte au droit des Ordinaires. *Défint. Can. p.* 177.

26. Le droit de présenter au premier Benefice qui vaquera, ne peut être donné par donation entre-vifs, bien que seulement causée de pure liberalité & amitié. Ainsi au mois d'Avril 1518. le contrat par lequel promesse faite par le Clustier, Patron Laïc, de nommer un surnommé Ferey, au premier Benefice qui tomberoit en vacation, au nombre de plusieurs étant à sa présentation, fut declaré nul. *Forget, traité des personnes & choses Eccles. ch.* 43. *& Tournet, lett. P. Arr.* 201.

27. Si les Patrons manquent de présenter dans le temps qui leur est accordé, l'Ordinaire a le pouvoir de pourvoir aprés le temps : mais cela n'empêche point la prévention du Pape, qui a ce droit à l'égard des Benefices qui sont en Patronage Ecclesiastique. *Glos. Pragmat. sanct. tit. de collat.* in verbo, *in contrarium.* Ce qui a été ainsi jugé par Arrêt du Parlement de Normandie du 19 Février 1599. rapporté par *Berault au titre du Patronage art.* 69. Les provisions étoient du Legat du Pape. Autre Arrêt semblable du 28. Janvier 1628.

28. Arrêt du 28. Février 1602. qui a jugé trois questions.
La premiere, que le triennal possesseur n'a pas besoin du Patron Laïc, & se peut défendre par sa possession.
La seconde, que la permutation ne se peut faire que du consentement du Patron Laïc.
La troisiéme, qu'en permutation non effectuée le regrez a lieu. *Voyez les Plaid. de M. Servin, & la Bibliot. Can. to.* 2. *p.* 176. *col.* 1.

29. Du droit de Patronage quant à la propriété, & quant à la quasi-possession de presenter ou maintient le presenté *per novissimos actus.* Arrêt du Parlement de Grenoble du 28. Août 1652. *Voyez Basset, to.* 1. *li.* 1. *tit.* 2. *ch.* 3.

30. Sur le droit du Patronage de la Chapelle & de l'Hôpital, fondez dans le Bourg de Montbenoud en Dauphiné par les Seigneurs d'Arces, & sur la maintenuë de la rectorie de ce Benefice. *Voyez le* 11. Plaidoyé *de Basset to.* 1. *& l'Arrêt rendu au Parlement de Grenoble le* 15. *Juin* 1654. en faveur du Pourvû sur la nomination des Seigneurs.

31. Latille Prêtre disputoit au Parlement de Toulouse une Chapelle avec un nommé Roget ; ils prétendoient l'un & l'autre avoir titre des Patrons. Roget prit encore titre *jus juri addendo*, du Vicaire General de Montauban : Latille appella comme d'abus. Son premier moyen étoit, de ce que le Vicaire General, qui ne jugeoit que par la voye ordinaire, ne pouvoit *jus juri addere* ; & que cela étant *de plenitudine potestatis*, il n'y avoit que le Pape qui pût le faire. Le second est, que quand il auroit eu ce pouvoir, il ne pouvoit l'exercer en ce cas. *spreto Patrono*, Roget ne répondoit autre chose, sinon que ce titre étoit superflu, qu'il ne s'en servoit pas, mais qu'il s'en tenoit à celuy du Patron. La Cour le 15. Juin 1657. declara y avoir abus en tel titre avec dépens, & condamna le Vicaire General à 5. livres

d'amende. *Voyez Albert*, lettre *V.* verbo, *Vicaire General.*

32. Les Benefices en Patronage laïc sont exempts des Graduez, graces expectatives, reserves, & ne peuvent être resignez ni en Cour de Rome, ni en faveur, ni entre les mains de l'Ordinaire, si ce n'est de l'exprés consentement du Patron Laïc. Les seuls Benefices en Patronage Ecclesiastique sont sujets à toutes ces choses : cette maxime est constante & reçuë au Palais. Il y en a un Arrêt du 20. May 1658. *Définit. du Droit Can. p.* 96.

33. C'est une maxime du Droit Canonique François, que le Patronage s'acquiert par contrat, succession, donation, par confiscation de la terre, à laquelle il est annexé, & par possession de 50. ans. Arrêt du Parlement de Grenoble du 1. Juin 1682. mais il faut que l'Ordinaire consente à l'alienation du Patronage, & son consentement tacite suffit. Arrêt du même Parlement du 21. Mars 1681. rapporté par *Chorier en sa Jurisprudence de Guy Pape, p.* 45.

PATRONAGE DE L'ABBE'.

34. En l'absence de l'Abbé, les Religieux ne peuvent presenter à une Cure qui est du Patronage & à la nomination de l'Abbé. Jugé au Parlem. de Mets le 9. Octobre 1639. pour la Cure de Chaligny, dépendante de l'Abbaye de saint Vincent de la Ville de Mets, dont le Cardinal de la Vallette étoit Abbé ; sur la remontrance de M. l'Avocat General, que son pourvû changeoit souvent de Benefice, *currens undique, sedulus explorator, manibus & pedibus repens, si quomodo se ingerere queat in patrimonium crucifixi* ; il luy fut enjoint de resigner dans six mois la Cure de saint Medard, & à faute de ce, la Cour la déclarée vacante, & impetrable. *Voyez le* 43. Plaidoyé *de M. de Corberon Avocat General.*

PATRON, ABSENT.

35. Lors que le Patron est captif ou absent pour un voyage de long cours, l'Evêque peut conferer le Benefice sans attendre la revolution des quatre mois & sans que les enfans du Patron soient en état de presenter, s'ils n'ont une procuration speciale ; & encore cette procuration ne vaudroit rien *ad Beneficia vacatura, sed tantum ad vacantia actu. Vivian. part.* 1. *li.* 4. *cap.* 4.

PATRONAGE, AISNE'.

36. Patronage, quand & comment appartient à l'aîné ? *Voyez le mot Aînesse*, nomb. 113.

37. Un particulier fonde une Chapelle, il ordonne que le droit de Patronage appartiendra à l'aîné seul de ses enfans, & d'aîné en aîné ; & au cas que ses enfans decedent sans mâles, à celuy de sa race & ligne qui portera les armoiries pleines. Les enfans du fils aîné & les enfans d'iceux étans morts, deux cousins se presentent, l'un issu du second fils du fondateur, & l'autre du troisiéme fils & plus proche du cousin décedé, & par consequent son heritier : ce cousin heritier prétend le Patronage ; l'autre cousin se pretend aussi ayant les armoiries pleines de la famille ; jugé le 10. Juillet 1557. au profit du cousin qui avoit les armoiries pleines, *Charondas, livre* 9. *Réponse* 32.

38. Un droit de Patronage de Chapelle donné au fils aîné en défaut de fils, appartient à la fille aînée. Jugé au mois d'Avril 1567. *Charondas, l.* 4. Rép. 44. *Voyez le* 21. Plaidoyé *d'Ayrault.*

39. Lorsque les biens du pere sont vendus par decret, & que dans le lot demeuré aux enfans pour leur tiers Coûtumier, il se rencontre un Patronage, l'aîné y nomme, & non le pere. Le pere dit que par l'art. 399. la joüissance du tiers luy est conservée sa vie durant, & puisque le droit de Présentation est *in fructu*, qu'elle luy appartient au préjudice de ses enfans. Les enfans répondent que cet article ne doit être entendu, que quand les biens du pere n'ont point été saisis & ajugez par decret ; mais quand ils le sont, il est

reputé mort civilement, & en ce cas la mort civile a le même effet que la naturelle ; ce qui fut ainsi jugé par le Bailly de Caën. Le pere en ayant interjetté appel, n'a osé porter l'affaire à l'Audience, ne pouvant demander sans honte qu'un étranger fût preferé à son enfant cadet de l'aîné Préfentateur, *Basnage*, *sur l'article* 69. *de la Coûtume*.

ALIENATION DU DROIT DE PATRONAGE.

40 Droit de Patronage ne se peut vendre ni ceder qu'avec la terre de laquelle dépend ledit droit. *Bellordeau*, *liv.* 5. *Controv.* 3. Et *Tournet*, *lettre P. Arrêt* 50.

41 Le droit de Patronage ne se peut vendre, *quia res Ecclesia non sunt in commercio hominum* ; mais il est certain qu'il peut être permuté, pourvû que ce soit avec une autre chose spirituelle, c'est à dire, avec un autre droit de Patronage. *Definit. Can. p.* 572.

42 Le Droit de Patronage dans la regle ordinaire, ne se peut ceder ni aliener ; il peut être cédé à un Religieux, du consentement de l'Evêque, anterieur, ou depuis intervenu. *Voyez la Bibliotheque Can. tome* 2., *page* 176. *col.* 1.

43 L'acquereur & le vendeur perdent le droit du Patronage qu'ils ont vendu. Quelques uns pensent que le prix doit être donné à l'Eglise, il est plus juste d'en ordonner la restitution à l'acquereur qui se trouve dépoüillé. *Ibidem p.* 184.

44 Un particulier vend sa terre avec le droit de Patronage ; l'acheteur n'ayant pas encore fait la foy & hommage, le Chapelain meurt, le vendeur y pourvoit, l'acheteur pareillement, le Seigneur dominant y pourvoit aussi, un quatriéme l'obtient de l'Ordinaire : qui de quatre doit obtenir au possessoire ? Le pourvû par l'acheteur. *Voyez Charondas*, *livre* 1. *Réponse* 71.

45 Arrêt sans date rapporté par *Basset*, *en son Recüeil des Arrêts du Parlement de Dauphiné*, *tome* 1. *livre* 1. *tit.* 2. *chap.* 5. qui a jugé que le droit de Patronage ne peut être cédé, notamment à un étranger, à l'exclusion de celuy de la famille du fondateur à qui il l'avoit déferé ; d'ailleurs comme ce droit est mixte *spirituali annexum*, il ne peut être transferé qu'avec l'universalité des biens du Patron, & le droit Patronage attaché au plus prochain de la parenté est imprescriptible, même par cent ans, au préjudice de celuy qui est le plus proche, car il vient de son chef.

46 Ce n'est pas simonie quand le Patronage Ecclesiastique appartenant au Laïc à cause de sa terre, a été separément vendu à prix d'argent, & qu'en vertu du contract plusieurs nominations ont été faites de la part de l'acquereur, & pour tout quand cela se fait par transaction : ce qui même a lieu, non seulement lorsqu'il s'agit du droit de Patronage, mais aussi pour le titre du Benefice particulier ; & l'Arrêt du Conseil du 2. Juin 1597. touchant le Patronage & droit de presenter à la Cure de Goutraville litigieux entre de Scilly, à cause de sa Seigneurie de Hermouville d'une part, & d'Estouteville, comme dépendant de sa Baronnie, a jugé que le droit de Patronage pouvoit être vendu & demembré, en ce que le présenté par d'Estouteville fut diffinitivement maintenu, nonobstant la vente ou les transports faits à ses predecesseurs du droit de Patronage, conformément au contract qui fut declaré legitime, & non simoniaque, & le devolutaire condamné. *V. La Bibliotheque Can. tome* 2. *page* 71.

47 Le Patron vend sa terre, & cede son droit de Patronage à l'acquereur, un Benefice vient à vacquer, l'acheteur nomme au Benefice ; depuis il est évincé par un retrayant lignager lequel nomme pareillement au Benefice. Jugé pour l'acheteur le 10. Avril 1554. *Charondas*, *liv.* 4. *Rep.* 100.

48 Arrêt du Grand Conseil du 30. Septembre 1597. rendu entre le sieur de Polly, pour les Honneurs & Patronages de quelques terres à luy appartenantes sises en Bretagne, contre la Dame veuve du sieur de la Chenelaye, par lequel il a été jugé que le droit de Patronage annexé à une terre ne peut être vendu, cedé, ou transporté separément de la terre. *Filleau*, *part.* 3. *tit.* 11. *chap.* 34. Autre Arrêt du Parlement de Roüen du mois d'Août 1612. entre Nicolas & Marie de Herquenebourg à qui ce droit avoit été donné en faveur de mariage, avec quelques terres, autres que celles dont ce droit dépendoit ; la donation declarée nulle ; & cependant que la nomination qu'elle avoit faite au Benefice en vertu de ce droit subsisteroit pour cette fois seulement, parce qu'elle étoit fondée en titre. *Charondas en ses Observations* verbo *Patronage*, remarque un Arrêt du 23 Juin 1529. qui a jugé la même chose. *Chopin au traité du Dom. livre* 3. *titre* 19. *n.* 4. rapporte le même Arrêt. *Voyez la Biblioth. Can. tome* 2. *p.* 183.

49 *Basnage sur l'article* 242. *de la Coûtume de Normandie* dit qu'on tenoit autrefois au Parlement de Roüen qu'on pouvoit aliener le Patronage, *sive universitate feudi* conformément à un Arrêt du 14. Juin 1608. pour la Dame de la Fresnaye, mais que depuis on a jugé le contraire. Le même Auteur dit que pour rendre valable l'alienation du Patronage, il n'est pas nécessaire d'aliener le fief ou la terre entiere à laquelle il semble attaché, pourvû qu'il soit annexé à quelque portion du fief ou de la terre qui luy serve de glebe ; il dit avoir vû confirmer l'alienation d'un Patronage, à laquelle on n'avoit donné pour glebe qu'une poule, deux chapons, & cinq sols de rente.

50 Il a été jugé, au Parlement de Paris pour Madame la Comtesse doüairiere de Soissons, contre Suzanne de Pas, qu'elle avoit pû vendre une terre, & en retenir le droit de Patronage qui étoit annexé. *Bibliot. Can. to.* 2. *page* 184.

51 Le Patronage ne peut point être échangé avec une autre chose profane ; autrement il y auroit simonie. Arrêt du Parlement de Roüen du 30. Mars 1604. rapporté par *Forget*, *titre des personnes*, *chap.* 38.

52 L'Eglise vendant la glebe ou fief, & se reservant le Patronage, ne transfere à l'acquereur les droits honoraires de la même Eglise. Jugé au Parlement de Roüen entre le sieur d'Auval & Piquet, le 10. Juillet 1609. *Bibliot. Can. to.* 2. *p.* 169. *glos.* 2.

53 Si la donation doit du Patronage entier, ou si le Patron peut donner simplement la présentation pour la premiere vacance ? On jugea pour l'affirmative au Parlement de Roüen le 3. Mars 1622. entre M. Gilles Guillon Prêtre, & M. Thomas Colombiere, prétendant droit au Benefice du sieur de Lisores ; & le sieur de la Morilliere Colombiere, pourvû sur la présentation de la Morilliere, en vertu de la donation qui luy avoit été faite par le Roy de droit de presenter à la premiere vacance de ce Benefice par le sieur de Lisores, fut maintenu au préjudice de la Dame de Medavy qui avoit acheté le fief & le Patronage du sieur de Lisores. Cette même question s'offrit en l'Audience de la Grand'-Chambre le 20. Juin 1664. *Voyez Basnage*, *sur la Coûtume de Normandie article* 69.

54 Le Chapitre de Lisieux possedoit le Patronage, & le droit de presenter à la Cure de Fervaques. M. le Maréchal de Fervaques désira de le remettre dans son fief, & pour cet effet donna par échange au Chapitre de Lisieux les Patronages de saint Eugene & du Fournet, & en contre échange le Chapitre luy ceda celuy de Fervaques ; cela fut fait du consentement de l'Evêque de Lisieux, confirmé par le Pape. Aprés la mort du sieur de Fervaques, la Dame de Prie l'une de ses heritieres vendit les fiefs de saint Eugene & du Fournet au sieur Lambert Vicomte d'Auge ; ils furent retirez à droit feodal par du Guerpel sieur de Bonnebose qui appella comme d'abus de tout ce qui avoit été fait. Arrêt du Parl. de Normandie du 19. Juin 1636. qui met sur l'appel comme d'abus

les parties hors de Cour. *Voyez Basnage, sur l'art. 69. de la Coûtume.*

55 L'aliénation d'un Patronage à laquelle on n'avoit donné pour glebe qu'une poule, deux chapons & cinq sols de rente, a été confirmée au Parl. de Normandie le 14. Février 1651. M. Jacques de Perilart Evêque d'Angoulême, Baron des Botereaux, Patron de Gerponce, vendit ainsi à la Dame de Vieuxpont, un tenement dépendant de cette Baronnie, & on y annexa le Patronage. Le présenté par la Dame de Vieuxpont fut maintenu ; il y avoit de particulier que ce tenement, ou pour mieux dire, cette rente Seigneuriale, étoit la seule tenure que le sieur des Botereaux eût dans la Paroisse. *V. Basnage, sur l'art. 69. de la Coûtume*, où il observe qu'il y a un ancien Arrêt du mois de Mars 1520. qui declare nul un premier contrat fait d'un droit de Patronage pour deux deniers de rente, & un second par lequel il avoit été revendu pour un chapeau de roses, quoique les acquereurs eussent joüi de ce droit fort long-temps ; neanmoins cette maxime peut être attaché à une partie du fief peut recevoir de la difficulté ailleurs, & sur tout lors qu'il s'agit de la vente du Domaine du Roy, & que l'on y attache quelque Patronage : mais en Normandie cet usage est autorisé par les Arrêts.

ALIMENS DÛS AU PATRON.

56 *Voyez Lotherius de re Beneficiaria*, liv. 2. quest. 5. & cy-aprés le nomb. 154. & suiv.

PATRONAGE ALTERNATIF.

57 Dans les Patronages alternatifs qui sont mixtes, arrivant le tour du Patron Ecclesiastique, le Pape n'a pas plus de pouvoir que si c'étoit le tour du Patron laïc. *Bibliotheque Canonique tome 2. page 181.*

58 Il a été jugé qu'un Benefice sujet au patronage alternatif, ayant été résigné avec pension, & tombant au tour du Patron laïc, la pension étoit éteinte par le décés du résignataire. Le Patron laïc empêche que le Benefice qui tombe à son tour soit chargé de pension, & le droit ou le privilege du Patron laïc ne se communique point en ce cas là au Patron Ecclesiastique. *Ibidem, tome 2. page 668.*

59 Deux Patrons Ecclesiastiques étant convenus de présenter alternativement, si celuy qui est à son tour, est prévenu par le Pape, cette prévention ne luy ôte point son tour. Ainsi jugé au Parlement de Roüen le 21. Juillet 1603. car il n'a perdu son droit que par une force majeure, à laquelle il n'a pû rien opposer. S'il s'agissoit d'un Patronage alternatif entre un Ecclesiastique & un laïc, la prévention du Pape rempliroit le tour de l'Ecclesiastique, ensorte que ce seroit au laïc à présenter à la premiere vacance. *Forget, des choses Ecclesiastiques, chap. 38. & les Definitions Canoniques, page 567.*

60 Le Patronage alternatif peut être échangé pour reünir les deux portions. Arrêt rendu au Parlement de Roüen en la Chambre de l'Edit le 17. Février 1651. Il est rapporté par *Basnage, sur l'article 69. de la Coûtume de Normandie.*

61 S'il y a deux Patrons d'un même Benefice qui le conferent alternativement, l'un laïc, l'autre Ecclesiastique, le pourvû par le Patron laïc pourra résigner en Cour de Rome & la provision vaudra, parce qu'elle ne porte préjudice qu'au Patron Ecclesiastique dont le Pape remplira le tour qui à la vacance d'aprés viendra au Patron laïc. Arrêt du Parlement de Toulouse du 21. Avril 1678. rapporté par *M. de Catellan, livre 1. chapitre 21.*

PATRONAGES, APPANAGISTES.

62 Patronage appartenant aux Appanagistes. *Voyez le mot Appanage, nomb. 16. & suiv.*

PATRONAGE, ARMOIRIES.

63 Par Arrêt du Parlement de Roüen du 14. May 1607. jugé que les Armoiries des Gentilshommes habitans de la Paroisse non Patrons seroient effacées du Chœur, & leurs bancs portez dans la Nef, quoi-

que le Patronage appartint seulement à l'Eglise. *Maréchal des Droits Honorifiques, tome 2. page 96.* *Voyez cy-aprés le nomb. 75. & suiv. & 153.*

PATRON, CHAPELLE.

64 Patrons qui ont droit de Chapelle. *Voyez le mot Chapelle ; nomb. 32. & suiv.*

PATRON, COMPLAINTE.

65 En quel cas le Patron peut former complainte ? *Voyez le mot Complainte, nomb. 38. & suiv.*

66 Le Patron peut intenter complainte pour les droits & revenus d'une Chapelle, Vicairerie, ou Prebende. Jugé le 3. Août 1624. *Henrys, tome 1. liv. 1. chap. 3. quest. 19.* pour Droits Honorifiques.

67 Le droit de nomination d'une Cure prétendu par deux Patrons. *Voyez le mot Cure, nomb. 107.*

PATRONAGE, CONFISCATION.

68 Si le Patronage passe avec les biens confisquez ? *Voyez le mot Patronage, nomb. 99.*

69 Patronage étant éteint par la confiscation, on a demandé si le copatron l'acquiert entierement ? Quelques uns prétendent que la part confisquée est dévoluë à l'Evêque, d'autres que le copatron est reputé seul patron. *Biblioth. Can. tome 2. p. 186.*

PATRONAGE, CONFRAIRIE ÉTEINTE.

70 Le droit de Patronage appartenant aux Recteurs d'une Confrairie, la Confrairie étant éteinte, à qui peut tomber ce droit, car l'application des revenus de la Confrairie n'emporte pas le Patronage ? *Voyez Henrys, tome 2. liv. 1. quest. 32.*

COPATRONS.

Voyez cy-aprés le nomb. 183.

71 Un Patron peut presenter son Copatron. *Bibliot. Can. to. 2. p. 192.*

72 Benefice en la présentation de deux Patrons, l'un Ecclesiastique qui avoit droit de nommer deux fois, & d'un Laïc qui presentoit une fois, le Pape ayant derogé deux fois au droit du Patron Ecclesiastique, la premiere vacation avenant, le Patron Laïc doit presenter. *Voyez Tournet, lettre P. Arr. 35.*

73 Quoique le Patron ne puisse se nommer soy-même, il peut être nommé par les autres Patrons ; s'il y a partage entr'eux sur la nomination, son consentement le rompt en sa faveur, ce qui se pratique en toutes les élections. Arrêts du Parlement de Grenoble des 31. Juillet 1683. & 18. Juin 1671. rapportez par *Chorier, en sa Jurisprudence de Guy Pape, page 42.*

PATRONS, DROITS HONORIFIQUES.

74 *Voyez lettre D. le titre des Droits Honorifiques, nombre 45. & suiv.*

De Prælationis honore. Voyez Pinson en son traité de oneribus Ecclesiarum, §. 3.

75 Les Patrons ont le droit de faire peindre des litres ou ceintures funebres, tant au dedans qu'au dehors de l'Eglise, ce qui n'est permis qu'aux Patrons des Eglises, ou au Seigneur du lieu, lors qu'il n'y a point de Patron particulier ; c'est l'opinion de Peleus, qui dans sa question 156. en rapporte un Arrêt. M. Jean *Bacquet* dans son traité des droits de Justice en rapporte plusieurs sur cette matiere. *Voyez les définir. Can. p. 567.*

76 Le Patron peut poser, ou afficher ses Armoiries & Ecusson d'armes aux murs, ou vitres de l'Eglise, mettre des bancs, sieges, oratoires, escabeaux, accoudoüiers, bâtir monumens pour sa sepulture, celle de sa femme & enfans, même en graver épitaphe, sans qu'autres (s'ils n'avoient prérogative speciale) puissent en faire de même sans son consentement, ce qui est confirmé par deux Arrêts du Parlement de Paris, le premier du 27. May 1533. donné au profit des Religieuses de la Sainte Trinité de Caën, contre le sieur du Port, porte que les Armoiries par luy mises en une Eglise étant sous le Patronage & protection des Religieuses seront effacées ; & par le second du 13. Decembre 1550. Jean le Court, Jean & Denis dits Corbeil, pour avoir rompu les Armoiries de Jean

PAT   PAT   41

de Jean le Roux sieur d'Avernon furent condamnez en ses interests pour avoir rompu ses Armoiries. *Bibliot. Can.* to. 2. *p.* 169. *colon.* 1.

77   Le Patron Ecclesiastique ne peut pas donner droit de sepulture dans le Chœur, ni la permission d'y poser des bancs, cela appartient au Curé ; & il a été ainsi jugé par Arrêt du Parlement de Roüen du 14. May 1607. rapporté dans les *Memoires du Clergé*, to. 1. *tit.* 2. *chap.* 7. *Art.* 9.

PATRONAGE ECCLESIASTIQUE.

78   On demande si le Patronage devient Ecclesiastique quand il est donné par un Laïc à l'Eglise, ou s'il demeure Patronage Laïc ? Chopin prétend que le Patronage devient Ecclesiastique. Du Moulin tient l'opinion contraire. D'autres distinguent, & sont de l'avis de Chopin, si le Patronage est personnel ; & de l'avis de Du Moulin, si le Patronage est réel & attaché à une glebe. *Voyez la Bibliotheque Can. tome* 2. *page* 182.

79   Un Laïc peut faire don de son droit de Patronage à une Eglise, sans neanmoins faire préjudice au droit de l'Ordinaire qui a l'institution, & l'Eglise le droit de presenter au Diocesain dans les six mois. *Cap. si Laicus de jure Patronat. in 6.* ce droit devient Patronage Ecclesiastique, & prend la nature de tous les autres Benefices, & *fit jus Patronatûs Ecclesiasticum, & sortitur naturam aliorum beneficiorum, glos. ad cap. dilectus*, au mot *ex donatione de Præb. & dignitatibus.*

80   Le Pape peut créer pension sans le consentement des Patrons Ecclesiastiques, quoique tel droit de presentation soit anciennement provenu de la liberalité des Laïcs qui l'ont aumôné aux Ecclesiastiques, ou qui leur ont concedé pour un temps la simple faculté d'en joüir sous leur nom & autorité à chacune vacance de Benefice avec rétention de la propriété du Patronage. Ainsi jugé au Parlement de Normandie le 18. Novembre 1507. pour une pension de la somme de 30. livres sur le Benefice de Clery, quoique celuy qui fut condamné à la payer, alleguait que le Patronage de la Cure appartenoit proprietairement au Roy qui en avoit seulement donné l'exercice ou droit de presentation aux Chanoines. *Voyez la Bibliot. Can.* 10. 2. *p.* 205. *col.* 1.

81   Le droit de Patronage Ecclesiastique, n'empêche point la regale. Ainsi jugé au Parlement de Paris le 4. Février 1638. *Bardet*, to. 2. *liv.* 7. *chap.* 10.

82   On a demandé autrefois au Palais, *quid juris*, si un Ecclesiastique fondateur & Patron d'un Benefice, y pourvoit comme Ecclesiastique ? c'est-à-dire, s'il y presente comme Patron Ecclesiastique. Les derniers Arrêts, & particulierement un rendu le 20. May 1658. à l'Audience de la Grand'-Chambre, au Rôle de Champagne, portent qu'il falloit faire cette distinction ; ou l'Ecclesiastique a fondé le Benefice de son patrimoine, ou il l'a fondé du bien de l'Eglise, c'est-à-dire, du revenu qu'il avoit d'un Benefice par des épargnes qu'il avoit faites. S'il a fondé le Benefice de son patrimoine, le Patronage est Laïc ; mais s'il a fondé du revenu de l'Eglise, comme dans l'espece de l'Arrêt de 1658. le Patronage est Ecclesiastique. Sur la même question, il faut encore faire cette distinction, ou le Patron Ecclesiastique y pourvoit, *ratione feudi*, c'est-à-dire, si l'on a remis à l'Eglise la presentation du Benefice, *cum universitate feudi & terræ*, à laquelle le droit étoit annexé ; ou le Patronage est remis à l'Eglise purement & simplement, parce que ce droit retourne au droit commun, & reprend sa premiere nature. Au premier cas, le Patronage est Laïc, *ratione feudi*, mais au second cas, le Patronage est Ecclesiastique. *Définit. Can. p.* 582. *& la Bibliotheque Can. tome* 2. *p.* 182.

82 bis.   Le Curé de saint Opportune de Bessoy a été maintenu dans toutes les fonctions Curiales contre les Religieux de saint Benoît, qui l'avoient troublé sous

Tome III.

prétexte qu'ils sont Patrons, à cause de leur Abbaye de la sainte Trinité de Lessey. Arrêt du 11. Mars 1669. *Journ. des Aud. tome* 3. *liv.* 3. *chap.* 6. *Voyez cy-aprés le nomb.* 110. *& suiv.*

PATRON, ELECTION.

83   Du droit des Patrons aux élections. *Voyez* le mot *Election, nomb.* 110. *& surv.*

PATRONAGE, ENGAGISTE.

83   Du droit de Patronage exercé par les Engagistes. *Voyez cy-aprés le nomb.* 100. *& lettre* D. *verbo Droits honorifiques, nomb.* 25.

PATRONAGE, EVE'QUE.

84   Droit de Patronage prescrit en faveur de l'Evêque par trois presentations utiles. *Voyez* le mot *Devolution nombre* 35.

PATRON EXCOMMUNIE'.

84   Si l'excommunication exclut du droit de Patronage ? *Voyez* le mot *Excommunication, nomb.* 781.

84 bis.   Patron Laïc excommunié ne peut presenter. Arrêt de 1534. *Tournet, lettre* P. *Arrêt* 29. dit qu'il est rapporté par M. de Longueil Conseiller au Parlement de Paris. *Voyez les Définit. Can. p.* 691.

PATRONAGE, FABRIQUE.

85   Patronage appartenant à une Fabrique est Laïc. *Journ. des Aud. tome* 1. *liv.* 3. *chap.* 53. où est un Arrêt du 14. Juin 1638.

PATRONAGE, FAMILLE.

86   Patronage restraint à un certain degré de parenté. *Tournet, lettre* P. *Arr.* 16.

87   Patronage affecté à une certaine parenté des Patrons. *Ibid. Arr.* 17.

87   Patronage, ou droit de presenter en ces termes, *primo, proximiori, & primogenito, seu genita*, des enfans de son pere, &c. *Tournet, ibid. Arr.* 26.

88   Le droit de Patronage reservé à quelqu'un & ses enfans, n'appartient qu'au fils, qui est l'heritier universel, & non à ceux qui ne sont qu'heritiers particuliers, quoi qu'ils fussent instituez en certaine portion particuliere. Arrêt rendu au Parlement de Toulouse le 15. May 1604. *La Rochestavin*, li. 6. *tit.* 71. *Voyez* Ranchin, *in quest.* 507. *Guid. Pap. Voyez cy-aprés le nomb.* 99. *& suiv.*

PATRONAGE, FEMME.

89   Droit de Patronage appartenant à des filles. *Voyez* le mot *Filles, nomb.* 2.

90   Droit ou exercice de Patronage *est in fructu*, & tel droit compete à la femme mariée, encore qu'elle soit au dessous de l'âge de 20. ans. Arrêt du 2. Septembre 1552. pour Graveron, presenté à un Benefice par la Dame du Fay, parce que le mariage met la fille Noble hors de garde. *Coûtume de Normandie art.* 227. *Biblioth. Can. tom.* 2. *pag.* 171. *col.* 2.

91   Droit de Patronage laissé aux aînez mâles s'entend aussi des filles au defaut des mâles. Arrêt du Parlement de Paris donné au mois d'Avril 1567. *Papon, liv.* 21. *tit.* 5. *n.* 4. *& le Caron au liv.* 4. *de ses Rép. chap.* 44.

PATRONAGE, FIDEICOMMIS.

92   *Jus Patronatûs non transit in fideicommissarium universalem, sed remanet penes hæredem qui repræsentat personam defuncti, neque in curatores bonis datos seu commissarios, neque in procuratorem generalem.* Arrêt de l'an 1610. *Mornac, L.* 11. *ff. de pignoribus, & c. Voyez cy-dessus le nomb.* 10. *& cy-aprés, le nomb.* 101.

PATRON, FONDATEUR.

93   Plusieurs peuvent prendre la qualité de Patron d'une même Eglise, comme quand l'un a donné le fond, l'autre l'a bâtie, & le troisième l'a dotée. Celuy qui a bâti, doit avoir la préseance & droits honorifiques. Celuy qui l'a dotée auparavant la consecration & Dedicace, doit avoir la préference sur les autres qui auroient posterieurement à la consecration aumôné de leurs biens. *Bibliotheque Can. tom.* 2. *pag.* 169.

F

94 *Fundatori jus Patronatus ipso jure debetur, etiamsi non petat, vel in pactum deducat.* Ainsi quand on a bâti une Eglise avec la permission de l'Evêque, on en est Patron, sans qu'il ait été besoin de le stipuler dans la fondation. *Ibid. p. 182.*

95 On demande au cas que l'un ait fondé, l'autre bâti, & un troisiéme doté une Eglise, qui d'entr'eux aura la préséance sur les autres ? *Speculator* sur le tit. *extra de jure Patronatûs, in fine*, tient que la constitution de dot doit l'emporter, estimant que si quelqu'un est Patron, pour avoir donné le fonds sur lequel le Monastere auroit été bâti, & que le Monastere fût détruit, & réüni à un autre, selon le chap. 3. *extra de statu Monast.* son droit de Patronage sera éteint : & qu'au contraire, le Patron par dotation seroit Patron de ce Monastere, auquel la réünion sera faite, par la raison que ce premier Monastere seroit réüni à l'autre *cum suo onere.* Voyez *ibid.*

96 Si le Patronage est accordé pour dot augmentée ? Il faut que l'augmentation soit de moitié. *Ibidem, pag. 183.*

PATRONAGE, GRADUEZ.
Voyez cy dessus, *le nombre 32.*

97 Si les Patrons sont sujets à la nomination des Graduez ? Voyez le mot *Gradué*, nomb. 130. & suiv.

PATRON HERETIQUE.
98 Un Heretique est privé du droit de Patronage. Voyez le mot, *Heretique*, nomb. 49. & suiv.

PATRONAGE, HERITIER.
99 Le droit de Patronage ne passe pas indéfiniment à toute la posterité d'une famille ; bien souvent il est restraint & limité à un certain degré de parenté, quelquefois à un certain nombre de personnes ; de maniere qu'ayant manqué, ce droit demeure éteint, & passe à l'Ordinaire, sans qu'aucun de cette famille puisse legitimement prétendre joüir de ce droit. Ainsi jugé en 1537. Voyez René Chopin, *de sacr. Polit. Les Definit. canon. pag. 573.* & cy-dessus le nomb. 86.

100 Lorsque le Fondateur a legué le droit de Patronage à d'autres qu'à ses heritiers, & qu'ainsi il a fait le droit de Patronage personnel, & non réel, ce droit ne peut plus devenir réel ; c'est-à-dire, qu'il ne peut plus revenir aux heritiers & successeurs aux biens, non plus que les autres legs, qui une fois acceptez & recueillis, ne reviennent point à l'heritier du Testateur, quoique le legataire vienne à manquer d'heritiers, & que la chose leguée soit vacante & délaissée. Arrêt rendu aprés partage au Parlement de Toulouse le 4. May 1663. Voyez *M. de Catellan, li. 1. chap. 2.* où il observe que le 19. May 1699. en la Grand'Chambre, tous les Juges demeurerent d'accord que la maxime qui dit que le Patronage passe avec l'universalité des biens, ne s'entend que de l'heritier du donateur, ou autre qui tient lieu d'heritier, & non du particulier acquereur, quoique de la plus grande partie des biens, à quoy le droit de Patronage est attaché. C'étoit dans le cas d'un beaupere, qui dans le contrat de mariage de sa fille, avoit vendu à son gendre un domaine, auquel le droit de Patronage étoit attaché. Il n'avoit peut-être pas retenu la troisiéme partie de ce domaine ; car il s'en étoit seulement reservé quelque piece de terre, & quelque petite rente. On crut cependant que n'ayant pas nommément alienée le Patronage, il étoit présumé se l'être reservé.

101 Arrêt du Parlem. de Provence du 10. Avril 1669. qui declara un Patronage hereditaire. *Boniface, tom. 3. li. 6. tit. 7. ch. 1.* où est expliquée la difference entre le Patronage hereditaire ou familier, & s'il est sujet à la prescription.

102 Autre Arrêt du 8. Mars 1677. qui a jugé que le droit de Patronage appartenoit à l'heritier grevé, non au Fideicommissaire. *Ibid. ch. 4.*

103 Le 2. May 1678. jugé au même Parl. de Provence, que le Juspatronat étant hereditaire, les Legataires n'ont pas droit de nommer, mais les heritiers. *Boniface, ibid. ch. 2.*

PATRON HONORAIRE.
104 Du Patron Honoraire en la Coûtume de Normandie. Voyez le mot *Chapelle*, nomb. 35.

PATRONAGE INDIVISIBLE.
105 Encore que le droit de Patronage soit indivisible, neanmoins plusieurs le peuvent tenir par indivis, & presenter alternativement, & *ubi agitur de colligendis vocibus inter plures Patroni Ecclesiastici haeredes, fieri hoc oportere per capita.* Arrêt du 4. Juillet 1605. *Mornac, L. 41. ff. famil. ercisc.*

106 *Jus Patronatûs indivisibile & accessoriè ad Castrum cum universitate venit.* Voyez *Franc. Marc. tom. 1. quest. 145.*

PATRON INJURIÉ.
107 Basnage sur l'article 75. de la Coûtume de Normandie, rapporte un Arrêt du Parlement de Roüen du 20. Mars 1638 par lequel on fit perdre la Cure à un Presenté pour avoir injurié son Patron, & on le reduisit à une simple pension. Voyez le mot, *Injure*, nomb. 113.

PATRONAGE INFEODÉ.
108 On demande, si le Patronage peut être infeodé avec la terre, à laquelle il est attaché ? Plusieurs tiennent la negative. L'usage est au contraire ; puisque l'on voit que les Patronages sont exprimez dans les aveus & dénombremens. *Bibliotheque Canon. tome 2. pag. 185.*

PATRONAGE, JUGE.
109 Les questions de Patronage sont de la competence du Bailly. Arrêt du Parlement de Roüen du 27. Février 1676. *Basnage, tit. de jur sdict. art. 3.*
Voyez cy-aprés le nomb. 137. & suiv.

PATRONAGE LAIC.
Voyez cy dessus *le nombre 78. & suiv.*

110 Des Benefices de Patronage laïc. Voyez le mot, *Collation*, nomb. 113. & suiv. & 132. & suiv. *Papon, liv. 3. tit 9.*

111 Provisions accordées, *spreto Patrono laico.* Voyez *Tournet, let. P. Ar. 5. & suiv. & 14.*

112 Si le Patronage laïc appartient à autre qu'au Fondateur de l'Eglise. Voyez *Tournet, Arr. 15.*

113 *Patronus laicus, an ad Ecclesiam Parœcialem, vel Beneficium simplex praesentare possit ?* Voyez *Franc. Marc. to. 1. quest. 1283.*

114 Si l'Ordinaire a pourvû dans les 4. mois du Patron laïc, sans sa presentation, la provision n'est pas nulle de droit, *sed venit annullanda* ; en sorte que le Patron ne s'en plaignant point, la provision subsiste même au préjudice de celuy qui auroit été pourvû par le Pape, *medio tempore.* De Roye est d'un avis contraire. Mais l'opinion de M. Charles du Moulin, a été confirmée par plusieurs Arrêts rapportez par *Brodeau sur M. Louet lettre P. som. 25.* Voyez *Févret, en son traité de l'abus liv. 2. ch. 6. nomb. 13.* C'est aussi la plus commune opinion, qui est suivie au Palais. Voyez la *Bibliot. Can. to. 2. p. 193. in fine.*

115 La ratification du Patron ne valide pas la provision faite *cum derogatione juris Patronatûs.* Du Moulin, *sur la regle de inf. nomb. 52.* Févret, *to. 1. Traité de l'abus, li. 2. ch. 6. n. 13.*

116 Si l'on n'a pas exposé au Pape que le Patronage fût laïc, *illud vitium obreptionis non purgatur consensu Patroni.* Voyez *Pastor, de benefic. lib. 1. tit. 19. nomb. 22. & 23.*

117 Le droit de Patronage dont un Beneficier joüit du chef de l'Eglise qu'il possede, mais qui a été donné à l'Eglise par des Laïcs, conserve toûjours sa qualité de Patronage laïc. Voyez *du Moulin sur la regle de infirmis, n. 45.*

118 Si dans les permutations utiles à l'Eglise, le Pape peut déroger au droit de Patronage laïc ? Du Moulin, *ibid. nomb. 46.* dit qu'il y auroit lieu d'appeller comme d'abus, parce qu'il y auroit contravention au

Decret *de causâ*, inseré au Concordat, par lequel il est porté que le Pape ne se retiendra la connoissance d'aucune cause ; mais qu'il la renvoyera pour être jugée sur les lieux ; & qu'il y déleguera des Juges, en cas que les causes soient dévolues par appel devant luy.

119. Il doit demeurer pour constant, que la provision du Pape expediée dans les quatre mois, dans laquelle il déroge, ou passe sous silence le droit de Patronage, est nulle, quoique le Patron y donne les mains, même dans les quatre mois ; & il faut conferer le Benefice tout de nouveau , si le Patron est encore dans le temps utile & continu, dans lequel il a droit de donner sa présentation, & le Collateur ordinaire est obligé de l'attendre. Que si les quatre mois sont écoulez, pour lors celuy auquel la collation libre de ce Benefice appartient par le défaut de présentation par le Patron dans les 4. mois, le conferera tout de même, que si le Pape n'avoit pas prévenu par sa collation donnée dans les quatre mois, laquelle demeurera nulle. *Voyez du Moulin sur la regle* de infirmis, nomb. 52.

120. Si le pourvû par le Pape d'un Benefice en Patronage laïc, qui en a joüi trois années, peut s'aider du decret *de pacificis possessoribus* ? Voyez *Du Moulin sur la regle* de infirmis nom. 54. où il tient l'affirmative dans le cas où le Patron laïc n'auroit point reclamé. *Voyez cy-après le nomb.* 129.

121. Les Benefices de fondation, & en Patronage laïc ne peuvent être conferez par le Pape dans les quatre mois , *à die notitiâ*, même quand ils auroient vaqué en Cour de Rome. *Biblioth. Can. t.* 2. *p.* 193.

122. La permutation & la résignation faites sans la volonté du Patron laïc, n'ont point d'effet contre luy ; tellement qu'il peut nommer au Benefice comme vacant. *Voyez la* 374. *question de Guy Pape.* On ne peut non plus, sans son consentement, assujettir le Benefice à une pension.

123. L'Ordinaire ne peut, au préjudice du Patron laïc, conferer les Benefices vacans par échange dans les quatre mois ; pendant lesquels il luy est libre de presenter : jugé au Parlement de Grenoble. Il s'agissoit de la Cure de S. George d'Esperanche dans le Viennois, laquelle est de la nomination du Dauphin. *Voyez Guy Pape, quest.* 374.

124. Au Cahier contenant les offres faites par le Pape Eugene IV. au Roy Charles VII. pour le bien de l'Eglise Gallicane, en abolissant la Pragmatique-Sanction, dans l'article 8. le Pape declare qu'il veut conserver les droits des Patrons laïcs. Le Roy répond, qu'il veut que cet article soit rayé, parce qu'on n'avoit jamais douté dans le Royaume des droits des Patrons laïes. *Bibliotheque Canon. tome* 2. *pag.* 194.

125. Un Benefice est resigné entre les mains du Patron laïc, lequel admet la resignation, & présente un sujet à l'Evêque qui le refuse : depuis, le Résignant fait une démission pure & simple *in manus Episcopi*, qui, sans le consentement du Patron, le confere. On dit, la collation est bonne, 1°. *Patronus non potuit admittere resignationem* ; ainsi telle résignation n'a pû donner lieu au Supérieur de conferer, *jure devoluto*. De plus, *Patronus jam se indignum fecerat jure præsentandi*, en admettant une résignation, ce qu'il ne pouvoit faire. *Voyez la Bibliotheque Canon. tom.* 2. *p.* 175. *col.* 1.

126. Dans les provisions obtenuës en Cour de Rome, il faut exprimer, à peine de nullité, si le Benefice est de Patronage laïc. M. de Selve, *tract. de benef. part.* 3. *quest.* 3. *num.* 11. 12. & 13. *in beneficiis impetrandis est facienda mentio de jure patronatûs laicorum* ; & le Pape n'entend jamais y déroger, si ce n'est quand il y a dévolution, & dans les autres cas de droit, suivant la regle de Chancellerie 40. d'Innocent VIII. *de derogat. juris Patronat.*

Tome III.

127. Le Pape ne peut déroger au Patronage laïc. Cette question s'est presentée au Parlement de Paris au mois de Mars de l'année 1541. pour le Doyenné de Châtelgeloux. M. Raymond Avocat General interjetta de son chef, & au nom du Roy de France en qualité de Seigneur direct du lieu d'Albret , appel comme d'abus de l'execution des Bulles de fondation & érection dudit Doïenné, en ce qu'elles contenoient le pouvoir & la faculté au Pape de déroger au droit de Patronage laïc. *Voyez du Moulin sur la regle* de infirmis, nomb. 57. *& suiv.*

128. Par résignation *ex causâ permutationis*, l'on peut laisser Patron laïc, & s'adresser à l'Evêque. Arrêt du Parlement de Paris du 16. Mars 1546. Arrêt contraire du 21. Février 1602. par lequel il fut jugé que le Patron laïc ne peut être contraint de presenter au cas de permutation, que la provision étant nulle faite par l'Evêque , sur le refus du Patron laïc, le Benefice doit retourner au resignant. 3°. Que le pourvû sans presentation du laïc, n'a pû acquerir possession triennale : la regle *de pacificis possessoribus*, n'ayant lieu en ce cas, sinon en regale, dont le droit est éminent. *Papon , li .3. ti. 9. n. 3. & la Biblot. Can. to.* 2. *pag.* 174. *col.* 2.

129. Patronage laïc a lieu en toutes sortes de vacances, tant par mort, résignation, qu'autrement. La collation donnée sans l'aveu & consentement du Patron est nulle. Arrêt du Parlement de Bordeaux du 18. Juillet 1613. *Voyez les Plaidoyez celebres dédiez à M. de Nesmond , pag.* 519.

130. Prestimonies fondées par un Ecclesiastique , sont en Patronage laïc ; & le Pape ne peut y déroger, ni acquerir prescription par plusieurs provisions consécutives : mais un pourvû en Cour de Rome , ayant joüi trois ans, & obtenu Lettres *de pacificis possessoribus* , est maintenu & gardé. Arrêt du 13. Juillet 1634. *Bardet, to.* 2. *li.* 3. *ch.* 30.

131. Le Roy ne peut pourvoir en Regale sans la nomination du Patron laïc : jugé par Arrêt du 30. Juin 1642. *Journal des Audiences , to.* 1. *li.* 4. *ch.* 3.

132. Sur le droit de Patronage laïc : L'Ordinaire n'en peut prescrire la liberté par 70. ans ; & le temps des quatre mois donnez aux Patrons laïcs, court *à die obitûs, non autem à die notitiâ*, du jour du décés , & non du jour qu'ils en ont eu connoissance. Arrêt du 3. May 1653. rendu au Parlement de Grenoble. *Voyez Basset , Plaidoyé* 13. *p.* 166.

133. L'execution d'une signature qui prévient le Patron laïc , & pourvoit d'une Chapelle , est abusive. Arrêt du Parlement de Toulouse du 26. Janvier 1656. *Albert* , verbo *Patronat , art.* 1.

134. Le Collateur laïc qui a conferé à un indigne qu'il croyoit digne, peut en nommer un autre , sans que le Pape puisse y pourvoir par dévolution. Arrêt du 8. Août 1675. pour une Prébende de Saint Teugat de Laval , dont M. le Duc de la Trimoüille est Collateur ; ce qu'il n'auroit pû faire , si avec connoissance il avoit negligé de presenter. *Journal du Palais in fol. tom.* 1. *pag.* 696.

135. Declaration du Roy, du mois de Février 1678. portant que dorénavant tous les Concordats de permutation des Benefices étant en Patronage laïc , & les résignations & actes passez en consequence demeurent nuls & abusifs ; si les Patrons laïcs n'ont accordé par écrit leur présentation , ou donné leur consentement avant la prise de possession, quoique lesdits Patrons en eussent été requis & sommez ; lesquelles requisitions & sommations sont declarées de nul effet & valeur ; défenses au Parlement de Guyenne, & autres Juges de son ressort, d'y avoir aucun égard dans toutes les instances mûes & à mouvoir , ni de maintenir dans la possessoire des Benefices étant en Patronage laïc, ceux qui en auroient été pourvûs, en quelque maniere que ce soit, par permutation , sans presentation ni consentement desdits Patrons laïcs ,

F ij

nonobstant les requisitions & sommations qui pourroient en avoir été faites ausdits Patrons. *Voyez les Edits & Arrêts recueillis par l'ordre M. le Chancelier en 1682. pag. 7. & la Bibliot. Can. tom. 2. p. 196.*

136. Jugé au Parl. de Toulouse le 23. Février 1682. que la liberté de varier laissée au Patron laïc, est restrainte au seul cas de la présentation, & qu'il ne l'a pas dans le cas de la collation de plein droit, même lors que la collation a été faite à un absent, qui n'a pas encore accepté. Les raisons de l'Arrêt furent que le Droit Canon parle seulement des Patrons qui n'ont que le droit de presenter à l'Evêque, ou autre Collateur Ecclesiastique ; la variation est en quelque sorte avantageuse, parce que le Collateur peut choisir le sujet plus digne, au lieu que par la collation *pleno jure*, le droit du Patron est consommé. *Voyez les Arrêts de M. de Catellan, liv. 1. ch. 25.*

PATRONAGE LITIGIEUX.

Voyez cy-dessus le nombre 109.

137. Pendant le litige de deux Patrons, celuy qui étoit en possession fait maintenir son presenté. Arrêt rendu au Parlement de Paris à la prononciation de Pâques de l'année 1554. Pareil Arrêt rendu au Grand Conseil le 19 Septembre 1604. en faveur de François Boart, pourvû d'une Prébende de Saint Maur des Fossez, sur la nomination de Madame la Princesse de Condé. Ce qui est conforme à la disposition du chap. *Consultationibus de jure Patronatus*. Il en seroit de même, quoique le Patronage eût été contesté avant la vacance du Benefice. C'est le sentiment d'Innocent IV. sur le chap. *Consultationibus*. La Glose sur le chap. *ex literis*, tient qu'il faut suspendre l'institution jusqu'au Jugement de la question de Patronage. *Définitions Can. p. 576.*

138. L'Arrêt du 9. Novembre 1606. au sujet de la Cure de Vesins a jugé deux questions importantes. La premiere, que la fraude commise és Patronages Ecclesiastiques est odieuse ; & outre l'amende emporte condamnation de dépens contre ceux qui l'ont pratiquée, tuteurs ou curateurs en leurs propres & privez noms. La seconde, que la presentation faite au Benefice ne peut aprés le litige formé être convertie en opposition, ni en forme de Patronage, pour couvrir la defectuosité de la presentation nulle d'elle-même ; mais le procez doit être vuidé & terminé par le même jugement sur les mêmes actes ou pieces qu'il a été commencé & introduit. *Bibliot. Can. to. 2. page 172. col. 2.*

139. Le possessoire d'une Cure, en cas de litige entre deux Patrons qui ont chacun presenté, doit être jugé suivant le dernier état d'icelle, même en la Coûtume de Normandie, où la prescription n'est pas considerable pour le droit de Patronage. Ainsi jugé par Arrêt du Parlement de Paris du 24. Avril 1651. rapporté *dans les Memoires du Clergé, tome 2. part. 2. titre 5. art. 9.*

140. Celui qui est avec bonne foi dans la quasi-possession de nommer, peut le faire valablement jusques à ce qu'il ait été instruit du droit de veritable & legitime Patron : mais aprés cela il ne le pourra plus, parce qu'il est deslors dans la mauvaise foy ; de sorte que sans s'arrêter à la nomination qu'il aura faite, celuy que le veritable Patron aura nommé l'emportera, & sera maintenu. Arrêt du Parl. de Grenoble du 11. May 1672. pour les Jesuites du College de Tournon, contre le Chapitre de saint Bernard de Romans, rapporté par *Chorier en sa Jurisprudence de Guy Pape, page 42.*

PATRON MEPRISE'.

141. *De institutione factâ contempto patrono. Voyez Franc. Marc. tome 1. quest. 240.*

142. *Institutio contempto patrono facta, nulla est nec revalidatur lapsu temporis, nisi ordinarius clausulâ alias quovis modo vacaverit, utatur. Voyez ibidem, quest. 474.*

143. *Supposito Patronatu, si provideatur beneficio non adhibito consensu patroni, an & quando proviso sit nulla ipso jure: Voyez Lotherius de re Beneficiariâ, livre 2. quest. 14.*

144. Du Moulin dit que la Collation de l'Ordinaire faite au mépris du Patron est bonne de droit, mais qu'elle est resoluë par la presentation du Patron faite dans les temps prescrit de droit. Ce qui n'est pourtant pas d'usage en Normandie où la pratique est contraire, & l'Ordinaire ne peut conferer les Benefices de Patronage Laïc, si ce n'est aprés que le temps du Patron pour presenter est expiré, ainsi qu'il est rapporté par Du Moulin *Reg. de infirm. nombre 68.* quoiqu'il n'approuve pas cet usage, suivant lequel on juge en Normandie que la provision est nulle, quand l'Ordinaire a conferé dans le temps du Patron, sans attendre que les six mois soient expirez, quoique le Patron ne se plaigne pas. *Voyez les Definis. Can. page 505.*

145. La provision de l'Ordinaire qui a été donnée *spreto patrono laïco* n'est pas nulle mais *venit annullanda*, il n'en est pas de même de celle du Pape, elle est absolument nulle, à moins que le Pape n'eût mis *dummodo accedat patroni consensu*, auquel cas le consentement du Patron feroit valoir la provision. *Voyez Du Moulin, Regul. de infirmis, n. 46. & suiv.*

146. La provision donnée par le Pape ou un Evêque, d'un Benefice à Patronage Laïc sans le consentement du Patron n'est pas nulle, mais *venit annullanda*. L'on fait distinction des provision si elle est necessaire *ut ex causâ permutationis*, elle n'est pas nulle absolument, si elle est volontaire, comme *per obitum, aut ex simplici resignatione*, elle est nulle. *Papon, liv. 3. tit. 9. nombre 1.*

147. La provision du Pape *spreto patrono laïco* suivie de la triennale paisible possession ne pourroit avoir d'effet, parce que *ubi abusus, ibi nullitas ; ubi nullitas, ibi desinit esse coloratus titulus*, Mais la provision de l'Ordinaire dans ce cas la seroit bonne, *propter affinitatem, & sympathiam quæ est inter patronum & instituentem. Bibliot. Can. tome 2. p. 196.*

148. Pourvû au préjudice du Patron Laïc doit continuer de joüir. Arrêt du Parlement de Paris de l'an 1554. il reste au Patron méprisé la voye de l'appel comme d'abus, & en cause d'appel le Patron doit toûjours être preferé au Superieur, soit Ordinaire, soit le Pape. Jugé en 1531. *Papon, liv. 3. tit. 9. nomb. 2.* où il dit avoir été jugé au mois de Juin 1584. que la veuve du Patron doit joüir par provision comme de coûtume de son privilege, même touchant la préseance.

149. Des provisions *spreto Patrono Laïco* dans les quatre mois donnez aux Patrons Laïcs. Arrêt du Parlement de Grenoble du 3. Mars 1663. qui les déclare abusives. *Voyez Basset, tome 1. liv. 1. tit. 2. chap. 1.*

150. Le Pape ne peut pourvoir par dévolut dans les quatre mois *spreto Patrono laico*, & la demission du premier titulaire faite ès mains du Patron, est valable. Jugé au Parlement de Paris le 22. Juin 1672. autre Arrêt sur le même sujet du 8. Août 1675. *Journal du Palais. in fol. to. 1. p. 696.*

151. L'Evêque ayant pourvu dans les six mois du Patron, & le Patron ne se plaignant pas la provision est bonne. Arrêt du Parlement de Roüen du 24. Juillet 1671. *Basnage sur l'article 69. de la Coûtume de Normandie.*

PATRONAGE MIXTE.

152. Le Patronage est appellé mixte, quand il appartient aux Clercs & aux Laïcs conjointement ; ils se communiquent reciproquement leurs privileges ; en sorte que le Clerc ne peût être prévenu par le Pape, & le Patron laïc joüit des six mois donnez à l'Ecclesiastique pour présenter ; mais c'est à la charge de ne pouvoir varier, n'étant point pour cela exempt des conditions onereuses du Clerc. *ubi est emolumentum, ibi & onus esse debet. Accurse de jure patronat. §. 7. question 1. verbo*

Jus. Pastor, *de Benef. livre* 1. *titre* 19. *nombre* 4. & 9.

PATRONAGE NOM ET ARMES.

153 Les armes ou le nom inscrit dans l'Eglise ou sur les cloches, font seulement une présomption & non une entiere preuve. *Mornac*, tient qu'à l'égard des Princes & des Ducs, cela fait foy, *l.* 6. *Cod de Religiosis & sumptibus.*
Voyez cy-dessus *le nombre* 63.

PATRON NOURRI.

Voyez cy-dessus le *nombre* 56.

154 *Coquille*, *Histoire de Nivernois*, *titre de la maison de Bourbon*, dit que le successeur au droit de Patronage de Monsieur le Chancelier de Bourgogne fut reduit à une si grande pauvreté, qu'il demanda une pension pour ses alimens au Chapitre Collegial de l'Eglise de Nôtre-Dame d'Authun, dont il avoit fondé les Prebendes ; le revenu d'une luy fut ajugé pour ses alimens.

155 Les alimens doivent être fournis aux heritiers du Patron *in capita* ; les droits honorifiques leur appartiennent aussi *in capita*, & ils sont tenus également de défendre l'Eglise quoiqu'ils ne succedent que *per capita*. Arrêt du 4. Juillet 1605. rapporté par *M. le Prêtre*, *Cent.* 2. *chap.* 36.

PRESCRIPTION DU DROIT DE PATRONAGE.

156 *Jus patronatûs an praescriptione quari possit ?* Voyez *Franc. Marc. tome* 1. *quest.* 1139.

157 Comme le Patronage a été aumôné par les laïcs aux Ecclesiastiques quelquefois à perpetuité, quelquefois pour un certain temps ; au dernier cas les Ecclesiastiques usans de leurs droits, sont tenus de faire mention dans l'acte de nomination, ou présentation que c'est par forme de precaire, ou sous la permission d'autrui, afin que par telle reconnoissance les donataires ne puissent opposer, où la fondation ne seroit rapportée, la prescription contre leurs bienfaiteurs. Arrêts du Parl. de Roüen des 3. Février 1503. 3. Avril 1505. & 14. Octobre 1540. par le dernier desquels il fut défendu aux Chanoines de l'Eglise Collegiale de Nôtre-Dame de Clery, de prendre la qualité de Patrons, parce que le droit de Patronage ne leur avoit été donné par le Roy que pour un certain temps, mais de faire mention dans les nominations que c'est au droit du Roy qu'ils présentent à peine de perdre leur faculté pour cette fois. Bibliotheque Canonique *tome* 2. *p.* 170. *col.* 2.

158 Arrêt du Parlement de Grenoble du 3. May 1555. qui a jugé que le droit de Patronage laïc est imprescriptible, & que l'Ordinaire ne peut le prescrire. Arrêt semblable du 30. May 1653. si le Pape pourvoit dans les quatre mois qu'a le Patron Laïc pour nommer, la signature de provision est abusive. Arrêt du 3. Mars 1663. rapporté par *Chorier en sa Jurisprudence de Guy Pape*, *page* 43.

159 Droits de Patronage Laïc imprescriptibles, nonobstant les Collations *jure libero* des Ordinaires pendant quelque temps que ce soit. Arrêt du Parlement de Grenoble en 1668. *Basset*, *to.* 1. *li.* 6. *tit.* 8. *ch.* 5.

160 Arrêt du Parlement de Provence du 18. Mars 1652. qui a jugé que la prescription du Patronage n'est pas acquise par trois collations de l'Evêque, sans presentation de Patron, s'il n'y a l'espace de quarante ans depuis la premiere Collation. Ce même Arrêt juge qu'en ce cas la derniere Collation de l'Evêque n'est point considerée. *Boniface*, *tome premier*, *livre* 2. *tit.* 28. *chap.* 2.

161 Quand par la negligence du Patron l'Evêque a conferé le Benefice par trois diverses fois, & que chaque Beneficier ait joüi paisiblement trois ans entiers sans aucune discontinuation, en ce cas le Patron perd son droit, qui demeure acquis à l'Ordinaire. Arrêt du Parlement de Toulouse du 8. Janvier 1665. *La Rocheslavin*, *liv.* 1. *tit.* 34. *art.* 1.

PRESENTATION DES PATRONS.

162 *Voyez* cy-dessus *les nomb.* 21. 26. 27. 73.

Quando nominatio patronorum ad canonicam formam reducatur. Voyez Fran. Pinson, en son traité *de Can. instit. condit.* §. 7. où il est parlé du droit de Presentation.

163 *Quale jus patroni praesentatione praesentatâ quaratur ?* Voyez *Franc. Marc.* to. 1. *quest.* 478.

164 *Patronus per procuratorem, & per litteras potest praesentare & praesentatus ad ordinarium descendere, ut ab ipso examinetur, & instituatur, tenetur,* Voyez *ibidem,* quest. 479.

165 *Patronus Ecclesiasticus indignum praesentans eligendi jure pro illâ vice privatur : secus in patrono laico, quando patronus laicus praesentaverit indignum & persistit in illâ praesentatione per quatuor menses, tunc Episcapus potest providere de alio : secus si nondum sint lapsi quatuor menses : quia si patronus laicus potest variare cùm praesentavit idoneum, multo fortiùs quando praesentavit indignum.* Voyez *ibidem,* quest. 1153.

166 Si le Patron presente à l'Evêque la même personne qu'il avoit déja pourvû, le Patron pour la conservation & la preuve de son droit peut obliger l'Evêque de donner une nouvelle provision. *Du Moulin sur la regle* de infirmis, *nomb.* 62.

167 Si un Beneficier a été privé de son Benefice, le Collateur ordinaire ne le pourra pas conferer à un autre sans la presentation du Patron ; le temps ne commence à courir contre le Patron que du jour que la resignation ou la privation du précedent titulaire luy a été notifiée, ou du jour qu'elle est connuë dans le lieu du Benefice *ex quo ipsa vacatio in loco, vel Ecclesiâ, hujusmodi beneficii publicè nota erit.* Du Moulin, sur la regle *de infirmis,* n. 332.

168 Il faut faire difference entre le droit de Patronage & le droit de presenter. Le droit de Patronage ne vient proprement que de la dotation, fondation ou construction ; mais le droit de presenter peut être acquis par prescription, coûtume, ou autrement, & ne comprend pas les autres droits & privileges du Patronage, s'ils n'étoient également prescrits ; comme le droit de procession, de sepulture, & d'être alimenté en cas de pauvreté. *Definit. Can. p.* 563.

169 Dans la Province de Normandie les presentations des Patrons, mêmes Laïcs, doivent être adressées aux Ordinaires, qui ne peuvent être pourvûs par le Pape dans le temps des Patrons, qui de six mois dans ladite Province ; c'est ce qui a conservé l'examen des presentez avant que de leur donner l'institution. *Castel de l'usage & pratique, troisième partie de la signature, clause* 11. Definit. Can. *p.* 570.

170 La presentation du Patron Ecclesiastique, empêche la prévention du Pape, & le pourvû en Cour de Rome ne doit prendre possession, sans avoir le *visa* de l'Ordinaire. *Voyez l'Edit de Melun, art.* 14. le Patron Ecclesiastique ayant presenté un indigne *privatur jure suo pro hâc vice* ; telle presentation insinuée au Collateur, empêche la prevention du Pape ; *secus,* du Patron laïc, il n'est point privé de son droit *pro hâc vice, &c.* M. Loüet & son Commentateur lettre P. *somm.* 25.

171 Du Patron qui presente une personne indigne. *Voyez Rebuffé sur cette matiere, & la Bibliotheque Canonique, to.* 1. page 176. *col.* 2. *&* page 186. où il est écrit que quand le Patron a presenté une personne indigne il perd pour cette fois le droit de presenter.

172 Par Arrêt prononcé en la Cour Souveraine de l'Echiquier de Normandie, tenu au terme de Pâques 1304. il a été jugé qu'un Seigneur ayant divers Patronages, droits & faculté de presenter à plusieurs Benefices, peut donner son droit en general, mais non précisément, & particulierement pour un Benefice certain, afin d'éviter l'affectation, ou souhait tacite de la mort d'autrui ; c'est la raison donnée par le même Arrêt. *Bibliot. Can.* to. 2. *p.* 267. *col.* 1.

173 Par autre Arrêt du 16. Octobre 1501. la procuration passée par les Religieux & Abbé de saint Seve-

tin à M. Richard le Prévôt, par laquelle contenant clause de garantie, ils donnoient pouvoir de presenter au premier Benefice vacant étant à leur nomination, avec revocation de toutes autres procedures, fut déclarée nulle, comme aussi la procuration limitée & restrainte, ne vaut ; ainsi qu'il fut jugé le 10. Avril 1499. *Ibidem col. 2.*

174. Il faut que celuy qui a presenté au Benefice soit en possession d'y nommer au temps qu'il a presenté, possession en laquelle il a été autrefois, ne suffiroit. Un nommé Guarin sieur des Ifs emporta pour son presenté par Arrêt du 10. Novembre 1502. la Cure de saint Pierre d'Amboise, contre le sieur de Vitry, sur le fondement de deux presentations dernieres quoiqu'impugnées ; l'une pour avoir été faite pendant l'usurpation des Anglois, à cause de l'hostilité desquels les predecesseurs de Vitry s'étoient retirez au pays de l'obéïssance du Roy, & la derniere arrivée pendant que luy sieur de Vitry étoit en minorité & sous la garde du Roy. Or il y a quatre choses necessaires pour l'effet de la quasi-possession du Patronage. La premiere, que la presentation au Benefice soit accompagnée de bonne foy. La deuxiéme, que la confirmation ou institution s'insinuë. La troisiéme, que le pourvû ait été regardé comme Recteur, ou titulaire du Benefice. Et la quatriéme, que celuy au prejudice duquel la quasi-possession du droit de Patronage est acquise, le sçache & ne s'y oppose point. *Ibidem, page 172. col. 1.*

175. Le Patron Ecclesiastique ou laïc ne se peut presenter soi-même. *Voyez la Biblioth. can. Ibid. to. 2. pag 173. colomne 1.* Il est dit au même endroit, que celuy qui a donné à un tiers puissance de presenter au Benefice vacant, peut recevoir tel bienfait par les mains de son donataire. Le nommé de la Ville avoit impetré par dévolut la Cure de S. Medard contre Fauquet, presenté à cette Cure par Maseline, auquel ce même Fauquet, Fermier de la Seigneurie de Cellant, dont dependoit le Patronage de la Cure, avoit auparavant donné le droit de presenter pour cette fois. La Cour jugea au profit de Fauquet le 23. Decembre 1504. *Multa possumus per alios, qua non possumus per nos.*

176. Quand celuy qui a presenté au Benefice succombe, son auteur qui a pris faussement qualité de Patron, sans neanmoins avoir aucun droit, doit être condamné en tous les dépens, dommages & interêts de celuy qui l'a presenté. Jugé le 18. May 1516. pour Guillaume le Breton. *Ibid. p. 171. col. 2.*

177. Le droit de presenter au premier Benefice qui vaquera, ne peut être donné par donation entrevifs, bien que seulement confié de pure liberalité & amitié. Arrêt du mois d'Avril 1518. Le contrat de promesse faite par le Clustier Patron laïc, de nommer un surnommé Ferey, au premier Benefice qui tomberoit en vacation, du nombre de plusieurs étant à sa collation, fut déclaré nul, & le Clustier absous de la récompense contre luy prétenduë par Ferey, de ce qu'il n'avoit été nommé à certain Benefice échû depuis la promesse à la presentation & disposition de Clustier. *Ibid.*

Ex quibus colligitur potestatem conferendi Beneficia vacatura non posse dari, in cap. Deliberatione. De offic. leg. n. 6. Guido Pap. Consil. 189. nisi Vicario generali. Quod extenditur ad laicos, quando justa subest causa, Panormitan. *in cap. fin. de concess. præb.*

178. Partage de biens, dans lesquels se trouve un Patronage : celuy à qui il est échû presente : depuis, le partage est cassé avec restitution de fruits. Les demandeurs en execution d'Arrêt disent que leur presenté doit jouïr, parce que la presentation est *in fructu*, ils ajoutent que l'autre n'a été presenté que *post litis contestationem*. Arrêt du Parl. de Paris du 10. Avril 1554. qui deboute les demandeurs, sauf à leur presenté à se pourvoir, comme il verra par raison.

Voyez la Bibliotheque de Bouchel, verbo, *Presentation*; & Papon, *liv. 2. tit. 9. nomb. 18.*

179. Le droit de presenter appartient aux Patrons, par les causes par lesquelles le Patronage s'acquiert, quoiqu'il n'ait point été stipulé, ni reservé par la fondation. Ainsi jugé par plusieurs Arrêts. M. Dolive, *en ses questions liv. 1. chap. 3.* en rapporte un du Parlement de Toulouse du 11. Mars 1632.

180. Arrêt du Parlement de Provence du 20. Février 1645. qui a donné la récreance du Benefice au pourvû par l'Evêque, à l'exclusion du presenté par certains prétendus Patrons, sur le fondement que les deux dernieres collations avoient été faites par l'Evêque, sans presentation de Patrons. Boniface, *to. 1. liv. 2. tit. 28. ch. 1.*

181. Le 21. Juin 1654. jugé que la nomination faite par le Conseil de la Communauté à l'Evêque, prévaut à celle qui est faite par les Consuls. *Ibid. c. 3.*

182. Jugé le 6. Juin 1658. que celuy qui a été pourvû d'un Benefice sans presentation du Patron, peut rentrer au même Benefice qu'il avoit resigné *in extremis*, sans presentation du Patron. *Ibid. ch. 4.*

183. Arrêt du même Parlement de Provence du 12. Juin 1665. qui a donné la recréance à celui qui avoit été presenté par des Copatrons à l'Evêque, avant la presentation du nommé par les autres Copatrons, & qui avoit été refusé ; & sur ce refus, s'étoit mis en possession par permission de la Cour. Boniface, *ibidem chap. 6.*

184. Arrêt du Parlement de Grenoble du 2. Août 1654. qui a jugé qu'une seule presentation suffisoit pour établir la quasi-possession du droit de Patronage, & qu'elle étoit suffisamment prouvée par les provisions de l'Ordinaire, où il étoit declaré qu'elles avoient été données sur la nomination. *Voyez* Basset, *to. 1. li. 1, tit. 2. ch. 2.*

185. Jugé au Parlement de Toulouse le 4. May 1665. que la bonne foy est absolument necessaire, pour rendre valable la presentation de celuy qui est dans la quasi-possession du Patronage ; *jus præsentandi est in fructu* : or les fruits *pertinent ad bonæ fidei possessorem.* Arrêt de M. de Catellan, *liv. 1. ch. 48.*

186. Le presenté à un Benefice par celuy qui est en possession de presenter, est preferable au presenté par le vray Patron. Arrêt du Parlement de Paris du 25. Février 1665. qui, à cause du *dernier état*, maintient le presenté par Mademoiselle de Guise, & conserve à M. le Prince de Condé le droit de nommer à l'avenir. Soefve, *to. 2. cent. 3. ch. 46.*

187. Le Patron qui a presenté un *incapable*, n'a pas six autres mois du jour du refus qui en a été fait. Arrêt du Parlement de Normandie du 24. Juillet 1671. rapporté par *Basnage sur l'article 69. de cette Coûtume.*

PATRON, PREVENTION.

188. Le Roy ne peut prévenir en regale le Patron laïc, non plus que le Pape. Arrêt du 30. Juin 1642. *Du Fresne, liv. 4. chap. 3.*

189. Lors que le Pape a prévenu, & que le Patron ne se plaint point, la provision est valable. Jugé le 25. Juin 1659. au Parlement de Normandie. *Basnage sur l'art. 69. de cette Coûtume.*

190. L'Evêque ne peut prévenir le Patron Ecclesiastique, non plus que le laïc. Arrêt du 7. May 1655. Le Pape prévient le Patron Ecclesiastique ; neanmoins si l'Evêque a conferé, cette collation, quoique nulle, empêchera la prévention du Pape. Arrêt du Parlement de Grenoble du 7. May 1683. rapporté par *Chorier en la Jurisprudence de Guy Pape. p. 44.*

PATRON DE LA R. P. R.

191. Un Patron laïc faisant profession de la R. P. R. ne peut presenter à un Benefice. Arrêt du 6. Février 1648. *Du Fresne, liv. 5. chap. 29. Voyez* Peleus, *qu. 156.* Cet Arrêt a été cassé par Arrêt du Conseil du Roy, qui maintient ceux de la R. P. R. en la pos-

PAT   PAT   47

fession de nommer des personnes capables aux Benefices dont ils sont Patrons, à cause de leurs terres; l'Arrêt est du 8. Juillet 1651. *Du Frêne liv. 5. entre le chap. 29. & 30.* Voyez *M. le Prêtre 2. cent. chap. 36. & le Journal du Palais dans l'Arrêt du 20. Juillet 1674.*

LE ROY PATRON.

192 Roy Patron alternatif. *Voyez* le mot, *Benefice*, *nomb. 28.*

193 Les Patronages Royaux ont des prérogatives singulieres. *Voyez le Concile de Trente sess. 25. ch. 9.*

194 Le Roy seul entre les Patrons, peut faire Ordonnances pour maintenir la police de l'Eglise. *Tournet, lett. P. Arr. 18.*

195 Si le Patronage Royal se transfere avec l'heritage de l'acquereur? *Ibid. Arr. 19.*

196 Patronage demeure attaché à la personne du Roy, nonobstant l'alienation du fonds. *Ibid. Arr. 41.*

197 Si le Roy délivre provision ou Placet d'une même Chapelle, Prébende ou Benefice à deux personnes differentes, le premier nommé ou presenté selon la date, doit être preferé, quoique le dernier eût le premier insinué sa provision à l'Ordinaire, & eût été le plus diligent; parce que le Roy ne peut varier. Jugé au Parlement de Roüen les 23. Decembre 1527. & 1550. pour la Cure de Racqueville. *Bibliot. Canon. tot. 2. p. 381. in fine.*

198 Le Roy ne peut *varier* en ses collations. Arrêt du Grand Conseil de l'an 1539. Les particuliers le peuvent. *Papon, li. 2. tit. 9. n. 13.*

199 *Terrien lib. 8. tit. de Patron.* cite un Arrêt, par lequel il a été jugé que les Chanoines de Clery, pour les Benefices étant de la fondation Royale, presentent au nom & en l'autorité du Roy, & sont reputez Patrons laïcs: tellement que leur presentation est necessaire, & les Collateurs ordinaires ne leur peuvent faire préjudice, non plus qu'au Roy.

200 Févret, *en son Traité de l'abus liv. 2. chap. 6. n. 13.* dit que le Roy de France alienant un domaine, auquel est attaché un Patronage, le Patronage demeure toûjours inherent au domaine, & non à la personne du Roy: comme l'on voit en droit le Patronage sur les Affranchis, qui n'étoit point censé aliené par la vente, ou fideicommis de toute l'heredité. Cependant il y a un Arrêt contraire à cette opinion dans *Henrys tom. 2. liv. 1. quest. 4.* où un Engagiste fut maintenu dans le droit de nommer aux Chanoinies de Nôtre-Dame de Montbrison, la collation reservée au Roy sur la nomination de l'Engagiste, le Roy n'étant pas de pire condition que les autres Collateurs qui peuvent s'assujettir à de semblables nominations: jugé au Conseil Privé le 16. Février 1655. Henrys dit que cet Arrêt peut servir de regle pour pareils engagemens du domaine.

PATRONAGE, SAISIE RÉELLE.

201 Jugé au Parlement de Roüen le 27. Juillet 1601. que le droit de presentation ou Patronage, quoique non exprimé aux Exploits de prise & criées, étoit tacitement entendu & compris sous ces mots de *circonstances, dépendances, & autres droitures ausdit Fief appartenantes.* Bibliotèque de Bouchel, *verbo, Decrets.*

202 Le Commissaire à un heritage saisi, duquel dépend un droit de presentation, peut presenter, quand l'heritage est saisi avec tous ses droits generalement quelconques; tel pourvû est preferable au presenté par le Proprietaire. *Papon, liv. 2. tit. 9. n. 18. & Mainard, li. 2. de ses not. qu. ch. 41.*

TOUR DU PATRON.

203 Voyez cy-dessus le nombre 59. Deux Patrons ayant droit à un Benefice, l'un Ecclesiastique, l'autre laïc, & tous deux presentans par tour, il arrive que dans le tour du Patron Ecclesiastique le Pape prévient: jugé en faveur du Patron laïc, que la prévention du Pape remplit le tour du Patron Ecclesiastique, Févret, *traité de l'abus liv. 2. chap. 6. numb. 13. secus,* si c'étoient deux Patrons Ecclesiastiques, comme il a été jugé par Arrêt du Parlement de Roüen du 21. Juillet 1503. rapporté par Forget, *Traité des personnes & choses Ecclesiastiques chap. 38.*

204 La provision ou collation du Pape, faite au tour du Patron Ecclesiastique, luy tient lieu de tour, soit qu'elle soit faite par mort, prévention ou sur resignation, permutation ou autrement, en quelque maniere que ce soit. Arrêt du Parlement de Roüen, les Chambres assemblées, le 6. Avril 1666. *Basnage, art. 17. tom. 1. à la fin.*

205 Quand le Pape prévient un Presentateur ou Collateur Tournaire Ecclesiastique, la prévention ne remplit pas le tour de ce Patron Tournaire, parce que les Patrons Ecclesiastiques étant également sujets à la loy de la prévention, ils en doivent également porter la charge. *Bibliotheque Canonique to. 2. page 187.*

Lorsque les Benefices vaquent par resignation, démission ou permutation, le tour n'est pas rempli, par la raison que le Patron donne son consentement par bienseance, & qu'il n'a pas la faculté d'en presenter d'autres, ce qui est vrai pour le Patron Ecclesiastique; mais *secus* du Patron laïc, qui n'est obligé de souffrir ni resignation, ni permutation, ni même de démission entre les mains de l'Ordinaire. *Ibid.*

206 Quand le Benefice vient à vaquer des jours d'un Chanoine Tournaire vivant, & qui est mort depuis sans presenter, le Chapitre en corps presente & confere: le Chanoine suivant le defunt n'a pas seul de droit. *Henrys tom. 1. li. 1. chap. 1,* en rapporte un Arrêt.

207 Lors que la qualité de Patron n'est pas contestée, mais qu'il s'agit seulement lequel des Patrons (qui par exemple sont Tournaires) est en tour, l'Evêque donne à chacun des Presentez sa provision, la premiere pure & simple, & les autres *ad conservationem juris,* comme il a été pratiqué par M. l'Archevêque de Paris dans la grande contestation qui a été entre les sieurs Robert & Mathieu pour la Cure de S. André des Arcs à Paris. *Bibliotèque Canon. tom. 2. pag. 190.*

VARIATION DU PATRON.

208 Quand on dit que le Patron Ecclesiastique ne peut varier, & qu'il est déchû de son droit pour cette fois, s'il a presenté une personne indigne & incapable, la maxime est vraye, quand l'Evêque veut user de son droit pour conferer librement, sans avoir égard au Patronage. Mais lorsque l'Evêque veut bien laisser au Patron la liberté de presenter une seconde fois, personne ne peut s'en plaindre, parce que la décheance du Patronage pour cette fois, est introduite en faveur de l'Evêque, qui peut y renoncer si bon luy semble. Cette maxime est pareillement vraye, quand le Patron presente sciemment un indigne & incapable, connoissant l'incapacité du presenté: mais lors qu'il ne connoissoit pas cette incapacité, qui est une raison luy excuser la faute du Patron, & pour luy permettre d'en presenter un autre. *Définit. Canon. pag. 688.*

209 Les Patrons laïcs, après avoir presenté un indigne, peuvent varier, s'ils ont ignoré son indignité; car autrement ils ne le peuvent, quoiqu'ils fussent encore dans les quatre mois, *cap. cùm vos extra. de offic. ordinat.*

Voyez cy-dessus les nombres 171. & 198.

210 Le Patron laïc peut varier sa presentation; c'est-à-dire, il peut donner plusieurs presentations: non pas que par là il faille croire que la seconde presentation revoque & annulle la premiere; au contraire, elles subsistent toutes deux; & en ce cas il dépend de l'Evêque de choisir entre ces deux ou plusieurs presentez, celuy qu'il jugera le plus capable. Et c'est

ce que les Docteurs disent que le Patron Laïc peut varier, & presenter plusieurs personnes *cumulativè*, *non revocativè*, M. Charles du Moulin le décide aussi en sa note sur la glose du même chap. *cùm autem extra de jure patron.*

211   Le Patron Lay voyant son presenté refusé peut varier, & en presenter un autre dans les six mois : & si le Patronage est alternatif, il ne perd son tour si la premiere présentation n'a sorti effet. Il fut ainsi jugé par Arrêt du Parlement de Normandie du 13. Août 1529. & par un autre du 18. Mars 1513. rapporté par *Berault* au titre du *Patronage*, art. 69. *de la Coûtume de Normandie.*

212   Les habitans de Baugé assemblez presentent un nommé Allard à l'Evêque d'Angers le 22. Decembre 1531. il requiert l'Evêque de luy conferer la Chapelle, l'Evêque le refuse simplement : le 18. Janvier suivant ils presentent à l'Evêque le nommé Gallois; Allard se fait instituer par le Metropolitain Archevêque de Tours; deux jours après, ce deuxieme est institué par l'Evêque d'Angers ; le 18. Février ils en presentent un troisieme qui est institué par un Vicaire de l'Evêque d'Angers ; Sentence du Conservateur des Privileges en faveur de Gallois ; & ainsi il a été jugé que le refus de l'Ordinaire n'ôte point aux Patrons Laïcs la puissance de varier. *Bibliotheque Can.* tome 2. p. 174. col. 2.

PATRONAGE, UNIVERSITÉ.

213   Patronage appartenant à l'Université. *Voyez Charondas*, livre 7. *Rép.* 195.

214   Le droit de Patronage de l'Université est plûtôt Laïc qu'Ecclesiastique ; comme il fut jugé par Arrêt du 12. Août 1586. rapporté par *Tournet*, lettre P. Arr. 10. *ubi* de l'antiquité & fondation de l'Université, non par les Papes, comme aucuns ont voulu dire, mais par les Rois de France. Ce qui a été ainsi jugé par Arrêt du Parlement de Paris du mois d'Avril 1667. pour le Curé de saint Côme. *Jovet*, verbo *Patron*, n. 14. dit avoir oüi prononcer cet Arrêt.

PATURAGE.

Paturage. *Pascuum. Pascuus ager.*
Bois propre au pâturage, *Pascua sylva.* L. 30. in f. D. *de verb. sign.*
De alluvionibus, & paludibus, & pascuis ad alium statum translatis. C. 7. 41.
De Pascuis publicis & privatis. C. 11. 60. . . . . C. Th. 7. 7.
Voyez Chassanée sur la Coûtume de Bourgogne, Rubrique 13. Cœpole *de servit.* dans le titre *de servir. jur. pasc.* L'Ordonnance des Eaux & Forêts de 1669.
Du droit de pâturage, & qui le peut accorder aux étrangers ? *Voyez Despeisses*, tome 3. page 192. Coquille, to. 2. page 167. & *de ses questions* page 325. La *Bibliot. de Jovet*, sous les mots *Usages*, *Pâturage*, & *l'Ordonn. des Eaux & Forêts en 1669.* tit. 17. & dans le present Recüeil, verbo *Communes.*
Pâturage endommagé par les bestiaux. *Voyez* le mot *Bétail*, nomb. 16. & *suiv.*

1   Il y a Arrêt du 16. Octobre 1191. aux Grands Jours de Troyes, qui porte que par la Coûtume de Champagne, quand Villes ont pâturages voisins, ils peuvent aller l'un sur l'autre jusques au droit du clocher, & disent qu'ils ne peuvent passer que par les pâturages. *Bibliot. de Bouchel*, verbo *Pâturage.*

2   Si le Seigneur de fonds servant aux pâturages, passquerage, a pris annuellement par chacune maison une certaine somme pour ce droit des prétendans en confessoires, la prescription est complette par dix ans, s'il y a preuve de la perception du tribut. Arrêt du Parlement de Grenoble du 8. Mars 1461. *Papon*, *liv.* 14. *tit.* 1. *n.* 4. où il est parlé de cette sorte de prescription.

3   Servitudes ne s'acquierent legerement au fonds

d'autrui. Arrêt du Parlement de Paris du 19. Février 1540. contre les Bouchers de la Rochelle, & autres, lesquels avoient coûtume, & joüissoient depuis longtemps sans titre du droit d'envoyer paître leurs bestiaux dans un pré, après qu'il avoit été fauché. *Papon*, ibidem, nomb. 5.

Arrêt du 13. Juillet 1545. qui sur les déliberations 4 des trois Etats du pays de Languedoc sur le fait des pâturages, défend de mettre bétail aux vignes, & contrevenir en aucune maniere à l'Arrêt donné par la Cour sur le fait des pâturages. *La Rocheflavin*, liv. 3. lettre P. tit. 1. Arr. 6.

Les herbages & pâturages ayant été baillez à nou- 5 veau bail par le Seigneur aux habitans, les habitans les peuvent vendre ou affermer, laissant le pâturage pour les bestiaux du Seigneur. Arrêt du Parlement de Provence du 15. Mars 1561. qui fait aussi défenses au Seigneur de vendre la terre Gâte. *Boniface*, tome 4. liv. 3. tit. 1. chap. 3.

Jugé par Jugement des Commissaires sur la gene- 6 rale réformation des Eaux & Forêts, que le droit de pâturage les uns sur les autres tel qu'il est décrit en la Coûtume *de Troyes*, arr. 169. n'a lieu entre les habitans qui ne sont tous deux de la souveraineté du Roy, & qu'un sujet de Lorraine ne pourroit prétendre droit de vain pâturage en terre, étant en la souveraineté du Roy. Ce Jugement est du 13. Decembre 1575. entre les habitans de Gibommel, & ceux de Chalumes. *Voyez la Coûtume du Comté de Bourgogne*, art. 103. & la *Bibliot. de Bouchel*, verbo Pâsturage.

Les pâturages peuvent s'acquerir par le temps op 6 par tritre, *jus autem pascendi in agris vicinis cum habeat* bis. *discontinuam causam, titulo tantum vel tempore cujus non extet memoria acquiritur, & probatio debet fieri rejectis omnibus quorum animalia pascuntur in pascuo controverso.* Mornac, l. 3. ff. *de servitutibus rust. præd.* Le Vest, *Arrêts* 208. & 209. *Voyez Henrys*, tome 1. liv. 4. chap. 6. quest. 79.

Servitus pecoris pascendi realis est & pro certâ anni 7 *parte constitui potest, ita tamen ut moderatè utatur.* Fr. Marc. tome 1. quest. 223. où il dit qu'après la recolte des fruits le pâturage est commun & libre à chacun.

Declaration en consequence de l'article 58. de 8 l'Ordonnance du mois de May 1579. portant que les Ecclesiastiques, leurs Receveurs ou Fermiers sont exempts de tous payemens de taxes pour la confirmation de leurs droits d'usages & pâturages, &c. A Paris le 6. Février 1586. registrée le 14. May de la même année. *Ordonn. de Fontanon*, to. 4. p. 961.

Ceux qui prétendent droit de pâturage dans les 9 bois de haute futaye, & dans les taillis ne peuvent prendre pour trouble la demande que le Seigneur proprietaire fait, d'un Reglement avec eux; ainsi qu'il fut jugé au Parlement de Dijon le 16. Mars 1579. *Taisand*, sur la Coûtume de Bourgogne, titre 13. art. 2. note 2.

Les habitans de *Nuit* maintenus au droit de vaine 10 pâture après l'herbe fauchée, & enlevée, si mieux n'aimoit le proprietaire enfermer & clore son pré. Arrêt du Parl. de Dijon du 26. Avril 1613. *Bouvot*, to. 2. verbo *Pâturages* quest. 2. & cy-après *le nombre* 12.

Les Seigneurs au préjudice des habitans qui ont 11 droit d'usage & pâturage, ne peuvent envoyer pâturer bétail au bois de haute futaye, ni en vendre la coupe, les habitans peuvent s'opposer. Arrêt du Parlement de Dijon du 29 Juin 1613. *Bouvot*, *ibidem*, quest. 3.

Communément, c'est-à-dire, quand les foins ne 12 sont pas rares, ceux qui ont des prez ne peuvent les mettre en défense après la premiere herbe levée, s'ils ne sont fermez de murailles, de hayes ou de fossez. Deux Bourgeois de Nuit acheterent un moulin, duquel

duquel dépendoit un pré de dix foitures, qu'ils voulurent mettre en défenses au préjudice du droit de vain pâturage qui appartient dans ce pré aux habitans de Nuits. Le Syndic y fit conduire & pâturer le bétail de la Ville après la premiere herbe levée ; ce que l'acquereur prit pour trouble. Le Syndic redouble l'interdit. Par Arrêt du Parlement de Bourgogne du 26. Avril 1613. les habitans de Nuits furent maintenus au droit de vain pâturage, & d'envoyer leur bétail au pré dont il s'agissoit après la premiere herbe levée, si mieux le proprietaire n'aimoit le faire fermer de murailles. Par un autre Arrêt du 20. May 1634. il fut jugé que les Cordeliers de Châtillon sur Seine pouvoient faire clore de hayes & de fossez un pré de dix foitures qu'ils ont près de la Ville, quoique le Syndic eût verifié que de temps immemoria les habitans y avoient envoié paitre leur bétail après la premiere herbe levée. Et encore par un autre Arrêt donné en la Chambre des Enquêtes le 8. Février 1691. entre les habitans du Village de Pont, & un meunier de la Ville de Semur, il fut fait défenses aux habitans de Pont de conduire leur bétail dans un pré à luy appartenant à Baubie, fermé de hayes vives, & d'en empécher la clôture ; mais quand les heritages des particuliers ne sont ni clos, ni ensemencez, ils sont sujets à la vaine pâture. Arrêt du 18. Février 1634. *Voyez Taisand sur la Coûtume de Bourgogne, titre 13. article 4. note 4.*

13 Outre qu'il importe au public que les particuliers conservent leurs biens, & qu'ils ne les dissipent pas avant la maturité, il n'est pas permis au proprietaire des prez & champs ensemencez d'y envoyer leur bétail avant que la premiere herbe des prez soit fauchée, & que les champs soient moissonnez ; ainsi jugé à Dijon le 4. Avril 1679. au profit de M. François Jolis, contre plusieurs particuliers, auxquels défense fut faite, & à tous autres d'envoyer paître leur bétail dans leurs propres prez pendant le ban ordinaire qui est depuis la Nôtre-Dame de Mars, jusqu'à ce que l'herbe soit fauchée, à peine de cinq liv. d'amende, de confiscation du bétail, & de tous dépens, dommages & interets au profit de ceux à qui on auroit causé de la perte. *Taisand, ibidem, n. 5.*

14 Les habitans des Communautez sont obligez à choisir un pâtre pour la conduite du bétail, & pour empecher les mesus ; suivant un Arrêt de Dijon du 2. May 1608. donné, les Chambres assemblées, sur la Requête du Syndic des Etats , par lequel Arrêt il est ordonné à toutes les Communautez de nommer chacune un pâtre pour la conduite du bétail, à peine d'être responsables des mesus, & qu'afin que personne n'en prétende cause d'ignorance, il seroit lû & publié aux Prônes des Eglises Paroissiales, & affiché dans les places publiques : c'est par cette raison qu'il est défendu à toutes personnes, par le même Arrêt, d'avoir des troupeaux de bétail separé de ceux de la Communauté, & conduits par des gardes ou pâtres particuliers ; mais quand le bétail de la Communauté est si nombreux qu'un seul pâtre ne le peut conduire, il est permis en ce cas aux Communautez d'en avoir deux, & d'en faire deux troupeaux separez ; & quoique la Communauté soit responsable des dommages arrivez par le fait du pâtre aux bêtes & aux heritages, elle n'est pas responsable des mauvaises contestations du même pâtre. *Taisand, ibidem, note 6.*

15 L'article 5. titre 13. de la Coût. de *Bourgogne* désire trois choses, non conjointement, mais séparement pour acquerir le droit de vain pâturage sur les heritages d'autrui après la saint André, temps auquel les fruits sont levez ; de sorte que les bêtes pâturantes ne peuvent plus porter aucun dommage aux proprietaires. Ces trois choses sont le parcours, le titre, & la redevance. Les Arrêts du Parlement de Dijon ont décidé que trente ans ne suffisoient pas pour acquerir le droit de parcours, mais qu'il falloit une possession immemoriale; ils sont des 4. Août 1673. 21. Octobre 1676. 20. May , 19. Juin , & 23. Août 1677. même Arrêt du 30. Decembre 1688. dont le motif fut que la Coûtume n'admettant que le parcours , le titre ou la redevance , elle entendoit par le parcours la possession immemoriale reciproque , & que par consequent elle excluoit la possession immemoriale simple, c'est-à-dire d'un Village seulement sur un autre ; de sorte que cette possession doit être reciproque. *Voyez Taisand sur cet art. n. 1.*

16 La possession immemoriale assure cette servitude, & s'il y a titre, trente ans suffisent. Arrêts du Parlement de Grenoble des 6. Juillet 1639. 12. Juillet 1678. 13. Août 1687. rapportés par *Chorier en sa Jurisprudence de Guy Pape, page 330. Voyez cy-après, Possession immemoriale.*

17 Arrêt rendu au Parlement de Roüen le 16. Novembre 1655. qui juge que l'on ne devoit point mener les moutons pâturer dans les prairies , mais bien dans les marais & communes qui sont au bord de la mer. *Basnage sur la Coût. de Normandie , art. 84.*

18 Arrêt du Parlement d'Aix du 16. Decembre 1647. confirmé par autre du 30. May 1675. qui a résolu une compascuité de pâturages à la requête des associez. *Boniface , tome 4. li. 3. tit. 1. chap. 7.*

19 Par Arrêt du mois de Decembre 1671. il a été jugé que le Seigneur donnant à nouveau bail aux habitans la faculté de dépaître, & s'est privé de ce droit, est censé s'être privé de sa portion du pâturage égale à celle de deux habitans les plus allivrez. *Ibidem, chap. 5.*

20 Si un forain d'une Communauté peut jetter des bestiaux dans le terroir pour dépaître , n'y ayant point de reglement de dépaître *pro modo jugerum* ? Arrêt du 16. Mars 1676. qui cassa les executions de la Communauté contre le forain. *Ibidem, livre 10. titre 3. chap. 9.*

21 Arrêt du 3. Juin 1684. en faveur de la Communauté du lieu de Callian , qui a jugé que le Seigneur de Fief & de Jurisdiction ne peut faire entrer ni dépaître ses bestiaux dans les terres cultivées & ensemencées, les prez, jardins , cheneviéres, vignes, vergers, agregez d'oliviers , & autres arbres , devandudes , & autres proprietez naturellement défensables des habitans ; a jugé encore que le Seigneur ne peut défendre aux habitans de faire entrer & dépaître leurs bestiaux dans les fonds roturiers & taillables, & non défensables, & que le Seigneur & les habitans ne peuvent faire entrer leurs bestiaux dans le Cimetiere de la Paroisse. *Ibidem, li. 3. tit. 1. chap. 4.*

22 Le 7. Octobre 1686. le Parlement de Provence fit défenses de faire dépaître les chevres dans les Forêts où il y a des chênes verds, sapins, & dans les bois tallis de même nature. *Boniface, tome 4. liv. 10. ti. 3. chap. 8.*

23 L'Ordonnance de 1669. sur le fait des Eaux & Forêts, titre des droits de pâturages & panage , art. 1. disant que les usagers pourront exercer leurs droits de panage & de pâturage dans toutes les forêts , bois & buissons, aux lieux qui auront été declarez défensables par les Grands Maîtres faisant leurs visites , ou sur l'avis des Officiers des Maîtrises ; le Seigneur de Noiry prétendit que quelques-uns de ses habitans n'avoient pû faire paître leur bétail dans ses bois, quoiqu'après sa quarte feüille ; cette prétention fut condamnée par Arrêt du Parlement de Dijon du 11. Decembre 1685. parce qu'il n'avoit pas fait faire la visite de ses bois, & que c'est à celuy qui veut étendre son droit au delà des termes de la Coûtume , à faire ce que l'Ordonnance prescrit. Il est vray que la même Ordonnance de 1669. titre des bois & autres biens appartenans aux Communautez & habitans des Paroisses art. 13. porte la défense jusqu'à ce que le rejet soit au moins de 6. ans, sur les peines reglées à

cet égard pour les Forêts du Roy ; mais cela dépend de la qualité des bois ; car si le bois étoit défensable après la troisiéme feüille, on pourroit convenir de ne pas attendre jusqu'après la quatriéme feüille, quoique le droit de la Coûtume soit general, & l'on pourroit en ce cas là y déroger par une transaction, ou autre traité. Ainsi jugé le 17. May 1672. au profit des habitans de Nonant, contre le Baron de Montmain ; il faut observer que le Seigneur ayant protesté de se pourvoir contre la transaction, l'Arrêt luy en fait la reserve. *Taisand, sur la Coûtume de Bourgogne, tit. 13. art. 3. note 2.*

24 Pâturages appartenans à differentes Communautez d'habitans. *Voyez* le mot *Communauté, nombres 68. & 69.*

PAVE'.

Voyez le mot, *Chemin*.

Le Roy fournit le pavé dans Paris, qu'il convient mettre és grandes croisées, &c. *Voyez M. le Prêtre, 3. Cent. ch. 4.*

Le Seigneur haut-Justicier doit payer le premier pavé, parce qu'il est comme Voyer. Arrêt du 27. Mars 1610. *M. le Prêtre, ibidem. Voyez Brodeau sur M. Loüet lettre C. som. 2. Le Vest, Arrêt 210.* où il rapporte une Ordonnance contre les Paveurs du 10. May 1538. *Voyez aussi Bacquet, des droits de Justice chap. 19.*

Par Arrêt prononcé en Robes rouges le 14. Août 1556. entre Charles le Comte Marchand de Paris, d'une part, & les Chanoines de S. Honoré, d'autre part ; il a été jugé que les Seigneurs Haut-Justiciers ne doivent rien du premier pavé, mais le Seigneur Censier qui prend les profits de lots & ventes, toutefois par moitié, l'autre se prenant sur les proprietaires des maisons sises en la ruë. *Le Vest, Arr. 85.*

PAULETTE.

1 LA Paulette est la soixantiéme partie du prix de l'Office, que donne au Roy tous les ans au commencement de l'année chaque Officier de Justice & de Finance, afin de pouvoir pendant l'année disposer de son Office. Ce droit a été appellé *Paulette*, d'un nommé Charles Paulet, Secretaire de la Chambre du Roy, qui au commencement du seiziéme siecle inventa ce droit de Paulette : il fut autorisé par Arrêt du Privé Conseil le 12. Decembre 1604. *Vide Loiseau, ch. 10. & Renusson, au traité des propres ch. 5. sect. 4. nomb. 23.*

2 Les Offices Domaniaux vendus par le Roy à faculté de rachat perpetuel, & les Offices créez hereditaires, dont l'heredité n'a point été revoquée, ne sont sujets à la Paulette. *Vide Renusson, ibid. n. 24. & suiv.* où il rapporte plusieurs Edits concernans la fixation des Offices.

3 Arrêt du Parlem. de Bordeaux du 22. Août 1676. qui a jugé qu'un Office ayant été vendu franc de Paulette jusqu'à certain temps, & l'acheteur s'étant chargé des risques & perils ; & l'Office s'étant perdu par le défaut de payement de Paulette, jusqu'au jour susdit, la perte est au peril du vendeur, *Boniface, tom. 3. li. 3. tit. 11. ch. 3.* Loyseau dit au *liv. 3. chap. 2. nomb. 41. & 42.* qu'après avoir laissé passer l'ouverture du Bureau, sans avoir payé la Paulette, on ne peut plus être reçu au payement.

4 Au mois de Decembre 1709. il y a eu un Edit pour le rachat de la Paulette. Les Officiers qui la payent au Bureau de la Ville de Paris, sont nommément exceptez de cet Edit, & non tenus de racheter la Paulette.

PAUVRE.

QUando Imperator inter pupillos, vel viduas, vel miserabiles personas cognoscat. C. 1. 14.
De patribus, qui filios suos distraxerunt. C. 4. 43....
C. Th. 3. 3.... *Paul* 5. 1. §. 1. *Des peres que la pauvreté oblige de vendre leurs enfans.*
De alimentis que inopes parentes de publico petere debent. C. Th. 11. 27. Les enfans dont les peres n'avoient pas dequoy les nourrir, étoient entretenus aux dépens du public.

Voyez dans la Bibliotheque du Droit François, par Bouchel un petit traité de la police des pauvres de Paris, où il est parlé des Hôpitaux de cette Ville. *Voyez aussi le recüeil des Ordonnances par Fontanon to. 1. li. 5. ti. 9. pag. 908, & Corbin, suite de Patronage ch. 91.*

1 *Privilegium concessum propter paupertatem extinguitur auctis facultatibus.* Voyez *Franc. Marc. tom. 1. quest. 1:80.*

2 *Contractus alienationis rei Ecclesiastice si revocetur, pecunia emptori pauperi restituenda est.* Voyez *Franc. Marc. tom. 1. quest. 1074.*

3 Fille pauvre sortant de la maison de son pere pour aller ailleurs gagner sa vie, n'est censée émancipée. *Voyez* le mot, *Emancipation, nom. 30.*

PAUVRES, AMENDE.

4 De ceux qui ne peuvent payer l'amende à cause de leur pauvreté. *Voyez* le mot, *Amende, nomb. 102. & suivans.*

PAUVRES, AUMÔNES.

Voyez le mot, *Aumônes.*

5 Des Assemblées qui se font pour pourvoir aux necessitez des pauvres, & de la taxe & cotisation pour les aumônes. *Voyez les Memoires du Clergé to. 3. part. 3. tit. 4. ch. 2.*

6 Par Arrêt du Parlement de Paris du 29. Avril 1525. l'Evêque de Paris admonesté de faire son devoir pour le fait des pauvres, & s'il n'est obeï, la Cour y pourvoira. *Preuves des Libertez tom. 1. chap. 35. nomb. 45.*

7 Le Parlement de Paris ordonna le 22. Août 1533. que les Chapitres & Convens de Religieux qui étoient dans cette Ville, contribuëroient pour la nourriture des pauvres, sinon contraints par saisie de leur temporel. *Ibidem, nomb. 51.*

8 Arrêt du Parlement de Toulouse du 15. Decembre 1556. qui fait défenses à tous Syndics, Consuls, Jurats & Marguilliers des Dioceses de la Province, de faire saisir ni arrêter de leur authorité privée aucune quotité de fruits décimaux des particuliers Benefices, sous prétexte de la nourriture des pauvres, ni proceder à aucune afferme de la sixiéme partie des fruits, à peine de 500. livres, sauf ausdits Syndics, Consuls & Marguilliers à se pourvoir pour la nourriture desdits pauvres, pardevant les Evêques Diocesains, pour par eux être ordonné suivant les saints Decrets, Ordonnances Royaux, & Arrêts sur ce donnez ; & sur le refus des Evêques, y être par la Cour pourvû, ainsi qu'il appartiendra ; ordonné que des contraventions faites aux Arrêts & Ordonnances, sera enquis par le premier Magistrat Royal, pour, l'inquisition vûë, être procedé contre les coupables, ainsi qu'il appartiendra. *Voyez la Bibliotheque de Bouchel, verbo, Pauvres,* où il rapporte un autre Arrêt du même Parlement du 16. Juin 1586. qui défend aux Syndics des Recteurs & Regens de la Compagnie de JESUS, de mettre annuellement és mains des Consuls du lieu de Tence, la huitiéme partie des fruits décimaux, qu'il prétend & perçoit audit Prieuré & Paroisse de Tence, déduites auparavant toutes charges, tant ordinaires qu'extraordinaires, pour être icelle huitiéme partie employée par le Censeur, appellé le Vicaire de l'Eglise, à la nourriture des pauvres de la Paroisse, & sans dépens de l'instance, & pour cause. Le même Arrêt est rapporté dans *La Rochestavin, liv. 3. lett. P.tit. 5. arr. 5.*

9 Les Présidens & Conseillers qui ont maison en Ville, payeront comme les autres habitans, de ce que liberalement ils se voudront cotiser pour les

pauvres. *Arrêt du Parlement de Bretagne du* 16. *Avril* 1570.

10 Arrêt du Parlement de Toulouse du mois de Juillet 1561. qui ordonne que la sixiéme partie du revenu des Evêchez, Prieurez, Cures, & autres Benefices, même ceux des Religieux, les décimes déduites, sera employée & distribuée par le Titulaire posseseur du Benefice, son Vicaire ou Fermier appellez, & presens le Seigneur Jurisdictionel & Consul du lieu, aux vrais pauvres du lieu sans dol & fraude; appellé à ladite distribution le Curé du lieu, son Vicaire ou Fermier, & contrainte les refusans ou délayans, à payer les sommes ausquelles ils auront été cottisez par saisie de leurs fruits. *La Rocheflavin, li.* 3. *lettre P. sit.* 4. & *suiv.* où sont plusieurs Arrêts sur ce sujet.

Les Ecclesiastiques sont imposables pour la nourriture des pauvres. Arrêt du Parlement de Dijon du 7. Juillet 1599. *Bouvot, tom.* 2. *verbo, taille, question* 11.

11 & 12 Une veuve ayant si petite dot, augment & legs de son mary, qu'elle ne pouvoit s'entretenir suivant sa qualité, a été maintenuë par Arrêt de la Veille de la Sainte Croix de Septembre 1581. aprés le décés de ses enfans en pupillarité contre les neveux de son mary, qui leur étoient substituez, en la quatriéme partie des biens de son défunt mary, en y imputant sa dot, augment & legs; lequel Arrêt a renouvellé la disposition du Droit Romain *in l. c. unde vir & uxor.* La Rocheflavin, *liv.* 6. *tit.* 41. *Arr.* 1.

13 Le Parlement renvoye ordinairement les pauvres qui demandent une portion des fruits pour subsister, aux Evêques Diocesains. Arrêt du 22. May 1659. contre le Syndic des pauvres de Cenas, en faveur du Chapitre de Lectoure, comme fruits prenans dudit lieu. *Voyez le même La Rocheflavin, liv.* 3. *lettre P. titre* 4. *Arrêt* 4.

14 Curez contribuënt à la nourriture des pauvres. *Voyez* le mot, *Curez, nomb.* 108.

CAUSES DES PAUVRES.

15 De l'évocation des causes des pauvres au Parlement. *Voyez* le mot, *Evocation, n.* 30. *bis.*

16 *Pauperi an currant fatalia causarum? Voyez Andr. Gaill, lib.* 1. *obs.* 142.

17 Quand le procez est de peu de consequence entre pauvres parties, la Cour les renvoye pardevant Messieurs les Gens du Roy. Arrêt du 21. Janvier 1563. Autre Arrêt du 4. Février suivant, par lequel un procez par écrit fut vuidé en l'Audience, à la cause gisoit en point de Coûtume; & la preuve du pauvre étoit certaine, qu'il avoit composé avec celuy qui vouloit se servir de l'Ordonnance & Coûtume touchant la demande de ses salaires. *Papon, li.* 19. *ti.* 1. *n.* 5. *Voyez cy-dessus*, verbo, *Parlement.*

18 Commandement aux Substituds du Procureur General, prendre en l'Audience la cause des pauvres, sur les peines qui y échéent. Arrêt du Parlement de Bretagne du 17. Octobre 1572. *Du Fail, liv.* 2. *chapitre* 416.

19 Les pauvres sont si particulierement sous la protection du Parlement, que même pour les favoriser, il ne s'arrête pas quelquefois aux regles de l'ordre & formes judiciaires; & les restituë sans le secours des Lettres Royaux. Ainsi le Parlement de Grenoble rescinda par Arrêt du 15. Juillet 1615. une transaction qu'une pauvre femme avoit faite avec le Sieur de Brunieres, Gentilhomme habile, qu'il avoit composé avec celuy assistée de personne, quoiqu'elle n'eût point pris de Lettres. *Voyez Chorier en sa Jurisprudence de Guy Pape pag.* 80.

PAUVRES, ENTERREMENT.

20 Les draps, toiles, & souliers qu'on fait porter aux pauvres, accompagnans les corps & funerailles des défunts, leur appartiennent. *Voyez Expilly, chapitre* 161.

Tome III.

FEMME PAUVRE.

21 Si la femme pauvre peut demander une part dans la succession de son mary? *Voyez* le mot, *Femme, n.* 109. & *suiv.* & *cy-dessus le nomb.* 11.

PAUVRES INSTITUEZ HERITIERS.

22 *Voyez* le mot, *Heritier, n.* 238. & *suiv.*

23 Institution d'heritier faite des pauvres honteux au choix des Executeurs testamentaires, est valable. Arrêt du Parlement de Paris du 22. Juillet 1643. *Du Fresne, liv.* 4. *chapitre* 9.

24 Les pauvres parens de la testatrice ayant été declarés compris en l'institution d'heritiers par elle faite des pauvres honteux, comment & par quelle regle la distribution s'en doit faire? La moitié des biens leur a été ajugée pour être également partagez, &c. Arrêt du 13. Août 1644. *Henrys tome* 2. *livre* 5. *question* 37.

MARY PAUVRE.

Voyez Dot, nomb. 170.

25 Mary devenu pauvre, ce qu'il peut prétendre, ou sa femme? *Voyez* le mot, *Augment, n.* 29. & 30.

26 Quand le mary vient à pauvreté, la femme doit avoir provision de son douaire, & en joüir durant la vie de son mary. *Voyez Coquille to.* 2. *qu.* 150.

PAUVRES, SUFFRAGES.

27 Si l'on peut interdire le suffrage aux pauvres, lesquels vrai-semblablement peuvent être corrompus par argent, ou autrement? *V. Bouvot, to.* 1. *part.* 2. verbo, *Suffrage.* Il rapporte un Arrêt obtenu par les habitans d'Aussonne, lequel ordonne que nul ne sera reçû à donner son suffrage, s'il ne paye vingt livres de taille.

PAUVRES, TESTAMENT.

28 La faveur des pauvres rend un testament valable, qui n'est solemnel, parce que la consideration des pauvres est telle & si grande, que l'on tient en Droit, *ex imperfecto testamento legata facta pauperibus, ut & alia pia legata deberi.* Item, *id quod pauperibus testamento vel codicillis relinquitur, non ut incertis personis relictum evanescat, sed omnibus modis ratum firmumque consistat*; & cette faveur est telle, que ce qui a été laissé *in piam causam*, ne peut jamais être revoqué, ou intervertÿ. *L. legatum de usuf. legat.* Arrêt du 27. Juillet 1598. *De Montholon, Arrêt* 3.

PAUVRES, VAGABONDS.

29 Arrêt du Parlement de Toulouse du 6. Février 1572. qui ordonne qu'aux pauvres sera fait, les Valides seront employez à certains ouvrages; distribution d'aumônes sera faite aux malades; défenses aux pauvres de demander hors du lieu de leur demeure; enjoint aux étrangers de sortir de Toulouse dans trois jours, à peine du foüet, leur aumônant au préalable quelque chose pour leur passage. *Voyez la Bibliotheque de Bouchel*, verbo, *Pauvres*, & *La Rocheflavin. Et cy-aprés*, verbo, *Vagabonds.*

30 Il y a une Declaration du 23. Mars 1680. qui porte reglement pour les pauvres valides & invalides, mendians & vagabonds, enfans dans les sept ans. *Bibliot. Can. to.* 1. *p.* 706.

PAYEMENT.

Définition de ce mot, *Solutio*, L. 176. D. *de verb. sign.*
De solutionibus. Inst. 3. 30. *quib. mod. toll. oll.....* N. 4. c. 3.
Dec. Gr. de pœnit. dist. 1. c. 76.... *dist.* 4. c. 1. 2. 3. & *aliis mult. can. Extr.* 3. 23.
De solutionibus & liberationibus. D. 46. 3. C. 8. 43.
De solutionibus & liberationibus debitorum civitatis. C. 11. 39.
De acceptilatione. D. 46. 4... C. 8. 44... J. 3. 30.
1. L'acceptilation est un payement feint & imaginaire. *Voyez* le mot, *Acceptilation.*
Ubi conveniatur qui certo loco dare promisit. C. 3. 18.

De eo quod certo loco dari oportet. D. 13. 4. Du payement qui doit être fait en certain lieu, ou en certain temps : dommages & interêts pour l'inexecution.

Minus solvere. L. 12. *in fin*. *L.* 32. *L.* 82. *L.* 117. *D. de verb. sign.*

De solutione indebiti. Voyez *cy-aprés*, Repetition.

Voyez les mots, *Cedule, Creancier, Debiteur, Obligation, Promesse, Quittance.*

1. De ceux qui reçoivent ce qui ne leur est pas dû, & des payemens faits par celuy qui n'est pas debiteur, par un tiers, à celuy qui n'est pas creancier, & qu'on croit l'être. *Voyez le 2. tome des Loix civiles, li. 2. tit. 7. sect. 1.*

De la nature des payemens, & de leurs effets : payement de trois années d'arrerages prouve le payement des précedentes. Le creancier n'est pas obligé de diviser son payement : des diverses manieres dont on peut s'acquitter : qui peut faire un payement, ou le recevoir ? de l'imputation des payemens ; elle se fait au choix & en faveur du debiteur, 1°. sur les interêts, ensuite sur le principal. *Voyez ibidem, liv.* 4. *tit.* 1.

2. Des payemens, forme de payer, & quittances. *Voyez* Papon, *liv.* 10. *tit.* 5. & Despeisses, *to.* 1. *part.* 4. *tit.* 1.

3. *De liberâ facultate luendi.* Du Moulin, *to.* 2. *tract. contract. usur. quest.* 55.

4. *In corpore luat qui in are non habet.* Voyez Anne Robert, *rerum judicat. liv.* 2. *chap.* 15.

5. *Solvens famulo consueto & noto, an liberatur?* Vide Franc. Marc. *tom.* 1. *quest.* 842.

6. *Solutiones falso procuratori factæ liberationem non inducunt.* Ibidem.

7. *Publicanus qui sciens non nihil præter debitum aliquid accipit, actione furti tenetur ; qui verò ignoranter ad duplum.* Voyez Franc. Marc. *tom.* 2. *quest.* 421.

8. *Mulieri concessum privilegium, ut unâ solutione de pignoris fructibus sibi satisfiat, hæredem sequitur saltem filium.* Voyez Franc. Stephani *decis.* 28.

PAYER LA MOITIÉ DES DETTES.

9. Voyez Charondas, *liv.* 3. Rép. 80. & M. le Prêtre, 1. *Cent. chap.* 6. & 17.

10. Le corréé qui a payé toute la dette, sans avoir rapporté cession d'actions du creancier, a droit de recourir contre les autres corréés pour la part qui le concerne. *Voyez* Du Perier, *liv.* 3. *qu.* 15.

11. Si le pache, que le debiteur ne pourra payer la dette, que lorsqu'il plaira au creancier, est bon & valable ? *Idem, li.* 4. *qu.* 10.

12. Si le payement que l'on dit avoir fait de quelque somme, doit être entendu en deniers ? *Voyez* Bouvot, *tom.* 1. *part.* 2. verbo, *Preuve de payement, quest.* 1.

13. Celuy-là ne peut pas être dit en demeure qui refuse de recevoir une somme qui luy est offerte dans un lieu autre que celuy, où le debiteur a promis de la luy payer. Arrêt du Parlement de Dijon du mois d'Août 1560. Bouvot, *to.* 1. *part.* 3. verbo, *promesse de payer en certain lieu.*

14. La femme ne peut faire aucun payement sans l'authorité de son mary, & il y a lieu à la repetition. Arrêt du Parlement de Dijon du 7. Juillet 1578. *authoritas mariti requiritur & in contractu & in distractu.* Bouvot, *to.* 2. verbo, *Mariage, quest.* 65.

15. Un adjudicataire ayant fait payement à un Procureur en un Decret, il peut nonobstant être condamné au payement, & le Procureur à dédommager l'adjudicataire. Arrêt du Parlement de Dijon du 2. Août 1610. Ibidem, verbo, *Procurations, question* 4.

16. Le debiteur ne doit payer au Facteur de son creancier, sans avoir procuration ou Lettre missive, contenant clause expresse de payer la somme à ce Facteur expressément nommé, & duquel il doit prendre au dos de la Lettre un reçû. Par Arrêt du Parlement de Bourdeaux, allegué sans date par Boër. *quest.* 172. *n.* 6. & Papon, *li.* 6. *ti.* 5. *n.* 3.

17. Payement d'une dette confessé par celuy à qui elle est dûë, sert de quittance au debiteur, quoiqu'il soit fait hors jugement, & en son absence. Arrêt du Parlement de Grenoble de l'an 1458. Autre chose seroit d'une confession de devoir, faite hors de jugement sans cause, & en l'absence de partie, car elle ne vaut. Papon, *li.* 10. *ti.* 5. *n.* 4.

18. Celuy qui s'est obligé à payer en florins d'or, ou qui est chargé de payer un legs en cette espece de monnoye, qui ne se fabrique point dans le Dauphiné, payera en écus d'or, puisque c'est la volonté des contractans, ou du testateur, que ce payement soit fait en or ; mais on rapportera la valeur des florins d'or à celle des écus d'or. La Cour l'a ordonné ainsi dans les occasions. *Voyez* Guy Pape, *quest.* 279. & 498.

19. Du payement d'une chose pour une autre. *Voyez* Guy Pape, *quest.* 358. où il remarque cette espece. Le sieur de Montaigu avoit épousé la sœur du Seigneur de Saint Laurent du Pont, qui luy avoit promis des habits de nôces de valeur de cent florins. Celui-cy fut actionné au Parlement de Grenoble, & on conclut contre luy au payement de cent florins. Arrêt du mois de Decembre 1459. qui le met hors de Cour. Il avoit promis des habits de prix de cent florins : mais il n'avoit pas promis cent florins en espece.

20. Creancier ne peut demander l'estimation de la chose qui luy est dûë, mais l'espece. Arrêt du Parlement de Grenoble de la Veille de Noël 1461. qui juge que cent florins n'avoient pû être demandez pour les vêtemens & joyaux d'une femme, vû que cent florins ne furent point trouvez *in obligatione.* Papon, *l.* 10. *ti.* 5. *n.* 1.

21. Le payement d'une somme promise se doit faire selon l'usage du pays où la cedule a été faite. Arrêt du 14. Août 1535. Charondas, *liv.* 10. *Rép.* 44.

22. Une personne qui a promis à deux de payer, n'est pas quitte en payant toute la somme à un. Arrêt du Parlement de Bourgogne du 23. Février 1601. Bouvot. *to.* 2. verbo *Detteur, quest.* 1.

23. Si l'heritier par benefice d'inventaire a payé des creanciers posterieurs, les anterieurs qui ne trouvent pas dans l'heredité de quoi se payer, peuvent agir contre les posterieurs qui ont pris leur payement. C'est la décision de la Loy derniere, §. 5. *sin verò creditores C. de jur. delib.* & celle d'un Arrêt rendu au Parlement du Toulouse le 6. Avril 1663. aprés partage ; il est rapporté par M. de Catellan, *livre* 6. *chapitre* 11.

24. Une sommation n'empêche pas un débiteur de payer quelque creancier, mais il faut que ces payemens soient exempts de tout soupçon de fraude. Arrêt du Parlement de Tournay du 15. May 1697. rapporté par M. Pinault, *to.* 2. *Arr.* 156.

PAYEMENT PAR AVANCE.

25. *De anticipatis in certos annos solutionibus à colono rei Ecclesiasticæ.* Mornac *l.* 9. §. *Si fructuarius ff. locati & conducti.*

26. Le Droit commun permet aux débiteurs de s'acquitter en tout temps, mais il ne l'est pas si absolument par la Coûtume de Dauphiné ; si la somme dûë est payable avec interêts à un terme préfix, le débiteur n'anticipera point ce terme, pour se décharger des interêts ; si de même il a imposé une rente sur une maison sous faculté de rachat, il sera contraint de payer cette rente pour toute l'année, au cas qu'il se propose de la racheter, quelque temps seulement avant le terme, cela s'est toûjours pratiqué. *Voyez* Guy Pape, *quest.* 271.

27. La consignation faite par le débiteur avant le terme

à luy donné pour payer, est bonne & valable. Arrêt du Parlement de Grenoble du 3. Septembre 1653. *Voyez Basset, to. 1. li. 2. tit. 32. chap. 2.*

28 Le débiteur peut anticiper le payement des sommes dûës à son creancier. Arrêt du Parlement d'Aix du mois de Mars 1656. *Boniface, tome 2. livre 4. titre 5. chap. 2.*

29 Lettre de change peut être payée devant l'écheance qui alloit au 1. Janvier, où commençoit le rabais des especes. Arrêt du Parlement de Paris du 17. Février 1666. *De la Guess. to. 2. liv. 8. chap. 4.*

PAYEMENT PAR LA CAUTION.

30 *Voyez* le mot *Caution*, nombre 201. *& suiv. &* cy-après le nomb. 61. *&* 62.

Une caution payant au creancier principal, acquiert la subrogation de plein droit, sans qu'il soit besoin de la stipuler. Arrêt du dernier Mars 1583. *La Rocheflavin, liv. 6. tit. 20. Arr. 4. Mainard, liv. 2. quest 49. & Papon, liv. 11. tit. 3. Arr. 18.*

PAYEMENT, CONDITION.

31 L'obligation d'une somme de deniers payable lors que la femme aura enfans, n'emporte condition, mais terme de payer; lequel terme échoit par le décez de la femme : mais si la cause de l'obligation procede de la vente d'un cheval, ou autre chose semblable, l'acheteur doit être condamné à payer la juste valeur & estimation du cheval, suivant ce qu'il valoit lors du contract de vente. Arrêt du premier Août 1582. *Papon, liv. 10. tit. 1. n. 2. Caron. livre 7. de ses Rép. chap. 230.*

32 La promesse de payer si-tôt qu'on aura reçu de l'argent d'une certaine personne dénommée n'emporte condition. Arrêt du 9. May 1588. neanmoins l'execution sursise pour un an. *Charondas, livre 9. Réponse 56.*

33 Pour le payement du prix de la vente d'un cheval, le terme d'attendre la mort ou le mariage de l'acheteur, n'est valable, & sans attendre l'évenement de la condition, le vendeur peut repeter le prix. Arrêt du Parlement de Dijon de l'an 1623. *Bouvot, tome 2. verbo Vente, quest. 27.*

PAYEMENT PAR LE COOBLIGE'.

Voyez cy-dessus *le nomb.* 10.

Payement fait au creancier, ou par luy exigé de l'un de plusieurs débiteurs, ou de tous. *Voyez* le mot *Creancier, nomb.* 44: *& suiv.*

34 Le creancier de plusieurs à luy obligez solidairement recevant payement de la part de l'un d'eux, ne luy peut plus rien demander. Arrêt du Parlement de Grenoble du premier Janvier 1614. *Basset, tome 1. liv. 4. tit. 17. chap. 4.*

34 bis. Un heritier ayant vendu une piece de terre dépendante de l'héritage *pretio* de 1000. liv. payable dans trois ans, un fils legitimaire qui avoit obtenu une provision de 100. liv. fit assigner l'acheteur à vuider les mains de la sommé de 100. liv. L'acheteur soutint qu'il n'étoit tenu de payer qu'aux conditions portées par son contract, qui étoit après les trois ans expirés. Par Arrêt de la Chambre de l'Edit du 2. Mars 1653. nonobstant les Lettres Royaux obtenuës, il fut condamné à payer au legitimaire la somme de 100. liv. pour la provision ajugée. *Voyez Boné, part. 2. Arr. 60.*

35 Si un coobligé solidairement après avoir payé le tout au creancier, a droit d'attaquer les autres pour son remboursement ? Quelques-uns ont distingué le payement fait par ce coobligé avec cession de droits du creancier, ou sans subrogation ; au premier cas : on a admis le recours du coobligé ; *secus,* au second. Arrêt du Parlement de Grenoble du 14. Decembre 1639. *Voyez Basset, tome 1. liv. 6. tit. 9. chap. 1.* où il rapporte un Arrêt du Parlement de Paris du 22. Février 1650. par lequel il fut jugé que le coobligé qui avoit tout payé ne pouvoit agir contre l'un des autres coobligez que pour sa part & portion, sauf à porter également la perte entr'eux des autres cobligez, en cas de leur insolvabilité.

36 Jugé au même Parlement de Grenoble le 19. Janvier 1661. que deux ou trois s'étant coobligez solidairement, & l'un d'eux ayant payé toute la dette, comme contraint, sans avoir retiré ou pris cession des droits, actions & hypoteques du creancier lors du payement à luy fait, pourroit attaquer chacun des autres des deux cobligez pour leurs portions, la sienne déduite, à la charge qu'au cas que l'un d'eux fût insolvable, celuy qui avoit payé le tout, le discuteroit, avant que de pouvoir agir contre l'autre, ou autrement pour les portions qui les touchoient, & pour celle de cet insolvable. *Basset, ibidem, tit. 8. chapitre 5.*

ESPECES AUGMENTE'ES OU DIMINUE'ES.

37 Du payement qui se doit faire en espece en cas d'augmentation, ou diminution des monnoyes, si le creancier a prêté en écus, ou que l'achat & prix soit stipulé en écus, il faut les rendre tels qu'ils valoient lors du payement, soit qu'ils ayent crû ou diminué, à moins qu'ils n'ayent été estimez lors du prêt. *Voyez Papon, liv. 10. tit. 5. n. 2.*

38 Si le débiteur est sommé de payer, & ne le fait, & que pendant ce temps l'écu augmente, l'augmentation tourne au profit du creancier. Arrêt du Parlement de Bourdeaux de l'an 1512. *Ibidem, n. 3.*

39 Un creancier n'est point tenu de prendre en payement autres especes que celles qu'il a baillées : il en est de même d'un acheteur sur qui l'on exerce le retrait, si les especes sont augmentées, le débiteur en profite, & il n'est tenu de payer que la somme. Arrêt du 22. Decembre 1551. infirmatif d'une Sentence des Requêtes du Palais, qui avoit ordonné le payement en espece, & donné le profit de l'augmentation au creancier. *Papon, ibidem, n. 1.*

40 Germain Rondel en l'an 1565. est condamné payer à Thomerot 25. écus d'or au Soleil. Par Arrêt du Parlement de Bretagne du 5. Octobre 1565. la Cour le condamne à payer l'espece ou la valeur, & estimation de cinquante sols pour chacun écu. Semblable Arrêt du 22. Avril 1620. *Omnis enim solutio non idem reddit, sed tantumdem,* Du Fail, livre 2. chap. 257.

41 Par Arrêt general prononcé au P. de Toulouse avant Fête de Noël 1571. jugé que la rente qui étoit payable, de la constitution & imposition en écus sols qui ne valoient que trente sols tournois, se devoit continuer de payer en écus, bien qu'augmentez en valeur au double. *Bibliotheque de Bouchet*, verbo *Estimation.*

42 Jugé au Parlement de Toulouse en 1582. que la constitution de dot faite en écus aux pactes de mariages, doit être ajugée suivant le prix des écus, au temps des pactes, & non au temps le payement est requis. *Ibidem*, verbo *Mariage.*

43 *De nummorum variâ æstimatione, & utrum in solutione debeat inspici numnorum valor, qui fuit tempore contractûs; si solutio in eâdem nummorum specie fiat, habebitur ratio ejus valoris qui tempore contractûs fuit ; si verè alterius generis nummi exolvantur, habebitur ratio ejus valoris qui nunc est.* Arrêt du 26. Juillet 1594. *Anne Robert, rerum judicat. liv. 1. chap. 16.*

44 Le prêt ayant été fait en espece d'or, le payement doit se faire à la valeur des pieces plus present lors de l'Arrêt, avec interêts depuis la demande, sur le pied de la valeur du temps de l'obligation. Arrêt du Parlement de Grenoble du 11. Mars 1643. *Voyez Basset, to. 1. liv. 4. tit. 7. chap. 1.*

45 Arrêt du même Parlement de Grenoble du mois d'Août 1647. qui accorde à la Dame de Montgontier le rachat d'une rente de 15. écus d'or *cum sole,* en payant le capital, eu égard à la valeur des écus d'or au temps de la création de la pension, & non en especes. Cet Arrêt a ces motifs particuliers. Un payement ayant été stipulé aux mêmes especes d'or que le

G iij

prêt avoit été fait, le prix de ces especes étant augmenté, il fut jugé qu'il seroit fait en mêmes especes d'or, mais suivant le prix courant ; Arrêt du 28. Février 1647. ce qui avoit été jugé le 11. Mars 1643. Ces Arrêts sont rapportez par *Chorier, en sa Jurisprudence de Guy Pape*, page 263.

DEFAUT DE PAYEMENT.

46 Si la clause portant que faute de payement l'acte sera résolu, est une clause comminatoire ? *Voyez* le mot *Bail*, nomb. 170. *& suiv.*

47 Du fermier emphiteotique qui a manqué de payer le cens. *Voyez* le mot *Bail*, nomb. 309.

48 De la comise encourue faute de payement. *Voyez* le mot *Commise*, nomb. 31. *& suiv.*

49 Si l'emphiteote est privé de sa possession faute de payement ? *Voyez Emphiteose*, nomb. 50. *& suiv.*

50 Les Moines de Blaise ayant baillé quelques terres à ferme à raison de 60. liv. à la charge que faute de payer, on leur payeroit 5. sols de peine; la clause a été déclarée valable. Arrêt du Parlement de Paris du 3. Août 1574. *Papon, liv.* 12. *tit.* 9. *n.* 3.

51 Le temps interpelle le débiteur; celuy qui s'est obligé de payer une somme dans un temps préfix en marchandises, le temps passé, il n'est plus reçu à offrir les marchandises, mais il doit payer la valeur si elle luy est demandée. Ainsi jugé au Parlement de Paris. *Ibidem, tit.* 10. *n.* 1.

52 Peine encouruë faute de payement, ne peut être demandée, s'il est survenu des saisies sur le creancier. *Ibidem, n.* 2.

53 Le doublement & tiercement à faute de payer, porté par l'Ordonnance d'*Orleans* article 60. & de *Moulins* article 48. ne sont pas gardez au Palais à la rigueur ; ce n'est pas qu'il n'y ait eu deux Arrêts, l'un le 1. Decembre 1573. l'autre du 19. Avril 1575. qui ont confirmé ces sortes de stipulations. *Voyez* M. *Loüet, lettre P. somm.* 4. *Voyez Chenu, premiere Cent. quest.* 58.

54 Quand la Cour voit des payeurs difficiles & mauvais, elle donne delay, & faute de payer dans le temps, la peine est de double, ou de prison. Arrêt du 14. Decembre 1581. *Papon, livre* 10. *titre* 5. *nombre* 6.

55 Le creancier & le débiteur de 100. liv. conviennent que si le débiteur paye 50. livres au premier Janvier, il sera quitte des 100. liv. le débiteur ne paye pas, *ex primâ obligatione convenitur*, parce que contractus suâ forma redditur : toutefois au Parlement de Paris, & au Parlement de Dijon, jugé pour & contre. *Voyez* M. *le Prêtre*, 4. *Centurie, chap.* 17. *&* M. *Loüet, lettre P. somm.* 3. où la peine de cinq sols par jour à faute de payement de dix écus par an pour la pension d'une Religieuse, a été jugée valable en Avril 1588. *Voyez cy-dessus le nomb.* 50.

56 Celuy qui est tenu de payer en un lieu, & dans certain temps ; jugé par Arrêt du Parlement de Bourgogne du 19. Janvier 1606. qu'à faute de payement il doit payer les frais d'un voyage, & autres de Justice. *Bouvot*, tome 2. verbo *Dépens*, *quest.* 27.

57 Il est dit dans un bail à rente que si le preneur manque trois années à payer, le bailleur rentrera de plein droit, sans autre formalité de Justice. Arrêt du Parlement de Paris du premier Juillet 1614. qui a jugé telle clause plûtôt comminatoire que résolutoire, & *Commissoire* ; il faut l'interposition de l'autorité du Juge. *Bibliotheque de Bouchel*, verbo *Résolution de contract*.

58 Arrêt du Parlement de Provence du 18. Mars 1649. qui a jugé que le débiteur d'un capital de pension, & contraint au payement pour n'avoir payé la pension durant trois ans, est reçu à purger la demeure ; mais par Arrêt du premier Juin 1667. il a été jugé qu'il n'est pas reçu une seconde fois à la purger. *Boniface*, tome 2. liv. 4. titre 5. chap. 7. Au chap. suivant il rapporte deux Arrêts des 26. Février 1646. & 12. Novembre 1658. qui ont jugé que la demeure conventionnelle ne peut être purgée.

Un creancier ayant réduit sa dette à moins qu'il ne luy étoit effectivement dû, avoit reçu en contractant une grande partie de la somme qui luy avoit été promise; pour le reste il consentit d'être payé en deux termes, à la charge que si le débiteur manquoit à un de ces termes, il luy seroit permis de se faire payer de tout ce qu'il luy devoit, sans avoir égard à cette réduction ; le cas étant arrivé, & ayant fait saisir pour le tout, le débiteur s'étant opposé, offrit & consigna la somme qu'il devoit de reste pour le dernier terme; neanmoins quoiqu'il n'y eût contre luy aucun commandement qui le mit en demeure, par Arrêt du Parl. de Grenoble du 6. Février 1652. sans avoir égard à l'opposition, aux offres, & à la consignation, la Cour permit au demandeur de continuer ses poursuites. Cet Arrêt est rapporté par *Chorier en sa Jurisprudence de Guy Pape*, p. 218. 59

On ne condamne plus le vassal qui a été en demeure de payer ce qu'il doit au plus haut prix *quanti plurimi* : cela ne se pratique qu'à l'égard des Marchands, en faveur desquels cette condamnation est jugée pour leur tenir lieu de l'interêt qui leur est dû pour le retardement du payement de leurs marchandises. On a jugé à Roüen par deux Arrêts, qui servent de Reglement, des 18. Janvier 1665. & 19. Août 1667. que quand les Vassaux n'ont point payé les rentes aux termes de l'échéance, ils les doivent payer au prix des apreciations faites par le Bailly Royal, dans les enclaves duquel les fiefs sont situez, encore que les fiefs soient dependans d'une haute Justice, ou soient en la main des Engagistes, ou dependans de la recette du Domaine du Roy. *Voyez Pesnelle sur l'art.* 34. *de la Coûtume de Normandie*. 60

PAYEMENT, FIDEJUSSEUR.

Voyez cy-dessus le nomb. 30.

Creancier ne peut refuser son payement des mains du fidejusseur de son débiteur, sous prétexte que ce fidejusseur luy doit *ex aliâ causâ*. Arrêt du Parlement de Grenoble du 25. Février 1619. Le motif fut qu'il étoit au choix du débiteur de se délivrer de la plus onereuse de ses dettes. *Basset*, tome 2. livre 6. tit. 9. chap. 3. 61

Payement du fils acquitte le pere caution porteur d'une indemnité, sans que le fils ait pû l'obliger à la nouvelle dette contractée pour faire ce payement. Arrêt du sieur de Bethune du premier Août 1686. *Journal du Palais*. 62

PAYEMENT DE LA DOT.

Voyez le mot *Dot*, nomb. 273. *& suiv.* 63

PAYEMENT, DROITS SEIGNEURIAUX.

Payement des droits Seigneuriaux. *Voyez hoc verbo*, nomb. 100. *& suiv.* 64

PAYEMENT, EXCOMMUNICATION.

Des Excommunications autrefois encouruës & prononcées faute de payement. *Voyez* le mot *Excommunication*, nomb. 79. *& suiv.* 65

PAYEMENT, DETTES DU FILS.

On a demandé si le pere est tenu de payer ce que son fils a emprunté ? Les Arrêts ont été contraires suivant les circonstances, Un Gentilhomme avoit cautionné le fils du Baron des Adrets envers un Marchand ; contraint de payer la somme de 500. liv. il s'adressa au pere. Arrêt du Parlem. de Grenoble du 9. Decembre 1578. qui condamne celuy-ci au payement, *eu égard à la qualité de la matiere & des parties, & sans consequence*. Il y avoit ces circonstances, que l'obligation contenoit un détail exact des fournitures, & que le Gentilhomme affirma d'avoir payé. Le contraire a été jugé le 27. Juillet 1616. dans l'espece qui suit; un fils de famille étant à Paris emprunta 200. l. le pere disoit avoir fourni à son fils l'argent necessaire, le creancier voulut prouver que le pere avoit promis de le payer ; il est débouté avec dépens, 66

PAY

sauf à luy à se pourvoir sur les biens propres du fils. *Basset*, to. 2. li. 4. tit. 10. ch. 3.

PAYEMENT EN HERITAGES.

67. Si le creancier peut volontairement, ou doit malgré luy prendre des heritages en payement de sa dette? *Voyez* le mot, *Creanciers*, n. 61. & 62.

68. Un heritage specialement hypotequé mis en criées, ne peut être demandé en payement par preference aux autres creanciers. *Voyez* le mot, *Hypotheque*, nomb. 70.

69. Un creancier n'est tenu de prendre en payement des heritages pour de l'argent, *aliud pro alio, invito creditori, solvi non potest*. Arrêt du Parlem. de Bourgogne du 12. Decembre 1588. *Bouvot*, to. 2. verbo, *Detteurs*, qu. 7.

70. Arrêt du Parlement de Bretagne du 25. Juin 1618. qui juge que le creancier ne peut être contraint de prendre du fonds ou heritage en payement d'une somme de deniers. *Voyez Hevin sur Frain*, pag. 37. de ses additions aux Notes.

71. Creancier contraint par Sentence de prendre des heritages en payement, doit avoir le choix de ceux qui sont à sa commodité, & d'un meilleur revenu. Jugé au Parlement de Paris le 16. Février 1634. *Bardet*, to. 2. li. 3. ch. 9.

72. Un debiteur ne peut pas obliger son creancier de prendre des fonds en payement, au lieu de l'argent qu'il luy doit. Arrêt du 23. Juin 1625. *Soëfve*, to. 2. Cent. 4. ch. 77.

PAYEMENT, HERITIERS.

73. *Voyez* cy-devant, *Debiteurs*, *Dettes*, *Heritiers*.

Payement des dettes entre les heritiers paternels & maternels se payent *pro-modo emolumenti*. Arrêt du 23. Août 1586. *M. Loüet*, let. P. somm. 13.

Voyez le mot, *Heritiers*, nombre 120. & suivans.

PAYEMENT, IMPUTATION.

74. Payement s'interprete en faveur du debiteur. Arrêt de la Cour des Aydes, en faveur d'un Receveur qui s'étoit rendu caution, & à qui l'on avoit donné une quittance indéfinie. *Papon*, li. 10. ti. 5. n. 6.

75. De l'imputation des payemens, *prius in usuras, deinde in sortem*, même avant l'interpellation. Arrêt du Parlement de Grenoble du 30. May 1613. *Basset*, to. 2. li. 6. ti. 9. ch. 7.

76. C'est au debiteur de declarer *in quam causam* il paye, & le creancier ne peut refuser son payement, sous prétexte qu'il luy est dû d'ailleurs. Arrêt du 22. Février 1614. *Ibidem*, li. 4. ti. 17. ch. 3.

77. Quand le debiteur en payant n'a pas declaré *in quam causam* il payoit, le choix est acquis au creancier. Jugé au Parlement de Grenoble le 31. Juillet 1647. *Idem*, to. 2. l. 6. ti. 9. chap. 4.

78. Lorsqu'un pere constitué une somme à sa fille pour tous droits paternels & maternels, ou bien une somme pour les droits maternels, & autres droits appartenans à cette fille, & une somme pour les droits paternels, & qu'ensuite il paye une certaine somme, sans expliquer *in quam causam*, on demande comment se doit faire l'imputation? La question a été jugée differemment au Parlement de Touloufe. Arrêts des 3. Avril 1660. & 22. Novembre 1670. qui ont jugé que la somme devoit être imputée sur les droits paternels. Arrêt contraire du 16. Mars 1693. qui impute *in antiquiorem causam*, & sur la dot de la mere. *Voyez M. de Catellan*, li. 5. ch. 53.

79. Par Arrêt du 23. Avril 1698. il fut decidé que les payemens reçus par un creancier *ex pluribus causis*, sans dire, *in quam causam*, devoient être imputez, en premier lieu, sur les interêts qui étoient dûs par divers contrats, & de diverses dates, avant de les imputer sur les sommes principales, & qu'il falloit imputer le restant sur la somme principale, pour laquelle le debiteur avoit baillé une caution, avant

PAY 55

de faire l'imputation sur les autres sommes principales, pour lesquelles il n'y avoit point de caution, quoiqu'elles fussent de même date que celles où il y avoit caution. Cela n'a point lieu, lorsque le debiteur *ex pluribus causis*, a payé une somme, non pas à son creancier, mais au creancier de son creancier, qui avoit usé de saisie entre ses mains; alors si le debiteur qui a payé, n'a pas dit *in quam causam solutum velit*, l'élection est transferée, & reservée au creancier sur qui la saisie a été faite; & il ne la perd pas, pour ne l'avoir pas faite dans l'acte où il ne pouvoit la faire, puis qu'il n'y étoit pas present. Comme il peut même n'en avoir pas la connoissance, il peut choisir plusieurs années aprés: ainsi jugé le 7. Septembre 1663. *M. de Catellan*, li. 5. ch. 52.

Voyez le mot, *Imputation*.

PAYEMENS FAITS AU MARY.

80. Si un capital de dettes à pension perpetuelle, étant dotal, peut être legitimement payé au mary? Arrêt du Parlement d'Aix du 2. May 1672. qui ordonna le payement. *Boniface*, tome 4. livre 5. titre 8. chapitre 1.

PAYEMENT AU MINEUR.

81. Le debiteur qui a payé à un mineur sans le consentement de son Curateur, peut être contraint à payer une seconde fois, sauf à prouver que le payement qu'il a fait, est tourné au profit dudit mineur. Arrêt du Parlement de Toulouse du mois d'Octobre 1548. *La Rochestavin*, li. 2. let. M. tit. 9. Arr. 3.

82. Payement fait à un mineur sans l'authorité de son Curateur, est nul, & sera le debiteur contraint à payer derechef, sinon qu'il montre que le mineur a employé la somme à son profit; & si le mineur n'a point de Curateur, le debiteur le peut contraindre d'en prendre un pour la validité du payement, ou consigner la somme és mains tierces par permission du Juge, jusqu'à ce que le mineur soit authorisé, ou capable de la retirer. *Mainard*, li. 3. ch. 53.

PREUVE DE PAYEMENT.

83. *Debiti chirographarii solutio quomodo probatur?* *Voyez Stockmans*, décis. 133.

84. Si le contrat cancellé, ou la cedule renduë, sont présomptions de payement? *Voyez* le mot, *Cedule*, nomb. 22.

85. Si la reddition d'un compte emporte une remission de somme dûë d'ailleurs, & présomption de payement? *V. Bouvot*, to. 1. part. 1. verbo, *présomption de payement*.

86. Si le payement d'une somme dûe par acte & obligation, & excedant cent livres, peut être prouvé par témoins? *V. Ibidem*, part. 2. verbo, *preuve de payement*, quest. 2.

87. Un demandeur conclut au payement de vingt-quatre mines de bled. Le défendeur dit avoir payé, & offre en informer par témoins. Arrêt du Parlement de Bretagne du 13. Septembre 1571. qui admet la preuve. *Du Fail*, li. 1. ch. 319.

88. Un fait aidé d'autre présomption par écrit est recevable à être prouvé par témoins. Arrêt du 21. May 1576. qui reçoit un particulier à prouver que la rente de 50. liv à luy demandée par moitié, avoit été par luy rachetée, en foy dequoy il avoit le contrat de constitution vers luy cancellé, qui n'étoit seul un argument suffisant pour induire le payement. *Papon*, liv. 9. ti. 11. n. 2.

89. Arrêt du Parlem. de Dijon du 16. Decembre 1584. qui admet la preuve contre une quittance donnée. *Voyez Bouvot* to. 1. part. 2. verbo, *Confession*.

90. Arrêt du Parlement de Provence du 20. Decembre 1640. qui a rejetté la preuve par témoins des payemens faits *minutatim*, d'une dette excedant 100. liv. quand chacun des payemens est d'une moindre somme. *Boniface*, to. 1. li. 8. tit. 27. ch. 3.

91. Le dernier Avril 1657. Arrêt du même Parlement de Provence, qui a reçu la Preuve d'un payement

moindre de cent liv. fur le compte d'une dette qui excedoit cent liv. *Ibidem., ch. 4.*

92. Lorfqu'un défendeur juftifie d'avoir acquitté l'obligation, en vertu de laquelle on agit contre luy, fi le demandeur pofe en fait que l'acquit produit regarde autre pareille obligation, il doit être chargé de la preuve de ce fait. Arrêt du Parlement de Tournay du 10. May 1697. rapporté par *M. Pinault, to. 2. Arr. 155.*

PAYEMENT, QUITTANCE.

93. *Confeſſio de recepto nullâ mentione de reali numeratione, vim realis numerationis non habet,* Voyez *Franc. Marc. to. 2. qu. 571.*

94. Un débiteur ayant été condamné, & ayant payé le contenu en une obligation, s'il trouve quittance de la fomme, elle doit luy être reſtituée. Arrêt du Parlement de Paris de l'an 1590. *Papon, liv. 10. tit. 6. nomb. 1.*

95. Ce qui fe peut lire, fût-il rayé ou biffé fur l'obligation, trouvée és mains du creancier, ou de fes hoirs, fait preuve pour le payement, & pour la liberation du débiteur. Il y avoit au bas de l'obligation ces mots, *j'ai baillé quittance de fix vingts liv. ce me femble.* Voyez le *Plaidoyé 7. de M. Ayrault.*

96. On peut en tout état de caufe, même aprés Sentence, alleguer payement de la fomme demandée, & on le doit alloüer, finon en rigueur, du moins par Requête. Jugé au Parlement de Tournay le 18. Avril 1697. pour des quittances d'arrerages de rentes, rapportées aprés condamnation. *M. Pinault, tom. 1. Arrêt 147.*

Voyez cy-aprés le mot, *Quittance.*

PAYEMENT DES RENTES.

97. En rentes foncieres la forme du payement ne fe prefcrit point, s'il paroît de la conſtitution, quoique le payement en eût été changé pendant 50. années. Arrêts des 6. Février 1574. & 11. May 1581. *Papon, li. 10. ti. 5. initio.* Dans l'Arrêt de 1574. il s'agiſſoit du payement d'un droit de relief.

98. *Solutio trium annorum continua facit, ut pro præterito tempore folutum fuiſſe præfumatur.* V. *Franc. Marc. 1. part. queſt. 587.*

99. Penfion conſtituée à prix d'argent, fi le débiteur ceſſe d'en faire le payement par trois ans, il peut être contraint, aprés dûë interpellation, d'en faire le rachat. Arrêt du Parlement de Grenoble du 14. Juillet 1600. *Expilly, Arr. 122.*

100. Les payemens qu'un débiteur fait des cours d'une rente, doivent toûjours s'imputer fur les plus anciennes écheances. Jugé au Parlement de Tournay le 2. Juillet 1697. Voyez *M. Pinault, to. 2. Arr. 172.*

101. En fait de liquidation de rente fujette à reduction, tous les payemens faits depuis la conſtitution, avant la demande judiciaire aux fins de reduction, fe doivent imputer à une fois fur ce qui fe trouvera deu d'arrerages reduits lors de la demande, depuis la conſtitution, & le furplus des fommes payées, s'il y en a, en diminution du capital: mais fi depuis la demande, il fe trouvoit encore que le débiteur eût fait des payemens, en ce cas les fommes poſterieures payées, devroient s'imputer du jour de chaque payement, premierement fur les arrerages lors échûs; & s'il n'en étoit point deu, l'imputation du tout, ou du furplus, iceux payez, fe feroit fur le capital reſtant au jour de chacun des payemens: jugé au Parlement de Tournay le 14. Février 1701. Voyez *M. Pinault, to. 2. Arrêt 298.*

Voyez ci-aprés, le titre des *Payeurs des rentes de la Ville.*

REPETITION DE CHOSE PAYÉE.

102. Voyez *lettre C. au titre, conditio indebiti,* & *Bouvot, tome 2. lettre R. verbo, Repetition de payement.*

103. *Repetitio nulla eſt ab eo qui fuum recepit, licet ab alio quam à vero debitore folutum fit.* Mornac, *Loi 44. ff. de condict. indebiti.*

104. *Quando prior creditor non dimiſſus poſſit à poſteriore dimiſſo folutam pecuniam condicere?* Voyez *Franciſci Stephani decif. 31.*

105. Le payement fait par erreur d'une dette perſonnelle, ne peut être repetée. *Du Perrier, li. 2. queſt. 20.*

106. Sur le §. *& ſi præfatam,* & la Loy derniere, *Cod. de jur. deliberand.* Et fi l'action que les creanciers anterieurs ont pour repeter les poſterieurs, le payement qu'ils ont reçû de l'heritier avec inventaire, dure plus de dix ans, & juſqu'à trente ans? Voyez *Du Perrier, li. 4. queſt. 24.*

107. Par un marché l'on convient que pour apprendre le métier à un jeune homme, il donnera telle fomme pour tel temps, laquelle ne fera point renduë, où il fortiroit, & s'abfenteroit avant le temps porté; venant à deceder, l'on ne peut repeter la fomme payée. Arrêt du Parlement de Dijon du 18. Janvier 1618. *Bouvot, to. 2. verbo, Repetition de payement, queſt. 5.*

108. L'on peut repeter la choſe non dûë & payée, en vertu d'une Sentence. Arrêt du 15. Juillet 1619. *Bouvot, ibidem qu. 4.*

109. Arrêt du Parlement de Provence du 15. May 1684. qui a jugé que le payement fait enfuite d'un Jugement, ne peut pas être repeté. *Boniface, to. 3. liv. 3. tit. 8. ch. 1.*

PAYEMENT, SUBROGATION.

110. Celuy qui paye pour le débiteur, peut contraindre le creancier de luy ceder fes actions. *Du Moulin, to. 2. pag. 134.* il prend une décifion contraire, *page 138.*

111. Le poſterieur creancier ne peut contraindre le premier, en le payant, de luy ceder fes droits & hypoteques; mais le Juge peut declarer ce poſterieur creancier fubrogé en la place de l'anterieur, en le payant de fa dette. Arrêt du Parlement de Grenoble du 28 May 1616. *Baſſet, to. 1. li. 4. ti. 17. ch. 5.* & cy-aprés le mot, *Subrogation.*

PAYEMENT, SURSEANCE.

112. Par Arrêt du Confeil d'Etat du 30. May 1682. Sa Majeſté ordonne que les furféances qu'elle a accordées, ou pourra accorder cy-aprés à fes Sujets, de quelque qualité & condition qu'ils foient, auront lieu feulement pour les dettes contractées avant la date des Arrêts, ou Lettres portant lefdites furféances; & en confequence permet à leurs creanciers de les pourfuivre pour le payement de ce qu'ils leur auront prêté enſuite ladite furféance, foit par contrat, obligation, ou autrement. Voyez *les Arrêts imprimez par l'ordre de M. le Chancelier en 1687.*

Voyez le mot, *Etat, nomb. 36.*

PAYEMENT PAR UN TIERS.

113. Jugé que toutes & quantes fois que j'ay payé en l'acquit d'autruy à un tiers, fi cet autruy ne l'a pour agreable, & me fait executer comme étant mon creancier, ceux à qui j'ai payé me doivent indemnifer, nonobſtant la difpoſition de Droit, qui dit que, *folutio poteſt ab alio fieri, quàm à debitore, neque conditionem eo caſu competere.* Les trop grandes fubtilitez de Droit font à rejetter. Arrêt du 1. Février 1536. rapporté par *le Veſt, Arr. 204.*

114. Le tiers peut être reçû à payer les creanciers d'un débiteur, pour éviter la vente de fes biens aux encheres. Arrêt du Parlement de Provence du 16. Juin 1671. *Boniface, to. 4. li. 8. ti. 3. ch. 4.*

PAYEMENT AU TUTEUR.

115. Le débiteur d'un mineur payant à fon curateur, eſt valablement déchargé, il n'eſt pas tenu de s'informer s'il eſt folvable ou non, les atteſtans, & le Juge devant répondre au mineur, & non le débiteur. Arrêt du Parl. de Bourdeaux du 28. Février 1601. allegué au contraire. Voyez *Maynard, livre 9. ch. 7.*

116. Contuteur payant au pupile a fon action directe contre le contuteur. Jugé au Parl. de Grenoble le 20. Septembre 1616. *Baſſet, to. 2. li. 6. ti. 9. ch. 8.*

Voyez le mot *Tuteur.*

PAYEMENT

PAYEURS DES RENTES.

1. ARrêt du Conseil d'Etat du 15. Octobre 1613. portant attribution à Messieurs les Prévôt des Marchands & Echevins pour le fait des rentes de la Ville de Paris, & ordonne que les Payeurs compteront par état, & mettront doubles de leurs comptes au Greffe. *Voyez les Ordonnances concernant la Jurisdiction de la Ville de Paris*, imprimez chez Frederic Leonard, en 1676. *p.* 538.

2. Autre Arrêt du Conseil d'Etat du 8. Octobre 1644. faisant défenses aux rentiers de se pourvoir pour le payement des arrerages des rentes, ailleurs que par-devant Messieurs les Prévôt des Marchands & Echevins. *Ibidem, page* 540.

3. Le 12. Novembre 1644. le Parlement de Paris fait un Reglement sur les contraintes des Huissiers, contre les Payeurs des rentes, faisant défenses de les exercer ailleurs qu'au Bureau de l'Hôtel de Ville, huit jours après le Commandement. *Ibidem, p.* 543.

4. Quatre Arrêts du Parlement de Paris des premier & 21. Mars, 11. Août, & 28. Septembre 1650. portant défenses aux rentiers de l'Hôtel de Ville de se pourvoir sur le fait des rentes en premiere instance, ailleurs qu'au Bureau de la Ville, & par appel au Parlement. *Voyez ibidem, p.* 554.

PAYS.

L'On distingue pour l'exercice des droits du Pape, du Roy & de l'Empereur, les pays de Concordat, les pays Conquis, le pays d'Obédience.

PAYS DE CONCORDAT.

1. Dans les Provinces de France, a lieu le Concordat passé en 1516. entre le Pape Leon X. & François I. Dans les Provinces d'Alemagne, & autres Suffragantes de l'Archevêché de Tréves est executé l'accord fait en 1448. entre le Pape Nicolas V. & l'Empereur Frederic III. *Voyez ce qui a été dit sur le mot Concordat.*

PAYS CONQUIS.

2. Le droit des Graduez a lieu és pays conquis. *Voyez le mot Gradué*, nomb. 74. & 75.

Le Pape a accordé des Indults au Roy, qui subrogent sa Majesté au droit de nommer és Benefices situez dans les pays sujets au Concordat Germanique. *Voyez les mots Concordat & Dignitez.*

PAYS D'OBEDIENCE.

3. *Voyez les Annotations d'Hevin sur Frain, page* 640. & *suiv.* où il explique quelques maximes touchant les matieres Beneficiales pour la Bretagne, pays d'Obédience.

4. La Bretagne appellée pays d'Obédience, parce qu'elle suit le Concordat & partition des mois fait au Concile de Constance ; par-là elle est distinguée de la France qui avoit renoncé à cette partition des mois dont la principale cause étoit l'interêt & le credit de l'Université qui vouloit une part assurée dans les Benefices. La Bretagne en se tenant au Concile de Constance ne devint pas de plus mauvaise condition que la France qui suivit la Pragmatique. Les Evêques de France demeurerent chargés du concours & prévention du Pape, & de ses Legats *à Latere*; les Evêques Bretons en étoient exempts; le Concordat de la partition des mois est si religieusement executé de la part de la Cour de Rome, que dans la crainte de blesser les droits des Ordinaires par erreur de fait, elle oblige ceux qui impetrent des provisions *per obitum*, d'exprimer le mois de la vacance, à peine de nullité de la grace. *Voyez Hevin sur Frain, p.* 659. & *suiv.*

5. Patrons Ecclesiastiques, car pour les Laïcs il n'y a point à douter, sont libres de la reservation des huit mois, ils presentent dans tous les mois sans aucune distinction. Il y en a quatre Arrêts rapportés par *M. du Fail*, & citez par *Hevin sur Frain*, pag. 665. Le même Hevin rapporte au même endroit

Tome III.

p. 666. deux Arrêts plus modernes du Parlement de Bretagne du 11. Janvier 1644. & 23. Octobre 1652. & il observe que cette liberté de presenter en tous mois est restrainte à ceux qui n'ont que la presentation, soit qu'ils soient Prieurs ou Abbez, car s'ils ont la Collation ainsi que les Abbez l'ont à l'égard des Prieurez, & autres Benefices non Cures, ils sont soûmis à la reservation des huit mois pour les Benefices qui sont à leur Collation. Jugé le 4. Septembre 1664.

Voyez les mots Bretagne, Date, nomb. 8. & le mot *Obédience.*

PAYS-BAS

6. Des droits du Roy dans les Pays-Bas pour l'exercice de l'Indult. *Voyez le mot Indult*, nombre 92. & *suiv.*

PAYSAN.

Paysan. *Homo Rusticus, Rusticanus.*

Ne Rusticani ad ullum obsequium devocentur. C. 11. 54. Privilege des Paysans.

Non licere habitatoribus Metrocomiæ loca sua ad extraneum transferre. C. 11. 55. Metrocomia, étoit un Bourg principal, qui tenoit entre plusieurs autres Villages, le même rang, qu'une Métropole tenoit entre les Villes. Ce titre défend aux habitans de ces Métrocomes de vendre leurs heritages à ceux des autres Bourgs. Cette défense est faite à cause de l'exemption de la taille.

De his qui mutuum dant Agricolis. N. 32. 33. & 34.

PEAGE.

1. PEage. *Voyez sous ce titre la Bibliot. du Droit François par Bouchel, l'indice des droits Royaux par* Ragueau, ou le *nouveau Glossaire du Droit François*, Fontanon, *to.* 3. *titre* 10. *p.* 80. Le traité des Peages par de *Vauzelles*, imprimé à Lyon en 1550. *Franciscus Marcus*, tome 1. quest. 285. Bacquet, *des Droits de Justice*, chapitre 30. Chopin, *des Domaines*, titre 9. Despeisses, *tome* 3. *traité des Droits Seigneuriaux*, tir. 6. sect. 6. *l'Ordonnance des Aydes & Gabelles au mois de May* 1680. titre 12. Henrys, *tome* 2. *livre* 1. chap. 30. & le mot *Exemption*, nomb. 94. & *suiv.*

Provision en faveur de celuy qui prétendoit n'être sujet au droit de peage. *Du Moulin*, tome 2. page 682.

2. Des peages sur le sel. *Voyez la fin de la troisième édition des Arrêts recueillis par Philippi.*

3. Du droit de peage, & de l'obligation où sont les Seigneurs peagers de reparer à leurs dépens, & entretenir les ponts, portes, & passages. *Voyez La Roche-flavin, des Droits Seigneuriaux*, chap. 8. art. 1. & *suiv.*

4. Edits des Rois Charles VII. en Mars 1430. Juin 1438. May 1448. De Loüis XI. en Janvier 1461. De Charles VIII. en Mars 1483. De François I. en Mars 1515. De Henry II. en Mars 1547. & de François II. en Decembre. 1559.

Pour les Marchands frequentans la riviere de Loire, & autres fleuves descendans en icelle, par lesquels il est défendu à toutes personnes tenans peages depuis soixante ans auparavant iceux Edits, de ne les plus lever, sur peine d'être punis. *Ordonnances de Fontanon*, tome 4. page 613. & *suiv.*

5. *Vectores mercantium singula pedagiorum collectoribus indicare tenentur.* Voyez *Franc. Marc.* tome premier, quest. 128.

6. *Mutati fluminis alveo, an & quando pedagium perdatur?* Idem, to. 2. quest. 356.

7. Des peages, *Voyez Guy Pape*, quest. 413. & 549. où il observe avoir été jugé au Parlement de Grenoble pour le Seigneur de la terre de Suze, que ceux qui font voiturer pour leur usage propre, comme pour bâtir, ou pour reparer, sont exempts de ce droit. Ce Parlement a de même jugé que ce que le proprietaire d'un peage a fait ordonner contre

quelques Marchands ou Voituriers, soit pour la fixation des droits, soit pour la forme & la maniere de les exiger, est executoire generalement contre tous les autres, mais il faut pour cela qu'il n'y ait aucun soupçon de collusion.

La peine de l'infraction des peages est la confiscation qui appartient au proprietaire, & non au fermier, si le contrat de ferme ne luy acquiert. Cela a été jugé plusieurs fois. *Voyez Chorier, en sa Jurisprudence de Guy Pape*, p. 136.

8 Fermiers de peages ne peuvent demander que leurs interêts contre l'infracteur, & non l'amende; elle appartient au fisc, s'il n'y a clause expresse. Jugé par plusieurs Arrêts. *Papon, livre* 13. *tit.* 9. *n.* 4. Le texte de la Loy *Si quis C. de Vectig. & com.* est contraire; cette Jurisprudence est fondée d'un autre côté sur la Loy *Creditor C. de jure emphit.*

Jugé par Arrêt au profit de M. le Duc de Sully du 27. Janvier 1665. que quoique les droits de peages, travers, & barrages ne puissent être prétendus par les Seigneurs hauts-Justiciers sans une concession particuliere de sa Majesté; neanmoins pour la perception & joüissance de ces droits il n'est pas necessaire de rapporter le titre primordial de la concession, mais il suffit d'une possession immemoriale accompagnée de quelques titres faisant mention des droits, comme peuvent être des aveus & dénombremens anciens. *Soefve, tome* 2. *Cent* 3. *chap.* 42.

Les Communautez peuvent accuser un peager en concussion & surexaction des droits de peage. Arrêt du P. d'Aix du 28. Avril 1678. *Boniface, to.* 5. *li.* 5. *tit.* 7. *ch.* 3.

La prescription du droit de peage ne peut s'acquerir par une possession immemoriale & centenaire; car c'est un droit purement Royal, il faut un titre qui ne peut émaner que de la concession du Prince. Arrêt du Parlement de Toulouse, après partage, rapporté par *M. de Catellan, liv.* 3. *chap.* 37.

Aucun ne peut imposer nouveau peage sans la permission du Roy; la connoissance de telle chose n'appartient qu'au Juge Royal. Arrêt de Pentecôte 1273. pour les nouveaux peages d'*Agenois*, & dans les Enquêtes du Parlement de Toussaints 1316. *Voyez la Bibliotheque de Bouchel, verbo Peage.*

La seule possession d'exiger les droits d'un peage suffit pour en obtenir la maintenuë, si elle est immemoriale. Arrêt du Parlement de Grenoble du 12. Août 1670. pour le possesseur du peage d'Aix, terre dans le Diois, cela est conforme à l'article 107. de l'Ordonnance d'Orleans, & 282. de l'Ordonnance de Blois. *Voyez Chorier en sa Jurisprudence de Guy Pape, page* 137.

Arrêt du Parlement de Paris du 19. Août 1585. par lequel est déclaré droit de peage sur la riviere de la Loire au lieu d'*Artois*. *Voyez le Recüeil des Arrêts concernans les Marchands frequentans la riviere de Loire.*

Arrêt du 17. May 1586. par lequel la moruë verte & seiche, en pille, est déclarée exempte du droit de peage en la Ville de *Blois*. *Voyez ibidem.*

Présidens, Conseillers, & Officiers de la Cour exempts de peage. Arrêt du Parlement de Bretagne du 6. Mars 1577. *Du Fail, liv.* 2. *chap.* 561.

Le Seigneur prenant peages ou travers doit tenir les passages sûrs contre les particuliers; autrement est tenu recompenser la perte. Arrêt contre le Seigneur de *Crevecœur*, donné à la Chandeleur 1254. *Voyez la Bibliotheque de Bouchel, verbo Peage.*

L'Abbé de saint *Denis* en qualité de Conseiller de la Cour de Parlement, doit joüir de l'exemption de tous peages pour ses provisions. Arrêt du 7. May 1587. *Le Vest. Arrêt* 3.

Arrêt de la Cour du 6. Juillet 1624. par lequel défenses sont faites aux fermiers de peage de *Desize* de prendre aucune chose sur le vin de boisson destinée pour les voituriers conduisans le Bateau, & condamnez à rendre ce qu'ils auroient pris avec dépens.

Voyez le Recüeil des Arrêts concernans les Marchands frequentans la Loire.

Arrêt du 2. Septembre 1595. par lequel le Seigneur du peage de *Givardon* est condamné de balizer & netoyer la riviere és fins & limites de son peage. *Voyez ibidem.*

Les droits acquis au peage de *Grenoble* par une possession immemoriale, quoiqu'il n'en soit point fait de mention expresse & specifique dans le tableau, ne peuvent neanmoins être comptez par terre ni par eau. Arrêt du 26. Mars 1689. *Voyez Chorier en sa Jurisprudence de Guy Pape.* p. 137.

Arrêt du Conseil d'Etat du Roy du 21. Avril 1664. portant reglement pour les droits de peages qui se leveront sur l'*Izere* & sur le *Rhône*. Ils sont au long rapportés dans *Salvaing, de l'usage des Fiefs, chapitre* 69. & 70.

Arrêt de la Cour de Parlement du 15. Avril 1631. contre les Seigneurs du peage de *Laiz* & *Bic*, par lequel la marchandise de papier est declarée franche & exempte de tous droits de peages aux détroits de Laiz & Bic qui se payent à Châteauneuf sur Loire, nonobstant certain article de leur pancarte, dont ils se vouloient prévaloir, qui porte que de toute balle cordée il leur est dû peage, dont ils ont été deboutez & condamnez à la restitution de ce qu'ils en avoient reçu & pris; aux dépens. *Voyez le Recüeil des Arrêts concernans les Marchands frequentans la Loire.*

Arrêt du 23. Mars 1574. par lequel les *Livres* de Librairie, Pastel, Guesde & Sucres sont déclarez exempts de tout droit de peage. *Voyez ibidem.*

9 Arrêt du Parlement de Toulouse du 23. Decembre 1512. qui déclare tous les habitans du Comté & Sénéchaussée de payer aucune leude ou droit d'icelle, suivant les privileges confirmez par les Rois. Arrêt semblable du 26. Mars 1518. Ce privilege est de 1219. & se trouve coté dans des Arrêts du Grand Conseil des 13. Janvier 1538. & 2. Avril 1545. Conformément à ces Arrêts les habitans de Toulouse ont été déclarez exempts de payer leude ni peage par tout le Comté de *Lauraguois*, attendu, dit l'Arrêt, qu'il est notoire & certain, le Comté & pays de Lauraguois être dans les limites & enclaves du Comté de Toulouse. *Bibliotheque de Bouchel, verbo Peage.*

10 Les enfans de France & les Princes du Sang Royal jusques au sixiéme degré sont exempts de droits de peage pour leurs provisions par tout le Royaume, par privilege des Rois. Arrêt du Parl. de Paris du 8. Juin 1587. pour la Duchesse d'Orleans fille du Roy Charles le *Bel*, & un autre du 8. Mars 1388. pour le Comte d'*Almon*. *Voyez le Recüeil des Arrêts de Paris, l'Indice des droits Royaux sur le mot Peage, & La Rochestavin, des droits Seigneuriaux, chap.* 8. *Arr.* 3.

11 Les habitans de Nismes doivent joüir de la même exemption par les articles 3. & 34. des privileges qui leur furent accordez par le Roy Charles VIII. en l'an 1483. confirmez par Loüis XII. en 1499. & par François I. en 1514. & par Henry IV. en 1595. *Gravérol, Ibidem, Arr.* 4.

12 Par Arrêt du 23. Decembre 1511. tous les habitans de la Ville & Fauxbourgs de Toulouse sont declarez quittes & exempts par toute la Comté & Sénéchaussée de payer aucune leude ou droit d'icelle tant allant que venant, entrant que sortant, par eau & par terre de ladite Cité & Fauxbourgs d'icelle pour leurs biens & Marchandises, suivant les privileges à eux donnez par les sieurs Comtes de Toulouse au mois de Septembre 1279. confirmez par les Rois Philippes le Bel quatriéme de ce nom, Philippes Duc de Valois, Charles VI. & François I. ainsi qu'il est mentionné dans un Arrêt du Grand Conseil du 13. Janvier 1538. contre le Procureur Général du Roy & le Syndic de ladite Ville, contenant pareille exemption que dessus, sur l'execution duquel il y en a un autre semblable du 2. Avril 1545. *La Rochestavin, ibidem.*

PEA

13 Le droit de peage ou pontonage n'est dû quand le bétail traverse la terre sans passer sur le pont. Jugé par Arrêt du Parlement de Grenoble du 23. Decembre 1510. en faveur des habitans de Voiron. *Basset, tome 2. liv. 3. tit. 9. chap. 3.*

14 Arrêt du 24. Juillet 1561. par lequel il est enjoint à tous Seigneurs prétendans droit de peage sur la riviere de la Loire, & autres Fleuves descendans en icelle, le lever ou faire lever par un seul Receveur & en un seul & même lieu. *Voyez le Recüeil des Arrêts concernans les Marchands frequentans la Loire.*

15 Par Arrêt du 21 Juillet 1567. il est enjoint à tous Seigneurs & autres prétendans peages sur la riviere de la Loire, & autres Fleuves descendans en icelle, d'avoir un poteau auquel sera attaché une pancarte contenant par le menu les droits de leur peage, & à faute de ce faire, permis aux voituriers par eau de pouvoir monter & avaler sans être contraints de payer aucune chose, & sans approbation desdits prétendus peages. *Ibidem.*

16 La connoissance du peage appartient au Juge Royal du peage, & de l'excez commis en le demandant. Arrêt du Parlement de Dijon du 27. Novembre 1599. *Bouvot, tome 2. verbo Jugement, qu. 8.*

17 Sur les peages qui se levent sur le sel voituré par les rivieres. Arrêt du mois de Decembre 1600. qui ordonne que le droit sera payé sur les bateaux maîtres seulement en deniers, non en especes, & suivant l'évaluation portée par l'Edit de 1546. fors les Monasteres & Hôpitaux qui ont obtenu Arrêt pour la nourriture de leurs maisons. *Voyez la 34. Action de M. Le Bret.*

18 Arrêt du Parlement de Provence du 12. Mars 1605. qui a condamné l'infracteur du peage en trois livres d'amende, sauf plus grande, & enjoint au Seigneur de mettre un placard en un lieu éminent, contenant les droits du peage à luy dûs. *Boniface, tome 5. liv. 5. tit. 7. chap. 1.*

19 Les Seigneurs prétendans peages, sont tenus d'inserer en un poteau les droits du peage. Arrêt du Parlement de Dijon du 26. Septembre 1605. *Bouvot, to. 2. verbo Pâturages, quest. 1.*

20 Lions exempt du droit de peage, défenses au Duc de Nevers de l'exiger. Arrêt du Parlem. de Paris du 25. Février 1610. *Plaidoyers de Corbin ch. 114. & suite du Patronage, ch. 231.*

21 Deux particuliers du Bourg S. Laurent en la Ville de *Mâcon*, ayant amené & déchargé en leurs maisons certaines marchandises, on leur en demandoit le peage ; ils le refusoient, attendu qu'ils n'avoient passé outre leurs marchandises, mais les avoient déchargées en leurs maisons ; par Sentence du Bailly de Mâcon ils en sont déchargez, & envoyez absous, dont appel. Arrêt confirmatif du 14. Novembre 1548. *Corbin, suite de Patronage, ch. 238.*

22 Arrêt du Parlement de Paris du 2. Septembre 1524. par lequel est ajugé au Prieur de *Marsigny* lez Nonnains, droit de lever sur toutes personnes vendans & achetans bled, & autres grains passans audit port de Marsigny sur la Riviere de la Loire. *Voyez le Recüeil des Arrêts concernant les Marchands frequentans la Loire.*

23 Arrêt de la Cour de Parlement du dernier Decembre 1627. par lequel il est ordonné que le peage de *Mienne lez Côsnes*, appartenant aux Dames de l'Annonciade de Bourges, se payera audit lieu de Mienne, & se recevra par un seul Receveur, & non par quatre, comme ils l'avoient baillé à ferme ; & qu'à cette fin sera mis un pôteau à un endroit éminent audit Mienne, auquel sera attaché la Pancarte contenant le droit de ce qui se prendra sur chacune marchandise. *Voyez le Recüeil des Arrêts concernans les Marchands frequentans la Loire.*

24 Arrêt du Conseil d'Etat du 26. Octobre 1672. portant suppression du peage du Pont de Mont. *Voyez*

Tome III.

PEA 59

les *Ordonnances concernant la Jurisdiction de la Ville de Paris, imprimez chez Frederic Leonard en 1676. page* 188.

25 Arrêt du 19. Janvier 1595. par lequel le droit de salage prétendu à la *Mothe S. Jean*, a été évalué & reduit à prix d'argent, à raison de 22. sols 3. deniers pour chacun minot. *Voyez le Recüeil concernant les Marchands frequentans la Loire.*

26 Arrêt du 1. Février 1473. faisant défenses aux manans & habitans de la Ville de *Moulins*, de lever ni exiger aucun peage sur les batteaux chargez de matchandises sur la riviere d'Alier. *Ibidem.*

27 Arrêt du 25. Février 1610. il est défendu au Seigneur de *Nevers* & ses Fermiers au peage de Desize, de prendre ni lever aucun droit de peage sur chefd'œuvre, ni sur les livres & Libraires. *Ibid.*

28 Arrêt du 18. Juin 1616. par lequel la marchandise de vieux drapeaux est exempte de droit de peage en la Ville de *Nevers*. Ibid.

29 Par Arrêt du 1. Août 1670. le moust & vin nouveau cru dedans l'Evêché d'*Orleans*, est declaré exempt de peage audit Orleans, jusqu'au jour de la S. Martin d'hyver. *Ibid.*

30 Arrêt du 1. Septembre 1601. il est défendu aux Fermiers de la Coûtume du Bois d'*Orleans*, de prendre plus de vingt deniers pour chacun cent de toise de bois carré, ou à bâtir, suivant l'offre faite sur le debat dudit peage par les Voituriers dudit Bois, nonobstant le contredit sur ce fait par le Fermier dudit peage. *Ibid.*

31 Arrêt de la Cour du 23. Decembre 1615. confirmatif de la Sentence donnée par le Bailly d'*Orleans* ou son Lieutenant, par lequel les Marchands & Voituriers doivent seulement acquitter au peage audit lieu d'Orleans, cinq sols tournois pour chacun millier de grand bois merrien. *Ibid.*

32 Les peages du *Rhône* & de l'*Isere*, ont été reglez par deux Arrêts du Conseil du 21. Avril 1664. par la Bulle *in Cœnâ Domini* ; ceux qui établissent de nouveaux peages, sont excommuniez en ces termes: *Item, excommunicamus, & anathematismus omnes, qui in terris suis nova pedagia imponunt, vel prohibita exigunt.* Voyez Chorier en sa Jurisprudence de Guy Pape, p. 137.

33 Les Princes & les Princesses du Sang sont declarez exempts de tous peages du Royaume, par Arrêt donné le 8. Juin 1387. au profit de Madame Blanche de France Duchesse d'Orleans, fille du Roy Charles le Bel, contre Messire Jean de Grandcourt Chevalier, sieur de Maisons sur Seine. *Du Tillet.*

34 Les enfans de France, & Princes du Sang Royal, pour leurs provisions sont exempts de peage par tout le Royaume. Arrêt du Parlem. de Paris du 8. Juin 1387. pour la Duchesse d'Orleans, fille de Roy Charles le Bel, allegué en plaidant le 18. Mars 1388. pour le Comte d'Alençon, que les Princes du Sang en sont exempts jusqu'au sixième degré. Comme aussi les Païs de France, & le Corps de Parlement prétend être exempt de tout peage. *Voyez la Bibliot. de Bouchel,* verbo, *Peage.*

35 Arrêt du 29. Mars 1569. pour Louis Guyonneau, & les Marchands frequentans la riviere de Loire, & autres fleuves descendans en icelle, par lequel le Sucre est declaré exempt de droit de peage. *Voyez le Recüeil des Arrêts concernans les Marchands frequentans la Loire.*

36 Par Arrêt du 27. Mars 1560. donné entre les Syndics de Toulouse, & les Receveurs des Péages & Leudes en Toulouse, les Chassemarées furent declarez exempts de payer aucun droit de Leude du poisson qu'ils portent vendre ailleurs ; & les Receveurs condamnez en cent sols d'amende, pour avoir contraint un des Chassemarées à le lui payer, & le Chassemarée en autres cent sols, pour avoir fraudé la Leude, & ne l'avoir payée d'une autre charge de poisson, qu'il étoit allé vendre à Montauban. *Bibliotheque de Bouchel*, verbo, *Peages*.

37 Les membres & Suppôts d'une *Université*, sont exempts du droit de peage. *Voyez Henrys*, tome 2. li. 1. qu. 30.

38 Par Arrêt pris dans le Registre des Lettres & Arrêts du Parlement de l'an 1328. les habitans d'*Ivry* sont declarez exempts de certain barrage ou peage, introduit sur la chaussée & chemin du Moulin de Couperel & Chevaleret, en payant pour charette deux deniers en entrant par la Porte S. Victor en la Ville de Paris, comme de tout temps il avoit été accoûtumé. *Corbin, suite du Patronage*, ch. 148.

PÊCHE.

De oris maritimis. L. n. 56.... Le droit de pêche dans la mer, appartient au Proprietaire du rivage.

Quantùm in piscatibus, remora piscatoria inter se distare debeant L. n. 57. 102. 103. *&* 104. De la distance des pêches, engins & filets.

De la pêche. *Voyez l'Ordonnance des Eaux & Forêts, tit.* 31.

De la pêche qui se fait en mer. *Voyez l'Ordonnance de la Marine du mois d'Août 1681. liv.* 5.

De la pêche. *Voyez Salvaing, de l'usage des Fiefs*, chap. 37.

De piscatione. Voyez *Franc. Marc. en ses Décisions du Parlement de Dauphiné*, to. 1. qu. 329.

1 Si les Décimateurs ont droit de demander la dîme de la pêche ? *Voyez* le mot *Disme*, n. 184.

2 *Per Arrestum fuit Episcopus Belvacens. receptus ad saisinam per me pro eo propositam contra Procuratorem mercaturæ & regium Procuratorem, quod poterat capere, seu capi facere pisces per Bellovacum, vel ejus diœcesim transeuntes, qui de mari Parisius adducebantur per mercatores pro vendendo, pro hospitio suo, quandiu erat in Beluaco, vel suâ Diœcesi, justo pretio tamen.* Voyez *Jo. Gal. qu.* 108.

3 Le Seigneur Châtelain a droit de pêche és eaux vives de sa Châtellenie, quoique le fond & proprieté en appartienne à l'Eglise. Arrêt du 16. Janvier en faveur de Galeran de Luxembourg, Châtelain de l'Isle, contre les Religieux de S. Vaast d'Arras. Extrait du Registre des Jugés du Parlement de Paris de l'an 1332. Arrêt 42. *Corbin, suite de Patronage*, chap. 307.

4 *Dominus* de Montmorency, *per Arestum* 1391. *fuit receptus ad prisam faciendam in terrâ suâ, ubi habet altam, mediam, & bassam justitiam, & ad possessiones proponendas super hoc, contrà regium Procuratorem, ac Procuratorem mercatorum piscium*, &c. .. *Joan. Gal. qu.* 214.

5 Défenses faites de prendre plus de huit deniers pour livre de poisson verd passant à Nantes. Arrêt du Parlement de Bretagne du 29. Février 1559. *Du Fail, liv.* 2. *ch.* 75.

6 Beraud Boisard ayant obtenu du Roy Lettres Patentes le 10. Février 1605. & sur la Sentence du Maître Enquêteur, & ordinaire Reformateur des Eaux & Forêts de la Prévôté & Vicomté de Paris, interjette appel ; la Cour insistuant la Sentence, & ayant aucunement égard aux Lettres, a ordonné que Boisard jouira de l'effet d'icelles pour le temps de cinq ans, qui ne courront que du jour du present Arrêt ; permis à Boisard de pêcher avec ses engins & filets tous poissons de mer, & autres d'eau douce, à la charge toutefois que les engins & filets seront de la maille portée par les Ordonnances ; sçavoir est de la largeur d'un Parisis, depuis la S. Remy jusqu'à Pâques ; & depuis Pâques jusqu'à la S. Remy, de la largeur d'un gros tournois ; & outre que les engins & filets seront si suffisamment garnis de liége par un de leurs bords, que l'autre où sera attaché le plomb, ne pourra donner ny penetrer jusqu'au fond de la riviere : comme aussi a fait inhibitions aux autres pêcheurs d'user d'autres engins & filets pour pêcher, que ceux qui leur sont permis par les Ordonnances, & qui seront de la maille cy-dessus declarée ; défenses de pêcher de nuit, & depuis le Soleil couché, avec quelques engins que ce soit, durant le temps que le poisson fraye, qui est depuis la my-Mars, jusqu'à la my-May, & de prendre en tout temps & saison, autre poisson que celuy qui sera de la jauge portée par les Ordonnances, même de mener leurs engins autrement que selon les saisons ; le tout sur peine d'amende arbitraire pour la premiere fois, & de punition corporelle pour la seconde ; ordonné que tous les engins des Pêcheurs seront marquez d'une marque de plomb par les deux bouts, & ce par l'un des Sergens dangereux, qui sera nommé par le Maître particulier des Eaux & Forêts, & le Substitut de M. le Procureur General ; lequel Sergent, sur peine de concussion, ne pourra prendre qu'un sol pour l'apposition de chacune des marques ; avec défenses d'user d'autres engins que des marquez ; & les cinq ans passez, permis aux autres Pêcheurs d'user des mêmes engins de Boisard, sous les modifications cy-dessus ; enjoint au Substitut de M. le Procureur General des Eaux & Forêts, de tenir la main à l'execution de l'Arrêt. Cet Arrêt est du 4. Août 1607. *Corbin, suite de l'atronage*, chapitre 198.

7 L'Abbé de S. Josse sur la Mer, nommé de Noreau, vouloit empêcher les Villageois des environs, particulierement ceux de Morlinois, d'aller prendre des vers, dont l'on se sert à la pêche du poisson, sur le rivage de la mer, qui sont dans l'étenduë du domaine son Abbaye, disant avoir titre que le rivage luy appartenoit par la fondation de cette Abbaye. L'on alleguoit au contraire, la liberté publique, & la *L. injuriarum, §. pen. de injuriis*, qu'en toutes les côtes de la mer, il étoit loisible à chacun d'aller prendre le ver, pour s'en servir à la pêche : appointé au Conseil le 10. Janvier 1622. & cependant que les appellans habitans du Morlinois joüiroient de la liberté publique. *Additions à la Bibliot. de Bouchel*, verbo, *Pêche*.

8 Le droit de pêche peut appartenir à un Seigneur, ou par titre, ou par possession immemoriale. Arrêt du Parl. de Toulouse du 14. Août 1628. *M. Dolive, liv.* 2. *ch.* 3.

9 Arrêt du Parlement de Provence du 9. Avril 1638. qui a jugé que les Prud'hommes connoissent sommairement des affaires civiles entre Pêcheurs pour leur art & engins. Défenses au Lieutenant de les troubler. *Boniface, to.* 1. *li.* 1. *ti.* 8.

10 Si le taux peut être mis par les Consuls sur la débite des tons & madragues des Prud'hommes. Arrêt de l'année 1665. au profit des Prud'hommes des pêcheurs de Marseilles. *Idem, tome* 4. *li.* 10. *tit.* 1. *chap.* 16.

11 Si la pêche a pû être faite par des Prud'hommes & autres pêcheurs dans l'enceinte des madragues & limites? Arrêt du 30. Juin 1668. confirmatif de la Sentence du Lieutenant qui a condamné cette pêche, & a réglé l'éloignement des enceintes de la madrague, qui étoit de 3000. à 2000. *Boniface ibidem, liv.* 9. *tit.* 7. *chap.* 3. Les madragues sont de grandes machines dans la mer, fixes & arrêtées, composées de beaucoup de chambres, attachées à terre par un long cordage.

12 Les Seigneurs peuvent défendre la pêche dans les rivieres particulieres. Arrêt du même Parl. de Provence du 18. May 1675. qui confirma une procedure criminelle, faite à la requête du Procureur Jurisdictionnel du Seigneur de Cabris, contre des particuliers du lieu de Montauroux, qui avoient pêché dans une riviere non navigable du terroir de Cabris. *Boniface, tome* 4. *liv.* 2. *tit.* 5. *chap.* 1.

PEC

13 Il est défendu à toutes personnes de faire mourir, ou endormir les poissons. Arrêt du Parlement de Grenoble du 24. Mars 1640. *Voyez Basset*, tome 1. *li.* 3. *tit.* 18. *ch* 1.

14 La pêche n'est permise aux Gentilshommes de Dauphiné, quoiqu'ils ayent droit de chasser. Arrêt du 13. Février 1654. *Basset, ibidem, tit.* 19. *chap.* 1.

15 La pêche n'est permise en tout lieu indifferemment, s'il y a Coûtume au contraire. Arrêt du Parlement de Grenoble du 13. Février 1654. contre le sieur Davity pour le sieur Murat, rapporté par *Chorier en sa Jurisprudence de Guy Pape, pag.* 141.

16 Les Ecclesiastiques, Seigneurs, Gentilshommes & Communautez qui ont droit de pêche dans les rivieres, sont tenus d'affermer ce droit à quelques particuliers, & s'ils ne le font, & que chacun en veuille user, le Juge du Seigneur haut Justicier peut leur interdire, & en cas d'appel de son Ordonnance, il doit être relevé à la Table de marbre, privativement à toutes autres Jurisdictions. Arrêt du Parl. de Paris du 18. Février 1689. *Journal des Aud. tome* 5. *li.* 5. *ch.* 8.

PECULAT.

Vol des deniers publics. *Peculatus*.
De crimine Peculatûs. C. 9. 28... *C. Th.* 9. 28...
I. 4. ult. §. 9.
Ad legem Juliam Peculatus; & de sacrilegiis, & de Residuis. D. 48. 13... *Paul*, 5. 25... *I.* 4. *ult.* §. *ult. Residuorum crimen, est pecuniæ publicæ retentio, quæ apud aliquem ex administratione residet, in publicum non relata: Gallicè*, Restes, ou Residus.
De administratione rerum ad civitates pertinentium.
D. 50. 8... *C.* 11. 31.
Si Magistratus aliquis res fiscales furatus esse deprehensus sit. Leon. N. 105.
Voyez les mots *Concussion, Deniers publics*.
Du Crime de péculat, & de sa peine. *Voyez Papon, liv.* 22. *tit.* 2. & *Despeisses*, tome 2. *traité des Causes criminelles, part.* 1. *tit.* 12. *section* 2. *art.* 7.
Voyez la 23. *action de M. le Bret*, sur les Lettres patentes par lesquelles le Roy mande à la Cour qu'elle eût à rechercher & punir les abus & malversation de ses Receveurs & autres Commis en ses finances. Arrêt du 9. Avril 1596.

PECULE.

De peculio. D. 15. 1... I. 4. 7. §. 4... L. 182. D. de verb. sign... C. Th. 2. 32.
Quod cum eo qui in alienâ potestate est, negotium gestum esse dicetur; vel de peculio, &c. C. 4. 26.
Quando de peculio actio annalis est. D. 15. 2...
De in rem verso. D. 15. 3... *C.* 4. 16. *quod in verso. I.* 4. 7. §. 4. *Le pere de famille, ou le Maître est tenu de ce qui a tourné à son profit, par le fait du fils de famille, ou de l'esclave.*
De peculio legato. D. 33. 8... *I.* 2. 20. §. 20.
De peculio ejus qui libertatem meruit. C. 7. 23.
Peculium castrense, & quasi-castrense.
De Castrensi peculio. D. 49. 17.
De Castrensi peculio militum, & præfectianorum. C. 12. 36. *Præfectiani erant apparitores Præfecti Prætorio.*
De Episcopis & Clericis... & eorum Castrensi peculio. C. 1. 3.
De Peculio Clericorum, relictis, & successionibus eorum. Inst. L. 2. 28... *Extr.* 3. 25.
De Castrensi omnium Palatinorum Peculio. C. 12. 31.

1 Pecule est le fonds qu'un Religieux a acquis par son industrie & pat ses épargnes. *Voyez le traité qui a été fait par Gervais, du Pecule des Religieux-Curez*, c'est un in octavo imprimé à Paris en 1698.

2 *De Peculio Clericorum monachorum, vel regularium.* Voyez François Pinson.
Abbas vel prior quod jure spolii privetur qui monachum ægrotum à monasterio expulit & alimenta denegavit. Voyez *Franc. Marc. to.* 1. *quest.* 182.

PEC 61

Monachus mentionarius privatus claustralis Ecclesiæ, 3
cui resident, acquirit: nec ut de dictis bonis in ultimâ voluntate disponere possit, Abbas licentiam dare potest.
Voyez *idem, to.* 2. *quest.* 566.

Quand le Beneficier est Religieux, & ayant Bene- 4 fice, il a acquis au nom de ses parens ou autres, ou leur a donné, si la disposition leur profitera? *Voyez Coquille, to.* 2. *quest.* 250.

Peculium Clericorum quale, & an clerici testari de 5 *eo possint?* Tournet, lettre P. Arr. 51.

M. René Chopin rapporte un Arrêt de l'an 1497. 6 où il est dit qu'un Abbé Religieux, & de profession Monastique, ne succede point au pecule de son Religieux fait Evêque: ce que le Parlement ordonna ainsi dans la succession d'un Evêque de Valence qui avoit été Religieux profez avant sa promotion à l'Episcopat. *Voyez les Definit. Can. p.* 599.

Parens ne succedent au pecule de Religieux. Ar- 7 rêt du Parlement de Paris de l'an 1533. en faveur du Prieur de Coincy, contre un parent du Prieur de saint Phale. *Définit. Can. p.* 605.

Arrêt du 17. Avril 1553 donné contre un Evêque 8 de Condom Abbé Commendataire d'un Abbaye, qui prétendoit au pecule d'un Religieux décedé, pourvû d'un Benefice dépendant de son Abbaye. Par cet Arrêt le Parlement ordonna que le pecule du Religieux seroit appliqué en partie pour la réparation de l'Eglise. & l'autre pour la nourriture des pauvres des lieux. Tels Arrêts ne font plus de Loix. *Définit. Can. page* 374. *& 606.*

Une sœur avoit donné à son frere Religieux l'usu- 9 fruit d'une métairie, avec les meubles y étans, à la charge qu'après le décez du Religieux la métairie & tous les meubles qui s'y trouveroient reviendroient à elle, ou à ses heritiers. Le Contrat fut homologué avec l'Abbé; celui-cy qui avoit formé complainte, fut déclaré non recevable, par Arrêt du Parlement de Paris du 20. Février 1555. les meubles ajugez aux heritiers suivant le contrat, excepté l'or & l'argent monnoyé. *Voyez Bouchel, Bibliotheque Can. tome* 1. *page* 10. *col.* 2.

L'Abbé qui succede à un Religieux, doit payer ses 10 dettes jusqu'à la concurrence de ce qu'il avoit *pro rata emolumenti*, suivant cette maxime vulgaire de Droit, *qui sentit commodum, debet sentire & incommodum*; la question a été jugée par un Arrêt de la Grand'-Chambre du 20. Mars 1562. *Définitions Canoniques, page* 375.

Arrêt du Parl. de Paris du 11. Avril 1581. qui aju- 11 ge au donataire de l'Evêque de Xaintes qui avoit été auparavant Moine, Abbé de Cigny une dette provenant du revenu de son Abbaye, nonobstant l'opposition de l'Abbé qui soûtenoit qu'il n'avoit pû lors en disposer. *Bibliot. Can. tome* 2. *p.* 636. *col.* 2.

Fermier d'une Abbaye ne peut prétendre la dé- 12 poüille d'un Moine s'il n'est expressément porté par son bail. Arrêt du Parlement de Bourdeaux dans *Papon, liv.* 13. *tit* 9. *nomb.* 5.
Voyez la Bibliot. Can. to. 1. *p.* 16.

Dantin Religieux profez de l'Abbaye de saint Se- 13 ver, est pourvû d'un Prieuré dépendant de l'Abbaye de Generez. Aprés cette provision, il conserva la place Monachale vingt ans ou environ, jusques en 1588. qu'il la resigna, & mourut cinq ans aprés. Sur la contestation pour sa dépoüille formée entre le Syndic de saint Sever, & les Religieux de Generez qui la prétendoient tous deux, elle fut jugée appartenir aux Religieux de saint Pierre de Generez, par Arrêt du Parlement de Toulouse du 16. Septembre 1593. car outre qu'il n'apparut pas d'une translation Canonique, la longueur du temps la faisoit présumer. *Cambolas, liv.* 1. *chap.* 47. où il observe que par autre précedent Arrêt du 18. Décembre 1570. la dépoüille d'un Chanoine Regulier fut ajugée au Chapitre, contre l'Evêque de Pamiers.

H iij

14. Les Religieux ne peuvent s'obliger & disposer de la reserve qu'ils font des fruits de leur portion Monachale, ou autres fruits; le Monastere succede à leur dépoüille, sans que les dettes qu'ils ont contractées puissent y donner empêchement. Arrêt du Parlement de Toulouse du 23. Decembre 1602. lequel enjoint à l'Abbé & Prieur Claustral du Monastere de Lezat, & tous autres du Ressort de faire observer la regle de leur Ordre à peine de 500. écus, & de saisie de leur temporel. Voyez le Recueil de Mainard, livre 10. Arrêt 8.

15. La dépoüille d'un Religieux n'appartient point à l'Abbé Commendataire, mais au Syndic, à la charge de l'employer en réparations. Jugé le 19. Février 1605. contre celuy de Lezat. Cambolas, livre 4. chap. 1. On ne doute plus au Palais que le pecule des Religieux n'appartienne aux Abbez Commendataires.

16. Arrêt du 5. Avril 1605. rendu entre l'Abbé de Lezat, & le Syndic du Monastere, demandant respectivement la dépoüille d'un Religieux qui l'ajuge au Syndic, à la charge de l'employer aux réparations du Monastere, ou achat d'ornemens Ecclesiastiques. La Rocheflavin, liv. 3. lettre R. tit. 5.

17. *Executioni mandatur judicium contrà Monachum, quoad ejus peculium & Prioratûs temporalem reditum, nihilque licet Abbati detrahere.* Arrêt du treize Mars 1607. Mornac, loi 20. ff. de peculio.

18. Frere Antoine le Bel, pourvû depuis 25. ans d'un Prieuré dépendant de l'Ordre de Sainte Geneviéve, avoit amassé 14000. liv. il les mit en dépôt avec son Testament, & une piéce de drap d'or entre les mains d'un nommé Frissard, lequel étant décédé, le Religieux reclama son dépôt. L'Abbé de Sainte Geneviéve intervint pour le reclamer pareillement, comme successeur du pecule. Arrêt du 26. Avril 1633. qui ordonne que le tiers de la somme luy sera délivré, les deux autres tiers mis és mains d'un notable Bourgeois, pour en faire profit & interêt, duquel Antoine le Bel joüiroit sa vie durant; & aprés son décés, que moitié desdits deux tiers avec les cedules, obligations & profits appartiendroient au Convent de Sainte Geneviéve; l'autre moitié à l'Hôtel-Dieu de Paris, par forme d'aumône; & la piéce de drap d'or aussi ajugée au Monastere, sans dépens. Voyez le 3. Plaidoyé de M. Gaultier, to. 2.

19. Jean Geoffrens avoit fait profession en l'Abbaye de saint Satur de saint Augustin; il fut pourvû de la Cure de Nogent, dépendante de l'Abbaye de saint Jean de Sens; l'Abbé prétendoit son pecule, il l'abandonna aux Recolets; les Religieux de saint Satur le reclamoient. Arrêt du Parlement de Paris du 13. Février 1643. qui en infirmant la Sentence des Requêtes du Palais, ordonne que les deniers procedans de ce pecule seront mis és mains du Substitut des Gens du Roy pour être employez par leur avis au profit de la Fabrique de la Cure de Nogent. ce qui donna lieu à ce Jugement, fut l'intervention du nouveau Curé; il exposa les ruines de l'Eglise, & il avoit déja obtenu une provision de 500. liv. Voyez le 2. Plaidoyé de M. Dandigaier du Mazet.

20. Pecule d'un Religieux décedé prétendu par deux Monasteres, & ajugé aux pauvres de la Paroisse dont il étoit Curé. Jugé le 13. Février 1651. Soëfue, tome 1. Cent. 3. chap. 62.

21. Le Monastere qui succede au pecule d'un Religieux, est censé & reputé heritier, & peut former complainte possessoire. Chopin, Coûtume de Paris, li. 3. tit. 1. n. 4. & suiv.

22. Des Moines sans faire inventaire avoient pris le pecule d'un Religieux de leur Ordre, ils furent condamnez à payer 330. liv. que le Religieux devoit. Arrêt de la Grand'-Chambre, Audience du Lundy 16. Mars 1654. Diction. de la Ville, nomb. 7488.

23. L'Abbé Commendataire debouté de la succession du pecule: aux Religieux & Convent furent ajugez les meubles servans à l'Eglise & destinez au service Divin, ensemble la Bibliotéque du défunt: au Prieur successeur les meubles meublans, & le surplus vendu pour les deniers être baillez, moitié aux pauvres du lieu, l'autre moitié à l'Hôtel-Dieu de Paris. Si l'Abbé est Cardinal, il succede au pecule. Jugé le 4. Août 1654. Du Frêne, liv. 7. chap. 43.

24. Si l'Abbé Commendataire succede au pecule de son Religieux? Cette question fut terminée par transaction. Voyez Boniface to. 3. li. 7. tit. 3. chap. 1.

25. Par la Jurisprudence des Arrêts la succession du pecule des Religieux appartient aux Abbez Commendataires, nonobstant la Bulle du Pape Pie V. confirmée par Gregoire XIII. Définit. du droit Can. page 104.

26. Procez s'étant mû pour raison de la dépoüille de Frere Martin Bayne, Religieux de saint Orens de Lavedan, entre son heritier nommé dans un testament fait depuis sa Profession, une proche parente son heritiere *ab intestat*, & le Monastere du Religieux; & le procez ayant été porté devant le Senéchal d'Auch, il y intervint Sentence qui cassa le testament, maintint l'heritier legitime en tous les biens que ce Religieux avoit lors de la prise de possession de la place Monachale, & le Syndic du Monastere dans tous les autres biens acquis par le Religieux depuis cette prise de possession; dequoi la Parente ayant relevé appel au Parlement de Toulouse, M. Jean Puyo Prieur Commendataire de ce Monastere étant intervenu en l'instance pour demander en cette qualité la dépoüille du Religieux; par Arrêt du premier Decembre 1666. la Sentence fut confirmée, à la charge que le Syndic du Monastere payera à concurrence certaines dettes contractées par le Religieux depuis sa Profession. Voyez M. de Catellan, livre premier, chap. 57.

27. La maxime du Palais est presentement qu'un Religieux peut de son vivant disposer, même à titre de donation de son pecule, & de ce qu'il a épargné de revenus, dont il a joüi separément, pourvû que la disposition ne soit pas faite purement en fraude de l'Abbé ou du Monastere, qui doit succeder au pecule. Voyez Ricard, des Donations, part. 1. chap. 3. sect. 4. n. 343.

28. Le frere d'un Religieux assassiné poursuit l'assassinat sans aucune sommation, ni protestation signifiée au Prieur; il fait condamner l'assassin; mais ne pouvant recouvrer ses dommages & interêts, & dépens, il se pourvoit contre le Prieur, & le fait condamner à le rembourser des frais & dépens par luy faits, prétendant que le Prieur étoit tenu comme successeur *& quasi hæres*, du moins jusqu'à la concurrence du pecule. Les Présidiaux condamnerent le Prieur à rembourser le frere des frais & dépens, & ce par jugement dernier; le Prieur appelle en la Cour; Par Arrêt du 22. Novembre 1601. les parties ont été mises hors de Cour & de procez, & défenses aux Présidiaux de juger en dernier ressort semblables causes, qui ne sont de leur Jurisdiction; neanmoins le Prieur condamné mettre és mains du frere tout ce qu'il avoit de la dépoüille & du pecule du défunt, dont il se purgeroit par serment. On tint que l'Arrêt fut fondé sur ce que le frere du Religieux assassiné n'avoit pas sommé le Prieur; il avoit fait toute la poursuite contre l'assassin, *jure sanguinis & pietatis causâ*, & partant les frais faits non sujets à repetition, & que l'abandonnement fait par le Prieur mettoit le frere hors de tous interêts. Bibliotheque Canonique, tome 2. page 197. col. 1.

PECULE DU RELIGIEUX TRANSFERÉ.

29. Le pecule d'un Religieux transferé appartient au second Monastere dans lequel se fait la translation. Définit. Can. page. 605.

30. Quand le Religieux est pourvû d'un Benefice dépendant d'une autre Abbaye où il est transferé, son

pecule appartient à l'Abbé dont le Benefice est membre dépendant, & non au titulaire de l'Abbaye où il a fait Profession. Si le Religieux n'est point transferé, ou si étant transferé, il est refusé, & ensuite de ce obtient dispense du Pape, & demeure dans l'Abbaye dont il est Profez; tout ce qu'il acquiert, même des fruits du Benefice dépendant d'une autre Abbaye; appartient à l'Abbé duquel il est Religieux, & non à celuy duquel dépend le Benefice, *quia quem vivum contempsit, non potest mortuum suum diccere, & ad bona sua aspirare*. Bibliotheque Can. tome 1. page. 16.

31   S'il y a eu translation d'un Monastere en l'autre, soit de semblable ou de diverse regle, par le commandement & aveu du Superieur; plusieurs tiennent que le dernier Monastere ne peut reclamer les meubles du Moine décédé, au préjudice du premier auquel ils appartiennent; mais les Moines vagues & les autres en sont privables, quand ils ont laissé sortir & vaguer long-temps le Religieux, & qu'il est décedé hors du Convent. Arrêt du Parlement de Normandie du 28. Novembre 1608. infirmatif de la Sentence du Bailly d'Evreux, par lequel les meubles de Jeanne de Mailloc Religieuse de Fontevrault, qui étoit décédée en la maison d'un parent où elle résidoit depuis huit années, furent les frais funeraux préalablement pris, ajugez moitié à l'Hôtel Dieu de la Magdelaine de Roüen. *Voyez ibidem*, p. 12. col. 1.

32   Les biens d'un Religieux pourvû d'un Prieuré en un autre Monastere, qui après le resigne à un ami, doivent passer au nouveau Monastere; comme il a été jugé par Arrêt du 7. Septembre 1546. entre l'Archevêque de Bourges, l'Abbé de Villeloin, & l'Abbé de Baugeran. *Definit. Can.* p. 104.

33   Pecule d'un Religieux Curé, contentieux entre l'Abbé du Convent où il avoit fait Profession, & celuy où il avoit été transferé, & dont le Benefice dépendoit, a été ajugé pour les meubles aux pauvres de la Paroisse; & les immeubles réunis à la Cure. Arrêt du 25. Janvier 1635. *Bardet*, tome 2. liv. 4. chapitre premier.

34   Un Moine Religieux de l'Ordre de saint Bernard est transferé par la permission du Pape dans l'Ordre de saint Augustin; en cette qualité il joüit d'un Prieuré Cure dudit Ordre; l'Ordre fait refus de le recevoir, il ne laisse pas de desservir le Benefice, il décede, l'Abbé de saint Bernard prétend son pecule, l'Ordre de saint Augustin a la même prétention: la Cour ordonna que le pecule seroit donné aux pauvres, suivant l'ordre de M. de Senlis. Le Lundy 13. Février 1651. Arrêt d'Audience. *Soëfve*, tome premier, Cent. 3. chap. 62.

PEINE.

PEine. *Pœna. Mulcta. Supplicium.*

Les peines sont la punition des crimes, & chaque crime est sujet à quelques peines, selon sa qualité & sa grandeur. Ainsi, dans les titres qui traitent des crimes, soit en general, soit en particulier, l'on trouvera les peines ausquelles ils sont sujets, soit par les Canons, soit par les Loix Romaines, ou par les Ordonnances de nos Rois.

Définition & explication de peine. *L.* 131. *D. de verb. sign.*

Différence de ces mots, *Pœna, Mulcta. L.* 144. *de verb. sign.* Voyez Amende.

De pœnis. D. 48. 19... *C.* 9. 47... *C. Th.* 9. 40. *Lex* 11. tabb. 1. 28... *D. Gr.* dist. 23. & 6. & 56. dist. 81. *in multis. can.* ... 12. *q.* 2. *c.* 7. *usque ad* C. 11. §. *verum* ... 16. *q.* 3... & 6. & 8. 3. *q.* 4. & 5... Extr. 5. 37... S. 5. 9... Cl. 5. 8... *Extr. Jo.* 22. *Ex co.* 5. 8...

De pœnarum omnium moderatione. N. 134. v. 13. & *c.* 10. 11. & 11... *L.* 155. §. 2. *D. de reg. jur.*

De modo multarum, quæ à Judicibus infliguntur. C. 1. 54.

De extraordinariis criminibus. D. 47. 11. Des crimes qui sont sujets à une peine arbitraire, la Loy n'ayant pas statué de peine certaine pour les punir. C'est en ce sens que nous disons, qu'en France les peines sont arbitraires.

De potestate gladii. L. 70. *D. de reg. jur.*

De judiciis omnibus. Paul. 1. 20. De plusieurs sortes de peines, selon les differens crimes.

De quæstionibus. C. Th. 9. 35. Des Peines & Supplices.

De servorum quæstionibus. Paul. 5. 14. Ce Traité parle aussi des peines. *Voyez* Question.

De pœnâ temerè litigantium. I. 4. 16. Voyez Dépens.

De pœnâ Judicis qui malè judicavit, vel ejus qui Judicem vel adversarium corrumpere curavit. C. 7. 49.

Peine proportionnée à l'âge. *L.* 108. *D. de reg. jur.*

Peine de mort, quand elle n'a pas lieu contre les voleurs. *Leon. n.* 64.

De infirmandis pœnis cælibatûs, orbitatis; & de Decimariis sublatis. C. 8. 58. Abrogation des peines établies contre ceux qui vivoient dans le Celibat, & qui n'ont point d'enfans. *De Decimariis, i. e. Legibus quæ statuebant, ut decimam vir & uxor inter se matrimonii nomine, caperent.* Vide Ulp. 15.

Ce qui est payé par forme de peine, n'est pas restituable. *L.* 46. *D. de reg. jur.*

De pœnis. Per Joan. Milleum in fine suæ prac. crimin.

Du Mas, *de pœnarum varietate.* Tolosæ 1561.

De pœnis Legum statutorum, &c. temperandis, Per Andr. Tiraquellum.

De casibus, in quibus quis punitur ad mortem de jure civili. Per Guillelmum Bont. Lovanien. *quem quidam* Baldo attribuunt.

De tormentis. Per Guidonem de Susaria, cum addit. Ludovici Bolognini, *& per* Franc. Cason.

Præceptum Judicis contemnens, an statim in pœnam comminatam declarari possit? Voyez Andr. Gail, li. 1. *observat.* 15.

Pœnam fisco vel parti adjudicatam, an Judex remittere possit? Voyez idem, *observ.* 114.

De Receptatoribus Bannitorum. Voyez Andr. Gail, *tract. de pace public.* li. 2. cap. 10.

Bannitus semel, an ex alio delicto iterum banniri possit? Voyez ibid. c. 11.

De conatu, quomodo puniatur? Per Fely. in si. Lecturæ super decr.

Thesaurus de pœnis Ecclesiasticis. Romæ 1674.

Traité des peines & amendes, par Duret.

Des peines. *Voyez* Papon, *li.* 24. *ti.* 10.

De diverses peines non pratiquées aujourd'huy *Despeisses, to.* 2. p. 694.

De celles en usage, *ibid.* p. 682.

Des cas, ésquels le Juge peut les aggraver ou diminuer. *Ibid.* p. 642.

1   D'aucunes punitions ou condamnations trop severes, mêmes cruelles, & de l'execution; ensemble des Executeurs d'icelles. *Voyez* La Rocheflavin, liv. 13. ch. 73.

3   *Quæ res in delictis à pœnâ excusent; vel saltem prosint ad pœnam ipsam mitigandam?* Voyez Julius Clarus, li. 5. Sententiarum, qu. 60.

Ex quibus delictis reus sit ultimo supplicio damnandus? Ibid. qu. 68.

De pœnis pecuniariis. Ibidem.

De pœnâ talionis. Ibidem, qu. 81.

De pœnis statutariis. Ibidem, qu. 82.

De pœnis arbitrio judicis imponendis. Ibidem, question 83.

Ibidem; quæst. 85. explicantur multa, ad quæ Judex in pœnarum impositione maximè debet animadvertere.

Unum pro alio puniri non debere. Ibid. qu. 86.

An ex solâ scientiâ delicti committendi fit aliquis puniendus? Ibid. qu. 87.

An aliquis fit puniendus ex consilio ad delinquendum alteri dato ? Ibid. qu. 88.

An aliquis fit puniendus ex mandato ? Ibid. qu. 89.

An effectus, sive conatus ad delinquendum, puniri debeat, etiamsi delictum consummatum non fuerit ? Voyez *Julius Clarus*, ibid. q. 92.

4 Des crimes meritans la corde. Voyez *Guy Pape*, qu. 189. Il met dans leur nombre le larcin, la volerie, le brigandage, le sacrilege, la trahison contre le Prince, les deserteurs, les transfuges, les auteurs des seditions, même les Schismatiques.

5 *Post Sententiam latam pœna non potest augeri vel minui, sine principali authoritate.* Voyez *Franc. Marc.* to. 1. qu. 358. n. 3.

6 *An vir litteratus nobilis, aut in dignitate positus, plus puniatur quàm plebeius aut vilis ?* Ibid. qu. 675.

7 *Meri imperii non sunt pœna pecuniaria, carcer, tortura, pilorium.* Voyez idem, to. 2. qu. 189.

8 *Tormenta nova adinvenire nemini licere.* Voyez ibid. qu. 284.

9 *De pœnâ tundendi capillos.* Voyez ibid. q. 326.

10 *Judex non tenetur exprimere in Sententiâ causam quare pœnam juris mutat.* Voyez *Com. Joan. Const.* sur l'Ordonnance de François I. art. 12.

11 Des peines prononcées par les Loix, elles ne doivent point être étenduës. Voyez *du Moulin sur la regle de publicandis*, nomb. 21.

12 Arrêt du Parlement de Paris de l'an 1283. portant que la maison d'un particulier seroit rasée, pour avoir servi de retraite à un Banny, de l'autorité de la Cour. Arrêt semblable de l'année 1569. qui ordonne la démolition de celle de Gatine à Paris. *Papon*, li. 24. ti. 10. n. 7.

13 Arrêt du Grand Conseil du 24. Août 1404. par lequel sur la plainte des Ecoliers de Sainte Catherine, qu'un Parisien accompagné de ses domestiques armez, les étoient venus plusieurs fois maltraiter, il fut ordonné que sa maison seroit rasée. Arrêt semblable contre les Heretiques de Meaux en 1546. *Ibidem*, n. 5.

14 Dans cette Monarchie on ne pendoit point les femmes avant 1449. Cette année seulement, il en fut pendu une à Paris, où ce spectacle attira un grand concours de peuple. Voyez *Enguerrand de Montrelet dans la troisiéme partie de son Histoire, & Chronique de S. Denys*, fol. 178. B.

15 Arrêt de la peine qui doit être ordonnée contre celuy qui enleve la tête du criminel executé à mort, & donné à l'exemple. Voyez *la premiere conclusion du sieur de Roquayrols, Procureur General en la Chambre de l'Edit de Castres*.

16 Une mere ayant brûlé la potence & la figure de son fils, pendu en effigie devant sa porte pour assassinat, a été condamnée par Arrêt du Parl. de Toulouse du 27. Janvier 1628. à consigner une somme de 20. liv. pour dresser dans la place publique une nouvelle potence, avec une pareille figure. La veuve de l'homme assassiné pour qui plaidoit M. Jean Boné, concluoit en double amende, l'honoraire en 1000. l'utile en 2000. liv. ce que la Cour ne prononça pas. Voyez le 4. Playdoyé de *Boné*.

17 Nous n'observons point en France, qu'un condamné à mort puisse être soustrait à la peine qu'il a meritée, par la demande qu'une fille en pourroit faire pour son mary. Voyez *Soëfve*, to. 1. Cent. 4. chap. 96. où il rapporte les sentimens de Chassanée, Tiraqueau, Gomes, Papon, Ranchin, Fontanon, Mazuer, Boërius, La Rocheflavin, Expilly, &c.

18 Un Procureur d'Agien ayant été absous de la peine de corruption de deux témoins, pour avoir soutenu la question; & étant repris pour une faute de pareille nature, mais beaucoup moins considerable, par Arrêt du Parlement de Bourdeaux du 14. Août 1537. attendu la recidive, a été condamné à être décapité. *Papon*, li. 24. ti. 10. n. 8.

19 Peine corporelle ne peut être jugée en procés civilisé. Arrêt du Parlement de Paris de l'an 1388. & notament par Arrêt du Grand Conseil du dernier Mars 1551. en faveur de Gilles Lepers, l'un des quatre Prevôts de France, quoique convaincu d'avoir tué un prisonnier, qu'il disoit d'abord s'être tué luimême; il fut seulement condamné en des amendes vers le Roy, & la partie privée de son état, & declarée incapable d'en posseder à l'avenir. *Papon*, ibid. nomb. 13.

20 Arrêt du Parlement de Paris du 15 May 1604. les Chambres assemblées, par lequel il fut ordonné que le corps d'un nommé Nicolas Lhoste, natif d'Orleans, Commis de M. de Villeroy premier Secretaire d'Etat, trouvé mort dans la riviere, seroit tiré à quatre chevaux, comme convaincu de trahison & criminel de leze-Majesté, les quartiers mis sur quatre roües aux principales avenuës de cette Ville, ses biens confisquez, sur lesquels seroient pris 4000. livres d'amende pour le pain des prisonniers, & autres necessitez de la Cour, outre les sommes ordonnées aux témoins. *Papon*, ibidem.

21 Arrêt du Parlement de Provence du 10. Janvier 1642. qui a declaré la voye de fait punissable, & fait défenses aux Consuls de faire executer les peines portées par leurs Privileges, mais de se pourvoir aux Juges pour les faire declarer. *Boniface*, to. 1. l. 8. ti. 16. ch. 1.

22 Autre Arrêt du 2. Mars 1645. qui défend l'augmentation des peines municipales. *Boniface*, tom. 2. part. 3. li. 2. ti. 1. ch. 3.

23 La peine en matiere criminelle n'est point transmissible aux heritiers, quoiqu'il y ait eu remise à plaider en Audience servant de contestation en cause. Arrêt du 16. Juillet 1672. qui met les heritiers hors d'instance. *Idem*, to. 5. li. 5. ti. 6.

24 Les Communautez ne peuvent établir de nouvelles peines contre les damnifians, pardessus celles des Reglemens du païs. Arrêt du 8. May 1673. *Idem*, to. 4. li. 10. ti. 3. ch. 4.

PEINE, ADULTERE.

25 Peine du crime d'adultere. Voyez cy-devant le mot *Adultere*, nomb. 71.

PEINES, AMENDES.

26 Des peines & amendes. Ordonnances de Fontanon, to. 1. li. 3. ti. 87. p. 702.

PEINES, ARBITRAGES.

27 Peines duës en cas d'appel de Sentence arbitrale. Voyez le mot *Arbitres*, n. 8. & suiv.

28 Par l'ancienne Ordonnance des Arbitrages, la peine se consignoit, & étoit sujette à repetition avant qu'il eût été mal-jugé : mais par la nouvelle Ordonnance il est acquis, *etiam si malè judicatum*. Arrêt du Parlement de Paris de la surveille de Noël 1581. quoiqu'il n'y eût ni conclusion, ni relief, & que l'appel n'eût été interjetté, que pour éviter une rigoureuse execution. *Papon*, livre 6. titre 3. nombre 5.

PEINES ARBITRAIRES.

29 *Pœna, quando arbitrio Judicis relinquitur. Pœnam mortis, an possit arbitrari Judex ? Pœnæ omnes sunt arbitria in Principe.* V. *Com. Joan. Const. sur l'Ordonnance de François I.* fol. 2.

30 Quoique les peines soient arbitraires en France, il n'appartient qu'à la Cour de moderer les peines de droit. *Papon*, li. 24. ti. 11. n. 20.

31 Lorsqu'une peine est arbitraire, le Juge peut condamner à la mort; mais ne peut le Juge inventer de nouvelles peines, autres que celles qui sont usitées. Arrêt du Parlement de Paris du mois de Decembre 1545. Autre Arrêt du 21. Juillet 1456. par lequel un Anglois condamné à être noyé par le Prevôt de Paris, a été reçû appellant, & condamné à être gardé au pain & à l'eau jusqu'au bon plaisir du Roy. Ibid. ti. 10. n. 2.

PEINE

PEINES, BLASPHEMATEURS.
32 Peines contre les Blasphemateurs. *Voyez* le mot, *Blasphemateurs*.

DES CLAUSES PENALES.
33 *Voyez* le mot *Clause*, nomb. 58. *& suiv.*

COMMUTATION DE PEINE.
34 *Voyez* le mot, *Commutation*.
De *pœnâ pecuniariâ commutandâ in corporalem pœnam*. *Voyez Franc. Marc.* to. 1. qu. 183.

35 *Condemnatus pro delicto si pœnam pecuniariam pendere non possit, pœnâ corporali plectendus est.* Ibidem, tom. 2. qu. 645.

36 Peine pecuniaire, en laquelle on ne satisfait point, commuée en peine corporelle. *Voyez* le mot *Amende*, n. 102. *& suiv.*

37 Peine pecuniaire prononcée par le Juge laïc contre un Clerc pour délit privilegié, peut être convertie en corporelle, s'il est ordonné que le condamné tiendra prison jusqu'au payement. Arrêt du Parlement de Bourdeaux du 21. Janvier 1526. mais quoique le Juge lay puisse faire la condamnation, c'est au Juge d'Eglise à faire la commutation; car le Juge Ecclesiastique peut faire battre de verges jusqu'au sang exclusivement. *Voyez Papon, liv.* 24. tit. 16. nomb. 4.

38 Le 21. Juillet 1581. fut commuée la peine civile & pecuniaire, en peine de punition corporelle du foüet, si mieux n'aimoit partie l'atternoyer en païant vingt écus comptant, & le reste de six mois en six mois, & faire l'option de la quinzaine. Quand le debiteur est âgé, & qu'il a souffert longue prison, il n'est pas traitté de même rigueur. Arrêt du 11. Août 1576. *Papon, li.* 10. ti. 10. n. 2.

39 Peine pecuniaire peut être convertie en peine corporelle à l'encontre de celuy qui n'a de quoy payer; ce qui est à l'arbitrage du Juge. Arrêt du Parlement de Paris du 10. Decembre 1534. Autre Arrêt du 29. Mars 1427. qui condamne l'accusé à faire cession de biens. Autre Arrêt du 25. May 1429. qui condamna à jeûner pour amende encouruë pour injure. Ce dernier Arrêt a été depuis approuvé par autre du 4. Janvier 1586. *Ibidem*, n. 8.

40 Peine pecuniaire descendant de delit, ne peut être convertie en peine corporelle, si elle est petite, & jusqu'à deux écus: ainsi jugé à Bourdeaux. *Papon, li.* 24. ti. 10. n. 11.

PEINE, COMPROMIS.
41 Peine duë en compromis. *Voyez cy-dessus* le nomb. 27. le mot *Appel*, n. 30. *& suiv.* & le mot *Compromis*, n. 24. *& suiv.*

PEINES CONVENTIONNELLES.
42 *Voyez Charondas, liv.* 6. Réponse 59. *& Papon, liv.* 12. tit. 9.

43 La peine apposée dans un contrat ou legat ne peut avoir lieu avant l'interpellation. Arrêt du Parlement de Dijon du 25. May 1582. *Bouvot*, tome 1. part. 3. verbo *Peine*.

44 Excusation de peine conventionnelle est aisément reçuë. Arrêt du Parl. de Paris du 18. Février 1545. par lequel les Fermiers de saint Denis qui s'étoient obligez de fournir un terrier, à peine de cent livres d'amende, faute de satisfaire dans le temps porté, ont été déchargez de la peine, tenus de le rendre parfait dans quatre mois, autrement la peine encouruë. *Papon, li.* 12. tit. 9. n. 3.

45 Deux Gentilshommes transigent sur la préférence des bancs & honneurs en leur Paroisse, & promettent faire ratifier leurs femmes à peine de cent liv. l'un satisfait, l'autre non. Arrêt qui le condamne simplement, à faute de faire ratifier, aux dommages & interêts: il representoit l'excez de la peine, l'impuissance où il avoit été d'exécuter la clause. *Papon, ibidem*, nomb. 4.

46 L'appellant avoit promis de faire ratifier un accord à peine de cent écus, ce qu'il ne peut faire; appellé par l'intimé pour payer la peine, il est condamné à Dinan; Sentence confirmée par les Présidiaux de Rennes. Autre appel, il dit que telles peines conventionnelles & pecuniaires introduites par droit civil sont abrogées; telles peines ne doivent exceder le juste interêt. Par Arrêt du Parl. de Bretagne du 7. Août 1565. il fut dit mal jugé. Emendant le Jugement, l'appellant condamné en tels dépens, dommages & interêts que de raison, lesquels pour certaines causes & considerations, la Cour a taxez à 25. liv. monnoye, sans dépens. *Du Fail, li.* 1. chap. 100.

47 La peine de cinq sols par jour faute de payement de dix écus de pension par an, apposée par un contrat de constitution de pension faite à une Religieuse, jugée bonne en Avril 1588. *M. le Prêtre, és Arrêts de la Cinquiéme*. Toutefois le debiteur ne fut condamné pour le passé qu'à la somme de 300. liv. *Voyez la* 4. Cent. chapitres 16. & 17. Mornac, loy 32. ff. de usuris & fructibus, &c. & M. Loüet, & son Commentateur lettre P. somm. 3.

48 Un Chanoine de l'Eglise de S. Malo exceda l'Evêque & luy dit des injures; plainte fut renduë; un parent du Chanoine s'entremit; acte fut passé; il promet de faire ensorte que le Chanoine ne viendra de quatre mois dans la Ville de S. Malo, & s'obligea à payer la somme de 300. livres en cas de contravention. Le Chanoine revint; Sentence qui condamne le parent aux 300. livres; il appelle & prend des Lettres de rescision contre l'acte, sous prétexte que c'est une promesse *de alieno facto quod promittere nemo potest*, l'Evêque dit au contraire que les promesses *de non faciendo* sont valables. Arrêt du Parlement de Bretagne du 12. Janvier 1621. qui confirme la Sentence, à la charge que les 300. livres seront payez à l'Hôpital de St Malo & sans dépens. *Frain page* 347.

49 De la force des clauses penales, *Voyez Henrys*, tome 1. *livre* 4. chapitre 6. question 68. où il rapporte un Arrêt du 5. Juin 1638. qui a jugé que la stipulation de la peine du double n'est pas valable, du moins qu'elle ne demeure pas encouruë de plein droit, quoique portée dans un contract de mariage.

PEINE, DOUBLEMENT, TIERCEMENT.
50 L'Ordonnance d'Orleans article 60. & de Moulins article 58. ne sont point gardées à la rigueur. *Voyez M. Loüet lettre P. Sommaire* 4. Voyez *cy-devant Payement*.

ECHAPÉ A LA PEINE.
51 Deux criminels convaincus d'assassinat condamnez à être brûlés vifs, un d'eux s'échape des mains du Bourreau à demi brûlé, & se sauva dans l'Eglise des Carmes, d'où ayant été tiré & conduit en prison, où il mourut la nuit, par Arrêt du mois d'Avril 1534. il fut ordonné que son corps seroit mis en cendres. Plusieurs inclinerent à luy donner sepulture, regardant ce fait comme un miracle, du moins disans qu'il n'étoit permis d'exécuter supplice contre un corps mort. *Papon, liv.* 24. tit. 14. nomb. 1.

52 Un homme condamné à être pendu, étant jetté de l'échelle la corde au col, tombe à terre par la rupture de la corde (sem s'en est demeuré mort; on demande s'il doit être remis, sur tout quand il a toujours dénié? Quelques auteurs tiennent la negative. *Papon*, livre 24. titre 17. nombre 14. dit avoir vû pratiquer le contraire en France.

PEINES ECCLESIASTIQUES.
53 Des punitions & corrections Ecclesiastiques. *V. la Bibliotheque Canonique* tome 2. page 341. *& suivantes* & cy-dessus l'*Indication des Auteurs*.

54 Juge d'Eglise ne doit condamner les delinquans ses justiciables aux Galeres. Arrêt du Parlement de Paris du 29. May 1544. sur l'appel comme d'abus d'un jugement rendu par l'Official de Bourges lequel a été condamné à reprendre à ses perils & fortunes

les prisonniers par luy délivrez dedans un mois sur peine de 1000. livres. *Papon, livre* 24. *titre* 16. *nombre* 4.

55 Les Prêtres és cas prévilegiez peuvent être condamnez par les Juges Lais en amende honorable, & au bannissement. *Can. Clericus maledictus distinct.* 45. Voyez *Mainard, livre* 9. *chap.* 48.

Peine du Faux.

56 Voyez le mot *Faux, nomb.* 106. *& suivans. Acta qui corrumpunt, dilaniant aut lacerant, præter pœnam falsi, quinquaginta aureis plectuntur.* Voyez *Franc. Marc, tome* 2. *quest.* 444.

57 Déclaration du Roy du mois de Mars 1680. portant peine de mort contre les faussaires, registrée le 24. May 1680. *De la Guessiere, tome* 4. *livre* 3. *chapitre* 12.

Peine du Fouet.

58 Voyez le mot *Foüet*.

Peine, Heretiques.

59 Des peines contre les Heretiques. Voyez le mot, *Heretiques, nombre* 52. *& suiv*.

Peines des Maris.

60 Les maris excedans outrageusement leurs femmes separées d'eux de corps & de biens, sont condamnez à demeurer perpetuellement dans un Monastere pour faire penitence. Arrêt du 12. Juillet 1600. *Peleus, question* 2.

Peine, Monastere.

61 Du Monastere donné pour peine. Voyez *Peleus, question* 2.

Peine de Mort.

62 Si l'Ordonnance ne prononçant point de peine contre un crime, le Juge peut de son autorité condamner à mort ? L'affirmative jugée au Parlement de Paris le 22. Juin 1673. contre un Directeur qui fut pendu & brûlé avec son procés pour avoir abusé de la penitente. Voyez *le Journal du Palais, tome* 2. *page* 972.

Peine, Prison perpetuelle.

63 Voyez *M. le Prêtre* 2. *Cent. chap.* 25.

Peine, Secondes nôces.

64 Voyez lettre *E.* verbo, *Edit des secondes nôces*, le mot *Mariage*, & lettre *S.* au titre *des secondes nôces*.

Peine, Suborneurs de Benefices.

65 La peine des Precepteurs subornans leurs Escoliers pour se faire resigner leurs Benefices, & de ceux qui se servent des procurations ainsi passées. Arrêt du 18. Juin 1554. qui les condamne à faire amende honorable, & en amende envers le Roy, &c. *Peleus quest.* 79.

PELERINAGE.

1 Sur les Pelerinages, Pelerins, Voyez Thomas Waldensis *tome* 3. *titulo* 15. *&* 21.
Silvester *in summâ*.
Hilarius Byrchmayr, *de verâ peregrinandi ratione*.
Arnoldus Mermannius *de rogationibus ac peregrin*.
Jac. Gretserus Soc. Jesu.
Nicolaus Serarius, *de processionibus & peregrinationibus*.

2 Arrêt du Roy Henry second en 1556. contre les Pelerins. Ceux qui voudront aller une seconde fois en pelerinage, seront bannis, & en cas de recidive condamnez aux galeres. *V. Henrici progymnasmata, Arrêt* 276.

3 Edit du Roy du mois d'Août 1671. portant reglement pour les Pelerins, & enjoint aux Prévôts d'arrêter ceux qui commettent des abus dans les pelerinages, registré au Parlement de Paris le 27. & au Parlement de Roüen le 16. du même mois. *Maréchaussée de France, page* 915.

4 Déclaration, en execution de celle du mois d'Août 1671. portant défenses à tous les sujets du Roy d'aller en pelerinage à S. Jacques en Galice, Nôtre-Dame de Lorette, & autres lieux du Royaume, sans la permission expresse du Roy, signée par l'un des Secretaires d'Etat, sur l'approbation de l'Evêque Diocesain, à peine de galeres à perpetuité contre les hommes, & de telle peine afflictive contre les femmes, que les Juges estimeront convenable, &c. A Versailles le 7. Janvier 1686. reg. le 12. dudit mois. *Ibidem p*. 1033.

PENITENCIER.

1 Des penitens publics & de la penitencerie. Voyez *M. Du Perray en son Traité de la capacité des Ecclesiastiques livre*. 2. *chap.* 8. *page* 189.

2 *Major Pœnitentiarius Papæ à pœnâ Canonis: si quis suadente* xvij. *q.* iv. *absolvere potest*. Voyez *Franc. Marc, tome* 2. *quest.* 814.

3 Le Grand Penitencier a moyen de dispenser *super incontinentiâ mulieris*, & est seul croyable de la puissance à luy en ce regard concedée par le Pape. Jugé au Parlement de Roüen le 13. Août 1520. entre sœur Anne Du Bosc, & Guillemette du Quesnay, touchant le possessoire de l'Abbaye de Preaux, située dans cette Province. *Bibliotheque Can. tome* 2. *pag.* 217. *col.* 1.

4 Pour ce qui concerne la dispense *super defectu natalium ad beneficia consequenda*, il fut soûtenu au Parl. de Roüen le 13. Août 1529. entre un nommé Cordelier, au sujet du Benefice de Reüilly, Diocese de Bayeux, que le grand Penitencier Apostolique n'avoit pas cette puissance, mais seulement que sa fonction consistoit *circà absolutionem peccatorum pœnitentiam injungendo*, comme étant son autorité à ce coarctée, ou limitée, & en tout cas qu'il ne la pouvoit déleguer, ni commettre à un autre. *Ibidem*.

5 Les charges de Penitencier & de Promoteur, sont incompatibles dans une même personne. L'une étant pour absoudre, l'autre pour accuser les criminels qui se trouveroient souvent justiciables de l'Officialité. Arrêt du 15. Mars 1611. sur les conclusions de M. Servin Avocat General, contre M. l'Evêque d'Angers, à la poursuite de son Chapitre. *Chenu, tome* 1. *tit*. 1. *chap*. 67.

6 La Penitencerie ou Prebende penitentielle dans les Eglises Cathedrales n'est point une dignité, & qu'elle est sujette aux Graduez. Arrêt du Parlement de Paris du 14. Février 1650. au Rolle de Vermandois, pour la Penitencerie de l'Eglise Cathedrale de Reims. *Du Frêne, Journal des Audiences, livre* 5. *chapitre* 51.

PENSE'E.

Propositum in mente retentum nihil operatur. Mornac, *loy* 7. C. *de conditione ob causam datorum.*
An ex sola cogitatione quis puniatur? Voyez *Julius Clarus, liv.* 5. *Sentent. quest.* 91.

PENSION.

Pension alimentaire, viagere. *Pensio. Annona.*
De his qui denuntiant ne civiles annona vel pensiones solvantur. N. 88. c. 2. Pension alimentaire ne peut être saisie.
Voyez *Alimens, Provision*.

Pension, Arrerages.

1 Arrerages de pension, combien d'années peuvent en être demandées, & à qui ? Voyez le mot *Arrerages, nomb.* 66. *& suiv*.

Pension, Benefice.

2 Des pensions accordées sur les Benefices. Voyez cy-après le *nomb*. 16. où l'on en fera un titre particulier à cause de l'importance de la matiere.

Pension, Chevalier de Malthe.

3 Si un Chevalier de Malthe peut demander une pension à ses parens ? Voyez le mot *Chevalier, nomb*. 59. *& suiv*.

PEN

PENSION, DEBITEUR.

3 Pension accordée au débiteur, au préjudice des créanciers, ou de leur consentement. *Voyez* le mot *Creancier*, nomb. 63. & 64. & le mot *Provision*.

PENSION, DOMAINE.

4 Des pensions sur le Domaine. *Voyez* le mot *Domaine*, nomb. 67.

PENSION, JUGES.

5 Par Edit du Roy Loüis XIII. publié à Dijon le 27. Octobre 1614. il n'est pas permis aux Officiers Royaux d'être pensionnaires des Seigneurs, Gentilshommes. *Voyez Bouvot*, tome 2. verbo *Pensionnaires*, quest. 15.

PENSION, RELIGIEUX.

6 Pensions viageres laissées aux Religieux. *Voyez* le mot *Alimens*, nomb. 117. le mot *Dot*, nomb. 441. & suiv. & cy-aprés, *Religieux*.

7 *Pensiones Monastica solvi debent per anticipationem*. Mornac, loy 22. ff. de pactis dotalibus.

8 Les Religieux pour pension sont preferables à tous, même aux Amodiateurs sur les fruits saisis. Arrêt du Parlement de Dijon du 7. Juillet 1615. leur pension est comme une rente fonciere. *Bouvot*, tome 2. verbo *Pensions*, quest. 4.

9 Pour arrerages de pensions viageres promises & constituées au profit de Religieuses, on ne peut demander la contrainte par corps, quoique ces pensions tiennent lieu d'alimens. Arrêt du 31. Janvier 1648. *Soefve*, tome 1. Cent. 2. chap. 60.

PENSIONS VIAGERES.

10 *Annua pensio super furno assignata an furno minuto nihilominus integra peti possit ?* Guy Pape, quest. 8.

11 Les pensions viageres sont reputées dettes immobiliaires, étant estimées comme usufruit. Arrêt du 14. Août 1582. Charondas, liv. 4. Rép. 25.

12 Arrêt du Parlement de Paris du 3. Août 1627. pour la confirmation des pensions viageres reservées par les Religieux, & cassation des donations par eux faites au préjudice de leurs parens, aux Convens de leurs Ordres. *Filleau*. 1. part. tit. 1. ch. 48.

13 Les pensions viageres, quoique dûes de plusieurs années, la reduction en a été faite à dix ans, par Arrêt du 7. Septembre 1657. *Henrys*, tome 2. livre 4. question 70.

14 Si aux constitutions de pensions viageres à prix d'argent, les pactions qui surchargent les débiteurs sont illicites ? *Voyez Boniface*, tome 2. livre 4. titre 5. chap. 6.

15 Chevalier de Malthe, encore qu'il soit incapable de succeder, il n'est pas exclus de demander une pension ou provision d'alimens sur les biens de ses parens, jusques à ce qu'il soit pourvû d'une Commanderie; mais si ses pere & mere assignent la pension, & ne mettent point la clause, pour en joüir jusques à ce que le Chevalier soit pourvû d'une Commanderie, il y a de la difficulté pour sçavoir si la pension cesse, & il faut encore observer si la Commanderie est de grace, ou venuë à son tour. *Brodeau sur M. Loüet*, lettre C. somm. 8.

Voyez cy-aprés verbo *Rentes*, §. *Rentes viageres*.

PENSION BENEFICIALE.

16 *De pensionibus Ecclesiasticis*. Per Jo. Bap. Cacialupum.

Per Paulum de Romà.

Per Jo. Nicolaum Delphinatem in tract. *de Jure patronatus*.

Et Per Thomam Campeg. in tracta. *de authoritate Romani Pontificis*.

Hieronymus Gigas, *de pensionibus Ecclesiasticis; ejusdem responsa in materia pensionum*.

Zecchius, *de Beneficiis & pensionibus*, in quarto, Verona 1601.

Tonducus, *de pensionibus Ecclesiasticis*, in fol. Lugd. 1661.

Tome III.

PEN 67

Vincentius Giocharus, *an Clericus in minoribus uxoratus possit retinere pensionem.*

Dissertation sur les pensions. *Roüen* 1675. in douze.

17 Les pensions sur les Benefices. *Voyez* ce qu'en ont écrit *Joannes Nicolaus in libello instituto, flores juris patronatus, pensionum & permutationum beneficiorum*, Chopinus, lib. 2. *de Domanio Franciæ*, tit. 9. n. 16. tit. 10. n. 15. *de sacrâ Politiâ*, li. 3. n. 15. & suiv. & *Monasticon* lib. 3. tit. 3. n. 20. Robertus, *rerum judicatarum*, lib. 1. cap. 7. Forget, Papon, li. 3. tit. 5. Tournet, lettre P. Arr. 55. & suiv. M. Loüet, lettre P. somm. 3. & suiv. Borjon, en son Recüeil, to. 4. page 255. M. le Prêtre, 4. Cent. chap. 82. Jovet, & l'Auteur de la Bibliotequae Canonique, verbo *Pension*. *Voyez les Memoires du Clergé*, tome 2. part. 2. tit. 13.

18 *Voyez* Rebuffe, 1. part. praxis benef. au chap. *de reservationibus*, n. 13. & suiv.

Notabilia super pensionibus. *Voyez* Rebuffe, 3. part. praxis benef. dans ses observations sur la pratique de la Chancellerie Romaine.

19 *De pensionibus Ecclesiasticis, & earum origine*. *Voyez* Pinson, au titre *de oneribus Ecclesiarum*, §. 8.

In quibus consistere possit pensio. §. 9.

De modo pensionis. Ibid. §. 10.

Quis creare possit pensionem? Ibid. §. 11.

Quibus modis finiatur pensio? Ibid. §. 12.

De causis constituenda pensionis. Ibid. §. 13.

Cuinam assignare debeat pensio? Ibid. §. 14.

20 Des pensions. *Voyez Lotherius*, de re Beneficiariâ li. 1. quest. 35. 36. 37. 38. 39. & suiv. où il examine, *Pensio unde dicta, quid sit, quæ ejus causa efficiens, finalis, materialis, & formalis. Quo jure pensionis Ecclesiastica usus fuerit introductus. An & quatenus litteræ apostolicæ sunt necessariæ pro gratiâ reservationis pensionis, & produci debeant. Qui sit usus signaturæ rescribendi in causis pensionis, & qualiter instruendus processus. Pensio super quibus reservatur, quæ actiones competant pensionario & in quos exerceantur. Quæ ratio sit formæ translationis pensionis per viam cassationis antiquâ & reservationis novæ? Huic quomodo satisfiat ? Et qualiter ex parte translatorii promoveatur judicium? Pensio per auspicationem ad Papatum an extinguatur, & quomodo ex defectu intentionis Papa dicatur nulla ab initio?. Quomodo pensio extinguatur ex forma aut materia interitu? Valor beneficii, quomodo in articulo executionis gratia pensionis vel objecti probetur? Solutio pensionis, quibus casibus fiat pro rata aut fructuum, aut temporis ? pensio an & quando veniat appellatione beneficii?*

21 On ne peut créer de pension qu'en trois cas: 1°. *Ne resignans nimium patiatur dispendium*. 2°. *Pro bono pacis*. 3°. *In permutatione Beneficiorum, quando in reditu est inæqualitas. Capite nisi essent viri providi de prebend. cap. super, de renunciat. cap. ad questiones de rerum permutat.* *Voyez* Rebuffe, Pratique beneficiaire tit. *de reservat. tam generalibus, quam specialibus*, li. 1. cap. 30. num. 21. 22. 23. & son traité *de pacificis possessoribus* num. 110. & 116. *Voyez* M. Dolive, liv. 1. ch. 28. Anne Robert, *rerum judicatarum*, liv. 1. chap. 7. M. Loüet, lettre P. somm. 30. Telles pensions ne peuvent exceder la troisiéme partie des fruits. Jugé en Mars 1578.

22 La clause *dummodo centum ducati liberi remaneant*, apposée aux créations de pensions s'observe en Italie aux terres du patrimoine du Pape, & non en France. *Bibliot. Can.* to. 2. p. 207. col. 1.

23 Pension en permutation n'est sujette à restitution. *Voyez Tournet*, lettre P. Arr. 91.

24 Du consentement des Patrons dans la réserve & création des pensions. *Voyez Tournet, ibidem*, Arrêts 79. & suiv.

25 *Pensio an dari possit in compensationem laïcô à Prælato sine consensu Capituli*? Ibidem, Arr. 55.

26 Le 28. Mars 1557. par Arrêt du Parlement de Paris rapporté par *Boërius*, conf. 29. a été une pension respectivement créée par deux copermutans, à la

I ij

charge de n'en joüir qu'après la mort de l'un ou de l'autre, déclarée nulle & abusive, & le Concordat pour ce fait cassé.

27. Pour la validité d'une pension il suffit qu'il apparoisse d'un titre coloré. Arrêt du Parlement de Paris du 11. Decembre 1543. on poura même la demander par vertu d'une simple signature sans autre donation de Bulles. *Bibliotheque Can. to. 2. p. 199. col. 2.*

28. On tient au Palais que sans placet du Roy on ne peut créer pension sur Benefices électifs à la nomination du Roy. *Papon, liv. 3. ti. 5. n. 6.*

29. On peut réserver une pension certaine, qui durera jusqu'à ce qu'il soit pourvû au pensionnaire d'un Benefice de telle valeur. Le Pape le peut, mais non les Evêques. Aujourd'huy même, les Evêques ne sçauroient constituer une pension sur un Benefice, ayant laissé perdre le pouvoir, & ce droit par non usance, ce qui est arrivé parce qu'ils l'ignoroient. *Bibliotheque Can. to. 2. pag. 478. col. 1.*

30. J'ay promis certaine pension jusqu'à ce que je t'aye baillé un Benefice, tu es pourvû d'un Benefice par l'Ordinaire, cela fait-il cesser la pension par moi promise, *non, quia ego sum obligatus ex contractu, neque obligatio personali quisquam potest se eximere, nisi eo præstito quod præstare promisit. Ita decidit Joan. Faber. in l. fin. C. si mancip. ita Vanier.* Bibliotheque de Bouchel, *verbo* Pension.

31. Le Parlement de Toulouse connoit de la possession des pensions apposées sur le Benefices. Arrêts des 24. Mars, & 21. Juin 1599. *Cambolas, liv. 2. chap. 37.*

32. Edit du Roy du mois de Juin 1673. portant reglement pour la retention des pensions sur les Benefices qui requierent résidence. *Boniface, tome 3. li. 6. tit. 2. chap. 4.*

33. Déclaration du Roy du 5. Février 1674. portant que l'Edit du 9. du mois de Juillet 1671. aura lieu à l'égard des Benefices qui requierent résidence, *Ibidem.*

34. Les recipiendaires aux Benefices resignez doivent prêter serment, qu'ils n'ont laissé ny racheté pour leurs Benefices aucunes pensions contre la disposition des Ordonnances. Jugé au Parlem. de Tournay le 14. Mars 1698. contre un pourvû de la Prebende & Penitencerie de la Cathedrale de Tournay, quoique les Bulles par luy obtenuës portassent dispense du serment ordinaire. *Voyez M. Pinault, to. 2. Arr. 212.*

PENSION, PORT D'ARMES.

34 bis. Si la pension cesse par le port d'armes? *Voyez* le mot *Armes, n. 19.*

PENSION, BULLES, EXPEDITION.

35. Ce n'est point par signature que s'expedient les pensions sur les Evêchez, & autres Benefices consistoriaux: c'est par une cedule consistoriale, qui contient les conditions ausquelles le Pape a accordé les provisions en Consistoire. La cedule consistoriale n'est autre chose qu'un abregé du rapport fait en Consistoire par le Cardinal proposant, qui par la cedule adressée au Cardinal Vice-Chancelier luy fait sçavoir que les provisions ont été accordées par sa Sainteté, avec les conditions & decrets contenus dans la cedule. En France les pensions reservées sur les autres Benefices inferieurs s'expedient par simple signature; mais en pays d'Obédience ces pensions s'expedient par Bulles comme les Benefices, à l'exception des pensions sur Benefices expediées par Consistoire pour lesquelles on prend seulement autant du decret de pension porté dans la cedule consistoriale; c'est l'observation de *M. Noyer*, Banquier, dans ses *Remarques sur les Définitions Can. p. 617.*

PENSION SANS CAUSE.

36. Un Abbé Prieur, ou autre Prelat, peut sans le consentement du Chapitre, assigner pension à certain temps sur le Benefice, pour recompense des services faits au Benefice même. Mais la pension ne peut être perpetuelle sans le consentement du Chapitre. Arrêt du Parlement de Grenoble sans date. *Papon, liv. 3. tit. 5. n. 5*

37. Pension sur Benefice, créé sans cause legitime, est abusive: ainsi jugé au Parlement de Paris le 13. May 1632. *Bardet, to. 2. li. 1. ch. 23.*

38. Martel Curé de Sauveur, étant mal avec le Seigneur du lieu, fut obligé de permuter avec Astarac Curé d'Aurade; il fut dit dans la permute, *attendu que la Cure de Sauveur étoit chargée d'une pension du tiers des fruits en faveur de Molineri*; que Martel feroit 100. livres de pension à Astarac. De sorte que Molineri étant mort, Martel disoit que la pension de 200. l. ayant été consentie sur cette cause; sçavoir parce que la Cure de Sauveur étoit chargée d'une pension, Molineri décedé, la cause cessant, l'effet devoit cesser. Au contraire, l'autre disoit que cette cause n'étoit pas *causa adæquata* de la permutation; & que s'il avoit eu la pensée que la pension de Molineri ne dureroit pas toûjours, il s'en seroit fait faire une plus hautte, pour consentir à cette permutation. Arrêt du Parlement de Toulouse du 22. Novembre 1650. qui condamne Martel à payer la pension. *Albert*, verbo *Pensions, Arr. 2.*

39. Sur plusieurs questions touchant les pensions, & particulierement, que la reserve de pension sur les fruits d'un Benefice en faveur d'une personne incapable de le posseder, étoit sans cause legitime, *Voyez les 19. & 20 Plaidoyers de Basset, to. 1. fol. 258.* Il raporte l'Arrêt du 4 Juin 1668. lequel jugea avoir eu y avoir abus en l'homologation d'un concordat, en ce qu'il contenoit reserve de pension sans cause, & contre les termes de la fondation.

40. Des pensions sur les Benefices de Chœur; & si le Chapitre doit les payer, lorsque les Titulaires ne servent point leurs Benefices; Arrêt de *M. de Catellan, liv. 1. ch. 30.* où il dit que le 3. Juillet 1662. au Parlement de Toulouse, le Chapitre de Narbonne fut condamné à payer au nommé Albert la pension de 40. livres, qu'il avoit établie sur un Benefice dans ce Chapitre, quoique le Titulaire ne faisant aucun service, perdit tous les fruits. La modicité de la pension, & une maniere d'usage qu'il parut y avoir dans ce Chapitre, de payer la pension en des cas pareils, pûrent contribuer à détourner les Juges. A la rigueur le Chapitre ne peut être tenu envers les Pensionnaires des Benefices, qu'à concurrence des fruits que les Titulaires ont gagnez, quoique la pension même ait été signifiée au Chapitre, puisque cette signification ne le met point dans le tort; & qu'il n'a d'autres voyes pour obliger les Beneficiers à la résidence & au Service, que la pointe & la privation des fruits; lesquels ce seroit chose singuliere que le Chapitre dût representer à un autre, plûtot qu'au Titulaire. Il n'est pas juste que des constitutions de pensions, & des conventions particulieres puissent donner quelque atteinte à une loy publique, aussi juste & favorable que celle qui prive absolument des fruits les Beneficiers qui ne servent point. C'est un inconvenient ou cas fortuit des pensions sur les Benefices de Chœur que le Pensionnaire doit supporter. Il fut ainsi jugé en 1668.

41. Si l'on vouloit faire reserver une pension sans cause sur les Benefices qui sont de Patronage Ecclesiastique, il faudroit des Lettres Patentes de dérogation aux Libertez de l'Eglise Gallicane, dont le Roy est le Protecteur; avoir le consentement du Titulaire, celuy du Patron ou Collateur; & obtenir Arrêt sur les Conclusions de M. le Procureur General. Quand elle aura reçû toutes ces formes, elle pourra passer à tous les successeurs du Benefice, & devenir réelle. *M. Du Perray, li. 4. ch. 4. nomb. 26.* A la fin de ce chapitre il raporte des Lettres Patentes du 15. Août 1694. & registrées au Grand Conseil, lesquelles ont confirmé une création de pension sans cause.

42. Lorsqu'il plaît au Roy d'accorder quelque pen-

fion fur les Benefices de fa nomination, c'eſt ordinairement une penſion ſans cauſe. Il y en a de trois eſpeces. La premiere, quand un Beneficier de ſon mouvement conſent à la création d'une penſion ſur ſon Benefice, en faveur d'un particulier. La ſeconde, quand le Roy admettant la reſignation d'un Benefice de ſa nomination, outre la penſion reſervée au reſignant, Sa Majeſté veut qu'il ſoit auſſi chargé d'une autre penſion, en faveur d'une troiſième perſonne. La troiſiéme, quand Sa Majeſté veut qu'un Benefice de ſa nomination vacant par mort ou par dévolut, ſoit chargé d'une ou de pluſieurs penſions. Il y a cette difference entre ces trois ſortes de penſions ſans cauſe, que ſi on veut faire créer & expedier en Cour de Rome une penſion de la premiere & ſeconde eſpece, il faut payer la *Componende*, qui eſt de la valeur d'une année de la penſion ; ſi elle eſt en ducats, ducat pour ducat d'or de la Chambre ; & ſi elle eſt exprimée en livres, 28. ducats ſemblables pour chaque cent livres. A l'égard de la troiſiéme eſpece, lorſque le Roy accorde une penſion ſur un Benefice de ſa nomination, vacant par mort ou par dévolut, elle n'eſt point ſujette à compoſition comme les deux precedentes. Le nommé par le Roy eſt enſuite obligé de paſſer procuration pour conſentir devant le Pape à la création de la penſion. *Voyez l'obſervation* 475. *de M. Noyer Banquier, ſur les Définitions Canoniques, pag.* 609.

PENSION, COMPONENDE.

43   *Voyez le nombre précédent.*

PENSION, CONTRIBUTION.

Penſionnaire tenu de contribuer aux Décimes, & autres charges du Benefice, & comment ? *Voyez le mot Contribution, n.* 44 *& ſuiv. & le mot Décimes, n.* 6. *&* 7.

44   Le Penſionnaire doit contribuer aux Décimes, & autres taxes & charges qui ſurviennent. Arrêts des 9. Janvier 1531. 12. Decembre 1532. Autre Arrêt ſemblable en 1530. *Papon, l. v.* 3. *tit.* 5. *n.* 2. *& ſuiv. & Du Moulin, ſur la regle* de public. *n.* 289.

45   On diſtingue entre penſion perſonnelle & réelle ; la premiere finit avec celuy au profit de qui elle eſt conſtituée ; la ſeconde eſt toûjours dûë par le Benefice. Ceux qui le poſſedent ſont ſujets à proportion aux charges. Arrêt du 17. Decembre 1545. entre le Curé de Sainte Croix de Roüen, & les Religieux de S. Oüen, par lequel il fut dit que la penſion de 150. livres créée ſur la Cure dés 1505. ſeroit contribuable aux emprunts & dons gratuits. *Bibliot. Canon. to.* 2. *p.* 206. *col.* 2.

46   Quelque convention qu'il y ait entre des particuliers, on ne peut par des taxes particulieres obliger les Penſionnaires à payer une groſſe ſomme ; & quelques concordats qu'il y ait entre les Abbez & les Religieux, par leſquels ceux-cy ſeroient obligez comme Fermiers, de payer une ſomme par chacun an à leur Abbé, & de payer auſſi à ſa décharge le don gratuit ; toutes les fois que les queſtions ſe ſont preſentées au Parlement, ou dans les autres Tribunaux, que les Religieux ou Chanoines Reguliers ont pris des Lettres de reſciſion, ils ont été remis au même état qu'ils étoient auparavant. Je l'ai fait juger recemment pour les Prieur & Chanoines Reguliers de l'Abbaye de la Chartrice, contre le ſieur Abbé Fagon. L'Arrêt fondé ſur le contrat fait avec le Clergé, le Roy ayant voulu que les concordats ne fuſſent point des occaſions de ſurpriſe, & ayant dérogé, & à toutes les tranſactions & autres choſes contraires : mais ſi le Titulaire avoit payé la penſion entiere aux Penſionnaires pendant le temps de la taxe du don gratuit, & qu'il voulût retenir ou repeter *conditione indebiti*, ce qu'il auroit payé, il n'en a pas le droit, il eſt cenſé l'avoir remiſe. Je l'ai vû juger aux Requêtes du Palais, il faut l'imputer dans le temps qu'elle ſera dûë : *V. M. Du Perray, liv.* 4. *ch.* 4. *ii.* 42.

47   Le Penſionnaire paye le ſixiéme de la penſion pour la Capitation, ce qui va à la décharge du Benefice ; il doit le quart du don gratuit.

PENSION, CONSENTEMENT.

Voyez cy-deſſus *le nombre* 24.

48   Dans la création des penſions perſonnelles & temporelles, le conſentement n'eſt pas neceſſaire. Il n'en eſt pas de même dans les Benefices qui appartiennent à la nomination du Roy. Non ſeulement le Procureur General du Roy pourroit interjetter appel comme d'abus de l'érection de cette penſion ; non ſeulement le ſucceſſeur du reſignataire auroit cette faculté de ſe pouvoir porter appellant comme d'abus, le reſignataire même le pourroit faire ; & Du Moulin, ſur la regle *de publicandis*, nomb. 180. aſſure que c'eſt l'uſage, & la pratique commune & ordinaire du Grand Conſeil.

49   Quand le Patronage eſt alternatif entre un Eccleſiaſtique & un Laïc, on ne peut créer de penſion ſur le Benefice dépendant de ce Patronage, que du conſentement de tous les deux ; parce que c'eſt une charge commune, à laquelle l'une & l'autre intereſſé doit acquieſcer. *Bibliot. Can. to.* 2. *p.* 179.

50   On demande ſi la penſion créée par le conſentement de celuy qui obtient la place, & repreſente aucunement la perſonne du proprietaire Patron, comme tuteurs & gardiens, ſeroit valable ? *Voyez* ibid. *p.* 205. *col.* 1.

PENSIONS SUR LES CURES.

51   Penſions conſtituées ſur les Cures, anciennement jugées abuſives. *Charondas, li.* 1. *Rép.* 15. *&* 24.

52   Sous le Pontificat du Pape Innocent XII. il a été fait un Decret, portant défenſes d'admettre aucunes reſignations des Cures, avec reſerve de penſion ; ſur cela le Clergé de France a fait des remontrances au Pape, pour faire voir qu'il y a des cas où il eſt neceſſaire d'admettre les penſions ſur les Cures, comme pour cauſe d'infirmité, de vieilleſſe, & autres ſemblables, autrement il arriveroit que l'ancien Titulaire garderoit toûjours ſa Cure, quoiqu'il ne fût plus en état de la deſſervir : neanmoins cela n'a pas fait changer le Decret ; le Pape a ſeulement répondu qu'il y auroit égard dans les occaſions, *habebitur ratio in caſibus particularibus*. En effet, nous avons vû que pour la Cure de S. Euſtache l'on a bien de la peine à faire paſſer à Rome la reſignation, avec reſerve d'une penſion de ſix mil livres, quoique ce ne ſoit pas le tiers du revenu de cette groſſe Cure : il a falu que le Roy & M. l'Archevêque de Paris s'en ſoient mêlez. *Voyez les obſervations ſur Henrys, to.* 1. *li.* 1. *ch.* 2. *qu.* 4.

53   A l'égard des Cures, dans le Parlement de Roüen, toutes penſions indiſtinctement y ſont réelles ; & l'on a ſeulement la voye de la réduction des penſions *ad legitimum modum*. Bibliot. Can. *to.* 2. *p.* 213.

54   Pour pouvoir reſigner à condition de penſion, un Benefice Cure que le reſignant n'aura pas deſervi 15. ans, on a coûtume d'obtenir du Roy diſpenſe par Lettres expreſſes, qui doivent être enregiſtrées avec Monſieur le Procureur General dans la Cour Souveraine, où la declaration a été verifiée : c'eſt l'expedient que l'on a trouvé ; le Roy pouvant lever l'obſtacle qu'il a appoſé. *Ibid. to.* 2. *p.* 216.

55   Penſion retenuë ſur une Cure, bien qu'elle ſoit homologuée en Cour de Rome, & que la Cure ait paſſé par les mains de pluſieurs reſignataires, qui ayent continué la penſion ; neanmoins le pourvû *per obitum*, n'eſt tenu de la payer : ainſi jugé le 30. Juillet, *Aliud* en tous autres Benefices ayans charge d'ames, même il a été jugé qu'une penſion conſtituée ſur une Prébende, eſt legitimement dûë. Arrêt du dernier Decembre 1605. *Additions à la Biblioteque de Bouchel*, verbo *Penſion*.

56   Retention de penſion, & créations d'icelles ne ſe permettoient point ſur Cures ; neanmoins un Curé

ayant resigné sa Cure à son Vicaire, en retenant une pension, faute de payement de laquelle il pourroit rentrer : par Arrêt du mois de Novembre 1565. il fut dit qu'il rentreroit faute de payement de la pension, à la charge de résider. Depuis, en pareil cas, un resignataire Curé fut condamné à fournir à l'accord, ou passer procuration à son resignant, par Arrêt du mois de Novembre 1569. sur les remontrances de M. de Thou Avocat du Roy, qui blâma la perfidie du resignataire. *Bibliot. Can. to.* 2. *p.* 518. *col.* 1.

57 Passé par Arrêt comme pour loy generale que la pension ne peut être créée sur une Cure & après la mort du resignataire qui a créé, ne se peut soutenir, *quia de alimentis de futuro non potest transigi*; l'an 1568. pour le Curé de Montigny, *Bibliotheque Canonique, tome* 2. *page* 198. *col.* 1.

58 Le Parlement de Toulouse conformément au Concile de Trente *sess.* 24 *cap.* 13 *de reformatione*, n'approuve les pensions sur les Cures, si elles ne sont de revenu de cent ducats, distrait les decimes & autres charges. Arrêt du 30. Mars 1599. *Papon, liv.* 3. *tit.* 5.

59 Création d'une pension sur un Prieuré Cure, jugée canonique, par Arrêt du Parlement de Paris du 7. Mars 1616. même chose avoit été jugée le 16. Mars 1615. *Le Bret, liv.* 4. *decision* 7.

60 Les pensions sur les Cures qui sont plûtôt tolerées que permises, s'éteignent quoyqu'homologuées en Cour de Rome par la mort du premier resignataire par les anciens Arrêts, elles étoient même absolument défenduës, & on ne les souffre que dans les deux cas cy-dessus marquez. *Vide le chap.* 21. *nisi essent, in fine extra de Prebend. Vide Anne Robert lib.* 1. *verum judic. cap* 7. ce qui a même été jugé au Parlement de Paris, pour les Cures de Normandie, nonobstant l'usage de la Province qui fut déclaré abusif par Arrêt du 22. Juin 1630. *Brodeau, sur M. Loüet lettre P. Somm.* 30. *nomb.* 11. où il cite plusieurs Arrêts.

61 Par l'ancienne Jurisprudence des Arrêts, toutes pensions créées sur Cures, Archevêchez, Evêchez, & autres Benefices ayant charge d'ames, étoient absolument déclarées abusives. C'est l'Article 50. des Libertez de l'Eglise Gallicane, compilées par *M. Pierre Pithou*, sur lequel le commentaire imprimé en 1652. *page* 168. *& suivantes*, cote les Arrêts.

62 La pension sur une Cure du tiers des fruits est valable. Arrêt du Parlement de Toulouse du 5. Decembre 1658. *Albert verbo Pension art.* 1.

63 Reglement pour les pensions des Cures, faisant défenses à tous Chanoines & autres, ayant benefices incompatibles, qui resigneront des Cures, de retenir pension sur icelles, &c. Jugé le 16. Juin 1664. *De la Guessiere, tome* 2. *liv.* 6. *chap.* 33. Voyez Carondas, *liv.* 1. *chap.* 24. *&* 25. & *Des Maisons, lettre C. nombre* 15. qui rapporte l'Arrêt du 16. Juin 1664.

64 Un Curé déchargé des pensions en execution du Reglement du 16. Juin 1664. attendu que le resignant n'avoit pas desservi dix ans. Arrêt du 21. Juin 1668. *De la Guessiere, tome* 3. *livre* 2. *chap.* 15.

65 Lettres patentes concernans les pensions sur Benefices du 4. Octobre 1670. portant qu'il faut avoir desservi le Benefice pendant 15. années, ou être tombé dans une infirmité considerable ; les pensions ne pourront exceder le tiers des revenus, il doit au moins rester 300. livres au Titulaire. Ces Lettres Patentes ont été enregistrées au Parlement de Grenoble le 24. Novembre 1670. *Voyez Basset, tome* 2. *liv.* 1. *tit.* 8. *chap.* 1.

66 Déclaration du Roy du 4. Octobre 1671. adressée au Parlement de Provence sur les pensions des Benefices, Cures & Prebendes, portant que les Titulaires des Cures & Prebendes ne pourront en se resignant se reserver des pensions qu'ils ne les ayent desservie durant 15. années, ou qu'ils ne soient tombez dans une infirmité considerable, la somme de 300. livres reservée aux resignataires. *Boniface, tome* 3. *livre* 6. *titre* 2. *chapitres* 1. *&* 3.

67 Quand on n'est pas dans le cas des deux exceptions marquées par les Edits & Déclarations, il faut obtenir pour la reserve de la pension, Lettres patentes qui y dérogent. *Voyez le nombre* 54.

68 Le Grand Conseil a fait un Reglement particulier touchant les pensions sur les Cures, & ajoûtant au Reglement du Parlement, voicy ce qu'il a ordonné entre le Curé de Tain, Profés de l'Ordre de Cluny, demandeur à ce que sa Cure soit déchargée de la pension de 120. livres, & un Religieux dudit Ordre défendeur. Le Conseil décharge le Curé de la pension de 120. livres avec dépens; & ayant égard aux conclusions du Procureur General, ordonne qu'à l'avenir les titulaires pourvûs des Cures, ne pourront en se resignant reserver des pensions sur icelles à moins qu'ils ne les ayent desservies 10. années, ou que depuis qu'ils en auront été pourvûs ils ne soient tombez en infirmité notable, auquel cas ne pourront les pensions exceder le tiers du revenu, à condition qu'il restera toûjours au titulaire la somme de 300. livres au moins, & sera le present Arrêt signifié aux Agens Generaux du Clergé de France, lû & publié en l'Audience du Conseil pour être executé selon sa forme & teneur, & prions N. S. P. le Pape, son Vice-légat en Avignon & tous autres Princes & Potentats de souffrir l'execution des présentes dans les Païs, Terres & Seigneuries de leur obeïssance, offrant en pareil cas faire le semblable. *Tome* 3 *du Journal des Audiences li.* 4. *chap.* 2.

69 M. Jean Lambert avoit été Curé de Selonne vingt-cinq années, il l'avoit resignée à la charge de 400. livres de pension à M. Chartier, lequel étant décedé, M. Jacques de la Musnierre en fut pourvû par mort : contestation pour raison de la pension : Sentence arbitrale le 13. Mars 1696. qui en déchargea de la Musniere : appel par Lambert. On disoit par moiens, que c'étoit un Prieuré-Cure, & que le Benefice étant mixte, la pension étoit réelle, qu'il l'avoit desservi pendant plus de 25. années, qu'il étoit vieux & infirme. M. Duperray, plaidoit pour l'intimé & soûtenoit que sa partie *totum jus habebat a Collatore*, qu'il ne tenoit rien de Lambert, & qu'il étoit obituaire, que les pensions sur les Cures n'étoient pas réelles, que le Benefice en question étoit de cette qualité & que la dénomination du Prieuré Cure ne venoit pas de ce que c'étoit originairement un Benefice simple, mais que les Religieux de S. Augustin, étans dans les Cures avec des Compagnons qu'ils appellent sociaux pour les secourir, celuy qui avoit le caractere de Curé s'appelloit Prieur, que la pension ne passoit point aux Successeurs, que cette question avoit été jugée par plusieurs Arrêts ; il en intervint un semblable en 1697. V. *M. Duperray, liv.* 4. *chap.* 4. *nomb.* 61.

PENSION DEVOLUTAIRE.

70 Jugé au Parlement de Provence le 27. May 1661. que le devolutaire n'est point obligé de continuer la pension imposée sur le Benefice. *Boniface, tome* 1. *livre* 2. *titre* 15. *chapitre* 1. même Arrêt du 17. May 1661. par ce que *jus habet à collatore*. Ibidem, *titre* 9. *chap.* 3.

PENSION SUR EVÊCHEZ.

71 *Pensio super fructibus Episcopatûs constituta à Papâ de consensu Regis minuit fructus qui jure regalia à Canonicis sacri sacelli percipiuntur, ut judicatam* 19. Feb. 1513. Cet Arrêt est rapporté par *M. Joly*, en son addition sur *M. Deselve*, 3. *part. tract. quest.* 52.

72 Pensions sur Evêchez anciennement abusives. Arrêt du 9. Août 1565. *Papon, livre* 3. *titre* 5. *nombre* 1.

73 Pensions assignées sur Evêché sont ordinairement reprouvées, & seulement reçuës sur Benefices, Prieurez, Abbayes, &c. Jugé pour le regard des Prieu-

rez le 6. Août 1573. Arrêt du mois d'Octobre 1563. qui déclare abusive une création de pension de 500. livres sur l'Evêché de Noyon : les Gens du Roy en avoient eux-mêmes interjetté appel comme d'abus. Le 11. Avril 1564. même Arrêt contre le Prince de Melphe qui s'étoit réservé une pension en resignant l'Evêché de Troyes. *Ibidem nomb.* 6.

74 La pension de 10000. livres accordée sur l'Evêché de Cahors à Messire Charles de Lorraine Comte de Marsan, s'étant marié avec la Dame veuve de M. d'Albret, a été continuée par dispense du Pape, sans le consentement de l'Evêque titulaire, &c. Jugé au Grand Conseil le 15, Septembre 1683. De la Guessiere, *tome* 4. *livre* 6. *chapitre* 17. avec plusieurs Brevets de même sorte. *Voyez* cy-après *le n.* 96. *& le Journal du Palais.*

PENSION, EXPRESSION.

75 Si l'expression de la pension est nécessaire dans l'impetration d'un Benefice ? *Voyez* le mot, *Expression, nombre* 23. *& suivans.*

76 Il ne faut pas exprimer en Cour de Rome les pensions qu'un impetrant possede, *secùs,* pour les Religieux ; il suffit d'exprimer les titres des Benefices ; & quand l'insinuation est necessaire, lors qu'il y a des circonstances de fraude & de clandestinité. Arrêt du 31. Décembre 1680. *De la Guessiere, tome* 4. *livre* 3. *chap.* 29.

Voyez cy-après *le nomb.* 178.

EXTINCTION DE LA PENSION.

77 Pension, par quels moyens se peut éteindre? *V. Tournet, lettre P. Arr.* 93.

78 Il ne faut pas moins de solemnitez pour l'extinction & aneantissement, que pour la création de la pension beneficiale. Le consentement mutuel des parties, & l'autorité du Pape sont necessaires tant afin d'ôter la rigueur de la clause restrictive & extensive tout ensemble, *quoad vixerit,* que pour éviter la suspicion de simonie ; surtout quand la pension excede le tiers, & qu'elle se rachete peu après sa création. Dans la signature il n'est parlé de la convention du prix ; car cela impliqueroit simonie. *V. la Bibliotheque Canon. tome* 2. *p.* 208. *col.* 1.

79 Il y a plusieurs moyens par lesquels la pension retenuë à cause de la resignation du Benefice ou assignée au lieu de titre, demeure éteinte & supprimée. 1. Mariage consommé. *Joan. And. in cap.* 1. *de Cleric. conjug. cap. Beneficium, de Regul. jur. in 6.* Profession subsequente de Religion, mort naturelle du pensionnaire, & la provision ou acceptation nouvelle volontaire obtenuë par luy du même Benefice auparavant chargé de pension en sa faveur.

80 Si un resignataire est par Sentence diffinitive empêché & privé du Benefice obligé à la pension, il en est quitte tant pour le passé, depuis l'empêchement actuel que pour l'avenir *Bibliotheque Can. ibid. col.* 2.

81 Pension n'est soudain éteinte par le litige. *Forget, des pensions jusqu'au nombre* 31. & *Tournet, lettre P. Arrêt* 94.

82 On ne peut vendre les pensions sans simonie, d'autant qu'elles ne sont pas entierement temporelles, & qu'elles tiennent quelque chose de la spiritualité qui en défend le commerce sans l'autorité du Pape : & en effet, l'usage est qu'on ne les rachette pas proprement, mais qu'on en redime avançant cinq années de la pension & non plus ce qui a besoin de l'autorité du Pape, qui donne une signature d'extinction de pension, *per anticipationem solutionis terminorum,* l'autorité du Pape n'est pas absolument necessaire pour rendre ces extinctions legitimes ; elle ne l'est que *ad melius esse.* Definitions Canoniques, *page* 623.

83 Par Arrêt du 11. May 1617. jugé que la pension de laquelle s'étoit chargé le resignataire d'une Cure vers son resignant, est éteinte par la mort du resignataire, en telle sorte que celuy qui en est pour-

vû *per obitum* du resignataire, ne peut être contraint au payement de la pension. *Bibliot. Canon. tome* 2. *page* 197.

84 Jugé par Arrêt du Parlement de Bretagne du 8. Octobre 1610. qu'un Benefice chargé de pension, peut être déchargé, en l'affranchissant. *Tournet, lettre B. nombre* 83. & *Belordeau, livre* 2. *des Cont. chap.* 16.

85 Les pensions clericales se peuvent éteindre & amortir sans le consentement & l'autorité du Pape, lorsque le pensionnaire remet la pension purement & simplement, & qu'il consent qu'elle demeure gratuitement éteinte en tout ou en partie : bien que la délibération & décharge des Benefices soit favorable, cependant si l'extinction se fait par un rachat, c'est-à-dire par un payement anticipé, & moyennant l'avance de quelques années de la pension, plusieurs Theologiens & Jurisconsultes de nom & d'autorité sont d'avis, qu'il faut interposer l'autorité du Pape pour éviter la simonie qui ne se commet que trop souvent sous le prétexte de pension. Quoyqu'il en soit, pour plus grande seureté, il faut obtenir l'amortissement en Cour de Rome, & y faire homologuer le Concordat d'extinction de pension, comme la Cour trouva à propos de l'ordonner au sujet d'une pension réservée sur le Prieuré de Nôtre-Dame du Quartier, Diocese de Langres, pour le nommé Cade, contre Didier Cudeé, qui fut condamné à payer ce qu'il devoit de reste du rachat de la pension, & en même temps à passer procuration, pour obtenir en Cour de Rome l'extinction & amortissement de la pension. Arrêt du Parlement de Paris du 23. Mars 1632. rapporté dans le Recüeil des Arrêts de *Bardet, tome* 2. *livre* 1. *chap.* 17.

86 C'est une erreur de dire qu'une pension soit éteinte par la promotion à l'Episcopat. Les Docteurs Ultramontains qui tiennent l'affirmative comme *Gigas* se fondent sur ce qu'à Rome & en Italie les pensions se peuvent resigner avec dispense du Pape, mais cet usage n'est point reçu en France, où les pensions ne sont point tenuës en titre, & ne se resignent point ; il n'y a que les Benefices qui soient vacans par la promotion à l'Episcopat, & non les Pensions. Jugé pour M. Tibœuf Evêque de S. Pont, pour une pension qu'il s'étoit réservée sur la Cure de S. Sulpice au Fauxbourg S. Germain, Arrêt du 14 Janvier 1661. *Notables Arrêts des Audiences, Arrêt* 51. *Journal des Audiences, tome* 2. *livre* 4. *chapitre* 2, Definitions Canoniques, *page* 610. & la Bibliotheque Canonique, *tome* 2. *page* 216.

87 Il a été jugé qu'un benefice sujet au Patronage alternatif ayant été resigné avec pension, & tombant au tour du Patron Laïc, la pension étoit éteinte par le décés du Resignataire. Le Patron Laïc empêche que le Benefice qui tombe à son tour soit chargé de pension, & le droit ou le privilege du Patron laïc ne se communique point au Patron Ecclesiastique. *Bibliotheque Canonique, tome* 2. *page* 194. où il est encore observé, que suivant le sentiment de M. *Charles Du Moulin,* une pension ne peut être créée sans approbation du Patron laïc ; mais la pension peut être créée sans le consentement du Patron purement Ecclesiastique.

PENSION, GRADUÉ.

88 Les Benefices hors le Royaume, & à plus forte raison les pensions créées sur iceux ne remplissent point le Gradué ; jugé au mois d'Août 1602. *Ibid.* & M. Loüet *lettre G. somm.* 10.

PENSION HOMOLOGUÉ E.

89 Il y a un Arrêt de Reglement du 1. Décembre 1588. dans *Papon, livre* 3. *titre* 5. *nombre* 1. & dans M. *Loüet ; lettre C. sommaire* 40. qui fait défenses aux Juges d'avoir aucun égard aux concordats portant pensions, s'ils ne sont homologués en Cour de Rome. Il faut observer que quoique regulierement tous concordats non homologuez en Cour de

Rome soient nuls; neanmoins ils valent entre le resignant & le resignataire *in odium perfidiæ & ingratitudinis*, comme il a été jugé par Arrêt du 7. Juin 1610. Brodeau en rapporte plusieurs sur *M. Loüet*, *let. C. ibid.* cependant il y en a qui citent des Arrêts contraires, & leur avis paroît plus juste. *Boniface*, tome 1. livre 2. titre 25. chapitre 2. nombres 1. & 2. parce que si ces Concordats sont obligatoires entre les parties contractantes sans homologation, ces mêmes parties pourroient indépendamment du Pape créer des pensions, *quæ aliquid habent simoniæ*.

PENSION, INCAPABLE, INDIGNE.

90 *Resignans Curam retenta pensione, & posteà à Catholicis Christianis deficiens, indignus est pensione; mense Aprili 1612.* Mornac, *l. 1. Cod. de Hareticis & Manichæis*.

91 Incapable de Benefice l'est aussi de pension sur le même Benefice. Ainsi jugé au Parlement de Grenoble le 4. Juin 1658. *Basset*, tome 2. livre 1. titre 8. chap. 2.

PENSION, JUGE.

92 Le Juge d'Eglise connoissant de la validité ou invalidité des pensions imposées sur les Benefices. Arrêt du Parlement de Toulouse du 27. Août 1569. *Mainard*, to. 1. liv. 5. chap. 43.

PENSION EN FAVEUR DES LAICS.

93 Par Arrêt du 16. May 1562. une pension constituée à un Architecte du Roy sur l'Evêché de Soissons, a été déclarée abusive: le moyen de l'Architecte étoit qu'ayant été le premier nommé à l'Evêché, il avoit consenti aux provisions de l'appellant à la consideration de ses amis, & de plusieurs grands Seigneurs, & à la charge de la pension, dont il avoit même été payé. *Bibliot. Can. to. 2. p. 198. col. 1.*

94 Memoire de quelques raisons principales pour lesquelles Messieurs du Clergé de France ne peuvent ni ne doivent souffrir la nouvelle introduction de créer des pensions sur le revenu temporel des Benefices à personnes laïques. *Bibliot. Can. to. 2. p. 200. & suiv. & le Recueïl des Ordonnances par Fontanon, to. 4. page 1000.*

95 Plaidoyé de *M. Brisson* touchant une pension sur un Evêché créée au profit d'un pur lay. *Voyez le Recueïl des Plaidoyez, & Arrêts notables imprimez en 1645.*

96 Si une pension créée en faveur d'un Clerc sur un Evêché, peut être continuée par dispense du Pape, sans le consentement de l'Evêque titulaire, nonobstant que le pensionnaire contracte mariage, même avec une femme veuve, ou plusieurs successivement? Si la clause inserée dans cette dispense, portant dérogation expresse à toutes sortes de Coûtumes & de dispositions Ecclesiastiques faites ou à faire dans les Conciles, soit Provinciaux, soit Generaux, doit avoir lieu en France? Il a été jugé pour l'affirmative au Grand Conseil le 15. Septembre 1683. pour M. le Comte de Marsan, Prince de la Maison de Lorraine, qui avoit épousé Madame d'Albret, contre Messire Henry Guillaume le Jay, Evêque de Cahors. La raison à l'égard de la premiere question est que tous les Benefices étant de droit purement positif, le Pape y peut apposer telle condition que bon luy semble, & que d'ailleurs le merite personnel de M. de Marsan, & les services considerables que ceux de sa Maison avoient rendus à l'Eglise ont pû meriter cette grace extraordinaire du Saint Siege.

La deuxiéme question se décidoit par les Lettres patentes du Roy, dans lesquelles sa Majesté agreoit le Bref du Comte de Marsan: car le Roy ayant autorisé la dispense portée par le bref, il étoit difficile d'y donner atteinte, sous prétexte des Libertez de l'Eglise Gallicane, & de la dérogation aux Conciles en chose pure Ecclesiastique, de laquelle le Pape est le souverain moderateur. En effet M. Dupuis dans son Commentaire sur nos Libertez, dit, *qu'elles ne consistent qu'à empêcher que les Papes n'entreprennent rien dans* ce Royaume, au préjudice de la disposition des anciens Canons, si ce n'est du consentement du Roy & du peuple. Vide *le Journal du Palais* in quarto, part. 9. p. 269. & suiv. & le 2. tome in fol. où l'on peut voir que la Justice autorise des pensions que le Roy donne sur des Evêchez, & sur des Abbayes.

PENSION, PAPE.

97 Le Pape ne peut, même du consentement du titulaire créer une pension au profit de celuy *qui nullum habet nec prætendit jus in Beneficio*, autrement il y auroit lieu d'appeller comme d'abus, *non obstante quâcumque possessione*; Du Moulin, sur la Regle *de publicandis*, *n. 277.* dit qu'il a vû rendre plusieurs Arrêts suivant cette maxime, tant au Parlement de Paris qu'à celuy de Roüen en l'année 1510.

98 Le Pape ne peut (sans abus qu'on ne souffriroit point) accorder la reserve du regrez, ni une pension simoniaque; ou autre chose de cette qualité. L'appel comme d'abus en seroit reçu, comme il a été autrefois jugé, notamment le 11. Février 1550. & le 7. Septembre 1551. *Definit. Can. p. 36.*

99 Des Arbitres convenus ayant imposé sans la participation du Pape, une pension sur le Prieuré d'Eurre; il fut dit par Arrêt du Parl. de Grenoble du mois de Mars 1637. qu'il y avoit abus *Jurisprudence de Guy Pape par Chorier*, p. 15.

PAYEMENT DE LA PENSION.

100 Quand le Concordat ne fait pas mention du terme de payer, il se doit entendre à la fin de l'année, lorsque c'est en argent; si elle est des fruits, c'est aprés la recolte. *Definit. Can. p. 616.*

101 Le payement volontairement fait d'une pension ne peut être opposé pour fin de non recevoir, on est toûjours en état de la faire réduire, si elle est excessive. *Ibidem, p. 616.*

102 La Regle *de pacificis possessoribus* n'a point lieu pour les pensions quoique non payées pendant un long temps, elles sont toûjours exigibles. *Ibid. p. 625.*

103 Le successeur au Benefice n'est tenu de payer la pension créée sur le Benefice pour l'année qu'il en joüit. C'est le sentiment de *Charondas*, liv. 1. Rép. 70. & sur la fin de sa Réponse, il dit qu'il a appris que le procez avoit été partagé. *Voyez ses Réponses* 14. 25. & 26.

104 Entre M. André Thebault Recteur de la Cure de la Rouxiere, & M. Leonard Lescourt intimé; celuy-cy a une reserve de pension de vingt livres sur la Cure dés l'an 1559. *de consensu Joannis le Rouxet tunc ipsius Ecclesiæ Rectoris*, à être payée à l'intimé *post obitum dicti Joannis per illius successores Ecclesiam prædictam pro tempore obtinentes*, avec les contraintes, *quod ille ex successoribus præfatis qui pensionem prædictam non persolverit lapso termino in bullâ præfinito sententiam excommunicationis incurrat, à quâ donec de pensione prædictâ integrè satisfactum fuerit præterquam in mortis articulo absolutionis beneficium nequeat obtinere.* Par Arrêt du P. de Bretagne du 14. Mars 1554. la Cour dit qu'il a été mal & abusivement fulminé & executé, bien appellé, l'intimé condamné aux dépens de la cause d'appel. *Du Fail*, liv. 1. chap. 51.

105 Si les pensions ne sont valablement homologuées en Cour de Rome, elles sont nulles, & le resignataire ne peut être astraint au payement. Arrêt du premier Decembre 1588. *Papon*, liv. 3. tit. 5. n. 1.

106 Si la resignation ayant été faite dans le mois de Novembre moyennant pension, la premiere année payable au jour de Noël lors prochain, cela se doit entendre de l'année à écheoir, & non échuë; en effet, ce terme ne pouvoit passer pour une année entiere & complete, mais pour une année payable d'avance. Arrêt du 14. Janvier 1648. *Soëfve*, tome 1. Cent. 2. chap. 57.

107 Quelque Sentence qu'il y ait qui ordonne que faute de payement le pensionnaire rentrera dans son Benefice, elle n'est que comminatoire; & j'ay fait juger

PEN

juger sur un appel des Juges de Poitiers, que l'on pouvoit purger la demeure ayant donné conseil de faire des offres réelles & effectives en à deniers découvert; la pension étoit aussi forte que les fruits du Benefice, mais c'étoient conventions entre les parties; celuy qui étoit rentré dans son Benefice avoit même resigné à un tiers qui avoit pris possession. Le sieur de la Fere pour qui j'écrivois fit infirmer la Sentence; l'intimé s'appelloit Lucas Arcoüer, resignataire de celuy qui étoit rentré dans le Benefice. Arrêt du Parlement de Paris du 4. May 1697. *V. M. Du Perray*, *li. 4. chap. 4. n. 28*. Il plaidoit en la cause.

PENSION EN PERMUTATION.

108 Si dans une permutation qui peut être admise par les Ordinaires pour rendre les choses égales, l'un des permutans s'est reservé une pension; tout ce que peut faire le Collateur ordinaire, est d'admettre la permutation, & pourvoir les permutans des Benefices permutez; & à l'égard de la pension, il l'a renvoyé en Cour de Rome pour l'y faire créer. Sur ce sujet, il est bon d'observer que le Roy dans la Regale peut admettre des resignations en faveur, & il en admet souvent: il peut même, suivant l'opinion de quelques Docteurs, créer des pensions sur les Benefices, parce qu'en ce cas il a autant de pouvoir que le Pape; cependant dans le fait il n'use pas de ce dernier droit, & après avoir conferé les Benefices resignez en ses mains, à ceux en faveur desquels la resignation a été faite, il renvoye les parties en Cour de Rome pour y faire créer les pensions. *Definit. Can. p. 615*.

109 Pension ne peut être créée sur un Benefice autre que celuy permuté, parce que ce seroit une pension sans cause qui hors le cas des Benefices de nomination Royale, sur lesquels l'usage a introduit les pensions sans cause, ne seroit point approuvée en France, ainsi que l'assure du Moulin *reg. de public. resig. nomb. 277*. où il dit que le Pape ne peut créer une pension au profit de celuy qui ne prétend nul droit au Benefice. *V. les Definit. Can. p. 625*.

110 Quand il s'agit de rendre une permutation égale, l'Ordinaire peut créer une pension. *Du Moulin*, sur la Regle *de publ. nomb. 176*.

111 Le même Docteur *ibidem, nomb. 282*. soûtient que pour cause de permutation, une pension reciproque ne peut être créée; autrement ce seroit le moyen de rendre les benefices censuels & sujets à rente, & *fraudarentur decreta reservationum prohibitarum* par ce que celuy qui survivroit, possederoit un Benefice & joüiroit d'une portion annuelle sur l'autre.

112 Pension beneficiale permise *pro bono pacis & ne nimium dispendium quis patiatur*, en permutant & resignant. Deux permutent; l'un resigne *ex eâ causâ* une Cure és mains de l'Ordinaire qui pourvoit le jour même; l'autre resigne és mains du Pape *ex eâdem causâ & in favorem* de celui-cy de qui il a eu la Cure. Le lendemain autre procuration passée pour consentir à ce que sur le Prieuré fut constituée pension au copermutant. Appel comme d'abus par le successeur, disant que la pension est créée lorsque le consentant n'avoit plus rien au Prieuré. Arrêt du P. de Paris du 16. Janvier 1544. qui déclare l'appellant non recevable, parce que la procuration n'étoit point alors admise. *Papon, li. 3. tit. 5. n 6*.

113 On peut aussi se faire relever d'une pension constituée sur un Benefice *causâ permutationis*, du consentement du permutant par forme de récompense. Arrêt du 4. Février 1546. *Bibliotheque Canonique, tome 2. page 208. col. 1*.

114 Retention de pension en permutant sur les deux Benefices permutez, n'est valable. Arrêt du P. de Paris du 28. Mars 1554. qui déclare avoir été mal & abusivement octroyé, permuté & executé. *Papon, li. 3. tit. 5. nomb. 9. & la Bibliot. Can. tome 2. p. 198. col. 2*.

115 Arrêt du 28. Mars 1554. qui déclare abusif un Concordat par lequel deux copermutans leurs Benefi-

Tome III.

PEN 73

ces, constituoient & créoient pension l'un à l'autre, duquel le survivant joüiroit seulement après la mort du predecedé, & l'intimé condamné aux dépens de la cause d'appel. *Voyez Boër. Consil. 29*.

116 En 1553. M. Jean de la Ruë pourvû du Prieuré-Cure de Fleurgue, le resigne *in manibus Papæ* en faveur de son neveu, *retentis fructibus cum regressu*; le neveu joüit jusqu'en 1560. Procez entre luy & le nommé Freslon; Concordat portant pension; le tout est homologué en Cour de Rome. En 1563. le neveu permute avec Bardy. La permutation ne contient aucune mention de la pension, il n'en est point parlé jusqu'en 1568. alors Freslon la demande, Bardy oppose la triennale & paisible possession. Arrêt du Parlement de Bretagne du 16. Septembre 1573. en sa faveur. *Voyez du Fail, li. 1. chap. 353*.

117 Arrêt du parl. de Provence du 2. May 1673. qui condamne un copermutant de payer les arrerages de pension, & de continuer, & en défaut de payement de retroceder le Benefice à son copermutant en retrocedant aussi l'autre Benefice par l'autre copermutant. *Boniface, tome 3. liv. 6. tit. 2. chap. 5*.

PLUSIEURS PENSIONS.

118 Si l'on fait créer une seconde pension sur quelque Benefice, lequel étant déja chargé d'une entiere pension, la derniere pension sera nulle & subreptice si dans la création qui en est faite, on ne fait mention expresse de la premiere? Il seroit inutile de dire pour couvrir ce défaut, que ces deux pensions n'excederoient pas la tierce partie des fruits du Benefice, car la subreption ne laisseroit pas de demeurer. *Du Moulin*, sur la Regle *de public. n. 279*. La mention doit être faite en ces termes: *super cujus Beneficii fructibus, alia pensio antiqua, ducentarum librarum Turonentium Apostolicâ authoritate reservata reperitur*. *Definit. Can. p. 623*.

PENSION SUR PREBENDE.

119 *Provisio de Præbenda, pensione super illâ retentâ, si detur alia præbenda secundum Ecclesiæ ritum & provisionis qualitatem, onerata pensione remanebit*. Voyez *Franc. Marc. to. 1. quest. 1260*.

120 Prebende Theologale n'a pû être chargée de pension, il en est de même d'une Prebende requerant résidence, & n'ayant autre revenu que les distributions quotidiennes. Arrêt du Parlement de Bourdeaux du 3. Juin 1529. *Papon, li. 3. tit. 5. n. 1. & la Bibliot. Can. to. 2. p. 198. col. 2. & p. 208. col. 1*. où est rapporté un Arrêt du Parlement de Paris du 5. May 1609. en faveur du Chapitre de Langres.

121 Les dignitez des Églises Cathedrales & Collegiales, comme Doyennez & Prévôtez peuvent être chargez de pension. Arrêt du Parlement de Paris du 19. Juin 1572. pour une pension créée sur le Doyenné de saint Liphard de Meun sur Loire, Diocese d'Orleans, il est rapporté par Chopin, *de sacrâ politiâ*. la même chose a été depuis jugée pour la Prévôté de l'Eglise d'Arles, resignée avec reserve de pension. *Definit. Can. p. 613*.

122 Il a été jugé par Arrêt du dernier Décembre 1605. que l'on peut constituer une pension sur une Prebende; quoique tout son revenu ne consiste qu'en distributions manuelles, parce que ces sortes de Benefices n'ont point charge d'ames. *Loüet, lettre P. somm. 46*. ce qui est conforme à l'Arrêt du Grand Conseil pour une Prebende de saint Thomas du Louvre à Paris.

123 Pension peut être créée sur une Prebende. Arrêt du P. de Paris du dernier Decembre 1645. en faveur de M. Rose Evêque de Senlis demandeur pour le payement de deux années d'arrerages de pension créée sur une Prebende de Joinville Diocese de Châlons. *Definit. Can. p. 664*.

124 De quelle maniere se reglent les pensions sur les Chanoinies, tant pour le passé que pour l'avenir? Arrêt à Paris du 22. May 1674. avec deux Edits du Roy, l'un de Juin, & l'autre de Juillet 1671. *Journ. du Palais* in quarto *part. 3. p. 450. & le 1. tome in fol*.

K

125. Arrêt du Grand Conseil du 18. Août 1672. qui condamne M. Edme Baudot titulaire d'une Chanoinie & Prebende de l'Eglise Royale & Collegiale de saint Thomas du Louvre à payer à M. Pierre Chauchard Chanoine honoraire, la pension de 120. livres qu'il s'étoit reservée, Baudot prétendoit en être déchargé sous prétexte qu'il n'avoit pas les 300. livres portez par la Déclaration du Roy. Mais on justifioit que les revenus montoient à 467. liv. 5. sols, lesquels se payoient par tables & non manuellement, & à chacune assistance. *Bibliot. Can. to. 2. p. 277.*

126. Autrefois les Théologales ne pouvoient être chargés de pension, non plus que les Prebendes penitencieres. *Voyez M. le Prêtre, 4. Cent. ch. 82.* Les Déclarations depuis intervenuës les comprennent dans leurs dispositions, aussi-bien que les autres Dignitez. *Voyez le nomb. suiv.*

127. Declaration du Roy du 9. Mars 1673. portant que l'Edit du 9. Juillet 1671. a lieu tant pour les Prebendes ordinaires ou Theologales, que pour toutes les autres Dignitez, Personnats, semi-Prebendes Vicaireries, Chapelles & autres Benefices des Eglises Cathedrales & Collegiales, qui requierent residence de telle dénomination & qualité qu'ils puissent être; ce faisant, que les pensions cy-devant créées, & qui le seront cy-après sur les Benefices de la qualité susdite, seront reduites au tiers des revenus, sans diminution de la somme de 300. l. qui demeurera aux titulaires pour leur subsistance, franche & quitte de toutes charges, comme aussi que les resignans ne pourront se reserver pension qu'ils n'ayent desservi les Benefices l'espace de 15. années conformément à l'Edit du mois de Juin 1671.

En consequence des Edit & Declaration cy-dessus, par Arrêt du Conseil d'Etat du 14. Décembre 1674. Un Arrêt de la Quatriéme Chambre des Enquêtes du premier Septembre de la même année qui condamnoit le sieur Marivets Chanoine & Archidiacre de Langres, à continuer une ancienne pension de 300. liv. sur un Canonicat de la Cathedrale de Langres, qui ne valoit pas 700. liv. à son resignant, a été cassé, & la pension reduite pour l'avenir, aux termes de l'Edit, au tiers des gros fruits du Canonicat, sans diminution de la somme de 300. livres pour ledit Marivets, ensemble des distributions manuelles qui luy appartiendront, franches & quittes de toutes charges, laquelle reduction sera faite pardevant le Lieutenant General du Présidial de Langres, que sa Majesté a commis pour cet effet, ce qui sera par luy ordonné, sera executé nonobstant opposition ou appellation quelconques, dont si aucunes interviennent sa Majesté s'en réserve la connoissance. *Bibliot. Can. to. 2. p. 210.*

PENSION, TERMINER UN PROCEZ.

128. Du Moulin sur la Regle *de publicandis*, *nomb. 281.* propose cette espece. Une personne se fait pourvoir par dévolut; il intente procez contre le titulaire paisible; le procez est terminé moyennant une pension. Du Moulin soûtient que le successeur est bien fondé à interjetter appel comme d'abus, non seulement de l'homologation du Concordat, mais aussi de la création de pension au profit du dévolutaire, parceque ce dévolut étant nul à cause du decret *de pacificis*, & le dévolutaire n'ayant aucun droit, *transactio nulla fuit.*

129. Pensions sont permises pour terminer un procez beneficiel, quoiqu'il ne paroisse pas que celuy avec qui l'on compose ait titre indubitable, suffit qu'il soit coloré. Arrêt du Parlement de Paris du 11. Decembre 1543. *Papon, li. 3. tit. 3. n. 7.*

PENSION, RELIGIEUX.

130. Un Religieux pourvû d'une Cure ne pourroit demander une pension, ou portion Monachale à son Abbé ou Superieur, parce que tout est incompatible en la personne d'un Religieux. Il est même obligé d'exprimer la pension qu'il auroit, à peine de nullité de la provision. *Definit. Can. p. 616.*

131. La pension *est loco Beneficii in monachis, ita ut monachus ad duo dispensatus si Beneficium obtineat & pensionem,* la pension tient lieu de Benefice: & le tient la Cour sans doute *in Monachis.* Arrêt de l'an 1569. *Bibliot. Can. to. 2. p. 198. col. 1.*

132. Pensions retenuës sur Benefices resignez, se doivent payer, comme il a été jugé par plusieurs Arrêts, & même en pensions sur Abbayes de Religieuses. Jugé pour Dame Marie de Thou Abbesse de l'Abbaye des Clerets le 5. Mars 1591. *Ibidem, p. 199. col. 1.*

133. Par Arrêt du 28. Novembre 1598. jugé que les prestations & pensions annuelles dûës par les Prieurs & Religieux à cause des Benefices dépendans de leurs Abbayes à la mense Abbatiale, & autres Abbez & Officiers, ne peuvent être prétenduës que pour le temps que les Prieurs & Religieux ont possedé lesdits Benefices. *Bibliotheque Canonique. 10. 2. p. 197. col. 2.*

134. Une pension sur un Benefice regulier à la nomination du Roy, possedé par un Religieux, ne s'éteint pas par la promotion de ce Religieux à la dignité d'Abbé de l'Ordre dont dépend le Benefice chargé de pension. Jugé au Grand Conseil le... Juin 1682. par Arrêt qui ordonne le payement & continuation de la pension de l'Abbé de Grandmont. *Journ. du Palais, in quarto, part. 8. p. 461. & le 2. to.* in fol.

135. Les pensions ne se payent plus par un Titulaire sur une Prébende après sa Profession dans un Monastére. Comme c'est une charge du Benefice, elle passe sur le possesseur: mais on demande si les fidéjusseurs ou cautions sont obligez au payement; Il semble que cette question est facile à decider, parce que le fidéjusseur & sa caution ont leur objet limité de payer la pension, autant de temps que le Titulaire sera possesseur, & que ce sont des principes, & que ces questions sont décidées, ou le doivent être par une regle de droit; *cap. accessorium de reg. juris,* jugé en faveur d'un pere qui étoit caution de son fils, qui fit Profession; le successeur au Benefice par cette vacance de droit en étoit tenu: c'étoit pour une pension sur un Canonicat de Sainte Oportune, l'Arrêt est de 1672. je l'ay vû en original. Cependant ces regles ne sont pas si certaines, que par des circonstances de fait, on ne puisse quelquefois obliger la caution de payer la pension, & qu'on ne décharge le principal obligé. Cette espece est des plus singulieres. Maître Paul François Florent resigne le Prieuré de S. Prejet Diocese de Mande, au profit de M. François de Boran, Conseiller au Parlement de Normandie, sous la caution de Philippes de Boran son frere, avec la reserve de 40. pistoles de pension. Gande prétendoit à ce Benefice, Le Sieur Philippes de Boran le quatre Août 1676. luy resigne comme Procureur de son frere, à la charge de payer la pension à Florent: Il est pourvû sous cette condition. Florent se réveille en 1686. & demande dix années d'arrerages de pension. Il avoit obtenu des Sentences par défaut au Châtelet. On representoit que c'étoit le possesseur qui étoit chargé de fournir cette pension, par son propre titre, par toutes les authoritez de Gigas, de Tonduti, & autres Docteurs: on montroit que c'étoit une charge réelle, que c'étoit une espece de déguisement fait par le Titulaire au profit de Florent; & que la pension excedant les revenus du Benefice, suivant l'art. 18. de l'Edit du Controlle, elle étoit simoniaque & défendue. Après plusieurs Audiences, par Arrêt rendu à la quatriéme des Enquêtes de Paris le 10. Decembre 1686. M. l'Abbé de Boran ancien Titulaire fut déchargé de la pension; le sieur Philippes de Boran Marquis de Chastilli sa caution, condamné de payer les arrerages. Requête civile contre l'Arrêt. Requête en cassation au Conseil du Roy. Quelques-uns de Messieurs les Conseillers d'Etat étoient d'avis de la recevoir; neanmoins elle n'y réussit pas; & après des incidens de saisie, les Parties se

PEN   PEN   75

font acommodées, & la pension payée. *Voyez M. Duperray*, li. 4. ch. 4. n. 50.

PENSION, RESERVE DE TOUS FRUITS.

136 Si un resignataire s'étoit reservé tous les fruits du Benefice resigné, cette reserve se reduiroit, comme on fait de toutes les autres pensions, à la troisiéme partie des fruits du Benefice ; il a été ordonné par Charles VI. que les pensions n'excederoient pas la troisiéme partie des fruits. Conformément à cette maxime, Maître Charles Du Moulin sur la regle *de infirmis*, *nombre* 223. dit qu'il a vû rendre plusieurs Arrêts au Parlement de Paris & que souvent il a vû appeller comme d'abus de l'execution des Bulles, contenant création d'une pension qui excedoit la troisiéme partie des fruits : appel comme d'abus indubitable, si ce n'est que l'intimé, sur l'appel comme d'abus, qui étoit le Pensionnaire, ne donnât les mains & son consentement à la réduction de la pension, auquel cas l'on consent de proceder sur l'appel comme d'abus.

137 Reserve de tous les fruits dans une démission reprouvée par Arrêt du Parlem. de Paris du 19. Avril 1496. *Voyez Rebuffe*, 1. part. prax. Benef. au chap. *de reservationibus*, n. 14. Le même Arrêt est rapporté par *Flaminius*, & cité dans les *Définitions Canoniques*, pag. 626.

138 Quelquefois au lieu de pension, le resignant se reserve la joüissance des fruits, sa vie durant. Du Moulin dit que cela a été jugé abusif par un ancien Arrêt du 5. Mars 1512. aussi, *Ista fructuum reservatio* n'est guére admise qu'en faveur des Cardinaux, & en resignations de Benefices Consistoriaux. *Additions à la Bibliotheque de Bouchel*, verbo *Pension*. La raison pour laquelle la pension reservée de tous les fruits & revenus du Benefice n'est point tolerée, c'est qu'elle donne atteinte au titre, & qu'elle laisse un Titulaire sans Benefice. M. Loüet, *lettre P. nombre* 31. rapporte l'Arrêt du 5. Mars 1512.

139 Reserve de tous les fruits, *loco pensionis*, rend la resignation absolument nulle. Outre l'Arrêt qui est rapporté par *Rebuffe*, titre *de reserv*. Il y a autre Arrêt pour la possessoire de la Cure de S. Agnan de Mâcon, quoique le resignataire eût possedé pendant quatre ans, un tiers s'en étant fait pourvoir *per obitum* du resignant, il fut maintenu. La raison est qu'il n'étoit pas veritable Titulaire, puisqu'un autre avoit joüi des fruits. *Voyez Loüet*, lettre P. somm. 31. & *Du Moulin*, sur la regle de public. resign. nom. 291. & 293. *Définitions Can.* pag. 611.

140 On a souvent demandé si un resignant pouvoit reserver tous les fruits d'un Benefice *loco pensionis* ? On peut répondre que ces sortes de pensions ainsi reservées, sont en tout cas reductibles au tiers ; mais qu'elles ne peuvent vitier une resignation utile, *non vitiatur per inutile* ; sur tout, lorsque la reserve est séparée de la resignation. Cette difficulté s'étant autrefois presentée contre le neveu du Cardinal de Pelevé, resignataire de son oncle, qui s'étoit reservé presque tous les fruits du Benefice resignés ; par Arrêt du Grand Conseil du 28. Mars 1597. ce resignataire fut maintenu, & l'obituaire perdit sa cause, contre l'opinion de Gomez, qui veut que cette reserve de fruits est *contra Ecclesiasticam regulam*, & *cultum divinum*. Définition Can. pag. 778.

141 Le revenu des fruits d'un Benefice au lieu de pension, n'a lieu qu'à l'égard des resignations faites pour le bien & l'utilité publique, *favore Religionis*, & quand le titre du Benefice est supprimé, comme seroit une resignation, *ad effectum* de l'union ou suppression d'un Benefice annexe, & application du revenu d'iceluy à une œuvre religieuse, auquel cas le resignant peut reserver tous les fruits du Benefice, *loco pensionis* : ainsi jugé le 27. May 1617. en confirmant l'union & annexe du Prieuré de Saint Sauveur à la Pitancerie de l'Abbaye de la Couture du Mans.

Tome III.

Brodeau sur M. Loüet, lettre P. som. 31.

142 La resignation n'est pas nulle par la pension excessive ; *secus*, si la pension reservée étoit de tous les fruits & revenus du Benefice, en ce cas elle donneroit atteinte au titre ; pour l'autre, elle est reductible. Jugé le 9. Aoust 1660. *De la Guesf. tom.* 2. liv. 3. chap. 34.

Il résulte de tous les Arrêts rapportez depuis le nombre 136. que la Jurisprudence a été uniforme à cet égard dans tous les temps.

143 Un Pensionnaire peut recevoir la moitié du revenu sur les fruits d'un Benefice simple pour sa pension, même d'un dévolutaire. Arrêt du Parlement de Paris du 18. Août 1688. qui a conservé à Riviere six cens liv. de pension sur un Prieuré de 1200. liv. *Voyez Du Perray*, li. 2. ch. 1. n. 26.

REDUCTION DE LA PENSION.

144 Pension ne doit exceder le tiers. *Tournet*, lettre P. Arr. 58.

Le Pape ne peut, même de son propre mouvement, imposer une pension sur un Benefice, plus grande que du tiers. *Bibliotheque Canonique*, tom. 2. pag. 199. col. 1.

145 La reserve d'une pension excessive oblige le resignataire de la payer, ou bien de renoncer au titre. Mais l'on ne pourroit pas se reserver tous les fruits, *loco pensionis*, ayant été jugé que les provisions sous cette condition, n'avoient fait aucune impression de titre, & que l'Abbaye étoit vacante ; Sœur Jusande fut maintenuë par Arrêt du Parlement de Toulouse en 1493. Autre Arrêt du Parlem. de Paris de 1496. si le resignant meurt dans les six mois, son Benefice vaque par mort. Arrêt pour la Cure de Saint Aignan du 5. Mars 1512. encore que la possession du resignataire fût solemnelle & bien insinuée, c'est une reserve des fruits défenduë ; cependant si les fruits étoient reservez au resignant par sa procuration & homologation, *loco pensionis*, & que ce fût pour union & suppression, qui regardât la faveur publique, elle seroit valable : jugé par plusieurs Arrêts. *Voyez M. Du Perray*, li. 4. ch. 4. n. 30.

146 Le 7. Decembre 1525. fut achevé le Plaidoyé d'entre M. le Cardinal de Bourbon Abbé de Corbie, & les Religieux de la même Abbaye, appellans tant des Juges & Executeurs Ecclesiastiques, que du Bailly d'Amiens, d'une part ; & l'Evêque d'Amiens intimé, & aussi appellant de M. Maître Loüis Seguier, d'autre ; & sur ce fait a été prononcé Arrêt, contenant plusieurs points notables pour fait de pensions ; & entr'autres, que les censures & contraintes Ecclesiastiques tiendront par provision, nonobstant les nullitez & abus prétendus & alleguez contre la pension & diminution qui en étoit demandée, au cas qu'elle fût trouvée être bien créée, tant au moyen des guerres, qu'autres cas fortuits arrivez : surquoy les parties furent appointées à mettre, & au Conseil vers la Cour. *Bibliot. Can. to.* 2. p. 275. *in fine*.

147 Arrêt du Parlement de Roüen du 30. May 1566. par lequel une pension créée à la legation, de la somme de 80. liv. a été, comme excessive, reduite à la tierce partie des fruits du Benefice, sur une appellation comme d'abus, prise par le Curé resignataire, à l'adjonction du Procureur General de la création d'icelle pension ; & ordonné que par deux Conseillers de la Cour à ce députez, évaluation seroit faite des fruits & revenus du Benefice, pour de la tierce partie être décerné executoire au profit du Pensionnaire ; quoique le resignant justifiât que le Benefice avoit été affermé à raison de 200. livres par an : attendu que le Curé quittoit tous les fruits du Benefice, en luy payant 120. livres sans dépens. *Ibidem*, page 207. col. 1.

148 Pensions excedans le tiers du Benefice, doivent être reduites au tiers. Arrêt du Parlement de Paris du 16. Decembre 1563. le successeur peut demander

K ij

la reduction, non celuy qui a promis la pension. *Papon, li. 3. tit. 5. n. 8.*

149. Pension excessive peut être contredite par le resignataire. Arrêt du Parl. de Paris du 16. Fév. 1566. qui remet les parties en tel état qu'elles étoient auparavant la resignation & creation de pension. *Ibid. n. 10.*

150. Quoique la pension excede le tiers du revenu en Benefices autres que Cures, le resignant ne peut perdre sa pension : mais elle doit être reduite à ce que communément l'on observe, & que le Benefice se peut porter. Arrêt du Parlement de Paris du 19. Juin 1572. *Papon, ibid.*

151. Les pensions ne doivent exceder le tiers du revenu. Arrêt du 5. Decembre 1583. Autre du 5. Février 1595. au Rôle d'Amiens & de Senlis. Si elles sont plus fortes, celuy qui a constitué, ne peut reclamer. Mais le successeur peut demander la reduction. *Bibliotheque Canon. to. 2. pag. 198. col. 2.* où Bouchel dit avoir appris que l'on tient au Palais, que le resignataire qui a créé la pension, ou celuy qui a droit du resignataire, *aut cedat, aut solvat*, quelque sorte que soit la pension, & ce qui est contraire aux homologations des pensions à Rome, *dummodo medietatem fructuum non excedat, est de stilo Curiæ.* Mais celuy qui est pourvû *per obitum*, ou qui n'a point droit de celuy qui a créé la pension, la peut faire reduire au tiers.

152. Jugé le 8. Mars 1591. que le troisième pourvû par mort du Benefice, n'ayant charge d'ames, étoit tenu de continuer la pension créée en Cour de Rome, tant que le premier resignant vivroit : mais celuy ainsi pourvû par mort, peut demander la pension être reduite, si elle est excessive. Arrêt du 7. Février 1595. pour une Chapelle en l'Eglise de Gerbroy. *Papon, liv. 3. tit. 5.* Mais celuy qui succede par resignation, doit payer entierement la pension convenuë. Arrêt du 8. Février 1594. *Voyez Robert, liv. 1. rerum judic. cap. 7.*

153. Arrêt du Parl. de Metz du 10. Decembre 1640. qui condamne l'Abbé de Sainte Marie de Bechamp à payer au sieur de Bonnaire, Gentilhomme ordinaire de Sa Sainteté, les arrerages d'une pension de 150. ducats, qu'il avoit à prendre sur l'Abbaye, à raison de trente ducats seulement par an, & continuer le payement à la même raison, tant que la guerre durera, si mieux n'aime ledit de Bonnaire accepter la huitième partie à part, & à divis des zerres de l'Abbaye, ce qu'il seroit tenu d'opter dans quinzaine. On disoit que cette pension étoit créée sans cause, que de Bonnaire ne portoit point l'habit de Clerc. Mais on répondoit sa personne & familiers du Pape sont exceptez. D'ailleurs, la volonté du Pape, le consentement & la reconnoissance de l'Abbé autorisoient la demande du Pensionnaire. *Voyez le 66. Plaidoyé de M. de Corberon Avocat General.*

154. Arrêt du même Parlem. de Metz du 10. Decembre 1640. qui modere une pension de 660. livres dûë par un resignataire d'une Prébende de l'Eglise Cathedrale de Tours contre son resignant, à la somme de 150. liv. par an, tant que la guerre durera, si mieux n'aime le resignant accepter le tiers des fruits & revenus quelconques de ladite Prébende, dont le resignataire sera tenu de luy donner par chacun an un état attesté par le Président, & par le Secretaire du Chapitre ; ce qu'il sera tenu d'opter dans trois mois, du jour de la signification de l'Arrêt. *Voyez les 67. & 75. Plaidoyés de M. de Corberon.*

155. Si le resignataire d'une Cure, qui n'a aucun revenu assuré, peut se liberer de la pension qu'il a consentie, & promise sur le Benefice, en faveur du resignant, ou proposant l'excez, & offrant de rendre compte des droits & émolumens ? Arrêt pour la negative. *Voyez Henrys, to. 1. li. 1. ch. 2.*

156. L'Edit du Contrôle article 18. declare nulles comme simoniaques, toutes reserves & créations de pensions sur les fruits des Benefices, si elles excedent la moitié des fruits, nonobstant tous concordats & obligations de pleges & cautions : mais le grand Conseil par son Arrêt de verification, a modifié cet article, *sans que les pensions soient tenues pour nulles, comme simoniaques, & celles qui se recevront cy-après, seront reduites au tiers des fruits des Benefices, suivant les Constitutions Canoniques.* Et par Arrêt du Parlement de Paris du neuf Mars 1660. il fut jugé pour le Doyenné d'Angoulême, qu'une pension qui excedoit la moitié du revenu du Benefice, ne pouvoit annuller la resignation. La Cour, suivant les Conclusions de M. l'Avocat General Talon ; reduisit la pension au tiers, & prononça sur la validité de la resignation. *Journal des Audiences, to. 1. liv. 3. ch. 34. & les Definit. Can. p. 610.*

157. Un resignataire, qui a une fois consenti une pension sur le Benefice à luy resigné, n'est pas recevable à en demander la reduction, lorsqu'elle excede les deux tiers du revenu du Benefice ; il faut que *aut cedat, aut solvat*. Cependant la Cour a ordonné d'office la reduction d'une pension de 600. livres à 300. liv. mais ce qu'il y avoit de singulier, est que le resignant étoit pourvû d'un autre Benefice, il ne pouvoit pas demander à rentrer dans la Cure à faute de payement de la pension. Arrêt du 29 Decembre 1664. *Soëfve, to. 2. Cent. 3. ch. 34.*

158. Le 3. May 1664. au Parlement de Toulouse, Barbiere fut condamné à payer la pension de 330. liv. à Bertudi sur la Cure de Cestelmaurou, quoiqu'il dit qu'il n'y avoit pas dequoi vivre, & qu'ainsi il avoit transigé *de alimentis futuris.* Mais parce que la Declaration du Roy porte, que nonobstant la pension promise, le Titulaire doit avoir sa portion congruë, & le crû de l'Eglise, la Cour le 8. Janvier 1676. en condamnant le resignataire à payer la pension, ne le condamna, que jusqu'au temps qu'il avoit demandé sa congruë. *Albert*, verbo *Pensions, article 1.*

159. Pensions accordées par le Roy sur les Benefices Consistoriaux & homologuez en Cour de Rome, sont reductibles. Arrêt du Grand Conseil du 15. Mars 1695. qui reduit une pension de mille liv. à 700. liv. si mieux n'aime le Pensionnaire faire estimer dans trois mois pour toutes préfixions & delais, les revenus & charges de l'Abbaye de Moncels, ce qu'il sera tenu de proposer dans quinzaine, sinon déchu en vertu du present Arrêt ; lequel ordonne pareillement qu'il sera payé des arrerages du passé sur le pied de mille liv. jusqu'au 1. Janvier dernier, dépens compensez. *Journal du Palais*, in fol. *to. 2 p. 899.*

160. L'on a plusieurs fois agité au Grand Conseil la question de sçavoir, si un Abbé pourvû par le Roy d'une Abbaye, à la charge d'une pension, peut liberer de la pension, en offrant d'abandonner les revenus de l'Abbaye ? Il a été jugé qu'il devoit remettre le Brevet de don de l'Abbaye ; & que tant qu'il conserveroit le titre, il demeureroit obligé à la pension par son Brevet : parce que cette pension étoit une charge & une condition de sa provision & de son titre. Il y a eu Arrêt le 7. Février 1708. entre F. Jules Cesar de la Grange, Prêtre, Chanoine Regulier, Abbé de l'Abbaye de Voormizele, & M. de Ratabon Evêque d'Ypres, Pensionnaire sur cette Abbaye, de la somme de 4000. liv. L'Abbé de la Grange, pour qui plaidoit M. Brillon, fit à M. l'Evêque d'Ypres un abandonnement des deux tiers des revenus, tant pour la pension de 4000. liv. portée au Brevet, que pour l'acquit des charges. Monsieur l'Evêque d'Ypres, pour qui plaidoit M. Chevalier, voulut bien accepter l'abandonnement ; ce qui donna lieu à plusieurs contestations. Mais il demeura certain que le Pensionnaire pouvoit obliger le Titulaire, quoiqu'Abbé Regulier, à remettre le

PEN

titre és mains du Roy, ou de continuer le payement de la pension.

La question a été jugée en termes formels le 12. Juillet de la même année 1708. au profit de M. le Marquis de Flamarin, Pensionnaire d'une somme de 2000. livres sur l'Abbaye de Longuevalle, dont étoit pourvû M. l'Evêque du Mans, avec charge de payer la pension, Monsieur du Mans, pour qui plaidoit M. le Paige, offrit d'abandonner tous les revenus. M. de Flamarin, pour qui M. Evrard plaidoit, ne jugea pas à propos d'accepter cet abandonnement. Arrêt qui, conformément aux conclusions de M. Dupuy Avocat General, condamne M. l'Evêque du Mans à payer les arrerages échus, avec dépens. La distinction à faire, est que la pension étant portée par le Brevet de don de l'Abbaye, ou autre Benefice, la reduction n'en peut être demandée ; mais si la pension n'est donnée qu'après la provision, en ce cas la pension n'étant pas une charge de la provision, le Titulaire peut obtenir la reduction d'une pension excessive.

PENSION, RESIGNATION.

161 Quand la pension est reservée en faveur d'un resignant paisible possesseur, on ne laisse pas de faire admettre la pension sans le consentement du resignataire, en dérogeant à la regle de Chancellerie, *de præstando consensu in pensionibus*, parce que la resignation se fait en faveur d'un absent, & que le resignant n'entend resigner qu'à cette condition, ainsi qu'il est exprimé dans la signature de pension : *cum derogatione regulæ de præstando consensu in pensionibus, attento quòd resignatio fit in favorem absentis, & orator qui verè, realiter & pacificè possidet, aliter resignare non intendit.* Il n'en est pas de même, quand c'est une cession de droits sur un Benefice litigieux ; car alors il faut avoir le consentement du cessionnaire, comme aussi dans le cas de la pension sans cause ; il faut necessairement avoir le consentement du Titulaire debiteur de la pension. *Définit. Can. p.* 608.

162 Si la resignation contenoit une clause expresse de regrés au Benefice, & resolution de la resignation faute de payement de la pension, cette clause seroit nulle & abusive, comme une espece de reserve, reprouvée & condamnée par le Concile de Bâle, suivant le sentiment de M. Charles du Moulin sur la regle *de infirmis*, n. 14. & sur la regle *de public. resignat.* nomb. 276. *Voyez les Définitions Canoniques, pag.* 625.

163 La resignation peut être admise par l'Ordinaire, & la reserve d'une pension par le Pape. Il y en a un Arrêt du Parlement de Paris, prononcé la veille de Noël 1606. pour raison de la Cure de Gerarce, au Diocese de Paris. Cet Arrêt est rapporté dans Chopin, & dans les *Définit. Can. p.* 615.

164 La resignation d'un Benefice à la charge d'une pension, contient deux actes separez & divisez, lesquels se doivent faire séparément & divisément. Arrêt du 28. Decembre 1536. rapporté par *Tournet*, lettre B. *Arrêt* 34.

165 Titius a un Prieuré simple, il le resigne à Jean avec pension homologuée en Cour de Rome. Jean paye la pension, & ensuite resigne à Pierre. Jean decede ; Martin se fait pourvoir en Cour de Rome, & jouit de fait. Pierre & Martin contestent. Pierre est maintenu avec restitution de fruits, dommages & interêts. Titius demande sa pension à Pierre, & Pierre dit qu'il n'a point jouï des fruits, que c'est Martin. Pierre est condamné à payer la pension, &c, Jugé le 2. May 1561. *Charondas*, li. 8. *Rép.* 9.

166 Jugé au Parlement de Paris le 8. Mars 1565. que le resignant rentreroit dans son Benefice, le resignataire refusant de luy payer sa pension. *Papon*, liv. 2. ti. 7. n. 5.

167 Arrêt du Parlem. de Paris du 10. Decembre 1565.

PEN 77

par lequel il est ordonné qu'un Curé resignant rentreroit dans sa Cure, faute de payement de la pension stipulée. Autre Arrêt du mois de Novembre 1569. qui condamne un resignataire Curé à fournir à l'accord, ou passer procuration à son resignant. *Papon, liv.* 2. *tit.* 8. *n.* 3. Où il ajoûte que pour la même perfidie, encore que les pactes soient reprouvés en Benefices, un serviteur, à qui on a baillé en garde, est contraint recorder à tel que le Maître voudra. Arrêt du 14. Juin 1566.

Quoique les pensions créées sur Cures, fussent réputées pleines d'abus, sur tout quand le resignant n'y avoit pas grand droit ; les pensions faites aux vrais titulaires resignans *ex justâ causâ*, ont été tolerées ; faute de payer la pension ils rentroient pour le moins en leur Benefice. Arrêt du 10. Decembre 1565. pour un resignant contre son resignataire qui avoit passé une Sentence collusoire avec un dévolutaire ; il fut ordonné que le Curé rentreroit en son Benefice. 168

Ce qui est dit de la resignation simple s'entend aussi de la permutation en retenant pension ; par Arrêt du mois de Septembre 1565. sur une provision par mort du resignataire decedé n'ayant accompli sa promesse envers son resignant, declarée nulle, & le Curé remis en son Benefice ; il faut que le debiteur pensionnaire ou paye, ou retrocede : la Cour par une équité naturelle, remet ordinairement les parties en tel état qu'elles étoient auparavant la resignation & permutation faute de connoissance. Arrêt des 16. Févr. 1566. 14. Févr. 1569. & 7. Dec. 1573. autre chose seroit, si un tiers étoit chargé de la pension de laquelle il peut se faire décharger, en appellant comme d'abus, telle convention n'étant que personnelle. Jugé le 28. May 1574. l'Edit de Blois, a depuis pourvû à la révocation des pensions excessives. *Papon*, p. 1359.

Resignataire qui s'est obligé à payer une pension à son resignant, doit la payer ou retroceder, mais non un tiers *Papon*, li. 3. tit. 5, n. 10. 169

Non seulement le premier resignataire qui a accepté le Benefice à la charge de pension, mais aussi l'autre pourvû sur sa resignation doit la continuer, parce que la mauvaise foy de l'auteur *transit in successorem*. Il en est autrement de celuy qui est pourvû par mort ; il n'a pas le droit du défunt Beneficier, mais du Collateur. Arrêt du Parlement de Paris du 30. Juillet 1598. quand le second resignataire ne veut pas acquitter la pension, on ordonne que le resignant rentrera dans son Benefice *sine novâ collatione*, Arrêts des 21. Février & 21. Avril 1575. quoique l'on alleguât que la création de pension fût abusive pour avoir été créée sur une Abbaye sans consentement du Roy, ni homologation en Cour de Rome. *Papon*, livre 3. titre 5. 170

Resignation d'un Benefice à la charge de faire créer certaine pension sur ledit Benefice en Cour de Rome, est tenu de retroceder le Benefice, ou de payer la pension. Jugé le 20. Janvier 1581. *Charondas*, liv. 1. *Rép.* 26. 171

Il a été jugé le 28. May 1584. qu'un resignataire du resignant est tenu de continuer la pension créée sur un Benefice-Cure, ou à retroceder le Benefice. *M. Loüet*, lettre P. *somm.* 32. 172

Quoique la discipline Ecclesiastique ne reçoive regulierement pension sur Benefice-Cure ; neanmoins la Cour a admis que le Curé ayant resigné à la charge de pension, non excessive, comme du tiers, le regrez luy est reservé, faute de payement, même contre un tiers resignataire, soit en faveur ou à cause de permutation faite vrai-semblablement en fraude du premier resignant pensionnaire. Arrêts des 14. Février 1569. 18. May 1584. & 21. Janvier 1586. autre chose seroit si un tiers étoit chargé de la pension, de laquelle aisément il se feroit décharger ; telles conventions n'étant personnelles. Jugé le 28. May 1574. 173

K iij

& 5. Decembre 1583. *Papon, li. 3. tit. 5. nomb. 10.* où il observe que l'Edit de Blois a pourvû à la révocation des pensions excessives.

174 Quoique la clause *cum egressu* en défaut de payement d'une pension, soit vicieuse & abusive, même simoniaque, *cap. insinuatum de simon.* neanmoins elle est sousentenduë, & se pratique en ce cas. Specialement lorsque le resignataire refuse de payer au resignant la pension, & satisfaire aux autres charges exprimées au Concordat arrêté entr'eux, homologué, en Cour de Rome, d'aurant qu'il est tenu retroceder, & remettre le Benefice entre les mains de son resignant. Arrêt du P. de Roüen du mois de Mars 1589. pour le haut Doyenné de l'Eglise Cathedrale d'Evreux, & qui avoit été jugé en l'an 1549. pour le sieur Desmaretz, contre son resignataire de la Cure du Tremblay. Arrêt semblable du Parlement de Paris du 20. Janvier 1581. pour une Prebende fondée en l'Eglise Nôtre-Dame, au Château de Clermont, Diocese de Beauvais ; ce qui s'entend jusqu'au second, troisiéme, même aux autres pourvûs par resignation du même Benefice, & est fondé sur la glose *in cap. ult. extr. de donationibus.* Celuy qui a impetré le Benefice vacant par mort, peut se faire décharger de la pension qui n'a point été créée de son consentement comme il se pratique aujourd'huy. *Bibliotheque Can. to. 2. page 207. col. 1.*

175 Arrêt du Parlement de Roüen du 19. Septembre 1597 qui casse la Sentence du Bailli d'Evreux, en ce qu'elle condamnoit le Curé de saint André de Gauville à en faire rotrocession à son resignant, & ordonne que dans trois mois il feroit employer le consentement dans la pension en Cour de Rome, & qu'à cette fin il passeroit procuration. *Ibidem, col. 2.*

176 Si le resignant se peut retenir les collations *loco pensionis* ? La cause appointée le 6. Juillet 1600. *M. Louet, lettre P. somm. 33.*

177 Un Curé resigne à la charge de 60. écus de pension; il est porté dans la signature que le Pape agreoit ladite pension, pourvû qu'il restât 100. ducats quittes au resignataire. Sur la plainte du resignataire que cette pension emportoit l'entier revenu, il fut par Arrêt du Parlement de Toulouse du 22. Février 1601. il fut jugé conformément à plusieurs préjugez, que les fruits de la Cure seroient annuellement affermez par le resignataire, le resignant appellé, pour du prix qui en proviendroit, être en premier lieu payé audit Constant titulaire la somme de 100. écus, au lieu de 100. ducats, quittes de toutes charges, autres neanmoins que du salaire du Vicaire en cas d'absence du resignataire, ou ne pouvant faire le Service, & du Prédicateur, & sur le surplus être délivré 60. écus au resignant. *Cambolas, li. 3. chap. 17.*

178 La pension retenuë par le resignant en grande maladie, n'empêche le regrez au Benefice resigné, quand le malade est retourné en convalescence. Jugé au mois de Juin 1604. *Peleus, quest. 147.*

179 Jugé que le Pourvû d'un Benefice chargé de pension par l'incapacité du resignataire est obligé de la payer & continuer. Arrêt du 22. Juin 1606. mais le resignataire ou le pourvû par son incapacité ne peut être condamné qu'à payer les pensions échûs de son temps, la derniere année comprise, laquelle a precedé sa prise de possession. *Brodeau sur M. Louet, lettre P. somm. 30. nomb. 10.*

180 Si le Benefice avoit passé par les mains de plusieurs resignataires, sans reserve de pension du premier resignant, lequel auroit negligé pendant plusieurs années de la demander, il y avoit lieu (avant les Edits & Declarations) à la réduction au tiers des fruits. Arrêt du 16. Avril 1611. *Brodeau, ibidem nomb. 5.* rapporte cet Arrêt, & dit qu'il y avoit écrit au procez pour celuy qui gagna sa cause.

181 Resignation nulle pour l'excez de la retention peut subsister étant restrainte par le Pape, si la restriction en est consentie par le resignant, sinon & au cas qu'il mourût dans les six mois, le Benefice pourroit être impetré par sa mort. Arrêt du Parlement de Paris du 5. Mars 1612. nonobstant la possession triennale, parce qu'il n'y avoit pas même titre coloré. *Papon, li. 2. tit. 8. nomb. 6.*

182 Quoique la clause de regrez au défaut de payement de la pension par deux, trois, ou plusieurs termes soit abusive, & la paction illicite, suivant l'opinion de *Du Moulin*, pour ne point autoriser l'ingratitude & la perfidie d'un resignataire, ni ses suites & subterfuges, & soulager le resignant, il a été jugé cessant la même clause pour le défaut de payer les arrerages de plusieurs années, que le resignant peut rentrer en son benefice, même après 20. ans. Arrêt du 7. Septembre 1628. pour une Prebende en l'Eglise Cathedrale de saint Corentin de Cornoüaille en la basse Bretagne. *Bibliot. Canonique, tome 2. p. 215.*

183 Ce qu'on dit, *cedat aut solvat* au resignataire, n'a pas toûjours lieu ; comme si un homme obligé de se demettre d'un Benefice incompatible avoit reservé une pension, ou que les fruits ne fussent suffisans pour la payer, alors elle cesseroit d'être exigible. Arrêt du Parlement de Grenoble du 11. Août 1665. *Voyez Basset tome 1. li. 1. tit. 4. chap. 7.*

184 Arrêt du Parlement de Provence du 9. Novembre 1657. qui ajuge au resignant en défaut de payement de la pension, le regrez à son Benefice. Autre Arrêt du 17. Juin 1661. qui ordonne le payement des arrerages, autrement permis au resignant de se mettre en possession du Benefice. *Boniface, tome 1. liv. 2. tit. 10. chap. 5.*

185 Il faut faire difference des Benefices simples, d'avec les Benefices qui ont charge d'ames, ou qui requierent residence, & un service actuel des titulaires. Quant aux Benefices simples, le resignataire ne peut demander la réduction de la pension, ni sur les fruits des Benefices il luy soit assigné une pension honnête pour son entretien ; on luy peut dire, *aut cede aut solve*, puisqu'avant que d'accepter le Benefice, & de consentir à la reserve de la pension, il a dû prendre ses mesures, & voir si cette resignation l'accommodoit. La même chose auroit lieu contre le resignataire du resignataire ; mais il en est autrement à l'égard du successeur par mort ; il peut demander la reduction de la pension au tiers du revenu du Benefice ; ainsi jugé par un Arrêt solemnel du Grand Conseil du 10. Janvier 1667. M. le Président après la prononciation, avertit les Avocats qu'il devoit servir de loy & de regle à l'avenir. Pour ce qui est des pensions créées sur Cures & Chanoinies, avant la Declaration du Roy, on jugeoit que le resignataire, & le resignataire du resignataire n'en pouvoient demander la reduction, quelques excessives qu'elles fussent, & qu'il falloit quitter le Benefice ou payer la pension : mais depuis cette Declaration le Curé & le Chanoine même resignataires, peuvent demander une somme de 300. livres pour leur entretien outre le casuel, Obits, Fondations, & distributions manuelles. *Definit. Can. p. 611.*

185 bis. Edit du Roy portant Reglement general pour les pensions sur les Cures, & autres Benefices, du mois de Juin 1671. verifié au Grand Conseil & au Parlement au mois de Juillet suivant, par lequel sa Majesté ordonne que cy-après les Titulaires dans les Eglises Cathedrales & Collegiales ne pourront les resigner avec reserve de pension qu'après les avoir actuellement desservi pendant le temps & espace de 15. années entieres, si ce n'est pour cause de maladie & infirmité, connuë & approuvée de l'Ordinaire, qui les mette hors d'état le reste de leurs jours de continuer leurs fonctions, sans neanmoins que les pensions que les resignans retiendront puissent exceder le tiers du revenu des Benefices ; le tout sans diminution ni retranchement de la somme de 300. livres. qui demeurera aux Titulaires pour leur subsistance par chacun an, franche & quitte de toutes charges, sans comprendre le casuel & le creux de l'Eglise, qui appartiendra pareillement aux Curez, ensemble les distributions manuelles qui appartiendront aux Chanoines & quant aux pensions qui se trouveront avoir été payées, cy-devant sur les Cures & sur les Chanoinies & Prebendes des Eglises Cathedrales ou Collegiales en faveur desdits resignans : ordonne qu'elles seront réduites au tiers sans diminution des 300. livres, ainsi qu'il est exprimé cy-dessus, nonobstant tous traitez & concordats pour cause de procez, resignations, permutations, demandes en regrez faute de payement desdites pensions, & tous cautionnemens ; desquels sa Majesté décharge les obligez.

186 Arrêt du Parlement de Provence du 22. Juin 1671. qui condamna un resignataire à continuer la pension au resignant, lequel vouloit se prévaloir de la Declaration de 1671. sur le fondement que son resignant n'avoit point desservi 15. ans. *Boniface, tome 3. livre 6. titre 2. chapitre 2.*

187 Le 25. Juin 1675. Arrêt qui oblige un quatriéme resignataire d'une Vicairerie permutée de continuer la pension constituée depuis 35. ans. *Ibidem, ch. 6.*

188 Jugé le 11. May 1676. que le resignataire d'un Benefice Cure, doit continuer la pension excessive, ou quitter le Benefice. *Ibidem chap. 8.*

189 Arrêt du même Parlement de Provence du 5. Decembre 1678. qui a jugé que le resignataire d'un resignataire d'un Benefice-Cure continuera la pension de son devancier, & ne peut la faire reduire. *Ibidem, chap. 9.*

190 On ne peut entre deux particuliers par la resignation d'un Canonicat, créer une pension au profit d'un tiers qui n'a aucun droit au Benefice ; le consentement du resignant du resignant, ainsi que la démission en Cour de Rome sont abusifs. Arrêt du Parlement de Toulouse du 15. Avril 1694. *Journal des Audiences tome 5. livre 10. chapitre 10.* où il est observé, sous pretexte que le resignataire veut faire éteindre une pension, le resignant n'a pas droit d'exercer le regrez, comme si la condition sous laquelle il a resigné, n'étant point executée, cela pouvoit resoudre sa resignation.

191 Le Pape ne peut admettre la resignation d'une Cure, sans admettre la pension que le resignant s'est réservé par la même procuration pour resigner ; c'est-à-dire que le Pape ne peut admettre la resignation & rejetter la pension. Arrêt du Parlement de Paris du 1. Mars 1696. *Journal des Audiences, tome 5. livre 10. chap. 10.*

192 Si le resignant est en droit de demander à rentrer dans le Benefice & de prétendre que les provisions du resignataire sont nulles, parce qu'elles ne contiennent point toutes les reservations faites par le resignant dans la procuration *ad resignandum* ? Voyez les Arrêts de M. de Catellan, liv. 1. ch. 3. où il en raporte un rendu au Parl. de Toulouse en faveur du resignataire le 10. Février 1698. Le resignant qui n'avoit fait sa procuration que sous la reserve d'une pension, demandoit le regrez faute de l'accomplissement de la condition; le regrez luy fut refusé ; mais le resignataire offroit de payer la pension que le resignant avoit voulu se reserver. La Cour ne crut pas devoir entrer là dedans ; elle ne voulut pas inserer ces mots *demeurant le registre chargé de l'offre* ; & on fut retenu par la crainte d'établir une pension, ce qui n'est réservé qu'au Pape.

PENSION, SUCCESSEUR.

193 Si le successeur au Benefice est tenu de payer la pension créée sur le Benefice pour l'année qu'il ne jouit point. *Chorondas, liv. 1. Rép. 70.* tient la negative, & sur la fin il dit qu'il a entendu que le different avoit été partagé.

194 Si le Pape créoit une pension avec une clause expresse de reservation *ad successores*, quoyqu'il y eût consentement du resignataire, il y auroit abus. Arrêt donné au Parlement de Normandie le 17. May 1521. pour le Recteur & Curé de l'Eglise de S. Georges de Caën. *Item* par autre Arrêt du même Parlement en Février 1529. au procés du surnommé l'Enfant ; il fut dit que le Cardinal d'Amboise, bien qu'il fût Legat *à latere* n'avoit pû créer une pension annuelle sur un Benefice passant aux successeurs V. *la Bibliotheque Canonique, tome 2. p. 204. col. 1. & Du Moulin, Reg. de publi. nomb. 277.*

195 Si une pension créée sur une Abbaye pour la resignation de la coadjutorie d'une autre Abbaye, doit être payée par le successeur à l'Abbaye sur laquelle elle a été créée ? Par Arrêt du Parlement de Metz du 21. Février 1639. le successeur a été condamné à la payer. *Voyez le 41. Plaidoyé de M. de Corberon*; il estima que la pension avoit pû être créée en Lorraine qui étoit alors Païs d'obedience, qu'étant homologuée par le Pape & executée par le predecesseur, le Benefice n'avoit pu passer au successeur qu'avec cette charge, qu'enfin la pension étoit d'autant plus favorable, qu'elle étoit créée au profit d'un Religieux à qui elle tenoit lieu d'alimens.

196 Arrêt du Parlement de Provence du 14. Février 1647. qui a jugé que le successeur à un Benefice-Cure pourvû *per obitum*, n'est point tenu de continuer la pension. *Boniface, tome 1. livre 2. titre 9. chap. 2.* où il rapporte un autre Arrêt du 20. Mars 1657. qui a jugé le semblable.

197 Arrêt du 16 Janvier 1662. qui a jugé que le successeur au Benefice par resignation est tenu de continuer la pension de son predecesseur. *Boniface, ibidem chap. 1.*

198 Les pensions étant réelles au Parlement de Toulouse, quoique le Benefice vaque *per obitum*, la pension est dûe au pensionnaire par le successeur de celuy qui l'a promise : il est vrai que le nouveau titulaire ne doit pas les arrerages du tems qui a precedé sa possession. Jugé au Parlement de Toulouse les 27. May 1669. & 4. Juin 1657. *Albert, verbo, Pension art. 1.*

PENSIONS EN TITRE.

199 Les pensions en titre sont reprouvées en France; elles n'ont lieu que dans l'Italie, & les autres païs de la nomination du Pape. *Gigas* en parle dans son traité des pensions *quest. 3. nomb. 1. licitarum autem pensionum quædam est quæ datur in titulum Beneficii, ut est quando certa portio ex pingui Beneficio extrahitur, ut deinceps sit perpetuum Beneficium.* Definitions Can. *Remarque 476. page 616.*

200 Quand la pension serviroit & tiendroit lieu de titre sacerdotal au pensionnaire, il ne laisseroit pas de pouvoir l'amortir & éteindre ; comme de pouvoir resigner le Benefice qui luy tiendroit lieu de titre sans le consentement de l'Evêque. C'est l'usage observé en France contre la disposition du Concile de Trente, & le Stile de la Cour de Rome qui veut qu'il paroisse que le resignant & le pensionnaire ont d'ailleurs de quoy vivre. *Ibid. remarque 487. p. 622.*

PEPINIERES.

Par Arrêt du Parlement de Roüen du 5. Juin 1609. rapporté par *Berault*, sur l'art. 516. de la Coûtume de Normandie, il a été jugé que les pepinieres, comme meubles, appartenoient aux legataires, & même que les veuves usufruitieres y prenoient part comme étans *in fructu*.

PERDRE.

CE que signifie, perdre une chose. *L. 15. & 14. D. de Verb. sign.*

Perte d'actes, *Voyez* les mots, *Piéces, Procedures, Procureurs.*

PERE.

*De his qui sui vel alieni juris sunt. l. 1. 8..
D. a. 6.: Ulp. 4.
De patriâ potestate. l. 1. 9. & seqq..... C. 8. 47. & seqq.
De adoptionibus & emancipationibus, & aliis modis quibus potestas solvitur. I. 1. 11... D. 1. 7.
De tributoriâ actione. D. 14. 4... I. 4. 7. §. 3.* Action contre le Pere dont le Fils fait un négoce particulier.
*Quod cum eo qui in alienâ potestate est, negotium gestum esse dicitur. D. 14. 5.... C. 4. 26.. I. 4. 7.
De periculo successorum parentis. C. 10. 61.* L'engagement du Pere pour son Fils, passe aux heritiers du Pere.
De Patribus qui Filios suos distraxerunt. C. 4. 43.... C. Th. 3. 3... Paul. 5. 1. §. 1. Des Peres que la misere obligeoit de vendre leurs enfans.
V. Enfans. Fils de famille. Maître. & *hoc verbo*, Pere. *La Bibliotheque de Jouet. Georgii* Vivieni, *Pater familias.*

1. Pittacus donnant conseil à un fils qui vouloit plaider contre son pere, dit, *si de patre æquiora dixeris, damnaberis; si iniquiora dixeris, jam dignus eris damnari. Vide* Gautier, *tome 1. de ses* Plaidoyez *page* 610.

2. *Quæritur pater de malo filio, aut quæritur filius de duro patre, servamus honorificentiam quæ debetur patri a filio, quâ deficit a filio non æquamus filium patri in honore, sed præponimus, si bonam causam habet, filium æquamus patri in veritate, & sic tribuimus honorem debitum ut non perdat æquitas meritum.* Cauf. 2. quest. 7. C. 36.

3. *Pater administratorio nomine filii contractui jurato contravenire potest, justâ causâ nove superveniente.* Voyez *Franc. Marc. tome 2. quest.* 503.

4. Du respect que les enfans doivent à leur pere. Voyez le mot, *Enfans nombre* 75, & *suiv.*

5. Declaration des peres & meres sur l'état d'un enfant bâtard ou legitime. Voyez le mot, *Bâtard, nombre* 49. & *suivans* & le mot, *Enfans nombre* 2. & *suiv.*

PERE, BENEFICE.

6. Fils obtenant le Benefice possedé par le pere. Voyez le mot *Benefice, nomb.* 137. & *suivans.*

PERE, ACTION CRIMINELLE.

7. Accusation par les peres contre les enfans. Voyez le mot, *Accusation, nomb.* 16.

8. Pere appellant d'une Sentence Criminelle renduë contre son fils. Voyez le mot *Appel nomb.* 115.

9. Le délit du Pere ne peut priver les enfans de la succession de leur ayeul, & l'ancienne Coûtume de Normandie de ne pas succeder par les enfans des condamnez. Jugé au Parlement de Roüen le 26. Août 1558. *Chenu*, 1. Cent. quest. 4.

10. Puissance paternelle non perduë par un bannissement à temps. Voyez le mot *Bannissement, nomb.* 40.

PERE, CAUTION.

11. Si le pere est garand des actions de son enfant? Voyez le mot, *Garantie, nombre* 91. & *suiv.*

12. Pere à qui l'on demande caution. Voyez le mot *Caution, nomb.* 207. & *suiv.*

13. Si le pere qui marie son fils est obligé au doüaire? Voyez le mot, *Doüaire, nombre* 176. & *suivant.*

PERE, GARAND.

14. Voyez la Loy 1. C. *ne filius pro patre vel pater pro filio conveniatur*; il y a quelques Docteurs qui ont tenus le contraire. *Expilly* Arrêt 57. rapporte un Arrêt du 2. Juin 1559. qui a jugé suivant la Loy, *nec mater pro filio, C. livre* 4. *titre* 12.

15. Enfans ne peuvent être facilement relevez des contracts faits avec leur pere. Arrêt du 21. Décembre 1579. qui confirme une quittance d'un fils donnée à son pere *etiam non visis rationibus.* Autre Arrêt du 29. Janvier 1577. qui confirme une alienation, quoyque faite sans decret, Il fut dit, que pour la reverence paternelle, le fait du pere tiendroit; *pietas consilium cupit pro liberis.* Papon, *livre* 7. *titre* 1. *n.* 5.

16. Le pere est obligé à l'achat que son fils mineur fait de chevaux en guerre; & l'on peut proceder par voye de saisie des fruits pendans par les racines sur les terres du pere, en vertu d'une cedule, quoyque non reconnuë. Arrêt du Parlement de Dijon du 22. May 1596. *Bouvot, tome* 2. *verbo Saisie* quest. 44.

17. Le pere peut exiger le legs fait à son fils sans condamnation precedente, ni qu'il soit obligé de donner caution, quand même il seroit remarié en secondes nôces. Jugé le 21. Février 1613. pour des heritiers qui avoient payé un legs; le pere qui l'avoit reçû étant devenu insolvable, ils furent dechargez du second payement que le fils leur demandoit, il y avoit eû même Arrêt le 8. Janvier 1605. *Cambolas*, *liv.* 4. *Chap.* 48.

18. Si le pere est tenu du maniment des deniers publics faits par son fils en qualité de Receveur d'une Communauté? Arrêt du Parlement de Grenoble du 28. May 1637. par lequel il fut dit que le pere payeroit le reliqua du compte en cas d'insuffisance des biens du fils, discussion d'iceux prealablement faite, & pour les dépens ajugez contre le fils, le pere en fut déchargé, par ce qu'il n'avoit point été appellé en Justice: mais l'Arrêt porte, à condition toutefois que les biens du fils seroient imputez 1°. sur les dépens, & après sur le reliqua. Les mouvemens de l'Arrêt furent que le pere & le fils vivans ensemble, le pere n'avoit point ignoré la gestion, il sembloit l'avoir consentie. *Basset, tome* 2. *livre* 4. *titre* 10. *chapitre* 4.

19. Un pere poursuivi & condamné au payement des étoffes & marchandises venduës à son fils mineur étant en sa maison, l'on considera que le pere avoit sçû le prêt, d'ailleurs que ce prêt alloit à sa propre décharge, puisqu'il étoit obligé de fournir l'entretien de son fils. Arrêt du 10. May 1647. *Soëfve*, *tome* 1. *Cent.* 2. *chap.* 17.

20. Jugé en interpretation de l'art. 528. de la Coûtume de Bretagne par Arrêt du 4. Février 1661. qu'un pere n'étoit point tenu de la réparation civile à laquelle son fils avoit été condamné pour assassinat par luy commis, sur ce qu'il fut representé que ce fils étoit sorti de la maison paternelle dés l'âge de 15. ans, & qu'il en avoit plus de 32. lors de l'assassinat commis. *Idem, tome* 2. *Cent.* 2. *ch.* 32.

21. Si le pere a droit de vendre ou donner à nouveau bail le bien de son fils? Arrêt du Parlement de Provence, du 3. Decembre 1674. qui a ordonné le désistement. *Boniface, tome* 4. *livre* 9. *tit.* 4. *chap.* 3.

PERE, HERITIER.

22. De l'institution d'heritier des pere & mére. Voyez le mot, *Heritier noimb.* 241. & *suiv.*

23. Un pere peut faire preuve par témoins qu'il a fait accord des meubles avec les parens de ses enfans à 30. livres. Arrêt du Parlement de Dijon du 25. May 1607. *Bouvot, tome* 2. *verbo Tuteur*, quest. 17.

24. Sur la question, si un pere en païs de Droit écrit, où il a ses enfans en sa puissance, & où il fait les fruits siens par droit de puissance paternelle, sans être obligé de rendre compte, a droit de joüir aussi des biens immeubles situez à Paris, sans être aussi obligé en rendre compte? Voyez le *Recueil des Actes de Notorieté de M. Le Lieutenant Civil, page* 129. & *suiv.*

PERE, PRISONNIER.

Voyez cy-devant verbo *Mineur, & obligation.*

25. Pour la délivrance du pere prisonnier qui n'avoit moyen de payer, il a été ordonné que les biens maternels des enfans, quoique mineurs, seroient vendus. Arrêt du 2. Avril 1571. *Charondas, livre* 4. *Rép.* 16. *circà finem*, & *au livre* 6. *Rép.* 29. il dit que sa femme

PER

me & luy au nom de ses enfans, peuvent renoncer au droit Coûtumier. *Voyez* Mornac, *ad rubricam C. ne filius pro patre.* & Bacquet des Droits de Justice, *chap.* 15. *nomb.* 48.

26 Un fils pris par les Barbares est racheté par un autre; celuy-cy agit contre le pere qui offre de payer jusqu'à concurrence de la part que son fils peut prétendre en ses biens. Arrêt du Parlement de Paris du 6. Août 1619. qui nonobstant les offres ordonne que l'execution de la Sentence dont étoit appel, sursoira, & que le pere payera la moitié dans un an, le surplus à pareil terme, sans pouvoir être contraint par corps; & ce qu'il aura payé sera imputé à son fils sur sa part hereditaire en la succession paternelle. *Additions à la Bibliotheque de Bouchel*, verbo, *Pere*.

27 Une mere est tenuë de payer la rançon de son fils pris par les Turcs, & depuis racheté par un marchand Armenien. Arrêt du 7. Février 1664. *Soëfve, tome* 2. *Cent.* 3. *chap.* 2.

28 Arrêt du Parlement de Provence du 5. Septembre 1685. qui a jugé qu'un fils ne peut pas demander de faire sortir des prisons son pere détenu pour dette civile, & y tenir sa place jusqu'au payement. *Boniface, tome* 4. *livre* 9. *tit.* 4. *chap.* 8.

29 Par Sentence renduë en la Sénéchaussée du Mans le 7. May 1695. Antoine Fouquet est déclaré, atteint & convaincu d'un divertissement de papiers, condamné de les remettre au sieur Du Coudray, en 80. liv. de dommages & interêts, & aux dépens du procés, le tout par corps. Antoine Fouquet son fils est renvoyé absous de l'accusation. Le pere interjette appel de la Sentence. Sur l'appel, transaction par laquelle on convient que l'on fera rendre Arrêt infirmatif de la Sentence; le pere s'oblige de payer 500. livres pour les dépens; le fils cautionne son pere pour cette somme; il prend Lettres de rescision fondées sur sa minorité, quoyqu'il eût 24. ans; sur la lezion, puisqu'il s'obligeoit de payer une somme qui pouvoit donner lieu à la saisie réelle de ses immeubles; lezion manifeste, car le mineur se chargeoit conjointement avec son pere de l'évenement de plusieurs procés.

Deux objections étoient faites; la premiere, on disoit, le mineur s'oblige pour retirer son pere de prison, la lezion ne se présume pas dans un tel cautionnement. La seconde objection étoit que le mineur se mettoit luy-même à couvert d'une condamnation criminelle.

L'on répondoit qu'en matiere criminelle, l'appel éteint le jugé, que Fouquet au moyen de son appel & de la transaction n'avoit plus de contrainte par corps à apprehender, & de plus il eût fallu que le pere eût été actuellement *in vinculis* & en prison. Si le mineur peut s'obliger pour retirer son pere de prison, l'on n'a pas encore dit que son obligation fût valable pour l'en garantir. *M. Louët lettre O. sommaire* 9. fut cité; & il faut examiner si le pere n'a que cette voye d'empêcher l'emprisonnement de sa personne. Par rapport à la seconde objection, l'on ne doit pas dire que le fils se met à couvert d'une condamnation criminelle; il est renvoyé absous par la Sentence. D'un autre côté, la transaction ne se fait pas avec luy comme avec un homme accusé ou condamné, il y intervient seulement comme caution, ce qu'il n'a pû faire sans s'exposer à une lezion qui n'est que trop prouvée par les pourfuites dont on le menace.

Le Vendredy de relevée 23. Janvier 1698. Arrêt qui conformement aux Conclusions de M. Joly de Fleury Avocat General, enterina les Lettres de rescision. M. Pierre Jacques *Brillon* plaidant pour le demandeur, M. Jean Baptiste Brillon son frere aîné plaidant pour le sieur Du Coudray défendeur.

Pere; Mauvais traitemens.

30 Des enfans qui sont maltraitez par les peres. *Voyez* le mot *Enfans, nomb.* 65. *& suiv.*

Tome III.

PER 81

Arrêt du 23. Decembre 1577. qui condamne un fils pour avoir battu & injurié sa mere, à faire amende honorable en chemise, tête & pieds nuds, la corde au col, à être foüeté par les carrefours de la Cité, en six ans de galeres & en tous les dépens; il eût été condamné à être pendu, si sa mere n'eût déclaré ne se vouloir rendre partie,& qu'elle ne l'eût déchargé autant qu'elle le pouvoit. *La Rochestavin, livre* 2. *titre* 5. *arrêt* 6.

31 Arrêt du 23. Avril 1648. qui juge que l'action *mala tractationis* par un fils en la personne de son pere, ne peut être recevable qu'en la bouche du pere même; neanmoins quoique le pere intervînt, & soûtint qu'il n'avoit aucun lieu de se plaindre de son fils, qu'en tout cas il luy pardonnoit, la Cour à qui le recit des charges fut fait, ordonna que ce fils seroit tenu de comparoir en la chambre du Conseil sur les lieux, & là étant à deux genoux,demander pardon à son pere de l'action commise, défenses à luy de recidiver à peine de la vie, & outre le condamna en une amende, à aumôner au pain des prisonniers. *Soëfve tome* 1. *Cent.* 2. *chap.* 79.

32 Du pouvoir & Jurisdiction du pere sur ses enfans. *Voyez* Bassét, *tome* 2. *liv.* 4. *tit.* 10. *chap.* 6. où il rapporte une Sentence renduë par un pere luy-même de l'avis de sa famille le 18. Septembre 1663. contre un fils qui avoit attenté à sa vie & à celle de sa mere; il le déclara indigne de sa succession & le condamna aux galeres pour vingt ans. Ce fils apella, & M. le Procureur General du Parlement de Grenoble appella *à minimâ.* Par Arrêt du 19. Septembre 1663. la condamnation aux galeres perpetuelles fut prononcée. Quand les peres veulent retracter les plaintes qu'ils ont renduës, on n'y a point d'égard. Arrêt du 10. Novembre 1621. par lequel la Cour sans s'arrêter à la retractation du pere, passa outre au Jugement du procés & condamna le fils aux galeres perpetuelles.

33 Si un pere traitant mal sa fille doit être déclaré indigne de la puissance paternelle, & si l'ayeul maternel doit avoir en ce cas la conduite de sa petite fille, & être reçu à verifier les mauvais traitemens? Arrêt du Parlement de Provence du 16. Decembre 1669. qui ordonna que l'ayeul maternel verifieroit les mauvais traitemens faits par le pere à la fille, en la chassant de sa maison, luy refusant des alimens, & la faisant coucher toute nuë dans l'écurie. *Boniface, tome* 4. *livre* 9. *titre* 4. *chap.* 5.

PEREMPTION.

LA peremption d'instance, *Præscriptio litis, vel judicii ; Eremodicium, quod est, litis desertio.*
Ut si morâ Imperatoris sententia ferri non possit, judicii præscriptio ferre non possit. N. 23. *c.* 2. les instances conclues, ou appointées au Conseil, ne tombent point en peremption.

De peremptione instantia. Voyez le Traité qui en a été fait *per Bartholum.*

Peremption d'instance. *Voyez* le Recueil de Fontanon *tome* 1. *livre* 3. *titre* 38. *p.* 609. l'Ordonnance de 1539. *art.* 120. l'Ordonnance de Roussillon *art.* 15. Charondas *livre* 13. *chapitre* 43. Chenu *Cent.* 2. *quest.* 46. Filleau 4. *part. quest.* 196. la Bibliotheque de Jovet, au mot *Instance.* le Traité des Criées par *M. Bruneau chap.* 11. *page* 136. & les Arrêtez de M. le Premier President de la Moignon recueillis dans le *Commentaire de M. Bartbelemy Auzanet sur la Coûtume de Paris.*

1 L'Ordonnance touchant la peremption a lieu és Coûtumes qui portent le contraire. *Brodeau sur M. Louët lettre D. Sommaire* 15. *& lettre P. Somm.* 17.

2 L'instance perie, les actes probatoires demeurent *M. le Prêtre premiere Cent. chap.* 56. *M. Louët lettre P. Sommaire* 38. sinon lorsque la peremption attire avec soi la prescription. *Mornac l. Properandum. Cod.*

L

De judiciis. M. Valla *de rebus dubiis, &c. tract.* 15.

3. Pendant le temps de la peremption, la demande des fruits cesse. Filleau, part. 4. quest. 90.

4. Il y a des auteurs qui prétendent que les peremptions avoient lieu, & même étoient plus rigoureuses avant l'Ordonnance de Roussillon, ensorte que les procés en état étoient sujets à peremption. Arrêts des 11. Août 1514. & 21. Avril 1515. Il est vray qu'avant l'Ordonnance, quand une instance étoit contestée, la contestation perpetuoit l'action, tellement que bien qu'il fallût agir par nouvelle action, il y avoit toûjours 30. ans depuis la contestation. C'est ce que l'Ordonnance a aboli, voulant que toute instance quoique contestée, si elle est discontinuée par trois ans soit perie, sans avoir l'effet de perpetuer l'action. Ainsi cette Ordonnance n'a point introduit la peremption: mais elle a donné cours à la prescription, nonobstant la contestation, qui auparavant la prorogeoit. La contestation, avant l'Ordonnance, n'avoit pas force de perpetuer l'instance, mais seulement l'action. Ainsi jugé le 21. May 1583. *Additions à la Bibliotheque Canon. de Bouchel*, verbo Peremption.

5. L'instance ne perit point, que les parties ne soient reglées pour leurs Juges. Arrêt du Parlement du 18. Janvier 1545. Papon, liv. 12. tit. 3. n. 17.

6. Pour acquerir peremption d'instance, il faut qu'il y ait partie ou Procureur; car si la partie est décedée, il est du devoir de l'autre partie de faire appeller l'heritier pour reprendre, ou delaisser le procez, *quia in hæredem transfertur judicium.* Arrêt du 18. Juin 1569. *La Bibliotheque de Bouchel*, verbo *Peremption.*

7. En la cause plaidée par quatre matinées, la Reine pour qui plaidoit Mangot, soûtenoit qu'il y avoit peremption d'instance, qu'elle avoit lieu, *etiam* en Cour Souveraine; & M. de Montpensier par Marion son Avocat soûtenoit le contraire. Par Arrêt du deux Mars 1574. l'instance fut declarée perie; & sur la prescription mise en avant par le sieur de Montpensier, les parties appointées au Conseil. *Ibidem.*

8. Par Arrêt du 11. Janvier 1575. sur un appel du Senéchal de Ponthieu, jugé que l'instance étoit perie, laquelle, long-temps avant l'Edit de Roussillon, avoit été contestée, & produite pardevant le Juge; mais qu'il y avoit plus de trois ans qu'on n'en avoit fait les poursuites. Semblable Arrêt donné pour MM. les Allegrains; toutefois aux Enquêtes le contraire a été jugé, sçavoir que l'Edit n'avoit lieu pour les instances contestées avant icelui; *Leges enim & constitutiones dant formam futuris, non præteritis negotiis.* Arrêt du 14. Août 1584. confirmatif de la Sentence du Senéchal de Poitou. Arrêt donné auparavant au rapport de M. Molé. *Carondas*, liv. 7. Rép. 28.

9. Il y a peremption d'instance par continuation de trois ans és Sieges Royaux & Présidiaux, encore que les procez soient conclus, & en état de juger; *secus* és Cours Souveraines, quand le procés est conclu. Chenu, 1. *Cent. qu.* 90. rapporte l'Arrêt du 11. Janvier 1575. Peleus, *quest.* 14. rapporte un Arrêt contraire du 9.e Mars 1599. *Voyez* Charondas, livre 7. Rép. 138.

10. Par Arrêt du 22. Novembre 1575. enjoint à tous Juges de juger suivant l'Ordonnance, touchant la peremption d'instance, après la discontinuation de trois ans. *Bibliot. de Bouchel*, verbo *Peremption.*

11. Par Arrêt du 12. Decembre 1575. il fut dit qu'il avoit été mal jugé par le Juge *à quo*, qui avoit débouté l'appellant des Lettres Royaux en forme de restitution, contre la peremption d'instance, les Lettres fondées sur ce que l'appellant avoit eu Procureur qui s'étoit absenté; que les actes & pièces de l'appellant avoient été perdues chez son Procureur, en la maison duquel le feu avoit été; que la partie adverse étoit de la Religion, & absent; que l'appellant ne pouvoit le faire adjourner, ni convenir; que quand il l'eût poursuivi, & fait condamner, tout cela eût été mis au néant; que si la peremption avoit lieu, l'action principale étoit prescrite. En emendant le Jugement suidit, ayant égard aux Lettres de relief de peremption, que l'appellant seroit reçû à poursuivre son action, sans que la peremption luy pût préjudicier. *Ibidem.*

12. Actes probatoires demeurent, encore que l'instance soit déclarée perie, & se peuvent separer de l'instance. Jugé par deux Arrêts donnez en la séance des Grands Jours de Clermont, en l'an 1582 L'un du 22. Septembre, l'autre du 19. Octobre. Autres Arrêts des 1. Mars 1583. & 8. Mars 1608. *Ibidem*, verbo *Actes probatoires*, & cy-dessus le n. 2.

13. Le procez étant conclu & reçû pour juger, est à l'abry de la peremption. M. Loüet, lettre P. som. 16. Jugé le 21. Mars 1586.

13 bis. L'appellant avoit intenté procés aux Requêtes du Palais, pour raison du possessoire du Prieuré de Mongon. Appointement en 1595 Au lieu de le suivre, le Prieur se pourvoit au Grand Conseil, où il y avoit procez avec un Indultaire. L'intimé y comparut. L'appellant, après quelques Reglemens, ne poursuit plus. Après cinq ans, il revient aux Requêtes du Palais, & fait commandement à l'intimé de produire. Celui-cy presente Requête afin de peremption. L'appellant dit que l'instance n'a été discontinuée, au moyen des poursuites faites au Grand Conseil. Arrêt du Parlement de Paris du 18 Mars 1605. confirmatif de la Sentence, qui declare l'instance perie. *Ibidem*, verbo *Peremption.*

14. La peremption une fois valablement acquise, ne se couvre point par une procedure volontaire, depuis faite en l'instance perie; en sorte que nonobstant que l'on l'ait reprise, on peut faire juger la peremption, conformément à un Arrêt du 17. Juillet 1604. & un autre du 27. Août 1610. L'on a jugé que, même en cause d'appel, l'on pouvoit se servir de la peremption acquise avant la Sentence; parce que l'art. 15. de l'Ordonnance de Roussillon porte, que toutes instances par discontinuation de procedures pendant trois ans, sont éteintes & peries: c'est un droit public, auquel on ne peut déroger. *Voyez les Additions à la Bibliotheque de Bouchel*, verbo *Peremption.*

15. Par Arrêt du 3. May 1618. rapporté par Tronçon sur la Coûtume de Paris, art. 233. il a été jugé que la peremption d'instance n'avoit pû courir contre la femme convolée en secondes nôces, pour n'avoir été le second mary appellé en reprise d'instance; *quia personarum mutatio aliam atque aliam facit rem*, en la loy *si cum uno ff. de except. rei jud.*

16. Quand un Arrêt interlocutoire ne contient que des chefs interloquez, il perit par trois ans: mais s'il contient quelque chef, sur lequel on ait jugé diffinitivement quelque point du procez, ce chef diffinitif proroge pendant trente ans le temps de l'interlocutoire. Arrêt du 19. Janvier 1656. La Rocheflavin, li. 3. tit. 6. Arr. 1.

17. La peremption d'instance peut être opposée au demandeur par le deffendeur, qui n'a point constitué de Procureur sur l'assignation à luy donnée. Jugé à Paris le 12. Février 1684. *Journal du Palais* in quarto, p. 212. & le 2. *Tome* in folio.

18. Une demande jointe au procés, n'est point perie, lorsque le procés principal ne l'est pas. Arrêt du même Parlement de Paris du 24. May 1685. *De la Guesse.* tom. 4. liv. 8. ch. 39.

PROCE'S, DOMAINE.

19. Acte de notorieté de M. le Lieutenant Civil du 18. Juillet 1687. portant qu'il est de l'usage au Châtelet, qu'une instance, qui est introduite par un Exploit, demeure perie après trois années accomplies, lorsque l'Exploit de demande n'a été suivi d'aucune procedure pendant les trois années, quoique le dé-

PER   PER

fendeur n'ait point constitué de Procureur ; ce qui se juge toûjours ainsi au Châtelet. *Recueil des Actes de Notorieté*, pag. 33. & 34.

20. Arrêt du Parlement de Paris du 28. Mars 1692. portant que les instances intentées, bien qu'elles ne soient contestées, ni les assignations suivies de constitution & de présentation de Procureur par aucune des parties, seront déclarées peries, en cas que l'on ait cessé, & discontinué les procedures pendant trois ans ; & n'auront aucun effet de perpetuer, ni de proroger l'action, ni d'interrompre la prescription. 2°. Que les appellations tomberont en peremption, & emporteront de plein droit la confirmation des Sentences, si ce n'est qu'en la Cour les appellations soient concluës, ou appointées au Conseil. 3°. Que les saisies réelles, & les instances de criées des terres, heritages, & autres immeubles, ne tomberont en peremption, lorsqu'il y aura établissement de Commissaires, & baux faits en consequence. 4°. que la peremption n'aura lieu dans les affaires qui y sont sujettes, si la partie, qui a acquis la peremption, reprend l'instance, si elle forme quelque demande, fournit de défenses, ou si elle fait quelque autre procedure, & s'il intervient quelque appointement, ou Arrêt interlocutoire, ou definitif, pourvû que lesdites procedures soient connuës de la partie, & faites par son ordre. *Journal du Palais* in fol. tome 2. pag. 810.

21. Arrêt intervenu au Parlement de Paris le 5. Juin 1703. après l'avis des anciens Procureurs de Communauté, qui a jugé que la peremption s'acquiert, quoiqu'il n'y ait point de présentation au Greffe, & qu'elle court contre toutes personnes qui procedent. M. *Bruneau, en son Traité des criées*, p. 136.

22. Si l'instance a été commencée, & discontinuée par trois ans, & les possesseurs sont toûjours demeurés en la possession, la prescription a lieu. Arrêt du Parlement de Dijon du 13. May 1577. *Voyez Bouvot*, to. 1. verbo *Peremption*, quest. 4.

23. L'on ne peut alleguer peremption d'instance contre une Sentence de provision, *etiam* après trois ans. Arrêt du Parlement de Bourgogne du 26. Février 1599. *Ibidem*, verbo *Peremption*, qu. 1.

24. Lorsqu'il y a production faite des pieces d'un procés par inventaire, il ne peut y avoir peremption d'instance, quoique la cause soit demeurée sans poursuites pendant plus de trois ans aux Requêtes du Palais. Arrêt du Parlement de Dijon du 12. Juin 1609. *Ibidem*, verbo *Peremption*, qu. 4.

25. L'instance de peremption de trois ans court contre les heritiers d'un défunt mort dans les trois ans, sauf à eux à se pourvoir par nouvelle action. Arrêt du Parlement de Dijon du 3. Juillet 1618. *Ibidem*, verbo *Interruption*, qu. 4.

26. Par la peremption d'instance, les declarations & preuves ne périssent point. Arrêt du Parlement de Dijon du 2. Août 1605. qui declare l'instance perie, sans préjudice des actes contenans confession des parties. *Bouvot*, tom. 1. part. 1. verbo *Peremption d'instance*.

27. Jean Duponceau dit que ses auteurs & ceux de Hardy Pantin ont pris en 1535. de l'argent à rente du Chapitre Nôtre-Dame de Nantes, que la rente a été par eux payée; qu'en 1560. il y a eu procès à ce sujet, il conclut le reprendre; ce faisant que Pantin paye la moitié des heritages. Pantin oppose la peremption d'instance, que la constitution est faite depuis plus de quarante ans, qu'ainsi les arrerages ne peuvent être demandés que de cinq années. Duponceau replique que la peremption a été intentée en 1560. & que le procès fut appointé deux ans après. Le Juge de Nantes déclara l'instance reprise, condamna Pantin au payement de la moitié des rentes, & aux levées depuis la constitution jusqu'en 1560. & depuis 1560. jusqu'au jour de la Sentence. Arrêt du Parlement de Bretagne du 30. Octobre 1576. qui prononce, mal jugé, condamne Pantin à rembourser Ponceau de la moitié de la rente dont il s'agit, que Ponceau montrera avoir payé au Chapitre. *Du Fail, liv. 1. chap.* 412.

28. Le changement d'état d'une partie, ou sa mort, ou celle de son Procureur, vaut exploit ou piece de procedure, a l'effet d'empêcher la peremption ; de sorte que quelque silence qui suive après, pourvû que la faculté d'agir ou de relever appel, dure encore, chacune des parties peut reprendre l'instance, soit principale ou d'appel. Mais si pendant le silence de trois ans qui suit la mort du Procureur ou de la partie, le temps de l'action vient à expirer, il se fait un concours de discontinuation par trois ans, & de la prescription qui abolit tout. Arrêts du Parlement de Bretagne des 27. Avril 1643. & 7. Janvier 1653. rapportez par *Hevin sur Frain*, p. xxviij. *de ses additions aux notes*.

29. Par Arrêt du Parlement de Toulouse du 16. Février 1587. il a été ordonné qu'une partie reprendra ou délaissera, quoiqu'il y eût 40. ans que l'appointement en droit eût été prononcé, & que l'on opposât la peremption. *La Rocheflavin*, livre 3. titre 6. Arrêt 1.

30. Si le procez produit pardevant un Rapporteur est prescrit dans 30. ans demeurant sans poursuite ? Le procez fut terminé par transaction. *Boniface*, tome 4. li. 9. tit. 1. chap. 18. il cite *M. Louet sur la lettre P. chap.* 16. qui dit que les procez qui ne sont pas en état de juger aux Compagnies souveraines, ne sont pas sujets à peremption, & qu'ils durent jusqu'à 30. ans seulement.

PEREMPTION, ACTION NOUVELLE.

31. On demande si l'instance perie, l'effet de l'ajournement, & contestation en cause demeure pour perpetuer l'action ? *Voyez* cette question traitée dans la *Bibliotheque de Bouchel*, verbo *Peremption*. M. Charles Du Moulin, tome 2. page 881. n. 11. décide que *Peremptâ instantiâ, adhuc superest actio*.

32. Es actions annales la peremption d'instance est annale, & telle peremption d'instance emporte la prescription d'action. V. *Filleau* 4. partie quest. 95.

33. L'Ordonnance de Moulins de 1564. article 15. qui parle des peremptions d'instance est interpretée: car un opposant dès 1561. veut en 1567. reprendre la poursuite de son opposition. On luy objecte l'Ordonnance ; il dit qu'elle ne se doit ainsi entendre: Comme si par exemple ont avoit intenté une action sur le 20. an qui est le parachevement des 30. ans introduits par la Coûtume de Bretagne, & que l'action fût contestée, toutefois si elle passe trois ans elle ne perpetuera pas l'action jusques à 30. ans après, comme elle avoit de coûtume ; mais l'action demeurera éteinte, & autrement l'Ordonnance seroit contraire à la Coûtume. Le Juge de Rennes déclare l'appellant non recevable en son opposition, sauf son recours vers le vendeur ; appel. Par Arrêt du Parlement de Bretagne du 12. May 1569. il est dit mal jugé, l'opposition dont est cas, instruite ; les parties renvoyées pour ce fait pardevant, &c. *Du Fail, li. 1. chap.* 184.

34. Es actions annales, les peremptions sont annales, & telle peremption d'instance emporte la prescription de l'action. Jugé le 19. Juillet 1578. le 19. Janvier 1587. & le 11. Mars 1600. *Chenu, premiere Centurie, quest.* 95. comme en retrait lignager. *Le Vest, Arrêt* 186. en rapporte un du 23. Janvier 1588. Contestées, elles durent trois ans. *M. Louet & Brodeau, lettre I. somm.* 2.

35. L'instance étant perie les parties ne peuvent la reprendre, continuer & poursuivre, sinon par nouvelle action. Jugé le 9. Juillet 1605. *Chenu*, 2. *Cent. quest.* 36. & *Filleau*, 4. *part. quest.* 136.

36. Arrêts du Parlement de Provence des 21. Juin

1652. 15. Mars 1655. 21. Juin 1664. & 1665. qui ont jugé que pendant l'instance d'appel l'action court au principal, & que la peremption d'instance emporte la prescription de l'action. *Boniface*, tome 1. *livre* 1. *tit.* 23. n. 1.

Peremption, Appel.

37. Peremption d'appel est quand l'appel est relevé, & qu'on est l'espace de trois ans sans faire aucune chose pour instruire ledit appel, en ce cas l'appel comme une instance est peri, & l'appellant non recevable. *M. le Prêtre*, 2. *Cent.* ch. 66. *M. Loüet*, *lettre* P. *somm.* 14. & *Henrys*, to. 2. *li.* 4. *quest.* 33.

38. L'appel n'est sujet à peremption jusques à ce que le Juge superieur soit saisi, & que les Procureurs se soient respectivement presentez. *Brodeau sur M. Loüet*, *lettre* P. *somm.* 14.

39. Le procez par écrit qui vient par appel étant une fois en état, ne perit point par la jonction d'un incident qui s'ordonne toûjours, sauf à disjoindre, & au moment de la peremption de l'incident, il cesse d'être incident. *Brodeau sur M. Loüet*, *lettre* P. *sommaire* 16.

40. La moindre procedure faite sur un appel pendant les 3. ans, empêche la peremption ; ou bien si l'appel est en état d'être jugé, comme si d'une appellation verbale la cause est mise au Rolle, ou d'un procez par écrit, il y a conclusion ; parce qu'il n'y a plus du fait de la partie. *M. le Prêtre*, 2. *Centurie*, *chapitre* 66.

41. Quand l'instance en cause d'appel est déclarée perie par Arrêt, *utrumque perimitur*, l'instance qui est l'appel, & l'action qui autrement dureroit 30. ans, de sorte que par ce silence la Sentence dont est appel est confirmée, *ex auth. item si ex appellatione C. de temporibus appellat.* & l'appellant ne doit être reçû à appeller de nouveau. Jugé par plusieurs Arrêts. *Papon*, li. 12. *tit.* 3. n. 18.

42. C'est une maxime en la Cour, que quand le procez d'appel par écrit est conclu pour juger, & que l'appellation verbale est au Rolle, il ne perit point ; l'article 15. de l'Ordonnance de Roussillon n'a pas lieu en ces cas. Jugé par plusieurs Arrêts ; & en est autrement és Siéges Presidiaux, quoique les procez soient appointez en Droit, & en état d'être jugez. *Ibidem*.

43. Difference entre la peremption d'appel & la peremption d'instance, laquelle empêche bien l'interruption de la prescription, mais elle n'empêche pas que l'on ne puisse de nouveau intenter son action, si l'on est encore dans les trente ans ; mais la peremption d'appel éteint en telle sorte qu'étant une fois peri, il n'est plus loisible d'en appeller de nouveau, encore bien que l'on soit dans le temps que dure l'appel. Jugé le 7. Juin 1607. *M. le Prêtre*, 2. *Cent.* chap. 66. Voyez *Henrys*, to. 2 liv. 4. quest. 33. *Brodeau sur M. Loüet*, *lettre* P. *somm.* 14. *M. Loüet* & *Brodeau*, sur la même lettre P. *somm.* 15. & *Chenu premiere Cent.* quest. 94. & en sa deuxiéme *Centurie*, quest. 37.

44. De la peremption d'instance en cause d'appel. Elle a lieu aussi-bien contre l'intimé que contre l'appellant. Voyez *Hevin*, p. 343. il rapporte un Arrêt du Parlement de Bretagne du premier Decembre 1622. qui enterine une requête civile obtenuë contre un Arrêt d'appointé au Conseil, passé par le Procureur. Le fondement de la requête civile étoit, que lors de l'Arrêt d'appointé, il y avoit prescription d'action & peremption d'appel. Voyez *au même livre page* 3. *des Additions* les nouvelles & curieuses annotations de *Hevin* sur la peremption.

45. Si l'instance du Vicomte ou Bailly étoit perie, on ne pourroit pas appeller derechef. Arrêt du Parlement de Roüen du 24. Mars 1631. *Basnage*, *sur la Coûtume de Normandie*, art 575.

46. Jugé le 3. Avril 1634. que le relief d'appel n'étant signifié qu'à un Procureur, qui déclare n'avoir point de charge, la peremption ne peut courir. *Bardet*, to. 2. *li.* 3. *chap.* 17.

47. Arrêt du Parlement de Provence du 14. Février 1653. qui a jugé que l'instance de desertion d'appel étant perie, celle d'appel ne l'est point. *Boniface*, to. 1. *li.* 1. *tit.* 23. n. 7.

Peremption, Appointement.

48. Instance appointée en Droit & au Conseil, en Parlement ne se prescrit. Arrêt du Parlement de Paris des 7. & dernier Avril 1516. & 1521. *Papon*, livre 12. *tit.* 3. *nombre* 18.

49. Par Arrêt du 11. Janvier 1575. une instance fut déclarée perie, encore que les parties eussent conclu en une cause, & pris appointement à oüir droit, & que le procez fût en état pardevant le Juge, *à quo*, parce que ni l'une ni l'autre des parties n'avoient sommé le Juge de juger le procez, ce qu'ils pouvoient faire ; & aprés avoir sommé par trois fois, pouvoient appeller du deni de Justice. Voyez la *Bibliotheque de Bouchel*, verbo *Peremption*.

50. Quand une cause est mise au Rolle, soit ordinaire ou extraordinaire, & quelle est appointée au Conseil, soit par Arrêt contradictoire, ou par le moyen du Reglement general ; en ce cas l'appointé étant levé & signifié, il est du devoir des parties d'instruire l'instance, & la mettre en état de juger, autrement elle est sujette à peremption. *Brodeau sur M. Loüet*, *lettre* P. *somm.* 16.

51. Quoiqu'il ait été dit que les clausions & appointemens en Droit en la Cour ne soient point sujets à peremption, cela est veritable, ors qu'aprés la clausion, le procez est produit au Greffe, & mis en état d'être jugé par l'acquisition des forclusions ordinaires : mais lors qu'il n'y a que la clausion sans autre diligence des parties, l'appointement en Droit est perimé dans trois ans ; & de fait par Arrêt de la Chambre de l'Edit de Castres du 10. May 1633. en la cause d'une femme de Realmon, la Cour trouvant la prescription de 30. ans accomplie par la peremption de deux clausions ; déchargea le défendeur par fin de non recevoir. Voyez le *Recüeil de Boné*, *Arrêt* 73.

52. On demande si l'Arrêt d'appointé au Conseil dure trente ans, & suffit pour empêcher la peremption au Parlement ? Celuy de Bretagne se trouva partagé sur cette question au mois d'Avril 1655. L'opinion commune est qu'il dure trente ans, quoique l'Arrêt d'appointé ne mette pas le procez en état d'être jugé. V. *Hevin sur Frain*, *p.* xxx. *de ses Additions aux notes.*

Peremption, Arrest.

53. L'instance d'execution d'Arrêt est sujette à peremption. Jugé au Parlement de Paris le 7. Janvier 1576. *Le Vest*, Arrêt 145.

Peremption, Benefice.

54. La peremption d'instance a lieu, *lite contestatâ, etiam in beneficialibus*, Arrêt du 7. Juin 1553. *Bibliot. de Bouchel*, verbo *Peremption*.

Peremption en Bretagne.

55. Voyez *Du Fail*, liv. 3. chap. 136. & 137. où il est parlé de la peremption d'instance, & prescription. Il y est observé qu'au Ressort & pays de Bretagne la peremption d'instance par le laps de trois ans n'a lieu qu'aux termes de l'article 279. de la Coûtume, à moins que l'action ne fût prescrite au fond. Car depuis l'action perie, la peremption d'instance s'acquiert par les trois ans, faute de poursuite, suivant l'art. 15. de l'Ordonnance de Roussillon. Voyez le *Plaid.* 83. *de M. Frain*.

56. En 1532. la peremption d'instance n'étoit pratiquée en Bretagne, elle ne l'a été que depuis l'Ordonnance de Roussillon. *Du Fail*, *li.* 1. *chap.* 337.

57. Peremption n'a point lieu en Bretagne. Arrêt de l'an 1555. qui a relevé d'une peremption de 29. ans. *Du Fail*, *liv.* 1. *chap.* 185.

58 Entre les Chanoines & Chapitre de Cornoüaille, & Françoise Graffot. Les appellans font reçûs à pourfuivre une opposition formée par un Procureur General, qui neanmoins depuis s'étoit départi de l'opposition ; & nonobstant aussi la discontinuation de la poursuite de l'instance d'opposition par plus de trois ans, ce qu'on appelle peremption d'instance. Arrêt du Parlement de Bretagne du 27. Février 1570. On suit à present l'article 279. de la Coûtume ; car après les poursuites de l'opposition, si l'instance est discontinuée par trois ans, l'instance demeure perie, & l'appropriement a son cours. *Du Fail, livre 3. chapitre* 116.

59 Peremption d'instance avoit lieu au Parlement de Bretagne avant l'Ordonnance de 1539. Arrêt du 30. Avril 1574. *V. ibidem, chap.* 436. & ci-dessus *le n.* 56.

60 La peremption de l'instance n'a lieu en Bretagne, si l'action dure & que l'on agisse au moyen d'une obligation non prescrite en autre cause. Arrêt d'Audience du 16. Octobre 1595. même en la Cour contre la pratique du Parlement de Paris, rapporté par *Brodeau fur M. Loüet, lett. P. n.* 14. *& fuiv.* Chenu, quest. 94. Il faut excepter le cas de l'article 278. en matiere d'opposition appointée & discontinuée par trois ans. *Du Fail, li.* 1. *chap.* 110.

61 Jugé que nonobstant que l'opposant ait écrit ou produit, l'instance ne se perime pas moins ; l'acquereur demeure approprié. Arrêt du Parlement de Bretagne du 20. Février 1608. la partie doit faire ses diligences, sommer le Juge de luy faire justice, faute dequoy en appeller comme déni de Justice. *Du Fail, liv.* 3. *chap.* 122.

Peremption, Complainte.
62 De la peremption d'instance en matiere de complainte. *Voyez* le mot *Complainte, nomb.* 40.

Peremption, Compromis.
63 Compromis empêche la peremption d'instance ; ainsi jugé au Parlement de Paris le 9. Janvier 1624. *Bardet, tome* 1. *liv.* 2. *chap.* 1.

Peremption, Crie'es.
64 Criées tombent en peremption. *Voyez* le mot *Criées, nomb.* 113. *& cy-après le nomb.* 119.

Peremption, Crime.
65 *Accusatore vel reo mortuo, an pereat instantia in causa fractæ pacis?* Voyez *And. Gaill. tract. de pace publicâ, lib.* 1. *cap.* 20.

Voyez verbo *Prescription, nombre* 104. *& fuiv.*

Peremption en Dauphine'.
66 La peremption d'instance pour trois ans, n'a lieu en Dauphiné. L'Ordonnance n'y a pas été registrée. *M. Expilly en ses Arrêts, chap.* 44.

67 En Dauphiné la peremption d'instance n'est que de trente ans. Arrêt du 29. Mars 1612. *V. Basset, tome* 1. *li.* 2. *tit.* 29. *chap.* 15. elle va jusqu'à 40. ans ; quand dans le procez en action réelle, il y a contestation & appointement en Droit.

Peremption, Defaut.
68 Une demande ne tombe point en peremption, si le défendeur ne comparoît point, autrement le contumax auroit plus d'avantage que celuy qui comparoît. *V. la* 11. *Consultation de M. du Plessis.*

69 Les défauts faute de défendre ayant été produits & mis en état de juger entre les mains de Messieurs les Rapporteurs, il n'y a pas de peremption, parce que Messieurs les Rapporteurs peuvent prononcer à l'avantage des demandeurs ou défendeurs ; ainsi qu'ils trouveront à propos. Arrêt du 19. Février 1687. *Journal du Palais in quart.* 11. *part. fol.* 117. *& fol.* 2. 10. *in fol. page* 653.

Peremption, Enqueste.
70 Un procez par écrit auquel est intervenu Arrêt interlocutoire, portant qu'il seroit informé d'office, n'est point sujet à peremption, parce que l'enqueste dépend du fait de la Cour, & non des parties. Jugé le 18. Mars 1602. *Brodeau sur M. Loüet, lettre P.*

fomm. 16. Voyez *Henrys, tome* 1. *livre* 4. *chapitre* 6. *quest.* 99.

Peremption, Evocation.
71 Lettres baillées du Prince pour faire évoquer le procez en un autre Siege, empêchent la peremption. *Mornac, Cod. Quando libellus Principi datus, &c.*

72 Le sieur de la Rocheguyon presente une Requête à la Grand'-Chambre, tendante afin de déclarer perie l'instance d'évocation en la Cour, & l'instance mentionnée en la Requête d'évocation. Il disoit que l'instance principale avoit été discontinuée pendant plus de trois ans aux Requêtes du Palais, & qu'ainsi il n'y avoit pas eu lieu de conclure à l'évocation du principal. La veuve du sieur de la Hunaudaye défenderesse répondoit que quand même l'instance principale auroit été perie, elle avoit été relevée par la requête d'évocation, que pendant cette instance d'évocation, elle n'avoit pas dû plaider aux Requêtes du Palais ; ainsi quoique l'instance d'évocation soit perie, l'instance principale est demeurée en son entier, & en l'état où elle étoit lors que la requête d'évocation a été presentée. Arrêt du Parlement de Paris du 10. Mars 1597. qui sans avoir égard à la requête afin de peremption, renvoye les parties aux Requêtes du Palais, pour proceder en l'instance principale. *Bibliot. de Bouchel*, verbo *Peremption*.

73 Arrêt qui renvoye l'instance en un autre Siege, n'est point sujet à peremption. Ainsi jugé le 7. Septembre 1649. *Henrys, tome* 1. *livre* 4. *chapitre* 6. *quest.* 99.

Peremption, Femme.
74 Arrêt solemnel par lequel il a été jugé contre le Marquis de Curton, que la peremption d'instance n'avoit point lieu contre la Dame Stein, parce qu'elle n'avoit pû courir contre son mary pendant les troubles, encore qu'elle fût separée de biens d'avec son mary, *fœmina coruscant radiis maritorum.* Voyez *la Bibliot. de Bouchel* verbo *Peremption.*

75 Peremption d'instance ne court contre la veuve qui se remarie, si elle n'est autorisée par son mari, ou par Justice. Arrêt du 3. May 1618. M. le premier President avertit les Avocats qu'ils n'eussent plus à soûtenir telles causes & que toutes les fois qu'il y a mutation de personnes ou de Procureur, il n'y a point de peremption. *Bardet, tome* 1. *liv.* 1. *chap.* 18. M. Jul. Brodeau *sur M. Loüet, lettre I. somm.* 13 allegue un autre Arrêt posterieur du 29. Avril 1622.

76 Jugé au P. de Roüen le 13. Juin 1649. qu'une femme separée accusée d'avoir souffrait des meubles, & pour ce sujet déclarée responsable des dettes, & ainsi privée de ses droits, ayant laissé tomber en peremption l'instance durant son mariage ; l'appel qu'elle avoit interjetté de cette condamnation n'étoit point tombé en peremption, la femme ne pouvant perdre sa dot constant le mariage. Et par autre Arrêt il fut encore jugé qu'une instance d'appel interjetté par un mari touchant le bien de sa femme, ne tomboit pas en peremption à son préjudice, & qu'elle étoit recevable à proceder sur cet appel, d'autant que par la peremption la procedure seroit confirmée, & la cause au fonds demeureroit perduë. *Basnage sur la Coûtume de Normandie, art.* 521.

Peremption, Fisc.
77 La peremption d'instance n'a pas de lieu contre le fisc, parce que l'action domaniale est perpetuelle, & peut toûjours s'intenter de nouveau, le domaine étant imprescriptible. *Chopin Coûtume de Paris, liv.* 2. *tit.* 8. *nomb.* 7.

Peremption, Fruits.
78 De la restitution des fruits perçûs pendant la peremption d'instance. *Voyez* le mot *Fruits, nomb.* 128. *& fuiv.* & cy-dessus *le nomb.* 3.

Peremption, Gendarme.
79 Arrêt du Parlement de Provence du dernier Fé-

vrier 1644. qui a jugé que la peremption court contre un Gendarme ; c'est à luy à s'imputer de n'avoir pas eu des Lettres d'Etat, portant surséance. *Boniface*, *to.* 1. *li.* 1. *tit.* 23. *nomb.* 4.

PEREMPTION, GUERRE, PESTE.

80 La peste empêche la peremption, pourvû que notoirement la Justice ait cessé. La peste survenuë en la maison de l'Avocat chargé du procez, empêche le cours de la peremption. *V. M. Loüet, lettre P. sommaire* 14.

81 Jugé par Arrêt des Grands Jours de Clermont du 19. Octobre 1581. que la peremption d'instance a lieu, encore qu'outre la minorité il y ait de la peste, & troupe de gens de guerre en la ville du domicile des parties ; si ce n'est que notoirement les gens de guerre empêchent l'exercice de la Justice, & que la plaidoirie y cesse. *V. Filleau*, 4. *part. quest.* 91. *Chenu*, 1. *Cent. quest.* 91. *& la quest.* 93. où il semble y avoir Arrêt different.

82 Jugé par Arrêt donné en la plaidoirie de la Grand'-Chambre en Août 1600. que la peremption d'instance n'a lieu entre gens qui ont été de même parti pendant les troubles. *Bibliotheque de Bouchel*, verbo *Peremption.*

PEREMPTION, INTERETS.

83 Sentence de provision qui ajuge le principal, n'empêche la peremption de la demande anterieure des interêts. Jugé au Parlement de Paris le 3. Août 1633. *Bardet*, *to.* 2. *li.* 2. *chap.* 54.

PEREMPTION, INTELOCUTOIRE.

84 Lorsque dans les Arrêts interlocutoires il y a quelque chef qui est diffinitif, la peremption n'a pas lieu ; comme il fut jugé à Toulouse le 5. Avril 1644. en la cause de la Demoiselle de Gasq, contre le sieur Vitrac : trois mille liv. étoient dûës par obligation de 1585. un Arrêt interlocutoire ordonnoit le partage de certains biens, pour sur le tiers cette dette être payée ; soit que ces mots fussent exprés dans l'Arrêt, soit que l'Arrêt les présupposât, il fut jugé que la peremption n'y avoit pas lieu, & que l'instance en 1636. avoit été bien reprise ; la même chose fut jugée le 13. Avril 1648. en la cause des Chartreux, & du sieur Marquis de Sourdis. *Voyez Albert*, verbo *Peremption.*

85 Un Arrêt qui ordonne que la chose sera sequestrée n'est diffinitif en cela. Arrêt du Parlement de Toulouse du 9. Février 1645. en la cause de la Tour & de Labbat ; jugé que nonobstant cela il y avoit peremption. *Ibidem.*

86 Les chefs interlocutoires d'une Sentence perissent dans 3 ans, quoique dans la même Sentence il y ait des chefs diffinitifs, parce que *tot Sententiae quot capita*. Arrêt du Parlement de Toulouse au mois de May 1662. Il faut observer que dans l'espece de cet Arrêt il n'y avoit appel d'aucun des chefs diffinitifs de la Sentence, car l'appel d'un chef diffinitif empêche la peremption des chefs interlocutoires, pourvû que l'appel soit interjetté avant les 3. ans de la peremption. Tout interlocutoire perime donc dans les trois ans ; il est vrai que pour les faits & les questions que l'interlocutoire couvre il est diffinitif ; comme il fut jugé le 13. May 1653. *V. M. de Catellan*, *livre* 7. *chapitre* 19.

PEREMPTION, MINORITE'.

87 Peremption d'instance a lieu contre les mineurs, sauf leur recours contre leurs tuteurs ou curateurs. Jugé le 25. Juin 1571. *Chenu*, *premiere Centurie*, *quest.* 91.

88 Peremption d'instance (reservé l'action née dans les 30. ans) a lieu contre le mineur, même aprés contestation en cause, sauf le recours contre les tuteurs negligens. Quoique la peremption ait lieu aprés trois ans, neanmoins les actes probatoires, comme enquêtes, demeurent. Arrêt du 19. Janvier 1574. elle n'est interrompuë par une assignation. Arrêt du 8.

Mars 1575. elle n'a lieu en execution d'Arrêt ; ni en la Cour, quand le procez par écrit est conclu, *quia ex eo tempore factum est judicis*, *non partis* ; item en appellation verbale, quoique la cause soit au Rolle, la peremption court toûjours, sauf à intenter nouvelle action. Arrêt du 2. Mars 1574. pour M. de Montpensier, contre la Reine, pour le Comté de Clermont : ainsi fut le Comté de Blois ajugé au Roy, en vertu d'une peremption. Pour renouveller l'instance il ne suffit pas de mettre la production au Greffe, mais il faut poursuivre, & mettre le Juge *à quo* en demeure : *secus* en la Cour. Arrêt du 11. Janvier 1575. *Papon*, *li.* 8. *tit.* 16. *n.* 3.

89 Si un mineur peut obtenir des Lettres de sur an pour reprendre une instance possessoire ; si la cause est contestée, lors qu'il y a appointement de venir plaider par Avocats, aprés les défenses fournies, si les instances annales perissent par discontinuation d'un an ? *V. Bouvot*, *to.* 2. verbo *Peremption*, *quest.* 2.

90 La peremption d'appel court contre le mineur, sauf son recours contre le tuteur. *M. le Prêtre* 2. *Cent. chap.* 66. Jugé au mois d'Août 1608. *Voyez M. Loüet*, *lettre I. som.* 13. Brodeau, *hic. Voyez* Mornac, *Cod. De judiciis*, *l. Properandum*, §. *ult. Si dessia.*

91 Arrêt du Parlement de Provence du 20. May 1642. par lequel il a été jugé qu'un mineur peut être restitué contre la peremption d'instance, quand il est destitué de Curateur. *Boniface*, *tome* 1. *livre* 1. *tit.* 23. *n.* 2.

PEREMPTION, PROCEZ CRIMINEL.

92 Procez criminel civilisé, la peremption d'instance a lieu. Jugé le 10. May 1597. *M. Loüet*, *& son Commentateur*, *lettre P. somn.* 37.

93 Les matieres criminelles intentées extraordinairement par information, recollement, & confrontation, ne sont sujettes à peremption ; mais si le procez criminel est civilisé, la peremption a lieu. Jugé le 13. Juin 1606. *M. Loüet*, *ibidem. Voyez* Mornac, *leg.* 13. *properandum*, *Cod. de judiciis.*

94 Un homme condamné pour adultere par Sentence du premier Juge, appelle à la Cour. L'appel demeure peri ; dix ou douze ans aprés il se fait pourvoir d'un Office de Notaire qu'il exerce l'espace de 23. ans, aprés lesquels un ennemi le défere comme infâme, & indigne de tenir cet Office. Par Sentence du Juge des lieux il est déclaré indigne de tenir l'Office de Notaire. Appel en la Cour où Bignon le jeune plaidant pour luy, remontra que la condamnation premiere n'a pû subsister, au moyen de ce que l'appel *in omnibus extinguit judicatum* ; & parce qu'on vouloit dire que l'appel étant peri, la Sentence étoit confirmée ; il répondoit que la Sentence aussi étoit prescrite, ayant été donnée il y a 35. ou 36. ans. Par Arrêt du 5. May. 1616. l'appellation, &c. en émendant permis à l'appellant de continuer l'exercice de sa charge de Notaire. *Bibliotheque de Bouchel*, verbo *Peremption.*

95 Arrêt du Parlement de Provence du 20. Decembre 1642. qui a ordonné que la peremption auroit lieu en matiere criminelle. *Voyez Boniface*, *tome* 1. *livre* 1. *tit.* 23. *n.* 5. & Brodeau sur *M. Loüet*, *lettre P. sommaire* 14.

96 La peremption des instances d'appel à la Cour a lieu en matiere criminelle. Arrêt du 5. May 1679. *Boniface*, *to.* 5. *liv.* 3. *tit.* 20.

PEREMPTION, PROCUREUR.

97 Un procez par écrit, quoiqu'en état de juger, ayant été retiré par le Procureur de l'une des parties, est sujet à peremption, parce qu'il ne peut pas être jugé par son fait. *Brodeau sur M. Loüet*, *lettre P. somm.* 16. *fine.*

98 Un Procureur sans pouvoir special ne peut couvrir par ses procedures volontaires une peremption legitimement acquise ; si fait bien la partie, laquelle peut renoncer à son droit, & il suffit que le droit

PER   PER   87

foit acquis par les dates, fans être demandé ni jugé. *Ibidem, fomm.* 21.

PEREMPTION, REGALE.

99   Peremption d'inftance n'a point de lieu en Regale; l'ouverture dure jufqu'à trente ans. Arrêt du 12. Mars 1574. contre un Pourvû par l'Ordinaire qui avoit joüi par forme de récreance l'efpace de 10. ans; parce qu'il n'étoit pleinement maintenu, le Regalifte obtint l'état. Arrêt femblable du 16. Decembre 1577. *Papon*, p. 1356. tiré de M. Bergeron.

PEREMPTION, RELIEF.

100   Arrêt du Parlement de Paris de la Veille de la Pentecôte 1570. portant défenfes de ne plus recevoir Lettres de relief de peremption d'inftance. Les Impetrans débouteź fuivant les Ordonnances de 1548. & 1564. *Papon*, li. 12. ti. 3. n. 19.

101   Contre la peremption d'inftance, relief ne doit être reçû, mais nouvelle action peut être intentée. Arrêt du 19. Octobre 1582. par lequel, fans avoir égard aux Lettres de relief, l'inftance eft declarée perie, fauf à fe pourvoir par nouvelle action; demeurans neanmoins les Enquêtes & Actes juftificatives du procez, *Papon*, li. 12. ti. 3. n. 20.

PEREMPTION, RELIGIEUX.

102   Les Gouverneurs de l'Hôtel-Dieu de Paris, fe plaignirent d'une alienation faite au profit des Religieufes de Port-Royal; elles avoient obtenu Sentence en 1492. Appel interjetté & relevé dans les trois mois par les Gouverneurs. Enfuite, mauvaife adminiftration; ils concluoient, nonobftant la peremption, à la pourfuite de l'appel. Les Religieufes de Port-Royal difoient que les demandeurs ne venoient point *intra quadriennium à tempore læfionis, nec à tempore ceffationis impedimenti*, du moins que les fruits devoient leur appartenir, & leur étoient acquis *verâ ufucapione*. Arrêt du 13. Avril 1518. *Bibliotheque de Bouchel*, verbo *Peremption*.

103   Il n'y a point de peremption d'inftance contre les Religieux mendians, Adminiftrateurs du bien des pauvres. Jugé le 10. Decembre 1597. *Chenu*, 1. *Cent. queft.* 93. ni contre les Marguilliers d'Eglife. Jugé le 23. Decembre 1630. *Brodeau fur M. Loüet, lettre P. fommaire* 14.

PEREMPTION, REQUESTE CIVILE.

104   Arrêt du 17. Juin 1676. qui declara l'inftance de Requête civile fujette à la peremption de trois ans. *Boniface*, to. 3. li. 3. ti. 4. ch. 11.

PEREMPTION, REQUESTES DU PALAIS.

105   Aux Requêtes du Palais, les inftances d'oppofition afin de diftraire, periffent par difcontinuation de trois ans. Celuy qui a laiffé perir l'inftance fur luy, eft tenu des dépens de l'inftance perie. *Filleau*, 4. *part. qu.* 135.

106   Il y a peremption d'inftance en un procès étant en état de juger aux Requêtes du Palais. Jugé le 23. Avril 1605. *Chenu*, 2. *Cent. qu.* 34. M. Loüet, & Brodeau; *lettre P. fomm.* 18.

107   Par Arrêt du 26. May 1586. après en avoir confulté toutes les Chambres, il a été jugé qu'une inftance, en état de juger aux Requêtes du Palais, étoit perie par le laps de difcontinuation de trois ans, parce qu'encore que Meffieurs des Requêtes ayent cet honneur d'être du Corps de la Cour, toutefois à caufe de leur commiffion, il y a appel d'eux & de leurs Sentences. Or ne peut faire un plus grand grief aux parties, que de leur dénier Juftice. *Bibliotheque de Bouchel*, verbo *Peremption*.

108   Aux Requêtes du Palais, les inftances d'oppofition afin de diftraire, periffent par difcontinuation de trois ans; & celuy qui a laiffé perir l'inftance fur luy, eft tenu des dépens de l'inftance perie. Jugé le 5. Février 1611. *Chenu*, 2. *Cent. qu.* 35. Voyez M. Le Prêtre, 1. *Cent. ch.* 56.

109   Arrêt du Parl. de Paris pour fervir de Loy au Palais, portant que les inftances font fujettes à peremption, tant aux Requêtes du Palais, qu'aux autres Jurifdictions ordinaires, fi elles ne font jugées dans les trois ans de l'Ordonnance nonobftant que lefdits Sieurs des Requêtes foient du Corps de la Cour. *Voyez le Recueil de Decombes, Greffier en l'Officialité de Paris*, 1. *part. ch.* 4. p. 466.

PEREMPTION, RESTITUTION.

Voyez cy-deffus *le nombre* 87.

110   On ne peut être relevé de la peremption d'inftance. *Voyez l'Ordonnance de* 1539. *art.* 110. *avec fa note* Et Charondas, *liv.* 6. *Rép.* 20. où il rapporte deux Arrêts des 12. May 1570. & 22. Novembre 1575.

111   L'on ne peut être relevé par Lettres de la peremption d'inftance. Arrêt du Parlement de Bourgogne du 9. Juillet 1618. *Bouvot*, to. 2. *verbo Interruption*, queft. 5.

112   Arrêt donné en la Cour des Comptes, Aydes, & Finances du Parl. de Provence, le 20. May 1643. qui a declaré que les Communautez peuvent être reftituées contre la peremption d'inftance. V. *Boniface*, to. 1. li. 1. ti. 23. n. 3. Et *Brodeau fur M. Loüet, lettre P. nomb.* 14.

PEREMPTION, RETRAIT.

113   Es actions annales comme poffeffoires, de retrait lignager, d'injures, s'il y a difcontinuation de procedures pendant un an, l'inftance étant declarée perie, la peremption emporte l'action. Jugé par plufieurs Arrêts. *Papon*, liv. 12. ti. 3. n. 10.

114   Jugé en 1587. que l'inftance de retrait lignager ne perit par difcontinuation de procedures pendant un an, il faut trois années. L'on difoit qu'il n'étoit pas raifonnable que l'inftance fût de plus longue durée que l'action, qui perit après l'an & jour; *tamen judicatum contrà*. Même Arrêt en matiere d'injure. *Bibliotheque de Bouchel*, verbo *Peremption*.

115   Après l'ajournement perfonnel en retrait lignager fans conteftation, il y a peremption d'inftance par difcontinuation de pourfuite par an & jour. Jugé le 23. Janvier 1588. *Le Veft, Arrêt* 186. fi la caufe eft conteftée, trois ans. Arrêt du 19. Janvier 1587. *Chenu*, 2. *Cent. qu.* 96.

116   Lorfque l'appel eft peri, la Sentence qui avoit ajugé l'effet du retrait, n'eft plus confiderable, fuivant un Arrêt du Parlement de Roüen du 23. Mars 1534. entre des Bourgeois de Lifieux, parce que l'action en retrait eft annale; & que l'inftance d'appel étant perie, la peremption a fon effet, au préjudice de l'un ou de l'autre. Le fait étoit qu'un lignager avoit obtenu Sentence à fon profit. L'acquereur en ayant appellé, il ne fe fit aucunes pourfuites durant vingt ans, pendant lefquels l'acquereur demeura toûjours en poffeffion. L'acquereur ayant pourfuivy devant le Bailly pour faire declarer l'appel peri, par Sentence l'action fut declarée prefcrite; & fur l'appel du lignager, elle fut confirmée : la grande negligence du lignager pendant vingt années donna lieu à l'Arrêt, qui ne doit être tiré à confequence. Auffi depuis on jugea le contraire. L'Arrêt eft du 6. May 1664. *Bafnage, fur la Coûtume de Normandie, article* 499.

117   Par Arrêt du Parlement de Roüen du 22. Février 1657. jugé que la difcontinuation des pourfuites pendant une année, emportoit l'éviction de l'inftance; & par autre du 27. Juin fuivant, il fut dit qu'en cas d'appel, l'inftance ne tomboit en peremption, que par trois ans. Pour concilier ces Arrêts, on peut dire qu'il y a difference entre l'inftance & l'appel; que la premiere perit bien par an & jour: mais qu'en cas d'appel, la peremption n'a point d'effet qu'après les trois années. Cela fut jugé en 1618. *Bafnage, Ibidem*.

118   Jugé par Arrêt du 27. Novembre 1650. que l'action en inftance dans les trente ans pour la fraude de l'acquereur, n'étoit perimée par un an, fi l'on étoit encore dans les trente ans. *Berault, à la fin du*

2. tome de la Coûtume de Normandie pag. 102. sur l'article 499.

119 Par Arrêt du 27. Juin 1637. jugé qu'en cause d'appel en instance de clameur, on ne tomboit en peremption que par trois ans. Berault, ibidem.

PEREMPTION, SAISIE REELLE.

120 En matiere de saisie réelle & de criées, lorsque le debiteur est dépossedé, & la justice mise en possession par le moyen d'établissement de Commissaire, & de bail à ferme, elles ne sont plus sujettes à peremption, & la saisie conserve le droit des creanciers jusqu'à trente ans, ce qui a lieu, bien que les criées n'ayent point été verifiées. Arrêt du 8. Janvier 1602. Mais quand le proprietaire n'a point été dépossedé, pour n'y avoir point eu d'établissement de Commissaire, ni de bail à ferme, la saisie & les criées sont sujettes à peremption. Brodeau sur M. Loüet, lettre S. somm. 14. Tronçon, sur l'article 353. de la Coûtume de Paris, rapporte l'Ordonnance de Loüis XIII. de l'année 1629. art. 91. par laquelle toutes instances & criées perissent par la discontinuation de trois ans, nonobstant l'établissement de Commissaires. Voyez la Conference des Ordonnances, livre 3. §. 106.

121 Les saisies d'heritages faites depuis l'Ordonnance du Parlement de Paris du 3. Juillet 1629. periment dans trois ans. Ainsi jugé plusieurs fois & particulierement le 11. Février 1679. en la Grand'Chambre du Parlement de Toulouse. V. M. de Catellan, livre 6. chap. 18.

Voyez cy dessus le nombre 64.

PERMUTATION.

1 IL y a & aux Decretales, & au Sexte, un titre de rerum permutatione qui parle de la permutation des Benefices.

2 De permutationibus. Per Fredericum de Senis, & Per Petrum And. Grammarum in repetit. C. 1. de rerum permut. livre vj, Per Petrum de Ubaldis. Per Joan. Nicolaum Gimontenum & per Jo. Nicolaum Delphinatem in tract. de jure patronatus.

3 De permutatione. Voyez Rebuffe, 3. partie praxis benef. & Duarenus, lib. 8. de Benef. cap. 3.

4 Pinson au chap. quibus modis vacent beneficia. §. 12. traite des permutations.

5 Des permutations. Voyez la Bibliot. Canon. tome 2. page 217. & suiv. celle de Jovet, au mot, Benefice, nombre 103. & suiv.

6 An permutatio fieri possit beneficiorum unitorum? Non. Du Moulin, sur L. 2. page 604.

7 In permutatione coram Papâ, non est facienda mentio aliorum beneficiorum. Tournet, lettre P. arr. 97.

8 Plusieurs Docteurs citez & suivis par M. Charles Du Moulin, sur la regle de publicandis nombre 171. ont été d'avis qu'il n'étoit pas loisible de faire une permutation à quelqu'un, ni même de luy resigner purement & simplement à la charge & à la condition qu'il resigneroit pareillement à un autre, ou qu'il permuteroit, ou qu'il supléeroit une pension.

9 L'on peut permuter un droit qu'on a sur un Benefice avec un Benefice paisible. Ces mots sua beneficia, qui sont appellez dans le chap. unique de rerum permutatione in 6. n'ont pas été mis pour établir une loy dans les permutations; mais pour empêcher les fraudes, si le copermutant est instruit & content du droit qu'on luy cede, scienti & consentienti non fit injuria neque dolus. Du Moulin ibidem nombre 184.

10 La permutation faite par un Procureur n'est point valable, quand le constituant n'est pas titulaire du Benefice lors de la procuration, bien qu'il le soit en temps de permutation. Peleus 4. part. num. 49.

11 Permutatio non potest fieri beneficiorum unitorum quia talia beneficia sic unita non censentur vacare. Jo. Galli. quæst. 268. Tournet, lettre P. Arr. 98. La Bibliot. Canon. tome 2. page 219. & cy dessus nomb 6.

12 Pacta in permutatione licita sunt, si conventum fuerit inter permutantes de solvendo ære alieno contracto nomine beneficii compermutati. Nam successor in beneficio solvere tenetur beneficia contracta ab antecessore suo, nomine beneficii, & Ecclesiam exonerare, vel de solvendis expensis bullarum, modo in prædictis casibus permutatio fiat coram Papâ & talis conventio admittatur ad tollendum suspicionem simoniæ. Pastor de benefic. lib. 3. tit. 11. num. 9.

13 La necessité d'expression n'a point de lieu in permutatione quæ fit coram Papâ, &c. ni és Vicairies, Servitoreries, Marguilleries & autres Benefices semblables qui ne sont point titres formez, mais simples commissions revocables ad nutum. Brodeau, sur M. Loüet, lettre B. somm. 3.

14 En resignation respective de deux Benefices ex causâ permutationis qui est sans effet, le Benefice ne vaque point en Cour de Rome; la resignation ayant été faite sub modo quo non secuto perinde habetur ac si nunquam facta fuisset. Jugé souvent au Parlement de Toulouse, nemine reclamante. V. Mainard, livre 8. chap 5.

15 Non potest fieri permutatio nisi de beneficiis titulatis & suis, id est quorum uterque compermutans respective verus est titularius. Du Moulin, de infirmis nomb. 153.

16 Il n'est pas au pouvoir & en la puissance du Pape, d'admettre une permutation, ou plûtôt d'homologuer un Concordat, dans lequel on promet de faire pourvoir son copermutant du Benefice d'une tierce personne qui n'est point présente à la passation de ce Concordat & qui ne s'oblige en aucune façon à l'entretien & à l'execution de cet acte, par ce que c'est ouvrir la porte au regrez. Du Moulin, sur la regle de infirmis nombre 157. dit qu'il a été ainsi jugé par les Messieurs des Requêtes de l'Hôtel, & qu'il en avoit été d'avis.

17 La proposition, qu'en matiere de permutation l'on peut contraindre le survivant de quitter le Benefice qui luy a été resigné, quand de son côté la resignation n'a pas été accomplie, reçoit sa limitation; car si la permutation n'a pas été executée par la propre faute ou fraude du défunt, le survivant qui se justifieroit pourroit retenir le Benefice permuté, pourvû neanmoins qu'il se démit de son autre Benefice qui vaquera par cette resignation simple, & non par la resignation pour cause de permutation, laquelle ne peut plus être executée. Du Moulin, sur la regle de publicandis nomb. 197.

18 De permutatione beneficii patronati cum alio minoris valoris per quamdam infirmam & servilem personam sine patroni præsentatione. Chassan. Consil. 17.

19 L'on ne peut pas permuter un Benefice avec Offices de la chapelle du Roy. Bibliot. Can. tome 2. page 220.

20 Repletio qua emptori permittitur in L. 2. Cod. de rescind. vend. non habet locum in permutatione beneficiorum. Voyez Francisci Stephani décis. 61.

21 Permutation de Benefices ne vaut, si l'un n'est assuré du Benefice qu'il donne. Voyez Papon, liv. 2. titre 8. nombre 16.

22 La Prebende Theologale ne peut être permutée qu'avec un Theologien. Bibliot. Can. tome 2. p. 198. col. 2.

23 Une Chapelle de grand revenu, permutée à la Chapelle de S. Marguerite en l'Eglise de S. Thomas du Louvre, le Chapelain de la Chapelle du grand revenu voulut intenter le cas de saisine & nouvelleté; il perdit sa cause par Arrêt du 7. Septembre 1499. Charondas livre. 1. Rép. 41. Voyez aussi la Rép. 43. au même livre.

24 Rescisions de permutations beneficiales se doivent poursuivre pardevant le Juge d'Eglise. Arrêt du Parlement de Paris du 6. Septembre 1522. Papon, livre 1. titre 4. nombre 10. & livre 3. titre 11. nombre 5.

25 Permutation de Benefice avec non Benefice comme

me avec une Chapelle qui a seulement la qualité de simple prestimonie & qui n'a été érigée en Benefice ne vaut, & le pourvû du Benefice *ex causâ permutationis* n'a titre coloré. Toutefois en permutation il ne faut regarder s'il y a égalité de revenu, il suffit que chacun des Benefices soit en titre. Arrêt du Parlement de Paris de l'année 1545. Papon, liv. 2. tit. 7. nomb. 1.

26 Retention de Pension sur deux Benefices respectivement permutez, fut déclarée abusive, par Arrêt du 28. Mars 1554. Idem, livre 3. titre 5. nombre 9.

27 En permutation de Benefices, l'un étant convenu pour retroceder, ou pour recompenser le défaut de l'equivalent du Benefice baillé; Arrêt du 26. Juillet 1583. qui met les parties hors de Cour. Papon, liv. 2. titre 8. nomb. 16.

28 Des resignations de Benefices faites, *etiam ex causâ permutationis*, au mois des Graduez. Voyez Chenu, 2. Cent. quest. 2. où il rapporte un Arrêt du 6. Septembre 1603.

29 Par Arrêt du 3. May 1607. une permutation d'une Cure avec une place d'Aumônier chez le Roy, fut jugée illicite & l'un des permutans condamné en 40. liv. parisis envers les pauvres. La cause qui empêcha l'autre partie d'être aussi condamnée, c'est qu'il n'étoit que cessionnaire du copermutant, & de sa part il n'y avoit point de faute. Bibliot. Can. to. 2. p. 210.

30 Arrêt du Conseil d'Etat Privé du Roy du dernier Mars 1688. qui juge que les permutations sont nulles, si elles ne sont admises, & les provisions accordées de part & d'autre par l'Ordinaire, & à son refus par le Superieur, avant le decez de l'un des copermutans. Voyez le Recüeil de Decombes Greffier de l'Officialité de Paris, part. 2. chap. 4.

PERMUTATION, BONNE FORTUNE.

31 Si l'un des permutans ayant ses provisions expediées venoit à mourir sans avoir pris possession, l'autre qui avoit accompli de sa part & executé la resignation, *gaudebat de bonâ fortunâ*, & demeuroit dans l'ancien Benefice, comme n'en ayant point été dépossedé, joüissant par le moyen de l'un & de l'autre. Fevret, traité de l'abus, to. 1. li. 2. chap. 6. p. 184.

32 Du Moulin sur la Regle *de infirmis*, n. 155. explique le cas de la bonne fortune en fait de permutation; il dit qu'elle n'a lieu que lorsque le survivant avoit déja droit d'ailleurs dans le Benefice qu'il resignoit pour cause de permutation; il faut encore que le survivant ait donné sa procuration valable, & qui pût avoir son execution pour resigner son Benefice en faveur de son copermutant, lequel ayant accepté cette procuration, a depuis negligé de la faire admettre.

33 Les permutations sont censées effectuées quand les deux copermutans ont passé procuration, & que l'un d'eux a été pourvû; & en ce cas si celuy des permutans qui n'aura pas été pourvû, vient à decéder, le Benefice qui luy auroit dû être resigné vaquera par sa mort, sans que le resignant le puisse tenir par bonne fortune, article 21. de l'Ordonnance de 1637. & déclaration du 25. Août 1638.

34 Jugé le 21. Decembre 1644. qu'en cas de permutation de deux Benefices, l'un des copermutans décedant après la resignation admise, mais avant que d'avoir pris possession, l'autre copermutant qui de sa part a effectué la permutation par l'admission de la resignation en Cour de Rome, & par la prise de possession doit joüir de la bonne fortune, & avoir l'un & l'autre Benefice. Cette Jurisprudence se trouve abrogée par l'article 14. de la Déclaration du Roy de l'année 1646. qui veut que les permutations soient nulles, en cas qu'elles ne se trouvent pas executées de part & d'autre; au moyen de quoy la bonne fortune en cas de permutation n'a plus de lieu. Soëfve, tome 1. Cent. 1. chap. 70.

35 *Gaudium de bonâ fortunâ* supprimé par l'Edit du

Controlle. Voyez les Définit. Can. verbo *Permutation*, page 630.

La Declaration du Controlle article 21. porte: Déclarons les provisions par permutation, nulles, si celuy qui s'en veut servir n'a fait tout ce qui a été en son pouvoir, à ce que son copermutant fût pourvû du Benefice à luy resigné pour cause de la permutation; & neanmoins si après que l'un des permutans a été pourvû, l'autre décede, le Benefice qui a dû luy être resigné, vaque par son décez, soit qu'il en ait été pourvû ou non, sans que le survivant puisse le retenir comme joüissant de la bonne fortune. Ce que nous voulons être inviolablement observé, sans neanmoins couvrir les moyens introduits de droit, & autorisez par les Arrêts de nos Cours Souveraines contre les permutations frauduleuses.

PERMUTATION, COLLATEUR ORDINAIRE.

Voyez le mot *Collation*, nomb. 117.

36 L'Ordinaire peut refuser la permutation sous prétexte d'indignité ou incapacité de l'un des copermutans. V. M. Charles Du Moulin, Regl. de infirmis, nomb. 31. & 39. où il est prouvé que l'Evêque n'est pas obligé d'admettre les permutations.

37 Suivant la Jurisprudence des Arrêts, les Collateurs inferieurs peuvent valablement admettre les permutations des Benefices qui sont dependans de leurs provisions & collations, sans en demander avis, ni communiquer avec les Evêques Diocesains; & l'on a souffert en France cet abus pour en éviter un plus grand; sçavoir, que les parties permutantes se pourvoyant à Rome, les permutations se fassent sans le consentement des Evêques Diocesains, & des Collateurs inferieurs. Voyez les Définit. Can. page 637.

38 En France l'on a passé bien plus avant; car comme l'on a vû les abus qui se commettoient par la connoissance de cause que les Ordinaires vouloient prendre dans les permutations qui se faisoient entre leurs mains; cela leur a été défendu, & à eux enjoint d'admettre les permutations sans aucune connoissance; ainsi qu'il a été jugé par Arrêt du P. de Paris par lequel on défendit au Chapitre de Chartres de prendre aucune connoissance de cause dans les permutations qu'il admettoit: cet Arrêt est fondé sur deux causes; la premiere, afin que les permutations s'accordant & s'admettant indifferemment par les Ordinaires, & sans longueur, les parties ne se pourvûssent pas en Cour de Rome, & que le Pape ne pût pas prevenir les Collateurs ordinaires dans ces provisions, & afin que l'argent ne sorte pas du Royaume; & la seconde, pour empêcher les malversations que quelques Ordinaires faisoient dans ces permutations. Voyez Du Moulin, Regle de infirmis, nomb. 40.

38 bis. Sur la question de sçavoir si le Chapitre peut admettre les resignations pour cause de permutation? La Cour fut partagée dans ses opinions; ce qui est rapporté par M. de Longueil dans l'un de ses Arrêts rendu en 1532. De maniere que pour éviter toutes difficultez, il vaut mieux avoir recours à l'Evêque & faire admettre la resignation, prendre possession, & obtenir la confirmation de son droit. Définit. Can. page. 147.

39 La question de sçavoir si le Chapitre peut admettre des permutations *sede Episcopali vacante*, est examinée par la Glose sur le mot *conferantur* de la Clementine: *quid de capitulo vacante sede Episcopali? poteritne permutationi authoritatem præstare?* elle résout pour l'affirmative *puto quod sic, cum hoc sic jurisdictionis Episcopalis in quâ tunc succedit*. Il est vrai qu'elle y apporte une exception qui rend sa décision generale inutile: *nisi beneficia illa vel illorum alterum spectarent ad collationem Episcopi solius sine capitulo; cum in talium beneficiorum collationem non succedat*: mais il se faut tenir à la décision generale, sans s'arrêter à cette exception. M. *Charles du Moulin*

le montre assez par la note qu'il a faite sur le mot *puto quod sic* de cette Glose en ces termes, *idem Panorm. hic & supra de major. & obed. cap. cum olim & ità servatur, ut latè dixi in regul. cancell. de infir. resig. num. 31. in regul. de publicandis num.* 160. & de fait on peut dire que les permutations sont au nombre des Collations necessaires qui sont sans contestation accordées au Chapitre pendant la vacance du Siege Episcopal. *Définit. Can. p.* 147.

39 bis. Vicaire General créé par le Chapitre, le Siege vacant, ne peut admettre resignation à cause de permutation de Benefice. Arrêt rendu au Parlement de Toulouse le 2. Janvier 1584. *Mainard, tome* 1. *livre* 1. *chap.* 66.

40 Collateur ordinaire est obligé de conferer les Benefices copermutez, & d'admettre les permutations, s'il n'y a causes legitimes de refus, qu'il doit exprimer. Jugé au Parlement de Paris le 27. Juin 1631. Le Chapitre de saint Pierre de Soissons avoit fait refus, sur lequel M. l'Evêque de Soissons donna des provisions, *non jure ordinario, sed expressis verbis jure devoluto.* En quoi M. l'Avocat General Talon dit qu'il n'y avoit abus, puisque le refus du Chapitre n'étant pas legitime, on n'avoit pû s'adresser à l'Evêque : Comme il ne contestoit point le droit du Chapitre, il fut ajoûté dans l'Arrêt, sans préjudice en autres causes de l'exemption prétenduë par le Chapitre. *V. Bardet, tome* 1. *liv.* 4. *chap.* 35.

41 La permutation d'un Benefice électif confirmatif par un oncle à son neveu à l'extremité de la vie , admise par le Chapitre Collateur , l'oncle mort avant la confirmation de l'Evêque de Limoges , jugée valable, le 18. Juillet 1684. *De la Guessiere , tome* 4. *livre* 7. *chap.* 17.

PERMUTATION, COMMANDE.

42 Permutation qui se fait d'un Benefice possedé en commande avec un autre. *Voyez* le mot *Commande*, nomb. 24. *& suiv.*

PERMUTATION, CONSENTEMENT DU PATRON.

43 Du droit prétendu par l'Evêque de Grenoble de conserver les Benefices, & admettre les resignations, *causâ permutationis*, sans y appeller les Patrons. *Ægid. de Bellamera consil.* 6.

44 *Permutatio contempto patrono laïco, an nulla sit ?* Voyez Franc. Marc. to. 1. quest. 1124.

45 Si deux Benefices permutez dont l'un est en patronage Laïc, & l'autre est patronage Ecclesiastique, le Pape peut admettre la permutation sans le consentement du Patron laïc ? *Du Moulin,* sur la *Regle de infirmis n.* 45. conclut que non , & dit qu'il a été ainsi jugé par un Arrêt du Grand Conseil pour le Doyenné de Melun , qui appartient à la provision du Roy.

46 Le Collateur peut conferer les Benefices permutez sans la presentation ou agrément des Patrons, parce que ce sont des Collations necessaires. Du Moulin *de infirmis n.* 332.

47 C'étoit une ancienne maxime dans les permutations de prendre le consentement des Patrons Ecclesiastiques, laquelle n'est plus en usage ; & les permutations se font entre les mains de l'Ordinaire sans appeller les Patrons Ecclesiastiques , comme l'a observé *Du Moulin, nomb.* 41. de la Regle *de infirm. resign.* Définit. Can. p. 627.

48 Cause appointée au Grand Conseil par Arrêt du 6. Novembre 1629. pour sçavoir si l'Ordinaire peut admettre une resignation pour cause de permutation , *spreto & inconsulto Patrono Ecclesiastico.* Bardet, tome 1. liv. 3. chap. 69.

49 Les permutations des Benefices en patronage laïc sont nulles & abusives , si les Patrons laïcs n'ont accordé leur presentation , ou donné leur consentement par écrit avant la prise de possession , suivant la Declaration du mois de Février 1678. qui fait défenses de maintenir dans le possessoire des Bene-

fices en patronage laïc, ceux qui en auront été pourvûs , en quelque maniere que ce soit , par permutation , sans présentation ni consentement des Patrons laïcs , nonobstant les requisitions & sommations qui pourroient en avoir été faites ausdits Patrons, *Ibidem , p.* 579.

50 Il a été jugé au Grand Conseil le dernier Septembre 1673. que l'on ne peut permuter une Cure dépendante de l'Ordre de Malthe , sans le consentement du Commandeur dont elle dépend. *Journal des Audiences , tome* 3. *liv.* 7. *chap.* 18. Au li. 3. chap. 20. est un Arrêt du Grand Conseil du 2. Decembre 1669. dans l'espece d'une résignation.

PERMUTATION, EVICTION.

51 Aujourd'huy en France, soit démission ou résignation lorsque l'un des copermutans est évincé, il retourne sans nouvelle collation à son premier Benefice. Jugé à Paris le 2. May 1525. Arrêt semblable rendu au Grand Conseil. Il n'y auroit pas lieu de retour, si l'autre permutant eût resigné avant l'éviction à un tiers qui eût joüi du Benefice trois ans. Jugé le 27. May 1558. Il a été aussi jugé au P. de Bourdeaux le 3. Avril 1520 que pour retourner au Benefice, il faut une seconde provision. *V.* Papon, li. 2. tit. 7. n. 2.

52 Si celuy qui a permuté avec un malade qui est décédé dans les 20 jours, peut retourner à son Benefice, au cas qu'il fût évincé de celuy qui a été donné en échange ? Il semble qu'il le peut. *Voyez la Biblioth. Can. to.* 1. *p.* 737. *col.* 1.

PERMUTATION FRAUDULEUSE.

53 *Voyez* le mot *Fraude*, nombre 28. *& suivans.* Voyez Rebuffe sur le Concordat, au tit. *de collationibus.* §. *Volumus*, au mot *ex causâ permutationis*, où il parle des permutations frauduleuses.

34] *Resignatio causâ permutationis de pingui beneficio cum tenui facta nepoti invicem à sene ægroto intrà vicesimum diem obierit , ambitiosa est & reprobata.* V. Franc. Marc. to. 1. quest. 509.

55 *Permutatio pinguis beneficii cum tenui , fraudis & symonia suspicione non caret.* Voyez ibidem , tome 1. quest. 1125.

56 Il n'y a aucune présomption de fraude dans la permutation d'un Benefice considerable faite par un oncle malade avec son neveu , quand celui-cy est *Doctor & vir præstans*, capable de rendre un grand service à l'Eglise. *Voyez Du Moulin*, Regle *de infirmis, nomb.* 124. *& suiv.*

57 Des permutations faites par un homme accusé de crime. *Voyez Du Moulin, ibidem n.* 377. il établit cette distinction ; si la permutation est inégale , elle ne peut subsister ; le permutant ne peut être dans la bonne foy, parce que *lucrativam causam ex actu vetito & fraudulento prætendit* ; si la permutation est de Benefices égaux , elle subsistera.

58 Le même *Du Moulin* sur la Regle *de publ. n.* 185. propose l'espece d'une permutation frauduleuse. Elle étoit faite *in extremis*, il y avoit inégalité dans les Benefices , & le resignataire survivant ne resignoit de sa part aucun Benefice, il avoit seulement un prétendu droit à une Eglise Parochiale.

59 & 60. Au n. 188. *& suiv.* il refute la maxime ancienne que le survivant devoit profiter de la bonne fortune : c'est-à-dire retenir les deux Benefices permutez : *Du Moulin* dit que cette maxime *species furti est.* La raison qu'il établit pour prouver que le survivant ne doit pas profiter de la bonne fortune , sont, 10. que la resignation du permutant prédecedé , & la collation qui a suivi, avoient une condition suspensive, du moins resolutoire. 2. Il s'ensuivroit que quoique l'ancien titulaire décedât en la possession du Benefice qu'il avoit permuté, il n'y auroit aucun des deux Benefices qui vaquât par sa mort ; ce ne seroit pas l'ancien, puisqu'il l'avoit resigné, & que le resignataire en avoit été pourvû ; ce ne seroit pas le Benefice qu'on luy avoit promis en copermutation, d'autant

PER   PER   91

qu'il n'en avoit point encore été pourvû, 3°. Si cette maxime étoit autorisée, ce seroit une ouverture aux resignations en faveur és mains des Ordinaires, & aux regrez; enfin ce seroit faire fraude aux droits mêmes des Ordinaires, car le survivant conserveroit la liberté de choisir celuy des deux Benefices qui luy conviendroit mieux.

61   Permutations quoique faites *in extremis* jugées valables, sur tout quand il n'y a point de proximité, & qu'elles se font *ratione virtutis & honesti*, *non sanguinis & naturæ*, en sorte que ce soit plûtôt donner un homme à l'Eglise, que l'Eglise à un homme. Arrêt du Grand Conseil du 12 Decembre 1585. pour la Cure de saint Sauveur de Paris. Autre Arrêt du dernier Mars 1615. pour une Prébende de Troyes. Arrêt du Parlement du 2. Octobre de la même année. Arrêt du Grand Conseil du 16. Septembre 1623. Autre du Parlement du 19. May 1629. quoique le permutant fût si malade qu'il ne pût signer. Autre Arrêt du 30. Juin suivant. *Additions à la Bibliotheque de Bouchel*, verbo, *Permutation*.

62   Permutations jugées frauduleuses, si elles sont faites *in extremis*, de Benefices inégaux, & entre parens. Arrêts du Grand Conseil des 12. Juillet 1630.& 29. Mars 1639. *Ibidem*.

63   Permutation de Benefices inégaux faites à l'agonie sont nulles. Jugé le 14. Decembre 1621. que le Benefice avoit vaqué par mort, & neanmoins sans restitution de fruits ni dépens. *Bardet*, tome 1. livre 1. chapitre 88.

64   Permutation faite entre deux cousins, & admise en Cour de Rome d'un bon Benefice avec un de peu de valeur, & en extrémité de maladie, est bonne à l'égard d'un pourvû par mort par le Pape. Jugé le 29. Novembre 1633. *Du Frêne, liv. 2. chapitre 162.*

65   Permutation faite au mois des Graduez, en laquelle l'extrémité de la maladie & l'inégalité des Benefices se rencontrent, estimée frauduleuse le 6. Mars 1645. *Du Frêne, liv. 4. chap. 10.*

66   Arrêt du 21. Août 1653. qui juge qu'une permutation suspecte de fraude n'empêche pas la provision de l'Ordinaire, & qu'elle fait cesser celle du Vice-légat. *Voyez le 12. Plaidoyé de Basset.*

67   Une Permutation faite *malis artibus* & par violence est nulle, quand même elle n'auroit point été contestée pendant 10. années. Jugé au Parlement de Paris le 30. May 1665. *Memoires du Clergé*, tome 2. part. 1. tit. 22. nomb. 8. & 9.

68   Arrêt du 27. Janvier 1670. qui a jugé que la permutation faite entre l'oncle & le neveu d'une Prebende en l'Eglise Cathedrale d'Amiens, de laquelle l'oncle étoit pourvû, & en possession depuis prés de quarante ans, avec une Cure de la campagne d'un revenu fort modique, dont le neveu étoit titulaire, & cela pendant la maladie de laquelle l'oncle seroit depuis décedé, aprés avoir tenté vivement de se démettre de la Prebende en faveur de son neveu par la voye de resignation, ayant quelque temps avant la permutation envoyé en Cour de Rome pour cet effet, étoit nulle & frauduleuse, comme ayant toutes les marques & présomptions de fraudes marquées par les Docteurs. *Soëfve*, tome 2. Centurie 4. chap. 46.

PERMUTATION, GRADUEZ.

69   De la permutation aux mois des Graduez. *Voyez cy-dessus le nomb. 18. & 65. & le mot Gradué, nomb. 133. & suiv.*

PERMUTATION, PENSION.

70   Retention de pension en matiere de permutation. *Voyez cy-dessus le nomb. 26. & le mot Pension, nombre 108. & suiv.*

PERMUTATION, PRISE DE POSSESSION.

71   Arrêt du Grand Conseil du 6. Novembre 1629. qui appointe la cause, pour sçavoir si la permutation doit avoir effet au profit de celuy qui a pris possession pendant la vie de l'autre, quoique le dernier soit décedé sans faire la même chose. *Bardet, to. 1. liv. 3. ch. 64.*

72   Declaration sur la validité des permutations des Benefices, du 11. May 1684. Elle porte: Voulons, que sans en rien déroger à la regle *de publicandis*, en cas que cy-aprés dans les permutations des Benefices, l'un des permutans vienne à déceder aprés le temps porté par ladite regle, sans avoir pris possession du Benefice permuté, le survivant des permutans demeure entierement privé du Benefice par luy baillé, & du droit qu'il avoit en iceluy, & qu'il n'y puisse rentrer sans nouvelle provision; soit que ladite permutation ait été faite en maladie, ou autrement. Voulons pareillement que les permutations soient effectuées de part & d'autre; & que pour cet effet, les provisions sur icelles soient expediées, ou par les Ordinaires, ou par les Superieurs sur leur refus, s'il y échet, avant le décés de l'un des permutans, à faute dequoy ledit décés arrivé, lesdites permutations demeureront nulles, & sans effet. *Voyez les Edits & Arrêts recueillis par l'ordre de M. le Chancelier en 1687. & le Journal du Palais.*
Voyez cy-aprés le nombre 87. & suiv.

PERMUTATION, PROVISION.

73   La permutation n'ayant point d'effet, il n'est pas necessaire d'obtenir une nouvelle provision pour reprendre son Benefice. *Voyez M. de Selve, 3. part. tract. quest. 24.*

74   Les permutations doivent être effectuées de part & d'autre, & le permutant ne peut rentrer aprés le decez du copermutant en la possession du Benefice, par luy baillé sans nouvelle provision. *Conference des Ordonnances, liv. 1. tit. 3. part. 2. §. 47.*

75   Si l'un des permutans avoit pris possession en vertu de provisions, & que l'autre mourût sans provisions, la permutation demeureroit caduque; un obituaire seroit preferé. Arrêt du Parlement de Paris du 7. Février 1618. rapporté par *Du Frêne dans son Journal des Audiences, liv. 2. ch. 4.* Vide *Papon, Recueil d'Arrêts, li. 2. ti. 8. nomb. 17. tit. 7. nomb. 1.* Cette regle *debet gaudere de bonâ fortunâ*, n'avoit lieu, sinon lorsqu'il y avoit procurations expediées & délivrées, & provisions sur icelles, & de part & d'autre, auquel cas celuy des pourvûs qui n'a pris possession, & a eu temps suffisant pour le faire, venant à déceder, *locus est bona fortune*, pour l'autre qui a fait ses diligences, & non quand on demeure aux termes d'une simple procuration, ou d'une procuration non admise par le Collateur ordinaire, ou par le Pape, surtout lorsque les présomptions de fraude se rencontrent en la permutation, pour avoir été faite pendant la maladie, dont l'un des copermutans seroit décedé. *Brodeau sur M. Louët, lettre B. somm. 13.*

76   Les permutations sont nulles; si elles ne sont admises, & les provisions accordées de part & d'autre par l'Ordinaire, & à son refus par le Superieur avant le decez de l'un des copermutans. Arrêt du Parlem. de Paris du dernier Mars 1688. *Au Journal des Audiences, tom. 5. liv. 4. ch. 8.*
Voyez cy-dessus le nomb. 72.

PERMUTATION, REGREZ.

77   Si on a resigné sans reserve & par permutation un Benefice, qui se trouve depuis chargé d'une pension, le copermutant peut être contraint ou de décharger de la pension le Benefice, ou de laisser celui qu'il tient par la permutation. Arrêt du Grand Conseil entre le Cardinal de Bourbon, & l'Abbé de Corbie. *Papon, li. 2. ti. 7. n. 4.*

78   Arrêt du Grand Conseil du 27. Mars 1552. rendu entre l'Archevêque d'Ambrun, & l'Evêque de Saint Flour, par lequel il est ordonné que l'Archevêque rentrera en son Archevêché, nonobstant la permutation, faute de décharger l'Evêché de Saint Flour de 500. livres de pension, qui n'avoient point été

declarées. L'Evêque de Saint Flour condamné à acquitter les arrerages échûs. *Papon, liv. 2. ti. 7. nombre 5.*

79 Benefice permuté, & depuis resigné par l'un des permutans à un tiers qui avoit joüi par trois ans, ne peut être repeté par le resignant, sous couleur que le Benefice copermuté luy seroit rendu litigieux. Jugé le 27. May 1558. *Charondas, liv. 1. Réponse 13.*

80 Il a été jugé le 25. Février 1602. qu'en permutation non effectuée, il y a lieu au regrez. En cette même cause, Robert allegua un Arrêt donné en la troisiéme Chambre des Enquêtes, par lequel, sur ce qu'après une permutation, l'un des copermutans s'étoit fait pourvoir en Cour de Rome, lors des défenses d'aller à Rome, & qu'il survint un Dévolutaire qui gagna sa cause, on disoit, qu'en tout cas la permutation n'ayant point eu d'effet, il falloit que chacun rentrât en ses droits : il fut jugé que la permutation tenant, pour le vice de la provision de celuy qui étoit allé à Rome contre les défenses, il seroit privé du Benefice; & le Dévolutaire gagna sa cause. *Bibliot. Can. to. 2 p. 220.*

81 Si en cas de permutation de Benefices, n'y ayant de Concordat par écrit, l'un des copermutans peut demander le regrés dans son Benefice, sous pretexte qu'il y a de grandes réparations à faire en celuy duquel il a été pourvû, & que les Fermiers prétendent diminution ? Arrêt du 3. Août 1656. qui sur la demande mit les parties hors de Cour; & neanmoins condamna le copermutant de son consentement à faire faire toutes les reparations qui étoient à faire dans le Benefice, lorsqu'il en étoit sorti. *Soefve, t. 2. Cent. 1. ch. 42.*

82 Le permutant revoque avant que l'autre Benefice soit admis en Cour de Rome, & prétend de rentrer en son Benefice, la permutation declarée au Grand Conseil bonne & valable ; & Mazure Curé de Saint Paul debouté de sa demande le 2. Mars 1669. *Journal du Palais.*

PERMUTATION, REGLE DES VINGT JOURS.

82 bis. Si en permutation de Benefices, la regle des 20. jours a lieu ? *Voyez la Biblioth. Canon. tom. 1. pag. 217.*

83 Si le permutant survit un, deux, ou trois jours les vingt jours, en ce cas la regle ne pouvant avoir son effet, on peut avoir recours au droit commun ; & les Graduez prouvant par les presomptions, que la permutation a été faite dans le dessein de les frauder, ils font annuller cette permutation, & obtiennent le Benefice qui a vaqué dans leur mois, par la mort du resignant, de même que s'il n'y avoit point eu de permutation. *Du Moulin, sur la regle de infirmis, nombre 120.*

84 Jugé par Arrêt du six Septembre 1603. que la regle des vingt jours a lieu és collations faites pour cause de permutation par l'Ordinaire, és Benefices vaquez au mois des Graduez nommez, au préjudice d'un Gradué. *Voyez Filleau, part. 4. qu. 202.*

85 La regle des vingt jours a lieu dans les resignations faites entre les mains de l'Ordinaire *ex causâ permutationis*, ainsi que dans celles en Cour de Rome ; parce que l'Ordinaire est alors un Collateur necessaire. Ainsi jugé plusieurs fois au Parlement de Toulouse : mais on a douté de quel temps les vingt jours devoient être comptez, ou de celuy que l'Ordinaire a été requis, & a fait refus ; ou du jour du titre qui a été fait par le Superieur ? Il a été préjugé au même Parlement le 6. Février 1664. que c'étoit du jour de la requisition. *Arrêts de Catellan, liv. 1. chap. 58.*

86 Deux Curez permutent leurs Cures, la permutation admise par l'Evêque. Les deux permutans ayant pris possession, l'un des Curez decede. Un particulier se fait pourvoir en Cour de Rome, de la Cure de celuy qui étoit decedé, comme vacante par mort : le particulier pourvû par le Pape a été maintenu ; ce qui marque que la regle des vingt jours a lieu dans le cas de la permutation. Jugé à Mets le 22. Novembre 1674. *Journal du Palais.* Voyez *M. Loüet avec son Commentateur, lettre P. somm. 42.* Et *M. Bouguier, lettre P. nomb. 20.*

PERMUTATION, REGLE *de publicandis.*
Voyez cy-dessus le nomb. 71. & suiv.

87 En matiere de permutation, dés qu'un des copermutans decede après le temps prescrit par la regle *de publicandis*, sans avoir satisfait, c'est-à-dire, sans avoir publié la resignation faite en sa faveur, Cela suffit pour annuller toute la permutation, qui n'est qu'un seul acte. Ainsi il ne faut pas se mettre en peine si l'autre permutant est decedé auparavant, ou s'il meurt après : ou s'il a satisfait à la regle, ou n'a pas satisfait. Car ce sont deux actes correlatifs, qui doivent avoir un même effet, & courir une même fortune, & qui consequemment ne peuvent pas avoir deux issuës differentes. *Voyez Du Moulin, sur la regle* de publicandis, *n. 150.*

88 Thomas Chanoine de l'Eglise de Sens, & qui possedoit l'Archidiaconé d'Etampes, permute ces deux Benefices avec Hugues, contre deux autres Benefices ; & parce que ceux que Thomas resignoit, étoient plus considerables, Hugues promet de faire en sorte que Marc donnera une procuration pour resigner une certaine Chapellenie qu'il possedoit, en faveur de Guy. Ce Concordat fut homologué en Cour de Rome : la resignation fut faite par Marc. Guy, pourvû de cette Chapelle, negligea de satisfaire à la regle *de publicandis*. Marc mourut. Titius se fit pourvoir de la Chapelle, comme vacante par sa mort. Question de sçavoir à qui la Chapellenie doit demeurer, ou à Titius pourvû par mort, ou à Guy resignataire ? Du Moulin, sur la regle *de publicandis, nomb. 162.* se declare pour Titius : il dit que la permutation ne laisse pas d'être valable. Thomas ne peut redemander ou retenir ses Benefices, parce que la promesse de Hugues a été executée ; il a fait ce qui étoit en luy.

89 Limitations que du Moulin apporte à la regle *de publicandis, nombre 173. & suiv.* La premiere est, qu'elle n'a point lieu dans les permutations qui, bien loin d'être faites par le seul desir, & par la seule volonté des parties, se font par l'Ordonnance de l'Evêque, *ex causâ utilitatis, vel necessitatis Ecclesiæ.* La raison est que *in hujusmodi permutationibus cessant fraudes, & rationes finales, propter quas lata est regula.* Ce Decret ne peut être interposé en France, que par l'Evêque, *partibus vocatis*, & non par le Pape, *obstante decreto de causis, in Pragmaticâ, & Concordatis.*

Seconde limitation. La regle n'a point lieu dans les permutations consenties à dessein de faire une union réelle, & non pas personnelle ; en sorte que si Titius avoit resigné une Chapelle pour demeurer à l'Eglise matrice, & qu'il decedât dans le mois, sans qu'on en eût pris possession, elle ne vaqueroit point par sa mort : autrement cette regle établie pour l'utilité de l'Eglise, luy deviendroit contraire. *Voyez ibid. nomb. 234.*

PERMUTATION, UNION.

90 *Unitorum Beneficiorum non fieri potest permutatio.* Joannes Gallus ; part. 5. qu. 268. inter Arresta 1391.

PERRUQUIER.

Voyez *cy-devant*, verbo *Chirurgiens.*
Arrêt du Parlement d'Aix du 7. Mars 1667. portant inhibitions de faire la barbe en chambre à tous, excepté aux Etuvistes, & aux Perruquiers. *Boniface, to. 1. li. 8. tit. 5. ch. 5.* Il faut voir les Statuts des Perruquiers.

PERTE.

PErte de Titres. *Voyez* le mot *Actes*, & le mot *Perdre*.

Sur qui tombe la perte des deniers consignez ? *Voyez* le mot *Consignation*, nomb. 51.

Enquête perduë. *Voyez* le mot *Enquête*, nomb. 46. *& suiv.*

Le Greffier est responsable des pieces qui se trouvent perduës. *Voyez* le mot *Greffier*, nombre 112. *& suivans.*

PESTE.

DE peste. Per Joan. Franciscum de Ripâ. Et per Hieronymum Prævitellum Regiens.

Caroli Stengelii Ordo S. Benedicti, Histor. pestis.

Gabriel Biel, *de fugâ pestis, ejusdem medicinales sermones contrà pestem.*

Ludovicus Berus, *de fugâ pestis.*

Cyprianus, *de mortalitate.*

Petri Cluniacensis, *pro mortalitate epistola consolatoria* 36. *&* 37. *lib.* 5.

Baptistæ Mantuani Poëtæ, *ad Beatam Virginem Mariam votum pro extinguendâ pestilentiâ*, to. 2.

1. *Pestis causâ locus fori vel electionis potest mutari.* Voyez Franc. Marc, tom. 1. qu. 97.

2. *Mulier, quæ propter impedimentum pestis inventarium intrà tempus debitum facere non potuit, restituenda venit.* Idem, to. 2. qu. 82.

3. *Pestis tempore in tribus aut quatuor residet consilium.* Voyez Franc. Stephani decis. 29.

4. Voyez dans la *Bibliotheque du Droit François*, par *Bouchel,* un Reglement, que le Parlement de Toulouse transferé à Grenade le 7. Septembre 1529. fit pour le temps de peste.

5. Les nommez Lentilles & Caddoz moururent tous deux, pour avoir composé des poudres & emplâtres empestez ; sçavoir, le premier en l'an 1545. dans les tourmens ; & le second, tenaillé, décapité, écartelé. *La Rochestavin*, li. 3. lettre P. tit. 7. arr. 2.

6. Arrêt du 20. Août 1549. qui enjoint à tous Juges Consuls & Officiers, & habitans des Villes & Villages du ressort, sur peine de bannissement du Royaume, & confiscation des biens, quant aux Juges Consuls, & Officiers : Et quant aux autres habitans, qui seront trouvez coupables de cette inhumanité, sur peine du foüet, & des Galeres pour trois ans ; pourvoir & donner ordre, qu'aux allans, venans & passans, soit le plus commodément que faire se pourra, pourveu de vivres & alimens necessaires pour eux & leurs chevaux, & leur donner des lieux convenables, en payant raisonnablement, sans pouvoir faire d'exaction. *Ibidem, Arr. 4.*

7. Arrêt de Reglement du 7. Septembre 1529. pour preserver de la peste, ceux qui n'en sont point attaquez ; & soulager ceux qui en sont malades, & ceux qui le seront. *Ibidem, Arr. 11.*

8. Le 5. Octobre 1557. Il fut enjoint à tous Magistrats Officiers du ressort, Consuls & Administrateurs des Villes & Villages, Gentilshommes & Seigneurs Jurisdictionels d'iceux, de promptement & diligemment donner, ou faire donner l'ordre necessaire à la cure, secours & traitement des malades pestiferez, & preservation des sains, en faisant administrer toutes choses necessaires pour la subvention du pauvre peuple, & à ces fins faire residence sur les lieux de leurs Jurisdictions ; sur peine aux uns de privation de leurs Offices, ausdits Seigneurs temporels, de privation de leur Jurisdiction, & d'être declarez inhabiles de toute administration publique ; en outre, enjoint à tous Prelats & Ecclesiastiques, de les assister de tous remedes spirituels. *Idem, Ar. 7.*

9. Arrêt du 6. Septembre 1557. qui ordonne que les Chirurgiens étant pour garder & penser les malades pestiferez, auront 300. livres par an, qui leur seront payez par les Capitouls, & cent livres seulement, quand il n'y aura plus de danger. *Ibid. Arr.* 8.

10. Arrêt du 10. Septembre 1557. attendu que plusieurs prisonniers étoient morts de la peste, permet aux Capitouls, en ce qui concerne les prisonniers arrêtez pour dettes, ou legeres amendes pecuniaires, proceder à leur élargissement desdites prisons, en donnant par eux caution, ou saisissant leurs biens jusqu'à la valeur des dettes, sinon avec telle caution qu'ils pourront donner ; & à l'égard de ceux qui sont habitans de la Ville, de se retirer dans leurs maisons, sans en sortir, jusqu'à ce qu'autrement en soit ordonné, à peine d'être brûlez vifs ; à la charge que cessant le danger, ils seront remis en prison ; & à l'égard des criminels, qu'ils seront tirez, & mis en lieu de sureté. *Ibid. Arr.* 6.

11. Arrêt du 12. Juin 1559. qui enjoint aux Officiers de Cahors, de pourvoir de bons Chirurgiens, & autres choses necessaires aux malades frapez de peste ; & permet au Sénechal ou ses Officiers, de pouvoir cottiser ce qu'ils verroient être à faire pour le soulagement des pauvres malades. *Ibid. Ar.* 1.

12. Ceux qui de guet à pens par artifice sement la peste, sont punissables capitalement. Arrêt de l'an 1559. par lequel plusieurs personnes convaincuës de pareils crimes en Albigeois & Quercy, & dans Toulouse, furent condamnez à être brûlez vifs à petit feu. *Ibid. Arr.* 2.

13. Le Conseil de Santé de Carcassonne, composé de trois Magistrats Presidiaux, du Procureur du Roy, & de trois Avocats, avoient condamné un Marchand à 600. livres d'amende, pour être sorti de sa maison, contre les défenses qui luy en avoient été faites & réiterées. Le Marchand disoit, que ce Conseil n'avoit point de Jurisdiction. Arrêt du Parl. de Toulouse, qui casse l'Ordonnance ; le Marchand condamné à 50. livres pour la contravention & défenses aux Consuls de faire telles procedures, sous les peines portées par les Ordonnances. *Albert, lett.* P. verbo *Peste.*

14. Arrêt du Parlement de Paris du 7. Mars 1580. par lequel sur un bruit de peste, défenses furent faites aux Marchands de vieux Chapeaux & Frippiers, de continuer leurs commerces ; & à tous autres, de ne plus nourrir de cochons, conils, pigeons. *Papon, liv.* 6. tit. 1. n. 10.

15. Les Chanoines peuvent être taxez comme les autres Ecclesiastiques & Laïcs, pour les pauvres & malades de contagion. Arrêt du 26. Juin 1607. *Tournet, lettre* C. n. 14. où il est observé que le Clergé a depuis obtenu un Edit, qui le décharge de telles contributions avec les seculiers.

16. Par Arrêt du Parl. de Bretagne du mois d'Avril 1607. rapporté par *Frain en ses Plaidoyers, Plaidoyé* 4. jugé que c'est aux habitans d'une Ville de payer un Prêtre, & un Chirurgien, employez pendant le temps de peste pour lesdits habitans.

17. Chirurgiens qui ont servi dans le temps de la peste, déchargez de l'examen. *Voyez* le mot *Chirurgiens*, nomb. 24. *& suiv.*

18. Si une Ordonnance de Police, renduë sur une contravention aux Reglemens, faits dans un temps de peste, ne se peut executer, nonobstant l'appel, & au préjudice des défenses portées par un Arrêt ? *Voyez le Plaidoyé de M. de Corberon.*

PESTE, LOYERS.

19. Diminution demandée par le Fermier, à cause de la peste. *Voyez* le mot *Bail*, nomb. 46. *& suiv.*

20. *Pestis tempore locationis deductio pro ratâ fieri debet, pestis causâ in pedagii locatione nulla fit remissio.* Voyez Franc. Marc. to. 1. quest. 1066.

21. Les loyers sont dûs de la maison de laquelle on est contraint de sortir, à cause de la peste, parce que les meubles occupent les lieux, & que le Locataire

a a clefs. Jugé le 10. Janvier 1546. *Charondas, li. 7. Rép. 76.* Voyez *M. Expilly, Arr. 2.*

22 De la diminution faite au Fermier d'un moulin, qui n'avoit pas joüi *ob pestem.* Voyez *Francisci Stephani decis. 55.* où il rapporte un Arrêt du Parlem. d'Aix du 17. Mars 1584.

PESTE, PEREMPTION.

23 Si la peremption court en temps de peste ? Voyez le mot *Peremption, n. 50. & suiv.*

PESTE, PRESCRIPTION.

24 La prescription ne court dans un temps de peste. Voyez *Albert,* verbo *Prescription, art. 3.*

25 Plusieurs Italiens se presenterent au Roy en l'an 1563. & luy ayant offert de faire perir de la peste tous les Huguenots du Royaume, quelque temps après, Montpellier, Nîmes, & autres Villes Huguenottes en étant frapées, firent courir le bruit que c'étoit l'execution de la promesse des Italiens. *La Rocheflavin, liv. 3. lett. P. tit. 7. Arr. 2.*

26 En l'an 1581. les Parisiens ayant apperçû que la peste s'augmentoit dans leur Ville par la malice de plusieurs personnes, qui la semoient par le moyen de certaine pourriture, emplâtre, & autre infection, obtinrent permission du Roy, de tuer sans forme de procez, ceux qui seroient trouvez commettans tels actes, pour donner de la terreur aux autres. *Ibidem, Arrêt 2.*

27 Arrêt du 12. Février 1585. qui infirme la Sentence des Capitouls de Toulouse, en ce qu'elle enjoint aux Bailles des Maîtres Chirurgiens de la Ville, de mettre en élection des Bailles comme les autres Maîtres, ceux qui avoient été mis & établis pour la necessité de la peste. *La Rocheflavin, liv. 3. lettre P. titre 7. Arrêt 5.*

28 Reglement pour la Ville de Toulouse, dans un temps de peste; il est du 14. Avril 1587. *Ibid. Ar. 1.*

29 On peut cesser de plaider, & changer le lieu de la Plaidoyerie en temps de peste, Arrêt du Parlement de Paris de l'an 1550. Mais cela ne se doit faire par le seul mouvement du Juge, sans en déliberer avec les Gens du Roy, Avocats, Procureur, Greffier, & autres Praticiens. *Papon, livre 7. titre 10. nombre 4.*

30 Le Baillif de Montargis avoit ordonné qu'en temps dangereux de peste, il seroit procédé par sort pour commettre celuy des Chirurgiens, qui seroit tenu de visiter les malades. Arrêt du Parlement de Paris du onze Juillet 1564. qui met l'appellation au néant, en émendant ordonne qu'il sera procédé par élection. *Idem, li. 6. tit 1. n. 13.*

31 Pour raison de la peste survenuë, défenses sont faites de s'assembler, joüer jeux, farces; commandement aux Juges d'y tenir la main : & aux Curez, de dire & proclamer cela en leurs Prônes. Arrêt du Parlement de Bretagne du 5. Août 1564. *Du Fail, liv. 2. ch. 248.*

PESTE, RESIGNATION.

32 La resignation faite en temps de peste, a le même effet que la resignation *in infirmitate,* & l'offre par le resignataire de tous les revenus du Benefice n'est pas recevable. Arrêt du Parlement de Toulouse du 3. Mars 1655. rapporté par *M. Jean Albert, lettre B. art. 18.*

33 PESTE, ADMINISTRER LES SACREMENS, Joannes Chapeaville, *de necessitate Sacramentorum tempore pestis.*

34 Les salaires des Prêtres qui administrent les Sacremens pendant la peste doivent être payez par les habitans; l'Evêque & le Chapitre de Rennes furent mis hors de Cour sur la demande du Prêtre. Arrêt du Parlement de Bretagne du mois d'Avril 1607. rapporté par *Frain, page 19.*

35 Les Curez ne sont tenus de commettre à leurs dépens des Prêtres és lieux de santé pour administrer les contagiez, mais bien les Maires & Eschevins.

Jugé le 31. Janvier 1633. *Du Frêne, livre 2. chap. 129.* Voyez *De la Guess. tome 3. liv. 4. chap. 1.*

36 Les Curez ne sont point tenus de mettre à leurs dépens des Prêtres és lieux de santé pour administrer les Sacremens aux contagiez. Jugé contre les Eschevins d'Amiens le 31. Janvier 1633. *Journal des Audiences, tome 1. liv. 2. chap. 129.*

37 Sur la question de sçavoir si une Cure dépendante de l'Eglise Collegiale de S. Florent de Roye, peut avoir vaqué par la déposition du titulaire d'icelle ordonnée par ledit Chapitre, pour n'avoir pas voulu administrer les Sacremens aux malades de la contagion de sa Paroisse, ou si elle a vaqué seulement par sa mort ? Arrêt du 7. Janvier 1670 qui apointe la cause au Conseil. M. l'Avocat General Talon avoit conclu à la vacance par mort. *Soëfve, tome 2. Centurie 4. chap. 43. & le 3. tome du Journal des Audiences livre 4. chap. 1.*

TESTAMENT EN TEMPS DE PESTE.

38 *De testamento pestis grassantis tempore facto.* Voyez *Francisci Stephani decis. 19.*

39 Si la peste ou la guerre n'est generale, le testament doit être fait en présence de 7. témoins. Arrêt du Parlement de Bourdeaux du 17. Mars 1525. mais si le Parlement est interrompu, & que le peuple ait abandonné la Ville, cinq témoins suffisent, Arrêt du 13. Février 1530. cela s'entend du testateur malade, car s'il n'est malade, il doit tester selon le droit commun. *Papon, liv 20. titre 1. nomb. 1.*

40 Par Arrêt du 2. Juillet 1561. le Parlement de Paris dans un Reglement fait en temps de peste, permit aux Prêtres commis par les Curez pour administrer les Sacremens aux malades de la contagion, de recevoir les testamens des pestiferez jusqu'à la somme de cent sols parisis, cet Arrêt ajoûte que s'ils en reçoivent contenans des legs plus considerables, les Juges y auront égard tel que de raison. *Henrys, tome 1. livre 5. chapitre 2. quest. 9.*

41 Cinq témoins suffisent pour le testament d'un pestiferé, ils doivent signer, ou s'ils ne le sçavent pas, il faut que le Notaire en fasse mention sur peine de nullité. Arrêt du Parlement de Toulouse du mois de May 1570 qui a déclaré nul le testament d'un pestiferé signé par le Notaire & non par les témoins au nombre de six dont quatre sçavoient signer. *Mainard, tome 1. livre 5. chap. 16.*

42 Un homme par testament laisse tous ses biens aux pauvres ; depuis étant frappé de la peste il donne quelque chose à ses parens & 500. livres à la Fabrique de S. Estienne du Mont, verbalement & en présence d'un seul témoin. Jugé que le tiers de la succession seroit donné aux heritiers, les 500. livres à la Fabrique & le surplus aux pauvres. *Papon, livre 20. titre 6. nombre 8.*

43 Testament nuncupatif fait en temps de peste ne peut être prouvé par témoins. Arrêt du 7. Janvier 1593. le mary debouté de la preuve, les biens ajugez au pere, ordonné que l'Arrêt sera lû & publié au siege pour servir de loy à l'avenir. *Robert, liv. 2. rerum judicat. chap. 10.*

44 Un testateur malade de la peste ne peut revoquer un testament solemnel par un testament non solemnel. Arrêt à la Pentecôte 1593. *Montholon, Arrêt 78. & Arrêt 86.* où il y a un autre Arrêt prononcé à la Pentecôte 1598.

45 Une femme de la Paroisse S. Eustache fait son testament ; il est reçû par un Porte-Dieu qui après qu'elle l'eut signé descend en la chambre où étoient les enfans, leur montra ce testament, avant qu'il l'eût signé : quelques-uns le retiennent, & ensuitte le contestent faute de solemnitez, de signature, & des mots lû & relû. Les autres disent, *constat* de la volonté de la mere ; si le Prêtre n'a signé, c'est par le fait de ceux qui ont retenu le testament ; le Prêtre consent de le signer en temps de peste, le défaut de solemnitez

n'est point considerable; d'ailleurs *testamentum imperfectum subsistit inter liberos*. Arrêt du Parlement de Paris du 23. Janvier 1597. qui, sans avoir égard au testament, ordonne que les enfans viendront à partage. L'Arrêt peut être fondé sur ce qu'il ne faut pas aisément s'éloigner des regles, *quando minimum fit prejudicium* aux partiés. *Bibliotheque de Bouchel* verbo *Testament*.

46 Si la preuve peut être reçuë d'un testament fait par un pestiferé en presence des Magistrats au profit des pauvres ? *V. Bouvot tome 2. verbo, Mariage, question 109.*

47 Si en temps de peste n'ayant pû trouver un Notaire, qui voulût recevoir un testament, le testament reçu par une personne privée, y observant toutes les formalitez, peut valoir ? *V. Bouvot, tome 2. verbo, Testament, quest. 19. & 20.*

48 Une mere frappée de peste, institué son fils heritier, ce fils & ses sœurs décedent sans enfans avant la mere : le testament étant reçu par un Prêtre ou Curé en presence de deux témoins, est valable, & les heritiers substituez peuvent demander les biens. Arrêt du Parlement de Dijon du 2. Juillet 1600. *Ibidem, quest. 37.*

49 On est recevable à prouver qu'un pestiferé ayant demandé un Notaire pour son testament, aucun n'a voulu venir, & qu'il l'a fait nuncupatif en presence de sa femme & quelques témoins. Arrêt du Parlement de Dijon du 25. Janvier 1604. *Bouvot, tome 2. verbo Testament, question 49.*

50 Par Arrêt du 8. May 1598. rapporté par *Berault, sur la Coûtume de Normandie art. 412.* & par Peleus, *livre 3. des actions forenses, art. 66.* Jugé qu'un testament fait par une personne touchée de peste, étoit nul, pour n'avoir pas été fait selon les formes requises par la Coûtume.

51 Un pestiferé fait son testament devant cinq témoins comme le Droit le permet, portant institution de son cousin germain du côté paternel, *præteritâ aviâ viventè* ; ce testament étoit un acte sous seing privé, mal écrit, & tout barboüillé : l'heritier institué demande devant le Sénéchal de Nîsmes qu'il luy soit permis de faire proceder à la publication de cet acte informe, & de faire entendre des témoins outre les numeraires sur le contenu en iceluy ; le Sénéchal le permet ; l'ayeule en releve appel à la Cour, & obtient des Lettres Royaux en cassation de cet acte, & *in expeditione*, & en maintenüe du testateur, se fondant principalement sur la preterition de sa personne, qui rendoit l'acte de nul effet ; qu'ainsi la publication n'en pouvoit être ordonnée. L'institué répondoit que par le droit un testament fait en temps de peste étoit bon & valable avec cinq témoins 1. *casus C. de testam.* que l'heritier institué avoit fait une enquête à futur, où plusieurs autres témoins, outre les numeraires, attestoient la verité de l'acte : quant à la preterition, que la clause codicillaire suppleoit ce defaut ; cette clause, quoique non exprimée, est censée être dans les testamens *inter liberos*, & en ceux qui sont faits en faveur de la cause pie, même dans les testamens des soldats, lors qu'ils testent au camp, *& in expeditione*, qu'il falloit entendre & suppléer la clause codicillaire dans un testament fait en temps de peste, vû que la maladie contagieuse est une guerre du Ciel contre les hommes. Arrêt du 6. Avril 1631. en la Chambre de l'Edit qui ordonne que la Sentence sera executée, renvoye les parties devant le Sénéchal, maintient neanmoins par provision & sans prejudice du droit des parties, l'ayeule en l'heritage dont étoit question, par cette raison, que les écritures privées ne sont point considerées comme testamens qu'aprés la publication & les enquêtes, & jusqu'alors la Justice & l'équité veulent que les heritiers *ab intestat* soient maintenus. *Voyez Boné, Arr. 94.*

52 Le testament d'un pestiferé ne vaut en faveur du Capitaine de santé. Arrêt du Parlement de Grenoble du 15. Février 1655. même Arrêt le 12. Août suivant. *Voyez Basset, tome 1. liv. 5. titre 1. chapitre 9.*

53 Un testament reçu par un pere Capucin préposé pour assister les contagiez, déclaré nul, au Rolle de Lyon le 18. Juillet 1634. *Du Frêne, liv. 3. chap. 1.* parce qu'il n'avoit point de Lettres de Vicariat. *Voyez la Coûtume de Paris, art. 290. Henrys, to. 1. liv. 5. chap. 2. quest. 9.*

54 Si un testament fait en temps de peste est exempt des solemnitez ordinaires ? *Voyez Taisand sur la Coût. de Bourg. tit. 7. art. 4. n. 12.* où il rapporte un Arrêt du Parlement de Dijon du 18. Janvier 1635. qui ordonne que le legataire feroit preuve du fait qu'il posoit, que le danger étoit si évident, que le Notaire n'avoit osé s'approcher de luy pour le faire signer.

55 C'est assez de deux ou trois témoins au testament que fait en la presence de son Curé la personne qui est atteinte de peste ; mais si elle guerit, il n'aura de force que pendant une année, aprés le recouvrement de sa santé. Le Parlement de Grenoble l'a jugé ainsi à cause de la difficulté qu'il y a d'assembler des témoins, & en cela il a suivi la disposition du Droit Canon. *Voyez Guy Pape, quest. 543.*

56 L'intemperie de l'air ne dispense pas un testateur du nombre des témoins, ni des formes qu'il faut garder selon les loix pour faire un testament. *Chopin, Coûtume de Paris, liv. 2. tit. 4. n. 2.* M. Bouguier, *lettre T. nomb. 5.* Peleus, *quest. 61.* M. Ricard, *des Donations entre-vifs, 1. part. chap. 5. sect. 10. nombre 1638. & suiv.* Anne Robert, *rerum judicat. livre 2. chap. 10.*

57 Un testament fait en temps de peste pardevant deux Notaires, dans lequel il est fait mention seulement que le testateur n'a pû signer pour être atteint de la peste, & sans aucune interpellation à luy faite de signer, sçavoir s'il étoit valable ou non ? La cause appointée le 5. Février 1647. *Du Frêne, livre 4. chap. 48.*

58 Les testamens faits pour ceux qui ont la peste, doivent être avec les solemnitez ; un Prêtre ou un Religieux qui n'a point de Lettres de Vicariat, ne peut recevoir un testament, pas même en temps de peste. *Brodeau sur M. Loüet, lettre T. somm. 8. nomb. 10. circà finem.* Henrys, *tome 1. liv. 5. chap. 2. quest. 9. & 10. & tome 2. liv. 5. chap. 23.*

59 Si un témoin ne signe pas, qui sçait signer, & le déclare, mais sa signature differée à cause qu'il étoit suspect de la maladie contagieuse ; *Henrys, tome 2. livre 5. chap. 2. quest. 11.* dit que signant aprés, le testament est bon.

60 Un ouvrier en soye de Lyon malade de la peste, fit son testament pardevant Notaires & sept témoins, le dicta par une fenêtre ; les Notaires & les témoins étant en la ruë, trois témoins signerent ; quatre témoins avec le testateur ne signerent pas, parce qu'ils ne sçavoient signer de ce enquis Quoique le testateur sçût signer, le Juge de Lyon avoit declaré le testament nul ; appel, la Sentence infirmée le Mardy 16. May de relevée 1656. plaidant de Lhommeau & Farroüard. *Nota* que le testament étoit entre les enfans du testateur.

61 Arrêt du Parlement de Provence du 8. May 1651. qui a declaré nul le testament fait en temps de peste, faute de la signature des témoins. *Boniface, tome 2. liv. 1. tit. 7.*

62 Arrêt du 30. Novembre 1662. qui déclare nul un testament fait en faveur de la cause pie, sans témoins en temps de peste. *Ibidem, tit. 5. chap. 1.*

63 Le testament fait en temps de peste, en faveur du fils unique mâle, est nul pour n'avoir été signé par le testateur & les témoins. Arrêt du 28. Janvier 1672. *Boniface, to. 5. liv. 1. tit. 9. chap. 1.*

64 Françoise Vite malade de la peste avoit fait un testament au profit de Michel Cholat son mari ; ce tes-

tament avoit été reçu par Paul Fortune Praticien au Village de Vaux, où demeuroient les parties, en présence de sept témoins, desquels trois avoient signé ; ce Praticien en avoit expedié un extrait en forme, qui fut representé en Chancellerie de Châlon, & publié : le frere de la testatrice & son heritier présomptif demande que l'écriture de Fortune soit reconnuë, cela est fait, ensuite il demande la représentation de la minute ; mais on remontre (& les parties en demeurent d'accord) que le Village de Vaux étoit ruiné, & particulierement que la maison de Paul Fortune avoit été pillée, & tous les papiers brûlez par les Comtois ; en consequence duquel incendie Cholat demande d'être admis à la preuve de la teneur du testament de sa femme par les témoins qui vivoient encore ; il y est admis, dont appel. Par Arrêt du P. de Dijon du 9. Février 1640. l'appellation dont étoit appel, fut mis au neant ; & la Cour évoquant le principal, & y faisant droit, déclara la succession de Françoise Vite, reglée *ab intestat* ; dépens compensez. *Taisand, sur la Coûtume de Bourgogne*, tit. 7. art. 4. *note* 11.

65 Testament fait en temps de peste ne vaut plus comme privilegié, aprés une année entiere de santé. Arrêt du Parlement de Grenoble du 9. Juillet 1664. *Basset*, to. 1. liv. 5. tit. 1. chap. 10. de même que le testament militaire, n'est privilegié que dans l'année du congé, *post annum missionis*.

66 Le nombre de cinq témoins est requis pour la validité d'un testament en temps de peste. Arrêt du 17. Juin 1667. *Basset*, ibidem, chap. 8.

67 Du testament fait en temps de peste. *Voyez les Arrêts de M. de Catellan*, liv. 2. ch. 53. où il dit que cinq témoins suffisent, les femmes aussi bien que les Notaire peuvent en servir ; en sorte qu'il suffit qu'outre le Notaire il y en ait quatre autres, sans qu'il soit besoin de resomption de Notaire & des témoins, le Notaire en ce cas soûtenant la double personne de Notaire & de témoin. Arrêts du Parl. de Toulouse du 11. Decembre 1651. aprés partage, & du 14. Decembre 1668.

PETITOIRE.

LE petitoire & le possessoire sont des termes relatifs, & également convenables aux matieres Beneficiale & Civile. *Voyez* pour les unes & les autres les mots *Action, Complainte & Possessoire*.

PETITOIRE EN MATIERE BENEFICIALE.

1 Le Juge Royal connoît du possessoire des Benefices. Les Papes ont même en cela reconnu son droit par leurs Bulles. *Voyez les preuves des Libertez*, ch. 26.

2 Le possessoire vuidé, l'on peut venir au petitoire, & non auparavant. Arrêt du 23. Octobre 1390. la partie étoit un Chapelain de Nôtre-Dame de Paris. *Biblioth. Can.* to. 1. p. 221. col. 2.

3 Quand le petitoire est vuidé, il n'est plus permis d'en poursuivre le possessoire. Arrêt de l'an 1391. Par Arrêt de Paris du 27. Janvier 1419. il fut défendu à tous les Ecclesiastiques de plus poursuivre, ni petitoire ou possessoire, aucuns Benefices de France en Cour de Rome, ce qu'on avoit coûtume anciennement de faire. *Biblioth. Can.* to. 2. p. 221. col. 2.

4 Quoy qu'aux autres Benefices tombez en regale la question du petitoire puisse être examinée en la Jurisdiction Ecclesiastique, aprés le jugement du possessoire, dont la connoissance appartient au Juge Laïc, & que le petitoire ne doive être decidé avant que Sentence soit ensuivie sur le possessoire, même quand on obtiendroit pour cet effet Lettres du Prince, de l'enterinement desquelles l'impetrant seroit débouté ; ainsi qu'il a été jugé par Arrêt donné aux Grands Jours tenus à Bayeux le 8. Octobre 1548. neanmoins des Benefices qui ont vaqué & qui vaquent en regale, la même Cour a retenu & retient la connoissance privativement aux Juges d'Eglise, tant au petitoire que possessoire ; ainsi jugé au Parlement de Roüen le 29. Novembre 1515. *Ibidem*, p. 379.

5 Par Arrêt du 14. Juillet 1517. il fut dit qu'un demandeur en matiere de regale petitoire, pour les Prebende & Archidiaconé d'Angers, seroit débouté d'une requête qu'il avoit donnée à la Cour pour évoquer deux instances pendantes au Châtelet de Paris, en cas de saisine & de nouvelleté contre ceux qui poursuivront en la Cour, en icelle matiere de regale petitoire ; & que le Prévôt de Paris acheve de connoître du possessoire & incident qui en dépend. *Ibidem*, p. 391. col. 2.

6 Le Juge d'Eglise ne peut connoître du petitoire du Benefice jusques à ce qu'il ait été obéï à l'Arrêt interyenu sur le possessoire. Arrêt du P. de Toulouse du 27. Août 1537. *La Rocheflavin*, livre 6. tit. 56. Arr. 5.

7 Encore que le petitoire Beneficial, soit de la competence du Juge Ecclesiastique ; & que par l'artic. 49. de l'Ordonnance de 1536. il soit permis aprés le possessoire intenté en matiere Beneficiale parfournir de faire poursuite du petitoire pardevant le Juge d'Eglise ; neanmoins cet article quant à cette reserve, n'a pas lieu dans le Royaume. *Bibliot Can.* to. 2. p. 223.

8 L'Ordonnance de 1539. par laquelle celuy qui a succombé au plein possessoire d'un Benefice n'est recevable à demander le petitoire jusques à ce que le possessoire ait été entierement executé, les dommages & interets payez, restitution des fruits faite, si n'est ajugée, a lieu en matiere profane *etiam contra spoliantem condemnatum*. Jugé par Arrêt de 1541. 25. Novembre 1543. & 13. May 1544. pour le Prieur de saint Martin des Champs. *Ibidem*, p. 222. col. 1. & *Papon*, liv. 8. tit. 12. n. 5.

9 Les Chambres assemblées au Parlement de Bretagne le 20. Septembre 1554. défenses furent faites à M. Pierre Besmont Clerc du Diocese de Nantes, & à tous autres, de poursuivre M. Benoît Roux en Cour de Rome, pendant le procez possessoire du Prieuré du Pertre, sur peine de saisie de leur temporel, & privation du droit qu'ils pourroient prétendre au Benefice, si aucune chose est attentée au contraire, la remettre au premier état sur les mêmes peines. *Du Fail*, liv. 2. chap. 1.

10 Deux parties, & autres prétendans interêt en une Chapellenie, sont citez pardevant l'Official de Nantes, pour montrer leurs titres ; grandes procedures jusqu'à Tours ; depuis, quelques incidens font jugez au Présidial de Nantes, dont appel ; le Procureur General appelle de toutes les procedures comme abusives ; disant que si telles voyes avoient lieu, on ne viendroit jamais au possessoire. Arrêt du Parlement de Bretagne du 19. Septembre 1560. qui rejette toutes les procedures comme abusives, sans préjudice des droits des parties. *Du Fail*, li. 1. ch. 125.

11 Une partie gagne son procez au possessoire, l'autre se pourvoit au petitoire. Celle-là dit qu'elle n'est tenuë répondre qu'elle n'ait été satisfaite, & que les dépens ne soient payez. Celle-cy dit que l'article 49. de l'Ordonnance de 1539. s'entend des matieres Beneficiales seulement. Arrêt du Parlement de Bretagne du 14. Février 1575. qui ordonne que la partie répondra au petitoire. *Ibidem*, chap. 396.

12 Le petitoire ne peut être poursuivi devant le possessoire ; toutefois la Cour limita un temps dans lequel le Prieur seroit tenu de mettre à execution sa Sentence du possessoire, aprés lequel, permis au Curé de poursuivre petitoirement le Juge d'Eglise sa portion congruë. Arrêt du 14. Septembre 1569. *Charondas* li. 1. *Rép.* 62. & liv. 3. *Rép.* 59.

13 Aprés le possessoire d'un Benefice, jugé par Arrêt de maintenuë, il n'est pas loisible de se pourvoir au petitoire pardevant le Juge d'Eglise ; la cause fut appointée le 18. Decembre 1625. mais depuis elle a été jugée, les Arrêts sont rapportez aux nombres suivans. *Du Frêne*, livre 2. chap. 73. & *Bardet*, tome 1. liv. 2. chap. 61.

M.

14 M. l'Evêque d'Angers se soûmit à l'avis d'arbitres Ecclesiastiques, pour terminer tous les differends qui étoient entre lui & son Chapitre; le Chapitre fut maintenu en la possession où il étoit de temps immemorial, de l'exemption de la Jurisdiction Episcopale; ce jugement confirmé par Arrêt; au préjudice de cet Arrêt il fait assigner les Chanoines au petitoire de cette exemption, pardevant l'Official de l'Archevêché de Tours, Juge Metropolitain. Appel comme d'abus par le Chapitre, fondé sur ce qu'en matiere d'exemption, il n'y a point de petitoire comme en matiere Beneficiale, & que les arbitres par leur Sentence, confirmée par Arrêt, ayant jugé le droit d'exemption, en soy, il ne restoit plus rien à juger, d'autant plus, que le possessoire ayant été jugé par Arrêt, on ne peut plus se pourvoir au petitoire; & qu'à cet égard l'Ordonnance de 1539. qui semble le permettre en matiere de Benefices n'a jamais été pratiquée, parce qu'en jugeant le possessoire on connoît & examine la validité des titres, *quia beneficium sine institutione canonicâ teneri non potest*, & par consequent que la citation au petitoire est une entreprise sur la Jurisdiction Seculiere qui tend à renverser l'autorité Royale, à vexer & consommer les parties en frais, puisqu'il faudroit encore attendre trois Sentences conformes, pendant lequel temps l'Eglise seroit destituée de titulaire, & le Service divin discontinué. M. l'Avocat General Bignon remontra que le possessoire étant jugé sur les titres, cette demande au petitoire étoit abusive. Arrêt intervint le 15. Juin 1616. conforme aux conclusions du Chapitre. *Du Frêne*, liv. 1. chap. 112. & *Bardet*, tome 1. liv. 2. chap. 86. où il observe que la Jurisprudence est contraire au Parlement de Toulouse.

15 Le même *Du Frêne*, liv. 3. chap. 64. rapporte un Arrêt du 16. Juin 1640. semblable à celui de 1626. qui a jugé que le possessoire étant vuidé par le Juge Royal, il n'y a plus lieu de se pourvoir au petitoire pardevant le Juge d'Eglise.

16 Les Juges d'Eglise ne doivent connoître en matiere Beneficiale du possessoire, mais bien du petitoire; ils ne peuvent donner permission de saisir, ni ordonner le sequestre, parce que ce sont actes possessoires, même à l'égard des personnes Ecclesiastiques, aussi-bien que les complaintes qui appartiennent au Juge Royal; & s'ils le font, l'appel comme d'abus en est indubitable. Jugé le 18. Juillet 1628. *Brodeau sur M. Loüet*, lettre B. somm. 11.

Juge d'Eglise ne peut, sans abus, connoître du possessoire des Benefices. Arrêt du P. de Grenoble du 13. Décembre 1613. *Basset*, tome 1. liv. 3. chap. 131.

PETITOIRE EN MATIERE CIVILE.

17 *Voyez* le Recüeil des Arrêts de *M. Job Bouvot*, to. 2 verbo *Petitoire*.

18 La question de la possession se juge avant celle de la proprieté; la demande possessoire se doit faire dans l'année. *Voyez le 2. tome des Loix Civiles*, liv. 3. tit. 7. sect. 1. n. 17. & l'*Ordonnance de 1667.* tit. 18. art. 4.

19 Pendant le possessoire en Cour Laye, le petitoire ne peut être intenté en Cour d'Eglise. *Joan. Gal.* part. 5. quest. 358. & *Tournet*, lettre P. Arrêt 131.

20 Le condamné au possessoire ne pouvant satisfaire à la Sentence, ne peut faire cession pour venir au petitoire. *Voyez Charondas*, liv. 6. Rép. 65.

21 Le Juge qui veut réintegrer le possesseur spolié, se doit bien garder de confondre & juger le petitoire avec le possessoire; le Prévôt de Paris ayant dit que le demandeur seroit remis en tel état, & jouïroit de tout le temps qui restoit; il fut dit par Arrêt, mal jugé, bien appellé, en ce qu'il avoir dit qu'il jouïroit. *Bibliot. Can.* tome 2. p. 430. col. 1.

22 Jusqu'à ce que le possessoire soit de toutes parts achevé, l'une des parties ne se peut adresser au petitoire sans renoncer au possessoire. Jugé au Parlement de Paris, le 3. Janvier 1397. *Ibidem*, p. 212.

23 Procez petitoire interrompu, & fin de non recevoir, quand on veut aprés intenter procez pour le possessoire; ainsi jugé en 1325. *Bibliot. de Bouchel*, verbo *Reprise de procez*.

24 On ne peut venir au petitoire que le possessoire ne soit jugé. Arrêt de l'an 1390. *Papon*, livre 8. titre 12. nomb. 3.

25 Petitoire étant vuidé, on ne peut plus plaider pour le possessoire. Arrêt de l'an 1391. Petitoire étant contesté, celuy qui l'a intenté n'est pas recevable à intenter le cas de saisine & de nouvelleté. Arrêt du mois de Decembre 1499. *Ibidem*, n. 1.

26 Jusques à ce que le possessoire soit entierement jugé, l'une des parties ne peut s'adresser au petitoire, sans renoncer au possessoire. Arrêt du Parlement de Paris du 3. Janvier 1397. *Papon*, ibidem, n. 4.

27 En action petitoire, le défendeur ne peut être contraint à reparer le lieu litigieux. Arrêt du 4. Février 1499. *Charondas*, liv. 4. Rép. 53.

28 La connoissance du petitoire, même par lettres particulieres du Prince, ne peut être attribuée à Messieurs des Requêtes. Arrêt du Parlement de Paris du 15. May 1515. *Bibliotheque de Bouchel*, verbo *Petitoire*.

29 Celuy qui a gagné au possessoire, doit faire ses diligences pour mettre la Sentence à execution; autrement le Juge peut fixer un temps pour éviter la perte que souffriroit celuy qui a perdu, ne pouvant demander le petitoire qu'aprés l'entiere execution du possessoire. Arrêts des 4. Decembre 1521. & 14. Septembre 1569. *Papon*, liv. 8. tit. 12. n. 6.

30 Aprés le possessoire jugé par le Juge Royal, il peut être decliné pour le petitoire. Arrêt du Parlement de Paris aux Grands Jours de Moulins du 17. Septembre 1534. en faveur d'une veuve qui avoit indiscretement & par ignorance conclu au petitoire avec le possessoire. *Papon*, livre 7. titre 7. n. 26.

31 On ne peut cumuler le petitoire avec le possessoire. *Voyez Charondas*, livre 12. Rép. 3. Voyez l'*Ordonnance de 1539. art. 59.*

32 Quand le petitoire & possessoire peuvent être cumulez ensemble? *Voyez Masuere*, titre *des Actions possessoires*, nomb. 59.

Voyez cy-aprés le nomb. 40.

33 La condamnation de dommages & interêts non liquidez contre celuy qui a succombé au possessoire ne peut empêcher le jugement du petitoire, si le condamné donne caution. Arrêt du Parlement de Paris du 13. May 1544. *Papon*, liv. 8. tit. 12. n. 9.

34 Jugement donné avec le donateur ou son heritier pour le possessoire, est executoire contre le donataire. Arrêt du 24. Mars 1556. *Charondas*, livre 2. Réponse 81.

35 L'execution du possessoire de chose sacrée, ne doit être tellement réelle, qu'elle fasse préjudice irreparable. Arrêt du 8. Février 1563. Le sieur Grimancourt étoit appellant de l'execution réelle en arrêt par M. Riviere Conseiller, qui avoit fait mettre bas les cloches, démolir le clocher, les Fonts baptismaux, rompre l'enceinte du cimetiere d'une Chapelle érigée par le sieur de Grimancourt en secours. Il fut dit, en reservant l'execution de maintenue pour l'Abbesse, que l'Eglise & cimetiere seroient seulement clos & fermez, en attendant l'issuë du petitoire. *Papon*, li. 8. tit. 12. n. 4.

36 Titius fait appeller un Fermier en matiere petitoire. Le Juge *à quo*, ordonne que le Fermier seroit appeller son Maître, pour venir en Jugement dire ce qu'il appartiendroit. Par Arrêt du 23. Septembre 1563. jugé que c'étoit assez au Fermier d'appeller son Maître. *Charondas*, livre 3. ch. 7 t. *Bibliot. de Bouchel*, verbo *Fermier*.

37 Le Juge qui veut réintegrer, se doit bien garder

PIE

de juger le petitoire avec le possessoire. Le Prevôt de Paris ayant dit que le demandeur seroit mis en tel état, & joüiroit de tout le temps qui restoit, il fut dit mal jugé, en ce qu'il avoit dit *qu'il joüiroit*. Papon, li. 8. tit. 5. n. 1.

38 La partie assignée sur le possessoire, consentant la maintenuë, & pour le petitoire demandant le renvoy pardevant son Juge, y doit être renvoyée. Arrêt du Parlement de Dijon du 21. Janvier 1591. Autre chose seroit s'il y avoit contestation. *Bouvot*, to. 2. verbo *Petitoire, Possessoire*, quest. 1.

39 Il faut que le possessoire soit terminé, avant que de venir au petitoire, quoiqu'il ait été premier intenté. Arrêt du Parlement de Dijon du 21. Juillet 1600. *Idem*, verbo *Petitoire*, qu. 6.

40 Le possessoire & le petitoire ne peuvent être cumulez ensemble. Ordonnance de 1667 tit. 18. art. 5. Voyez *M. Dolive*, liv. 1. chap. 12. Et cy-dessus, *le nombre* 31.

PEZADE.

ARrêt contradictoire du Conseil d'Etat du 11. Avril 1676. pour raison du droit de Pezade, dû au Roy par les habitans du Païs & Diocese d'Alby, qui condamne les Communautez & nommées, de payer au Fermier du Domaine, la moitié du droit & redevance annuelle de la Pezade ; ladite moitié consistant en un quart de bled froment ou seigle, tel qu'il croît sur le terroir, & une quarte d'avoine, le tout pour chaque paire de bœufs labourans, & demi-quarte desdits grains pour chaque paire de jumens, vaches, mules, ou anesses labourantes ; & en la moitié desdits grains pour chaque demi-paire desdits labourages, à proportion ; ensemble en quatre deniers pour chaque tête de gros bétail, qui n'est employé au labour ; d'un denier pour six menuës bêtes, & de deux deniers pour chacun homme; à l'exception des Nobles, & des Ecclesiastiques, tant pour leurs biens, que pour leurs personnes, que Sa Majesté declare exempts de toutes lesdites redevances de la Pezade : Ne seront aussi tenus au payement de ladite redevance de deux deniers, pour leurs personnes seulement : les mineurs au-dessus de quatorze ans, les vieillards de soixante ans, & au dessus ; les Laboureurs qui menent actuellement la charruë, ni les femmes. Voyez *le Recueil du Domaine*, pag. 478.

PIECES.

1 JUgé par Arrêt du Parlement de Bourgogne du 12. Février 1565. qu'un neveu, qui a donné à son oncle quelques sacs, & qui confesse en avoir retiré, est non recevable à en demander quelqu'un, ayant retiré les pieces à l'insçû de son oncle. *Bouvot*, to. 2. verbo *Dépôt*, quest. 1. C'est là plûtôt le cas d'admettre *jusjurandum in litem* contre le neveu, *tanquam contrà spoliatorem*.

2 Celuy qui est condamné à representer quelques pieces & procedures, ne peut, faute de ce faire, être condamné à payer ce que prétend celuy, auquel il est tenu de representer, si de nouveau il peut proceder au decret. Arrêt du 24. Avril, 1571.

3 Comment un Avocat est chargé des pieces qui luy sont données? Voyez le mot *Avocat*, nomb. 136. & 137.

4 Aprés dix ans, les Avocats, les Procureurs & leurs veuves, ne sont responsables des pieces des parties ; & à l'égard des Juges, aprés cinq ans. Arrêt du 14. Mars 1603. *Mornac*, 1. oy 7. §. *verbum ff. de edendo*.

5 Procureurs sont responsables des pieces des parties pour les procez indécis, pendant dix ans, aprés qu'ils en seront chargez ; & pour les procez jugez, pendant cinq ans. Declaration du Roy le 11. Decembre 1597. registrée au Parlement de Paris le 14. Mars 1603. *Filleau*, part. 2. ti. 7. ch. 14.

PLA

6 Un Procureur chargé de pieces par une partie, pour former une opposition, afin de conserver à des criées, ne l'ayant fait, en demeure responsable en son nom. Arrêt du 26. Avril 1644. Audience de relevée. *Du Frêne*, li. 4. chap. 14.

7 Arrêts du Parlement de Provence des 29. Janvier, & 15. Mars 1647. qui ont jugé que l'Officier, qui a rendu les papiers à la partie, est censé payé de ses vacations. *Boniface*, tome 3. liv. 3. tit. 1. chapitres 13. & 14.

8 Le procez étant jugé, les Procureurs ne peuvent retenir les titres des parties, sous prétexte de leurs salaires & vacations ; si fait bien leurs procedures, jusqu'à ce qu'ils soient payez. Ordonnance du Roy Charles VII. de l'an 1446. article 53. ils se peuvent pourvoir par action. Voyez *la Pratique civile*, 1. part. liv. 4. ch. 2. Voyez *des Maisons*, lettre P. nombre 3. où il y a un Arrêt du 20. Février 1659. Voyez aussi *l'Arrêt du Parlement du* 17. *Avril*, 1692.

Voyez cy-aprés le mot *Procureurs*.

9 Le Greffier est tenu d'apporter les pieces à la premiere signification de l'Arrêt. Voyez le mot *Greffier*, n. 109. & suiv.

PIGEONS.

1 CEluy qui tuë les Pigeons d'autruy, fait un larcin, que le Dauphin assujettit par ses Lettres Patentes de l'an 1448. à une peine corporelle. Voyez *Guy Pape*, quest. 218. & *Chorier, en la Jurisprudence du même Auteur*, pag. 139.

2 Arrêt du Parlement de Dijon du 11. Avril 1579. qui fait défenses de tuer, ni prendre Pigeons, soit avec arquebuse, ou autres armes, à peine du foüet. *Bouvot*, to. 1. part. 3. verbo *Chasse*.

3 Arrêt du Parlement de Provence du 17. Decembre 1644. qui a condamné en vingt liv. d'amende envers le Roy, celuy qui avoit tiré aux Pigeons. Autre Arrêt en forme de Reglement du 28. Juin 1658. qui fait défenses de tirer avec arquebuse aux Pigeons domestiques, & de colombier, à peine de punition exemplaire, quant aux personnes de basse condition, & aux autres, de 300. liv. d'amende. *Boniface*, to. 2. part. 3. li. 1. tit. 9. chap. 1. & 2.

Voyez le mot *Colombier*.

PILLAGE.

DE effractoribus & expilatoribus. D. 47. 18... Contre ceux qui volent avec fracture ; qui pillent, & enlevent de force.

De crimine expilata hæreditatis. C. 9. 32..... D. 47. 19.

Voyez les mots *Larcin, & Vol*.

PLACES FORTES.

LEs Places fortes sont toûjours exceptées des alienations du Domaine de la Couronne. Voyez *le Bret, au Traité de la Souveraineté*, livre 3. chap. 5. & le mot *Forteresse*.

PLACES MONACHALES.

L'Abbé Commendataire de S. Jacques de Beziers, a droit de conferer les places Monachales vacantes; & le Syndic & Religieux ont la faculté de les recevoir, leur donner & vêtir l'Habit, & les admettre à la Profession, suivant le Reglement de leur Ordre. Arrêt du Parlement de Toulouse du 9. Juillet 1611. *La Rocheflavin*, liv. 1. ti. 1.

Voyez le titre *des Offices*. §. *Offices Claustraux, &* verbo *Religieux*.

PLACET.

PLacet. *Libellus supplex.*
De precibus Imperatori offerendis, & de quibus rebus supplicare liceat. C. 1. 19.

PLA

Quando libellus Principi datus, litis contestationem faciat. C. 1. 20. Voyez *Lettres Royaux. Requête.*

PLAGIAIRE.

LE Plagiaire est celuy qui vend, qui achete, ou qui retire comme esclave, un homme qu'il sçait être libre. *Plagiarius. Plagium.*
De lege Fabiâ, de Plagiariis. D. 48. 15.
Ad legem Fabiam de Plagiariis. C. 9. 20. ... C. Th. 9. 18.... Paul. 5. 29.
De Plagio. Leon. N. 66.

PLAID.

PLaid accoûtumé est le redoublement de la rente. Voyez le mot *Droits Seigneuriaux,* nomb. 109. & suiv. & cy-après le mot *Plaids.*

PLAIDER.

PLaider. *Causam, litem, vel jus dicere, exponere, Postulare.*
De postulando. D. 3. 1..... C. 2. 6..... C. Th. 2. 10.
Postulare, est litem suam, vel amici sui in jure, apud eum qui jurisdictioni praeest, exponere, vel alterius petitioni contradicere.
Voyez, *Avocat, Procureur. & la Bibliot. de Jovet,* au mot *Plaider.*

† 1 *Puella minor, in causâ matrimoniali, an in judicio stare possit?* Voyez *Franc. Marc. to. 2. qu. 695.*

2 Par Arrêt du Parlement de Paris du 28. Février 1372. l'Archidiacre de Sens plaidant contre son Archevêque, & craignant quelque violence, fut mis en la sauve-garde du Roy & de la Cour. *Recüeil des Libertez, to. 2. ch. 35. n. 22.*

3 Défenses à tous Procureurs de maintenir accord entre les parties, sans iceluy avoir en leurs mains ou memoires signez des parties, pour faire la declaration, sur peine d'amende arbitraire, l'intimé condamné en dix livres vers le Roy, autant vers l'appellant pour les subterfuges par luy faits. Arrêt du P. de Bretagne du 30. Octobre 1560. *Du Fail, p. 106.*

4 Arrêt du Parlement de Provence du 7. Avril 1642. qui a ordonné que les Avocats & les Nobles plaideroient en matiere réelle pardevant les Juges des défendeurs. *Boniface, to. 1. li. 1. 18. n 4.*

5 Arrêt du Parlem. de Paris du 12. Decembre 1648. qui a jugé qu'entre deux Officiers d'un même Siege, ayant procez ensemble, l'un d'eux peut faire renvoyer la contestation dans un autre Siege. Voyez *Henrys, to. 2. li. 2. qu. 3.*

PLAIDER, ETRANGER.

6 Arrêt du Parlement de Paris du 27. Janvier 1419. par lequel il est défendu de poursuivre à Rome aucun procez au petitoire d'un Benefice de France. *Papon, liv. 8. ti. 12. n. 2.* Le Concile de Malthe tenu en 1433. en a fait une disposition. Le Pape nomme des Vicaires en France pour les Causes criminelles.

7 *Senatus alterum peregrinum non ante ad litis persecutionem admitti voluit, quam judicatum solvi satis dedisset.* Arrêt du 23. Août 1571. *Anne Robert, rerum judicat. liv. 4. ch. 11.*

8 Les François demeurans en France, doivent plaider devant les Juges du Royaume, encore que l'execution se doive faire sur des heritages hors du Royaume. Voyez *Charondas, liv. 7. Rép. 100.*

9 Les Sujets du Roy ne peuvent être distraits de leur Jurisdiction naturelle, pour aller plaider hors du Royaume, nonobstant les contrats par eux stipulez hors de la Monarchie, & toutes soûmissions. Par Arrêt rendu au Parlement de Grenoble le 4. Mars 1633. il fut jugé qu'un François ne pouvoir être tiré hors de la Monarchie, même en action réelle, bien que le Contrat portant garantie, eût une stipulation contraire, & qu'il se fût soûmis à la Jurisdiction du Pape. Autre Arrêt du 26. Janvier 1666. qui, nonobstant la prétention d'un particulier, lequel demandoit son renvoy en Savoye, où il disoit que tous les effets de la Société étoient, ordonna que les parties contesteroient de nouveau pardevant la Cour. Autre Arrêt du 11. Janvier 1630. Voyez *Basset, to. 2. li. 2. tit. 3. ch. 6.*

PLAIDER, JUGE ROYAL.

10 Le Juge Royal ne peut plaider dans son Siege: mais il se doit pourvoir au plus prochain. Arrêt du Parlement de Grenoble du 14. Août 1577. Voyez *Basset, to. 1. li. 2. ti. 5. ch. 5.*

PLAIDER, OFFICIERS DE DAUPHINÉ.

11
12 En Dauphiné, les Officiers des Compagnies Souveraines ont le choix de plaider au Siege de Graisivodan, ou en la Cour commune de Grenoble. Arrêt du 15. Juillet 1653. *Idem, tit. 17. ch. 2.*

PLAIDER, PRINCES.

13 Les Princes Souverains ont le privilege de ne plaider hors leurs Principautez. Arrêt du 22. Mars 1661. Voyez *Basset, ibid. ch. 1.*

14 Il n'y a que les Princes qui peuvent plaider à la Cour par Procureur; & tous particuliers sont obligez de donner leur procuration, pour agir en leurs noms. Arrêt du Parlement de Tournay du 9. Juillet 1697. rapporté *par M. Pinault, to. 2. Arr. 171.*

PLAIDER, RELIGIEUX.

15 Abbé doit, *pendente processu,* alimenter les Religieux. Arrêt du 5. Juin 1515. contre l'Abbé de Saint Germain d'Auxerre. *Part. 7. styli veteris Parlamenti, Arr. 98.*

16 L'Abbé plaidant contre son Religieux, & les Religieux en corps contre l'Abbé, pour la reformation & Reglement de l'Abbaye ou Prieuré, doit luy donner provision, tant pour vivre, que pour plaider. Jugé contre le Prieur de Saint Martin des Champs pour ses Religieux, qu'il mettroit és mains du Receveur du Convent la somme de soixante livres parisis, le 14. Decembre 1575. Par autre Arrêt du 27. Juin 1576. qu'il donneroit encore la somme de 150. livres, sauf à augmenter. *Idem*, par autre Arrêt du 2. Octobre 1582. la Cour ordonna que le Religieux auroit audience au premier jour; & cependant luy ajugea la somme de trente écus par provision. *Papon, li. 18. ti. 1. n. 17.*

17 Les Religieux, ausquels les alimens sont déniez par leurs Abbez & Superieurs, peuvent, sans prendre permission d'eux, former leur complainte directement à la Jurisdiction laïque, jusques-là même, que délivrance de certaine somme sera ordonnée sur le revenu du Monastere, pour subvenir aux frais du procez. Arrêt du Parlement de Paris du 28. Juin 1576. qui ordonne que la somme de cent livres seroit mise entre les mains d'un Bourgeois, pour être employée aux frais du procez, pendant entre les Religieux de Saint Martin des Champs, & Messire Antoine Vialart Archevêque de Bourges, Prieur de S. Martin, sauf en après à ordonner de plus grandes sommes, si elle y échoit. Et par autre Arrêt du 13. Decembre suivant, attendu l'extrême maladie de ce Prieur, & pour l'assurance du principal, interêts & dépens il fut permis aux Religieux de saisir tous ses effets. *Bibliot. Can. to. 1. pag. 11. col. 2.*

18 L'Abbé de Saint Germain d'Auxerre fut condamné en 10. livres parisis d'amende pour les subterfuges & délais qu'il avoit faits d'obeïr à un Arrêt, portant que pendant le procez d'entre luy, & un de ses Religieux, le Religieux resideroit à l'Abbaye de Sainte Colombe, & que l'Abbé donneroit quarante livres pour son vestiaire & nourriture; & en outre, condamné à payer ce qui étoit échû de la provision, & qu'il seroit tenu à l'avenir d'avancer une demie année; en décidant, qu'elle se doit payer *in principio anni.* Biblioq. Can. to. 1. p. 57. col. 2.

19 La procuration d'un Abbé seul suffit pour les causes, où il ne s'agit que de la simple administration des biens d'une Abbaye. Jugé au Parl. de Tournay le

neuf Octobre 1696. au profit de D. Pierre de Cantineau, Abbé de S. Pierre de Beaumont. Il en seroit autrement, s'il s'agissoit des interêts de l'Abbaye, & de quelque alienation.. *Voyez M. Pinault*, tome 1. *Arr.* 116.

PLAIDER, SEIGNEUR.

20 Avocat qui tient fief de son Seigneur peut legitimement plaider & consulter contre son Seigneur direct, excepté toutefois en deux cas ; s'il est question de l'honneur, ou du fief mouvant du Seigneur, à cause de sa Seigneurie même : car en ces deux cas l'Avocat est tenu de défendre son Seigneur en cause juste, autrement non ; ainsi jugé en 1384. au Parlement de Paris *Bibliotheque de Bouchel*, verbo *Avocat*.

21 Un Seigneur peut plaider devant son Juge, pour rentes, non pour autres actions. Arrêt du Parlement de Grenoble du 2. May 1655. *Voyez Basset*, tome 1. livre 2. titre 5. chapitre 7. *Loyseau*, *Traité des petites Seigneuries*, chapitre 10. & M. le Président Faber *definit.* 6. *G. de Jurisdict. omni. judic.*

22 En Flandre on peut saisir les biens d'un manant d'une même Seigneurie, quoique situez hors de ladite Seigneurie, pour le contraindre de plaider hors d'icelle. Jugé au Parlement de Tournay le 28. Mars. 1698. *Voyez M. Pinault* tome 2. *Arr.* 114.

PLAIDER, SYNDICS.

23 Si un Curé contre ses paroissiens, ou un particulier contre des habitans forme une demande, il peut requerir qu'ils soient tenus d'élire un Syndic, mais le Juge ne le doit ordonner, qu'auparavant ils n'ayent défendu ; car s'ils se défendent *iisdem exceptionibus*, la création est bien fondée ; mais *si diversis*, lors ils sont particuliers & non universels. Arrêt du Parlement de Paris donné és Grands Jours de Moulins le 5. Octobre 1534. en faveur d'un Curé d'Auvergne. *Papon*, liv. 7. titre 2. nomb. 2.

24 Arrêt du Parlement de Provence du 24. Avril 1679. qui a jugé que celuy qui plaide contre les Syndic des Procureurs d'un siége de Sénéchal ne peut porter la cause en Parlement, & qu'il est renvoyé au plus prochain siége. *Boniface*, tome 3. livre 1. titre 8. chap. 21. *Voyez* le mot, *Syndic*.

PLAIDEURS.

1 DU Luc, livre 11. titre 15. parle *de vitilitigatoribus*, de ceux qui s'aheurtent & s'opiniâtrent à plaider : il rapporte un Arrêt de l'année 1420. qui fit défenses à un Prêtre de plus à l'avenir plaider.

2 Entre le sieur d'O d'une part, & le sieur de Verigny son frere, d'autre; parce qu'il n'étoit au fond question que de cent sols pour lesquels il y avoit eu saisie. Appel d'un appointement en droit. Arrêt, Requête Civile & sur le tout beaucoup de procedures & d'incidens; la Cour par Arrêt du 8. Juin 1556. condamne l'appellant aux dépens de la cause d'appel & en l'amende, débouta le demandeur de sa Requête civile, le condamna aux dépens & en l'amende de cette instance de Requête civile, & outre attendu la modicité dont étoit question, & la multiplicité des incidens, la Cour les condamna, chacun d'eux, à cent livres parisis d'amende envers le Roy, & à cent livres parisis envers les pauvres. Par Arrêt du 11. Janvier en la même année 1556. un nommé Balon fut condamné en reparation vers la veuve Beaulieu, & en amende envers le Roy pour les chicanneries & subterfuges dont il avoit usé. *Bibliotheque de Bouchel* verbo *Chicannerie*.

Quand les Juges voyent une opiniatreté de plaider, & de former de mauvaises contestations, ils ordonnent que la partie ne pourra intenter aucune action sans avoir pris conseil d'Avocats.

PLAIDS.

Voyez hoc verbo, l'*Indice des Droits Royaux*, ou le *nouveau Glossaire du Droit François*.

Par Arrêt du 14. Novembre 1653. jugé que le Vicomte de Roüen peut contraindre tous les Sergens de comparoître à ses plaids tous à la fois ; sinon il peut les condamner en l'amende. *Basnage*, titre de *Jurisdict.* art. 19.

PLAINTE.

Plainte. *Accusatio. Inscriptio. Apud judicem expostulatio.*

De accusationibus & inscriptionibus. D. 48. 2.... C. 9. 2. C, Th. 9. 1. Des Plaintes & Dénonciations : & des Informations. *Inquisitiones.*

De accusationibus, inquisitionibus, & denunciationibus. Dec. Gr. 2. q. 1. c. 19..., q. 7. & 8...3. q. 4. 5. 9. 10. & 11... 4. q. 1. 4. & 6....15. q. 3.... Extr. 5. 1.... S. 5. 1.... Inst. L. 4. 1.

De his qui accusare non possunt. C. 9. 1.

Voyez les mots, *Accusation*, *Dénonciation*, *Information*, *Partie Civile*, *Procez Criminel*.

PLAIT SEIGNEURIAL.

Voyez le Traité du plait Seigneurial & de son usage en Dauphiné par *Salvaing*; ce traité est à la fin de celuy des Droits Seigneuriaux ; *Salvaing* dit que le plait, appellé par les Latins *Placitum*, est un droit Seigneurial dû par la mutation du Seigneur ou du possesseur de la chose qui y est sujette ou de tous les deux ensemble, selon qu'il est stipulé : à cause de quoi il est autrement nommé *Mutagium*, en nôtre langue *Muage*, ou *Muance*, qui est le même droit que le *relief* ou *rachat*, dans les Provinces de Coûtume ; mais l'usage en est différent. Il y a le plait conventionnel, le plait accoûtumé, & le plait à mercy. Le plait conventionnel est celuy qui est déclaré par le titre ; il peut être dû en argent, en grains, en plumes, ou en autres choses. Le plait accoûtumé se raporte à l'usage & à la Coûtume du lieu où il est dû; comme *François Marc* l'a remarqué, tome 2. question 188. Non seulement le plait accoûtumé n'est pas toûjours le double de la cense, comme plusieurs se l'imaginent, à moins qu'elle ne soit en argent ; mais étant dû en grains, il est reglé par la Coûtume generale de Dauphiné à un sol pour quartal de froment, & des autres especes à proportion, ou à quelque somme moderée selon la diversité des mesures. Il y a pourtant eû deux Arrêts les 3. Mars 1637. & 19. Decembre 1643. par lesquels le Parlement de Grenoble a déclaré que c'étoit le doublement de la cense. Le contraire a été jugé le dernier Juillet 1652. Le *plait à mercy*, en latin *placitum ad misericordiam*, qui se leve au gré du Seigneur, a été fixé par Arrêt de la Chambre des Comptes du 19. Juillet 1628. à la moitié du revenu d'une année de la propriété reconnuë, détrait la dépense ordinaire.

L'usage de Dauphiné conforme à l'avis de *Du Moulin*, titre des fiefs §. 3. gloss. 6. *nam in verbo* Vulquecin, est que les alimens du Vassal qui n'a pour y subvenir que le fief sujet au plait à mercy doivent être deduits sur les fruits de l'année destinée au Seigneur.

Le plait est dû en succession directe. *Ibid*, question 2.

Si le plait est dû de toutes les mutations qui arrivent en une même année, ou s'il n'en est dû qu'un seul ? Cette question est indécise : mais *Salvaing* estime que s'il y a stipulation du plait à mutation du Seigneur, & de tenancier, & qu'elle arrive de la part des deux en un même année, il y doit avoir double profit, parce que *duæ causæ non extinguntur concursu*, *sed subordinantur.*

Les arrerages du plait ne sont pas sujets à la même prescription que ceux de la cense. Les arrerages de la cense ne peuvent être demandez que de six années; les arrerages du plait peuvent être demandez de 30. ans.

Un Seigneur direct est en possession de plus de

40. ans, comme il est justifié par ses papiers de recete, de faire doubler les censes qui luy sont dûes en cas de plait ; il produit même une reconnoissance, où ce doublement est stipulé, les emphiteotes recouvrent le premier titre, par lequel ce plait est reglé à quelques deniers pour chaque mesure de grains; l'on demande s'il faut se tenir à cet ancien titre, ou à la possession du Seigneur accompagnée d'une reconnoissance ? Je ne fais point de doute qu'il ne faille se conformer au titre, *ad primordium tituli posterior formatur eventus*, dit la Loy 1. §. ult. C. *de imponendâ lucrat. descript. lib.* 10. Ibid. quest. 6.

2 Le plait est dû par la mutation du Roy, comme Dauphin, ou du fils aîné de France, si le Dauphiné luy a été remis. C'est pour cela que la Chambre des Comptes de Grenoble verifiant l'Edit de l'aliénation du domaine Delphinal, par Arrêt du 27. Juillet 1638. a chargé les acquereurs de renouveller les terriers de trente ans en trente ans, & d'en apporter un extrait universel, & par un autre Arrêt du 13. Mars 1649. elle leur a fait défenses de faire ce renouvellement sous leurs noms, sur peine de réduction des terres engagées sous la main du Roy, aussi il ne leur est pas permis de mettre leurs armoiries & litres funebres à l'entour de l'Eglise, comme s'ils étoient propriétaires & Seigneurs incommutables de la terre, sauf à eux de mettre leurs armoiries à un poteau ou pillier au dessous de celles du Roy, suivant l'Arrêt donné par le Parlement de Paris le 5. Juillet 1554. contre la Dame du Louvre en Parisis. rapporté par Bacquet, *au traité des droits de Justice*, chapitre 20. nombre 13. & par Chopin, *Salvaing, Ibid.* quest. 7.

3 Par Arrêt du Parlement de Dauphiné du dernier Juillet 1653. la Cour a déclaré le plait accoûtumé être le doublement de la cense en deniers, le courant compris, & pour les espèces à raison de quatre sols pour septier de froment, trois sols pour celuy de seigle, & deux sols pour celuy d'avoine, conformément au Reglement de la Chambre des Comptes à qui les Châtelains rendoient compte autrefois du revenu des terres domaniales, ce qui doit être entendu de l'ancien Dauphiné. *Salvaing de l'usage des fiefs*, chapitre 35.

4 Le plait est dû en cas de vente, outre les lods ? Il n'est pas dû regulierement ; mais l'usage peut être contraire. *Salvaing, ibid.* quest. 8.

5 Le cas du plait arrivé par la mort du propriétaire, ou par celle du Seigneur, j'estime qu'il doit être porté par l'usufruitier ; mais s'il arrive par le fait volontaire du propriétaire, comme s'il a fait donation du fief où est l'heritage emphiteutique à son fils, il me semble juste qu'il acquite l'usufruitier de ce droit auquel il a donné cause volontairement ; car en ce cas le plait est dû par la mutation du propriétaire comme d'une succession directe. *Ibid* quest. 9.

Il dit enfin qu'il y a des fiefs purement honoraires qui même ont droit de plait sur les Seigneurs dominans.

PLEIGE.

Voyez hoc verbo *L'indice des Droits Royaux*, ou le nouveau Glossaire du Droit François.

Jugé par Arrêt rendu à la Tournelle du Parlement de Normandie le 7. May 1547. que le Pleige ou Sergent est aussi comme le principal obligé, tenu aux dépens & intérets, suivant la Loy 56. *usque ubi, in omnem causam ff. locat*. Berault *sur la Coûtume de Normandie titre de Haro*, art. 56.

Si une femme du consentement de son mary est intervenuë à un contract de constitution ou vente, auquel elle ne pourroit être reputée pour Pleige ; sçavoir si la pluvine sera valable ? Par Arrêt du Parlement de Roüen du 14. May 1656. jugé qu'elle ne peut être obligée ; ce cas non exprimé par la Coûtume se reglant sur le droit & *Senatus Consult. Velleian*, auquel l'Edit d'Henry IV. non verifié en Parlement, & executé à Paris, ne doit être censé avoir dérogé. Berault *à la fin du 2. tome de la Coûtume de Normandie page* 103. sur l'art. 538.

Voyez les mots *Caution*, *Fidejusseur*.

PLUIE.

Eau pluviale. *Aqua pluvia, pluvialis*. *De aquâ, & aqua pluvia arcenda. D.* 39. 3. supple, actione. Eau, Egoût, Servitude.

PLUS-PETITION.

Ce mot est purement latin, & signifie, demande excessive.

De plus-petitionibus. C. 3. 10., *I.* 4. 6. §. 33. 34. & 35. Paul, 1. 21. *Lex* 12. *tabb.* st. 7. c. 6. *Extr.* 2. 11.

De la plus-petition. Voyez Cujas, livre 7. *de ses observations chap*. 27.

1 Un créancier à qui il est dû deux cens écus faisant demande de cinquante, n'est pour cela forclos de demander le surplus quoiqu'il n'ait rien protesté pour le surplus. Arrêt du Parlement de Grenoble, la Veille de Pâques Fleuries 1458. Papon, livre 8. titre 1. nombre 1.

2 Celuy qui demande plus qu'il ne prouve en action réelle, encourt la peine de plus-petition dans les actions réelles. Jean Boniface demandeur en réivendication n'ayant preuve que pour le tiers des fonds dont il prétendoit l'évacuation, par Arrêt du Parlement de Grenoble de l'an 1458. les possesseurs ont été condamnez à vuider le tiers au demandeur, lequel fut condamné envers eux en tous les dépens. Voyez Guy Papé quest. 27.

3 Condamnation en 20. livres d'amende pour avoir demandé une chose induë. Arrêt du Parlement de Bretagne du 26. May 1569. *Du Fail, livre* 2. chapitre 369.

4 Plus-petition abolie en France. Arrêts de la Cour des Aydes de Montpellier des 18. Décembre 1568. & 21. Juillet 1582. Philippi, art. 120.

5 En matiere de saisie la plus-petition n'a lieu en France, & si le saisi pour plus qu'il ne doit, n'offre quelque chose, la saisie ne peut être déclarée tortionnaire, *cum sit debitor, ex L. unic. cod. de plus-pet*. à moins qu'il n'y ait article exprés au contraire en la Coûtume. La raison de douter, est que la saisie doit être faite pour chose certaine, & somme liquide, & qu'elle est rigoureuse ; tellement que, qui saisit pour plus qu'il ne luy est dû, *cum ab executione potius quam ab actione incæperit*, il se doit imputer cette faute ; mais aussi la faute est au debiteur qui n'a rien offert, & *novissima mora nocet*. Arrêt du 11. Juillet 1621. Arrêts de M. Bouguier, *lettre* S. chapitre 1.

6 La pluris-petition en France a lieu en action, non en execution. Ainsi jugé au Parlement de Grenoble le 19. Novembre 1625. *Basset, tome* 2. livre 2. tit. 9.

7 On ne juge plus aujourd'huy que la surdemande ou plus-petition annulle la saisie des meubles ou des immeubles, pourvû que la meilleure partie en soit dûë. Arrêt du Parlement de Roüen du 22. Décembre 1670. *Basnage, sur la Coûtume de Normandie art*. 546.

8 La demande de plus qu'il n'est dû, ce qu'on appelle pluris-petition, ne met point le debiteur en demeure à l'égard de ce qu'il doit legitimement, quoiqu'il ne l'offre pas. Guy Pape *en sa question* 27. dit l'avoir vû ainsi décider au Parlement de Grenoble. Chorier *en sa Jurisprudence du même auteur page* 300. dit qu'il s'est introduit un nouvel usage, & que les Juges condamnent en tous les dépens de l'instance le debiteur qui n'a pas offert ce qu'il doit. Ainsi le Parlement fait subsister des executions qui ont procedé pour plus qu'il n'est dû, quand le debiteur ni ne paye ni n'offre ce qu'il sçait bien qu'il doit,

cette raison que *in majori summâ minor inest*. Arrêt du Parl. de Grenoble du 9. Août 1678. quand la nullité est si évidente qu'elle est inexcusable, on condamne le débiteur à payer ce qu'il doit dans le temps qui luy est préfigé, & on compense les dépens. Ainsi jugé le 19. Janvier 1686. On est moins favorable aux exécutions personnelles ; si le débiteur avoit été emprisonné, & que cette exécution fût nulle, elle seroit cassée comme injurieuse, avec dépens, dommages & intérêts. *Faber, de execut. rei judic. Defin.* 26. & 53.

PLUS-VALUE.

Plus-valuë, & moins valuë. *Quanti pluris, quanti minoris.*
De aedilitio edicto, & redhibitione, & quanti minoris. D. 21. 1. contre les ventes frauduleuses, quand il y a lieu à la redhibition, & à la restitution de la moins-valuë.

Voyez les mots *Estimation*, *Vente*.

POIPIA.

Poipia c'est un terroir à bruyère, où à broussaille; & parce que quelques maisons fortes y ont été bâties, elles ont donné le nom à deux familles Nobles de Dauphiné, l'une en Viennois qui subsiste encore en la personne des Seigneurs de Serrieres, de Vertrieu, & de S. Julien : l'autre en Graisivodan, qui est éteinte depuis quelques Siécles. *V. Salvaing, de l'usage des Fiefs, chap.* 97. p. 494.

POISON.

Explication de ce mot, *venenum*. L. 236. *D. verb. sign.*
Ad legem Corneliam de sicariis, & Veneficiis D. 48. §... *C.* 9. 16... *C. Th.* g. 14... *l.* 4. 18. §. 5. *inf.* . *Paul.* 5. 21.
De maleficis, & Mathematicis, & caeteris similibus. *C.* 9. 18... *C. Th.* 9. 16. *Maleficorum nomine Matri præsertim comprehenduntur. Venenarii, seu Venefici; Mathematici* sont les Devins & Magiciens.

1 Du crime de poison. *Voyez cy-devant* verbo *Crime, nombre* 48. & le titre *de la Magie & Magicien*. Poisons que vendent les Apothicaires. *Voyez* le mot *Apothicaires*, nomb. 18.

2 En l'an 1569. un Chanoine de la Val accusé d'avoir versé du poison au Calice du Doyen, lequel après l'avoir pris en disant la Messe de minuit à la Fête de Noël, tomba par terre ; ayant avoüé le crime, fut condamné d'être brûlé vif, & exécuté, quoique le Doyen n'en fût mort. Un Docteur Regent en l'Université de Toulouse pour avoir donné de l'argent à un Laquais pour empoisonner son Maître, contre lequel il plaidoit, luy ayant donné à cet effet quelque fiole de poison, fut pendu & étranglé à Paris avec sa Robe longue & cornette, par Jugement du Prévôt de l'Hôtel, parce que le crime avoit été commis à la suite de la Cour. *La Rocheflavin, livre* 6. *tit.* 45.

3 Par Arrêt du P. de Paris rendu à la Tournelle le 22. Févr. 1586. un Prêtre accusé de poison, fut renvoyé devant son diocésain pour luy être son procez fait & parfait en la présence du Juge Lay : défenses au Juge Ecclesiastique de faire aucune procedure en l'absence du Juge Royal. *Bibliot. Can. to.* 2. verbo *Rendre un Prêtre à son Juge*, p. 461.

POISSON.

1 De pretio piscis Cod. Theod. 14. 20.
Des Offices de Vendeurs de poisson de mer, frais, sec & salé par toutes les Villes, Bourgs, Bourgades, Havres & Ports du Royaume. *Ordonnances de Fontanon, tome* 1. liv. 5. tit. 43. p. 1169.

2 Si le poisson qui remonte des étangs en d'autres au frais des eaux à suite : *Voyez Bouvot*, to. 1. part. 2. verbo *Poisson*.

3 Le poisson d'un étang, quoique prêt à pêcher après la mort de l'usufruitier, appartient non à son héritier, mais au propriétaire. *Bouvot, ibidem.*
Voyez ce qui a été remarqué, verbo *étang*.

POLICE.

La Police étoit exercée en partie par les Édiles, à Rome. *Voyez* Edile, *Voyer*.
De lege Julia de Annona. D. 48. 12... *l.* 4. *ult.* §. *ult.* Des abus commis en la Police des vivres.
De officio Praefecti Annonae. C. 1. 42.
De Quaestore. N. 80. L'Officier dont les fonctions sont ici décrites, devoit veiller aux Vagabons, Faineans, gens sans aveu, & autres semblables : comme font nos Lieutenans Generaux de Police dans les Villes où ils sont établis ; & les Prévôts des Maréchaux dans la campagne.
De pretio panis Ostiensis. C. Th. 14. 19.
De pretio Piscis. C. Th. 14. 20.

1 De la défense des bordels, berlans, jeux de quilles & de dez, & de ne recevoir ni loger gens inconnus & sans aveu. *Ordonnances de Fontanon*, tome 1. li. 3. tit. 73. p. 672.

2 De la Police generale du Royaume. *Ibidem*, li. 5. tit. 1, n. 805.

3 De la Police de la Ville de Paris. *Ibidem*, tit. 4. p. 852.

4 Du taux des Villes és hôtelleries & cabarets, & du prix des denrées & marchandises. *Ibidem*, to. 1. li. 5. tit. 10. p. 925.

5 De la Police & conservation des forêts, eaux & rivieres. *Voyez l'Ordonnance des Eaux & Forêts*, titre 26.

6 De la Police des ports, côtes, rades & rivages de la mer. *V. l'Ordonnance de la Marine du mois d'Août* 1681. liv. 4.

7 Article concernant la Police. *Voyez Loisel en son Recueil*, page 403.
Voyez le traité qui en a été fait par le sieur de la Marre Commissaire au Châtelet de Paris.

8 *Artem exercere etiam in domo propriâ factore cujus vicini circumveniantur, non licet.* Voyez *Franc. Marc.* to. 1. quaest. 23.

9 Arrêt du Parlement de Paris du mois de May 1400. par lequel il est ordonné que les pourceaux de l'Hôtel Dieu seront tenus hors de la ville, pour avoir mangé plusieurs enfans, joint l'infection & ordure. *Papon, liv.* 6. tit. 1, n. 19.

POLICE, DENRÉES.

10 Arrêts du Parlement de Paris des années 1354. 1388. & 1390. par lesquels le Procureur des Marchands joint avec luy le Procureur du Roy de la Ville, voulant empêcher l'Evêque de Beauvais, les Religieux de saint Denis, & le Duc de Montmorency de prendre le poisson des Chasses-marez, destiné pour Paris, ont été déboutés de leur demande. *Papon*, liv. 5, tit. 12. n. 5.

11 Défenses d'aller au devant des Marchands apportans vivres en la Ville de Nantes, ni iceux acheter, qu'onze heures du matin ne soient passées. Arrêt du Parlement de Bretagne du dix Février 1559. *Du Fail*, liv. 2. ch. 74.

12 Par Arrêt du même Parlement de Bretagne du 12. Decembre 1566. commandement au Procureur du Roy à Rennes, faire entretenir l'Ordonnance n'aguéres publiée, pour les saillies des maisons & décorations des Villes. *Idem*, li. 2. ch. 277.

13 Arrêt & Reglement notable de la Cour de Parlement du 7. Septembre 1622. sur le fait de la Police & marchandises, tant des fruits, beurres, œufs, fromages, citrons, oranges, huîtres à l'écaille, & autres denrées qui se vendent & débitent par les Marchands forains, tant és Halles, qu'autres Marchez de la Ville de Paris : avec établissement & élection de douze Prud'hommes ou notables Bourgeois, pour

POL POR

la visite desdites Marchandises, sçavoir si elles sont bonnes & salubres pour les corps humains, & pour empêcher les monopoles qui se font à l'apport & ventes, à l'oppression des pauvres Marchands. *Filleau*, 2. part. ti. 5. ch. 56.

14. Arrêt du P. de Mets du 26. Octobre 1636. portant défenses aux Cuisiniers, Caponiers, Rotisseurs, Patissiers, & autres revendeurs, d'acheter, vendre ni debiter aucun gibier ni venaison dans ladite Ville, pendant six mois, & ce par provision, jusques à ce qu'autrement par elle en ait été ordonné; & enjoint à tous Juges du ressort, de mettre aux titres de leur Ordonnance ces mots, *De par le Roy*, avec les Armes de Sa Majesté; & défenses à tous Imprimeurs de les imprimer en autre forme, à peine d'amende. 5. *Plaidoyé de M. de Corberon*.

15. Le dix Mars 1678. il fut ordonné au Parlement de Provence, que le Reglement établi en la Ville d'Aix, pour la qualité & le poids du pain, sera executé par toutes les Villes & lieux de la Province. *Boniface*, to. 4. li. 10. ti. 1. ch. 5.

16. *Voyez* le mot *Bleds*, & y ajoûter la lecture des sages Declarations & Arrêts rendus en l'année 1709. pour empêcher la disette des grains, & ranimer le zele & l'industrie des Sujets du Roy, pour rappeller l'abondance dans le Royaume.

POLICE, JUGES.

17. Au Registre des Jugez du Parlement de 1328. *nombre* 109. se trouve un grand Arrêt entre M. le Procureur General, & M. l'Evêque de Beziers, & les Abbez de Saint Jacques & S. Aphrodise de la même Ville, contenant un Reglement sur les Jurisdictions & police de Beziers. *Corbin, suite de Patronage*, chapitre 150.

18. Lettres Patentes de Henri II. adressées à la Cour de Parl. & aux Lieutenans d'Aix, portant injonction de faire garder & observer les Statuts, Ordonnances & Reglemens de Police, faits & à faire par déliberation des Consuls, & Conseil Consulaire, nonobstant oppositions ou appellations: avec injonction aux Consuls & Conseil, & à leurs Députez d'y obeïr, enregistrées du dernier Juin 1547. *Boniface*, tome 4. liv. 10. tit. 1. ch. 3.

19. Autres Lettres Patentes du dernier Avril 1612. portant que les Officiers du Bureau de la Police de la Ville d'Aix, pourront étendre leurs Ordonnances, Jugemens & condamnations, qui avoient accoûtumé d'être limitées à six livres en dernier ressort, jusqu'à la somme de douze livres; & icelles aussi executées en dernier ressort, & toutes autres leurs Ordonnances executées par provision, comme Jugemens de police, nonobstant oppositions ou appellations. *Boniface, ibidem, ch.* 1.

20. La Police appartient au Haut-Justicier dans son territoire. *Voyez Lettre H.* au mot *Haut-Justicier*, nomb. 43.

21. Jugé que le Roy pouvoit établir des Officiers sur les Terres & Justices des Seigneurs, pour exercer la police des jauges & des mesures. Arrêt du mois d'Avril 1599. *Le Bret, Action* 45.

22. Les Officiers d'une Ville feront toutes les Ordonnances, Reglemens & publications concernant ladite Police, & les Consuls auront le soin de faire peser le pain & la chair, & mettre ordre aux autres denrées, qui seront apportées en la Ville, les Officiers appellez, ou l'un d'iceux. Arrêt du 20. May 1616. *Henrys*, to. 2. li. 2. qu. 33.

23. La Police de la Ville, & les Ordonnances appartiennent au Lieutenant General, & non aux Officiers des Haut-Justiciers en la meilleure partie de la Ville. Arrêt du premier Decembre 1625. *Du Frêne*, levre 1. chap. 69.

24. Arrêt du Parlem. de Paris du 9. Decembre 1631. qui défend au Juge de Laon de faire aucun nouvel établissement de police, sans Lettres Patentes à luy adressées, & verifiées par la Cour. *Additions à la Bibliotheque de Bouchel*, verbo *Justice*.

25. La police appartient aux Juges Royaux, à l'exclusion des Maire & Echevins, qui n'en ont que l'exaction. Arrêt du Parlement de Paris du 28. Novembre 1634. entre les Officiers de la Ville de Rheims. *Journal des Aud*. to. 1. li. 3. ch. 2.

26. Arrêt du Parlement de Provence du 14. May 1652. qui a jugé que les Arrêts & Jugemens de Police ne sont point sujets à la prescription. *Boniface*, tome 1. liv. 8. tit. 1. ch. 9.

27. Arrêt du 8. May 1653. que sans s'arrêter aux sursois, les Ordonnances du Bureau de Police seroient executées; avec inhibitions aux Tresoriers & à tous autres, de se servir pour les Exploits de Justice, & des choses, non dépendantes de la Jurisdiction de la Cour des Comptes, des Huissiers de ladite Cour, mais des Sergens aux Sieges, ou des Huissiers du Parlement. *Boniface*, to. 4. li. 10. ti. 1. ch. 2.

28. Le Lieutenant de Police peut juger *de plano*, sans avis de Conseil, lorsque la peine est legere: *Secùs*, quand il y a de l'intervale entre l'interrogatoire & la Sentence. Arrêt du 29. Novembre 1659. *De la Guess*. to. 2. li. 2. ch. 44.

Voyez les nouveaux Edits de création des Officiers de Police dans toutes les Villes du Royaume; leurs fonctions y sont reglées.

POLICE DES RUES.

29. Police des ruës, & autres lieux publics. *Voyez* le 4. tome des *Loix Civiles*, li. 1. ti. 8. sect. 2. n. 16.

30. Arrêt de Reglement de la Cour d'Aix du 8. May 1669. pour faire tenir les ruës nettes, & ôter les ordures & immondices, qui peuvent préjudicier à la santé publique. *Boniface*, tome 4, livre 10. tit. 1. chapitre 9.

PONCTUATION.

Voyez le mot *Chanoines*, n. 96. & cy-aprés le titre *de la residence*, §. *Residence*. Pointe, où l'on parle de ceux qui ne sont sujets à la privation des fruits de leurs Prébendes.

PONTS.

1. DE l'entretenement des ponts. *Voyez* les Ordonnances recuëillies par *Fontanon*, to. 1. li. 5. ti. 5. page 846. & le mot *Chemin*, n. 17. & suiv.

2. *Pontem apodiare in alieno territorio an liceat?* V. Franc. Marc. to. 1. qu. 10.

3. *Pontis partem in alieno territorio extendere, sive manumittere, inconsulto territorii domino nulli licere?* Idem, to. 2. qu. 582.

4. Les Ponts sont de droit public & Royal, & les Seigneurs particuliers, dont la Seigneurie s'étend sur les rivieres, & moulins y flotans, ne peuvent point demander de lods & ventes, pour la cession qu'un particulier feroit du peage à luy accordé par le Roy. *Le Bret*, li. 5. décis. 12.

PORCHER.

Porcher. *Suarius. Porcinarius*. *De Suariis, & susceptoribus vini.* C. 11. 6.... C. Th. 14. 4. Voyez *Corps des Métiers*.

PORT.

1. DEfinition de ce mot. L. 59. D. *de verb. sign. De littorum & itinerum custodiâ*. C. 12. 45.... C. Th. 7. 16. Garde des ports, ponts & passages, pour empêcher la sortie des marchandises.

2. Par Arrêt du Parlement de Toulouse du 28. Juin 1571. fut ordonné qu'entre le bord de la riviere, & le bois qui sera amoncelé en terre au port, demeurera place & espace pour le passage entre la riviere & le bord, en sorte qu'une charette y puisse passer. *Bibliotheque de Bouchel*, verbo *Bois*.

3. Le Proprietaire d'un fonds qui aboutit à une

riviere navigable, ne peut empêcher qu'on n'y attache un port pour l'utilité publique. *Voyez Salvaing, de l'usage des Fiefs, ch. 60. à la fin.*

4 Le Proprietaire d'un fonds qui aboutit à une riviere navigable, ne peut empêcher qu'on n'y attache un port qui sert à l'utilité publique. *V. Justin, aux Institut. l. 2. §. riparum.* d'autant plus que par le Droit François, les rivages appartiennent au Roy. *Ibidem.*

PORT D'ARMES.

5 *Voyez* le mot *Armes, n. 14.*

PORTE.

PORTE DANS L'EGLISE.

1 Particulier ne peut être contraint de vendre le droit qu'il a d'avoir une porte en sa maison, qui le conduit plus commodément à l'Eglise, sous prétexte que cette porte cause de l'incommodité à la même Eglise. Ainsi jugé le 16. Février 1632. *Bardet, to. 2. li. 1. ch. 8.*

2 Concession d'une porte particuliere dans une Eglise à un particulier, par un jardin qu'il a attenant icelle, jugée licite à un bienfaicteur, qui n'en abuse pas, le 29. Decembre 1633. *Du Frêne, livre 2. chapitre 144.*

PORTES DES MAISONS.

3 Pour les portes & entrées des maisons. *Voyez Mornac, L. 19. ff. communi dividundo, §. qui de vestibulo.*

PORTES DES VILLES.

4 Par Arrêt du 13. Mars 1568. il fut dit contre les heritiers de M. de Villeroy, & pour le Portier de saint Germain, qu'à l'avenir les Portiers logés *gratis* sur les portes, le reste du logis seroit baillé à loüage, non à longues années, mais pour 5. ans seulement, & au dessous. *Papon, li. 6. ti. 1. nomb. 5.*

5 Charge de Garde des portes d'une Ville est virile. Par Arrêt du 9. Decembre 1572. il fut ordonné que la veuve du Portier de Nesle laisseroit la possession du lieu au Prévôt des Marchands. *Ibidem.*

PORTION CONGRUE.

Voyez *Tournet, lettre P. nomb. 108. & suiv.* Les *Memoires du Clergé, to. 2. part. 2. tit. 12.* La Bibliotheque de *Joüet* au mot *Portion congruë.* M. le Prêtre, 1. Cent. ch. 14. Des Maisons, *lettre P. nombre 5. & 6.* le Traité qui en a été fait par *M du Perray,* le petit Recuëil de *Borjon;* & le Recuëil des Edits, Declarations, Arrêts & Reglements rendus en faveur des Curez, imprimé en 1706. chez Guillaume Saugrain.

1 Quoique les Declarations des 29. Janvier 1686. & 30. Juin 1690. ayent réglé ce qui regarde la portion congruë des Curez ou Vicaires perpetuels, ou celles de leurs Secondaires; on n'a pas crû inutile de rapporter les Arrêts & Décisions qui formoient à ce sujet la Jurisprudence ancienne.

De la portion congruë, & en quoi elle consiste dans le ressort du Parlement de Toulouse? *Voyez Albert, lettre C. art. 6. & Mainard, li. 2. ch. 28. & 29.*

2 Distributions quotidiennes ne sont comprises en la quatriéme partie des fruits decimaux dûs au Recteur, ou Vicaire perpetuel pour sa portion congruë. Arrêt de l'an 1543. *La Rocheflavin, livre 6. titre 6. Arrêt 1.*

3 Les Décimateurs Generaux de la Paroisse ne sont point tenus de donner & assigner au Prêtre ou Chapelain desservant l'annexe, portion congruë, ni luy recevable à la luy demander: mais elle doit être octroyée au Curé Parochial seul; sauf à luy à la distribuer, & en telle participation convenable au Chapelain; lequel (en cas de refus) seroit bien fondé à la demander: specialement quand la construction de l'annexe, ou Chapelle a été trouvée necessaire pour la commodité des habitans voisins trop éloignez de l'Eglise matrice, approuvée par l'Evêque Diocesain; & quand en l'Eglise principale, les revenus ou pension canonique sont suffisans pour leurs nourritures & entretiens, & que le Prêtre ne s'est immiscé par forme d'intrusion, & de son autorité privée, à l'administration ou charge de l'annexe, mais y est entré avec le consentement du Curé: & aussi, lorsqu'en la même Chapelle il y a défaut de revenus, en ce cas le Curé est sujet impartir du sien au Chapelain, & subsidiairement les habitans voisins participans à l'usage ou commodité du secours. *Bibliot. Canon. to. 2. p. 228. à la fin.*

4 La connoissance des portions congruës a été attribuée au Grand Conseil, par deux Declarations du Roy. Par la premiere du 17. Août 1632. verifiée au Grand Conseil le 13. Mars 1633. le Roy ordonna que la reduction des portions congruës à la somme de trois cens liv. pour les Cures des Provinces au deçà de la Loire, tiendroit; & qu'à l'égard des Cures de la Bretagne, & des Provinces delà la Loire, les portions congruës seroient fixées à deux cens livres, y compris les petites Dîmes, le fonds des Cures, les fondations des Obits, & autres revenus ordinaires. Il fut aussi ordonné par la même Declaration, qu'aux lieux, où de tout temps & anciennété il y avoit portion de Dîmes & revenus annuels entre les Evêques, Chapitre, Abbez, Prieurs, lesdits Curez ou Vicaires perpetuels, seroient tenus de se contenter de leur susdit ancien partage. Par la seconde, du 18. Decembre 1634. verifiée au Grand Conseil le 11. Janvier 1635. le Roy apporta deux changemens à cette premiere Declaration: L'un, par lequel il égala les Cures de deçà la Loire, à celles de delà; & ordonna que les Curez n'auroient que deux cens livres de portion congruë, à moins qu'ils n'eussent un Vicaire, auquel cas ils auroient trois cens liv. L'autre, par lequel le Roy reserva aux Curez les Offrandes & droits casuels de leurs Eglises; ensemble les Obits & Fondations, & ne les obligea d'abandonner que les Dîmes, même les menuës, les fonds & domaines des Cures, & les autres revenus ordinaires d'icelles; & comme les deux Declarations avoient receu plusieurs atteintes, tant par les Arrêts du Parlement de Paris, que par quelques-uns du Conseil Privé, le Conseil en renouvella la disposition & la rigueur par une troisiéme Declaration du 30. Mars 1666. verifiée audit Grand Conseil le 16. Avril suivant, conforme à la Declaration de 1634. Mais comme le Roy, par sa Declaration du mois de Juin 1671. faite au sujet des pensions sur les Cures & sur les Canonicats, avoit ordonné que quelque pension qui fût créée sur les Cures, il falloit toûjours qu'il restât trois cens liv. aux Curez, outre le creux de l'Eglise, Obits & Fondations; quelques Curez crûrent, que ce qui avoit été ordonné pour les pensions, devoit aussi avoir lieu pour les portions congruës; en sorte que chacun d'eux auroit 300. livres, sans comprendre les gages du Vicaire, outre le creux de l'Eglise, les Obits, & les Fondations; & ils obtinrent Arrêt du Conseil d'Etat du 2. Octobre 1671. par lequel ils se firent ajuger trois cens livres pour leur portion congruë. Mais les Agens Generaux du Clergé ayant bien prévû le préjudice que cet Arrêt causeroit aux Evêques, Abbez, Chapitres & Prieurs, dont ils défendent les droits, & du nombre desquels ils sont, ils obtinrent un autre Arrêt le 26. Février 1672. par lequel ils firent casser celuy qui avoit été obtenu par lesdits Curez, & les assignations qu'ils avoient fait donner en consequence au Parlement de Paris; & en vertu de cet Arrêt, les Curez furent renvoyez au Grand Conseil, pour y proceder sur leur demande en portion congruë; c'est-à-dire, qu'ils se devoient contenter de deux cens liv. pour eux, suivant la Jurisprudence certaine du Grand Conseil. Mais depuis est intervenuë la Declaration du 29. Janvier 1686. qui a fixé les portions congruës des Curez

POR

Curez ou Vicaires perpetuels, à la somme de trois cens livres par chacun an, outre les Offrandes, les honoraires, & droits casuels, payez tant pour Fondations, que pour d'autres causes; ensemble les Dîmes novales sur les terres qui seront défrichées, depuis que lesdits Curez perpetuels auront fait l'option de la portion congruë, au lieu du revenu de leur Cure, ou Vicairie perpetuelle; Voulant que dans les Paroisses où il y a presentement des Vicaires, ou dans lesquelles les Archevêques ou Evêques trouveront necessaire d'en établir un, ou plusieurs, il soit payé la somme de 150. livres pour chacun desdits Vicaires. C'est aujourd'huy la Loy qu'il faut suivre, & sur laquelle on se doit regler dans toute l'étenduë du Royaume, pour les portions congruës des Curez ou Vicaires perpetuels. *Définit. Can. pag. 632.*

5 La portion congruë des Curez est de trois cens liv. Si neanmoins ils ont d'ailleurs dequoi la composer, sans la prendre sur les Dîmes, ils doivent s'en contenter : jugé au Grand Conseil. Le privilege de la portion congruë est preferable sur les Dîmes à la dé-time duë au Roy. Arrêt du Parlement de Grenoble du 19. Septembre 1675. moyennant cette portion, le Curé est tenu d'entretenir son *Clerc* ; nulle possession contraire ne pouvant rejetter cette dépense ni sur les Communautez, ni sur les Prieurs. Arrêts du Parlem. de Grenoble des 13. Février 1675. contre le Curé & la Communauté de la Rochefourchat ; & 6. Mars 1680. contre le Curé du Monestier d'Alemont. *Jurisprudence de Guy Pape par Chorier, page 23.* & cy-aprés, *le n. 8.*

6 Arrêt du Grand Conseil du Roy du 11. Février 1687. pour les Seigneurs Décimateurs, contre les Curez des Villes murées, ayant 500. livres de revenu de leurs Cures, tant en casuel qu'autrement ; qui les declare non recevables à demander portion congruë, & à prétendre les Oblations dans leurs Eglises, appartenantes aux Curez primitifs, ou autres, dont ils étoient en possession, avant la Declaration du Roy pour les portions congruës des Curez, du 29. Janvier 1686. *Boniface, to. 3. li. 6. ti. 5. ch. 8. & le Journ. des Aud. to. 5. li. 3. ch. 1.*

CHEVALIERS DE MALTHE.

7 Portion congruë ? comment se paye par les Chevaliers de Malthe. *Voyez* le mot *Chevaliers*, *nombres 64. & 65.*

PORTION CONGRUE, CLERC.

8 Arrêt du Parl. d'Aix du 9. Novembre 1684. qui a ajugé 100. liv. pour la portion congruë, & 80. liv. pour le Clerc, les fondations fixes imputables. *Boniface, to. 3. li. 6. tit. 5. ch. 3.*

Voyez cy-dessus *le n. 5.* & cy-aprés *le nomb. 59.*

PORTION CONGRUE, CUREZ PRIMITIFS.

9 Un Curé joint avec ses Paroissiens demande portion congruë au Curé primitif. Celui-cy dit que l'Eglise, dont le demandeur a la Vicairie perpetuelle, a été érigée pour la seule commodité des habitans, qui se sont chargez de l'entretenir. S'ils ne sont plus en état de le faire, c'est à eux à retourner à l'Eglise matrice: mais pour subvenir à sa nourriture, on luy a donné une autre Cure, dont il tire deux cens livres. Enfin comme la portion congruë ne peut être prise que sur les Dîmes de la Paroisse principale, le Curé de cette Paroisse pourroit lui-même demeurer sans portion congruë, & sans subsistance. Arrêt du Parlem. de Mets du sept Novembre 1639. qui met hors de Cour sur la demande. *Voyez le 46. Plaidoyé de M. de Corberon Avocat General.*

10 Le Grand Conseil par ses Arrêts a fait difference des personnes, ausquelles la portion congrue est demandée ; si c'est aux gros Décimateurs, ils en sont quittes pour abandonner les Dîmes qu'ils possedent dans l'étenduë de la Paroisse, sans que le Curé puisse se pourvoir contre eux en supplément de sa portion congruë ; en cas que toutes les Dîmes ne fussent pas

Tome III.

POR 105

capables de la remplir, ce pourroit être en ce cas que le Curé seroit en droit de s'adresser aux Paroissiens : Mais si la portion congruë est demandée au Curé primitif, en ce cas il n'en est pas quitte pour abandonner les Dîmes qu'il possede dans la Paroisse: Il est obligé de fournir au Curé la portion congruë entiere, quand les Dîmes ne seroient pas suffisantes pour en acquitter la moitié. La raison est que le Curé primitif est obligé originairement d'administrer, ou faire administrer les Sacremens aux Paroissiens ; & de gager pour cela un Vicaire perpetuel ; il ne pourroit se décharger de ce devoir indispensable, qu'en abandonnant tous les revenus du Benefice, à cause duquel il est Curé primitif. Cette question à été jugée au Grand Conseil contre le Sieur de Lyonne, Abbé de S. Melaine, Diocese de Rennes. *Définitions Canoniques, pag. 654.* & cy-aprés *le n. 18.*

11 Les Curez primitifs doivent payer à leurs Vicaires perpetuels la portion congruë suivant la Déclaration du 29. Janvier 1686. encore qu'ils ne perçoivent point de dîmes dans les Paroisses. Arrêt du Parl. de Paris du 1. Juin 1688. *au Journal des Audiences to. 5. liv. 4. chap. 13.*

12 En execution de la Declaration du Roy du 29. Janvier 1686. les Curez primitifs doivent payer au Vicaire perpetuel la portion congruë de 300. livres du jour de l'option des Vicaires perpetuels en ce non compris les offrandes, cires, honoraires, & droits casuels qui se payent dans leurs Eglises, tant pour fondation, que pour autres causes, avec les Dîmes novales sur les terres défrichées depuis leur option, & qui se feront aprés. Arrêt du Parlement de Paris du 2. Juillet 1688. *Ibidem chap. 16.*

13 Les gros Décimateurs Ecclesiastiques doivent contribuer avec le Curé primitif, chacun pour leur part au payement de la portion congruë de Vicaire perpetuel, tant pour le passé que pour l'avenir. Arrêt du même Parl. de Paris le 3. Février 1689. *Ibid. liv. 5. ch. 6.*

PORTION CONGRUE, DISMES.

14 Portion congruë duë par les Décimateurs. *Voyez* le mot *Décimateur, n. 3. & suiv.*

15 Si un Curé est obligé d'abandonner aussi les menuës & vertes dîmes lorsqu'il demande la portion congruë ? M. Pinson estime qu'il les doit abandonner ; sa raison est que la Declaration ne leur donne que les Offrandes, honoraires, Fondations, Obits & creux de l'Eglise. Cependant on trouve de la difficulté, car la Declaration ne prononce rien là dessus. Si les Vicaires ou Curez étoient en possession, il est juste de les y conserver : car le Parlement donnoit 300. livres outre les menuës & vertes dîmes ; ainsi la Declaration n'a point prétendu prejudicier à leur droit ; il est bien vrai que le Grand Conseil obligeoit de les abandonner. *Bibliot. Can. to. 2. p. 227.*

16 Lorsqu'un Curé est poursuivi par le Recteur d'une Paroisse voisine & limitrophe, afin de contribuer à la portion congruë, sous prétexte qu'il prend (selon ses titres ou possession immemoriale) quelque trait de dîme, sur un endroit, ou quartier de la Paroisse du demandeur, il ne peut être condamné d'y participer *pro rata* des dîmes qu'il perçoit annuellement ; en voici la raison ; ce que le Curé perçoit est *jure rectoris* ; & l'autre Curé demandeur peut se pourvoir contre les Decimateurs de sa Paroisse qui ne sont point Recteurs. Jugé pour le Curé de sainte Opportune en Cotentin. *Ibidem*, *page 229. colonne 2.*

17 Quand on condamne un Decimateur laïc à payer la portion congruë au Curé, on n'ordonne pas, comme l'on fait à l'égard de tous les Decimateurs Ecclesiastiques, que le Curé leur abandonne les dîmes dont il peut joüir, & les domaines de sa Cure, non chargez d'Obits, ou de Fondation, d'autant que le Laïc, attendu sa qualité, n'est pas capable de recevoir

O

cet abandonnement de biens Eccleſiaſtiques : mais on ordonne que ventilation ou eſtimation ſera faite deſdites dîmes & domaines par Experts, dont les parties conviendront ; & en conſequence, que le Curé ſera tenu de les prendre, & d'en joüir ſur & tant moins de ſa portion congruë pour le prix qui aura été fixé par les Experts. *Definit. Can. p.* 658.

13 Il faut diſtinguer entre le gros Decimateur & le Curé primitif, le premier eſt quitte en abandonnant toutes les dîmes ſans exception : mais le ſecond ne demeure pas quitte par un ſemblable abandonnement, il faut qu'il abandonne generalement tous les revenus dont il joüit à cauſe de ſa qualité de Curé primitif ; & encore on doute qu'il en fût quitte pour cela, parce que ſa qualité l'oblige de deſſervir luy-même la Cure, ou de la faire deſſervir, & par conſequent payer un Vicaire. *Voyez l'Auteur des Obſervations ſur Henrys, to.* 1. *li.* 1. *ch.* 3. *queſt.* 4.

19 Arrêt du 18. Juillet 1616. qui condamne le Seigneur des dîmes, terrages & champarts de la Paroiſſe de Brenainville à payer au Curé 100. livres de portion congruë, déduit ſur la ſomme ce que peut valoir le domaine de ſa Cure, ſans comprendre dans l'eſtimation le manuel de l'Egliſe, & les mêmes dîmes qui demeureront au Curé. *Additions à la Bibliotheque de Bouchel*, verbo *Portion congruë*.

20 Le Curé de ſaint Paul ayant preſenté ſa requête au Grand Vicaire de l'Evêché de Toul, expoſant que la part qu'il prenoit des dîmes de ſa paroiſſe, étoit ſi petite que pour le malheur du temps, qu'il luy étoit impoſſible de vivre ſeulement trois mois ; ſur quoy luy ayant été jugé 400. franes Barrois à prendre ſur la totalité des dîmes, attendu que ce droit elles ſont affectées à celuy qui fait l'Office : ſur l'appel comme d'abus des Religieux Benedictins de Neuchâtel comperſonniers ; par Arrêt du P. de Metz du 14. Octobre 1638. les parties appointées au Conſeil, & cependant par maniere de proviſion, ordonné que l'intimé joüira de toutes les dîmes des baux & finages de la Paroiſſe, ſi mieux n'aiment les Religieux payer la portion congruë à raiſon de 200. livres tournois par chacun an. *Voyez le* 35. *Plaidoyé de M. de Corberon*.

21 Curez payans certaine redevance annuelle en grains & argent aux Curez primitifs ſont en droit, en abandonnant toutes les dîmes, & le domaine de leurs Cures aux Curez primitifs, de demander la portion congruë. Arrêt du Grand Conſeil du 17. Decembre 1649. contre les Religieux Minimes de Chaumont : cependant le Curé qui fut déchargé de la rente en grain, demeura obligé à 58. ſols de rente en argent, parce que cette rente étoit comme la reconnoiſſance d'un droit de Patronage. *Henrys, to.* 2. *li.* 1. *qu.* 24.

22 Ceux qui ont des dîmes infeodées ſont tenus de contribuer à la portion congruë, les dîmes Eccleſiaſtiques préalablement diſcutées. Arrêt du Parlement de Paris du 4. Avril 1662. en faveur du Curé de Savigny ſur Cane, contre la Prieure de la Ferté ſur Liſſiere. *Définit. Can. p.* 655. où ſont rapportez pluſieurs autres Arrêts anciens & poſterieurs qui établiſſent cette Juriſprudence ; en ſorte que les dernieres Declarations du Roy l'ont plûtôt confirmée qu'établie.

23 Arrêt du Parlement de Paris du 4. Août 1687. portant reglement entre les gros Decimateurs & les Curez, pour le payement des portions congruës à la ſomme de 300. liv. en précomptant les fonds dont joüit le Curé, eſtimez aux frais des gros Decimateurs. *Boniface, to.* 3. *li.* 6. *tit.* 5. *chap.* 10.

24 Arrêt du Parlement de Paris du 21. Février 1688. en faveur des Curez, contre les gros Decimateurs Eccleſiaſtiques, qui porte, que les Curez précompteront ſeulement les fonds de leurs Cures en déduction de leur portion congruë, & charge le Chapitre de Tours gros Decimateur, De la totalité des dîmes, le condamne à 300. liv. ſur quoy ſera déduit 150. livres pour la valeur du fond de l'ancien domaine de la Cure à ce eſtimé par Experts. *Ibidem ch.* 11.

25 Les conventions faites entre les Curez & les Decimateurs, à l'égard des portions congruës deſdits Curez avant le Reglement du Roy, ne les empêchent pas de ſe pourvoir en ſupplément, ſuivant & conformément audit Reglement. Jugé au Parlement de Tournay le 14. Août 1699. au profit du Curé du vieux Condé, contre les Chanoines de la Collegiale. *V. M. Pinault, to.* 2. *Arr.* 269.

26 Si les dîmes perçuës par les Laïcs ſont ſujettes à la portion congruë ? *Voyez* le mot *Dîmes*, *nombre* 402. *& ſuiv.*

PORTION CONGRUE, EXEMPTS.

27 Le procez étant intenté pardevant l'Official Dioceſain pour la congruë & canonique portion des dîmes à l'encontre d'un Chevalier de l'Ordre de ſaint Jean de Jeruſalem, prenant icelles en la même Paroiſſe, il ne peut en vertu de ſon privilege demander ſon renvoi devant le Pape. Arrêt du Parlement de Paris du 26. Juin 1555. au préjudice de frere Claude de Groing Chevalier de Malthe, & Jean Thomaſſin Religieux Procureur General de la Religion intimez, déclinans la Juriſdiction de l'Officialité de Lyon ; lequel jugement ſouverain eſt en partie fondé ſur le chap. 1. *de Privil. in* 6. & ſur un autre Arrêt proviſoire du même Parlement du 24. May 1552. parlant des dîmes, pour la preſtation & payement deſquelles les Chevaliers de Malthe ne peuvent demander renvoi pardevant autre Juge que celuy de l'Egliſe. *Bibliot. Can. tome* 2. *p.* 228.

28 Si les privilegiez exempts de payer la dîme poſſedoient tous les heritages d'une Paroiſſe, le Curé ſeroit fondé à leur demander ſa portion congruë ; ainſi jugé par pluſieurs Arrêts intervenus depuis la Declaration des portions congruës. *Voyez l'Auteur des Obſervations ſur Henrys, tome* 1. *liv.* 1. *queſt.* 22.

29 Preſentement les Curez au défaut de portion congruë en vertu de la Declaration de 1686. peuvent demander leur portion congruë, ou prendre la dîme ſur les fonds exempts & privilegiez pour les aider à ſubſiſter. Jugé au Grand Conſeil par pluſieurs Arrêts, l'un du 6. Mars 1687. contre l'Ordre de Malthe ; l'autre du 2. Juillet 1691. contre l'Abbé du petit Cîteaux ; & l'autre du 23. Juillet 1692. contre l'Abbé & les Religieux de la Trappe. *Définitions Can. page* 240.

PORTION CONGRUE, FONDATIONS.

30 Les Fondations, c'eſt-à-dire, les fonds dont les Curez ne joüiſſent, qu'à la charge de celebrer quelques Obits, ou de dire quelques prieres, ne diminuent point la portion congruë ; cela avoit été jugé dès le 4. Avril 1662. *V. cy-deſſus le nomb.* 22. Il n'en eſt pas de même des autres fonds qui ne ſont point chargez de fondations, ils ſont obligez de les abandonner à ceux auſquels ils demandent la portion congruë.

PORTION CONGRUE, IMPUTATION.

31 Quelles imputations & déductions peuvent être faites ſur la portion congruë ? *Voyez Baſſet, tome* 1. *li.* 1. *tit.* 1. *chap.* 12.

32 Tout ce que les Curez reçoivent de leurs Egliſes *proprio jure*, eſt à imputer ſur la portion congruë, & nullement ce qu'ils prennent *extra jus Eccleſia*, comme les retributions quotidiennes & de droit incertain. Arrêt du Parlement de Toulouſe en 1543. *Mainard, to.* 1. *li.* 15. *chap.* 29.

33 Le droit de *verouïl* n'eſt imputé ſur les 300. liv. de la portion congruë ; mais en ce cas le Recteur paye le Vicaire & le Clerc. Jugé le 16. Janvier 1627. *Cambolas, liv.* 5. *chap.* 32.

34 Arrêt du Parlement de Provence du 19. Juin 1651. qui a jugé que le Beneficier doit imputer à ſa portion congruë, tout ce qu'il retire de ſon Benefice en droits certains. *Boniface, to.* 1. *li.* 2. *tit.* 18. *ch.* 2.

POR

35 Jugé au Parlement de Toulouse le 11. Août 1670. que dans la portion congruë d'un Religieux de l'Abbaye d'Eaunes, Vicaire perpetuel de ce lieu là, ne devoit point entrer le revenu de sa place Monachale, quoique l'Econome de l'Abbaye luy opposât, que n'ayant, & ne pouvant avoir que comme Religieux la Vicairie perpetuelle qu'il servoit resident dans le Monastere, il devoit d'autant plus en imputer les revenus sur sa portion congruë. *Voyez M. de Catellan, livre 1. chap. 37.*

PORTION CONGRUE, JUGE.

36 En portion congruë les parties ont été renvoyées pardevant l'Official d'Angers, parce que telles actions sont plûtôt personnelles que réelles, introduites pour avoir des alimens; & étant entre personnes Ecclesiastiques, la connoissance en appartient au Juge d'Eglise. Jugé le 14. Août 1599. *M. Loüet, lettre C. somm. 48. Voyez Peleus, quest. 109.* où il est dit avoir été jugé le 4. Decembre 1604. que l'Official peut ajuger provision pendant le procez, & remarque qu'il y a Arrêt contraire *au ch. 68. li. 2. de ses Actions forenses.*

37 La portion congruë devoit être demandée pardevant l'Official, qui ne pouvoit ni faire l'assiette, ni donner permission d'arrêter. Jugé au Parlement de Bretagne au mois d'Octobre 1609. *Du Fail, livre 3. chap. 60.*

Mêmes Arrêts rendus au Parlement de Provence les 16. Decembre 1638. 10. May 1670. 23. Avril 1671. 26. Janvier 1674. *Boniface, tome 1. livre 2. tit. 20 ch. 1. tome 3. liv. 1. tit. 3. chap. 8. 7. & 6.* la Declaration de 1686. en attribuë la connoissance aux Baillifs & Sénéchaux.

QUOTITÉ DES PORTIONS CONGRUES.

38 Autrefois les portions congruës se payoient de la quatriéme partie du revenu de la Cure; il y a un ancien Arrêt du 17. Juillet 1539. qui l'a ainsi jugé. *Définit. Can. p. 653. & la Bibliot. Can. tome 2. p. 338. col. 2.*

L'Ordonnance du Roy Charles IX. du mois d'Avril 1571. qui donne 120. liv. ni la disposition du Droit Canon, ne sont suivies en ce Royaume & Province de Normandie pour la portion congruë; cela dépend de la prudence des Juges, eu égard au grand nombre des Paroissiens; c'est pourquoi le Curé de Fontenay prés Caën obtint 200. livres de pension canonique, parce qu'il y avoit deux Eglises au même Paroisse, où il étoit obligé de celebrer les Dimanches & Fêtes solemnelles. Un autre Curé eut pareille somme à cause d'un canal de rivier courant & fluant par le milieu des hameaux de sa Paroisse, ce qui l'obligeoit d'avoir un Vicaire. Et par autre Arrêt du 16. Juillet 1598. fut ajugé à M. Ricard Hyvet Prêtre pourvû au Benefice de saint Pierre de Marigny, la somme de 60. écus soleil pour sa pension canonique, à prendre annuellement sur les dîmes & fruits, parce qu'il y avoit huit à neuf cens Communians, nonobstant les offres faites par M. Jean Bertaut Abbé Commendataire de l'Abbaye de Nôtre-Dame d'Aulnay, Diocese de Bayeux, de payer chacun an la somme de 50. écus soleil, si mieux ne vouloit prendre comme de tout temps les verdes dîmes. *Biblior. Can. tome 2. page 229. col. 1.*

39 Edits du Roy Charles IX. des années 1571. & 1572. par lesquels il est ordonné que les Curez dont les Benefices vaudront 120. livres de revenu annuel, toutes charges déduites, ne pourront demander portion congruë. Arrêts en consequence rendus au Parlement de Paris les 7. May 1585. & 13. Mars 1601. quelquefois la quatriéme partie des dîmes a été ajugée au Curé par provision pendant le procez. Arrêt du Parlement de Paris du 10. Février 1601. Autre Arrêt semblable du Parlement de Toulouse rapporté par *Papon, livre 1. tit. 12. n. 10.*

40 Lettres patentes du 17. Août 1632. portant reduction des portions congruës de ce Royaume, contre l'article 13. des dernieres Ordonnances du 15. Janvier 1629. *Boniface, tome 3. livre 6. titre 5. chap. 2.* ensuite sont les Lettres patentes portant jussion au Grand Conseil de les verifier, sans restriction & modification.

41 Arrêt du Parlement de Paris du 14. Juillet 1657. rendu contre les Chanoines & Chapitre de Vezelay, qui ajuge au Curé de Mailly-la-Ville, Diocese d'Auxerre 300. livres par chacun an pour sa portion congruë, & 150. livres pour un Vicaire, franc & quitte de toutes charges de decimes, & autres, en leur abandonnant le gros & revenu de la Cure, à la reserve du casuel, creux de l'Eglise, & fondations chargées de services, & ce à compter de la saint Martin 1656. & avant faire droit sur la demande incidente du Chapitre concernant l'executoire de dépens du 26. Août 1649. ordonné que le Curé donnera un état des payemens & déductions par luy prétenduë sur l'executoire, qui sera communiqué au Chapitre, & aprés ordonné ce qu'il y appartiendra. *Bibliotheque Can. tome 1. page 495.*

42 En Dauphiné la portion congruë se regle à 200. livres, & le Juge d'Eglise en connoît. Arrêt du Parlement de Grenoble du mois d'Août 1664. *V. Basset, to. 1. livre 1. titre 1. chap. 9.* ensuite est un Reglement en forme de concordat entre les interessez du Diocese de Vienne fait en 1638.

43 La portion congruë a été reglée à 300. livres sans Vicaire, & à 400. livres avec Vicaire, outre les dîmes vertes, menuës & novales, par Arrêt du P. de Paris du 12. Août 1681. pour le Curé de Tige, contre les Religieux de l'Abbaye de saint Benoît sur Loire. *Journal des Aud. tome 2. livre 4. chap. 65.*

44 Declaration du Roy du 29. Janvier 1686. portant, Voulons & nous plaît que les portions congruës que les Decimateurs sont obligez de payer aux Curez & aux Vicaires perpetuels, demeurent à l'avenir fixées dans toute l'étenduë de nôtre Royaume, Terres & Pays de nôtre obéïssance à la somme de trois cens livres par chacun an, & ce outre les offrandes, les honoraires & droits casuels que l'on paye, tant pour les fondations que pour d'autres causes; ensemble les dîmes novales sur les terres qui seront defrichées depuis que lesdits Curez ou Vicaires perpetuels auront fait l'option de la portion congruë, au lieu du revenu de leur Cure ou Vicairie, en consequence de nôtre presente Declaration. Voulons que dans les Paroisses où il y a presentement des Vicaires, ou dans lesquelles les Archevêques ou Evêques estimeront necessaire d'en établir un ou plusieurs, il soit payé la somme de cent cinquante livres pour chacun desdits Vicaires. Ordonnons que ces sommes destinées pour la subsistance des Curez ou Vicaires perpetuels, ou de leurs Vicaires, seront payées franches & exemptes de toutes charges par ceux à qui les dîmes Ecclesiastiques appartiennent; & si elles ne sont pas suffisantes, par ceux qui ont les dîmes infeodées; & que dans les lieux où il y a plusieurs Decimateurs, ils y contribuent chacun à proportion de ce qu'ils possedent des dîmes. Enjoignons ausdits Decimateurs d'en faire le regalement entr'eux dans trois mois aprés la publication de nôtre presente Declaration dans nos Bailliages, Sénéchaussées, & autres Sieges, dans l'étenduë desquels ils perçoivent les dîmes. Voulons qu'aprés ledit temps de trois mois, & jusqu'à ce que ledit reglement ait été fait, chacun desdits Decimateurs puisse être contraint solidairement au payement desdites sommes, en vertu d'une Ordonnance qui sera decernée par nos Juges sur une simple requête presentée par les Curez ou Vicaires perpetuels, contenant leur option de ladite portion congruë, sans qu'il soit besoin d'y joindre d'autres pieces que l'acte de ladite option, signifié ausdits Decimateurs; & seront les Ordonnances de nos Juges renduës sur ce sujet, executées par provision, nonobstant oppositions ou appellations quelconques.

O ij

Ordonnons que les Cures ou Vicairies perpetuelles qui vaqueront cy-aprés par la mort des titulaires, ou par les autres voyes de droit, & celles dont les titulaires se trouveront interdits, seront desservies durant ce temps par des Prêtres que les Archevêques, & autres qui peuvent être en droit & possession d'y pourvoir, commettront pour cet effet, & qu'ils seront payez par préference sur tous les fruits & revenus desdites Cures ou Vicairies perpetuelles, de la somme de trois cens livres, à l'égard de ceux qui feront les fonctions des Curez ; & de celle de cent cinquante livres à l'égard des Prêtres qui seront commis pour leur aider comme Vicaires. Voulons que toutes les contestations qui pourroient survenir pour l'execution de nôtre presente Declaration, soient portées en premiere instance pardevant nos Baillifs & Sénéchaux, & en cas d'appel, en nos Cours de Parlement. Si donnons en mandement, &c.

Voyez cy-aprés le nomb. 50.

45 Arrêt du Conseil Privé du Roy du 24. Mars 1687. portant défenses de contrevenir à la Declaration de sa Majesté, donnée en faveur des Curez pour les portions congruës. *Journal des Audiences, tome* 5. *livre* 3. *chap.* 4. *& Boniface, tome* 3. *li.* 6. *tit.* 5. *ch.* 7.

46 Arrêt du Conseil Privé du Roy du 16. Juillet 1687. qui ajuge la portion congruë aux Curez des Villes murées, & à leurs Vicaires, en interprétation de la Declaration du Roy du 26. Janvier 1686. *Boniface, tome* 3. *liv.* 6. *tit.* 5. *chap.* 9. *& cy-dessus sur le n.* 6.

47 La Declaration de 1686. donne aux Curez ou Vicaires perpetuels la somme de 300. livres outre les Offrandes, honoraires, & droits casuels que l'on paye, tant pour Fondations que pour autres causes ; mais les fonds & anciens domaines des Eglises sont imputez sur la portion congruë, comme il a été jugé par plusieurs Arrêts, entr'autres pour le Chapitre de l'Eglise de saint Martin de Tours gros decimateur de la Paroisse de saint Claude de Diray, contre Loüis Couronneau Curé, par Arrêt du 4. Août 1687. & pour le sieur Abbé de Marsillac Prieur de saint André de Miresleur, contre Blaise Taillandier Vicaire perpetuel, par Arrêt du 13. Decembre 1687. par lesquels il a été ordonné que lesdits Curé & Vicaire perpetuel seroient payez de la portion congruë de 300. livres, en déduisant les revenus & domaines de la Cure. *Définit. Can. p.* 655.

48 Arrêt du Parlement de Paris du 5. May 1688. en faveur des Curez & Vicaires pour les portions congruës. L'Arrêt condamne le Chapitre de S. Maur des Fossez de payer au Curé de l'Eglise de saint Clement de Chartres les arrerages de sa portion congruë de 300. livres, & les arrerages, à compter du jour de l'option, & toutes les offrandes, cires, honoraires, & droits casuels, tant pour Fondation que pour autres causes, & de payer encore la somme de 150. livres pour le Vicaire. *V. Boniface, tome* 3. *livre* 6. *tit.* 5. *chap.* 12.

49 En consequence de la declaration faite par le Curé qu'il n'y a point de fonds à sa Cure, & de son abandonnement fait des dîmes qui en dépendent, il doit être payé de la portion congruë du jour de son option, conformément à la Déclaration du 29. Janvier 1686. La portion congruë des Curez & Vicaires doit être prise, premierement sur toutes les dîmes Ecclesiastiques si aucunes y a, & ensuite sur les dîmes infeodées. Arrêt du Parlement de Paris du 17. Juillet 1688. *Au Journ. des Aud. to.* 5. *liv.* 4. *ch.* 20.

50 Declaration du Roy du 30. Juin 1690. qui porte, Voulons & nous plaît, que suivant nôtredite Declaration du mois de Janvier 1686. les Curez & Vicaires perpetuels jouïssent de la portion congruë de 300. livres par chacun an, qui seront payées par les gros Decimateurs, si mieux n'aiment leur abandonner toutes les dîmes qu'ils perçoivent dans lesdites Paroisses, auquel cas ils seront & demeureront déchargez desdites portions congruës, sur laquelle somme de 300. liv. lesdits Curez & Vicaires perpetuels seront tenus de payer par chacun an à l'avenir leur part des decimes qui seront imposées sur les Benefices de nôtre Royaume, à commencer seulement au premier département qui en sera fait par les deputez des Chambres Ecclesiastiques, laquelle part des decimes sera imposée moderement sur lesdits Curez & Vicaires perpetuels, dont nous chargeons l'honneur & la conscience desdits deputez, & jusqu'à ce que par nous en ait été autrement ordonné, sans que ladite part & portion puisse exceder la somme de cinquante livres pour les decimes ordinaires & extraordinaires, don gratuit, & pour toutes autres sommes qui pourroient être imposées à l'avenir sur le Clergé, sous quelque prétexte que ce puisse être ; dont nous avons dés à present & pour lors déchargé & déchargeons lesdits Curez & Vicaires perpetuels. Voulons aussi que pour faciliter le payement de 300. l. de portion congruë, lesdits Curez Vicaires perpetuels soient tenus de garder & de continuer la jouïssance des fonds, domaines, & portions des dîmes qu'ils possedoient lors de nôtre Declaration du mois de Janvier 1686. en deduction de ladite somme de 300. livres suivant l'estimation qui en sera faite à l'amiable entre les gros Decimateurs & les Curez & Vicaires perpetuels, suivant la commune valeur, quinzaine après l'option desdits Curez. & s'ils ne se peuvent accommoder, l'estimation en sera faite aux frais des gros Decimateurs, sans repetition contre lesdits Curez & Vicaires perpetuels, par experts, dont les parties conviendront, & à faute d'en convenir seront nommez d'office par nos Juges du ressort, à qui la connoissance est attribuée par nôtredite Declaration, & jusques à ce que l'estimation soit faite à l'amiable, consentie par les parties, ou ordonnée, soit en premiere instance, ou par appel, les gros Decimateurs seront tenus de payer en argent les 300. l. Ordonnons qu'aprés lad. estimation faite, en cas que les fonds, domaines & portions de dîmes ne soient suffisans pour remplir le revenu desdites 300. livres. le surplus soit payé en argent par les gros Decimateurs de quartier & par avance, sauf aprés que l'estimation aura été faite, la somme à laquelle pourra par chacun an monter le revenu desdits fonds, domaines & portions de dîmes pendant la jouïssance qu'en auront continuée lesdits Curez, leur sera déduite sur le supplément en argent que les gros Decimateurs auront à payer. Voulons pareillement que lesdits Curez Vicaires perpetuels jouïssent à l'avenir de toutes les oblations & offrandes, tant en cire ou argent, & autres retributions qui composent le casuel de l'Eglise ; ensemble des fonds chargez d'obits & fondations pour le service divin, sans aucune diminution de leurs portions congruës, & ce nonobstant toutes transactions abonnemens, possessions, Sentences, & Arrêts, ausquels nous défendons à nos Cours & Juges d'avoir aucun égard : Pourront neanmoins lesdits Curez primitifs s'ils ont titre ou possession valable, continuer de faire le service divin aux quatre Fêtes solemnelles, & le jour du Patron ; ausquels jours seulement, lorsqu'ils feront actuellement le service, & non autrement, ils pourront percevoir la moitié des oblations & offrandes, tant en argent qu'en cire, & l'autre moitié demeurera au Curé ou Vicaire perpetuel : Et sera au surplus nôtre Declaration du mois de Janvier 1686. executée selon sa forme & teneur, en ce qui n'y est dérogé par ces presentes. Si donnons, &c.

51 Jugé au Parlement de Tournay le 12. Novembre 1699. que dans la Châtellenie de Lille la portion congruë des Curez n'est pas moindre que de 350. florins par an. *V. M. Pinault, to.* 2 *Arr.* 275.

PORTION CONGRUE, RESIGNATION.

52 Si depuis la Declaration du Roy qui regle la con-

grue à 300. livres & au crû de l'Eglise, cette congruë peut être demandée contre le resignant qui a été reçû Prêtre, *sub titulo illius beneficii*. Jugé au Parlement de Toulouse le 25. Février 1671. que la congruë ne pouvoit être demandée pour cette raison, parce que si la congruë avoit absorbé le revenu, il eût fallu que ce Prêtre mandiât *in opprobrium Cleri*. Albert, *verbo* Pension art. 3.

53. Jugé au Parlement de Bourdeaux le 27. May 1672. que le resignataire peut obliger le resignant de luy payer la somme de 300. livres de portion congruë, en luy delaissant tous les revenus de la Cure, conformément à l'Edit du mois de Juin 1571. enregistré au Parlement de Bourdeaux le 3. Août de la même année. *Journal du Palais* in quarto, partie 3. page 430. & l'infolio, tome 2. page 969.

54. PORTION CONGRUË, RETRANCHEMENT.

La portion congruë ne peut être retranchée sous quelque prétexte que ce soit, même en cas de gresle, guerres civiles ou autres ravages. Jugé le 15. Decembre 1570. au préjudice du fermier d'une Abbaye, sa recompense reservée à l'encontre de ses auteurs ou bailleurs. Cela n'auroit pas lieu, si le Curé percevoit luy-même les dîmes à luy totalement abandonnées. *Bibliot. Can. to.* 2. p. 230. col. 1. & Charondas, *liv.* 1. Rép. 63.

55. Jugé au Parlement de Toulouse le 26. Février 1650. que la recision étoit valablement demandée d'une transaction passée entre un Prieur & un Vicaire perpetuel qui se reduisoit à une somme moindre de 200. livres pour la portion congruë. *Arrêts de M. Catellan liv.* 1. *chap.* 37.

Voyez les Declarations de 1686. & 1690. cy-dessus nombres 44. & 50.

PORTION CONGRUË, SAISIE.

56. L'on ne peut executer pour decimes ni pour aucune dette, sur la portion congruë qui doit être exempte de toutes charges. Arrêt du Parlement de Grenoble du 6. Octobre 1576. Basset, *tome* 1. *livre* 1. *titre* 1. *chapitre* 11.

57. Portion congruë non saisissable pour les dettes du Curé. Arrêt du Parlement de Paris du 29. Avril 1609. *Bibliot. Can. tome* 2. p. 229. col. 2.

PORTION CONGRUË, VICAIRES.

58. Un Prieur attaqué sur la portion congruë par un Vicaire perpetuel qui avoit impetré la Vicairie en Cour de Rome, après avoir fait voir que tout le Prieuré ne suffisoit pas à la payer, n'a reçû de remplir luy-même la Vicairie perpetuelle en servant la paroisse, & y faisant, suivant son offre toutes les fonctions Curiales. Arrêt du Parlement de Toulouse rapporté par *M. de Catellan*, *livre* 1. *chap.* 37.

59. Arrêt du 8. Mars 1688. qui a ajugé pour un Vicaire les 300. livres reglées pour la portion congruë par la Declaration du 29. Juillet 1686. & de 150. livres pour chacun des Prêtres, & de 100. livres pour le Clerc & autres choses. Ce Vicaire doit avoir la nomination des Prêtres. Boniface, *tome* 3. *livre* 6. *tit.* 5. *chap.* 5.

60. Vicaires ne peuvent demander leur portion congruë au Curé primitif, s'il ne jouït point des dîmes de la paroisse desdits Vicaires. Jugé au Parlement de Tournay le 8. Janvier 1694. pour les Abbé & Religieux de S. Nicolas de Furnes transferez à Ypres. Pinault, *tome* 1. *Arr.* 11.

Voyez cy-après le mot Vicaires. §. Vicaires des Curez.

PORTION VIRILE.

L'On appelle ainsi une portion de l'augment que la Loy accorde à la Veuve, quand elle demeure en viduité, *virilis dicta*, parce qu'elle est égale à la portion d'un des enfans.

Voyez le mot Augment & cy-après le mot Virile.

POSSESSEUR.

POsseffeur. Possession. Posseder.

De acquirendâ vel amittendâ possessione. D. 41. 2.

De acquirendâ & retinendâ possessione. C. 7. 32.
De interdictis adipiscendæ, retinendæ, & recuperandæ possessionis. I. 4. 15. De interd. §. 2. 3. 4. 5. & 6.
De Carboniano edicto. D. 37. 10. .. C. 6. 17... Paul. 3. 1... C. Th. 4. 3. Cn. Carbo, Author edicti. Cet Edit donnoit la possession & jouïssance de la succession à un impubere auquel on contestoit son état.
De possessione agi oporteat. C. 3. 16.
De improbis possessorum exceptionibus. N. 18. c. 10.
Ne vis fiat ei qui in possessionem missus est. D. 45. 4.
Unde vi. C. 8. 4. C. Th. 4. 20. .. I. 4. 15. §. 6.
Si per vim, vel alio modo absentis perturbata sit possessio. C. 8. 5.
De vi, & de vi armatâ. D. 43. 16. Possesseur deposfedé par violence.
De publicanâ in rem actione. D. 6. 2... I. 4. 6. §. 4. Cette action est une espece de revendication dont se sert le possesseur de bonne foi, ou l'acheteur, pour recouvrer la chose qu'il possedoit. *Possessor pro Domino habetur.*
Possesseur de bonne foi. *L. 136. D. de reg. jur.*
Possesseur est preferé. *L. 126. §. 2. l. 128. & 150. D. de reg. jur.*
Possesseur incertain. *D. 39. in D. de verb. sign.*
Posseder la plus grande partie de l'année, ce que c'est. *L. 156. D. de verb. sign.*
S'abstenir de la possession, n'est pas aliener. *L. 119. D. de reg. jur.*
Si ventris nomine, muliere in possessionem missâ, eadem possessio, dolo malo, ad alium translata esse dicatur. D. 25. 5. De la femme mise en possession de l'heredité, à cause de sa grossesse, & qui a cédé sa possession à quelqu'un.
Si mulier, ventris nomine, in possessione, calumnia causâ, esse dicatur. D. 25. 6. De la femme mise en possession de l'heredité pour son fruit, quoiqu'elle ne soit pas enceinte.
De edicto Divi Adriani tollendo : & quemadmodum scriptus heres in possessionem mittatur. C. 6. 33. L'Edit de l'Empereur Adrien ne donnoit qu'un an à l'heritier pour demander l'heredité ou la mise en possession; mais Justinien abroge cet Edit, & laisse à l'heritier un temps indefini. *V. Acceptation d'hoirie. Heritier.*
Ut in possessionem, legatorum vel fidei-commissorum servandorum causâ, mittatur; & quando satisfacti debeat. C. 6. 53... D. 36. 4. Quand l'heritier ne donne pas caution, le legataire est mis en possession de la chose leguée.
Quibus ex causis in possessionem eatur. D. 42. 4. Non est in usu apud nos.
Generalis forma de possessione, quomodo oporteat mitti in eam. N. 167.
De bonorum possessionibus. D. 37. 1. Ce Titre & ses semblables regardent plûtôt les successions, que la mise en possession.
Quorum bonorum. D. 43. 2... C. 8. 2... I. 4. 15. §. 3... C. Th. 4. 21. Sorte d'interdit, par lequel l'heritier étoit mis en possession de tous les biens du defunt. *V. Succession.*
De dolo & contumaciâ, & in possessionem missione. Inst. Lanc. 3. 6.
Marilianus *de jure possessionis*, in octavo *Coloniæ* 1599. Il y a les possesseurs de Benefices où l'on examine leurs titres & capacités, les possesseurs d'heritages; dont il sera ensuite parlé.

POSSESSION, BANC.

2. Possession d'avoir un banc dans l'Eglise. *Voyez le mot, Banc nomb.* 3. *& suiv.*

POSSESSION BENEFICIALE.

3. *Voyez le mot Benefice nombre 144. & cy-devant le titre de pacificis.*

4. *An quis sit recipiendus ad proponendum possessionem quod sit in possessione Curæ seu Beneficii alicujus.* Du Moulin, *tome* 2. *page* 581.

5. *Possessio sine titulo licitè non potest acquiri in beneficia-*

O iij

libus nisi sit diutina, & superior patiatur. Voyez *Franc. Marc. tome 1. quest. 1307.*

6 *Electus confirmatus administrare potest antequam in possessionem inducatur, aut in loco solito installetur, nullo alio existente in possessione : secus si alius possideret.* Voyez *Franc. Marc. tome 2. quest. 49.*

7 *Possessio praedecessoris, in beneficialibus, an & quando in successorem continuetur?* V. *Ibidem quest. 142.*

8 *Possessio decem annorum continuata, sciente & tolerante superiore, vim institutionis & tituli habet.* Voyez *Ibidem, quest. 659.*

9 Executeur de provisions de Benefice ne peut déposseder celuy qui en est en possession, mais il doit se contenter de mettre le pourvû verbalement en possession. Arrêt du 19. Février 1529. *Papon, livre 19. titre 2. nombre 13.*

POSSESSION ANNALE.

10 De la possession annale, & sur la regle de Chancellerie, *de annali possessore.* Voyez les *Memoires du Clergé tome 2. part. 2. page 477.* & Rebuffe, *2. partie praxis beneficiaria.*

11 Il y a possession annale & possession triennale : par la premiere le possesseur paisible d'un Benefice par an & jour doit être maintenu jusqu'à ce que le petitoire soit jugé ; mais il faut que le possesseur ait un titre. A l'égard de la triennale possession, il faut que celuy qui l'a, soit maintenu au petitoire, pourvû aussi qu'il ait un titre au moins coloré ; car sans titre, eût-on possedé vingt ans, on pourroit être troublé. Rebuffe admet de ce cas la prescription de 10. ans au bout desquels on ne pourroit troubler le possesseur. *Vide les Definitions du Droit Can. verbo, Possession.*

12 *Regula de annali, quatenus impetrantibus obstet, vel per eos evitetur?* Voyez *Lotherius de re beneficiariâ, liv. 2. quest. 52.*

13 *Regula de triennali, in quibus diversa sit à regulâ de annali, & qualiter per eam elidatur objectum?* Voyez *Ibidem, quest. 53.*

POSSESSION DE FAIT.

14 La possession de fait est préférée à la seule possession de droit. Arrêt du 10. May 1561. *Charondas, livre 2. Rép. 62. & liv. 3. Rép. 59.*

POSSESSION PAISIBLE.

15 Voyez cy-devant *Pacificis possessoribus* & les *Memoires du Clergé tome 2. partie 2. page 193. & 216.*

16 Le decret de pacifique possession a lieu, si après la recréance ajugée, le recrédentiaire joüit du Benefice trois ans complets sans litige ; ce qui se doit entendre lors, si après la recréance, la partie laisse le procez interrompu, & sans en parler. Arrêt du Parlement de Paris en 1509. semblable Arrêt du Parlement de Bourdeaux. *Bibliotheque de Bouchel, verbo Triennale possession.*

17 Opposant du decret *de pacif. possess.* est tenu de montrer son titre. Arrêt des Grands Jours de Moulins du 15. Septembre 1534. *Cap. 1. de lit. contest. lib. 6. Ibidem, verbo titre.*

18 Le decret *de pacif. possess.* a lieu en Benefice litigieux entr'autres personnes que le paisible possesseur non inquieté. Arrêt du Parlement de Paris du 14. Août 1554. pour Tricaud contre Pinard. *Ibidem verbo Triennale possession.*

19 Joüissance paisible & publique acquiert possession sans qu'elle soit prise par Notaire, présens témoins. Arrêt du Parlement de Paris du 1. Decembre 1564. contre un retrayant. *Papon, livre 8. tit. 6. nombre 1.*

20 Arrêt du 10. Decembre 1602. qui a jugé que la regle de la Chancellerie *de pacificis possessoribus,* n'a point de lieu en régale. *Filleau, 4. partie question 5.* Cette Jurisprudence a cessé d'avoir lieu par la disposition de l'article 27. de l'Edit du Roy Henry IV. sur les remontrances du Clergé en 1606. portant qu'aprés trois ans de joüissance paisible, les Pourvûs ne pourront être inquietés sous prétexte d'aucune provision en regale. Cet Edit est dans *Neron, page 536.*

POSSESSION DE PREDECESSEUR.
Voyez cy-dessus le nombre 7.

21 Le Glossateur de la Pragmatique Sanction & Rebuffe soûtiennent que le possesseur d'un Benefice ne se peut servir de la possession de son prédecesseur, parce qu'il n'entre point en possession du Benefice, comme un heritier par la force de la succession, *vi transmissionis* ; le possesseur du Benefice n'a rien de son prédecesseur, il tient son titre & tout son droit du collateur, & de la force de la provision de son superieur. *Definition Can. page 643.*

22 Si la possession ne se continuë point, le subrogé ne seroit pas recevable à s'aider de la prise de possession de son prédecesseur ; il est necessaire de prendre possession pour joüir de l'effet de la subrogation ; c'est un usage observé, même du temps de Rebuffe, comme il l'asseure dans sa pratique, *de subrogat. nombre 28.*

PRISE DE POSSESSION.

23 *De missione in possessionem.* Voyez Rebuffe, *1. partie Prax. benef.*

De la prise de possession. Voyez *Papon, liv. 2. tit. 3. nomb. 18.* Bibliotheque Canonique *tome 2. pag. 253. & suiv.* & le petit recüeil de Borjon *tome 4. page 88.*

24 Dévolutaire tenu de prendre possession dans l'an. Voyez le mot *Dévolut, nomb. 9.*

25 Touchant la prise de possession de ceux qui auront impetré en Cour de Rome provisions de Benefices, en la forme qu'on appelle *Dignum,* Voyez *l'Ordonnance de Blois, article 12.* avec *l'article 14. de l'Edit de Melun.*

26 M. *Coras* au Recüeil de ses Arrêts, dit qu'au Parlement de Toulouse on tient qu'on ne peut prendre possession d'un Benefice en vertu d'une simple signature à cause de la regle de Chancellerie, *de non judicando juxta formam supplicationis, sed litterarum expeditarum* : non pas, que la Cour déclare celuy là *intrus* qui aura pris telle possession nulle & vitieuse ; ce qu'il dit être contre son avis, & pense qu'il suffit que la signature soit verifiée par Banquiers, à moins qu'il ne s'agisse de grands Benefices consistoriaux.

27 On n'est pas obligé de prendre possession pour un nouveau titre, l'ayant pris une fois ; jugé par Arrêts de 1518. 1522. & 1535. La raison des Arrêts est, que la possession étant de fait, on n'est point obligé de la reïterer, ensorte qu'encore qu'on eût pris possession d'un Benefice sur un titre nul & vitieux, si depuis on acquiert un autre titre canonique, on n'est point obligé de prendre tout de nouveau possession. Il n'y a qu'une seule exception pour les provisions en regale, sur lesquelles à cause de la dignité & de l'eminence de ce titre, on est obligé de reïterer les prises de possession. C'est la decision de *Probus* en son traité de la regale *question 19.* M. Ruzé traité de la regale *page 9. nombre 3. Joannes Galli, question 22.* Papon, *livre 8. tit. 9. nombre 5.* Bibliotheque Canonique *tome 2. page 224. & 255.* & les Definitions Canoniques *page 649. Nisi adjiciatur collationi,* (à la provision en regale,) *clausula quâ asseratur manu, seu ut popularis sermo est, manu teneatur in possessione & saisinâ, etiam si non capiatur nova possessio ex causâ seu virtute, ut ait, novae gratiae.* Mornac, *l. 4. §. si arè alieno ff. de peculio.*

28 La prise de possession solemnelle, ou acte de refus, est requise & necessaire au plus tard dans trois ans, aprés la date des provisions expediées en Cour de Rome du vivant du resignant, & aprés ledit temps elles demeurent de nul effet & valeur. Voyez la *Conference des Ordonnances livre 1. titre 3. partie 2. §. 21.*

29 La regle *de publicandis* n'est point empêchée par la prise de possession si le resignant est demeuré en possession ; ainsi jugé au Parlement de Paris, en infirmant la Sentence du Prévôt de Paris, l'Arrêt rendu en faveur d'un obituaire qui fut maintenu en la possession de la Prebende contentieuse avec dommages & inte-

iers. La raison décisive étoit, que le resignataire qui avoit laissé joüir son resignant plus de six mois, le voyant malade, s'étoit contenté d'une prise de possession, céremoniale, & ne s'étoit point fait installer en la Prébende par le Chapitre du vivant de son resignant; & ainsi comme l'installation est ce qui emporte la possession réelle, il étoit vray de dire que le resignataire n'y ayant point été mis, le resignant étoit décedé aprés les six mois dans la possession réelle & actuelle de ladite Prébende ; en sorte qu'elle avoit vaqué par mort, aux termes de la regle *de publicandis*. Définitions Canoniques, pag. 646.

30. L'oncle avoit resigné son Abbaye à son neveu, lequel en avoit été pourvû avec le Placet du Roy. Mais comme il n'avoit pris possession, que lorsqu'il vit son oncle à l'extremité, un particulier impetra l'Abbaye par mort à la presentation du Roy. Le neveu montra au Grand Conseil, où il y eut procez, ses Bulles & Placet du Roy, de long-temps expediées, & sa prise de possession en date de six heures avant la mort de son resignant. Par Arrêt la récreance fut ajugée à l'autre; parce que la prise de possession fut soupçonnée de fraude *ex proximitate actuum*. Cet Arrêt fut donné pour l'Abbaye de la Magdelaine d'Autun en Bourgogne, en faveur du sieur Duguay Aumônier de la Reine. *Bibliotheque Canon*. tom. 2. pag. 358.

31. Possession du Benefice se doit prendre dans trois ans du jour de la provision; autrement si on a laissé joüir le resignant, & qu'il decede, le Benefice vaque par mort, Arrêt du Parlem. de Bourdeaux du mois de Janvier 1523. ce qui s'entend, au cas que le resignant & le resignataire vivent. *Papon, liv. 3. tit. 1. nomb. 8.*

32. Les six mois ne se comptent que du jour de l'expedition des provisions pour prendre possession, quand le resignant meurt aussi-tôt la resignation admise. Il en est de même des trois années, quand le resignant survit, & pendant lesquelles on peut prendre possession. *Bibliot. Can. to. 1. p. 383.*

33. Si quelqu'un a pris possession, sans faire mention de son titre, pourvû qu'il soit suffisant, *non vitiatur possessio*. Ainsi jugé au Parlement de Paris le 18. Fév. 1540. Rebuffe, *sur le Concordat*, tit. forma mandati Apostolici, *au mot* Inducentes. Bouchel, *en sa Bibliotheque du Droit François*, verbo *Graduez*, rapporte un Arrêt semblable, qui avoit été rendu le 23. Juin 1534.

34. Si de deux Pourvûs, l'un de Rome, l'autre de l'Ordinaire en un même jour, celuy de Rome prend possession un jour ou deux aprés sa provision de Rome, & sans en être saisi, & celuy de l'Ordinaire aprés, on demande si la prévention du Chapitre *si à sede*, doit avoir lieu ? Il se trouve un Arrêt du P. de Paris du mois de Mars 1546. avant Pâques, les Chambres assemblées, dans l'espece d'un Pourvû à Rome, ayant pris possession le lendemain sur les lieux du Benefice situé en Vandomois, qui obtint, nonobstant l'intrusion à luy opposée; car les Banquiers souvent promettent & s'obligent de rendre l'expedition des Bulles dans certain jour; neanmoins il y a bien de la difference des deux cas. Au premier, la précipitation ne peut préjudicier à l'Ordinaire: au second cas, il n'y a préjudice à aucun. Ce Chapitre *si à Sede, de Prabend. in 6.* parle seulement de deux collations faites par deux divers Collateurs, & laisse en doute le cas de deux collations faites par un Collateur. Plusieurs ont tenu qu'il y a autant de raison en l'un des cas, qu'en l'autre. *Papon, liv. 2. ti. 9. nomb. 15. & la Bibliot. Can. to. 2. p. 255. col. 1.*

35. Il a été jugé par un Arrêt du 16. Decembre 1574. qu'encore qu'un resignataire garde trop long-temps sa procuration *ad resignandum*, si neanmoins il prend possession, & qu'il fasse publier sa prise de possession avant la mort du resignant, six mois aprés l'impetration des provisions qu'il a obtenuës, la resignation est bonne & valable. Ce que ce même Arrêt jugea en faveur d'un neveu Curé de la Magdelaine de la Ville de Paris, contre un Docteur en Theologie, pourvû par l'Evêque de Paris.

Il est vray que le resignataire n'est pas obligé d'envoyer en Cour de Rome la procuration pour resigner, du moment qu'elle a été passée, & qu'il en peut differer l'envoy pendant quelque mois. Il est vray que les six mois portez par la regle *de publicandis*, ne commencent pas à courir du jour que la procuration est passée, & qu'ils ne courent que du jour qu'elle est admise: mais il faut prendre garde que la procuration doit être admise dans l'année de sa passation, autrement elle devient surannée, & par consequent nulle, suivant la disposition précise de l'article 10. de l'Edit des petites dates de 1550. *Définitions Can.* verbo *Possession.*

36. De la possession prise sur resignation aprés trois ans; *Voyez les Additions à la Bibliotheque de Bouchel*, verbo *Possession*, où plusieurs Arrêts sont rapportez. Il y en a en faveur de resignataires, qui n'avoient pris possession qu'aprés cinq & sept ans. Arrêts des 22. Janvier 1600. & 7. May 1633.

37. Es Benefices que le Roy confere par droit de regale ou de nomination, on n'a point d'égard à la prise de possession. Arrêt du Grand Conseil du 31. Mars 1622. Brodeau *sur M. Loüet, let. V. Somm. 1.*

38. Cause appointée en interpretation de la regle *de publicandis resignationibus*, pour sçavoir s'il suffit que le resignataire prenne possession du vivant du resignant, même à l'heure de son décés & aprés les six mois de la resignation admise. Arrêt du 6. Mars 1635. *Bardet, to. 2. li. 4. ch. 7.* M. Talon Avocat General, se declara contre le resignataire, parce qu'il trouvoit dans la cause de grands argumens de fraude & de confidence.

39. Resignataire admis par le Roy, à la charge de prendre possession dans quinzaine ; n'y satisfaisant pas, il est déchû de son droit, & le Benefice vaque en regale. Arrêt du 3. Juillet 1640. *Bardet, tome 2. li. 5. ch. 9.*

40. En matiere de permutation, si l'un des compermutans a pris possession, l'autre non, quoiqu'il ne soit point en demeure, celuy qui a pris possession, a les deux Benefices. Jugé le Lundy 22. Decembre 1644. *Du Fréni, liv. 4. ch. 10.*

41. Les provisions en Cour de Rome, deviennent caduques, faute dans les trois ans, à compter du jour de leur date, d'avoir pris possession pendant la vie du resignant, & dans les six premiers mois, quand le resignant meurt, *art. 14. de la Declaration*, portant Reglement pour l'execution de l'an 1646. L'Edit du Contrôle dans l'art. 10. veut que le resignant ne puisse plus resigner directement, ni indirectement le même Benefice, en faveur de celuy qui aura laissé passer les trois ans sans prendre possession. L'usage neanmoins est au contraire, quoiqu'abusif pour la seconde resignation. *Bibliot. Canon. tome 1. p. 184.* Voyez l'Edit du Contrôle dans le Recüeil des Ordonnances, fait par *Neron*.

42. La prise de possession doit être faite *palàm & publicè*, il faut un acte solemnel ; la notorieté n'est pas suffisante, & le resignant en ce cas est censé mort en possession. Arrêt du Parlement de Grenoble du vingt Août 1672. *Basset, to. 2. li. 1, ti. 6. ch. 2.* où il explique plusieurs difficultez sur les prises de possession, & dans quel temps elles peuvent, & doivent être solemnellement faites.

43. Jugé au Parlement de Paris le 3. Septembre 1686. que la prise de possession du vivant du resignant, publiée aprés sa mort, étoit valable. L'Obituaire perdit sa cause. Il faut observer, 1°. Que la prise de possession avoit été faite *non occulté, sed palàm, ità ut publicè nota esset in loco Beneficii, antequàm resignans*

decederet, suivant l'avis de M. Charles du Moulin sur la regle *de publicandis*, n. 272. Voyez le *Journal du Palais* in fol. to. 2. p. 646.

44. Quand la mort du refignant, & les expectans font à craindre, lorfque le temps de la regle eft paffé, & que la poffeffion fe prend aprés les fix mois de la provifion du Pape, ou aprés la mort de celle de l'Ordinaire, il eft neceffaire de faire publier au Prône la prife de poffeffion, & d'en faire infinuer le Certificat & la prife de poffeffion dans deux jours francs avant le décés du refignant, fans que le jour de prife de poffeffion, publication & infinuation, & le jour de la mort du refignant, foient compris dans ces deux jours, finon le Benefice feroit vacant par la mort du refignant, fuivant l'Article 12. de l'Edit des Infinuations du mois de Decembre 1691. & l'Arrêt cité dans le *Recüeil des Définitions Canon.* verbo *Refignation*, pag. 804.

45. Rebuffe tient, que fi la poffeffion eft prife devant la mort, la difpofition de la regle *de publicandis* ceffe; & l'on peut dire que le Benefice n'a point vaqué *per obitum* du refignant; & dit qu'il a été ainfi jugé par un Arrêt du Grand Confeil, qu'il rapporte fur la même regle, *n*. 11. duquel il ne marque aucune date; & il ajoûte qu'un refignataire fut débouté, pour avoir pris poffeffion du jour de la mort du refignant, bien qu'il eût prouvé que ce fût le matin, & que fon refignant fût décedé le foir.

Par l'article 19. de l'Edit du Contrôle, conformément auquel cet Arrêt du Grand Confeil a été rendu, il eft porté que quand un refignataire veut dépoffeder fon refignant aprés les fix mois, il faut qu'il prenne poffeffion, & qu'il la faffe contrôler; c'eft-à-dire, infinuer deux jours avant le décés du refignant, le jour du Contrôle ou infinuation, & celuy de la mort du refignant non compris; autrement, que le Benefice fera reputé vacant par mort: ce qu'il faut remarquer, eft par l'article n'eft pas obfervé à la rigueur au Grand Confeil, où l'Edit du Contrôle avoit été verifié, & y eft gardé. Cela dépend des circonftances particulieres.

M. Charles du Moulin, regle *de public. refignat.* nomb. 22. dit que c'eft une affectation qui ne peut être fans fraude, de differer à prendre poffeffion jufqu'au jour de la mort. *Tunc fufpicio eft exquifita fraudis, & imputandum ei qui itâ fe fe nec fine fraude arctavit.* L'Edit des infinuations du mois de Decembre 1691. art. 12. a renouvellé & confirmé l'Edit du Contrôle. Ainfi les refignataires qui ont laiffé paffer le temps de la regle, font tenus de prendre poffeffion, & de la faire publier & infinuer deux jours avant la mort du refignant, fans que le jour de la prife de poffeffion, publication & infinuation foient compris dans ces deux jours. Ce qui eft à prefent obfervé à la rigueur au Grand Confeil, où la queftion a été jugée dans l'affaire du Prieuré de S. Barthelemy du Buiffon, Ordre de S. Benoit, Diocefe de Sens, pour Dom Bourdelot Religieux dudit Ordre, contre Dom Charles Henin de la Buffiere, qui avoit fait infinuer fa prife de poffeffion aprés la mort de Dom Paul Bonin fon refignant, par Arrêt de l'année 1695. *Journal du Palais*, in fol. to. 2. p. 889.

POSSESSION, REGALE.

46. La poffeffion civile n'empêche point la regale. Arrêt de 1351. pour un Chanoine de Chartres. Cependant il a été jugé en 1573. que la poffeffion prife & exercée par Procureur, ne laiffe d'être eftimée bonne. *Bibliot. de Bouchel*, verbo *Poffeffeur*. La derniere Jurifprudence s'eft conformée au premier Arrêt. *V*. cy-devant *le nomb*. 20. & cy-aprés le mot *Regale*. §. *Regale*, *Poffeffion*.

POSSESSION TRIENNALE.

47. Voyez le premier titre de la prefente *Lettre P*. *nomb*. 11. & *fuiv*. & Peleus, *qu*. 164.

De la poffeffion triennale, & la regle de Chancellerie *de triennali poffeffore*. Voyez *les Memoires du Clergé*, to. 2 part. 2. p. 477.

48. Suppofé que le refignataire ait laiffé écouler les fix mois fans prendre poffeffion, que fon refignant foit décedé, & que depuis ayant pris poffeffion en confequence, & fous le pretexte de cette refignation, il ait joüi du Benefice paifiblement pendant trois années; fçavoir fi en ce cas il peut fe fervir du Decret *de pacificis poffefforibus*? Voyez du Moulin fur la regle *de publicandis*, nom. 26. & *fuiv*. Au nomb. 32. il dit: On ne doit pas douter que le refignant n'ait un titre coloré & valable, puifqu'il eft conftant qu'il a eu fes provifions de celuy qui avoit le pouvoir de les luy donner, & que fon titre dans fon commencement étoit valable, legitime & canonique; d'autant plus que l'annulation & la refolution de fon titre dépend des circonftances du fait, lefquelles ne font pas conftantes, & qu'il faut prouver. Cependant on doit demeurer d'accord qu'il a un titre coloré, en confequence duquel, pourvû qu'il n'eût pas d'autre vice, ni défaut, s'il a joüi paifiblement pendant trois années entieres & continuelles, il fe peut aider du Decret *de pacificis*.

49. Celuy qui a joüi d'un Benefice paifiblement pendant trois années, n'eft pas obligé de juftifier du titre de fon predeceffeur. Cette maxime n'eft veritable, que lorfque celuy auquel vous fuccedez, a été poffeffeur paifible du Benefice, & qu'il en étoit reputé Titulaire. *Du Moulin*, de publicandis, *nombre* 43.

50. Poffeffeur paifible du Benefice affuré aprés trois ans, n'ayant que titre coloré. *Bellourdeau*, *li*. 5. Controv 49. & Tournet, lettre P. Arr. 150.

51. Vide le Plaidoyé de *M*. Servin, to. 1. pag. 34. où il eft décidé que le pourvû fans la prefentation du Patron Laïc, a pû acquerir la poffeffion triennale; & qu'en ce cas la regle *de pacificis poffefforibus*, a lieu: que la poffeffion triennale n'eft point troublée par des proteftations, mais feulement par des actions judiciaires.

52. La triennale poffeffion aprés la récreance, vaut à la maintenuë. Arrêt du Parlem. de Paris de 1509. pour Barthelemy Fouchier intimé, contre Jean Tillon, appellant du Sénéchal d'Angers. *Bibliot. de Bouchel*, verbo *Triennale poffeffion*.

53. Poffeffion triennale empêche le Sequeftre, & exclud le complaignant. Arrêt du Parlement de Paris à Poitiers le 24. Octobre 1531. Papon, *liv*. 8. titre 9. nomb. 1.

54. Triennale poffeffion exclud un complaignant, & empêche le Sequeftre. Arrêt du Parlement de Paris à Poitiers du 24. Octobre 1531. par le Decret exprés *de pacific. poffeff. in Pragm. Sanct. & Clem. unic. de fequeft. poff.* Bibliotheque de Bouchel, verbo Triennale poffeffion.

55. Chanoine poffeffeur paifible par trois ans, ne peut être défaifi par le Chapitre. fous pretexte de l'Edit, qui affecte la premiere Chanoinie vacante au Maître d'Ecole. Arrêt pour un Chanoine de Noyon du 27. Novembre 1556. *Ibid*. Papon, *li*. 8. ti. 9. nom. 9. & la Bibliot. Can. to. 1. p. 199. col. 2.

56. La triennalité ne fert au Pourvû, fi le Collateur n'a droit de collation; *debet enim effe habilis*. C. Poftulatis de Cleri. ex. nec poteft per fe, nec per alium conferre validè. C. Religiofus de procur. Comme auffi, Simoniacus non poteft gaudere privilegio triennii, &c. tenetur fructus reftituere. Grim. ad Reg. de trienn. poff. Rebuffus in pra. tit. de inf. refign. textus in C. deteftabilis de fimon. à quoy il n'eft pas obligé aprés les dix ans. Arrêt du 4. Mars 1574. dans *Bergeron & Charondas en fes Memoires* ad calcem operum. Du Fail, *liv*. 1. chap. 363.

57. Lorfqu'un titre eft vicieux, l'on ne peut s'aider de la regle *de triennali poffeffore*. Arrêt du Parlement de Paris, rapporté par *M*. Loüet, lettre P. Sommaire 31. qui

58 qui juge que le refignant ayant ftipulé une referve de tous fruits *loco penfionis*, le titre du refignataire qui étoit nul, parce qu'il n'avoit pas joüi des fruits, n'avoit pas l'effet de rendre valable la triennale poffeffion.

58 Aprés trois ans de paifible poffeffion, le Regalifte ne peut inquieter le titulaire poffeffeur, fuivant l'art. 27. de l'Edit de 1606. *Brodeau fur M. Loüet, lettre V. fomm.* 2. Voyez *Anne Robert, livre* 3. *chap.* 1.

59 Arrêt du Parlement de Provence du 29. Novembre 1646. qui a jugé que le non gradué ayant poffedé paifiblement durant trois ans une Vicairie, étoit affuré en fon Benefice, en vertu de la Regle de *Triennalis poffefffore*. Boniface, *tome* 1. *li.* 2. *tit.* 27.

60 La poffeffion triennale ne couvre point l'expreffion du decret irritant appofée dans une premiere provifion en commende d'un Benefice regulier, ni la feconde provifion auffi en commende accordée au refignataire du premier pourvû ; le devolutaire fut maintenu par Arrêt du Parlement de Paris du 11. Juillet 1674. *Journal du Palais in quarto, part.* 3. *p.* 396. & *le* 2. *tome in folio, p.* 590.

61 La triennale poffeffion pour avoir lieu doit être fans trouble ; elle fe compte *de momento ad momentum*, fans aucune interruption ; le temps de la guerre fournit une exception valable en faveur de celuy qui n'a pû former complainte. La Glofe de la Pragmatique Sanction fur le mot *impedimenti* explique quels font les obftacles qui peuvent empêcher l'effet de la triennale paifible poffeffion. Il faut encore que la poffeffion foit fans intrufion, fans fimonie, & fans violence. *Définit. Can. p.* 642.

POSSESSION EN MATIERE PROFANE.

62 Voyez *Charondas, en fes memorables*, verbo *Poffeffion*.

63 De la poffeffion précaire, de bonne ou mauvaife foi, de la liaifon entre la poffeffion & la proprieté, & comment on peut acquerir ou perdre la poffeffion? Des effets de la poffeffion. *Voyez le* 2. *tome des Loix Civiles, liv.* 3. *tit.* 7.

Des engagemens de celuy qui a, & poffede quelque chofe d'une autre perfonne fans convention, & de la reftitution foit des deniers, & des fruits à laquelle il eft obligé. Voyez *le même, livre* 2. *titre* 7. *fection* 3.

64 *Prius poffeffionem reftituendam effe quàm de principali caufa agatur.* Voyez And. Gaill, *confuetud. feud. lib.* 8. *tit.* 82.

65 Voyez le traité fait per Andr. Gaill, *de pignorationibus*, il dit que *pignoratio ex conftitutione Imperii nihil aliud eft quàm poffeffionis turbatio*.

66 *Pignoratio Imperialis quid fit, & quomodo ab arrefto, fpolio, & reprefaliis differat?* Voyez Andr. Gaill, *lib. fing. de pignorationibus, obfervat.* 1.

De requifitis pignorationis. Voyez ibidem, *obfervat.* 2.

Pignorationis conftitutio locum habet etiam in rebus ablatis. Voyez ibidem, *obfervat.* 4.

Pignoratio Præfecti an Domino noceat? Voyez ibidem, *obfervat.* 5.

Vaffallus & ufufructuarius, an fuper conftitutione pignorationis agere poffint? Voyez ibidem, *obfervat.* 6.

Capitulum five Collegium Cathedralis Ecclefia, an fuper conftitutione pignorationis conveniri poffit. Voyez ibidem, *lib. fing. obfervat* 7.

De proceffu pignorationis in caufa citationis. Voyez ibidem, *lib. fing. obfervat.* 8.

Servis afcriptis, vel hominibus propriis, ut vocant captis, an conftitutio pignorationis locum habeat? Voyez ibidem, *obfervat.* 8.

Rebus inclufis an locum habeat conftitutio pignorationis? Voyez ibidem, *obfervat.* 9.

Rebus extrà locum controverfum ablatis, vel perfonis captis, an jure conftitutionis reftituenda & relaxanda fint? Voyez ibidem, *obfervat.* 10.

Tome III.

De mutuis pignorationibus. Voyez ibidem, *obfervat.* 12.

De proceffu pignorationis in caufa mandati. Voyez ibidem, *obfervat.* 13.

In caufa mandati an exceptiones contra paritionem admittantur? Voyez ibidem, *obfervat.* 14.

Subjectionis exceptio an impediat paritionem? Voyez ibidem, *obfervat.* 15.

Reftitutio in caufa mandati quomodo facienda? Voyez ibidem, *obfervat.* 16.

De repetita pignoratione. Voyez ibidem, *obfervat.* 19.

De pignoratione in loco communi facta. Voyez ibidem, *obfervat.* 20.

Res pignorata, an cum fua utilitate reftituenda fit? Voyez ibidem, *obfervat.* 21.

De probationibus in caufis pignorationum. Voyez ibidem, *obfervat.* 22.

De fententia definitiva in caufis pignorationum. Voyez ibidem, *obfervat.* 23.

De re judicata in caufis pignorationum. Voyez ibidem, *obfervat.* 25.

Quid arrefta regulariter interdicta funt. Voyez *Andr. Gaill*, en fon traité *de arreftis imperii, cap.* 1.

Communia utriufque conftitutionis, pignorationis & arreftorum. Voyez ibidem, *cap.* 2.

Quid fit arreftum, five impedimentum, imperii. Voyez ibidem, *cap.* 3.

De requifitis conftitutionis arreftorum. Voyez ibidem, *cap.* 4.

Arreftum imperii quid differat à turbata poffeffione, vel fpolio? Voyez ibidem, *cap.* 5.

An diverfitas patrimoniorum eximat ftatum imperii à Jurifdictione camera imperialis, & difpofitione conftitutionis arreftorum? Voyez ibidem, *cap.* 6.

Nullitatis exceptio ex defectu jurifdictionis camera, an paritionem mandati arreftorum impediat? Voyez ibidem, *cap.* 7.

An Dominus pro fubdito fuo arreftato in camera ad relaxationem arrefti agere & colonum fugitivum defertorem territorii fui impedire, & vindicare poffit? Voyez ibidem, *cap.* 8.

De arreftis juris licitis. Voyez ibidem *cap.* 11.

An per arreftum poffeffio rei arreftata tollatur? Voyez ibidem, *cap.* 12.

An in relaxatione arreftorum omnis utilitas rei arreftata in reftitutionem veniat? Voyez ibidem, *cap.* 13.

An iniquè arreftatus contra arreftorem, vel judicem, injuriarum agere poffit? Item an exceptionibus paritionem in caufa mandatorum impedientibus. Voyez ibidem, *cap.* 14.

67 Poffeffion pour ou contre l'établiffement d'une bannalité. *Voyez le mot Bannalité, nomb.* 11. 12. & 30.

68 De la poffeffion dans l'action confeffoire. *Voyez Guy Pape, queftion* 38. 212. 578. 866. il dit que le poffeffeur doit être maintenu durant le cours du procez, le Droit l'ordonne, & l'ufage de toutes les Cours de Dauphiné le veut ; le fifc n'a pas même plus de privilege que les particuliers, fi ce n'eft qu'il y ait fujet de craindre que le poffeffeur n'ufe mal de la chofe. *Voyez Chorier en fa Jurifprudence de Guy Pape, page* 193.

69 *Poffeffio præfumitur continuata & qualificata in qualitate tituli ; nemo poteft, etiam fucceffor, mutare caufam poffeffionis.* V. M. Charles Du Moulin, *tome* 2. *Confil.* 10. *nomb.* 11. & 12.

70 *Judex cui fpolii caufa commiffa eft, poteft cognofcere de poffeffione.* Voyez Franc. Marc. *to.* 1. *queft.* 67.

71 *Miffus in poffeffionem ex primo decreto an poffidere dicatur, & reum expellere poffit & intentare reintegranda remedium? De tranflatione poffeffionis propter contumaciam ; defuncti poffeffio an in hæredis perfonam continuari poffit?* Voyez ibidem, *queft.* 304. & *fuiv.*

72 *Poffeffio feu quafi, ut in juribus incorporalibus acquiratur, quæ requirantur?* V. ibidem, *queft.* 411.

P

73 *Remedium Canon. reintegrandæ, an detur contrà titulo possidentem, non habentem causam à vitioso auctore, & quo tempore præscribatur?* Voyez Francisci Stephani, *decis.* 50.

74 L'autorité d'une possession, joüissance & usage anciens doit l'emporter. Jugé le 21. Novembre 1611. *Mornac, l. unica. ff. si quis jus dicenti non, &c.*

POSSESSION DE BIENS.

Cette possession de biens n'est pas précisément de nôtre usage; mais par le Droit Romain, c'étoit le droit de demander & poursuivre l'heredité, *jus persequendi retinendive patrimonii, sive rei, quæ cujusque, cùm moritur, fuit*; ce qui est l'heredité même, ou la succession. Ainsi le possesseur de biens, *bonorum possessor*, est le même que l'heritier, suivant la Loy 2. au *Dig. de bonor. possess.* & suivant la Loy 117. *de reg. jur.*

La difference de l'heredité & de la possession de biens, est que , *lex dat hereditatem , Prætor verò bonorum possessionem. Cujac. parat. Cod.* 6. 9. Il arrivoit quelquefois que celuy qui avoit la possession de biens, n'étoit pas en possession de la succession : & il la demandoit par l'interdit, *quorum bonorum. D.* 43.2... *C.* 8. 2... *C. Th.* 4. 21.

Il est traité de cette possession de biens dans les Livres 37. & 38. du Digeste, qui sont une suite des testamens & des successions.

Il en est aussi traité dans le sixiéme Livre du Code, depuis le titre IX. jusqu'autre titre XX. inclusivement.

Tous ces titres sont recüeillis cy-aprés, sous le mot *Succession.*

POSSESSEUR DE BONNE OU MAUVAISE FOY.

Voyez lettre F. verbo *Bonne foy.*

75 Du possesseur de bonne ou de mauvaise foy, & de la restitution des fruits. *Voyez Du Moulin , tome 2. p.* 556. *n.* 24. *& p.* 873. Conseil 20. où il observe que *bona fides præsumitur in possessore, nisi contrarium probetur.*

76 Un possesseur étant une fois devenu de mauvaise foi par la contestation en cause, ne peut se prévaloir de ce que l'instance est perie du depuis ; il doit la restitution des fruits , de même que s'il n'y avoit eu de peremption. Arrêt du 30. Octobre 1556. *M. le Prêtre, és Arrêts celebres du Parlement* in princip.

Voyez cy-aprés *le nomb.* 92.

POSSESSION CENTENAIRE.

77 Voyez M. Loüet, lettre L. *somm.* 9. *circa finem*, où il parle de la possession centenaire des Majeurs & Echevins d'Amiens, touchant la licitation entre coheritiers , où des étrangers avoient été admis à encherir ; toutefois ils n'avoient point été adjudicataires. Arrêt du 3. Mars 1587. qui n'eut point d'égard à leur possession centenaire.

POSSESSEUR D'HERITAGES.

78 Les possesseurs de plusieurs fonds specialement affectez pour le payement d'une prestation annuelle, sont également tenus de payer, sauf à celuy qui a payé au dessus de sa part, de contraindre les autres de venir à l'égalation de cette prestation. Arrêt du Parlement de Grenoble du 26. Juin 1554. *Basset, tome* 1. *liv.* 3. *tit.* 7. *chap.* 1.

79 Une pension imposée sur un fonds ne peut être entierement exigée du possesseur d'une partie de ce fonds. Arrêt du 17. May 1594. *Ibidem.*

80 Une pension constituée à prix d'argent assignée sur deux ou plusieurs fonds, specialement hipotequez pour chaque particulier d'iceux, & generalement sur tous les autres biens, ne pouvoit être divisée, quoique les fonds soient tenus par plusieurs ; on peut convenir un des possesseurs pour le payement du total de la pension. On la considera comme une dette dont l'hypoteque étoit indivisible, par consequent difference d'une fonciere & perpetuelle, portant lods & ventes. Arrêt du 19. Juin 1657. *Basset, ibidem.*

81 Le Colon Portiaire ne peut intervertir la possession du Maître. Arrêt du Parlement de Dijon du 8. Janvier 1579. *Bouvot, tome* 2. verbo *Petitoire, Possessoire, quest.* 4.

82 Jugé par Arrêt du Parlement de Dijon du 11. Février 1608. que celuy qui joüit de partie d'une maison, achetant cette partie, se peut aider de la possession & joüissance du temps qu'il étoit locataire, & depuis son achat, & demander contre l'autre ayant part en la maison, d'être maintenu en la joüissance, sauf à l'autre de se pourvoir au petitoire. *Bouvot, ibidem. quest.* 17

83 Si un possesseur ayant été condamné de vuider un domaine, étant remboursé du prix & reparation, à un mineur qui en avoit fait la vente, la mise de possession de ce domaine faite par le mineur de son autorité privée, & sans avoir fait le remboursement est nulle? Arrêt du Parlement de Provence du 26. Novembre 1671. qui declara nulle la mise de possession, & que les Experts vuidans le recours auront égard au chauffage qu'elle étoit pris pour l'usage du possesseur, & liquideront les fruits, année par année. *boniface, 10. 4. livre 9. titre 2. ch. 3.*

POSSESSION IMMEMORIALE.

84 De la possession immemoriale. *Voyez les Memoires du Clergé, tome* 2. *part.* 2. *p.* 154.

85 *Quæ specialia habeat immemorialis præscriptio?* Voyez Pontan. in consuet. Bles. *tit.* 4. *art.* 37.

86 Une possession immemoriale acquiert le droit de peage, parce que dans cette servitude, & dans d'autres qui ont une cause discontinuë, il entre du fait de l'homme, & qu'on n'en use pas continuellement ; la possession immemoriale est celle de cent ans, mais s'il y a quelques jugemens de maintenuë, ou si l'on paye quelque droit au proprietaire de la forêt, par exemple, ou des prez, dix ans suffisent. C'est ce qui a été jugé au Parlement de Grenoble pour le Seigneur de la Baume d'Ostun, contre les habitans de la Motte qui prétendoient avoir droit de faire paître leurs bestiaux dans la forêt de Gervant, sans luy rien payer. Ils furent condamnez par Arrêt du 28. Mars 1461. bien qu'ils eussent prouvé leur possession de 10. de 20. & de 30. ans. En ces occasions la question de la proprieté n'est qu'incidente, & celuy-là est maintenu proprietaire, qui prouve qu'il possede. Les habitans d'Auberive auprés de Vienne prétendoient avoir ce même droit de pâturage dans un pré qui dépend de la Communauté des côtes d'Arcy, qui resistoit à cette prétention, par l'action negatoire. Elle prouva dans l'instance qu'elle étoit reputée publiquement proprietaire de ce pré, & qu'elle en avoit la possession. La Cour jugea que cette preuve faite par des actes possessoriaux suffisoit, quoiqu'elle ne fût pas necessairement concluante, & cette Communauté fut maintenuë. *Voyez Guy Pape, quest.* 28. *&* 573.

87 Une possession immemoriale d'exiger une redevance peut être prouvée par témoins. Arrêt du Parlement de Grenoble du 2. Juillet 1659. *Basset, tome* 1. *livre* 3. *titre* 3. *chap.* 4.

88 Arrêt du Parlement de Provence du 23. Juin 1688. qui a declaré que la preuve ordonnée de la possession ancienne & recente, est suffisante, étant faite de 30. ans. *Boniface, tome* 4. *liv.* 9. *tit.* 1. *chap.* 22.

POSSESSION DE QUARANTE ANS.

89 La longue prestation de plus de quarante ans faite à une Eglise de certain droit annuel, induit une obligation à l'avenir contre ceux qui ont payé volontairement, encore qu'il n'apparoisse de titre, *idque favore Ecclesiæ.* Arrêt du 8. Août 1601. entre Messire Pierre de Flagens, & la Dame de Rostaing, & le sieur Lamy Curé de Noisy le Sec. *Bibliot. Can. tome* 2. *p.* 240. *col.* 2.

90 Par Arrêt du Parlement de Normandie du 9. Jan-

vier 1542. rapporté par *Berault* sur la Coûtume de Normandie, art. 511. il a été jugé que la possession de quarante ans ne valoit rien, lorsqu'elle étoit fondée sur un titre vicieux.

91 La possession de quarante ans d'exiger est un titre suffisant pour les redevances annuelles, comme sont les rentes, les censes, & les servis. Jugé au Parlement de Grenoble pour le Seigneur d'Aix & de Sorant, contre quelques habitans. *Voyez Guy Pape*, quest. 407. & 408.

POSSESSEUR, REPARATIONS.

92 Possesseur de bonne foy condamné d'abandonner ne peut être contraint, qu'auparavant il n'ait été remboursé des reparations utiles ; & à l'égard des voluptuaires il peut seulement venir par action de dommages & interêts. Arrêt du 17. Avril 1427. il a aussi droit de retention pour les frais necessaires. *Papon, li.* 18. *tit.* 4. *nomb.* 15.

93 Le possesseur n'est pas reçu, par la raison de la qualité & de l'importance de ses reparations, & de ses constructions, à l'offre de la valeur du terrein & du sol. Arrêt du Parlement de Grenoble du 13. Mars 1665. rapporté par *Chorier en sa Jurisprudence de Guy Pape*, p. 296.

RETENIR LA POSSESSION.

94 *Voyez* l'Ordonnance de Moulins article 52. *retentiones pignoris permissa*. Mornac, *l.* 1. ff. *de pignoribus & hypoiecis*.

POSSESSOIRE.

Voyez Petitoire. Possessoire. *Causa possessoria. Vindiciarum præjudicium. Interdictum possessionis.*

La matiere du possessoire, ou de la possession est traitée en Droit sous le nom d'interdit, qui est une Ordonnance du Juge sur le possessoire.

Voyez tout le Livre XLIII. du Digeste, & les onze premiers Titres du huitiéme livre du Code.

De interdictis. D. 43. 1... *I.* 4. 15... *Paul.* 5. 6.

Uti possidetis. D. 43. 17... *C.* 8. 6... *I.* 4. 15. §. 4. Sorte d'interdit pour être maintenu au possessoire, ou dans la possession d'un immeuble, pendant la contestation pour le petitoire.

De possessionibus & interdicto uti possidetis. Lex 12. *tabb. t.* 22.

De ordine judiciorum. C. 3. 8.

De ordine cognitionum. C. 7. 19... *Extr.* 2. 10.

De causa possessionis & proprietatis, Extr. 2. 12. Ces trois derniers Titres concernent l'ordre des actions, & traitent en particulier du possessoire & du petitoire.

De utrubi. D. 43. 31... *I.* 4. 15. §. 4... *C. Th.* 4. *ult.* Interdit pour être maintenu en la possession d'une chose mobiliaire. *Interdictum utrubi, sic dictum à primo interdicti verbo, utrubi, ex utrum, & ubi ; id est, apud quem.*

De superficiebus. D. 43. 18. Ce titre parle de l'interdit qui maintient au possessoire celuy qui a bâti sur le fonds d'autrui. *Domino consentiente*. Voyez l'explication de *Superficies*, aux mots *Surface*, & *Emphiteose*.

De itinere actúque privato. D. 43. 19. Interdit peut être maintenu au possessoire d'un chemin ou passage particulier.

Si de momentaneâ possessione fuerit appellatum. C. 7. 69. *C. Th.* 11. 37. Appel d'une Sentence au possessoire, n'empêche pas l'execution : passé outre nonobstant l'appel.

Voyez l'article précedent, *Possession* ; & les mots *Complainte, Interdit, Petitoire*.

Des matieres possessoires. Ordonnances de Fontanon, tome 1. livre 3. *tit.* 40. *p.* 611.

De duplici possessorio, & utriusque differentiâ. Voyez Andr. Gaill, *liv.* 1. *observat.* 7.

1 Parmi les Juges Laïcs, il n'y a que le Royal qui puisse connoître du possessoire des Benefices dont la connoissance a été interdite aux Officiers des Seigneurs ; par l'Ordonnance de Loüis XI. de l'an 1464. & par celle de Loüis XII. de l'an 1499. *Voyez Graverol sur la Rochestavin, liv.* 6. *tit.* 56. *Arr.* 5.

2 Après le possessoire intenté en matiere beneficiale, ne se pourra faire poursuite pardevant le Juge d'Eglise sur le petitoire, jusques à ce que le possessoire ait été entierement vuidé par Jugement de pleine maintenuë, & que les parties y ayent satisfait & fourni, tant pour le principal que pour les fruits, dommages & interêts. Ordonnance de 1539. art. 49. *Voyez M. Dolive, liv.* 1. *chap.* 12.

3 Possessoire doit être entierement executé avant qu'on soit tenu défendre au petitoire. *Tournet, lettre P. Arr.* 151.

4 Celui qui se dit en possession immemoriale de puiser de l'eau dans un puits, n'est tenu au possessoire contester sur l'immemoriale possession, si-tôt que le proprietaire du puits confesse la possession, quoique non immemoriale. Arrêt du Parlement de Dijon du 7. May 1573. *Bouvot, to.* 2. verbo *Petitoire*, question 11.

5 Le possessoire doit être parfourni avant que de venir au petitoire, & la Sentence sur le possessoire n'est pas executoire, nonobstant l'appel, sans appeller 3. ou 4. Assesseurs. *Bouvot, tome* 2. verbo *Petitoire, Possessoire*, quest. 3.

6 Si le Juge d'Eglise prend connoissance du possessoire, l'on peut appeller comme d'abus. Arrêt du Parlement de Dijon du 12. Juillet 1599. *Ibidem*, verbo *Petitoire*, quest. 5.

POSTE.

Poste, *Cursus publicus*. Cheval de poste, *Veredus*. *De cursu publico, & Angariis, & Parangariis*. C. 12. 51... *C. Th.* 8. 5. De la poste & des voitures publiques. *Angaria, qua cursus publicus dispositus est* : Les routes. *Parangaria, quâ per Provincias ex transverso iter fit* : Les pays de traverse. C'est de là sans doute, qu'on dit encore en quelques Provinces, un pays de Paragare.

De Murilegulis,... & Bastagariis. C. 11. 7... *C. Th.* 10. 20. *Bastagarii*, voituriers & conducteurs des choses qui appartenoient au Prince, & qui étoient portées *in ærarium*. Mais on peut appliquer ce qui est dit de ces voituriers, au Maître particulier d'une poste.

De Curiosis & stationariis. C. 12. 23... *C. Th.* 6. 29. Des Inspecteurs des postes ; d'où ils étoient aussi appellez *Curagendarii*. Ils étoient aussi les dénonciateurs publics.

Voyez cy-devant *Couriers*.

POSTHUME.

Sens de ce mot, *Posthumus. L.* 153. & 231. *D. de verb. sign.*

De liberis & posthumis heredibus instituendis, vel exheredandis. D. 282.

De Posthumis heredibus instituendis vel exheredandis. C. 6. 29.

De inspiciendo ventre, custodiendóque partu. D. 25. 4. Ce Titre est commun au mari & à la femme ; au mari, quand après le divorce, la femme nioit d'être enceinte ; à la femme quand elle se disoit enceinte, après la mort de son mari. *Venter, hic pro muliere prægnante, vel pro Posthumo.*

De ventre in possessionem mittendo, & curatore ejus. D. 37. 9.

Voyez les Loix Civiles dans leur ordre naturel, *to.* 1. au livre préliminaire, *tit.* 2. *sect.* 1. *n.* 7.

1 De l'institution des posthumes, *V. Henrys, tom.* 2. livre 5. quest. 50. & le mot *Enfans*, nomb. 67. & 68. & le mot *Heritier*, nomb. 246. & suiv.

2 *Posthumus qui incontinenti & illico moritur, ad*

quem hereditatem tranfmittat? Voyez Franc. Marc. to. 2. quæst. 169.

3 Si le testateur a institué le posthume dont la femme étoit enceinte, & étant le posthume né mort du vivant du testateur, & après y ayant un autre posthume, sçavoir s'il est censé preterit, & le testament nul? *V. Bouvot*, to. 1. part. 2. verbo *Posthume*, q. 1.

4 L'institution du posthume est tirée à tous les posthumes nez après le testament. *V. Cambolas*, livre 5. chap. 10.

5 Institution simple d'un posthume s'étend à tous les posthumes qui naissent après. Arrêt du Parlement de Toulouse rapporté par *Mainard*, tome 1. livre 5. chapitres 8. & 9.

6 M. Daffis Avocat General au Parlement de Toulouse massacré en la Conciergerie, laissa sa femme enceinte; elle accoucha deux ou trois mois après d'un fils, qui au rapport des Medecins fut jugé n'avoir que quatre mois; cet enfant vécut quelques momens. Arrêt du mois de Novembre 1591. qui ajuge sa succession, non à la mere, mais aux heritiers du sieur Daffis. *La Rocheflavin*, livre 3. lettre P. titre 9.

7 Le cas exprimé en un testament d'institution de posthume, se peut étendre au cas qui n'est pas exprimé, par une benigne interprétation *ex conjecturâ voluntatis*. Jugé au Parlement de Paris, en Février 1627. *M. Bouguier*, lettre T. nomb. 4.

8 Si un des enfans qui n'est pas preterit lors qu'il y en a un qui l'est, & qui n'agit pas, peut faire casser le testament sous ce prétexte? Un nommé Estival ayant plusieurs enfans d'un premier lit, fait heritier son fils, & legue la legitime à un posthume; s'étant remarié il eut une fille, qui étant preterite eût fait casser le testament: mais l'heritier s'accorda avec elle; si elle qu'elle n'agit point; une autre fille du testateur demanda d'être maintenuë en sa portion, *ab intestat*, suivant un Arrêt general de 1615. rendu en la cause de Delmas & de Moliniers, & suivant la Loy *à patre* 28. §. *Si quis ff. de lib. & posth.* Estival disoit qu'elle ne pouvoit pas alleguer le droit d'un tiers: mais cette fille fut reçuë à demander sa portion *ab intestat*; le Parlement de Toulouse cassa le testament par Arrêt du 16. Juillet 1643. cet Arrêt est fondé sur la Loy *Si post mortem ff. de bon. poss. contrà tab.* Albert, *verbo Testament*, Art. 36.

9 Arrêts du Parlement de Provence des 13. Decembre 1645. & 23. Decembre 1655. qui ont jugé que le testament fait en faveur d'un posthume dont la femme est enceinte, comprend le posthume des autres grossesses. *Boniface*, tome 2. li. 1. tit. 8. chap. 1.

10 Si le legataire d'une somme certaine à titre d'institution demeure heritier pour le défaut de naissance du posthume institué heritier; & si la condition de la mort du posthume sans enfans, comprend celle du défaut de la naissance du posthume? *Voyez Boniface, ibidem*, chap. 3. qui rapporte la Sentence du Lieutenant General d'Aix renduë en l'année 1666. au profit du mari de celle qui étoit legataire. L'appel de la Sentence est demeuré indecis.

11 Par Arrêt du Parlement de Paris du 2. Mars 1665. Jugé que par la naissance d'un enfant posthume, le testament du pere peut être revoqué. *Soëfve*, tome 2. Cent. 3. chap. 49.

12 La preterition des posthumes nez après le testament du pere, rend son testament nul. Arrêt du Parlement de Grenoble du 21. Février 1645. *Basset*, tome 1. liv. 5. tit. 6. chap. 1. La même question est traitée dans *Henrys*, tome 2. liv. 2. quest. 5.

13 Le posthume est reçû au retrait lignager, quoique non conçû dans le temps de la vente, pourvû qu'il soit conçû dans l'année du retrait. *V. Mainard*, livre 9. chap. 2.

14 Si la clause codicillaire peut nuire aux posthumes? *Voyez* le mot *Clause*, nomb. 19. & suiv.

15 *Testamentum nativitate posthumi ruptum, an sustinetur virtute clausulâ codicillaris? Voyez* Andr. Gaill. lib. 2. observat. 114.

Voyez cy-après verbo *Testament*, §. *Testament, Posthume.*

POSTULATION.

1 Voyez le mot *Election*, nombre 122. & suiv.
Postulatio est quædam gratiæ petitio à superiore facta de promovendo aliquem ad prælationem ad quam de jure communi propter defectum aliquem vel impedimentum eligi seu promoveri non poterat.

La postulation differe de l'election, en ce que *postulatio innititur gratiæ, electio vero innititur juri.* V. Castel, *mat. benef.* tome 1. page 87.

2 On demande si une personne éluë à un Evêché le peut être à un autre, ou seulement postulée? Il faut distinguer. Il doit être postulé, si l'élection a été confirmée; si elle n'a été qu'acceptée sans sa confirmation du superieur, il peut être élu: l'élection n'est un empêchement à une seconde que quand elle a été confirmée. *Ibidem*, page 92.

3 Les défauts ou incapacitez qui ont dispensé pour l'Episcopat obligent à postuler, comme si des Chanoines vouloient élire un Evêque qui n'eût que 28. ou 29. ans, & ne fût dans les Ordres sacrez, eût encore quelque incapacité, fût bâtard, alors il faut dispense, & cette dispense ouvre la voye de la postulation. *Ibidem* page 93. Les indignitez pour lesquelles il n'y a point de dispense, en sont exclus. page 94.

4 Il y a postulation solemnelle, & non solemnelle; celle-là se fait à un superieur, au Pape qui a pouvoir de dispenser de tous les défauts que celuy qui est demandé pour Evêque, peut avoir. La non solemnelle est celle qui se fait à un superieur, qui n'a pas le pouvoir de dispenser, mais dont le consentement est requis pour la promotion d'une personne à quelque prélature à laquelle il n'a aucun obstacle qui l'empêche d'être élu. *Verbi gratiâ*, la demande que fait un Religieux à son superieur de donner son consentement à l'élection de sa personne.

On peut faire au Pape une postulation non solemnelle, lors qu'on a élu pour Evêque un Abbé qui luy est immediatement sujet; le Legat *à latere*, s'il y en avoit un dans la Province, pourroit consentir à l'élection. *Castel, Ibidem* page 96.

5 *Non professus ad beneficium regulare, postulari, non nisi, ex causâ potest. Voyez* Franc. Marc. to. 1. q. 1272.

6 *Legatus de latere postulationem admittere non potest, etiam in Archiepiscopum.* Ibidem, quest. 1273.

7 *In postulatione forma C. quia propter de electio. non est servanda.* Ibidem, quest. 1275.

8 *Postulatus existens in partib. remotis antè postulationis admissionem administrare non potest.* Ibidem quest. 1277.

9 *Monialis alterius monasterii si postuletur in Abbatissam, ut postulatio valeat, duæ partes intervenire debent.* Ibidem, quest. 1279.

10 *Postulantes à postulatione antequam superiori præsentetur, recedere possunt: item & variare.* Ibidem quest. 1288.

11 *Papa postulationem rejicere potest, non autem inferior, si concorditer aut à duabus partibus facta sit.* Ibidem, quest. 1314.

POSTULER.

Postulare potest Præfectus minor apud Præfectum majorem seu baillivum, sed citrà prærogativas. Mornacl. penultima ff. de officio assessorum.

Voyez les mots *Avocats, Juges, Procureurs*.

POTIER D'ETAIN.

1 LE 22. Mars 1568. au Parlement de Bretagne les Lettres de Maîtres Pintiers & Potiers d'étain de la Ville de Nantes seront publiées aux modifications suivantes. Sur le premier & huitiéme des Ar-

ticles & Statuts, il est dit qu'il ne sera requis à ceux qui voudront être reçûs Maîtres ou autrement besogner dudit métier, ayant fait leur apprentissage chez l'un des Maîtres en la Ville de Nantes, suffira seulement qu'ils ayent fait leur apprentissage en quelqu'une des bonnes Villes de ce Royaume; fit le dixiéme Article que les autres Pintiers ouvrant & tenant boutiques au temps présent en la Ville & Fauxbourgs de Nantes, ne seront tenus de faire aucun chef d'œuvre & demeureront Maîtres, pourvû qu'ils ayent ouvré du métier, & tenu boutique ouverte en la Ville, & depuis ainsi jugé au mois de Juillet 1635. pour un Cordonnier qui avoit été Maître au Mans. *Du Fail, liv. 2. ch. 318.*

Reglement entre les Potiers d'étain d'Auxerre, par lequel sera fait une estampe, & portée en l'Hôtel de Ville, en laquelle les Maîtres apposeront leur marque; visite par deux Maîtres Jurez élûs de deux en deux ans; ne pourront transporter leurs marchandises hors la Ville, és foires prochaines, sans au préalable être visitées deux jours auparavant, en avoir pour ce fait averti les Maîtres Jurez, ou en leur absence fait visiter à autres. Arrêt du 23. Août 1607. *Corbin suite de Patronage ch. 206.*

POUILLÉ

LE Poüillé des Benefices de France, cinq vol. in quarto Paris. 1648.

La clef du Poüillé de France, par *Doujat*, in douze. Paris 1671.

POURPRE.

POurpre. *Purpura. Murex, piscis conchyliati genus.*

De Murilegulis. C. 11. 7... C. Th. 10. 20. Des Pêcheurs de Pourpre.

Ut Purpura segmenta & particula in publicis mercimoniis sint. Leon. N. 80.

POURSUITE.

LA poursuite est une suite de l'action. *L. 34. L. 57. §. 1. L. 178. §. 2. D. de verb. sign.*

Voyez les mots *Action, Procedures.*

Poursuite de criées. *Voyez* les mots *Criées, Decret, Saisie réelle.* Dans l'indice de M. François Ragueau, il est parlé d'un droit de poursuite appartenant à certains Seigneurs.

PRÆSTARIA.

ENcore que les concessions faites *in præstariam* ne soient plus de l'usage de l'Eglise qui les a introduites, il est à propos d'en donner l'explication pour l'intelligence des anciens titres dont l'ignorance fait souvent la matiere de procez. *Præstaria* est une concession faite par l'Eglise de l'usufruit de quelque heritage pendant la vie du preneur, moyennant une redevance; comme de fournir certaine quantité de cire pour les luminaires, quelquefois aussi sans redevance; & le plus souvent cette concession d'usufruit se faisoit à celuy là même qui avoit donné l'heritage à l'Eglise. *Salvaing, de l'usage des fiefs chapitre 33.*

PRAGMATIQUE SANCTION.

EN 1268. le Roy S. Loüis pour faire observer les anciens Canons que nous appellons *Libertez de l'Eglise Gallicane,* parce qu'ils sont sous la protection des Rois de France, qui les regardent comme les droits & privileges du Royaume Chrétien, fit un Edit ou Ordonnance portant 1°. Que les Prélats, les collateurs des Benefices, & les Patrons joüiroient paisiblement de tous leurs droits. 2°. Que les Eglises Cathedrales & autres, seroient maintenuës dans la liberté d'élire leurs Prélats. 3°. Que l'on aboliroit entierement la simonie & la venalité des Benefices 4°. Que toutes les promotions, & les collations des dignitez & autres Benefices ou Offices Ecclesiastiques, se feroient suivant la disposition du droit commun, des sacrez Conciles & des coûtumes établies par les anciens Peres de l'Eglise. 5°. Qu'il ne se feroit aucune exaction ni aucune levée de deniers par la Cour de Rome, dans toute l'étenduë du Royaume, si ce n'étoit pour quelque necessité pressante, avec l'agrément du Roy, & du consentement de l'Eglise Gallicane. 6°. Que toutes les Eglises & tous les Ecclesiastiques du Royaume, seroient maintenus dans les libertez, franchises & privileges accordez par les Rois de France ses prédecesseurs.

Cet Edit est dans l'ancien Stile du Parlement, dans *Fontanon,* & dans le Recüeil de *Bochellus,* intitulé *Decreta Ecclesiæ Gallicanæ.*

Comme la Cour de Rome ne laissoit pas de former de nouvelles entreprises, Charles VII. en l'année 1438. se vit obligé de faire publier une seconde Pragmatique Sanction conforme à la disposition des Conciles de Constance & de Bâle. Cette seconde Pragmatique a été observée, quoiqu'Eugene IV. & Pie II. eussent tenté de la faire revoquer, & que Loüis XI. trop facile à consentir aux persuasions de la Cour de Rome, y eût donné quelques atteintes. Il n'est pas inutile de développer ces faits historiques.

Pendant les divisions qui s'éleverent entre le Concile de Bâle & le Pape Eugene IV. le Roy Charles VII. convoqua en la Ville de Bourges en 1431. une assemblée du Clergé. Là, furent dressez des Memoires que l'on envoya au Concile de Bâle. Ce Schisme dura 7. ans, aprés lesquels, en 1438. l'on fit la Pragmatique Sanction, qui l'année suivante fut verifiée au Parlement de Paris. Le Pape Eugene députa des Ambassadeurs vers le Roy de France, étant à l'assemblée de Bourges, pour le prier de suspendre l'execution de la Pragmatique. Charles VII. répondit, qu'il avoit resolu de la faire observer; & en effet le 2. Septembre 1440. Le Roy fit lire en presence des Ambassadeurs du Pape & du Concile, Sa Declaration portant, que puisqu'il ne luy apparoissoit pas que la déposition d'Eugene, & l'élection de Felix, eussent été canoniquement faites, & qu'il doutoit si alors le Concile étoit suffisant pour terminer les affaires aussi importantes, il reconnoissoit Eugene pour Pape, jusqu'à ce qu'il en fût autrement ordonné par un Concile General, ou par l'Eglise Gallicane. Les divisions d'Eugene & du Concile continuant de troubler l'Etat, le Roy défendit à ses sujets de se servir d'aucunes Bulles, Decrets ou Rescrits émanez de l'un ou de l'autre, & commanda à ses Juges d'observer sa Pragmatique Sanction. Ces Lettres Patentes furent verifiées au Parlement de Paris en 1440.

Il faut observer que les articles de la Pragmatique Sanction furent dressez sur les Decrets du Concile de Bâle; qu'en l'année 1433. le Pape Eugene ratifia tout ce qui avoit été fait en ce Concile, & que la division ne recommença qu'en l'année 1457. ainsi des XXIII. Articles contenus dans la Pragmatique, il y en a XXI. qui sont approuvez par le Pape en consequence de cette ratification du Concile; car il n'y en a que deux qui soient faits depuis la seconde division. Ces deux Articles sont tirez des deux Décrets du Concile, dont l'un regarde les collations, & l'autre les causes; mais le Roy les modifia, parce qu'il reconnoissoit Eugene pour Pape.

Le I. Article de la Pragmatique Sanction est tiré de la 1. Session du Concile de Bâle, & concerne l'autorité des Conciles Generaux.

Le II. Article est en la Session II. & parle de la puissance & de l'autorité du Concile de Bâle.

Le III. Article pris des Sessions XII. & XIII. marque la forme des élections.

Le IV. contient l'abolition des reservations, & est tiré de la Session XXIII.

Le V. Article fait après la seconde division l'an 1438. parle de la collation des Benefices, & n'admet point les graces expectatives, ni les reserves particulieres du Pape & de ses Legats; il est tiré de la Session XXXI. du Concile de Bâle.

Le VI. Article qui concerne les causes & les Jugemens est pris de la même Session XXXI.

Le VII. est contre les folles appellations, & est conforme au Decret de la Session XX.

Le VIII. regarde le fait des possessions paisibles, & est tiré de la Session XXI.

Le IX. Article definit le nombre des Cardinaux, suivant le Decret de la Session XXIII.

Le X. parle des Annates, & est pris de la Session XXI. en 1435.

Le XI. regle ce qui regarde le Service Divin, conformément au Decret de la Session XXXI. & ajoûte que les loüables coûtumes des Eglises particulieres de France seront observées.

Les XII. XIII. XIV. XV. XVI. XVII. XVIII. XIX. Articles qui concernent la police des Eglises Cathedrales, sont de la Session XXI. du Concile.

Le XX. Article parle des concubinaires, suivant le Decret de la Session XX.

Le XXI. regle ce qui regarde les excommuniez, & est pris de la Session XX.

Le XXII. traite des interdits conformément au Decret de la Session XX.

Le XXIII. Article parle de la preuve que l'on peut tirer de ce qui est énoncé dans les Lettres ou Bulles du Pape, suivant le Decret de la Session XXIII. du Concile de Bâle.

Voilà sommairement ce qui fut resolu en l'assemblée tenuë à Bourges, & cette Pragmatique fut verifiée au Parlement de Paris le 13. Juillet 1439. Cette Loy tendoit principalement à faire ensorte que les Ordinaires du Royaume fussent reconnus avant que d'aller en Cour de Rome; que les élections fussent rétablies suivant la Coûtume ancienne: que l'autorité du Concile general fût preferée à celle du Pape en particulier, & que les graces expectatives fussent abolies.

Æneas Silvius qui avoit été Secretaire du Concile de Bâle, parvenu au Pontificat en 1458. sous le nom de Pie II. employa tous les ressorts imaginables pour faire abolir cette Pragmatique. Après la mort du Roy Charles VII. en 1461. ce Pape engagea dans ses interêts Jean Godefroy Evêque d'Arras, qui fut depuis Evêque d'Alby, & enfin Cardinal. Godefroy pour accommoder l'affaire promit au Roy que le Pape envoyeroit un Legat en France, qui donneroit les provisions des Benefices, afin que l'argent ne sortît point du Royaume: mais cette proposition n'eut point d'effet. Enfin l'Evêque de Terni Nonce du Pape en France, fit agréer au Roy l'abolition de la Pragmatique. Loüis XI. en donna ses Lettres le 27. Novembre 1461. adressées au Pape Pie II. dans lesquelles il ordonna que les choses fussent rétablies dans l'état qu'elles étoient avant la publication de la Pragmatique. Pour condescendance du Roy ne fut pas approuvée par le Parlement; & on en porta des plaintes dans les Etats tenus à Tours au commencement du Regne de son successeur Charles VIII. Cependant le Pape fit traîner la Charte de la Pragmatique Sanction par les ruës de Rome, faisant publier qu'elle étoit abolie. Pour remercier le Roy il benit durant la Messe de minuit à Noël, une épée dont le fourreau étoit enrichi de pierreries qu'il luy envoya, avec des vers à sa loüange. Bien que la Pragmatique eût été traitée dans Rome comme une Ordonnance condamnée & abolie, elle ne laissoit pas d'être observée en France: sinon que les Reserves & les Graces expectatives y étoient reçuës comme auparavant. Paul II. qui succeda au Pape Pie II. en 1464. sçavoit bien que la Pragmatique étoit observée en plusieurs points: c'est pourquoi il envoya un Legat en France en 1467. avec pouvoir de faire Cardinal Jean Baluë Evêque d'Evreux, s'il donnoit ses soins pour abolir cette Loy. Loüis XI. accorda au Pape ce qu'il desiroit: & commanda en 1469. que les Lettres en fussent expediées. Baluë les fit publier au Châtelet, mais il se trouva de la resistance au Parlement. Jean de saint Romain Procureur General empêcha l'enregistrement, & remontra qu'en abolissant la Pragmatique, on ôtoit les Elections aux Chapitres; & les Collations aux Ordinaires; on rétablissoit les Elections & les Graces Expectatives, & les évocations en Cour de Rome. Que la Pragmatique n'ayant plus lieu, un grand nombre de sujets du Roy se retireroient à Rome comme auparavant, pour y obtenir des graces, ou pour y poursuivre leurs affaires; ce qui rendroit les Universitez dépourvuës de gens capables. Qu'enfin les Lettres de l'abolition étant enthérinées, il sortiroit du Royaume des sommes immenses pour être portées à Rome: Il remarqua que pendant trois ans que l'execution de la Pragmatique avoit été interrompuë du temps de Pie II. on avoit porté de France à Rome trois cens quarante mille écus pour les Evêchez, les Abbayes, les Prieurez, & autres Dignitez qui avoient vaqué, & deux millions d'écus pour les Graces Expectatives des Cures & autres Benefices. L'Université de Paris s'émut fort contre Baluë; & le Recteur se rendit chez le Legat, & luy déclara qu'il en appelloit au premier Concile.

Après la mort de Loüis XI. en 1483. le Roy Charles VIII. assembla les trois Etats de son Royaume dans la Ville de Tours, où l'on demanda avec instance l'execution de la Pragmatique Sanction. Les Evêques qui avoient été promûs sous le Regne de Loüis XI. contre la forme prescrite par la Pragmatique s'y opposerent avec chaleur; mais le tiers Etat leur resista fortement, & les appella les *Evêques du Roy*, parce qu'ils n'étoient pas pourvûs canoniquement, ni selon les Decrets du Concile de Bâle. Le Procureur General Jean de saint Romain y parla avec sa fermeté ordinaire pour l'observation de la Pragmatique, & contre la demande des Prélats. En 1484. Jean de Nanterre Procureur General forma un appel au Parlement contre la Legation du Cardinal Baluë, & soûtint que la Pragmatique étoit une Ordonnance sainte, necessaire pour le bien de l'Etat. Ainsi du Regne de Charles VIII. on proceda aux Elections des Evêchez; & s'il se formoit quelque debat, le Parlement en étoit le Juge. On en voit des Arrêts pour l'Evêché de Tulle en 1485. & pour celuy de S. Flour en 1486. Loüis XII. ayant succedé à Charles VIII. ordonna en 1499. que la Pragmatique fût inviolablement observée; le Parlement rendit plusieurs Arrêts contre des particuliers qui avoient obtenu des Bulles en Cour de Rome. Mais en Decembre 1512. le Pape Jules II. présidant au Concile de Latran, ordonna que tous les fauteurs de la Pragmatique Sanction quels qu'ils pussent être, Rois ou autres, seroient citez à comparoître dans soixante jours; & après sa mort arrivée en Février 1513. Leon X. continua le Concile, où il confirma l'Ordonnance de Jules II. Le Roy Loüis XII. envoya ses Ambassadeurs au Concile de Latran avec pouvoir de déclarer qu'après la mort de Jules II. il n'avoit plus sujet de défiance, & que renonçant au Concile de Pise il adheroit à celuy de Latran comme legitime. Cet acte lû en pleine assemblée fut ratifié par Lettres Patentes de Loüis XII. données le 26. Octobre 1513. En cette conjoncture le Roy mourut le premier Janvier 1514. Le Roy François I. qui luy succeda passa en Italie l'an 1515. pour se rendre maître du Duché de Milan qui luy appartenoit. Dans le temps qu'il étoit à Milan, il eut avis par son Ambassadeur à Rome que le Pape & le Concile avoient décerné une citation peremptoire & finale contre sa Majesté, & contre le Clergé de France.

Alors prevenu par son Chancelier, il resolut de traiter avec le Pape, lequel ayant sçû la volonté du Roy offrit de venir à Boulogne pour y conferer avec luy. Cette entrevûë se fit le 11. Decembre 1515. & François I. retourna ensuite à Milan, ayant laissé le Chancelier du Prat pour convenir des conditions du traité avec les Cardinaux d'Ancone & Santiquatro, que le Pape avoit nommez. On accusa en France le Chancelier d'avoir trahi la cause publique pour son propre interêt. En effet il eut ensuite un Chapeau de Cardinal, qui peut-être fut la recompense de cette lâche condescendance. Le Concordat fut conclu le 16. Août 1516. après quoi la Bulle du Pape Leon X. portant la revocation de la Pragmatique, en date du 19. Decembre 1516. & le Concordat fait entre le Pape & François I. furent approuvez par le Concile de Latran. *Pinson, Pragm. Sanct. Mezeray, Histoire de France.* Voyez *Concordat*.

Pragmatique Sanction à Paris en Mars 1268. *Joly, des Offices de France, tome 1. pag. 235.* Corbin, *pag. 198.*

Pragmatique Sanction de Bâle, à Bourges le sept Juillet 1438. registrée au Parlem. le 13. Juillet 1439. *Ord. Barbina cotté D. fol. 57. Joly, des Offices de France, to. 1. li. 1. tit. 23. pag. 235. & aux Additions p. 178. & suiv.* Fontanon, *to. 4. p. 383.*

Declaration sur la Pragmatique Sanction, à Saint Denys en France le 7. Août 1443. *Ord. Barbina vol. D. fol. 76.* Ordonnances de Fontanon, *tome 4. page 945.*

Des Pragmatiques Sanctions, & Concordats reçus en France: ensemble de l'autorité & observation des saints Decrets. *Ordonnances de Fontanon, to. 4. ti. 10. pag. 381.*

Pragmatica Sanctio Caroli VII. Francorum Regis, cum glossis Guymierii & addition. Philippi Probi: accedunt hac postremâ editione Franc. Pinsonii illustrationes. Paris 1666. Voyez les Memoires du Clergé, *to. 4. part. 2. pag. 174. & suiv.* Comment elle a été revoquée par le Concordat. Ibid. *pag. 208. & 575.* Vide verbo *Concordat*. Voyez le quatrième Plaidoyé de M. Patru.

La Pragmatique Sanction est composée de trois parties. On voit dans la première, qui est la Preface, que le Concile de Bâle ayant député les Ambassadeurs vers le Roy Charles V. pour le supplier de recevoir quelques-uns de ses Decrets, a reconnu que la reception d'un Concile dans toutes les matieres de Police, dépend absolument des Rois de France; & cette reconnoissance justifie le refus que l'on fait d'avoir égard aux Lettres des Papes, qui ne sont point accompagnées de Lettres Patentes. En 2. lieu, que le Roy dans son Conseil, composé de tous les Ordres de l'Etat, peut faire des Reglemens touchant la discipline Ecclesiastique.

La seconde partie qui contient les articles du Concile de Bâle, avec les modifications des Assemblées de Bourges, justifient encore que les Rois n'acceptent les Reglemens de la Police Ecclesiastique faits par les Conciles, qu'en tant qu'ils sont convenables au bien de l'Etat, quoiqu'ils reçoivent avec soumission & déference filiale les définitions qui regardent la Foy: ce qui fait voir que la maniere avec laquelle le Concile de Trente a été reçû, n'est pas nouvelle, mais conforme aux Regles de l'Eglise Gallicane.

La troisiéme partie de la Pragmatique, qui est la conclusion, dans laquelle l'Assemblée de Bourges ayant arrêté qu'il sera fait instance au Concile pour authoriser ses modifications, & que neanmoins elles seront executées par provision, est une excellente preuve de l'authorité du Roy pour les Reglemens provisionnaux dans les affaires Ecclesiastiques, & du pouvoir legitime de ses Parlemens, pour le secours de ses Sujets au cas de refus, ou des Papes, ou des Ordinaires. *Bibliot. Can. to. 1. p. 330.*

PRATIQUE.

PRATIQUE DE PROCUREURS.

Voyez *Mornac, liv. 20. ff. familiæ erciscundæ.*

La pratique d'un Procureur est meuble, s'il n'y a clause au contraire par le Contrat de mariage: autrefois elle ne se vendoit pas; aujourd'huy la vente est toleree. Voyez M. Louet & son Commentateur, *let. P. som. 3, & Chopin sur la Coût. de Paris, liv. 1.*

Un Procureur peut gratifier son fils de sa Charge pour un prix moderé, mais il ne peut le gratifier de sa pratique, en l'estimant moindre somme qu'elle ne vaut. Arrêt du 28. May 1624. Brodeau sur M. Louet, *let. E. somm. 2. nomb. 8. sine. & Jovet en sa Bibliot. d'Arrêts, let. P. ch. 14. nomb. 1. & 2.*

La pratique d'un Procureur stipulée propre. Les promesses, obligations, & executoires de dépens provenans de ladite pratique, sont reputées propres. Arrêt du 16. Mars 1661. *De la Guess. tome 2. liv. 4. chap. 16.* Le même Arrêt est rapporté aux notables Arrêts des Audiences, *Arrêt 58.*

PRE'.

DEfinition & étimologie de ce mot *Pré*, pratum. *L. 31. D. de verb. sign.* Voyez *Pâturage*.

Par Arrêt du Parl, de Rouën du 7. Juillet 1588. rapporté par *Berault sur la Coût. de Normandie, titre des Bornes & Défenses, art. 82.* il a été jugé qu'un particulier ne pouvoit être empêché de clôre un pré à luy appartenant, sous prétexte de dire par les habitans du Village, qu'ils étoient en possession immemoriale d'y envoyer leurs bestiaux, après la premiere herbe fauchée.

PREBENDE.

MAître René Chopin en son Traité *de sacrâ Politiâ, li. 1. tit. 3. nomb. 20.* appelle les Prébendes *Sacerdotales sportula.*

Voyez au premier Tome de ce Recueil, le mot *Chanoines, nombre 99. & suiv. & hoc verbo* Prébende, la Bibliotheque de Jovet, & M. Louet, *lettre B. Sommaire 12.*

1 *Prebenda est jus percipiendi proventus in Ecclesiâ, cui prebendatus deservit competens ex officio tanquam uni de Collegio. Glossa ad caput cum M. sur le mot receperint. de constit.* Barbosa, *de dignitate, & canon. cap. 12. nomb. 2.*

2 Les Prébendes affectées aux Enfans de chœur, ne sont point sujettes aux Graduez, ni aux Mandataires. Il en seroit autrement, si depuis le Concile de Bâle, & la Pragmatique Sanction, les Chapitres avoient fait ces sortes d'affectations pour empêcher & éluder le droit des Expectans. Telles affectations ne pourroient avoir lieu que dans les vacances libres; ainsi que le Parlement de Paris l'a jugé au profit des Graduez, contre une affectation faite par le Chapitre de S. Germain l'Auxerrois. *Définitions Canon. pag. 660.* L'Arrêt n'est point daté.

3 Par Arrêt du Parlement de Paris du 5. Mars 1522. les Prébendes des Eglises de Poitiers & de Lyon ont été reduites *ad æqualitatem*; cependant l'option toujours reservée aux anciens. *Rebuffe sur le Concordat, au titre de Collationibus.*

4 Par Arrêt du 28. Mars 1554. il fut dit que les Prébendes de Luçon, seroient toutes égalées, excepté les Dignitez. *Vide cap. cùm omnes extr. de Constitut.* Bibliotheque de Bouchel, *verbo* Prébende.

5 Prébendes doivent être égales en profit & émolument entre les Chanoines. Arrêt du deux Decembre 1538. au profit des Chanoines de Noyon, contre les Prébendiers inferieurs aux semi-Prébendiers. *Tournet, lettre P. Arr. 156.*

6 Prébendes d'Eglise Cathedrale ou Collegiale égales en revenu en Bretagne. *Bellordeau, li. 3. Controv. 194.* Tournet, *let. P. Arr. 165.*

7. La pension peut être créée sur une Prébende, dont le revenu ne consiste qu'en distributions duës à celuy qui reside & assiste au service, & ce pour la vie du resignant. Jugé le 31. Decembre 1605. *M. Loüet, lettre P. nomb. 46.*

8. Jugé par Arrêt du Parlement de Paris du 20. May 1658. que les Prébendes de l'Eglise Cathedrale de la Ville de Troyes, dont la presentation appartient au Roy, & au Doyen de ladite Eglise alternativement, étoient sujettes aux Graduez. *Jovet, verbo Chanoines, nomb. 39.*

9. Un Chapitre d'une Eglise ne peut de son authorité privée démembrer des Prébendes, & en diminuer le nombre, ni les diviser en semi-Prébendes. Jugé le 15. Mars 1661. *Notables Arrêts des Audiences, Arr. 56.*

10. Les Chanoines qui se trouveront pourvûs de deux ou plusieurs Prébendes des Eglises de S. Etienne, de S. Pierre, & de S. Urbain de Troyes, ou autres, seront tenus d'opter dans trois mois l'une desdites Prébendes seulement, sinon declarées imperables; avec défenses à l'avenir d'en posseder plus d'une; & les Prébendes qu'ils auront quittées, ne pourront être chargées de pension. Jugé le 10. Février 1667. *Journal des Aud. to. 3. li. 1. ch. 14.*

11. Jugé que la nomination d'une Prébende affectée de quinze ans en quinze ans à une Abbaye de Religieuses, a lieu en cas de vacance non seulement par mort, mais par resignation, permutation, & en quelque maniere que ce puisse être. Jugé le 19. Juin 1669. *Ibidem, liv. 3. chap. 13.*

12. Lorsque le Doyen n'est pas Chanoine Prébendé, il n'a point droit d'entrer au Chapitre, ni d'y presider, quand il s'agit du revenu temporel du Chapitre & de l'œconomie des Prébendes. Jugé au Parlement de Paris le 17. Janvier 1673. entre le Doyen & le Chapitre de l'Eglise Cathedrale d'Amiens. *Définit. Canon. pag. 226.*

PREBENDE, GRADUEZ.

13. Si les Graduez peuvent impetrer des Prébendes? *Voyez cy-dessus les nomb. 2. & 8. & le mot Gradué, nomb. 136. & suiv.*

PREBENDE, PENSION.

14. Retention de pension sur Prébende. *Voyez cy-dessus le nom. 7. & le mot Pension, nomb. 119. & suivans.*

PREBENDE PRECEPTORIALE.

15. Elle est appellée par *Chopin en son Traité de la Police Ecclesiastique, liv. 3. titre 3. nomb. 21. Magistralis annona sacra.* Sur la Prébende preceptoriale, *Voyez le petit Recüeil de Borjon, to. 4. chap. 3. pag. 40. & suiv.*

16. *De multiplici differentia praceptoriarum. Voyez Franc. Marc. to. 1. qu. 1069.*

17. Prébende preceptoriale ordonnée pour le Precepteur de la Jeunesse, ou Maître d'Ecole. *Chopin, l. 3. titre 3. nomb. 21. de sacrâ Polit. & Tournet, lettre P. Arr. 153.*

18. La Prébende preceptoriale ne peut recevoir préjudice par le changement du Statut des Chanoines. Arrêt du 13. Février 1599. *Tournet, ibid. Arr. 154.*

19. Preceptoriale emporte le gros & les distributions manuelles. *Ibid. Arr. 155.*

20. Si au lieu de Prébende, on peut donner un autre revenu au Precepteur? *V. ibidem, Arr. 163.*

21. Precepteur a les distributions ordinaires en Normandie. *Forget, liv. 1. des personnes Ecclesiastiques, ch. 46. Ibid. Arr. 164.*

22. Outre la Prébende Theologale, il y aura une autre Prébende, où le revenu destiné à l'entretenement d'un Precepteur, &c. art. 9. de l'Ordonnance d'Orleans. *Voyez Charondas, liv. 3. Rép. 61.*

23. Si l'article 9. des Ordonnances faites à Orleans à la postulation des Etats, touchant le revenu d'une Prébende affectée aux gages d'un Precepteur pour l'instruction de la Jeunesse, a lieu dans les Villes où il y a Université? Cette question s'est presentée au Parlement de Paris, sur l'appel d'une Sentence renduë par le Juge Prévôtal d'Angers, qui avoit ordonné, *qu'il seroit saisi du temporel de l'Evêché jusqu'à 400. liv. de rente, pour appliquer aux Gages d'un Precepteur, attendant vacation d'une Prébende.* On disoit au contraire, qu'il y avoit trois Colleges dans la Ville, l'un desquels paroissoit avoir été fondé par l'Evêque & le Chapitre. M. Dumenil Avocat du Roy, dit que la Cour avoit jugé que l'Ordonnance seroit pratiquée dans la Ville de Poitiers, où il y avoit Université. La Cour ordonna qu'elle verroit cet Arrêt, & n'ajugea point de provision. *Ayrault, Plaidoyé 19.*

24. L'Ordonnance d'Orleans pour l'institution d'une Prébende preceptoriale, pratiquée au Parlement de Toulouse, a lieu tant dans les Eglises Collegiales, que Cathedrales, quoique le Chapitre & l'Evêque eussent destiné un Benefice particulier pour l'entretien d'un Precepteur. A l'égard de l'élection, l'Evêque a une voix, le Chapitre l'autre, les Consuls ont la troisiéme. *Voyez Mainard, livre 1. chapitre 9. & suivans.*

25. L'Evêque ou le Chapitre sont obligez de donner une Prébende ou le revenu pour l'entretien d'un Precepteur. Arrêt du Parlem. de Toulouse en Decembre 1564. contre l'Evêque d'Alby, quoiqu'il alleguât que ses predecesseurs y avoient pourvû long-temps avant l'Ordonnance d'Orleans, & fait quelques fondations au profit du College. Il fut ajoûté que cet Arrêt serviroit pour tout le ressort; & depuis, sur l'interpretation requise par le Chapitre, à ce que la premiere Prébende vacante fût affectée à cet usage; la Cour ordonna que le nombre des Chanoines ne seroit diminué, mais que les fruits d'une Prébende seroient pris sur tous les Chanoines ensemble par égale contribution.

Par Arrêt de 1565. jugé contre le Chapitre de l'Eglise Collegiale de S. Gaudens, que l'Ordonnance avoit lieu és Eglises Collegiales & Cathedrales, nonobstant l'alternative inserée en cette Ordonnance, parlant des Eglises Collegiales ou Cathedrales, & la prétention du Chapitre, qu'il suffisoit d'y être pourvû en l'une des deux Eglises.

Par Arrêt du deux Mars 1567. il fut dit contre l'Evêque & Chapitre de Beziers, que l'Ordonnance seroit executée, encore qu'ils eussent destiné un Benefice particulier pour l'entretenement d'un Precepteur. *Mainard, to. 1. liv. 1. ch. 9. & suivans. & la Biblit. Canon. to. 1. pag. 198. col. 1.* où l'Arrêt rendu entre les habitans, l'Evêque & Chapitre d'Alby, est daté du 2. Decembre 1565. mais malè; il est de 1564.

26. Arrêt rendu le 4. Decembre 1564. entre le Prévôt, Doyen, Chanoines & Chapitre de *Soissons*, appellans d'une Sentence du Prévôt, d'une part; & les Gouverneurs de la Ville, d'autre. L'appellation, &c. Ordonné que la premiere Prébende qui vaquera par mort en l'Eglise de Soissons, sera affectée à un Precepteur, sans que les Gouverneurs soient tenus en faire demande; & à faute de ce, sur le plus clair revenu seront pris les fruits d'une Prébende, jusqu'à ce qu'il en ait été pourvû d'une pour un Precepteur. Pareil Arrêt pour les Maire, Echevins & Gouverneurs d'*Amiens* contre le Chapitre, du 15. Mars 1565. *Additions à la Bibliotheque de Bouchel, verbo Prebende preceptoriale.*

27. Entre les habitans, l'Evêque de S. Malo. L'Evêque suivant l'Edit d'Orleans, confere à un Docteur en Theologie de Nantes, *qui balbutit, & vitio linguâ laborat,* une Prébende. Par Arrêt du Parlement de Bretagne du 8. Mars 1565. la Cour faisant droit sur l'appel, comme d'abus interjetté; tant par le Procureur General, que les habitans de S. Malo,

dit

PRE PRE 121

dit mal & nullement conferé, & procedé par l'Evêque, ordonné qu'il fera tenu de conferer de nouveau la Prébende, dont eſt queſtion, à un perſonnage capable & ſuffiſant, & de la qualité requiſe par les ſaints Decrets & Ordonnances, auquel elle enjoint en outre, de pourvoir des fruits d'une autre Prébende de l'Egliſe de S. Malo, qui ſe trouvera premiere vacante, un Precepteur ſuffiſant pour inſtruire les enfans de S. Malo, à l'élection duquel ſeront appellez les Maire & Echevins, ſuivant l'Edit des Etats d'Orleans. *Du Fail, liv. 1. ch. 187.*

28 Entre les Bourgeois de Vannes, & l'Evêque & Chanoines, par Arrêt du Parl. de Bretagne du 16. Septembre 1567. les parties hors de Cour, pour le regard des appellations comme d'abus interjettées, & pour aucunes conſiderations; l'Evêque condamné de pourvoir d'un Précepteur digne & capable d'une Prebende pacifique en l'Egliſe de Vannes, & juſques à avoir ce fait, ordonné qu'il payera & délivrera chacun an au Precepteur ſur les plus clairs deniers de ſon Evêché, trois cens livres de quartier en quartier; à ce faire contraint par ſaiſie de ſon temporel, & autres voyes de Juſtice. *Du Fail, liv. 1. chap. 213.* où il eſt obſervé, qu'il eſt neanmoins en l'option de l'Evêque & du Chapitre de conferer la Prébende, ou fournir le revenu d'icelle. Arrêt du 11. Janvier 1569. contre un Précepteur d'Abbeville : ce qui avoit été jugé par Arrêt du Privé Conſeil en 1566. pour la Preceptoriale des Egliſes Collegiales. *Voyez Theveneau ſur les Ordonnances d'Orleans, & de Blois, livre 1. titre 7.*

29 Par l'Arrêt du Parlement de Roüen du 26. Mars 1568. entre l'Evêque & les habitans de Coutances, il eſt ordonné que les Evêques de la Province de Normandie payeront aux Précepteurs la ſomme de 250. livres par an, au lieu d'une Prébende. *Bibliot. Can. to. 2. pag. 173. col. 2.*

30 La Prébende preceptoriale etant ſeule conferée, le Canonicat ne l'eſt pas, & demeure ſupprimé du conſentement de l'Ordinaire ; de maniere que le Précepteur pourvû par tel moyen, ne ſe peut pas dire vray Titulaire de la Chanoinie & Prébende ; & de fait, par Arrêt du Parlem. de Paris du 11. Janvier 1569. il a été jugé contre le Précepteur principal des Ecoles d'Abbeville, qu'il étoit à l'option de l'Evêque & du Chapitre de luy conferer la Prébende, ou de luy en fournir le revenu. *Ibidem.*

31 Il eſt en l'option du debiteur de donner ou une Prébende, ou le revenu ſimplement ; que s'il eſt mandé par Lettres de conferer une Prébende, d'autant que le Précepteur eſt deſtituable, cela s'entend du profit de la Prébende, qui eſt de recevoir le gros, diſtribution manuelle, même de porter l'Aumuſſe, avoir ſéance au Chœur, excepté le droit de Quinzaine, qui eſt de conferer, droit non temporel, mais honorifique ; & *nomine Prebenda non expreſſâ canoniâ*, s'entend ſeulement le revenu queſtuaire. Arrêt du Parlement de Paris du 11. Janvier 1569. contre le Précepteur d'Abbeville. *Bibliotheque du Droit François par Bouchel, verbo Prebende.*

32 La Préceptorerie ordonnée par les Etats d'Orleans, n'eſt pas Benefice, mais revenu deſtiné à celuy qui ſera pris Précepteur ſuivant l'Edit. Par Arrêt du 13. Janvier 1569. il fut jugé que le Précepteur, encor qu'il fût Prêtre, n'avoit pas le droit de pourvoir à ſon tour, comme les autres Chanoines, aux Benefices, auſquels leſdits Chanoines pourvoient ; permis à luy neanmoins de porter l'aumuſſe, comme les autres. *Bibliot. de Bouchel, verbo Prebende.*

33 En la Province de Normandie, le Précepteur Collegial exerçant actuellement ſa charge, gagne pendant ſon abſence les diſtributions ordinaires, & eſt tenu pour preſent à l'Egliſe. Le Parlement l'a ainſi décidé, en modifiant l'Ordonnance d'Orleans, laquelle preſcrit la forme qui doit être obſervée à la nomination & élection d'un Précepteur. Il y a un autre Arrêt du 18. Avril 1570. entre l'Evêque & le Chapitre d'Evreux. *Bibliot. Can. to. 2. p. 174.*

34 L'Article IX. de l'Ordonnance d'Orleans parlant d'une Prébende ou du revenu d'icelle, deſtiné pour l'entretenement d'un Précepteur de la Jeuneſſe, a donné ſujet de douter, ſi par l'obſervation de la forme contenuë en ladite Ordonnance, le Canonicat étoit enſemble conferé avec la Prébende ? Mais la déciſion eſt prompte, quand on conſidere *aliud eſſe Canonicatum, aliud Prabendam, ut laiè per gloſſ. ſuper Pragm. Sanct. tit. de Collat. §. item conſuit ; Canonicatus enim eſt jus incorporale & ſpirituale ; & Canonicus is dicitur, qui ſine populo vel Clero ſervit Deo in horis cantandis, & alio officio ſibi injuncto, ideò poteſt quis eſſe Canonicus ſine Prebendâ, ne notat Innocentius in cap. fin. de Cler. non reſidentib. Prebendam verò dicunt jus eſſe percipiendi fructus, ſive proventus in Eccleſiatione canoniâ, gloſſ. in cap. cum Marchio Ferrar. de conſtit. in verbo receperunt, facit caput dilecto de Præbend.* Et ſuivant ces maximes, par Arrêt du Parl. de Paris du 11. Janvier 1565. il fut jugé au préjudice du Précepteur principal des Ecoles d'Abbeville, qu'il étoit à l'option de l'Evêque & du Chapitre de luy conferer la Prébende, ou luy fournir le revenu d'icelle : ce qui a été ainſi jugé au Parlement de Normandie le 26. Mars 1568. en faveur des Evêques de la Province, auſquels a été donnée la faculté de fournir la ſomme de deux cens cinquante livres par an, au Précepteur de la jeuneſſe, au lieu de la Prébende ; & par un autre Arrêt du même Parlement transferé à Caën le dix May 1571. la ſomme de ſix cens livres, & qu'à cela le Receveur du Chapitre ſera contraint. *Jovet, verbo Prébende, n. 16.*

35 Dans l'élection d'un Précepteur, l'Evêque a une voix, le Chapitre la ſeconde, & les Conſuls la troiſiéme. Arrêt du Parlement de Toulouſe du 26. Janvier 1571. entre les Conſuls & l'Evêque de Carcaſſonne. *Mainard, tom. 1. liv. 1. ch. 13.*

36 Arrêt du Parlement de Normandie du dix May 1571. qui ajuge à François Petit, pourvû de la Prébende préceptoriale de l'Egliſe Cathedrale de Lizieux, & Précepteur principal des Ecoles du lieu, proviſion annuelle de deux cens écus Soleil, ſauf le recours pour la contribution, contre les Echevins de la Ville. *Bibliot. Can. to. 2. p. 173. col. 2.*

37 Les habitans de Guerrande appellans comme d'abus du refus que l'Evêque de Nantes leur a fait, de pourvoir un Maître ès Arts Précepteur des Enfans, d'une Prébende ou revenu de l'Egliſe Collegiale, qui a vaqué, même deux ou trois autres, ſe fondant ſur l'Edit d'Orleans, & ſur les Canons de Toulouſe, & du Concile General celebré ſous Innocent III. L'Evêque dit que les Prébendes ont vaqué aux mois reſervez au Pape. Par Arrêt du Parl. de Bretagne du 24. Octobre 1576. il fut dit, mal & abuſivement jugé, & refuſé ; ordonné qu'un perſonnage ſuffiſant & capable pour inſtruire la jeuneſſe du lieu, ſera pourvû de la Prébende dont eſt queſtion, ſuivant les Ordonnances du Roy ; l'intimé condamné aux dépens de la cauſe d'appel. *Du Fail, li. 1. ch. 418.*

38 Les Doyen & Chanoines de l'Egliſe de Noyon, & tous Ecolâtres ayant droit d'élection, & voix deliberative & élective pour un Précepteur, avec la ſurintendance, ne peuvent ôter le droit de proviſion & nomination à l'Evêque, ſuivant l'Edit des Etats. Jugé le 20. Decembre 1583. *Papon, li. 1. ti. 3. n. 1.*

39 Diſtributions quotidiennes ou manuelles priſes à cauſe du ſervice perſonnel, ſont duës au Précepteur, avec les fruits des Anniverſaires acquis au Chapitre. Arrêt de Toulouſe du 29. Janvier 1584. entre les Syndic & Chapitre de la Ville de Tarbe. *Mainard, to. 1. li. 1. ch. 14.*

40 *Præbenda præceptorialis nominationi, prævales favor Graduatorum*; & la Prébende contentieuſe fut ajugée

Tome III. Q

au Gradué nommé : ordonné qu'en attendant qu'une autre Prébende vaqueroit, que l'Evêque bailleroit au Précepteur les fruits & revenus d'une Prébende. Jugé le Mardy 4. Février 1586. *Anne Robert, liv. 3. chap. 3.*

41. L'ordre de l'assiette & distribution du revenu d'une Eglise Collegiale établi par les Chanoines, ne peut préjudicier au Précepteur. Arrêt du 23. May 1571. auquel revenu & fruits de la Prébende, sont comprises les distributions quotidiennes. Arrêt du cinq Septembre 1597. *Charondas, li. 1. Rép. 61.*

42. Suivant l'Ordonnance de Blois art. 33. & 34. il ne doit pas y avoir de Prébende préceptoriale aux Eglises Collegiales, où il y a moins de *dix* Prébendes. Arrêt du 13. Février 1599. au profit des Chapelains de la Chapelle Royale, entre les Maire & Echevins de Bar-sur-Seine, qui demandoient que la premiere Prébende vacante en l'Eglise S. George, fut affectée pour l'instruction de la jeunesse. *Additions à la Bibliotheque de Bouchel, verbo Prébende.* Papon, livre 8. tit. 9. nom. 9. & *Charondas, li. 3. de ses Rép. ch. 61. & liv. 10. ch. 13.*

43. Jugé le 11. Février 1611. en une cause d'une Prébende de Coutance en Normandie, qu'une Prébende de préceptoriale ne tombe point en regale. *Bibliot. de Bouchel, verbo Prébende.*

44. La Prébende préceptoriale est instituée à l'exemple de la Theologale, pour le regard du Regent ou Docteur élu qui est *in Sacris*; & ainsi il doit jouir de tous les profits, droits & honneurs appartenans à la Prébende, & si le Docteur est seculier, la préceptoriale est reduite aux gros fruits seulement. Jugé le 6. Février 1652. *Du Frêne, liv. 7. chap. 3.* Voyez *Anne Robert rerum judicat. liv. 3. chap. 3.* où la Prébende a été ajugée à un Gradué nommé le 4. Février 1586.

45. La Chanoinie préceptoriale est un Benefice résignable & non électif, & la Prébende pour le Précepteur ne peut être separée de la Chanoinie préceptoriale. Jugé au Parlement d'Aix le 6. Février 1673. *Journal du Palais.*

46. Arrêt du même Parlem. de Provence du 1. Avril 1677. qui a debouté un Chanoine préceptorial, parce qu'il demandoit une plus grande portion congruë, aprés en avoir convenu avec serment avant la collation. *Bonifaces, to. 3. li. 5. tit. 13. ch. 2.*

PRÉBENDES, SEMIPRÉBENDES.

47. Voyez *les Définitions Canon. lettre S. verbo Semiprébendes, pag. 814.* où il est parlé de leur érection & institution.

48. Les Semi-prébendes sont Benefices inferieurs dans les Eglises Cathedrales & Collegiales, instituées pour être assidus à chanter, & faire l'Office, lesquels ne font point du corps du Chapitre. *Sunt & dimidii Præbendati, qui solum dicuntur ibi habere inferiora Beneficia, & ideò vocem in Capitulo non habent.* Barbosa, *de Canonicis & dignit. cap. 4. n. 43.*

49. On reçoit l'appel comme d'abus, lorsque le Pape donne des provisions des Semi-prébendes, qui sont pour les Chantres & les Enfans du Chœur. *Biblioth. Canon. to. 1. p. 582. initio.*

50. Les Semi-prébendes de Sens, de Soissons, & de Noyon sont affectées aux Choristes. *Des Maisons, lettre S. nomb. 2. 3. & 4.* où il rapporte trois Arrêts, le premier, du 9. Mars 1624. le 2. du 3. May 1633. & le 3. du six Septembre 1653.

51. Semi-prébendez de Senlis ne peuvent avoir voix déliberative dans un Chapitre, suivant un acte de 1267. confirmé par trois Arrêts. Jugé le sept Février 1667. *De la Guess. to. 3. li. 1. ch. 12.*

PRÉBENDE THEOLOGALE.

52. En chacune Eglise Cathedrale ou Collegiale sera reservé une Prébende affectée à un Docteur en Theologie, de laquelle il sera pourvû de l'Archevêque, Evêque ou Chapitre, à la charge qu'il prêchera la parole de Dieu chacun jour de Dimanche & Fêtes solemnelles ; & és autres jours, il sera & continuëra trois fois la semaine une leçon publique de l'Ecriture Sainte, & seront tenus & contraints les Chanoines y assister. *Ordonnance d'Orleans, art. 8. & à l'art. 9. suivant*, il est parlé d'une autre Prébende destinée pour l'entretenement d'un Précepteur, &c. V. *Charondas, liv. 3. Rép. 61.*

53. Arrêt du Parlem. d'Aix du sept Février 1566. pour affecter à chacune Eglise Cathedrale une Prébende Theologale, & une Préceptoriale. *Preuves des Libertez, to. 2. ch. 35. n. 70.*

54. Par Arrêt du Parlement de Bretagne du 12. Mars 1566. la Cour faisant droit sur les Conclusions du Procureur General, enjoint à l'Evêque de Vannes de pourvoir à la Prébende contentieuse, un Docteur Theologien suivant l'Edit d'Orleans, dans trois mois, pendant lequel temps les fruits seront reçûs par le Prevôt de l'Eglise, & distribuez à celuy que l'Evêque commettra pour prêcher, ce que ladite Cour lui enjoint de faire, incontinent aprés la signification du present Arrêt, sur peine de saisie de son temporel. *Du Fail, liv. 1. ch. 212.*

55. Arrêt du Parl. de Bretagne du 25. Août 1566. par lequel deux Prébendes de S. Malo furent ajugées ; l'une à un Docteur pour prêcher, l'autre à un Précepteur de la Jeunesse. Celui-cy demande compte au Receveur du Chapitre de l'une des Prébendes. Procez. Arrêt du 22. Avril 1570. qui condamne le Receveur d'en tenir compte, & de payer le reliqua. Arrêt semblable du 19. Novembre 1647. contre un Prêtre commis par un Recteur primitif, qui avoit reçu les droits Rectoriaux, & le dedans de l'Eglise d'un Vicaire perpetuel. *Du Fail, li. 2. ch. 341.*

56. Nous voulons que l'Ordonnance faite à la requisition des Etats tenus à Orleans art. 9. tant pour les Prébendes Theologales, que Préceptoriales, soit exactement gardée, fors & excepté toutefois pour le regard des Eglises, où le nombre des Prébendes ne seroit que de *dix*, outre la principale Dignité. Ordonnance de Blois, art. 33. *Voyez Anne Robert, rerum judicatarum*, où la Prébende a été ajugée au Gradué nommé : ordonné que la premiere vacance seroit donnée par l'Evêque au Précepteur. Arrêt du 4. Février 1586. *liv. 3. ch. 3.*

57. Jugé par Arrêt du 2. Août 1663. qu'un Religieux mendiant est incapable de tenir une Prébende Theologale. *Sœfve, tome. 2. Cent. 2. chap. 88.* & *Jovet, verbo Prébende, n. 15.* C'étoit un Dominicain, qui se presentoit, pour remplir la place de Theologal en l'Eglise Collegiale de Dueil en Touraine. L'Arrêt fut rendu *multis contradicentibus*.

Voyez cy-aprés le mot *Theologal.*

PRÉBENDES UNIES.

58. Prébendes unies ou supprimées sans information *de commodo, aut incommodo*, avec M. le Procureur General, ou son Substitut, & sans Lettres Patentes du Roy, sont nulles à l'égard du droit de Regale. Jugé le sept Juin 1624. *Du Frêne, li. 1. ch. 26.*

59. La Prébende demeurera unie à la Cure ; & en cas de vacance par mort, le Chapitre de la Fere nommera, & ensuite M. l'Evêque de Laon alternativement. Le Curé sera tenu de faire les fonctions Curiales en personne, & préferablement à celles de la Prébende, & sera tenu d'avoir deux Vicaires ; & sans dépens. Jugé le cinq Janvier 1666. plaidant le Verrier, & Dubois. Cet Arrêt est de consequence, à cause des Reglemens rendus auparavant. *Journal des Audiences, to. 2. liv. 8. ch. 1.*

Voyez cy-aprés le mot Union.

PRÉCAIRE.

PRécaire, Précairement. *Precarium, Precario. De Precario. D. 43. 26.* Interdit, pour recouvrer la chose possedée précairement.

De Præcario, & Salviano interdicto. C. 8. 9. ... D. 43. 33. L'explication de l'interdit *Salvien*, est ci-devant au mot *Locataire.*
De Præcariis. Dec. Gr. 10. q. 2. c. 4. 5. & 6. ... 12. q. 2. c. 44. ... 16. q. 3. c. 11. & 12. ... Extr. 3. 14.
Voyez le mot *Constitut.*

La clause par laquelle l'acheteur declare tenir à titre de précaire le fonds acquis, jusqu'à l'entier payement du prix, ne produit en faveur du vendeur qu'une hypoteque privilegiée sur le fonds. Cette obligation de l'acheteur peut être par luy prescrite par trente ans ; comme une autre obligation se prescrit quoiqu'elle produise une hypotheque privilegiée ; ce laps de temps fait même presumer le payement du prix restant de l'acquisition, comme il fait presumer le payement d'une autre somme. Arrêt du Parlement de Toulouse du 7. May 1664. rapporté par *M. de Catellan, liv. 6. chap. 5.*

PRECHANTRE.

LA dignité de Préchantre en l'Eglise de Sens qui est Benefice Electif confirmatif, peut neanmoins être resignée ; & il n'est pas necessaire que le resignataire soit Prêtre, ni même en âge de l'être dans l'an, contre l'Ordonnance de 1606. Arrêt du 8. Février 1637. *Bardet, tome 2. li. 6. chap. 1.*

PRÊCHE.

DAns le Bearn, les Ministres de la Religion Pretenduë Reformée ne pouvoient faire le Prêche hors de leur résidence, même à l'occasion des assemblées de leurs Sinodes. *Voyez les Décisions Catholiques de Filleau, décision 122.* & cy-après *les Observations faites lettre R.* sous le titre de la *Religion pretenduë Reformée.*

PRECIPUT.

IL y a le préciput que les Coûtumes donnent à l'aîné Noble. Il y a le préciput qui est une liberalité que les conjoints se font, à prendre sur la Communauté.

PRECIPUT, AINESSE.

1 A ce qui a été observé sous le mot *aînesse*, il faut ajoûter les Décisions & Arrêts rapportez par *Jovet, en sa Bibliotheque*, verbo *Préciput*, comme aussi les autres qui suivent.

2 L'ayeul ayant donné à son petit fils 300. livres par préciput, ces mots emportent prohibition de rapport ; & il les peut prélever nonobstant la promesse faite de n'en rien demander. Arrêt du Parlement de Dijon du 5. Juillet 1597. *Bouvot, tome 2.* verbo *Mariage, quest. 10.*

3 Par Arrêt du Parlement de Roüen du 24. Juillet 1597. rapporté par *Berault, sur l'art. 347 de la Coûtume de Normandie*, il a été jugé que l'aîné a préciput, non seulement sur les biens paternels, mais encore sur les biens maternels.

4 Par Arrêt du Parlement de Roüen de 1622. rapporté par *Berault, art. 356. de la Coûtume de Normandie*, in verbo, *l'aîné peut* ; a été jugé que l'acquereur des droits appartenans à un aîné avant le partage fait, ne pouvoit prétendre le préciput de l'aîné à luy accordé par ledit article, n'ayant point declaré le vouloir prendre.

5 Par Arrêt du Parlement de Roüen du 22. Avril 1625. jugé que l'aîné ne peut ceder son droit de préciput, mais bien ce qui luy est venu en partage. *Berault, à la fin du 2. tome de la Coûtume de Normandie, p. 54. sur l'article 337.*

6 Si en une succession collaterale de propre ou ancien patrimoine, les aînez venans à la représentation de leurs meres ou ayeules, pouvoient à droit de préciput, par privilege de leur aînesse, prendre ce qui échoit de Noble, à l'exclusion des autres ? Arrêt du Parlement de Roüen du mois de Juin 1635. qui appointe, *Berault, ibidem.*

7 Par Arrêt rendu au même Parlement de Roüen le 14. Février 1667. la Cour regla le préciput comme un fief, & jugea qu'il appartiendroit à l'aîné, à charge de la provision à vie du puîné, qui seroit tenu de contribuer à proportion au mariage avenant de la sœur, laquelle en cette rencontre, comme au cas d'un fief, est d'une condition plus avantageuse que les freres. *Basnage sur la Coûtume de Normandie, article 279.*

Voyez cy-après le nomb. 12. & suiv.

PRECIPUT, COMMUNAUTÉ.

8 *Voyez M. le Brun en son traité de la Communauté, liv. 3. chap. 2. tit. 1. dist. 4.* & le traité qui en a été fait par *M. Philippi de Renusson, à la Table.*

S'il est dit par le contrat de mariage que le survivant aura par préciput, & sans charges de dettes, sçavoir, le mari ses armes, chevaux, livres, selon sa qualité ; & la femme ses habits, bagues & joyaux, l'heritier du prédecedé ne peut se servir de telle clause ou convention, parce qu'elle est restrainte à la personne du survivant. *Voyez Ferrieres Coûtume de Paris, art. 229.* qui rapporte un Arrêt du 16. Juin 1573. & *Tronçon, Coûtume de Paris, art. 247.*

9 Préciput de 1500. livres, & de douaire 800. liv. simplement. Jugé s'étoit de rente, par Arrêt du 6. Août 1620. *Tronçon, Coût. de Paris, art. 247.*

10 Préciput stipulé au survivant des conjoints, même dans le cas de renonciation à la communauté au profit de la veuve, se prend sur les propres du mari, si la communauté est absorbée par la restitution des deniers dotaux, & autres dettes, Arrêt du 4. Juillet 1629. M. Talon Avocat General dit qu'il s'étoit informé des anciens Avocats & Procureurs du Châtelet, qui l'ont assuré que l'usage étoit tel, & que la cause y avoit été murement consultée & jugée. *Bardet, tome 1. liv. 3. chap. 54.*

11 Cause appointée pour sçavoir si le préciput accordé à une seconde femme, doit avoir lieu au cas de renonciation à la communauté ? Arrêt du 21. May 1640. M. Talon Avocat General conclut à la negative. *Bardet, tome 2. livre 9. chap. 4. Voyez le même volume aux notes, page 628.*

Cette même question est examinée *ex professo* par Messieurs de Renusson & le Brun dans les traitez qu'ils ont faits de la communauté de biens.

PRECIPUT, HERITIERS.

12 De l'avantage & préciput de l'un des heritiers en la Coûtume d'Auvergne. *Voyez Peleut, quest. 134.*

13 Arrêt notable du Parlement de Roüen du 24. May 1577. donné entre les sieurs heritiers de M. Etienne Do leur oncle ; sa succession consistoit en propres & acquêts ; l'aîné ayant pris le fief de Senoncour & de Fontenay, demanda encore part au préciput en la succession au propre ; ce qui luy fut contredit par les puînez, parce que ce n'étoit qu'une même succession échuë par le decez d'une même personne, *unica erat hæreditas*, en laquelle il ne pouvoit y avoir qu'un seul préciput, L'aîné répondit que les propres & les acquêts sont deux, successions diverses & distinguées par la Coûtume, qu'un homme a de deux sortes d'heritiers, les uns aux propres, les autres aux acquêts, qui ne prennent rien en la succession les uns des autres ; bien qu'un homme ne puisse avancer un heritier plus que l'autre ; neanmoins il peut donner le tiers de ses acquêts à son heritier au propre ; les successions étant donc diverses, il pouvoit prendre un préciput en l'une, & une part en l'autre. Par Arrêt on ajugea à l'aîné pour son préciput au propre le fief de Chaigny, & le fief de Senoncour & de Fontenay en la succession aux acquêts, & on ordonna que les rotures, & échetes, & la récompense du préciput seroient partagées entre les puînez. *Basnage sur la Coûtume de Normandie, art. 319.*

14. Dans le Duché de Bourgogne on tient pour maxime qu'il est libre aux peres & meres de faire en faveur de leurs enfans autant de préciput qu'ils veulent, tandis qu'ils ne se sont pas imposé eux-mêmes la loy de n'en pouvoir faire plusieurs ; & même l'usage est certain qu'en ce cas de liberté, dont ils ne se sont pas privez, lors qu'ils ont fait un préciput à l'un de leurs enfans, ils peuvent en faire de plus forts & plus considérables à leurs autres enfans, & que le premier préciput n'empêche d'en faire d'autres, que quand le pere ou la mere qui l'a fait, meurt *ab intestat*, ou lors qu'il s'est obligé expressément à ne pas avantager l'un de ses enfans plus que l'autre. Arrêt du Parlement de Dijon du 13. May 1639. Autre en 1672. il est vrai qu'on a jugé le contraire en ce Parlement par deux Arrêts, l'un du 21. Janvier 1680. appellé l'Arrêt de Jaucourt ; mais on sçait qu'il fut rendu en partie sur des motifs de la Religion Prétenduë Reformée qui étoient mêlez dans le procez ; & que par conséquent il ne doit pas être tiré à conséquence. L'autre est du 27. Mars 1686. entre les sieurs Gautier de Dijon ; mais c'est un Arrêt dont il se faut bien garder de se faire une regle ; car j'ai appris de M. le Président de Mucie qui étoit des Juges, & plusieurs autres, que cet Arrêt reçut beaucoup de difficulté, de sorte qu'on a sujet de croire qu'il y avoit dans le fait des circonstances particulieres qui pouvoient avoir donné lieu à s'écarter pour cette fois de l'usage constant & inviolable jusqu'alors, & qu'on reviendra à l'ancienne maxime, comme étant plus juridique. *Voyez Taisand, sur la Coûtume de Bourgogne, tit. 7. art. 5. note 4.*

PRECIPUT, MARIAGE AVENANT.

15. On peut établir pour une doctrine certaine que quand il n'y a qu'un frere & des sœurs, le préciput en Caux n'entre point en partage, si elles y sont reçûës, ni dans l'estimation des biens pour liquider le mariage avenant ; mais pour les dettes, soit qu'il y ait des freres puisnez, ou qu'il n'y ait que des sœurs, l'aîné y contribuë à cause de son préciput : & quand il y a plusieurs freres, la sœur dans la Coûtume de Caux, comme dans la Coûtume generale, ne peut avoir plus grande part qu'un puisné ; neanmoins il contribuë à la décharge des puisnez pour le payement du mariage avenant. Et pour regler cette contribution du préciput, on ne l'estime que sur le revenu. Toutes ces questions furent décidées par l'Arrêt du sieur de Saint-Saën-Limogez, rendu au Parlement de Roüen le 21. Août 1664. la Cour y a fait depuis un Reglement par les articles 56. & 57. du Reglement de l'année 1666. *Basnage sur la Coûtume de Normandie article 279.*

PRÉDICATEURS.

1. Voyez *dans le premier tome de ce Recueil* le mot *Curé*, nomb. 114. Tournet, lettre P. Arrêt 167. *le petit Recueil de* Borjon, tome 2. *les Memoires du Clergé*, tome 1. part. 1. page 615. jusqu'à 715. 993. & 994. art. 8. 12. & 15.

2. La connoissance de la mission des Prédicateurs interdite au Parlement. *Mem. du Clergé*, tome 2. part. 1. p. 22. & à tous autres Juges Royaux, tome 1. part. 1. p. 620. le Parlement renvoye à l'Evêque les plaintes faites par M. le Procureur General contre des Prédicateurs, tome 1. part. 1. p. 621.

3. Logement des Prédicateurs. *Mem. du Clergé*, tome 1. part. 1. p. 631. & suiv. & to. 3. part. 3. p. 342. n. 12.

4. Quête pour les Prédicateurs. *Mem. du Clergé*, tome 1. part. 1. p. 631. & suiv.

Défenses aux Maires & Echevins de l'empêcher, *Ibidem*.

5. Les Gouverneurs & autres personnes Laïques ne doivent exiger des Prédicateurs qu'ils leur adressent la parole. *Mem. du Clergé*, tom. 5. part. 8. page 709. art. 26. & p. 69. art. 15.

6. Du choix des Prédicateurs dans les lieux occupez par les Heretiques, & de la liberté qu'ils doivent avoir d'y prêcher y étant envoyez par les Evêques. *Voyez les Memoires du Clergé*, tome 6. part. 9. chap. 6.

7. Ceux de la Religion Prétenduë Reformée ne peuvent apporter aucun empêchement ou trouble, aux Prédicateurs qui sont envoyez és Villes de ce Royaume. *Voyez les Décisions Catholiques de* Filleau, *Décis. 17.*

PREDICATEURS, EVESQUE.

8. Arrêt du Parlement de Paris du premier Juin 1525. contre l'Evêque de Meaux & les Cordeliers pour les Prédicateurs. Ordonné que la Clementine *Dudum* seroit observée, & que quand l'Evêque de Meaux prêchera en personne, ou fera prêcher devant luy la matinée, les Cordeliers ne pourront alors faire aucunes Prédications dans la Ville ; & si l'Evêque prêche ou fait prêcher devant luy à l'aprésdînée, ils ne pourront aussi faire aucune Prédication à ladite aprésdînée. *Preuves des Libertez*, tome 2. chapitre 35. nombre 43.

9. Prédicateurs ne doivent prêcher sans avoir mission de l'Evêque. Arrêt du Roy Henry II. en 1556. *Voyez* Henrici progymnasmata, *Arr. 29.*

10. Arrêt rendu au Parlement de Toulouse en 1578. qui condamne les Consuls de Gimont pour avoir entrepris de faire prêcher un Religieux de l'Abbaye le jour de la Toussaints en l'Eglise Paroissiale, contre la volonté de l'Evêque & du Vicaire General, en dix écus d'amende, avec inhibition aux Laïcs de s'entremettre des fonctions & charges de l'Eglise. *La Rocheflavin, livre 6. tit. 30. Arr. 7.* le même Arrêt est rapporté dans la *Bibliotheque Canonique*, tome 2. page 238. col. 1. & daté de l'an 1579. citation contraire à celle de la Rocheflavin.

11. Les Prédicateurs peuvent être interdits par les Evêques. *Mem. du Clergé*, tome 1. part. 1. page 616. & suiv. au cas qu'ils soient interdits ils ne peuvent prêcher pendant l'appel, to. 2. part. 1. p. 88.

12. Les Prédicateurs doivent avoir la permission de l'Evêque Diocesain, *pag.* 622. 667. & suiv. & tome 6. part. 9. pag. 29. même les Religieux exempts. *Mem. du Clergé*, tome 1. part. 1. page 650. & suiv. 1006. & suiv.

13. Jugé au Parlement de Paris le 30. Mars 1647. que l'Evêque de Langres avoit pû changer l'heure de la Prédication dans une Eglise unie à la Cathedrale, nonobstant que le Chapitre en consequence de l'union qui luy donnoit pareil droit dans l'Eglise unie, que dans la Cathedrale, soûtint que l'Evêque n'avoit pû rien ordonner sans son consentement. *Soëfve*, to. 1. Cent. 2. chap. 12.

NOMINATION DES PREDICATEURS.

14. Le Prédicateur nommé par les Marguilliers doit être agréé du Curé de la Paroisse, sans quoi il a droit de le refuser, en offrant de prendre la Chaire, & prêcher luy-même durant l'Avent ou le Carême ; cela a toûjours été ainsi jugé en faveur des Curez. Aussi cette élection se fait ordinairement par les Marguilliers en presence du Curé. *Définitions Canoniques*, page 450.

15. Les Curez de Paris au cas qu'ils ne veulent prêcher eux mêmes, presenteront à l'Ordinaire conjointement avec les Marguilliers, des Prédicateurs pour l'Avent & le Carême. *Memoires du Clergé*, tome 1. part. 1. p. 621.

16. Un legs fait pour fonder un Prédicateur, à la charge qu'il sera élû par l'avis d'une *femme*, n'a été jugé legitime. Arrêt rendu au Parlement de Paris le 24. Decembre 1578. qui ordonna que le Prédicateur sera pris & choisi par l'Evêque, de l'avis & du consentement du Chapitre seulement. *Voyez* Peleus, *quest.* 40. il rapporte plusieurs textes qui font l'éloge & la critique des femmes.

17 Les Prédicateurs ne pourront obtenir la Chaire des Eglises, même pour l'Avent & le Carême, sans la mission & la permission des Archevêques & Evêques, ou leurs Grands Vicaires, chacun en leur Diocese. N'entendons neanmoins y assujettir les Eglises où il y a coûtume au contraire, esquelles suffira d'obtenir l'approbation des Archevêques ou Evêques; du choix & élection qu'ils auront fait; pour le salaire desquels Prédicateurs, au cas qu'il n'y ait differend, ne s'en pourront adresser à nos Juges ordinaires, mais seulement pardevant lesdits Archevêques & Evêques, ou leurs Officiaux. Edit de l'an 1606. article 11. Cet article a été verifié à la charge que ces mots seront ôtez *pour le salaire desquels, &c.* Bibliot. Can. to. 2. p. 235. col. 1.

18 L'Abbé Commendataire de *Simorre* prétend avoir droit de nommer pour l'Avent & Carême, le Prédicateur d'une Ville, dont la Cure étoit unie à son Monastere; il soûtient que ses prédecesseurs l'ont fait de la sorte, & que c'est luy qui paye le salaire. Au contraire le Prélat Diocesain soûtient que c'est une faculté annexée à sa Prélature, qui ne peut se prescrire, que c'est de son office d'élire les personnes qu'il juge plus capables d'instruire son peuple, & qu'il n'importe pas aux frais de qui cela se fasse; cette circonstance étant trop petite pour rien alterer de son pouvoir; l'Abbé se retire à la Chambre des Requêtes du Palais. Cependant le Prédicateur envoyé par le Diocesain, qui étoit un Religieux, occupe la Chaire par voie de fait; de quoi il est informé d'autorité des Officiers Ecclesiastiques, qui ordonnent prise de corps, & la font executer. L'Abbé veut empêcher le Prélat Diocesain d'entrer dans la ville, s'y étant acheminé pour y administrer les saints Ordres, de quoi il fut enquis, comme aussi de ce qu'il alloit revêtu d'habits Episcopaux. Ajournement personnel contre luy, à la requête du Procureur Fiscal; pendant ces differends, il y eut autre requête presentée pour contraindre l'Abbé de satisfaire au salaire du pour le Religieux qui avoit prêché, & il y eut pour le contraindre, appointement qui fut donné par le Vicaire General; il y eut d'ailleurs plainte faite par le Secretaire du Monastere, de ce que l'Abbé vouloit empêcher qu'il ne chantât la Messe de minuit à la Fête de Noël, quoique ses predecesseurs l'eussent fait. Il fut appointé que les parties en viendroient en jugement, & cependant que le Secretaire joüiroit de son Privilege, desquelles procedures l'Abbé appelle comme d'abus au Parlement de Toulouse, où par Arrêt du premier Juillet 1610. la Cour a declaré qu'il n'y avoit point d'abus, & a condamné l'Abbé appellant aux dépens & amende. *Voyez le 16. Plaidoyé de Puimisson.*

19 Il a été jugé au Parlement de Paris le 12. Février 1624. contre les Marguilliers & Paroissiens de l'Eglise de Macon, Paroisse de *Pontoise*, que le droit de nomination & mission des Prédicateurs appartiendroit au Curé & aux Marguilliers, sans s'arrêter aux offres du Grand Vicaire de Pontoise de salarier & entretenir les Prédicateurs qu'il nommeroit, & de prêcher luy-même.

A Paris c'est aux Marguilliers seuls à nommer le Prédicateur, parce qu'ils l'entretiennent & récompensent aux dépens l'Oeuvre. Le Curé peut neanmoins prendre la place de Prédicateur, parce que c'est à luy à administrer & distribuer la parole de Dieu. 1. tome du Journal des Audiences, livre 2. chapitre 18.

20 Le Chapitre de Clermont maintenu en la possession de choisir & nommer les Prédicateurs qui doivent être agréez & confirmez par l'Evêque. Arrêt du 4. Août 1636. *Bardet, tome 2. livre 5. chap. 27.*

21 Les Consuls fondez en Coûtume sont en droit de nommer les Prédicateurs; jugé au Parlement de Toulouse en faveur des habitans de Gourdon contre M.

l'Evêque de Cahors en 1640. après un Arrêt interlocutoire, qui avoit ajugé la provision à l'Evêque. Le Concile de Trente le porte, *Sess. 5. cap. 2. de Ref.* Il est dit que c'est à l'Evêque de nommer les Prédicateurs, s'il n'y a Coûtume contraire de temps immemorial; neanmoins le 5. Janvier 1658. le contraire fut jugé en faveur de M. l'Evêque d'Agde contre les Consuls de Pezenas, je crois que la Cour fait la diference, si les Consuls font la retribution aux Prédicateurs; cela joint à la Coûtume; les fait maintenir dans cette faculté. *Albert, verbo Prêtres art. 3.*

22 Arrêt rendu au Parlement de Provence le 18. May 1654. en faveur de l'Archevêque d'Arles, qui a jugé que les Evêques ont la mission & la nomination des Prédicateurs dans tous les lieux de leur Diocese nonobstant la possession contraire. *Boniface, tome 1. livre 2. tit. 2. chap. 2.*

23 Le Chanoine Theologal dans l'Eglise Collegiale de *Roye*, prêchera une fois le mois, & fera trois fois la semaine les leçons, sur peine de perte de ses fruits, &c. Arrêt du 11. Janvier 1667. *De la Guess. tome 3. livre 1. chap. 9.*

24 Du droit de nommer le Prédicateur dans une Eglise Collegiale. Sur la contestation entre l'Abbé de Gaillac & l'Evêque d'Alby, Arrêt du 18. Mars 1660. qui ordonna que les Predicateurs nommez par l'Abbé se présenteroient à l'Evêque dans le Palais Episcopal, ou à son grand Vicaire lesquels seroient-obligez 24. heures après de donner leur approbation ou refus, & à faute d'y avoir satisfait dans ledit temps permis de se retirer au plus prochain Evêque ou Vicaire General qui seroient obligez dans le même delay de donner ladite approbation ou refus, & à faute d'y satisfaire, le Predicateur nommé par l'Abbé sera tenu pour approuvé, pourvû qu'il ait prêché un Avent & Carême une année précedemment à sa nomination. *V. Basset, to. 1. liv. 1. tit. 1, ch. 15.*

PREDICATEURS, RELIGIEUX.

25 De ceux qui prêchent dans les Monasteres exempts. *Memoires du Clergé to. 1. p. 615. & suiv.*

Les Religieux même exempts doivent recevoir la benediction de l'Evêque Diocesain, lors qu'il est present. *Ibid p. 1077. & suiv.*

26 Les Evêques peuvent empêcher la prédication aux Religieux Mandians. *Voyez Henrys, tome 1. livre 1. ch. 3. q. 46.*

27 Les Religieux ne peuvent prêcher hors de leur Monastere sans la mission de l'Evêque Diocesain. Arrêt du 26. Avril 1646. qui ordonne que les Superieurs des Cordeliers presenteront la liste de ceux qui doivent prêcher tant l'Avent que le Carême, au sieur Evêque de Clermont, lequel ne pourroit refuser sa permission qu'à ceux en la vie & aux moeurs desquels il y auroit quelque chose à redire. *Soefve, tome 1. Centurie 1. ch. 89.*

28 *Aucuns Reguliers ne pourront prêcher dans leurs Eglises & Chapelles sans être presentez en personne aux Archevêques ou Evêques Diocesains, pour leur demander leur benediction, ni y prêcher contre leur volonté, & à l'égard des autres Eglises, les Seculiers & les Reguliers ne pourront y prêcher sans en avoir obtenu la permission des Archevêques ou Evêques. Faisons défenses à nos Juges, & à ceux desdits Seigneurs, ayant Justice, de commettre & autoriser des Prédicateurs; & leur enjoignons d'en laisser la libre & entiere disposition ausdits Prélats. Voulons que ce qui sera par eux ordonné sur ce sujet soit executé, nonobstant toutes oppositions & appellations & sans y prejudicier.* Art. 10. de l'Edit concernant la Jurisdiction Ecclesiastique du mois d'Avril 1695.

N'entendons comprendre dans l'Article précédent, les Curez tant seculiers que reguliers qui pourront prêcher dans leurs Paroisses, comme aussi les Theologaux, qui pourront prêcher dans les Eglises où ils sont établis, sans aucune permission plus speciale. Article 12. du même Edit.

29 Arrêt du Parlement de Paris du 24. Janvier 1699. en faveur de M. l'Evêque d'Autun, contre les Maire & Echevins de la Ville de Moulins, pour le droit de nommer le Prédicateur de l'Avent, du Carême, & de l'Octave du S. Sacrement, en l'Eglise de Moulins. V. le Recueil de Decombes Greffier de l'Officialité de Paris, part. 2. ch. 2. p. 442.

SALAIRES DES PREDICATEURS.

30 Par qui les Prédicateurs doivent être salariez? Voyez Tournet, lettre E. nombre 8. & cy-dessus le n. 17.

31 Arrêt donné és Grands Jours de Moulins le dernier Septembre 1550. qui a déclaré valable une saisie faite sur M. l'Archevêque d'Ambrun par un Dominicain, pour avoir payement & salaire de ses Prédications. Papon, livre 1. tit. 1. nombre 9. où il examine la question de sçavoir qui est tenu du salaire du Prédicateur? Il fait distinction, si c'est un lieu où il y ait Eglise Collegiale ou Cure: tous ceux qui perçoivent les dîmes doivent contribuer au salaire du Prédicateur, & les Paroissiens en la dépense de bouche. Ainsi jugé par plusieurs Arrêts, il en cite deux du Parlement de Toulouse des 14. Mars 1600. & 17. Mars 1603. contre l'Evêque d'Alby.

32 Aux Villes où il y a Archevêché ou Evêché, c'est le devoir du Pasteur de prêcher luy-même ou faire prêcher : jugé contre M. l'Archevêque de Bourges par Arrêt du Parlement de Paris du dernier Juin 1542. & en celles où il y a Eglise Collegiale ou Curé, tous ceux qui perçoivent les dîmes en ladite Paroisse, doivent contribuer aux salaires des Prédicateurs, & les Paroissiens à la dépense de bouche. Jugé par Arrêts du Parlement de Toulouse des 12. Février 1602. & 17. Mars 1603. Papon, livre 3. tit. 1. n. 9.

32 bis. Par Arrêt du 5. Avril 1558. après Pâques entre les Marguilliers de l'Eglise de S. Barthelemy & le Curé, il fut dit que le Curé prêcheroit ou feroit prêcher, & payeroit le Prédicateur. Bibliotheque de Bouchel verbo Prédicateurs.

33 L'Evêque de Nantes & le Chapitre avoient plusieurs procez que l'Evêque avoit fait évoquer au Grand Conseil. Un Docteur de Paris qui avoit prêché le Carême à Nantes, presente sa Requête à ce que ledit Chapitre luy donne l'argent destiné par la fondation. Le Chapitre dit que c'est à l'Evêque à le payer, d'autant plus qu'il l'a fait venir ; l'Evêque se joint avec le Docteur. La Cour, pour aucunes considerations, sans tirer à consequence, & préjudicier aux droits des parties, ordonne que le Chapitre payera le Theologien sans que l'Evêque de Nantes soit déchargé du salaire & vacation des Prédications qu'il doit au Prédicateur, pour avoir prêché en S. Pierre de Nantes : au surplus, afin de prévenir tout inconvenient ladite Cour enjoint tant à l'Evêque que Chanoines & Chapitre de Nantes de s'accorder du different pendant entre eux dans la Fête de Noël prochain, ou de poursuivre le Jugement, autrement à faute de ce faire, la Cour y pourvoira. Arrêt du Parlement de Bretagne du 26. Avril 1558. Du Fail, livre 1. chapitre 35.

34 Arrêt du Parlement de Toulouse du 18. Juin 1567. qui ordonne que tous beneficiers & autres percevans les fruits decimaux dans l'Archevêché d'Auch, seront tenus contribuer à la nourriture & salaire des Prédicateurs qui seront commis pour instruire le peuple, prêcher & annoncer la parole de Dieu és jours de Dimanches, Fêtes solemnelles, Avent & Carême. La Rocheflavin, liv. 3. tit. 13.

35 Les habitans doivent nourrir leur Prédicateur. Arrêts du Parlement de Toulouse des 10. Février 1562. & 1. Février 1563. ceux qui prennent les fruits decimaux doivent luy payer son salaire, à proportion de ce qu'ils tirent. Ainsi jugé le 5. May 1564. & en 1594. Mainard, to. 1. li. 1. ch. 34. & suiv.

36 Les Curez doivent prêcher ou payer les Prédicateurs, à moins que par quelque incommodité ils ne le puissent faire, alors ils doivent contribuer avec le Marguilliers. Arrêt du Parlement de Paris du 13. Decembre 1563. Papon li. 1. tit. 3. nomb. 8.

37 L'Evêque prenant dîmes dans une Paroisse, doit contribuer au salaire du Prédicateur avec les autres Seigneurs Dîmeurs. Arrêt du Parlement de Toulouse du 17. Mars 1603. contre l'Evêque d'Alby. Papon, liv. 1. tit. 12. nomb. 8. Il y a plusieurs Arrêts semblables dans Mainard.

38 M. Du Vergé Evêque de Lavaur, ayant donné une Ordonnance qui chargeoit le Chapitre de bailler 300. livres de retribution au Prédicateur, & les habitans de sa nourriture, fut condamné luy-même à l'un & à l'autre, par Arrêt du Parlement de Toulouse du 3. Juillet 1609. Albert verbo Prêtres art. 3.

39 Arrêt de Grenoble du 27. Août 1620. qui ordonna par provision que le Seigneur Decimant nourriroit le Prédicateur, & que les Catholiques luy payeroient ses salaires. V. Basset, to. 1. liv. 1. tit. 1. ch. 14.

40 Les Evêques doivent payer & nourrir les Prédicateurs de leurs Eglises Cathedrales. Dans les Collegialles, il y a une Prebende pour eux, & à l'égard des Prieurez & des Paroisses ; si la Coûtume n'est contraire, cette dépense se partage entre les Prieurs & les Paroissiens. Arrêt du Parlement de Grenoble du 27. Août 1620. entre le Syndic de saint Antoine de Vienne & les Paroissiens, lequel ordonne par provision le Prieur nourriroit le Prédicateur du Carême, & que les habitans le payeroient ; Arrêt semblable pour le Prieur Diocesain. Les Abbez & Prieurs qui sont en possession de nommer les Prédicateurs y doivent être maintenus ; jugé par trois Arrêts du Parlement de Paris, rapportez sans date ; semblable Arrêt a été rendu au Parlement de Grenoble le 18. Mars 1660. Voyez la Jurisprudence de Guy Pape par Chorier, sect. 1. art. 4. p. 9.

41 Arrêt du Parlement de Provence du 4. May 1657. qui a jugé que la question des salaires des Prédicateurs, n'étoit pas de la connoissance des Juges d'Eglise. Le même Arrêt ordonne que les salaires des Prédicateurs seront payez par ceux qui perçoivent les dîmes. Boniface to. 1. li. 2. tit. 13. ch. 1.

42 Arrêt rendu au même Parlement de Provence le 2. Juin 1671. qui a jugé que les salaires des Prédicateurs doivent être payez par les Decimateurs. Boniface, tome 3. li. 3. tit. 14. ch. 5.

PREDICATEURS SEDITIEUX.

43 & 44 Arrêt du Parlement de Paris du 16. Decembre 1559. contre aucuns Prédicateurs scandaleux, portant que la Cour a exhorté l'Evêque de Paris & ses Vicaires, de faire informer dans huitaine, des propos scandaleux & seditieux tenus, proferez, & prêchez publiquement, & ce fait y pourvoir le plus sommairement que faire se pourra, de ce en certifier la Cour, & neanmoins pour obvier à l'avenir à tels scandales & inconveniens qui s'en pourroient ensuivre, la Cour a ordonné que les Curez au cas qu'ils ne voudroient eux-mêmes prêcher en leurs Paroisses en cette Ville & Fauxbourgs, se presenter ou nommer à l'Evêque ou les Vicaires, celuy qu'ils voudront prendre pour Prédicateur, soit Docteur en Theologie, Religieux Mendiant, étudiant, ou autre quelconque, pour s'en enquerir au vray de la doctrine & suffisance du personnage ainsi presenté, ce fait, luy bailler licence de prêcher, & à la Cour fait défenses à tous Prédicateurs de monter en Chaire sans ladite permission sur peine de suspension de leurs privileges, degrez, & autre peine arbitraire. Preuves des Libertez, tome 2. ch. 28. nomb. 5.

Arrêt du Parlement d'Aix du dernier Avril 1594. contre deux Religieux Observantins, & un Minime prêchant seditieusement. La Cour ordonne qu'il sera informé, & cependant enjoint à l'Archevêque d'Arles & son Vicaire, d'interdire la Prédication ausdits Religieux, & en mettre d'autres à leurs places qui prêchent la parole de Dieu avec toute modestie sans user d'aucun propos scandaleux ou tendant à sedition, ni détourner les sujets du Roy de l'obeïssance qu'ils luy doivent, sur peine d'être punis comme perturbateurs du repos public, & aux Superieurs de l'Ordre desdits Religieux de les faire retirer hors de ladite Ville d'Arles sur ladite peine ; neanmoins jusqu'à ce que lesdits Archevêque d'Arles & son Vicaire ayent satisfait à ce que dessus ordonné, que le revenu de leur temporel sera effectivement saisi & sequestré ès mains de personnes solvables pour en rendre compte quand & ainsi sera dit & ordonné & leur sera le present Arrêt signifié parlant à la personne des rentiers ou Consuls desdits lieux où sont lesdits revenus. *Preuves des Libertez, tome 2. ch. 28. n. 11.*

46 Les Parlemens & les Juges Royaux ont pouvoir de juger & punir les Prédicateurs qui prêchent seditieusement. *Voyez le 2. tome des Preuves des Libertez, chapitre 29.* où plusieurs Arrêts sont rapportez.

PRÉDICATEUR, THEOLOGAL.

47 Les Theologaux ne pourront substituer d'autres personnes pour prêcher à leur place sans la permission des Archevêques ou Evêques. *Art. 13. de l'Edit concernant la Jurisdiction Ecclesiastique du mois d'Avril 1695.* Voyez le mot *Theologal.*

PREFERENCE.

Quoyque ce mot s'applique singulierement aux créanciers, l'ordre des décisions suivantes indique les cas particuliers ausquels la préference peut avoir lieu.

PREFERENCE, BAIL.

1 Préference en matiere de bail. *Voyez le mot Bail, nombre 156. & suivans,* & le mot *Fermier, nombre 60. & suivans,* & cy-après le *nomb. 17.*

PREFERENCE, CREANCIERS.

2 Préference de créanciers. *Voyez hoc verbo la Bibliotheque des Arrêts de Jovet, lettre P.* & dans le present Recueil les mots *Contribution, Créancier, Debiteur, Hypoteque, Ordre, Privilege, Saisie.*

3 Celuy qui vend son heritage sans se reserver d'hypoteque par les Loix Romaines ne peut être preferé pour le prix qui luy reste à payer ; le contraire se juge à present, & l'équité l'emporte sur les Loix. *Voyez Henrys, tome 1. livre 4. chap. 6. quest. 107.* Voyez M. Dolive, *livre 4. chap. 10.* & M. Louet & son Commentateur *lettre H. somm. 11.*

4 *Ex duobus creditoribus, præferendus est is qui ripsâ pecuniam prior numeravit.* Mornac, *l. 4. ff. de rebus creditis.*

5 Titius fait un contract de constitution de rente à Jean, à la charge qu'il payera une somme qu'il doit à certain terme & par corps : dans l'entre-temps du terme, Titius constitue une rente à Pierre qui luy en baille les deniers en presence des Notaires. Jean paye au créancier du debiteur sans cession, duquel ensuite les effets sont saisis réellement & vendus, Jean & Pierre contestent la préference. *Voyez Charondas, livre 11. Rép. 49.*

6 Un Gentilhomme épouse deux femmes & ensuite il fit tuer la premiere ; le pere le poursuit ; il est condamné à mort, & le pere preferé pour le payement dans la distribution des deniers à la seconde femme, pour la réparation civile & dépens. *Voyez Charondas, livre 6. Rép. 82. & Montholon, Arrêt 9.* qui date l'Arrêt prononcé à Pâques 1581.

7 Les gages de serviteurs sont privilegiez, *intuitu pietatis* ; pour les loyers des maisons baillées à loüage, le proprietaire sera preferé sur les meubles de la maison ; la marchandise trouvée en nature sera réclamée par le vendeur, *licet fidem habuerit de pretio.* Arrêt du 23. Novembre 1584. & par autre du 13. Mars 1609. suivant la Loy *cum quis. ff. de privil. creditor.* Celuy qui a prêté argent pour l'acquisition de la chose, si pour asseurance il a stipulé qu'elle luy demeureroit specia-

lement affectée & hypotequée, & que le contract en fasse foy. *L. licet. Cod. qui pot. in pig. hab.*

8 Si la marchandise n'étoit pas saisie sur le debiteur & acheteur, mais sur un tiers possesseur, en ce cas le vendeur n'auroit aucune préference sur la marchandise. Jugé par Arrêt du 10. Mars 1587. *Tronçon article 177. in verbo sur le debiteur.* Pithou, *sur Troyes, art. 72.*

9 En la question de sçavoir lequel des créanciers seroit preferé, ou celuy qui étoit le bailleur du fonds qui avoit acquis rentes foncieres pour la baillée d'iceluy, *ac per consequens erat dominus soli,* ou celuy qui avoit employé les deniers en la réparation d'heritage, & lequel par consequent avoit sur hypoteque privilegiée, pour preceder tous autres créanciers, même les anterieurs en hypoteque, *quia salvam fecerat totius pignoris causam, l. inter eum cum seq. qui pot. l. 1. quibus causis pign. & ad eam Cujac.* la Cour par Arrêt du 8. Juillet 1604. a ordonné que ventilation & estimation seroit faite, tant de la place que du bâtiment & réparation, lors & au temps qu'elle auroit été faite, & seroient les parties concurremment payées des deniers provenans de l'adjudication de la maison, eû égard à la valeur. *Le Prêtre, Centurie 4. chap. 4.*

10 Par Arrêt du 8. Mars 1608. rapporté par *Tronçon, sur l'article 231. de la Coûtume de Paris, in verbo à la charge de payer les semences,* il a été jugé que celuy qui a prêté la semence pour emblaver les terres, en concurrence de saisie des frais, est preferable même au Seigneur direct pour le cens qui luy étoit dû.

11 Jugé par Arrêt du 15. Janvier 1655. que celuy qui a prêté les deniers pour bâtir sur le fonds, doit être preferé au bailleur à rente. *Soëfve tome 1. Centur. 4. chapitre 80.*

PREFERENCE, DOT.

12 De la préference de la dot. *Voyez le mot Dot, n. 281.* En l'Audience de la Grand'-Chambre du 30. Août 1661. il a été jugé que la dot de la femme est preferable au doüaire des enfans. Jugé pareillement que le doüaire des enfans est pris avant le remploy des propres alienez de la femme, avant son indemnité, consentie par son mary pour les dettes où elle a parlé, & avant son préciput stipulé par son contract de mariage. Jugé en outre par le même Arrêt que les créanciers de la femme qui se vengent sur sa dot, sont tenus de justifier que la dot de la femme a été payée au mary ; quoyque ce soit entre majeurs, & qu'il y ait eû plus de dix ans depuis le contract de mariage. *Jovet, verbo Préference des créanciers n. 16.*

PREFERENCE, FEMMES.

13 Les femmes des associez ne peuvent être preferées aux créanciers de la société sur les effets de la société. Arrêt du 25. Janvier 1677. *De la Guessiere, tome 3. livre 11. chapitre 3.* Le même Arrêt est rapporté au *Journal du Palais.*

PREFERENCE, GRADUEZ.

14 De la préference des Graduez, eû égard à l'éminence de leurs dégrez. *Voyez le mot Graduez nomb. 142. & suiv.*

PREFERENCE SUR LES MEUBLES.

15 Qui doit être preferé sur les meubles que le mary laisse après son décés, ou la veuve, ou le proprietaire de la maison, ou le Boucher pour la chair qu'il a fournie ? *Voyez Henrys, to. 2. li. 4. qu. 44.*

16 Dettes pour prix de meuble vendu, preferées sur iceluy : jugé entre le proprietaire d'une maison pour ses loyers, & un Marchand Courtier de vin, pour le prix du vin qu'il avoit vendu, qui avoit été pris & levé sur l'Etape sans payer. Car bien que le vin se trouvât saisi en la maison loüée, la préference fut neanmoins ajugée au Marchand par Arrêt de l'an 1604. en infirmant la Sentence du Prévôt de Paris, qui l'avoit ajugé au proprietaire. *Voyez Du-Plessis, sur la Coûtume de Paris titre des executions, liv. 11.*

Preference du Proprietaire.

17 Le proprietaire est préferable à tous autres creanciers sur les fruits pendans par les racines de l'heritage baillé à ferme, tant pour la ferme de l'année courante, que pour les arrerages. Arrêt du 31. Decembre 1594. *M. le Prêtre, ès Arrêts de la* 5.

18 *Dominus sub pensione annuâ domum concessit, posteà rescicitur domus & publicatur; in nummis de eâ profluentibus præfertur dominus cœmentario.* Arrêt du 8. Juillet 1604. *Mornac, Loy* 6. *ff. qui potiores in pignore.*
Voyez le mot *Fermier*, nomb. 60. & *suiv.*

Preference, Saisissans.

19 Un creancier du cedant, qui avant la signification du transport fait au debiteur, fait saisir & arrêter la somme entre ses mains, est en ce cas préferé, sauf au cessionnaire son recours contre son cedant. Jugé le 28. Septembre 1591. *Gouget, des Criées part.* 2. page 197.

20 Jugé par Arrêt du 4. Août 1611. que le proprietaire, lequel incontinent aprés la mort du défunt, a prevenu & fait saisir les meubles étant en sa maison, pour la sureté du payement des loyers qui luy étoient dûs seroit le premier payé, & préferé au Marchand pour les robes de deüil, & frais des obseques & funerailles fournis aprés son décés. *Gouget*, pag. 265. & *l'Auteur des Notes sur M. Du Plessis, Traité des Executions*, liv. 2.

21 *Henrys*, tom. 1. li. 4. c. 6. q. 28. établit qu'entre deux creanciers saisissans les revenus d'une terre entre les mains du Fermier d'icelle, le creancier du défunt à qui la terre appartenoit, doit être préferé aux creanciers de l'heritier du défunt. Pour authoriser son sentiment, il prouve que les fermages d'une terre sont censez immeubles, & faire partie de la terre jusqu'au jour de l'écheance du payement.

22 Les biens de l'acheteur d'un fonds étant en discussion, ou en distribution, a droit de faire tirer de la discussion & de l'inventaire, estimation préalablement faite dudit fonds, pour, sur le prix, être payé par preference à tous creanciers. Arrêt rendu au Parlement de Provence le 14. Juin 1687. *Boniface*, tom. 4. liv. 8. tit. 2. ch. 14.
Voyez cy-aprés, le mot *Saisie*, §. *Saisie. Preference.*

Preference, Tailles.

23 La rente est préferable aux Tailles sur le fonds qui y est sujet. Arrêt du Parlement de Grenoble du 29. May 1658. & autres. *Basset*, tome 1. livre 3. tit. 3. chapitre 6.
Voyez cy-aprés le mot *Tailles.*

Preference, Tuteur.

24 Le Tuteur a preference sur les biens de son pupille, pour ce qui luy est dû pour le reliqua de son compte contre les creanciers de l'heritier dudit pupille, & de la separation de ses biens. Arrêt du 16. Juin 1601. *Charondas*, liv. 11. Rép. 11.

25 Une fille avoit atteint la vingt-quatriéme année, avant de demander à son Tuteur le compte de son administration. Le Tuteur avoit cependant reconnu la dot de sa belle-fille, sans que cette pupille fist aucune dénonce ni protestation. Il fut jugé au Parlem. de Toulouse le 10. Mars 1691. que le reliqua dû à cette pupille, étoit préferable sur les biens de ce Tuteur à la dot de cette belle-fille. *M. de Catellan*, li. 8. chap. 8.
Voyez le mot *Tuteur.* §. *Tuteur, Hypoteque.*

PREFET.

Préfet du Prétoire. *Præfectus Pretorio.*
La dignité de Premier Président aux Parlemens de France, represente assez celle de Préfet du Prétoire chez les Romains. Cependant quelques Auteurs disent que le Préfet du Prétoire étoit comme nos anciens Maires du Palais. *Bodin, Repub. L.* 4. *c.* 6. *Fauchet, des Dignitez de France, L.* 1. *c.* 10.

De officio Præfecti Pretorio. D. 1. 11... C. Th. 1. 5... Idem. 6. 7... N. 8. c. 15.
De officio Præfecti Pratoriorum Orientis & Illyrici. C. 1. 26.
De officio Præfecti Pratorio Africa, & de omni ejusdem Diœceseos statu. C. 1. 27.
Ut ordinaria Præfectura urbanæ, etiam Prætorianæ duæ, & Præfecturæ quæ in cingulo, & quæ in actu sunt, sola, non etiam honorariæ liberent à curiali fortunâ. N. 70. Cette Novelle parle de la dignité du Préfet, qui porte exemption de certaines charges.
De Præfectis Prætorio, sive urbi, & magistris militum, in dignitatibus exæquandis. C. 12. 4... C. Th. 6. 7.
Préfet de la Ville.
Ce Magistrat avoit la jurisdiction & l'administration de la Ville & des environs, que nous appellons la Banlieüe. C'étoit comme le Gouverneur ou le Maire de la Ville.
Voyez les mots *Gouverneurs, Juge, Lieutenans, Intendans, Officiers, Parlemens, Police, Président, & autres titres qui conviennent à la Magistrature.*

PREJUGE'.

Préjugé. Question préjudicielle. *Præjudicium.*
De exceptionibus præscriptionibus, & Præjudiciis. D. 44. 1... Inst. 4. 6. §. 13. Præjudicia, sont les questions préjudicielles, ou les exceptions dilatoires, & fins de non proceder. Les questions de l'état des personnes, sont questions préjudicielles. *Voyez* Exception. Etat des personnes.

PRELATION.

Voyez lettre D. au titre *des Droits Seigneuriaux*, le nomb. 112. & *suiv.*

1 Des personnes qui peuvent user du retrait feodal, ou censuel, ou droit de prélation ou retenuë. *Voyez Despeisses*, tom. 2. pag. 80.
Des divers cas ausquels le Seigneur peut user du droit de prélation? Ibidem, pag. 89.
Des divers cas ausquels le droit de prélation n'a pas lieu? Ibidem, pag. 91.

2 *Jus Prælationis ubi sunt duo domini, cui competat?* Voyez Franc. Marc. tom. 1. qu. 574.

3 *Dominus directus in jure prælationis moram purgare potest.* Ibidem, quest. 577.

4 *Jus prælationis, seu avantagii, an locum habeat in feudo, vel emphiteusi, & alteri cedi possit?* V. Franc. Marc. tom. 2. qu. 2.

5 Le Seigneur direct peut retenir par droit de prélation les biens vendus & alienez, tant par contrat, que par decret, & authorité de Justice, qui dépendent de sa directe, en remboursant l'acquereur ou adjudicataire du prix. Arrêt du Parlement de Toulouse du 5. Janvier 1552. pour les Seigneurs de Saint Jory, confirmé par autre Arrêt du mois de Juin 1568. Ce qui avoit été jugé auparavant le 14. Février 1561. à la charge neanmoins par le Seigneur d'affirmer que c'est pour luy. Arrêt du 2. Août 1572. *La Rocheflavin, des Droits Seigneuriaux*, chapitre 13. article 1.

6 En échange le droit de prélation n'a point lieu. Arrêt du Parlem. de Toulouse du 24. May 1572. sauf quand le contract est frauduleux. *La Rocheflavin*, ibid. art. 12.

7 Le Seigneur qui use du droit de prélation, doit rembourser les étrennes à l'acquereur, & les droits de Corratiers doivent être rendus avec generalement tout ce que l'acquereur a payé. Arrêt du 24. Avril 1601. *La Rocheflavin, des Droits Seigneuriaux*, ch. 13. Art. 1. Graverol observe que l'acheteur doit être indemnisé de tout ce qui est énoncé dans le contract; *secus* de ce qui n'y est pas.

8 Par la Coûtume generale du Royaume, l'Eglise ni les

PRE

PRE 129

ni les personnes Ecclesiastiques, Seigneurs directs du fonds de l'Eglise n'ont point droit de prélation. *Voyez* Boyer *sur la Coûtume de Bourges*, au titre *de retent. rer. feud.* & Rebuffe, au titre *de feudis.* Neanmoins, si pour accommoder & aggrandir l'Eglise, Convent & Monastere, Hôpital ou College, ou accroître leurs jardins & cloisons, ou pour s'affranchir de quelque vûë & servitude, ils avoient besoin de quelques petites maisons voisines, ou petite piece de terre mouvante de leur directe, qui se vendissent ou decretassent ; auquel cas seulement, & non pour aggrandir & amplifier leurs labourages, ou acquerir de loüage de maisons, ils pourroient user du droit de prélation, ainsi qu'il a été jugé pour les Religieuses de Boulbonne. *Voyez* la Rocheflavin, *des Droits Seigneuriaux*, ch. 13. art. 2. Cambolas, liv. 2. chap. 39. Despeisses, tom. 3. *des Droits Seigneuriaux*, titre 4. sect. 6. part. 1. nomb. 17. Mainard, liv. 9. chap. 46. remarquent les cas où l'Eglise peut user du droit de prélation.

9   Par la même Coûtume generale du Royaume, le Roy n'a jamais usé du droit de prélation en France, moins ses Rentiers, sauf s'il s'agissoit de quelque Château ou Place frontiere qui se rendît, comme il a été jugé pour un Château au Comté de Foix sur les frontieres d'Espagne ; lequel, à la requête du Procureur General, luy a été ajugé par droit de prélation La Rocheflavin, ibid. ch. 13. art. 3.

10   Sur le doute, si les acheteurs du Domaine du Roy ou de l'Eglise doivent joüir du droit de prélation, il a été jugé par plusieurs Arrêts, qu'ils en doivent joüir ; parce que les causes de la Coûtume qui regardent le Roy & l'Eglise, cessent aux particuliers acquereurs. Et entr'autres, le 18. May 1576. pour un acquereur du temporel de l'Eglise ; ledit Arrêt prononcé en Arrêt general le 8. Juin 1576. & par autre Arrêt du 13. Août 1590. pour les Seigneurs Acquereurs du Roy au lieu de Fabrezan contre un Consul. La Rocheflavin, ibid. art. 4.

11   Le Seigneur hommager a droit de prélation. Le temps du droit de prélation ne court que du jour que la vente a été dénoncée au Seigneur direct. Arrêt du 3. Mars 1575. parce que l'emphiteote est censé de mauvaise foy, *ex quo intra annum non petit investituram* §. *Qui sit causa benefic. amitt.* & parce que *ignoranti tempus non currit. cap. quia diversitatem de concess. Prebend.* Ibid. art. 5.

12   Quand entre deux Coseigneurs il y a droit de prélation, si l'un a pris les lods & ventes, l'autre peut prendre & retenir la piece venduë, en rendant les lods & le prix à l'acheteur. Arrêt du 2. Avril 1572. & quand un acheteur ou adjudicataire ne veut bailler le tout, audit cas le Seigneur peut retenir par prélation ce qui est dans sa directe, en rendant le prix, suivant l'estimation, eu égard au prix total de l'achat. Arrêt du 7. Avril 1588. La Rocheflavin, ibid. Art. 6. Graverol observe que quand l'acquereur ne veut pas souffrir la division, il faut que le Seigneur prenne tout, si mieux il n'aime accepter le droit de lods, & donner l'investiture. Il rapporte deux Arrêts des 1. Mars 1619. & 2. Janvier 1611.

13   Les promesses par écriture privée entre l'acheteur & le vendeur, ne peuvent donner atteinte au droit de prélation. Arrêt du Parlem. de Toulouse du 17. Janvier 1582. Ibid. art. 7.

14   Le droit de prélation est préferé au retrait lignager. Arrêt du 4. Avril 1586. parce que le Seigneur *habet jus in re.* Ibid. Att. 8.

15   Si un heritage est vendu plusieurs fois sans avoir pris investiture, le Seigneur direct le peut prendre par droit de prélation, pour le prix de tel des contrats de vente que bon luy semble. Arrêt du 3. Août 1594. Ibidem, *Art.* 9.

16   Un Seigneur direct achete une vigne de sa directe, il la laisse à un de ses enfans par son Testament, & *Tome III.*

la directe du lieu à un autre fils. Le legataire de la vigne la vend à l'un des habitans du lieu ; le Seigneur direct la veut cultiver par droit de prélation. Par Arrêt du mois de Novembre 1591. il a été débouté, & la piece declarée allodiale, à cause de la confusion & consolidation de l'utilité avec la directité, au moyen de l'achat fait par le nommé Boisset pere commun. *Per L. si binas ades ff. de servit. nrb. prac. & doctrinam Molinei in tit. de censibus.* La Rocheflavin, *ibidem Art.* 10.

17   Le Seigneur retenant un bien vendu par droit de prélation, le reprend exempt de toutes charges & hypoteques qui pourroient y être imposées depuis le premier bail & infeodation. Jugé le 14. Févr. 1602. contre une femme qui demandoit sa dot sur les biens de son mary, vendus par decret, pour le Seigneur, qui les avoit retenus par droit de prélation. La Rocheflavin, *des Droits Seigneuriaux*, chap. 13. art. 11. Graverol observe que c'est aussi l'usage de la Cour des Aydes de Montpellier.

18   La reception de la rente & censive faite par plusieurs années, ne prive point le Seigneur de son droit de prélation, si l'acheteur n'a requis l'investiture, *Census debetur à quocunque possessore justo vel injusto, habili vel inhabili.* Ibidem, art. 12.

19   Quoique le Seigneur soit obligé pour retenir un heritage par droit de prélation, d'affirmer que c'est pour luy, il peut ensuite le donner à un autre, sans que le premier acquereur puisse en évincer le dernier. Arrêt du même Parlement de Toulouse du 21. Juin 1578. Ibidem, *Art.* 14 *Jurisjurandi Religio solum Deum ultorem habet : & postquàm juratum est, nihil amplius quærendum.*

20   Le droit de prélation dure trente ans, après lesquels il est prescrit, quoique la vente n'ait été dénoncée au Seigneur, *quia illa præscriptio currit ignoranti. Capell. Tolos. decis.* 76. §. *Porrò & ibi Jacobus Alvarrinus num.* 3. *qualiter feudum alienari possit.* Arrêt du 14. Août 1583. La Rocheflavin, *ibidem art.* 16.

21   Quoique par plusieurs Arrêts du Parlement de Paris & de Toulouse, ait été jugé que le droit de prélation & de commis avoit lieu dans la Ville & Viguerie de Toulouse ; neanmoins par un dernier Arrêt du mois de Mars 1672. le contraire a été jugé. La Rocheflavin, *ibid. Art.* 17. sur la fin.

22   Lorsque plusieurs Seigneurs directs veulent retenir la piece venduë par droit de prélation, si la piece se peut commodément diviser, elle doit être partagée à proportion des parts & quotité qu'ils ont en la directe, ou ils doivent la jetter au sort : de même, si elle ne peut se diviser, on doit jetter ce sort. *Ibidem, Art.* 18.

23   Quand il y a deux Seigneurs directs, & qu'ils veulent retenir par droit de prélation une piece venduë contre la volonté de l'acquereur, & que l'autre se contente de sa part des lods & ventes, & veut investir l'acquereur, l'autre Coseigneur ne peut retenir toute la piece venduë par droit de prélation contre sa volonté : mais il doit se contenter d'une portion d'icelle, suivant la quotité de son droit de directe. Arrêt du 2. Decembre 1601. parce que, *in contractibus juri accrescendi locus non est.* Ibidem, Article 19.

24   Le Seigneur hommager a droit de prélation. Jugé le 23. Mars 1575. mais il ne court que du jour qu'on luy a dénoncé la vente. Cambolas, li. 1. ch. 15.

25   Jugé le 14. Janvier 1614. que l'Eglise peut user du droit de prélation pour sa commodité seulement, à la charge que la maison seroit réünie à la table de l'Eglise ; & à condition que les Religieux du Monastere verifieroient, comme ils avoient soûtenu, que cette maison leur étoit necessaire, & qu'elle confrontoit avec leur jardin. Quoique l'Eglise ne joüisse pas de ce droit, ceux qui ont droit d'elle y sont reçûs. Cambolas, liv. 2. ch. 39.

R

26. Le Seigneur direct ne peut contre la volonté de l'acquereur, prendre le droit de prélation, qu'à proportion de la part qu'il a en la directe. Jugé contre les Commandeurs de Saint Jean, Proprietaires pour la quatriéme partie de la Terre de Menville, droit de prélation ne peut être cedé. *Cambolas, livre 3. chap. 10.*

27. Le temps de la prescription du droit de prélation & retention feodale, ne court sinon du jour de la notification de la vente, & requisition de l'investiture faite au Seigneur direct. *Voyez Mainard, li. 7. chap. 100.*

28. Le droit de préference a lieu en vente judiciaire & volontaire. Arrêt du Parlement de Grenoble du 30. Janvier 1620. *Basset, tome 1. livre 3. titre 7. chapitre 3.*

29. Ce droit n'a lieu, qu'en cas qu'il soit expressément stipulé & reconnu. Arrêts des 6. Juillet 1628. & 21. Juillet 1653. *Ibidem, ch. 1.*

30. Le droit de préference produit action personnelle & réelle. Arrêt du 26. Février 1638. *Ibid. ch. 3.*

31. En cas de retrait par droit de prélation, le retrayant doit payer toutes les charges, & souffrir toutes les hypotheques du fond, *quia hoc fit ex causâ voluntariâ*: autre chose seroit, *si ex causâ necessariâ*. Arrêt du même Parlement de Grenoble du six Février 1640. *Basset, ibid. ch. 2.*

PRELATION CEDEE.

32. Si le droit de prélation est cessible? On juge pour l'affirmative au Parlement de Paris; on tient le contraire au Parlement de Grenoble & de Toulouse. *Voyez Salvaing, traité des Fiefs, chap. 22.*

33. Le droit de prélation est tellement personnel & adherant à la personne du Seigneur direct, qu'il ne le peut ceder à un tiers; & ainsi se juge à Grenoble *Guid. Pap. decis. 411.* de là vient que l'emphiteote requiert souvent le Seigneur de jurer s'il veut le fief pour soi; en quoi plusieurs l'estiment être bien fondé; nonobstant un Arrêt contraire de Paris rapporté par *Papon, livre de retrait lignager art. 7.* Quant au Parlement de Toulouse, ordinairement il n'a égard à telle demande de serment, ni aux incidens joints pour ce regard au principal. *Voyez Mainard, liv. 8. chap. 20.*

33 bis. Arrêt rendu au Parlement de Provence l'année 1672. qui déclara le cessionnaire du Fermier du Roy de la prélation feodale, préferable au retrayant lignager. *Boniface, tome 4. li. 1 tit. 1. chap. 1.*

34. Arrêt du 16. May 1684. qui a declaré le pacte de préference en cas de vente & de donation personnelle & non cessible. *Ibidem, liv. 8. tit. 2. ch. 13.*

PRELATION, EGLISE.

35. Eglise peut user du droit de prélation pour réunion des fiefs relevans d'elle. *V. Tournet, lettre E. nomb. 37. Chopin, de sacrâ politiâ tit. 1. nomb. 16.*

36. L'Eglise ne peut user du droit de prélation. Ainsi jugé au Parlement de Grenoble. *Voyez Salvaing, de l'usage des Fiefs, chap. 24.* où il ajoûte, l'on peut objecter l'Arrêt du 24. Juillet 1653. qui ajuge au Prieur de Nôtre-Dame de Beaumont le droit de prélation sur un fonds emphiteotique dont j'ai fait mention au chapitre 11. mais j'ai sçû de M. de Ponat Rapporteur qu'il ne fut point opposé de l'incapacité de l'Eglise, & que M. le Procureur General ne fut point oüi.

PRELATION FEODALE.

37. Quand il y a deux Seigneurs directs d'un même fonds, dont l'un veut retenir par droit de prélation, l'autre veut investir; celuy qui veut retenir sera préferé à l'autre, pourvû qu'il retienne tous les fonds, & non la moitié seulement. S'il y a plusieurs pieces vendues par même contrat, il faut distinguer, si la vente du fond est faite pour un seul & même prix, & alors le Seigneur doit prendre ou bailler le tout, ou chacune piece à son prix particulier & separé, en ce cas, ce sont ventes diverses & separées, quoique contenuës en même instrument, & le Seigneur peut retenir l'une des pieces que bon luy semblera, & laisser les autres. *Voyez Mainard, li. 7. ch. 19.*

38. Si la prélation feodale a lieu, quand le vassal ou l'emphiteote impose à prix d'argent une servitude sur son fonds de terre, ou quand il vend la faculté d'en dériver de l'eau? *Voyez Du Perrier, livre 3. question 10.*

39. Le droit de prélation ou de retenuë n'a lieu pour les fonds de roture en faveur du Seigneur direct. *Voyez Henrys, tome 2. liv. 3. quest. 22.*

40. Si le Seigneur direct qui use du droit de prélation, est tenu de rembourser le prix en un seul payement, ou s'il peut demander les delais donnez par le contrat de vente à l'acheteur? *V. Salvaing, de l'usage des Fiefs, chap. 90.* où en citant d'un côté les Arrêts du Parlement de Paris qui ont jugé que le prix doit être totalement & sans délay acquitté; il dit que l'opinion contraire doit être suivie aux pays où la Coûtume & les Arrêts n'ont aucune disposition, parce que tout le Droit, & la commodité ou incommodité du contrat passe au retrayant.

41. De la prélation & retenuë feodale; *Voyez la Bibliotheque du Droit François par Bouchel*, verbo *Retenuë*, où il a inseré un traité sur cette matiere par M. Nicolas Rigaut Avocat, ou plûtôt ses écritures & Plaidoyez dans la cause de M. le Duc de Boüillon, contre le sieur de Noailles; celui-cy condamné par Sentence des Requêtes du Palais du 22. Août 1579. à laisser à M. le Duc de Boüillon par droit de prélation feodale & puissance de fief les choses vendues par Messire François de Lignerac, à Messire François de Noailles Evêque d'Agde.

42. L'article de la Coûtume de Bourdeaux qui donne le droit de prélation au Seigneur, ne s'étend pas en tout le Ressort du Parlement; il est restraint à la seule Sénéchaussée. Arrêt du Parlement de Paris au profit des sieurs de Broca, contre le sieur de Manivat, il fut débouté du retrait & prélation d'un heritage relevant de la Baronnie de la Roche, acquis par les sieurs de Broca. *Corbin, traité des Fiefs. page 864.*

43. Si le Seigneur direct peut user du droit de prélation sur un fond de sa mouvance compris dans une vente passée de plusieurs autres fonds allodiaux, ou mouvans d'autres Seigneurs pour un seul prix, sans retenir le tout? *M. Charles Du Moulin* tient l'affirmative; *Guy Pape* la negative. Le Parlement de Grenoble a consenti de suivre l'opinion de celui-ci. Arrêt du 26. Mars 1612. *Voyez Salvaing, de l'usage des Fiefs, chap. 25.*

44. Le Seigneur usant du droit de prélation ne peut regulierement déduire & retenir les lods sur le prix qu'il doit rembourser. *Salvaing, ibidem, chap. 30.*

45. Le droit de prélation a lieu, même aux ventes à pacte de rachat, à la charge neanmoins par le Seigneur de revendre le fief au vendeur quand il voudroit racheter. Arrêt du Parlement de Toulouse du 27. Janvier 1631. *Albert, lettre P.* verbo *Prélation.*

46. Droit de prélation feodale n'a lieu en Dauphiné sans être exprimé dans les titres; il en est de même du droit de prélation emphiteotique. *Voyez Salvaing, chap. 20. & 21.* où il rapporte un Arrêt du Parl. de Grenoble du 1. Février 1634. qui n'assujettit au droit de prélation que les fonds possedez par les roturiers & taillables, parce que les Gentilshommes ne l'avoient pas reconnu. Autre Arrêt du 24. Juillet 1653. qui a jugé que de plusieurs fonds qui ont été neanmoins à un même Seigneur direct, le droit de prélation ne peut être exercé que sur les articles où il a été stipulé, quoique dépendans d'un même terroir, & qu'il ne suffit pas que le proême ou preambule des reconnoissances en fasse mention.

47. Le 10. Mars 1644. il a été jugé au Parlement de Toulouse en la cause de Jean Jacob Cordonnier,

contre Barriere, que le droit de prélation n'avoit pas lieu dans le Gardiage de Touloufe; le fonds étoit fitué dans le territoire de Poubourville, & l'Arrêt ajoûta *nonobstant la reconnoissance*; car il y en avoit une qui portoit droit de prélation; il eſt vrai que la précedente étoit conçûë par *&c*. Le contraire avoit été jugé en faveur de M. de Hautpoul Conſeiller, pour un fond fitué à Cugnaux, qui eſt dans la Viguerie de cette Ville, le 12. Mars 1640. & en 1646. la prélation fut ajugée au ſieur de Maleprade pour une métairie fituée au lieu de Gagnac. Ce qui peut avoir donné lieu à ces Arrêts, eſt peut-être que les parties qui défendoient contre ce droit, n'avoient pas impetré des Lettres pour demander, que ſans avoir égard aux reconnoiſſances, qui les ſoûmettoient à ce droit de prélation, & que la Viguerie n'a pas le même avantage que le Gardiage. *Voyez Alberi*, verbo *Prélation, article* 1.

48 Le Seigneur pour uſer du droit de prélation n'a qu'un an à compter du jour de la dénonce à lui faite par le nouvel acquereur & inveſtiture demandée. Cette demande doit être faite par écrit, & par un acte. *Cambolas, liv.* 1. *chap.* 15. *Ferrieres ſur la queſtion* 411. Si l'achat n'eſt pas notifié au Seigneur, le retrait feodal dure 30. ans à compter du jour du contrat, ſuivant l'avis des Auteurs, & de *Mainard, liv.* 4. *chap.* 46. *liv.* 7. *chap.* 100. quoique le Seigneur ait reçû payement de la rente des mains du nouvel acquereur. Arrêt du Parl. de Touloufe du 12. Juin 1665. rapporté par *M. de Catellan, liv.* 3. *chap.* 10.

PRELATION, ROY.

49 Le Roy n'a droit de prélation. *Maſuer. tit. de locato. §. Item.* L'uſage de ce droit n'eſt même permis à l'Egliſe que lorſqu'il y a une évidente neceſſité. *V. Mainard, liv.* 9. *chap.* 46.

50 Si le Roy & l'Engagiſte de ſon domaine peuvent exercer le droit de prélation? *Voyez Salvaing, traité des fiefs, chap.* 23. où il rapporte un Arrêt du Parlement de Touloufe du 13. Août 1599. qui a jugé l'affirmative. *Bacquet, traité de la Juſtice, chap.* 12. dit avoir été jugé au Parlement de Paris, que le droit de retrait feodal n'eſt point compris dans l'engagement, s'il n'y a clauſe expreſſe.

PREMICES.

1 Par Arrêt du Parlement de Touloufe du 31. Avril 1540. il a été dit & déclaré qu'au droit de prémices ne ſont compris les droits Seigneuriaux, ſçavoir, les quarts, quiats, cenſives, & directitez de l'Egliſe de Rieupeiroux en Rouërgue. Et par autre Arrêt du 22. Mars 1556. contre le Syndic du Chapitre de Beaumont, & le Recteur du même lieu, il a été auſſi dit & déclaré qu'en la quatriéme partie ajugée aux Recteurs, doit eſt précompté le droit de prémice qu'ils ont accoûtumé de prendre; & non toutefois les oblations & offrandes. *La Rocheflavin, livre* 2. *titre* 5. *Arrêt* 2.

2 La coûtume d'exiger le droit de prémice eſt preſcriptible dans 40. ans. Arrêt du Parlement de Touloufe du 7. Decembre 1653. *La Rocheflavin, ibidem.*

PREMIER.

Premier & dernier: ce que c'eſt. *L.* 91. *D. de verb. ſign. De Primicerio, & ſecundicerio, & Notariis. C.* 12. 7. *Voyez* les mots *Dignitez, Doyen, Préference.*

PREMONTRE'.

Adam Præmonſtratenſis de ordine & habitu Præmonſtratenſi, ſermones.
Albertus Mircus de Monaſteriis Præmonſtratenſium.

1 Un Religieux de l'Ordre de Prémontré fut maintenu au plein poſſeſſoire d'une Cure contre blaiſe du Mont Prêtre ſeculier. Jugé le 22. Août 1629. *M. Dolive, liv.* 1. *chap.* 9.

Tome III.

Religieux de l'Ordre de Prémontré exempts de la viſitation. *Tournet, lettre V. Arr.* 27. 2

Election des Abbez & General de l'Ordre de Prémontré. *Voyez* le mot *Election*, nomb. 37. & 38 3

Lettres Patentes portant confirmation des privileges des Religieux de l'Ordre de Prémontré A Paris en Decembre 1661. regiſtrées le 14. May 1663. 9. *vol. des Ordonnances de Louïs XIV. fol.* 251. 4

De quelle exemption joüiſſent les Religieux Prémontrez par rapport aux dîmes? *Voyez* le mot *Dîme*, *nomb.* 202. 5

Si les Religieux de l'Ordre de Prémontré peuvent faire les fonctions Curiales, comme adminiſtrer les Sacremens du Bâtême, Penitence, Euchariſtie à Pâques, & de Mariage, à ceux qui ſont demeurans dans l'enclos de leurs maiſons, dans l'endroit où ils ſont Curez primitifs? Le Religieux qu'ils ont nommé pour deſſervir la Cure eſt bien fondé d'appeller comme d'abus de leurs Ordonnances, ſur ce qui concerne les fonctions Curiales. Arrêt du 12. Juin 1691. *Au Journal des Audiences du Parlement de Paris*, tome 5. li. 7. chap. 30. 6

Le Superieur General des Prémontrez n'a le pouvoir de revoquer les Curez Religieux de l'étroite obſervance de ſon Ordre. Cette autorité reſide ſeulement dans les Superieurs de la réforme. Arrêt du Grand Conſeil du 13. Mars 1694. *V. le Journ. du Palais*, tome 2. p. 855. *& cy-après verbo Religieux.* 7

PRESBYTERE.

Voyez le mot *Curé*, nomb. 90. & ſuiv.
Des Presbyteres. *Voyez les Memoires du Clergé*, tome 1. part. 7. p. 223. *& ſuiv.* & tome 3. part. 3. p. 342. n. 11. de la réfection d'iceux, *ibid.* les Evêques dans leurs Viſites, ou leurs Grands Vicaires & Officiaux pourvoiront à ce qu'il y ait des Presbyteres bâtis de neuf, aux lieux où il n'y en auroit point, *ibid.* to. 3. part. 3. p. 515. *& ſuiv.* 1

Par Arrêt du 11. Decembre 1540. donné au profit de M. Loüis Garrot Curé de Longpont prés Montlhery; il a été jugé que les Paroiſſiens étoient tenus de faire conſtruire un Presbytere à leurs dépens pour le Curé, & le meubler de meubles commodes. *Voyez la Bibliot. de Bouchel*, verbo *Presbytere.* 2

Par Arrêt du Parlement de Bretagne du 22. Août 1556. les Paroiſſiens de ſaint André ſont condamnez de faire reparer & mettre en bon état deux chambres du Presbytere, & icelles garnir de meubles & uſtancilles; tellement que le Recteur ou ſon Vicaire y puiſſent commodément habiter: Les Gens du Conſeil, la Juriſdiction deſquels avoit été ſupprimée par l'érection du Parlement, avoient jugé qu'ils répareroient tout le Presbytere. *Du Fail, livre* 2. *chap.* 48. 3

Les gros Decimateurs ne ſont point tenus à cauſe de leurs dîmes à la conſtruction d'un Presbytere. Arrêts du Parlement de Rouën des 16. May 1631. & 30. Juillet 1669. le Chœur de l'Egliſe doit être entretenu par le Curé, la Nef par les deniers du treſor, & les Paroiſſiens doivent fournir le Presbytere. *Baſnage ſur l'art.* 75. *de la Coûtume de Normandie.* 4

Jugé au Parlement de Bretagne le 11. Mars 1638. que le Recteur contribuëroit pour un tiers aux réparations du Presbytere. *Sauvageau*, livre 2. chapitre 48. 5

La connoiſſance des réparations du Presbytere appartient au Juge Royal, & non à l'Official. Arrêt du Parlement de Rouën du 30. Juillet 1660. *V. Baſnage, tit. de Juriſdiction*, art. 3. 6

Le Patron doit contribuer à la réédification du Presbytere, comme les autres Paroiſſiens, quoiqu'il ait donné le fonds. Arrêt du 18. May 1662. pour les Paroiſſiens de Vacuëil, contre le ſieur de Guierville. *Baſnage, ſur l'art.* 75. *de la Coût. de Normandie.* 7

Pour les réparations des maiſons Curiales il ſemble que c'eſt aux Paroiſſiens à les faire, puis qu'ils ſont 8 obligez de loger leurs Curez ; ainsi que cela est décidé par l'Ordonnance de Blois art. 52. l'Edit de Melun art. 8. la Declaration du Roy du 18. Février 1661. & par Arrêt du Conseil d'Etat du 18. Dec. 1684. cependant il faut distinguer entre la construction & la réparation. La construction est à la charge des Paroissiens ; mais le Curé est tenu aux réparations, suivant le sentiment & les Arrêts rapportez par Chopin, *de sacrâ politiâ*, liv. 3. tit. 3. nomb. 15. & par Chenu, *en ses Reglemens*, tit. 1. chap. 14.

PRESCRIPTION.

Prescription. *Præscriptio. Usucapio.*
Le mot *Præscriptio*, en Droit, est originairement un nom générique, qui convient à toutes les exceptions sans nom, ou fins de non recevoir, comme on le peut voir sur les titres, *De exceptionibus & præscriptionibus*, au Digeste & au Code. *Voyez*, *Exception.*

La prescription ne s'entend ici que de l'exception particuliere qui naît de la possession paisible & continuelle pendant le temps determiné par les Loix, ou par la Coûtume : ce qui est la veritable prescription.

Il est particulierement traité des prescriptions dans le Livre XLI. du Digeste, depuis le titre III. jusqu'à la fin du Livre. Et dans le Code, Livre VII. depuis le titre XXVI. jusqu'au XL.

De præscriptionibus. Dec. Gr. 16. q. 3. & 4.. *Extr.* 2. 26... *S.* 2. 13.

De usucapionibus, & longi temporis præscriptionibus. Inst. 2. 6.

Communia de Usucapionibus. C. 7. 30.

De Usucapione. Paul. 5. 2. *Lex* 12. tabb. t. 23.

De Usurpationibus, & Usucapionibus. D. 41. 3. *Usurpatio*, ne signifie pas Usurpation, mais l'interruption de la prescription. *L.* 2. *hoc tit.*

De usucapione pro emptore, vel pro transactione. C. 7. 26... *D.* 41. 4. L'Acheteur peut prescrire.

De usucapione pro herede, vel pro possessore. C. 7. 29... *D.* 41. 5. L'heritier peut prescrire.

De diversis temporalibus præscriptionibus, & de accessionibus possessionum. D. 44. 3. Le mot *Præscriptiones*, qui est dans ce titre, & dans le titre précedent, signifie bien, prescription, mais c'est en tant qu'elle peut être opposée comme Exception. *Voyez Exception.* Ces mots, *accessiones possessionum*, qui sont encore dans ce titre, sont opposez à interruption de prescription, & signifient la jonction des temps differens, pendant lesquels deux ou plusieurs personnes ont possedé la même chose, pour acquerir la prescription.

De præscriptione rerum ab hostibus captarum. N. 36. Dans quel temps les proprietaires ou leurs heritiers peuvent revendiquer les biens pris par les ennemis, & ensuite rendus ?

De actionibus certo tempore finiendis. C. Th. 4. 14... *Valent. N.* 8. Les actions personnelles se prescrivent par trente ans.

Demande en Justice interrompt la prescription des actions. *L.* 139. *D. de reg. jur.*

Prescription contre l'Eglise.

Ut etiam Ecclesia Romana centum annorum gaudeat præscriptione. N. 9.

Constitutio quâ innovat constitutionem quæ præscriptionem centum annorum venerabilibus locis dederat. N. 111. Prescription de cent ans reduite à quarante pour les biens de l'Eglise. *N.* 131. *c.* 6... *Const. I. Basil. Porph.* 4.

De tempore actionum quæ sacris locis competunt. N. 111... *Ed. Just.* 5.

De usucapione pro donato. C. 7. 27... *D.* 41. 6. Le Donataire peut prescrire la chose donnée.

Pro derelicto. D. 41. 7. La chose abandonnée peut être prescripte par le Possesseur.

Pro legato. D. 41. 8. Le legataire peut prescrire la chose leguée.

De usucapione pro dote. C. 7. 28... *D.* 41. 9. Le mari peut prescrire la chose donnée en dot.

Pro suo. D. 41. 10. Ce titre est general, & traite de la prescription des choses que l'on possede comme siennes, & des fruits que l'on fait siens.

Ne de statu defunctorum post quinquennium quæratur. D. 40. 15... *C.* 7. 2.

De longi temporis præscriptione quæ pro libertate, & non adversus libertatem opponitur. C. 7. 22.

De usucapione transformandâ; & de sublatâ differentiâ rerum mancipi, & nec mancipi. C. 7. 31. Ce titre change la disposition ancienne des prescriptions, à l'égard du temps & des choses. *Res mancipi, erant res Italia : Res nec mancipi, erant res Provinciales.* Vide *Ulp. tit.* 19.

De præscriptione longi temporis decem vel viginti annorum. C. 7. 33. .. *Inst.* 2. 6. *in prin...* N. 119. c. 7. & 8.

In quibus causis cesset longi temporis præscriptio. C. 7. 34.

Quibus non objicitur longi temporis præscriptio. C. 7. 35.

Si adversus creditorem præscriptio opponatur. C. 7. 36.

De quadriennii præscriptione. C. 7. 37. Prescription de quatre ans, contre le fisc, & pour le fisc.

De quinquennii præscriptione. C. Th. 4. 15. De même que le Titre précedent.

Quando de peculio actio annalis est. D. 15. 2. Prescription annale.

Ne rei Dominicæ vel templorum vindicatio temporis exceptione summoveatur. C. 7. 38. Le Domaine ou les choses appartenantes au Prince, & les Temples, ne sont sujets à la prescription.

De præscriptione triginta vel quadraginta annorum. C. 7. 39... *Const. I. Basil. Porphir.* 4.

De annali exceptione Italici contractûs tollendâ, & de diversis temporibus, & exceptionibus, & præscriptionibus, & interruptionibus earum. C. 7. 40. Pour le sens des mots, *Exceptiones*, & *Præscriptiones*, qui sont dans ce titre. *V.* le mot *Exception.*

De præscriptionibus. Per Andr. Alciatum.

Per Henricum Hostiensem.

Per Rogerium.

Per Dyn. de Mugello.

Per Bartolum.

Per Jo. Franc. Balbum.

Per Andræam Tiraquellum.

De diversis præscriptionibus. Per Rogerium, & per Jo. Buteonem.

De usucapionibus. Per Barthol. Cæpollam. & per Joan. Oldendorpium.

Rigaltius de præscript. Arvernorum, in 18. *Paris.* 1613.

Voyez hoc verbo *Prescription*, la Bibliotheque du Droit François par *Bouchel*, & celle de *Jovet* ; Tournet, *lettre P. Arr.* 170. Papon, *liv.* 12. *tit.* 3. Despeisses, *tome* 1. part. 4. page 715. & *suiv.* Coquille, au 2. *tome de ses Oeuvres, en son institution au Droit François*, p. 107.

Les Défin. Canoniques, p. 667. où est un traité assez étendu, Henrys, tome 1. *l.* 4. chap. 6. quest. 19. & l'Auteur des Observations sur ce chapitre. Les Commentateurs de la Coûtume de Paris, sur l'article 113. & les Commentateurs des autres Coût. sur les art. qui disposent de la prescription : *les Arrêtez faits chez M. le Premier Président de Lamoignon*, recüeillis dans le Commentaire de M. Barthelemy Auzanet sur la Coûtume de Paris.

La prescription est un droit qui assure la proprieté 1 d'une chose, quand on l'a possedée pendant le temps porté par la Loy. Les Jurisconsultes l'appellent usucapion, & la définissent *adeptio dominii per continuationem possessionis temporis lege definiti*, lege 3. ff. *de usucap.*

Le sçavant Cassiodore appelle la prescription en 2

PRE PRE

matiere civile, *patronam generis humani*, à cause de la paix qu'elle produit ; & il appelle la prescription en fait de crimes, *finem sollicitudinum*. Définit. Canoniques, p. 837.

3. De la nature & de l'usage de la prescription, & comment elle s'acquiert ? Le possesseur joint à sa possession celle de son auteur ; la bonne-foy est necessaire pour prescrire ; l'heritier est tenu de la mauvaise foy du défunt, non le legataire, ni le donataire. Des causes qui empêchent la prescription, comme une demande en Justice, celle de l'un de plusieurs créanciers, ou contre l'un de plusieurs debiteurs. *Voyez le second Tome des Loix Civiles*, liv. 3. titre 7. Sect. 4.

4. Voyez dans *Salvaing, de l'usage des Fiefs*, chap. 93. comment doit être entendu ce théoreme du Droit, *Nul ne peut prescrire contre son titre*.

5. M. Guerin Conseiller en la Cour des Aydes de Vienne, a recueilli dans le *ch. 6. du stile de cette Cour-là*, duquel il est l'Auteur, toutes les especes de prescription, depuis celle de trois jours, jusques à celle de cent ans. Cujas avoit déja fait presque la même chose, mais plûtôt pour l'Ecole, que pour le Palais, dans le Traité de *diversis temporum præscriptionibus*, qui est dans le premier Tome de ses Oeuvres. Ces observations sur les prescriptions, leurs effets, & leurs cas contre les mineurs, les femmes, & même contre les pupilles, sont curieuses.

6. *In præscriptionibus non sufficit imaginaria possessio. Titulus putativus contra credentem, non parit usucapionem. In Juribus creditor, insciente debitore, non potest sibi mutare causam possessionis, &c.* Voyez Du Moulin, tome 2. pag. 78.

Quod jure pignoris vel hypothecæ possideatur, nullo tempore præscribi potest ? Ibid. p. 168.

7. Maître Charles du Moulin dans son *Conseil 2.* traite de la prescription, *scientia defuncti impedit hæredem præscribere* ; tome 2. pag. 817. Il en traite aussi dans le Conseil 3. pag. 819. Item, en son Conseil 6. page 822. *præscriptio non incipit antequàm agi possit, libellus Principi datus, si inducat malam fidem, interrumpit*.

8. Toute prescription dort pour les pupilles, pour l'Eglise, & pour l'Empire vacant, & durant que n'étant pas vacant, ils sont en schisme : elle dure même pour les majeurs durant une *guerre* si violente, & une peste si enflammée, qu'elle eût fait cesser tout commerce. V. *Guy Pape*, qu. 416.

9. Le temps de peste & de guerre n'est point compté dans celuy de la prescription. Jugé au Parlement de Toulouse. *Albert*, verbo *Prescription*, art. 3. Voyez le mot *Guerre*, nomb. 30. & suiv.

10. Des prescriptions, Voyez le 36. chap. de la *Coûtume de Nivernois*, & *Coquille*, en son *Commentaire sur icelui*, to. 2. pag. 377. où il est parlé de la prescription de quarante années contre l'Eglise, & autres prescriptions. Il en parle aussi au même volume *en son institution du Droit François*, pag. 107.

11. *In annuis præstationibus an currat præscriptio ? & in quâ monetâ solutio sit facienda ?* Voyez *André Gaill*, lib. 2. observat. 73.

13. *De præscriptione censuum dominicalium*. V. Sthockmans, decis. 80.

14. *Lapsu 30. annorum præscribitur annuus reditus quoad sortem, & pensiones etiam cessas eis annum trigesimum*. Ibidem, decis. 81.

15. *Creditor qui plures hypothecas habet, vel plures reos debendi, si ab uno nihil exegerit per triginta annos, an præscriptum sit ?* Ibidem, decis. 82.

16. *Qui hypothecam annui reditus triginta annis possidet bonâ fide ut liberam, an præscriptione tutus sit contrà hypothecariam actionem ?* Judicatum pro creditore contrà hypothecæ possessorem 26. Augusti 1649. Ibidem, decis. 83.

17. *Pignoratitia actioni an præscribat is qui longissimo tempore rem ut suam possedit ?* Ibidem, decis. 84.

18. *Solemnitas inhæredationis, adquisitionis, juris realis, quanti temporis lapsu suppleatur ?* Idem, decis. 122.

19. Articulus 29. Edicti 1611. *quo decennalis præscriptio inducta est adversùs rescissiones contractuum, an locum habeat in actibus ipso jure nullis ?* Voyez le même Sthockmans, decis. 139.

20. Si la prescription court contre les furieux, insensez & prodigues ? *Voyez l'Auteur des Observations sur Henrys*, to. 2. li. 4. qu. 21.

21. En matiere de prescription, la prescription ne commence pas son effet avant la naissance de l'action. *Ricard, des Donations entre-vifs*, 3. part. ch. 5. sect. 7. nomb. 660.

22. Si les prestations annuelles qui procedent d'un Contrat, sont sujettes à prescription de trente, ou cent ans, par la seule cessation du payement ? *Voyez Du Perrier*, liv. 4. qu. 27.

23. Es causes annales, comme retrait lignager au complainte, l'instance introduite ne dure qu'un an. Contestée, trois. Au retrait feodal, contestée ou non, dure trois ans. Brodeau, lit. I. n. 2. 2. Papon, lib. 12. tit. 3. n. 16. per annum 2. Automne, art. 10. per annum. 2. Maître Abraham la Peirere, qui dans son Recüeil des décisions du Palais, lettre S. nombre 40. rapporte ces authoritez, ajoûte : *Je suis de l'avis qu'elle ne dure qu'un an*. Voyez le mot Retrait. §. Retrait, Peremption.

24. Si les Parties ne se servent point de la prescription, le Juge n'y peut suppléer, quand même elle auroit éteint l'action. Arrêt du Parlement de Grenoble du quatre Aoust 1459. La bonne foy n'est requise dans la prescription. Arrêt du 8. Mars 1418. *Voyez Guy Pape*, qu. 199. & 221. & Papon, liv. 12. titre 3. nomb. 27.

25. Entre Macé Avril, Fermier du Bouttillage de Dinan, & Guillaume Hamon, le Fermier est debouté de sa demande, à ce que Hamon eût à declarer combien il a fait venir de vins durant sa Ferme, & luy payer le devoir, il dit que les devoirs se prescrivent par an & jour : les Juges de Dinan & de Rennes l'avoient condamné. Il fut absous au Parlement de Bretagne le 28. Août 1568. Du Fail, li. 2. ch. 327.

26. Les Ordonances de Louïs XII. de l'an 1512. articles 67. & 68. établissent la prescription de trois ans contre les serviteurs pour leurs loyers & gages, & de six mois contre les Marchands pour les marchandises vendües en détail. Mais en la Cour de Toulouse on ne les observe point du tout ; on s'est fort relâché de la rigueur de ces Ordonnances, quoiqu'elles ayent été verifiées & reçües. *Voyez Mainard*, liv. 6. chapitre 87.

27. En 1573. demande à ce qu'assiette soit faite de douze boisseaux de froment, rente constituée en 1501. avec faculté de raquit ; le défendeur oppose la prescription de soixante années. Le demandeur dit que pendant les dix ans de la faculté il n'a pû agir ; qu'il est venu dans les 60. ans de la vieille Coûtume. Le défendeur demande d'être oüi plus amplement, car il pourra arguer d'acte de constitution, de faux ou de nullité, ou la faire declarer hypothequaire ou franchissable. Arrêt du Parlement de Bretagne du douze Mars 1575. qui le reçoit à déduire ses moyens & défenses au principal. Du Fail, liv. 1. ch. 401.

28. Jugé à la premiere Plaidoyerie de l'ouverture des Grands Jours de Clermont en Auvergne, au mois de Septembre 1582. que nonobstant la clause expresse, qu'aucune prescription ne pourroit être objectée, le temps vient neanmoins utilement couru. Bibliotheque de Bouchel, verbo *Prescription*.

29. On ne peut prescrire contre celuy qui n'a point encore d'action pour poursuivre, ni d'exception pour se défendre, comme pour le doüaire ; quand le bien est saisi sur le pere, les enfans n'ont point d'action,

R iij

ni quand le mary aliene les propres de sa femme sans son consentement. Arrêt du 8. Février 1590. *M. le Prêtre*, 1. *Cent. ch.* 39. adversùs non valentem agere non currit præscriptio.

30. Si le titre & la bonne-foy sont requis en une prescription de trente & quarante ans, & de la prescription de quotité. *Voyez les Relicfs forenses de M. Rouillard*, ch. 38. où il rapporte un Arrêt du mois d'Août 1599. qui jugea pour la prescription : une rente de quatre septiers de mouture étoit prétenduë sur un Moulin, & le possesseur alleguoit n'avoir payé que douze deniers de cens.

31. La rente volante est prescrite par trente ans, faute de demande & poursuites. Arrêt du Parl. de Dijon du 4. Août 1607. *Bouvot*, tom. 2. verbo *Prescription*, quest. 3.

32. *Præscriptiones quadriennales & quinquennales non habent locum in hoc regno*. Arrêt du onze Mars 1608. *Mornac*, *l. ult. C. si adversùs fiscum, &c.*

33. L'acte de possession doit être par écrit & notoire, pour former la prescription quindecennale. Arrêts du Parlement de Bretagne des 9. Mars 1620. & 16. Février 1621. rapportez *par Frain, en son Recueïl, pag. 262. & 276.*

34. Le 26. Juillet 1620. il a été jugé au Parlement de Toulouse, qu'une prescription commencée contre une fille (elle s'étant mariée) ne court pas contre elle pendant son mariage, son mary se trouvant insolvable. *L. in rebus, §. omnis autem, Cod. de jure dot.* parce qu'ayant permis la prescription, il avoit en effet aliené la chose dotale : *vix est enim ut non videatur alienare, qui patitur usucapi*. Cambolas, liv. 4. chap. 27.

35. Reconnoissance d'une dette prescrite, aneantit la prescription, & l'on ne peut en être restitué. Arrêt du Parlement de Normandie, rapporté par Berault *sur l'art. 521. de cette Coûtume.* Autre du 19. Août 1649. V. *Basnage sur l'art. 522.*

36. Par Arrêt du 30. May 1659. jugé qu'un acquereur qui étoit dépossedé par les enfans pour le mariage avoir autant duré, pouvoit déduire entre les charges de droit, une rente par eux acquise, nonobstant l'allegation de prescription, laquelle n'étoit favorable, ni recevable en leurs bouches, suivant la maxime, *temporalis ad agendum, perpetua ad excipiendum*. Berault, *à la fin du second Tome de la Coûtume de Normandie, pag. 104. col. 2.*

37. On ne peut pas prescrire contre son propre titre. Arrêt du Parlement de Grenoble du 14. Décembre 1655. *Basset*, tom. 2. li. 1. tit. 29. ch. 9.

Arrêt du Parlement de Provence du 16. Mars 1671. qui a declaré la prescription du regrés intenté par les biens donnez par un pere à son fils, aprés les dix ans de la donation. *Boniface*, tome 4. liv. 9. tit. 1. chapitre 16.

38. Aux dettes conditionelles, ou garantie d'heritages, le tiers détenteur prescrira l'hypoteque dans les dix & vingt ans, s'il n'y a declaration d'icelle. Loyseau, *du Déguerpiss. li. 3. ch. 2. n. 18. & suiv.* 1. idem. Molin. *consil. 26. n. 35.* La Peirere, *lettre P. n. 86.* dit : *C'est la vraye Jurisprudence, parce que rien n'empêche que celuy qui prétend garantir, ne puisse en tout temps dénoncer l'hypotheque à l'acquereur ; neanmoins le contraire a lieu dans nôtre Ressort,* où il se juge que l'action en garantie ne naît que du jour de l'inquietement. Il rapporte un Arrêt rendu au Parlement de Bourdeaux le 13. Juin 1671. au rapport de Monsieur de Sabourin en la Grand' Chambre, au profit du sieur de Montpesat. Un tiers acquereur ayant été évincé en son acquisition, recourut contre un autre tiers acquereur posterieur à luy, qui luy oppose la prescription de dix ans. Jugé que la prescription n'avoit commencé à courir contre le premier acquereur, que du jour de l'éviction.

39. La prescription *non tollit ipso jure actionem, sed sol-*

vit ope exceptionis ; elle doit être objectée par la partie, & le Juge ne peut suppléer pour elle à cet égard, nonobstant la rubrique du Code, *ut qua desunt advocatis partium, Judex suppleat*, lors même que le procez est jugé par défaut contre elle ; quoique l'Ordonnance veüille qu'en ce cas on n'ajuge au demandeur ses fins, si elles ne sont justes & bien justifiées. Arrêt du 19. Janvier 1680. rendu au Parlement de Grenoble, les Chambres consultées. *Voyez Chorier, en sa Jurisprudence de Guy Pape, p. 323.*

40. Declaration portant, que les Juges procedant à l'execution des Lettres de *Terrier*, accordées aux Communautez & particuliers, pour entrer dans les biens & devoirs qu'ils prétendent leur être dûs à cause de leurs Fiefs & Seigneuries, prononceront sur la demande desdites Communautez & particuliers, ainsi qu'ils verront être à faire en leurs consciences, nonobstant & sans s'arrêter à ce que par lesdites Lettres les impetrans sont relevez de la prescription autorisée par la Coûtume des lieux ; ce qui ne pourra nuire ni préjudicier aux Vassaux. A S. Cloud le 19. Avril 1681. registrée au Parlement de Roüen le 8. & en celuy de Paris le 17. May de la même année.

41. De la maniere de compter le temps qui donne lieu à la prescription d'une dette. *Voyez le Recueïl des Actes de notorieté donnez par M. le Lieutenant Civil du Châtelet de Paris, page 140.*

PRESCRIPTION, ABSENT.

42. Absent pour empêcher la prescription, est celuy qui est d'autre Bailliage ou Sénéchaussée, sans examiner la diversité des Dioceses. Ainsi jugé au Parlement de Paris : comme aussi qu'il faut alleguer absence hors du Royaume, pour être restitué contre la prescription. Messieurs Tiraqueau & Imbert ne donnent pas moins de faveur à l'absence de la Province, quand elle est causée pour affaires publiques. *Papon, liv. 12. tit. 3. n. 30.*

43. En prescription, celuy qui l'oppose, doit faire preuve de la presence, car l'absence est présumée en faveur du défendeur. Ainsi jugé. *Ibid. n. 34.*

44. Si la prescription court contre l'absent & ignorant ? *Matthæus de Afflictis*, dans *ses Décisions Napolitaines,* rapporte des Arrêts qui ont jugé la negative. Ils ont pû, dit *M. de Catellan en son Recueïl des Arrêts du de Toulouse, liv. 7. chap. 13.* balancer & partager nos avis, mais ils n'ont pû se faire suivre dans nôtre Parlement.

45. Ceux qui sont de different ressort, & qui ne sont éloignez que de trois ou quatre lieuës, ne sont pas censez absens à l'effet de ne pouvoir donner lieu à la prescription, que par vingt ans. Arrêt du Parlem. de Toulouse du 17. Juillet 1640. aprés deux partages. *Albert,* verbo *Prescription, art. 4.*

46. En matiere de prescription de dix & vingt ans, l'absence est toûjours présumée ; & c'est à la partie qui s'aide de la prescription, de verifier la presence. *Papon, liv. 12. tit. 3. nomb. 32.* Arrêt en la Chambre de l'Edit à Bourdeaux, rendu au profit du sieur Borie. Jugé que quand le tiers possesseur a possedé entre presens pendant huit ans ; s'il vient à suite à être absent, il faut doubler les deux ans qui restent pour acquerir la prescription. Pareil Arrêt en la même Chambre, au profit du sieur la Couture Avocat. *La Peirere,* lettre *P. nomb. 83.*

47. Arrêt du Parlement de Paris du 2. Decembre 1636. qui appointe pour sçavoir si la prescription de l'action hypothequaire par cinq ans, a lieu contre les absens. *V. Bardet, to. 2. l. 5. ch. 29.* M. Talon Avocat General conclut en faveur des absens.

48. La Novelle 119. de Justinien, *chap.* 8. touchant la prescription des parties presentes & des parties absentes, est reçuë dans la Coûtume de Paris. Arrêt en la cinquiéme des Enquêtes du 7. Août 1671. qui infirme la Sentence du Prevôt de Paris. *Journal du Palais.* Mornac, *Loy 7. ff. quemadmodum servitut. amitt.*

PRE   PRE   135

Voyez l'authentique *quod si quis*, *C. de præscriptione longi temporis.* Il y a un pareil Arrêt qui avoit été rendu à la Tournelle civile le 23. Avril 1671. plaidans M. Fleury & Champy.

PRESCRIPTION, ACTION.

49. Par quel espace de temps se prescrit l'action hypotequaire ? *Voyez* le mot *Hypotheque*, *nombre* 215. *& suiv.*

50. L'action hypothequaire entre creanciers se prescrit par dix ans entre presens, & vingt ans entre absens. Arrêt du Parlement de Dijon du 17. Mars 1616. *Bouvot*, to. 2. verbo *Prescription*, qu. 8.

51. Par Arrêt prononcé en Robes rouges le 13. Octobre, l'action hypothequaire est prescrite par trente ans comme la personnelle ; neanmoins on juge autrement, & il faut quarante ans suivant la Loi *omnes*, & la Loy *Sicut Cod. de præscript.* 30. *vel* 40. *annor*. La Rochesflavin, *liv.* 6. *tit.* 72. *arr.* 2. Graverol dit que le Parlement de Toulouse regle aujourd'huy la prescription de l'action hypothequaire à 30. ans, quoique par le Droit elle ne puisse avoir lieu contre le debiteur ou ses heritiers, que par le laps de quarante années, comme au cas de la Loy, *cùm notissimi C. de præscript.* 30. *vel* 40. *annor*. qui veut que l'action hypothequaire jointe à la personnelle, dure quarante ans ; neanmoins on tient au Parlement de Toulouse, que la prescription de trente ans doit avoir lieu audit cas, comme en la seule action personnelle. La Rocheflavin, *ibid*.

52. La prescription de 40. ans n'est observée à Toulouse, que lorsqu'il s'agit de la faveur de l'Eglise suivant la disposition de l'authentique *quas actiones C. de sacros. Ecclef.* Arrêt du 23. Août 1668. pour le Baron d'Aubaix, faisant profession de la Religion Prétendue Réformée, contre le Syndic des Peres Carmes de Nîmes, par lequel il a été préjugé qu'un legs pie fait au profit d'un Monastere, se prescrivoit dans 40. ans, conformément à la Novelle 131. *cap. pro temporalibus* 6. mais même qu'un tel legs, quoique fait avec charge de services perpetuels, étoit prescriptible, parce qu'il étoit exigible, c'est-à-dire, que le Monastere étoit capable de le recevoir, sans être chargé de l'employer en fonds, ni autrement. La Rocheflavin, *ibidem*.

53. De la prescription de l'action personnelle hypothequaire, & si elle va jusques à quarante ans ? *Voyez Henrys*, *tome* 1. *liv.* 4. *chap.* 6. *quest.* 74. où il fait un grand discours.

54. L'action de la nullité du pere fondée sur la prétention de ses enfans, & celle du supplément de legitime ne dure que 30. ans. Elles se prescrivent par cet espace de temps ; le Parlement de Grenoble l'a toûjours jugé. *Voyez Guy Pape*, *quest.* 597.

55. Des actions hypotequaires en pays de Droit écrit. Conciliations des Loix *cum notissim. C. de* 30. *vel* 40. *ann. præscript.* & premiere au Code *si adversus credit. præscript. opponatur.* La premiere s'entend des debiteurs, leurs heritiers, & étrangers possesseurs, *titulo creditoris,* par engagement, il faut 30. & 40. ans pour prescrire : l'autre des veritables acheteurs & possesseurs de bonne foi, dix. ans suffisent, & ces 10. ans courent pendant la discussion de l'action personnelle. Arrêt du Parlement de Paris du 14. Août 1609. *V. les Plaidoyez de Corbin*, *chap.* 144.

56. La prescription cour<u>t</u> contre l'action hypotequaire pendant la discussion de l'action personnelle. Arrêt rendu au Parlement de Grenoble en 1615. *V. Basset*, *tome* 1, *liv.* 2. *tit.* 29. *chap.* 12.

57. Jugé au même Parlement de Grenoble le 17. Mars 1657. que l'action personnelle n'étoit prescriptible que par 30. ans, & qu'il en falloit 40. *Basset*, *tome* 2. *liv.* 8. *tit.* 6. *chap.* 1.

58. Action hypotequaire se prescrit par 10. ans entre presens en pays de Droit écrit. Arrêt du Parlement de Paris du 27. Juillet 1637. *Bardet*, *tome* 2. *livre* 6. *chap.* 23.

59. Si quand deux actions ne sont pas incompatibles, l'une ayant été intentée, la prescription de celle qui n'a point été intentée a son cours ? Arrêt du P. d'Aix du 23. Janvier 1634. qui déclara la prescription de l'action. *Boniface*, *tome* 4. *liv.* 9. *tit.* 1. *chap.* 12.

60. Arrêt du 23. Decembre 1650. qui a jugé que le donataire prescrit l'action de regrez, quoique le donataire ait joüi. *Idem*, *tome* 1. *liv.* 8. *tit.* 2. *ch.* 12.

L'action pour le payement du prix des meubles vendus par inventaire se prescrit par trois ans, encore que l'acheteur ait signé sur le registre ou procez verbal du Sergent, s'il ne s'y est obligé depuis la vente qui luy a été faite. Arrêtez du Parlement de Roüen, les Chambres assemblées, du 6. Avril 1666. art. 123. *V. Basnage*, *tome* 1. à la fin.

61. Si un fils donataire des biens de la mere heritiere de son mari, prescrit l'action des autres enfans & freres pour les portions viriles gagnées par la mere, & reservées aux enfans aprés sa mort. Sentence arbitrale du 14. Juin 1675. qui déclara l'action non prescrite. *Boniface*, *tome* 4. *liv.* 9. *tit.* 1. *chap.* 15.

62. Le Reglement du Parlement de Grenoble veut que toutes actions soient perimées par trente ans, tellement que de quoi qu'il s'agisse dans l'instance, quand ce ne seroit que de simples rentes, l'interruption continuë cette action encore jusques à trente ans, aprés quoi on n'est plus même recevable, appellant d'une Sentence. Arrêt du 27. Avril 1638. rapporté par Chorier en sa *Jurisprudence de Guy Pape*, *p.* 314.

63. L'action civile pour la restitution des biens derobez ne se prescrit que par trente ans. Arrêt du Parlement de Dijon du 31. Juillet 1694. le condamné se pourvût au Conseil du Roy en cassation d'Arrêt. Il fut debouté le 2. Mars 1696. *Taisand*, *sur la Coût. de Bourgogne*, *tit.* 14. *n.* 5.

PRESCRIPTION, APOTICAIRES.

64. Si la prescription peut être opposée à un Apoticaire ? *Voyez* le mot *Apoticaires*, *nomb.* 32. *& suiv.*

PRESCRIPTION, ARRERAGES.

65. Prescription des cinq ans pour les arrerages des rentes constituées. *Voyez* le mot *Arrerages*, *nomb.* 72.

PRESCRIPTION, AVOCATS.

66. Si elle peut être opposée aux Avocats ? *Voyez* le mot *Avocats*, *nomb.* 78. *& suiv.*

67. L'on peut être relevé d'une prescription non alleguée par l'Avocat. *V. Bouvot*, *tome* 2. verbo *Succession*, *Legitime*, *quest.* 1. *& cy-dessus* le *n.* 39.

PRESCRIPTION, BORNES.

68. Si les bornes & limites se peuvent prescrire ? *Voyez* le mot *Bornes*, *nomb.* 10. *& suiv.*

PRESCRIPTION, CENS.

69. Si le cens est prescriptible ? *Voyez* cy-dessus le *nombre* 13. le mot *Cens*, *nomb.* 57. *& suiv.*

70. Si celuy qui a vendu & a pris l'heritage à cense ou rente, peut prescrire par 30. ou 40. ans, contre l'acheteur ? *V. Bouvot*, *tome* 1. *part.* 2. verbo *Vente*, *quest.* 4.

PRESCRIPTION CENTENAIRE.

71. *Voyez M. Loüet*, *lettre C. nomb.* 21. où le cens ne peut se prescrire *etiam per* 100. *annos.* Arrêt du 7. Août 1599.

72. Si la prescription centenaire a lieu en cense emphiteotique en Bourgogne ? *V. Bouvot*, *tome* 2. verbo *Prescription*, *quest.* 1.

73. La prescription centenaire a lieu contre l'Eglise Romaine, contre les Chevaliers de saint Jean de Jerusalem, & contre le domaine du Roy. Arrêt du Parlement de Grenoble du 5 Février 1616. contre un Commandeur. Autre Arrêt du 27. Avril 1654. les Chambres assemblées, contre un Engagiste du domaine ; ce dernier Arrêt rendu en consequence des Declarations du Roy du 13. Janvier 1555. *Basset*, *to.* 2. *liv.* 6. *tit.* 8. *chap.* 2. Arrêt semblable du 15. Février 1657. & autres années suivantes. *Idem*, *to.* 1, *li.* 2. *tit.* 29. *chap.* 18.

74 La prescription centenaire peut être opposée aux Commandeurs de saint Jean de Jerusalem. Jugé au Parlement de Toulouse le dernier Avril 1626. pour les habitans des Marquesave, contre un Commandeur qui demandoit cassation d'un bail fait en l'an 1480. Cela avoit été jugé en 1580. contre le Commandeur de Lucot. *Cambolas, liv. 5. chap. 22.*

75 Reglement porté par la Declaration du Roy du mois de Mars 1666. qui reçoit la prescription centenaire à l'égard de l'alienation des biens Ecclesiastiques, pour cause même de subvention, n'a pas lieu pour les alienations vicieuses faites sans formalitez & sans utilité pour l'Eglise. Arrêt du Grand Conseil du 20. Mars 1674. *Journal du Palais.*

PRESCRIPTION, CHAMPART.

76 Si le droit de champart est prescriptible ? *Voyez* le mot *Champart, nomb. 10.*

PRESCRIPTION, CHEVALIERS DE MALTHE.

77 Quelle prescription peut être opposée aux Chevaliers de Malthe ? *Voyez, cy-dessus le nomb. 73. & le mot Chevaliers, nomb. 66. & suiv.*

78 De la prescription touchant quelques droits de Chevaliers de Malthe. *Voyez Basset; tome 2. liv. 6. tit. 8. chap. 5.*

79 Par Arrêt du Parlement de Roüen, il a été jugé que la prescription de 40. ans, ne faisoit perdre aux Chevaliers de Malthe, l'exemption des dîmes ; Cet Arrêt est du 13. May 1613. autres Arrêts semblables des 3. Août de la même année, & 13. Août 1611. *Berault sur la Coûtume de Normandie, art. 521.*

80 Si la prescription de 30. ans d'un legs fait par un pere à son fils Chevalier de Malthe, non encore profez, court depuis sa profession faite en Religion, ou depuis sa mort naturelle ? Arrêt rendu au Parlement de Provence le 24. Janvier 1664. qui déclara le cours de la prescription depuis le jour de la mort naturelle du Chevalier. *Boniface, tome 4. liv. 9. tit. 1. chap. 23.*

81 La prescription de plus de cent ans pour la cottité du cens, n'a pas lieu contre l'Ordre de Malthe, même dans la Coûtume d'Auvergne. Arrêt du 6. Août 1667. *De la Guess. tome 3. livre 1. chap. 37. & 43. Voyez Henrys, tome 1. livre 4. chap. 6. quest. 81.*

82 Un tiers acquereur peut prescrire contre l'Ordre de Malthe par cent ans. Jugé au Grand Conseil le 10. Septembre 1677. *De la Guess. tome 3. livre 11. chapitre 36.*

PRESCRIPTION DE CINQ ANS.

Voyez cy-dessus le nomb. 32.

83 Si la prescription de cinq années peut avoir lieu contre un mineur pour les arrerages non demandez ? *V. Bouvot, tome 2. verbo Testament, quest. 30.*

84 La prescription de cinq ans és Coûtumes d'Anjou & du Maine, ne court point contre mineurs. Arrêt du 21. Juillet 1581. *Peleus, quest. 121.*

84 bis. L'action d'inofficiosité en Droit se prescrit par cinq ans. *Notables Arrêts des Audiences, Arrêt 21. circa medium.*

85 Jugé par Arrêt du P. de Paris du 16. Decembre 1650. que la prescription de cinq ans pour les rentes & hypoteques dans la Coûtume d'Anjou, a lieu contre les absens. *Du Frêne, livre 6. chap. 13. & Siefve, tome 1. Cent. 3. chap. 52.* Ce qu'il y avoit de particulier en la cause, est que la résidence du demandeur établie en la Province de Poitou, étoit si proche des biens acquis qu'il n'avoit pû vrai-semblablement en ignorer l'alienation.

86 Cinq ans pour les Religieux profez pour reclamer contre leurs vœux. *Brodeau Coûtume de Paris, en son sommaire des Prescriptions, nomb. 6. circa medium.*

PRESCRIPTION COMMENCE'E.

87 La prescription commencée contre un majeur court contre un mineur quand elle est conventionnelle. Arrêt du Parlement de Dijon du 23. Février 1571. *Bouvot, to. 2. verbo Retrait conventionnel, q. 6.*

88 La prescription conventionnelle commencée contre le majeur, comme la faculté de remeré, court contre le mineur, sans esperance de restitution, & sans avoir égard à la lézion, si elle n'est d'outre moitié de juste prix. Jugé le 15. Juillet 1585. *M. Loüet, let. P. som. 36.*

89 Arrêt du Parlement de Provence du 18. Decembre 1640. qui a jugé que la prescription commencée contre le majeur, est continuée contre le mineur, & la femme mariée, heritiers du majeur. *Boniface, tome 1. liv. 8. tit. 2. chap. 2.*

90 La prescription d'un fonds ou d'autre action qui a commencé contre le testateur, continué & s'acheve contre le substitué pendant la vie de l'heritier ; & avant l'écheance du fideicommis, sans qu'on puisse opposer que *non valenti agere non currit praescriptio*; le substitué a pû agir, même avant l'écheance du fideicommis, en declaration de ce fideicommis ; cette prévoyance n'est ni blamable, ni fort incommode au fideicommissaire ; il peut demander que l'heritier fasse inventaire de toute l'heredité ; il peut même le contraindre de bailler des cautions, & par même moyen ce substitué peut agir pour cette declaration de fideicommis, contre celuy qu'il aura connu posseder le fonds hereditaire. *Voyez M. de Catellan, li. 7. chapitre 4.*

91 Si la prescription a commencé contre le défunt majeur, & que l'heritier, mineur au commencement, mais depuis majeur, laisse écouler le temps qui manquoit à la prescription contre le défunt : par exemple si un pere ou un autre majeur de 25. ans demeure 29. ans sans agir, & qu'il laisse son fils, ou autre heritier mineur, & que cet heritier laisse passer la 26. année de son âge sans intenter d'action, il ne pourra point être restitué, d'autant que joignant les deux temps, celuy qui a couru contre le défunt majeur, & celuy qui a couru contre l'heritier depuis sa majorité, le temps requis par les Loix se trouve entier contre des majeurs. Arrêt du Parlement de Toulouse du 19. Août 1651. *Ibidem chap. 10.*

92 Lorsqu'une somme est payable à certains termes, la prescription a-t-elle son cours du jour de l'obligation, ou du jour de l'écheance de chaque terme ? Les opinions ayant été partagées, & la deliberation portée en la seconde Chambre des Enquêts, il y passa à l'avis de M. le Contredisant, qui fut d'avis que la prescription n'avoit pû courir que du jour que les termes des payemens étoient échus. *V. Basnage, sur l'article 521. de la Coûtume de Normandie.*

93 La prescription ne court point du jour de l'obligation, mais de celuy de l'écheance du payement. Jugé en la Chambre de l'Edit de Castres le 21. Juin 1629. Autre chose est quand l'obligation est pure, & qu'il est au choix du créancier de se faire payer de jour en jour, & à sa volonté, auquel cas la prescription commence du jour de la date. *Voyez Boné, partie 2. Arrêt 70.*

94 *Henrys, tome 1. livre 4. chapitre 6. question 92.* décide, que la prescription pour les pensions foncieres commence du jour du contract, & non pas du jour du terme du premier payement ; mais il dit que cela n'a lieu que pour ce qui concerne le principal ; car à l'égard du payement des arrerages, il décide que la prescription ne commence à courir que du jour du terme du payement.

PRESCRIPTION, CHOSE COMMUNE.

95 En païs de Droit Ecrit, quoique la prescription de dix & vingt ans ait lieu, lors qu'un des freres a possedé comme propre une chose commune, il ne peut prescrire que par 30. ans. Arrêt du Parlement de Bourdeaux du 4. Juin 1519. *Papon, livre 12. tit. 3. nombre 7.*

96 Par Arrêt du Parlement de Toulouse du 2. Janvier 1669. jugé que deux Seigneurs qui avoient originairement des rentes par indivis, l'un d'eux n'avoit pas pû prescrire ces rentes, contre l'autre, quoyqu'il eût joüi

joüy des entieres rentes pendant deux siècles. La bonne foy de la societé, l'union qui est entre les associez, qui les fait veiller l'un pour l'autre, s'opposent à cette prescription. Mais si de deux associez & possesseurs par indivis, l'un d'eux vend toute la chose, l'acquereur qui est en bonne foi peut prescrire contre l'autre associé. Ainsi jugé le 4. Juillet 1663. en la cause de l'Abbé de Bonnefons, & des Consuls de Carbonne. *M. de Catellan, liv. 7. ch. 8.*

PRESCRIPTION, COMPENSATION.

97 Si la compensation empêche la prescription, ou si une dette prescrite peut estre offerte en compensation ? *Voyez le mot Compensation, n. 51. & suiv.*

PRESCRIPTION, CONFISCATION.

98 Si la prescription a lieu en fait de confiscation ? *Voyez le mot Confiscation, n. 100. & 101.*

PRESCRIPTION CONVENTIONELLE.

99 Comme est le temps de remeré & faculté de rachat stipulée par Contract, ou la statutaire introduite par la Coûtume ayant commencé contre le predecesseur majeur, court & a lieu contre le mineur, sans esperance de restitution, & sans avoir égard à la lezion, sauf leur recours contre les tuteurs, &c. Arrêt du 15. May 1537. *Le Vest, Arrêt 206.* Montholon, *Arrêt 101.* en rapporte un du 16. Février 1575. *circa medium* ? Brodeau sur M. Louet lettre P. somm. 36.

100 *An præscriptio conventionalis à majore incœpta currat contra minorem.* Barthol. tenet affirmativam. Mornac, negativam l. 38. ff. de minoribus 25. annis, & ita judicatum dicit, le 26. Février 1575.

PRESCRIPTION, CONVENTUALITE'.

101 Conventualité imprescriptible. *Voyez le mot Conventualité, nomb. 11.*

PRESCRIPTION, CORVE'ES

102 Si les puisnez peuvent prescrire contre le Seigneur le droit de corvée, toûjours payé par l'aîné pendant plus de 40. ans, & rien à eux demandé pendant ce temps ? *Voyez le mot Corvées, n. 40.*

PRESCRIPTION, CRAINTE.

103 Si la crainte est une cause suffisante pour empêcher la prescription ? *Voyez le mot Crainte, nombre 5. & suivans,* & cy-aprés le nombre 100.

PRESCRIPTION DE CRIME.

104 *Voyez le mot Condamné, nombres 26. & 27.* le mot *Crime, nombre 50. & suiv.* La Bibliotheque du Droit François par Bouchel, tome 1. page 965. La Bibliotheque de *Jovet,* au mot *Crime, nombre 1. & suivans.* *Voyez* la douzième question traitée par *l'auteur de l'esprit de la Coûtume de Normandie page 152. & suiv.* De la prescription en matiere Criminelle. *Voyez Julius Clarus, liv. 5. Senten. quest. 51.* De la prescription criminelle par vingt ans, & si l'ajournement personnel & decreté perpetuë l'action. *Voyez Philippi ès Arrêts de la Cour des Aydes de Montpellier art. 169.*

105 Prescription du crime d'adultere. *Voyez cy-dessus le mot Adultere nombre 162.*

106 Si le crime de faux se prescrit ? *Voyez le mot faux, nombre 138. & suiv.* & le Commentaire de M. Philippe Bornier, sur l'Ordonnance criminelle de 1670. titre 17. art. 17.

107 Prescription du crime d'homicide. *Voyez le mot Homicide, nombre 30.*

108 De la prescription acquise par celuy qui s'est representé & constitué prisonnier. *Voyez le mot Contumace nomb. 37.*

109 De la prescription de peine criminelle. *Voyez Papon, livre 24. tit. 11.*

110 Tout crime se prescrit par vingt ans, suivant la Loy querela, ad l. cor. de fals. *V. Bouvot, to. 2. verbo Prescription, quest. 6.*

111 Celuy qui achete d'un prévenu de crime capital, ne peut prescrire. *V. Henrys, tome 2. livre 4. question 48.*

112 Cinq ans pour prescrire le crime de peculat. *M. le Prêtre 2. Cent. chap. 8.*

113 Instances criminelles qui se traitent extraordinairement, ne sont sujettes à peremption. 2. Autre chose est de celles qui ont été civilisées. *Louet, lit. R. n. 37. 2. cont. Brod. ibid.* 2. M. Abraham la Peirere, *en ses décisions du Palais lettre I. nombre 41.* fait cette observation. Entends, quand la matiere criminelle est telle qu'elle ne peut être traitée extraordinairement : mais quand la voye extraordinaire se peut reprendre, je crois que la peremption n'a point lieu.

114 Accusations de tout crime se prescrivent par 20. ans ainsi jugé pour une femme accusée d'incendie laquelle a été renvoyée, nonobstant sa confession, par Arrêt du 2. Decembre 1518. Autres Arrêts des 22. Octobre 1519. & de Pâques 1540. en faveur d'autres accusez. On exceptoit anciennement le crime de *parricide* & de *supposition de part.* Arrêt du 18. Decembre 1599. en faveur d'un parricide. *Voyez Papon, livre 24. titre 11. nombre 1.*

115 La Loy querela. ff. ad l. Cornel. de fal. qui ne reçoit la poursuite d'un crime aprés 20. ans, est observée en France, même pour l'interest civil, nonobstant la pupillarité des heritiers du meurtry. Arrêt du Parlement de Paris du 6. Juin 1561. Arrêt du Parlement de Grenoble du 18. May 1607. rapporté par *Expilly, Voyez Chenu question 33.* bien que par Arrêt du Parlement de Paris en 1563. les enfans ayent été reçûs aprés 20. ans pour l'interest civil, toutefois par autre posterieur du 27. Juillet 1596. il fut jugé que non. *Vide Servin, en son 3. volume.* C'est ce qui s'y observe à present, par cette raison que l'action criminelle étant éteinte, celle de l'interest civil qui n'est qu'accessoire l'est aussi ; jugé au Parlement de Bourdeaux en Juillet 1608. toutefois *Boerius, décis. 16* dit que s'il y a eû decret qui n'ait pû être mis à execution à cause de l'absence ou fuite de l'accusé, l'action est perpetuée. Si le crime est demeuré caché, ensorte qu'on n'ait sçu contre qui agir, la prescription ne court point. *Voyez Mainard, livre 9. chap. 5.*

116 Un homme accusé de parricide il y a 35. ans, par Arrêt du mois de Juin 1588. est reçu en procez ordinaire, & à cette fin les parties renvoyées pardevant le Sénéchal de Poitou, où son Lieutenant criminel à Poitiers, ordonné que les parties articuleront leurs fait. Il ne se parle plus du procez jusqu'en Mars 1608. que l'accusateur à Poitiers presente les faits, & fait commandement à l'accusé de fournir les siens. L'accusé soûtient que l'autre n'est plus recevable aprés 19. ans, que l'instance est perie, laquelle emporte la prescription de l'action intentée il y a 35. ans. L'accusateur replique, & dit, que l'Arrêt étant diffinitif, l'execution n'est prescrite que par 30. ans, & que d'ailleurs il n'y avoit pas 20. ans pour prescrire le crime par la Loy Querela. L'accusé dit que par Arrêt la cause est civilisée, & par le laps des trois ans l'instance êtoit perie. Le Lieutenant Criminel de Poitiers avoit ordonné que les parties viendroient proceder suivant l'Arrêt dont étoit appel. Par Arrêt donné à la Tournelle le 13. Juin 1609. la Cour a mis l'appellation, & ce dont étoit appelé au néant, & les parties hors de Cour & de procez. *Bibliotheque de Bouchel, verbo Prescription.*

117 Arrêt du Parlement de Dijon du 22. Decembre 1593 qui a jugé que le Procureur de sa Majesté, & par consequent une partie Civile n'êtoit pas recevable à faire des poursuites d'un crime commis 20. ans auparavant. *V. Taisand sur la Coûtume de Bourgogne, tit. 14. note 5.* où il établit de solides maximes sur cette matiere.

118 Action Criminelle tant pour le crime qu'interêts civils se prescrit par 20. ans contre toutes sortes de gens, même contre mineurs, si ce n'est pour crime de leze-Majesté. Arrêt du 27. Juillet 1596. *Papon, livre 24. tit. 11. nomb. 1.*

119 Guillaume Marchand, dit la Fleur, avoit été condamné à mort par contumace, par Arrêt du Parle-

ment de Paris de 1597. l'Arrêt fut executé par effigie. Etant arrêté prisonnier en 1624. il présenta requête pour être absous, vû qu'il y avoit prés de 30. ans que le crime avoit été commis : Ce qui luy fut contesté, le crime ne pouvant être prescrit que par 30. ans, parce que l'Arrêt avoit été executé par effigie, & que c'étoit la distinction que la Cour y avoit toûjours faite : par Arrêt de la Chambre des Vacations du Parlement de Paris du 21. Septembre 1624. il en fut débouté. Il obtint requête Civile, & la femme qu'il avoit épousée intervint en la cause; mais par Arrêt du 6. Avril 1625. sans s'arrêter à la requête d'intervention de la femme, on mit sur la requête civile les parties hors de Cour. *V. Basnage sur l'article 143. de la Coûtume de Normandie.*

120. La prescription de l'accusation criminelle par vingt ans, a lieu au crime de *parricide*, & autres semblables : & la poursuite commencée, si elle est par trois ans discontinuée, n'a effet d'interruption, & a lieu cette prescription de vingt ans en matieres criminielles, *etiam contra minores*. Charondas, *liv. 10. Rép. 76*. Chenu, *1. Cent. qu. 83*. où il y a Arrêts des 18. Decembre 1599. 22. Janvier 1600. & 11. Février 1604. L'Arrêt du 22. Janvier 1600. est encore rapporté par *M. le Prêtre, premiere Cent. chap. 8*. M. Loüet, *lettre C. somm. 47*. & du Frêne, *livre 1. chap. 50*.

121. La reparation civile se prescrit par vingt ans, comme le crime. Arrêt du 8. Février 1607. *M. le Prêtre, és Arrêts celebres du Parlement.*

122. Quoique dans la plûpart des autres Parlemens de France les crimes se prescrivent par vingt ans, neanmoins il y a un Arrêt general du Parlement de Toulouse en 1608. qui en excepte le crime de leze-Majesté, & les crimes atroces, comme l'adultere qualifié & circonstancié de meurtre. Le 21. Mars 1657. la Cour ne voulut pas prononcer sur les fins de non recevoir, prises de 27. ans qu'une femme opposoit sur l'accusation qu'on faisoit contre elle d'avoir fait tuer son mari, & d'avoir épousé le meurtrier, douze ans aprés, quoiqu'il n'y eût eu qu'un simple ajournement personnel, & que les informations qu'on rapportoit fussent de 14. ans aprés ce meurtre, mais la Cour regla à bailler par écrit sur le tout. *M. de la Rochestavin, livre 3. titre 11. Arrêt 1*. rapporte un Arrêt par lequel un fratricide fut relaxé aprés 20. ans. Albert, verbo *Prescription*, art. 2.

123. La prescription de 20. ans en fait de crime, ne s'interrompt point en pays de Droit écrit par information, mais seulement par la citation. Arrêt du Parlement de Grenoble du 6. Février 1609. *V. Basset, to. 1. li. 2. tir. 19. chap. 5.*

124. De la prescription des crimes. Elle est réduite en Bretagne à cinq ans, en Italie à dix ans, & pour les Communautez à cinq ans. *Le Bret, livre 6. décis. 3*. où il rapporte un Arrêt de 1615.

125. Jugé au Parlement de Paris le 11. Avril 1615. qu'un condamné à mort, & qui s'est évadé des mains des Sergens, & depuis a changé son nom, ne peut être recherché aprés 25. ans : le crime est éteint & assoupi.

L'effet & execution d'une Sentence de mort est prescrite, éteinte, & assoupie par l'espace de 40. ans. *Filleau, 4. part. quest. 138.*

126. Si le jugement rendu contre le criminel par contumace a été executé, en ce cas l'accusateur n'ayant fait tout ce qu'il a pû; on a jugé qu'il n'y avoit plus de lieu à la prescription. Arrêt en la Chambre des Vacations 1624. & depuis, le 13. Février 1625. en la cause des enfans du second lit du sieur de la Roche-Boisseau qui avoit été condamné par contumace, executé par effigie, & avoit vécu plus de 20. ans, l'on soûtenoit qu'il avoit prescrit; Jugé au contraire. *Additions à la Bibliotheque de Bouchel, to. verbo Crimes.*

127. La prescription de 20. ans en crime est interrompuë par un Arrêt de contumace executé en effigie, qui dure 30. ans. Arrêt rendu le 26. Avril 1625. *Bardet, tome 1. livre 2. chap. 9.*

128. Jugé le 2. Avril 1631. que prescription de crime s'acquiert par 20. ans. La Cour déclara le Procureur Fiscal de la Justice de Condilly non recevable en la recherche & poursuite du crime, & le condamna en 160. livres envers l'appellant pour ses dépens, dommages & interêts. *Ibidem, li. 4. chap. 20.*

129. Sentence de mort executée en effigie, se prescrit par 30. ans seulement. Jugé le 11. Mars 1632. *Bardet, to. 2. livre 1. chap. 14.*

130. Arrêt du mois de Decembre de l'année 1634. qui déclare le crime de *fratricide* prescrit par vingt ans. *Voyez le 28. Plaidoyé de M. le Maitre.*

131. La condamnation qui n'est point executée se prescrit par 20. ans, & la confiscation demeure nulle, mais si elle a été executée, elle dure 30. ans. Arrêt de la Tournelle de Roüen du 27. Juillet 1645. Neanmoins au Parlement de Paris, il a été jugé par plusieurs Arrêts, entr'autres par un de la Tournelle du 21. Mars 1653. que le crime se trouvant éteint & prescrit par les vingt ans, la reparation civile étoit pareillement prescrite; non seulement les interets sont prescrits par vingt ans, mais aussi une provision jugée. Arrêt du Parlement de Roüen du 18. Novembre 1639. cependant les diligences faites pour être payé, telle que seroit l'opposition au decret des biens du condamné, empêchent la prescription. *Basnage sur l'art. 143. de la Coûtume de Normandie.*

132. Arrêt du Parlement de Provence du 22. Mars 1645. qui a jugé que l'action civile descendant du crime, est prescrite par vingt ans, ainsi que l'action criminelle. *Boniface, tome 2. part. 3. livre 1. titre 15. chapitre 3.*

133. Prescription de vingt ans en crime, ne s'interrompt par information, decret ou autre procedure. *Brod. liv. C. n. 47. vid. Mornac, ad L. 9. C. de Episc. Aud. id. Peleus, lib. 4. chap. 13. 14. cont.* S'il y a Arrêt de condamnation & execution en effigie, *Du Frêne, liv. 1. chap. 39. 50. & liv. 7. chap. 11.* Il a été souvent jugé en prescription de 20. ans, que *annus cæptus habetur pro completo*. Et nous pratiquons que quand il y a condamnation & execution en effigie, il faut 30. ans. C'est l'observation de *M. la Peirere, en ses Décisions du Palais, lettre P. nombre 67.* il rapporte un Arrêt rendu au Parlement de Bourdeaux le 28. Avril 1646. en la Chambre de la Tournelle, présidant Monsieur de Lalanne, plaidant Tillet & Fontanel : jugé qu'une Sentence de condamnation à mort par defaut non confirmée par Arrêt, ni executée, n'empêchoit point la prescription de vingt ans, en faveur de l'accusé.

134. Arrêt du même Parlement de Bourdeaux du 16. Juillet 1666. donné en la Grand'-Chambre, au rapport de M. de Favars : jugé que le condamné à mort par contumace, par Sentence ou Arrêt, prescrivoit le crime par vingt ans, si la Sentence ou l'Arrêt n'avoient point été executez figurativement, & que la prescription déchargeoit le condamné des amendes & dépens, & luy bailloit la faculté de reprendre toutes les actions qu'il avoit avant sa condamnation. Je crois par même raison qu'il reprend les successions à luy échuës avant la condamnation. *La Peirere, ibidem.*

135. Jugé en la Chambre de l'Edit de Castres le 12. Juin 1651. qu'aprés vingt ans une Sentence criminelle interlocutoire ne peut plus être executée : neanmoins pour les demêlez civils qui dépendoient du procez, les parties qui étoient encore dans les trente ans, ont été appointées en leurs faits contraires. *Voyez Boné, part. 2. Arr. 74.*

136. Les crimes se prescrivent par vingt ans, lors qu'il n'y a point de Decret ni de Sentence executez; les procedures en matiere criminelle n'interrompent la

PRE PRE 139

prescription, si elles ne sont faites en execution des Decrets, Sentences & Arrêts. Jugé le 12. Août 1659. *Notables Arrêts des Audiences*, Arrêt 34. Du Frêne, livre 7. chap. 22. où il rapporte un Arrêt du 21. Mars 1653. qui désire trente ans quand la Sentence a été executée par effigie. *Voyez* M. Expilly, *Plaidoyé* 22.

137 L'execution de prise de corps n'interrompt point la prescription. Arrêt du Parlement de Roüen du 8. Juin 1660 pour un homme accusé d'avoir tué, lequel ayant obtenu provision de sa personne, à la charge de se representer; & depuis, les 20.ans s'étant passez sans aucunes poursuites, le crime fut declaré prescrit, & sur la demande hors de Cour. *Basnage sur l'art.* 143. *de la Coûtume de Normandie.*

138 La condamnation jugée diffinitivement peut être executée jusqu'à trente ans. Arrêt de la Chambre de l'Edit de Roüen du 16. Juin 1662. qui a confirmé une execution pour des interêts ajugez pour crime, quoi qu'on eût laissé passer 25. ans sans faire aucune poursuite ; mais quand la condamnation n'est pas diffinitive elle se prescrit par vingt ans, même pour les interêts civils. Arrêt du Parlement de Roüen du 22. Avril 1671. pour un homme qui s'étoit échappé dans le temps qu'on le conduisoit pour faire juger l'appel d'une Sentence qui le condamnoit au foüet, & à la restitution de la vraye valeur d'un vol de chevaux ; traduit en Justice après vingt années ; il fut dechargé de la condamnation. *Basnage, ibidem.*

139 Par Arrêt du Parlement de Paris du 28. Mars 1665. jugé que le crime de *supposition de part*, est sujet à la prescription de vingt ans, comme les autres crimes. *Soëfve, to.* 2. *Cent.* 3. *ch.* 53.

140 La prescription de vingt ans pour un crime ne peut être opposée à une prescription civile, en la possession d'un heritage vendu par un curateur créé à un mineur. La prescription met bien à couvert de la peine du crime, mais elle ne donne point la capacité de rétablir, ni ne rend point habile à succeder, & ne leve point une indignité de cette consequence. Arrêt du 11. May 1665. *Des Maisons, lettre* M. n. 11.

141 Deux particuliers du lieu de la Chassagne, accusez d'avoir tué Grand-Jacque, appellerent de la procedure, sur ce fondement qu'il y avoit plus de vingt ans que le crime avoit été commis. La veuve du défunt disoit que le temps n'avoit pas couru contre ses enfans mineurs ; qu'en tout cas l'action pour les dommages & interêts devoit durer trente ans. Par Arrêt du Parlement de Dijon du 16. Janvier 1666. les parties furent mises hors de Cour, sans dépens. *Voyez Taisand en son Commentaire sur la Coût. de Bourgogne, titre* 14. *note* 5.

142 Arrêt du Parlement de Provence du 15. Mars 1666. qui a jugé que tous crimes sont prescrits par le laps de vingt années. M. le Président de la Roquette, qui tenoit l'Audience de la Tournelle, avertit les Avocats, qu'ils n'eussent plus à douter de la maxime. *Boniface, to.* 2. *part.* 3. *liv.* 1. *ti.* 15. *chap.* 1. Il n'y a que le crime de *Duel* excepté.

143 La prescription qui a lieu pour la peine, a lieu pareillement pour les dommages & interêts. Arrêts du Parlement de Tolouse des 17. Juin 1669. & dernier Juillet 1679. rapportez *par M. de Catellan, li.* 7. *chap.* 1.

144 Cinq ans aux condamnez par contumace pour se representer. Ordonnance criminelle de 1670. titre 17. des défauts & contumaces. art. 28. & 29. *Voyez* Anne Robert, *rerum judicat. liv.* 1. *ch.* 10.

145 Toute action criminelle cesse après 20. ans. neanmoins il a été jugé au Parlement de Grenoble le 7. Août 1686. contre Pierre Greynet accusé de concussion & d'alteration de Rôlles, que cette prescription est interrompuë par Arrêt de Reglement de l'Extraordinaire. *Voyez Chorier en sa Jurisprudence de Guy Pape, p.* 355.

Tome III.

146 Les crimes demeurez impoursuivis, secrets même & inconnus, sont sujets à la prescription de vingt ans. Arrêt du Parlement de Toulouse du onze Mars 1699. Le Curé de Londres accusé d'avoir enlevé quelques feüillets de son Registre Baptistaire, fut relaxé par cette fin de non recevoir ; qu'il ne proposa qu'à la veille du Jugement. La plûpart des Juges crurent même que la seule execution figurative empêchoit la prescription de vingt ans, & on le juge ainsi maintenant. *Voyez les Arrêts de M. de Catellan, li.* 7. *chapitre* 1.

147 En 1681. il arriva une rixe. Une personne fut tuée, l'autre se sauva dans les Isles de K... il revint en 1703. appella de la procedure faite contre luy. Pour moyens d'appel, il dit qu'il y avoit vingt deux ans, que le crime étoit prescrit, à compter du jour de l'action, & non pas du jour de la derniere procedure, ainsi que prétendoit l'intimé. La cause bien expliquée & entenduë, la Cour a mis l'appellation, & ce dont est appel, au neant ; émendant declare le crime & la demande en dommages & interêts prescrits, condamne la partie de Gorand aux dépens. M. de Novion Président, prononçant le Vendredy six Juillet 1703. conformément aux Conclusions de M. Joly de Fleury Avocat General. M. *Bruneau, en son Traité des Crîes, pag.* 440. *& suiv.*

148 L'on dit au Palais pour maxime, que la prescription d'un crime, dont le Jugement de condamnation a été effigié, les trente années ne se comptent pas du jour que le crime a été commis ; mais du jour de l'execution de la condamnation ; c'est-à dire, à commencer au jour de l'apposition de l'Effigie ; de maniere qu'après dix-neuf années de la date d'un Jugement de mort rendu par contumace, le faisant executer par effigie, cela prolongera de trente années la prescription du crime, qui au lieu de vingt ans pour être prescrit, il faudra 49. ans à ce compte-là. *Ibid. pag.* 442.

PRESCRIPTION, DIRECTE.

149 Si la directe est prescriptible ? *Voyez* le mot *Directe*, nomb. 10. *& suiv.*

PRESCRIPTION, DISME.

150 Si la Dîme est prescriptible ? *Voyez* le mot *Dîmes*, n. 411. *& suiv.* & cy-après, *le nomb.* 185.

PRESCRIPTION DE DIX ANS.

151 L'Ordonnance de dix ans s'entend *in tertio possessore*, & non pas *in eo qui contraxit*. M. le Prêtre, *és Arrêts celebres*. Cette sorte de prescription n'est point pour le debiteur, ni pour son heritier, qui ne peut prescrire l'action personnelle que par trente ans, & l'hypothecaire jointe par quarante ans. *Brodeau, Coûtume de Paris, art.* 114. *n.* 10. où il dit que la prescription de dix ans *in tertio possessore*, a lieu tant pour les rentes constituées à prix d'argent, que pour les rentes simples foncieres.

152 Celuy qui a acquis d'un qui n'est pas possesseur de bonne foy, le croyant le veritable proprietaire, peut prescrire par dix ans entre presens, & vingt ans entre absens. *Henrys, to.* 1. *li.* 4. *ch.* 6. *qu.* 19.

153 Une fille du premier lit demandoit aux enfans du second la proprieté de certains heritages acquis pendant la premiere communauté. Les enfans objectoient la prescription, & disoient que lors du Contrat d'alienation elle avoit dix-sept ans, qu'elle ne s'étoit pas pourvûë dans les dix depuis sa majorité ; ainsi fin de non recevoir. Elle opposoit la crainte filiale, l'extrême lezion, le second mariage du pere, les duretez de la belle-mere, & enfin que les dix ans n'avoient pû courir que du jour du décès. L'affaire fut d'abord partagée, & ensuite jugée en 1562. au profit de la fille. *Voyez la Bibliotheque de Bouchel, verbo Prescription*, où il est parlé de la prescription de dix ans contre la rescision des Contracts.

154 Par Arrêt du Parlement de Tolouse du mois de Decembre 1593. jugé que la prescription de dix

S ij

ans, introduite par l'Ordonnance de Loüis XII. en 1512. ne se rapportoit aux actes passez entre le tuteur & le mineur, qui sont nuls par la presente Ordonnance, d'autant que ces deux Ordonnances sont en un même cahier, publiées en même temps en 1539. ainsi il n'est pas censé que l'un corrige l'autre, ni qu'il soit besoin de faire rescinder dans les dix ans un acte qui est nul de soy. Mainard, li. 2. ch. 99.

155 La prescription de dix ans entre presens, & vingt entre absens, n'a pas lieu dans le Dauphiné. On n'y est assuré dans sa possession, que par celle de 30. ou de 40. ans: on n'y connoît d'autre prescription de dix ans, que celle de Loüis XII. qui s'oppose à la rescision des contracts faits entre majeurs ; mais elle ne concerne que les cas qui y sont marquez specifiquement. La nullité qui vient d'autre cause durée 30. ans, comme celle d'une transaction sur la Tutelle, *nec visis, nec dispunctis tabulis*. Arrêt du Parlem. de Grenoble du mois de Mars 1612. rapporté par *Chorier, en sa Jurisprudence de Guy Pape*, pag. 333.

156 *Prescriptio decem annorum rejecta, qua objiciebatur viduæ agenti adversus contractum, quem vi & impressionibus mariti celebratum diceret*, le 31. Juillet 1600. Mornac, lib. 1. ff. *Quando de peculio actio annalis est. Idem adversus liberos, qui contraxerunt in gratiam patris, & ut ne pejus facerent quandiu durat patris superstitis metus*. Arrêt du 17. Avril 1612. Ibid.

157 Dans la Coûtume de Paris la prescription de dix ans entre presens, ou vingt ans entre absens, la bonne foy doit continuer dans tout le cours de cette prescription. Arrêt du 25. Janvier 1675. *Journal du Palais*. Voyez le Vest, Arrêt 39. & l'art. 113. de la Coûtume de Paris.

PRESCRIPTION, DOMAINE.

158 Si le domaine de la Coûronne se prescrit ? Voyez cy-dessus *le nomb.* 73. & le mot *Prescription*, n. 69. & suiv. & cy après, *le n.* 316. & suiv.

PRESCRIPTION, DOMICILE.

159 Dans la diversité de domicile & de situation des heritages, quelle Coûtume doit être suivie ? Voyez le mot *Coûtume*, n. 50.

160 En matiere de prescription, on suit le domicile, & non la situation des heritages. Voyez le mot *Domicile*, n. 38.

PRESCRIPTION, DOT.

161 La demande des deniers promis par le pere en faveur de mariage, se prescrit par trente ans. Arrêt du Parlement de Normandie du 13. Août 1683. *Basnage, sur l'art. 511. de cette Coûtume*.

PRESCRIPTION, DOUAIRE.

162 De la prescription du doüaire. Voyez le mot *Doüaire*, n. 109. & suiv.

Jugé le 14. Août 1577. que les enfans auroient délivrance de leur doüaire, quoique les tiers détempteurs eussent joüi vingt ans pendant leur majorité. Il semble que la Cour s'est fondée sur ce que, *res quæ restitutioni subjectæ sunt, non præscribuntur per tertium possessorem, nisi per triginta annos*. Les moyens proposez par les enfans, estoient que du vivant de leur mere ils n'avoient point d'action, qu'ils pouvoient la predeceder ; & que *ab illo eventu pendebat* leur prétendu droit de propriété. Voyez la Bibliotheque de *Bouchel*, verbo *Prescription*.

163 Par quel espace de temps se prescrivent les droits Seigneuriaux ? Voyez *Droits Seigneuriaux*, n. 117. & suivans.

PRESCRIPTION CONTRE L'EGLISE.

164 Voyez cy-dessus *le nombre* 10. & le mot *Decret*, nombre 37.

165 Prescription opposée par les acquereurs des biens d'Eglise. Voyez le mot *Alienation des biens d'Eglise*, n. 95. & suiv.

166 La prescription de quarante ans a effet contre toute autre Eglise que la Romaine, même en matiere feodale. Ce qui a été donné en fief des biens des au-

tres Eglises, ne peut plus, après ce temps-là, être revoqué. Ce fut une des décisions du Parlement de Grenoble, dans le procez de l'Evêque de Saint Poltrois-Châteaux contre la Terre de Beaunes, qui avoit été infeodée par l'Evêque Deodat aux auteurs du Seigneur de Targes. Voyez *Guy Pape*, qu. 416.

167 Les Eglises, quoique dépendantes immediatement du Saint Siege, ne joüissent de la prescription de cent ans. *Tournet*, lettre E. nomb. 48.

168 Ceux de la Religion Prétenduë Reformée ne peuvent se servir d'aucune prescription, pour se garantir de rendre les biens meubles & immeubles appartenans aux Ecclesiastiques, qu'ils ont occupez durant les troubles. Voyez *Filleau*, en ses Décisions Catholiques, décis. 57.

169 L'Eglise Romaine n'est sujette ny à la prescription de trente ans, ni à celle de quarante, mais seulement à celle de cent ans, qui éteint toutes ses actions contre les tiers possesseurs des choses corporelles, qui luy ont autrefois appartenu. Les Eglises qui luy sont soûmises immediatement, n'ont pas ce privilege. Le Parlement de Grenoble s'est déterminé sur ce point, qui est controversé entre les Docteurs, par l'opinion de *Balde*, dans le procez des Freres Mineurs de Crest contre le Dauphin. Jugé par Arrêt du 5. Septembre 1469. Voyez *Guy Pape*, qu. 36. & 416.

170 On peut prescrire par l'espace de quarante ans contre les Eglises immediatement sujettes au Pape, & elles ne joüissent point du privilege de l'Eglise Romaine touchant les cent ans. Arrêt du Parlement de Grenoble du cinq Septembre 1479. *Papon*, liv. 12. tit. 3. n. 1.

171 Chose possedée pendant plus de deux siecles par l'Eglise à titre de dépôt & de garde, ne se peut prescrire, nonobstant l'ignorance & la bonne foy des successeurs. Arrêt du Parlement de Paris du 21. Avril 1551. en faveur de la Reine de Medicis Comtesse de Clermont. *Papon*, livre 12. titre 3. nomb. 21. tiré de *Duluc*.

172 Declaration en faveur des Religieux de l'Abbaye de S. Denys en France, qui les exempte de toutes prescriptions, excepté de celle de cent ans, &c. A Paris en Decembre 1577. registrée le 17. Mars 1578. 3. vol. de l'Ordon. de *Henry III*. fol. 133.

173 La prescription ne peut être opposée à l'Eglise par celuy qui fonde sa possession sur un titre vitieux. Jugé au Parl. de Toulouse le 6. Juillet 1594. contre un Procureur, qui opposoit une prescription de 80. ans sur un titre vicieux, lequel fut condamné au délaissement de deux arpens de prez. La prescription par le Droit Civil n'a besoin de titre, ni de bonne foy ; & par le Droit Canon la bonne foy est requise. *Cambolas*, li. 2. ch. 6.

174 Si le Titulaire qui a alienè, étoit mauvais administrateur, on ne compte les quarante ans que du jour de son décés, & non pas du jour de l'alienation. Arrêt du 17. Septembre 1594. M. *Loüet*, lettre P. Somm. 1.

175 Deux Sentences & Arrêts donnez sur les appellations d'icelles en 1614. & 1615. par lesquels il a été jugé que les baux du bien d'Eglise faits à vie des preneurs, & de leurs enfans nez & à naître, & des enfans desdits enfans & descendans de leurs enfans en ligne directe, sont nuls ; & comme tels ont été cassez en la Coûtume de Blois, en laquelle la prescription de quarante ans contre les Ecclesiastiques & leurs biens, est reçuë, nonobstant tous consentemens, approbations, ratifications, & prescription de 175. années acquise par le tiers acquereur. *Filleau*, 1. part. tit. 1. ch. 39. & *Chenu*, 2. Cent. qu. 78.

176 Une rente leguée à une Eglise & assignée, peut se prescrire par 30. ans. Arrêt du Parlement de Dijon du mois de Juillet 1623. *Bouvot*, tom. 2. verbo *Prescription*, qu. 2.

177 Le possesseur de biens sujets à une rente anniver-

faire, preſcrit par l'eſpace de 40. ans, ſauf le recours contre les heritiers de celuy qui l'a conſtituée & impoſée generalement ſur tous ſes biens, & particulierement ſur ce fond, leſquels ne peuvent preſcrire que par cent ans. Arrêt du Parlement de Grenoble du 29. Juillet 1639. les Chambres ayant été conſultées. V. *Chorier en ſa Juriſprudence de Guy Papé*, p. 35.

178 Le fond aſſigné pour dire des Meſſes à perpetuité, eſt ſujet à la preſcription entre les mains d'un tiers acquereur qui a poſſedé quarante ans. Arrêt du Parlement de Touloufe du 13. Juillet 1645. Arrêt conforme le 29. May 1646. Ainſi le fond aſſigné ou legué peut être preſcrit. *Auth. quas Actiones, Cod. de ſacroſ. Ecclef.* au lieu de rente ou penſion ne preſcrivent pas, *renaſcuntur quot annis*, le Service perpetuel les fait revivre. On ne peut oppoſer un Arrêt du mois d'Août 1645. en faveur de Meyla contre Chauvet, parce que bien qu'il n'apparût pas de la fondation, pluſieurs enonciations faiſoient voir que le Chapelain avoit joüi. D'ailleurs, Chauvet avoit acquieſcé, & ne paroiſſoit pas être un tiers acquereur. *Albert*, verbo *Penſion*, *art. 6*.

179 La preſcription de quarante ans a lieu contre l'Egliſe, notamment en faveur du tiers. Arrêt rendu au Parlem. de Grenoble le 14. Decembre 1653. *Baſſet*, *to. 1. li. 2. tit. 29. ch. 1*.

180 Jugé au Parlement de Toulouſe le 30. May 1661. aprés partage, au profit des Marguilliers de l'Egliſe de Noé, que l'Egliſe ſuccedant à un particulier, contre qui la preſcription étoit commencée, & déja avancée, devoit joüir du privilege de quarante ans. Autre Arrêt du 9. Août 1666. qui a jugé que la preſcription de dix ans du tiers acquereur, étoit prorogée à quarante, lors qu'on l'oppoſoit à l'Egliſe. Ce dernier Arrêt en faveur des Religieuſes de Sainte Catherine de Sienne de Toulouſe. *Voyez les Arrêts de M. de Catellan*, *li. 1. ch. 9*.

181 De la preſcription du fond Eccleſiaſtique. Quoique par le Canon *ſi Sacerdotes*, 16. qu. 6. l'on ne puiſſe preſcrire contre l'Egliſe en vertu d'un titre vicieux, ou que la preſcription ne commence à courir que du temps de la mort du Prelat, qui a mal alié. Le Parlement de Toulouſe plus favorable à l'Egliſe, que les Loix de l'Egliſe même, n'a pas égard à ces titres vicieux. Arrêt du 9. Juin 1666. Autre Arrêt du 28. Août 1674. en faveur de tiers poſſeſſeurs. *Voyez M. de Catellan*, *li. 1. chap. 35.* où il rapporte & concilie pluſieurs Jugemens.

182 Le Roy ne peut pas preſcrire contre l'Egliſe les arriere-fiefs qui dépendent d'elle, & dont elle fait hommage à ſa Majeſté. Arrêt du Parlement de Toulouſe des 18. Juillet 1651. & vingt Decembre 1675. parce que le Roy doit à l'Egliſe une protection ſinguliere. V. *M. de Catellan*, *li. 3. ch. 19*.

183 L'Ordre de la *Mercy* a prétendu avoir la même faveur que celuy de Malthe, & qu'ainſi la preſcription ne pouvoit luy être oppoſée. Arrêt du Parlement de Toulouſe du 22. Février 1673. contraire à leur prétention. Les Religieux de la Mercy de Beziers demandoient que les Conſuls, ſans avoir égard à la preſcription alleguée, fuſſent tenus de leur faire rebâtir une Egliſe, au lieu de celle que la Ville avoit fait démolir durant les troubles, & dont elle avoit donné l'aire aux Jeſuites. On jugea que les Peres de la Mercy devoient être contens du droit commun de l'Egliſe. *Arrêts de M. de Catellan*, livre 1. chapitre 16.

184 En Decembre 1691. jugé au même Parlement de Toulouſe, que l'exception de la preſcription n'étoit pas bonne, oppoſée par des acquereurs d'un fonds legué à la Chapelle des Cordonniers. La raiſon de l'Arrêt fut que le legs de ce fond étoit preſumé fait à l'Egliſe; qu'ainſi les Corps des Cordonniers, Corps Laïc, ayant vendu, c'étoit un fonds d'Egliſe vendu par des Laïcs. On trouva le vice ſi grand, qu'on en

crût la poſſeſſion gâtée. *Ibidem*, *liv. 1. chap. 35*.

185 On preſcrit par quarante ans les biens domaniaux des Eccleſiaſtiques, auſſi-bien que ceux des Laïcs, à la reſerve des Dîmes ſolites, deſquelles on peut ſeulement preſcrire la quotité. Art. 117. des Arrêts du Parlement de Roüen, les Chambres aſſemblées, du 6. Avril 1666. V. *Baſnage*, *to. 1. à la fin.*

186 Arrêt du 16. Janvier 1668. qui a jugé que l'action hypothequaire contre l'Egliſe, n'eſt pas prorogée à quarante ans en Provence; & que les Novelles de Juſtinien en ce chef ne ſont point obſervées, & que la preſcription de vingt ans ſuffit, en doublant le temps de la preſcription ordinaire. *Boniface*, *tom. 1. liv. 2. tit. 23. chap. 2.* où il obſerve que le tiers poſſeſſeur d'un fond hypotequé à une rente fonciere, ou conſtituée à prix d'argent, preſcrit dans dix ans, quoique le creancier ait été payé par le debiteur de la rente. 1°. Exception, quand le poſſeſſeur a eu connoiſſance de la rente. 2°. Quand le vendeur a été en poſſeſſion du bien ſujet à la rente. 3°. Exception aux Obits & Fondations des Meſſes, dont les biens étoient chargez, où il n'y a preſcription.

187 Si le bien ſervile à l'Egliſe ayant été vendu par un poſſeſſeur, ſans declaration de franchiſe ni de ſervitude, eſt preſcrit par l'acquereur, par la poſſeſſion de quarante ans, ſans payer cenſe, & ſi cette vente peut ſervir d'interverſion? Arrêt du dernier Juin 1675. qui a declaré n'y avoir ni interruption, ni preſcription. *Boniface*, *to. 4. li. 9. ti. 1. ch. 1.*

188 La preſcription qui peut favoriſer une alienation nulle, ne commence à courir qu'aprés que la cauſe de l'empêchement du recours a ceſſé; elle dure autant que le Beneficier qui a fait l'alienation; il peut luy-même former ce recours contre ſon propre contrat, quand ce ſeroit une tranſaction; & cela non ſeulement dans les dix ans de l'Ordonnance, mais pendant quarante ans. Arrêt du Parlement de Grenoble du 13. Mars 1677. rapporté par *Chorier en ſa Juriſprudence de Guy Papé*, *pag. 39*.

PRESCRIPTION, EMPHITEOSE.
Preſcription par le preneur à titre d'emphiteoſe.
189 *Voyez cy-deſſus le nomb. 72. le mot* Bail, *nomb. 66. & ſuiv.*
De la preſcription qui a lieu dans l'emphiteoſe. *Voyez le mot* Emphiteoſe, *n. 57.*

PRESCRIPTION, ENGAGISTE.
190 Si l'engagiſte peut preſcrire dans trente ans, lorſque l'acte d'engagement eſt appellé & coloré du nom de vente à faculté de rachat. *Voyez les Arrêts de M. de Catellan*, *liv. 7. ch. 24.* où il rapporte un Arrêt du Parlement de Toulouſe en faveur de l'acquereur.

191 L'Engagiſte par la joüiſſance de dix ans ne preſcrit pas l'hypotheque, parce que l'engagement n'ôte point la proprieté du fonds engagé à celuy qui le baille. Arrêt du Parlement de Toulouſe du 18. Juillet 1663. Autre Arrêt au mois de May 1667. qui a jugé que nonobſtant cette joüiſſance, un creancier anterieur conſervoit, & ſon hypoteque, & la priorité. V. *M. de Catellan*, *liv. 7. ch. 23*.

PRESCRIPTION, ETRANGER.
192 Jugé qu'un Etranger du Royaume, qui n'a point de domicile en France, eſt conſideré comme abſent pour joüir de la preſcription de vingt ans en action hypothequaire. Arrêt du Parlement d'Aix du mois de Février 1686. *Boniface*, *to. 4. li. 9. ti. 1. ch. 13.*

PRESCRIPTION, FACULTE'.
193 Si la faculté de rachat ſe preſcrit? *Voyez lettre* F. *verbo* Faculté de rachat, *n. 54. & ſuiv.*
194 La faculté de racheter rentes conſtituées à prix d'argent, ne ſe peut preſcrire. *Voyez la Coûtume de Paris*, *art. 119.*
Mais ſi la faculté eſt donnée par contract de racheter heritage, ou rente de bail d'heritage à toûjours, elle ſe preſcrit par 30. ans. V. *la même Coût. art. 110*.

195 *Quæ sunt meræ facultatis & juris publici*, comme d'aller paître en des communaux, *nec cedi, nec transferri; nec commercio subjici, nec præscribi possunt*. C'est une maxime.

Henrys, tome 1. liv. 4. chap. 6. qu. 91. examine si les choses qui sont de simple faculté, peuvent être prescrites? Il distingue avec Coquille & d'Argentré, entre la faculté qui procede de la nature, ou de la Loy, & celle qui provient d'un contract & de la convention des parties. Dans le premier cas il rejette la prescription; & dans le second, il l'admet. *Masuer. titre 22. nomb.* 15. dit que la prescription ne court point contre le droit qu'on a de faire quelque chose.

196 Les Abbez & Religieux de la Chassagne s'étant reservé leur mouture franche depuis plus de trois cens ans, par le bail du moulin de Martinat, sur la difficulté qui en fut faite par la consideration d'un si long-temps, pendant lequel eux & leurs auteurs ne s'étoient pas prévalu de cette reserve, y furent pourtant maintenus au Parlement de Dijon le 9. Mars 1665. contre le sieur de Montferrant, & autres proprietaires de ce moulin; la raison vient de ce que les droits de pure faculté ne se prescrivent pas; cela veut dire que la prescription ne court point contre le droit qu'on a de faire quelque chose, quoiqu'on ait cessé d'en user pendant un temps fort considerable, *Voyez Taisand sur la Coûtume de Bourgogne, titre 14. n. 9.*

197 Arrêt rendu au Parlement de Provence le 14. May 1667. qui a jugé que le rachat des censives & rentes foncieres accordé au preneur dans son acte de bail *toties quoties*, est prescriptible dans trente ans. *Boniface*, tome 1. liv. 3. tit. 5. ch. 2. il cite des Arrêts semblables des 14. May 1660. & 21. Mars 1662.

198 Arrêts du même Parl. d'Aix des 28. Juin 1675. & 5. Avril 1686. qui ont jugé que le privilege donné à une Ville de défendre l'entrée des raisins étrangers n'est point prescrit par le non usage quand il n'est pas uniforme. *Boniface*, tome 4. livre 9. tit. 1. chap. 9. & 10.

PRESCRIPTION, FEMME.

199 Si le mari ayant aliené les biens de sa femme, la prescription a couru du vivant du mari: & si elle s'en peut faire relever? *Voyez Bouvot, tome 1. part. 3. verbo Substitution, quest. 2.*

200 La crainte maritale n'est pas une cause suffisante pour empêcher le cours de la prescription de dix ans durant le mariage, pour n'être la femme venuë dans le temps de la restitution. Jugé le 5. Avril 1569. *Chenu, premiere Cent. quest. 23.* où il rapporte plusieurs Arrêts.

Voyez cy-dessus le nomb. 103.

201 Si un mari avoit assigné les deniers dotaux de sa femme sur un de ses fonds en particulier, avec convention que les fruits ne seroient imputez au sort, ni par elle, ni par ses heritiers, quand même cette femme, ou ses heritiers, & les descendans ayant cause, joüiroient de ce fonds pendant plus de cent ans, même plus de mille, le contrat d'assignal paroissant; les heritiers ou successeurs ayant cause du mari, pourroient recouvrer cet assignal, en rendant les deniers dotaux: la raison est que la femme ni ses heritiers, ou ceux qui la representent ne peuvent jamais changer la cause & le titre de leur possession, on peut toûjours recourir au titre original; ainsi jugé par Arrêt solemnel donné au Parlement de Paris au profit de la Reine mere veuve d'Henry II. touchant la Comté de Clermont en Auvergne, contre l'Evêque du même lieu, parce qu'il paroissoit par le titre original, que Robert alors Evêque avoit reçû de Guy son frere, Comte de Clermont, la Ville de Clermont en garde; & que les Evêques successeurs de Robert qui avoient joüi pendant plus de deux cens ans, n'avoient pû prescrire, attendu que le commencement de la joüissance

étoit à titre de précaire; il y a aussi un Arrêt du Parlement de Dijon rapporté par *Chassenenz, au commencement de l'article 18. tit. 4. de la Coûtume de Bourg.* qui a jugé en faveur de Dame Anne de Chatelvilain Comtesse de Montrevel, contre Jean de Maulin Seigneur de Misseti, que la prescription ne pouvoit courir contre elle touchant le rachat des terres de Prissi & de Vissous-Thill qui avoient été données par forme d'assignal à Bonne de Châtelvilain, pour la sûreté de ce qui restoit à luy payer de sa dot promise par Bernard de Châtelvilain, & qu'Anne Châtelvilain pouvoit rentrer dans la propriété & possession des mêmes biens, en par elle payant le reste de cette dot. *V. Taisand sur ce même article 18.*

202 Prescription ne court contre la femme pendant le mariage pour ses biens dotaux ou paraphernaux alienez sans son consentement par le mari. Arrêt du dernier Juillet 1600. *Voyez la Bibliotheque de Bouchel, verbo, Prescription.*

203 Henrys, tome 1. livre 4. chap. 6. quest. 108. examine si les acquereurs des heritages du mari peuvent prescrire au préjudice de la portion virile qui est dûe à la femme dans l'augment. Il rapporte un Arrêt du 7. Juin 1647. qui a jugé que la prescription a lieu, il dit que cet Arrêt est singulier, & qu'il ne croit pas qu'il y en ait un pareil; cependant il cherche à le justifier.

204 Par Arrêt du Parlement de Grenoble du 4. Août 1651. il fut jugé que la prescription de 40. ans opposée aux heritiers de la femme agissant pour la vindication du fonds dotal n'avoit pû courir que du jour de la dissolution du mariage, ou pendant iceluy aprés la repetition des droits dotaux, suivant la Loy *in rebus C. de jur. dot. Voyez Basset*, tome 1. livre 2. titre 29. chap. 14.

205 La femme est de même sujette à cette prescription de 30. ans pendant son mariage, & au préjudice de sa dot, sauf son recours contre son mari. Jugé par deux Arrêts du Parlement de Grenoble, le premier sans date, & l'autre du mois de Juillet 1667. pour Adam Jaquier appellant du Vice-Bailly de Gresivodan, qui avoit accordé l'hypotheque aprés 30. ans. Le motif de l'Arrêt fut que comme le mari avoit pû exiger la dot & la dissiper, il avoit pû la laisser prescrire, sauf à la femme son recours contre luy. *Chorier en sa Jurisprudence de Guy Pape, p. 325.*

206 De la prescription contre la femme pendant le mariage. *Voyez les Arrêts de M. de Catellan, li. 4. chap. 45.* où il en rapporte un du Parlement de Toulouse du 23. Decembre 1667. aprés partage, qui a jugé que la femme ou ses descendans qui ont sans doute le même privilege, ne pouvoient pas agir contre les débiteurs du supplément de legitime à elle dû, que le mari avoit laissé prescrire, quoique le mari fût insolvable.

207 En la Coûtume de Nivernois la femme qui renonce à la communauté de son mari, est exempte de payer les dettes qu'elle a contractées solidairement avec son mari, & les dix ans de majorité ne courent contr'elle étant en puissance de mari. Arrêt du Parlement de Paris du premier Juillet 1672. *Journal du Palais.*

208 Arrêt rendu au Parlement de Provence le 21. Mars 1676. qui a jugé que la prescription commencée contre une femme *sui juris*, ne continuë pas pendant son mariage. *Boniface, tome 4. liv. 9. tit. 1. chap. 7.*

209 La prescription peut courir contre la femme pendant le mariage. Arrêt du Parlement de Normandie du 3. Mars 1684. Il y avoit eu un Arrêt contraire le 20. Juillet 1677. contre un acquereur des biens appartenans à la femme; mais la faveur du doüaire & de la dot servirent de motif. *Voyez Basnage sur l'article 521. de la Coûtume de Normandie.*

210 Si une femme en puissance de mari est toûjours à couvert de la prescription, ou si elle ne l'est que

quand la prescription qu'elle auroit pû intenter, reflechit par une action en recours contre son mari. *Voyez le Journal du Palais*, tome 2. page 620. où cette question est traitée.

PRESCRIPTION, FIDEICOMMIS.

211 La prescription court contre le fideicommissaire durant la vie de l'heritier grevé de rentes, même avant la restitution du fideicommis. *Voyez* le mot *Fideicommis*, n. 182.

Voyez cy-après le nomb. 228.

PRESCRIPTION, FIEF.

212 *An feuda contra dominum præscriptione amittantur?* Voyez Andr. Gaill. *lib.* 2. *observat.* 160.

Voyez le mot *Fief*, nomb. 116.

PRESCRIPTION, FONDATION.

213 Les fondations ne se prescrivent point. *Voyez* le mot *Fondation*, nomb. 79. & suiv.

PRESCRIPTION, BONNE OU MAUVAISE FOY.

Voyez cy-dessus les nomb. 30. 152. 157.

214 De la bonne foy en matiere de prescription. *Voyez* lettre B. au mot *Bonne foy*, nomb. 9. & suiv.

215 *Debitor sciens se debitorem non præscribit, cum bonâ conscientiâ.* V. Franc. Marc. to. 1. quæst. 435.

216 Henrys, to. 2. li. 4. quæst. 77. établit que la prescription de trente ans qui est la seule que la Coûtume d'Auvergne reconnoisse, a lieu sans titre & sans bonne foy, c'est à-dire, qu'elle a son cours, quoique celuy qui s'en sert, soit possesseur de mauvaise foy.

217 Par le chapitre *vigilanti*, & le chapitre *quoniam de præscript.* la prescription doit être fondée sur la bonne foy, parce qu'un possesseur de mauvaise foy ne prescrit jamais. *cap. possessor. de reg. juris* in 6. la glose sur le même chapitre *vigilanti*, au mot *Noverit*, demande si après la prescription acquise le possesseur a connoissance que la chose prescrite ne luy appartient pas, pour lors il est obligé à la restituer; elle dit que quelques uns tiennent, que dés qu'on a connoissance qu'on possede le bien d'autruy, il le faut restituer; mais la glose approuve le sentiment des autres qui disent qu'alors il n'est point obligé à la restitution, parce que ce n'est plus le bien d'autruy, & qu'il le possede à juste titre & par droit de prescription, qui est un droit approuvé par le Juge, & autorisé en Justice. *Definit. Can.* p. 680.

218 Si aucun avec mauvaise foy peut prescrire, & de la distinction de mauvaise foy? *V.* Coquille, tome 2. quæst. 259.

219 Si la mauvaise foy du vendeur nuit à la prescription de l'acquereur pour dix ans, entre presens, & vingt ans entre absens? V. Henrys, to. 2. li. 4. quæst. 48. où il tient l'affirmative.

220 La maxime qui veut qu'un possesseur de mauvaise foy ne puisse prescrire, ne s'entend point des actions personnelles, car le prescrivant ne possede rien, & ne fait aucune chose en sa faveur; cette prescription n'étant introduite que *in odium* de la nonchalance du creancier. Arrêt du Parlement de Grenoble du 8. Mars 1459. *Papon*, li. 11. tit. 3. n. 24.

221 Il faut pour prescrire que la bonne foi de l'acheteur dure pendant les dix années la bonne foy, quand l'acheteur ignore que l'heritage par luy acquis n'appartient, ni est obligée à autruy. Arrêt du 10. Juillet 1593. Charondas, liv. 13. Rép. 69.

PRESCRIPTION, FOY ET HOMMAGE.

222 Si le Vassal peut prescrire la foy & hommage? *Voyez* le mot *Foy & Hommage*, nomb. 43. & suiv.

223 Celuy qui est poursuivi en garantie, ne peut après le temps de prescription être relevé du contrat, ni demander aucune condition dépendante dudit contrat. Arrêt du 14. Août 1496. Charondas, li. 3. ch. 46.

PRESCRIPTION, GUERRE.

224 La prescription ne court pendant la guerre. *Voyez* cy-dessus le nombre 9. le mot *Guerre*, nombre 30. & suiv. & cy-après verbo *Troubles*.

PRESCRIPTION, HERITIERS.

225 La demande d'heredité ne se prescrit que par 30. ans par l'acheteur de bonne foy. *Voyez* Charondas, liv. 2. Réponse 94.

226 Si la prescription court au profit de l'un des coheritiers qui se trouve débiteur de l'heritage pendant qu'il possede tout l'heritage & devant le partage, & si elle court contre l'usufruitier qui est creancier de l'heritage, & durant le temps qu'il joüit de l'usufruit entier dudit heritage? *Voyez Du Perrier*, livre 4. quæst. 21.

227 Par Arrêt de la Chambre de l'Edit à Roüen en 1605. il fut dit que quoique la prescription ne court contre coheritiers, cela ne s'entend que de la prescription de 40. ans, & non de l'immemoriale & centenaire. *Basnage sur la Coûtume de Normandie*, article 529.

228 Par Arrêt du Parlement de Toulouse du 8. Février 1618. rapporté par *M. Dolive*, livre 4. chap. 17. jugé que les dettes d'une succession ne se pouvoient prescrire par les débiteurs au prejudice du fideicommissaire durant la vie de l'heritier du fideicommis.

229 La dispute & instance entre plusieurs, pour raison d'une succession, ne proroge pas le temps de la prescription d'un fonds de l'heredité, quoiqu'il semble que pour agir, il y avoit en ce cas là lieu d'attendre que les contestations sur l'heredité fussent vuidées, & le vrai heritier établi & déclaré : mais selon la maxime generale de France, le mort saisit le vif ; ainsi le vrai heritier saisi des biens, & consequemment saisi de l'action, l'avoit en main dés la mort ; capable d'agir d'ailleurs, & n'en étant point empêché par l'état de la personne, la prescription a pû courir contre luy. Jugé au Parlement de Toulouse le 29. May 1663. *V. M. de Catellan*, livre 7. chapitre 14.

230 Heritier qui repudie ne peut pas retenir les dettes prescrites, même quand la prescription a couru entierement pour sa tête, & n'a pas commencé en faveur du défunt. Arrêt du Parlement de Toulouse du 10. Août 1667. mais l'heritier chargé de fideicommis, ou son heritier peut repeter les dettes passives prescrites pendant sa joüissance, comme celles qu'il a payées, quoique la prescription ait commencé, & ait couru un temps considerable pendant la vie du testateur. Arrêt du 14. Février 1681. La difference qu'il y a entre l'heritier qui repudie, & l'heritier chargé de rendre, est que celuy là est regardé comme simple administrateur, l'autre est censé veritable proprietaire. Quant aux legs faux enfans du testateur qui tiennent lieu de legitime, on demande si l'heritier qui les a prescrits, & qui par le payement presumé semble entré dans le droit des legitimaires, peut de leur chef demander la *legitime* en corps hereditaire? Il y a un Arrêt du 8. Juillet 1696. qui a jugé qu'il ne peut demander que les legs, & non la legitime en corps hereditaire. *Voyez ibidem*, chapitre 7.

231 Si prescription des droits d'un cadet court pendant qu'il est entretenu par son frere aîné, sur les biens de l'heritage dont il est saisi? Sentence du Lieutenant General renduë en l'année 1682. qui porte la negative ; l'appel porté au Parlement d'Aix est demeuré indécis. Boniface, tome 4. liv. 9. tit. 1. chap. 17.

232 Par un Arrêt du Parlement de Paris de l'an 1685. il a été jugé que les poursuites faites contre les heritiers de l'un des cooblignés ne militent pas contre les heritiers de l'autre coobligé qui n'ont point été poursuivis, & n'empêchent que ces derniers n'acquierent prescription comme d'autres détempteurs. Il n'en est pas de même entre les cooblignés ; les poursuites faites contre l'un des cooblignés militent contre l'autre, parce que chaque coobligé est reputé mandataire de l'autre, *inter correos debendi interpellatio unius, est interpellatio omnium.*

PRESCRIPTION, HOSPITAUX.

233. La prescription de quarante ans n'a lieu en l'alienation des biens des Hôpitaux faite sans aucune solemnité requise par le Droit Civil & Canonique ; & qu'il y a lezion apparente. Arrêt du Parlement de Toulouse du 28. Février 1585. *Charondas, livre 7. Réponse 165.*

PRESCRIPTION, INDEMNITÉ.

234. Par quel espace de temps se prescrit l'indemnité ? Voyez le mot *Indemnité*, n. 43. & suiv.

PRESCRIPTION INTERROMPUE.

235. *Præscriptio an & quando per solam citationem interrumpatur vel perpetuetur ?* Voyez Franc. Marc. tome 2. quest. 317.

236. Il ne suffit pas pour interrompre la prescription d'avoir procedé avec le locataire, mais il faut que ce soit avec le vrai possesseur, & notamment, *quando volens interrumpere conditionem non ignorat*, c'est la Loy *cum nemo causam, C. de acquir. possess.* Papon, liv. 12. tit. 3. nomb. 31.

237. L'interruption faite à l'un des coobligez solidairement, nuit aux autres, ainsi qu'a remarqué *Balbus de præscript. 3. part. 6. & ult. princip. tract. in correis debendi, unius factum nocet alteri*, parce qu'un seul en ce cas represente tous les autres : neanmoins l'interruption faite à un des coheritiers ne nuit pas à l'autre, à moins qu'ils ne possedent encore par indivis les immeubles de la succession ; autrement après le partage, l'hypotequaire dont ils sont tenus comme biens tenans, se peut prescrire par ceux qui ne sont pas poursuivis, aussi bien que la personnelle. Autre chose seroit des droits actifs. Une rente dûë à plusieurs peut être prescrite contre l'un, & subsister à l'égard de l'autre ; & d'autant que les rentes sont des droits dividus & individus tout ensemble, à la difference des servitudes qui sont toûjours individuës. *Ricard sur l'article 188. de la Coûtume de Senlis.*

238. Ajournement pardevant Juge incompetent interrompt la prescription. Arrêt du Parlement de Paris du 17. Juillet 1515. Papon, li. 12. tit. 3. nomb. 26.

239. Par Arret du Parlement de Roüen du 5. Février 1544. rapporté par *Berault sur la Coûtume de Normandie art. 521.* il a été jugé qu'un compte d'arrerages de rente interrompt la prescription, & que cela suffisoit avec le titre pour montrer la possession.

240. Le payement fait par l'un des heritiers interrompt la prescription. Arrêt du Parlement de Dijon du 19. Decembre 1583. *Bouvot, tome 2. verbo Prescription, quest. 5.*

241. Lorsque par un même contrat de bail d'heritage, il y a cense & rente, la rente ne se prescrit point par faute de payement de trente ans, & la prescription est interrompuë par le payement fait par l'un des possesseurs de la cense. Arrêt du Parlement de Dijon du 12. Janvier 1617. *Ibidem quest. 9.*

242. La prescription de vingt ans que l'accusé allegue, est interrompuë par l'accommodement fait avec la veuve du défunt, & tutrice de ses enfans. Arrêt du Parlement de Grenoble du 8. May 1607. *Basset, tome 2. livre 6. titre 8. chap. 3.*

243. La prescription trentenaire ou quadragenaire peut être valablement interrompuë par une assignation faite par exploit mis à la porte du Château, parlant au portier. Arrêt rendu au même Parlement de Grenoble le 2. Avril 1617. *Basset, tome 1. liv. 2. tit. 29. chap. 4.* rapporte le sentiment de *M. Charles Du Moulin*, qu'une assignation quoique nulle interrompt la prescription.

244. Le decret des biens d'un obligé quoiqu'annullé, interrompt la prescription. Arrêt du Parlement de Normandie du mois de Mars 1618. Autre du 20. May 1664. rapportés par *Basnage sur l'article 522. de cette Coûtume.*

245. Une simple sommation ne suffit pour interrompre la prescription, & il suffit d'un juste titre & de bonne foy, sans inquietation pour prescrire. Jugé à Paris le 18. May 1684. *Journal du Palais.* Du Frêne, livre 8. ch. 8. rapporte l'Arrêt de M. Jean-Marie Lhôte, du 22. Janvier 1655.

246. L'interruption faite au rescisoire n'interrompt point la prescription du rescindant, quand les Lettres sont incidemment obtenuës contre le contrat, opposé au rescisoire. *Argent. art. 166. cap. interruptionis effectus, art. 14.* J'ay vû, *dit M. Abraham la Peirere, en ses Décisions du Palais, lettre P. nomb.* 103. un Arrêt rendu au Parlement de Toulouse sur une cause renvoyée dans nôtre Parlement, entre les sieurs de Briet & de Colom; leurs Auteurs avoient longuement plaidé sur quelques droits successifs; l'instance avoit été reprise à diverses fois ; il n'y avoit point de prescription au fonds. Comme le procez fut en état d'être jugé ; le sieur de Briet trouve une transaction passée sur ce même procez, entre les Auteurs des parties. Contre cette transaction le sieur Colom obtient Lettres. La fin de non recevoir de dix ans luy est opposée. Il est justifié que dans les dix ans ledit sieur Colom avoit contesté dans le rescisoire ; neanmoins l'Arrêt jugea que la prescription du Rescindant avoit toûjours couru, & confirma la transaction.

247. Tous ajournemens en France interrompent prescription. Il en est de même de toute sommation faite par acte de Notaires hors Jugement, si le débiteur est interpellé de signer. 1. *Loüet, litt. A. n.* 10. 1. cont. Mornac, ad tit. C. quando libellus prin. 2. si apud incompetentem judicem, 1. id, Du Frêne, lib. 1. chap. 129. 1. cont. Brodeau, litt. A. n. 10. si apud incompetentem judicem, 1. id argum. L. 33. ff. de obligat. & act. Je crois, *dit le même la Peirere, ibidem, nombre 54.* que l'interruption est bonne si la partie ajournée compare, quoiqu'il y ait de l'incompetence.

PRESCRIPTION, JUGEMENT.

248. La prescription d'une somme pour laquelle le creancier a obtenu un jugement par défaut, court en faveur du condamné du jour du jugement, & non seulement du jour de l'assignation qui luy en a été faite ; ainsi jugé au Parlement de Toulouse après partage le 10. May 1662. *M. de Catellan, liv. 7. chapitre 25.*

Par Arrêt en la premiere des Enquêtes du Parlement de Bourdeaux du 22. Août 1669. jugé qu'un simple Acte de Notaire n'interrompt pas la prescription de trente ans. Et le 25. du même mois en la même Chambre, jugé qu'un simple Exploit libellé sur lequel il n'y avoit pas eu de comparution, n'interrompoit pas la prescription. Jugé encore par autre Arrêt du 14. Février 1663. au rapport de Monsieur du Soulier, en la cause des sujets, que les commandemens n'interrompent pas la prescription.

249. Prescription ne peut être opposée contre une dette. Après un Arrêt de condamnation, ce seroit un mauvais moyen de Requête civile Jugé au Parlement de Tournay le premier Decembre 1693. *Pinault, tome 1. Arr. 9.*

PRESCRIPTION DE LEGITIME.

250. La prescription du supplément de legitime dure trente ans, & non cinq ans, comme Brodeau le dit sur *M. Loüet, lettre S. somm. 10. n. 3.* De ce il y a Arrêt du 15. Decembre 1612. *M. le Prêtre, és Arrêts de la Cinquième.* Voyez *Henrys, to. 1. liv. 4. chap. 6. qu. 76.* Voyez *Peleus, qu. 143.* & *M. Dolive, liv. 5. chap. 31.*

PRESCRIPTION DES LEGS.

251. Voyez le mot *Legs*, nomb. 539. & suiv.

PRESCRIPTION, MARCHAND.

252. Les six mois pour les Artisans & Marchands vendans en détail, ni l'an pour les Marchands grossiers n'ont point de lieu de Marchand à Marchand. Arrêt au

au Grand Conseil du douze Juillet 1672. *Journal du Palais.*

PRESCRIPTION, MINEUR.

252. La prescription ne court point contre le fils de famille pour les biens, dont le pere a l'usufruit. Jugé au Parlement de Toulouse en l'année 1599. *Cambolas, liv. 2. ch. 1.*

253. Si le mineur est restitué envers la prescription de trente années? *Voyez du Perrier, li. 1. qu. 11.*

254. Si la prescription court contre l'enfant de famille, au regard des biens & droits, sur lesquels le pere n'a point l'usufruit. *Ibid. li. 4. qu. 14.*

255. Il se jugé à présent aux termes de la Coût. de Bretagne. *art. 286. & 297.* que les prescriptions ont lieu contre les mineurs, dont les Curateurs n'ont poursuivi les credits, sauf leur recours vers leurs Curateurs solvables, *ut sit aliquis litium finis & sollicitudinis*, si ce n'étoit contre les Curateurs, *quia contrà non valentem agere non currit præscriptio*. Et la prescription ne commence à courir en cela, que du jour de sa curatelle finie, & resaisissement des titres, suivant l'article 517. de la Coûtume. *Du Fail, livre 1. chapitre 124.*

256. La transaction faite par un majeur avec son tuteur, sans avoir rendu compte, ni communiqué l'inventaire, ni pieces, ne peut se prescrire par dix ans, quoique veüille dire Charondas *en son livre 11. Réponse 56.*

257. Si la prescription court contre un mineur, & de quel temps, même pour les actes qu'il a faits & contractez avec son tuteur? *Voyez Bouvot, to. 2. verbo Mineurs, qu. 1.*

258. Si le mineur est recevable contre la prescription encouruë, même de quarante ans pour le payement de la dot de sa mere, & si la prescription du rachat conventionnel court contre luy? *V. ibidem, verbo Prescription, qu. 7.*

259. L'hypoteque du mineur sur les biens de son tuteur, se prescrit par 30. ans du jour de sa minorité. Arrêts du Parlement de Paris des dix Avril 1559. & dernier Février 1595. *Papon, livre 12. titre 3. nombre 7.*

260. L'Ordonnance limite le temps de la restitution des dix ans aprés les 25. ans. Arrêt du huit Mars 1563. En la Coûtume du Maine, à cause de la Coûtume qui rend majeur à vingt ans accomplis, on a compté aprés les vingt ans accomplis. Arrêt du onze Juillet 1582. *Charondas, livre 7. Rép. 219. Voyez le nombre* où il est parlé de la prescription du mineur & de son tuteur.

261. La prescription court contre les Officiers publics, nonobstant leur minorité. Arrêts des 22. Decembre 1574. & 27. Février 1595. Chopin, *sur la Coûtume de Paris, liv. 2. tit. 7. art. 14.* Le Caron, *au 8. livre des Réponses, ch. 49.* Mainard, *li. 3. ch. 38. & 40.* Papon, *liv. 16. tit. 1. nomb. 2.*

262. Majeurs étant en cause avec un mineur en matiere d'hypoteque, la prescription ne court point, même pour la part & portion qui appartient au majeur: *minor conservat partem majoris, & restitutio minoris prodest majori*, comme il a été jugé par Arrêt confirmatif de la Sentence du Prévôt de Paris le 15. Mars. 1605. ce qui a lieu generalement *in omnibus causis individuis, & in servitutibus, & aliis. Voyez la Bibliot. de Bouchel, verbo Mineurs.*

263. L'action rescisoire contre une transaction passée par l'adulte avec son tuteur sur le fait de son administration, sans avoir vû, ni examiné son compte, nonobstant l'Ordonnance dure trente ans. Arrêt du 17. Juillet 1629. *M. Dolive, liv. 4. chap. 16.* Voyez *M. Loüet, lettre T. Somm. 3. M. le Prêtre, ch. 15. chap. 25.*

264. Si la prescription court contre le fils de famille, pour les biens dont le pere a l'usufruit? *V. les Arrêts de M. de Catellan, l. 7. ch. 15.* où il en rapporte un du

Parlement de Toulouse du 20. Decembre 1656. qui a jugé que la prescription des sommes mêmes, ne couroit pas contre le fils de famille, quoiqu'elle eût commencé contre celuy à qui il a succedé. Arrêt semblable du 18. Août 1694.

265. La prescription ne peut courir contre le fils de famille, son pere vivant, pour les biens dont le pere a l'usufruit. Arrêt du Parlement de Grenoble du 13. May 1661. *Voyez Basset, tome 1. livre 2. tit. 29. chapitre 13.*

266. La prescription de quarante ans ne court point contre les pupiles, comme elle fait contre l'Eglise, *non vacante.* Jugé au Parlement de Grenoble pour un pupile devenu majeur. Par Arrêt du 14. Août 1674. contre cette prescription de quarante ans, hors le cas de pupillarité, on n'est point relevé, suivant la déliberation & l'arrêté du Parlement du 22. Decembre 1516. dans le Livre vert. *Voyez Chorier en sa Jurisprudence de Guy Pape, p. 324.*

267. La prescription de trente ans ne court point contre les fils de famille, durant la vie du pere qui les a en sa joüissance. Arrêt du Parlement de Grenoble du 9. Août 1684. suivant la Loy 1. *C. de Annal. præscript.* Voyez *Chorier ibidem, pag. 325.*

268. Arrêt rendu au Parlement d'Aix le 17. Novembre 1665. qui a jugé que pendant la vie du pere, la prescription des droits, dont le pere n'a point l'usufruit, & dont il est saisi, ne court point contre le fils qui est en sa joüissance. *Boniface, tome 1. livre 8. titre 2. chap. 3.*

269. Le 15. Mars 1687. il a été jugé au même Parlement de Provence, que la prescription de trente ans court contre le mineur, & que le mineur n'est pas restituable envers elle. *Boniface, tome 4. livre 9. titre 1. chapitre 21.*

270. La prescription ne court pas pendant la minorité: La raison est qu'elle est sujette à toutes les prescriptions du Droit Romain; & comme suivant les loix, les mineurs sont restituez, même quand il s'agit *de lucro captando*, on doit tenir pour certain, qu'au Duché de Bourgogne la prescription de trente ans ne fait aucun prejudice au mineur, soit qu'il s'agisse de gain ou de perte, soit que la prescription ait commencé contre le mineur; ou qu'ayant commencé contre son prédecesseur majeur, on veüille la continuer contre luy: mais avec cette reserve, que quand le mineur est devenu majeur, on rejoint le temps qui s'est écoulé pendant la majorité de son auteur, avec le temps qui a couru depuis que le mineur est devenu majeur; & en rassemblant ces deux termes, car la prescription est en suspens pendant la minorité, on en compose la prescription de trente années. Arrêt du Parlement de Dijon du 13. Février 1689. rapporté par *Taisand sur cette Coûtume, titre 14. nombre 7.*

271. Acte de notorieté de Monsieur le Lieutenant Civil du Châtelet de Paris du onze Janvier 1701. portant, lorsqu'un majeur a possedé une rente, & qu'en mourant il laisse un heritier mineur, le temps qui donne lieu à la prescription que le debiteur pourroit opposer, est en suspens pendant la minorité, aprés laquelle l'on joint le temps que le majeur n'a pas inquieté son debiteur, & celuy depuis la majorité de l'heritier, sans comprendre celuy de leur minorité. *Recüeil des Actes de notorieté, pag. 140.*

272. La prescription de l'hypoteque par dix ans en faveur d'un tiers possesseur, ne court pas contre un mineur; & il n'a pas même besoin d'être restitué ni relevé. La décision est expresse dans la Loy derniere, *Cod. in quib. caus. integ. restit. non est necess.* Et il fut ainsi jugé à Toulouse le 5. Septembre 1698. *M. de Catellan, liv. 7. ch. 20.*

PRESCRIPTION DE SIX MOIS.

273. Contre les gens de métier, & autres vendeurs de marchandise en détail. Arrêt du 28. Novembre 1605.

M. Expilly, Plaidoyé 12. Voyez la Coûtume de Paris, art. 126.

274 Six mois pour la Requête Civile. *Ordonnance de 1667. titre 35. art. 5.* Six mois aux Tuteurs après la recepte, pour mettre à profit les deniers du mineur. *M. le Prêtre*, 1. *Cent. ch.* 52.

275 Cette prescription n'a pas lieu de Marchand à Marchand. Arrêt au Grand Conseil du 12. Juillet 1672. *Journal du Palais.*

PRESCRIPTION DES PASTURAGES.

276 Voyez Mornac, *liv. 3. ff. de servit. præd. rustic.* Le Vest, *Arrêts* 208. *&* 209.

PRESCRIPTION, PENSIONS.

277 En pensions foncieres, *Henrys* est d'avis que la prescription se doit compter du jour du contrat, & non du terme échû, *tome* 1. *liv.* 4. *ch.* 6. *qu.* 90.

278 En pension viagere, un homme laisse passer trente ans sans rien demander, les cinq années dernieres luy furent adjugées; parce que la pension étant payable par chaque année, la prescription du payement de la premiere commence plûtôt à courir que le payement de la seconde, *singulis annis nova nascitur actio.* Arrêt du 23. Decembre 1559. Voyez *M. le Prêtre*, 1. Cent. *ch.* 39. *fol.* 103.

279 Les pensions foncieres se prescrivent par quarante ans. Arrêt du Parl. de Grenoble du 28. Juin 1645. V. *Salvaing, de l'usage des Fiefs, ch.* 78.

280 En pension viagere, au pays de Bourbonnois, la condamnation a été d'en payer dix années, il en étoit demandé plus de vingt-cinq ans. Arrêt du sept Septembre 1657. *Henrys*, to. 2. *liv.* 4. *qu.* 70.

PRESCRIPTION, PRINCES.

281 Si la prescription a lieu entre les Princes Souverains? Voyez Dupuy, *Traité des Droits du Roy*, page 2.8.

PRESCRIPTION, PRAIRIES.

282 Prescription, prairies, se peut acquerir par le temps ou par titre, *jus autem pascendi in agris vicinis, cùm habeat discontinuam causam, titulo tantùm, vel tempore cujus non extet memoria acquiritur, & probatio debet fieri, rejectis omnibus quorum animalia pascuntur in pascuo controverso.* Mornac, *Loy* 3. *ff. de servitutibus prædiorum rustic.* Le Vest, *Arrêt* 208. *&* 209.

PRESCRIPTION, PROCEDURE.

283 Par Arrêt du Parlem. de Paris du 1. Février 1547. il fut jugé qu'après avoir laissé sans poursuite pendant trois ans, une contestation sur le plein possessoire d'un Benefice, l'on pouvoit être reçû par Lettres à reprendre la poursuite. L'Ordonnance de Roussillon art. 15. a dérogé à cet Arrêt, & la peremption d'instance a lieu après trois ans. *Papon*, *livre* 8. *titre* 16. *nomb.* 3.

284 Jugé par Arrêt du onze Janvier 1575. qu'il y a peremption d'instance par discontinuation de trois ans, és Sieges Royaux & Présidiaux, quoique le procez soient conclus, & en état de juger, & non aux Cours Souveraines. *Filleau*, 4. *part. qu.* 90.

285 En cause d'appel, l'instance étant declarée perie, l'action l'est aussi par le même moyen. Arrêts de 15. Mars 1582. 26. Février 1590. & 5. Juillet 1597. *Papon*, *liv.* 12. *tit.* 3 *n.* 20.

286 Suivant l'Ordonnance de Roussillon, l'instance étant perimée par trois ans, quoique contestée, elle n'a pas l'effet de proroger l'action, & la prescription a son cours, comme si l'instance n'avoit jamais été formée; mais pour empêcher la peremption, on representoit qu'en consequence de l'Arrêt, défenses avoient été faites au Fermier de se désaisir, & que c'étoit une Sentence qui avoit son execution jusqu'à trente ans. Ainsi jugé par Arrêt du Parl. de Rouen du mois de Juin 1610. *Basnage, sur la Coût. de Normandie*, art. 522.

287 Si le Présidial ayant ordonné la reprise d'une instance, quoique perimant en faveur d'un homme qui avoit fait serment de pauvreté, l'appel devoit être

reçû? Il fut jugé que non au Parlement de Toulouse le 7. Juillet 1643. si bien que le Présidial aux causes de sa competence jugea souverainement de la peremption. *Albert*, verbo *Peremption.*

288 Si l'empêchement vient de celuy qui allegue la peremption, la Cour n'y a pas d'égard: comme il fut jugé au Parlement de Toulouse le 18. Juillet 1664. Le Sénéchal de Beziers avoit rendu une Sentence interlocutoire, qui portoit, qu'à faute par une partie de faire quelque chose, il en seroit démis. Mais comme il y avoit soixante écus de rapport payable sur des fruits, dont joüissoit l'autre partie; cette Sentence demeura sept ans sans être remise au Greffe; de sorte que M. de Boissy exposant la peremption, il en fut démis. *Modicus actus*, dit Mornac, *ad L. properandum ff. de judic. impedit ne perimatur instantia.* Albert, *ibidem.*

289 Le vingt Juillet 1677. il fut jugé au Parlement de Toulouse, que le chargement d'un procez aux Requêtes par M. de Fermat Rapporteur, fait dans les trois ans de la peremption, ne l'empêchoit pas. *Albert, ibidem.*

PRESCRIPTION DE QUARANTE ANS.

290 Nulles Lettres, pour être restituë contre la prescription de quarante ans, ne sont reçuës, non pas même pour l'Eglise. C'est un des articles de l'ancien Stile du Parlement de Grenoble de l'an 1516. Voyez *Chorier en sa Jurisprudence de Guy Pape*, p. 326.

291 Jugé au mois de Septembre 1587. que quand l'action personnelle est jointe à l'hypothequaire, même en pays coûtumier, elle dure quarante ans. On pretend que dans la même année, & le 7. May 1598. il y a eu Arrêts contraires. *Bibliot. de Bouchel*, verbo *Prescription.*

292 En Dauphiné l'on n'admet point de restitution en entier contre la prescription quadragenaire, même quand il s'agit de la faveur d'un pupile. *Arrêts de Basset*, to. 1. *li.* 2. *tie.* 29. *ch.* 6.

293 Par Arrêt du Parlement de Toulouse du 23. Decembre 1603. la prescription des hypotheques qui avoit coûtume d'être de quarante ans, a été reduite à trente. Voyez *le Recueil de Mainard*, li. 10. *Ar.* 9.

294 La faveur de la pupillarité cesse contre la prescription de quarante ans. Arrêt du Parlement de Grenoble du 19. Juillet 1618. & ce Parlement en a fait un arrêté le 22. Decembre 1626. qui est dans le Livre vert. Voyez *Chorier en la Jurisprudence de Guy Pape*, page 325.

295 Les prestations annuelles sans directe se prescrivent par quarante ans. Arrêt du Parlement de Grenoble du 28. Juin 1645. de l'avis dès Chambres, pour Claude Roux, possesseur d'un fonds, donné en emphiteose à ses auteurs. *Ibid.* p. 319.

296 La prescription quadragenaire ne doit avoir son cours pendant la pupillarité. Ainsi jugé au Parlement de Grenoble les 17. Decembre 1659. & 14. Août 1674. *Basset*, to. 2. li. 6. ti. 8. ch. 1. On le jugeoit anciennement d'une autre maniere: cette prescription court contre l'Eglise.

297 La prescription de quarante ans court contre l'Eglise, quand même la vente auroit été faite sans solemnité, sans utilité, & sans cause. Arrêt du Parlement de Grenoble du 14. Mars 1665. contre les Carmes du Pont de Beauvoisin, au sujet d'une vente faite par le Superieur à son propre frere, sans cause, ni utilité, ni solemnitez. Arrêts semblables des 14. Decembre 1653. contre les Augustins, & 16. Mars 1672. contre un Chanoine de l'Eglise Cathedrale de Grenoble, rapportez par *Chorier en sa Jurisprudence de Guy Pape, pag.* 326. lequel ajoûte que regulierement l'Ordonnance, ne permet aucun recours contre les contrats, sous prétexte de nullité après dix ans; & en tout cas cette prescription de trente ans éteint toute l'action pour la rescision des ventes faites par les Communautez. Arrêt du même Parlement

de Grenoble du 2. Juin 1674. en la cause de la Communauté de Meylan contre Catan.

PRESCRIPTION, REGLEMENS.

298 Les anciens Réglemens sur les fonctions des Magistrats, ne sont sujets à prescription, & doivent être entretenus, nonobstant l'usurpation de quelques-uns sur les autres. Ainsi jugé au mois d'Août 1654. en faveur du Juge Royal de Marseille, contre le Lieutenant du Sénéchal. *Basset, to.* 2. *l.* 2. *ti.* 3. *ch.* 1.

RENONCIATION A LA PRESCRIPTION.

299 Les Contractans peuvent renoncer à la prescription, & les Testateurs défendre à leurs heritiers d'en opposer. C'est l'opinion de Guy Pape en sa question 408. qui remarque neanmoins que Bartole & Balde écrivent que l'on renonceroit inutilement à celles qui sont absolument odieuses. En effet, cette clause dans les Contracts, *nonobstant prescription*, n'empêche ni le cours, ni l'effet de la prescription de trente ou de quarante ans. C'est aussi l'observation de Guy Pape *en sa question* 319.

PRESCRIPTION, RENTES.

300 De la prescription des rentes. *Voyez Henrys, to.* 1. *liv.* 4. *ch.* 6. *qu.* 72.

301 Annuelles prestations, comment se prescrivent? *Voyez Papon, liv.* 12. *tit.* 3. *n.* 5. où sont rapportés des Arrêts contraires; l'un rendu au Parlement de Grenoble au mois de Mars 1540. qui a jugé que du jour & de l'année qu'on a cessé de payer, la prescription commence d'avoir cours, & se continuë jusqu'à trente ans. Le contraire jugé au Parlement de Paris, & la prescription non admise pour les années à venir.

302 Arrêt du Parlement de Paris du 23. Décembre 1559. qui ajuge à celui à qui étoit duë une pension annuelle sa vie durant, les cinq dernieres années, quoiqu'il y eût trente ans qu'il n'en eût rien demandé, il fut ordonné qu'à l'avenir il continueroit d'en être payé. *Papon, liv.* 12. *tit.* 3. *n.* 5.

303 La prescription ne commence à courir contre celuy qui a promis payer une rente constituée, au cas qu'elle ne fut payée, ni contre son heritier, que du jour que l'on a cessé à payer les arrerages, & que l'acheteur de la rente n'a pû être payé, & a été empêché en la perception & jouïssance de sa rente. Arrêt du dernier Février 1592. *Papon, livre* 12. *titre* 3. *nomb.* 14.

304 Le Sieur de l'Islebaraton constitué cent livres de rente au profit du Chapitre d'Angers. Ensuite il vend sa Terre au sieur de la Jousseliniere, qui dans les cinq ans est appellé en interruption; il consent une Sentence, portant qu'il ne pourra prescrire. Le Chapitre est toûjours payé de la rente par le Sieur de l'Islebaraton & par les successeurs, jusques en 1589. Le Sieur de la Jousseliniere appellé pour la continuer, se défend de la prescription de plus de soixante ans. Arrêt du Parlement de Paris du vingt Janvier 1600. confirmatif de la Sentence, qui le condamne à payer la rente, avec dépens. *Voyez la Bibliotheque de Bouchel, verbo Prescription.*

305 Un créancier avoit épousé la fille de celuy qui luy devoit une rente. Cette femme étant morte sans enfans, son bien retourna à ses parens, qui prétendoient que cette rente ayant été une fois confuse, elle ne pouvoit renaître. Le créancier leur répondoit que *obligatio potius cessaverat, quàm extincta fuerat*, §. *arcam. l. qui res suas de solut.* qu'elle étoit plûtôt endormie qu'éteinte: mais le debiteur repliquoit, qu'en comptant le temps avant le mariage, & celuy qui étoit écoulé depuis la mort de la femme, il y avoit plus de quarante ans; ainsi que cette rente étoit prescrite. Il fut jugé qu'il ne falloit point considerer le temps qui avoit précedé le mariage; parce qu'il avoit servi d'interruption. Arrêt du Parlement de Roüen du neuf May 1626. *Basnage, sur la Coûtume de Normandie, art.* 521.

Tome III.

En prestation ou rente annuelle, la prescription 306 commence *à cessatione solutionis*, encore qu'il n'y ait eu contestation de droit, même contre l'Eglise. Arrêt du Parlement de Bretagne du quatre Juillet 1631. rapporté par *Frain, pag.* 737. *& suiv.* Il rapporte au même endroit d'autres Arrêts, qui ont jugé que les rentes foncieres & censives ne peuvent entrer en prescription, que du jour qu'elles ont été déniées, & que la simple cessation est insuffisante. Hevin dans son Annotation, observe que la cessation de trente ou 40. ans abolit tant le principal que tous les arrerages, soit du passé ou de l'avenir, sans distinction, si les prestations annuelles sont duës *ex contractu vel testamento*, & si elles tiennent lieu de principal ou d'accessoire. *Ibidem, pag.* 739.

Si les rentes constituées à prix d'argent sur un 307 fonds, quoiqu'allodial, sont prescriptibles, encore qu'elles soient conçuës en forme d'emphiteose. M. Dolive, *liv.* 1. *ch.* 21. rapporte un Arrêt de la Chambre de l'Edit, qui les declare imprescriptibles. Mais Despeisses qui dit avoir vû cet Arrêt, assure qu'il n'est contraire à ce qui y a été rapporté à M. Dolive. Cet Auteur averti sans doute de cela, s'est retracté dans ses dernieres additions sur ce chapitre. M. Cambolas, *liv.* 3. *chapitre* 37. rapporte aussi deux Arrêts, qui semblent déclarer telles rentes foncieres imprescriptibles: mais si l'on y prend garde, il y avoit tradition de fonds de la part du Chapitre de Castelnaudari, qui demandoit la rente. C'est pourtant l'opinion de du Moulin, & de Pierre de Belluga, *in spe. princip.* qui tiennent que quand une rente à prix d'argent a été baillée sur un fonds allodial, elle est fonciere, par consequent on ne la peut prescrire. Leur raison est que le proprietaire étant libre, s'il a conçû telle rente en forme d'emphiteose, il a pû se soûmettre à ce qu'il a voulu. Neanmoins l'opinion contraire est suivie; parce que pour faire une rente fonciere, il faut qu'il y ait tradition du fonds de la part du Seigneur. La vente que le Proprietaire fait de la rente sur son fonds, ressemble plûtôt à l'emprunt d'argent, comme dit Ragueau, *verbo Rente Volante*, qui tient que cet *foenoris species, quia pecunia quaeritur*. Si bien que telle rente peut se prescrire par quarante ans contre l'Eglise, & par trente contre les autres. Ainsi jugé le 29. Août 1657. au Parlement de Toulouse. *Albert, verbo Rentes, article* 1.

La saisie par decret empêche la prescription des 308 cinq années des rentes constituées par argent, encore que ceux ausquels elles sont duës, n'ayent opposé en consequence de ladite saisie. Arrêt du Parlement de Roüen, les Chambres assemblées, du six Avril 1666. *art.* 147. *Voyez Basnage, to.* 1. *à la fin.*

Jugé au Parlement de Tournay le 21. Mars 1696. 309 qu'un tiers possesseur de biens hypothequez à une rente, non heritier de l'obligé, peut prescrire la liberté, & décharger desdits biens, quoique la rente soit toûjours payée par les heritiers de l'obligé. Jugé par le même Arrêt, qu'un particulier demeurant à Tournay, ou à Valenciennes hors la Châtellenie de Lisle, n'est reputé absent, pour empêcher que la prescription ne coure au profit d'un habitant de la Châtellenie. *Voyez M. Pinault, tome* 1. *Arrêt* 99.

PRESCRIPTION, RESCISION.

Les Communautez qui usent du droit des mineurs, 310 peuvent après dix ans, à compter du jour du Contrat, être relevez s'il y a rescision ou lezion. Les dix ans ne courent que du jour de l'expiration du Contrat. *Bouvot, to.* 2. *verbo Prescription, qu.* 10.

Jugé au Parlement de Paris le dix May 1650. que 311 l'action intentée, dans les dix ans de la passation d'un contrat de vente, afin de resolution d'iceluy, pour lezion d'outre moitié de juste prix, n'empêchoit point la prescription des dix ans introduite par

T ij

l'Ordonnance, pour se pourvoir contre iceluy, les Lettres de rescision, n'ayant été obtenuës qu'après les dix ans. *Soëfve, to. 1. Cent. 3. ch. 34.*

312 La prescription de dix ans tirée de l'Ordonnance, ne peut être opposée contre un Contrat nul de droit. On peut opposer telle nullité jusques à trente ans. Arrêt rendu au Parlement de Grenoble le 24. May 1661. *Voyez Basset, tome 1. livre 2. titre 29. chapitre 16.*

313 Arrêt du Parlement de Provence du 30. Juillet 1668. qui a jugé que la prescription des dix ans de l'Ordonnance court contre la femme mariée, qui a vendu son immeuble pendant sa minorité, conjointement avec son mary : elle fut déboutée de sa demande en restitution contre la vente. Cet Arrêt rendu sur le fondement, que par l'article 179. de la Coûtume d'Orleans, où le Contrat de mariage avoit été passé, où les parties étoient domiciliées, & l'heritage situé, la femme peut poursuivre ses actions & droits de l'authorité de son mari ; & à son refus, peut se faire authoriser par Justice. *Soëfve, tome 2. Cent. 4. ch. 25.*

314 L'Ordonnance de François premier qui défend tout recours contre les contrats après trente cinq ans, ne s'étend point à d'autres cas que ceux qui y sont déduits ; elle ne regarde point l'interceßion d'une femme qui s'est obligée pour autruy. Arrêt du Parlement de Grenoble du 24. May 1561. neanmoins elle s'étend au mineur qui s'est obligé à son curateur, quoiqu'il ne luy ait pas rendu compte. Arrêt du même Parlement du 14. Mars 1673. mais il fut enjoint au curateur de rendre compte, & cependant l'obligation qui luy avoit été passée, & la Sentence qu'il avoit obtenue, furent sursises. *Voyez Chorier en sa Jurisprudence de Guy Pape, page 333.*

315 La prescription de dix ans pour se pourvoir en rescision de contrat n'a lieu lorsque le contrat est nul, tel qu'une transaction faite par une communauté sans autorisation legitime. Jugé au Parlement de Tournay le 27. Janvier 1689. en faveur des Gens de Loy & Manans du Village de Jollain, rapporté par *M. Pinault, tome 2. Arr. 198.*

PRESCRIPTION CONTRE LE ROY.

316 *De diversis rerum fiscalium præscriptionibus.* Voyez Chorier en son traité du Domaine, livre 3. tit. 9. Prescription ne court contre le Roy quoiqu'il soit en pupillarité. *Voyez Du'uc, liv. 3. tit. 1. chap. 8.*

317 Si le Roy peut prescrire la directe de l'arriere-fief mouvant de son Vassal ? Voyez le mot *Directe, nomb. 17. & suiv.*

318 Prescription court contre le Roy mineur. Arrêt du P. de Paris du 4. May 1551. non que le Roy soit de pire condition que ses sujets, mais parce que les Rois bien que mineurs ont toûjours les mêmes Conseils & Officiers qui veillent à leurs interêts. *Papon, liv. 16. tit. 1. n. 2.*

319 Arrêt du Parlement de Toulouse du 30. Janvier 1584. qui a jugé au Roy la Jurisdiction dont les Evêques de Beziers s'étoient revêtus, & de laquelle ils avoient paisiblement joüi durant plus de 300. ans, nonobstant cette possession plus de trois fois immemoriale. *Voyez Chorier en sa Jurisprudence de Guy Pape, page 89.*

320 Si le Roy comme Seigneur Superieur dominant, peut prescrire le fief immediat ou partie d'iceluy contre son vassal ? La cause fut appointée le 8. Août 1605. contre les Conclusions de M. Expilly. *Voyez son Plaidoyé 27.*

321 Si la prescription a lieu entre les Princes Souverains pour les choses qui dépendent de leurs Etats & Souverainetez ? Question examinée dans un discours fait par *M. Le Bret*, en l'année 1626. il est au *livre 5. Decision 2.*

322 Le Roy peut prescrire un arriere fief contre son Vassal. Arrêt du Parlement de Toulouse du 28. Juillet 1644. rendu en la cause du Seigneur de Gouhas, & du sieur de Faudouas, avec M. le Procureur General. Le contraire jugé en 1671. en la cause du sieur de Viellevigne, contre le sieur de Roussas, & M. le Procureur General. *Albert*, verbo *Prescription, art. 1.*

323 Le Roy ne peut prescrire un arriere fief contre l'Eglise, pourvû que son droit soit établi, parce qu'étant protecteur de toutes les Eglises de son Royaume, il veille pour elle, à l'exemple du tuteur, qui ne prescrit pas les choses du pupille. Arrêt du Parlement de Toulouse du 14. Decembre 1658. Et le 22. Decembre 1659. y ayant requête civile contre cet Arrêt, la Cour demanda à M. de Chassau si M. l'Evêque de Cahors avoit un titre, sçavoir, un hommage, ou un dénombrement ; sur sa réponse elle regla à bailler par écrit, jugeant qu'il n'étoit question que de sçavoir, si l'Eglise avoit un bon titre ; les parties étoient M. le Procureur General, M. l'Evêque de Cahors, & la Dame de Roquefeüil. *Albert*, verbo *Prescription, art. 1.*

PRESCRIPTION, SAISIE.

324 Acte de Notorieté donné par M. le L'eutenant Civil, le 23. Juillet 1707. portant que l'exploit de saisie & arrêt donné sans assignation dure trente années, & n'est annullée que par la prescription, ne pouvant jamais tomber dans le cas de l'Ordonnance pour faire perir une instance, lorsqu'il n'y en a pas, & qu'il ne peut y en avoir n'y ayant pas d'assignation devant un Juge, qui est le fondement d'une instance. *Recüeil des Actes de Notor. p. 222.*

PRESCRIPTION, SEIGNEUR.

325 Droit de foy & hommage en fief ou de cens annuel en roture, ne se prescrivent point. *Papon, liv. 1. tit. 14. n. 7.*

326 Un Seigneur peut prescrire contre un autre Seigneur son voisin, ou Coseigneur avec luy de même fonds, par l'espace de trente ans, en faisant apparoir des reconnoissances, joüissances paisibles, & payement à luy fait durant le temps de trente ans. *V. Jason, in l. si num. 159. de jur. emphit.* Bald. *in suo tract. de prescript. part. 4 qu. 14.* Jugé pour l'Evêque d'Alby, contre le sieur de Villelongue. *La Rochestavin*, des droits *Seigneuriaux, chap. 20. Arr. 3.* Graverol rapporte un même Arrêt du 11. Juillet 1670.

327 M. Expilly, chap. 83. reconnoit que le droit de Seigneurie directe à l'égard des Seigneurs particuliers se prescrit par l'espace de cent ans en faveur des successeurs universels ou particuliers des reconnoissances, & il rapporte six Arrêts à ce sujet. M. de Boissieu est de même sentiment dans son traité de l'usage des Fiefs, ch. 13. mais à l'égard du Roy il n'y a que les arrerages & le casuel qui soient prescriptibles.

328 Les rentes Seigneuriales sont prescriptibles, mais quoique le Vassal en puisse prescrire, non seulement la quotité, mais toute la rente, il a neanmoins été jugé au Parlement de Roüen que le Vassal ayant payé en argent par un tres long-temps la rente, suivant l'estimation doit il étoit convenu avec le Seigneur, ne pouvoit prescrire le droit qu'avoit le Seigneur de demander le payement de sa rente en grains, & autres especes : de plus si le Seigneur a été payé de la rente par un de ses Vassaux qui y sont obligez par indivis, cette possession sur l'un empeche la prescription des autres tenans par indivis. On a jugé la même chose à l'égard de la rente fonciere duë en vertu d'un bail à fief ; par Arrêt donné entre les Celestins de Roüen, & le nommé Grandmare, au rapport de M. Bloüet sieur de Camilly. *Pesnelle sur l'art. 526. de la Coûtume de Normandie.*

329 Quand & comment le Domaine direct peut être prescrit ou par l'emphiteote, ou par un tiers ? *Voyez Du Perrier, liv. 2. quest. 7.* l'emphiteote prescrit facilement : mais on doute si un tiers à qui il a vendu ou remis la chose emphiteutique comme libre & allodiale en absence toutefois du Seigneur direct, peut

acquerir cette allodialité, & si la reconnoissance que l'emphiteote passe au profit d'un tiers à l'insçû du veritable Seigneur est une interversion capable d'ouvrir le chemin à la prescription: Les anciens Arrêts du Parlement de Provence avoient toûjours rejetté l'interversion faite par l'emphiteote en absence du Seigneur direct qui n'en avoit point eu de connoissance. La derniere Jurisprudence est contraire.

330. Le Vassal ou emphiteote ne peuvent prescrire contre le Seigneur quand ils auroient cessé par plus de cent ans de payer la rente, ou prêter la foy & hommage, cela fondé *in l. male regitur. C. de præscript.* 30. *vel* 40. *ann.* Voyez Mainard, *li.* 6. *chap.* 36.

331. Le droit François rejette la simple possession, si elle n'est accompagnée de titre, ou du moins de payement de quelque redevance au Seigneur du lieu: il ne veut pas qu'elle soit suffisante, & que la possession, sans ledit payement, ne sert pas même au possessoire. *Voyez Henrys, tome* 1. *liv.* 4. *chap.* 6. *quest.* 79. Voyez Mornac, *l.* 3. *ff. de servitut. rustic. præd.*

332. Droit de prendre & de lever certains droits se prescrit par 40. ans à l'égard des prescriptions favorables & reçûes par la disposition du Droit commun : car si elles sont exorbitantes & odieuses, & contre le droit commun, le laps de temps doit être au-delà de memoire d'hommes. Arrêt du Parlement de Grenoble de l'an 1460. Papon, *li.* 12. *tit.* 3. *n.* 2.

333. La cense dûë à un particulier ne peut être prescrite que par cent ans. Ainsi jugé au Parlement de Dijon. *Voyez Bouvot', tome* 1. *part.*1. verbo *Prescription.*

334. Le Vassal, qui a joüi plus de cent ans de son fief, sans avoir fait foi ni hommage au Seigneur feodal, ne prescrit ledit fief. *Voyez Charondas, livre* 2. *Rép.* 18. *& l'art.* 12. *de la Coûtume de Paris,* Voyez *Henrys tome* 3. *livre* 2. *quest.* 2.

335. Le Seigneur ayant mis en sa main le fief mouvant de luy à titre de saisie ne peut prescrire. Arrêt du Parlement de Bourdeaux du 20. Septembre 1556. Le même jugé au Parlement de Paris contre l'Evêque d'Auxerre. Papon, *li.* 12. *tit.* 3. *n.* 22.

336. Jugé par Arrêt du Parlement de Normandie du 23. Juillet 1558. rapporté par *Berault, sur l'article* 116. *de la Coûtume de Normandie*, que le Vassal ne peut prescrire contre son Seigneur, le droit de bailler par aveu & denombrement, par quelque temps que ce soit, ce qui se peut dire aussi du droit de relief, lequel est dû par tout nouvel homme à son Seigneur. *Juxta L. competit. Cod. de præsc.* 3. *ann.*

337. Redevance de surcharge sur les sujets ne se prescrit point, il faut faire apparoir du titre. Arrêt du 21. Juillet 1570. *Charondas, livre* 2. *Réponse* 84.

338. La seule possession de 30. ans après la contradiction suffit pour prescrire, parce que la contradiction tient lieu de titre à celuy qui l'a formée, lors qu'aprés cela il se maintient en possession, & cette prescription est legitime. *Taisand sur la Coûtume de Bourgogne, titre* 13. *art.* 2. *n.* 1. en rapporte un Arrêt du Parlement de Dijon du 3. Février 1615.

339. Les droits de prélation & lods sont prescriptibles dans trente ans, à compter du jour de l'acquisition, sans préjudice des autres droits provenans des contrats passez ensuite en venant dans le temps de 30. ans. Arrêt du Parlement de Toulouse du 7. Juillet 1585. contre le sieur d'Amblades, quoiqu'il alleguât des minoritez pour interrompre la prescription; à quoi la Cour n'eut égard, ni aux Lettres impetrées en relief d'icelle, parce que ces sortes de droits reviennent souvent. *Mainard, livre* 4. *ch.* 46.

340. Le Vassal ne prescrit point contre le Seigneur, ni le Seigneur contre le Vassal. Cette maxime fut tenuë pour constante dans un procez jugé au Parlement de Normandie en Juillet 1619. *Basnage, sur l'article* 116. *de cette Coûtume.*

341. Le tiers acquereur prescrit les droits feodaux pour acquisitions precedentes par dix ans entre presens, & vingt entre absens. Arrêt pour Monsieur de Montholon du 15. Février 1647. Ricurd *en ses notes, Coûtumes de Paris, article* 73. Maître Charles Du Moulin tient qu'il faut trente ans, §. 20. *Glos.* 12. *n.* 13. Henrys, *tome* 2. *liv.* 3. *quest.* 28. rapporte un Arrêt du 14. Août 1634. conforme au sentiment de M. Charles Du Moulin.

342. Le droit Seigneurial ou directité ne se prescrit point contre le Seigneur par le Vassal ou tenancier, non pas même par cent ans, *Brod. lit. C. n.* 21. *id.* Coquille, *instit. des fiefs,*s'il n'y a contradiction, auquel cas suffit de trente ans, 2. *cont. Moulin.* in verbo *Prescription*, *n.* 14. L'Observation de M. *Abraham* la Peirere en ses *décisions du Palais*, est que la Jurisprudence du Ressort de Bourdeaux est conforme à la décision. Je crois neanmoins, ajoute-t-il, la Jurisprudence de Du Moulin meilleure, qui prescrit le titre du Seigneur qui n'a rien demandé par cent ans, parce que telle prescription *habet vim constituti.*

Arrêt du 26. Juin 1643. au rapport de Monsieur de Mirat, entre un nommé Charbonnel, & les tenanciers du tenement de Moncoulon : jugé qu'une rente simple fonciere ou seconde, étoit imprescriptible aussi bien que la rente fonciere & directe entre le Seigneur & le tenancier.

343. Les prestations annuelles sans directe sont prescriptibles par 40. ans. Arrêt du Parlement de Grenoble du 28. Juin 1645. *Basset, tome premier, livre* 2. *tit.* 19. *chap.* 2.

344. Les profits des fiefs, & les arrerages des cens, & autres droits Seigneuriaux ne se prescrivent par le tiers acquereur que par trente ans ; parce que l'acquereur dés l'instance de son acquisition contracte envers le Seigneur une obligation personnelle qui n'est sujetté à autre prescription qu'à celle de trente années. On pourroit opposer au contraire l'Arrêt donné au profit de Messire François de Montholon au mois de Janvier 1647. qui l'a déchargé du profit des fiefs échûs du temps de ses auteurs, encore que les trente années ne fussent entieres : mais M. le premier Président qui prononça l'Arrêt, avertit que la Cour s'étoit fondée sur les circonstances particulieres de l'affaire, qui étoient les grands & notables services rendus par ses predecesseurs à la maison de Guise, du chef de laquelle les profits étoient prétendus, & que le demandeur étoit acheteur de droits. *Voyez, Auzanet, sur l'article* 114. *de la Coûtume de Paris, page* 110.

345. Jugé contre le sieur de la Beaume en faveur d'un nommé Polier, qui rapportant trois reconnoissances d'une même rente que l'infeodation, fut censé avoir prescrit la cote ; Arrêt du Parlement de Toulouse en 1652. La même chose fut jugée contre le Seigneur du lieu de Floure au mois d'Août 1663. les habitans furent relaxez du droit de champart porté par le titre primordial en le payant, suivant la reduction, contre les Arrêts rapportez par M. Mainard. *Voyez Albert,* verbo *Prescription, art.* 1.

346. Seigneur ne peut prescrire contre son Coseigneur. Arrêt du Parlement de Toulouse au commencement de Juillet 1663. les parties étoient les habitans de Carbonne & l'Abbé de Bonnecombe. *Albert,* verbo *Prescription, art.* 1.

347. Sur la question de sçavoir si les deux lods dûs par gens de main-morte sont sujets à la prescription en Provence ? Arrêt du Parlement d'Aix du 2. Juin qui condamna la Communauté aux arrerages de cens, & de demi-lods, n'excedant 39. ans, & à continuer à l'avenir le payement des cens & demi-lods. *Boniface, tome* 4. *liv.* 2. *tit.* 2. *chap.* 3.

348. Declaration du Roy du 19. Avril 1681. pour abroger le relief de prescription inseré dans les Lettres de Terrier, elle porte ; Voulons que procedant par nos Juges à l'execution des Lettres de Terrier qui ont

T iij

été accordées aux Communautez & particuliers pour rentrer dans les droits & devoirs qu'ils prétendent leur être dûs à raison de leurs Fiefs & Seigneuries ; ils prononcent sur la demande desdites Communautez & particuliers, ainsi qu'ils verront être à faire en leurs consciences, nonobstant & sans s'arrêter à ce que par nosdites Lettres les imperans auront été relevez de la prescription autorisée par les Coûtumes des lieux, ce que nous ne voulons pouvoir nuire ni préjudicier aux vassaux, & en tant que besoin est ou seroit, avons revoqué & revoquons lesdites Lettres à cet égard. *Voyez les Edits & Arrêts recüeillis par l'ordre de M. le Chancelier en 1682.*

349 La propriété de la chose ayant été long-temps contestée, & la mutation n'étant point venuë pendant ce temps à la connoissance du Seigneur, on ne luy peut opposer de prescription pour cet intervale de temps à cause qu'il a différé d'agir. Arrêt du Parlement de Paris du 20. Juin 1689. *Au Journal des Audiences, tome 5. li. 5. chap. 16.*

350 De la prescription entre le Seigneur & le Vassal. *Voyez Henrys, tome 2. livre 3. quest. 2.* où il établit que dans les pays de Droit écrit elle n'a pas lieu : l'Auteur des Observations en rapporte un Arrêt du 21. Août 1703.

PRESCRIPTION, SERMENT.

351 Arrêt du 16. Janvier 1622. qui a jugé que le particulier qui se sert de la prescription pour les marchandises, & autres choses contenuës és articles 125. 126. & 127. de la Coûtume de Paris, est obligé d'affirmer que le payement a été par luy fait; & à faute de faire l'affirmation, il ne peut se prévaloir de la prescription, laquelle n'a été introduite qu'à cause que les marchandises & autres choses mentionnées en ces trois articles sont souvent payées manuellement, & sans en prendre quittance. *Voyez Auzanet sur l'article 116. de la Coûtume de Paris,* où il observe que les heritiers sont aussi tenus de faire le serment du payement, sinon souffrir un Jugement de condamnation.

352 Une partie alleguant la prescription de trente ans pour établir sa propriété d'un heritage, ne peut être tenuë d'affirmer sur des faits contraires.

Contre les prescriptions majeures de 10. 20. ou 30. ans, l'on n'est point tenu d'affirmer.

Une partie s'étant rapportée à l'affirmation de l'autre, elle ne peut demander à faire preuve du contraire. Arrêt du Parlement de Paris du 8. Avril 1698. *Journ. des Audiences, tome 5. liv. 14. chap. 3.*

353 Si un demandeur pour détruire l'exception de prescription contre la dette prétenduë, se rapporte au serment du défendeur sur le fait du payement; il suffit au défendeur de jurer qu'il croit de bonne foy d'avoir payé, & il n'est obligé de jurer qu'il a payé, ny comment. Jugé au Parlement de Tournay le 9. Février 1699. L'Arrêt rapporté par *M. Pinault, tome 2. Arr. 254.*

PRESCRIPTION, SERVITUDES.

354 Nulle servitude sans titre. Arrêt du 4. May 1570. *Voyez l'art. 186. de la Coûtume de Paris,* & s'observe ainsi ailleurs, s'il n'y a Coûtume au contraire, comme en *Anjou* où les servitudes urbanes ne se prescrivent sans titre, mais les rurales s'acquierent par trente ans continuels de possession. *M. le Prêtre, 2. Cent. chap. 63. circà finem.*

355 Pour prescrire une servitude *pecoris pascendi*, il est necessaire qu'il y ait prescription, *tanti temporis cujus in contrarium non sit memoria*, s'il n'y a point de titre ; mais s'il y en a, la prescription de trente ans est suffisante. Arrêt du Parlement de Grenoble du 6. Juillet 1639. *V. Basset, tome 1. livre 1. titre 29. chapitre 29.*

356 En la Coûtume de Crespy, il fut jugé à l'Audience de la Grand'-Chambre que l'article 120. au titre des prescriptions, qui porte, nulle servitude sans titre, par quelque possession que ce soit, n'exclut la possession centenaire, si l'article ne le dit expressément. Arrêt du Lundy 11. Février 1658. plaidans Petitpied pour l'appellant, & Langlois pour l'intimé.

PRESCRIPTION, SUBSTITUTION.

357 *Hæres gravatus non præscribit longo tempore contrà fideicommissarium, secùs in tertio possessore.* Du Moulin, tome 2. p. 882. n. 32.

358 Tiers possesseur de bonne foy prescrit les choses substituées par quarante ans. Arrêt du Parlement de Paris ; Arrêt contraire du 6. Avril 1500. *Papon, liv. 12. tit. 3. n. 14.* Mainard, *liv. 7. de ses quest. chap. 64.* tient que la prescription ne peut commencer que du jour de la substitution ouverte ; & il en rapporte deux Arrêts du Parlement de Toulouse.

359 A Toulouse la prescription contre un substitué ne court contre les possesseurs que du jour de l'ouverture de la substitution, *quia tunc demùm cum effectu agere potest.* Arrêt en Mars 1567. Le contraire jugé au Parlement de Paris. *Mainard, livre 8. chap. 35.*

360 Le tiers possesseur des choses sujettes à substitution peut s'aider de la prescription de trente ans, à compter du jour de l'ouverture de la substitution. Arrêts du Parlement de Toulouse au mois de Janvier 1574. & Septembre 1585. *V. Mainard, livre 7. chapitre 64.*

361 & 362 Les tiers possesseurs des biens grevez de substitution, & autres charges, se peuvent aider de la prescription de trente ans après la substitution ouverte, laquelle court seulement du jour de l'ouverture d'icelle. Jugé par Arrêts du mois de Janvier 1574. & du mois de Decembre 1585. *La Rocheflavin, livre 6. tit. 72. Arr. 1.* Graverol fait cette observation, quoique les 10. ans suffissent au tiers possesseur pour purger les hypoteques ausquelles le fonds dont il a jouï, pouvoit être sujet, cela n'a pas lieu à l'égard du tiers possesseur decretiste qui ne peut pas prétendre de jouïr, avec titre irrevocable, avant les trente ans expirés, parce que les creanciers perdans du débiteur executé, peuvent venir par voye d'offrir en ladite qualité de creanciers, ayant pour cela trente ans pour former leur action, par cette raison que leur hypoteque étoit établie sur les biens decretez, aussi-bien que celle du decretiste. Arrêt du 10. May 1663. *La Rocheflavin, livre 6. titre 72. Arr. 1.*

PRESCRIPTION, TAILLES.

363 La prescription de trente ans a seule lieu contre les tailles negociales, encore n'en tombe pas en controverse, mais les Royales se prescrivent par l'espace de trois ans ; neanmoins celuy qui les aura payées pour un autre ne sera pas sujet à cette prescription, comme l'est le Receveur, pourvû que le payement en ait été fait dans les trente ans. Arrêt du Parlement de Grenoble du 11. Février 1674. si neanmoins le négociant est confondu avec le Royal dans un même rolle, la demande sera prescrite aussi par trente ans. Jugé le 14. Août 1670. *consultis classibus :* ces Arrêts sont rapportez par *Chorier en sa Jurisprudence de Guy Pape, page 113.*

PRESCRIPTION DU TIERS DÉTEMPTEUR.

364 De la prescription du tiers acquereur par dix ou vingt ans, & si le vice de son auteur y fait obstacle. *Voyez Henrys, tome 2. liv. 4. quest. 48. & Charondas, li. 7. Rép. 57. Voyez le mot Acquêts,* où il est parlé de la prescription du tiers acquereur posterieur, contre l'acquereur anterieur.

365 Le débiteur qui a constitué une rente sur l'hypoteque de ses biens, depuis les ayant vendus, s'il continue de la payer nonobstant la vente ; le tiers détempteur prescrit contre le creancier qui n'est plus restituable, si le tiers détempteur a eu connoissance de la rente, il ne peut prescrire par 10. ni 20. ans à cause de la mauvaise foy. Arrêts du mois de Février 1549. & 25. Octobre 1592. *Papon, li. 12. ti. 3. n. 8. & Bacquet, en son traité des Rentes.*

366 Prescription d'une rente a été jugée acquise par un tiers détempteur qui a joüi de bonne foy dix ans entiers d'une maison acquise par decret, sans la charge de la rente. Arrêt du 2. Avril avant Pâques 1549. *Le Vest*, *Arrêt* 39.

367 Le tiers détempteur prescrit par dix ans l'hypoteque du recours en garantie, n'ayant été poursuivi pendant ledit temps, encore que le principal obligé n'eût été poursuivi que long-temps après. Arrêt du 7. Septembre 1569. Autre du 24. Juillet 1573. *Charondas*, livre 11. *Réponse* 27. L'action de garantie en cas d'éviction, cette action ne commence à courir que du jour du trouble. *Voyez Brodeau Coûtume de Paris*, *art.* 114. *n.* 2.

368 Les Religieux des blancs Manteaux demandoient déclaration d'hypoteque. Les défendeurs tiers detempteurs disoient avoir joüi 40. ans, sans avoir fait aucune reconnoissance de la rente prétenduë, & excipoient de la seule prescription. Les demandeurs verifioient avoir été payés par les débiteurs de la rente, detempteurs de partie d'heritages, qui premierement avoient été hypotequez, & qu'étant payés de ceux là, *frustra* ils eussent inquieté les défendeurs. Communiqué aux Chambres; parti, & depuis departi en la premiere des Enquêtes; Jugé pour la prescription. *Voyez la Biblioth. de Bouchel*, verbo *Prescription*.

369 Le tiers possesseur prescrit aprés dix ans, quoique le debiteur qui a vendu le fonds, ait continué de payer la rente; il y a eu plusieurs Arrêts contraires, mais enfin obtinuit que la prescription étoit acquise en faveur de l'acheteur dont la possession n'étoit point clandestine. Arrêt du Parlement de Toulouse sur partage departi en 1587. *V. Mainard*, livre 7. chap. 61. *Au chap. suiv.* il observe conformément à un Arrêt du Parlement de Paris du 14. Janvier 1565, que si le tiers possesseur a acquis, à la charge de payer certaine rente, il ne peut opposer la prescription de dix ans. Jugé contre celuy qui avoit possedé 28. ans un fonds sans payer la rente dont il étoit chargé par son acquisition.

370 La prescription de trente ans tient le tiers à l'abri de toute action, même contre un creancier pour rente constituée pour le prix de la vente d'un fonds, lequel étant payé annuellement ne peut actionner le tiers acquereur de son fonds, sinon en déclaration d'hypoteque. Arrêt du Parlement de Grenoble du 10. Decembre 1641. *V. Basset*, tome 1. livre 2. titre 29. *chapitre* 22.

371 Jugé au Parlement de Toulouse au mois de May 1647. qu'un fils à qui le pere avoit donné certains biens ne pouvoit être regardé comme tiers possesseur, & qu'il ne prescrivoit pas l'hypoteque des creanciers anterieurs par dix ans. Cet Arrêt, si on ne le prend pour une exception à la regle, est contraire à la décision de la Loy 2. *Cod. si adv. credit.* aussi par un Arrêt posterieur de 1693. il a été jugé que le legataire particulier d'un fonds prescrit l'hypoteque du creancier anterieur du testateur par la joüissance de dix années. Cette même question s'étant présentée en la Grand'-Chambre au mois de Janvier 1697. fut décidée en faveur des creanciers, par la raison que la possession actuelle & réelle ne se trouvoit pas dans le fils à cause de la reserve d'usufruit faite par le pere donataire, la donation *corroborata non fuerat possessione*. *V. M. de Catellan*, *liv.* 7. *chap.* 2.

372 La prescription de trente ans pour le tiers a son plein effet, quoique le cas & le droit pour exercer l'action ne soit arrivé qu'aprés. Jugé au Parlement de Grenoble le 17. Decembre 1659. Le creancier pour l'éviter doit dénoncer au possesseur son hypoteque sur le fond. Jugé au Parlement de Grenoble pour les Cordeliers de Briançon, contre le sieur Roi Prêtre. *Guy Pape en sa question* 31. veut que le mineur puisse être restitué contre la prescription de trente ans sans

cette précaution. Il a été neanmoins jugé par Arrêt du mois de Juillet 1667. dont le motif est dans cette clause *n'apparoissant de la pupillarité alleguée*, qu'il ne le doit être; les Chambres furent alors consultées. *Voyez Chorier en sa Jurisprudence de Guy Pape*, *p.* 325.

374 Un tiers acquereur posterieur prescrit contre un tiers acquereur anterieur, par l'article 372. de la Coûtume de Poitou par dix ans, & l'hypoteque quoiqu'individuë; le mineur ne releve point le majeur. Jugé le 23. Mars 1660. *De la Guessiere*, tom. 2. liv. 3. *chap.* 16.

375 La prescription de trente ans pour un tiers a lieu contre un autre tiers, s'il ne se pourvoit dans le temps en declaration d'hypotheque. Arrêt rendu au Parlement de Grenoble le six Juillet 1660. *Basset*, to. 1. liv. 2. tit. 19. ch. 11.

376 Le tiers détempteur qui a joüi pendant dix ans entre presens, & vingt ans entre absens, avec titre & bonne foy, d'un heritage hypotequé à la garantie d'un Contract d'échange, a acquis prescription de l'hypotheque, encore que le trouble qui donne lieu à la garantie, n'ait été formé que long-temps aprés. Arrêt au Grand Conseil du 30. Mars 1673. *Journal du Palais*.

PRESCRIPTION, TRANSACTION.

377 *Voyez* cy-dessus *le nombre* 256. & cy-aprés le mot *Transaction*.

PRESCRIPTION DE TRENTE ANS.

378 De la prescription par trente ans des prestations annuelles. *V. Maynard*, *liv.* 6. ch. 33. & 34.

379 La prescription de trente ans n'a lieu contre l'heritier avec inventaire, qui étoit creancier du défunt, & qui a laissé passer cet intervale de temps aprés sa mort, sans former la demande de sa dette. *Voyez Du Perrier*, liv. 1. *qu.* 4.

380 Si les pensions ou rentes perpetuelles constituées à prix d'argent, sont sujettes à la prescription de 30. ans, & au regard du tiers possesseur à celle de dix ans? *V. Ibidem*, *qu.* 12.

382 Si la prescription commencée & accomplie par l'heritier grevé, est à son profit, ou de l'heritier? *V. Du Perrier*, liv. 3. *qu.* 20.

383 Si en la prescription de trente ans est requis un titre de bonne foy, & si la faculté de rachat se prescrit par trente ans? *Voyez Bouvot*, tom. 2. verbo *Prescription*, *qu.* 10.

384 Arrêt du Parlement de Provence du 13. Mars 1645. qui a jugé que la prescription de trente ans court pendant la peste, & l'absence du Royaume, & contre le condamné à mort par coutumace. *Boniface*, to. 1. *liv.* 8. *tit.* 2. *ch.* 1.

385 En la Coûtume d'Auvergne, la prescription de 30. ans sans aucun titre, suffit pour acquerir un heritage. Arrêt du 1. Juin 1647. *Henrys*, to. 2. li. 4. *qu.* 77. Voyez *la Coûtume de Paris*, *art.* 118.

386 La prescription de trente années commencée contre le majeur, ne court contre le mineur, ni contre l'ignorant du fait au sujet d'un testament recelé, & la prescription est interrompuë par la mise en possession de l'heritier écrit en qualité de successeur plus proche *ab intestat*, où il est parlé d'un testament solemnel, ouvert & décacheté; de l'Ordonnance d'Orleans art. 46. qui regle les Substitutions; & si elle est observée dans la Province de Bourgogne, & que les biens étant libres en la personne du second substitué, *si sine liberis*, les filles y sont comprises. Arrêt rendu au Parlement d'Aix par renvoy du Conseil, sans avoir égard aux fins de non recevoir proposées par le sieur de Chandenier, ou par les Directeurs de ses creanciers, ni à la requête d'intervention du sieur de Briçon, dont il est debouté, la Dame de Sandaucour fille du second substitué, est maintenuë en la possession & joüissance des biens & heritages du sieur de la Rochehoüard, avec restitution des fruits depuis son decés, & défenses de la

troubler à peine de trois mille livres d'amende, dépens, dommages & intérêts, le dernier Juin 1679. *Journal du Palais.*

PRESCRIPTION, TROUBLES.

387 A Paris, *tacito Senatusc.* il fut arrêté que pour satisfaire à l'Edit de pacification, par lequel ceux de la Religion sont relevez de toutes prescriptions qui ont couru pendant les troubles, on retrancheroit cinq années de la prescription ; ce qui fut compté depuis le mois d'Août 1589. qu'après le parricide inhumain de Henry III. Henry IV. vint à la Couronne, jusqu'en 1594. qu'il entra dans Paris. *Voyez Mainard, liv. 7. ch. 60.*

388 *Voyez M. le Prêtre,* 2. *Cent. ch.* 61. Le temps des troubles ne doit être déduit de la prescription des vingt ans pour crime. Arrêt du onze Février 1604. *M. Loüet, lettre C. somm.* 47.

389 La fin des troubles ne se prend pas pour la Ville de Lion en 1598. ni même en 1596. lors de la paix publiée, mais en 1594. lors de sa reduction. Arrêt du Parlement de Paris du 14. Août 1609. *Voyez les Plaidoyers de Corbin, ch.* 144.

PRESCRIPTION, VASSAL.

390 C'est une maxime que la prescription ne court contre le Vassal, quand la possession commence par la saisie feodale, si ce n'est que pendant ladite joüissance il arrive quelque nouvelle cause, qui puisse donner lieu à ladite possession : ce qui a été ainsi jugé par Arrêt rendu contre l'Evêque de Clermont, par lequel il fut évincé du Comté de Clermont par la Reine Mere, après trois cens ans, & rapporté par M. *Guy Coquille sur la Coûtume de Nivernois, art. 12. des Fiefs.*

PRESCRIPTION, VENTE.

391 Si l'acheteur prescrit par le laps de dix ans les arrerages de rente anterieurs à son acquisition, & les lods d'une acquisition anterieure à la sienne ? A l'égard des lods, nulle difficulté qu'il n'y ait lieu à la prescription. A l'égard de la rente, il y a matiere de doute, parce qu'elle est plus inherente au fonds. *Voyez les Arrêts de M. de Catellan, liv.* 7. *ch.* 14.

392 Si la prescription d'une dette, dont le debiteur a chargé son acheteur de faire le payement, court au profit du premier debiteur, ou de l'acheteur, qui s'est chargé de payer ? Arrêt au Parlement de Toulouse en Janvier 1666. qui condamne l'acheteur à payer au vendeur la somme demandée, ou à luy rapporter la quittance du creancier. Les Juges furent déterminez d'entrée, par la raison que la prescription n'étoit pas complete contre le creancier : elle avoit été interrompuë en sa faveur par une délegation de 1631. & par une demande de 1660. *Ibidem, chapitre 6.*

393 Les dettes & obligations actives comprises en la vente du cabal, étant prescrites, le vendeur en est tenu. Arrêt du 4. Septembre 1628. *M. Dolive, li.* 4. *chap.* 27.

394 Celuy qui achete un heritage d'une personne, qui n'en avoit droit que pour un temps, doit le restituer après ledit temps, sans pouvoir se prévaloir de la prescription. Jugé au Parlement de Tournay le 13. Janvier 1700. *Voyez M. Pinault, tome* 2. *article* 178.

PRESCRIPTION, USUFRUIT.

395 La prescription court contre le proprietaire, pendant que l'usufruit est à un autre qui en joüit. Arrêt du 4. Juillet 1598. *Cheronda, liv.* 11. *Rép.* 37. Voyez *la Coûtume de Paris art.* 105.

PRÉSEANCE.

1 V*Acua hac honorum simulachra, umbra tenus laborantis ambitionis humanæ, cupiditatis vana nomina, in quibus nihil est quod subjici oculis, quod teneri manu possit, quantis agitationibus animos impellunt inania opinione gaudentes.*

Préseance. *Præcedentia. Prælatio. Jus ante aliquem in consessu sedendi, vel præcedendi.* 2

Quis in gradu præferatur. C. Th. 7. 3.
Ut dignitatum ordo servetur. C. 12. 8.... Th. 6. 5.
De majoritate & obedientiâ. Dec. Gr. dist. 21. 22. & 23. c. 6.... dist. 74. c. 5.... dist. 8. c. fin.. dist. 93. 96. & 99.... 2. q. 6. c. 12. & 14.... 8. q. 4.... 9. q. 3. c. 9. usque ad f... q. 22. q. 3; & 5. c. 18. De consecr. dist. 5. c. 34.... Extr. 1. 33.... S. 1. 17. Extr... Jo. 2.... Ex. co. 1. 8.

De præced. Canon. & Abbat. Per Nicol. Boër. in tract. de Regio cons. 3

De præcedentiâ Monachorum & Regularium Canonicorum. Per Augusti. Canoni. Scrutinio. & per Celsum. Mapheum Veronensem. 4

De præcedentiâ Doctoris & militis. Per Christopho. Lanfranchin. 5
Per Signorol. de Homodeis.
Et Ludovicum Bologninum.

Voyez hoc verbo *Préseance.* La *Bibl. de Joyet,* celle du Droit François par *Bouchel,* & *Févret* en son Traité de l'Abus à la table au mot *Préseance.* M. le Prêtre, 4. *Cent. ch.* 91. le 2. tome de la Bibliotheque Tholosane, ou autrement le Recüeil de M. *Samuel d'Escorbiac* ti. 6. *chap.* 11. & *suiv.* 6

Voyez ce qui a été observé sur la *Préseance* lettre D. de ce present Recüeil, au titre des *Droits Honorifiques*, n. 58. & *suiv.* & cy-après, verbo *Rang.*

Préseance d'Officiers. *Voyez* Chassanée, *in Catalogo gloriæ mundi.* Boyer, en son Traité, *de autoritate magni consilii.* Tiraqueau, *de Nobilitate,* & Lucas, *de Pennâ, ad l.* 12. *Cod.* Et le conseil 105. d'Othoman, *de præcedentiâ Doctorum.* 7

Des rangs & préseances. *Voyez* le 4. tome des *Loix Civiles dans leur ordre naturel, liv.* 1. *tit.* 9. *sect.* 3. du rang des Officiers. *Voyez le cinquième Tome li.* 2. *ti.* 2. *sect.* 3. 8

Des prérogatives, préeminences, rangs & séances d'entre les Ecclesiastiques, Magistrats & autres Officiers Royaux, Consuls, Maires, & Echevins des Villes & Officiers des Justices subalternes. *Filleau,* part. 3. *tit.* 10. *pag.* 427. 9

PRÉSEANCE, CLERGÉ.

Different pour les Saluts, arrivé entre la derniere Assemblée du Clergé & le Parlem. de Paris, à l'occasion du Service de feu M. le Duc de Beaufort. *Mem. du Clergé, tom.* 2. *addit.* à la 1. *partie p.* 235. & *suiv.* Memoires fournis de part & d'autre sur ce sujet, & les Réponses du Clergé à ceux du Parlement.

PRÉSEANCE DES ABBEZ.

Voyez cy-dessus *le nombre* 3.

• De la préseance prétenduë par les Abbez Reguliers ou Commendataires, contre les Archidiacres, Doyens, Prévôts, & autres Dignitez Ecclesiastiques. Cette question se presenta en l'Assemblée du Clergé, tenuë à Melun en 1579. & fut préjugée en faveur des Abbez qui avoient déja la possession. *Voyez Roüillard en ses Reliefs forenses,* ch. 4. 10

En 1614. lors de la convocation des Etats de la Ville de Paris, M. l'Evêque de Chartres, en qualité d'Abbé de Bourgueil, porta la parole pour tous les Abbez de France, & M. de la Saulçaye Doyen de Sainte Croix d'Orleans, pour toutes les Dignitez des Eglises Cathedrales. La décision fut que les Abbez Chefs d'Ordre auroient la préseance, & que tous les autres Abbez & Dignitez des Eglises Cathedrales prendroient place comme ils se trouveroient, sans observer aucun rang ni aucun ordre. *Definitions Canon. page* 685. 11

Cause appointée, pour sçavoir si les Abbez Commendataires doivent preceder les Dignitez des Eglises Cathedrales. Arrêt du 20. Decembre 1639. *Bardet, tome* 2. *livre* 8. *chap.* 41. Monsieur l'Avocat General Talon conclut en faveur du sieur de Maupas, Abbé Commendataire 12

Commendataire de l'Abbaye de Saint Denys de la Ville de Reims.

13 *Voyez* le 15. *Plaidoyé de M. Patru*, prononcé au Grand Conseil au mois de Janvier 1644 pour Armand de Bourbon Prince de Conty, Abbé Commendataire, les Religieux de Saint Mansuy de Toul Ordre de S. Benoit, & pour ceux de S. Epare, même Ordre, contre les Chanoines Reguliers de l'Abbaye de Saint Leon de Toul, au sujet de la préseance.

PRE'SEANCE, ARCHERS.

14 Arrêt du Parlement de Roüen du 25. Septembre 1614. qui a donné la préseance à un Archer de la Porte du Roy, contre un Laboureur qui la prétendoit à cause de son âge, & du service qu'il avoit rendu au Roy dans ses Armées. *Basnage, sur l'art.* 142. *de la Coûtume de Normandie.*

PRE'SEANCE DES ARCHEVESQUES.

15 *Voyez* le mot *Archevêques*, nomb. 19. & suivans. & cy-après *le nombre* 81.

16 Reglement pour la préseance entre l'Archevêque & le Parlement de *Toulouse*. *Memoires du Clergé,* to. 1. part. 1. pag. 383.

17 De la *Préseance des Evêques*. Memoires du Clergé, tom. 1. part. 1. pag. 371. nomb. 1. pag. 373. nomb. 6. & 374.

Préseance des Evêques sur les Gouverneurs de Provinces & Lieutenans de Roy qui ne sont Princes. *Ibidem, p.* 379.

Sur les Conseillers au Parlement, & sur les Présidens, hors la séance. *Ibidem, p.* 381.

Préseance des Evêques aux Etats des Provinces & autres Assemblées, *pag.* 385.

Préseance de l'Evêque Diocesain sur le Recteur de l'Université, *p.* 399.

Voyez, les mots *Evêques* & *Archevêques*.

18 *Voulons que les Archevêques, Evêques, & tous autres Ecclésiastiques soient honorez comme le premier ordre de nôtre Royaume, & qu'ils soient maintenus dans tous les droits, honneurs, rangs & seances, présidences & avantages dont ils ont jouï, ou dû joüir jusqu'à présent. Que ceux qui des Prelats qui ont des Pairies attachées à leurs Archevêchez ou Evêchez, tiennent près de nôtre Personne, de nôtre Conseil, aussi-bien que dans nôtre Cour de Parlement, les rangs qui leur y ont été donnez jusqu'à présent: comme aussi que les Corps des Chapitres des Eglises Cathedrales, precedent les Presidens des Présidiaux & Sieges Présidiaux. Que ceux qui sont Titulaires des Dignitez desdits Chapitres, précedent les Presidens des Présidiaux, les Lieutenans Generaux, & les Lieutenans Criminels & Particuliers desdits Sieges; & que les Chanoines precedent les Conseillers & tous les autres Officiers d'iceux; que même les Laïcs, dont on est obligé de se servir dans certains lieux, pour aider au Service Divin, y reçoivent pendant ce temps les honneurs de l'Eglise, preferablement à tous autres Laïcs. Article* 45. de l'Edit concernant la Jurisdiction Ecclesiastique, du mois d'Avril 1695.

PRE'SEANCE DE L'ASSESSEUR.

19 *Voyez* le mot *Assesseur*, nomb. 2. 6. 10.

PRE'SEANCE, AVOCATS.

20 De la préseance duë aux Avocats. *Voyez* le mot *Avocat*, nomb. 67. & 146. & suiv.

Arrêt du Parlement de Paris du 4. Août 1579. qui donne la préseance à un Enquêteur de Riom non Gradué, contre les Avocats en la Sénéchaussée & Siege Présidial d'Auvergne. *V. le Recüeil des Commissaires.*

21 Grenetiers & Controlleurs précedent les Avocats. Ainsi jugé le 13. Février 1624. pour les Officiers du Bailliage de Dun le-Roy. Pareil Arrêt pour le Controlleur General du Duché de Guise contre les Avocats. *Bardet, to. 1. liv. 2. ch. 6.*

22 Arrêt du Parlement d'Aix du 4. May 1634. qui a ajugé la préseance aux Avocats contre les Enquêteurs. *Boniface*, tome 1. livre 1. titre 18. nomb. 1.

23 Le Prévôt Royal d'une Justice subalterne, Avocat au Bailliage & Siege Présidial, a été conservé en la possession d'y preceder tous les Avocats dans le Barreau, quoique plus anciens que luy. Arrêt du P. de Paris du 16. Janvier 1635. *Du Frêne, liv.* 3. *ch.* 8.

24 Les Substituts des Substituts de M. le Procureur General, és Bailliages & Sénéchaussées, n'ont point de préseance au dessus des Avocats des mêmes Sieges plus anciens qu'eux, & n'ont rang que du jour de leur matricule d'Avocat. Arrêt du 23. Janvier 1637. *De la Guess.* 10. 2. *liv.* 1. *ch.* 4. *Voyez M. le Prêtre és Arrêts celebres du Parlement.*

25 Les Conseillers Secretaires du Conseil ont été maintenus dans le droit de preceder en toutes Assemblées publiques & particulieres les Avocats du Conseil. Arrêt du 6. Mars 1682. *De la Guessiere, tome* 4. *liv.* 5. *ch.* 6.

26 Sans s'arrêter à la Requête des anciens Marguilliers, les Avocats faisant actuellement la profession, precederont és Processions & Ceremonies publiques les anciens Marguilliers comptables. Arrêt du Mardy 15. Juin de relevée 1688. sur les Conclusions de M. Talon. *Journal du Palais.*

27 Préseance des Avocats du Roy. *Voyez* le mot *Avocat*, nomb. 242. & *suiv*. & cy-après, *le nombre* 130. & *suivans.*

PRE'SEANCE DES CHANOINES.

28 *Voyez* le mot *Chanoines*, nomb. 133. & *suiv.*

Préseance des Chanoines des Eglises Cathedrales sur les Prévôts des Marchands, Echevins, & autres Officiers des Villes. *Mem. du Clergé, tom.* 1. *part.* 1. *pag.* 412. & *suiv.* même sur tous les Officiers des Présidiaux, Bailliages & Sénéchaussées. *Ibid. pag.* 428. sur les Tresoriers de France, *p.* 414.

29 De même que le rang perdu par l'Officier en se défaisant ne se recouvre plus, un Chanoine pourvû de nouveau d'un autre Canonicat, ne reprend son rang. *Voyez la Note de M. Sauvageau sur le ch.* 126. *liv.* 1. *des Arrêts du Parlement de Bretagne, recueillis par du Fail.*

30 Un Chanoine qui a resigné purement & simplement, peut à la verité rentrer dans son Benefice, *per non acceptationem de celuy à qui le Chapitre accorde. Mais la question est de sçavoir s'il lui faut une nouvelle provision; en tout cas s'il reprendra son premier rang. Voyez M. Loüet, lettre B. n. 13. & les Définit. Canon. pag.* 681.

31 La préseance est duë aux Chanoines des Eglises Cathedrales, quand ils marchent en Corps, & representent le Chapitre. Les Abbez benits, & qui portent mitres, doivent preceder les Abbez Commendataires comme plus anciens; & après, doivent aller les Dignitez & les Procureurs. Et pour la resolution de cette question, traitée amplement. *V. D. Chassaneus in catalogo gloriæ mundi, part.* 4. *consid.* 32. où il a recüeilli tout ce qui se peut dire sur ce chapitre. *Voyez Filleau, part.* 3. *tit.* 11. *ch.* 47.

32 Du rang, ordre & prérogatives d'entre le Corps du Chapitre, & les Curez de la Ville aux Enterremens des Seculiers, & autres actions publiques. *V. Henrys, to.* 1. *liv.* 1. *ch.* 3. *qu.* 14.

33 Préseances des Chanoines Comtes de Lyon, sur les Prévôts des Marchands & Echevins de ladite Ville, & sur les Officiers du Présidial.

Les torches & flambeaux envoyez par les Chanoines & Comtes de Lyon, doivent preceder ceux des Prevôt des Marchands & Echevins. *Memoires du Clergé, to.* 1. *part.* 1. *p.* 412. & *suiv.* & *Henrys, to.* 2. *liv.* 1. *quest.* 9.

34 Reglement pour la séance de l'Evêque, des Chanoines, & du Parlement de *Rennes* dans l'Eglise Cathedrale, lorsque le Parlement s'y trouve en Corps. *Memoires du Clergé, tome* 1. *part.* 1. *page* 428. & *suivantes.*

35 Défense du Chapitre de l'Eglise Cathedrale & Metropolitaine de Roüen, contre l'entreprise de préseance attentée par Messieurs de la Chambre des Comptes. V. la Biblioth. Canonique, to. 1. pag. 230. & suivantes.

36 PRE'SEANCE, ASSEMBLE'E DU DOYEN DU CHAPITRE.

Voyez Mornac, Loy 4. C. de Sacro-sanctis Ecclesiis.

37 Refus fait par le Chapitre à un Chanoine de l'installer, vaut possession, si le Chanoine l'a prise par-devant Notaires; en sorte que tel Chanoine a rang & seance de ce jour, & precede les Chanoines reçus depuis Prêtres. Arrêt du Parlement de Bretagne du 23. Septembre 1560. rendu entre deux Chanoines de Nantes. Du Fail, liv. 1. ch. 126.

38 Préseance entre Ecclesiastiques d'une même Communauté; les Prêtres precedent les plus anciens en la Compagnie, qui ne sont pas Prêtres. Arrêt du 4. Juin 1625. entre M. Picot Prêtre, & N. Loyssel Soûdiacre, & Chanoines de la Sainte Chapelle du Palais à Paris, appellans comme d'abus d'une Sentence du Tresorier, qui avoit ordonné que Barrin Chanoine, precederoit les Chanoines Prêtres, quoiqu'il ne fût que Soûdiacre; ordonné que les Chanoines Prêtres precederoient ceux qui ne sont que Diacres, sans préjudice du droit de Justice du Tresorier de la Sainte Chapelle, en autres causes. Additions à la Bibliotheque de Bouchel, verbo Préseance.

39 Les Chanoines & Dignitez des Eglises Cathedrales sont maintenus en la préseance en toutes Assemblées publiques ou particulieres, sur tous les Officiers des Présidiaux & Sénéchaux de Corps à Corps, de Député à Député, & de particulier à particulier, avec défenses aux Officiers de les y troubler, à peine de dix mille livres d'amende, & de plus grande, s'il y échet, selon la qualité du scandale, par Arrêt du Conseil du Roy sur la Requête des Agens du Clergé, le 7. Juillet 1646. Memoires du Clergé, to. 3. titre, Declarations & Arrêts donnez en faveur du Clergé, Arrêt 50.

40 Henrys, tome 2. liv. 1. quest. 18. rapporte un Arrêt du 25. Septembre 1643. par lequel les Chanoines de Saint Jean de Lyon sont maintenus dans la préseance dans toutes les Assemblées publiques & particulieres sur les Officiers du Présidial, soit de corps à corps, de Députez à Députez, de particulier à particulier. Le même Arrêt ordonne que les Officiers du Présidial étant en Corps, precederont les Chanoines en qualité de Députez ou de particuliers. La même chose est reglée pour tous les Chapitres des Eglises Cathedrales, par l'Edit du Roy, concernant la Jurisdiction Ecclesiastique, article 45.

41 Arrêt du Conseil Privé du Roy du deux Octobre 1646. par lequel la seance est ajugée au Tresorier du Chapitre de Dijon, immediatement aprés le Doyen. Taisand, sur la Coûtume de Bourgogne, titre 3. article 1.

42 Sur la préseance entre deux Chanoines de l'Eglise Cathedrale de Fréjus, l'un avoit pris possession reçûë pardevant Notaire, avant l'autre qui étoit le premier installé. Arrêt du Parlement d'Aix du 14. Decembre 1671. rapporté dans le Journal du Palais, en faveur de l'installé.

43 L'Aûmonier de l'Eglise Cathedral de Mets, doit preceder l'Ecolâtre de la même Eglise. Jugé à Mets le 18. May 1673. Journal du Palais. Voyez M. Dolive, Actions forenses 3. part. action 3. fol. 115. où il est parlé de l'Eglise qui est en la Terre du Seigneur Justicier, si la préseance doit être ajugée au Magistrat Royal de la Ville plus proche, ou si elle appartient au Juge Banneret, &c.

44 Défendons à toutes personnes, de quelque qualité & condition qu'elles puissent être, d'occuper pendant le Service Divin, les places destinées aux Ecclesiastiques; Voulons que lorsque les Officiers de nos Cours allant en Corps dans les Eglises Cathedrales, ou autres, se placeront dans les chaires destinées pour les Dignitez & Chanoines, ils en laissent un certain nombre de vuide de chaque côté, pour les Dignitez & Chanoines qui ont accoutumé de les remplir. Article 47. de l'Edit du Roy, concernant la Jurisdiction Ecclesiastique, du mois d'Avril 1695.

PRE'SEANCE, CHASTELET.

45 Arrêt du Parlement de Paris du 20. Février 1592. ordonnant qu'en toutes Processions, Assemblées, & autres actes publics, aprés les Avocats du Châtelet, marcheront les Commissaires & les Notaires; & aprés eux, les Procureurs. Même Arrêt du 21. Août 1660. Voyez les Chartres des Notaires, chap. 8. p. 526. & 528.

PRE'SEANCE, CHEVALIERS.

46 De la préseance entre les Chevaliers d'armes, & les Chevaliers des Loix; & du rang que les Chevaliers d'armes tiennent entr'eux. Voyez Filleau, part. 3. tit. 11. chap. 32.

Voyez cy-dessus, le nombre 5.

PRE'SEANCE, CHEVAUX-LEGERS, GENDARMES.

47 Par Arrêt du Conseil d'Etat du 22. Août 1686. René Neveu sieur de Longavesne, l'un des deux cens Chevaux Legers de la Garde du Roy, a été en cette qualité maintenu au rang & préseance és Assemblées publiques, & autres cérémonies, avant les Officiers de la Seigneurie de Fleury, lieu de sa demeure, ausquels défenses auroient été faites de l'y troubler. Memorial Alphabetique, verbo Chevaux-Legers.

48 Declaration du Roy du premier Octobre 1686. enregistrée au Grand Conseil le sept Novembre suivant; laquelle ordonne que les Gendarmes & Chevaux-Legers auront rang, & marcheront és Assemblées qui se feront à l'avenir és Villes de leur habitation, & autres où ils se trouveront, immediatement aprés les Conseillers des Bailliages, Sénéchaussées & Présidiaux, avant les Officiers des Elections & Greniers à Sel, & tous autres inferieurs en ordre ausdits Conseillers, sans en ce préjudicier au rang & préseance, dont doivent joüir les Gardes du Corps, lorsqu'ils se rencontreront avec les Gendarmes & Chevaux Legers.

49 En execution de l'Arrêt du Conseil d'Etat, & Declaration des 15. Novembre 1684. & 1. Octobre 1686. pour la préseance d'un Gendarme de la Garde du Roy, & autres droits honorifiques de l'Eglise où il s'est trouvé, avant & par préference sur les Officiers de la Seigneurie de Courtenay. Arrêt du Grand Conseil du six Mars 1687. Journal des Audiences, tome 5. li. 3. ch. 2.

PRE'SEANCE, CONFRAIRIES.

50 Arrêt du Parlement de Provence du 23. Octobre 1662. qui ajuge la préseance à la Confrairie la plus ancienne. Boniface, to. 1. tit. 14. n. 9.

51 La préseance entre Confrairies est de la connoissance du Juge Laïc. Arrêt du Parlement d'Aix du dix May 1672. Idem, tome 3. livre 1. ti. 2. ch. 8.

PRE'SEANCE, CONSEILLERS.

52 Deux Conseillers Présidiaux de Nantes, plaidans sur la préseance, il fut dit au Parlement de Bretagne le six May 1569. que les premiers reçus en la Cour, seront preferez. Du Fail, liv. 2. ch. 371.

53 Il y a Arrêt, par lequel il est dit que les Conseillers reçus seans à Tours, precederont ceux qui ont été reçus à Paris pendant la Ligue, quoique premiers en temps, parce que les Ligueurs ne sont du Parlement, que par la grace du Prince, & du jour de la grace. Bibliotheque de Bouchel, verbo Préseance.

54 Par Arrêt du dix Juillet 1570. entre Maître Loüis

Dodreü, Prevôt d'Orleans, & Conservateur des Privileges de l'Université; & M. Charles Noutisson son Lieutenant, demandeurs d'une part, & les Conseillers au Présidial, d'autre, défendeurs; la Cour a ordonné que le Prévôt & son Lieutenant en tous actes, soit au Bailliage & Présidial d'Orleans, tant au Civil, que Criminel, & en tous actes publics, précederont les Conseillers Magistrats du Bailliage & Sieges Présidial d'Orleans. Depuis, & en consequence de cet Arrêt, il y en a eu un autre pour le Prévôt de Sens & son Lieutenant, contre les Conseillers du Présidial, en date du même jour. Autre pour le Prévôt d'Auxerre du vingt-trois May 1573. *Bouchel, ibidem.*

55 *Henrys*, to. 3. *liv*. 2. qu. 23. rapporte un differend particulier entre deux Conseillers de Lyon pour la préseance, l'un ayant été reçû au Parlement, l'autre au Présidial. Il cite un Arrêt du 3. Decembre 1649. en faveur de celuy qui avoit été reçû au Parlement, quoique l'autre eût été reçû six jours auparavant. Il soûtient que dans la regle, c'est l'ancienneté de la reception qui donne le rang.

A présent, tous les Conseillers des Présidiaux, & des Bailliages & Sénéchaussées, sont reçus au Parlement, si ce n'est que pour des raisons puissantes la Cour ne donne un Arrêt, portant permission au Recipiendaire de se faire recevoir au Présidial. En ce cas, il n'y a pas de doute que l'Officier reçu au Présidial, n'ait la préseance sur celuy reçu posterieurement au Parlement.

56 Jugé le trois Decembre 1649. entre deux Conseillers du Présidial de Lyon, reçus presqu'en même temps, l'un au Présidial, & l'autre peu de temps aprés au Parlement de Paris; que celuy qui avoit été reçû au Parlement, devoit joüir de la préseance. La raison qui pût déterminer, est que le Présidial avoit enteriné des Lettres de dispense d'âge. C'est pourquoy M. le Procureur General avoit interjetté appel de la Sentence. *Soëfve*, tome 1. *Centurie* 3. *chapitre* 22.

57 Reglement pour la préseance & voix déliberative au profit des Conseillers du Présidial du Mans, contre le Président au Siege de la Prévôté de la même Ville, du neuf Août 1659. *De la Guessière*, to. 2. *liv*. 2. *chap*. 36.

PRESEANCE, CONSULS.

58 Préseance des Officiers de l'Abbaye d'Issoire, sur les Consuls de la même Ville, aux Processions & Assemblées. *Voyez les Memoires du Clergé*, to. 1. *part*. 1. page 429.

59 Arrêt du Parlement de Toulouse du vingt Mars 1572. entre les Consuls & le Sénéchal du Puy, qui ordonne qu'aux Assemblées les Magistrats en la Sénéchaussée, sçavoir le Sénéchal, Juge mage, Lieutenans, Conseillers, Avocat & Procureur du Roy, précederont les Officiers de la Cour commune & Consuls; & qu'aprés les Officiers de la Sénéchaussée, viendront en ordre & en Corps du côté droit les Bailly & Juges de la Ville & Cour Commune du Puy; & au côté gauche les Consuls; lesquels Bailly & Juges, comme tenant le côté droit aux Entrées d'Eglise, Offrandes, & autres lieux où ne pourront entrer ou aller ensemble, précederont les Consuls; le semblable sera gardé en toutes autres Assemblées privées & particulieres, sauf qu'en Processions où est requis porter le poisle, icelui sera porté par les Consuls suivant l'ancienne Coûtume, faisant inhibitions aux Officiers respectivement de contrevenir à peine de quatre mille liv. & d'en répondre en leurs noms propres & sans dépens. *Bibliotheque de Bouchel*, verbo, *Consuls.*

60 Arrêt du sept Janvier 1595. par lequel les Jurats de la Ville de Condom, qui sont ceux qui ont exercé le Consulat, sont jugez faire un même Corps avec les Consuls qui sont en Charge, & ne pouvoir être

précedez par personne, qui n'ait droit de préceder les Consuls. *Voyez les Plaidoyez celebres dédiez à M. de Nesmond*, pag. 283.

61 Les Seigneurs directs & fonciers d'un lieu ou de partie d'iceluy, ou ayant fiefs nobles relevans du Seigneur, précedent les Consuls aprés le Seigneur, sa femme, enfans, & Officiers de la Justice. Plusieurs Arrêts du Parlement de Toulouse rapportez par *la Rocheflavin*, *des droits Seigneuriaux*, *chap*. 21. *article* 12.

62 L'hommager d'une partie de la terre précede par toute la terre le Juge & les Consuls; & les Consuls Royaux précedent les Gentilshommes, bien qu'ils ayent des rentes considerables dans le lieu. *Cambolas*, *livre* 4. *chap*. 25.

63 Le Lieutenant Particulier, Avocat & Procureur du Roy de l'Isle Jordain, ont obtenu la préseance sur les Consuls, par Arrêt du Parl. de Toulouse du 10. Septembre 1607. Même Arrêt du Grand Conseil du 13. Novembre 1618. pour le Lieutenant Particulier du Sénéchal de Montauban, sur le Juge ordinaire, & sur celuy de Quercy. Arrêt semblable de la Chambre de Castres du 15. Février 1619. contre les Consuls de Caussade. *V. Escorbiac*, *titre* 4. *chap*. 3.

64 Les Hommagers sont en droit de préceder les Consuls des lieux où leurs fiefs se trouvent assis. Arrêt du 14. May 1630. *M. Dolive*, *livre premier*, *chapitre* 19.

65 Par Arrêt du Parlement de Toulouse du 22. Decembre 1660. entre les Consuls de Villegaillenc, & le Procureur General d'une part; & le possesseur de deux fiefs nobles dans la Jurisdiction, la préseance fut donnée aux Consuls par tout ailleurs que dans l'étendue de ses deux fiefs. On regarda que les Consuls étoient Consuls d'une Ville de quelque consideration, qu'ils avoient la Justice de cette Ville où il n'y avoit point d'autre Juge, par où ils en étoient les premiers Magistrats, & que les deux fiefs étoient de petite consequence, & l'hommager roturier; ce qui fut même cause que l'Arrêt luy défendit de prendre la qualité de Noble, aussi-bien que d'appeller sa maison du nom de Château, qu'on crut qu'il désignoit Noblesse & Justice. *M. de Catellan*, *livre* 3. *chap*. 38.

66 Arrêt du Parlement de Provence du 22. Juin 1678. qui a jugé que les Officiers des Seigneurs haut-Justiciers précedent les Consuls. *Boniface* tome 3. *livre* 1. *titre* 4. *chap*. 10.

Voyez cy-aprés le nomb. 115. *& suiv*.

PRESEANCE, DOCTEURS.

67 *Voyez* cy-dessus *les nombres* 5. *&* 7. *& le mot Docteurs, nomb*. 15.

Le 30. Janvier 1539. entre les Docteurs Regens de Cahors, & le Rapporteur du Sénéchal, il fut dit par Arrêt que les Docteurs Regens précederoient tant en l'Auditoire du Sénéchal, qu'à tous autres actes publics. *Bibliotheque de Bouchel*, verbo *Université*.

68 Deux Docteurs reçûs Avocats en même jour, la préseance fut ajugée au plus ancien Docteur, encore qu'il fut inscrit le dernier dans la matricule, & ordonné qu'à l'avenir le plus ancien Docteur seroit écrit le premier dans la matricule. Jugé au Parlement de Toulouse le 24. Novembre 1671. *Journal du Palais*.

PRESEANCE DES ECHEVINS.

69 *Voyez* le mot *Echevins*, nomb. 30. *& suiv*.

Le plus ancien Echevin, Marchand, ou Procureur ne doit préceder un Avocat; autre chose seroit s'il y avoit reglement & Loi contraire faite par le peuple d'une Ville. Arrêt du Parlement de Dijon du 18. Juin 1613. contre M. Graveron Avocat du Roy. *Bouvot*, tome 1. *part*. 1. verbo *Préseance*; qu. 1.

70 Entre le Tresorier de l'Eglise de saint Martin de Tours, demandeur, & les Maire & Echevins défendeurs; défenses aux Maire & Echevins de passer

devant le Tresorier. Arrêt du premier Avril 1606. M. le Prêtre, 3. Cent. chap. 9.

71 En la Ville d'*Auxerre* les Officiers du Roy appellez concurremment avec les Marchands aux Charges d'Echevins, précedent les Marchands qui ont plus de voix qu'eux. Arrêt du 6. May 1630. *Du Frêne*, livre 2. chap. 77.

73 Prévôt de *Soissons*, ou le Procureur du Roy en son absence, président aux assemblées de Ville, parce qu'il n'y a point de Maire, & précedent les Echevins de quelque qualité qu'ils soient. *Bardet*, tome 2. liv. 1. chap. 44. rapporte l'Arrêt du 7. Decembre 1632.

74 Dans les assemblées de l'Hôtel de Ville de Reims la qualité d'Officier du Roy, ou quelqu'autre qualité que ce puisse être, ne donne aucun privilege aux Maire & Echevins pour la préseance ; l'âge seul y doit être consideré, & le plus âgé precede. Arrêt du 29. Novembre 1649. rapporté par *Soifve*, tome 1. Cen. 3. chap. 10.

75 Arrêt du Parlement de Paris du 7. Août 1686. qui maintient les Maire & Echevins d'Angers en la possession d'occuper les cinq premieres places du côté gauche du Chœur des Eglises où vont les Processions des Rogations, & des premiers Dimanches du mois, à l'exception seulement des Eglises de saint Mainbeuf, & de Nôtre-Dame de Leviere, où leurs places demeureront reduites aux trois premieres du côté gauche du Chœur ; dépens compensez. *V. le 2. tome du Journ. du Palais*, in folio. p. 634.

PRESEANCE, ELEUS.

76 Arrêt du 26. May 1565. que le Juge ordinaire de Pitiviers, quoiqu'il ne fût Juge Royal, precederoit les Elûs en toute assemblée & lieux honorifiques. M. l'Avocat Servin rapporta avoir été jugé pour le Bailly, contre les Elûs de Vendôme ; & neanmoins parce qu'il étoit aussi Elû, il fut ordonné qu'il opteroit dans trois mois l'un des deux états. *Bibliotheque de Bouchel*, verbo, *Préseance*.

77 Arrêt du Conseil Privé du 11. Janvier 1630. pour la préseance des Officiers des Bailliages & Pairies, contre les Officiers des Elections. *V. Escorbiac*, tit. 6. chap. 40.

78 Le Président de l'Election de la Ville de Rethel, dite de Mazarin, ne peut comme Officier du Roy prétendre la préseance dans les assemblées particulieres sur les Officiers de la Justice ordinaire du Duché. Arrêt du Conseil Privé, confirmatif d'autre du 7. Janvier 1656. rapporté au *Journal du Palais*, in fol. tome 2. page 1005.

79 Arrêt du 19. Janvier 1665. qui ordonna que les Officiers de l'Election d'Amiens, & les Avocats du Présidial de la même Ville qui auroient plaidé & consulté pendant vingt ans, auroient le pas concurremment & suivant l'ordre de leur reception ou antiquité, à l'exception neanmoins des Présidens, Lieutenant & Assesseur, & quatre plus anciens Conseillers de l'Election qui pourroient preceder les Avocats. *Soèfue*, tome 2. Cent. 3. chap. 38.

PRESEANCE AUX ETATS.

80 *Voyez le treizieme Plaidoyé de M. Patru* au sujet de la contestation pour la préseance aux Etats de Bretagne, entre M. le Duc de Rohan & M. le Duc de la Trimouille : il défendoit la cause de M. le Duc de Rohan. Ce Plaidoyé est en forme de Lettre.

PRESEANCE DES EVÊSQUES.

81 *Voyez* le mot *Evêque*, nomb. 217. *& suiv. & cy-dessus le nomb.* 15. *& suiv. & le n.* 34.

PRESEANCES, FEMMES.

82 Arrêt du Parlement de Paris du dernier de Juin 1607. par lequel la préseance est ajugée à la femme de l'Assesseur du Siege de Loches, contre la femme d'un Lieutenant en l'Election. *V. Escorbiac*, titre 9. chapitre 131.

83 Sur la préseance de la femme d'un Juge d'un Seigneur sur celle d'un Gentilhomme, dans le Temple de la Religion prétenduë Reformée de la Ville d'Anduze aux Sevenes. *Voyez la sixième Conclusion du sieur de Roquoyrols Procureur General en la Chambre de l'Edit de Castres*. La femme fut mise hors de Cour.

84 Les femmes de Juges Bannerèts ne peuvent prétendre rang ni préseance dans l'Eglise devant les Demoiselles femmes des Gentilshommes du lieu, ni dans les autres assemblées. Jugé en la Chambre de l'Edit de Castres le 5. Juillet 1633. en l'affaire du Juge d'Anduze quoiqu'il alleguât un Arrêt contraire rapporté par Chenu. *Voyez Boné*, part. 2. p. 231. *Arr.* 63. *& Escorbiac*, titre 9. chap. 130.

85 Entre Gentilshommes quand la préseance se regle par l'âge, les femmes sont obligées de suivre le rang de leurs maris ; ainsi celle qui est plus âgée que la femme du plus vieux Gentilhomme ne peut prétendre pour cela le pas. Arrêt du Parlement de Roüen du 5. Août 1683. *Basnage, sur l'article* 142. *de la Coûtume de Normandie*. Il seroit assez extraordinaire qu'une femme osât se parer de ses années, & qu'une contestation pour le pas l'emportât dans son cœur sur le désir de passer pour jeune. Ce seroit opposer une ridicule ambition à une vanité naturelle.

PRESEANCE, GENDARMES.

86 *Voyez cy-dessus le nomb.* 47. *& suiv.*

PRESEANCE, GENTILSHOMMES.

Un Conseiller en un Présidial a dans sa Jurisdiction la préseance sur un Gentilhomme quoique plus âgé. Arrêt du Parlement de Normandie rapporté par *Basnage sur l'article* 142. *de cette Coûtume*.

87 L'Ordre de Chevalier de saint Michel ne donne point de préseance. Arrêt du Parlement de Roüen du 17. Juillet 1648. en un Jugé entre trois Gentilshommes, dont il y avoit un Chevalier de saint Michel, que les anciens auroient la préseance sans avoir égard à la qualité de Chevalier de saint Michel. *Basnage, ibidem*.

88 De tous les Officiers du Présidial il n'y a que le Lieutenant General seul qui ait la préseance sur les Gentilshommes plus âgez que luy ; encore doit-il être en habit décent. Arrêt du Parlement de Roüen des 4. Avril 1659. & 19. Mars 1660. rapporté par *Basnage, ibidem*.

JUGE DE LA PRESEANCE.

89 Cette question s'étant autrefois presentée entre les Chanoines & Chapitre de l'Eglise de saint André de Chartres, & les Abbez de saint Pierre & de saint Jean en Valée de la même Ville, appellans d'une Sentence renduë par l'Archevêque de Sens, ayant été deboutés de la prétention qu'ils avoient d'avoir séance en public avec les Chanoines de l'Eglise Cathedrale de la même Ville de Chartres ; le Parlement ayant trouvé qu'il y avoit de la difficulté, sur ce que les Avocats avancerent dans leur Plaidoyé, appointa les parties au Conseil le 23. Juillet 1571. *Definit. Can.* p. 684.

90 Les Evêques peuvent prendre connoissance sommairement en personne, & par provision des differends qui arrivent touchant la préseance, comme il fut jugé au Parlement de Paris, sur l'appel comme d'abus interjetté d'une Ordonnance de M. l'Evêque d'Amiens, renduë pour l'ordre, rang, & préseance que les Curez de la Ville doivent garder aux Processions generales, & autres assemblées publiques. Arrêt du dernier Janvier 1639. rapporté dans le Recüeil de *Bardet*, tome 2. livre 8. chap. 5.

PRESEANCE DES LIEUTENANS.

91 Le premier Avril 1572. aux Arrêtez generaux du Parlement de Toulouse, le Juge-Mage de Nîmes étant assis au bout du banc pour oüir les Arrêtez, arriva Nosieres, Juge Criminel & Noüel Lieutenant principal du Sénéchal de Toulouse, lesquels voulurent preceder ledit Juge-Mage : sur quoi y ayant eu contestation, après une déliberation, la Cour ordon-

PRE PRE 157

na, qu'attendu l'absence du Juge-Mage de Toulouse, lequel est representé par le Juge Criminel, & que c'est en la Sénéchauffée de Toulouse, ledit Juge Criminel seroit assis devant ledit Juge-Mage, & ledit Lieutenant Principal après, comme au livre 6. *des Parlemens*, il est dit que M. de Saint Jory second Président du Parlement de Toulouse, comme representant ledit Parlement a précedé le premier Président en l'assemblée convoquée par le Roy Henry IV. à Roüen pour la Police de son Royaume. *Reglement de la Rocheflavin, chap. 1. Art. 1.*

92 Un Lieutenant General dans des ceremonies publiques par ordre du Roy a la préseance les Nobles, autrement non. Arrêt du Parlement de Normandie du 3. Mars 1617. rapporté par *Basnage sur l'art. 142. de cette Coûtume.*

93 Arrêt du Parlement de Provence du 10. Mars 1644. qui ordonne que le Lieutenant Particulier conduira le Corps du Siege en l'absence du Lieutenant Principal, & qu'il précedera le Lieutenant des soûmissions. *Boniface, to. 1. livre 1. tit. 14. n. 3.*

94 Le Lieutenant Civil doit preceder le Lieutenant Criminel, quoique le Criminel ait été le premier reçû & installé. Arrêt du Parlement de Paris du 18. Septembre 1656. *Henrys to. 2. liv. 2. q. 5.*

94 bis. Reglement du 18. Juin 1675. entre le Lieutenant de la Comté de Carces, les Juges d'Appeaux des lieux, le Lieutenant de Juge & les Consuls, en la séance au banc de l'Eglise, en l'assistance aux encheres, & Présidence en l'Election Consulaire. *Boniface, to. 3. li. 1. tit. 8. chap. 10.*

95 Arrêt du 13. May 1678. qui donne voix deliberative & distribution des procez en la Jurisdiction des soûmissions, & donne la préseance au Lieutenant Particulier Criminel, Assesseur au Siege de Draguignan : & donne encore l'amende de 300. livres pour le désistement de cedule évocatoire. *Boniface, ibidem, chap. 11.*

96 Au Bailliage de Loudun le Lieutenant Criminel précede le Lieutenant Particulier aux affaires civiles. Arrêt du 12. May 1657. *Notables Arrêts des Audiences, Arr. 1. De la Guessiere, to. 2. liv. 1. chap. 10.* rapporte le même Arrêt.

PRESEANCE, MARECHAUSSE'E.

97 Arrêt du Conseil du 26. May 1634. portant que le Prévôt des Maréchaux de Montfort precedera dans toutes les assemblées les Officiers de l'Election & Prévôt Royal. *Recueil de la Maréchaussée, p. 534.*

98 Arrêt du Conseil d'Etat du 8. Février 1666. portant Reglement entre les Officiers du Parlement de Provence, la Cour des Comptes, Aydes & Finances, & les Présidens, Tresoriers Generaux des Finances, sur le rang & séance aux ceremonies & assemblées publiques & particulieres. *Boniface, tome 1. liv. 1. tit. 14. n. 7.*

99 Declaration du Roy du 30. May 1693. qui fixe le rang & séance des Officiers des Maréchaussées, en execution de la Declaration du 6. May 1692. *Recueil de la Maréchaussée de France, p. 1095.*

PRE'SEANCE, MARGUILLIERS.

100 Arrêt du Parlement de Paris qui accorde la préseance aux Curé & Marguilliers de sainte Hypolite, contre ceux de saint Medard ; il n'est point daté. *Voyez les Définit. Can. p. 683.*
Voyez cy-dessus le nomb. 26.

PRE'SEANCE, MEDECINS.

101 La séance a été donnée dans la Maison de Ville à un Consulaire par dessus un Medecin, par Arrêt du Parlement de Provence du 3. Mars 1674. *Boniface, tome 4. liv. 10. tit. 2. ch. 14.*

102 Le rang des Medecins qui viennent s'établir dans une Ville ne se regle pas par le temps de leur établissement, mais par le jour de la date de leurs titres de Docteurs. Arrêt du Parlement de Paris du 30. May 1686. *Au Journ. du Palais in folio, tome 2. p. 606.*

PRE'SEANCE, NOTAIRES.

Arrêt du Parlement de Paris du 16. Juillet 1611. 103 pour la préseance, au profit des Notaires de la Ville de Bourges, contre les Procureurs du Bailliage & Siège Présidial de la même Ville. *V. les Chartres des Notaires, chap. 8. p. 527.*
Voyez cy-dessus le nombre 45.

PRE'SEANCE, OFFICIERS DU GUET.

Differend pour la préseance entre le Major & Che- 104 valier du Guet de la Ville de Lyon ; sur ce differend, hors de Cour, parce que l'un & l'autre n'ont point de rang, & qu'ils étoient sans action ni fondement. *Voyez Henrys* ; c'est au *tome 2. livre 2. quest. 21.* qui ne rapporte point l'Arrêt.

OFFICIERS DU PARLEMENT.

De la préseance entre les Officiers des Parlemens. 105
Voyez le mot Parlement, nomb. 75. & suiv.

PRE'SEANCE, OFFICIERS ROYAUX.

Entre les Officiers le rang se donne du jour de la 106 reception ; le survivancier ne prend son rang que du jour de son service actuel. *V. M. le Prêtre, 4. Cent. chap. 71.*

Le premier reçû n'est pas toûjours preferé. Arrêt 107 du Parlement de Paris du 28. Juin 1323. pour Monsieur le Président Brûlard, contre Monsieur Guy Conseiller. *Papon, liv. 6. tit. 2. n. 5.*

L'Officier reçû en survivance qui n'a point exercé 108 ne peut preceder ceux depuis reçûs qui ont exercé. Arrêt du P. de Paris du 11. Juillet 1551. *Papon, ibidem.*

Par Arrêt du Parlement de Bretagne du 22. Oc- 109 tobre 1571. reglement entre le Juge Criminel de Nantes, & autres Juges ; il est dit que le Sénéchal, Aloüé, & Lieutenant General, precederont le Juge, & le Juge le Lieutenant Particulier, & Juges Présidiaux. *Du Fail, liv. 2. chap. 402.*

Il faut faire difference des Officiers Royaux avec 110 les Officiers Bannerets ; à l'égard des premiers, les Lieutenans en tant que Magistrats doivent preceder les Consuls. Arrêts du Parlement de Toulouse des 13. Novembre 1589. & 15. Janvier 1594. Il n'en est pas de même à l'égard des Lieutenans de Juges aux Jurisdictions Bannerettes ; car quoique le Juge précede les Consuls suivant ce qui se pratique en la Ville du Puy où le Juge de l'Evêque précede les Consuls ; & suivant un Arrêt du 9. Janvier 1597. toutefois les Consuls ont le pas sur les Lieutenans ; mais quand un Seigneur d'un lieu, ne le fût-il que pour la quatriéme partie de la Jurisdiction, établit, un simple Baile pour la conservation de ses droits ; ce Baile en tant qu'unique Officier du Seigneur, a droit de preceder les Consuls. *La Rocheflavin, livre 1. tit. 39. Arr. 2.*

Un Elû à la Rochelle étoit pourvû par le Roy 111 lorsqu'il n'étoit ce Roy de Navarre, & depuis confirmé par luy étant Roy de France ; il fut jugé qu'il precederoit deux autres Elûs qui avoient été pourvûs par le Roy Henry III. *medio tempore.* Arrêt du 30. Decembre 1591. en la Grand'-Chambre, qui lors connoissoit des Aydes. *Bibliotheque de Bouchel*, verbo *Préseance.*

Arrêt du Parlement de Provence du 20. Octobre 112 1639. qui donne la préseance aux Officiers Royaux, à l'exclusion des Municipaux ; il fut dit que le Procureur du Roy en la Judicature de Peiroles auroit séance immediatement aprés le Juge & le Viguier. *Boniface tome 1. liv. 1. tit. 14. & 25. n. 1.* Il rapporte au même endroit un Arrêt du 15. Février 1658. qui a jugé le contraire, à raison de la possession prouvée, & de la Coûtume locale.

Arrêt du 15. Mars 1679. qui donne la préseance au 113 Juge Royal de la Ville de Brignole pardessus le Viguier de la même Ville, en toutes assemblées *Boniface, tome 3. liv. 1. tit. 2. chap. 3.*

Sans s'arrêter à l'intervention du Seigneur Evê- 114 que d'Evreux, en toutes les assemblées politiques & autres, où les Chapitre & Chanoines d'Evreux ne

V iij

feront aucune fonction Ecclesiastique, le Corps & la Compagnie des Officiers du Siege Présidial d'Evreux aura la préseance sur le Chapitre, de Corps à Corps, & Deputez à Deputez; qu'en toutes Assemblées publiques & particulieres les Président, Lieutenant General, Criminel & Particulier, auront la préseance sur toutes les Dignitez & Chanoines du Chapitre, & que les Dignitez dudit Chapitre précederont aussi les Conseillers, &c. & que lesdits Conseillers, Procureur & Avocat du Roy auront la préseance sur lesdits Chanoines de particulier à particulier, & où lesdits Chanoines ne feront fonctions Ecclesiastiques; & au *Te Deum* les Officiers ne pourront occuper que huit chaises du Chœur aprés lesdits Chanoines seulement, sans que les Greffiers, Procureurs & autres Officiers inferieurs en puissent remplir aucune qu'aprés que les Officiers dudit Chapitre habituez, ou Chapelains seront placez, les Officiers ne seront precedez par leurs Huissiers entrant dans le Chœur, mais seront conduits en leur place par un Bedeau, &c. Jugé au Grand Conseil le 28. Avril 1679. *Journal du Palais*.

Voyez cy-aprés le nomb. 125.

PRE'SEANCE, OFFICIERS DES SEIGNEURS.

Voyez cy-dessus *le nomb.* 58. & *suiv.*

115 Préseance des Officiers des Abbayes de Corbie & Fescam, sur ceux du Grenier à Sel. *Mem. du Clergé*, tome 3. part. 3. page 317. & *suiv.*

116 La préseance dans l'Eglise ajugée au Juge Banneret contre le Juge Royal de la plus prochaine Ville, parce que l'Eglise étoit située dans la Seigneurie du Seigneur du Juge Banneret. Arret du P. de Toulouse du 29. Août 1614. *Dolive, Actions forestes, 3. part. action* 3.

117 Le Prévôt Royal d'une Justice subalterne, Avocat au Bailliage & Siege Présidial a été conservé en la possession d'y preceder tous les Avocats dans le Barreau, quoique plus anciens que luy. Arrêt du Parlement de Paris du 16. Janvier 1635. rapporté par *Du Frêne*, livre 3. chap. 8.

118 Arrêt rendu au Parlement de Provence le 23. Janvier 1645. par lequel la préseance a été donnée au Coseigneur qui exerçoit actuellement la Jurisdiction. *Boniface*, tome 1. liv. 1. tit. 14. n. 6.

PRE'SEANCE, PARENS.

119 Par Arrêt du Parlement de Normandie du 21. Juillet 1609. il fut ordonné entre deux cousins que le fils de l'aîné, quoique moins âgé que l'autre, le précederoit aux honneurs de l'Eglise. Par autre du mois de Mars 1610. rendu entre l'oncle & le neveu pour la préseance en la Paroisse de Foucrainville, où ils n'avoient aucun droit de Patronage, il fut jugé pour le neveu, quoique beaucoup plus jeune, parce que l'oncle étoit sous Vassal; ce sont Arrêt fondé sur un autre de la Cour Souveraine de l'Echiquier de Normandie tenu à Rouen au terme de saint Michel 1366. *Bibliot. Can.* 10. 2. p. 170. *Glos.* I.

Le fils du frere aîné doit preceder l'oncle. Arrêt du Parlement de Normandie du 23. Mars 1610. rapporté par *Basnage sur l'article* 142. *de cette Coût.*

PRE'SEANCE, PRESIDENS.

120 Arrêt du Grand Conseil du 13. Février 1584. concernant les titres, qualitez, rangs & préseances des Présidens des Requêtes du Palais à Toulouse, en l'exercice de leurs états en leur Chambre. V. la Biblioth. de Bouchel, verbo *Préseance*.

121 M. le Févre pourvû d'un Office de Président au Grand Conseil, menacé d'opposition de la part du sieur d'Orsey Conseiller au Grand Conseil, pourvû en survivance d'un Office de Président, convint par écrit de luy laisser la préseance. Le sieur d'Orsey ayant été long-temps depuis reçu, le rang luy fut contesté par le sieur le Févre, en consequence de sa reception précedente: mais suivant la convention, par Arrêt du 2. Juillet 1589. elle fut confirmée au sieur d'Orsey. Autre Arrêt du Grand Conseil au profit du même sieur d'Orsey, contre le sieur de Bourgneuf, en consequence des conventions faites entr'eux. *Bibliotheque de Bouchel*, verbo *Rang*.

122 Monsieur de Nesmond fils Conseiller au Grand Conseil est pourvû d'une Charge de Président au Parlement de Bourdeaux, par la resignation de son pere, sous la reserve de quatre années d'exercice, en 1581. le fils est reçu & prête serment. En 1686. le Roy prorogea l'exercice pour quatre autres années: en 1587. le sieur de Gentils se presente pour être reçu dans une même Charge. Le sieur de Nesmond fils s'oppose pour la préseance. Il est convenu qu'elle luy appartiendra. Autre Président se fait recevoir: pareille opposition, semblable accord. Ces nouveaux pourvûs entreprirent ensuite d'y contrevenir. Arrêt du Conseil du Roy le 14. Octobre 1590. qui juge la préseance en faveur du sieur de Nesmond fils: défenses aux sieurs Gentils & Babiaut de le troubler, à peine de 4000. écus d'amende. *Bibliotheque de Bouchel*, verbo *Renonciation au rang*.

123 Question pour la préseance entre Messieurs de la Lande & Bernet Présidens au Parlement de Bourdeaux, jugé en faveur du sieur Bernet. V. *Bouchel*, ibidem, verbo *Préseance*, p. 979

124 Préseance des présidens au Parlement de Toulouse. *Voyez le Recueil d'Escorbiac*, titre 6. chapitre 11. & *suivans*.

PRE'SEANCE, PRESIDIAUX.

125 Officiers du Présidial de Toulouse, & de leur préseance. *Voyez le Recueil d'Escorbiac*, tit. 6. chap. 10. & *suiv.* & cy-dessus *le nomb.* 114.

PRE'SEANCE, PRINCES.

126 Edit portant que les Princes du Sang, Pairs de France, précederont & tiendront rang selon leur degré de consanguinité, devant les autres Princes & Seigneurs Pairs de France, de quelque qualité qu'ils puissent être, tant és Sacres & Couronnemens des Rois, qu'és Séances de Cours de Parlemens, & autres quelconques Solemnitez, Assemblées, & Ceremonies publiques, sans que cela puisse plus à l'avenir être mis en dispute ni controversé sous couleur de titres & priorité de Pairies des autres Princes & Seigneurs, ne autrement, pour quelque cause & occasion que ce soit. A Blois en Décembre 1576. registré le 8. Janvier suivant. *Ordonnances de Fontanon* tom. 2. p. 32.

127 Declaration portant qu'aucune personne sous prétexte d'érection de Duchez, Marquisats, Comtez, & autres titres, excepté les Princes du Sang, & les quatre Maisons de Princes qui sont dans le Royaume, & les Ducs de Joyeuse & d'Espernon, ceux dont les terres ont été érigées par le défunt Roy Henry, ne pourra preceder, marcher, ni devancer en quelque lieu que ce soit, aucuns Officiers de la Couronne, &c. A Saint Germain en Laye le 3. Avril 1582. Registré le   du même mois, *Du Chêne Histoire des Chancel.* p. 648.

PRE'SEANCE, PROCESSION.

128 De l'injure faite dans une procession à celuy qu'on ôte de son rang, le coupable ne s'en peut excuser sur une Ordonnance du Vicaire de l'Evêque, où l'interessé n'a été ni appellé, ni consentant. Arrêt du Parlement de Grenoble de l'année 1533. en faveur du Seigneur Banneret d'Ambrun, qui s'étoit toûjours maintenu dans la possession de marcher aux Processions incontinent aprés les Magistrats & Juges de la Ville. *Basset*, tome 2. liv. 9. tit. 6. chap. 2.

PRE'SEANCE, PROCUREURS.

129 Arrêt du Parlement de Provence du 13. Avril 1663. qui a ajugé la préseance aux Procureurs, contre les Huissiers au Parlement, à l'exception que le premier Huissier les precedera, hormis le Procureur des pauvres qui precedera. *Boniface*, to. 1. li. 1. tit. 14. n. 8.

PRE'SEANCE, PROCUREUR DU ROY.

Voyez cy-dessus *le nomb.* 17.

130

PRE PRE 159

Procureur du Roy précede le second Avocat en tous lieux. Arrêt du Parlement de Bretagne du 2. Février 1569. *Du Fail*, livre 3. chap. 111. où il est observé que le second Avocat du Roy au Présidial de Rennes a été créé en 1557.

131 La qualité de Procureur du Roy ne donne aucun privilege pour la préséance dans les Eglises, au préjudice du Patron. Jugé le 29. Mars 1607. pour le sieur de Senneville, contre le Procureur du Roy de la Ville de Pont-l'Evêque. *Biblioth. Can. to.* 2. p. 170. col. 1.

132 Le Procureur du Roy d'une Justice Royale a la préséance sur tous les procureurs & Bourgeois d'une Ville, quoiqu'il ne soit pas Procureur du Roy. Arrêt du Parlement de Dijon du 13. Juin 1617. *Bouvot, tome* 2. *verbo Procurations*, quest. 15.

133 Les Avocats & Procureurs du Roy doivent préseoir les Avocats. Arrêt du Parlement de Dijon du 16. Avril 1619. *Bouvot*, *ibidem*, quest. 17.

134 Le Procureur du Roy d'une Prévôté & Châtelnie Royale, doit préceder les Juges & Controlleurs Greneriers établis en la même Ville. Arrêt du 14. Janvier 1628. rendu au Grand Conseil. *Henrys tome* 1. livre 2. chap. 4. quest. 11.

135 Arrêt du Parlement de Provence du 15. May 1646. qui regle la préséance entre l'Avocat du Roy qui a une Charge au Siege unie, & les Conseillers au même Siege ; la provision fut accordée à l'Avocat du Roy, lequel étoit Assesseur, & avoit la priorité de la reception. *Boniface*, tome 1. liv. 1. tit. 14. n. 4.

136 Le Procureur du Roy aux assemblées publiques doit aller après le Vice-Bailly, & préceder les Consuls. Arrêt du Parlement de Grenoble du 1. Août 1653. V. *Basset*, tome 1. liv. 2. tit. 8. chap. 1.

137 Reglement pour la préseance entre l'Avocat & le Procureur du Roy au Bailliage de Dreux ; le Procureur comme plus ancien en reception précedera l'Avocat ; & tiendra les Audiences par préseance, & ainsi de l'Avocat du Roy quand il sera le plus ancien en reception. Arrêt du 29. Janvier 1669. *De la Guesse*. tome 3. liv. 3. chap. 2.

PRE'SEANCE, RELIGIEUX.

138 Voyez cy-dessus les nomb. 3. & 4.
Les Religieux de l'Abbaye Saint Remy de Reims prétendoient avoir droit, & par possession immemoriale, Jugement de l'Archevêque, & Sentence des Requêtes du Palais, ils avoient obtenu qu'au jour & veille de la Dedicace de l'Eglise de l'Abbaye S. Nicaise de Reims, quatre d'entr'eux auroient seance & préséance au dessus de tous, immediatement après les Abbé & Prieur. La Cour a dit, mal & abusivement par l'Archevêque, la Sentence des Requêtes au neant, en émandant déboutés ceux de Saint Remy; absous ceux de Saint Nicaise, sans toutefois préjudicier aux Societez cy-devant & d'ancienneté contractées entre les parties, & de se pouvoir visiter mutuellement és jours de Fêtes de Dedicace de leurs Eglises, & se rendre honneur ésdites visitations reciproquement les uns aux autres, ainsi que bons Freres & humbles Religieux doivent faire. Ce sont les propres mots de l'Arrêt prononcé le 14. Août 1607. *Corbin*, suite de Patronage, ch. 201.

139 Arrêt du Parlement de Provence du 22. Juin 1672. qui a donné la préséance aux Peres de Saint Antoine sur les Dominicains, Augustins, Carmes, & autres Religieux Mendians, fors aux Processions & ceremonies publiques. *Boniface*, tome 3. livre 7. titre 9. chap. 1.

140 Arrêt du 17. Novembre 1687. qui donne la préseance aux Peres Carmes dans les Ceremonies publiques, par dessus les Religieux de la Mercy, & la préseance aux Quêteurs de la Mercy dans la Quête, par dessus les Quêteurs des Carmes. *Boniface*, ibidem chap. 2.

Voyez cy-après, verbo *Religieux*. §. *Religieux, Préseance.*

PRE'SEANCE, ROY.

141 De la préseance duë aux Rois de France, & autres Princes. *Voyez la Bibliotheque du Droit François par Bouchel*, verbo *Préséance*.

PRE'SEANCE, TRESORIERS DE FRANCE.

142 Par Arrêt du Conseil d'Etat du 16. Avril 1680. entre les Officiers du Bailliage & Présidial d'Amiens, & les Tresoriers de France, Le Roy en son Conseil, faisant droit sur l'instance, a ordonné & ordonne, qu'en toutes Assemblées & Ceremonies particulieres, de particulier à particulier, les Présidens & Lieutenant General du Présidial d'Amiens, précederont les Présidens & Tresoriers de France ; & les Présidens & Officiers du Bureau precederont le Lieutenant Criminel, & tous les autres Officiers du Présidial ; a renvoyé les parties à se pouvoir au Parlement de Paris, sur la demande de la qualité de Lieutenant General Criminel, pour y être fait droit, ainsi qu'il appartiendra. V. *L'Auteur des Observations sur Henrys*, tome 2. liv. 2. qu. 28. Ce même Arrêt a été declaré commun le 11. Octobre 1684. avec les Officiers de la Ville d'Orleans.

PRE'SEANCE, VICAIRE.

143 La préseance ne pouvant être contestée à l'Evêque par le Procureur du Roy, ne peut l'être pareillement à son Grand Vicaire qui le represente. *Voyez M. le Prêtre*, 4. *Cent.* ch. 67.

PRESENCE.

1 *Qui præsens est, & non contradicit, juri suo renuntiare censetur, ut Notarius Payen.* Arrêt du 21. Mars 1581. *Anne Robert, rerum judicat.* li. 4. ch. 14. M. le Prêtre, 1. Cent. ch. 29. Voyez M. *Valla, de rebus dubiis*, tract. 10.

2 *Sola præsentia non nocet, nisi adsit subscriptio.* Jugé le 1. Mars 1611. *& sic Mercator qui interfuerat nuptialibus tabulis instituti sui, cui paulò antè 500. aureos mutuaverat, nec subsignaverat, prælatus fuit viduæ quæ 200. aureos marito dederat in dotem. Mornac*, loy 39. ff. de pignoratitia actione, & l. 8. de rescindenda vendit. où il y a Arrêts contre celuy qui a signé, dés 27. Juillet 1581. & 7. Septembre 1584.

3 Presence des Chanoines au Chœur. *Voyez* les mots *Absent, Chanoines, Distributions, Résidence.*

PRESENT.

1 Present. *Munus. Donum. V.* Don gratuit.
Present de Nôces. *Sponsalitia. Arrhæ sponsalitiæ. Munera sponsalitia.*

2 Presens faits aux Juges. *Voyez* le mot *Juge*, nomb. 298. & suiv.

3 De ceux qui font & prennent dons prohibez. *Voyez les Ordonnances recueillies par Fontanon*, tome 1. livre 3. titre 25. p. 588.

4 De la Chambre Criminelle, dite la Tournelle, ensemble des procez criminels, & de l'instruction d'iceux, amendes & remises d'icelles ; & de la punition de ceux qui prennent & font dons pour corrompre Justice. *Stil des Offices de France*, tome 1. liv. 1. tit. 5. p. 34. & 35. & aux Additions pag. v. lxxiv. cviij. cviij. cix.

5 Des Dons permis aux Officiers de Judicature. V. *M. Bruneau en son traité des Criées*, page 560.

6 Edit contenant prohibitions aux Gouverneurs & Présidens, & à tous autres de recevoir dons & presens pour assister aux Etats, ou autrement, fol. 41. li. 7. ordinat. La Rocheflavin, livre 6. titre 47. Arrêt 4.

7 Défenses aux Présidens & Conseillers d'accepter ou prendre des presens des parties, suivant l'Ordonnance de Charles IX. aux Etats d'Orleans, art. 43. qui porte exception de la venaison & gibiers pris ès Forêts des Princes ou Seigneurs qui les donneront. *Mainard*, tome 1. livre 1. chap. 86. où il rapporte un Arrêt du Parlement de Paris du 3. Juin 1494. cité

par Rebuffe sur la même Ordonnance, qui condamna un Solliciteur de procez, pour avoir mis deux écus dans une Requête presentée à un Conseiller, de faire amende honorable, avec défenses de solliciter.

8 Les Magistrats ne doivent recevoir des presens des parties directement, ni indirectement. *V. la Roche-flavin, des Parlemens de France*, liv. 8. ch. 17.

PRESENTATION.

1 L'On distingue icy la presentation qui est un exercice du droit de Patronage, & la presentation, qui est la comparution d'un Procureur constitué par une partie assignée.

PRESENTATION ES BENEFICES.

Voyez le mot *Patron*, nomb. 162. *& suivans*, & les mots *Collation*, *Ordinaire*, *Provisions*.

La presentation est un acte, par lequel le Patron, ou autre qui a droit de presenter, presente à l'Ordinaire un Clerc capable, pour avoir sa collation & institution du Benefice, auquel le Clerc est presenté.

2 Afin que la presentation ait son effet, il faut trois choses, la presentation du Patron, l'acceptation du Clerc presenté, & l'approbation de l'Ordinaire; en ce cas ils empêche la prévention du Pape, parce que les Lettres de presentation ne donnent aucun droit sans l'autorité de l'Evêque ; c'est la disposition du chapitre, *quod autem, de jure patronat. antequàm præsentatio per Diœcesanum Episcopum approbetur, ratum non est quod a Patrono fuerit inchoatum.*

3 *Institutio præsentati ad beneficium juris Patronatûs, uti necessaria sit, & quo ordine promoveatur.* Voyez *Lotherius de re beneficiariâ*, liv. 2. qu. 13.

4 La provision ne consiste en la presentation, & le presenté ne doit être examiné par le Collateur. *Tournet, lettre P. Arr.* 108.

5 Quand sur deux presentations il y a deux provisions. *Voyez Peleus*, qu. 47.

6 Une personne malade résigne son Benefice, le Patron donne sa presentation à quelqu'autre, lequel en consequence de cette résignation, & sur cette presentation est pourvû & institué dans ce Benefice par le Collateur ordinaire. Si ce résignant décede dans les vingt jours, il est constant que le Patron, soit Ecclesiastique, soit Laïc, ne pourra pas presenter une seconde fois à ce Benefice, comme vacant par mort, d'autant que la regle des vingt jours n'a pas lieu à l'égard des Ordinaires. Si aprés avoir admis la résignation, mais avant que l'Ordinaire eût conferé le Benefice résigné au presenté par le Patron, le résignant vient à déceder, le Patron Ecclesiastique, auquel la variation est défenduë, ne pourra pas revoquer sa presentation, quoiqu'encore en son entier. A l'égard du Patron Laïc, lequel a la liberté de varier jusques à l'institution parfaite, il pourra donner une autre presentation, suivant la disposition du chapitre, *quod autem ext. de jur. Patron*. Voyez Maître Charles du Moulin, *sur la regle* de infirmis, n. 332.

7 Pour rendre legitime la presentation faite par le plus grand nombre des Patrons, il faut qu'ils soient tous presens, ou du moins appellez. Mais la presentation faite par le plus petit nombre, pourroit valoir, supposé que le plus grand nombre eût fait refus de se trouver au lieu où l'on devoit proceder à la presentation. C'est la décision de M. Charles du Moulin sur le chapitre, *quoniam de jure Patronatûs*, & au nombre 53. de son Commentaire sur la regle *de infirmis*, il dit que quand la presentation appartient en même temps à plusieurs personnes, elle doit être donnée par eux conjointement, *collegialiter*. Si elle étoit signée separément, elle ne vaudroit.

8 Mornac sur le titre. *de Curato. bon.* rapporte deux Arrêts, qui ont jugé, qu'ayant un Curateur créé à un bien saisi réellement, le Seigneur dominant ne pouvoit nommer aux Benefices qui vien-droient à vaquer, dependans du Patronage annexé au bien saisi, mais que ce droit appartenoit au proprietaire, qui ne pouvoit être dépouillé que par l'adjudication, parce que c'est un droit honorifique, qui n'appartient ni aux Fermiers, ni au Sequestre, ni à un Commissaire.

9 Quand il y a procez entre deux Patrons sur la proprieté du Patronage, l'Evêque confere librement, lorsqu'il n'apparoit pas dans les quatre mois qui des deux est le veritable; en sorte qu'en ce cas-là, le Patron perd son droit de presentation pour cette fois seulement. *Bibliot. Canon.* to. 2. p. 190.

10 Un presenté ne faisant apparoir de sa presentation, on demandoit qu'il eût à en justifier : sur sa réponse, qu'elle étoit demeurée pardevers le Collateur, on jugea qu'une pareille demande ne convenoit qu'au Patron. Il semble neanmoins que la presentation soit partie du titre, autrement ne vaudroit l'institution, *quia Episcopus non potest instituere sine præsentatione.* Ibid. p. 174. col. 2.

11 Par Arrêt du Parlem. de Roüen du 25. May 1515. il a été jugé que la presentation faite par un mineur de vingt ans, étoit préferable à celle qu'il avoit faite depuis avec ses tuteurs en variant. *Berault, sur la Coûtume de Normandie art.* 69.

12 Par Arrêt du même Parl. de Normandie du deux Septembre 1552. rapporté *par Berault sur la Coûtume de Normandie, titre de Gardenoble, article* 227. fut declarée valable la presentation à un Benefice, qui avoit été faite par une fille mineure, sortie de garde par son Mariage.

13 Lorsque par le Titre de fondation, il est dit, que c'est pour presenter par le plus prochain des heritiers ; en ce cas l'aîné n'a pas plus de droit que le puîné ; ils doivent concurremment nommer, comme il a été jugé par Arrêt du 29. Mars 1599. rapporté par *Berault sur l'article 69. de la Coûtume de Normandie*, in verbo *Pour presenter.*

14 Charondas en ses *Réponses*, livre 1. chap. 71. pose la question entre un vendeur & un acquereur, & le Seigneur dominant, qui ont presenté trois differentes personnes, & dit que par Arrêts de 1544. & 1595. il a été jugé pour l'acquereur ; parce qu'à l'égard du vendeur, il n'avoit plus de droit, quoique l'acquereur n'eût pas l'investiture du Seigneur, ce défaut d'investiture ne concernant que le Seigneur. Quant au Seigneur, la vacance du Benefice étant arrivée avant la saisie feodale, il n'y pouvoit absolument rien prétendre.

15 Par Arrêt du Parlement de Bretagne, prononcé en Robes Rouges le dernier Octobre 1573 au procez d'entre Messire Henry d'Ezouannon, & Messire Jean Lepriol, il a été jugé qu'en droit de presentation à une Chapelle que le Fondateur a retenu, & reservé par ces mots *primo proximiori*, & *primogenito seu genita* des enfans de son pere, & à leurs descendans, les enfans du fils du frere du Fondateur, sont preferez aux enfans sortis de la fille, qui étoit née avant le fils. Cet Arrêt est un des notables du sieur Président de Lancreau. *Bibliotheque de Bouchel*, verbo *Presentation.*

16 Benefice étant à la presentation de deux Patrons, l'un Ecclesiastique qui nomme deux fois, l'autre laïc qui nomme une fois, le Pape prévient les deux fois le Patron Ecclesiastique ; le nommé par le laïc maintenu. Jugé au Grand Conseil le 16. Septembre 1585. *Charondas*, liv. 7. Rép. 191.

17 Un seul acte suffit pour être en possession de presenter à un Benefice, ou le conferer, pourvû que l'acte n'ait point été contesté ni contredit. *Brodeau sur M. Louet lettre P. somm.* 20. Et cet acte ne fait préjudice à la proprieté. *M. Dolive, livre* 1. ch 25.

18 La presentation ne peut se faire conditionnellement à un Benefice qui se doit resigner, & n'est pas encore resigné. Jugé le 22. Decembre 1606. *Peleus, qu.* 164.

Lorsque

19 Lorsque l'acte de la presentation du Patron est venu à la connoissance du Collateur, & luy a été signifié ou notifié, soit qu'il donne sa provision ou non, parce qu'un juste refus vaut collation, en ce cas les choses ne sont plus entieres. *Brodeau sur M. Loüet, lettre P. somm. 25.* Que si la presentation n'a point été notifiée au Collateur, ou qu'elle n'ait point été acceptée, elle n'empêche la prevention du Pape, *eodem loco*.

20 Le presenté par celuy qui est en possession de presenter, encore qu'il ne soit le vrai & legitime Patron, sera préferé au presenté par le vrai Patron: ce n'est pas pour cela que le veritable Patron perde son droit pour une autre fois, pourvû que l'acte de presentation n'ait point été contesté ni contredit. *Brodeau sur M. Loüet, lettre P. somm. 20.* Jugé le 19. Mars 1611. *Voyez Peleus, qu. 47.*

21 Si la presentation à un Benefice appartient à l'Abbé & aux Religieux conjointement, laquelle doit prévaloir? Cette question fut disputée entre le pourvû à la Cure de Massai Diocese d'Avranches, à la presentation des Religieux du Mont S. Michel; & le pourvû de même Cure sur la nomination du Grand Vicaire de M. le Cardinal de Joyeuse, Abbé Commendataire. Le presenté par l'Abbé, disoit que la Presentation est *in fructu*, & que l'Abbé ayant un Grand Vicaire sur les lieux, les Religieux n'avoient pû presenter sans l'appeller. Le presenté par les Religieux soûtenoit sa nomination, par cette raison que la presentation appartenant aux Abbez & Religieux conjointement, les fruits, dont les Patronages faisoient partie, leur avoient été donnez conjointement; que la presentation se devoit faire dans le Chapitre: & que l'Abbé étant absent, les Religieux pouvoient presenter valablement. Par Arrêt du Grand Conseil du 10. Septembre 1614. prononcé le 14. Decembre, le presenté par les Religieux fut maintenu au plein possessoire. Roüillac rapporte un Arrêt du Parlement de Paris sur deux presentations, l'une faite par le Prieur Commendataire de Sainte Barbe-en-Auge; & l'autre par les Religieux, par lequel le presenté du Prieur fut maintenu: mais la question ne tomboit pas en droit; car le Prieur avoit été maintenu au droit de presenter par un Arrêt du Parlement de Roüen. *Basnage, sur le 69. art. de la Coûtume.*

22 Comme l'on peut donner le droit de presenter à la premiere vacance, on peut à plus forte raison par le contract de vente d'une terre, stipuler pour soy ou pour ses heritiers, la presentation pour la premiere vacance qui arrivera, comme il a été jugé par Arrêt du Parlement de Roüen du 14. Juillet 1620. rapporté par Berault sur l'art. 114. de la Coûtume de Normandie.

23 Par Arrêt du Parlement de Paris du 8. Août 1620. pour une des Prebendes de Saint Jacques de l'Hôpital, qui sont à la nomination des Maîtres Gouverneurs de cette Eglise, remarqué par *Brodeau sur M. Loüet lettre P. ch. 25.* il a été jugé que quand l'Ordinaire a refusé un Presenté, qui a interjetté appel de ce refus, *pendente lite*, le Patron peut presenter un autre Clerc, & l'Evêque l'instituer. *Bibliot. Canon. tom. 2. p. 191.*

24 Basnage *sur l'article 69. de la Coûtume de Normandie*, rapporte un Arrêt du Parlement de Roüen du 23. Mars 1611. par lequel il a été jugé qu'on peut donner le droit de presenter *ad vacaturum Beneficium*, sans donner son Patronage; & pour cette cession, il n'est pas necessaire qu'intervienne le consentement de l'Evêque ni du Pape, parce qu'en France le Patronage laïc est patrimonial.

25 Basnage *sur le même article*, rapporte un Arrêt du Parlement de Roüen du 9. Decembre 1636. qui juge qu'il faut que le presenté ait les capacitez au temps de la presentation, sçavoir la qualité de Clerc, & qu'il ne suffiroit pas de l'avoir avant l'institution.

Tome III.

26 M. Dolive, *questions notables, liv. 1. chap. 3.* rapporte un Arrêt du Parlement de Toulouse, rendu le onze Mars 1632. qui a jugé que le droit de presenter demeure acquis au Patron par la fondation, comme inherent & attaché au Patronage. Il juge encore, que le droit de Patronage se trouvant annexé à un Fief, ou autre chose semblable, lorsqu'il est vendu, passe à l'acquereur sans autre expression, à l'exclusion de l'heritier du Fondateur, suivant l'opinion de du Moulin.

27 La presentation à un Benefice par un interdit Patron laïc, jugée nulle au Parlement de Paris le 27. Mars 1685. *De la Guessiere, to. 4. liv. 8. chapitre 44. V. C. M. titre des Fiefs. §. 37. hodiè le 55. Gloss. 10. nomb. 18.*

28 L'Abbé de S. Florent le Vieux, ayant conferé une Cure, à laquelle il avoit seulement droit de presenter, il a été jugé au Grand Conseil au mois de Juin 1688. que les provisions n'étoient pas nulles, mais qu'elles valoient comme presentation. *V. le Journal du Palais in folio, tom. 2. pag. 731.*

PRESENTATION, FIEF DECRETÉ.

28 *An sequester Beneficii, pendente lite, potest presentare?* Jugé pour l'affirmative au Parlement de Dauphiné: bien la décision ne passa pas que d'une seule voix. *V. Franc. Marc. to. 1. qu. 4.*

29 La saisie feodale étant faute d'homme, le Seigneur presente au Benefice, *quia præsentationes & collationes sunt in fructu*; mais si la saisie est faite faute de dénombrement, & que le Seigneur presente une personne, & le Vassal en presente une autre, un tiers se pourvoye en Cour de Rome: jugé au mois de Decembre 1504. pour le presenté par le Vassal, parce qu'il paroissoit au procez que le Vassal avoit fait la foy & hommage, & payé les droits; outre que le Seigneur qui saisit faute de dénombrement, ne fait point les fruits siens, & par ce moyen le Seigneur n'avoit aucun droit à presenter au Benefice. Maître Charles du Moulin, §. 6. *hodiè le 9. titre des Fiefs, Gloss. 7. num. 3.* tient qu'il est comptable des fruits.

30 *Præsentatio Patroni, qui feudum prehendit, utrum præferatur præsentationi factæ per vassallum?* Voyez C. M. §. 37. hodiè le 55. Gloss. 10. n. 36. *ubi affert aliquas distinctiones.* Voyez Mornac, Loy 14. ff. de contrahendâ empt.

31 Du Moulin, *sur l'article 55. de la Coûtume de Paris. gl. 10. n. 42.* dit que si la question de la validité de la saisie feodale étant pendante, vaquoit un Benefice, l'Evêque ne pourroit pas refuser le presenté par le saississant & le saisi unanimement; *secus*, s'ils n'étoient pas d'accord.

33 Mornac sur la Loy 24. ff. *de contrahendâ emptione*, cite un Arrêt du 21. Juin 1610. qui juge que la presentation du Commissaire établi au regime du Fief, est nulle. Ainsi celle du Seigneur saisi subsisteroit.

34 Le saisi pendant la saisie & Criées, même le Bail judiciaire, presente aux Benefices, & non le Commissaire, ni le Fermier judiciaire. *Brodeau, sur la Coût. de Paris, art. 31. n. 15.*

PRESENTATION, PROCUREURS.

35 Des presentations & cedules en la Cour. *Voyez Joly, des Offices de France, to. 1. liv. 1. tit. 29. p. 290. & Fontanon, to. 1. li. 3. tit. 12. pag. 554.*

36 Par Arrêt du Parlement de Bretagne du 31. Octobre 1562, défenses aux Procureurs de la Cour de se charger des presentations des causes des Parties, qu'ils n'ayent les productions principales, sur lesquelles les Sentences ont été données, & commandement de conclure comme en procez par écrit, quinze jours aprés l'assignation échuë. *Du Fail, liv. 2. chap. 168.*

37 Arrêt du Parlement de Provence du 20. Decembre 1658. qui ordonne que la presentation est necessaire aux nouveaux adjournemens contre les heritiers en reprise de procez, & constitution de nou-

X

veau Procureur, & non aux adjournemens incidens. Boniface, to. 1. liv. 1. tit. 19. n. 6.

38 La presentation faite le jour même de l'assignation, est valable, & le défaut obtenu au préjudice, doit être déclaré nul. Arrêt du Parlement de Grenoble du 15. Février 1645. rapporté par *Chorier en sa Jurisprudence de Guy Pape*, p. 305.

39 Des presentations. *Voyez l'Ord. de 1667. titre 4.*

40 Arrêt du Conseil d'Etat du 27. Juin 1671. par lequel quinze Procureurs de la Cour ont été condamnez chacun en cent liv. d'amende, pour avoir contrevenu à l'Ordonnance du trois Avril 1667. & leur enjoint, & à tous autres, de se presenter pour leurs parties aux Greffes des presentations, & d'y faire enregistrer leurs Cedules. *Recüeil du Dom.* pag. 250.

PRÉSIDENT.

Chez les Romains le nom de Président, *Præses*, étoit un nom general, qui convenoit aux Proconsuls, & à tous ceux qui avoient l'administration de quelque Province ; mais particulierement à l'Officier qui étoit envoyé par l'Empereur pour la gouverner. Il s'appelloit *Legatus Cæsaris* ; ce qui répond à nos Gouverneurs, & Lieutenans de Roy, *Propratores*.

De Officio Præsidis. D. 1. 18. Voyez *Gouverneurs, Lieutenans*.

PRESIDENS DU PARLEMENT.

1 Voyez le mot *Parlement*, nomb. 80. & *suiv*.
Des Présidens des Enquêtes. Voyez *du Luc*, liv. 4. tit. 4. chap. 1.

2 Des Présidens des Parlemens, & Premiers Présidens. *Voyez la Rocheflavin*, livre 2. *des Parlemens de France*.

3 Anciennement les Présidens des Enquêtes devoient être d'Eglise : ainsi il fut ordonné le 19. Août 1317. Cela n'est plus observé. *Papon*, liv. 4. tit. 6. n. 7.

4 Un Président des Enquêtes fait Evêque, ne peut plus être Président, quoiqu'il ait Lettres du Roy. *Voyez du Luc*; li. 4. tit. 4. ch. 2.

5 *Forma antecedendi & concludendi in officio Præsidentis trium statuum Delphinatûs*. Voyez Franc. Marc. to. 1. qu. 153.

6 *In Thol. Parl. an. 1454. die 12. Novembris, fuit conclusum per dominos quod nonobstan. absentiâ Præsidentium procederetur ad lecturam Ordinationum, & posteà ad judicandum processus, & faciendum alias res qua non essent magni præjudicii, & quod primus Consiliarius laicus præsideret, sed placitationes supersederent, usque ad diem Lunæ expectando Præsidentes.*

In Parlam. anno 1462. die 13. Novembris, deliberatum fuit per Curiam Tholos. quod tunc proximè inciperetur litigari, nonobstante absentiâ Præsidentium, & præsideret in causis civilibus Magistere Ægidius Loquaitoris Præsidens Inquæstarum, & primus Consiliarius Clericus, & in causis criminalibus primus Consiliarius laïcus.

In Parlamento incœpto anno lxx. duodecimâ Novembris fuit per Curiam conclusum in absentiâ Præsidentium Magister Ægidius le Laseur, primus Consiliarius Clericus & Præsidens. V. la Biblioth. de Bouchel, verbo Président. p. 1000. Sur ce mot *Clericus*. M. Charles du Moulin dit, *contrarium & meritò servatur in Senatu Parisiensi, ubi soli laici sunt Præsides, & in absentiâ Præsidum Senatus, non antiquior si est Clericus, sed & laïcus antiquior præsidet, & benè.*

7 A Toulouse les Présidens des Enquêtes, hors de leur Chambre, n'ont autre rang ou prérogative que du jour de leur reception. A Paris ils gardent leur rang sur les Conseillers de leurs Chambres, ausquels ils ont présidé. *Mainard*, liv. 1. ch. 73.

8 Les Conseillers de la Religion Prétenduë Reformée, ne peuvent présider en l'absence des Chefs de leur Compagnie. Voyez *Filleau en ses Décisions Catholiques*, décis. 69.

PRÉSIDENT, PLUMITIF.
Président signera le Plumitif au sortir de l'Audience. *Voyez* le mot *Arrêt*, n. 34.

9 Declaration du 18. Février 1685. sur l'assistance des Présidens dans le Jugement des affaires en la Cour des Comptes, Aydes & Finances de Montpellier; elle porte, Ordonnons que nôtre Declaration du 10. Mars 1681. sera executée en nôtredite Cour des Comptes, Aydes, Finances de Montpellier, ce faisant que lors qu'à l'heure reglée pour entrer au Palais il ne se trouvera pas de Présidens pour présider, on sera obligé d'en aller demander ; sçavoir, de la Chambre & Bureau des Comptes, à la Chambre & Bureau des Aydes, & de la Chambre & Bureau des Aydes à la Chambre & Bureau des Comptes, nonobstant que le service desdits Présidens soit fixe à un autre Bureau & Semestre que ceux où ils seront appellez pour présider, & tous usages à ce contraires, ausquels nous avons dérogé ; voulons neanmoins, & entendons que lors qu'il ne se trouvera pas de Président dans le Palais en ce cas, & non autrement, pour l'expedition des parties, les Conseillers travaillent sans Président. V. *les Edits & Arrêts recüeillis par l'ordre de M. le Chancelier en 1687*. Le 22. Juin 1685. est intervenuë une autre Declaration portant, que lorsqu'à l'heure reglée pour entrer au Palais, il ne se trouvera pas de Président on sera obligé de députer un Conseiller pour en aller demander ; sçavoir, de la Chambre & Bureau des Comptes à la Chambre & Bureau des Aydes, & de la Chambre & Bureau des Aydes à la Chambre & Bureau des Comptes, sans neanmoins que ceux des Présidens qui n'auront pas servi pendant l'une des cinq dernieres années dans le Bureau où il n'y aura pas de Président puisse y aller présider, ni que les Présidens de Robe Courte puissent tenir l'Audience ; défendons aussi tres-expressément au Conseiller de nôtredite Cour de juger les Comptes Instances, Requêtes, & autres affaires de quelque nature & qualité qu'elles soient sans Président, tant qu'il y en aura dans le Palais, en état de pouvoir présider.

10 Par Arrêt du Conseil d'Etat du premier Septembre 1685. le Roy étant en son Conseil a ordonné & ordonne que l'article 3. de l'Edit de 1680. sera executé, ce faisant que les Présidens qui auront opté au commencement de l'année, suivant leur ancienneté, le service en chacune des Chambres du Parlement de Provence, ne pourront les quitter pour les procez qui se jugeront dans les autres, tant à l'ordinaire que de Commissaires, si ce n'est dans les cas portez par ledit article, & pour suppléer, si par absence, maladie, ou legitime empêchement, il ne se trouve aucun Président en quelqu'une desdites Chambres, lequel supplément se fera par ordre d'ancienneté, si mieux n'aime l'ancien demeurer au service de sa Chambre ; ce faisant que ledit Président qui suppléra, sera tenu de demeurer dans la même Chambre tant & si long-temps que l'empêchement subsistera. Ordonne neanmoins qu'il y en aura toûjours deux à la Tournelle, ainsi qu'à la Grand'-Chambre suivant le Reglement porté par ledit article, pourvû qu'il reste un Président pour le service de chacune des Chambres des Enquêtes. Ordonne en outre conformément à l'article 68. de l'Ordonnance de Moulins, qu'il ne pourra assister au jugement des procez de Commissaires que dix Juges, y compris les deux Présidens où un présidera en cas que l'un des deux ne s'y trouve pas ; & en tant que touche l'usage des carreaux, ordonne que les Présidens seuls auront des carreaux de velours fleurdelisez d'or, aux ceremonies où le Parlement assiste, tant dans le Palais que dehors, sans que les Conseillers puissent s'en servir ; pourront neanmoins lesdits Conseillers, si bon leur semble, s'en pourvoir pour leur commodité d'étoffe de laine seulement, & non fleurdelisez. V. *les Edits*

PRE   PRE   163

& Arrêts recueillis par l'ordre de M. le Chancelier en 1687.

PREMIER PRESIDENT.

De la reception à la Charge de Premier Président au Parlement. *Voyez M. le Prêtre, troisiéme Centurie, chap. 2.*

PRESIDENT, PRESEANCE.

13 *Voyez* le mot *Préseance*, nomb. 120. *& suiv.*

PRESIDENS DES PRESIDIAUX.

13 Des Présidens Présidiaux. *Voyez Escorbiac, tit. 1.* bis. où sont rapportez plusieurs Declarations.

14 Par Arrêt donné à Tours en la Chambre de la Tournelle au mois d'Octobre 1592. fut interpreté l'article de l'Ordonnance, & jugé que quand l'un des Présidiaux est partie en une cause, soit Civile ou Criminelle, les Présidiaux s'en doivent abstenir, & doit la cause être traitée au plus prochain Siége Présidial. *Bibliotheque de Bouchel*, verbo *Présidiaux.*

15 Le Président du Présidial de Montbrison, le Présidial ayant été supprimé, peut demeurer Président Bailliager. Arrêt du Conseil Privé du Roy du 26. Novembre 1655. *Henrys, tome 2. liv. 2. quest. 7.*

16 Si un nouveau Présidial étant supprimé, cette suppression porte consequence pour la suppression des Officiers dont il a causé la création. *Voyez Henrys, tome 2. livre 2. quest. 1* où vous trouverez un Arrêt du Privé Conseil, ample, daté du 7. Mars 1634.

17 Le Président d'un Présidial supprimé tenant lieu de Président, créé au Bailliage, peut présider au Criminel, ainsi qu'au Civil. Arrêt du Conseil Privé du Roy du 16. Janvier 1657. *Henrys, tome 2. livre 2. quest. 8.*

PRESIDENT DE L'ELECTION.

18 La qualité de premier Président aux Elections, se regle suivant l'ordre de reception. Arrêt du Conseil Privé du 19. Juillet 1653. *Henrys, tome 2. livre 2. question 13.*

PRESIDIAL.

Voyez la Bibliotheque de Jovet, au mot Présidial, & Filleau, part. 1. tit. 34.

1 Edit des Présidiaux, de leur création, & de leur pouvoir. *Voyez Fontanon, tome 1. livre 2. tit. 9. p. 333. Joly, des Offices de France, tome 2. livre 3. tit. 9. & aux additions p. 1846. & suiv. Le recueil de M. Papon, livre 4. titre 11. & M. le Prêtre, premiere Cent. chap. 6.*

2 Des Sieges Présidiaux établis és Villes de Nantes, Coutance, Montpellier, & Nîmes, & des Grands Rapporteurs & Correcteurs des Lettres de Chancellerie de France. *Joly des Offices de France, tome 2. liv. 3. titre 27. p. 1449. & aux additions, p. 1917.*

3 *Voyez Henrys tome 1. quest. 16. liv. 2. chap. 4.* où il parle des sommes cumulées pour donner aux Juges Présidiaux la Jurisdiction qu'ils n'auroient point autrement.

4 Du pouvoir des Présidiaux & des cas & excés dont ils peuvent connoître en dernier ressort & exemple remarquable pour cela. *Voyez Henrys, tome 2. en ses additions* où vous trouverez deux Sentences du Présidial de Limoges, avec un Arrêt du Conseil.

5 Par l'Ordonnance de Moulins article 15. les Présidiaux peuvent juger sans appel comme Juges souverains & en dernier ressort, tant en l'instruction, incident, que principal de toutes matieres civiles qui n'excedent la valeur de 250. liv. pour une fois payer, & de dix livres de rente ou revenu annuel de quelque nature & condition que soient lesdits revenus, & des dépens procedans à cause desdits Jugemens à quelque somme que lesdits dépens puissent monter, mais non des dommages & interêts desquels ils ne peuvent juger souverainement s'ils excedent ladite somme, même en ce compris ce qui est du principal. Il est vrai que si le procez étoit intenté pour les dépens, & que les dépens excedassent la somme du pou-

Tome III.

voir des Présidiaux ils ne pourroient en ce cas juger en dernier ressort. *M. le Prêtre premiere Centurie, chap. 61.*

6 Les Présidiaux doivent juger, *an bené vel malé*, & prononçer par jugement dernier au Présidial & non souverain; c'est pourquoi ils ne peuvent juger par Jugement dernier en interpretation de Coûtume & Ordonnances en déclaration d'heredité. *Voyez les Arrêts de Loüet;* il en est de même en matiere de retrait lignager pour droits spirituels, instruire le procez à la Barre, tenir le Substitut de M. le Procureur General pour bien relevé d'un appel interjetté sur le champ. Ils ne peuvent départir le procez en leurs Sieges aux Avocats, ni changer le *dictum* aprés qu'il aura été signé. *Voyez la Bibliotheque de Bouchel*, verbo *Présidiaux.*

7 Ce n'est pas la quantité d'une somme certaine qui forme proprement la nature de la Jurisdiction, cela marque seulement qu'elle est limitée comme l'est celle des Présidiaux, qui par Edit du Roy Henry II. de l'an 1551. est limitée à 250. liv. pour une fois payer, ou à 10. livres de rente annuelle, pour en connoître souverainement. *Si idem cum pluribus actionibus agat, quarum singularum quantitas intra Jurisdictionem judicantes sit*, comme il est dit en la Loy 11. *ff. de jurisd.* Graverol *sur le Reglement de la Rochestavin, chapitre 2. Arrêt 2.*

8 Les instances feodales quoiqu'elles soient jugées présidialement ne sont sujettes à l'Edit des Présidiaux; & pour cela la Cour a accoûtumé de connoître desdites appellations, comme il a été jugé par plusieurs Arrêts, parce que le droit d'asservir ou annoblir une piece ne peut recevoir d'estimation, tant pour les lods & ventes, instances, droits de prélation, commis, qu'autres droits Seigneuriaux; il est vrai que s'il s'agissoit seulement du payement de quelques droits Seigneuriaux, sans revoquer en difficulté la Seigneurie feodale, cela pourroit être sujet à la Jurisdiction présidiale; & ainsi il faut entendre l'Ordonnance présidiale, lorsqu'elle parle du payement de dix livres de rente. *Reglement de la Rochestavin, chap. 2. Arr. 2.*

9 Par Arrêt du 29. Février 1559. tout ce que les Présidiaux de Lyon avoient ordonné par dessus l'appel fut cassé, quoiqu'ils eussent donné le premier jugement en dernier ressort; & fut decreté ajournement personnel contre le plus ancien & le Rapporteur, ensemble contre le Substitut de M. le Procureur General, lequel avoit requis que celuy qui avoit appellé du prétendu jugement donné par les Présidiaux en dernier ressort fut emprisonné. Par ce même Arrêt il fut enjoint aux Juges Présidiaux, & aux Greffiers d'inserer dans les Sentences le nombre des Juges qui auront assisté au jugement, & fut dit mal & nullement jugé, parce qu'il n'y avoit pas nombre suffisant audit Jugement. *Voyez la Bibliotheque de Bouchel*, verbo *Présidiaux.*

10 Présidiaux ne peuvent commettre l'un d'eux pour oüir les parties à la Barre. Arrêt du Parlement de Paris rendu contre les Présidiaux de Chartres sur l'appel de M. le Procureur General, qui dit, que ce feroit faire un seul Conseiller juge en dernier ressort de plusieurs contestations. Même Arrêt contre le Présidial d'Orleans, du 4. Juillet 1564. *Papons, li. 6. titre 2. nombre 29.*

11 Ils ne peuvent ordonner des inhibitions generales. Arrêt du Parlement de Toulouse du 28. Mars 1571. *M. Dolive, liv. 1. chap. 38. & la Rochestavin, Reglem. chap. 2. Arrêt 2.*

12 Celui qui consent de proceder devant les Présidiaux en execution d'Arrêt, *&c.* ne renonce pas à l'appel de leur Sentence. *Peleus, quest. 3.*

13 M. Guillaume Glué plaidant à Nantes avec M. Guillaume Guischard Commis au Greffe Civil, obtient Lettres Royaux en forme d'évocation, adressées aux Juges

X ij

de Rennes, fondées sur l'Ordonnance qui veut que les procez des Officiers Préfidiaux foient renvoyez au prochain Juge, defquelles il fut débouté par Arrêt du Parlement de Bretagne du 11. Mars 1572. *Du Fail*, *livre* 1. *chap.* 340. où il eft obfervé qu'il y a Reglement du Confeil fait pour le Préfidial de Bourg en Breffe, par lequel en l'article 31. tous Officiers du Siege Préfidial, & même des Sieges particuliers de fon reffort, font compris pour en être fait renvoi au prochain Préfidial, Sénéchauffée ou Bailliage. *Voyez* auffi fur ce fujet, *Pelens*, *livre* 7. *art.* 14.

14. Les Préfidiaux ne connoiffent en dernier reffort de l'interprétation de la Coûtume, ni du retrait lignager; ils ne peuvent appointer à informer par turbes, ni recevoir la preuve par témoins d'aucun fait d'ufage & d'interprétation de la Coûtume. Les Requêtes du Palais, & les Juges de la Table de Marbre peuvent ordonner la preuve par turbes. Arrêt du 29. Janvier 1575. *M. Loüet*, *lettre R. fomm.* 37. la preuve par turbes a été abrogée par l'Ordonnance de 1667. titre 13.

15. Par Arrêt du Parlement de Roüen du 23. Août 1604. rapporté par *Berault fur l'article* 3. *de la Coûtume de Normandie*, jugé que les Préfidiaux ne doivent connoître des dîmes, des biens d'Hôpitaux, Fabriques, des Domaines du Roy, ni des droits Seineuriaux.

16. Si la demande n'eft liquide, la reftriction fe doit faire fans referve, ils doivent être au nombre de 7. Juges pour juger en dernier reffort, ils jugent fans appel des cas qui appartiennent aux Prévôts des Maréchaux par prévention & concurrence; ils jugent la competence ou incompetence des Prévôts en nombre de 7. il leur eft défendu de paffer outre à l'execution de leur Sentence, au préjudice de l'appel, encore que la Sentence n'excede l'Edit. *M. le Prêtre*, 1. *Centurie*, *chap.* 61. Pour les fept Juges; *Voyez Henrys*, *to.* 2. *livre* 2. *queft.* 6. où vous trouverez un Arrêt du 24. Février 1618.

17. Préfidiaux ne peuvent juger en dernier reffort des Lettres de refcifion obtenuës contre une promeffe caufée pour épices au profit du Rapporteur d'un procez, quoique la fomme foit modique. Jugé au Grand Confeil le 11. Octobre 1629. Les parties furent renvoyées au Parlement de Paris pour y proceder fur l'appel de la Sentence des Préfidiaux de Moulins. *Bardet*, tome 2. li. 3. *chap.* 61.

18. Préfidiaux ne peuvent prendre connoiffance des caufes pendantes par devant les Juges & Confuls pour fait de marchandifes, & entre Marchands. Jugé les 7. & 18. Février 1631. *Ibidem liv.* 4. *chap.* 8.

19. Préfidiaux n'ont cas de Jurifdiction fur le Prévôt ou Châtelain Royal de la même Ville. Arrêt du 3. Juin 1633. pour le Prévôt de Sens, le 28. du même mois; pareil Arrêt pour le Prévôt de Tours; neanmoins en enjoignit au Prévôt de leur porter honneur & refpect. *Bardet*, tome 2. *livre* 2. *chapitre* 38.

20. Reglement contre les Sieges Préfidiaux, Bailliages & Sénéchauffées où il y a plufieurs parentés & alliances des Officiers defdits Sieges pour la reception defdits Officiers, & pour l'execution des articles 116. & 184. de l'Ordonnance de Blois, où il y a trois Arrêts, 1. du Confeil d'Etat du 18. Novembre 1666. les deux autres au Parlement, tous deux datez du premier Decembre 1666. *De la Gueff.* tome 2. livre 8. chap. 1. & tome 3. liv. 1 chap. 2.

21. De la Jurifdiction du Préfidial. *Voyez Baffet*, tome 2. *li.* 2. *tit.* 3. *ch.* 2. il rapporte un Arrêt du Parlement de Grenoble du 21 Février 1668. qui reçut l'appel d'une Sentence Préfidiale, fur le fondement qu'il s'agiffoit d'un fond paternel qu'on vouloit racheter, & qu'on difoit valoir 400. livres; de plus, il étoit queftion d'un compte tutelaire.

22. Arrêt du Confeil d'Etat du 8. Mars 1681. touchant le fervice du Préfidial de *Nîmes* dans le Vivarets & dans le Gévaudan. *V. les Edits & Arrêts recueillis par l'ordre de M. le Chancelier.*

23. Arrêt du Grand Confeil du 20. Juillet 1693. concernant les Jugemens Préfidiaux en matiere Civile, rendus contre la difpofition des Edits & Declarations du Roy. *Journal des Audiences*, *tome* 5. *livre* 9. *chapitre* 23.

24. Les Préfidiaux ne peuvent juger en dernier reffort en matiere d'execution d'*Arrêts*, quoiqu'il s'agiffe de moins que de la fomme dont par l'Ordonnance ils font Juges fouverains. *Pelens* en rapporte un Arrêt du 3. Septembre 1604. *au Recueil de fes queftions*, *queftion* 3.

25. Un homme étoit condamné préfidialement d'abatre fon *colombier*. Jugé au Parlement de Bretagne le 21. Octobre 1556. que cela n'étoit de la competence préfidiale. *Du Fail*, *liv.* 3. *chap.* 188.

26. Les Préfidiaux de Lyon ayant rendu une Sentence au profit de Jean Hugues Maître Marqueur de cuirs, contre Mathieu Malhon, portant *confifcation* de quelques cuirs & fouliers non marquez, avec condamnation en trois livres d'amende, & prononcé par jugement Préfidial & en dernier reffort; la Cour a mis l'appellation & Sentence au néant, fans amende & dépens de la caufe d'appel, en ce qu'elle auroit été donnée par jugement dernier, au réfidu fortiffant fon effet. Arrêt du 7. Septembre 1606. *Corbin*, *fuite de Patronage*, *chap.* 253.

27. Jugé au Parlement de Touloufe le 3. Juin 1642. que les Préfidiaux peuvent juger par prévention des *crimes* au préjudice des Juges Royaux. *Albert*, lettre P. verbo *Préfidiaux*, *art.* 3.

28. Ils ne peuvent juger en dernier reffort des *fins de non proceder*. Arrêt du Parlement de Touloufe du 8. Août 1644. *Albert*, *ibidem*.

29. Fins de non recevoir obmifes en cas d'appel contre l'appellant du jugement Préfidial par l'intimé fuppléent, parce qu'elles font de l'Ordonnance: le même pour les Confuls, c'eft pourquoi l'intimé doit conclure, joint les fins de non recevoir, qui font que la Sentence eft renduë préfidialement; en ce cas la Cour ne voit point le procez, mais elle ordonne que l'appellant acquiefcera; car fi elle entroit en connoiffance, il feroit loifible à l'intimé de fe pourvoir au Grand Confeil, qui fur une fimple Requête cafferoit l'Arrêt. *M. le Prêtre*, *premiere Centurie*, *chapitre* 61.

30. Les Préfidiaux ne peuvent juger une qualité d'*heritier*. Arrêt du Parlement de Bretagne du 20. Septembre 1575. *Du Fail*, *liv.* 3. *chap.* 132.

31. Les Préfidiaux, ni les Prévôts ne peuvent prononcer par condamnation d'*interdiction* & *amende* contre les Procureurs, ni les parties, en cas de conflit de Jurifdiction, & les caufes qui n'auront été jugées aux affifes, demeureront à la Prévôté, & l'execution de celles qui auront été jugées. Arrêt du 7. Mars 1665. *Des Maifons*, *lettre* C. *nomb.* 1.

32. Ils font incompetens pour entheriner la *difpenfe* d'âge. Arrêt du 3. Decembre 1649. *Du Frêne*, *livre* 5. *chap.* 49. *Voyez Henrys*, *tome* 2. *livre* 2 *queft.* 23. *Voyez* le même *du Frêne*, *livre* 3. *chap.* 76. & pour les Lettres de grace & pardon. *Voyez Henrys*, *tome* 2. *livre* 2. *queft.* 23.

33. Défenfes aux Préfidiaux de juger en dernier reffort du droit de *lods & ventes*. Arrêt du Parlement de Paris du 29. Novembre 1607. *Plaidoyers de Corbin*, *chap.* 97.

34. Edit du Roy du mois de Mars 1667. portant fuppreffion du Préfidial de *Marennes*, nouvellement établi dans un lieu de negoce. *Boniface*, tome 2. *liv.* 4. *titre* 1. *chap.* 13.

35. Du 24. Octobre 1573. au Parlement de Bretagne, il fut ordonné que le Reglement fait entre les Juges Préfidiaux de *Nantes*, feroit obfervé par ceux de

Rennet, en ce que les Sieges font femblables. Du Fail, liv. 2. ch. 443.

36 Ils ne peuvent juger par Jugement dernier un débouté de renvoy. Arrêt du 23. Mars 1629. Dictionnaire de la Ville, verbo Préfidiaux.

37 Si les Préfidiaux peuvent juger en dernier reffort des fervitudes, & d'autres matieres ? Henrys incline pour l'affirmative une reftriction fuppofée. Voyez le tome 1. li. 2. ch. 4. queft. 19.

38 Declaration portant Reglement pour les Jugemens donnez par les Juges Préfidiaux du Royaume, avec attribution au Grand Confeil de la connoiffance des contraventions qui y feront faites. A Avignon le 27. Decembre 1574. regiftrée au Grand Confeil le cinq Decembre 1577. Ordonnances de Fontanon, tome 1. pag. 363. Corbin, page 533. Neron, pag. 201. Joly, des Offices de France, to. 2. page 1002. Voyez les Lettres de Surannation du 15. Juin 1577.

39 Reglement entre un Bailliage en chef, & le Siege Préfidial pour le Jugement des cas de la Jurifdiction des Prévôts des Maréchaux du 23. Juin 1580. en interprétation de l'Art. 42. de l'Ordonnance de Moulins. Charondas, liv. 7. Rép. 148.

40 Edit portant création & établiffement d'un Siege Préfidial dans la Ville de Clermont en Auvergne. A Fontainebleau en May 1582. Regiftré le 7. Septembre de la même année. 3. Vol. de l'Ordonnance de Henry III. fol. 282. Joly, des Offices de France, tome 2. page 1044.

41 Avertiffement pour l'Univerfité de Toulouse contre le Préfidial dudit lieu, 1583.
Remontrance pour le Préfidial de Toulouse, contre les Secretaires du Roy de ladite Ville. 1582.

PRESIDIAUX, APPEL.

42 Appel des Sentences Préfidiales. Voyez le mot Appel, nomb. 160. & fuiv. & cy-après le nomb. 53.
Declaration fervant de Reglement pour les Préfidiaux, portant auffi défenfes de n'appeler de leurs Jugemens, Arrêts, & d'ufer des termes appartenans aux Parlemens & Chancelleries, fol. 70. lib. 7. Ord. Reglement de la Rocheflavin, ch. 2. Arr. 7.

43 Les Préfidiaux ne peuvent juger, nonobftant l'appel, quand on appelle d'eux comme de Juges incompetens. Arrêt donné à Tours le 2. Mars 1594. Voyez du Fail, liv. 2. ch. 582. où Sauvageau obferve ce qui eft defendu aux Préfidiaux.

44 Les appellations relevées des Sentences des Juges ordinaires Royaux, portant condamnation d'amende contre les parties, leurs Avocats ou Procureurs, pour avoir intenté une action au Préfidial ou Sénéchauffée, doivent être relevées au Parlement, & non au Préfidial, qui autrement feroit Juge en fa propre caufe.
De-même les appellations des Juges ordinaires Royaux es cas du premier chef de l'Edit, & non devant le Préfidial: mais l'appel des Juges Royaux fera relevé au Préfidial. Arrêts du Grand Confeil de 1610. & 1624. V. Defpeiffes, to. 2. p. 584.

45 Préfidiaux ne peuvent connoître des appellations des Bailliffs, Sénéchaux, ou leurs Lieutenans, finon au cas de l'Edit. Jugé l'onze Juillet 1633. L'Arrêt eft en forme de Reglement pour les Préfidiaux de Lyon. Bardet, to. 1. liv. 2. ch. 51.

PRESIDIAUX, AVOCATS.

46 Les Préfidiaux peuvent prendre des Avocats pour juger préfidialement. Arrêt du 26. Août 1608. M. le Prêtre, és Arrêts de la Cinquiéme.

47 Les Préfidiaux peuvent juger préfidialement qu'un Avocat rendra un procez. Arrêt du Parlement de Touloufe du cinq Juin 1651. Albert, lettre P. verbo Préfidiaux.

CHANCELLERIES PRESIDIALES.

48 Arrêt du Confeil d'Etat du Roy du 12. Decembre 1609. portant Reglement pour les Chancelleries des Préfidiaux. Fontanon, to. 4. p. 1490.

Voyez le mot Chancellerie, n. 9. & fuiv.

CONSEILLERS DES PRESIDIAUX. 49
Voyez le mot Confeillers, nomb. 33. & fuiv.

PRESIDIAUX, DECRET.

50 Par Arrêt du 1. Juillet 1601. défenfes aux Préfidiaux d'ajuger par decret en dernier reffort. Bibliotheque de Bouchel, verbo Préfidiaux.

PRESIDIAUX, DENIERS ROYAUX.

51 Arrêt du Parlem. de Bretagne du 20. Février 1558. qui faifant droit fur les Conclufions du Procureur General, défend aux Préfidiaux de connoître par appel des matieres concernant les deniers Royaux. Du Fail, liv. 1. ch. 104.

52 Préfidiaux ne connoiffent de l'appel d'impôt. Arrêt du Parlement de Bretagne du 3. Octobre 1558. fur les Conclufions de Procureur General, qui leur fait défenfes, à peine de s'en prendre à eux pour les interêts. Ibid. ch. 81.

PRESIDIAUX, DESAVEU DE PROCUREUR.

53 Les Préfidiaux de Blois ayant jugé les défaveus d'un Procureur par Jugement dernier & mulcté d'amendes pour en avoir appellé; la Cour dit qu'il avoit été mal jugé, bien appellé; en émendant ordonne que l'amende feroit renduë: défenfes aux Préfidiaux de proceder par mulctes ou amendes contre les appellans des Sentences par eux données, même en dernier reffort. Arrêt du 21. Juin 1608. Corbin, fuite de Patronage, ch. 224.

PRESIDIAUX, PREMIER CHEF DE L'EDIT.

54 Les Préfidiaux font Juges en dernier reffort d'une demande fur diverfes fommes, dont les chefs font feparez, & les articles diftinguez par la Sentence, qui procedent de differentes caufes, quoiqu'étant accumulées elles excedent leur pouvoir. Voyez Henrys, to. 1. liv. 2. ch. 4. qu. 18.

55 Le Préfidial ne peut connoître de toutes les années demandées d'une admodiation fupputées, excedant la fomme de deux cens cinquante liv. Arrêt du Parlem. de Bourgogne du 28. Juillet 1617. verbo Bailliffs, Préfidiaux, queft. 4.

56 Les Juges Préfidiaux de Poitiers énoncent par Jugement Souverain & en dernier reffort, fous le premier Chef de l'Edit des Préfidiaux, ainfi qu'il fe voit par leurs Sentences, portant Robes rouges à leur entrée de S. Martin; ce qui neanmoins leur fut interdit par la Chambre tenant les Grands Jours à Poitiers en 1636, Sauvageau fur du Fail, liv. 2. chapitre 138.

57 Henrys tom. 1. liv. 2. chap. 4. queft. 18. établit que les Préfidiaux peuvent juger en dernier reffort de plufieurs fommes jointes enfemble, quoiqu'elles excedent celle de deux cens cinquante liv. lorfqu'elles procedent de differentes caufes, & que ce font differents chefs de demandes contenuës dans un même Exploit. Il fe fert de l'Ordonnance de Moulins, qui défend la preuve par témoins au deffus de cent liv. & dit que fi un demandeur articule divers prêts ou divers payemens par une même demande, & que les fommes jointes enfemble excedent cent liv. la preuve par témoins ne laiffe pas d'être reçuë. L'opinion contraire a prévalu. Les Préfidiaux ne peuvent juger en dernier reffort une demande qui excede 250. liv. quoiqu'elle foit compofée de differentes fommes, & pour differentes caufes : il fuffit que la fomme portée par l'Exploit de demande, excede 250. livres : l'argument tiré de l'Ordonnance de Moulins, n'eft plus de faifon; car par l'Ordonnance de 1667. tit. 20. article 5. fi dans une même inftance la partie fait plufieurs demandes, dont il n'y ait point de preuve par écrit, & que jointes enfemble elles foient au deffus de cent livres, elles ne pourront être verifiées par témoins, encore que ce foient diverfes fommes qui viennent de differentes caufes.

58 Pour que les Sentences des Préfidiaux foient reputées au premier chef de l'Edit, & en dernier reffort,

X iij

fort, il faut non seulement que la somme n'excede pas 250. liv. & que les Juges soient au nombre de sept ; mais encore qu'il soit fait mention dans la Sentence du nom des sept Juges qui y assistoient ; il ne suffit pas que le Greffier donne une attestation qu'ils étoient un nombre préfix, s'il arrive que la demande étant d'une somme plus haute que celle de 250. liv. l'on ajoûte dans l'Exploit, ou telle autre somme qu'il plaira à la Cour, & que la Sentence porte, *au dire d'Experts*, cela suffit pour qu'elle ne soit pas tenduë au premier chef, & en dernier ressort, quoique les Experts taxent un peu au dessous de 250. livres. Arrêt du Parlement de Paris du sept Decembre 1689. *Au Journal des Audiences, tome* 5. *liv.* 5. *chapitre* 43.

PRE'SIDIAUX, EPICES.

59 Les Présidiaux ne peuvent établir un Receveur de leurs épices, ni délivrer pour ce sujet des executoires, ni de les faire consigner par avance ; les saisies qu'ils en font faire, sont injurieuses ; tenus de la restitution solidairement avec leur prétendu Receveur. Arrêt du trois Juillet 1655. *Du Frêne, liv.* 8. *ch.* 21.

PRE'SIDIAUX, FONDATIONS.

60 Présidiaux ne peuvent juger présidialement d'un Obit de soixante livres de pied, ou d'un de dix livres de rente ; car quoique l'Edit de leur création leur donne pouvoir de juger d'une rente ;de dix livres, cela ne s'entend pas des rentes dûës à l'Eglise, à cause de la consequence. Arrêts du Parlement de Toulouse des 21. Avril 1643. & 3. Novembre 1648. *Albert, lettre* P. *verbo Présidiaux*.

PRE'SIDIAUX, INTERPRETATION DE COUTUMES ET EDITS.

61 Lorsqu'il est question d'interpreter Coûtumes ou Edits, les Présidiaux sont incompetens. Arrêt du Parlement de Paris du 1. Decembre 1564. *Papon, liv.* 4. *tit.* 11. *nomb.* 1.

PRE'SIDIAUX, INTERETS.

63 Les interêts & dépens d'une somme ajugée par Jugement présidial donné au premier chef de l'Edit, quoiqu'ils excedent 250. livres, ne laissent pas d'être de la Jurisdiction présidiale. Il n'en est pas de même des interêts dûs avant l'introduction de l'instance ; alors la Cour en reçoit l'appel : *sic judicatum* en la Chambre de l'Edit de Castres par Arrêt du dix May 1633. Il est rapporté par *Boné, partie seconde, Arrêt* 54

PRE'SIDIAUX, NOMBRE DE JUGES.

64 Par Arrêt du 9. Février 1562. il fut dit qu'en tous les Sieges Présidiaux, dans lesquels le nombre requis par l'Edit n'est complet, ils ne jugeront point en Présidialité, mais seulement en Ordinaire. *Bibliotheque de Bouchel, verbo Présidiaux*.

65 Défenses aux Juges du ressort de juger aucun procez, soit au dessous ou au dessus de l'Edit des Présidiaux, sans que le nombre des Conseillers requis pour le faire, assiste au Jugement, suivant l'Ordonnance. Arrêt du Parlement de Bretagne du 8. Mars 1568. *Du Fail, liv.* 1. *ch.* 266.

66 Jugé par Arrêt du mois de Janvier 1601. que les Présidiaux, faute d'avoir nombre de Conseillers pour juger, prenant des Avocats, peuvent juger présidialement. On tient le contraire avoir été jugé en un procez, auquel M. D. Arnault avoit écrit, comme aussi plaidant Marion. *Voyez la Biblioth. de Bouchel verbo Présidiaux*.

PRE'SIDENS DES PRE'SIDIAUX.

67 *Voyez ci-dessus le nombre* 13. *& suiv*.

PRE'SIDIAUX, PRONONCIATION.

68 Les Présidiaux d'Auxerre ayant donné Sentence, délivrée en forme, intitulée *Loüis par la Grace, &c.* y ayant eu appel par une des parties, la Cour en jugeant le procez par écrit, leur a défendu de plus intituler leurs Sentences autrement, que sous le titre *de Gens tenans le Présidial* ; ordonné que l'Arrêt se-toit lû en l'Audience dudit Présidial. *Additions à la Bibliot. de Bouchel*, verbo *Présidiaux*.

69 Les Présidiaux, outre l'intitulé de leur Sentence, doivent mettre au pied de leur Jugement, *Jugé présidialement & en dernier ressort*. Voyez M. le Prêtre, 1. *Cent. chap.* 61.

70 Les Présidiaux de Rennes avoient mis dans une Sentence, *l'appellation & ce dont a été appellé, au neant, émendant le Jugement, l'amende moderée, sans note d'infamie*. Arrêt du Parlem. de Bretagne, qui leur défend d'user de telles Sentences. *Du Fail, liv.* 3. *chapitre* 27.

71 Les Présidiaux ne peuvent mettre l'appellation au neant, mais doivent juger *an bene vel male* ; ils peuvent faire executer leurs Jugemens par provision qui n'excederont cinq cens livres pour une fois payer, & vingt livres de rente ou revenu annuel ; ensemble pour les dépens ajugez à quelque somme qu'ils se puissent monter en baillant caution *M. le Prêtre*, 1. *Cent. chap.* 61. Voyez l'Ordonnance de Neron, où est l'Edit des Présidiaux.

72 Mornac sur la Loy 11. ff. *de jurisdictione*, observe que les Présidiaux du ressort du Parlement de Paris, ayant voulu se servir de cette forme de prononcer, *la Cour dit*, il leur fut défendu de ce faire ; *quia Supremis Curiis relinquenda s n hac pronuntiatio*, quoiqu'en matiere, où les Présidiaux jugent en dernier ressort.

73 Les Présidiaux ne peuvent tenir un appel pour bien relevé, & faire droit sur l'appel ; il n'y a que les Cours Souveraines. Le Présidial d'Angers ayant ainsi prononcé M. l'Avocat General Brisson demanda que défenses fussent faites à tous Juges, de tenir les appellans pour duëment relevez ; cela n'appartient qu'à la Cour. *B blior. Canon. to.* 2. *pag.* 145.

74 Les Présidiaux ne peuvent pas user de ces termes, *l'appellation au neant*, cela n'appartient qu'aux Cours Souveraines : ils doivent ordonner qu'il a été *mal jugé par le premier Juge, bien & avec grief appellé*. *Despeisses, to.* 2. *p.* 591.

Ils ne peuvent faire des inhibitions & Reglemens, ils ne peuvent user de ces termes, *sans être informez, avons renvoyé les parties en la Cour* ; mais doivent ordonner *qu'elles se pourvoiront*, ni de ceux cy, *pour de certaines causes & considerations à ce nous mouvans, Dit a été, & pour cause, La Cour, &c.* Ibid. page 566.

75 Par Arrêt du Parlement de Bretagne du dix-neuf Octobre 1555. défenses aux Présidiaux de mettre les *appellations au neant* ; mais de juger *an bene, vel male*, suivant l'Ordonnance. Défenses aussi d'user en leurs Jugemens de ce mot de *Cour* ou *Arrêt*, au lieu desquels ils useront des termes contenus en leur Edit de creation & institution. Il y a Reglemens publiez en icelle, par lesquels le Roy entend qu'ils usent de ce mot *Arrêt & Cour*. *Du Fail, liv.* 2. *ch.* 9.

76 Il n'appartient qu'au Parlement de dire *La Cour*. Arrêt du Parlement de Paris du 4. Août 1556. contre les Juges Présidiaux de Tours. *Voyez Rebuffe Procem. Concord. sur le mot* Curias Summas.

77 Les termes de *Main Souveraine* ne peuvent être employez que par les Cours Souveraines. Arrêt du Parlement de Paris du 5. Août 1560. qui fait défenses aux Présidiaux d'user de ce mot, & ordonne que le Président d'Orleans viendra en personne pour répondre aux Conclusions du Procureur General du Roy. *Papon, liv.* 4. *tit.* 6. *n.* 32.

78 Le Mardy 17. Juin 1567 il a été défendu à tous Juges Présidiaux d'user de ce terme *Arrêt*, à peine de deux mille livres. *Reglement de la Rochestavin, ch.* 2. *Arrêt* 8.

79 Défenses aux Présidiaux de Nantes, & à tous autres du ressort, d'user de ces mots d'*Arrêts*, ou *au neant*. Arrêt rendu au Parlement de Bretagne le 30. Août 1568. *Du Fail*.

PRE PRE 167

80 Les Magistrats Présidiaux, bien que Juges en dernier ressort jusqu'à certaine somme, ne sont appellez Souverains, & ne peuvent user de ces mots, *La Cour, dit a été, & pour cause*, ni user d'inhibitions generales. Arrêt du Parlement de Toulouse du 28. Mars 1571. en reformant un Jugement de Toulouse, qui avoit interdit generalement à tous Artisans, l'état & exercice de Sollicireurs; lesquelles inhibitions generales la Cour rejeta par son Arrêt. *Mainard*, liv. 2. ch. 15.

81 Les Présidiaux ne peuvent mettre, *l'appellation, & ce dont a été appellé, au neant*; ils sont astraints à juger *an bene, vel male*, & selon ce qui est allegué & prouvé. Ils ne peuvent aussi connoître en dernier ressort des matieres feodales, retrait lignager, servitudes, Tailles & deniers Royaux, ni mulcter par amendes ceux qui appellent de leurs Jugemens. *Mainard*, ibid. chap. 16.

82 Le 17. Decembre 1579. en faisant droit sur l'appel d'un Jugement présidial, fut défendu par Arrêt de la Cour aux Magistrats Présidiaux, d'user en leurs Jugemens présidiaux, ou Ordonnances présidiales, de ces termes, *l'appel simplement mis au neant*. Reglement de la Rocheflavin, ch. 2. Ar. 12.

83 Défenses aux Présidiaux de Rennes de rapporter en leurs Sentences ces mots, *Nôtredit Siege*, ni mettre les appellations au neant; ains leur enjoint de juger *an bene vel male*, suivant les Ordonnances, sur peines qui y échoient. Arrêt du Parlement de Bretagne du 22. Avril 1578. *Du Fail*, liv. 2. ch. 582.

84 Défenses aux Présidiaux de Sens de mettre les Sentences *dont est appel, au neant*; enjoint de prononcer bien ou mal jugé. Arrêt donné à la Tournelle le 3. Mars 1596. *Bibliotheque de Bouchel*, verbo *Présidiaux*.

85 Par Arrêt du 24. Novembre 1598. en la cause des Présidiaux & du Prevôt de Laon, défenses aux Présidiaux, quand ils ont jugé, *an bene vel male*, d'évoquer à eux les causes; enjoint à eux de les renvoyer pardevant le Juge *à quo*; ensemble de mettre à la fin de leur Jugement, *sans tirer à consequence*. Biblioth. de *Bouchel*, verbo *Présidiaux*.

86 Arrêt du Parlement de Bourgogne du quatre Août 1615. qui fait défenses aux Officiers du Siege Présidial de Bourg, d'user en leurs Sentences de ces mots, *pour certaines causes & considerations à ce les mouvans*. Bouvot, tome 2. verbo *Baillifs Présidiaux*, quest. 3.

87 Les Présidiaux ne peuvent user de ces termes: *par Jugement Souverain, ni mettre l'appellation au neant*, ni *sans tirer à consequence*. Arrêts du 24. Novembre 1598. & du neuf Mars 1596. & du 21. Février 1617. &c. *Mornac*, Loy 11. de Jurisdictione. *Voyez le Vest, Arrêts* 176. & 233.

88 Présidiaux doivent prononcer par bien ou mal jugé, & ne doivent faire deux degrez de Jurisdiction en leur Siege; jugé le 17. Juillet 1635. L'Arrêt en forme de Reglement pour les Présidiaux de Lyon, à qui la Cour fit défenses de connoître des appellations des Ordonnances des Conseillers du même Siege. *Bardet*, tom. 2. liv. 4. ch. 22.

89 Les Présidiaux ne doivent point s'attribuer le titre de *Cour*. Celuy de Valence ayant pris la qualité de *Cour Présidiale*, il luy fut défendu de l'usurper, par Arrêt du Parlement de Grenoble du 6. Decembre 1641. sur la requisition de M. le Procureur General. *Voyez Chorier en sa Jurisp. de Guy Pape*, p. 74.

PRÉSIDIAUX, REGLEMENT.

90 Arrêt du Parlement de Bretagne du 22. Février 1559. qui fait défenses aux Présidiaux de Nantes, & autres du ressort, de proceder par voye de Reglement entre les Officiers du Roy; leur enjoint de faire droit, particulierement sur le different des parties plaidantes. *Du Fail*, liv. 1. ch. 115.

Voyez cy-après le mot *Reglement*.

PRÉSIDIAUX, RENTES.

91 En Dauphiné, les Présidiaux ne peuvent juger en dernier ressort, quand il s'agit d'une rente directe, bien que le demandeur se sût réduit à 250. livres, & ne peuvent dans leur Jugement prononcer en ces termes, *La Cour, &c*. Arrêts de 1641. & 1663. rapportez par *Basset*, tome 1. livre 1. titre 5. chap. 1.

PRÉSIDIAUX, RETRAIT.

92 Par Arrêt du dernier Février 1558. furent blâmez en l'Audience les Présidiaux de Senlis, presens avec leurs Avocats du Roy, pour avoir jugé en dernier ressort une matiere de retrait, & pour avoir ordonné qu'il seroit informé *super modo utendi* de la Coûtume. Il fut dit qu'il n'appartenoit qu'à la Cour d'ordonner qu'on informeroit sur l'usage d'une Coûtume. *Biblioth. de Bouchel*, verbo *Coûtume*.

93 Les Présidiaux sont incompetens de connoître du retrait lignager, d'autant que c'est un droit inestimable. Arrêts du Parlement de Paris des huit Juillet 1560. & 20. Novembre 1570. *Papon*, li. 4. ti. 11. n. 3.

94 Les Juges Présidiaux ne peuvent juger présidialement en matiere de retrait, nonobstant la restriction. Arrêts de 1. Decembre 1564. vingt Novembre 1570. Autre Arrêt de 1566. contre les Présidiaux de Provins. *Papon*, li. 11. tit. 7. n. 35.

95 Présidiaux ne peuvent juger en dernier ressort une matiere de retrait. Arrêt du Parlement de Bretagne du sept Mars 1575. qui reçoit en tel cas l'appel d'une Sentence présidiale. *Du Fail*, li. 1. ch. 3. n. 90.

96 Les Présidiaux ne peuvent connoître du retrait en dernier ressort. Arrêt de 1576. *Biblioth. de Bouchel*, verbo *Retrait*.

PRÉSIDIAUX, SENTENCE ARBITRALE.

97 Quoique les appellations des Sentences arbitrales soient dévolutives au Parlement, sauf le cas de la Jurisdiction présidiale, neanmoins lorsqu'un procés sujet à cette Jurisdiction, on oppose devant les Présidiaux une Sentence arbitrale, on en peut demander cassation incidemment devant les Présidiaux; ce qu'on n'auroit pû faire originairement, si la Cour eût commencé par l'appel de la Sentence. Jugé en la Chambre de l'Edit de Castres le huit Juin 1618. Cet Arrêt est rapporté par *Boné*, part. 2. Ar. 48.

PRÉSIDIAUX, SERMENT.

98 Le 8. Juillet 1649. jugé au Parlement de Toulouse que les Présidiaux ne pouvoient déferer un serment sur un fait d'usure présidialement; & le 23 May 1651. qu'ils ne pouvoient juger présidialement d'un contrat usuraire, quoiqu'il ne s'agît que de deux cens quarante liv. parce que l'usure emporte infamie. *Albert*, verbo *Présidiaux*, art. 2.

99 Ils ne peuvent connoître en dernier ressort de la forme d'un serment, quoique la somme soit de leur competence. Arrêt du Parlement de Toulouse du 22. May 1655. *Albert*, lettre P. verbo *Présidiaux*.

PRÉSOMPTIONS.

DE probationibus & præsumptionibus. D. 22. 3..... 1
Extr. 2. 23.
De præsumptionibus. Per Bartholum.
Per Guidonem Papæ.
Per Andræam Alciatum, cum annotationibus Jo. Nic. Arelatani.
Per Joan. Milleum in fine suæ praxis crimin.
Voyez *Mornac*, l. 16. C. de probationibus.

2 Præsumptionum ferè omnium, quæ in foro frequentantur exempla. Impressa Lugduni apud Sebastianum Griphium, 1545.

3 Præsumptionum multæ species. Vide Jo. Constantin. in Constitutiones regias, art. 148 page 72.

4 Præsumptiones legis sunt liquidissimæ probationes. Du Moulin, tom. 2. pag. 840.

5 Des présomptions fortes ou foibles, incertaines ou concluantes, & des cas où elles servent de preuves. V. le 2. vol. des *Loix Civiles*, li. 3. ti. 6. sect. 4.

7 Si un beau-pere payant par ses mains une somme pour son gendre, & en son acquit, doit être présumé la payer de ses deniers, n'ayant fait mettre de quels deniers, & n'ayant pris cession d'action du creancier, & ayant tiré cedule de beaucoup moindre somme, & ayant été 18. ans sans faire demande de la somme, avec plusieurs autres particularitez notables, & si les présomptions de la Loy sont preuve entiere? *Voyez Pelem, quest.* 159. où vous trouverez un Arrêt du 26. May 1607.

Voyez cy-après le mot *Preuves*.

PRESSOIR.

1 DU pressoir prétendu par l'aîné. *Voyez* le mot *Aînesse*, nomb. 98.
2 Bannalité de pressoir. *Voyez* le mot *Bannalité*, nombre 55. & suiv.
3 Le pressoir est immeuble, s'il ne se peut déplacer sans être dépecé; il ne peut être pris par execution pour une cense dûë sur la maison où il est. Arrêt du Parlement de Bourgogne du 24. May 1594. Bouvot, tome 2. verbo Cense, qu. 33.
4 Le droit de Truillage en un pressoir, peut être cedé à un tiers. Arrêt du Parlement de Dijon du huit Mars 1610. Idem, tome 2. verbo *Transport*, question 12.
5 Jugé au Parlement de Paris le 7. Mars 1651. qu'un Curé peut disposer par testament d'un pressoir qu'il a fait bâtir dans la maison Presbyterale, pour sa commodité particuliere, comme de chose à luy appartenante. *Soëfve*, tome 1. Cent. 3. ch. 64.

PRESTATION.

1 *Voyez Droits Seigneuriaux.*
De annuâ præstatione, per Jacobum Venentum.
2 Un droit de prestation annuelle dû au Roy sur un heritage avant qu'il fût donné à l'Eglise & amorti, deux cens ans après est vendu par l'Eglise à un particulier, le même droit est dû au Roy. Arrêt du 23. May 1586. *Charondas, livre* 7. *Rép.* 199.
3 La prestation de plus de quarante ans faite à une Eglise induit une obligation, encore qu'il n'apparoisse du titre, *idque favore Ecclesia*. Arrêt du 8. Août 1601. M. Bouquier, lettre P. nombre 4. & Tournet, lettre P. Arrêt 196.

PRESTIMONIE.

DE Præstimoniis. Voyez Fran. Pinson, *de divisione beneficiorum*. §. 28.

PRET.

LE prêt est de deux sortes. Le prêt civil, *Mutuum*, & le prêt à usage, *Commodatum*.

PRET CIVIL.

De rebus creditis, si certum petatur, & de conditione. D. 12. 1. *De rebus creditis*, des choses prêtées. *Conditio, idem ac repetitio.*
De rebus creditis, & jurejurando. C. 4. 1... *Paul.* 2. 1. Ce titre ne parle point, *de rebus creditis*, mais seulement du serment.
Si certum petatur. C. 4. 2... *C. Th.* 2. 27. Ce titre parle du prêt civil : *Mutuum*.
De mutuo. I. 3. 15. in pr. & §. 2.
De conditione triticariâ. D. 13. 3. De l'action pour repeter toutes les choses prêtées, autres que de l'argent. *Triticaria, à Tritico* : parce que le premier à qui cette action fut permise, agissoit pour du blé. *V. Répétition.*
De his qui mutuum dant agricolis. N. 32. 33. & 34. Ces Novelles reglent l'interêt du prêt fait aux Laboureurs, & défendent de joüir de leurs fonds par antichrese.
De argentariorum contractibus. N. 36... *Ed. Just.* 7. & 9. Privilege du prêt fait par les Banquiers.
De eo quod certo loco dari oportet D. 13. 4. De ce qui a été prêté pour être rendu en certain lieu ou en certain temps : Dommages & interets pour l'inéxecution.
De his qui, ex publicis rationibus, mutuam pecuniam acceperunt. C. 10. 6. Contre ceux qui prêtent, & qui empruntent les deniers publics.

PRET A USAGE. *Commodatum.*

Commodati, vel contrà. D. 13. 6.
De commodato. C. 4. 23... l. 3. 15. §. 1... *Paul.* 2. 4... *Dec. Gr. diss. 1. c.* 7. *Extr.* 3. 15.
1 De la nature du prêt à usage, & du précaire des engagemens de celuy qui emprunte, & de celuy qui prête. *Voyez* le 1. tome des *Loix Civiles, liv.* 1. titre 5. Au titre 6. il est traité du prêt & de l'usure, & des défenses de prêter aux fils de famille.
2 Du prêt civil. *V. le traité de la preuve par* M. Danty Avocat en Parlement, chap. 7. part. 2.
3 Du prêt fait par deux associez de certaine somme à un particulier à, qui l'un des associez devoit pareille somme. *Voyez Charondas, liv.* 10. *Rép.* 74.
4 La chose prêtée ne peut être retenuë pour somme dûë. Arrêt du Parlement de Dijon du 22. Juin 1610. Bouvot, tome 2. verbo *Prêt*, quest. 1.
Voyez les mots *Débiteur, Billet, Cedule, Obligation, Promesse.*

PRETERITION.

1 DE la préterition en institution d'heritier. *Voyez* le mot *Heritier*, n. 252. & suiv. & cy-après le titre des *Testamens*, §. *Testament, Préterition.*
2 De la préterition. *Voyez Julius Clarus, lib.* 3. *Sentent. quest.* 42.
3 Du testament nul par la préterition. *Voyez Guy Pape, quest.* 425. 456. 577. & 596.
4 Les legats mêmes faits avec enfans ne sont dûs, *ex testamento nullo per præteritionem*; idem des substitutions. Arrêt du Parlement de Grenoble du 21. Février 1645. *Basset*, tome 1. liv. 5. tit. 6. chap. 6.
5 Le legs de cinq sols fait nommément au pere ou au fils empêche la préterition dont ils pourroient se plaindre, de même s'il n'y a qu'un pareil legs aux parens & aux prétendans droits; *effuso sermone*, sans les nommer. Arrêts du même Parlement de Grenoble des 10. Septembre 1610. & 16. Mars 1652. rapportez par *Chorier en sa Jurisprudence de Guy Pape*, p. 152.
6 Si le préterit est mort du vivant du testateur, le testament est valable. *V. Bouvot*, tome 1. part. 2. verbo *Posthume*, quest. 1.
7 Quoique celuy qui a été omis ou préterit dans un testament où il devoit être necessairement institué, consente après la mort du testateur qu'il soit executé, neantmoins cela ne rend pas le testament valable, & le consentement n'empêche pas que les autres heritiers ne puissent debattre le testament de nullité. Il faut faire difference entre la plainte de l'insofficiosité & la nullité; car la plainte de l'insofficiosité est personnelle, & n'appartient qu'à celuy qui prétend que le testament est insofficieux; mais la nullité qui procede de la préterition, peut être opposée par tous les heritiers, & le consentement du préterit & du posthume, *qui hæres agnatus est*, ne prive pas les autres de l'action qui leur est acquise pour soûtenir la nullité du testament. *Voyez Taisand sur la Coûtume de Bourgogne, titre* 7. art. 3. n. 5. où il rapporte des Arrêts du Parlement de Dijon des années 1612. 15. Decembre 1634. & 26. Juin 1646.
8 La regle contenuë dans la précedente note n'est pas pourtant si generale qu'elle n'ait son exception, car le consentement du préterir, rend le testament valable, lors qu'il est donné du vivant du testateur, ou qu'il a été present au testament, & qu'il l'a approuvé; mais si le préterit attend après la mort du testateur pour donner son consentement, il ne peut plus nuire aux autres qui ont leurs droits acquis par le defaut

défaut du testament, & qui peuvent le faire déclarer nul; il a été ainsi jugé au profit de Jeanne Guclaud, laquelle ayant prétérit deux de ses filles dans son testament, dont l'une étant morte avant la testatrice, & l'autre ayant approuvé le testament pendant la vie de sa mere, & consenti qu'il fût exécuté, le testament fut confirmé par Arrêt du 29. Novembre 1613. Autre Arrêt donné au profit des enfans de M. Thomas la Bille, contre M. Jean-Thomas, le 29. Juillet 1616. Le fait étoit que le fils de la Bille fit un testament en présence & du consentement de son pere, par lequel il institua ses heritiers ses deux freres consanguins, sans faire mention de son pere : après la mort du testateur, les heritiers maternels débattirent ce testament par le vice de la prétérition; on le jugea valable à cause du consentement que le pere avoit donné au testament du vivant de son fils testateur. Taisand, ibidem, note 6.

9. Jugé au Parlement de Dijon le 19. Juillet 1588. touchant le testament du nommé Brigandet, lequel quoique nul par le vice de la prétérition, fut déclaré valable, le prétérit étant mort avant le testateur. Arrêt semblable donné à l'Audience le 14. du même mois de Juillet 1588. Taisand, ibidem, n. 7.

10. Sçavoir si le vice de la prétérition des enfans ou des ascendans ne rend pas nul un testament; parce que la prétérition est un vice radical, qui ne doit pas être regardé simplement comme un défaut de formalité; c'est une injure faite à la nature qui ne doit point être excusée; elle blesse la pieté naturelle & les bonnes mœurs, qui ne doivent pas changer en changeant de païs; nonobstant ces raisons en l'année 1692. le testament de la Dame de Morvaux, de la Ville de Montbrison, fait en la Ville de Paris fut confirmé, quoiqu'elle eût passé sous silence Charlotte de Navette sa fille aînée. Voyez l'Auteur des Observations sur Henrys, tome 2. liv. 5. quest. 32.

PRETERITION DES ASCENDANS.

11. Prétérition d'ascendans se peut couvrir par legs general. Arrêt du Parlement de Grenoble pour un testament dans lequel il y avoit, je donne à chacun de ceux à qui de droit je suis tenu de donner & laisser la somme de 5. sols. Papon, livre 10. tit. 1. n. 11.

12. La prétérition de l'ayeul n'est couverte par le legat general de cinq sols à tous ses parens. Arrêt sans date rapporté par Basset, tome 1. livre 5. titre 6. chapitre 3.

13. Un testament par la prétérition de l'ayeule, nonobstant le legs & institution generale de cinq sols en faveur de tous les parens, est nul. Arrêt du Parlement de Grenoble du 16. Mars 1631. Basset, tome 1. liv. 5. titre 7.

14. Les meres preterites peuvent débattre les testamens de leurs enfans par voie de nullité, & non par voie d'inofficiosité, encore qu'elles ayent convolé en secondes nôces. Arrêt du Parlement de Toulouse du 10. Mars 1631. M. Dolive, liv. 3. chap. 8.

15. L'on casse le testament où l'ayeule est préterite par son petit fils. Jugé au Parlement de Toulouse le 6. Février 1655. Un nommé Labros avoit fait son testament, quoiqu'il eût son ayeule paternelle, qui s'étoit remariée; il avoit institué Roques son cousin germain, sans faire mention d'elle qu'en l'instituant tous les autres parens en la somme de 5. sols, le testament fut cassé à cause de cette prétérition; mais le donataire de cette ayeule fut condamné à restituer le fideicommis des biens du pere de Labros incontinent, sans déduction de quarte trebellianique, parce que la Cour étendit les peines des secondes nôces contre l'ayeule, luy ajugeant seulement sa legitime sur les biens du pere du testateur : Quant aux biens qu'il avoit d'ailleurs que de son pere, sçavoir du chef de sa mere, ce même donataire y fut maintenu. Par cet Arrêt l'on voit que l'ayeule fut privée de tout ce qu'elle eût pû avoir du chef de son fils, comme luy ayant fait injure en se remariant, sauf la legitime, & que comme elle venoit à la succession de son petit fils, jure proprio, elle fut maintenuë elle ou son donataire en tout ce que ce petit fils avoit de biens d'ailleurs; de plus, il se voit par-là que la clause generale par laquelle l'on institue tous les parens en la somme de 5. sols n'est pas suffisante pour empêcher la prétérition. Albert, verbo Testament, art. 2.

16. La prétérition du pere ou de la mere ne rend pas nul le testament du fils en pays Coûtumier. Arrêt du Parlement de Paris du 8. Avril 1647. Soëfve, tome 1. Cent. 2. chap. 15.

PRETERITION, CLAUSE CODICILLAIRE.

17. Si la clause codicillaire fait valoir un testament où les enfans sont préterits? Voyez le mot Clause, nombre 21, & suiv.

18. Il a été jugé au Parlement de Grenoble les 12. Février 1634. & 31. Juillet 1638. que la prétérition n'aneantit pas le testament du pere, appuyé de la clause codicillaire. Voyez Chorier en sa Jurisprudence de Guy Pape, page 159.

19. Le 10. Février 1641. Jugé au même Parl. de Grenoble que la clause codicillaire dans un testament où l'ayeul maternel se trouvoit préterit par sa petite fille qui avoit institué son mari heritier, ne peut faire subsister le testament, in vim fideicommissi. Basset, to. 2. liv. 5. tit. 6. chap. 4.

PRETERITION DU FILS.

20. Le testament du pere est nul par la prétérition des enfans qui sont seulement substituez? Voyez Du Perrier, liv. 1. quest. 21.

21. Le testament auquel le petit fils est préterit, & n'est point institué heritier, n'est valable. Bouvot, tome 1. part. 1. verbo Prétérition.

22. Le pere & la mere sont tenus par testament de faire mention de leurs enfans mariez, & appanez, qui ont renoncé par serment à leurs successions. Jugé au Parlement de Grenoble en 1461. Papon, livre 16. titre 4. n. 7.

23. La mere aussi bien que le pere doit instituer ou exhereder ses enfans par son testament, à peine de nullité. Arrêt du Parlement de Grenoble de l'an 1461. Papon, livre 20. tit. 1. n. 9.

24. Testament n'est nul par prétérition d'un enfant nommé entre les legataires. Arrêts du Parlement de Bourdeaux du 3. May 1530. & du mois d'Avril 1537. mais il faut qu'il y ait un des enfans, ou aucuns enfans heritiers universels. Papon, ibidem, n. 10.

25. Le fils substitué à sa mere n'est censé preterit, il ne peut faire casser le testament. Arrêt du Parlement de Grenoble du 14. Février 1552. Papon, ibidem, nomb. 15.

26. Le fils de famille marié & appané qui a renoncé à la succession de son pere, ne peut se plaindre de la prétérition. Voyez Papon, livre 20. titre 7. n. 7.

27. Le pere instituë son fils heritier, le fils decede avant son pere, laissant un fils non institué heritier; le testament est nul par la prétérition du petit fils. Arrêt du Parlement de Dijon du 13. Janvier 1607. Bouvot, tome 2. verbo Testament, quest. 58.

28. Le testament du pere par la prétérition du fils est nul, lors que le fils le debat, & en ce cas acquiert droit aux autres instituez de pouvoir débattre de nullité : mais si le fils n'a opposé la nullité, elle ne peut être objectée par ses coheritiers, sur tout quand il a approuvé le testament. Arrêt du Parlement de Dijon du 29. Novembre 1613. Bouvot, ibidem, quest. 57.

29. Si la substitution faite au profit d'un des enfans, luy tient lieu d'institution, & couvre le défaut de prétérition, quoique le pere ne luy ait rien laissé à titre de legitime? Voyez Henrys, tome 1. liv. 5. chap. 4. quest. 27. il rapporte un Arrêt du Parlement de Paris du 19. Novembre 1611. qui casse le testament du pere : mais il a de la peine à se rendre à la déci-

sion de l'Arrêt ; il cite plusieurs Auteurs qui sont d'avis que la substitution tient lieu d'institution.

30. Prétérition d'une fille annulle le testament du pere , quoiqu'il l'ait dotée par son contrat de mariage. Jugé le 9. Juillet 1624. *Bardet*, tome 1. livre 2. chapitre 25.

31. Arrêt du 13. Juillet 1632, qui appointe pour sçavoir si la prétérition d'un fils au testament du pere emporte nullité au profit de tous les enfans, pour les faire succeder *ab intestat*, quoique le frere préterit soit mort sans se plaindre ; & si un précedent testament parfait demeure revoqué par le dernier qui est attaqué par la prétérition. *Bardet*, tome 2. liv. 1. chap. 37.

32. La prétérition des enfans sciemment faite rend nul le testament du pere, soit qu'ils s'en plaignent ou non ; & non seulement eux, mais aussi les autres qui n'ont pas été préterits ont droit de faire annuller le testament. Il peut cependant être soûtenu par la clause codicillaire, en vertu de laquelle ses heritiers *ab intestat* sont censez grevez de rendre l'heritage à celuy qui est institué, en retenant une seule quarte. Arrêts du Parlement de Grenoble des 12. Février 1634. & 31. Juillet 1638. *Basset*, tome 1. livre 5. titre 6. chap. 2.

33. Quoique les enfans ne se soient pas plaints de leur prétérition dans le testament de leur pere, la nullité n'en est pas couverte par leur silence, parce qu'il est nul *ipso jure*. Arrêt du 21. Février 1641. rapporté par Chorier en sa *Jurisprudence de Guy Pape*, page 152.

34. Un testament où il y a prétérition des enfans ou posthumes du testateur, ou des enfans de ses enfans à luy prédecedez, jugé nul au même Parlement de Grenoble le 10. Février 1648. les legs & fideicommis furent neanmoins confirmez. *Basset*, tome 2. livre 8. tit. 1. chap. 10.

35. La prétérition d'un enfant donnant atteinte à l'institution d'heritier, empêche que les autres dispositions contenuës dans le testament ne subsistent. Arrêt du Parlement de Paris du 3. May 1646. *Soëfve*, tome 1. Cent. 1. chap. 92.

36. Il a été jugé que la prétérition d'une fille dans le testament de sa mere fait à Paris, ne rend pas le testament nul. L'Auteur des Observations sur *Henrys*, to. 1. liv. 4. chap. 6. quest. 105. plaidoit pour la fille ; il dit, j'ay bien de la peine à me rendre à cette décision, car je n'envisage pas l'obligation d'instituer les descendans ou les ascendans comme une simple formalité, mais comme une obligation naturelle qui accompagne la personne en tous lieux, cependant je crains fort que cette Jurisprudence ne s'établisse malgré la raison & les devoirs de la pieté.

37. Une fille mariée & dotée par ses pere & mere, n'est censée préterite par leur testament où il n'est fait mention d'elle. Jugé au Parlement de Bourdeaux le 15. Juillet 1672. *Journal du Palais*.

PRÉTÉRITION DU POSTHUME.

38. Arrêt de la Chambre de l'Edit de Castres qui a déclaré nul un testament portant institution de l'enfant dont la femme du testateur étoit enceinte, quoique dans le testament la clause codicillaire fût inserée, & que par une autre clause le testament défendît à tous ses parens de debattre ce testament de nullité ; la raison fut qu'aprés l'accouchement de ce fils la femme du testateur eut deux ans aprés une fille ; ainsi la Cour jugea que bien que le fils eût survécu au testateur, la fille depuis née étoit *ignorantur praterita*. Il fut jugé par ce même Arrêt que les legataires n'étoient point recevables à demander les legs contenus dans ce testament contre l'authentique, *ex causâ C. de liberis praeteritis*, qui fut jugé n'avoir point de lieu, *in praeteritione posthumi ignoranter facta*, suivant *Mainard*, liv. 5. chap. 13. & cet Arrêt est rapporté par *Bonif*, part. 2. Arr. 41. Voyez le même *Mainard*, livre 5. chap. 11. & Ferrieres sur la quest. 633. de Guy Pape.

39. Les legs contenus au testament du pere qui a préterit le posthume, ne sont conservez par le benefice de l'authentique, *ex causâ C. de liberis praeteritis*, à moins qu'ils ne soient faits pour la décharge de la conscience du testateur, parce que ce sont plûtôt acquits que liberalitez, ou bien en faveur de la cause pie. Arrêt du Parlement de Toulouse du 29. Mars 1582. *Mainard*, liv. 5. chap. 13.

40. Un pere institué heritier son fils aîné, & donne seulement la legitime aux autres, sans faire mention du posthume à naître. Question de sçavoir si sous prétexte de la prétérition celui-cy pourra faire casser le testament. Jugé que non au Parlement de Toulouse le 9. Août 1697. il ne pourra prétendre que la legitime : car quelle apparence que le pere, s'il avoit pensé à luy, eût exercé à son égard une liberalité plus grande qu'envers ses autres enfans ? *V. les Arrêts de M. de Catellan*, liv. 2. chap. 6.

PRÉTEUR.

LA dignité de Préteur chez les Romains, répondoit à celle de nos Lieutenans Civils, ou Lieutenans Generaux.

De Officio Pratorum. D. 1. 14... C. 1. 39... *Lex 12. tabb.*

De Pratoribus, & honore Praturæ, & collatione, & Gleba, & Folli, & septem solidorum functione sublata. C. 12. 2... C. Th. 6. t. 2. 3. & 4. Ces titres dispensent les Préteurs & les Senateurs de quelques droits & contributions. *Gleba*, est *Glebale aurum, vel Glebalis functio* : la Taille pour les fonds de la campagne. *Follis*, erat *nummi genus*. *Collatio septem solidorum*, étoit une autre imposition.

De Pratore Lycaoniæ. N. 25.
De Pratore Thraciæ. N. 26.
De Pratore Paphlagoniæ. N. 29.
De Pratore Siciliæ. N. 104.

Abrogatio legis, quæ Senatui Pratores, Decurionibus vero Prefectos constituere concedebat. Leon. N 47. Cette Novelle abroge la Loy 2. au Code, *de officio Prat.* qui permettoit au Senat de nommer les Préteurs.

Voyez le mot *Lieutenans*.

De Pratoribus populi. N. 13. Les Officiers dont il est parlé dans ce Titre, étoient comme nos Chevaliers du Guet. *V.* Guet.

De Pratorio pignore ; & ut in actionibus debitorum missio Pratorii pignoris procedat. C. 8. 21. Ce Titre parle du droit que le Préteur donnoit à un creancier, d'exercer les actions & hypoteques de son débiteur : ce qui étoit une espece de subrogation ou de mise en possession, appellée pour cela, *Pratorium pignus*. *Voyez* les mots *Gages*, *Hypoteque*.

PRESTRE.

Quod ante ineundum Sacerdotium, matrimonium contrahi debet Leon. N. 3.

De pœna falsum testimonium dicentium Sacerdotum. Leon. N. 76... N. 123. & 20.

De Sacerdotibus in inferiori gradu constitutis. *Inst. Lanc.* 1. 21. Des simples Prêtres.

Les Prêtres doivent vivre dans le celibat. *Voyez* Célibat, Ecclesiastique.

Voyez pour ce qui concerne les Prêtres, les titres de *Clercs*, *Ecclesiastiques*, *Ordres Sacrez*.

1. Fils aîné Prêtre est fondé à joüir du droit d'aînesse. *Voyez* le mot *Aînesse*, nomb. 133.

2. Prêtre qui est caution. *Voyez* le mot *Caution*, nomb. 212. & suiv.

3. Prêtre qui fait le commerce. *Voyez* le mot *Commerce*, nomb. 7.

4. Si les Prêtres sont sujets à la contrainte par corps ? *Voyez* le mot *Emprisonnement*, nomb. 31. & suiv.

5. De ceux qui pour éviter la punition d'un crime entrent en Religion, ou prennent l'Ordre de Prêtrise. *Voyez* le mot *Clerc*, nomb. 60.

PRE   **PRE**   171

6   Des Prêtres qui déclinent. Voyez verbo *Clercs*, nomb. 8. & suiv. & le mot *Declinatoire*, nombre 22. & suiv.

7   Si le fils de famille est émancipé par l'Ordre de Prêtrise? Voyez le mot *Emancipation*, nomb. 31. & suiv.

8   Si les Prêtres peuvent être cotisez pour la solde des cinquante mille hommes, & deniers communs? V. Bouvot, tome 2. verbo *Taille*, quest. 25.

9   A quelle Jurisdiction les Prêtres sont soumis? Voyez le mot *Jurisdiction*, nomb. 76. & suiv.

10   Prêtres ajournez devant le Juge Laïc doivent requerir leur renvoy, sans pouvoir être suppléé par le Juge. Tournet, lettre P. Arr. 194.

11   Arrêt du Parlement de Toulouse du 17. Avril 1544. qui défend aux Prévôt & Seigneur Jurisdictionnel de Beaumont en Roüergue, de commettre à l'exercice de la Jurisdiction temporelle audit lieu, Juge ou Lieutenant qui soit Prêtre. Autre Arrêt du 24. Mars 1538. qui défend aux Prêtres de rapporter des procez. Reglement de la Rocheflavin, chap. 4 Arr. 6. & l'art. 45. de l'Ordonnance de Blois, qui est tiré du Canon 22. Caus. 16. quest. 7.

12   De conventione solutionis cum quis moritur, uxorem ducet, vel erit Presbyter. Voyez Mornac, l. 17. ff. de *conditione indebiti*, & Mainard, liv. 7. chap. 67.

13   Chanoines non sacrez doivent seulement seoir aux basses Chaises avec les Chapelains & les Enfans de Chœur de l'Eglise; ils n'entrent & n'ont voix déliberative en Chapitre. Arrêt du 5. Juin 1554. en la cause de Maître Simon Pelerin, & des Chanoines de Loches, ausquels il fut enjoint de garder & entretenir les Saints Decrets, *quomodo divinum Officium in Ecclesia sit celebrandum, quo tempore quisque debet esse in choro & de tenentibus Capitula tempore Missæ*. Papon, liv. 1. tit. 3. n. 2.

14   Un Prêtre qui a delinqué, étant trouvé en habit de soldat, ne peut se servir du privilege. Arrêt du Parlement de Dijon du 21. Janvier 1576. Bouvot, to. 1. part. 2. verbo *Prêtre*, quest. 2.

15   Celuy qui commet un larcin, & après est fait Clerc ou Prêtre, ne peut demander son renvoy pardevant l'Official. Arrêt du dernier Septembre 1577. Bouvot, tom. 1 part. 3. verbo *Prêtre*, qu. 1.

16   Un Prêtre ne peut être dépositaire & consignataire des deniers de retrait. Arrêt du Parlement de Dijon de l'an 1602. Bouvot, to. 2. verbo *Prêtre*, question 1.

17   Un Prêtre trouvé en habit presbyteral dans sa maison, & non en crime flagrant, n'est point sujet à la Jurisdiction des Prévôts, quoiqu'il soit prévenu de crime de leze-Majesté. Arrêt du mois de Janvier 1580. La Rocheflavin, liv. 3. tit. 15.

18   L'Ordre de Prêtrise ne rend pas un homme majeur. Par Arrêt du Parlement de Toulouse du 27. Janvier 1583. jugé qu'un Prêtre mineur qui avoit cautionné, seroit restitué en entier, nonobstant son Ordre de Prêtrise. Bibliotheque Can. to. 2. page 518. col. 1.

19   *Censuit Senatus quemdam, nomine Barot, restituendum esse ex capite minoris ætatis adversus venditionem prædii paterni, licet tunc esset Presbyter.* Arrêt du 9. Decembre 1598. Mornac Authent. *Presbyterum C, de Episcopis & Clericis*, &c.

20   Les Prêtres qui trompent, taisant leur qualité de Prêtre, sont indignes du privilege de Clericature donné à l'Ordre. Arrêt du neuf Août 1607. Chenu, 2. Cent. qu. 13.

21   Un Prêtre accusé de magie, condamné à Moulins sans avoir demandé son renvoy; l'ayant demandé en cause d'appel, la Cour le renvoya au Juge d'Eglise pour luy faire son procez, auquel assisteroit le Lieutenant Criminel au Bailliage de Bourges. Jugé le 3. Septembre 1609. Chenu, ibid.

22   Par Arrêt du Parlement de Normandie du 24. Janvier 1662. jugé qu'un simple Prêtre n'ayant Benefice, n'est point exempt de tutelle. Beraulr, à la fin du 2. tome de la Coûtume de Normandie, page 107 col. 2.

23   Un Prêtre peut être détenu prisonnier pour dette, s'il y a preuve ou présomption forte, qu'il ait affecté de se faire promouvoir pour éviter la prison. Arrêt du Parlement de Grenoble du 14. Mars 1661. Basset, tome 1. livre 6. titre 4. chapitre 1.

24   Arrêt du Parlem. de Provence du 24. Mars 1672. qui declara la procédure criminelle contre un Prêtre accusé d'homicide, faite par un Juge Laïc, valable, & declara le Titre clerical du Prêtre confisqué, à la reserve d'une pension de soixante liv. par preference sur les biens confisquez. Boniface, to. 3. liv. 1. tit. 3. ch. 10.

25   Arrêt du 20. Avril 1673. qui a jugé que les causes personnelles des Prêtres, sont de la Jurisdiction du Juge d'Eglise. Boniface, tome 3. liv. 1. tit. 3. chapitro 4.

26   Arrêt du 22. Decembre 1673. qui a renvoyé les causes personnelles des Prêtres aux Juges d'Eglise, quoique le renvoi n'ait point été demandé. ibidem, chap. 5.

27   On peut obliger un Chanoine d'une Eglise Cathedrale à se faire Prêtre, quand il a l'âge requis pour cet effet, sinon il est au pouvoir du Chapitre de le priver de ses distributions. Jugé au Parlement de Roüen le 26. Juin 1681. Journal du Palais, in quarto, 9. part. fol. 405. & t. 2. to. in fol. p. 221.

PREVARICATION.

Prævaricator, est quasi varicator, qui adversam partem adjuvat.
Prodita suâ causâ. L. 1. ff. de Prævaric... L. 212. ff. de verb. sign.
De Prævaricatione. D. 47. 15.
De Prævaricatione patroni adversùs clientem. Lex 12. tabb. t. 26,

PREVENTION.

La prévention a lieu en matieres Béneficiales, & à l'égard de certains Juges.

PREVENTION, BENEFICE.

1   Voyez cy-devant les mots, *Bénéfice, Collation, Pape*, M. Loüet Lettre P. somm. 25. & 43. & le petit Recüeil de Borjon to. 4. p. 211.

Des préventions apostoliques. Voyez les Ordonnances recueillies par Fontanon. to. 4. tit. 15. p. 484.

2   *De præventione*. Voyez Franc. Marc. to. 1. qu. 1344.

3   *Præventio locum habet in beneficiis electivis*. Voyez ibidem. tom. 1. quest. 1300.

4   *Per quas requisitiones impediantur præventiones Papæ* V. Du Moulin, cons. 48. n. 8. tom. 2. p. 944.

5   De la prévention du Pape. Voyez Rebuffe sur le Concordat. tit. de mand. apost. §. *declarantes*, au mot *Jure præventionis*.

6   *De collationibus jure præventionis peractis*. Voyez Pinson, au tit. de modis acquirendi beneficii, §. 10.

7   *De collationibus pontificiis jure præventionis*. Voyez Pinson au traité de can. institut. condit. §. 10.

8   De la prévention du Pape. Voyez Hevin, sur Frain. p. 658. & le mot Pape. nomb. 64. & suivant.

9   De la prévention du Pape, quand l'Ordinaire a conferé incapaci. Voyez Tournet, let. P. Arr. 4. & 13. & M. Loüet somm. 25. & 43.

9 bis   Le Pape peut prévenir, *si electio spectat ad capitula vel conventus, quia majorem sibi Papa retinuit potestatem quam concesserit*. Jugé au Grand Conseil pour le Doyenné d'Angers. Voyez Rebuffe, sur le Concordat au tit. de regiâ ad præl. nominatione.

10   *Si tractus electionis fuerit inceptus, non erit præventioni locus*. V. M. de Selve, 3 part. tract. qu. 67.

11   M. Charles Du Moulin sur la regle de publ. n. 165. & suiv. propose cette espéce. *Sejus & Caius* ayant chacun un bénéfice, les permutent avec *Titius* qui

possedoit une Chanoinie & une Eglise Paroissiale à Blois; ils sont admettre les resignations. *Cajus* fait publier la sienne, & prend possession réelle. *Sejus* differe, ensorte que *Titius* meurt en possession de sa Cure. Du Moulin se déclare pour celuy qui s'en fait pourvoir par sa mort ; la publication faite par *Cajus* n'est utile qu'à lui seul, elle est limitée & bornée, elle ne peut pas s'étendre hors son cas. Quoiqu'on ait fait mention de *Sejus* dans cette publication, ce n'est que par énonciation ; car il n'a point pris possession. La regle *de publicandis* auroit également lieu, quand même les deux benefices dependroient d'un même Collateur. Une seconde decision est que *Cajus* ne peut neanmoins prétendre que toute la permutation est annullée ; ni retourner à son ancien benefice ; & en dépoffeder celuy qui s'en seroit fait pourvoir, comme vacant par la mort de *Titius*, parce que *tot sunt permutationes quot paria beneficiorum invicem permutata*. La permutation ne s'est point faite icy des benefices en gros, mais nommément & en particulier, & *singulæ permutationes suam naturam servare debent* : ce seroit une foible raison de dire que ces deux amis ou parens n'auroient pas permuté l'un sans l'autre, parce que *erat affectio carnalis, nec de eâ curatur in materia beneficiorum Ecclesiasticorum*; s'ils l'eussent exprimé, cette stipulation ne valoit rien, car toute paction qui tend au regrez, est vicieuse.

12 Quand les Papes ont voulu s'attribuer & usurper le droit de prévenir les Collateurs ordinaires, ce n'a été au commencement que pour les benefices vacans *in Curiâ* qu'ils conferoient, non pas par droit de réserve, comme ils le font présentement ; mais seulement par droit de prevention. Cette prevention a été tolerée, & même reçuë avec joye par les Ordinaires en ce rencontre, pour empêcher que les benefices ne fussent trop long-temps vacans ; ce qu'on ne pouvoit pas empêcher, si le Pape n'eût pû conferer les benefices qui vaquoient dans le lieu de sa demeure, parce qu'il eût fallu beaucoup de temps pour porter la vacance de ces benefices à la connoissance des Collateurs ordinaires. De plus en ce temps là, le Pape qui n'avoit pour but que le bien general de l'Eglise, ne luy donnoit que de bons Pasteurs, *non solebant personis*, *sed Ecclesiæ providere, nullâ personarum acceptione habitâ* : mais lorsque dans la suite les Papes ont voulus s'attribuer le pouvoir de prevenir les Collateurs ordinaires en la collation de tous les benefices même vacans *in partibus*, pour lors ils ont prétendu qu'ils avoient le droit de conferer les benefices vacans en Cour de Rome, par un droit de réserve, & ainsi il faut demeurer d'accord que la reserve des benefices vacans *in curiâ*, a été une usurpation nouvelle. *Du Moulin*, de *infirmis*, *n.* 172.

13 Les Parlements de France ont toûjours favorisé le droit des Ordinaires contre la prevention du Pape, & jugé que cette prevention ne devoit aucun droit au pourvû, si le Pape n'avoit pourvû *rebus omnino integris*, & que le seul Acte de presentation du Patron Laic, quoyque non notifié au Collateur, empêchoit cette prevention ; comme il fut jugé par Arrêt du Parlement de Dijon du 1. Août 1646. en l'Audience publique du Jeudy, rapporté par *Bevret*, *liv. 2. du traité de l'Abus chap. 7. in favorabilibus enim sufficit attigisse substantialia altus. glos. pragm. sanct. tit. de collat. §. item*. Rebuffe sur le Concordat §. *declarantes, in verbo, jure præventionis, tit. de mand. apost.*

14 Si le Patron peut être prévenu ? *Voyez* le mot *Patron, n.* 188. & *suiv.*

15 De la prévention du Legat. *Voyez* le mot *Legat, n.* 93. & *suiv.*

16 Le Grand Maître de l'Ordre de Malthe, est le seul Collateur qui ne peut être prévenu par le Pape, & qui ne souffre point de devolution. *Bibliotheque can. to.* 1. *p.* 13.

17 Collation de l'Ordinaire faite à un non *Gradué* empêche la prévention du Pape, quoyque cette collation fût annullée par le moyen d'un acte fait à un Gradué. Arrêt du Parlement de Paris du 18. Février 1540. *Papon liv.* 2. *tit.* 5. *n.* 10. *& Tournet, let.* G. *arr.* 9.

18 Empêchement de prévention du Pape, est favorable pour l'Ordinaire. Arrêt du Parlement de Paris en faveur de l'Evêque de Chartres ; défenses luy avoient été faites de presenter des Chanoines par écrit ; contre les défenses de l'Arrêt il l'avoit fait ; le même jour le Legat pourvoit ; le lendemain le Vicaire suivant les ordres de l'Evêque presente un tiers au Chapitre *vivâ voce*, & luy donne provision ; le Chapitre conteste le droit du presenté. Arrêt du dernier Juin 1540. qui le déboute, & maintient le pourvû de l'Evêque. *Papon, liv.* 2. *tit.* 9. *n.* 7.

19 Quoyque le Pape soit tenu & reputé Ordinaire des Ordinaires, suivant le Chapitre *si à sede &c.* & qu'il ait droit de conferer les benefices par prévention, neanmoins le Parlement conserve toûjours la liberté de l'Eglise Gallicane & favorise toûjours en justice celuy qui est pourvû par l'Ordinaire du lieu & de la Province, en luy ajugeant la récreance. Arrêts des 3. Février 1563. & 11. Janvier 1564. ou bien la Cour maintient diffinitivement en possession le pourvû de l'Ordinaire. Arrêt du 7. May 1568. *Papon p.* 1361. tiré des memoires de *M. Bergeron*.

20 Le 11. Janvier 1564. fut plaidé un appel comme d'abus, d'une provision Apostolique par prévention. M. l'Avocat General Dumenil dit, qu'il n'y avoit point d'abus en l'exécution ; par l'Edit des Etats d'Orleans il n'est pas dit que telles provisions seront abusives ; il contient seulement defenses aux Juges d'y avoir égard. Sur l'appel comme d'abus, les parties hors de cour ; & neanmoins le pourvû par l'Ordinaire maintenu. *Bibliotheque du droit François par Bouchel, verbo* Prévention.

21 Le 29. Avril 1568. après Pâques, fut plaidée une cause au Parlement de Paris en laquelle il s'agissoit de sçavoir, si la prévention en Cour de Rome a lieu contre les Graduez. M. l'Avocat General de Pybrac, remontra que toutes préventions étoient abusives ; & que le Pape *omnia potest in his quæ pertinent ad ædificationem Ecclesiastica disciplinæ, non in his quæ tendunt ad eversionem aut scandalum Ecclesiæ*. Bibliotheque de Bouchel, *verbo* Graduez.

22 La prévention du Pape est empêchée par la presentation du Patron Ecclesiastique : la récreance fut ajugée au pourvû par l'Ordinaire ; & sur le fait du *visa* qui n'étoit point rapporté par le pourvû par le Pape, les parties reglées en contrarieté. Jugé le 7. Septembre 1595. M. *Loüet lettre* P. *somm.* 25.

23 C'est une maxime au grand Conseil, & de laquelle il y a infinité d'Arrêts, que *collatio etiam nulla* de l'Ordinaire, *impedit præventionem Papæ*, & rend sa collation nulle. M. *le Prêtre premiere cent. chap.* 94. *Secus, rebus integris, quia est Ordinarius Ordinariorum*. Jugé le 13. Decembre 1603. M. *Loüet lettre* P. *somm.* 43.

24 De simples actes preparatoires pour faire l'élection, empêchent la prévention du Pape faite intermediairement. Jugé pour la Chantrerie de l'Eglise Collegiale de Saint Honoré de Paris, qui est un benefice électif confirmatif, par Arrêt du 16. Mars 1621. donné à la Grand'Chambre, au profit du Curé de Saint Côme, qui avoit été élû par le Chapitre de Saint Honoré. *Vide* un autre Arrêt du 7. Septembre 1595. dans Brodeau sur M. *Loüet let.* P. *chap.* 25. pour le Prieuré Cure de Verneüil. Neanmoins il y a plusieurs autres Arrêts contraires, citez par M. Claude de Ferrieres, en son traité du Patronage, *ch.* 10. *p.* 406. *& 407*. *Voyez la Bibliotheque can. to.* 2. *p.* 194.

25 Collation d'un benefice à un absent qui repudie, n'empêche la prévention du Pape, quoyque la provision du Pape se trouve de même date que la repu-

diation, & qu'elle n'ait point été signifiée au Patron. Arrêt du 11. Août 1625. M. l'Avocat General Talon observa qu'il y avoit dans le Patron un desir de tirer récompense de ses présentations qui se trouvoient multipliées. *Voyez Bardet, to. 1. li. 2. chap. 54.*

26. Par les derniers Arrêts, la Cour a jugé que le Pape pouvoit prévenir & conferer le Bénéfice à un non Gradué, encore que l'on eût obmis d'exprimer que le Bénéfice eût vacqué au mois des Graduez. Jugé le 16. Juin 1607. le Mardy dernier Août 1610. pareils Arrêts du Lundy 7. Juillet 1614. & 22. Février 1620. La prévention du Pape a lieu contre les hommez par le Roy, soit pour le joyeux avenement, ou pour le serment de fidelité de l'Evêque. Jugé au grand Conseil le 13. Septembre 1623. mais la prévention du Pape ne vaut, sinon *rebus omnino integris*; de maniere que pour ce qui est des Bénéfices électifs collatifs, ou électifs confirmatifs, un simple acte préparatoire à l'élection quoyqu'imparfait, & pour les autres Bénéfices, la collation de l'Ordinaire fondée en puissance légitime de conferer, bien que nulle & invalide, empêche la prévention du Pape. Jugé le 13. Décembre 1603. *Brodeau sur M. Loüet, let. P. somm. 43. Voyez M. le Prêtre, 1. cent. ch. 94. & du Frêne li. 2. chap. 84.*

27. En Bretagne un Bénéfice ayant vacqué au mois du Pape décédé sans conferer, la collation en appartient au Pape son successeur; & les Evêques ne le peuvent prévenir. Arrêt du 12. Mars 1624. M. Talon Avocat General dit, que ce droit assuré par l'Edit du Roy Henry II. de 1549. étoit *jus ordinarium*, & non *jus Pontificatûs*; & par consequent les Evêques ne pouvoient prévenir le Pape. *Bardet, tome 1. liv. 2. chap. 14.*

28. Le Pape n'a droit de prévention sur les Ordinaires de Bretagne, Païs d'obedience, tel qu'il l'exerce dans le Païs soûmis au Concordat. D'où vient que dans les provisions pour la Bretagne, on excepte la vacance par mort, en ces termes, *sive præmisso, sive alio quovis modo, non tamen per obitum vacet*; au lieu que dans les provisions pour le Païs de Concordat, au cas que le resignant *in favorem* décedât avant la resignation admise, on met la clause *etiam si per obitum. Voyez Frain page 31.*

29. Le Pape peut prévenir l'Ordinaire & Patron Ecclesiastique, quand il n'appert d'aucune nomination ni présentation qui soit notifiée à l'Evêque avant l'expedition de la provision en Cour de Rome; & bien que dans la signature n'y ait eu expression du patronage. Jugé le 6. May 1624. *M. le Prêtre és Arrêts de la cinquiéme;*

30. Cause appointée pour sçavoir si la commission donnée par un Chapitre, *sede vacante*, empêche la prévention du Pape. Arrêt du 11. Août 1637. *Bardet, to. 2. l. 6. ch. 27.* M. Talon Avocat General dit que la seule commande en Cour de Rome est vray titre, toutes les autres ne le sont point; & par consequent n'empêchent point la prévention du Pape.

31. La seule présentation du Patron Ecclesiastique n'empêche point la prévention du Pape; parce que la présentation est un acte imparfait, qui donne seulement *jus ad rem*. Il n'en est pas de même de l'élection qui donne *jus in re*. Arrêt du 17. Février 1641. *Bardet, to. 2. li. 9. ch. 17.*

31 bis. Arrêt du Parlement de Provence du six Decembre 1664. qui a jugé qu'un simple acte préparatif à la présentation du Patron à l'Evêque, empêche la prévention du Pape. *V. Boniface, to. 1. li. 2. ti. 28. ch. 5.*

PRÉVENTION, JUGES.

32. De la prévention des Juges Royaux sur les Juges subalternes. *Voyez le mot Juge, nomb. 308. & suiv.* Chenu *Offices de France, tit. 42.* Henrys, *tom. 1. additions au liv. 2. qu. 45.* & le même Henrys, *tome 2. liv. 2. qu. 18.* & Mornac, *Loy 1. Cod. de officio præfecti urbi.*

33. De la prévention en matière criminelle, entre les Lieutenans Criminels des Baillifs, Sénéchaux, & les Prévôts Royaux, & leurs Lieutenans. *Filleau, 2. part. tit. 5. ch. 33.*

34. De la prévention des Baillifs & Sénéchaux, & leurs Lieutenans, sur les sujets justiciables des Seigneurs Hauts-Justiciers. *Idem, part. 4. ti. 7.*

35. Il y a prévention entre les Baillifs, Sénéchaux, & les Prévôts & leurs Lieutenans sur les sujets des Juges subalternes, quand ils ne sont vendiquez par les Seigneurs Haut-Justiciers, & peuvent lesdits sujets proroger jurisdiction pardevant lesdits Baillifs ou Prévôts. Arrêt du Parlement de Paris du 15. Novembre 1554. *Idem, 2. part. ti. 5. ch. 8.*

36. De la prévention & concurrence entre le Prévôt des Maréchaux, & les Juges Royaux. *Voyez Basset, to. 1. li. 2. ti. 5. ch. 4.*

37. La question de la prévention & option prétendue par le Roy, & autres ayant les droits Seigneuriaux en leurs Terres contre leurs Vassaux, comme fait Madame la Marquise d'Isles en toutes ses Terres de Champagne, a été souvent appointée au Conseil, & non vuidée. *Voyez la Bibliothéque de Bouchel, verbo Droits Royaux.*

38. Un homme étant en une Jurisdiction, tuë un homme qui est dans une autre Jurisdiction; quelques Docteurs tiennent qu'en ce cas la prévention a lieu, & que tous deux sont competens. *Voyez M. le Prêtre, 4. Cent. chap. 52.* Voyez *Mornac, Loy 19. ff. communi dividundo.*

39. En réintegrande, le Roy a prévention. Arrêt du 13. Février 1516. qui renvoye au Baillif à l'exclusion du Juge ordinaire, la connoissance d'une réintegrande. *Bibliot. de Bouchel, verbo Prévention.*

40. Il se trouve quelques Arrêts confirmatifs de la prévention & option au Bailliage de Chaumont. Il y en a un touchant la Principauté de Joinville du sept Septembre 1558. pour la prévention du Prévôt Royal de Vassy, du 13. Septembre 1561. entre Pierre Briois, demeurant à Sommevoire, & les Religieux de Montierender, Seigneurs du lieu, joints. *V. idem, verbo Droits Royaux.*

41. Pour Bouvot Avocat du Roy à Chaumont contre le Prévôt Roze, Arrêt du 10. Août 1577. par lequel il fut dit que Bouvot, qui avoit par contrat acquis la Terre de Villiers le Sec, étant du Domaine, ensemble les droits du Roy, même celuy de prévention, joüiroit suivant son contrat, quoique Roze alleguât que dans le procez verbal de l'enchere & adjudication, ce droit ne fût specifié, & qu'étant de la Couronne, il ne fût censé alié. Il y a aussi un Arrêt provisionnel de procuration pour le Seigneur de Bray sur Seine, contre ses Vassaux & ceux de son ressort ; un autre pour l'Archevêque de Rheims pour la prévention, du 7. Mars 1579. Il s'en trouve d'autres contre la prévention, comme pour le Comté de Rhetel; du 21. Août 1590. & en l'Audience du sept Juillet 1567. 7. Juin 1569. & vingt Juin 1575. *V. idem, verbo Droits Royaux.*

42. Le 14. Juillet 1601. Arrêt notable du Parlement de Paris, en forme de Reglement pour le Prévôt d'Orleans, contre le Lieutenant Criminel pour la prévention, avec plusieurs autres Arrêts donnez en cas semblable. *Voyez Filleau, part. 2. ti. 5. ch. 16. & suiv.* où il parle de la prévention en faveur des autres Juges.

43. Arrêt du onze Février 1612. entre le Prévôt & Juge ordinaire de la Prévôté & Châtellenie de Mehun sur Yvre, contre le Lieutenant du Baillif de Berry audit lieu, que le Baillif ou son Lieutenant ne peut prétendre la prévention en matieres civiles & criminelles, sur les nuëment sujets de ladite Châtellenie, les cas royaux exceptez. *Ibidem, chapitre 34.*

44. Arrêt du neuf Août 1613. au profit des Baillifs de

la Baronnie de Châteauneuf, située en la Ville de Tours, & de celle de Rochecorbon contre le Baillif de Tours, par lequel il a été jugé que le Baillif de Touraine, ou son Lieutenant à Tours, n'a aucune prévention sur les Vassaux & Justiciables desdites Baronnies, fors des complaintes & autres cas royaux, ensemble des matieres de retrait lignager; & qu'ayant pris connoissance, si les parties sont vendiquées, ou demandent leur renvoy auparavant contestation en cause, ledit Baillif de Touraine est tenu les renvoyer, sans les retirer ni évoquer. *Voyez Filleau, 3. part. tit. 7. chap. 10.*

45. Arrêt du trente Decembre 1615. qui a jugé que le Prévôt de Paris, son Lieutenant, & Officiers du Châtelet, ont la prévention sur les Justiciables des Juges subalternes des Seigneurs Hauts-Justiciers en la Ville de Paris. *Idem, tit. 7. ch. 14.*

46. A present la Jurisprudence est que les Juges subalternes sont competens, pour connoître des complaintes entre leurs Justiciables és matieres profanes; mais quant aux complaintes en matiere Beneficiale, on a toûjours tenu que la connoissance en appartient aux Juges Royaux, privativement aux subalternes, même entre leurs Justiciables, sans qu'il y ait lieu de prévention pour ce regard. *Brodeau sur Loüet lettre B. somm. 11. n. 15.*

47. De la prévention attribuée aux Officiers des Sénéchaussées de Roüanne & Saint Etienne, transferées à Montbrizon. Arrêt d'expedient du 16. Mars 1657. qui accorde au Sénéchal de Roüanne la prévention sur le Châtelain de saint Germain de Laval, *Voyez Henrys, tom. 2. liv. 2. quest. 18. & 45. Sur la quest. 18.* l'Auteur des Observations fait celle-cy; je ne crois pas qu'elle subsiste à present, parce que l'Ordonnance de 1667. qui est generale, & qui déroge à toutes les Ordonnances & Edits précedens, fait défenses à tous Juges de retenir ou évoquer les causes pendantes aux Sieges inferieurs. En effet, j'ai fait infirmer au mois de Juillet dernier, une Sentence du Sénéchal de Saint Etienne, qui avoit pris connoissance en premiere instance d'un compte de tutelle, déferé par le Châtelain de Latour en Jarets, & autres Justiciables & domiciliez dans cette Châtellenie.

48. Arrêt du Parlement de Provence du 27. Avril 1675. par lequel la procedure & la Sentence du Juge superieur qui avoit prévenu, & la contrainte fut confirmée. *Boniface, to. 3. li. 1. ti. 5. ch. 19.*

PRÉVOST.

1. DEs Prévôts, Vicomtes, Châtelains, Viguiers, Juges ordinaires, & leurs Lieutenans. *Voyez* le mot *Juges, nomb. 311. & suiv.* Chenu, *Offices de France, tit. 12.* & Filleau, *part. 2. ti. 5.*

2. Prévôt, Prévôté. *Voyez* hoc verbo *l'Indice des Droits Royaux*, ou le *nouveau Glossaire du Droit François, derniere édition de 1704.*

3. Les Prévôts doivent connoître des differends des Eglises n'étant de fondation Royale. Arrêt du quatre Février 1630. *Du Fresne, liv. 2. ch. 65.*

PREVOST D'ANGERS.

4. Henrys, *tom. 2. liv. 2. qu. 2.* en rapportant l'Arrêt du Parlement de Paris du 14. Juin 1655. qui maintient le Juge Prévôt d'Angers dans la connoissance des causes des Maire & Echevins, Conseillers & Corps de l'Hôtel de Ville, dit que cet Arrêt ne peut pas avoir lieu à Lyon, parce que l'Echevinage annoblit; & que suivant l'Edit de Cremieu, il n'y a que les Baillifs & Sénéchaux qui puissent connoître des causes des Nobles. L'Autheur des Observations en fait deux: la premiere, que dans la Ville de Lyon il n'y a point de premier Juge Royal : ainsi le Sénéchal connoît en premiere instance de toutes les causes des Bourgeois. La seconde, que le Chapitre de S. Jean a la Jurisdiction dans l'étenduë de son Cloî-

tre. Son Juge, que l'on appelle Juge du Comté, connoît des causes de Nobles, aussi-bien que de celles des roturiers, suivant les Arrêts rapportez par le même Henrys, *qu. 20. & liv. 3. qu. 15.*

PREVOST DE BEAUVAIS.

5. Il a été jugé par Arrêt rendu au Rôle de Senlis le 28. Février 1656. entre Monsieur l'Evêque de Beauvais, les Officiers du Présidial du même lieu, & le Prevôt d'Angy, que ce Prévôt devoit avoir la séance dans la Ville de Beauvais; & toutesfois qu'il n'avoit pû prendre la qualité de Prévôt en garde de Beauvais, mais seulement celle de Prévôt d'Angy. Des Prévôts Royaux, *Voyez Recard sur l'art. 17. de la Coûtume de Senlis.*

PREVOST DE L'HOSTEL.

6. Miraumont, *Traité du Prévôt de l'Hôtel & du Grand Prévôt*, in octavo, *Paris* 1655.

7. Arrêt du Conseil d'Etat du 22. Janvier 1681. pour défendre au Prévôt de l'Hôtel de donner des commissions pour attirer des affaires qui ne sont point de sa competence. Il porte : Sa Majesté a défendu tres-expressément au Lieutenant General & Particulier, Civil & Criminel de la Prevôté de l'Hôtel, de plus prendre semblables commissions, ni de connoître d'aucunes causes, procez, & differends civils & criminels, de quelque nature qu'ils puissent être, autres que ceux dont la connoissance leur est attribuée par les Edits & Declarations, ou qui leur seront renvoyez par une attribution particuliere de Sa Majesté, à peine de faux des Jugemens qui seront par eux rendus, d'interdiction de leurs Charges, & de répondre en leurs propres & privez noms des dommages & interêts des parties. Défend en outre aux Procureurs postulans en ladite Prevôté de presenter aucunes Requêtes pour obtenir semblables Commissions ; & aux Greffiers d'en expedier, à peine de quinze cens livres d'amende, & de punition. *Voyez le Recüeil des Edits & Declarations imprimez par l'ordre de M. le Chancelier en 1687.*

PREVOST DE L'ISLE.

8. Le Prévôt de l'Isle ne fait le procez aux criminels. *Voyez Mornac ; C. de officio præfecti vigilium.*

9. Arrêt du Grand Conseil du 31. Mars 1622. entre le Prévôt de l'Isle de France, & le Lieutenant Criminel de Robe-courte de Paris. *Recüeil de la Maréchaussée, pag. 467.*

10. Edit de création d'un Lieutenant, un Exempt, vingt-cinq Archers, & un Trompette dans la Compagnie du Prévôt General de l'Isle de France au Gouvernement de Paris. Cet Edit du mois d'Août 1633. a été enregistré en la Chambre des Comptes le six Septembre suivant. *Ibidem, pag. 530.*

11. Arrêt du Conseil du 17. Janvier 1651. qui confirme le Prévôt General de l'Isle de France dans les droits de pourvoir aux places d'Exempts & Archers de sa Compagnie, vacantes par mort, forfaiture, ou autrement. *Ibidem, pag. 736.*

12. Le 23. Août 1670. Edit de création d'un Guidon en la Compagnie du Prévôt General de l'Isle de France. *Maréchaussée de France, pag. 910.*

PREVOST DES MARCHANDS.

13. Prévôt des Marchands & Echevins de Paris, appellé par Chopin, en son Traité de la Police, *liv. 3. tit. 4. n. 21. Decurionum Parisiensium Præfectus.* *Voyez les Ordonnances recüeillies par Fontanon, tome 1. li. 5. tit. 2. pag. 840.*

14. Voyez dans le Traité qu'a fait M. le Bret de l'ordre des anciens Jugemens Civils, *chap. 8.* Ce qu'il dit *de præfectis urbanis privatorum judiciorum, deque Prætoribus.*

15. Le Roy Henry II. ordonna en 1556. que le Prévôt des Marchands de la Ville de Paris seroit perpetuel. *V. Henrici progymnasmata, Art. 211.*

16. Jugé que le Prévôt des Marchands de la Ville de Paris avoit Jurisdiction & connoissance des délits qui

se commettent au fait de la Police, le fait étant arrivé entre les Marchands de vin à la publication d'un Arrêt de la Cour, donné pour la Police; d'où l'on concluoit que la connoissance en appartenoit à la Cour, du moins au Juge Royal ordinaire, qui est le Prévôt de Paris : mais il fut jugé que le Prévôt des Marchands étoit competent; cependant pour le bien commun des parties, le fait de peu d'importance fut jugé par Arrêt du 9. Décembre 1606. *Plaidoyers de Corbin*, *chap*. 74.

16 Le Juge Prévôt de la Ville d'Angers a été maintenu & gardé dans la connoissance des causes du Maire & Echevins, Conseillers & Corps de l'Hôtel-de-Ville dudit Angers, sans préjudice des autres privileges dudit Hôtel-de-Ville. Arrêt du 14. Juin 1655. *Voyez cy-dessus le nomb.* 4.

17 Arrêt du Conseil du 14. Septembre 1667. portant Reglement entre le Prévôt du Mans, & les Echevins, Officiers de la Prévôté, & Officiers Présidiaux, pour leurs fonctions, rang & séance. *Maréchaussée de France*, p. 876.

18 Edit du Roy, portant Reglement pour la Jurisdiction Civile & Criminelle des Prévôts des Marchands & Echevins, Président, Juges Gardiens, & Conservateurs des Privileges des Foires de la Ville de Lyon, avec attribution du pouvoir de juger souverainement & en dernier ressort jusques à la somme de cinq cens livres. Cet Edit qui est du mois de Juillet 1669. a été enregistré dans tous les Parlemens. *Voyez le 12. titre du Code Marchand.*

19 Arrêt du Conseil d'Etat du 8. Octobre 1670. qui maintient le Prévôt des Marchands & Echevins de la Ville de Paris, en la possession & jouïssance de connoître en premiere instance des procez concernans la navigation de la riviere de Seine, & autres pour la provision & fournitures de la Ville de Paris; avec défenses aux Juges des Eaux & Forêts, & Table de Marbre, d'en prendre aucune connoissance. *Voyez les Ordonnances concernant la Jurisdiction de la Ville de Paris; imprimées chez Fred. Leonard en 1676. pag.* 169.

PREVOST DES MARE'CHAUX.

20 *Castrensium Præfectorum Tribunus capitalis.*
De *Quæstore* N. 80. L'Officier qui s'agit icy, veilloit aux Vagabonds, gens sans aveu, coureurs, faineans, & autres : comme sont nos Prévôts des Maréchaux dans la campagne, & nos Lieutenans Generaux de Police dans les Villes.

21 Prévôt des Maréchaux. *Voyez sous le titre la Bibliotheque du Droit François par Bouchel, celle de Jovet, & sur le même mot*, *Bouvot*, tom. 2. & ibidem, page 847. & le mot *Maréchaussée, dans le 2. volume de ce Recueil.*

PREVOST DE PARIS.

22 Pendant l'absence du Prévôt de Paris, le Lieutenant Civil doit exercer suivant l'avis de M. le Chancelier, & de Messieurs du Grand Conseil ; & par Arrêt du Parlement de Paris du onze Mars 1410. il fut décidé en faveur de M. le Procureur General du Roy, ce qui a été depuis pratiqué. *Papon*, livre 4. *titre* 10. n. 3.

23 Le Prévôt de Paris doit prêter serment pardevant Messieurs du Parlement. Arrêt du Parlement de Paris du 4. Février 1411. qui met au neant l'adresse de son serment au Chancelier, ensemble tout ce qui étoit fait sur sa reception. *Papon*, li. 4. tit. 10. n. 1.

24 La Prévôté de Paris vacante, M. le Procureur General en a la garde. Ainsi jugé contradictoirement pour M. Gaucher Jayer, contre M. le Chancelier, & autres Conseillers d'Etat, comme il se voit au registre de la Cour du 12. Mars 1410. ainsi pratiqué en la personne de M. le Procureur General de la Guele pendant les guerres de la Ligue. Il se trouve, mais une seule fois que M. Pierre de Marigny Maître des Requêtes de l'Hôtel a été commis à la garde le 30. Avril 1421. *Bibliotheque de Bouchel*, verbo *Prévôté.*

Arrêt du Parlement du 21. Mars 1570 qui enjoint 25
au Prévôt de Paris où il trouvera aucun des Prévôts des Maréchaux résider plus de huitaine en cette Ville, & ses Archers de les faire prendre & constituer prisonniers. *Maréchaussée de France*, pag. 171.

Par Arrêt du 23. Mai 1579. il a été dit que le Prévôt 26
de Paris, ni ses Lieutenans ne doivent juger aucuns procez Civils ou Criminels dans lesquels le Roy a interêt, qu'ils n'ayent été communiquez au Substitut de M. le Procureur General du Roy, à peine de nullité. *Le Vest*, *Arrêt* 233.

Tous Juges sont competens pour faire reconnoître 27
ou nier un seing, même d'un Prêtre, sauf le renvoyer pour contester devant son Juge ; mais le Prévôt de Paris peut faire arrêter & executer les meubles, mettre garnison, & puis renvoyer devant le Juge des lieux. *Mornac*, l. *omnes clerici* 31. c. *de Episcopis Clericis*, il y a faute ; parce que la loy *omnes Clerici* 31. ne se trouve point dans le C. Godefroy : ni d'a Porta.

Le Prévôt de Paris conservateur des Privileges de 28
l'Université, est en cette qualité Officier de l'Université, & doit prêter serment au Recteur lors de son installation, comme aussi au Chevalier du Guet. *Bibliot. Can. to.* 1. p. 261. col. 1.
Voyez le mot Châtelet.

PREUVE.

Preuve. *Probatio. Argumentum.*
De *Probationibus*. C. 4. 19... Dec. Gr. dist. 44. 1
c. 5... 24. q. 3. c. 6... Extr. 2. 19... Cl. 2. 7.... Inst.
L. 3. 14.
Preuve par écrit.
De *fide instrumentorum, & amissione eorum.* D 22. 4.
De *fide instrumentorum, & de amissione eorum*;
de *apochis & antapochis faciendis* ; & de *his quæ sine scripturâ fieri possunt*. C. 4. 21. *Apocha*, Quittance : *Antapocha*, est expliqué au mot *Quittance*.
De *tabellionibus, & ut Protocolla dimittant in chartis*. N. 44. *Protocollum*, est *nota chartæ*, la marque, qui étoit au haut de la feüille, & où étoit écrite l'année en laquelle le papier avoit été fait, & par quel Ouvrier. Cette marque pouvoit être une preuve de la fausseté des Actes.
De *instrumentorum cautelâ & fide*, &c. N. 73. Cette Novelle contient plusieurs dispositions pour la preuve par écrit, sur tout dans les chap. 6. & 7. qui traitent de la comparaison d'écritures.
Ut ex solis documentis publicè celebratis comparationes fiant, *exceptis privatis quibus adversarius pro se utitur.* N. 49. c. 2.
Preuve par témoins. *Voyez* Témoin.
Des preuves en general ; il faut examiner si elles 2
sont dans les formes, si elles sont concluantes ; des preuves par écrit ; des preuves par témoins. *Voyez le 2. tome des Loix Civiles*, liv. 3. tit. 6.
Probationum testium & fidei instrumentorum formæ.
De *probationibus*. Per Jo. Oldendorpium. 4
Per Lanfranc. d Oriano.
Per Fericum Schenk.
Et per Jo. Milleum in suâ praxi criminali.
Mascardus de probationibus. Lugd. 1608. 2. vol. in folio.
De *probationibus*. Voyez M. le Bret en son traité de 5
l'ordre ancien des Jugemens, chap. 37.
Quatenus error, in instrumento commissus, probari 6
possit? testibus aut judiciis extrà scriptum? & quomodo intelligendus articulus 19. *Edicti anni* 1611. Voyez Stockmans décis. 119.
Temperatio Edicti anni 1611. *de non admittendâ pro-* 7
batione per testes in negotiis excedentibus trecentas libras Athenienses, seu florenos Rhenenses. Voyez ibidem, décis. 120.

8   *Comparatio scripturæ signi subjecti quam fidem faciat?*
    Voyez ibidem, décis. 138.

9   Preuve par témoins. *Voyez* hoc verbo, *Bouvot* to. 2. & cy-aprés verbo *Témoins*.
    En quelles choses la preuve par témoins n'est reçuë. *Ordonnance de Fontanon*, tome 1. liv. 3. titre 45. page 617.

10 De la preuve qui se fait par Confession. *Voyez Despeisses*, tome 2. p. 541.

11 Des especes de preuves abrogées. *Voyez* le même Auteur, *ibidem*, pag. 543.

12 Des faits qui gisent en preuve vocale ou litterale. *V. l'Ordonnance de 1667. tit.* 20.

13 *In antiquis sufficere probationes quales haberi possunt, quod sanè intelligendum est.* C. M. *des Fiefs*, §. 5. *hodiè le* 8. n. 75. *in antiquis enuntiativa probant, idem eodem loco*, n. 77. *antiquum in re gravi est* 30. *annorum in re mo licâ* 10. *idem eodem loco*, n. 83. *Voyez Mornac*, qui parle des Archives authentiques *ad hac* C. *de fide instrumentorum, &c.*

14 *Ei incumbit probatio qui dicit, non qui negat.* Mornac, *l.* 2. ff. *de probationibus.*

15 *Delegatus probationes perficere debet nonobstantibus appellationibus ne probatio pereat.* Mornac, *l. penultima* C. *de Hæreticis, &c.*

16 *Dominium probari, non modo instrumentis, sed indiciis præsumptionibus signis argumentisque certis & clarissimis.* Mornac, *l.* 19. C. *de rei vindicatione.*

17 Aux choses de difficile preuve, & qui se font *in secessu & semotis arbitris indicia & conjectura sufficiunt*, principalement *in delictis vel quasi l. non omnes* 5. §. *à Barbaris*, ff. *de re militari*. Voyez M. *Valla de rebus dubiis tractatu* 1. n. 20.

18 *Nuda scriptura privata nullum gradum probationis facit nisi sit recognita, nisi sit antiqua, scriptura producentis nullo casu potest plus quam vox sua: scriptura privata ex archivo publico desumpta probat, etiamsi careat subscriptione Notarii: testibus & aliis solemnibus publici instrumenti, modo archivum sit erectum authoritate superioris potestatem habentis.* Voyez M. Charles Du Moulin, traité des Fiefs, §. 5. *hodiè le* 8. n. 16. 17. 26. & 30.

19 Le creancier doit prouver que l'argent qu'il a prêté, est tourné au profit & utilité du Mineur. *Voyez* M. le *Prêtre*, 3. Cent. chap. 37.

20 En matiere feodale la preuve par témoins n'est pas reçuë. *Pelens*, quest. 75.

21 En quels cas il est permis de verifier & prouver par témoins l'existence d'une personne. *Voyez de la Guesse*. to. 3. liv. 11. chap. 41.

22 En fait de preuve les témoins ne peuvent être parens ni alliez, ni domestiques de la partie. *Ordonnance de 1667. tit.* 2. *art.* 2.

23 Un même fait peut être prouvé deux fois. Par exemple, un demandeur met en fait qu'une chose vaut cent écus, il le prouve par témoins. Depuis il se ravise & soûtient qu'elle en vaut cent cinquante, & il est reçû à la preuve de ce nouveau fait; car s'il est different du premier, il n'est pas neanmoins contraire. Le Parlement de Grenoble a ainsi décidé, ayant permis à Jean Alleman de prouver que la terre de Rochechinard surpassoit de beaucoup la valeur qu'il avoit premierement proposée & prouvée; mais on juge de cette valeur, eu égard à l'état de la chose lors qu'elle a été ou vendue, ou donnée, ou usurpée, & non de celuy auquel elle est demandée. *Voyez Guy Pape*, quest. 157. & 583. & le Conseiller Marc dans sa quest. 484. de la 1. part.

24 Julienne demande d'être reçuë à informer par témoins de quelques faits de l'an 1528. disant que l'Edit de Moulins défendant telles preuves, regarde seulement *futura negotia non præterita*; ce qui est ainsi jugé à Rennes. Par Arrêt du Parlement de Bretagne du 9. Septembre 1567. est dit mal jugé, & que l'intimé ne sera reçû à verifier ses faits autrement que par actes. *Du Fail, livre* 1. chap. 262.

25 Si par surprise ou par inadvertance, le Parlement a permis dans la cause d'appel la preuve des mêmes faits sur lesquels il a été enquêté dans la premiere instance, il ne s'arrêtera ni à ce qu'il aura ordonné à cet égard, ni à ce qui aura été prouvé en consequence, y ayant lieu de craindre que les nouveaux témoins ne soient subornez. Arrêt du Parlement de Grenoble de l'an 1445. entre l'Abbé de Boscodon, & les Habitans des Crottes, rapporté par *Guy Pape*, page 314.

26 Arrêt du Parlement de Bretagne du 11. Avril 1570. qui admet la preuve de la menace faite d'intenter procez. *Du Fail, livre* 1. chap. 300.

27 Traité de la preuve par témoins en matiere civile, contenant le Commentaire de M. Jean Boiceau, Sieur de la Borderie, Avocat au Présidial de Poitiers, sur l'article 54. de l'Ordonnance de Moulins, en Latin & en François; auquel sont ajoûtée sur chaque chap. plusieurs questions tirées des plus celebres Jurisconsultes, & décidées par les Arrêts des Cours souveraines, ensemble des Observations sur l'article 55. de l'Ordonnance de Moulins, & sur le tit. 20. de l'Ordonnance de 1667. le tout conferé avec l'Edit perpetuel des Archiducs, les Ordonnances, Statuts, & Coûtumes de Melun, Bologne la Grasse, Naples, Portugal, & autres Pays qui ont rapport à l'usage du Droit François sur cette matiere. *Par M. Danty, Avocat en Parlement*, imprimé chez *Guillaume Cavelier* en 1697.

28 L'article 54. de l'Ordonnance de Moulins au mois de Février 1566. porte, pour obvier à la multiplication des faits que l'on a vûs cy-devant être mis en avant en jugement, sujets à preuve de témoins, & reproches d'iceux, dont aviennent plusieurs inconveniens & involutions de procez; avons ordonné & ordonnons, que dorénavant de toutes choses excedans la somme ou valeur de cent livres, pour une fois payer, seront passez contracts pardevant Notaires & témoins, par lesquels contracts seulement sera faite & reçuë toute preuve desdites matieres, sans recevoir aucune preuve par témoins, outre le contenu audit contract, ni sur ce qui seroit allegué avoir été dit ou contenu avant iceluy, lors & depuis; en quoi n'entendons exclure les conventions particulieres, & autres qui seroient faites par les parties, sous leurs seings, sceaux & écritures privez.

En interpretation de cet article les Arrêts suivans ont été rendus.

29 Contre l'Ordonnance de Moulins les parties avoient été reçuës à verifier par témoins un fait hors le contract, & avoient fait enquête. Depuis l'une des parties appellée de l'appointement à informer; on luy objectoit la fin de non recevoir; sçavoir, qu'elle avoit fait enquête; elle répondoit que son Procureur, ni elle, n'avoient pû ni dû contrevenir à l'Ordonnance; les Gens du Roy se joignirent à l'appellant. Par Arrêt du 11. Février 1572. il fut dit, mal jugé; & par M. le premier Président fut remontré aux Avocats qu'il falloit suivre l'Edit, & qu'ils le doivent ainsi conseiller à leurs parties. *Bibliotheque de Bouchel*, verbo *Preuve par Témoins*.

30 La preuve que l'une des parties en faisant échange, ait promis de rendre la chose échangée moyennant cent livres, n'est pas recevable, parce que la chose donnée peut exceder. Arrêt du Parlement de Dijon du mois de Juillet 1577. *Bouvot*, tome 2. verbo *Preuve*, quest. 32.

31 L'article 58. de l'Ordonnance de Moulins ne s'étend aux faits & adminicules de la convention, & qui regardent la solution ou circonstance, quand le payement est confessé. Et sont tels faits recevables. Jugé contre un appellant d'appointement de contrarieté donné sur ce que la partie denioit avoir été payé de cent écus de vin que l'appellant confessoit avoir acheté.

acheté. Arrêt du 16. Decembre 1577. *Papon*, livre 9. tit. 11. nomb. 2.

32 Faits non recevables & de choses illicites ne se peuvent couvrir par procedures volontaires. Arrêt du 28. Novembre 1581. *Papon, ibidem*.

33 Un Solliciteur disoit avoir donné au Procureur une cedule de cent écus pour la faire reconnoître. Le Procureur le nioit, quoiqu'il convînt d'avoir fait les poursuites. Le Solliciteur demande à verifier par témoins ; le Procureur remontre qu'il s'agit de plus de cent livres ; le premier Juge reçoit les parties à faire enquête respectivement. Par Arrêt du 30. Decembre 1602. l'appellation & ce dont étoit appellé fut mis au neant, en émendant les parties hors de Cour & de procez. *Bibliotheque du Droit François par Bouchel*, verbo *Preuves*.

34 Lors que les parties sont appointées en preuves, que le demandeur veut faire preuve, & le défendeur aussi, si le défendeur doit être preferé ? *V. Bouvot, to.* 1. part. 3. verbo *Preuves*.

35 Celuy qui dit avoir acheté une maison pour certain prix excedant cent livres, & luy avoir été donné terme ; le fait étant nié, on n'est recevable à le prouver par témoins. Arrêt du Parlem. de Dijon du 30. Juin 1594. *Bouvot*, tome 2. verbo *Preuve*, quest. 5.

36 Jugé par Arrêt du 2. Mars 1595. que l'on n'est pas recevable à faire preuve par témoins, que l'on a loüé une maison pour trois ans à raison de cent livres par chacun an ; la convention étant niée. *Bouvot, to.* 2. verbo *Preuve par Témoins*, quest. 6.

37 L'on peut être reçû à la preuve contre une Sentence diffinitive, portant condamnation d'une somme de deniers, contenuë en une obligation, que le payement en avoit été fait auparavant par un tiers. Arrêt du 15. Mars 1607. *Bouvot, ibidem*, quest. 44.

38 Le fait excedant cent livres ne doit être reçû en preuve. Arrêt du même Parlement de Dijon du 15. Janvier 1610. *Bouvot, to.* 1. part. 1. verbo *Preuve*, quest. 1.

39 Par Arrêt du Parlement de Roüen, du 13. Août 1599. rapporté par *Berault sur la Coûtume de Normandie, article* 528. jugé que l'on n'étoit point recevable à prouver qu'une quittance sous seing privé avoit été vûë, & lûë. La raison, d'autant qu'il étoit facile de supposer un fait privé ; c'est pourquoi cette preuve n'a lieu qu'en un instrument passé pardevant Tabellion, où il faut que les témoins rapportent connoître le fait & seing de celuy qu'on dit avoir signé.

40 La Coûtume de Normandie n'admet la preuve du contract vû, tenu, & lû, s'il a été passé pardevant Notaires, *secus* s'il est sous signature privée. V. *Basnage sur cette Coûtume art.* 528.

41 En l'espece de l'article 54. de l'Ordonnance de Moulins qui défend la preuve testimoniale, le serment décisoire doit être reçû. Arrêt du Parlement de Grenoble du 28 Janvier 1613. & autres, rapportés par *Basset*, tome 1. liv. 2. tit. 28 chap. 1.

42 La preuve par témoins est reçuë quand il y a quelque commencement de preuve par écrit. Arrêt du 6. Decembre 1617. *Ibidem, chap.* 6.

43 *In distractibus ut in contractibus*, l'article 54. de l'Ordonnance de Moulins a lieu, sinon en cause favorable, & qu'il y eût quelques indices ou presomptions que le payement allegué eût été fait. Arrêt du dernier Janvier 1619. *Ibidem, chap.* 3.

45 Preuve par témoins est reçuë en fait de liberation, *aut pacti de non petendo* ; de pere à fils. Arrêt du dernier May 1637. *Basset, to.* 1. liv. 2. tit 28. chap. 2.

46 Doit être reçû à preuve par témoins, le fait de l'acceptation verbale d'un transport. Arrêt du 11. Août 1656. le transport servoit deja de quelque commencement de preuve. *Ibidem*, chap. 11.

47 L'article 54. de l'Ordonnance de Moulins n'a lieu en fait de simple négociation. Arrêt rendu au Parlement de Grenoble le 4. Septembre 1664. en faveur d'une femme admise à prouver qu'on luy avoit donné pouvoir verbalement d'enchérir jusqu'à certaine somme. *Basset, ibidem*, chap. 7.

48 Preuve par témoins contre l'Ordonnance rejettée. Il s'agissoit de prouver que le Seigneur avoit promis d'ensaisiner un contrat d'acquisition en luy payant les lods & ventes. Arrêt du Parlement de Paris du 3. Juin 1619. *Bardet, to.* 1. liv. 1. chap. 58.

49 Celuy qui se prétend creancier n'ayant aucune preuve par écrit de sa créance, n'est recevable à prouver par témoins que le débiteur a reconnu la dette, & promis de luy en faire payement. Arrêt du 26. Juillet 1647. *Soefve*, tome 1. *Centurie* 2. chapitre 37.

50 Les faits nouveaux qui sont articulez par lettres sous un appel, doivent être recevables, car s'ils se trouvent contraires aux actes, la preuve n'en doit être reçuë par témoins, L. 1. C. *de rest.* restituée par Cujas, suivant laquelle il y a Arrêt du Parlement de Bretagne du 15. Octobre 1611. *secus* en un fait de payement, au dessous de cent livres. Arrêt d'Audience du 11. Janvier 1639. *Du Fail, liv.* 1. *ch.* 74.

51 Si un fils majeur & emancipé, s'étant obligé pour décharger son pere d'obligation, est recevable à prouver d'avoir fait l'obligation par la force de son pere, & s'il est recevable à opposer l'exception *non numerata pecunia* ? Arrêt du Parlement de Provence du 5. Decembre 1670. qui ordonne la preuve par témoins de la force. *Boniface*, tome 4. livre 9. titre 3. chapitre 5.

52 Arrêt du 7. Avril 1645. qui a rejetté la preuve par témoins de la paillardise d'une veuve, pour luy faire perdre l'usufruit legué par son mari durant sa viduité. Autre Arrêt de l'année 1647. qui a rejetté semblable preuve d'un mariage secret fait durant l'an du deüil, pour faire perdre à la veuve ses avantages. *Boniface*, tome 2. liv. 3. tit. 4.

53 Arrêt du 7. Juin 1652. qui a reçû la preuve par témoins, que le débiteur avoit déchiré sa promesse, le creancier luy en demandant le payement. *Boniface, tom.* 1. liv. 8. tit. 27. chap. 10.

54 On ne peut être reçû à prouver par témoins que le sequestre a été chargé de plus grande quantité de meubles que l'exploit ne porte. Arrêt du 16. Mars 1656. *Boniface, ibidem, chap.* 7.

55 S'il s'agit d'un service fait par une personne comme Pilote, dans un vaisseau, & d'une promesse de deux pour cent des prises, la preuve par témoins en est reçuë. Arrêt du 30. Octobre 1661. *Ibidem, chapitre* 16.

56 Arrêt du 9. Juin 1664. qui a rejetté la preuve par témoins, de promesse de rançon, & rachat d'Esclaves. *Ibidem, chap.* 17.

57 Le 11. Février 1665. Arrêt qui a reçû la preuve par témoins de l'interposition & accommodement de nom d'un heritier, pour transmettre l'heritage au fils bâtard du testateur. *Boniface, tome* 2. *livre* 3. *titre* 5 *chapitre* 2.

58 La preuve par témoins du livre de raison du défunt, est reçuë en faveur de celuy qui demande la separation des heritages. Arrêt du 2. May 1671. *Boniface*, tome 4. livre 9. tit. 3. ch. 7.

PREUVE, CONTRAT.

Voyez le mot *Contract*, *nomb.* 90. *& suiv.*

59 Nonobstant l'Ordonnance de Moulins on reçoit la preuve testimoniale de dol, fraude, & simulation contre les actes, quoiqu'excedant la somme de cent livres, parce que ces cas approchent du criminel, où l'Ordonnance n'a lieu. *Mainard, livre* 6. *chapitre* 77. 78. *& 79.*

60 Arrêts du Parl. de Bretagne du 6. Octobre & 6. Mars 1554. qui admettent la preuve par témoins d'une transaction passée. Cet Arrêt est anterieur à l'Ordonnance de Moulins. *Du Fail, liv.* 2. *ch.* 6. *& 21.*

61 Un Seigneur déclare qu'il n'entendoit vendre que les rentes qui luy appartenoient, le Notaire en avoit exprimé d'autres qui ne luy appartenoient pas, l'acquereur inquiete le vendeur ; celuy-ci met en fait qu'il a toûjours déclaré ne vouloir vendre que ce qui étoit à luy : il offre d'en faire preuve, sans impugner le contract de faux. Arrêts du Parlement de Paris du 23. Août 1560. confirmatif de la Sentence qui avoit admis la preuve. Papon, liv. 9. tit. 11. n. 2. Cet Arrêt est donné avant l'Ordonnance de Moulins.

62 Quoique par l'Ordonnance de Moulins la preuve par témoins ne doive être receuë contre la teneur d'un contrat ; neanmoins le 22. May 1571. fut receu un fait, sçavoir qu'il en avoit payé ; & qu'à faute d'avoir trouvé le Notaire, la quittance ne fut signée. Papon, liv. 9. tit. 1. n. 1.

63 Arrêt du Parlement de Bretagne du 12. Octobre 1575. qui rejette la preuve par témoins d'une transaction. Du Fail, liv. 1. ch. 351.

64 Si le debiteur qui s'est obligé en 440. livres, que le Notaire dit avoir comptés & nombrés, est récevable à proposer qu'il n'a reçu que 400. liv. & que les quarante livres ont été mis pour les interêts ; & s'il est récevable à prouver le fait contre la teneur du contract ? Par Arrêt du Parlement de Dijon du 9. Decembre 1575. tel fait fut receu en preuve, & le fait contraire, si le creditur vouloit. Bouvot, to. 1. part. 3. verbo, Debiteur niant, qu. 1.

65 On n'est pas reçu à alleguer qu'il y a eu instrument, si en même temps l'on n'en allegue la perte. Arrêt du 31. Janvier 1578. & encore faut-il specifier le temps dans lequel il a été passé, le nom du Notaire, & celuy des témoins. Bibliotheque de Bouchel, verbo Preuves.

66 Le 27. Juin 1580. fut reçu le fait de celuy qui soûtenoit le déguisement d'un contract de vente en échange, & que les deux cens liv. données pour pot de vin, étoient pour supplément de prix. Papon, liv. 9. tit. 11. n. 2.

67 Les fins de non recevoir fondées sur l'Ordonnance de Moulins art. 54 qui défend és matieres excedant cent livres, de recevoir la preuve par témoins outre le contenu au contrat, ne sont point couvertes par l'appointement de contrarieté. Jugé au Parlement de Toulouse le 25. May 1581. Ibidem, liv. 9. tit. 1. nomb.1.

68 Une veuve inquietée en declaration d'hypotheque de cent livres de rente, sur la maison achetée par son défunt mary, mettant en fait que le demandeur present au contract de vente, avoit celé par dol cette rente ; les parties par Arrêt du trois Avril 1582. furent appointées contraires. Papon, livre 9. tir. 11. nomb. 2.

69 La preuve d'un fait peut être admise contre un acte passé devant Notaire, sans être obligé de s'inscrire en faux. Jugé au Parlement de Toulouse le 13. Janvier 1598. au sujet d'un Testament, qu'on soûtenoit avoir été suggeré au Testateur, quoique le Notaire qui l'avoit reçu, eût dit le contraire. Cambolas, li. 2. chap. 36.

70 L'une des parties n'ayant signé le contract, & déniant le contenu, le creancier n'est pas recevable à faire preuve par témoins, que la femme étoit presente avec son mary. Arrêt du Parlem. de Dijon du 22. Mars 1588. Bouvot, tome 2. verbo Preuves par témoins, qu. 1.

71 On est reçu à faire preuve que la somme promise par un contract de mariage, est duë ; quoiqu'au bas d'iceluy, il y ait quittance de cette somme. Arrêt du 29. Mars 1599. Bouvot, ibidem qu. 15.

72 Lorsqu'un particulier a traité au nom, & comme ayant charge, & que tel pouvoir est dénié, il est reçu à faire preuve que le contract a été ratifié. Arrêt du 8. May 1600. Ibidem, qu. 18.

73 L'on est reçu à prouver qu'un contract est fictif & frauduleux. Arrêt du Parlem. de Dijon du 5. Juillet 1619. Ibid. quest. 57.

74 Lorsqu'il s'agit de doute, d'ambiguité, ou d'interpretation du contenu dans un contract, la preuve par témoins est permise. Arrêt rendu au Parlement de Grenoble le 21. Novembre 1620. Voyez Basset, to. 1. li. 2. tit. 28. ch. 8.

75 On n'est point recevable à prouver par témoins, des faits au préjudice d'un contract bien signé. Arrêt du 9. Mars 1635. V. Basset, ibid. ch. 5.

76 Puisque la Coûtume de Normandie art. 518. permet au proprietaire d'un heritage, de prouver que son contract a été vû, tenu, & lû, un acquereur pareillement n'est-il pas recevable à faire cette preuve ? Arrêts contraires sur ce sujet. Le 24. Novembre 1618. elle a été admise, & refusée au mois de Janvier 1623. Basnage, sur l'art. 455. de cette Coûtume.

77 Preuves admises contre des contracts par Arrêts du Parlement de Toulouse des 7. Septembre 1640, & cinq Juillet 1650. Voyez Albert lettre P. verbo Preuves.

78 Arrêt du Parlement de Provence du 18. Novembre 1638. qui a reçu la preuve par témoins, d'un fait contre la teneur d'un contrat public, quand il y a demie preuve par écrit. Boniface, tom. 1. li. 8. tit. 21. chap. 6.

79 Arrêt du 4. Février 1666. qui reçoit la preuve par témoins d'un fait de simulation & obligation simulée, quand il y a demie preuve par écrit, ou présomption violente. Boniface, ibid. ch.21.

80 L'heritier reçu à la preuve par témoins, de la simulation d'un contrat passé par le défunt. Arrêt rendu au Parlement d'Aix le 24. Janvier 1679. Idem, tom. 4. li. 9. ti. 3. ch. 3.

81 La preuve par témoins peut être ordonnée contre les clauses de contracts passez devant Notaires, lorsqu'il y a soupçon de fraude & d'usure. Jugé au Parlement de Normandie, pour un homme qui avoit contracté deux obligations, causées pour valeur receuë ; & la preuve que c'étoit pour le prix d'un cheval, en fut admise, d'autant plus que le creancier étoit coûtumier du fait. Arrêt du Parlement de Normandie du 19. Août 1677. Plaidoyé de M. le Noble, p. 38. & suiv.

PREUVE, CONTRELETTRE.

82 Jugé par Arrêt du 29. Mars 1661. en la Coûtume du Maine, entre freres coheritiers de leur sœur, que la preuve par témoins étoit recevable d'un fait qu'un des freres articuloit contre son frere, que l'on avoit vû & lû une contre-lettre consentie par le frere au profit de sa sœur, la succession de laquelle étoit à partager. Journal des Audiences, tome 2. liv. 4. chapitre 18.

PREUVE, CRIME.

83 Des preuves, présomptions & indices au criminel. Voyez les mots Indices, Informations, Prescriptions, Procez Criminels. Et Papon, liv. 24. tit. 8.

84 De l'attouchement du fer chaud, & de l'eau boüillante, preuves que l'on observoit quelquefois dans les matieres criminelles. Voyez la Biblioth. du Droit François par Bouchel, verbo Preuves.

85 De la preuve qui se fait par l'aspect ou par la vuë de la chose. Voyez Despeisses, tom. 2. pag. 543. & le mot Homicide, au 2. vol. de ce Recueil.

86 Il ne faut user de nouvelle & inoüie espece de preuve en un crime, quelque grief & atroce qu'il soit. Arrêt du 7. Mars 1588. Charondas, l. 9. Rép. 45.

87 Si la preuve par témoins d'un accord & convention sur un procez criminel d'un coup de pierre, doit être receuë ? Arrêt du Parlement de Provence du 18. Mars 1667. qui refusa la preuve. Boniface, tome 4. liv. 9. tit. 3. ch. 8.

Voyez cy-après, verbo Procedure, nombre 225. & suivans.

PRE   PRE

Preuve, Depost.

88 Si la preuve par témoins a lieu en dépôt ? *Voyez* le mot *Dépôt*, nomb. 52. *& suiv.*

89 L'Ordonnance de Moulins qui défend la preuve par témoins, n'a été étenduë au Parlement de Toulouse, aux Testamens, ni aux dépôts volontaires. Arrêt qui admet la preuve d'un dépôt de 2533. l. Arrêt contraire par autre Arrêt du Parlement de Paris du 13. Août 1575. qui refuse la preuve d'un dépôt de cent écus. *Mainard, liv. 6. ch. 76.*

90 L'article cinquante-quatre de l'Ordonnance de Moulins n'a lieu en chose baillée en dépôt à un hôte ou hôtesse, encore que la chose excede cent l. Arrêt du 25. Octobre 1582. des Grands Jours de Clermont en Auvergne. *Le Vest, Arrêt 173. M. Loüet, lettre D. somm. 33. & l'Ordonnance de 1667. titre 20. article 4.*

91 Jugé au Parlement de Paris le vingt Avril 1649. que la preuve par témoins n'a point de lieu à l'égard d'un dépôt volontaire. *Soëfve, tome 1. Cent. 3. chapitre 7.*

Preuve Domestique.

92 Quand il s'agit d'un fait domestique, la preuve domestique est admise. *M. le Prêtre, 4. Cent. chap. 27. Voyez Mornac, l. 3. ff. de testibus,* où il y a Arrêt du 9. Août 1613.

Preuve, Enfant.

93 Une fille dit qu'un certain homme marié luy a fait un enfant: pour preuve que l'enfant est de luy, elle met en fait que l'enfant a une marque sur le corps, de laquelle & le pere & ses autres enfans sont marquez; elle demande qu'ils soient visitez. On disoit au contraire, que cette forme de preuve étoit honteuse, *ubi multa de nuditate & similitudine formæ,* & des imaginations *in concipiendo.* Par Arrêt de la Tournelle le neuf Février 1608. la fille déboutée de la preuve par elle requise. *Bibliotheque de Bouchel, verbo Preuves.*

Voyez les mots *Enfans, Etat, Grossesse, Part, Supposition.*

Preuve, Fideicommis.

94 Si le fideicommis peut se prouver par témoins ? *Voyez* le mot *Fideicommis, nomb. 172. & suiv.*

95 L'on peut prouver un fideicommis, quoiqu'il excede cent livres. Arrêt du Parlement de Dijon du 5. Decembre 1597. *Bouvot, tome 2. verbo Preuves, quest. 7.*

Preuve, Gradué.

96 L'insinuation des Lettres de degrés, nomination & temps d'étude, ne peut point se prouver par témoins. Jugé au Grand Conseil le six Août 1558. *Voyez l'art. 55. de l'Ordonnance de Moulins,* & *Charondas, liv. 1. Rép. 38.*

Preuve, Marchands.

97 L'Ordonnance de Moulins n'a lieu en société de marchandise. Arrêt du Parlement de Dijon du vingt Avril 1606. *V. Bouvot, tom. 2. verbo Preuve, question 41.*

98 Les preuves sont reçuës entre Marchands trafiquans de chose mobiliaire, quand le denier à Dieu a été baillé. Arrêt du même Parlement du 9. Février 1609. *Ibidem, qu. 48.*

99 Les Arrêts du Parlement de Dijon ont jugé que l'article 54. de l'Ordonnance de Moulins n'a pas lieu pour fait de marchandise; & qu'entre Marchands la preuve par témoins est reçuë au delà de 100. l comme l'Arrêt suivant le fait voir. Il s'agissoit du procés d'une somme de 1950. l. reçuë par deux Marchands associez dans un commerce de chevaux, provenant de la vente de leurs marchandises. Ils avoient l'un & l'autre signé le reçu de la somme; l'un prétendant qu'elle avoit été partagée; l'autre posoit en fait qu'elle étoit restée entre les mains de son Associé, & qu'il étoit convenu qu'elle seroit employée au payement d'une somme qu'ils devoient conjointement à un Marchand, avec lequel ils avoient commerce. Il y eut Sentence donnée par les Juges Consuls d'Auxonne du 18. Août 1672. qui avoit admis la preuve des faits: elle fut confirmée tout d'une voix le 14. Janvier 1673. J'ay appris de M. le Rapporteur, que le motif de cet Arrêt est fondé sur l'usage de la Jurisdiction des Juges Consuls; cet usage confirmé par l'Ordonnance de 1667. tit. 10. art. 2. où il est dit, *sans rien innover en ce qui s'observe en la Justice des Juges & Consuls des Marchands.* Voyez Taisand, *sur la Coûtume de Bourgogne, ti. 4. art. 1. n. 13.*

Preuve de la Minorité.

Voyez Pelens, quest. 130. & les mots Majorité, Minorité. 100

Preuve, Ordonnance de Moulins.

De la preuve de la chose qui excede la somme ou 101 valeur de cent liv. *Voyez* cy-dessus *le n. 28. & suiv. & M. le Prêtre, 4. Cent. ch. 22.*

Au dessus de cent livres, point de preuves par té- 102 moins. *Ordonnance de Moulins art. 54.* La tradition & la joüissance se peuvent prouver par témoins, en chose excedant la valeur de cent livres, quand les faits qui donnent lieu à la preuve, ne sont point susceptibles de convention, la preuve est admise. *M. Ricard, des Donations, sect. 6. nomb. 696. Voyez M. le Prêtre, 4. Cent. ch. 2. & Charondas, liv. 11. Rép. 5.*

Par Arrêt donné aux Grands Jours de Troyes, la 103 Cour a jugé que le demandeur ne peut se restraindre à cent livres aprés la contestation; parce que le fait de convention excedant cent livres, ne peut être verifié par témoins; & partant, si le demandeur se restraint, *id videtur in fraudem legis facere. Bibliot. de Bouchel, verbo Preuve par témoins.*

Sur la question de sçavoir si l'Ordonnance de 104 Moulins art. 54. a lieu en vente & renonciation prétenduë faite à une succession, étant deux sœurs, l'une ayant pour mille écus renoncé par contract de mariage, & l'autre souscrit. Par Arrêt du Parlement de Dijon du neuf Mars, il fut dit que la Cour en délibereroit au Conseil. *Bouvot, to. 2. verbo Preuve, quest. 12.*

Preuve par Témoins.

Preuve de promesses excedant cent livres, non 105 reçuë par témoins. Arrêt du Parlement de Bretagne du 2. Avril 1571. *Du Fail, li. 1. ch. 323.*

L'article 58. de l'Ordonnance de Moulins n'a lieu, 106 s'il y a dol de partie; ainsi la preuve est recevable du fait, qu'un Receveur a caché un Journal portant recette de deux cens livres. Arrêt du 4. Août 1578. De même, si le fait d'un Marchand de vin, qui avoit fait marché, dont le prix fut écrit & laissé au vendeur; qui depuis l'auroit déchiré, a été reçû par Arrêt du 7. Août 1582. de même que le prêt mentionné par l'obligation étoit supposé. Arrêt du 23. Février 1584. *Papon, liv. 9. tit. 11. n. 2.*

L'article 54. de l'Ordonnance de Moulins, qui dé- 107 fend en chose excedant cent livres la preuve par témoins, peut souffrir quelque exception. Arrêt du 16. Mars 1589. *Le Vest, Arrêt 189.*

Le Prévôt de Paris avoit par Jugement dernier, 108 appointé les parties à informer sur le fait mis en avant par le Vicaire de Saint Severin, que la partie de Talon luy avoit donné charge de faire dire les Messes fondées par ses Prédecesseurs. L'appellant disoit que le fait excedoit cent livres. L'intimé répondoit que telle matiere est *extra commercium,* & qu'on n'en passe point d'écrit. Arrêt du Parlement de Paris du 19. Février 1595. qui reforme la Sentence, en ce qu'elle avoit jugé en dernier ressort; au surplus confirmée. *Biblioth. du Droit François, par Bouchel, verbo Preuve.*

Casus quo cessat constitutio Molinensis art. 54. quia 109 *probationem per testes ad centum libras redigit.* Arrêt du 7. Mars 1596. *Mornac, Loi 21. ff. de negotiis gestis.*

L'article 54. de l'Ordonnance de Moulins n'a lieu, 110

Tome III.   Z ij

quand les fins de non recevoir qui en sont tirées, peuvent être éludées, *exceptione doli mali*. Arrêt du 19. Avril 1615. *V. Basset, tom.* 1. *liv.* 2. *ti.* 28. *ch.* 10. Cela a principalement lieu entre Marchands. Aussi l'Ordonnance de 1667. *tit.* 20. *art.* 2. dit que l'article 54. de l'Ordonnance de Moulins n'aura lieu en ce qui s'observe dans la Police des Juges & Consuls des Marchands.

111. En fait de simulation & de dol, l'art. 54. de l'Ordonnance de Moulins n'a pas lieu. Arrêts du dix-neuf Août 1656. & deux Juin 1614. *Voyez Basset, tome* 1. *liv.* 2. *tit.* 28. *ch.* 14.

112. Preuve testimoniale d'une promesse verbale qui excedoit cent livres, a été rejettée entre Marchands par Arrêt du Parlement de Paris du 29. Novembre 1618. *Bardet*, to. 1. *liv.* 1. *ch.* 48.

113. Cause appointée pour sçavoir si un défendeur ayant refusé de répondre sur faits & articles, qui ont été tenus pour confessez, la preuve du fait excedant cent livres, est admissible par témoins. Arrêt du 19. Août 1638. M. Bignon Avocat General, dit que la disposition de l'Ordonnance cessoit, quand il y avoit commencement de preuve par écrit, ou de la mauvaise foy & du dol. Bardet, tome 2. liv. 7. chapitre 39.

114. Preuve par témoins aïant été admise pour une somme excedante, il n'est pas libre en cause d'appel de se restraindre à celle de cent livres. Jugé le dix-sept Decembre 1638. *Ibid. ch.* 46.

115. Les derniers Arrêts du Parlem. de Bretagne n'ont admis la preuve, ni du fournissement de marchandises, ni du payement d'icelles au dessus de cent liv. & entr'autres celuy du 9. Juin 1639. *Sauvageau sur Du Fail*, *liv.* 1. *ch.* 319.

116. Ayant été convenu par la mere, de ne constituer pour sa fille que deux cens liv. en dot; & pour l'honneur du mariage, la constitution ayant été faite de trois cens livres: jugé que la mere n'étoit recevable à prouver le fait par des personnes de qualité, quoiqu'il ne s'agit que de cent livres. Arrêt du Parlement de Provence du 22. Decembre 1642. *Boniface*, to. 4. *liv.* 9. *tit.* 3. *chap.* 4.

117. Arrêt du 18. May 1645. qui a reçu la preuve par témoins d'une somme excedant cent livres, délivrée à un amy pour faire un achat de grains. *Idem*, *to.* 1. *liv.* 8. *tit.* 27. *ch.* 5.

118. La simulation d'un contrat se peut prouver par témoins, quoiqu'au dessus de cent livres. Jugé en la Chambre de l'Edit de Castres le 20. Decembre 1629. *Voyez Boné*, Arrêt 87. *Mainard*, *liv.* 6. *chap.* 76. & 79. *Loüet*, *lettre* T. *nombre* 7. & Cujas cité sur ce sujet.

119. Les pactes & conventions des Soldats dans les Armées, sont reçûs en preuve contre l'article 54. de l'Ordonnance de Moulins, & les examens à futur doivent être ordonnez, quand il y a sujet de craindre la mort, ou la longue absence des témoins. Jugé au Parlement de Toulouse le 6. Mars 1651. pour un particulier, qui avoit vendu un cheval à un Soldat en presence de ses Camarades, lesquels partoient pour aller à l'armée. *Voyez les Plaidoyez de M. Jean Boné*, *part.* 2. *pag.* 103. & *suiv.*

120. On ne peut être reçû à la preuve d'aucune somme au dessus de cent livres, que par Arrêt; & non par témoins; & aprés avoir demandé une somme au dessus, on ne peut reduire sa demande pour en faire la preuve par témoins. Arrêt du Parlement de Grenoble du 19. Février 1678. rapporté par *Chorier en sa Jurisprudence de Guy Pape*, *p.* 252.

121. L'on est recevable à faire preuve qu'un Billet causé pour valeur reçuë excedant la somme de cent liv. a été donné pour argent gagné au jeu. Arrêt du Parlement de Paris du 30. Juillet 1693. *Voyez le Journal des Audiences*, tome cinquiéme, *livre* 9. *chapitre* 24.

PREUVE, PAYEMENT.

Sur la preuve d'un payement; *Voyez* le mot *Payement*, *nomb.* 83. & *suiv.*

122. La preuve par témoins est reçuë en solution & payement de deux cens livres en association & negotiation. Arrêt du Parlem. de Dijon du 18. May 1573. *Bouvot*, tome 2. verbo *Preuve par témoins*, *question* 25.

123. La preuve par témoins en fait de payement, excedant la somme de cent livres, est reçuë, lorsque la personne à qui le payement a été fait, est décedée. Arrêt du 19. Juillet 1576. *Ibid. quest.* 31.

124. L'Ordonnance qui exclut la preuve par témoins en choses excedant cent livres, a lieu en payement prétendu fait de plus de cent livres. Arrêt du treize May 1588. *Ibid. qu.* 3.

125. L'Ordonnance n'a point lieu és payemens prétendus faits d'une somme excedant cent livres, lorsque les payemens sont faits par differentes personnes, & au dessous de cent liv. par chacun. Arrêt du Parlement de Dijon du 18. Janvier 1599. *Bouvot*, *ibid. quest.* 14.

Voyez cy-aprés le mot *Quittance*.

PREUVE, PERTE D'ACTES.

126. La perte d'un acte peut être prouvée par témoins. *Voyez Bouvot*, tome second, verbo *Preuve par témoins*, *quest.* 59.

127. La preuve d'un fait qu'il y a eu quittance qui a été vûë & perduë, est recevable. Arrêt du 29. May 1598. *Bouvot*, *ibid. qu.* 13.

128. L'on est reçû à faire preuve de la perdition d'une quittance, & promesse de rendre le Contract de constitution de rente; qu'elle a été passée pardevant Notaire Royal, vûë & brûlée. Arrêt du même Parlement de Dijon de 3. Juillet 1600. *Bouvot*, *ibidem qu.* 18.

129. *De probatione amissi instrumenti*. *Voyez M. le Prêtre*, 1. *Cent. chap.* 60. où il est dit que pour prouver la perte d'un instrument par témoins, il faut que les témoins parlent de la perte & de la teneur de l'instrument, qu'ils disent comment l'instrument a été perdu, & ce qu'il contenoit. *Voyez Mornac*, *Loy* 1. & *Loy* 5. *C. de fide instrumentorum*. Charondas, livre 7. *Rép.* 84.

130. La preuve par témoins du fait de la perte de deux contre-promesses, & du contenu en icelles, a été reçuë par Arrêt du Parlement de Paris du 23. Août 1607. *Corbin, suite de Patronage*, *ch.* 204.

131. Arrêt rendu au Parlement de Provence le 5. Février 1646. qui a rejetté la preuve par témoins de la perte d'un acte, qui n'a pas été fait *in casu ruinæ, incendii vel naufragii, &c*. Boniface, to. 1. liv. 8. tit. 27. ch. 8.

PREUVE, PROMESSE DE MARIAGE.

132. Preuve de promesses de Mariage admise par témoins. Arrêt du Parlement de Paris du 14. Février 1608. *Plaidoyers de Corbin*, *ch.* 105.

133. Appointement de contrarieté de l'Official du Mans, sur la preuve d'une promesse de mariage d'un mineur, jugé abusif par Arrêt du 20. Decembre 1629. *Bardet*, *to.* 1. *liv.* 3. *ch.* 76.

PREUVE, RECELE'

134. Quoique tout acte de Justice se prouve par Registre du Greffe, neanmoins la soustraction se peut prouver par témoins. Arrêt de la Cour des Aydes du 10. Janvier 1564. *Papon*, *liv.* 9. *ti.* 1. *n.* 1.

135. Heritiers sont admis à prouver par témoins, que les especes d'or & d'argent trouvées dans la maison échuë au lot de leur coheritier, ont été cachées par la mere commune. Ainsi jugé le 21. Juillet 1639. *Bardet*, *to.* 2. *liv.* 8. *ch.* 30.

136. Arrêt du Parlement de Provence du 19. Novembre 1646. qui a reçu la preuve par témoins d'expilation de meubles contre une veuve. *Boniface*, *to.* 1. *liv.* 8. *tit.* 27. *ch.* 9.

137 Jugé au Parlement de Paris le 17. Janvier 1651. que l'article 54. de l'Ordonnance de Moulins, qui ne permet pas la preuve au dessus de cent livres, n'a point lieu, lorsqu'on allegue souftraction ou recelement de pieces. *Soëfve, tome* 1. *Cent.* 3. *ch.* 57.

Voyez cy-après le mot *Recelé*.

PREUVE, RESIGNATION.

138 Preuve par témoins d'une resignation a été rejettée par Arrêt du Parlement de Bretagne du 13. Septembre 1554. *Du Fail, li.* 3. *ch.* 172.

Voyez le mot *Resignation*.

PREUVE, RETRAIT.

139 Acquereur declaré non recevable à prouver par témoins, que le retrait étoit frauduleux. Arrêt du Parlement de Normandie du 9. Janvier 1657. *Bafnage, fur l'art.* 478. *de cette Coûtume.*

Voyez le mot *Retrait*.

PREUVE, SERMENT.

140 Les delais de faire preuve étant passez, le demandeur se peut rapporter au serment du défendeur, n'ayant fait preuve contraire par témoins. Arrêt du Parlement de Bourdeaux du mois de Juin 1531. Autrement fut jugé le 20. Juin 1556. *Papon, liv.* 9. *ti.* 6. *nomb.* 7.

Voyez le mot *Serment*, où il est examiné quelle sorte de preuve il produit.

PREUVE, SIMONIE.

141 La simonie ne se prouve par témoins au Parlement; secus, au Grand Conseil. *Mornac*, authentique, *quod pro hâc causâ. C. de Episcopis & Clericis*, &c.

Voyez les mots *Confidence, Dévolut, & Simonie*.

PREUVE, SOCIETE'.

142 La preuve par témoins a été reçuë d'une societé verbalement contractée, & des sommes qu'on avoit fournies en une ferme des devoirs, encore que la somme excedât cent livres. Arrêt du Parlement de Bretagne du six May 1624. *Sauvageau sur Du Fail, liv.* 1. *ch.* 323.

143 Arrêt du Parlement de Tournay du 16. Octobre 1699. rendu contre François Dupsein, Controlleur General des Vivres à Maubeuge, lequel avoit conclu à ce que le nommé Poüillart fût condamné de lui rendre compte d'une entreprise de fourrages, pour laquelle il disoit avoir été en societé avec leditPoüillart pendant l'an 1694. Poüillart ayant denié d'avoir contracté aucune societé avec le demandeur, les parties ont été admises à verifier sur l'usage & observances de l'article 19. de l'Edit perpetuel de 1611. en Hainault, dans les cas non reglez par les Chartes dudit païs; en sorte qu'il n'est pas constant si la disposition de l'Edit perpetuel art. 19. en matiere de preuves par témoins est obfervée en Hainault. *Voyez M. Pinault, to.* 2. *art.* 273.

Voyez cy-après le mot *Societé*.

PREUVE, SUBSTITUTION.

144 *Num substitutio obmissa porbari possit per minorem numerum testium, quàm eorum qui fuerint in testamento?* La resolution est que non, *cum eadem sit substitutionis quæ institutionis ratio*, n'étant autre chose que *secunda aut sequens institutio*; & suivant l'avis de Bartole, *in l. cum præponebatur. De leg.* 2. *in L. errore C. de Testam. & Oldrat. Consilio* 297. Ainsi jugé à Toulouse en Janvier 1583. bien que Guido Pape en sa question 504. ait dit, *duos testes sufficere*. Mais cela doit être entendu pour les Testamens où il suffisent, ou bien où ne sont intervenus que deux témoins. *Biblioth. de Bouchel*, verbo *Substitution*.

PREUVE, TESTAMENT.

145 Si la preuve d'un Testament nuncupatif peut être reçuë en France? *Voyez Bouvot, t.* 1. *part.* 3. verbo *Testateur, quest.* 1.

146 Quand il s'agit de prouver quelque chose pendant la confection du Testament, la preuve doit être restrainte aux témoins numeraires de l'acte: mais quand il s'agit d'autres faits, ou d'un changement, ou d'une ampliation de volonté, la preuve en doit être reçuë *per classicos testes*; c'est à-dire, par autres témoins que les numeraires, qui soient gens de probité. *Gell. & Bud. ad ult. ff. de pign. act.* Arrêt donné au Parlement de Toulouse, les Chambres assemblées, le sept Avril 1601. *Albert*, verbo *Testament, qu.* 23.

147 Jugé au Parlement de Paris le deux Juillet 1654. que la preuve par témoins, qu'un Testament avoit été revoqué par le défunt, & que l'acte de revocation avoit été vû entre les mains du Notaire, pardevant lequel on prétendoit qu'il avoit été passé, n'étoit recevable. *Soëfve, to.* 1. *Cent.* 4. *ch.* 71.

148 Jugé au Parlement de Grenoble le 30. Mars 1657. que la preuve des faits qu'on vouloit prouver par témoins, que la volonté du Testateur avoit été de faire un fideicommis conditionnel *post mortem*, n'étoit pas recevable; puisque le Testament, qui étoit un acte public, n'en disoit rien, quoique l'on voulust prouver tant par le Notaire, qu'autres, que le Testateur s'étoit expliqué, qu'il substituoit après le décès de son heritiere, qu'il l'avoit dit au Notaire qui l'avoit oublié. *Voyez Basset, tome* 2. *livre* 8. *titre* 2. *chap.* 3.

Voyez cy-après le mot *Testament*.

PREUVE, TONSURE.

149 Preuve de la Tonsure est reçuë par lettres, non par témoins. *Voyez l'Ordonnance de Moulins au mois de Fevrier* 1566. *art.* 55. & *l'art.* 15. *de celle de* 1667. *au titre* 10.

PREZ.

Voyez cy-dessus le mot *Pré*.

1 Des prez & rivieres, c'est le quatorzième titre de la Coûtume de Nivernois. *V. Coquille, to.* 1. *p.* 165. *en son Commentaire sur ladite Coûtume.*

2 Arrêt du 23. May 1556. qui ordonne qu'il sera fait inhibitions & défenses à cry public, à tous ceux qui ont des prez, & qui prétendent avoir faculté de mettre & faire paître le bétail en iceux situez ès environs de Toulouse, de mettre ni souffrir permettre être mis aucun bétail d'icy au mois d'Octobre prochain, sur peine de 25. livres pour chacune contravention, & autres arbitraires, contre les Maîtres dudit bétail, & de prison contre les gardiens & conducteurs d'iceux. *La Rocheflavin, liv.* 3. *lettre P. tit.* 1. *Arr.* 3.

3 Arrêt du Parlement de Paris du treizième jour de May 1567. portant défenses aux habitans de Lagny, nonobstant la possession & privilege par eux alleguée, de plus aller cueillir la ramée, & joüer aux prez pendant les Fêtes de la Pentecôte. *Papon, livre* 5. *titre* 12. *nomb.* 8.

4 Un particulier pouvant aller dans son pré par bâteau, mais incommodément & avec peril, son voisin ayant une Isle auprès, par laquelle luy & ses prédeceffeurs avoient passé, ledit voisin fut condamné de livrer passage au particulier en payant l'estimation du droit de passage à dire de gens à ce connoissans. Arrêt du 26. Mars 1588. *M. Loüet*, lettre C. *sommaire* 1.

PRIERES.

1 DU droit Imperial & Royal, des premieres prieres. *Voyez le* 23. *Plaidoyé de M. le Maître.*

Voyez les mots *Empereur, Concordat Germanique, Indult, Joyeux avenement.*

2 Arrêt du Parlement de Provence du 26. Mars 1647. qui a jugé que le Seigneur doit être recommandé aux prieres publiques des Habitans, par le Prieur au Prône, & que la connoissance de cette action appartenoit au Juge laïc, & non au Juge d'Eglise. *Boniface, tome* 1. *liv.* 3. *tit.* 1. *ch.* 2.

3 Lorsque nous avons ordonné de rendre graces à Dieu, ou de faire des prieres pour quelque occasion, sans en marquer le jour & l'heure, les Archevêques & Evêques

les donneront, *si ce n'est*, &c. *Voyez* le mot *Archevêque* nomb. 18. & l'art. 46. de l'Edit concernant la Jurisdiction Ecclesiastique rapporté sous le mot *Juge*.

PRIEUR, PRIEURÉ.

1. DE *Prioribus*. Voyez *Pinson*, *au titre de Divisione Beneficiorum*, §. 9.
De Prioribus secularibus. Voyez *Pinson*, *ibidem*, §. 14.

2. Prieurez de la France qui sont en la nomination ou à la Collation du Roy. *Bibliotheque Canonique*, tome 2. *page* 246.

3. Des Prieurez Conventuels de l'Ordre de S. Benoît ; ils sont vrais Benefices, & sujets à dévolut. Prieur Claustral n'est qu'un simple office ; il y a des Prieurs Conventuels qui ne sont pas perpetuels. *Voyez* Boniface, tome 4. *page* 748. *n.* 17.

4. Arrêt du P. de Grenoble du 28. Juillet 1665. qui ordonne que le Prieur de *Comiers*, tiendroit dans son Prieuré le nombre de Religieux porté par la fondation. Le Prieur remontra que les revenus ne suffisoient pas. Par un second Arrêt la Cour interloqua, & ordonna qu'il seroit procédé à l'estimation des Charges & revenus. *Basset*, tome 1. *li. tit.* 1. *chap.* 16.

5. L'Abbé de *Grandmont* est Abbé general de l'Ordre de Grandmont, le droit de pourvoir librement aux quatre premiers Prieurez qui viennent à vaquer aprés son élection, luy fut accordé par le Pape Clement VI. pour l'indemnité de ceux, qui dans leur origine étoient dans la dépendance de l'Abbé de Grandmont, & que le Pape Jean XXII. predecesseur de Clement VI. avoit réduits en Monasteres ou Prieurez, dont les Religieux élisoient le Prieur, qui étoit ensuite confirmé par l'Abbé General ; en sorte que les Prieurez de cet Ordre sont Conventuels, électifs : le Roy y nomme en vertu du Concordat, à l'exception des quatre premiers qui vacquent aprés l'élection & confirmation de l'Abbé, qui a été maintenu dans ce droit par plusieurs Arrêts, & notamment par Arrêt du Conseil d'Etat du 7. Janvier 1690. Les Abbez de Grandmont sont obligez de faire enregistrer au Greffe du Grand Conseil les Provisions qu'ils accorderont aprés leur élection, par un Reglement du Grand Conseil, fait sur la requisition & conclusions de M. le Procureur General. *Definitions Can. page* 708.

6. Par Arrêt du Parlement de Bretagne du 29. Mars 1576. ordonné que l'un des Conseillers de la Cour, ou Juge de Dinan, descendera au Prieuré de *Lehon* pour informer quel Service y est celebré, du nombre des Religieux, de leur Forme de vivre, voir l'état des maisons du Prieuré ; le Substitut du Procureur General appellé. *Du Fail*, liv. 2. ch. 501.

7. Il y a eu des Prieurs qui ont prétendu & même joüi de petits droits Episcopaux, comme de donner des Dimissoires, Dispenses de bans de mariages, & autres semblables ; tels sont les Prieurs de S. *Maximin*, de l'Ordre de saint Dominique, qui ont longtemps joüi de ces Privileges, mais ils leur furent ôtez par Arrêt du 20. Août 1667. *Definitions Canoniques*, *page* 706.

8. Le Prieuré de S. *Nicolas* est Conventuel, électif, & par consequent à la nomination du Roy, suivant le Concordat. Il a été jugé Conventuel, électif, à la nomination de sa Majesté, par Arrêt du Conseil d'Etat au rapport de M. Pussort en l'année 1671. Dans le Prieuré il y avoit une Maladrerie qui a été détruite, & unie à l'Hôpital de Bayeux. *Definitions Can. page* 702.

9. Jugé le 6. Juillet 1647. que le Prieuré du College de *Prémontré* sis à Paris n'est point un Benefice en titre, mais un simple Office amovible & révocable à la volonté du General. Autre Arrêt semblable du 28. Août 1649. au profit de l'Abbé de saint Waast d'Arras, lequel avoit destitué un Religieux pourvû en Cour de Rome de l'Office de Prieur Claustral de ladite Abbaye. *Soëfve*, tome 1. *Centurie* 2. *chapitre* 28.

PRIEURÉ DEPENDANT DE L'ABBAYE.

10. On peut tenir deux Prieurez dépendans d'une même Abbaye. Arrêt du Parlement de Paris du 29. Août 1598. en faveur du nommé Gautier pourvû en Cour de Rome, en Commande, *unâ cum Prioratu* de Ruel, dépendant du Prieuré de la Charité sur Loire. *V. M. Loüet*, lettre B. *somm.* 8. M. le Maître dans son traité des appellations comme d'abus, rapporte un Arrêt semblable en faveur de frere Claude de Xaintes appellant comme d'abus.

11. Par Arrêt du Grand Conseil du mois de May 1599. rapporté par *Peleus en ses Act. forenses*, li. 2. art. 19 il a été jugé que les Abbez pouvoient saisir le temporel des Prieurs dépendans de leurs Abbayes, faute d'exhiber les titres de leurs provisions.

12. Prieurs Commendataires non Religieux sont exempts de la Jurisdiction de l'Abbé dont dépendent leurs Prieurez, & ne sont tenus de comparoir au Chapitre ordinaire ou convoqué, comme s'ils étoient Religieux ; leur Provision & Commende leur donne pleine administration, *in temporalibus & spiritualibus*, de leurs Prieurez ; neanmoins s'ils doivent pension à l'Abbé à cause de leurs Benefices, il les peut contraindre par sa Jurisdiction à payer, & à cette fin les admonester, & excommunier, s'ils sont refusans. Arrêt de Paris du 11. May 1515. *Panorm. in cap. cum à nobis olim de election*. Biblioth. Canonique, tome 2. *page* 244.

13. Religieux qui a un Prieuré dépendant de l'Abbaye où il a fait profession, ne peut convertir les deniers qui luy sont dûs par les Fermiers en rente, au prejudice de l'Abbé successeur de son peculé ; & l'Abbé successeur aprés le décez du Religieux, n'est tenu d'entretenir le contract de constitution de rente, mais il se fera payer des sommes entieres dûës par les fermiers. Jugé le 21. Juillet 1600. *Charondas*, liv. 13. *Réponse* 3.

14. Arrêt du 6. May 1632. qui appointe pour sçavoir si un Abbé peut tenir un Prieuré dépendant de son Abbaye par dispense ; M. Bignon Avocat General conclut à faire déclarer la dispense abusive. *Voyez Bardet*, tome 2. liv. 1. chap. 22.

PRIEUR, AGE.

15. Age pour la possession d'un Prieuré simple ou Conventuel. *Voyez* le mot *Age*, nomb. 15.

16. Pour les Prieurez reguliers, il faut à present avoir atteint l'âge de 16. ans, mais on peut se faire pourvoir à 14. ans sous clause *cupiens profiteri*. M. le Prêtre, 2. Cent. chap. 78.

17. Pour être pourvû d'un Prieuré simple, il suffit d'être âgé de 7. ans. Arrêt du 3. Juillet 1634. *Bardet*, to. 2. liv. 3. chap. 27.

PRIEUREZ CHAMPESTRE.

18. Prieurez champêtres de filles doivent être unis aux Abbayes dont ils dépendent ; il s'agissoit du Prieuré de Mirebeau, dépendant de l'Abbaye du Val-de-Grace. L'Arrêt du 4. Juin 1637. maintint la Religieuse dans la joüissance du Prieuré, à la charge de n'y point résider, mais de se retirer dans une maison reguliere, & à la charge de ne pouvoir le resigner, & qu'aprés son décez seroit pourvû par l'Archevêque de Sens à l'union. *Bardes*, tô. 2. li. 6. ch. 14.

PRIEUR CLAUSTRAL.

19. Des Prieurs Claustraux & Conventuels. *Voyez Lotherius de re beneficiariâ*, liv. 1. quest. 33. nombre 66. & suiv.

20. *Prioratus claustralis, an sit dignitas ?* Voyez *Franc. Marc.* to. 1. quest. 1144.

21. *Prioratus conventualis dignitas est.* Voyez *ibidem*, quest. 1245.

22. *Potest prioratus regularis conferri tacité professo.* V. M. de Salve, 3. part. *tract.* quest. 51.

PRI   PRI 183

23. Un Prieur Clauftral ne peut recevoir aucun Moine, s'il n'eft capable, & que ce ne soit du consentement du Chapitre. Arrêt du Parlement de Dijon du 10. Decembre 1618. sur un appel comme d'abus interjetté par Frere Jean Grivot, & autres Religieux de l'Abbaye de saint Seine, contre Frere Antoine de Ferry leur Grand Prieur, qui avoit reçû un Novice sans la participation du Chapitre. *Fevres traité de l'Abus, liv. 2. ch. 3. nomb.* 10.

24. Tous ceux qui poffedent des Prieurez Conventuels font tenus, auffi-bien que les Prieurs Clauftraux, de se faire promouvoir à l'Ordre de Prêtrife, faute de quoy leurs Prieurez déclarez vacans & impetrables. *Mem. du Clergé, tome 2. part. 2. p. 5. nomb.* 5. *& page* 6.

25. Pouvoir & autorité des Prieures Conventuelles. *Ibidem, page* 21. À ce même endroit il est parlé des Prieurez manuels.

26. C'est à l'Evêque Diocesain de regler si le Prieur Clauftral des anciens Religieux d'un Monastere, doit être perpetuel ou triennal. *Memoires du Clergé, to.* 1. *part.* 1. *page* 797. *n.* 9.

27. Sçavoir si un Prieuré Clauftral est un Benefice, & s'il est perpetuel ou amovible? Cette cause fut plaidée à Toulouse par M. de Marmiefse pour un nommé de Pare, par M. de Parisot pour un nommé Brete, & par M. de Chapuis pour le Syndic de l'Abbaye de la Grace. Brete étant Prieur du Monastere de la Grace, dont la nomination dépend de l'Abbé, sans la participation des Religieux, après la mort du Cardinal de la Valette Abbé de la Grace, les Religieux s'étoient assemblez, & avoient élû de Pare, & tous deux demandoient la maintenuë. La Cour par son Arrêt du 16. Mars 1640. sans avoir égard aux Lettres de Pare & du Syndic, déclara n'entendre empêcher que les parties ne se pourvûssent devant qui il appartiendroit; & cependant elle fit défenses par provision de troubler Brete; par lequel renvoi la Cour jugea que c'étoit un fait qui regardoit la discipline de leur Ordre. *Voyez M. Jean Albert, lettre B. art.* 22.

PRIEURS, COMMENDATAIRES.

28. *Voyez le mot Commende. nomb.* 32. *& suiv.*

PRIEURE' SOUTENU CURE.

29. Les Habitans de Verquier en Provence, soûtenoient que le Prieuré étoit Curé, par la perception de la dîme, des Fonts Baptismaux, du Cimetiere, & autres semblables marques. Arrêt interlocutoire qui ordonne que les lieux seront vûs & visitez par Experts qui feront leur rapport, & qui auront pouvoir de faire creuser dans l'Eglise & Cimetiere, &c. Jugé le 12. Février 1682. *Journal du Palais.*

PRIEURS, CUREZ PRIMITIFS.

Voyez le mot Curez, nomb. 115.

30. Des Prieurs, & qu'ils doivent contribuer à la conftruction de la maison Curiale. Arrêts du P. de Grenoble des 3. Août 1659. & 9. May 1665. *Baffet, tome* 2. *livre* 1. *titre* 2. *chapitre* 6.

31. Des Prieurs & Curez primitifs, & de leurs prérogatives. *Voyez Henrys, tome* 1. *liv.* 1. *chap.* 3. *queft.* 12. où il rapporte un Arrêt prononcé le 25. May 1641. sur ce sujet.

32. Une Prieure & Superieure peut être fondée par poffeffion, ou autrement, à prendre sa part & moitié de tout ce qu'on donne ou fonde dans son Eglise aux Curez & Prêtres d'icelle, & peut empêcher qu'ils ne fassent aucun Office à haute voix que sous le chant d'elle ou de ses Religieuses. Jugé le 19. Février 1639. *Henrys, tome* 2. *liv.* 1. *queft.* 5.

33. Reglement entre les Prieurs Curez primitifs, & les Vicaires perpetuels. Prononcé le 7. Septembre 1664. *De la Gueff. tome* 2. *liv.* 6. *ch.* 55.

PRIEUR, DESTITUTION.

34. Quand le Pape a donné provision d'un Prieuré auparavant revocable *ad nutum*, il cesse de l'être par cette provision. *Du Moulin*, de Infirmis, nombre 310.

35. Sur la question, si l'Abbé Commendataire peut deftituer le Prieur Clauftral, les Canonistes ont diftingué: ou le Prieur Clauftral, *per electionem canonicè inftitutus eft*, ou bien il est pourvû par la simple provision de l'Abbé, au premier cas, *nifi pro manifeftâ & rationabili causâ non mutatur*, qui doit être jugée : 2. *casu revocatur ad Abbatis nutum & voluntatem, in cap. monach. cap. can. ad monafterium, §. tales & ibi gloff. ext. de ftatu monaft. Joan. Selva in tractatu de Beneficiis* ; ainsi jugé pour M. Jean du Bourg Abbé Commendataire de saint Vvertez lez Orleans, au profit du Prieur Clauftral, le 15. Octobre 1554. & pour Frere François Franchet Prieur Clauftral de l'Abbaye de la Trinité de Vendôme, appellant comme d'abus de la destitution faite de sa personne de l'Office Clauftral de Prieur, par M. Loüis de la Chambre Abbé Commendataire, contre ledit de la Chambre, le 14. Juillet 1588. en plaidant; *alioquin Abbas Commendatarius semper revocaret utilem monafterio, quod non effet ferendum.* Filleau, *part.* 1. *titre* 1. *chapitre* 7.

36. Abbé Commendataire ne peut deftituer, ni revoquer Prieur obédienciaire; ce droit n'appartient qu'au Vicaire de l'Abbé. Jugé le 20. Juin 1581. *Papon, liv.* 1. *tit.* 7. *n.* 4.

PRIEUR, ELECTION.

37. De l'Election des Prieurs. *Voyez le mot Election, nomb.* 126. *& suiv.*

PRIEURS, DROITS HONORIFIQUES.

38. Droits Honorifiques dûs aux Prieurs & Curez primitifs. *Voyez le mot Curez, nomb.* 122.

PRIEUR, EXEMPT.

39. Un Prieuré exempt de la Juridiction spirituelle de l'Ordinaire, le Prieur a tout droit de l'y exercer par son Grand Vicaire & son Official, même pour la publication du Jubilé & indictions des Stations. Jugé le 16. Février 1654. *Du Frêne, livre* 7. *chapitre* 30. *Voyez le titre des Exemptions Eccleſiaſtiques.*

PRIEURE', IRREGULARITE'.

40. Prieuré de Religieuse est vacant *ipso facto* par irregularité, & est à la Collation du Superieur regulier, & non à la nomination du Roy. Jugé le 5. Decembre 1625. *Bardet, to.* 1. *liv.* 2. *ch.* 56. *Voyez le mot Irregularité.*

PRIEUREZ SIMPLES.

41. *De Prioratibus simplicibus, V. Pinson*, au titre de *divifione beneficiorum*, §. 29. & cy-deſſus *le nombre* 17.

42. D'un Prieuré simple dans lequel quelques Religieuses vouloient établir la conventualité. M. Bignon Avocat General conclut à ce qu'un de Meſſieurs se transporteroit sur les lieux pour informer de la qualité du revenu, & de la néceſſité de l'établissement de la Conventualité. La Cour considera qu'il y avoit de l'inconvenient d'envoyer une Prieure dans une maison sise au milieu de la campagne; c'est pourquoi elle supprima le Benefice, ou plûtôt il fut réüni à l'Abbaye de laquelle il dépendoit. Arrêt du 8. Août 1661. *Soëfve, to.* 2. *Cent.* 2. *ch.* 69. *& cy-deſſus le nombre* 18.

PRIMATS.

1. DE Primatibus. *Voyez Pinson*, au titre *De divifione beneficiorum*, §. 4.

2. De la Brouffée, *Differt. de Primatu Aquitaniæ.* Par. 1657.

3. Des Primats. *Voyez la Biblioth. Can. tome* 2. *page* 248. *& suiv.*

4. Si l'on peut appeller du Metropolitain à Rome, *omiſſo Primate. Voyez le mot Appel, nomb.* 21.

5. L'Archevêque de Roüen ne reconnoît point le Primat de Lyon. *Voyez le mot Archevêque, nombre* 38.

6. Lettres Patentes du Roy Charles VII. au mois de Juillet 1461. portant défenses au Cardinal d'Avignon, & à l'Archevêque de Bourdeaux, de rien attenter au préjudice de la Primatie de Bourges, & des saints Decrets. *Preuves des Libertez*, tome 2. chapitre 36. nombre 19.

7. Le 16. Decembre 1527. le Roy François I. étant allé au Parlement pour demander avis sur le traité de Madrid; il y eut different entre les Archevêques de Lyon Primat des Gaules, Archevêque de Bourges, soy disant aussi Primat des Gaules & d'Aquitaine, & l'Archevêque de Roüen soy disant Primat de Normandie, & n'être sujet à aucun Primat, mais seulement au saint Siége. Ils prétendoient de part & d'autre à cause de leurs Dignitez le premier Siége en cette assemblée; sur quoy il fut ordonné par le Cardinal Archevêque de Sens, Chancelier de France après avoir eu avis avec les Présidens, & de plusieurs de l'assemblée, que pour le present acte l'Archevêque de Lyon precedera celuy de Bourges, & l'Archevêque de Bourges celuy de Roüen, sans préjudice des droits, prérogatives & prééminence des parties, & de leurs dignitez, & sans que cela puisse être tiré à consequence. *Voyez Du Tillet*.

8. On peut appeller du Metropolitain au Pape sans passer par le Juge du Primat. Arrêt du 23. Juin 1591. *Cambolas*, liv. 1. chap. 26. Voyez *les Arrêts de M. de Catellan*, li. 1. ch. 41. il dit que le contraire a été depuis jugé, & observe la question, s'étant presentée en 1668. on se détermina suivant l'Arrêt de 1591.

9. M. l'Archevêque de Roüen n'est point sujet à la Primatie de Lyon. *Voyez le mot Archevêque*, nombre 38.

PRINCES.

1. Petri Belluga, *Speculum Principum & justitia*.
2. Cæsar Delphinus, *de principatu*.
3. Thomas Campegius, *de officio Principis Christiani in Ecclesiâ*.
4. Dionysius Carthusianus, *de vitâ & regimine Principum*, *de vitâ Principis fœmina*.
5. Cunerus, *de Christiani Principis officio. De Principis officio* Petrus Ribadinera, *S. J. interprete P. Oranio Latino*.
6. Erasmus, tomo 4. *de institutione Principis Christiani, & panegyricus Philippi Imp.*
7. Jacobi magni, *Liber nonus sophilogii de statu Principum & nobilium*.
8. Joannes à Jesu Maria, *Institutio Principum*.
9. De Principibus, per Martinum Garrat. Laudens.
10. M. Antonii Nattæ, *de Principum doctrinâ libri novem*.
11. Jacobi Omphalii, *de officio Principis*, libri 2.
12. Philo Judæus; *de creatione Principis*.
13. Joannes Baptista Pigna, *de Principe*.
14. Poggius, *de infelicitate Principum*.
15. Vvernerus Roleningius, *de regimine Principum*.
16. Ægidius Romanus, *de regimine Principum*.
17. S. Thomæ, *Opusculum de regimine Principum, ejusdem libri septem de eruditione Principum*, tomo 17. Jacobi Vimphelingii, *agatarchia*. 1. *de bono Principatu liber*.
18. Nivianus Vvinzelius *de obediendo Principibus, & jure regni apud Scotos*.
19. Des gages, Serviteurs des Princes & Solliciteurs qui sont à la suite de la Cour. *Ordonnances de Fontanon*, to. 1. liv. 5. tit. 16. p. 1008.
20. Des Princes du Sang. *Voyez les Ordonnances recueillies par Fontanon*, to. 2. liv. 1. tit. 5. p. 32.
21. De la préseance entre les Princes. *Voyez le mot Préseance*, nomb. 116. & suiv.
22. Si la discussion sur les Princes est necessaire? *Voyez le mot Discussion*, nomb. 70. & suiv.
23. Basset, tome 1. liv. 2. tit. 17. chap. 1, rapporte un Arrêt du 22. Mars 1661. qui a jugé que les Princes Souverains ont le privilege de ne plaider hors leurs Principautez.

14. Des contracts, traitez, & confederation des Princes Souverains, & quand ils s'en peuvent départir. *V. M. le Bret, traité de la Souveraineté*, livre 4. chapitre 8.

25. Transactions faites avec des Princes Souverains ne sont point sujettes aux formalitez ordinaires. *Chopin dans son liv. 3. de la Police Ecclesiastique*, rapporte la transaction qui fut passée entre un Archevêque de Tours, & Richard Comte d'Anjou & de Touraine, au sujet de la terre & Seigneurie de Chinon, & quelques autres de la même Province, pour le Ressort de la Jurisdiction des mêmes terres qu'ils prétendoient l'un & l'autre, laquelle fut homologuée par les seules Lettres du Roy Philippes Auguste. *Définit. du Droit Canon*. page 871.

PRINCIPAL.

Augmenta ejusdem naturæ sunt cujus res principales. Mornac, l. 31. ff. *de peculio*.

Comment se font les évocations du Principal, par quels Jugés, & pour quelles causes? *Voyez le mot Evocation*, nomb. 33. & suiv.

PRINCIPALITE'.

1. Principalité de College. *Voyez le mot Benefice*, nomb. 3. & suiv. & le mot *College*, & Chopin en son traité *de la Police Ecclesiastique*, livre 1. titre 5. nomb. 12.

2. Principalité de College n'est point un Benefice, mais une simple administration. V. *Du Luc*, livre 6. titre 16.

3. Les Principautez des Colleges ne sont reputées Benefices, & n'y a lieu la prévention du Pape. Arrêt du 21. Janvier 1572. Charondas, livre 6. Rép. 1.

PRISE-A-PARTIE.

Prendre-à-partie. *In aliquem intendere se adversarium*.

De variis & extraordinariis cognitionibus, & si judex litem suam fecisse dicatur. D. 50. 13. Prise-à-partie contre le Juge qui a mal jugé par haine, ou par faveur, ou autrement.

De pœnâ judicii qui malè judicavit; vel ejus qui judicem, vel adversariūm corrumpere curavit. C. 7. 49.... Inst. 4. 5. *in princ*.

1. Des prises à-partie. V. *l'Ordonnance de 1667*. titre 25.

2. Des prises à partie. V. le traité des Criées par M. Bruneau, chap. 4. où il rapporte l'Arrêt rendu contre les Juges de Mantes.

3. Des appellations comme d'abus, & des prises à partie. *Voyez les Memoires du Clergé*, tome 2. part. 1. titre 2. chap. 18.

4. Les Juges ne peuvent être pris à partie en leur nom, si ce n'est lorsqu'il y a dol, concussion & fraude. Voyez M. Loüés, lettre I. somm. 14.

5. Arrêt du Parlement de Toulouse du 2. Septembre 1449. par lequel un Commissaire ayant été pris à partie pour avoir abusé en faveur du Seigneur de Clermont, d'une commission qui luy étoit donnée, fut condamné à rendre ce qu'il avoit reçû pour ses vacations & salaires, ensemble tout ce que son Greffier & Sergent avoient pris, & en cent livres de dommages & interêts. *Papon*, livre 6. titre 2. nomb. 13. où il rapporte d'autres Arrêts semblables.

6. Juge qui appointe par avarice, déclaré bien pris à partie. Arrêt du Parlement de Paris du 10. Février 1521. Papon, livre 6. tit. 2. n. 21.

7. Quand il n'y a point d'appel d'incompetence, point de fraude & concussion, le Juge ne peut être pris à partie,

partie, *secus*, s'il ordonne de son propre mouvement, *quia litem suam facit & obtulit se liti*. Arrêt du 19. Février 1529. *Papon, liv.* 19. *tit.* 1. *n.* 24.

8 Quand le Juge est pris à partie pour déni de Justice, il doit seul être assigné, *quia per partem non stat*. Ainsi décidé le 3. Septembre 1535. & alors le Juge sera condamné aux dépens, & en l'amende, *si dolus apparent*. Voyez *Rebuffe sur le Concordat*, tit. *de frivolis appell.*

9 Le Juge peut être pris à partie en cas de dol, fraude & concussion, suivant l'Ordonnance de 1539. & les Annotations de Charondas sur icelle, *liv.* 9. titre 5. *art.* 29. Mornac traite cette question sur la Loy *Filius familias, ff. de judiciis*. Voyez Loüet & Brodeau, titre l. n. 14.

10 *Quâ pœnâ veniat puniendus*, celuy qui a mal pris à partie? Arrêt du Parlement de Grenoble du 26. Janvier 1557. qui a déclaré le Juge avoir été mal pris à partie, le demandeur condamné en vingt livres d'amende, & aux dommages & interêts envers le Juge. La Cour ordonna la publication de l'Arrêt dans le Siege. V. Bassetˊ, *tome* 1. *liv.* 2. *tit.* 7. *ch.* 1.

11 Les Magistrats sont favorisez & menagez dans les prises à partie, pourvû que la Cour connoisse qu'ils aient fait justice; elle enjoint alors aux parties de leur porter honneur & reverence, à peine de punition corporelle. Arrêt du 3. Mars 1574. *Papon, liv.* 6. *titre* 2. *nombre* 12.

12 Le Juge *quoties aliquid per fraudem, sordes, & gratiam decernit*, notamment s'il juge contre l'Ordonnance, est bien pris à partie, comme nonobstant recusations sans les avoir vuidées. Arrêt du 19. Janvier 1586. contre un Juge, lequel fut condamné le 26. suivant à se representer, & interdit. *Papon, liv.* 19. *tit.* 1. *nomb.* 24.

13 La prise à partie n'empêche point l'instruction du procez Criminel. Arrêt du Parlement de Grenoble du 10. Juillet 1603. en la cause du sieur de Caseneuve Assesseur au Bailliage de Gap, & du sieur Claude Martel; rapporté par *Chorier, en sa Jurisprudence de Guy Pape, page* 360.

14 Jugé par Arrêt du Parlem. de Dijon du 7. Février 1619. que le Juge prolongeant le terme au detteur, peut être pris à partie, si le detteur devient insolvable. *Bouvot, tome* 2. *verbo Detteur, quest.* 19.

15 Les Officiers des Tailles ne peuvent être pris à partie par un habitant, qui prétend être surtaxé, à moins que le dol ne soit justifié. Arrêt du Parlement de Dijon du 8. Février 1607. V. *Bouvot, tome* 2. *verbo Taille, quest.* 73.

16 Une femme d'Orleans fait arrêter neuf ballots de hardes qui appartenoient au Duc de Roannois son débiteur. Deux Gentilshommes qui les conduisoient s'opposent, & disent que sept ballots appartenoient au Duc de Ratz, les autres à eux. La femme demande que les ballots soient ouverts, & prétend que tout ce qui est dedans se trouvera marqué aux armes du Duc de Roannois: cependant le Lieutenant Particulier donne mainlevée; elle le soûtient frauduleuse, intime en son nom le Juge, & dit qu'il devoit ordonner la montre des ballots. Arrêt du Parlement de Paris du 13. Juillet 1620. qui le condamne à payer en son nom & sans delay à la creanciere la somme de 2400. liv. pour laquelle la saisie avoit été faite, & aux dépens, dommages & interêts, & neanmoins le subroge au lieu de la creanciere pour se faire payer de la somme ainsi qu'il verra bon être. *Biblioth. de Bouchel, verbo Prise à partie.*

17 Arrêt du Parlement de Provence du 3. Avril 1642. qui a jugé que le Juge ne peut pas être pris à partie pour avoir relaxé des prisons un debiteur sans oüir le creancier. *Boniface tome* 3. *liv.* 2. *tit.* 4. *ch.* 2.

18 Si c'est un bon moyen à un Juge Ecclesiastique de prendre à partie un Juge Seculier, pour avoir entrepris sur sa Jurisdiction? Arrêt du Parlement de Paris

du 9. Janvier 1691. qui appointe. V. *le Journal des Audiences, tome* 5. *liv.* 7. *chap.* 2.

19 Sçavoir lorsque des Officiers d'un Siege prononcent dans une affaire en dernier ressort, où la prise à partie formée sur ce Jugement en doit être portée, & si c'est pardevant les Cours Souveraines dont ils relevent en autre matiere? Le 18. Juillet 1691. en l'Audience de la premiere Chambre de la Cour des Aydes à Paris, intervint Arrêt par lequel il fut ordonné qu'une telle prise à partie incidente à une matiere dont les Juges avoient connu en dernier ressort, se devoit porter au Conseil Privé, & en consequence ordonna que les parties s'y pourvoiroient. *Journal des Audiences, tome* 5. *liv.* 7. *chap.* 36.

20 La Cour du Parlement de Paris ayant examiné qu'il étoit necessaire d'expliquer les motifs & le fondement des prises à partie, par Arrêt rendu sur les conclusions de Monsieur l'Avocat General Daguesseau, les Chambres assemblées, le 4. Juin 1699. défenses sont faites d'intimer & prendre à partie en son nom un Juge, en vertu d'une simple Commission obtenuë en Chancellerie, ni de faire intimer les Juges en leur propre & privé nom, sur l'appel des Jugemens par eux rendus, sans en avoir auparavant obtenu la Commission expressément, par Arrêt de la Cour, à peine de nullité des procedures, & de telle amende qu'il conviendra: enjoint à tous ceux qui croiront devoir prendre les Juges à partie, de se contenter d'expliquer simplement, & avec la moderation convenable les faits & les moyens qu'ils estimeront necessaires à la décision de leur cause, sans se servir de termes injurieux & contraires à l'honneur & à la dignité des Juges, à peine de punition exemplaire. M. *Bruneau en son traité des Criés*, p. 68. *Henrys, tome* 1. *livre* 2. *chap.* 2. *quest.* 7. & *l'Auteur des Observations sur cette question.*

Lisez les instituts, *lib.* 4. *tit.* 5. §. *si judex*, & *tit.* 6. §. 12. *pœnales, tit.* 16. §. 3. *omnium*.

PRISE A PARTIE, EVESQUE.

21 Des prises à partie. *Voyez les Memoires du Clergé, tome* 2. *part.* 1. *page* 69. *& suiv.*

Les Evêques, leurs Grands Vicaires & Officiaux ne doivent être pris à partie, & sont dechargez des assignations à eux données sur les appellations comme d'abus de leurs Ordonnances & Jugemens, *ibidem, tome* 1. *part.* 1. *page* 640. *& suiv.* & *tome* 2. *partie* 1. *page* 69.

Comme aussi sur le refus des *Visa* & Provisions, *tome* 2. *part.* 2. *page* 50. *& suiv.*

22 Les Archevêques, Evêques, ou leurs Grands Vicaires ne peuvent être pris à partie pour les Ordonnances qu'ils auront renduës dans les matieres qui dépendent de la Jurisdiction volontaire, & à l'égard des Ordonnances & Jugemens que lesdits Prelats ou leurs Officiaux auront rendus, & que leurs Promoteurs auront requis dans la Jurisdiction contentieuse, ils ne pourront pareillement être pris à partie, ni intimez en leurs propres & privez noms, si ce n'est en cas de calomnie apparente; & lorsqu'il n'y aura aucune partie capable de répondre des dépens, dommages & interêts, qui ait requis, ou qui soûtienne leurs Ordonnances & Jugemens; & ne seront tenus de défendre à l'intimation qu'après que nos Cours l'auront ainsi ordonné en connoissance de cause. Art. 43. de l'Edit de 1695. concernant la Jurisdiction Ecclesiastique.

PROCUREUR DU ROY PRIS A PARTIE.

23 Procureur du Roy peut être pris à partie, quand il empêche la Jurisdiction Ecclesiastique. Arrêt du Parlement de Paris du dernier Janvier 1515. en faveur de l'Evêque de Beauvais, contre le Procureur du Roy de Clermont en Beauvoisis, qui avoit fait arrêter le cheval du Promoteur & Appariteur. M. le Procureur General avoit pris le fait & cause de son Substitut, *Du Moulin, tom.* 2. *pag.* 686. Bibliotheque du Droit François *par Bouchel, to* 2. *p.* 1091. verbo *Procureur du Roy*, & *Rebuffe, sur le Concordat*

Tome III. Aa

au titre de elect. derogatione, *ad verbum* Advocatum Regium.

25 Le Juge qui a agi à la requête du Procureur du Roy, ne peut être pris à partie, & étant ajourné seulement, & le Procureur du Roy intimé, le Juge ne peut être condamné és dépens, dommages & interêts. Arrêt du dix Avril 1564. pour un nommé Gaudion, Juge Commis à Chably. *Papon*, *liv.* 19. *ti.* I. *nomb.* 14.

26 Procureur du Roy ne peut être pris à partie, quelque animosité qu'il y ait, quand il y a partie civile. Ainsi jugé pour celuy d'Angers le treize Février 1570. *Filleau*, *part.* 2. *ti.* 6. *ch.* 40.

27 Arrêt du Parlement de Provence du 6. Decembre 1675. qui a jugé que le Procureur du Roy ne peut pas être pris à partie, pour avoir accusé calomnieusement : l'accusation étoit fondée sur le bruit commun. *Boniface*, *to.* 3. *liv.* 2. *tit.* 4. *ch.* I.

28 Arrêt du 8. Février 1687. qui a declaré legitime la prise à partie du Juge & Substitut du Procureur du Roy, pour leur negligence à juger les procez criminels. *ibidem*, *ch.* 3.

PRISE DE POSSESSION.

DE la prise de possession des Benefices. *Voyez* la *Bibliotheque Canon.* *to.* 2. *pag.* 253. *& suivantes.* Cy-dessus le mot *Permutation*, *nomb.* 7. *& suiv.* & le mot *Possession*, *n.* 23. *& suiv.*

PRISES.

Voyez les mots *Marine*, *Mer*, *Naufrage*.
Arrêt du Parlement de Provence du 27. May 1645. qui a jugé qu'un Genois qui est allié de France est criminel, quand il fait des prises sur mer des marchandises d'un François. *Boniface*, *to.* 2. *part.* 3. *liv.* 1. *tit.* 2. *ch.* 19.

PRISON, PRISONNIER.

Voyez *Contrainte par corps*, *Decret*, *Emprisonnement*.
Définition de prison. L. 214. D. *de verb. significatione*.
De effractoribus & expilatoribus. D. 47. 18. Bris & fracture de prison.
De custodiâ & exhibitione reorum. D. 48. 3.... C. 9. 4.... C. Th. 9. 3.
De exhibendis, vel transmittendis reis. C. 9. 3.... C. Th. 9. 2.
De privatis carceribus inhibendis. C. 9. 5.
De privati carceris custodiâ. C. Th. 9. 11.
Des debiteurs prisonniers, & de leurs alimens, *Lex* 12. *tab.*
Prisonnier de guerre. *Captivus.*
De captivis, & de postliminio, & redemptis ab hostibus. D. 49. 15.
Des captifs, & des prisonniers de guerre, & de leur retour. *Voyez* cy-après *le nomb.* 58. *& suiv.*
Nemini noceat in captivitate gentium amisso instrumentorum. Const. Justin. Just. 3. & 4.
Ne captivorum uxoribus, aliis nubere liceat. Leon. N. 33.
Ut captivi filius, hæres sit. Leon. N. 36.
Ut captivi testamenti factionem habeant. Leon. N. 40.
De carceribus. Per Baldum.

1 Des prisons, & du bris de prison. *Voyez* la *Rocheflavin, des Parlemens de France*, *livre second*, *chapitre* 19.

2 Entre les François, la prison est quelquefois donnée pour peine. Les Juges d'Eglise la prononcent assez souvent contre les Ecclesiastiques. V. *Papon*, *liv.* 13. *tit.* 1.

3 *Accusatus absolvendus non est diligenter custodiendus, sicut damnandus.* V. Com. Joan. Const. *sur l'Ordonnance de François I.* *art.* 149.

4 *Si carceratus reperitur mortuus, tunc præsumitur contrà ipsum commentariensem, qui eum retinebat in carceribus, qui nisi probet, non dolo, vel ejus culpâ sit mortuus tenetur.* V. ibidem, art. 151.

5 *Carcer ad custodiam, non ad pœnam est inventus.* V. ibidem.

6 *Carcerati pro crimine, certis casibus exceptis, relaxantur diebus Paschalibus, nisi consueverunt delinquere.* V. Franc. Marc. to. 1. qu. 409.

7 *Licitum est prisonarium suumducere ad suos carceres per jurisdictionem alterius.* Arrêt en faveur de l'Evêque contre la Ville de Tournay. *Joan. Gall. quæst.* 224.

8 Prise de corps sur une appellation, & debilitation ou mutilation d'oreilles. *Voyez* M. *Expilly*, Plaidoyé 25.

9 Les Seigneurs sont tenus d'avoir & bâtir prison. Arrêt du Parlement de Dijon du 3. Decembre 1605. *Bouvot*, *to.* 2. verbo *Geolier*, qu. 3.

10 Prisonnier toûjours recevable à appeller. *Voyez* le mot *Appel*, n. 9.

11 Prisonniers délivrez à l'heureux avenement du Roy à la Couronne. *Voyez* lettre J. verbo *Joyeux Avenement*, n. 20.

12 Alienations des biens sujets à la dot & au doüaire, declarées valables, quand elles ont pour cause la liberté du mari prisonnier. *Voyez* le mot *Alienation*, n. 28. *& suiv.*

13 Par Arrêt prononcé en Robes rouges le 11. Avril 1671. les enfans mineurs du sieur de Briconville furent reçus à renoncer au droit de doüaire, pour faciliter la vente des biens de leur pere pour le racheter de prison, & payer l'amende en laquelle il avoit été condamné pour fratricide. *Charondas*, liv. 5. Réponse 29. *Voyez* la *Bibliotheque de Bouchel*, verbo *Mineurs*.

14 Au procez de M. François le Baillif, il fut dit que dorésnavant ne seroient aucuns prisonniers accusez de crimes, reçus à demander à être renvoyez à Cour Superieure de celle où ils seroient détenus ; pour être oüis & parler à droit, sauf à eux se pourvoir en tous endroits de leurs procez par voye d'appel en la Cour. V. *l'art.* 177. *de la Coût.* de Bretagne, d'Argentré se plaint de cet Arrêt sur *l'art.* 177. de l'ancienne Coûtume, & dit que *hoc nisi Regis potestate consensu populi non poterat abrogari, non magis quàm jus consuetudinarium ullum.* Ce que si neanmoins le Parlement de Paris, au rapport de Du Moulin, ordonnant la radiation de deux articles de l'ancienne Coûtume de Paris. Arrêt du Parlement de Bretagne du 30. Octobre 1543. *Du Fail*, liv. 3. ch. 423.

15 Arrêt du Grand Conseil du dernier Mars 1551. par lequel un des quatre Prevôts Generaux de France a été privé de la Charge, & condamné en de grosses amendes envers les heritiers d'un homme assassiné, pour n'avoir pas bien gardé un prisonnier, qui s'étoit tué entre les mains de la pointe d'un poinçon. *Papon*, liv. 14. tit. 4. n. 3.

16 Prisonnier peut être retenu jusqu'à l'entier payement de l'amende pecuniaire, mais non pour les dépens, quoiqu'accessoires. Arrêts du 16. Février 1526. & 14. Mars 1532. en faveur de prisonniers, qu'on pouvoit retenir pour les dépens. *Papon*, livre 18. titre 8.

17 Arrêt qui a permis à un Gentilhomme de vendre les biens par luy donnez au contract de son mariage, au premier fils qui en descendroit, parce qu'il n'auroit pas sorti de prison, qu'en faisant cession de biens, & qu'il étoit Gentilhomme : en même cas il a été permis au pere de vendre les biens maternels de ses enfans, par Arrêt du 2. Avril 1571. *La Rocheslav.* liv. 6. tit. 4. Arrêt 1.

18 *Præhensio vetita in Ecclesiâ dum Missa celebratur, viatorque quatuor aureis in pauperes erogandis multatus, manente tamen in vinculis reo, cui propterea appel-*

PRI

latio sua parem profuit. Arrêt du 11. Avril 1589. *Mornac*, Loi 4. *ff. de in jus vocando.*

19 *Qui ad Clericatûs titulum, vel Monasteria confugiunt, ut liberentur carcere adversus creditores, vel ut admissi criminis vindictam eludant, judicibus laicis debent restitui.* Arrêt du 5. Mars 1601. *Mornac, l. ult. de servis fugitivis.* Idem, *tit.* 14. *C. an servus pro suo facto, &c.* où il rapporte le même Arrêt. *Voyez Brodeau sur M. Loüet, lettre C. somm.* 31.

20 On ne doit prendre prisonnier pour dette dans le Palais. Arrêt du Parlement de Grenoble du six May 1617. *Basset*, 10. 1. *li.* 6. *ti.* 3. *ch.* 2.

21 Par Arrêt de la Cour des Aydes de Paris du 23. Décembre 1682. il est ordonné à tous Huissiers, Sergens & autres, lorsqu'ils feront les emprisonnemens, ou transfereront des prisonniers d'une prison dans une autre, de faire écrire sur le Registre de la Geole où ils les conduiront, les premieres causes d'emprisonnemens, & les recommandations qu'ils auront trouvées sur les Registres des Geoles des prisons, d'où ces prisonniers auront été tirez, & faire mention des titres en vertu desquels ils auront été faits, noms & élections de domiciles des parties ; à peine de 3000. liv d'amende, & de tous dépens, dommages & intérêts vers lesdits prisonniers, & d'interdiction de leurs Charges. *Voyez Memorial alphabetiq.* verbo *Sergens*, n. 9.

PRISONNIER, ALIMENS.

22 *Alimens dûs aux prisonniers. Voyez* le mot *Alimens.* nomb. 107. *& suiv. De expensis victûs incarceratorum.* V. *Franc. Marc. to.* 2. *qu.* 118.

23 Le creancier doit nourrir son debiteur en prison, quand il est pauvre. Arrêt du Parlement de Provence du 18. Juin 1647. *Boniface, tome* 2. *livre* 4. *titre* 9. *chap.* 3.

24 Arrêt du même Parlement du trente May 1658. qui a jugé que le Pain du Roy doit être fourni par le creancier au prisonnier détenu pour crime de larcin. *Boniface, to.* 2. *part.* 3. *li.* 1. *tit.* 13. *ch.* 3.

25 Alimens non fournis par le creancier à son debiteur, emprisonné en vertu d'executoire, doit être élargi ; & il ne peut emprisonner une seconde fois pour la même dette. Jugé au Grand Conseil le 4. Août 1672. *Journal du Palais.*

26 Arrêt du Conseil d'Etat du huit Juillet 1670. qui ordonne que le pain, les frais de Justice, & les conduites des prisonniers, emprisonnez & condamnez pour crimes, sur les procez verbaux faits à la requête des Procureurs de Sa Majesté és Justices Royales des Domaines engagés, seront payez par les Engagistes desdits Domaines. *Recüeil du Domaine*, p. 557.

27 Declaration portant Reglement pour les alimens qui doivent être fournis aux prisonniers, en execution des articles 23. & 24. du titre 13. de l'Ordonnance du mois d'Août 1670. contenant neuf articles. A S Germain en Laye le dix Janvier 1680. Registrée au Parlement de Paris le 19. du même mois, & en celuy de Roüen le 23. Février suivant. *Voyez le Recüeil des Arrêts imprimez par l'ordre de M. le Chancelier en* 1687.

PRISONNIER BANNI.

28 Si celuy qui est condamné au bannissement, est tenu de garder prison jusques à ce qu'il ait satisfait au payement de la reparation civile ? *Voyez* le mot *Bannissement*, n. 25. *& suiv.*

BRIS DE PRISON.

29 *Voyez Bris de prison, cy-dessus le nomb.* 1. Et *Despeisses, to.* 2. *des Crimes & Causes Criminelles part.* 1. *tit.* 12. *sect.* 2. *art.* 14.

30 C'est une espece de bris de prison de sortir de la Ville donnée pour prison : le coupable est punissable ; & il faut obtenir Lettres de pardon. Arrêt du sept Mars 1553. *Papon, li.* 23. *ti.* 2. *n.* 2. *Voyez cy-après le nombre* 51. *& suiv.*
Tome III.

PRI 187

CLERCS PRISONNIERS.

31 Emprisonnement des Clercs. *Voyez* le mot *Clerc*, nomb. 15. *& suiv.* & le mot *Ecclesiastique*, nomb. 12. *& suiv.*

PRISONNIERS, FRAIS DE LEUR CONDUITE.

32 *Expensas pendere tenetur, qui reum incarcerandum duci jussit. Voyez Franc. Marc. to.* 2. *qu.* 234.

33 Arrêt du Parlement de Grenoble du 20. Juin 1615. qui a jugé que la conduite ou traduction des prisonniers condamnez aux Galeres, appartenoit, non au Concierge, mais aux Archers en la Prévôté de Dauphiné ; & que n'ayant pas tenu aux Archers de faire cette traduction, laquelle avoit été empêchée par le fait du Concierge, ils avoient dû garder les deniers qu'ils en avoient reçûs. *Voyez le premier Plaidoyé de Basset*, 5. *to.* 1.

34 L'adjudication de la conduite des prisonniers doit être faite, la Jurisdiction seante, & presence du Procureur du Roy, suivant le Reglement rendu au Parlement de Roüen de l'année 1634. pour éviter aux abus que les Juges subalternes commettoient souvent sur ces adjudications. *Basnage, titre de Jurisdiction, art.* 14.

35 Suivant l'art. 11. du même Reglement fait au Parl. de Roüen en 1666. le Roy & les Hauts-Justiciers sont tenus d'avancer les frais de la conduite des prisonniers, dont ils auront recours sur la partie civile. Le Reglement fut fait, conformément à l'Arrêt du 24. Janvier 1665. sur un partage de la Chambre de la Tournelle pour M. le Duc de Boüillon. L'Ordonnance dit la même chose ; & à la Chambre des Comptes on ordonne un recours sur la partie. *Basnage, ibidem.*

36 Le prisonnier ayant évoqué son procés d'un Parlement à un autre, ne peut demander d'être traduit aux dépens de celuy qui le détient, s'agissant d'une détention pour cause civile en partie. *Boniface, to.* 5. *li.* 5. *ti.* 14. *ch.* 8.

PRISONNIER CONTRACTANT.

37 Ne point contracter avec les prisonniers. V. *Frain,* pag. 853.

38 *Promissio facta in carcere, non obligat. Voyez Andr. Gail, li.* 1. *observ.* 22.

39 *Incarcerati propter recognitiones, qui non nisi recognoscerent à carceribus relaxarentur : si relaxati recognoscant, recognitiones nullius sunt momenti, tanquam meticulosè facta. Voyez Franc. Marc. tome second, quest.* 377.

40 Compromis passé par un prisonnier, est nul. Arrêt du 17. Février 1586. *Papon, li.* 6. *ti.* 3. *n.* 1.

41 Si ceux qui sont détenus dans les prisons des Seigneurs, dans leurs Terres, & à leur poursuite, ou de leurs Officiers, traitent ou transigent avec eux, le tout est nul, quand même ils auroient ratifié en pleine liberté. Il y en a des Arrêts du Parlement de Grenoble. *Voyez Guy Pape, quest.* 113. 253. *& 326. C'*est une commune opinion, que les contracts faits entre les prisonniers, & ceux qui les ont fait emprisonner, sont valables, si la cause de l'emprisonnement est juste.

42 Arrêt du Parl. de Toulouse, qui défend de contracter avec un prisonnier, sur peine de nüllité, & condamne la partie en cent écus, & le Notaire en vingt-cinq livres, & les condamne à garder la prison jusqu'au payement, sans note d'infamie ; & fait défenses à toutes sortes de personnes de ne faire tel contract illicite ; & à tous Notaires de la Cour, ou autres, de les recevoir, sur peine de mille livres d'amende, si ce n'est du consentement des Juges, de l'authorité desquels ils auront été arrêtez. *La Rochflavin, li.* 2. *lettre N. Arr.* 5.

PRISONNIER ELARGI.

Voyez Elargissement. De relaxatione carceratorum. Per Paulum Grillan-43 dum.

A a ij

44 *De carceratis, qui pro primo adventu Principis liberantur.* Voyez *Franc. Marc. to. 1. qu. 18.*

45 Composition faite par un prisonnier, pour avoir son élargissement, est nulle, quand même il l'auroit ratifiée, és arrêts par la Ville, car il ne laisse d'être prisonnier. Arrêt du Parlement de Grenoble du trois Novembre 1426. *Papon, li. 23. tit. 11. n. 3.*

46 Arrêt du Parlement de Paris du 13. Février 1574. qui défend au Prévôt des Maréchaux de Sens, d'élargir aucuns prisonniers, pour quelque cause que ce puisse être, sans conseil, & prendre l'avis des Lieutenans Criminels, & Juges Présidiaux de la Province. *Maréchaussée de France, p. 181.*

47 Arrêt du 19. Février 1647. qui ordonne qu'un Procureur sera tenu de *représenter* dans deux mois un prisonnier élargi par surprise, sur une Requête signée de luy, sinon, & le temps passé, au payement de cinq cens livres envers le creancier, & dés à présent en tous les dépens. *Soëfve, tome 1. Centur. 1. chapitre 99.*

48 L'Huissier le Blanc, par l'Ordonnance verbale de M. le Premier Président Molé, avoit élargi un prisonnier ; il ne rapportoit l'Arrêt ni preuve de l'Ordonnance : il y avoit onze ans cinq mois, sans que pendant ce temps il y eût aucun acte fait en Justice contre l'Huissier. L'accusateur attaque l'Huissier, & dit qu'il n'avoit pû agir, parce que le procez n'avoit été jugé qu'en 1658. Jugé que l'Huissier n'étoit tenu de réintegrer le prisonnier, qu'il avoit élargi en vertu de ladite Ordonnance verbale, le 19. Août 1659. *Notables Arrêts des Audiences, Arr. 37.*

49 Jugé au Parlement de Provence le 16. Décembre 1672. que le Juge ne peut pas être pris à partie, relaxant un prisonnier le même jour qu'il a été fait de son authorité, sans ouïr partie. *Boniface, to. 3 li. 2. tit. 4. ch 2.*

50 Si un prisonnier pauvre, condamné à tenir prison, à la requête de ses creanciers peut être élargi, le plus grand nombre y consentant ? Arrêt du 18. Avril 1671. qui deboute le prisonnier. *Idem, tom. 5. liv. 5. tit. 14. ch. 9.*

PRISONNIER EVADE'.

Voyez cy-dessus *les nombres 29. & 30.*

51 La Cour donne permission à un accusé détenu en la Conciergerie de Paris, de prendre conseil d'un Avocat. Celuy-cy conseille au prisonnier de sortir, s'il trouve la porte ouverte : l'avis fut exécuté. L'accusé, bien-tôt après, avoüa le fait. On l'excusa par deux raisons. Il avoit pris conseil par authorité de la Cour. 2°. Il n'y avoit eu ni fracture, ni violence. Voyez M. *Boyer, quest. 215. n. 16.* Et *Papon, liv. 23. tit. 2. n. 2.*

52 *Cùm quadam Alegra Piva maritum capitaliter damnatum exemisset è manibus satellitum, fuit diu disputatum in Senatu, an esset punienda ; & tandem non fuit diffinitivè absoluta, neque condemnata : sed dictum eam non esse molestandam, donec aliud per Senatum ordinatum fuisset. 3. Jul. 1562. Julius Clarus, lib. 5. Sentent. §. fin. qu. 29. n. 5.*

53 Par Arrêt donné au Grand Conseil le 11. Mars 1596. rapporté *par Berault sur la Coût. de Normandie, tit. de Haro, art. 56.* il a été jugé que le premier Huissier ayant laissé échaper un prisonnier, obligé pour dette civile, à luy baillé en sa garde ; & ayant été condamné par Arrêt précedent de le representer, combien qu'il y eût representé l'autre coobligé *in solidum,* n'étoit point recevable en la Requête civile par luy obtenuë contre ledit Arrêt ; & faute d'avoir representé ledit prisonnier, fut condamné à payer la somme totale, *juxtà opinionem Bo. conf. 22.*

54 Un homme condamné à mort, & renvoyé sur les lieux pour être executé, profitant en chemin du sommeil de ses gardes, s'évade ; il est repris 40. ans après : le Juge du lieu informe de sa fuite, aux fins d'executer l'Arrêt ; il interjette appel du decret. Arrêt du dix Avril 1615. qui ordonne que les prisons lui seront ouvertes. *Le Bret, li. 6. décis. 3.*

55 La parenté & l'affection excuse souvent des fautes que l'on fait ; car le 28. Janvier 1627. un mari ayant fait évader sa femme, & une autre parente des prisons, lesquelles alloient être condamnées pour meurtre, fut relaxé à l'Audience de la Tournelle de Toulouse, la Cour ayant reformé un appointement, qui le condamnoit à de grosses amendes. *Albert,* verbo *Indignité, art. 1.*

56 Arrêt du Parlement de Provence du 4. Decembre 1645. qui déclare le Sergent qui a connivé à l'évasion d'un prisonnier responsable des dépens, dommages & interêts soufferts par la partie ; ils furent liquidez à trente livres. *Boniface, tom. 1, liv. 1. ti. 21. nomb. 4.*

PRISONNIER, GITE, ET GEOLAGE.

57 Geoliers ne peuvent retenir un prisonnier pour les droits de gîte & geolage. Arrêt du Parlement de Paris du douze Decembre 1628. *Journal des Audiences, to. 1. li. 2. ch. 28.*

PRISONNIER DE GUERRE.

58 Des prisonniers de guerre, & de leur rançon. V. *sous ce titre lettre P. la Bibliotheque du Droit François, par Bouchel.*

59 Des traitez avec les prisonniers de Guerre. Voyez *Guy Pape, question 113.* où il dit que de deux traitez faits avec des prisonniers de guerre pour leur rançon, le premier doit être suivi, s'il est le plus avantageux. Arrêt du Parlem. de Grenoble du mois d'Avril 1437 *Voyez Chorier en sa Jurisprudence de Guy Pape, pag. 251.*

60 Si un prisonnier de guerre a composé avec son Maître, à une certaine somme pour sa rançon, le Maître ne peut, sous ombre qu'il a eu avis de sa captivité plus grande, luy demander une somme plus forte. Ainsi jugé au Parlement de Grenoble en 1457. *Guy Pape, qu. 113. & Papon, liv. 5. tit 6. n. 1.*

61 Prisonnier de guerre en pays ennemi, peut *tester.* Arrêt du 21. Juin 1554. confirmatif du Testament fait par le Vicomte de Martigues, mort prisonnier de guerre en Flandres. Les Loix Romaines à cet égard n'ont point lieu en France. *Bibliotheque de Bouchel,* verbo *Prisonnier.*

PRISON PERPETUELLE.

62 Voyez hoc verbo *la Biblioth. du Droit François par Bouchel, & Coquille, tom. 2. qu. 19.*

63 *Perpetuus carcer est pœna capitalis.* Voyez *Andr. Gail, lib. 1. de pace publicâ, cap. 1. numero 31. & sequent.*

64 *Quando quis est damnatus ad perpetuum carcerem, vel in perpetuis vinculis, dicitur pœna capitalis : quia aquiparatur damnato in metallum.* Vide *Franc. Marc. tom. 1. qu. 510.*

65 Les galeres & prisons perpetuelles emportent confiscation. *Brodeau sur M. Louet, lettre S. sommaire 15. & sur la lettre P. som. 45. Secus,* si elles ne sont qu'à temps. *Mainard, to. 1. li. 5. ch. 81.*

66 Ceux qui sont condamnez à prisons perpetuelles, ne peuvent faire Testament. *Voyez Maynard, liv. 9. chap. 42.*

67 Les immeubles d'un Prêtre condamné à une prison perpetuelle, ajugez aux Seigneurs temporels, desquels ils étoient mouvans, & les meubles à l'Evêque. Arrêt du Grand Conseil du Roy de l'an 1386. *Papon, liv. 24. tit. 13. n. 3.*

68 La prison perpetuelle est la peine de ceux qui ne peuvent satisfaire aux peines pecuniaires. Arrêt du Parlement de Bourdeaux du trente Septembre 1595. contre une femme adultere. *Papon, livre 22. titre 9. nomb. 5.*

69 M. le Procureur General reçû appellant comme d'abus de la Sentence de l'Official de Maillezais, qui avoit condamné un Religieux sorti de son Convent pour se marier, à finir ses jours en une prison

perpetuelle dans une tour qui seroit édifiée au Prieuré de Mortagne. Arrêt du 26. Juin 1629. *Bardet, tome 1. liv. 3. chap. 53.*

PRISON PRIVE'E.

70 De prison privée. *Voyez Papon, liv. 25. tit. 1.* où il est observé que le pere peut enfermer son fils, le Seigneur son Serf, le mari sa femme, l'Abbé son Religieux, un mari l'adultere de sa femme pour 24. heures seulement, & le rendre après à Justice, les parens un furieux.

71 Un Prévôt de Pontoise a été condamné par Arrêt du Parlement de Paris du 24. Avril 1425. à cent liv. & declaré indigne d'exercer Offices Royaux, pour avoir comme Juge & partie, contraint par prison un particulier à s'obliger. *Papon, li. 23. tit. 1.*

72 Arrêt du Parlement de Bourdeaux du 12. Avril 1536. par lequel un Maître ayant retenu long-temps son Serviteur prisonnier en une Caverne du Château de Penne, a été condamné en une amende de cinq cens livres pour ses dommages & interets, & une autre de pareille somme vers le Roy; ceux qui avoient fait l'emprisonnement & la garde condamnez chacun en deux cens liv. Arrêt semblable donné à Moulins en l'an 1540. contre l'Abbé de saint Ambrois. *Papon, ibidem.*

PRISONNIER, RANÇON.

73 Prisonnier pour amende sans délit n'ayant que des biens substituez les peut aliener pour se tirer de prison; il y a deux Arrêts du Parlement de Bourdeaux, dont le dernier est du mois de Septembre 1531. *Papon, liv. 20. tit. 3. nomb. 16.*

74 Pour retirer de prison un Gentilhomme détenu à la requête de ses creanciers, il fut permis par Arrêt du Parlement de Toulouse de la Veille de Noël 1549. de vendre les biens qu'il avoit donnez en ses pactes de mariages au premier fils qui en naîtroit. Le fils s'y opposoit, mais on considera qu'il y alloit de l'honneur du Gentilhomme qui sans ce secours auroit été obligé de faire cession. *V. Mainard, liv. 6. chap. 62.* où il cite un Arrêt semblable du Parlement de Paris du 2. Avril 1571. rapporté par Charondas.

75 Durant les troubles, Massey & de Vigne sont pris par les ennemis. Massey est retenu prisonnier tant pour sa rançon que pour celle de de Vigne, lequel fait une promesse du luy renvoyer cinq cens écus; assigné pour payer, il dit qu'il a été forcé, de plus qu'il n'est pas permis d'envoyer de l'argent en pays ennemi. Arrêt du 16. Juillet 1569. qui au principal appointe les parties au Conseil; condamne par provision à payer, & decerne decret de prise de corps pour quelques dénommez en la promesse, qui étoient du nombre des ennemis qui avoient pris l'un & l'autre. *Carondas, liv. 4. Rép. 86.*

76 Le Seigneur ne peut rien exiger de ses sujets, si ce n'est pour payer sa rançon aux ennemis, qui l'ont pris au service du Roy, & non autrement. Arrêt du Parlement de Bourdeaux contre le Seigneur de Gymel. *Voyez M. Boyer, décis. 128. n. 8. & Papon, livre 7. tit. 1. n. 3.* qui dit que le Seigneur détenu pour dette & amende, ne peut contraindre ses Vassaux de le tirer de prison. Au même endroit est cité un Arrêt contraire à celuy de Bourdeaux du 22. Octobre 1596. qui condamne les habitans de Sabazac à payer à raison de trente sols par feu la rançon du Seigneur qui avoit été fait prisonnier dans le temps des guerres civiles.

77 Les biens sujets au fideicommis peuvent être valablement alienez à l'effet d'acquitter l'obligation passée par l'heritier grevé pour payer sa rançon, & sortir de prison. Arrêt du Parlement de Grenoble du 9. May 1636. *Basset, tome 1. liv. 5. tit. 9. ch. 14.* Voyez cy-après le mot *Rançon*.

PRISONNIER, REPRESENTER.

78 Un homme qui s'oblige de representer un prisonnier que l'on élargit, ou bien de payer la somme de 6000. livres pour laquelle il étoit détenu prisonnier cesse d'être obligé par la mort du débiteur. Arrêt du Parlement de Paris du 13. Février 1642. *Du Frêne, liv. 3. chap. 86.*

79 Arrêt du 18. Janvier 1658. par lequel il est ordonné que le procez sera fait & parfait à un Huissier & Greffier de Geole afin de representation d'un prisonnier accusé d'assassinat, lequel avoit été tiré de prison par l'Huissier pour le transferer à Poitiers en vertu d'un Arrêt rendu sans ouïr la partie principale, au préjudice de plusieurs autres Arrêts, faisant défenses d'élargir qu'en vertu d'Arrêts contradictoires rendus avec toutes les parties, ou de condamnation de 10000. livres pour la perquisition du prisonnier évadé par les chemins. La partie civile prétendoit que les Huissier & Greffier de la Geole avoient touché argent pour favoriser l'évasion, il fut aussi ordonné que le Procureur qu'on prétendoit avoir signé la requête sur laquelle l'Arrêt étoit intervenu seroit interrogé sur faits & articles, que le Secretaire du Rapporteur seroit pris au corps pour être pareillement interrogé; cependant condamna l'Huissier & Greffier de la Geole solidairement envers la partie civile en la somme de 6000. livres de provision. *Soëfve, tome 2. Cent. 1. chap. 84.*

PRISONNIER, REBELLION.

80 De ceux qui s'efforcent de sauver les coupables, & qui tirent les prisonniers des mains de la Justice. *Voyez Julius Clarus, li. 5. Sententiarum, §. Fin. qu. 28. & suiv.*

81 Captum eximens de manibus officialium quo modo punitur? *V. Com. Joan. Gonst.* sur l'Ord. de Fran. I. article 151.

82 Un Gentilhomme qui avoit favorisé la fuite d'un débiteur, l'avoit tiré des mains des Sergens, condamné de payer les sommes pour lesquelles il étoit poursuivi, interêts & dépens. Arrêt du Parlement de Grenoble de la Veille de Pâques Fleuries 1461. *Papon, liv. 23. tit. 3. n. 1.*

83 Arrêt du Parlement de Paris du 6. Novembre 1534. par lequel un accusé & convaincu d'avoir voulu faire sauver un prisonnier, a été condamné à faire amende honorable, & en une amende vers le Roy. *Ibidem, tit. 10. n. 2.*

84 Arrêt du Parlement de Paris du 23. Janvier 1549. par lequel un convaincu d'avoir empêché un Huissier de mettre un decret de la Cour à execution, en faisant sauver celuy qu'il poursuivoit, a été condamné à faire amende honorable, en de grosses amendes vers le Roy, és dommages & interêts de la partie civile, & à tenir prison jusques à ce que celuy qui s'étoit évadé fût par luy representé, & ce fait banny. *Papon, liv. 23. tit. 3. n. 3.*

85 Le procez doit être fait à celuy qui est cause de l'évasion d'un prisonnier. Arrêt du 15. Janvier 1563. par autre Arrêt du Parlement de Paris du 10. Octobre 1582. le nommé Duval qui avoit prêté la main à un ravisseur, pour se sauver des mains des Sergens, fut condamné à être pendu. *Papon, ibidem.*

86 Qui confobrinum cadis reum de manu viatoris eripit, pœna tantummodo pecuniaria mulctatur. Arrêt du 7. Septembre 1607. *Mornac, l. 5. ff. ne quis eum qui in jus vocatus est, vi eximat.*

87 Arrêt du Parlement de Provence du 21. Janvier 1645. qui a condamné une mere en 30. livres d'amende, pour avoir tiré son fils des mains de l'Officier qui le menoit prisonnier. *Boniface, tome 1. liv. 1. tit. 25. n. 5. & to. 2. part. 3. liv. 1. tit. 4. ch. 1.*

PRISONS DES SEIGNEURS.

88 Les Seigneurs Justiciers doivent tenir leurs prisons bien reparées, & entretenir un Geolier qui y réside; si faute de ce les prisonniers s'échappent, ils en sont responsables, tant en civil que criminel. Arrêt des grands Jours de Moulins du 16. Octobre 1550. *Papon, liv. 24. tit. 5. n. 5.*

89 Par Arrêt des grands Jours de Clermont du 19.

Janvier 1666. ordonné que suivant l'Arrêt du 10. Decembre dernier l'engagiste du Domaine de la Tour, sera construire dans trois mois pour tous délais des prisons en la Ville de la Tour, ou rétablir les anciennes, sinon & à faute de ce faire, mettre entre les mains du Substitut du Procureur General au Siege de Clermont, la somme de 3000. livres pour y être employée, sauf à l'augmenter si elle ne suffit, à quoi faire il sera contraint par saisie, tant du revenu de ladite terre, que des autres biens, nonobstant toutes oppositions & appellations quelconques, & par preference à toutes saisies faites ou à faire, dont le Substitut sera tenu de certifier la Cour dans 2. mois. *Arrêt des Grands Jours*, page 279.

VISITES DES PRISONNIERS.

90 Sur la remontrance de Monsieur le Procureur General du Roy, la Cour commit de Messieurs les Conseillers pour avec un Tresorier de France, & le Lieutenant Criminel du Prévôt de Paris, se transporter és prisons du grand Châtelet, visiter les Chambres & Cachots, & les faire accommoder, en sorte que les prisonniers eussent de l'air & commodité pour leurs necessitez. Que ceux qui seroient és lieux appellez le Puits & la Gourdine, en seroient tirez, & nul désormais, ni és autres basses fosses où il n'y a point d'air, n'y seroit mis ; ceux qui seront tenus pour dette, seroient mis au petit Châtelet, & les femmes séparées de chambres d'avec les hommes. Arrêt du 10. Mars 1550. *Corbin suite de Patronagé*, *chapitre* 282.

91 Edit que les Présidens de la Cour, ceux des Enquêtes, & Conseillers de la Grand'-Chambre allans par pays, visiteront les prisonniers, tant des Jurisdictions Royales qu'inferieures, appellez les Officiers des lieux qui seront tenus y assister. A été verifié au Parlement de Bretagne le 14. Février 1558. *Du Fail*, li. 3. chap. 258.

92 L'an 1618. pour les empêchemens survenus à la Cour le Mardy de la Semaine sainte, auquel jour elle a accoûtumé de vaquer à la visitation & déliyrance des prisonniers, la séance fut remise au lendemain Mercredy, ce que nous avons remarqué *quia nusquam anteà visum*. Bibliotheque de Bouchel, *verbo* Séance.

93 Joindre aux Décisions & Arrêts cy-dessus le titre 13. de l'Ordonnance Criminelle de 1670. des Prisons, Greffiers des Geoles, Geoliers & Guichetiers.

PRIVEZ.

Celuy qui se sert des lieux communs de la maison voisine, & y envoye ses eaux, est tenu de contribuer au nétoyement. *V. Bouvot*, tome 1. part. 2. verbo *Privez*.

Voyez les mots *Latrines & Servitudes*.

PRIVILEGE.

Privilegium. *Jus peculiare & proprium. Immunitas*, &c.

Privilege personnel. *L.* 68. 69. 191. *& 196. D. de reg. jur.*

Ne liceat potentioribus, patrocinium litigantibus præstare, vel actiones in se transferre. C. 2. 13. Contre les personnes privilegiées qui prêtent leur nom, qui achetent les actions d'autrui ; ou qui interviennent sans un veritable interêt. *Voyez* Action, Acheteurs d'Actions.

Si per obreptionem fuerint impetrata. C. Th. 11. 13. Révocation des Privileges surpris.

De Privilegiis, & excessibus Privilegiatorum. Extr. 5. 33.

1 *De Privilegiis, & Rescriptis. Per* Mart. Garratum Laudens.

2 *De Privilegiis militaribus. Per* Marc. Mant. Benavidium.

3 *De Privilegio. Per* Jo. Oldendorpium.

4 *Curike de Privilegiis.* Dantisci 1652.

5 En matiere de privileges, l'expression de l'un, emporte l'exclusion de l'autre.

6 *Privilegium sine die nullum est.* Mornac, *l*. 4. *de diversis rescriptis, notandum est quædam rescripta beneficiaque principis in quibus solus mensis sine die adjicitur, ut beneficium legitimationis, beneficium vectigalis cujusdam anni concessum Universitatibus & Collegiis,* &c.

7 *Unico actu contrario privilegium amittitur.*

8 *Mendacium vitiat privilegium.* Mornac, *l.* 5. *C. si contrà jus, &c.*

9 *De non ampliandis privilegiis. Voyez* Mornac, *l.* 2. *C. de legibus,* &c.

10 *Privilegium personale personam non egreditur, sed cum personâ extinguitur, l. ætatem, §. ult. ff. de censibus ; privilegia enim sunt stricti juris, nec extenduntur, de re ad rem, nec de personâ ad personam.* Voyez M. le Prêtre, premiere Centurie, chap. 31. où il parle du privilege réel qui passe aux successeurs & aux ayans cause.

11 *Quòd principis prima concessio posteriori prævaleat ?* Voyez *Andr*. Gaill, *lib.* 2. *Observat.* 55.

12 Du privilege d'exemption & affranchissement de toutes Commissions, tant Royales, que de Communauté, ordinaires & extraordinaires pour certain nombre de personnes, en chacune des Paroisses du Royaume de France. *V. les Ordonnances de Fontanon, to.* 2. *liv.* 3. *tit.* 32. *p.* 1185.

13 Le demandeur qui allegue privilege dont de droit commun il ne doit joüir, est tenu d'en justifier en formant sa demande. Arrêt du Parlement de Paris de l'an 1322. Papon liv. 9. tit. 7. n. 2.

14 Jugé par Arrêts du Parlement de Grenoble des 12. Août 1621. & 30. Juillet 1632. que les privileges de la Ville de *Romans* n'avoient pû blesser les droits des Seigneurs particuliers, suivant le droit commun, quoiqu'il n'y eût de révocation des privileges de cette Ville en faveur du Seigneur de Montmirail. Ainsi il fut jugé par ces deux Arrêts que les rescripts, chartes, & autres Patentes des Rois ne s'entendent que *sauf le droit d'autrui*. Basser, tome 2. li. 3. tit. 3. chap. 7.

15 Les habitans de *Saint Malo* ont quelques privileges, & entr'autres qu'ils peuvent faire arrêter les Etrangers jusqu'à avoir répondu & défendu à la demande qu'on prétend leur faire, ou s'être joint à un procez, lequel a été confirmé par nombres d'Arrêts. *Bellordeau à la lettre P. Cent.* 211. Ce privilege a été étendu contre tous autres Etrangers, par Arrêt du Parlement de Bretagne du mois de Decembre 1638. *Sauvageau sur Du Fail*, *liv.* 2. *chap.* 230.

PRIVILEGE, ACTION.

16 Un privilegié peut intenter son action devant un autre Juge que le Juge de son privilege, & avant la contestation formée demander son renvoy. *Mornac, l.* 23. *ff. de judiciis & ubi, &c. & l.* 29. *Cod. de pactis.*

PRIVILEGE DES CHANOINES DE PARIS.

17 Les Chanoines de Nôtre Dame de Paris peuvent en vertu de leur *Committimus* assigner une partie, & la distraire de son Parlement, & venir plaider aux Requêtes du Palais à Paris, & par appel au Parlement dudit Paris. Arrêt du Grand Conseil confirmatif de ce privilege du 21. Juillet 1585. *M. le Prêtre* 4. *Cent. chap.* 35.

PRIVILEGE DES CONSEILLERS DE LA COUR.

18 Voyez *M. le Prêtre*, *premiere Cent. chap.* 9. *& ch.* 80. où en marge il est rapporté un Arrêt du fils du Président de Cadillac, Conseiller aux Requêtes du Parlement de Bourdeaux.

18 bis. Privilege confirmé. *Voyez* le mot *Confirmation*, *nomb.* 7. *& 21.*

De confirmatione privilegiorum. Voyez *Andr*. Gaill, *lib.* 2. *observat.* 1.

PRIVILEGE DE CLERICATURE.

19 *Voyez* le mot *Clerc*, *nomb.* 41. *& suiv.*

PRIVILEGE, CREANCIERS.

20 Des privileges des creanciers, du vendeur, de celuy qui prête pour acquerir, conserver, ameliorer, bâtir, privilege du proprietaire de la ferme sur les fruits & meubles du locataire, & sous-locataire, à moins que celuy-cy n'ait une occupation gratuite, de la concurrence & preference entre mêmes privilegiez. *Voyez* le 2. tome des *Loix Civiles*, liv. 3. titre 1. & les mots *Creanciers*, *Débiteurs*, *Hypoteque*, *Ordre*.

PRIVILEGE DE DOT.

21 Du privilege de la dot, & si la femme y peut renoncer ? *Voyez* le mot *Dot*, n. 296. & suiv.

PRIVILEGE DES ECCLESIASTIQUES.

22 L'Ecclesiastique ne peut renoncer à son privilege de Clericature, parce qu'il est donné à l'Ordre, à cause du Caractere & du Ministere qui rend la personne sainte & sacrée. M. le Prêtre, premiere Cent. chap. 80. Mornac, l. 41. ff. de minoribus, &c. l. 29. C. de pactis, & l. 1. C. ubi Senatores, &c.

23 L'Ecclesiastique ne perd point son privilege, etiamsi sit virginum raptor, nisi habitu laico armisque illatis crimen fuerit admissum. Mornac, l. 2. ff. de origine juris. M. le Prêtre, 3. Cent. chap. 37.
Voyez les mots *Clercs*, *Ecclesiastiques*, *Prêtres*, *Ordres Sacrez*.

PRIVILEGE DES ECOLIERS JUREZ.

24 *Voyez Peleus*, quest. 123. & Bacquet, des Droits de Justice, chap. 8. nomb. 40. & 54. & M. Dolive, li. 1. chapitre 32.

PRIVILEGE, ORDRES.

25 Declaration portant confirmation des privileges de l'Ordre de saint François, & de sainte Claire. A Paris le 14. Octobre 1594. Registrée le 27. du même mois. 1. Vol. de l'Ordonnance d'Henry IV. fol. 254.
Voyez les mots *Exemptions*, *Mendians*, *Ordres*, *Religieux*.

PRIVILEGE, PARIS.

26 Des privileges octroyez à la Ville de Paris. Ordonnances de Fontanon, tome 2. livre 3. titre 29. page 1174.

PRIVILEGE, PAUVRES.

27 Privilegium concessum propter paupertatem extinguitur auctis facultatibus. Voyez Franc. Marc. tome premier, quest. 1180.

PRIVILEGE, PERE.

28 Des privileges accordez aux Peres qui ont plusieurs enfans. *Voyez* le mot *Enfans*, nomb. 69. & suiv.

PERTE DES PRIVILEGES.

29 De amissione privilegiorum. Voyez Andr. Gaill, lib. 1. observat. 60.

30 Ecclesia, civitas, Castrum, vel Collegium auctoritate superioris destructa, an amittant sua privilegia? Voyez ibidem, observat. 58.

31 De Arrestis dominorum contra subditos contumaces, & de amissione privilegiorum ob delictum. Voyez Andr. Gaill, en son traité de Arrestis Imperii, chap. 10.

PRIVILEGE' CONTRE PRIVILEGE'.

32 Pari privilegio certantes privilegiati, præfertur ille qui certat de damno vitando; sed si uterque certat de damno, potior est causa ejus à quo petitur, si verò sint dispari privilegio, privilegium potentioris præfertur. Mornac, l. 11. §. ult. ff. de minoribus. Voyez M. Expilly, Arrêt 5. fol. 611.

PRIVILEGE DU PROPRIETAIRE.

33 Hipoteque & privilege du proprietaire sur les meubles étant dans la maison loüée. *Voyez* le mot *Bail*, nomb. 180. & suiv.

34 Du privilege du proprietaire qui veut habiter la maison. *Voyez ibidem*, nomb. 75. & suiv.

35 Le privilege du proprietaire de demeurer en sa maison loüée, ne s'étend à ses enfans que le pere marié pour faire déloger le locataire, & mettre le gendre & la fille mariée dans ladite maison. Arrêt à la prononciation d'Août 1504. *Peleus*, quest. 18.

36 Le privilege de l'article 176. est plus fort que celuy du proprietaire pour les loyers de sa maison, & en consequence les proprietaires ont été condamnez à rendre au vendeur le prix de huit pieces de vin qu'il avoit venduës sans terme au locataire de la maison. Arrêt, Audience de la Grand'-Chambre du 15. Mars 1605. *M. le Prêtre* 1. Cent. ch. 90.

PRIVILEGES ROYAUX.

37 De privilegiis regiis ac Burgensibus. Voyez le 29. ch. du Stile du Parlement dans Du Moulin, tome 2. page 531.

38 De la difference entre les bienfaits du Roy, & les privileges qu'il accorde. Ceux-cy font violence à la Loy ; ceux-là sont des effets de liberalité : les premiers sont nuisibles aux autres citoyens, les autres sunt vincula benevolentia. V. M. le Bret, traité de la Souveraineté, liv. 3. chap. 9.

PRIVILEGE, ROY DE L'ARQUEBUZE.

39 Du privilege du Roy de l'Arquebuze confirmé, à l'exception d'un nouveau droit. Arrêt du 16. Avril 1598. Mornac, l. 9. §. si servum meum, ff. ad legem Aquiliam, & l. 7. Cod. de vectigalibus & commissis. Ils n'en joüissent plus. Voyez du Frêne, li. 2. ch. 54. qui dit qu'ils sont exempts du droit de huitiéme pour tout le vin de leur crû, ou jusques à 25. muids s'ils n'ont point de vignes. Arrêt du 3. Août 1619. rendu en la Cour des Aydes.

PRIVILEGIEZ, SUPPÔTS DE L'UNIVERSITÉ.

40 Voyez le Vest, Arrêts 219. & 220.

PRIVILEGE SURVENU.

41 Privilegium jurisdictionis superveniens non sufficit in jus vocationem, sed opus est contestatione. Arrêt du 10. Février 1605. Mornac, l. 7. ff. de judiciis, &c.

PRIVILEGE, VILLE.

42 Privilegium concessum civitati an se extendat ad comitatenses & contrà: & an suburbia comprehendat? Voyez Franc. Marc. to. 1. quest. 365.

PROCEDURES.

1 DE l'instruction des procez en la Cour de Parlement, & quelles causes peuvent être introduites en premiere instance ? Ordonnances de Fontanon, to. 1. li. 3. tit. 1. p. 552.

2 Des acquiescemens, & comme l'on est reçu à acquiescer, & de ne retenir la connoissance de la cause. Ibidem, tit. 5. pag. 558.

3 Des délais, ensemble des congez, defauts, & contumaces en la Cour. Ibidem, tit. 6. p. 558. tit. 36. p. 607. & Joly, des Offices de France, tome 1. livre 33. page 294.

4 Des Requêtes presentées à la Cour pour l'instruction & acceleration des procez en icelle. Ordonnances de Fontanon, to. 1. li. 3. tit. 7. p. 563.

5 Des procez par écrit, instruction & expedition d'iceux en la Cour. Ibidem, p 565.

6 De l'abreviation des procez, & peines des temeraires litigans. Ibidem, tit. 27. p. 593.

7 De bailler copie des pieces, sur lesquelles les demandes & défenses seront fondées, dés l'introduction de la cause. Ibidem, tit. 29. p. 603.

8 De vuider promptement par les Juges les differends qui sont de sommaire connoissance. Ibidem, titre 30. page 603.

9 De vuider par les Juges Royaux les procez dans six mois au plus tard. Ibidem, tit. 52. p. 620.

10 De proceder au Jugement des procez instruits, & prononcer la Sentence nonobstant le décez de l'une ou de l'autre des parties. Ibidem, tit. 53. p. 621.

11 Des Requêtes presentées en la Cour, pour l'instruction & accelerations des procez en icelle. Joly, des Offices de France, tome 1. li. 1. tit. 34. p. 299.

12 Des procez par écrit, instruction & expedition d'iceux en la Cour. Ibidem, tit. 35. p. 300.

13 Des quelques accidentelles choses qui sont demandées en Justice. V. le traité de la Preuve par M. Danty, Avocat in Parlement, ch. 17. part. 1.

14. *De appellationibus, reductionibus, compulsorialibus attentatis, & inhibitionibus.* Voyez Andr. Gaill, lib. 1. *observat.* 119.

15. *In Causâ fractâ pacis, an admittatur procurator & utrum exceptio fori declinatoria vel peremptoria admittatur?* Voyez Andr. Gaill, *tract. de pace publicâ*, li. 6. cap. 10. & 11.

16. Statuts & Ordonnances sur la maniere de proceder és Cours de Liege. *Liege* 1572. in octavo.

17. Pratique judiciaire pour les matieres civiles & criminelles, par *M. Liset*, avec *les annot. de Charondas. Paris.* 1613. in octavo.

20. Arrêt de la Cour des Grands Jours séante à Clermont, portant reglement pour l'instruction des procez, tant civils que criminels, du 2. Octobre 1665. V. le *Recueil des grands Jours* p. 81.

21. Arrêt de Reglement general du 30. Janvier 1666. par la Cour des grands Jours séante à Clermont pour le stile & abbreviation des procez, tant en matiere Beneficiale, Civile que Criminelle, saisies réelles, &c. *Voyez ibidem*, p. 225.

22. Reglement pour les procedures civiles & criminelles, qui seront poursuivies tant au Parlement qu'aux Justices Royales & subalternes du ressort, & Reglement du 3. Septembre 1667. *De la Guess. tome* 3. li. 1. chap. 40.

23. Il faut s'attacher à ce qui est marqué par l'Ordonnance Civile de 1667. & par celle de 1670. Lire le Commentaire de M. Philippes Bornier, le Praticien François, le Stile Civil, & autres Livres de Pratique necessaires à ceux qui commencent, & non absolument inutiles à ceux qui sont, ou qui se croyent plus avancez.

PROCEDURE CIVILE.

24. Voyez le mot *Action*, nomb. 12. où il est parlé des Actions Civiles & Criminelles.
An pars agens habeat facere fidem de iis quæ proponuntur, antequàm reus respondeat? V. le 15. chap. du Stile du Parlement dans Du Moulin, *tome* 2. p. 425. & 462. *sur les notes.*

25. *De sententiâ absolutoriâ ab observatione judicii & quando dicatur liquere de causâ, vel non liquere.* V. Franc. Marc. *to.* 1. *quest.* 506.

26. *Præter supplicationis conclusionem pronunciandum non esse regulare.* Voyez Franc. Marc. tome 2. quest. 473.

27. M. Charles Du Moulin sur la Regle *de publicandis*, n. 370. dit que quand dans une cause on a une fois conclu au principal, il n'y a plus lieu d'ordonner le sequestre par provision ; il est plus regulier d'appointer.

28. Requête refusée en une Chambre du Parlement ne peut être presentée à une autre. Arrêts des Parlemens de Toulouse & de Paris qui condamnent le Procureur à l'amende. V. *Mainard*, *livre* 8. *chapitre* 25.

29. Le Juge peut prononcer d'office sur la nullité de quelque procedure, encore que la partie ne dise rien du défaut d'icelle. Arrêt rendu à Grenoble au mois de Decembre 1545. *M. Expilly*, *Arrêt* 20.

30. Pendant le temps de moisson ou vendange, l'on ne peut proceder en instance de désertion que du consentement des parties, à peine de nullité. Arrêt du Parlement de Paris du 22. May 1532. *Papon*, *livre* 7. *tit.* 10. *nomb.* 1.

31. Le 8. Mars 1551. Arrêt à la requête des Gens du Roy, portant que dorénavant l'on ne seroit reçû à empêcher le jugement d'un procez par écrit où il y avoit quelque défaut ou congé pour alléguer accord & transaction, si promptement on n'en faisoit apparoir. *Biblioth. de Bouchel*, verbo *Accord*.

32. Par Arrêt du Parlement de Toulouse du 15. Juillet 1599. jugé qu'il n'y avoit lieu de jonction d'une instance feodale, avec l'instance de distribution de biens de l'emphiteote, afin que par ce moyen le payement privilegié & favorable ne fût retardé. *La Rocheflavin*, *li.* 2. *Arr.* 18. p. 51.

33. Une fille ayant obtenu des Lettres de rescision de la quittance donnée à sa mere par son contrat de mariage, & sur l'assignation donnée à ses freres pour intervenir en l'instance, ils furent déchargez de l'assignation, par Arrêt. Le dessein de la fille étoit d'empêcher que ses freres ne dissent après le decez de la mere qu'il y avoit eu collusion entr'elles. La défense des freres étoit qu'il n'est permis aux enfans du vivant de leur mere de debattre sa succession. *Papon*, li. 16. tit. 4. n. 5.

34. Arrêt du Parlement de Provence du 4. Juin 1651. qui enjoint aux Procureurs de communiquer, regler & contester les Requêtes incidentes. *Boniface*, *to.* 1. li. 1. tit. 19. n. 7.

35. Déliberation sur les procedures de Justice aux Mercuriales contenant treize articles, le 29. Janvier 1658. & publié en la Communauté des Avocats & Procureurs, le 4. Février 1658. *De la Guessiere*, *to.* 2. liv. 1. ch. 34.

36. Des delais & procedures aux Cours de Parlement, Grand Conseil, Cours des Aydes en premiere instance, & en cause d'appel. *Voyez l'Ordon. de* 1667. titre 11.
Voyez cy-aprés le nombre 53.

37. Les frais qui sont faits dans les instances appointées à mettre, compris le déboursé, même l'Arrêt de Reglement, & tout ce qui sera fait jusqu'à celui qui prononcera sur lesdites instances, n'excederont point la somme de vingt livres, pour quelque cause que ce soit, tant pour le demandeur, que pour le défendeur, & le Procureur ne doit compter ni faire payer une plus grande somme à sa partie.
Si le demandeur est obligé depuis sa demande expliquer, étendre, ou restraindre ses conclusions ; ou si le défendeur veut former quelques demandes, en cas qu'elles se trouvent dépendantes de la premiere, les Requêtes seront répondues d'un soit signifié à partie, pour y répondre, au plus tard dans trois jours, & fait droit en jugeant.
Les défendeurs, sous ce prétexte, ne peuvent former des demandes semblables aux conclusions qu'ils ont prises par leurs défenses, ou qui produisent le même effet, & le Procureur ne doit faire aucune declaration de dépens ajugez sur lesdites instances appointées à mettre, & n'en peut prétendre aucun droit pour la taxe, lorsqu'ils seront employez dans des declarations qui pourroient être données en consequence d'Arrêts diffinitifs, il n'y aura qu'un seul article. Arrêt de Reglement du Parlement de Paris du 25. Novembre 1689. *Journal des Audiences*, *to.* 5. liv. 5. chap. 41.

38. Lorsqu'une partie forme un incident ou nouvelle demande, & que le Juge ordonne à l'autre d'y défendre, il ne peut plus décider le principal, sans faire droit sur l'incident, quelque irrelevant qu'il paroisse. Arrêt du Parlement de Tournay du 19. Novembre 1694. *rapporté par Pinault*, *tome premier*, *Arrêt* 42.

39. Quoiqu'un défendeur ait dénié les prétentions du demandeur, cela n'empêche pas qu'il ne puisse encore l'obliger à exhiber ses titres avant que de contester ulterieurement. Jugé au même Parl. de Tournay le 11. Février 1697. V. *idem*, *to.* 1. *Arr.* 141.
PROCEDURE, APPOINTEMENT. 39 bis.
Voyez le mot *Appointement*.
PROCEDURE, BENEFICE.

40. Des procedures & instructions des procez en matiere Beneficiale. *Voyez les Memoires du Clergé*, *to.* 2. part. 2. tit. 10.
PROCEDURES CIVILES, CONFESSION.
Des confessions & déclarations faites en procez 40 bis. civils. *Voyez* le mot *Confession*, nombre 38. & suivans.

PROCEDURE, CONTESTATION.

41 *De litis contestatione.* Voyez Andr. Gaill. *lib.* 1. *observat.* 73. *quod judicium propriè à litis contestatione incipiat.* Idem, observ. 74. *An litis contestatio omissa vitiet processum?* Idem, observ. 75. *Litis contestatio, an in causa appellationis sit necessaria?* Idem, observat. 76. *Litis contestatio an in causa nullitatis fieri debeat?* Idem, observ. 77. *Litis contestatio & ordo juris, an in mandatis de relaxandis captivis requiratur?* Idem, observ. 78.

41 bis. Par appointement de venir plaider par Avocats, après les défenses fournies, la Cause est censée contestée. Arrêt du 19. Janvier 1587. *Filleau*, 4. *partie*, *quest.* 196. Chenu, 2. *Centur. quest.* 96. Charondas, *liv.* 7. *Rép.* 192.

PROCEDURE, CURATEUR.

42 Procedures faites sans Curateur. *Voyez* verbo *Curateur*, *n.* 38. *& suiv.*

PROCEDURE, DATE.

43 Dates doivent être mises és procedures. *Voyez* le mot *Dates*, *n.* 15.

DECES DE PARTIE, OU PROCUREUR.

44 *Si Prior Franciæ vel Aquitaniæ intimatus in causa appellationis moriatur, novus Prior adjornandus est ad resumendum vel deserendum.* Du Moulin, tome 2. pag. 602.

45 *Littera obligatoria Prioris & Conventûs est executoria post mortem Prioris,* parceque *tantùm est nomen dignitatis.*

46 De plusieurs défendeurs, l'un mourant arrête tout, il faut assigner les heritiers en reprise, quoiqu'au commencement de l'instance on eût pû en distraire le défunt. Jugé en 1327. *Papon*, *liv.* 8. *ti.* 16. *n.* 2.

47 Mort du Procureur ne doit empêcher de juger le procez, & obliger d'assigner en constitution de nouveau, quand le procez est en état de juger par appointement, ou oüir droit par forclusion. Arrêt du Parlement de Grenoble du 18. Juin 1454. *Papon*, *li.* 24. *ti.* 14. *n.* 2.

48 Les heritiers de celuy qui a gagné son procez, quoique depuis sa mort, peuvent se prévaloir du Jugement, sans craindre qu'on leur oppose la nullité, attendu le decez; ce qu'ils peuvent faire au contraire, s'il est perdu pour eux. Arrêt du Parlement de Paris. *Papon*, *li.* 19. *tit.* 8. *n.* 15.

49 Quoique la cause soit au Rolle, si l'une des parties meurt, les heritiers doivent être appellez, & la cause rayée. Jugé en la Chambre de l'Edit de Castres le 12. Février 1635. L'Arrêt est rapporté *par Boné*, *part.* 2. *pag.* 244. *Arr.* 80.

50 Arrêt donné en la Cour des Comptes, Aydes & Finances de Provence, le 24. Janvier 1646. qui a declaré nul l'Arrêt qui avoit été donné contre une personne morte, à cause qu'il y avoit encore quelque procedure à faire. *Boniface*, *tom.* 1. *li.* 1. *tit.* 16. *n.* 7. Il rapporte au même endroit un Arrêt du 23. Decembre 1660. qui a jugé que la mort civile n'avoit pas le même effet que la naturelle, au cas jugé par le précedent Arrêt.

Par l'art. 3. du titre 26. de l'Ordonnance de 1667. le decés doit être signifié au Procureur, & les poursuites sont valables jusqu'au jour de l'assignation.

Voyez cy-après le nombre 52.

PROCEDURE, DEFAUT.

51 Défaut en matiere civile. *V.* le mot *Contumace*, *nomb.* 1. *& suiv.* & verbo *Défaut*.

PROCEDURE, DEFUNT.

52 Jugement rendu contre les défunts. *Voyez* le mot *Arrêt*, *n.* 6. *& suiv.* & le mot *Décès*.

PROCEDURE, DELAY.

53 Du delai des procedures. *Voyez* le mot *Délay*, *nomb.* 24. *& suiv.* & cy-dessus *le nombre* 36.

Des delais, ensemble des congez, défauts & contumaces en la Cour. *Joly*, *des Offices de France*, *to.* 1. *li.* 3. *ti.* 23. *p.* 294. Et Fontanon, *to.* 1. *li.* 3. *ti.* 36. *p.* 607.

Tome III.

PROCEDURES, FESTES.

54 Des procedures faites les jours de Fêtes. *Voyez* le mot *Fêtes*, *nomb.* 10. *& suiv.*

PROCEDURE, GARENTIE.

55 De la garentie en fait de procedure. *Voyez* le mot *Garentie*, *n.* 99. *& suiv.*

PROCEDURE, GUERRE.

56 De la procedure faite pendant la guerre. *Voyez* le mot *Guerre*, *n.* 27. *& suiv.* & cy-après *lę n.* 65.

PROCEDURES, MINEUR.

57 Arrêt sur procedures commencées pour ou avec un mineur, est valable, étant donné en temps de majorité survenuë; & un Procureur ne peut être desavoüé par celuy qui a approuvé les procedures, & exécuté l'Arrêt, quoique du commencement le Procureur n'eût eu charge. *V. Servin*, *to.* 2. *p.* 286.

58 Toutes procedures faites par des mineurs sans l'assistance de leurs Tuteurs & Curateurs, sont nulles, comme il a été jugé par plusieurs Arrêts. Anciennement on jugeoit le contraire, sur tout quand il paroissoit que le mineur s'étoit bien défendu.

Un sourd & muet de naissance, demandeur en excés, avoit agi sans avoir été pourvû d'un Curateur pour sa défense; par Arrêt du 13. ou 15. Mars 1675. il a été jugé qu'il l'avoit pû faire, parce que ce qu'il avoit fait sans ministere de Curateur, étoit tourné à son avantage. La Rocheflavin, *liv.* 2. lettre *M. tit.* 9. *Arr.* 6.

PROCEDURE DE NUIT.

59 Si une procedure faite de nuit, est valable? La cause ne fut point jugée. *V. Boniface*, *tom.* 1. *liv.* 1. *tit.* 17. *n.* 6.

Voyez le mot *Nuit*.

PROCEDURE, PARENS.

60 Si les Juges & Greffiers parens, peuvent faire des procedures? Arrêt rendu au Parlement de Provence le dix Mars 1674. qui cassa la procedure, sauf de faire informer de nouveau aux dépens du Juge & Greffier. *Boniface*, *to.* 5. *li.* 3. *tit.* 6. *ch.* 4.

PROCEDURE, PRESCRIPTION.

61 De la prescription en matiere de procedure. *Voyez* le mot *Prescription*, *n.* 283. *& suiv.*

PROCEDURE, REPRISE.

62 De la reprise d'un procez, interrompu par la mort de l'un des Litigans. *V. Papon*, *liv.* 8. *ti.* 16. Imbert, *en ses Institutions Forenses*, *li.* 1. *ch.* 59.

63 Procez interrompu par la mort du défendeur, se doit reprendre dans l'an, autrement on n'y est plus reçû. Arrêt du Parlement de Paris de l'an 1390. En matiere beneficiale, quand l'une des parties est decedée, il n'est procédé au Jugement du procez; s'il n'est pris par un subrogé; & le survivant peut demander main-levée en la Grand'-Chambre. *Secus*, en matiere profane. Arrêt de l'an 1531. *Papon*, *li.* 8. *tit.* 16. *n.* 1.

64 Aprés la reprise du procez du défunt, l'on ne peut demander renvoy, & tendre à fin de non proceder. Jugé par Arrêt du 15. Mars 1566. *Papon*, *ibidem*, nombre 2.

PROCEDURE CIVILE, TROUBLES.

65 Arrêt du Parlement de Bretagne du 28. Avril 1578. qui, suivant l'Edit de pacification, casse les procedures faites pendant les troubles, contre le Fermier du Sieur de Chatillon; cependant, le condamne à garnir par provision la rente de quinze mines de bled. On la considera comme provision alimentaire & necessaire à l'acquit des charges du Benefice. *Du Fail*, *li.* 2. *ch.* 585.

Voyez cy-devant le nomb. 56. *& cy-après*, le mot *Troubles*.

PROCEDURE CRIMINELLE.

66 *V*oyez les mots, *Accusation*, *Action*, *nomb.* 12. *Contumace*, *Crime*, *Délit*,

67 Des procez qui se jugent extraordinairement par

B b

des Commissaires en la Cour. *Joly, des Offices de France*, to. 1. li. 1. tit. 44. pag. 308. & *Fontanon*, tom. 1. li. 3. ti. 16. pag. 572.

68. Des procez criminels, & instruction d'iceux en la Cour, tant en premiere instance, que par appel : amendes & remissions d'icelles ; ensemble la punition & peine de ceux qui font & prennent dons prohibez. *Ordonnances de Fontanon*, to. 1. liv. 3. tit. 25. page 588.

69. Des procez criminels, instruction & Jugement d'iceux. *Ibid.* tit. 78. page 693.

70. *Millæi Boii praxis criminalis*. Par. 1541. Figur. Autre édition en 1555. in 8.

71. Traité des matieres criminelles, la forme de faire les procez criminels, les Ordonnances Royaux, & les Arrêts notables en matieres criminelles. *Poitiers*, 1571. in octavo.

72. *Damhouderii praxis criminalis*, in 8. Antuerp. 1556. & Colon. 1591.

73. *P. Caballi resolutiones criminales*, in fol. Francofurti 1613.

74. *De Mandato de non offendendo*. Voyez *And. Gaill. tract. de pace publica*, lib. 1. cap. 2.

75. *Quando ad pœnam Mandati de non offendendo agi possit ?* Ibid. cap. 3.

76. *De Mandatis sine clausulâ, & utrùm in causis fractæ pacis decerni possint ?* Ibid. cap. 5.

77. *Quod Mandata cum clausulâ justificatoriâ, unà cum citatione super fractâ pace, in camerâ decerni possunt ?* Ibid. cap. 6.

78. *Actio ex constitutione pacis publicæ quando competat ?* V. ibid. cap. 7.

79. *Ecclesiastici, an super turbatâ pace publicâ agere, & offensi armatâ manu se defendere possint ?* Ibidem, cap. 8.

80. *Accusatio ex constitutione pacis publicæ, in quibus à publico criminali judicio differat ?* Ibidem, cap. 9.

81. *An in causis fractæ pacis conatus pro effectu habentur ?* Ibid. cap. 14.

82. *Tantus est innocentiæ favor, ut pro ejus probatione admittuntur testes minùs idonei, & aliàs suspecti.* V. ibid. cap. 16. n. 22.

83. *In causis fractæ pacis, an reus post publicationem attestationum, vel conclusionem causæ, adulteriorum probationem admittendus sit ?* V. ibid.

84. *De utriusque Banniti, delicti & contumaciæ differentiâ, & formâ sententiæ.* Ibid. lib. 2. cap. 6.

85. *De Banno communitatis, sive universitatis, & ejus effectu.* Ibid. cap. 9.

86. *Bannitus, an actionem ante Bannum captam prosequi possit ?* V. ibid. cap. 12.

87. Arrêt en procez criminel. Voyez le mot *Arrêt*, n. 72. & suiv.

88. De ceux qui n'obéissent aux Arrêts portant condamnation d'amende generale. Voyez le mot *Amende*, n. 78. & suiv.

89. Sur les matieres criminelles, il faut voir *Matthæus de Afflictis*, Neapolitanæ, in fol. *Julius Clarus*, in fol. *Imbert*, *Masuer*, *le Brun*, in quarto. *L'ordre Judiciaire d'Ayrault*, in 4. *Godofridus Abavo Theor. praxis criminalium Aureliæ*. *P. Bougler, praxis criminalis*, 1624. *Jean Millet*, Juge de Souvigny. *Damhouderii, praxis rerum criminalium, cum Figuris*, in folio. *Bruxellæ*, 1580.

90. Jugement des procez criminels. Voyez hoc titulo *la Bibliotheque du Droit François*, par Bouchel, où il résout quelques difficultez, qui peuvent naître dans les instructions extraordinaires.

91. Plusieurs observations importantes sur la procedure criminelle. Voyez *la Rocheflavin, des Parlemens de France*, li. 13. ch. 69.

92. Voyez plusieurs questions en matieres criminelles, traitées par *Julius Clarus*, li. 5. Sententiarum, §. fin. practica criminalis.

93. *Sententia lata in criminali, quod jus contra omnes faciat, inquiri pluries uno & eodem delicto non licere.* V. Franç. Marc. to. 1. qu. 238.

94. *In causâ criminali, si de gravi crimine agatur, neque præventioni, neque remissioni locus est, antequàm reus personaliter compareat, & contra contumaces multa declarata sit, tenet.* V. ibid. to. 2. qu. 100.

95. *Fuga & fama quam fidem faciant ?* V. ibid. tom. 2. quæst. 184.

96. *Impetrari nunquam, aut perrard culpæ, erraticæ veniam, si iterata comperiantur sæpiùs à reo.* Mornac, Loix 2. & 3. Cod. *si sæpius in integrum restitutio postuletur*.

97. *In pœnalibus judiciis, privatus principe potior.* Vide Luc. lib. 12. tit. 9.

98. *Quando accusari quis possit in loco commissi delicti ?* Voyez Sthockmans, décis. 107.

99. *De renuntiatione instantiæ, & mutatione libelli post litem contestatam.* V. ibid. décis. 119.

100. De la procedure criminelle, qui se fait contre un, ou plusieurs particuliers délinquans. Voyez *Despeisses*, to. 2. p. 603.

De la forme de proceder, ordinaire ou extraordinaire. *Ibidem*, pag. 621.

101. L'artifice nuit aux affaires criminelles. V. *Henrys*, to. 1. li. 4. ch. 6. qu. 98.

102. Arrêt du Parlement de Paris du 18. May 1518. qui a declaré valable un procez criminel, fait hors du territoire, & en prison empruntée. *Papon*, liv. 24. titre 5. nomb. 5. Il n'en rapporte point les circonstances.

103. La cause est dite criminelle, quand les conclusions sont criminelles, quoiqu'il ne s'ensuive que condamnation civile. Arrêt du deux Decembre 1533. *Bibliotheque de Bouchel*, verbo *Procez*.

104. *Graviter reprehensus Prætor Vallis Sicidæ, qui processerat contra quemdam de incestu, quod propriam filiam carnaliter cognovisset, nullâ præcedente querelâ, vel denuntiatione, & ambo fuerunt absoluti* 9. Novemb. 1560. *neque in hoc attenduntur notificationes factæ extrajudicialiter, neque illæ quæ fiunt incerto auctore, & supresso nomine notificantis.*

Omnes illi contra quos fuisset processum super hujusmodi notificationibus, vel denuntiationibus factis per personas interias fuerunt per Senatum absoluti ; & in specie de anno 1561. quædam Cathar. Zanet. Voyez Jul. Clarus, lib. 5. Sentent. §. fin. qu. 5. n. 4.

105. Arrêt de ne conclure en aucunes qualitez criminelles, venuës des Seigneuries du Roy de Navarre, sans appeller le Procureur dudit Sieur, & luy communiquer le procez, afin de prendre ses conclusions, du 11 Juillet 1575. *La Rocheflavin*, li. 6. ti. 56. Arr. 14.

106. Le sieur de la Rocheboisseau accusoit sa femme d'adultere ; sur ce il fait informer, & obtient delay pour faire recoler & confronter les témoins. Cependant la femme recouvre un Decret de prise de corps autrefois décerné par la Cour contre son mary, & dit qu'il doit avoir la bouche close, jusqu'à ce qu'il ait obeï. Il répond qu'il a eu abolition du Roy : mais qu'à la verité elle n'est point encore enterinée. Intervient aussi le fils, lequel accuse sa mere *subjecti partûs*. Il dit avoir interêt que *invitò heres non adgnascatur*. On luy répond que *prematurè agit & ante delatam hereditatem*. M. Servin Avocat du Roy, dit pour le regard du venefice, il n'y a charge, & ne peut prendre conclusions. Quant à l'adultere, en France *non est crimen publicum* ; la poursuite n'en appartient point à M. le Procureur General : c'est au mary, lequel ne doit être oüi en Justice, qu'il n'ait obeï au decret. Arrêt, sans avoir égard à la Requête du fils, de laquelle la Cour l'a débouté. Quant au pere, il obeïra au decret & Jugement ; & jusques à ce toute audience luy est déniée. Voyez *la Biblioth. de Bouchel*, verbo *Recrimination*.

107. L'on ne se peut obliger pour un criminel corps pour corps, *nemo est membrorum suorum dominus. L. liber*

PRO   PRO   195

homi ff. ad L. Aqu. L'on a coûtume de prononcer, à peine d'une certaine somme. Arrêt du Parlement de Dijon du 22. Decembre 1599. *Bouvot, tom. 2. verbo Fidejussor, qu. 23.*

108 Il y avoit à Nevers un stile abusif. Quand un procez criminel étoit instruit par interrogations, recolemens & confrontations, l'on donnoit le procez au demandeur & accusateur pour le voir, & bailler ses conclusions à fins civiles. Par Arrêt donné à la Tournelle le 23. Août 1603. ce stile a été abrogé; ordonné que l'Arrêt seroit lû & publié au Siege de Nevers. *Bibliot. de Bouchel, verbo Conclusions.*

109 Défenses à tous Juges de faire le procez criminellement aux enfans, s'ils n'étoient proche de puberté; & de faire le procez aux accusez à leurs dépens, si ce n'est pour leurs faits justificatifs. Jugé le 3. Juillet 1604. *Peleus, qu. 16.*

110 Jugé par Arrêt du Parlement de Bourgogne du 19. Octobre 1607. que l'instigant ayant fait proceder par information contre deux, peut consentir que l'un des accusez soit renvoyé. *Bouvot, tom. 2. verbo Criminel, qu. 5.*

111 Un condamné à mort, & qui s'est évadé des mains des Sergens, & depuis a changé de nom, ne peut être recherché après 45. ans. Arrêt du 11. Avril 1615. *Chenu, 2. Cent. qu. 38.*

112 Un François étant en Angleterre, débauche la fille d'un autre François: après l'avoir renduë grosse, il se retire en Normandie; ayant été arrêté au Havre, on donne plainte en rapt; & après l'information faite, on ordonne la confrontation. Sur l'appel d'une Sentence, qui contenoit que le prisonnier seroit mis hors des prisons, on présenta Requête, pour faire dire que l'accusé seroit conduit en Angleterre pour subir les confrontations, vû l'impossibilité de faire passer les témoins en France ; & pour cet effet, on offroit de donner caution de faire conduire & reconduire l'accusé, ou en tout cas que les témoins fussent répetez devant les Juges d'Angleterre; & après les noms & surnoms fournis à l'accusé pour donner ses reproches, les Anglois prétendans par l'autorité du *chap. delicti de foro compet.* n'être point obligés de passer la mer pour leurs actions. Au contraire, on disoit que l'action pour le rapt interpretatif, introduite par l'Ordonnance de Blois, article 40. conforme au Concile de Trente, n'étoit point reçuë en Angleterre. Par Arrêt du dix Janvier 1614. en la Chambre de l'Edit de Roüen, il fut dit que le plaignant feroit ses diligences, feroit confronter les témoins dans deux mois ; les parties étoient Ducy & Godin. Et depuis, par un autre Arrêt du 12. Juillet suivant, la Cour jugea qu'il y avoit promesse de mariage, l'enfant déclaré legitime; Godin condamné à celebrer le mariage, à laquelle fin il seroit conduit au lieu de l'Exercice de ceux de la Religion Prétenduë Reformée ; & en cas de refus, qu'il demeureroit prisonnier. Par autre Arrêt du 4. Août 1624. le pere de Gaudin fut condamné à payer cent livres de rente pour la nourriture de l'enfant ; l'Arrêt fondé sur ce que l'enfant avoit été déclaré legitime. *quo casu poterat ess heres, L. 1. ff. de Carb. edi.* quoique le pere déclarât qu'il entendoit desheriter son fils, pour s'être marié sans son consentement : mais on soutenoit que son exheredation ne pouvoit avoir lieu que pour les mariages volontaires. *V. Basnage sur la Coût. de Normandie, art. 163.*

113 Arrêt du Parlement de Provence du 19. Juin 1638. qui fait défenses aux Juges de la Province d'Aix, de faire des procedures criminelles pour des causes de peu d'importance. *Boniface, to. 2. part. 3. liv. 1. ti. 2. ch. 25.* rapporte plusieurs Arrêts qui ont cassé les procedures extraordinaires.

114 Arrêt du Parlement de Bretagne du 8. Février 1647. portant commandement à tous Officiers de proceder diligemment à l'information & instruction des crimes publics. Enjoint aux Substituts d'envoyer au Greffe criminel de la Cour, la premiere Semaine de chacun mois dans un sac clos & scellé ; les memoires des crimes commis dans l'étenduë de leurs Jurisdictions, & des diligences qui ont été apportées. Le même Reglement a été réiteré le 21. Janvier 1650. *Voyez les Arrêts qui sont à la suite du Recueil de Du Fail,* p. 98. & 101.

115 Autre Arrêt du même Parlement de Bretagne du 17. Janvier 1653. portant Reglement general sur la poursuite & instruction des procez criminels. *Voyez Du Fail, ibidem, n. 108.*

116 Procez criminel fait sur le champ à la Chambre du petit Edit à Paris, à une femme qui avoit mis la main dans la poche d'un Prêtre, le 15. Janvier 1659. *Des Maisons, lettre P. n. 2.*

117 Arrêt du Parlement de Provence du 5. Juin 1666. qui a jugé que la procedure criminelle faite par allié d'allié, est valable. *Boniface, tom. 2. part. 3. liv. 1. ti. 1. ch. 2.*

118 Arrêts des 8. Mars & 11. Octobre 1670. qui ont jugé que contre un Arrêt d'Exploit en matiere criminelle, il faut venir par simple Requête en opposition dans les huit jours. *Idem, tome 3. livre 3. tit. 4. chap. 13.* M. le Premier Président avertit les Avocats & Procureurs, qu'après l'Exploit, on ne recevroit personne à l'avenir.

119 Arrêt du six Juin 1671. qui a infirmé une Sentence du Lieutenant, qui, en cause d'appel, ordonne un recensement de témoins, & ordonne un procez extraordinaire après la confession par l'accusé. *Boniface, to. 3. li. 1. ti. 8. ch. 6.*

120 Arrêt du 12. Novembre 1671. qui a jugé que le procez extraordinaire devoit être fait au lieu où est le prisonnier, & non à celuy où sont les témoins. *Idem, to. 5. li. 3. ti. 18. ch. 1.*

121 Par Arrêt rendu au même Parlement de Provence le six Février 1677. a été déclarée valable une procedure criminelle, faite par un Lieutenant dans sa maison. *Boniface, to. 3. liv. 1. ti. 8. chap. 20.* Cela ne s'entend que de l'information, & non des confrontations & recolemens.

122 On ne s'en tient pas toûjours à la maxime qui dit, *non punitur affectus, nisi sequatur effectus.* Car on ne laisse pas de punir l'intention, quoique non suivie d'effet, lorsqu'on avoit une volonté déterminée à commettre un crime, & qu'il n'y a que le défaut d'occasion qui ait pû l'empêcher. Arrêt rendu au Parlement de Bourgogne du 21. May 1675. qui condamne aux Galeres perpetuelles un homme, qui avoit jetté un Billet dans une maison, portant, *Nous sommes cinq jeunes hommes dans la necessité ; mettez vingt-cinq Louis d'or dans un tel trou: si vous y manquez, nous vous tuërons, quand même nous devrions être pendus.* Le particulier à qui ce Billet s'adressoit, fit observer celuy qui se presenteroit pour chercher dans le trou; on le prit, & il fut condamné. *Voyez Taisand sur la Coût. de Bourgogne, ti. 1. art. 5. n. 7.*

123 Arrêt du Conseil d'Etat du Roy, du 16. Février 1679. pour la Tournelle criminelle du Parlement de Toulouse, qui ordonne que les formes de procedure en matiere criminelle, ne pourront être jugées en Sabatines ou de Commissaires. *Recüeil des Arrêts imprimez par l'ordre de M. le Chancelier, p. 21.*

124 Déclaration du Roy du mois de Février 1681. concernant les instructions és matieres criminelles au Parlement de Toulouse. Elle porte : Voulons que les Exoines des accusez soient portées en la Chambre Tournelle, & que les instructions és matieres criminelles, fors les cas où il s'agit de rebellion à l'execution des Arrêts de la Grand'-Chambre, la police generale, des Duels, des procez des Gentils-hommes & Ecclesiastiques, qui auront demandé & obtenu leur renvoy en la Grand' Chambre ; des crimes ou rixes qui arivent dans l'enceinte du Palais, des

Tome III.   B b ij

matieres qui font edictables, conformément à ce qui est porté par la Déclaration du mois de Novembre 1679. & des affaires qui concernent les Colleges, en la même maniere que ladite Grand'-Chambre a accoûtumé d'en connoître; & à cet effet seront les informations és matieres qui ne feront pas, comme dit est, de la competence de la Grand'-Chambre, portées au Greffe Criminel de ladite Cour, à la diligence de nos Procureurs és Sieges fubalternes, dans lefquels elles auront été faites. *Voyez les Edits & Arrêts recueillis par l'ordre de Monfieur le Chancelier en* 1682.

PROCEDURE CRIMINELLE, ACTION.

125 *Voyez* le mot *Action*, nomb. 12. où il est parlé des actions civiles & criminelles.
Arrêt du Parlement de Provence du 21. May 1639. qui a jugé que la femme, la fille & le gendre ne peuvent être pourfuivis criminellement, pour n'avoir pas affifté à l'enterrement du défunt, ni porté le *deüil*, mais feulement civilement, pour faire revoquer les donations faites. *Boniface, tome 2. part. 3. li. 1. ti. 2. chap. 23.*

126 L'action criminelle compete à celuy qui a été offenfé en la perfonne d'une autre qui luy reffemble. Arrêt du 3. Février 1652. *Boniface, ibid. ch. 16.*

127 Le 27. May 1652. il a été jugé que l'action criminelle compete contre celuy qui donne à boire du fel & du vin, pour ôter la raifon. *Ibid. ch. 39.*

128 L'action criminelle compete contre le creancier, qui prend les deniers de fon debiteur par voye de fait. Il fut condamné en trente livres d'amende, & aux dépens de Juftice, par Arrêt du 20. Novembre 1655, *Ibid. ch. 12.*

129 Arrêts des 11. Mars 1666. & 23. Janvier 1668. qui ont jugé que la contravention à un Arrêt donne l'action criminelle. *Ibid. chap. 27. & 28.*

130 L'action criminelle compete contre celuy qui paffe des actes fimulez, pour paroître riche : & l'inftigateur peut donner caution des dépens, dommages & interêts après la procedure criminelle. Arrêt du huit May 1666. *Ibid. ch. 22.*

131 Arrêt du 27. Septembre 1670. qui confirme la procedure criminelle pour bleffures faites aux animaux. *Ibid. tit. 4. ch 5.*

132 Arrêt du 28. Novembre 1571. qui a caffé la procedure criminelle faite après la reconciliation des parties. *Boniface, to. 5. li. 3. ti. 1. ch. 5.*

133 Si l'action criminelle compete pour la furexaction faite par erreur ? Arrêt du même Parlem. de Provence du 26. Mars 1678. qui mit les parties hors de Cour & de procez. *Boniface, ibid. ch. 9.*

PROCEZ CIVIL, AJOURNEMENT PERSONNEL.

134 *Voyez* le mot *Ajournement*, n. 35.

PROCEZ CRIMINEL, APPEL.

135 Appel des Sentences rendues en matiere criminelle. *Voyez* le mot *Appel*, n. 238. *& fuiv.*

136 Deux accufez d'affaffinat font condamnez en cinq cents écus d'amende envers la veuve, en quelques amendes envers le Roy & les pauvres. Appel *à minimâ* par la veuve. Les prifonniers transferez à Paris, obtiennent Arrêt d'élargiffement, en confignant les amendes, donnent caution pour la reparation. Les troubles de la Ligue furviennent. Le Parlement transferé à Tours, fur la Requête de la veuve, afin de payement par provifion, ordonne que le procez fera apporté. Diligences inutiles : les condamnez interjettent alors appel de la Sentence. Neanmoins Arrêt du 4. Septembre 1593. qui les condamne à payer les cinq cens écus par provifion, en donnant caution par la veuve. Dépens referez en diffinitive. *Bibliot. de Bouchel*, verbo *Reparation Civile*.

137 Défenfes à tous Juges de paffer outre à l'inftruction des procez criminels, quand il y aura appel de leurs Sentences, par lefquelles les accufez auroient été reçûs en leurs faits juftificatifs & de reproches,

ou les parties reçûes en procez ordinaires. Arrêt de la Chambre de l'Edit de Paris du 12. May 1604. *Filleau, 1. part. ti. 4. ch. 24.*

138 Jugé par Arrêts du Parlement de Bourgogne des 26. Novembre 1609. & 9. Janvier 1610. que les Juges Royaux reffortiffant immediatement à la Cour, peuvent, nonobstant appel, paffer outre à la confection des procez criminels jufqu'à Sentence preparatoire ou diffinitive. *Bouvot, to. 2. verbo Criminel, quêft. 7.*

139 Les Juges Royaux peuvent paffer outre à l'inftruction des procez criminels, nonobftant & fans préjudice de l'appel. Arrêt du Parl. de Dijon du 3. Novembre 1609. *Bouvot, tome 1. part. 3. verbo Procez criminel.*

140 Arrêts du Parlement de Provence des 20. Decembre 1642. & 27. Janvier 1646. qui défendent aux Lieutenans de prononcer *nonobftant l'appel* en matiere criminelle. *Boniface, to. 1. li. 1. tit. 10. n. 7.*

141 Si l'appellant d'une Sentence en matiere criminelle n'ayant fait intimer que le Procureur *Jurifdictionnel*, & non la partie civile, le Procureur Jurifdictionnel n'eft tenu de défendre à l'appel ? Arrêt du 28. Avril 1668. qui déclara l'appellant non recevable, fauf de pourfuivre contre la partie civile. *Boniface to. 5. li. 3. tit. 12. ch. 3.*

141 bis. Arrêt du Parlement de Paris du 18. Février 1699. qui faifant droit fur les conclufions du Procureur General, fait défenfes aux Procureurs de la Cour, de former incidemment aux appellations interjettées des procedures extraordinaires, aucunes demandes, ni fouffrir qu'il en foit formé aucune, pour voir déclarer les Arrêts communs, contre les accufez qui ne font point appellans, quoique compris dans les mêmes procedures faites devant les premiers Juges, defquelles d'autres accufez auront interjetté appel, à peine de nullité des procedures faites de part & d'autre fur lefdites demandes, & des dommages & interêts des parties. Cet Arrêt eft rapporté dans la Pratique des Officialitez par *M. Claude Horry, page 95.*

PROCEZ CRIMINELS, BANNI.

142 Procedure faite pour ou contre un homme banni. *Voyez* le mot *Banniffement*, nomb. 28. *& 29.*

PROCEDURE CRIMINELLE, *non bis in idem.*

143 *Voyez* le mot *Accufation*, nomb. 65. *& lettre B.* au mot *Bis in idem.*

143 bis. *Bis in idem judicandus nemo.* Mornac, *l. 6. verbo fi abfolutus, ff. noutæ, cauponnes, ftabularii, &c.*

144 Jugé au Parlement de Bourdeaux le 16. Juin 1523. qu'un accufé abfous ne peut plus être remis en Juftice pour le même fait, quoiqu'il fe trouve des preuves. S'il récidive, alors on accumule les chefs d'accufation. *Papon, liv. 19. tit. 8. n. 10. & 14.*

145 Le fieur de Mateflon accufé de fuppofition d'enfant avoit été decreté ; il interjetta appel de la procedure ; elle fut civilifée, & par Sentence du Lieutenant General de Poitiers, il fut renvoyé quitte & abfous de cette accufation, la fille maintenuë dans la poffeffion de fon état. Quelques temps après la mere accufatrice fut fufcitée ; le fieur de Mateflon fut decreté ; il fe pourvût au Parlement & fe fervoit du moyen unique *non bis in idem*, la procedure extraordinaire fut declarée nulle, fauf aux parties de fe pourvoir à fins civiles, ainfi qu'elles aviferoient bon être. *Voyez le Journ. des Aud. to. 5. li. 6. ch. 4. Voyez cy-après le nomb. 248.*

PROCEDURE CRIMINELLE, CADAVRE.

146 De la procedure criminelle qui fe fait contre le corps mort de celuy qui s'eft méfait. *Voyez* le mot *Cadavre*, Despeiffes, *to. 2. p. 705.* & cy-après le nombre 215. *& fuiv.*

147 Jugé au Parlement de Grenoble le 17. Juillet 1617. qu'après 7. ans on ne pouvoit faire des pourfuites criminelles contre un cadavre, à la requête du Receveur des amendes, fous prétexte que le défunt

148. s'étoit tué, sauf au Procureur General d'en informer plus amplement. *Basset*, to. 2. li. 9. tit. 11.

148. Les nommez Bertrand Pelissier, & Hugues Miramont ayant été tuez en duel, le procez fut fait à leurs corps morts par les Officiers ordinaires du lieu du délit. Par Sentence renduë contre les Curateurs donnez à ces cadavres, il fut ordonné qu'ils seroient pendus par les pieds, avec confiscation de tous leurs biens ; l'appel relevé en la Chambre de l'Edit de Castres, la procedure y fut appointée & mise sur le Bureau par le Conseiller Rapporteur, pour être jugée comme un procez de suite ; quelques-uns des Juges s'opposerent, disant que les procez de suite ne sont que contre les prévenus condamnez à peine afflictive qui sont vivans, & en état d'être oüis sur la selette ; neanmoins on décida par Arrêt du 1. Juillet 1657. que l'appel de cette Sentence devoit être jugé comme un procez de suite ; il est vrai que la Cour pourvût de nouveaux Curateurs à ces corps morts de la personne de deux Procureurs, lesquels furent oüis en la Chambre du Conseil, & reçûs à la défense verbale des défunts, & à proposer des objets contre les témoins des informations, aprés quoy, le procez fut jugé au fonds, & la Sentence en partie confirmée. Pareil jugement avoit été donné auparavant sur une semblable formalité. Par Arrêt du 8. Juillet 1645. au procez fait au nommé Soulames, à la poursuite du Substitut de M. le Procureur General devant les premiers Juges, la Cour se fit representer ce préjugé par le Greffier. *Voyez Bond*, *Arrêt* 103.

149. En matiere criminelle on ne peut plus faire le procez, ni faire déterrer une personne trouvée morte & pendüe par permission du Juge, sous prétexte d'une nouvelle preuve resultante d'une nouvelle information qu'elle s'étoit pendüe ; *non bis in idem*. Jugé le 5. Juillet 1664. *De la Guess. tome 2. livre 6. chap. 38.*

150. De la maniere de faire le procez à cadavre, ou à la memoire d'un défunt. *Voyez l'Ordonnance de 1670. tit. 22.*

Voyez cy-aprés le nombre 215.

PROCEZ CRIMINEL, CAUTION.

151. Des cautions qui se donnent en cause criminelle. *Voyez le mot Caution, nomb. 26. & suiv.*

PROCEDURE CRIMINELLE, CHÂTELET.

152. Reglement du 7. Septembre 1607. entre le Lieutenant Particulier, & Assesseur, & le Lieutenant Criminel au Châtelet de Paris, contenant la forme que ledit Lieutenant Criminel, & en son absence l'Assesseur doit tenir à l'instruction des procez criminels. *Filleau, 2. part. tit. 2. chap. 7.*

PROCEDURE CRIMINELLE CIVILISE'E.

153. *Quoties civilis causa cum criminali intentatur, criminalis ad se trahit civilem. Itaque ad fisci actuarium causa scriptura pertinet.* Voyez Franc. Marc. tome 2. question 227.

154. Peine corporelle ne peut être jugée en procez civilisé. *Voyez le mot Peine, nomb. 19.*

155. Quand les parties sont reçûes en procez ordinaire, c'est toûjours à la charge de reprendre le criminel. *Voyez Papon, li. 24. tit. 5. n. 15.*

156. Aprés la civilisation de la cause, on ne peut requerir qu'il soit informé de la subornation. Arrêt du Parlement de Dijon du 9. Février 1608. *Bouvot*, to. 2. verbo *Recrimination*, *quest.* 2.

157. De la conversion des procez civils en procez criminels, & de la reception en procez ordinaires. *Voyez l'Ordonnance de 1670. tit. 10.*

PROCEDURE CONTRE LES COMMUNAUTEZ.

158. De la procedure criminelle qui se fait contre une Communauté qui a délinqué. *Voyez le mot Communauté, nomb. 79. & suivans,* & Despeisses, *tome 2. page 704.*

159. De la maniere de faire le procez aux Communautez des Villes, Bourgs, & Villages, Corps & Compagnies. *Voyez l'Ordonnance de 1670. tit. 21.*

PROCEDURE CRIMINELLE, CONTUMACE.

160. *De banno contumacia ob omissam purgationem.* Voyez Andr. Gaill. *tract. de pace publica, lib. 2. cap. 7.*

161. *Bannitus ob contumaciam omissa purgationis, an post sententiam declaratoriam innocentiam suam probare possit ?* Voyez *ibidem*, *cap. 8.*

162. Sur un seul ajournement à trois briefs jours l'on peut contre un Contumax proceder au jugement difinitif de la mort, ou autre selon l'exigence du cas, sans autre surabondant ajournement. Arrêt du Parlement de Paris du 19. Juillet 1533. *Papon livre 7. tit. 6. nombre 3.*

162 bis. Le 13. Juin 1594. par Arrêt donné à la Tournelle sur la requête du Procureur General du Roy, il fut défendu à tous Juges de surseoir l'instruction & jugement des procez criminels contre les presens, sous prétexte que les coupables étoient absens. *Bibliotheque de Bouchel*, verbo *Complices*.

Voyez les mots *Contumace*, *Condamnez*, *Défaut*.

PROCEZ CRIMINEL, DE'FENSES.

163. Declaration en interprétation de l'article 4. du titre 26. de l'Ordonnance du mois d'Août 1670. portant qu'à l'avenir les Cours ne pourront donner aucunes défenses d'executer les décrets d'ajournement personnel, qu'aprés avoir vû les informations, lors que lesdits décrets auront été décernez par les Juges Ecclesiastiques, & par les Juges ordinaires Royaux, & des Seigneurs, pour faussété ou malversation d'Officiers dans l'exercice de leurs charges, ou lorsqu'il y aura d'autres coaccusez, contre lesquels il aura été decreté prise de corps : que les accusez, qui demanderont des défenses, seront tenus d'attacher à leur requête la copie du décret qui leur aura été signifiée ; que tous Juges Royaux & des Seigneurs seront tenus d'exprimer à l'avenir dans les ajournemens personnels qu'ils décerneront le titre de l'accusation pour lequel ils décreteront, à peine contre lesdits Juges ordinaires, & des Seigneurs d'interdiction de leurs Charges, que toutes les requêtes tendantes à fin de défenses d'executer les décrets d'ajournement personnel, seront communiquées au Procureur General : & pouvoir aux Cours de refuser les défenses qui leur seront demandées, quoique les décrets d'ajournement personnel soient delivrez pour d'autres cas que ceux qui sont cy-dessus exprimez. A S. Germain en Laye, en Decembre 1680. Régistrée au Parlement de Roüen le 9. & en celuy de Paris le 10. Janvier 1681.

PROCEZ CRIMINEL, DE'PENS.

163 bis. Des dépens en cause criminelle. *Voyez le mot Dépens, nomb. 59. & suiv.*

DOMMAGES ET INTERETS.

164. Dommages interets resultans d'un procez criminel. *Voyez le mot Dommage, nomb. 69. & suiv.*

PROCEDURE CRIMINELLE, ECCLESIASTIQUES.

165. Procez criminels faits aux Clercs & Ecclesiastiques. *Voyez le mot Clercs, nomb. 62. & suiv.*

166. Il faut suivre en Cour d'Eglise les formes prescrites par les Ordonnances & Reglemens publics des Cours Seculieres. *Févret, de l'Abus, livre 1. chapitre 9. nomb. 3. & suiv.*

167. Suivant le Droit commun, du moins l'usage des Eglises de France, un Archidiacre, ou autre du Chapitre de la Cathedrale, ne peut pas prétendre qu'on ne luy peut faire son procez sans prendre deux du Chapitre pour Assesseurs. Arrêt du Parl. de Paris du 11. Août 1696. *Journ. des Aud.* to. 5. li. 12. ch. 22.

168. La Cour de Parlement a seule la puissance sur les Evêques accusez de crime, & non les Juges Royaux. *Imbert, livre 3. des Inst. forens. ch. 8. art. 1.*

Mais par la Declaration du Roy du 26. Avril 1657. confirmative d'un Arrêt du Conseil d'Etat du même jour, il est porté que le procez des Cardinaux, Ar-

Archevêques, & Evêques du Royaume, qui seront accusez de crime de leze-Majesté, sera instruit & jugé pour leurs personnes par les Juges Ecclesiastiques, suivant les Saints Decrets & Constitutions canoniques, & suivant les formes observées dans le Royaume aux causes des Evêques. *Memoires du Clergé*, to. 1. tit. 1. chap. 1. art. 43.

269 Le Juge d'Eglise ne peut condamner en des peines afflictives. *Voyez* le mot *Juge, n.* 425. où il est parlé des procez criminels instruits par ou contre les Ecclesiastiques.

270 Quand le Parlement de Toulouse fait le procez à un Prêtre en cas privilegié, il a accoûtumé d'ordonner que l'Evêque, ou autre son Superieur, l'un des Conseillers Clercs de la Cour pourra assister à la confection de la procedure; mais parce qu'ils se rendent refusans de ce faire, elle ne les contraint point d'obéir par saisie de leur temporel, comme fait le Parlement de Paris; la Cour se contente d'en nommer d'Office. *Mainard*, liv. 1. ch. 15.

271 Par Arrêt du 19. Février 1591. il est dit qu'il sera procedé par confrontement de témoins contre M. Geraud d'Aurebe Prêtre de main, comme avec le Vicaire que l'Archevêque de Toulouse créera, étant Conseiller Clerc en ladite Cour, pour l'instruction & jugement du procez: & n'ayant le sieur Archevêque voulu créer Vicaire, par autre Arrêt du 25. May 1591. il est dit qu'attendu les réiterez appointemens intimez au Vicaire General, a procedé avec ce l'instructive & jugement du procez avec un des Conseillers Clercs de la Cour. Même Arrêt prononcé le 28. Août 1591. entre frere Laurent, & Raimond Commandeur de la Selve; & M. Pierre Gelade Chanoine de Villefranche de Roüergue. Ces Arrêts sont rapportez dans *La Rochestavin*, li. 5. let. V. tit. 4. Arr. 1.

273 Juge Civil connoît du Criminel incident, même contre un Prêtre; s'il s'agissoit d'un crime de faux incident. Jugé le 18. Juin 1618. *Bardet*, tome 1. livre 1. chap. 30.

274 Ecclesiastique accusé renvoyé au Juge Laïc, doit être jugé sur l'instruction de l'Official, sans la recommencer, & de même par l'Official, quand le procez a été d'abord instruit par le Juge Laïc. Arrêt du dernier Août 1620. *Ibidem*, chap. 129.

275 Declaration du Roy du mois de Février 1678. Autre Declaration du Roy du mois de Juillet 1684. sur les procez criminels des Ecclesiastiques, & pour l'execution de l'article 21. de l'Edit de Melun, registrée le 29. Août 1684. *De la Guessiere*, tome 4. li. 7. chap. 23. & le *Recüeil de la Maréchauffée*, p. 948.

276 Les articles 38. 39. 40-42. & 44. de l'Edit du mois d'Avril 1695. concernant la Jurisdiction Ecclesiastique, sont importans, & d'un usage indispensable.

Article 38. Les procez criminels qu'il sera necessaire de faire à tous Prêtres, Diacres, Sous-Diacres, Clercs vivans clericalement, résidens & servans aux Offices. ou au ministere & Benefices qu'ils tiennent en l'Eglise, & qui seront accusez des cas que l'on appelle privilegiez, seront instruits conjointement par les Juges d'Eglise, & par nos Baillifs & Sénéchaux, ou leurs Lieutenans, en la forme prescrite par nos Ordonnances, & particulierement par l'article 22. de l'Edit de Melun, par celuy du mois de Février 1678. par nôtre Déclaration du mois de Juillet 1684. lesquels nous voulons être executez selon leur forme & teneur.

Art. 39. Les Archevêques & Evêques ne seront obligez de donner des Vicariats pour l'instruction & jugement des procez criminels, si ce n'est que nos Cours l'ayent ordonné pour éviter la recousse des accusez durant leur translation, & pour quelques raisons importantes à l'ordre & au bien de la Justice dans les procez qui s'y instruisent, & en ce cas lesdits Prélats choisiront tels Conseillers Clercs desdites Cours qu'ils jugeront à propos pour instruire & juger lesdits procez pour le délit commun.

Art. 40. Nos Cours ne pourront faire défenses d'executer les decrets, même ceux d'ajournemens personnels décernez par les Juges d'Eglise, ni élargir les prisonniers, sans avoir vû les procedures & informations sur lesquelles ils auront été rendus, & les Ecclesiastiques qui seront appellans des decrets de prise de corps, ne pourront faire aucunes fonctions de leurs Beneficces & Ministeres, en consequence des Arrêts de défenses qu'ils auront obtenus, jusqu'à ce que les appellations aient été jugées dissinitivement, ou que par les Archevêques, Evêques, ou leurs Officiaux, il en ait été autrement ordonné.

Art. 42. Lorsque nos Cours, après avoir vû les charges & informations faites contre les Ecclesiastiques, estimeront juste qu'ils soient absous à cautele, elles les renvoieront aux Archevêques & Evêques qui auront procedé contr'eux; & en cas de refus à leurs Superieurs dans l'ordre de l'Eglise, pour en recevoir l'absolution, sans que lesdits Ecclesiastiques puissent en consequence faire aucune fonction Ecclesiastique, ni en prétendre d'autre effet, que d'ester à droit.

Les Prévôts des Maréchaux ne pourront connoître des procez criminels des Ecclesiastiques, ni les Juges Prêsidiaux les juger pour les cas privilegiez, qu'à la charge de l'appel.

Art. 44. Les Sentences & jugemens sujets à execution, & les decrets décernez par les Juges d'Eglise seront executez en vertu de nôtre presente Ordonnance, sans qu'il soit besoin pour cet effet de prendre aucun *Pareatis* de nos Juges, ni de ceux des Seigneurs ayant Justices. Leur enjoignons de donner main forte, & toute l'aide & secours dont ils seront requis, sans prendre aucune connoissance desdits Jugemens.

PROCEZ CRIMINEL, EPICES.
Des épices en procez criminel. *Voyez* le mot *Epices*, nomb. 41. & *suiv*. **177**

L'accusé ne doit que la moitié des épices de l'Arrêt qui met les parties hors de Cour & de procez, dépens compensez. Arrêt du Parlement de Grenoble du dernier Août 1658. *Basset*, tome 1. li. 2. titre 21. chapitre 17.

PROCEZ CRIMINEL, ETRANGERS.
Du crime & délit commis par un Etranger, **177** *Voyez* le mot *Etranger*, nomb. 47. & *suiv*. *bis*
Voyez cy-après le nomb. 209.

PROCEZ CRIMINEL, EVOCATION.
Evocation en cause criminelle. *Voyez* le mot *Evocation*, nomb. 17. & *suiv*. **178**

EXECUTIONS CRIMINELLES.
Des executions criminelles. *Voyez* le mot *Execution*, **179** nomb. 51. & *suiv*.

PROCEZ CRIMINEL, EXOINE.
Voyez le mot *Exoine*. **180**

PROCEZ CRIMINEL, FAITS JUSTIFICATIFS.
Voyez cy-dessus le nomb. 109. le mot *Fait*, nomb. **181** 10. bis & *suiv*. & le mot *Justification*.

PROCEZ CRIMINEL, FRAIS.
Voyez le mot *Frais*, nomb. 58. & *suiv*.

L'heritier du défunt qui n'a poursuivi la vengeance de l'homicide, doit rembourser les frais du procez **182** à la partie civile. *Voyez Bardet*, tome 1. livre 1. chapitre 49.

Ils ne doivent être faits aux frais des accusez. Par **183** Arrêt du 19. Decembre 1622. en la Chambre de l'Edit, sur le procez criminel fait à la requête du Substitut à Blois, contre Loüis de Faucheux, & Eleazard Roger, il fut dit que la somme de 8000. livres consignée des deniers des accusez, és mains du Greffier pour l'instruction du procez, leur seroit renduë, le Greffier contraint comme dépositaire; défenses au Lieutenant Criminel de Blois, & à tous autres de

184 faite consigner les accusez en procez où il n'y a que le Procureur General, ou son Substitut partie, à peine de.... contre les contrevenans. *Additions à la Biblioth. de Bouchel*, verbo *Procez criminels.*

184 Jugé au Parlement de Roüen le 8. Avril 1631. que les heritiers immobiliers doivent contribuer aux frais d'un procez entrepris pour venger la mort du défunt avec les heritiers aux meubles, parce qu'ils étoient obligez les uns & les autres à faire les poursuites pour n'encourir pas la peine de l'indignité; en ce cas il semble juste de donner part aux heritiers immobiliers dans les dépens & interêts qui seront jugez à proportion de ce qu'ils contribuent aux frais de la poursuite. *Pesnelle sur l'article 235. de la Coûtume de Normandie.*

185 Voyez le neuvième Plaidoyé de M. Patru, prononcé à la Tournelle le 4. Avril 1637. pour M. Gratien Galichon Substitut de M. le Procureur General au Siege de Château Gontier, intimé en son propre & privé nom, contre Renée Challery, veuve de Julien Seguin, tant en son nom que comme tutrice de ses enfans, appellante. L'appel étoit d'une Sentence qui condamnoit la veuve à faire les frais de la poursuite de la mort de son mari. la décision de l'Arrêt n'est point marquée.

186 Arrêt du Parlement de Provence du 16. Janvier 1645. qui a jugé que le port des actes d'un procez criminel est dû au Greffier par la femme du temps du délit, & non par celuy du temps du port des actes. *Boniface, to. 2. part. 3. li. 1. tit. 12. ch. 4.*

187 Le Roy & le haut Justicier sont tenus d'avancer les frais de la conduite des prisonniers, dont ils auront recours sur la partie civile, à laquelle recours en sera aussi donné sur les biens de l'accusé après la Sentence de condamnation seulement. Arrêt du Parlement de Roüen, les Chambres Assemblées, du 6. Avril 1666. *Basnage, to. 1. art, 12. à la fin.*

188 Les Juges tant Royaux que hauts Justiciers ne doivent décerner aucune taxe pour l'instruction ni jugement des procez criminels, s'il n'y a partie civile. *Article 14. du même Reglement.*

188 bis. Arrêt du Conseil d'Etat du 16. Octobre 1683. portant reglement pour les frais des procez criminels où le Procureur du Roy est seul partie. *Boniface, to. 5. li. 5. tit. 13. chap. 1.* Au chap. suiv. est un Arrêt du Conseil d'Etat du 25. Novembre 1685. en execution du précedent.

189 Arrêt du Conseil du 5. May 1685. qui ordonne que les frais des procez criminels dont sa Majesté est tenuë, lesquels seront faits par les Prévôts des Maréchaux, & Officiers de Robe courte, seront pris sur le revenu des Domaines. *Maréchaussée de France, page 1031.*

Les deux Reglemens cy-dessus de 1683. & 1685. sont rapportés dans le 4. to. du *Journal des Audiences, liv. 8. chap. 38.*

190 Une Communauté de Bouchers ayant intenté une accusation criminelle contre un des particuliers qui la composent, pour contravention à leurs statuts, le beau pere de l'accusé qui est de la même Communauté, ne peut se dispenser de contribuer aux frais de l'accusation par sa qualité de beau pere; cette qualité ne peut servir qu'à l'exempter d'être accusateur & partie en son nom, mais non pas de la contribution comme membre de la Communauté. Arrêt du Parl. de Paris du 13. Août 1686. Au 2. tome du *Journ. du Palais, page 642.*

GREFFIER DU CRIMINEL.

191 Voyez le mot *Greffier, nomb. 53. & suiv.*

PROCEZ CRIMINEL, INJURE.

192 En matiere d'injure on doit proceder sommairement. Voyez le mot *Injure, nomb. 121. & suiv.*

PROCEDURE CRIMINELLE, INTERESTS CIVILS.

193 Aprés un procez jugé, & l'Arrêt executé, on peut demander des interests civils qui n'avoient point été demandez pendant le cours du procez. Arrêt du 4. Avril 1685. *De la Guess. tome 4. livre 8. ch. 33.*

194 L'heritier en matiere criminelle n'est tenu des interests qui pouvoient resulter d'une accusation non jugée, *secus* en matiere civile. Voyez le mot *Heritier, nomb. 341. & suiv.* où il est parlé du procez dont l'heritier est, ou n'est pas tenu.

PROCEDURE CRIMINELLE, INTERROGATOIRE.

195 Des confessions & declarations faites en procédure criminelle. Voyez le mot *Confession, nombre 51. & suivant.*

196 Arrêt du Parlement de Provence du 24. May 1653. par lequel il a été jugé qu'en procedure criminelle l'accusé peut être repeté l'aprésdinée de son audition, & que l'Ajoint n'y est point requis. *Boniface, tome 1. li. 1. tit. 27. n. 4.*

197 La répetition de l'accusé peut être faite le même jour de l'audition & sans Ajoint. Arrêt du 24. May 1653. *Boniface, to. 2. part. 3. li. 1. tit. 1. ch. 8.*

198 Arrêt du Parlement de Paris du premier Decembre 1663. portant Reglement pour instruire les procez criminels aux accusez, quand ils ne veulent répondre. *Maréchaussée de France, p. 847.*

199 Les muets & sourds, & de ceux qui refusent de répondre. Voyez *l'Ordonnance de 1670. tit. 18.*

200 Declaration du Roy du 12. Janvier 1681. portant que les accusez contre lesquels il n'y aura ni condamnation, ni conclusion à peine afflictive, seront entendus par leur bouche dans la Chambre du Conseil, derriere le Barreau lorsque leur procez aura été reglé à l'extraordinaire. V. les *Edits & Arrêts recueillis par l'ordre de M. le Chancelier en 1682.*

PROCEDURE CRIMINELLE, JUGES.

201 De la Competence des Juges en matiere criminelle. Voyez le mot *Competence, nomb. 23. & suiv.*

202 Accessoires sont de même connoissance que le principal, comme les crimes de leze-Majesté, fausse monnoye, volerie, heresie, & autres doivent être traitez devant le Juge Royal; si quelqu'un a été injurieusement appellé traistre au Roy, faux monnoyeur, voleur, ou heretique, la cause de cette injure se doit traiter par devant le Juge Royal, & non ailleurs. Arrêt donné aux Grands Jours de Poitiers le 17. Octobre 1531. *Biblioth. de Bouchel*, verbo *Accessoires.*

203 Juge competent ne se peut servir des procedures faites par le Juge incompetent, quand il se trouveroit que l'accusé auroit confessé son crime par devant le Juge non competent. Arrêt du Parlement de Grenoble. *Papon, liv. 24. titre 7. n. 1. & Guy Pape, quest. 419.*

204 Le subrogé en matiere criminelle par celuy à qui le Prince a donné la commission de connoître d'un crime, n'en peut prendre connoissance, ni punir de mort le criminel. *Despeisses, to. 2. p. 548. n. 11.*

205 La cause contre un instigateur n'est nouvelle instance, & doit être traitée par devant le même Juge. Arrêt du Parlement de Grenoble du 28. Juillet 1697. contre celuy qui demandoit son renvoy en la Chambre de l'Edit. *Basset, to. 1. li. 6. tit. 2. ch. 4.*

206 Le Juge inferieur peut bien informer, non decreter les charges & informations par prise de corps ou ajournement personnel contre son Juge superieur. Arrêt du Parlement de Paris du 5. Juin 1610. *Filleau, 1. part. tit. 4. chap. 25.*

207 Arrêt du Parlement de Paris du 6. Juillet 1619. portant défenses aux Lieutenans Criminels d'évoquer les instances pendantes devant les Hauts-Justiciers, avec condamnation ausdits Lieutenans Criminels de rendre les deniers par eux pris pour les épices. *Filleau, 2. part. tit. 1. chap. 28.*

208 Si l'accusé fait casser la procedure criminelle faite contre luy; le Juge qui a mal instruit le procez n'en doit plus connoître, aprés un Arrêt, qui annulloit toute la procedure; un accusé avoit été confronté

devant ce même Juge, & depuis après l'avoir recusé, il consentit qu'il en connût ; on jugea en la Tournelle de Roüen le 6. Decembre 1629. que le consentement de la partie rendoit valable ce qui avoit été fait. *V. Basnage, tit. de Jurisdiction, art.* 1.

209 Un Etranger ayant commis un vol hors de France, sa partie l'y rencontrant, il ne peut le poursuivre, c'est pourquoi les parties ont été renvoyées à Gennes. Arrêt du Parlement d'Aix du 19. Janvier 1672. *Journal du Palais.*

Voyez cy dessus le nomb. 177. bis.

210 Arrêt du Parlement de Paris du 28. Avril 1672. qui déclare que la procedure criminelle faite par les Officiers d'un Seigneur, contre le fils descendu d'un roturier pendant son mariage, est legitime ; on prétendoit qu'elle étoit nulle ; un Gentilhomme disant être le pere du fils, pour avoir débauché sa mere, & l'avoir après épousée. *Boniface, tome* 3. *livre* 1. *titre* 4. *chap.* 19.

211 Arrêt du 17. Juin 1673. qui a jugé que le Juge du Palais, celuy de saint Lazare, & celuy de saint Loüis de Marseille, ne peuvent faire des procedures criminelles promiscuëment, c'est à dire tous ensemble, ou alternativement, sauf en cas d'absence ou de legitime empêchement. Celuy qui a commencé la procedure doit la continuer. *Boniface, tome* 3. *livre* 2. *tit.* 3. *chap.* 4.

212 Les Consuls de la Nation Françoise aux Echelles du Levant, ont droit de connoître des causes criminelles arrivées entre François. Arrêt rendu au Parlement de Provence du 9. Février 1675. *Boniface, to.* 5. *liv.* 3. *tit.* 1. *chap.* 1.

213 Le Juge devant lequel une instruction criminelle est renvoyée, ayant prononcé l'absolution de l'accusé, est par le même moyen competent de prononcer contre les calomniateurs de l'accusé, encore qu'ils ne soient domiciliez dans sa Jurisdiction. Jugé au Parlement de Paris le 6. Septembre 1694. *Journ. des Aud. to.* 5. *livre* 10. *chap.* 18.

214 De la procedure criminelle qui se fait par les Juges des Seigneurs. *Voyez* le mot *Justice, nombre* 555. *& suiv.*

PROCEDURE CRIMINELLE, MEMOIRE DU DE'FUNT.

Voyez cy-dessus le nombre 146. *& suiv.*

215 De la maniere de faire le procez à la memoire d'un défunt. *Voyez la Bibliotheque du Droit François par Bouchel, verbo Memoire.*

216 Par Arrêt du 15. Décembre 1576. jugé qu'un heritier est reçu à purger la memoire, & justifier l'innocence d'un défunt, quoiqu'on dise qu'il s'est étranglé & précipité, étant accusé de faussété, en la cause de Claude de la Volpillerie, & le Substitut de M. le Procureur General à Riom. *V. le Vest.*

217 Des procedures à l'effet de purger la memoire d'un défunt. *Voyez l'Ordonnance de* 1670. *tit.* 27.

PROCEDURE CRIMINELLE, MINEUR.

218 Arrêt du Parlement de Provence du 3 Novembre 1685. qui a jugé que le mineur ne peut point être restitué envers les acquiescemens & executions de Sentence en matiere criminelle. *Boniface tome* 5. *liv.* 3. *titre* 19.

PROCEDURE CRIMINELLE, PARLEMENT.

219 Les Officiers des Parlemens ne peuvent être jugez criminellement, que par ceux de leur Corps, & les Chambres assemblées. *Voyez la Rocheflavin, livre* 10. *chapitre* 32.

220 Des procedures criminelles faites par les Parlemens, pour & contre les Rois, Princes, Ducs, Comtes, Officiers de la Couronne, & autres. *Voyez la Rocheflavin, liv.* 13. *chap.* 19.

221 Lettres de revision ayant été obtenuës par M. Pelisson Président au Parlement de Chamberry condamné à Dijon pour prétenduës faussetez, à faire amende honorable, le procez renvoyé au Parlement de Paris ; le Procureur General de Chamberry accusateur & partie, pour fortifier l'accusation mit en avant nouvelles charges ; les accusez se pourvûrent au Roy, qui par les Lettres patentes du 15. Septembre 1556. déclara qu'en faisant le renvoi au Parlement de Paris, il n'a entendu que la Cour connût d'autres crimes que de ceux pour lesquels ils avoient été condamnez, sauf au Procureur General où il connoîtroit par la vision du procez, iceux accusez chargez d'autres crimes, d'en faire poursuite ainsi qu'il verra être à faire. *Papon, liv.* 19. *tit.* 8. *n.* 9.

222 Si les prevenus ressortables du Parlement de Bourdeaux ayant été renvoyés à celuy de Toulouse, sur une instance criminelle contr'eux formée pour raison du meurtre d'un Garde chasse, le Parlement de Toulouse peut leur faire le procez par accumulation de crime ? Le Procureur y conclut. Il fut déterminé le 3. Janvier 1688. que cela ne se pouvoit sans nouvelle attribution, par la raison que les Juges n'ayant pas de Jurisdiction sur les personnes qui étoient d'un autre Ressort, n'en avoient que pour l'affaire renvoyée. *Arrêts de M. de Catellan, li.* 9. *chap.* 8.

PARTIE CIVILE.

223 *Voyez* le mot *Partie, nomb.* 1. *& suiv. & cy-dessus le nomb.* 182. *& suiv.*

PROCEZ CRIMINEL, PEREMPTION.

224 La peremption n'a lieu és procez criminels. *Voyez* le mot *Peremption, nomb.* 92. *& suiv.*

PROCEDURE CRIMINELLE, PREUVE.

Voyez cy-dessus Preuves, nomb. 83. *& suiv.*

225 Comment le Juge se doit gouverner és Jugemens criminels, & des indices ? *Voyez Charondas, liv.* 12. *Réponse* 66. & s'ils peuvent de leur autorité condamner à mort? Il y a pour & contre. *Voyez le Journal du Palais, fine quæst. & Arrêts sans date.*

226 *Indicia in causa criminali ubi dubia sunt judici ut veritas inveniatur; Simulare, allicere, & terrere licitum est. V. Franc. Marc. to.* 1. *quæst.* 516.

227 *Probationes imperfectæ seu præsumptiones, indicia aut fama, an & quando simul jungi debeant, ad fidem faciendam in delictis ?* Voyez *Franc. Marc. to.* 2. *qu.* 96.

228 Arrêt du 17. Août 1612. portant défenses à tous Juges d'user d'épreuve d'eau, & piqueures pour serment en instruisant & jugeant les procez contre accusez de sortilege, avec la faculté de les recevoir à se désister des appellations. *Filleau* 1. *part. quæst.* 198.

229 *Henrys, tome* 2. *liv.* 5. *quæst.* 27. examine si l'on peut condamner les prevenus de crimes pro modo probationum ? Il dit que la Cour le peut faire parce qu'en elle reside le pouvoir du souverain *vice sacrâ judicat.*

PROCEDURE, PREVOST DES MARECHAUX.

230 Un homme étant accusé de deux crimes, l'un Prévôtal, & l'autre non ; le non Prévôtal attire le Prévôtal, & on attribuë la connoissance au Juge ordinaire. Défenses à tous les Juges Royaux de prononcer sur les causes de recusation en matiere criminelle, qu'au nombre de sept, & proceder, nonobstant l'appel, quand il y a concurrence de crime Prévôtal, & non Prévôtal. Défenses aux Prévôts, leurs Lieutenans, & Juges Présidiaux en concurrence des deux crimes, l'un Prévôtal, & l'autre non, conjointement instruits de proceder au Jugement desdits procez en dernier ressort, & executer leurs Sentences, nonobstant l'appel ; ausdits Prévôts de connoître d'autres crimes, que de ceux dont la connoissance leur en appartient par les Ordonnances. Arrêt du sept Février 1598. *Filleau,* 2. *part. ti.* 3. *ch.* 11.

231 Reglement notable du Parlement de Paris du 17. Août 1601. pour la Jurisdiction des Prévôts des Maréchaux ; défenses de prendre connoissance des procez, ausquels il y aura declinatoire proposé par les accusez, que la competence n'ait été premierement jugée au plus prochain Siege Présidial ; de recevoir les accusez à se désister des appellations qu'ils auront interjettées sur le renvoi par eux requis ; & de passer outre,

outre, jusques à ce que la competence soit jugée; de juger les accusez ailleurs, qu'aux Sieges Présidiaux ou Royaux, ressortissans nuëment en la Cour, & par avis des Officiers desdits Sieges, ou à leur défaut, des anciens & fameux Avocats. Peine contre les Prévôts des Maréchaux, leurs Lieutenans, & ceux de leur Conseil, qui n'observent les Reglemens. *Filleau, ibid. ch. 24.*

232. Reglement general du quinze Janvier 1689. de la Chambre Souveraine de la reformation de la Justice, seante à Poitiers, pour les procedures criminelles des Prévôts. *Maréchaussée de France, p. 1058.*

233. Des procedures particulieres aux Prévôts des Maréchaux de France, Vice-Baillifs, Vice-Sénéchaux, & Lieutenans Criminels de Robe courte. *Voyez l'Ordonnance de 1670. tit. 1.*
Voyez le titre de la Maréchaussée.

CRIMINEL DEFENDU PAR PROCUREUR.

234. *Nemini licet in Galliâ, ubi de crimine agitur, innocentiam suam defendere per Procuratorem.* V. Mornac, *lib. 71. ff. de Procuratoribus.*

PROCEDURE CRIMINELLE, PROCUREUR GENERAL.

235. Le 27. Janvier 1508. il a été enjoint à M. Nicole Pichon Greffier de la Cour, de faire Extraits ou Rôle à part des ajournemens personnels, décernez par les Jugemens & Arrêts de ladite Cour, incontinent aprés la prononciation d'iceux, pour être baillé au Procureur General du Roy, qui en sera tenu faire les diligences. *Bibliotheque de Bouchel, verbo Ajournement.*

236. Le procez criminel parfait, le Procureur du Roy est tenu dans trois jours de bailler ses Conclusions. Arrêt du Parlement de Paris du deux Janvier 1536. *Papon, li. 24. ti. 5. n. 2.*

237. Par Arrêt donné en la Tournelle le dernier Decembre 1558. en la cause d'entre un nommé Rousset, & l'Evêque de Châlons, défenses à tous Procureurs du Roy & Promoteurs, d'assister aux procez criminels, aux interrogatoires, recollemens & confrontations; & défenses aux Juges de les y appeller. *Bibliotheque de Bouchel, verbo Procez Criminel.*

238. Arrêt rendu au Parlement de Provence le dernier Mars 1657. qui a declaré nul un Jugement rendu en matiere criminelle, sans conclusions de Messieurs les Gens du Roy, quoiqu'on alleguât que ce ne fût pas l'usage dans les affaires de peu de consequence. *Boniface, to. 1. li. 1. tit. 16. n. 10.*

239. Arrêt du même Parlement, rendu le 21. Octobre 1673. qui declare M. le Procureur General non recevable d'interjetter Requête civile envers un Arrêt, qui a renvoyé absous du crime de larcin un accusé, sur le fondement d'un Exploit de torture d'un des autres accusez, qui dans la torture declara complice du crime celuy qui en avoit été absous. *Idem, to. 3. liv. 3. ti. 4. ch. 10.*

PROCEDURE CRIMINELLE, RECOLLEMENT.

240. *De testium repetitionibus ac confrontationibus.* Voyez *Julius Clarus, lib. 5. Sententiarum. §. fin. qu. 45.*

241. Arrêt du Parlement de Provence du 18. Juin 1665. qui a jugé que le Juge faisant la confrontation des témoins à l'accusé, peut user de feintes, & appeller d'autres personnes, & les confronter avec l'accusé aux témoins, pour découvrir la verité ou la supposition d'un crime. *Boniface, tome 2. part. 3. li. 1. tit. 1. chap. 7.*

242. La Cour a ordonné & ordonne que les Conseillers par elle commis, qui sont dans les Provinces du ressort, & autres qui s'y transporteront pour l'execution de l'Arrêt du 27. Octobre dernier, pourront se faire representer par les Greffiers des Bailliages, Sénéchaussées & Justices Royales, les procez criminels des accusez, qui auront obtenu & fait enteriner des Lettres de remission, les communiqueront aux Substituts du Procureur General qui sont à leur suite; &
Tome III.

s'il requiert d'être reçû appellant *à minimâ*, des Sentences & Jugemens d'enterinement desdites Lettres, lesdits Conseillers leur en donneront acte, & sera par eux incessamment procedé à l'instruction des procez des accusez, soit qu'ils soient arrêtez ou contumax jusques au Jugement diffinitif exclusivement, recollement des témoins qui auront été entendus par lesdits Juges, dans les informations qui leur seront representées, sans être obligez d'attendre à faire ledit recollement, que lesdits défauts à trois briefs jours ayent été obtenus & jugez contre les contumax; lesquels recollemens ainsi faits vaudront pour confrontation, lorsque la Cour ou lesdits Conseillers commis en jugeant lesdits défauts; il aura ainsi été ordonné, sans qu'il soit necessaire de faire autre recollement aprés le Jugement desdits défauts; ne pourront neanmoins lesdits recollemens ainsi faits, valoir pour confrontation, qu'aprés que lesdits défauts auront été jugez; & ne seront les depositions des témoins, qui seront decedez depuis le recollement, jusqu'au Jugement desdits défauts, considerées ni publiées aux accusez, qui se representeront auparavant le Jugement de la contumace. Fait à Clermont és Grands Jours, ce 14. Novembre 1665. *Voyez les Arrêts des Grands Jours, p. 123.*

243. Arrêt du Grand Conseil du 27. Octobre 1690. qui fait défenses aux Prévôts de rendre aucuns Jugemens de recollement & confrontation, qu'au nombre des Juges marquez par l'Ordonnance. *Maréchaussée de France, pag. 1069.*

244. Arrêt du Grand Conseil du 12. Août 1693. qui fait défenses au Lieutenant Criminel de Lyon, de plus rendre seul des Jugemens pour le recollement & confrontation dans les procez, qui se jugeront prejudicialement & en dernier ressort; qu'il sera tenu de faire rendre au Présidial au moins au nombre de sept Juges. *Journal du Palais in fol. to. 2. p. 848.*

PROCEDURE CRIMINELLE, RELIGIEUX.

245. Le Parlement de Toulouse au mois de Juin 1560. condamna deux Religieux de la Daurade d'être traînez sur une claye au supplice, avec leurs habits, & mis en quartiers, sans les dégrader, pour avoir meurtri leur Superieur. *Bouchel, Bibliot. Canonique, tom. 1. p. 6.*

246. Les procedures criminelles contre les Prêtres & Religieux, ne peuvent être faites par les Religieux. Arrêt du Parlement d'Aix du dix Mars 1672. *Boniface, tom. 3. liv. 1. tit. 1. ch. 8.*
Voyez cy-aprés, verbo *Religieux.*

PROCEDURE CRIMINELLE, REQUESTE CIVILE.

247. Une femme convaincuë d'avoir empoisonné son mari, fut condamnée à mort par les premiers Juges. Sur l'appel qu'elle interjetta, la Cour ne trouvant pas la preuve suffisante, adoucit la peine, & la commua à un bannissement de trois ans. Aprés son exil expiré, & son retour en la Ville d'Orleans, un criminel declara, avant que d'être executé, qu'à la priere de cette femme, luy & deux autres avoient composé le poison, dont il étoit à croire qu'elle avoit pû empoisonner son mari. Le pere de ce défunt mary rend une nouvelle plainte aux premiers Juges; ils decretent, elle en interjette appel: le pere de sa part obtient Requête civile contre l'Arrêt, qui avoit moderé la peine de mort. Arrêt du mois de Mars 1615. qui décharge du Decret, & sur la Requête civile met hors de Cour. L'Arrêt fondé sur ce que la deposition d'un homme condamné merite peu de foy, & que cette femme avoit déja subi une peine. *Le Bret, liv. 6. decis. 1.*

248. De la regle, *ne bis in idipsum.* Voyez *les Arrêts de M. de Catellan, liv. 9. ch. 11.* Il cite un Arrêt du Parlement de Toulouse de l'année 1637. qui démet l'impetrant d'une Requête civile, presentée contre un Arrêt d'enterinement des Lettres de grace, obte-

Cc

nuës sur une information fausse ; *Omnis honesta ratio expedienda salutis ; licet quoquo modo sanguinem suum redimere.* Il observe que l'opinion commune & l'usage d'aujourd'huy sont contraires. Les Requêtes civiles contre les Arrêts de relaxe sur actes faux, peuvent être reçuës ; particulierement lorsque les actes faux sont les exploits d'assignation, dont la fausseté a mis l'accusateur hors d'état de défendre au relaxe. Mais la Requête civile trouvée irrecevable contre un Arrêt de relaxe, peut laisser la liberté de demander & de poursuivre l'interêt civil. Un homme accusé d'avoir tenu la main à une banqueroute, & relaxé, obtint par un autre Arrêt rendu en Juillet 1667. sur la Requête civile, confirmation du relaxe : mais à l'égard de l'interêt civil & pecuniaire, l'Arrêt interloque & reçoit les creanciers en preuve des latitations par luy faites.

PROCEDURE, CRIMINELLE, SENTENCES.

249 *Quemadmodum sententia criminales proferri debeant?* Voyez *Julius Clarus, lib.* 5. *Sententiarum, qu.* 93.

250 *An à sententiis criminalibus appellatio, vel dictio de nullitate sit admittenda ?* V. ibid. qu. 94.

251 *De executione sententiarum criminalium pecuniariarum.* Ibid. qu. 95.

252 *De executione sententiarum corporalium.* Ibidem, qu. 96.

253 *Ex quibus causis executio sententiæ capitalis sit differenda ?* Ibid. qu. 97.

254 *Qua executionem sententiæ capitalis impediant ?* Ibid. qu. 98.

255 *Qua sit forma exequendi sententias corporales ?* Ibid. qu. 99.

256 *Sententia mortis non debet ferri per processum ordinarium.* Vide Joan. Galli, qu. 175. Item, per Arrestum 1388. fuit dictum Franquetum Soarde bene appellasse à Præposito de Castellone, qui ipsum ad suspendium condemnaverat per inquisitam & processum ordinarium.

257 Arrêts du Parlement de Provence des 14 Février 1640. & 26. du même mois 1656. qui défendent aux Juges subalternes de prononcer en ces termes, *pour les causes resultantes du procez,* d'autant que ce sont des termes souverains. *Boniface, tome* 5. *liv.* 1. *titre* 1. *nomb.* 6.

258 Arrêt du sept Decembre 1650. qui a déclaré nulles les Sentences données après midy, en matiere criminelle. *Boniface, ibid. tit.* 16. *n.* 5.

259 Des Sentences, Jugemens & Arrêts en matieres criminelles. *Voyez l'Ordon. de* 1670. *tit.* 25.

PROCEDURE CRIMINELLE, TEMOINS.

260 La condamnation à mort ayant été opposée à un témoin, le reproche reçû, le Marquis de Ladouze condamné à mort contradictoirement, & un simple interlocutoire ordonné à l'égard du Comte de la Bussiere : M. le Procureur General s'étoit inscrit en faux contre la condamnation du témoin, & avoit obtenu divers Arrêts, faute par le Comte de la Bussiere d'avoir déclaré qu'il la vouloit soûtenir. Le Comte de la Bussiere impetroit des Lettres en opposition envers ces Arrêts. Il les fondoit sur ce que le reproche ayant été jugé en faveur des prévenus, on n'y pouvoit plus revenir, suivant la maxime generale ; qu'en matiere criminelle on ne pouvoit pas remettre deux fois en doute & au hazard ; les choses une fois jugées, sur tout à l'avantage du prévenu ; d'autant moins qu'ayant été jugé le reproche auparavant jugé, oüi sur la Sellette avec le Marquis de Ladouze, qui, condamné à mort, avoit subi sa peine, il avoit une fois risqué sa vie ; qu'il n'étoit pas juste qu'il risquât une seconde fois par des changemens aux Arrêts auparavant rendus. Il passa neanmoins sans difficulté à démettre l'Impetrant de ses Lettres en opposition ; par la raison que les maximes generales ne regardent que le prévenu condamné ou absous, mais non le prévenu, qui n'est pas diffinitivement jugé ; & des Arrêts de simple instruction sur

tout encore des Jugemens de reproche, qui, lorsqu'ils ne sont chargez de nulle preuve, sont moins des Arrêts, que des Arrêtez, qui sur un Registre secret & particulier demeurent inconnus, & non communiquez aux parties. *V. M. de Catellan, li.* 9. *c.* 11.

261 Aux Grands Jours de Poitiers, la Cour jugea le 8. Octobre 1579. qu'une cause ayant été reglée à l'ordinaire, les rémoins pouvoient être oüis de nouveau, & confrontez une seconde fois. Les parties y ont interêt, afin que reciproquement ils soient plus en état de le blâmer & reprocher. *Bibliot. de Bouchel, verbo Jugemens.*

262 En matiere criminelle, aprés que les témoins ont été recollez & confrontez à l'accusé ; à la requête de partie civile, ils ne peuvent être derechef oüis & interrogez ; parceque pour se venger des reproches, ils pourroient déposer par animosité contre l'accusé. Jugé au Parlement de Paris le 4. Mars 1595 Quoique M. Servin se fondant sur l'atrocité de l'accusation de ravissement d'une fille de huit ans, eût conclu au contraire, cela peut neanmoins être fait, quand la partie civile ne le requiert, *sed solus Judex procedit ex officio.* Papon, *livre* 9. *titre* 1. *nombre* 5. Guy Pape, *quæst.* 124.

263 Aprés le procez fait par recollement & confrontation, l'on peut faire de nouveau oüir des témoins, jusqu'à ce qu'il y ait un Jugement, parce qu'il importe au public, *delicta non remanere impunita.* Arrêt du Parlement de Grenoble du 22. Août 1636. *Basset, tom.* 1. *liv.* 6. *tit.* 2. *ch.* 5.

264 Arrêt du Parlement de Provence du 11. Decembre 1638. qui a jugé que les Lieutenans ne peuvent ordonner en instruction de procez criminel, que l'accusateur baillera un rôle des témoins à l'accusé, mais seulement au Procureur du Roy, parce que l'accusé pourroit corrompre les témoins. *Boniface, to.* 1. *li.* 1. *tit.* 10. *n.* 3.

265 En matiere criminelle, regulierement on ne peut arrêter les témoins aprés le recollement & confrontations, si ce n'est qu'il y ait des variations essentielles en leurs dépositions & recollemens, &c. & enjoint aux Greffiers de parapher les pieces du procés qu'ils envoyeront au Greffe de la Cour par premiere & derniere. Jugé au Parlement de Paris le six Avril 1685. *De la Guess. tom.* 4. *liv.* 8. *chap.* 6. C'est l'Arrêt des Denyau & Camus, & autres, & de deux cens écus d'épices, le Lieutenant criminel de service condamné à rendre cent écus, & l'Arrêt lû au Châtelet, l'Audience tenant.

PROCEZ CRIMINEL, TRANSACTION.

266 Des transactions en matieres criminelles, & par qui elles peuvent être faites ? *Voyez Julius Clarus, lib.* 5. *sententiarum, qu.* 58.

267 *Voyez* l'art. 19. du titre 25. de l'Ordonnance criminelle de 1670.

PROCESSIONS.

1 *De publicarum processionum indictione.* V. Pinson, *de censibus.* §. 10.

Des Processions, *Te Deum,* & autres Prieres publiques. *Voyez les Memoires du Clergé, to,* 1. *part.* 1. *tit.* 2. *ch.* 5.

2 L'ordre & forme gardée és Processions generales où Sa Majesté assiste. *Voyez Fillean, partie* 3. *tit.* 11. *chap.* 17.

3 La Procession du Puy en Auvergne, ayant été troublée par la populace, & plusieurs excés commis, grandes condamnations & amendes par Arrêt du 24. Avril 1319. du Registre *olim* fol. 399. B. *Corbin, suite de Paironage, ch.* 305.

4 *Fuit dictum per arrestum quod Canonici du Mans, (licet exempti) non erant recipiendi ad possessionem per eos allegatam, quod cum Episcopo du Mans diœcesano unà tenebantur ire ad processionem, & in emendam condemnati ratione excessuum commissorum in hoc impediendo :*

sed per se irrevolebant, & reverà iverant per se, Episcopum dimittendo seorsum : & fuit hoc dictum absque hoc quod scripturæ alicui Curiæ traderentur. Joann. Gall. qu. 326.

5. Coûtume autrefois reprouvée en France, par laquelle quelques Chanoines prétendoient & en alleguoient possession, contre leur Evêque, de n'être tenus, & n'avoient accoûtumé d'assister à la procession. *Mainard, liv. 1. ch. 5.*

6. De l'ordre & rang observé és Processions entre les Ecclesiastiques, la Cour de Parlement, & Capitouls de Toulouse. *Voyez les Arrêts rendus en ce Parlement les 2. Juin 1503. 1. Decembre 1537. & 23. Mars 1597. Ils sont dans Filleau, partie 3. titre 11. chap. 44.*

7. Du Mardy dix Octobre 1515. du matin : La Cour a ordonné & ordonne qu'elle vaquera demain pour aller en procession generale en forme de Cour, partant de la Sainte Chapelle à Nôtre-Dame de Paris, où sera portée la vraye Croix, pour *illec* rendre graces à Dieu, de la santé qu'il a donnée & restituée au Roy, & pour le supplier que son bon plaisir soit le remettre bien-tôt en bonne santé, & liberté en son Royaume, & a enjoint & enjoint à Guillaume Gastellier Huissier en ladite Cour, d'aller vers l'Evêque de Paris, qui est de present à Saint Denys, ainsi que l'on dit, ou ailleurs où il sera, luy dire qu'il s'en vienne en cette Ville, pour faire demain le Service, & chanter la Messe, & a ordonné & ordonne qu'où ledit Evêque de Paris seroit malade, & ne pourroit dire la Messe, l'Evêque de Comminges, qui est de present en cette Ville, la dira. *Preuves des Libertez, to. 2. ch. 35. n. 47.*

8. *Senatus Mævii consignationem, quæ post supplicationis & processionis publicæ solemnitatem post meridiano tempore facta fuerat, legitimam & congruo tempore factam pronuntiavit, & rem ipsam Mævio retractus jure adjudicavit.* Arrêt du 14. Janvier 1588. *Anne Robert, rerum judicat. liv. 4. ch. 15.*

9. Citation décernée à un Curé, pour faire condamner ses Paroissiens à luy payer, suivant leur coûtume, une écuelée de grains à l'issuë d'une Procession, étoit abusive. Jugé le 7. Juin 1632. *Du Frêne, liv. 2. chap. 110. Voyez Henrys, tome 1. livre 1. chapitre 3. quest. 11.* où il parle de la quête des Curez pour la Passion.

10. Processions publiques. *Voyez Henrys, to. 2. liv. 1. qu. 9.*

11. Evêques peuvent juger en personne par provision, la préseance entre les Curez dans les Processions generales. Arrêts du dernier Janvier 1639. *Bardet, tome 2. liv. 8. ch. 5.*

12. Arrêt du Parlement de Bourdeaux du vingt May 1643. contre l'Archevêque de la même Ville, qui avoit indict de son authorité privée une Procession generale, sans en avoir communiqué & pris l'ordre du Parlement. La Cour, les Chambres assemblées, faisant droit sur les Conclusions du Procureur General, a ordonné & ordonne, qu'elle ira en corps à la Procession generale qui sera faite pour la santé & convalescence du Roy. Enjoint à ces fins à tous les Corps que l'on a accoûtumé d'y appeller, se trouver demain au Palais à l'heure de huit heures du matin, pour de là se rendre dans l'Eglise Metropolitaine de Saint André, & à tous les Habitans de la Ville, de fermer les Boutiques, & parer les ruës, & aux Jurats d'y tenir la main ; & à ces fins que le present Arrêt sera publié aux lieux accoûtumez ; & neanmoins ladite Cour fait inhibitions & défenses audit Sieur Archevêque d'user à l'avenir de tel procedé, & d'entreprendre de son authorité de faire des convocations publiques, & d'y appeller les Corps de la Ville, ni de résoudre en telles les Processions generales & extraordinaires, sans au préalable en avoir communiqué & pris l'ordre avec la Cour, ainsi qu'il

a été de tout temps pratiqué & observé ; & ce à peine de dix mille liv, & d'être, contraint au payement d'icelles par saisie de son temporel, & être privé de l'entrée & voix déliberative en la Cour ; & aux fins qu'il n'en prétende cause d'ignorance, luy sera l'Arrêt signifié par l'un des Huissiers d'icelle. *V. le premier tome des Preuves des Libertez, chapitre 7. nomb. 89.*

13. Les Processions generales, le *Te Deum*, & autres Prieres publiques, qui se font dans les Dioceses par ordre superieur, doivent être indictes par l'Evêque ou son Grand Vicaire, dont le Chapitre sera gracieusement averty. Arrêt du 8. Janvier 1647. *Du Frêne, liv. 4. chap. 45.*

14. Le Curé de S. André de Chelles prétendoit qu'il avoit droit, comme Curé, de porter l'Etole entrant en l'Eglise de l'Abbaye de Chelles aux jours des Processions ; il en fut deboûté le 28. Mars 1651. *Dictionnaires de la Ville*, au mot, *Processions*.

15. Reglement entre l'Archevêque & le Parlement de Roüen, sur l'ordre des Processions generales, & la seance que le Parlement doit alors avoir dans l'Eglise. *Memoires du Clergé, to. 1. part. 1. p. 543.*

Le rang & la seance que la Chambre des Comptes doit alors avoir, *pag. 543.*

16. Jugé par Arrêt du 4. Avril 1664. que le Chapitre de l'Eglise Cathedrale de *Bourges*, est bien fondé à prétendre d'aller processionnellement tous les ans le Dimanche des Rameaux, en l'Eglise du Château lez Bourges, pour la benediction & reception des Rameaux. M. l'Avocat Géneral Talon, dit que cette coûtume loüable ne devoit pas être regardée comme une servitude. Il rapporta l'exemple de l'Eglise Cathedrale de Nôtre-Dame de Paris, dont le Chapitre à pareil jour avoit accoûtumé d'aller processionnellement à l'Eglise de Sainte Genevieve, & recevoir le même honneur de la part des Religieux. *Soëfve, to. 2. Cent. 3. ch. 15.*

17. Les Processions continuées, & que les Chanoines de l'Eglise Cathedrale de Senlis seroient tenus de s'y trouver sans aucune invitation, & qu'en prendroit deux Dimanches, tels que l'Evêque de Senlis leur ordonneroit. *Notables Arrêts des Audiences*, Arrêt 115. le Jeudy 11. Février 1664. *Du Frêne, li. 4. chap. 45.* où il y a Arrêt du 8 Janvier 1647. entre l'Evêque d'Amiens, & les Doyen, Chanoines & Chapitres. *De la Guess. tom. 2. li. 6. ch. 12.* rapporte l'Arrêt du 11. Février 1664.

18. Rang & seance du Parlement de Paris dans l'Eglise de Paris aux Processions generales, & autres assemblées publiques *Memoires du Clergé, tome 1. part. 1. pag. 545.*

19. Les Religieuses ne doivent point ouvrir les portes du Chœur de leur Eglise, pour y recevoir les Processions, quelque coûtume qu'il y ait au contraire. *Ibid. pag. 796.*

20. Défenses à l'Abbé de sainte Genevieve d'assister à la Ceremonie de la Procession du S. Sacrement en habits Pontificaux, ni d'y donner la Benediction. Jugé le 4. Juillet 1668. *De la Guessiere, tom. 3. livre 2. chap. 18.* Ce même Arrêt est rapporté au Journal du Palais.

PROCEZ.

Explication de ce mot, *Lis. L. 56. D. de verb. significatione.*

Ut lite pendente, nihil innovetur. D. Gr. 11. q. 1. c. fin. 16 qu. 4. c. 2... Extr. 2. 16... S. 2. 8... Cl. 2. 5... Inst. L. 3. 13. Pendant le cours du procez, toutes choses demeurent en état:

De quibus rebus ad eundem judicem eatur. D. 11. 2. Instances ou procez, quand doivent être joints ?

De variis & extraordinariis cognitionibus ; & si judex litem suam fecisse dicatur. D. 50. 13. Ce titre parle des demandes formées devant le Préteur ou les Ma-

Tome III.   C c ij

PROCEZ, APPEL.

1. Dans les procez par écrit, c'est à l'appellant de faire apporter toutes les pieces au Greffe; & s'il gagne sa cause, on luy ajuge les frais du port. Si l'intimé l'anticipe, & le fait apporter à ses dépens, il peut en demander la moitié. Si c'est un procez criminel, l'accusateur doit faire apporter le procez à ses dépens; & s'il prend un executeur sur les lieux du port du procez, l'accusé en doit interjetter appel. Il appartient deux sols pour lieuës au Messager. *Mornac, liv. 11. ff. ad exhibendum.*
Voyez les mots *Appel, Executoire, Message.*

PROCEZ EN ETAT DE JUGER.

2. Le Juge, quoique l'une des parties soit décedée, peut rendre sa Sentence, sauf à ceux contre lesquels on la voudra faire executer, d'en interjetter appel, & non par voye de nullité. Ordonnance de 1539. art. 90. Voyez M. Loüet, *let. P. som.* 17. Il a été ordonné, contre l'avis du Rapporteur, que les heritiers seroient assignez. Arrêt du Parl. de Paris du 15. Juin 1678. *Journal du Palais.*

PROCEZ CRIMINEL.

3. Voyez cy-dessus, le mot *Procedures*, nombres 66. & suivans.

PROCEZ, DECHARGE DES PIECES.

4. Greffier ou Juge chargé d'un procez, sont garans des dommages & interêts des parties, s'ils ne justifient de la perte causée par cas fortuit, comme feu, ruine de maison, naufrage. Arrêt du Parlement de Bourdeaux du 30. Mars 1517. qui met hors de Cour les heritiers d'un Juge, sur le fondement que le procez avoit été perdu sans sa faute. *Papon, li. 19. ti. 1. nomb. 22.*

5. Par Lettres Patentes du Roy Henry IV. du onze Decembre 1595. verifiées le 14. Mars 1603. les Avocats, Procureurs & leurs veuves, sont déchargez des procez indécis & non jugez, dix ans aprés qu'ils en auront été chargez; & des jugez cinq ans. Le procés étant perdu à cause du sac de la Ville, les parties peuvent de nouveau former telles demandes, & informer ainsi que de raison. Arrêt rendu entre deux parties de Boulogne, le 17. Decembre 1565. *Papon, Ibidem.*

DISTRIBUTION DE PROCEZ.

6. Voyez le mot *Distribution*, nom. 38. & suiv. & *Joly, des Offices de France*, tome 1. livre 1. titre 42. page 306.

PROCEZ AUX OPINIONS.

7. On peut produire de nouveau, aprés quelques vacations faites au procez, en remboursant les vacations; mais si ce sont pieces non décisives, on doit être condamné en de grosses amendes. Arrêt en Septembre 1593. M. Loüet & son Commentateur, lettre P. somm. 34.

PROCEZ PARTI.

8. Quand un procez est parti en opinions, on ne reçoit point de production nouvelle, sauf aux parties, aprés le procés départi, à se pourvoir par Requête en la Chambre où le procez avoit été parti. Arrêt du 19. Avril 1532. Autre Arrêt du 14. Août 1608. *M. Loüet, let. P. som.* 73. M. le Prêtre, 4. *Cent. ch.* 40.

PROCEZ, PEREMPTION.

9. M. Brodeau, lettre P. somm. 16. in fine, dit, Un procez par écrit, quoiqu'en état de juger, ayant été retiré par le Procureur de l'une des parties, est sujet à peremption, parce qu'il ne peut pas être jugé par son fait.

PROCEZ VERBAUX.

10. Des procez verbaux des Juges en matiere criminelle. Voyez l'Ordonnance de 1670. tit. 4.

PROCONSUL.

LEs Proconsuls étoient dans les Provinces, ce que les Consuls étoient à Rome. Ils étoient nommez par le peuple, ou par le Senat, qui leur donnoit des Lieutenans appellez *Legati*, & ceux-ci exerçoient la Jurisdiction des Proconsuls. On peut donner une idée de ces Magistrats, par nos grands Sénéchaux, & leurs Lieutenans Generaux, ou par nos Intendans & leurs Subdeleguez, ou enfin par nos Gouverneurs de Provinces, & les Lieutenans de Roy; car la dignité de Proconsul participoit de ces trois fonctions.

De officio Proconsulis & Legati. D. 1. 16.... C. 1. 35.
De Proconsule Cappadocie, N. 30.
De Proconsule Palæstina, N. 103.
De officio Præfecti Augustalis. D. 1. 17.... C. 1. 37.

Ce Magistrat avoit dans la Province d'Egypte, les mêmes fonctions que les Proconsuls avoient dans les autres Provinces. Il fut appellé *Præfectus Augustalis*, d'un nom particulier, pour le distinguer des autres Proconsuls, par Auguste, qui créa cette charge, aprés avoir reduit l'Egypte en Province particuliere.

Lex de Alexandrinis & Ægyptiacis Provinciis. Justin. ed. 13.
De officio juridici Alexandriæ. D. 1. 20.... C. lib. 1. tit. 57.

De officio Præsidis, D. 1. 18. Le nom de *Præses*, étoit un nom general, qui signifioit Gouverneur, & qui par consequent convenoit aux Proconsuls.
Voyez Gouverneur. Consul.

PROCURATION, PROCUREUR.

PRocureur. *Procurator ad lites. Procurator ad negotia.*
Procurator ad lites, Cognitor. Procureur à plaids.
De postulando. D. 3. 1.... C. 2. 6.... C. Th. 2. 10....
Extr 1. 37. De l'instruction des procez, & du ministere des Procureurs.
De Procuratoribus. C. 2. 13.... Paul. 1. 10... Inst. 4. 11. in pr. & §. 3. 4. & 5.... Inst. Lanc. 3. 2... Extr. 1. 38.
De Procuratoribus & defensoribus. D. 3. 3... Procurator, est pour le demandeur, & *Defensor*, pour le défendeur.
De Cognitoribus. Paul. 1. 9. Cognitor erat Procurator in causâ status. Erat etiam Procurator, qui præsentis alterius causam tuebatur, ut suam. Festus, Brisson.
De cognitoribus & Procuratoribus. C. Th. 2. 12.
De iis per quos agere possumus. I. 4. 10. §. 1.
Quod cujusque universitatis nomine, vel contrà eam agatur. D. 3. 4. Ce titre parle du Syndic ou Procureur d'une Communauté.
Quinam per Procuratorem agere possint? N. 71.
Monachi possunt per Procuratorem se defendere. N. 123. c. 27.
An per alium causæ appellationis reddi possint? D. 49. 9. En cause civile, on se sert de Procureur: mais en cause criminelle, il faut répondre par sa bouche.

Procurator ad Negotia: Procureur volontaire, ou constitué.
De Procuratoribus, Paul. 1. 10.
De negotiis gestis. D. 3. 5... C. 2. 19... Paul. 1. 4. Hîc de Procuratore, qui negotiorum gestor dicitur.
De mandato. I. 3. 27.... Caj. 2. 9. §. 18. 19. & 20... L. 60. D. de reg. jur.
Mandati, vel contrà. D. 17. 1. C. 4. 35.
Quod jussu. D. 15. 4... C. 4. 26... I. 4. 7. §. 1: De ce qui est fait par l'ordre de quelqu'un.
De fidejussoribus & mandatoribus. D. 46. 1..... C. 8. 41... N. 4. Mandator signifie icy, Répondant.
De iis per quos agere possumus. I. 4. 10. §. 1.

De adsertione tollendâ. C. 7. 17. Ce titre concerne le ministere du Procureur, qui étoit nommé pour défendre celuy dont l'Etat ou la liberté étoient contestez. Ce Procureur étoit nommé *Adsertor, & Vindex, quia asserebat, & vindicabat libertatem.*

1. *De potestate Procuratoris.* Per Joan. Anto. Rubeum Alexandrinum in repeti. L. *accusatore.* §. *ad crimen.* ff. *de public. judiciis.*

2. *De substantialibus Procurat. ad cau. & nego.* Per Joannem de Grassis.

3. Des personnes qui peuvent être Procureurs, ou qui en peuvent établir. Voyez hoc verbo Procureurs. Bouvot, tom. 2. & Despeisses, tom. 1. p. 150.

4. *Procuratorium factum Religioso, an valeat?* V. Franc. Marc. tom. 1. qu. 1377.

5. *Procuratorium factum ad resarrendum seu appellandum, & petendum caveri valet: nec per ista verba, (non admissimus, neque admittimus, nisi sit quatenus jus fuerit) appellationi delatam esse censetur: nec potest opponi quod Procurator ignotus sit.* V. ibidem, to. 2. quest. 69.

6. *Procuratorium per quod Dominus promittit habere ratum quidquid procurator legitimè faceret, nullius est momenti.* Voyez ibidem, to. 2. quest. 691.

7. *Procurator ad litem cum libero, neque compromittere, neque transigere de causâ super negotio principali potest.* Ibidem, quest. 694.

8. *Absoluto à pœnâ Canonis: si quis suadente diabolo an per procuratorem peti possit?* Voyez ibidem, question 830.

9. *Morte mandatoris rebus integris finitur mandatum, secus, si res desierunt esse integra cum mandator moritur.* Mornac, *Leg.* 26. & 40. ff. *mandati.*

10. M. Du Moulin, sur la Regle de *infirmis, n.* 269. & suiv. fait une grande dissertation, & propose plusieurs difficultez sur le pouvoir de celuy qui est établi Procureur, ou pour faire l'option d'une chose, ou pour donner voix à une élection.

11. Un Procureur étant constitué en une affaire particuliere par un Procureur General, son pouvoir ne finit point par la mort de celuy qui a fait la constitution generale. On le juge ainsi au Parlement de Grenoble. Voyez Chorier en sa *Jurisprudence de Guy Pape*, page 290.

12. Une procuration *ad lites* doit être authentique. Celle qui se donne par Lettres missives peut paroître insuffisante. Philippi, art. 4. en rapporte des Arrêts de la Cour des Aydes de Montpellier, où il observe que les procurations des personnes illustres, comme Cardinaux, Evêques, Ducs & Comtes, signées par eux, & scellées, sont reçues.

13. Un Procureur en vertu de procuration, quelque generale qu'elle puisse être, ne peut obliger un constituant par corps; il en faut une speciale. Arrêt en *Peleus, liv.* 3. art. 17. Mais en Bretagne, attendu le Reglement qui veut que tous Notaires obligent par corps, une procuration generale seroit bonne ; & pour n'être obligé par corps, il faudroit que la speciale le portât. Sauvageau sur *Du Fail, livre* 1. chapitre 34.

14. Procuration pour interjetter appel, ou appel interjetté sans procuration. Voyez le mot *Appel,* nomb. 164. & suiv.

15. Le Procureur qui veut prendre ou refuser une garantie, doit avoir une procuration speciale à cet effet, de même que pour s'en rapporter au serment de partie adverse. Arrêts du Parlement de Paris de 1323. & 26. Novembre 1543. Papon, *livre* 6. *titre* 4. *n.* 17. & 18.

16. Procuration sous seing privé, signée & scellée de la main & du cachet du creancier, peut valoir comme si elle étoit passée pardevant Notaire & témoins. Arrêt du Parlement de Paris du 11. Juillet 1494. Papon, *liv.* 6. *tit.* 5. *n.* 2.

17. Celuy qui est porteur d'une procuration n'est tenu de prouver que c'est à luy à qui elle a été donnée. Arrêt du 20. Février 1521. Papon, *liv.* 6. *tit.* 2. *nombre* 21.

18. Arrêt du Parlement de Bourdeaux du 20. Février 1521. par lequel il est jugé qu'un facteur, quoiqu'inconnu, n'est obligé de faire preuve que c'est luy qui est nommé dans la procuration. Papon, *livre* 6. *tit.* 5. *nomb.* 1.

19. Le porteur de Procuration qui s'est obligé tant en son nom comme ayant charge, peut être convenu solidairement, le premier sans division ni discussion. Boerius, *décis.* 273. *n.* 6. parce que *præsumitur socius.*

20. Procureur fondé de procuration s'obligeant en cette qualité, & en son nom solidairement, peut être poursuivi pour le tout, sans par le creancier être obligé à discussion. Arrêt du Parlement de Bourdeaux du 7. Septembre 1531. Papon, *livre* 6. *titre* 5. *nomb.* 4.

21. Procuration inserée au contrat de vente, & en vertu de laquelle elle a été faite, n'est pas suffisante, il faut montrer l'original. Arrêt du Parlement de Paris du premier Février 1558. qui, à faute de ce, déclare la vente nulle. Papon, *li.* 9. *tit.* 8. *n.* 10.

22. Arrêt du Parlement de Paris du 4. Juillet 1564. par lequel un Procureur s'étant presenté sans charge & procuration speciale, a été condamné en cent sols d'amende. Papon, *liv.* 6. *tit.* 4. *n.* 16.

23. *Procurator ad transigendum, est procurator ad compromittendum, verbo enim transigendi intelliguntur rationes omnes & modi quibus lis dirimeretur.* Arrêt du 2. Mars 1573. Mornac, *l.* 5. ff. *mandati.*

24. Le Procureur dont la procuration est inserée selon sa teneur dans l'acte, n'est point obligé de la montrer s'il n'y a inscription de faux & moyens admis. Arrêt du Parlement de Paris du 1. Février 1574. Papon, *liv.* 9. *tit.* 8. *n.* 6

25. Une personne fondée de procuration est censée contracter au nom & comme Procureur fondé de celuy de qui il l'a reçu, & non en son nom, à moins qu'il ne paroisse au contraire. Voyez Maynard, *tome* 1. *liv.* 4. *chap.* 15.

26. Si la convention pour la poursuite des dettes, à la charge de prendre la moitié par le Procureur constitué, est valable, & si la procuration finit par la mort du constituant ? Voyez Bouvot, *tome* 1. *part.* 2. verbo *Procureur,* quest. 1.

27. Si un gendre négociant & maniant les affaires de son beaupere en son absence à cause des troubles, peut demander salaires : & si ayant été fait prisonnier & payé rançon, il peut demander le remboursement comme un Ambassadeur fait prisonnier ? Voyez Bouvot, *tome* 1. *part.* 1. verbo *Négociateur,* question 1. il estime que non.

28. Une personne qui a fait quelque chose sur une procuration, ne peut être condamnée la garantie en son propre & privé nom, *nisi fidem suam astrinxerit.* Arrêt du Parlement de Dijon du 4. Février 1614. Bouvot, *tome* 2. verbo *Procurations* quest. 8.

29. Une mere avoit passé procuration à deux *in solidum*, pour faire un contrat de mariage par un sien fils ; l'un des Procureurs en vertu de la procuration, passe le contrat ; l'autre Procureur le même jour pardevant le même Notaire & témoins, passe un autre contrat, par lequel il revoque le premier, & y change des clauses fort importantes. La Cour par Arrêt donné au rapport de M. Loüet entre de Poix & de Baumont le 21. Mars 1604. a déclaré le second contrat nul ; comme ayant été fait par un qui n'avoit plus de charge, la procuration ayant été exécutée par le premier Procureur. Autre chose est, quand il est expressément porté par la procuration que l'un des Procureurs ne fera rien sans l'autre, ou quand ils ne sont point constituez Procureurs *in solidum* ; car en ces cas *unus sine altero non debet admitti* : autre chose aussi

quand celuy qui est constitué *in solidum*, *potest negotium inchoatum suscipere, & perficere, dum tamen non fuerit alius substitutus ab eo qui jam negotium inchoavit, quia substitutus præferri debebit; secùs etiam cum duo diversis temporibus procuratores dati sunt*, parce qu'en ce cas qui *posteriorem dat, priorem datum prohibere videtur, l. Si quis 31. in fin. de procur.* Voyez *M. le Prêtre*, 4. *Cent. chap.* 18.

30. *Qui cum solo procuratore Monasterii reditum civilem, ac pecuniarum Monasterio debitum primit, nihil agit, etiam si habeat mandatum generale, quia mandato generali, non continetur transactio.* Arrêt du premier Décembre 1608. *Mornac, l. 60. ff. de procuratoribus.*

31. Un Procureur pour exiger peut compenser & liberer. Jugé au Parlement de Grenoble le 10. Juillet 1614. Autre chose est d'un Procureur *ad lites*. Basset, *tome 2. liv. 5. tit.* 11. *chap.* 3.

32. Jugé par Arrêt du Parlement de Paris du 2. Decembre 1655. qu'un frere ayant geré & administré les biens de sa sœur émancipée, ne peut être poursuivi par elle, *actione tutela*, mais, *actione negotiorum gestorum.* Soëfve, *tome 1. Cent.* 1. *chap.* 2.

33. Le huit Mars 1661. en l'Audience de relevée de la Grand'-Chambre, jugé que l'obligation consentie par une femme séparée de biens d'avec son mary, laquelle se dit porteuse d'une procuration de sondit mary, & dont il est fait mention dans ladite obligation, que la femme l'a représentée, & qu'elle luy a été renduë, étoit nulle, faute de rapporter par le creancier la procuration prétenduë dudit mary. *Jovet*, verbo *Femme*, nombre 11.

34. Les Procureurs ont hypoteque du jour de la procuration. Arrêt à Paris de l'année 1672. *De la Guess. tome* 3. *liv.* 6. *ch.* 15. *Idem* pour leurs avances. Arrêt du 19. Juin 1674. *De la Guess. to.* 3. *livre* 8. *ch* 10.

35. Si une femme fondée de procuration de son mary pour agir, transiger, recevoir, aliener & s'obliger, peut en vertu de cette procuration être caution pour autruy il y avoit quelques circonstances de stellionat, l'affaire appointée le 25. Février 1681. *De la Guess. to.* 4. *liv.* 4. *chap.* 7.

36. Les Mandateurs, c'est à dire ceux qui ont passé une procuration, sont tous solidairement tenus, soit qu'ils ayent tous signé l'acte, soit qu'il n'y en ait qu'un. Arrêt du Parlement de Grenoble du 24. May 1685. rapporté par *Chorier en sa Jurisprudence de Guy Pape*, *page* 290.

37. Acte de Notorieté de M. le Lieutenant Civil du Châtelet de Paris du 15. May 1682. portant que ce n'est point l'usage au Châtelet de Paris, que les Procureurs de cette Cour produisent judiciairement les procurations qui leur sont données par leurs parties, & les fassent register au Greffe, attendu que lesdites procurations ne leur servent que de pouvoir pour agir, & proceder en Justice pour leurs parties, & les gardent seulement pardevers eux pour les rapporter, en cas qu'ils soient desavoüez, sans en faire aucune mention dans les actes du procez.

38. Autre Acte de Notorieté donné par le mème Lieutenant Civil du Châtelet de Paris le 23. Juin 1692. portant que les procurations qui ont été données aux Procureurs sur lesquelles ils ont occupé, ne sont pas sujettes à surannation, qu'elles sont valables jusqu'à ce que les affaires pour lesquelles elles ont été données soient finies & terminées, & que le pouvoir & l'ordre que les Procureurs ont eu par les procurations dure toûjours jusqu'à ce que l'instance soit perie, ou lors qu'elle a été jugée diffinitivement, si ce n'est que les procurations ayent été révoquées par ceux qui les ont passées avant le jugement diffinitif, ou la peremption acquise ou jugée telle. *Recüeil des Actes de Notorieté*, *page* 84.

Voyez cy-après verbo *Procureurs*.

PROCURATION ad *Resignandum*.

Voyez cy-après le mot *Résignation.*

39. Provisions sur procurations surannées sont nulles, & il faut observer que la procuration speciale pour renoncer à un Benefice, ne vaut, si le Benefice n'est exprimé. *Conference des Ordonnances*, *liv.* 1. *titre* 3. *partie* 2. §. 20.

40. Toutes procurations *ad Resignandum* doivent être consommées en Chancellerie Apostolique dans les 20. jours, cela se doit entendre de l'extension du consens. *Ibidem*, §. 44.

41. Toutes procurations, révocations, présentations & collations sont nulles, si elles ne sont faites en présence de deux témoins domiciliez, non domestiques, ni parens ou alliez. *Ibidem*, §. 45.

42. Procuration *ad Resignandum* non effectuée après l'an de sa date, est inutile. *Arg. l.* 2. *ff. de acquir. poss.* & les provisions expediées sur icelles, ne valent après l'an. *Arr.* 1. Rebuff. *in reg. de verif. not. glos.* 7. *in fin.* Depuis il y a Edit du Roy exprés. *Bibliotheque Can. tome* 2. *page* 507. *col.* 2.

43. Un Procureur *cum reservatione omnium fructuum*, voyant que la résignation ne peut passer en cette forme, ne peut moderer luy même; & sur la moderation qu'il auroit faite, la provision ne vaudroit. *C. cum dilecti de rescript.* mais s'il fait la reservation entiere, & que le Pape la retracte à la moitié, la provision vaut. *C.* 2. *de præb. in* 6. Arr. 7. Rebuff. *in reg. de verif. notit. glos.* 7.

44. Un Procureur ne peut être constitué par un même acte pour accepter & pour resigner un Office ou Benefice; il peut seulement l'accepter; mais d'autant que lors que la procuration a été passée il n'avoit de quoy resigner, il ne le pourra faire par après, ni constituer Procureur pour resigner. Jugé par Arrêt de la Rore, *Décis.* 529. Rebuff. *in tract. nominat. qu.* 14. *n.* 112.

45. Procureur constitué *ad Resignandum* peut consentir à la dépeche des Bulles après la mort du resignant, car il ne fait rien de nouveau, mais il faut qu'il soit saisi de la procuration. Jugé au Parlement de Paris le 21. Juillet 1496. & à Bourdeaux le 3. Octobre 1526. Papon, *liv.* 2. *tit.* 8. *n.* 14.

46. Quoique la procuration *ad Resignandum* porte serment de ne revoquer le Procureur, il a été jugé à Toulouse le 14. Février 1517. que la revocation peut être faite, & qu'après le resignant peut s'adresser à l'Ordinaire. *Papon*, *liv.* 2. *tit.* 8. *n.* 15. où il observe que quelques uns ont tenu le contraire; mais il y a trois Arrêts contre un.

47. En France lorsque les procurations pour resigner Benefices ou Offices sont surannées, elles sont nulles après l'an: pour les Benefices, *voyez l'Ordonnance des petites Dates article* 10. pour ôter le doute de sçavoir si comme déclarative du Droit commun elle devoit avoir lieu, il en fut fait une Déclaration en l'an 1551. le 29. Avril conformément à l'opinion de *Du Moulin*, & même és nominations que fait le Roy aux Prélatures; il faut par les Ordonnances que les Bulles en soient expediées dans les six mois après la date du placet ou brevet du Roy. *Bibliotheque Canonique, tome* 2. *page* 504. *Col.* 1.

48. La procuration pour resigner ne peut être délivrée en blanc. *V. ibidem, page* 503. *col.* 2.

49. Declaration portant que toutes procurations *ad Resignandum*, ou de permutation seront registrées és Greffes des Dioceses dans lesquels les procurations, & autres dont l'insinuation est ordonnée auront été passées; & auparavant que d'être envoyées en Cour de Rome, en interpretation de l'article 16. de la Declaration du mois d'Octobre 1646. A Paris en Janvier 1651. Registrée le 31. Mars suivant. *Troisiéme volume des Ordonnances de Loüis XIV. fol.* 278.

50. Arrêt du Parlement de Provence du 13. Juin 1653. qui a jugé que la perfidie du Notaire qui reçoit une procuration en blanc, ensuite de laquelle il va

PRO PRO 207

faire pourvoir un fien frere, rend la provision nulle. *Boniface. to. 1. liv. 2. tit. 24. chap. 2.*

51 Sur le défaut d'une procuration *ad Refignandum pure & simpliciter*, un Benefice en la Vicelegation d'Avignon, en laquelle le constituant n'a signé, sans marquer la cause, & où deux témoins seulement ont signé. *Voyez le 18. Plaidoyé de Baffet*, où est rapporté l'Arrêt du 23. May 1658.

52 Un titulaire d'un Benefice ne peut garder la procuration *ad Refignandum* qu'il en a passé en faveur de son neveu pour faire dépendre la résignation de sa volonté. Jugé au Parlement de Paris le 2. Juillet 1665. *Des Maifons, lettre T. nomb. 19.*

53 L'insinuation des procurations *ad Refignandum*, ne peut être objectée que lors qu'il y a présomption de fraude : Edit de 1550. contre les petites dates ; la petite date, c'est quand la procuration n'a point été envoyée en même temps que l'ordre pour retenir la date, sinon après la mort des résignans ; les provisions pour n'avoir été expediées que plus de six mois après l'envoy de la procuration *ad Refignandum* à Rome, jugées valables, & le pourvû de cette sorte fut maintenu avec dépens contre le pourvû par M. l'Archevêque de Paris, le 4. Avril 1675. *Journ. du Palais.*

54 Procuration pour accepter un Benefice. *Voyez le mot Benefice, nomb. 161. & 162.*

55 Des révocations des procurations *ad Refignandum*, & des formalitez de la signification d'icelles. *V. la Bibliotheque Can. to. 2. page 521. & le Concordat tit. de fublat. Clement. litteris.*

56 Il n'est pas necessaire qu'une révocation de procuration soit passée pardevant Notaires, quant aux copermutans entr'eux, il suffit qu'elle soit dressée par le Sergent qui l'a signifié.

Dans le concours des provisions & de la révocation, les provisions ne doivent l'emporter qu'au cas que la permutation ait été bien effectuée. Arrêt du Parlement de Paris du 15. Janvier 1691. *Au Journal des Audiences, to. 5. liv. 7. chap. 2.*

DROIT DE PROCURATION.

57 Des visites & de ce qui est dû pour droit de visitation, appellé procuration. *Voyez le mot Evêque, nomb. 107. Février, liv. 3. chap. 4. n. 7. Tournet, lettre V. Arr. 14.*

PROCUREURS.

1 Voyez cy-dessus le mot *Procuration*. Des Procureurs des Bailliages, Siéges Présidiaux, & autres Siéges Royaux. *Voyez Chenu, des Offices de France, tit. 34.*

2 Des Procureurs des Parlemens, Siéges Présidiaux & Royaux. *Voyez Filleau, part. 2. tit. 7. & cy-après le nombre 41. & fuiv.*

3 Des Procureurs postulans. *Voyez Escorbiac, tit. 19.*

4 *Ex duobus procuratoribus melior est occupantis conditio. Voyez M. le Prêtre, 4. Cent. chap. 28.*

5 *Dominus an reftituatur in integrum adversus negligentiam Procuratorum? Voyez Andr. Gaill. lib. 1. obferv. 45.*

6 *Procurator quomodo mandato renuntiare poffit? Voyez ibidem, obfervat. 46.*

7 *Gefta per falfum Procuratorem, an post fententiam ratificari poffint? V. ibidem, obfervat. 47.*

8 Par l'Ordonnance du Roy Charles VII. les Procureurs doivent avoir grande experience, & par l'Ordonnance du Roy Henry III. il est ordonné de ne recevoir personne Procureur qu'il n'ait demeuré dix ans continuels dans la maison d'un Procureur, & servi de Maître Clerc par trois ans.

9 *Filios togatorum caferis fupernumerariis anteferri jubemus*, le Maître Clerc d'un Procureur fut préferé au fils âgé de dix-huit ans, par les Juges de Melun ; appel ; Arrêt qui infirme la Sentence, avec défenses aux Présidiaux d'admettre de nouveaux Procureurs ; l'Arrêt est du 17. Juillet 1585. *Mornac, l. 11. §. Jurifperitos Cod. de Advocatis diverf. judic.*

10 Les plus anciens Clercs qui ont servi les Procureurs seront préférez aux Charges de Procureurs, aux Clercs qui ont servi au Greffe. Arrêt du 19. Decembre 1608. *Filleau, 2. part. tit. 7. chap. 24.* Voyez cy-après le nomb. 36.

11 Un Procureur en cause ne peut recevoir deniers, & passer quittance sans une procuration speciale. Arrêt du Parlement de Dijon sans date, rapporté par Bouvot, *tome 1. part. 3. verbo Procureur. qu. 2.*

12 Es causes sommaires qui n'excedent cent sols, l'on peut plaider sans Procureur. Arrêt du Parl. de Dijon du 4. Juin 1570. *Bouvot, to. 2. verbo Procez, Terrier, quest. 3.*

13 Arrêt portant défenses aux Présidiaux de Poitiers de recevoir de Procureurs ; jusques à ce que le nombre soit réduit, excepté, s'il y a résignation de pere à fils, de beau pere à gendre, ou de frere à frere. Un nommé Chauvet resigne son état de Procureur à N. qui avoit épousé la sœur de sa femme ; il est reçû ; dont appel par la Communauté des Procureurs, la question étoit, si on étendroit ce mot de frere aux beaux peres ? Par Arrêt du 4. May 1604. la Cour a mis l'appellation au néant, en émendant ordonné que l'Arrêt sera gardé en ses propres termes. *Biblioth. de Bouchel, verbo Procureurs.*

14 Par Arrêt du Parlement de Provence du 12. Juin 1645. il a été jugé que les Procureurs ne peuvent être forcez à faire communion du droit des présentations. *Boniface, tome 1. liv. 1. tit. 19. n. 4.* Le même Arrêt fait défenses aux Procureurs de tenir boutiques de marchandises.

15 Un Procureur ayant par dol & fraude obtenu l'élargissement de sa partie pour dettes, est tenu de réintegrer és prisons, ou bien de payer, & dés à présent en tous les dépens. Arrêt du 10. Février 1647. *Du Frêne, liv. 5. chap. 3.*

16 Les plus habiles Praticiens prétendent que comme une instance liée où il y a Procureur constitué pour toutes les parties, périt par trois ans, de même la peremption peut être opposée par un défendeur qui n'auroit pas cotté Procureur.

M. Lange en son Praticien rapporte un Arrêt du 12. Février 1684. où cette question a été décidée, & où il est dit de plus que la peremption a lieu, encore bien que l'instance ne soit liée que par le premier acte judiciaire du défendeur. *Journal du Palais.*

PROCUREUR, ADJUDICATION, ACQUESTS.

Voyez les mots Acquets & Adjudications.

17 Une partie vouloit faire casser un contrat passé au profit de son Procureur, portant vente d'un droit successif ; le Procureur convenoit du fait, mais il se disoit coheritier. Arrêt du 16. Juillet 1586. qui déboute le demandeur. *Biblioth de Bouchel, verbo Procureur. p. 1095.*

18 Arrêt du Parlement de Bretagne du 17. Septembre 1626. qui fait défenses aux Procureurs poursuivans criées de prendre & se faire subroger aux droits de lods & ventes dûs aux Seigneurs dont relevent les heritages desquels ils poursuivent le decret. *Frain, page 419. Hevin, dans sa note* rapporte plusieurs Arrêts qui font défenses aux Juges Greffiers & Procureurs d'Office de se rendre adjudicataires des terres & maisons dont la vente se poursuit devant eux. Ils sont rapportez cy devant *verbo Adjudicataire.*

19 Lorsque des Procureurs achetent des actions ou rentes, les debiteurs s'en peuvent acquitter en restituant le même prix, les fruits, & les interêts du prix. Jugé au Parlement de Tournay contre un Procureur de Lille pour le Prince d'Egmont le 20. Octobre 1698. *M. Pinault. tome 2. Arr. 231.*

PROCUREURS, AVOCATS.

20 Des Avocats & Procureurs postulans és Jurisdictions subalternes. *Ordonnances de Fontanon, tome 1. liv. 2. tit. 22. p. 551.*

21 *De Advocatis & Procuratoribus. Voyez Andr. Gaill. lib. 1. obfervat. 43.*

22 Procureurs reçus au Serment d'Avocat. *Voyez* le mot *Avocat*, nomb. 165.

23 Avocats faisant fonctions de Procureurs. *Voyez* le mot *Avocats*, nombre 169. *& suiv.*

24 Ordonnances pour les Avocats & Procureurs, par Gastier. *Paris.* 1666.

Procureurs en Bretagne.

25 Entre Jean Rideau, & René Conterais, Arrêt du Parlement de Bretagne du 11. Mars 1554. confirmatif de la Sentence du Juge de la Guerche, qui ordonne que l'appellant institué Sergent surnumeraire par un Procureur *cum libera* de la Dame de la Guerche demeureroit Sergent. Le Procureur General s'y étoit opposé, en disant qu'il n'appartenoit pas aux Seigneurs de créer de nouveaux Officiers. *V. Du Fail*, liv. 1. chap. 62.

26 Par Arrêt du Parlement de Bretagne du 4. Septembre 1556. Mignot est reçu à occuper comme Procureur pour M. Jacques Perceval, demandeur en Lettres de subrogation par vertu d'une procuration en forme d'instrument Apostolique, *dat. anno à Nativitate Domini*, &c. & instrumenté, *& ego. Simon Guy*, &c. *Du Fail*, liv. 2. chap. 45.

27 Commandement aux Procureurs d'icelle lorsqu'ils se presenteront pour aucunes parties declarer la Paroisse, Evêché, & demeurances d'icelles, & de la partie accusée sur peine de l'amende. Arrêt du Parlement de Bretagne, en Août 1561. *Du Fail*, livre 3. chap. 202.

28 Les Juges Présidiaux de Rennes avoient reçu Busnel Procureur, au lieu d'un appellé de Launay mort. Par Arrêt du Parlement de Bretagne du 9. Avril 1563. la Cour qu'il a été mal ordonné, & institué, declare nulles toutes institutions de Procureur faites aux Siéges de ce Ressort depuis la Declaration de l'Edit de l'an 1559. défenses à tous ceux qui ont été pourvûs d'exercer leurs états sur peine de faux. Commandement aux Juges d'envoyer en la Cour le nom de leurs Procureurs, le jour & par qui ils ont été instituez. *Du Fail*, liv. 1. chap. 180.

29 Par Arrêt du Parlement de Bretagne du premier Octobre 1563. sur la remontrance du Procureur General, il est dit que tous les Procureurs de la Cour seront ajournez pour résider à la suite d'icelle, & opter lequel des états (s'ils en ont deux) ils voudront choisir, pour ce fait être pourvû à la privation d'iceux, & pourvoir d'autres comme de raison. *Du Fail*, liv. 2. chap. 384.

30 Arrêt du Parlement de Bretagne du 12. Mars 1576. qui réduit le nombre des Procureurs à 80. & ordonne qu'ils ne seront reçûs qu'à 25. ans. *Du Fail*, liv. 2. chap. 519.

31 Procureurs du Siége de Rennes reduit à 40. par Arrêt du Parlement de Bretagne du 10. Septembre 1576. néanmoins par autre du 5. Septembre 1600. un Procureur reçû pour recompense de services qu'il avoit faits en qualité de Greffier, fut maintenu, à la charge de ne pouvoir resigner. *Du Fail*, livre 2. chapitre 547.

32 Arrêt du Parlement de Bretagne rendu en forme de Reglement le dernier Avril 1578. pour les Procureurs, il regarde l'expedition des procez, & le bon ordre du Barreau. *Voyez Du Fail*, livre 3. chapitre 447.

Procureur, Cause Criminelle.

33 *In causis criminalibus an admittatur Procurator.* Voyez *André. Gaill, de pace publica*, lib. 1. cap. 10.

34 *Nemini licet in Gallia, ubi de crimine agitur, innocentiam suam defendere per procuratorem.* Voyez *Mornac, l. 71. ff. de procuratoribus.*

Procureur, Caution.

35 Avocats & Procureurs cautions. *Voyez* le mot *Caution*, nomb. 5. *& suiv.*

Clercs de Procureur.

Voyez cy-dessus le nomb. 9. & suiv. & le mot Clercs, 36 *nomb. 125. & suiv.*

Committimus des Procureurs.

Voyez le mot Committimus, nomb. 16. & suiv. & 37 *cy-après le nomb. 43.*

Procureur, Desaveu.

Procureur désavoüé. *Voyez* le mot *Desaveu*, nom- 38 bre 3. *& suiv.*

Procureur, Encheres.

Si le Procureur qui encherit est responsable ? *Voyez* 39 le mot *Encheres*, nomb. 43. *& suiv.*

Procureur au Grand Conseil.

Reglement du 13. Octobre 1589. pour la reception 40 des Procureurs au Grand Conseil, que les anciens Clercs qui ont servi dix ans les Procureurs, seront préferez aux autres en la reception des Procureurs, quoiqu'ils ayent acheté l'état & pratique, en remboursant toutefois. *Filleau,* 2. part. tit. 7. ch. 10.

Procureurs de la Cour.

Des Procureurs de la Cour. *Voyez Joly, des Offices* 41 *de France,* to. 1. liv. 1. tit. 14. page 160. & 161. *& aux Additions, page cxxxix. jusqu'à cxlviij.* Fontanon, to. 1. *li.* 1. tit. 14. page 69. *le* 7. volume des Ordonnances *d'Henry III.* fol. 266. *Du Luc,* liv. 5. tit. 2.

Des Procureurs des Parlemens, leur institution, 42 charge, fonctions, & devoir. *V. La Rocheflavin, des Parlemens,* liv. 2. chap. 15. Chenu, *des Offices de France,* tit. 34. & Filleau, part. 2. tit. 7.

Par Arrêt du 2. Mars 1555. il fut défendu à tous Pro- 43 cureurs d'user de *Committimus* s'ils n'ont été dix ans au Palais. *Biblioth. de Bouchel*, verbo *Committimus.*

Arrêt du Parlement de Paris du 20. Mars 1624. 44 portant défenses aux Procureurs de prêter leurs noms à aucuns Clercs, Solliciteurs, & autres faisant affaires au Palais, à peine de 80. livres parisis d'amende pour la premiere fois, dont sera delivré executoire au Procureur General pour employer au pain des prisonniers, & pour la deuxiéme, de privation de leurs Charges. Ordonné que l'Arrêt seroit lû en la Communauté, registré au Greffe d'icelle, & mis en un tableau au Greffe Civil de la Cour. *Bibliotheque de Bouchel,* verbo *Greffier.*

Arrêt du Parlement de Paris du 12. May 1696. 45 qu'un Procureur dans les instances d'ordre & préference, ne pourra occuper pour son confrere, & qu'il faut qu'il soit chargé par la partie. *Journal des Aud. du Parlement de Paris,* to. 5. liv. 12. ch. 14.

Procureur Fiscal.

Il est appellé *Procurator Fiscalis, Fiscalis actor,* par 46 M. René Chopin en son traité de la Police Ecclesiastique, liv. 1. tit. 1. nomb. 3. *&* 17.

Procurator Fiscalis an virtute monitorii generalis conclusiones accipere contra aliquos possit ? Voyez *Franc. Marc.* tome 2. question 859. 47

Procureur Fiscal ne peut occuper & postuler pour 48 les parties. *Filleau,* 2. part. tit. 6. ch. 76.

Procureur Fiscal qui poursuit l'accusation d'adul- 49 tere. *Voyez cy-dessus* le mot *Adultere*, nombre 57. *&* 61.

Procureurs d'Offices ne peuvent plaider en cause 50 d'appel, ou autre hors leur Siége, il faut que les Seigneurs soient appellez & pris pour partie; si les Procureurs Fiscaux ont appellé, ils ne peuvent relever & poursuivre l'appel, mais seront condamnez aux dépens de la folle intimation, & néanmoins peut le Seigneur être assigné en desertion. Arrêts du Parlement de Paris des 10. Decembre 1529. & 7. Août 1543. *Papon,* liv. 6. tit. 4. nomb. 9. & la Bibliotheque du Droit François par Bouchel, verbo *Avocats.*

Arrêt du Parlement de Toulouse du 2. Janvier 1542. 51 qui défend aux Seigneurs de faire Procureurs en leur négoce gens d'Eglise. *La Rocheflavin,* livre 3. lettre P. titre 16.

Il n'y a que le Roy seul qui soit assigné devant les 52
Juges

PRO

Juges en la personne de ses Procureurs, tous ses sujets sont assignez en leurs personnes. Par Arrêt du Parlement de Bretagne du 4. Mars 1559. il fut dit que la partie se pourvoiroit contre le Seigneur de Rohan, comme il verroit en raison appartenir. *Du Fail*, liv. 3. ch. 17.

53. Le Procureur d'Office ne peut plaider en la Cour, sans procuration speciale du Seigneur. Arrêt du P. de Dijon du deux Août 1603. *Bouvot*, tom. 2. verbo *Parlement*, qu. 2.

54. Par Arrêt du même Parlement de Dijon du douze Mars 1605. défenses furent faites à tous Procureurs d'Office, de se qualifier & dire Procureurs Fiscaux. *Ibid*. verbo *Provisions*, qu. 23.

55. Défenses sont faites par Arrêt du Parlement de Paris du 20. Mars 1629. au Procureur d'Office du moyen & bas Justicier, de prendre la qualité de Procureur Fiscal. V. *Bardet*, tome premier, livre 3. chapitre 36.

PROCUREUR GARANT.

56. Un Procureur fut condamné au Parlement de Grenoble du 4. Février 1574. en 15. livres d'amende envers une partie, & en pareille amende envers le Roy, pour avoir imprudemment baillé une Enquête à un passant à luy inconnu, qui ne la rendit pas suivant ses adresses. M. *Expilly*, ch. 69.

57. Pour la perte des pieces, procedures, & actes d'un procez, & du remede qu'il y faut apporter ? *Voyez Boërius*, décis. 15.

58. Procureur tenu aux dommages & interêts de sa partie, pour avoir été condamné, faute d'avoir été son procez remis par son Procureur. Arrêt sans date rapporté par *Basset*, to. 1. liv. 2. tit. 11. ch. 2.

59. Si les Procureurs sont responsables des fautes de leur procedure ? Il faut distinguer entre les differentes affaires ou procedures : les Procureurs ne sont pas responsables de leur negligence, & des défauts de leurs procedures, ni des Decrets ; & encore ce n'est que pendant dix ans. Pour ce qui est des offres ou des consentemens qu'ils peuvent faire, ou donner sans ordre ou sans pouvoir de leurs parties, ils sont sujets à être desavouez. *Henrys*, to. 1. liv. 2. ch. 4. qu. 27.

60. Le Procureur est sujet aux dommages & interêts de la partie, jusques à trente ans, faute de rendre le procez qu'il avoit en communication originelle ; parce que c'est une espece de dépôt, dont l'action dure trente ans. Arrêt du 7. Juin 1666. V. *Basset*, to. 1. liv. 2. tit 11. ch. 1.

61. Jugé le 26. Avril 1644. qu'un Procureur, faute d'avoir fait enregistrer au Greffe l'opposition de sa partie, formée aux criées d'une maison, au moyen dequoy le creancier n'avoit été mis en ordre, étoit tenu d'acquiter sa partie, aprés les offres à luy faites de le sûbroger en ses droits & actions. *Soëfve*, tom. 1. Cent. 1. ch. 67.

62. Un Procureur ayant par fraude obtenu du Juge l'élargissement de sa partie prisonniere pour dette, est tenu de le reintegrer, ou de le payer. Arrêt du 20. Février 1647. *Du Frêne*, liv. 5. ch. 3.

63. Arrêt fut rendu par forclusion contre une partie, dont le sac avoit été neanmoins produit : elle prit Requête civile, & voulut rendre le Procureur garant de la nullité, & des dépens : il fut mis hors de Cour par Arrêt du Parlement de Provence, du 17. Juin 1671. sur le fondement que le Procureur, aprés le negoce fini, & le compte rendu, ne peut être recherché. *Boniface*, tom. 3. li. 2. tit. 2. ch. 2.

PROCUREUR GENERAL.

64. L'on en fera cy-aprés n. 130. un titre singulier, qu'il faudra joindre à ce qui a été observé sous le titre des *Avocats Generaux*, & des Gens du Roy.

PROCUREUR, HERITIER.

65. Un Procureur peut être valablement institué heritier par son Client. Arrêt du Parlement de Greno-

PRO 209

ble du 1. Juillet 1652. *Basset*, tome 1. livre 5. titre 1. chap. 19.

PROCUREUR LEGATAIRE.

66. Des legs faits aux Procureurs. *Voyez* le mot, *Legs*, n. 545. & suiv.

PROCUREUR, LETTRES.

67. Arrêt du Parlement de Paris du 12. Juillet 1552. par lequel il est expressément défendu aux Procureurs d'envoyer aucunes Lettres à leurs parties, qu'elles ne soient écrites ou signées de petite étenduë. *Papon*, liv. 6. tit. 4. nomb. 12. & la Bibl. de *Bouchel*, verbo *Avocats*.

PROCUREUR, NOTAIRE.

68. *Procurator esse non potest qui sit Notarius*, ne aberratur via ex eo fasistatum technis. Arrêt du sept Octobre 1541. *Mornac*, ff. de Procuratoribus & defensoribus, tit. 3.

69. Procureur peut être Notaire en un même Siege, sur tout, quand il est de petite étenduë. Arrêt du Parlement de Paris de l'an 1582. *Papon*, liv. 6. tit. 4. nomb. 25.

PROCUREUR CESSANT D'OCCUPER.

70. Le Procureur ou Curateur en cause, aprés le deceds du tuteur du mineur, ne peuvent plus occuper. Arrêt du 26. Novembre 1551. M. *Loüet*, lettre C. somm. 27.

71. La cause étant vuidée par expedient, le Procureur n'est plus recevable ; il faut appeller partie pour l'execution. Arrêt du Parlement de Paris du 14. May 1552. car le Procureur n'a plus de chargé, son pouvoir est consommé. Il s'agissoit en la cause d'une reception de caution : la Cour ordonna que la partie seroit appellée. *Papon*, liv. 6. tit. 4. n. 7.

PROCUREUR TENU D'OCCUPER.

72. Celuy qui a été Procureur en la récreance, est encore Procureur en la maintenuë, & est tenu prendre appointement. Jugé le 19. Novembre 1533. *Bibliot. Canon*. to. 2. p. 267. col. 2.

73. Un Religieux étant absent & fugitif, la Cour ordonna qu'il en reviendroit par luy ou par Procureur dans trois jours sur les Requêtes presentées, autrement la cause seroit appellée à la Barre du Parlement, rapporté en icelle Cour, & par elle baillé Exploit, tout ainsi que si elle étoit au Rôle, & par vertu d'iceluy, ajugé sur le champ tel profit qu'il appartiendroit. Il fut ajoûté, que nonobstant le refus fait par Brunet Procureur du Religieux, d'accepter la signification de l'Ordonnance de la Cour, le present Arrêt luy sera signifié, & vaudra l'assignation qui luy sera ainsi faite. Arrêt du Parlement de Paris du 19. May 1543. *Preuves des Libertez*, tome 2. chapitre 34. nomb. 27.

74. Procureur en la cause, l'est aussi en l'instance d'execution ou de Sentence. Ordonnance de Roussillon art. 7. *Voyez l'art*. 6. du titre 35. de l'Ordonnance de 1667.

74 bis. Un Procureur est tenu d'occuper, en execution d'un Arrêt où il s'agit de prorogation de delai, donné par le même Arrêt. Ainsi jugé le 23. Juin 1623. Il en seroit autrement aprés un Arrêt diffinitif ; & les pieces renduës à la partie, les Procureurs ne pourroient être tenus d'occuper, *purà* aux instances de nouveau mûës, ou par opposition. *Voyez Basset*, tom. 2. liv. 2. tit. 5. ch. 2.

PROCUREUR, PIECES DES PARTIES.

75. Pieces ne peuvent être retenuës par le Procureur ou Avocat. *Voyez* le mot *Avocat*, n. 136.

Un Procureur ayant baillé les pieces de sa partie à partie averse sans promesse d'indemnité, fut condamné par Arrêt de les rendre dans le mois, lequel passé, condamné en tous dépens, dommages & interêts. *Papon*, liv. 6. tit. 4. n. 12.

76. Le Procureur ne peut retenir les pieces de sa partie pour son salaire. *Voyez Coquille*, tome second, quest. 197.

Tome III.   D d

77 *Procurator retinere potest executorium impensarum, donec ei ad plenum à cliente satisfactum fuerit.* Arrêt du 4. May 1541. *Mornac, Loy 4. Code de commodato.*

78 Procureur a droit de retention pour le remboursement de ses frais. Jugé par Arrêt du Parlement de Paris du mois de Novembre 1543. *Papon, liv. 6. tit. 4. n. 21.*

79 Procureurs doivent rendre les pieces aux parties en les payant, sinon peuvent y être contraints par corps. Arrêt du Parlement de Paris du 9. Decembre 1572. contre la veuve d'un Procureur. *Papon, ibidem.*

80 Jugé le 30. Decembre 1602. qu'un fait allegué contre un Procureur, qu'il a été chargé des pieces d'une cause, aprés qu'il a affirmé les avoir remises entre les mains de celuy qui les luy avoit baillées, ne pouvoir être prouvé par témoins. *V. les Plaidoyers de M. Servin, tom. 1.*

81 Arrêt general du P. de Grenoble du 16. May 1629. qui décharge les Procureurs des procez de leurs parties, six mois aprés les Jugemens, si les parties ne les leur demandent dans ce temps: comme aussi aprés leur décez, leurs veuves & heritiers sont déchargez, si dans six mois on n'en fait la demande. *Basset, to. 2. liv. 2. tit. 5. ch. 2.*

82 On demande à la veuve d'un Procureur un procez, dont son mary étoit chargé: elle oppose la fin de non recevoir, prise de ce que les Procureurs & Avocats ne peuvent être recherchez des procez dont ils sont chargez, cinq ans aprés le Jugement d'iceux, ni aprés dix ans, quand les procez restent à juger, suivant les Arrêts rapportez par Chenu & plusieurs autres, rendus au Parlement de Toulouse. On replique que le temps de dix ans avoit été interrompu par les troubles, & autres accidens: & soûtient au contraire, qu'il ne faut pas dix années utiles, mais dix ans continus. Par Arrêt de la Chambre de l'Edit de Castres du 27. Mars 1631. la cause fut appointée au Conseil, & depuis abandonnée. *V. Boné, Arrêt 71.*

83 Arrêt du Parlement de Provence du 27. Mars 1634. qui a jugé qu'un Procureur n'est déchargé de la restitution des sacs des parties, qu'aprés trente ans. *Boniface, to 1. liv. 1. tit. 19. n. 1.*

84 Par Arrêt du 24. May 1660. la Cour a jugé qu'un Procureur ne peut retenir les pieces de sa partie, sous prétexte du payement de ses salaires & vacations. *Boniface, ibid. n. 9.*

85 Un Procureur n'est sujet à la remise d'un procez aprés dix ans. Arrêt du Parlement de Toulouse en 1638. *Albert,* verbo *Procureur.*

86 Arrêt du Parlement de Toulouse aprés partage, au mois de Mars 1666. qui, ce requerant le Syndic des Procureurs, & sur les conclusions de M. le Procureur General, fait défenses à toutes parties de prendre és Etudes des Procureurs, des actes sans leur sçû & consentement: ordonné qu'en tel cas elles ne pourront s'en servir. *V. les Arrêts de M. de Catellan, liv. 9. ch. 4.*

PROCUREUR, PRATIQUE.

87 Autrefois il étoit défendu de vendre la Pratique d'un Procureur défunt. Cependant on ordonnoit alors le payement d'une somme annuelle au profit de la veuve. Arrêts des 6. Février 1534. & trois Novembre 1551. *Papon, li. 6. tit. 4. n. 13.*

88 Jugé en l'Audience de la Grand-Chambre du Parlement de Paris le 26. Mars 1661. que la Pratique d'un Procureur ayant été stipulée propre au mary, encore que lors de la vente d'icelle se rencontrassent plusieurs promesses, obligations, executoires de dépens, frais, Arrêtez par les parties, le tout provenant de telle Pratique, tels effets appartenoient à l'heritier des propres, & non à la veuve donataire, qui les prétendoit comme meubles, nonobstant que le Procureur, lequel pendant sa vie avoit vendu sa Pratique dix-huit mille liv. s'étoit fait retroceder le lendemain de ladite vente, telles promesses, obligations, executoires de dépens, jusqu'à dix-huit mille livres. *Journal des Audiences, tome 2. livre 4. chapitre 16.*

PROCUREUR, PRESENTATION.

89 Des presentations que les Procureurs sont obligez de faire. *Voyez* le mot *Presentation, nombre 36. & suiv.*

PROCUREUR, PREVARICATION.

90 Un Procureur ayant abusé de la facilité de sa partie, & luy ayant extorqué vingt écus, a été condamné par corps à la restitution, & à dix livres parisis d'amende, & interdit pour six ans. Arrêt du Parlem. de Paris du 21. Decembre 1453. *Papon, liv. 6. tit. 12. nomb. 12.*

91 Un Procureur condamné à cent sols d'amende vers partie averse, pour n'avoir voulu nommer son Avocat aprés quatre commandemens. Arrêt du Parlem. de Bretagne du 18. Septembre 1572. *Du Fail, liv. 2. chap. 429.*

92 Procureurs usans de surprise, sont punissables d'amendes & dépens en leurs propres & privez noms, & quelquefois de prison. Jugé par Arrêts des quinze Février 1569. 21. & 18. Janvier 1575. & 1577. *Papon, liv. 6. tit. 4. n. 14.*

PROCUREURS, REGISTRES.

93 Les Procureurs sont obligez de tenir Registre de tous les deniers qu'ils reçoivent des parties, & de representer le Registre, & l'affirmer veritable. Jugé à Paris le six May 1674. *Journal du Palais.*

PROCUREUR, REQUESTE.

94 Un Procureur ayant presenté une Requête à une Chambre, laquelle avoit été refusée par une autre, a été condamné en l'amende. Arrêt du Parlement de Paris du dix May 1475. *Papon, livre 6. titre 4. nomb. 11.*

95 Arrêt du 12. Decembre 1483. portant défenses aux Procureurs de presenter aucune Requête, qu'elle ne soit signée d'eux, & ce à cause des invectives qu'ils avoient accoûtumé d'y répandre, & ensuite desavoüer. *Idem, liv. 8. tit. 3. n. 11.*

REVOCATION DE PROCUREUR.

96 *Non revocatur substitutio Procuratoris per mortem Procuratoris substituentis.* Du Moulin, tome second, p. 566.

97 *Procurator post litem contestatam revocari potest.* V. Franc. Marc. tom. 2. qu. 67.

98 Revocation de Procureur n'a d'effet, si en même temps il n'en est constitué un autre. Ordonnance d'Abbeville, art. 182. *Boniface, tom. 1. liv. 1. tit. 19. nomb. 8.* rapporte un Arrêt du Parlement de Provence du 15. Decembre 1664. conforme à cette disposition d'Ordonnance.

99 Dés qu'un Procureur est revoqué, quoique cette revocation ne soit pas venuë à sa connoissance; il est certain qu'il ne peut plus vendre le bien de son Maître, ni en transferer la proprieté à celuy qui l'a acheté. L'on dit même davantage, parce que ce Procureur ainsi revoqué, ignorant sa revocation, ne peut valablement donner la liberté aux esclaves, quoique la liberté fût la chose la plus favorable chez les Romains, & que pour la conserver, ils donnassent le plus souvent atteinte à leurs Loix les plus considerables; c'est la disposition de la Loy. *Quæsitum est an is, ff. qui & à quib. manumiss. liber, non fiant.* Voyez M. Charles Du Moulin, sur la regle *de infirmis, n. 197.*

100 La cause Beneficiale dévoluë à la mort par un appel d'incident, avoit été depuis renvoyée au Châtelet. Le poursuivant vouloit prendre appointement avec celuy qui étoit Procureur de sa partie averse avant l'appel interjetté. Il disoit qu'il n'avoit point de charge, & qu'on devoit faire ajourner la partie; il

PRO　　　PRO 211

fût dit neanmoins qu'il procederoit, parce que depuis il n'avoit été revoqué, & lui-même avoit interjetté l'appel. *Bibliotheque Canonique*, tom. 2. p. 268. col. 1.

101　Un Procureur *ad lites*, substitué par un Procureur General, n'est point revoqué par la mort du substituant: mais bien plûtôt par la mort du premier constituant. Arrêt du Parlement de Paris en l'an 1385. *Papon*, liv. 6. tit. 4. n. 15.

PROCUREUR, SALAIRES.

102　*De salario Advocatorum & Procuratorum.* Voyez Andr. Gaill, *lib.* 1. *observ.* 44.

103　Par l'article 176. de l'Ordonnance d'Abbeville, les Procureurs n'ont que deux ans pour faire demande de leurs salaires: mais cette prescription ne commence que lorsque le procez remis au Greffe, en a été retiré, après le Jugement. Il a été aussi jugé au Parlement de Grenoble, pour Borel Procureur acquereur de l'Office d'Etaud, contre Montigni qui offroit de jurer qu'il avoit payé à Etaud mort 17. ans auparavant, tout ce qu'il luy devoit. V. *Chorier en sa Jurisprudence de Guy Pape*, p. 290.

104　Si un Procureur est recevable à demander ses salaires après deux ans passés? Voyez *Bouvot*, tome 2. verbo *Salaires*, qu. 1.

105　Procureur ayant reçû de l'argent pour sa partie, peut se payer de ses frais par ses mains. Arrêt du Parlement de Paris du 23. Novembre 1543. *Papon*, liv. 6. tit 12. n. 12.

106　Procureur ne peut, après deux ans, demander ses salaires, & doit avoir un Registre de recette, sinon ne peut demander aucune chose ; son affirmation n'est pas même recevable. Arrêt du Parlement de Paris du 1. Février 1547. suivant l'Ordonnance de Loüis XII. de l'an 1512. Autre Arrêt de la Cour des Aydes du 29. Juillet 1573. *Papon, ibid. n.* 8.

107　Picard *Procurator Praefecturae Parisiensis, abnegavit non modò chirographum, sed & affirmavit insuper sese nunquam dedisse apocham manu suâ subscriptam, ut bis quod sibi a debitore solutum erat, consequeretur; multatus viginti aureis erga captivos carceris, interdictusque praetereà numero suo Procuratoris in biennium, adjectaque postremo 25. aureorum multâ* le 30. Août 1597. Mornac. *Authent. contra qui propriam, &c. C. de non numeratâ pecuniâ.*

108　Un Procureur, pour le payement de ses salaires & déboursez, est préférable à tous creanciers. Arrêt du Parlement de Dijon du six May 1606. *Bouvot*, tom. 2. verbo *Procurations*, qu. 3.

109　Un Procureur ne peut retenir les pieces, sous prétexte de ses salaires & vacations. Arrêt du 22. Juin 1610. *Idem*, to. 1. part. 1. verbo *Procureur*.

110　Par Arrêt du neuf Février 1613. entre le Vicomte d'Estange & Boulé, jugé, après oüi Baslin Procureur en la Cour pour ce mandé, que les Procureurs ne sont recevables à demander leurs frais & salaires, deux ans après qu'ils ont été revoquez, ou qu'ils ont discontinué de postuler pour les parties ; il avoit été jugé contre la veuve Morlot, que les Procureurs, ou leurs veuves & heritiers, n'étoient recevables à demander leurs frais & salaires, s'ils ne justifioient de leurs Registres. *Bibliotheque de Bouchel*, verbo *Procureurs*.

111　Procureurs reçûs seulement à demander leurs salaires depuis deux ans, suivant les Ordonnances de Charles VII. Loüis XII. & François I. Arrêts du Parlement de Paris des 11. Decembre 1604. 4. Janvier 1614. 24. Mars 1618. 26. Janvier 1619. & 26. Juin 1621. Arrêts contraires des 19. Janvier 1613. 2. Janvier 1616. & 15. Janvier 1622. qui ont ordonné qu'il seroit passé outre à la taxe, suivant la declaration du Procureur, sur laquelle les parties pourront bailler leur diminution en la maniere accoutumée. *Additions à la Bibliotheque de Bouchel*, verbo *Procureur*.

Tome III.

Quoique le Procureur se trouve saisi des actes, si 112 neanmoins étant appellé après les trois ans, il excipe, ou que par reconvention il demande ses salaires, il n'est pas recevable. Arrêt du Parlement de Bretagne du 4. Septembre 1631. *Sauvageau* sur *Du Fail*, liv. 2. chap. 39.

Par Arrêt du 19. Juin 1674. rapporté *par de la Guef-* 112 *siere*, tom. 3. liv. 8. ch. 10. jugé que les Procureurs *bis.* ont hypotheque sur les biens de leurs parties, du jour de la procuration.

Le gain que fait le Procureur dans sa profession, 113 est pecule quasi castrense, son pere n'en peut prétendre les fruits. Arrêt du Parlement de Grenoble du vingt Février 1636. *Voyez Basset*, tom. 1. liv. 2. tit. 11. chap. 4.

Le Procureur a droit de vendre l'action d'un pro- 114 cez où il a occupé ; faute de payement en ses patrocines. Arrêt du 14. Juillet 1655. *Voyez Basset, ibidem, chap.* 3. & *M. Expilly*, ch. 186. *de ses Arrêts.*

Ne pourront les Procureurs, suivant qu'il leur est 115 prescrit par les Arrêts & Reglemens de la Cour, faire aucuns traitez, compositions ou pactions pour leurs droits en quelque maniere, & sous les pretextes que ce soit, à peine d'être rayez de la Matricule. Extrait des Déliberations de la Communauté des Avocats & Procureurs du Parlement de Paris, confirmées par Arrêt du 29. Juillet 1689. *Voyez le Journ. des Aud.* to. 5. liv. 5. ch. 27.

Arrêtez du Parl. de Paris du 28. Mars 1692. por- 116 tant que les Procureurs ne pourront demander le payement de leurs frais, salaires & vacations, deux ans après qu'ils auront été revoquez, ou que les parties seront décedées, encore qu'ils ayent continué d'occuper pour les mêmes parties, ou pour leurs heritiers en d'autres affaires. 2°. Que les Procureurs ne pourront dans les affaires non jugées, demander leurs droits, frais, salaires & vacations, pour les procedures faites au-delà des années precedentes immediatement, encore qu'ils ayent toûjours continué d'y occuper, à moins qu'ils ne les ayent fait arrêter ou reconnoître par leurs parties, & ce avec calcul de la somme à laquelle ils montent, lorsqu'ils excederont celle de deux mille liv. 3°. Que les Procureurs seront tenus d'avoir des Registres en bonne forme, d'y écrire toutes les sommes qu'ils reçoivent de leurs parties, ou par leur ordre ; de les representer, & affirmer veritables, toutes les fois qu'ils en seront requis, à peine contre ceux qui n'auront point de Registres, ou qui refuseront de les representer & affirmer veritables, d'être declarez non recevables en leurs demandes & prétentions de leurs frais, salaires & vacations. *Voyez le Journal du Palais*, in fol. tom: 2. pag. 810.

La pension des Procureurs pensionnaires des Com- 117 munautez, n'est pas reputée leur servir de payement pour aucun salaire : ils peuvent aussi les demander, nonobstant le terme de deux ans, à eux accordé depuis le Jugement rendu, s'ils ont continué de travailler pour les mêmes parties en d'autres causes. Jugé au Parlement de Tournay en faveur de Predelles, contre le Magistrat de Berghes, le 24. Janvier 1691. *Pinault*, tom. 1. *Arr.* 99.

Procureur est préferé aux creanciers de son client, 118 pour ses frais, salaires & vacations sur l'executoire à luy ajugé. Arrêt du Parlement de Tournay, rendu le 18. Decembre 1694. en faveur de Pierre Roger Vvallard Procureur à Courtray. Il est rapporté par *Pinault*, tom. 1. *Arr.* 46.

Si un Procureur intente sa demande de frais & sa- 119 laires à luy dûs dans les deux ans de l'Ordonnance, son action se proroge jusques à trente ans ; Jugé au même Parlement le 19. Mars 1695. Le Procureur s'appelloit Vandenberghe. *Pinault*, tome premier, *Arr.* 56.

Les Procureurs ne pourront demander le payement 120

D d ij

de leurs frais, salaires & vacations, deux ans après qu'ils auront été revoquez, ou que les parties seront décédées, encore qu'ils ayent continué d'occuper pour la même partie, ou pour les heritiers en d'autres affaires.

Les Procureurs ne pourront dans les affaires non jugées, demander leurs frais, salaires & vacations pour les procedures faites, au-delà des cinq années précedentes immediatement, encore qu'ils ayent toûjours continué d'occuper, à moins qu'ils ne les ayent fait arrêter ou reconnoître par les parties ; & ce avec calcul de la somme à laquelle ils montent, lorsqu'ils excederont mille livres.

Dans les affaires qu'ils auront fait juger au profit de leur partie avec dépens, ils pourront demander distraction des dépens, & qu'executoire soit délivré en leur nom, jusqu'à concurrence de la somme à laquelle se trouveront monter leurs avances, salaires & vacations.

Les Procureurs seront tenus d'avoir des Registres en bonne forme, d'y écrire toutes les sommes qu'ils reçoivent de leurs parties, ou par leur ordre, de les representer & affirmer veritables, toutes les fois qu'ils en seront requis, à peine contre ceux qui n'auront point de Registre, ou qui refuseront de les representer & affirmer veritables, d'être declarez non recevables en leurs demandes & prétentions de leurs frais, salaires & vacations. Fait à Roüen au Parlement le 15. Decembre 1703. *Pesnelle, sur la Coûtume de Normandie, à la fin.*

Voyez cy-après, le mot *Salaires*. §. *Salaires des Procureurs.*

PROCUREUR, SERMENT.

121 *Prælato per Procuratorem jurare de credulitate & veritate sufficit.* Voyez *Franc. Marc, tome second, quest.* 442.

122 *Juramentum fidelitatis, an per Procuratorem præstari possit* ? Voyez *ibid. qu.* 692.

PROCUREUR SUBSTITUÉ.

123 *Non revocatur substitutio Procuratoris per mortem Procuratoris substituentis.* Arrêt de 1386. Voyez *Joan. Gall. qu.* 63.

124 *Procurator ad negotia in Beneficialibus substituere non potest.* Voyez *Franc. Marc. to.* 1. *qu.* 1181.

PROCUREUR, TÉMOIN.

125 L'opinion de J. Gallus *in qu.* 98. est que *Advocatus & Procurator causæ producti non potest in testem, nec cogi ad hoc,* il ajoûte que, *hoc suit dictum in Parlamento an.* 1386. *sed non per Arrestum.* Depuis, il y a été jugé, conformément à l'Arrêt du Parl. de Grenoble, par un Arrêt que Papon rapporte dans le *liv.* 9. de *son Recueil, ti.* 1. *art.* 31. où il employe celuy de Guy Pape. Voyez *Guenois sur Imbert, liv.* 1. *chapitre* 61. *lettre* G. & *Chorier en sa Jurisprudence de Guy Pape, pag.* 314.

126 Quoique le Procureur ne puisse être témoin pour sa partie en la cause, où il la sert ; neanmoins si l'averse partie l'employe & le produit, il ne peut s'en dispenser, & y doit être contraint. Arrêt du Parlement de Grenoble de l'an 1444. pour les Celestins de Colombier, contre Jean Hugon, rapporté *par Guy Pape, qu.* 45.

127 Un Procureur *ad lites,* tenu de déposer par serment sur les faits de partie averse. Jugé au Parlement de Grenoble le 8. Avril 1454. Le contraire jugé au Parlement de Paris en 1386.

Si un Client vouloit produire en témoignage son Procureur *ad lites,* il ne seroit admis. Mais si la partie averse le vouloit produire, on l'admettroit. Jugé par Arrêts du Parlement de Paris des 5. Decembre 1579. & 18. Juin 1580. sauf à la partie ses reproches. *Papon, l.* 9. *tit.* 1. *n.* 31. Cela a lieu au défaut d'autres preuves.

128 En matiere civile, un Procureur peut être contraint de porter témoignage d'un fait du procez, *secus* en matiere criminelle. Jugé en la Chambre de l'Edit de Castres, contre l'avis de plusieurs, qui prétendoient qu'il n'y avoit pas plus de lieu de contraindre le Procureur au Civil, qu'au Criminel. *V. Boné, Arr.* 92. & *Anne Robert, sur cette matiere.*

129 Si le Procureur peut être contraint de déposer contre son Client ? Monsieur Bignon Avocat General dit, que celuy qui est si hardi, que de s'assurer sur la déposition de l'Avocat, assile un témoin qui doit naturellement luy être suspect, tellement qu'il faut croire qu'il soûtient une verité ; & que celuy qui empêche telle déposition d'une personne si confidente, tâche de la supprimer. La cause fut appointée par Arrêt du 9. Août 1638. *V. Bardet, to.* 2. *li.* 7. *chap.* 39.

PROCUREUR GENERAL.

130 Des Procureurs Generaux. Voyez ce qui est dit des Avocats Generaux sous le mot *Avocat, nomb.* 197. & *suiv.* & la Rocheflavin, *traité des Parlemens, liv.* 2. *chap.* 7.

Des Avocats & Procureurs Generaux du Roy en la Cour de Parlement, & du devoir de leurs Charges, ensemble des Substituts des Procureurs Generaux és Cours Souveraines. Joly, *des Offices de France, to.* 1. *liv.* 1. *tit.* 9. *p.* 63. & *aux additions, p.* xxiij. & cxiij. *jusqu'à la page* cxxij.

Titre du Procureur General de la Reine, *aux mêmes additions, page* cxxij. & cxxiij.

131 *De Regia procurationis triumviris.* Vide *Luc. lib.* 4. *titre* 9.

132 M. le Procureur General non restitué contre la désertion d'appel à luy opposée. Arrêt du 16. Janvier 1419. *Papon, liv.* 19. *tit.* 6. *n.* 7.

133 Dans le second tome des Preuves des Libertez de l'Eglise Gallicane, *chap.* 34. *n.* 22. est rapporté une lettre écrite au Roy par M. Thibault Procureur General du Parlement de Paris, dans laquelle il dit au Roy en la finissant, *je prie le Createur du monde qu'il vous donne en perfection l'honneur,* &c.

134 Le Roy representé par son Procureur General. Jacques Cœur, regnant Charles VII. fut condamné à faire amende honorable au Roy en la personne de son Procureur General. Voyez *la Rocheflavin des Parlemens, liv.* 2. *chap.* 7. *n.* 23.

135 Procureur General qui se rend accusateur du crime d'adultere. Voyez *cy-dessus* le mot *Adultere, nombre* 54. & *suiv.*

136 Quand les Procureurs Generaux de sa Majesté pour la défense & conservation de ses droits, ont voulu faire des remontrances pour empêcher l'enregistrement de quelques Declarations, il étoit d'usage d'en donner une nouvelle, portant que les Declarations seront enregistrées, à cette fin le Parlement tenu de s'assembler, sa Majesté imposant silence à son Procureur General. Voyez un exemple de ce dans *Hevin sur Frain, page* 662.

137 La Cour avertit souvent M. le Procureur General d'appeller comme d'abus d'execution de Bulles, & autres cas, & prendre requêtes civiles contre les Arrêts préjudiciables aux droits du Roy & du public ; l'Edit de Blois en l'article 12. l'y oblige. Voyez *Du Fail, liv.* 3. *chap.* 38.

138 Quelquefois le Procureur General interjette appel comme d'abus, on le met hors de Cour ; mais on convertit ses moyens d'appel comme d'abus en moyens d'appel simple. Vide *Servin, tome* 2. *p.* 397.

139 Par Arrêt du Parlement de Toulouse une partie qui avoit glissé des injures contre M. le Procureur General, l'accusant d'avoir reçû des présens, & de l'avoir menacé de son credit, fut condamné à faire amende honorable à huis clos. Voyez *la Biblioth. de Bouchel, verbo Procureur General, p.* 1091.

140 La Reine plaide en Parlement par Procureur comme le Roy. Arrêt du Parlement de Paris du 9. Juin

1549. pour la Reine Catherine de Medicis épouse du Roy Henry II. à la difference que l'on nommeroit M. Jean Du Luc Procureur General de la Reine, & non pas seulement le Procureur de la Reine. *Papon*, *liv. 6. tit. 4. n. 6.* Ce privilege a été continué pour les Reines qui ont suivi.

141. Des Officiers de la Cour de Chambery dont le procez avoit été fait à la requête du Procureur General, se pourvûrent au Roy, & obtinrent Lettres de revision ; le procez renvoyé au Parlement de Paris pour être vû & jugé de nouveau. Par Arrêt du 16. Mars 1555. les Arrêts de Dijon furent déclarez nuls, & Taboüé Procureur General condamné és dépens, dommages & interêts, quoiqu'il dît qu'il n'avoit agi qu'en qualité de Procureur General, & non comme partie privée. Ce Taboüé qui avoit formé une accusation calomnieuse de fausseté contre le President & Conseillers de Chambery qui avoient été condamnez de faire amende honorable, fut luy-même condamné à la faire, fut pilorié, & ses biens confisquez. *Voyez Papon, liv. 19. tit. 8. n. 9*

142. Le Roy Henry II. ordonna en 1556. que les Siéges des Bailliages, Senechaussées, & Présidiaux vacans, les Procureurs Generaux exerceront jusqu'à ce qu'ils soient remplis. *V. Henrici, progymnasmata, Arrêt 189.*

143. Procureur General de la Cour des Aydes maintenu dans le droit de commettre à la fonction de ses Substituts, & Substituts de ses Substituts. Arrêt du 20. Septembre 1663. confirmé par Declaration du 22. enregistré le premier Decembre suivant. Arrêt de la Cour des Aydes à Paris du 25. Avril 1686. conforme. *Memorial alphabetique*, verb. *Procureur General.*

144. Arrêt du Parlement de Provence du 12. Mars 1672. qui a reçû partie M. le Procureur General en crimes privez quand il y a partie, & luy a pas reçû n'y ayant point de partie. *Boniface, tome 5. liv. 3. titre 12. chapitre 4.*

145. Le Roy ordonna au mois d'Août 1683. qu'en l'absence des Avocats Generaux les fonctions seront faites par celuy des Substituts que le Procureur General choisira. *V. le Recüeil des Edits & Arrêts imprimez en 1688. par l'ordre de M. le Chancelier, page 75.*

Cela se pratique pareillement au Grand Conseil. Messieurs les Avocats Generaux n'ayant point de fonction hors leur semestre, en cas de maladie, recusation, ou autre empêchement. M. le Procureur General porte la parole, on choisit un de ses Substituts ; M. Brillon a eu l'honneur d'être chargé de cette fonction pendant plusieurs semestres.

146. Conformément à l'usage du Parquet du Parlement de Paris, les Substituts du Procureur General de celuy de Mets, sont maintenus dans le droit & possession de tenir la plume & signer les conclusions en cas d'absence, maladie, ou autre empêchement dudit sieur Procureur General, lors qu'audit cas il n'en aura pour ce commis aucun autre d'entr'eux en particulier, suivant le droit qui luy en appartient. Neanmoins en l'absence de M. le Procureur General les conclusions ne peuvent être arrêtées ni resoluës que suivant l'avis de celuy de Messieurs les Avocats Generaux qui se trouvera de service ; aprés luy avoir fait rapport de l'affaire sur laquelle il écherra de donner des conclusions. Arrêt du Conseil Privé du 27. Août 1691. *Au Journal des Audiences du Parlement de Paris, tome 5. liv. 7. chap. 45.*

PROCUREUR DU ROY.

147. PRocureur du Roy. *Cognitor, & Procurator Regius, vel fiscalis.*
De officio Procuratoris Cæsaris, vel rationalis. D. 1. 19.
Ubi causa fiscales, vel divina domûs, hominûmque eius agantur. G. 3. 26. Ce titre comprend plusieurs fonctions du Procureur General ou du Fisc.

148. Des Avocats & Procureurs du Roy és Siéges inferieurs, ensemble de Procureur du Roy és Prévôtez des Villes, esquelles il y a Siége Présidial, & des Substituts des Procureurs du Roy esdits Siéges. *Ordonnances de Fontanon, tome 1. liv. 2. tit. 12. p. 431. & Joly, tome 2. livre 3. titre 14. & aux additions, page 1888.*

149. Edit portant suppression des Offices de Procureur du Roy dans les Cours Ecclesiastiques de la Prévôté & Vicomté de Paris, & union à celle de Procureur du Roy au Châtelet de Paris. En Novembre 1583. 6. vol. des Ordonnances d'Henry III. fol. 83.

150. Des Procureurs du Roy autres que des Cours Souveraines. *Voyez Du luc, li. 6. tit. 6.*

Des Procureurs du Roy, & droits attribuez à leurs Charges. *Voyez Escorbiac, tit. 10.*

151. Du Procureur du Roy des Eaux & Forêts. *V. l'Ordonnance des Eaux & Forêts, tit. 5.*

152. Procureurs du Roy qui se rendent adjudicataires. *Voyez le mot Adjudication, nomb. 49.*

153. Appel interjetté à l'Audience par l'Avocat du Roy. *Voyez le mot Appel, nomb. 27. & suiv.*

154. Quand le Procureur du Roy est recevable à former l'accusation d'adultere ? *Voyez cy-devant le mot Adultere, nomb. 54. & suiv.*

155. Procureurs du Roy tenus de nommer le denonciateur. *Voyez Dénonciateur, nomb. 18. & suiv.*

156. Si la partie publique est tenuë des dépens ? *Voyez le mot Dépens, nomb. 135. & suiv.*

157. Si le Procureur du Roy doit être créé curateur à une succession vacante, plûtôt qu'un Procureur du Siége ? *V. Bouvot, tome 2. verbo Tuteur, question 18.*

158. De la préseance düe aux Procureurs du Roy. *Voyez le mot Préseance, n. 130. & suiv.*

159. Le Juge ne peut commettre autre que le Procureur du Roy és causes domaniales, de desherence, confiscation, *secus* quand il ne s'agit que des biens des mineurs. *Bouvot, tome 2. verbo Tuteurs & Curateurs, quest. 10.*

160. Anciennement *Procurator Regis non poterat capere conclusiones de non contentis in citatione.* Voyez *Du Moulin, tome 2. page 560.*

161. Dans les causes où le public & le fisc ont interêt, si le Procureur du Roy n'est present, le jugement est nul. Mornac, *l. 2. C. si adversus fiscum, & l. 5. C. ubi causa fiscales.*

162. Intimation du Procureur du Roy pour une vexation, *Advocatum fisci in omnibus officii necessitas satis excusat.* Voyez M. le Prêtre, 4. Cent. ch. 76.

163. Le Procureur du Roy peut être Procureur du Roy en la Châtellenie & Prévôté d'une même Ville. *Voyez Henrys, to. 1. li. 2. quest. 1. & 2. li. 2. ch. 38. & 39.*

164. Arrêt du Parlement de Paris du mois de Juillet 1322. sur le requisitoire de M. le Procureur General, par lequel il est défendu au Procureur du Roy de Tours, & consequemment à tous ceux du Ressort de postuler, procurer, plaider pour les parties. *Papon, li. 6. tit. 4. n. 23.* cela n'a plus lieu.

165. Procureur du Roy de la Chambre des Comptes pour avoir varié en ses Conclusions, condamné en cent livres d'amende, & suspendu pour un an. Arrêt du 9. Septembre 1454. *Papon, livre 6. titre 4. n. 24.*

166. Procureurs du Roy ne peuvent substituer, qu'en cas d'absence, ou de maladie ; par Edit du Roy François I. publié à Paris en l'an 1542. & jugé par Arrêt des Grands Jours de Moulins du 25. Octobre 1540. *Papon, li. 6. tit. 4. n. 24.*

167. Les causes où le Procureur du Roy est partie ne se renvoyent point aux Requêtes, ni pardevant Juges conservateurs, à la requête de partie privilegiée. Arrêt des Grands Jours de Moulins du 21. Octobre 1540. *Papon, liv. 7. tit. 7. n. 50.*

Dd iij

168 Les Procureurs du Roy ou Fiscaux doivent prendre garde d'accuser par animosité, autrement ils peuvent être pris à partie, & sont condamnez aux dommages & interêts des accusez, renvoyez absous. Arrêt du Parlement de Paris du 3. Decembre 1547. contre les Avocat & Procureur du Roy de Beaune, lesquels ont été condamnés chacun en 30. liv. d'amende vers le Roy, & 120. liv. vers la partie, tenus solidairement de payer, & de garder prison jusqu'à ce; neanmoins la Cour déclara que par telles condamnations ils n'encouroient infamie. *Papon, liv. 24. tit. 1. n. 4.*

169 Par Arrêt du 11. Mars 1609. en la Chambre de l'Edit, la Cour a fait défenses aux Procureurs du Roy de faire aucuns inventaires aux procez Civils & Criminels où il y a partie, ni retirer salaires des parties; enjoint à l'Avocat du Roy de Niort de faire recherche de semblables inventaires faits par le Procureur du Roy à Niort, & en certifier la Cour; le Procureur du Roy condamné à rendre ce qui se trouvera avoir été par luy reçû, que la Cour dés à present a aumôné aux pauvres. *Bibliotheque de Bouchel, verbo Inventaire de production.*

170 Le Lundy 27. May 1619. au Rolle de Poitou, plaidant Augustin Galland pour les Avocats & Procureurs du Roy de Poitiers, appellans d'un Reglement que le Lieutenant Criminel de Poitiers avoit fait publier, & Chuppé pour le sieur Delbeine Lieutenant Criminel intimé. Le Reglement contenoit trois chefs: le premier, que les Avocats & Procureurs du Roy ne pourroient rien prendre pour leurs conclusions verbales: Le second, qu'ils ne pourroient se taxer aucunes épices pour leurs competences: Et le troisiéme, que le Lieutenant Criminel feroit la taxe des conclusions que les Gens du Roy prennent sur procez par écrit. La Cour confirma les deux premiers chefs du Reglement, & quant au troisiéme, elle appointa les parties au Conseil. *Filleau, 2. part. titre 6. chap. 77.*

171 Les Juges sont obligez de recevoir celuy que le Procureur du Roy nomme pour Substitut, pourvû qu'il soit dûëment gradué. Arrêt du Parlement de Bretagne du 28. Juin 1619. rapporté par *Frain, page 504.* contre les Juges de la Jurisdiction de Hennebond.

172 Arrêt du Grand Conseil du 14. Janvier 1628. qui a jugé que le Procureur du Roy de la Ville de saint Bonnet-le-Châtel, devoit avoir la préseance sur le Juge du Grenier à sel du même lieu. *Henrys, tome 1. liv. 2. chap. 4. quest. 11.*

173 Procureur du Roy en la Sénéchaussée & Présidial, peut l'être en la Maréchaussée. *V. Henrys tome 2. liv. 2. quest 38.* où il rapporte un Arrêt du Grand Conseil du 30. Septembre 1653. qui regle ses fonctions; & un autre du 30. Septembre 1654. qui juge que le Procureur du Roy exerçant cette fonction en la Maréchaussée, doit presenter en personne ses lettres de provision au Prévôt des Maréchaux.

174 La signature appartient absolument au Procureur du Roy, à l'exclusion des Avocats du Roy. Arrêt du 25. Janvier 1657. *Henrys, tome 2. livre 2. question 17.*

175 Declaration pour l'union de la Charge de Procureur du Roy en Cour d'Eglise, à celle de Procureur du Roy au Châtelet de Paris. A Paris en Septembre 1660. Registrée le 3. Juin 1661.

176 Arrêt du Parlement de Provence du 15. Mars 1675. Autre Arrêt semblable avoit été donné dés le 18. Juin 1667. en faveur du Procureur du Roy au Siége de Castellane, qui a donné le rapport des procez & distribution des épices au Procureur du Roy de Sisteron. *Boniface liv. 1. tit. 8. chap. 18.*

177 Les Procureurs particuliers du Roy dans les Siéges Royaux subalternes sont considerez comme Substituts du Procureur General, tellement que celuy qui prend cause en main pour eux dans les causes criminelles qu'ils ont poursuivies, & qui sont portées au Parlement par appel, ils y sont en qualité, & leurs Substituts n'y paroissent plus; mais par Arrêt du Parlement de Grenoble du 14. Février 1677. il a été determiné qu'en ce même cas le Procureur d'office qui a fait cette poursuite devant les Juges Bannerets, & des Seigneurs, sera omis en la qualité des Arrêts; *joint à luy le Procureur General du Roy*; en l'une celui-cy est partie, en l'autre il n'est qu'adherent *& consors litis*, & l'autre regarde principalement le Procureur d'office. *Voyez Chorier en sa Jurisprudence de Guy Pape, page 354.*

178 Procureur du Roy au Bailliage peut être Procureur du Roy en la Châtellenie & Prévôté de la même Ville où le Siége du Bailliage est établi. Arrêt du Parlement de Paris du 7. Septembre 1684. en faveur du Procureur du Roy de Montbrison. *V. Henrys, tome 1. liv. 2. ch. 1. quest. 1.*

179 Procureur du Roy pris à partie. *Voyez le mot Prise à partie, nomb. 23. & suiv.*

PRODIGUE.

1 PRodigue interdit. *Voyez le mot Interdiction, n. 26. & suiv.*

2 Du Curateur donné au prodigue. *Voyez le mot Curateur, n. 43.*

3 L'interdiction des prodigues se doit faire en connoissance de cause avec information précedente. Arrêt du Parlem. de Toulouse du 27. Septembre 1570. par lequel une interdiction faite par le Juge de Castelnaudari du soir au matin, a été cassée, & ordonné qu'il en seroit informé, & que cependant le sieur de Montfaucon interdit, pourroit affermer ses revenus. *La Rocheflavin, liv. 3. tit. 17. Arr. 1.*

4 Si l'exheredation pour prodigalitez est valable? *Voyez le mot Exheredation, n. 78. & suiv.*

5 Saisies réelles faites sur un prodigue, déclarées nulles par Arrêt du Parlement de Bretagne du 19. Août 1574. *Du Fail, liv. 3. ch. 142.* Il faut saisir sur un Curateur.

6 La donation faite par un prodigue est valable, quand elle est conforme à ce que prescrit la nature & les Loix. *Basnage, sur la Coutume de Normandie, Art. 431.*

7 Le prodigue interdit en ses biens, ne peut point tester, & le pere le peut charger de substitution exemplaire. *Grassus §. Substitutio qu. 44. n. 4.*

8 Testament d'un prodigue en faveur de la cause pie, a été confirmé au Parlement de Toulouse le 13. May 1579. *V. Mainard, liv. 7. ch. 19.*

9 Cause appointée le 1. Avril 1631. pour sçavoir si une mere par son testament, peut reduire son fils prodigue à l'usufruit de sa portion hereditaire, & substituer la proprieté; & si la disposition peut valoir, tant à l'égard du fils qui s'en plaint, que des creanciers qui ont fomenté sa débauche, que de la femme creanciere de sa dot & conventions. M. Talon Avocat General, dit que ce n'étoit point icy une exheredation, mais une institution, que les creanciers n'étoient pas favorables; que le testament ne pouvoit pas être attaqué par eux: mais que la dot de la femme meritoit consideration. *V. Bardet, tome 1. liv. 4. ch. 18.*

10 Arrêt du 26. Août 1542. qui fait défenses aux Marchands, Corratiers & autres, de contracter avec les enfans mineurs & prodigues declarez, sans licence & autorité des peres & meres, tuteurs ou curateurs, ou autorité de Justice. *La Rocheflavin, li. 3. tit. 17. Arr. 2.*

11 Le testament d'un prodigue, auquel l'administration de ses biens avoit été interdite, est bon. Jugé le 4. Juillet 1628. *Cambolas, liv. 5. ch. 50.*

12 Prodigue, hors les testamens, peut être témoin. Arrêt du 12. Septembre 1636. *M. Dolive, liv. 4. chap. 18.*

13. Arrêt du Parlement de Provence du sept Décembre 1657. qui a jugé que le mary dissipant ses biens, la femme peut repeter ses droits, & demander separation de biens, sans information sur la pauvreté. *Boniface, tom. 1. li. 6. tit. 9. ch. 2.*

14. Au cas que le pere substitué les biens de son fils à ses petits enfans, à cause de la prodigalité de leur pere, les substituez ne sont pas tenus de prouver les causes de la substitution veritables. Jugé par Arrêt du Parlement de Paris le 9. Février 1693. *Journal des Aud. tom. 5. liv. 9. ch. 5.*

PRODUCTION.

1. PRoduction de pieces. *Litis authoritates, & instrumenta.*
De edendo. D. 2. 13... C. 2. 1. Ce titre s'entend du demandeur qui doit communiquer & produire les pieces justificatives de sa demande; mais les trois titres suivans se doivent entendre du défendeur, qui est obligé de representer les choses mobiliaires, ou les titres qu'on luy demande.
Ad exhibendum. D. 10. 4... C. 3. 42... I. 4. 17. §. 3. Est actio in rem mobilem exhibendam.
De tabulis exhibendis, D. 43. 5... C. 8. 7.
Testamenta quemadmodum aperiantur, inspiciantur, & describantur? D. 29. 3.
Des productions des parties, tant en premiere instance que de nouvelle en cause d'appel. *Ordonnances de Fontanon, tom. 1. liv. 3. tit. 9. p. 566. & titre 49. pag. 619.*

2. Des inventaires de production. *Joly, des Offices de France, to. 1. li. 1. ti. 36. & 37. p. 302.* Et *Fontanon, ti. 10. p. 567. & tit. 51. p. 620.*

3. Des dépens d'une production nouvelle. Voyez le mot *Dépens, n. 159. & suiv.*

4. Les Greffiers sont tenus d'avoir Registre des productions des parties. Voyez le mot *Greffiers, n. 117. & suiv.*

5. Si l'inventaire de production fait foy contre un tiers, le contract n'étant produit, mais seulement une copie, & alleguant la perte d'un acte, ce qu'il faut prouver? Voyez *Bouvot, tom. 2. verbo Preuve. quest. 58.*

6. Une production de piece ou titre ayant été communiquée à la partie averse, elle s'en peut aider contre la partie qui la produite. Voyez *Charondas, liv. 12. Rép. 5.*

7. Quoique l'Arrêt soit resolu, on peut neanmoins le changer, & recevoir une nouvelle production, jusqu'à ce qu'il soit au Greffe. *Atornac, Loy 35. ff. de reivindicatione, fol. 312. & M. le Prêtre, 4. Centurie, chap. 39.*

8. *Despeisses, to. 2. p. 468.* observe que si une partie a produit une piece au procez, bien qu'elle ait déclaré qu'elle ne la produisoit qu'en tant qu'elle luy servoit, neanmoins la partie averse peut s'en aider, en sorte que le produisant n'est plus recevable à la retirer.

9. Par Arrêt du Parlement de Paris du 22. Février 1498. il fut ordonné que le procez étant sur le Bureau, & après les productions vûës & rapportées & evangelisées, les parties ne seroient reçûës à faire productions nouvelles, l'Ordonnance en contient une disposition. Cependant l'usage contraire introduit par M. Duprat Premier Président, & depuis Chancelier, a prévalu par un esprit de justice. *Papon, liv. 9. tit. 12. n. 1.*

10. Les contredits de production nouvelle se doivent faire aux dépens du produisant, & en taxant les dépens des contredits, se doit taxer le voyage d'un homme envoyé vers la partie, pour avoir memoire & instruction à faire les contredits, s'il est affirmé, & qu'il soit notoire que la partie demeure hors le lieu où le procez se doit vuider. Arrêt du Parlem. de Paris le dernier Février 1499. *Bibliotheque du Droit François par Bouchel, verbo Production.*

11. Les deux Chambres des Enquêtes assemblées, il a été ordonné que les productions nouvelles & incidentes, qui dorenavant seront produites devant la reception des procez par écrit, seront mis en la fin de l'inventaire de la partie qui les produit, avec l'inventaire du procez principal, en Janvier 1508. V. *ibidem.*

12. Si l'une des parties produit un titre, dont son adversaire prévoye l'utilité dans une autre cause contre le produisant, il n'est recevable d'en requerir extrait ou copie collationnée, à moins que ce ne soit pour servir en la même cause. Jugé au Parlement de Paris le 19. May 1508. Le 16. May 1536. même Arrêt, toutes les Chambres étant assemblées, & alors il fut retenu *in mente Curiæ*, que l'Arrêt de 1508. seroit observé *etiam inter easdem partes, & in eodem judicio*. *Papon, liv. 9. tit. 8. n. 8. & 9.*

13. Production nouvelle ne doit retarder un procez; jugé par Arrêt du Parlement de Paris du dix Mars 1510. Elle doit être communiquée *gratis*, & fut dit bien jugé, mal appellé, pour un appellant reçû à produire de nouveau, en refondant huit écus d'épices. Arrêt du 18. Juillet 1564. *Papon, livre 9. tit. 12. n. 3. & 4.*

14. Toutes productions nouvelles seront ajoûtées à l'inventaire. Arrêt du 20. Juillet 1517. ce qui est observé, parce que les contredits se donnent aux frais du produisant. *Bibliotheque de Bouchel, verbo Productions.*

15. En procez parti, production nouvelle n'a lieu. Arrêt du 5. Juillet 1518. *Papon, livre 4. tit. 6. nombre 31.*

16. Production nouvelle n'est point reçûë, quand le procez est sur le Bureau, ou qu'il est partagé. Arrêt du Parlement de Paris du 19. Avril 1532. *Idem, li. 9. tit. 12. n. 1.*

17. Le 13 Janvier 1537. certaine production nouvelle fut rejettée, parce que le produisant n'avoit refondé les dépens des contredits baillez par sa partie averse, sauf toutefois si le produisant payoit dans trois jours les dépens comme préjudiciaux, elle seroit reçûë, & non autrement, *Ibidem, tit. 11. n. 8.*

18. En Juin 1539. ordonné en la Grand'-Chambre des Enquêtes, que quand quelque production nouvelle se fait, à laquelle partie averse pourra bailler contredits aux dépens de celuy qui donne la production nouvelle, ne feront taxez aucuns voyages au contredisxez, & les voyages reservez en diffinitive, suivant l'Arrêt donné, toutes les Chambres assemblées, l'an 1495. *Biblioth. de Bouchel, verbo Production.*

19. Le 8. Mars il a été conclu en deux Chambres des Enquêtes, que quand quelque production nouvelle se fait *in causâ appellationis*, par l'intimé, posé qu'il soit dit qu'elle sera reçûë en refondant les dépens par l'intimé, des contredits que pourra bailler l'appellant; neanmoins si l'intimé obtient *in causâ appellationis*, tellement que l'appellant soit condamné aux dépens de la cause d'appel, les salvations qu'il aura baillées aux contredits, luy seront taxées. *Bouchel, ibidem.*

20. Entre Jean Alain & Jeanne Adam, l'Arrêt prêt à prononcer sur forclusion de Jean, lequel presente Requête pour produire, offrant dépens; par Arrêt du Parlement de Bretagne du 29. Août 1549. il est dit que sa production est reçûë, qu'elle sera mise entre les mains du Rapporteur, & est condamné és dépens de forclusion, & en seize livres monnoyez pour la retardation du procez; laquelle somme sera payée sans dépens, comme dépens préjudiciaux, sans tirer l'Arrêt à consequence; pendant lequel temps sursoira la prononciation de l'Arrêt; & à faute de ce, sera procédé par la Cour entre parties, comme de raison. *Du Fail, li. 2. ch. 67.*

21 Par Arrêt du 9. Janvier 1564. il fut dit que les productions nouvelles qui se feront dans le procez par écrit, seront mises au Greffe avant que de les bailler au Rapporteur, pour obvier aux abus & inconveniens. *Biblioth. de Bouchel*, verbo *Production*.

22 On ne produit rien au procez, que la piece ne soit communiquée à la partie, pour y fournir des contredits, si bon luy semble. Arrêt du 4. Juillet 1599. *Mornac, l. 1. ff. de edendo*.

23 Les dépens des contredits de production nouvelle seront taxez, encore que par Arrêt il soit dit, sans dépens de la cause d'appel. Jugé le 6. Juillet 1600. *M. le Prêtre, és Arrêts de la Cinquiéme*.

24 Seront toutes productions en matieres Civiles, faites dans un sac, & s'il se peut en originaux, sinon les copies seront bien écrites en feüilles separées, & non en cahiers, & où elles seront mal écrites, illisibles, & sans marges raisonnables seront refaites aux dépens du produisant ; sur quoy sera pourvû par le Syndic & un ancien Procureur avec luy.

Les Procureurs ausquels on aura produit, soit par le Greffe, ou autrement, seront contraints & par corps à rendre les productions après les deux délais ordinaires expirez, qui seront de huitaine, & trois jours pour les affaires dont les assignations auront été faites à la huitaine, de quinzaine, & trois jours pour les autres qui auront été commises à plus long délay, dépendantes du Bailliage de ce Ressort, & d'un mois & trois jours pour les causes des autres Provinces ; laquelle contrainte sera décernée par la Cour sur requêtes, & seront les Procureurs oüis sur l'arrêt de prison, devant le premier de Messieurs les Conseillers qui pourvoira sur un plus long délai, s'il y échet, après lequel le Procureur refusant sera incessamment contraint de rendre la production aux frais de sa partie, desquels frais executoire sera décerné par Messieurs les Conseillers & Commissaires.

Celuy qui aura saisi la Cour, rendra la cause entiere s'il en est interpelé avant l'expiration du second laps de rendre sa production, autrement la partie qui sera l'interpellation n'y sera plus recevable, sauf à luy à faire venir les autres parties, & se pourvoir devant Messieurs les Conseillers ou Commissaires, pour obtenir un temps à cette fin, lequel est autorisé de pouvoir.

Le Procureur défendeur après avoir rendu la production se purgera par serment devant le Syndic, ou un ancien Procureur, s'il a Avocat qui trouve sa cause sustinente & le nommera, & s'il a piéces à produire, il les produira dans le même jour qu'il aura prêté le serment.

Si l'Avocat & n'a point produit de piéces, ou s'il en produit après que sa production luy sera renduë, il luy sera presenté à signer un avenir à la huitaine, pour les causes des parties domiciliées dans la Ville & Banlieuë de Roüen ; à la quinzaine pour les autres de cette Province, & d'un mois pour celle des autres Provinces, lequel sera fait double, & signé respectivement sur le champ ; & au refus de ce faire sera signifié au refusant, & à luy livré copie, ce qui vaudra de signature. *Voyez les articles arrêtez au Parlement de Rouen le 24. Avril 1686. ils sont à la suite du Commentaire de Pesnelle*.

25 On ne peut obliger une partie à produire des titres en papiers, qu'elle offre affirmer ne point avoir, & de ne pouvoir les recouvrer. Jugé au Parlement de Tournay le 11. Avril 1695. *Pinault, tome 1. Arrêt 61.*

26 Celuy qui a produit des Arrêts & Jugemens en secret peut être contraint par celuy contre qui ils sont produits de les communiquer, faute de ce, les piéces seront rejettées du procez. Jugé au même Parlement de Tournay le 16. Novembre 1700. *Voyez M. Pinault, to. 2. Arrêt 291.*

PROFESSEUR.

DE *Professoribus & Medicis*. C. 10. 52... C. Th. 13. 3. Ils sont exempts des Charges publiques.

De studiis liberalibus urbis Romæ ; & Constantinopolitanæ. C. 11. 18... C. Th. 14. 9. Reglement pour les Professeurs des Sciences.

De Professoribus qui in urbe Constantinopolitana docentes, ex lege meruerunt comitivam. C. 12. 15... C. Th. 6. 21.

De Scolaribus auth. frid. cod. 4. t. 3. Privilege des Professeurs.

Voyez les mots *Docteur, Droit, Ecoliers, Jurisconsulte, & Regens*.

De la préference & privilege des Graduez Regens. Voyez le mot *Gradué, n. 167. & suiv.*

PROFESSION.

1 Voyez hoc verbo la *Bibliotheque de Jovet*, & dans le present Recüeil les titres *Novices, Religieux*.

2 Profession de Religion, comment se doit faire ? *Voyez Tournet, lettre P. Arr. 102*.

3 Des Professions Monastiques, à quel âge se peuvent faire ? & des Professions expresses ou tacites. *V. Coquille, to. 2. quest. 247*.

De la Profession Religieuse expresse ou tacite volontaire, contre le gré, ou par la violence des parens. *Voyez Mainard, liv. 9. chap. 18. & suiv. Févret, de l'abus, liv. 5. chap. 3. M. le Prêtre Cent. 1. ch. 28. M. Expilly en ses Arr. chap. 26*.

4 La Profession est une mort civile, & ne peut se justifier que par écrit ; la preuve par témoins est rejettée ; la Profession tacite n'a point de lieu en France, & quoiqu'une personne eût demeuré 30. ans portant l'habit dans un Monastere faisant la fonction, sans justifier d'acte de profession par écrit, s'il quitte l'habit, il est capable de succeder. *M. Loüet. lett. C. somm.* 8. à quoi est conforme l'Ordonnance de Moulins, art. 55. *Mornac, l. 19. Cod. de transactionibus. Voyez les notables Arrêts des Audiences, Arrêt*

PROFESSION, AGE.

5 De l'autorité du Roy touchant l'âge necessaire à la Profession Religieuse. *Paris. 1669. in 12.*

Age pour la Profession. Voyez le mot *Age, nomb. 19. & suiv.*

6 Profession Monachale ; à quel âge se peut faire, & des Professions expresses & tacites ? *Voyez Coquille, quest. 247. per solemne votum de ingrediendo non perdit jus succedendi, sed per ingressum tantum : & id tempus debet inspici.* Jugé pour Guy de Mirepoix, à Nôtre-Dame de Septembre 1261. *Biblioth. Can. to. 2. p. 269. col. 1.*

7 Par l'article 19. de l'Ordonnance d'Orleans la Profession ne pouvoit être faite par les mâles avant 25. ans, & par les filles avant vingt ans ; l'article 28. de l'Ordonnance de Blois a réduit ce temps à seize ans accomplis.

In quâcumque religione tam virorum quàm mulierum professio non fiat ante decimum sextum annum expletum, professio autem anteà facta sit nulla. Conc. de Trente sess. 25. chap. 15. L'Ordonnance de Blois art. 28. cy-dessus observée, a confirmé cette disposition.

8 Sur l'appel comme d'abus interjetté par quelques Religieux du Convent de la Reole, sur la Profession de Dornac, le Grand Conseil cassa & annulla l'appel comme d'abus, sans dépens, & renvoya les parties au General pour être pourvû sur la Profession. Arrêt du 21. Juin 1605. *Filleau, 1. part. tit. 1. chap. 37*.

9 Quand la Profession a été faite avant l'âge de 16. ans accomplis, elle est nulle, & le Religieux se peut défroquer après avoir fait déclarer sa Profession nulle par Bulle fulminée. Jugé au Parlement de Toulouse, le 2. Mars 1675. *Graverol sur la Rocheflavin, liv. 6. titre 48. Arr. 2.*

Arrêt

PRO　　　　PRO　217

10　Arrêt du Parlement de Toulouse du 11. Avril 1686. qui a jugé que la Profession d'un Religieux dans le dernier jour de la seiziéme année est valable. *Boniface*, to. 3. *liv.* 7. *tit.* 14. *chap.* 1.

11　Suivant les Ordonnances il faut avoir seize ans accomplis, avec défenses à tous Superieurs d'en recevoir avant seize ans accomplis, *&c.* Jugé le 7. Juillet 1681. *De la Guess. tome* 4. *livre* 5. *chapitre* 21. & *liv.* 8. *chap.* 48.

12　Les Chartreux à cause de l'austerité de leur Regle ne reçoivent aucun à faire Profession avant dix-huit ans.

PROFESSION, BENEFICIER.

13　Si un Benefice Regulier peut être conferé à un Prêtre Seculier, à la charge de se faire Religieux, & faire Profession dans l'an? La cause fut décidée sur des particularitez, & non la these, le 7. Janvier 1631. *Du Frêne*, *liv.* 1. *chap.* 85. où il dit que les conclusions de Monsieur l'Avocat General furent dans la these pour la négative.

PROFESSION, CHEVALIERS.

14　De la Profession des Chevaliers de Malthe. *Voyez* le mot *Chevaliers*, *nomb.* 76. *& suiv.*

PROFESSION, CONSENTEMENT DES PARENS.

15　Une mere qui a consenti que sa fille fût Religieuse, peut ensuite s'opposer à sa Profession, & la fille sequestrée pour sçavoir sa volonté. Jugé au Parlement de Bourdeaux le 14. Juillet 1672. *Journal du Palais.*

16　Si une fille âgée de 22. ans doit attendre la majorité de 25. pour faire profession sans le consentement de ses pere & mere qui s'en plaignoient? Jugé qu'il seroit passé outre à sa Profession, en cas qu'elle fût trouvée capable par l'Archevêque de Lyon ou son Grand Vicaire, 400. livres de pension viagere, 1000. liv. aux Religieuses, sçavoir, 400. livres pour les pensions du Noviciat, & 600. livres pour les frais de vêture & Profession. Arrêt du 23. Juillet 1686. *Journal du Palais.*

PROFESSION, CONSENTEMENT DES RELIGIEUX.

17　Le consentement du Convent ou Monastere touchant la Profession est necessaire: *Nisi consuetudo sit in contrarium.* Jugé le 14. Août 1546. Expilly, *en ses Arrêts chap.* 27.

18　La regle ordinaire est, s'il n'y a statut particulier du contraire, que l'Abbé ne peut recevoir la Profession d'un Religieux, sans l'avis & consentement des autres. Arrêt du Parlement de Bourdeaux, rapporté par *Boërius Décis.* 260.

Par Arrêt du Parlement de Paris du 5. Février 1598. il a été jugé en faveur de M. le Cardinal de Gondy, Abbé Commendataire de l'Abbaye de saint Jean des Vignes de Soissons, qu'il pouvoit recevoir un nouveau Religieux sans le consentement des autres; & le 15. Juillet 1600. il a été jugé en faveur du même Cardinal, appellant comme d'abus de l'élection & institution de Frere Nicolas de Bethisy Prieur Claustral, que les Religieux ne pourront faire statut, ni proceder à l'élection d'un Prieur, sans en avoir préalablement averti le Cardinal Abbé pour s'y trouver, ou son Vicaire. *Voyez* Bouchel, *Biblioth. Can. tome* 1. page 10. col. 1. *& page* 576. col. 2.

19　Le 16. Décembre 1603. au Role de Vermandois, il a été jugé qu'un Novice ne peut être reçû Profez en un Monastere si tous les Religieux, & l'Abbé, *etiam* Commendataire n'y consentent, contre un Prêtre qui avoit été sept ans Novice en l'Abbaye d'Eu en Normandie, & n'avoit que le Prieur pour luy. *Vide C. ad Apostolicam. Biblioth. Can.* tome 2 page 270. col. 2.

PROFESSION D'UN DEBITEUR.

20　Profession du débiteur, *Voyez* le mot *Clerc*, *nombre.* 116.

21　Loiset Apoticaire étant fort endetté, & ne luy restant d'autres biens que la seule esperance de succeder, voulant faire Profession de Religieux Dominicain pour faire passer la succession de sa mere à ses enfans, quelques parens qui l'avoient nommé tuteur, & qui étoient garants de sa gestion, s'opposerent à sa Profession, disant que c'étoit en fraude de ses créanciers. Par Arrêt du Parlement de Roüen du 6. Février 1643. ils furent déboutez. *Basnage*, *sur l'article* 178. *de la Coûtume de Normandie.*

PROFESSION, DONATION.

22　M. Ricard en son traité des Donations, part. 1. chap. 3. sect. 2. nomb. 122. dit avoir eu communication de quelques Arrêts qui sont en manuscrit entre les mains de divers particuliers, & qui ont été recueillis par défunt M. le Clerc Conseiller d'Eglise, pendant les années 1614. 1615 & 1616. entre lesquels il en remarque un intervenu en l'Audience le 4. Janvier 1616. par lequel il dit avoir été jugé qu'un Religieux Capucin n'avoit pû faire une donation entre-vifs durant l'année de son Noviciat; c'est, ajoûte-t-il, ce que nous avons depuis peu jugé par l'avis de M. Barthelemy Auzanet, ancien & celebre Avocat du Palais, après avoir été partis en opinion entre quatre Arbitres, que nous étions, touchant une donation faite par un Religieux Capucin de cette Ville de Paris, au profit de M. de Saveuse, Conseiller au Parlement.

PROFESSION, DOT.

23　Il est permis de faire une constitution aux Religieuses, pourvû qu'il n'y ait point d'excez, & qu'elle ne soit gueres plus avantageuse qu'une pension viagere, & quoique la profession fût faite à la veille du trépas de la fille Novice. Arrêt du 2. Avril 1650. *Henrys* tome 1. livre 6. chap. 5. quest. 36.

24　Une Novice meurt le lendemain de sa Profession faite à ce qu'on prétendoit par le dol de la Superieure; les Religieuses demanderent 1800. livres promises pour sa dot. Arrêt du Parlement de Grenoble du 4. Avril 1660. qui les déboute, & les condamna à rendre la croix d'argent, & les meubles à elles donnez. *Basset*, to. 1. liv. 1. tit. 1. chap. 21.

Voyez le mot *Dot*, nomb. 431. *& suiv.*

PROFESSION, DOÜAIRE.

25　Si le doüaire est éteint par la Profession Religieuse? *Voyez* le mot *Doüaire*, nomb. 234. *& suiv.*

26　L'augment peut être demandé après la Profession de la mere. Arrêt du Parlement d'Aix du 16. Juillet 1658. *Basset*, to. 1. liv. 4. tit. 6. chap. 5.

27　Jugé au Parlement de Paris le 2. Juin 1636. que doüaire viager acquis à la veuve ne s'éteint point par la Profession en Religion. *Bardet*, tome 2. liv. 5. chapitre 20.

PROFESSION, FIDEICOMMIS.

28　Le fideicommis est ouvert par la Profession Religieuse? *Voyez* le mot *Fideicommis*, nomb. 183. *& suiv.* *& cy-aprés* nomb. 49.

PROFESSION, JESUITES.

29　Si les Jésuites succedent, & des Professions qu'ils font? *V. Tournet*, lettre S. *Arrêt* 62. *& cy-dessus* le mot *Jésuites.*

PROFESSION, NOVICIAT.

30　On voit dans l'addition à l'*Enchiridion d'Imbert*, *verbo* Moine Profez, que par Arrêt de Toulouse le fils d'un Marchand ayant été reçû Profez le dernier jour de l'année de son Noviciat aux Feüillans, sa Profession fut déclarée nulle.

Arrêt rendu au Parlement de Bretagne le 11. Janvier 1622. qui a déclaré nulle une Profession faite *intra annum probationis*, quoiqu'il ne restât qu'un jour seulement que l'année fût parfaite. *Frain*, page 313. M. Toussaint *Mongeot* a fait un Recueil des Arrêts intervenus sur cette matiere, son livre est in quarto, & imprimé à Paris en 1655.

31　Arrêt du Parlement de Provence du 21. Octobre 1641. qui a jugé que la Profession passée *in articulo mortis*, le onziéme mois du Noviciat, étoit nulle. Ce

Tome III. E e

même Arrêt juge que les Professions doivent être regiſtrées au Greffe du Reſſort. Arrêt ſemblable du 15. May 1654. L'Oeconome fut débouté de la demande de la dot, & des frais de la derniere maladie. *Boniface*, tome 1. *livre* 2. *titre* 31. *chapitre* 8. L'Ordonnance de 1667. *titre* 20. *article* 15. regle l'ordre des Regiſtres.

33 Loüis Colonia prend l'habit de Religieux Minime dans le Convent d'Aix en Provence ; il y commence ſon année de Noviciat pendant huit mois, & l'acheve dans le Convent d'Avignon où il avoit été transferé par ordre de ſes Superieurs. Il y fait Profeſſion, & y demeure plus de cinq ans; enſuite il obtient un reſcript de Rome qui déclare ſa Profeſſion nulle, fondé ſur une incommodité pareille qui luy étoit ſurvenuë, *tardè audiebat*, & ſur ce que ſon année de probation avoit été interrompuë par le changement de lieu & de Convents ; Il le fait fulminer par l'Ordinaire qui le reſtituë en tous ſes droits, & le déclare capable de ſucceder, ſans appeller ſon pere, & ſans luy donner aucune autre partie que le Promoteur. Le Pere Colonia en interjette appel comme d'abus. Arrêt du Parlement de Bourgogne du mois de Janvier 1657. qui déclare la Profeſſion valable. *Voyez* le 6. *Plaidoyé de M. Quarré, Avocat General.*

PROFESSION, PREUVES.

34 Des Regiſtres des Profeſſions Monachales. *Voyez les Ordonnances recüeillies par Fontanon*, tome 1. *tit.* 23. *page* 510.

Pour prouver une Profeſſion de Religieux, ce n'eſt pas aſſez de faire apparoir du Regiſtre des Profeſſions, il faut montrer l'acte de Profeſſion écrit & ſigné de la main d'un Religieux. Ainſi jugé par Arrêt en la cauſe d'un Religieux de ſaint Denis en France. *Biblioth. Can. to.* 2. *page* 269. *col.* 2.

35 Entre Pierre Robert Moine prétendu de ſaint Gondrant, & ſon frere, intimé, par Arrêt du Parlement de Bretagne du 26. Août 1559. il eſt dit que l'intimé ne pourra faire enquerir plus de cinq témoins pour prouver la Profeſſion Monachale de Pierre. *Du Fail, liv.* 2. *chap.* 92.

36 Arrêt du Parlement de Paris du 17. Juillet 1657. qui appointa les parties, pour ſçavoir ſi la Profeſſion Monaſtique peut être prouvée par témoins. M. Talon Avocat General avoit conclu pour la fille, contre les freres qui ſoûtenoient qu'étant Religieuſe, elle ne pouvoit demander de partage des biens. *Soëfve, to.* 2. *Centurie* 1. *chap.* 67.

37 Preuve de Profeſſion n'eſt recevable que par acte. Arrêt du Parlement de Grenoble du 7. Avril 1661. *Vide Baſſet, to.* 1. *liv.* 1. *tit.* 1. *chap.* xx. C'étoit pour un Chevalier de Malthe.

38 La Profeſſion de Religion ne ſe prouve que par acte, & non par témoins. Arrêt du Parlement de Grenoble de l'année 1661. en la cauſe du Seigneur du Puy ſaint Martin, & du Baron de la Garde, où il s'agiſſoit d'une Profeſſion dans l'Ordre de ſaint Jean de Jeruſalem. *Juriſprudence de Guy Pape, par Chorier, page* 18.

39 Preuve de la profeſſion & vœu Monachal ſe fait par lettres, non par témoins. *Voyez l'Ordonnance de Moulins*, en Février 1566. *article* 55. & celle de 1667. *tit.* 20. *art.* 15.

QUI PEUT RECEVOIR LES PROFESSIONS.

40 Nul ne peut recevoir la Profeſſion d'un Religieux que l'Abbé, le Prieur, ou quelque autre expreſſément par eux délegué. *Expilly, Arrêt* 26. *nombre* 6. à moins que ce ne fût la coûtume de la recevoir, même quand le ſcel de l'Abbé s'y trouve appoſé. *Expilly, nombre* 5. Le conſeil ou le conſentement du Monaſtere, ou Convent y eſt requis. *Expilly, Arrêt* 27. pourvû qu'il n'y ait point de coûtume au contraire. *Ibid. nomb.* 2.

41 La Profeſſion que reçoit un Moine ſans dignité, mais qui eſt en cette poſſeſſion, & qui en a reçû d'autres, eſt valable. Jugé au Parlement de Grenoble le 14. Août 1546. la nullité de la Profeſſion eſt couverte par le cours de cinq ans aprés leſquels on ne peut plus reclamer. Arrêt en fait de dévolut fondé ſur la nullité de la Profeſſion, du 30. Juillet 1677. *Juriſprudence de Guy Pape, par Chorier, page* 12.

42 Le 22. Decembre 1579. jugé que l'Abbé de Cluny ſeroit contraint bailler Vicariat au Prieur ſaint Martin des Champs pour la Profeſſion des Religieux. *Papon, liv.* 2. *tit.* 2. *n.* 4.

43 Les Cardinaux Abbez Commendataires peuvent recevoir la Profeſſion des Religieux, non comme Commendataires, mais comme Cardinaux. Arrêt du 5. Février 1598. rapporté par *Peleus liv.* 2. *de ſes actions forenſes, act.* 17. & par *Tournet, lettre* C. *Arr.* 2.

44 Les Cardinaux, Abbez Commendataires peuvent recevoir les Profeſſions des Religieux : ainſi jugé par Arrêt donné au profit de M. le Cardinal de Gondy, contre les Prieur & Religieux de l'Abbaye de S. Jean des Vignes lez Soiſſons, le 15. Février 1599. ce que le ſimple Abbé Commendataire ne ſe peut attribuer. *Filleau, part.* 1. *tit.* 1. *chap.* 7.

PROFESSION, RECLAMATION.

45 Entre Anne de Galery, & Jacqueline de Harcourt, Abbeſſe de ſaint Sulpice ; l'Abbeſſe veut retenir par force Anne de Galery, diſant qu'elle eſt Religieuſe profeſſe ; l'autre dit qu'elle ne veut être Religieuſe, & que c'eſt par force. Par Arrêt du Parlement de Bretagne du 9. Avril 1562. la Cour met la Religieuſe en pleine liberté, à la charge de prendre abſolution & diſpenſe de ſerment par elle prêté en certain acte de Profeſſion, fait és mains de l'Abbeſſe le 7. Février 1545. *Du Fail, liv.* 2. *chap.* 160. où il eſt obſervé, que cela ne ſe pratique à preſent, s'il n'y avoit lors de la Profeſſion, valable proteſtation contre la violence. Arrêt contraire du 17. Février 1600. contre un Cordelier de Rennes.

46 Pour un fils mis en Religion par force, reſtitué contre ſes vœux, & admis au partage de la ſucceſſion de ſon pere. *Voyez le ſixiéme Plaidoyé de M. le Maître*, où eſt rapporté l'Arrêt du 8. Avril 1631.

47 Religieux non recevable à reclamer contre ſes vœux aprés 25. ans, nonobſtant l'atteſtation du Provincial des Cordeliers qu'il n'avoit fait aucune Profeſſion valable. L'Official de Luçon qui avoit condamné ce Religieux pour le ſcandale par luy cauſé en habit ſeculier, à tenir priſon pendant un mois, & à rentrer enſuite dans ſon Monaſtere, fut déclaré follement intimé, par Arrêt du 3. Juin 1641. *Soëfve, to.* 1. *Cent.* 1. *chap* 42.

48 Jugé au Parlement de Toulouſe aprés partage, en l'Audience de la Grand'-Chambre, au mois d'Avril 1665. que la Profeſſion faite par force, & ſuivie d'une reclamation dans les cinq ans, eſt ratifiée par le ſilence de cinq années, aprés la crainte paſſée. On examina la queſtion de ſçavoir ſi les freres de la Religieuſe reclamante devoient être appellez lors de la fulmination du reſcript ; ce moyen ne fut pas regardé comme déciſif ; l'on cita même un Arrêt du 30. Mars 1651. par lequel il fut déclaré n'y avoir point d'abus dans la Sentence de l'Official de Montauban, qui avoit fulminé un reſcript, ſans appeller le frere de l'impetrante. *Voyez les Arrêts de M. de Catellan, liv.* 1. *chap.* 69.

PROFESSION, SUBSTITUTION.

Voyez cy-deſſus le nomb. 28.

49 La Profeſſion d'un Religieux dans un Monaſtere fait ouverture à la ſubſtitution. Arrêt du 25. May 1660. *Notables Arrêts des Audiences, Arrêt* 46. Montholon rapporte un Arrêt contraire rendu à Pâques 1620. *Arrêt* 135. & *M. le Prêtre*, 3. *Cent.* ch. 81. le date du 7. Septembre 1620. & non pas de Pâques.

PROFESSION TACITE

50 Il a été jugé pour un Religieux de ſaint Denis en France, & pour une Religieuſe d'Argenſolles, qu'une

PRO PRO 219

Profession tacite, ni l'habit de Profez n'étoient suffisans pour déclarer incapable de succeder, mais qu'il faut une Profession expresse. *Biblioth. Can. to. 2. page 636. col. 1.* Quelquefois un long-temps écoulé a fait juger que la Profession tacite produisoit incapacité.

51 Arrêt du 27. Août 1558. qui déclare Marie de Lespine incapable de succeder, parce qu'elle avoit écrit des lettres par lesquelles il paroissoit qu'elle étoit professe, quoiqu'il n'y eût rien sur le Registre. *Biblioth. Can. to. 2. p. 636. col. 1.*

52 *Professio nulla, ratione metûs, ratificatur per tacitum consensum.* Brodeau sur M. Loüet lettre C. somm. 8. nomb. 14.

53 Jugé par Arrêt du 28. May 1603. que pour rendre un homme vray profez & interdit de pouvoir disposer de son bien, une Profession tacite n'est pas suffisante, comme d'avoir porté l'habit de profez, & fait tous actes de vrai profez par an & jour, même pat l'espace de 15. 26. & 28. ans dans un Monastere enfermé ; il faut une Profession par écrit suivant l'Ordonnance de Moulins, article 55, d'où vient le proverbe *habitus non facit monachum, sed professio.* Biblioth. Can. tome 2. p. 269. col. 1.

54 Une fille infirme aprés avoir demeuré plusieurs années dans un Convent en sort ; en l'an 1617. elle fonde les Religieuses Carmelites de la Ville d'Orleans ; elle leur fait donation universelle en présence de sa mere de ses droits successifs paternels, s'y retire, change de nom & d'habit, y demeure l'espace de 7. ans, pendant lesquels elle assiste au Chœur, & aux actes Capitulaires de la maison ; sa mere étant morte sans qu'elle fût venuë pendant sa maladie luy rendre ses devoirs ; elle sort du Convent, demande partage à ses freres de sa succession ; ils luy opposent son incapacité, & que d'ailleurs il est facile de voir qu'elle n'a pas voulu faire profession afin d'emporter son bien maternel, comme le paternel dans son Convent. Ils mettent en cause les Religieuses pour voir déclarer le jugement commun, & soûtiennent que c'est un crime de changer de nom & d'habits, & qu'il est à présumer qu'elle a reçû ce nom & l'habit, en faisant sa Profession és mains d'un Superieur, & en outre concluent à ce que la donation par elle faite des biens paternels contre. la prohibition expresse de l'Ordonnance de Blois, & les Arrêts donnez en execution d'icelle soient déclarez nuls. On répond que la donation est faite par elle, non en qualité de Religieuse & de Fondatrice, d'autant plus qu'en cas de sortie elle s'étoit reservé 300. livres de pension, & que ce n'est que par dévotion qu'elle a changé de nom & d'habit. Arrêt du 27. Juillet 1617. qui l'a déclarée capable de succeder, le testament de sa mere qui luy laissoit l'usufruit d'une petite metairie, confirmé; appointé au Conseil sur la demande en cassation de la donation, M. l'Avocat General Bignon remontra que ce n'étoit point une Profession tacite, mais expresse. *V. la Biblioth. Can. to. 2. p. 268. col. 1.*

55 La Profession tacite n'a point de lieu en France, & quoiqu'une personne eût demeuré trente ans portant l'habit dans un Monastere faisant la fonction sans justifier d'acte de Profession par écrit, s'il quitte. l'habit il est capable de succeder. Brodeau sur M. Loüet, *lettre C. somm* 8. l'habit ne fait pas le Moine, mais une Profession par écrit. Arrêt du 18. May 1603. M. *Bouguier lettre M, nombre* 3. Dans les notables Arrêts des Audiences il y a un Arrêt, *Arrêt* 9. du 16. Juillet 1657. qui a appointé une pareille cause.

56 Arrêt du Parlement de Provence du 16 Mars 1674. qui a déclaré capable de succeder celuy qui n'a pas fait Profession expresse dans la Religion. *Boniface, to. 3. liv. 7. tit. 14. chap. 2.*

PROFIT.

Lucrum. Quæstus. Emolumentum. Utilitas, &c.
De in rem verso. D. 15. 3... C. 4. 26...
Tome III.

l. 4. 7. §. 4. De ce qui a tourné au profit de quelqu'un.
Commoda debent sequi incommoda. L. 10. D. de *reg. jur.*
De celuy qui demande pour profiter, *pro lucro captando.* L. 33. D. de reg. jur.

PROHIBITION.

PRohibition d'aliener. *Voyez* le mot *Alienation*, nombre 6. & suiv.
Prohibition du testateur pour le benefice de l'inventaire. *Voyez* le mot *Benefice d'Inventaire*, nombre 421 & suiv.

PROMESSE.

VOyez les mots, *Billet, Cedulle, Contrat, Creancier Débiteur, Obligation, Payement, Quittance.*
Promesse de payer. *Chirographi cautio. Syngrapha,* &c.
De pecuniâ constitutâ. D. 13. 5... I. 4. 6. §. 9.
De constitutâ pecuniâ. C. 4. 18... N. 115. C. 6. Promesse ou engagement fait par quelqu'un de payer ce qu'il doit déja, ou ce qu'un autre doit. *Constituere pecuniam, est constituere, vel promittere se soluturum pecuniam jam à se, vel ab alio debitam sine stipulatione. Hic pecunia, pro omni re mobili.*
De pollicitationibus. D 50. 12. Promesse ou engagement de faire quelque chose. Le pacte est une convention de deux personnes : la pollicitation est la promesse ou l'offre d'une seule personne. La pollicitation se fait en faveur du public, d'une Ville, &c.

t Des promesses soussignées par erreur. *V. le traité de M. Danty Avocat en Parlement,* ch. 6. part. 2.

2 Promesse reconnuë pardevant tous Juges Laïcs ou Notaires Royaux, & non autre, emporte hypoteque non seulement pour la somme principale contenuë en la promesse, mais aussi pour les interêts qui courent du jour de la demande, parce qu'ils sont accessoires du principal. *Brodeau Coûtume de Paris,* art. 107. n. 4. Voyez M. *Loüet, lettre H. sommaire* 15. M. le Prêtre, *és Arrêts de la Cinquième.*

3 Obligations sans cause ne sont valables; cependant la qualité des personnes détermine quelquefois à les déclarer executoires, comme si un client s'oblige envers son Procureur, un Ecolier envers son Maître, &c. Arrêt du Parlement de Paris du 2. Decembre 1544. Papon, *liv.* 10. *tit.* 2. n. 2.

4 Promesse pour simple prêt, quoique conçuë en forme de lettres de change, non entre Marchands, ni pour le fait de change, ne produit interêts de change & rechange, ni contrainte par corps. Arrêt du 14. Juin 1601. *Charondas,* li. 11. Rép. 9.

5 Une promesse de certaine somme pour retirer de l'eau celuy qui y étoit en peril, jugée bonne par Arrêt du Parlement de Grenoble du 21. Juillet 1639. Basset, tome 2. liv. 4. tit. 1. chap. 1.

6 Reglement portant défenses à tous Marchands, & autres personnes de se servir à l'avenir de promesses ou billets qui ne soient remplis du nom du creancier & des causes pour lesquelles elles auront êté faites ou passées, à peine de nullité. Arrêt solemnel du 16. May 1650. Les promesses de Marchand à Marchand pour fait de marchandises, ou pour lettres de change fournies à fournir de place en place, la connoissance en appartiendra aux Juges Consuls, & les autres aux Juges ordinaires. Tronçon, *Coût. de Paris,* art. 107. Ricard & Brodeau, *sur le même article* 107. *n.* 6. Du Frêne, *livre 6. chap.* 8. *Conferences des Ordonnances,* livre 4. §. 6. titre 2. des Prêts & Cedules, *article* 147.

7 Edit du Roy en Decembre 1684. portant reglement pour les reconnoissances des promesses sous seing privé, du 22. Janvier 1685. De la *Guess. tome* 4. livre 8. chap. 2.

PROMESSE, HERITIER.

8   Promesse d'instituer heritier. Voyez le mot Heritier, nomb. 256. & suiv.

PROMESSE DE MARIAGE.

9   Voyez Dommages & Interêts, Mariage, §. Mariage, Preuves, & Tournet, lettre M. Arrêt 36.

10   Voyez le Recüeil de Decombes Greffier de l'Officialité de Paris, chap. 1. l'Official en connoît, non pas pour en ordonner l'execution, mais pour les déclarer nulles, si elles ont été extorquées, ou pour condamner en l'aumône & aux dépens celuy qui n'est plus dans la volonté de les executer. Au cas qu'il y ait une fausse promesse, le faux s'instruit, & il déclare la promesse fausse & supposée, sauf à se pourvoir pardevant le Juge competent sur le crime de faux, & pour les dommages & interêts.

PROMESSE DE RENDRE.

11   Voyez Charondas, liv. 9. Rép. 46.

PROMESSE DE VENDRE.

12   La promesse de vendre n'est pas une vente, elle se résout en quelques dommages & interêts; il faut toutefois prendre garde en quels termes elle est conçûë. Voyez M. Henrys, tome 1. liv. 4. chap. 6. question 40.

13   Arrêt du Parlement de Provence du 12. May 1661. qui a jugé que la promesse de vendre n'est pas une vente, ni même obligatoire. Boniface, tome 2. liv. 4. titre 1. chap. 1.

14   La promesse de passer contrat de vente d'une maison ne peut être éludée par l'acquereur sous prétexte qu'elle est chargée de trois douaires, & que l'éviction est imminente, le demandeur offrant de donner caution. Bardet, to. 1. liv. 2. chap. 100.

15   Quand la promesse de vendre doit sortir effet? Voyez Basset, tome 1. liv. 4. tit. 12. chap. 1. où il rapporte un Arrêt du premier Mars 1618. qui juge que promissio de vendendo non est venditio. Boër. quest. 3. thes. dict. 232. Nisi concurrant substantialia contractûs. Molin. ad consuetud. Parif. §.78. n. 81.

16   Promesse de vendre un office de Judicature, n'est obligatoire, ni la peine stipulée. Arrêt du 4. Février 1625. en faveur d'un Conseiller au Présidial de Meaux, qui neanmoins fut condamné à 1200. liv. de dommages & interêts. Bardet, tome 1. livre 2. chapitre 31.

17   Promesse de vendre sous seing privé est obligatoire de passer le contrat de vente. Arrêt du 28. May 1658. de relevée. De la Guessiere, tome 2. liv. 1. chap. 46. Notables Arrêts des Audiences, Arrêt 17. où vous trouverez le même Arrêt.

18   Par Arrêt du Parlement de Paris du 19. Juillet 1697. propositions convenuës & signées pour la vente d'une terre très considerable, ont été jugées obligatoires contre le sieur Bosc, au profit de la Dame Marquise du Quesne, pour la terre & Marquisat du Quesne. Journal des Audiences, tome 5. liv. 13. chap. 3.

Voyez cy-aprés le mot Vente, §. Vente promise.

PROMOTEUR.

Voyez Official.
Voyez Fevret, traité de l'Abus, liv. 4. chap. 3. nomb. 25. & suiv. & le petit Recüeil de Borjon, to. 2.

1   Promoteurs qui sont Chanoines, sont reputez présens, & gagnent franc. Mem. du Clergé, tome 4. part. 5. page 104. n. 8. & page 106.
Idem, des Promoteurs des Chambres Ecclesiastiques, tome 2. part. 6. page 176.
La charge de Promoteur incompatible avec la Penitencerie. Ibidem, part. 2. page 407.
Les Promoteurs ne peuvent être condamnez à l'amende ni aux dépens, sinon en cas de calomnie manifeste. Ibidem, part. 1. page 69.

2   Procedure faite à la Requête d'un Promoteur non Ecclesiastique, confirmée. V. verbo Abus, n. 51.

3   Le Promoteur ne doit être present à l'information, ni aux interrogatoires, recollemens & confrontations de témoins faits aux accusez, parce que la procedure criminelle doit être secrete, & d'ailleurs le Promoteur tenant lieu de partie publique, ne peut en même temps faire deux fonctions incompatibles, de Juge & de partie; c'est pourquoy par Arrêt du Parlement de Paris du 9. Décembre 1561. sur un appel comme d'abus, toute une procedure fut cassée, en laquelle le Promoteur avoit été present. Jovet, verbo Official, n. 52.

4   Les charges de Penitencier & de Promoteur sont incompatibles en une même personne. Arrêt du Parlement de Paris du 15. Mars 1611. Filleau, part. 1. titre 1. chap. 67.

5   Par Arrêt du Parlement de Paris du 8. Mars 1612. rapporté par M. Laurent Bouchel, en sa Somme Beneficiale, in verbo Dénonciation, il a été jugé que le Promoteur étoit obligé à la fin de la cause, de nommer le dénonciateur du crime dont il avoit accusé l'Ecclesiastique, & qu'autrement il devoit être condamné aux dommages & interêts de l'absous. M. Servin rapporte aussi un Arrêt au tome 2. de ses Plaidoyez, Plaidoyé 2.

6   Arrêt du Parlement de Paris du 11. May 1630. qui a jugé qu'une condamnation de dépens prononcée par l'Official du Mans, au profit du Promoteur, est abusive. Bardet, tome 1. liv. 3. chap. 104.

7   Arrêt du 15. Juillet 1631. portant défenses au Promoteur de l'Officialité de Lyon de prendre la qualité de Procureur Fiscal. Bardet, tome 1. li. 4. ch. 38.

8   Arrêt du Parlement de Toulouse du 23. Juin 1640. qui déclare n'y avoir abus dans les Ordonnances de l'Archevêque d'Aix, quoiqu'on alleguât que le Promoteur fût Seculier; l'intimé répondoit que ce Promoteur l'étoit depuis 40. ans, & que communis error facit jus. L'Arrêt n'ordonna pas même que l'Archevêque ne se serviroit à l'avenir d'un Promoteur Ecclesiastique. Voyez Albert, verbo Evêque, art. 9.

9   Arrêt du Parlement de Provence du 8. Février 1666. qui fait défenses aux Procureurs d'occuper pour les Promoteurs d'office, mais bien pour les Evêques, ou Archevêques, prenant le fait & cause du Promoteur. Boniface, tome 6. liv. 2. tit. 2. ch. 9.

10   Un Promoteur ne peut sans partie troubler un mariage concordant fait entre majeurs, sous prétexte du défaut de solemnité dans la celebration, & sur les conclusions des Gens du Roy, les prétendus mariez condamnez à aumôner vingt livres au pain des prisonniers; enjoint de se retirer par devers l'Evêque de la Rochelle, pour aprés leur avoir imposé une penitence salutaire, être de nouveau procedé à la celebration de leur mariage suivant les formes Canoniques, & jusques à ce leur fait défenses de se hanter, ni frequenter, &c. Jugé à Paris le 16. Février 1673. Journal du Palais, De la Guess. tome 3. livre 7. chap. 1. rapporte le même Arrêt.

PRONES.

Voyez le mot Curez, nomb. 131.
Par Arrêt du Parlement de Bretagne du 30. Août 1557. la Cour fait défenses aux Gens d'Eglise de ce ressort, de faire à l'avenir aucunes proclamations de saisies & bannies d'heritages, és Prônes des Messes Dominicales, ou autres Jours Feriaux. Enjoint à tous les Sujets de ce ressort, garder & observer la Coûtume & Ordonnances Royaux, contenant la forme de faire les proclamations & bannies selon leur forme & teneur, sur peine de nullité d'icelles. Du Fail, liv. 1. ch. 78.

PRONONCIATION.

De la prononciation des Jugemens, & quelles sortes de prononciations ne sont point permises? Voyez le mot Juges, n. 138. & suiv.

Des prononciations permises, ou défendues aux Présidiaux. *Voyez* le mot *Présidiaux*, nombre 68. & *suivant*.

PROPOSITION.

DEs propositions d'erreur. *Voyez le Recüeil des Ordonnances de Fontanon*, to. 1. li. 3. tit. 23. page 581. Joly, *des Offices de France*, tom. 1. liv. 1. ti. 51. pag. 317. & cy-aprés, verbo *Requête Civile*.

PROPRES.

Voyez les mots *Acquets*, *Immeubles*, *Estoc*, & *Ligne*, *Legs*, *Succession*, *Testament* ; hoc verbo *Propres*, la Biblioth. du Droit François par *Bouchel*, celle de *Jovet*, M. le Prêtre, 4. Cent. chap. 85. Les traitez de la représentation, du double lien, & de la regle *paterna paternis, materna maternis*, par rapport à toutes les Coûtumes de France, par *M. François Guyné Avocat au Parlement*. Le Traité des propres réels, reputez réels & conventionnels, par *M. de Renusson*. M. Ricard, en son Traité des Donations entre-vifs, 3. part. chap. 10. M. le Brun, en son *Traité des Successions*, liv. 2. chap. 1. & *suivans*. Les Commentateurs des Coûtumes, sur la *disposition des propres*, & les Arrêtés faits chez M. le Premier Président de Lamoignon, recueillis dans le Commentaire de M. Barthelemy Auzanet, sur la Coûtume de Paris, pag. 66.

1 Si l'on ne peut prouver par titre que l'heritage est propre, il est présumé acquest. *Bacquet, des droits de desherence*, ch. 4. n. 16.

2 Si par accommodation, les filles quittent à leur aîné la part qui leur peut appartenir en une Terre Seigneuriale, pour demeurer quittes du rapport des sommes notables qui leur ont été baillées en mariage par leurs pere & mere, en avancement de leurs successions, ce n'est pas un acquet à l'égard du frere, mais un propre, quand même il y auroit un supplément en argent, fait par le frere à ses sœurs, pour la plus valuë, pour laquelle n'est rien dû au Seigneur; de sorte que sur telle difficulté, il y a eu Arrêt du deux Juillet 1565. qu'il n'étoit dû quints, ni autres profits. *Tronçon, sur l'article 5. de la Coûtume de Paris*, verbo *Profits*.

3 Le Jeudy matin 29. Janvier 1592. à Tours il fut jugé par Arrêt, que les propres d'un défunt en la Coûtume d'*Angoulême*, appartiendroient aux parens de la ligne & branchage d'où ils étoient, quoique les parens dudit branchage ne fussent pas si proches que la sœur uterine du défunt ; laquelle sœur uterine n'étoit dudit branchage. *Bibliotheque de Bouchel*, verbo *Branchage*.

4 Dans la Coûtume de *Bourgogne*, la mere succede à un propre paternel de son fils, à l'exclusion des parens paternels collateraux, qui ne sont point descendus de l'acquereur, qui a mis l'heritage dans la famille : l'Arrêt rendu à Dijon, il n'est point daté. *Journal du Palais in 4. part. 6. pag. 194. & au 2. tome in fol. à la fin.*

5 Il y a des Coûtumes, qui sont non seulement de côté & ligne, mais de *Branchage*. Dans ces Coûtumes entre plusieurs heritiers de côté & ligne, ou entre plusieurs heritiers également descendus de l'acquereur du même degré, ceux qui ont un branchage commun avec celuy *de cujus bonis*, sont préferez. Telle est la Coûtume d'Angoumois, art. 94. On a voulu autrefois établir cette singularité dans la Coûtume de Paris : il y en a même un Arrêt de la Grand' Chambre du 19. May 1651. rendu au profit de Marie Martin, femme de Maître Lagault Avocat, & rapporté par *Du Frêne*, ch. 22. du li. 6. Mais on prétend que cinq ans aprés, & le 4. ou 5. Février 1656. le contraire fut jugé en la même Chambre, au rapport de M. de Vertamont. *Voyez M. le Brun, des Successions, liv. 2. ch. 1. sect. 2. n. 12.*

6 Dans la Coûtume de *Paris*, & autres semblables, le plus proche du côté & ligne de l'acquereur, soit du côté paternel, ou du côté maternel du même acquereur, est préferé, sans en partager, comme on faisoit autrefois, la moitié entre le plus proche du côté paternel, & l'autre moitié entre le plus proche du côté maternel. Cela s'observe aujourd'huy par une Jurisprudence uniforme, fondée sur plusieurs Arrêts, & entr'autres sur un du 8. Mars 1678. Quelques anciens Arrêts qui ont jugé le contraire, sont rapportez par *Papon*, liv. 1. Arrêts 15. & 16. Ibid. sect. 3. n. 7.

7 Interpretation de l'ancienne Coûtume de *Poitou*, où il étoit permis au pere & à la mere de disposer de tous leurs meubles & acquests immeubles, fût-ce à l'un de leurs enfans, moyennant qu'ils eussent heritage, si elle se doit entendre de tel heritage, qu'il fût suffisant pour la legitime des autres enfans ? *V. le Plaidoyé 3. de M. Ayrault*. La cause fut appointée le 23. Juillet 1567.

8 En la Coûtume de *Poitou*, le mary fait don à sa femme de tous ses meubles & acquests. Aprés le décès du mary, la femme dispose de tout au profit des puinez : ils prétendoient que le tiers des propres donné, étoit compris dans le don à eux fait. Le fils aîné venu du même mariage, répond, que ce tiers a toûjours retenu sa qualité de propre, autrement le droit des aînez se trouveroit frustré. Arrêt du Par. de Paris du 11. Mars 1596. en faveur de l'aîné : en sorte que le tiers des propres ne fut pas censé compris dans le don des meubles & acquests. *Voyez la Bibliot. de Bouchel*, verbo *Propres*.

9 Le 14. Juin 1643. on jugea qu'en la Coûtume de *Poitou*, il ne suffisoit pas d'avoir des propres de declaration, pour pouvoir disposer de ses acquests. Cet Arrêt est rapporté par *Constant sur l'art. 203. de la Coûtume de Poitou*, nombre 1. pag. 204. de la derniere édition.

PROPRES, HERITAGES ACQUIS.

10 Les heritages propres acquis par Contract par un parent du côté & ligne, dont ils sont propres au vendeur, sont acquests à l'acquereur, & propres naissans à ses enfans, à l'effet d'appartenir aux plus proches heritiers desdits enfans, quoiqu'ils ne soient parens que du côté & ligne, dont les heritages sont procedez au vendeur. Arrêt du 16. Février 1647. *Du Frêne, liv. 5. ch. 6.*

Voyez le mot *Acquests*, n. 19. & *suiv*.

PROPRES ALIENEZ.

11 Une veuve, aprés le partage de la communauté entr'elle & les heritiers de son mary, peut vendiquer ses heritages propres que son mary aura alienez sans son consentement & ratification, & elle n'est tenuë à aucun remboursement, même de la moitié, à moins qu'il ne paroisse que le prix soit tourné au profit de la femme, auquel cas *ex bono & æquo* on y auroit égard. Arrêt de la Veille de Noël 1547. *Papon*, liv. 15. tit. 2. n. 21.

12 Arrêt du 21. Juillet 1487. rapporté par les trois derniers Commentateurs de la Coûtume de Normandie, entre Michel de Cherville, & autres heritiers aux propres de défunt M. Jacques Duhamel, d'une part, & les nommez Graffard, & autres heritiers aux acquêts dudit défunt Duhamel ; par lequel la Cour ordonna que les heritages & biens immeubles du propre & ancienne succession de Duhamel, par luy alienez, seroient remplacez sur les conquests ; ce en se faisant, que le prix des alienations dudit propre porté par les contracts, seroit repris sur les conquests, avec les interests au denier dix dudit Duhamel, jusqu'à l'entier payement, à quoy ses acquêts demeureroient specialement affectez, ainsi que tous les autres biens des heritiers par generale hypotheque.

Arrêt semblable du huit Avril 1683. entre les sieurs de Saint Jean & des Vergnes. Il s'agissoit du remplacement des Terres de Rames & de Mitainville, alienées par Henry Martel sur la Terre de Bequeville. Ce dernier juge deux choses : l'une, que les acquêts sujets au remploy des propres alienez, ne laissent pas d'être de veritables acquêts, & ne sont point reputez propres. L'autre, que l'heritier aux acquêts a la liberté de payer la valeur des propres alienez en fonds ou en argent. *Voyez le Recueil des Arrêts notables du Parlement de Normandie, étant ensuite de la même Coûtume.*

13. Rente constituée pour la vente d'un propre, est mobiliaire en la Coûtume de Reims, & ne peut être prétendu par l'heritier du propre comme subrogé. Arrêt du 1. Decembre 1637. *Bardet, tom. 2. liv. 6. chap. 31.*

14. Une maison leguée *successivo*, avec défenses d'aliener, & charge expresse de la conserver à ses enfans, ajugée aux heritiers des propres, sans restitution de fruits de la part de l'heritier des acquêts qui la prétendoit. Arrêt du 7. May 1640. infirmatif d'une Sentence du Châtelet de Paris, qui avoit ordonné qu'elle appartiendroit aux heritiers des acquêts. *Soefve, tom. 1. Cent. 1. ch. 9.*

15. Deniers provenans de la vente d'un propre, ajugez comme meubles aux Legataires des meubles & acquêts, à l'exclusion de l'heritier des propres. Arrêt du 10. Février 1660. dans la Coûtume d'*Anjou*, en interpretation de l'article 296. *Idem, to. 2. Cent. 2. chap. 12.*

16. Les propres alienez doivent être remplacez au profit des heritiers au propre, & au marc la livre, sur tous les acquêts immeubles ; & à faute d'acquêts, le remploy en sera fait sur les meubles. Arrêt du Parlement de Roüen, les Chambres assemblées, du six Avril 1666. article 107. *Voyez Basnage, tom. 1. à la fin.*

17. Quand il y a des propres alienez, les acquêts sont reputez comme subrogez de droit, à la place de ceux alienez, suivant l'art. 303. de la Coûtume de *Caux*, & se partagent comme tels. Jugé au Parlement de Roüen le 4. Mars 1682. en la succession du sieur Voisin Curé de Frettemeule, qui avoit acquis des heritages dans la Coûtume, & avoit vendu les propres qu'il y avoit. Ces acquisitions furent ajugées en totalité au fils aîné, contre les puinez qui demandoient partage égal. Autre Arrêt semblable du 14. Juillet 1685. pour la succession du Sieur de Moy Auditeur des Comptes, qui avoit alienés ses propres situez en la Coûtume generale, & avoit acquis onze parties de rente, dont les debiteurs avoient leurs biens situez en Caux. *Voyez le Recueil des Arrêts Notables du Parlement de Normandie, page 339.*

PROPRES AMEUBLIS.

18. Propres de la femme ameublis, & meubles stipulez propres, & comment cela se doit entendre? V. *M. Loüet, lettre P. somm. 40.*

19. La part qui appartient à celuy qui a fait l'ameublissement, ne luy est point acquêt ni conquêt, si ce n'est que l'heritage fût déja acquêt avant l'ameublissement : mais s'il étoit propre de succession, il demeure tel dans la succession, & est ancien propre en la personne de ses heritiers, parce que personne ne peut changer le titre de sa possession : aussi les ascendans ne succedent point à cette portion ; sous prétexte de cet ameublissement. Comme la Lande avoit estimé sur l'art. 323. de la Coûtume d'Orleans, *p. 395. col. 2.* sur le fondement d'un Arrêt du 12. Avril 1616. qui vrai-semblablement a été mal rapporté par M. Julien Brodeau, *en la lettre P. de M. Loüet, n. 20. Arrêt* 10. lequel seroit en cela contraire à l'ancienne & à la nouvelle Jurisprudence, qui a toûjours jugé que la part de celuy qui a fait l'ameublissement, ne change point de nature, & qui est rapporté par M. Loüet en la lettre P. nomb. 11. & nomb. 40. Aussi

M. Charles Du Moulin a-t'il été d'avis sur l'art. 78. de la Coûtume de Paris, *gl. 1. n. 103. & 104.* que si le mary vend l'heritage que la femme avoit ameubli, les parens de la femme le pourront retirer pour le tout. *Voyez le Brun, des Successions, liv. 2. chap. 1. sect. 1. n. 13.*

20. La stipulation de propres ameublis, & de meubles stipulez propres par contract de mariage, ne peut avoir lieu qu'entre ceux qui ont contracté, c'est-à-dire, entre le mary & la femme. Arrêt du 10. Avril 1668. Ce même Arrêt a encore jugé, qu'une maison ayant été acquise par retrait lignager par le mary & la femme, conjointement pendant la communauté, ne peut être reputé un acquêt, mais est faite propre à celuy des conjoints, qui étoit lignager du vendeur. *Voyez le titre d'Ameublissement.*

PROPRES ANCIENS.

21. En Normandie, la distinction des propres anciens & naissans, n'a point de lieu ; & ce qui est possedé à droit successif, est reputé propre. Par un ancien Arrêt du Parlem. de Normandie du 16. Mars 1518. il fut dit, que si un homme avoit acquis un heritage de celuy dont il seroit le plus proche heritier, soit par donation, ou acquêt qu'il auroit fait de son frere ou de son oncle, cela ne seroit pas reputé acquêt, mais un propre, & un veritable avancement de succession. *V. Basnage sur l'art. 324. de cette Coûtume.*

22. Si les propres anciens & naissans doivent être partagez indistinctement avec tous les heritiers du défunt ? *Voyez Des Maisons, lettre P. n. 8. où la question & l'Arrêt sont traitez & bien au long, entre les Danguechins, les Jacquelins, & autres.*

23. Par Arrêt du 10. Decembre 1595. rapporté par *Tronçon sur la Coût. de Paris, art. 326.* il a été jugé, que pour succeder aux propres qui ont fait souches, appellez propres anciens & naturels, il falloit être parent du côté & ligne de celuy qui premierement & originairement avoit apporté les heritages en la famille. *M. Loüet & Brodeau, lettre P. somm. 28. & 29.*

24. Les heritiers des acquêts sont tenus de representer tous les contracts inventoriez ; & à faute de ce, les heritiers des anciens peuvent dire tous les biens être anciens, & comme tels, leur sont ajugez. *V. Bouvot, tom. 1. part. 3. qu. 1.*

25. Si le pere fait accord après le décès de sa femme, à certaine somme pour les meubles, & qu'il promette pour les deniers qu'il devoient sortir nature d'anciens heritages, de les employer en heritages qui sortiront même nature d'anciens, & que l'enfant meure, à qui appartiendront lesdits deniers, au pere, ou aux heritiers du côté maternel ? *V. le même Bouvot, to. 2. verbo Succession, qu. 17.*

PROPRES BATIMENS.

26. Des Bâtimens faits sur les propres des conjoints. *Voyez le mot Bâtimens, n. 59. & suiv.*

27. Quand pendant la communauté, des bâtimens neufs ont été faits sur les propres de la femme, la moitié de la prisée de ces bâtimens doit être payée au mary survivant par tous les heritiers de la défunte, au *prorata* de ce qu'ils amendent ; car c'est une dette mobiliaire. Le mary n'a aucun droit de proprieté en ces bâtimens ; & pour le payement de la moitié, il n'a aucune hypotheque ny action contre l'acquereur de l'heritage. Arrêts solemnels des 17. Avril & 14. Août 1564. *Le Vest. Arrêt 76. & Charondas, livre second, Réponse 100. Bibliotheque de Bouchel, verbo Bâtimens.*

PROPRES COLLATERAUX.

28. Les propres sans distinction des anciens ou naissans, doivent appartenir aux collateraux du côté & ligne dont ils procedent, à l'exclusion des autres consanguins. Arrêt du mois d'Août 1601. *Charondas, liv. 10. Rép. 18. Voyez Peleus, qu. 139.*

29. Par la Coûtume de Paris, les propres se partagent

PRO PRO

entre les collateraux par ligne. *Voyez* M. *le Prêtre*, 2. *Cent. chap.* 24. *in margine*.

PROPRES, CONFISCATION.

30 Si la remise des biens confisquez faite par le Roy, change leur nature de propres ? *Voyez* le mot *Confiscation*, *n.* 102. *& suiv.*

PROPRES, CONJOINTS.

31 Etat des propres, par rapport à la communauté conjugale. *Voyez* le mot *Communauté*, *nomb.* 154. *& suiv.*

32 Les dettes de la femme mariée sont prises sur ses propres, & non sur les meubles de la communauté, touchant executoire de dépens contre la femme non autorisée de son mary, mais en Justice. Arrêt du 18. Avril 1573. *Le Vest*, *Arr.* 125.

33 Si par contract de mariage l'un des conjoints s'est reservé quelque somme de deniers pour employer à certains usages après la dissolution, la somme sera prise sur les biens que ledit conjoint aura apportés en la communauté. Ainsi jugé entre un nommé le Cointre & consors, par Arrêt prononcé aux Arrêts de Pentecôte 1587. *Voyez la Bibliotheque de Bouchel*, verbo *Alienation*.

PROPRES CONVENTIONNELS.

34 Touchant la clause des propres conventionnels. *Voyez* M. *Loüet*, *lettre* D. *somm.* 66. *lettre* R. *somm.* 44. *& lettre* V. *somm.* 3. M. *Bouguier*, *lettre* R, *n.* 1, *lettre* S, *n.* 6. Du Frêne, *liv.* 1. *ch.* 131. M. le Prêtre, 1. *Centurie*, *chap.* 42. & 2. *Centurie*, *chap.* 80. Montholon, *Arrêt* 93. & Henrys, *tome second*, *livre* 4. *qu.* 3.

35 Jugé par Arrêt du Parlement de Bourgogne du six Juillet 1566. que si un meuble ou deniers sont faits anciens par conventions, le pere peut y succeder.

Même Arrêt du Parlement de Paris, prononcé à Noël 1600. en Robes rouges. Bouvot, *tome premier*, verbo *Deniers*, & *part.* 2. verbo *Deniers anciens*, *qu.* 1.

36 La convention apposée dans un contrat de mariage, que la chose demeurera propre à elle & aux siens de son côté & ligne, ne lie point les mains à l'effet de n'en pouvoir disposer par Testament. Jugé le 9. Juillet 1618. & le 19. Février 1660. en la Coûtume d'Anjou. Ricard, *des Donations entre-vifs*, *part.* 3. *chapitre* 10. *sect.* 1. *n.* 1429. *& suivans*. Du Frêne, *livre* 8. *chapitre* 35. où il y a un Arrêt du 1. Avril 1656.

37 L'on juge que dans les Coûtumes soucheres, les propres conventionnels appartiennent à l'heritier des meubles & acquêts, s'il ne se presente quelque heritier descendu de celuy de qui la somme est venuë; suivant l'Arrêt du Mardy de relevée 17. Février 1655. ce qui neanmoins recevroit aujourd'huy beaucoup de difficultez. V. *le Brun*, *traité des Successions*, *liv.* 2. *ch.* 1. *sect.* 3.

38 En la Coûtume de *Melun* en ligne collaterale pour succeder à un propre, même conventionnel, il faut être non seulement parent du côté & ligne, mais descendu de celuy qui a fait le propre; & que faute de descendant, le pere y succede comme heritier des meubles & acquêts. Arrêt du 17. Decembre 1655. Du Frêne, *liv.* 8. *ch.* 16. M. Loüet, *lettre* P. *somm.* 47. *& lettre* D, *somm.* 66.

39 La convention apposée dans un contrat de mariage, que la chose demeurera propre à elle *& aux siens de son côté & ligne*, ne lie point les mains pour n'en pouvoir disposer par Testament. Arrêt du 1. Avril 1656. Du Frêne, *liv.* 8. *chap.* 35. Ricard, *Traité des Donations entre-vifs*, 3. *part.* *chapitre* 10. *sect.* 1. *nomb.* 1429.

40 Dans les Coûtumes d'Amiens & de Mondidier, on ne doute plus que les propres conventionnels ne peuvent être leguez entre le mary & la femme, non plus que les remplois faits de ses deniers, quoiqu'on les puisse qualifier d'acquêts : mais ils sont reputez propres de communauté. Il n'en est pas de même des acquêts faits avant le mariage, qui peuvent être leguez entre conjoints ; & si dans l'Arrêt du 11. Juin 1695. ils n'ont pas été ajugez au sieur Du Frêne Tresorier d'Amiens, c'étoit à cause de l'omission du mot d'acquêts, quoique l'intention de la Testatrice parût de vouloir leguer à son mary tout ce que la Coûtume luy permettoit. *Voyez le Traité du Don mutuel*, par Ricard, *ch.* 5. *sect.* 3. *n.* 200.

PROPRES, DETTES.

41 Des dettes, ausquelles l'heritier des propres doit contribuer. *Voyez* le mot *Dettes*, *nombre* 119. *& suiv.*

DENIERS STIPULEZ PROPRES.

42 Si deniers de mariage sortissans nature d'heritage propre non assignez, sont propres, quant à tous effets, même de succession ? *Voyez Coquille*, *tome* 2. *qu.* 121.

43 Quand il n'est dit par le contract de mariage, quelle portion de deniers dotaux doit sortir nature
44 d'heritage, si une partie devra être censée de cette nature ? *Idem*, *qu.* 288.

45 La maison d'un pupile étant venduë avec clause, que les deniers sortiront nature d'anciens pour luy & les siens ; lesquels deniers sont à l'instant mis en constitution de rente, telle rente & les arrerages appartiennent aux heritiers d'où provenoit la maison. Arrêt du Parlement de Dijon du onziéme Juin 1575. Bouvot, *tome second*, verbo *Succession*, *question* 13.

46 En la Coûtume d'*Anjou*, jugé le 3. Juillet 1600. que certaine somme de deniers stipulée propre à son mary par contract de mariage, est échuë à son fils, & par le décès du fils, doit être propre à ses heritiers collateraux, leur étoit propre au préjudice de la mere de ce fils, qui disoit que cette somme luy appartenoit comme mere & heritiere des meubles & acquêts de son fils. *Bibliotheque de Droit François par Bouchel*, verbo *Propres*.

47 Deniers stipulez propres par contract de mariage pour la future épouse & les siens, ne sont immeubles. Arrêt du Parlement de Paris, prononcé en Robes rouges le 12. Decembre 1609. qui les ajuge à l'heritier des meubles. *Voyez les Plaidoyers de Corbin*, *ch.* 15. où sont conciliez les Arrêts contraires. Il est observé qu'après la prononciation, M. le Premier Président dit, Avocats, apprenez que le propre stipulé par contract de mariage, n'est que meuble en la succession des enfans, & ne peut être conservé heritage ancien & patrimonial, pour revenir en succession collaterale à ceux de la ligne & souche, à moins que le remploy ne soit directement stipulé ; & faute d'iceluy, assignation faite sur les heritages du mary.

48 Deniers stipulez propres à la future épouse seulement & simplement ; si elle décede, & laisse un enfant, & que l'enfant décede ensuite, les deniers appartiennent au pere de l'enfant, & non à l'ayeul de l'enfant. Jugé le 13. Avril 1627. Du Frêne, *livre* 1, *chap.* 131. & *liv.* 8. *chap.* 26.

49 Deniers destinez à achat d'heritages, *pour être propres à la future & aux siens*, & avec clause, *qu'à défaut d'employ*, *le futur constituë rente sur ses biens*, sont purement mobiliaires en la succession de l'enfant issu du mariage, quoiqu'il soit décedé mineur. Arrêt du 29. May 1629. Bardet, *tome premier*, *livre* 3. *chapitre* 50.

50 Mary tenu de faire l'employ d'une somme de deniers destinée à acheter des fonds, pour être propres à la femme, quoique la clause n'ait point été ajoûtée, *& aux siens de son côté & ligne*, ne peut prétendre la somme en qualité de legataire universel du fils qui a survêcu sa mere ; & elle est ajugée aux collateraux heritiers des propres dans la Coûtume de

Touraine. Arrêt du 14. Juillet 1637. *Idem*, *tom*. 2. *liv*. 6. *ch*. 10.

51 Somme de deniers constituée en faveur de mariage avec stipulation d'employ, pour demeurer propres à elle & aux siens de son côté & ligne, quoique la somme eût passé de la mere à son fils, & du fils au petit-fils decedé sans enfans, nonobstant tous ces changemens, elle fut ajugée aux collateraux par Arrêt du 12. Juillet 1642. *Brodeau sur M. Loüet, let. R. somm.* 44. *n*. 5.

52 Si des deniers constituez en faveur de mariage avec stipulation d'employ, pour demeurer propres, doivent être censez meubles ou immeubles ? *V. Henrys*, *to*. 2. *liv*. 4. *quest*. 3. L'Auteur des observations dit que ces sortes de stipulations ne peuvent être faites que par des contracts de mariage, & non par des actes privez, ni par des testamens, & qu'il l'avoit fait ainsi juger aux Requêtes du Palais contre l'avis de ses Anciens. Il ajoûte qu'il y a bien de la difference à faire entre la restitution & la stipulation de propre.

53 Somme de deniers stipulée propre, à la femme, à ses hoirs, avec la clause de stipulation d'employ en heritage, appartient au pere, & non aux heritiers collateraux comme propre immeuble. Arrêt de relevée du 28. Février 1664. *Notables Arrêts des Aud. Arrêt* 120.

54 Une somme de dix mille livres stipulée propre par contract de mariage au mary, & aux enfans qui en naîtront, le mary meurt, & laisse un fils posthume qui decede à l'âge de 14. ans; les collateraux prétendent cette somme, elle a été ajugée à la mere. Arrêt du Parlement de Paris du 26. Avril 1674. *Journal du Palais*.

55 Dans la Coûtume de Paris, il n'y a aucun droit de reversion établi par la Coûtume, à l'égard des meubles ou des propres fictifs.

La stipulation de propres n'a pas un effet perpetuel ; & quand on a stipulé dans un contract de mariage, qu'une somme sera propre à la future épouse, & aux siens de son côté & ligne, même qu'elle sera employée en heritages ou en rentes, cette stipulation n'a effet contre le mary, que pour empêcher qu'il n'en profite, à cause de sa communauté, & pendant la minorité de ses enfans : mais quand ils sont devenus majeurs, & que la somme leur a été remise, la fiction de propre & necessité de l'employ cessent entierement ; en sorte que le plus proche heritier mobilier y succede. Arrêt du 16. May 1692. *Journal des Audiences*, *to*. 5. *liv*. 8. *ch*. 12.

PROPRES, DONATION.

56 Comment les propres peuvent entrer dans le don mutuel ? *Voyez* le mot *Don mutuel*, *n*. 54.

57 L'immeuble que le pere donne à son fils, à la charge de payer ses dettes, luy est propre. *V. le Brun, des Successions*, *li*. 2. *ch*. 1. *sect*. 1. *n*. 30.

58 Jugé le dernier May 1619. que les heritages donnez par l'un des conjoints par Testament au survivant, & depuis restitué, suivant l'Edit des secondes Nôces, aux enfans du premier lit, sont reputez propres aux heritiers du donateur, & non de celuy qui les a restituez. *Voyez la Biblioth. de Bouchel*, verbo *Propres*.

PROPRES, DOT.

59 Dot stipulée propre à la future épouse. *Voyez* le mot *Dot*, *n*. 327.

60 Une fille heritiere d'heritages immeubles & meubles, avoit retenu partie de ces meubles jusques à huit cens liv. pour tenir le nom, côté & ligne. Etant decedée, son heritier aux propres prétendoit cette somme de huit cens l. comme immeubles & propres : sa mere la prétendoit comme acquêts, & argent par elle constitué. Par Arrêt du 3. Août 1658. jugé que l'heritier aux propres y succederoit sur la distinction de la dot *profectitia*, qui revient au nom, côté & ligne, & de la dot *adventitis*, qui vient d'un étranger ; & que le contrat de mariage portant la clause de tenir nom, côté & ligne, donnoit la loy. *Berault, à la fin du 2. Tome de la Coût. de Normandie*, p. 103. *sur l'art*. 511.

PROPRE, ESTOC, CÔTÉ, ET LIGNE.

Voyez le mot *Estoc*.

61 Une femme se mariant, stipule que les deniers apportez, luy demeureront propres pour tenir côté & ligne à elle & aux siens. Elle decede, laisse des heritiers mobiliaires & immobiliaires, entre lesquels il y a procez, pour sçavoir à qui les deniers appartiendront. Par Arrêt solemnel prononcé à Paris en Robes rouges à Noël, la somme ajugée aux heritiers immobiliaires. *Bibliotheque de Bouchel*, verbo *Succession*.

62 La clause de *propre & aux siens de son côté & ligne*, doit avoir effet, tant pour les propres réels vendus, que pour les propres fictifs & conventionnels ; & il faut que ces propres ayent passé une fois pour le tout en ligne collaterale. *Ricard, Coûtume de Paris*, art. 93. *n*. 4. Voyez *Du Frêne*, *liv*. 6. *ch*. 20. où il traite la question de la clause de remploi des propres ; *& Brodeau, Coûtume de Paris*, art. 93. *n*. 10. Voyez *Des Maisons, lettre P. nomb*. 9. qui rapporte un Arrêt contraire.

63 La stipulation de propre de côté & ligne, est pour conserver le propre conventionnel en son entier, non seulement dans la succession de la femme, mais aussi dans celle des enfans, jusqu'à ce qu'il ait une fois passé aux collateraux ; sçavoir si les deniers stipulez propres, se doivent prendre par délibation sur chaque genre de biens de la communauté, c'est-à-dire, partie sur les immeubles, & partie sur les meubles par contribution. *Voyez Du Plessis, Consultation* 16.

64 Il n'est pas besoin, pour être reputé propre de l'un des côtez, que l'heritage ait fait souche en la personne de celuy par le moyen duquel le decedé, de la succession duquel il s'agit, & celuy qui se dit parent & heritier de ce côté, étoient conjoints : mais il suffit qu'ils ayent été propres, & fait souche à celuy de la succession duquel il est question, encore qu'ils ayent été acquis par son prédecesseur, Arrêt du 1. Septembre 1565. infirmative de la Sentence du Bailly de Troyes. Voyez *la Bibliotheque de Bouchel*, verbo *Propres* ; où il est dit que si les heritiers des deux côtez sont au pareil degré, ils succedent également, sinon le plus proche emporte l'heritage, étant propre au défunt, mais sans ligne. Arrêt du 13. Avril 1548.

65 Par contrat de mariage une fille apporte une somme de deniers, avec stipulation d'employ des deux tiers, pour sortir nature de propre à la future épouse, & aux siens de son côté & ligne ; cela fait que les heritiers des propres de la femme succedent audit employ, encore qu'il ne soit fait lors du décés de la femme. Arrêt à la my-Août 1591. *Montholon, Arrêt* 93.

66 Pour succeder aux propres ou aux acquêts qui ont fait souche, il faut être parent du côté & ligne de celuy qui premierement a apporté l'heritage en la famille. Arrêt du 11. Decembre 1593. *M. le Prêtre, és Arrêts de la Cinquiéme*.

67 Somme de deniers baillée en mariage, pour être à la future épouse & aux siens de son côté & ligne, à tel effet que la chose est non seulement censée immeuble & propre en droit de succession, mais aussi tellement affectée à la ligne, que le plus proche heritier du défunt en est exclus par celuy qui est de la ligne, bien que la succession soit échûë en païs de Droit écrit. Arrêt du 22. Decembre 1600. Après la prononciation de l'Arrêt, M. de Harlay Premier Président, avertit les Avocats que la Cour avoit vuidé la question, qui avoit travaillé les plus grands

grands esprits du siecle. *Papon, livre 17. tit. 3. nombre 12.*

68. Pere succede aux propres de son enfant, à défaut de parens de l'estoc & ligne, & à l'exclusion de parens d'autre ligne. Jugé le neuf Mars 1622. *Bardet, to. 1. liv. 1. ch. 93.*

69. Pere qui a donné une somme de deniers en dot à sa fille, avec stipulation *de propre à elle & aux siens*, sans ajoûter les mots *de côté & ligne*, ne la peut prétendre en la succession de son petit-fils, & en est exclus par son gendre, pere & heritier mobiliaire du défunt. Arrêt qui l'a ainsi jugé, le 13. Avril 1627. *Idem, tom. 1. liv. 2. ch. 105.*

70. Cause appointée le 4. Avril 1634. pour sçavoir à qui doit appartenir une somme de deux mille livres, constituée en dot par le pere à sa fille sur ses droits maternels, avec stipulation de propre à elle & aux siens, de son estoc & ligne, ou au pere, ou à l'oncle maternel, ou aux freres consanguins de la défunte? La Sentence avoit jugé en faveur de l'oncle maternel. *Bardet, to. 2. liv. 3. ch. 18.*

71. Deniers échus à la fille par la succession du pere, & stipulez propres en contract de mariage à elle & aux siens *de son estoc & ligne*, appartiennent dans la succession aux heritiers des propres, à l'exclusion de la mere heritiere mobiliaire. Arrêt du 8. Juin 1634. *Bardet, ibid. ch. 21.*

72. Jugé par Arrêt du 17. Septembre 1655. en la Coûtume de Melun, qu'une somme de deniers stipulée propre à la femme par son contract de mariage, & aux siens de son estoc & ligne, la femme étant decedée la premiere, & ayant laissé une fille qui seroit decedée incontinent aprés, devoit appartenir au pere de la fille, à l'exclusion de ses heritiers collateraux, en consequence de l'article 263. qui veut que les heritiers soient descendus de celuy auquel les heritages avoient appartenu. Ainsi le plus proche étoit le pere. *Soëfve, tom. 2. Cent. 1. ch. 4.*

72 bis. Un ayeul maternel par son Testament, ordonne que tous les effets mobiliaires qui écherront par son décés à son petit-fils, luy seront & demeureront propres, & aux siens de son côté & ligne. Arrêt du 23. Janvier 1666. *Des Maisons, lettre P. n. 10.*

73. Par Arrêt du six Avril 1666. jugé que les deniers stipulez propres par contrat de mariage à la future, & siens de son côté & ligne, doivent appartenir aux heritiers du côté paternel. *Soëfve, to. 2. Cent. 2. chap. 79.*

74. Une fille ayant stipulé qu'une somme de deniers qu'elle apportoit en dot, seroit propre à elle & aux siens de son côté & ligne, cela exclud son mary de succeder dans ce propre fictif à deux de leurs enfans communs, au préjudice du troisiéme. Arrêt du Parlement de Paris du 3. Août 1682. *Journ. des Aud. tom. 5. liv. 1. ch. 1.*

75. En la Coûtume de *Philippeville*, les peres & meres qui survivent à leurs enfans, ne leur succedent pas dans les propres qui ne viennent pas de leur côté & ligne ; mais ils retournent à la ligne d'où ils procedent, même collaterale. Arrêt du Parlement de Tournay du 31. Janvier 1697. rapporté par *M. Pinault, to. 1. Arr. 139.*

Propres, Fruits.

76. Fruits des propres. *Voyez M. le Brun en son Traité de la Communauté, liv. 1. chap. 5. sect. 1. dist. 2. & les Commentateurs sur l'article 231. de la Coûtume de Paris.*

Propres leguez.

77. Si les propres peuvent se leguer ? *Voyez* le mot *Legs, n. 547. & suiv.*
Voyez cy-dessus le nomb. 14.

Propres, Licitation.

78. Licitation faite en Justice à l'un des coheritiers, les parts qui appartenoient à ses coheritiers luy sont acquêts, il n'y a de propre que sa portion. Jugé le 23. Juin 1660. *De la Guessiere, tome 2. liv. 3. chap. 27. Voyez le Traité des Propres, ch. 1. sect. 5. nomb. 7. & suiv.*

Propres Maternels, ou Paternels.

Voyez cy-dessus, Paterna Paternis.

L'Arrêt du 30. Mars 1696. rendu entre Eustache de Saintion, & les Danets, avant lequel les Chambres furent consultées, comme le rapporte *Tronçon, sur l'art. 143. de la Coûtume de Paris*, & le Continuateur de *M. le Prêtre, Cent. 3. ch. 88.* décide que les biens maternels qui avoient été ajugez à un enfant, pour son partage de la succession du pere, étoient reputez paternels par l'effet de la subrogation, & en cette qualité appartenoient aux heritiers paternels. *Voyez le Brun, en son Traité des Successions, livre 2. chap. 1. section 1.*

79.

80. Le pere succede aux propres maternels, & la mere aux paternels de leurs enfans décedez sans heritiers, à l'exclusion des freres du second lit, même du fisc. Arrêt à la prononciation de Noël 1611. *Montholon, Arrêt 181.*

81. Si les acquêts faits par un fils mort sans enfans, qui retournent à sa mere, tiennent lieu de propre ou d'acquêts ; & si étans propres à la mere, ils tiennent nature de propre paternel ou maternel ? Arrêt du Parlement de Roüen du 23. May 1623. qui les ajuge aux heritiers maternels. *Basnage, sur l'art. 247. de la Coûtume de Normandie.*

82. M. Mathieu Baudoüin Avocat, mariant sa fille à Jean d'Etrepagny, luy donne quatre mille liv. pour dot ; il donne la Terre de Bosdribose à son gendre, & aux enfans qui naîtroient de ce mariage, & au dernier vivant d'iceux. De ce mariage fut procréée une fille nommée Françoise. Aprés la mort de Jean d'Etrepagny, Marthe Baudoüin ayant épousé en secondes nôces le sieur Dulis, elle en eut un fils qui devint heritier de Françoise d'Etrepagny sa sœur uterine ; & en cette qualité il pretendoit avoir la Terre de Bosdribose, qui avoit été donnée par M. Mathieu Baudoüin son ayeul maternel, soûtenant que cette Terre luy appartenoit comme un propre maternel, au préjudice des heritiers au propre paternel de Jean d'Etrepagny, qui la reclamoient, comme luy ayant été donnée par son contract de mariage. Le Juge de Longueville avoit déclaré cette Terre un propre maternel. Au Parlem. de Roüen, où l'affaire fut portée par appel, les voix furent partagées, & le 30. Juin 1684. la Cour estima que cette clause du contract de mariage se devoit entendre seulement des enfans qui naîtroient, veu que la constitution de la dot étoit separée de la donation de la Terre, que la donation avoit été faite au mary, & aux enfans sortis de ce mariage ; vû aussi que le mari s'étoit chargé de payer sept mille liv. *Basnage, sur l'art. 245. de la Coûtume de Normandie.*

Propres naissans.

83. Dans la Coûtume de *Bretagne*, la femme dont le propre a été aliené par son mary, soit pendant son absence, ou minorité, *sive eâ ignorante*, a son hypotheque du jour du contract d'alienation, & non simplement du jour de sa ratification. Jugé à Paris le 4. Février 1676. *Journal du Palais.*

84. En la Coûtume de *Chaulny*, les propres naissans appartiennent aux collateraux, & non aux ascendans, pourvû qu'ils viennent d'ailleurs que desdits ascendans ; *secus*, s'ils en viennent. *Voyez M. le Prêtre, 2. Cent. ch. 18.*

85. L'heritier descendu de l'acquereur, est préféré à celuy qui n'est que du côté de l'acquereur, C'est la raison pour laquelle dans les propres naissans le neveu doit être préféré à l'oncle. Arrêt du 14. Août 1570. dans la Coûtume de *Senlis*. Le Vest, *Arr. 107.* parce que le neveu, & non l'oncle, est descendu de l'acquereur. Sur ce fondement si mon ayeul a acquis, & que l'heritage se trouve dans ma succession, &

que je laisse un grand oncle frere de mon ayeul, & un remué de germain, celui-ci sera preferé pour cet heritage, comme descendu de l'acquereur. *V. le Brun, des successions, liv. 2. chap. 1. sect. 3. n. 4.*

86 En la Coûtume de *Touraine* les propres naissans maternels ajugez aux grands oncles maternels, & aux cousins remuez de germains, à l'exclusion de l'ayeule & du pere du défunt. *Peleus, quest. 139. Voyez M. le Prêtre, 2. Cent. chap. 24.*

87 Le pere ne succede à sa fille au propre naissant, encore que tous les biens de luy & de sa femme ayent été faits communs par le contrat de mariage. Arrêt à Noël 1582. *Montholon, Arrêt 17.*

88 Jean Rogier est marié deux fois, a des enfans de l'un & de l'autre mariage, sa veuve fait quelques acquêts & decede; son fils d'elle recueille sa succession; question se meut entre son frere consanguin heritier des meubles & acquêts, & les cousins du défunt à qui appartiendroient les acquêts faits par la mere. Jugé le 14. Mars 1626. qu'ils appartiennent aux cousins maternels, à l'exclusion du frere consanguin. *Brodeau sur M. Loüet, lettre P. somm. 28. nomb. 25.*

89 Les neveux d'un défunt luy succedent aux propres naissans, à l'exclusion de l'oncle, quoiqu'en pareil degré. *Nota,* que les neveux étoient descendus de l'acquereur, & l'oncle non. Arrêt du 27. Mars 1646. *Du Frêne, liv. 4. chap. 37.*

PROPRES, OFFICES.

50 Les Offices sont propres dans les successions à l'égard de toutes sortes de personnes, mais il n'y a pas d'Arrêt pour les testamens. *Ricard, des Donations entre-vifs, 3. part. chap. 10. sect. 1. nomb. 1424. & suiv.*

91 Office stipulé propre au mari & aux siens, étant par luy vendu, les deniers sont reputez de même nature, pour reduire le legs par luy fait à sa femme sur tous ses meubles, acquêts & conquêts immeubles, & quart des propres dans la Coûtume de Dreux. Arrêt du mois de Juillet 1617. *Bardet, to. 1. li. 1. ch. 6.*

92 Deniers procedans de la vente d'un Office de Judicature dont le pere étoit pourvû avant son mariage, même employez en rentes constituées, sont propres paternels aux enfans, & la mere n'y peut succeder. Arrêt du 14. Mars 1633. *Bardet, tome 2. livre 2. chapitre 16.*

Voyez le mot Offices.

PROPRE, PRATIQUE DE PROCUREUR.

93 Jugé au Parlement de Paris le 16. Mars 1661. que la Pratique d'un Procureur ayant été stipulée propre au mari, quoique lors de la vente d'icelle se rencontrassent plusieurs promesses, obligations, executoires de dépens, frais arrêtez par les parties, le tout provenant de cette Pratique, tels effets appartenoient à l'heritier des propres, & non à la veuve qui les prétendoit comme meubles, quoique le Procureur pendant sa vie eût vendu sa Pratique 18000. livres, & se fût fait retroceder des promesses, obligations, & executoires de dépens. *Journal des Audiences tome 2. liv. 4. chap. 16.*

Voyez cy dessus le mot Pratique.

PROPRE, REALISATION.

94 La réalisation ne passe pas les actes pour lesquels elle est faite : ainsi la somme ayant été réalisée en faveur de la femme, ce qui veut dire qu'elle n'entrera pas en communauté, elle n'est pas réalisée quant à la disposition, & contre la femme même ; en sorte qu'elle pourra disposer de la somme nonobstant la réalisation, même au profit de son mary, dans les Coûtumes qui le leur permettent. Arrêt du 27. Août 1695. rendu en la premiere Chambre des Enquêtes du Parlement de Paris. *M. le Brun, traité de la Communauté liv. 1. chap. 5. nomb. 4.*

PROPRES, RECOMPENSE.

95 Quoique les heritiers aux propres soient de deux especes, les uns au paternel, les autres au maternel ; & quoique d'ailleurs la Coûtume ait pris soin de conserver les propres par le retranchement des acquêts, en donnant un recours aux heritiers aux propres pour faire condamner les heritiers aux acquêts & remplacement des propres alienez ; neanmoins si le donateur a donné un heritage propre en quoy consiste tout son bien paternel ou maternel, cette donation est maintenue au préjudice de l'heritier qui avoit ce droit de succeder à cet heritage, sans qu'il ait aucun recours ni recompense contre l'heritier de l'autre ligne, pourvû que la valeur de cet heritage n'excede point la valeur du tiers de tous les biens du donateur, quand il n'y a point d'acquêts, ou du tiers des propres quand il y a diversité d'heritiers, les uns aux acquêts, les autres aux propres, auquel cas il la faudroit réduire ; de sorte qu'on a jugé, que comme lors que la vente a été faite de tous les biens d'un côté, soit paternel ou maternel, il faut prendre la succession en l'état qu'elle se trouve au temps de l'écheance, sans que les heritiers de l'une ou de l'autre ligne puissent prétendre aucun remplacement l'un contre l'autre à cause des alienations faites par le défunt ; ainsi quand un propre a été donné valablement, l'heritier qui pouvoit succeder à ce propre n'a aucun recours ni recompense à demander à l'heritier de l'autre ligne. Ce qui a été jugé par plusieurs Arrêts. *Pesnelle sur l'article 441. de la Coûtume de Normandie.*

96 Un testateur disposant de ses propres au delà de ce qui luy est permis par la Coûtume, il n'échoit de donner recompense aux legataires pour les meubles & acquêts quand il en a disposé. Arrêt du 29. Janvier 1647. *Du Frêne, livre 4. chap. 47.*

97 Les heritiers des propres ne sont point obligez de donner à des legataires particuliers de leur auteur une recompense pour les réedifications & améliorations faites en un propre. Arrêt du Parlement de Paris du 3. Août 1688. *Au Journal des Audiences, tome 5. liv. 4. chap. 25.*

PROPRES NE REMONTENT.

98 Il resulte des Principes établis par *M. le Brun* en *son traité des Successions, livre 1. chap. 5.* que la regle ordinaire qui dit, *que propre heritage ne remonte point,* reçoit plusieurs exceptions ; la premiere, qu'elle n'a lieu que pour la directe : car les heritages propres peuvent remonter en la collaterale, comme en la personne d'un oncle ; aussi l'article 313. de la Coûtume de Paris, ne propose cette regle que pour la ligne directe, mais les propres remontent de telle sorte dans la ligne collaterale, qu'il n'y a que les parens du côté & ligne qui y succedent, en sorte que la regle *paterna paternis* sembloit suffire pour l'une & l'autre ligne : car en vertu de cette maxime la mere devoit être exclue des propres paternels, & le pere des propres maternels, & les parens collateraux de même.

La seconde exception est, que les propres remontent aux ascendans, par le moyen du droit de reversion ; & en ce cas ils remontent jusqu'à la personne de l'ascendant qui a fait la donation, quoiqu'il y ait un autre ascendant du donataire, & du même côté & ligne qui se trouve entre lui & le donateur ; c'est pourquoi si l'ayeul a donné un propre après la mort du petit fils donataire arrivée sans enfans, tel propre appartient à l'ayeul, & non pas au pere. La troisiéme est, que les ascendans succedent par usufruit aux conquêts de leur Communauté, lesquels par le decez de l'un d'eux sont échûs à leurs enfans decedez sans enfans, & sans freres ni sœurs, aux termes des articles 230. & 314. de la Coûtume de Paris. La quatriéme est, que les ascendans succedent aux propres quand ils sont eux-mêmes du côté & ligne, comme si l'ayeul a donné un immeuble, & qu'il soit décedé ; car en ce cas si le petit fils donataire décedant sans enfans, le pere comme le plus proche du côté & ligne, sera preferé pour cet immeuble à tous les collateraux. La cinquiéme est, dans le cas que le fils ait

PRO PRO 227

retiré par retrait lignager un propre de sa famille; car alors le pere du côté duquel ce propre procede, est encore préferé à tous les collateraux du fils. La sixiéme est, qu'au cas que le fils n'ait point laissé d'heritier de la ligne maternelle : car alors le pere ou la mere succede aux propres de la ligne défaillante, à l'exclusion des collateraux de son côté. La septiéme est, que si le fils fait acquisition d'un heritage, lequel par sa mort est depuis appartenu au petit fils qui vienne à déceder sans enfans, & sans freres & sœurs, l'ayeul succede à cet heritage en pleine proprieté, suivant l'article 315. de la Coûtume de Paris. La huitiéme est, que si le mari a donné un immeuble à sa femme par contrat de mariage, & qu'un enfant commun ayant succedé à ce propre, vienne à déceder & sans freres ni sœurs, selon l'opinon de plusieurs, le propre retourne au pere.

99 En la Coûtume de *Senlis* entre l'oncle & le neveu les propres ne remontent en ligne collaterale, non plus qu'en ligne directe. Prononcé le 14. Août 1570. *Le Vest., Arrêt* 107.

100 Sur l'Arrêt de Châteauvillain du 20. Juillet 1571. aprés turbes faites en la Coûtume de *Chaumont*, jugé que propres ne remontent point ; il fut dit que les collateraux du côté & estoc dont procedent les heritages, y feroient exclus la mere du défunt pour le regard des propres, encore qu'elle soit en plus prochain degré ; erreur ayant été proposée contre l'Arrêt, il fut jugé en Juin 1578. qu'il y avoit erreur, & que les propres ne remontent, encore qu'ils n'ayent fait souche qu'en la personne du décedé, & non de son pere, tellement qu'ils ne soient point *avita*. Arrêt prononcé en Robes rouges avant Pâques 1560. en la Coûtume de Paris. *Voyez la Bibliotheque de Bouchel*, verbo *Propre*.

101 Quand on dit que les propres ne remontent, cela s'entend quand le pere n'est de l'estoc ou de la ligne dont est procedé l'heritage ; *secus* s'il est de l'estoc & ligne : *Verbi gratiâ*, l'ayeule maternelle donne & legue à sa petite fille une terre en faveur de mariage ; cette petite fille décede sans enfans, & l'ayeule auparavant, la mere comme étant de l'estoc & ligne dont l'heritage venoit, & étant la plus proche, y doit succeder, à l'exclusion de ses freres & oncles de la petite fille heritiers collateraux ; parce que le propre ne sort point de la ligne, & ne passe point en une famille étrangere. Arrêt du 5. Janvier 1630. Arrêt du 14. Avril 1676. conforme en la troisiéme des Enquêtes ; en ce cas ce n'est pas remonter, mais retourner en sa source ; car remonter, c'est passer de la ligne paternelle en la maternelle, *& è converso*. Brodeau sur M. Loüet, lettre P. *sonum*. 47. *Voyez M. le Prêtre*, 2. Cent. chap. 18. & le *Vest, Arrêt* 107.

PROPRES, REMPLOY.

102 Comme il n'y a point de remplacement de Coûtume à Coûtume, il n'y a pas lieu de demander un remploy des propres de Normandie, sur des acquêts situez à Paris, les heritiers aux acquêts consentant le remploy des propres sur des acquêts de Normandie. *Voyez Basnage sur l'article 408. de cette Coûtume*.

103 Quoiqu'un nommé Nicolas Bailli eût déclaré lors de la constitution d'une rente de deux mille liv. en principal, & de l'acquisition d'un Office de Chargeur de bois, qu'il faisoit ces acquisitions des deniers procedans de la vente de ses propres maternels, & qu'il entendoit qu'elles luy tiendroient lieu de propres du même côté ; neanmoins la Cour en confirmant la Sentence du Prévôt de Paris les ajugea comme acquêts aux heritiers paternels, qui étoient en plus proche degré. *Voyez le Brun, des Successions*, livre 2. chap. 1. sect. 1. n. 37. il rapporte l'Arrêt du 16. Avril 1671.

104 Si les deniers de soulte de partage dûs, peuvent être tenus & censez meubles, y ayant convention que le mari les recevant seroit tenu de les remplacer

Tome III.

en heritages qui sortiroient même nature d'anciens heritages, comme étoient les biens partagez; *Voyez Bouvot*, to. 1. verbo *Deniers de soulte*, quest. 1. & part. 2. verbo *Deniers anciens*, où il rapporte l'Arrêt du Parlement de Dijon du 6. Juillet 1566. qui ajugea les deniers au pere, quoiqu'il semblât ne devoir profiter de sa faute & negligence.

Une somme est donnée à la future épouse, avec **105** stipulation qu'elle sera employée en rente ou heritage qui sortiroit nature de propre à elle & aux siens de son estoc & ligne. Arrêt du Parl. de Paris du 22 Decembre 1600. prononcé en Robes rouges, qui aprés le décez du fils heritier de sa mere, donne cette somme à ses collateraux à l'exclusion des freres du second lit, parce que ceux-ci n'étoient que parens paternels, & le droit appartenoit aux heritiers du côté maternel. Aprés la prononciation M. le Premier Président de Harlay avertit les Avocats de donner conseil suivant l'Arrêt. *Bibliot. de Bouchel* verbo *Remploy*.

Par Arrêt du Parlement de Paris du 6. Septem- **106** bre 1603. aprés en avoir demandé l'avis aux autres Chambres, il fut dit que la veuve seroit remboursée par préference à l'heritier beneficiaire du mari, sur les biens de la communauté, des deniers provenans de la vente de ses heritages propres, & pour ceux vendus sans son consentement, elle en seroit remboursée, même sur les propres du mari. *Bibliotheque de Bouchel*, verbo *Mariage*. Il s'agissoit de sçavoir si un fils succedant à son pere auquel il devoit trois cents livres de rente, dont par ce moyen il demeuroit quitte, & depuis ce fils étant mort sans enfans, ses heritiers aux propres pouvoient demander le remploy de cette rente? Par Arrêt du Parlement de Roüen du 17. Août 1634. les heritiers aux acquêts furent déchargez de la rente. *Basnage, sur l'article 408. de la Coûtume de Normandie*.

Un frere avoit legué tous ses meubles à sa sœur **107** uterine qui étoit aussi heritiere aux acquêts ; elle y renonça, & se contenta de prendre seulement ce legs universel des meubles ; ce frere avoit constitué sur luy plusieurs rentes, ce qui obligea les heritiers aux propres de demander que puisque les acquêts n'étoient pas suffisans, les meubles fussent employez au rachat des rentes, & que ces constitutions étoient de veritables alienations du propre qu'il faudroit necessairement vendre, & qui n'étoient point employez. La legataire répondoit que le remploy n'étoit dû qu'en cas d'une veritable alienation du propre, qu'on ne pouvoit mettre au nombre de simples constitutions de rente. Par Arrêt du Parlement de Roüen du 3. Août 1645. la legataire fut déchargée; mais il n'a point été suivi ; étant contraire aux anciennes maximes & à plusieurs Arrêts. Par un du 8. Juillet 1659. il fut jugé en faveur de l'heritier au propre, que le legataire universel aux meubles devoit se charger des rentes constituées, vû qu'il n'y avoit point d'acquêts, qu'apparemment les meubles avoient été augmentez des deniers provenans de la constitution de ces rentes, nonobstant que l'on se prévalût de l'Arrêt cy-dessus. Autres Arrêts des 20. Août 1646. & 27. Mars 1655. *Basnage, sur la Coûtume de Normandie, article* 408.

Jugé au même Parlement de Roüen le 15. Decem- **108** bre 1691. que les sieurs Alexandre heritiers aux meubles & acquêts d'Antoine de Bethancourt ne devoient sur iceux à Françoise de Bethancourt heritiere au propre paternel, le remplacement d'une rente de 71 liv. qu'Antoine de Bethancourt fils avoit donnée en payement d'une Charge d'Enseigne d'une Compagnie dans le Regiment de Champagne, qui avoit été perduë par sa mort. Les sieurs Alexandre prétendoient que cette Charge ayant été perduë par force majeure, il n'étoit point dû de remplacement de la rente donnée en payement. L'Arrêt fondé sur cette distinction, qu'un propre perdu par une force ma-

Ff ij

jeure n'est pas sujet à remplacement, mais qu'un bien acquis & payé d'un propre vendu ou transporté n'étoit pas un propre, & que cette rente de 71. liv. étant échûë au fils de la succession de son pere, & ne se trouvant plus dans son bien lors de sa mort, devoit être reprise sur les meubles & les acquêts. *Basnage, sur l'art. 246. de la Coût. de Normandie.*

109 Par Arrêt du 7. Juillet 1650. jugé que le remplacement du propre alicné se fait sur les conquêts, tant anterieurs que postérieurs au marc la livre. *Berault, sur la Coûtume de Normandie, à la fin du 2. tome p. 100. sur l'art. 408.*

Voyez ci-après le mot Remploy.

PROPRES, RENTES.

110 Si le défunt avoit aliéné une rente avec clause de garantir, fournir & faire valoir, & que ses heritiers la reprennent, & payent au cessionnaire le sort principal, à l'effet de se charger de la garantie; cette rente sera propre en leur personne, *quia censetur magis redditum quàm translatum dominium*; ce qui a été jugé par un Arrêt du 3. Mars 1618. rapporté par *la Lande sur l'article 324. de la Coûtume d'Orleans.*

111 Rente constituée au profit du mari, des deniers de son propre aliéné, avec stipulation qu'elle sortira pareille nature, est acquêt en sa succession à l'égard des collateraux, le remploy n'ayant été stipulé au contrat de mariage que pour luy & les siens. Arrêt du 27. Janvier 1625. *V. Bardet, to. 1. liv. 2. chap. 29.* où des Arrêts contraires, avec les circonstances sont rapportez. Une distinction generale est que si un cohéritier constitué une rente pour un heritage propre qui tombe dans son lot, le partage est une espece d'échange qui opere la subrogation, ce qui ne se rencontre pas au fait particulier d'une rente constituée par l'acquereur d'un propre.

PROPRES, REPRISE.

112 De la reprise des propres en cas de renonciation. *V. M. le Brun, traité des Propres, livre 3. ch. 2. sect. 2. dist. 3.*

Voyez cy-après le mot Reprise.

PROPRE, RETRAIT.

113 Si l'heritage retrait par lignage est heritage propre quant à tous effets, pour succession, pour testament, pour autre retrait? *Voyez Coquille, tome 2. question 188.*

114 Heritage retiré par le lignager luy est reputé propre. Arrêt du 7. Septembre 1570. l'heritage retrait par le pere prêteur des deniers de la succession de sa femme au nom de ses enfans comme lignagers du côté maternel, fut déclaré propre du côté, & non acquêt, *sed & quidquid acquirit quod aliàs sibi ex successione obventurum erat habere videtur ut proprium non ut acquisitum. Joan. Fab. in proœm. inst. in verb. Alemanicus*, notez l'Arrêt du 30. Juillet 1575. *Biblioth. de Bouchel, verbo Propre.*

115 De Premesse en acquêt, si elle va solidairement au plus proche; ou si elle se depart aux deux êtocs? La Sentence avoit jugé en faveur du plus proche. Arrêt du 15. Juillet 1608. qui ordonne un deliberé. *Voyez Frain, page 39. Hevin, dans ses notes, page 45.* dit que les retraits se reglent comme les successions, & examine la question de sçavoir si les degrez se comptent suivant le Droit Civil ou Canonique; il décide que la computation Canonique n'a lieu que pour regler les mariages, & ne se doit appliquer aux affaires purement Civiles, telles que les successions & les retraits.

116 On demande si le fief à cause duquel le retrait feodal a été exercé étant propre au Seigneur, la chose par lui retirée, prendra la même nature de propre, ou si elle sera considerée en sa personne de nature d'acquêt? La même difficulté peut être proposée pour le retrait de Coûtumes où il est reçû. La raison de douter est tirée de l'article 139. de la Coûtume de Paris qui donne la qualité de propre à l'heritage retiré par retrait lignager, encore que le remboursement du prix du même heritage ait été fait en deniers qui étoient meubles en la personne du retrayant; à l'égard du retrait feodal il a été reçû pour réunir à la table du Seigneur, & au corps du fief dominant la chose retirée. Arrêt du 24. Janvier 1623. donné en l'Audience de la Grand'-Chambre. Autre chose est des fonds retournés entre les mains du Seigneur par droit de commise & confiscation sans bourse délier, qui prennent la même qualité de propre ou d'acquêt qui se rencontrent dans le fief, à cause duquel le retrait a été exercé. *Voyez Auzanet, sur l'article 10. de la Coûtume de Paris.*

Jugé au Parlement de Roüen le 3. Mars 1645. contre le sentiment de *Berault*, qu'un heritage retiré par l'acquereur perdant le droit de lettre lûë tient nature de propre quand cet heritage vient de succession; car étant propre au retrayant à droit de lettre lûë, il rentre en sa main avec cette même qualité. *Basnage sur la Coûtume de Normandie, art. 483.*

117 Heritage réüni par retrait feodal au fief qui tenoit nature de propre, est gardé propre. Arrêté du Parlement de Roüen, les Chambres assemblées, du 6. Avril 1666. art. 108. *V. Basnage, to. 1. à la fin.*

Voyez cy-après le mot Retrait, §. Retrait, Propre.

PROPRES, SUCCESSION.

118 Dubois, *de propriorum successione secundum consuet. Parisiensem*, in octavo, *Paris. 1662.*

119 Dans les Coûtumes semblables à celle de Paris, quand il n'y a point de parens du côté & ligne de l'acquereur, l'heritage appartient au plus proche, comme un simple acquêt. *M. le Brun, traité des successions, liv. 2. chap. 1. sect. 3.*

120 De la succession des ascendans aux propres dont ils se trouvent les plus proches heritiers. *Voyez M. le Brun, des Successions, livre 1. ch. 5. sect. 4.* il propose cette espece. Un particulier ayant épousé sa cousine germaine eut d'elle un enfant, la mere décéda laissant des propres. Le fils qui luy avoit succedé décéda peu après; tous les propres maternels étoient prétendus par le pere. Ses freres & sœurs, oncles & tantes *de cujus bonis agebatur* demandent leur part. *M. le Brun* décide en faveur du pere, parce qu'il est à l'égard des oncles dans le premier degré de la ligne ascendante, & eux ne sont que dans le second degré de la ligne collaterale. Le pere ne seroit pas bien fondé à l'égard des freres & sœurs du défunt; s'il est aussi dans le premier degré de la ligne ascendante, ils sont eux dans le premier degré de la ligne collaterale. Le mariage qui resserre les nœuds de la famille approche le pere, sans approcher les oncles, mais il a produit les freres & sœurs du défunt, à l'égard desquels le pere demeure dans la disposition du Droit commun, & par consequent reduit à la succession des meubles & acquêts.

121 Un frere acheté un heritage, meurt sans enfans, & laisse son frere son heritier qui décéde sans enfans, l'heritage n'est pas propre de ligne. *Voyez Brodeau sur M. Loüet, lettre P. somm. 28.*

122 Par Arrêt du dernier May 1560. jugé au Parlement de Paris que les biens acquis par le pere faits propres au fils venant à deceder appartiennent aux cousins germains, & autres parens paternels, *exclusis fratribus uterinis*. Papon, *liv. 21. tit. 1. n. 17.*

123 Ce chef de la résolution de *M. Charles du Moulin*, qu'aux propres naissans du défunt, acquis par son pere, les neveux & doivent succeder à l'exclusion des oncles, a été confirmé par Arrêt du 14. Août 1570. rapporté en forme par le *Vest, chap. 107.* & depuis le même a été jugé en la Coûtume de Paris par Arrêt donné avec grande connoissance de cause, en la cinquième Chambre des Enquêtes le 27. Mars 1646. *V. Ricard, sur la Coûtume de Senlis, art. 141.*

124 Au cas que par le contrat de vente l'acheteur ait constitué une rente pour le prix du propre vendu,

cette rente est acquest dans la succession du vendeur. Arrêt du 24. Mars 1592. *V. le Brun, traité des Successions, livre 2. chap. 1. sect. 1. p. 136.*

125 Ceux qui sont de la ligne, quoique plus éloignez en degrez succedent aux propres donnez à un parent, à condition d'être propres, & ce à l'exclusion de l'heritier des acquests; mais si la chose est donnée simplement, quoique *successuro*, elle est acquest. Arrêt du 20. Septembre 1594. *M. Loüet, lettre A. somm. 2.*

126 Par contrat de mariage il est stipulé que tous les effets mobiliers apportez par le mari il y aura 600. livres qui demeureront propres & aux siens; il décede laissant une fille qui survit peu; la mere prétend succeder à l'exclusion des Collateraux, disant qu'outre qu'il n'est pas stipulé que les 600. livres seront employez en heritages propres, cette action est mobiliaire. Arrêt du Parlement de Paris du 23. Decembre 1609. en sa faveur; elle avoit perdu la cause au Châtelet. *Voyez la Bibliotheque de Bouchel, verbo Propres.*

127 En la Coûtume de Chartres un reliqua de compte stipulé propre pour la femme & les siens, cette stipulation exclut le mary d'y pouvoir rien prétendre à cause de la communauté, mais non en qualité de legataire de sa femme, laquelle luy avoit legué tous ses meubles, acquests, & le quint de ses propres. Arrêt du 9. Juillet 1618. *Brodeau sur M. Loüet, lettre Q. somm. 5. nomb. 7. circà medium.*

128 Un pere donne à son petit fils quelques heritages; après sa mort deux de ses sœurs de pere & de mere, & un frere consanguin ses uniques heritiers prétendoient cet heritage, le frere le prétendoit comme un acquest; les sœurs au contraire soûtenoient que c'étoit un propre; le frere de peré heritier ou acquests disoit qu'un bien ne peut devenir propre que par succession ou par donation à l'heritier présomptif. Par Arrêt du Parlement de Roüen du 28. Mars 1622. on jugea en faveur des sœurs de pere & de mere. *Basnage, sur l'article 247. de la Coûtume de Normandie.*

129 L'article 98. de la Coûtume de Chartres, a lieu tant en succession collaterale, qu'en directe; & les filles du premier lit prennent en celle de leur mere germain les propres feodaux, à l'exception de la niéce fille d'un frere du second lit. Jugé au Parlement de Paris le 26. Juillet 1632. *Bardet, tome 2. liv. 1. chap. 39.*

130 Arrêt du premier Mars 1633 qui appointe en interpretation des art. 311. 312. & 330. de la Coûtume de Paris, pour sçavoir à qui doivent appartenir les propres anciens du défunt venus de l'ayeule paternelle, dont la ligne manque, & contentieux entre l'ayeule paternelle, la sœur de l'ayeule grand' tante du défunt, la mere & le frere uterin. *Bardet, tom. 2. liv. 2. chap. 13. & nême livre aux notes p. 613.*

131 Les mâles & leurs descendans excluent les femelles & leurs descendans au propre. L'agnation ni la proximité du degré ne sont point considerées, parce qu'en succession de propre représentation de sexe a lieu à l'infini. Arrêt du Parlement de Roüen du 17. Avril 1646. *Basnage, sur l'article 245. de la Coûtume de Normandie.*

132 Somme d'argent promise par un pere par avancement de succession est un propre. Arrêt du Parlement de Roüen du 5. Juillet 1646. *Basnage, ibidem, article 434.*

133 On a jugé plusieurs fois au Parlement de Roüen que la dot constituée à la femme des meubles qui ne luy avoient point été donnez par son pere ou par son frere, mais qui luy étoient échûs par succession, appartenoient à l'heritier au propre à l'exclusion de l'heritier aux acquests; ainsi soit, que les deniers aient été donnez par le pere pour la dot, ou soit que des meubles échûs à la fille par succession aient été constituez par elle en dot, on les fait passer à l'heritier au propre; cela fut jugé le 6. Mars 1650. *Bas-*

nage, ibidem, art. 511. où il semble que pour rendre propre les rentes constituées de deniers provenans de meubles échûs à une fille par succession, il soit necessaire qu'elle soit mariée; car c'est l'espece d'un Arrêt du 12. Janvier 1662.

Par les Arrêts de Latcanier, de Thomas, & de Biset, la dot constituée par une fille, de meubles qui luy étoient échûs par succession appartient à l'heritier au propre, à l'exclusion de l'heritier aux meubles & acquests. *Basnage, ibidem, art. 511.* 134

Tous biens immeubles échûs par successions sont reputez propres sans qu'il y ait distinction de propres anciens & naissans. Art. 46. des Arrêtez du Parlement de Roüen, les Chambres assemblées, le 6. Avril 1666. *Basnage, to. 1. à la fin.* 135

Pour pouvoir disposer du quint de ses propres à vingt ans, il suffit de n'avoir pas une quantité raisonnable de meubles. Ainsi jugé les 23. Juin 1585. & 14. Mars 1623. ces Arrêts sont rapportez par *Vigier, sur l'art. 49. de la Coûtume d'Angoumois. Voyez aussi M. le Brun traité des Successions, livre 2. chap. 4. nomb. 46.* où il dit qu'ayant soûtenu qu'il étoit necessaire pour pouvoir disposer de tous ses meubles dans la Coûtume d'Anjou d'avoir des propres en quantité, & qu'il ne suffisoit pas d'en avoir en qualité; il fit ainsi juger la question le 2. Juillet 1668. c'étoit un oncle qui avoit testé. 136

Jugé en la quatriéme Chambre des Enquêtes par Arrêt rapporté sans date dans les Memoires de M. Auzanet, sur l'article 300. de la Coûtume de Paris, que l'heritier présomptif auquel on avoit fait un legs particulier de biens, qui composoient la totalité des propres, pouvoir en optant la qualité de legataire, les retenir en ladite qualité, encore qu'un heritier de la ligne plus éloigné, prétendant que les quatre quints des propres ne pouvoient pas être compris dans un legs testamentaire, au préjudice de celuy qui succede aux propres; cet Arrêt est fondé sur la raison qu'il n'y avoit pas d'heritier concourant en degré qui pût contester le legs des propres. *Ricard des Donations, part. 1. chap. 3. sect. 14. nomb. 699.* 137

Stipulation de propre à la femme & aux siens d'un reliqua de compte à elle dû par son tuteur, n'empêche qu'elle n'en puisse entierement disposer par testament au profit de son mari dans la Coûtume de Chartres. Arrêt du 9. Juillet 1618. *Bardet, tome 1. li. 1. chap. 34.* 138

Arrêt du Parlement de Paris du 30. Juin 1646. rapporté par *Vigier, sur l'article 49. de la Coûtume d'Angoumois,* qui a jugé que quand le testateur a donné ses propres à tous ses heritiers présomptifs, ils ne peuvent debattre son testament, par lequel il a donné ses meubles & acquests à d'autres personnes. 139

Un testateur disposant de ses propres au delà de ce qui luy est permis par la Coûtume, s'il échet de donner recompense aux legataires sur les meubles & acquests quand il en a disposé? Jugé pour la negative le 29. Janvier 1647. *Du Frêne li. 4. ch. 47.* 140

Jugé par Arrêt du 12. Mars 1663. qu'une terre donnée en contrat de mariage à un collateral, à la charge qu'elle luy demeurera propre, est tellement propre au donataire qu'il n'en peut disposer par testament que jusqu'à la concurrence de ce que la Coûtume luy permet de disposer de ses propres. *Soefius, tome 2. Cent. 2. chap. 78.* 141

Un frere consanguin peut avec ses meubles seulement donner par testament le tiers de ses propres maternels. Arrêt du 27. Avril 1681. *De la Guessiere, to. 4. liv. 5. chapitre 14.* 142

Dans la prohibition de Coûtume de disposer des propres réels, soit entre-vifs ou par testament, les propres fictifs ou conventionnels n'y sont pas compris. Arrêt du Parlement de Paris du 27. Août 1695. *Journ. des Aud. to. 5. liv. 11. ch. 18.* 143

Jugé au Parlement de Tournay le 30. Mars 1697. 144

Ff iij

qu'une femme mariée domiciliée en Haynaut ne peut par testament disposer des immeubles à elle propres, situez à Tournay. M. Pinault, tome 1. Arr. 146.

145 Des enfans dans la Coûtume de Tournay ne peuvent prétendre du vivant de leur mere la proprieté des biens propres de leur pere décedé, lorsque par un testament conjonctif leur pere & mere ont laissé au survivant d'eux deux la liberté & le pouvoir d'en disposer à sa volonté. Voyez M. Pinault, tome 2. Arrêt 263.

PROPRES ET DU TIERS.

146 En la Coûtume de Touraine un Etranger naturalisé dispose de tous ses biens par donation à son fils adoptif, le Procureur du Roy en la Chambre du Tresor prétend la donation nulle, ou bien qu'elle devoit être reduite au tiers, suivant l'art. 234. de ladite Coûtume, le Procureur du Roy debouté, & la donation declarée bonne & valable. Arrêt du huit Juin 1576. M. Louet, lettre D. somm. 37.

147 Il y a des Coûtumes qui veulent que celuy qui n'a point de propres, ne puisse disposer que du tiers de ses acquets; & s'il n'a ni propres ni acquets, que du tiers de ses meubles, & n'importe où les propres soient situez. Arrêt du 17. Juin 1606. Idem, lettre P. somm. 48.

PROPRES, USUFRUIT.

148 On ne peut disposer par usufruit de la portion des propres qui ont fait souche, & qu'on doit laisser à l'heritier, parce que cette portion est laissée loco legitima, quæ legatis gravari non potest. Montholon, Arrêt 35.

Jugé que si un Testateur dispose de l'usufruit de tous ses propres, ou d'autres parties du même usufruit, outre l'usufruit du quint des propres: telle disposition se reduira à l'usufruit du quint seulement. Arrêt dans la Coûtume de Paris du 28. Novembre 1537. Bibliotheque de Bouchel, verbo Disposition.

PROPRIETE'.

PRoprieté, Dominium. Proprietaire, Dominus.
De acquirendo rerum dominio. D. 41. 1.
De rerum divisione, & acquirendo ipsarum dominio. I. 2. 1.
De dominiis & acquisitionibus rerum. Ulp. 19.
De acquirenda vel amittenda possessione. D. 41. 2.
C. 7. 32. La possession est un moyen d'acquerir la proprieté.
La proprieté ne se transmet que par le fait du Proprietaire. L. 11. D. de reg. jur.

PROTESTATIONS.

1 DE protestationibus. Per Martin. Garrat Laudens. & per Joan. Agusell.
2 De protestatione. Voyez les Opuscules de Loysel, p. 145.
3 Protestationes factæ in Curiâ Romanâ, an de jure teneant? Voyez Franc. Marc. to. 1. qu. 1311.
4 De l'effet des protestations contre des actes publics & autorisez de la presence du Prince. Voyez Soëfve, tom. 1. Cent. 3. ch. 85.
5 M. le Chancelier Poyet homme redouté, fit commandement à un particulier poursuivi par ses sœurs, qui neanmoins avoient renoncé, de leur laisser sa portion, à peine de perdre la sienne dans l'heredité dont il s'agissoit, il protesta. Arrêt du Parlement de Paris du 9. Août 1543. qui ayant égard à ses protestations, cassa tout ce qu'il avoit été obligé d'accorder. Biblioth. de Bouchel, verbo Restitution. Papon. liv. 16. tit. 3. n. 10.
6 Arrêt du dernier Mars 1661. qui a jugé que les protestations secretes de passer un Acte par force ou crainte, n'ont pas lieu en faveur d'un particulier contre une communauté. Le demandeur en Lettres fut debouté; neanmoins la Cour, pour certaines causes & considerations, luy ajugea une somme de mille liv. Boniface, to. 2. liv. 2. tit. 19. ch. 6. Il rapporte un Arrêt du 12. Octobre 1637. qui eut égard à semblable protestation secrete: mais elle étoit faite par une Dame contre son Solliciteur, homme toûjours suspect.

Les protestations secretes contre les vœux sont 7 inutiles; ainsi jugé en 1655. parce que ces actes sont ordinairement suspects de fausseté. Definit. du Droit Canonique, pag. 911.
Voyez cy-après, Reclamation, Vœux.

PROTETS.

VOyez le mot Lettres. §. Lettres de change, n. 35. & le Commentaire de Bornier sur l'Ordonnance de 1673. tit. 5. art. 3. & suiv.
L'Ordonnance du Roy pour le commerce, doit servir de règle, pour faire les protets des billets de change en France, & contre des François, quoique les Endosseurs soient Flamans ou étrangers. Arrêt du Parlem. de Tournay du 8. Novembre 1695. Pinault, to. 1. Arr. 80.

Arrêt du Parlement de Paris du 17. Janvier 1629. en faveur des Notaires, contre les Sergens à Verge du Châtelet, pour raison des protets; les Notaires authorisez à les faire. Le 22. Août 1648. il fut ordonné que les protets de Lettres de change ne pourroient être faits que par deux Notaires, à peine de nullité. Même Arrêt du 27. Janvier 1663. Voyez les Chartres des Notaires, ch. 9. p. 557. & suiv.

PRO-TUTEUR.

PRo-Tuteur, Pro-Curateur, qui a administré comme Tuteur, ou comme Curateur.
De eo qui pro Tutore, prove Curatore negotia gessit. D. 27. 3... C. 5. 45.
Voyez les mots Curateur, Mineur, & Tuteur.

PROVENCE.

1 PRovincia comitatus, antequam coronæ Franciæ uniretur, erat de homagio Imperatoris. Franc. Marc. tom. 1. qu. 454.
2 Droit du Roy sur les Villes & Places de Nice, Villefranche, & autres, à cause du Comté de Provence. Voyez Du Puy, Traité des Droits du Roy, page 34.
3 Statuta Provinciæ Forcalqueriique comitatuum, cum Massâ & alior. comment. Aquis Sextiis 1598.
4 Genealogie des Comtes de Provence, depuis l'an 577. jusqu'à Henry IV. Aix 1598.
5 Reglement pour les Officiers du Parlement de Provence. Voyez le mot Juges, n. 80.
6 Des Officiers de la Provence, & Officiers de la Justice audit Pays; Ordonnance de Fontanon, tom. 1. liv. 2. tit. 7. p. 255.
7 Le 18. Août 1615. les Gens des trois Etats du Pays de Provence presenterent un cahier au Roy, pour le Jugement des procez évoquez aux autres Parlemens, suivant les Us & Coûtumes dudit Pays: il a été accordé. Voyez Boniface, tom. 2. part. 3. liv. 2. pag. 224.
8 La defense de la pieté de Provence pour Saints Lazare, Maximin, Marthe & Magdelaine, contre Launoy par Bouche. Aix 1663.
Annales de l'Eglise d'Aix, avec des Dissertations Historiques contre Launoy, par Pitton. Lyon 1668.

PROVINCE.

DEs Provinces en general, & en particulier.
Lex de Alexandrinis & Ægyptiacis Provinciis. Edict. Just. 13. Reglement pour ces Provinces.
De Armeniis. N. 21. Que les Armeniens suivront les Loix Romaines.
De descriptione quatuor Præsidum Armeniæ. N. 31.
De Armeniorum successione. Edict. Just. 3. Ils suivront le Droit Romain pour les successions.

De succesoribus eorum qui in Africâ degunt. N. 36. & 37. Qu'ils suivent les Loix Romaines.

Ut de catero, nullam licentiam habeat Dux aut Biocolyta Lydia & Lycaonia in Phrigian utramque & Pisidiam advenire. N. 145. Dux & Biocolyta, Officier qui regissoit ces Provinces, le Gouverneur.

Voyez les mots *Consul, Gouverneur, Lieutenant, Preteur.*

PROVISION.

ON parlera d'abord des provisions qui concernent la vie, & qui s'ajugent aux debiteurs ou creanciers en matiere civile, & aux accusateurs en matiere criminelle. L'on fera un titre particulier des provisions de Benefices.

1. *De tritico, vino, vel oleo legato. D. 33. 6.*
De penu legatâ. D. 33. 9.
De alimentis, vel cibariis legatis. D. 34. 1.
De lege Juliâ, de Annonâ. D. 48. 12. Des abus commis en la police des vivres, comme amas, monopole, &c. *Voyez* les mots *Bled* & *Police.*
De annonis & capitatione administrantium, & eorum adsessorum, aliorumve publicas sollicitudines gerentium, vel eorum qui aliquas consecuti sunt dignitates. C. 1. 52. Les salaires des Juges & des Officiers étoient fournis par le public, & consistoient en provisions de bouche, pour eux, & pour leur suite ou équipage. *Annone*, sont les provisions, & la nourriture des Officiers. *Capita*, sont la nourriture de leurs chevaux, & bêtes de voiture, les fourrages, *Verbum, Capita, in hoc tit. genitum est à verbo, Capitum, è Graeco, Καπιτον, quod est pabulum equorum. Capitu in genitivo, sonabat, Capitou, Hellenicè.*
De canone frumentario. C. 11. 22...... C. Th. 14. 15. Des provisions ou denrées que les Provinces étoient obligées de contribuer, & d'envoyer à Rome.
De frumento urbis Constantinopolitanae. C. 11. 23....C. Th. 14. 16. Défense de donner au peuple du bled au lieu de pain.
De Annonis civilibus. C. 11. 24... C. Th. 14. 7.
Des provisions, denrées, & revenus : en Latin, *Fruges, L. 77. D. de verb. sign.*
Provisions de guerre, ou munitions. *Vide Veget. Lib. 4. c. 7.*
Voyez, *hoc verbo* Provisions. *La Biblioth. du Droit François par Bouchel.*

2. Provision ordinairement *in dubio*, se peut ajuger de la quatrième partie du revenu de ce qui est demandé, serment des parties préalablement pris. Arrêt de l'an 1315. *Papon, liv. 18. tit. 1. n. 5.*
3. Provision peut être demandée *in quâcunque parte litis*, même en cause d'appel. Arrêt du Parlement de Paris de l'an 1327. *Ibid. n. 3.*
4. Nonobstant la contestation au cas de nouvelleté & complainte, provision se peut demander après appointement pris à informer, & la provision est ordinairement du tiers, Arrêt du Parlement de Paris de l'an 1390. *Ibid. n. 2.*
5. Provision doit être accordée à un pauvre demandeur contre sa partie pour plaider. Arrêt du Parlement de Grenoble de l'an 1460. *Ibid. n. 21.*
6. La provision de payer une rente, ou une somme dûe, & autrement *in civilibus*, peut être ajugée en cause d'appel, les pieces vûës, en baillant caution de rendre, s'il est dit. Arrêt du Parlement de Paris du 8. Avril 1626. *Ibid. n. 6.*
7. Communément les provisions s'ajugent de la quatriéme partie du revenu de ce dont est question, tant en matiere profane que spirituelle, comme en portion congruë demandée sur des Dîmes. Arrêt du 17. Juillet 1539. *Ibid. n. 8.*
8. Quand le principal est instruit, la provision ne se doit ajuger. Arrêt du Parlem. de Paris de l'an 1540. *Ibid. n. 5.*
9. Arrêts du Parlement de Paris des 3. Decembre 1576. & 4. Mars 1577. à la requête de M. le Procureur General, portant défenses de plus accumuler la provision au principal : cependant la Cour joint la provision au principal, quand l'un est aussi prompt que l'autre, ou bien en reformant, ordonne que la provision sursoira. *Papon, ibid. n. 1.*
10. Les Juges, en procedant aux informations, peuvent ajuger telles provisions qu'ils jugent à propos. Arrêt du Parl. de Provence du 13. Septembre 1546. *La Rochessavin, liv. 6. tit. 56. Arr. 3.*
11. Entre Defrance Procureur du Roy à Rennes, & Jameu Procureur du Roy à la Prévôté ; M. Pinard Conseiller de la Cour, executant certaines Lettres pour Jameu, ordonné que par provision, & nonobstant l'opposition de Defrance, les Lettres auront lieu. Par Arrêt du Parlement de Bretagne du 31. Octobre 1559. la Cour dit mal-jugé, & qu'il n'y a lieu de provision. *Du Fail, liv. 2. chap. 86.*
12. Provision ne s'accorde sur Billets surannez de dix ans, c'est l'usage du Parlement de Tournay. Il y en a un Arrêt du 5. Mars 1694. rapporté par *Pinault, tom. 1. n. 21.*

PROVISION ALIMENTAIRE.

Voyez le mot *Alimens.*
13. Des provisions alimentaires, & autres. *V. Papon, liv. 18. tit. 1.*
14. *De provisione modoquè petendi & faciendi ipsam.* V. le 33. chapitre du Stile du Parlement dans *Du Moulin tom. 2. p. 443.*
15. Provision peut être donnée en toutes causes. *Voyez Philippi* és Arrêts de la Cour des Aydes de Montpellier, *art. 111.*
16. S'il est question d'un enfant desavoüé par le pere, provision d'alimens luy est dûë avant que d'approfondir la verité du fait. *V. Papon, li. 18. tit. 1. n. 1.*
17. Veuve demandant sa dot & son doüaire, doit avoir provision pour poursuivre le procez. *Idem*, si elle demande sa legitime ou choses leguées *in causam dotis* ; ainsi jugé en 1327. Mary demandant la dot de sa femme, & un fils la succession de son pere, doivent pareillement avoir provision. Arrêt de 1326. Il en est de même, lorsque les Executeurs plaident contre les détenteurs des biens du défunt, auquel cas la provision doit être de la quatriéme partie du revenu. *Papon, ibidem.*
18. Provision alimentaire fournie, tant du passé que de l'avenir. Arrêt du Parlement de Paris du seize Decembre 1522. La raison étoit que le demandeur avoit vécu d'emprunt. *Ibid. n. 18.*
19. Ceux qui sont condamnez aux provisions en Cour seculiere, sont obligez de garnir les mains du creancier, nonobstant leur opposition. En Cour Ecclesiastique on garnit és mains de la Cour. Arrêts du Parl. de Paris des 18. & 27. Août 1529. *Ibid. n. 22.*
20. Les meubles & immeubles d'un Prêtre ou Clerc non marié, peuvent être pris & executez pour provision d'alimens & medicamens contre luy ajugez, sans préjudice de renvoy. Arrêt du deux Juin 1548. *Ibid. n. 11.*
21. Provision d'alimens favorable, quoique le Juge d'Eglise soit incompetent : neanmoins par Arrêt du 17. Avril 1572. a eté confirmée une provision faite à une fille enceinte par le Juge d'Eglise. *Ibid. n. 18.*

PROVISION, AYDES.

22. Provision en matiere d'Aydes. Il n'y a point de provision, nonobstant l'appel, comme en huitiéme qui est ayde. Celuy qui est condamné, & qui est l'appellant, ne doit pas payer par provision, nonobstant l'appel. Aliud en matiere de tailles, pour lesquelles celuy qui est condamné, doit payer nonobstant l'appel. Cette distinction fut plaidée en la Cour des Generaux par M. l'Avocat Favier le 5. Avril 1563. *Bibliot. de Bouchel,* verbo *Provision.*

Voyez le mot, *Aydes, & la lettre D.* au titre des *Droits Royaux.*

ARREST DE PROVISION.

23 Ce qui est irreparable en définitive, ne s'execute par provision ; l'on dit que cela se doit entendre, *quando nullo casu*, l'interêt ne peut se reparer. *Brodeau sur M. Loüet lettre P. somm. 27.* dit que la pratique & l'usage du Palais est qu'en vertu d'une Sentence de provision, on peut saisir, vendre & adjuger par decret, la caution étant pour la sureté des dommages & interêts, mais non pas emprisonner le condamné en matiere civile.

24 L'incident de provision joint au principal, vaut refus, & donne lieu à l'appel. Arrêt du Parlement de Paris du sept Février 1529. *Papon, livre 18. titre 1. nomb. 35.*

25 Le Juge qui ordonne garnison, doit toûjours mettre en deniers ou quittance, autrement il fait tort au debiteur qui en peut appeller. Arrêt du 16. Février 1530. *Papon, ibid. n. 26.*

26 Arrêt de provision donné au profit d'une veuve, qui s'étoit obligée avec son mary pour sa nourriture & celle de ses enfans, devoit se continuer aprés son trépas ausdits enfans. Jugé le 2. Janvier 1560. *Charondas, liv. 2. Rép. 89.*

27 Provision n'a lieu, quand la chose est irreparable. Arrêt du 4. Janvier 1562. contre un habitant de la Ville de Boulogne, qui vouloit se faire recevoir en la Bourgeoisie ; on luy opposoit que sa mere étoit ladre, & qu'il avoit le même défaut. M. l'Avocat du Roy Duménil se servit d'un exemple ; quoique la femme allegue *adulterium, sævitiam*, ou autre fait, *de quo non constet*, il y a lieu à la provision en faveur du mary, qui a droit de demander que sa femme retourne avec luy : *secus*, quand elle objecte la consanguinité, parce que le préjudice seroit irreparable. *Biblioth. de Bouchel*, verbo *Provision*.

28 Celui qui n'a pas satisfait à une Sentence de provision donnée contre lui, n'est pas déchû de sa défense : il n'est point aussi pour raison d'icelle, contraignable par corps, mais seulement par execution sur ses biens meubles. Arrêts des 7. Avril 1533. 2. Septembre 1536. & 3. Juin 1579. *Papon, livre 18. titre premier, nombre 37.*

29 Cette clause, *tant par provision, que diffinitivement*, a été réprouvée par les Arrêts, quand elle est apposée en Jugemens, qui ne sont sujets à provision par l'Ordonnance. Par Arrêt du 22. Août 1579. défenses furent faites au Prévôt de Paris de juger, tant par provision que diffinitivement, hors les cas de l'Ordonnance ; & ordonné que le Rapporteur du procez, auquel il avoit été ainsi jugé, comparoîtroit en personne. *Biblioth. de Bouchel*, verbo *Provision*.

Voyez cy-aprés, le nomb. 56. & suiv.

PROVISION, CAUTION.

30 Celuy qui a obtenu une provision, en baillant caution, ne peut la mettre à execution, que sa caution ne soit reçûë partie presente, ou dûëment appellée. Arrêt du Parlement de Paris du 12. Juillet 1519. *Papon, liv. 18. tit. 1. n. 36.*

31 Aucune provision ne doit être adjugée de somme dûë ou autre chose civile, sans ordonner que la partie donnera caution ; autrement il en peut être appellé. Arrêt du Parlem. de Paris du 25. Février 1540. Si le debiteur presente une caution valable, & que le creancier la refuse, on peut ordonner que sans caution il garnira. Arrêt du 12. Avril 1526. *Ibid.*

32 Pendant l'instance de cassation d'une obligation, ou autre acte, la somme doit être garnie és mains du creancier en baillant caution. Arrêt du 25. Mars 1540. *Papon, ibid. n. 30.*

PROVISION, COMPTE.

33 Celuy qui doit un compte, ou qui le rend, ne peut être condamné par provision : il faut auparavant justifier qu'il est debiteur. Arrêt du 17. Février 1536. *Voyez la Bibliotheque de Bouchel*, verbo *Reddition de compte*.

PROVISION, CONTRAT.

34 En rescision de contrat, le demandeur peut requerir de joüir par provision. *Voyez* l'espece dans *Charondas, liv. 5. Rép. 31.*

35 Les provisions sont arbitraires, ce qui dépend de la qualité des parties & du fait ; comme s'il est question de contrat, il doit être entretenu pendant le procez. Arrêt du 3. Juillet 1523. *Papon, li. 18. tir. 1. nomb. 9.*

36 Provision d'un contrat n'est empêchée par exception de faux. Arrêt du Parlement de Grenoble du 22. Novembre 1554. *Expilly, Arr. 33. Bibliotheque de Bouchel*, verbo *Provision*.

37 Arrêt du Parlement de Provence du 5. Decembre 1665. qui a jugé que la provision peut être demandée par le demandeur en rescision de transaction, auquel il est dû des sommes par la transaction. *Boniface, to. 2. liv. 4. tit. 19. ch. 5.*

PROVISION, CREANCIERS.

38 Pension adjugée aux enfans au préjudice des creanciers, par Arrêt de la grand'-Chambre du Parl. de Paris du 14. Août 1599. la Cour a adjugé à chacune des filles du debiteur une provision de deux cents écus par an, sur les fruits des heritages saisis à la requête des creanciers, à la recevoir par les mains des Fermiers & Commissaires établis, & continuer la pension jusqu'à ce qu'autrement il en eût été par la Cour ordonné. *M. le Prêtre, Cent. 4. ch. 7.*

39 L'on n'accorde point de provision de vivres à un Gentilhomme en Hainault, dont les biens sont saisis par les creanciers, lorsque ces biens luy sont venus avec les dettes en ligne collaterale. Arrêt du Parlement de Tournay du six Juillet 1697. rapporté par *M. Pinault, tom. 2. Arr. 169.*

40 Arrêt du même Parlement de Tournay du 23. Juillet 1697. qui adjuge au Baron de Noyelle une provision de la cinquiéme partie du revenu de sa Terre, saisie à la requête des creanciers de la succession de son pere, déduction faite des frais & dépens necessaires, à la charge de payer avec ce sa capitation. Cet Arrêt rendu, quoique les opposans eussent representé que le revenu n'étoit pas suffisant pour payer les arrerages des rentes à eux dûs. *Voyez M. Pinault, ibid. Arr. 175.*

PROVISION, EN CRIMINEL.

41 Des Sentences de provision en matiere criminelle. *V. l'Ordonnance de 1670. tit. 12.*

42 Si l'offensé peut aprés le recollement & confrontation des témoins, & le procez étant en état de juger, demander provision d'alimens ? *Voyez Bouvot, tom. 1. verbo Alimens, qu. 1.*

43 Lorsqu'un accusé meurt, la provision contre luy adjugée, doit être demandée contre l'heritier par nouvelle action, pardevant le Juge Laïc, Lieutenant Civil, non Criminel. Arrêt du 27. Janvier 1571. *Papon, liv. 18. tit. 1. n. 18.*

PROVISION, HERITIER.

44 *Lite pendente super hæreditate patris vel matris litigantibus provisio fructuum ad litem persequendam fieri debet. Voyez Franc. Marc. tom. 2. qu. 612.*

45 Provision ne s'adjuge point entre heritiers collateraux, mais en ligne directe. Arrêt du Parlement de Paris de l'an 1327. S'il y a un Testament fait en faveur des collateraux, ils peuvent demander provision. *Papon, liv. 18. tit. 1. n. 34.*

46 Un Testament se doit entretenir par provision, en baillant caution à l'heritier, *cui incumbit onus de délivrer*. Arrêt du premier Février 1551. *M. le Vest, Arrêt 52.*

47 L'heritier institué doit, en donnant caution, avoir la provision pendant le procez intenté par les heritiers du sang qui contestent le Testament. Jugé au Parlement de Mets le 20. Octobre 1636. *Plaid. 2. de M. de Corberon.*

48 Si la provision doit être donnée à un fils qui plaide pour

PRO   PRO

pour avoir ses droits sur l'heritage de son pere. Arrêt rendu au Parlement de Provence le 14. Mars 1678. qui ajugea une provision de 600. livres. *Boniface*, to. 4. liv. 9. tit. 4. ch. 10.

PROVISION, MARIAGE.

49. Pendant la question de la validité d'un mariage, si la femme qui le soûtient bon, a du bien, elle n'obtiendra aucune provision contre son prétendu mary, ni même au cas où il s'agira de separation ; comme il a été jugé au Parlement de Grenoble dans l'espece de l'invalidité du mariage pour le sieur Dartaignan, contre la Demoiselle de Neys le 12. Mars 1673. Cet Arrêt est rapporté par *Chorier en sa Jurisprudence de Guy Pape*, p. 81.

PROVISION, MEDICAMENS.

50. Provisions de medicamens sont favorables, & tellement privilegiées, qu'un Juge, quoique recusé, ayant passé outre, & jugé la provision, à la Cour tel jugement fut trouvé bon. *Papon*, livre 18. tit. 1. nomb. 40.

51. Provision de medicamens n'est point comprise en la somme ajugée diffinitivement. Arrêt du Parlem. de Paris du 3. Août 1550. Arrêt contraire du 13. Février 1558. *Papon*, ibid. n. 38. & 39.

52. Quand il y a appel de Sentence de provision de medicamens, & que par les informations il est difficile de connoître l'aggresseur ou l'offensé, la Cour évoque, & renvoye pardevant le plus prochain Juge, pour en jugeant le procez, y avoir tel égard que de raison. Arrêt du 2. Decembre 1563. *Papon*, ibidem, nomb. 40.

PROVISION CONTRE LE ROY.

55. Par Arrêt du 6. Août 1563. il fut dit que par provision les sieur Comte & Comtesse de Saint Forgean joüiroient de la Terre & Seigneurie de Villebois, saisie à la requête de M. le Procureur General du Roy, comme étant domaniale, & qu'ils en joüiroient par provision sous la main du Roy, comme depositaires de Justice. *Bibliotheque de Bouchel*, verbo *Provision*.

Voyez cy-aprés, le mot *Roy*.

SENTENCES DE PROVISION.

56. Des Jugemens & Sentences de provision. V. ci-dessus le n. 23. & suiv. & *Bouvot*, to. 2. verbo *Provision*.

57. L'on ne peut alleguer peremption d'instance contre une Sentence de provision, *etiam* aprés trois ans en un possessoire, & nonobstant l'on peut faire proceder à l'execution d'une Sentence. Arrêt du Parlement de Bourgogne du 26. Février 1599. *Bouvot*, tom. 2. verbo *Interruption*, qu. 1.

58. La Sentence de provision ne peut être sursise. Arrêt du Parlement de Dijon du 5. Février 1607. *Bouvot*, tom. 2. verbo *Provisions*, quest. 9.

Voyez cy-dessus *le nombre* 41. où il est parlé des Sentences de provision en matiere criminelle.

PROVISION A LA VEUVE.

59. Provision dotale ajugée à une veuve pour sa nourriture & de ses enfans, doit être continuée aprés la mort de la mere. *Charondas*, livre 2. de ses Réponses, chap. 89.

61. La veuve ne peut obtenir provision pour sa dot contre un tiers possesseur des biens de son mary, qu'elle a vendus conjointement avec luy. Arrêt de l'an 1390. *Papon*, liv. 18. tit. 1. n. 16.

PROVISIONS DE BENEFICE.

62. Voyez les mots *Benefice*, *Collation* ; & cy-aprés, lettre S. au titre, *Signature*. §. Signature de Cour de Rome.

Des Provisions de Benefice. *Voyez la Bibliotheque Canonique*, tom. 2. pag. 275. & suiv. *Charondas*, li. 1. Rép. 35. M. le Prêtre, 3. Cent. ch. 12. & le petit Recueil de Borjon, tome 4. pag. 88.

Provisions de Benefices. *Voyez le mot* Benefice, nomb. 163. & suiv.

Tome III.

63. Des clauses apposées és Provisions. *Voyez* le mot *Clause*, n. 64. & suiv.

64. Forme des Provisions pour la signature & qualité des témoins. V. le mot *Collation*, n. 104. & suiv.

65. Des qualitez requises pour être pourvû de Benefices. *Voyez les Memoires du Clergé*, tome 2. part. 2. tit. 1.

66. Celuy qui est nommé, doit avoir au temps de sa nomination, toutes les qualitez que la fondation desire. *Voyez le mot* Fondation, n. 89.

67. De novâ provisione & simplici. Voyez Rebuffe, 1. part. praxis Benef. où il explique la forme & les clauses de la nouvelle provision.

68. Proviso cum accessu vel regressu, quâ & an procedat? Voyez Rebuffe, 1. part. praxis Benef. au chapitre de reservationibus, n. 42.

69. Provision gardée sans être notifiée, ne porte droit. V. *Tournet*, lettre P. Arr. 223.

70. Une personne qualifiée Clerc tonsuré dans une procuration passée pour resigner un Benefice simple en Cour de Rome, & ne l'étant pas, est valablement pourvû, ayant pris la *tonsure* pendant l'envoy de la procuration, & avant qu'elle fût admise. C'est le sentiment d'*Henrys*, to. 2. liv. 1. qu. 31.

71. Titius pourvû d'une Prébende, est attaqué par Sempronius. Titius obtient la récréance. Sempronius resigne à Mævius : Titius joüit un an & plus du Benefice au vû & sçû de Mævius, lequel ensuite attaque Titius , & obtient Sentence de récréance. Appel par Titius , la Sentence infirmée, & Titius obtient la récréance, parce qu'une Sentence a force de chose jugée, jusques à ce que par appel elle soit infirmée. Jugé le dix-sept May 1544. *Le Vest*, Arrêt 198.

72. Quand les deux pourvûs n'ont ni titre, ni possession valable, ou du moins colorée, le Benefice doit être sequestré, & la récréance ne se donne à aucun des deux contendans. Arrêt du 6. Juillet 1574. *Papon*, p. 1356. tiré de M. Bergeron.

73. Provision d'un Benefice en commende faite à un seculier, si le seculier se rend Religieux, le Benefice vaque par la profession. Jugé le deux Mars 1602. M. *Loüet*, lettre B. somm. 12.

74. Arrêt du dix Decembre 1602. qui juge que la provision d'un Benefice en regale, doit être signée par un Secretaire d'Etat, & en commandement. *Filleau*, 4. part. qu. 5.

75. Le 18. May 1637. Arrêt qui appointe, pour sçavoir si des Provisions accordées à un Regulier d'une Cure, Benefice seculier, & la dispense obtenuë par un rescrit, sont abusives ? M. l'Avocat General Talon avoit conclu à l'abus. *Bardet*, tome 2. liv. 6. chapitre 12.

76. Premier presenté à une Cure en Patronage Ecclesiastique, & dernier pourvû par un Grand Vicaire de l'Ordinaire, qui avoit fait insinuer ses Lettres de Vicariat, a été preferé au second presenté, & premier pourvû par un autre Grand Vicaire, dont les Lettres n'étoient point insinuées. Arrêt du 2. Juillet 1640. *Bardet*, to. 2. liv. 9. ch. 8.

77. Par Arrêt du 17. Avril 1651. jugé que les qualitez requises par la Pragmatique, & par le Concordat, pour posseder une Prébende Theologale, doivent se rencontrer en la personne de celuy qui veut se faire pourvoir dans le temps des provisions ; & qu'encore qu'elles ayent été acquises entre les provisions & le visa de l'Ordinaire, cela n'étoit pas suffisant. *Soëfve*, tom. 1. Cent. 3. chap. 77.

78. Si nos Cours ou autres Juges ordonnent le Sequestre des fruits d'un Benefice ayant charge d'ames, jurisdiction ou fonction Ecclesiastique & Spirituelle, dont le possessoire soit contentieux, ils renvoyeront par le même Jugement pardevant l'Archevêque ou Evêque Diocesain, afin qu'il commette pour le desservir une ou plusieurs personnes, autres que ceux qui y prétendront droit ; & il

Gg

PRO

leur assignera telle retribution qu'il estimera necessaire, laquelle sera payée par préference sur les fruits dudit Benefice, nonobstant toutes saisies, & autres empêchemens. Art. 8. de l'Edit concernant la Jurisdiction Ecclesiastique, du mois d'Avril 1695.

PROVISIONS, CONCOURS.

79. Des Provisions d'un Benefice en même jour. *Tournet, lettre P. Arr.* 211. *&* 212.

80. Par la 31. Regle de Chancellerie les Graces accordées par le mot de *fiat*, sont préferées aux Provisions accordées par celuy *de concessum*, lorsqu'elles viennent en concurrence, parce que la Provision du Pape doit l'emporter par dessus toute la Cour de Rome, & ses Officiers, suivant cette regle de Chancellerie, qui est une restriction & limitation du chapitre *si à sede, de Preb. in 6.* Les Provisions signées par *fiat* sont censées prévaloir dans la concurrence des provisions signées par *concessum*, quand même le Collataire du *concessum* auroit pris possession avant le Collataire du Pape, parce que la signature de sa Sainteté est une espece de révocation de celle de son Délégué, qui n'est que comme le Vicaire du Pape; neanmoins la signature par *fiat* n'empêcheroit pas le concours des deux Provisions, d'autant que sa Sainteté est reputée presente à l'expedition des Provisions, & de toutes les Graces signées par *concessum*, en effet, c'est le Pape qui fait la grace, l'Officier n'étant que l'interprete de ses volontez; c'est pour cela qu'il signe *concessum in præsentiâ Domini nostri Papæ*, l'usage est de dresser & d'expedier les Supplique comme si elles étoient presentées au Pape: d'ailleurs le chapitre *si à sede*, ni cette regle de Chancellerie n'ont point de lieu, & ne sont point observées en France. *Voyez les Définit. Can.* p. 340.

81. Arrêt du Parlement de Bourdeaux entre deux resignataires du même Benefice, par lequel le pourvû *ex causâ permutationis* a été préferé au pur & simple. *Papon, liv.* 2. *tit.* 8. *nomb.* 12.

82. En matiere de provisions qui ont même date, celuy qui désigne l'heure est preferable au moins pour la récreance. Jugé à Paris le 7. Février 1563. *Papon, liv.* 2. *tit.* 9. *n.* 7.

83. Deux provisions d'un même Benefice données en même jour par un seul & même Collateur à deux diverses personnes sans que l'on puisse montrer laquelle des deux est la premiere, le Benefice est impetrable, lorsque les deux pourvûs n'ont point de droit au Benefice que par provision. *Voyez Brodeau sur M. Loüet lettre M. somm.* 10. *& Charondas, liv.* 1. *Rép.* 35.

84. La provision de l'Evêque & de son Vicaire se trouvant en concurrence, celle de l'Evêque sera preferée à celle du Vicaire, encore qu'il eût prévenu en prise de possession. Jugé le 19. Août 1564. *Carondas, liv.* 10. *Réponse* 8.

85. Par Arrêt du Grand Conseil du 28. Juin 1607. il a été jugé que les provisions accordées par un même Collateur d'un même Benefice, le même jour, sont nulles toutes deux, & que le Benefice est impetrable à moins que l'heure ne fût inserée dans les provisions, ce qui arrive fort rarement, parce que les Collateurs ne sont point si rigides à observer toutes ces particularitez, qui seroient neanmoins necessaires pour éviter beaucoup d'abus, *Prioritate diei, sed etiam horâ cum à momento in momentum tempus spectetur*; ainsi une heure de plus l'emporteroit par dessus celuy qui l'auroit de moins, par cette regle connuë & vulgaire, *prior tempore, potior jure.* Peleus *quest.* 155.

86. De deux provisions d'un même jour, l'une du Vicelegat sur resignation, l'autre de l'Ordinaire *per obitum*; Arrêt du Parlement de Grenoble du premier Mars 1660. qui a maintenu le titulaire pourvû par le Vicelegat. *Voyez Basset, tome* 1. *livre* 1. *titre* 4. *chapitre* 2.

87. Une provision nulle obtenuë en Cour de Rome donne lieu au concours, & rend nulle une autre provision qui se trouve du même jour, & le troisième pourvû a obtenu le Benefice. Arrêt du P. de Paris du 16. Mars 1661. *De la Guess. to.* 2. *liv.* 4. *chap.* 15. *Voyez* le mot *Concours.*

PROVISIONS DE COUR DE ROME.

88. Provisions de Cour de Rome. *Vide les Mémoires du Clergé, to.* 2. *part.* 2. *tit.* 3. *page* 28. *jusqu'à* 47. *& page* 160.

89. De la date des Provisions obtenuës en Cour de Rome. *Voyez* le mot. *Date, n.* 4. *& suiv.*

90. *Forma signatura simplicis provisionis clausularum elucidatione.* Voyez *Rebuffe*, 1. *part. prax. benef.*

91. M. Charles Du Moulin sur la Regle *de publicandis* n. 200. explique l'effet de la clause *aut alias quovis modo aut ex cujuscumque personâ*. Il dit que l'Ordinaire peut la mettre dans les Provisions, il n'y a aucun texte qui le luy défende.

92. De l'effet de la clause *motu proprio*. Voyez Du Moulin sur la Regle *de infirmis* n. 251. *Lotherius de Beneficiis, li.* 3. *quest.* 1. *n.* 46. *& suiv.* & Rebuff. 1. *part. prax. benef. n.* 20.

93. Lorsque la Provision obtenuë par le pourvû peut être invalidée pour quelque défaut, il obtient un rescript du Pape appellé *perinde valere*, par lequel le Pape ordonne que l'acte soit aussi valable que s'il avoit été comme il faut. V. *Despeisses to.* 3. *p.* 436.

94. Du *nihil transeat* mis dans des Provisions données à Rome par un Abbé Commendataire. *Vide le Journ. du Palais in quatt. part.* 6. *p.* 381.

95. La Bulle *quantum ad substantialia*, ne peut être plus ample que la signature, car en ce qu'elle excede de la signature, ou bien s'il y a omission de quelque reserve ou exception, on peut faire rejetter la Bulle & croire à la signature, en ce qu'elle fait contre l'impetrant, comme il a été dit par Arrêt allegué sa date par *Rebuffe*, en sa pratique Beneficiale. Ce qui se doit entendre quand la signature & la Bulle ont quelque diversité: car alors on s'arrête à la signature; mais s'il y a de la contrarieté ou de la repugnance, l'on n'ajoûte foy ni à l'une ni à l'autre, *Bibliotheque Can. to.* 1 *page* 172. *col.* 1.

96. Quand les Provisions de Cour de Rome ne sont point cotées du nom des Banquiers, & de leurs nombres, l'article 4. de la Declaration portant reglement pour le Controlle prononce la nullité; neanmoins cet article n'est pas observé à la rigueur, & il suffit que la signature soit verifiée par deux Banquiers de France. *Ibidem, page* 283. *in fine.*

97. La clause *etiam si per obitum*, ne s'employe aux Provisions du Roy, où le genre de vacation est specifiquement & certainement déclaré, mais bien aux expeditions qui se délivrent à Rome pour des resignations faites en faveur; neanmoins si le resignant décedoit avant la resignation admise, le Benefice vaque & peut être impetré, parce qu'elle n'opere que par la dispense des 20. jours. *Ibidem, tome* 2, *page* 384. *col.* 1.

98. Si celuy qui a été pourvû par le Consistoire, d'un Monastere, ou d'une Eglise, a resigné, ou est mort avant que d'avoir ses expeditions, à cause de sa personne, les Bulles seront de nouveau expediées par resignation, ou *per obitum*, d'autant que par la provision faite par le Pape en Consistoire, le droit a été pleinement acquis, ce qui n'auroit pas lieu aux autres Provisions non Consistoriales, esquelles si quelqu'un meurt avant la confection de ses Lettres, on ne donne point de nouvelle vacation. *Bibliotheque Can. tome* 2. *page* 506. *col.* 1.

99. Provisions du Pape se reduisent au Droit commun par appel comme d'abus. Plusieurs Arrêts du Parlement de Paris dans le Recüeil de *Papon*, *livre* 19. *tit.* 2. *nombre* 3.

100. Les Provisions des Benefices resignez en France se datent toûjours à Rome de l'heure de l'arrivée du Cou-

rier, & c'est pour ce sujet que l'Ordonnance d'Henry II. de l'an 1551. art. 9. & 12. enjoint aux Banquiers d'enregistrer les jours & heures que les Couriers partiront pour faire des expeditions à Rome, selon les avis qu'ils en recevront de leurs Solliciteurs. *Brodeau sur M. Loüet, lettre M. somm.* 10.

101. Les termes apposez en une Provision par resignation *vel alias quovis modo* ne se peuvent étendre à la vacance par mort. Arrêt du Parlement de Toulouse contre l'opinion de Rebuffe. *Papon, liv.* 3. *tit.* 7. *n.* 2. Mainard, *liv.* 1. *de ses quest. ch.* 59.

102. Les mots *aut alias quovis modo* apposez à une Provision ne se peuvent étendre à la vacation par mort du resignant contre un autre qui auroit été pourvû par mort depuis la Provision. Mainard, *tome* 1. *liv.* 1. *chap.* 59. où il cite un Arrêt du Parlement de Paris du 23. Decembre 1561. rapporté par *Charondas, liv.* 1. *chap.* 16. telle clause ne s'étend que *ad casus similes, ut si vacaret beneficium per incapacitatem, aut matrimonium renuntiantis, non autem ad casum mortis qui longè est diversus à renuntiatione.*

103. Une Provision en Cour de Rome en vertu d'une procuration pour resigner purement & simplement avec la clause *aut alias quovis modo, sivè per obitum*, vaut par mort, & n'est sujette à la regle de *verisimili notitiâ*. Jugé en Juillet 1589. *M. le Prêtre*, 2. *Cent. ch.* 44.

104. Arrêt du Grand Conseil du dernier Septembre 1591. par lequel défenses sont faites de se pourvoir en Cour de Rome & en la Legation d'Avignon, pour obtenir expeditions de Benefices, & y envoyer or ou argent, & toutes Provisions données par le Cardinal Cajetan & Landriano, nulles. *Preuves des Libertez*, *tome* 2. *chap.* 20. *n.* 41.

105. Le 25. Janvier 1596. défenses furent faites à tous Juges du ressort d'avoir aucun égard aux Provisions expediées en Cour de Rome pendant les défenses d'y aller. *Biblioth. Can. to.* 2. *p.* 278. *col.* 1.

106. Provisions & signatures expediées ou refusées en Cour de Rome sur resignation, ont effet du jour & heure de l'arrivée du Courier. C'est l'arrêt fait au Parlement de Paris le 21. Janvier 1612. suivi par Arrêt du 15. Février de la même année, par lequel la Cour commit M. l'Evêque de Langres pour conferer au nommé Pelerin l'Archidiaconat de Mets, & luy donner Provisions qui luy serviroient du jour que le Courier de France étoit arrivé à Rome. Arrêt semblable du mois de Février 1620. en forme de reglement sur les conclusions du Procureur General. M. Servin dit qu'il n'avoit pas été necessaire d'interjetter appel comme d'abus du refus ; il falloit seulement se pourvoir à la Cour par requête ; aussi l'on prononça hors de Cour sur l'appel comme d'abus. *Additions à la Bibliotheque de Bouchel*, verbo *Provisions.*

107. Provisions de Cour de Rome doivent être datées du jour de l'arrivée du Courier à Rome, quoique ce fût le jour de Pâques, & la clause derogatoire à la regle des 20. jours, est sous-entenduë, bien qu'elle soit omise. L'Evêque ne peut donner des Provisions avec la clause *ad nutum*, elle est abusive. Jugé le 24. Février 1620. *Bardet, tome* 1. *liv.* 1. *chap.* 77.

108. Les Provisions de Cour de Rome ne peuvent être declarées par les Evêques nulles & abusives. Jugé le 21. Avril 1626. *Du Frêne, liv.* 1. *ch.* 96.

109. Le *missa ad registrum*; autrement l'enregistrement & mention d'iceluy, est un chiffre mis au dos de la Provision, lequel marque le jour que cette Provision a été registrée, & portée aux registrateurs pour l'enregistrer, mais avant cela la Provision est parfaite, car sa perfection consiste dans la signature du Pape, dans la revision des Officiers, dans l'extension du consens, & en la date du Cardinal Dataire qu'elle a avant que d'être marquée de ce chiffre. Si la date du *missa* étoit celle qu'il fallut considerer, ce seroit rendre les Officiers de la Daterie Juges des complaintes, & les dispensateurs des graces ; comme ils pourroient

le retarder & le donner à celuy qui feroit la condition meilleure, il y auroit un trafic ouvert des Benefices ; aussi cet abus a été prévenu par deux Arrêts, l'un du Parlement de Paris de l'année 1655. l'autre du Grand Conseil en 1653. rapporté au *Journ. du Palais* in quarto, *part.* 5. *p.* 167.

110. Les Provisions des Benefices à Rome sont tenuës pour expediées, & ont effet du jour de l'arrivée du Courier. Jugé les 21. Janvier & 15. Février 1612. *M. le Prêtre, és Arrêts celebres du Parlement.* Elles sont aussi tenuës pour datées du jour de l'élection, & non du jour du Couronnement du Pape. Jugé le 16. Juillet 1672. *De la Guess. tome* 3. *liv.* 6. *ch.* 30.

111. Des Provisions faites *in formâ gratiosâ*, & si elles sont valables ? *V. Boniface, tome* 1. *li.* 2. *tit.* 26. *ch.* 2.

112. Provisions *in forma dignum*. *Mem. du Clergé, to.* 2. *part.* 2. *p.* 37. & 40. *n* 11. Provisions en *forme gratieuse*, *ibid. p.* 37. *n.* 7. ceux qui les ont obtenuës ne peuvent prendre possession qu'après l'information de vie & mœurs, & l'examen subi par l'Ordinaire. *Ibidem, p.* 38.

113. La Provision en forme gratieuse s'accorde sur une attestation de l'Ordinaire, & une information faisant foy des vie & mœurs, & capacité de l'impetrant. C'est une vraye Provision, au lieu que la Provision *in forma dignum* n'est qu'une commission de l'Ordinaire pour conferer après qu'il aura connu la capacité du pourvû. *Definit. Can. p.* 696.

114. Ne sera ajoûté foy aux provisions, signatures, & expeditions de Cour de Rome si elles ne sont verifiées par un simple certificat de deux Banquiers & expeditionnaires écrit sur l'original des signatures & expeditions sans autre formalité. *Ordonnance de 1667. tit.* 15. *art.* 8.

PROVISION, DEVOLUT.

115. Le dévolut par anticipation de temps ne vaut suivant l'opinion de *Felin*, *in cap. cum ex officiis de præscript.* de Boërius, *decis. Burdig.* 70. Du Moulin, *ad regulam Cancellariæ de infirm. resig.* & comme il a été jugé par Arrêt du Parlement de Bourdeaux du 29. Avril 1520.

Voyez le mot *Dévolut.*

PROVISION, LEGAT.

116. Provisions du Légat. *Voyez* le mot *Légat*, nombre 97. *& suiv.*

PROVISIONS NULLES.

117. Comment une Provision qui de soi n'est pas nulle, peut être annulée ? *V. les Memoires du Clergé, to.* 2. *part.* 2. *page* 97.

118. On demande s'il y avoit erreur dans la Supplique à l'expression du veritable Diocese, soit de celuy qui fait la Supplique, soit de celuy du Benefice, si elle produiroit la nullité des Provisions ? Les sentimens sont differens ; celuy de *Castel* en *les Definitions Canoniques* est même incertain ; il semble cependant incliner vers la négative, à moins qu'il ne fût question d'un dévolut, parce que les dévoluts sont odieux. *V. les Definitions du Droit Can.* verbo *Supplique*, & verbo *Titre*, où il est dit que *titulus errore non vitiatur nisi impetrans erraverit in expressione proprii nominis.* Ce qui marque que cette erreur du Diocese causeroit la nullité des Provisions.

119. S'il y a défaut de solemnitez portées par l'Ordonnance de l'an 1550. aux Provisions faites par resignation, le Benefice vaque par mort. *Voyez Charondas, liv.* 7. *Rép.* 3.

120. L'Ordonnance des petites dates article 18. veut que dans les familles où il y a des freres ou cousins de même nom de Bâtême, on exprime le nom & surnom, si c'est l'aîné ou le puîné, le majeur ou le mineur, afin que par l'équivoque on ne perpetuë point les Benefices dans les familles ; mais cela n'est point en usage, on a jugé le contraire ; neanmoins s'il y avoit une mauvaise foy manifeste & bien prouvée, elle annulleroit les Provisions. *Biblioth. Can. to.* 1. *page* 284.

121 La Provision qui ne porte le consens est nulle, & n'a effet de titre valable pour prendre possession. Arrêt du Parl. de Paris pour Dame Marguerite de la Faye Abbesse de Blesle intimée, contre Dame Catherine de Langeac, appellante de la Sentence de récreance donnée par le Sénéchal d'Auvergne, le 28. Août 1570. *Carondas*, liv. 7. Rép. 2.

122 Arrêt du 13. May 1660. qui a jugé au profit d'un dévolutaire que les Benefices litigieux doivent être exprimez en la Provision, & que ce défaut rend nulle la Provision. *Boniface*, tome 1. livre 2. tit. 24. chap. 4. Brodeau sur M. Loüet, lettre B. n. 3.

PROVISIONS DES ORDINAIRES.

123 Voyez *les Memoires du Clergé*, to. 2. part. 2. p. 48. jusqu'à 72.
Provisions de Cures émanées d'autres que de l'Ordinaire, ou de ses Superieurs, déclarées nulles. *Ibidem*, page 64. & suiv.

124 L'Evêque pourvoit de plein droit aux Benefices dont les Patrons font profession de la Religion Prétenduë Reformée. *Ibidem*, tome 2. partie 2. page 75. jusqu'à 91.

125 Provisions des Ordinaires sur la presentation des Patrons, s'appellent proprement institution : Sur quoy, voyez les *Mem. du Clergé*, tome 1 part. 1. p. 193. & 196.

126 Les Presentez à l'Ordinaire par les Patrons ne doivent pas en vertu de cette presentation obtenir leurs Provisions de Cour de Rome ; c'est un abus auquel le Procureur du Roy doit s'opposer pour deux raisons : La premiere, parce que ce seroit ouvrir la porte & l'entrée aux indignes & aux incapables dans les Eglises, car l'on sçait qu'à Rome l'on ne refuse de Provisions à personne. La seconde, ce seroit enseigner aux sujets d'un Diocesain le mépris pour les Ordinaires s'ils croioient qu'ils n'eussent pas besoin de leur ministere ; d'ailleurs cela épuiseroit & feroit sortir beaucoup d'argent de ce Royaume. Voyez M. *Charles Du Moulin*, sur la regle *de infirmis*, n. 50. il observe en cet endroit que l'usage en Normandie est que les Ordinaires seuls ont droit d'admettre les presentations, & de donner leur institution aux presentez par les Laïcs ; & de plus, que les Ordinaires ne donnent l'institution qu'auparavant ils ne s'informent quelle est la personne qui demande d'être pourvûë du Benefice.

127 Maxime du Grand Conseil que *collatio etiam nulla* de l'Ordinaire *impedit præventionem Papæ*, & rend sa collation nulle. M. *le Prêtre*, premiere Cent. chap. 94. Voyez M. Loüet, lettre P. somm. 43.

128 Provisions des Ordinaires doivent être signées de témoins à peine de nullité. Arrêt du Parlement de Paris. Par l'Edit de l'an 1512. il faut que les témoins soient autres que domestiques & familiers. *Papon*, liv. 2. tit. 9. n. 5.

129 Provisions des Benefices litigieux par les Ordinaires valables. Edit verifié au Parlement de Grenoble par Arrêt du 17. Avril 1559. *Basset*, tome 1. liv. 1. tit. 4. chap. 1.

130 Provisions des Ordinaires sont nulles sans témoins, ou quand ce sont les parens du Pourvû qui servent de témoins. Arrêt du 15. Decembre 1656. V. *Basset*, tome 1. liv. 1. tit. 4. chap. 4.

131 Si l'Ordinaire n'a pas fait mention dans ses Lettres de Provisions de la presentation qui luy a été faite de celuy qu'il pourvoit par le Patron, elle y doit être sous-entenduë, la presomption étant favorable au Patron, contre lequel il ne peut dans l'occasion tirer avantage de cette omission, qui même peut avoir été affectée. Arrêts du même Parlement de Grenoble des 17. Mars 1681. & 7. Mars 1683. rapportez par *Chorier*, en sa *Jurisprudence de Guy Pape*, p. 42.

PROVISIONS REFUSÉES.

132 Voyez lettre I. verbo *Joyeux avenement*, nomb. 18.
Præsentatus idoneus cui institutio ab Episcopo denegata est, superiorem, ut sibi provideatur, adire potest. V. *Franc. Marc.* to. 1. qu. 491.

133 Les Parlemens ne doivent connoître du refus des Provisions fait par l'Ordinaire. *Memoires du Clergé*, tome 2. part. 1. p. 5.

134 Reglement des Assemblées generales du Clergé pour empêcher que les Evêques ou leurs Grands Vicaires ne donnent des Provisions sur le refus de ceux dont ils ne sont pas Superieurs, & qu'ils ne fassent d'autres entreprises les uns sur les autres. *Ibidem*, page 52. & suiv.

135 Défenses à tous Juges d'avoir égard aux Provisions obtenuës sur le refus de l'Evêque Diocesain, d'autres que de ses Superieurs ordinaires. *Ibidem* p. 53. il n'y a alors que la voye de se pourvoir pardevant les Superieurs Ecclesiastiques.

136 Les Juges ne peuvent contraindre les Prélats à donner des Provisions des Benefices dépendans de leurs collations, mais ils doivent renvoyer les parties pardevant les Superieurs desdits Prélats, &c. Ordonnance de Blois, art. 64.

137 Provision empêchée par faveur d'un ambitieux à Rome, se supplée en France par les Cours Souveraines. Arrêt du Parl. de Paris qui enjoint à l'Archevêque de Tours, ou son Vicaire, de bailler Provision au resignataire de même jour & date que le consens, la date de la procuration à resigner pour cause de permutation avoit été prise à Rome, pour cette provision servir au resignataire en la récreance & maintenuë, tout ainsi qu'eût pû faire la Provision du Pape, & ordonné cependant que le Benefice seroit sequestré. *Papon*, liv. 2. tit. 9. n. 17.

138 Refus de Lettres de Cure déclaré abusif, par Arrêt du Parlement de Bretagne du 29. Octobre 1554. Le pretexte du Chapitre de Nantes étoit qu'il avoit déja accordé Provisions à un autre ; mais il fut ordonné qu'il en donneroit à l'appellant pour servir *in divinis* pendant le procez. *Du Fail*, li. 1. ch. 63.

139 Si un Gradué a été refusé par un Chapitre exempt, ou par un Evêque, relevant immediatement du Saint Siège, il n'est pas obligé d'aller en Cour de Rome, il peut s'adresser à un autre Evêque, ou au Metropolitain. Le texte de la Pragmatique Sanction §. *quod si quis de collat*. veut que la dévolution se fasse par degrez sans distinction des Prélats exempts. *Chopin, de sacrâ politiâ* rapporte un Arrêt rendu en 1555. toutes les Chambres assemblées, par lequel il fut jugé que le Gradué refusé par un Chapitre exempt, devoit s'adresser à l'Evêque Diocesain sans que d'aller au Pape. V. *Henrys*, tome 2. livre 1. qu. 28.

140 Resignataire refusé en Cour de Rome doit appeller comme d'abus, ou former complainte, & se faire pourvoir par le Collateur ordinaire. La Cour a coûtume de renvoyer au Diocesain. Arrêt du Parlement de Paris du 18. Février 1563. *Papon*, livre 2. titre 8. nomb. 13.

141 Refus fait par les Officiers du Pape de délivrer expedition sur la date de la procuration admise & reçuë par le Dataire, & sur le consens reçu par le Notaire des consens, vaut provision. En ce cas la Cour par Arrêt du 18. Février 1563. ordonna que l'Archevêque de Tours délivreroit Provision sur la date de la procuration admise, & sur le consens qui avoit été reçû par le Notaire des consens, & que cette Provision vaudroit comme si elle étoit expediée en Cour de Rome. La contention étoit pour la Prevôté d'Anjou en l'Eglise de saint Martin de Tours. *Biblioth. Can.* to. 2. n. 375. col. 2.

142 Quoique les Papes n'ayent jamais voulu accorder de Bulles à Messire Regnauld de Beaune Archevêque de Bourges, pour l'Archevêché de Sens que le Roy luy avoit donné, parce que le Pape Sixte V. ayant excommunié Henry IV. Roy de France, on avoit jetté les yeux sur luy pour le faire Patriarche, neanmoins le Parlement a toûjours confirmé les Pro-

visions qu'il avoit données des Benefices vacans à sa collation. *Biblioth. Can. tome* 2. *page* 276. où est rapporté un Arrêt du 3. Février 1601.

143 Sur le refus de l'Ordinaire de donner des Provisions, l'on observe la Hierarchie, & l'on se pourvoit au Superieur, suivant l'Ordonnance de Blois art. 12. 13. & 64. l'Edit de Melun article 15. les Reglemens de l'Assemblée du Clergé des années 1656. & 1665. & les Arrêts du Conseil; quoique le Parlement de Toulouse ne laisse pas de juger contre cet ordre, & de permettre le recours à l'Evêque le plus prochain pour la commodité des Ecclesiastiques; ainsi que le rapporte *M. Delive, quest. not. liv.* 1. *chap.* 16.

144 Quand le Pape refuse de donner des Provisions à ceux qui sont nommez par le Roy, on s'adresse ou au Parlement ou au Grand Conseil; en vertu d'Arrêt l'on prend possession, l'on jouït des fruits, & l'on confere les Benefices dépendans. Arrêt du Parlement de Paris du 11. Mars 1646. qui juge que l'Archevêque de Bourdeaux qui n'avoit pû obtenir Bulles d'une Abbaye, mais qui ayant pris possession en vertu d'Arrêt avoit pû conferer un Prieuré. *Voyez Franc. Pinson*, au titre *de Canonicis institut. condit.* §. 2. *nomb.* 71. & *suiv.*

145 *Nos Cours & autres Juges ne pourront contraindre les Archevêques, Evêques, & autres Collateurs ordinaires de donner des Provisions des Benefices dépendans de leurs Collations, ni prendre connoissance du refus, à moins qu'il n'y ait appel comme d'abus: & en ce cas leur ordonnons de renvoyer pardevant les Superieurs Ecclesiastiques desdits Prélats & Collateurs, lesquels nous exhortons, & neanmoins leur enjoignons de rendre telle Justice à ceux de nos sujets qui auront été ainsi refusez, qu'il n'y en ait aucun sujet de plainte legitime.* Article 6. de l'Edit concernant la Jurisdiction Ecclesiastique du mois d'Avril 1695.

PROVISION EN REGALE.

146 Le Regaliste est preferé à l'Indultaire, l'Indultaire à celuy qui a un Brevet de Joyeux avenement, & celuy-ci aux Graduez nommez. *Biblioth. Can. tome* 2. *page* 276. *col.* 2.

147 Regale a lieu aux Benefices qui sont en Patronage Ecclesiastique ou Laïc; & en ce cas les Provisions peuvent être signées par un Secretaire ordinaire; au lieu que les autres le doivent être par un Secretaire des Commandemens. Arrêt du 25. Juin 1640. *Bardet, tome* 2. *liv.* 9. *chap.* 6.

148 Si des Provisions en regale d'un Benefice doivent être scellées du Sceau Royal, ou s'il suffit qu'elles soient signées d'un Secretaire d'Etat. *V. Soefve, to.* 1. *Cent.* 3. *chap.* 76. Il n'y a point de décision.

Voyez cy-aprés le mot *Regale.*

PUBLIC.

Public. Bien public. Chose publique.

Ce qu'on entend par chose publique. *L.* 15. & 17. *D. de verb. sign.*

En public, *Palam. L.* 33. *D. de verb. sign... Coram. L.* 209. *eod.*

De locis & itineribus publicis. D. 43. 7.

Ne quid in loco publico, vel itinere fiat. D. 43. 8.

De loco publico fruendo. D. 43. 9. Interdit, ou défenses de troubler le Fermier ou le Locataire de chose appartenante au public, ou au Prince.

De via publicâ, & si quid in eâ factum esse dicatur. D. 43. 10. Ce titre s'entend seulement des rües de la Ville: au lieu que les titres 7. 8. & 11. parlent des chemins de la campagne.

De popularibus actionibus. D. 47. 23. Des actions populaires ou publiques, qu'il étoit permis à chacun d'intenter, contre un crime ou délit qui interesse le public.

De jure Reipublica. C. 11. 30. Le public est toûjours mineur.

De administratione rerum Publicarum. C. 11. 31. Les Administrateurs sont comme des Curateurs.

De administratione rerum ad civitates pertinentium. D. 50. 8.

De operibus publicis. D. 50. 10...*C.* 8. 12...*C. Th.* 15. 1.

De diversis prædiis urbanis & rusticis templorum & civitatum, & omni reditu civili. C. 11. 69.

De locatione prædiorum civilium vel fiscalium, sive templorum, sive rei privatæ, vel dominicæ. C. 11. 70...*C. Th.* 10. 3.

De pœnâ ejus qui rem aliquam publicam vendiderit. Leon. N. 61.

PUBLICATION.

PUBLICATION, ELECTION.
1 De la publication de l'élection. *Voyez* le mot *Election, nomb.* 137. & *suiv.*

PUBLICATION, ENCHERE.
2 De la publication des encheres. *Voyez* le mot *Enchere, nomb.* 53. & *suiv.*

PUBLICATION, ENQUESTES.
3 De la publication des Enquêtes. *Voyez* le mot *Enquêtes, nomb.* 48. & *suiv.*

PUBLICATION DES RESIGNATIONS.

4 *Voyez* le Plaidoyé de *M. Servin*, en la *cause de Hamilton*, où est traitée la Regle *de public. resignationibus.*

5 Le Pape ne peut déroger ni dispenser de la Regle *de public. resignatiionibus. Char. li.* 1. *Rép.* 23.

6 Resignation admise par le Legat étant en France doit être publiée dans le mois comme de l'Ordinaire, nonobstant la Regle de 20. *diebus. V. Carondas, li.* 1. *Rép.* 18.

7 Par la Regle 34. de Chancellerie *de publicandis resignationibus*, si le resignant meurt en possession du Benefice six mois aprés que la resignation a été admise en Cour de Rome, ou un mois aprés qu'elle a été admise ailleurs, le Benefice est reputé vacant par mort, & non par resignation, à moins que la resignation n'ait été publiée, & la possession demandée par ceux qui ont interêt.

Cette Regle qui est du Pape Innocent VIII. a été verifiée & enregistrée au Parlement le 27. Août 1493. & depuis ce temps passé en force de loy dans le Royaume, d'où il s'ensuit qu'elle n'est pas abolie par la mort du Pape. *Biblioth. Can.* 10. 2. *p.* 290.

8 En l'an 1523. n'étant pas permis d'aller à Rome à cause des guerres, ni d'y transporter de l'argent, les publications se faisoient en vertu de simples signatures sans Bulles, & étoient jugées valables en ce Royaume, même en vertu de Lettres obtenuës en Chancellerie du Palais; ces signatures étoient verifiées par le témoignage des Banquiers & Sollicieurs de Bulles aux fins de sequestre & de récréance par jugemens contradictoires, sans obtenir Bulles. *Biblioth. Can. tome* 2. *p.* 293. *col.* 1.

9 On demande de quel temps les six mois de la publication doivent être comptez, ou du jour de la simple admission de la resignation, ou bien de la collation, ou du jour du consentement porté? Gomés prétend qu'il ne court que du jour du Consens. Du Moulin refute ses raisons, quoiqu'il convienne que plusieurs Arrêts l'ayent ainsi jugé. Du Moulin a depuis tenu un avis contraire, considerant qu'il y a même raison qu'en la Regle *de infirmis resignantibus*, où l'on ne s'arrête pas à la date de la Supplication, mais du consens, parce que cela est favorable pour les Ordinaires, & pour les impetrans *per obitum*, que l'une & l'autre Regle veut gratifier; & de fait, il dit avoir été ainsi jugé par Arrêt de la Cour, donné les Chambres assemblées en 1550. Le même ajoûte qu'au mois d'Avril 1558. M. Mathieu Chartier Avocat celebre étant appellé pour donner son avis sur une pareille question, tira de ses registres un Arrêt du 10. Decembre 1537. en faveur d'un resignataire de la Curé de Bugny, en la possession de laquelle le resignant étoit décedé six mois

après la date de la resignation & de la Bulle, mais dans les six mois du jour de la date du consens qui étoit quatre jours après la date de la Bulle. Toutefois le sieur Chartier ayant reconnu que depuis il avoit été jugé au contraire en 1558. souscrivit à l'avis de Du Moulin pour l'impetrant *per obitum*. *Biblioth. Can. to. 2. p. 291. col. 1.*

10. Si l'on ne satisfait à cette Regle, toutes Collations, Institutions, & autres Provisions ainsi faites par resignations sont annullées par ces mots, *& quævis alia dispositiones*, lesquels comprennent toute provision, soit du Pape, ou autre personne, & même les Commandes. Ainsi jugé par Arrêt solemnel du 23. Decembre 1505. pour M. Hugues Roger, contre Guillaume Carton qui avoit été pourvû par le Pape d'un Benefice résigné, mais il n'avoit pas pris possession du vivant de son resignant. De même par Arrêt du 7. Septembre 1526. entre Martin de Rogis, & l'Evêque d'Evreux, & par plusieurs autres qui tenoient qu'en France cette Regle est *in viridi observantia*. *Biblioth. Can. to. 2. p. 295. col. 1.*

Voyez cy-après *lettre R. le titre des Regles de Chancellerie Romaine*, où est l'explication de la Regle *de publicandis*.

PUBLICATION DES SUBSTITUTIONS.

11. Donation entre-vifs contenant substitution, la publication est requise outre l'insinuation, ne plus ne moins qu'és païs de nantissement l'insinuation est requise, outre le nantissement. *Brodeau sur M. Louët, lettre S. somm. 3. nomb. 9.*

12. Le défaut de publication regarde les creanciers, & non pas les heritiers. *Ricard, des Donations entre-vifs, 1. part. chap. 4. sect. 3. glos. 1. secùs, és donations entre-vifs, le défaut d'insinuation regarde les heritiers & les creanciers. Ordonnance de Moulins, art. 58.*

13. L'Ordonnance de Moulins art. 57. porte que les substitutions doivent être enregistrées és Siéges Royaux plus prochains de la demeure de ceux qui ont fait la substitution, & ce dans six mois, à compter quant aux substitutions testamentaires du jour du décez de ceux qui les auront faites, & pour le regard des autres du jour qu'elles auront été passées, autrement seront nulles. *Voyez Mornac, l. 2. ff. de edendo.*

14. C'est à l'heritier à faire publier & registrer le testament qui porte substitution, & le défaut n'en peut être imputé aux substituez, ainsi la substitution déclarée ouverte. Arrêts de la Nôtre-Dame de Septembre 1583. & du 4. Août 1598. *Montholon, Arrêt 2. Voyez M. le Prêtre, és Arrêts de la Cinquiéme, & M. Louët, lettre S. somm. 3.*

15. Les Ordonnances qui desirent que les substitutions soient publiées à peine de nullité, n'ont lieu quand les substitutions sont faites en faveur du nom, à personnes qui ne sont encore nées ou mineures. Arrêt du 4. Août 1598. *Chenu, 2. Cent. qu. 83.*

16. La publication n'est requise és testamens contenans substitutions vulgaires, pupillaires, exemplaires, & autres qui sont de peu de durée, & ne passent le premier degré, & n'ont point trait à l'avenir comme les fideicommissaires & graduelles. Arrêt du 21. Decembre 1612. *Brodeau sur M. Louët, lettre S. somm. 3. nomb. 4.*

17. Les mineurs ne peuvent être restituez du défaut de publication en matiere de substitution. Arrêt du 29. Juillet 1658. *De la Guess, tome 2. liv.1. chap. 55.* ni contre des tiers détempteurs. Arrêt du 5. Juillet 1661. *De la Guess. to. 2. liv. 4. chap. 31.*

18. Une substitution publiée par l'institué long-temps après, n'opere rien contre les creanciers intermediaires de l'institué, & que les substituez ne pouvoient prétendre de dommages & intérêts sur les biens substituez au préjudice des creanciers, les substituez prétendant avoir hypoteque du jour du testament sur les biens, nonobstant l'Edit de 1553. l'Arrêt a été rendu le 9. Mars 1665. plaidans Fourcroy, Billard, Levêque, Loranchet, & Didier. *M. Louët, lettre S. somm. 3.* semble être opposé. *Voyez des Maisons, lettre P. nomb. 14.* où il dit que l'Arrêt a été prononcé le 9. May 1665. Mêmes Arrêts ont été rendus les 14. Septembre 1669. & 9. Avril 1680. & sont rapportés au *Journal du Palais*.

Voyez cy-après le mot *Substitution, §. Substitution publiées.*

PUBLICATION, SAISIE REELLE.

19. Declaration du Roy du 16. Decembre 1698. portant que les publications pour affaires temporelles ne seront faites qu'à l'issuë des Messes de Paroisse. *V. le recuëil de Decombes Greffier de l'Officialité de Paris. part. 2. chap. 2. p. 260.*

PUISSANCE.

1. Divers sens de ce mot, *Potestas. L. 215. D. de verb. sign.*

De l'usage de la Puissance temporelle en ce qui regarde l'Eglise, soit pour reprimer les entreprises de ses Ministres sur les droits du Prince, soit pour la conservation & administration de son temporel. *V. le 4. tome des Loix Civiles, liv. 1. tit. 19.*

PUISSANCE ECCLESIASTIQUE.

2. *Richerius de potestate Ecclesiasticâ & politicâ*, in 12. Paris 1660.

De potestate Seculari & Ecclesiasticâ. Viridarium nuncupatum.

3. Des deux Puissances Ecclesiastique & Royale ; ensemble les deux diverses fonctions, & qu'elles se prêtent un mutuel secours. *Voyez Basset, to. 2. li. 2. tit. 1. chap. 1.*

PUISSANCE MARITALE.

4. *Voyez Autorisation. Communauté, femme, Mariage. & Peleus, quest. 2.*

PUISSANCE PATERNELLE.

5. *Voyez Autorisation, Emancipation, & Charondas, liv. 9. Rép. 2.*

De patria potestate. Instit. 1. 9. & seqq... C. 8. 47. & seqq.

De iis qui sui, vel alieni juris sunt. I. 1. 8..... D. 1. 6.

De iis qui in potestate sunt. Ulp. 5.

Quibus modis jus patria potestatis solvitur. I. 1. 12.

De adoptionibus, & emancipationibus, & aliis modis, quibus potestas solvitur. I. 1. 11... D. 1. 7...C. 8. 48. & 49.

Constitutio quæ, Dignitatibus & Episcopatu, filium liberat patriâ potestate. N. 81.

6. Puissance paternelle ne se garde en France : une fille peut, vivant son pere, disposer de son bien. Arrêt à Pâques 1599. *Montholon, Arr. 89.*

7. Puissance paternelle est nulle. *Nulla est hodiè patria potestas apud nos.* Arrêt aux Fêtes de Pâques 1599. *Mornac, loy 8. ff. de his qui juris sunt.*

8. C'est une erreur de croire que le pere mort, les enfans qu'il laisse retombent en la puissance de leur ayeul paternel, & que cet ayeul ait l'usufruit de leurs biens. *Avis d'Henrys tome 2. liv. 4. qu. 13.* où il cite Boërius, *décis. 470. Argentré sur l'article 610. de la Coûtume de Bretagne, & Brodeau sur M. Louët, lettre M. somm. 17.*

9. L'émancipation tacite d'un fils est de dix ans hors l'habitation de la maison de son pere ; *secùs*, de la fille qui demeure en la puissance paternelle. Arrêt du 11. Février 1633. *M. Dolive, liv. 5. ch. 3.*

PULVERAGE.

Du droit de Pulverage qui a lieu en Dauphiné. *Voyez* le mot *Droits Seigneuriaux, nomb. 127. & suivans.*

Q

QUADRANIERS.

AR Arrêt du neuf Février 1568. jugé que les Quadraniers ne seront sujets à la visitation de Pigniers, Tabletiers, Tourneurs, ni d'autres semblables métiers, qui prétendoient ce droit de visitation, sous prétexte que les Cadrans sont faits les uns d'yvoire, les autres d'Ebene, les autres de bois, & les autres d'autres matieres. *Bibliotheque de Bouchel*, verbo *Quadraniers*.

QUALITÉ.

1. Qualité d'un Contract. *Qualitas initio contractûs apposita spectanda est.* Mornac, *lib.* 8. *ff. mandati.*

2. Qualité & capacité des personnes. *Quotiescunque de capacitate aut habilitate personarum quaeritur, domicilii leges & statuta spectantur.* Un Angevin à vingt ans peut vendre ses immeubles situez en la Coutume d'Anjou; un habitant de Senlis qui a des immeubles en Anjou, ne peut les vendre ayant l'âge de vingt ans, parce que la Coutume de Senlis desire 25. ans. Il seroit absurde qu'une même personne dans une même Coutume, fût estimé majeur & mineur. Arrêt du Parlement de Paris du 28. Août 1600. *M. Loüet, lettre C. somm.* 13.

3. *Messire, Chevalier, Ecuyer.* Reglement portant défenses à tous proprietaires de terres, de se qualifier Barons, Comtes, Marquis, & d'en prendre les Couronnes à leurs Armes, sinon en vertu de Lettres patentes bien & deuëment verifiées en la Cour: à tous Gentilshommes de prendre la qualité de Messire & de Chevalier, sinon en vertu de bons titres; & à ceux qui ne sont pas Gentilshommes, de prendre la qualité d'Ecuyers, à peine de quinze cens liv. d'amende. Arrêt du 13. Août 1663. *Notables Arrêts des Audiences, Arr.* 112. Jovet, *verbo* Seigneur, *nomb.* 19. Il dit qu'il étoit present à la prononciation de l'Arrêt.

4. Arrêt du Parlement de Bourdeaux du 21. May 1649. portant défenses au sieur d'Epernon de prendre les qualitez de Tres-Haut, & de Tres-Puissant Prince, & d'Altesse qu'il s'attribuoit. Graverol, *sur La Rocheflavin, des Droits Seigneuriaux, chap.* 21. *art.* 6.

5. De la qualité que donne le Fief. *Voyez* le mot *Fief, n.* 135. *& suiv.*

QUANTI MINORIS.

1. Il y a le *Quanti minoris*, quand il s'agit de faire diminution à l'acheteur, à cause de quelque vice qui se trouve dans la chose par luy acheteé, soit par rapport à la qualité, ou à la quantité. Henrys, *to.* 1. *liv.* 4. *ch.* 6. *qu.* 43.

2. Par Arrêt du Parl. de Toulouse du 9. Mars 1592. jugé que l'estimation de *Quanto minoris*, ou moins value d'une piece venduë noble, se trouvant chargée d'oublie, est telle que le vendeur doit premierement rembourser à l'acheteur des lods & ventes, qu'il est contraint de payer au Seigneur direct; & encore deux autres lods & ventes pour les deux prochaines ventes qui se pourroient faire; ensemble la censive pour soixante ans prochains, & pour chaque sol de censive quinze sols pour l'amortissement de la censive après les soixante ans passez. *Biblioth. de Bouchel*, verbo *Estimation.*

3. L'action *quanti minoris* n'a lieu és ventes qui se font par l'interposition du Decret. Jugé à Toulouse l'onze Septembre 1635. *M. Dolive, liv.* 4. *cha.* 25.

QUARTE.

Voyez les mots *Falcidie* & *Trebellianique*, où l'on a marqué tant les titres du Droit, que les décisions qui conviennent à l'une & à l'autre.

1. *Filius fideicommisso gravatus an duas quartas detrahat?* Voyez And. Gaill. *lib.* 2. *observat.* 121.

2. De detractione quartarum inter liberos primi gradûs. V. Franc. Marc. *tom.* 1. *qu.* 432.

3. *Gravatus Fideicommisso an duas quartas hodie deducat?* V. Stockmans, *decis.* 41. la Coûtume d'Anvers utrique quartae locum dat.

4. Si le fils heritier chargé de legs, peut aussi-bien distraire la double quarte, qu'étant chargé d'un Fideicommis. *Voyez Henrys, to.* 2. *liv.* 5. *qu.* 56.

5. Aux donations entre-vifs il n'y a point de quarte à distraire; *Secus*, aux donations à cause de mort. Henrys, *tom.* 2. *liv.* 6. *quest.* 11. Si le legataire universel peut distraire la quarte, le même pour le donataire de tous biens, *idem eodem loco.*

6. Es Arrêts generaux prononcez le 16. Avril 1580. il est ordonné que les neveux *qui tenent primum gradum, non imputant fructus in quartam.* La Rocheflavin, *liv.* 2. *lettre* L. *tit.* 4. *Arr.* 13.

7. On ne peut distraire la quarte trebellianique d'un Fideicommis particulier. *M. Expilly, Arrêts* 9. mais il ne date point l'Arrêt; *& Arrêt* 10. il dit qu'il fut ordonné que la quarte falcidie se devoit distraire d'un fideicommis particulier, & que la legitime & la falcidie se pouvoient distraire ensemblement sur les biens mediocres, & non pas sur les specieux. *Arrêt* 12.

8. L'heritier étranger doit imputer les fruits *in quartam;* ce qui est pareillement décidé pour la falcidie, mais la question est pour les enfans *in primo gradu.* M. le Prêtre, 2. *Cent. chap.* 7. panche contre l'imputation. Henrys tient que le fils heritier institué, ayant joüi quelques années, est obligé d'imputer les fruits sur sa quarte. Par le Droit sans distinction, les fruits s'imputoient en la quarte, & même en la legitime: la legitime est duë comme fils, *jure naturae*, & la quarte comme heritier, &c. *Voyez Henrys, to.* 2. *liv.* 5. *qu.* 8. M. le Prêtre, 2. *Cent. ch.* 7. M. Cujas en traite quelque chose, *liv.* 8. *observ.* 4.

9. La détraction de deux quartes regarde aussi-bien les ascendans que les descendans, d'autant que leur condition est égale. *Voyez* M. Dolive, *liv.* 5. *ch.* 27. Henrys, *tome* 1. *liv.* 5. *ch.* 4. *qu.* 50. *& tome* 2. *liv.* 5. *quest.* 56.

10. Si la détraction des deux quartes a lieu pour les legs, aussi bien que pour les fideicommis? V. Henrys, *tom.* 1. *liv.* 5. *ch.* 4. *qu.* 50.

11. *Filius sive purè, sive sub conditione gravetur duas deducit quartas legitimam & trebellianicam.* Voyez Francisci Stephani *decis.* 82. où il rapporte un Arrêt du Parlement de Provence du 19. Février 1580.

12. Si la femme pauvre doit avoir la quarte sur les biens de son mary riche après sa mort? quoique par un Arrêt general au Parlement de Toulouse de 1581. suivant l'authentique *Praeterea, Cod. undè vir & uxor*

cette quatriéme partie des biens ait été ajugée à une veuve pauvre, à la charge de précompter une petite dot qu'elle n'avoit pas payée, & une prétenduë rente qu'il luy avoit laissée par legat, comme le rapporte M. Maynard, *liv.* 4. *ch.* 25. & que la Novelle 106. de l'Empereur Leon soit formelle, ajugeant même la proprieté de cette quarte ; neanmoins le contraire a été jugé le 22. Mars 1648. en la cause de la veuve d'un nommé Vervede, aux Enquêtes, après un partage. Cette femme n'avoit eu que quatre cens livres en mariage ; Vervede son mary devenu riche de plus de trente mille liv. luy avoit fait prendre un vol plus grand qu'elle n'avoit accoûtumé ; de sorte qu'elle demandoit contre ses neveux le quart de ses biens, mais il luy fut refusé par cet Arrêt. *Albert*, verbo *Dot*, *art.* 10.

13 Le 29. Novembre 1591. il a été jugé au Parlement de Toulouse, que le pere peut charger son fils de rendre l'heritage sans détraction de quarte, contre l'opinion de *Guy Pape*, *en la question* 52. Par ce même Arrêt il a été jugé que la prohibition de la Trebellianique pouvoit être faite par un Codicille, contre l'opinion d'Alciat, *Cambolas*, *liv.* 1. *ch.* 32.

14 L'heritier particulier est censé legataire, & ne peut distraire aucune quarte, jugé le 10. Avril 1624. La quarte ne peut être distraite, que par celuy qui est chargé de rendre en qualité d'heritier ; & un donataire de tous les biens, qui est reputé pour heritier, étant chargé de rendre, ne peut distraire aucune quarte. *Idem*, *liv.* 5. *ch.* 12.

15 L'heritier, ou le substitué du pupile chargé de Fideicommis, ne distrait point de quarte ; jugé le 14. Juillet 1626. *Ibid. ch.* 27.

16 Le Testament subsistant par la clause codicillaire, on ne peut retenir qu'une quarte, sauf en deux cas, ausquels les Interpretes croient que lorsque le Testament est confirmé par la clause codicillaire, il faut donner deux quartes : l'une est en l'espece proposée par Ferrieres en la question 513. de Guy Pape, lorsqu'il y a des freres qui succedent conjointement avec la mere, & lesquels en vertu de la clause codicillaire, sont censez grevez de rendre à l'heritier institué ; car en ce cas la mere seule prend la legitime, qui ne compete pas aux freres, & eux prennent la quarte : jugé au Parlement de Toulouse le 23. Decembre 1632. *Cambolas*, *liv.* 4. *ch.* 42.

17 Le pere, ou l'heritier chargé de rendre l'hoirie, peut anticiper le temps, & obmettre la quarte au préjudice de ses creanciers. Jugé le 31. May 1636. *Henrys*, *tom.* 2. *liv.* 5. *qu.* 54. & 58. Voyez *M. Delivre*, *questions notables*, *liv.* 5. *chap.* 25. & 29. & M. Expilly, *en ses Arrêts ch.* 13.

18 Brodeau sur M. Loüet, *lettre* H. *somm.* 13. dit que l'heritier compute en sa quarte, ce qui a été donné entre-vifs avant le Testament. *Du Frêne*, *liv.* 4. *chap.* 10. rapporte un Arrêt contraire du 23. Juillet 1643.

19 Les quartes ne se tirent qu'une fois d'une même succession, bien qu'il y ait plusieurs fideicommis. *Voyez Peleus*, *qu.* 161.

20 Le Président de Séve de la Ville de Lyon, a obtenu la quarte trebellianique de la succession de sa petite fille, contre la fille dudit Président. Arrêt du 15. Juillet 1653. à la Grand'-Chambre, rapporté *dans le Recueil de la Ville*, n. 8051. Cet Arrêt repugne à l'Edit des meres.

21 Si deux freres ont fait testament, & ne se sont instituez l'un l'autre, le substitué survivant decedant sans enfans, peut prétendre les biens sans distraction de quarte. V. *Bouvot*, *tom.* 1. *part.* 2. verbo *Testament*, *qu.* 5.

22 Un Testateur avoit institué sa femme avec son fils également. Il avoit chargé sa femme de rendre sans détraction de quarte à moitié à son fils, & son fils de rendre à ses filles. Arrêt du Parl. de Toulouse, qui décide que le fils détrait la quarte, tant de la moitié en laquelle il étoit institué, que de l'autre en laquelle la femme avoit été instituée, & qu'il avoit recueillie : la présomption de repetition de prohibition cesse donc en ce cas, du moins la prohibition n'étant point expresse. A l'égard du second degré, elle n'empêche pas alors les descendans de détraire la quarte. Cet Arrêt est conforme à un autre du 17. Juin 1655. rapporté par M. *de Catellan*, *liv.* 4. *ch.* 79.

De la quarte en cas de fideicommis, *Voyez* le mot 23 *Fideicommis*, *n.* 185. & *suiv.*

Le mary ne peut demander la quarte dans la suc- 24 cession de la femme : c'est un droit qui n'est dû qu'à la femme. Du Moulin estime le contraire. V. *le Brun, des Successions*, *liv.* 1. *ch.* 7. *n.* 4. où il ajoûte que la femme a la querelle d'inofficiosité pour demander cette quarte, au cas que son mary ait testé : il se sert de l'authorité de Balde sur l'Authentique *Præterea*, C. *unde vir & uxor.*

QUARTE FALCIDIE.

De l'usage de la Falcidie, & en quoy elle consiste ; 25 des dispositions sujettes à la falcidie ; de ceux à qui elle peut être dûë, ou non ; des causes qui la font cesser, ou qui la diminuënt. *Voyez le* 3. *tome des Loix Civiles*, *liv.* 4. *tit.* 3.

La falcidie se détrait sur un heritage épuisé par 26 donation à cause de mort, & sur les legats des enfans. Arrêts du Parlement de Grenoble des 13. Juillet 1634. & 15. Janvier 1651. V. *Basset*, *tome* 1. *livre* 5. *titre* 12.

Arrêt du Parlement de Provence du 30. Juin 1655. 27 qui a jugé que les ascendans ne font pas la détraction de la quarte falcidie, en transmettant l'heredité chargée de dettes & legs, mais seulement la legitime. *Boniface*, *tom.* 2. *liv.* 2. *tit.* 2. *ch.* 18.

QUARTE TREBELLIANIQUE.

De l'usage de la Trebellianique, & en quoy elle 28 consiste ; des causes qui la font cesser, ou qui la diminuënt. *Voyez le troisième Tome des Loix Civiles*, *liv.* 5. *tit.* 4.

Voyez M. *Jean Marie Ricard*, *en son Traité des* 29 *substitutions directes & Fideicommissaires*, *ch.* 17.

De la quarte Trebellianique, ou des détractions 30 qu'elle peut souffrir. V. *Francisci Stephani* décision 59.

De la quarte Trebellianique. *Voyez Despeisses*, *to.* 31 2. *pag.* 338.

De ceux qui peuvent distraire cette quarte. *Ibidem.*

Sur quel bien se prend la Trebellianique ? *Ibidem*, *pag.* 347.

De ceux qui peuvent distraire la Falcidie. *Ibidem*, *pag.* 351.

Sur quoy se prend la Falcidie. *Ibid. pag.* 355.

De la legitime & quarte Trebellianique. V. *Cha-* 32 *rondas*, *liv.* 12. *Rép.* 61. & *liv.* 9. *Rép.* 5. ou quand elle peut être prohibée, ou remise ? V. *Anne Robert*, rerum judicat. *liv.* 4. *chap.* 17.

De la prohibition de la détraction de la Trebellia- 33 nique. *Voyez Charondas*, *liv.* 7. *Rép.* 126.

L'heritier chargé de rendre l'heritage, n'est pas 34 privable de la quarte Trebellianique, pour n'avoir point fait d'inventaire. *Voyez le mot Fideicommis*, *nomb.* 188.

La Trebellianique cesse, quand le Testateur a 35 voulu que le substitué entrât de plein droit dans la succession de ses biens. La commune opinion des Docteurs est qu'en cecy il défend tacitement la détraction de la Trebellianique. Le Parlement de Grenoble donne à cette clause la force de la défense expresse ; la tacite & l'expresse ont indifferemment le même effet contre l'heritier étranger.

La clause de plein droit induit *directam successionem ; itaque Trebellianica videtur prohibita* : ce qui pourtant n'est vray que contre les heritiers étrangers, qui

qui ne peuvent non plus prétendre de Trebellianique, s'ils sont chargez de rendre tous les biens, ou tout l'heritage. *Voyez Guy Pape, qu.* 537. & *Chorier, en sa Jurisprudence du même Auteur*, p. 196.

36 M. Sebastien Ayral Prêtre, institué Jean Ayral, fils de Barthelemy son frere; & en cas que son heritier décede sans enfans, veut que son hereditié vienne de plein droit à deux Ayrailles sœurs de son heritier. Procès après le cas de la substitution arrivé, pour sçavoir s'il y avoit lieu de distraction Trebellianique, attendu les mots de *plein droit*? Le procès parti en la Premiere & Seconde des Enquêtes de Toulouse, Rapporteur & Contretenant entrez dans la Grand'-Chambre pour le départir, & le fait recité, M. le Premier Président d'Affis remontra que les Présidens & anciens Conseillers des Enquêtes étoient blâmables d'avoir fait un partage en chose si claire, & resolu dans le Palais ; sçavoir qu'entre descendans il étoit besoin d'une prohibition expresse de la Trebellianique, mais aux Etrangers, tels qu'au fait proposé, une prohibition tacite suffisoit, telle que ces mots de *plein droit* portoient sans difficulté. A quoi s'accordant les autres Présidens & Conseillers de la Grand'-Chambre, sans y opiner ni raisonner autrement, le Rapporteur & Contretenant furent renvoyez, avec charge de dresser l'Arrêt, & faire entendre la remontrance à toutes les deux Chambres des Enquêtes ; ce qui fut fait par Arrêt du 12. Juin 1578. La substitution fut declarée ouverte sans détraction de Trebellianique. *V. Mainard, liv.* 5. *ch.* 31.

37 L'heritier grevé de rendre, n'a pas la faculté de retenir pour la Trebellianique, tel fonds de l'heredité qu'il voudra, cela se fait *arbitrio boni viri*. De même l'alienation par luy faite de quelque heritage considerable, ne luy sera imputée en la Trebellianique ; mais s'il est necessaire, l'alienation sera revoquée, & l'on pourvoira d'ailleurs au remplacement de la Trebellianique, nonobstant la faculté donnée à l'heritier par le Droit nouveau, *in leg. fin.* §. *sed quia C. comm. de legat.* dont il ne doit abuser. *Idem, liv.* 6. *ch.* 8.

38 L'heritier fideicommissaire qui n'a point fait d'inventaire, ne doit point être privé de la quarte Trebellianique. *Brodeau, sur M. Louet, let. H. som.* 24. *nomb.* 13.

39 La quarte Trebellianique est dûe au petit-fils, sans imputation des frais, *facit lex quod de bonis.* §. *quod avus, ff. ad L. falcid.* Arrêt du Parlement de Toulouse en Robes rouges, par lequel la legitime & quarte Trebellianique furent ajugées, *sine ullâ fructuum imputatione*. *La Rochflavin, liv.* 6. *tit.* 63. *art.* 12.

40 Si en liquidant la Trebellianique d'un Fideicommis, il faut distraire les legats pour la simple? *Voyez. Du Perrier, liv.* 1. *quest.* 1. où il dit, comme il arrive souvent, que le Testateur faisant un Fideicommis conditionnel, fait aussi des legats sous la même condition ou terme que le Fideicommis, & qu'en ce cas, la restitution du Fideicommis, & le payement des legats, se font en même temps ; il y faut observer l'ancienne Jurisprudence, suivant laquelle l'heritier prend sa quarte sur les legats, aussi-bien que sur le Fideicommis, puisqu'en ce point l'usage n'a point derogé à la disposition du droit.

41 Il a été souvent jugé que les enfans alienez de l'heredité, par celuy qui étoit tenu de la restituer, soit qu'il puisse demander les deux quartes, ou seulement la legitime, luy doivent être decretez & précomptez sur les quartes, ou la legitime seule, si la distraction de la Trebellianique luy est prohibée. *L. Marcellus.* §. *res que*, & *ibi gloss, D. ad Trebell.* Arrêt du 18. May 1566. entre le Seigneur de Montmartin, & le sieur de Gayer. Autre Arrêt du 6. Août 1575. au profit de Jean & Pierre de Villes. *Bibliot. de Bouchel*, verbo *Trebellianique*.

42 Le Testateur *in liberis primi gradûs*, peut défendre

la quarte Trebellianique. Arrêt du 6. Août 1575. *Le Vest, Arr.* 142. Peleus, *quest.* 51. *Charondas, liv.* 7. Rép. 159. & Rép. 126. dit qu'elle est dûe au petit-fils sans computation des fruits. Jugé à Toulouse le seize Avril 1585. *V. Henrys, to.* 2. *liv.* 5. *qu.* 11.

43 *Sempronius tres habens liberos, filium & duas filias, filium hæredem instituit; & si decedat sine liberis, hæreditatem Mæviæ & Titiæ sororibus restituat, filius Mæviam in universa bona instituit, & Titiæ* 50. *aureos dat & legat ultra substitutionem à patre factam, cui nullo modo derogat. Mævia vult duas quartas detrahere quæ debentur fratri defuncto, legitima quidem ut filio, trebellianica tanquàm hæredi instituto : Titia obstat : Senatus Mæviæ ex bonis paternis detractionem utriusque quartæ, tam legitima filii quàm trebellianica adjudicavit,* le 1. Juin 1585. Anne Robert, *rerum judicatarum, li.* 4. *ch.* 17. *Voyez Ricard, des Donations entre - vifs,* 3. *part. ch.* 8. *sect.* 6.

44 Les enfans du premier & second degré ne sont tenus d'imputer sur la Trebellianique les fruits de l'heredité par eux perçûs durant dix ans & plus ; parce qu'ils sont considerez comme descendans du Testateur, & *subintrant* en la prérogative de leurs peres, enfans du premier degré. Arrêt du Parlement de Toulouse du 15. Août 1685. *Voyez Mainard, livre* 5. *chap.* 51.

45 Ce qu'un pere donne par pacte de mariage à son fils, sans préjudice de la qualité des autres biens qui lui pourroient appartenir après son décès, n'est point imputable, mais donné par préciput. Arrêt du 21. Avril 1594. *Bibliotheque de Bouchel*, verbo *Legitime*.

46 L'heritier qui a omis de faire inventaire, ne peut lever sa legitime, ni la Trebellianique. Arrêt du 12. Decembre 1598. cité par Peleus, *liv.* 3. *alt.* 6.

47 La Trebellianique ne se perd point par le Fideicommissaire, pour n'avoir point fait d'inventaire. Arrêt du Parlement de Paris du 12. Decembre 1598. Mainard, *to.* 1. *liv.* 5. *ch.* 62.

48 Par Arrêt du deux Janvier 1599. jugé que faute d'avoir fait inventaire des meubles, titres & enseignemens, non seulement la Trebellianique étoit perduë, mais aussi la legitime, & ne pouvoit être distraite. *V. la Bibliotheque de Bouchel*, verbo *Trebellianique*.

49 Les enfans *primi gradûs*, n'imputent les fruits sur la Trebellianique, mais bien leurs enfans neveux au Testateur, qui peut prohiber cette détraction aux enfans du premier degré. Arrêts du Parlem. de Grenoble des 14. Août 1606. deux Decembre 1616. & 6. Mars 1620. Basset, *to.* 1. *liv.* 5. *tit.* 13. *ch.* 4.

50 Le 12. Juin 1629. il a été jugé au Parlement de Toulouse que l'heritier étranger ne perd point la Trebellianique, pour n'avoir pas fait d'inventaire. Cambolas, *liv.* 6. *ch.* 2.

51 L'heritier chargé de rendre l'heritage, n'est privé au Parlement de Toulouse de la Trebellianique, pour n'avoir pas fait inventaire. La Novelle ne parle que de la falcidie : c'est une loy penale qui doit être plûtôt restrainte qu'étenduë. Arrêts des 12. Juin 1619. & 12. Février 1636. M. Dolive, *liv.* 5. *ch.* 26. Henrys *tom.* 2. *liv.* 5. *qu.* 6. traite amplement la question, & tient pour l'affirmative avec quelques exceptions. Peleus, *quest.* 66. dit que les enfans sans inventaire, ne la peuvent défalquer. Arrêt du cinquième Septembre 1597.

52 La Trebellianique se leve avant les legats. Arrêt du Parlement de Grenoble du 14. Août 1637. Basset, *tom.* 1. *liv.* 5. *tit.* 13. *ch.* 1.

53 C'est un usage constant au Parlement de Toulouse, que l'heritier consume la quarte Trebellianique par la joüissance de dix ans, à la reserve neanmoins des enfans, qui par une Constitution expresse des Empereurs, sont exceptez de cette Regle generale, & dispensez de cette imputation. Mais on doute si la

quarte qui est consumée par la joüissance de dix ans, est diminuée par une moindre joüissance ; & si l'heritier qui a joüi moins de dix ans, doit imputer les fruits à proportion du revenu de sa joüissance, en sorte que s'il a joüi cinq ans, par exemple, il a consumé la moitié de sa quarte Trebellianique, & ainsi à proportion. *Voyez M. de Catellan, liv. 2. chap. 29.* où il dit : Quelques-uns de ceux que j'ay consultez sur cette question, m'ont cité un Arrêt de la Grand'-Chambre du 11. Septembre 1676. par lequel on prétend que la Cour a jugé que la Demoiselle de Fuilla, veuve & heritiere de Jean Montanier, chargée de rendre à ses enfans, avoit consumé sa quarte ou partie, quoiqu'elle n'eût pas joüi dix ans entiers de l'heredité. J'ai lû & examiné cet Arrêt, & trouvé qu'il ne juge point cette question : mais seulement que cette Demoiselle de Fuilla avoit consumé sa quarte par la joüissance de 10. ans qui se trouvoient révolus, à compter du jour du décés de son mary ; quoiqu'elle n'eût pas joüi dix ans depuis l'acceptation de l'heredité, & le premier acte d'heritiere ; cette acceptation ayant un effet retroactif jusqu'au jour du décés du Testateur, donnoit à cette heritiere un droit incontestable de percevoir tous les fruits depuis ce décés. Enfin cette question s'étant presentée au procez de Paul Lapra, & Françoise Andrée, veuve & heritiere de François Lapra ; jugée le 4. Février 1681. il fut conclu que l'heritier devoit imputer sur sa quarte une joüissance moindre que de dix ans.

54 Si le petit-fils heritier grevé du Fideicommis, peut consumer sa quarte Trebellianique en fruits, son pere étant décedé lors du Testament de l'ayeul ? Arrêt du Parlement de Provence du 30. Juin 1677. qui ordonne la distraction de la quarte. *Boniface, tom. 5. liv. 2. tit. 19. ch. 3.*

55 *Trebellianicæ deductio in Brabantiâ recepta est.* Voyez Stockmans, *décis. 39.*

DETRACTION DE LA QUARTE.

56 Si le fils étant institué heritier & chargé de Fideicommis, peut détraire deux quartes ; & les ayant détrait, le substitué & chargé de Fideicommis, peut encore faire lesdites détractions ? *Voyez Bouvot, tome 1. part. 1. verbo Trebellianique.*

57 La Trebellianique ne se détrait de particulieres institutions. *Papon, liv. 20. tit. 3. n. 3.*

58 La Trebellianique se peut seulement distraire entre enfans d'un Testateur & autres en droite ligne, & non par étrangers institué heritier par celuy qui avoit droit de distraire la Trebellianique, en doit être empêché, alors la Trebellianique doit demeurer caduque : Jugé par deux Arrêts, l'un pour la Dame d'Arpajon contre le Comte de Suze, & l'autre pour le Duc d'Uzés contre la Dame d'Uzés. *Ibidem, tit. 4. n. 4.*

59 Par divers Arrêts du Parlement de Toulouse & de Paris, il a été jugé que la Trebellianique ne peut être distraite d'un Fideicommis particulier. *Voyez Papon, titre des Substitutions, art. 3. Guy pape, décis. 466. & Mainard, liv. 7. chap. 28.* où il observe que le Parlement de Toulouse tient pour maxime certaine que la Trebellianique n'appartient *nisi heredi directo, & qui quasi hæres rogatus est, nullatenus legatario aut fideicommissario competere.*

60 Le fils fideicommissaire contre les Regles de Droit, *potest detrahere duas quartas ; secius,* à l'égard du pere *qui unam tantùm detrahit,* Mornac, *authent. novissimâ C. de inoff. testam. fol. 322.* Voyez *Henrys, tome 2. li. 5. quest. 20.* où il traite si le testament ne subsistant que par codicille, les enfans qui succedent *ab intestat,* peuvent distraire une double quarte. *V. Peleus, qu. 161.* où il marque des cas où la détraction de la quarte n'a point de lieu. *Voyez Richard, des Donations entre-vifs. 3. part. chap. 8. sect. 6.*

61 Le chargé de legs ne peut distraire double quarte. *Voyez Henrys, tome 2. liv. 5. quest. 56.*

62 Si le donataire par donation à cause de mort, peut distraire la quarte trebellianique au préjudice du droit de reversion ? *Voyez Henrys, tome 2. livre 6. quest. 11.*

63 Un mari institué son heritiere universelle sa femme, & lui substitué aprés son décés, son neveu, lequel demande ouverture de la substitution ; l'heritier de la veuve requiert détraction de la quarte trebellianique. Par Arrêt du 18. Septembre 1590. jugé, attendu que la veuve ayant joüi de l'heredité du mari pendant 13. ou 14. ans, il falloit imputer les fruits perçûs, & qu'ainsi il n'y avoit lieu de distraction. *La Rocheflavin, liv. 2. let. L. tit. 4. Arr. 12.*

64 Trebellianique peut-être détruite par l'heritier grevé qui a la liberté de retenir certaine somme sur l'heritage. Jugé au Parlement de Grenoble le 19. Août 1617. Autre chose seroit s'il eût été question d'un heritier particulier institué *in re certâ & rogatus rem ipsam restituere,* car cette quarte ne se détrait que par l'heritier universel, *aut alio hærede qui proprie sit hæres.* Arrêt du 14. Mars 1625. *Basset, tome 2. liv. 8. tit. 3.*

65 La quarte trebellianique ne se détrait point quand le testament n'est soûtenu que par la force de la clause codicillaire ; la raison est qu'en ce cas les heritiers *ab intestat* sont censez chargez de rendre l'heritage purement à l'heritier écrit. Arrêt rendu au même Parlement de Grenoble le 24. Mars 1625. *Basset, to. 1. liv. 5. tit. 13. chap. 3.*

66 Arrêt du Parlement de Provence du 10. Juin 1630. qui a déclaré que d'un fideicommis testamentaire la quarte trebellianique est distraite ; non d'un fideicommis contractuel. *Boniface, to. 5. liv. 2. titre 19. chap. 4.*

67 Arrêt du 16. Juin 1663. qui juge que l'heritier particulier en une certaine somme ne peut distraire la quarte trebellianique, il faut être heritier universel. *Boniface, ibidem, chap. 5.*

PROHIBITION DE LA QUARTE.

68 *Trebellianica à testatore prohiberi potest, sed requiritur expressa prohibitio, nec sufficit generalis.* Voyez Stockmans, *décis. 40.*

69 La distraction de quarte Trebellianique & de legitime n'est interdite par mots generaux, comme, *je veux que tous mes biens soient restituez à un tel que je substitué audit cas ;* & il faut qu'il y ait expresse prohibition de la Trebellianique : ainsi jugé au Parlem. de Paris en 1549. entre le Maréchal de S. André, & les Sœurs de Montrignard. Le contraire est décidé par Guy Pape, *quest. 537. Papon, livre 20. tit. 3. nombre 19.*

70 Le Testateur *in liberis primi gradûs,* peut défendre la quarte Trebellianique. Arrêt du 6. Août 1573. *M. le Vest, Arr. 142.*

71 La quarte Trebellianique peut être prohibée, même aux enfans du premier degré. Arrêt du Parlement de Paris du 23. Août 1577. Autre du 12. May 1581. Un troisiéme du Parlement de Toulouse du mois de Novembre 1591. *Papon, livre 20. tit. 3. n. 19.* Mainard, *liv. 5. chap. 32.*

72 Trebellianique ne peut être prohibée, *etiam à patre,* par codicille : jugé par Arrêt au rapport de M. Mainard, au mois d'Août 1584. Le contraire s'observe presentement, suivant la disposition de la Novelle 1. c. 2. où l'Empereur ordonne au §. *quia verò cap. 4.* que ce qu'il avoit auparavant ordonné, & par consequent audit chap. 2. doit avoir lieu *in omni ultimâ voluntate,* ce qui comprend le Codicille aussi bien que le Testament. *La Rocheflavin, liv. 4. lettre T. tit. 7. Arr. 2.*

73 La prohibition de la Trebellianique omise par le testament, peut être valablement faite par codicille, au préjudice des enfans du premier degré. Arrêt du Parlement de Toulouse, rapporté par *Mainard, livre 5. ch. 49.*

74 Henrys, tome 2. liv. 5. qu. 11. p. 570. examine si la quarte Trebellianique peut être prohibée aux enfans du premier degré, & il décide qu'à present les enfans ont deux quartes; sçavoir, la legitime, & la Trebellianique, la derniere peut leur être defenduë; il établit son opinion tres solidement, il ne cite pourtant point d'Arrêt qui l'ait ainsi jugé.

75 L'heritier faute de faire inventaire, les fideicommissaires appellez, est privé de la Trebellianique. Arrêt du 17. Mars 1612. Chenu 2. Cent. qu. 19.

76 *Fructus percepti non imputantur liberis primi gradus in Trebellianicam, , aliàs verò sic.* Mornac, l. 35. §. *& generaliter, Cod. de inofficioso testamento.*

77 Si la Trebellianique peut être prohibée aux enfans *primi gradûs.* On prétend que cela n'a pas lieu dans la Provence. Arrêt du Parlement de Grenoble du 11. Juillet 1620. qui ordonne qu'un Commissaire se transportera pour en informer. Bassel, tome 2. liv. 8. tit. 2. chapitre 1. où il dit que regulierement les enfans primi gradûs grevez de rendre à leurs freres ou à leurs propres enfans, & encore mieux aux étrangers n'imputent les fruits sur la Trebellianique, bien que le testateur l'ait ainsi ordonné, ce qui n'a lieu *in nepotes etiam priore sublato de medio, ita ut illo etiam casu fructus imputentur.* Jugé les 6. Mars & 14. Avril 1610.

78 Par le testament d'un collateral la distraction de la quarte Trebellianique peut être prohibée tacitement; il faut une prohibition expresse. Arrêt du Parlement de Provence du mois d'Avril 1667. Boniface, tome 5. liv. 2. tit. 19. chap. 1.

QUARTELAGE.

Voyez hoc verbo, le Glossaire du Droit François, où l'Indice de Ragueau, & le 1. tome de ce Recueil au mot *Cartelage*.

QUARTENIERS.

Par Arrêt du 4. Février 1540. les seize Quarteniers de la Ville de Paris furent déboutez des Lettres par eux obtenuës afin d'avoir *Committimus*. Papon, liv. 7. tit. 7. n. 11. & la Biblioth. de Bouchel, verbo *Committimus*.

QUATRE MOIS.

De la contrainte par corps qui peut être exercée pour dépens aprés les quatre mois. Voyez le mot *Dépens*, nomb. 67. & suiv. & le mot *Iterato*. De l'insinuation des donations qui doit être faite dans les quatre mois. Voyez le titre de l'*Insinuation*.

QUENAISE.

Voyez *Desherence*, & *Droits Seigneuriaux*, nombres 130. & 131.

1 L'Abbé de Retere prétend un droit sur ses sujets appelé droit de Quenaise, qui est que *deficientibus liberis*, là terre & fief roturier retourne à l'Abbé, *nec succedunt fratres*. Arrêt du P. de Bretagne du 11. Octobre 1568. qui condamne d'employer tel devoir & charge en leur tenuë. Du Fail, li. 2. ch. 275.

2 Droit de Quenaise a lieu, quand les détempteurs du fief roturier décedent sans hoirs de leur corps, l'heritage retourne au Seigneur, sans que les parens paternels ou maternels y puissent rien prétendre. Jugé au Parlement de Bretagne le 27. Avril 1569. au profit de l'Abbé Commendataire du Relec. Voyez du Fail, liv. 3. chap. 150. où il est observé que la representation en ligne directe & collaterale, a lieu au droit de Quenaise. Arrêt du 26. Juin 1596. Bellordeau, liv. 6. contr. 107. vol. 2.

3 En l'Abbaye du Relec, & en l'étenduë de sa Jurisdiction il y a un Usement, que l'on appelle droit de Guenaise, ceux du pays disent Quenaise, non pas Guenaise; quand les détempteurs des terres roturieres décedent sans hoirs de corps, les mêmes terres tournent à l'Abbaye de Relec, sans que les parens paternels ou maternels leur succedent; s'ils ont enfans le fils aîné ou la fille puînée succedent au tout, & les autres enfans n'y peuvent prétendre aucune chose, & ne se peuvent les terres diviser, vendre ni engager sans la permission de l'Abbé & des Religieux, à peine de privation : & s'ils permettent la vente des terres, le tiers du prix leur appartient : les détempteurs ne peuvent couper arbres par pied, ni tenir plus d'un convenant en l'étenduë de cet usement ; ils doivent aussi employer tel usement en leurs aveus, & en faire mention expresse, à peine de privation de leurs droits. Cet usement fut confirmé par Arrêt du Parlement de Bretagne donné le 11. Octobre 1569. Du Fail, liv. 2. chap. 150.

QUERELLE.

Dans le Ressort du Parlement de Provence on appelle statut de querelle, ce qui dans les autres Coûtumes est appellé Complainte. Voyez le mot *Complainte*, & particulierement le nomb. 5.

QUESTE.

1 Quête, Quêteur. Voyez les *Définitions Canoniques*, page 714.

2 Quête pour la subsistance des Religieuses. Mem. du Clergé, to. 1. part. 1. page 915.

3 Dans le Pays de Forêt presque tous les Curez de la Campagne ont coûtume de dire la Passion tous les jours depuis Pâques, ou la Fête de Sainte Croix du mois de May jusqu'à celle de Septembre, pour cela & pour quelques autres Prieres qu'ils font pour la conservation des fruits, ils font une quête dans l'étenduë de leur Paroisse, jugé que ces retributions étoient volontaires. Henrys, to. 1. liv. 1. chap. 3. qu. 21.

4 Arrêt du 5. Octobre 1405. rendu entre les Religieux de saint Pierre, & ceux de saint Loup qui leur permet par provision de faire quête, & prendre oblation, & défenses de se jacter d'avoir un certain Reliquaire contentieux, & ordonné à l'Archevêque de Sens, appellé avec luy quelque Prélat, de s'enquerir diligemment, & faire son rapport à la Cour sur ledit Reliquaire. Biblioth Can. to. 2. p. 347. col. 1.

5 Arrêts du Parlement de Paris des 26. Novembre & premier Février 1516. qui condamnent l'Evêque de Troyes à bailler certaines Lettres & Placets pour faire quêtes dans son Diocese; mais l'Evêque de Troyes ayant depuis supplié la Cour de ne point contraindre de donner des Placets pour faire quête dans son Diocese ; Arrêt intervint le 6. Novembre 1524. par lequel la Cour ordonna qu'elle ne bailleroit aucunes provisions pour contraindre l'Evêque de Troyes, mais sursoiroit icelles les bailler jusqu'aprés *Quasimodo*. Preuves des Libertez, to. 2. ch. 35. n. 35 & 41.

6 L'Evêque a pouvoir de donner la permission de faire des quêtes dans les Eglises Paroissiales; les Marguilliers n'ont un droit de l'empêcher. Arrêt du 15. Juin 1514. contre les Marguilliers de l'Eglise de saint Paul d'Orleans. Tournet, lettre E. n. 44. & Filleau, part. 1. tit. 1. chap. 13.

7 Il est permis à l'Archevêque Diocesain, Chanoines, Paroissiens, Vicaire ou Curé perpetuel, & Marguilliers d'une Eglise de faire quête, tant pour la réparation d'icelle, que pour prier Dieu pour les Trépassez, & de commettre telles personnes que bon leur semblera pour faire les quêtes, & des deniers provenans de celle faite pour les Trépassez, faire dire & celebrer le Service Divin à leur dévotion & discretion par les Prêtres de l'Eglise, ou autres, à la charge de rendre compte de trois mois en trois mois en presence du Curé, ou du Vicaire. Arrêt des Grands Jours tenus à Angers en l'an 1539. Filleau, part. 1. tit. 1. ch. 13.

8 Le Parlement connoissant les abus qui se commet-

QUE

toient par les Quêteurs des Chevaliers de saint Lazare, fit un Reglement le 3. Août 1542. il contient trois chefs. Le premier, qu'ils ne pourront faire leur quête sans avoir au préalable obtenu des Lettres patentes du Roy, icelles enregistrées, portant permission de faire des quêtes. Le second, qu'ils seront tenus d'envoyer chaque année à la Cour un état exact, certain, & veritable de toutes les quêtes qu'ils auroient faites, pour voir à quelle somme elles pourroient monter, & l'emploi qui en auroit été fait pendant toute l'année. Par le troisiéme, il est fait défenses à ces Quêteurs de transporter hors du Royaume aucuns des deniers provenans des quêtes qu'ils auront faites, & que pour cet effet il seroit verifié à la requête de M. le Procureur General pardevant la Cour, au nombre des Hôpitaux du même Ordre qui se trouvent en France. *Définit. du Droit Can. p. 717.*

9 Par Arrêt du Parlement de Bretagne du 7. Mars 1555. commission au Procureur General d'informer contre ceux qui ont cuëilli & levé des deniers & offrandes sous les noms de porteurs de pardons. *V. Du Fail, liv. 3. chap. 185.*

10 Arrêt du Roy Henry II. en 1556. qui défend les quêtes publiques, à la reserve de celles qui se faisoient par les Curez une fois l'année, au lieu des offrandes que les Paroissiens avoient coûtume de faire pendant la Messe. *V. Henrici, Progymnasmata, Arr. 66.*

11 La quête n'est point de la connoissance du Juge d'Eglise, parce qu'il n'y a rien de spirituel, mais de temporel, & de la réalité. Ainsi jugé au Parlement d'Aix par Arrêt du dernier Janvier 1667. qui a cassé l'Ordonnance de l'Evêque de Fréjus comme abusive, en ce qu'il avoit permis aux Penitens de faire la quête. *Boniface, tome 3. liv. 1. tit. 2. ch. 8.*

12 Arrêt du 28. Novembre 1672. qui a jugé que le Juge d'Eglise ne peut connoître de la quête dans les Eglises. *Boniface, tome 3. liv. 1. tit. 2. ch. 9.*

Queste, Pain beni.

13 Arrêt du Parlement de Paris du 24. Decembre 1672. qui ordonne que tous Bourgeois, Marchandt, & Artisans de cette Ville seront tenus de faire par femme ou filles, s'ils en ont, les quêtes accoûtumées des Paroisses, lorsqu'ils y rendent le pain beni, avec défenses d'y envoyer leurs Servantes, à peine de dix livres damende. *V. le Recüeil de Decombes, Greffier de l'Officialité de Paris, part. 2. chap. 2. p. 483.*

Queste, Religieux.

14 Par Arrêt du 12. Janvier 1606. sans avoir égard à la Requête presentée par le Provincial & Ministres de l'Ordre de la Trinité, demandeurs, & ayant égard aux Lettres impetrées par le Syndic General de la Mercy & Redemption des Captifs ; la Cour a maintenu & gardé le Syndic & Religieux de la Mercy en la faculté de pouvoir quêter par tout le Royaume, pour le rachat & Redemption des Chrétiens captifs, prendre & percevoir tous les deniers qui sont aumônez aux Syndics par les Recteurs ou Curez, comme aussi en la faculté & saisine de pouvoir percevoir eux seuls, privativement à tous autres les legs qui seront faits pour le rachat d'iceux, à la charge qu'ils seront tenus de remettre les deniers entre les mains de notables Bourgeois, ausquels ils s'obligeront d'apporter certificat de l'employ qu'ils en auront fait, déclarant neanmoins n'entendre empêcher que ledit Provincial & Ministres de l'Ordre de la sainte Trinité ne puissent quêter par tout le Royaume, & recevoir toutes les aumônes faites en leurs Convents, à la charge d'en employer la troisiéme partie pour l'entretenement de leur maison, l'autre tiers à l'Hôpital, & l'autre à la Redemption des Captifs, conformément à leurs Statuts, & sans dépens. *Bibliotheque de Bouchel, verbo Quête.*

15 Arrêt du Conseil d'État du Roy du 19. Avril 1674. qui fait défenses aux Augustins Déchaussez du Diocese de Grenoble de faire la quête en aucuns lieux sans la permission du Sieur Evêque, si ce n'est en ceux ou par les titres de leur établissement elle leur a été permise, sur peine de désobéïssance. *Basset, to. 2. liv. 1. tit. 3. chap. 2.*

Voyez les mots. *Mendians, Religieux.*

Queste, Droits Seigneuriaux.

Du droit de quête ou de foüage : c'est un droit que 16 le Seigneur prend sur chacun chef de maison & famille tenans feu & lieu : quelques-uns l'ont appellé *fumarium tributum.* Ce droit de quête a lieu dans quelque partie de la Gascogne. *Voyez la Rocheflavin, des Droits Seigneuriaux, chap. 18. & cy-devant verbo Foüage.*

Du droit de quête, & s'il se peut prescrire par le 17 non usage ? *Voyez Henrys, tome 2. li. 3. quest. 24.* Ce droit est Seigneurial, & est le même que le droit d'*Ayde* ou *Taille aux quatre cas*. L'Auteur des Observations sur Henrys en fait de tres justes sur cette matiere. *V. cy-aprés Taille.*

QUESTEUR.

LA dignité de Questeur répondoit en quelque sorte à celle de nos Intendans, Receveurs, & Tréforiers Generaux des Finances : mais ce nom, *Quæstor,* convenoit à plusieurs Officiers dont les fonctions étoient fort differentes ; comme on le verra par les titres suivans.

De officio Quæstoris. D. 1. 13... C. 1. 301. Voyez Chancelier.

De Quæstoribus, & magistris officiorum, & committibus sacrarum largitionum, & rei privatæ. C. 12. 6. Ce titre parle des acclamations que le peuple devoit faire à ces Officiers.

De Quæstoribus, id est, Præfectis insularum. N. 41. & 50.

De Quæstore. N. 80. Cette Novelle traite des fonctions de l'Officier qui doit prendre garde aux Mendians valides, aux Faineans, Vagabons, gens sans aveu, & semblables. Ainsi le mot de *Quæstor*, en ce sens, peut répondre à nos Lieutenans Generaux de Police, pour les Villes ; & aux Prévôts des Maréchaux, pour la campagne.

Ut divinæ jussiones subscriptionem habeant gloriissimi quæstoris. N. 114. En ce sens, *Quæstor,* répond à nôtre Chancelier, aussi-bien que dans la Novelle 35. article suivant.

De adjutoribus Quæstoris. N. 35. Officiers de la Chancellerie : Secretaires du Roy.

De Magistris Scriniorum. C. 12. 6... C. Th. 6. 11. Scrinium, proprié Coffret, Cassette. Ici ce mot signifie Porte-feüille, ou Registre. *Erant quatuor scrinia palatina; nempe scrinia memoriæ, epistolarum, libellorum, & dispositionum. V. notit. imper. & Jac. Gotofred Cod. Th.* Ainsi, *Magistri Scriniorum* étoient comme font en France les quatre Secretaires d'Etat, & les Secretaires du Cabinet.

De proximis sacrorum Scriniorum, cæterisque qui in sacris Scriniis militant. C. 12. 19. C. Th. 6. 26. Des Officiers de la Chancellerie, & du Conseil.

De referendariis Palatii. N. 10. 113. & 124. Ces Officiers rapportoient au Prince les Requêtes des particuliers, & notifioient aux juges les Ordonnances du Prince. *Cassiod. 6. var. 7.* Comme nos Maîtres des Requêtes.

QUESTION.

L'On fera cy-aprés un titre singulier de la question donnée au criminel pour la declaration de leurs complices.

Question criminelle. *Voyez Charondas, livre 6. Réponse 79.*

Questions difficiles à résoudre à cause de leur perplexité. *Voyez M. le Prêtre, 3. Cent. chap. 5. Voyez Charondas, li. 3. Rép. 58.* touchant la matiere feodale.

Questions notables de lods & ventes, de retrait. Voyez *Charondas*, li. 5. Rép. 41.

Question à cause des guerres jugée par Arrêts. Voyez *Charondas*, li. 10. Rép. 81.

Questions de pratique. Voyez *Charondas*, liv. 4. Rép. 63. où il est conclu qu'on ne verroit les reproches de témoins, & liv. 12. Rép. 1. contenant plusieurs questions de pratique.

QUESTION, TORTURE.

De Quæstionibus. D. 48. 18.. C. 9. 41.. C. Th. 9. 35.. *Valer. Max.* 8. 4.

De Quæstionibus habendis. Paul. 5. 12. & 13. §. ult.

De servorum Quæstionibus. Paul. 5. 14.

De quæstionibus & Torturâ. Per Odoffredum aliàs Guido. de Suzariâ.

Per Ambertum de Attramoniâ.

Per Antonium de Canario.

Per Baldum de Periglis.

Per Bartolum à Saxoferrato.

Per Jacobum de Arenâ.

Per Paulum Grillandum.

De la question. Voyez les Ordonnances recueillies par Fontanon, to. 1. li. 3. tit. 85. page 701. Papon, li. 24. tit. 9. & le même Auteur, p. 1327. de son Recueil. Imbert, li. 3. des instit. forens. ch. 14. mises en la pratique criminelle. Despeisses, to. 2. p. 618. & la Bibliotheque du Droit François par Bouchel, hoc verbo, Question.

In criminalibus tantùm fit quæstio, sed in pecuniariis causis non facilè, nisi cum aliter veritas non potest liquere. Voyez la Glose sur le C. 30. caus. 2. qu. 6.

1 *Personas honestas vel bona fama etiamsi sint pauperes, ad dictum testis unici subjici tormentis inhibemus, ne ob metum falsum confiteri, vel suam vexationem redimere compellantur.* Du Moulin, to. 2. p. 537.

2 *An in delictis possint omnes quæstionari; non tam de facili ut viles.* Ibidem, p. 562.

Tractatur materia torturæ, quando & contrà quos inferri, ac repeti possit, dans la question 64. de *Julius Clarus, li. 5. Sententiarum.*

3 Des preuves necessaires pour appliquer un homme à la question. Voyez *Julius Clarus, li. 5. Sententiarum* §. *finalis practica criminalis, quæst. 21.* au nombre 31. il est remarqué que *confessio extrajudicialis facit contrà confitentem sufficiens judicium ad torturam.* Voyez les Additions qui sont à la fin de l'ouvrage du même Auteur.

7 *Testes an in aliquibus casibus torquendi sint?* Voyez les Additions qui sont à la fin de *Julius Clarus, li. 5. Sententiarum, quæst. 25.*

8 *Quæstionis & torturæ materia.* V. *Com. Joan. Const.* sur l'Ordonnance de François I. art. 163.

9 *Tortura dari potest propter confessionem factam à reo extrà judicium* V. *ibidem.*

10 *De torturâ.* Vide *Franc. Marc.* tô. 1. qu. 916.

11 *Consuetudine fieri non potest ut qui privilegio torqueri non debet, torqueatur.* V. *ibidem*, qu. 663.

12 *Sententia lata super torturâ si non appellatur, an statim atque lata est, non expectatis decem diebus executioni demandari possit?* Voyez *ibidem*, qu. 905.

13 *Advocati causa, an quæstioni interesse debeant?* Vide *ibidem, quæst. 906.*

14 *Quæstioni locus est in crimine, pæna cujus est pecuniaria.* Voyez *ibidem, quæst. 1304.*

15 *De interlocutoriâ torturâ, & an judiciorum copia dari debeat: item & si quæstio fieri debeat post processus publicationem?* Voyez *Franc. Marc.* to. 2. qu. 60.

16 *Quæstio non nisi lite contestatâ juridicè fieri potest. Item variatio, inculpatio socii, & mendacium circa negotium principale judicium vehemens ad torturam faciunt.* Voyez *ibidem,* to. 2. qu. 92.

17 *Torus licet deficiat in torturâ, judex proptereà pænam non meretur, si judicia præcesserint, & ex actis appareat, nisi modum excesserat.* Ibidem, qu. 98.

18 *Quando judex facit torqueri testem, vel reum, contrà justitiam, & ex hoc aliquis moriatur, teneatur lege Corneliâ de Sicca secundum Bartol. in l. Corneliâ. ff. de sicca. Et idem Bald. in l. Decurionis. C. de quæstio. tenet quando judex dolo malo, & sine causâ facit aliquem torqueri, sit pæna capitis. Facit quod voluit idem Bald. in l. 1. de emendatione servorum, & tortura non est justa, judex teneatur actione injuriarum.* Voyez *ibidem.*

19 *Quæstio ad hoc ut juridicè fiat quæ desiderantur?* Voyez *ibidem, quæst. 182.*

20 *Quæstio, & in subsidium probationum, & quando sunt plenæ probationes adhiberi potest. Item reus induratus negans absolvendus est.* Voyez *ibidem, quæst. 156.*

21 *Filius, advocati, patre superstite, privilegio ne torqueatur, gaudet: secius post mortem.* V. ibid. qu. 185.

22 *Testes an & quando torqueri possint?* Voyez *ibidem, quæst.* 780.

23 *Febricitans antequàm torturæ subjiciatur, quæ requirantur?* Voyez *ibidem, quæst.* 790.

24 La déposition d'un seul complice sans autre adminicule, ne sera point indice suffisant pour la question contre son complice. Autre chose est, s'il y a déposition; de deux ou plusieurs complices, il en est de même en celuy qui dépose avoir commis le crime du mandement d'un autre, & en tous ces cas la déposition du complice doit être renduë à la question. Voyez *Clarus sent. lib. 5. quæst. 21. n. 8. & seq.* vid. Fachin. *lib. 9. cap. 88.*

25 Juges d'Eglise peuvent ordonner la question contre les Ecclesiastiques criminels. *Tournet, lettre I.* Arrêt 75.

25 bis. Un Prêtre ou Clerc accusé de crime qui leur fasse perdre leur privilege, sont tenus de répondre devant le Juge Seculier : & sans attendre la preuve du crime ils peuvent être appliquez à la question. Jugé au Parlement de Paris. Anciennement on ne se servoit point de question en l'Eglise, & elle ne connoissoit aucunement des crimes, *ne participes sanguinis fierent*, mais *novissima Jurisprudentia,* suivant le chapitre 1. *De depos,* on a permis aux Juges Ecclesiastiques de proceder à la question, contre les Simoniaques, & autres. *Biblioth. Can.* to. 2. p. 347. col. 2.

26 Un pere accusé par ses deux enfans, quoique jeunes, d'avoir jetté leur mere dans un puits où elle tiroit de l'eau, a été condamné à la question. Arrêt du Parlement de Bourdeaux du 16. Février 1528. Il la soûtint & fut élargi. Papon, liv. 24. tit. 9. n. 7.

27 Question se juge contre tous sans privilege ; on désire seulement des indices plus apparens. Arrêt du Parlement de Toulouse contre le fils d'un Capitoul de la Ville qui avoit outragé le Prévôt du Guet. *Ibidem,* nomb. 11.

28 Chevaliers, Baron ou Comte peuvent être appliquez à la question, sans avoir égard à leurs dignitez. Arrêt du Parlement de Paris de l'an. 1585. M. le Premier Président fit défenses à l'Avocat de plus alleguer les Loix anciennes, qui contiennent exception contraire. *Ibidem,* nomb. 11.

29 Quand il n'y a qu'un des Juges qui opine à la question, l'accusé n'est point obligé de répondre par attenuation, il faut deux voix. Arrêt du Parlement de Grenoble du 4. Mars 1633. de l'avis des Chambres, il est rapporté par *Chorier en sa Jurisprudence de Guy Pape,* page 361.

30 La torture ne se doit pas toûjours donner par le Bourreau. Arrêt du même Parlement de Grenoble du 8. Mars 1634. qui ordonne qu'elle seroit baillée par un Sergent ou Valet du Concierge, à un accusé pour avoir preuve de sa bouche du crime. *Bosset* tome 1. liv. 6. tit. 11. chap. 2.

31 Si la torture est plus douce que les galeres perpetuelles ? Voyez *l'Ordonnance criminelle*, titre 25. article 13.

32 Des Jugemens & procés verbaux de la question

& torture. Voyez l'Ordonnance de 1670. tit. 19.

QUESTION, APPEL.

33 Reus qui à torturâ appellavit, non priùs tortura subjiciendus est, quàm id de quo appellatum est, judicatum fuerit. Voyez Franc. Marc. to. 2. quest. 278.

34 Question commencée doit être parachevée nonobstant l'appel, si le condamné attend à le faire qu'il y soit appliqué. Arrêt du Parlement de Paris du 22. Decembre 1548. Papon, liv. 24. tit. 9. n. 13.

35 Par Arrêt rendu en la Tournelle le 2. Mars 1596. en la cause de Malard, contre Bigot Baillif de Châteaudun, la Cour ayant egard aux conclusions du Procureur General, a fait défenses à tous Juges de passer outre à la question, après l'appel interjetté par l'accusé, quoique depuis l'accusé y ait renoncé. Bigot fut décreté d'ajournement personnel. Bibliotheque de Bouchel, verbo Question.

36 Un assassin accusa plusieurs complices, il se retracte ensuite, & se confesse seul coupable; il est appliqué à la question sans avoüer aucuns des complices; prêt d'aller au supplice, il interjetta appel de la Sentence qui le condamnoit à la roüe. Quelques Juges ne trouverent pas que le procez fût en état; au contraire ils estimerent qu'il falloit le paracheveur contre les complices, & derechef appliquer l'accusé à la question. D'autres dirent, tantùm devolutum quantum appellatum, qu'il n'y avoit que l'appel à juger, que les complices ne font point de foy l'un contre l'autre, mais seulement quelques indices, qu'il étoit trop rigoureux de réappliquer ce condamné à la question. Arrêt du Parlement de Grenoble du 24. Mars 1618. par lequel il fut simplement dit, bien jugé, mal appellé. Bassat, tome 2. liv. 9. tit. 8.

QUESTION, AVOUER OU DENIER.

37 Du danger de la question. Exemples de plusieurs accusez qui ont déclaré avoir assassiné des gens, depuis trouvez vivans. Papon, li. 24. tit. 8. n. 1.

38 Si de plusieurs complices condamnez à la question, l'un avoüe, l'autre n'avoüe rien, quid juris? Dans le Droit Canon il y a une disposition de laquelle on pourroit tirer une induction. L'on suppose plusieurs personnes accusées d'adultere, l'un s'offre de purger tous les autres, ferventi aquâ, vel ferro candenti, en souffrant un fer chaud, ou de l'eau boüillante sans rien déclarer; s'il déclare, omnes habentur rei; caus. 2. quest. 5. c. 25.

39 Confessio facta in tormentis perseverantiam requirit. Vide Franc. Marc. to. 1. quest. 916.

40 Variatio rei in tormentis, an sit sufficiens indicium, ut tormenta reiterentur? Voyez le même to. 2. quest. 281.

41 Quando tortus est ità animo & corpore induratus, quod nihil vult confiteri, imo dicit, torqueatis me tantùm quantum velitis, etiam per decem annos, an debeat incontinenti relaxari? Et dicendum est quod non. Voyez ibidem, quest. 188.

42 Un pere & une fille acusez d'inceste avoient avoüé leur crime pardevant le premier Juge qui les condamna à mort. Ils appellerent à Bourdeaux où ils denierent tout; ils furent appliquez à la question sans rien déclarer. Arrêt qui les élargit, & ordonne plus amplement informé. Papon, liv. 22. tit. 7. n. 3.

43 Un prisonnier convaincu par témoins suffisans, nonobstant sa dénegation, peut être condamné sans qu'il soit besoin de l'appliquer à la question, & s'il y est appliqué il doit de même être condamné. Arrêt du Parlement de Paris du   Il a été jugé au Grand Conseil qu'après la question soûtenue sans confesser, l'accusé étoit élargi, quelque preuve précedente qu'il y ait. Papon, liv. 24. tit. 9. n. 1.

44 Si le questionné confesse, & le lendemain denie, il peut être remis à la question sans nouveaux indices jusques à trois fois. Jugé par plusieurs Arrêts du Parlement de Bourdeaux, où il est observé que si l'accusé après la premiere question denie deux fois, & qu'à la deux & troisième il desavoüe ce qu'à la premiere il a déclaré, il le faut laisser, & ne le point punir. Ibidem, n. 2.

45 Une femme accusée d'avoir tué son mari, fut appliquée à la question, elle n'avoüa rien: les parties furent reçües en procez ordinaire. Quoique les accusateurs ne fissent plus ample preuve, elle fut déboutée de sa réparation, dépens, dommages & interêts requis, les accusateurs absous, elle condamnée aux dépens sans égard de raison, dit elle appela. Bibliot. de Bouchel verbo Recevoir en procez ordinaire; il ne rapporte point l'Arrêt.

46 Un prisonnier ayant confessé à la question, doit perseverer 24. heures après qu'il en a été ôté, suivant l'article 113. de l'Ordonnance de Loüis XII. Ainsi jugé le 6. Août 1555. contre Marie Marine, Boureau de Paris. Papon, liv. 24. tit. 9. Arr. 9.

QUESTION, INDICES.

47 Indicium ad torturam minus est quàm semi plena probatio. Vide Franc. Marc. to. 1. quaest. 897.

48 Indicia sufficiunt ad tormentum, &c. Monac, l. 7. ff. de probatio.

49 Par la question, l'avis des Jurisconsultes est que les indices sont purgez. Voyez Charondas, liv. 8. Résp. 78. où il discourt amplement.

50 L'on presente quelquefois la question pour émouvoir le prisonnier à confesser, sans toutefois la donner, sur tout quand les indices ne sont pas grands. Papon, liv. 24. tit. 9. Arr. 13.

51 Complices ne font foy l'un contre l'autre, mais indices, seulement pour parvenir à la question, si l'accusé denie, & ne veut rien avoüer, il doit être renvoyé; jugé par deux Arrêts du Parlement de Bourdeaux pour un homme accusé par trois complices, lequel avoit été mis à la question, où il n'avoüa rien. Papon, liv. 24. tit. 8. n. 5. où il est observé que les complices font pleine foy contre un autre en crime de leze-Majesté, sacrilege, conjuration, fausse monnoye, heresie, & assassinat.

52 Indice d'habits est suffisant pour ordonner la question. Arrêt du Parlement de Bourdeaux du 17. Novembre 1535. contre un Piquepierre, parce qu'on avoit trouvé auprès d'un cadavre un bonnet, & des souliers blancs de poussiere de pierre. Ibidem, titre 9. nomb. 4.

53 Témoins qui disent avoir entendu crier, servent d'indice pour la question. Arrêt du Parlement de Bourdeaux du 23. Janvier 1538. par lequel un Barbier a été condamné à la question, les voisins déposans avoir oüi les coups, & que la femme disoit, Bernard tu me tues. Ibidem, n. 6.

54 Adultere avec la femme du défunt, trait dont il étoit percé convenant à l'abalête de l'accusé, sang émû tout indices suffisans pour ordonner la question. Arrêt du Parlement de Paris du 22. Decembre 1548. Papon, ibidem, n. 5. où est observé avoir été jugé que la question commencée se doit paracheveur nonobstant appel.

55 Celuy qui a été appliqué à la question sans préjudice des preuves, ne doit être absous du crime, l'ayant soufferte, mais la peine doit être moderée. Jugé au Parlement de Provence le 10. Juin 1667. Boniface, tome 2. part. 3. li. 1. tit. 1. chap. 11.

QUESTION, PLUSIEURS FOIS.

56 Reus quia paulò post quaestionem negat, indicium non facit, ad hoc ut quaestio repetatur: nisi supervenerint nova indicia, vel crimen atrox sit, & tortus robustus: quo casu etiam tondi potest, & quare. Voyez Franc. Marc. to. 2. quest. 155.

57 Bis tortus an iterum supervenientibus novis indiciis torqueri debeat? V. Ibidem, quest. 253.

58 Quaestionem repeti non debere, sine novis indiciis, communis est opinio. Voyez ibidem, quest. 279.

59 Arrêt du Parlement de Toulouse du 15. Septembre 1548. qui a déclaré y avoir abus, pour avoir appliqué plusieurs fois un Prêtre à la question, nonobstant

l'appel interjetté des Jugemens contre lui rendus par l'Official du Puy. *Papon, liv. 19. tit. 2. n. 7.*

60. Dans le procez criminel d'un Prêtre accusé d'avoir assaßiné un homme, dont il entretenoit la femme, cinq Conseillers avec le Premier Président, furent d'avis qu'il devoit être derechef appliqué à la Question, à cause de ses variations. *Idem, liv. 1. tit. 5. n. 41.* où il rapporte plusieurs autoritez confirmatives de cette opinion.

61. Accusé par un seul témoin, ne doit être mis à la Question, s'il a bonne reputation, suivant l'Ordonnance de S. Loüis. La question n'est ordonnée sans indices: il en faut de nouveaux pour remettre à la question un accusé, qui n'a été d'abord questionné qu'à demi. *Papon, liv. 24. tit. 9. n. 2.*

62. La torture ne doit être donnée deux fois ; & celui qui a confessé un crime capital, ne doit être mis à la torture *in caput aliorum*. Jugé au Parlement de Grenoble le 24. Mars 1618. *Basset, to. 1. liv. 6. tit. 12. chap. 1.*

QUESTION, PRESTRES.

Voyez cy-dessus le nomb. 59.

63. Un Clerc non marié ayant avoüé, étant à la question és prisons de l'Evêque de Paris, le crime de port d'armes dont on l'accusoit, par Arrêt a été condamné pour toute peine en mille liv. moitié au Roy, & l'autre à la partie, & à tenir prison jusques au payement de la somme ; d'où l'on pouvoit induire que la question peut être ordonnée en crimes qui ne meritent la mort. *Papon, liv. 24. tit. 9. n. 8.*

64. Prêtres ou Clercs accusez de crimes qualifiez, perdent leur privilege, & peuvent être appliquez à la question, sans en attendre la preuve ; jugé par plusieurs Arrêts. *Papon, liv. 24. tit. 9. n. 10.* Suivant le chap. 1. *de depos.* on a permis aux Juges Ecclesiastiques de proceder par la question, contre Simoniaques & autres.

65. Clerc arrêté pour cas privilegié, doit répondre & souffrir la question. Arrêt du 7. Septembre 1532. mais il faut que le crime soit déja bien prouvé, parce que la question fait un grief irreparable. *Papon, liv. 1. tit. 5. n. 35.*

66. Le 9. Septembre 1550. en la Tournelle, il fut tenu pour maxime, que quand un Clerc est accusé d'un crime, tel que celuy prouvé, il devoit être privé de son privilege de Clericature ; & il est permis au Juge seculier, devant lequel il est convenu de le débouter de sa Clericature *pro tempore*, jusques à ce que le procez soit valablement instruit ; & aussi luy bailler la torture, s'il y a indice suffisant, *ad eruendum veritatem criminis contra eum intenti*. Cette maxime est une coûtume contre le Droit ; *nam per quæstionem infertur gravamen irreparabile in diffinitivâ ; ideo non debet infligi, nisi constet de delicto auferente privilegium Clericale.* Bibliotheque de Bouchel, *verbo* Renvoy.

QUINQUAILLIER.

Du métier de Vannier & de Quinquaillier de la Ville de Paris. *Ordonnances de Fontanon, to. 1. liv. 5. tit. 32. p. 1120.*

QUINQUENELLES.

1. Voyez Attermoyement, Cession, Repy. Quinquenelles, terme dont on se sert en Dauphiné, pour exprimer les Lettres de répy. L'usage desordonné des Quinquenelles & des Répis fut reprimé l'an 1436. par déliberation du Grand Conseil du Dauphiné. *Voyez cy-après*, verbo Répy, & *Guy Pape, qu. 97.*

2. Les dettes faites après la Quinquenelle ou Répy d'un an presentées, ne sont reçuës ni étenduës au Privilege octroyé par le Prince. Ainsi a été souvent jugé au Parlement de Grenoble, il faut noter que le temps se prend du jour de leur date. *Voyez la Biblioth. de Bouchel*, verbo Répit.

3. Lettres de Quinquenelle n'ont plus de lieu après la Sentence donnée contre un debiteur ; & cela est indubitablement gardé à la Cour ; ainsi a été jugé au Parlement de Paris le 17. Mars 1540. *Ibid.*

4. Après la Sentence donnée contre un debiteur, les Lettres appellées Quinquenelles n'ont plus de lieu : cela est indubitablement gardé en la Cour, ainsi pratiqué en la Grand'-Chambre des Enquêtes le 25. Mars 1541. après en avoir demandé en la Grand'-Chambre du Plaidoyé, & ainsi se pratique en Dauphiné & Grenoble, comme atteste *Guido Pape, qu. 7. & 109.*

QUINQUENNIUM.

Réglement pour obliger les Universitez de mettre dans le Quinquennium & dans les Certificats de temps d'étude, le commencement & la fin du temps qu'auront commencé les études ; ce Reglement a été fait au Parlement de Paris le 28. May 1663. *De la Guessière, tom. 2. liv. 5. ch. 24.*

Voyez le mot *Etude*, nomb. 16. & le titre des *Graduez*.

QUINT.

Il y a le quint & requint, qui sont droits Seigneuriaux : le quint des propres, dont on peut seulement disposer par testament, & qui est, pour ainsi dire, l'excedent de la legitime des heritiers.

QUINT, DROIT SEIGNEURIAL.

1. C'est la cinquième partie du prix de l'acquisition d'un Fief, qui se fait par vente ou acte équipolent à vente ou en cas d'échange. Les articles de la Coûtume de Paris qui en traitent, sont les 22. 23. 33. 51. 82. & 84. *Voyez les Commentateurs de cette Coûtume sur chacun de ces articles.*

2. S'il est dû quint denier pour licitation d'heritage commun? *Voyez Coquille, tom. 2. qu. 32.*

3. S'il est dû quint denier pour rente assignée, specialement sur le Fief, & si la rente est au profit de l'Eglise ; & si pour le rachat de la rente est dû quint denier? *V. idem ; qu. 33.*

4. Si le Vassal Seigneur de la moitié du Fief, alienant envers son compagnon qui a l'autre moitié, doit le quint denier ; & s'il y a retenuë? *Ibi l. qu. 45.*

5. Si pour assignal particulier ; & de quel temps il est dû, en cas qu'il soit dû, & si pour le rachat en est dû, & dans quel temps il peut être racheté? *V. le même Coquille, qu. 113.*

6. Les quints & requints d'un Fief payés par le vendeur, le contrat ayant été depuis resolu par la faute de l'acheteur, en vertu d'une clause inserée au contrat de vente, à laquelle l'acheteur ne satisfaisoit pas, les droits payez par le vendeur luy doivent être rendus par l'acheteur. *Charondas, liv. 2. Rep. 23.*

7. Quint n'est dû pour Fief de la succession, baillé à la fille pour somme promise en mariage. Arrêt du 23. Août 1576. *Ibid. liv. 7. Rep. 53.*

8. Le quint n'est dû pour un Fief donné à un enfant en payement d'une somme de dix mille livres, à luy leguée par son pere. Arrêt du 1. Août 1579. *Papon, liv. 13. tit. 2. n. 25.*

9. En la question, si pour constitution de rente sur un Fief, ou payement de laquelle le Fief est specialement obligé, sont dûs quints & requints ? l'avis de Du Moulin sur la Coûtume de Troyes, & celle de Chaumont, est que non : Sentence au contraire de Chaumont : par Arrêt hors de Cour & de procez ; mais le Fief étoit du propre de la femme, qui n'avoit constitué ni ratifié, & la rente avoit été rachetée dans trois ans. Il y a Sentence du Présidial de Troyes du 4. Juin 1580. au profit du Chapitre de Vincenne, qui leur ajuge les quints. *Biblioth. de Bouchel*, verbo *Quints*.

10. Aux Grands Jours de Troyes 1589. en la cause du sieur de Canselles appellant ; & Maître Eustache de

Mesgrigny, Lieutenant General à Troyes, intimé; Buisson pour l'appellant, dit que quints & requints ne sont point dûs pour rentes constituées, & renonciations des filles. Quant aux rentes constituées, il n'y a point de mutation de possession: la Coûtume de Paris disoit qu'ils étoient dûs entierement. Par Arrêt donné soixante ans après; il fut ordonné que l'article seroit rayé. Arrêt pour le sieur de Sansac contre le sieur Dargenton. *Ibidem.*

11   Fief baillé à rente fonciere pour soixante écus, rachetable de douze cents écus, quints & requints sont dûs au Seigneur où il a lieu. Arrêt du 17. Avril 1601. *Charondas*, liv. 13. Rép. 30. Voyez *la Coût. de Paris*, article 23.

12   Pour vente de bois de haute-fustaye tenu en Fief, & auquel consiste tout le Fief, n'est dû aucun droit de quint & requint, ni autres Droits Seigneuriaux. Jugé le 15. Janvier 1606. *Chenu, seconde Centurie, quæst.* 33.

13   On demande, si le Seigneur majeur de 20. ans non émancipé, étant capable de recevoir la foy & hommage, peut donner une quittance valable du quint, sans l'authorité du Tuteur ou Curateur? Ouy. Sic *Du Moulin*. Brodeau *sur l'art. 32. de la Coûtume de Paris*, n'estime pas la quittance bonne, mais il n'en cite aucun préjugé.

14   En cas d'adjudication par decret, le quint denier n'est dû que du prix principal; & non des frais ordinaires de criées. Arrêt donné aux Enquêtes le 21. Juillet 1646. entre Monsieur le Maréchal d'Estrées, & François Bazin sieur de Ploissy, comme étant les frais simples accessoires du prix duquel ils ne font partie, non plus que les frais du contrat, lorsque la vente est volontaire. Voyez *Auzanet sur l'art. 23. de la Coût. de Paris.*

15   Chevalier de l'Ordre du S. Esprit, acquereur de terres portées en Fief du Roy, est exempt des quints & requints; mais la cause a été appointée, pour sçavoir si l'on n'en devoit pas excepter l'appanage du fils aîné de France, anterieur à l'institution de cet Ordre, depuis réuni à la Couronne, & passé à un Engagiste. Arrêt du 26. Février 1637. *Bardet*, tome 1. liv. 6. ch. 5. M. Bignon Avocat General se détermina en faveur du Chevalier de l'Ordre; l'Arrêt fit par provision mainlevée des fruits.

16   L'exemption des Secretaires des quints deniers des acquisitions qu'ils font en la mouvance du Roy, ou des Seigneurs apanagers, n'opere que l'exemption de la retenuë feodale sur eux; & étant retirez par les Seigneurs appanagers, ou de ceux qui ont leurs droits, ne leur sont dûs aucuns droits de quint, & les fruits pendant par les racines au temps de l'adjudication, estimez à deux mille liv. Arrêt du 21. Août 1649. *Du Frêne*, liv. 5. ch. 47. qu. 2.

17   La part des puînez en la Coûtume d'*Amiens*, & autres voisines, qui s'abstiennent d'apprehender le quint heredital des fiefs, où qui l'aiant apprehendé decedent sans enfans, ou sans avoir disposé, accroît aux autres puînez qui la veulent apprehender, & non à l'aîné qui n'y peut pretendre, sinon en cas que tous les puînez decedent sans enfans. Arrêt du 4. Janvier 1633. *Du Frêne*, liv. 2. chap. 124. Voyez *Brodeau, sur M. Loüet, Lettre D. somm.* 13.

18   Un Fief baillé à rente rachetable en la Coûtume de *Melun*, les quints & requints en sont dûs au Seigneur dont il est mouvant du jour du bail à rente, & non du temps du rachat. Arrêt du 20. May 1634. M. le Prêtre, *és Arrêts de la Cinquième.*

19   Dans la Coûtume de *Paris*, le droit de quint dû au Seigneur pour la vente d'un Fief, est preferable aux creanciers du vendeur anterieurs à la vente. Arrêt de Parlement de Paris du 23. Août 1678. *Journal du Palais.*

20   Le quint heredital en la Coûtume de *Peronne*, ajugé à la sœur du puîné, à l'exclusion du fils de l'aîné qui le prétendoit. Arrêt du dix Février 1633. plaidans Richer & Desmarets. Touchant le quint, Voyez M. *Loüet, lettre D. somm.* 56. *Henrys*, tom. 1. liv. 5. qu. 50. *Montholon, Arrêt* 109.

21   Les Coûtumes de *Picardie* attribuënt aux aînez les 4. quints des Fiefs; mais cela se doit entendre pour les Fiefs propres & terres nobles d'ancienneté dans les maisons, & non des Fiefs acquis, dont le pere peut disposer & faire un partage égal entre ses enfans par son Testament. Arrêt du 2. Janvier 1613. *Du Frêne*, liv. 1. chap. 1.

22   En la Coûtume de *Vermandois*, les trois ans accordez à l'aîné majeur, pour racheter le quint des puînez dans les Fiefs, courent du jour du decéds du pere. Arrêt du 20. Decembre 1638. *Bardet*, tom. 2. liv. 7. ch. 47.

QUINT DES PROPRES.

23   Voyez les titres des *Propres, Successions, & Testamens.*

Les quatre quints des propres doivent demeurer francs & quittes de tous legs & charges testamentaires. Arrêt du 12. Février 1575. *Le Vest, Arrêt* 119. En 1580. la Coûtume de Paris a été reformée, & par l'art. 295. la question a été décidée. V. M. le Prêtre, 3. *Cent. ch.* 82.

QUINT, TESTAMENT.

24   Quint dont les Chevaliers de Malthe peuvent disposer avec la permission du Grand Maître. Voyez lettre C. le titre de *Chevaliers de Malthe.*

25   Le 29. Janvier 1604. jugé au Grand Conseil que le Commandeur de Troyes avoit pû tester du quint de son pecule: la provision fut ajugée au Legataire, quoiqu'on luy objectât sa non dispense du Grand Maître de l'Ordre n'étoit venuë en France que par le Testament, & qu'il n'avoit fait aucune mention de cette dispense dans le testament, ce qui prouvoit qu'il n'en avoit eu aucune connoissance. *Chopin, Monasticon*, liv. 2. tit. 1. n. 23.

QUINTAINE.

Quintaine. Voyez hoc verbo, *le Glossaire du Droit François,* ou *l'Indice de Ragueau.*

Par Arrêt du Parlement de Paris de 1546. défenses à tous Prieurs ayant droit de Quintaine, d'en user le lendemain de Pâques, sauf à eux d'assigner icelles à autre jour qu'il sera ordonné; & leur défendit aussi d'user à l'avenir de Chanson ou Ballet par eux prétendu, au moyen de leur Quintaine, sur les femmes nouvellement mariées. *Biblioth. de Bouchel*, verbo *Quintaine.*

COMTÉ DE QUINTIN.

Voyez le 9. *Plaidoyé de M. Marion*, in octavo, pour M. le Comte de Laval, sur la mouvance feodale du Comté de Quintin.

QUITANCE.

Quittance. *Apocha.*

De Apochis publicis, & de descriptionibus curialibus, & *de distributionibus civilibus.* C. 10. 22. Des quittances publiques, passées pour le payement des tributs & impositions.

De Quadrimestruis brevibus. C. Th. 11. 25. *Brevia quadrimestrui*, sont les quittances qu'on donnoit à ceux qui payoient les impositions à chaque quartier; & les quartiers étoient de quatre en quatre mois.

De fide instrumentorum, & amissione eorum, & de Apochis, & Antapochis faciendis, & de his quæ sine scripturâ fieri possunt. C. 4. 21. *Apocha*, est la quittance; *Antapocha*, étoit une reconnoissance que le debiteur faisoit à son creancier, de luy avoir payé les arrerages, ou les interets, qu'il luy devoit, afin que le creancier pût se servir de cette reconnoissance, pour empêcher la prescription de trente ans, que le debiteur auroit pû luy opposer. *Cujas.*

On

QUI

On peut mettre l'acceptilation au rang des quitances, parce qu'elle est une espece de quitance, ou reconnoissance d'un payement imaginaire. *L. 15. §. 1. ff. de acceptil.*

Voyez les mots *Actes, Acceptilation, Payement*, & le Traité de la Preuve, par *M. Danty Avocat en Parlement, part. 2. ch. 11.*

1. Effet des quitances generales ou particulieres. V. le second tome des Loix Civiles, liv. 4. tit. 1. section. 1. nomb. 13.

2. *Quitancia confessionis de recepto vim realis numerationis non habet.* Voyez *Franc. Marc, tome premier, qu. 109.*

3. *De quitanciâ, antipochâ, & instrumento cancellato reperto penes debitorem.* Ibidem, *qu. 370.*

4. *Conventio personarum, temporis diuturnitas, & rationum redditio liberationis & quitanciæ vim habent.* Voyez Franc. Marc. to. 2. quest. 273.

5. Quitance d'un accusé de crime est bonne, s'il n'y a fraude pour éluder la confiscation. V. le 2. tome des Loix Civiles, liv. 4. tit. 1. sect. 3. n. 9.

6. *Quitancia post sententiam reperta prodest.* Voyez *Jo. Gall.* qu. 218. & les Oeuvres de *M. Charles Du Moulin*, dern. édit. to. 2. p. 598.

7.
8. Quand le mary & la femme confessent ensemblement avoir reçu des deniers, si le mari est présumé d'avoir tout reçu. Voyez *Bouvot*, to. 1. part. 2. verbo *Mere*, qu. 4.

9. Si une quitance est faite de quatre-vingt écus, non signée par le creancier, & que suivant icelle le debiteur dise en avoir fait le payement, il doit être reçu à la preuve. Arrêt du Parlem. de Dijon du 19. Avril 1599. V. Bouvot, tom. 2. verbo *Preuve par témoins*, quest. 16.

10. Le debiteur ayant montré quitance, le creancier obtient Lettres Royaux pour en être relevé. Le procez étant reçu en droit & à produire, la quitance est perduë : le défendeur soûtient devoir en être déchargé, par la confession que le demandeur en a faite par les Lettres. Arrêt du 15. Janvier 1494. qui juge que cela ne suffisoit pas, & qu'il falloit justifier de la quitance. *Papon, liv. 10. tit. 5. n. 4.*

11. Quand un debiteur allegue quitances, qui se trouvent contraires contre un cessionnaire de son creancier, la présomption est contre le debiteur qu'il n'a point payé. Arrêt du deux May 1564. *Papon, ibidem, nomb. 6.*

12. Faute d'avoir quitance d'une obligation demeurée és mains du créancier, fut déclaré recevable après le Jugement. Arrêt du 19. Avril 1583. *Ibidem, livre 9. tit. 11. nomb. 1.*

13. Loüis Petit Receveur des Tailles, passe au sieur Cotton une Promesse en ces termes, *J'ay retiré de M. Cotton le nombre de douze Quitances signées de lui pour ses gages & taxations, montant à la somme de 333. écus 59. sols, dont je promets luy tenir compte sur Promesse que j'ay de lui, me rendant la presente.* Vingt-trois ans après, le fils de Cotton fait assigner Petit, pour luy payer cette somme en argent ou cedules. Le Bailli de Forests l'y condamne. Appel; & puis cette Promesse ne peut s'entendre que d'une Quitance, puisqu'il promet tenir compte sur ce qui luy est dû. Ce n'est donc point à lui de montrer qu'il lui soit justement dû; mais à Cotton de montrer qu'il a mal payé, & ne devoit rien. Arrêt du Parlement de Paris du 1. Juillet 1608. qui sur l'appel & Sentence mit hors de Cour. Ainsi il fut jugé que la Quitance portant promesse de tenir compte sur ce qui étoit dû, suffisoit pour preuve de la dette acquittée, le créancier n'étoit tenu d'en faire autre preuve. Le debiteur ne prouvant que cela ne fût justement dû, & la preuve des negatives étant impossible, il n'y avoit lieu de condiction & repetition. *Plaidoyers de Corbin*, chapitre 140.

14. Procureur *ad lites*, ne peut acquitter ni liberer le

QUI 249

debiteur. Ainsi jugé par Arrêt du Parlem. de Grenoble du 15. May 1610. qui ordonne que le debiteur payera au creancier, sauf son recours contre le Procureur *ad lites*. Basset, tom. 2. liv. 1. tit. 5. ch. 3.

15. *Henrys*, tom. 2. liv. 4. quest. 42. rapporte un Arrêt du 23. Juin 1640. qui a jugé la quitance passée par un frere à son frere au préjudice de son creancier, frauduleuse, & nonobstant la décharge, l'a condamné à payer le dû à ce creancier.

16. Celui qui étant creancier par un contrat privilegié ou autre, fait une quitance publique à son debiteur sans se rien reserver, perd le privilege & la priorité de temps, quoiqu'après la quitance generale, il ait été passé un Acte public, par lequel le debiteur declare que la quitance est feinte, du tout ou en partie, & que toute la somme est veritablement duë, ou en partie, nonobstant la quitance, le creancier sera alloüé, dans la distribution des biens de ce debiteur, non du jour du premier contrat, mais du jour de la declaration. Arrêt du Parlement de Toulouse du 22. Août 1678. rapporté par *M. De Catellan*, liv. 5. ch. 34.

17. Arrêt du Parlement de Provence du 16. Mars 1679. qui declare l'heritier grevé du fideicommis pouvoir donner valable quitance des dettes hereditaires. *Boniface*, tome 5. liv. 2. tit. 15. ch. 1.

18. Arrêt du même Parlement de Provence du 27. May 1684. qui décharge les Tresoriers de faire les quitances sur le papier timbré, & déboute le Fermier du papier timbré de sa Requête. *Ibidem*, liv. 6. tit. 7. ch. 3.

19. Un vendeur après avoir reconnu par le contrat de vente d'avoir été satisfait du prix de la chose venduë, ne peut sur icelle prétendre preference en vertu d'un billet où l'acheteur reconnoît devoir au vendeur le prix entier ou en partie de la chose venduë. Arrêt du Parlement de Tournay du 6. Novembre 1696. rapporté par *M. Pinault*, tom. 1. *Arr.* 124.

20. Celui qui a reçu la part d'un cooblige, ne peut ensuite lui demander la part de l'autre. V. *Bouvot*, tome 1. part. 3. verbo *Quitance*.

QUITANCES, CONSIGNATION.

21. Quitances des deniers consignez. Voyez le mot *Consignation*, nomb. 52. & 53.

QUITANCE DE LA DOT.

Voyez le mot *Dot*, nomb. 336. & suiv.

22. *Maritus qui in instrumento matrimonii dotem recepisse confessus est, ad illius restitutionem tenetur, licet socerum obligatum pro eâdem dote habuerit.* V. Franc. Marc, tome 1. quest. 180.

23. Arrêt du Parlement de Paris contre une veuve qui se vouloit aider d'une quitance de sa dot, passée par son mari sans expresse numeration, & en vertu de cette quitance, s'étoit pourvûë contre un tiers détempteur des biens de son mari ; celui-ci obtint gain de cause. *Papon, liv. 10. tit. 2. n. 3.*

24. Une femme devoit montrer la quitance de ses deniers dotaux, autrement elle n'avoit délivrance de son doüaire. Arrêt du 25. Janvier 1559. *Carondas, liv. 1. Rép. 63.*

25. Par Arrêt du Parlement de Roüen du 14. May 1618. jugé qu'un fils ayant baillé à son pere une contre-promesse, portant quitance de 1500. livres de pension promise par son traité de mariage, sa veuve & tutrice des enfans sortis du mariage ne pouvoit demander aucune chose de ladite pension, de ce qui étoit échû du vivant dudit fils décedé. *Berault*, à la fin du 2. to. de la Coût. de Normandie, pag. 98. sur l'article 388.

26. Un Gentilhomme âgé de 72. ans, épouse une jeune fille, & reconnoît avoir reçu d'elle une grosse somme ; étant mort quinze jours après, on ne luy trouve aucuns deniers ; les heritiers voulurent prouver qu'il n'avoit rien reçu, & que la fraude étoit apparente, vû qu'un vieillard épousoit une jeune

Demoiselle dont le pere n'avoit point de bien, & qui n'avoit pû donner une somme si considérable. Les heritiers furent declarez non recevables. *Basnage, sur l'art.* 410. *de la Coûtume de Normandie.*

27. La femme n'est point obligée de prouver qu'elle a payé les deniers dont son mary a donné quitance. Jugé au Parlement de Roüen le 4. May 1634. pour une veuve qui demandoit 800. livres qu'elle avoit apportez en mariage : les heritiers du mary s'opposoient, sous prétexte qu'elle avoit apporté cette somme en meubles & en fruits, lesquels ne valoient pas la troisiéme partie de cette somme, & dont on n'avoit pas même fait d'inventaire. *Voyez Basnage, Ibidem.*

28. Le sieur le Noble âgé de soixante ans épouse la fille du sieur des Roques, à laquelle il donne quitance de 4000. livres du nombre de six, constituées pour la dot : depuis, cette femme meurt avant luy, lequel étant aussi prêt de mourir, affirma devant Notaires n'avoir point reçû les 4000. livres, & declara s'en rapporter à l'affirmation du sieur des Roques. Aprés sa mort, la sœur de la défunte & son heritiere poursuit les heritiers du mary, lesquels opposoient la declaration que le défunt avoit faite avant de mourir, & au surplus qu'ils s'en rapportoient au serment du pere. La fille heritiere de sa sœur disoit que le défunt ayant donné quitance, les heritiers n'étoient pas recevables à prouver le contraire, & que le sieur des Roques n'ayant point d'intérêt dans la cause, son affirmation ne pouvoit être demandée ; ce qui fut ainsi jugé au Parlement de Roüen, aprés un déliberé, le 26. Janvier 1655. *Basnage, Ibidem.*

29. Aprés la mort du sieur d'Auberville, sa veuve ayant demandé sa dot, sa sœur s'opposa & dit que le contrat par lequel il paroissoit qu'elle avoit apporté 31000. livres en mariage étoit simulé. On luy permit de publier des censures Ecclesiastiques, pour en faire la preuve, comme aussi à s'inscrire en faux contre la numeration des deniers. Sur l'appel, par Arrêt de Roüen du 10. Décembre 1660. on cassa la Sentence, & on permit de publier des censures Ecclesiastiques, à la reserve de ce qui concernoit la numeration de la dot & le contrat de rachat, *statur instrumento & ei creditur.* Même Arrêt du mois de Mars 1671. *Voyez Basnage, Ibidem.*

30. Un gendre demandoit à son beaupere une somme de 100. l. restante de celle de 1200. l. qu'il avoit reconnu avoir reçû lors du contrat de mariage pour la dot de sa femme, sous la promesse verbale de luy payer ces 200. livres. Le beaupere opposoit que le gendre avoit dû se pourvoir dans les dix ans, & que la quitance le dispensoit d'affirmer. Il fut neanmoins condamné de jurer qu'il avoit payé la somme entiere portée par la quitance. Arrêt de la Chambre de l'Edit de Castres du 23. May 1637. rapporté par *Boné, part.* 2. *pag.* 199.

31. Le futur épous par le contrat de mariage ayant reconnu avoir reçû la moitié de la somme promise en dot à la future épouse, quoique dans la verité il n'eût rien reçû, la future épouse outre les dommages & interêts par elle prétendus, faute d'execution des promesses de mariage, peut encore demander la restitution de la somme. Jugé par Arrêt du Parlement de Paris du 9. Fevrier 1657. On regarde cette quitance comme une donation. *Soëfve, tome* 2. *Cent.* 1. *chap.* 54.

32. On n'est point recevable à faire preuve qu'une quitance d'une somme promise par contrat de mariage a été vûë, lûë, & tenuë par des personnes dignes de foy. Arrêt du 25. Juin 1663. *De la Guessiere, tome* 2. *liv.* 5. *ch.* 31.

33. Quitance donnée par le mari de la dot promise par une fille majeure, n'est un avantage indirect. Arrêt du Parlement de Paris du 3. Août 1682. *Au Journal des Aud. tome* 5. *liv.* 1. *ch.* 2.

QUITANCE.
Excepti̇o non numerata pecuniæ.
Voyez le mot *Exception, nomb.* 9. *& suiv.*

QUITANCE, PAR LA FEMME.

34. Quitance faite, *metu & minis viri*, est nulle, & peut la femme s'en faire relever. Arrêt du Parlement de Bourdeaux du 8. Novembre 1520. *Papon, liv.* 16. *tit.* 3. *nomb.* 5.

35. Arrêt du Parlement de Provence du 12. Juin 1655. qui a restitué la femme contre la quitance par elle donnée à son mari des droits adventifs qu'il avoit exigez. *Boniface, tome* 1. *liv.* 5. *tit.* 8. *ch.* 2.

QUITANCE DU FILS A LA MERE.

36. Quitance de substitution donnée par une fille par son contrat de mariage où elle est appanée, est valable. Arrêt du Parlement de Grenoble du mois de Decembre 1459. *Papon, liv.* 16. *tit.* 4. *n.* 6.

37. Arrêt du Parlement de Provence du 1. Mars 1680. qui declare la quitance du reliqua dû par la mere remariée, comprise dans la quitance generale de l'administration tutelaire donnée par le pupille à la mere. *Boniface, tome* 4. *liv.* 4. *tit.* 1. *ch.* 12.

QUITANCE, IMPUTATION.

38. Imputation non exprimée par une quitance se fait de droit *in duriorem causam*. Jugé le 6. Août 1618. *Bardet, tome* 1. *liv.* 1. *ch.* 41. rapporte ainsi l'espece qui peut se presenter souvent.

En 1605. Leonard Barbot prête 75. livres à Pierre Joüard, qui lui en passe obligation solidaire avec sa femme : au mois de Mars de la même année 1605. Barbot leur prête encore 40. liv. dont ils lui passent aussi obligation solidaire : au mois de Juillet de la même année, Jean le Long prête aussi à Joüard & sa femme la somme de 300. liv. de laquelle ils lui consentent obligation solidaire. En 1609. Barbot leur prête encore 300 liv. sans préjudice d'autres dettes, & Joüard s'oblige seul. En 1612. Joüard paye cent liv. à Barbot, lequel lui en baille quitance pure & simple sur & tant moins de ce qu'il lui devoit. En 1617. les biens de Joüard & de sa femme sont saisis, criez & ajugez : Barbot s'oppose afin d'être mis en ordre pour ses obligations de 1605. & 1609. Jean le Long s'oppose pareillement pour la somme de trois cens liv. suivant son obligation de 1605. Par Sentence d'ordre Barbot est colloqué & mis en ordre pour les deux obligations de 1605. avant le Long, lequel en interjette appel. Maître Desmarests pour l'appellant, dit que l'intimé demeurant d'accord qu'il a reçû la somme de cent liv. sur & tant moins de ce qui lui étoit dû par Joüard & sa femme, il faut necessairement imputer cette somme sur les deux premieres obligations de 1605. pour raison desquelles par consequent l'intimé n'a pû être colloqué & mis en ordre, parce que c'est une maxime certaine en Droit, que *solutio in duriorem & graviorem causam imputatur ipso jure*, si le debiteur ou le creancier ne l'ont autrement exprimé. *L.* 1. *L.* 4. *L. Si quid ex sensa. L. Cùm ex pluribus. De solution. L.* 1. *C. eod.* Or en l'hypothese, les obligations de 1605. sont plus grieves & plus rudes que celles de 1609. parce qu'en celles-là le mari & la femme sont obligez par corps, ce qui n'est point en celle de 1609. L'intimé rapporte maintenant une certaine quitance, mais qui est sous écriture privée, & n'est aucunement considerable, non plus que son papier journal, où il a inseré que le payement des cent l. étoit en déduction de l'obligation de 1609. & non de celles de 1605. & conclut. Maître Richelet pour l'intimé, dit qu'il a reçû cent livres de la femme de son debiteur, laquelle n'a point declaré sur quelle obligation elle imputoit ce payement : il a fait l'imputation par sa quitance, ayant dit que ce payement étoit sur & tant moins de trois cens livres dûs par l'obligation de 1609. L'intimé a pû faire cette déclaration suivant la disposition du Droit, *L.* 1. *& L. Cùm ex pluribus. De solution.* La faculté est déferée au creancier, faute d'avoir imputé par le debiteur: sa quitance est confirmée par ce qu'il en a écrit en son livre journal, où l'on n'auroit point pû ajoûter cette imputation, attendu la multitude d'affaires qu'il y a écrites. L'obligation de trois cens livres est *in graviorem causam*, de plus grande somme que celle de cent quinze livres seulement. La faculté donnée par la Loy au debiteur d'imputer le payement qu'il fait, *in quam causam voluerit*, ne se peut étendre & donner à aucune autre personne qu'au debiteur, & nullement à un étranger tel qu'est l'appellant creancier du debiteur commun, ainsi qu'a remarqué la Glose *in d. L. in verb. Quis. De solution.* Et par ces moyens conclut. La Cour mit l'appellation & ce au néant, émendant ordonna que Jean le Long appellant seroit colloqué & mis en ordre auparavant ledit Barbot, qui seroit tenu d'imputer les cent livres sur les obligations de 1605. & le condamna aux dépens. Le Lundy 6. Août 1618. M. le Premier Président de Verdun prononçant.

Voyez le mot *Imputation*.

QUITANCE DU MARI.

39 Si la quitance donnée par le mari à la femme des deniers dotaux durant le mariage, est valable? *Voyez Coquille, tome 2. quest. 120.*

40 Mary reconnoissant à sa femme plus que vraisemblablement il n'en a pû recevoir, ne prejudicie à ses creanciers posterieurs. Arrêt du 21. Février 1572. *M. Expilly, Arrêt 113.*

41 Le mary reconnoissant par contrat de mariage que sa femme a quelques deniers qui luy sortiront nature d'anciens, ne peut ni ses heritiers aller au contraire, ni prétendre qu'elle n'avoit eu cette somme. Arrêt du Parlement de Dijon du 17. May 1602. *Bouvot, tom. 2. verbo, Societé, Communauté, quest. 5.*

42 La quitance de main privée du mary ne nuit à ses creanciers. Arrêt du Parlement de Grenoble du 10. Mars 1617. *Quia qui non potest donare, non potest fateri.* Basset, tom. 1. liv. 4. tit. 5, ch. 3.

43 Quitances du mari quand elles sont suspectes. *Voyez Basset, to. 2. li. 4. tit. 16. ch. 7.* La présomption est en faveur de la femme contre les autres creanciers, sur tout quand il s'agit de sa dot.

44 Des quitances du mary suspectes. *Voyez Basset, tome 2. liv. 4. tit. 8. ch. 3.* où il rapporte plusieurs Arrêts, entre autres un dernier du 22. Août 1665. par lequel il fut jugé que les confessions faites par le mary *constante matrimonio*, d'avoir reçu une plus grande somme des droits de sa femme, que celle constituée dans le contrat de mariage, ne peuvent nuire aux creanciers anterieurs à la confession du mary, quoique posterieurs au contrat de mariage, bien que la femme outre la constitution particuliere, se fût constituée generalement tous ses biens. Une preuve de fraude est quand la confession est faite dans un temps où les facultez du mari étoient déja suspectes.

45 Il a été jugé par Arrêt du Parlement de Roüen du mois de Janvier 1658. qu'une quitance de deniers dotaux donnée par le mary, moyennant une vente de levées, étoit suffisante pour avoir remplacement sur les biens du mary, nonobstant les allegations de confidence. *Basnage, sur l'article 410. de la Coûtume de Normandie.*

46 Pour faire valoir la confession & la quitance du mari, il sembleroit necessaire que le contrat de mariage fût reconnu avant le mariage. Arrêt du Parlement de Roüen du 5. Juillet 1677. *Voyez Basnage, Ibidem.*

47 Un homme par son contrat de mariage reconnoît avoir reçu de sa femme 3600. livres qu'il constitué & assigne sur ses biens en 200. livres, à condition que si elle prédecede, cette rente demeureroit à son mari. Après sa mort, la veuve transige avec les heritiers, & se contente de 100. livres de rente pour sa

dot, & 200. livres pour son doüaire. Huit ou neuf ans après s'étant remariée, son mari obtint des Lettres de rescision en ce qu'elle s'étoit contentée de 100. livres de rente pour sa dot, au lieu de 200. livres. L'heritier soûtenoit que cette veuve n'avoit rien apporté à son mari; que la confession qu'il avoit faite d'avoir reçu 3600. livres étoit frauduleuse, & un avantage indirect. Preuve concluante, par la qualité de cette fille qui n'avoit aucun bien du côté de son pere & de sa mere, que le contrat avoit été reconnu depuis le mariage, & dix-huit jours seulement avant la mort du mari. Par Arrêt du Parlement de Roüen du 17. Juillet 1689. les Lettres furent enterinées. *Basnage, sur l'art.* 410. *de la Coûtume de Normanie.*

QUITANCE DU PERE AU FILS.

Un enfant qui demeure avec son pere, & a administré tout son bien, si le pere lui en baille quitance de décharge, c'est un avantage, parce que le fils a été & est obligé d'en rendre compte à ses freres. *Voyez Charondas, liv. 4. Rép. 56.* 48

Voyez les mots Avantages, Fils, & Pere.

QUITANCE, RENTES.

Quitance de payement de trois années, présuppose une décharge des précedentes. Arrêt du 26. Février 1577. *Papon, liv.* 10. *tit.* 5. *n.* 6. 49

Arrêt de la Chambre des Comptes du 30. Decembre 1638. portant défenses aux Contrôlleurs des rentes de l'Hôtel de Ville de s'entremettre de faire & passer aucune quitance, acquit, & décharge pour le payement desdites rentes. *Voyez les Chartes des Notaires, chap.* 6. *n.* 311. 50

Le payement de la rente fait par l'Emphiteote de trois années & par trois quitances differentes, fait présumer le payement des années précedentes, & empêche le Seigneur de la faire demander; mais la réservation des autres droits & devoirs Seigneuriaux, opere la réservation des arrerages. Arrêt du Parlement de Toulouse du 30. Juillet 1649. Le Seigneur avoit fait la réserve dans trois quitances consecutives; l'Emphiteote fut condamné au payement des arrerages anterieurs. *Voyez M. de Catellan, liv.* 3. *chapitre* 27. 51

Voyez les mots Arrerages, Cens, & Rentes.

QUITANCE, FEMME SEPARE'E.

Remboursement d'une rente propre à la femme, peut luy être fait, quoiqu'elle soit mineure & séparée de biens d'avec luy; l'autorisation du mari est alors valable, & la creation & assistance d'un curateur ne sont necessaires. Ainsi jugé au Parlement de Paris le 17. Mars 1691. Monsieur de Lamoignon, Avocat General dit, que du moment que la femme étoit mariée, son mari étoit devenu son tuteur, & qu'ainsi elle avoit pû agir sous son autorité, suivant la Loy *si maritus*, Cod. *qui dari tutores*. Tout l'effet de la séparation est de dissoudre la Communauté, & non de diminuer & ôter l'autorité du mari, qui demeuroit toûjours le maître de sa femme en Pays coûtumier; que cela pouvoit être different en Pays de Droit écrit, où la femme ne pouvoir aliener ses biens dotaux; qu'à la verité on créoit ordinairement un curateur à la femme en pareil cas, mais que l'usage étoit au Châtelet, que s'il n'y en avoit point eu, ce, qui avoit été fait, étoit cependant valable. *Voyez le Journal des Audiences, tome* 5. *livre* 7. *chapitre* 17. 52

Quitance du remboursement d'une rente donnée par la femme, quoique mineure. *Voyez le mot Femme, nomb.* 127. 53

QUOTA LITIS.

Voyez, Pacl.
Procuratori de quotâ litis cum Cliente'o paciscit prohibitum est, & sub quâ pœnâ? Voyez *Franc. Marc. tome* 2. *quest.* 479.

Par Arrêt du 26. Août 1588. jugé que *pactum de quotâ litis*, est permis entre Coheritiers. C'étoit un Coheritier qui avoit stipulé la moitié des droits de son Coheritier, à la charge de faire les frais & les poursuites, pour faire ajuger la succession, jusqu'à Sentence définitive, & promis au cas qu'il y eût condamnation de dépens, de payer les dépens pour son Coheritier. *Bibliotheque de Bouchel*, verbo, *Quotâ litis*.

Voyez *les titres des Droits litigieux, au 1. vol. de ce Recueil, lett. D.* & le mot *Litige*.

QUOTE.

QUote de la Dîme. Voyez *la Bibliot. Can. to. 2. p. 348.* verbo, *Quote*.
Voyez le mot *Cotité*.

QUOVIS MODO.

Voyez *cy-dessus sous la lettre P. le mot, Provision de Cour de Rome*.

Quovis modò: Ce mot apposé en une signature, signifie toute sorte de vacance, soit directe ou indirecte, principale & accessoire, n'étoit que le Benefice vacquât par la mort d'une autre personne; toutefois le genre ficte de vacation, comme parle la Regle de Chancellerie, *de infirmis Resignantibus*, dont il sera cy-aprés fait mention *lettre R.* verbo, *Regles de Chancellerie Romaine*, n'y est pas compris, si le Benefice n'étoit vacant *per obitum*, lors de l'impétration, & lors il y seroit compris. *Bibliot. Canon. tome 2. pag. 348. col. 2.* 1

Aut aliàs quovis modò. Ces mots apposez à une Provision par résignation, ne se peuvent étendre à la vacation par mort du Résignant, contre un autre qui depuis la Provision avoit été pourvû par icelle. *Maynard, liv. 1. ch. 59.* 2

Provision faite par résignation encore qu'il y ait clause *vel aliàs quovis modò*, ne peut s'étendre à la vacation par mort. Jugé le Mardy 23. Decembre 1561. *Charondas, liv. 1. Rép. 171.* 3

R

RABAIS.

OYEZ Bail, Diminution, Ferme. En matiere de vente de fruits pendans par les racines, pour une ou plusieurs années, il y a lieu au rabais pour le cas fortuit. Ferrer. qu. 3. sont. Boër. decis. 249. n. 11. Cette décision est fondée sur la Loy 2. ff. Locati proxima est locatio venditioni, iisdemque juris regulis consistit.

Il n'y a point lieu de rabais au bail à ferme de neuf ans pour le cas fortuit. Le même est en la rente, soit grosse, soit petite. Autre chose est au cas fortuit de guerre étrangere. 1. id. Mornac ad L. 17. ff. locati, vide Molin. verbo au jour. & lieu, n. 54. & seq. 2. id. Ferrer. qu. 17. 2. cont. Chopin Parif. lib. 3. tit. 2. n. 8. en la grêle, 3. id. Fachin. lib. 1. cap. 90. & in civili, 3. id. Charond. resp. lib. 6. n. 13. 3. cont. Du Frêne, lib. 3. ch. 28. distinguendo; vid. L. 17. §. 1. ff. de ann. legat. 3. M. Abraham La Peirere, en ses décisions du Palais, let. R. n. 2. dit, Je suis de même sentiment, parce que le fonds étant occupé par l'ennemi étranger, il n'y a ni Seigneur ni Tenancier, ce qui n'est pas en guerre civile. Nota, qu'en fait de cas fortuit, nous ne suivons point dans notre Ressort la Loy Romaine, qui compense la fertilité d'une année, avec la sterilité d'une autre; ains chacune année porte son cas fortuit & son rabais.

RABATEMENT.

Rabatement du decret. Voyez le mot Decret, nomb. 127. & suiv.

RACHAT.

IL y a le rachat qui est un droit Seigneurial, autrement appellé relief, le rachat des rentes, & la faculté de racheter qui a lieu dans les ventes.

RACHAT, RELIEF.

1 Voyez le mot Fief, nomb. 121.
C'est le revenu du fief d'un an, ou le dire de prudhomme, ou une somme offerte par le Vassal, en cas d'autres mutations que par vente & par échange, excepté celles qui échoient par succession directe. Il en est traité dans les articles 3. 4. 5. 6. 26. 33. 37. 38. 46. 47. 48. 49. 50. 56. 58. & 66. Voyez les Commentateurs de la Coûtume de Paris, & les Commentateurs des autres Coûtumes, ausquels la conference de ces mêmes articles le Lecteur est renvoyé.

2 An de rachat. Voyez hoc verbo, la Bibliotheque du Droit François par Bouchel.

3 Arrêt du dernier Decembre 1535. entre Messire Jean Desaints Chevalier, appellant du Bailif de Beauvais, & Robert Daubourd Ecuyer, Seigneur de Neufvillette intimé; par lequel il fut dit que ledit Desaints, qui avoit fait saisir la Terre de Villembray comme Seigneur feodal, ayant choisi le revenu de l'année pour le droit de rachat, & voulant en joüir par ses mains, ne pourroit chasser ledit Daubourg de la maison & Château, mais y demeureroit pendant l'an du rachat, en payant l'estimation du loüage de la maison & Château. Quant au colombier & autres choses, ledit Desaints Seigneur feodal, en pourroit joüir par ses mains. Biblioth. de Bouchel, verbo Fiefs.

4 Rachat est dû au Seigneur, quoique le contract porte faculté de retirer, sauf au vendeur, s'il exerce le retour, son recours vers le Seigneur. Arrêt du Parlement de Bretagne du 20. Août 1556. Voyez Du Fail, liv. 1. chap. 6.

5 L'article 70. de la Coûtume de Bretagne a été formé sur un Arrêt de ce Parlement, du 31. Octobre 1562. Idem, liv. 2. ch. 169.

6 Le Procureur Fiscal du Seigneur de Rohan, demande au Seigneur de Coëtmur le rachat dû par le décès de son pere. Le défendeur oppose que l'on luy en a été fait, & ce pour cause de bons & agreables services. Le demandeur dit que le Seigneur de Rohan vendit au pere du défendeur la Terre de Dandour avec grace & condition de raquit de quatre ans. Le même jour est la donation du rachat. Depuis, le retrait est exercé au nom du fils du Seigneur de Rohan, lequel ayant vendu la Terre, ne pouvoit donner le droit de rachat où il n'avoit plus rien. Le défendeur répond que le donateur étoit Seigneur de la Terre de Dandour, par la condition de quatre ans de raquit, que le fils est heritier de son pere, & que la preuve des services n'est point necessaire inter personas non prohibitas. Arrêt du Parlement de Bretagne du deux May 1564. qui déboute de la demande en retrait. Du Fail, liv. 3. ch. 157.

7 La Dame de Laval & de Quintin morte, la Terre de Quintin tomba en rachat en la Cour Royale de S. Brieuc; un Vassal Noble meurt sous la Jurisdiction de Quintin. Le Procureur de Saint Brieuc demande le sous-rachat: l'heritier du Vassal dit qu'il n'en doit point au Roy, car il n'en doit au Seigneur de Quintin; neanmoins le Juge condamne l'heritier au devoir de sous-rachat. Appel: la cause fut appointée au Conseil; depuis, le devoir fut ajugé au Roy. Arrêt du Parl. de Bretagne du 7. Octobre 1569. sur lequel a été tracé l'article 366. de la Coûtume. Du Fail, liv. 3. chap. 112.

8 Le Seigneur de Guemadeuc avoit vendu au General Gornillis la Vicomté de Rezain. Il meurt: son fils Thomas de Guemadeuc retire par premesse la Terre. Les Juges de Nantes saisissent ladite Terre pour le rachat, par mort du pere, le fils s'oppose. Arrêt du Parlement de Bretagne du 21. Octobre 1569. qui corrigeant le Jugement, baille main-levée au fils, ordonne que les fruits luy seront rendus. Du Fail, liv. 1. chap. 289.

9 Le Roy fait saisir la Comté de Quintin appartenante à la Dame Comtesse de Laval, pour en joüir un an à devoir de rachat: il fait aussi saisir plusieurs Terres, tant Nobles que roturieres, dont les Seigneurs sont morts en la Comté de Quintin, comme étans sous-rachetables: les heritiers des particuliers disent ne devoir aucun rachat à cause de leurs Terres, & que le Seigneur de Laval a toûjours baillé sa Tête-nuë au Roy avec cette charge. Le Substitud du Procureur General à Saint Brieuc, dit que le Fief étant ouvert par la mort de la Dame de Quintin, quelque paction qu'elle ait faite avec ses sujets, rachat a lieu; le Juge de Saint Brieuc declara les saisies bonnes; ce qui fut confirmé par Arrêt du Parlement de Bretagne du 22. Octobre 1569. Du Fail, liv. 3. chap. 144. où il est observé que plusieurs Terres en Bretagne sont exemtes de rachat, comme la Vicomté de Vaucouleurs, qui releve du Roy à Dinan, & les Fiefs de la Chaudieres, & autres.

10. Jugé au Parlement de Bretagne le 23. Octobre 1572. que le rachat n'étoit point dû par le donataire, qui juroit avoir fait la foy & hommage de la Terre donnée. *Du Fail, liv. 1. ch. 331.*

11. Arrêt du neuf Avril 1574. qui a jugé que le rachat n'est dû au Seigneur de fief, d'un fief hereditaire de plusieurs enfans, non pas même d'une coheritiere fille mariée, jusques à ce qu'il apparoisse si le fief doit demeurer masculin ou feminin. *Bibliot. de Bouchel, verbo Rachat.*

12. Le Seigneur de Rohan vend en 1571. une Terre au nommé Avril, avec faculté de remeré pour six ans. Le Seigneur décede en 1575. Le Procureur du Roy saisit pour le droit de rachat. Avril s'oppose, & dit qu'il est possesseur, ayant deux fois fait la foi & hommage. Le Receveur du Roy objecte que le Seigneur de Rohan a toûjours joüi, puisqu'il a institué les Officiers pendant la condition. Il fut dit, avant faire droit, que les Parties informeroient dans deux mois de la joüissance réelle, & actuelle par le Seigneur de Rohan, où par l'acquereur, & depuis le 30. Avril 1577. Avril gagna sa cause au Parlem. de Bretagne. *Du Fail, liv. 1. chap. 404.*

13. Rachat est dû par le décès du pere, pour raison de la Terre donnée en mariage à sa fille, pour en joüir en avancement de droit successif, quand sa fille n'a baillé aveu ni entrée dans la foy. Arrêt du Parlem. de Bretagne du 16. Novembre 1619. mais il n'est rien dû par le décès de l'aîné, de la Terre qu'il avoit assignée, pour faire assiette à son puîné de son partage; encore que l'assiette n'ait été faite; Arrêt du 9. Septembre 1610. ni par le décès de la sœur, qui n'avoit été partagée par son frere aîné; Arrêt du 2. Octobre 1617. ni d'un partage dû par l'aîné à ses puînés, encore que saisi, par autre Arrêt du six Septembre 1606. Il n'en est pareillement dû par le décès du vendeur d'une rente à convenant, quand l'acquereur a eu à tournage des hommes domaniers pour le payement de ladite rente, Arrêt du six Mars 1610. ni aussi de la terre donnée par le mary à sa femme, soit en faveur du mariage, ou pour tenir lieu de doüaire, encore qu'il en joüit lors du décès comme mary. Arrêt du deux Juillet 1617. *Voyez* neanmoins *Valla, de reb. dub. tract. ult.* qui rapporte Arrêt rendu en faveur du Seigneur de Longueville, contre le Seigneur de Laval, pour la donation de Montreüil-Laillé, faite par le Seigneur de Longueville à Yoland de Laval sa femme, lequel avoit joüy de la Baronnie jusqu'à son décès. *Sauvageau sur Du Fail, livre 1. chap. 331.*

14. La Profession Religieuse fait ouverture au rachat, parce qu'il vient un nouveau possesseur *ex titulo universali*, & comme heritier. Arrêt du Parlement de Bretagne du dix-sept May 1621. Autre Arrêt semblable du quinze Octobre 1678. mais le payement en sera differé jusqu'au temps de la mort naturelle de la Religieuse. Sur quoy *Hevin sur Frain, pag. 887.* dit que cette restriction doit être entenduë des choses, dont l'usufruit avoit été retenu.

15. Par la mort du puîné non partagé, le rachat n'est dû de sa part. Arrêt du Parlement de Bretagne du 2. Octobre 1627. bien qu'on dit en ligne directe le mort saisisse le vif; & que *secundo geniti tam haeredes sunt suarum portionum, quàm primogeniti, aliter quàm veteri consuetudine, quà jure alimentorum potiùs capiebant, quàm jure haeredum,* comme dit d'Argentré sur cet article. *Voyez Sauvageau, sur Du Fail, liv. 1. ch. 270.*

16. Jugé par Arrêt du 14. Août 1577. que si le Seigneur de fief ne prend le revenu de la premiere année pour le rachat qui est dû, il ne pourra prendre à son choix aucune des années suivantes: mais aura seulement l'estimation de l'année premiere du revenu, comme courant en rachat & en fruits, de pure perte, à faute d'être allé offrir, suivant l'avis de M. Chaarles Du Moulin, sur la Coûtume de Paris. Tronçon, *art. 47. de la même Coutume,* in verbo *Au choix.*

17. Il n'est dû rachat ni profits de fiefs pour la remise faite par le Roy aux enfans, des biens de leur pere condamné à mort. Arrêt du 25. Janvier 1599. suivant l'opinion de Du Moulin sur le §. 36. titre *des Fiefs de la Coûtume de Vitry.* Tronçon, *art. 33. de la Coûtume de Paris.*

18. Il n'est dû droits de rachat en ligne directe, *etiam* qu'il y ait partages faits & refaits. Arrêt de l'an 1599. Tronçon, *ibid. art. 4.*

19. Par la mort ou le changement de l'Abbé Commendataire, le rachat de l'heritage non-amorti, est aussi-bien dû, que si le Benefice étoit conferé en titre exprés. *Bibliot. Canon. tom. 1. p. 315. col. 1. & art. 41. du tit. 4. de la Coût. de Blois.*

20. Arrêt du 5. Mars 1630. qui juge suivant la Coûtume de Paris, que relief est dû par le second mariage de la femme, quoiqu'il n'y ait communauté de biens. *Bardet, to. 1. liv. 3. ch. 95.*

21. Jugé par Arrêt du 27. Juillet 1662. que par la Coûtume de Bretagne, le droit de rachat étant dû à toute mutation, tant en ligne directe que collaterale, il faut, pour s'en exémter, rapporter un titre particulier, faisant mention de l'exemption. *Soëfve, tom. 2. Cent. 2. chap. 68.*

22. Le vingt Mars 1662. au Rôle de Paris, jugé en la Coûtume de Meaux, semblable à celle de Paris, que dans une même année y ayant deux mutations de vassal en succession collaterale, l'une par la mort du frere décedé sans enfans, du fief duquel étoit question, & l'autre par le mariage de la sœur heritiere de son frere, il n'étoit dû qu'un seul droit de rachat. *Jovet,* verbo *Seigneur, n. 18.* Il dit qu'il étoit present à l'Arrêt.

23. Il n'est dû rachat dans la Coûtume de Poitou par communauté qui acquiert par donation entre-vifs, ou par testament. Arrêt du Parlement de Paris du 20. Juin 1689. *Au Journal des Audiences, tom. 5. liv. 5. ch. 16.*

Voyez cy-aprés, *Relief.*

RACHAT DES RENTES.

24. Aux décisions qui vont être marquées en cet article, il faut joindre celles qui sont comprises au titre *des Rentes. §. Rentes rachetées.*

25. Des rachats des rentes assises sur les maisons, tant en la Ville de Paris, qu'autres Villes & Communautez du Royaume de France. *Ordonnances de Fontanon, tom. 1. liv. 4. §. 24. pag. 788.*

26. Des rentes données ou venduës à faculté de rachat. *Voyez* le mot *Faculté de rachat, n. 88. & suiv.*

27. *Libera & sine pretio debet esse reditum redimendi facultas,* Du Moulin, *to. 2. p. 144.* Voyez *au même endroit, p. 127.* où il traitte *de reditum redemptione.*

28. Premier Garde des Sceaux du Présidial de Quercy à Cahors, par Arrêt du Parlement de Toulouse fut condamné en amende pour avoir dépêché Lettres adressantes au Siege dudit Présidial, aux fins par le moyen de la lézion de faire declarer un pacte de rachat temporel perpetuel. *Maynard, li. 2. ch. 17.*

29. Rente créée avec faculté de racheter est perpetuellement rachetable. Arrêt du Parlement de Paris dans Papon, *liv. 12. tit. 3. n. 13.*

30. Si la faculté de racheter une rente est au-dessous de trente années, le debiteur ne laissera pas d'avoir ce temps, car ce terme est fixé par le Droit commun. Ainsi jugé. *Bibliot. de Bouchel,* verbo, *Rentes.*

31. Rentes constituées à prix d'argent sur un fond, sans y parler de la faculté de rachat, sont rachetables pendant trente années. Arrêt du Parlement de Paris du 6. Février 1530. Si postérieurement au contrat la faculté de rachat est accordée; elle ne peut aussi que trente ans. Arrêt du 19. Mars 1547. toutes

les Chambres assemblées. *Papon, liv. 11. tit. 6. nombre 5.*

32 Entre Maître Guillaume Laurens, & Alexandre Huppé curateur de Fleurie Gerard intimé. L'appellant achete de Pierre d'Avaugnon duquel la mineure est heritiere 50. livres de rente pour la somme de 1000. livres, avec faculté de rachat dans cinq ans, & le temps passé, il est stipulé qu'il luy fera assiette sur une terre. La condition expirée, l'appellant met en procés l'intimé, conclut à l'assiette & au payement des arrerages échûs. L'intimé répond que la rente est perpétuellement rachetable; que d'Avaugnon est mort pendant la condition; que la prescription ne court contre la mineure: il offre de rembourser. Arrêt du Parlement de Bretagne du 17. Février 1558. qui ordonne que l'appellant aura assiette sur les terres mentionnées au contrat, selon l'estimation & valeur d'icelles par communes années. *Du Fail, liv. 1. ch. 103.* où M. Sauvageau observe que lorsqu'il y a obligation d'assiette sur un fond certain & désigné, le retrait peut être exercé, & les arrerages de vingt-neuf années peuvent être demandez. Arrêt du 26. Juin 1597. mais aprés trente ans, on n'est pas recevable de demander assiette de rente.

33 Si toutes rentes telles qu'elles soient dûës sur maisons sises dans les Villes & Fauxbourgs, principalement dans Paris, sont rachetables à perpétuité. Cette cause s'est presentée entre les Marguilliers de St. Cosme, & le sieur des Jardins Conseiller au Châtelet, debiteur d'une rente; il obtint Sentence en sa faveur. Sur l'appel, Arrêt du 23. Avril 1566. qui appointa la cause au Conseil, parce que l'Arrêt qui interviendroit seroit plus de foy que les Edits & Ordonnances mêmes. *Bibliot. de Bouchel*, verbo, *Rentes*.

34 Arrêt du Parlement de Dauphiné du 10. Juillet 1627. pour le rachat des rentes. *Voyez Basset, tome 1. liv. 3. tit. 3.*

RACHAT, COHERITIERS.

35 Jugé qu'en payant les arrerages d'une rente rachetable, l'un des coheritiers qui a acquitté sa part, ne peut contraindre un autre coheritier de racheter aussi sa part. *Arrêt en Peleus, liv. 4. Action 23.*

RACHAT, COOBLIGEZ.

36 De deux obligez au payement d'une rente par eux créée à prix d'argent, celui qui a acquitté le sort principal & arrerages, peut par cession du creancier, contraindre l'autre à lui rembourser la moitié du principal & arrerages. Arrêt du Parlement de Dijon du 24. Janvier 1603. *Bouvot, tome 2. verbo, Rentes à prix d'argent, quest. 2.*

37 Le coobligé qui rachete la rente dûë par lui & ses coheritiers, s'étant fait subroger aux droits du creancier, ne peut contraindre ses coheritiers de lui faire le rachat de ladite rente. Jugé le 6. Septembre 1631. *M. le Prêtre, 1. Cent. ch. 8. Annotation.* Voyez M. Charles du Moulin, en son Traité des Usures, n. 245. & 246. & M. Loüet, lettre F. Som. 27. & lett. R. Som. 11. Charondas, *liv. 6. Rép. 11.* où il y a Arrêt contraire, mais la Jurisprudence a varié.

38 Arrêt du Parlement de Paris du 3. May 1635. qui juge qu'un Fidéjusseur d'une rente, forcé de la racheter, peut aussi contraindre le principal debiteur au rachat. *Bardet, tome 2. liv. 4. chap. 14.* Voyez *Coobligez.*

RACHAT, DOT, DOUAIRE.

39 La mere veuve est capable de recevoir le rachat de la rente dotale. Arrêt du Parlement de Roüen du 24. Novembre 1624. rapporté par *Basnage, sur l'art. 406. de la Coût. de Normandie.*

40 La rente fonciere & Seigneuriale se peut racheter au préjudice du douaire & du tiers coutumier. Arrêt du Parlement de Roüen du 14. Mars 1647. L'article 76. du Reglement de 1666. en a fait une Loi generale confirmée par Arrêt du 21. Janvier 1687. *Basnage, Ibidem.*

41 Celui qui fait le rachat d'une rente constituée par argent, fonciere ou Seigneuriale, ne peut être poursuivi par le creancier de celui auquel elle étoit dûë, ni inquieté pour le douaire de sa femme, ou tiers de ses enfans, s'il n'y a eu saisie ou défenses de payer avant ledit rachat; & neanmoins la femme & les enfans en auront récompense sur les autres biens affectez audit douaire & tiers desdits enfans. Art. 76. des Arrêtez du Parlement de Roüen, les Chambres assemblées le 6. Avril 1666. *Basnage, to. 1. à la fin.*

RACHAT, ESPECES.

42 Le rachat d'une rente qui se doit faire par certain nombre d'especes, il le faut faire ainsi, bien que les especes ayent changé de valeur. Arrêt du 17. Mars 1605. *Peleus, qu. 113.* Voyez *M. le Prêtre, 1. Centur. chapitre 35.*

43 Une rente constituée pour certaine somme en écus sols, lorsqu'ils ne valoient que quarante sols la piece, fut declarée rachetable pour la somme en mêmes especes d'écus d'or jusqu'à la concurrence de la somme, & suivant la valeur seulement des écus d'or lors du rachat qui étoit de 95. sols piece. *Rocquemont, Le Vest, Arrêt 18. secus.* S'il y avoit obligation de faire le raquit en pareilles especes. *M. Loüet, Som. 8.* & au choix du debiteur. *Le Vest, Arr. 100. & Du Fail, liv. 2. chap. 258.*

44 Rente constituée en écus dés l'an 1400. On la vouloit en 1615. racheter au prix que l'écu valoit lors de la constitution, & payer les arrerages à pareille raison. Le premier Juge avoit ordonné que la rente seroit rachetée en espece d'écus; appel. Par Arrêt du dernier May 1616. la Cour a mis l'appellation & ce dont a été appellé au néant, en émendant a ordonné que la rente seroit rachetée à raison de 75. sols pour écu, & les arrerages payez à pareille raison. *Bibliot. de Bouchel*, verbo, *Rentes*.

RACHAT FAIT AU MARI.

45 Maître Chipart Avocat constituë 50. livres de rente au profit de Durant Procureur, lequel declare que ce principal provient de pareille rente appartenante à sa femme. Chipart rachete ensuite la rente; Durant meurt, sa veuve demande titre nouvel à Chipart, & dit qu'il n'a pû ignorer que la rente lui étoit propre, & qu'elle n'a point été appellée au remboursement. On répond que cette declaration est simplement faite par le mari pour assurer la femme contre ses heritiers, mais que cela n'a point obligé le debiteur, La veuve déboutée par Arrêt, & condamnée aux dépens. *Bibliot. de Bouchel*, verbo, *Remploi*.

46 Une femme ayant donné à son mari pour don mobil une rente qui excedoit la part qu'elle pouvoit donner, & le debiteur en ayant fait le rachat; par Arrêt du Parlement de Roüen du 2. May 1614. il fut dit que les debiteurs avoient bien raquitté, parce que la donation ayant été faite par une personne capable de donner, la révocation avoit dû être faite les choses étant entieres. *Basnage, sur l'art. 406. de la Coût. de Normandie.*

47 Si le mari est personne capable de recevoir le rachat d'une rente appartenante à sa femme? *M. Duplessis, en son Traité de la Communauté, liv. 1. chap. 4.* estime que la femme doit parler dans la quitance. M. Charles Du Moulin est de cet avis, *en son Traité François des Contr. usur. nomb. 281.* & l'on trouve un Arrêt conforme du 8. Decembre 1610. cité par *Tronçon*, qui a neanmoins tenu l'opinion contraire, que *Guerin* a suivie; & *M. Auzanet, sur l'art. 25.* remarque un Arrêt rendu en la Grand'Chambre le 9. Juin 1648. qui a jugé bon le rachat d'une rente propre à la femme, fait entre les mains du mari seul; M. le Duc de Liancourt, & M. le Prince de Lorraine, parties, la Cour ayant vû tous les Arrêts pour & contre.

48 Le mari est capable de recevoir les rachats des rentes constituées à prix d'argent qui appartiennent

à sa femme, sans l'intervention & le consentement de sa femme, d'autant que ce n'est pas une vente & alienation, mais un simple acte d'administration. Arrêt du 9. Juin 1648. entre Messire Roger Du Plessis, Duc de Liancourt, & Monsieur le Prince de Lorraine. Ainsi jugé par la même raison qu'un tuteur reçoit les rachats des rentes dûës à ses mineurs, sans avis de parens. *Voyez* M. *Auzanet, sur l'art.* 25. *de la Coûtume de Paris,* & M. le Brun, *en son Traité de la Communauté de biens,* li. 2. ch. 2. n. 18.

49 Arrêt de la Grand-Chambre du Parlement de Paris du 17. Mars 1691. qui a declaré valable un remboursement fait au mari & à la femme mineure séparée de biens d'avec lui. La difficulté étoit à cause de la minorité de la femme séparée, parce que suivant l'article 239. de cette Coûtume; les mineurs mariez sont réputez usans de leurs droits pour l'administration, & non pour l'alienation. *Voyez l'Auteur des Notes sur le Commentaire de* M. *Duplessis, Traité de la Communauté de biens,* li. 1. ch. 4.

50 Par Sentence du Châtelet de Paris du 17. Novembre 1699. ordonné que la femme recevroit le remboursement, & cet effet se feroit autoriser par son mari, sinon par Justice; quoy faisant le debiteur demeureroit valablement déchargé: & attendu que le mari étoit absent, & avoit l'original de ce contrat, que mention seroit faite dans la Sentence d'adjudication du remboursement de ladite rente. V. *ibidem.*

RACHAT, TUTEUR.

51 Plaidoyé touchant le rachat d'une rente faite par les mains d'un tuteur seul, sans y appeller le subrogé, & l'Arrêt intervenu sur iceux. *Voyez le Recüeil des Plaidoyez* & *Arrêts notables imprimez en* 1645.

RACHAT, VENTE.

52 *Voyez* lettre F. verbo Faculté de rachat.

53 Le Vicomte de Rohan Prince de Leon vend en 1495. les fiefs de Leon au sieur de Guemené son cousin, lequel deux années aprés accorde au sieur de Rohan la grace & faculté perpetuelle de les racheter. En 1572. l'execution est demandée. Arrêt du Parlement de Bretagne du 27. Avril 1573. qui déboute du rachat, sans dépens, attendu la qualité des parties. La faculté perpetuelle ne s'étend point au de là de trente ans. *Du Fail,* liv. 1. chap. 345.

54 En *Dauphiné* le rachat des gages & des choses venduës vient du Statut de Guillaume de Laire de l'an 1400. confirmé par le Reglement du mois d'Avril 1547. qui veut que dés le jour de la réelle délivrance qui se fait par la mise en possession aprés la Sentence d'interposition de decret, ce rachat puisse être exercé durant quatre mois. Arrêt du Parlement de Grenoble de l'an 1525. qui juge que ce délay commence absolument dés cette mise en possession. La possession civile qui s'acquiert par le bail de la plume ne suffit pas, il ne commence qu'aprés la possession réelle. Arrêt du 14. Janvier 1639. par lequel il a été donné délay d'un an.

55 Hauts Officiers de la Chambre des Comptes tels que sont les Présidens & les Conseillers, & les Maîtres ordinaires, lors que leurs Charges sont venduës judiciellement, joüissent de ce même privilege de les racheter dans l'intervale de ces quatre mois. Deliberé & arrêté au Parlement de Grenoble de l'avis des Chambres le 19. Decembre 1662. Les Notaires ne l'ont pas pour leurs Offices. Arrêt du 8. May 1653. ni les heritiers sous benefice d'inventaire pour les biens de la succession vendus par decret. Arrêté du premier Mars *dans le Livre rouge.*

56 Avant que ces quatre mois soient expirez on peut facilement par requête obtenir un nouveau délay; & si les raisons sont fortes, il en sera accordé plus d'un, en ayant même été accordé un cinquième, & pour une année, par Arrêt du 15. Juillet 1675. Il faut neanmoins que la demande en soit faite durant les quatre mois; si elle l'est aprés, les lods sont dûs au Seigneur direct qui a droit de se les faire payer. Arrêt du 15. Janvier 1638. Ces Arrêts sont rapportez par *Chorier en sa Jurisprudence de Guy Pape,* p. 141.

57 En Dauphiné le délay conventionnel de racheter ne se doit proroger, neanmoins il est prorogé *ex causâ.* V. *Basset,* to. 1. liv. 2. tit. 15. chap. 7.

58 En Dauphiné la prorogation de racheter *ex causâ* est accordée, bien qu'elle n'ait été demandée dans les quatre mois. Arrêt du 10. May 1593. V. *ibidem,* chapitre 4.

59 Un débiteur ne peut ceder son droit de la faculté de racheter dans les quatre mois, ni l'exercer, qu'en payant toute la dette au creancier qui a fait saisir. Arrêt du 15. Juin 1607. & autres. V. *ibidem,* chap. 12.

60 L'Office de Notaire vendu aux encheres, n'est rachetable dans les quatre mois de l'Ordonnance du Parlement de Dauphiné. Arrêt du 18. May 1653. V. *ibidem,* ch. 6.

61 L'heritier avec inventaire est recevable dans les quatre mois de l'Ordonnance du Parlement de Dauphiné de 1547. art. 70. de demander prorogation du délay de racheter. Les fonds & biens mis en discussion, & vendus judiciellement, *idque magis,* s'il se trouvoit mineur, ou qu'il s'agît des biens de la famille. Arrêt du premier Décembre 1661. V. *ibidem,* chap. 2.

62 Le délay de quatre mois donné par l'Ordonnance du Parlement de Dauphiné a lieu en fait de vente judiciaire des Offices. Arrêt du 14 Decembre 1662. V. *ibidem,* chap. 5.

63 Le délay de racheter n'est prorogé à celuy qui l'a demandé, puis en a désavoüé la demande, & en aprés l'a voulu reprendre. Arrêt du 10. May 1663. V. *ibidem,* chap. 3.

64 Reglement du Parlement de Dauphiné du 19. Decembre 1648. pour le rachat des pensions & rentes acquises à prix d'argent, payement des censes emphiteotiques, & réduction en argent des arrerages échûs jusqu'au jour dudit Reglement. V. *Basset,* to. 1. liv. 3. tit. 3.

65 Le 29. Juillet 1618. au Parlement de Toulouse entre Paul & Pierre Saptes, contre les Consuls de Conques, il fut jugé que les Consuls rachetaient la Seigneurie de Conques que lesdits Saptes avoient tenuë long-temps du Domaine du Roy pour le prix de huit ou neuf mille livres, sans pouvoir rien imposer pour raison dudit rachat, & frais du procez sur lesdits Saptes, ou leurs biens; mais que le département de ladite somme se feroit sur les autres habitans ou tenanciers, quoiqu'il fût soûtenu que lesdits Saptes étoient proprietaires de la plus grande partie du lieu de Conques; ce qui avoit été jugé le 18. May 1582. entre le Syndic des Procureurs de Carcassonne, & un Bourgeois. *Cambolas,* liv. 4. chap. 16.

66 Si en l'emphiteose il est dit que l'emphiteote pourra racheter la rente avec de l'argent, cette faculté ne dure que trente ans. Jugé au même Parlement de Toulouse le 14. Août 1631. V. *Mainard,* li. 4. cap. 53. *Papon, des Prescriptions,* Arr. 13. *Cambolas,* livre 6. chap. 24.

67 Du rachat des biens alienez du *Domaine. Voyez* le mot *Domaine,* n. 78. *& suiv.*

RANÇON.

1 UN esclave des Sarrasins s'étoit échappé, & faisoit profession de nôtre Religion. Jacques Cueur Argentier du Roy, craignant quelque vengeance de la part des Sarrasins, avec qui il étoit en commerce & liaison contraire aux interêts du Roy, leur rendit cet esclave qui quitta nôtre Religion. Jacques Cueur fut convaincu de plusieurs crimes; pour réparation de celuy-là, il fut ordonné qu'il racheteroit cet esclave des Sarrasins, & condamné de le faire ramener & rétablir en la Ville de Montpellier, où il fut

1. il fut pris, si faire se pouvoit, sinon à racheter un Chrétien des mains des Sarrasins, & le faire amener à Montpellier. Cet Arrêt fut rendu au Conseil du Roy le 29. May 1453. V. les Plaidoyez notables, page 1.

2. Deux habitans ne se doutant des troubles, sont pris par des ennemis qui les mettent à rançon separée ; l'un d'eux sous la promesse de l'autre payer, & par ce moyen ils sortent des mains des voleurs ; celuy pour lequel on avoit payé, refusoit de rendre. Arrêt du 16. Juillet 1569. qui le condamne à payer. *Charondas*, liv. 4. Rép. 86.

3. Heritage vendu durant les troubles pour la rançon d'un prisonnier. *Voyez ibid.* li. 11. Rép. 80.

4. Rançons affectées & colorées ne se doivent payer à celuy qui recele & garde durant les troubles quelque fugitif. Arrêt du mois d'Avril 1580. *Papon*, li. 5. tit. 6. n. 1.

5. Par Arrêt du Parlement de Toulouse de l'an 1586. un Syndic du College saint Martial ayant été fait prisonnier de guerre lorsqu'il alloit aux champs pour affermer les biens du College, obtint condamnation d'indemnité contre le College, encore qu'elle ne luy fût pas promise expressément par l'acte de déliberation qui contenoit son envoi. V. *Mainard* livre 4. chap. 16.

6. Un ligueur est conduit en prison ; un ami luy prête 2000. livres pour le payement de sa rançon ; faute de payement il le fait constituer prisonnier, le débiteur veut faire cession ; Sentence qui ordonne que les prisons luy seront ouvertes en donnant caution. De l'appel par luy interjetté, Arrêt du 19. Decembre 1594. qui de grace mit l'appellation au néant. M. Seguier Avocat du Roy remontra que ce n'étoit pas tant une rançon, laquelle n'a lieu que *cum justo hoste*, qu'une commutation de peine, & une grace qu'on faisoit aux rebelles dignes de mort de leur rendre leur liberté pour de l'argent. *Bibliotheque de Bouchel*, verbo *Rançon*.

7. La rançon de dix-neuf habitans pris à l'assaut d'une Ville se doit égaler entr'eux, eu égard aux facultez qu'ils avoient lors de la prise de la Ville. Arrêt du 27. Janvier, prononcé le 3. Février 1596. *M. Louët*, lettre R. somm. 27.

8. Par Arrêt de l'Echiquier tenu à Roüen au terme de Pâques 1336. jugé que celuy qui est pris en guerre faisant le service du Prince, en prenant gage & solde, n'aura pas aide de rançon de ses hommes, s'il n'est pris en faisant le service qu'il doit faire à cause de son fief, & non autrement. *Berault sur la Coûtume de Normandie*, titre des Fiefs, art. 170. in verbo, *faisant le service*.

9. L'obligation pour une rançon est valable, car par icelle le prisonnier pris en guerre rachete sa vie, laquelle le Capitaine ou Soldat luy pouvoit ôter. Ainsi jugé par Arrêt du Parlement de Roüen du mois d'Avril 1597. rapporté *ibidem*, verbo *Rançon*.

10. *Redemptor captivi præfertur omnibus creditoribus, etiam viduæ, quamvis illa sit prior tempore.* Jugé le 20. Juin 1598. & le 23. May 1608. *Mornac*, Authent. si Captivi, Cod. De Episcopis & Clericis, &c.

11. Un homme de la Coûtume d'Amiens pays de nantissement, étant fait prisonnier par les Turcs ; le Juge de l'avis & consentement des parens oblige tous les biens du prisonnier, en cas qu'il fût racheté par les Chevaliers de Malthe. De retour il se marie; dot apportée par la femme; elle s'oppose pour ses conventions, & objecte le défaut de nantissement. Les Chevaliers de Malthe alleguerent leur bonne foy, & la faveur de la dette, la femme n'eût point eu de mari s'ils ne l'avoient racheté. Arrêt du Parlement de Paris du 8. Janvier 1607. qui préfera le payement de la rançon à l'hypoteque de la femme. *Plaidoyez de Corbin*, chap. 80. & le Bret, li. 1. décis. 10.

12. Si l'esclave racheté des Turcs, détenu prisonnier par son liberateur pour le payement de sa rançon, est recevable à demander de servir son liberateur durant cinq ans à la place du payement ? Arrêt du Parlement d'Aix du 20. Decembre 1638. qui chargea le liberateur de verifier les faits de tromperie avancez contre le rachat, autrement la requête du prisonnier enthérinée. *Boniface*, tome 4. li. 8. tit. 17. ch. 1.

13. Arrêt d'appointé au Conseil du 10. Janvier 1664. sur la question, si le mineur est restitué contre le cautionnement pour le prix de la rançon d'un Captif. *Boniface*, tome 1. liv. 4. tit. 8. chap. 3.

14. Jugé au Parlement de Mets le 8. Mars 1640. que des prisonniers de guerre relâchez sur leur parole de payer leur rançon & celle des autres qui étoient restez, n'étant point retournez, & n'ayant point satisfait à leur promesse, ceux qui étoient restez, & qui ont été obligez de payer la rançon de tous, peuvent demander à ceux qui étoient sortis sur leur parole, leurs parts de ce qui a été payé. *Voyez le 57.* Plaidoyé de M. de Corberon.

RANÇON, CHEVALIER DE MALTHE.

15. De la rançon des Chevaliers de Malthe. *Voyez le mot Chevaliers*, nomb. 80. & suiv.

15 bis. La rançon d'un captif est préferable à la dot, & au doüaire de la femme. Jugé en faveur des Chevaliers de Malthe, par Arrêt du mois de Janvier 1607. *Le Bret*, liv. . décis. 10.

Voyez cy-après les nomb. 18. & 20.

RANÇON DU FILS.

16. Un fils prisonnier avec un autre, sont mis à rançon, composition se fait ; les deux prisonniers s'obligent solidairement à payer deux cens écus. L'autre demande au fils cent écus pour sa moitié, & fait appeller le pere pour voir dire qu'il y sera contraint pour son fils. Celuy-ci dit que il ne veut payer que *pro rata facultatum* : il allegue un decret donné en 1592. contre un nommé Chuppin, par lequel plusieurs ayant été faits prisonniers à Orleans par les Ligueurs, & ayant composé tous ensemble ; il fut dit qu'ils conviendroient de quatre Marchands pour estimer les moyens d'un chacun d'eux, & payer *pro rata*. Le fils offroit quarante écus; le pere disoit qu'il n'étoit point tenu de payer la rançon de son fils ; à quoi neanmoins il avoit été condamné, & à payer cent écus. La Cour ne voulut point faire de loy à l'avenir : mais le 29 Janvier 1593. la Cour ayant interpellé le pere d'offrir quelque chose, lequel offrit cinquante écus en son nom, par Arrêt, pour le regard de l'appel les parties hors de Cour & de procez, ayant aucunement égard à l'offre du pere, l'a condamné à payer 60 écus. Arnauld plaidoit pour les appellans, & Du Moulin pour l'intimé qui allegua un Arrêt du Parlement de Nantes, par Monsieur le Chancelier de Rochefort en cas semblable, rapporté *per Benedicti in capit. Raynutius.* Voyez la *Bibliotheque de Bouchel*, verbo *Rançon*.

17. Par Arrêt du Parlement de Roüen du 8. Mars 1612. jugé que le payement d'une rançon prétendu fait par le pere pour un de ses enfans, ne se pouvoit prouver par témoins, cela s'entend s'il excedoit cent livres, à cause de l'Ordonnance de Moulins art. 54. car s'il étoit question de somme au dessous de cent livres, il est certain que la preuve en seroit reçûe. *Jovet*, au mot *Rançon*, nomb. 7.

18. Pere est tenu de rembourser la rançon payée pour tirer son fils de captivité, quoiqu'il n'en ait donné aucun mandement. Jugé au Parlement de Paris le 6. Août 1619. *Bardet*, to. 1. li. 1. chap. 72. il cite un autre Arrêt du 4. Juin 1627. en faveur d'un Chevalier de Malthe qui ayant racheté deux autres Chevaliers, fit condamner le pere à le rembourser.

19. *Boniface*, tome 2. liv. 4. tit. 17. chap. 1. dit que le Parlement de Provence a souvent obligé les peres de payer les rachats de leurs enfans à ceux qui les avoient faits sans un mandement exprés. *Habet pa-*

trem, habet & re lemptorem, il en rapporte un Arrêt du Parlement de Provence du 30. Août 1622.

20. Un pere est tenu de payer la rançon de son fils Chevalier de Malthe racheté des Turcs par un particulier Arrêt du 4. Juin 1627. Du Frêne, liv. 1. chap. 133. le même juge le 7. Février 1664. plaidans Messieurs de Lamoignon, Hydeux, Pousset & Severt. De la Guess. to. 2. liv. 6. chap. 11.

21. Une mere tutrice condamnée solidairement avec son fils à payer la rançon de sondit fils. Arrêt du 7. Février 1664. De la Guessiere, tome 2. liv. 6. chap. 11.

RANÇON DU PERE.

22. Le Sieur de Bersan Gouverneur de la Ville d'Estaples est pris prisonnier de guerre, il compose de sa rançon à deux mille écus. N'ayant point d'argent, il poursuit sa fille, à laquelle il avoit fait de grands avantages en la mariant. Arrêt de 1595. qui la condamne à retirer son pere de prison, à la charge neanmoins que huit jours après qu'il sera sorti de prison, il sera tenu de quitter à sa fille l'usufruit des terres dont il luy avoit donné la proprieté. Voyez la Bibliotheque du Bouchel, verbo rançon.

23. Le creancier pour la rançon du pere est preferable aux enfans ayant renoncé à sa succession, opposans tant pour le doüaire, que pour la restitution de la dot, & autres conventions matrimoniales de leur mere. Arrêt en 1620. Brodeau sur Loüet, lettre A. somm. 9. nomb. 11.

Suivant l'Ordonnance de l'année 1681. touchant la Marine, art. 14. l. 3. tit. 6. les mineurs peuvent par l'avis de leurs parens s'obliger pour tirer leur pere d'esclavage, sans qu'ils puissent être restituez. V. Basnage sur l'article 399. de la Coûtume de Normandie.

RANÇON DES ROIS.

24. Bulle du Pape Boniface VIII. l'an 3. de son Pontificat, à l'Archevêque de Roüen, à l'Evêque d'Auxerre, & à l'Abbé de saint Denis, de pouvoir contraindre spirituellement & corporellement les Ecclesiastiques, de donner des subsides pour la délivrance des Rois de France, ou de leurs fils, s'ils sont faits prisonniers de leurs ennemis. Preuves des Libertez, to. 2. chap. 39. n. 11.

RANÇON DU SEIGNEUR.

25. Vassal opulent tenu de payer la rançon de son Seigneur, pris en legitime guerre pour défendre le Royaume. Arrêt du Parlement de Bourdeaux. Boër. decis. 128.

26. Si un Seigneur au Duché de Bourgogne ayant des sujets au Comté, est pris prisonnier en guerre, peut cottiser ses sujets du Comté ? V. Bouvot, to. 1. part. 2. verbo Seigneur prisonnier.

RANÇON DU SERVITEUR.

27. Par Arrêt du Parlement de Paris du 17. Septembre 1576. un Marchand de Boulogne fut condamné à racheter son Facteur prisonnier à Doüvre ; mais il n'appert si le Facteur étoit prisonnier pour dettes ou affaires de son Maître, ou bien par droit de guerre, ou autre cas fortuit, à quoi par le droit le Maître n'est tenu par la disposition du §. Non omnia. L. inter causas. ff. Mandati quia hoc casibus magis quàm mandato imputari oportet. Voyez Mainard, livre 4. chapitre 16.

28. Un Marchand doit payer la rançon de son serviteur pris par les Turcs & Barbares, l'ayant mis en son navire pour avoir soin de ses marchandises, & l'ayant envoyé depuis les défenses de trafiquer en Espagne. Arrêt du 26. Mars 1605. Peleus, qu. 137.

RANG.

1. Voyez Préséance.
Voyez le recueil du sieur du Tillet, où il est traité du Rang des Grands de France.

RANG DES ARCHEVESQUES.

2. Voyez le mot Archevêque, nomb. 19.

RANG DES AVOCATS.

3. Rang des Avocats entr'eux. Voyez le mot Avocats, nomb. 152. & suiv.

RANG DES CAPITOULS.

4. Voyez le mot Capitouls, nomb. 6. & suiv.

RANG DES CARDINAUX.

5. Rang & Séance des Cardinaux. Voyez le mot Cardinal, nomb. 27.

RANG, CHANOINES.

6. Restitutus in ordinem utrum eum ordinem teneat quem primum habuit, an verò quem nunc nactus est ? Quari potest si fortè de ordine sententiarum dicendarum agatur ? Arbitror tamen eundem ordinem tenere, quem pridem habuit. Mais cette disposition ne doit pas être consideré pour servir de décision ; car dans cette Loy il s'agit d'une restitution, laquelle se fait par la voye de la Justice, & ainsi il ne faut pas s'étonner si elle a un effet rétroactif : mais cela ne doit pas avoir lieu à l'égard des restitutions qui se font par pure grace, lesquelles ne peuvent valoir que du jour qu'elles sont obtenuës ; c'est l'opinion de plusieurs Docteurs que Du Moulin cite sur la Regle de Infirmis. n. 399.

7. Le resignant d'une Chanoinie & Prébende, retient sa Prébende, ensemble le même siege & rang entre ses Chanoines, si le resignataire décede avant la prise de possession. Filleau, part. 3. tit. 11. ch. 48.

8. Un Chanoine installé prend son rang devant le Chanoine qui n'a qu'une simple prise de possession reçûë par un Notaire, quoiqu'anterieure à l'installation. Jugé à Aix le 14. Decembre 1671. Journal du Palais.

9. Reglement pour le rang entre les Chanoines qui sont Diacres & Soûdiacres, du 20. Decembre 1683. De la Guess. tom. 4. liv. 6. ch. 21.

RANG, CONSEILLERS.

10. Un Conseiller du Parlement fait Evêque, & par cette plus éminente dignité ayant délaissé celle de Conseiller, s'il y est rappellé par le Prince, reprend le même rang qu'il avoit avant sa démission. Filleau, part. 3. tit. 11. chap. 77.

11. Jugé par Arrêt du Parlement de Bourdeaux en Juillet 1560. que le Conseiller d'un Siege Présidial pourvû d'un Office de Conseiller en une Cour de Parlement, retourné au même Présidial, retient le rang audit Siege qu'il y avoit, avant sa démission. Filleau, part. 3. tit. 11. chap. 77.

12. Déclaration portant Reglement pour la séance des Présidens & Conseillers de la Chambre des Requêtes du Parlement de Roüen. A saint Germain en Laye le 15. Avril 1680. Registrée le 3. Juin suivant.

RANG ENTRE ECCLESIASTIQUES ET OFFICIERS ROYAUX.

13. Des prérogatives, prééminences, rangs & séance d'entre personnes Ecclesiastiques, Magistrats, & autres Officiers Royaux, Consul, Maires & Echevins des Villes, & Officiers des Justices subalternes. Voyez Chenu, Office de France, tit. 40.

RANG, EGLISE CATHEDRALE.

14. Reglement pour les Eglises Cathedrales, & du rang que doivent tenir les Conseillers au Parlement, & Chanoines de Mets. il est du 24. Juillet 1682. De la Guess. to. 4. li. 5. chap. 23.

DU RANG DES EVESQUES.

15. Voyez le mot Evêque, nomb. 207. bis.

RANG DES PARLEMENS.

16. De l'ordre, rang & séance des Parlemens, & specialement du Parlement de Grenoble. M. Expilly, Arrêt 161.
Du rang & ordre des Officiers des Parlemens dans les ceremonies, entrées des Rois, honneurs funebres, & autres. Voyez la Rocheslavin, des Parlemens de France, liv. 12.

17. De ordine sedendi in curia, & de iis qui præter conscriptos in curiam admittuntur. V. Luc. l. 4. tit. 6. & 7.

18. Le Roy Henry IV. par Arrêt de son Conseil d'E-

RAP   RAP   259

tat du 23. Août 1608. donné pour le reglement de la Jurisdiction d'entre la Cour de Parlement, prononcé en la Chambre des Comptes, & Cour des Aydes, Pays de Provence ; entr'autres chefs, reglant leurs rangs & séances, ordonne que se trouvant en Corps de Processions, & autres assemblées publiques, que les Officiers de la Cour de Parlement marcheront à main droite, ceux de la Chambre des Comptes, & Cour des Aydes à main senestre, qui seront toutefois un peu plus bas que les Présidens de la Cour de Parlement. *Filleau, part. 3. tit.* 11. *chap.* 36.

RANG, PROCUREURS DU ROY.

19   Rang des Procureurs & Avocats Generaux, & des Procureurs & Avocats du Roy. *Voyez le mot* AVOCAT, *nomb.* 201.

RANG, REGENT, DOCTEUR.

20   Un Docteur Regent appellé par les Docteurs de Valence en l'Université de ladite Ville, doit avoir séance au septième rang des Docteurs numeraires. *M. Expilly, Arrêt* 74.

RANG, SERGENT MAJOR.

21   Contestation pour la préseance entre le Sergent Major & le Chevalier du Guet de la Ville de Lyon : hors de Cour. *Henrys, livre* 2. *chap.* 21. ne date point l'Arrêt.

RANG, TRESORIERS DE FRANCE.

22   Du rang & séance d'entre les Tresoriers Generaux de France, les Baillifs, Sénéchaux, leurs Lieutenans & Officiers des Sieges Présidiaux, Maires & Echevins. *Filleau, part.* 3. *tit.* 11. *chap.* 52.

23   Du rang & séance des Tresoriers Generaux de France, & Cour des Aydes, tant aux Audiences qu'en la Chambre du Conseil, où ils ne pourront être que deux ; ensemble du rang d'entre les Présidens des Bureaux, & les Tresoriers Generaux. *Filleau, ibidem, chap.* 78.

RAPPEL.

Pour suivre l'ordre alphabetique il faut commencer par le rappel de ban, & ensuite aller à ce qui concerne le rappel à la communauté & aux successions.

RAPPEL DE BAN.

1   Le rappel de ban est appellé *Remeatus. De sententiam passis & restitutis. D.* 48. 23... *C.* 9. 51. *ult*... *C. Th.* 9. 43. Des Lettres de rappel de ban ou de galeres, selon nôtre usage.

2   *De Exbannitis. Per* Barto. *de Saxoferrato.*

3   Du rappel de ban. *Voyez le mot* BANNISSEMENT, *nomb.* 42. *& suiv. &* les Ordonnances recueillies par *Fontanon,* 10. 1. *liv.* 3. *tit.* 77.

4   Des condamnez aux galeres, déchargez par Lettres de rappel. *Voyez le mot* GALERES, *nomb.* 14. *& suiv.*

5   Rappel de ban ou de galeres ne se peut rapporter qu'à l'honneur, renommée, & biens non confisquez du rappellé, principalement aprés que le droit est acquis à un tiers par arrêts & choses jugées. *Mainard, liv.* 5. *chap.* 80.

RAPPEL A LA COMMUNAUTE'.

5 bis   Convention faite pendant le mariage pour rappeller la femme à la communauté, ne vaut. *Voyez le mot* COMMUNAUTÉ, *nomb.* 19.

6   *Voyez le neuviéme plaidoyé de M. Gaultier, tome* 2. sur le rappel fait à la communauté d'une femme mariée en pays de Droit écrit. Arrêt du 28. Mars 1640. qui juge n'y avoir lieu.

RAPPEL, CONSENTEMENT.

7   Ceux qui ont une fois consenti à une représentation ou rappel n'en peuvent resilir ni s'en départir, excepté celuy de la succession duquel il s'agit. *Chopin, Coûtume de Paris, liv.* 2. *tit.* 4. *n.* 8.

8   Si l'heritier *cuius interest* consent, l'oncle peut du consentement de son frere ou sœur appeller ses neveux à sa succession avec eux, & faire qu'ils succedent également. Arrêt du 7. Septembre 1564. pat lequel une tante a été déboutée des Lettres de rescision par elle

Tome III.

prises contre le testament de son frere, parce qu'il rappelloit ses neveux & qu'elle avoit souscrit. *Papon, liv.* 21. *tit* 1. *n.* 13.

DISPOSITIONS DES COUSTUMES.

En la Coûtume de *Beauvais* les neveux rappellez 9 par le testament de leur oncle, sont fondez à demander pareille part & portion en sa succession que leur défunte mere eût pû faire, & que tel rappel n'est point un legs reductible en cette Coûtume. Prononcé en Robes rouges le Mardy 23. Decembre 1614. *M. Bouguier lettre S. nomb.* 13.

Jugé en la Coûtume de *Blois* le 18. Février 1634. que 10 le rappel d'arriere-neveux, fait non par un testament, mais par un acte ou déclaration passée pardevant deux Notaires, ne pouvoit valoir que par forme de legs. *Soëfve, tome* 2. *Cent.* 2. *chap.* 13.

Par la Coûtume de *Bourgogne* tant qu'il y a hoirs 11 mâles, la fille dotée est exclue de sa succession, & ne peut être rappellée pour succeder avec les mâles à titre d'heritiere : mais les pere & mere lui peuvent leguer & donner, *sed non per modum quota*, & celuy qui est rappellé par testament, ne peut intenter complainte, parce qu'il n'est saisi par la Coûtume ; tel rappel sans le consentement des pere & mere, & iceux vivans fait par ceux qui sont rappellez, feroit nul, comme fait *super hæreditate vivenis*, suivant la *L. fin. C. de pact*. Jugé par Arrêt, autrement le rappel fait des petits fils és Coûtumes où la représentation n'a lieu, a tel effet que la représentation excepté és Coûtumes où ceux qui sont en pareil degré sont appellez pour les fiefs. *Bouvot, tome* 2. verbo *Dot, quest.* 9.

Un pere noble en *Bretagne* marie sa fille à moindre 12 part que sa legitime, le surplus appartient à l'aîné ; on demande si au préjudice de ce droit acquis à l'aîné, le pere peut rappeller la fille à sa succession ? *Hevin sur Frain, page* 875. semble tenir la négative.

Dans la Coûtume de *Meaux* qui n'admet point la 13 représentation en collaterale, un testateur ayant des sœurs & des neveux, peut rappeller tous les neveux, & leguer à un d'eux à condition de renoncer au profit des autres, sans que les sœurs du testateur puissent profiter de cette renonciation. Jugé le dernier May 1639. *Bardet, to.* 2. *liv.* 8. *ch.* 22.

En la même Coûtume de *Meaux* le rappel *intrà ter-* 14 *minos juris*, vaut pour rapporter la succession. Arrêt du 9. Juin 1687. *Journal du Palais.*

Du rappel à la succession en ligne collaterale en la Coûtume de *Montargis. Voyez le Vest, Arr.* 224.

C'est une maxime certaine en *Normandie* que les 15 freres peuvent rappeller leurs sœurs à partage, sinon que les promesses de mariage faites aux sœurs par le pere ont été entierement payées en meubles ou argent ; de sorte que quand il en est encore dû partie, les freres peuvent se dispenser d'en faire le payement en rappellant leurs sœurs à partage, & leur faisant rapporter ce qu'elles ont eu pour le faire rentrer dans la composition de leurs partages : mais la question se presenta au Parlement de Roüen le 2. Juillet 1680. de sçavoir si une sœur rappellée à partage étoit obligée de rapporter ce qui avoit été stipulé pour don mobil du mari par son traité de mariage. Le Bailly de Roüen y avoit condamné la sœur des nommez Poissons Chapelliers à Roüen, dont appel à la Cour. La Sentence fut confirmée. *Voyez le Recüeil des Arrêts notables du Parlement de Normandie, page* 116. étant ensuite *de l'esprit de la même Coûtume.*

Le rappel fait à l'égard d'un des enfans, doit être 16 reputé fait au regard de tous les autres, és Coûtumes où la représentation n'a point de lieu : ainsi jugé dans la Coûtume de *Ponthieu* le 27. Janvier 1648. La raison donnée par M. Talon Avocat General, est que quand un pere ou une mere veulent déroger au droit public, & à la loy établie par la Coûtume pour

K k ij

un interet domestique & particulier, ils ne le peuvent pas faire en faveur de leurs enfans au préjudice des autres. Soëfve, tom. 1. Cent. 2. ch. 58.

17. Le rappel jugé valable en la Coûtume de Senlis, encore qu'il n'y ait representation en ligne collaterale. Prononcé à Noël 1614. Montholon, Arr. 125. Voyez M. Bouguier, lettre S. nomb. 13. où il rapporte l'Arrêt plus au long que Montholon.

18. Dans la Coûtume de Senlis, le rappel fait par un oncle de ses neveux, issus d'un frere & d'une sœur, les fait succeder également avec leur tante sœur du défunt, même à l'égard des fiefs, & sans exclusion de part ni d'autre. Jugé le 12. Février 1635. Bardet, tom. 2. liv. 4. ch. 3. & Du Frêne, liv. 3. ch. 10.

19. Le rappel fait par un oncle de ses nièces, & de leurs enfans à sa succession future, & ce par contrat de mariage, a effet de representation. Jugé en la Coûtume de Senlis par Arrêt du six Mars 1660. Soëfve, tome 2. Cent. 2. ch. 13.

20. Le rappel des parens plus éloignez, ne pouvant valoir que par forme de legs, le legs doit être entendu de tous les meubles & acquêts, & de la part des propres, dont on peut disposer par la Coûtume. Ainsi jugé par Arrêt du 22. Janvier 1665. dans la Coûtume du Vitry. Idem, to. 2. Cent. 3. ch. 44.

RAPPEL DE NEVEUX.

21. Arrêt solemnel du Parlement de Paris en Septembre 1564. par lequel il a été jugé que les neveux rappellez par le Testament de leur oncle, succederoient avec leur tante, laquelle avoit signé le Testament. Papon, liv. 21. tit. 1. n. 20.

22. Rappel des neveux à la succession par contrat de mariage, encore que ceux *de quorum interess. agitur, non sint vocati*, est bon. Arrêt du 4. Mars 1567. Le Vest, Arr. 90. Voyez Brodeau sur M. Loüet letr. R. somm. 9.

23. Un Testateur ne peut rappeller les enfans de son frere décedé, pour succeder avec ses freres où Coûtumes, où il n'y a point de representation en ligne collaterale. Arrêt à Pâques 1567. Peleus, quest. 29. Voyez Charondas, liv. 11. Rép. 50. où vous trouverez le même Arrêt.

24. Un Testateur peut rappeller par son testament les filles de son frere décedé ; du moins ordonner qu'elles ayent en sa succession telle part & portion que leur pere, s'il eût vécu lors de son décés, & en cas d'empêchement, laisser & leguer à ses nièces telle part, suivant l'Arrêt du 11. Avril 1571. de la succession de Jacques Guillemet, au profit des enfans de Thomas Bailly, confirmatif de la Sentence donnée à Troyes le 19. Février 1570. Voyez la Bibliotheque de Bouchel, verbo Rappel.

25. Par Arrêt donné au profit de M. le Président de Thou, & prononcé en Robes rouges en Septembre 1604. le rappel fait par l'oncle de ses neveux à sa succession, a été déclaré bon & valable : il fut dit que les neveux auroient en lot autant qu'eux & leur pere. Idem, verbo Rappel.

26. Un grand oncle ordonne que sa nièce, & les enfans issus du premier & second lit d'icelle, succederont également & directement à luy ; même il fait depuis un prélegs au posthume, dont sa nièce étoit enceinte du troisiéme lit : on demande si les autres enfans procreez de ce troisiéme mariage, depuis la mort de leur grand oncle, seront appellez à sa succession, aussi-bien que les autres conçus & nez du vivant du grand oncle. Arrêt du Parlement de Paris du 23. May 1609. qui juge l'affirmative. On interpreta ces mots, *enfans nez & à naître jusqu'à son trépas*, non du sien propre, mais de celuy de sa nièce, *quo desinerit parere*. Voyez les Reliefs Forenses de Rouillard, chap. 45.

27. Un Testateur declare qu'il a pour heritiers un sien frere, les enfans & heritiers d'un autre frere predecedé, & les enfans & heritiers de deux autres sœurs predecedés. Jugé que cette disposition avoit force de rappel à l'égard de ses neveux & petits-neveux, *ex præsumptâ mente testatoris*. Arrêt du 9. Avril 1666. Soëfve, tom. 2. Cent. 3. ch. 74.

RAPPEL, RENONCIATION.

28. La fille qui a renoncé, peut être rappellée par son pere, non comme heritiere, mais comme legataire, suivant ce qu'il peut leguer par la Coûtume. Arrêts des 24. Mars 1567. & 22. May 1574. Davantage, le rappel contractuel d'un frere vers sa sœur à la succession en faveur de mariage, a lieu au préjudice de la Coûtume, même à l'égard de ses enfans. Arrêt general du 25. Mars 1567. Papon, livre 21. titre 1. nomb. 29.

29. Par Arrêt prononcé en Robes rouges le 22. May 1574. entre Messire Claude de Dion & consors d'une part ; & Dame Marguerite de Rix, & consors, d'autre part, jugé que les filles qui ont renoncé à la succession de pere & mere par contrat de mariage, peuvent être legataires à leur pere, & rappellées par le testament paternel. Le Vest, Arr. 134.

30. Le pere qui fait par son testament quelque legs par forme de supplément à la fille qui a renoncé, ne la rappelle pas à sa succession, ou à la demande du droit de legitime. Voyez Henrys, tom. 1. livre 4. chap. 5. quest. 11.

31. Le pere donnant pouvoir à la mere d'augmenter la constitution des filles qui ont renoncé, les legs que la mere leur fait, doivent être augmentez jusqu'à la valeur de leurs legitimes. Arrêt du 14. Juillet 1631. Henrys, ibid. qu. 12.

RAPPEL, REVOCATION.

32. *Patruus qui fratris filium ad successionem suam admitti voluerat, pœnitere & voluntatem suam revocare potest.* Arrêt du 27. May 1582. Anne Robert, rerum judicat. liv. 3. ch. 16.

33. Le rappel fait par testament est revocable ; *Secùs*, par contrat de mariage : si par testament, ou il est fait à ceux qui representent & sont heritiers présomptifs, en ce cas ils prennent leur part & portion dans la succession, ou bien à ceux qui sont *extra terminos juris* ; en ce cas le rappel vaut *per modum legati*, & est reductible. Arrêt du 22. Janvier 1665. Voyez Henrys, tom. 2. liv. 4. & M. Loüet, lett. R som. 9.

34. Si le rappel des heritiers, qui sont *extra terminos repræsentationis*, ayant été fait par un testament signé du Testateur & de deux Notaires, peut être valablement revoqué par un Acte signé du même Testateur ; & du Notaire seul qui a reçu le testament ? Arrêt du 15. Mars 1667. qui appointe les parties au Conseil. La Sentence, sans avoir égard à la revocation, avoit ordonné l'execution du testament. Soëfve, tom. 2. Cent. 3. ch. 93.

RAPPEL, SUCCESSION.

35. Des rappels, soit dans le cas de l'exclusion coûtumiere des filles dotées, soit dans le cas de leur renonciation ; du rappel qui repare le défaut de representation ; du rappel qui vient après l'exheredation. Voyez M. le Brun, traité des Successions, liv. 3. ch. 10. Voyez le traité des Propres, ch. 2. sect. 8. & M. Ricard, traité des Donations entre-vifs, 1. part. chap. 4. sect. 2. distinct. 3. nomb. 1070. Henrys, to. 2. liv. 4. quest. 7. Bacquet, des Droits de Justice, ch. 21. n. 72. & M. Loüet, let. M. somm. 4.

36. Le rappel aux successions est soûtenu par droit de legs, si directement il ne peut valoir. Chopin, Coûtume de Paris, liv. 2. tit. 4. n. 8.

37. Si la fille dotée & appanée sans reservation, peut être rappellée par ses pere & mere à succession ? Voyez Coquille, tom. 2. quest. 119.

38. On ne peut faire rappel à succession au profit de ceux qui en sont exclus, que jusqu'à la concurrence de ce dont on peut disposer par testament, & en ce cas le testateur peut ajoûter cette clause, que, *ou ses heritiers voudroient recevoir ses legataires à representer*

RAP RAP 261

leurs pere & mere prédecedez, en ce cas le legs demeureroit nul, & sans effet. Brodeau sur M. Loüet, *lett. P. somm.* 24. *nomb.* 13. *fine.*

39. Le 30. Juillet 1528. en une cause qui fut appointée au Conseil, entre Gilles de Laval, Baron & Sieur de la Haye, & de Maille & sa femme demandeurs, & Dame Loüise de Bourbon, Dame de la Roche-sur-Yon, & autres défendeurs, M. Poyet plaidant pour les demandeurs, allegua que *si statuto aut consuetudine filia à successione patris exclusa esset*, il n'est en la faculté du pere de la rappeller à la succession : *aliud si à patre simpliciter, non autem à statuto aut consuetudine exclusa essset*. Telle est l'opinion de Balde en la Bibliotheque de Bouchel, *verbo* Rappel.

40. Par Arrêt de la prononciation de Noël 1614. rapporté par *Montholon*, Arr. 126. rendu en la Coûtume de *Senlis*, le rappel a été jugé valable, encore que par ladite Coûtume, la representation en ligne collaterale n'eût point lieu. Tronçon, *sur la Coûtume de Paris*, art. 320. rapporte le même Arrêt.

41. Le rappel ayant été fait, & la representation accordée par convention entre deux freres, sans que celuy, *de cujus successione agebatur*, y eût prêté son consentement, étoit valable ; & la cause appointée le 29. Décembre 1556. & depuis une semblable a été declarée nulle par Arrêt du premier Juillet 1620. *Brodeau, sur* M. Loüet, *lettre R. somm.* 9. *nomb.* 12. *fine.* où il estime qu'une convention de rappel seroit valable, quoique faite sans le consentement de celuy de la succession duquel il s'agit, lors qu'il est en démence.

42. Le rappel par contrat de mariage en succession collaterale, opere que la succession se partage par souches, & non par têtes. Arrêt du 6. Mars 1660. *De la Guessiere, tom.* 2. *liv.* 3. *ch.* 9.

43. Le rachat d'une succession étant faite *intrà terminos juris*, c'est une veritable succession qui rend les biens propres au rappellé. Arrêt du Parlement de Paris du 9. Juin 1687. *Journal du Palais, in fol. to.* 2. *pag.* 665.

RAPPORT.

1. Rapport qui se fait en Justice, ou rapport qui se fait aux successions.

RAPPORT DE CHIRURGIENS.
Des rapports des Medecins & Chirurgiens. *Voyez l'Ordonnance de* 1670. *tit.* 5.

RAPPORT D'ECRIVAINS.
2. *Voyez* le mot *Ecriture, nomb.* 9. *& suiv. &* le mot *Faux, n.* 104. *& suiv.*

RAPPORT D'EXPERTS.
3. *Voyez* le mot *Experts, nomb.* 12. *& suiv. &* le mot *Estimation.*

Si les Prud'hommes accordez pour visiter un moulin, rapportent que tout est en bonne raparation ; si l'on peut alleguer faits au contraire de ce rapport, & requerir nouvelle visite par autres Experts ? *V.* Bouvot, *tome* 1. *part.* 2. *verbo Rapports de Prud'hommes.*

4. Des rapports qui se font par Experts. *V.* Coquille, *tome* 2. *qu.* 300.

5. Défenses de recevoir rapport d'Artisans, & autres pareils en quelque art que ce soit, s'ils ne sont Jurez, en la presence des parties, autrement ne rendent raison de leur dire. Arrêt du Parlement de Bretagne du 22. Août 1555. *Du Fail, liv.* 1. *ch.* 46.

6. Des descentes sur les lieux, taxes des Officiers qui iront en commission, nomination & rapports d'Experts. *Voyez l'Ordonnance de* 1667. *tit.* 21.

RAPPORT D'HUISSIERS.
7. *Voyez* le mot *Huissiers, n.* 28.
8. Quand un Huissier rapporte qu'il a été injurié & maltraité, son rapport fait foy, & cela fondé sur le serment que tels Officiers font lors de leur reception, de ne faire que de veritables rapports. Arrêt du Parl. de Grenoble du 2. Juillet 1630. portant ajournement personnel contre celuy qui avoit maltraité l'Huissier. Cependant son rapport n'étoit attesté que de deux témoins, l'un desquels avoit signé, & l'autre avoit déclaré qu'il ne sçavoit écrire. Il y a aussi des cas où des rapports sans témoins font foy, comme sont ceux des Gardes de la Gabelle, & ceux des Champiers, c'est-à-dire, Garde-Bois du Dauphiné. Arrêt du Parlement de Grenoble du 17. Juin 1674. *Chorier en sa Jurisprudence de Guy Pape, pag.* 111.

RAPPORT EN SUCCESSION.
Rapport de biens. *Bonorum collatio.*

9. Les enfans émancipez qui demandent part en la succession paternelle, doivent rapporter ce qu'ils ont reçû.
De collatione bonorum. D. 37. 6... Paul. 5. 8. §. 4.
De collationibus. C. 6. 20.
De collatione dotis. D. 37. 7... N. 97. c. 6.
Undè liberi. C. Th. 4. 2. Ce titre parle du rapport de biens, quand la fille dotée revient à la succession paternelle.

10. De la nature du rapport de biens ; celuy qui doit rapporter recouvre les dépenses faites pour les biens sujets au rapport ; des personnes obligées au rapport & à qui il doit être fait ; de ce qui est sujet au rapport, & de ce qui n'y est pas sujet. *Voyez le* 3. tome *des Loix Civiles, liv.* 2. *tit.* 4.

11. Des rapports. *Voyez* le mot *Avantage, nomb.* 54. 55. 60. 62. M. le Brun, *en son Traité des Successions, liv.* 3. *ch.* 6. Bouvot, *tome* 2. p. 120. Henrys, *tome* 2. *lib.* 6. *qu.* 1. *& les Arrêtés faits chez* M. *le Premier Président de Lamoignon*, recueïllis dans le Commentaire de M. Barthelemy Auzanet, *sur la Coût. de Paris.*

12. Le rapport est *collatio rei propria illatio in commune sive medium ut communi hæreditati permixta æqualiter inter omnes cohæredes dividatur.* Le rapport n'a été introduit qu'entre les enfans, & par l'ancienne Jurisprudence, il étoit seulement ordonné entre les enfans émancipez & les heritiers siens. Par la disposition du Droit nouveau tous les enfans rapportent les uns aux autres, soit qu'ils succedent en vertu de testament de leur pere ou *ab intestat*, à moins que le pere n'eût déclaré expressément qu'il ne vouloit pas que le rapport se fît.

13. Le rapport est fondé sur l'avantage de celuy qui reçoit le bienfait, & sur la diminution de la masse commune.

14. Si pere ou mere vend à l'un de ses enfans un heritage, aprés son décés les autres coheritiers de l'acheteur, le peuvent contraindre de le rapporter & remettre en la masse hereditaire, en le remboursant de ce qu'il aura déboursé. *Vide.* L. *Testator* §. *quatuor. de legat.* 2. J'ay appris de M. Mathieu de Fontenay, ancien & trés-docte Avocat, dit *Bouchel, en sa Bibliotheque*, verbo *Rapport*, qu'il y en a eu Arrêt en 1643. luy & M. Riant plaidans, l'une des parties étoit M. Pied-de-feu, Avocat & Conseiller au Châtelet.

15. *Ea qua filius capit ab avo, vel aviâ, donatione inter vivos patre stipulante pro filio, non conferuntur à filio in successione ab intestato patris.* Arrêt du 13. Septembre 1572. *pro quo placito facit* L. *jubemus* C. *ad Trebell. maximè si dotem integram matris habeat fulgos. in* L. *illam.* C. *de collat. & hæredes matris sint.* Anchar. Consil. 305. *&* 365. La Rocheflavin, *livre* 6. *titre* 59. Arrêt 2.

RAPPORT, ALIMENS.
16. Les nourritures fournies par une ayeule à sa petite fille pendant plusieurs années dans sa maison, ne sont point sujettes à rapport par sa mere venant à sa succession. *Soefve, to.* 1. *Cent.* 3. *ch.* 6. rapporte l'Arrêt rendu le 10. Août 1649.
Voyez les mots, *Alimens, Nourritures.*

RAPPORT, COLLATERAUX.
17. Les heritiers collateraux tenus & réputez pour étrangers, & entr'eux cesse le rapport qui est introK k iij

18. duit pour conserver l'égalité entre les enfans & non entre les collateraux. *Brodeau sur M. Loüet, lett. D. Somm.* 17. *n.* 10.

On peut être donataire entre-vifs & heritier. Un oncle donne à sa niéce en la mariant une somme de 40000. liv. *avec la condition de rapport, en cas qu'elle, ses enfans ou son pere vinssent à la succession de luy donateur*; la niéce renonce à la succession de son oncle; le frere de la niéce heritier de l'oncle par le prédécez de son pere condamné à rapporter. Arrêt du 23. May 1688. *Journal du Palais.* Cette condition de rapport est attachée au degré, & non aux personnes dénommées dans la condition de rapport.

RAPPORT, COMMUNAUTÉ.

19. Des rapports qui se font à la Communauté continuée. *Voyez le Brun, en son Traité de la Communauté, liv.* 3. *ch.* 3. *Sect.* 6.

RAPPORT, COUSTUME D'AMIENS.

20. En la Coûtume d'Amiens les petits enfans ayant renoncé à l'heredité de leur pere & mere, venans à la succession de leur ayeul, par réprésentation avec leurs oncles, sont tenus de rapporter non seulement les dons & avantages faits à leur pere & mere, mais aussi les sommes de deniers qui leur ont été prêtées par leur ayeul, pour être mis en partage. Arrêt du 14. Janvier 1617. *M. Bouguier, lett. R. nomb.* 19.

RAPPORT, COUSTUME D'ANJOU.

21. En Anjou femme noble à qui on baille en mariage des meubles, ne peut être contrainte par ses coheritiers de les rapporter. *Chopin, Coût. de Paris, liv.* 1. *tit.* 1. *n.* 5. Voyez *Peleus*, qu. 74. & qu. 160.

22. A Tours, Anjou, le Maine, les filles mariées ne peuvent se tenir à leur don, elles sont tenuës de rapporter. Arrêt du 26. Juin 1607. *Mornac, L.* 35. *ff. familia ercisundae.*

23. En succession collaterale d'un grand-oncle, le petit fils réprésentant son ayeule sœur dudit grand oncle défunt, il a été jugé qu'il rapporteroit à sa succession les dettes payées par ledit grand oncle à l'acquit de sa sœur ayeule, du petit fils ; encore que le pere dudit petit fils eût renoncé à la succession de sadite ayeule, par la réprésentation de laquelle il venoit à la succession du grand oncle. Jugé le 28. Février 1625. *M. le Prêtre, és Arrêts de la cinquiéme.*

24. Jugé par Arrêt du 14. Mars 1662. en la Coûtume d'Anjou, que le prix de l'Office de Lieutenant General de la Fléche valant soixante mille liv. donné par le pere à l'un de ses enfans, ne doit en cas de renonciation à sa succession être rapporté que pour ses creanciers du pere. *Notables Arrêts des Audiences, Arrêt* 74. & *Soëfve, tome* 2. *Cent.* 2. *ch.* 61. Le rapport n'a lieu qu'en faveur des coheritiers.

RAPPORT, COUSTUME DE BRETAGNE.

25. Dans la Coûtume de *Bretagne*, entre gens roturiers & du bas état, l'un ne peut être avancé plus que l'autre, soit en meubles ou heritages és successions de pere & mere communs ; ainsi jugé le 9. Septembre 1566. Il y a eu rapport. *Du Fail, liv.* 1. *ch.* 229. où il est observé par *M. Sauvageau*, que le rapport se fait pareillement aux creanciers acceptans beneficiairement ou renonçans, suivant l'article 574. de la Coûtume & les Arrêts donnez sur ce sujet.

RAPPORT, COUSTUME DU MAINE.

26. Dans le Maine femme noble à qui on a baillé en mariage des meubles, ne peut être contrainte par ses coheritiers de les rapporter. *Chopin, Coût. de Paris, livre* 1. *titre* 1. *nombre* 5. Voyez *Peleus*, *quest.* 74. & *quest.* 160.

27. Enfant donataire du pere d'une somme de deniers qui renonce à sa succession dans la Coûtume du Maine, n'est tenu au rapport envers les creanciers anterieurs à sa donation. Voyez *Bardet, tome* 1. *livre* 1. *ch.* 43. où après avoir rapporté plusieurs Arrêts, il dit que si la donation est d'un immeuble, le creancier anterieur n'a que l'action hypotequaire, & ne peut demander le rapport ; la donation n'étant que de chose mobiliaire, le creancier anterieur n'a aucune action, parce que les meubles n'ont suite par hypoteque.

28. Jugé le premier Juillet 1653. en la Coûtume du Maine, que les fruits ou interêts de ce qui a été donné par les pere & mere à leurs enfans en avancement de droit successif ou autrement, sont sujets à rapport par les enfans avec le principal, du jour du décez de leurs pere & mere ; quoique par le contrat de mariage portant la donation, il soit convenu que le survivant des pere & mere joüira des meubles & conquets du prédécedé sa vie durant, pourvû qu'il ne se remarie. *Soëfve, tome* 1. *Cent.* 4. *ch.* 45.

29. En la Coûtume du Maine une femme conjointement avec son mary, s'oblige à la dot de leurs enfans ; le mari la paye pendant leur communauté ; le mari décede, la femme renonce à la communauté ; elle est obligée de rapporter de son bien au profit des creanciers de son mari la moitié de la dot à laquelle elle s'étoit obligée. Jugé le 21. Février 1660. *Notables Arrêts des Aud. Arr.* 40.

30. Jugé par Arrêt du 5. Septembre 1663. que les enfans en la Coûtume du Maine, ne sont pas obligez de rapporter au profit des creanciers anterieurs à la donation qui leur a été faite par leur pere. *Soëfve, to.* 2. *Cent.* 2. *chap.* 95.

RAPPORT EN NORMANDIE.

31. Par Arrêt du 2. Juin 1525. il a été jugé qu'un pere ne pouvoit par son testament avantager en meubles une de ses filles plus que l'autre, c'est-à-dire, avenant à la succession ; car quand il y a des mâles, & que le pere a marié des filles, une de ses filles se peut tenir à ce qui lui a été donné, sans être tenuë de rapporter, n'étant point heritiere. *Berault, sur l'art.* 434.

31 bis. Par Arrêt du Parlement de Normandie du dernier Janvier 1602. rapporté par *Berault, sur la Coûtume de Normandie, art.* 359. jugé que la fille succedant avec ses sœurs à son frere qui a été heritier de son pere, devoit rapporter ce qu'elle avoit eu en mariage, à cause de l'avantage indirect.

32. Par Arrêt d'Audience de la Chambre de l'Edit du 29. Novembre 1606. rapporté par *Berault, Ibidem*, jugé que la fille du premier mariage heritiere de son frere, ayant eu les biens de son pere par démission, en devoit faire part à ses autres sœurs venuës du second mariage de leur pere.

32 bis. Par Arrêt du douziéme May 1628. il a été jugé que la fille reservée à partage heredital, étoit obligée de rapporter à la succession le don mobiliaire qui lui avoit été fait, rapporté par *Terrien, liv.* 6. *ch.* 5. in verbo *des Filles.* Le même avoit été auparavant jugé le 15. Janvier 1617. *Ibidem.*

33. L'avancement d'heredité fait aux filles est sujet à rapport. Arrêt du Parlement de Normandie du 9. Juin 1682. le contraire avoit été jugé dans une affaire semblable. Voyez *Basnage, sur l'article* 260. *de cette Coûtume.*

34. Cette question, si les sœurs mariées par le pere, & revenans à succeder à leur frere avec leurs autres sœurs qui n'ont point été mariées, étoient tenuës de rapporter ou moins prendre, a été long-temps problematique au Palais. Les Arrêts qui l'ont décidée, y ont fait cette distinction, que quand après la mort du pere & du frere, il reste des sœurs à marier, les sœurs mariées venans à la succession du frere étoient obligées de rapporter, ou bien les sœurs non mariées pouvoient lever une pareille somme, parce que leur mariage leur étoit dû sur la succession du pere, c'est proprement la succession du pere qui est à partager ; mais quand elles ont toutes été mariées par le pere & le frere, & qu'il n'est rien dû de leurs mariages, il n'y a plus lieu au rapport, parce que c'est la succession du frere qu'il faut partager. Cela a été jugé par les Arrêts rapportez par *Berault* ; & depuis le 25. Juin 1663.

l'article 68. du Reglement de 1666. y est formel. Autre Arrêt du 4. Juillet 1670. Présentement on ne doute plus de cette maxime, & l'on ne doute plus aussi que la sœur soit reservée à partage, ou que le frere demande la réduction de ce qui lui est promis en mariage, ne soit obligée de rapporter la somme donnée pour don mobil à son mari. Jugé par Arrêts des 8. Février 1667. & 2. Juillet 1680. On a voulu étendre cette regle au delà des sœurs ; mais par Arrêt du Parlement de Roüen du premier Août 1656. il a été jugé que les sœurs mariées venans à la succession de leurs neveux avec leurs sœurs non mariées, ne sont tenuës de rapporter. Basnage, sur l'art. 359. de la Coût. de Normandie.

35 Les freres prenant la part des sœurs, ne sont tenus de rapporter que ce qui leur appartenoit. Ainsi jugé au Parlement de Roüen. V. Berault, & Basnage, sur la Coût. de Normandie, art. 361.

36 Entre coheritiers les enfans & petits enfans sont tenus de rapporter. C'est en Normandie un usage fort ancien. Arrêts des 8. Février 1526. & 13. Mars 1622. C'est aussi la disposition de l'article 88. du Reglement de 1666. qui n'oblige pas seulement les petits enfans à rapporter ce qui a été donné à leur pere, mais aussi ce qui a été payé pour lui. Arrêt du 16. Mars 1658. Il n'en est pas de même, lors que le rapport est demandé aux petits enfans par les creanciers ; alors ils en sont dispensez, comme il a été jugé. Les petits enfans de Nicolas Miré venant avec leur oncle à la succession de leur ayeul comme représentant leur pere, à la succession duquel ils avoient renoncé, demanderent leur part au tiers coûtumier. Les creanciers, suivant l'article 401. de la Coûtume de Normandie, soûtenurent qu'ils devoient rapporter les 3000. l. que leur pere avoit eus. Par Arrêt du Parl. de Roüen du 10. Septembre 1642. ils furent déchargez. Non seulement les petits enfans renonçans à la succession de leur pere & succedant à leur ayeul, sont déchargez de la liberté de meubles ; mais les enfans mêmes succedant à leur pere qui leur avoit donné, n'y sont pas sujets, comme il fut tenu pour maxime certaine lors de l'Arrêt de Miré & encore le 9. Janvier 1660. pour M. le Duc de Longueville. Basnage, sur l'art. 401. de la Coût. de Normandie.

37 Si les portions des sœurs mariées, ou de ceux qui se tiennent à leurs dons pour ne rapporter point, doivent ceder au profit des creanciers ou des demandeurs en tiers coûtumier ? Il faut faire distinction entre les immeubles & les meubles. Si quelques-uns des enfans fils ou filles ont été avancez par le pere ou mere de quelques immeubles, s'ils ne veulent point rapporter, en ce cas leur portion n'accroît point aux demandeurs en tiers coûtumier ; mais elle est distraite du tiers pour tourner au profit des creanciers ; s'ils n'ont eu que des meubles, comme ils ne sont point sujets à rapport à l'égard des creanciers, ils ne diminuent point le tiers coûtumier, mais la part de celui qui n'y veut rien prendre, accroît aux autres enfans. Cette distinction est appuyée sur des Arrêts rendus au Parlement de Roüen les 14. Avril 1644. 8. Janvier 1655. 13. Février 1661. Depuis cet Arrêt, on avoit tenu au Palais que les sœurs mariées qui se tenoient à leurs avancemens pour ne rapporter point ce qui leur avoit été donné, faisoient part au profit des creanciers ; mais on a donné atteinte à cette maxime par autre Arrêt du 14. Février 1676. Et par Arrêt rendu le 29. Avril 1684. il a été jugé que la part de la fille mariée qui renonçoit à la succession de son pere, & qui ne vouloit prendre part au tiers coûtumier, pour ne point rapporter ce qui lui avoit été donné, accroissoit aux creanciers, & non aux autres filles qui demandoient le tiers en integrité. L'opinion la plus commune & la plus suivie au Palais, est qu'à l'égard des creanciers les meubles donnez par le pere aux enfans, ne sont point sujets à rapport, & que tant s'en faut que la part de ceux qui s'abstiennent, tourne au profit des creanciers, que ceux mêmes qui prennent le tiers coûtumier ne sont point obligez de rapporter les meubles qui leur ont été donnez, & que le tiers entier leur appartient sans aucune diminution. Voyez Basnage, sur la Coûtume de Normandie, art. 401.

38 Quoique les meubles donnez aux enfans ne se rapportent point au cas de diminuer le tiers coûtumier, il a été jugé au Parlement de Normandie le 21. Août 1681. qu'une fille feroit diminution sur la part qui luy avoit été ajugée au tiers coûtumier de 600. livres que le pere avoit donnez pour don mobil à son mari ; la raison fut que les enfans ne peuvent avoir leur tiers coûtumier qu'en rapportant les dons & avantages qui leur ont été faits ; or le don mobil constitué en faveur du gendre est un avantage pour la fille, qui par ce moyen trouve un parti plus avantageux. Basnage, Ibidem.

39 L'article 434. de la Coûtume de Normandie porte, le pere & la mere ne peuvent avantager l'un de leurs enfans plus que l'autre, soit de meubles ou d'heritages ; parce que toutes donations faites par le pere ou mere à leurs enfans, sont réputées avancement d'hoirie, reservé le tiers de Caux. Bien que cet article ne parle que du rapport qui doit se faire par les enfans à la succession de leurs pere & mere, neanmoins ce rapport est aussi necessaire entre les autres heritiers. Ainsi jugé par Arrêt du Parlement de Roüen du 7. Août 1681. Basnage, sur cet art. 434.

40 En Normandie les joüissances d'heritages, de pensions, ou de nourritures, ne sont sujettes à rapport : Basnage, sur la Coûtume de Normandie, art. 434. où il ajoûte, ce qui peut avoir causé la difference de nôtre usage d'avec celuy de Paris, est qu'à Paris l'heritier avancé se peut tenir à son don ; s'il ne veut pas s'y tenir, il est raisonnable qu'il rapporte sans distinction toutes les choses dont il a profité ; mais en Normandie où le rapport est forcé, & où les enfans n'ont pas la liberté de choisir, il seroit dur qu'un fils venant à la succession de son pere, trouvât la portion hereditaire consumée par les nourritures que son pere étoit obligé par toutes sortes de raisons de luy fournir. Cette Jurisprudence est établie depuis long-temps en cette Province. V. Ibidem, où il rapporte des Arrêts du Parlement de Roüen des 17. Mars 1622. 18. Juin 1623. & 9. Mars 1638.

41 Les dettes payées par pere ou mere pour l'un de leurs enfans, se doivent rapporter. Arrêt du Parlement de Roüen du 14. May 1658. Basnage, Ibid.

42 Le rapport se fait entre coheritiers & en leur faveur seulement ; mais cette action pour rapporter n'appartient pas aux creanciers, comme il fut décidé au Parlement de Roüen le 9. Janvier 1660. en la Cause de Martin ; & M. le Duc de Longueville. On jugea que la femme de Martin renonçant à la succession de son pere, & ne prenant que du tiers, n'étoit point obligée de rapporter les meubles donnez à elle & à son mari pour don mobil. Basnage, sur la Coût. de Normandie, art. 434.

43 Dans les lieux où la communauté a lieu, si les filles ont été mariées par le pere ou la mere des deniers de la communauté, le rapport se doit faire à l'une & à l'autre succession par moitié, mais en Normandie où les conjoints par mariage ne sont point communs, le rapport de l'argent ou des meubles donnez par le pere & la mere ne se fait qu'à la succession du pere. On avoit neanmoins introduit un usage contraire en la Ville d'Alençon ; les pere & mere en mariant leurs filles, les reservent ordinairement à leur succession, en rapportant ce qui leur a été donné : Ce rapport se faisoit par moitié aux deux successions ; il fut question de sçavoir si cela se pouvoit faire. Deux Arrêts qui ont jugé pour & contre furent citez ; l'un du 27. Février 1669. l'autre du 23. Février 1666. Le 20. Août 1669. Arrêt qui condamne de rapporter à la succession

du pere. Arrêt semblable du 20. Juin 1670. quoique la partie ait consenti par ses écrits devant les premiers Juges, de rapporter à l'une & à l'autre succession. *V.* Basnage, *sur l'art.* 434. *de la Coût. de Norm.*

44 Les filles mariées non heritieres ne sont tenuës de rapporter ce qui leur a été payé en argent comptant, quoiqu'excedant leur legitime. Si les filles mariées & heritieres peuvent être forcées à rapporter ? *V. Basnage, sur la Coût. de Normandie, article* 434. où il dit, quand les sœurs au temps de leurs mariages ont des freres, quoiqu'ils décedent avant le pere, elles ne sont point obligées de se rendre heritieres, ni de rapporter ce qui leur a été donné, comme il fut jugé par Arrêt du Parlement de Roüen du premier Mars 1678.

45 Le treiziéme & droits Seigneuriaux remis par le pere à un de ses enfans, la dépense pour l'éducation, & les frais pour la réception d'un métier ou autre profession, ne sont point sujets à rapport, non pas même ceux faits pour passer un Docteur en Médecine à Paris, quoique la dépense en soit très-considerable. *Basnage, Ibidem.*

46 Frere doit rapporter ce qui a été donné à sa sœur en faveur de mariage, quand elle fait part à son profit. Article 50. des Arrêtez du Parlement de Roüen, les Chambres assemblées, le 6. Avril 1666. *Basnage, tome* 1. *à la fin.*

RAPPORT, COUSTUME DE PARIS.

47 En la Coûtume de Paris, un petit fils donataire de l'ayeul, n'est pas obligé de rapporter en la succession de son pere fils unique de l'ayeule, le don à luy fait par ladite ayeule, ou moins prendre. Arrêt du 23. Février 1632. *Du Frêne, liv.* 1. *chap.* 106. Voyez *Brodeau sur M. Loüet, lettre* D. *Som.* 38.

48 Si dans la Coûtume de Paris les petits enfans heritiers de leur ayeule en consequence des renonciations faites par leurs meres survivantes, sont tenus pour parvenir au partage de la succession de cette ayeule, de faire rapporter par leur mere tous les avantages qu'elles ont reçus, ou moins prendre à proportion de ces avantages ; ou si le partage se doit faire entre les petits enfans en l'état qu'est la succession ; sans rapport ni déduction? Arrêt du Parlement de Paris du premier Avril 1686. dont voici les termes :

La Cour ordonne que Mulotté, Praron & Chopelet, au nom de tuteur des enfans du deuxième lit viendront à partage, chacun pour un tiers de la succession de défunte Jacqueline Louvet, lors duquel ladite Mulotté rapportera les donations & avantages faits à Marie-Loüise le Chevalier sa mere, ladite Praron ceux faits à Catherine Chevalier sa mere, & led. Chopelet ceux faits à Jacqueline Arnoulet mere de ses mineurs, par icelle défunte Louvet ; le tout neanmoins jusqu'à concurrence de ce qu'ils amenderont de la succession, ensorte qu'aucun d'eux n'y pourra rien pretendre, qu'au préalable le moins avantagé ne soit égalé au plus avantagé, & ce du fond de ladite succession. Aprés lequel également, le surplus, si surplus y a, sera partagé entre eux, sans qu'en cas que les effets ne suffisent pour l'également, lesdits Mulotté, Praron, & Chopelet soient tenus de contribuer au rapport de leur tiers propre & particulier. Ainsi la Cour a jugé que les enfans donataires n'étoient point obligez de rapporter, pour s'égaler ou leurs enfans, s'il n'y avoit aucun fond dans la succession ; neanmoins que les petits enfans conservent leurs qualitez d'heritiers, pour partager le bien qui pouvoit être dans la succession. *Voyez* le 2. *tome du Journal du Palais, in fol. p.* 587.

49 Dans la Coûtume de Paris, où l'on peut être donataire entre vifs & heritier en ligne collaterale, un oncle ayant donné à sa niéce en la mariant, une somme de 40000. liv. *avec la condition du rapport, en cas qu'elle & ses enfans ou son pere vinssent à la succession*

de luy donateur, & la niéce venant à renoncer à la succession de son oncle ; ce rapport ainsi ordonné, comprend aussi un neveu frere de la donataire, qui est heritier de l'oncle, par le prédecez de son pere, ce rapport est attaché au degré, & n'est pas seulement pour les personnes dénommées dans la clause du rapport. Arrêt du Parlement de Paris du 23. May 1688. *V.* le 2. *tome du Journal des Aud. du Palais, in fol. page* 727.

50 Acte de Notorieté de M. le Lieutenant Civil du 24. Septembre 1689. portant que, lors des partages des successions en ligne directe, entre les heritiers, ou ceux qui suivant la Coûtume y viennent par représentation, les rapports se font respectivement des sommes qui ont été reçuës par les copartageans, depuis, ou auparavant le décez de celuy dont la succession se partage, & des interêts d'icelles sommes, depuis le décez, en cas qu'elles ayent été reçuës auparavant, ou si elles ont été reçuës depuis, du jour qu'elles ont été reçuës, avec la faculté neanmoins accordée par la Coûtume au copartageant, qui a reçu par donation ou autre acte avant le décez, de ne point rapporter, en prenant moins dans la succession, auquel cas les revenus de ce qu'il retient luy tiennent lieu d'interêts. S'il y avoit quelque temps considerable, entre le jour du décez de celuy dont la succession se partage, & le jour du partage, & que pendant ce temps-là, un des coheritiers ait reçu quelques sommes, ou se soit mis en possession des terres ou autres biens, dont il ait reçu le revenu. il doit rapporter les sommes qu'il a reçuës & les interêts, & remettre les terres & biens; & à l'égard des revenus, l'on fait en ce cas à la fin de chacune année un capital de ce qui a été reçu, lequel s'impute sur les interêts de la portion hereditaire afferante à celuy qui a reçu les revenus, & l'excedant sur le principal ou le fond de ladite portion hereditaire, par le moyen desquels rapports ou retention, en prenant moins, l'égalité ordonnée par la Coûtume entre copartageans, se trouve avoir lieu, n'étant pas juste, suivant la disposition de la Coûtume, que l'un des coheritiers ou copartageans, puisse amender directement ou indirectement, en une plus que les autres, quand ils viennent à partager à titre d'heritier. *Recueil des Actes de Notorieté, pag.* 64.

RAPPORT, COUSTUME DE POITOU.

51 Si dans la Coûtume de *Poitou*, les choses données par pere & mere à leurs enfans, sont sujettes à rapport dans le partage de leurs successions, lorsqu'il n'est point exprimé dans les actes de donation, que c'est par préciput & avantage? Le 3. Juin 1676. Arrêt interlocutoire. *Voyez de la Guessiere, tome* 3. *livre* 10. *chap*. 8. *& liv.* 11. *ch.* 24.

RAPPORT, COUSTUME DE SENLIS.

52 Une mere n'étoit tenuë de rapporter à la succession de son pere ce que sondit pere avoit donné à sa fille d'elle, *ob bene merita*. Arrêt à la Pentecôte 1594. *Montholon, Arr*. 83. Voyez *Mornac, L.* 32. §. *si ambo, ff. de donationibus inter virum & uxorem.*

53 En la Coûtume de Senlis, jugé que le petit fils n'étoit tenu de rapporter à la succession de son pere le don de son ayeule, sondit pere n'étant heritier ; mais legataire ou donataire universel de sa mere ayeule du petit fils ; *secus*, si son pere eût été heritier, *multis contradicentibus*. Arrêt du 16. Mars 1596. *M. Loüet, lett*. D. *somm*. 38. *&* 56. Voyez Tronçon, *Coûtume de Paris, art*. 308.

54 Ce qui est donné par l'ayeule à l'enfant de sa fille, doit être rapporté par la fille ou ceux qui la répresentent en la succession de ladite ayeule, encore que le donataire eût renoncé à la succession de son ayeule. M. le Président du Harlay avertit que ce qui étoit donné par les ascendans aux petits enfans, en quelque sorte que ce fût, étoit sujet à rapport, quoique l'Arrêt de 1594. ait jugé le contraire, mais il faut remarquer

remarquer que la donation étoit faite *ob benè merita*. Arrêt de 1609. à Noël. *Montholon*, *Arr.* 109.

RAPPORT, CREANCIERS.

55 En la Coûtume d'Anjou le rapport ordonné par l'art. 334. en cas de renonciation à la succession du pere ou de la mere, ne se doit faire qu'au profit des coheritiers & non des creanciers. Arrêt du Parlement de Paris du 24. Mars 1662. Requête civile; sur la Requête civile le 5. Septembre 1663. hors de Cour. *Journal du Palais*. Voyez *les Notables Arrêts des Aud.* où vous trouverez le même Arrêt, *Arr.* 74. & Chopin, *Coûtume de Paris*, *liv.* 2. *tit.* 3. *n.* 19. & Ricard, *des Donations entre-vifs*, 1. *Part. ch.* 3. *sect.* 15. *n.* 665. où il y a Arrêt du 4. Août 1605. sans que le fisc ni les creanciers puissent obliger à rapporter. *De la Guessiere*, tome 2. *liv.* 4. *ch.* 54. rapporte le même Arrêt.

RAPPORT, DONATION.

56 Les rapports des choses données ne se font qu'aux successions de ceux qui ont donné. Voyez *Du Frêne*, *liv.* 2. *chap.* 106.

57 L'enfant du second lit n'est tenu de rapporter à ses freres du premier lit la donation faite à la mere par leur pere commun, en consideration des deniers que la seconde femme luy apporte; la donation étoit faite par contrat de mariage. Voyez *Charondas*, *li.* 6. *Rép.* 54. où il cite l'Arrêt de la veuve Paumier sans le dater.

58 Les donations remuneratoires ne sont sujettes à rapport, parce que *non sunt vera donationes, sed contractui innominati*. Voyez *M. Loüet*, *lett.* D. Som. 52.

59 Un pere avoit trois enfans; il institue les deux, & legue un domaine au troisiéme. Ensuite mariant l'aîné, il luy donne le quart de ses biens, & declare qu'il veut que le restant de son bien soit partagé suivant son Testament, sçavoir entre ses deux heritiers également, le domaine legué au troisiéme luy demeurant. Aprés le décez du pere, procés entre les deux heritiers sur le rapport du quart des biens. Arrêt du Parlement de Toulouse qui condamne l'aîné au rapport, sur le fondement que la prohibition doit être expresse ou quasi expresse, telle que celle qui résulte de ces mots, *par préciput & avantage*. Voyez *Maynard*, *liv.* 8. *ch.* 57.

60 Une mere ayant des enfans passe à un second mariage, & donne à son second mary ce que la loy permet; de ce mariage vient un fils, il succede à la chose donnée à son pere, & n'est tenu de la rapporter à la succession de sa mere. Arrêt du 14. Juillet 1565. *Charondas*, *liv.* 9. *Rép.* 12.

61 Un pere institué par son Testament ses deux enfans *æquis portionibus*; depuis il institue l'aîné en faveur de mariage le tiers de son bien, & declare qu'il veut que le surplus soit divisé également suivant son Testament. Par Arrêt du Parlement de Paris du 12. Avril 1579. il fut ordonné que l'aîné rapporteroit tout ce qu'il avoit reçû, & partageroit avec son frere sans précipût. *Papon*, *liv.* 21. *tit.* 7. *m.* 11.

63 Ce qui est donné par l'ayeul ou ayeule aux enfans de son fils, doit être rapporté par le pere venant à leurs successions. Jugé le 4. Février 1584. *Charondas*, *liv.* 3. *Rép.* 8. & *liv.* 9. *Rép.* 17. où il y a Arrêt du 16. Mars 1596.

64 Donation faite par précipût & avantage emporte prohibition du rapport. Arrêt du Parlement de Toulouse en Avril 1584. *La Rochesavin*, *liv.* 6. *titre* 63. *Arrêt* 17.

65 Quoique par la Coûtume de Bourgogne le pere survivant vingt jours, puisse avantager ses enfans plus que l'autre, s'il n'y a prohibition, la chose donnée est sujette à rapport. Arrêt du Parlement de Dijon du 17. May 1584. *Bouvot*, tome 1. *part.* 1.

66 Heritier par beneficie d'inventaire condamné de rapporter ce qu'il a eu de son pere en avancement d'hoirie, si mieux il n'aimoit rapporter son don. Arrêt du Parlement de Paris prononcé en Robes rouges le quatorze Août 1599. *Papon*, livre 21. *titre* 7. nombre 13.

Par Arrêts du P. de Toulouse des 24. Février & 67 3. Septembre 1619. il a été jugé que la donation simple doit être conferée; mais tout ce qui est rapporté, n'est pas imputé. *Cambolas*, *liv.* 2. *ch.* 16.

Une ayeule n'ayant qu'un fils, donne à un de ses 68 petits fils une maison, il n'est point obligé de la rapporter à la succession de son pere decedé depuis l'ayeule; les rapports des choses données ne se font qu'aux successions de ceux qui ont donné. Jugé au Parlement de Paris le 13. Février 1632. *Du Frêne*, *liv.* 2. *chapitre* 106.

Un pere ou mere donne à son fils en le mariant 69 la moitié, ou une autre partie de ses biens, & ensuite institue ce même fils avec un autre fils, heritiers égaux. Si ce fils donataire veut avoir part à la succession, il doit rapporter la donation pour la faire entrer dans le partage de tous les biens avec son frere coheritier; si ce n'est que le pere ou la mere ait prohibé ce rapport; *nisi parens id prohibuerit*, suivant l'Authentique, *Ex testamento Cod. de collat*. Arrêt du Parlement de Toulouse au mois de Mars 1692. conformément au texte cité qui corrige le Droit ancien, par lequel le rapport se faisoit seulement dans la succession testamentaire, si le rapport n'avoit été expressément ordonné. *M. de Catellan*, *liv.* 2. *ch.* 90.

RAPPORT DE LA DOT.

Voyez le mot *Dot*, nomb. 348. & *suiv.*

Si la stipulation, que la fille dotée pourra retour- 70 ner à la succession en rapportant, empêche la disposition du pere ou de la mere? V. *Bouvot*, *to.* 2. verbo, *Stipulation de rapport*.

Si le pere & la mere constituent dot à leur fille, & 71 conviennent qu'elle pourra retourner à leurs successions en rapportant; si renonçant à la succession de son pere, & venant à celle de sa mere, elle est tenuë de rapporter toute la somme ou moitié? Voyez le même *Bouvot*, *to.* 1. *part.* 1. verbo, *Rapport*, *qu.* 3.

Heritage maternel baillé à une fille par ses pere 72 & mere, elle le rapporte entierement à l'heredité de sa mere, à cette condition que son coheritier luy baille sa legitime és biens paternels qui équipolle à la moitié dudit heritage, & le fils heritier du pere est tenu de l'éviction. Chopin, *Coûtume de Paris*, *liv.* 2. *tit.* 3. nomb. 19. *circa medium*.

Une fille est obligée de rapporter à sa mere ce 73 qu'elle luy a donné en avancement d'hoirie, quand elle revient à la succession, & que la clause qui l'en exclut ne se peut executer. Voyez *de la Guessiere*, tome 3. *liv.* 13. *ch.* 27. où il rapporte l'Arrêt au rapport de M. le Boindre, sans le dater.

Pour le rapport de la dot payée en écus d'or, 74 avancement d'hoirie, offices venaux, l'estimation se prend au temps du contrat & non de la succession échûë; quant à l'office le peril regarde celuy qui en est pourvû. Brodeau, sur *M. Loüet*, *lett.* E. *Som.* 2. nombre 7.

Peleus, *liv.* 8. *act.* 46. rapporte un Arrêt rendu en 75 Robes rouges le dernier May 1596. par lequel il fut jugé qu'une petite fille à laquelle l'ayeul avoit donné mille écus pour la marier, à cause de l'assistance qu'elle luy avoit donné en sa vieillesse, n'étoit tenuë de la rapporter en partageant.

Parent Conseiller en Bretagne plaide sur le rap- 76 port de ses freres & de luy. Jugé en 1508. que le rapport se fera de ce qui a été donné à la fille ou fils en mariage, & les fruits ne seront rapportez que du jour du décez, & non du precedent; de sorte que *à die mortis*, la fille qui a eu en dot, rapportera l'interêt des deniers *post mortem*, & *non ante mortem*. V. *la Biblioth. de Bouchel*, verbo, *Rapport*.

Jugé au Parlement de Paris le 21. Août 1546. que 77 la fille venant à partage, doit rapporter sa dot, mais non les pensions reçuës en attendant le payement.

ce qui s'entend des pensions échûës avant la succession ouverte, car celles qui ont été reçûës depuis, se rapportent, ou bien compensation s'en fait avec les fruits de l'heredité dûs à la fille, ainsi qu'il avoit été exigé en 1541. depuis la Coûtume de Paris article 309. tiré d'un Arrêt prononcé en Robes rouges, a décidé que les fruits de la chose donnée ne se rapportent que du jour de la succession échûë, à quoi est conforme la Coûtume de Bretagne. *Voyez* Papon, li. 21. tit. 7. n. 4.

78 Si la fille a reçu en faveur de mariage de sa mere une somme pour sa part de la succession paternelle, elle doit faire raison du surplus de la valeur d'icelle à ses coheritiers en la succession maternelle. Arrêt du 10. Mars 1554. *Papon*, liv. 21. tit 7. n. 4. où il est observé que frais de nôces ne se rapportent point.

79 Si les filles deviennent immediatement heritieres de leur pere commun, celle qui auroit été mariée par luy seroit tenuë de conferer avec ses autres sœurs non mariées, tout ce qu'elle auroit eu, tant en meubles qu'heritages, ou moins prendre sur la masse de la succession, suivant l'Arrêt donné entre Grieu & le Boutillier le 9. Decembre 1572. Autre chose quand la succession échet obliquement & collateralement. *Biblioth. de Bouchel*, verbo *Rapport*.

80 Une fille doit rapporter la moitié de ce qu'elle a reçû en mariage à la succession maternelle, & non les actions: *proprium est patris & matris in patria consuetudinaria dotare filiam*; le semblable quand la fille entre en Religion, encore bien que la mere renonce à la communauté. Arrêt du 30. Avril 1605. *M. Loüet*, *lettre R. somm.* 54. M. le Prêtre rapporte le même Arrêt és Arrêts de la Cinquiéme. *Coquille, Coûtume de Nivernois*, titre des Droits de gens mariez, art. 24: *in verbo s'il advient*, tient le contraire.

81 Arrêt du Parlement de Paris du 6. Avril 1631. qui a jugé que la fille dotée par ses pere & mere, qui comme heritiere de la mere renonce à la communauté, est obligée de rapporter dans la succession la moitié de sa dot qui a été prise sur la communauté. *V. M. le Brun*, en son traité des Successions, livre 3. chapitre 6. section 3. nomb. 25.

82 *Henrys*, tome 1. liv. 4. chap. 6. qu. 54. prouve que la dot constituée à une fille par son tuteur, doit être rapportée par cette fille, pour être partagée entr'elle & ses coheritiers; il dit qu'il y a de la difference entre la dot constituée par un pere ou par une mere, & celle constituée par un tuteur; dans le premier cas la fille n'est obligée de rapporter que jusqu'à concurrence de la legitime de ses freres & sœurs; mais dans le second cas elle est tenuë de rapporter la dot entiere, parce qu'il n'est pas au pouvoir d'un tuteur de constituer en dot à l'une de ses mineures une plus grande somme que sa part & portion hereditaire; cependant l'Arrêt contraire, a jugé le 3. Avril 1640. l'Auteur, dit M. le Bretonier, se recrie avec raison contre cet Arrêt, s'il en avoit vû la minute comme moy dans les Regîstres de la Cour, il auroit eu sujet de se recrier encore plûtôt, car il n'y a point de sens, il faut qu'il y ait eu de l'erreur ou de la mal façon. *Ibid.*

RAPPORT, DOUAIRE.

83 Si le douaire est sujet à rapport? *Voyez* le mot *Douaire*, nomb. 131. & suiv.

Le douaire est sujet à rapport. Arrêt du 22. Decembre 1535. *M. Loüet*, lettre D. somm. 44.

84 Le douaire qui est propre au petit fils qui renonce à la succession paternelle, ne se rapporte pas en la succession de l'ayeul. On tient au Palais que le petit fils renonçant à la succession paternelle, s'il accepte celle de son ayeul, n'est tenu d'y rapporter que son ayeul paternel en faveur de son pere auroit donné à sa bru à titre de donation pour cause de nôces. *Chopin, Coûtume de Paris*, livre 2. titre 3. nombre 19.

La Cour a renvoyé absous le petit fils heritier de 85
son ayeul, du rapport qu'on lui demandoit du douaire paternel, comme un benefice du droit coûtumier, octroyé au petit fils, proprietaire d'iceluy; plûtôt qu'une donation ou largesse de l'homme. Arrêt du 17. Février 1597. *Tronçon*, art. 304. *de la Coûtume de Paris*, in verbo *Rapporter*.

RAPPORT, PETITS ENFANS.

Les petits fils succedans à leur ayeul *in stirpes* avec 86
leurs oncles, sont tenus de rapporter ce que leur défunt pere ou mere a eu de l'ayeul, encore qu'ils viennent à repudier l'heredité de leur pere ou mere, car ils ne succedent que *in stirpes & non in capita*, ainsi ils ne sont jamais censez venir de leur chef, mais par representation de leur pere & mere, nonobstant la repudiation. *Voyez Mainard*.liv. 8. ch. 58.

Jugé au Parlement de Toulouse que les petits fils 87
ne sont obligez de rapporter les sommes prêtées par l'ayeul à leur pere, parce que ce petit fils tient ces sommes *ut quilibet extraneus cuiliber extraneo*. *Voyez* les Arrêts de M. de Catellan, li. 2. chap. 18.

Une ayeule ayant trois enfans, en mariant l'un 88
d'eux, elle le fait & institue ses heritiers par égale portion aux deux tiers de ses biens, & se reserve l'autre tiers pour en avantager celuy que bon luy semblera. Quelques années aprés elle fait donation au fils de l'un de ses enfans; ce petit fils donataire se trouvant l'un des heritiers, n'est pas obligé de rapporter. C'est l'avis d'*Henrys*, to. 2. liv. 6. qu. 1.

Neveux ou petits fils aprés la mort de leur pere 89
succedant à leur ayeul doivent rapporter ce que leur pere a reçû, quand même ils auroient renoncé à sa succession. Arrêt du Parlement de Paris du 13. Août 1564. Le même a été jugé au mois de Septembre 1582. & de ces deux Arrêts a été tiré l'article 308. de la Coûtume de Paris. *Papon*, livre 20. titre 1. nombre 22.

Le petit fils ayant survécu ses pere & mere, venant 90
à la succession de son ayeule, est tenu de rapporter à lad. succession, non seulement tout ce qui a été donné à ses pere & mere, en avancement d'hoirie, mais aussi les deniers prêtez à sesdits pere & mere, ou moins prendre, encore que le petit fils ait renoncé à la succession de sondit pere. Prononcé le 23. Decembre 1574. *Chenu* 2. Cent. quest. 61. Pour le prêt. *Voyez Brodeau sur M. Loüet*, lettre R. somm. 13. nomb. 6. & M. le Prêtre, 3. Cent. chap. 1. Le Vest, rapporte l'Arrêt du 23. Decembre 1574. Arr. 138.

Un fils &, une mere s'obligent solidairement; le 91
fils est le veritable débiteur; le fils décede sans payer; la mere contrainte paye; elle meurt & laisse deux fils heritiers avec l'enfant du défunt débiteur; cet enfant renonce à la succession de son pere; & vient *jure suo* à la succession de son ayeule, ses oncles soûtiennent qu'il doit rapporter ce que la mere a payé: le rapport ordonné par Arrêt du 28. Juin 1591. *Anne Robert*, rerum judicat. liv. 2. chap. 5. Voyez M. le Prêtre, és Arrêts celebres du Parlement.

Les enfans seront tenus de rapporter, & leurs en- 92
fans qui y viendront par représentation avec leurs oncles, quoiqu'ils ne fussent heritiers de leur pere. Ainsi jugé à la mi-Août 1594. *Bibliot. de Bouchel*, verbo *Rapport*.

Nota. Il doit y avoir erreur dans la date, car à la page 42. il date le même Arrêt de 1564.

Un petit fils peut être donataire de son ayeule, & 93
heritier de son pere qui n'étoit point heritier, mais legataire & donataire universel de sa mere ayeule du petit fils, sans être tenu de rapporter à la succession du pere le don de son ayeule. Arrêt du 16. Mars 1596. *multis contradicentibus*. *M. Loüet*, lettre D. sommaire 38.

Ce qui est donné aux petits enfans, soit avant ou 94
aprés la mort de leurs peres & meres, est censé donné en leur contemplation; & les petits enfans venans à

la succession de l'ayeule, rapportent ce qui a été donné à ceux d'entr'eux qui renoncent à ladite succession, ou bien qu'ils renoncent tous ensemble, sauf à eux à se pourvoir contre leur frere donataire pour raison de la légitime. Arrêt du 22. Decembre 1606. M. le Prêtre, 2. Cent. chap. 33. Voyez M. Loüet, lettre D. somm. 56. & Montholon, Arrêt 109.

95. Le petit fils venant à la succession de l'ayeul, après renonciation à la succession de son pere, est tenu de rapporter ce qui a été baillé par sondit ayeul à son défunt pere. Arrêts des 10. Mars 1607. & 13. Decembre 1608. M. le Prêtre, 3. Cent. chap. 1. Autre Arrêt du 14. Août 1564. M. le Prêtre, és Arrêts celebres. Voyez Charondas, liv. 3. Réponse 55. où il demande si l'Office non venal se doit rapporter. Voyez l'article 308. de la Coûtume de Paris, & Charondas, liv. 8. Rép. 37.

96. Un ayeul répond & paye quelque dette pour son fils. Ce fils decede, ensuite l'ayeul. Le petit fils renonce à la succession du pere, & veut venir à la succession de l'ayeul avec ses oncles, lesquels demandent que le petit fils ait à rapporter ce qui a été payé pour son pere par l'ayeul; il s'aide de sa renonciation. Le Prévôt de Paris l'absout. Appel par les oncles. Par Arrêt du 11. Février 1608. les parties furent appointées au Conseil, à cause que les Avocats d'une part & d'autre disoient avoir des Arrêts in simili. C'étoit en la Coûtume de Paris, article 106. Biblioth. de Bouchel, verbo Rapport.

97. Ce qui est donné par l'ayeul à l'enfant de sa fille, doit être rapporté par la fille, ou par ceux qui la representent. Arrêt à Noël 1609. Montholon, Arrêt 109. Voyez Charondas, liv. 3. Rép. 8. & livre 9. Réponse 17.

98. Si les petits fils ex filio præmortuo, instituez par leur ayeule, heritiers égaux avec les petits fils ex alio filio præmortuo, doivent rapporter la donation faite à leur pere? L'affirmative a été jugée au Parlement de Toulouse le 13. Janvier 1649. V. les Arrêts de M. de Catellan, liv. 2. chap. 17.

99. Par Arrêt de Roüen du 16. May 1658. jugé que le petit fils qui renonce à la succession de son pere, & prend celle de son ayeul ou ayeule, doit rapporter les avantages qui luy ont été faits, quoiqu'au fait particulier l'on excipât que l'ayeule eût seulement acquitté une rente de l'un de ses fils, d'où l'on prétendoit faire distinction entre une donation & une liberation. Berault à la fin du 2. tome de la Coûtume de Normandie, p. 101. sur l'art. 434.

100. Les petits enfans qui ont renoncé à la succession de leur pere, venant à la succession de leur ayeul, ou autre ascendant, doivent rapporter ce qu'il a donné à leur pere, ou payé pour luy. Art. 88. des Arrêtez faits au Parlement de Roüen au mois d'Avril 1666. V. Basnage, tome 1.

RAPPORT EN ESPECE.

101. Rapport se doit faire de la chose *in specie*, & *in quantitate*. Arrêts du Parlement de Paris du 23. Decembre 1524. quoique par la donation la chose donnée soit estimée, il ne suffit pas d'en rapporter l'estimation. Le même avoit été jugé le 13. Mars 1522. Papon, liv. 21. tit. 7. n. 1.

102. Une somme d'écus donnée en mariage, se rapporte entre coheritiers au prix que valoient les écus au temps du mariage, & non au temps de la succession échûë. Arrêt du 2. Avril 1588. M. le Prêtre premiere Cent. chap. 17.

103. Le rapport ordonné par un pere par son testament, doit être fait en espece, & non en moins prenant. Arrêt du 15. Février 1650. Du Frêne, livre 5. chapitre 52.

RAPPORT, ESTIMATION.

104. L'on doit rapporter en partage l'heritage donné en avancement d'hoirie, quoiqu'il ait été estimé en le donnant. Voyez Du Luc, li. 8. tit. 11. ch. 4.
Tome III.

105. Quand un heritier a vendu une chose sujette à rapport, il n'est tenu que d'en donner l'estimation suivant le temps du rapport, & s'il survient contestation à cet égard, on doit passer outre au partage en donnant par luy caution. Arrêts des 27. Février 1551. & 21. Mars 1552. Papon, liv. 21. tit. 7. n. 2. & 3.

106. Le 2. Avril 1583. Jugé qu'une somme d'écus donnée en mariage, se rapporte entre coheritiers au prix que valoient les écus lors du mariage, & non de la succession échûë. Biblioth. de Bouchel, verbo Rapport.

RAPPORT, ETUDE.

107. Arrêt du Parlement de Bretagne du 26. Avril 1567. qui dispense de rapporter l'argent que le pere avoit prêté à son fils pour ses études & entretien aux Ecoles. Du Fail, liv. 2. chap. 28.

108. Livres & autres dépenses d'études, ne se rapportent point; la Cour neanmoins compense quelquefois les frais d'étude, avec les frais de dot. Arrêt du 7. Février 1586. Papon liv. 21. tit. 7. n. 6.

Voyez le mot *Etudes*, nombre 11. & cy-après le nombre 115.

RAPPORT DE LA FEMME.

109. Une femme qui renonce à la communauté, n'est tenuë de rapporter à la succession de ses pere & mere ce que seidirs pere & mere avoient prêté à son mari. Voyez M. Loüet, lettre R. somm. 13. Voyez Charondas, liv. 11. chap. 34.

110. Une femme ayant de son mariage deux enfans mâles & une fille, fait heritiers son mari, leur pere, sans le charger de rien, & legue à sa fille deux cens liv. Le pere se remaria, joüit quelque temps, & fit l'un heritier; comme les biens de la mere retournoient aux trois enfans, les deux fils prétendoient qu'elle devoit rapporter ce legat pour partager avec eux; se fondant sur la Loy, *generaliter 5. in his Cod. de secundis nupt.* parce que ces deux cens livres étant des biens maternels, & de la succession maternelle, il sembloit que cette somme devoit être rapportée. La fille disoit au contraire, que suivant la Loy *à patre 10. cod. de collat.* elle n'avoit pas ces deux cens liv. *à patre*, mais *à lege*, & que son pere ayant institué un heritier, cette somme étoit *extra causam bonorum*, c'est pourquoy y ayant eu partage à la premiere des Enquêtes du Parlement de Toulouse, & les voix étant encore partagées à la seconde, il fut décidé à la Grand'Chambre le 7. Janvier 1640. que la sœur n'étoit pas obligée de rapporter le legat de deux cens livres. Albert, lettre C. verbo *Collation*.

RAPPORT, FISC.

111. Voyez *Chopin Coûtume de Paris*, liv. 2. tit. 3. nombre 19.

RAPPORT, FRAIS.

112. Quels frais faits par le pere pour son fils sont sujets à rapport? Voyez *Coquille*, tome 2. quest. 168.

113. Les frais faits par le pere pour avoir fait pourvoir son fils d'une Abbaye, ne se rapportent en partageant la succession paternelle. *Chopin, Coûtume de Paris*, Titre 3, liv. 2. n. 19.

114. L'enfant n'est tenu de rapporter à la succession que ce qui se justifiera avoir été actuellement déboursé par le pere pour parvenir à sa Charge. Arrêt du 7. Septembre 1582. M. le Prêtre, premiere Centurie, chapitre 9.

115. Le festin des nôces n'est point sujet à rapport, non plus que les frais ordinaires, pour entretenir le fils aux études, ou pour luy apprendre métier suivant sa condition; autre chose est aux habits nuptiaux, ou quand les frais des études, ou du métier, sont si grands qu'ils excedent la condition du fils. *Coquille, quest. 168. vid. Graff. §. Legitima quest. 27. 28. 29. M. Abraham la Peirere, en ses décisions du Palais, lettre R. nomb. 26.* observe que les derniers Arrêts rendus au Parlement de Bourdeaux exemptent les habits nuptiaux du droit de rapport, il rapporte les Arrêts suivans.

L l ij

Arret du 9. Juin 1662. Préſident Monſieur le Premier, plaidans Lickerie & Pontelier, entre Daniel & Blanche Janet: jugé que les habits nuptiaux donnez à ladite Janet, par Blanche du Gravier ſa mere, n'étoient pas ſujets à imputation en legitime.

Arrêt du 17. May 1666. en la Seconde des Enquêtes, au rapport de Monſieur de Sabourin. Un pere ayant par contrat de mariage donné à ſon fils la ſomme de neuf mille livres, & des biens à la campagne, dont il s'étoit reſervé l'uſufruit ſa vie durant, & promis de nourrir les futurs Epoux pendant deux ans; jugé après la mort du pere, que le fils devoit rapporter à ſes coheritiers ladite nourriture de deux ans, que la Cour modera à huit cens livres pour leſdites deux années; au lieu de deux mille livres que les coheritiers demandoient.

Arrêt du 3. Septembre 1667. au rapport de Monſieur de Mirat, entre le nommé Diarce & Marquet: jugé que les demi-jones & habits nuptiaux, leguez par un pere à deux de ſes filles, avec cinq cens écus, le tout payable la veille des nôces, étoient dûs audit Diarce heritier des filles mortes ſans ſe marier.

RAPPORT, FRERES.

116 Freres concurrens avec les enfans de leur oncle, ne ſont tenus de rapporter les deniers dotaux qui ont été baillez à leurs ſœurs par leur ayeule, leſquelles ſœurs renoncent à la ſucceſſion de l'ayeule, *Chopin, Coûtume de Paris, liv. 2. tit. 3. nomb. 19. fine.*

RAPPORT, FRUITS.

117 Mornac tient que le coheritier n'eſt tenu de rapporter les fruits de ſa portion partagée; *l. ult. Cod. depoſiti.* Voyez le *V iſt*, Arrêt 27. où vous trouverez un Arrêt du 29. Decembre 1544.

RAPPORT, HERITIER BENEFICIAIRE.

118 Rachat qui ſe fait par l'heritier par benefice d'inventaire. Voyez le mot *Benefice d'inventaire*, nombre 44. & ſuiv.

L'heritier beneficiaire eſt tenu de rapporter. Voyez le mot *Heritier*, nomb. 87. & ſuiv.

119 L'heritier par benefice d'inventaire eſt tenu de rapporter ce qu'il a eu de la ſucceſſion de ſon pere avec ſes coheritiers par benefice d'inventaire auſſi-bien, que luy. Arrêt à la Nôtre-Dame de Septembre 1599. *Montholon Arrêt 90. & M. le Prêtre és Arrêts de la Cinquième*, qui rapporte le même Arrêt. V. *Charondas, liv. 10. Rép. 72.* où vous trouverez le même Arrêt.

120 Un enfant qui prend qualité d'heritier beneficiaire de ſes pere & mere, peut renoncer aux biens de leurs ſucceſſions, mais il doit rapporter ce qui luy a été donné auparavant en avancement d'hoirie, & ce à l'égard de ſes coheritiers; & non pas des creanciers. Arrêt du 20. Avril 1682. *De la Gueſſiere, to. 4. liv. 5. chap. 14.* où l'Arrêt eſt bien au long.

RAPPORT, IMPUTATION.

121 Tout ce qui ſe rapporte eſt ſujet à imputation. *Ricard des Donations entre-vifs, 3. part. ch. 8. ſect. 7.*

122 En cas de rapport & prêt, le coheritier eſt tenu de rapporter ou d'imputer ſur la part hereditaire l'argent qu'il a pris à rente de celuy à qui il ſuccede, ſans être reçu à continuer la rente. Arrêt du 28. Juin 1614. *Brodeau ſur M. Loüet, lettre R. ſommaire 13. nomb. 7. fine.*

RAPPORT, INTERESTS.

123 Coheritier differant de rapporter doit les fruits ou intereſts. Arrêt du Parlement de Paris du 29. De-
124 cembre 1544. *Papon, liv. 21. tit. 7. nomb. 5.*
125 Celui des heritiers qui eſt en demeure de rapporter ce qu'il a plus reçu que ſes coheritiers en la ſucceſſion, en doit les intereſts, quand ils ſont demandez, ſuivant le §. *Filia l. bonor. 22. de leg. præſtand. filia quæ ſoluto matrimonio dotem conferre debuit, moram collationi fecit, viri boni arbitratu uſuras dotis conferre tenetur.* Arrêt du 4 Janvier 1544. *Tronçon, art. 304. de la Coûtume de Paris.*

126 Les intereſts de la dot doivent être rapportez, la moitié du jour du mariage, l'autre du jour du décez du ſurvivant, parce qu'il n'eſt pas juſte qu'une fille qui a paſſé dans une famille étrangere ſoit nourrie aux dépens de la communauté. Arrêt du 2. Avril 1641. Il y a Arrêt contraire du 1. Août 1640. *Brodeau ſur M. Loüet, lettre C. ſomm. 30. n. 20.*

127 Par Arrêt du Parlement de Roüen du 2. Mars 1657. jugé que la fille qui rapporteroit ce qui luy avoit été donné, le rapporteroit avec les intereſts du jour de la ſucceſſion échûë. *Berault, Coûtume de Normandie, tome 2. à la fin, page 96. ſur l'article 260.*

128 Ce que le fils de famille gagne par ſon travail luy appartient en proprieté, & il n'eſt pas tenu de rapporter les intereſts à la ſucceſſion de ſon pere qui a ſouffert qu'il les perçût. Car cette tolerance & cette remiſſion tacite du pere n'eſt pas une donation d'un uſufruit déja acquis, mais une ſimple renonciation à un uſufruit qu'il pouvoit acquerir. Jugé au Parlement de Toulouſe en 1677. *Voyez les Arrêts de M. de Caſtellan, livre 3. chap. 46.*

129 Une fille mariée pendant la continuation de communauté, & dotée des effets de cette continuation, ne doit rapporter les intereſts de ſa dot, du jour de ſon contrat de mariage au profit de la communauté; elle n'eſt rapportable de ces intereſts que du jour de la diſſolution de la communauté arrivée par le décez du pere commun, à cauſe du devoir naturel des pere & mere de nourrir leurs enfans. Arrêt du Parlement de Paris du 6. Septembre 1687. *Au Journal du Palais, to. 2. chap. 695.*

RAPPORT D'OFFICE.

130 Neveux venans après la mort de leur pere à la ſucceſſion de leur ayeul, doivent rapporter ce que leur pere a eu, quoiqu'ils ne ſoient heritiers. Office venal acheté par le pere à l'un de ſes enfans, eſt ſujet à rapport entre les ſucceſſeurs. Arrêt du Parlement de Paris de la veille de l'Aſſomption 1564. *Papon, livre 21. tit. 7. n. 8.* C'eſt de cet Arrêt ſolemnel qu'ont été tirez les articles 306. & 308. de la nouvelle Coûtume de Paris.

131 Jugé par Arrêt du 14. Avril 1603. que pour l'état du Commiſſaire Cordelle qui avoit été donné en mariage à ſon gendre en épouſant ſa fille en 1590. eſtimé mille écus, qui étoient le prix que lors tels états pouvoient valoir, la fille ne ſeroit tenuë rapporter en partage de la ſucceſſion du pere que la ſomme de mille écus, ſelon qu'il avoit été jugé par le Prévôt de Paris, duquel la Sentence fut confirmée: au lieu que les coheritiers demandoient qu'elle rapportât, ou cet état de Commiſſaire, ou la ſomme de deux mille écus que valoit l'état lors de la ſucceſſion échûë. *Bibliotheque de Bouchel*, verbo *Rapport.*

132 Un pere reſigne ſon Office à ſon fils aîné: la Reine ordonne à ce fils de s'en défaire en faveur d'un autre qui luy donne 10000. liv. il diſoit que cette ſomme ne venoit point du bien de ſon pere, mais de la liberalité de la Reine, excitée par les ſervices perſonnels du Pere. Arrêt du Parlement de Paris du 12. Février 1607. qui ordonne le rapport. *Plaidoyers de Corbin, chap. 83.*

133 Le rapport en l'Office domanial eſt toûjours le prix de l'achat. *Loyſeau, des off. lib. 2. chap. 7. n. 64.*

134 Si le pere Officier a donné ſon Office à ſon fils, il faudra rapporter l'eſtimation de l'Office, eu égard au temps de la donation. Que ſi le pere par donation a acheté de ſes deniers l'Office à ſon fils, il faudra ſimplement rapporter les deniers. *Loyſeau, des off. lib. 3. ch. 10. n. 56. & ſeq. 2. id. Mornac, ad L. 16. ff. de jur. dot. in officio æſtimato, t. id. Brod. lit. C. n. 23. id. Brod. lit. E. n. 2. cont. Charond. reſp. lib. 5. n. 42. in l'Office venal.*

135 Arrêt du Parlement de Bourdeaux du 4. May 1665. en la Grand-Chambre, entre la Dame de Boucaud & M. de Boucaud Conſeiller ſon fils. Feu M. Bou-

eaud avoit acheté l'Office de Conseiller à son fils ; pendant son mariage & societé avec ladite Dame sa femme, laquelle prétendoit que ledit Office avoit toujours demeuré dans la societé, & que l'augmentation du prix d'iceluy lors du décez de son mari étoit un acquet de la societé : jugé que non, & que ledit sieur Boucaud fils tiendroit seulement compte du prix de l'achat dudit Office.

136   Si le pere exerçant Office non venal, trouve moyen de le faire tomber à son fils, tel Office n'est point sujet à rapport. 2. Que si le pere a prêté deniers au fils pour acheter tel Office, les deniers seront rapportables. 3. Et courra le fils les risques de l'Office. 4. Et si le pere a fait luy-même l'achat pour son fils, les risques ne seront point sur le fils. 5. Lequel sera seulement obligé de rapporter les profits qu'il a faits de l'Office, toutes charges déduites. *Loyseau, des off. lib.* 4. *chap.* 6. *n.* 48. & *seq.* 1. *id. Charondas, resp. lib.* 3. *n.* 55. 2. *id. Charond. resp. lib.* 6. *n.* 4. & *in astimatione* 4. 5. *vid.* Coquille *quast.* 168. 1. *id,* aux Offices de la Maison du Roy. *Du Frêne liv.* 2. *ch.* 27. & *lib.* 6. *chap.* 24. 1. *quid* si le pere a baillé de l'argent, je crois, dit *M. Abraham la Peirere en ses décisions du Palais, lettre R. nomb.* 21. que si l'Office subsiste lors du décez du pere, ou si le fils l'avoit vendu, & en avoit pris l'argent, les deniers seroient rapportables.

Arrêt du Parlement de Bourdeaux du 9. Avril 1647. Président Monsieur le Premier, plaidant Grenier pour Catherine Constans, Chiquet pour François Malgontier ; jugé qu'un Office de Garde-Vaisselle chez le Roy, n'étoit pas sujet à rapport.

137   Si un Office d'Elû dont le pere avoit fait pourvoir son fils, devoit être rapporté, eu egard au prix qu'il valoit lors du décez du pere, ou au temps du partage. Jugé le 15. May 1649. qu'il rapporteroit la somme de 10000. livres comme un honnête milieu, & les profits du jour du décez du pere à raison du denier vingt. *Du Frêne, liv.* 5. *ch.* 42.

138   Un pere mariant sa fille donne au gendre son Office de Procureur ; le pere décedé, les heritiers veulent obliger le gendre à rapporter l'Office en nature. Sentence à Amiens qui l'ordonne de la sorte. Appel. La Sentence infirmée, & que l'Office luy demeureroit pour la somme de 1000. livres. Arrêt du 22. May de relevée 1663. plaidans Raviere & le Verrier. *Dictionnaire de la Ville, n.* 8162.

RAPPORT, PROHIBITION.

139   Donation faite par précipũ & avantage emporte prohibition du rapport. Arrêt au mois d'Avril 1584. *Biblioth. de Bouchel,* verbo *Legitime.*

140   Si le pere en donnant déclare vouloir que le fils donataire ait la chose en précipũ & avantage, le terme de précipũ exclut le rapport. *Voyez* Papon, *livre* 21. *titre* 7. *nomb.* 7.

141   L'exemption de rapport doit être expresse. Arrêt du Parlement de Toulouse au mois de Janvier 1639. après partage. *Voyez* Albert, *lettre* C. verbo *collation* ou *Rapport.*

RAPPORT, RENONCIATION.

142   Une petite fille reçûë à la succession de son ayeul, en rapportant ce que sa mere avoit eu, sadite mere ayant renoncé à la succession de sondit pere ayeul de la petite fille. Arrêt à la Pentecôte 1582. *Montholon, Arrêt* 31.

143   Les enfans de la fille qui a renoncé, ne peuvent venir à la succession de l'ayeul, encore qu'ils ne soient heritiers de leur mere. Arrêt du 15. Octobre 1590. *Montholon, Arrêt* 79. Le Vest, Arrêt 98. du 5. Avril 1569. Bacquet, *du Droit d'Aubaine, ch.* 21.

144   Une fille renonce à tous droits successifs, moyennant la somme qui luy est baillée en mariage, la renonciation cassée, & la continuation de communauté jugée à son profit, nonobstant son mariage, & la dot baillée en faveur d'iceluy, parce qu'il n'y avoit point eu d'inventaire après la mort de la mere ; & ce-

cy s'observe lorsque la Coûtume le désire expressément, ou bien quand elle ne le désire précisément, mais bien un acte dérogeant à la communauté ; mais la fille mariée doit rapporter sa dot à la masse. Arrêts des 29. Avril 1606. & 18. Juin 1622. *Brodeau sur M. Loüet, lettre* C. *somm.* 30. *nomb.* 19.

145   Une fille qui a renoncé aux successions de ses pere & mere peut faire rapporter à ses freres & sœurs les sommes à eux données en mariage, jusques à la concurrence de sa legitime. Arrêt des Saints-Vvast du 3. Decembre 1642. *Du Frêne, livre* 4. *chapitre* 5. Henrys, *tome* 2. *livre* 6. *quest.* 4. le même jugé pour les Favrols le 14. Mars 1675. *Journal du Palais,* Ricard, *des Donations entre-vifs,* 3. *part. ch.* 8. *sect.* 6. tient le contraire, & pour confirmer son sentiment, on peut rapporter l'Arrêt entre les enfans de la Dame Veydeau du 19. Mars 1688. étant au *Journal du Palais,* par lequel il a été jugé que les dernieres donations doivent fournir la legitime avant que de toucher aux premieres.

RAPPORT, TITRE SACERDOTAL.

146   Le fils qui renonce à la succession de son pere, n'est tenu à rapporter aux creanciers l'heritage donné par son pere pour son titre Sacerdotal, le creancier étant posterieur. *Joannes* Faber tient que *Presbyter non tenetur conferre illud, quod pater ei dedit vel ei assignavit in susceptionem ordinum :* René Chopin tient qu'il n'est tenu de rapporter le titre sacerdotal, soit aux coheritiers, ou aux creanciers de quelque qualité qu'ils soient. Arrêt du 12. Decembre 1619. *Brodeau sur M. Loüet, lettre* D. *somm.* 56. *nomb.* 4.

RAPPORT, TROUSSEAU.

147   Le trousseau ni le don nuptial, n'est sujet à rapport, s'il n'est autrement convenu, ni le banquet nuptial, ni ce qui est donné aux entremetteurs de mariage. *Voyez* Tronçon, *Coûtume de Paris, article* 304. verbo *Rapporter.*

RAPPORT, TUTEURS.

148   Un pere tuteur marie une de ses filles, & la dote, le pere dissipe les biens, les filles non mariées demandent que leur sœur rapporte la dot qu'elle a reçûë de leur pere commun, provenant du revenu des heritages maternels, dont le pere avoit joüi comme tuteur, & en est demeuré reliquataire à ses filles : aux Consultations il a été répondu que les filles non mariées étoient biens fondées. Chopin, *Coûtume de Paris.*

149   Un tuteur par son testament appelle à sa succession le fils de sa seconde femme, à la charge qu'il ne demandera aucun compte de sa tutelle à ses heritiers ; il décede, sa femme marie son fils, & luy donne une somme, tant pour les droits qu'il pouvoit prétendre en la succession du défunt tuteur son mari, que pour la reddition de compte ; elle décede, son fils vient à sa succession avec ses freres uterins, qui luy soûtiennent qu'il doit rapporter la somme donnée. Par Arrêt du 3. Juillet 1599. jugé qu'elle n'étoit sujette à rapport, parce qu'elle étoit donnée au lieu de la reddition de compte de tutelle, & que c'étoit plûtôt une espece de transaction que de donation. *M. le Prêtre,* 3. *Cent. chap.* 70.

150   Le tuteur condamné à rapporter le prêt fait au pere décedé du mineur, à la succession duquel il avoit renoncé ou moins prendre. Arrêt du 11. Février 1608. *Brodeau sur M.* Loüet, *lettre* R. *sommaire* 13. *nombre* 5. *fine.*

RAPPORT DE PROCEZ.

Voyez le titre *de Appellationibus & Relationibus, D.* 1. *C.* 7. 61. & 62.

RAPPORTEUR.

Voyez le mot *Arrêt, nomb.* 35. & le titre des *Juges.*

L'Ordonnance portant que les parties ne doivent

RAP

sçavoir le nom du Rapporteur, eſt miſe hors d'uſage pour pluſieurs conſiderations ; pour leſquelles au contraire les diſtributions des procès ſe publient au Greffe. *Mainard, liv. 1. ch. 81.*

2 Le Conſeiller qui a rapporté le procez, doit minuter le dicton de l'Arrêt, & communiquer ſa minute aux Juges qui ont aſſiſté au rapport. Arrêt du Parlement de Paris du 20. Novembre 1437. *Papon, liv. 4. tit. 6. n. 27.*

3 Le pere de Hennequin de Troyes luy avoit prêté pluſieurs ſommes de deniers ; il ne vouloit pas rapporter, & diſoit que c'étoit une action particuliere, que l'heredité contre luy. Celuy qui avoit époufé une de ſes filles heritieres, ſoûtenoit qu'il devoit rapporter les ſommes, ou moins prendre en la ſucceſſion. Par Arrêt ſolemnel, jugé qu'il rapporteroit, ou moins prendroit. Voyez la *Bibliotheque de Bouchel*, verbo *Rapport.*

4 Après trois ans, les Conſeillers Rapporteurs des procez ne peuvent être inquietez pour les ſacs dont ils ſont chargez. Arrêt du 25. Novembre 1565. *Le Veſt, Arrêt* 226.

5 Deux Conſeillers de la Cour étoient en procez ; celuy qui avoit été condamné, ſe plaignit que le Rapporteur avoit omis de montrer certaines pieces. Il fut aviſé que le procez ſe jugeroit, les Chambres aſſemblées, & ordonné que ceux de la Chambre où l'affaire avoit été jugée, n'y ſeroient point, *quia arguebatur falſum Judicium.* Les parties furent oüies deux ou trois fois en préſence des Gens du Roy : elles ſe dirent reciproquement quelques injures. La Cour ordonna que pendant la prononciation de l'Arrêt, elles ſeroient debout & nuës têtes, *Voyez la Bibliot. de Bouchel, verbo Pieces recellées.*

6 Ceux qui ont fait les enquêtes principales, ou objections, ne peuvent être Rapporteurs du procés, quoiqu'ils le puiſſent être, ayant ſeulement fait les montrées, verifications & enquêtes d'Offices : Arrêt du 14. Juin 1587. *La Rocheflavin, liv. 6. tit. 46. Arr. 8. & Mainard, liv. 4. chap. 66.*

Voyez l'art. 2. du titre 21. de *l'Ordonnance de 1667.* portant que les Rapporteurs des procez ne pourront être commis pour faire les deſcentes ordonnées à leur rapport.

RAPT.

DE raptoribus. D. Gr. 27. q. 2. c. 33. & 34.... *Cauſà* 36. *integrà.*

De raptoribus, incendiariis, & violatoribus Eccleſiarum. Ext. 5. 17.

De raptoris virginis, eorumque qui in raptu adfuerunt, pœnâ Leon. N. 35.

De raptu virginum, vel viduarum, vel ſanctimonialium. C. 9. 13.... C. Th. 24. & 25.... N. 123. C. 43.

De muliere raptum paſſà. N. 143.

De eâ quæ raptori ſuo nubit. N. 150.

Ad legem Juliam, de vi publicâ, vel privatâ. C. 9. 11... D. 48. 6. & 7. *Nota in hoc tit.* 6. *ff.* de vi publ.

Legem 5. §. 2. *Ubi de raptu mulieris.*

De vi bonorum raptorum. D. 47. 8.... C. 9. 33..... *l. 4. 2.*

De effractoribus & expilatoribus D. 47. 18. Contre ceux qui volent avec violence, qui pillent, & qui raviſſent.

De ſervo corrupto. D. 11. 3. Ce titre, & les deux titres ſuivans peuvent s'appliquer aux perſonnes qui raviſſent les fils ou filles de famille.

De furtis, & ſervo corrupto. C. 6. 2.... I. 4. §. 8.

De fugitivis. D. 11. 4... C. 6. 1.

De pœnâ raptoris equi. Conſt. Imper. Theoph. 5. Injuſtice & punition d'un Capitaine, qui avoit pris par force un beau cheval à un de ſes ſoldats.

1 Du crime de rapt, & ſubornation de filles. *Voyez les Ordonnances recueillies par Fontanon, tom. 1. li. 3. tit. 7. pag.* 672. Papon, *livre* 22. *titre* 6. Deſpeiſſes,

to. 2. *pag.* 662. & *Guy Pape, queſt.* 555. & les Annotations qui ſont à la fin de l'Ouvrage de *Julius Clarus.* §. *Raptus.*

De raptu, quem in parentes appellant. Vide Luc. 2 *lib.* 12. *tit.* 7.

3 Autrefois le Parlement de Grenoble étoit plus favorable aux filles trompées. La maxime *aut ducat, aut dotet*, étoit regulierement obſervée dans le Dauphiné : mais les artifices des uns, & les facilitez des autres ont introduit un uſage different. On met aiſément hors de Cour celuy qui a abuſé de l'indigne complaiſance d'une fille, ſur la demande des dommages & interêts qu'elle luy fait, principalement s'il eſt moins âgé qu'elle. Il a été ainſi jugé par pluſieurs Arrêts, & entr'autres par un du mois de Juin 1687. en faveur d'un jeune homme, & ſi jeune qu'en effet il étoit encore dans la minorité, contre une fille de 27. ans. Les parties étoient d'Ambrun. V. *Chorier, en ſa Juriſprudence de Guy Pape, p.* 269.

4 Sur un rapt fait ſous prétexte de changement de Religion, & ſur des violences commiſes contre le raviſſeur. Voyez le 83. *Plaidoyé de M. de Corberon, Avocat General au Parlement de Mets.*

En la connoiſſance & jugement des crimes, comme de rapt, il faut obſerver les circonſtances. V. *Charondas, liv.* 13. *Rép.* 90.

5 Choſes notables du crime de rapt, & de la peine des raviſſeurs. Voyez *Peleus*, qu. 114. Voyez *l'Ordonnance de* 1639. rapportée dans *Neron.* Peleus parle de la fille ravie de la maiſon où l'on demeure, ſans ou ſous promeſſe de mariage. Voyez *l'Ordonnance d'Orleans, art.* 111. & *de Blois, art.* 42. Voyez *les notables Arrêts des Audiences, Arr.* 98.

6 Du rapt de perſuaſion, & du rapt de ſurpriſe. V. *Des Maiſons, let.* R. n. 1. & 2.

7 Rapt non reputé un crime Royal & privilegié, mais un crime commun. Arrêt du Parlement de Paris du 15. Février 1549. *Papon, liv.* 22. *tit.* 6. n. 1.

8 Un accuſé de rapt d'une fille âgée de neuf à dix ans, la déclaration de la fille, ſans autre preuve, ne ſuffit ; & le Juge peut ordonner ſur ſa plainte, qu'elle ſera viſitée par Matrones & Chirurgiens, qui en feront rapport. Arrêt du Parlement de Dijon du 27. Octobre 1508. *Bouvot, tome ſecond, verbo Rapt, queſt.* 2.

9 Raviſſeur declaré non recevable en ſon appel comme d'abus de la Sentence de l'Official d'Angoulême, qui avoit octroyé publication de Monitoire pour la preuve de la ſeduction. Arrêt du 17. Juin 1634. *Voyez le* 24. *Plaidoyé de M. le Maître.*

10 Pour un Gentilhomme accuſé de rapt. Voyez le 25. *Plaidoyé de M. le Maître.* Arrêt du 24. Juillet 1634. en ſa faveur contre le pere d'une veuve.

11 Voyez le 34. *Plaidoyé de M. le Maître*, pour un fils raviſſeur, contre ſon pere. L'Arrêt du 15. May 1636. confirma le mariage.

12 Arrêt du 9. Juin 1662. qui a confirmé le deſiſtement d'une inſtance de mariage, intentée par une femme abuſée. Ce même Arrêt a jugé que le deſiſtement de la mere avoit préjudicié à l'état du fils, a neanmoins accordé au fils des alimens ; il a condamné ſon pere à luy fournir, lorſqu'il auroit atteint 14. ans, huit cens livres, tant pour un métier, que pour avoir Boutique. *Boniface, tome* 2. *part.* 3. *li.* 1. *tit.* 6. *chap.* 14.

13 Fille ravie & menée hors du Royaume où ſon raviſſeur l'époufée, ne peut, ſans le conſentement de ſon pere, ſe marier pendant ſa majorité avec ce même raviſſeur ; & le Juge d'Egliſe n'a pû connoître de l'oppoſition formée par le pere au mariage, au préjudice de l'inſtance criminelle, pendante pardevant le Juge ſeculier, & qu'aſſemblée des parens de la fille ſeroit faite, pour convenir d'un lieu où la fille pourroit être miſe. Jugé à Aix le 22. May 1681. *Journal du Palais.*

RAPT, ACTION.

14 & 15. Un fils accusé en crime de rapt, se doit purger avant que de pouvoir informer sur la vie prostituée de la fille ravie, à la différence du pere administrateur, qui peut être reçû à informer avant les réponses de son fils. *Voyez Boniface, tome 3. livre 1. titre 1. chapitre 6.*

16. Si l'action criminelle afin de mariage, intentée par-devant un Official par une veuve majeure, contre un jeune Gentilhomme, qui a abusé d'elle, sous promesse de mariage, doit exclure son pere d'intenter une action criminelle de rapt à l'encontre de luy? Sur l'instance de rapt, les parties furent mises hors de Cour. *Voyez le 4. Plaidoyé de M. Galand.*

17. Fille mariée sans le consentement de son pere, ne peut plus être poursuivie pour rapt, s'il l'a remise dans sa maison, & a reconnu le mary pour son gendre; mais elle ne peut demander dot à son pere. Arrêt du Mercredy absolu de l'an 1555. *Papon, livre 22. tit. 6. n. 7.*

18. L'action de rapt se peut intenter non seulement par celuy ou celles qui ont ravies, mais par leurs pere & mere, ce qui s'appelle *raptus in parentes. L. unum. §. siquidem C. de raptu virg. can. lex 36. quest. 1.* Rapt est punissable après la mort du ravy, & en la personne du ravisseur & des enfans. Arrêt du 21. Janvier 1583. *Papon, liv. 22. tit. 6. n. 11.*

19. Des freres forment une accusation de rapt; la sœur dit qu'elle étoit âgée de trente ans, & qu'ils avoient toûjours formé obstacle à son établissement. Arrêt du mois de Mars 1598. qui les mit hors de Cour. *Biblioteque de Bouchel, verbo Rapt.*

20. Recrimination admise en crime de rapt. Un jeune homme d'Angers est accusé de rapt; le pere du jeune homme forme pareille accusation contre la fille. Par Arrêt de la Tourpelle du 7. Janvier 1606. les decrets sont confirmez; ordonné que le Juge parferoit le procez suivant les derniers erremens. *Plaidoyers de Corbin, chap. 6.*

21. Jugé au Parlement de Roüen au mois d'Octobre 1608. que l'accusation de rapt ne pouvoit être formée à l'occasion d'une veuve, ou fils de famille qui a déja été marié. *V. la Bibliotheque de Bouchel, verbo Rapt.*

22. Par Arrêt de la Tournelle de Roüen du 14. Janvier 1631. un pere ayant abandonné la poursuite du rapt de sa fille, dont il accusoit le Curé de sa Paroisse, & de l'avoir mariée à son frere, l'oncle fut reçû à prendre la suite du procez, comme d'un crime contre la famille & la parenté, *contra gentem & familiam.* Basnage *sur l'article 143. de la Coûtume de Normandie.*

23. Arrêt rendu au Parlement de Grenoble le 4. Juillet 1635. qui a jugé, 1°. Qu'une mere ayant permis à sa fille la conversation avec un jeune homme, même ne s'étant plainte d'un premier enfant, n'étoit plus recevable à former contre luy l'accusation de rapt. 2°. Qu'il y a même fin de non recevoir à l'égard d'un pere contre une fille, quand le fils a eu de longue habitudes avec elle, & qu'il y a eu entr'eux des conventions de mariage, suivies ou précédées de la naissance d'un enfant. *V. le 4. Plaidoyé de Basset, to. 1.*

24. Jugé au Parlement de Paris le 30. Decembre 1649. qu'une mere est recevable à se plaindre du rapt commis en la personne de sa fille, après en avoir souffert la débauche. Le ravisseur fut condamné à aumôner au pain des Prisonniers de la Conciergerie du Palais, trois mille livres, prendre l'enfant, & consigner és mains d'un notable Bourgeois six mille livres, pour en faire interêt, & l'élever jusques à ce qu'il fût en état de gagner sa vie, & en quatre mille liv. envers la mere, pour toute reparation, dommages & interêts, & aux dépens; pour le payement desquelles sommes il fut mis en la garde d'un des Huissiers de la Cour. *Soëfve, to. 1. Cent. 3. ch. 23.*

25. Il n'y a pas lieu en crime de rapt, quand le Curateur de la fille mineure l'a assistée au contrat de mariage. Arrêt du Parlement de Grenoble du 24. Juillet 1655. *Voyez le 16. Plaidoyé de Basset.*

26. Jugé par Arrêt du Parlement de Paris du 15. Mars 1659. que l'action de rapt ne peut être poursuivie que par les pere & mere, ou par ceux qui ont la qualité de Tuteur ou de Curateur des personnes ravies; & neanmoins fut le ravisseur condamné en une aumône pour le pain des Prisonniers. *Soëfve, tom. 2. Cent. 1. chap. 98.*

27. Arrêt du Parlement de Provence du 16. Juin 1663. qui a jugé qu'un homme marié ne peut être accusé en crime de rapt. *Boniface, tom. 2. part. 3. li. 1. tit. 6. chap. 11.*

28. Arrêt du 14. Juin 1667. qui a jugé que le crime de rapt peut être poursuivi par la fille ravie contre le ravisseur, après s'être mariée à un autre, non pas aux fins d'un mariage, mais pour être reparée. *Boniface, ibid. ch. 13.*

29. L'accusé en crime de rapt, fils de famille, n'est reçû à faire informer sur l'impudicité de la fille qui l'accuse. Arrêt du même Parlement de Provence du 1. Février 1675. *Boniface, tome 5. livre 4. titre 3. chapitre 18.*

30. Une fille proche de sa majorité, peut conjointement avec son pere qui ne l'a point autorisée, poursuivre en crime de rapt celuy qui l'a abusée; cette action n'est point reservée au pere seul, quoiqu'il ait sa fille dans sa puissance. Arrêt du Parlement d'Aix du 17. Mars 1691. *Au Journal in fol. du Palais, to. 2. pag. 789.*

RAPT, FILLE DE CABARETIER.

31. *Voyez l'onziéme Plaidoyé de M. Patru*, pour un jeune Allemand, accusé d'avoir ravi la fille d'un Cabaretier de la Ville de Châlons. La cause fut jugée le 27. Juillet 1639. La décision de l'Arrêt n'est point marquée.

32. La fille d'un Cabaretier ayant été déclarée par deux Arrêts non recevable en l'accusation de rapt, avec inhibitions au prétendu ravisseur de la frequenter, cette fille n'est reçûe en la troisiéme accusation, le ravisseur l'ayant frequentée. Arrêt du Parlement de Provence du 14. Mars 1671. *Boniface, tom. 5. liv. 4. tit. 3. ch. 16.*

33. Une majeure servante de cabaret, n'est recevable d'accuser un majeur en crime de rapt. Arrêt du même Parlem. du 29. Janvier 1678. *Boniface, ibid ch. 8. Voyez cy-aprés le nomb. 58. & 59.*

RAPT, CONSENTEMENT.

34. Du rapt. *Voyez Julius Clarus, lib. 5. Sententiarum.* La peine du rapt a lieu, quoique la femme ait consenti au dessein du ravisseur. Ainsi jugé le neuf Juin 1552. *in casu raptûs filiæ cujusdam Marmonta cauponis, quæ volens à domo patris abducta fuerat.*

35. Fille ravie en la maison où on demeure, sans ou sous promesse de mariage. *Voyez Peleus, quest. 124.* où il est dit que le ravisseur d'une mineure, même étant veuve, ne peut éviter la punition ordonnée par la Loy, qu'en épousant la ravie, encore qu'il y eût du consentement de la ravie. La Jurisprudence a changé par l'Ordonnance de 1639.

36. Fille ravie à l'âge de dix ans par le sieur du Bois, & à luy mariée depuis, elle avoit donné son consentement au mariage. Par Arrêt du Conseil Privé le mariage confirmé, & l'enfant declaré legitime, le 28. Août 1664. *De la Guess. tom. 2. liv. 6. ch. 50.*

37. Fille mineure ayant consenti à son enlevement, & ayant épousé son ravisseur, sans le consentement de ses pere & mere, n'est point sujette à la peine prononcée par l'Edit de 1556. & par la Declaration de 1639. qui la privent de toutes successions directes & collaterales, même de la legitime. Cette peine n'est que pour les rapts de violence; & d'ailleurs elle est couverte par le consentement posterieur que le pere

a donné au mariage. Arrêt du Grand Conseil du 13. Septembre 1692. en faveur de Marie Charlotte de Mazarin, mariée à M. le Duc de Richelieu. *Voyez le Journal du Palais*, in fol. to. 2. p. 822.

RAPT, DOTATION.

38 Provision de dot doit être faite *rapta filiæ*. Voyez Franc. Marc. tom. 1. qu. 6.

39 Arrêt rendu au Parlement de Provence au mois de Juin 1652. qui a jugé que quand il y a inégalité de condition entre le ravisseur & la ravie, le ravisseur étant Gentilhomme, & la ravie étant de basse condition, elle ne peut prétendre qu'une dotation. Elle obtint deux mille liv. Boniface, tom. 2. part. 3. li. 1. tit. 6. ch. 9.

40 Par Arrêt du même Parlement de Provence du 28. Septembre 1665. la servante qui a été abusée par le fils de son Maître, est dotée, nonobstant le desistement du rapt. Ce même Arrêt donne les alimens au fils. Boniface, ibid. ch. 15.

RAPT, ECCLESIASTIQUES.

41 Des Ecclesiastiques qui sont complices d'un rapt de violence, ou de seduction, ou qui font des mariages clandestins, ou participent à ceux qui sont contre le Droit. *Voyez M. Du Perray, en son Traité de la Capacité des Ecclesiastiques*, pag. 276. Voyez Servin, tom. 2. p. 397. Les Ecclesiastiques furent renvoyez aux Juges du Chapitre.

RAPT, JUGE.

42 Du crime de rapt, dont la connoissance & punition appartient au Juge Royal, *nec potest Officialis prævenire*. Voyez Franc. Marc. to. 1. qu. 2.

43 *De crimine raptûs sponsæ, quis cognoscere debeat?* Voyez ibid. qu. 462.

44 *Pendente quæstione raptûs coram judice laico, silet quæstio fœderis matrimonii coram Ecclesiastico.* Arrêt du Parlement de Paris du 9. Mars 1541. qui declare abusive la citation faite pardevant l'Official d'Angers, au même temps que la question du rapt étoit pendante pardevant le Sénéchal d'Anjou. *Voyez la Bibliotheque de Bouchel*, verbo Rapt.

45 Pendant l'accusation de rapt poursuivie pardevant le Juge Royal, l'Official & le Juge d'Eglise ne peut connoître de la cause *super fœdere matrimonii*. Arrêt donné aux Grands Jours de Troyes le 25. Octobre 1583. en la cause de Marie Bricourt, & Nicolas le Vert. *Voyez Chopin, lib. 2. de sacr. polit. tit. 7. n. 30. & l'Edit de Melun de 1580. art. 25.*

46 Le 29. May 1593. M. Seguier Avocat du Roy, dit, quand la plainte du rapt tend à peine corporelle, il faut que l'instance pendante pardevant l'Official *super fœdere matrimonii*, cesse; quoiqu'anciennement l'Official ne laissoit pas de passer outre; car après avoir prononcé sur le mariage, le Juge seculier ne laissoit pas de punir le rapt. Mais quand la plainte du rapt ne va qu'aux intérêts, l'Official ne laisse pas d'en connoître. Chenu, qu. 25.

47 En cas de rapt à main armée, avec port d'armes, ou avec assemblée, y ayant promesse de mariage sans authorité du pere, mere, tuteur, curateur, la connoissance en appartient au Juge Royal, & hors ces deux cas, au Juge du lieu. Arrêt du Parl. de Dijon du 3. Mars 1612. Bouvot, to. 2. verbo Rapt. qu. 4.

48 Arrêt du Parlement de Provence du 29. Octobre 1644. qui a jugé que le crime de rapt ayant été commencé en France par subornation contre un mineur, & consommé hors la France par un mariage, les Juges de France étoient Juges de ce crime. La même chose a été jugée le 21. Janvier 1661. Les Arrêts en sont rapportez par Boniface, tome 2. part. 3. livre 1. tit. 6. ch. 1.

49 En crime de rapt, les Lieutenans Criminels des Bailliages ne doivent condamner les coupables à mort, si mieux n'aiment épouser; mais ils doivent juger suivant les Ordonnances. Arrêt du 21. Février 1650. Du Frêne, liv. 5. ch. 53.

50 Arrêt du Parlement de Provence du dernier Avril 1660. par lequel il a été jugé que les Juges subalternes peuvent bien condamner les ravisseurs de filles à la mort, mais non pas leur donner le choix de les épouser. Boniface, to. 1. liv. 1. tit. 4. n. 10.

51 Arrêt du 21. Juillet 1676. qui donna au Lieutenant Criminel, & non au Viguier, la connoissance du rapt commis par force. Boniface, *tome troisième*, li. 1. ti. 8. chap. 4.

RAPT, FILLE MAJEURE.

52 Arrêt de Reglement du 22. Novembre 1627. qui a jugé que le mineur ne peut être accusé en crime de rapt par une fille majeure, sous prétexte de mariage. Autre Arrêt du dix Février 1652. qui a reçû l'accusatrice à verifier par témoins, que lorsque le mineur fut baptisé, il avoit deux ans & demi, & qu'il étoit majeur lors du crime. Idem, to. 2. part. 3. li. 1. tit. 6. chap. 5. *& suiv*.

53 Jugé le 26. Mars 1667. que la fille majeure peut accuser en crime de rapt un majeur de trente-cinq ans. La Jurisprudence ancienne étoit contraire; mais on considera qu'il y avoit enlevement hors du Royaume, & que le mineur étoit en âge de contracter mariage sans le consentement de ses parens. Boniface, ibid. chap. 2.

54 Arrêt du 8. Juin 1668. qui a déclaré une fille majeure non recevable d'accuser en crime de rapt un fils de famille mineur, & a enjoint au fils d'être obeïssant à son pere; & luy fait défenses de hanter la fille, à peine de la vie. Le ravisseur fut condamné en de grandes amendes envers le Roy, & en 3000. liv. pour la dotation de la fille, qu'il payeroit après la mort de son pere. Ibidem, chap. 4.

55 Une fille majeure peut accuser en crime de rapt un majeur. Arrêt du 13. May 1673, Boniface, to. 5. li. 4. tit. 3. ch. 6. Autre Arrêt semblable rendu en l'année 1686. Ibid. ch. 7.

56 Arrêt du 18. Avril 1676. qui a déclaré non recevable une fille majeure, d'accuser un fils de famille mineur de 22. ans, donna une provision pour l'enfant, & ordonna que sur le stupre il seroit répondu par l'un & l'autre. Boniface, tome 5. liv. 4. titre 3. chap. 10.

57 Une majeure ne peut accuser en crime de rapt un majeur, y ayant des preuves de l'impudicité de la majeure. Arrêt du 12. Mars 1678. Boniface, ibidem chap. 4.

57 bis. Fille majeure déclarée non recevable d'accuser en crime de rapt un fils de famille âgé de 24. ans & trois mois. Arrêt du 4. Février 1679. Ibid. ch. 9.

58 Si les filles majeures sont toûjours recevables d'accuser en crime de rapt les majeurs, ou si le Jugement doit dépendre des circonstances particulieres, & de la qualité des personnes? Arrêt du 22. Novembre 1681. qui a declaré non recevable la majeure par les circonstances qui étoient, que l'accusé avoit été lui-même forcé de faire une promesse de mariage, & que l'accusatrice étoit fille d'un Cabaretier. Boniface, tom. 5. liv. 4. tit. 3. ch. 3.

RAPT PAR LE MAÎTRE.

59 Fille de Cabaret reçûë à se plaindre d'un rapt commis envers elle par son Maître. Arrêt du 30. Octobre 1646. Berault, à la fin du 2. Tome de la Coûtume de Normandie, pag. 69.

Voyez cy-dessus le nomb. 31. *& suiv*.

RAPT, MARIAGE.

59 bis. Le mariage consenti & contracté entre les ravisseurs, ne les affranchit pas de la peine. *Voyez Julius Clarus, lib. 5. sententiarum*, où il est dit, *Licet quidam Cæsar Moscatus, qui puellam, quam violaverat uxorem duxit, fuerit per Senatum absolutus* 26. Novemb. 1560. *audivi in facti contingentia, plerumque contrarium judicatum fuisse, & in specie per Regem Hispaniæ, qui post contractum matrimonium inter raptorem, & raptam, jussit ipsum raptorem decapitari.*

Ortal

60. Ortal avoit été condamné à mort au Sénéchal de Cahors, pour le rapt d'une fille nommée Benasis, *sauf s'il l'épousoit* ; le pere fit semblant de la faire épouser, & le fit accorder. Par Arrêt du Parlement de Toulouse la Sentence avoit été confirmée, le pere condamné aux dépens, dommages & interêts : c'est pourquoy il fut obligé de consentir à ce mariage quelque temps aprés. Ce fils l'ayant épousée, l'abandonna sans luy donner les alimens : surquoy Maître Bessiere Prêtre, qui avoit fait les frais de cette poursuite, demandant ses dommages & interêts ; Ortal pere s'étoit pourvû par Requête Civile contre l'Arrêt, il en alleguoit un du Parlement de Paris de 1598. remarquable quant à la forme de prononcer. Cet Arrêt relaxe en pareil cas un gendre envers sa belle-mere, à la charge de l'en remercier : il en alleguoit un autre de ce Parlement, par lequel un homme condamné à 4000. liv. de dommages & interêts envers la fille qu'il avoit ravie, l'ayant épousée, avoit été relaxé de cette somme, à la charge qu'il la tiendroit en constitution dotale de sa femme. Au contraire, Bessiere disoit que, *nemo peccator, pænitentiâ nocens esse desit*, L. *quid à mente* 65. *ff. de furtis* : que ce pere avoit été justement condamné, pour avoir favorisé son fils à briser les prisons, & qu'ils ne meritoient pas la faveur des Arrêts qu'ils avoient alleguez, puisqu'ils n'avoient pas voulu recevoir cette femme dans leur maison ; surquoy il y eut partage : mais ce partage fut jugé à l'avantage d'Ortal. *Albert*, verbo *Rapt*.

61. Rapt ne se peut couvrir par promesse de mariage : jugé contre un nommé Tabaria, lequel fut condamné à être décapité ; ceux qui l'avoient aidé, condamnez à avoir le foüet, & l'assister au supplice. Arrêt du Parlement de Paris du 18. Novembre 1556. *Papon*, liv. 22. tit. 6. n. 8.

62. Quoique la fille violée demande son violateur pour mary, on ne doit point y avoir d'égard. Arrêt en pareil cas, qui condamne à être pendu. Il a été rendu au Parlement de Toulouse le 18. Janvier 1558. *La Rocheflavin*, liv. 3. lettre R. tit. 2. Arr. 4.

63. Rapt doit être jugé avant la nullité du mariage. Arrêt du 19. Juillet 1577. pour le fils d'un Conseiller du Grand Conseil. Et par autre Arrêt de la Tournelle du 12. Avril 1578. Ainsi il y auroit abus dans les procedures d'un Official, qui connoîtroit du Sacrement avant la fin de l'accusation criminelle. *Papon*, liv. 22. tit. 6. nomb. 2. où sont citez plusieurs anciens Arrêts.

64. La fille ravie pouvoit autrefois tirer des mains de la Justice son ravisseur, en le demandant en mariage : mais pour ne point laisser profiter un criminel de son crime, une fille ayant demandé une pareille grace à la Tournelle, par l'avis de la Grand'-Chambre, & contre celuy de M. le Premier Président, sans y avoir égard, il fut passé outre au Jugement, l'accusé condamné à mort. Arrêt du Parlement de Paris du mois de Novembre 1580. *Papon*, liv. 22. tit. 6. nombre 8.

65. Arrêt du Parlement de Paris de l'an 1583. qui condamne un Clerc à être pendu, pour avoir engrossé la fille d'un Président, quoiqu'elle le demandât pour mary, & qu'elle eût atteint l'âge de 25. ans. *La Rocheflavin*, liv. 3. lettre R. tit. 2. Arr. 3.

66. *Raptus in viduam majorem 25. annis*. Jugé par Arrêt du Parlement de Paris du 17. Août 1604. à la Tournelle contre Cottereaux, Maître des Comptes en Bretagne, pour lequel il fut condamné à mort, si mieux n'aimoit épouser celle qu'il avoit ravie, ce qu'il opta ; & l'on solemnisa le mariage le Mercredy ensuivant, en l'Eglise S. Barthelemy, ayant été tiré des prisons de la Conciergerie, & conduit par deux Huissiers, & le Greffier Criminel ; & fut un enfant qui étoit issu de leur conjonction, mis sous le poële. *Voyez Chenu, quest.* 28.

Tome III.

67. Sur le rapt d'une jeune veuve, sous prétexte de mariage : par Arrêt rendu au Parlement de Paris au mois de Mars 1618. le ravisseur eut condamné d'avoir la tête tranchée, si mieux il n'aimoit l'épouser ; & aprés qu'il eut opté, ils furent menez par deux Huissiers à S. Barthelemy, où ils furent mariez en présence des parens de part & d'autre. *Le Bret*, liv. 1. décision 3.

68. En crime de rapt, on donne quelquefois le choix par indulgence au prévenu, d'épouser la fille par lui ravie, pour éviter la mort. Arrêt du Parlement de Grenoble du 23. Juillet 1626. *Basset*, tome 1. liv. 6. tit. 18. ch. 1.

69. Crime de rapt ne se couvre point, & ne s'éteint par des articles de mariage subsequens, dont on peut resilir. Arrêt du 12. Février 1632. *Bardet*, to. 2. li. 1. chap. 6.

70. Rapt commis en la personne d'un jeune homme qui y a consenti, son mariage declaré nul, & le jeune homme condamné en 24000. liv. parifis d'amende envers le Roy, &c. Arrêt du 4. Septembre 1637. *Du Frêne*, liv. 3. ch. 4.

71. Juges inferieurs pour crime de rapt, ne peuvent condamner le ravisseur à la mort, si mieux il n'aime épouser celle qu'il a ravie : jugé le deux Janvier 1638. *Bardet*, tom. 2. liv. 7. ch. 1. L'Arrêt porte défenses au Lieutenant Criminel d'Angoumois de plus prononcer de la sorte, & luy enjoignoit de juger suivant la rigueur de l'Ordonnance. *Voyez Boniface*, tom. 1. liv. 1. tit. 4. n. 10. *Despeisses*, tom. 2. p. 566.

72. Arrêt du Parlement de Provence du 10. Mars 1661, qui a déchargé le ravisseur des amendes, en épousant aprés la fille ravie. *Boniface*, to. 2. part. 3. liv. 1. tit. 6. chap. 12.

73. L'action criminelle arrête la procedure civile, pour raison du rapt commis par le *fiancé* sur son accordée qui étoit majeure, le fiancé refusoit d'accomplir le mariage. Arrêt interlocutoire du Parlem. de Bourdeaux du 14. May 1672. *Journal du Palais*.

RAPT, MINEUR.

74. Fille mineure ne peut être accusée de rapt par le pere d'un fils aussi mineur. Arrêt du Parlement de Grenoble du 12. Août 1668. *Voyez Basset*.

75. Une fille mineure n'est recevable d'accuser en crime de rapt, un fils de famille mineur, d'inégale condition à elle, aprés les inhibitions faites de souffrir la frequentation du fils de famille. Arrêt du Parlement de Provence du 19. Décembre 1671. *Boniface*, tom. 5. liv. 4. tit. 3. ch. 2.

76. La mineure peut accuser en crime de rapt un mineur moins âgé qu'elle. Arrêt du 26. Avril 1681. *Boniface*, ibidem chap. 1. où il observe que par l'Arrêt diffinitif l'accusé fut condamné à la mort, si mieux il n'aimoit épouser, & de fait, il épousa.

RAPT, OFFICIAUX.

77. Défenses sont faites aux Officiaux de connoître du crime de rapt. Arrêt du Parlement de Dijon du 15. May 1599. *Bouvot*, tome second, verbo *Mariage*, quest. 5.

78. En crime de rapt, l'on peut obtenir *Monitoire*, mais l'Official ne peut ordonner qu'il sera signifié à certaine personne. Arrêt du Parlement de Dijon du onze Mars 1610. *Bouvot*, tome premier, part. 1. verbo *Rapt*.

RAPT, PEINE.

79. De la peine du rapt : elle est differente selon les circonstances ; & on distingue s'il y a eu quelques propositions de mariage, du consentement du pere ou de la mere. *Voyez Papon*, liv. 24. tit. 10. n. 20.

80. L'opinion des Docteurs, est que la peine de rapt n'a point lieu *contra publicas meretrices*. Il y a eu des préjugez contraires. *Florentinus quidam fuit furcâ suspensus, & sociis per triennium ad triremes condemnati*. *Voyez Julius Clarus*, liv. 5. *sententiarum*. Il dit que *ex dispositione constitutionum rapientibus mulieres inho-*

nestas imponitur tantum pœna arbitraria, quam quidem Senatus arbitrari solet in tribus ictibus funis, pro ut servatum fuit cum quibusdam Varisiensibus 9. *Julii* 1558.

81. *Mulier rapiens virum causâ libidinis, incidit in pœnam raptûs.* Florentiæ combusta *fuit quædam meretrix, quæ adolescentulum rapuerat.* Voyez *Julius Clarus, li. 5. sententiarum*, où est rapportée l'opinion de plusieurs Docteurs.

82. Guillaume de Serió du lieu d'Oursieres ayant été convaincu du crime de rapt, fut seulement condamné au Parlement de Grenoble en 500. livres pour les reparations du Palais, *& ad pœnam de raptoribus*, au cas qu'il ne satisfît pas dans le temps prescrit, au payement de cette somme. Il y a pourtant peu de rapport dans cette alternative, de l'une de ces peines avec l'autre. *Voyez* Chorier *en sa Jurisprudence de Guy Pape*, *pag.* 271.

83. Quoique la peine de rapt soit capitale, neanmoins il arrive assez souvent que la Cour ayant vû le procez, fait venir en la Chambre le criminel, à qui elle declare, que par les charges resultantes des informations, il a encouru la peine de mort. Neanmoins, qu'en cas qu'il opte le mariage de celle qu'il a séduite, cette peine sera moderée. S'il opte, à l'instant on ordonne que le prisonnier sera remené dans la Conciergerie, de là conduit en la Chapelle des Prisonniers, ou en quelque Eglise prochaine, pour y celebrer le mariage. *Charondas* rapporte un Arrêt formel du Parlement de Paris, & *Fevret* en cite un autre du Parlement de Dijon. *Bibliotheque Canon. tom.* 2. *pag.* 77.

84. Il n'y a que les Juges Souverains qui peuvent condamner à mort le ravisseur, si mieux il n'aime épouser, &c. *Voyez Despeisses*, *to.* 2. *p.* 566. *n.* 41.

85. Il fut ordonné au Parlement de Toussaint 1278. que la maison d'un ravisseur seroit rasée. *Biblioth. de Bouchel*, verbo *Rapt*.

86. Par Arrêt du Parlement de Roüen du 20. Novembre 1578. rapporté par *Terrien*, li. 12. ch. 14. le Bastard Theroude chargé d'avoir pris à force une fille, qui s'étoit auparavant abandonnée à deux hommes, & avoit eu un enfant du fait de l'un d'eux, mais qui depuis deux ans s'étoit retirée, & convertie à vivre honnêtement, fut pour punition condamné à être batu de verges trois jours de marché, banny du Royaume, ses biens acquis & confisquez, sur laquelle confiscation furent ajugées 200. liv. à la fille. *Jovet*, verbo *Rapt*, *n.* 8. rapporte le même Arrêt.

87. Par Arrêt du Parlement de Paris, rapporté par *Terrien*, une Servante, pour avoir persuadé un fils de riche Marchand de Roüen à l'épouser, en la maison duquel elle étoit demeurée, fut condamnée à être foüettée par les carrefours, bannie du Royaume de France, ses biens confisquez, & en 400. liv. d'interêts vers le pere : mais est à noter que tel rapt se peut couvrir, quand le pere n'en fait poursuite, ou tacitement approuve tel mariage. Toutefois la fille qui seroit ainsi mariée sans le consentement de son pere, ne seroit reçüe, ni son mary pour elle, à demander la dot : comme il fut jugé par Arrêt du 1. Avril 1555. *Jovet*, verbo *Rapt*.

88. Le rapt fait en la personne d'un jeune garçon qui étoit en tutelle, & que l'on avoit induit à se marier sans le consentement de son tuteur & curateur, les ravisseurs furent condamnez à faire amende honorable, avec défenses à toutes personnes de doresnavant contracter ou faire contracter aucuns mariages, sans le consentement des peres & meres, tuteurs & curateurs des enfans que l'on voudra marier. Arrêt du 26. Mars 1554. *Le Vest*, *Arr.* 61.

89. Un Compagnon Maçon ayant abusé de la fille de son Maître, chez qui il demeuroit, sous couleur de mariage, par Arrêt du 18. Janvier 1558. a été condamné à perdre la tête, sans avoir égard aux Lettres de grace par luy obtenuës, dont il fut debouté. *La Rochestavin, liv.* 3. *lett.* R. *tit.* 2. *Arr.* 2.

90. Laurent Cotuly, Compagnon Maçon, commet un rapt avec Marie du Moulins fille de son Maître, sous couleur de mariage ; il est condamné à mort. Appel en la Cour. Il se rend impetrant de Lettres de Grace, disant avoir accordé avec ladite Marie de la prendre à femme. Par Arrêt du 18. Janvier 1558. il est débouté de l'effet de ses Lettres, & condamné à perdre la tête ; ce qui fut executé à Saint Georges à Toulouse. L'Arrêt fondé sur ce que *raptor non debet nubere raptâ, & rapta à principio, non videtur posteà consensisse in matrimonium, sed potius in stuprum, & quia in atrocibus criminibus in his quæ sunt mali exempli autoritas Regis non excusat.* Voyez *la Bibliotheque de Bouchel,* verbo , *Rapt*.

91. Celuy qui a fait ses efforts pour connoître une jeune fille dont il a été empêché par l'âge, doit être puni capitalement & suivant la condition des parties. Arrêt du Parlement de Grenoble du 28. Janvier 1581. *Papon, liv.* 23. *tit.* 10. *n.* 4.

92. Un ravisseur & violateur d'une fille de quatre ans & huit mois, condamné à la roüe par Arrêt du dernier Août 1616. *Bassot, to.* 1. *li.* 6. *tit.* 18. *ch.* 2.

93. *Voyez* le 18. *Plaidoyé de M. le Maître* contre un ravisseur. Arrêt du 12. Août 1633. qui sur le rapt met hors de Cour, & condamne le ravisseur & son pere solidairement à payer 1200. liv. à la fille pour toute réparation, 200. liv. aux prisonniers de la Conciergerie, & à nourrir & élever l'enfant.

94. Par Arrêt du Parlement de Paris du mois de Juillet 1656. le sieur Ferrand fut condamné en 8000. liv. de dommages & interêts, pour avoir abusé la Demoiselle de Fleance, pour luy avoir fait un enfant, en 3000. liv. vers l'enfant. *Jovet*, verbo, *Rapt*, *n.* 7. dit avoir oüi prononcer l'Arrêt en l'Audience de la Tournelle.

95. Le rapt qui se fait par la force, par la violence & par l'enlevement est toûjours puni de mort à la difference de celuy qui se fait par la subornation des filles, qui sont en la puissance de leurs peres ou de leurs tuteurs & de leurs curateurs, lequel est pardonné si les deux parties consentent au mariage. Arrêt du Parlement de Grenoble du 18. Février 1640. rapporté par *Chorier*, *en sa Jurisprudence de Guy Pape*, *page* 269.

96. Isaac Carier mineur de 25. ans, ayant débauché une fille aussi mineure, mais un peu plus âgée que luy, l'action de rapt fut intentée par le pere contre ce suborneur qui avoüa le crime, & déclara qu'il étoit dans la volonté d'épouser cette fille si son pere le luy permettoit, ce qu'ayant réiteré à l'Audience à genoux devant son pere qui le refusa ; il fut seulement condamné en 500. liv. pour dommages & interêts, & le pere seulement à prendre & à nourrir, suivant ses offres, l'enfant. Arrêt du Parlement de Grenoble du 18. Janvier 1680. rapporté par *Chorier*, *ibidem*.

97. Arrêt du P. de Paris du 30. Decembre 1649. entre la veuve du sieur de Lubert Maître d'Hôtel de la Maison du Roy, stipulant le fait & cause de sa fille, appellante d'une Sentence rendüe par le Lieutenant Criminel du Châtelet, en ce que le défendeur n'a pas été condamné conformément à l'Ordonnance, pour raison du crime de rapt ; & M. Henry d'Aubray, Contrôlleur General des Eaux & Forêts de Normandie, intimé & appellant de la procedure extraordinaire. Les appellations furent mises au néant ; d'Aubray condamné d'aumôner au pain des prisonniers de la Conciergerie 3000. liv. prendre l'enfant duquel la fille étoit accouchée, le faire élever dans la Religion Catholique, jusqu'à ce qu'il soit en âge de gagner sa vie, consigner és mains d'un notable Bourgeois, dont les parties conviendront, la somme de 6000. liv. pour en faire interêt au profit de l'en-

RAP   RAT   275

fant ; condamné en outre à 4000. liv. envers la mere pour toutes réparations, dommages & interêts, & aux dépens ; & pour le payement des sommes, ordonné qu'il sera présentement mis à la garde d'un des Huissiers de la Cour qui s'en chargera. *V. les Plaidoyez de M. d'Audiguier-du-Mazet* ; il plaidoit contre le ravisseur,& se plaignoit de la Sentence qui l'avoit seulement condamné à doter la fille de sa partie d'une somme de 50000. l. si mieux il n'aimoit l'épouser. M. d'Audiguier conservant la prévention naturelle à l'Avocat pour le droit d'une partie, ne parut pas content de ce préjugé ; il vouloit que le ravisseur fût puni ; mais M. Talon observa que de la part de la fille, il y avoit beaucoup de facilité & de démarches.

98   Arrêt du Parlement de Provence du 17. May 1653. qui a condamné au Refuge, une fille pour crime de paillardise, qui disoit avoir été ravie par un mineur. *Boniface*, tome 2. liv. 3. tit. 8. ch. 2.

99   Par Arrêt du Parlement de Paris en la Chambre de la Tournelle de l'année 1657. le Chevalier de la Porte fut condamné en 12000. liv. vers un fille qu'il avoit engrossée, sur une action de rapt intentée contre luy ; mais la cause avoit été recommandée, ainsi on ne peut point faire consequence de cet Arrêt. *Jouët*, verbo, *Rapt*, n. 6. dit avoir oüi prononcer cet Arrêt.

100   Un Curé de Quercy accusé d'avoir voulu forcer une de ses Paroissiennes, & de luy avoir mis un mouchoir à la bouche, insistant à son renvoy, en fut démis, le 17. Mars 1662. Ce qui fait voir que le rapt est un cas privilegié. Arrêt du Parlement de Toulouse rapporté par *M. Jean Albert*, lettre C. art. 2.

RAPT, PERE.

101   Arrêt du Parlement de Provence du 3. Mars 1668. qui a jugé que le pere doit representer son fils accusé en crime de rapt, s'il veut être oüi à faire declarer non recevable la fille qui l'accuse. *Boniface*, to. 2. part. 3. liv. 1. tit. 6. ch. 8.

102   Un pere ayant transigé sur une instance de rapt commis à sa fille, la fille qui avoit donné sa procuration au pere, ne peut reprendre l'instance. Arrêt du 14. Décembre 1677. *Boniface*, tome 5. livre 4. titre 3. chapitre 15.

103   Jugé le 10. Decembre 1678. que le pere d'un fils accusé en crime de rapt, est recevable d'accuser en subornation les parens de la fille, sans representer son fils défaillant. *Boniface*, tome 5. livre 4. titre 3. chapitre 14.

104   Arrêt du même Parlement de Provence du 23. Novembre 1686. qui a jugé que la fille majeure, après avoir requis son pere de la marier, ayant été ravie par son amoureux, & sur le rapt instance formée par le pere, la fille doit être remise dans un Monastere pendant le procés. M. l'Avocat General de la Mole, dit que les deux actions criminelles étoient distinctes, & n'avoient pas rapport l'une à l'autre, le pere ayant pû informer de l'enlevement, & la fille du rapt. *Boniface*, tome 5. liv. 4. tit. 3. ch. 2.

RAPT, SERVITEUR.

105   Le Clerc d'un Président de la Cour condamné d'être pendu pour avoir engrossé la fille de son maître. Arrêt du 10. Octobre 1582. *Papon*, liv. 23. tit. 3. nombre 3.

RAPT, VEUVE.

106   Du rapt commis en la personne d'une jeune veuve qui demeuroit chez sa mere aussi veuve, chez laquelle le ravisseur étoit favorablement reçû. *Voyez les Reliefs forenses de M. Sebastien Rouillard*, ch. 48. où il dit ; la Cour, après le rapport du procés, fit venir le Criminel, auquel Elle declara qu'il avoit encouru peine de mort ; neanmoins au cas qu'il préoptât le mariage ; qu'elle aviseroit s'il y auroit lieu de luy faire relâche de cette rigueur : sur quoy ayant par ledit Criminel demandé délai d'avis, & luy ayant été remontré qu'il falloit qu'il optât sur le champ, il ré-

Tome III.

pondit, puisque la Cour luy faisoit cette grace, qu'il ne vouloit être homicide de soi-même, ainsi fut reconduit en la Conciergerie, & peu de jours après tiré d'icelle, puis mené en l'Eglise Saint Barthelemy Paroisse du Palais, où l'attendoit la Demoiselle par luy optée à femme, avec la petite fille élevée de leurs œuvres ; & là furent celebrées les épousailles, la petite fille mise sous le poêle, pour la legitimation, avec d'autres ceremonies, qui furent accomplies en grande multitude de peuple ; enfin luy auroit été prononcé le reste de son Arrêt contenant, qu'il étoit condamné envers la mere en 2000. liv. & 400. liv. Parisis pour tous dépens, dommages & interêts. Fait en Parlement le 20. Août 1604.

Une veuve majeure de trente-deux ans n'est recevable d'accuser de rapt un majeur de trente-cinq ans, fils de famille & d'inégale condition, la veuve ayant vécu dans l'impudicité. Arrêt du Parlement de Provence du 15. May 1649. *Boniface*, tome 2. partie 3. liv. 1. tit. 6. ch. 3.   107

La veuve majeure ne peut accuser un majeur en crime de rapt. Arrêt du mois de Janvier 1677. *Boniface*, tome 5. liv. 4. tit. 3. ch. 12.   108

Une veuve majeure qui avoit intenté une instance d'accusation de rapt contre un mineur fils de famille, peut rescinder le desistement de l'instance par elle faite, & prouver par témoins la perfidie du ravisseur, qu'elle disoit avoir caché un papier blanc au lieu d'une promesse qu'il luy avoit faite de l'épouser, mais il fut ordonné que l'un & l'autre nommeroient leurs témoins sur le champ. Arrêt du 18. Juin 1678. *Ibidem*, ch. 13.   109

RATIFICATION.

Approbatio, Ratihabitio.
   Ratam rem haberi, & de Ratihabitionibus.
D. 46. 8. La premiere partie de ce Titre parle de la caution que le Procureur intentant une action, étoit obligé de donner, que celuy au nom duquel il agissoit, ratifieroit ses poursuites.   1

Si major factus, ratum habuerit. C. 2. 46.

Si major factus, alienationem factam sine decreto, ratam habuerit. C. 5. 74.

Ratihabitio mandato comparatur. L. 152. §. 2. D. *de reg. jur.*

De donationibus inter virum & uxorem.... & de Ratihabitione. C. 5. 16.. *Ratihabitio, hic pro confirmatione.*

Voyez ce que *M. Charles Du Moulin*, dit, du consentement tacite, en son Conseil 54. to. 2. p. 967. *facta verbis potiora;tacitus consensus pro expresso habetur in judicialibus.*   2

Peine encouruë faute de ratification. Arrêt du Parlement de Bretagne du 13. Octobre 1567. La même chose avoit été jugée le 21. Août 1561. *Du Fail*, li. 1. chapitre 257.   3

Guyon vend une Métairie appartenante à sa femme ; il est dit qu'il luy fera ratifier le contrat ; depuis elle signe la grosse. L'acquereur,quelque temps après demande que son contrat soit entretenu par provision ; ce qui est ainsi ordonné. Appel : La femme dit que son signe apposé à la grosse n'importe ratification du contrat, conclut à ce que l'acquereur soit débouté diffinitivement. Par Arrêt du Parl. de Bretagne du 14. Avril 1570. la Cour dit mal jugé, & qu'il n'échet aucune provision. *Du Fail*, livre 1. chapitre 294.   4

Si les solemnitez qui sont requises en la vente, doivent être gardées en la ratification ? *V. Bouvot*, to. 2. verbo, *Ratihabition*, quest. 1.   5

Si une personne vend le bien d'autruy, la vente n'est pas bonne,mais si le proprietaire ratifie, le contrat prend sa force du jour de la ratification. Arrêt du Parlement de Dijon du 7.Février 1611. *Bouvot*,tome 2. verbo, *Retrait conventionnel*, quest. 28.   6

M m ij

7. Arrêt du Parlement de Provence du 16. Février 1640. qui a jugé qu'en tous contrats on peut intenter le remede de la *L. diff. mari. C. de ingen. & manums.* quand on est menacé de procés; ainsi celuy qui avoit pendant sa minorité vendu un heritage, contre laquelle vente l'acquereur craignoit qu'il ne voulût se pourvoir dans les dix ans de la majorité, fut condamné de ratifier le contrat, ou de reprendre son fond en rendant le prix. *Boniface, tome 4. livre 8. tit. 2. chap. 12.*

8. Par Arrêt du 27. Juin 1664. du Parlement de Normandie, jugé que la reception d'arrerages d'une vente payez depuis la majorité, n'induit point de ratification du contrat de vente faite en minorité. *Berault, à la fin du 2. tome de la Coûtume de Normandie, p. 107. col. 2.*

RATIFICATION, EFFET RETROACTIF.

9. *Ratihabitio trahitur retrò ad initium actûs ratificati.* Capit. *ratihabitionem de regulis juris in 6.*

10. Mais si c'est le mary qui ait vendu l'heritage de sa femme, & qu'il ait promis de la faire ratifier, la ratification n'a point un effet retroactif; de même quand le mary ratifie le contrat de sa femme après sa mort. *Mornac, L. 16. ff. de pignoribus. & L. ult. C. ad Senatusconf. Macedon.* En ce cas l'hypotheque n'est que du jour de la ratification, si ce n'est que la femme eût baillé procuration à son mary, étant de luy autorisée pour vendre l'heritage. *Voyez M. le Prêtre, 2. Cent. chap. 20. Voyez Charondas, livre 7. Rép. 215.*

RATIFICATION DE LA FEMME.

11. Le Prince d'Orange s'étoit obligé à une somme de trois mille florins envers Noble Loüis de la Baume, & Dame Antoinette de Salusses son épouse, & parce qu'elle étoit absente quand l'acte fut fait, il y fut dit qu'elle le ratifieroit. On voulut contraindre le debiteur au payement avant la ratification. Arrêt du Parlement de Grenoble de l'an 1445. en sa faveur, sur le fondement que l'obligation étoit en suspens, jusqu'à ce que la condition eût été remplie. *Voyez Guy Pape, quest. 15.*

12. La femme a été restituée de la ratification d'un contrat de vente passé par son mari avec promesse de la faire ratifier. Arrêt en Mars 1583. *Charondas, li. 7. Rép. 215.*

13. Mari qui vend l'heritage de sa femme avec promesse de la faire ratifier, si elle ne le veut, il doit les dommages & interêts. *Bouvot, tome 2. verbo, Vente, quest. 9.* en rapporte un Arrêt du Parlement de Dijon du 25. Juillet 1593.

14. Si la renonciation au Velleïen, &c. est exprimée dans le contrat, & que la femme le ratifie, la repetition de la renonciation n'est pas necessaire dans l'acte de ratification, d'autant que la ratification équipole au contrat ratifié, & a son effet retroactif au contrat. Arrêts des 18. Janvier & 7. Octobre 1593. *Chenu, 1. Cent. quest. 53. & 54. Voyez Charondas, liv. 7. Rép. 215.*

RATIFICATION, MARI.

15. Le mari peut ratifier un contrat de vente fait par sa femme sans autorisation, & agir en vertu d'iceluy. Arrêt du Parlement de Dijon sans date, rapporté par *Bouvot, tome 1. part. 3. verbo Mari, quest. 2.*

16. Le mari s'obligeant tant en son nom qu'au nom de sa femme & à la charge de la faire ratifier, ratifiant, quoiqu'il n'y ait point de procuration au mari pour ce faire, elle peut être contrainte au payement. Arrêt du Parlement de Dijon du 14. Août 1601. *Bouvot, tome 2. verbo Mariage, quest. 63.*

RATIFICATION, MINEUR DEVENU MAJEUR.

17. Le bien d'une mineure est vendu, en la majeure ratifie; un parent vient au retrait; l'an étant passé du jour de la vente, il soûtient que le temps ne doit courir que du jour de la ratification, le retrayant débouté de sa demande au mois de Juin 1585. *Anne Robert, rerum judicat. liv. 3. ch. 17.* parce que *est eadem persona. Voyez Montholon, Arrêts 80. & 108. circà medium. Voyez Mornac, L. 16. ff. de pignoribus. & Tronçon, Coûtume de Paris, art. 130. fol. 322. in verbo, le temps du Retrait. Voyez Charondas, liv. 9. Réponse 31.*

18. Le contrat fait par un mineur étant devenu majeur, s'il fait quelque acte de ratification, s'il n'est point lezé, n'en peut être relevé. *Voyez Charondas, liv. 4. Rép. 42.*

19. Le sieur de Châtre mineur émancipé, emprunte une somme de 10000. liv. ratifie son contrat majeur; il est tué en Afrique pour le service du Roy; sa succession est abandonnée; direction établie; les Directeurs contestent l'hypoteque au creancier des 10000. liv. Arrêt qui ordonne qu'il sera mis en ordre sur les biens du sieur de la Châtre du jour de son contrat, tant pour le principal que pour les arrerages. Jugé le 23. Juillet 1667. *Journal du Palais. Voyez Montholon, Arrêt 80.*

20. Un mineur ayant traité pour chose mobiliaire, & en majorité ratifié le contrat, n'est restituable. Arrêt du Parlement de Dijon du 4. May 1607. *Bouvot, to. 2. verbo, Rescision, qu. 16.*

21. Clause de ratifier après que l'un des conjoints sera devenu majeur, ne regarde que le fait du mineur, & l'autre partie ne peut s'en prévaloir. Arrêt du Parlement de Bretagne du 26. Octobre 1610. rapporté par *Frain, page 100.*

22. La ratification expresse faite après la majorité, exclut sans doute le mineur de la restitution, suivant la Rubrique du Code *Si major factus ratum habuerit.* Mais la ratification tacite par l'execution de l'acte passé dans la minorité, n'est pas un obstacle à la restitution; ainsi le mineur qui s'immisce dans une heredité, & qui devenu majeur prend payement des debiteurs hereditaires, peut être restitué envers cette adition comme *initio inspecto*, & reçû à répudier. Arrêt du Parlement de Toulouse rapporté par *M. de Catellan, liv. 5. ch. 13.*

23. Contrat passé par les mineurs, ratifié en majorité, n'y ayant point d'employ de deniers qui soit justifié, ni que les mineurs ayent été autorisez lors desdits contrats; l'hypoteque est du jour du contrat, non du jour de la ratification. Arrêt du 23. Juillet 1667. *De la Guessiere, tome 3. liv. 1. ch. 36.*

RATIFICATION PROMISE.

24. Celuy qui a promis de ratifier dans un temps certain & préfix, est condamné s'il ne le fait aux dommages & interêts. Arrêt du Parlement de Grenoble du 14. Janvier 1555. dans le *chap. 36. des Arrêts de M. Expilly.*

25. Un homme promet faire dans trois mois ratifier un contrat à sa femme à peine de 300. écus. Arrêt du Parlement de Bretagne du 21. Août 1561. confirmatif de la Sentence qui avoit ordonné que pour toutes préfixions & délais, il seroit tenu de fournir la ratification dans trois semaines, autrement la peine de 300. écus déslors contre des-a-present declarée contre luy commise. *Du Fail, liv. 3. ch. 167.*

26. Le mari qui s'oblige & promet de faire ratifier sa femme, la femme ayant pris des Lettres, & étant restituée, le mari ne l'a pas été. *Voyez M. le Prêtre, 3. Cent. ch. 79. Charondas, liv. 9. Rép. 11.* rapporte un Arrêt du 8. Février 1567. par lequel le mari & la femme ont été relevez.

27. Si la ratification est promise, jusqu'à ce qu'elle soit fournie, l'on ne peut rien prétendre en vertu du contrat, car il est censé imparfait. Arrêt du Parlement de Bretagne du 30. Août 1575. *Du Fail, livre 1. chapitre 380.*

28. Lorsqu'un mari échange un fond de sa femme, promet la faire ratifier, & qu'après la femme se pourvoye pour être maintenuë nonobstant l'échange, le mari faute de ratification n'est tenu d'aucuns inte-

rêts, parce que le mari, par la Coûtume de Bourgogne, en chose réelle, ne peut rien faire au préjudice de sa femme, sans procuration speciale. Arrêt du Parlement de Dijon du 30. Avril 1579. *Bouvot*, *to. 2.* verbo, *Permutation*, *quest. 2.*

29 Un mari transigeant des biens paraphernaux de sa femme, avoit promis de luy faire ratifier la transaction à peine de tous dépens, dommages & interêts. On douta si le mari étoit obligé de satisfaire à sa promesse, ou si au contraire il étoit bien fondé aux Lettres en cassation de cette transaction, auxquelles sa femme adhera par Requête. On représenta pour le mari qu'il n'avoit pû obliger sa femme; que deux Testamens qui étoient confirmez par la transaction, n'avoient point été lûs lors d'icelle, & que le mari avoit été contraint de signer la transaction par la reverence & le respect qu'il portoit aux Arbitres, qui étoient deux Conseillers de la Cour, à cause de leur autorité. On répondoit qu'il ne s'agissoit que des dommages & interêts auxquels le mari s'étoit soumis faute de faire ratifier, il ne pouvoit éviter d'y être condamné, s'il ne satisfaisoit à sa promesse. Par Arrêt de la Chambre de l'Edit de Castres du 3. Mars 1631. les parties furent appointées, & depuis la transaction fut cassée, sur le fondement d'un dol personnel. En ce cas, il est décidé par le Droit que, *si is qui promittit ratificationem alterius*, *non tenetur de evictione*; *si is cujus factum promisit*, *contempserit ex legitimâ & justâ causâ*, *& lege permittente*, suivant le texte de la Loy *quidam cum filium ff. de verbor. obligat. L. si libertus ff. de oper. libertor*, & Barthole, *sur ces Loix*. Voyez *Boné*, *Arr. 97.* & un cas pareil dans *Chassanée*, *qu. 52.* Il faut observer que la même chose s'ordonne quand le mineur est restitué par dol personnel, *quo casu*, sa caution est aussi restituée; *secus s'il n'y avoit que dol réel*, auquel cas la caution *tenetur. L. 2. C. de fidejus. minor.* quoique le mineur fût relevé.

30 Un particulier avoit fait un contrat de rente au profit d'un tiers, avec promesse de faire ratifier sa femme dans six mois; & ne l'ayant fait, sa femme étant décédée, condamné de racheter, par Arrêt du Mercredy 20. Février 1664. à la Grand-Chambre, plaidant Hideux & Mareschal. *Dictionnaire de la Ville*, verbo, *Ratification*.

31 Arrêt du Parlement de Provence du dernier Juin 1666. qui a jugé que le vendeur du bien d'autrui avec promesse de faire ratifier, doit seulement le remboursement des frais & dépens, sans la plus-value des biens, faute de ratification. *Boniface*, tome 2. liv. 4. tit. 1. ch. 3.

RATIFICATION, RETRAIT.

32 Deux filles d'un premier lit; le pere en marie l'une & la fait renoncer aux successions de la mere échûë, & à la sienne à écheoir; le pere se remarie & a des enfans; il décede; la fille mariée obtient Lettres; procés entre elle & les enfans du second lit; transaction par laquelle cette fille, moyennant une certaine somme, ratifie son contrat de renonciation; sa sœur du premier lit demande par retrait lignager dans l'an de la ratification les propres de leur mere; elle y est reçûë par Arrêt du 13. Août 1558. *Carondas*, liv. 7. chap. 37.

33 L'an du retrait ne court que du jour de la ratification de celuy au nom duquel la vente est faite. Arrêt du Parlement de Paris du 21. Avril 1595. *Papon*, liv. 11. tit. 7. n. 34. Cela s'entend de la ratification d'un contrat nul; car si le contrat est bon, la ratification n'est qu'une confirmation, au lieu que dans l'autre cas, la ratification est le vrai contrat. Arrêt contraire du Parlement de Toulouse du 27. Juin 1603. Voyez *Maynard*, liv. 7. de ses Quest. ch. 33.

34 Retrait sur l'heritage de la femme vendu par le mari, ne court que du jour de la ratification, quelque possession que l'acheteur puisse avoir. Arrêt du 4. Décembre 1578. *Carondas*, livre 7. Réponse 36.

Secus, du mineur qui ratifie étant majeur, la prescription court du jour du contrat & non de la ratification. Voyez *Anne Robert.*, rerum judicat. livre 3. chapitre 17.

RAZER, MAISON RAZÉE.

PAr Arrêt du Parlement de Paris du 24. Avril 35 1624. & executé le 27. de même mois, il fut ordonné que toutes les maisons des nommez Boutteville, le Comte de Pongibault, le Baron de Chantail, & des Salles, pour la contravention aux Edits des Duels par eux faite le jour de Pâques, seroient démolies, razées & abbatuës, & les fossez comblez, deffenses à toutes personnes d'y rétablir ni édifier. Quelquefois l'on ordonne que la maison demeurera deserte. *La Rocheflavin*, liv. 6. lett. C. tit. 22. Arr. 1.

Arrêt du 16. Janvier 1667. qui ordonne entre au- 36 tres choses, que deux Tours du Château du Comte de Cheylus seroient razées. *La Rocheflavin*, ibidem, Arrêt 1.

REBELLE.

QUi sunt Rebelles. Extrav. Henr. sept. tit. 2. 1 vel 20.

Rescissio sententiarum à Principe latarum contrà Rebelles. Lib. de pace Constantiæ, c. 3. V. Amnistie.

De Seditiosis, & de his qui plebem contrà Rempublicam audent colligere. C. 9. 30.., C, Th. 9. 33... Paul. 5. 19... Lex 12. tabb. t. 27. c. 2.

Conradi Bruni, *de seditiosis libri sex cum triplici appendice Joann. Cochlæi.* 2

Silvester *in summâ*.

S. Thomas 2. 2. quest. 42.

Contrà Rebelles. *Jo. de Terra Rubeâ.* 3

De seditiosis. Per Nicolaum Boëtii. 4

Des rebelles & contumax à Justice, & capture d'i- 5 ceux, ensemble de ceux qui les cachent, recellent, latitent en leurs maisons. *Ordonnances de Fontanon*, to. 1. liv. 3. tit. 76. p. 688.

Declaration portant défenses à toutes personnes 6 d'acheter les biens des rebelles, & à eux de les vendre à peine de confiscation. A Paris le 22. Août 1575. registrée le 7. Septembre de la même année. *Ibidem*, tome 4. p. 306.

Declaration contre les Villes rebelles, par laquelle 7 elles sont privées de tous leurs privileges & exemptions. A Châtelleraut en May 1589. registrée le 2. Juin de la même année.

Declatation du Roy aprés sa conversion, portant 8 abolition & pardon à ceux qui se retireront du parti des rebelles dans un mois. A Mantes le 27. Decembre 1593. registrée le premier Février 1594. vol. unique de l'année 1593. *Fontanon*, to. 4. p. 736.

Taxe contre les rebelles. *Voyez* le mot *Impôt*, nom- 9 bre 48. & 50.

Peine prononcée contre un corps d'habitans rebel- 10 les. *Voyez* le mot *Communauté*, nomb. 61.

Par Arrêt du Parlement de Paris du 16. Février 11 1595. il a été jugé qu'il y avoit ouverture de regale par la rebellion de l'Evêque; car puisque les Evêques font le serment de fidelité au Roy, qui est leur investiture, il est certain que comme le Vassal perd son fief par la felonie, ainsi l'Evêque par la rebellion, si elle est publique & notoire perd son Evêché, *ipso jure & non expectatâ sententiâ*, & est ouverte la regale du jour de sa rebellion, comme la Cour avoit jugé à Tours le 15. Février 1594. contre l'opinion de *Rusæus*, *privil.* 35. *Jovet*, verbo *Regale*, n. 43.

Rebellion des Collateurs, comment punie? *Voyez* 12 le mot *Collation*, nomb. 175.

Frais faits contre les rebelles differans de payer la 13 taille se prennent sur eux *Philippi*, *Arrêt de la Cour des Aydes de Montpellier*, art. 51.

REBELLE A JUSTICE.

Si quis jus dicenti non obtemperaverit. D. 2. 3. 14

Voyez cy-dessus le mot *Prisonniers*, nombre 80. & suivans.

14 bis. Des rebelles à Justice, & des outrageurs de ses Ministres. *V. Despeisses*, to. 2. p. 680.

15 *Apparitori exequenti, qui resistit an rebellis esse videatur?* V. *Franc. Marc.* to. 1. qu. 770.

16 De la rebellion faite aux Huissiers. *Voyez* le mot *Huissier* nomb. 33. & *suiv.*

17 Voyez l'Ordonnance de Moulins art. 29. avec ses renvois, & *Mornac*, l. 3. *Cod. de his qui ad Ecclesiam confugiunt*, où il est parlé de ce que le Juge doit faire.

18 Ceux qui tiennent fort en leurs maisons ou châteaux contre la Justice & decrets d'icelle, & n'obéiront aux commandemens qui leur seront faits, confisqueront leursdites places à nôtre profit, ou des hauts Justiciers, &c. *Ordonnance de Moulins*, art. 29.

19 V. *Guy Pape*, q. 423. & 437. où il parle d'un cartel de défi donné à Noble Jacques de Bompar, par Rodolphe de Commiers; le Parlement de Grenoble voulut luy faire son procez, & de sa part il se proposa d'en faire un à tous les Officiers du Parlement, il les fit ajourner pour comparoitre en personne devant lui. Deux Notaires écrivant sous luy tous les actes de ce procez, il déclara contumax les ajournez qui n'avoient point obéi. Ces deux Notaires meritoient le dernier supplice ou du moins la déportation à laquelle le bannissement perpetuel a succedé ; ils ne furent condamnez qu'à des peines pecuniaires, leur excuse étoit que Commiers leur avoit persuadé qu'il ne vouloit que conferer avec le Parlement sur certaines choses dont le Dauphin l'avoit chargé.

20 En 1324. un des plus grands Seigneurs de Gascogne nommé Jourdain de l'Isle, à qui le Pape Jean avoit donné sa mere en mariage, fut accusé de plusieurs crimes dont il obtint grace. Un Sergent d'Armes du Roy, qui portoit une masse aux armes de sa Majesté luy signifia quelque exploit, il le tua de sa masse même. Il fut ajourné à comparoir en personne devant le Roy en son Parlement à Paris. Convaincu de plusieurs crimes & violences depuis la grace ; il fut condamné à être traîné & pendu. Ce qui fut exécuté. *Nic. Gilles.*

21 Arrêt du Parlement de Paris du 6. Septembre 1505. contre aucuns Chanoines de l'Eglise de Paris, pour rebellions faites à l'execution d'un Arrêt ; ils furent condamnez en grosses amendes, privés du temporel de leurs Prebendes pendant plusieurs années, lequel temporel fut appliqué au Roy ; l'entrée du Chapitre à eux défendue sur peine d'amende, à la discretion de la Cour. Ordonné que la partie civile seroit payée avant le Roy. *Voyez les Preuves des Libertez*, to. 2. chap. 35, n. 33.

22 Les Juges Royaux voulant raser quelques maisons où étoient les rebelles, & auparavant conduire le canon, rapporteront en la Cour leurs procez verbaux desdites rebellions pour y être ordonné ce que de raison. Arrêt du Parlement de Bretagne du 15. Février 1559. *Du Fail*, liv. 3. chap. 351.

23 Un Habitant de Corbeil auquel on fait commandement de venir pardevant le Juge, parce que peu auparavant il avoit batu un homme, dit qu'il n'ira point, somme le Sergent de luy montrer sa commission signée du Juge, luy donne trois coups de couteau & autant à ses Records. Depuis il y a un autre Sergent qui le veut prendre au corps pour raison de ces excés par l'ordonnance du Juge, auquel il en pensa faire autant. Il est condamné par le Juge à avoir le poing coupé, ensuite à être pendu ; dont il appelle ; par Arrêt du 26. Avril 1576. la Sentence confirmée. *Biblioth. de Bouchel*, verbo *Rebellion.*

24 Arrêt du Parlement de Paris du 9. Decembre 1600. qui met en état d'ajournement personnel deux Conseillers du Présidial de Toulouse accusés de rebellion à Justice, & ordonne que toute audience leur sera déniée jusques à ce qu'ils ayent satisfait à l'Arrêt de réintegrande. *La Rocheflavin*, li. 3. lettre R. tit. 4. Arr. 1. Voir *l'Ordonnance de 1667. tit. 18. art. 4.*

25 La connoissance des rebellions faites à Justice appartient au Lieutenant Criminel, quoiqu'il soit question de l'execution du jugement du Lieutenant Civil. Arrêt du Parlement de Paris du 26. Août 1606. *Filleau*, 1. part. tit. 4. chap. 23.

26 L'on peut faire procez criminel à ceux qui s'opposent par force ouverte & violence, aux commandemens des Magistrats. Arrêt du Parlement de Dijon du 15. Decembre 1618. *Bouvot*, tome 2. verbo *Tumultes populaires.*

27 Un ajournement personnel peut être donné sur un exploit de rebellion, attesté par deux témoins, l'un signé, l'autre non, ne le sçachant pas. Arrêt du Parlement de Grenoble du 2. Juillet 1630. *Basset*, to. 1. liv. 2. tit. 38. chap. 3.

28 Arrêt du Parlement de Provence du 9. Novembre 1646. qui a jugé que la rebellion faite aux decrets d'un Juge executoirement, est criminelle. *Boniface*, to. 2. part. 3. liv. 1. tit. 2. chap. 36.

PEINES DES REBELLES.

29 Mettre la tête des rebelles à prix. *V. M. Le Prêtre*, 4. *Cent.* chap. 53.

Quelle peine merite celuy qui empêche un emprisonnement? *Voyez* le mot *Emprisonnement*, nomb. 41. & *suiv.* & le mot *Prisons.*

30 *Civitas cui ob rebellionem condemnatione prævia muri & aggeres sunt solo æquati quod perpetuo instaurari a civibus non liceat.* Voyez *Franc. Marc.* 10. 1. qu. 361.

31 De la peine des rebellions qui se commettent contre les Huissiers ou Sergens dans l'execution des mandemens de Justice. *Voyez les Reliefs forenses de Rouillard*, chap. 22. & *La Rocheflavin, des Parlemens de France*, liv. 2. ch. 16. nomb. 85. & *suiv.*

REBELLES AUX ROIS.

32 En l'an 1315. la Ville d'Ypres se revolta ; les Chefs & Gouverneurs furent condamnez en de grandes amendes, par Arrêt du 6. Decembre 1315. *Corbin, suite de Patronage*, chap. 21.

33 La veille de la Pentecôte en 1390. la Comtesse de Valentinois fut condamnée envers le Roy, & partie en grande somme de deniers pour cause de certains excez & rebellions faites aux Gens du Roy, les portes de son Hôtel ou Ville ont été abbatuës jusques à la volonté du Roy, à cause de ses rebellions. *Biblioth. de Bouchel*, verbo *Rebellion.*

34 Jean Duc d'Alençon condamné à mort à cause de la conspiration qu'il faisoit avec le Roy d'Angleterre le 10. Octobre 1458. *Le Vest, Arrêt* 2.

35 En 1470. en l'assemblée des trois Etats tenuë par le Roy Loüis XI. en la Ville de Tours, il fut conclu que le Duc de Bourgogne accusé d'avoir formé plusieurs entreprises contre la France, seroit ajourné en la Cour de Parlement ; ce qui fut fait par un Huissier en la Ville de Gand dans le temps qu'il alloit à la Messe. *Ann. d'Aquit.* part. 4. chap. 9.

36 Le Roy Loüis XI. ayant pardonné deux fois au Duc de Nemours, de la Maison d'Armagnac, pour les intelligences qu'il avoit euës avec le Duc de Bourgogne, & aprés avec le Duc de Guyenne, s'étant retiré en Bretagne : ayant depuis renouvellé ses pratiques & intelligences avec le Duc de Bourgogne ; enfin le Roy le fit prendre au Château du Carlat en Auvergne, & le conduire au Château de Pierre-Cise de Lyon, & de là à Paris, où le procez luy fut fait par la Cour de Parlement : & sur ses confessions entr'autres d'avoir voulu & permis au Duc de Bourgogne de faire prendre le Roy prisonnier, & Monsieur le Dauphin, par Arrêt il fut condamné d'avoir la tête tranchée aux Halles à Paris, ce qui fut exécuté le 4. Août 1477. Il étoit Pair de France, mais cette qualité ne fut pas mise en son Arrêt, d'autant que par accord fait entre le Roy & luy le 17. Jan-

viet 1469. il avoit renoncé à sa Pairie, & consenti d'être jugé comme personne privée en cas de rechûte. L'Arrêt luy fut prononcé par Messire Pierre Doriole Chancelier de France; qui avoit présidé audit Arrêt *Voyez la Rocheflavin*, liv. 13. ch. 19. ar. 20.

37 La Ville de Bresse en Italie mise à sac; & renduë en labourage pour punir la rebellion de quelques Habitans; ce qui depuis fut rétabli par le Pape Boniface; & de même par l'Empereur Charles d'Autriche le Quint contre la Ville de Gand en 1544. & depuis par leur heresie obstinée ceux de Cabrieres par Ordonnance & Arrêt du Parlement de Provence furent mis tous à feu & à sang, & à cette fin s'armerent les Presidens, Conseillers, & Corps de Parlement, avec les forces du Roy & artillerie, dont procéda execution que l'on appella inhumaine: *Papon*, liv. 24. tit. 1. n. 1.

38 Il y eut en la Ville de Bourdeaux une émotion populaire; la Commune voulut empêcher l'execution des Edits du Roy pour la perception des nouveaux droits de Gabelle. Le Seigneur de Monneins Gouverneur & Lieutenant de Roy fut tué avec plusieurs Officiers. Arrêt prononcé à Bourdeaux le 26. Octobre 1548. par M. le Duc de Montmorency, par lequel fut la Communauté, Corps & Université de la Ville privée de tous privileges & droits, lesquels furent ajugez au Roy; ordonné que tous les titres seroient brûlez en présence des Jurats, la Maison de Ville rasée, les fortifications faites aux frais des habitans; que le corps du Gouverneur seroit enlevé de l'Eglise des Carmes par les Jurats, & six vingt Elûs, par le Conseil de la Ville, ayant chacun deux Robes de deüil, tête nuë, & une torche à la main où seroient attachées les armes du défunt, lesquels seroient amende honorable devant la porte de M. de Montmorency, & de là porteroient le corps du sieur de Monneins en l'Eglise de saint André, où il seroit inhumé au lieu le plus honorable, fondation faite en icelle, une Chapelle bâtie en la place de la maison de Ville; ordonné qu'il seroit procédé extraordinairement contre les Auteurs & fauteurs de la sedition. Plusieurs furent ensuite condamnez d'être rompus, tirez à quatre chevaux, ou décolez. *Papon*, li. 4. tit. 10. n. 1.

39 Le sieur de la Griture s'étoit retiré au pays de l'Empereur. Cependant une succession luy échût en France, le Roy la donne. Aprés les Tréves le sieur de la Griture revint, il demande les effets de la succession; l'on disoit qu'il étoit indigne, pour avoir porté les armes contre le Roy. Par Arrêt du 22. Février 1555. au principal au Conseil, & la récrance luy fut ajugée. *Bibliotheque de Bouchel*, verbo *Leze-Majesté*.

40 Vû par la Cour les Grande Chambre & Tournelle assemblées, le procez criminel fait par deux des Conseillers, à la requête du Procureur General demandeur à l'encontre de Messire Guillaume Roze Evêque de Senlis, accusé; information, interrogatoire, recollement & confrontation de témoins: certain livre intitulé *Ludovici d'Orleans, unius ex confœderatis pro catholicâ fide expostulatio*, avec les notes étant à la tête de plusieurs feüillets de ce Livre, reconnuës par ledit Roze écrites, Conclusions du Procureur General, oüi & interrogé en la Cour ledit Roze sur le fait à luy imposé, & tout consideré, dit a été que la Cour pour les faits contenus au procez, l'a condamné à déclarer en la Grand'-Chambre, nuë tête & debout, en la presence des Gens du Roy, que temerairement, indiscretement, & comme mal avisé il a dit, proferé qu'il avoit été de la Ligue, & que si c'étoit à recommencer il en seroit encore; & outre qu'il tient ce Livre intitulé *Ludovici d'Orleans, unius ex confœderatis pro catholicâ fide expostulatio*, plein de blasphême contre l'honneur de Dieu, & l'obéïssance dûë aux Rois. Ordonné qu'il aumônera la somme de cent écus pour le pain des prisonniers de la Conciergerie, & s'abstiendra d'aller à Senlis pendant un an & pendant ce temps de prêcher en quelque lieu que ce soit. Prononcé & executé le 5. Septembre 1598. *nota*, que l'Ordonnance verbale de la Cour ledit Livre où étoient ces notes fut à l'instant brûlé au Greffe. *Biblioth. de Bouchel* verbo *Ligueur*.

41 Arrêt du Parlement de Provence du 14. Janvier 1668. qui condamna un Prince de Lombardie aux galeres perpetuelles, & à l'amende honorable, pour avoir formé une espece d'entreprise de faire revolter Marseille, & se donner au Roy d'Espagne. *Boniface*, to. 2. part. 3. liv. 1. tit. 2. chap. 33.

42 Ceux de la Religion Prétenduë Réformée ne peuvent transferer leurs domiciles és Villes qui sont rebelles au Roy. *Voyez les Décisions Catholiques de Filleau, Décision* 102.

VASSAUX REBELLES.

43 Les sujets qui se rebellent contre leur Seigneur perdent leurs privileges, & le Seigneur les maltraitant perd ses droits & autorité sur eux. Jugé par Arrêt de Savoye pour le Duc, contre ses sujets de Sommerive qui s'étoient donnez au Marquis de Saluces. *Papon*, liv. 13. tit. 2. n. 5.

RECELER.

Receler. Recelleur. *Recipere & occultare. Receptator, Receptor & Susceptor.*

De Receptatoribus. D. 48. 16... *Paul.* 5. 3. §. 4.

De his qui latrones, vel akis criminibus reos occultaverint. C. 9. 39. Contre ceux qui recelent, ou qui recourent les voleurs, & les autres criminels.

De actione rerum amotarum. D. 25. 2... C. 5. 21. C'est une action civile qui est donnée au mari & à la femme, pour les effets volez ou détournez par l'un d'eux.

De Tutelæ actione, & rationibus distrahendis. D. 27. 3. Action contre le Tuteur qui a soustrait & recelé les effets de son mineur.

De servo corrupto. D. 11. 3. Contre ceux qui receloient ou retiroient les Esclaves d'autrui.

De fugitivis. D. 11. 4. De même.

De furtis & servo corrupto. C. 6. 2... *Inst.* 4. 1. §. 8.

1 Du crime de receleurs ou receptateurs des delinquans. *Voyez Despeisses*, to. 2. p. 680.

2 Crime de receler les delinquans. *Voyez la Bibliotheque des Arrêts*, lettre A. ch. 4. n. 13.

RECELE', BENEFICIERS.

3 De la garde & recellement des corps des Beneficiers décedez. *Voyez les Ordonnances recüeillies par Fontanon*, to. 4. tit. 24. p. 513. *Memoires du Clergé*, tome 2. part. 2. tit. 17. & au 2. vol. *de ce Recüeil*, lettre G. verbo *Garde de corps*.

RECELE', SUCCESSION.

4 *Voyez* le mot *Communauté*, nombre 159. *& suiv.* & le mot *Inventaire*, nombre 141. & 142. *le Journal du Palais* in folio to. 2. p. 1008. Mornac, l. 5. ff. *de pactis dotalibus*.

5 *Si hæres postquam abstinuit, amovit, furti actione creditoribus hæreditariis tenetur.* Voyez *M. Loüet*, lettre R. somm. 1.

6 *Hæres vel superstes ex conjugibus in celatis partem non habet, & si res hereditarias subtraxerint furti actione non tenentur, sed si postquam abstinuerunt, amovcant, furti actione conveniri possunt, quia tanquam extranei fecerunt,* sans être tenus des dettes *quia ex post delicto obligari non possunt.* M. Loüet, lettre R. somm. 1. *Tronçon, Coûtume de Paris*, art. 317. *circa finem*.

7 En matiere de soustraction & recelé, la preuve par témoins est recevable. *Voyez* le mot *Preuve*, nombre 134. *& suiv.*

7 bis. Dans le recelé, la déposition domestique est reçûë. *Tronçon, Coûtume de Paris*, art. 237. *in verbo les Coûtumes de Calais*.

8 Le fils ayant spolié l'heredité qu'il est tenu de rendre, doit être privé de sa legitime & quarte Trebel-

lianique,& la femme de fon doüaire & autres droits. Arrêt du Parlement de Dijon du 16. May 1570. *Bouvot*, *to. 1. part. 1.* verbo *Legitime*, *queſt. 3.*

9. La femme qui a diſtrait ſes bagues & quelques meubles par l'avis de ſon mari, doit être privée de la communauté qu'elle avoit, ſur le ſerment prêté de n'avoir recelé aucune choſe. Arrêt du Parlement de Dijon du 26. May 1570. *Bouvot, to. 1. part. 3.* verbo *Femme diſtrayant*, *queſt. 1.*

10. La veuve qui recele après le decez de ſon mari quelques effets de la communauté, doit être privée de la part & portion qu'elle avoit en la choſe. Arrêt du Parlement de Dijon du 15. Juin 1570. *Bouvot*, *to. 2.* verbo *Societé*, *Communauté*, *queſt. 1.*

11. En fait de preuves de souſtractions, le témoignage des parens eſt reçû. Arrêt du Parlement de Roüen du 26. Février 1675. parce qu'ordinairement en ces occaſions les femmes ſe ſervent de parens. *Baſnage*, *ſur l'art. 394. de la Coût. de Normandie.*

12. L'action en souſtraction peut être intentée civilement ou criminellement contre les heritiers, les aſſociez & les legataires ; & pour regler la competence des Juges, il faut conſiderer la maniere dont elle a été inſtruite. Arrêt du Parlement de Roüen du 15. Juillet 1678. rendu entre le Lieutenant Criminel de Roüen, & le Lieutenant Civil qui renvoya les parties devant le Lieutenant Civil où l'affaire avoit commencé par une demande en délivrance de legs. *Baſnage ſur l'art. 394. de la Coût. de Normandie.*

13. Lettres contre la tranſaction, qui ayant remis le recelé; les heritiers de celui qui avoit fait la tranſaction mis en cauſe; ayant égard aux Lettres, les heritiers ont été condamnez perſonnellement pour leur part & portion, & hypothequairement pour le tout à payer pour la peine des effets recelez la ſomme de 6000 liv. Arrêt du 1. Septembre 1681. *Journal du Palais.*

RECELÉ PAR LA FEMME.

14. La femme qui recele ou diſtrait doit être privée de la part qu'elle avoit en ce qui eſt recelé. *Voyez Coquille*, *tome 2. queſt. 119.*

15. Femme qui recele des meubles avant ſa renonciation. *V. Bouvot*, *to. 2.* verbo *Hôtelier.*

16. De ce qui eſt au long traité par *Renuſſon en ſon traité de la Communauté*, *ſeconde partie, chap. 2.* touchant le recelé, il eſt à recüeillir que ſi la femme ſouſtrait avant que de renoncer, elle ne le peut plus, ſi après la renonciation peut être condamnée à des dommages & interêts; ſi elle accepte la communauté, elle perd le droit accordé par la Coûtume; ſçavoir de ne payer les dettes communes qu'à proportion de ce dont elle amende, puiſqu'alors elle eſt tenuë perſonnellement d'en payer la moitié.

17. *Vidua celans bona perdit beneficium renunciandi ſocietati, ſed non ſocietatem in celatis.* Du Moulin, *to. 2. page 580. Voyez* ſa note marginale, où il dit, *nec ſolum in celatis ſed in totum privatur.*

18. La femme qui divertit les meubles de la communauté du conſentement, même du mari, eſt privée du benefice de la communauté. Arrêt du Parl. de Dijon du 26. May 1570. *Bouvot*, *to. 1. part. 2.* verbo *Femme, queſt. 1.*

19. *Joannes Galli*, *queſt. 131.* rapporte un Arrêt qui déclara une femme, qui avoit recelé, commune, & qui ordonna cependant qu'elle auroit part dans tous les effets de la communauté, même dans ceux qu'elle avoit divertis. Sur quoi Du Moulin dit, *nec ſolum in celatis, ſed in totum privatur, ut dixi in conſuet. Pariſ. §. 115.* Ce qui fait voir que de ſon temps cette ancienne Juriſprudence n'avoit plus lieu, & que la veuve étoit privée de ſa part dans les effets recelez. Chopin dit la même choſe ſur Anjou, *liv. 3. chap. 3. tit. 1. num. 19.* où il rapporte un Arrêt du 14. May 1580. qui avoit jugé conformément à l'avis de Du Moulin, *ſed in totum privatur.* Bacquet, *traité de Juſtice, ch. 21. nomb. 64.* eſt de ce ſentiment; & Mor-

nac, *ad Leg. 5. digeſt. de pact. dot.* Arrêt du 7. Septembre 1603. qui l'a ainſi jugé, *Loüet*, *let. R. ſomm. 48.* Autre ſemblable du 30. Avril 1621. Autre du 12. Avril 1630. *Brodeau ſur Loüet*, *lett. R. ſomm. 1.* Ainſi touchant cette queſtion il y a eu trois états differens. 1°. Anciennement l'on ne privoit point la veuve qui avoit recelé, de ſa part dans les effets recelez, comme on le peut voir par l'Arrêt rapporté par *Joannes Galli.* 2°. Dans la ſuite on a priſ l'autre extremité; car non ſeulement on a privé le conjoint de ſa part dans les choſes recelées, mais de ſa part entiere dans la communauté. Cela ſe connoît par la Note de Du Moulin, & par l'Arrêt de 1580. que Chopin rapporte pour la confirmer. 3°. L'on a enfin pris un temperament juſte & raiſonnable, en privant le conjoint de ſa part ſeulement dans les effets recelez. C'eſt la derniere Juriſprudence des Arrêts. *Voyez l'Auteur des Notes ſur M. Du Pleſſis*, *chap. 3. de la Communauté.*

20. On ne peut agir criminellement contre une veuve, pour meubles prétendus ſouſtraits & recelez. L'exception eſt, *niſi noverca fuerit filii prioris matrimonii, quia eo caſu furti cum eâ agere poſſe Imperatores voluerunt in L. de his. C. de furt.* Ainſi jugé au Parlement de Dijon le 3. Février 1582. *Bouvot*, *tome 1. part. 3.* verbo *Femme, queſt. 2.*

21. La veuve qui a ſouſtrait les biens de la communauté, peut être contrainte au payement des dettes, nonobſtant ſa renonciation, par Arrêt de l'an 1587. contre la veuve du ſieur de Crevecœur. *Papon, liv. 15. tit. 2. n. 1.*

22. La veuve que l'on prétend avoir recelé quelques effets mobiliaires après le décès de ſon mari, ne doit être pourſuivie criminellement, mais civilement. Arrêt du 19. Février 1600. & du 10. Avril. 1606. *M. Loüet & ſon Commentateur*, *lett. C. ſommaire 36. Voyez M. le Prêtre*, *1. Cent. ch. 4. & 3. Cent. ch. 71.* & és Arrêts celebres du Parlement, où il en eſt parlé *tranſitivè.*

23. Le ſerment en plaid a lieu contre une veuve, *in judicio rerum amotarum.* Jugé au Parlement de Grenoble le 22. Novembre 1608. *Baſſet*, *tom. 2. liv. 17. tit. 4. ch. 2.*

24. Arrêt du Parlement de Provence du 19. Mars 1640. qui a jugé que le creancier d'un mari eſt admis à verifier que la femme a enlevé des meubles, quand elle pourſuit la repetition de ſes droits. *Boniface*, *to. 2. liv. 4. tit. 3. ch. 8.*

25. L'action en ſouſtraction contre la veuve eſt civile, & la condamnation s'execute par corps. Arrêt du Parlement de Roüen du ſept Février 1650. qui condamne une veuve en trente livres d'amende, à reſtituer 7000. liv. dans quatre mois, ſinon contrainte par corps: mais les complices de la ſouſtraction, & les heritiers peuvent être pourſuivis extraordinairement. Arrêt du Parlement de Roüen du 30. Octobre 1636. *Baſnage*, *ſur l'art. 394. de la Coûtume de Normandie.*

26. Une femme reconnoît par un teſtament qu'elle a recelé: enſuite elle en fait un ſecond, où il n'eſt point parlé du recelé, la reconnoiſſance n'étant point circonſtantiée, le Teſtament peut être revoqué, & demeurer ſans effet. *Ricard*, *des Donations entre-vifs*, *3. part. ch. 2. ſect. 1. nomb. 111.* où il cite un Arrêt du 26. Juin 1651.

27. La veuve qui a recelé les effets de la communauté, *non habet partem in ſubſtractis*, & eſt privée de joüir en vertu de ſon don mutuel, de la moitié qu'avoit ſon mari en ladite communauté. Arrêt du 15. May 1656. *Du Frêne, liv. 8. ch. 35.*

28. La femme eſt cenſée heritiere, ſi avant ſa renonciation elle a ſouſtrait ou concelé des meubles de ſon mari : mais ſi elle les a ſouſtraits après ſa renonciation, elle eſt ſeulement tenuë de les rapporter, ſans qu'elle ſoit reputée heritiere, art. 83. du Reglement

ment fait au Parlement de Roüen au mois d'Avril 1656. *Basnage, tom.* 1. *à la fin.*

29 La veuve coupable de souftraction est privée de la part qu'elle pouvoit avoir aux meubles recelez; c'est la Jurisprudence certaine du Parlement de Paris : celui de Normandie en a fait l'article 84. du Reglement de 1666. ce qui a été jugé contre les heritiers coupables du même crime, les 2. Juin & 6. Juillet 1678. *Basnage, sur l'art.* 394. *de la Coûtume de Normandie.*

30 La voye de l'information n'est pas reçuë contre une veuve, pour prétendus recelez & divertissemens des effets de la succession de son mari, & qu'il n'y avoit lieu pour le présent de proceder à aucune confection d'inventaire, sauf à l'heritier à y pouvoir faire proceder, si bon lui semble, lorsque la veuve lui aura fait le délaissement de l'heredité, après avoir été entierement payé, conformément au Testament. Jugé au Parlement de Toulouse le 15. Janvier 1672. *Journal du Palais.*

31 Par Arrêt du Parlem. de Roüen du 17. Mars 1685. entre Damoiselle Catherine Dansel, veuve du sieur André de Valsinop, d'une part, & le sieur André, fils & heritier, au nom de l'un des enfans dudit sieur de Valsinop, d'autre part, il a été jugé qu'une veuve qui a souftrait, est non seulement privée de prendre aucune part à la somme qu'elle est condamnée de rapporter au benefice de l'heritier de son mari, suivant l'art. 84. du Reglement de 1666. mais que cette femme n'est point réputée augmenter la part aux meubles de l'heritier, pour lui faire payer plus que les deux tiers des dettes mobiliaires; en sorte que la veuve heritiere de son mari, doit le tiers des dettes mobiliaires, quoiqu'elle ait beaucoup moins que le tiers des meubles, parce qu'elle ne prend aucune part en la somme qu'elle est condamnée de rapporter. *Basnage, sur la Coût. de Normandie, art.* 430.

32 La femme qui a recelé, ne peut être admise à la separation de biens ; mais au contraire, elle est tenuë des dettes de la communauté. Marie d'Autrey femme d'Ignace Robert de Maxili, ayant obtenu Sentence de separation au Bailliage d'Auxone par forclusion, contre le sieur Gautier de Surre, pendant qu'il faisoit publier un Monitoire, pour avoir des preuves des spoliations ; sur l'appel qu'il interjetta de cette Sentence, par Arrêt du Parlement de Dijon le neuf Juin 1695. avant faire droit, il fut ordonné que les témoins venus à revelation, & tous autres, seroient oüis pardevant le Lieutenant au Bailliage d'Auxone, autre neanmoins que celuy dont il étoit appel. L'intimée soûtenoit que cette Instance de spoliation étoit differente de celle de la separation, & qu'elle ne pouvoit avoir effet que pour le rapport des choses spoliées, sans pouvoir engager la femme au payement des dettes de la communauté, où elle ne s'étoit pas obligée. *Voyez Taisand sur la Coût. de Bourgogne, aux Additions, p.* 811.

33 La veuve ne peut être poursuivie extraordinairement pour recelez, l'action contr'elle se trouvant civilisée, la poursuite contre les complices qui n'ont fait qu'executer les ordres sans rien emporter, doit aussi l'être. Arrêt du Parlement de Paris du 19. Avril 1698. *Journal des Audiences, tome cinquième, livre* 14. *chap.* 4.

RECELÉ PAR L'HERITIER.

34 Heritier beneficiaire est tenu d'obtenir Lettres en Chancellerie, faire bon & fidel inventaire ; & s'il recele & souftrait des biens de la succession, est reputé heritier pur & simple. *Voyez* le mot *Heritier, nomb.* 91.

35 Le fils, pour n'avoir fait inventaire, n'est pas privé de sa légitime, s'il n'y a preuve de recelé. *Brodeau, sur M. Loüet, lettre H. somm.* 14. Mornac, *L.* 1. §. *solent ff. de officio præfecti urbi.*

36 L'heritier qui se laisse condamner de rapporter ce

qu'il a recelé, ne peut *in celatis & substractis habere partem.* Arrêt du 7. Septembre 1603. *M. Loüet, lettre R. som.* 48. *Voyez Bacquet, des Droits de Justice, chap.* 21. *& nombres* 63. 64. *& 65.

37 L'heritier beneficiaire qui a recelé ou souftrait des biens de la succession par dol ou fraude, est privé dudit benefice, & tenu au payement des dettes *in solidum*, comme heritier pur & simple, contre la loy *scimus.* §. *licentia. Cod. de jure deliber.* Arrêt du seize May 1605. *M. le Prêtre, és Arrêts de la Cinquiéme Chambre.*

38 Heritier qui a repudié l'heritage, peut être accusé en crime d'expilation. Arrêt du Parlement de Provence du dix Avril 1674. *Boniface, tom.* 5. *liv.* 1. *tit.* 25. *ch.* 4.

39 On n'est point recevable à intenter une action de recelé & divertissement contre un coheritier, après plus de vingt ans du jour de la succession ouverte, & du prétendu recelé commis. Arrêt du Parlement de Paris du 20. May 1692. *Au Journal des Audiences, to.* 5. *liv.* 8. *ch.* 13.

RECENSEMENT DE TE'MOINS.

Voyez cy-devant *Information, Monitoire, Preuves,* & cy-après, *Témoins.*

Après un Monitoire, le recensement des témoins se doit faire tout au long, & nullement par rapport à la précedente déposition : ainsi jugé au P. de Grenoble le 15. Juillet 1644. qui declare la procedure nulle, bien qu'il n'en eût été opposé en la premiere Instance, ni en la deuxiéme, qu'après le procez remis. La raison est, que le Monitoire ayant été publié de l'autorité du Juge lai, n'attribuë aucune Jurisdiction au Juge d'Eglise, qui même ne peut pas prendre connoissance de l'opposition. *Basset, to.* 2. *liv.* 2. *tit.* 2. *chap.* 1.

RECEPTION.

Reception és Charges & Dignitez. *Voyez* les mots *Charges, Dignitez.*

RECEPTION DES AVOCATS.

Voyez le mot *Avocat, nomb.* 176. *& suiv.* 1

RECEPTION DES CHANOINES.

Voyez le mot *Chnoines, nomb.* 115. 2

RECEPTION DES OFFICIERS.

Voyez les mots, *Juges, Officiers, Préséance, Rang.* 3
Arrêt du 25. Janvier 1422. par lequel il a été jugé que le Prévôt de Paris, ou son Lieutenant, ne doivent rien prendre de la reception & serment d'un Sergent Royal ; le Greffier & Scelleur chacun 4. s. *Papon, liv.* 6. *tit.* 12. *n.* 5.

Arrêt du Conseil du 28. May 1659. portant qu'il sera procedé à la reception des Sergens Royaux & d'Armes des Compagnies des Prévôts des Maréchaux, tant par le Lieutenant General de la Connétablie, que tous autres Juges, pardevant lesquels les Pourvûs s'adresseront. *Maréchaussée de France, page* 814. 4

L'un avoit été reçû au Présidial avant l'autre, qui avoit été reçû au Parlement : la préséance fut ajugée à celuy qui avoit été reçû au Parlement sur des circonstances particulieres, & ainsi l'Arrêt n'a point jugé la these ; il est du trois Decembre 1649. *Du Frêne, liv.* 5. *ch.* 49. *Voyez Henrys,* 10. 2. *liv.* 2. *qu.* 23. *Voyez le même Du Frêne, livre* 3. *ch.* 76. où il rapporte un Arrêt du 21. Juin 1641. 5

RECEVEURS.

RECEVEURS ALTERNATIFS.

Les Receveurs alternatifs ne doivent *sibi invicem substrahere qua ad officia sua pertinent.* Mornac, *L.* 23. *ff. Communi dividun. fol.* 460. 1

RECEVEURS DES AMENDES.

Voyez le mot *Amende, n.* 126. *& suiv.*
Du Receveur General des Exploits & Amendes, 2

tant de la Cour de Parlement de Paris, que de tous les Sieges Présidiaux, étant du ressort d'icelles. *Ordonnances de Fontanon, tome second livre 2. titre 7. pag. 346.*

RECEVEUR DU CLERGÉ.

3 Des comptes du Receveur General du Clergé. *Voyez les Mémoires du Clergé, tom. 5. part. 7. tit. 6. chap. 1.*

RECEVEURS DES CONSIGNATIONS.

4 Voyez *Consignations, n. 54. & suiv.* & les mots *Criées, Decret.*

Des Receveurs des Consignations, tant contentieuses que volontaires. *Ordonnances de Fontanon, tom. 1. liv. 2. tit. 10. pag. 551.* & Joly, *des Offices de France, tom. 2. liv. 3. tit. 39. p. 1631.* & aux *Additions, pag. 192.*

5 Les droits que le Receveur des Consignations a reçûs, sont restituables, au cas que le Decret soit cassé. Jugé le sept Septembre 1628. *Henrys, tom. 2. liv. 4. qu. 53.*

6 Le Decret des biens des mineurs ayant été cassé par quelque défaut en la forme ou autre nullité, non seulement les lods, mais encore les droits du Receveur des Consignations, sont restituables. Jugé le 7. Septembre 1628. Requête civile contre l'Arrêt, sur laquelle les parties hors de Cour, le 4. Avril 1629. *Henrys, ibidem.*

7 Edit du Roy du mois de Février 1689. concernant les Charges & fonctions des Receveurs des Consignations; il est recuëilly dans *Henrys, to. 2. liv. 2. quest. 27.*

8 Arrêt de Reglement pour les deniers consignez és mains des Receveurs des Consignations, du 8. Juin 1693. qui fait défenses à tous les Receveurs des Consignations de payer aucunes sommes de deniers aux Procureurs sur leurs quittances à compte, & par avance des frais ordinaires & extraordinaires de criées, qui peuvent être dûs avant l'Arrêt, Sentence & Jugement, portant liquidation desdits frais, à peine contre lesdits Receveurs des Consignations de perte desdites sommes, & de ne les pouvoir repeter contre lesdits Procureurs, leurs heritiers & ayans cause; & à l'égard des Procureurs, d'interdiction, & de cent livres d'amende. *Journal des Aud. to. 5. liv. 9. ch. 12.*

RECEVEURS DES DECIMES.

9 Voyez le mot *Decimes, nomb. 13. & suiv.*

RECEVEURS DES DENIERS COMMUNS.

10 Des Receveurs des deniers communs & patrimoniaux des Villes. *Voyez Corbin en son Recueil des Edits concernant les Aydes, to. 1. liv. 6.*

11 Receveur des deniers communs refusant de payer une somme de sa Charge, doit être condamné aux dommages & interêts du demandeur, si par la reddition de son compte il se trouve reliquataire. Arrêt du Parlem. de Paris du 26. Juillet 1568. *Papon, li. 10. tit. 5. n. 7.*

12 Jugé au Parlement de Grenoble le deux Août 1656. sur l'appel comme d'abus, interjetté à l'Audience par le Substitut de M. le Procureur General, qu'un Chapitre n'avoit pû, sans abus, ordonner qu'il seroit passé outre à la reception & installation d'un Chanoine, nonobstant & sans préjudice de l'opposition qui y avoit été formée, parce que cela tient du possessoire, qui est temporel. *Basset, tome 2. liv. 2. tit. 1. chap. 2.*

RECEVEURS DU DOMAINE.

13 Voyez le mot *Domaine, n. 81. & suiv.*

RECEVEURS DES EPICES.

14 Voyez le mot *Epices, n. 52.*

RECEVEURS DE LA GENDARMERIE.

15 Des Receveurs des deniers de la crüe des gages & soldes de la Gendarmerie. *Ordonnances de Fontanon, tom. 2. liv. 3. tit. 11. pag. 886.*

Voyez cy-après, verbo *Trésorier.*

RECEVEURS DES NOTIFICATIONS.

16 Reglement contre les Receveurs des Notifications de Bar-sur-Aube, qui porte que le procez leur sera fait, pour avoir pris plus grand droit que celuy de l'Arrêt de verification, & les Officiers assignez à comparoir en personne en la Cour; & jusques à ce qu'ils ayent comparu, interdits. Arrêt du seize May 1659. *De la Guess. to. 2. liv. 2. chap. 20.*

RECEVEURS DES TAILLES.

17 Receveur des Finances, des Tailles, des Deniers publics. *Voyez Deniers publics, Taille.*

18 Des Receveurs particuliers des Tailles & Decimes des Dioceses du ressort de Toulouse, & de leurs Privileges. *Voyez Escorbiac, tit. 26.*

De la forme que doivent pratiquer les Receveurs des Elections dans l'exaction des deniers Royaux. *Voyez Basset, tom. 1. liv. 3. tit. 2. ch. 5.*

19 Un Receveur des Tailles qui a payé le Roy, & prend obligation des particuliers, change la nature & le privilege des Tailles, & vient en ordre du jour de l'obligation. Arrêt du 31. Janvier 1604. *De Lhommeau, des Saisies, Criées, &c. li. 3. Max. 400.*

RECHANGE.

Voyez le Traité fait par *Maréchal, du Change & Rechange,* & les mots *Billet, Change, Lettres de change, Protêts.*

RECHERCHE.

Recherche. *Inquisitio. Investigatio.*
Recherche de chose volée, comment se doit faire dans la maison d'autruy? *L. 2. §. 2. L. 3. ff. de fugit..... Inst. 4. 1. §. conceptum 4..... Lex 12. tabb. tit. 24. L. 6. De furto per lancem & licium concepto. V. Vol.*

RECLAMATION

De la reclamation contre les vœux. *Voyez cy-dessus le mot Profession, nomb. 45. & suiv.* & cy-après les titres, *Religieux, nomb. 287. & suiv. Succession, Vœux.*

RECOLEMENT.

Voyez les mots *Confrontation, Information, Procedure, nomb. 240. & suiv.* & cy-après verbo *Témoins.*

Du recolement & confrontation des témoins. *V. Despeisses, tom. 2. des Crimes & Causes Criminelles, part. 1. tit. 8. pag. 622.* & le titre 15. *de l'Ordonnance Criminelle de 1670.*

RECOMMANDATION.

La recommandation n'est cautionnement. *Voyez le mot Caution, n. 195.* le mot *Lettres, n. 182. & suiv.* & le mot *Mandat, n. 60.*

Si les Lettres de simple recommandation emportent garantie? *Voyez le mot Garantie, nomb. 102. & suivant.*

Si la recommandation d'un pere à ses enfans, est suffisante pour produire un Fideicommis? *Voyez le mot Fideicommis, n. 191. & suiv.*

Ce qu'il est necessaire d'observer dans la recommandation d'un prisonnier? *Voyez le mot Emprisonnement, n. 65.*

RECOMPENSE.

De la recompense dûë à l'aîné, aux heritiers des propres, & pour services.

RECOMPENSE, AÎNÉ.

1 Recompense dûë par l'aîné, & en quels cas? *Voyez le mot Aînesse, n. 118. & suiv.*

RECOMPENSE, PROPRES.

2 De la recompense pour mariage d'enfans. *Voyez M. le Brun, traité de la Communauté, liv. 3. chap. 2. sect. 1. dist. 6.*

2 De la recompense entre les heritiers des propres. *Voyez* le mot *Recompense*, n. 95. & suiv.

3 La recompense faite par le mari à sa femme en heritage pour ses immeubles qu'il a vendus, n'est avantage à ladite femme. *Charondas*, livre cinquième, *Rep. 2.*

4 La recompense qui se doit faire en heritages, se doit faire selon l'estimation au temps du remploy, & non des deniers debourséz. *Charondas*, livre 6. *Rép. 66.*

5 Une femme est mise par son mari en possession d'une Terre, qu'il luy avoit donnée pour recompense d'heritages alienez à elle appartenans; il meurt; ses heritiers sous benefice d'inventaire, veulent joüir: elle répond qu'elle est saisie. Arrêt du Parlement de Bretagne du dernier Mars 1563. en sa faveur. *Du Fail*, liv. 2. ch. 151.

6 Loüise Garnier qui avoit vendu sa Terre avec
7 l'authorité de son mary, demande à être recompensée sur deux pieces de terre que son mari avoit vendües, à luy appartenantes, & ce avant que la terre de Loüise Garnier fût vendüe; dont elle fut deboutée par Arrêt du Parlement de Bretagne du 9. Avril 1576. *Du Fail*, liv. 2. chap. 501. où il est observé que la recompense est düe à la femme ou à son heritier, de ses propres alienez, encore que l'heritier eût acquis les heritages d'elle & de son mary, & en fût joüissant lors de son décés. Arrêt du 22. Decembre 1617. encore que les heritiers presomptifs d'icelle n'eussent renoncé lors de l'alienation à la recompense. Arrêt de Novembre 1590. Elle se doit faire ou sur les propres, ou sur les acquets de la même communauté, & non sur ceux d'une seconde, suivant l'art. 439. de la Coûtume.

8 Recompense faite par le mary sans prisage & sans forme, ne peut subsister au préjudice des creanciers, qui peuvent faire rejetter telle recompense, souvent frauduleuse, s'ils ne sont oüis & appellés, *nam inter conjunctos fraus facilè præsumitur*. Arrêt du Parlement de Bretagne du 3. May 1612. *Du Fail*, liv. 7. chap. 251.

9 Si le mari vend une rente qui avoit été constituée à sa femme, avec promesse d'assiette non faite, à quelle valeur se fera la recompense? Si l'on considere en faisant l'assiette, la valeur des rentes, au temps de l'alienation de la rente, la femme aura beaucoup plus de profit, que si au temps de la recompense demandée, à cause que le plus des heritages a augmenté, & que la rente *habet pretium fixum*, qui ne croit ni ne diminuë: Jugé en autres especes touchant l'heritage d'une femme vendu, que le fonds qui luy seroit baillé pour recompense, seroit l'heritage au lieu du siege, quitte de ventes, frais de contrat, *tantumdem non creditur*. L'Arrêt rendu au Parl. de Bretagne le 2. Decembre 1617. *Voyez Sauvageau sur du Fail*, liv. 2. ch. 214.

10 Par Arrêt du Parlement de Roüen du 19. Decembre 1508. rapporté par *Berault*, *sur l'art.* 356. *de la Coûtume de Normandie*, in verbo, *sur la Valeur*, il a été jugé que la recompense que l'aîné doit faire au puiné, se doit prendre sur le pied du revenu, & non de la vraye valeur de la chose. *Jovet*, verbo *Préference de creanciers*, n. 9. rappporte le même Arrêt.

11 La femme qui a eu don mutuel de son mari, ne peut reprendre que la moitié des sommes employées aux meliorations faites par son mary sur les propres, encore que lesdites sommes eussent été prises dans la communauté. Arrêt du 15. Decembre 1615. *M. Bouguier*, lettre R. nomb. 10.

12 Par Arrêt du 3. Février 1657. jugé que la veuve peut demander la recompense du bois de haute-taye vendu pendant son mariage, principalement au regard de ses enfans qui en ont la propriété. *Idem*, d'une Charge & Office vendu par le mary, & dont l'argent avoit été dissipé, suivant l'Arrêt du 18. Decembre 1656. *Berault*, à la fin du 2. tome de la Cout. de Normandie, p. 99. sur l'art. 406.

13 Par Arrêt du 21. Avril 1659. jugé que l'heritier aux propres, chargé par une donation entre-vifs, d'une fondation de cinquante liv. de rente, avec declaration qu'elle ne s'etendroit sur les acquets, ni ne les diminüeroit, ne pouvoit en avoir de recompense sur les heritiers aux acquets, ainsi l'acquitteroit seul, *Berault, ibidem, pag.* 100. *sur l'art.* 408.

14 Un particulier non marié, fait bâtir sur une place qui lui étoit propre; il laisse des heritiers des propres & des acquets, les heritiers des acquets demandoient recompense aux heritiers des propres, parce que *superficies cedit solo*. Arrêt du Mardy de relevée 3. Août 1688. qui décide qu'il n'étoit point dû de recompense, les successions se prennent en l'etat qu'elles se trouvent; *Secus*, s'il y avoit communauté. *Diction. de la Ville*, n. 8223.
Voyez les mots *Propres*, *Remploy*.

RECOMPENSE DE SERVICES.

15 Donation pour récompense de services. *Voyez* le mot *Donation*, n. 668. & suiv.

RECONCILIATION.

La reconciliation du mary avec sa femme, est un obstacle à l'accusation d'adultere. *Voyez* verbo *Adultere*, n. 34.

Reconciliation du fils exheredé avec son pere. *V.* le mot *Exheredation*, n. 82. & suiv.

Es causes d'ingratitude, la reconciliation entre le pere & le fils, est toûjours présumée, si le pere a reçu le fils à prendre le lit & la table chez luy. *Mantic, lib.* 4. *tit.* 11. *in fine.*

RECONDUCTION TACITE.

1 *Voyez* le mot *Bail*, nombre 192. & les autres suivans.

2 Des effets de la reconduction. *Voyez* le 1. tome des *Loix Civiles*, liv. 1. tit. 4. sect. 4. n. 7. & suiv.

Bail à ferme judiciaire est estimé continué par tacite reconduction pour un an *in rusticis*, & pour un quartier *in urbanis*. Arrêt du 15. Juillet 1585. *Bibliotheque de Bouchel*, verbo *Bail*.

3 L'hypoteque de la reconduction tacite ne court que du jour d'icelle, & non du jour de l'ancien Bail. Arrêt du Parlement de Paris du 27. Février 1606. *Voyez les Reliefs Forenses de M. Sebastien Roüillard*, chap. 41.

RECONNOISSANCE.

RECONNOISSANCE, CREANCIER.
1 Reconnoissance faite par le Creancier qu'il ne luy est rien dû, opere la liberation du debiteur. *Voyez* le mot *Creancier*, n. 65.

RECONNOISSANCE D'ECRITURES.
2 *Voyez* les mots *Ecritures*, *Experts*, *Faux*, *Rapport*.
De la reconnoissance des écritures & signatures en matieres criminelles. *Voyez* l'Ordon. de 1670. titre 8.

RECONNOISSANCE DE PROMESSES.
3 De la reconnoissance des billets & cedules. *Voyez* le mot *Cedule*, les Ordonnances de Fontainon, tome 1. liv. 4. tit. 18. p. 768. & Papon, liv. 8. tit. 2.

4 Si le défendeur dénie la cedule, le demandeur doit être reçu par le Juge, soit competent ou non, à la prouver par témoins. Ainsi jugé au Parlem. de Paris le 22. May 1526. Papon, liv. 8. tit. 2. n. 2.

5 Cedules reconnuës, emportent provision. Arrêt du Parlement de Paris du 12. May 1533. *Ibidem*, nombre 5.

6 Arrêt du Parlement de Paris du 20. Novembre 1533. qui a declaré nulle une reconnoissance d'un billet de Laïc faite devant l'Official. *Ibid.* n. 3.

7 Cedule quoique reconnuë par défaut, emporte garnison & provision. Arrêt du Parlement de Toulouse contre l'Archevêque d'Auch, pour une somme de

4000. écus d'or, de l'an 1448. Au Parlement de Paris l'on attend un second défaut. Cedule privée reconnuë par un seul défaut, emporte hypoteque; la partie ayant été ajournée parlant à sa personne. C'est la disposition de l'article 92. de l'Ordonnance de 1537. *Papon, liv.* 8. *tit.* 2. *n.* 6.

8 Le Bailly de Forêts avoit ordonné qu'un homme qui demandoit son renvoy, declareroit s'il étoit héritier ou non du défunt, & reconnoîtroit ou denieroit la cedule, sans prejudice de son declinatoire. Arrêt du 2. Juin 1545. qui infirme cette Sentence, parce que l'Ordonnance de Rouſſillon de 1539. art. 10. s'entend seulement, quand on est trouvé sur le lieu. *Papon, ibid. n.* 7.

9 Reconnoiſſance de billet peut être requise en cause d'appel. Arrêt du Parlement de Paris du 5. Juillet 1550. *Ibidem, n.* 1.

10 Par l'Ordonnance de Rouſſillon article 10. tous Juges competens pour la reconnoiſſance des cedules & garnison, cela s'entend quand les parties sont presentes. Mais quoique la garnison ne se puisse juger par Juge incompetent, neanmoins en cause d'appel, s'il appert de la dette, la Cour mettant l'appellation au néant, évoque le principal, & juge la proviſion. Arrêt du 18. Janvier 1565. *Papon, ibidem, nombre* 2.

11 La reconnoiſſance devant un Juge d'Egliſe ou devant un Secretaire du Roy, ne seroit pas suffisante; mais les obligations reconnuës en la Juriſdiction des Conſuls, bien qu'elles ne soient pas conçuës pour marchandises, ou entre Marchands, ont été déclarées valables, par Arrêt du Parlement de Roüen du 22. May 1637. *Baſnage, ſur la Coûtume de Normandie, article* 546.

12 Après la reconnoiſſance d'une cedule pardevant un Juge Royal, le Juge ne peut condamner par proviſion la partie qui demande le renvoy devant le Juge ordinaire. Arrêt du Parlement de Dijon du 11. Avril 1606. *Bouvot, to.* 2. *verbo, Schedule, queſt.* 2.

13 Tous Juges sont competens pour la reconnoiſſance de cedules, mais non Meſſieurs des Requêtes, si ce ne sont personnes privilegiées. Arrêt du Parlement de Dijon du 16. Juin 1616. *Bouvot, ibid, qu.* 6.

14 Edit du mois de Decembre 1684. sur la reconnoiſſance des promeſſes & billets sous seings privez. *Voyez les Edits & Arrêts recueillis par l'ordre de M. le Chancelier en* 1687. où il est observé que cet Edit a été revoqué à l'égard du Conseil souverain de Tournay & son ressort, attendu que l'usage y est contraire par une Declaration du 14. May 1685. l'usage étant que des Jugemens & Contrats ne donnent aucunes hypoteques, s'ils ne sont realisés & registrés pour être affectez sur les heritages. Ce même Edit est rapporté dans *le Recüeil de Decombes, Greffier de l'Officialité de Paris, p.* 60.

RECONNOISSANCE AU SEIGNEUR.

15 Reconnoiſſance du Cens. *Voyez le mot Cens, n.* 73. *& ſuivans.*

16 De la reconnoiſſance du Fief. *Voyez le mot Fief, n.* 122. *& ſuivans.*

17 De la reconnoiſſance des Droits Seigneuriaux. *Voyez Droits Seigneuriaux, n.* 134. *& ſuiv.*

18 Des reconnoiſſances dûës aux Eccleſiaſtiques. *Voyez les Ordonnances recueillies par Fontanon, tome* 4. *titre* 25. *pag.* 513.

19 Reconnoiſſances paſſées par une Communauté d'Habitans. *Voyez le mot Communautez, n.* 87.

20 Des reconnoiſſances, infeodations & autres matieres pour mêmes Droits. *V. la Bibl. du Droit François par Bouchel, verbo Reconnoiſſance, & La Rocheflavin.*

21 *Vaſſallus recognoſcendo omne jus quod in tali loco habet exceptâ tali domo, neque juriſdictionem, neque feudum recognoſcere videtur.* Voyez *Franc. Marc.* to. 2. *queſt.* 393.

22 Les Coſeigneurs avec le Roy en Pariage ne peu-

vent proceder à faire leurs reconnoiſſances sans appeller le Procureur du Roy du lieu, s'il y en a, ou du Siege plus prochain, comme il fut arrêté à Toulouse le 17. May 1543. contre le Procureur General & le Syndic de l'Egliſe Collegiale de Caſtelnaudary. Autre Arrêt du 6. May 1566. entre le même Procureur General, & de Berat Sieur de Pauliac. *Bibliot. de Bouchel, verbo Reconnoiſſance.*

23 Les reconnoiſſances doivent être faites aux frais & dépens du Seigneur, parce que c'eſt pour l'éclairciſſement & liquidation des droits, pour ſçavoir les tenemens de chaque piece, quand la rente est divisée, & la cotité que chacun fait, & pour le payement des lods & ventes. Arrêt du 10. Decembre 1581. ce qui n'a lieu où la Coûtume, ou la convention dans les baux & reconnoiſſance est au contraire, ſuivant laquelle les habitans de Pariſol furent condamnez à payer & donner au Seigneur à leurs dépens les inſtrumens des reconnoiſſances. *La Rocheſlavin, des Droits Seigneuriaux, ch.* 1. *Art.* 10.

24 L'Emphyteote ne peut être contraint de paſſer ſa reconnoiſſance en personne, mais seulement par Procureur fondé de procuration ſpeciale à cet effet. Arrêt du 12. Août 1591. *Ibid. Art.* 14.

25 Une seule reconnoiſſance suffit pour établir le droit de l'Egliſe. Arrêt du vingt-deuxième Decembre 1671. pour le Prieur de Gaviac, contre le Seigneur du lieu, quoiqu'il ſoûtint qu'il étoit Seigneur, haut, moyen & bas foncier & direct dudit lieu, & que son terroir étoit limité; mais quoiqu'une reconnoiſſance suffiſe pour établir une directe au profit de l'Egliſe, il n'en est pourtant pas de même d'un seul preſage, qui n'étant qu'un ſimple adminicule, ne peut pas avoir la force d'une reconnoiſſance. *Graverol, ſur La Rocheſlavin, des Droits Seigneuriaux, ch.* 1. *Article* 7.

26 Le Seigneur peut demander reconnoiſſance tant au locataire de 29. en 29. ans, & ſic in perpetuum, comme tenancier & poſſeſſeur de la piece, qu'au proprietaire qui l'a affermée, parce que *domini intereſt plures habere reos debendi*, & d'avoir pluſieurs obligez. Arrêt pour le Seigneur de Fenoüillet. *La Rocheſlavin, des Droits Seigneuriaux, ch.* 1. *Art.* 18.

27 Arrêt du Parlement de Provence du 28. Juin 1386. qui a jugé que les vaſſaux doivent aller faire les reconnoiſſances dans la maiſon Seigneuriale du Seigneur. *Boniface, tome* 4. *tit.* 5. *li.* 1. *ch.* 1.

28 Quand le creancier a luy-même paſſé reconnoiſſance, ou quand il est heritier, ceſſionnaire, legataire, ou donataire, ou autrement, ayant droit & cauſe *ex cauſâ lucrativâ*, de celuy qui a reconnu, il suffit au Seigneur de faire apparoir de cette seule reconnoiſſance, à cauſe de l'obligation perſonnelle & hypotequaire en icelle contenuë, laquelle eſt tranſmiſe à ſes heritiers ou autres. Ainſi jugé, même en 1590. pour le Sieur de Caulet, Conseiller au Parlement de Toulouſe. *Bibliotheque de Bouchel, verbo, Reconnoiſſance.*

29 La reconnoiſſance peut être faite par Procureur exprès fondé. Ainſi jugé contre le Seigneur ou Dame de Tornefeüille qui vouloit contraindre un Emphyteote à le venir reconnoître en personne, Arrêt du 12. Août 1591. *Ibidem.*

30 En Dauphiné une seule reconnoiſſance ancienne où est fait mention du contrat d'abergement, enſuite de laquelle le devancier a été payé de quelques années de la rente suffit, ſans que le poſſeſſeur du fond ſoit recevable de demander communication de l'abergement. Arrêt du Parlement de Grenoble du 4. Février 1592. & autres. *Voyez Baſſet, tome* 1. *livre* 3. *tit.* 3. *chap.* 2.

31 Des reconnoiſſances qui ſe font au Seigneur & proprietaire, une seule suffit. *Voyez Guy Pape, queſt.* 417. *& 572.* Il dit y avoir eu plus de cent Jugemens de son temps au Parlement, & dans les Cours de Dau-

phiné, par lesquels le commis a été déclaré ouvert en vertu d'une simple reconnoissance, même contre les tiers possesseurs.

32. Le Seigneur n'est point obligé de prouver la possession du reconnoissant. Arrêts du Parlem. de Grenoble de 1554. 8. May 1618. & 19. Novembre 1661. pour une reconnoissance ancienne de près de 100. ans. *Jurisprudence de Guy Pape par Chorier*, p. 245.

33. Comme la rente se prescrit par 30. ou 40. ans, la possession d'exiger durant ce même temps l'assure, quoique le titre n'en paroisse pas, elle en tient lieu. L'Abbé de Lyoncel a été reçu par Arrêt sans date rendu, les Chambres consultées, à la preuve de la possession où il étoit depuis 30. ou 40. ans d'exiger deux agneaux chaque année, quoiqu'il luy fût opposé qu'il n'avoit aucun titre. *Ibidem.*

34. Arrêt du même P. de Grenoble du 9. Mars 1661. qui condamne plusieurs particuliers à payer à l'Abbé de Hautecombe la rente qu'il leur demandoit, en vertu d'une simple possession de 30. ou 40. ans, à passer titre nouvel, sans s'arrêter à la prescription & à la nullité d'une reconnoissance unique qu'il avoit employée, sur quoy ils fondoient leur exception. En effet cette possession d'exiger ne permet pas que l'on considere le temps écoulé depuis que la rente n'a pas été reconnuë, comme il a été jugé par Arrêt du 16. Decembre 1617. Encore que *Bartole*, in L. cum scimus C. de Relig. & Cens. li. 10. & Gaspard Roderic, in tract. de annuis & mens. reditib. qu. 15. ayent crû que la reconnoissance unique ne doit produire cette obligation qu'en faveur de la cause pieuse, elle l'a indifferemment pour toute autre, sur tout lors qu'elle a été suivie de payement. *V. Chorier, ibid. p. 245.*

35. Les Emphyteotes & sujets sont tenus d'aller passer reconnoissance dans le Château du Seigneur. Arrêt du 16. Mars 1638. en faveur du Seigneur de Comps. *Basset, tome 1. liv. 3. tit. 3. ch. 3.*

RECONNOISSANCE EN TESTAMENT.

36. Reconnoissance d'une dette legitime, est bonne & valable, quoique le Testament qui la contient soit nul, & même que l'obligation primordiale de la testatrice, lors en puissance du mary, & sans son autorité fût pareillement nulle. Arrêt du Parlement de Paris du 10. Février 1638. *Bardet, tome 2. liv. 7. chapitre 13.*

RECONNOISSANCE, TITRE NOUVEL.

37. Quoique les tiers possesseurs ne tirent pas leur droit des reconnoissances de leurs auteurs, ils peuvent être assignez en reconnoissance, & pour payer les rentes & les pensions. Arrêts du Parlement de Grenoble de l'an 1442. & 1454. *Voyez Guy Pape, quest. 42. & 432. n. 17.*

38. Un heritier par benefice d'inventaire passant reconnoissance nouvelle d'une rente sans prendre cette qualité, est tenu au payement comme heritier pur & simple, & sans préjudice en autres choses de sa qualité d'heritier par benefice d'inventaire. Arrêt cité par *Peleus, quest. 44.*

RECONVENTION.

REconvention. *Relatio actionis. Adversa vel mutua petitio.*
De mutuis petitionibus. D. Gr. 3. q. 8. c. 1. §. cujus... Extr. 2. 4.... Inst. L. 3. 9. De la demande en reconvention.
De his qui conveniuntur, & reconveniuntur. N. 96. c. 2.
De quibus rebus ad eumdem judicem eatur. D. 11. 2.
La reconvention se poursuit devant le Juge de la demande principale.

1. *Voyez* M. le Prêtre, 4. Cent. chap. 31. Tronçon, *Coûtume de Paris, art. 109.* Henrys, tome 2. liv. 4. qu. 64. Bacquet, *des Droits de Justice*, ch. 8. n. 10. & 11. M. Charles Du Moulin, *sur l'art. 88. de la* Coût. de Bourbonnois. & M. Julien Brodeau, *Coût. de Paris, article 106. n. 3.*

2. Comme s'entend ce qui se dit en pratique, que reconvention n'a point de lieu en Cour Laye? *Voyez* Coquille, tome 2. quest. 307.

3. *Reconventio an habeat locum in causis fractæ pacis?* Voyez Andr. Gaill, *Tract. de pace publicâ. lib. 1. cap. 12.*

4. *Reconventio, an in criminalibus locum habeat?* Voyez Franc. Marc. to. 2. qu. 903.

RECORDS.

Voyez les mots *Criées*, nomb. 120. *Exploit*, n. 9. & les titres, *Huissiers, Sergent.*

1. L'Exploit d'un Sergent est nul, ayant pris un Sergent pour Records dénommé en son Exploit. Arrêt du Parlement de Dijon du 15. Decembre 1599. *Bouvot, to. 2. verbo Saisie, quest. 56.*

2. Jugé par Arrêt du Parl. de Paris du 28. Mars 1624. que le Sergent pouvoit prendre son fils pour l'un de ses Records. *Voyez Auzanet, sur l'article 140. de la Coûtume de Paris.*

3. Acte de Notorieté donné par M. le Lieutenant Civil le 23. May 1699. portant que, quoique l'Ordonnance qui établit le Contrôle des Exploits, dispense les Sergens d'avoir des Records; neanmoins l'ancien usage du Châtelet s'est conservé, suivant lequel le Commandement qui précede la Saisie réelle, doit être recordé de deux temoins, l'Huissier ou Sergent en doit laisser copie, ensemble des titres en vertu desquels il fait la Saisie réelle, sans quoy la Saisie réelle & les Criées qui seroient faites en consequence, ne seroient pas valables, lesquels titres doivent être signez & scelez; ce qui s'est toûjours observé. *Recueil des Actes de Notorieté*, p. 103. & suiv.

RECOURS.

1. LOyseau, liv. 2. chap. 8. s'étend sur les matieres recursoires, qu'il explique avec grande érudition.

2. En sommation & recours d'action personnelle, il faut suivre la Jurisdiction du défendeur. *Voyez Chirondas, liv. 3. Rép. 60.*

3. Recours solidaire de l'heritier d'une ligne contre l'heritier de l'autre ligne. Arrêt du 13. Février 1615. M. le Prêtre, és Arrêts de la Cinquiéme.

4. Les heritiers de la femme qui s'est obligée conjointement avec son mari ayant renoncé à la communauté, ont indemnité pour la somme entiere contre les heritiers du mari, encore que dans le contrat de mariage, il n'y eût aucune clause de recours pour l'indemnité de la femme. Arrêt du 25. Août 1642. *Ibidem.*

Voyez le mot *Garantie.*

RECREANCE.

REcréance. *Vindiciæ. Vindiciarum præjudicium. Fiduciaria possessio decreta;* ainsi appellée par *Chopin*, en son Traité *de sacr. Polit. lib. 3. tit. 3. n. 5.*

Autrefois on se servoit du mot de *Recréance*, pour signifier la joüissance donnée par provision, d'un immeuble, ou d'une chose mobiliaire, pendant la contestation sur le petitoire. Aujourd'huy Récréance ne se dit que de la joüissance des fruits d'un Benefice, accordée à l'une des parties pendant la contestation.

Voyez les mots *Benefice, Complainte, Possessoire, Sequestre, & les Arrêts de Tournet*, verbo *Récréance.*

1. Récréance est la provision du Benefice contentieux qui s'ajuge à celuy qui a le meilleur & le plus apparent droit pour joüir du Benefice pendant le procés.

2. Des récréances. *V. Du Luc, liv. 9. tit. 10.*
Voyez Coquille, tome 1. en son Traité *des Benefices*, p. 251. où il est parlé de la récréance & du sequestre; quand la récréance est ordonnée par Arrêt, on n'est pas tenu de donner caution.

3. Caution offerte & donnée en cas de récréance. *Voyez* le mot *Caution*, nomb. 131. & suiv.

4   *Recredentia,ei qui potiora jura oftendit, adjudicanda eft.* Voyez *Franc. Marc. to.* 1. *queft.* 1254.

5   *Recredentia emanata ex falfi causâ & per partis circumventionem retractari debet.* Voyez *ibidem, tome* 2. *queft.* 317.

6   Le 18. May 1508. les deux Chambres assemblées, il a été conclu que les Sentences de récréance données en matieres beneficiales, aprés que les enquêtes ou examen auroient été vûs, si quelques-uns ont été faits, ne seroient executées ; mais seulement celles qui seront données ou jugées par les titres. *Biblioth. de Bouchel*, verbo *Récréance*, & la *Bibliotheque Canonique, tome* 2. *p.* 360.

7   Récréance doit être executée avant que de passer outre au principal. Arrêts des 2. Août 1512. Avril 1532. & 6. Mars 1566. *Papon, liv.* 8. *tit.* 11. *n.* 8.

8   Avant la récréance, l'on peut bien faire reconnoître à partie averse une écriture privée, pourvû que l'autre partie ne s'en veüille aider au Jugement de récréance, mais seulement au plein possessoire. La raison est que les parties peuvent mourir ; il seroit aprés difficile de verifier les écritures, & par là sont accordez les Arrêts qui semblent contraires en ce point. *Papon, liv.* 8. *tit.* 11. *n.* 5. S'il y a instance de subrogation, l'on ne peut, avant la récréance jugée, requerir être faits interrogats, ni que partie averse soit tenuë de répondre par serment sur aucuns faits. Arrêt du 27. Juin 1569. *V. ibid. n.* 6.

9   Jugé que Lettres missives *etiam* reconnuës, ne seront receuës en une instance de récréance en matieres beneficiales ; telle instance qui de sa nature est sommaire, doit se vuider par titres seulement, selon l'Ordonnance de Charles VII. art. 74. *Bibliotheque de Bouchel*, verbo *Récréance*.

10   Récréance se doit juger sans Enquête ni Interrogatoire. Arrêt du 12. May 1533. infirmatif d'une Sentence, portant qu'une des parties seroit oüie sur ce que la partie averse avoit mis en fait qu'elle ne sçauroit lire une decretale. *Papon, liv.* 8. *tit.* 11. *n.* 4.

11   Lettres missives *etiam* reconnuës, ne doivent point être receuës en l'incident de récréance de benefice ; & sans y avoir égard, doit être jugé par l'Ordinaire. Arrêt du Parlement de Paris de l'an 1534. *Ibidem, nombre.* 7.

12   Le Juge ne doit point ajuger la récréance du Benefice contentieux, s'il n'y a titre valable, mais il doit alors sequestrer. Arrêts des 2. May 1548. & 6. Juillet 1574. *Ibidem, nombre* 1.

13   Jugemens de récréance ou autres provisionnaux font préjudice au principal, à moins que les parties ne fassent productions nouvelles qu'n'avoient été faites avant la provision. Arrêt du Parlement de Paris du 28. Juin 1555. *Papon, ibid. n.* 19.

14   Par Arrêt du 27. Octobre 1556. fut mise au neant une Sentence de récréance, par laquelle le Prévôt de Paris avoit ajugé la récréance sur un simple *sumptum* verifié, & quoique ce fût un procez par écrit, neanmoins la Cour vuida l'appel sur le champ, parce que la Sentence étoit nulle. *Bibliotheque de Bouchel*, verbo *Récréance*.

15   M. Guillaume H *** se presente au Chapitre de Dol avec son Commissaire, pour l'execution d'un Jugement de récréance d'une Prébende. Les Chanoines refusent d'entrer en leur Chapitre ; il appelle comme d'abus. Les Chanoines intimez disent qu'ils luy ont décerné acte de sa Requête, lors qu'il s'est voulu presenter audit Chapitre, & qu'il n'y a abus ; davantage, qu'un appellé Chouffé, subrogé au lieu de Rivet sa partie, a eu récréance dudit Canonicat, icelle executée, partant il n'y a plus de fond, offrant que tout soit mis au neant sans dépens. Arrêt du Parlement de Bretagne du 15. Avril 1562. qui dit mal & abusivement refusé, differé par les intimez, les condamne és dépens, dommages & interêts de l'appellant ; leur enjoint lors qu'aucuns Commissaires de Justice se presenteront pour executer Sentences de récréance, données sur le possessoire d'aucuns Benefices, d'obéir à l'Exécuteur d'icelles, & de promptement s'assembler en leur Chapitre, sans user d'aucunes dissimulations.

16   La récréance doit être entierement executée, tant pour la joüissance du benefice, rétablissement de fruits, que dépens, s'ils font ajugez, suivant les Ordonnances de François I. de 1539. article 49. Arrêt du Parlement de Bretagne du 1. Decembre 1603. *Du Fail, li.* 3. *chap.* 11.

17   Sentence de récréance se doit executer avant que l'on puisse poursuivre le jugement du procez principal, nonobstant l'appel, & sans préjudice d'iceluy en baillant caution, suivant l'article 62. de l'Ordonnance de 1539. qui désire sept Juges, aux Requêtes du Palais, & aux Présidiaux. *Voyez Mornac, Cod. de fide instrumentorum & amissione eorum, & c.* où il rapporte un Arrêt du 4. May 1619. par lequel il a été jugé *posse ab uno foloque Juridico Regio judicari*, dans les autres Jurisdictions. *Voyez M. Loüet*, lettre R. som. 23. & 57. Voyez le tit. 15. de l'Ordonnance de 1667. art. 17. où il est dit, du moins au nombre de cinq, sans rien déroger à l'usage des Requêtes de l'Hôtel, ni du Palais.

18   Sentence de récréance renduë par un Juge seul est nulle, mais il y a lieu à l'appel, parce que voyes de nullité n'ont point lieu en ce Royaume. Arrêt du P. de Paris du 4. Juillet 1633. *Bardet, to.* 2. *li.* 2. *ch.* 49.

RECREANCE, APPEL.

19   L'execution de récréance peut être empêchée par un appellant, s'il montre manifestement & sur le champ le tort irreparable, ou qu'il justifie promptement de la corruption des Juges. Arrêt du Parlement de Paris du 21. Juillet 1526. *Papon, livre* 8. *titre* 11. *n.* 13.

20   La récréance n'est pas executoire nonobstant l'appel, lorsqu'elle est donnée à l'entrée de la contestation, c'est-à-dire, sans oüir les parties, soit par contumace, soit par précipitation ; ce qui a été ainsi jugé par un ancien Arrêt du 13. Mars 1536. *Définit. du Droit Can. p.* 720.

21   Si la récréance dont étoit appellé est confirmée par Arrêt, le recredentiaire peut requerir pardevant l'executeur de l'Arrêt, que les pleiges & cautions qu'il a baillées en faisant executer sa récréance soient déchargées, tant pour le passé que pour l'avenir ; ce qui doit être fait. Arrêt du Parlement de Paris du mois de Septembre 1537. *Bibliotheque de Bouchel*, verbo *Pleige*.

22   La récréance n'est executoire nonobstant l'appel, s'il n'y a six Conseillers ou Avocats du Siége appellés à la déliberation, qui signent avec le Juge, & dont le Greffier fera mention. Arrêt du 5. May 1539. *Papon, liv.* 8. *tit.* 11. *n.* 15.

23   Si la Sentence de récréance receuë sur enquêtes est executoire nonobstant l'appel, comme celle qui est renduë sur titres? Arret du Parlement de Grenoble du 27. Février 1613. qui juge la négative ; celuy qui avoit pris possession en vertu de Lettres, y doit être conservé jusqu'à ce que l'appel soit jugé, en baillant caution de rendre les fruits, s'il est dit que faire se doive. *V. Bassét to.* 1. *liv.* 1. *tit.* 5. *chap.* 2.

24   Par le désistement des poursuites d'un appel de récréance pendant trois ans, on n'est point recevable à reprendre les poursuites. Arrêt du même Parlement de Grenoble du 12. Juin 1624. qui maintient diffinitivement le recredentiaire. *V. ibid. tome* 1. *livre* 1. *tit.* 5. *chap.* 5.

RECREANCE, CAUTION.

25   Quand la Sentence de récréance est confirmée par Arrêt, les cautions baillées sur les lieux doivent être déchargées, tant pour le passé que pour l'avenir, pourvû que la partie le demande en execution d'Arrêts, car la Cour ne l'ordonne jamais d'office. *M. Loüet*, lettre R. somm. 28.

26. Celuy qui obtient récreance d'un Benefice par Arrêt, n'eſt tenu de donner caution pour la reſtitution des fruits ſeulement ; mais s'il y a meubles, bagues & joyaux pour la dépoüille du défunt, le récredentiaire n'en doit être ſaiſi, ſans donner caution juſqu'à la valeur des meubles. Arrêt du Parlement de Toulouſe du 20. Avril 1425. Bibliotheque Can. tome 2. page 361. col. 1.

27. Le 19. Juin 1508. fut conclu aux Chambres des Enquêtes, que quand un Arrêt ſera confirmatif d'une Sentence de récreance en matiere Beneficiale, ſuivant laquelle il y avoit caution baillée ; l'Arrêt retroagitur, ainſi la caution baillée avant l'Arrêt demeure déchargée. Biblioth. de Bouchel, verbo Récreance.

28. Si la partie qui a perdu la récreance voit que la caution donnée devient inſolvable, ou que le procez tire en longueur, il peut demander une autre caution. Arrêt du 20. Avril 1518. Bibliotheque Can. tome 2. page 361. col. 2.

29. Si un Benefice a été ſequeſtré, & que les parties ayent procedé ſur la récreance, pris appointement en droit, & produit, celuy qui obtient la récreance, doit donner caution : mais s'il l'a obtenuë ſans proceder au Sequeſtre, il ne doit être chargé de donner caution, ſinon en deux cas, l'un, ſi le Juge y fait doute, l'autre, s'il y a appel. Arrêt du 10. Février 1510. Ibidem.

30. Si d'un Benefice ſequeſtré la récreance eſt ajugée à l'une des parties, & executée ſous caution, nonobſtant l'appel, & eſt dit après par Arrêt, qu'il a été mal jugé ; les cautions peuvent être contraintes par empriſonnement de leurs perſonnes, quoiqu'ils n'y ſoient obligez, d'autant qu'ils ſuccedent au lieu des Commiſſaires en ſequeſtre. Arrêt du Parlement de Paris du 26. Novembre 1533. Bibliotheque de Bouchel, verbo Pleiges.

31. La caution d'un récredentiaire peut pour des raiſons importantes demander ſa décharge. Alors le récredentiaire ſera tenu d'en donner une autre, ſinon le Benefice demeurera ſequeſtré, & la caution déchargée. Arrêt du Parlement de Paris du 18. Juin 1535. Bibliotheque de Bouchel, verbo Pleige.

RECREANCE, DEPORT.

32. Sentence de récreance fait ceſſer le déport, bien que le Curé ne ſoit encore promû aux Ordres ſacrez, *quia non tenetur promoveri niſi habeat pacificam poſſeſſionem.* Jugé le 22. May 1550. & auparavant le 20. Janvier 1516. En toute la Normandie le déport a lieu & ſe leve indiſtinctement en cas de decez, de reſignation en faveur, & démiſſion pure & ſimple. Jugé au Parlement de Roüen le 20. Mars 1561. Brodeau ſur M. Loüet, lettre D. ſomm. 62.

RECREANCE, DEPOST.

33. La récreance peut être jugée en dépôt, qui conſiſte en choſe immeuble. Arrêt du 21. Avril 1551. Papon, liv. 12. tit. 3. n. 21.

RECREANCE, DEVOLUTAIRE.

34. Devolutaire ne doit avoir la récreance d'un Benefice, le titulaire étant décedé peu de temps après la reſignation ; mais elle eſt donnée au pourvû *per obitum.* Arrêt qui l'a ainſi jugé le 5. May 1626. Bardet, tome 1. livre 4. chap. 83.

RECREANCE, FAUX.

35. La diſcuſſion des moyens de fraude, ſimonie, confidence, & autres ſemblables n'empêche pas l'execution du jugement de récreance, non plus que l'inſcription en faux ; ainſi qu'il a été jugé le 3. Avril 1521. au Parlement de Paris, à moins que la fauſſeté ne fût apparente. Arrêt du Parlement de Normandie du 22. Août 1550. Bibliotheque Canonique, tome 2. page 357. colonne 2.

RECREANCE, FRUITS.

36. Si celuy qui a gagné la récreance perd ſa cauſe au plein poſſeſſoire, il doit reſtituer les fruits pris durant la récreance, de même en matiere profane. Arrêt du Parlement de Paris de l'an 1394. Papon, livre 8. titre 11. nomb. 10.

RECREANCE, MAINLEVE'E.

37. Après la mort du recredentiaire, le ſurvivant doit avoir main-levée, quoiqu'il n'ait point de ſubrogation. Arrêt du Parlement de Paris du 29. Juillet 1519. Papon, liv. 8. tit. 17. n. 2.

38. Récreance & main-levée ſont bien diverſes ; car la récreance ne ſe donne point, ſinon avec partie adverſe, & ſur la production des titres des deux, ou par forcluſion : mais la main-levée ſe fait à une partie requerante, & ſon titre vû ſans partie adverſe, & n'eſt executoire nonobſtant l'appel ; comme auſſi n'eſt une récreance qui ſera donnée d'entrée, ſans oüir les parties ; comme par contumace précipitée, ou autrement. Arrêt du Parlement de Paris du 13. Mars 1536. Papon, liv. 8. tit. 11. n. 2.

RECREANCE, MAINTENUE.

39. Celuy des deux contendans du poſſeſſoire d'un Benefice, qui a obtenu la récreance, n'eſt tenu de proceder ſur la pleine maintenuë que le jugement de récreance n'ait été entierement executé, ſoit pour la joüiſſance du Benefice, ou rétabliſſement des fruits, s'ils ſont ajugez. Arrêt du Parlement de Paris du 12. Août 1511. Biblioth. Can. tome 2. page 631. col. 1.

40. Les Docteurs tiennent que celuy qui a obtenu la récreance d'un Benefice qu'il conteſte avec un autre, n'eſt point tenu de proceder ſur la pleine maintenuë, que auparavant le jugement portant adjudication de la récreance, n'ait été executé entierement, ſoit pour la joüiſſance du Benefice, ou rétabliſſement des fruits, & dépens payez, lorſqu'il y en a qui ſont ajugez : les Docteurs *Faber & Jaſon,* ſur le §. *Item ſerviant,* aux Inſtituts, *tit. de act.* le tiennent ainſi ; ce qui a même été jugé par un Arrêt du 2. Août 1521. c'eſt la diſpoſition de l'Ordonnance de 1667. tit. 15. du poſſeſſoire des Benefices art. 10. qui veut que les récreances & ſequeſtres ſoient executées, avant qu'il ſoit procedé ſur la pleine maintenuë. Voyez les *Definitions Canoniques*, page 710.

41. Avant que de conclure à la pleine maintenuë il faut que la récreance ſoit en tout executée. Arrêt du Parlement de Bretagne du 11. Octobre 1564. *Du Fail,* liv. 3. chap. 48.

42. En matiere Beneficiale, la Cour a fait défenſes aux Juges de juger par une même Sentence la récreance & la pleine maintenuë. Arrêt du 29. Juillet 1619. Brodeau ſur M. Loüet, lettre C. ſomm. 40. Voyez Peleus, queſt. 134.

43. Par Arrêt du 15. Février 1666. jugé qu'en matiere Beneficiale, la récreance & la maintenuë ne peuvent être ordonnées par un même jugement. Soëfve, to. 2. Cent. 3. chap. 64.

RECREANCE, MINEUR.

44. Sentence de récreance renduë contre un mineur ; ſi pendant l'appel par luy interjetté il prend les fruits, il peut être contraint par corps après les quatre mois au payement des fruits & des dépens. Jugé le 13. Octobre 1607. *Mornac, l. 7. ff. de Minoribus.* Voyez Brodeau, ſur M. Loüet, lettre R. ſomm. 23.

RECREANCE, OPPOSITION.

45. Il a été jugé par Arrêt du 28. Février 1537. qu'un tiers qui viendroit ſe rendre oppoſant à l'execution d'une Sentence de récreance ajugée, s'il faiſoit voir qu'il n'a point été entendu, ni appellé au procez où la Sentence de récreance ſeroit intervenuë, ſon oppoſition ſeroit receuë, & qu'elle pourroit empêcher l'execution de la Sentence de récreance. Papon, liv. 8. tit. 11. n. 14.

RECREANCE, REGALE.

46. L'inſtance de regale ne peut empêcher que par proviſion une Sentence de récreance donnée entre les mêmes parties avant l'ouverture de la régale ne ſoit executée. Jugé le 26. Novembre 1560. *Charondas, li.* 1. *Réponſe* 1.

47 La récreance obtenuë par Arrêt ne suffit pour faire clore la regale : *secus*, si l'Arrêt porte la pleine maintenuë. Jugé le Jeudy 10. Mars 1574. *Charondas*, *liv.* 1. *Réponse* 10.

Voyez cy-après le mot *Regale*, nomb. 196. & 197.

RECREANCE, RESIGNATION.

48 Si plusieurs prétendent le Benefice comme vacant *uno & eodem genere vacationis*, il doit être sequestré; mais si le genre de la vacance est contesté, & qu'il y ait un resignataire, la récreance luy est dûë. Ainsi jugé trés-souvent. *Papon*, *liv.* 8. *tit.* 10. *n.* 10.

49 Si aprés la récreance ajugée d'un Benefice à l'une des parties, celuy qui l'a perduë meurt ou resigne, le pourvû en son lieu, & demandeur en subrogation peut être empêché par le récrédentiaire jusques à ce qu'il ait rétabli tous les fruits perçûs par son resignant, & les dommages & interêts. Arrêt du Parlement de Paris du 11. May 1542. *Ibidem li.* 8. *titre* 17. *nomb.* 9.

RECRIMINATION.

Translatio criminis in accusatorem.
De his qui accusare non possunt. C. 9. 1. *L.* 1. ...

1 Voyez cy-dessus le titre de la procedure criminelle, & hoc verbo *Recrimination*, la Bibliotheque du Droit François par *Bouchel*, *Papon*, *livre* 24. *tit.* 2. *n.* 7.

2 Criminel ne peut recriminer celuy qui luy fait partie avant qu'être purgé de l'accusation contre luy intentée. Arrêts du 30. May 1578. & du premier Juin 1607. M. *Expilli*, *Arrêt* 71.

3 La recrimination a lieu *in majori crimine, non in pari aut minori, l. si prator, ff. de jud.* C'est pourquoy pour plus grand crime l'accusation fut reçuë, & dit que la premiere information suffiroit. Arrêt du Parlement de Dijon du 27. Novembre 1599. *Bouvot*, *tome* 2. verbo *Jugement*, *quest.* 7.

4 Par Arrêt donné en la Tournelle à Paris le 17. Janvier 1606. en la cause de Falezeau, & de Launay, la recrimination fut reçuë en crime de rapt. *Biblioth. de Bouchel*, verbo *Recrimination*.

5 Jugé le 10. Decembre 1643. qu'il y a abus quand le Juge d'Eglise veut connoître d'une recrimination, le premier procez étant pardevant le Juge Seculier. *Basset*, *tom.* 1. *liv.* 6. *tit.* 5.

6 La recrimination a lieu en Dauphiné. Arrêt du Parlement de Grenoble du 14. Juillet 1653. par lequel il fut ordonné qu'il seroit procédé à l'instruction du procez criminel dont il s'agissoit, sauf à l'accusé qui prétendoit être accusateur, de se servir des moyens que luy a vancez pour sa justification, ou de se pourvoir autrement aprés le procez fait & parfait. *Basset*, *to.* 2. *liv.* 9. *tit.* 1. *ch.* 1.

RECTEUR.

1 Arrêt du 6. Janvier 1539. qui ordonne que l'Election du Recteur de l'Université sera faite par le Chancelier & Docteurs Regens, à l'assistance de deux Sieurs de la Cour. *La Rochestavin*, *livre* 5. *Lettre* V. *tit.* 1. *Arrêt* 13.

2 Arrêt du Roy Henry II. en 1556. pour l'élection du Recteur. *V. Henrici secundi Progymnasmata*, *Arrêt* 210.

3 Droit du Recteur sur le parchemin. *Voyez* le mot *Parchemin*.

Voyez cy-après le mot *Université*.

RECUSATION.

1 Recusation de Juges. *Judicium rejectio, Recusatio.*
De appellationibus, recusationibus, & relationibus. Extr. 2. 28.
Apud eum, à quo appellatur, aliam causam agere compellendum. D. 49. 12. Ce n'est pas un moyen de récusation contre un Juge, d'avoir appelé d'une de ses Sentences.

Ut reo induciæ dentur ad refutandum judicem. N. 53. *c.* 3. Vide *Nov.* 82. & 86.

2 *De recusatione judicis*, Voyez *Andr. Gaill., lib.* 1. *observat.* 33.

3 *De recusationibus.* Per Stephanum Auferium. & per Lanfranchum de Oriano.

4 Des récusations qui se baillent contre les Présidens & Conseillers de la Cour, & executeurs des Arrêts d'icelle. *Ordonnances de Fontanon*, *to.* 1. *liv.* 3. *tit.* 15. *p.* 571. & *tit.* 35. *p.* 606. & Joly, *des Offices de France*, *tome* 1. *liv.* 1. *tit.* 43. *page* 307.

5 Récusation. Voyez les mots *Juges*, *Prise à partie*, hoc verbo *Récusation*, la Bibliotheque du Droit François par *Bouchel*, & *Bouvot*, *tome* 2.

6 Des récusations contre les Juges. Voyez l'Ordonnance de 1539. *art.* 10. & de Roussillon, *art.* 12. l'Ordonnance de Blois, *art.* 118. & suivans, l'Ordonnance de 1667. *tit.* 14. des récusations des Juges. *Expilly*, *Arrêt* 154. Peleus, *quest.* 134. La Rochestavin, *des Parlemens de France*, *livre* 13. *chap.* 85. Julius Clarus, *liv.* 5. *Sentent.* §. *finalis*, *quest.* 43.

7 M. Ayrault dans son instruction judiciaire a fait un traité des récusations.

8 De la récusation des Juges. V. *Despeisses*, *tome* 2. *p.* 459. où il est marqué quels Juges peuvent être récusez, quand, comment, pourquoi, ce qui suit la récusation. Il agite au même endroit la question de sçavoir si un Procureur General peut être récusé.

9 *Recusatur judex si pars locutus est ei in aure, secreta*, V. *Com. Joan. Const.* sur l'*Ordonnance de François I. article* 10.

10 Récusations ne sont point reçuës aprés appointement en Droit, si elles ne sont venuës de nouveau à la connoissance des parties. Arrêt du Parlement de Paris du 5. Janvier 1489. *Papon*, *livre* 8. *titre* 3. *nombre* 2.

11 Récusations ne sont plus reçuës lorsqu'elles n'ont pas été proposées contre le Juge avant l'appointement à écrire, parce qu'il a été déja approuvé. Arrêt du Parlement de Paris de l'an 1554. *Papon*, *liv.* 7. *tit.* 9. *nomb.* 13.

12 Bien que de Droit *in lege*, *apertissimi C. de judiciis*, les récusations se doivent proposer *antequam lis inchoetur*, & avant contestation en cause, toutefois si les parties alleguent les causes de récusation être de nouveau venuës à leur connoissance, on les reçoit, bien que le procez fût sur le Bureau, en se purgeant par serment de n'en avoir eu plûtôt connoissance, pourvû que le Juge n'ait déja opiné, ce qui luy est interdit depuis qu'on luy a montré la requête de récusation jusqu'à ce qu'elle soit jugée. *Mainard*, *livre* 1. *chap.* 95.

13 Appellant des Requêtes du Palais débouté de la récusation par luy proposée contre un Conseiller en Parlement, fils du Conseiller és Requêtes, qui avoit été des Juges en premiere instance; le motif fut qu'on ne sçavoit point que le pere eût été d'avis du Jugement. Arrêt sans date. *Papon*, *li.* 7. *tit.* 9. *n.* 3.

14 L'Ordonnance de renvoy des causes d'un Conseiller de la Cour en autre Chambre, & d'un Magistrat Présidial en autre Siege, exactement observée à Toulouse. Toutefois les causes criminelles des Conseillers de la Cour se traitent des Chambres assemblées, où assistent les Conseillers de la Chambre; & les Juges subalternes ne peuvent connoître d'un Conseiller en la Cour, mais luy en doivent faire renvoy s'il se présente devant eux; mais en causes civiles l'Ordonnance s'observe, même dans le cas où deux Conseillers de la Cour ou deux Magistrats Présidiaux plaideroient l'un contre l'autre. Le motif est d'éviter les soupçons & les brigues. *Mainard*, *livre* 1. *ch.* 82. 83. & 84.

15 Par l'Ordonnance les récusations ne doivent être mises au serment & à la conscience du récusé. La preuve doit être laissée aux parties. Mais si le Juge accorde la récusation, l'on y a égard, sans que l'autre

ere partie puisse opposer qu'il y a collusion entre le Juge & le récusant. *Voyez Mainard*, *tome* 1. *livre* 1. *chapitres* 87. & 88.

16. Le 8. Septembre 1551. au Parlement de Bretagne, il fut ordonné que les parties ou leurs Procureurs spéciaux bailleront leurs causes de récusation par écrit aux Juges qu'ils voudront récuser ; lesquels bailleront, si requis sont, actes au procès verbal és parties récusantes ou à leurs Procureurs spéciaux, pour s'en aider, comme ils verront l'avoir à faire. Deffenses aux Huissiers & Sergens signifier causes de récusation contre les Juges, si par Justice ne leur est ordonné, sauf aux parties de se pourvoir contre les Juges qui leur sont suspects, ainsi qu'il leur est permis par les Ordonnances. *Du Fail, liv.* 3. *ch.* 430.

17. Un Juge ne peut être récusé executant la Sentence par luy donnée, parties oüies, & dont il n'y a point d'appel. Arrêts du Parlement de Paris en 1554. & le 9. Novembre 1555. qui ont déclaré que le Juge avoit en ce cas valablement déclaré les causes de récusation frivoles. *Bibliot. de Bouchel*, verbo, *Récusation*.

18. Les récusations ausquelles on a renoncé, ne sont pas reçües une seconde fois. Arrêt de la Cour des Aydes de Montpellier du 7. Août 1563. *V. Philippi*, *article* 76.

19. Récusations doivent être declarées pertinentes & veritables, ou non pertinentes. Arrêt du Parlement de Bretagne du 24. Septembre 1565. contre le Juge de Leon, qui avoit dit qu'il ajourneroit les témoins, & qu'à la premiere Audience les parties comparoîtroient en personnes, pour voir ordonner des récusations. *Du Fail, liv.* 3. *ch.* 67.

20. Par Arrêt du Parlement de Bretagne du 15. Mars 1575. deux Notaires de Rennes ajournez pour comparoir en personnes, pour avoir rapporté la presentation de certaines récusations sur un Conseiller de la Cour, à l'instance de la Riviere, la Charge de Notaire est d'instrumenter, & non de rapporter presentations & récusations ; il faut se pourvoir par Requête, signée de partie & de Procureur ; si le Conseiller ne se veut abstenir, il faut que la Cour juge les récusations suivant les Ordonnances & Reglemens. *Du Fail, liv.* 2. *ch.* 498.

21. La forme de juger les récusations contre Messieurs du Parlement de Dauphiné, est reglée par l'Ordonnance du Roy Charles IX. du 14. Février 1565. regîstrée audit Parlement le 21. suivant. Il faut cinq Juges pour statuer sur une récusation. *Basset, tome* 1. *liv.* 2. *tit.* 6. *ch.* 2.

22. Le Juge récusé declarant les causes de récusations impertinentes, & qu'il en connoîtra, y ayant appel, la partie peut se pourvoir pardevant le plus ancien Avocat pour être jugé. *Bouvot, tome* 2. verbo, *Récusations, quest.* 7.

23. Un Juge Royal ayant été auparavant pensionnaire de la partie, peut être récusé. Arrêt du Parlement de Dijon du 12. Decembre 1569. *Ibid. quest.* 38.

24. Un Juge peut être récusé pour frere ou fils de partie ; il ne peut dire que les causes de récusation seront mises en ses mains, pour y être fait droit. Arrêt du 2. Decembre 1595. *Bouvot, ibidem, quest.* 27. Voyez *Pet. Greg. in Syntag. Ju. lt.* 49. *cap.* 3.

25. Le Juge duquel la Sentence a été infirmée, ne peut connoître après de la cause. Arrêt du Parlement de Dijon du 15. Juin 1596. *Bouvot, tome* 2. verbo, *Récusations, quest.* 30.

26. Le Greffier étant partie en une cause, les Lieutenans & Conseillers en peuvent connoître. Arrêt de l'an 1599. *Ibidem, quest.* 32.

27. Le Lieutenant étant partie ou autre Officier, la cause doit être renvoyée pardevant le Juge Royal, & non au plus prochain Siege inferieur. Arrêt du 3. Février 1607. Autre du 19. Juillet 1608. *Bouvot, to.* 2. verbo, *Renvoy, quest.* 21.

28. Le Juge en declarant les causes de récusations per-

tinentes, doit prescrire & donner temps pour la preuve. Arrêt du 16. Decembre 1608. *Bouvot, to.* 2. verbo, *Récusations, quest.* 5.

29. L'on ne peut récuser un Juge par interpellation, contenant les récusations signifiées à un Juge. Arrêt du 11. May 1610. *Ibid. quest.* 9.

30. Un Juge ne peut être récusé sur des menaces avancées par le criminel. Arrêt du 30. Avril 1611. *Ibid. question* 12.

31. Le Juge peut être récusé en la cause d'un de ses Fermiers, quoiqu'il ne demeure en sa maison. Arrêt du 11. Octobre 1611. *Ibid. quest.* 13.

32. Le Juge récusé ayant ordonné que les causes de récusations seroient verifiées dans trois jours pardevant le plus ancien Officier du Siege non suspect, ne les ayant données dans les temps, ne peut se declarer Juge competent. Arrêt du même Parlement de Dijon du 6. Août 1619. *Bouvot, ibid. qu.* 23.

RECUSATION, AMENDE.

33. Jacques de Beaumanoir, Seigneur du Besso, récusé sept Juges de Rennes ; les récusations declarées pertinentes ; appointé à verifier. Il fait quelques preuves, mais cependant il est débouté de ses récusations, condamné en l'amende de dix livres, moitié au Roy, moitié à la partie. Gilles de Beaumanoir son frere appelle, dit que l'amende est trop petite, attendu la pluralité des faits contenus és récusations, pour chacun desquels non prouvé, il y a amende de dix livres par l'Ordonnance. Arrêt du Parlement de Bretagne du 7. Février 1561. par lequel la Cour émendant le Jugement, condamne l'intimé en 60. livres monnoye de Bretagne, moitié au Roy, & l'autre à la partie avec dépens de la cause d'appel. *Du Fail, li.* 3. *chapitre* 18.

34. Arrêt du Parlement de Bretagne du 17. Février 1567. infirmatif d'une Sentence qui n'avoit condamné en l'amende une partie déboutée de ses récusations. *Ibidem, chap.* 102.

35. Amende dûe par celuy qui succombe. *Ordonnance de* 1667. *tit.* 24. *art.* 19.

RECUSATION, AMITIE'.

36. L'amitié ordinairement contractée par le jeu, plus constante & ferme que toute autre, est suffisante pour fonder récusation contre un Juge, principalement souverain. *Mainard, liv.* 1. *ch.* 80.

37. Dire que le Procureur ou Solliciteur de partie averse est ami ou parent du Juge, ce n'est pas un moyen de récusation. Arrêt du Parlement de Paris du 21. Juillet 1534. *Bibliotheque de Bouchel*, verbo, *Récusation*.

38. Les faits de récusation jugez pertinens ; amitié & familiarité intime, qu'il boit & mange ordinairement avec luy, & qu'il a semblable cause & procès, que celuy qui est entre les parties. Arrêt du Parlement de Bretagne du 20. Février 1561. *Du Fail, livre* 2. *chapitre* 206.

39. Récusation d'un Conseiller jugée valable, sous prétexte qu'il étoit grand & intime ami du frere d'une des parties. Arrêt du Parlement de Bretagne du 1. Mars 1566. *Du Fail, liv.* 3. *ch.* 81.

RECUSATION, APPEL.

40. Un Juge récusé, soit qu'il ait reçu les récusations & renvoyé les parties où il appartiendra pour en faire preuve, ou qu'il les ait rejettées & déclarées frivoles, & de luy récusant ait appellé, ne peut en ces cas contraindre les parties à convenir de Juge. Arrêt du 21. Mars 1526. *Voyez la Bibliotheque de Bouchel*, verbo *Récusations*.

41. Lorsqu'on craint de récuser un Juge, on peut appeller de luy comme de Juge récusé & suspect, & proposer les récusations à la Cour par Requête. Arrêt du Parlement de Paris du 22. Février 1529. *Papon, liv.* 7. *tit.* 9. *n.* 5.

42. C'est une difficulté qui s'est presentée à la premiere Chambre des Enquêtes ; sçavoir si le Juge étant

Tome III. O o

récusé, ayant declaré les causes de récusation inadmissibles, y ayant appel, peut passer outre aux cas provisionnaires, ausquels par dessus l'appel, on peut passer ? Le Président fut d'avis en 1568. qu'il pouvoit passer outre, étant question de matiere provisionnelle; *alii contraria*, comme il fut jugé. *Bouchel en sa Bibliot.* verbo *Récusation.*

43 Arrêts du Parlement de Provence des 1. Decembre 1641. 10. & 24. Mars 1642. qui ont jugé que les Lieutenans ne peuvent passer outre au préjudice de la récusation, & de l'appel du déboutement d'icelle. *Boniface, tome 1. liv. 1. tit. 10. n. 25.*

RECUSATION, ARBITRES.

44 *Arbitrator non potest recusari tanquam suspectus.* Voyez *Com. Joan. Const. in constitutiones regias*, art. 10.

45 *Arbitri quo modo pronunciare debent in causâ recusationis*? Voyez *Com. Joan. Const.* sur l'Ordonnance de François I. art. 10.

RECUSATION, AVOCATS.

46 Les récusations prises de la personne d'un Avocat, Procureur ou Solliciteur, proches parens du Juge, ne sont trouvées bonnes, à moins qu'ils n'habitent sous même toît, & ne mangent à même table. *Mainard, liv. 1. ch. 91.*

47 L'Ordonnance qui regle les parties après les Juges récusez, de s'adresser au plus ancien Avocat du Siege, s'entend d'autres Avocats & Graduez, que les Avocats & Procureurs du Roy qui ne peuvent être Juges. Arrêt du Parlement de Paris du 13. Mars 1532. *Bibliot. de Bouchel*, verbo *Récusation.*

48 Récusation ne peut être faite contre un Juge, pour être ami du Solliciteur ou Procureur. Arrêt du 21. Juillet 1534. si ce n'est que le Procureur ou Solliciteur demeurassent avec le Juge. *Papon, li. 7. tit. 9. nombre 10.*

49 La récusation fondée sur l'amitié du Juge avec l'Avocat, Procureur, ou Solliciteur d'une partie, non recevable. Arrêt du 18. Novembre 1608. V. *Basset, to. 1. li. 2. tit. 6. ch. 8. & Mainard, li. 1. ch. 91.*

RECUSATION, BASTARDS.

50 Récusation proposée contre le pere du bâtard. *Voyez* le mot *Bâtards*, n. 198.

RECUSATION, BENEFICE CONFERE'.

51 L'Ordonnance de Loüis XII. de l'an 1499. art. 37. défendant aux Conseillers & autres Juges d'assister aux Jugemens des procés des Prélats ou Seigneurs, par lesquels leur aura été conferé ou à leurs enfans Benefice ou Office, ne s'entend point si les Benefices ont été conferez par necessité; sçavoir par le moyen des Nominations, Mandats ou Indults. Ainsi jugé au Parlement de Paris le 27. Août 1543. Toutefois *Du Luc* dit avoir été jugé au contraire, comme est vraisemblable. *Papon, liv. 7. tit. 9. n. 11.*

RECUSATION, COMPERE.

52 Le Sénéchal de Nantes, pour être récusé à cause qu'il est Compere de l'intimé, & que, à cause de la comparternité, il luy porte grande & intime amitié, declare les récusations impertinentes. Par Arrêt du Parlement de Bretagne du 4. Août 1560. il est dit, mal jugé; émendant le Jugement, la Cour declare les causes de récusations de comparternité & intime amitié, conjointement admissibles & pertinentes; ordonné que les appellans informeront de l'intime amitié. *Du Fail, liv. 3. ch. 21.*

53 Le Juge qui est Parain de l'enfant de l'une des parties, peut être récusé. Arrêt du Parlement de Bourgogne du 30. Mars 1610. On prétendoit que cela n'avoit lieu que *inter susceptum, & non suscipientem*. *Bouvot, tome 2. verbo Récusations, quest. 8.*

54 Les récusations fondées sur l'alliance spirituelle qui se contracte par le comperage dans le Baptême avec les femmes, ou les enfans des Présidens ou des Conseillers, n'ont pas d'effet, *s'il n'y a des considerations qui puissent mouvoir la Cour de juger au contraire.* Arrêté du Parlement de Grenoble du 7. Mars 1631.

remarqué par *Chorier en sa Jurisprudence de Guy Pape page 72.*

55 Le comperage est un moyen de récusation. Arrêt du Parlement de Grenoble du 27. Février 1613. & autres depuis rendus. *Voyez Basset, tome 1. liv. 2. tit. 6. chapitre 7.*

56 Jugé en la Chambre de l'Edit de Castres, que M. de Ranchin Conseiller, récusé pour avoir été Parain de l'enfant de l'une des parties, s'abstiendroit. Quelques-uns des Juges prétendoient que la récusation n'avoit lieu que quand le Juge avoit fait tenir son fils par la partie, & non lorsque la partie avoit prié le Juge de nommer son enfant. *Voyez Boné, part. 2. p. 243. Arr. 78. & cy-après les n. 143. & 166.*

RECUSATION POUR AVOIR DONNE' CONSEIL.

57 Ce n'est pas un sujet de récusation d'avoir été se conseil des parties, avant que d'être promû aux Dignitez de la Magistrature. *Voyez lett. G. titre des Gens du Roy, n. 3.*

58 Récusation pour être conseil d'une partie est valable, comme d'avoir été Avocat & dressé les affaires de partie, comme aussi d'avoir retenu une Chambre en son logis. Jugé par Arrêts des 15. Février 1564. 5. Janvier 1565. & 4. Janvier 1575. *Papon, liv. 7. tit. 9. n. 10.* où il explique plusieurs autres causes de récusation.

59 Le Juge qui aura été médiateur, donné conseil ou sollicité pour une partie, ne pourra demeurer Juge au procés; il s'abstiendra du rapport, & son Clerc remettra les sacs. Arrêt du Conseil d'Etat du Roy du 27. Août 1668. *Au Recüeil des Arrêts donnez en interpretation des nouvelles Ordonnances, p. 138.*

RECUSATION, CONSEILLERS CHANOINES.

60 Les Conseillers Clercs d'un Parlement peuvent être récusez és causes où un ou plusieurs Chanoines sont parties, si les Conseillers sont de même College & Chapitre. *Papon, liv. 7. tit. 9. n. 13. & Mainard, liv. 1. chap. 85.*

61 Un Juge parent d'un particulier, Chanoine, s'agissant de redevances düés au Chapitre, ne peut être récusé, *cum sit causa universitatis, non singulorum.* Arrêt du Parlement de Dijon du 22. Janvier 1606. *Bouvot, to. 2. verbo Récusations, quest. 3.*

62 Arrêt rendu au Parlement de Grenoble le 11. Janvier 1619. & de l'avis des Chambres, qui a ordonné qu'aux procés des Chapitres qui ne concernent les particuliers d'iceux comme particuliers, les Présidens & Conseillers ne pourront être récusez, ni s'abstenir du jugement d'iceux, quoique parens ou alliez au quatriéme degré. Ordonne neanmoins que les procés ne pourront être baillez en distribution aux Conseillers, soit pour l'instruction ou rapport. Et il a été resolu pour le regard des peres seulement, qu'ils s'abstiendront aussi du Jugement, le cas écheant, lors & quand la Cour l'ordonnera. *Basset, tome 2. liv. 2. tit. 8. ch. 2.*

RECUSATION, DEBITEUR.

63 Un Juge pour être debiteur de la partie, ne peut être récusé, quoiqu'un témoin debiteur puisse être reproché. Arrêt du Parlement de Dijon du 13. Juillet 1609. à moins qu'il ne s'agit *de summâ bonorum*. *Bouvot, tome 2. verbo, Récusations, quest. 6.*

64 Si un Juge est récusable, lorsque son pere est creancier de l'une des parties? Cette question se presenta au Parlement de Mets le 19. Decembre 1636. M. de Corberon tint l'affirmative. *Voyez son treiziéme Plaidoyé.*

65 Arrêt du Parlement de Provence du dernier May 1670. qui a jugé que celuy qui a des biens dans une Communauté, peut être récusé pour Juge, au procés de la Communauté. *Boniface, tome 3. livre 1. titre 1. chap. 8.* Il rapporte au même endroit deux Arrêts semblables des années 1678. & 1680.

RECUSATION D'EXPERTS.

66 Les Experts peuvent être récusez, bien qu'ils

soient choisis. *Mornac, l. 3. C. finium regundorum* in principio.

RECUSATION GENERALE.

67. Récusations en termes generaux contre un Siege, ne valent, & ne sont recevables. Souvent jugé par Arrêt, *Papon, liv. 7. ti. 9. n. 15.*

68. On ne peut recuser un Corps, ni plus d'un tiers d'iceluy, en matiere civile & criminelle. *V. Bassé, to. 1. li. 2. tit. 6. ch. 3.*

69. M. Jean Boisson Avocat de Vannes, avoit récusé sept Conseillers du Siege, & dix-sept Avocats. Arrêt du Parlement de Bretagne, du 29. Octobre 1565. qui le renvoye à Vannes, & pour les recusations, le condamne en cent livres d'amende, moitié au Roy, l'autre à partie. Quoiqu'un Siege en Corps puisse être récusé, les récusations generales sont odieuses. *Du Fail, li. 3. ch. 65.*

70. Par Arrêt du Parlement de Dijon du 26. Janvier 1572. suivant l'Edit publié au mois de Juillet 1567. la Cour ordonna & déclara contre les heritiers de l'Elu des Barres, que sans avoir égard aux récusations proposées contre le Corps, que l'on ne pouvoit recuser du tout la Cour, qu'on ne laissât le tiers d'icelle non récusé. *V. Bouvot, tome 1. part. 3. verbo Récusation, question unique.*

71. Par Arrêt du 22. Mars 1594. il fut dit que doresnavant l'on n'auroit plus égard aux récusations proposées contre les Officiers du Siege en general; & que l'on passera outre & pardessus telles récusations, nonobstant oppositions ou appellations quelconques. *Bouchel en sa Bibliot. verbo Récusation.*

72. L'on ne peut recuser par récusations generales tous Avocats, Procureurs & Praticiens, pour être tous suspects. Arrêt du Parlement de Dijon du 16. Decembre 1595. *Bouvot, tome second, verbo Récusations, quest. 28.*

RECUSATION DU GREFFIER.

73. *Voyez* le mot *Greffier, nomb. 26.*

RECUSATION, JEU.

74. Le jeu est un moyen de récusation du Juge. *Voyez* le mot *Jeu, n. 9. & cy-dessus le n. 36.*

RECUSATION, INIMITIE'.

75. *Inimicitia quæ ex partis facto provenit, neque judicem, neque testem repellit.* Voyez *Franc. Marc. tom. 2. quæst. 291.*

76. Des inimitiez qui donnent lieu à la récusation. *V. Franc. Marc. tom. 2. qu. 324.* où il observe que *levis inimititia sufficit, & per conjecturas probatur.*

RECUSATIONS INJURIEUSES.

77. *Recusator præsumitur calumniator, eo ipso quod non probat.* Vide *Com. Joan. Const. sur l'Ordonnance de François I. art. 14.*

78. Par Arrêt du Parlement de Bretagne du 18. Août 1571. ajournement personnel contre l'Evêque de Cornouaille, pour quelques récusations & faits prétendus injurieux proposez contre sa partie. *Du Fail, livre 3. ch. 239.* où est rapporté un Arrêt du Parlement de Toulouse, qui condamne un particulier à faire amende honorable, pour avoir mis dans une Requête de récusation contre un Conseiller, qu'il avoit pris un mulet de l'une des Parties.

79. Il n'est permis de faire informer d'une cause de récusation ignominieuse, sinon apres le procez. Arrêt du 28. Mars 1579. *Papon, li. 9. tit. 3. n. 1.*

80. Pour recusations injurieuses, l'on n'est reçu apres seize ans, à en faire recherche. Arrêt du 28. Mars 1579. *Idem, li. 7. ti. 9. n. 2.*

81. Le Seigneur du Halo, & la Dame de Hauteville furent condamnez chacun en 200. écus pour avoir injurieusement recusé M. de Thou Premier President, comme recite *Guenois* sur l'art. 14. de l'Ordonnance de 1639. *en la Conf. li. 3. ti. 1. p. 95.* Et M. de la Rocheflavin rapporte *au liv. 13. chap. 21.* que les Sindic & habitans de Frontignan, pour n'avoir prouvé les faits calomnieux par lui couchez en une Requête, *Tome III.*

des récusations contre le Rapporteur du procez, fut condamné en deux cens liv. vers le Roy, & en 300. liv. pour la réparation de l'Horloge du Palais : comme aussi la Requête de récusation presentée contre un President par le Vicomte de Rabat, fut en sa presence rompuë & biffée, & condamné en l'amende. *Voyez aussi Guenois sur l'Edit des Prés. Gl. 45. & du Fail, liv. 2. ch. 437.*

82. Arrêt du 8. Mars 1580. par lequel le Seigneur de Halo, & la Dame d'Hauteville, pour avoir temerairement recusé M. le Premier President de Thou, le disant Solliciteur de Bassompierre, ont été condamnez chacun en deux mille écus d'amende. *Papon, liv. 7. tit. 9. n. 2.*

83. Les récusans du Juge, député & délégué, proposant injures & choses frivoles & ridicules, condamnez à six écus d'amende, furent sur l'appel declarez non recevables; & condamnez en l'amende sans note d'infamie; le 13. May 1586. *Papon, livre 8. ti. 3. nomb. 4.*

84. Récusation contre un Avocat General. Arrêt du Parlement de Grenoble du 20. Novembre 1642. par lequel la partie, pour n'avoir pas prouvé le fait calomnieux contenu en sa Requête, fut condamné en vingt liv. d'amende, la Requête lacerée; & l'Avocat General, parce qu'il avoit demandé reparation d'honneur, s'abstint de conclure. *Voyez Basset, to. 1. liv. 2. tit. 6. ch. 9.*

JUGE RECUSE'.

85. Juge récusé ne doit être à la Chambre, quand l'on procede au Jugement du procez, pour raison duquel il est récusé; mais il sera tenu sortir : ainsi jugé. *Papon, li. 7. tit. 9. n. 8.*

86. Si la cause de récusation est plaidée à l'Audience, le Juge récusé, President ou Conseiller, doit descendre, s'il ne veut être reputé partie formelle; & il faut qu'il aille prés de son Avocat pour l'instruire. Arrêt du Parlement de Toulouse du 3. Juillet 1461. si la récusation est admise, le Juge ne peut être present, quoiqu'il ne voulût parler. *Bibliot. de Bouchel, verbo Récusation.*

87. Juge récusé ne doit être present à la déliberation. Arrêt du Parlement de Paris du 28. Juillet 1463. *Papon, liv. 7. tit. 9. n. 7.*

88. Arrêt du trois Juillet 1471. par lequel il est dit que Juge récusé, tel qu'il soit, si la cause est plaidée, doit descendre, ou se mettre vers l'Avocat, s'il se veut rendre partie formelle. *Idem, li. 7. tit. 9. n. 8.*

89. Juge récusé ne peut contraindre les parties à accorder & convenir de Juge. Arrêt du Parlement de Paris du 21. Mars 1526. *Ibidem, n. 9.*

90. Entre M. Bernard de Monty, & M. Jean Morin, s'étant porté Procureur du Prince d'Orange intimé; le Sénéchal de Nantes dit qu'il verra les récusations proposées; & cependant fait défenses à l'appellant de bâtir. Appel : La Cour dit qu'il a été mal & nullement jugé; émendant le Jugement, que le Sénéchal n'a pû ni dû pardessus les recusations, faire les prohibitions, la Cour les a levées au profit de l'appellant, & luy permet de faire son bâtiment; condamne l'intimé és dépens, dommages & interêts, sauf son recours vers qui il appartiendra. Arrêt du Parlem. de Bretagne du 26. Octobre 1560. *Du Fail, li. 1. ch. 119.*

91. Juge récusé ne doit ordonner ou renvoyer les parties, sans auparavant avoir déclaré les causes de récusations admissibles ou non. Arrêt du 21. Decembre 1563. mais il doit promptement, & sur le champ, prononcer, sans ordonner que les parties mettront par devers luy, sauf à faire droit. Arrêt des Generaux du 13. Mars 1563. *Papon, li. 7. ti. 9. n. 2.*

92. Marc Fortia President en la Chambre des Comptes, qui connoissoit que les récusations contre luy proposées, étoient véritables, continua de proceder. Il est pris à partie. Arrêt du Parlement de Bretagne du 29. Avril 1563. qui casse ce qui a été fait par luy fait,

& le condamne aux dépens. *Du Fail*, livre 3. chapitre 35.

93 Juge récusé, sans faire declarer les causes de récusation inadmissibles, passant outre, quoiqu'il ne fasse que renvoyer, est bien pris à partie. Arrêt du 21. Decembre 1563. contre le Lieutenant de la Rochelle. *Papon*, liv. 7. tit. 9. n. 9.

94 Juge récusé ne peut ni doit donner autre Juge. Le 20. Janvier 1564. fut au Bailli de Dourdan & à son fils, donné ajournement personnel à la Cour, pour avoir fait achever par son fils le procez, auquel luy-même avoit été recusé. *Ibid.* n. 17.

95 Juge récusé ayant declaré les causes de récusation admissibles, & s'étant déporté, ne doit aucunement juger, mais ordonner que les parties se pourvoiront comme de raison. Arrêts des 15. Avril 1564. & 22. May 1578. *Papon, ibidem,* n. 8.

96 Il est dit mal & nullement jugé par un Conseiller de la Cour, qui avoit dit, que nonobstant les recusations sur luy proposées en l'execution d'un Arrêt, il passeroit outre. Arrêt du Parlement de Bretagne du 20. Mars 1570. *Du Fail*, liv. 2. ch. 348.

97 Si en une Jurisdiction le Juge & le Lieutenant sont récusez, il faut que les parties se pourvoient pardevant le plus ancien Avocat ou Praticien de la Ville, & non pardevant le Lieutenant Criminel ? *V. Bouvot*, tom. 2. verbo *Jugement*, qu. 11.

98 Celui qui a récusé un Juge, peut être récusé par le même. Arrêt du Parlement de Dijon du 22. Juin 1604. *Bouvot*, to. 2. verbo *Recusation*, qu. 41.

99 Un Juge se déportant de la connoissance de la cause, ne peut renvoyer la cause pardevant un tel Juge. Arrêt du même Parlement de Dijon du 15. Mars 1605. *Bouvot, ibidem,* qu. 39.

100 Arrêt du Parlement de Provence du 10. Mars 1642. qui a decerné decret d'ajournement personnel contre le Lieutenant de Castelane, lequel avoit procedé au Jugement au préjudice de la récusation: la procedure fut declarée nulle. *Boniface*, to. 2. part. 3. li. 1. tit. 1. chap. 6.

101 Arrêts du même Parl. de Provence des 7. Novembre 1639. 13. May 1655. & 7. Juin 1664. qui ont jugé, que lorsqu'un Juge sçait quelque cause de récusation en sa personne, il doit s'abstenir du Jugement du procez; & pour ne l'avoir fait, les parties ont été restituées contre les Arrêts. *Voyez Boniface*, to. 1. liv. 1. tit. 1. nomb. 11.

RECUSATION, JUGE LOCATAIRE.

102 Vous tenez heritages proche de la partie; ce moyen de récusation pertinent, jugé par Arrêt du Parlement de Bretagne du 24. Mars 1555. *Secus*, si c'est la femme du Juge qui les tient, ou si l'on dit au Juge qu'il demeure en la maison de partie averse. *Du Fail*, liv. 3. chap. 340.

103 La recusation n'est valable, sur ce que le Juge est locataire d'une des parties. Arrêt du Parlement de Grenoble du 20. Janvier 1655. Autre chose seroit, si le Juge habitoit la maison gratuitement, *& non pacta mercede*. Et le 7. Février 1664. fut fait un Reglement au même Parlement, portant qu'en ce cas les procès ne pourroient être donnez en distribution aux Conseillers locataires des parties, soit pour l'instruction, soit pour le rapport, mais qu'ils ne pourront être récusez. *Voyez Basset*, tome 1. liv. 2. tit. 6. chap. 4. & *Chorier*, en sa Jurisprudence de *Guy Pape*, p. 247.

104 Le Juge peut être recusé, s'il est emphiteote de l'une des parties. Arrêt du Parlement de Toulouse du 28. Avril 1663. rapporté par *M. de Catelan*, li. 9. chap. 6.

105 Un particulier ne peut récuser un Juge, sous prétexte qu'il possede des terres mouvantes de la directe de sa partie averse. Jugé à Bourdeaux le 15. Juillet 1672. *Journal du Palais*.

JUGE DE LA RECUSATION.

106 Le Lieutenant du Sénéchal d'Auvergne, sans declarer les causes de récusation contre luy proposées admissibles ou non, appointe les parties en droit, tant sur le principal, que sur les causes de récusation. Par Arrêt du 21. Juillet 1544. il fut dit mal appointé, bien appellé, les intimez condamnez aux dépens de la cause d'appel, & outre en cent livres, pour avoir soûtenu le Jugement sans cause; les parties renvoyées pardevant un autre Juge, pour proceder comme de raison. *Biblioth. de Bouchel*, verbo *Récusation*.

107 L'Enquêteur ne doit juger les récusations contre lui proposées, mais les doit renvoyer pardevant Juges, pour les juger, à peine de nullité, s'il passe outre. Arrêts du Parlement de Paris des 11. May 1545. & 24. Novembre 1570. Causes de récusations justes sont, être Sollicitur en la cause, être Commensal. Arrêt du 18. Février 1563. *Papon*, liv. 9. tit. 1. n. 36.

108 Arrêt du Parlement de Bretagne du 30. Avril 1577. qui défend à tous Juges de prononcer conjointement & par même Sentence sur les faits de récusation, qui seront contr'eux proposés, & sur les causes principales; leur enjoint de juger les récusations separément, & prononcer ce qu'ils auront jugé, avant faire droit au principal, à peine de nullité des Jugemens & autres peines qui y échéent. *Du Fail*, liv. 1. ch. 430.

109 Jugé au Parlement de Grenoble le 13. Juillet 1617. qu'un Juge récusé ne peut faire aucune fonction ni procedure; il faut que les causes de récusations soient connuës & jugées par autre que par luy. *Basset*, tome 2. liv. 9. tit. 11.

110 Arrêt du Parlement de Provence du 9. Novembre 1645. par lequel il a été jugé que la récusation du Juge ordinaire doit être par luy jugée, & non par son Lieutenant. L'Arrêt est en forme de Reglement, fondé sur l'Ordonnance de François I. *Boniface*, tom. 1. liv. 1. tit. 1. n. 8.

111 Le 18. Mars 1646. Arrêt intervenu au Parlement de Grenoble, qui cassa toute une procedure, sur le fondement que le Juge avoit entrepris de juger que les causes de récusation proposées contre lui, étoient inadmissibles, après avoir juré qu'elles n'étoient pas veritables, & nommé d'Office un Ajoint. *Basset*, tome 2. liv. 2. tit. 8. ch. 1.

JUGEMENT DE LA RECUSATION.

112 Récusations une fois jugées, ne peuvent plus être admises. Arrêt de la Cour des Aydes de Montpellier du 5. Juin 1561. *V. Philippi*, art. 69.

113 Par Arrêt du Parlement de Bretagne rendu sur les Conclusions du Procureur General le 17. Févr. 1567. enjoint aux Juges du Ressort de juger sommairement les procez de récusations. *Du Fail*, livre 3. chapitre 102.

114 La récusation doit être jugée sur le champ, sans regler les parties à remettre. Arrêt du 11. Juillet 1634. *Voyez Basset*, to. 1. liv. 2. tit. 6. ch. 5.

RECUSATION, MANGER ENSEMBLE.

115 Si c'est un sujet de récusation, de ce que le Commissaire ait mangé avec la partie? *Voyez* le mot *Commissaire*, n. 70.

116 *Commissarius ad testium examen in alienâ Provinciâ comitatus per eum qui illum committi curavit, expensas solvendo, & eâdem mensâ utendo, an ob hoc, ut suspectus recusari possit* ? *Voyez Franc. Marc.* to. 1. question 138.

117 L'Ordonnance de Charles VII. art. 16. & 17. prohibant toutes communications des Juges avec les parties plaidantes, est étroitement observée à Toulouse, même étendue aux parens des parties. Car en 1594. certains Présidens & Conseillers qui avoient assisté à un banquet solemnel, fait par un frere de la partie, furent declarez suspects, & les Chambres assemblées: mais si le Juge & la partie se trouvent immiscez ensemble chez un tiers sans dessein, la récusation n'est pas bonne. *Mainard*, liv. 1. ch. 78. & 79.

118 Par l'Ordonnance du Roy Philippes de Valois,

Charles VII. il est dit, *non edant, non comedant cum partibus.* Ainsi jugé au Parlement de Dijon le 24. Janvier 1598. *Bouvot, tome second, verbo Récusation, quest.* 18.

RECUSATION, MONITOIRE.

119 Une partie demande permission de faire publier Monitoire, pour prouver des causes de recusation qu'il avoit proposées contre un Juge, disant qu'il étoit Conseil de l'autre partie. Appel par Arrêt donné aux Grands Jours de Troyes le 4. Octobre 1582. mal & sans grief. *Bibliotheque de Bouchel, verbo Récusation.*

RECUSATION, OPINION.

120 Le Juge qui anticipe & déclare aux parties son opinion avant le temps, peut être récusé, quelquefois on juge la requête *cum dicto*, qu'on appelle sans écrire ni l'appointer, afin qu'elle ne se tire à consequence. *Mainard, liv.* 1. *ch.* 94.

121 Arrêt du 13. Septembre 1577. qui a entr'autres choses défendu aux Officiers de Carcassonne, & autres du ressort, que quand ils seront récusez en un procez, d'opiner en icelui, ni user dans leurs Sentences de ces termes, *dit a été, ni, ce terme, & pour cause,* & les Officiers récusez, & qui avoient opiné audit procez, ont été condamnez ; sçavoir, celuy qui avoit présidé, & le Rapporteur chacun en dix livres d'amende envers le Roy, & chacun des opinans en cinq livres. *Reglement de la Rocheflavin, chapitre* 2. *Arrêt* 11.

RECUSATION, PARENS.

122 Récusation contre un Juge pour être proche parent de la partie adverse est reçuë, parce que ce mot proche *includit quartum gradum.* Voyez *Mainard, liv.* 8. *chap.* 26.

123 Le fils peut juger l'appel de la Sentence renduë par son pere. Celuy qui employa ce moyen de récusation fut débouté par Arrêt du Parlement de Paris du 30. Janvier 1535. comme la Sentence a été renduë par conseil, le fils ignore le motif qui a eu son pere en la donnant. *Du Luc, liv.* 11. *tit.* 4. *Arr.* 10.

124 Récusation d'un Juge pour parenté en general, sans dire en quel degré, ne vaut. Arrêt du Parlement de Toulouse du 25. Octobre 1548. *Papon, liv.* 7. *tit.* 9. *n.* 12.

125 Henry II. donna Arrêt en 1556. qui obligeoit tous les Officiers un mois après leur reception de donner par écrit leur genealogie, & en faire deux déclarations, l'une du côté paternel, l'autre du côté maternel. Le motif de cet Arrêt fut d'empêcher les récusations frivoles. V. *Henrici secundi Progymnasmata, Arrêt* 161. Cet usage ne subsiste plus, il semble neanmoins revivre pour celui qui se pratique. M. le Procureur General donne un certificat à M. le Chancelier que le récipiendaire n'a point, ou n'a que tels parens dans la Compagnie.

126 Parenté jusqu'au quatriéme degré est un moyen de récusation. Arrêt du Parlement de Bretagne du 5. Octobre 1565. *Du Fail, liv.* 3. *chap.* 69.

127 La récusation des parens d'un contumax n'est pas recevable. Arrêt du Parlement de Grenoble du 19. Mars 1611. la raison fut que le contumax ne peut être défendu par ses parens ou alliez. V. *Basset, tome* 1. *liv.* 2. *tit.* 6. *chap.* 6.

128 Après contestation, un Juge parent peut être récusé. *Bouvot, to.* 2. *verbo Récusation, quest.* 33.

129 Il faut dans les causes de parenté ou alliance, coter les degrez. Arrêt du Parlement de Dijon du 8. Decembre 1598. *Ibidem, quest.* 34.

130 Si l'alliance d'alliance est reçuë en récusation ? V. *Ibidem, quest.* 26.

131 Si le frere qui est Procureur d'Office, est joint à l'instigant, le frere Juge ne peut être récusé. Arrêt du 12. Juillet 1604. *Ibidem, quest.* 40.

132 Un Juge parent & agréé par les parties, ne peut être récusé. Arrêt du 14. Juin 1605. *Ibid. quest.* 4.

133 On ne peut récuser un Juge sous prétexte d'alliance, comme si un gendre a procez contre le Juge, le beaupere appellé pardevant le Juge, ne le peut récuser. Arrêt du 22. Octobre 1610. *Ibid. quest.* 11.

134 Le frere ou beaufrere étant Amodiateur, & le Procureur d'Office partie, non l'Amodiateur, le Juge frere de l'Amodiateur ne peut être récusé. Arrêt du 15. Juin 1613. *Ibidem, quest.* 16.

135 Pour alliance d'alliance, le Juge peut être récusé quand l'injure regarde non seulement la personne, mais toute la famille, comme s'il est question du rapt d'une fille. Arrêt du 5. Juillet 1613. *Ibidem. quest.* 17.

136 Le fils ayant interêt en la cause, le pere peut être récusé, comme si le fils a vendu la chose contestée. Arrêt du 26. Février 1617. *Ibidem, qu.* 19.

137 Si les parens du Seigneur sont injuriez, ses Officiers n'en peuvent connoître. Arrêt du même Parlement de Dijon du 2. Mars 1619. *Bouvot, ibidem, question* 22.

138 Dans les causes des Chapitres & des Convens les Présidens ni les Conseillers ne peuvent être récutés par la consideration des parens qu'ils y ont, en quelque degré qu'ils soient : mais ils ne font ni instruction, ni rapport de ces mêmes procez. Arrêt du Parlement de Grenoble du 11. Janvier 1619. Arrêt en conformité du 10. Decembre, les Chambres ayant été consultées dans la cause des Chartreux, contre le Baron d'Uriage. Ce n'est pas non plus une récusation legitime contre les Présidens & les Conseillers, qu'ils habitent dans des maisons qu'ils tiennent à titre de loüage de l'une des parties. Arrêt du 17. Février 1664. *Voyez Chorier en sa Jurisprudence de Gay Pape, page* 72.

139 Si c'est un moyen legitime de récuser le Rapporteur d'un procez, d'entre le Syndic d'un Ordre d'une part, & un particulier d'autre, quand le fils de ce Rapporteur s'est fait Religieux de ce même Ordre pendant l'instruction du procez ? Arrêt du même Parlem. de Grenoble du 10. Decembre 1657. qui ordonne que le Rapporteur s'abstiendroit du Rapport & Commission, mais qu'il demeurera Juge. V. *Basset, tome* 1. *liv.* 2 *tit.* 6. *chap.* 1.

140 Le cousin remué de germain d'un des Chanoines nommé Commissaire pour l'enquête du Chapitre, peut être récusé. Arrêt du Parlement de Toulouse du 6. Mars 1670. rapporté par *M. de Catellan, livre* 9. *chapitre* 7.

RECUSATION, PARLEMENT.

141 Aux Parlemens on renvoye d'une Chambre en l'autre. A Paris pour avoir le renvoi dans un autre Parlement, il faut dix Conseillers parens, huit, outre ceux contre qui l'on plaide. A Toulouse, Bordeaux, Roüen six, *quinque si Senator litiget* : Dijon, Aix & Grenoble, quatre ou trois : En cause criminelle il n'y a point de renvoi sans Lettres du Prince signées d'un Secretaire d'Etat ; *si reus est in vinculis, Senatu prius audito à principe* : pour récuser il faut bailler Requête, *alias* le récusable seroit emprisonné. *Voyez Mornac, lege* 16. *quæ notatur* 14. *& ultimâ C. de judiciis.* l'Ordonnance du mois d'Août 1669. tit. 1. des Evocations, article 5. ne désire au Parlement de Paris que le nombre de huit proches parens ou alliez, & des autres parties qui n'étant du corps, dix aux degrez cy-dessus.

142 Le premier Août 1556. le Parlement de Paris récusé par celuy de Bretagne, sous prétexte que le Parlement de Paris étoit du Conseil Privé. *Du Fail, liv.* 3. *chap.* 361.

143 Reglemens sur les récusations donnez contre Mrs. du Parlement d'Aix ; ils ne peuvent s'abstenir d'eux-mêmes sans être alleguez suspects : ils pourront être récusez pour raison de ce que leurs femmes ou enfans auront fait baptiser quelques parties ; ils s'abstiendront du Rapport & de la Commission au procez de leurs Avocats, Procureurs, Medecins, Apoti-

quaires & Chirurgiens. Celuy qui récusera, sera tenu de se restraindre au tiers des Juges dans trois jours précisément, lequel nombre de tiers jugera les récusations des autres ; autrement tous les Juges récusez demeureront pour juger le procez. Les procez où ils seront parties seront renvoyez en une autre Chambre, à moins qu'il n'y eût un consentement des parties adverses. Ils s'abstiendront du jugement des causes de leurs parens, même jusqu'au quatriéme degré, comperes, pareins, filleul durant leur vie ; comme aussi aux procez des Communautez où ils auront des biens taillables. *Boniface*, tome 1. liv. 1. titre 25. n. 13. où il rapporte plusieurs déliberations selon les cas.

144 Arrêt du Conseil Privé du 28. Février 1682. entre les Officiers du Parlement de Pau ; il dispose entr'autres choses, pourra le Premier Président être récusé pour les causes de Droit, nonobstant, & sans avoir égard aux Arrêts du Conseil & des Requêtes de l'Hôtel des 22. Decembre 1643. 28. Septembre 1646. 19. Août 1647. & tous autres donnez en consequence ; sera neanmoins tenu le Parlement en jugeant les récusations proposées contre le Premier Président, d'inserer dans les Arrêts les causes des récusations, & les piéces justificatives d'icelles. *V. les Edits & Arrêts recueillis par l'ordre de Monsieur le Chancelier en 1687.*

Voyez le mot *Parlement.*

RECUSATION, PRESIDIAUX.

145 Récusation se doit faire *ante litis contestationem, nisi nova causa post contestationem intercedat*, le Greffier peut être récusé sur le serment de la partie ; les Présidiaux peuvent être récusez au premier & second cas de l'Edit, & doivent renvoyer en un autre Présidial. *Mornac, leg. 16. quà notatur 14. Cod. de judiciis.*

146 Quand un Conseiller d'un Présidial où l'instance est pendante est partie, elle doit être renvoyée en autre Siège, quoique l'instance fût au Bailliage. Arrêt du Parlement de Paris du 13. May 1583. *Papon, livre 6. titre 2. n. 7*

147 Par Arrêt du 17. Octobre 1591. le Parlement séant à Tours, en la cause de M. Isaac Amy Conseiller au Présidial du Mans, enjoint aux Présidiaux de garder l'Ordonnance touchant les récusations, *Orléans art. 52. Blois art. 121.* tant en matiere civile que criminelle. M. Servin Avocat du Roy allegua un Arrêt donné aux Grands Jours de Poitiers pour un nommé de Paris ; il étoit alors question d'une cause ordinaire en civile : il se fonda sur la raison de l'Ordonnance, pour ôter tout soupçon & faveur. *Bibl. de Bouchel*, verbo *Récusation*.

RECUSATION POUR PROCEZ.

148 Récusation du Juge ayant pareille cause est legitime. Jugé par Arrêt du Parlement de Paris du 7. Janvier 1428. *Papon, livre 7. tit. 9. n. 17.*

149 Le Juge peut être récusé par celle des parties contre qui il plaide en quelque façon que ce soit, ou a plaidé, bien que le procez soit fini depuis peu : si la partie plaide contre le proche parent du Juge criminellement ou civilement *de majori parte bonorum*, il le peut récuser. *Mainard, liv. 1. ch. 92.*

150 Jean Maupertuis avoit appellé en la Cour de ce que quelques Auditeurs des Comptes l'avoient condamné comme receveur d'Aulray, à leur payer pour vacations trois cens tant de livres ; depuis il est appellé à compte devant eux ; il les récuse, disant avoir eu procez touchant les trois cens livres avec le Procureur General de la Chambre, les récusations jugées impertinentes, par Arrêt du Parlement de Bretagne du 22. Septembre 1565. *Du Fail, livre 3. chapitre 73.*

151 Abel Girauld Fermier de quelques devoirs à Nantes, prétend rabais & diminution vers les habitans ; les adjourne en parlant aux Maire & Echevins, qui disent qu'ils ne plaideront devant le Sénechal, ni autres des Juges, & les récusent *ex eo*, qu'il y a procez pendant entr'eux & les Juges, sur la police de la Ville. Le Sénechal déclare les récusations impertinentes ; ce qui est confirmé par Arrêt du Parlement de Bretagne du 21. Février 1572. *Du Fail, livre 1. chap. 341.*

152 Un Juge qui a procez contre le frere de la partie, ne peut être récusé. Arrêt du Parlement de Dijon du 13. Août 1602. il pourroit l'être, si le procez étoit criminel ; ainsi jugé. *Bouvot tome 2. verbo Récusation, question 36.*

153 Un Juge pour un procez criminel intenté par la partie contre son frere, peut être récusé. Arrêt du même Parlement de Dijon du 4. May 1610. *Bouvot, ibidem, quest. 10.*

154 Un Archer du Prévôt ne peut récuser un Juge sous prétexte des differends qu'il peut avoir pour sa Charge avec ledit Prévôt. Arrêt du Parlement de Grenoble du 14. Janvier 1663. *V. Basset, tome 1. liv 2. titre 6. chap. 10.*

155 En 1665. il fut ordonné qu'aucunes récusations ne pouvoient être proposées contre Messieurs tenans la Cour des Grands Jours à Clermont, en corps & en general qu'il n'en demeure jusqu'au nombre de dix pour pouvoir juger, tant les récusations que le procez principal. *Voyez le recueil des Grands Jours p. 55.*

156 Jugé au Parlement de Toulouse au mois de Février 1665. que M. de Papus Doyen des Conseillers, Seigneur Justicier du lieu de Cugnaux pouvoit être récusé au procez d'un de ses Vassaux, contre un autre non Vassal. *Arrêt de M. de Catellan, li. 9. ch. 6.*

157 Les Officiers de Magistrature des Villes sont recusables dans le jugement des causes où les Villes ont interêt. Jugé au Parlement de Tournay le 28. Juin 1695. *Pinault, tome 1. Arr. 69.*

RECUSATION, PROCUREUR.

158 Récusations ne peuvent être proposées par un Procureur, sans charge expresse. Arrêt du Parlement de Paris du 21. Juillet 1534. à moins qu'il ne justifiast que son Maître est absent & loin, auquel cas on luy doit accorder délay pour la ratification s'il le requiert. Arrêt du Parlement de Paris du 4. ou 13. Decembre 1543. *Papon, li. 7. tit. 9. n. 2.*

159 Récusations ne se doivent proposer par un Procureur sans avoir expresse charge. Arrêt du P. de Paris du 21. Juillet 1534. neanmoins si le Procureur montre que sa partie est absente & loin du lieu, & qu'il luy a donné cette charge, offrant de luy faire avoüer ; il y doit être reçû, & luy être donné delay comptant pour faire avoüer à partie les causes de récusations. Arrêt donné à Paris le 4. Decembre 1543. *Biblioth. de Bouchel,* verbo *Récusation.*

160 Une partie récuse un Conseiller pour cause d'inimitié ; le Procureur qui récuse n'a point de procuration spéciale ; le Commissaire dit qu'il passera outre ; le Procureur appelle, & cependant venant une procuration, le Commissaire répond qu'il a commencé l'execution, & qu'il achevera. Nouvel appel ; la partie prétend que le Commissaire n'a dû passer outre. Arrêt du Parlement de Bretagne du 9. Mars 1558. qui ordonne qu'il sera procedé par autre Commissaire non suspect aux parties. *Du Fail, livre 3. ch. 11.*

161 Le 22. Octobre 1576. au Parlement de Bretagne, il fut ordonné que dorénavant il ne seroit representé ni reçû en Cour aucunes récusations qui ne soient signées du Procureur qui les présente. *Du Fail, liv. 2. chap. 525.*

162 Si un Procureur a été Procureur contre le Juge, ce n'est pas un moyen valable de récusation. Arrêt du Parlement de Bretagne du 2. Juin 1597. *Du Fail, liv. 3. chap. 82.*

RECUSATION, PROCUREUR GENERAL.

163 Récusation des Avocats & Procureur Generaux. *Voyez* le mot *Avocat*, nomb. 246.

164 Les Substituts de M. le Procureur General étant seuls parties, ne peuvent être récusez par les accusez, mais seulement par les parties civiles, en cas qu'il y en ait, & quand ils peuvent être pris à partie? *V. Filleau*, 2. part. tit. 9. chap. 40.

165 Un juge récusé par partie civile ne peut connoître pour les gens du Roy. Arrêt du Parlement de Dijon du 12. Mars 1549. Procureur du Roy ne peut être récusé par l'accusé, mais par les parties civiles, si elles prétendent inimitié capitale, parenté, alliance avec les accusez. *Papon, livre 7. tit. 9. n. 16*.

Par un ancien Arrêt du Parlement de Normandie M. l'Avocat General Bigot, fut récusé de connoître des causes du Cardinal d'Amboise. *M. Loüet, lettre P. nomb. 39*. M. le Prêtre, cite un Arrêt contraire, par lequel on a fait cette distinction, que quand le Procureur General est seul partie, il ne peut être récusé; mais qu'il peut l'être quand il y a une partie jointe. *Mornac* atteste avoir appris des Juges que cet Arrêt fut donné sur des circonstances particulieres.

166 Par un ancien Arrêt du 9. Août 1550. entre la Marquise de Rotelin, & le Seigneur d'Alegre, le Président de Saint Autot ayant été récusé à cause qu'il tenoit à foy & hommage du Sieur d'Aineville, dont le Sieur d'Alegre avoit épousé la fille; il fut dit que la récusation n'étoit pas valable, le serment de foy & hommage ne s'étendant qu'à celuy qui le reçoit, & non à la famille. Il a été jugé qu'un Conseiller fils de l'Avocat d'une des parties, ne pouvoit être reçû comme Juge; mais il fut deliberé qu'il s'abstiendroit a relatu. On a aussi jugé qu'un fils pouvoit connoître en cause d'appel des Jugemens rendus par son pere. En un procez où M. de Matignon étoit partie, il fut jugé que M. le Président de Franquetot n'en pourroit connoître, parce que M. le Comte de Thorigny fils, & presomptif heritier de M. de Matignon, avoit épousé sa parente. Il fut dit par cette même raison, au procez d'entre M. le Duc de Roquelaure, & la Dame Marquise de Mirepoix, que M. le Président Bigot, & M. de Cambremont Conseillers en la Cour, s'abstiendroient d'en connoître, parce que le Sieur Marquis de Mirepoix, fils & heritier de la Dame de Mirepoix, avoit épousé leur parente. Par Arrêt du 10. Avril 1663. en l'Audience de la Grand-Chambre, il fut jugé que la récusation proposée contre un Juge, pour avoir pris nom à l'enfant de la partie, n'étoit pas valable. *Basnage, titre de Jurisdiction, page 10*.

167 Procureur General du Roy ne peut être récusé. Arrêt du 15. Avril 1556. la Cour, après avoir oüi le Procureur General du Roy, sur ce qu'il a dit être parent de M. Charles Allegrain Sieur de Dyan; & d'autant qu'il ne vouloit conclure & requerir en la cause d'appel interjetté par le sieur Allegrain, de l'execution de certaines Lettres Patentes attributives de Jurisdiction au Prévôt de Chastel, & après aussi que les Avocats du Roy, le Procureur General absent, ont supplié par M. Gilles Bourdin, que la Cour avisât si le Procureur General se deporteroit de conclure, eux retirez, la matiere mise en deliberation, ordonné que nonobstant la prétendue récusation, ordonné que le Procureur General demeurera pour conclure au procez, comme il verra être à faire par raison. *Additions à la Biblot. de Bouchel, verbo Procureurs*.

168 Procureur du Roy ne pourra être récusé par les accusez, mais seulement par les parties civiles, si elles prétendent ou inimitié capitale, parenté ou alliance du Procureur du Roy avec les accusez. Défenses au Juge de Saumur de recevoir à l'avenir aucunes récusations en autre cas, sur peine de nullité de ce qui sera fait au contraire, suspensions de leurs états, & amende arbitraire. Arrêt du 29. Mars 1561. La récusation pourra aussi être proposée, s'il y a grande familiarité. Arrêts des 13. Juillet 1563. & 16. Decembre 1564. Ou si le Procureur du Roy a donné conseil à la partie, ou à son conseil ordinaire. *Voyez Filleau, part. 2. tit. 6. ch. 40*.

169 On distingue, ou il est seul partie, ou il est joint à partie civile; au premier cas non, au second si. Arrêt du mois de Juillet 1601. *M. le Prêtre, 1. Cent. chap. 33*. Voyez *M. Loüet, lettre P. som. 39*.

170 *Procurator Generalis ex legitimis causis potest recusari*. Jugé à la Cour des Aydes le 17. Août 1612. *Mornac, L. 1. ff. de officio procuratoris Cæsaris legitima autem est causa, cognatio*. Arrêt du 4. Février 1620. *Idem, ibidem, fine*.

171 Le Procureur du Roy étant partie civile & en son nom, on peut demander le renvoy pardevant un autre Juge. Arrêt du Parlement de Dijon du 10. Novembre 1603. conforme à l'Ordonnance de 1539. articles 51. & 52. *Bouvot, tome 2. verbo Récusations, question 35*.

172 Le Procureur d'office étant partie en une Justice inferieure, la cause doit être renvoyée à un autre Juge. Arrêt du Parlement de Dijon du 23. Juillet 1593. *Ibid. quest. 31*.

173 Pour larcin fait au Seigneur, le Procureur d'office étant partie, le Juge du lieu n'en peut connoître, comme du larcin de la dîme de gerbes. Arrêt du Parlement de Dijon du 21. Juillet 1618. *Bouvot, ibidem, question 21*.

174 Le Seigneur feodal ne prenant le fait & cause de son Procureur jurisdictionnel que *nomine officii*, on ne peut de son chef recuser ni devant aucun autre Juge. Arrêt du 4. Février 1657. *Boniface, tome 1. liv. 1. tit. 35. n. 2*.

RECUSATION PAR CEUX DE LA R. P. R.

175 Ceux de la R. P. R. pouvoient en matiere civile récuser deux Juges Présidiaux jugeant en dernier ressort sans cause; & en matiere criminelle. *Edit de Nantes, article 65*.

176 Arrêt du Parlement de Provence du 2. Decembre 1644. qui a jugé que quand un Religionnaire a contesté devant un Juge, il ne peut plus le récuser. *Boniface, tome 1. liv. 1. tit. 12. n. 8*.

177 Par autre Arrêt du 10. Mars 1645. il fut dit que les Religionnaires Etrangers ne peuvent récuser, sans expression de cause. *Boniface, tome 1. liv. 1. tit. 12. nombre 2*.

178 Declaration du Roy du 26. Juin 1684. concernant les récusations des Juges, par ceux de la Religion Prétenduë Réformée, tant en matieres civiles que criminelles. Dans celles-là, ils peuvent récuser sans expression de cause; dans les criminelles, ils peuvent aussi sans expression de cause récuser tous Juges, pourvû que ce soit par un même acte, & qu'ils ne les ayent point auparavant reconnus. Les Rapporteurs doivent être récusez dans la huitaine, après que les parties auront eu connoissance du *committitur*. Aux causes de l'Audience, ils seront tenus de faire les récusations par Requête, avant que les Juges y soient montez. Cette Declaration a été registrée au Grand Conseil le 22. Juillet 1684. *Voyez le Recüeil de la Maréchaussée de France, p. 1021*.

RECUSATION, CAUSE AU RÔLLE.

179 Arrêt du Parlement de Bretagne du dernier Avril 1578. sur le fait des récusations, ordonne que si la cause est au Rôlle, les Requêtes afin de récuser seront présentées huit jours avant qu'elle vienne à tour de Rôlle. Ceux qui seront reçûs à informer des faits alleguez, satisferont dans le délay marqué. Enjoint au Greffier de tenir un Rôlle de tels Arrêts, & le remettre de quinzaine en quinzaine au Procureur General, à l'effet de poursuivre le Jugement des amendes contre ceux qui n'auront obéi. *Voyez Du Fail, liv. 3. ch. 447*.

RECUSATION, TÉMOINS.

180 Reproches des témoins en preuves de récusations, ne sont reçûs. *Voyez Philippi, és Arrêts de consequence de la Cour des Aydes de Montpellier, art. 161*.

181 Un accusé qui avoit le secret du procés, récusa le Juge de Sivray en Poitou, disant qu'il étoit conseil de la partie. Le Juge declare la récusation impertinente, ordonne qu'il passera outre à l'interrogatoire;

l'accusé n'appelle point, il proteste seulement que l'interrogatoire comme fait par un Juge récusé, ne pourra luy nuire. Les témoins sont ensuite récolez & confrontez ; il declare qu'il ne veut fournir aucun reproche, mais proteste de nullité de tout ce qui est fait par un Juge récusé. Quand le procez est prêt à juger, il appelle de toute la procedure, & intime le Juge en son nom. M. Boutillier qui plaidoit pour le Juge, consentoit que toute la procedure fût cassée, pourvû que l'accusé ne fût reçû à reprocher les témoins dont il avoit appris les noms & dépositions. Par Arrêt les parties furent appointées au Conseil, depuis toute la procedure cassée, ordonné que le procez luy seroit fait de nouveau par un autre Juge. *Bibliot. de Bouchel*, verbo, *Récusation*.

182   Mal jugé par le Juge qui avoit ordonné qu'il seroit informé des reproches déduits sur certains témoins oüis sur un incident de récusations, ordonné que le Juge sera ajourné à comparoir en personne. Arrêt du Parlement de Bretagne du 6. Février 1567. *Du Fail, liv. 3. chap. 104.*

183   La Tullaye récuse certains Conseillers; il prend pour témoins les autres Conseillers, dont il est débouté; & pour n'avoir verifié les faits de récusations, est condamné en 60. livres d'amende au Roy & à la partie. Arrêt du Parlement de Bretagne du 5. Septembre 1571. *Du Fail, liv. 2. chap. 407.*

REDEVANCE.

Voyez le mot *Droits Seigneuriaux*, lettre D. & cy-après *Seigneurs.*

1   Celuy qui quitte au Seigneur direct, ou rentier, l'heritage mouvant de luy, doit payer la redevance de la prochaine année à échoir. V. *Coquille, tome 2. quest. 270.*

2   Un Seigneur qui prétend redevance de surcharge sur ses sujets, ne la peut acquerir par prescription quelque longue possession qu'il puisse prouver, s'il ne fait apparoir du titre. Arrêt du 21. Juillet 1570. *Carondas, liv. 2. Rép. 84.*

3   La redevance ancienne & en grain qui a toûjours été payée & constituée dés auparavant 30. & 40. ans & plus, s'il n'appert du titre contraire, est réputée pour fonciere, & non réductible en argent. Arrêts des 20. Juin 1573. & 10. Juillet 1574. *Carondas, li. 13. Réponse 72.*

4   Si les heritiers ou successeurs de celuy qui a fondé une redevance à un Hôtel-Dieu étant tombez dans la necessité, ce Benefice leur en doit être appliqué du tout, ou de partie ? Voyez *Henrys, tome 2. livre 1. question 22.*

5   Redevance du vin qu'on doit en espece, se doit payer en vin de l'année precedente. Arrêt du 16. Juillet 1612. *Ibid. 10. 2. liv. 4. quest. 43.*

6   Un Prieur ou Curé primitif demandant une grosse redevance par chacun an au Curé ou Vicaire perpetuel, pour droit de Patronage, l'action peut reflechir sur le même Prieur. Arrêt au grand Conseil du 17. Decembre 1649. *Henrys, tome 2. liv. 1. qu. 24.*

REDHIBITION.

De *ædilitio Edicto, & Redhibitione, & quanti minoris, & ædilitiis Actionibus. D. 21. 1.... C. 4. 58.... C. Th. 3. 4.*

Contre les ventes frauduleuses, particulierement des animaux; soit pour quelque vice de la chose venduë, auquel cas il y a lieu à la Redhibition ; soit par l'excés du prix, & en ce cas le vendeur rend la moins-valuë.

Voyez le mot *Cheval, n. 12. & suiv.* le mot *Estimation*, & cy-après le titre *de la Vente.*

REDOTATION.

De la Rédotation de la fille. Voyez le mot *Dot, n. 352. & suiv.*

REDUCTION.

Reduction des avantages faits, soit aux conjoints, soit aux enfans, ou autres personnes. Voyez les mots *Avantages, Donations, Legs, Propres, Quint, §. Quint des Propres.*

REDUCTION, COMMUNAUTÉ.

1   Une convention faite par une femme convolant en secondes nôces ayant des enfans de son premier lit, laquelle par son contrat de mariage avoit stipulé que tous ses meubles, acquêts & propres entreroient en communauté, seroit réductible suivant l'Edit des secondes nôces. Arrêt du 28. Avril 1623. *Du Frêne, liv. 1. ch. 2. & liv. 7. ch. 31.*

2   La communauté établie par la Coûtume entre conjoints par mariage, se trouvant excessive de la part de celuy des deux qui s'est marié, étoit avantage indirect au profit de l'autre, & partant sujet à réduction en faveur des enfans du premier lit. Arrêt du 29. Janvier 1658. *Notables Arrêts des Audiences, Arrêt 11.*

Voyez le mot *Communauté.*

REDUCTION, DONATION.

3   Femme veuve donnant à son second mari, la réduction se doit prendre du jour du décez de la femme, & non du contrat de mariage. Arrêt du 7. Septembre 1584. M. *Loüet*, lettre N. som. 2.

4   Une donation mutuelle faite par le mari à sa seconde femme réduite à la portion de l'un des enfans qui se trouvent lors de la dissolution du mariage. Arrêt à la Pentecôte 1586. *Montholon, Arr. 42.*

5   En ce qui concerne la qualité de biens, & pour la disposition de la proprieté ou de l'usufruit, on suit la Coûtume ; mais *quoad modum & quantitatem*, la réduction s'en doit faire suivant l'Ordonnance, nonobstant que la Coûtume permette la disposition entiere, & pour le tout, soit en proprieté ou en usufruit. Arrêt sur l'article 321. de la Coûtume d'Anjou du 13. Juin 1628. *Brodeau, sur M. Loüet, lett. N. somm. 3. nomb. 7.*

REDUCTION, RENTE.

6   L'obligé subsidiairement ne peut demander réduction d'une rente constituée au denier dix par le principal debiteur demeurant en Normandie, même après discussion de tous les biens & hypoteques situez en Normandie, pour n'en être tenu qu'au denier douze. Arrêt du 25. Février 1605. M. *Bouguier, lettre R. nomb. 6.*

7   La réduction des rentes de grain en argent se doit faire suivant le temps de la constitution. Arrêt du 27. Avril 1611. parce que le droit est acquis du jour du contrat. M. le Prêtre, 4. Cent. chap. 12. Voyez *l'Ordonnance de Neron.*

8   La réduction de la censive en agrier, qui est la neuviéme partie des fruits, n'est pas recevable par témoin. Voyez M. *Dolive, liv. 2. ch. 24.*

REDUCTION, VILLE.

9   Edit intervenu sur la réduction de la Ville d'Orleans. Voyez *la cinquiéme Action de M. le Bret.*

REFORMATION.

Coûtume réformée. Si la Coûtume nouvelle doit être suivie, quand il s'agit de l'execution des Actes anterieurement passez ? Voyez le mot *Coûtumes, nomb. 59. & suiv.*

REFORME.

1   De la réforme des Ecclesiastiques. Voyez le mot *Ecclesiastique, n. 5. & suiv.*

2   Visitation permise aux Evêques & Superieurs de l'Ordre des Abbayes & Monasteres, pour y établir la Discipline Monastique. *Bellordeau, part. 2. liv. 9. Controverse 70.*

3   Les Abbez Commendataires ne peuvent ny visiter ni réformer, ou corriger leurs Monasteres, parce que

que ce n'est pas à eux de faire observer ce qu'ils n'entendent pas, ni corriger les défauts commis contre une Regle qu'ils n'ont jamais pratiquée ni professée; c'est pourquoy en cas qu'ils entreprennent telles visites, le tout est ordinairement cassé par la voye d'appel comme d'abus. *Jovet*, verbo *Visites des Ordinaires*, nomb. 7.

4. Réforme de Religieux. *Voyez les Memoires du Clergé*, to. 1. part. 1. p. 903. *& suiv*.

Autorité des Evêques pour la réforme des Monasteres de leur Diocese. *Ibidem*.

5. Réformes principales des Religieux. *Voyez* ibid. page 10. & l'*Auteur du Traité des Définit. Canoniques*, verbo *Mendians*.

6. Les Superieurs des Monasteres s'adressent en plusieurs occasions au Roy & aux Parlemens, pour la réforme des Monasteres. Les Parlemens ont souvent ordonné les réformes des Monasteres, & ont commis aucuns de leurs Corps pour y assister. *Voyez le* 2. tome des Preuves des Libertez, ch. 34.

7. La réformation se fait quelquefois par l'autorité des Magistrats. *Tournet*, lettre R. Arr. 20.

8. Pour proceder à la réformation de quelque Prieuré ou Abbaye, il faut députer deux Superieurs de l'Ordre, appellé avec eux le plus prochain Juge Royal du lieu; l'Abbé doit consigner trois ou quatre cens livres pour les frais. Arrêt du 10. Avril 1564. pour la réformation de l'Abbaye du Bourg-Dieu, dont M. l'Archevêque de Bourges étoit Abbé.

En matiere de réformation, il ne faut introduire nouveaux Statuts, mais renouveller les anciens; autrement il y auroit abus. Jugé pour le Prieuré de Chaumont le 9. Août 1565.

La réformation en cas de récusation ou suspension des Superieurs, appartient à l'Official. Arrêt du premier Decembre 1578. *Voyez Papon*, liv. 1. tit. 7. nombre 4.

9. On demande si un Religieux pourra être contraint à subir la réformation? *Voyez la Bibliot. Canonique*, tome 2. page 442. col. 1.

10. Dans *Mainard*, liv. 9. ch. 60. est rapporté le Plaidoyé de M. de Beloy, Avocat General au Parl. de Toulouse, où il est soûtenu que le General seul de l'Ordre de Saint Dominique, n'a pas droit de connoître de la réformation des Religieux; mais que l'Evêque & le Pape peuvent entrer dans cette connoissance.

11. Par Arrêt du Parlement de Paris du 9. Avril 1569. jugé que les Réformateurs ne pouvoient changer les anciens Statuts. *Jovet*, verbo, *Visites des Ordinaires*, nombre 6.

Déclaration du Roy pour la réforme des Maisons Religieuses, du mois de Juin 1671. verifiée en Parlement le 16. Juin suivant. *De la Guessiere*, tome 3. liv. 5. chap. 13.

12. Les Registres de la Cour sont pleins d'Arrêts, qui ordonnent la réformation de plusieurs Monasteres; tant d'Hommes que de Filles, & principalement aux années suivantes.

De l'Abbaye de *Poissy*, du 23. Decembre 1523.

Du Convent de *sainte Croix* du Buzançois, du 2. Août 1524.

Du Prieuré de *Souvigny*, Ordre de Cluny, du 7. Septembre 1523.

Du Prieuré de *saint Maurice* de Senlis, du 7. Septembre 1524.

Des Abbayes de *Chelles*, de *Montmartre*, *Mallenoüe*, *Jerre*, *Jarsy* & *Gif*, du 7. Septembre 1524.

De Nôtre-Dame de *Soissons*, du 8. Avril 1524.

De l'Abbaye de saint *Estienne* de *Nevers*, du 21. Novembre 1524.

De l'Abbaye de la *Victoire*, du 13. Septembre 1524. & du mois de Mars 1526.

De l'Abbaye de *saint Jean aux Bois*, Diocese de Soissons, Decembre 1524.

Tome III.

Du Convent de *sainte Croix* de Paris, 23. Decembre 1524.

De l'Abbaye de *Chelles*, où est inseré dans l'Arrêt l'avis des Docteurs, du dernier Decembre 1524.

Des *Quinze-Vingt* de Paris, premier Février 1524.

De l'Hôpital de *Pontoise*, 1525.

De l'Abbaye de *saint Cyr*, du 12. Avril 1524.

De l'Abbaye de *saint Remy* des Landes, 12. Août 1525.

De l'Abbaye de Nôtre-Dame du *Lieu-Dieu*, 6. Août 1523.

De l'Abbaye du *Port-Regard*, Diocese de Meaux, 23. Février 1525.

De l'Abbaye de *saint Paul* près Beauvais, des 5. & 12. Decembre 1526. & 1. Février 1527.

De l'Abbaye de *saint Jean en Vallée*, 15. & 23. Février 1526.

De *saint Martin d'Espernay*, Octobre 1527.

De l'Abbaye d'*Esnay* de Lyon, qui est notable, du 8. Avril 1527.

Du Monastere de *sainte Croix* de Paris, 1530.

De l'Eglise Collegiale de *saint Spire* de Corbeil, 1532.

Du Convent des *Filles-Dieu*, 1543.

Pour la réformation des *Augustins* de Paris en 1588. *Voyez les Preuves des Libertez*, tome 2. chapitre 34. nombre 9.

AIX.

13. Le Parlement d'Aix donna le 22. May 1574. commission au Premier Président, pour regler les Monasteres de Religieuses d'*Aix*, Marseille & autres, informer des discordes, faire prendre au corps les coupables, & autrement y pourvoir. *Preuves des Libertez*, tome 2. ch. 34. n. 31.

Voyez cy-après le nomb. 40.

14. Reglement dressé par le Procureur General du Parlement d'Aix, pour la direction du Monastere des Religieuses *saint Barthelemy d'Aix*, tant pour l'élection de leurs Prieures, qu'autres matieres. L'Arrêt d'homologation est du 16. Novembre 1618. dans les *Preuves des Libertez*, tome 2. ch. 34. n. 39.

SAINT ANTOINE.

15. Ce jour 22. Septembre 1547. après les remontrances faites par la Chambre ordonnée au temps des Vacations, à l'Abbé de Clairvaux, pour ce mandé en icelle, du desordre & scandale qui a été & de present en l'Abbaye de *saint Antoine des Champs*, à faute d'avoir procedé à la réformation dudit Monastere, & que par cy-devant il avoit été commis avec l'Abbé de Fromont à faire ladite réformation, & que l'Abbé de Clairvaux a dit qu'il n'est Superieur de ladite Abbaye de saint Antoine des Champs, mais l'Abbé de Cîteaux duquel l'Abbé de Fromont est Vicaire; quant à luy, il assistera volontiers avec l'Abbé de Fromont, & vaquera soigneusement & le plus diligemment qu'il pourra à ladite réformation, appellé avec eux, si bon leur semble, tels gens & Religieux qu'ils aviseront pour conseil, avec lesquels assistera M. Guillaume Bourgeois Conseiller en ladite Cour, pour l'aide du bras seculier, & pour leur bailler main-forte, & sera ladite réformation faite, & les Ordonnances & Statuts desdits Abbez Réformateurs executez nonobstant opposition ou appellations quelconques, & sans préjudice d'icelles. *Preuves des Libertez*, to. 2. ch. 34. n. 28.

APT.

16. Réformes des Religieuses de *sainte Catherine* d'Apt, par l'Evêque Diocesain. *Memoires du Clergé*, tome 1. part. 1. p. 933.

AUGUSTINS.

17. Arrêt du Parlement de Toulouse du 9. Août 1520. qui enjoint à l'Archevêque de Toulouse & à ses Officiers, de proceder à la réformation du Convent des *Augustins*, appellez à ce le Gardien des Cordeliers & le Prieur des Carmes; ordonné que deux

P p

Conseillers affisteront à cette réformation. *Voyez les Preuves des Libertez*, tome 2. chapitre 34. nombre 14.

18   Arrêt du Parlement de Toulouse du 20. Novembre 1520. donné à la Requête d'un Religieux de l'Ordre de saint Augustin Superieur, à ce qu'il plût à la Cour voir certains articles de réformation, & iceux autoriser. L'Arrêt ordonne au Sénéchal de Toulouse d'assister à la réformation du Monastere. *Voyez Ibidem*, n. 15.

19   Arrêt du Parlement de Paris du 16. Février 1543. pour la réformation du grand Convent des *Augustins* de Paris, selon la Regle de Saint Augustin, & les Statuts de l'Ordre. *Ibid. n. 25.*

20   Arrêt du Parlement de Provence du 18. Janvier 1618. sur la réformation des Convents de l'Ordre *Saint Augustin* dudit Pays, suivant les Statuts, Droits & Constitutions de l'Ordre, en la même forme & qualité qu'est le Convent Saint Augustin établi en la Ville d'*Arles*, & ce dans deux mois, à peine de saisie de leur temporel, & autre arbitraire. Cet Arrêt a été rendu sur la Requête du Procureur General. *Ibid. nombre 38.*

BOURGES.

21   Arrêt du Parl. de Paris du 29. Novembre 1558. pour la réformation de l'Abbaye de *Saint Ambroise de Bourges*. Il est ordonné que l'Abbé aura commission de la Cour, pour prendre au corps, si besoin est, les Religieux qui seroient trouvez vagabonds, pour être menez és Monasteres de la Congregation de S. Victor, & être instruits en l'Observance reguliere, en payant par l'Abbé de S. Ambroise leurs pensions & entretenemens, jusqu'à ce que semblable nombre de Religieux réformez de ladite Congregation ait été introduit au Monastere de Saint Ambroise, pour continuation de la réformation d'icelui. *Voyez les Preuves des Libertez*, tome 2. ch. 34. n. 19.

ORDRE S. BENOIST.

22   De la réformation des Monasteres de la *Congregation Benedictine*. Arrêts du Grand Conseil en 1604. & 1605. contre les Religieux de l'Abbaye d'Aisnay & de Marmoustier. *Voyez Filleau*, partie 2. titre 1. chapitre 34.

23   L'Anatipophile Benedictin aux pieds du Roy, pour la réformation de l'Ordre de Saint Benoît en France. *Paris*, 1615. in 8.

ABBAYE DE LA CELLE.

24   Arrêt du Parlement de Paris du 2. Septembre 1549. sur la réformation de l'Abbaye *de la Celle* lez Troyes, faite par l'Evêque de Troyes, & confirmée par le Roy en son Conseil. *V. le* 2. *tome des Preuves des Libertez*, ch. 34. n. 19.

CHARDAON.

25   Arrêt du Parlement d'Aix du 27. Novembre 1597. sur la réformation des Chanoines Reguliers de *Chardaon en Provence*, dont le procez verbal sera envoyé pardevers le Greffe de la Cour, pour iceluy communiqué au Procureur General, & vû ses Conclusions, y ordonner ce qu'il appartiendra par raison. *Preuves des Libertez*, tome 2. ch. 34. n. 35.

CORDELIERS.

26   Arrêt du Parlement de Paris du 17. Août 1543. sur la réformation des *Cordeliers*, & la soumission du General, de faire ce que la Cour ordonnera. Il luy fut declaré par la Cour qu'elle n'entendoit prendre aucune connoissance de ce qui regardoit la correction reguliere. *Preuves des Libertez*, tome 2. chapitre 34. nombre 26.

27   Le 9. Juillet 1593. le Parl. de Paris, sur la Requête du Procureur General, commit Frere Verneau, Gardien des *Cordeliers*, en la Ville d'Angers, pour visiter, réformer & regler les autres Convens dudit Ordre de la Province de Touraine, y demeurer & séjourner, transferer les Religieux d'un Convent à l'autre, & ordonner, ainsi que les Provinciaux ont accoûtumé, & ce jusqu'à ce qu'autrement en soit ordonné. *Ibid. nombre 33.*

28   Arrêt du Parlement de Paris du 17. Septembre 1622. pour la réforme du Convent des *Cordeliers*. La Cour ordonna par provision l'execution des Statuts tant anciens que nouveaux ; les Bacheliers & autres Religieux tenus d'obéir aux Ordonnances de leurs Superieurs, concernant la Regle & Discipline, même pour la nudité des pieds, suivant l'Arrêt du 19. Octobre 1543. & pour l'execution d'icelle, employer l'aide du bras seculier, s'il y échet. *Ibidem, chap.* 33. nomb. 40.

29   Arrêts intervenus en 1622. sur la réformation que le General des *Cordeliers* qui étoit étranger, & qui n'avoit point encore de Lettres Patentes, prétendoit faire au Convent des Cordeliers de Paris. *Ibidem, chap.* 34. nomb. 40.

ABBAYE DE S. FLORENT.

30   Par Arrêt du Parlement de Paris du 14. May 1522. l'Evêque d'Angers fut condamné à donner Vicariat aux Religieux Réformateurs, pour visiter & réformer l'*Abbaye de Saint Florent lez-Saumur, tam in capite quam in membris. Voyez les Preuves des Libertez*, tome 2. chap. 34. nomb. 21.

FONTEVRAULT.

31   Arrêt du Parlement de Paris du 8. Juin 1494. qui ordonne que l'Abbesse de *Fontevrault* donnera Vicariat à un Conseiller de la Cour & à un Chanoine de Paris, pour connoître & décider jusqu'à Sentence définitive inclusivement, des crimes, délits & malefices commis par Sœur Bertrande de Gazille, Prieure de Bellomer, & aussi pour mettre ordre au Prieuré, ainsi qu'ils verront être à faire par raison. *Preuves des Libertez*, tome 2. ch. 34. n. 5.

32   Voyez l'Arrêt de Reglement sur la réformation des Religieuses de l'Ordre de *Fontevrault*, du 18. Mars 1525. où il est parlé des choses suivantes.

Les Prieurez & membres dépendans de l'Abbaye de Fontevrault.

L'ordre que le Pere Visiteur tiendra pour proceder à la visitation.

Du pouvoir du Visiteur.

La forme de proceder à la correction reguliere.

Les Visiteurs seront triennaux.

En quel cas l'Abbesse & les Religieuses peuvent sortir du Convent ?

De la translation des Sœurs des Convens en autres.

La Mere Abbesse peut prendre & lever les deniers & subsides és Convens, & quand ?

Le Visiteur s'enquerra durant la visitation, des baux à fermes faits. *Bibliot. Can. tome* 2. *p.* 364. *col.* 1.

ORDRE S. FRANÇOIS.

33   Arrêt du Parlement de Paris du mois de Decembre 1502. par lequel plusieurs Conseillers de la Cour sont commis pour assister à la réformation des Convens des Religieux de l'*Ordre S. François*. Voyez le 2. tome des *Preuves des Libertez*, ch. 34. n. 8.

SAINT GEORGES.

34   Messire Bertrand de Marillac, Evêque de Rennes, voyant deux Religieuses de l'Abbaye de *S. Georges*, plaider le Prieuré de Tinteniac, requit que tous les Prieurez de l'Abbaye fussent réünis à la Mense Abbatiale, suivant la réformation de l'Abbaye, & Arrêt de la Cour, & que toutes les Religieuses vécussent sous une Abbesse. Par Arrêt du Parlement de Bretagne du 30. Septembre 1572. il est dit que l'Evêque baillera sa Requête & remontrance par écrit, pour icelle communiquée au Procureur General, & signifiée à l'Abbesse, les parties oüies, la réformation vûë, être ordonné ce que de raison ; & cependant la Cour a sursis & sursseoit le Jugement du procés. *Du Fail, liv.* 2. *ch.* 427.

GOURNAY.

35   Arrêt du Parlement de Paris, qui sur la Requête

de M. le Procureur Général, ordonna la reformation du Prieuré de *Gournay*, dépendant de l'Abbaye de Cluny. *Preuve des Libertez*, tome 2. *chapitre* 34. *nombre* 23.

JACOBINS.

36 Arrêt du Parlement de Paris du dix Mars 1501. pour la reformation des *Jacobins*. Ibidem, *n.* 6.

37 Sur les plaintes alleguées par les Religieux Ecoliers étudians au Convent des *Jacobins* de cette Ville de Paris, contre le Vicaire du General dudit Ordre, *circa austeritatem victûs, nimiam severitatem & sævitiam*, & réponses au contraire par ledit Vicaire ; la Chambre de Parlement ordonna par le Roy au temps des Vacations le 19. Octobre 1521. qu'en ensuivant le dernier Arrêt, la reformation audit Convent tiendra, & sera entretenuë & gardée selon sa forme & teneur, & à ce seront contraints tous ceux qui pour ce seront à contraindre par toutes voyes & manieres duës & raisonnables, & par détention de leurs personnes, si besoin est : au surplus pour pourvoir aux cas particuliers, alleguez par les parties, ladite Chambre appellera les Prieurs des Chartreux, des Celestins, & de Saint Martin des Champs, ausquels elle communiquera les plaintes & réponses des parties ; ce fait, elle y donnera tel ordre que l'obeïssance & reformation sera gardée, & s'il estoit entretenuë audit Convent, & ce dans Mercredy prochain ; & mettront lesdites parties leurs plaintes & réponses respectivement par écrit au Greffe dedans huit jours, en exhortant ledit Vicaire de tenir en suspens & surséance jusqu'audit jour de Mercredy, *pœnam gravioris culpa*, & icelle relâcher tellement, que lesdits Religieux Etudians ne seront empêchez au Service Divin. *Ibidem*, *n.* 16.

38 Arrêt du Parlement de Paris du 19. May 1543. touchant la reformation des Monasteres des Religieux *Jacobins*. Ibidem, *n.* 27.

Voyez cy-aprés le nombre 47.

ABBAYE DE MARMONSTIER.

39 Arrêt du Grand Conseil du dernier Septembre 1605. qui condamne les Religieux de l'Abbaye de *Marmonstier* à souffrir les visite & reformation du General & Provincial de la Congregation des Benedictins : défenses à ceux de Marmonstier d'admettre aucun à l'Habit & Profession Monachale, ni proceder à l'audition, examen & clôture des comptes de leur temporel, sans en avoir au préalable averti le General ou Provincial de ladite Congregation, pour y assister & dire ce que bon leur semblera. *Vide Semestria*, *Placita* Magni Concilii, recueillis par M. Bonteraye. Les Plaidoyers des parties sont rapportez en entier.

MARSEILLE.

40 Arrêt du Parlement d'Aix du dix Juin 1596. sur le reglement du Monastere des Religieuses S. Sauveur de *Marseille*, & autres de la Province. *Preuves des Libertez*, tome 2. *ch.* 34. *n.* 34.

Voyez cy-dessus le nombre 13.

SAINT MARTIN DES CHAMPS.

41 Arrêt du Parlement de Paris du 30. Decembre 1529. qui ordonne que le Prieur de *S. Martin des Champs*, en vertu du Vicariat à luy donné par le Cardinal de Lorraine Abbé de *Cluny*, procedera à la reformation du College de *Cluny*, appellez avec luy pour conseil l'Abbé de S. Victor, Prieur des Celestins, & Vicaire de S. Germain des Prez ; & pour donner confort & aide, & employer le bras seculier, si besoin est, la Cour a commis M. Nicole Brachet Conseiller. *Ibidem*, *nomb.* 18.

42 Arrêt du Parlement de Paris du 14. Decembre 1575. par lequel il fut ordonné que soixante livres parisis seroient délivrées és mains du Receveur du Convent, par le Prieur de *S. Martin des Champs*, pour être employées à la poursuite & frais du procés, concernant la reformation que les Religieux poursui-

Tome III.

voient contre le Prieur Vialard, & Archevêque de Bourges. Autre Arrêt sur mêmes considerations, par lequel il fut ordonné cent l. contre le susdit Vialard, du 27. Juin 1576. Autre du trois Septembre 1605. sur même sujet de reformation contre Reverend Pere Claude Dormy, Religieux Prieur de Saint Martin des Champs, & Evêque de Boulogne, à la poursuite de quelques Religieux, ausquels il fut ordonné cent liv. d'augmenter, s'il y échet. *Filleau*, 1. part. *tit.* 1. *ch.* 37.

MEILLERAYE.

43 Par Arrêt du Parlement de Bretagne du 5. Septembre 1562. la Cour commet les Juges de Nantes, pour faire la reformation des Moines de *Meilleraye*, les contraindre de vivre en communauté, faire entretenir la discipline faite par les Peres de l'Ordre : défenses à l'Abbé couper bois de haute futaye, sinon pour les reparations & chauffage des Abbé & Religieux, suivant les Ordonnances des Commissaires. *Du Fail*, *liv.* 2. *ch.* 188.

MENDIANS.

44 Reglement fait par le Parlement de Paris sous le bon plaisir du Roy, le 4. Avril 1667. pour la reformation des quatre Ordres des Religieux, ordinairement appellez *Mendians*, qui fait défenses aux Superieurs de recevoir aucunes choses pour la reception des Novices à l'Habit, ou à la Profession. *Voyez le Journal des Aud.* to. 3. *liv.* 1. *ch.* 26.

ORDRE DE LA MERCY.

45 Arrêt du Conseil Privé du 22. Septembre 1626. rendu sur la Requête presentée au Roy par les Religieux Commandeurs & Convens de l'Ordre de *la Mercy & Rédemption des Captifs*, fondés à Bourdeaux, Paris, Carcassonne, Montpellier, Beziers, Hautetive, Malleville, Salies, Riselle, & autres Villes du Royaume, contenant que contre l'expresse disposition des Statuts, & au préjudice du Chapitre Provincial de l'Ordre, canoniquement celebré en la Ville de Bourdeaux, le 9. May précedent, plusieurs Religieux agitez de l'esprit de discorde, & craignans la reforme, à laquelle ils n'ont voulu se soûmettre, ne se seroient pas contentez d'empêcher que le General envoyât la confirmation du Chapitre Provincial, ainsi qu'il est accoûtumé ; mais aussi par leurs brigues & pratiques, & contre les formes & hors le temps prescrit par les Statuts, auroient induit le General de déleguer & envoyer en son lieu un Commissaire General, avec pouvoir de tenir, comme il auroit fait, un autre Chapitre, &c. Le Roy a ordonné & ordonne que les nommez Cabaret, Mullatier, Filliollet & Capdeville seroient assignez au Conseil à deux mois ; & cependant a fait défenses aux Cours de Parlement de Paris, Toulouse & Bourdeaux, de prendre connoissance du different des parties, & ordonne que les Provincial, Définiteurs, Commandeurs, & autres Officiers élus au Chapitre Provincial de Bourdeaux, continuëront l'exercice de leurs Charges & fonctions. *Bibliotheque Canonique*, tome 2. page 362.

OBSERVANTINS.

46 Les Religieux *Observantins de la Ville de Toulouse* sont des mieux reglez du Royaume. Cela a donné occasion en plusieurs lieux du pays de rechercher la même reforme és Monasteres de cet Ordre. Les Habitans & l'Evêque de Beziers y travaillerent, & resolurent d'y appeller les Recollets ; ce qui fut depuis executé. Les Observantins du bas Languedoc, qu'on nomme la Province de S. Loüis, interjetterent appel comme d'abus, de l'Ordonnance de l'Evêque, le 1. Juin 1607. Arrêt qui a déclaré n'y avoir abus : Enjoint au Provincial de l'Ordre de pourvoir aux Religieux de l'Observance d'autres Convens de sa Province, ainsi qu'il verra être à faire. *Voyez le* 1. *Plaidoyé de Puymisson*, où il dit, quand il s'agit d'une manifeste utilité pour l'avancement du Service de

P p ij

Dieu, ou du bien public, il ne faut jamais s'arrêter aux formalitez, parce qu'elles sont introduites pour aider la Justice, non pour l'empêcher.

FF. PRESCHEURS.

47. Arrêt du Parlement de Paris du 18. Novembre 1513. qui ordonne que le Provincial des FF. Prêcheurs en la Province de France, vaquera le plus diligemment qu'il pourra, à la reformation du Prieuré de *Poissy*, sans aucune dissimulation ou fiction; & que les Religieux qu'il y mettra, soient bien reformez, pour faire vivre en bonne reformation les Religieuses; *alias* la Cour y pourvoira, & pour luy donner ordre & confort, à ce que ladite reformation qu'il fera, tienne & sorte son plein & entier effet, la Cour a commis & commet M. Jean Briçonnet Conseiller en icelle, lequel menera avec luy un des Clercs des Comptes, pour par luy faire rendre les comptes touchant le temporel, & autres revenus dudit Prieuré. *Preuves des Libertez*, tome 2. chap. 34. nomb. 11.

Voyez cy-dessus, *le nomb. 36. & suiv.*

PROVENCE.

48. Arrêt des Grands Jours du Parlement de *Provence*, tenus à Marseille le dernier May 1623. qui ordonne que l'Archevêque d'Arles Metropolitain, sera admonesté de se transporter, ou commettre un Vicaire non suspect aux parties, pour faire exactement garder la reforme, & pourvoir sur les plaintes des Religieuses, pardevant lequel l'Abbesse se purgera, & répondra sur le fait resultant de certaines informations; & cependant défenses à l'Abbesse de prendre connoissance de la correction & punition des Religieuses plaintives, lesquelles commettant faute, seront punies par les autres Religieuses en plein Chapitre; les biens du Monastere regis par la Procuratrice, Portiere & Oeconome; les collations, nominations, & autres contrats seront faits en plein Chapitre, en presence de l'Abbesse & Religieuses, le tout par provision, & jusques à ce qu'autrement soit ordonné. *Preuves des Libertez*, to. 2. ch. 30. nomb. 42. Ensuite est l'Arrêt dissinitif du 22. Decembre 1623. qui ordonne que l'Abbesse sera élûe de trois en trois ans par les Religieuses, à elle enjoint de garder la reforme.

ABBAYE DE REDON.

49. Arrêt du Parlement de Bretagne du 23. Octobre 1573. sur la reformation de l'Abbaye de *Redon*. Le Moine poursuivant eut 400. livres contre son Abbé. *Voyez Du Fail*, liv. 2. ch. 466.

S. RIQUIER.

50. Arrêt du Parlement de Paris du 17. Mars 1551. qui ordonne que l'Abbaye de *S. Riquier* sera reformée, l'Abbé tenu de consigner dans huitaine 100. livres au Greffe, pour être employées à la reformation, à peine de saisie de son temporel, sauf à ordonner de plus ample consignation. *Preuves des Libertez*, to. 2. ch. 34. n. 30.

S. VICTOR.

51. Arrêt du Parlement de Paris du 27. Juin 1549. rendu sur la Requête du General de l'Ordre de Saint Augustin, en la *Congregation de S. Victor*, pour la reformation des Religieux. La Cour, pour aucunes causes & considerations, ordonna que les Peres Reformateurs pourvoiroient par Censures Ecclesiastiques, & autres voyes & constitutions canoniques & regulieres; lesquelles Constitutions seront entretenuës par les Religieux de ladite Congregation; & à ce faire seront contraints par toutes voyes & manieres dües & raisonnables. *Voyez ibidem*, ch. 33. n. 19.

52. Reforme des anciens Religieux de l'Abbaye de S. *Victor de Marseille*. Memoires du Clergé, tome 1. part. 1. p. 257. & suiv.

53. Le 26. Juin 1671. la Declaration du Roy, pour la Reforme des Maisons Religieuses, fut verifiée en la Cour. En voicy la teneur.

LOUIS, &c. La pieté du feu Roy nôtre tres-honoré Seigneur & Pere, l'ayant porté à desirer l'établissement de la reforme & discipline reguliere dans divers Ordres, Abbayes & Monasteres de nôtre Royaume, plusieurs Bulles & Brefs auroient été expediés en Cour de Rome depuis l'année 1621. à cet effet, & entr'autres par les Papes Gregoire XV. & Urbain VIII. des 17. May 1621. 8. Avril 1622. 21. Janvier 1627. 16. Février 1628. 20. Decembre 1631. & 3. Février 1633. qui auroient été autorisez par Lettres Patentes du feu Roy, registrées dans les Compagnies Superieures, & executées par les Commissaires Apostoliques, à ce députez par les Papes lors seans au Saint Siege. Mais quoique ces reformations saintement instituées ayent produit un fort grand fruit, en rétablissant avec beaucoup d'édification la Discipline Reguliere dans plusieurs Abbayes & Monasteres, dans lesquels il y avoit du relâchement, neanmoins les changemens qu'elles apportent, pouvant avoir dans la suite du temps leurs inconveniens, & causant ordinairement de grands procez, dont les differents Tribunaux de nôtre Royaume se trouvent remplis: Nous avons jugé à propos d'interposer nôtre autorité, pour en prévenir les suites; & par la connoissance que Nous en prendrons, regler ce qui sera de plus convenable aux susdits Ordres & Congregations Religieuses, & de plus avantageux au bien general de nôtre Etat. A ces causes, de l'avis de nôtre Conseil, qui a vû lesdits Brefs, Bulles, Lettres Patentes, Arrêts & Jugemens qui s'en sont ensuivis, & de nôtre certaine science, pleine puissance & autorité royale, Nous avons confirmé & approuvé; & par ces Presentes signées de nôtre main, confirmons & approuvons lesdits Brefs, Lettres Patentes, & tout ce qui s'en est fait & ensuivi; & neanmoins en tant que besoin est, ou seroit, interpretant lesdites Lettres Patentes & Concessions, Voulons & Nous plaît, que cy-après les Religieux desdits Ordres & Congregations ne puissent être établis dans les Monasteres non Reformez dépendans desdits Ordres, ni aucunes unions y être faites sans nôtre expresse permission, & sans avoir préalablement obtenu nos Lettres à ce necessaires; & en consequence défendons tant à nos Cours de Parlement, Grand Conseil, qu'à toutes nos autres Cours & Juges, d'ordonner desdites Reformes & Unions, sous prétexte desdites Bulles, Brefs, & Lettres Patentes, en quelque sorte & maniere que ce soit, sans qu'il leur soit apparu de nosdites Lettres, à peine de nullité de tout ce qui pourroit être par eux sur ce fait & ordonné. Si donnons en mandement, &c. registré au Parlement de Paris le 26. Juin 1671. *Journal des Audiences*, to. 3. li. 5. ch. 13.

REFUGE.

Femmes adulteres qui sont au Refuge. *Voyez cy-devant au mot Adultere*, n. 100.

REFUS.

Refus de donner des provisions. *Voyez* le mot *Collation*, n. 145. & suiv. & le mot *Election*, n. 140. & le mot *Provision*, n. 132. & suiv.

Du refus fait par l'Evêque à un Gradué. *Voyez* le mot *Gradué*, n. 163. & suiv.

REFUSION.

De la refusion des dépens. *Voyez* le mot *Dépens*. n. 165. & suiv.

REGAIRES.

Entre M. Olivier Poulain Notaire royal de Nantes, & l'Evêque, le Senéchal des Regaires de Nantes condamne l'appellant à une amende, pour avoir passé un contrat d'heritage en la jurisdiction des Regaires. Poulain appelle; & pour avoir appellé, le Juge le fait mettre en prison: il appelle en adherant, dit qu'il est Notaire Royal, & qu'il peut passer par tout le Comté de Nantes suivant l'Ordonnance. l'Evêque répond que sa Jurisdiction des Regaires ne tient rien de la Sénéchaussée de Nantes. Par Arrêt du Parlement de Bretagne du 10. Septembre 1562. il est dit mal ordonné, mal jugé, & mal empilsonné, leve les défenses faites à l'appellant ; l'intimé condamné de rendre les sommes déboursées par l'appellant ; enjoint toutefois aux Notaires Royaux, lorsqu'ils passeront contrats d'heritages, étant sous les Regaires, & autres Jurisdictions inferieures, iceux exhiber aux Procureurs desdites Jurisdictions, ou les Regîstres, lorsqu'ils en seront requis pour s'en aider vers les parties contractantes, ainsi que de raison. *Voyez Du Fail, liv. 1. ch. 146.* où il est observé que la Jurisdiction des Regaires des Evêchez de Bretagne ressortit au Parlement par Privilege des Rois qui leur ont donné le temporel, Fief & Jurisdiction, d'où vient le mot de Regaires. *Voyez Dargentré, livre 4. ch. 17. de son Histoire.* Et Viguier, en sa Coûtume locale de Teroüanne, use du mot de Regale, d'autant que l'Evêque de Teroüanne en est Seigneur temporel, & y a toute Justice en amortissement royal.

2 Regaires relevent en la Cour, suivant l'enregistrement des Lettres Patentes accordées à l'Evêque de Nantes. Arrêt du 7. Octobre 1569. *Voyez du Fail, liv. 3. ch. 318.*

REGALE.

1 *Voyez Benefice, Chanoines, Nomination Royale.* Du droit de Regale. *Voyez* les traitez qui en ont été faits par *M. le Premier Président le Maître, Sixtinus, Ruzæus, Philippus Probus, Duarenus, lib. 4. ch. de beneficiis, cap.* 11. Du Moulin ad §. 27. de la Coûtume de Paris, & tome 2. pag. 518. & 672. Chopin, liv. 1. de sacrâ Politiâ, tit. 7. & liv. 2. de dominio Franciæ, tit. 9. Papon, liv. 2. tit. 3. Charondas, liv. 1. chap. 1. & suiv. Forget ; le traité de M. l'Evêque de Pamiers : Celuy de M. Aubry Avocat ès Conseils du Roy ; le Traité des Regales, par M. Pinson ; le petit recueil de Borjon, to. 4. p. 163.

2 *De Grassalii Regalia Franciæ, cum Joann. Ferrault tractatu de juribus Regni Franciæ*, in octavo. Paris 1545.

3 *Causa Regaliæ penitus explicata*, vol. in quarto, Leodii 1685.

4 De la Regale. *Voyez les Memoires du Clergé, to. 2. part. 3. tit. 6.* Les preuves des Libertez, to. 1. chap. 16. Les Opuscules de Loysel, page 34. M. le Prêtre, 4. Cent. ch. 95.

5 *Voyez* sous le mot Regale les Traitez compilez dans la Bibliotheque du Droit François, par Bouchel ; la Bibliotheque des Arrêts recueillis par Jovet, & Tournet.

6 Voyez dans la Bibliotheque Canonique, to. 1. page 404. & suiv. un extrait des doctes Manuscrits de M. Danet, ancien Avocat du Parlement de Paris, touchant la Regale.

7 Voyez dans les Définitions Canoniques, pag. 737. & suivant, des Considerations sur la Regale, & autres droits de Souveraineté à l'égard des Coadjuteurs.

Dans les Définitions Canoniques, pag. 752. & suiv. il y a une Dissertation Historique de la Regale, par M. François Pinson.

8 Procez verbal de l'assemblée du Clergé touchant la Regale en 1681. avec les pieces justificatives.

Actes des assemblées du Clergé touchant la Regale, en 1682. & 1685.

Pieces, actes & procez verbaux du Clergé, concernant les differends avec la Cour de Rome en 1688. au sujet des Franchises des Quartiers, de la prétention du Cardinal de Furstemberg à l'Archevêché de Cologne.

9 Du droit de Regale. *Voyez Pinson*, en son traité de *Can. institut. condit.* §. 14.

10 *De collationibus Regiis, & primùm de his, qui jure Regaliæ procedunt.* Voyez *Pinson*, au titre *de modis adquirendi beneficii*, §. 14.

11 *De Regaliis.* Voyez *Anne Robert, rerum judicat. li.* 3. chap. 1. *Voyez Mornac, l. 8. §. sed si, ff. si servitus vindicetur.*

12 Edit touchant les Benefices vacans en Regale. A Saint Germain en Laye le 20. Decembre 1331. *ordin. antiq. vol. A. fol.* 21.

13 Ordonnance pour la Regale. A Vincennes en Octobre 1334. *ord. antiq. vol. A. fol.* 12. Corbin, to. 2. p. 108. Ordonnances de Fontanon, tome 2. livre 2. titre 10. page 415.

14 Ordonnances touchant les Regales & les Collations du Roy durant icelles. A Poissy le 5. May 1346. *Ordinat. antiq. vol. A. fol.* 12.

15 Declaration en faveur des Chanoines de la Sainte Chapelle du Palais à Paris, touchant les fruits des Benefices qui tombent en Regale. A   en May 1583. 4. vol. des Ordonnances d'Henry III. fol. 238.

16 Voyez l'Edit du mois de Janvier 1682. par lequel S. M. consent d'être seulement subrogé aux droits de l'Ordinaire. *Voyez* cy-aprés le nomb. 48.

17 Regale est un droit éminent de la Couronne, par lequel le Roy pendant la vacance du Siege Episcopal, succede au lieu & place de l'Evêque, dans la joüissance des revenus temporels de l'Evêché, & dans la collation de plein droit des Benefices non Cures. Ce droit par les libertez de l'Eglise Gallicane, art. 66 n'est qu'un seul & même droit qui a deux differens effets ; le premier est la joüissance des fruits, appellée la Regale temporelle ; l'autre la Collation des Benefices, appellée la Regale spirituelle, dont le Roy joüit jusqu'à la clôture de la Regale, ce qui ne cesse qu'aprés que le nouvel Evêque a prêté la foy & hommage au Roy, que l'on appelle par honneur, serment de fidelité à sa Majesté, obtenu des Lettres Patentes de don & joüissance des fruits, & qu'il a fait le tout enregistrer en la Chambre des Comptes de Paris, & signifier aux Officiers des lieux. *V. M. le Maître, traité des Regales*, chap. 1.

18 La Regale est un droit Royal, qui appartient au Roy à cause de sa Couronne, de prendre les fruits des Evêchez & Archevêchez de son Royaume, le Siege vacant, & de conferer les Benefices simples pendant l'ouverture de la Regale, tant & si longuement qu'elle dure, *citra vella servitutum, vel pensionum onera.* Mornac, *lege* 31. *ff. de pignoribus.* Voyez *Peleus, quest.* 162.

19 Droit de Regale est si Royal que personne ne peut être pourvû d'un Benefice vacans en Regale à la nomination, présentation, ou priere d'aucuns ; mais par la seule voix & propre mouvement de sa Majesté. *Carondas*, liv. 1. *Rep.* 4.

20 De la Regale spirituelle dont joüissent les Rois de France. *V. M. le Bret, en son traité de la Souveraineté*, liv. 1. chap. 16.

21 *M. Charles Du Moulin* sur la Regle de *infirmis, n.* 410. & suiv. fait quelques observations sur la Regale, il dit que quoique certains Benefices ayant charge d'ames soient unis à des Chanoinies & Prébendes, le Roy les peut conferer en Regale ; mais cela n'arrive que *casualiter & accidentaliter.* 2°. Il n'y a que le Parlement qui connoisse de la Regale. 3°. Le Roy peut admettre, *si tamen velit*, les résignations pures & simples, ou en faveur pendant la Regale, avec retention de pension, il ne peut être contraint d'admettre les résignations pour cause de permutation. Il peut annuller les collations & provisions bonnes & valables qui auroient été données par les Collateurs legitimes auparavant la Regale, si aprés l'ouverture de la Regale il a trouvé que ces mêmes Benefices vaquent encore de fait, ce qu'il pourra faire avec beaucoup plus de droit, si ces Benefices vaquoient de droit à l'ouverture de la Regale, *sive per incapacita-*

P p iij

tem, vel assecutionem incompatibilis, sive per sententiam.

22. *Rex Galliarum in suis terris ex antiquâ consuetudine & jure regaliâ dignitatum pontificalium sede vacante, legitimus custos & administrator habetur.* Voyez Franc. Marc. to. 2. quest. 373.

23. La Regale est incessible. Tournet, lettre R. Arrêt 76.

24. Si la Regale a lieu en un Prieuré ayant charge d'ames? Voyez ibidem, Arrêt 77.

25. Ancienneté de la Regale, & si elle a lieu en Normandie ? Ibidem, Arr. 87.

26. Il faut faire difference entre ce qui est *in fructu*, & ce qui est seulement *in jurisdictione*; tout ce qui est *in fructu* est sujet à la Regale; tout ce qui est *in jurisdictione*, comme est la confirmation donnée à l'Evêque, à l'élu par un Chapitre ne tombe pas dans l'exercice de la Regale, parce que la Jurisdiction après la mort de l'Evêque est dévoluë au Chapitre, & non au Roy. Biblioth. Can. to. 2. p. 401.

27. Il y a des constitutions du Pape Gregoire X. anterieures au Concile general de Lyon, confirmatives des collations en Regale, même des Benefices vacans *in Curiâ*, rapportées dans le premier volume des Preuves des Libertez de l'Eglise Gallicane, chap. 16. art. 21. & 22. Vide M. François Pinson, traité des Regales, dans sa Préface, page 6. nom. 10.

28. En matiere de Regale, un Arrêt ne fait pas loy qu'il ne fasse un Reglement : cela est si vrai que l'on voit en faveur des Chapitres, plusieurs Arrêts dans Probus, dans M. Ruzée, dans M. le Président le Maître, qui de nôtre temps n'ont pas été suivis. La Cour a jugé qu'ils n'avoient pas nettement décidé la question de la Regale. Biblioth. Can. to. 2. p. 403.

29. *Rex conferens jure regalia nullo gratiarum expectativarum onere gravatur*; cette maxime est établie par tous les Auteurs qui ont traité de la Regale.

30. Un Regaliste n'a besoin d'être subrogé comme collataire du Prince. Papon, liv. 8. tit. 17. n. 4.

31. Il est fait mention de ce droit de Regale en l'Ordonnance du Roy Philippes *le Bel*, de l'an 1302. art. 3. & 4. du Roy Philippes de Valois de l'an 1334. de Charles VII. de l'an 1453. art. 9. & 76. du Roy Loüis XII. de l'an 1499. art. 11. & 12. Ce droit appartient au Roy pour la Provision, Collation, & Présentation de quelques Archevêchez, Evêchez, Abbayes, & autres Benefices de son Royaume, qui sont de fondation Royale. Voyez M. le Maître en son traité des Regales. Chopin, li. 2 de Doman. c. 9.

32. *De Regalia facti.* Jo. Gall. quaest. 168. *item nota quod ann. Dom. 1334. per Regem Philippum sextum vulgo Valesium, & ejus consilium fuit ordinatum & compertum Reges Franciae usos fuisse Regaliâ juris & facti simul, ac juris tantùm, & facti tantùm; ac dictum quòd audientia denegatur, ne recuperetur ille qui praetenderet regaliam facti non habere locum.*

33. Les Expectatives expirent par la Regale. Arrêt du 16. Août 1345. pour Raoul de Nesle, contre Jean des Moulins. Autre du 6. Mars 1349. Autre pour une Prébende de Beauvais du 18. Janvier 1387. Voyez les preuves des Libertez, to. 1. ch. 16. n. 44.

34. Le demandeur en Regale doit plaider saisi, sans que les Juges puissent nommer un sequestre. Arrêt du Parlement de Paris du 23. Mars 1349. Papon, livre 2. tit. 3. n. 4.

35. Quand il y a acceptation & accomplissement du reste, l'exercice de la Regale commence depuis la proclamation, & les second & dernier actes se refusent par la rétrogradation au premier. Arrêt du Parlement de Paris du 20. Novembre 1361. pour une Prébende de Theroüenne. Bibliotheque Can. tome 2. page 383. col. 1.

36. L'Arrêt de la Regale de la Chapelle de saint Sauveur, en l'Eglise de saint Eustache du 12. Novembre 1369. Biblioth. Can. tom. 2. p. 394.

37. Le Regaliste ne se peut aider d'autre titre, soit du Pape ou de l'Ordinaire. Arrêt du 14. Août 1386. pour une Prébende d'Evreux. Autre du 3. Juillet 1339. pour Robert le Gay. Par l'Arrêt du 12. Mars 1350. il est dit que si le Roy confere en Regale à celuy qui est pourvû par l'Ordinaire, si le Pourvû ne renonce au droit de l'Ordinaire, la collation en Regale est nulle. Et en un Arrêt pour une Prébende de Laon du 11. Février 1351. est disputé, si le Roy confere en Regale comme Souverain, ou comme Ordinaire au lieu de l'Evêque. Voyez les Preuves des Libertez, tome 1. ch. 16. nomb. 44.

38. On a autrefois demandé, si le droit de Regale appartient au Roy avant son Sacre. Arrêt du 22. Decembre 1435. Il y a quelques Arrêts qui disent que c'est *causa unctionis.* 13. Septembre 1415. & 2. Janvier 1420. Ibidem, n. 36.

39. *Si nominatus requisivit Vicarium qui respondit illi, ut adiret Episcopum, Episcopus contulit alteri, & mortuus fuit, Rex jure Regali confert. Iste nominatus collationem obtinet à superiore ; quis praeferatur ? Causa fuit ad consilium posita in Senatu Parisiensi anno 1542. die 19. Septembris. V.* Rebuffe, sur le Concordat, *tit. de Collationibus, §. Si quis verò.*

40. Benefices ayant charge d'ames ne tombent point en Regale. Jugé le 5. May 1575. Bibliotheque Can. to. 2. page 415. & suiv.

41. Le 15. Janvier 1594. le Duc de Mayenne pourvû d'une Prébende vacante en l'Eglise de Noyon ; le lendemain 16. le Roy en pourvoit une autre personne, comme vacante en Regale par la rebellion de l'Evêque. Depuis par les articles de la réduction de Noyon en l'obéïssance du Roy, le Roy confirme toutes les provisions du Duc de Mayenne, à la charge de prendre nouvelles Lettres de sa Majesté. Par Arrêt du 22. Janvier 1596. rendu entre ces deux pourvûs la Regale fut déclarée ouverte au profit du demandeur pourvû par le Roy, & le défendeur condamné aux dépens, & à la restitution des fruits depuis le jour de la demande en Regale. Biblioth. Canonique 10. 2. page 396. col. 2.

42. En l'ouverture de la Regale, le Roy peut pourvoir sur une résignation *in favorem certâ personae*. Arrêt du 7. May 1601. Tournet, lettre R. Arr. 85.

43. Jugé le 6 Juillet 1628. qu'il n'y avoit eu d'ouverture à la Regale par la provision de l'Evêque d'Angers, & préconisation en Cour de Rome dudit Evêque à l'Archevêché de Lyon, mais seulement du jour de la prestation de serment de fidelité pour ledit Archevêché. Tournet, ibidem, Arr. 82.

44. Arrêt du 31. Janvier 1662. rapporté dans le Recüeil de 1667, & dans les Définit. Can. p. 732. en faveur de M. François Bonne-Fontaine, pourvû par le Chapitre d'Amiens d'un Benefice de l'Eglise de saint Firmin de la même Ville, contre M. François Boisset pourvû en Regale.

45. L'incapacité du Regaliste ne consome pas le droit du Roy ; il a la faculté de nommer une autre personne. Arrêt du 8. Mars 1672. Soëfve, to. 2. Centurie 4. chap. 65.

46. Le traité de la Regale imprimé par l'ordre de l'Evêque de Pamiez, supprimé, &c. Arrêt du 3. Avril 1680. De la Guiss. tome 4. liv. 3. ch. 9.

47. Jugé le 31. Août 1681. que l'Evêque de Marseille ayant droit comme simple Chanoine à l'Election des Chanoines, le Roy lui succedoit par droit de Regale qui ne souffre point de compagnon, mais l'Edit du mois de Janvier 1682. touchant l'usage de Regale pourroit apporter du changement à cette Jurisprudence. Biblioth. Can. to. 2. p. 401.

48. Edit du Roy sur l'usage de la Regale du 24. Janvier 1682. Boniface, tome 3. liv. 6. tit. 1. ch. 5.

REGALE, ABBAYES.

49. Les Commentateurs des Libertez de l'Eglise Gallicane de M. Pithou, sur l'article 66. on dit, *qu'autre-*

fois le Roy usoit du droit de Regale sur les Abbayes, & que de cela il en restoit encore des marques dans les Livres, tres-grandes & tres-considerables. L'on a voulu depuis quelques années faire revivre ce droit ; mais celuy qui vouloit faire reconnoître ce droit par le Roy, fut débouté sur le champ à l'Audience, contre l'avis de quelques-uns, qui trouvoient un peu étrange de faire perdre au Roy un droit si noble, & assez bien justifié sans en beaucoup considerer l'importance, & duquel il y avoit de fortes & de grandes preuves de l'antiquité : il en a été fait un Memoire qui fait juger que l'on usa d'une trop grande précipitation en cette occasion.

Mais ces Commentateurs auroient eu encore beaucoup plus de raison de s'étonner de l'Arrêt, s'ils avoient remarqué qu'il s'agissoit d'un Benefice dépendant de l'Abbaye de saint Sernin de Toulouse, qui étoit secularisée tant au chef qu'aux membres, comme plusieurs autres du Royaume, Tournus, Vezelay, Moissac, Figeat, & autres dans lesquelles quand elles vaquent, le Roy pourroit être aux droits de l'Abbé, & y pourvoir des Seculiers, comme il avoit fait en la contestation de l'Arrêt, quoique même dans la Regale le Roy ait plus de droit, que l'Evêque auquel il succede, comme pour admettre les résignations en faveur, & n'être point sujet à la prévention, ni à la dévolution, auquel est sujet l'Evêque. *Définitions Canoniques*, pag. 755.

50 Memoire instructif du droit qu'a le Roy de conferer les Benefices dépendans des Abbayes dont le titre est supprimé, Clercé, & autres, & particulierement de l'Abbaye de saint Michel en l'Herm, dont le titre étant supprimé, la manse Abbatiale est seule unie au College des quatre Nations. *Voyez Pinson*, en son traité des *Regales*, p. 517. & suiv.

REGALE, BAUX.

51 Dès baux faits pendant la Regale. Si le Receveur peut changer les Fermiers ? *Voyez* le mot *Bail*, nomb. 201. & 202. & cy-après le nomb. 138. & suiv.

REGALE, CARDINALAT.

52 Droit de Regale dû par la promotion au Cardinalat. *Voyez* le mot *Cardinal*, nomb. 15. & suiv.
Lorsqu'un Evêque a prêté le serment de fidelité au Roy avant que d'avoir ses Bulles de Rome, il n'est pas obligé quand il les a obtenuës de réiterer le serment, & l'ouverture de la Regale n'est pas continuée. *Aliud in Cardinale*, qui par sa promotion *fit homo Papæ*, & Chanoine de saint Pierre. Ainsi jugé. *Biblioth. Can.* to. 2. p. 397. col. 1.

53 Arrêt du Parlement de Paris prononcé le 20. Novembre 1361. qui a jugé que les Benefices vaquoient en Regale *à die proclamationis Cardinalitatûs*. Preuves des Libertez, to. 1. chap. 16. nomb. 38. Il y a plusieurs Arrêts semblables qui sont aussi rapportez par Papon, liv. 2. tit. 3. nomb. 2.

54 Ouverture de la Regale par la promotion au Cardinalat. Arrêt du 20. Novembre 1367. pour Pierre d'Orgemont. Autres des 22. Avril 1344. 21. Août 1375. pour Gilles Asselin, du 2. Fevrier 1384. quoique l'Evêché soit donné au même en Commande. En l'Arrêt d'Henry fils du Vicomte de Melun, jugé le 27. Fevrier 1338 que par la promotion au Cardinalat il y avoit ouverture de Regale, à Roüen, bien que l'Archevêque n'eût ses Bulles, & n'eût accepté le Cardinalat, la raison est que par la promotion au Cardinalat l'Archevêché vaque. Autre Arrêt du Parl. du 29. Août 1598. qui a jugé l'ouverture en Regale par la promotion de l'Evêque de Paris au Cardinalat, quoiqu'il eût été promû sans titre, & *sub expectatione tituli* ; sur quoi il faut voir le Plaidoyé de M. Servin Avocat du Roy, la promotion au Papat n'ouvre la Regale. Arrêt qui est entre les Arrêts du Parlement commencé le 25. Février 1356. *Preuv. des Lib.* to. 1. ch. 16. n. 39.

55 *Per promotionem ad Cardinalatum*, la Regale est ouverte, & le Pape ne peut conferer les Benefices vacans en Cour de Rome, au préjudice des droits du Roy. Jugé le 21. Novembre 1384. *Le Vest*. Arrêt 194. *Voyez Charondas*, liv. 7. Rép. 1. & liv. 10. Rép. 2. & Chenu *premiere Cent.* quest. 1.

56 Lorsqu'un Evêque est fait Cardinal, à cause des Libertez de l'Eglise Gallicane, il y a vacance & ouverture en Regale ; & s'il avoit accepté la dignité de Cardinal sans la permission du Roy, non seulement il y auroit ouverture à la Regale, mais encore au droit d'aubeine, parce que par cette dignité étant fait l'homme du Pape, il semble qu'il s'est soûmis à la domination d'un autre Prince Souverain ; ainsi il devient comme étranger. L'ouverture en regale commence du jour qu'on prend le Chapeau rouge jusqu'au jour de la dispence ; ce qui a été jugé par Arrêt du 29. Août 1598. & par plusieurs autres rapportez par Chopin dans son *Monasticon*, quand même il n'auroit pas son titre, pourvû qu'il fût nommé en plein Consistoire, cela suffit. *Papon*, livre 2. titre 3. nomb. 2. rapporte le même Arrêt.

57 La promotion d'un Evêque au Cardinalat donne lieu & ouverture à la Regale, quoique l'Evêque soit pourvû sans titre, & *sub expectatione tituli*. Voyez Filleau, 4. part. quest. 1. Il rapporte l'Arrêt du Parlement de Paris du 29. Août 1598. avec les Plaidoyers des Avocats.

Voyez cy-après le nomb. 71.

REGALE, CHARGES ET COUSTUMES DES CHAPITRES.

58 L'Evêque, Chanoines & Habituez ne peuvent faire aucun Statut, ni affecter un Benefice à quelque charge ou fonction, au préjudice des droits de Regale. *Biblioth. Can.* to. 2. p. 382. col. 2.

59 Le Roy n'est obligé pendant qu'il tient la Regale de faire & accomplir les charges ausquelles l'Evêque est obligé. *De Cancellario Bajocensi qui petebat quod Dominus Rex ministraret sibi & faceret, vacante sede Bajocensi eo quod tenet Regalia, ea qua Episcopus Bajocensis ministrare sibi & facere ratione Cancellariæ suæ : determinatum est quod Dominus Rex non tenetur.* Extrait du Registre *Olim* des Arrêts depuis l'an 1254. jusqu'en 1261. fol. 115. Dans le 1. to. des *Preuves des Libertez* chap. 16. nomb. 35. il y a un Mandement de la Chambre des Comptes du 3. Decembre 1341. au Depûté, à lever & recevoir la Regale de l'Eglise de Troyes, de fournir au Chapitre le luminaire que l'Evêque est tenu de fournir.

60 Des droits pris sur l'Evêché qui se doivent payer pendant la Regale. *Præceptum fuit Magistro Henrico de Campo repulsô custode Regalium Aurelian. quod Guimondo de Carnoto Canonico Aurelian. redderet robam suam cum arrearagiis, ratione cappellaniæ suæ, sicut habebat tempore Episcopi.* Arrêt de l'an 1280. *Biblioth. Can.* to. 2. page 391.

61 Arrêt du Parlement de Paris de l'année 1326. que le Regaliste n'est point tenu aux coûtumes particulieres de l'Eglise où il entre. Cet Arrêt est en faveur d'un Regaliste que l'on vouloit obliger à promettre la residence. Corbin, *traité des Fiefs*, loi 20. Arr. 6.

62 Arrêt du Parlement de Paris de l'an 1392. qui a débouté un Regaliste du possessoire d'une Chapelle fondée en l'Eglise d'Avranches, sujette à continuelle résidence, parce que par la fondation autorisée des Ducs de Normandie, les Doyen & Chapitre avoient faculté de conferer, si elle tomboit en vacation, *sede apostolicâ vacante*. Bibliotheque Canonique, tome 2. page 382. col. 2.

CLOTURE DE LA REGALE.

63 Regale dure jusques à l'actuel prestation de fidelité au Roy en personne, & toûjours contre un Commendataire. Arrêts du Parlement de Paris dés 15. Juin 1325. 20. Juillet 1430. 14. Juillet 1406. Depuis il a été jugé que le Roy faisant lever la main au pourvû, ce serment de fidelité clot la Regale pour les Commendataires, ainsi pour les Titulaires. Papon, liv. 2. tit. 3. n. 3.

64 Après le serment de fidelité prété par le nouvel Evêque, & Lettres de main levée obtenuës du Roy, & verifiées en la Chambre des Comptes l'ouverture de la Regale cesse, quoiqu'il n'y ait aveu ou dénombrement baillez. Jugé le 23. Mars 1561. toutefois la seule prestation de serment, & reception en la Chambre des Comptes ne suffit pour faire cesser la Regale, il est requis que l'Evêque soit mis en pleine possession. Jugé le 19. Juin 1577. *Charondas, livre 3. Réponse 3.*

65 Regale n'est close par la récreance. Jugé le 10. Mars 1574. *Ibidem, Réponse 10.*

66 Elle n'est fermée que par le serment de fidelité. Jugé le 13. Juin 1617. *Mornac, loy 10. ff. De officio Proconsulis, &c.* avec la loy 6. *ff. de jurisdictione*, avec enregistrement & signification au Commissaire établi aux fruits de la Regale. *Ibidem, livre 10. Réponse 4.*

67 Possession prise par Procureur ne suffit pas pour clore la Regale. Arrêt du 13. Juillet 1623. il s'agissoit d'une Chapelle fondée en l'Eglise de S. Simphorien de Paris; elle fut ajugée au Regaliste. *Additions à la Bibliotheque de Bouchel, verbo Regale.*

68 Jugé par Arrêt du 18. Avril 1624. que la Regale n'est point close en Bretagne, ni autres endroits de la France, jusqu'à ce que le serment de fidelité du nouvel Evêque, & la main-levée de son temporel soient enregistrez en la Chambre des Comptes de Paris. *Journal des Audiences, to. 1. liv. 1. ch. 25.*

69 Arrêt du 9. Juillet 1632. qui appointe pour sçavoir si le serment de fidelité d'Henry de Lorraine pour l'Archevêché de Reims par luy prété à l'âge de 16. ans, & l'Arrêt de main-levée des fruits, ont pû operer la clôture de la Regale. *Bardet, to. 2. livre 1. chap. 40.* M. Bignon Avocat General tint la négative, sur le fondement que les Bulles étant nulles à cause de la dispense, Henry de Lorraine n'étoit pas veritable Titulaire.

70 Reglement pour l'ouverture & clôture de la Regale, déclarée ouverte par le défaut de prise de possession personnelle de l'Evêque, & par défaut de signification de l'enregistrement du serment de fidelité, & des Lettres patentes de main-levée aux Officiers sur les lieux, & à l'Oeconome. Jugé le 15. Mars 1677. *De la Guess. to. 3. liv. 11. chap. 10.* Voyez *au même to. 3. liv. 11. chap. 13.* où il rapporte un Arrêt du 5. Avril 1677. qui fait voir la difference qu'il peut faire entre l'espece du 15. Mars & de celle-cy, ensuite il y a un Arrêt du 14. Février 1638.

71 Les formalitez essentielles pour clore la Regale, sont, que le promû au Cardinalat ait prété un nouveau serment de fidelité, & qu'il en ait fait expedier les Lettres patentes du Roy, qu'il en ait un Arrêt d'enregistrement en la Chambre des Comptes, avec l'attache, qui est un Arrêt de la Chambre des Comptes, portant mandement aux Officiers des lieux de remettre le nouveau Cardinal en possession, en lui faisant main-levée des saisies; qu'enfin tout cela soit signifié sur les lieux aux Officiers du Roy. Si les Officiers du Roy sur les lieux ont omis de saisir le temporel du promû au Cardinalat, toutes les formalitez n'en sont pas moins necessaires pour clore la Regale. Arrêt du Parlement de Paris du 4. Mars 1692. V. *le Journal des Audiences, to. 5. liv. 8. chap. 4.*

REGALE, COLLATION ALTERNATIVE.

72 Par Arrêt du P. de Paris du 7. Juin 1651. jugé qu'un Benefice dont la collation appartient à l'Evêque & au Chapitre alternativement ayant vaqué, le Siege Episcopal vacant, mais dans le temps que le Chapitre devoit conferer à son tour, est censé avoir vaqué en Regale. Le moyen de décision relevé par M. l'Avocat General Talon, étoit que l'Archevêque de Bourdeaux n'avoit pû accorder au Chapitre la faculté de conferer les Prébendes au préjudice du droit de Regale. *Soëfve, tome premier, Cent. 3. chap. 96.*

73 Par Arrêt du Parlement de Paris du 29. Novembre 1666. au Rolle de Vermandois, sur un appel du Lieutenant General de Reims, jugé que la Regale avoit lieu és Benefices alternatifs. Le Roy avoit nommé lorsque le Benefice avoit vaqué, & l'Archidiacre après luy en la seconde vacance. *Jovet, verbo Regale, n. 3.* dit qu'il étoit à la prononciation de cet Arrêt, où il entendit que la raison étoit que le Roy dans l'alternatif conferoit seul, *& jure optimo maximo*, conformément à deux Arrêts rendus en l'espece; & fut ainsi le Benefice contentieux declaré vacquer en Regale, & ajugé au Regaliste. V. *de la Guessiere, tome 2. liv. 8. ch. 10.*

74 Il a été jugé le 11. Août 1672. que pour les Prébendes qui se conferent *per turnum* par le Chapitre de Montpellier la Regale n'avoit pas lieu. *Journal du Palais.* L'Evêque de Montpellier ne confere que le grand Archidiaconé, la Chantrerie, les Aumôneries, une Chapelle, une Prébende Theologale sans Canonicat, qui dépendoient de luy avant que l'Eglise de Maguelone fut secularisée & transferée à Montpellier pour servir de Cathédrale; la maniere de la Collation est que chaque Chanoine hebdomadier confere à son tour les Benefices qui viennent à vaquer dans la semaine; l'Evêque confere aussi comme Chanoine, & parce qu'il joüit de deux Prébendes il a deux semaines & deux jours pour conferer. *Biblioth. Can. tome 2. p. 402.*

REGALE, COMMANDE.

75 *An Regalia locum habeat durante commendâ, & in Episcopatu commendato? V.* Du Moulin, to. 2. *p. 555. Alia quæstio de beneficio in regaliâ collato, p. 556.*

76 *An Regalia locum habeat durante commendâ, & in Episcopatu commendato? Dictum fuit per arrestum, quod collatio facta Clementi erat valida, & quod tueretur in possessione & saisinâ &c. & fuit in expen. condemnatus Petrus. Ratio decidendi fuit, quia absolutione factâ, positò quod consenserit dictus Cardinalis simul & semel absolutioni & commendâ, fuit tamen dare momentum quo vacavit Episcopatus, quia Episcopatum quum anteà habebat Cardinalis intitulatum, habuit in commendam, & sic fuit vacatio, juxtà L. servo in patre ff. de legat. 1. ad hoc facit dictus §. quod si frumentum. Aliud arrestum declarativum jurium Regiorum in materiâ commendarum fuit datum in Parlament. anno Domini 1479. pro Magistro Petro de Cerisay in dicto Parlamento Regis Consiliario, contrà Dominum Cardinalem Destoutavillâ, ratione Archidiaconatus de Constantino in Ecclesia Constant. Joann. Galli, quæst. 20.* sur quoi M. Charles Du Moulin fait cette observation. *die 21. Julii, nonobstante quod dictus Cardinalis ex collatione & dispensatione Papæ possedisset pacificè 15. vel 16. annis. Adde aliud infrà quæst. 108. quæst. 188. multa plura habeo arresta in registris meis, sed nolo librum hunc nimis dilatare.*

REGALE, CONCOURS.

77 Si le concours a lieu en Regale? *Voyez* le mot Concours, nomb. 23. & suiv.

REGALE, CURES.

78 Vacant le Siege Episcopal, & avant le serment de fidelité fait au Roy par l'Evêque, la Chapelle vaqua; le Roy y pourvût en regale sur la presentation de l'Abbé. On disoit contre cette provision, que de même que la Paroisse & Cure (en laquelle étoit cette Chapelle) n'étoit point sujette à la regale, comme en verité les Cures n'y sont pas sujettes; aussi la Chapelle étant dans cette Paroisse, n'y devoit plus être sujette, *cum accessorium sequatur naturam principalis.* On répondoit au contraire, que c'étoient deux Benefices distincts & separez. Les parties furent appointées, & cependant l'état ajugé au Regaliste. *Biblioth. Can. tome 2. p. 394. col. 2.*

79 Une Cure de l'Ordre de saint Benoît, fut déclarée n'avoir vacqué en regale, le 2. Juin 1679. *De la Guess. tome 4. liv. 2. ch. 7. Nota*, que c'étoit un Prieuré-Cure, car les Cures ne sont point sujettes à la regale. *Voyez*

REG REG 305

Voyez le mot *Cure*, nomb. 132. & *la Biblioth. Can. tome* 1. *page* 621.

DIOCESES OÙ LA REGALE A LIEU.

80 *Voyez* la compilation qu'a faite *Corbin*, en son *Traité des Fiefs*, *liv.* 20. des Arrêts qui concernent la regale és Eglises de *Sez*, du *Mans*, de *Beauvais*, de *Clermont*, du *Puy* en *Vellay*, de *Paris*, de *Baieux*, d'*Agde*, d'*Agen*, de *Toulouse*.

81 Du droit de regale en l'Eglise Cathedrale d'*Alby*. Voyez *Mainard*, *liv*. 9. *chap*. 57. où il rapporte le Plaidoyé de M. de *Beloy*, Avocat General au Parlement de Toulouse.

82 Le droit de regale n'avoit lieu en quelques Evêchés. Arrêts de 1263. pour *Amiens* & *Baieux*, & de 1564. pour l'Evêché de *Perigueux*. Papon, *liv*. 2. *titre* 3. *n*. 1. & *Tournet*, *lett. R. Arr*. 71.

83 Jugé suivant les anciens Arrêts que le Roy n'avoit point droit de regale en l'Evêché d'*Amiens*, le 31. Janvier 1662. *Notables Arrêts des Audiences*, *Arr*. 69. Des Maisons, *lett. R. n.* 9. rapporte le même Arrêt, qui est aussi rapporté par *De la Guesse*. tome 2. liv. 4. *chap*. 46. M. le *Maître*, en son *Traité des Regales*, *ch*. 3. verbo, *l'Eglise d'Amiens*, cotte 4. Arrêts, l'un de l'an 1208. l'autre à la Fête de Toussaints de l'an 1278. le troisiéme du 9. Janvier 1327. & le quatriéme du 5. Juin 1413.

84 La regale a lieu dans l'Evêché d'*Amiens*; en ce cas dans les provisions données par le Roy, le défaut d'adresse au Chapitre pour recevoir l'institution, doit être reparé, & cette clause y être mise. Une permutation faite pendant la regale étant nulle, faute d'avoir été admise par le Roy, les Permutans qui ont agi de bonne foy, rentrent par la voye de regrez dans leurs Benefices permutez. Arrêt le 2. Janvier 1691. *Au Journal des Aud. du Parl. de Paris*, *tome* 5. *liv.* 7. *ch*. 1.

85 L'exemption de la regale coûte le Comté de *Gyen* à l'Evêché d'*Auxerre*, & à celuy d'*Amiens* la feodalité du Comté d'Artois. *Définitions Canoniques*, *page* 732.

86 Le droit de regale a lieu en l'Evêché d'*Angoulême*, comme en tous les autres du Royaume. Arrêt du mois de Mars 1607. *Le Bret*, *liv*. 5. *Décis*. 1. où il observe que M. le Premier Président dit qu'on ne devoit plus douter que la regale n'eût lieu par tout le Royaume, & que l'on n'exceptoit que les Eglises exemptes à titre onereux. *Voyez Peleus*, quest. 162. M. Loüet, en son Commentaire, *lett. R. somm.* 56. & *Tournet*, *lett. R. Arr.* 79.

87 Le Roy n'avoit droit de regale en temporel ni en spirituel en l'Eglise d'*Arras*. M. le *Maître*, *Traité des Regales*, *ch.* 3. *fol.* 308.

88 En l'Eglise d'*Autun* point de regale, quoique *Chenu*, en sa 1. *Cent*. quest. 2. *fol*. 20. dit que la question a été appointée au Conseil. Jugé le 11. May 1630. que l'Evêque d'*Autun* a l'administration du spirituel & temporel de l'Archevêché de Lyon, *sede vacante* & *vice versâ*. Henrys, *tome* 1. *liv*. 6. *ch*. 5. *fine*.

89 Que la regale n'avoit lieu en l'Archevêché de *Lyon*, ni en l'Evêché d'*Autun*. Jugé le 15. Juillet 1631. *Bardet*, *tome* 1. *liv*. 4. *ch*. 39.

90 Jugé que le Roy a droit de regale és Archevêché de *Lyon* & Evêché d'*Autun*, lesquels n'ont que l'administration du temporel, réciproquement des Eglises les Sieges vacans, à la charge de rendre compte. Aucun Archevêque & Evêque n'est exempt de ce droit; il est inalienable, & dépend du Domaine & Couronne de France. *Voyez Filleau*, *partie* 4. *question* 2.

91 Regale remise en l'Eglise d'*Auxerre*. Tournet, lettre R. Arr. 69.

92 Regale en l'Eglise de *Baieux*, & qu'il y a vacance en regale par incompatibilité de deux Benefices requerans résidence. Arrêt du Parlement de Paris du 19. Avril 1333. *Extrait du Registre des Juges du Parl. Tome III.*

de l'an 1332. Arrêt 126. & Corbin, *suite de Patronage*, *chap*. 138.

93 En l'Evêché de *Bayonne* où les Chanoinies sont électives confirmatives, & où l'Evêque a sa voix en l'élection, outre le droit de confirmation, une Chanoinie venant à vaquer, *sede vacante*, si elle tombe en regale? Le 14. Juin 1646. la cause appointée; & ensuite le 6. Juillet 1647. jugée au profit du Regaliste. Du Frêne, *liv*. 4. *ch.* 43.

94 Par Arrêt du 24. Avril 1608. le Parlement de Paris ayant déclaré le Roy avoir droit de regale dans l'Eglise de *S. Jean de Bellay*, comme en toutes autres de son Royaume, fit défenses aux Avocats & Procureurs de faire aucunes propositions contraires; ce qui donna occasion aussi-tôt aux Archevêques de Languedoc, de Guienne, de Dauphiné & de Provence, de former leur opposition à l'execution de l'Arrêt, prétendant être exempts de la regale. Ils se pourvûrent au Conseil du Roy, ou plûtôt les particuliers pourvûs des Benefices qui dépendoient de ces Prélats, nommez & institüez par les Evêques & par les Chapitres, le Siege vacant, se pourvûrent au Conseil du Roy contre les pourvûs en regale, par opposition à l'Arrêt du Parlement, qui fut reçûë & de temps en temps distribuée à divers Rapporteurs, sous les regnes des Rois Henry IV. Loüis XIII. & Loüis XIV. Cette contestation fut enfin terminée par la Déclaration du mois de Février 1673. cy-devant rapportée.

Pour ne laisser aucun doute sur l'étenduë de la regale dans tous les Etats du Royaume, anciens, conquis ou recouvrez; le Roy Loüis XIV. a fait une Déclaration le 2. Avril 1675. verifiée au Parlement le 13. May suivant, qui confirme universellement ce droit de regale, en execution de la Déclaration de 1673. & comprend même nommément les Archevêchez & Evêchez des quatre Provinces prétendûës exemptes, sous le nom des Archevêchez de Bourges, Bourdeaux, Auch, Toulouse, Narbonne, Arles, Aix, Avignon, Ambrun, Vienne & les Evêques suffragans. *Bibliot. Can.* tome 2. p. 403.

95 *Voyez au Vol.* 3. *des Plaidoyez de M. Servin*, le *Plaidoyé & Arrêt du 24. Avril 1608.* sur la question, si la regale a lieu en l'Eglise Episcopale de *Bellay*, en la Bresse nouvellement unie à la Couronne. *Voyez* pareillement les *Plaidoyez* sur la question appointée au Conseil, par Arrêt du 27. Juillet 1606. touchant le droit de regale, prétendu par le Roy en l'Evêché de *Luçon*, en la cause d'entre les Tresoriers & Chapitre de la sainte Chapelle de Paris, d'une part, & Messire François Yver pourvû de l'Evêché, d'autre; ensuite desquels Plaidoyez sont les Lettres Patentes octroyées par le Roy, Charles IX. au Chapitre de la sainte Chapelle du 10. Février 1566. & les Arrêts de la Cour sur la regale prétendûë par le Roy és Evêchez de *Poitiers* & de *Luçon*, & en l'Archevêché de *Bourdeaux*. *Bibliot. Can.* tome 2. p. 397.

96 *Regale de Bourdeaux. Visis quibusdam privilegiis Ecclesiæ Burdigalensis pronuntiatum fuit per Curiæ nostra judicium in Parlamento Epiphaniæ Domini, anno ejusdem* 1277. *custodiam bonorum Archiepiscopalium sedæ Burdigalensi vacante ad dictum Capitulum pertinere*. *Ex Registro olim B. fol.* 38. *Biblioth. Canoniq.* tome 2. p. 490.

97 Il est fait mention dans les *Registres du Parlement*, d'un Arrêt du mois de Juillet 1596. rendu entre M. Jean le Breton, Archevêque de Bourdeaux, & un Regaliste qui fut maintenu ; la Cour prononça que l'Archevêque de *Bourdeaux* étoit sujet à la regale, comme tous les autres Archevêchez & Evêchez du Royaume. Elle a encore jugé le même en l'année 1680. par l'Arrêt, qui a fait défenses de publier ni debiter le Traité récent fait sous le nom de défunt M. l'Evêque de *Pamiers*, contre l'universalité de la regale. *Bibliot. Can.* tome 2. p. 413.

Q q

306 REG REG

98. Regale de *Bourges*. *Notum facimus quod cum dilectus & fidelis noster Archiepiscopus Bituricensis proposuisset coram nobis, quod dignitates, Presbyteratus, Præbenda & Beneficia ad collationem Archiepiscopi Bituricensis in civitate & Diœcesi Bituricensi spectantes, qui vacaverunt sede Biturica vacante, & quos de facto contulimus, ex antiquâ consuetudine Bituricensis Ecclesia, ipsius collationi debuissent reservari: & ideò peteret, quòd dicta collationes à nobis factæ non valerent, ac pro nobis in contrarium dictum fuisset, quòd prædecessores nostri, & nos eramus in possessione conferendi dictas personatus, dignitates, Præbendas & Beneficia, tandem visâ quâdam inquæstâ, & de mandato nostro super hoc factâ super præmissis, pronunciatum fuit per Curia nostra judicium in Parlamento Epiphania Domini anno ejusdem 1177. cum non constaret de possessione nostra ante collationes prædictas, dictum, Archiepiscopum remanere debere in possessione, conferendi Beneficia ante dicta, esse restituendum ad possessionem prædictam, & quò minùs utatur in his jure suo possit per nos nolumus impediri.* Ex Registro olim. B. fol. 38. & la Bibl. Canon. tome 2. p. 390.

99. Regale a lieu au pays de Bretagne. *Voyez* le mot *Bretagne, nomb. 11.* & *Tournet, lettre R. Arr. 78.* & *Charondas, liv. 10. Rép. 1.*

100. *Regalia jus in Britannia an Franciæ Regibus competat?* En la Chambre des Comptes de Paris, il y a une Ordonnance de Louïs XI. où le Roy declare n'avoir aucun droit de regale en Bretagne. M. le *Maître*, en ses *Décisions, eam sic eludit, quod eam dicat nunquam fuisse receptam, nec ideò ei fidem adhibendam.* Voyez le *Plaidoyé* de *M. Servin*, avec l'Arrêt, par lequel il est declaré que la regale a lieu en l'Evêché de Vannes en Bretagne. *V. aussi* la *Bibliotheque Canon. to. 2. page 397.*

101. Le 23. Decembre 1598. fut rendu un premier Arrêt, pour la regale temporelle, en la Province de Bretagne. Voyez *Rouillard, Reliefs forenses, ch. 1.*

102. Arrêt du Parlement de Paris du 17. Février 1678. qui juge que les Evêques de Bretagne ne sont pas dispensez de faire enregistrer leur serment de fidelité en la Chambre des Comptes de Paris, faute dequoy il y a ouverture au droit de regale. *Définitions Can. p. 772.*

103. Les Prébendes de l'Eglise de *Châlons* en Champagne, & tous autres Benefices à la collation & disposition du Chapitre, sont declarez non sujets à la regale. Arrêt du 28. Avril 1643. Cet Arrêt avec le Plaidoyé des Avocats, est dans le *Traité de la Regale*, par *M. François Pinson.*

104. Regale en l'Eglise de *Chartres*. Elle a lieu sur les Benefices reservez par le Pape, & vacans en Cour de Rome. Arrêt du Parlement de Paris du 28. Juin 1330. *Extrait du Registre des Juges, de l'an 1330. Arr. 118.* & *Corbin, suite de Patronage, ch. 156.*

105. Regale en l'Eglise de *Chartres*, & de la préference entre deux Regalistes, pour celuy qui à par le plus veritable genre de vacance. Arrêt du 13. Août *au Registre des Juges du P. de l'an 1331. Arr. 205.* & *Corbin, suite de Patronage, ch. 159.*

106. Arrêt du Parlement de Paris du 4. Février 1638. en faveur d'un Regaliste, pourvû de la Chapelle de S. Jean-Baptiste, en l'Eglise de *Valogne*, Diocese de *Coutance*, contre un pourvû par le Chapitre. *V. les Preuves des Libertez, tome 1. ch. 16. n. 60.*

107. Du droit de regale en *Dauphiné*. Voyez *Franc. Marc. tome 1. quest. 90.*

108. La Prébende préceptoriale de l'Eglise Cathedrale de *Frejus*, est en la collation du Chapitre, & non de l'Evêque, & ainsi non sujete à la regale. Jugé au Parlement de Paris le 11. Janvier 1674. *Journal du Palais.*

109. Les Prébendes, & Dignitez de la Cathedrale de *Frejus* à la collation du Chapitre, ne sont sujettes à la regale. Jugé le 20. Février 1682. *Ibidem.*

110. Regale remise par le Roy aux Evêchez de *Guienne*. Tournet, *lettre R. Arr. 67.*

111. Par Arrêt du 8. Mars 1625. l'Evêché de *Langres* declaré sujet à la regale. *V. la Biblioth. Canonique, tome 2. p. 392. col. 1.*

112. Si dans l'Evêché de *Limoges*, les Vicomtes de Combornes peuvent prétendre de joüir pendant la vacance du Siege Episcopal, des revenus des terres d'Alsac & Voultesac, qui font partie du domaine temporel de cet Evêché ? Si ce droit peut être qualifié droit de regale, & peut appartenir à autres qu'au Roy dans son Royaume ? Si diminuant les droits regaliens, il doit être admis, & sous quelle dénomination ? Arrêt du 18. Decembre 1692. qui appointe les parties. L'Arrêt donna acte au sieur de Saillant, qu'il n'entendoit joüir de ces revenus, que comme d'un droit de redevance feodale. *Voyez le Journ. des Aud. tome 5. liv. 8. ch. 25.*

113. La regale n'a pas lieu dans l'Archevêché de *Lyon*, en faveur du Roy. Elle appartient, s'il est permis de parler ainsi, à l'Evêque d'*Autun*, qui pendant la vacance, a l'administration tant du temporel que du spirituel. Chopin, *de Doman. liv. 2. tit. 9. nomb. 13. & 14.* fait mention des titres qui ont établi ce droit réciproque, entre l'Archevêque de Lyon & l'Evêque d'Autun, & d'un Arrêt de 1564. qui a maintenu l'Evêque d'Autun dans le droit de joüir de la regale de l'Archevêché de Lyon, le Siege vacant.

114. Si le Roy a droit de regale és Archevêché de *Lyon* & Evêché d'*Autun*, & qu'aucun Archevêché & Evêché de France n'est exempt de ce droit, qui est inalienable, & dépend du Domaine de la Couronne de France. *V. Chenu, qu. 31.* la Bibliotheque Canonique, tome 2. page 397. col. 2. & *cy-dessus le nombre 88. & suivans.*

115. Regale de *Meaux. Episcopus Meldensis dicebat, quod licet dominus Rex jus habebat conferendi Prebendas vacantes in Ecclesia Meldensi, sede vacante. Meldensi, tamen de dignitatibus & personatibus vacantibus, sede vacante, secus erat. Nam per quandam compositionem inter quendam Regem Francorum, & quandam Comitissam Campania, & Episcopum Meldensem qui tunc erat olim factam, & penes dominum Regem registratam, ut dicebat hujusmodi personatus & dignitates collationi Episcopi erant reservandi. Quare supplicabat collationes de dignitatibus & personatibus in ultima vacatione Meldensi per nos factas annullari & revocari. Audito dicto Episcopo de dicta compositione nullâ factâ fide, usu intellecto, & jure domini Regis supposito pronunciatum fuit per Curia domini Regis judicium in Parlamento omnium Sanctorum anno 1178. dictum Episcopum non esse super hoc audiendum.* Extr. Registro olim. B. fol. 42.

116. Les Chanoines de *Montpellier* non sujettes au droit de regale. Jugé le 11. Août 1672. *De la Guess. tome 3. liv. 6. ch. 12. Le Journal du Palais* rapporte le même Arrêt.

117. Regale de l'Eglise de *Nevers*. Voyez *Tournet, lettre R. Arrêt 70.*

118. Arrêt solemnel du 23. Decembre 1564. qui a jugé que le droit de regale n'avoit lieu en l'Evêché de *Perigueux*, parce que les Chanoines & Chapitre conferent. *Papon, page 1356. tiré de M. Bergeron.*

119. A l'égard des Evêchez & Archevêchez qui prétendent droit d'exemption, comme n'étant nommez au Registre & Liste de la Chambre des Comptes, on le revoque tous les jours en doute. Arrêt du 11. Mars 1574. qui a apporté pareille question pour *Poitiers*. Par Arrêts des 6. ou 7. Septembre 1574. & 1581. Es Arrêts des Generaux, il a été jugé que le Roy avoit droit de regale sur l'Evêché de *Saint Flour*. Papon, *Ibidem.*

120. Regale en l'Eglise de *Rheims*, &, qu'elle a lieu, nonobstant les reserves & graces expectatives. Arrêt

REG   REG   307

du Parlement de Paris du 18. Juin, au Regiftre des Juges du Parlement de l'an 1334. Arr. 112. & Corbin, fuite de Patronage, ch. 160.

121. La Préchantrerie de la Métropole de Sens, Dignité élective par le Chapitre, & confirmative par l'Archevêque, n'eft point fujete à la regale. Arrêt du 18. Juin 1680. comme il avoit été jugé auparavant, le 12. May 1625. Journal du Palais.

123. Regale en l'Eglife de Soiffons, & que le Roy admet les refignations pendant la regale. Arrêt du Parlement de Paris du 16. Janvier, extrait des Juges de l'an 1332. Arrêt 40. & Corbin, fuite de Patronage, chapitre 157.

124. Regale de Tournay. Epifcopo Tornacenfi fupplicante ut indemnitati fuæ & Ecclefiæ fuæ confuleretur fuper eo quod Guerardus de Kevrefies cuftos regalium Tornacenfium, fede Tornacenfi vacante, abfcindi & vendi fecerat quafdam arbores, fitas juxta domum de Vuoifefmes, & juxta domum de Comines, ne umbram facerent & ventum repellerent. Item fuper eo quod idem Guerardus pifces cujufdam foffati, five falvatorii, propè unam dictarum domorum fibi vendiderat. Item fuper eo quod vendiderat quoddam nemus fitum juxtà domum de Hovevaim quod alias venditum non fuerat. Dictis Epifcopo & Guerardo auditis, dictum fuit in Parlamento Candelofa anno Domini 1274. quod denarii, habiti de dictis arboribus, de pifcibus, & de bofco, fi alias venditio non fuit, reftituantur Epifcopo antè dicto. Ex. Regiftro olim fol. 27. & la Bibliotheque Canon. tome 2. page 390.

125. Sur la regale de Xaintes, la caufe appointée le feiziéme Janvier 1680. De la Gueffiere, tome 4. livre 3. chapitre 2. & Boniface, tome 3. livre 6. titre 1. chapitre 3.

126. Les Prébendes de l'Eglife Cathedrale de Xaintes, qui font toutes de plein droit à la collation du Chapitre, ne font fujetes à la regale. Arrêt du 7. May 1681. Journal du Palais.

Voyez cy-après le nomb. 134. & fuiv.

REGALE, DÎMES.

127. Rufte, dans fon Traité de la Regale, Privilege 55. propofe la queftion, fi le Roy prenant le revenu temporel d'un Evêché ouvert en regale, peut prendre auffi les Dîmes qui font fpirituelles ? Il dit qu'il a été jugé par Arrêt du Parlement de Paris pour la negative, en faveur de l'Eglife de Coutance.

REGALE, EVEQUE COLLATEUR.

128. L'Evêque refignant ou permutant, ne peut faire de referve au préjudice du droit de regale. Arrêt du Parlement de Paris du 6. Juillet 1564. contre l'Evêque de Senlis, qui s'étoit refervé la collation des Benefices, jufqu'à ce que fon Succeffeur eût été reçû au ferment de fidelité. Meffieurs les Gens du Roy furent reçûs appellans comme d'abus de la fulmination de la Bulle. Papon, liv. 2. tit. 3. n. 20.

129. L'Evêque nommé par le Roy non confirmé par le Pape, ne peut donner Benefice. Il y auroit lieu à la regale: Donat enim Papa jus in re per confirmationem, Rex jus ad rem per nominationem. Jugé le 3. Août 1598. Mornac, L. 6. ff. de Jurifdictione.

130. Un Benefice électif confirmatif ne tombe en regale, parce que la collation n'en appartient point à l'Evêque, mais feulement la confirmation, & que qui confirmat nihil dat. Arrêt du 28. Juin 1640. Il en feroit autrement des Benefices aufquels l'Evêque confere fur la prefentation du Chapitre, Soefve, to. 1. Cent. 1. ch. 14.

131. La regale n'affujettit que les Benefices dépendans de la collation & provifion des Evêques ; c'eft pourquoy le Chapitre de Xaintes fut maintenu en la poffeffion de deux Prébendes, que la Cour declara quelles n'avoient vaqué en regale. Arrêt du 7. May 1681. De la Gueffiere, tome 4. liv. 4. ch. 11.

132. Edit du Roy touchant la regale, du mois de Janvier 1682. portant que Sa Majefté n'entend pourvoir aux Benefices vacans en regale, qu'à ceux aufquels l'Evêque a droit de pourvoir, & non à ceux qui appartiennent aux Chapitres, & que l'alternative, les tours & l'affectation foient gardez & entretenus durant l'ouverture de la regale, &c. regiftré le 24. Janvier 1682. De la Gueffiere, tome 4. livre 5. chapitre 2.

REGALE, EVOCATION.

133. Evocation n'a lieu en regale. Voyez le mot Evocation, nomb. 38.

REGALE, EXEMPTION.

134. En l'année 1103. le privilege & exemption du droit de regale fut accordé à l'Eglife d'Arras ; à Auxerre en 1106. Troyes en 1207. Mâcon en 1209. Nevers en 1211. lors obtenus tous par le Roy Philippes-Augufte, vacante Cancellariâ, tous en même temps, & ad opus futuri fucceffuris. L'Archevêque de Bourdeaux avoit auffi privilege pour luy & fes fuffragans ; mais ces privileges ont été caffez par les Arrêts, & il n'en refte que celuy d'Arras qui eft hors le Royaume, & celuy d'Auxerre qui l'a à titre onereux, & celui de Langres, qui, quand il feroit authentique, ne peut fubfifter après la caffation de tous les autres.

Orleans, Tours & Treguyer, ont auffi prétendu même privilege, mais prefentement ils ne font plus difficulté de payer.

L'exemption de Nevers qui portoit ces termes, plus précis que celle de Langres, quittavimus in perpetuum illi & fuis fucceffuribus, confirmée par une poffeffion de plus de 300. ans, & par plufieurs Arrêts de la Cour, & fur laquelle il y avoit appointé au Confeil de l'an 1541. fut caffée par Arrêt de l'an 1574. & les Evêques de Mâcon & Autun, qui prétendoient même exemption, furent condamnez en cette même année à payer.

En l'an 1582. l'Evêque de Luçon, & peu auparavant l'Evêque de Poitiers & d'Angoulême Suffragans de Bourdeaux, y ont été condamnez. En l'an 1596. ont auffi été aneantis les privileges de l'Archevêque de Bourdeaux confirmez par plufieurs Arrêts. V. la Bibliot. Can. tome 2. page 393. col. 1.

135. Le Parlement, facré depofitaire des Droits de la Couronne, a fi bien reconnu que ces exemptions gratuites du droit de Regale, données par aucuns des Rois, & principalement par Philippes Augufte, étoient tellement préjudiciables à la Couronne, que fans s'y arrêter, il a jugé que nos Rois avoient droit de Regale en tous ces Evêchez, nonobftant les remifes prétenduës, comme M. René Chopin, & autres Auteurs ont remarqué. Bibliotheque Canon. tome 2. pag. 415.

136. On voit dans l'Hiftoire de Philippes Augufte, qu'il accorda par un fcrupule de confcience l'exemption de Regale à un tres-grand nombre d'Evêchez en 1203. à l'Eglife d'Arras ; en 1208. à celle de Nevers ; en 1209. à celle de Mâcon & de Troyes, à celle de Langres, & à plufieurs autres. Et M. Langelier Evêque de S. Brieu, en la Harangue qu'il fit au Roy en 1579. a rapporté avoir appris d'un Hiftorien, qui avoit écrit au temps de Philippes Augufte, que ce Roy voulut faire publier une Ordonnance, par laquelle il aboliffoit ce droit de Regale, & remettoit par tout le droit des Elections.

137. Arrêts du Confeil d'Etat des 16. Octobre 1637. & 9. Juin 1638. qui ont ordonné que tous les Evêques qui prétendoient exemption des droits de Regale, reprefenteroient les titres de leur exemption. Bibliothe. Canon. tom. 2. p. 406.

Voyez cy-deffus le nomb. 80. & fuiv.

REGALE, FERMIERS.

Voyez cy-deffus le nomb. 51.

138. Pendant la Regale, on ne doit exploiter que ce qui eft de raifon. Cum ex parte Capituli Aurelian. no-

bis denuntiatum fuisset, quod custodes Regalium Aurelian. sede Aurelian. vacante in grossis nemoribus Episcopi Aurelian. faciebant vendas inconsuetas & indebitas: ordinatum fuit, quod vendæ incæptæ tempore Episcopi, perficientur, & expletabuntur ; Vendæ verò venditæ & venditionibus liberatæ, licèt incæptæ non fuissent ad scindendum, ante mortem Episcopi explætabuntur. Vendæ verò quæ in dictis grossis boscis erant mercatæ & signatæ, tamen non erant venditæ, nec in venditionibus liberatæ, non explætabuntur nec vendentur. Arrêt de l'an 1281. *Bibliot. Can. tom. 2. p. 391. col. 2.*

139. Le Roy, durant la Regale, ne peut changer les Fermiers ; jugé au Parlement de Paris le 10. Août 1568. pour un Fermier du Moulin de S. Cloud, appartenant à l'Evêque de Paris ; & par autre Arrêt pour les Officiers de Justice de l'Evêque de S. Flour en Auvergne, contre l'Evêque qui les avoit destituez, aussi-tôt la vacance du Siege Episcopal ; neanmoins après que M. le Cardinal de Rets (par une obeïssance aveugle aux ordres du Roy) se fut démis entre les mains de Sa Majesté, de son Archevêché de Paris, le Chapitre de Nôtre-Dame changea d'abord les Officiers de la Jurisdiction Episcopale, soûtenant qu'ils avoient succedé, & qu'ils étoient au lieu de leur Archevêque, jusques à ce que celuy qui avoit été nommé, eût obtenu ses Bulles. *Définit. du Droit Canon. p. 89. Voyez Chopin, Pol. Ecclesiast. livre 3. titre 7.*

140. Arrêt du Conseil d'Etat du 1. Juillet 1678. qui maintient les Lieutenans aux droits de pourvoir par saisies & seaux des effets des Benefices Consistoriaux vacans en Regale, & les Tresoriers Generaux de France, de faire l'inventaire & l'adjudication des Baux. *Boniface, to. 3. li. 1. tit. 7. ch. 1.*

REGALE, LITIGE.

141. La Regale a lieu pendant le Litige ; jugé par deux Arrêts : le premier, de l'année 1641. & l'autre du 24. May 1660. Le premier fut rendu entre deux freres, pour raison de la Prévôté de l'Eglise de Chartres ; l'espece étoit qu'avant ce litige l'Evêque mourut, aussi-tôt un autre s'en fit pourvoir en Regale ; ce qui donna lieu à une contestation, qui survint entr'eux trois, sur laquelle intervint Arrêt, par lequel le Regaliste gagna sa cause, & par ce moyen il fut maintenu. *Définitions du Droit Can. p. 732.*

142. Un simple Exploit d'ajournement ou d'assignation ne forme pas un litige ; c'est pourquoy la Cour a declaré que la Prébende n'avoit pas vaqué en Regale, le 17. Août 1672. *De la Guessiere, tome 3. livre 6. chapitre 14.*

143. Le litige fait ouverture à la Regale ; & comme sous ce prétexte il est souvent arrivé que divers particuliers ont pris occasion de la maladie des Evêques & Archevêques, pour intenter des procez contre les legitimes Titulaires des Benefices, & si lesdits Evêques & Archevêques venoient à deceder, pour en obtenir des provisions en Regale; Sa Majesté par sa declaration du dix Février 1673. a ordonné que le litige ne pourra donner ouverture à la Regale, s'il n'a été intenté six mois avant le décès des Evêques & Archevêques : mais si le litige se trouvoit sans dessein, serieux & de bonne foy, il ne laisseroit pas de faire ouverture à la Regale, quoique non intenté, six mois avant la mort de l'Evêque, comme il fut jugé au Parlement de Paris, dans la cause de la Sacristie de l'Eglise de S. André de Bourdeaux, pour le sieur Bardin pourvû en Regale, contre Theophile Robert Bourdeyron, qui étoit en procez avec le sieur Denys pour le possessoire de ladite Sacristie, intenté peu de temps avant la mort de M. l'Archevêque de Bourdeaux de l'année 1682. rendu sur les Conclusions de M. l'Avocat General de Lamoignon, qui expliqua la Declaration, & dit que le litige étant serieux & sans fraude, il n'étoit pas necessaire qu'il fût intenté six mois avant la mort de l'Evêque, pour donner ouverture à la Regale. *Définit. Canon. p. 733. & la Bibliot. Can. to. 2. pag. 402. Voyez le mot Litige, n. 34. & suiv.*

OUVERTURE DE LA REGALE.

144. Pour donner lieu & ouverture à la Regale, il suffit que le Benefice vaque de fait seulement, ou de droit seulement. *Voyez Forget.*

145. *Regalia semel aperta semper durat, donec Prælatus actualiter juramentum fidelitatis Regi præstiterit, quod etiam præstat Tutori si Rex in infantia constitutus sit.* Ruz. Privil. 36.

146. *Rex apertâ Regaliâ omnia Beneficia ad collationem dignitatis Episcopalis existentia, exceptis Ecclesiis parochialibus, confert.* Ruz. Privil. 39.

Rex jure Regaliâ confert Ecclesias Parochiales Præbendis annexas. Idem privil. 40.

147. Lorsque le Titre Episcopal est transferé & realisé en la personne du Coadjuteur, il n'y a point de doute qu'il n'y ait ouverture au droit de Regale. *Définit. Canon. p. 748. & suiv.*

148. Après le serment de fidelité prêté par le nouvel Evêque, & Lettres de main-levée obtenuës du Roy, & verifiées en la Chambre des Comptes, l'ouverture de Regale ne se continue à faute d'aveus & dénombrement non donnez. *Charondas, liv. 1. Rép. 3.*

149. L'ouverture en Regale, se fait en plusieurs manieres, par mort, par resignation, par l'incompatibilité d'autres Benefices, comme par promotion de l'Evêque au Cardinalat, *per non promotionem ad sacros Ordines intra tempus juris, per contractum matrimonium, per ingressum Religionis, & professionem secutam.* M. le Maître, Traité des Regales, ch. 2. & 3.

150. La Regale dure jusques à ce que les Lettres Patentes du Roy en forme de main levée, ayent été présentées, enthérinées & registrées en la Chambre des Comptes, avec commandement au Receveur du Domaine & Officiers, sous le territoire desquels est situé le temporel des Benefices, d'en faire pleine & actuelle délivrance à l'Archevêque ou Evêque ; jugé au Parlement de Roüen le 18. Mars 1525. conformément à un Arrêt du Parlement de Paris de 1350. au profit de Simon de Bussy, pourvû en Regale d'une Prébende de Noyon. *Bibliotheque Canonique, tome 2. pag. 379. col. 1.*

151. Jugé au Parlement de Paris le 19. Juin 1567. que l'ouverture de la Regale dûre jusqu'à la reception en la Chambre des Comptes, & finit en la prise de possession; *Papon, liv. 2. tit. 3. n. 3.* Le même Auteur, *pag. 1356. de son Recueil,* date l'Arrêt de 1577.

152. Le serment de fidelité prêté au Roy par celuy qui a Brevet de nomination à quelque Prélature, avant d'avoir obtenu les Bulles de sa provision, ne peut empêcher la Regale, même durant le temps qu'il n'étoit permis d'aller à Rome. Jugé le 3. Août 1598. *Charondas, liv. 10. Rép. 4.*

153. Regale est ouverte, même en *Bretagne* dans les mois du Pape, jusqu'à ce que l'Evêque nouvellement pourvû, ait fait enregistrer son Brevet de provision, & acte de serment de fidelité en la Chambre des Comptes à Paris, & non en celle de Bretagne. Arrêt du 18. Avril 1624. en forme de reglement. *Bardet, tom. 1. liv, 2. ch. 18.*

154. Regale n'est ouverte par le défaut d'enregistrement du serment de fidelité en la Chambre des Comptes, & faute d'Arrêt de main-levée du temporel, quand il n'y a point eu de saisie. Arrêt du onze Avril 1628. portant injonction aux Substituts de M. le Procureur General sur les lieux de faire proceder par saisie & établissement de Commissaires au regime & gouvernement du revenu temporel des Evêchez, incontinent après le décès des Evêques, à peine d'en répondre en leurs noms. *Bardet, tom. 1. livre 3. chapitre 6.*

REGALE, REGLE *de pacificis.*

155. *Decretum de triennali possessore in possessorio, nec in*

156 *petitorio de non molestando, locum non habet in Regaliâ.* Ruz. privil. 23.

Nouvelle impetration ou provision après un possession triennale, ne rend illusoire l'effet de la Regale, non plus que la pension beneficiale non payée. *Voyez. Forget.*

157 Jugé au Parlement de Paris le dix Decembre 1602. que la regle *de pacificis possessoribus* n'a point lieu en Regale, les défendeurs se prévaloient d'un titre & possession plus que triennale : on n'y eut aucun égard, parce que la Regale dure trente ans. *Papon*, livre 2. tit. 3. n. 21.

158 Autrefois celuy qui avoit été pourvû d'un Benefice vacant en Regale, par autre que le Roy, ne pouvoit se prévaloir du decret *de pacificis possessoribus*, ou de la triennale paisible possession ; en sorte qu'il pouvoit être évincé du Benefice par un Regaliste, jusques à trente ans , ainsi que M. Ruzé l'a décidé dans *son Traité de la Regale*, privil. 23. mais cette ancienne Jurisprudence a changé par l'art. 27. de l'Edit de 1606. qui a introduit la triennale paisible possession contre la Regale.

REGALE, PAPE.

159 *Beneficia in Regaliâ existentia, Papa jure præventionis non confert.* Declaration du Roy du vingt Janvier 1339. *Ruzée, tratt. de Regal. privil. 9.*

160 *Dispensatio Papæ super incompatibilibus obtinendis in prejudicium juris Regaliæ nihil facit.* Ruzée *, ibidem, privil. 25.*

161 Dispenses du Pape n'empêchent la Regale. Arrêt du 14. May 1351. fort notable. Autre Arrêt de 1350. pour une Prébende d'Orleans. Autre du 3. Juin 1361. pour une Prébende de Meaux. Arrêt entre les Arrêts du Parlement, commençant à la Saint Martin 1244. pour Durand Cornuti, touchant une Prébende de Tournay ; il fut dit que le titre du Pape étoit incompatible avec le don du Roy en Regale. *Voyez les Preuves des Libertez*, tom. 1. ch. 16. n. 44.

162 Benefices vacans en Regale, ne sont sujets à la reserve faite par le Pape des Benefices vacans *in Curiâ Romanâ*, quand même le Titulaire mourroit dans la maison du Pape. Ainsi jugé au Parlement de Paris en 1388. *Papon*, liv. 2. tit. 3. n. 13. & Tournet, lett. R. Arr. 65.

163 Le Pape peut réhabiliter le Prêtre convaincu de simonie, homicide, & autres délits communs, & par son rescrit de grace le remettre au même état qu'il étoit auparavant, même dispenser de la pluralité & incompatibilité des Benefices ; ce qu'il ne peut pas effectuer au préjudice des droits de Regale, comme dit *Ruzeus*, qui rapporte un Arrêt du Parlement de Paris, du vingt Juillet 1398. pour le sieur de Baroy Regaliste, contre un Chanoine de Beauvais. *Biblioth. Can. tom. 2. pag. 381. col. 1.*

164 La Regale a lieu contre le Pape & les Cardinaux. Arrêt du 21. Juillet 1479. *Voyez les Preuves des Libertez, tom. 1. ch. 16. n. 44.*

PARLEMENT, JUGE DE LA REGALE.

165 Le Parlement de Paris prétend avoir seul la connoissance des Regales. En quelques Eglises le Roy a Regale pour les fruits seulement, & non pour la collation des Benefices. Il faut observer que le Regaliste doit plaider saisi, & jamais l'on n'ordonne sequestre contre luy ; non seulement le possessoire, mais aussi le petitoire des Benefices vacans en Regale, doit être jugé en Parlement, privativement à tous autres Juges, tant d'Eglise que seculiers. Les Benefices électifs ne tombent en Regale, comme il paroît par plusieurs Arrêts rapportez *Du Tillet.*

166 Les causes de Regale doivent être portées au Parlement de Paris. Arrêt du Parlem. de Paris du mois de Mars 1348. qui ôte au Parlement de Rouen la connoissance d'une complainte pour une Chanoinie de l'Eglise de Bayeux. *Bibliotheque de Bouchel*, verbo *Ajourner.*

167 Par l'Ordonnance de Louis XI. du 19. Juin 1464. la connoissance de la regale appartient au Parlement de Paris, privativement à tous les autres. *Papon*, liv. 2. tit. 3. n. 14.

168 Regale ne se doit juger qu'au Parlement de Paris, comme l'a remarqué M. Charles Du Moulin, *sur l'Ordonnance du Roy Louis XI. en l'an 1464. inserée au Stile du Parlement, in verbo Parlement ; Scilicet Parisiensi, inquit, & ita semper observatum fuit, & adhuc hodie mense Februario, & Mart. 1548. de Præbendâ Bajocensi.*

169 Quant à la connoissance des matieres de regale, le Parlement de Paris l'a prise pour tous les Benefices situez dans ce Royaume, & specialement en Normandie, comme il paroît par Arrêt du 28. Novembre 1492. Mais depuis l'érection de la Cour Souveraine de l'Echiquier en Parlement, le doute, si aucun en restoit, a été ôté, & la difficulté totalement levée, le Parlement ayant toûjours connu de tous differends qui se sont presentez, & en reservant la connoissance des droits & matieres de regale ; icelle interdite aux Bailifs de cette Province. Voyez l'Arrêt du 23. Decembre 1512. entre les nommez Blondel & Renard. *Bibliotheque Canonique, tome second, page 379. col. 1.*

170 Par Arrêt du 25. Janvier 1596. défenses furent faites de se pourvoir ailleurs qu'au Parlement pour le fait de la regale, à peine de décheance de tout droit, & la partie qui s'étoit pourvûë ailleurs en matiere de regale, condamnée en vingt écus d'amende. C'étoit un intimé, qui s'étoit pourvû au Conseil Privé. *Ibidem, pag. 389. col. 2.*

171 Par Arrêt contradictoire du dix Mars 1598. la Cour declara l'Arrêt donné au Parlement de Roüen au profit de l'une des parties en matiere de regale nul, & toutes les procedures qui s'étoient faites au Parlement de Roüen en matiere de regale, nulles, & comme telles les cassa & annulla. *Ibid. col. 2.*

172 Le pourvû en regale d'un Benefice étant mal fondé, les autres contendans évoquez d'un autre Parlement que celuy de Paris, sont tenus de conclure à leur égard à la pleine maintenuë, & n'ont droit de demander le renvoi pardevant leurs Juges ordinaires. Arrêt du Parlement de Paris du 5. Mars 1686. *Au Journal du Palais, in fol. to. 2. p. 177.*

173 La Grand'-Chambre du Parlement de Paris est seule competente pour connoître de la regale. Arrêt du 23. Juillet 1693. *Journal des Audiences, tom. 5. liv. 9. chap. 10.*

REGALE, PATRON.

174 Le 30. Novembre 1597. Arrêt pour un demandeur en regale ; il s'agissoit d'une Chapelle fondée en une Eglise Parochiale. Cette Chapelle étoit en Patronage Ecclesiastique d'un Abbé, qui avoit accoûtumé de presenter à l'Evêque ; & sur cette presentation faite par l'Abbé Patron, l'Evêque avoit accoûtumé de conferer. *Bibliotheque Canonique, tome 2. p. 394. col. 2.*

175 Il a été jugé le 4. Février 1638. que la regale avoit lieu aux Benefices qui sont en Patronage Ecclesiastique ; en sorte que s'ils viennent à vaquer durant l'ouverture de la regale, c'est le Roy qui les confere pleinement, sans attendre la nomination des Patrons. La raison fondamentale est, que le Roy pendant l'ouverture de la regale, confere tous les Benefices dont la collation appartient à l'Evêque. Or l'Evêque *jure primitivo fundatus est in liberâ ordinatione omnium Ecclesiarum suæ diœcesis*, même celles qui sont en Patronage Ecclesiastique, *quia collatio Ordinarii, omisso Patrono, facta non est funditus nulla, sed annullanda, Patrono rite infra tempus debitum conquerente*, au chapitre *illud, in fine, de jure patronatûs.* Une autre raison est, que le Pape peut prévenir le Patron Ecclesiastique. Or en matiere de regale, le Roy *fungitur vice Papa.* Du Frêne, *liv. 3. chap. 46.* rapporte cet Arrêt.

310 REG REG

qui annulle la provision du Chapitre de Roüen sur la nomination d'un Patron, Le même Arrêt est rapporté *par Pinson au Traité de Canon. Instit. Condit.* §. 14. n. 18.

176 L'ouverture en regale n'empêche le Patron laïc d'user de ses quatre mois pour presenter, & le presenté par lui est préferable au regaliste. Arrêt du 30. Juin 1642. *Du Frêne*, li. 4. ch. 3. M. Loüet, *lettre R. somm.* 47. *Secus* en Patronage Ecclesiastique la regale a lieu, suivant l'Arrêt remarqué au *nombre cy-dessus.*

177 Par Arrêt du Parlement de Paris du 12. Août 1677. rapporté par *De la Guessiere*, tom. 4. liv. 1. chap. 4. il a été jugé que le Roy, en matiere de regale, ne souffrait point de compagnon, pouvoit déroger au Patronage mixte. M. Claude de Ferrieres qui cite cet Arrêt dans son *Traité du Patronage, chap.* 11. cite d'autres Arrêts *page* 415. qui sont contraires, & qui paroissent plus juridiques, parce que dans la regale le Roy succede à tous les droits de l'Evêque, & non davantage, quoiqu'il y succede par le titre de sa Souveraineté.

178 Y ayant ouverture en regale, les Patrons doivent presenter entre les mains du Roy, qui exerce les droits de l'Evêque. Arrêt du Parlement de Paris du 9. Decembre 1692. *Voyez le Journal des Audiences*, tom. 5. liv. 8. ch. 24.

179 Le Patron, soit Ecclesiastique, ou Laïc, doit presenter au Roy, & le nommé doit prendre la collation de Sa Majesté, & non pas des Grands Vicaires, le Siege vacant, & y ayant ouverture en regale, & lorsqu'il s'agit de Benefices non Cures. Arrêt du 23. Juillet 1693. *Journal des Audiences*, tome 5. livre 9. chap. 20.

REGALE, PEREMPTION D'INSTANCE.

180 La peremption d'Instance n'a pas lieu en regale. *Voyez* le mot *Peremption*, nomb. 99.

REGALE, PERMUTATION.

181 Regale n'est empêchée par permutation, si avant la reception l'Evêque meurt. Arrêt du Parlement de Paris du 18. Janvier 1589. il est vrai que jusqu'à ce qu'il y ait prise de possession de la part du resignataire, le resignant *fingitur non resignasse*: mais la Regale ne reçoit aucune fiction. *Tournet, let. R. Arr.* 66. Papon, li. 2. tit. 3. n. 5. Celui-ci observe qu'il y a Arrêt contraire.

182 La Regale n'a lieu en une collation faite par l'Evêque sur resignation à cause de permutation. Jugé le premier Février 1495. *Charondas, livre premier, Réponse 5.*

183 La maxime établie en faveur de celuy des copermutans qui joüissant de la bonne fortune, doit avoir les deux Benefices permutez par le decez de son copermutant, lequel quoique pourvû n'avoit pas pris possession, n'a pas lieu dans le cas de la Regale, d'autant que pour empêcher l'ouverture de la Regale, le Benefice doit être rempli de fait & de droit. Arrêt du 18. Juin 1599. Brodeau *sur M. Loüet, lettre R. som.* 13. *& M. le Maître traité des Regales, chap.* 2. n. 6. *& chap.* 10.

REGALE, PREBENDE.

184 *Per acceptationem secundæ Prebendæ vacat prima prebenda, durante regaliâ, & ad Regem vertitur.* Ruz. privil. 10.

185 Jugé le 19. May 1564. que la Regale a lieu *mortuo Episcopo*, non seulement és Prebendes & Chanoinies, mais és semi-Prebendes. Papon, *livre* 2. *titre* 3. *nomb.* 1.

186 Prebende preceptoriale ne tombe point en Regale. Jugé pour la Prebende de l'Eglise de Coutance le 21. Fevrier 1611. *Bibliotheque Canonique*, tome 2. *page* 397.

187 Unions ou suppressions de Prebendes faites sans information, *de commodo aut incommodo* avec M. le Procureur General ou son Substitut, & sans Lettres patentes du Roy sont nulles à l'égard du droit de regale. Jugé au Parlement de Paris le 7. Juin 1624.

pour l'union d'une Prébende de l'Eglise S. Mederic de Linois Diocese de Paris. *Journal des Audiences*. tome 1. livre 1. chap. 26.

188 Le Roy ne peut conferer en regale à un jeune Clerc une Prébende sacerdotale par sa fondation. Arrêt du 14. Mars 1679. M. de Lamoignon Avocat General soûtint que le regrez n'est pas recevable dans le cas de la regale. *Journal du Palais.*

189 Un prémier pourvû par le Chapitre d'une Prébende vacante dans son tour & de son côté, maintenu, nonobstant la prétention contraire d'un regaliste indultaire & possesseur triennal. Arrêt du Parlement de Paris du 13. Decembre 1683. *V. le Journal des Audiences*, tome 5. liv. premier, chap. 5.

REGALE, PRISE DE POSSESSION.

190 Possession prise par Procureur ne peut empêcher la regale. Arrêt du Parlement de Paris de l'an 1351. Arrêt contraire du 23. Avril 1573. Papon, *livre* 2. tit. 3. *nomb.* 18.

190 bis. Possession civile n'empêche point la regale, il faut avoir été reçû par le Chapitre. Arrêt du Parlement de Paris du 4. Mars 1545. *Papon, ibidem.*

191 Arrêt du 17. Février 1610. qui a jugé que la prise de possession d'un Benefice, en vertu d'une procuration passée par un regaliste étoit bonne & valable, & que ce n'étoit point une fiction contre ce qui se pratiquoit auparavant, ainsi qu'il a été montré en la Bibliotheque du Droit François, *Bibliotheque Can.* to. 2. pag. 391. col. 2.

191 bis. Possession prise par Procureur ne suffit pour faire que le Benefice soit rempli de fait & de droit, tel qu'il est necessaire en regale. Jugé le 28. Août 1570. *Ibid.* page 395. col. 2.

192 La possession pour clore la regale doit être réelle & actuelle, & les simples diligences pour y parvenir n'en empêchent l'ouverture quand elles seroient fondées sur l'hostilité. Arrêt du Parlement de Paris de l'an 1598. au mois d'Août contre un resignataire pourvû en 1591. qui n'avoit pû se mettre en possession à cause des guerres civiles. *Biblior. Can.* to. 2. p. 379. col. 2.

192 bis. Prise de possession par Procureur n'empêche pas le Benefice ne vaque en regale, aucune fiction n'y est admise. Arrêt du 17. Février 1620. Bardet, tome 1. liv. 1. chap. 76.

REGALE, PROVISIONS.

193 *Voyez* le mot *Provisions*, nomb. 145. *& suiv.* au traité de paix fait par le Roy approuvant les provisions des Benefices; les Benefices qui ont vaqué en regale n'y sont compris. *Voyez Charondas*, liv. 8. Rép. 1.

193 bis. Pendant l'ouverture de la regale, le Roy donne l'institution collative des Cures, mais le pourvû doit se retirer pardevers le Chapitre, qui a l'exercice de la Jurisdiction Episcopale pendant la vacance du Siege pour en obtenir l'institution autorisable. *Défint. Can.*, p. 758.

194 Deux regalistes d'un même jour, l'un fait voir par le placet du Roy signé de l'un des Secretaires d'Etat, que sa provision & le don luy étoit fait à telle heure, & qu'ainsi il devoit être préferé, l'autre ne montrant point qu'il fût pourvû avant; par Arrêt du 21. Mars 1569. les parties furent appointées au Conseil, & l'état ajugé à celui qui avoit l'heure. La Glose *in cap. duobus. De rescript. in 6. super verbo si non apparent*, fut alleguée. *Biblioth. Can.* to. 2. p. 396. col. 2.

194 bis. Toutes provisions en regale à la nomination d'autrui sont declarées nulles, & de nul effet. Jugé le premier Juillet 1599. pour une Prebende de Coutance, & défenses aux Chantres & Chanoines de la Sainte Chapelle de composer des fruits des Benefices vaquans en regale. *Biblioth. Can.* to. 2. p. 397. & les *Défint. Canoniq.* p. 696.

195 La provision d'un Benefice en regale doit être signée d'un Secretaire d'Etat. Arrêt du Parlement de Paris du 10. Decembre 1602. Papon, li. 2. tit. 3. n. 21. *& Tournet, lettre R. Arr.* 86.

195 bis. Le Mardy 18. Février 1603. plaidant Gouttiere pour le sieur Millet pourvû en regale d'une Prébende en l'Eglise de Troyes en Champagne, dont les provisions n'étoient signées que d'un simple Secretaire de la Chancellerie, contre celui qui avoit des Lettres de provision en regale signées d'un Secretaire d'Etat, mais posterieures en date, pour lequel plaidoit Dolé, la question étoit de sçavoir si les provisions en regale devoient necessairement être signées d'un Secretaire d'Etat? Par Arrêt les parties furent appointées au Conseil, & cependant l'état jugé à la partie de Gouttiere. Biblioth. Can. to. 2 p. 397. col. 2.

REGALE RECREANCE.

196 Instance de regale ne peut empêcher que par provision une Sentence de récréance donnée entre les mêmes parties avant l'ouverture de la regale, ne soit executée. Charondas, liv. 1. Rép. 1.

197 Regaliste in dubio doit avoir l'état & récreance, à moins qu'en autre instance & avant l'ouverture de la regale, la récreance n'eût été ajugée à partie adverse, car en ce cas la provision du Roy de nouveau obtenuë ne pourroit empêcher que la Sentence de récreance donnée entre mêmes parties ne fût executée par provision. Arrêt du Parlement de Paris du 26. Novembre 1560. Papon, livre 2. tit. 3. nomb. 10. & suivans.

Voyez cy-dessus le mot Récreance, nomb. 40. & 41.

REGALISTE REFUSÉ.

198 Regale est toûjours duë nonobstant le refus du Chapitre de recevoir le pourvû avant la regale; en sorte que le refus du Chapitre ne lui conserve aucun droit de conferer, & n'empêche l'effet de la regale. Arrêt du Parlement de Paris du 27. Novembre 1380. Papon, liv. 2. tit. 3. n. 5.

199 Regaliste refusé peut se pourvoir au Parlement, ou recourir vers le Roy. Arrêt du Parlement de Paris du 27. Mars 1549. qui enjoint au Chapitre de recevoir, à peine de saisie de son temporel. Ibidem, nomb. 15.

200 Le refus que feroit un Chapitre d'instaler & d'admettre un pourvû in fratrem, ne laisseroit pas de donner ouverture à la regale, si l'Evêque Diocesain décedoit, il y en a même un fort ancien Arrêt rapporté par M. le Maître. Cet Arrêt a paru extraordinaire à quelques-uns; d'autres le trouvent regulier, parce que le pourvû n'a pas dû se contenter du refus du Chapitre; il a dû recourir au Juge Royal pour se faire instaler & mettre dans la possession réelle & actuelle, s'il ne l'a pas fait, c'est une chose qu'il doit s'imputer. Le Roy n'a point de part à ce refus, sauf au pourvû à se pourvoir contre le Chapitre pour ses dommages & interets en cas que le refus eût été injuste. Définit. Can. p. 730.

REGALE PAR LE REGENT EN FRANCE.

201 Regent en France ne peut conferer Beneficesvacans en regale, mais le Roy seul. C'est pourquoy Charles Duc de Normandie & Dauphin de Viennois Regent en France, du temps que le Roy Jean son pere étoit prisonnier des Anglois, obtint du Roy étant de retour, ratification des collations par lui faites pendant son absence, laquelle ratification a été enregistrée en la Cour. Papon, li. 2. tit. 3. n. 15. Chopin, li. de Dom. tit. 9. article 8. & 9. & M. le Maître, en son traité des Regales, ch. 8.

201 bis. Voyez le contraire dans du Tillet, sur la fin du Chapitre des Regens; collation de regale donnée par Charles Regent du Royaume, un pere étant en Angleterre. Arrêt du 15. Novembre 1363. touchant une Prébende de Reims. Le 20. Novembre 1470. les Gens du Roy soûtenoient qu'au Roy seul, à cause de sa Couronne, appartient le droit de regale, & n'en peut être separé ni délegué à autre de quelque autorité qu'il soit, & le Roy l'avoit commis au Connêtable de Luxembourg pour l'Eglise de Laon. En l'Arrêt de Thibaut le Coigneux jugé que le serment de fideli-

té fait au Roy Charles VI. luy appartenoit, non au Regent son fils. Le 7. Septembre 1473. en l'Arrêt de Pierre Loron, jugé que la permission baillée par le Roy à son fils Dauphin, de conferer les Benefices de sa Maison, ne comprenoit pas les Benefices vacans en regale. Le 7. de Mars 1408. Arrêt du Conseil du 23. Février 1408. En l'Arrêt de le Vasseur; Avranches en regale, & la collation faite par Messire Philippes de Navarres comme Lieutenant du Roy d'Angleterre en Normandie, nulle, faite contre le droit du Roy, & au mépris de sa Majesté, du 7. Septembre 1367. le Procureur General requit que le Roy n'eût à transporter ou à remettre les droits de regale, ni la collation des Benefices, qui est le plus exprés; & il y eut particuliere opposition contre le Cardinal de Teroüenne. Arrêt du 18. Février 1440. En l'Arrêt de Grivaut du 11. Juillet 1441. jugé que le droit de regale adhere à la personne du Roy & ne se peut transporter, il est dû pour la foy & hommage, non pour la garde, & n'est in fructu. Voyez les Preuves des Libertez, to. 1. ch. 16. n. 10.

REGALE, RELIGIEUX.

202 Prieuré-Cure quoique Conventuel n'est point sujet à la regale. Définit. Can. p. 702.

203 Un Chanoine de Roüen se rend Capucin à Avignon. Dix mois aprés, & dans l'an de probation il sort. Pendant son absence on obtient sa Prébende comme vacante en regale, & on prétend que per ingressum in Monasterium vacabat. Par Arrêt du 10. Mars 1598. le regaliste fut débouté. Nota Roüen étoit alors rebelle au Roy. Biblioth. Can. to. 2. p. 396. col. 2. & Jovet, au mot Regale, nomb. 39.

204 La regale n'a point lieu aux Benefices reguliers, & qui sont à la collation des Abbez reguliers ou Commendataires. Arrêt du Parlement de Paris du 24. May 1696. Journ. des Audiences, 10. 5. li. 2. ch. 16.

204 bis. La réduction d'une Eglise Cathedrale en Ordre regulier, encore que le consentement du Roy intervînt, n'empêche à l'égard des successeurs Rois qu'elle ne tombe en regale comme auparavant la réduction, si par Chartre tel droit de regale n'avoit été remis, éteint & quitté, car étant (comme il est) toûjours attaché à l'Eglise, il s'ensuit que la mutation d'icelle & de ses Ministres en autres qualitez, ne peuvent pas l'ôter; ainsi jugé. Bibliotheque Canonique, to. 2. p. 382. col. 2.

REGALE REMISE.

205 Remise du temporel d'un Evêché faite par le Roy à un Evêque, ne fait cesser le droit de collation des Benefices. Declaration du Roy du 20. Septembre 1331. Registre de la Cour Ordinationes antiquæ A. fol. 21 Preuves des Libertez, to. 1. ch. 16. n. 31.

206 Le droit de regale est incessible, ne se peut quitter ou remettre. Arrêt du 31. Juillet 1596. Additions à la Bibliotheque de Bouchel, verbo Regale.

307 Quand on dit qu'un Roy de son regne peut donner exemption de regale, ce n'est que de la temporelle, & non de la spirituelle. Arrêt du premier Juillet 1599. entre Maître Loüis de Monchal, pourvû d'une Prébende en l'Eglise de Coutance, en regale; Charles de Boüillons aussi pourvû en regale défendeur; celui-ci étoit pourvû en regale par le moyen de la concession que le Roy avoit donnée au nommé à l'Evêché de Coutance, de nommer au Roy, & que sa Majesté pourvoiroit en regale ceux que l'Evêque lui presenteroit. Monchal pourvû directement par le Roy est maintenû; & ayant égard aux conclusions du Procureur General, la Cour déclare les provisions obtenuës à la nomination des nommez aux Evêchez ou Archevêchez nulles, ordonné que l'Evêque de Coutance obtiendroit Bulles dans six semaines, à faute de cela le temporel saisi, & les fruits employés à la nourriture des pauvres de cet Evêché; défenses aux Chanoines de la sainte Chapelle de composer des fruits à eux appartenans en regale; mais leur enjoint d'en joüir

208 Le Roy peut bien remettre le droit de regale à une Eglise, ainsi que fit le Roy Loüis, surnommé *le Pitoyable*, à l'Evêque d'Orleans, mais il ne peut le donner perpetuellement à un particulier afin de l'exercer. Ce seroit un démembrement du patrimoine de la Couronne. *Biblioth. Can. to. 2. p. 380. col. 2.*

209 *Philippus Probus* en sa question 56. des regales, dit, qu'un Roy qui alieneroit à perpetuité quelque partie de son droit de regale *perjurus dici posset, cum in sua coronatione juraverit non alienare jura regni* : il ajoûte aussi-tôt après, *hanc tamen juris Regalia remissionem videmus pluries per Regem fuisse factam, quod fuit actum de facto non de jure, ideo de facto venit revocandum.* De même Baldus, *in proemio ff.* dit *si imperator minuit jura imperii donando procedit de facto, sed non de jure : quia non voluit in prajudicium successoris* ; aussi les successeurs y ont toûjours derogé, & Messieurs les Gens du Roy du Parlement de Paris en ont demandé la cassation à toutes occurrences, comme fit M. de Thou en la regale de Poitiers. M. Marion en celle de Coutance, M. Servin en celle de Bellay. M. le Bret en celle d'Angoulême. *V. M. le Maitre & Probus, en leurs traitez des Regales, & la Biblioth. Can. to. 2. p. 393.*

210 Quoique le Roy accorde l'administration d'un Evêché à l'Evêque à qui sa Majesté le donne pendant le temps de la regale, & avant qu'il ait été reçu à l'Episcopat, la collation des Benefices est toûjours exceptée, & le Roy ne l'a remet jamais, quand même sa Majesté auroit fait don des fruits & de la temporalité, avant le serment de fidelité, & les autres formalitez requises pour la clôture de la regale. Jugé pour la Chancellerie de l'Eglise de Toulouse, le 15. Mars 1677. *Définit. Can. p. 734.*

REGALE REMPLIE DE DROIT ET DE FAIT.

211 Vacance de droit ou de fait suffit. Arrêt du 26. Août 1345. pour Jean Desmoulins. Un autre du 26. Avril 1343. pour Jean Dicy. Le 7. Mars 1445. le Procureur du Roy en la cause de P. Chauveau rendit raison pourquoi la vacance de droit suffit ; jamais le Roy ni son regaliste ne joüiroit du droit de regale, il y auroit toûjours des competiteurs jusques à ce que l'Evêque eût fait la foy & hommage, & ensuite l'Evêque confirmeroit. *Voyez les Preuves des Libertez, to. 1. chap. 16. n. 33.*

212 Le 26. Novembre 1560. M. Dumesnil Avocat General du Roy plaidant, dit qu'en matiere de regale il y a deux maximes reçûes & gardées ; sçavoir, que si la possession est remplie de droit & de droit cumulative il y a ouverture de regale. Item *propter litigium*, il y a lieu à la regale ; & qu'il a été ainsi jugé par Arrêt que l'on cote de l'an 1410. *Bibliotheque Canonique, to. 2. page 389. col. 2.*

213 Titius est pourvû par le Pape d'une Prébende, il se presente au Chapitre, le supplie de le recevoir ; il est refusé ; Titius obtient du Pape adressant à certain Commissaire ; neanmoins en vertu de sa signature, il se fait mettre en possession par un Notaire Apostolique ; l'Evêque decede avant l'execution du rescrit ; Mœvius se fait pourvoir en regale. *Carondas, liv. 1. Rép. 7.* est d'avis que le regaliste n'est pas bien fondé, parce que la supplication faite par Titius au Chapitre, est un acte de fait.

213 *bis* Pour empêcher la regale le Benefice doit être rempli de droit & de fait par une seule & même personne. Jugé le 18. Janvier 1487. *Papon, li. 2. tit. 3. n. 18. Charondas, li. 1. Rép. 11. Voyez M. le Maitre, traité des Regales, chap. 2.*

214 Par Arrêt du mois d'Avril 1573. il a été jugé si le Beneficier a pris & perçû les fruits, le Benefice est rempli de fait, encore qu'il n'ait pris possession que par Procureur, & que depuis il ne soit venu en personne sur le Benefice, parce que la perception des fruits est une vraye, naturelle & réelle possession non feinte. Par ce même Arrêt le regaliste fut débouté de sa regale qu'il avoit fondée sur ce que le Beneficier partie adverse n'avoit pris possession que par Procureur, & que jamais en personne il n'avoit desservi son Benefice ; il s'agissoit d'une Prébende de Bayeux. *Biblioth. Can. to. 2. p. 396. col. 2.*

215 *Mœvius Archipresbyter Ecclesiæ Andegavensis resignat simpliciter in manibus Ordinarii ; Ordinarius tunc Parisiis erat & pridie obiit, quam resignatio illa à Mœvio fieret : resignatio admissa fuit à Vicario generali, mortem Episcopi ignorante* : controversia inter Mœvium, Seium & Sempronium regalistam ; Senatus arresto provisorio in favorem regalistæ judicavit, le Mardy 23. Janvier 1590. *Anne Robert, livre 3. chap. 1.*

216 La regale n'a lieu ès Benefices resignez *in favorem*, encore que la resignation ait été admise en Cour de Rome, si le resignataire n'a pris possession dans les trois ans, étant lors le Benefice rempli de droit & de fait, nonobstant la resignation & prise de possession après ledit temps, & depuis la regale ouverte. Jugé le 27. Juillet 1628. *M. Bouguier, lettre R. nombre 22.*

REGALE, RESIGNATION.

217 Pendant l'ouverture de la regale un Beneficier malade veut resigner sa Prébende, ou autre Benefice sujet à la regale ; en ce cas il pourra le faire entre les mains du Roy, lequel est le seul Collateur pendant ce temps, avec la condition que si le resignant meurt dans les 20. jours de cette maladie, la resignation sera annullée ; dans ce cas, si le resignant meurt dans les 20. jours, avant toutefois la clôture de la regale, le Roy pourra conferer une seconde fois le Benefice comme vacant par mort, & il pourra même conferer pendant trente jours entiers, à compter du jour que la regale est fermée ; mais il ne donne pas cette collation en vertu de la regle des 20. jours, laquelle ne peut avoir aucun effet en ce rencontre ; mais il le fait parce qu'il a pû & qu'il a voulu, qu'au cas que le resignant décedât dans les 20. jours, le Benefice vaquât par mort, nonobstant la resignation, & qu'il le pût de nouveau conferer comme vaquant par mort. *M. Charles Du Moulin, sur la regle de infirmis, nombre 412.*

218 Jugé le 3. Septembre 1388. que la resignation faite, même *in favorem certæ personæ* & *non alias* donnoit ouverture à la regale, & que le Roy n'étoit pas tenu de conferer au resignataire. Le contraire jugé par deux Arrêts celebres, le 1. du 7. May 1601. pour une Chanoinie de l'Eglise de Troyes. Le second du 13. Decembre 1612. pour une Prébende de Bayeux. *Voyez Corbin, traité des Fiefs, loy 20. Arrêt 13.* &c.

219 *Apertâ Regaliâ, collatio Papâ medio resignationis facta est nulla, & debet fieri coram Rege.* Arrêt du Parlement de Paris du 18. Janvier 1389. *V. Ruzée, privil. 44.*

220 Le droit de regale ne peut être empêché par la reserve faite par le resignant de pourvoir aux Benefices. Jugé le Jeudy 6. Juillet 1564. *Charondas, liv. 1. Réponse 8.*

221 Le Roy peut admettre une resignation *in favorem vel ex causâ permutationis*, d'un Benefice vacant en regale *etiam retentâ pensione.* Jugé le Lundy 7. May 1601. *M. Loüet, lettre R. somm. 47. Chetu, en sa 1. Centurie, quest. 4. Filleau, part. 4. chap. 4. Chaçondas, liv. 10. Rép. 3. & M. Servin, en ses Plaidoyers*, rapportent la même Arrêt.

222 De deux pourvûs en regale, l'un par resignation, & l'autre par mort, & si la regale est sujette à la regle des vingt jours ? Arrêt du 13. Mars 1653. qui declara la Prébende contentieuse de l'Eglise de Rheims avoir vaqué en regale. On convenoit que la regale n'est point sujette aux regles de Chancellerie Romaine : mais on disoit que la concession portoit une condition qui devoit être executée, sçavoir, *pourvû que le resignant vécut vingt jours après la date des provisions*

Les

Les 20. jours se comptent *de momento ad momentum*, & en regale, *dies termini computatur in termino*. Soëfve, *to. 1. Cent. 4. ch. 16. & Du Frêne, liv 7. ch. 21.*

213 Un fils de famille résigne son Benefice moyennant une pension ; le pere averti de cette résignation extorquée, rend plainte, & s'oppose à la prise de possession du résignataire. Un particulier ayant appris qu'il y avoit eu de l'argent donné, se fait pourvoir par dévolut ; & depuis, M. l'Evêque de Noyon étant décédé, obtient des provisions du Roy de la Prébende, comme vacante en regale par le litige qui s'étoit formé entre le pere du résignant, le résignant même, & le résignataire. Arrêt du 21. Mars 1662. qui ajuge le Benefice au regaliste ; & pour les cas résultans du procès, condamne le résignataire en huit vingt liv. parisis d'aumône pour le pain des Prisonniers de la Conciergerie du Palais. *Soëfue, tome 2. Cent. 2. ch. 60.*

214 Pendant la regale ouverte dans le Diocese de Laon, par le décez de feu M. d'Estrées, le sieur Gaurel Chanoine de l'Eglise Cathedrale, envoya sa procuration à Rome pour résigner en faveur du sieur Bretel son neveu. La résignation fut admise à Rome le dix Décembre 1695. & le même jour dix Décembre M. l'Evêque de Laon fit signifier l'Arrêt de la Chambre des Comptes, portant enregistrement de son serment de fidelité, avec main-levée des fruits, au Substitut de M. le Procureur General au Bailliage de Laon ; & à l'Oeconome sequestre. On ne pouvoit connoître ni par les provisions de Rome, ni par les significations, lequel des deux avoit précédé, l'heure n'étant marquée ni dans l'un, ni dans l'autre de ces Actes. Le Roy donna le Benefice à M. Georges le Barbier, comme vacant en regale. D'un autre côté, Gaurel résignant étant décedé depuis la regale fermée, François Raoul avoit obtenu le Benefice, comme vacant par mort, sur la collation de M. l'Evêque de Laon. De la part du regaliste on soûtenoit deux propositions. La premiere, que le jour des dernieres significations qui forment la clôture de la regale, appartenoit en entier au Roy, & que ce n'étoit, à proprement parler, que le dernier jour de la regale ouverte. La seconde proposition établie par le regaliste, étoit que dans le doute il falloit donner la préférence au Roy. 1°. Par sa possession, qui lui étoit acquise au commencement de la journée de la clôture avant le temps des significations, & qui étoit présumée continuée, faute de prouver l'heure de la dépossession. 2°. Par la superiorité & la faveur de son droit. L'on opposoit encore au résignataire le défaut d'insinuation de la procuration *ad resignandum*, avant le départ du Courier. De la part du résignataire, il prétendoit que l'on devoit favoriser le retour du droit des Collateurs ordinaires. De la part du pourvû par mort, il prétendoit qu'il y avoit un concours qui rendoit les provisions du résignataire & du regaliste, nulles. Sur ces circonstances intervint Arrêt, qui declara le Canonicat, dont est question, avoir vaqué en regale, & comme tel ajugé à Barbier, avec restitution des fruits, à la reserve des distributions manuelles ; & quant à la somme de soixante livres payée par Bretel, pourra être employée dans le compte qu'il rendra des fruits, les autres parties déboutées de leur demande, avec dépens. Fait en Parlement le 7. May 1699. L'Arrêt fut rendu conformément aux Conclusions de feu M. Joly de Fleury Avocat General. *Définitions Canon. pag. 777.*

REGALE, COUR DE ROME.

225 Bulle, par laquelle Gregoire X. declare que les Benefices vacans *in Curiâ*, sont autant sujets au droit de regale que les autres, nonobstant les Constitutions des Papes. Cette Bulle est de 1271. & rapportée *au premier tome des Preuves des Libertez, chap. 16. nomb. 21.*

226 Regaliste peut obtenir provision de Rome avec celle du Roy. Arrêts du Parlement de Paris des 12. Février 1367. & 15. Novembre 1338. *Papon, liv. 2. tit. 3. nomb. 9.*

227 Le Roy seul connoît des matieres de regale souverainement. L'appel au Pape n'en est pas recevable. Arrêt du 19. Juillet 1374. *Corbin, Traité des Fiefs, loi 20. Art. 7.*

228 Jugé que la vacance *in Curiâ*, n'empêche la collation en regale. Arrêt du 21. Novembre 1584. touchant une Prébende de Laon pour Clement Petit. *Voyez les Preuves des Libertez, tome premier, chapitre 16. nomb. 21.*

229 Regale a lieu en Benefice contentieux, même contre le possesseur. Jugé au Parlement de Paris le 18. de Janvier 1387. De même en 1401. *Papon, liv. 2. tit. 3. nomb. 7.*

230 Il n'appartient à la Cour de Rome de connoître de la regale. Arrêt du 26. Juin 1411. pour Nic. Baye Greffier du Parlement, Ajournemens cassez, & les procedures faites en la Cour de Rome, pour raison d'une Prébende d'Amiens, par Arrêt du 30. Janvier 1411. pour Guillaume Fabry. On ne peut poursuivre à Rome, ou pardevant autre Juge d'Eglise, un Benefice vacant en regale, Arrêt du 26. May 1470. Du 17. Avril 1550. pour Aimery de Chartres. En l'Arrêt de Jean le Royer, ordonné de faire casser les procedures faites à Rome, sur peine d'amende, bannissement, & confiscation : il est du 17. Janvier 1477. *Voyez les Preuves des Libertez, tome 1. chapitre 16. nomb. 44.*

231 *Regalia habet locum in Beneficio vacante in Curiâ Romanâ.* Arrêt en 1588. *Joan. Gall. lib. 5. Arr. 150. M. Charles Du Moulin, tom. 2. p. 582. & Fournet, lettre R. n. 36. & 48.*

232 Pourvû en Cour de Rome par dévolut, le benefice venant à vaquer en regale, avant qu'il ait eu son *Visa*, ne peut plus l'obtenir depuis l'ouverture en regale : mais la cause a été appointée sur les demandes respectives des deux pourvûs en regale ; car le devolutaire avoit eu la précaution d'obtenir des provisions du Roy. Comme le competiteur du devolutaire étoit suspect de crime & peu favorable, le sequestre des fruits fut ordonné. Arrêt du 20. Mars 1631. *Bardet, to. 1, liv. 4. ch. 16.*

REGALE, TRANSLATION DE L'EVESQUE.

233 Le 7. Avril 1368. le Roy eut agreable la Requête à luy presentée par le Pape, à ce qu'il luy plût se déporter de la regale qu'il prétendoit avoir euë par la translation que le Pape avoit voulu faire des Evêchez de Laon, Chartres & Soissons, lesquelles translations n'avoient point eu d'execution par le refus des translatez ; il supplia le Roy de s'en départir, declarant que son intention a toujours été que les translations n'auroient lieu sans le consentement des translatez. Dequoy le Roy averti par sa Cour, fut content. *Du Luc, liv. 3. tit. 2. chap. 3. Papon, livre 2. tit. 3. nomb. 17. & la Bibliotheque Canonique, to. 2. page 394. col. 1.*

234 La translation d'un Evêché à un autre Evêché, ouvre la regale. Arrêt du 23. Décembre 1407. pour Rabelot, contre Jacques de Bourbon, par translation au Patriarchat de l'Evêque de Paris. Arrêt du 26. Avril 1343. pour M. Jean Dicy. Arrêt du 7. Août 1339. pour Orleans à Limoges. *Voyez les Preuves des Lib. tom. 1. ch. 16. n. 58.*

235 Evêque d'Angers pourvû & préconisé à l'Archevêché de Lyon ; il n'y a point d'ouverture à la regale, que du jour de la prestation du serment de fidelité pour ledit Archevêché. Jugé le 6. Juillet 1628. *Preuves des Libertez, tom. 1. ch. 16. n. 58.* Memoires du Clergé, *to. 2. part. 2. tit. 6. Ar. 23. M. Bouguier, lettre R. nomb. 21. Du Frêne, liv. 2. chap. 24.* rapporte le même Arrêt, mais il le date du 5. Juillet 1628.

REGALE, TAXE DE L'ENREGISTREMENT.

236 Déclaration du Roy du dix Février 1673. qui regle les droits que doivent payer à la Chambre des Comptes, les Archevêques & Evêques des Provinces de Languedoc, Guyenne, Provence, & Dauphiné, pour l'enregistrement des Lettres de main-levée qu'ils obtiennent de Sa Majesté concernant la regale, registrée en la Chambre des Comptes le 27. Juillet de la même année.

Archevêché d'Aix,	600. liv.
Evêchez Suffragans.	
Apt,	300. liv.
Fréjus,	600. liv.
Gap,	350. liv.
Ricz,	350. liv.
Sisteron,	400. liv.
Archevêché d'Arles,	700. liv.
Evêchez Suffragans.	
Marseille,	600. liv.
Saint Paul Trois-Châteaux,	250. liv.
Toulon,	400. liv.
Archevêché d'Ambrun,	400. liv.
Evêchez Suffragans.	
Digne,	300. liv.
Glandeve,	300. liv.
Grasse,	200. liv.
Senez,	300. liv.
Vence,	200. liv.
Archevêché de Vienne,	500. liv.
Evêchez Suffragans.	
Valence & Die,	600. liv.
Grenoble,	400. liv.
Viviers,	600. liv.
LANGUEDOC.	
Archevêché de Narbonne,	1200. liv.
Evêchez Suffragans.	
Agde,	700. liv.
Beziers,	600. liv.
Montpellier,	600. liv.
Nismes,	550. liv.
Lodeve,	500. liv.
S. Pons,	550. liv.
Alet,	600. liv.
Usez,	600. liv.
Carcassonne,	700. liv.
Archevêché de Toulouse,	800. liv.
Evêchez Suffragans.	
Lavaur,	600. liv.
Lombez,	400. liv.
Mirepoix,	550. liv.
Montauban,	700. liv.
Rieux,	600. liv.
Saint Papoul,	550. liv.
Pamiers,	400. liv.
Suffragans de Bourges.	
Alby,	1000. liv.
Mande,	650. liv.
Castres,	650. liv.
Le Puy en Vellay,	500. liv.
GUYENNE.	
Evêchez Suffragans de Bourges.	
Vabres,	350. liv.
Cahors en Quercy,	650. liv.
Rodez en Roüergue,	600. liv.
Archevêché d'Auch,	800. liv.
Evêchez Suffragans.	
Aire,	600. liv.
Aqs,	400. liv.
Basas,	400. liv.
Bayonne,	400. liv.
Comenge,	700. liv.
Conserans,	400. liv.
Lectoure,	400. liv.
Lescar,	300. liv.
Oleron,	300. liv.
Tarbes,	300. liv.
Archevêché de Bourdeaux,	700. liv.
Evêchez Suffragans.	
Agen,	600. liv.
Condon,	700. liv.

Définitions Canon. p. 766.

REGALE, THEOLOGALE.
237 La Theologale tombe en regale. *Voyez* le mot *Gaduez*, n. 138.

REGALE UNIVERSELLE.
238 Ruzé qui vivoit il y a plus de deux cens ans, a écrit de son temps on avoit comme arrêté dans le Conseil du Roy, de faire une Declaration que le droit de regale luy appartenoit en tous les Archevêchez & Evêchez du Royaume, sans même faire aucune exception de ceux qui en étoient exempts à titre onereux. Il ajoute qu'il ne sçait ce qui fut arrêté. Depuis, ces déliberations ont paru en forme de declaration. *Voyez la Bibliot. Canon.* to. 2. p. 414.

239 L'on tient que la regale a lieu par tout où le Roy peut entrer. Jugé contre l'Eglise Cathedrale d'Angers le 23. Juillet 1575. & contre l'Eglise de S. Flour en Auvergne le 7. Septembre 1582. *Papon, li. 2. ti. 3. nomb.* 1. & au même *Recueil, p.* 1356.

240 Le Parlement a jugé que le droit de regale étoit universel en tout le Royaume, par l'Arrêt du 24. Avril 1608. touchant le droit de regale de l'Evêché de Bellay, depuis que la Province de Bresse fut réünie à la Couronne; & encore par un autre Arrêt de l'année 1609. pour la regale en l'Evêché d'Angoulême. Messieurs Servin & le Bret qui portoient la parole lors de ces deux Arrêts, ont remarqué précisément en leurs Plaidoyers, que la Cour fit défenses aux Avocats de faire aucune proposition contraire à ce droit universel de la regale, & que l'on ne devoit point douter qu'elle n'eût lieu en tous les Archevêchez & Evêchez du Royaume. *Voyez Boniface*, to. 3. li. 6. tit. 1. ch. 3. & M. Loüet, lettre R. somm. 58.

241 Declaration du Roy du dix Février 1673. portant que le droit de regale luy appartient universellement sur tous les Evêchez & Archevêchez de son Royaume, à la reserve seulement de ceux qui en sont exempts à titre onereux. *Boniface*, tom. 3. liv. 6. tit. 1. ch. 1.

242 Autre declaration du Roy du 13. Mars 1675. en interpretation de celle du dix Février 1673. concernant la regale. *Boniface, ibid. ch.* 2. & *la Bibliot. Canon.* to. 2. pag. 398. & *le Journ. du Palais.*

243 Le droit de regale appartient universellement au Roy sur tous les Archevêchez ou Evêchez de son Royaume, à la reserve de ceux qui en sont exempts à titre onereux. Jugé le 18. Avril 1675. *De la Coustiere*, tome 3. liv. 7. ch. 3. où il y a une Declaration du Roy du deux Avril 1675. en interpretation de la Declaration du 10. Février 1673. *Voyez l'Arrêt du* 11. Août 1672. rapporté dans le *Journ. du Palais.*

244 Par cette Declaration du 2. Avril 1675. registrée le 13. May suivant, Sa Majesté ordonne que les pourvûs de Benefices vacans en regale, comme étant à la collation & provision des Archevêques de Bourges, Bourdeaux, Auch, Toulouse, Narbonne, Arles, Aix, Avignon, Ambrun, Vienne, & Evêques leurs Suffragans, qui y ont été maintenus par Arrêts contradictoires ou sur Requêtes, ou qui ont obtenu des Arrêts portant renvoy en la Grand Chambre du Parlement de Paris, & cependant qu'ils joüiront desdits benefices, y soient & demeurent diffinitivement maintenus; & au surplus que la Declaration du 10. Février 1673. soit executée en tous ses points. *Voyez cy-dessus le nomb.* 94.

245 Edit du Roy du mois de Janvier 1682. Sur la remontrance faite par le Clergé, verifiée en Parlement le 24 du même mois de Janvier, par lequel Sa Majesté ordonne, & défend qu'aucun ne puisse être pourvû dans toutes les Eglises Cathedrales & Collegiales du

Royaume par Sa Majesté & ses successeurs, des Doyennez & autres Benefices ayant charge d'ames, qui pourront vaquer en regale, ni les Archidiaconez, Theologales, Penitenceries, & autres Benefices, dont les Titulaires ont droit particulierement, & en leur nom d'exercer quelque jurisdiction & fonction spirituelle & Ecclesiastique, s'il n'a l'âge, les degrez, & autres capacitez prescrites par les saints Canons, & par les Ordonnances ; Veut que ceux qui seront pourvûs de ces Benefices, se presentent aux Vicaires Generaux établis par les Chapitres, si les Eglises sont encore vacantes ; & aux Prélats, s'il y en a eu de pourvûs, pour obtenir l'approbation & mission Canonique, avant que d'en pouvoir faire aucune fonction : Ordonne qu'en cas de refus, les Vicaires Generaux ou Prélats, en expliqueront les causes par écrit, pour être par Sa Majesté pourvû d'autres personnes, si elle le juge à propos, ou pour y pouvoir par ceux qui seront ainsi refusez, pardevant les Superieurs Ecclesiastiques, ou par les autres voyes de droit observées dans le Royaume. N'entend Sa Majesté conferer, à cause de son droit de regale, aucuns des Benefices qui peuvent y être sujets par leur nature, si ce n'est ceux que les Archevêques & Evêques sont en legitime possession de conferer ; & que pour cet effet, dans les Eglises Cathedrales & Collegiales, où les Chapitres sont en possession de conferer toutes les Dignitez & Prébendes, ils continuënt de conferer pendant la vacance des Sieges, & dans celles où il y a des Prébendes affectées à la collation de l'Evêque, & d'autres à celle des Chanoines, dans celles où les Evêques & les Chanoines les conferent par tour de semaine, de mois, ou autre temps ; dans celles où le tour est reglé par les vacances ; dans celles où les Prébendes d'un côté du Chœur sont affectées à la collation des Chanoines, l'alternative, les tours & l'affectation soient gardez & entretenus durant l'ouverture de la regale, de même qu'ils le sont pendant que le Siege est rempli ; & ce faisant qu'il n'y ait point d'autres Benefices reservez à la provision du Roy, que ceux qui sont specialement affectez à la collation de l'Evêque, qui vaqueront dans son tour, ou du côté que la collation des Prébendes luy est affectée ; & pour les Eglises où la collation des Prébendes appartient à l'Evêque & au Chapitre conjointement, ou dans lesquelles l'Evêque a droit d'entrée & de voix dans le Chapitre, pour presenter comme Chanoine, & conferer ensuite en qualité d'Evêque sur la presentation du Chapitre, il sera député par S.M. un Commissaire, qui assistera en son nom à l'assemblée du Chapitre, pour conferer avec le Chapitre des Prébendes, si la provision en appartient à l'Evêque & au Chapitre par indivis, ou pour presenter avec le Chapitre, si l'Evêque comme Chanoine y a voix, pour faire la presentation ; & en ce cas la presentation du Chapitre sera adressée à Sa Majesté, pour la provision en être expediée en son nom, dans la même forme qu'elle l'est par l'Evêque seul. L'intention de Sa Majesté n'étant d'exercer pendant la vacation des Eglises Metropolitaines & Cathedrales du Royaume les droits des Prélats, qu'ainsi & en la même forme qu'ils ont accoûtumé d'user envers leurs Chapitres, sans préjudice à Sa Majesté de son droit de regale, dont elle entend joüir en la même maniere que ses prédecesseurs l'ont fait jusqu'à present. *Biblioth. Can. to. 2. pag. 400.*

246. Acte du consentement du Clergé à l'extension de la Regale.

Nous soussignez Archevêques, Evêques, & autres Ecclesiastiques députez de toutes les Provinces du Royaume, Pays & Terres de l'obéïssance du Roy, representant l'Eglise Gallicane, assemblez en cette Ville par la permission de Sa Majesté, fondez de procurations speciales de nos Provinces, pour déli-

Tome III.

berer des moyens de pacifier les differends qui sont touchant la Regale, entre le Pape & le Roy, à l'occasion de la Declaration du 10. Février 1673. par laquelle Sa Majesté auroit déclaré le Droit de Regale lui appartenir universellement, dans tous les Archevêchez & Evêchez de son royaume, Terres & Pays de son obéïssance, à la reserve seulement de ceux qui en sont exempts à titre onereux : Après avoir entendu le rapport & l'avis des Commissaires à ce députez ; desirant, à l'exemple de ce qu'ont fait en semblables occasions les Conciles, les Papes & nos Prédecesseurs, prévenir les divisions qu'une plus longue contestation pourroit exciter entre le Sacerdoce & l'Empire, par une voye qui marque à tout le monde & à la posterité, combien nous sommes sensibles à la protection que le Roy nous donne tous les jours & à nos Eglises, particulierement par les Edits contre les Heretiques, & qui répondent aux sentimens de Religion & de bonté avec lesquels Sa Majesté a eu égard aux trés-humbles remontrances, que nous avons crû devoir lui faire sur l'usage de la Regale, comme il paroît par sa Déclaration du mois de Janvier de la presente année, verifiée le 24. du même mois, par laquelle le Roy s'étant départi en faveur de l'Eglise, de quelques droits que S. Loüis même a exercés, nous engage à faire éclater nôtre reconnoissance d'une si grande liberalité : De l'avis unanimement de toutes les Provinces, avons resolû de mettre ce Droit de Regale universel hors de doute & de contestation ; & pour cet effet avons consenti & consentons par ces Presentes, en tant que besoin seroit, que le même Droit de Regale, dont Sa Majesté joüissoit sur la plus grande partie de nos Eglises, avant l'Arrêt du Parlement du 14. Avril 1608. demeure étendu à toutes les Eglises du Royaume, aux termes de la Déclaration du 10. Février 1673. Esperant que nôtre Trés-saint Pere le Pape, voulant bien entrer dans le veritable bien de nos Eglises, recevra favorablement la Lettre que nous avons resolû d'écrire à Sa Sainteté sur ce sujet, & que se laissant toucher aux motifs qui nous ont inspiré cette conduite, Elle donnera sa Benediction Apostolique à cet ouvrage de paix & de charité. Fait à Paris dans l'assemblée du Clergé de France, tenuë au Convent des Grands Augustins, le 3. Février 1682.

REGENT.

1. DE la Regence, gouvernement & administration du Royaume. *Voyez les Ordonnances de Fontanon, to. 2. liv. 1. tit. 3. page 21.*

2. De la Regence des Reines en France, par *Luyt*, Par. 1649.

3. Si le Regent en France peut conferer en Regale ? *Voyez cy-dessus le mot Regale, n. 201.*

4. Regence vacante en Droit Canon ou Civil. *Voyez l'Ordonnance de Blois, art. 86. & Mornac, L. 4. ff. de his qui notantur infamiâ,* où il rapporte un Arrêt du 5. Février 1615.

Voyez les mots *Chaire, Docteur, Droit, Précepteur, Université.*

REGISTRES.

1. *Librum rationum pro parte acceptari, & pro parte non minimè licet.* Voyez *Franc. Marc.* tome 1. question 60.

REGISTRES DES CUREZ.

2. Le Siege Présidial de Rennes avoit condamné les appellans d'exhiber le Papier des Sépultures de la Paroisse de saint Martin de Pontiny. Ils avoient répondu qu'ils n'en avoient point. La Cour dit que c'est mal & précipitamment jugé ; corrigeant le Jugement, ordonné que les appellans comparoîtront devant le Juge de Ploarmel, se purgeront par serment s'ils ont aucuns Registres & Papiers des Sépultures des personnes tenant Benefices enterrez en l'Eglise saint

Martin de Pontiny, tant de leurs temps que de leurs prédécesseurs Vicaires, & si par dol ou fraude ils ont délaissé les avoir. Et où il seroit trouvé lesdits Curé ou Vicaire n'avoir gardé les Ordonnances disposantes de la confection des Registres de la Sépulture des gens tenans Benefices, sera fait droit sur les dommages & interêts de l'intimé, ainsi que de raison. Faisant droit sur les Requêtes du Procureur General du Roy, ordonne la Cour à tous Chapitres, Monasteres, Colleges, Curez ou Vicaires, garder les Ordonnances disposantes de la confection des Registres des Sépultures des personnes tenant Benefices, & des Baptêmes. *Du Fail, liv. 1. ch. 68.* rapporte l'Arrêt du Parlement de Bretagne en forme de Reglement du 26. Octobre 1557.

3. Les Curez ne doivent laisser aucune feüille blanche dans les Registres des mariages & autres. Jugé le Jeudy 8. Février 1663. *Notables Arrêts des Audiences, Arr.* 88. Voyez *des Maisons, lettre M. n. 14.*

4. Quand les Registres de mariage sont perdus, on est admis à prouver la celebration du mariage par témoins, & les témoins qui ont donné leurs depositions par écrit, peuvent deposer en l'Enquête, &c. Arrêt du 27. May 1672. *De la Guess. to. 3. liv. 6. ch. 7.*
Voyez *l'Ordonnance de 1667. titre 10. article 7. & suivans.*

REGISTRES DES NOTAIRES.

5. Les Juges tant Royaux que hauts Justiciers doivent, en la presence du Substitut du Procureur General, ou du Procureur Fiscal, parapher gratuitement deux fois par an les Registres des Tabellions & Sergens ressortissans en leurs Sieges. Art. 20. des Arrêtez du Parlement de Roüen sur les Chambres assemblées, le 6. Avril 1666. *Basnage, tome 1. & l'art. 26. de la Coût. de Normandie.*
Voyez le mot *Notaires.*

REGISTRES, PROCUREURS.

6. Les Procureurs sont obligez de tenir Registre de tous les deniers qu'ils reçoivent des parties, & de representer le Registre, & l'affirmer veritable. Arrêt du Parlement de Paris du 6. Mars 1674. *Journal du Palais.*

REGLEMENS.

1. Les Juges de la Rochelle avoient fait un Reglement entr'eux en presence d'un des Maîtres des Requêtes. La Cour en l'Audience, sans voir ce que c'étoit, cassa le Reglement par Arrêt de l'an 1593. Car il n'appartient qu'à la Cour de faire les Reglemens entre Juges. *Bouchel, en sa Bibliotheque, verbo, Reglement.*

2. Si le Parlement a droit de faire des Reglemens entre les Avocats & les Procureurs Generaux. Voyez le mot *Avocat, nomb.* 199.

3. Le Parlement de Toulouse ayant fait un Reglement entre les Avocats & le Procureur General en ce Parlement, le Procureur General se pourvût au Conseil du Roy, demanda cassation de l'Arrêt, disant que *Lege regiâ solius erat Principis dare Magistratus, sic & Magistratus querelas dirimere, & voluntatem suam explicare, L. 3. ad L. Jul. de Amb. & ideò solus Princeps formulam præscribere Magistratibus quâ regantur. Novel.* 17. 25. Par Arrêt du 14. Juillet 1601. il fut dit que celui du Parlement de Toulouse sortiroit effet; & s'il échet de faire plus grand Reglement aux parties, ordonné qu'il y seroit pourvû par ladite Cour. En execution de cet Arrêt le Reglement fut fait le 10. May suivant. Voyez *Filleau, 2. partie, tit. 6. chap. 29.*

4. Il n'appartient qu'au Roy de faire des Reglemens Generaux pour la Police du Royaume. *V. M. le Bret, traité de la Souveraineté, l. 4. ch. 15.*

5. Tout ce qui va à un Reglement appartient à la Cour. Arrêt du 19. May 1616. *Mornac, L. 23. ff. de legibus & Senatusc. &c.*

6. Défenses aux Présidiaux de faire Reglement entre les Officiers du Roy. Voyez le mot, *Présidiaux, nombre* 100.

REGLEMENT DE JUGES.

7. Des Reglemens de Juges en matiere civile & criminelle. Voyez *l'Ordonnance du mois d'Août 1669. titre 2. & 3.*
Voyez le mot *Juges, nomb.* 321. *& suiv.*

REGLEMENT ENTRE OFFICIERS.

8. Arrêt du Conseil Privé du Roy du 23. Septembre 1609. contenant Reglement entre l'Assesseur Criminel, & les Commissaires-Examinateurs du Siege Présidial d'Agenois en Gascongne, demandeurs; & les Présidens, Présidial, Juge-Mage, Lieutenant General Civil, Lieutenant Criminel, Lieutenant principal & particulier, Conseillers & Enquêteurs anciens dudit Siege, Consuls, Echevins de la Ville d'*Agen*, & autres Villes & Communautez du Pays d'Agenois, le Syndic de la Communauté des Notaires de la Sénéchaussée, & le Juge Royal en la Ville & Prévôté d'Agen, Assesseur Criminel, & le Commissaire Examinateur en ladite Ville & Prévôté. *Filleau, 2. part. titre 2. chap. 9.*

9. Arrêt de Reglement du Grand Conseil du 24. Mars 1618. entre le Prévôt du pays des *Lannes, Basques*, & *Bas-Albret*, & les Officiers du Siege Présidial d'*Aix*. *Filleau, 2. part. tit. 3. ch. 21.*

10. Arrêt du Grand Conseil du 28. Septembre 1611. entre le Lieutenant du Prévôt General de Normandie résident à *Alençon*, & les Présidiaux dudit lieu. *Ibidem, chap. 41.*

11. Reglement du 20. Août 1574. entre les Conseillers de la Sénéchaussée & Siege Présidial d'*Angers*, & le Lieutenant Criminel. *Ibid. tit. 1. ch. 12.*

12. Reglement entre les Officiers de la Sénéchaussée d'Anjou & Siege Présidial d'*Angers*, & les Officiers de la Prévôté de la même Ville, du 9. Août 1684. *De la Guessiere, tome 4. liv. 7. ch. 21.* où vous trouverez ensuite un Arrêt du 10. Decembre 1611.

13. Arrêt de Reglement du dernier Septembre 1614. entre le Lieutenant Criminel de la Sénéchaussée & Siege Présidial d'*Angoulême*, & le Vice-Sénéchal d'Angoulmois, sur l'exercice de leurs Charges. *Filleau, 2. part. tit. 3. ch. 23.*

14. Arrêt de Reglement du 16. Février 1630. entre le Lieutenant Criminel & Officiers du Siege Présidial d'*Angoulême*. *Ibidem, tit. 1. ch. 30.*

15. Arrêt du Conseil privé du 16. May 1608. contenant le Reglement du Vice-Sénéchal d'*Armagnac*, & de tous autres Vice-Sénéchaux, Vice-Baillis & Prévôts, pour la fonction de leur Charge, avec les Officiers de la Sénéchaussée, Comté d'Armagnac & tous autres. *Ibidem, tit. 3. ch. 18.*

16. Arrêt du Conseil privé du 26. Novembre 1612. pour le Lieutenant particulier, Assesseur Criminel, contre le Lieutenant ancien, Civil & Criminel d'*Argentan*. *Filleau, 2. part. tit. 2. ch. 16.*

17. Reglement du 21. Juin 1614. d'entre les Juges Royaux de la Sénéchaussée d'*Auvergne*, & Siege Présidial de *Riom*, & les Juges de la Pairie de *Montpensier*, pour la connoissance des cas Royaux. *Ibid. part. 3. tit. 7. ch. 9.*

18. Reglement par lequel la préseance est donnée aux Magistrats de la Sénéchaussée d'*Auvergne*, & Siege Présidial de Riom, sur les Tresoriers en la Generalité de la même Ville, &c. Il y a deux Arrêts rendus au Conseil du Roy, l'un du 30. Decembre 1681. l'autre du 29. Decembre 1682. *De la Guessiere, to. 4. liv. 5. chap. 31.* Voyez *Henrys, tome 2. liv. 2. qu. 28.*

19. Arrêt du 8. Août 1627. portant Reglement entre le Lieutenant General & le Lieutenant Criminel, & tous les autres Officiers du Siege Présidial d'*Auxerre*. *Filleau, 1. partie, titre 3. chapitre 15.*

20. Arrêt de Reglement du dernier Juillet 1610. entre le Prévôt de *Bar-sur-Seine*, & le Lieutenant du Bail-

tiage dudit lieu, pour l'exercice de leurs Jurisdictions; que le Prévôt tiendra le Siege du Bailliage par préference des Avocats: Défenses aux Avocats & Procureurs de dresser Memoires pour assigner les justiciables du Prévôt pardevant le Bailly, & aux Sergens de poser Exploits; permis, en cas de contravention, aux Prévôts les mulcter d'amendes. *Filleau*, 2. *part. tit.* 5. *chap.* 30.

21 Reglement du 7. Septembre 1559. entre le Lieutenant Criminel au Bailliage de *Blois*, & les Officiers dudit Bailliage & Siege Présidial. *Ibidem*, *titre* 1. *chapitre* 9.

22 Arrêt de Reglement fort notable du 23. Novembre 1613. entre les Officiers de la Prévôté & Jurisdiction ordinaire de la Ville de *Bourges*. *Ibid. titre* 5. *chapitre* 43.

23 Arrêt du Parlement de Paris du 14. Août 1617. contenant Reglement general entre les Officiers des Justices ordinaires & Présidial de la Ville de *Bourges*, tant pour leurs droits, exercice de la Justice, comme par un nouveau stile & forme de procedèr. *Filleau*, 1. *part. tome* 4. *ch.* 17.

24 Arrêt du Grand Conseil du 28. Septembre 1621. entre le Vice-Bailly & les Présidiaux de *Chartres*. *Ibid.* 2. *part. tit.* 3. *chap.* 44.

25 Arrêt du Parlement de Paris du dix-huitième Juillet 1622. portant Reglement entre les Lieutenant particulier, Assesseur Criminel, & Lieutenant General au Siege Royal du *Château-du-Loir*. *Filleau*, 2. *part. tit.* 2. *chap.* 23.

26 Reglement du 19. Février 1611. entre un Lieutenant particulier, & Assesseur Criminel au Siege de la Prévôté de *Chaumont* en Bassigny, & le Lieutenant Civil en ladite Prévôté. *Ibid. tit.* 5. *ch.* 27.

27 Arrêt du 29. Juillet 1628. portant Reglement entre les Lieutenans Generaux, Lieutenans particuliers de *Chauny*, & les Maires, Jurez Echevins, pour la Jurisdiction civile, reddition des comptes des Maisons de Ville & Hôpitaux. *Filleau*, 1. *part. tit.* 4. *ch.* 33.

28 Reglement entre les Avocats & Procureur du Roy au Siege Royal de *Civray*, du 22. Juin 1568. *De la Guessiere*, *tome* 3. *liv.* 2. *ch.* 16.

29 Arrêt du Parlement de Paris du premier Septembre 1629. portant Reglement entre les Président, Lieutenans General, Criminel, Particulier, Assesseur, Conseillers, Greffiers, Avocats, Procureurs, Huissiers Audienciers, & Sergens de la Sénéchaussée de *Clermont*; avec défenses de bailler Assignations ailleurs que pardevant les Présidens, sur peine de nullité. *Filleau*, 1. *part. tit.* 4. *ch.* 35.

30 Arrêt de Reglement du 23. Decembre 1626. entre le Lieutenant Criminel de *Coiffy*, & les Officiers dudit Siege. *Ibid.* 2. *part. tit.* 1. *ch.* 35.

31 Reglement du 23. May 1626. entre les Prévôts, Juges Royaux, Lieutenant, Assesseur, Enquêteurs, & Commissaires Examinateurs de *Compiegne*. *Ibid. tit.* 5. *chap.* 46.

32 Arrêt du Grand Conseil du 28. Février 1600. entre M. André Pilon, Lieutenant de Robe-longue du Vice-Bailly de *Cotantin*, demandeur, contre les Présidiaux de *Coutance*, défendeurs; ordonné que le Vice-Bailly & son Lieutenant auront séance aux Assises & autres lieux és jours d'Audience, & en la Chambre du Conseil dudit Présidial; après toutefois les Président, Lieutenant & Conseillers dudit Siege: Que ledit Vice-Bailly ou son Lieutenant ne pourra condamner ou élargir les prisonniers que par l'avis de sept Conseillers, & oüi le Substitut du Procureur General, à peine de nullité des procedures, dépens, dommages, & interêts des parties. *Filleau*, 2. *partie*, *tit.* 3. *chap.* 20.

33 Arrêt du 12. Juin 1626. portant Reglement entre le Lieutenant Criminel au Siege Royal de *Cougnac*, & l'Assesseur Criminel audit Siege. *Ibidem*, *titre* 2. *chapitre* 27.

34 Arrêt du 6. Mars 1627. portant Reglement entre les Lieutenans Generaux, & les Lieutenans Particuliers, Assesseur Criminel, Enquêteurs, & Commissaires Examinateurs du *Dorat*. *Filleau*, 1. *partie*, *tit.* 4. *chap.* 22.

35 Reglement entre les Officiers du Bailliage ou Présidial, & les Officiers de l'*Election*, & encore entre les Officiers des *Eaux & Forêts*, & le Châtelain de la Ville, intervenant: Arrêt du 3. Septembre 1641. *Henrys*, *tome* 2. *liv.* 2. *qu.* 24.

36 Arrêt du 14. Juillet 1627. portant Reglement entre le Bailly, Lieutenant General, & Lieutenant Assesseur Criminel du Bailliage d'*Epernay*, contre le Prévôt & son Lieutenant, *Filleau*, 2. *partie*, *titre* 1. *chapitre* 25.

37 Reglement fait en 1603. entre le Lieutenant Civil, & le Lieutenant Civil & Criminel du Bailly d'*Alençon* au Siege d'*Esmes*. *Ibid. tit.* 2. *ch.* 15.

38 Reglement entre le Prévôt & les Officiers d'*Etampes*, ceux de *Crépy* en Valois, *Mâcon* & S. *Quentin*. Voyez *Filleau*, *part.* 2. *tit.* 5. *ch.* 48.

39 Arrêt du Parlement de Paris du 17. May 1621. au profit des Assesseurs & Conseillers du Siege Présidial de la *Fléche*, contre le Lieutenant Particulier audit Siege. *Ibid.* 1. *part. tit.* 4. *ch.* 30.

40 Arrêt de Reglement du 13. Février 1627. entre le Lieutenant Criminel, & les Conseillers au Siege Royal de *Fontenay*. *Ibidem*, 2. *partie*, *titre* 1. *chapitre* 31.

41 Arrêt du Parlement du 13. Février 1627. portant Reglement entre le Lieutenant Criminel, Assesseurs & Conseillers au Siege Royal & Sénéchaussée de *Fontenay*. *Ibid. tit.* 2. *ch.* 25.

42 Arrêt de Reglement entre le Lieutenant Criminel du Bailliage de *Forêts*, & les Châtelains, confirmatif de l'Edit de Cremieu à leur égard, dans lequel se trouve traité, si les Châtelains de Forêts ne peuvent connoître que jusqu'à soixante sols, tant au Civil qu'au Criminel. *Henrys*, *tome* 1. *liv.* 2. *ch.* 2. *quest.* 4.

43 Arrêt du quinzième May 1614. servant de Reglement entre le Viguier & le Juge, le Substitut du Procureur du Roy & les Avocats de *Gignac*. Le Substitut n'a aucun précipit aux distributions. *Cambolas*, *liv.* 4. *chap.* 12.

44 Reglement du 28. Mars 1609. entre le Président & le Lieutenant Civil du Bailliage de *Laon*, & le Lieutenant Criminel, sur l'exercice de leurs Charges. *Filleau*, 1. *part. tit.* 4. *ch.* 20.

45 Arrêt de Reglement du 29. Mars 1613. entre le Substitut du Procureur General & Ajoint aux Enquêtes à *Limoges*, & les Officiers dudit lieu. *Ibid.* 2. *partie*, *titre* 6. *chap.* 83.

46 Reglement du 17. Janvier 1607. entre l'Assesseur, le Lieutenant Criminel, & le Lieutenant Particulier au Siege de *Loudun*. *Ibid. tit.* 2. *ch.* 8.

47 Arrêt de Reglement du 22. Decembre 1617. entre le Lieutenant Criminel de la Sénéchaussée de *Lyon*, & l'Assesseur & Conseiller dudit lieu. *Filleau*, 1. *part. titre* 4. *chap.* 22.

48 Arrêt du Grand Conseil du premier Juillet 1622. entre le Prévôt & les Présidiaux de *Lyon*. *Ibid.* 2. *part. titre* 3. *chap.* 47.

49 Reglement du 29. Août 1579. entre le Lieutenant General de la Sénéchaussée du *Maine*, & le Lieutenant Criminel, pour l'exercice de leurs Charges & Offices, & préséance. *Ibid. titre* 1. *ch.* 12.

50 Arrêt du Grand Conseil du 20. Avril 1613. entre le Prévôt & Lieutenant Criminel du *Mans*. *Filleau*, 2. *part. tit.* 3. *chap.* 43.

51 Arrêt du Grand Conseil du premier Juin 1627. entre le Prévôt du *Mans*, & le Juge ordinaire du lieu. *Ibidem*, *chap.* 48.

52 Arrêt du Parlement de Paris du 16. Février 1630. portant Reglement entre les Président, Lieutenant General, Lieutenant Particulier, Assesseur, & Con-

seillers du Siege Présidial du *Mans*. Filleau, 1. part. titre 4. chap. 37.

53. Reglement du 22. Juin 1630. entre les Enquêteurs, Commissaires Examinateurs du *Mans*, & les Présidens, Lieutenans, Conseillers Ajoints & Greffiers, tant pour le Reglement de la Justice, que pour la préséance. Ibid. 3. part. des *Additions*, p. 579.

54. Arrêt du 21. Juillet 1629. portant Reglement general entre les Lieutenans Generaux, Particuliers, Assesseurs, Conseillers, & Avocats du Roy en la Sénéchaussée de la *Marche-Agueret*. Filleau, 1. partie, tit. 4. chap. 34.

55. Arrêt du Parlement de Paris du 11. Juillet 1626. portant Reglement entre les Lieutenans Criminels au Bailliage de *Meaux*, & les Présidens audit Siege. Ibid. 2. part. titre 1. ch. 24.

56 & 57. Arrêt du Conseil d'Etat du Roy du 6. Février 1629. portant Reglement entre le Lieutenant Particulier, Assesseur Criminel, & premier Conseiller en la Maréchaussée de *Melun* & *Nemours*, & le Conseiller Assesseur esdites Maréchaussées. Filleau, 2. partie, titre 3. chap. 56. & 60.

58. Arrêt du 7. Mars 1626. entre l'Assesseur, le Lieutenant Criminel & Conseillers de *sainte Menehoud*. Ibid. tit. 2. ch. 24.

59. Arrêt de Reglement du 6. Avril 1630. entre les Ajoints en la Prévôté de *sainte Menehoud*, & le Prévôt dudit lieu. Ibid. tit. 5. ch. 57.

60. Reglement du 29. Avril 1606. entre le Prévôt de la Ville de *Montmorillon*, le Sénéchal de Robelongue, & son Lieutenant. Ibid. ch. 32.

61. Reglement du 27. Février 1610. entre le Viguier & Juge ordinaire de la Ville & Viguerie de *Montpellier*, & les Officiers au Gouvernement & Siege Présidial dudit lieu. Ibid. ch. 29.

62. Arrêt de Reglement notable du 19. May 1615. entre les Châtelains, Lieutenans & Conseillers de la Châtellenie de *Moulins* en Bourbonnois. Filleau, 2. part. tit. 5. ch. 44.

63. Arrêt du Grand Conseil du 24. Septembre 1615. entre le Prévôt & les Officiers de *Niort*. Ibid. titre 3. chapitre 42.

64. Reglement du 19. Septembre 1605. entre le Lieutenant Particulier, Assesseur Criminel à Noyon, & le Lieutenant Civil du Bailly de Vermandois au Siege de *Noyon*. Ibid. tit. 2. ch. 12.

65. Arrêt du dernier Juin 1618. contenant Reglement entre le Prévôt Provincial au Duché d'*Orleans*, d'une part, & les Officiers du Bailliage & Siege Présidial d'Orleans, d'autre part; & entre le Prévôt & ses Lieutenans aussi d'une part, & le Lieutenant Criminel audit Bailliage, l'Assesseur & le Substitut de M. le Procureur General en ladite Maréchaussée, d'autre part, & autres. Ibid. tit. 3, ch. 22.

66. Arrêt du Conseil d'Etat du Roy du 10. Septembre 1616. portant reglement entre le Lieutenant General Civil & Criminel au Bailliage du *Palais*, & le Lieutenant Particulier Assesseur Criminel audit Bailliage. Filleau, 2. part. tit. 2. chap. 26.

67. Reglement du 23. Août 1566. entre le Lieutenant Criminel, & les Conseillers du Châtelet de *Paris*, pour l'instruction, distribution, & jugement des procez criminels. Ibid. tit 1. ch. 11.

68. Arrêt du Grand Conseil du dernier Mars 1622. entre M. Jean de Fontis Lieutenant de Robe courte au Châtelet, Ville, Prévôté, & Vicomté de Paris, & M. Jacques Levêque, Prévôt des Maréchaux au Gouvernement de Paris, Isle de France, & encore entre M. Antoine Aguesseau, Lieutenant Criminel en ladite Ville, Prévôté & Vicomté de Paris. Ibidem, 10. l. chap. 26.

69. Le Lieutenant Civil du Châtelet de *Paris* ayant fait un Reglement pour les Messagers & Maîtres des Coches; la Cour par Arrêt du dernier Janvier 1693. lui fit défenses de faire à l'avenir pareils Reglemens, ordonna que les Maîtres des plus grosses Messageries se retireroient pardevers un de Messieurs pour donner leur avis sur l'expedient d'un Reglement pour la sûreté publique à cet égard, & leur décharge particuliere; pour ce fait & rapport être communiqué au Procureur General du Roy, & être ensuite pourvû d'un Reglement general, si faire se doit. V. le Journ. des Audiences tome 5. liv. 9. chap. 4.

70. Arrêt du Conseil Privé du 28. Février 1682. pour regler les contestations d'entre le premier Président & les Officiers du Parlement de Paris. V. les Edits & Arrêts recueillis par l'ordre de Monsieur le Chancelier en 1682.

71. Arrêt du Parlement de Paris du septiéme Septembre 1616. portant Reglement entre le Lieutenant General Particulier, Conseillers & Avocats du Roy au Gouvernement & Prévôté de *Peronne*. Voyez Filleau, 4. part. ti. 4. chap. 36.

72. Reglement du 12. Février 1600. entre les Assesseurs Criminels, & les Lieutenans Particuliers, & Conseillers des Sieges Présidiaux de *Saint Pierre-le-Moustier*, & autres. Filleau, 2. part. tit. 2. ch. 2.

73. Arrêt du Grand Conseil du 3. Decembre 1620. entre le Prévôt de Nevers & les Présidiaux de *Saint Pierre-le-Moustier*. Ibid. tit. 3. ch. 46.

74. Reglement fait au Parlement de Rouen le 21. Janvier 1604. entre l'Assesseur au Siege du *Pont de Larche*, & les Lieutenans General & Particulier. Ibidem, tit. 2. chap. 5.

75. Arrêt de Reglement fait au Conseil d'Etat le 23. Août 1608. entre la Cour de Parlement, Chambre des Comptes, Cour des Aydes, & Sénéchaussée de *Provence*, sur la contention de leur pouvoir, & jurisdiction, rang & séance. Il y a Edit pour le reglement des differents d'entre la Cour de Parlement & la Chambre des Comptes de Paris, en Decembre 1620. enregistré en la Cour de Parlement, fol. 336. des Ordonnances du Roy François I. Ibidem, 1. part. titre 2. chap. 6.

76. Arrêt du Conseil Privé du Roy portant reglement general entre Messieurs de la Cour de Parlement de Provence, & Messieurs de la Cour des Comptes, Aydes & Finances dudit pays, du 19. Janvier 1655. Boniface, to. 3. liv. 1. tit. 5.

77. Par Arrêt du Conseil d'Etat du mois d'Octobre 1685. entre les Officiers de la Chambre des Comptes de *Provence*; sa Majesté ordonne que lorsqu'il sera fait quelque registre de déliberation ou Arrêts par ladite Chambre de revision, les deux Greffiers du Parlement de ladite Cour des Comptes en auront chacune une minute, qui seront l'une à l'autre conformes, & seront signées par le Président du Parlement, & par le Président de ladite Cour des Comptes, si bon lui semble sur la colonne à gauche, sans que le Greffier de ladite Cour des Comptes puisse dresser aucune Déliberation, Registres, ni Arrêts sans la participation & la signature dudit Président dudit Parlement, à peine de nullité. V. les Edits & Arrêts recueillis par l'ordre de Monsieur le Chancelier en 1687.

78. Arrêt notable du 24. Mars 1603. portant reglement entre le Prévôt de *Provins*, & les Officiers du Bailliage & Siege Présidial dudit lieu, sur l'exercice de leurs Offices; la prévention ajugée au Prévôt des causes criminelles, excepté les cas Royaux. Filleau, 2. part. tit. 5. chap. 28.

79. Arrêt de Reglement du 5. May 1629. entre le Lieutenant Criminel, & les Présidens, Lieutenant General, & Conseillers du Siége Présidial de *Provins*. Ibidem, 2. part. tit. 1. chap. 34.

80. Arrêt du Parlement du 23. Decembre 1617. portant Reglement entre les Lieutenans Criminels de Robe-longue, & les Lieutenans de Robe courte à *Saint Quentin*. Ibid. 2. part. tit. 1. ch. 29.

81. Arrêt du Grand Conseil du 30. Mars 1611. contenant Reglement donné au profit du Vice-Sénéchal du

Pays & Sénéchaussée de *Quercy*, contre les Officiers du Siége Présidial de *Cahors*, pour le rang en la Chambre du Conseil, & autres droits à lui attribués. *Ibid.* 2. *part. tit.* 3. *ch.* 19.

82 Reglement du Conseil d'Etat du dernier Juin 1579. entre la Cour des Aydes de Roüen, les Tréforiers Generaux de France audit Bureau de Roüen, & les Elûs du Reffort de la Cour des Aydes. *Ibidem*, 1. *part. tit.* 2. *chap.* 9.

83 Arrêt du Grand Conseil du 2. Septembre 1624. entre le Prévôt & les Préſidiaux de *Sens*. *Ibid.* 2. *part. tit.* 3. *chap.* 45.

84 Reglement de la Cour de Parlement du 24. Juillet 1620. entre les Lieutenans General Civil & Criminel, & Lieutenant Particulier Civil, & Lieutenant Affeſſeur Criminel de *Sezanne*. *Ibid.* 2. *part.* 4. 2. *chapitre* 23.

85 Arrêt de la Cour des Aydes du 17. May 1630. portant Reglement entre le Préſident, Lieutenant & Elûs de *Thouars*, & le Procureur du Roy en ladite Election. *Ibidem*, 3. *part. aux Additions*, p. 578.

86 *Voyez* dans la *Rocheflavin*, p. 484. & *suiv.* les Reglemens que le Parlement de *Toulouſe* a faits pour les Juges-mages, Lieutenans, Conſeillers Gens du Roy, & Officiers des Sénéchauſſées & Siéges Préſidiaux du Reffort.

87 Reglement du 25. May 1605. entre l'Affeſſeur, & les Officiers du Siége Préſidial de *Xaintes*, tant pour l'exercice deſdits Offices, que pour le rang & ſeance de l'Affeſſeur. *Filleau*, 2. *part. tit.* 2. *ch.* 6.

88 Arrêt du Grand Conſeil du 9. Mars 1689. portant Reglement entre le Vice-Sénéchal & les Officiers du Préſidial de *Xaintes*. *V.* le *Recueil de la Maréchauſſée.* p. 1063.

REGLES DE CHANCELLERIE ROMAINE.

1 Touchant les regles de Chancellerie Romaine. *Voyez Du Luc, li.* 1. *tit.* 4. *ch.* 8. & *suiv.* Charondas, en *ſes Memorables*, verbo Regles, & en ſes *Réponſes*, li. 1. *Rép.* 19. *La Bibliotheque du Droit François par Bouchel*, tome 3. page 148. Tournet, *lettre* R. *Arr.* 95. & *suiv.* Achokier. Frain, p. 630. & *suiv.* Le traité ſommaire de l'uſage & pratique de la Cour de Rome, par M. F. *Perard Caſtel Avocat*, avec les *Remarques* de M. *Guillaume Noyer Banquier Expeditionnaire de Rome*, p. 32. & *suiv.* & la Paraphraſe du même M. *Caſtel* ſur le docte Commentaire de M. *Charles Du Moulin* qui eſt le ſiege de cette matiere, avec les *Notes* de M. *Georges Loüet*, inſerées dans la nouvelle edition.

2 *Voyez Pinſon* au traité *de Canonicis inſtitutionum conditionibus*, §. 10. où il fait pluſieurs obſervations ſur les regles de Chancellerie.

3 *Voyez Rebuffe*, 3. *part. praxis benef.* li. 3. *quæſt.* 15. Les *Additions du même Rebuffe*, ſur toutes les regles de Chancellerie, 3. *part. praxis beneſ. & Lotherius, de re beneficiariâ.*

4 *De regulis Cancellariæ*, *lib.* 7. *decretor.* Eccleſ.*Gallic. tit.* 16.

5 *Regula Cancellaria recipiuntur apud nos, ut remedium politicum contra fraudes, & ita debent interpretari. Molin. in Reg. de public.* num. 53.

6 Les regles de Chancellerie Romaine *de impetrantibus beneficia viventium & de veriſimili notitia obitus*, ont lieu à l'égard même des Graces & des Proviſions *motu proprio*, à l'égard de tous les Collateurs & de tous les genres de vacance ; à l'égard des Benefices conferez en commende, & des Graces & Proviſions données aux Cardinaux. *V. Du Moulin ſur ces regles, n.* 73.

7 M. *Charles Du Moulin* ſur la regle *de veriſ. notitiâ*, *n.* 111. combat l'erreur de ceux qui croyent qu'il faut ſeulement admettre les quatre regles ; ſçavoir, *de infirmis reſignantibus, de publicandis, de veriſimili notitia obitus*, & celle de *impetrantibus beneficia viventium.* Il dit que les autres ne ſont point à mépriſer, & qu'il faut les admettre *quatenus jus commune & ordinarium juvant*.

8 Impetrer le Benefice d'un homme vivant. *Voyez* le mot *Benefice*, nomb. 257. & *suiv.*

9 *Voyez* le *conſeil* 38. de M. *Charles Du Moulin*, to. 2. p. 918. où il parle de la regle de Chancellerie *de publicandis. Regula Cancellaria non concernunt jus, nec titulum, ſed modum conficiendi bullas* ; là il traite de pluſieurs autres choſes concernant les regles de Chancellerie.

10 *Regula Cancellariæ quæ contrariantur, jure communi cenſentur ſublatæ: ut in pragmaticâ ſanctione, inſtit. de reſervationibus C.* 1. & *ibi gl. ſuper verbo regulas.* Voyez *Franc. Marc.* to. 1. *quæſt.* 1162.

11 *Regula Cancellariæ pro lege non habentur, ut quæ temporales ſunt.* Voyez *ibidem*, *quæſt.* 1183.

12 Les regles de Chancellerie Apoſtolique durant même le Pontificat du Pape qui les a faites ou autoriſées ne lient l'Egliſe Gallicane, ſinon en tant que volontairement elle en reçoit la pratique, comme elle a fait des trois, qu'on appelle *de publicandis reſignationibus in partibus, de veriſimili notitia obitus, & de infirmis reſignantibus*, autoriſées par les Edits du Roy, & Arrêts de ſon Parlement : auſquelles le Pape ni ſon Légat ne peuvent déroger, excepté celle *de infirmis reſignantibus* dont on reçoit leur diſpenſe ; même au préjudice des Graduez nommez en leurs mois. *Biblioth. Can.* to. 2. *p.* 419. *col.* 1. *n.* 20.

13 Le Pape ne peut déroger aux regles de Chancellerie , maximes reçues & approuvées en France. *Voyez Févret*, *traité de l'abus, li.* 3. *ch.* 1. *n.* 20.

14 Explication de la huitième regle de Chancellerie *de menſibus & alternativâ*. Voyez *Hevin* ſur *Frain*, *pag.* 663.

15 *An eadem ſit regula reſervatoria octo menſium, cum regulâ, de menſibus olim dictâ*. Voyez *Lotherius, de re beneficiariâ, li.* 2. *qu.* 37.

16 *Regula decima ſexta Cancellariæ de non tollendo jus quæſitum cum ſuâ declaratione.* Voyez *Rebuffe*, 1. *part. praxis beneſic.*

17 *Impetrantibus, quatenus obſit regula de non tollendo jus quæſitum, & clauſula, dummodo tempore data, & c.* Voyez *Lotherius, de re beneficiariâ, li.* 2. *qu.* 51.

18 Arrêt du 22. Août 1653. qui juge que la regle 17. dépend de la coûtume des Egliſes. *Voyez* le douzième *Plaidoyé de Raſſet*, to. 1.

19 Voyez dans *Rebuffe*, 3. *part. praxis beneſ.* l'explication de la regle 20. *quod quis intelligat idioma*.

20 La regle *de idiomate*, n'empêche que celuy qui eſt legitimement pourvû du Benefice, ne ſoit preferé à celuy qui entend l'idiome du Pays. *Bellourdeau*, *liv.* 6. *part.* 2. *contr.* 45.

21 Voyez dans *Lotherius, de re beneficiariâ*, *lib.* 3. *qu.* 2. l'explication des regles de Chancellerie 27. *de non judicando juxta formam ſupplicationis, ſed litterarum expeditarum* ; & 31. *ut non valeant commiſſiones cauſarum niſi litteris expeditis.*

22 *Regula* 45. *Cancellariæ, de conſenſu in reſignationibus, & c. quorum tendat ?* Voyez *Lotherius, de re beneficiariâ, lib.* 3. *qu.* 16.

23 Toutes regles de Chancellerie Apoſtolique, burſales & tendant à profit pécuniaire, ſont repudiées & déclarées abuſives par le Roy Henry II. en 1556. *V. Henrici progymnaſmata*, Arrêt 167.

24 Les regles de Chancellerie reçûes en France, & qui ſont regardées comme loix du Royaume, demandent chacune un titre particulier, dans lequel on rapportera l'Extrait du Commentaire de Maître Charles du Moulin, qu'il faut lire attentivement ; ceux qui ne ſont pas verſez dans ces matieres, trouveront un prompt ſecours dans la Paraphraſe que M. Perard Caſtel en a faite : ceux qui les ont approfondies, doivent beaucoup aux lumieres & à la netteté de cet Auteur.

REGLE DE INFIRMIS, OU DES VINGT JOURS.

25 DE la regle *de infirmis resignantibus* en regale, & autres clauses. *Tournet*, lettre R. Arrêt 95. la Bibliotheque Canon. to. 1. pag. 736. & to. 2. p. 384. & les Definit. Can. p. 145.

26 Innocent VIII. est l'auteur de cette regle. Maître Charles Du Moulin, *sur la regle* de publicandis, *nomb.* 2. se sert de l'autorité de Gomez, pour dire que la regle des 20. jours fut commencée par Boniface VIII.

27 Les termes dans lesquels est conçûë la regle *de Infirmis*, autrement dite des 20. jours, sont, *Item voluit, quod si quis in infirmitate constitutus resignaverit aliquod beneficium, sive simpliciter, sive ex causâ permutationis, & postea infra viginti dies (à die per ipsum resignantem præstandi consensus, computandos.) de ipsâ infirmitate decesserit, & ipsum beneficium conferatur per resignationem sic factam, collatio hujusmodi nulla sit, ipsumque beneficium per obitum vacare censeatur.*

28 Il faut que trois choses concourent pour donner lieu à cette regle. 1°. Le résignant doit être malade. 2°. Il faut qu'il décede de la même maladie dans laquelle il a donné sa procuration *ad resignandum*. 3°. Qu'il décede dans les 20. jours, à compter du jour de l'admission en Cour de Rome ; alors le Benefice vaque par mort, & non par résignation.

29 Pour donner lieu à la regle *de infirmis resignantibus*, il faut que le résignant décede dans les 20. jours de la même maladie dont il étoit malade quand il passa procuration. Quand même le genre de maladie seroit totalement changé, si ce changement n'est prévenu que de l'infirmité dont le résignant étoit malade, il y auroit également lieu à la regle. *Du Moulin*, regle *de infirmis*, *n*. 8.

30 Si une personne ayant résigné son Benefice pendant sa maladie, meurt dans les 20. jours par quelque accident inopiné, si la maladie étoit mortelle, quoique le résignant soit mort par une autre cause, la regle *de infirmis* doit avoir son effet, parce que toutes les apparences étoient que la résignation n'a été faite que dans la pensée d'une mort prochaine ; la qualité de la maladie se prouve par l'avis des Medecins. *Ibidem*.

31 La regle *de infirmis* n'a lieu, si le résignant meurt dans les 20. jours d'une infirmité qui le prenoit de temps en temps, & qui cependant ne l'empêchoit pas d'aller & venir & aura lieu, si depuis le jour de l'expedition des Bulles, ou du moins du consentement donné à la résignation, le résignant a été attaqué d'une maladie continuelle de laquelle il soit décedé dans les 20. jours. *Ibidem*.

32 Les 20. jours se comptent du jour du consentement prêté par le résignant ou son Procureur à l'expedition des provisions sur sa résignation, & non du jour de la résignation admise. Si le consentement est anterieur, on ne compte les 20. jours que du jour de l'admission. *Du Moulin, de infirm. n.* 10. & 15.

33 La regle *de infirmis* doit avoir lieu, quoique celui au profit duquel la résignation est faite ignore la maladie & l'état auquel se trouve le résignant ; l'on n'examine pas même s'il y a fraude ou non de la part du résignant, il suffit que par l'évenement il y en eût au droit des Ordinaires en faveur de qui cette regle est établie. *Du Moulin, de infirmis*, *n*. 25.

34 La question de sçavoir si la regle *de infirmis resign.* doit avoir lieu à l'égard des Collateurs ordinaires, est examinée par Du Moulin, *sur cette regle n*. 22. *& suivans.* Il observe que le Parlement de Paris l'avoit ainsi jugé dès l'année 1558. il s'agissoit d'une permutation faite d'une Chanoinie & Prébende de Mascon, avec la Cure de Vic. Du Moulin dit qu'il écrivoit pour l'appellant de la Sentence qui avoit adjugé la récréance à l'Obituaire ; il commençoit dèslors à être persuadé avec les plus sçavans du Barreau, que cette regle ne pouvoit avoir lieu à l'égard des Collateurs ordinaires. Il ne paroît pas pourtant que ce fut la véritable question ; l'Arrêt intervint sur des circonstances particulieres ; ce qui est vrai, cette opinion a prévalu, & depuis l'on a été persuadé que la regle *de infirmis* ne devoit point avoir lieu à l'égard des Ordinaires.

35 Arrêt du Parlement de Paris du 14. Août 1550. qui a jugé que la regle des 20. jours n'a point lieu dans les collations des Ordinaires. Autre Arrêt prononcé en Robes rouges le 23. Decembre 1551. il faut observer que dans ces deux Arrêts la provision par mort avoit été donnée par le même Collateur ordinaire, qui étoit M. l'Evêque d'Angers ; cela faisoit plus de difficulté, parce que comme la regle a été établie en faveur des Ordinaires, & de droit commun, & que c'étoit l'Ordinaire même qui revoquoit la résignation admise, cela étoit plus épineux que si les provisions par mort eussent été données par le Pape, ou son Légat. *Du Moulin, sur la regle de infirmis*, *n*. 34.

36 Il est certain que les sujets pour lesquels l'on envoye en Cour de Rome, n'étant que les résignations en faveur, dans lesquelles le Pape n'a pas la liberté de choisir ceux qu'il jugeroit les plus capables du Benefice ; mais au contraire où il est obligé d'en pourvoir les résignataires, capables ou non ; il ne faut pas s'étonner si pour obvier à ces abus, & aux tromperies que les résignans font dans les résignations pour frauder les Expectans des Benefices, & l'on s'est servi du temperament de la regle des 20. jours ; le but de cette regle n'a jamais été de donner atteinte aux provisions expediées sur les démissions pures & simples, ou sur des résignations en faveur pour cause de permutation ; mais seulement de rendre nulles les provisions expediées par le Pape, ou par sa Chancellerie sur des résignations en faveur, quand le résignant vient à mourir dans les 20. jours ; & ce faisant de remettre les Collateurs dans le droit commun, auquel ils sont fondez de conferer les Benefices de leurs Dioceses ; droit empêché par le moyen de la prevention du Pape, & de la résignation admise, nonobstant laquelle, quand le résignant meurt dans les 20. jours l'Ordinaire peut conferer le Benefice résigné comme vacant par mort, de la même maniere que s'il n'avoit pas été résigné. *Du Moulin, sur la regle de infirmis*, *n*. 84. *& suiv.*

37 Du Moulin sur la regle *de infirmis*, *n*. 103. prétend qu'elle auroit lieu dans les démissions pures & simples qui se feroient entre les mains du Pape. 1°. parce que le droit des Ordinaires seroit également blessé. 2°. Parce que dans l'usage & dans le stile de la Cour & Chancellerie Romaine, le mot de *resignare simpliciter*, comprend generalement toutes les résignations.

38 Du Moulin sur la regle *de infirmis*, *n*. 113. dit, que quand l'Arrêt de 1550. fut rendu, par lequel on jugea que la regle *de infirmis resignantibus*, n'avoit point lieu, la Cour *in mente retinuit*, que cet Arrêt ne seroit aucun préjudice aux Graduez nommez, ou simples, non plus que tous les autres Arrêts qui seroient ensuite rendus en une même espece ; & que les résignations qui se feroient dans les mois affectez, si les résignans décedoient dans ces mêmes mois, elles ne seroient aucun préjudice, & seroient nulles à leur égard, non pas en vertu de la regle des 20. jours, si ce n'étoit dans les cas ausquels elle a lieu, sçavoir, dans les résignations admises par le Pape, ou par le Legat, mais par la disposition du Droit commun, quand dans ces résignations admises, même par les Ordinaires, il se trouve des présomptions de fraude assez suffisantes.

38 Dans une regle de Chancellerie faite par le Pape Martin V. pour les résignations faites par des personnes malades, & qui étoit enregistrée & transcrite dans les Régistres de la Cour de Parlement, il y avoit le mot *ubicumque*, par lequel on pouvoit voir que sa pensée

pensée avoit été que cette Regle des 20. jours eût lieu, non seulement à l'égard des résignations admises en Cour de Rome, mais même à l'égard de celles qui sont reçûës par les Ordinaires ; mais cette Regle n'a jamais été reçûë & approuvée par les François ; bien loin qu'on l'eût transcrite dans les Registres de la Cour de Parlement, dans le dessein de l'approuver & de l'executer, ce fut au contraire afin de la rejetter avec les autres articles qui sont contenus dans la même prétendûë Bulle, & transcrits pareillement au même endroit, dans la pensée de faire voir à tout le monde de quelle nature & de quelle forme étoient ces articles, lesquels les Edits du Roy & les Arrêts de la Cour rejetterent ; ainsi cet article non plus que tous les autres, que personne n'a jamais douté qu'ils ne fussent rejettez, n'a point été reçû ni executé en France. Il n'a pas même été approuvé par les Successeurs de ce Pape, qui ont fait contenus me Regle de Chancellerie *de Infirmis*, bien differente neanmoins de celle de Martin V. parce que celle d'Innocent VIII. qui est la dix-huitiéme parmi les Regles de Chancellerie, publiée le 30. Août 1484. & qui a été reçûë en France & executée, n'a pas pour but le profit particulier du Pape, afin que par son moyen il arrivât plus d'affaires en Cour de Rome ; mais seulement elle a été faite dans la pensée de remedier aux fraudes qui se faisoient dans les résignations des personnes malades, & de conserver la liberté & l'autorité des Collateurs ordinaires. *Du Moulin*, de Infirmis, n. 105. & *suiv*.

40. Le Pape & le Légat peuvent déroger à la Regle des 20. jours. *Voyez Du Moulin*, sur la Regle *de Infirmis*, n. 127. & *suiv*. où il observe qu'il y a de grandes raisons pour dire, que ce pouvoir n'appartient pas au Pape, *passim & indiscriminatim, nec enim Ecclesia dominus est, sed administrator*. Cependant le Pape est en possession d'user de cette dérogation ; il faut qu'elle soit expresse.

41. Le Pape peut déroger à la Regle des 20. jours, même au préjudice des Graduez. C'est le sentiment de *Du Moulin*. Il peut aussi prévenir les Graduez. Suivant le Concordat, le Légat peut déroger à la Regle des 20. jours, au préjudice des Graduez, quand il a ce pouvoir dans ses facultez, & pourvu qu'il suffit en general, & non spécifiquement : De même, il n'est pas necessaire qu'à l'égard des Graduez, le Pape déroge spécifiquement. *Du Moulin*, ibid. n. 153. & *suivans*.

42. Le Legat admet une résignation pure & simple d'un Benefice qui est à la collation d'un Cardinal. Le Cardinal Ordinaire ayant eu avis de cette résignation, l'approuve, & confere le Benefice résigné à une tierce personne. Depuis, il arrive que le résignant qui étoit malade, soit dés le moment de la passation de la procuration, soit seulement du jour du consentement prêté & de l'accomplissement de la résignation, décede dans les 20. jours de cette maladie. La question est de sçavoir, si c'est le cas de la regle des 20. jours, & si elle doit avoir son effet, ensorte que le Cardinal puisse conferer ce même Benefice à un autre, comme vacant par mort ? *Voyez Du Moulin*, sur la Regle *de Infirmis*, n. 203. où il dit que la collation du Cardinal Ordinaire sur la résignation admise par le Legat, ne se doit pas retracter, parce que la résignation n'a pas proprement & valablement été admise par le Légat, lequel n'avoit pas ce pouvoir à l'égard d'un Benefice de la collation d'un Cardinal, mais seulement depuis que le Cardinal a donné son consentement à cette résignation, & qu'il l'a ratifiée ; & conséquemment on doit croire que ç'a été l'Ordinaire, lequel a admis la résignation, en conferant le Benefice résigné. En second lieu, c'est que le Legat qui a admis la résignation d'un Benefice, dont la disposition ne luy pouvoit appartenir, ne peut être considéré que comme une pure personne pri-

vée, devant laquelle s'est passée cette résignation. Et enfin la résignation n'est pas valable du jour qu'elle a été admise par le Legat, mais seulement du moment qu'elle a été ratifiée & agréée par le Collateur ordinaire, lequel seul avoit le pouvoir de la ratifier & de l'admettre.

43. Cette maxime, que le Pape & le Légat peuvent déroger à la Regle des 20. jours, au préjudice des Indults de la Cour de Parlement, n'est pas generalement veritable ; parce que si le Roy, pour executer l'Indult d'un Conseiller, avoit donné sa nomination sur un Ordinaire, lequel en qualité de Cardinal ait son Indult ; comme dés le moment que le Collateur ordinaire est Cardinal, le Légat ne peut pas admettre la résignation, & déroger à la Regle des 20. jours, au préjudice du Cardinal, dont le droit est favorable, il faut conclure qu'il ne peut pas non plus y déroger dans cette espece, au préjudice de l'Indultaire nommé sur un Collateur ordinaire Cardinal ; parce que cette dérogation, quoiqu'elle ne semblât pas fort préjudiciable au Collateur ordinaire, tourne entierement à son desavantage, puisque par ce moyen il n'est point quitte envers cet Indultaire nommé sur lui, & que tout son interêt n'est que d'en être bien-tôt déchargé. *Voyez Du Moulin*, sur la Regle *de Infirmis*, nombre 231.

44. Soit que le Pape, soit que le Légat donnant des provisions sur la résignation d'une personne malade, déroge à la Regle des 20. jours, & que ces provisions ne puissent subsister, ou à cause de l'incapacité du Collataire, ou pour autre sujet ; en ce cas, à l'égard de quelques personnes que ce soit, le Benefice aura vaqué par la mort du Résignant depuis survenuë, non par sa résignation ; l'on comptera les six mois, non pas du jour de sa résignation, mais seulement du jour de la mort du Résignant. Ce n'est pas que s'il y avoit des personnes qui eussent eu un droit valable pour demander & impetrer le Benefice du chef de la vacance par résignation, ils ne pussent la faire subsister par le moyen de cette clause, quoique non faite à leur profit, d'autant que *concertant de jure conservando & damno vitando*. Ibid. n. 148.

45. *Du Moulin, de Infir. n.* 349. dit que cette Regle ne peut avoir lieu à l'égard des vieillards, & cela suivant l'opinion de *Gomés*, en sa question 7. sur cette Regle. Si ce n'étoit un vieillard tout décrepité, ou capitulaire, ou bien qu'avec la vieillesse, il luy fût survenu quelqu'autre maladie ou infirmité qui le menaçât d'une mort prochaine. Il ajoûte que cette Regle ne doit pas avoir lieu à l'égard d'une personne qui part pour aller à la guerre, ou qui va pour s'embarquer. La raison de cette limitation est, qu'encore que celuy qui va à la guerre, ou qui s'embarque, s'expose à un péril imminent & mortel, neanmoins les paroles ni la pensée de cette Regle ne s'y peuvent pas accommoder, si ce n'est que cette personne fût menacée de mort, particulierement contre l'opinion de *Gomés*, en sa question 8. sur cette Regle.

46. La Regle des 20. jours doit avoir lieu, quand même dans les 20. jours le Résignant mouroit, & qu'on luy avanceroit ses jours, ou en le tuant, ou en l'empoisonnant, ou bien par quelqu'autre accident, pourvû neanmoins qu'il fût malade au temps de l'accomplissement de la résignation, & qu'il fût alors constant qu'il ne pourroit pas survivre les 20. jours. *Du Moulin*, de Infir. n. 295.

47. Pourvû que celuy qui s'est fait pourvoir du Benefice comme vacant par mort, prouve que le Résignant étoit malade au temps de l'admission de la résignation, & qu'il est décedé dans les 20. jours, sa preuve est suffisante ; il n'a pas besoin de prouver qu'il est mort de la même maladie, car la présomption est de son côté, c'est au Résignataire à justifier que son Résignant est mort d'une autre maladie. *Ibidem*.

48. Au moyen de la Regle des 20. jours, non seulement

la résignation, l'admission de la résignation, la collation & la possession prise par le Resignataire, sont annullées, si le Resignant decede dans les 20. jours; mais aussi toutes les dispenses accordées par le Pape dans cette collation, & toutes les graces accessoires, & generalement tout ce qui dépend de telle resignation, est réputé comme s'il n'avoit point été fait. *Ibidem*, n. 297.

49 Cette Regle, quand la mort du Résignant arrive dans les 20. jours, donne non seulement atteinte aux résignations des Benefices possedez paisiblement, mais aussi aux cessions & aux résignations de droits incertains & litigieux. Cette maxime seroit fausse à l'égard de la Regle *de Publicandis*, laquelle ne peut être appliquée & executée, si ce n'est à l'égard d'une résignation faite par un Titulaire d'un Benefice, dont il étoit possesseur, & dans la possession duquel il est décedé. Opinion suivie par *Gomès, en sa question* 12. *Du Moulin, de Infirmis*, n. 309. & *suiv.* où il ajoûte, que cette même Regle comprend aussi les Cardinaux qui résignent, parce qu'elle n'a été introduite que pour remedier aux fraudes.

50 Elle doit avoir aussi lieu à l'égard des femmes qui possedent des titres de Benefices; de sorte que si une Abbesse résigne effectivement son Abbaye en Cour de Rome; si, au moment de l'admission elle étoit malade, & qu'elle, fût décedée de cette même maladie dans les 20. jours, l'Abbaye sera réputée vacante par mort, les Religieuses pourront librement s'élire & se choisir une Abbesse, pourvû que l'Abbaye ne soit pas à la nomination du Roy, & qu'elle soit véritablement élective.

Cette même Regle doit avoir aussi lieu à l'égard des Benefices exempts. *Du Moulin*, de Infirmis, nombre 310.

51 La Regle des 20. jours doit avoir lieu pour des Chapellenies, c'est-à-dire, pour des Autels dans des Eglises, & pour des Benefices manuels, pourvû que ce soient titres de Benefices, ainsi qu'il est prouvé aux endroits citez par *Du Moulin*, sur la Regle *de Infirmis*, n. 320. & *suiv.* Il passe plus avant, & dit que cela auroit même lieu à l'égard des Prieurez, lesquels ne sont point perpetuels, mais qui peuvent se revoquer *ad nutum* du Superieur. La raison que *Du Moulin* donne, est qu'ils sont nombre pour les Mandats. Elle doit aussi être observée dans les résignations des Hôpitaux, Maladeries, Léproseries, Aumôneries, & autres Benefices de cette nature, lorsqu'ils sont conferez en titre; ce qui se doit entendre, soit ou quand par la fondation ou erection de ces Hôpitaux, Maladeries, &c. on a dit expressément que ce seroit un veritable titre de Benefice, ou bien quand on pourvoit à ces Benefices par la voye de l'élection. Elle n'a pas lieu dans les Commanderies de Saint Jacques de Jerusalem, ou de Malthe, lesquelles ne sont pas de vrais titres de Benefices, mais de simples administrations. Elle doit être observée dans les permutations, ou égales ou inégales, faites avec des amis, parens ou étrangers, ou quoiqu'il n'y ait qu'un des deux résignans malades; de sorte que s'il décede dans les 20. jours de cette maladie, du jour du consentement prêté, la permutation est révoquée & annullée, & le Benefice du permutant décedé vaque par mort, nonobstant la permutation. Cependant *Gomès* soûtient que la permutation faite par un résignant malade, ne devient pas nulle par la Regle des 20. jours, quoique le résignant décede dans les 20. jours, à moins qu'elle ne soit faite en fraude des Expectans, suivant la disposition du Chapitre second, *de renunt. in 6.*

51 bis. *Hæc Regula 20. dierum non habet locum in commendatariis Hospitalium sancti Joannis Hierosolimitani quia non sunt Beneficia, sed potius locationes pro annuâ modicâ pensione, ad decem annos, vel circa; ut vidi & tetigi ad stylum Parlamenti.* Du Moulin, *ibid.* n. 321.

52 Cette Regle auroit lieu même à l'égard d'une résignation faite avec reserve de tous fruits, *quia*, dit Du Moulin, *de Infir.* n. 323. *major est fraus reservantis fructibus, quam si absolutè resignaretur.*

53 Elle auroit lieu quand même le résignant seroit mort de la peste. C'est l'avis de *Du Moulin*, de Infirmis, nomb. 324. où il refute l'opinion contraire de *Gomès*, qui croit que pour être réputé malade, il faut que le résignant *jaceat in lecto febre correptus;* mais *prorsus delirat*, dit *Du Moulin*; car plus la maladie est dangereuse, plus il y a lieu de desesperer de la guérison.

54 Pour donner lieu à la Regle des 20. jours, il n'est pas necessaire que le résignant soit malade au moment qu'il passe la procuration pour résigner, il suffit qu'il le soit au moment de l'admission & de l'accomplissement de cette résignation. *Gomès* croit qu'il faut que le résignant soit malade en tout temps, & au temps de la passation de la procuration, & au temps de l'admission, & au temps de l'expedition des provisions; opinion que refute *Du Moulin*, sur la Regle *de Infirmis*, n. 326.

55 Si au moment que le résignant envoye sa procuration à Rome, il étoit en parfaite santé, & qu'il ne souffrît aucun mal qui luy pût mettre devant les yeux l'image de la mort, mais que pendant le voyage du Courier le résignant tombe de son cheval, est blessé par quelqu'autre accident, ou qu'enfin il soit surpris d'une maladie imprévûë, de laquelle il décede le lendemain de la résignation admise, ou quelques jours après, mais toûjours dans les 20. jours; en ce cas la Regle des 20. jours ne peut avoir lieu; au contraire, elle doit avoir lieu quand le résignant étoit malade lors de l'envoy en Cour de Rome, soit que la procuration fût passée quelque temps auparavant, ou en ce temps; car toute l'apparence est que ç'a été cette maladie qui a fait passer la résignation, ou du moins qui a été cause que le résignant l'avoit envoyée en Cour de Rome. *Ibidem.*

56 La Regle des 20. jours doit avoir son execution entiere, quand même dans les provisions données au résignataire, l'on auroit mis sur la résignation la clause ordinaire & de stile, *etiam si per obitum, vel aliàs quovis modo vacet.* Cette clause n'ayant pas l'effet de déroger à la Regle des 20. jours, elle ne peut s'étendre à une vacance par mort, laquelle n'est pas existente au temps de la provision, mais seulement à la vacance par une mort déja arrivée. *Du Moulin*, de Infirm. n. 328.

57 Quand le Pape admet les résignations en cette qualité, la Regle des 20. jours doit être observée; mais lorsqu'il admet les résignations des Benefices dont la collation luy appartient immediatement en qualité de Diocesain, en ce cas, comme il n'agit que comme Collateur ordinaire, à l'égard duquel la Regle n'a point lieu, par la même consequence elle ne l'a point contre luy. *Ibidem*, n. 331.

58 & Cette Regle a été reçûë en France comme une Loy 59 juste & perpetuelle; ainsi quelques opinions qu'ayent les Italiens & ceux qui sont attachez aux sentimens des Papes, nous ne laisserons pas de croire en France qu'elle ne s'éteint pas par la mort du Pape; mais il faut observer que soit que le consentement soit prêté avant la mort du Pape, soit après dans la Chancellerie pendant la vacance du saint Siege, c'est toûjours de ce temps-là que commencent à courir ces 20. jours. *Ibidem*, n. 334.

60 Au nomb. 335. & *suiv.* de la Regle *de Infirmis*, Du Moulin apporte plusieurs raisons, pour montrer que le Pape ne peut pas déroger à la Regle des 20. jours. 1°. Cette derogation est une veritable reserve, or les reserves sont défendues & abusives, à l'exception de celles *quæ sunt in corpore juris clausæ.* 2°. Toutes préventions sont odieuses, & quoique par le Concordat le Roy ait accordé au Pape le pouvoir de prévenir

les Collateurs ordinaires, la reserve de la prévention ne doit pas être étenduë, il suffit que la prévention puisse avoir son execution dans quelques révocations.

61 La premiere limitation que *Du Moulin*, ibidem, *nomb.* 341. apporte à la Regle *de Infirmis*, est qu'elle ne doit ps avoir lieu, quand depuis la procuration qu'un résignataire avoit passée & envoyée en Cour de Rome, il décede d'une autre maladie, ou d'un cas & accident si inopiné qu'on ne puisse pas présumer, ni soupçonner qu'il eût dessein de faire fraude aux saints Canons, & à cette Regle. Si donc il est justifié qu'un Beneficier, aprés avoir résigné en parfaite santé, & avoir envoyé sa procuration en Cour de Rome, est surpris d'une maladie soudaine dans un temps auquel on peut dire que les choses n'étoient plus en leur entier, quoique la procuration ne fût pas encore admise ; neanmoins il n'y avoit pas de temps suffisant pour révoquer son Procureur, & notifier sa révocation à luy ou à son Supérieur, il faut qu'en ce rencontre la disposition de cette Loy cesse, puisque sa pensée ne peut pas être de donner atteinte à une résignation de cette qualité, elle doit subsister irrévocablement ; neanmoins avec ce tempérament & cette modification, qu'il faut être assuré que la maladie étoit imprévuë, ensorte que depuis le jour que cette maladie est subitement arrivée au résignant, jusqu'au moment de l'admission de la résignation, il faut qu'entre ces deux temps, il ne se soit pas écoulé assez de jours pour envoyer une procuration à Rome, & il faut que la procuration ait été veritablement & effectivement envoyée à Rome lors de la parfaite santé du résignant.

62 La seconde limitation apportée par *Du Moulin* sur cette Regle, est qu'elle ne doit pas s'entendre d'une maladie, ou plûtôt d'un chagrin d'esprit, si ce n'est qu'un homme eût l'esprit chargé & attaqué d'un ennuy & d'une mélancolie si pressante & si forte, que cela altérât notablement la santé du corps. *Ibidem*, *nombre* 347.

63 Une autre limitation est que cette Regle ne se doit & ne se peut entendre que de la mort naturelle, & non de la mort civile du résignant. *Du Moulin*, ibid. *nomb.* 351.

64 La raison précise qui fait que la Regle des 20. jours n'a lieu que dans la mort naturelle des Domestiques des Cardinaux, & non dans leur mort civile, & dans toutes les autres vacances, c'est que cette Regle est contraire à la liberté publique, & qu'elle emporte avec soy une espece de reserve admise ; & par conséquent, comme elle ne parle que d'une seule maniere & sorte de vacance, sçavoir de la vacance par mort, elle ne doit pas être étenduë au cas de la mort civile, bien loin d'être étenduë aux autres vacances. *Du Moulin*, de Infirmis, *n.* 362.

65 Le Pape en faisant cette Regle a eu dessein de laisser l'effet de cette Regle à la mort naturelle, au jugement de Dieu ; mais il n'a pas voulu que l'effet de cette Regle, c'est-à-dire, que la validité ou invalidité de la résignation dépendît de la volonté du résignant ; c'est donc avec une juste raison qu'elle n'a pas lieu à l'égard de la mort civile ; par exemple, si le résignant vient à se marier, s'il se fait pourvoir d'un Benefice incompatible, d'autant que les choses dépendent du dessein & de la volonté seule du résignant, lequel peut, ou avancer, ou retarder son mariage, ou sa provision, afin de faire tort ou plaisir à son résignataire, & de donner lieu à la Regle en se mariant dans les 20. jours, ou en éluder l'effet en differant son mariage jusqu'aprés les 20. jours ; ainsi cette Regle n'y doit avoir aucun lieu. *Du Moulin*, ibid. *nomb.* 366.

66 Si cette Regle doit s'étendre à une vacance qui arriveroit par une Sentence renduë contre le résignant, & qui le priveroit de son Benefice ? *Du Moulin*, de Infirm. *nomb.* 367. dit qu'elle n'y a pas lieu.

Tome III.

67 Il faut tenir pour certain que la regle des vingt jours n'a pas lieu dans le cas qui va être proposé. Une personne qui est obligée de se faire promouvoir dans l'an, ou bien qui perdra absolument son Benefice, quoiqu'il ne soit plus en état de prendre les Ordres dans l'année ; neanmoins il peut toûjours résigner son Benefice, même quand il seroit au dernier jour de son année, & il se peut défaire de ce Benefice, non seulement entre les mains de l'Ordinaire, mais entre les mains du Pape, par une résignation en faveur, simple, ou pour cause de permutation, on ne peut pas prétendre que la résignation & collation en consequence soient subreptices, & ainsi nulles, à cause que l'on n'a pas exprimé au Pape que le Benefice qu'on resigne & dont on lui demande la collation, doit vaquer le lendemain, ou peut-être même le propre jour de l'admission de la résignation, parce que le resignant ne s'est point fait promouvoir dans l'an à l'Ordre de Prêtrise ; jusqu'à ce que l'année soit entierement expirée, & pendant ce temps-là, il n'est point sujet à la peine portée par le chapitre *licet canon. de electione*. laquelle se compte jour pour jour & de moment à moment. *Du Moulin*, de Infirm. *n.* 381.

68 La même décision doit être aussi rapportée quand une personne est privée de son Benefice à cause de quelque condition ou clause resolutible apposée dans les provisions obtenuës, soit du Pape, soit du Legat : par exemple, le Pape donne ou confere un Benefice regulier à un seculier, à la charge neanmoins qu'il prendra l'habit en la Religion de laquelle dépend ce Benefice, dans un an, ou dans tel temps qu'il plaît au Pape de limiter ; on ne doit pas douter qu'il pourra résigner son Benefice le dernier jour du terme qui luy avoit été donné pour se faire Moine, sans craindre que la résignation qu'il fera puisse être annullée par la regle des vingt jours, en ce que le Benefice a vaqué peut-être dés le lendemain de la résignation parfaite par la privation de droit du Benefice en la personne du résignant. Ibid. *n.* 383. & au nomb. 384. il ajoûte qu'on a souffert au Pape qu'il pouvoit admettre ces résignations sans crainte de subreption ; mais cette tolerance vient plûtôt de ce qu'on a dissimulé, & qu'on n'a pas porté ces choses dans le public ; car il est certain qu'on en passe beaucoup par tolerance ; si elles étoient portées devant les Tribunaux, & que les Juges en prissent connoissance, la Justice ne laisseroit jamais passer *per tolerantiam non fit dispensatio*.

68 bis. Quoique la commune opinion soit qu'il n'y a aucune subreption dans la résignation ni dans la collation, neanmoins il est certain qu'elle y est toute entiere, & que les Provisions en ce cas sont nulles comme subreptices, parce que le resignant a tû & n'a pas exprimé au Pape qu'il faisoit cette résignation pour faire fraude aux Canons, & se mocquer de la peine qu'ils ont établie, de la privation des Benefices-Cures quand le Pourvû ne se fait pas promouvoir dans l'an, d'autant plus qu'en quittant & abandonnant ce Benefice, il ne le quitte pas effectivement & de la maniere que les Canons le veulent purement ; mais il le donne à son ami, ou même peut-être à quelqu'un qui est d'intelligence avec lui, afin que par une subrogation qu'il fera chaque année de semblables Benefices, & lesquels il résignera au bout de l'année, & aura joüi cependant du revenu, il fasse perpetuellement, fraude aux Canons. Or si le resignant avoit exprimé cela fidellement au Pape, sans doute qu'il n'eût pas pû admettre la resignation ou la permutation, & en donner ses provisions, au moins il ne l'eût pas dû faire avec tant de facilité, ce qui suffit pour former la subreption, & du Moulin dit qu'il a été ainsi décidé en la Rote. Ibid. *n.* 384.

69 La sixiéme limitation qu'il faut apporter à la regle des vingt jours, est qu'elle n'a point lieu à l'égard

des Benefices consistoriaux. Cette limitation est inutile en France. Les raisons qui excluent les Benefices consistoriaux de la regle des vingt jours, est qu'ils ne sont affectez à aucunes graces expectatives, & que les Collateurs ordinaires, pour l'interêt desquels elle a été faite, ne les peuvent jamais conferer, même le Pape n'en peut disposer seul, la provision en est donnée en plein Consistoire, *vivo Papæ oraculo*. Voyez Du Moulin *de infirmis* n. 400. où il rapporte l'opinion conforme de Gomés.

70 Si le Roy admet une resignation faite par un malade, & qu'il confere le Benefice ainsi vacant, quand même la resignation n'eût été que pure & simple, non en faveur, ou pour cause de permutation, à l'égard desquelles, comme il est en quelque façon obligé de conferer le Benefice au resignataire, il y auroit plus d'apparence d'observer cet usage ; mais même à l'égard des resignations pures & simples ; Du Moulin, sur la regle *de infirmis*, n. 416. observe que si le resignant meurt dans les vingt jours, du jour de l'admission de la resignation, le Roy pourra conferer encore une fois ce même Benefice comme vacant par mort, soit au resignataire, soit à une autre personne. La raison de cet usage, est que le Roy a limité & restraint l'admission de la resignation & la collation donnée à la resignation seule, & non à d'autre genre de vacance ; ce qu'il pouvoit faire, puisqu'il est le souverain Seigneur, & qu'il avoit la disposition libre & entiere de ces Benefices ; ainsi jugé en 1494. au Parlement de Paris, on ajugea une Chapelle de S. Laurent située dans l'Eglise de Meaux, au pourvû par le Roy de cette Chapelle comme vacante par mort ; le resignataire fut debouté, parce que son resignant, qui étoit malade lors de la resignation étoit mort de la même maladie dans les vingt jours ; l'on a fait mention de cet Arrêt dans un autre Arrêt celebre, rendu le Jeudy 14. Août 1556. par lequel cette thése étant debatuë & contestée, il fut enfin jugé, que la regle des vingt jours n'avoit pas lieu à l'égard des Ordinaires. Du Moulin ajoûte que de son temps on jugea la même chose.

71 A l'égard des Benefices qui sont à la libre collation du Roy, la regle des vingt jours n'a point lieu, 1°. Parce que cette regle n'a point lieu à l'égard des Collateurs ordinaires : or le Roy l'est dans ces cas ; *imò unicus collator est*, 2°. Parce que le Pape ne peut en aucune maniere disposer de ces Benefices ; & ainsi il ne les a pû rendre sujets à la regle de Chancellerie *de Infirmis*. Du Moulin, de *Infirm*. n. 416. La même chose doit être dite des autres Seigneurs temporels du Royaume qui sont Collateurs. *Ibid*. n. 419.

72 Comme le Pape est le maître absolu des Benefices situez dans le Diocese de Rome, ou dépendans de Saint Jean de Latran, on ne doit pas douter qu'il ne puisse apposer dans ces Collations la condition, qu'au cas que le resignant décede dans les vingt jours, la collation & la resignation seront annullées ; & en ce cas, si le resignant décede dans les vingt jours, le Benefice vaquera par mort, non pas précisément en vertu de la regle des vingt jours ; car elle n'a point lieu à l'égard des Collateurs ordinaires, le Pape est un veritable Collateur ordinaire, elle ne peut avoir lieu à son égard. C'est l'opinion de *Gomez* en sa question 26. sur cette regle ; mais la resignation est annullée en vertu de la condition resolutive qui y est apposée, qu'il y pouvoit apposer. Du Moulin, de infirmis, n. 423.

73 Puisqu'on voit que le Legat ne donne, ou ne refuse la clause dérogatoire à la regle des vingt jours, que par un pur motif d'interêt, & pour gagner plus d'argent, on pourroit & l'on devroit en ces rencontres appeller comme d'abus, parce que ce n'a jamais été la pensée ni du Roy, ni du Parlement, de luy permettre d'user de ses facultez en cette maniere. *Ibid*. n. 425.

74 Du Moulin sur la regle *de infirmis* n. 426. propose une question, au sujet d'une nouvelle clause que les Legats mettoient dans la dérogation à la regle des vingt jours, sçavoir *quatenus absens à Parisiis*. Il dit avoir vû une signature de provision sur une resignation, dans laquelle on avoit mis la clause dérogatoire à la regle des 20. jours, *à la charge neanmoins que le resignant malade seroit absent de Paris*: Depuis en faisant lever les Bulles, quand on les presenta, l'on n'y vit plus cette restriction ; mais la clause dérogatoire y étoit purement & simplement mise. Le Pourvû par mort par le Collateur ordinaire, peut non seulement appeller comme d'abus, tant de l'impetration & concession de cette Bulle, que de son execution, il peut même la soûtenir nulle & fausse à cause de ces mots, *dummodo absens à Parisiis*, qui y ont été admis, & lesquels étoient dans la signature, & qu'il étoit très-important à ce Pourvû par mort, qu'ils eussent été mis dans la Bulle, car ils eussent prouvé que la Provision du Legat étoit prohibée, bursale, & pecuniaire. Mais du Moulin ajoûte que quand même il ne paroîtroit personne, qui se fût fait pourvoir par l'Ordinaire, ou par le Pape, de ce Benefice comme vacant par mort, si neanmoins le cas de la condition apposée par le Legat à la clause dérogatoire est arrivé, sçavoir que le resignant n'étoit pas éloigné de la ville de Paris, & qu'il est décedé dans les vingt jours ; si le Legat vouloit conferer ce Benefice comme vacant par mort, sa provision seroit encore nulle. *Ibidem*, n. 427.

75 Du Moulin sur la regle *de infirmis* n. 431. propose cette espece. Une Cure ayant été resignée pour cause de permutation, le resignataire s'adresse au dataire de la legation qui reçoit, admet, & même accepte la supplique de provision, dans laquelle on avoit inseré la clause dérogatoire à la regle des vingt jours. Six jours après le resignant meurt ; le Legat confere à un autre ce Benefice comme vacant par mort. Le resignataire fit assigner au Parlement de Paris le dataire, qui allegue pour raison de son refus la volonté du Legat. Du Moulin fut consulté, & il dit à *Primoribus nostri ordinis conclusum fuit datarium illum teneri ad interesse*, parce que de sa part il y avoit de la fourberie ; c'étoit à lui à déclarer qu'il n'avoit que le pouvoir de recevoir des dates, le resignataire auroit pris d'autres mesures.

76 Si la regle des vingt jours a lieu en permutation ? Voyez le mot *Permutation*, n. 82. *bis & suiv*.

77 Si le Pape peut déroger à la regle des vingt jours au préjudice des Indults ? Voyez le mot *Indult*, n. 69. *& suivans*.

78 Si le Pape peut déroger à la regle des vingt jours au préjudice des Graduez ? Voyez le mot *Graduez*, n. 171. *bis & suiv*.

79 Dérogation à la regle des vingt jours. Voyez les mots *Cardinal*, nomb. 22. *& suiv. & Legat*, nomb. 60. *& suivans*.

80 La regle des vingt jours doit être gardée dans les resignations ou cessions de commandes, lesquelles suivant l'usage de France sont de veritables titres. Voyez le mot *Commande*, nomb. 30. *& suiv*.

81 Si la regle des 20. jours a lieu *in Ordinario* ? Voyez les Reliefs *forenses de Rouillard*, chap. 10.

82 Si ayant la privation le Beneficier étant en bonne santé resigne, & qu'ensuite par Sentence de condamnation il meurt, la regle des vingt jours n'a lieu ; de même si un malade accusé resignoit és mains du Pape, la resignation & provision seroit subreptice & le Benefice vaqueroit *per obitum*, comme aussi si le Benefice vient à vaquer par un mariage contracté, & que le marié décede, comme dit Rebuffe dans les mots, *ex labore herculeo uxoris novæ*, parce que nôtre texte ne se rapporte pas à ces cas-là. *Biblioth. Can*. to. 1. p. 738.

83 La regle des vingt jours ne comprend les resigna-

taires pourvûs par mort ; le temps de la vrai semblance se compte à leur égard du jour de la procuration, & non du jour de la mort ; en ce cas qui est le seul auquel le Pape peut dispenser de la regle des vingt jours, il faut une dérogation expresse. *Papon, liv. 3. tit. 4. n. 2.*

84. La 34°. regle de Chancellerie Romaine a été publiée au Parlement le 27. Août 1492. & ensuite confirmée par plusieurs Arrêts des 4. Août 1504. 23. Décembre 1505. & 7. Septembre 1526. *Rebuffe*, sur le Concordat au tit. *de Collationibus.*

85. La regle des vingt jours a lieu, encore qu'après la résignation admise, le Pape, ou l'Ordinaire meurt dans les vingt jours. Car quoique par la mort du Pape les regles de Chancellerie soient éteintes; neanmoins celle-cy a été faite Loy du Royaume, puisqu'elle a été verifiée au Parlement & registrée, qui fut le 20. Novembre 1493. & elle a toûjours depuis été observée. *Biblioth. Can. tome 1. p. 757. col. 1.*

86. Quoique la regle des 20. jours n'ait point de lieu és Benefices qui sont à la pleine collation du Roy ; neanmoins le Roy limite ses provisions à cette regle. Deux ayant été pourvûs de la Chapelle de S. Laurent en l'Eglise de Meaux, le premier par résignation, l'autre par mort, parce qu'il se trouva que le défunt étoit mort dans les vingt jours, celui qui étoit pourvû par mort fut maintenu. Arrêt du Parlement de Paris du 1. Decembre 1494. *Du Luc, liv. 3. tit. 2. chap. 1.* & Rebuffe sur le Concordat au titre *de regiâ ad prælat. nominatione. Papon, liv. 3. tit. 2. n. 4.*

87. La dérogation à la regle des 20. jours étoit fort rare en la Cour Romaine, cette regle n'a commencé à y être pratiquée que du temps du Pontificat du Léon X. Neanmoins s'étant presenté un procez à la Cour entre le nommé Cavelier pourvû à cause de la permutation à la Chapelle de Charles Mesnil, par le Cardinal d'Amboise Légat, avec dérogation à cette regle, contre le Breton presenté à la même Chapelle par l'Ordinaire, il fut décidé le 30. Mars 1508. quoiqu'on prétendit que le Légat n'avoit pouvoir de déroger à cette regle, que la provision de Cavelier étoit valable, bien que son résignant fut décedé le lendemain de la résignation admise, & provision. Et un nommé Uyon qui avoit obtenu l'expedition de ses Lettres de résignation de la Cure de sainte Croix de Fécan, au Concile de Pise, depuis transferé à Lyon en l'an 1502. pour la suspense ou interdiction du Pape Jules II. avec pareille dérogation à cette regle, fut évincé du plein possessoire, parce qu'il ne convenoit point au Concile de faire telles dérogations. V. la *Biblioth. Can. 10. 2. p. 384. col. 1.*

88. Arrêt du Parlement de Paris du 22. Mars 1509. avant Pâques, par lequel une dispense de la regle *de infirmis resignantibus* octroyée par le Légat est jugée au préjudice des Graduez nommez en leurs mois. *V. le 2. to. des Preuves des Libertez, ch. 35. n. 34.*

89. Le Pape & son Légat peuvent au préjudice des Graduez déroger à la regle des 20. jours. Arrêt du Parlement de Paris du 2. Juin 1536. *Papon, livre 3. titre 2. nomb. 5.*

90. La regle de 20. jours n'a lieu és Ordinaires & collations volontaires, on l'a ainsi jugé, tant au Parlement de Paris, qu'au Grand Conseil depuis 1550. auparavant on jugeoit le contraire. Quand le résignant *ex causâ permutationis* meurt dans les 20. jours, le Collateur ordinaire ne perd le droit de conferer librement le Benefice, lequel est alors censé vaquer par mort. Ainsi jugé le 23. Decembre 1552. *Ibidem, nomb. 1.*

91. La question si la regle des vingt jours a lieu és Collateurs ordinaires, a été jugée diversement, elle a toûjours été pour l'affirmative jusqu'en 1540: mais depuis ce temps ayant été approfondie, il a été décidé qu'elle n'a lieu és Ordinaires, tant au Parlement de Paris, qu'au Grand Conseil, & entr'autres au Parlement de Paris pour la Cure de la Boissiere, Diocese d'Angers, par Arrêt donné les Chambres assemblées l'an 1550. *Biblioth. Can. 10. 2. p. 666. col. 2.*

92. La regle des 20. jours n'a lieu en résignation volontaire, en l'Ordinaire de l'Ordinaire. Arrêt du mois d'Août 1550. *Papon livre 3. titre 1. nomb. 10.* Du Moulin le cite pareillement.

93. De même que la regle de Chancellerie Apostolique 19. *de infirmis beneficia resignantibus*, vulgairement appellée des 20. jours, n'a lieu pour les résignations ou démissions purement & simplement faites entre les mains de l'Ordinaire, par une maladie du titulaire du Benefice, comme il a été jugé le 15. May 1551. conformément à deux autres Arrêts du Parlement de Paris du 14. Août 1550. & 23. Decembre 1552. ainsi cette regle n'a point lieu à l'égard des Benefices qui sont en patronage laïc, & ceux qui tombent à la nomination du Roy, soit par résignation ou autre genre de vacation. Arrêt du Parlement de Normandie du 13. May 1514. pour un pourvû à droit de Regale d'une Prébende fondée en l'Eglise Cathedrale de Coutance à luy résigné par M. Robert de Bapaume décedé peu de temps après, & auparavant l'échéance des 20. jours, mais elle se pratique seulement à l'égard des Benefices résignez en Cour de Rome. *Bibliotheque Canonique, tome 2. page 383, in fine.*

94. Le Legat peut déroger à la regle des vingt jours, au mois des Graduez nommés, & à leur préjudice. Jugé le 22. Decembre 1565. *Charondas, li. 1. Rép. 20.*

95. Dans une cause qui fut plaidée au Parlement de Bretagne le 29. Mars 1571. l'Avocat du Roy dit que pour la regle des 20. jours, & pour les résignations, il falloit en laisser la discretion & jugement à la Cour, & selon les circonstances ; il seroit rigoureux de la garder exactement ; mais de l'étendre trop, ou seroit d'un Benefice un heritage, chose de perilleuse consequence. *Du Fail, liv. 3. chap. 127.*

96. La regle des 20. jours n'a point de lieu en l'Ordinaire en une résignation, *etiam ex causâ permutationis*. Jugé le 11. Juillet 1578. *M. le Prêtre, deuxième Cent. chap. 43* Montholon, *Arrêt 118.* Peleus, *quest. 164.* où il dit qu'elle a lieu en l'Ordinaire pour le regard des Graduez nommez. *M. Louet, lettre I. somm. 5. & lettre P. somm. 42.*

97. M. Charles Du Moulin conformément à l'Arrêt du Grand Conseil du 5. Novembre 1591. dit que la regle des 20. jours n'a point de lieu en la personne du Roy : il peut toutefois l'observer dans ses collations, & si le résignant ne vit les 20. jours, le Roy peut de nouveau conferer comme vacant par mort, même en ce cas la dispense du Pape de la regle des 20. jours ne peut préjudicier au Roy. *M. le Prêtre, deuxième Centurie, chap. 97.* Voyez *Du Frêne, livre 7. chapitre 21.*

98. La regle des 20. jours a lieu en collation faite par l'Ordinaire en permutation au mois des Graduez nommez ; & une permutation frauduleuse admise par l'Ordinaire ne peut préjudicier aux Graduez nommés, pourvûs d'un même Benefice *per obitum.* Arrêt du 6. Septembre 1603. *Papon, livre 3. titre 2. nomb. 4.*

99. Avant la regle *de infirmis* dont le Pape Innocent VIII. est l'auteur, il y avoit une autre regle appellée des 20. jours, laquelle vouloit que si dans les 20. jours de la résignation admise, le résignant décedoit, son Benefice fût vacant par mort, sans entrer dans la question de sçavoir si il étoit infirme quand il a résigné ; les Cardinaux se servent encore aujourd'huy de ce droit ancien : *Quorum indulta non de regulâ de infirmis sed de 20. diebus intelliguntur*, ensorte que si quelqu'un en pleine santé avoit résigné son Benefice, & mouroit dans les 20. jours, le Benefice seroit vacant en vertu de l'indult du Cardinal Collateur. *M. Louet*, dans ses notes sur la regle *de infirmis, num. 38.* rap-

S s iij

porte un Arrêt du Grand Conseil du mois de Septembre 1605. qui l'a jugé ainsi au rapport de M. d'Aligre, *nec hujusmodi infirmitatis mentionem faciunt, cum de derogatione ad hanc regulam verba faciunt.* Biblioth. Can. to. 1. p. 740.

100. Le Pape peut déroger à la regle des 20. jours au préjudice de l'indult des Cardinaux. Jugé au commencement de Septembre 1605. M. Louet, lettre B. somm. 15. Voyez du Frêne, liv. 6. chap. 27. où il rapporte un Arrêt du 20. Juin 1651. par lequel le pourvû par le Pape au préjudice de l'indult accordé à l'Ordinaire, a été maintenu & gardé en la possession du Benefice.

101. Encore que la regle de *viginti diebus, sive de infirmis resignantibus*, n'ait lieu contre les Collateurs ordinaires, *purè, & simpliciter, seu indistinctè & indeterminatè*, cela neanmoins doit être entendu, *si fraus absit*, d'autant qu'il est toûjours permis d'alleguer les argumens, conjectures & présomptions de fraudes, tant contre les procurations *ad resignandum*, que contre les Collateurs ordinaires. Jugé le 28. Février 1615. M. le Prêtre, ès Arrêts de la Cinquième.

102. Arrêt du P. de Dijon qui a jugé que le Pape peut déroger à la regle des 20. jours. V. les Plaidoyers de M. de Xaintonge, page 385.

103. Le Pape est tenu d'accorder sur une résignation *in favorem des provisions*, avec la dérogation à la regle des 20. jours. Voyez aux Additions de la Biblioth. de Bouchel, un Arrêt du mois de Février 1620.

104. La regle des 20. jours a lieu en résignation pour cause de permutation faite *ab infirmo* d'une Prébende entre les mains du Roy pendant l'ouverture en regale; *&c.* le pourvû en regale y doit être maintenu. Jugé le 13. Mars 1653. Du Frêne, livre 7. chapitre 21.

105. Le Pape peut déroger à la regle des 20. jours dans toutes les résignations de Bretagne, & de tout le païs d'obéïssance. Jugé au Grand Conseil le 14. Décembre 1672. De la Guessiere, tome 3. liv. 6. chap. 18. & le Recueil de Pinson, to. 2. page 840. où il cite cet Arrêt pour montrer que le Pape peut déroger à la regle des 20. jours, au préjudice des indults extraordinaires.

106. Le Pape ne peut déroger à la regle des 20. jours au préjudice de l'indult des Cardinaux; *Secus*, au préjudice de l'indult accordé au sieur de Lionne Abbé de Marmoutier; & sans s'arrêter à son intervention, le pourvû par le Pape fut maintenu dans la Cure, avec dépens. Arrêt du Grand Conseil du 24. Decembre 1672. Journal du Palais.

107. La regle des 20. jours a lieu à l'égard des Ordinaires dans le cas de la permutation qu'ils ont admise. Jugé au Parlement de Metz le 14. Avril 1675. le motif de l'Arrêt est que cette regle des 20. jours introduite particulierement en faveur des Ordinaires, doit être aussi bien observée dans le cas de la permutation (qui lie les mains des Ordinaires, puis qu'ils ne conferent qu'à ceux qui leur sont marquez par la voye de la permutation) que dans le cas de la résignation en faveur admise en Cour de Rome, laquelle se fait pareillement par destination d'un successeur. Journal du Palais.

108. La regle *de infirmis* a lieu *in Ordinario in casu permutationis*, lors qu'elle est faite au préjudice des Graduez, Indultaires & Patrons. Bibliotheque Can. tome 1. page 739.

109. *Mandatarius Pontificis non facit, ut regula si quis in infirmitate, sit locus apud ordinarios.* Tournet, lettre M. Arrêt 1.

110. Par le stile des Cours de France, ces 20. jours se comptent de celuy de la résignation admise; & cela tant en faveur des Ordinaires, que des Graduez & nommez; ce qui a été plusieurs fois jugé aux Parlemens de France, comme dit Boer. quæst. 358.

111. Le Legat peut dispenser de la regle, *si quis in infirmitate*, mêmes aux mois des Graduez nommez par les Universitez. Tournet, lettre R. Arr. 100.

112. Il faut 20. jours francs entre la démission de la résignation & le décez, c'est-à-dire que le jour de la démission, ni le jour du décez n'y sont compris. Arrêt au Grand Conseil au mois de Mars 1682. Journal du Palais. Voyez cy-après verbo Résignation.

REGLE DE PACIFICIS POSSESSORIBUS.

113. Voyez cy-dessus à la lettre P. le mot *Pacificis*, où le texte de cette regle, & les Décisions qui luy conviennent sont rapportées.

De la regle *de pacificis possessoribus*. Voyez Papon, li. 8. tit. 8. Simoniaque ne peut s'aider de ce decret, il a lieu *adversus regalistam*. Chopin, li. 2. de Doman. tit. 9. n. 17.

114. De la regle de *triennali possessori*, que les Papes ont tirée presque mot à mot du decret *de pacificis possessoribus* du Concile de Bâle, qui est en usage & observé en France, non comme une regle de la Chancellerie Romaine, mais comme un decret dudit Concile, reçû par la Pragmatique Sanction, & confirmé par le Concordat. Rebuffe en a fait un ample traité, qu'il est necessaire de voir, avec la glose de la Pragmatique. Tit. de pacif. possess.

115. La regle *de pacificis possessoribus* n'avoit point lieu en regale. Arrêt du Parlement de Paris du 10. Decembre 1602. Voyez les Preuves des Libertez, tome 1. chap. 16. n. 56. L'Edit de 1606. a changé cette Jurisprudence. Voyez le mot Regale, nomb. 155. & suiv.

REGLE DE PUBLICANDIS RESIGNATIONIBUS.

116. *Item idem Dominus noster statuit & ordinavit quod quæcumque Beneficia Ecclesiastica, sive in Curiâ Romanâ, sive extrà eam resignata (nisi de illis factâ resignationes) si in Curiâ Romanâ infra sex menses, si extrà dictam Curiam factæ sint, infra mensem (ex tunc ubi dicta beneficia consistunt, publicata, & possessio illorum ab eis quos id contingit, petita fuerit.) Si resignantes ista postmodum in eorumdem resignatorum possessione decesserint, non per resignationem, sed per obitum hujusmodi vacare censeantur. Collationes quoque de illis tanquam per resignationem vacantibus factæ & inde secuta nullius sint roboris vel momenti.* M. Charles du Moulin dans son Commentaire sur cette regle n. 14. prétend qu'elle devoit être conçuë dans les termes suivans; *Item Dominus statuit & ordinavit quod quæcumque beneficia Ecclesiastica, sive in Romanâ Curiâ, sive extrà eam resignata, nisi ista resignantes postmodum in eorumdem resignatorum possessione decesserint non per resignationem, sed per obitum hujusmodi vacare censeantur: nisi de illis factæ resignationes, si in Romanâ Curiâ infra sex menses, si extrà dictam Curiam factæ sint, infra mensem; ex tunc ubi dicta beneficia consistunt, publicata & possessio illorum ab eis quos id contingit, petita fuerit; & ensuite le decret irritant.*

117. Voyez dans Rebuffe, 3. part. *praxis benef.* l'explication de la regle *de publicandis resignationibus*. Mornac, loy 15. Cod. *de vel vendicatione.* M. le Prêtre, 3. Cent. chap. 17. où il dit qu'en France nous avons reçû cette regle de Chancellerie par l'Ordonnance d'Henry II. de l'an 1550. art. 13. & 14.

118. Innocent VIII. est l'Auteur de la regle *de publicandis resignationibus*. Du Moulin, sur cette regle, n. 2.

119. Pour faire cette regle *de publicandis resignationibus* ait lieu, trois choses sont requises conjointement & essentiellement. La premiere, que la publication n'ait été faite dans les six mois. La seconde, que la possession n'ait pas été demandée. La troisième, que le résignant soit mort après les six mois, & qu'il fût en possession: si l'une de ces choses manque, cette regle n'aura point de lieu, le Benefice sera vacant par résignation, non par mort, quoique celuy qui a résigné soit décedé.

Item cette regle ne doit être étenduë contre le réſignataire, non ſeulement ſi le premier réſignataire a fait ſa réſignation à un autre dans le temps de la publication, mais en quelque façon que ce ſoit, cette regle a auſſi lieu és Benefices permutez, c'eſt-à-dire, que ſi la réſignation n'eſt pas publiée dans le temps établi, & ordonné, le Benefice vaquera par la mort du réſignant aprés les ſix mois, comme s'il n'avoit pas réſigné. *Bibliotheque Canonique*, tome 2. page 511. colonne 2.

120 Le Pape ne peut pas déroger à la Regle *de Publicandis*, qui a paſſé en Loy du Droit commun de la France, par l'acceptation qu'elle en a faite. *Voyez Du Moulin*, n. 3. *de Public*. Ce ſeroit diſpenſare ad delinquendum & ad hoc invitare & authorare.

121 *Du Moulin*, ſur la Regle *de Public*. n. 12. & ſuiv. réfute l'opinion de *Gomés*, expliquée en ſa *queſtion* 15. ſur cette Regle, & dit qu'afin que la Regle n'ait point ſon effet, & que le Benefice vaque par réſignation, & non par mort, il ne ſuffit pas d'avoir fait publier la réſignation dans le lieu du Benefice, il faut avoir demandé d'être mis en poſſeſſion aux perſonnes auſquelles il appartient d'y mettre; il faut auſſi que les autres formalitez que requiert la Regle *Copulativè* ſe rencontrent, autrement le Benefice vaquera par mort, & non par réſignation. Cette opinion eſt contraire à celle de *Gomés* & *de la Rote*.

123 Il y a tout au moins deux propoſitions & deux hypothéſes, la maxime generale, & ſon exception. La premiere, ſçavoir la maxime generale, eſt la derniere à conſiderer dans l'ordre de l'écriture, quoiqu'elle doive être, & qu'elle ſoit la premiere à conſiderer ſuivant le ſens & la conception de cette Regle; & l'autre, comme ce n'eſt qu'une exception, doit être la derniere dans le ſens, quoiqu'elle ſoit la premiere à l'égard de l'écriture. *Ibid*. n.17.

124 L'interpretation que donne *la Rote* à la Regle *de Publicandis*, eſt ridicule & badine; l'addition que le Pape Adrien VI. y a voulu mettre, eſt inutile & ſuperfluë; le changement que Paul III. y a voulu apporter, eſt encore moins ſupportable; il faut s'arrêter à cette Regle, & en prendre le ſens tel qu'il eſt couché, & de la maniere que cette Regle a été reçuë dans ce Royaume & au Parlement de Paris, qui eſt le veritable ſens, & par lequel on voit que pour établir le droit & la prétention du pourvû par mort contre le réſignataire, il ſuffit qu'il prouve que le réſignant eſt décedé en la poſſeſſion du Benefice réſigné, ſoit aprés les ſix mois, ſoit aprés le mois du jour de la réſignation admiſe: & de la part du réſignataire, pour ſe défendre du pourvû par mort, il faut qu'il ait ſatisfait à deux conditions conjointement, ſans qu'il ſuffiſe qu'il ait ſatisfait à l'une de ces deux conditions; ſçavoir que la réſignation & conſéquemment la proviſion obtenuë ſur la réſignation, ait été publiée dans le lieu du Benefice, & que le réſignataire ait pris poſſeſſion, du moins qu'il l'ait demandée aux perſonnes qui la luy pouvoient accorder; ſi l'une de ces deux conditions venoit à manquer, il eſt certain que la prétention & le droit du pourvû par mort demeureroit parfaitement établi. *Du Moulin*, ibid. nombre 18.

125 Il ſuffit que le réſignataire rende ſa réſignation & ſa proviſion publique, & qu'il prenne poſſeſſion du Benefice réſigné, ou du moins la demande legitimement dans quelque temps que ce ſoit, même aprés les ſix mois expirez, pourvû toutefois que ce ſoit du vivant du réſignant, lequel ſoit encore en poſſeſſion. Cette maxime a lieu, quand même, lors de la publication de la réſignation & de la priſe de poſſeſſion, le réſignant ſeroit malade & réduit à l'extrémité, & qu'il n'y auroit aucune eſperance en ſa vie, pourvû que cette priſe de poſſeſſion ne ſe faſſe pas *occultè ſed palam*. Ibid. n. 21.

126 Si cette Regle contenoit quelque obſcurité, il fau-

droit l'expliquer *ſecundum communem obſervantiam à quâ non eſt recedendum*. Ibid.

127 *Si publicatio dilata ſit in horam vel diem mortis, & quo certum erat reſignantem mori, itá ut publicatio non potuerit innoteſcere antè obitum, etiam ſi innotuit ſimul cum obitu, tunc ſuſpicio eſt exquiſita fraudis & imputandum ei qui ſe ſe itá ſtudioſè nec ſine fraude arctavit.* *Du Moulin, Regle de Public*. n. 22.

128 Un poſſeſſeur d'un Benefice le réſigne à *Titius*, lequel trois mois aprés le réſigne à *Caius*, & depuis encore trois mois aprés, ſans qu'on ait fait publier aucune de ces deux réſignations, & qu'on ait pris poſſeſſion en conſequence, ou qu'on l'ait demandée, le réſignant décede en la poſſeſſion de ſon Benefice; ſçavoir ſi en ce cas la Regle de la publication des réſignations doit avoir lieu. *Voyez Du Moulin*, ſur la Regle *de Publicandis*, n. 33. & ſuiv. Il dit, comme cette Regle a été faite ſeulement dans la penſée de remedier aux fraudes & aux abus qui ſe commettoient dans les réſignations, il ne faut pas permettre qu'elle devienne inutile à cet égard, & que bien loin d'arrêter le cours des fraudes, elle ne faſſe que les irriter & attirer davantage; c'eſt pour cela que ſa diſpoſition doit être étenduë pour avoir lieu, non ſeulement contre un ſecond, mais même contre un troiſiéme réſignataire, & contre un quatriéme & cinquiéme, s'il s'en trouvoit. *Gomés* qui a traité cette difficulté dans ſa *queſtion premiere* de cette Regle, a conclu pour la negative, ſçavoir que le ſecond réſignataire devoit avoir ſes ſix mois entiers. *Du Moulin* traitte ſes raiſons de frivoles, & dit qu'à l'égard du ſecond réſignataire, on trouvera que la faveur & la liberté des Collateurs ordinaires, demande que la Regle ait lieu; la haine qu'on a toûjours portée aux réſignations occultes, ſecrettes & clandeſtines, deſire que les ſeconds réſignataires y ſoient compris; & enfin on doit être perſuadé que les mêmes raiſons qu'on a euës pour obvier aux fraudes & aux procés, ſe trouveront également, tant à l'égard du ſecond réſignataire, qu'à l'égard du premier: De plus, la Regle parle indifferemment, ſans faire aucune diſtinction dés premieres ou ſecondes réſignations par ces mots, *niſi de illis factæ reſignationes*, & il dit que dans une conſultation faite le 16. Avril 1558. par M. le Charrier Avocat, qu'il éleve & louë beaucoup, on avoit ſuivi cette opinion.

129 L'on ſuppoſe qu'aprés avoir réſigné ſon Benefice, le même réſignant le réſigne une ſeconde fois, ou décede dans les quatre ou cinq mois aprés la premiere réſignation, enſorte que celuy qui en eſt pourvû, ſoit par mort, ſoit par réſignation, ſe met en poſſeſſion pendant que le premier réſignataire ne fait aucune diligence, juſques à ce que les ſix mois ſoient écoulez, aprés leſquels il fait publier ſa réſignation, & ſe fait mettre en poſſeſſion. *Du Moulin*, ibid. nomb. 45. tranche cette queſtion en peu de paroles; juſques à luy, elle n'avoit point été conteſtée; il ſoûtient que la Regle n'a pas lieu en ce rencontre, & conſéquemment que le premier réſignataire a le meilleur droit au Benefice.

130 Une perſonne réſigne une premiere fois ſon Benefice entre les mains du Pape; le réſignataire a laiſſé écouler les ſix mois, ſans ſatisfaire à la Regle *de Publicandis*, enſorte qu'aprés les ſix mois, le réſignant étant encore en poſſeſſion, réſigne en faveur d'un ſecond, lequel non ſeulement fait publier ſa réſignation, mais même prend poſſeſſion du Benefice, ſoit qu'il dépoſſedât ſon réſignant contre ſon gré, ſoit que le réſignant luy eût cedé la place volontairement. Trois mois aprés cette derniere réſignation le réſignant décede; immediatement aprés ſa mort naturelle, le premier réſignataire paroît, & ſoûtient que venant dans l'année de la mort de ſon réſignant, il doit gagner ſa cauſe, même au petitoire; la queſtion eſt de ſçavoir lequel eſt le mieux fondé? *Du*

Moulin, ibid. n. 54. se détermine pour le second résignataire.

131. Si l'on faisoit intervenir un tiers, comme Du Moulin dit l'avoir vû quelquefois, & que le tiers se fût fait pourvoir du Benefice contentieux, comme vacant par la mort du résignant, la difficulté seroit plus considerable. Ibid. n. 60.

132. Un oncle résigne en faveur de son neveu ; il garde les provisions expediées en son nom ; trois années après, l'oncle permute sa Cure avec un Prieuré ; de part & d'autre la permutation s'execute. Après la mort de l'oncle, le neveu veut faire publier la résignation faite cinq années auparavant. Du Moulin, sur la Regle de Public. n. 68. le trouve mal fondé.

133. Résignation faite par un criminel, & tenuë secrette jusqu'à la Sentence de condamnation & privation, devient caduque après les six mois écoulez sans satisfaire à la regle de Publicandis. Du Moulin sur cette regle nombre 68. Voyez les distinctions qu'il établit sur cette matiere au nombre 96. & suivans.

134. & 135. Quatre conditions sont requises copulativement pour donner lieu à la resolution prononcée par cette Regle. 1°. Il faut que la publication de la résignation n'ait point été faite pendant la vie du résignant ; 2°. que le résignant meure naturellement, & non civilement ; 3°. qu'il meure après les six mois, qui est le temps défini & limité par la Regle ; & enfin qu'il décede en la possession du Benefice qu'il avoit résigné auparavant. Ces quatre conditions doivent se rencontrer au commencement, c'est-à-dire, pour donner lieu à la Regle de Publicandis, & elles s'y doivent rencontrer conjointement ; autrement si l'une manquoit, la Regle n'auroit point lieu. Ibidem, nombre 71.

136. Du Moulin, sur la Regle de Publicandis, nomb. 80. prétend que le résignataire qui ne paroît qu'après la Profession Monachale de son résignant, ne peut exclure celuy qui s'est fait pourvoir par la vacance de cette Profession, & ainsi il faut conclure que la Regle de Publicandis a lieu dans le cas de la mort civile, quand elle produit le même effet que la mort naturelle ; & la résignation une fois annullée par la mort civile du résignant, ne peut pas revivre, sous prétexte que le résignataire auroit prévenu le tiers impetrant, en prenant possession avant luy.

137. Un homme résigne purement & simplement entre les mains du Collateur ordinaire. Celuy-cy pourvoit Titius, lequel néglige de satisfaire à la Regle de Publicandis ; après le mois expiré, le résignant se demet une seconde fois entre les mains de ce même Collateur, qui admet la seconde démission du résignant, toûjours demeuré en possession ; il confere ce même Benefice à Cajus, non à Titius, auquel il l'avoit le premier conferé ; en ce cas, il faut conclure que le premier résignataire venant après le mois, & après cette seconde résignation, ou plûtôt démission consommée, ne sera plus recevable à demander ce Benefice. Ibid. n. 87. où il dit, on ne peut pas prétendre que le Collateur change & varie sa premiere provision ; il confere par un nouveau genre de vacance survenuë depuis sa premiere collation ; en cela il ne fait que se servir du son droit, & prévenir le Pape ou le Legat. Si la provision du second résignataire ou collataire étoit frauduleuse, & faite seulement dans le dessein de dépoüiller le premier résignataire d'un Benefice qui luy étoit justement acquis, le Benefice seroit conservé au premier résignataire. Cette conclusion auroit lieu, quand même le premier résignataire eût été absent, & qu'il eût ignoré la seconde résignation que son résignant faisoit en faveur d'une autre personne, quand même le résignant eût continué les pensions & le payement, & ce qu'il donnoit à ce premier résignataire ; car tout cela n'empêcheroit pas l'effet de cette Regle, lorsque le résignant étant demeuré en possession après les six mois, a résigné une seconde fois, & que le second résignataire a satisfait pleinement à la Regle de Publicandis. La même conclusion auroit lieu, quoique le résignataire absent eût passé procuration speciale pour faire publier sa résignation & sa provision dans les six mois, & pour déposseder actuellement son résignant, laquelle procuration il auroit adressée, soit à son résignant, soit à une autre personne qui l'auroit trompé ; parce que si l'on ne prouve que celuy au profit duquel la seconde résignation est intervenuë, a participé à la fraude pratiquée contre le premier résignataire, la Regle aura lieu, c'est-à-dire sa premiere résignation sera annullée, avec tout ce qui a suivi, sauf à Titius premier résignataire, à se pourvoir pour ses dommages & interêts contre son résignant.

138. La Regle de Publicandis, auroit lieu, quand même le résignant auroit pris à loyer du résignataire les revenus du Benefice. Voyez Du Moulin n. 89. il dit ensuite que si le résignant avoit fait un même bail à un second résignataire, & continuoit de demeurer en possession du Benefice, la Regle de Publicandis n'auroit pas lieu contre le premier, parce que le résignant ne seroit pas mort civilement à l'égard de ce Benefice, sur tout si le second résignataire étoit domestique du résignant, ou que vraisemblablement il ne pût pas ignorer la premiere résignation, quia tunc vitiosam aut nullum haberet ingressum, & il ne pourroit pas se prévaloir de la Regle de Publicandis, faite pour punir, & non pour autoriser les fraudes.

139. La question de sçavoir si la regle, de publicandis doit avoir lieu dans les résignations faites pour cause de permutation est appellée par Maître Charles du Moulin sur cette même regle, nomb. 112. perdifficilis, anceps, & argumentosa. La Rote ne pût la décider, & Gomés dans sa question 3. sur cette regle la laisse indécise.

140. Pierre ayant un Benefice à Paris, & Simon ayant un autre Benefice à Sens, passent procuration respectivement pour resigner en faveur l'un de l'autre, pour cause de permutation ; cette permutation est admise par le Collateur ordinaire ou par le Legat, lequel donne provisions aux deux permutans le 1. Decembre. Simon laisse écouler le mois de Decembre sans satisfaire à la regle de publicandis. Pierre mourut le 3. Janvier suivant dans la possession réelle de son ancien Benefice de Paris ; un nommé Paris se fait pourvoir du Benefice situé à Paris, comme vacant par la mort de Pierre ; un autre nommé Paul se fait pourvoir du Benefice de Sens, comme vacant par la mort de ce même Pierre ; sçavoir si par la mort de Pierre décedé en possession, après le mois, du Benefice qu'il avoit résigné pour cause de permutation, la regle de publicandis doit avoir lieu ? Voyez Du Moulin sur la regle de publicandis, n. 121. & suiv. au nombre 134. il concluld que le Benefice de Paris vaque par la regle de publicandis, c'est à dire, par la mort de Pierre, nonobstant la résignation faite en faveur de Simon ; mais à l'égard du Benefice de Sens, le Droit commun empêche qu'il ne vaque. Il dit plus, car il soûtient que Simon par la mort de Pierre demeure dans l'ancien & a le même droit qu'il avoit en son Benefice de Sens avant la permutation, & cela suivant la disposition même de cette regle ; elle opere deux choses, la verité & la fiction ; la verité ex nunc, & la fiction ex tunc, parce qu'au moment de la mort du résignant arrivée après le temps de cette regle, & que le résignant est mort en possession, elle annulle effectivement & veritablement la résignation faite par le défunt, comme aussi la provision du Benefice résigné donnée au résignataire survivant, & elle opere la même chose que si elle n'avoit jamais été faite ; non seulement elle annulle la résignation & la provision, mais tout ce qui a été fait en consequence.

140. Quand même ces deux personnes qui auroient fait des résignations mutuelles auroient eu intention de les

les faire pour cause de permutation, & qu'ils auroient fait un Concordat entr'eux à cet effet. Neanmoins si ce Concordat n'avoit point été homologué par le Superieur qui avoit la puissance d'admettre les résignations, & auquel on n'a point demandé qu'il confirmât cette permutation, cela devient inutile. Si un Collateur ordinaire eût entheriné ces résignations mutuelles, & qu'on ne lui eût pas exprimé qu'elles étoient faites pour cause de permutation, l'homologation de ces résignations seroit nulle, d'autant que les Ordinaires n'ont pas le pouvoir d'admettre les résignations en faveur, non plus que le Legat, s'il ne l'a expressément dans les facultez de sa Legation, & si on ne leur exprimoit nommément que c'est pour cause de permutation. Que si ces résignations mutuelles avoient été admises par le Pape, auquel on n'auroit pas exprimé le traité que les parties auroient fait entr'elles, que c'étoit pour cause de permutation; on ne pourroit pas prétendre que pour cela ces résignations fussent nulles & subreptices ou simoniaques, parce que bien loin que le Pape eût été plus difficile, il auroit accordé la grace avec plus de facilité, ne s'agissant que d'une permutation. *Ibidem.*

141 Dans les résignations mutuelles, lorsque les deux résignans n'ont point satisfait à la regle *de publicandis*, le résignant survivant perd son Benefice, quoiqu'il n'en ait point été dépossedé par son résignataire prédecedé. Car cette regle n'a été faite en faveur des résignans ou résignataires, mais contre eux, & à l'avantage des Ordinaires; ainsi tel Benefice vaque par la mort du prédecedé. *Du Moulin*, sur la regle *de publicandis* nomb. 148. ajoûte que le survivant qui jouïroit paisiblement pendant trois années ne pourroit pas s'aider du Decret *de pacificis, cum nullum nec quidem coloratum titulum habeat, & præterea malam fidem.* Cette maxime n'auroit pas lieu dans les résignations réciproques, ou pour cause de permutation, lesquelles sont conditionnelles, au lieu que les résignations mutuelles sont censées pures & simples.

142 Dans le cas où l'un des deux résignataires aura satisfait à la regle *de publicandis*, si celui qui a fait publier la résignation prédecede, les deux Benefices vaqueront par sa mort; si au contraire celui qui n'a pas satisfait à la regle prédecede, le Benefice qu'il avoit résigné ne vaque point par sa mort, parce que le résignataire qui survit l'avoit dépossedé. Que si les deux résignans décedent en la possession des Benefices qu'ils s'étoient mutuellement résignez sans avoir satisfait à la regle, mais avant que le temps établi pour cela fût écoulé, la regle n'auroit lieu de part ni d'autre, & les choses iroient de même maniere que si ces deux personnes eussent fait publier leurs résignations; ainsi ni l'un ni l'autre de ces deux Benefices ne vaquera par la mort de l'ancien titulaire & possesseur, mais par la mort du résignataire.

143 Quand les deux résignataires n'ont point satisfait à la regle, si l'un prédecede dans le temps prescrit par la regle, & que l'autre survive, alors la regle n'a point lieu à l'égard du Benefice résigné par le prédecedé; il est même douteux qu'elle ait lieu à l'égard du Benefice résigné par le survivant, parce que si ce résignant meurt quelque temps après son résignataire prédecedé, ensorte que ce soit dans le temps prescrit par la regle, elle n'y pourra pas avoir lieu; mais si ce résignant fournit beaucoup, on pourra se faire pourvoir du Benefice qu'il avoit résigné comme vacant par la mort du résignataire; si l'impetrant satisfait à la regle, c'est à dire, qu'il fasse publier la résignation faite en faveur de son prédecesseur, par la mort duquel il s'est fait pourvoir, en ce cas la regle n'a point lieu; mais si personne ne se fait pourvoir par la mort du résignataire prédecedé, ou bien que quelqu'un s'étant fait pourvoir ne satisfasse point à la regle *de publicandis*, ensorte que le résignant survivant décede en la possession du Benefice qu'il avoit résigné, en ce cas la regle aura lieu. *Du Moulin* de publicandis, *nomb.* 139.

144 Les deux copermutans étant décedez dans la possession du Benefice résigné après le temps porté par la regle *de publicandis*, sans que le résignataire y ait satisfait, la regle aura lieu; mais de telle maniere qu'il n'y aura que l'ancien Benefice qui vaquera par la mort du prédecedé en possession, & non pas le Benefice qui lui avoit été résigné, dans lequel le survivant rentre de plein droit, sans nouvelle provision, d'autant qu'il ne fait que reprendre son ancien droit & son ancien titre tel qu'il l'avoit avant la résignation pour cause de permutation. *Ibid. n.* 140.

145 Après la permutation accomplie de part & d'autre jusqu'aux Collations inclusivement, Simon décede dans le temps prescrit par la regle *de publicandis*; Pierre décede ensuite; mais après le temps de la regle. Cinq personnes plaident pour les deux Benefices qui ont vaqué par la mort de ces deux copermutans; le premier est Paris, lequel s'est fait pourvoir du Benefice de Paris, deux jours après la mort de Simon, & la provision de ce Benefice comme vacant par la mort de Simon, est ou de deux jours après la mort de Simon ou d'une autre date, mais toûjours avant la mort de Pierre. Le second est un nommé Papus, lequel s'est fait pourvoir de ce même Benefice, comme vacant par la mort de Pierre. Le troisiéme contendant est Paul, qui s'est fait pourvoir du Benefice de Sens comme vacant par la mort de Simon, & sa provision est obtenuë avant la mort de Pierre. Le quatriéme est Sebastien, pourvû de ce même Benefice de Sens, comme vacant par la mort de Pierre. Le dernier est un nommé *Silvius*, lequel s'est fait encore pourvoir du Benefice de Sens, comme vacant par la mort de Simon; mais sa provision est differente de celle de Paul, en ce qu'elle est obtenuë après la mort de Pierre seulement. *Du Moulin*, sur la regle *de publicandis*, n. 143, & suiv. examine cette question, & conclut que Pierre doit l'emporter comme le plus canoniquement pourvû; & la raison est qu'il avoit été pourvû de ce Benefice comme vacant par la mort de Pierre l'ancien titulaire lequel étoit décedé en possession. Le Benefice de Sens doit être ajugé à Paul, parce que la permutation est resoluë & annullée, & qu'ainsi il se pouvoit faire pourvoir du Benefice de Sens comme vacant par la mort de Simon, auquel il étoit retourné par le moyen de cette resolution.

146 La regle aura lieu dans les permutations, quand même elle ne se trouveroit verifiée que dans un seul des copermutans; c'est à dire, que l'autre ait satisfait à cette regle, qu'il ait publié la résignation faite en sa faveur, & dépossedé son permutant, tandis que l'autre demeureroit dans sa negligence; & en ce cas la permutation sera annullée & resoluë, tant d'un côté que d'autre, soit que celui qui aura satisfait à la regle prédecede, soit que l'un des permutans meure dans le temps de la regle sans y avoir satisfait, & qu'après sa mort personne ni satisfasse pour lui. *Ibidem, nombre* 172.

147 Il faut tenir pour maxime certaine que la regle *de publicandis*, ne peut avoir d'effet dans les permutations, qui ne s'executent & n'ont été executées que d'un côté seulement, ou plûtot c'est que la regle n'agit pas à demi, & qu'elle ne détruit pas seulement une partie de la permutation, mais elle l'annulle & la résout toute entiere & des deux côtez, soit que la regle se trouve verifiée de part & d'autre dans toutes les deux résignations, & à l'égard des deux résignans & résignataires, soit qu'elle ne se trouve verifiée qu'à l'égard seulement d'un résignant, lequel decedera dans la possession de son ancien Benefice, après le temps porté par cette regle. *Ibid. n.* 197.

148 Si une permutation ayant été executée & accomplie de part & d'autre, ensorte que les deux permutans ayent été reciproquement pourvûs des Benefi-

Tome III. Tt

ces permutez, si l'un & l'autre décede dans la possession de leurs anciens Benefices, mais dans le temps porté par cette regle, en ce cas les deux Benefices vaquent par mort ; mais ils ne vaquent pas par la mort du possesseur de fait, quoiqu'ils en fussent autrefois les veritables titulaires & possesseurs, mais ils vaquent par la mort du résignataire, ensorte qu'une personne qui se seroit fait pourvoir d'un de ces Benefices, comme vacant par la mort du résignataire, seroit preferable à celui, lequel se seroit fait pourvoir de ce même Benefice le premier en date, comme vacant par la mort de celui qui étoit mort dans l'actuelle possession. *Ibid. n.* 198.

149. L'opinion de Gomez est que le temps de la regle *de publicandis* ne commence à courir que du jour de la prestation du consentement. Du Moulin sur cette même regle, nomb. 206. & suiv. est d'avis contraire, parce que *solo verbo gratia perfecta est, & ex supplicatione signata statim verum jus quæsitum;* ainsi il conclut que le temps de la regle court du jour de la résignation admise. Au *nomb.* 210. il observe que 15. années avant qu'il écrivît son Commentaire, qui étoit en 1551. l'opinion de Gomez étoit suivie, & qu'on le jugeoit de la sorte en 1437. Il apporte plusieurs raisons pour la détruire, & se sert de cette comparaison ; Quand on veut sçavoir de quel temps on court les vingt jours, comme on ne regarde pas le temps de la supplique, ou de la signature, mais celui du consentement prêté, parce que cela est favorable aux Collateurs ordinaires & aux pourvûs par mort ; de même il ne faut pas dans la regle *de publicandis* regarder le jour du consentement prêté, mais la date de la supplique ou signature ; car cela est utile aux Collateurs & aux impetrans par mort, que la regle a eu dessein de favoriser ; les raisons de Du Moulin firent changer l'ancienne Jurisprudence; & la question examinée par les Chambres assemblées, fut décidée conformément à son avis. Au *nomb.* 217. il ajoute que dans le temps qu'il professoit les Loix à Dole, les Docteurs, & Antecesseurs de cette Ville consulterent un fait directement contre la Regle de Chancellerie de Paul III. & contre l'opinion de Gomez, & que suivant cette résolution un pourvû par mort gagna sa cause contre un résignataire *in Curia Bisuntina.*

150. Les Papes Jules III. & Paul IV. firent une addition à cette Regle *de publicandis*, sur le mot *six mensés*, par laquelle ils déclarerent que les six mois devoient courir du jour de la date de la supplique, & non pas du jour que le consentement auroit été prêté, *à data supplicationis & non à die præstiti consensus computando.* Cette opinion reprouve la vieille erreur. Voyez Du Moulin *ibid. nomb.* 235. où il observe que cela doit s'entendre d'une supplique valable & efficace qui contienne en elle-même & l'admission de la résignation & la collation, ou du moins l'admission de la résignation legitime, & telle qu'elle fasse vaquer le Benefice par résignation, & qui empêche qu'il ne puisse plus vaquer par mort, si ce n'est ou par la disposition de la Regle *de infirmis*, ou par celle *de publicandis.*

151. Un Cardinal & un nommé *Titius* font un Concordat, par lequel le Cardinal promet de résigner une Abbaye qu'il possedoit, à *Titius.* Un Religieux intervient qui s'oblige de résigner une *Infirmerie* en faveur d'une personne qui lui devoit être nommée par ce Cardinal. Le Concordat est homologué en Cour de Rome au mois de May, & la résignation faite par le Religieux est admise au mois de Juin; dans ce même mois le Religieux décede; *Cajus* se fait pourvoir de cette Infirmerie comme vacante par sa mort ; le nommé par le Cardinal se presente ; on lui objecte qu'il n'a pas publié sa résignation dans les six mois. Il répond que les six mois ne se doivent compter que du jour de la collation. Maître Charles Du Moulin, à qui la question fut proposée, la décida contre le résignataire, parce que l'admission avoit veritablement fait vaquer l'Infirmerie par résignation, sans qu'il fût besoin de collation. *Ibid. n.* 236.

152. La question de sçavoir si le temps porté par la Regle *de publicandis, currat ignoranti, impedito, vel minori*, est traitée par Maître Charles Du Moulin sur cette même regle nombre 237. il décide pour l'affirmative, ensorte que le Benefice vaquera par la mort & n'aura point vaqué par la résignation ou démission. La raison est que cette regle est réelle, *loquitur in rem*, elle a lieu dés que la résignation a été valablement admise, *non obstat justa ignorantia*, parce que le résignataire ou collataire *certos de lucro, & lucrum collatarii cedere debet lucro reipublica.*

153. Si le lieu où est situé le Benefice est attaqué de peste ou rempli de gens de guerre, ensorte que la publication ne puisse être faite, il suffira de la faire dans le lieu le plus proche. Une seconde exception est que, celui qui auroit frauduleusement suscité un obstacle au pourvû, ne pourra lui objecter le défaut d'execution de la regle ; mais si l'empêchement ne provenoit que du résignant, il n'empêcheroit pas que le résignataire n'eût encouru la peine. *Ibid. n.* 242.

154. En 1523. lors qu'à cause des guerres, & que les chemins étoient si occupez par les ennemis, qu'on ne pouvoit pas aller ni envoyer à Rome & y porter l'argent pour l'expedition des provisions, & dans d'autres temps semblables, l'on faisoit les publications sur de simples signatures sans avoir les Bulles. *Voyez Du Moulin* sur la regle *de Publicandis* n. 242. il dit qu'il a vû juger & déclarer des publications de cette nature bonnes & valables. Il dit plus, car aprés avoir obtenu des Lettres en la Chancellerie du Palais, on faisoit verifier par des Banquiers ces sortes de signatures ; elles servoient non seulement pour faire ordonner le sequestre, mais pour obtenir la récréance sans qu'on eût des Bulles.

155. Un pourvû par le Pape, ou par le Legat, sur une résignation en faveur, a fait signifier, ou a montré ses Bulles de provision à l'Evêque Diocesain & Collateur ordinaire, lequel l'a fait insinuer, & l'a tenu pour bien & dûement notifiée ; & dans un Acte à part, ou même sur le pli de la Bulle, il a fait mettre par son Notaire ou Secretaire ordinaire, que les provisions avoient été vûes & examinées un tel jour par l'Evêque; ensuite le Résignataire ne fait rien davantage, & laisse mourir son Résignant dans la possession de son Benefice aprés les six mois ; on demande si en ce cas la regle ait eu lieu ? *Voyez Du Moulin, ibidem, nombre* 253. & suiv. où en rapportant plusieurs raisons, pour prouver que la regle ne doit pas avoir lieu au profit de l'Evêque, il dit que cette question a été une fois jugée en la premiere Chambre des Enquêtes ; mais qu'à l'égard de cette derniere raison, elle ne doit pas être considerable, d'autant qu'il ne faut pas prendre & fonder ses jugemens sur les exemples, mais sur les Loix & sur les raisons; *non exemplis, sed legibus judicandum.*

156. Du Moulin sur la regle *de Publicandis* n. 255. propose cette espece. *Sejus* se démet de son Benefice, & le résigne purement & simplement entre les mains de l'Evêque qui le confere à *Titius.* Le Collataire laisse écouler le mois sans executer sa provision & sans faire publier la résignation de *Sejus*, qui par consequent meurt en possession. L'Evêque confere une seconde fois ce Benefice à *Cajus* comme ayant vaqué par la mort de *Sejus.* Du Moulin décide que cette seconde collation est bonne, & en effet il est dit dans la regle, *sive in Curia Romana, sive extra eam.*

157. Une résignation devenue notoire & publique par une autre voye que par la publication, ne dispense pas le résignataire de satisfaire à la regle *de Publicandis*, & la prise de possession tenue secrette & cachée seroit encore insuffisante. Une possession continue, réelle & fondée sur des Actes réels, *publicationi &*

forma hujus regulæ æquipollet, imo præponderat. Du Moulin de public. resig. n. 262. & suiv. où il rapporte un Arrêt du mois d'Août 1550. en faveur de Jean Masier contre Pierre Bernard pour la Chanoinie & Prébende de l'Eglise de Beaulieu, Diocese de Mâcon.

258 Dans l'Eglise de Chartres il y a une Dignité, sçavoir la Prévôté d'Anvers, dont la collation appartient à l'Evêque, & le revenu est à Anvers. M. Deserte Conseiller au Parlement de Paris titulaire, résigna à Titius qui prit possession à Anvers, donna à ferme les heritages, &c. Six mois après le résignant mourut, l'Evêque conferra cette Prévôté comme vacante par mort. Du Moulin sur la regle de public. n. 272. dit qu'il fut consulté, il se détermina pour le résignataire, attendu la publicité, tant de la prise de possession que des Actes, & qu'il n'étoit pas nécessaire que la publication fût faite en l'Eglise de Chartres où le Prévôt étoit seulement tenu de donner un cierge dans le cours de l'année.

259 On demande, si la regle de publicandis doit avoir lieu au cas que le Pape décede dans le temps qu'elle court? Gomez est d'avis que non, ce qui est de certain est que les regles de Chancellerie reçuës en France ne finissent point par la mort des Papes. Du Moulin de public. n. 296.

260 La regle de publicandis n'a point lieu à l'égard des Beneficies consistoriaux, parce qu'ils sont hors la disposition & le commerce des Collateurs, & dépendent seulement du Roy & du Pape. Au reste la disposition de cette regle s'étend aussi bien aux Cardinaux & Evêques qu'aux autres Beneficiers, parce que eorum exemplo facilius alii poterant ad similia provocari. Du Moulin sur la regle de publicandis n. 309.

261 Si le résignataire après avoir satisfait à la regle de publicandis, demeure dans le silence pendant trois années, ou qu'il ait dissimulé, de telle maniere que le résignant soit demeuré publiquement dans la jouissance & dans la possession de ce Benefice, de même qu'il y étoit auparavant la résignation, & qu'il soit décedé lors que tout le monde le croyoit le veritable titulaire & possesseur du Benefice qu'il abandonnoit, en ce cas la regle doit avoir lieu. Ibid. n. 311.

262 Si une personne résigne plusieurs fois un même Benefice à la même personne, qui ne satisfait à la regle que dans les six mois de la derniere résignation, on demande si la regle de publ. a lieu? M. Charles Du Moulin de public. n. 314. & suiv. examine cette question, & il décide que cette regle suffit, qu'il suffit que la résignation ait été publiée du vivant du résignant, & que lors de sa mort on sçache publiquement qu'il n'étoit plus titulaire.

263 Il faut tenir pour maxime certaine, que si celui qui fait faire la publication est le veritable résignataire, & que sa provision soit appuyée & soûtenuë sur le Droit commun, en ce cas son droit luy est conservé par cette publication qu'il fait de sa derniere provision, quoique dans cette publication il ne fasse mention d'une premiere résignation, laquelle avoit été faite en sa faveur. Ibid. n. 343.

264 Du Moulin, sur la regle de publicandis, n. 361. & suiv. propose cette espece. Un oncle résigne en faveur de son neveu ; celuy-ci accepte & est pourvû ; la provision n'a point été publiée six années après le neveu voyant l'oncle malade, résigne purement & simplement és mains de l'Ordinaire, qui le même jour confera à l'oncle, lequel a fait de nouveau une procuration pour résigner ce même Benefice en faveur du neveu ; la procuration est envoyée à Rome ; cependant l'oncle meurt ; le Collateur ordinaire pourvoit Titius à cause de mort, le neveu se presente ensuite & montre les Bulles obtenuës sur la seconde résignation, soûtenant que le défaut de publication ne peut pas luy être opposé, puisque le défunt est mort dans le temps de la regle. Titius objecte la premiere résignation, & dit que la retrocession est ou

simulée, ou faite seulement dans la pensée d'éluder la regle. Du Moulin décide en faveur de Titius, sur le fondement que le temps de la regle doit courir du jour de l'admission de la premiere résignation, & dit qu'une semblable question a été plaidée au Parlement de Paris le 13. Août 1551. entre Mathurin Boniou résignataire, & le nommé Gentius pourvû par le Chapitre de l'Eglise de saint Martin de Tours.

265 Quand le Collateur ordinaire a conferé un Benefice à un absent, jusques à ce qu'il ait accepté la collation faite en sa faveur, le Benefice demeure toûjours vacant, de la premiere & ancienne vacance ; mais ce qu'il y a, c'est que tant que la premiere collation que l'Ordinaire a donnée, demeure en suspens jusques à ce que l'absent ait répudié le Benefice qu'on luy avoit conferé, il ne peut pas être donné à un autre. Cela a lieu, soit que la collation ait été donnée à une autre personne qui n'en sçavoit rien, peut être à cause de son absence, mais laquelle en étoit capable, soit qu'elle ait été donnée à une personne qui sçavoit bien la grace qu'on luy faisoit, mais qui ne l'avoit point acceptée. Du Moulin, sur la regle de verisimili notitiâ, n. 81.

266 Arrêt singulier sur la 34. regle de Chancellerie, contenant que possessio beneficii resignati in Romanâ Curiâ debet adipisci & publicari infra sex menses, & si extra Curiam Romanam, infra mensem, aliàs si resignans moriatur in possessione beneficii resignati dicitur vacare per ejus mortem, & non per ejus resignationem. Du Moulin, to. 2, page 677.

267 Qualiter inducatur vel excludatur vacatio ob non factam publicationem resignationis ? Voyez Lotherius, de re beneficiariâ, liv. 3. quest. 21.

268 La publication doit être faite au lieu où le Benefice est situé suivant la regle de verisimili notitiâ. V. Despeisses, to. 3. page 432. afin que le Collateur ordinaire en ayant connoissance ne confere pas à un autre ; le temps de six mois ou d'un six compte du jour de la résignation admise, & non du jour du consentement prêté par le résignant à la dépeche des Bulles qui peut être prêté après la résignation admise. Cette regle n'a point lieu lors qu'il y a un empêchement. Item, lors que le Benefice est vacant. Item quand le résignataire a été mis publiquement en possession.

269 De la regle de publicandis, en matiere de permutation, Voyez le mot Permutation, nombre 87. & suivans.

270 Cette regle n'a point lieu si la possession est prise la veille du decez ; secus, si elle est prise le jour de la mort du résignant après les six mois. Jugé au Grand Conseil. Papon, liv. 3. tit. 1. n. 2.

271 La regle de public. n'est empêchée par prise de possession, si le résignant est laissé en possession. Arrêt du Parlement de Paris en faveur d'un pourvû per obitum, ce n'est donc pas assez de prendre possession, il faut que le résignataire jouïsse. Papon, livre 3. titre 1. nomb. 9.

272 Le résignant tenant le Benefice à ferme de son résignataire fait cesser la regle de publicandis resign. Item, cette regle a lieu si la possession est prise le jour de la mort, après les six mois. Arrêt du 23. Août pour Gilbert de Colombe, contre Martin Gambard. Biblioth. Can. tome 2. page 511. col. 1.

273 La regle de publicandis resignationibus est reçuë pour loy, & observée en France. Arrêts du Parlement de Paris des 27. Août 1492. 23. Decembre 1505. & 7. Septembre 1525. Ibidem.

274 A cette regle est satisfait par publication faite sur une simple signature, pourvû qu'il y ait guerre, ou autre empêchement. Arrêt du Parlement de Paris de 1523. Papon, liv. 3. tit. 1. n. 7.

275 Les six mois de la regle de publicandis, peuvent être prorogez par le Pape d'autres six mois par provision expresse : cum Papa sit ultra jus positivum, Cap. proposuisti de concess. præb. & à plus forte raison sur les re-

gles de Chancellerie. Arrêt du Parlement de Bourdeaux de 1532. présentement on doute que cela soit observé en France, où cette régle n'est pas gardée simplement comme régle de Chancellerie, mais comme loy publiée & registrée aux Cours Souveraines par Ordonnance du Roy ; parce que telles prérogatives particulieres seroient préjudice aux Graduez Mandataires, & autres qui peuvent par vacation de mort succeder aux Benefices ; quelques-uns ont voulu limiter ce pouvoir au Pays d'Obédience. *Ibidem*, & *Charondas*, *liv.* 1. *Réponse* 14. & 22. & *Papon*, *livre* 3. *tit.* 1. *nombre* 5.

176 Le résignant fermier du Benefice de son résignataire fait cesser la régle *de publicandis* ; encore faut-il que le résignataire du vivant de son résignant ait publié sa provision, & pris possession, & aussi que laissant son résignant fermier ce ne soit collusion, autrement *vacaret beneficium per obitum*. Arrêt du Parlement de Paris du 13. Août 1540. *Papon*, livre 3. titre 1. nomb. 2.

177 Les six mois de la régle de publication introduite en faveur des Ordinaires, & des impetrans par mort, se prennent du jour de la résignation admise. Arrêt du Parlement de Paris du 14. Juillet 1541. *Ibidem*, nomb. 4.

178 La régle de publication n'a point lieu contre un homme empêché par crainte, voye de fait, ou autrement. Arrêt du Grand Conseil du 2. Janvier 1543. il la minorité & l'ignorance n'excusent. *Papon*, *ibidem*, nomb. 3.

179 La régle *de public. resign.* n'a point lieu à moins que le résignant ne meure avant la prise de possession. Arrêt du mois d'Août 1550. *Bibliotheque Can. tome* 2. *page* 511. *col.* 1.

180 Le régle de publication n'a lieu que lors que le résignant meurt avant la prise de possession. Arrêt du Parlement de Paris du premier Février 1557. *Papon*, *liv.* 3. *tit.* 1. *n.* 6.

181 Le Pape ne peut déroger & dispenser de la régle *de publicandis resignationibus*. Jugé le 7. Septembre 1564. *Charondas*, liv. 1. chap. 23.

182 Jugé le 16. Decembre 1574. que quoique le résignataire garde long-temps sa procuration, s'il prend possession, & fait publier devant la mort du résignant, six mois aprés l'impetration des Bulles, la résignation ne laisse de valoir. *Papon*, liv. 3. tit. 1. n. 6.

183 Antoine Josses résigne son Canonicat *in manibus Papæ* en faveur d'Yves Turnier. Cette résignation qui est du 4. Août 1572. est admise en Février 1573. le résignataire se présente au Chapitre de Rennes pour prendre possession le 5. Février 1574. sur les 9. heures du matin ; le Chapitre étant clos, il la prend en presence des Chanoines ; il la réitere le 8. & est reçû au Chapitre. Cependant Jean de Lorie obtient en Cour de Rome provision du Canonicat comme vacant par le décez de Josses arrivée le 5. Février 1574. Complainte. Lorie dit que Josses est mort en possession, il paroît que le jour de sa mort il a assisté à l'Office, & a gagné la rétribution. Il faut prendre possession au moins un jour avant la mort du résignant ; de plus la procuration pour la prendre n'est passée par-devant Notaire Apostolique. Le résignataire répondoit qu'il avoit plaidé pour la Prébende, & qu'il s'étoit fait subroger le 13. Février 1574. pour tout l'interet du défunt ; à l'égard de la procuration, *non revocat mandatum quin imò probat quod suo nomine gestum est*, en vertu de la procuration. La Cour sur pareils actes a ajugé de pleines mainteneuës. La cause qui avoit été jugée à Rennes en faveur du résignataire, fut appointée au Parlement de Bretagne au mois de Septembre 1576. decidée à l'avantage du Pourvû en Cour de Rome. *Du Fail*, li. 3. chap. 131.

184 Par la régle *de publicandis* la possession se doit prendre *post sex menses in Curiâ Romanâ*, & *post mensem extra Curiam* ; tellement que si le résignant décede dans le mois, la résignation ne laisse pas d'être bonne, & la possession se peut prendre dans le temps d'un mois. Jugé à Toulouse le 23. Juillet 1585. au profit du résignataire. *Charondas*, li. 7. ch. 153.

185 Un résignant décede trois semaines avant les six mois de la résignation admise en Cour de Rome ; six semaines aprés la mort du résignant, & ainsi trois semaines aprés les six mois de la résignation admise, le résignataire prend possession, & le même jour il s'en fait pourvoir de l'Ordinaire *per obitum*. Jugé pour le résignataire, d'autant que sa mort avenuë dans les six mois, le mettoit hors de la régle, cessant, laquelle il n'étoit point en demeure. Arrêt du Parlement de Paris du 4. Janvier 1622. *Corbin*, *suite de Payronage*, chap. 308.

REGLE DE IMPETRANTIBUS BENEFICIA VIVENTIUM.

186 C'Est la 20. régle de la Chancellerie Romaine dont la disposition est telle, *Item, si quis supplicaverit sibi de beneficio quocumque, tamquam per obitum alicujus, licet nunc viventis, vacante, provideri, & posteà per obitum ejus vacet, proviso dicto supplicanti per obitum hujusmodi de novo facienda nullius sit roboris vel momenti*.

Cette régle a pour Auteur Benoît XII. elle est plûtôt une pure disposition du Droit commun qu'une régle de Chancellerie, M. Charles Du Moulin joint l'explication de cette régle avec celle *de verisimili notitiâ*, parce qu'elles ont beaucoup de rapport l'une avec l'autre. *Voyez* cy-dessus *les nomb*. 6. 7. & 8.

REGLE DE VERISIMILI NOTITIA.

187 LA régle de Chancellerie *de verisimili notitiâ* est la 28. selon le nombre des régles de Chancellerie, elle est fort utile, revuë & registrée au Parlement de Paris le 10. Novembre 1493. & pratiquée par toute la France, gardée és jugemens comme une loy du Royaume, à laquelle par conséquent le Pape ne peut déroger.

Cette régle est conçuë en ces termes : *Item, voluit & ordinavit, quod omnes gratiæ quas de quibusvis Beneficiis Ecclesiasticis cum curâ, vel sine curâ secularibus per obitum, quarumcumque personarum vacantibus in anteà fuerit nullius roboris vel momenti sint nisi post obitum, & ante datam hujusmodi gratiarum tantum tempus effluxerit, quo interim vacationis ipsa de locis, in quibus persona prædicta decesserint, ad notitiam ejusdem Domini nostri verisimiliter potuerint pervenisse.*

188 Sur la régle *de verisimili notitiâ obitûs*, elle a lieu à l'égard du Legat, & des Collateurs ordinaires, & le Pape n'y peut déroger. *Voyez* M. *Charles Du Moulin*, n. 1. & *suiv*.

189 De la régle de Chancellerie *de verisimili notitiâ*. *Voyez* la *Biblioth. Can. to.* 2. *page* 656. & *Du Luc*, *liv.* 1. *tit.* 4. *chap.* 11.

190 Un Curé décede à midy au mois de Juin dans un lieu distant de Chartres de 20. lieuës ; le Chapitre pourvoit le même jour au soir. Arrêt du Parlement de Paris qui juge qu'il n'y avoit pas eu assez de temps pour luy donner connoissance du décez. *Du Moulin*, sur la régle *de verisimili notitiâ*, n. 9.

191 Dés qu'on justifie la garde du corps mort du défunt titulaire, le temps requis pour former la vraisemblance requise par cette régle ne commence de courir à l'égard du Pape & du Legat, que depuis que la mort du titulaire aura été publiée dans le lieu du Benefice. *Voyez Du Moulin*, sur la régle *de verif. not.* n. 25. où il rapporte un Arrêt solemnel rendu au Parlement de Paris le 23. Février 1515. pour une Prébende de Chatellerault, laquelle avoit vaqué par la mort de Guillaume Abriou, arrivée dans la Ville de Poitiers.

192 *Du Moulin* sur la régle *de verisimili notitiâ*, §. 27.

dit que pour satisfaire à cette regle, il faut sept jours en Eté pour aller de Paris à Rome, comme il a été reglé sur les témoignages des Couriers, qui en cela (ajoûte cet Auteur) ne sont pas sinceres, car il dit que n'y ayant que trois cens lieues de distance, des personnes dignes de foy lui ont assuré qu'il ne falloit que six jours. En Hyver on augmente le temps, ou quand il y a guerre qui empêche la liberté des chemins, ce qui dépend de l'arbitrage du Juge; mais ordinairement on regle la course de Paris à Rome à douze jours en Hyver. *Bibliotheque Canonique, tome 1. page 285.*

193 L'on compte le temps & la vraye-semblance à l'égard du Legat, suivant les journées communes & ordinaires, telles que les font regulierement les Marchands, par l'exemple de quinze lieues par jour; mais il faut que ce soient de petites lieues, telles qu'on en trouvé prés de Paris, & prés d'Orleans. *Du Moulin,* sur cette regle, *nombre 28.* dit que le Parlement de Paris a souvent jugé suivant cette maxime, & appuyé cette moderation par plusieurs de ces Arrêts; l'on a introduit cela afin que les Collateurs ordinaires ne fussent pas perpetuellement frustrez & prévenus par les Legats.

194 Si cette Regle doit avoir lieu à l'égard de celui qui envoye en Cour de Rome une procuration du défunt pour résigner en sa faveur. *Voyez Du Moulin,* sur cette regle, *nombre 36. & suivans* : il tient l'affirmative.

195 Quant aux Legats on ne reçoit point la preuve par le témoignage des Couriers, pour justifier si l'on a satisfait à la regle de *verisimili notitiâ*. Du Moulin dit qu'à leur égard les journées des Couriers doivent être médiocres & ordinaires, *juxtà mediocres & solitas dietas, quas mercatores & negotiatores conficere solent, puta quindecim leucarum in die, sed paucarum, quales sunt circa Parisiensem & Aurelianensem urbem, & ita sæpe in hoc Senatu moderatum est & judicatum, ne alioquin ordinarii eludantur, & semper præveniantur per Legatos.* Du Moulin dit même sur la regle *de verisimili* §. 45. qu'au commencement de l'usurpation des préventions, la prévention ne se pouvoit faire, *nisi per dietas ordinarias & de certo expresso mo to vacandi.*

196 *Aldus* résigne son Benefice ès mains de l'Evêque de Paris, qui le confere à *Badius* le 1. May. *Badius* répudie la collation le 1. Juin. Cependant le 22. May *Aldus* décede, le lendemain 23. le Benefice comme vacant par mort, est conferé à *Cajus*. Le 31. May *Drusus* obtient une provision du Pape avec la clause *quovis modo*. Le Collateur ordinaire ayant nouvelles que *Badius* avoit répudié sa provision, en donne une le 15. Juin à *Faustus* de ce même Benefice, comme vacant par la résignation pure & simple d'*Aldus*; cependant & le 11. Juin *Gilles* obtient à Rome une provision de ce Benefice comme vacant, soit par mort, soit par résignation, &c. Mᵉ. Charles Du Moulin qui propose une espece sur la regle *de verisi. notit.* n. 75. & *suiv.* décide pour *Faustus*. Le pourvû par le Pape demeure exclus, parce que depuis la répudiation de *Badius*, jour auquel la vacance est devenuë libre, il n'y a pas eu un temps suffisant pour porter à Rome la connoissance de la veritable vacance; les autres n'ont aucun droit, parce que *Aldus* s'étoit dépouillé par la démission de tout celui qu'il avoit. Jusqu'à la répudiation de *Badius* le droit du Collateur est demeuré en suspens.

197 Du Moulin demande si le Pape est sujet à la regle *de verisimili notitiâ*, lors qu'après les quatre mois des Patrons laïcs, il confere les Benefices ausquels ils ont negligé de presenter ou de pourvoir? La raison de douter se tire de ce que la prévention du Pape est un privilege qui doit être restraint. Du Moulin répond que le Pape peut conferer dès le premier jour, après les quatre mois, parce que le cas de dévolution dont il s'agit pouvoit être prévû, avant qu'il fût arrivé, *quia potest primâ die devolutionis completæ, jure devoluto conferri quoniam interim prævidebatur*. Il ajoûte qu'il n'en jugeroit pas ainsi dans un autre cas imprévû de dévolution, par exemple si un Benefice vaque, aussi-tôt qu'un Patron laïc est fortuitement suspendu de son droit de presentation, car la collation de ce Benefice ne se peut faire en Cour de Rome que suivant la regle *de verisimili notitiâ*, ce dernier cas étant extraordinaire & ne pouvant être prévû, *Bibliothᵉ. Can.* to. 1. p. 286.

198 Quant aux Ordinaires ils ne sont point obligez à l'égard des Patrons d'observer la regle *de verisimili notitiâ*; la raison est qu'ils conferent en tout temps *jure ordinario*, & que le Patronage consideré comme une servitude qui leur est imposée, ne les peut empêcher de pouvoir conferer librement *ipso jure*, mais seulement par exception, c'est à dire, sous l'évenement de la condition que le Patron voudra se servir de son droit dans le temps qu'il lui est accordé; en un mot la prévention de l'Ordinaire n'est pas à proprement parler une prévention; mais une provision naturelle & legitime qu'on ne peut jamais condamner d'obreption. *Du Moulin* de verisimili notitia §. 81.

199 *Mandauit Pontificis maximi expressa regula de verisimili notitiâ, cum ejus derogatione quatenus recepta.* Tournet lettre M. Arrêt 2.

200 Arrêt sur la Regle *de verisimili notitiâ.* Du Moulin, *tome 2. page 678.*

201 La Regle *de verisimili notitia non incipit statim post obitum quando mors fraudulenter occultata est, sed tantum à tempore mortis publicè nota in loco obitus.* Mornac, *l. 6. ff. de calumniatoribus.*

202 *Regula Cancellariæ de tempore verisimili, an habeat locum in Ordinario?* V. Franc. Marc. 10. 1. quest. 1000.

203 *Papa Regulæ* 28. *de tempore verisimili derogare potest.* Voyez *Ibidem,* quest. 1183.

204 Extrait d'un Registre de Parlement sans aucune intitulation, commençant par une Garde gardienne pour Normandie. Il est retenu *in mente Curiæ,* par maniere de provision, & jusqu'à ce qu'autrement en soit ordonné, que la Cour n'aura point égard aux dérogations du Pape, ni de feu M. Georges d'Amboise Cardinal Legat, contre la regle de Chancellerie Apostolique *de verisimili notitiâ,* sinon dans le cas où il y auroit procuration passée, par vertu de laquelle le Benefice auroit été résigné, & collation ou provision ensuivies *cum Clausulâ etiam si per obitum*, avec ladite dérogation. Car en tel cas, jaçoit qu'il y eût temps vray-semblable depuis la mort jusqu'à la date de ladite collation ou provision, pourvû toutefois qu'il y ait temps vray-semblable, depuis le temps que celui qui auroit porté la procuration est parti jusqu'à la date de la collation ou provision, cessant dol & fraude, on aura égard à ladite dérogation, & entend ladite Cour, ce que dit est, tant pour le temps passé que pour le temps à venir, en retenant neanmoins *in mente,* que ceux qui le temps passé auront joüi de quelque Benefice *in vim* de ladite dérogation par an & jour pacifiquement, ne pourront être inquietez au possessoire s'il n'y a autres Obstacles. *Item,* que pour le present il n'est affaire generale ni certaine interpretation sur la verisimilitude de temps, de laquelle est faite mention en ladite regle, l'e-moins demeurera en arbitrage des Jugeans. *chapi-xigence du cas, Preuves des Libertez,* chapitre 36. nombre 29.

205 La Regle *de verisimili notitiâ* Parlement de Paris comme Loy du Royaume. Arrêt Regle n'a lieu aux ris du 2. Novembre 1493. qu'il n'y ait une invin-Provisions du Roy, à m. Jugé le 13. Avril 1564. cible présomption de prétendoit résignataire d'un contre un homme à S. Quentin le 14. Février Beneficier qui our avoit eu sa provision du Roy 1561. & du *Papon, liv. 3. tit. 4. n. 1.* étant à

Tt iij

206. *Regula Cancellaria de verisimili notitia cum suis scholiis.* Voyez Rebuffe 1. part. *praxis benef.* où il observe que cette regle est devenuë Loy du Royaume par l'enregistrement fait au Parlement de Paris le 20. Novembre 1493.

207. La Regle de Chancellerie *de verisimili notitia* est observée en France contre provisions Apostoliques de Rome, obtenuës *in fraudem.* Arrêt du Parlement de Paris de l'an 1499. *Papon. liv.* 3. *tit.* 4. *n.* 3.

208. Arrêt du Parlement de Paris du 26. Janvier 1502. portant que la regle *de verisimili notitia* a lieu és provisions du Legat comme en celles du Pape. *Preuves des Libertez*, to. 2. ch. 23. n. 11.

209. Il a été retenu *in mente Curiæ* en Avril 1512. par maniere de provision jusqu'à ce qu'autrement en soit ordonné, que la Cour n'aura point égard aux dérogations du Pape, ni de M. Georges d'Amboise Cardinal & Legat, contre la Regle de Chancellerie Apostolique *de verisimili notitia,* sinon aux cas où il y auroit procuration passée, par vertu de laquelle le Benefice auroit été résigné, ou collation ou provision ensuivie *cum clausulâ etiam si per obitum,* avec la dérogation : car en tel cas, quoiqu'il n'y eût temps vray-semblable depuis la mort jusqu'à la date de la collation ou provision, pourvû toutefois qu'il y ait temps vray-semblable depuis le temps que celui qui auroit porté la procuration seroit parti, jusqu'à la date de la collation ou provision, cessans dol & fraude, on aura égard à la dérogation ; & la Cour entend que ce qui est dit ait lieu, tant pour le temps passé que pour l'avenir, en retenant neanmoins *in mente* que ceux qui le temps passé auroient joüi de quelque Benefice *in vim* de la dérogation par an & jour pacifiquement, ne pourront être inquietez an possessoire, s'il n'y a d'autres obstacles. De plus que pour le present il n'est à faire, loy generale ou uncertaine interpretation sur la verisimilitude du temps de laquelle est fait mention en la regle ; mais le tout demeura en l'arbitrage desdits Jugeans selon l'exigence des cas. *Bouchel en sa Bibliotheque,* verbo Regle de verisimili.

210. C'est une maxime en matiere de corps de Beneficier mort, que le temps de la verisimilitude se doit prendre du jour que la mort a été déclarée & sçuë. Arrêt du Parlement de Bourdeaux du 12. Mars 1523. *Tournet, lettre G. Arrêt* 1.

211. La Regle *de verisimili notitia* a lieu és collations des Ordinaires, ainsi qu'à celles du Pape, *ut ambitio evitetur.* Rebuffe. 1. part. *praxis beneficiaria* au chapitre *Regula de verisimili notitia glos.* 5. Arrêt du Parlement de Paris du 29. Août 1537. elle n'a lieu en Regale. Voyez Papon, *liv.* 3. *tit.* 4. *n.* 6.

212. On n'a point d'égard à la Regle *de verisimili notitia,* pour les Offices & Benefices Royaux & temporels, & le plus diligent à se faire pourvoir l'emporte. Jugé pour un Office de Sergent, par Arrêt du 22. Decembre 1541. Voyez Rebuffe, *Proœm. Concord.* Mais elle a lieu en tous Benefices Ecclesiastiques, soit Reguliers ou Seculiers, aux Dignitez & Offices de l'Eglise, elle n'a point lieu en matiere de dévolut, parce qu'aussi-tôt les six mois expirez, la provision du Pape est valable, C. 2. *de concess. Præb.* car en ce cas à raison de temps de la Regle cesse, & ce qui est dit du Pape, a aussi lieu au Legat & à l'Ordinaire. Jugé au Parlement de Paris le 29. Août 1537. pour une Prébende de sainte Radegonde de Poitiers. *Bibliotheque Can. to.* 2. *p.* 656. *col.* 2.

213. La Regle *de verisimili notitia* a lieu en l'Ordinaire & Legat comme au Pape. Jugé le 25. Février 1546. Expilly, en ses Arrêts, chap. 21. Voyez *Carondas, livre* 1. Réponse 16.

214. Une provision en Cour de Rome en vertu d'une procuration pour résigner purement & simplement, avec la clause *ut alias quovis modo sive per obitum,* vaut par mort, & n'est sujette à la Regle *de verisimili notitia; hac regula locum habet in Ordinario & tenet.*

C. M. *ad hanc regulam n.* 3. *& seqq.* Jugé au mois de Juillet 1589. M. le Prêtre, 2. Cent. ch. 44.

215. La Regle *de verisimili notitia,* n'a lieu quand on envoye en Cour de Rome avec procuration, *quia impetrans justam arripiendi itineris habet occasionem, multis tamen dissentientibus propter favorem Ordinariorum, sed potius usu communis quam ratio prævaluit.* Jugé le 25. Juillet 1589. M. Loüet, lett. V. somm. 2.

216. Les Arrêts rapportez par Brodeau sur M. Loüet, lett. V. n. 2. sont refutez dans la *Bibliotheque Canon.* to. 1. p. 285. sur le fondement que le Roy dans la regale succede aux droits de l'Evêque, ou l'Evêque est sujet à cette Regle *de verisimili notitia.*

217. La Regle *de verisimili notitia,* n'a lieu en regale. Jugé le 10. Decembre 1602. *Carondas, livre* 1. Réponse 6.

218. *Non solum resignatio in favorem justam præbet causam præcurrendi Romam, sed & quacumque beneficiarii incapacitas, adeo ut si ante emissam collationem intitulatus decesserit, ea vis sit clausulæ, aut alias aut alio quovis modo, vel etiam morte vaguâ impetranti addicat.* Arrêt du Parlement de Paris du 31. Mars 1653. en faveur d'un dévolutaire qui fut maintenu au plein possessoire du Prieuré de saint Martin de Sarden. Voyez Pinson, au Traité *de Canon. institut. condit.* §. 10. num. 44.

219. Du défaut de la dérogation à la Regle *de verisimili notitia,* dans la signature du Vice-Legat en faveur d'un résignataire, & si par ce défaut l'Obituaire pourvû le lendemain, doit être maintenu à l'exclusion du résignataire ? V. Basset, tome 1. liv. 1. tit. 4. chapitre 3. Arrêt du Parlement de Grenoble du 12. Février 1666. qui maintient le pourvû par le Vice-Legat. L'Arrêt fondé sur ce que la dérogation à la Regle *de verisimili,* n'est point necessaire *in provisione* sur résignation, quand dés le jour d'icelle jusqu'à la résignation, il y a temps suffisant ; auquel cas la dérogation seroit inutile, s'il n'y avoit temps suffisant, la dérogation seroit abusive, comme contraire aux Loix du Royaume.

220. Arrêt du Parlement de Provence du 20. May 1668. qui a jugé que la Regle *de verisimili notitia* de la mort du Beneficier, étoit induite par le Juge, par la course des chevaux de poste, sans la renvoyer à connoissance d'Experts. Boniface, tome 1. liv. 2. tit. 30.

221. Il y en a qui disent que *Du Moulin,* au nombre 57. *de verism. notit.* entend qu'en son cas de la révocation avant la collation du Courier, l'impetrant qui envoye ensuite, est inhabile & incapable, à l'égard d'un Benefice d'un possesseur vivant & légitime, impetré malgré luy, *ex cap.* 1. *de concess. Præb.* c'est-à-dire, qu'il ne pourra pas avoir le Benefice impetré, vacant par la mort du résignant, quoiqu'il y ait temps de la Regle entre la mort & la provision, tant une pareille impetration est odieuse ; au lieu que l'impetrant, en vertu d'une procuration revoquée après l'envoy à Rome constituté en bonne foy, demeure capable du Benefice, si le temps de la Regle se trouve ; mais ils prétendent que cela ne doit pas dispenser de la Regle celui-cy même, parce qu'avec toute sa bonne foy, il n'a point de titre ; le titre étant par la révocation annullé avec tous ses accessoires, où il faut compter la collation *per obitum,* puisque lorsque le principal qui est le fondement manque, tout le reste tombe. Ce dernier avis a été suivi par Arrêt du Parlement de Toulouse du 10. Septembre 1671. M. de Catellan, liv. 1. chap. 45.

REGLES DE DROIT.

De diversis regulis juris antiqui, D. 50. 17. ult. *De regulis juris, Extr.* 5. 41. ult ... S. 5. 12. *post. c.* 5.

Définition de la Regle. L. 1. D. *de reg. jur.*

On ne s'est pas contenté de mettre icy les Titres *de Regulis juris,* & *de verborum significatione* ; mais comme les Loix contenuës dans ces Titres sont generales, & se rapportent à toutes les matieres du Droit, on les a inserées dans le present Recueil sous les noms particuliers qui designent les matieres de chacune des Loix de ces deux Titres.

REGRADATION.

Voyez le mot *Dégradation*.

REGRATIERS.

Des Regratiers & Vendeurs de Sel. *Voyez le Traité du sieur Michel, à la fin du Recueil de Philippy*.

REGREZ.

Le Regrez a lieu tant en matieres beneficiales, pour rentrer dans les Benefices résignez, qu'en matiere profane, pour être rétabli dans une Charge ou un heritage vendu.

REGREZ, BENEFICES.

1 *De regressibus*. Voyez Rebuffe, 3. part. *praxis Beneficiaria*.

   De regressu ad Beneficium. Voyez Franc. Marc. tome 1. quæst. 288.

   Quand & en quels cas le regrez a lieu ? *Voyez Basset, tome 2. liv. 1. tit. 7. ch. 2. & les Définitions Canoniques*, verbo, *Regrez*.

2 Difference entre les résignations *in favorem*, faites en extrémité de maladie, & celles qui sont faites sous des réserves & autres conditions. Au premier cas, il y a regrez sans provisions ; au second, le résignataire n'ayant accompli les conditions, le résignant rentre, mais avec nouvelle provision. *Brodeau sur M. Louet, lettre B. somm. 13.* où vous trouverez plusieurs questions de regrez.

3 M. Talon Avocat General tenoit qu'il y avoit trois sortes de regrez ; les uns tacites, comme en matiere de permutation ou résignation pour cause d'union, parce que ne jouïssant point, on rentre dans le sien *ipso jure sine novâ provisione* ; les autres, *humanitatis gratiâ*, comme és résignations faites *in extremis*, suivant l'Arrêt du Curé de saint Innocent ; les troisiémes, quand ils sont exprés *in vim de la clause non alias, nec aliter, nec alio modo*. Du Frêne, liv. 5. ch. 19. L'Arrêt du Curé de saint Innocent est du 29. Avril 1558. M. le Prêtre, 1. Cent. ch. 88. Carondas, liv. 1. Rép. 46. & M. Dolive, livre 1. ch. 19.

4 Regrez en une résignation la rend vicieuse. *Bellodeau, 2. part. Controv. 46. & Tournet, lett. R. Arr. 123.*

5 En France la clause du regrez est absolument abusive, suivant le Decret *de reservationibus sublatis*. Si même la condition étoit écrite dans les provisions, non seulement elle seroit abusive, mais elle vitieroit la résignation, & donneroit lieu au dévolut, si la procuration se portoit, & si le résignataire l'avoit acceptée ; neanmoins *Du Moulin, §. 15. de Infirmis*, dit que le résignant conserveroit son Benefice par l'impossibilité de la condition, qui rend la résignation nulle & comme non faite. *Bibliotheque Canon. tome 1. verbo Collation, page 282.*

6 Quand la résignation est pure & simple, la Regle generale a lieu ; sçavoir que comme la résignation est *ab initio merâ voluntatis*, & par sa définition est *spontanea sui juris abjuratio ex idoneâ causâ cum superioris authoritate factâ*, & tellement libre que nul n'est contraint, *etiam deploratæ valetudinis*, de se défaire de son droit, *cap. penult. de agrot.* ainsi depuis qu'elle est faite, elle lie tellement celuy qui s'est volontairement démis, qu'il n'y a aucun regrez pour rentrer en son Benefice.

7 Un Beneficier, *in extremis constitutus*, résigne son Benefice à son neveu *retentâ pensione* de 100. livres : Il revient en convalescence, & demande à rentrer en son Benefice, suivant l'Arrêt du Curé de S. Innocent, & un autre Arrêt donné au Conseil Privé du Roy, pour l'Abbesse de S. Antoine des Champs, contre Dame Marie de la Salle sa sœur. Par Arrêt du 9. Juillet 1610. le résignant fut débouté de son prétendu regrez, *ex solo nomine*, qu'il s'étoit reservé une pension. Pareille question s'étoit auparavant presentée pour un Chanoine de Chartres, qui se voyant à l'extrémité, avoit résigné une Abbaye à son neveu ; ayant recouvré la santé, il demanda à rentrer ; le neveu consent : l'oncle retombé malade résigne derechef son Abbaye au même neveu, *retentâ pensione* de 600. liv. Il revient en convalescence & la redemande. Le neveu dit qu'il le pourroit empêcher par le moyen de la retention de pension, qui montre que *prorsus voluit ejurare Beneficium* : qu'il voit d'ailleurs que l'intention de son oncle n'étoit pas tant de rentrer à son Benefice, que de le résigner à un autre ; neanmoins il luy offre de le laisser jouïr entierement des fruits du Benefice sa vie durant. Par Arrêt les offres du neveu furent jugées pertinentes & recevables. *Bibliot. Can. to. 2. p. 417. initio.*

8 Regrez au Benefice est empêché par la résignation. *Tournet, lettre R. Arr. 121.*

9 Regrez & pactes de rétrocession des Benefices reprouvez. *Ibid. Arr. 122.*

10 En matiere de résignation pure & simple, il n'y a plus de regrez au Benefice résigné, sans y pouvoir tenir le même rang qu'on y tenoit auparavant. Procés entre le Vessier Chanoine prebendé en l'Eglise Collegiale de Clermont, & un nommé Hureau. Vessier qui avoit résigné, avoit gagné sa cause. Hureau étoit appellant ; le procés fut parti en la Cinquiéme Chambre des Enquêtes, depuis accordé. *Voyez M. Bouguier, lettre R. Arr. 11.*

11 Il y a deux cas ausquels celuy qui a résigné son Benefice, peut user du regrez, selon les Canonistes. Le premier est *in permutatione*, quand quelqu'un a renoncé à un Benefice, pour en avoir un autre : car en ce cas, il ne peut jouïr du Benefice donné en contre-échange, pour quelque cause que ce soit, par la nature de la permutation il rentre dans son Benefice, *ipso jure cap. 10. si Beneficia de Prab. in 6.* Rebuffe, *tract. de pacif. possess. num. 146. 147. & seq.* dit que c'est *propter tacitam conditionem inhærentem permutationi, quia non aliàs dimisit quam ut aliud haberet*. Cela, dit-il, s'observe sans difficulté par la pratique de France. Il rapporte plusieurs Arrêts. Le second cas est in la résignation faite *non jure & simpliciter*, mais en faveur de certaine personne ; car, comme dit Rebuffe, *num. 146. quando quis renunciat Beneficio, ita ut conferatur tali vel tali, nec aliàs, nec alio modo, nec habet vim conditionis* : tellement que celuy-là ne l'acceptant, ce n'est rien fait, la résignation est nulle, & le résignant rentre dans son droit. *V. la Bibl. Can. tome 2. p. 417. col. 2.*

12 On approuve quelquefois une substitution réciproque en matiere beneficiale, & le Pape admet une résignation avec le regrez, comme la charge que si celuy auquel l'Evêché a été résigné, meurt le premier ; l'Evêché retournera au résignant, & cependant le résignant jouïra d'un partie des fruits de l'Evêché. *Ibid. p. 418. col. 2.*

13 Celuy qui rentre dans son Benefice par la voye du regrez, n'a pas besoin de nouvelles provisions, à moins qu'il n'y ait quelque circonstance particuliere, comme dans l'espece de l'Arrêt du Curé des saints Innocens ; car il porte que le résignataire ingrat & perfide à son maître, seroit contraint par emprisonnement de sa personne à résigner, & remettre le même Benefice entre les mains de l'Ordinaire, pour en pourvoir de nouveau son oncle. *Desin. Can. p. 726.*

14 La question de sçavoir, vû de faire Profession, a résigné son Benefice, peut rentrer dans son Benefice ? tournant au siecle, tiennent l'affirmative, & prétendent — Quelques Aut

dent faire extension du cas d'une résignation *causâ mortis*, au cas d'une résignation faite par un Novice, *causâ emittendâ professionis*. C'est une question qui a été traitée en parlant du regrez. *Ibid. p.* 855.

15. Résignation portant reserve expresse de rentrer dans le Benefice au cas de convalescence, ne rend pas la résignation nulle, cette clause est regardée comme inutile. Ainsi jugé au Parlement de Toulouse. *Arrêts de M. de Catellan, liv.* 1. *chap.* 71.

16. *Tholosa in Parlamento anno Domini* 1413. *in vigiliâ Purificationis, cum Soror Joanna de Cardeliaco, Abbatissâ Monasterii Veteris muri in manibus Papæ dictam Abbatiam, in favorem Catharinæ suæ sororis renuntiasset, & eidem Catharinæ de prædictâ Abbatiâ per antedictam renuntiationem vacante, Papa providisset, & per aliam Bullam eidem datam, dicta Catharina consensu ipsi reservasset eidem Joannæ renuntianti omnes fructus Abbatiæ, ac omnem jurisdictionem & correctionem, ac cæteras præeminentias exerceri solitas per Abbatissam cum regressu ad eamdem Abbatiam cedente vel decedente prædictâ Catharinâ. Post modum certæ ejusdem Monasterii Moniales de præmissis certioratæ, & ob hoc adhuc eamdem Abbatiam per renuntiationem vacare prætendentes, quamdam Sororem Irsandam eligunt, ortâque posteà lite inter eamdem Joannam & Irsandam electam se dicentem à duplo majori parte (& sic administrare posse de jure) actricem & conquerentem in causâ saisinæ & novitatis ex unâ parte, & dictas Joannam & Catharinam opponentes. Partibus tandem auditis, visâque Bullâ dicta reservationis omnium fructuum loco pensionis & regressûs, per Arrestum Curiæ ob hoc in totum in processu judicaturæ congregatâ ad dictam Bullam reservationis & regressûs respectum non habendo, fuit dicta Catharina manutenta diffinitivè, quia prædicta electio non valebat, &c. Quod Arrestum omninò destruit similes reservationes omnium fructuum, & regressûs quæ his temporibus contra sacra Concilia & ordinationes regias à multis obtinebantur. Bibliot. Can. tome* 2. *p.* 476.

17. Arrêt du Parlement de Toulouse de la veille de la Chandeleur 1493. qui a jugé que les regrez & les reserves de tous fruits étoient actes nuls. Autre Arrêt du Parlement de Paris en 1496. contre certaines Bulles qui contenoient la reserve de tous les fruits, même les regrez. *Preuves des Libertez*, to. 2, *ch.* 36. *nomb.* 25. *&* 16.

18. *Item die* 19. *mensis Aprilis, anno Domini* 1496. *post Pascha, per Arrestum Curiæ Parlamenti Parisius fuit inhibitum omnibus personis cujuscumque status vel conditionis existentis, ne de cætero impetrarent provisiones & Bullas Apostolicas continentes reservationem omnium fructuum & regressum, tamquam contravenientes & derogantes sanctis Decretis, ordinationibus Regiis, & pragmatica Sanctioni. Sub pœnâ cadendi ab effectu illarum, & emendâ arbitriâ, occasionem hujus ordinationis præbuit defunctus magister Joannes de Stagno, qui Cameræ Lugdunensis renuntiaverat modò & formâ prædictâ in favorem magistri Francisci de Stagno Nepotis sui. Bibliot. Can. tome* 2. *p.* 476.

19. Arrêt du Parlement de Paris du 19. Avril 1496. qui condamne les impetrations avec la clause de regrez, c'est-à-dire que l'un décédant, le Benefice retournera à l'autre. C'étoit dans la cause de M. François de Lerang Protonotaire, contre les Chanoines de l'Eglise de Lyon, quoique dans la Provence & dans le Dauphiné, on prétendît que les regrez fussent permis. *Voyez Rebuffe, sur le Concordat, au titre de Reservationibus*, où il observe que si une résignation se fait avec la clause de regrez, *valebit resignatio, regressus tamen annullabitur*.

20. Les regrez sont autorisez dans la Province de Dauphiné par des Lettres Patentes de François I. de l'année 1543. *Voyez Basset*, to. 2. *liv.* 1. *tit.* 7. *ch.* 1.

21. Si celuy qui rentre en son Benefice doit rentrer en toutes les dignitez, honneurs & prééminences ?

On distingue, si le résignataire n'a pas encore accepté, même refusé d'accepter, le résignant demeure en possession avec son premier titre, n'a pas besoin de nouvelles provisions, & ne perd ni son rang ni sa dignité. Jugé le 23. Janvier 1549. *M. le Prêtre*, 1. *Cent. chapitre* 88. Voyez *M. Bouguier, lettre R. nombre* 11. & *M. Loüet, avec son Commentateur, lett. B. som.* 13.

11. Si le résignataire a accepté la résignation, le résignant est dépossedé, & ne luy reste qu'une action contre le résignataire, par laquelle, ou de gré ou de force, il est contraint de luy résigner de nouveau, suivant l'Arrêt du Curé des saints Innocens, & il luy faut nouvelles provisions, & prendre de nouveau possession. *M. le Prêtre*, 3. *Cent. ch.* 88. où il est rapporté quelques articles de l'Edit du Contrôle avec annotation, & fait mention de l'Edit de 1646. qui révoque l'Edit du Contrôle.

13. Le Pape ne peut enteriner ni confirmer des Concordats particuliers de reserve & de regrez, ensorte qu'il y auroit lieu d'appeller comme d'abus des provisions obtenuës sur telles résignations. *Du Moulin, Regle de Publicandis, n.* 6. *& suiv.* en rapporte un Arrêt du 11. Février 1550. un second rendu en la troisiéme Chambre des Enquêtes en 1557. Il ajoûte que la même chose a depuis été jugée aux Requêtes du Palais.

14. Un homme qui a résigné en grieve maladie sous promesse de rétrocession, réintegré en ses Benefices, après sa convalescence. Arrêt du Conseil Privé du Roy du 29. Avril 1558. en faveur du Curé des saints Innocens de la Ville de Paris, enregistré au Parlement le 9. May suivant, pour servir de Loy en cas semblable. Depuis Arrêt semblable le 22. Février 1578. & depuis autre Arrêt du Conseil Privé du 3. Juillet 1603. en faveur de l'Abbesse de S. Antoine, quoiqu'il y eût reserve & retention de pension. *Papon, livre* 3. *titre* 11. *nombre* 4.

15. Résignation de Benefice faite par crainte de mort, en extrêmité de maladie, peut être revoquée par le résignant, venu en convalescence, suivant l'Arrêt fameux donné pour Maître Jean Benoît Curé des Innocens, au Conseil Privé, le 29. Avril 1558. Ce qui a lieu en résignation d'Office de Judicature en pareil cas, mais non és résignations faites volontairement, hors de crainte de mort. *Mainard, livre premier, chapitre* 67.

16. Pierre Georges malade résigne à M. Jean Moulnier, Curé de Trebes. Georges convaluit, & demande son Benefice, remontrant *quomodò resignaverit ut quasi depositum*. Les Juges de Rennes le déboutent; Par Arrêt du Parlement de Bretagne du 16. Octobre 1561. il est dit mal jugé, & Georges sera restitué & remis en sa Cure; Moulnier résignera és mains du Collateur ordinaire le Benefice, pour en pourvoir Georges, & à ce faire sera contraint par emprisonnement de sa personne aux prisons de la Cour, jusqu'à y avoir obéi, sans dépens ni restitution de fruits. *Du Fail, liv.* 2. *ch.* 143. où il est observé que cela ne se pratique plus, car le malade reprenant sa santé, reprend son Benefice, *veluti jure postliminii*.

17. Les pactes de rétrocessions, comme des regrez de Benefices, quoique d'une tres-pernicieuse conséquence, se permettent neanmoins dans trois cas; quand le résignant, étant dangereusement malade ou non âgé, donne comme en dépôt ou garde son Benefice, qu'au revenu en convalescence ou devenu en âge, il y veut rentrer, le résignant peut être contraint de luy rétroceder; outre l'Arrêt notoire du Curé des saints Innocens pour le premier cas, le 20. Juillet 1563. a été ajugée la récreance au fils du Président Dorny, contre un Pédagogue à qui il avoit commis son Benefice, & qui luy denioit sa procuration; pour sa perfidie, il fut ordonné qu'il comparoîtroit en personne. Il en est de même de celuy qui a été contraint par force de résigner, lequel peut agir par la

la rétrocession, ou bien impetrer une réintegrande. Arrêt du 24. May 1565. pour un Chanoine de Saint Martin de Tours. *Papon*, *p. 1161.*

28 Neveu tenu de rétroceder le Benefice à l'oncle ayant réfigné *metu mortis & cùm promissione*. Arrêt du Parlement de Paris du 20. May 1569. *Papon*, *livre 2. tit. 8. nomb. 21.*

29 Marguerite d'Harcourt a Lettres du Roy, confirmant le regrez à elle fait par sa sœur de l'Abbaye S. Sulpice, avec dérogation à l'Edit d'Orleans. Il est dit au Parlement de Bretagne le 26. Février 1571. qu'elles seront enregistrées. *Du Fail*, *livre 2. chapitre 418.*

30 Celuy qui a permuté, ne peut demander regrez lorsqu'il a transigé, pris pension, ou s'en est rapporté à Arbitre sur les contestations. Arrêt du Parlement de Toulouse le 10. Mars 1577. *Mainard*, *tome 1. liv. 1. chapitre 57.*

31 Le regrez a été accordé en faveur même de ceux qui en résignant s'étoient reservé des pensions, quoiqu'il parût qu'ils avoient abdiqué leurs Benefices, & renoncé à toutes les graces qu'ils pouvoient attendre. Arrêt du Parlement de Paris du 3. Juillet 1603. entre une Abbesse de l'Abbaye saint Antoine des Champs. Autre Arrêt du Parlement de Toulouse du 18. Mars 1628. entre un Chanoine Sacristain de Capestang, & François Lavenet, rapporté par *M. Dolive liv. 1. chap. 19.*

32 Le Curé de Bellecourt fort avancé en âge résigne à *Titius*, qui se fait pourvoir de la Cure, prend possession, & joüit 2. ans, après lesquels le Curé demande devant l'Official d'Amiens que Titius ait à luy donner de quoy vivre. Titius offre 40. liv. qu'il dit être le tiers du revenu de la Cure. Le Curé prend Lettres pour faire casser la procuration *ad resignandum*, & demande le regrez à sa Cure. L'Official sans avoir égard aux Lettres condamne Titius à payer 45. liv. au Curé par forme de pension sa vie durant. Appel comme d'abus par le Curé; il allegue l'Arrêt du Curé des saints Innocents. On luy oppose que cet Arrêt n'a rien de semblable. M. Servin pour le Procureur General interjette appel comme d'abus de la création de pension par l'Evêque d'Amiens ou son Official, encore que l'appellant n'y eût aucun interêt. Aprés avoir reçû l'appel comme d'abus du Procureur General; par Arrêt du 5. Janvier 1610. dit que mal & abusivement la pension a été créée par l'Official: & néanmoins l'intimé condamné suivant son offre à payer à l'appellant 45. liv. par chacun an, sa vie durant. *Biblioth. Can. 10. 2. p. 416. col. 2.*

33 Le regrez a lieu aussi pour le résignant accusé de crime. *M. Dolive*, *qu. not. de Droit*, *li. 1. ch. 19.* rapporte un Arrêt du Parlement de Toulouse qui l'a ainsi jugé le 5. Février 1621. pour un Précenteur de l'Eglise Metropolitaine d'Aix en Provence, qui avoit résigné son Benefice pendant qu'il étoit prévenu d'un crime capital; c'étoit sur des Lettres de restitution qu'il avoit obtenuës contre sa résignation; de maniere qu'elles furent enterinées, & en consequence on le remit en la possession & joüissance des fruits, profits & revenus de son Benefice, pour en joüir comme il faisoit auparavant sa procuration *ad resignandum*. Même Arrêt du 4. Juin 1635. dans le cas de peste pour Jean Lafond Curé de Marinhac.

34 Arrêt du 19. Février 1622. entre P. Lefaucheux appellant, & Claude du Vivier intimé, qui disoit qu'il étoit *in extremis*, lors qu'il avoit résigné sa Prébende, & que Lefaucheux luy avoit soustrait sa procuration. Les parties appointées à verifier leurs faits, cependant Lefaucheux joüira par forme de récreance à sa caution juratoire des fruits de la Prébende, pour montrer que jamais la Cour n'a approuvé le regrez. *Additions à la Biblioth. de Bouchel*, verbo *Regrez.*

35 Arrêts contraires entre François Suchet écolier appellant, M. Robert Oüen Chanoine en l'Eglise du Mans intimé. L'appel étoit de ce que la résignation de l'intimé avoit été déclarée nulle. M. l'Avocat remontre que c'étoit un vieillard de 98. ans que l'on avoit dépoüillé de son Benefice, fait résigner *in favorem*, revenu en convalescence, il avoit revoqué; que la seule volonté de rentrer au Benefice résigné *in extremis* suffit, cela usité, & le regrez favorable, ordonné que ce dont étoit appellé sortiroit effet. L'Arrêt rendu le 6. Juillet 1626. *Ibidem.* *Voyez* cy-aprés *le nombre* 37.

36 Par Arrêt d'Audience du Parlement de Roüen du 20. Décembre 1622. rapporté par *Berault*, *sur la Coûtume de Normandie*, titre *de Jurisdiction*, *article 3.* in verbo *de Matiere Beneficiale*, il a été jugé que la résignation d'un Benefice en extrémité de maladie faite à celuy qui avoit promis de le remettre entre les mains lors qu'il seroit revenu en convalescence, pouvoit être revoquée.

37 Le résignant rentre dans son Benefice par luy résigné en extrémité de maladie sans nouvelles provisions, nonobstant qu'il eût reservé pension, au même rang & séance. *Seriot*, au Grand Conseil, qui suit l'article 10. de l'Edit de 1637. qui veut que le résignant soit privé de son droit, & n'y peut rentrer sans nouvelles provisions. Jugé le 6. Juillet 1626. *Brodeau sur M. Loüet*, lettre *B. somm. 13.* M. Dolive, *liv. 1. chap. 19.* Peleus, *quest. 147.*

38 Un Curé âgé de soixante-huit ans induit à résigner sa Cure, moyennant une lettre de confidence, déclaré recevable à y rentrer, contre le résignataire du résignataire. Jugé au Parlem. de Paris le 16. Mars 1672. *Du Fresne livre 1. chapitre 130.*

39 Arrêt du 23. Février 1629. entre Mathurin Moriveau Curé de Bioc, appellant, M. Jean Monceau intimé & demandeur au principal, & évocation, afin d'être maintenu au Prieuré de Ruillou, ou du moins l'appellant condamné luy passer procuration pour retroceder le Benefice en faveur de l'intimé; l'appellation & ce, & au principal sur la demande de l'intimé, afin de regrez, les parties hors de Cour. *Additions à la Biblioth. de Bouchel*, verbo *Regrez.*

40 Jugé le dernier May 1629. qu'un résignant en extremité de maladie, qui a fait des actes approbatifs de sa résignation, en convalescence, n'est plus reçu au regrez. *Bardet*, *to. 1. li. 3. ch. 51.*

41 Arrêt du 2. Mars 1630. entre Etienne Notaire Chapelain de la Chapelle saint Laurent de Sens, demandeur à ce que la procuration de luy extorquée par Claude Bautru, portant résignation, de la Chapelle pendant sa maladie, fût déclarée nulle; Bautru condamné à rendre la procuration, & les provisions; sur la demande, hors de Cour. *Additions à la Biblioth. de Bouchel*, verbo *Regrez.*

42 Arrêt entre Loüis Eschalart appellant, & Calas intimé, du 2. Juillet 1630. L'intimé se plaignoit que l'étant grievement malade d'une fiévre chaude, l'appellant son neveu avoit extorqué de luy une résignation. La Sentence qui portoit que l'intimé rentreroit, confirmée, c'étoit *in favorem*. Provisions en Cour de Rome. L'on dit pour concilier les Arrêts, qu'en ces démissions pures & simples il n'y a regrez, aux résignations *in favorem* qu'il y en a. *Biblioth. ibidem.* L'Arrêt du 2. Juillet 1630. est dans toutes ses circonstances rapporté par *Bardet*, *tome 1. livre 3. chapitre 113.*

43 Résignation pure & simple d'une Chanoinie en extrémité de maladie, entre les mains du Chapitre, est sujette au regrez du résignant revenu en convalescence, qui reprend son rang, & sa maison Canoniale. Jugé le 30. May 1631. en faveur d'un Chanoine de l'Eglise de Nôtre-Dame de Châtellerault. *Ibidem*, *li. 4. chap. 20.*

44 Arrêt du premier Août 1633. qui juge qu'une résignation faite par un Chanoine de saint Agnan d'Orleans, âgé de 23. ans & demi, au profit de son ne-

veu, n'est sujette à regrez, sous prétexte de minorité. *Ibidem*, to. 2. li. 4. ch. 53.

45. Arrêt du 7. Janvier 1641. en faveur d'un oncle qui en extrémité de maladie avoit résigné son Benefice avec charge de pension : l'oncle fut reçû à rentrer, quoique la résignation eût été admise. V. *Soëfue*, to. 1. Cent. 1. chap. 26. il cite l'Arrêt prononcé par sa Majesté le 29. Avril 1558. en faveur du Curé des saints Innocens registré, dans tous les Parlemens de France.

46. Après avoir reçû les arrerages de la pension, & après une transaction, le regrez ne peut être demandé. Arrêt du Parlement de Toulouse du 23. Avril 1641. *Albert*, lettre B. art. 20.

47. Arrêt du Parlement de Provence du 12. May 1642. qui a jugé que l'accusé d'un crime qui n'est point capital, & qui est veritable, ne peut rentrer au Benefice qu'il a résigné pendant le crime, quoique la résignation eût été passée dans la prison, & que le résignataire fût frere du Procureur du résignant. *Boniface*, tome 1, liv. 2. tit. 10. ch. 3.

48. La pension retenuë en grande maladie n'empêche le regrez au Benefice résigné, quand le malade retourne en convalescence. *Pol. quest.* 147. Arrêt du Parlement de Bretagne du 9. Septembre 1642. *Sauvageau sur Du Fail*, li. 2. ch. 143.

49. Le Beneficier qui a résigné sous pension, & dont la maladie n'est pas exprimée dans la procuration, peut neanmoins demander le regrez, pourvû que la maladie soit prouvée du temps que la procuration a été faite. Arrêts du Parlement de Toulouse des 28. Juin 1646. 25. Février 1647. 22. Avril 1649. 20. Juin & 15. Juillet 1653. & 11. Février 1655. rapportez par *Albert*, lettre B. article 17.

50. Une résignation d'un Benefice faite en Cour de Rome en faveur, se trouvant nulle pour avoir été le Patron laïc méprisé, il y a lieu au regrez, même à l'égard d'un pourvû depuis par l'Ordinaire sur la nomination du Patron. Jugé le 30. May 1647. *Du Frêne*, liv. 5. chap. 19.

51. Arrêt du Parlement de Provence du mois de Juin 1647. qui a jugé que le regrez n'a point lieu en résignation faite és mains de l'Ordinaire. La même chose jugée le 10. Mars 1661. *Boniface*, tome 1. livre 2. tit. 10. chap. 2.

52. Il y a lieu au regrez avant que la résignation soit admise. Arrêt du Parlement de Paris du 19. Avril 1649. il s'agissoit du possessoire du Prieuré de Bellenoue. *Voyez Pinson*, au chap. *quibus modis vacent beneficia*. § 13. n. 6.

53. En résignation pure & simple faite *ab infirmo* d'une Prébende, le regrez a lieu avec le même rang & avantages qu'auparavant. Jugé le 30. Juillet 1652. *Du Frêne*, liv. 7. chap. 8.

54. Le regrez ne peut être jugé par rapport par les Sénéchaux. Arrêts du Parlement de Toulouse du 20. Juin & 15. Juillet 1653. & 15. Avril 1655. qui condamnent le Rapporteur à rendre les épices, & font défenses aux Sénéchaux de juger le regrez autrement qu'en Audience. Neanmoins ils peuvent faire un vuidement de registre, parce qu'alors le procez se juge sans rapport. Arrêt du 23. Avril 1641. V. *Albert*, lettre B. art. 10.

55. Le regrez n'est recevable lors que le Benefice a été résigné pour servir de titre Clerical au résignataire. Arrêt du Parlement de Toulouse du 2. Mars 1654. *Ibidem*, art. 19.

56. Jugé au Parl. de Paris le 10. Decembre 1657. que le résignant ayant fait quelques actes approbatifs de sa résignation, ne peut demander le regrez. *Soëfue*, tome 1. Cent. 1. chap. 75.

57. Un résignant ne pouvoit rentrer dans son Benefice après un an de silence & de sa convalescence, & après un consentement par luy prêté d'être mis hors de Cour sur sa demande en regrez. Jugé le 16. Juin 1659. *Notables Arrêts des Audiences*, Arrêt 28. où il parle de trois sortes de regrez. *De la Guess*. tome 2. liv. 2. chap. 28. rapporte le même Arrêt; & au même to. 2. liv. 1. chap. 29. il rapporte un cas auquel le regrez n'a pas lieu. Jugé le 10. Decembre 1657.

58. Le regrez en Benefices est cessible. Jugé à la Grand'-Chambre le Samedy 17. Janvier 1665. *Dictionnaire de la Ville*, nomb. 1498.

59. Un jeune homme de 16. ans fait démission d'une Prébende de l'Eglise de Castelnaudari, avant que d'entrer en Religion, entre les mains du Chanoine Cheviller & de tour, qui en fit titre à un Prêtre suivant l'intention de ce jeune homme : renvoyé du Noviciat pour maladie, il obtint le regrez par Arrêt du Parlement de Toulouse du 12. Juin 1665. mais il y avoit trois raisons, l'une que la démission n'avoit pas été faite devant un Notaire, mais devant le Président du Présidial. Il est vrai que l'on faisoit voir que les Notaires avoient été inhibez, n'osoient retenir des actes pour lors. L'autre étoit que son pere disoit que le Prébendier mineur ne pouvoit faire de démission sans son ordre & son autorité. La troisième, que l'ayant faite à cause de son entrée en Religion, il étoit bien fondé au regrez; puis qu'il n'avoit pas fait profession, à cause de son infirmité. *Albert*, lettre B. article 21.

60. Arrêt du Parlement de Provence du 28. Mars 1666. qui a jugé que le regrez aux Benefices a lieu en faveur du résignant qui a résigné *metu mortis aut supplicii*, à un parent ou domestique, en luy payant les frais de ses provisions. *Boniface*, tome 1. livre 2. tit. 10. chap. 1.

61. La Declaration du Roy & l'Arrêt du Conseil, cassant les pensions, le pensionnaire peut demander le regrez. Le 12. Mars 1669. au Parlement de Toulouse le regrez fut ajugé à M. de Cazemajou sur la Cure de Cubieres, contre M. Salvat; quoique Salvat ne la tînt pas de Cazemajou, mais d'un nommé Daldebert, parce que l'Arrêt du Conseil, & la Declaration du Roy qui casse les pensions n'excluent pas du regrez; même Arrêt le 14. Mars 1669. *Albert*, verbo *Pensions*, art. 4.

62. Arrêt du Parlement de Provence du 5. Novembre 1670. qui a débouté un résignant d'une Chanoinie, *metu accusationis*, devant l'Ordinaire, quoique le Benefice luy servît de titre Clerical; mais il fut ordonné qu'il joüiroit du tiers des revenus par forme de pension sa vie durant. Par autre Arrêt du dernier Juin 1672. en interprétation du premier, il fut dit que le tiers étoit des fruits & revenus du Canonicat, sans comprendre en iceux les droits procedans des Obits, ceremonies funebres, casuels journaliers & personnels. *Boniface*, to. 3. li. 5. tit. 6. ch. 2.

63. Arrêt du Parlement de Grenoble du 4. Janvier 1673. qui admit un Curé au regrez sur le fondement qu'il n'avoit pas de patrimoine. M. Galle Avocat General, dit que la clause *aliundè commodè vivere habens* étoit fausse, & ainsi les provisions obreptices. *Basset*, to. 2. liv. 1. tit. 7. ch. 2.

64. M. Jean Arnauld Doyen du Chapitre de saint Gilles, résigne en Cour de Rome son Doyenné en faveur de Charles Girard, sous la réservation de 400. livres de pension. La pension mal payée donna lieu à une instance plusieurs fois reprise, & plusieurs fois transigée & terminée par le payement des arrerages. Le résignant & le résignataire passent une concorde d'extinction de pension moyennant 2000. l. payable 8. jours après l'homologation. Le résignataire cede à prendre cette somme sur son frere, de qui le résignant ne pouvant être payé, il retrocede, & le résignataire cede de nouveau à prendre sur un autre qui l'accepte sous des réservations; au moyen desquelles il prétend ensuite qu'il est créancier au lieu d'être débiteur. Le résignataire met ensuite ses biens en generale distribution; & il ne paroît que trop qu'il n'y a plus de

resource pour le résignant pour le payement de la somme convenuë pour l'extinction de la pension; aussi il demande le regrez dans le Benefice. Girard défend à la demande, & meurt après avoir résigné à Amat, lequel intervient dans l'instance où il requiert, qu'il soit fait défenses à Arnauld de le troubler. Celuy-ci demande contre Amat le regrez qu'il demandoit contre Girard, si mieux Amat n'aime luy payer les arrerages de la pension, & la pension à l'avenir. Amat gagna sa cause le 19. Août 1678. au Parlement de Toulouse, après partage. *Voyez les Arrêts de M. de Catellan, liv. 1. ch. 3.*

65 Le regrez n'est pas recevable dans le cas de la regale, & le Roy ne peut valablement conferer à un jeune Clerc tonsuré âgé de dix-sept ans seulement, une Prebende sacerdotale par sa fondation. Jugé au P. de Paris le 14. Mars 1679. *Journal du Palais.*

66 Du regrez de celuy qui a résigné dans le cas de la vieillesse ou de maladie. Arrêt du Parlement de Toulouse du 30. Janvier 1680. lequel a admis le Curé de Lachan. La liberté du regrez invite à la résignation ceux qui ne se trouvent pas en état de servir les Benefices. Même Arrêt du 12. Septembre suivant dans le cas d'une résignation faite par un homme qui se disoit *in infirmitate constitutus*, quoiqu'il se fût rendu chez le Notaire, & qu'il eût depuis déservi. Autre Arrêt en faveur d'un résignant, quoiqu'il ne fût point marqué dans la procuration qu'il fût malade; les Juges crurent que la verité bien que non énoncée ne devoit rien perdre de ses droits. *Voyez les Arrêts de M. de Catellan, li. 1. ch. 4.*

67 Jugé au Parlement de Toulouse qu'une seconde résignation, ou du moins la démission faite entre les mains de l'Ordinaire par un Beneficier, lequel malade avoit résigné auparavant à un autre, étoit bonne & valable dans les trois ans, quoique le résignant revenu de la maladie dont il étoit atteint lors de la résignation, tombé neanmoins dans une autre, n'eût fait à l'égard du résignataire que lui déclarer par un acte avant la démission qu'il auroit demandé son regrez, si la possession du Benefice résigné avoit été prise, & qu'il s'opposoit desormais à cette prise de possession. *Voyez les Arrêts de M. de Catellan, liv. 1. chap. 27.* où il ajoûte : J'ay encore vû dans un autre arrêt approchant, les Juges, pour la Cure de Mainbourguet, demeurer assez d'accord en la Grand-Chambre le 23. Decembre 1682. que le résignant en maladie ayant ensuite & six mois après protesté & fait assigner le résignataire en regrez avant qu'il se fût mis en possession, & pour empêcher de la prendre, la possession prise depuis n'empêchoit pas le Benefice de vaquer sur la tête du résignant, venant à mourir avant le Jugement du regrez, si les raisons du regrez se trouvoient bonnes.

68 Si le résignant sans s'opposer à la possession du résignataire, & sans avoir rien fait pour l'empêcher de la prendre, forme seulement après la prise de possession une Instance de regrez : *Le même dit, ibid.* J'ay vû juger que le résignant venant à mourir durant le cours de l'Instance, ne fait pas neanmoins vaquer le Benefice par sa mort : L'Arrêt rendu en la Grand-Chambre le 3. Mars 1684. après partage. On crut que le résignataire étoit par la prise de possession, à laquelle nulle opposition ne donnoit atteinte, devenu le maître du Benefice, jusqu'à ce que le résignant, trop peu surveillant à la conservation de ses droits, l'eût repris sur luy par un Arrêt qui adjugeât le regrez.

69 Arrêt du Parlement de Provence du 30. May 1687. qui a ordonné le regrez sur un Benefice résigné par un malade entre les mains du Vice-Legat. *Boniface, to. 3. liv. 6. tit. 6. ch. 1.*

70 Regrez en permutations. *Voyez le mot Permutation, nomb. 77. & suiv.*

REGREZ, OFFICES.

71 Arrêt du Conseil Privé en faveur de M. Benoît Curé des Innocens mal-aisément rapporté aux Officiers Royaux & temporels, pour leurs Offices de Judicature, & pourquoy. Cet Arrêt, par la Cour du Parlement de Toulouse non étendu hors les termes d'iceluy, & en quel cas non gardé ni pratiqué. *Mainard, liv. 1. ch. 67.*

Voyez le mot *Offices*, §. *Offices, Regrez.*

REGREZ ES VENTES.

72 Arrêt du Parlement d'Aix du 23. May 1678. qui a jugé que le demandeur en regrez doit former son action pardevant le Juge du lieu où les biens sont situez, non pardevant le Juge du domicile du défendeur. *Boniface, tome 3. liv. 2. tit. 3. ch. 1.*

REHABILITATION.

1 Voyez *hoc verbo* la Bibliotheque du Droit François par *Bouchel*, & au 2. tome de ce Recueïl la lettre L. verbo *Lettres de rehabilitation*.

De rescripto rehabilitationis misto. Voyez Rebuffe 3. *part. praxis benef.*

2 Rehabilitation d'un Religieux apostat. *Voyez* le mot *Apostasie*, nomb. 9.

3 Sur l'entherinement des Lettres de rehabilitation d'un Clerc au Greffe de la Maison de Ville de Toulouse, qui avoit fait une fausse assertion devant un Notaire. *Voyez* la 14. *Conclusion du sieur de Roquayrols Procureur General en la Chambre de l'Edit de Castres.*

4 Un Procureur qui a été condamné aux galeres, & à faire amende honorable, ne peut exercer l'état de Procureur après la rehabilitation & rappel de ban. Arrêt du Parlement de Dijon du 8. Juillet 1561. *Bouvot, to. 1. part. 3. verbo Procureur condamné aux galeres.*

5 Un Prêtre déclaré inhabile par l'Official, ne peut être rehabilité. Arrêt du Parlement de Dijon du 10. Decembre 1566. *Bouvot, ibidem, verbo Prêtre, question 2.*

REHABILITATION DE MARIAGE.

6 Il arrive souvent que quoiqu'il y ait appel comme d'abus de la part des parens, si neanmoins les parties persistent, la Cour, en prononçant sur l'abus, ordonne qu'elles se retireront pardevers l'Evêque, pour être le mariage rehabilité. Arrêts des 1. Mars 1689. & 29. Decembre 1693. *Voyez le Recueïl de Decombes, Greffier en l'Officialité de Paris, chap. 3. à la fin.*

7 Des rehabilitations de mariage. *Voyez le Recueïl de Decombes Greffier de l'Officialité de Paris, chap. 3.* la plûpart des Parlemens prétendent que l'Official ne doit connoître & juger que de la validité du mariage, s'il y a mariage ou non. Arrêt du Parlement de Paris du 11. Mars 1701. qui déclare abusive la Sentence de l'Official, qui avoit ordonné une pareille rehabilitation.

REINE.

1 Voyez *Chopin, en son traité du Domaine, livre 3. titre 3.*

De la Reine, & qu'elle plaide en Parlement par son Procureur, comme le Roy par le sien. *Voyez Du Luc, liv. 3. tit. 4.*

2 La Cour par son Arrêt du 27. Juin 1411. déclara que la Reine, ainsi que les Pairs de France, auroit pour ses causes & procez, des jours ordinaires, & papier à part pour les enregistrer. Elle est capable de regence, & a ses Procureurs Generaux comme le Roy, sous le nom desquels elle plaide. *Papon, liv. 4. tit. 3. nomb. 1.* Quand elle fait son entrée en la Ville de Paris, même honneur luy est dû qu'au Roy.

3 Les Reines de France plaident par leur Procureur General comme le Roy par le sien, non seulement depuis la Declaration d'Henry II. du 30. Novembre 1549. mais auparavant, ce qui est justifié dans les Registres du Parlement des 10. Juin 1387. 18. May, 4. & 6. Juin 1401. 28. Août 1435. & plusieurs autres, *Du Til-*

let, & la Bibliotheque du Droit François par *Bouchel*, verbo *Procureur General*.

4. Quel droit les Reines de France peuvent prétendre à titre de communauté ? *Voyez* le mot *Communauté*, nombre 163.

5. Du doüaire des Reines de France. *Voyez* le mot *Doüaire*, nomb. 263. & *suiv*. & le Recüeil des Ordonnances par *Fontanon*, tome 2. liv. 1. titre 2. & titre 4. p. 19. & 24.

6. Droits de la Reine, vol. in 4. Paris 1667.

7. Bouclier d'Etat & de Justice, contre les Droits de la Reine, vol. in 4. 1667.

8. Stockmans *tractatus de jure devolutionis* ; & autres pieces du même Auteur contre les Droits de la Reine, en 1667. & 1668. 5. vol.

9. La Défense du Droit de la Reine à la succession des Couronnes d'Espagne, par *Georges d'Aubusson*, Arch. d'Ambrun, *Par*. 1674.

10. Droits de la Reine & autres pieces sur le même sujet, 4. vol. in 12.

Voyez ci-après le mot Roy.

REINTEGRANDE.

LA Reintegrande s'entend plus ordinairement en matiere civile qu'en matiere beneficiale.

REINTEGRANDE, BENEFICE.

1. *Titius* est possesseur de deux Cures. *Mævius* se fait pourvoir de l'une par mort du précedent titulaire, prend possession & chasse *Titius* par voye de fait & de force. *Titius* est rétabli en la possession du Benefice, & *Mævius* condamné és dommages, interêts & dépens. Jugé le 16. May 1566. *Charondas*, livre 8. *Réponse* 10.

2. En matiere beneficiale, celui qui demande à être reintegré, doit avoir titre. Arrêt du 25. Janvier 1597. M. *Louet* lettre R. somm. 29.

Voyez ci-dessus le mot Récreance.

REINTEGRANDE, POSSESSION.

3. *Quod spoliatus à judice antè omnia restituendus sit*. Voyez *An*. *r*. *Gaill*. lib. 2. *Observat*. 76.

3 bis. *Qualis possessio necessaria sit, ut spoliatus admittatur ad remedium recuperandæ possessionis* ? Voyez Stockmans *decis*. 143.

4. Requête presentée au Roy par les Provincial & Religieux de l'Ordre de S. Guillaume dits vulgairement des Blancs-manteaux, afin d'être reintegrez en leur Maison & Convent de Paris, dont ils avoient été spoliez par les Benedictins soy disans reformez. *Voyez la Biblioth. Can.* 10. 2. p. 430. & *suiv*.

5. Un homme est reintegré dans certains biens pour en joüir entierement, en la sorte & maniere que son pere défunt en joüissoit. Le défendeur prétend qu'avant que de passer outre à l'execution de l'Arrêt, le demandeur doit faire apparoir de la sorte, de laquelle le défunt joüissoit des choses contentieuses. Arrêt du Parlement de Bourdeaux du 27. Février 1517. qui déboute le défendeur, *verba enim hac*, en la sorte & maniere, *non conditionem, sed causa expressionem inferunt*. Papon, liv. 17. tit. 3. n. 7.

6. Reintegrande est privilegiée pour attirer le tout pardevant le Juge Royal. Arrêt du Parlement de Bourdeaux du 8. Janvier 1521. Ibidem, li. 8. tir. 5. n. 2. & M. Boyer, *décision* 161.

7. Une veuve usufruitiere dépossedée après la mort de son mari étoit reintegrée. Par Arrêt du Parlement de Bourdeaux du 12. Octobre, 1548. elle peut intenter l'interdit, *unde vi*. Papon, liv. 14. tit. 2. n. 7.

8. Si le défaisi étoit seulement saisi par civile possession feinte comme celle qui est continuée du défunt à l'heritier, alors il ne peut agir en reintegrande parce que l'heritier ne peut cumuler l'instance de complainte & reintegrande, excepté quand l'heritier est spolié par un Etranger qui n'a aucun droit en l'heredité, & n'en peut prétendre, il est plûtôt censé être sur la possession que fondé d'aucune possession ;

l'on peut agir contre tel Exploit en matiere de reintegrande , car l'heritier est vû être possesseur réel. Jugé le 1. Mars 1554. *Bibliotheque de Bouchel*, verbo *Reintegrande*.

9. L'on ne peut être reçu au principal jusqu'à ce que la reintegrande soit executée. Arrêt du Parlement de Paris du 6. Mars 1566. *Biblioth. Canonique*, tome 2. p. 430. col. 1.

10. Femme quoique remariée tenant la maison de son premier mari *jure dotis*, & pour ses conventions en étant dépossedée, fut reintegrée, par Arrêt du 5. Février 1577. Papon, liv. 8. tit. 5. n. 1.

11. La reintegrande est tellement privilegiée, que le spolié doit être remis en possession, quoiqu'il soit au fond mal fondé. Jugé le 28. Mars 1577. Et toute audience déniée au spoliateur, jusqu'à ce qu'il ait remis le spolié en même état qu'il étoit, & ajournement personnel décreté contre les spoliateurs pendant le procez. *Papon*, *ibidem*.

12. Toute audience doit être déniée au spoliateur jusqu'à ce qu'il ait remis le spolié en même état qu'il étoit lors, & ajournement personnel decreté contre tels spoliateurs pendant le procez. Arrêt du 12. Février 1587. Papon, ibid. & la *Biblioth. Can*. to. 2. p. 430.

13. De l'interdit *undè vi*, qui compete au possesseur qui veut être reintegré. Arrêt du Parlement de Grenoble du vingt-six Novembre 1618. par lequel il a été jugé que l'on étoit recevable à la poursuite de cet interdit après 25. ans, quand c'est par exception. Il est à observer sur cet interdit qu'il vaut beaucoup mieux venir par l'action qui en naît, que par la simple revindication, c'est à dire, plûtôt par le possessoire que par le petitoire. *Voyez Basset*, to. 2. liv. 5. tit. 5. chap. 5.

14. De la reintegrande, & du rétablissement des Religieux de la Congregation de Saint Maur, Ordre de Saint Benoît, dans l'Abbaye de la Couture du Mans, nonobstant la prétention des anciens Religieux de la même Abbaye. *Voyez* Soëfve, to. 2. *Cent*. 2. ch. 35.

Voyez les mots Complainte, Petitoire & Possessoire.

RELAPS.

1. DES Relaps & Apostats, & du mariage des Prêtres & Religieux qui ont quitté la Religion Catholique. *Voyez les Memoires du Clergé*, tome 6, partie 9. chapitre 12.

2. Le relaps banni à perpetuité du Royaume, ses biens acquis & confisquez au Roy. Jugé au Parlement de Paris le 8. Février 1678. *De la Guessiere*, tome 4. liv. 1. chapitre 7.

3. Relaps punis d'amende honorable & de confiscation de biens, le 13. Avril 1679. où est la Declaration du Roy qui ajoûte aux précedentes l'amende honorable ; la Declaration est du 13. Mars 1679. registrée le 13. Avril 1679. *Ibidem*, livre 2. chapitre 3.

RELEGATION.

DE *interdictis*, & *Relegatis*, & *deportatis*. D. 48. 22.

Voyez le mot Bannissement.

RELIEF.

IL y a relief d'appel, & le relief qui est un droit seigneurial.

RELIEF D'APPEL.

1. *De libellis dimissoriis, qui Apostoli dicuntur*. D. 49. 6..... Paul. 5. 33.... L. 106. D. *de verb. sign*. Voyez *Appel*, & *Bouvot*, to. 2. lett. R. verbo *Relief d'appel*.

2. Le relief n'est recevable contre la peremption. *Voyez* le mot *Peremption*, n. 100. & 101.

3. Il n'y a que le Parlement de Tournay dans la partie du *Hainaut* qui est de son ressort qui soit competent d'accorder les reliefs précis, comme representant seul la Cour souveraine de Mons & le souverain Bailly du Hainaut. Ce relief est un secours que les

REL REL 341

Chartes du Hainaut accordent aux parties par simple apostille sur leur requête, pour être relevées de toutes fautes & omissions faites au procez, pour alleguer faits nouveaux, changer de conclusions, produire titres, &c. & par le moyen d'iceux les parties condamnées par forclusion & contumace, peuvent dans les dix jours de la signification des Sentences & Jugemens se pourvoir contre iceux. Il a été jugé le 7. May 1694. contre M. le Baron de Boûrs & de Rieulay qui étoit encore dans les dix jours, que les gens du Hainaut ne pouvoient se servir de cette voye contre les Arrêts rendus à la Cour, quoiqu'il exposât que sa maladie l'avoit empêché de donner à son Procureur les instructions necessaires. Le motif de l'Arrêt fut la résolution prise par la Compagnie le 17. May 1693. de se conformer aux Coûtumes & Chartes du païs & Comté du Hainaut pour la décision du merite & du fond des procez de la Province, mais de se regler suivant le stile de la Cour. Depuis la Jurisprudence ayant varié, cette distinction n'a plus lieu; la Cour a estimé qu'il étoit équitable d'avoir la même facilité à relever les défaillans suivant les Chartes du païs de Hainaut, *chapitre 79. art. 10.* qu'on apporte à les condamner suivant les mêmes Chartes, *chap. 78. art. 23.* & cela à l'occasion d'un certain Philippes Bentignies demeurant à S. Pithon, contre lequel Henry Carbon demeurant à Maubeuge, ayant obtenu condamnation sur contumace, par Arrêt du 2. Juillet 1699. ledit Arrêt luy ayant été signifié le 20. Octobre suivant, il se pourvut à la Cour par Requête le 30. dudit mois dans les dix jours prescrits pour se pourvoir par voye de relief précis, & après la huitaine écoulée dans laquelle on peut suivant l'Edit du mois de Mars 1674. se pourvoir par simple Requête contre les Arrêts. La Cour, au Rapport de M. Odemaër en la troisiéme Chambre, les autres consultées, accorda le relief demandé. *Voyez le Recueil des Arrêts de M. Pinault, tom. 2. art. 26.*

RELIEF, DROIT SEIGNEURIAL.

1. Voyez *cy-dessus* le mot *Rachat*, hoc verbo *Relief*, le Glossaire du Droit François de la nouvelle édition de l'Indice des Droits Royaux & Seigneuriaux par *Ragueau, Du Frêne, liv. 2. ch. 68. & liv. 2. ch. 85.*

4. Le droit de rachat est dû en fief. *Voyez* le mot *Fief, nomb. 121.*

5. Le Seigneur qui prend pour droit de relief le revenu d'une année, si un bois taillis se trouvoit en coupe, le Seigneur ne peut prendre toute la coupe à son profit, mais il doit prendre à proportion du revenu de l'année. *Voyez Carondas, liv. 3. Rép. 36.*

6. Le revenu annuel des heritages appartenans au Seigneur feodal, à cause du decés de son vassal, ne se pratique pas, lors qu'en une même année il y a plusieurs mutations. *Biblioth. Can. to. 1. p. 415. col. 2.*

7. Arrêt du 6. Février 1574. qui a jugé que le droit de relief ou rachat se doit payer selon la Coûtume des lieux, nonobstant la reception faite par les précedens Seigneurs d'une certaine somme à eux payée par leurs vassaux, laquelle ne préjudicie aux successeurs. *Le Caron au 3. liv. de ses Rép. chap. 15. Papon, liv. 10. tit. 5. initio.*

8. Le relief se doit estimer *inter fructus civiles & non naturales.* Arrêt du 5. Août 1600. *M. Loüet lettre R. somm. 43.*

9. Le Seigneur peut pour son droit de relief prendre tous les fruits en espece. *Ibidem, somm. 34.*

10. Le Seigneur doit être preferé au fisc pour son droit de relief dû par son vassal, condamné à cause de fausse monnoye. Arrêt à Noël 1601. *Montholon Arrêt 97.*

11. Il n'est dû aucun relief ou autre profit pour le fief échû à des enfans en ligne directe. Idem, si le fief a été délaissé par un frere à sa sœur pour demeurer juste d'un remploy de propres, pour les droits mobiliers leguez à la sœur, parce que ce sont des accommodemens de famille, & que les choses laissées en directe tiennent lieu de partage. Jugé en la Coûtume d'*Anjou,* qui ne contient rien de particulier pour cela. Arrêt donné en la Grand'-Chambre le 28. May 1641. *Voyez Auzanet sur l'art. 3. de la Coûtume de Paris.*

12. Le Seigneur qui n'a pû se faire payer par le mari d'un relief dû pour fief échû à sa femme, peut après le décez du mari, se venger sur le fief même, quoique la femme renonce à la communauté; il ne luy reste qu'un recours & une indemnité sur la succession du mari. Arrêt rendu au Parlement de Paris le 1. Avril 1692. *M. le Brun, traité de la Communauté, livre 3. chap. 2, nomb. 6.*

AYDES DE RELIEF.

13. Aydes de relief, Droit Seigneurial. Voyez le mot *Aydes, nomb. 33. & suiv. & Berault, tome 2. à la fin, page 45.*

RELIEF, DISPOSITIONS DES COUTUMES.

14. Jugé en la Coûtume d'*Anjou* le 28. May 1641. qu'il n'est dû aucun droit de relief pour chose échûë à la femme mariée, y ayant stipulation par le Contract de mariage qu'il n'y avoit point de communauté, mais il y avoit clause portant reserve de pouvoir rentrer en communauté toutefois & quantes, auquel cas le droit auroit été dû. *Voyez Soëfve, to. 1. Cent. 1. chap. 39. & chap. 54.* où il rapporte un autre Arrêt du 28. May 1642. qui a débouté le Seigneur.

15. Dans la Coûtume de *Chartres* une veuve qui emporte tous les conquests, moitié en qualité de communé, & l'autre par la clause particuliere de son Contract de mariage, portant que tout le profit de la communauté demeurera au survivant, doit relief pour la moitié qui appartenoit de droit commun à son mary. Jugé à Paris en la troisiéme Chambre des Enquêtes le 27. May 1671. *Journal du Palais.*

16. Relief en *Hainault.* Voyez *cy-dessus* le nomb. 3.

17. Arrêt du Conseil d'Etat du 13. Novembre 1683. qui ordonne que les proprietaires des fiefs mouvans des Comtez de *Mantes* & *Meulan,* qui sont sujets aux droits de reliefs & rachats à toutes mutations, payeront lesdits droits, même aux mutations en ligne directe. *Recueil du Domaine, p. 665.*

18. En la Coûtume de *Paris,* pour partage fait entre coheritiers en ligne directe d'heritages feodaux, encore bien qu'il y ait foute baillée, il n'est point dû de relief. Arrêt du vingt-sept Mars 1569. *Le Vest. Arrêt 90.*

Voyez *cy-après* le nomb. 25.

RELIEF, FEMME SEPAREE.

19. La femme separée en la Coûtume de *Blois,* ne doit relief; mais si par le contrat de mariage il est stipulé qu'il n'y a point de communauté, le relief est dû, parce que le mary jouït des propres, comme il a été jugé en la Grand Chambre de relevée le 19. Decembre 1662. Que si par le contrat de mariage il est convenu que la femme jouïra separément de son bien, il n'est point dû de relief au Seigneur, & telle est la Jurisprudence. *Voyez M. Loüet, lett. R. som. 45. M. le Prêtre, 1. Cent. chap. 57. Du Frêne, livre 2. chap. 68. C. M. tit. 1. des Fiefs, §. 36. 37. & ci nombres 7. & 13.*

20. Une femme qui se marie sans qu'il y ait communauté entre elle & son mary, ne doit aucun droit de relief de son fief dans la Coûtume de *Montfort.* Arrêt du 3. Avril 1691. *Journal des Aud. du Parl. de Paris, tome 5. liv. 7. chap. 18.*

RELIEF, FERMIER.

21. Un Fermier qui a les droits casuels & les obventions, jouït après son bail expiré, du droit de relief, qui est arrivé le dernier jour de son bail. Arrêt du 11. May 1585. rapporté par *De Lommeau, sur la Coût. d'Anjou, liv. 2. art. 122.* Autre du 5. Août 1600. au rapport de *M. Loüet*, en la Cinquiéme Chambre des Enquêtes, lequel il donne, *sur la lettre R. som: 43.* ce qui justifie qu'il suffit d'avoir droit aux fruits de l'année dans laquelle arrive le relief, pour avoir aussi

V u iij

Relief, Mariage.

22 Par Arrêt du 12. May 1559. entre M. Christophe du Chat, Prévôt de Pont sur Seine, appellant, & le Procureur General, & la Duchesse d'Estouteville, intimez, en corrigeant la Sentence du Bailly de Sezanne, ou son Lieutenant à Bourbonne; il fut dit qu'à cause de la donation faite en faveur de mariage par feu Jean de Guibert, à Magdelaine de Guibert, du Fief & Seigneurie de Gondal assis à Bauldement, n'étoit dû aucun relief, ni profit au Roy, ni à la Duchesse usufruitiere de Sezanne, qui fut condamnée aux dépens, dommages & interêts ; mais il faut remarquer que la Sentence de condamnation infirmée, portoit nonobstant que ledit du Chat & sa femme se fussent abstenus de la succession de défunt de Guibert. *Bibliot. de Bouchel*, verbo, *Relief*.

23 Le mary doit payer le relief dû à cause du mariage de sa femme. Arrêt du 28. Juin 1604. *Peleus, quest. 7. C. M. tit. 1. des Fiefs*, §. 37. *nombre* 9. pourvû qu'il ait perçû les fruits ; il le doit payer suivant la Coûtume des lieux. *Voyez Carondas, liv. 3. Rép. 16. fol. 57. verso, & liv. 10. Rép. 60.*

24 Si un fief échet à une femme pendant son mariage par succession collaterale, ou même en directe, dans les lieux où le relief est dû à toutes mutations, il n'est dû qu'un seul & unique relief. Arrêt du 20. Mars 1662. en la Coûtume de *Meaux*, où l'on a fait passer le mariage d'une sœur heritiere de son frere mort dans la même année, pour une mutation necessaire & fortuite ; & l'on a égalé la faveur du mariage à la necessité de mourir. *Voyez Ricard, tome 2. sur la Coûtume de Senlis, art. 132.*

Relief, Partage.

25 Il n'est point dû de relief en la Coûtume de Paris, pour partage fait entre coheritiers en ligne collaterale, encore qu'il y ait soulte baillée. *Voyez cy-dessus le nombre 18. & le mot Partage, n. 161.*

Relief, second Mariage.

26 Le fils aîné acquitte ses sœurs du relief à cause de leur premier mariage, supposé même que ce soit le second mariage, pourvû que ce soit le premier mariage contracté par les filles depuis l'écheance des successions paternelle & maternelle. Arrêt du 23. Juin 1607. sur procés par écrit aux Enquêtes, entre l'Abbé de saint Victor lez-Paris, appellant, & Aignan Mariette Sieur de Ponteville, & Damoiselle Germaine de Saint-Yon sa femme. *Voyez Auzanet, sur l'art. 35. de la Coût. de Paris.*

27 Par l'article 36. de la Coûtume de Paris, il n'est dû que la foy sans relief, pour le premier mariage des filles ; mais lors qu'elles passent en secondes nôces & autres, il est dû relief pour chacun des autres mariages, & non pas à cause de la joüissance ; car supposé que par le contrat du second mariage, il n'y ait point de communauté, & que la femme se soit reservée la joüissance de ses biens, ce relief ne laisse d'être dû à prendre sur le revenu du fief, soit que la joüissance appartienne au mary ou à la femme. Par Arrêt du 5. Mars 1630. *Ibidem.*

28 Rachat est dû par le second mariage de la femme du proprietaire d'un fief, nonobstant que par le contrat de mariage, elle se soit reservée la joüissance & l'administration de tous ses biens. Arrêt en la Grand' Chambre du 10. Mars 1629. entre Dame Marguerite d'Allonville, & Joachim de Vieuxpont, Sieur de la Grandebrette. *Ibidem.*

29 Arrêt du 5. Janvier 1634. qui appointe, sçavoir si dans la Coûtume de *Touraine*, relief est dû par le second mariage d'une femme, où elle a stipulé que son mary & elle ne seroient point communs. *Bardet, tome 2. livre 3. chap. 1.* M. l'Avocat General

Bignon se détermina pour le Seigneur. Il parla d'un Arrêt de 1606. qui avoit jugé le contraire ; mais il observa la clause du contrat, portant qu'il n'y auroit point de communauté entre les mariez, même que la femme autorisée à cet effet joüiroit séparément de ses biens, au lieu qu'il est simplement dit dans le contrat dont il s'agit, que les mariez ne seront point communs.

30 *Voyez de la Guessiere, tome 2. liv. 7. ch. 27.* où il y a Arrêt du 24. Juillet 1665. par lequel il a été jugé que la femme, pour un second ou autre mariage, ne doit relief, quand par le contrat de mariage il est stipulé que chacun joüira à part & *divis* de son bien.

31 M. le Prince de Condé Engagiste du Domaine de Vierzon, a prétendu contre un Gentilhomme nommé de Foyal, qui avoit épousé une veuve, il devoit relief, & que les articles avoyent été ôtez de la Coûtume, seulement pour retrancher le relief du premier mariage, mais non du second ; que la nouvelle Coûtume n'ayant aucun article contraire, il falloit suivre celle de Paris ; l'usage étoit allegué de part & d'autre ; il paroissoit plus fort du côté de Foyal. Arrêt en Septembre 1673. M. de Saintot Rapporteur, que le Roy seroit supplié de permettre une Enquête par Turbes, nonobstant l'Ordonnance de 1667. *Voyez Auzanet, tit. des Fiefs, p. 33. col. 1.*

Relief, Substitution.

32 Pour donner lieu au relief en matiere de fideicommis, il est necessaire que la mutation, aussi-bien pour la possession que pour la propriété, arrive en collaterale ; & pourvû que le substitué rencontre en directe la personne du Testateur, ou de celuy qui luy restitue, il doit demeurer exempt de ce droit. *V. M. Ricard, Traité 3. des Substitutions, chapitre 3. part. 1. nombre 109.*

33 Si le fils est substitué par le Testament de son pere à un collateral, il ne doit pas de relief, parce que c'est à ce pere à qui il succede, & non pas à l'heritier qui luy restitue. *Ibid. nomb. 106.*

34 Mais si le Testateur institue un collateral son heritier, & que ce collateral ait un fils que le Testateur luy substitue, le collateral doit les droits de relief, mais son fils fideicommissaire n'en doit point, encore bien qu'il ne succede pas à son pere, mais au Testateur ; parce que pour prétendre par le Seigneur ses droits, il faut que la mutation arrive au fief, tant à l'égard de la propriété que de la possession ; c'est pourquoy il suffit que le fideicommissaire succede en directe, soit à la propriété, soit à la possession ; en ce cas le fideicommissaire prend possession de son pere, & la propriété du Testateur. Arrêt entre le Cardinal de Lyon & Catherine Navergnon, du premier Septembre 1640. *Ricard, des Substitutions, Traité 3. ch. 3. no. 108.* L'Arrêt est rapporté par *Henrys, tome 1. liv. 3. qu. 26.*

Relief, Succession.

35 Relief est dû par l'heritier en ligne collaterale. Arrêt du 31. Decembre 1557. *Bibliotheque de Bouchel*, verbo *Relief*, où il est observé que s'il y a aucun arbre qui ait été gardé pour la beauté de la maison, il sera conservé ; s'il y a étang ou vivier en pêche, l'alevin sera reservé, selon qu'il appartiendra pour peupler. On doit se comporter comme en sa chose propre, à peine de tous dépens, dommages & interêts. Voir l'Arrêt de Châteauvilain, contre la Reine d'Ecosse du 23. Juillet 1573. *Ruz. in §6. privileg. Regal.*

36 Le relief doit être payé par l'heritier en l'acquit de l'usufruitier & de la doüairiere, parce que le relief dû par le décez du Testateur, doit être payé au Seigneur, autrement l'usufruitier ne pourroit posseder. Arrêt du 16. Février 1687. *M. Louet, lettre V. sommaire 9.*

37 Un coheritier paye au Seigneur de fief le droit de relief, le Seigneur luy en remet une partie gratuitement, il n'est pas tenu de communiquer à ses cohe-

tiriers cette gratification qui est pure personnelle, nonobstant qu'ils eussent pû facilement obtenir pareille gratification, cessant le payement fait précipitamment par le coheritier. Arrêt du 28. Février 1612. *Brodeau sur M. Loüet, lett. S. som. 22. nomb. 6.*

RELIGIEUX.

1 Voyez, hoc verbo, *la Bibliotheque de Jovet, & dans le present Recueil*, le nom singulier de chaque Ordre, les Titres, *Abbayes, Benefice, Commende, Mendians, Monasteres*, &c. & notamment les Titres du Droit qui sont rapportez au mot *Esclave*.

2 Des Abbez, Prieurs & Religieux, comme aussi des Abbesses, Prieures & Religieuses. *Voyez les Memoires du Clergé, tome 1. part. 1. tit. 1. ch. 5.*

3 Divers Reglemens pour les Reguliers, & autres matieres Ecclesiastiques, qui n'ont pû être inserées dans leur ordre. *Ibid. tome 5. part. 8. tit. 3.*

4 Le Flambeau des sacrez Lévites, traittant des droits du Sanctuaire, & du droit des Prêtres & Religieux sur le patrimoine de leurs Abbayes, & de celuy des Abbez Commendataires, par *de Renchy*, à Caën 1649.

5 De la Réception des Filles dans les Monasteres, par *Godefroy*, à Paris 1670. *in 12.*

6 *Puella offerenda in Monasterio modus*. Voyez *Franc. Marc. tome 1. quest. 1132.*

7 Les Religieux de divers Ordres ont recours au Parlement en plusieurs occasions. Les Parlemens connoissent des élections des Superieurs en certains cas, & des scandales qui se font dans les Monasteres, tiennent la main à ce que les Religieux ne sortent du Royaume pour aller aux Chapitres Generaux, sans ordre du Roy, & qu'il ne soit rien fait dans les Monasteres au préjudice de la Justice Royale & des familles particulieres. *Preuves des Libertez, tome 2. chapitre 33.*

8 Reglement entre les Abbez & leurs Religieux, pour leurs alimens & vestiaire. *Item*, de la réformation des Abbayes & Monasteres. *Item*, que l'Abbé Commendataire ne peut destituer le Prieur Claustral; qu'il n'a la correction & discipline Monachale, laquelle appartient au Prieur Claustral, & qu'il ne succede à ses Religieux. *Voyez Chenu, en son Recueil, tit. 1. chap. 6.*

9 Religieuse qui sort du Monastere, après y avoir demeuré 19 années Religieuse. *Voyez Des Maisons, lett. R. nomb. 3.*

10 Des personnes qui sont au service des Religieuses hors & dedans le Monastere. *Memoires du Clergé, tome 1. part. 1. p. 998. art. 36.*

11 Moines entrans en Monastere n'y portent pas leur bien, contre l'Authentique *Ingressi*. Tournet, *let. M. Arrêt 59.*

12 Moines sont en la puissance de l'Abbé. *Ibidem, Arrêt 60.*

13 Si un Religieux étant mort en un Hôpital, son corps doit être porté en son Convent pour y être enterré? *V. Ibid. Arr. 130.*

14 Religieux Mendians incapables de posseder heritages donnez, ou leguez, ou acquis, sans Lettres d'amortissement & indemnité au Seigneur. Arrêt du Parlement de Bretagne du 28. Août 1614. *Bellordeau, 2.º partie, Controv. 63. & Tournet, lettre R. Arrêt 137.*

15 Religieux Profés ne peut disposer entre-vifs au préjudice de son Abbé. Arrêt du 21. Juillet 1600. *M. Loüet, lett. R. som. 42.* Et s'ils peuvent recueillir les successions testamentaires au profit de leurs Convens? *Voyez M. Dolive, liv. 1. chap. 4.* Le Pape peut les dispenser pour rester. Arrêt du 29. Août 1628. *M. Dolive, liv. 1. chap. 15.*

16 *Quis Ordo sit strictioris regulæ, & quid consideretur ad judicandum regulam esse strictiorem vel largiorem?* V. *Zabarell. Consil. 8 in princip.* Voyez l'Arrêt du 30. Juin 1601. entre les Cordeliers d'Angers, & les Récollets de la Balmette. *Bibliotheque Canonique, to. 1. pag. 364. col. 2.*

17 Les Religieux & Convent peuvent être contraints par saisie de leurs pensions & emprisonnement de leurs personnes, à l'observance de la discipline Monastique, & de se rendre à l'une des Congregations de l'Ordre de S. Benoît, de vivre en commun, & d'observer ce qui sera ordonné par le Visiteur, Superieur en icelle, autrement il y sera pourvû par l'Evêque faisant sa visite; ainsi l'ordonna le Parlem. de Paris contre les Religieux de l'Abbaye de Nôtre-Dame du Monstier d'Ahun, Diocese de Limoges, le 24. Avril 1604. *Filleau, 1. part, tit. 1. ch. 37.*

18 L'Abbé est tenu aux frais qui se font pour la punition d'un Religieux. Arrêt du Parlement de Dijon du 18. Juillet 1615. *Bouvot, tome 2. verbo, Monastere, question 15.*

19 Un heritage échû à un Convent dont il a pris possession, est censé du domaine du Convent. Ainsi jugé au Parlement de Grenoble. *V. Basset, tome 1. livre 2. tit. 4. chap. 12.*

20 Les Prieurs & Soûprieurs Reguliers ne peuvent pas donner une Obédience hors le Royaume à leurs Religieux. Arrêt du Parlement de Paris du 9. Mars 1619. *Fevret, Traité de l'Abus, livre 7. chapitre 1. nombre 10.*

21 Arrêt du 4. May 1645. qui a declaré nul le congé perpetuel donné par un Superieur à un Religieux. Ce même Arrêt a jugé qu'un Religieux Profés ne peut succeder. *Boniface, tome 1. liv. 2. tit. 31. ch. 9.*

22 Voyez le seiziéme Plaidoyé de *M. Patru*, pour Dame Jeanne de Guenegaud, Prieure du Prieuré de saint Nicolas de l'Hôtel-Dieu de Pontoise, contre les Religieuses qui se plaignoient des dissipations & de la mauvaise conduite de la Prieure. Ce Plaidoyé est en forme de discours presenté au Roy en 1664.

23 Reglement general pour tous les Religieux, donné en consequence d'une Déclaration du Roy du 4. Avril 1667. *Voyez Des Maisons, lett. R. nomb. 11.*

24 Arrêt du grand Conseil du 1. Septembre 1604. qui ordonne que les Religieux de l'Abbaye d'*Aisnay*, vivront sous la charge & obéïssance de la Congregation des Benedictins Reformez, & souffriront la visitation du General ou Provincial & Superieur d'icelle. *Filleau, part. 1. tit. 1. ch. 35.*

25 Dissertation sur l'Hemine de Vin de la Regle de S. Benoît. *in 12. Paris 1667.*

26 Lettres Patentes portant confirmation des privileges des *Capucins*, & permission de s'établir en tous les lieux du Royaume. A Paris en Decembre 1662. reg. le 29. du même mois. 9. *Vol. des Ordonnances de Louis XIV. fol. 180. & 452.*

27 Bref du mois d'Août 1680. touchant les Religieuses de *Charonne*, avec l'Arrêt qui reçoit le Procureur General du Roy appellant comme d'abus, & c. avec défenses auxdites Religieuses de Charonne, & à toutes autres personnes d'y obéïr. *V. le Journal du Palais, où vous trouverez l'Arrêt du 24. Septembre 1680.*

28 Par la Regle des Religieuses de *sainte Claire Urbanistes*, les superioritez de leurs Convens sont administrations amovibles à volonté par le General, ou en son absence par le Provincial, & encore par les Visiteurs, mais en cas de faute seulement. *Voyez le 17. Plaidoyé de M. Patru.*

29 En l'année 1582. il y eut une grande division dans le Convent des *Cordeliers* de Paris. Un Président, deux Conseillers, l'Avocat du Roy, & le Lieutenant Criminel s'y transporterent, trouverent plusieurs Religieux blessez de coups de pierres, bâtons, épées ou dagues. Sur le rapport, il fut ordonné quatre de chacun côté des fracteurs, ou plus grand nombre s'il y échet, seront mis hors du Convent & envoyez en d'autres, jusqu'à ce qu'autrement par la Cour en soit ordonné; & outre, enjoint au Lieutenant Criminel & au Lieutenant du Guet de se trans-

porter avec bon nombre d'Archers audit Convent, & faire entendre à tous les Religieux qu'ils sont commandez d'aller, non pour emprisonner ou forcer personne, mais seulement pour empêcher les troubles ou voyes de fait. *Voyez les Preuves des Libertez*, to. 2. *ch.* 33. *n.* 24.

30. Le grand Ecuyer avoit pris la représentation, figure & vêtement Royaux de Charles VIII. prétendant luy appartenir à cause de son état. Il fut condamné à les rendre aux Religieux de *saint Denis*. Arrêt du 21. Juillet 1501. *Charondas*, liv. 4. Rép. 51.

31. La Congregation de la *Doctrine Chrétienne* est Reguliere & non Seculiere. Arrêt du 18. May 1645. *Soëfve*, to. 1. *Cent.* 1. *chap.* 80.

32. Confirmation de deux Arrêts de la Cour touchant l'état des Peres de la *Doctrine Chrétienne*, par un autre Arrêt du 23. Août 1661. qui a jugé leur Communauté être Reguliere. *Soëfve*, tome 2. Cent. 2. chapitre 46.

33. Arrêt du Parlement de Paris du 19. Octobre 1543. qui déclare abusifs deux Statuts faits par ceux de l'Ordre de *saint François*, l'un qui défend à ceux dudit Ordre d'avoir recours aux Juges seculiers ; & l'autre touchant la reception des Etrangers en leurs Convent de Paris. Les cas ausquels les Religieux peuvent avoir recours aux Juges seculiers sont specifiez, & la forme de la réformation d'aucuns Convents du même Ordre est prescrite. *Preuves des Libertez*, tome 2. chap. 33. n. 15.

34. Les filles du tiers Ordre de saint François peuvent se marier, à plus forte raison succeder, à moins qu'elles n'ayent voüé clôture. *Papon*, livre 21. titre 1. nomb. 1.

35. Arrêt du 8. Novembre 1557. donné sur les Lettres patentes du Roy, obtenuës par Frere Ange de Aversa General de l'Ordre de S. François, qui luy permet d'exercer sa charge dans le Royaume, aux conditions portées par ses Lettres; & en consequence faire les visitations, corrections, & autres charges à luy appartenantes, librement par tous les pays de son obeïssance, & que ce qu'il ordonnera pour la discipline des Religieux sera executé nonobstant opposition ou appellation quelconques, pour lesquelles ne sera differé ; interdisant à toutes Cours du Royaume, quant à ce toute Cour, Jurisdiction & connoissance. Et à l'égard des Commissaires nationaux, sa Majesté ordonne que par maniere de provision, & jusqu'à ce qu'autrement en soit ordonné, il puisse durant le temps seulement qu'il exercera ladite charge en son Royaume, commettre & députer quelques bons personnages de l'Ordre qui soient natifs & originaires du Royaume, ou bien Religieux Profez, & y demeurans depuis 25. ans, pour en son absence aller visiter les Convents où il ne pourra aller en personne ; & que ceux qu'il y commettra puissent faire les corrections, visitations, & ordonnances, de même que s'il y étoit en personne, dont toutefois ils seront tenus de luy faire rapport, ou à la Congregation generale : Et enjoint à ses Cours, & autres ses Juges qu'ils ayent à luy prêter, ou à ses Commis, Vicaires ou Députez faisant le dû de leur charge, toute ayde, confort & main-forte s'ils en sont requis, le tout sans neanmoins déroger aux saints Decrets, Privileges, Statuts & Ordonnances du Royaume & Eglise Gallicane. *Biblioth. Can.* to. 1. p. 363

36. Quoique l'Abbaye de S. *Gildas* de Rhuis soit sujete à la Jurisdiction de l'Evêque, neanmoins le Grand Conseil ordonna par Arrêt du dernier Mars 1604. qu'elle souffriroit la visite, réformation & correction du Visiteur de la Congregation. *Filleau*, 1. part. tit. 1. ch. 17.

37. Jesuite congedié par ses Superieurs n'est pas estimé Regulier, & peut faire testament. *Voyez* le mot *Jesuite*, n. 13. & *suiv.* & le nomb. 28.

38. Arrêt du Grand Conseil du 6. Octobre 1605. qui condamne les Religieux de l'Abbaye de *Marmoustier*

à souffrir la visitation & réformation du General & Provincial de la Congregation Benedictine. *V. Filleau*, part. 1. tit. 1. chap. 36.

39. Religieux de *saint Martin des Champs* exempts de l'Evêque. *V. Du Luc*, liv. 2. tit. 1. ch. 5.

40. Rétablissement des Religieux réformez de la Congregation de *saint Maur*, Ordre de saint Benoît, dans l'Abbaye de la Coûture, du 16. Février 1661. *De la Guess.* to. 2. liv. 4. chap. 7.

41. Privileges des Religieux de *saint Maximin*. Voyez les *Memoires du Clergé*, to. 1. part. 1. p. 202. & suiv. La Cure de saint Maximin leur est conservée à la charge qu'ils présenteront à l'Ordinaire un de leur corps pour la desservir, lequel sera sujet à sa Visite & Jurisdiction comme les autres Curez, & ne pourra être revoqué sans sa permission. *Ibidem.*

42. Reglement entre les Religieux & Communauté reformée de l'Abbaye de *saint Nicolas lez Angers* Ordre de saint Benoît, & du Prieuré Conventuel de *Montreüil-Bellay*, & les anciens Religieux, du 17. Mars 1667. *De la Guess.* to. 3. liv. 1. ch. 21.

43. Les Superieurs des Religieux de *Prémontré* ne sont en droit de destituer & de revoquer *ad nutum*, sans connoissance de cause & sans délit, les Religieux beneficiers de leur Ordre pourvûs en titre, même ceux qui ont charge d'ames, sans le consentement & la participation des Archevêques & Evêques Diocesains. Jugé au Conseil d'Etat, sa Majesté y étant, le 12. Septembre 1678. *Journal du Palais.*

44. Arrêt du Parlement de Paris du 11. Février 1688. qui déclare d'abus les Constitutions de l'Ordre de la *Trinité*, & du Bref qui les autorise, & fait défenses de les exercer ; & enjoint à tous les Religieux de l'Ordre de reconnoître Frere Eustache Tessier pour Superieur General, & leur fait inhibitions de sortir hors du Royaume, & d'aller au Chapitre indiqué au quatrième Dimanche après Pâques. L'élection du General avoit toûjours été faite en France dans Cersroid premiere maison de l'Ordre ; & la Bulle du Pape Innocent XI. autorisoit les Constitutions faites dans un Chapitre tenu à Rome par les Religieux étrangers du Royaume, en l'absence des Religieux François. *Boniface*, to. 3. li. 7. tit. 2. chap. 2.

45. Arrêt du Parlement de Bretagne du 15. Septembre 1558. qui fait commandement aux Religieux de l'Abbaye de *Villeneuve* de vivre en communauté, & ordonne que l'un des Conseillers se transportera sur les lieux pour entendre de leur maniere de vivre, & informer de la contravention qu'ils font de leur Regle. *Du Fail* liv. 1. ch. 86.

RELIGIEUX, ALIENATION.

46. Religieux qui alienent leur Domaine. *Voyez* le mot *Alienation des biens d'Eglise*, nomb. 41.

RELIGIEUX, ALIMENS.

47. Alimens dûs aux Religieux. *Voyez* le mot *Alimens*, nomb. 117.

48. Quand les nourritures fournies aux Religieux peuvent être repetées ? *Voyez* le mot *Apostasie*, nombre 5.

RELIGIEUX, APOSTATS.

49. *De Monachis Apostatis. Per Franc. Turressem. Voyez* les mots *Apostats* & *Relaps.*

50. Les Religieuses professes apostates ne peuvent prétendre de legitime. *Voyez* le mot *Legitime*, nombre 233. & le nomb. 134. où il remarque que les Religieux ne font nombre.

RELIGIEUX, APPEL.

Religieux qui interjettent appel. *Voyez* le mot *Appel*, nomb. 225.

RELIGIEUX ASSASSINÉ.

51. La vengeance & réparation de la mort d'un Religieux peut être demandée par le pere & l'Abbé. Ainsi jugé au Parl. de Bourdeaux : mais le frere ayant poursuivi la mort de son frere Religieux ne peut prétendre le remboursement de ses frais contre l'Abbé du
Monastere

Monastere. Arrêt du Parlement de Paris du 22. Novembre 1601. *Papon*, *liv. 24. tit. 1. n. 5. & le 15. Plaidoyé de M. Servin.*

RELIGIEUX, BATARDS.

53 *Voyez* le mot *Bâtards*, *nomb*. 199. *& suiv.*

RELIGIEUX, BENEFICE.

54 Touchant les Benefices Reguliers. *Voyez* le mot *Benefice*, *nomb*. 770. *& suiv.*

55 Cas esquels les Religieux peuvent conferer, *sede abbatiali vacante*. Voyez *le Journal des Audiences tome 5. li. 6. chap. 7. & le mot Collation, nombre 151. & suivans.*

56 *De religioso, an sine superioris licentiâ vicarius ad conferendum beneficia & procurator ad acceptandum esse possit*? Voyez *Franc. Marc*, to. 1. qu. 1181.

57 Religieux ne peut tenir Benefice d'un autre Ordre que le sien. *Tournet*, *lettre R. Arr.* 133.

58 Religieux dispensé de tenir Benefice seculier n'a besoin de nouvelle dispense, en cas de permutation à un autre Benefice de semblable qualité. *Ibidem*, *Arrêt* 134.

59 Religieux changeant de Religion n'est capable de tenir Benefice en l'ordre dernier s'il n'a fait profession. Arrêt du Parlement de Bourdeaux du 7. Septembre 1504. *Tournet*, *lettre B. nomb.* 48.

60 Religieux Beneficier peut disposer des fruits de son Benefice. Arrêt du 27. Mars 1527. *Bibliotheque Can. to. 2, page 441.*

61 Religieux qui n'a fait profession expresse n'est capable de Benefice regulier. Arrêt du Parlement de Paris du 21. Février. 1534. *Tournet*, *lettre B. n. 47.*

62 Le 19. Février 1537. il fut jugé que la capacité du pourvû doit être considerée du temps de la vacance, quoiqu'elle ne fût du temps de la nomination, & qu'un Religieux nommé est reputé capable, s'il est de l'Ordre, par translation du temps de la vacance, bien qu'il ne soit du temps de la nomination. *Papon liv. 2. titre 4. nombre 8. & Du Luc*, *livre 2. tit. 4. chap. 1.*

63 Barbier & Convers d'Abbaye sont incapables de tenir Benefice. Arrêt du 14. Août 1555. *Tournet*, *lettre B. nomb. 45.*

64 L'Abbé d'Usarche avoit reçû en presence de trois Religieux Officiers du Convent, non contredisans, Frere Olivier Pillet. Aprés y avoir demeuré 25. ans ou environ, & acquis par ce temps présomption de consentement du Convent, il est pourvû d'un Benefice de l'Ordre affecté aux Religieux de cette Abbaye, qui est aussi impetré à Rome *cum derogatione*, par M. Betrand Pouveret, qui fut débouté, & Pillet maintenu par Arrêt du Parlement de Bourdeaux. *Biblioth. Can. tome 2. p. 349.*

64 bis Un Religieux peut tenir deux Prieurez *in titulum*, dépendans d'une même Abbaye. Jugé le 29. Août 1598. *M. Louët*, *lettre B. somm. 8.*

65 Les Religieuses ne peuvent être pourvûës d'Abbayes, ni de Prieurez Conventuels qu'elles n'ayent été dix ans auparavant professées, ou exercé un office Claustral pendant six ans entiers. *Edit de 1606. article 4.*

66 Lors qu'un Benefice dépendant d'un autre Monastere requiert residence, & oblige à un service actuel, le Superieur peut contraindre le pourvû à se transferer suivant le Decret de ses provisions, autrement le Benefice est vacant & impetrable suivant la teneur du Decret. Jugé par Arrêt du 7. Juin 1622. rapporté par Brodeau sur *M. Louët*, *lettre P. somm. 43.* contre une Religieuse de l'Abbaye de Nôtre-Dame de Ronceray de la Ville d'Angers.

67 Religieux pourvû de Benefices dépendans de son Ordre, ne peut rien posseder en proprieté. Jugé le 26. Avril 1633. *Bardet*, *to. 2. liv. 2. ch. 24.* Voyez les *Plaidoyez de M. Gaultier*, *to. 2.*

68 Jesuites congediez sont capables de tenir des Benefices Seculiers. Arrêt du Grand Conseil du 15.

Tome III.

Février 1646. *Du Frêne*, *livre 4. chapitre 32.*

69 Un Religieux pourvû d'un Benefice Regulier dépendant d'un autre Monastere du même Ordre, ne peut prétendre, outre le revenu de son Benefice, sa portion monachale dans son Convent de profession. Neanmoins il luy fut permis de demeurer si bon luy sembloit, dans le premier Monastere en rapportant à la mense commune les fruits & revenus de son Benefice. Arrêt du 25. Juin 1647. *Soëfve*, *tome 1. Cent. 2. chap. 24. & Du Frêne*, *liv. 5. ch. 21.*

70 Reglement en faveur des Religieux qui possedent des Cures, Vicairies, & autres Benefices, & droits honorifiques dépendans de leurs Abbayes & Prieurez;
71 il est du 21. Octobre 1675. *De la Guesse*, *tome 3. livre 9. chap. 15.*

72 Quand un Religieux est pourvû de quelque Prieuré, ou autre Benefice Regulier, les Officiers de la Daterie ne manquent jamais d'inserer dans ses provisions le Decret que le Religieux, aprés avoir pris possession, sera tenu de se transferer du lieu où il a fait profession, au Monastere d'où dépend le Benefice qui luy est donné, pourvû que l'observance reguliere y soit égale, ou plus austere. *Cum decreto, quod dictus orator habitâ possessione dicti prioratus de Monasterio seu alio regulari loco in quo professus est ad dictum Prioratum dum modo ibi par, vel arctior vigeat observantia regularis, aliàs præsens gratia nulla sit eo ipso transferri ibique in monachum & fratrem recipi debeat.* Que si le Religieux avoit quelque Abbaye, Prieuré Conventuel, ou office claustral, il n'y auroit point de translation; mais l'usage est contraire, & ce Decret n'est point observé en France; les Religieux du même Ordre quand il ne s'agit que *de loco ad locum* n'y ont point d'égard, & prennent possession sans se faire transferer. Le Grand Conseil l'a ainsi jugé en faveur de Dom Placide Falgeyrat Religieux de la Congregation de saint Maur, contre Dom Claude Rolland Religieux de Cluny dévolutaire pour le Prieuré Conventuel de Thisy, dépendant du Prieuré de Charlieu, Ordre de Cluny, que M. l'Evêque d'Autun Prieur de Charlieu Collateur avoit conferé audit Dom Falgeyrat, qui fut maintenu par Arrêt du 25. Janvier 1697. Il n'en seroit pas de même, si le Benefice étoit affecté aux Religieux profez du Monastere par sa fondation, car en ce cas il faut donner le Benefice à un Religieux du Monastere suivant la fondation; comme il a été jugé au Grand Conseil pour Dom Joubert Religieux de l'Abbaye de la Pellice Ordre de S. Benoît. Diocese du Mans, contre Dom Poullard pourvû d'une Chapelle reguliere dans l'Eglise de la Ferté Bernard affectée aux Religieux de l'Abbaye de la Pellice, suivant la fondation, par Arrêt du 27. Janvier 1698. *Définit. Can. p. 17.*

RELIGIEUX, CHANOINES.

73 Religieux qui sont Chanoines. *Voyez* le mot *Chanoine*, *nomb.122. & suiv.*

RELIGIEUX, CHAPITRES.

74 Chapitre de Religieux, *Voyez* le mot *Chapitre*, *nomb. 28. & suiv.*

75 Loüis XI. en Septembre 1475. fit défenses à tous Religieux de sortir hors le Royaume, même pour le Chapitre de leur Ordre. *Ordonnances de Fontanon*, *tome 4. page 1240.*

76 Le 3. Septembre 1476. le Roy fit défenses à tous Religieux de sortir hors le Royaume, même pour les Chapitres de leurs Ordres. *Voyez les Preuves des Libertez*, *to. 2. ch. 33. n. 3.*

77 Défenses aux Cordeliers de France d'aller aux Chapitres generaux de leur Ordre, hors le Royaume, sans permission du Roy. Arrêt du Parlement de Paris du 28. Mars 1552. *Ibidem*, *n. 10.*

78 Arrêt du Parlement de Paris du 18. May 1564. qui ordonne que Anne de Torcy Religieuse Professe en Picardie, qui avoit été mise dehors pendant les troubles, & qui continuoit de vaguer dans le monde en

X x

habit seculier, reprendroit celui de Religieuse, & seroit mise en l'Hôpital S. Gervais à Paris, & qu'incontinent son frere, appellant comme d'abus d'un certain Rescrit, seroit tenu luy bailler 100. liv. pour pension, & à faute de ce faire dans la huitaine, elle doublera de huitaine en huitaine, triplera & quadruplera. *Papon, liv.* 19. *tit.* 2. *n.* 18.

79 Il y a un Statut dans l'Ordre de la Merci de la Redemption des Captifs, par lequel de trois ans en trois ans on doit tenir le Chapitre general, au lieu qui est designé au dernier Chapitre. En l'an 1623. le Chapitre se tint en la Ville de Bourdeaux, & le lieu designé en Espagne pour le prochain Chapitre; & neanmoins le General Espagnol qui redoutoit sa déposition, sans attendre le temps, en dénonça un en la Ville de Toulouse, où il fit trouver plusieurs Religieux & Definiteurs à sa dévotion, ausquels il donna Commission en langue Espagnole. Ceux qui avoient été à Bourdeaux s'y trouverent, & s'opposerent à la tenuë du Chapitre comme faite par anticipation & par brigues, & protesterent de nullité de tout ce qui s'y feroit. Le Pere Visiteur & Commissaire General les excommunia, dont ils appellerent comme d'abus. Le Procureur General au Parlement de Toulouse averti de ce desordre, en fit plainte à la Cour, laquelle par Arrêt solemnel dit que mal & abusivement, &c. enjoint au General d'établir desormais un Provincial en France, qui soit naturel François, & de faire pendre l'absolution aux Religieux prétendus excommuniez. *Bibliot. Can.* to. 2. p. 362. col. 2.

RELIGIEUX, CLOCHES.

80 Les Religieux d'un Monastere ne peuvent avoir de grosses cloches au préjudice de l'Eglise principale ou de la Paroisse. Arrêt du Parlement de Paris du 6. Septembre 1608. *Biblioth. Canonique*, tome 1. p. 370. *in fine.*

81 Arrêt du Parlement de Provence du 2. May 1687. qui declare abusif le Bref du Pape portant permission aux Peres Prêcheurs d'avoir plus de cloches que de coûtume. *Boniface*, to. 3. *liv.* 7. *tit.* 6. *ch.* 2.
Voyez le mot *Cloches.*

RELIGIEUX, CLÔTURE.

82 De la clôture & de la visite des Monasteres de Religieuses. *Voyez les Memoires du Clergé*, to. 1. part. 1. *tit.* 2. *ch.* 13. & le traité fait par *Tiers* en 1681.

83 Arrêt du Roy Henri second en 1556. qui ordonne que les Religieux demeureront dans leurs Cloîtres & Solitudes, & leur permet seulement de sortir pour assister leur pere, mere & ayeuls malades au temps de la mort. *Voyez Henrici progymnasmata Arrêt* 103.

84 Clôture des Religieuses peut être ordonnée par l'Evêque; mais il commet abus, en faisant afficher & publier son Ordonnance au Greffe de l'Officialité. Jugé contre l'Evêque d'Angers, le 29. May 1618. *Bardet*, 10. 1. *liv.* 1. *ch.* 27.

85 De la clôture des Religieuses, & du droit de visite qu'ont les Evêques, pour le rétablir ou faire observer. *Voyez Henrys*, tome 2. liv. 1. q. 1. où il y a Arrêt du Conseil Privé du Roy du 26. Août 1653.

86 Nul Juge ne peut entrer dans un Monastere de Filles pour avoir une fille, ou tirer autre personne qui y seroit refugiée, qu'au préalable il ne se soit adressé à l'Evêque du lieu ou à son Grand Vicaire, en cas d'absence de l'Evêque, & sans pouvoir rien entreprendre à cet effet de concert avec eux & en leur presence, soit que le Juge execute sa Sentence ou des Arrêts. Arrêt du Conseil d'Etat du 27. Mars 1679. en forme de Reglement, qui défend au Sr de la Thaumassiere Medecin en la Ville de Bourges de plus user de telles voyes, aussi-bien qu'au Juge qui avoit permis l'ouverture des portes, & ce à peine d'interdiction. *Biblioth. Can.* to. 1. p. 834.

87 L'Ordonnance de *Blois* article 31. porte, ne pourra aucune Religieuse, après avoir fait profession, sortir de son Monastere pour quelque temps & sous quelque couleur que ce soit, si ce n'est pour cause legitime qui soit approuvée de l'Evêque ou Superieur. Il est vray que la Constitution de Pie V. *decori & honestati*, veut que les Religieuses ayent le consentement de leur Superieur regulier, & de l'Evêque; mais elle n'est point reçuë en France, où elle n'a point été enregistrée ni au Parlement ni au Grand Conseil. M. l'Evêque de Noyon sur ce que l'Abbesse de l'Abbaye de Binche près Peronne de l'Ordre de Cîteaux, étoit sortie avec la permission de l'Abbé de Cîteaux son Superieur, sans avoir aussi pris la sienne, fit une Ordonnance, par laquelle il luy fit défenses de sortir à l'avenir sans sa permission. L'Abbé de Cîteaux en fut appellant comme d'abus; l'affaire portée au Grand Conseil, l'Abbé de Cîteaux donna sa Requête, & demanda d'être maintenu en possession de donner seul aux Religieuses de son Ordre les permissions de sortir. Par Arrêt du 11. Mars 1695. il fut dit y avoir abus. M. l'Abbé de Cîteaux maintenu dans la possession de donner seul aux Religieuses de son Ordre les permissions de sortir de leurs Monasteres, qu'elles seront pourtant tenuës de representer, quand elles en seront requises. *Definit. Can.* p. 494.

RELIGIEUX, COMPROMIS.

88 Compromis fait par des Religieuses, ou entre leurs mains. *Voyez* le mot *Compromis*, nomb. 50. & 51.

RELIGIEUX, CONSENTEMENT DES PARENS.

89 Le fils de famille ne peut sans le consentement de son pere s'engager par des vœux. *Voyez* le mot *Fils de famille*, n. 31. & cy-après *les nomb.* 141. & 148.

90 *Voyez Tournet lettre M. nombre* 57. où la question est agitée *in utramque partem*, & Henrys dans son tome 2. liv. 1. quest. 33. où il rapporte plusieurs Jugemens & Arrêts qui ont défendu aux Religieux de donner l'habit aux enfans de famille sans le consentement de leurs peres. *Voyez au Journal du Palais in* 4°. tome 10. page 1. la cause pour le Demoiselle d'Epernon.

91 Arrêt du Parl. de Paris du mois de Juillet 1583. qui ordonne que le Gardien des Capucins comparoitra en la Cour, & y representera un fils de famille qui s'étoit rendu aux Capucins sans le consentement de son pere. L'habit seculier lui fut remis; défenses aux Capucins de le recevoir, & aux pere & mere de le détourner, si après l'âge atteint, il persiste en sa premiere volonté. *Preuves des Libertez*, tome 2. chap. 33. n. 25.

92 Sur la Requête de Jean Laurens Procureur à Chartres, il fut par Arrêt du Parlem. de Paris du 1. Août 1601. enjoint au Provincial des Feüillans d'aller presentement accompagné de l'un des quatre Notaires & Secretaires de la Cour, délivrer & mettre ès mains du pere Claude Laurens son fils unique, luy ôter l'habit de Religieux, & le rendre en l'habit seculier; défenses aux Feüillans de le recevoir à l'avenir sans le consentement du pere. Ce fils avoit neanmoins dix-sept ans. *Voyez* ibidem *nombre* 28. & *suivans*, où il y a plusieurs autres Arrêts semblables.

93 Arrêt du Parlement de Paris du 7. Avril 1629. par lequel la fille du sieur de Mornay qui s'étoit retirée au Monastere du Val de Grace est rendüe à sa mere; défenses à la Superieure de la recevoir sans le consentement de ses pere & mere. *Voyez le 2. 10. des Preuves des Libertez*, ch. 33. n. 43.

94 La Demoiselle Vernat vouloit faire ses Vœux dans le Monastere de S. Pierre de Lyon, ses parens s'y opposoient & vouloient qu'elle revînt dans le siecle. Par Arrêt du 23. Juillet 1686. la Cour luy a permis de faire ses Vœux, en cas qu'elle en fût trouvée capable par l'Archevêque de Lyon, & condamné le pere & la mere à payer au Monastere 400. livres de pension pendant la vie de leur fille, & 1000. livres pour les frais de sa prise d'habit & profession, & pour les pensions de son Noviciat, dépens compensez. *Voyez le 1. Plaidoyé de M. Erard.*

RELIGIEUX, CONVENTUALITÉ.

95 Declaration du Roy du 6. May 1680. qui ordonne le rétablissement des conventualitez, & que la conventualité ne pourra être prescrite par aucun laps de temps, quel qu'il puisse être, lorsque les conditions requises & nécessaires pour la conventualité se rencontreront dans les Prieurez ou Abbayes, & particulierement lorsqu'il y aura des lieux reguliers subsistans, pour y recevoir des Religieux jusqu'au nombre de dix ou douze au moins, suivant les Conciles, Arrêts & Reglemens, & que les revenus des Benefices seront suffisans pour les y entretenir. *Biblioth. Can. to. 2. p. 458.*

96 Du rétablissement, imprescriptibilité, ou extinction de la conventualité. *Voyez* le mot *Conventualité, & cy-après le mot Sécularisation.*

RELIGIEUX, CURES.

97 Si les Religieux sont capables de posseder des Cures? *Voyez* le mot *Cures, nomb. 134. & suiv.*

RELIGIEUX, DEPÔT.

98 Par Arrêt du Parlement de Paris du 15. Decembre 1664. il a été jugé que le dépôt d'une somme de mille livres, & de quelques pierreries, entre les mains d'une Religieuse, devoient être rendus, sur sa simple déclaration, & qu'elle étoit suffisante. *Jovet, verbo Dépôt, nomb. 9.*

CRIMINEL QUI SE FAIT RELIGIEUX.

99 Le criminel ravisseur qui se fait d'Eglise ou Religieux, de peur d'épouser la fille ravie, à laquelle il a promis mariage, est indigne de misericorde. *Voyez Peleus q. 125. Nemo delictis exuitur quamvis in Monasterio votum emittat. Mornac l. 2. verbo nemo, ff. de capite minutis.*

RELIGIEUX, DONATION.

Voyez cy-dessus le nomb. 15. & cy-après les nombres 179. & suiv. & 259. & suiv.

100 Les Religieux ne peuvent rien donner lors de leur profession, ni auparavant, directement ou indirectement au Convent où ils sont reçus, par les Ordonnances d'Orleans article 19. & de Blois en l'article 28. ce qui a été confirmé par plusieurs Arrêts du Parlement de Paris. *Voyez M. Loüet lett. H. somm. 4. ch. 8, & 18. R. 42. Berault, sur l'art. 273. de la Coûtume de Normandie,* rapporte quelques Arrêts semblables, & un par lequel le testament fait par un Capucin Novice fut cassé.

101 Un Religieux profez peut par donation entre-vifs disposer de ses meubles. Arrêt du 14. May 1587. *Carondas, liv. 7. Rép. 226.*

102 Don d'un mineur fait par testament aux Capucins d'Angers déclaré nul. *Voyez Tournet lettre D. ch. 131.* où il rapporte plusieurs Arrêts semblables en faveur des peres & meres dont les enfans avoient été attirez par les Jesuites, Feüillans & Capucins.

103 Religieuses du Mont-Carmel ne peuvent donner à leur Convent aucune chose depuis qu'elles y sont entrées & y ont pris l'habit, encore qu'elles n'ayent fait profession. Arrêt du Parlement de Bretagne du 19. Octobre 1617. *Bellordeau, 2. part. Contr. 66.*

104 Disposition d'un Religieux Novice au profit de son Ordre, est nulle. Jugé le 5. Février 1619. *Bardet, to. 1. liv. 1. ch. 52.* L'Arrêt absout les Freres de Gombault de la demande de la somme d'onze mille livres, & pour les 4000. liv. ordonna qu'elles demeureroient aux Chartreux de Toulouse.

105 Religieuse ne peut donner aucune chose, on ne dit pas seulement à la Maison, mais à l'Ordre dans lequel il fait profession. Jugé le 10. Février 1620. *Bardet, to. 1. liv. 1. ch. 75.*

106 Une Religieuse ne peut disposer au profit du Monastere, quoique la Coûtume du lieu le permette. Arrêt du 27. Juillet 1626. *Du Frêne, liv. 1. ch. 120.*

107 Par Arrêt du Parlement de Roüen du 24. Janvier 1627. rapporté par *Berault, sur la Coûtume de Normandie, art. 273.* jugé que le doüaire donné par un Religieux à son Monastere étoit une donation nulle. La raison que ce doüaire étoit fini par la profession de la Religion, & que ladite donation n'avoit point été insinuée, comme elle le devoit être; étant par la Coûtume le doüaire réputé immeuble.

108 Par Arrêt du 3. Août 1627. rapporté par *Joly, liv. 2. chap. 61.* un testament par lequel un Religieux avoit donné à un Convent de son Ordre, au préjudice de ses parens, a été déclaré nul à l'égard de ladite donation, & confirmé pour une pension viagere.

109 Contract de vente des immeubles d'une femme entrant en Religion pour donner le prix à son Convent est déclaré nul, & l'acquereur évincé comme participant de la fraude; mais pour sçavoir s'il peut repeter contre les Religieuses le prix que la Prieure a seule touché, la cause est appointée; Arrêt du 18. Juin 1630. M. l'Avocat General Talon dit que la Prieure avoit donné plusieurs quittances semblables, mais qu'icy on alleguoit une contrelettre vûë, lûë, & tenüe par personnes dignes de foy, & que quand la Cour feroit porter cette peine à l'acquereur, ce seroit pour servir d'exemple à l'avenir, *habet aliquid ex iniquo omne magnum exemplum. Voyez Bardet, tome 1. liv. 3. chap. 111.*

110 Donation faite par une Religieuse avant sa profession de l'usufruit d'une terre de grand prix au profit du Monastere, réduite à la moitié de l'usufruit, le 18. Juin 1632. *Du Frêne, liv. 2. chap. 111.*

111 Un Religieux de sainte Genevieve pourvû de Benefice dépendant de son Ordre, ne peut faire des acquisitions à son profit ou posseder somme notable, attendu le voeu de pauvreté, il ne peut disposer par testament. Par le Droit Canon il a la permission de donner à autruy quelque chose de son ménage en pleine propriété, pourvû que ce ne soit donation de consequence. Arrêt du 26. Avril 1633. *Ibidem, chap. 137.*

112 Le 28. du mois de Juillet 1643. au Parlement de Toulouse, il fut ordonné que quoique la Demoiselle de Fagemont entrant au Monastere de Sainte Claire de Cahors, se fût constituée tous ses droits, qui alloient à 10000. livres, les Religieuses n'en auroient que 5000. livres: ces Religieuses ayant presenté Requête en interpretation, à ce qu'il plût à la Cour de declarer qu'il n'avoit entendu les priver de la constitution ordinaire de 2000. liv. outre les 3000. livres qui leur étoient ajugées, elles furent déboutées de leur Requête le 31. May 1644. *Albert, verbo Testament, article 34.*

113 Femme au Convent des Carmelites d'Orleans, en qualité de Fondatrice, portant l'habit de Religieuse, sans qu'il parût de profession, peut disposer de son bien pour la construction du bâtiment, & si elle peut demander sa legitime sur les biens de sa mere? Sentence qui juge la donation bonne, & qui la prive de la legitime. Appel du premier chef par les parens; & appel du second par la prétendüe Religieuse; le second chef confirmé, & sur le premier appointé au Conseil, le 27. Juillet 1657. *Du Frêne, liv. 1. chap. 13. Voyez De la Guessiere, tome 2. liv. 1. chap. 23.* où il y a Arrêt du 16. Juillet 1657. *Les Notables Arrêts des Audiences* rapportent le même Arrêt, *Arrêt 9.*

114 Arrêt du P. d'Aix du 24. Février 1672. qui a jugé qu'un Jesuise qui est sorti de l'Ordre, ensuite d'un congé par lui demandé 14. ans aprés les premiers voeux, ne peut pas repeter une somme de 5000. livres qu'il avoit leguée pour la construction d'une Eglise de l'Ordre, & employée à l'effet d'icelle. *Boniface, to. 3. liv. 7. tit. 4. ch. 14.*

RELIGIEUX, DOT.

115 De la dot donnée aux Religieux. *Voyez* le mot *Dot, n. 431. & suiv.*

116 De l'indemnité de la dot d'une Religieuse. *Voyez* le mot *Indemnité, n. 47.*

117 Arrêt du 14. Janvier 1632. par lequel les heritiers des biens maternels, & le pere heritier des meubles

348 REL

& acquets de sa fille Religieuse, doivent contribuer au pro ratâ de l'émolument au payement de sa dot ou pension. *Du Frêne*, liv. 2. ch. 101.

118 La dot d'une Religieuse doit être portée par tous les heritiers pro ratâ, attendu que par ce moyen la succession a été ouverte à tous ; autrement l'heritier des meubles n'auroit rien, s'il falloit épuiser le mobiliaire. Le contraire a été jugé le 8. Juillet 1700. contre le sieur Cauvel de Mondidier ; mais il avoit derogé à son droit par une imputation volontaire avec ses coheritiers, d'une somme mobiliaire reservée au partage pour ce sujet. V. *Ricard*, sur l'art. 141. de la Coût. de Senlis, page 43.

119 *Voyez Henrys*, tome 2. liv. 4. chap. 6. quest. 54. où vous trouverez deux Arrêts, l'un du 23. Juillet 1646. & l'autre du 20. Août 1649. concernant la dot des Religieuses.

120 *Henrys*, ibid. quest. 55. établit qu'une fille majeure & maîtresse de ses droits, peut, en entrant dans la Religion, donner au Monastere telle portion de ses biens que bon luy semble, pourvû qu'elle le fasse avant l'entrée ou par le contrat de reception ; mais cette proposition n'est pas certaine ; car si la donation étoit immense, elle seroit sujette à réduction, comme étant faite contre l'esprit des Canons & des Ordonnances, & au préjudice de l'interet des familles & du bien public, d'ailleurs une semblable disposition ressentiroit la séduction qui n'est pas moins à craindre que la violence.

121 Dans *Du Frêne*, livre 3. chapitre 81. Arrêt du 9. Decembre 1641. qui juge qu'une somme de 3000. l. pour la dot d'une fille en un Monastere, étoit valable. Il n'y a que l'excès à reprimer ; *voyez son liv. 6. ch. 15.* où vous trouverez Arrêt du 10. Janvier 1651. qui juge la même chose ; & en son li. 7. ch. 14. il raporte un Arrêt du 20. Janvier 1653. par lequel toutes sortes de traitez faits avec des Religieuses pour l'ingression en Religion, sont nuls & prohibez, & la somme de 1200. liv. promise, réduite à 600. l. pour les frais de l'ingression.

122 D'un contrat fait avec des Religieuses pour la dot & Profession d'une fille Religieuse, par lequel on prétendoit qu'elles avoient voulu indirectement se rendre maîtresses de tous ses biens. Arrêt du 10. Janvier 1651. qui adjugea au pere la succession mobiliaire de sa fille, en contribuant par luy au pro ratâ à la dot de la Religieuse, jusqu'à la somme de 5000. liv. & sans dépens. *Soefve*, tome 1. Cent. 3. ch. 53.

123 Une rente annuelle & perpetuelle pour l'entrée d'une fille en Religion, que le pere avoit constituée, ne seroit reduite à une pension viagere, mais le pere condamné à payer, parce que la somme n'étoit pas immense, qui est le cas du Reglement. Arrêt du Mardy 26. Novembre 1652. en l'Aud. de la Grand'-Chambre, plaidans Gomont pour l'appellant, Corbin pour l'intimé. Dict. de la Ville, n. 8337.

124 L'heritage baillé pour l'entrée d'une fille en Religion, doit treizième & indemnité. Arrêt du Parlement de Roüen du 2. Juillet 1654. M. l'Avocat General se rendit appellant de son chef, pour faire annuller la donation comme simoniaque ; mais la Cour ne prononça point sur son appel. *Basnage*, sur l'art. 171. de la Coût. de Normandie.

125 Par Arrêt du P. de Roüen du 30. Juillet 1659. il a été jugé que la part d'une Religieuse qui revenoit à ses sœurs, heritieres de la dot de leur mere, contribuëroit aux frais de son entrée en Religion. Si ces frais avoient été payez par le pere de son argent, il ne seroit pas juste d'y faire contribuer les biens maternels, puisqu'ils auroient été payez d'un meuble où la mere auroit eu sa part ; mais si le pere s'étoit constitué en rente, en ce cas la contribution seroit raisonnable.

Autre Arrêt du même Parlement du 30. Juin 1655. qui a jugé que les deniers que l'on avoit payez pour l'entrée en Religion de l'une des sœurs des sieurs de S. Sens, seroient pris sur les meubles appartenans à cette fille, & sur ce qui luy devoit revenir de son mariage avenant. Arrêt semblable du 25. May 1672. Ibid. art. 256.

126 Reglement pour la reception des Religieuses, portant défenses de prendre à l'avenir aucuns deniers d'entrée pour la réception desdites Religieuses, mais seulement une pension qui ne pourra exceder 500. l. de rente pour les plus riches ; il est du 29. Mars 1659. *De la Guess.* to. 2. li. 2. ch. 36. Autre Arrêt du 12. Juillet 1659. ch. 33. du même livre. Pareil Arrêt du Jeudy 11. Janvier 1635. entre Marie de Castelnau, & le sieur de Fonpertuis son oncle, rapporté par *Du Frêne*, li. 3. ch. 7. & 81. Arrêt du 28. Novembre 1650. qui est contraire, liv. 6. ch. 11.

127 Reglement pour la réformation des quatre Ordres des Mendians, faisant défenses aux Superieurs & Superieures des Monasteres de recevoir aucune chose pour la réception des Novices à l'Habit ou à la Profession ; il est du 4. Avril 1667. *De la Guessiere*, to. 3. liv. 1. chap. 26.

128 Arrêt du Parlement de Dauphiné du 25. Juin 1667. qui ordonne qu'il sera procédé à la réforme des quatre Ordres Religieux appellez Mendians, & défenses aux Superieurs & Superieures de tous les Monasteres, de recevoir aucune chose pour la réception des Novices à l'Habit ou à la Profession. *Voyez Basset*, tome 1. liv. 1. tit. 7. ch. 5.

129 Dot d'une Religieuse de Clermont en Beauvoisis, de laquelle on avoit payé 5000. l. il restoit à payer 4500. liv. La Cour ordonna que ce qui étoit payé demeureroit, & que ce qui étoit à payer seroit partagé entre les heritiers paternels & maternels. Arrêt du 27. Juillet 1668. de relevée, plaidant Bordel, Noet & Pinson. Dict. de la Ville, p. 8338.

130 Le Reglement de 1667. défend de doter des filles pour leur entrée en Religion. Un contrat de constitution de rente fait avant le Reglement par un pere à un Monastere, pour la Profession de sa fille, jugé executoire le 12. Mars 1672. *De la Guess.* tome 3. liv. 6. chap. 3. Même Arrêt du 6. Février 1673. Ibid. liv. 7. ch. 21. Le Journal du Palais rapporte l'Arrêt du 12. Mars 1672.

131 Dots des Religieuses ne sont permises, mais bien des pensions viageres. Arrêt du Parlement de Roüen du 10. Janvier 1673. *Journal du Palais*.

132 Rentes constituées pour la dot de deux Religieuses qui étoient Sœurs & Professes, avant le Reglement de 1667. Jugé que les arrerages en seroient payez purement & simplement jusques au Reglement, l'Arrêt est du 1. Juillet 1675. *De la Guess.* to. 3. liv. 9. ch. 10.

133 Arrêt du 19. Avril 1679. qui juge que le Reglement de 1667. pour les dots des Religieuses, a un effet retroactif, & est autant pour le passé que pour l'avenir ; car cet Arrêt enterine les Lettres de rescision prises par M. de la Rochefoucault, contre un contrat, par lequel il avoit promis une dot de dix mille liv. pour la dot de sa sœur Religieuse à Xaintes ; l'Arrêt réduisit la somme à 500. liv. par chacun an de tout le passé, & ainsi continuer pendant sa vie. *Soefve*, tome 2. Cent. 4. ch. 95.

134 Dot de la somme de 2400. liv. pour une Religieuse, confirmée le 21. May 1685. *De la Guess.* tome 4. liv. 8. chap. 42.

RELIGIEUX, DOUAIRE.

135 Plaidoyé notable de M. le Guerchois Avocat General au Parlement de Roüen, avec l'Arrêt du 16. Janvier 1627. par lequel les heritiers d'un défunt ont été déchargez du doüaire prétendu par la veuve qui s'étoit faite Religieuse. L'Arrêt rendu suivant l'article 273. au titre de Succession en Propre. Voyez *Berault*, tome 2. du Commentaire de la Coût. de Normandie au Recüeil des Arrêts qui sont à la fin, p. 71. & suiv. Voyez *Jouet*, verbo, Religieux, nomb. 87. & dans

REL   REL 349

le présent Recueil, le mot, Doüaire, nombre 234. & suivans.

Religieux, Enterrement.

136   Des Enterremens qui se font és Maisons Religieuses. Voyez le mot Enterrement, n. 14. & suiv.

137   Le droit d'inhumer un Religieux Curé n'appartient point au Doyen Rural, mais au Monastere. Arrêt du Parlement de Paris du 29. Novembre 1677. Journal des Aud. tome 3. liv. 11. ch. 42.

Religieux, Etablissemens nouveaux.

138   Nouveaux établissemens de Religieux Mendians, & ce qui est necessaire pour en pouvoir faire. Memoires du Clergé, tome 1. part. 1. page 984. & suiv. Il faut la permission de l'Evêque Diocesain; comment elle doit être accordée, pour empêcher que ces nouveaux établissemens ne préjudicient aux anciens. Ibidem.

139   Les nouveaux établissemens de Religieux ou Religieuses ne se peuvent faire sans permission de l'Evêque Diocesain, ni pendant la vacance du Siege Episcopal. Ibidem, page 996. art. 28.

140   On ne peut ediffier de nouveaux Monasteres, ni instituer aucune nouvelle Congregation ou Ordre, sous prétexte de Religion ou autre cause, sans la permission du Roy. Le Bret, en son Traité de la Souveraineté, liv. 1. ch. 15.

141   Par Arrêt du 20. May 1586. il fut dit qu'il seroit informé des pratiques & subornations prétenduës avoir été faites à l'endroit du fils de M. Pierre Airault, Lieutenant Criminel d'Angers, pour se rendre Jésuite; défenses aux Jésuites de le recevoir en leur Societé, & d'user d'aucuns allechemens ni autres inductions envers les enfans pour se rendre en leur prétenduë Societé sans en avertir les parens, & cela à peine d'amende arbitraire, & de plus grande peine s'il y échet; & à eux enjoint d'avertir les autres Jésuites de ce Royaume & autres, du present Arrêt. Bibliotheque de Bouchel, verbo Plagiaires.

142   Commission accordée au Procureur General le 18. Août 1604. pour faire appeller certains habitans qui faisoient bâtir un Convent de Capucins à Peronne, sans l'autorité de la Cour. Preuves des Libertez, to. 2. chap. 32. nomb. 5.

143   Arrêt du Parlement de Roüen du 18. Mars 1616. rendu sur la remontrance du Procureur General, que plusieurs veuves & filles vouloient s'eriger des Convens sous le nom de Religieuses Ursulines dans plusieurs Villes de la Province, sans Lettres Patentes du Roy, ni aucun fonds pour subsister; par lequel il est fait défenses à toutes personnes de quelque état, qualité & conditions qu'elles soient, d'établir aucuns nouveaux Ordres de Religieux & Religieuses ou Congregations en la Province, sans Lettres Patentes du Roy, & que les Statuts n'ayent été portez au Procureur General, & vûs en la Cour, sur les peines portées par les Ordonnances: Et fait iteratives défenses à tous Prélats & personnes Ecclesiastiques de la Province, à peine de saisie de leur temporel, d'innover ni changer l'ancienne Police & Discipline Ecclesiastique, introduire aucune nouveauté au préjudice de l'autorité Royale; & enjoint aux Substituts du Procureur General, même à ceux qui sont établis aux Officialitez, de s'informer promptement des entreprises & innovations qui se font faites, & luy en envoyer les mémoires dans le mois, sur les peines au cas appartenant, & ordonner que l'Arrêt sera envoyé à tous les Juges du ressort du Parlement. V. la Bibliot. Can. tome 2. page 1121. col. 2.

144   Les Religieux Minimes ayant demandé main-forte contre un établissement qui se faisoit à Abbeville, sans le consentement de leur General, ils obtinrent le 4. Mars 1622. Commission adressante aux Officiers tenans le Siege Présidial à Abbeville, pour leur donner confort & aide, & faire ensorte que la Sentence du Procureur General soit executée selon sa forme & teneur; enjoint au Substitut du Procureur General sur les lieux, de tenir la main à l'execution de l'Arrêt. Preuves des Libertez, tome 2. ch. 33. n. 39.

145   Les Communautez regulieres ne peuvent s'établir dans une Ville, sans le consentement des habitans. Arrêt du Conseil d'Etat du 26. Juillet 1644. Henrys, tome 2. liv. 1. qu. 6.

146   Par Arrêt du Parlement de Rennes du 18. Octobre 1645. la Cour faisant droit sur les Conclusions du Procureur General, a fait défenses aux Religieux & Religieuses de quelques Ordres qu'ils soient, Communautez & Gens de Main-morte, d'acquerir & s'accroître en fief, terres, domaines & heritages, sur peine de nullité & cassation des contrats faits pour les bâtimens de leurs Monasteres, Eglise & Clôture au lieu où ils auront permission de s'établir par Lettres du Roy, bien & dûement verifiées. Voyez les Arrêts qui sont à la suite du Recueil de Du Fail, page 94.

147   Arrêt du Parlement de Rennes du 24. Novembre 1645. qui fait défenses aux Carmes Deschaux, & à tous autres Religieux & Religieuses de solliciter & poursuivre leur établissement dans la Ville & Fauxbourgs de Rennes, & aux autres Villes de la Province, sans Lettres de Commission du Roy, registrées en la Cour, consentement des Communautez, & des anciens Religieux & Religieuses établis esdites Villes, à peine de nullité des permissions, comme subrepticement obtenuës, à la surcharge & incommodité du peuple. Ibid.

148   Arrêt du Parlement de Provence du 13. Decembre 1649. qui a jugé que la fille prenant l'Habit de Religion sans le consentement de son Tuteur & ayeule, doit être remise à son ayeule, pour éprouver sa volonté, quand elle le requiert. Boniface, tome 1. liv. 1. titre 51. chap. 5.

149   Les Religieux ne peuvent s'établir dans une Ville sans Lettres du Roy, permission du Diocesain, & consentement des habitans: Par Declaration du 7. Juin 1659. verifiée au Parlement le 12. Juillet suivant, avec modification en ces termes, sans préjudice des Seminaires qui seront établis par les Evêques, pour l'instruction des Prêtres seulement, & sans que les Lieutenans Generaux puissent rien ordonner en execution de cette Declaration, mais seulement dresser leurs procès verbaux pour les rapporter à la Cour. Bibliot. Can. tome 2. page 458.

150   Reglement contenant les formalitez necessaires pour l'établissement des Maisons Religieuses ou autres Communautez, suivant la Declaration du Roy du mois de Decembre 1666. registrée au Parlement, avec l'Arrêt de modification, du 31. Mars 1667. De la Guess. tome 3. liv. 1. chap. 23.

151   Reglement touchant les Communautez regulieres établies depuis trente ans, du 30. Decembre 1667. De la Guess. tome 3. liv. 1. ch. 46. Une Communauté reguliere ne peut s'établir dans une Ville, sans le consentement des habitans. Arrêt du Conseil d'Etat du vingt-six Juillet 1644. Henrys, tome 2. livre 1. chapitre 6.

152   Declaration du Roy donnée au mois de Juin 1671. verifiée au Parlement le 26. de la même année, par laquelle Sa Majesté ordonne que les Religieux ne pourront être établis dans les Monasteres non réformez, ni aucunes unions être faites, sans expresse permission, & sans avoir préalablement obtenu Lettres à ce necessaires. Bibliothèque Canonique, tome 2. pag. 105. Cette Declaration est dans tous les Recueils. Voyez le mot Establissement.

Religieux, Etude.

153   Religieux qui étudient, ou à qui on donne & legue causâ studiorum. Voyez le mot Etude, nomb. 19. & suivans.

154   Si un Religieux peut obliger ses parens à luy fournir argent pour faire ses études? Voyez, ibid.

X x iij

154 bis. Le douzième Octobre 1558. entre le Syndic du Monastere de Lezat, & Frere Roger de Castet Religieux, il fut ordonné que celuy-cy joüiroit de la faculté de prendre & percevoir les fruits de grosse de sa Prébende Monachale pour ladite année entierement, & consecutivement les autres années jusques à avoir accompli le temps de ses études par cinq ans en Université fameuse, aux charges & réservations contenuës en l'Arrêt. *Bibliotheque de Bouchel*, verbo *Etudes*.

RELIGIEUX, EVESQUE.

155 Religieux pourvû d'un Evêché. *Voyez* le mot *Evêque*, nomb. 217. *& suiv.*

156 Senatus bona defuncti propinquis agnatisque proximis, legitimis ab intestato hæredibus adjudicavit, le 16. Avril 1585. Anne Robert, *rerum judicat.* liv. 4. ch. 3. *Voyez Carondas*, li. 7. *Rép.* 127.

157 Religieux fait Evêque, n'est rendu capable de succeder *ab intestat* à ses parens. Arrêt du Parlement de Paris du 11. May 1638. contre M. Datichi Religieux Minime, & depuis Evêque de Riez. *Bardet*, tome 2. liv. 7. chap. 22.

RELIGIEUX, FOY ET HOMMAGE.

158 Un Religieux est capable de porter la foy & hommage. *Voyez* le mot *Foy & Hommage*, n. 46.

RELIGIEUX GRADUEZ.

158 bis. Religieux Graduez. *Voyez* le mot *Graduez* nombre 173. *& suiv.*

GOUVERNEMENT DES RELIGIEUSES.

159 Le regime & conduite des filles Religieuses peuvent être commis à Prêtres Seculiers, & à autres que Religieux. Arrêt du Parlem. de Bretagne du 30. Juin 1620. pour le Cardinal de Berulle, à qui le Pape avoit commis la direction & gouvernement des Religieuses Carmelites Déchaussées. *Voyez Frain*, page 608. *& suiv.* Il observe que le Saint Pere en ordonne comme il luy plaît, & qu'il a confié la visite de certains Monasteres à des Religieux d'un autre Ordre. Ce qui a été confirmé par les Arrêts.

RELIGIEUSE GROSSE.

160 Religieuse engrossée dans le Monastere par un particulier qui fut condamné à mort, & executé. *Voyez* le mot *Grossesse*, nomb. 22.

HABITS DES RELIGIEUX.

161 *Voyez* le mot *Habit*, nomb. 26.

RELIGIEUX INSTITUÉ HERITIERS.

162 *Voyez* le mot *Heritier*, nomb. 263. *& suiv.*

RELIGIEUX, COMMENT JUGEZ.

163 Procedure criminelle contre des Religieux. *Voyez* le mot *Procedure*, nomb. 295. *& suiv.*

164 Arrêt du 30. May 1377. qui déclare les Religieux de saint Martin des Champs non sujets à l'Officialité de Paris. *Du Luc*, liv. 2. titre 1. chap. 5. *& Papon*, liv. 1. tit. 5. nomb. 36.

165 Monachus in iis quæ sunt jurisdictionis Episcopo, subjicitur; in iis verò quæ regulam claustralem concernunt, abbati. *Voyez Franc. Marc.* to. 1. quest. 1241.

166 Un Cordelier accusé rendu à son Gardien. Arrêt du Parlement de Paris du 27. Février 1427. *Papon*, li. 3. tit. 8. n. 1.

167 Arrêt du Parlement de Paris du 27. Février 1495. qui ordonne qu'un Religieux Dominicain prévenu de plusieurs crimes, sera rendu à son Prieur, & à son refus à l'Evêque de Paris, auquel il est enjoint de luy faire son procez. *Voyez les Preuves des Libertez*, to. 2. chap. 33. n. 4.

168 Arrêt du Parlement de Paris du 26. Juillet 1501. qui enjoint au Provincial des Cordeliers de corriger le scandale & tumulte des Cordeliers du Convent de Paris; leur enjoint de vivre selon leur regle & observance reguliére, à peine d'être baillez & rendus à l'Evêque de Paris pour en faire punition, sans préjudice de leur exemption. *V. Ibidem*, n. 5.

169 Religieux vagabond enrollé pour soldat, & ayant reçû la solde, pris pour crime en habit d'homme de guerre, fut débouté de son déclinatoire & privilege Clerical; ce qui depuis fut confirmé le 21. Janvier 1547. & le Moine condamné en l'amende. *Papon*, li. 1. tit. 6. n. 6.

170 Par Arrêt du Parlement de Bretagne du 10. Février 1558. commission decernée à Frere de Gand, & à l'Official de Nantes, pour proceder à la punition & correction des excez faits à un Docteur Theologien, par les Dominicains de Nantes, jusques à entiere condamnation & execution, & permis de luy faire élire un Prieur; le tout par provision. *Du Fail*, li. 2. chap. 73.

171 La connoissance de la correction des Religieux appartient à l'Abbé, & non à l'Evêque ni à l'Official. Jugé par Arrêt du Parlem. de Paris du 17. May 1603. contre l'Official d'Angers, toutefois quand il est question de crime commis par un Religieux, *& agitur in figurâ judicii*, la connoissance appartient à l'Evêque Diocesain *Papon*, li. 1. tit. 4. n. 13.

172 Par Arrêt du Parlement de Paris du 23. May 1603. il fut jugé qu'envoyer un Religieux étudier, & ordonner ce qui luy seroit necessaire pour ses études & entretien, est un acte regulier, appartenant aux Superieurs de l'Ordre, avec expresses inhibitions & défenses à l'Official de l'Evêque d'Angers de prendre connoissance ni Jurisdiction, & à Frere P. de Lamecour Bachelier en Theologie, & Religieux Profez de saint Nicolas d'Angers, & autres de ne s'y adresser plus dorénavant. *Filleau*, premiere part. titre 1. chap. 37.

173 Arrêt du Parlement de Toulouse du 9. Mars 1611. qui déclare n'y avoir abus en la procedure de l'Evêque de Condom, qui avoit fait le procez au Provincial de l'Ordre de saint Dominique pour des blasphêmes qu'il avoit vomis, & procedures violentes par luy faites au Monastere des Religieuses de Proulhan. Ce Provincial avoit osé dire qu'il ne reconnoissoit point l'Evêque, ni le Roy, ni le Pape; mais seulement le General & le Chapitre de son Ordre. *Voyez Mainard*, li. 9. chap. 60.

174 Arrêt du 24. May 1631. qui renvoye un Religieux accusé d'avoir battu un Sergent, & de luy avoir pris les papiers, en vertu desquels il exploitoit, pardevant l'Official, à la charge du cas privilegié. *Bardet*, to. 1. li. 4. ch. 17. M. Talon Avocat General dit que les Superieurs Reguliers ne pouvoient connoître que de la correction Monastique.

175 Arrêt du Parlement d'Aix du 17. Novembre 1644. qui a jugé qu'un Religieux ne peut être condamné par son Superieur au bannissement, ni à la galere, ni être chassé de l'Ordre. Ce même Arrêt a jugé que les Superieurs des Ordres ne peuvent donner aucunes Sentences hors la Monarchie contre les sujets du Roy. *Boniface*, tome 1. li. 2. tit. 31. ch. 14.

176 L'Evêque Diocesain connoîtra de tous les délits qui pourroient être commis par les Religieux Prieurs, Curez de l'Ordre de Prémontré, tant pour ce qui regarde l'administration des Sacremens, que leur vie & mœurs, & au résidu que l'Abbé General de Prémontré en connoîtra par concurrence avec l'Evêque; ainsi jugé par Arrêt du Parlement de Paris rendu par provision le 28. Février 1656. rapporté dans les *Mem. du Clergé*, to. 2. ch. 14. art. 7.

177 Par Arrêt du Parlement de Grenoble du 27. Juin 1667. rendu à la requête de M. le Procureur General pour les Monasteres; il est dit, que ce qui sera ordonné par les Superieurs concernant la correction des mœurs sera executé nonobstant oppositions ou appellations quelconques. *Bassit*, tome 2. li. 2. titre 1. chap. 2.

178 Le Pape ou le General d'un Ordre Religieux, ne peut faire le procez à un Religieux en France, mais qu'il doit être jugé dans le Royaume pardevant ses Superieurs. Arrêt du 9. Avril 1682. *De la Guess*. tome 4. liv. 5. chap. 12.

RELIGIEUX, LEGS.

179. Des legs faits au Religieux ou parent. *Voyez* cy-dessus *le nomb.* 100. *& suiv.* & cy-aprés *le nomb.* 259. *& suiv.* & le mot *Legs*, *nomb.* 567. *& suiv.*

180. Messire Pierre Ragane Evêque, & autrefois Cordelier, legue aux Cordeliers de la Fleche 25. livres par chacun an pour être employées à l'entretenement des études d'un jeune Cordelier. Les Cordeliers sont chassez de leur maison ; les Recolets qui leur sont substituez, ne peuvent rien posseder par leur regle. L'administrateur de l'Hôtel-Dieu prétend la rente ; il est ainsi ordonné par M. l'Evêque d'Angers. Les Cordeliers remontrent que ce legs a été fait en contemplation de tout l'Ordre, & non pas de la seule maison de la Fleche. Arrêt du Parlement de Paris du 17. Juin 1635. qui ordonne que le legs sera délivré à un Cordelier étudiant de la Province. *Journal des Aud.* 10. 1. li. 3. chap. 31.

181. Les Religieuses de sainte Catherine de Sienne ont été jugées capables d'un legs d'immeubles. Arrêt du 21. Juillet 1653. *Henrys*, tome 2. li. 1. qu. 26.

RELIGIEUX MALADE.

182. *Tournet*, lettre M. n. 78. traite cette question, si un Religieux peut être renvoyé du Convent à cause du mal caduc, & dit que non ; mais il en est autrement d'un Novice.

183. La convention faite par un pere avec des Religieuses pour les engager à recevoir la fille sujette à quelques infirmitez, dans leur Convent, en qualité de Pensionnaire perpetuelle, portant neanmoins habit de Religieuse, & faisant simplement les vœux de chasteté & de clôture est legitime, & ne peut être arguée de simonie. Arrêt du 12. Janvier 1671. qui déboute la Sœur des Lettres de rescision prises contre cet acte sur le fondement que la somme étoit excessive ; mais on justifioit de la pauvreté des Ursulines de Montdidier, & des maladies de la fille reçuë. *Soëfve*, to. 2. Cent. 4. chap. 58.

RELIGIEUSES, MARAINES.

184. Les Religieuses ne peuvent être maraines. *Mem. du Clergé*, to. 1. p. 993. art. 9.

RELIGIEUX, MARIAGE.

185. Une Religieuse ayant fait vœu à douze ans six mois, & par force, ayant demeuré en la Religion vingtquatre ans, étant sortie sans avoir reclamé dans les cinq ans, mariée sous la faveur d'une dispense enterinée, ne peut demander ni conventions matrimoniales, ni douaire ; toutefois la Cour ordonna que l'heritier du mari luy payeroit une pension de 600. liv. par chacun an. En matiere de vœux la longue patience suffit. Arrêt du 24. Mars 1626. *Du Frêne*, liv. 1. chapitre 93.

186. De la nullité d'un mariage contracté par un Religieux avant la présentation, examen & enterinement du rescrit par luy obtenu en Cour de Rome pour l'annulation de ses vœux. Arrêt du 18. May 1645. *Soëfve*, to. 1. Cent. 1. ch. 80.

187. Une Religieuse appellée la Dorée d'Erva, qui avoit quitté le Cloître, & obtenu un rescrit du Pape, & sans l'avoir fait enteriner, elle se seroit mariée, & avoit des enfans. La Cour sans avoir égard à l'intervention desdits enfans, fit défenses au nommé Monfort son prétendu mary de la hanter ni frequenter, à peine de la vie ; ordonna que la Religieuse rentreroit dans son Cloître, & après l'Arrêt prononcé, la Cour d'Office fit défenses à toutes Religieuses qui auroient obtenu des rescrits, de se marier avant leur enterinement, à peine de la vie, tant à elles qu'à ceux qui les épouseroient. Arrêt du 9. Juillet 1668. plaidans Robert & le Verrier à la Grand'-Chambre. *Dictionnaire de la Ville*, nomb. 8327.

RELIGIEUX, MARI ET FEMME.

188. *Ingressus religionis non vitiatur etiam si in fraudem matrimonii factus sit.* Voyez *Franç. Marc.* tome 2. question 725.

189. Un mari & une femme ne peuvent s'engager dans la Religion, & faire les vœux que par un consentement mutuel. *Définit. Can.* page 898.

RELIGIEUX, OFFICE DIVIN.

190. Arrêt par Henry II. en 1556. qui enjoint aux Religieux de chanter & de ne pas dire leur Office par simple recit & prononciation. V. *Henrici Progymnasmata*, Arrêt 76.

191. Les Ecclesiastiques Seculiers ou Reguliers ne peuvent de leur autorité privée, sous quelque pretexte que ce soit, exposer le Trés-Saint Sacrement de l'Autel à découvert dans leurs Eglises, ni s'y obliger par contrat ou contravention quelconque, ni recevoir aucune fondation à cette fin, si ce n'est par l'ordre ou du consentement de l'Evêque Diocesain. *Reglement des Reguliers* art. 2. *rapporté dans les Memoires du Clergé*, to. 1. tit. 2. chap. 5. art. 23.

RELIGIEUX, OFFICIAL.

192. *Mornac* sur la Loy *Placet* 17. *Cod. de Episcop. & Cler.* rapporte un Arrêt du Parlement de Paris du 18. Février 1616. qui a jugé qu'un Religieux ne peut être Official, & qu'il y auroit abus.

193. *Févret*, page 359. nomb. 6. dit qu'en France on ne souffriroit pas qu'un Religieux fût Official ; cependant au Parlement de Rouën le 12. Mars 1685. on a jugé le contraire pour un Religieux de l'Ordre de Saint Benoît. Cet Arrêt avec les raisons est rapporté dans le *Journal du Palais* in 4°. partie 10. p. 354.

Voyez le mot *Official*.

RELIGIEUX, PARTAGE.

194. C'est une maxime au Grand Conseil que quand le tiers lot ne suffit pas pour acquitter les charges, les Religieux & l'Abbé contribuent également au surplus. Voyez les mots *Abbé* & *Partage*.

RELIGIEUX, PECULE.

195. Meubles des Religieux décedez hors le Convent à qui appartiennent ? V. *Tournet*, lettre R. Arr. 132.

196. Les Abbez Commendataires & Prieurs succedent indistinctement au Pecule des Religieux ; & si le Benefice dépend d'une autre Abbaye, & que le Religieux y soit transféré, le Pecule appartient à l'Abbé de la translation, & non pas de la profession, si ce n'est que le Religieux n'ait point été transferé ni reclamé. *Brodeau sur M. Loüet* lettre R. sommaire 42. *Chopin*, *Coûtume de Paris*, liv. 3. tit. 1. n. 4. Voyez le Canon *Statutum est, causa* 18. q. 1. *versiculo, sed quidquid*. *Mornac* tit. 1. ff. *De Peculio* & l. 20. ff. *eodem*.

197. Par l'ancienne Jurisprudence, les Abbez & Prieurs Commendataires ne succedoient point au Pecule des Religieux de leurs Abbayes ou Prieurez conventuels, les Arrêts n'y admettoient que les seuls Titulaires ; mais depuis la Jurisprudence a changé, & l'on a ajugé le Pecule des Religieux décedez, aussi-bien aux Abbez & Prieurs Commendataires qu'aux Titulaires. *Défin. Can.* p. 154.

198. Les biens d'un Religieux Profez sont déferez à l'Abbé où il a fait profession ; mais si ce Religieux devient Abbé, & qu'ensuite il résigne ladite Abbaye, & revienne à sa premiere condition de simple Religieux, toutefois ayant retenu un membre de ladite Abbaye, où il a demeuré sans avoir eu volonté de retourner à son premier Convent, s'il décede, l'Abbé résignataire luy succede. Arrêt du 7. Septembre 1546. *Carondas*, liv. 7. Rép. 69.

199. Arrêt du Parlement de Paris du 17. Avril 1553. qui ordonne que le Pecule d'un Religieux seroit employé, partie aux réparations de l'Eglise, & l'autre partie à la nourriture des pauvres du lieu, contre l'Evêque de Condom, Abbé Commendataire de l'Abbaye dans laquelle ce Religieux étoit décedé, & auquel il prétendoit succeder. *Définit. Can.* p. 374.

200. Si un Moine dispensé demeurant hors du Convent a des immeubles, à qui ils appartiennent, à l'Abbé superieur ou à l'Evêque, où il faisoit sa demeure, & est décedé, & s'il a testé au profit du Superieur ? V. *Bou-*

352 REL REL

vot, tome 2. *verbo Monastere*, *quest*. 7. M. l'Avocat General soûtint que les biens devoient être ajugez au Roy; depuis par Arrêt du Parlement de Dijon du 9. Decembre 1605. ils furent ajugez au Provincial de l'Ordre de S. François à l'exclusion de l'Evêque.

201 Par Arrêt du Parlement de Dijon du 11. May 1614. la succession d'un Religieux de l'Ordre de S. François, Curé en lieu de mainmorte, fut jugée appartenir au Convent des Cordeliers, & non au Seigneur de la mainmorte. *Bouvot, ibidem, quest.* 16.

202 Un Religieux après sa profession quitte son Monastere, prend une Charge, se marie; les Religieux ne l'ignorent point, quarante-huit ans se passent; il meurt, son bien est demandé par les Religieux, comme étant un Pecule. Le frere du défunt prétendit que le vœu pouvoit se prescrire par un si long-temps *quoad effectus civiles*, & que les Religieux avoient mauvaise grace de revendiquer les biens du défunt, n'ayant point revendiqué sa personne. Arrêt du 18. Juin 1641. qui les déclare non recevables. *Soefve, to.* 1. *Cent.* 1. *ch.* 44.

203 Du Pecule d'un Religieux contesté par plusieurs Convens; il fut ajugé à la Fabrique de l'Eglise de Nogent dont il étoit Curé, & à cet effet les deniers mis és mains du Substitut de M. le Procureur General sur les lieux; le Curé successeur intervint en la cause, & representa les ruines de la Paroisse. Arrêt du 13. Février 1643. *Ibidem, chap.* 57.

204 Arrêt du 13. Fevrier 1651. rendu pour le Pecule d'un Religieux de l'Ordre de Cîteaux, transferé dans l'Ordre des Chanoines Reguliers de Saint Augustin, pourvû du Prieuré-Cure de Montagny, dépendant de l'Abbaye de S. Vincent de Senlis; il fut ordonné que sa dépoüille seroit délivrée aux pauvres de la Paroisse, & employée aux necessitez de l'Eglise de Montagny. *Soefve, ibidem, Cent.* 3. *ch.* 62.

205 Religieux à qui on vouloit faire payer une obligation de 500. livres sur son pecule, l'obligation passée devant sa profession, il fut déchargé de la demande, avec dépens. Arrêt du 10. Decembre 1678. *De la Guessiere, tome* 4. *liv.* 1. *ch.* 12.

Voyez le mot Pecule.

RELIGIEUX, PENSION.

206 Si les Religieux peuvent obtenir des pensions sur des Benefices? *Voyez le mot Pension, n.* 130. *& suiv.*

207 Religieux peuvent être privez de leurs pensions Monachales, lorsqu'ils se retirent de leurs Monasteres, & qu'ils ne veulent pas retourner. *Memoires du Clergé, tome* 1. *partie* 1. *page* 251.

208 Religieuse peut demander pension sur la succession de ses pere & mere, son Monastere étant ruiné. *Bellordeau,* 2. *part. Contr.* 55.

209 Un Religieux qui quitte le froc pour se faire de la R. P. R. ne peut demander à ceux qui ont le bien de sa maison pension pour son entretenement. Arrêt du 26. Août 1605. *Peleus q.* 121.

210 L'on peut faire saisir le revenu affecté à la pension d'un Religieux pour dette, à cause de service à luy fait. Arrêt du Parlement de Dijon du 16. Août 1607. *Bouvot, tome* 2. *verbo Monastere, quest.* 10.

211 Arrêt du Parlement de Provence du 21. Novembre 1678. qui a débouté le Religieux sorti par dispense pour entrer *in laxiorem* de la demande d'une pension alimentaire aux heritiers de ses pere & mere. *Boniface, tome* 3. *livre* 7. *titre* 11. *chap.* 2.

212 Les simples Religieux & Religieuses ne peuvent disposer, même entre vifs, sans le consentement de leurs Superieurs & Superieures, des pensions qui leur ont été constituées. Arrêt du Parlement de Dijon du 28. Février 1679. *Taisand sur la Coût. de Bourgogne, tit.* 7. *art.* 23. *n.* 7.

RELIGIEUX, PLAIDER.

213 L'Abbé doit alimenter le Religieux pendant le procez. *Voyez le mot Plaider, nomb.* 15. *& suiv. & cy-dessus le nomb.* 18.

214 *Quo ! Religiosus proprium tenere non potest*, un Religieux n'a point d'action. *Du Moulin, tome* 2. *p.* 602.

215 Un Religieux pour la poursuite des droits dépendans de son Benefice ou Office claustral peut ester en Jugement, sans l'autorité de son Abbé. *Filleau, part.*1. *titre* 2. *chap.* 7.

216 *Fuit dictum ann.* 1391. *contra quemdam Carmelitam nuncupatum Goulam, quod non erat recipiendus ad faciendum demandam suo proprio nomine: eo quod Carmelita erat. Item per aliud arrestum dictum fuit, quod condemnatus fuit dictus Goulam ad dimittendum hospitium de Passye, licet per Papam fuisset cum eo dispensatum, ut teneret proprium.* V. *Jo. Gall. quest.* 244.

217 Arrêt du Parlement de Provence du dernier Janvier 1658. qui a jugé que le Religieux deserteur & plaidant contre son Convent, ne devoit être oüi qu'aprés s'être retiré. *Boniface, tome* 1. *li.* 2. *tit.* 31. *ch.* 10.

RELIGIEUX, PREDICATEURS.

218 *Voyez le mot Prédicateurs, n.* 25. *& suiv.*

RELIGIEUX, PROFESSION.

219 Religieux quand est estimé avoir fait vœu de Religion. V. *Tournet, lettre* R. Arr. 125.

220 Quand on fait profession, le consentement du Convent, ou Monastere, est necessaire, s'il n'y a Coutume au contraire. Arrêt du 14. Août 1546. *M. Expilly Arrêt* 27.

221 Un Novice de Sainte Colombe de Sens ayant été reçû, y resistant & en l'absence de l'Abbé fut rendu à ses parens, par Arrêt du 26. Avril 1580. *Bibliotheque Can. tome* 2. *page* 349. *col.* 1.

222 Un seculier pourvû en commande d'un Benefice, s'il se rend Religieux Profez, le Benefice vaque. Arrêt du 2. Mars 1602. *M. le Maître en son traité des Regales, chap.* 2. *Pet. Rat. in consuet. Pict. art.* 287. *n.* 4. Rebuffe *in pract. part.* 3. *tit.* 1. *de mod. amitt. Benef. n.* 44. M. Loüet *lettre* B. *somm.* 12. *& M.* Du Perray, *liv.* 7. *ch.* 7. *n.* 14.

223 L'habit ne fait pas le Moine, mais la Profession. Jugé le 28. May 1603. *M. Bouguier, lettre* M. *nombre* 3.

224 Les Superieurs des Maisons Religieuses ne peuvent déclarer les vœux de leurs Religieux nuls, encore qu'il leur soit survenu maladie incurable. Arrêt du 16. Juin 1626. *Du Frêne, liv.* 1. *ch.* 113.

225 Une fille qui a été trente ans dans un Convent portant l'habit de Religieuse, n'est point présumée avoir fait profession, elle peut venir à partage des biens de ses pere & mere. Arrêt du 16. Juillet 1657. *De la Guessiere, tome* 2. *liv.* 1. *chap.* 23. Le même Arrêt est rapporté dans les *Notables Arrêts, Arrêt* 9. Voyez *Du Frêne, liv.* 1. *chap.* 135.

226 Si une fille âgée de vingt-deux ans doit attendre la majorité de vingt-cinq, pour faire profession de la vie Religieuse, sans le consentement de ses pere & mere, ou s'il suffit qu'elle ait l'âge de seize ans, porté par le Concile de Trente & l'Ordonnance de Blois, pour faire librement cette profession? V. *le Journal du Palais in fol. to.* 2. *p.* 606. où sont rapportez les Plaidoyers des Avocats, & l'Arrêt du 23. Juillet 1686. qui ordonne qu'il sera passé outre à la profession, en cas que la fille en soit trouvée capable par l'Archevêque de Lyon, ou son Grand Vicaire, lui sera payé quatre cens livres pour sa pension viagere, & aux Religieuses la somme de mille livres; sçavoir quatre cens livres pour les pensions de Noviciat, & six cens livres pour les frais de la vêture & profession, dépens compensez.

RELIGIEUX, RECLAMATION.

227 *Professio nulla ratione metus ratificatur per tacitum consensum*; & ce à l'égard d'un Chevalier de Malthe qui avoit fait ses vœux à treize ans, & fait ses caravanes pendant quinze années entieres, sans avoir reclamé contre ses vœux. Jugé le 13. Mars 1628. *Du Frêne, liv.* 2. *chap.* 13.

228 Arrêt du 21. May 1647. qui declare abusif un Rescrit

crit obtenu en Cour de Rome par une Religieuse, laquelle n'avoit point reclamé dans les cinq ans. *Soefve, to. 1. Cent. 2. ch. 22.*

229 Arrêt du P. de Paris du 9. Juillet 1668. qui a jugé qu'une Religieuse qui prétend avoir été violentée dans l'émission de ses vœux, n'est recevable à se plaindre, n'ayant point reclamé dans les cinq ans, & ayant ratifié ses vœux expressément & tacitement. L'Arrêt ordonna que la Religieuse qui s'étoit mariée avant l'enterinement du Rescrit, seroit tenuë de se retirer incessamment au Monastere; défenses à elle & à celui qui l'avoit épousée de se hanter, à peine de la vie. La Cour fit un Reglement contenant défenses à toutes personnes de contracter mariage avec aucun Religieux ou Religieuse avant la Sentence d'enterinement du Rescrit, à peine de la vie. *Voyez Soefve, to. 2. Cent. 4. chap. 22. & les mots Profession, Reclamation, Vœux.*

RELIGIEUX, SUBSTITUTION.

230 Substitution ne peut être ouverte au profit d'un Religieux Profez. *Cambolas, liv. 1. chap. 30.* Voyez *lettre M. le titre de la Mort civile*, & cy-après le mot *Substitution.*

RELIGIEUX, SUCCESSION.

231 Si les Religieux en France, & les Monasteres succedent, & si les Etrangers sont capables de succession, & de legs? *Voyez cy-dessus le nombre 15. & Bouvot, tome 1. part. 3. verbo Testament, quest. 10.*

232 Edit portant que dans la Province de Dauphiné les Religieux & Religieuses, depuis qu'ils seront Profez expressément ou tacitement, ne pourront recueillir aucune succession directe, ou collaterale; qu'ils pourront neanmoins disposer des biens qu'ils possedoient avant que d'entrer en Religion, pourvû que ce ne soit au profit d'aucun Monastere, Eglise, College & autres gens de Main-morte; & en cas qu'ils n'en ayent pas disposé avant leur profession, lesdits biens appartiendront à leurs parens plus prochains, avec cette réserve qu'ils pourront disposer en meubles du tiers au profit du Convent, dans lequel ils feront profession. A Châteaubriant en May 1532. publié au Parlement & en la Chambre des Comptes de Dauphiné, le 23. Juillet suivant. *Expilly, chapitre 168.*

233 Les Religieux Profez ne succedent point, ni les Monasteres pour eux. On compte jusqu'à cinquante Coûtumes qui en ont ainsi disposé, & c'est un droit universel dans toute la France, pour les Coûtumes qui n'en parlent point. *Bibliot. Can. to. 2. p. 460.*

234 Les Religieux & Religieuses profez ne succedent à leurs parens. Arrêt de l'an 1387. contre un Religieux de l'Ordre de Cluni, rapporté par *Jo. Galli, quest. 122.*

235 Jacques le Fevre demande à ses coheritiers qu'ils lui ouvrent partage dans les successions de ses pere & mere, & qu'ils lui rendent prés de 150000 liv. qu'ils lui retiennent injustement. Pour ne pas faire cette restitution, ils lui opposent qu'il y a plus de quarante années qu'il étoit frere lay Capucin; Jacques le Fevre a soûtenu qu'il n'a été valablement profez, & a obtenu un Bref en Cour de Rome. L'Official d'Amiens l'a déclaré non recevable; il a interjetté appel comme d'abus de cette Sentence, & de l'acte de la prétenduë profession; en consequence il a demandé d'être restitué au siécle, & envoyé en la possession de ses biens. *Voyez les Plaidoyers de M. Lordelot.*

236 On a jugé par plusieurs Arrêts que les filles Religieuses ne faisoient point de part au profit des freres, parce que la Coûtume ne donnant part aux freres qu'au droit des sœurs mariées par les pere & mere, ne doit pas être étenduë aux Religieuses, qui par leur Profession sont mortes civilement & devenuës incapables de succeder à leurs pere & mere. *Pesnelle, sur l'art. 257. de la Coûtume de Normandie.*

237 Les Religieuses du tiers Ordre de Saint François, sont incapables de succession, comme il a été jugé au Parlement de Normandie. On alleguoit des Arrêts contraires, & l'on disoit qu'elles ne font vœux solemnels, & n'y sont tenuës par les Constitutions des Papes Nicolas & Sixte IV. *Biblioth. Canonique, tome 2. p. 382. col. 1.*

238 Religieuse du Tiers Ordre de S. François, peut demander partage aux successions de pere & mere, nonobstant le vœu de continence. *Bellordeau, 2. part. Controv. 57.*

239 Le Monastere ne succede point aux biens d'un Profés, s'il ne l'est dit par l'acte de Profession. Car l'Authentique *Ingressi C. de Episc. & Cler.* n'a lieu, s'il n'est exprimé. Arrêt de 1531. *Papon, livre 1. titre 8. nombre 7.*

240 L'Edit de Châteaubriant du mois de May 1532. declare les Moines incapables de succession; ils peuvent donner le tiers de leurs meubles au Monastere lors de leur Profession, pourvû encore qu'il n'y ait suggestion. Cet Edit s'observe à la rigueur dans le Parlement de Grenoble. *Basset, tome 1. livre 1. titre 1. chap. 17.* en rapporte des Arrêts.

241 Religieux Profés ne succedent point. Arrêt du Parlement de Paris de l'an 1387. Et par autre Arrêt des Grands Jours de Moulins du mois d'Octobre 1540. en Pays de Droit écrit, où le contraire se pratiquoit anciennement. *Papon, livre 21. tit. 1. n. 1.*

242 Chopin, *Traité des Religieux, liv. 1. tit. 3. page 124. à la marge*, observe qu'il y a un Edit du Duc de Savoye du 2. Mars 1563. verifié le 6. Mars au Senat de Chamberry, portant que les Religieux Profés ne pourront succeder à leurs parens; neanmoins avant leur Profession, ils pourront disposer par la permission de leurs Prélats ou Superieurs, pourvû que ce ne soit au profit de leurs Monasteres ou autres Gens de Main-morte.

243 Il a été question de sçavoir si les Religieuses du Tiers-Ordre de S. François sont capables de succeder. Marie Trehart fait Profession dans cet Ordre; depuis elle se marie au sieur de la Gauveriere. Son pere par son Testament la rappelle à sa succession; ses sœurs la soûtiennent incapable : elle leur oppose la *Clem. exivit.* & la *Glos. ibid.* la Clementine *cum de quibusdam. De Religios. domib.* la Clement. *cum ex eo & ibi gloss. de sentent. excomm.* & rapporte deux Arrêts : le premier donné pour Anne de Mousson du 9. Juillet 1583. contre le Sieur de Richelieu; l'autre du 17. Octobre 1585. pour Loüise de Clerambault, contre son frere : (M. Servin Avocat General traita la question, *an super statu transigi possit*, L. *ait Prætor de jurejur.* L. *fratris C. de transact.* par lequel Arrêt, aprés que la Cour eut oüy d'office plusieurs Cordeliers qui étoient au Chapitre General, il fut jugé que les Sœurs du Tiers-Ordre de S. François étoient capables de succeder. En cette cause de Clerambault, il y avoit eu Transaction sur partage, & Lettres de rescision, il fut dit ayant égard aux Lettres. En cette cause de Trehart, on alleguoit plusieurs faits, entre autres, minorité lors de la Transaction, que l'on disoit n'être point tant une Transaction, qu'un partage. La cause fut appointée au Conseil le 5. Avril 1593. *Bibliot. Can. tome 1. p. 364. col. 1.*

244 Religieux Profés, quoique Mendiant, étant fait Evêque ou Archevêque, est déchargé du vœu de pauvreté, & peut disposer de ses biens. Jugé 15. Avril 1585. pour la succession de M. Foullé, Evêque de Châlons; & auparavant Religieux Profés de l'Ordre de S. Dominique. Cet Arrêt est rapporté par *Carondas, liv. 7. de ses Réponses, ch. 127.* & par *Papon, livre 7. titre 1. nombre 24.*

245 La Coûtume de France, portant que les Religieux Mendians sont incapables de succeder, a lieu tant en successions testamentaires, que *ab intestat.* Arrêt du Parlement de Toulouse au mois de Decembre 1591. *Mainard, liv. 7. ch. 18.*

246 Jugé au Parlement de Paris le 9. Mars 1634. qu'un Religieux Profés chassé de son Ordre, ne peut re-

tourner au siecle, & demander partage. *Bardet, to. 2. livre 3. ch. 13.* L'Arrêt luy ajugea la somme de 250. l. de pension annuelle sa vie durant, conformément au Testament de sa mere; & suivant les offres de ses freres, ordonna que dans trois mois il se retireroit dans une Maison Religieuse, faute de ce, le temps passé, permet à ses freres de l'y réintegrer.

247 Religieux fait Evêque ne peut succeder à ses parens; mais ses parens luy succedent. Arrêt du 11. May 1638. *Du Frêne, livre 3. chapitre 51.* Voyez *Montholon, Arrêt 33. & M. Loüet, lettre E. sommaire 4.*

248 Un Religieux Jésuite congedié trois ans aprés l'émission des trois vœux, ne peut demander à rentrer dans ses biens; & neanmoins la Cour luy ajugea, par forme de pension alimentaire, 200. l. par chacun an sa vie durant. Arrêt du 7. Juin 1641. *Soefve, tome 1. Cent. 1. chap. 43.*

Voyez le mot *Jésuite*, nomb. 17. & suiv.

249 Religieux Profés admis à succeder contre l'article 273. de la Coûtume de Normandie. Arrêt du 4. Septembre 1646. Il objectoit que la Profession étoit faite dans un Ordre non approuvé. *Berault, à la fin du 2. tome de la Coûtume, p. 69.*

250 Jugé par Arrêt du 17. Juillet 1659. qu'un Religieux peut être rendu au siecle, & neanmoins declaré incapable de succeder. M. de la Nauve, Conseiller au Parlement de Paris, étoit appellant comme d'abus, de l'enterinement du rescrit, qui declaroit nulle la Profession de son frere dans l'Abbaye de saint Denis en France, sur lequel la Cour mit hors de procès. *Soefve, tome 2. Cent. 2. chap. 3.*

251 Arrêt du Parlement d'Aix du 12. Janvier 1665. qui a jugé que le Religieux sorti de son Convent par rescrit du Pape, ne peut succeder ni demander pension alimentaire. *Boniface, tome 1. liv. 2. titre 31. ch. 11.* Il rapporte à la fin un Arrêt du 8. Novembre 1644. qui avoit jugé la même chose. Ce qu'il y eut de particulier, est que le Religieux ayant été promu à tous les Ordres sacrez, excepté la Prêtrise, la Cour, pour luy donner moyen de vivre de ses Messes, par un *retentum* de l'Arrêt, condamna le frere à luy payer 100. liv. pour le faire retre.

252 Arrêt du 19. Octobre 1668. qui a jugé qu'un Religieux sorti du Cloître, & secularisé par rescrit de Justice du Pape, est capable de succession, legs & donations. Le même Arrêt a jugé, que les Etrangers ne sont recevables à débattre l'état d'un Religieux secularisé par rescrit de Justice. *Boniface, to. 1. liv. 2. tit. 31. chap. 13.*

253 Arrêt du même Parlement d'Aix du 19. Février 1674. qui declara qu'une Religieuse sortie de son Convent, par la rupture d'iceluy, ne doit pas être en liberté, au contraire doit se retirer en un autre Convent, du consentement de l'Evêque, la debouta de sa demande de ses droits de succession, & luy donna une provision en jouïssant par son frere de ses droits. *Voyez Boniface, tome 3. liv. 7. titre 16. chapitre 1.*

RELIGIEUX, SUPERIORITE'.

254 Continuité de superiorité ne rend pas une superiorité perpetuelle: celle-cy fait titre de Benefice qui se peut résigner, & l'autre ne donne titre ni certitude, étant une qualité révocable à chaque moment. Si un Superieur des Chartreux, si un Prieur Claustral dans les Abbayes en Commende, & ainsi de plusieurs autres, sont continuez dans leurs emplois, & que quelqu'un s'avise de dire que cette continuité est une perpetuité de titre, telle proposition ne peut passer que pour absurde; la benediction d'un Superieur ou d'une Superieure, n'est pas une preuve d'un titre perpetuel, encore moins quand la verité évidente justifie le contraire. Si quelqu'un en doute, il n'a qu'à consulter l'Abbé de sainte Geneviéve à Paris. Voyez le dix-septiéme *Plaidoyé de M. Patru.*

RELIGIEUX, TEMOIN.

255 *Monachus an in testamento adhiberi possit testis?* V. *Stockmans, Decis. 5.*

256 *Religiosi vel Fratres mendicantes an possint adhiberi testes in testamentis?* V. *Tournet, lettre R. Arr. 114.*

257 Jugé par Arrêt du 22. May 1645. qu'un Testament reçû par un Curé, en presence de deux témoins Religieux de l'Ordre de Saint Augustin, étoit nul; les Religieux n'étant pas capables, comme morts au monde, de servir de témoins en des actes publics, comme sont les Contrats & Testamens, & ce d'autant plus, qu'ils n'ont pas volonté, *ubi adsunt testes rogati*, & où par consequent l'on peut prendre tels autres témoins seculiers que bon semble; *seclus es* actes necessaires, comme d'une information, les Religieux y pourroient être témoins, pour aider le public qui a interet à la punition des crimes. *Journal des Audiences, tome 1. livre 4. ch. 24.*

258 Le 24. Mars 1659. jugé qu'un Religieux ne pouvoit être témoin dans un Testament, bien qu'en Pays de Droit écrit; il fût ordonné que l'Arrêt seroit publié en la Sénéchaussée de Lyon; & défenses aux Notaires de plus recevoir de témoins de cette qualité. *Jovet, verbo Témoin, n. 6.* dit avoir oüi prononcer cet Arrêt.

Voyez cy-aprés, verbo *Témoin*, §. *Témoin Religieux.*

RELIGIEUX, TESTAMENT.

259 Voyez cy-dessus au nomb. 15. & au nomb. 100. & suiv. & cy-aprés, verbo *Testament*, plusieurs Décisions & Arrêts sur les Testamens faits par les Novices & autres personnes au profit des Monasteres.

260 Le Pape peut dispenser un Moine à l'effet de tester pour juste cause, mais avec le consentement de l'Abbé. En France il seroit permis d'appeller comme d'abus de l'execution de telles dispenses. V. *Mainard, livre 9. ch. 28.*

261 Si un François allant demeurer à Rome peut tester des biens qu'il a en France; & se rendant Feüillant, s'il peut tester au profit du Convent, soit au temps du Noviciat, ou aprés: & si nonobstant les heritiers *ab intestat*, ne peuvent pas prétendre les biens qui sont en France, & qui sont anciens, provenus du côté paternel & maternel? V. *Bouvot, tome 1. part. 3. verbo, Testament, quest. 10.*

262 Un Testament d'un Religieux Chartreux & le don fait au Convent de la propriété d'une Métairie, confirmez & approuvez. Arrêt du Parlement de Bretagne, du 13. Novembre 1604. *Bellordeau, livre 8. de ses Controverses, part. 2. chap. 10.*

264 Par Arrêt du Parlement de Roüen du 4. Mars 1614. rapporté par Berault, tit. des Successions, art. 273. jugé qu'un Testament d'un Capucin Novice, étoit nul, étant le Novice en la possession du Gardien, sans liberté, & presumé suggeré, principalement pour les dispositions faites au profit du Convent.

265 Les Religieux ne peuvent point tester. Arrêt du Parlement de Roüen du 20. Avril 1617. entre les Religieux Carmes de Ponteaudemer, appellans & prétendans la succession de défunt Gontier Religieux de leur Ordre, lequel avoit obtenu dispense du Pape, pour posseder une Cure. Les Tresoriers & les Paroissiens demandoient l'execution du Testament, par lequel il avoit legué au Trésor & à l'Eglise plusieurs meubles & obligations. Les Religieux Carmes soûtenoient le Testament nul par la disposition du Droit Canonique, *Monachi testamenti factionem non habent*; quoique le défunt eût été dispensé pour tenir une Cure, la dispense n'avoit effet que pour le rendre capable de joüir du Benefice, & non pour le dispenser du Vœu & de la Regle dont le caractere est inéfaçable; la dignité de Curé ne le dispensoit pas du Vœu & de la qualité de Religieux, & par le Droit commun, tout ce que le Religieux acquiert, il l'acquiert au Monastere. Les Religieux sont comparez

aux ferfs & aux enfans de famille qui font incapables de tefter, & tout ce qu'ils acquierent appartient à leurs Maîtres, ou à leurs peres. Le Curé, les Tréforiers, les Paroiffiens foûtenoient le teftament valable, difant que tous les biens du défunt provenoient de fon Benefice, & en les rendant à la même Eglife, il faifoit un acte de Juftice. La Cour caffa la Sentence dont étoit appellé, & en réformant déclara le teftament nul, ajugea les biens du défunt au Monaftere des Carmes de Ponteaudemer.

L'on a fait difference entre les Chanoines Reguliers & les autres Moines; & par Arrêt du 12. Janvier 1629. le teftament de Gueroult Chanoine Regulier de faint Auguftin & Curé, qui avoit donné 120. livres de rente à l'Eglife, fut confirmé, fur les Conclufions de M. l'Avocat General du Vicquet. *Le Noble cite ces Arrêts dans fon quatorziéme Plaidoyé*, p. 291.

266 Le teftament fait avant la Profeffion en Religion n'eft pas révoqué, le Religieux fortant du Monaftere après les cinq années de fa Profeffion, quoiqu'il ait recrit du Saint Pere. Jugé le 21. Avril 1622. pour le frere d'un Prêtre qui avoit été chaffé des Cordeliers à caufe de fes mauvaifes mœurs; il fut encore débouté de fa demande en provifion, quoiqu'il repréfentât qu'il étoit fans Benefice. Arrêt femblable du 12. Avril 1631. contre un Religieux qui étoit forti par un refcrit du Pape, du Convent des Dominicains, & demandoit caffation du teftament qu'il avoit fait avant fa Profeffion. *Cambolas*, livre 4. chap. 36.

266 bis. Par Arrêt du Parlem. de Paris du 27. Juillet 1616. il a été jugé qu'un teftament d'une Religieufe de fainte Claire de Bourges au profit de fon Convent, eft nul, quoique la Coûtume l'autorife, d'autant que la Coûtume fe trouve en cela abolie par l'Ordonnance. *Bardet*, tome 2. liv. 1. ch. 9.

267 L'Ordonnance de Blois, art. 28. permet à un Religieux avant fa profeffion de tefter à l'âge de 16. ans, fans toutefois déroger à l'âge requis par la Coûtume. Arrêt du 3. Août 1627. *Du Frêne*, liv. 1. chapitre 136.

268 Les Religieux Profez peuvent être reçûs par difpenfe du faint Pere à faire teftament. Arrêt du Parlement de Touloufe du 23. Août 1628. *Dolive*, livre 1. chap. 15.

269 Un jeune écolier un jour avant que de faire profeffion aux Cordeliers d'Amboife, fit fon teftament par lequel il legua une rente de deux cens livres en principal à fon Convent, & fe réferva deux autres rentes de quatre cens livres en principal pour luy aider à faire fes études. Le teftament fut annullé dans la premiere partie, confirmé dans la feconde. M. l'Avocat General rapporta un Arrêt de 1618. en faveur d'un Religieux Carme de Bourges qui avoit fait une pareille réferve pour fes études. Arrêt du 12. Août 1630. *Bardet*, to. 1. li. 3. ch. 126.

270 La Demoifelle De Porteffan Novice dans le Monaftere de fainte Claire de Befiers, deux mois avant fa Profeffion, avoit fait fon teftament ; elle inftituoit le Convent en tous fes biens, & donnoit à tous fes parens chacun 5. fols. Son pere demanda la caffation de ce teftament fur l'Ordonnance de 1539. art. 131. & fur celles de Blois & d'Orleans ; il difoit qu'une Novice n'étoit pas libre, *arg. l. 1. cod. D. facrof. Ecclef. Can. page 515*. Les Religieufes répondoient que les biens de cette fille ne valloient pas deux mille liv. & qu'elles les abandonnoient à ce prix ; or c'étoit la moindre conftitution que les filles fe fiffent dans leur Monaftere. Par Arrêt du P. de Touloufe du 30. Juillet 1643. la Cour caffa ce teftament, & declara cette fille morte *ab inteftat*, ordonna néanmoins que le Convent auroit une conftitution, à la charge qu'elle n'excederoit pas le tiers des biens de cette Religieufe. *Albert*, verbo *Teftament*, art. 34.

271 Les Religieux ne peuvent être témoins dans les teftamens ; jugé par trois Arrêts du Parlement de Paris ; le premier du 12. Mars 1645. par lequel un teftament auquel avoit été témoin un Chanoine Regulier de faint Auguftin, fut déclaré nul ; le fecond, du premier Avril 1656. par lequel les enfans de Pierre Bidault, ont été déboutez de leur demande en ouverture de fubftitution, parce qu'outre les fept témoins qui avoient affifté à la folemnité du teftament fait dans le Convent des Carmes de la Ville de Lyon, quatre étoient du même Monaftere. Le troifiéme Arrêt eft du 24. Mars 1659. qui a jugé que les Religieux ne peuvent être témoins dans les teftamens, quoique faits en temps de pefte. *Le Noble cite ces Arrêts dans fon Plaidoyé* 14. p. 295.

272 Une Religieufe fur le point de faire Profeffion donne par teftament 10000. livres Barrois pour fa dot, & 10000. livres pour fonder une Meffe, & tous fes propres aux Jéfuites, pour l'établiffement d'un College dans la Ville de Toul. On prétendoit que le teftament étoit nul, étant défendu par l'article 28. de l'Ordonnance de Blois à ceux qui font fur le point de faire Profeffion de difpofer au profit des Monafteres. L'Arrêt rendu au Parlement de Paris le 25. May 1655. ordonna que le premier legs de 30000. liv. demeureroit réduit à vingt, & celuy fait aux Jéfuites à 12000. livres. *Soëfue*, to. 1. Cent. 4. ch. 91.

273 Un Religieux ne peut fervir de témoin dans un teftament, avec défenfes aux Notaires de prendre des Religieux pour témoins aux teftamens. Arrêt du 24. Mars 1659. *Notables Arrêts des Audiences, Arrêt* 26. *De la Gueff*. to. 2. liv. 2. chap. 15. rapporte le même Arrêt.

274 Des Religieux du reffort du Parlement de Provence peuvent être témoins dans un teftament, c'eft l'ufage commun à Marfeille. Arrêt du 31. Juillet 1663. *De la Gueff*. tome 2. liv. 5. chap. 35. *Les notables Arrêts des Audiences, Arrêt* 109. rapporte le même Arrêt.

275 Les Religieux & Religieufes font capables de tefter avant leur Profeffion ; mais il a été jugé qu'un teftament olographe qui a paru & n'a été ouvert que 5. ans après fa Profeffion, ne pouvoit valoir ; par Arrêt du 6. Février 1673. rapporté dans la *troifiéme partie du Journal du Palais* in quarto page 185. & au 1. tome in folio.

276 Si les Religieux peuvent être executeurs teftamentaires ? *Voyez* le mot *Execution*, nombre 119. *& fuivans*.

RELIGIEUX, THEOLOGAL.

277 Un Dominicain ne peut être Theologal dans une Eglife Collegiale ou Cathedrale. Arrêt rendu au Parlement de Paris le 2. Août 1663. *multis contradicentibus*. Des Maifons, lettre T. nomb. 17.

RELIGIEUX TRANSFERE'.

278 L'Evêque peut transferer les Religieufes en d'autres maifons du même Ordre, & deftituer la Superieure des Religieufes. *Memoires du Clergé*, tome 1. part. 1. p. 952.

279 Le Religieux ne peut paffer d'un Ordre à un autre fans difpenfe du Pape. Mais pour paffer d'un Monaftere à un autre du même Ordre, l'approbation du Superieur fuffit. *Biblioth. Can.* to. 2. p. 459.

280 Le Pape accorde aux transferez une difpenfe de fix mois de leur Noviciat, & quelquefois de huit mois, quand le tranferé eft Prêtre & avancé en âge. *Définit. Can.* page 515.

281 Si les biens d'un Religieux transferé à un autre Monaftere le doivent fuivre. *Voyez les Définit. du Droit Can.* p. 103.

282 Si des Religieux Mendians paffent & fe font transferer dans l'Ordre de faint Benoît, ce ne peut être qu'en vertu d'une difpenfe particuliere du Pape, qui *fuprà jus & jure difpenfat* ; & ainfi la conftitution du Pape Martin IV. fubfifte toûjours, à moins que le Pape n'y déroge : car il eft des regles les plus certaines qu'un Pape ne peut point établir de loy de laquelle fon fucceffeur ne puiffe difpenfer ; c'eft à ce

prop s qu'on a dit que *par in partim non habet imperium*, mais ordinairement ces dispenses ne s'accordent que pour de bonnes & justes causes; par exemple, à cause des maladies; quoique transferez en d'autres Ordres non Mendians, ils demeurent pourtant inhabiles, & sont toûjours incapables des Dignitez, Offices & Benefices de l'Ordre où ils ont passé, suivant le Concile de Vienne, rapporté dans la Clementine *ut professores de regularibus*: pour lever cette inhabilité, & joüir des privileges de l'Ordre où ils sont transferez, il faut obtenir du Pape un Bref de dispense & habilitation pour tenir & posseder les Dignitez, Offices & Benefices, & joüir des privileges de l'Ordre où ils ont passé, par lequel il est dérogé à ladite Clementine *ut professores*, & à toutes les constitutions contraires: ce qui n'est pas suffisant en France pour joüir en sureté de la grace du Pape, à cause du Concile de Vienne, & de l'Ordonnance de Charles VII. mais il faut sur la translation, dispense & habilitation, obtenir des Lettres patentes du Roy par lesquelles sa Majesté déroge à ladite Ordonnance, & mande au Grand Conseil à qui elles sont adressées de les enregistrer suivant leur forme & teneur, & de faire joüir l'exposant de la Grace pleinement & paisiblement. *Définit. Can. p.* 455.

283 Arrêt du Parlement de Paris du 18. Janvier 1503. qui ordonne que deux Cordeliers qui s'étoient retirez dans un autre Monastere, seront rendus à leur Gardien; à luy permis de proceder par les censures contenuës en la constitution extravagante du Pape Martin, commençant, *viam ambitiosæ cupiditatis*, à l'encontre des Religieux qui auroient laissé l'habit de S. François, & se seroient mis en autre Ordre; & pareillement contre les Abbez, & autres qui les auroient reçûs. *Voyez les Preuves des Libertez, tome* 2. *chap.* 33. *nomb.* 6.

284 Le Juge Lay non competent de connoître de la translation d'un Religieux d'un Convent à un autre. Arrêt du Parlement de Toulouse du 20. Juin 1571. entre le Syndic des Cordeliers de saint Roch. *Biblioth. Can. to.* 1. *p.* 323. *col.* 1.

285 Un Religieux ne peut être transferé, si les Statuts approuvez du Monastere y répugnent. Le Monastere des Filles repenties dans Paris a des Statuts qui portent que les Religieuses ne pourront être transferées: ainsi une Religieuse de ce Monastere s'étant fait pourvoir d'un Prieuré, elle s'adressa à la Superieure & à l'Evêque de Paris pour avoir translation dans son Prieuré, ce qui luy fut refusé; s'étant pourvûë au Metropolitain, il luy accorda sa demande qui fut déclarée abusive; le 7. Août 1610. *Carondas en ses Rép. liv.* 1. *quest.* 72.

286 Arrêt du Parlement de Provence du 13. Mars 1634. qui a jugé qu'une Religieuse sortant d'un Monastere pour entrer dans un plus réformé, doit avoir la restitution de sa dot, par la raison que le changement étoit fait *permittente lege*. Boniface, *tome* 1. *liv.* 2. *tit.* 31. *chap.* 6.

287 Si une Religieuse de son propre mouvement sort d'un Cloître pour entrer dans un autre, elle ne peut demander ce qu'elle a apporté dans le premier Monastere. Arrêt du Parlement de Toulouse du 15. Mars 1649. mais quand les Religieuses sortent par obédience, & pour une juste cause, le premier Monastere doit leur donner le revenu de ce qu'elles y ont apporté; comme il fut jugé à la Grand'-Chambre le 6. Octobre 1649. en faveur de la Dame d'Usech Religieuse de Cahors, qui alla fonder un Convent à Milhau. Il est vrai que cet Arrêt fut cassé pour défaut de formalité ayant été cassé sur une requête civile, par Arrêt du onze Février 1651. le Monastere de Cahors en fut relaxé en jugeant le fonds; le motif de la Cour fut qu'étant Superieure de Milhau elle étoit necessaire à ce Monastere, qu'elle le servoit, & par consequent qu'il le devoit nourrir: car autrement le onze May 1648. nonobstant une transaction, les Religieuses de saint Gery de Cahors furent condamnées à rendre la dot à la Dame de Barthus, si mieux elles n'aimoient la payer aux Religieuses de saint Pantaleon de Toulouse où elle avoit été transferée. Le 30. Avril 1650. les Religieuses de sainte Claire du Salin de Toulouse furent condamnées à payer le revenu de la constitution dotale de la Dame des Ursins au Monastere de sainte Claire de Lavaur. Le 20. Février 1651. autre Arrêt qui ordonna 200. livres de pension au Monastere de saint Pantaleon pour l'entretien de la Dame de Montagne qui y étoit allée, & qui étoit sortie d'un autre, & 400. livres pour fournir aux frais du procez. Il faut neanmoins remarquer que contre le Canon *de lapsis*, 16. *question* il fut jugé au mois de Mars qu'une Religieuse sortie des Maltoises de Toulouse pour être Abbesse en un autre, le Syndic du Monastere de saint Jean de Jérusalem n'étoit obligé de rien rendre, parce que quand c'est pour fonder qu'elles sortent, ou pour passer *ad arctiorem regulam*, c'est un fait qui venant d'elle, n'oblige pas le premier Monastere à rien restituer. *Albert, lettre* M. *verbo Moines, article* 1.

288 Sur la translation d'une Religieuse, & auquel des deux Monasteres appartient sa dot? Arrêt du Parlement de Grenoble du 9. Avril 1658. qui donne la proprieté au premier Monastere, l'usufruit au second. Basset, *to.* 1. *liv.* 1. *tit.* 1 *ch.* 19.

289 Arrêt du Conseil d'Etat du 11. Septembre 1676. portant que les Religieux ne pourront passer de leurs Ordres dans de plus relâchés, sans le consentement de leurs propres Provinciaux, avec leurs Assesseurs ou Definiteurs; défenses aux Superieurs des Ordres où ils voudroient passer de les recevoir sans tel consentement; au cas de contravention, permis aux Provinciaux de les repeter, même de les faire arrêter & de se servir pour cet effet du Bras seculier. *Biblioth. Can. to.* 2. *p.* 443.

290 Religieux d'un Ordre qui passe à un autre, la Cour dit qu'il n'y a abus, & a débouté Frere Gebelin de sa requête, afin d'opposition à l'execution de l'Arrêt obtenu par les Consuls de Roquebrune; & ayant aucunement égard à sa requête pour alimens contre l'Abbé de Montmajour, le condamne à donner au Frere Gebelin, par maniere de provision, une pension annuelle de 200. livres avec amende & dépens. Jugé à Aix le 2. Decembre 1677. *Journal du Palais.*

291 La dispense du Pape donne à un Religieux pour passer d'un Ordre dans lequel il n'est permis de rien posseder, à un autre où il est libre d'avoir un temporel, ne peut le réhabiliter pour rentrer dans les biens de son patrimoine, ni pour avoir pension, quoique viagere. Jugé au Parlement de Grenoble le 2. Mars 1684. entre un Religieux Profez de saint Antoine transferé à celuy du saint Esprit; neanmoins la clause du Bref obtenu par celuy qui reclame contre ses vœux, par laquelle il est rétabli dans ses biens, n'est pas abusive, parce qu'elle n'y est consideree que comme une suite de la reclamation admise, & non comme un acte de Jurisdiction. Arrêt du 23. Juillet 1685. *Jurisprudence de Guy Pape par Chorier, p.* 2.

Voyez cy-aprés le mot *Translation*.

RELIGIEUX, VAGABONDS.

Voyez cy-dessus *le nombre* 169.

292 Arrêt du Parlement de Paris du 4. Juillet 1542. donné sur la requête du Superieur des Religieux de l'Ordre de saint François en la Province de S. Bonaventure, contre aucuns Religieux vagabonds, & vivans licentieusement. Il fut ordonné que le suppliant auroit commission adressante à tous Juges pour informer contre eux, les faire constituer prisonniers, & les renvoyer en leurs Convents de Profession, à l'effet d'être corrigez & punis. Défenses à toutes personnes sous telles peines qu'il appartiendra de favoriser & retirer lesdits Religieux vagabonds. *Voyez*

REL REL 357

les Preuves des Libertez, tome 2. chapitre 33. nombre 13.

293 Arrêt du Parlement de Roüen du 16. Juillet 1607. qui enjoint à Frere Martin du Saint Esprit, Religieux de l'Ordre des Carmes, sur la personne duquel Thomas Savadon, Bourgeois de Roüen, avoit interjetté clameur de Haro comme saisi de quelques missives, ou rescriptions en langage Portugais, Espagnol & Italien; concernantes le trafic & la marchandise, de se retirer dans huitaine au Convent de son Ordre à Paris ; pour faire & continuer sa profession, sans divaguer ni s'entremettre des affaires seculieres, à peine d'être contre luy procedé comme irregulier, suivant les Saints Decrets & Constitutions Canoniques. *Bibliotheque Can. tome 1. p. 44. col. 2.*

RELIGIEUX, VESTIAIRE.

294 Du vestiaire dû aux Religieux par les Abbez. *Voyez les Reliefs forenses de Rouillard, chap. 8.*
Voyez cy-après le mot *Vestiaire*.

RELIGIEUX, VISITE.

295 Un Superieur peut faire sa visite autant de fois qu'il luy plaît. Arrêt du Parlement de Paris de l'an 1388. contre les Religieux de S. Martin des Champs, qui se disoient en possession de n'être visitez que deux fois l'an par l'Abbé de Cluny. *Papon, livre 1. titre 11. nombre 1.*

296 Les Evêques ont droit de visite dans les maisons des Religieuses. Arrêt du Conseil Privé donné au profit de M. l'Evêque du Puy, contre les Religieuses de *Sainte Claire* de la même Ville; ce n'est pas que l'Arrêt ne maintienne lesdites Religieuses en tous leurs autres droits, privileges, exemptions & immunitez; l'Arrêt est du 26. Août 1653. *Henrys, tome 2. livre 1. chap. 1.* Autre Arrêt du 16. Janvier 1651. contre les Religieuses de la Ville de *Boulogne*. Pareil Arrêt du 6. Mars 1653. contre les Religieuses de la *Regle*, Abbaye situèe en la Ville de *Limoges*.
Voyez cy-après le mot *Visite*. §. *Visite des Religieux*.

RELIGION.

Christiana Religio.
Il est traité de la Religion Catholique, de l'Eglise, des personnes Ecclesiastiques, & autres matieres semblables, dans les treize premiers Titres du premier Livre du Code Justinien, & dans le seizième Livre du Code Theodosien.
De summâ Trinitate, & fide Catholicâ. D. Gr. dist. 23. c. 2. ... De conscr. dist. 3. c. fin. ... dist. 5. c. 39. & 40. ... Extr. 1. 1. ... S. 1. 1. ... Clem. 1. 1.
De summâ Trinitate, & fide Catholicâ ; & ut nemo in ea publicè contendere audeat. C. 1. 1. ... C. Th. 16. 1.
De fide. Const. I. Heracl. 1.
Nemini licere signum salvatoris Christi, humi vel in silice, vel marmore sculpere aut pingere. C. 1. 8.
De Religione. C. Th. 16. 9.
De his qui super Religione contendunt. C. Th. 16. 4.
Ut sacras Scripturas Latinè vel Graecè, vel aliâ linguâ, secundùm traditam legem, Hebraeis legere liceat ; vel de locis suis expellantur non credentes judicium, vel resurrectionem, aut dicentes angelos subsistere creaturam Dei. N. 146.
De quatuor sanctis Conciliis. N. 131. c. 1.
Ut in privatis domibus sacra mysteria non fiant. N. 58. ... N. 131. c. 8.
De cultu divino. Lex 12. tabb.
Voyez les mots *Eglise*, *Heresie*, *Schisme*.

RELIGION PRETENDUE REFORMÉE.

1 De ceux qui se sont dévoyez de la Religion Catholique, Apostolique & Romaine, ensemble de ce qui est intervenu aux troubles pour le fait de la Religion, & pacification d'iceux. *Ordonnances de Fontanon, tome 4. titre 7. p. 245.*

2 Edit pour la punition de ceux qui sont separez de la foy de l'Eglise Romaine, & se sont absentez du Royaume pour aller à Geneve, & autres lieux de Religion contraire à la Religion Catholique, Apostolique & Romaine, contenant 46. articles. A Châteaubriant le 27. Juin 1551. registré le 3. Septembre suivant. *Ibidem, page 252.*

3 Des Temples de ceux de la Religion Prétendue Reformée, & de leur démolition. *Voyez les Memoires du Clergé, tome 6. part. 9. ch. 8.*

4 De l'éducation des enfans nouvellement convertis. *Voyez Ibidem, chap. 10.*

5 Des enterremens de ceux qui sont morts dans la Religion Prétendue Reformée. *Ibidem, chap. 11.*

6 De la connoissance des procez & differends entre les Catholiques, & ceux de la R. P. R. de la maniere de les juger, & des Chambres de l'Edit. *Ibidem, chapitre 14.*

7 De l'imposition & levée de deniers pour ceux de la R. P. R. pour l'entretien de leurs Ministres, frais de leurs Sinodes, & pour autres choses concernant l'exercice de leur Religion. *Voyez Ibidem, chap. 15.*

8 Plusieurs Actes, Edits, Declarations & Arrêts rendus contre ceux de la R. P. R. sur differentes matieres, & qui n'ont pû être réduits sous les precedens chapitres. *Ibidem, chap. 16.*

9 Ensuite est l'extrait des Edits de pacification des Rois Charles IX. Henry III. Henry IV. & Loüis XIII. avec les Declarations données en consequence, & un abregé de l'Histoire des troubles, sous le titre de *Memoires historiques*. *Voyez Ibidem, chap. dernier.*

10 Banc appartenant dans les Eglises à ceux qui sont de la Religion Prétendue Reformée. *Voyez le mot Bancs, nomb. 36. & 37.*

11 Collèges de ceux de la R. P. R. *Voyez le mot College, nomb. 13. & suiv.*

12 Donation faite par ceux de la Religion Prétendue Reformée. *Voyez le mot Donation, n. 666. & 667.*

13 Des évocations en la Chambre de l'Edit. *Voyez le mot Evocation, n. 19. & suiv.*

14 Si ceux de la Religion Prétenduë Reformée peuvent suspendre ou excommunier ? *Voyez le mot Excommunication, nomb. 102.*

15 Patrons de la Religion Prétendu Reformée. *Voyez le mot Patron, nomb. 191.*

16 Arrêt du Parlement de Bretagne du 29. Octobre 1566. qui en déboutant un mari & une femme de la séparation demandée sur le fondement de la diversité de Religion, leur permet suivant l'Edit du Roy de vivre, pour le regard de la Religion, chacun d'eux en la liberté de leurs consciences. *Du Fail, livre 1. chapitre 119.*

17 Arrêt du mois de Janvier 1584. qui fait défenses à tous Receveurs, Commis & Exacteurs de deniers Ecclesiastiques, de les mettre entre les mains de Sequestres qui ne soient Catholiques, & que ceux qui y ont été mis leur seront ôtez. *La Rochestavin, liv. 3. lettre S. tre 1.*

18 Edit portant révocation des Edits de pacification, & que tous les Sujets du Roy seront obligez de vivre dans la Religion Catholique Apostolique & Romaine, sinon, &c. A Paris en Juillet 1585. registré le 18. du même mois. *6. Volume des Ordonn. d'Henry III. fol. 502. Fontanon, tome 4. p. 343. Joly, des Offices de France, tome 1. p. 44.* Voyez celuy du mois de Juillet 1591.

19 Arrêt du 7. Decembre 1623. par lequel un Soldat de la Religion Prétendue Reformée, qui avoit joüi trente années d'une place d'oblat, dont il avoit été pourvû par le Roy Henry IV. en fut privé sur la demande de l'Abbé, & un Catholique qui étoit intervenu fut reçu à sa place. *Du Frêne, livre 1. chap. 8.*

20 Le successeur d'un Fondateur étant de la Religion Prétenduë Reformée, ne doit être enterré dans le Chœur de l'Eglise. Arrêts des 26. Février & 5. Mars 1625. *Ibidem, chap. 40. & 42.*

21 Jugé le 6. Février 1648. que ceux de la Religion Prétenduë Reformée, ne peuvent user du droit de

Y y iij

Patronage, ni presenter à un Benefice. *Soëfve*, to. 1. Cent. 2. ch. 63.

21 Arrêt du 8. Août 1648. qui a jugé qu'un pere & une mere de la Religion Prétenduë Réformée, ne peuvent demander que leur fille qui s'est retirée de leur maison, pour se faire instruire en la Religion Catholique, leur soit renduë. *Ibidem*, chap. 91.

22 Un pere de la Religion Prétenduë Réformée, après avoir consenti que sa fille fût élevée dans la Religion Catholique, ne peut changer de volonté. Jugé le 14. Mars 1663. *De la Guessiere*, tome 2. livre 5. chapitre 17. Ce même Arrêt se trouve dans les *Notables Arrêts des Audiences*, Arrêt 99.

23 Declaration du Roy, portant défenses à tous ceux qui après avoir fait abjuration de la Religion Prétenduë Réformée, auroient embrassé la Catholique Romaine, de retourner à la Religion Prétenduë Réformée, *& è converso*. Verifiée en Parlement le 7. Juin 1663. *Des Maisons*, lett. E. nomb. 3. Voyez *De la Guessiere*, tome 3. livre 3. chap. 12. où il y a un Reglement touchant ceux de la Religion Prétenduë Réformée contenant 49. articles.

24 Un enfant mineur de la Religion Prétenduë Réformée, après avoir abjuré l'heresie, contracte mariage sans le consentement de sa mere, avec une fille Catholique âgée de trente ans. M. l'Evêque de Poitiers avoit accordé une dispense de la publication des bans, & une permission de se marier pardevant un autre Curé. La mere demeure dans le silence; le fils se dégoûte de son engagement, abandonne sa Religion & sa femme, se joint à sa mere, tant à l'effet de poursuivre l'accusation de rapt contre la fille, que l'appel comme d'abus du mariage. Arrêt du 30. Juillet 1664. qui met hors de Cour; ordonne que ce jeune homme seroit tenu de reconnoître celle avec laquelle il avoit contracté mariage pour sa legitime épouse, & pour les cas resultans du procez, le condamna en 400. livres parisis d'aumône applicable au pain des prisonniers. *Soëfve*, to. 2. Cent. 3. chap. 21.

25 Ceux de la Religion Prétenduë Réformée ne sont pas obligez de contribuer pour les charges des Eglises & des Paroisses, ni de leurs chefs, ni de leurs domestiques de la Religion Catholique. Jugé le 3. Decembre 1664. *De la Guessiere*, tome 2. livre 6. chapitre 56.

26 Declaration portant qu'il sera permis aux enfans de ceux de la Religion Prétenduë Réformée, qui se seront convertis, de retourner chez leur pere & mere, ou de leur demander une pension. A Paris le 24. Octobre 1665. registrée au Parlement de Paris le 27. Novembre de la même année, & en celuy de Roüen le 20. Février 1681. 10. *Volume des Ordonn. de Loüis XIV*. fol. 413. Voyez celle du 17. Juin 1681.

26 bis. Défenses aux Ministres de solliciter les personnes converties & mourantes de quitter la Religion Catholique. 13. Septembre 1667. *De la Guessiere*, tome 3. livre 1. chap. 41. & pour l'avoir fait condamnez à aumôner 800. livres.

27 Declaration du Roy du 1. Février 1669. contenant 49. articles, registrée le 28. May 1669. touchant ceux de la Religion Prétenduë Réformée. *De la Guessiere*, tome 3. liv. 3. chapitre 12. & *Boniface*, tome 1. livre 2. titre 31. chap. 21.

28 Défenses aux Ministres de la Religion Prétenduë Réformée de donner des approbations, mais bien de simples attestations aux Livres qu'ils ont permission de faire imprimer, ni de prendre autre qualité que celle de Ministres de la Religion Prétenduë Réformée. Jugé le 5. Février 1671. *De la Guessiere*, tome 3. livre 5. chapitre 1.

29 Ceux de la Religion Prétenduë Réformée, qui ont détruit un Hôpital & Chapelle sur leurs terres, tenus de les rétablir suivant les anciennes fondations. Arrêt du 27. Avril 1674. *Ibidem*, liv. 8. chap. 5.

30 Reglement pour les Actes d'abjuration que font ceux de la Religion Prétenduë Réformée, avec une Declaration du Roy du 10. Octobre 1679. registrée le 20. Novembre 1679. *Ibidem*, tome 4. livre 2. chapitre 10.

31 Autre Declaration du Roy touchant ceux de la R. P. R. du 19. Novembre 1680. registrée le 2. Decembre suivant, portant que les Juges & Officiers se transporteront dans les maisons des malades de la R. P. R. pour sçavoir s'ils veulent changer de Religion, & pour recevoir leur déclaration de foy, où défenses sont faites aux Catholiques de contracter mariage avec ceux de la R. P. R. *Ibidem*, livre 3. chapitres 25. & 26. Cette même Declaration a été registrée au Parl. de Roüen le 12. Decembre 1680.

32 Reglement du 20. Novembre 1679. pour la forme des Synodes que tiennent ceux de la Religion Prétenduë Réformée, ce qu'ils ne pourront sans permission de Sa Majesté, & sans l'assistance d'un Commissaire nommé par le Roy. *Ibidem*, liv. 2. ch. 11.

32 bis. Ceux de la R. P. R. ne peuvent être admis aux Conseils des Communautez. Arrêt du 2. Avril 1680. dans *Boniface*, tome 4. liv. 10. tit. 3. ch. 6.

33 Declaration portant que les Sujets du Roy, de quelque qualité, condition, âge, & sexe qu'ils soient, faisans profession de la Religion Catholique, Apostolique & Romaine, ne pourront jamais la quitter pour passer en la Religion Prétenduë Réformée, pour quelque cause, raison, prétexte, ou consideration que ce puisse être; & que les contrevenans seront condamnez à faire amende honorable, & au bannissement perpetuel hors du Royaume; & que tous leurs biens seront confisquez: défenses aux Ministres de ladite R. P. R. & tant à eux qu'aux anciens des Consistoires, de les souffrir dans leurs Temples & assemblées, à peine ausdits Ministres d'être privez pour toûjours de faire aucune fonction de leur ministere dans le Royaume, & d'interdiction pour jamais de l'exercice de ladite Religion, dans le lieu où un Catholique aura été reçû à faire profession de ladite Religion Prétenduë Réformée. A Fontainebleau en Juin 1680. registrée au Parlement de Paris le 25. du même mois, & en celuy de Roüen le 9. Juillet suivant. *Journal des Aud*. to. 4. liv. 3. ch. 15.

34 Declaration portant que les enfans de ceux de la R. P. R. pourront se convertir à l'âge de sept ans, & défenses à ceux de ladite Religion de faire élever leurs enfans dans les païs étrangers, &c. A Versailles le 17. Juin 1681. registrée au Parlement de Paris le 8. & en celuy de Roüen le 17. Juillet suivant.

35 Arrêt du Conseil du 12. Janvier 1682. portant qu'aux procez qui se jugeront au Parlement de Guyenne, la Grand'Chambre & Tournelle assemblées, les Conseillers Huguenots n'y assisteront point. *Voyez les Edits & Arrêts recueillis par l'ordre de M. le Chancelier*.

36 Declaration du Roy du 31. Janvier 1682. qui ordonne que les enfans bâtards de la Religion Prétenduë Réformée seront élevez en la Religion Catholique Apostolique & Romaine. V. *Ibidem*.

37 Reglement touchant les Ministres de la R. P. R. pour raison de leurs fonctions, & concernant les biens des Consistoires, du 7. Septembre 1684. *De la Guessiere*, tome 4. liv. 7. chap. 27.

38 Reglement touchant la qualité des personnes qui peuvent être admises à l'exercice de la R. P. R. dans les maisons des Seigneurs ayant haute Justice ou des fiefs de Haubert, du 21. Novembre 1684. *Ibidem*, chap. 29.

39 Declaration du Roy en Février 1685. touchant les Ministres de la R. P. R. qui souffrent dans les Temples des personnes contre lesquelles il y a eu des défenses de les y admettre, & de faire exercice de la R. P. R. registrée le 26. Février 1685. *Ibidem*, liv. 8. chapitre 3.

40 Reglement portant défenses aux Ministres de faire

l'exercice de leur Religion où les Temples auront été démolis, du 30. Avril 1685. *Ibidem, chap.* 41.

41. Donation que l'on difoit être faite en haine de la Religion Catholique par une perfonne de la Religion Prétenduë Réformée, & que l'on foûtenoit être nulle, parce que le pere des donataires étoit Avocat de la donatrice. Jugée valable le 12. Avril 1685. Autre Arrêt du 10. Juillet 1647. *Ibidem, chap.* 36.

42. Declaration portant que les femmes des nouveaux Catholiques, qui refuferont de fuivre l'exemple de leurs maris, enfemble les veuves qui perfifteront dans la Religion Prétenduë Réformée, feront & demeureront déchûës du pouvoir de difpofer de leurs biens, foit par teftament, donation entre-vifs, alienation, ou autrement : & à l'égard de l'ufufruit des biens qui pourront leur avenir, ou être échûs par les donations à elles faites par leurs maris, foit par contract de mariage, ou entre-vifs, doüaires, droits de fucceder en Normandie, augment de dot, habitations, droit de partager la communauté, précipus, & generalement tous autres avantages qui leur auront été faits par leurs maris, ils appartiendront à leurs enfans Catholiques, fuivant la difpofition des Coûtumes, & à leur défaut aux Hôpitaux des Villes les plus prochaines de leur habitation ordinaire, &c. A Verfailles en Janvier 1686. regiftrée le 25. du même mois.

43. Declaration contre ceux qui s'étant convertis, refuferont dans leurs maladies de recevoir les Sacremens de l'Eglife. A Verfailles le 29. Avril 1686. regiftrée le 24. May de la même année.

44. Declaration contre ceux qui s'étant convertis, fortiront du Royaume fans la permiffion du Roy. A Verfailles le 7. May 1686. regiftrée le 24. du même mois.

EXTRAIT DES DECISIONS CATHOLIQUES.

45. La Religion Prétenduë Réformée ne doit être nommée *Eglife* ; défenfes à tous Miniftres de luy donner ce titre, & de fe qualifier *Pafteurs*. Voyez *les Décifions Catholiques de Jean Filleau,* p. 22. & fuiv.

46. Ceux de la Religion Prétenduë Réformée, ne peuvent faire l'exercice de ladite Religion Prétenduë au dedans des Terres, Bourgs, Villages, & Jurifdictions des Seigneurs Catholiques fans leur confentement. *Voyez Filleau en fes Décifions, Décifion* 42.

47. L'article 9. de l'Edit de Nantes, qui permet l'exercice de la Religion Prétenduë Réformée és lieux où il étoit établi publiquement en l'année 1596. & 1597. ne peut préjudicier aux Seigneurs Catholiques. *Ibidem, Décif.* 43.

48. L'article 9. de l'Edit de Nantes ne s'entend des Villes, efquelles du confentement des habitans Catholiques, & précairement l'exercice de la R. P. R. avoit été établi. *Ibid. Decif.* 44.

49. Le Seigneur du lieu où fe faifoit l'exercice de la Religion Prétenduë Réformée, s'étant fait Catholique, l'on ne peut continuer ledit exercice audit lieu, & ledit article 9. ne luy peut être objecté. *Ibid. Décifon* 45.

50. Les Seigneurs Religionnaires qui ont plein fief de Haubert, ne peuvent faire faire le Prêche & exercice de la Religion Prétenduë Réformée en aucun autre lieu de leur Juftice, que dans leur Château ou Maifon feulement qu'ils habitent, & où ils font réfidens, fans pouvoir y avoir de Temple. *Ibidem, Décifon* 46.

51. Les Seigneurs de plein fief de Haubert & haute-Juftice, qui font domiciliez dans les Villes de ce Royaume, ne peuvent faire faire l'exercice de la Religion Prétenduë Réformée dans leurs Maifons de haute Juftice, lorfqu'ils y font prefens. *Ibidem, Décifon* 47.

52. Il n'eft permis à ceux de la Religion Prétenduë Réformée, de faire bâtir des lieux pour l'exercice de ladite Religion, qu'és endroits qui leur font affignez pour Bailliages, ou és lieux efquels il leur eft permis par l'Edit de l'an 1577. & 1598. Ceux qui ont été bâtis du depuis fans permiffion du Roy, doivent être démolis. *Ibid. Décif.* 50.

53. Arrêts qui font défenfes à ceux de la Religion Prétenduë Réformée, de chanter les Pfeaumes par les ruës, ou dans leurs maifons. *V. Filleau*, ibidem, *Décifion* 52.

54. Ceux qui ne font pas Nobles & Gentilshommes, quoique Seigneurs des fiefs de Haubert ou autres fiefs, n'y peuvent faire faire l'exercice de la Religion Prétenduë Réformée. *Ibid. Décif.* 53.

55. Dans les lieux & Seigneuries des Ecclefiaftiques, l'on ne peut faire aucun exercice de la Religion Prétenduë Réformée. *Ibid. Décif.* 55.

56. Nonobftant les articles fecrets de Nantes, & Jugemens des Commiffaires confirmez par Arrêts, l'on a fait défenfes de continuer l'exercice de la Religion Prétenduë Réformée, dans les Terres & Seigneuries des Ecclefiaftiques. *Ibid. Décif.* 56.

57. L'exercice de la Religion Prétenduë Réformée, ne doit être continué dans les fiefs du Roy, qui fe trouvent à prefent poffedez par des Seigneurs Engagiftes Catholiques, fi ce n'eft que ce foit un lieu de Bailliage. *Ibid. Décif.* 61.

58. Ceux de la Religion Prétenduë Réformée ne font recevables à demander au Roy de nouveaux lieux, pour faire leur exercice, quand par les Arrêts donnez contre eux, il y a ceste claufe, fauf à eux à fe pourvoir pardevers le Roy, fi ce n'eft que le lieu foit de Bailliage. *Ibid. Décif.* 62.

59. Les Prêches établis depuis l'Edit de Nantes, tant par érection de nouvelles hautes-Juftices, qu'autrement, fans permiffion du Roy, doivent ceffer. *Ibid. Décifion* 63.

60. Es Villes ou lieux qui ne font du reffort d'un Bailliage, l'on ne peut y établir le fecond lieu de Bailliage ; & l'on eft bien fondé d'y empêcher la continuation de l'exercice de la Religion Prétenduë Réformée, quoique tel établiffement ait été fait par les Commiffaires. *Ibidem, Décif.* 64.

61. Les Dixmiers des Villes ne peuvent être créez par ceux de la Religion Prétenduë Réformée, & le Confiftoire defdits Religionnaires ne peut fe fervir pour la difcipline de ladite Religion Prétenduë Réformée defdits Dixeniers. *Filleau*, ibid. *Décifion* 71. rapporte l'Arrêt de la Chambre de l'Edit de Caftres du dernier Août 1641.

62. Dans les Villes d'importance, l'on eft bien fondé d'empêcher les Religionnaires de s'y habituer, lorfqu'il y a du péril. *Ibid. Décif.* 73.

63. Les peres & meres de la Religion Prétenduë Réformée, ne peuvent forcer leurs enfans d'aller au Prêche, ni les *exhereder* pour le refus qu'ils en font, ou pour le changement de Religion. *Ibidem, Décifion* 76.

64. Arrêt du Confeil d'Etat du 30. Janvier 1665. qui ordonne que les enfans, dont les peres & meres font de la Religion Prétenduë Réformée, & qui fe convertiffent à la Religion Catholique, fçavoir les garçons à l'âge de quatorze ans, & les filles à celuy de douze ans, pourront opter, ou de demeurer en la maifon de leurs peres & meres, pour y être nourris & entretenus felon leur condition, ou de leur demander une penfion proportionnée à leurs facultez. *Ibid. Décif.* 77.

65. L'inftruction des enfans doit être faite & continuée en la Religion Catholique, Apoftolique & Romaine, quoique le pere foit de la Religion Prétenduë Réformée, quand les enfans defirent y être inftruits, & en ce cas l'on peut obliger les peres & meres à donner penfion. *Ibid. Décif.* 77.

66. Un pere qui fait profeffion de la Religion Prétenduë Réformée, ne peut empêcher fa fille de fe rendre Religieufe, & faire les vœux ordinaires, quand

il paroît que telle est la volonté de la fille. *Ibidem*, *Décision* 78.

67. Celuy qui a fait ériger sa Terre en droit de haute-Justice, par le Seigneur duquel elle releve, n'a point droit d'y faire faire l'exercice de la Religion Prétenduë Réformée. *Ibid. Décis.* 81.

68. La place d'Oblat és Abbayes de France, ne peut être possedée par un Soldat de la Religion Prétenduë Réformée, quelque service qu'il ait rendu dans les armées. *Ibid. Décis.* 82.

69. L'éducation d'un mineur ou mineure Catholique, ne peut être accordée au pere ou à la mere de la Religion Prétenduë Réformée. *Ibid. Décis.* 83.

70. L'exercice de la Religion Prétenduë Réformée, doit cesser és Villes, Bourgs & Places esquelles le Roy fait quelque séjour, ou quand il passe par icelles, quoique d'ailleurs les Religionnaires soient en possession legitime d'y faire faire l'exercice en l'absence du Roy ledit exercice. *Ibid. Décis.* 84.

71. Ceux de la Religion Prétenduë Réformée, ne peuvent ôter la liberté aux enfans & serviteurs d'aller aux Colleges & Ecoles, où il y a des Regens Catholiques. *Ibid. Décis.* 89.

72. Dans les Pays de Bearn, l'exercice de la Religion Prétenduë Réformée, ne peut être fait dans aucun lieu, où il n'y a, outre le Ministre, dix Chefs de famille domiciliez & résidens. *Voyez Filleau*, ibidem, *Décision* 104.

73. Un pere qui est de la Religion Prétenduë Réformée, après avoir témoigné consentir que sa fille fût élevée en la Religion Catholique, ne peut changer de volonté. *Ibid. Décis.* 110.

74. Les Ministres convertis ne doivent être imposez aux tailles, ni chargez de logemens de Gens de guerre; & les nouveaux convertis sont déchargez des dettes communes de ceux de la Religion Prétenduë Réformée. *Ibid. Décis.* 114.

75. Les Seigneurs hauts-Justiciers de la Religion Prétenduë Réformée, ne peuvent faire bâtir un lieu public pour l'exercice de leur Religion, hors l'enclos de leurs maisons. *Ibidem, Décis.* 119.

76. Les Seigneurs Catholiques qui ont succedé à des Religionnaires, ou qui ont acheté leur Terre, peuvent faire démolir les Temples que leurs prédecesseurs avoient fait construire. *Ibid. Décis.* 124.

77. Ceux de la Religion Prétenduë Réformée qui acquierent des Terres du Domaine du Roy, ne peuvent, en vertu de telle acquisition, y établir le Prêche, sous prétexte de la haute Justice; & lorsque la haute-Justice est accordée par le Roy à quelqu'un de ses sujets de la Religion Prétenduë Réformée, l'exercice de ladite Religion ne peut y être établi. *Ibid. Décision* 125.

78. Les Ministres & autres personnes de la Religion Prétenduë Réformée, ne doivent user de paroles ou Prédications insolentes, ou faire actions injurieuses à l'Eglise, à peine de punition corporelle. *Ibidem, Décision* 126.

79. Ceux de la Religion Prétenduë Réformée, sont exclus de l'entrée aux assiettes particulieres qui se doivent tenir en chaque Diocese de Languedoc. *Ibid. Décision* 128.

80. Les Officiers de la Chambre de l'Edit de Castres, faisant profession de la Religion Prétenduë Réformée, ne peuvent porter la Robe rouge dans le Temple où se fait l'exercice de ladite Religion Prétenduë Réformée, ni és autres assemblées. *Ibidem, Décision* 131.

81. La pension dûë sur un Benefice, est éteinte par la profession de la Religion Prétenduë Réformée, faite par celuy auquel la pension étoit dûë. *Ibidem, Décision* 134.

82. De l'état des Temples, & de l'exercice de la Religion Prétenduë Réformée, au dedans de la Province de Poitou. *Filleau*, ibid. *Décis.* 141.

RELIQUES.

1. DU Service Divin, de l'exposition du saint Sacrement, des Reliques des Saints, des Ornemens Ecclesiastiques, & des Confrairies. *Voyez les Memoires du Clergé*, tome 1. part. 1. titre 2. chap. 4. & Fournet, lettre E. *Arrêts* 5. 6. 29. 30. 32. & encore à la page 552.

2. De Reliquiis & veneratione Sanctorum. Voyez Duluc, livre 1. tit. 3.

3. Reliquiarum declaratio ad Papam spectat. Voyez *Franc. Marc.* tome 2. quest. 307.

4. Arrêt du Parlement de Paris du 19. Avril 1410. rendu entre le Chapitre de Nôtre Dame, & les Religieux de Saint Denis, par lequel il a été jugé que le Reliquaire du Chapitre est le Chef de Saint Denis le Corinthien, & non de l'Athenien, comme ce Chapitre le prétendoit. *Papon*, liv. 1. tit. 1. nomb. 5. Il ajoûte qu'il demeura à resoudre si cette contestation procedoit plûtôt de Religion que d'avarice.

5. Henry II. voyant que la magnificence exterieure des Reliques entretenoit la superstition du peuple, plus occupé de l'or & des diamans qui brilloient à ses yeux, que des saints Ossemens qu'elles renfermoient, ordonna en 1556. qu'ils seroient enchassez en bois doré. *Voyez Henrici Progymnasmata*, *Arrêt* 115.

6. *Lauffeyi Annales Ecclesiæ Aurelianensis, cum tractatu de veritate Translationis Corporis sancti Benedicti ad Monast. Floriacense.* Par. 1615.

7. Ceux de la Religion Prétenduë Réformée qui font injure aux Reliques des Saints, aux Croix & aux Images, doivent être punis par les Officiers du Roy. *Voyez les Décisions Catholiques de Filleau*, *Décis.* 3.

8. Les Marguilliers doivent avoir soin des Reliques. *Voyez* le mot *Marguilliers*, n. 9.

REMBOURSEMENT.

1. *Voyez* les mots *Rachat*, & *Rentes*. Bouchel, en sa Bibliotheque du Droit François, verbo, *Remboursement*, dit; J'ay appris de M. de Montholon, qu'il avoit été jugé pour le Président de la Borde, par Arrêt de l'an 1568. qu'il n'étoit tenu prendre rente, en ce que le Roy le devoit rembourser; mais qu'il luy falloit bailler de l'argent.

REMBOURSEMENT, RETRAIT.

1. Le remboursement doit se faire devant les Tabellions. Arrêts du Parlement de Normandie des 9. Juillet 1619. & 5. Août 1622. Cela ne reçoit plus de contredit. *Basnage*, sur l'art. 491. de cette Coûtume.

3. Le remboursement doit être fait au domicile de l'acquereur, & non au lieu de l'instance évoquée; ainsi jugé contre M. le Président du Tronc, le premier Février 1630. au Parlement de Roüen. *Basnage*, ibid. article 491.

4. Jugé au Parlement de Roüen le 24. Avril 1629. que le retrayant étoit tenu de rembourser actuellement tous les prix & loyaux coûts, & même une rente, quoique le vendeur eût donné temps de dix ans de la racheter, & que le retrayant offrit de bailler bonne & suffisante caution d'en indemniser l'acquereur; il a même été jugé que le vendeur ayant fait condamner par corps l'acquereur à racheter les rentes dont il l'avoit chargé, cet acquereur avoit la même coertion sur le lignager, auquel il avoit fait remise de l'heritage, à condition de le décharger des mêmes rentes. Arrêt en la Chambre de l'Edit du 9. Mars 1640. *Basnage*, sur la *Coût. de Normandie*, art. 497.

5. Par Arrêt du Parlement de Roüen du 12. Juin 1671. donné contre un lignager qui avoit fait le rachat entre les mains de l'acquereur, d'une rente qui avoit une hypoteque speciale & privilegiée sur le fond retiré, & dont il avoit connoissance, il fut permis au creancier de se faire payer hypotequairement sur le fond; & il fut jugé que le retrayant n'avoit pû rembourser

bourfer l'acquereur, fans y appeller le creancier qui avoit prêté fes deniers pour l'acquifition du fond, parce qu'il n'avoit point ignoré fon droit ; mais on ne donna au creancier que l'action hypotequaire, & non l'action perfonnelle. *Ibidem.*

Voyez cy-après, le mot *Retrait.* §. *Retrait, Remboursement.*

REMISES.

DEs Remifes en fait de Saifies réelles & d'adjudication. *Voyez le* 10. *Chap. du Traité des Criées par M. Bruneau, Avocat, p.* 116.

REMISSIONS.

Voyez Lettres de Rémiffion, au mot *Lettres*, nomb. 3. & fuiv. & 64. & fuiv.
1 Les rémiffions qui fe donnent aux entrées font auffi bien fujettes à connoiffance de caufe que les autres. *Voyez Du Luc ; liv.* 12. *tit.* 1. *chap.* 8.
2 Declaration du Roy fur les remiffions du 22. Novembre 1683. regiftrée en la Cour des Aydes le 4. Decembre fuivant. *Maréchauffée de France, p.* 1008. & *Boniface, tome* 5. *li.* 5. *tit.* 1. *chap.* 1.

REMPLOI.

1 Voyez ce-deffus le mot *Propres, nomb.* 102. & *fuiv.* fous ce titre *Remploi*, *la Bibliotheque du Droit François par Bouchel*, celle *de Jovet*, & M. le Brun, en fon traité de la Communauté, *liv.* 3. *chap.* 2. *fect.* 1. *dift.* 2.
2 De la ftipulation de remploi par contrat de mariage touchant la fomme promife ou de partie en heritages ou rentes qui feront propres à la future époufe, ou bien à elle & aux fiens de fon côté & ligne. *Voyez. Carondas, liv.* 13. *Rép.* 49.
3 Le mari promet de remployer une fomme au profit de fa femme ; le mari meurt ; quelques terres font données à fa veuve qui les délaiffe à fes enfans en rendant la fomme dans un certain temps, à la charge que s'ils décedent fans enfans elle rentrera efdites terres, &c. *Voyez. Carondas. li.* 7. *Rép.* 58.
4 La Jurifprudence du remploi a été autrefois trés-incertaine, mais à préfent elle n'eft plus en controverfe, & on n'a plus d'égard à la diftinction des alienations volontaires ou forcées ; car il paffe pour conftant que le remploy des propres alienez pendant le mariage eft dû tant à l'un qu'à l'autre des conjoints, & que l'article 232. de la Coûtume de Paris fait une loy generale. *M. le Prêtre* 3. *Cent. chap.* 78. *in annotatione.* Voyez *Peleus queft.* 101. & à préfent l'heritier du mari peut demander le remploi des propres alienez. *Voyez Brodeau fur M. Loüet, lettre.* R. *fommaire* 30. *nombre* 4.
5 Remploi de deniers qui paroiffent payez par la quittance du mari, mais qui ne l'avoient pas été par la contre-promeffe du beau pere, les heritiers du mari condamnez à rendre à la veuve lefdits deniers. Arrêt du 8. Mars 1549. *Carondas*, *liv.* 9. *Rép.* 63.
6 Le 9. Janvier 1551. il a été jugé l'heritier immobilier eft tenu fournir la fomme qui doit être baillée à la femme après le décez de fon mari, ou icelle employer en heritages propres à elle ; fuivant le traité de mariage, d'autant que telle action eft reputée immobiliaire. *Le Veft, Arr.* 51.
7 Le remploi fe prenant fur les acquêts de la communauté, fe doivent confiderer felon le prix qu'ils ont été acquis, & non à la raifon qu'ils ont valu du depuis. Arrêt du 24. Juillet 1584. *M. Loüet, lettre* R. *fomm.* 24.
8 Remploi doit être fait de l'heritage de l'un des conjoints vendu, ou récompenfe donnée fur la communauté. La Coûtume de Paris, *art.* 232. en contient une difpofition formelle ; auparavant l'on jugeoit qu'il falloit une convention & une réferve expreffe lors de l'alienation ; il y en a un Arrêt du 21. Novembre 1574. depuis on a jugé le contraire, pour ne pas donner lieu à une infinité d'avantages indirects, car le mari profitoit de la vente des propres de fa femme dont le prix groffiffoit le corps de la communauté fur les effets de laquelle on ne luy permettroit pas de fe venger. *Papon, li.* 15. *tit.* 2. *n.* 22.

9 Remploi de deniers ftipulé qui n'a point été fait, & au defaut que le mari feroit rente fur tous fes biens, le mary feroit décedé ayant laiffé un enfant, enfuite la mere, & après l'enfant, la fomme déclarée meuble. Arrêt du 30. Juin 1636. au Rolle de Paris. *Du Frêne*, *livre* 3. *ch.* 33. Voyez *Carondas*, *liv.* 10. *Réponfe* 31.

10 Terre paternelle étant baillée en payement par un frere à fa fœur pour les droits de remploi de fa mere, font dûs lods, &c. Arrêt du 28. May 1641. *Du Frêne*, *liv.* 3. *chap.* 75.

11 La fille mineure mariée par fa mere n'ayant point ftipulé le remploi de fes propres alienez, elle n'a hypoteque que du jour des alienations. Arrêt du 17. Février 1654. *Ibid. liv.* 7. *ch.* 31.

REMPLOI, ACTION.

12 Action de remploi, fi elle eft mobiliaire ou immobiliaire ? *Voyez* le mot *Action, nomb.* 55. & 56.

13 Sur la difpofition de l'article 94. de la Coûtume de Paris, & fçavoir fi l'action de remploi propre au mineur peut-être changée pendant fa minorité. *Voyez la* 23. *Confultation de M. Dupleffis.*

14 Arrêt rapporté dans M. le Prêtre qui a jugé qu'aprés la mort du fils heritier de fes pere & mere, fes heritiers maternels pouvoient exercer le remploi, fans qu'il y eût de confufion à caufe de la regle *paterna paternis.* La réponfe à cet Arrêt, eft qu'il a été rendu dans l'efpece d'un fils décedé en minorité dont il falloit prendre la fucceffion en l'état qu'elle devoit être ; & qu'autrement cet Arrêt feroit extraordinaire ; car il n'y a point de cas où la confufion foit plus naturelle. *V. M. le Brun en fon traité des Succeffions*, *liv.* 4. *chap.* 1. *Sect.* 3. *n.* 33.

15 Si l'action de remploi pour des propres de la femme aliénés, ou pour fes rentes propres, rachetées durant la continuation de communauté, eft une action propre qui fuive le côté & ligne dans la fucceffion des enfans, ainfi qu'elle l'eft en vertu de la claufe du contrat, lorfque les propres ont été aliénez durant le mariage ? fçavoir, fi les conquêts ayant été alienez par le mari pendant la continuation de communauté, les enfans peuvent en demander le remploi ? & fi l'action pour ce remploi eft propre dans la fucceffion des enfans ? *V.* la 33. *Confultation de M. Dupleffis*, *inferée dans fon Commentaire.*

16 Le remploi des heritages de la femme ftipulé par le Contrat, eft une dette immobiliaire qui doit être acquittée par l'heritier immobilier feulement. Es Coûtumes où le gardien noble eft chargé du payement des dettes, l'action de remploi n'eft pas comprife entre les dettes du *gardien*, comme étant dettes immobiliaires, & le mot de dettes en ce cas ne s'entend que des mobiliaires. Arrêt du 30. Mars 1605. *Chenu*, 2. *Cent. queft.* 95.

17 Par Arrêt du Parlement de Paris du 4. May 1646. jugé qu'à l'action de remploi des propres de la femme, quoique mobiliaire, le mari furvivant ne fuccede au préjudice des collateraux, lorfque la claufe du contrat de mariage faifant mention du remploi contient ces mots *de côté & ligne*, ou que celle de l'emploi des deniers dotaux qui eft précedente, en fait auffi mention, parce qu'elle eft cenfée repetée en celle de remploi. *V. Soëfve*, *to.* 1. *Cent.* 1. *ch.* 93.

18 L'action de remploi n'a point lieu en ligne directe ; de forte que fi le mari avoit vendu le bien de fa femme, le remploi s'en feroit fur tous les biens generalement. Arrêt du Parlement de Roüen du mois de Juillet 1656. rapporté par *Bafnage fur l'article* 408. *de la Coûtume de Normandie.*

19. L'action en remploi ne s'étend point au delà de celuy qui a fait l'aliénation. Arrêt du Parlement de Roüen du mois de Mars 1683. *Ibidem.*

20. L'action de remploi demeure éteinte en la personne d'une majeure qui meurt sans enfans. Arrêt du P. de Paris du 16. Avril 1666. *Des Maisons, lettre P. nomb. 9.*

21. Les actions de remploi quoique mobiliaires ne tombent point dans le legs universel fait par la femme à son mari, mais elles appartiennent aux heritiers de la femme. Arrêt du 12. Août 1677. *De la Guess. tome 3. liv. 11. ch. 19.* L'action de remploi ou de reprise, même pour les propres anciens, a été jugée mobiliaire entre les heritiers, le 11. Février 1604. *Du Frêne, liv. 6. ch. 22.* Voyez *Brodeau sur M. Louet, lettre R. somm. 30. nomb. 20.* qui parle de l'action de remploi, & de son execution.

REMPLOI EN BRETAGNE.

22. Un contrat de mariage est passé en *Bretagne*; nulle mention du remploi des biens de la femme, ni de la récompense. Par la Coûtume de Bretagne, il y avoit article exprés, que la femme prendra récompense sur tous les biens de son mari, lesquels luy demeureront affectez du jour de l'aliénation. Le mari avoit des immeubles en Bretagne; il en avoit aussi dans la Coûtume d'*Anjou*, qui ne parle point du remploi; question de sçavoir si la veuve étoit bien fondée à les prétendre? Arrêt en sa faveur, & que son hypoteque ne commenceroit que du jour de l'aliénation. M. Servin Avocat du Roy lut un Arrêt rendu en même espece le 23. Juillet 1604. *consultis classibus.* Voyez la Biblioth. de Bouchel, verbo *Remploi.*

REMPLOI, DENIERS DOTAUX.

23. Voyez le mot *Acquêts, nomb. 31. & les titres des deniers Dotaux, & de la Dot.*

24. Si le remploi des deniers dotaux se déduit sur le don mutuel? *Voyez Carondas, liv. 7. Rép. 125. & le 1. tome du Journal des Audiences, li. 2. ch. 52.*

25. Remploi des deniers dotaux promis par le mari. *Voyez Carondas liv. 12. Rép. 20.* & des biens de la femme vendus par le mari. *Voyez Peleus, quest. 96.* où vous trouverez Arrêt du 28. Juin 1505. qui ordonne le remploi sur les biens de la communauté.

26. Si dans le contrat de mariage il y a cession expresse de certain heritage du propre du mari, pour au défaut de remploi en joüir par la femme, les heritiers du mari sont toûjours recevables à rendre les deniers dotaux, jusqu'à la restitution desquels elle joüira par forme d'antichrese. Arrêt du 18. Decembre 1567. S'il n'y eût eu qu'une simple assignation, la veuve n'en eût joüi que par forme d'engagement. *Bibliotheque de Bouchel, verbo Remploi.*

27. Jugé que le remploi promis par le mari des deniers dotaux de sa femme n'ayant été fait, il n'est point confus en luy, encore qu'il succede en tous les meubles de sa femme; afin qu'il ne profite de sa faute, *jux. l. sine hereditariâ D. de negot. gest.* mais le remploi appartient aux heritiers immobiliaires de la femme. Arrêt du 22. Decembre 1571. autre semblable aux grands Jours de Poitiers du 24. Septembre 1579. *Voyez la Bibliotheque du Droit François par Bouchel, verbo Remploi.*

28. Le remploi des deniers dotaux se reprend, premierement, sur la communauté, & icelle discutée sur les propres du mari. Arrêt du 19. Decembre 1585. *Ibidem.*

29. Le mari qui s'est obligé de remplacer les deniers dotaux de sa femme en fonds de terre, n'est pas censé avoir satisfait à cette condition, en les constituant en rente. Arrêt du Parlement de Roüen du 28. May 1659. *Basnage, sur la Coûtume de Normandie, article 539.*

30. C'est une Jurisprudence certaine, que lors qu'une rente dotale est duë & affectée sur des biens de Normandie, les maris, quoique domiciliez hors Normandie, sont tenus lors qu'elles leur sont racquittées, de remplacer en Normandie, ou de bailler bonne caution qui y soit demeurante; ou si les maris domiciliez hors cette Province alienent les rentes dotales de leurs femmes de leur consentement, lesquelles sont duës en Normandie, non seulement ils sont tenus de leur fournir, ou à leurs heritiers un remplacement, mais aussi ce remplacement doit être baillé en Normandie. Arrêts du Parlement de Roüen des 9. Mars 1679. & 18. Juin 1682. *Basnage, Ibidem.*

REMPLOI, PROPRES DE LA FEMME.

31. Charge de remploi dû à la femme à cause de ses propres alienez, est une dette de la communauté, laquelle est commune entre elle & les heritiers du mari. Arrêt du 23. Decembre 1525. *Papon, liv. 5. tit. 2. nomb. 22.*

32. Arrêt pour la veuve d'un nommé du Pré du 21. Juillet 1565. par lequel il a été ordonné que les rentes à elle appartenantes, qui avoient été rachetées constant son mariage, elle seroit remboursée du prix du rachat sur les biens de la communauté, quoi qu'il n'y eût stipulation ni déclaration sur ce fait; mais la Coûtume de Paris suivie des autres pour retrancher toutes difficultez, y a ajoûté les clauses, que les sages Réformateurs ont connu avoir été traitées & décidées en la Cour de Parlement. Par cet article il appert que le remploi non stipulé par le contrat de mariage est réputé meuble; comme il à été jugé par Arrêt du 23. Decembre, aux Arrêts de Noël 1579. *Voyez la Biblioth. de Bouchel, verbo Alienation.*

33. Quoique le remploi soit stipulé, les heritages acquis par le mari constant le mariage, sans déclaration que l'acquisition sera propre à la femme, ne luy seront pas neanmoins propres, qu'à qu'une action contre les heritiers du mari. Arrêt du 25. Mars 1578. entre Nicolas Randoul, & Jeanne le Verger, veuve de Charles de Fernel. *Ibidem.*

34. Jugé par Arrêt du 30. Mars 1605. que le remploi des heritages de la femme stipulé par le contrat, est une dette immobiliaire, & doit être acquittée par l'heritier immobilier seulement.

Es Coûtumes où le gardien noble est chargé purement des dettes, l'action du remploi n'est pas comprise entre les dettes du gardien, comme étant dette immobiliaire; & le mot de dette en ce cas ne s'entend que des mobiliaires. *Voyez Filleau, 4. part. qu. 195. & Chenu, 2. Cent. quest. 95.*

35. Remploi des biens de la femme alienez se doit faire par le mari, quoiqu'il n'en soit disposé par les Coût. des lieux; comme il a été jugé en la Coûtume de *Vermandois* le 26. Avril 1614. Autre Arrêt en la Coûtume d'*Amiens.* Autre en la Coûtume de *Reims* du 8. Janvier 1573. En la Coûtume de *Montdidier*, par Arrêt du 11. Août 1618. après en avoir communiqué à toutes les Chambres. Le même en la Coûtume du *Maine*, comme a remarqué Chenu, *quest. 67.* Voyez la *Biblioth. de Bouchel, verbo Remploi.*

36. Il ne se fait de remploi de Coûtume à Coûtume; de sorte que le bien d'une femme situé dans une autre Province ayant été vendu par son mari, elle ne pourroit en demander le remplacement sur ses immeubles situez en Normandie; cela jugé par Arrêt du Parlement de Roüen du mois de Mars 1620. sur un partage de la Grand'-Chambre. *Basnage sur la Coûtume de Normandie, art. 539.*

37. Remploi des propres de la femme alienez, se doit faire en *Poitou*, quoiqu'il ne soit stipulé ni ordonné par la Coûtume. Arrêt du Parlement de Paris du 29. May 1623. Ce remploi auroit lieu, quand même il y auroit une donation mutuelle; il y en a un Arrêt de 1622. dans *Bardet, to. 1. li. 1. ch. 115.*

38. Cause appointée pour sçavoir si dans la Coûtume de *Bar*, n'admet le remploy des propres alienez de la femme que quand il est stipulé dans les contrats de mariage ou de ventes; ce remploy peut être prétendu par les heritiers de la femme contre un mari qui a stipulé pour luy dans tous les contrats d'alie-

nations de ses propres, & l'a volontairement omis en ceux de la femme. Arrêt du 6. May 1631. *Bardet*, *to. 1. liv. 4. chap. 24.*

39 Transport d'une rente fait à la femme par le mary quatre jours avant sa mort, pour tenir lieu de remploi d'autre rente à elle propre, & alienée long-temps auparavant, n'est sujet à l'action révocatoire des creanciers du mari. Jugé le 18. Février 1639. *Ibidem, tome 2. liv. 8. ch. 10.*

40 Si une femme par le contrat de mariage s'est réservée la faculté de vendre une partie de ses biens, elle peut en user, & cette vente ne sera point sujette à remploi. Arrêt du Parlement de Normandie du 15. Juillet 1666. *Basnage sur l'art. 539. de cette Coûtume.*

41 Si la femme peut être forcée de prendre des heritages pour la récompense de ses biens alienez? Arrêt du Parlement de Normandie du 5. Mars 1677. qui permet à la femme de decreter pour sa récompense, si mieux l'acquereur n'aimoit luy rendre ses rentes, auquel cas il étoit permis de prendre possession des biens du mari, jusqu'à concurrence de ce qui luy étoit dû. *Basnage, ibidem.*

42 La question étoit de sçavoir de quel jour une action en retrait d'une maison sise à Bar, avoit été ouverte, si du jour d'un contrat d'acquisition faite par un mari qui étoit de la Ligue, avec declaration de remploi des deniers dotaux de sa femme, auquel elle n'avoit pas signé? Il fut jugé au Parlement de Paris le 6. Septembre 1701. que le retrait n'avoit pas été ouvert de ce jour, le remploi n'étant pas parfait faute du consentement de la femme, quoiqu'elle eût parlé depuis au contrat sur cette vente que son mari en avoit faite, parce qu'elle n'étoit pas censée avoir parlé à la vente, comme celle d'une maison qui luy servit de remploi, ne l'ayant jamais accepté; mais bien à cause que la maison étoit un conquêt sur lequel elle avoit ses hypoteques, ce qui obligeoit l'acquereur de la faire parler dans le contrat, d'autant plus que ce qui s'appelloit autrefois le droit d'entrée & d'issue, est aboli par un usage contraire. *V. M. le Brun, traité de la Communauté, li. 3. ch. 2. n. 66. page 317.*

REMPLOI, HYPOTEQUE.

42 bis. L'hypoteque qu'à la femme pour le remploi de son mariage, a lieu du jour du contrat de mariage, & non du payement. *Voyez le mot Hypoteque, nomb. 111.*

43 Par Arrêt du 17. Février 1654. rapporté par *Du Frêne, liv. 7. chap. 31.* il a été jugé que quand il n'y a point de stipulation pour le remploi des propres, on n'a hypoteque que du jour de l'alienation.

REMPLOI, INTERESTS.

44 Par Arrêt du 26. Juin 1696. rendu au Rapport de M. de Vertamont de Villemenon, entre les heritiers d'Ambroise Moinet appellans, & Jacques Monmarques, & Jean Cousin, heritiers de Barbe & Marguerite Vaillant, jugé que le pere ne devoit point aux enfans mariez, avec clause de laisser joüir le survivant de la part des conquêts du prédecedé sans pouvoir prétendre partage, les interêts des remplois de leur mere, nonobstant que les autres enfans demandassent partage, & que les enfans mariez se joignissent à eux, pour demander aussi ces interêts des remplois; ainsi on a exécuté, en ce cas même, la renonciation au compte, & partage; mais ce qu'il y avoit de particulier dans l'espece, c'est que les interêts auroient été payez par de tiers detenteurs, ainsi cet Arrêt ne décide pas. *V. M. le Brun, traité de la Communauté, li. 3. chap. 2. sect. 6. decis. 2. n. 8.*

REMPLOI, PROPRES DU MARY.

45 En la Coûtume de *Touraine*, mari débouté du remploi, s'il n'est stipulé. Arrêt du Parlement à Tours le 18. Janvier 1593. qui déboute le pere, sauf pour le regard du contrat où la stipulation est expresse; & où il avoit déclaré qu'il entendoit que les nouvelles acquisitions luy tinssent lieu de patrimoine. *Bibliotheque de Bouchel, verbo Remploi.*

Tome III.

Mari ayant vendu son propre pendant le mariage, 46 n'est recevable à demander le remploi, s'il n'a été expressément stipulé, *cum potuerit legem apertius dicere, nec fecerit.* Ainsi jugé le 27. Janvier 1592. *Voyez ibidem.*

Par Arrêt donné en la Chambre de l'Edit le 19. 47 Juillet 1597. entre Damoiselle Esperance d'Allibert, veuve de feu Maître Nicolas du Chemin, intimé, jugé que les deniers provenus de la vente des heritages propres de Godin pendant son mariage, qui avoient été stipulez devoir être employez en autres heritages pour sortir nature de propre n'ayant été employez, étoient demeurez comme meubles en la communauté de luy & de sa femme, la veuve du défunt renvoyée absoute des conclusions contre elles prises par du Chemin, afin de remploi ou restitution de la somme de 50. livres dont étoit question; du Chemin condamné aux dépens de la cause principale: c'étoit en la Coûtume de *Blois*; le Jugement du Bailly de Blois du 22. Août 1596. fut infirmé. *Voyez Du Moulin, sur la Coûtume de Nivernois, article 23.* Joan. Galli *quest. 1. & Bouchel en sa Bibliotheque, verbo Remploi.*

Un homme en se mariant stipule que de ses biens 48 il y aura 4000. livres qui n'entreront point en communauté; il les stipule propres à luy & à ses hoirs; il decede sans faire remploi. Jugé en la Chambre de l'Edit le 10. Juillet 1599. que cette somme appartenoit à la mere comme heritiere mobiliaire de ses enfans, à l'exclusion des collateraux du mari. *Ibidem.*

Remploi des biens alienez & propres du mari a 49 lieu en la Coûtume de *Blois.* Arrêt du 15. Janvier 1600. *Ibidem.*

Les remplois des propres du mari alienez pendant 50 la communauté, doivent être pris par délibation sur les biens de la même communauté, nonobstant que ce mari eût été heritier mobilier de son fils décedé mineur, lequel avoit succedé à la mere commune. L'un des deux contrats de constitution, dont on demande un tel remploi sur les biens de la communauté, ne peut être réputé feint & simulé par rapport au rachat, sous prétexte que la quittance de remboursement devant Notaires ne porte point d'énumeration de deniers, & que la grosse du contrat de constitution se trouve encore entre les mains du creancier. Arrêt en 1690. au *Journal des Audiences du Parlement de Paris, tome 5. liv. 6. ch. 27.*

REMPLOI, MEUBLES.

Quand le mari n'a point fait de remploi, on est 51 reçû à faire preuve de la valeur des meubles, quoiqu'elle excede cent livres. On a même donné cette action de remploi à l'heritier de l'enfant sorti de la femme à laquelle les meubles étoient échûs. Arrêt du Parlement de Roüen du mois de Janvier 1653. *Basnage sur l'art. 390. de la Coûtume de Normandie.*

Remploi des immeubles que le mari ou la femme 52 possedoient lors de leur mariage, doit être fait sur les immeubles qu'ils ont acquis depuis ledit mariage au sol le livre; & à faute d'acquêts immeubles, il sera fait sur les meubles, & n'aura la femme part ausdits meubles & acquêts qu'après que ledit remploi aura été fait.

Il n'y a point de remploi de meubles s'il n'a été stipulé, ou au cas de l'article 590. ou quand les meubles font réputez immeubles suivant les articles 409. 511. 512. & 513. de la Coûtume. Arrêté du Parlement de Roüen, les Chambres assemblées, du 6. Avril 1666. art. 65. & 66. *Basnage, tome 1. à la fin.*

REMPLOI EN NORMANDIE.

Voyez cy-dessus *les nomb.* 18. 19. 29. 30. 36. 40. 41. 51. & 52.

Le remploi des propres ne se fait qu'entre divers 53 heritiers. Jugé au Parlement de Normandie. *Voyez Basnage sur l'art. 408. de la Coûtume.*

Par Arrêt du Parlement de Roüen du 9. Août 1538. 54

Zz ij

rapporté par *Berault sur la Coûtume de Normandie, art.* 410. p. 454. il a été jugé que le remplacement, outre la valeur de la dot, étoit un avancement fait par le mari, ayant employé plus qu'il n'étoit obligé, & par consequent un effet de la communauté à partager.

55 Par Arrêt du 14. Août 1609. rapporté par *Berault*, ibidem, *art.* 165. *in verbo*, les autres biens, il a été jugé qu'en cas de simple promesse de consigner, ou remployer, le fournissement de remplacement se devoit prendre sur l'universalité des meubles & conquêts.

56 Bien que les heritiers aux acquêts ne soient tenus qu'au remploy du prix des contrats de vente, ils sont neanmoins obligez de les remplacer, quoique cela excede la valeur des acquêts; comme aussi les legataires universels, lorsqu'ils n'ont point fait d'inventaire. Arrêts du Parlement de Roüen des 12. Decembre 1614. 22. Août 1634. & 18. Decembre 1638. rapportez par *Basnage sur l'article* 408. *de la même Coût. de Normandie.*

57 L'action en remploi peut être exercée par les heritiers au propre contre les heritiers aux meubles & acquêts. Arrêt du Parlement de Roüen du 2. Août 1634. qui étend cette même action sur les meubles. *Basnage*, ibidem, où il ajoûte les meubles sont tellement affectez à la décharge ou au remploi du propre, que quoiqu'il y ait consignation actuelle de la dot, si toutefois la veuve est legataire universelle des meubles de son mari, elle doit au défaut d'acquêts décharger les propres de la rente dotale sur la moitié des meubles qui luy ont été leguez. Arrêts du Parlement de Roüen des 23. May 1662. & 11. Mars 1677.

58 Le remploi se fait sur le prix des contrats d'alienation, & non sur la juste estimation du propre au tems du decez de celui de la succession duquel il s'agit. Arrêt du Parlement de Roüen du 28. Février 1637. neanmoins sur des raisons particulieres, auparavant & aprés cet Arrêt, on jugea le contraire les 22. Février 1630. & 28. Avril 1654. *Ibidem.*

59 Par Arrêt du Parlement de Roüen du mois de May 1644. il fut jugé que le remploi des propres paternels & maternels alienez par le défunt seroit fait suivant les prix portez par les contrats de vente sur ce qui se trouveroit d'acquêts, le surplus sur les meubles que le mary avoit leguez à la femme, si elle ne vouloit renoncer à son legs, & à ce que la Coûtume & son contrat de mariage luy donnoient, auquel cas elle étoit déchargée du remploy, tant du propre que de la dot, en contribuant à la moitié des dettes mobiliaires, à la reserve des frais funeraux: sa dot étoit consignée par son contrat de mariage. *Ibidem.*

60 Bien que la *donation* soit une espece d'alienation, il est certain que les choses données ne sont point sujettes à remploi. Arrêt du Parlement de Roüen de 1654. Une femme fait une donation de 50. livres de rente à prendre sur ses propres pour une fondation, avec cette clause que ses heritiers aux acquêts n'en seroient aucunement chargez aprés son decez. Son heritier au propre prétendoit que c'étoit une donation à cause de mort, ou en tout cas qu'elle devoit être prise sur les acquêts, n'y ayant point d'acquêts que le propre ne soit remplacé. On répondoit que la donation n'étoit point sujette au remploi; ainsi jugé par autre Arrêt du 5. Decembre 1661. il fut dit que l'heritier au propre ne pouvoit demander de remploi à l'heritier aux acquêts du tiers d'une rente dotale donnée par une femme à son second mari; mais seulement des deux autres tiers. Autre Arrêt du 5. Avril 1639. par lequel il fut dit que des rentes foncieres assignées sur un ancien propre en faisant une fondation, ne doivent point être remployées sur les acquêts, quoiqu'il y eût clause d'hypoteque sur tous les biens. *Basnage*, ibidem.

61 Par Arrêt du mois de Juillet 1656. jugé que l'article 408. de la Coûtume de Normandie ne regardoit les successions de la ligne directe, & le mary ayant vendu des biens de sa femme ou sur la dot au regard des enfans heritiers, le remplacement se feroit sur toute la succession. *Berault sur la Coûtume de Normandie, à la fin du 2. to. p.* 100. *sur l'art.* 408.

62 Une femme ayant pris le tiers aux meubles, fut condamnée de contribuer au remploi des propres alienez, & au remploi d'une charge dont elle avoit trouvé son mari saisi; cette charge avoit été perduë faute d'avoir payé le droit annuel, l'on ne voulut point en faire de distinction, quoiqu'il parût rigoureux que la negligence du mari fît perdre à une veuve cette petite portion que la Coûtume lui donne dans les conquêts. *Basnage sur l'art.* 408. *de la Coûtume de Normandie.*

63 Pour exempter les heritiers aux meubles & aux acquêts du remploi des propres, l'on a souvent agité cette question, si les charges & les dettes que le défunt avoit acquitées, & dont il avoit liberé ses propres, devoient tenir lieu de remploi pour ceux qu'il avoit alienez, lorsque par le contrat de rachat il n'en étoit point fait mention? Arrêt du Parlement de Roüen du 13. Juillet 1665. qui juge la negative. Quoi qu'il semble que c'est assez remplacer les propres, lorsqu'on les libere des dettes dont ils sont chargez, toutefois cette liberation n'étant qu'une extinction, elle n'équipolle point à un remploi s'il n'y a déclaration expresse pour cet effet. *Basnage*, ibidem.

64 Le remploi ne se fait pas seulement des veritables propres, c'est-à-dire, des biens, que celui de la succession duquel il s'agit a eus à droit successif; mais la femme peut être obligée au remploi des acquêts faits par son mary avant son mariage, & qu'il a alienez pendant icelui; ces acquêts sont reputez propres à l'égard de la femme, quand elle prend part aux meubles & acquêts, bien qu'ils tiennent nature d'acquêts entre les heritiers du mari; la raison est que la femme doit le remploi de tous les biens de son mary qu'il possedoit lors de son mariage. Par Arrêt du P. de Roüen du 24. Juillet 1665. il a été jugé que les acquêts dont le mary étoit saisi lors de son mariage, & qu'il avoit depuis alienez, devoient être remplacez sur les acquêts, & à ce défaut sur les meubles, & ce à l'égard de la femme & du fils de la femme donataire des meubles. *Basnage*, ibidem.

65 La question de sçavoir sur quels conquêts le remploi des propres doit être fait lorsqu'il y en a en bourgage & hors bourgage, s'offrit en l'année 1651. en la Chambre des Enquetes de Roüen; les Juges s'étant trouvez partis en opinions, l'affaire fut renvoyée partagée en la Grand'-Chambre; & enfin aux Chambres assemblées il passa à dire que le remploi des propres seroit pris au fol le livre sur les acquêts, tant en bourgage que hors bourgage; entre le Cauchois & Godebin; & sur cet Arrêt l'on a formé l'article 65. du Reglement de 1666. *Ibidem.*

66 L'heritier aux acquêts ne peut contraindre l'heritier au propre à recevoir son remploi en deniers. Arrêt du Parlement de Bretagne où la cause fut renvoyée du Parlement de Roüen, du 4. Juillet 1685. entre le Sieur Président d'Hoqueville, le Sieur de Ribouvillé Secretaire du Roy, & le Sieur de Moy Chanoine de l'Eglise Nôtre-Dame de Roüen. *Ibidem.*

67 Jugé au Parlement de Normandie le 11. Février 1604. que le remploi du propre paternel aliené se feroit, tant sur les acquêts que sur les heritages retirez au droit d'un fief maternel & réünis à icelui. *Basnage sur l'art.* 452. *de cette Coûtume.*

68 Par l'art. 65. du Reglement de 1666. il est dit que le remploi des immeubles que le mary ou la femme possedoient lors de leur mariage, doit être fait sur les immeubles qu'ils ont acquis depuis leur mariage au sol le livre, & à faute d'acquêts sur les meubles, & que la femme n'auroit pas sur les meubles ni sur les acquêts qu'aprés le remploy fait. Par Arrêt du Parlement de Roüen du 2. Juillet 1670. il a été jugé que cet Arrêt ne s'entend

point de la dot, ni des rentes données pour la dot, qui ont été rachetées; mais des ventes volontaires du bien de la femme. *Basnage sur l'art. 366. de la Coûtume de Normandie.*

REMPLOI EN POITOU.

69. En la Coûtume de *Poitou*, qui ne parle point du remploi des rentes propres rachetées à l'un ou à l'autre des conjoints pendant la communauté, ou des heritages propres alienez pendant icelle, le remploi y doit avoir lieu comme un droit general. Arrêt du 29. May 1623. *Du Frêne, liv. 1. chap. 4. Voyez Charondas, livre 7. Rép. 46.*

REMPLOY, RENTES.

70. Rente donnée pour remploy. *Voyez Montholon, Arr. 5. 71. 72. 93. & 115.*

71. Rentes rachetées pendant le mariage, ne sont sujettes à remploy, s'il n'en a été rien convenu. Arrêt du 23. Decembre 1579. *Le Vest, Arr. 164.*

72. La clause de remploy stipulée par le contrat de mariage, s'entend des rentes rachetées durant le mariage. Arrêt du 21. May 1581. *Papon, livre 11. tit. 6. nomb. 5.*

RENDRE.

Signification de ce mot, *Rendre*, *Reddere*, dans la Loi 94. *D. de verb. sign.*

RENONCIATION.

L'Ordre proposé est d'examiner, 1°. les renonciations à la *Communauté*; 2°. aux *Successions*; 3°. celles faites au préjudice des *Creanciers*; 4°. celles causées par le payement de la *dot* promise aux filles mariées. Intermediairement, & en suivant toûjours l'ordre alphabetique, jusqu'icy observé, on parlera des renonciations à differens droits acquis.

1. *Galleratus, de renunciationibus.* Geneve 1678.

2. Des renonciations faites aux successions & à la communauté. *Voyez la Bibliotheque du Droit François par Bouchel, & celle des Arrêts par Jover, verbo Renonciation.*

3. Des renonciations. *Voyez M. le Brun, en son traité des Successions, liv. 3. ch. 8. & le même, en son traité de la Communauté, liv. 3. ch. 2. sect. 2. dist. 3.*

4. Les renonciations ont été introduites en France par une raison politique. *Voyez M. Bouguier, letre R. nombre 2.*

5 bis. *Pactum de non succendo à jure civili reprobatur, & à jure canonico approbatur.* Bacquet, *2. partie, du Droit d'Aubaine, ch. 21. nomb. 12. & suiv.*

5. Notables Regles en cas de renonciation. *Voyez Peleus, question 3.*

6. Des enfans de celuy qui renonce. *Voyez le Brun, des Successions, liv. 1. ch. 4. sect. 6. dist. 1,* Les enfans de celuy qui renonce viennent en ligne collaterale, en égal degré.

7. Si l'on peut éviter l'effet de l'éviction en renonçant à *Voyez le mot Eviction, n. 22.*

8. *Renuncians in favorem censetur adire & cedere.* Voyez le *Conseil 15. de Du Moulin, tome 2. page 896. no. 10. & suivans.*

9. *Exipiens de renunciatione post spolium factâ per liberos renunciantis ratificatâ in interdicto reintegranda auditur; & reintegranda remedium, quod est annale, ad haredes transit.* Voyez *Franc. Marc. 10. 2. qu. 533.*

10. La clause portant renonciation generale, ne peut s'étendre que sur les biens de ceux avec qui le renonçant contracte. Arrêt du Parlement de Toulouse du mois de Février 1581. nonobstant les Arrêts contraires du Parlement de Paris rapportez par *Carondas, Rép. livre 5. chap. 8.* ensorte que les biens du pere passant au frere, celui-cy mourant, la fille est capable d'y succeder. *Mainard, tome 1. livre 4. chapitre 21.*

11. La renonciation nuit seulement à celuy qui l'a faite: exemple, l'aîné renonce à son droit d'aînesse

en faveur de son troisième frere; cela luy nuit; mais non pas au second frere; le même de l'action de retrait; le même touchant le gage du creancier. *Voyez M. le Prêtre, 4. Cent. ch. 29.*

12. La renonciation faite au Greffe d'une Jurisdiction de privilege, est bonne. L'article 317. de la Coûtume de Paris expliqué: après une renonciation à une heredité, on ne fait pas acte d'heritier pur & simple, & furent les creanciers du sieur Hilerin déboutez avec dépens. Arrêt du 26. May 1674. *Journ. du Palais.*

RENONCIATION, ACCROISSEMENT.

13. Accroissement en cas de renonciation. *Voyez cy-devant le mot Accroissement, nomb. 37. & suiv.*

RENONCIATION, AÎNÉ.

Renonciation au droit d'aînesse. *Voyez le mot Aînesse, nomb. 199.*

14. Renonciation faite à une heredité, en faveur du fils aîné, declarée nulle. *Voyez M. le Prêtre, ès Arrêts celebres.*

15. La renonciation faite par une fille en la Coûtume d'Anjou, entre les roturiers seulement, & non entre les Nobles, mineure de 25. ans, & majeure de 14. ans, *aliquo dato* à la succession de ses pere & mere qui la marioit, declarée nulle; la fille recevable à venir à partage avec ses autres freres & sœurs, en rapportant ce qu'elle avoit eu, &c. Arrêt du 27. Février 1556. *M. Loüet, lettre R. som. 17.*

16. Les renonciations faites par contrat de mariage à la succession du pere en faveur du fils aîné, tournent au profit des autres enfans, aussi-bien que dudit aîné. Arrêt du 14. Avril avant Pâques 1556. *M. le Prêtre, ès Arr. celebres du Parlement.*

17. Renonciation faite par le fils aîné à son droit d'aînesse, en faveur de l'un de ses freres, du vivant, & en la presence du pere, est nulle. Arrêt du 11. Mars 1581. *Carondas, liv. 5. Rép. 7.*

18. Les biens qui auroient pû appartenir aux filles, cessant leurs renonciations, demeurent entierement à l'aîné, les renonciations étant faites en sa faveur, sans qu'au partage d'entre les autres freres & sœurs qui n'ont renoncé, l'aîné soit tenu de faire aucun rapport ou précompte des deniers baillez à ses sœurs en mariage. Arrêt du premier Juin 1607. *Chenu, 2. Cent. quest. 99.*

19. Les renonciations stipulées par pere & mere mariant leurs filles, à leurs successions, au profit de leur aîné mâle, qu'est-ce qu'elles operent, & quel en est l'effet en matiere de partage pour la computation des legitimes, entre ceux qui viennent à la succession? *V.* l'Arrêt du 2. Juin 1607. rapporté par *M. Bouguier, lett. R. nomb. 2. & 3.* Voyez *M. le Prêtre, 2. Centurie, chapitre 62.*

RENONCIATION A L'APPEL.

20. *Voyez le mot Appel, nomb. 90. & suiv.*

Edit concernant ceux qui renoncent aux appellations qui sont interjettées. A Paris le 18. Novembre 1365. *Ordinat. antiq. vol. A. fol. 4.* Ordonnances de Fontanon, *to. 1. page 628.*

RENONCIATION, AUGMENT.

21. Si la renonciation aux droits paternels & maternels, comprend le droit que l'enfant qui renonce, a dans l'augment? *Voyez le mot Augment, nomb. 64. & suivans.*

RENONCIATION AU BENEFICE D'INVENTAIRE.

22. *Voyez le mot Benefice d'Inventaire, n. 48.*

RENONCIATION, CESSION.

23. Le debiteur ne peut renoncer au benefice de cession. *Voyez le mot Cession, nomb. 139. & suiv.*

RENONCIATION, CLERICATURE.

24. On ne peut renoncer au privilege de Clericature. *Voyez le mot Clerc, nomb. 81.*

RENONCIATION A LA COMMUNAUTÉ.

25. *Voyez le mot Communauté, nomb. 164. & suiv.*

Quel est l'effet de la renonciation de la veuve dans les vingt-quatre heures, selon la Coûtume de

Nivernois; ou s'il est dit qu'elle pourra choisir ses convenances? *Voyez Coquille*, *to. 2. qu.* 114.

26. Si la femme mineure n'ayant renoncé dans les vingt-quatre heures, peut être relevée par Lettres du Roy? *Ibid. quest.* 115.

27. Quand la femme est obligée avec son mari, en cas qu'elle renonce à la communauté, si elle est quitte? *Ibidem*, *quest.* 117.

28. La femme qui renonce, doit s'abstenir de tous points, & doit faire inventaire incontinent. *Ibidem*, *question* 118.

29. Renonciation à la communauté, après l'avoir acceptée & fait inventaire, il n'y a pas lieu à la reprise. *Voyez le traité des Propres, ch.* 4. *sect.* 9. *n.* 26.

30. La veuve renonçante à la communauté, n'est quitte des frais & *dépens* des procès mûs & intentez par son mary sous son nom, afin que la partie averse ne soit déçûë & circonvenuë par la foy publique, & par l'autorité du mary és causes necessaires de sa femme. *Voyez Chopin, Coûtume de Paris, livre* 2. *titre* 1. *nombre* 22.

31. La femme qui renonce, elle & ses heritiers ont recours contre les heritiers de son mari, pour les dettes esquelles elle est obligée, le plus sûr est de le stipuler par contrat de mariage. *Voyez M. le Prêtre*, 2. *Cent. ch.* 90.

32. Un Curateur pourvû aux biens vacans de la femme, ne peut renoncer à la communauté conjugale des biens, pour n'être tenu des dettes sans l'autorité du Préteur, & sans connoissance de cause, autrement il alieneroit au préjudice des creanciers personnels de la femme. *Chopin, Coûtume de Paris, liv.* 2. *tit.* 1. *nombre* 18.

33. La convention, que la femme ne pourra renoncer pour s'acquitter des dettes de la communauté, ne vaut. *Bouvot, tome* 1. *partie* 2. *verbo Femme, qu.* 4.

34. Un mary ayant été condamné à mort par contumax, sa femme doit, après l'execution de l'Arrêt, se desceindre de la fosse pour se décharger des dettes. Arrêt du Parlement de Dijon sans date, rapporté par *Bouvot, to.* 2. *verbo Mariage*, *quest.* 56.

35. En Bourgogne, la femme renonçante à la société conjugale, après le décez de son mary, perd le douaire, & autres droits acquis par la Coûtume. Arrêt du Parlement de Dijon du 14. Août 1562. *Ibid.* verbo, *Société, Communauté, quest.* 14.

36. La femme est tenuë de faire la renonciation dedans vingt quatre heures, après que son mary est condamné à mort & effigié. Arrêt du Parl. de Dijon du 20. May 1588. *Bouvot*, ibid. *qu.* 30.

37. La desceinte sur la fosse du mari en temps de peste, & deux jours après en ayant tiré acte du Greffier, est valable. Arrêt du même Parlement de Dijon du 21. Novembre 1605. *Bouvot, tome* 2. verbo, *Société, Communauté, quest.* 11.

38. Si telle desceinte peut être prouvée par témoins, avoir été faite, ou si elle doit être prouvée par acte de Justice, ou par le Curé & Vicaire, avec souscription d'iceluy & deux témoins, ou bien par Notaire avec deux témoins? *Voyez id.* ibid. *quest.* 12.

39. Pour l'effet & l'usage de la renonciation à la communauté, il faut suivre la Coûtume du domicile du mari, & non celle du lieu où le contrat de mariage a été passé. Arrêt du Parlement de Dijon au mois de Juillet 1648. Mêmes Arrêts des 1. Février 1667. & 20. Avril 1684. *Taisand, sur la Coûtume de Bourgogne, titre* 4. *art.* 19. *nombre* 3.

40. Si la femme ou enfans qui renoncent à la communauté, sont privez de l'emphitéose? *Voyez* le mot, *Emphitéose*, *n.* 58. & *suiv.*

41. Une femme ayant eu un enfant du premier lit, se remarie; elle a un autre enfant de son second mariage; ce second enfant est marié & doté par ses pere & mere durant leur communauté, & des deniers de la communauté. Le pere meurt; la veuve renonce à la communauté de son second mari. Premiere question, de sçavoir, si cette renonciation peut être reputée faite en fraude de l'enfant du premier lit, & si l'enfant du premier lit peut soûtenir contre celuy du second, que la dot est pour moitié un bien maternel sujet à rapport? Seconde question, sçavoir au contraire, si l'enfant du second lit qui a été marié, n'est pas en droit de demander, qu'attendu qu'il a été doté par ses pere & mere, mais du fond de la communauté, la mere ayant renoncé dans la suite, ses heritiers sont obligez de fournir la moitié de la dot? *Voyez les Consultations de M. Duplessis.*

42. Clause de renoncer par la femme à la communauté, & de prendre tout ce qu'elle aura apporté avec son douaire & propre; il arrive à la femme, constant le mariage, une succession opulente, tant en meubles, argent monnoyé, qu'heritages. Jugé au mois d'Avril 1548. que les meubles & argent monnoyé entroient dans la communauté. *Voyez Valla, de rebus dubiis, tractat.* 13. *numero* 12. *fine.*

43. Nonobstant la renonciation de la femme à la communauté, les creanciers peuvent se pourvoir contre elle, sauf son recours contre les heritiers du mari. Arrêt du Parlement de Paris donné en la Coûtume de Montargis le 2. Mars 1559. *Papon, liv.* 15. *tit.* 2. *n.* 1. *Voyez la nouvelle Coût. de Paris, art.* 221. 222.

44. Par Arrêt du Parlement de Bretagne du 17. Mars 1565. il est dit que Michelle Blandin, femme renonçante, sera payée sur les biens de son mari, dont les heritiers ont pris le benefice d'inventaire; & seront les choses baillées comme à femme renonçante, selon sa qualité, & des meubles; sera aussi premierement payée des frais qu'elle a faits, tant pour les obseques & confection de l'inventaire, & récompensée des heritages à elle appartenans vendus par son mari, ou par elle de son autorité. *Du Fail, livre* 2. *chapitre* 255.

45. Renonciation à la communauté permise à la femme par son contrat de mariage, est transmissible à ses heritiers. Arrêt du 15. Avril 1567. au Rôle de Champagne, en la Coûtume de Meaux. Autre Arrêt du 16. Février 1587. *Papon, livre* 15. *titre* 4. *n.* 12.

46. Arrêt du mois de Juin 1579. qui en enterinant les Lettres de rescision prises par une Marchande publique, la reçoit à renoncer à la communauté par elle acceptée inconsiderément. *Bibliotheque de Bouchel*, verbo *Renonciation.*

47. Il étoit stipulé par un contrat de mariage, *au cas que le mari prédécede sans enfans, il sera loisible à la femme de renoncer à la communauté, & en ce faisant, reprendra ce qu'elle aura apporté.* La femme prédécede & laisse des enfans; le mari meurt incontinent après. Les enfans & heritiers de la femme disent qu'ils renoncent à la communauté, & veulent reprendre les conventions matrimoniales. Les Creanciers du mari les empêchent, disant que cette faculté de renoncer étoit personnelle, & particulierement stipulée en faveur de la femme, laquelle faveur ne s'étend point aux enfans. Le Prévôt de Paris avoit ajugé les Conclusions aux enfans; Appel par les Creanciers. Par Arrêt du 15. Février 1605. l'appellation, &c. en émendant, les enfans declarez non recevables en leurs pretentions. *Voyez Peleus, qu.* 98. *& la Bibl. de Bouchel*, verbo *Communauté.*

48. Faculté de renoncer par la veuve à la communauté, & reprendre tout ce qu'elle aura apporté, est personnelle; & non transmissible aux enfans. Arrêt au mois de May 1605. *Voyez M. le Prêtre, és Arrêts de la Cinquiéme.*

49. Renonciation à la communauté, avec faculté de reprendre par la femme ce qu'elle aura apporté, sans y faire mention de la clause de reprise. Jugé le 15. Février 1606. que les enfans pouvoient bien renoncer, mais non reprendre. *Nota* au nombre 47. cy-dessus, l'Arrêt est daté de l'année 1606. Quoi-

qu'il en foit, il y a eu même Arrêt prononcé en Robes rouges le 28. Decembre 1607. Le contraire a été jugé le 27. Février 1624. bien que le mari furvivant alleguât qu'il ne falloit point étendre telles claufes; qu'il avoit bien voulu donner à fa femme, au cas de furvie, un avantage, mais non pas *ut fibi viventi funus duceretur*; ce qui arriveroit, fi les enfans reprenoient. Ils difoient que la claufe ne pouvoit fe divifer; que la renonciation n'avoit été ftipulée que pour avoir la reprife, autrement il n'eût pas été neceffaire de ftipuler une renonciation, parce que, fans la ftipulation, les enfans pouvoient renoncer. Ces moyens donnerent lieu à l'Arrêt rendu en leur faveur. *Additions à la Biblioth. de Bouchel*, verbo *Renonciation*.

50 Claufe à la future époufe & fes heritiers, de renoncer & reprendre ; il n'y avoit point d'enfans, il y avoit un don mutuel; la femme decéde la premiere, fes heritiers renoncent, & demandent tout ce qu'elle a apporté; le mari demande la délivrance du don mutuel. Jugé en l'Audience de la Grand'-Chambre le Jeudy 26. May 1616. en faveur des heritiers contre le mari. *Ricard, du Don mutuel, traité 1. ch. 5. fect. 5. nombre 194*.

51 Il eft ftipulé qu'avenant le predecez du mari, la femme & fes enfans pourront renoncer à la communauté, & en y renonçant, elle reprendra tout ce qu'elle a apporté. Cette femme meurt la premiere, ayant enfans d'un premier & du fecond mariage. Celuy du fecond mourut. Jugé que les enfans du premier lit pouvoient renoncer & reprendre. L'on difoit que la faculté étoit limitée au cas de furvie de la femme, tout au plus qu'elle étoit perfonnelle, & pouvoit encore moins s'étendre aux enfans du premier lit. Arrêt du Parlement de Paris du 18. Mars 1621. en leur faveur. *Bibliotheque de Bouchel*, verbo, *Renonciation*.

52 Il eft dit par contrat de mariage, que la femme furvivant fon mari, pourra renoncer à la communauté, & en ce faifant, reprendra tout ce qu'elle a apporté. On demande fi au cas de predecez de la femme, les enfans pourront ufer de cette faculté ? Contre les enfans, jugé le 22. Avril 1600. & le 15. Février 1605. M. Le Bret, Avocat General, dit qu'il y avoit eu diverfité d'Arrêts fur la queftion, & qu'il fe rapportoit à la Cour d'en ordonner. Troifiéme Arrêt du premier Septembre 1607. Pour les enfans, Arrêt du 13. May 1599. Autre au mois de Novembre 1600. en faveur d'un enfant du premier lit heritier de fa mere, contre le mari qui l'avoit époufée en fecondes nôces. Depuis, par Arrêt du 8. May 1621. il a été jugé contre les enfans. *Voyez Bouchel*, ibid.

53 Renonciation à la communauté faite cinq ans aprés le decez du mari, eft déclarée bonne & valable dans la Coûtume du *Maine*, qui ne définit aucun temps. Ainfi jugé le 21. Juin 1622. *Bardet, tome 1. livre 1. chapitre 99*.

54 Renonciation d'une fille heritiere de fon pere, pour une fomme modique, à la communauté & continuation, au profit de fa mere tutrice, qui n'a point fait d'inventaire, & ne luy a rendu aucun compte, eft fujette à refcifion. Ainfi jugé le 7. Juillet 1636. *Bardet, tome 2. livre 5. chap. 24*.

55 Jugé au Parlement de Mets le 16. Decembre 1636. qu'une veuve ne peut, aprés le temps prefcrit par la Coûtume, renoncer valablement à la communauté, même en temps de guerre. *Voyez le onzième Plaidoyé de M. de Corberon*.

56 Dans une Coûtume qui veut que la femme renonce dans vingt-quatre heures, une femme n'ayant fait que fept jours aprés la mort de fon mari, fa renonciation à la communauté à caufe de la pefte, a été déchargée, par Arrêt du Parlement de Mets du 6. Novembre 1637. des dettes d'icelle, en affirmant qu'elle n'a rien diftrait, ni recelé aucuns effets, & cependant permis aux Creanciers de faire preuve au contraire. *Voyez le vingt-troifiéme Plaidoyé de M. de Corberon*.

57 Une femme renonce par fon contrat de mariage à tous les biens, tant meubles qu'immeubles qu'avoit fon mari, & à tout droit de communauté, moyennant les avantages à elle faits; elle n'eft pour cela cenfée privée du doüaire porté par la Coûtume. Arrêt du 2. Mars 1648. *Du Frêne, livre 5. chapitre 31. & livre 7, chapitre 17*.

58 Le 16. Mars 1661. jugé au même Parl. de Paris, que la claufe d'un contrat de mariage, par laquelle le mari difoit, *au cas que ma femme veuille renoncer à la communauté, je lui donne tous mes meubles & conquêts francs & quittes de toutes dettes*, étoit vicieufe & nulle, & furent délivrez à la veuve les meubles & conquêts, à la charge de payer les dettes de la communauté, *vitiatur & non vitiat*. Journal des Aud. to. 2. livre 4. chap. 16.

59 La renonciation à la communauté ne peut fe faire qu'aprés la mort du mari; de forte que quand il furvit à fa femme, elle n'a jamais été en pouvoir de la faire. Arrêt du Parlement de Dijon du 9. Mars 1665. contre les heritiers d'une femme. Elle peut neanmoins demander fa feparation, auquel cas elle declare renoncer. *Taifand, fur la Coût. de Bourgogne, tit. 4. art. 19. Note 4*.

60 Acte de Notorieté de M. le Lieutenant Civil au Châtelet de Paris, portant, que l'ufage inviolablement obfervé dans la Coûtume de Paris, à l'égard de la dot de la femme, eft qu'il faut confiderer avec foin, lorfque l'on procede au Jugement des queftions qui naîtront en execution des contrats de mariage, s'il y a une convention fpeciale, par laquelle il eft permis à la femme de renoncer à la communauté de fon mari, & en y renonçant, reprendre franchement & quittement tout ce qu'elle a apporté en mariage, même fon doüaire & preciput; parce que fi lors du contrat cette ftipulation précife n'y a pas été mife, la femme en renonçant, perd tout ce qu'elle a mis dans la communauté, & ne peut reprendre & demander ce qui lui a été ftipulé propre, & les immeubles qui lui font avenus ou donnez en ligne directe, ou échûs en fucceffion en collaterale; la raifon eft que le mari eft le maître de la communauté, & par confequent de tout ce qui y entre, & la femme en y renonçant, n'y ayant plus de part, n'en peut rien prétendre, elle perd par confequent tout ce qu'elle y a mis. Mais quand par une fage prévoyance, la femme a ftipulé, qu'en renonçant à la communauté lors de la diffolution d'icelle, elle pourroit reprendre franchement & quittement tout ce qu'elle a apporté en dot, & qui lui fera échû, elle peut demander toute fa dot en fon entier, & ce qui lui eft avenu par fucceffion ou autrement, fuivant la convention établie par le contrat de mariage. Cette diftinction ainfi connuë, il eft conftant que la femme, feparée d'avec fon mari diffipateur, peut difcuter les biens de fon mari, meubles & immeubles, fur lefquels elle n'a aucun privilege. Si les biens du mari font des meubles, la femme vient à contribution au fol la livre avec tous les Creanciers du mari, & les enfans ni la femme n'entrent point dans cette contribution fur les meubles pour le doüaire. *Recueil des Actes de Notorieté, p. 10. Voyez Doüaire*.

RENONCIATION A LA DOT.
Voyez le mot *Dot, n. 367. & fuiv*.   61

RENONCIATION, DOUAIRE.
62 La femme mineure peut, par fon contrat de mariage, renoncer à fon doüaire. La renonciation faite pendant le mariage, ne pourroit préjudicier aux enfans pour le fond du doüaire, qui leur eft acquis dés l'inftant du contrat, ou par la difpofition de la Coûtume. Arrêt du mois de Janvier 1606. *Le Bret, liv. 1. Décifion 9*.

Voyez le mot *Doüaire, n. 238. & fuiv*.

RENONCIATION A UNE SUCCESSION.

63 Voyez le mot *Acte d'heritier*, nomb. 10. & le mot *Heritier*, nomb. 364.

De la renonciation à l'heredité. Voyez le 3. tome des *Loix Civiles*, liv. 1. tit. 3. sect. 4.

64 *An matris renunciatio futura liberorum successioni valeat ?* Voyez le *Conseil* 15. de *Du Moulin*, tome 2. page 848.

65 Renonciation pure & simple que l'on fait aux successions, diffère des cessions expresses ou tacites. *Du Frêne*, liv. 3. chap. 22. Voyez M. *le Prêtre*, 3. *Cent.* chap. 94.

66 Les petits fils *nepotes*, peuvent de leur chef propre revenir sur les biens de leur ayeul ausquels leur pere ou leur mere a renoncé, mais s'ils sont heritiers des renonçans, ils les représentent, ce qui les exclut de toute action, l'heritier confondant ses droits dans l'heritage qu'il a accepté ; en cas qu'ils succedent ce n'est que *in stirpes* par souches, & non *in capita*. Voyez *Guy Pape*, quest. 228.

67 De quelque maniere que le Droit & la Coûtume reglent les successions, il est permis d'y renoncer, & même de ceder l'esperance d'un fideicommis. Arrêt du Parlement de Grenoble du mois de Decembre 1449. Voyez *Guy Pape*, quest. 227. 228. & 232. où il traite des renonciations. *Chorier en la Jurisprudence de cet Auteur*, page 202. observe que le cas de cette question 232. est une fille qui renonce à un fideicommis duquel son pere heritier étoit chargé envers elle, & que ce fideicommis n'étoit pas encore êchû ; que depuis il a été jugé que cette cession ne se peut faire utilement qu'à l'heritier chargé de rendre au cedant, & qu'étant faite à un autre, elle ne luy donnoit ni action, ni droit, sur quoi il faut voir M. *Expilly*, chap. 13.

68 Si l'un des enfans quitte sa portion avant que l'heredité soit acceptée & reconnuë à l'un des autres, telle quittance ne sert seulement à celuy à qui elle est faite, mais à tous les autres coheritiers. Voyez *Papon*, liv. 16. tit. 4. n. 16.

69 Neveu peut succeder à son ayeul, quoiqu'il ait renoncé à la succession de son pere. Arrêt du Parlement de Paris du dernier Decembre 1559. *Ibidem*, livre 21. tit. 1. n. 21.

70 Renonciation à succession future, cassée par Arrêt du Parlement de Bretagne du 21. Avril 1562. Voyez *Du Fail*, li. 2. chap. 155.

71 Un heritier qui renonce, le plus prochain en degré du défunt ne peut venir, ni apprehender la succession qu'au préalable il n'ait fait apparoir de la renonciation. Arrêt du 26. Novembre 1565. *Chenu*, 2. *Cent.* quest. 22.

72 Renonciation generale à toutes successions, comprend tant les directes que les collaterales. Arrêt du Parlement de Bretagne du 15. Septembre 1575. *Du Fail*, livre 1. chap. 384.

73 La renonciation faite par une sœur de sa part hereditaire à son frere pour deniers, est réputée acquet. Arrêt du 23. Août 1586. *Carondas*, livre 8. Réponse 48. si mieux n'aime la sœur heritiere rendre le prix.

74 Le fils peut renoncer à la succession de son pere toutefois & quantes, si ce n'est qu'il soit poursuivi, ou qu'il veüille intenter action. Arrêt du 8. Février 1590. M. *le Prêtre*, 3. *Cent.* chap. 93.

75 Celuy qui majeur a accepté une succession, n'est plus recevable à renoncer. Arrêt du 27. Janvier 1601. *Ibidem*, chap. 11.

76 Par Arrêt du Parlement de Roüen du 8. Mars 1611. rapporté par *Berault sur la Coûtume de Normandie*, art. 394. in verbo *Renoncer*, il a été jugé qu'une femme qui a fait acte d'heritiere de son mari, & après renoncé à sa succession, & puis s'étoit fait relever de ladite renonciation, étoit recevable à demander ladite succession aux charges de droit, & d'entretenir les contrats de vente, accord & transaction qui auroient été faits suivant la loy 8. *non nunquam de collat. bon.*

77 La renonciation faite par l'un des enfans à la succession de son pere, fait que sa personne n'est plus considerable en la computation des parts & portions des legitimes dûës aux enfans qui n'ont pas renoncé. Arrêt du Parlement de Paris du premier Février 1610. M. *Bouguier*, lettre R. nomb. 3.

78 Renonciation aux successions êchûës au profit d'un coheritier, moyennant une somme franche des dettes hereditaires, est une veritable cession & vente des droits successifs, qui n'est sujette à rescision pour lezion d'outre moitié du juste prix. Jugé le 21. Avril 1622. *Bardet*, tome 1. liv. 1. chap. 95. où il fait plusieurs remarques sur ces sortes de renonciations.

79 Le sieur de Colombiere avoit pour fils Paul & Gabriel de Briqueville ; après la mort de sa mere, il renonça à sa succession, & fit instituer un tuteur à son fils aîné, au nom duquel on accepta la succession de son ayeule ; après la mort du sieur de Colombiere, son fils aîné voulut prendre précipût en la succession de son pere, & retenir à son profit celle de son ayeule toute entiere, ou au moins y prendre encore un préciput, comme étant distincte & separée de celle du puîné, qui fut contesté par le puîné, par la raison que le pere n'avoit pû répudier la succession de sa mere dont il étoit saisi suivant la coûtume, pour en avancer son frere, que c'étoit un avantage indirect qu'il ne pouvoit faire, & que sans y avoir égard la succession de l'ayeule devoit être partagée conjointement avec celle du pere, comme en faisant partie. La défense de l'aîné fut que nul n'est heritier qui ne veut, & que le pere ne pouvoit être forcé d'accepter une succession. Par Arrêt du Parlement de Roüen du 27. Juillet 1627. il fut jugé que la succession de l'ayeule seroit partagée entre les freres comme succession paternelle, & que l'aîné seroit tenu de déclarer s'il entendoit prendre préciput. On jugea le contraire en cette espece ; de la Riviere Ecuyer sieur du Thuy Hebert, ne voulut pas accepter la succession d'un sien neveu ; il la prit sous le nom de son fils aîné, & apparemment il ne fit cette renonciation que pour la crainte des dettes de cette succession : car depuis il l'a menagea & en disposa comme luy appartenante. Après sa mort Gaspard de la Riviere ayant pris préciput, ses puînez avoient pris possession des biens de cette succession, comme faisant partie de la succession paternelle, & en joüirent quelque temps ; après quoi leur aîné leur demanda part ; & ayant compromis leur differend, il fut debouté de sa prétention. Sur l'appel on jugea que le pere avoit pû renoncer, & on confirma la Sentence qui avoit ordonné qu'il seroit fait des lots, par Arrêt du Parlement de Roüen du 9. Juillet 1665. On ne peut concilier cet Arrêt avec le précedent que par cette distinction, que le premier fut donné dans l'espece d'une succession directe où les avantages des peres envers les fils ou leurs enfans sont plus étroitement défendus que dans la collaterale ; cependant c'est aujourd'huy l'usage que le pere peut renoncer à la succession qui luy arrive, quoiqu'il n'ait accepté, sujet de le faire. V. *Basnage sur la Coût. de Normandie*, art. 434.

80 Renonciation faite à la succession d'un frere, pour & en faveur de son fils aîné seulement, n'est pas valable après la déclaration faite en l'Audience qu'il avoit entendu prononcer au profit de tous ses enfans de Février 1636. *Du Frêne*, li. 3. ch. 22.

81 Quelque déclaration que l'on ait faite d'accepter une succession, si toutefois *rebus integris*, avant que d'avoir mis la main à la chose, on change de sentiment pour avoir reconnu que la succession étoit onereuse, on est reçû à y renoncer ; comme il fut jugé en la cause du sieur Basire : il avoit entrepris procez pour se faire déclarer heritier de son pere ; la succession luy avoit été adjugée, par Arrêt ; neanmoins craignant qu'elle ne fût chargée de dettes, il déclara qu'il

qu'il l'abandonnoit pour la prendre au nom de ses enfans, & nonobstant le contredit de ses beaux-freres qui étoient creanciers, il fut reçu à renoncer. Arrêt de la Chambre de l'Edit de Roüen en 1648. *Basnage sur l'article* 235. *de la Coûtume de Normandie.*

82. Si la fille qui a renoncé à la succession de son pere, peut venir à la succession de son frere mort sans enfans, & qui avoit recüeilli la succession du pere ? *V. Bouvot*, to. 1. *part*. 3. verbo *Testament qu.* 7.

83. Le profit de la renonciation entre dans la masse hereditaire, & appartient à tous les heritiers, tant fils que filles ; ce qui a lieu quand on en est expressément convenu dans le contrat de mariage de la fille qui renonce. Arrêt du Parlement de Dijon du 9. Juillet 1668. *Taisand sur la Coûtume de Bourgogne, tit.* 7. *art.* 21. *n.* 15.

RENONCIATION, HERITIER COMPTABLE.

84. La renonciation d'un heritier comptable à la succession de son pere comptable vers le Roy, n'est d'aucune consideration. Arrêt du 21. Août 1682. *De la Guess. to.* 4. *li.* 5. *ch.* 26. l'Arrêt rendu en la Chambre des Comptes.

RENONCIATION, DISPOSITIONS DES COUSTUMES.

85. Une fille moyennant les avancemens à elle faits en deniers en faveur de mariage ayant renoncé aux successions de ses pere & mere, ne laisse de succeder à ses freres puinez aux portions de quint des fiefs à eux échûs avec ses autres freres, même au quint entier, se trouvant seule puinée, à l'exclusion de l'aîné, sans qu'elle soit tenuë de déduire sur la valeur du quint, les deniers qui luy ont été donnez en mariage. Arrêt du 10. Février 1653. au Rolle d'*Amiens*. Du Frêne, *li.* 7. *ch.* 17. & *li.* 3. *ch.* 36.

86. Es Coûtume d'*Anjou* & du *Maine*, celuy qui a eu quelque chose du défunt, s'il renonce, est tenu de le rapporter. M. le *Prêtre*, 1. *Cent. ch.* 36.

87. Les renonciations faites aux successions directes & collaterales échûës en la Coûtume d'*Anjou* au profit de l'aîné, la sœur prend des Lettres, les Lettres entherinées, & que les parties viendroient à partage de toutes les successions directes collaterales ; l'Arrêt n'est point daté. *Notables Arrêts des Audiences, Arrêt* 64.

88. La renonciation faite par une fille mineure de 25. ans, & majeure de 14. *aliquo dato*, à la succession de ses pere & mere qui la marioient, jugée nulle en la Coûtume d'*Anjou*, entre les roturiers seulement, & non entre les Nobles. L'Arrêt est du penultiéme Février 1556. M. *Loüet, lettre R. somm.* 17.

89. Fille noble dans la Coûtume d'Anjou mariée noblement par son frere, ne peut *etiam aliquo dato vel retento, nisi visis tabulis*, renoncer à des successions échûës tant directes que collaterales. Jugé le 16. Juillet 1661. *Journal des Audiences tome* 2. *livre* 4. *chap.* 34.

90. En la Coûtume d'*Anjou* le fils renonçant à la succession de son pere qui avoit acquis pour ce fils une Charge, n'est pas obligé de rapporter les deniers aux creanciers de son pere. Jugé le 24. Mars 1662. *Notables Arrêts des Audiences, Arrêt* 74.

91. Arrêt du 13. Mars 1665. qui appointe sur la question de sçavoir si en la Coûtume d'Anjou, les enfans d'une fille qui par son contrat de mariage a renoncé aux successions directes de ses pere & mere, & collaterale de ses freres, & ce en faveur des freres, moyennant sa dot, pouvoient venir à la succession de leur oncle décedé sans enfans depuis leur mere, conjointement avec les enfans ou petits enfans de leurs autres oncles pareillement décedez ; les uns & les autres se trouvant en pareil dégré ? M. l'Avocat general Talon conclut en faveur des enfans de la fille qui avoit renoncé ; il se fonda sur ce qu'ils n'étoient point appellez à la succession de leur oncle par la représentation de leur mere, n'y ayant plus aucun de leurs autres oncles vivant lors de la succession échûë : il ajoûta que ces renonciations n'avoient pas été favorablement reçûës dans la Coûtume d'Anjou, & que si les renonciations avoient eu leur effet quant aux biens de pere & de mere, il n'en avoit pas été de même des biens acquis par l'industrie, & rapporta un Arrêt du 2. Juillet 1569. cité par *Chopin sur la Coûtume d'Anjou, li.* 3. *tit.* 1. *n.* 11. & *li.* 1. *ch.* 63. *n.* 6. Voyez *Soefve, to.* 2. *Cent.* 3. *ch.* 50.

92. En la Coûtume d'Anjou, la fille Noble né peut renoncer aux successions collaterales;& nonobstant sa renonciation ses enfans ont été admis à la succession de l'oncle, suivant la Coûtume des lieux où les biens étoient situez. Jugé le 12. Mars 1667. *De la Guessiere, to.* 3. *liv.* 1. *chap.* 19.

93. Les articles 26: & 27. *tit.* 12. de la Coûtume d'*Auvergne*, & autres semblables expliquez ; & si on peut faire donation de tout, ou de partie à la fille qui a renoncé, où il y a Arrêt du 3. Juin 1650. *Voyez Henry, to.* 2. *liv.* 4. *quest.* 7.

94. Dans la Coûtume d'Auvergne la renonciation faite par une fille dans son contrat de mariage, lors que le pere ou la mere aux biens desquels elle renonce viennent à deceder avant la celebration du mariage, la fille est restituable contre cette renonciation en ce qui concerne le bien de celuy qui est décedé. Arrêt du Parlement de Paris du 3. Juin 1682. *Journal du Palais*.

95. Renonciation en la Coûtume d'Auvergne ; deux sœurs renoncent par leur contrat de mariage au profit de leur frere qui a survécu le pere dans le contrat de la cadette il y a une clause, que si le frere vient à deceder sans enfans, le surplus de leurs biens, dont les pere & mere n'auront disposé, appartiendra à ladite future & aux siens ; en vertu de cette clause la cadette prétend les biens. Jugé que la clause étoit divisible, & la disposition conditionnelle. Arrêt du 2. Août 1684. *De la Guessiere, to.* 4. *li.* 7. *chap.* 19. où il est parlé de la Nov. 108.

96. Par la Coûtume de *Bourbonnois* une fille mariée par pere ou mere, ayeul ou ayeule, n'est recevable à revenir ; quand elle a expressément renoncé ; telle renonciation expresse sert ; que si ses pere ou mere, ayeul ont du bien au détroit de Paris, par telle renonciation elle en est exclusè, nonobstant la Coûtume de Paris ; mais aussi s'il n'y a expresse renonciation elle est seulement exclusè des biens de Bourbonnois, & revient pour ceux de Paris. Ainsi jugé. *Bibliotheque de Bouchel*, verbo *Renonciation*.

97. Déliberé sur le Registre le 25. Juin 1631. pour sçavoir si dans la Coûtume de *Bourbonnois* le petit fils issu de la fille qui a renoncé aux successions directes, est excluséde celle de l'ayeule par la petite fille issuë du mâle encore vivant, & qui a répudié la succession échûë de sa mere, *Bardet, to.* 1. *liv.* 4. *chap.* 34. On distingue entre la renonciation & la répudiation; celle-là se fait au profit de certaines personnes, celle-ci purement & simplement. *Voyez* ibidem, l'*Addition aux notes fol.* 618.

98. La renonciation d'une fille noble en la Coûtume de Bretagne aux successions de ses pere & mere, en consequence d'une dot promise dont il n'y avoit eu que partie de payée lors du mariage ; après leur mort la fille avoit pris des Lettres pour être restituée ; le 14. Mars 1675. la cause appointée, & le 3. Juillet 1677: Arrêt qui déboute des Lettres de restitution. *De la Guess. to.* 3: *li.* 12. *chap.* 17.

99. En la Coûtume de *Melun*, le frere & la niéce d'un défunt venant à sa succession, le frere qui a beaucoup d'enfans renonce ; la niéce vient par représentation ; les enfans du renonçant prétendent devoir partager avec la niéce, comme étant en pareil dégré. Jugé que la succession appartenoit entierement à la niéce, parce que *viventis nulla repræsentatio*. Arrêt du 7. Decembre

1628. *M. le Prêtre, és Arrêts de la Cinquième.*

100   La question de sçavoir si dans la Coûtume de Normandie la part d'une fille mariée par son pere, & payée de sa dot en argent, doit accroître à ses sœurs qui renoncent & s'arrêtent à leur tiers Coûtumier, ou bien aux creanciers du pere, lors qu'elle renonce audit tiers Coûtumier pour ne pas rapporter le don qui luy a été fait, a été jugée au Parl. de Roüen pour les creanciers du pere, le 29. Avril 1684. *nemine contradicente.* Voyez *le Recüeil des Arrêts du Parlement de Normandie*, page 196. *& suivantes,* étant ensuite de l'Esprit de la même Coûtume.

101   Les successions des filles qui ont renoncé en faveur des mâles, se partagent également entre les mâles, sans droit d'aînesse, en la Coûtume de Poitou. Jugé à Noël 1619. *Montholon, Arrêt 133.*

RENONCIATION, EN FRAUDE DES CREANCIERS.

Voyez le mot *Fraude*, nomb. 103. *& suiv.*

102   Renonciation à une succession *in fraudem creditorum* n'est valable. Préjugé par Arrêt du Parlement de Bretagne du 20. Mars 1565. *Du Fail, livre 3. chapitre 54.*

103   En ligne collaterale, l'heritier débiteur ne peut renoncer en fraude de ses creanciers, mais les creanciers peuvent se faire subroger au lieu de leur débiteur. Arrêt du 27. Janvier 1596. *M. Louet, lettre R, somm. 20.* Voyez *Montholon, Arr. 82.*

104   Le débiteur ne peut en fraude de ses creanciers renoncer aux successions à luy échûës, tant en ligne directe que collaterale, le même en est au droit de legitime dû au pere, contre la disposition de l'ayeul, faite en faveur de ses petits fils; autre chose est aux quartes falcidie & trebellianique. *M. Abraham la Peivere, en ses Décisions du Palais, lettre D. nomb. 28.* où il ajoûte, *je crois la décision bonne, & l'ay vû souvent juger, parce que le débiteur est saisi par la Coûtume generale de France.*

105   Un débiteur ne peut répudier une succession à luy échûë au préjudice de ses creanciers, *&c.* Arrêt à Pâques 1596. *Carondas, livre 9. Réponse 18.* Voyez *Henrys, tome 2. liv. 6. quest 24.* où il dit que *rebus integris*, & dans les trois ans celuy qui a répudié peut reprendre, & cite la loy derniere. *Cod. de repud. vel abstinendâ hareditate,* qu'il dit avoir lieu en païs Coûtumier. Voyez *M. Louet, lettre D. somm. 69.*

106   Le pere ne peut renoncer à une succession pour la transmettre à ses enfans au préjudice de ses creanciers, Arrêt du 12. Juillet 1597. *M. le Prêtre, és Arrêts de la Cinquième; Idem,* du fils débiteur pour sa legitime. Arrêt du 28. Mars 1589. *M. Louet, lettre R. somm. 19. Montholon, Arrêt 55.* rapporte le même Arrêt. *M. le Prêtre, premiere Cent. ch. 89.*

107   Si le debiteur renonce à la succession à lui échûë, le creancier peut demander à être reçû au lieu de son debiteur à se dire & porter heritier. *V. Bouvot, to. 2. verbo Succession, quest. 41.*

108   Jugé au Parlement de Toulouse en 1665. que les enfans ne pouvoient au préjudice de leurs creanciers répudier l'heredité testamentaire de leur pere & mere. Voyez *le Recüeil des Arrêts de M. de Catellan, liv. 2. chapitre 69.*

109   Le pere peut au préjudice de ses creanciers renoncer à l'usufruit qu'il a sur le legs fait à son fils. Arrêt du Parlement de Toulouse en l'année 1672. Voyez *M. de Catellan, ibidem, chap. 45.*

110   Jugé au Parlement de Toulouse en 1678. que le pere ne peut renoncer au préjudice de ses creanciers à la legitime qu'il a sur les biens de ses enfans; ni à leur succession *ab intestat*; cependant il peut renoncer à la portion virile qui lui compete sur la dot de sa femme, quand elle n'a point été hypotequée nommément. *V. M. de Catellan, ibid.*

RENONCIATION DES FILLES MARIÉES.

111   Voyez *Bouvot, to. 1. part. 3. lettre S. verbo Succes-* sion *entre freres & sœurs.* Papon, *liv. 16. tit. 4.* Peleus, *quest. 140.* Chenu, *1. Centurie, quest. 22.* Carondas, *liv. 8. Rép. 16. & liv. 4. Rép. 88.* Le Vest, *Arrêt 146.* M. le Prêtre, *1. Centurie, chap. 23. & 4. Cent. ch. 94.* Hevin *sur Frain, page 875.* les Arrêtez faits chez M. le Premier Président de Lamoignon, recüeillis dans le Commentaire de *M. Barthelemy Auzanet sur la Coûtume de Paris,* & Renusson, *traité des Propres, chap. 2. sect. 6.*

112   Si des filles peuvent renoncer à la succession de leur mere encore vivante au profit de leur frere commun? Voyez *le Recüeil des Plaidoyers de M. Galand, Avocat au Parlement de Paris.*

113   *De filiâ qua renuntiavit futura successioni.* Voyez Du Moulin, *Cons. 55. to. 2. p. 968.*

114   *De filiâ quæ bonis paternis renuntiavit acceptâ dote dato fidejussore, num valeat renuntiatio, si filia sit enormiter læsa?* Voyez Francisci Stephani, *decis. 88.* qui dit *pronuntiavit Senatus filiam posse repetere legitima suppletionem.*

115   *Pactum factum inter parentes & filiam, per quod filia bonis paternis & maternis cessit, cum reservatione succedendi cum filiabus. masculis vitâ functis: an per tale pactum jus succedendi dictâ filia quæsitum sit?* Voyez Franc. Marc. *to. 2. quest. 610.*

116   Si la renonciation de la fille nuit à ses enfans, pour empêcher qu'après le décez d'elle, ils ne viennent à la succession de l'ayeul? Voyez *Coquille, tome 2. question 127.*

117   Arrêt du Parlement de Toulouse du 4. Mars 1571. qui a déclaré une femme non recevable à demander supplément de legitime; elle avoit renoncé à tous biens paternels en recevant sa dot, & trente ans après le décez de son pere, quoiqu'elle fût en puissance de mary, ayant été remontré que ce n'étoient biens dotaux, & par consequent que l'action appartenoit à la femme. La Rocheflavin, *livre 6. titre 41. Arrêt 2.*

118   Les filles qui ont renoncé par leur contrat de mariage à tous biens paternels, maternels & fraternels, *sauf future succession*, ne sont après reçûës à la succession *ab intestat* de leur pere, mais seulement à demander leur supplément de legitime, nonobstant ladite clause *sauf future succession*, & sans avoir égard à leur minorité & à la puissance paternelle par le chapitre *quamvis de pact. in. 6.* Arrêt du premier Juillet 1586. La Rocheflavin, *ibidem, Arrêt 21.*

119   Si la fille qui a renoncé à la succession de sa mere vivante peut luy succeder en vertu du testament, quoique la renonciation fût au profit des freres? Voyez *Bouvot, to. 1. part. 2. verbo Renonciation à la succession.*

120   Si la fille qui a renoncé, fait part en l'heredité, encore qu'elle ne soit reçûë à la succession? Voyez *Ibidem, tome 2. verbo Succession, quest. 16.*

121   Les enfans de la mere qui a renoncé, peuvent après son décez venir à la succession de l'ayeul, parce qu'ils y viennent *ex personâ suâ.* Arrêt du Parlement de Dijon du 7. Juin 1561. *Bouvot, tome 2. verbo Legitime, quest. 24.* il rapporte un Arrêt contraire du 13. Février 1618. mais les enfans n'étoient heritiers de leur mere. *Ibid.* verbo *Legitime succession, quest. 6.*

122   Les enfans d'une fille qui a renoncé à la succession legitime, ne peuvent venir de leur chef à la succession de l'ayeul en répudiant l'hoirie de la mere. Arrêt du Parlement de Paris du 14. Août 1593. Même Arrêt du Parlem. de Dijon le 5. Avril 1569. *Bouvot, tome 1. part. 1. verbo Renonciation.*

123   Fille qui a renoncé par contrat de mariage à la succession de son pere, ne peut arguer de nullité son testament auquel elle n'est dénommée heritiere. Arrêt du Parlement de Dijon du 26. Juillet 1607. *Ibidem, to. 2. verbo Heritier, quest. 5.*

124   La fille qui a renoncé à la succession de ses pere & mere, au profit de ses frere & sœur, n'est par le dé-

cez du frere tacitement rappellée à la succession des pere & mere, pour y partager également avec ses sœurs. Arrêt du Parlem. de Dijon du 2. Août 1619. *Ibid.* verbo *Legitime succession,* quest. 7.

125 Le 27. Juin 1614. il a été jugé au Parlement de Toulouse qu'une fille qui a renoncé, moyennant la constitution qui luy étoit faite par son pere, à tout droit de legitime & de supplément de son pere & de sa mere, sauf future succession, institution, substitution & legs, n'est point privée de la succession de sa mere *ab intestat,* parce qu'elle n'est censée avoir renoncé qu'aux biens du pere. *Cambolas,* liv. 1. ch. 9.

126 C'est aujourd'hui une maxime certaine, que les enfans de la fille qui a renoncé, ne peuvent après le décez de leur mere venir aux successions, ausquelles elle a renoncé, soit directes ou collaterales, suivant la Jurisprudence des Arrêts rapportez par *Papon,* dans ses *Arrêts* liv. 16. *tit.* 4. *art.* 17. *Robert, de autor. rer. jud.* l. 2. c. 5. *Montholon, Arr.* 11. *&* 79. *Coquille, quest.* 12. *Chenu,* dans ses *quest.* q. 26. *Le Brun,* dans son *traité des successions,* liv. 2. chap. 3. sect. 1. nomb. 30. *& suiv.* Ce qui doit s'entendre, quand il y a d'autres enfans, freres ou sœurs de la fille qui a renoncé, ou des enfans des freres & sœurs qui n'ont pas renoncé; car à l'égard des collateraux qui ne descendent pas des pere & mere qui ont stipulé la renonciation, ils n'excluent pas la fille qui a renoncé ni ses enfans, suivant la doctrine de *Coquille* au même endroit, & sur la Coûtume de *Nivernois,* titre des droits appartenans aux gens mariez, art. 24. V. *Henrys, tome* 1. liv. 4. quest. 4.

127 Renonciation de la fille pour une somme payable après le décez du pere, est nulle. *Brod. lit. R. n.* 17.
Arrêt rendu au Parlem. de Bourdeaux le 23. Mars 1671. en la Seconde des Enquêtes, au Rapport de M. Duval, entre Damoiselle Antoinette de Fraisse, & Maître Antoine de Fraisse Avocat en la Cour son frere: jugé que le pere commun des parties ayant fait renoncer sa fille à ses droits paternels, moyennant une constitution de trois mille livres faite de son chef, payable après le décez du pere, la renonciation étoit nulle pour n'avoir rien constitué en joüissance. *La Peirere, lettre R. nomb.* 52.

128 *Henrys,* to. 1. li. 4. chap. 6. quest. 61. établit que la renonciation faite par une fille impubere, quoique par contrat de mariage, & que le mariage ait continué dans la puberté, n'est pas valable; il avoüe que la question est problematique, & qu'elle l'interessoit à cause de sa femme. Son sentiment est suivi. *Voyez Masuer,* dans sa *Pratique,* tit. 29. n. 10. *Basmaison,* sur la Coûtume d'Auvergne, tit. des Successions, art. 25. M. *Le Brun,* traité des Successions, liv. 3. ch. 8. sect. 1. nomb. 6. M. *Dolive,* liv. 3. ch. 30. & *Mornac* l. 3. §. *sed utrum ff. de minoribus* 25. *annis.*

129 Renonciation faite par une fille par contrat de mariage, devient nulle, si le mariage ne s'accomplit pas. V. *Henrys,* tome 1. liv. 4. ch. 6. quest. 62.

130 La renonciation des filles ne s'étend à l'augment que la mere a gagné, ni aux avantages qu'elle a perdus par ses secondes nôces. *Henrys,* ibidem, & to. 2. liv. 2. q. 5.

131 Si le mariage est dissous par l'impuissance du mary, la renonciation ne sera pas valable, parce qu'elle a été faite en vûë d'un mariage qui est présumé n'avoir point été fait. V. *Henrys,* to. 1. liv. 4. ch. 6. quest. 62. il décide la même chose à l'égard de la profession Religieuse que le mariage, si la fille qui a renoncé dans la vûë de se faire Religieuse, n'execute pas son vœu, ou que son pere décede avant la profession, la renonciation ne sera pas valable.

132 Si le pere qui a stipulé la renonciation meurt avant l'accomplissement du mariage, cette renonciation n'aura point d'effet. V. *Ibidem, M. Anne Robert de author. rer. jud.* liv. 3. chap. 4. traite la question fort doctement, M. *Julien Brodeau sur M. Loüet lettre R.*
Tome III.

chap. 17. n. 11. rapporte plusieurs Arrêts qui l'ont jugé. *Voyez M. Denis le Brun,* dans son traité des Successions, liv. 3. ch. 8. sect. 1. nomb. 33. & suiv.

Si la fille qui renonce à la succession des pere & 133 mere, peut aussi bien renoncer à celle des freres, quoiqu'ils ne soient presens ni consentans? *Voyez Henrys,* to. 1. liv. 4. ch. 6. quest. 104.

Une fille dotée par le pere qui la fait renoncer, 134 l'ayant auparavant instituée heritiere par moitié, parce qu'il n'avoit que deux enfans, son testament n'est censé révoqué à l'égard de cette fille. Sentiment d'*Henrys,* tome 2. liv. 4. quest. 6.

Les filles mariées qui renoncent, sont exclues de 135 succeder *ab intestat.* Voyez *Ibidem,* quest. 7.

Henrys, to. 2. liv. 5. quest. 21. propose une question 136 particuliere assez intriguée. Un pere ayant quatre filles en marie deux pendant sa vie, & les fait renoncer à sa succession; ensuite il fait son testament, par lequel il institue sa femme son heritiere, à la charge de rendre sa succession à celle de ses quatre filles qu'elle voudra choisir. La mere par le contrat de mariage de l'une des deux filles qui restoient à marier, la nomme heritiere des biens du pere; mais cette fille meurt avant la celebration du mariage, & par son testament elle fait sa sœur aînée son heritiere universelle. Il est question de sçavoir à qui doit appartenir la succession du pere, ou à la fille aînée en vertu du testament de sa sœur que la mere avoit nommée heritiere du pere, ou à toutes les trois filles également, ou à la plus jeune, de toutes? *Henrys* décide en faveur de la plus jeune, parce que les deux autres en sont exclues par leur renonciation, de laquelle elles ne sont pas relevées expressément par le testament du pere; & à l'égard de celle que la mere avoit nommée, la nomination avoit été faite dans la vûë d'un mariage qui n'a pas été accompli, elle ne peut produire aucun effet.

Les renonciations en tous les païs du ressort du 137 Parlement de Paris, faites par contrat de mariage ou quittance de ce qui est promis, sont reçuës, & ne peuvent les filles qui ont renoncé demander supplément de legitime, si elles ne sont rappellées par le testament du pere; avec cette distinction, que si les renonciations sont faites aux droits échûs ou aux droits à écheoir, au premier cas elles sont nulles. Il faut encore observer, si elles sont faites aux successions échûës & à écheoir *unico pretio,* auquel cas la fille est restituable en l'une & en l'autre succession; mais si les sommes sont séparées, la renonciation est nulle pour les droits échûs, & vaut pour les droits à écheoir, d'où il est aisé d'induire que si la renonciation est faite pour les droits à écheoir, elle est bonne, & la fille ne peut, quoique mineure, être restituée, & les Coûtumes sont au contraire; la renonciation se fait par les filles en faveur des mâles, *& non è converso;* le petit-fils ne peut venir à la succession de son ayeul, lorsque la mere y a renoncé, quoique décedée avant l'ayeul, & que le petit-fils renonce à la succession de sa mere. *Voyez M. Loüet & son Commentateur lettre R. somm.* 17. *nomb.* 7. *& suivans, & lettre R. somm.* 18.

Fille qui moyennant la dot renonce aux biens pa- 138 ternels, succede aux avantages nuptiaux que les secondes nôces ôtent au pere. V. *Guy Pape,* quest. 228. ainsi jugé souvent au P. de Toulouse. V. *Mainard,* liv. 4. chap. 22.

Fille noble renonçant à la succession de pere & de 139 mere non échûë peut être relevée. *Voyez Charondas,* livre 2. Réponse 44.

Fille mariée qui renonce aux successions de pere 140 & de mere, n'est point exclusée de la succession de son oncle maternel, la mere de la fille étant décedée avant l'oncle. *Avis de Charondas,* livre 5. Réponse 59. *Voyez fin* liv. 7. Rép. 29. & liv. 8. Rép. 64.

Une fille en se mariant renonce aux biens de ses 141 pere & mere qui la dotent; si depuis le pere donne quelque bien à la mere, dont elle perd la proprieté par son second mariage, &c. cette fille n'est point excluse desdits biens donnez par sa renonciation, elle y a sa part avec les autres enfans en vertu de la loy. *Brodeau sur M. Loüet lettre N. somm. 3. nomb. 19.*

142. La fille excluse par renonciation expresse ou par disposition d'un statut de la succession de ses pere & mere, peut succeder à son frere, & par ce moyen recuëillir indirectement la succession du pere qui n'est plus paternelle, mais fraternelle. *Ibidem, lettre S. somm. 20. nombre 7.*

143. La renonciation aux biens paternels n'empêche pas que la fille qui la faite n'ait part aux choses que son pere aura perdués par sa faute, comme entre autres s'il a convolé à secondes nôces; le Parlem. de Grenoble l'a jugé dans cette espéce: elle ne s'étend non plus aux biens des freres & des sœurs du renonçant, encore qu'ils soient venus de leur pere, parce que celuy-cy étant mort, ils ont cessé d'être paternels, tellement que si on n'a point renoncé aux biens fraternels, on y succedera. Le Parlement suit cette opinion, qui souffre moins de difficulté, si au temps que la renonciation a été faite, les freres & les sœurs vivoient, n'y ayant pas alors apparence que l'on ait renoncé à une succession que l'on n'attendoit pas. *Voyez Guy Pape, quest. 192. 228. & 251.*

144. On peut renoncer à une succession collaterale v. g. l'oncle mariant sa niéce à laquelle il donne quelques biens en dot, peut la faire renoncer à sa succession; *per renunciationem excluditur fœmina à succesione dotantis in collaterali, Beneditt. Cap. Raynutius, verbo, duas habens filias n. 147. Journal du Palais in 4o. part. 6. page 147.*

145. On a proposé la question de sçavoir si un oncle mariant sa niéce, à laquelle il a donné quelques biens en dot, peut la faire renoncer à sa succession? La difficulté s'en est formée à cause de la Loy *Pactum, Cod. de collationibus*, dont voici les termes: *Pactum dotali instrumento comprehensum, ut contenta dote quæ in matrimonium collocabatur, nullum ad bona paterna regressum haberet juris authoritate improbatur, nec intestato succedere filia eâ ratione prohibetur: dotem sanè quam accepit, fratribus, qui in potestate manserunt conferre debet.* Voyez le Journal du Palais *in folio to. 2. p. 975.*

146. Contre la Loy *Gallus*, & la doctrine de Bartole sur la Loy *qui superstitis, de acquirend. hæred.* fille mariée, & ayant renoncé, ne peut après la mort du pere revenir à la succession de l'ayeul; comme aussi ne peuvent revenir les enfans d'elle, soit par representation ou autrement. *Papon, livre 21. titre 8. nombre 12.*

147. Si la fille mineure roturiere qui a renoncé par contrat de mariage aux successions futures de ses pere & mere, peut être relevée de telle renonciation, au moins si elle peut demander le supplement de la legitime, tant en païs Coûtumier que de Droit écrit, venant dans les dix ans de sa majorité? *Voyez Filleau, 4. part. quest. 25.*

148. Si la renonciation faite par la fille à la succession de son pere s'étend aux enfans de ladite fille qui est décedée avant son pere, & si lesdits enfans peuvent après le decez de leur ayeul demander le supplement de la legitime de leur mere, comme y venant de leur chef? *Filleau, ibidem, quest. 26.*

149. Renonciation faite par la fille mariée par pere & mere, en Coûtume où l'on ne peut avantager l'un des enfans. *Voyez M. Loüet lettre R. sommaire 17. & son Commentateur.*

150. La renonciation aux droits paternels & maternels, quelque generale qu'elle puisse être, ne comprend pas les avantages que les peres & meres perdent par leur convolen secondes nôces; c'est l'opinion commune de tous les Auteurs. *Voyez Henrys, to. 1. liv. 4. chap. 6. quest. 63.* Il faut joindre *Papon* dans les Arrêts. *liv. 16. tit. 4. art. 9.* & dans ses Notaires, *to. 1. liv. 4. p. 302. Fernand. de filiis natis ex matr. ad morg.*

chap. 3. nombre 10. *Brodeau sur M. Loüet lettre N. chap. 3. nomb. 19. Despeisses, to. 2. p. 400. nomb. 75. & Faber, Cod. de sec. nupt. def. 12.*

151. Fille appanée & qui a renoncé à la succession du pere, n'est excluse de prendre part aux biens que le second mariage fait perdre au pere; car telles quittances s'entendent uniquement de ce que le pere laisse à ses enfans *jure patrio*, & non de ce qui est acquis aux enfans par la faute & contre le gré du pere. Jugé au Parlement de Grenoble en 1459. *Papon, liv. 16. tit. 4. n. 9.* Le même jugé au Parlement de Toulouse. *V. Mainard, liv. 4. de ses quest. ch. 12.*

152. Renonciation faite par fille mariée & appanée à la succession de pere, mere, freres & sœurs, ne s'entend point de la succession des freres vivans, mais seulement des défunts lors de la quittance; car telles renonciations sont odieuses & sujettes à l'interpretation du droit, & notamment si les freres & sœurs n'y ont consenti; autrement il y auroit plus grande apparence d'en frustrer la fille. Arrêt du Parlement de Grenoble de l'an 1459. *Papon, liv. 16. tit. 4. n. 10.*

153. Il n'est pas indispensablement necessaire que la fille qui renonce aux biens de son pere, soit avertie de la Loy de l'Empereur Alexandre Severe, *Pactum dotale, C. de Collat.* qui dit que *Pactum dotali instrumento comprehensum, ut contenta dote, qua in matrimonium collocabatur, nullum ad bona paterna regressum haberet, juris authoritate improbatur*, & qu'elle y renonce, cette précaution est inutile. Arrêt du Parlement de Grenoble de l'an 1461. il s'agissoit d'une renonciation faite avec serment; il suffit de jurer sur le fait present, sans porter sa pensée plus loin. *Voyez Chorier en sa Jurisprudence de Guy Pape, p. 203.*

154. Renonciation faite par une fille du premier lit, dotée par son contrat de mariage, accroît au profit des enfans du premier lit. Arrêt du Parlement de Bourdeaux du 3. Août 1524. *Papon, livre 15. titre 1. nombre 10.*

155. Fille qui a renoncé à la succession future de son pere par jurement solemnel, ne peut plus être relevée sans Lettres du Prince. Arrêts de 1531. & 2. Juillet 1565. *Ibidem.*

156. Un pere après le contrat de mariage de sa fille, prend d'elle & de son futur mari pendant les fiançailles, une promesse verbale de renoncer à la succession, legitime & supplément, moyennant la dot constituée, & d'en passer Acte à la premiere requisition. La mere mourut des jours après le mariage; son heritier les fait appeller pour executer la renonciation verbale, & la rediger par écrit. Arrêt du Parlem. de Toulouse du mois de May 1580. qui le déboute, avec dépens. *V. Mainard, liv. 4. chap. 26.* il dit qu'il n'eût rapporté cet Arrêt, comme étant hors de toute difficulté, si *Charondas; en ses Rép. liv. 4. ch. 88*, n'en eût cité un contraire donné à Paris le 6. Mars 1545. dans cette espéce la promesse étoit portée par le contrat même.

157. Il a été jugé entre Nobles, que les Filles Nobles qui ont renoncé à la succession de leurs pere & mere tant échuë qu'à échoïr *dote contenta*, en faveur des mâles, ne peuvent plus venir contre telles renonciations, quoiqu'elles n'ayent eu leur legitime. Jugé pour les Sieurs de Courtalin & des Ursins en 1546. pour la Maison d'Estoges le 26. Juin 1567. pour la Maison de Ramboüillet contre le Sieur de Thouars le 29. Mars 1575. *Papon, liv. 16. tit. 4. n. 20.*

158. Une fille dotée & appanagée par le pere, auquel elle a quitté en contrat de mariage, ou après, n'est recevable à requerir restitution. *ex capite læsionis*, pour les biens du pere, duquel il n'est point à presumer qu'il ait voulu tromper sa fille. Ainsi jugé au Parlement de Toulouse le 20. Avril 1545. Autre Arrêt aux Grands-Jours du Puy du 19. Octobre 1548. *Biblioth. de Bouchel, verbo Renonciation.*

159. Un pere avoit un fils aîné & trois filles; il marie

deux de ses filles, & les fit renoncer à sa future succession en faveur de l'aîné. Le pere meurt; le fils aîné transige avec les deux sœurs mariées, & leur baille argent, par le moyen duquel elles confirment la renonciation qu'elles avoient faite. La troisième fille demande partage à son aîné, & dit que la succession se doit partager entr'eux, comme seuls capables de la succession. Au contraire, le frere aîné disoit qu'il devoit prendre la part qui luy étoit échûë de son chef, & outre la part de ses deux sœurs, lesquelles, du consentement de leur pere, avoient renoncé en sa faveur. Par Arrêt prononcé en Robes rouges le 14. Avril 1554. avant Pâques, il fut dit que la succession se partageroit entre eux deux, sans avoir égard à la renonciation faite par les deux filles en faveur de leur frere aîné du consentement de leur pere. Il faut noter que les parties se disoient Nobles. *Bibliotheque de Bouchel*, verbo, *Partage.*

160 La Coûtume de *Montargis* porte, que nul ne peut avantager aucunement ses heritiers venans à sa succession, l'un plus que l'autre. Le sieur de Villeneuve avoit un fils & trois filles ; il en marie deux, & les fait renoncer à la succession au profit des mâles. Aprés le décez du pere, la troisième fille qui n'avoit renoncé, combat les renonciations faites par ses sœurs. Le procés fut parti en la premiere Chambre des Enquêtes en 1556. & départi en la seconde, où il fut arrêté que telles renonciations étoient contre la Coûtume, & que la sœur auroit part és biens contenus en la renonciation. *Voyez le mot Avantage, n. 59.*

161 Un pere à trois filles ; il en marie deux, & les dotant, il les fait renoncer à sa succession en faveur de son fils. Aprés le décez du pere, la troisième fille est mariée à un Gentilhomme ; l'aîné prétend trois parts. Le beau-frere s'y oppose, & dit que par la Coûtume le pere n'a pû avantager aucun de ses enfans plus que l'autre ; 2o. que c'est le pere qui a constitué & payé la dot ; 3o. que quand même le fils aîné auroit constitué la dot, il n'a pû, *ante hæreditatem delatam & aditam*, faire propres à luy les portions de ses Coheritiers, au préjudice des autres. Le fils aîné répond, que depuis le décez du pere, il a obtenu nouvelles renonciations. Arrêt du Parlement de Paris du 14. Avril 1556. infirmatif de la Sentence du Châtelet, en faveur du beaufrere. *Papon, liv. 16. tit. 4. n. 16.*

162 Un pere institué sa fille & ses enfans issus d'elle, ses heritiers ; il décede ; sa fille recüeille ses biens, ensuite elle marie quelqu'une de ses filles, & par le contrat de mariage la fait renoncer aux droits de sa succession future ; la mere décede ; l'enfant qui a renoncé aux successions de pere & mere, ne peut rien prétendre és biens de l'ayeul auquel la mere a succedé, le testament ne contenant aucune substitution. Arrêt du 22. May 1560. *Peleus, qu. 50.*

163 Par Arrêt du 14. May 1562. prononcé en Robes rouges, il fut jugé que la fille, qui a renoncé à future succession de pere ou de mere, moyennant une dot, s'en peut faire relever, & que le temps qu'elle a été mariée ne court point contre elle, pour la prescription de dix ans, introduite par l'Ordonnance contre la rescision des contrats ; & ce, quoique son mari fût majeur, lors du contrat de mariage. *Bibliot. de Bouchel*, verbo *Renonciation.*

164 La renonciation peut être faite par la fille à la succession, sous condition & protestation de rentrer à la legitime, en cas d'éviction de ce qui a été legué. Arrêt du 10. Juillet 1564. *Papon, liv. 15. tit. 1. n. 10.*

165 Fille qui, contente de sa dot, a renoncé, n'est recevable à demander la succession de l'ayeul. Il en est de même des enfans qu'elle a eus, quoiqu'ils ne soient ses heritiers, & offrent de rapporter pour parvenir à la legitime. Arrêt prononcé en Robes rouges le 5. Avril 1569. *Le Vest, Arr. 98.*

165 Lucrece est mariée par son pere qui lui donne en bis. dot la somme de douze mille écus, & la fait renoncer à sa succession, ajoutant le pere qu'il ne veut pas qu'elle soit moins avantagée que ses autres filles. Les mâles décedez, le pere marie une cadette, & lui constitué en dot la somme de vingt mille écus. Aprés le décez du pere, par accord avec les heritiers testamentaires, il est donné à ladite cadette la somme de trente-cinq mille écus. Lucrece demande supplément jusques à ladite somme. Les heritiers soutiennent qu'elle n'y est pas recevable, & neanmoins luy offrent supplément jusques à la somme de vingt mille écus, autant qu'il avoit été donné à sa cadette par son contrat de mariage. Arrêt du 28. Mars 1605. qui declare les offres bonnes & valables. *M. le Prêtre, 1. Cent. chap. 23.*

166 La fille qui renonce par son contrat de mariage en faveur de ses freres, sa renonciation l'empêche bien de prétendre aucune chose en la succession de son peré *ab intestat*, mais elle ne l'exclut pas de la disposition testamentaire, c'est-à-dire de ce que le pere peut leguer par testament. Le pere le peut rappeller par son testament, & vaudra son rappel par forme de legs. Arrêt du 22. May 1574. *Carondas, liv. 5. Rép. 44. Le Vest, Arrêt 134. Peleus, quest. 69. & M. le Prêtre, 1. Cent. chap. 23.*

167 Les filles qui ont renoncé pour dot reçûë, ne peuvent demander la restitution sous prétexte de lézion. Arrêts en 1569. & 1576. Ce qui s'entend des successions à écheoir. Si la renonciation est faite à une succession échûë, & qu'il y ait lézion notable, la fille sera restituée. Arrêt en 1531. Autre Arrêt en 1576. pour le sieur de Listenoy, contre l'Evêque de Troyes. *Bibliot. de Bouchel*, verbo *Renonciation.*

168 Fille mariée renonçant aux biens de son pere, est exclue de l'heritage donné en emphitéose à son pere. Arrêt du 18. Avril 1576. Ce qui n'est pas à l'égard de la femme, ayant renoncé à la communauté, laquelle n'est exclue du bail emphiteotique fait à son mari & à elle. *Papon, livre 16. tit. 4. nombre 19. & Le Vest, Arrêt 146.*

169 Par Arrêt solemnellement prononcé le 22. Decembre 1576. M. le Président de Thou declara que la fille qui renonce aux successions de ses pere & mere vivans, moyennant certaine somme, suivant la forme prescrite par le Chapitre *quamvis*, ne peut plus succeder, soit entre nobles, ou roturiers, en Pays Coûtumier ou de Droit écrit, quoiqu'elle fût mineure lézée & n'eût eu la legitime, à moins que la Coûtume ne fût contraire. *Papon, li. 16. tit. 4. n. 20.*

170 Anne Barthon renonce à la succession de son pere moyennant 100. liv. de dot. Aprés le décés du pere, elle prend Lettres. Philippes Barthon lui offre la legitime telle que de droit. Le Sénéchal de la Marche condamna suivant les offres. N'étant point acceptées, Philippes pretend devoir être relevée, se fondant sur l'ignorance d'aucun droit qui lui étoit acquis. L'intimée disoit, *in judicio quasi contractum est* ; par la Coûtume de la *Marche*, quelque renonciation qu'il y ait, s'il n'y a point de mâles, la fille peut demander sa legitime ; outre que l'appellante *jurisconsultorum copiam habuit*, il y a eu dépuis la Sentence, compromis pour la liquidation de la legitime. Arrêt du 11. Decembre 1578. confirmatif de la Sentence. *Bibliot. de Bouchel*, verbo *Renonciation.*

171 Quoique la Coûtume d'*Auvergne* soit severe contre les filles qui ont renoncé à la succession de leurs pere & mere, neanmoins par Arrêt du dernier Juin 1581. ou 1582. deux sœurs furent reçûës à la poursuite & supplément de leurs droits successifs & legitimes, quoiqu'elles eussent été mariées par le pere, & qu'elles eussent reçû legs testamentaire outre la dot. *Papon, liv. 16. tit. 4. n. 14.*

172 Renonciations des filles se font ordinairement en faveur des aînez, & en ce cas, on a demandé si l'aîné venant à la succession, & prenant la part de celles qui ont renoncé, ne doit pas rapporter le prix & les

deniers qu'ont eus les filles, attendu que seul il profite de leur renonciation? Il avoit été jugé que l'aîné en ce cas rapporteroit. Arrêt du 27. May 1583. entre le Sieur du Bellay, & la Dame d'Usez. Toutefois par un Arrêt postérieur, entre le Baron de Montrotier, & Gilles de Châtillon Sieur d'Argenton, en la première des Enquêtes, le premier Juin 1607. jugé que le Sieur d'Argenton ne rapporteroit pas les deniers du mariage de ses sœurs, qui avoient renoncé en sa faveur. La raison étoit que le pere demeuroit en Poitou, & que par la Coûtume de *Poitou*, un pere peut donner par préciput ses meubles à l'un de ses enfans. Contre l'Arrêt y ayant eu Requête civile, les parties sur icelle hors de Cour & de procés. *Addit. à la Bibliot. de Bouchel, verbo Renonciation.*

173 Les enfans de la fille qui a renoncé, ne peuvent venir à la succession de l'ayeul, encore qu'ils ne soient heritiers de leur mere. Arrêt du 15. Octobre 1590. *Voyez Montholon, Arrêt 79. Carondas, li. 5. chap. 8. Le Vest, Arr. 98. Anne Robert, rerum judicat. liv. 2. ch. 5. & Carondas, li. 7. Rép. 106.*

174 Si les fils ou filles ont renoncé à la succession de leurs pere & mere, leurs enfans n'y sont pas recevables. Arrêt du Parlement de Toulouse du 15. Decembre 1592. *Mainard, tome 1. liv. 4. ch. 23.*

175 Les renonciations faites par les filles mariées aux successions de leurs pere & mere, se font ordinairement en faveur des aînez; mais si elles sont faites entre nobles, sans specifier au profit de qui, les droits qui appartenoient aux renonçans, accroissent à tous ses freres & sœurs, & non à l'aîné seulement. Arrêt du 7. Septembre 1599. *Papon, liv. 15. tit. 1. n. 10.*

176 Françoise de la Musse mariée, intervint au contrat de mariage de son frere, où elle renonce en la faveur de ce frere aux successions de ses pere & mere, la renonciation déclarée au profit du seul frere, à l'exclusion des autres coheritiers. Jugé le 31. Mars 1607. *M. le Prêtre, 2. Cent. ch. 62.*

177 Des renonciations faites par les filles aux successions de leurs pere & mere en faveur des mâles. Jugé par Arrêt du premier Juin 1607. que les biens qui eussent appartenu aux filles, cessant lesdites renonciations, demeurent entierement à l'aîné, la renonciation étant faite en sa faveur, sans qu'au partage d'entre les autres freres & sœurs qui n'y renonce, il soit tenu faire aucun rapport, ou précompte des deniers baillez à ses sœurs en mariage. *Voyez Filleau, 4. part. quest. 199.*

178 Jugé au Parlement de Grenoble le 26. May 1610. qu'une fille qui avoit renoncé à tous ses biens paternels sous cette clause, *sauf loyale échûte*, pouvoit succeder à son pere décédé *ab intestat*, avec les autres enfans de l'un & de l'autre sexe. *Basset, tome 1. livre 5. titre 11. ch. 2.*

179 Il a été jugé au Parlement de Dijon le 9. Janvier 1612. que la fille qui avoit renoncé par un seul contrat, & pour un seul prix, aux successions échûës de sa mere & de son ayeul maternel, comme aussi à celle à écheoir de son pere, devoit être restituée contre les renonciations à toutes successions à écheoir, à cause de l'individuité du contrat. *Voyez Taisand, sur la Coût. de Bourgogne, tit. 7. art. 21. Note 1.*

180 Arrêt du Parlement de Dijon du 13. Février 1618. donné contre les enfans de Jeanne Larcher, que ses pere & mere avoient mariée par mariage divis, & qui avoit renoncé à leurs successions; ensorte que, bien qu'elle fût morte du vivant de ses pere & mere, & qu'elle eût laissé des enfans qui survéquirent leurs ayeul & ayeule, néanmoins ses enfans qui prétendoient leur succeder, en furent déboutez. *Voyez Taisand, ibid. Note 2.*

181 Quand une fille, par son contrat de mariage, a renoncé aux successions de ses freres, sa renonciation ne s'étend pas à celle des enfans des freres, à moins qu'on n'en soit expressément convenu; parce que dans les choses peu favorables, telles que sont les renonciations à des successions légitimes, il ne se doit point faire d'extension d'une personne à une autre, ni d'un cas à un autre cas. Arrêt du même Parl. de Dijon du 21. Juillet 1612. rapporté par *Taisand*, ibid. *art. 21. Note 10.*

182 On demande si la fille, qui a été mariée par mariage divis, succede à ses pere & mere, lorsqu'il n'en reste que des filles? Il faut distinguer la renonciation expresse & tacite; car si elle n'est que tacite, par le moyen du mariage divis, elle peut y succeder, suivant la disposition de l'article 21. de la Coûtume de Bourgogne, parce qu'il ne dispose qu'en faveur des mâles qui sont dans la condition; cela veut dire, tandis qu'il y a des mâles, la fille est exclusé, & que quand il n'en reste plus, elle retourne aux successions de ses pere & mere avec ses sœurs qui n'ont pas été mariées par mariages divis: Mais si la renonciation est expresse dans le contrat de mariage, les filles qui sont mariées, & qui n'ont pas renoncé, excluent celle qui a renoncé expressément. Arrêt du Parlement de Dijon en 1625. *Voyez Taisand, sur la Coût. de Bourgogne, tit. 7. art. 21. Note 5.*

183 Les peres & meres ayant une autorité entiere pour disposer de leurs biens, peuvent dispenser leur fille de l'exclusion contenue dans l'article 21. de la même Coûtume, lorsque par son contrat de mariage, ils consentent que le droit de pouvoir entrer en partage avec leurs autres enfans luy soit reservé, ou quand ils declarent que la dot qu'ils luy constituent, est en avancement de leurs successions; autrement, la fille étant mariée de pere & de mere par mariage divis, (ce qui se fait même tacitement, lorsqu'on n'exprime pas que ce qu'ils luy donnent est en avancement de leurs successions) elle sera exclusé de partager avec ses freres & sœurs, quoiqu'elle offre de rapporter ce qui luy aura été donné en mariage; mais cette reserve est un moyen que la Coûtume donne à la fille, pour n'être pas exclusé de prendre sa part, comme les autres enfans de la maison, en remettant néanmoins dans la masse hereditaire, tout ce qu'elle a eu de ses pere & mere. *Voyez Taisand, sur la Coût. de Bourgogne, titre 7. art. 21. Note 11.* où il rapporte un Arrêt du 7. Juin 1627.

184 Il est certain que la fille, qui par son contrat de mariage, a renoncé à la succession paternelle ou maternelle à écheoir, moyennant une dot qui luy a été donnée ou promise, le pere ou la mere venant à mourir avant la celebration & consommation du mariage de la fille, une telle renonciation ne peut nuire ni préjudicier à cette fille, car il faut que le pere ait constitué à sa fille une dot divise, soit qu'il la luy constituë seul, ou conjointement avec la mere, de sorte que la dot & le mariage sont nécessairement & conjointement requis du vivant du pere. Arrêt du Parlement de Dijon du 11. Janvier 1641. *V. Taisand*, ibid. *Note 1.*

185 Jugé par Arrêt du Parlement de Dijon du 1. Juin 1646. les Chambres consultées, que l'exclusion de la fille, mariée par mariage divis, n'avoit lieu qu'au profit des enfans du même mariage, freres & sœurs germains, & non des consanguins & uterins. Ibidem, *Note 3.*

186 Quoiqu'il ne soit point parlé de mariage divis ni de renonciation dans le contrat, néanmoins la fille mariée de pere & de mere, sans se reserver le droit de retourner à leurs successions, est mariée par mariage divis. Ainsi jugé au Parlement de Dijon le 28. Août 1651. nonobstant l'opinion contraire de quelques-uns, qui prétendoient que dans le contrat de mariage, il falloit faire mention de mariage divis ou de renonciation, pour marquer que les parties avoient entendu ce qu'elles avoient fait. Autre Arrêt du 22. Avril 1660. Même Arrêt du 3. Janvier 1667. *Voyez Taisand, ibid. Note 1.*

187 Fille mariée ayant renoncé à tous droits moyennant la somme qui luy avoit été donnée en mariage, la renonciation fut cassée, & la continuation de communauté jugée à son profit. Arrêt du 18. Juin 1622. Brodeau sur M. Loüet, lettre C. somm 30. nomb. 19. circà finem.

188 De la renonciation en contrat de mariage, sauf loyale écheute. Arrêt du Parlement de Grenoble du 22. Novembre 1624. par lequel les enfans de qui la mere avoit renoncé, sauf la loyale écheute, furent admis à la succession ab intestat de leur ayeul, quoique leur mere eût renoncé, & fût morte avant son pere. Voyez Bassét, to. 2. li. 6. tit. 2.

189 La renonciation à tous droits paternels & maternels, legitime & supplément d'icelle faite par une fille en son contrat de mariage, ne l'exclut de demander sa part de l'augment gagné par la survivance à ses pere & mere, parce que ce n'est un droit ni paternel, ni maternel, mais un benefice accordé par la loy. Arrêt du 17. Août 1642. Bassét, to. 1. li. 4. ch. 8.

190 Fille qui renonce aux droits successifs maternels échûs, moyennant une somme qui luy est promise par contrat de mariage par son pere, a hypoteque par privilege pour le payement sur les biens maternels, encore qu'elle ne l'ait point stipulé jusques à la concurrence de sa part hereditaire, non seulement du jour de son contrat de mariage, mais du jour du décez de sa mere, & est préferable aux creanciers intermediaires, entre ledit décez & le contrat contenant la renonciation. Arrêt du 7. Septembre 1626. Brodeau sur M. Loüet, lettre H. sonm. 21. nomb. 8. Voyez M. Bouguier, lettre H. nomb. 12.

191 Henrys, to. 1. li. 4. ch. 6. q. 106. examine si une fille qui a renoncé à la succession de ses pere & mere doit être exclue de celle de ses freres, quoiqu'ils n'ayent point été presens au contrat de mariage, ni consentans à la renonciation? Il établit deux propositions. La premiere, que dans les pays du Droit écrit c'est une regle certaine, que bien que la renonciation faite par une fille dans son contrat de mariage, soit generale & expresse pour tous droits de pere & de mere, & encore des freres & sœurs; neanmoins elle n'est pas exclue de la succession de ses freres & sœurs, si la renonciation n'a été faite en leur presence, & de leur consentement. La seconde, que dans les Pays de Coûtume, l'on distingue en ce cas entre les propres & les acquets; la fille qui a renoncé à toutes successions, même aux successions fraternelles, est exclue des premieres, & non pas des secondes, qui ne font point partie des successions des pere & mere. Ces deux maximes ont changé; aujourd'huy dans le païs de Droit écrit du Parlement de Paris une semblable renonciation comprend tous les biens délaissez par les freres, & sœurs, quoiqu'ils n'ayent pas été presens au contrat; ainsi qu'il a été jugé par Arrêt du 3. Avril 1635. rapporté par le même Henrys, to. 1. liv. 4. quest. 4.

192 Renonciation, dot. Voyez Chenu, 1. Cent. qu. 22. La renonciation faite par le contrat de mariage à cause de la dot promise, & payée par les pere & mere est valable; mais si la dot promise n'est payée qu'aprés le décez des pere & mere, elle est nulle. Arrêt du 19. Janvier 1639. Du Frêne, liv. 3. chap. 57. & elle fait part pour regler la legitime. Jugé à la my-Août 1589. Montholon, Arrêt 58.

193 Renonciation tant aux successions paternelles, maternelles que fraternelles; si la renonçante meurt & laisse un enfant, cet enfant ne peut venir à la succession de son oncle jure suo. Arrêt du 29. Mars 1650. Henrys, tome 2. liv. 4. quest. 4.

194 Si la renonciation faite par une fille à toutes successions paternelles, maternelles, & fraternelles peut s'étendre aux biens qui peuvent écheoir à ses freres autrement que par la succession de leur pere. La cause appointée au Conseil par Arrêt du 29. Mars 1650. V. Soëfve, to. 1. Cent. 3. chap. 28.

195 Une fille dotée par ses pere & mere, & par son contrat de mariage ayant renoncé aux successions futures de sesdits pere & mere, & aux fraternelles, est exclue, & ses enfans de la succession des meubles & acquets d'un de leurs oncles, qui étoit tres-opulent, laquelle fut ajugée au frere du défunt, le 24. Mars 1651. contre les niéces. Du Frêne, livre 6. chap. 3. Voyez Henrys, tome 2. liv. 4. qu. 4.

196 La derniere Jurisprudence est que la renonciation qu'une fille fait aux successions futures directes & collaterales est bonne & valable en faveur des mâles, & qu'elle est exclue desdites successions pour toutes sortes de biens indistinctement, soit que les freres & autres parens, à la succession desquels on a renoncé ayent été presens au contrat de mariage, ou non, soit qu'on demeure au pays de Droit écrit, ou pays Coûtumier. Renusson, traité des Propres, chapitre 2. section 6. nomb. 23. où il rapporte un Arrêt du 20. Mars 1651.

197 Es Coûtumes d'Amiens & de Peronne, une fille qui a fait en contrat de mariage a renoncé aux successions de ses pere & mere, ne laisse de succeder à ses freres puînez, aux portions des quints de fiefs, &c. & ce à l'exclusion de l'aîné. Arrêt du 10. Février 1653. Du Frêne, liv. 7. chap. 17.

198 Par Arrêt du 5. Decembre 1656. jugé que la renonciation d'une femme par son contrat de mariage étoit valable, mais que la joüissance que les heritiers luy avoient laissée, sans s'arrêter à leur relevement, comme d'une surprise, & ignorant ne se pouvoit faire rapporter. Berault; à la fin du 2. to. de la Coûtume de Normandie, p. 97. sur l'art. 359.

199 Jugé au Parlement de Paris le 11. May 1660. que la renonciation faite par une fille aux successions directes collaterales de ses pere, mere, & freres par son contrat de mariage, moyennant la dot à elle constituée, & ce au profit de ses freres, & de leurs descendans mâles, ne l'excluoit point de prendre part à la succession échûë d'une sienne niéce fille de l'un de ses freres décedée en minorité depuis son pere, quoique l'on soûtint que le bien n'eût point changé de nature, & qu'il devoit être consideré comme s'il eût été à partager en la succession fraternelle. Soëfve, to. 2. Cent. 2. chap. 21.

200 Jugé au même Parlement de Paris le 26. Février 1666. que dans le ressort du Parlement de Bourdeaux és lieux qui se regissent par le Droit écrit, comme le Perigord & le Limosin, la renonciation faite par une fille dans le contrat de mariage à la succession de ses pere & mere, en faveur de ses freres, moyennant la dot à elle constituée, ne l'excluoit point d'agir aprés leur décez pour le supplément de sa legitime. Ibidem, Cent. 3. chap. 63.

201 Si en la Coûtume de saint Jean d'Angely les renonciations faites par une fille à la future succession de ses pere & mere sont valables, moyennant une constitution de dot? Si la minorité est un moyen legitime de restitution? si une telle renonciation comprend la legitime ou le supplément; quand elle n'y est pas exprimée en termes formels? Si les enfans mâles en faveur desquels cette renonciation est faite, étant prédecedez sans mâles, la fille qui a renoncé est rappellée à la succession à laquelle elle avoit renoncé? Arrêt du Parlement de Provence du dernier Juin 1666. qui a restitué la fille sur le fondement de la minorité & de la lézion. V. Boniface, to. 2. li. 1. tit. 20.

202 La fille instituée heritiere par son pere, à la charge de ne rien prétendre à la succession de sa mere, ayant accepté, ne peut succeder ab intestat à sa mere. L'entiere succession fut ajugée au frere, par Arrêt du Parlement de Toulouse du premier Decembre 1663. aprés partage. Arrêts de M. de Catellan, livre 2. chapitre 21.

203 Comme en Normandie les filles ne succedent point, la renonciation aux successions de leurs pere & mere lors de leur contrat de mariage est inutile; elles ne

peuvent rien demander que ce qui leur a été promis en mariage, parce qu'ils sont quittes de toutes choses envers elles, quand ils les ont mariées; ce qui a lieu, même quoique le pere & la mere ayent d'autres biens sous des Coûtumes qui appellent les filles aux successions. Arrêt du Parlement de Roüen du 3. Avril 1672. Il n'est donc pas necessaire que la renonciation soit précise, il suffit que la fille ait déclaré être contente de ce qu'elle recevoit. *Basnage, sur l'art. 250. de la Coût. de Normandie.*

204. On ne présume pas que la fille ait renoncé aux droits maternels qui luy sont échûs par cette clause, *moyennant quoy, du consentement de son époux, elle renonce en faveur de son pere, à tous droits paternels, maternels, fraternels, sororiels, & autres quelconques*, ces droits maternels luy étant échus depuis son mariage; mais il faut que les droits à écheoir soient specifiquement compris dans la renonciation, & qu'elle soit expresse. Arrêt du Parlement de Grenoble du 10. Juillet 1675. rapporté par *Chorier, en sa Jurisprudence de Guy Pape, page 202.*

205. En la Coûtume d'Auvergne deux sœurs renoncent par leurs contrats de mariage au profit de leur frere qui a survécu le pere; dans le contrat de la cadette il y a une clause, que si le frere decede sans enfans, le surplus de leurs biens dont ils n'auront disposé, appartiendra à la future, & aux siens; en vertu de cette clause la cadette prétend les biens. Jugé que la clause étoit divisible, & la disposition conditionnelle; l'Arrêt est du 2. Août 1684. *De la Guessiere, to. 4. li. 7. ch. 19.*

206. Fille mineure ne peut renoncer à ses droits acquis, ni à des substitutions & successions qui ne sont pas encore ouvertes. Arrêt du Grand Conseil du 13. Septembre 1692. en faveur de Madame la Duchesse de Richelieu. *Voyez le Journ. du Palais in fol. to. 2. p. 822.*

207. Jean Montrochier & Claude Baillhon marierent Denise Montrochier leur fille, & par son contrat de mariage du 5. Septembre 1647. ils luy constituerent en dot 300. livres & quelques meubles, moyennant quoi ils la firent renoncer *à tous droits paternels & maternels, à leur profit & de leurs enfans nez & à naitre, sauf, & à elle reservé la loyale & collaterale échoite.* Aprés le décez de la renonçante, un de ses freres nommé Georges Montrochier mourut sans enfans; ce qui donna lieu aux enfans de la renonçante de demander part en cette succession. Leurs oncles maternels soûtinrent qu'ils n'y étoient pas recevables, attendu la renonciation de la mere: ce qui forma trois questions. La premiere, Denise Montrochier n'ayant renoncé qu'aux droits paternels & maternels, n'étoit pas censée, sans considerer même la clause de rappel, avoir été suffisamment reservée pour les successions collaterales. La seconde, si cette reserve ainsi conçûë, *sauf & à elle reservé la loyale & collaterale échoite*, n'assûroit pas à Denise Montrochier les successions collaterales à mesure qu'il pouvoit deceder quelqu'un de ses freres & sœurs sans enfans, ou si elle ne l'appelloit qu'aprés la mort du dernier de ses collateraux. La troisiéme, si l'effet de cette reserve n'étoit pas transmissible aux enfans de Denise de Montrochier, en cas qu'elle décedât avant quelqu'un de ses collateraux. Sur ces contestations le Bailly de Busset avoit débouté les enfans de Denise de Montrochier de leur demande; & ils interjetterent appel au Siege Présidial de Riom, qui par la Sentence du 20. Decembre 1678. infirma celle du Bailly de Busset, faisant droit sur la demande, ordonna que les enfans de Denise Montrochier viendroient à partage des biens en question; c'étoit l'appel qui avoit saisi la Cour, sur lequel la Cour mit l'appellation au néant, avec amende & dépens. L'Arrêt est du 3. May 1692. *V. M. le Brun, traité des Successions, liv. 3. chap. 10. sect. 1. n. 8.*

FORME DE LA RENONCIATION.

208. Pour la validité d'une renonciation faite à une communauté par la veuve, ayant envoyé procuration pour ce faire, il n'est point necessaire que la minute de cette procuration reste au Greffe; & elle ne peut sur ce défaut être réputée commune, si d'ailleurs elle ne s'est immiscée. Jugé en la Grand' Chambre du Parlement de Paris le 16. Février 1694. *Journal des Aud. to. 5. liv. 10. ch. 5.*

209. La femme doit faire sa renonciation au Greffe, ou par-devant Notaires; mais dans l'un & l'autre cas le Greffier ou le Notaire doivent en retenir minute, suivant l'Arrêt de Reglement du 14. Février 1701. intervenu dans la premiere cause du rolle de Paris, sur l'appel interjetté par Loüise Taine, veuve du Commissaire Gourbi; des Sentences renduës au Châtelet les 27. Avril & 22. May 1700. contre la Demoiselle Gourbi sa fille. Le Lieutenant Civil avoit fait le Reglement pour le Châtelet, & les Justices de son Ressort; mais par l'Arrêt faisant droit sur les conclusions de M. l'Avocat General Joly de Fleury, la Cour les suivit, & prononça : *Enjoint aux Greffiers & Notaires, qui recevront à l'avenir des actes d'acceptations & renonciations à la communauté d'en garder des minutes, sans les laisser aux parties : ordonné que le present Arrêt sera lû & publié dans les Sieges du Ressort; enjoint au Substitut du Procureur General du Roy d'y tenir la main, & d'en certifier la Cour au mois.* V. *l'Auteur des notes sur M. Dupleßis, traité de la Communauté, li. 2. ch. 3.*

RENONCIATION, HYPOTEQUE.

210. Creancier qui renonce à son hypoteque en faveur de l'acquereur. *Voyez* le mot *Hypotheque, nomb. 222. & suivans.*

211. Un creancier qui renonce à son hypoteque en faveur d'un acquereur, est recevable à revenir indirectement contre cette renonciation, en formant une demande en déclaration d'hypoteque contre le détempteur d'un autre fonds, à la garantie duquel celuy qui a été vendu est affecté & hypoteque. Arrêt du Parlement de Paris du 10. May 1687. *Au 2. to. du Journ. du Palais, in fol. page 662.*

RENONCIATION, LEGITIME.

Renonciation à la legitime. *Voyez* le mot *Legitime. nomb. 235. & suiv.*

212.

213. Par l'usage general de la France, les filles mariées & dotées sans avoir renoncé, ne peuvent pas demander le supplément de leur legitime. *Brodeau sur M. Loüet, lettre R. somm. 17. nomb. 7.* Voyez *M. Expilly, Arrêt 14. & Renusson, traité des Propres, chap. 2. section 6.*

214. Fille mariée par pere & mere ne peut renoncer au préjudice de ses enfans, & les priver de la legitime successión de leur ayeul & ayeule à qui la renonciation est faite, lesquels nonobstant icelle sont recevables à prendre la succession, non du chef de leur mere, mais d'eux-mêmes. Arrêt du Parlement de Grenoble allegué par *Guy Pape*, sans date. *Papon, li. 16. tit. 4. n. 17.* Il est vrai que cela doit être aprés la mort de la mere arrivée du vivant de l'ayeul, auquel cas neveux & niéces *ex filiâ* entrent au premier degré *& efficiuntur sui*; ainsi il faut instituer ou exhereder.

215. Simple renonciation és biens paternels & maternels ne comprend la legitime dont n'est faite mention. Arrêt du Grand Conseil du 11. Octobre 1515. rendu au rapport de M. Boyer, depuis premier Président au Parlement de Bourdeaux, qui admit la fille mariée à demander le supplement de legitime. M. Boyer soûtint comme une maxime certaine qu'un futur époux ne peut promettre de faire faire telle renonciation à la fille lors qu'il l'aura épousée, & que cette promesse ne vaut, si elle n'est ratifiée. Quand même il y auroit serment de faire renoncer; ce serment ne suplée pas la renonciation qui n'est point faite; il ne pourroit que reparer le vice de la renonciation qui auroit été faite. *Papon, li. 16. tit. 4. n. 12.*

216. Quand la Coûtume permet de renoncer, quoiqu'on n'ait point eu de legitime, la renonciation vaut à l'égard

l'égard des biens qui y sont situez. Arrêt dans la Coûtume de Bourgogne, le 9. Mars 1574. *Ibidem*, titre 3. nombre 4.

217 La fille qui a renoncé moyennant sa dot, fait part pour regler la legitime ; les enfans non justement exheredez, font aussi part. Arrêt à la my-Août 1589. *Montholon, Arrêt 58. Voyez Henrys, tome 2. livre 5. question 3.*

RENONCIATION, LEGS.

218 Renonciation au legs. *Voyez le mot Legs*, nombre 592. *& suivans*.

219 Une fille qui a renoncé peut avoir les interêts du legs que luy fait le pere, du jour du terme du payement échû, & qui precede sa demande, parce que le legs tient lieu du supplément ; c'est pourquoy l'interêt en est dû. *Henrys, tome 1. liv. 4. ch. 6. q. 63.*

220 Un fils ayant renoncé à la succession de sa mere, est recevable à demander sa part du legs universel porté par le testament de sadite mere. Arrêt du 20. Février 1674. *De la Guess. tome 3. liv. 8. chap. 3.*

RENONCIATION, LETTRES.

221 *Litteris annalibus vel quinquennalibus an & quando renunciari possit? Voyez Franc. Marc. 10.2. quest. 386.*

222 Quoiqu'un debiteur en s'obligeant ait stipulé qu'il renonce à tous répits, quinquenelles, cessions de biens, il est toûjours reçû par le Juge à cette cession *etiam*, quoiqu'il ne soit relevé par Lettres Royaux, & dispensé de son serment ; cependant le plus sûr est d'obtenir Lettres, parce que telle renonciation ne se peut faire, que comme chose inhumaine, & contre la liberté de l'homme & l'honnêteté publique. Arrêt donné en pareil cas au Parlement de Grenoble le 22. Novembre 1459. *Papon, liv. 10. tit. 10. n. 3.*

De la renonciation à toutes Lettres d'Etat. *Voyez les Observations faites sous le mot Lettres, nombre 40. & suivans.*

RENONCIATION A LA LOY *si unquam*.

223 *Voyez le mot Donation, nombre 876.*

RENONCIATION, LOYALE ECHÛTE.

224 La clause *sauf loyale échûte,* que les filles mariées par pere & mere ou freres ajoûtent à leur renonciation, exclud les heritiers collateraux & transversaux, en sorte que s'il ne reste ni freres ni sœurs, ou qu'ils ayent renoncé, elles succedent *ab intestat.* Si cette clause n'est point inserée, les collateraux les déboutent. Arrêt du Parlem. de Grenoble. *Guy Pape, quest. 192. & Papon, liv. 16. tit. 4. n. 8.*

225 De la renonciation *sauf loyale échûte.* Voyez *Guy Pape, quest. 192.* il prétend que telle renonciation ne prive pas de la succession de son pere celuy qui la faite, s'il meurt sans testament & sans d'autres enfans, car ils succederont à son exclusion. *Chorier, page 104.* dit que l'opinion de Guy Pape n'est pas suivie, & rapporte deux Arrêts contraires du Parlement de Grenoble des mois de Decembre 1536. & 26. May 1610.

226 De la renonciation aux droits paternels, sauf future succession. Jugé au Parlement de Toulouse les 5. Juin 1662. & 8. Juillet 1663. que par cette reservation la fille qui a renoncé, est admise à la succession *ab intestat* avec ses freres. *Voyez les Arrêts de M. de Catellan, liv. 2. chap. 10.*

RENONCIATION, MINEUR, TUTEUR.

227 Le mineur renonçant à une succession apprehendée par son tuteur, est quitte en rendant les actions qu'il a contre son tuteur, & n'est tenu de restituer les deniers reçûs par son tuteur qui les a dissipez. *Voyez la loy finale ff. de administratione & periculo tutorum & curatorum, &c.* Voyez *M. Brodeau sur M. Loüet, lettre R. somm. 54. nomb. 5.* où il dit que la Novelle 97. *ult.* a corrigé la loy du Digeste, mais cette Novelle ne parle que *de collatione dotis aut donatione propter nuptias.*

228 Par Arrêt du Parlement de Roüen du 8. Mars 1594. un mineur fut reçû à renoncer à une succession, qu'il *Tome III.*

avoit apprehendée, en remettant les choses en état. *Berault, sur la Coûtume de Normandie, art. 235. in verbo Renoncer ou Accepter,* ce qui a été depuis jugé en Août & Decembre 1607.

229 Par Arrêt du 27. Juillet 1653. il a été jugé qu'un fils mineur ayant pris la succession de son pere, sauf à renoncer, venant à déceder, l'heritier de ce mineur ne pouvoit s'éjoüir du tiers & renoncer. *Berault, à la fin du 2. tome de la Coûtume de Normandie, page 98. sur l'art. 399.*

RENONCIATION A LA PRESCRIPTION.

230 *Voyez le mot Prescription, nomb. 299.*

RENONCIATION, RAPPEL.

Voyez cy-dessus le nombre 166.

231 En Païs coûtumier deux sœurs ayant renoncé par leurs contrats de mariage aux successions futures de leur pere & mere, moyennant leur dot en faveur de leur frere aîné, étant par aprés instituées par le testament de leur pere ses heritieres également avec leurs freres : la Cour réformant cette disposition, leur a jugea seulement par forme de legs tout ce dont le pere pouvoit disposer envers les Etrangers, suivant la Coûtume particuliere des lieux où les biens étoient situez. Arrêt rendu au Parlement de Paris au mois de May 1574. *M. le Prêtre, premiere Cent. chapitre 23.* Voyez aussi le *chapitre 25. de la même Centurie.*

232 Si le pere donnant par son testament quelque somme par forme de supplément à la fille qui a renoncé, la rappelle par ce moyen à sa succession ou à la demande du droit de legitime. *Voyez Henrys, tome 1. liv. 4. chap. 3. quest. 11.*

233 Si le pere donnant pouvoir à la mere d'augmenter la constitution des filles qui ont renoncé, les rappelle par ce moyen, & si l'augmentation doit être faite à concurrence de la legitime. Jugé que l'augmentation s'en devoit faire jusqu'à concurrence de la legitime, à proportion des biens & facultez de l'hoirie. Arrêt du 14. Juillet 1631. *Henrys, ibidem, question 12.*

Voyez le mot Rappel.

RENONCIATION, RAPPORT.

234 Jugé par Arrêt du dernier Avril 1605. au Parlement de Paris, *nullis tamen contradicentibus,* que la fille venant à la succession de ses pere & mere, doit rapporter actuellement ce qui lui a été donné en dot & mariage, ou moins prendre ; & il ne suffit de rapporter les actions contre les heritiers & biens tenans de son mari. *Filleau, 4. part. quest. 162.*

235 On demande si l'on peut répudier un heritage sans répudier les prélegs, & si les dots & prélegs doivent être rapportez à l'heritage par les filles coheritieres ? Arrêt du Parlement de Provence du mois de May 1671. portant qu'en déclarant n'y avoir lieu de conferer la dot & les prélegs, la transaction faite entre les parties, de l'avis de trois Avocats, seroit confirmée. Cette Sentence avoit déclaré l'heritage n'avoir pû être répudié, sans répudier les prélegs. *Boniface, tome 5. liv. 1. tit. 15. ch. 5.*

Voyez le mot Rapport.

RESTITUTION
CONTRE UNE RENONCIATION.

Voyez cy-dessus les nombres 26. 46. & 168.

236

237 Si la fille, ayant renoncé à la succession de son pere, se peut faire relever par Lettres Royaux ; & si elle peut être reçûe à demander le supplément de legitime ? *Voyez Bouvot, to. 1. part. 3. verbo Testament, question 5.*

238 Si la fille qui a renoncé aux successions de ses pere & mere au profit de ses freres, & s'étant emparée des biens sans faire Inventaire, en peut être relevée ? *Ibidem, tome 2. verbo Mariage, quest. 26.*

239 Si la fille à laquelle le pere a constitué dot, & qui a renoncé, peut être relevée par Lettres, s'il y a lesion en la legitime, & si elle peut être reçûe au

Bbb

378 REN REN

supplément? *Voyez Bouvot, tome 2.* verbo *Succession, question 22.*

240 *Filia dotata renuntians successioni paterna, an ob lesionem in integrum restituatur?* Voyez *Andr. Gaill. lib. 2. Observat. 147.*

241 Filles qui ont renoncé en considération de la dot à elles payée, ne peuvent sous prétexte de minorité ou de lesion être restituées. *Voyez Filleau, 4. partie, question 22.*

242 Fille qui renonce & a droit de ce faire à quatorze ans, par la disposition de la Coûtume, en luy donnant récompense, la prescription des dix ans ne se doit prendre depuis les quatorze ans de la renonciation ; mais depuis les vingt-cinq ans jusqu'à trente-cinq ans, & ainsi la fille à vingt-un an peut se faire restituer. *Bacquet, 2. part. du Droit d'Aubaine, ch. 21.*

243 Fille ne peut être relevée de la renonciation faite par elle en contrat de mariage en païs Coûtumier. 2. Ou du Droit écrit. 3. Par prétexte de minorité. 4. Ou lesion en la legitime. 5. Soit qu'elle ait juré ou non. 6. Et tiendra la renonciation contre ses enfans la representant. *Faber. C. de pact. def. 22.1.2. 6. Loüet & Brod. lit. R. n. 17. 6. id. Fernand. de hæred. ab intestato n. 10. 6. id. Mainard. lib. 4. ch. 23. 6. id. Coquille 3. quæst. 12. 3. id. Ferrer. quæst. 192. 4. id. Bened. verb. duas habens filias n. 17. & seq. sed addit de congruâ dote, 4. cont. Boër. dec. 3. n. 7. nisi expressé renuntiaverit supplemento, vid.* l *apon. lib. 16. tit. 4. n. 17. 2. 3. 4. id. Chatond. resp. lib. 4. n. 58. 6. id. Charond. resp. lib. 5, n. 8. 6. cont. Ferrer. & Ranchin. quæst. 548. 1. 2. 4. id. Argent. art. 215. gl. 4. r. 5. 11. 6. id. Bened. verb. duas habens filias n. 175. 3. id. Mornac ad L. 3. §. Sed utrum ff. de minorib. si sit benè collocata, 4. cont. Mornac ad L. 36. ff. fam. ercisc. 6. cont. Mornac. ibid. 1. 2. 3. 4. id. Charond. resp. lib. 7. n. 28. 1. 3. 4. id. Bacquet, aubaine chap. 21. n. 14. 17. 4. cont. Mainard lib. 4. chap. 19. 6. cont. Mornac. ad L. unic. C. si adversus dot. 4. cont. Faber C. de collat. def. 5. & ibi glo. 4. id. Molin. consil. 55. n. 8. 3. id. Chopin. Paris. lib. 2. tit. 1. n. 23. 6. vid. Chopin. Paris. lib. 2. tit. 5. n. 10., 4. cont. Fachin. lib. 3. chap. 23. 6. Fernand. distinguit ad L. in quartam præstat. 2. art. n. 12. 6. id. Peleus lib. 4. chap. 57., 6. cont. Faber. C. de pact. def. 1. 2., 4. cont. Grassus §. Hæreditas quæst. 12. n. 21. & §. Legitima quæst. 4. 6. id. Grass. §. Successio quæst. 3. n. 3.*

Maître Abraham la Peirere, en *ses decisions du Palais lettre R. nombre 46.* joint à toutes ces citations les *Observations & Arrêts* qui suivent, *Quand je vins au Palais on relevoit dans le Parlement, la fille qui souffroit lesion en sa legitime, notamment si elle étoit mineure: mais la jurisprudence a depuis changé, & suivons à present la décision, mêmes à l'égard des petits-fils, venans de la mere, qui a renoncé & qui a décedé avant ses pere & mere, soit qu'ils soient heritiers ou non de leur mére. La faveur des renonciations des filles pour conserver les biens de famille a fait suivre cette jurisprudence contre les veritables regles du Droit.* 5. *Nôtre Coûtume requiert serment dans le Contrat, soit exprés ou general.*

Arrêt rendu au Parlement de Bourdeaux au Rapport de Monsieur le Blanc, après partage fait entre la Premiere & Seconde des Enquêtes, vuidé en la Grand'-Chambre. Un pere & une mere constituant dot à leur fille, la font renoncer. La fille meurt laissant à elle survivans des enfans, & ses pere & mere, lesquels faisant Testament, la mere mourant la premiere, laisse à ses petits enfans la somme de dix livres, & le pere mourant ensuite, laisse aussi à ses petits enfans la somme de quinze livres, en ce compris la somme de dix livres leguée par sa femme. Les petits enfans demandent à leur oncle heritier institué un supplément de legitime, dont ils sont deboutez : & la Cour jugea trois choses; la premiere, que la renonciation comprenoit le supplément de legitime, quoique non exprimé ; la seconde, que la renonciation lioit les enfans aussi-bien que la mere; la troisiéme, que les enfans étoient rappellez, *in tantum & non in totum.*

244 Renonciation à une succession future faite au profit de ceux *qui dotaverunt renuntiantem*, est moins sujette à la restitution que celle faite aux successions échûës où il y a lesion. Arrêt notable du Parlement de Paris de l'an 1531. Autre Arrêt du 22. Décembre 1576. La femme qui a renoncé n'est recevable à se pourvoir, sous ombre qu'elle étoit en puissance de mari, car elle a dû protester ou se faire autoriser. Arrêt du 16. Juin 1567. contre une femme qui alleguoit qu'elle étoit hors du Royaume. *Papon, liv. 16. titre 3. nombre 4.*

245 Fille mariée par pere ou mere, ou l'un d'eux ayant renoncé à leurs successions, ne peut revenir contre sa quittance, quoique passée en minorité. Jugé par plusieurs Arrêts. *Robert, au 2. liv. des choses jugées, ch. 4.* en rapporte un du 22. Décembre 1576. s'il se trouve beaucoup d'enfans morts depuis la renonciation, on y a égard, & à cause de l'extrême lesion, la restitution est accordée. Arrêt du Parlement de Paris du 21. Février 1545. *Ibidem, tit. 4. nomb. 13.*

246 Une fille qui a renoncé par contrat de mariage, de l'autorité de son futur mari, à la succession future de son pere & de ses freres consanguins du second lit moyennant certaine somme, ne peut dix ans après sa majorité être relevée d'une pareille renonciation, quoique lezée de plus d'outre moitié de juste prix, où plusieurs Ordonnances sont expliquées. Jugé le 26. Juin 1567. *Chenu, premiere Cent. question 22.*

247 Jugé par Arrêt solemnel à Noël 1570. qu'une femme n'est recevable après les trente-cinq ans à se faire relever d'une renonciation par elle faite à une succession à elle échûë, sous prétexte de la crainte maritale par elle alleguée. *Bibliotheque de Bouchel,* verbo *Renonciation.*

248 Fille mineure mariée & dotée par son frere ainé & tuteur, & moyennant ce, renonce de l'autorité de son futur mary aux successions de ses pere & mere échûës, & quitte sondit frere de la reddition de compte & fruits de ses droits, ayant été empêchée par son mary obligé à l'entretenement desdites renonciation & quittance de pouvoir pendant son mariage se faire restituer, ses enfans & heritiers ne sont recevables à être restituez desdites renonciation & quittance, y venans dans les trente-cinq ans de leur âge, & dix ans après le décez de leur mere. Arrêt du 29. Mars 1575. *Chenu, 1. Cent. q. 24.*

249 En 1576. Arrêt en Robes rouges à Noël, par lequel il fut jugé qu'on ne peut être restitué contre la renonciation faite en faveur de mariage, soit en majorité ou minorité, non pas même sous prétexte d'avoir supplément de legitime. Et après la prononciation de l'Arrêt, M. le Premier Président avertit les Avocats que l'Arrêt avoit été résolu, toutes les Chambres assemblées, afin que l'on n'en fît plus de doute: c'étoit pour un nommé Gaspard Gascon, & s'appelle l'Arrêt des Aleris, jugé aussi pour les Tripotiers de Poitiers. *Bibliotheque de Bouchel,* verbo *Renonciation, & Charondas, liv. 4. Rép. 98.*

250 Une Roturiere épouse un Gentilhomme; de ce mariage naît un fils, le pere décede ; les parens tuteurs de l'enfant conviennent avec elle de quelques rentes & quelques meubles, moyennant quoy elle renonce à tous ses droits en faveur de son fils ; elle se remarie, obtient Lettres pour être restituée, &c. Jugé en faveur du fils en l'an 1578. *Charondas, li. 5. Rép. 35.*

251 Quand un pere marie sa fille mineure, & qu'il la fait renoncer à la succession échûe de sa mere, elle est restituable, s'il ne lui donne autant en faveur de mariage que la succession maternelle peut valoir. Il en est autrement de la renonciation à la future succession du pere, la dot tenant lieu de legitime, la fille n'est pas restituable. Arrêts du Parlement de Dijon

en Juin 1584. & le 16. Février 1615. *Taisand, sur la Coût. de Bourgogne, tit. 7. art. 21. n. 6.*

252. Fille mariée à l'âge de douze ou treize ans, & qui renonce aux successions de pere & de mere, à la legitime & supplément, moyennant une somme de deniers pour sa dot, n'est pas restituable. Arrêt du 7. Juin 1586. *Le Vest, Arrêt 181.* touchant la fille qui renonce avant l'âge de douze ans accomplis. *Voyez Henrys, to. 1. liv. 4. ch. 6. quest. 60. & M. Bouguier lettre M. nombre 2.*

253. Une fille renonce à la succession de ses pere & mere. Son pere luy donne par testament une somme, à la charge qu'elle ne pourra demander aucun bien paternel ni maternel; elle l'accepte; ses enfans après son decez demandent la restitution contre la quittance. Arrêt du Parlement de Dijon du 18. Mars 1594. qui les juge mal fondez. *Bouvot, tome 2. verbo Legitime, quest. 22.*

254. Arrêt du 16. Juillet 1595. qui déboute un fils des Lettres de rescission prises contre la renonciation à la succession de sa mere. *Bibliotheque de Bouchel, verbo Renonciation.*

255. Si la fille mineure qui a renoncé à la succession échûë de son pere ou de sa mere peut être relevée? *Voyez Bouvot, tome 1. part. 2. verbo Renonciation à la succession.*

256. La fille mariée est restituable contre les renonciations aux successions échûës du pere ou de la mere, la restitution contre les successions à échoir est refusée. Arrêts du Parlement de Dijon des 9. Janvier 1612. & 15. Février 1624. *Taisand, sur la Coûtume de Bourgogne, titre 7. art. 21, note 7. & Bouvot, tome 2. verbo Legitime, quest. 17.*

257. La fille ayant renoncé par son contrat de mariage du consentement de son futur époux, aux successions de ses pere, mere, freres, peut prétendre, par Lettres de restitution, ou autrement, part à la succession de l'un de ses freres décedez *ab intestat*. Arrêt du Parl. de Dijon du 16. Février 1615. *Ibidem, verbo Legitime succession, quest. 2.*

258. Les majeurs ayant répudié une succession de leur pere, mere, ayeul ou ayeule, en peuvent être restituez dans le temps de trois ans, introduits par les Constitutions des Empereurs in *L. ult. Cod. de repud. hered.* Arrêt du 11 Decembre 1612. De même les collateraux peuvent être restituez de la renonciation d'une collaterale, *ex L. nonnunquam. ff. de collat.* dans le temps introduit par le droit commun. *Tronçon, article 310.*

259. *Frater repudiatione hereditatis facta, & in favorem fratris restitutus.* Ainsi jugé par Arrêt du 20. Mars 1648. *Berault, à la fin du 2. tome de la Coûtume de Normandie, p. 67.*

260. Par Arrêt du 3. Mars 1657. jugé qu'une femme qui n'avoit renoncé, mais avoit plaidé sur la demande de la moitié des meubles, laquelle neanmoins avoit été réduite au tiers, ne pouvoit s'en faire relever pour être reçûë à renoncer après le temps de la Coûtume. *Berault, ibidem, p. 58. sur l'article 394.*

261. Majeur est restituable dans les trois ans contre la renonciation par luy faite en majorité à une succession directe échûë, les choses étant entieres. Arrêt du Parlement de Paris du 4. Decembre 1628. *Bardet, tome 1. liv. 3. chap. 15, où plusieurs autres Arrêts sont rapportez.*

262. Les filles sont facilement restituées, *ex causâ lesionis & metus reverentialis*, & la fille qui a renoncé est reçûë par Lettres Royaux à demander les droits successifs qui luy étoient échûs dans les biens de sa mere, ausquels elle a renoncé. Arrêt du Parl. de Grenoble du 17. May 1631. & quant à la succession *ab intestat*, elle y aura part avec ses freres & sœurs. Arrêts des 26. Mars 1610. & 15. May 1621. quoiqu'il n'y eût aucune réserve de loyale échûte. *Voyez Chorier en sa Jurisprudence de Guy Pape, p. 202.*

Tome III.

Nonobstant la renonciation faite par le tuteur, le mineur après sa majorité est restituable par la seule raison de sa minorité, sans avoir besoin de justifier de lesion; mais en ce cas il doit prendre la succession en l'état qu'il la trouve, & en indemniser celuy qui l'a recueillie. Arrêt du Parlement de Roüen du 12. Avril 1633. *Basnage sur l'article 235. de la Coûtume de Normandie.* 263

Une fille qui a renoncé à la succession de son pere au profit de ses freres uterins est restituable. Arrêt du Parlement de Dijon du 14. Decembre 1655, fondé sur ce que les renonciations ne sont admises qu'au profit des freres pour la conservation des familles, & non en faveur des Etrangers, telles que sont les freres uterins à l'égard de leur beaupere. *Taisand, sur la Coût. de Bourgogne, tit. 7. art. 21. n. 3.* 264

Au Parlement de Bourdeaux une fille mineure qui avoit renoncé par contrat de mariage aux successions échûës & à écheoir, & à tout droit de legitime & supplément d'icelle, a été mise en l'état qu'elle étoit avant les renonciations portées par son contrat de mariage. Arrêt du 3. May 1664. *De la Guessiere, to. 2. liv. 6. chap. 30.* 265

Les femmes mineures peuvent être restituées par le défaut de renonciation dans les quarante jours. Arrêt du Parlement de Roüen de l'année 1671. rapporté par *Basnage sur l'article 394. de la Coûtume de Normandie.* 266

RENONCIATION, SENTENCE.

On peut changer de volonté, & renoncer à l'effet d'une Sentence donnée contradictoirement à son profit, bien que les choses ne soient plus entieres. Arrêt du 29. Avril 1600. *M. Loüet & son Commentateur lettre C. somm. 37. Voyez M. Bouguier lettre R. nomb. 4.* où l'Arrêt est daté du 27. Avril, & non pas du 29. *Charondas, li. 6. Rép. 8.* rapporte un Arrêt contraire, qu'il date du 11. Juin 1550. mais M. Bouguier dit que l'Arrêt rapporté par *Charondas*, ne se trouve point dans les Registres. 267

RENONCIATION, SUBSTITUTION.

Quand plusieurs coheritiers sont institués & substituez réciproquement *per fideicommissum*, ils peuvent renoncer; mais il faut que les renonciations soient expresses: elles ne peuvent être induites d'un partage fait entre eux, avec promesse de garentie, quoique la teneur des substitutions y soit rapportée. *V. Mainard, liv. 5. ch. 96.* 268

Jugé au Parlement de Toulouse le 27. Juin 1646. qu'on pouvoit renoncer à une substitution dont le cas n'étoit point encore arrivé, quoique la renonciation ne fût pas tout-à-fait expresse, & qu'elle fût en termes vagues. *Albert lettre F. verbo Freres, art. 2.* 269

Arrêt du Parlement de Toulouse du 15. Mars 1655. qui juge qu'une renonciation à l'esperance d'une substitution, si la renonciation n'est pas expresse, & s'il ne paroît pas qu'en ce faisant on ait eu connoissance du testament contenant la substitution, non seulement ne nuit point, mais même n'empêche pas qu'on ne se puisse pourvoir après les dix ans contre l'Acte de renonciation. *La Rochestavin, livre 2. lettre L. tit. 4. Arrêt 4.* 270

RENONCIATION, VELLEIEN.

Renonciation au Velleien sans expresse declaration suffit. Arrêt du Parlement de Paris du 19. Février 1544. Le contraire s'observe aujourd'huy; il est necessaire que la femme soit avertie de l'effet du Velleien & de l'Authentique, que la minute contienne declaration des termes, autrement s'il n'y avoit qu'un *& cætera* de Notaire en la minute, encore que la grosse fût étenduë au long, l'obligation seroit nulle à l'égard de la femme, sauf contre le Notaire les dommages & interêts du creancier. *Papon, liv. 12. tit. 5. n. 1.* 271

Voyez cy-après le mot *Velleien*.

Bbb ij

RENTES.

Exemplum sacrae Pragmaticae formae, de usuris. N. 160. Des rentes annuelles des Villes & Communautez.

De his qui denuntiant ne civiles annona, vel pensiones solvantur. N. 88. c. 2. Saisie des rentes ou revenus, entre les mains des Fermiers, Locataires, & Debiteurs.

Ne praelati vices suas vel Ecclesias sub annuo censu concedant. Extr. 5. 4.

1 Voyez, hoc verbo *Rentes*, la Bibliotheque du Droit François, par Bouchel, celle de Jovet, ou le Glossaire du Droit François, & l'Indice des Droits Royaux & Seigneuriaux, par Ragueau, derniere Edition.
   Voyez les Commentateurs de la Coûtume de Paris, art. 94. & M. le Brun, en son Traité de la Communauté, liv. 1. ch. 5. sect. 1. dist. 4.
   Des rentes & hypoteques. C'est le septiéme Titre de la Coûtume de *Nivernois*. Vide *Coquille*, tome 2. page 119.

2 *Quaedam notatu digna de reditibus annuis, redimibiles sint, an irredimibiles?* Voyez Stockmans, *Decis.* 71.
   Constitutiones Imperatoris Caroli V. super emptionibus redditum, an ad casus praeteritos extendantur? Voyez Andr. Gaill, *lib. 2. Observat. 9.*

3

4 *Annui redditus an inter immobilia computentur?* Ibid. *Observat. 10.*
   Pecunia ad emptionem praediorum destinata, item actiones vel nomina debitorum, an censeatur res immobilis? Ibid. *Observat. 11.*

5 *Usurae prius intelligantur soluta quam sors.* Mornac, L. 21. *Cod. de usuris.*

6 Si lorsqu'une constitution de rente créée pour payement du prix d'un immeuble, commence par le terme de vente, & qu'il y a un prix reglé, c'est une pure constitution de rente, ou si c'est une simple baillée à rente? Cette question est traitée au *Journ. du Palais*, tome 2. page 681.

7 Si la rente ancienne ou nouvelle que le vendeur impose sur le fond qu'il vend, est censée fonciere ou constituée à prix d'argent, & de quelle nature est celle qui, aprés la réünion du fief, est vendüe, en retenant le fond? Voyez M. Dolive, livre 2. chapitres 20. & 21.

8 Rente acquise par un tiers détempteur sur des heritages qu'il est contraint de vuider, il est tenu de la laisser, en luy rendant ce qu'il en a déboursé. Voyez M. Loüet, lettre R. som. 14. & M. le Prêtre, 1. Cent. chapitre 93.

9 Il ne suffit pas de proposer par sa Requête, pour se faire ajuger un cens, une rente, une redevance annuelle, qu'elle a été payée durant 40. ans ; il faut justifier en vertu de quel titre ce payement a été fait, autrement le defendeur doit être absous. Arrêt sans date rapporté par *Guy Pape*, en sa question 408.

10 Heritiers de l'enfant du côté maternel, ne sont tenus des rentes & hypoteques constituées par le pere. Voyez Carondas, liv. 9. Rép. 65.

11 Si une constitution de rente en Bourgogne, étant à prix d'argent, peut être saisie comme meuble, & quand il est question d'une constitution de rente, si elle est meuble ou immeuble, s'il faut avoir égard au lieu où les rentes sont dûes? V. Bouvot, tome 2. verbo *Rentes à prix d'argent*, qu. 4.

12 Par Arrêt du Parlement de Toulouse du 5. Avril 1546. les rentes volantes furent taxées à raison de 60. livres le carton. La Rocheflavin, liv. 5. lettre V. titre 5. Arr. 1.

13 Arrêt du 8. ou 9. May 1558. par lequel un contrat d'achat de rente fait par un majeur, avec paction, que dans cinq ans le vendeur seroit tenu de rendre à l'acheteur le prix & sort principal, ou bien un heritage de pareil revenu que la rente, a été declaré valable ; mais l'acheteur declara ne se vouloir servir de la clause, & elle fut anéantie. Popon, liv. 2. titre 7. nomb. 31.

14 *Successeur*, comprend ayant cause, & s'étend *ad extraneum successorem.* Le debiteur de la rente prétendoit qu'ayant passé hors la famille du Creancier, elle n'étoit plus dûë. Arrêt du Parlement de Paris du 28. May 1574. contre M. le Cardinal de Crequy, pour l'acquereur d'une rente constituée, où il y avoit, pour luy, ses heritiers & successeurs. Popon, liv. 17. titre 3. nomb. 5.

15 Vente d'une rente que le vendeur ne peut fournir, réduite à somme certaine. Arrêt du Parlement de Grenoble du dernier Juillet 1578. Basset, tom. livre 4. titre 12. ch. 3.

16 Heritage baillé à rente fonciere moyennant une quantité de froment, avec cette convention, qu'il ne pourroit aliener cette rente ou pension, sans le consentement du preneur & de ses heritiers, pour avoir à leur choix la préference, le bailleur à leur insçû la vend à Moevins: *Senatus pro haeredibus accipientis pronunciavit jussitque ut refuso & soluto 500. nummorum pretio reditus ille annuus, seu annua illa frumenti pensio, ex lege conventionis accipientis commodo cedat.* Arrêt du 17. Avril 1586. *Anne Robert*, rerum judicat. liv. 3. chap. 14.

17 Rente en deniers, créée pour demeurer quitte d'un reliqua de compte de tutelle, est aussi bonne que si elle étoit créée de liquide. Cette rente prend hypoteque, non seulement du temps du contrat de creation, ou de l'action formée en reddition de compte, mais du jour de l'acceptation de la même tutelle. Arrêt du Parlement de Roüen du 18. Août 1603. contre Messire Jean Morel, Chevalier, Sieur des Reaux, & consorts, opposans au profit de Chrystophe le Morel, curateur aux biens vacans de Marie de Collan. *Bibliot. de Bouchel*, verbo *Reliqua.*

18 La rente d'un moulin ou d'une maison est dûe, quoiqu'il ne reste que le sol. Arrêt du Parlement de Toulouse du 9. Août 1633. Cambolas, liv. 6. chapitre 46.

19 Si le pere promettoit d'abord une somme, & qu'il la constituât en rente, l'interet n'en pourroit être promis ou stipulé plus haut qu'au prix du Roy ; & cela fut jugé de la sorte le 3. Avril 1653. au Parlement de Roüen. V. Basnage, sur la Coûtume de Normandie, art. 524. Il ajoûte, & par forme de Reglement, défenses furent faites de constituer aucunes rentes, même dotales, qu'au prix de l'Ordonnance. Nonobstant ce Reglement, il fut jugé le 30. Août 1663. qu'il étoit permis de donner pour le mariage d'une fille, & de s'obliger à une rente rachetable au denier 10. quoique cette rente eût passé en son mari étrangere, & qu'elle ne tînt plus lieu de dot à la fille, que les arrerages devoient être payez sur le même prix. Basnage, sur la Coûtume de Normandie, article 524.

20 Rentes au denier vingt, le 22. Decembre 1665. *De la Guess. tome 2. livre 7. chap. 36.*

RENTES, ARRERAGES.

21 Des constitutions de rente à prix d'argent, & qu'on ne les pourra demander que depuis cinq ans. Tome 1. livre 4. titre 22. p. 770.

22 L'heritier beneficiaire ne peut être condamné personnellement pour les arrerages de rentes. Voyez le mot *Heritiers*, n. 92. & suiv.

23 Si l'on peut pour arrerages saisir un sort principal, & en avoir main-levée, pour en tirer les arrerages du debiteur? V. Bouvot, tome 2. verbo *Usures*, qu. 8.

24 Par la vente d'une maison, si on convient que jusqu'au payement l'acheteur payera au denier douze les interets, l'on ne peut exiger le sort principal, en payant par le debiteur les arrerages. Arrêt du Parlement de Dijon du 2. Août 1594. Ibid. verbo *Rentes*, question 5.

25. Lorſqu'un Emphytéote juſtifie des quittances de trois années de ſuite, les précedentes ne peuvent luy être demandées, elles ſont préſumées payées. Jugé au Parlement de Touloufe, le 22. Janvier 1597. *Cambolau, livre 2. chap. 26.*

26. Une maiſon eſt venduë, partie du prix payée comptant; pour le reſtant, rente conſtituée au denier douze juſqu'à parfait payement; dix années ſe paſſent; le creancier pourſuit. Le debiteur répond qu'il s'agit d'une rente conſtituée, dont cinq années peuvent ſeulement être exigées. L'autre replique qu'il n'y a point eu d'argent pour créer la rente; que c'eſt un interêt du prix, au lieu des fruits de la choſe venduë. Arrêt du 19. Décembre 1600. confirmatif de la Sentence du Châtelet, qui condamne à payer tous les arrerages. *Bibliotheque de Bouchel*, verbo *Rentes*, où il eſt obſervé que deux ans auparavant il y avoit eu même Arrêt.

27. Par Arrêt du Parlement de Roüen du 9. Juin 1606. rapporté par *Berault, ſur la Coûtume de Normandie, art.* 525. il a été jugé que d'une rente conſtituée par le mari, pour raiſon de la dot de ſa femme qu'il avoit reçuë, il n'en pourroit être demandé plus de cinq années, comme de rente réputée hypoteque. Le même a été jugé par Arrêt du 22. Decembre 1612. & par un autre du 25. Février 1614.

28. L'acheteur de la rente fait aſſigner le debiteur en payement du capital, faute d'avoir acquitté les arrerages pendant pluſieurs années. On a demandé ſi le vendeur pouvoit purger la demeure, en offrant à deniers comptans la rente & les arrerages; il y eut partage, & pour l'éviter la cauſe fut appointée. Arrêt du 4. Juin 1669. au Parlement de Touloufe, qui condamne le debiteur au rembourſement, ſans avoir égard à la conſignation. Les quatre ans paſſez, une condamnation par défaut attenduë & ſoufferte, circonſtances qui donnoient au debiteur un air de chicanne & de mauvaiſe volonté, eurent quelque part à la déciſion. Arrêt contraire en 1671. en faveur du Chapitre S. Etienne, debiteur d'une rente; mais il avoit chargé le Syndic de la payer, & le creancier ne s'étoit point adreſſé à ce Syndic. Il y a eu depuis un autre Arrêt, qui en condamnant au rachat, ajoute, *ſauf ſi dans le mois*; cet Arrêt eſt ſuivi. Voyez *les Arrêts de M. de Catellan, liv.* 5. *chap.* 10.

29. Jugé au Parlement de Tournay le trente-uniéme Janvier 1698. qu'on peut ſtipuler que les arrerages d'une rente ſe payeront au denier vingt-cinq à leurs échéances, & faute de ce, dans leſdits termes des échéances, qu'ils ſe payeront au denier vingt, pourvû que ce ne ſoit point par le fait du creancier, comme s'il y a des ſaiſies, autrement il ne devroit payer qu'à raiſon du denier vingt-cinq. Voyez *Pinault, tome* 2. *Arr.* 101.

Voyez le mot *Arrerages*.

RENTE, ASSIETTE.

30. Voyez le mot *Aſſiette*.

Pierre Vincent, & Charlotte Gesbin, mariez, & ne pouvant payer 500. liv. vendent à leurs crediteurs 25. livres ſur leurs heritages, à condition de racquit d'un an, avec promeſſe d'aſſiette. Le temps paſſé, Perrine heritiere de Pierre, eſt appellée par les heritiers du crediteur au payement des arrerages échûs, & à faire l'aſſiette, afin de liberer pour la moitié, à l'intime Gesbin, afin de la liberer pour la moitié. Gesbin dit que la rente eſt immeuble, & qu'elle n'en doit rien, & que ſi elle en avoit fait aſſiette, elle qui eſt heritiere de ſon mari, ſeroit tenuë par la Coûtume à la recompenſer. Perrine dit que Gesbin a pris la moitié des immeubles & acquets de la communauté du mariage, à la charge de payer une moitié des dettes. Les Juges condamnent Gesbin à liberer Perrine d'une moitié de la rente en principal & acceſſoire. Par Arrêt du Parlement de Bretagne du 11. Mars 1566. la Cour met l'appellation & ce dont a été appellé au néant, corrigeant le Jugement, ordonne que Gesbin rembourſera la moitié de la ſomme pour laquelle la rente eſt conſtituée, ſi mieux n'aime faire l'aſſiette de la moitié de la rente; & en tous cas, ſera tenuë de payer la moitié des arrerages échûs durant la communauté. *Du Fail, liv.* 1. *ch.* 211.

31. La Dame de Grand-Ville dit qu'en 1509. il y a eu Tranſaction, par laquelle l'ayeul du ſieur du Rochay mineur, a promis faire aſſiette de 20. livres de rente en fond & fief noble, s'il ne franchiſſoit dans certain temps pour 400. liv. Comme il n'avoit point franchi, elle concluoit à l'aſſiette des 20. livres de rente, & outre à 100. ſols de rente pour 100. livres d'arrerages, laquelle a été auſſi promiſe, & au payement des arrerages des 20. livres de rente, depuis les cinq dernieres années. Le mineur prit Lettres pour faire declarer, ou le contrat uſuraire, ou la rente perpetuellement rachetable. La Dame de Grand-Ville dit qu'un debiteur peut payer en meuble ou par heritage; 2°. que la rente de 20. livres, par rapport à ſon ancienne creation, eſt eſtimée fonciere. Arrêt du Parlement de Bretagne du 18. Août 1572. *Du Fail, liv.* 1. *ch.* 335.

32. Par Arrêt du Parlement de Bretagne prononcé en Robes rouges le dernier Avril 1576. au procés d'entre les Chanoines & Chapitre de S. Pierre de Rennes, & Dame Françoiſe du Pirdufou, jugé que les ſucceſſeurs de celuy qui s'étoit obligé de faire aſſiette à l'Egliſe de 150. livres de rente, & juſques à ce qu'il l'eût faite, luy payer la ſomme par chacun an, l'ayant payée durant le temps introduit pour la preſcription, ne peuvent être contraints de faire aſſiette de la rente. Cet Arrêt eſt l'un des notables du ſieur Préſident de Lancran. *Bibliotheque du Droit François par Bouchel*, verbo, *Rentes*.

33. Rentes en aſſiette. Voyez *Mornac, L.* 2. *Cod. de pignoratitiâ actione*, où il rapporte un Arrêt du 19. Juin 1617.

RENTES, ASSIGNAT.

33 bis. Voyez le mot *Aſſignat*, & cy aprés *le nomb.* 167.

BAUX A RENTE.

34. Voyez le mot *Bail*, nomb. 13. *& ſuiv.*

Terres baillées à rente, appellées par Chopin, *fundi vectigales*, en ſon Traité, *de ſacr. Polit. lib.* 3. *tit.* 7. *n.* 1.

RENTES EN BLED.

Voyez le mot *Bled*, nomb. 30. *& ſuiv.*

35. Rentes foncieres en bled ne ſont réductibles à prix d'argent. Arrêt du 28. Juin 1572. entre Chryſtophe de Hericourt, d'une part, & Meſſire Antoine Cardinal de Crequy, Evêque d'Amiens, d'autre part. Le Veſt, Arrêt 120.

36. Si quelqu'un vend un heritage *certo pretio*, qu'il paye partie du prix, & pour le ſurplus, conſtitué rente en bled, l'acheteur ne peut demander la réduction de la rente en bled; en argent. Arrêt du Parlement de Dijon du 2. Juin 1588. *Bouvot, tome* 2. verbo *Vente*, queſt. 33.

37. Le 7. Janvier 1586. il a été parti un procés en la Cinquiéme Chambre des Enquêtes, & depuis départi en la Premiere le 25. Janvier ſuivant, & jugé qu'une rente conſtituée en bled à prix d'argent, étoit rachetable en argent, eu égard à la monnoye qui court lors du rachat, & non de la forte monnoye qui couroit lors de la conſtitution. *Nota*, qu'il y avoit prés de 200. ans que la rente étoit conſtituée. *Bibliot. de Bouchel*, verbo *Rentes*.

38. Arrêt du Parlement de Roüen du dix-huit Janvier 1665. qui a jugé que le haut Juſticier ne peut faire l'aprétiation des grains qui luy ſont dûs, mais qu'il faut avoir recours au Greffe du Juge Royal. 2°. Que le Vaſſal qui n'a point payé les rentes les doit ſur l'aprétiation faite ſur un prix commun, réſultant de l'aprétiation du plus haut, mediocre, & bas prix de l'année, ſi mieux le Seigneur n'aime les faire payer

sur le prix qu'elles valoient au temps de l'échéance. Cet Arrêt a été confirmé par un autre du 19. Avril 1667. *Basnage, tit. de Jurisdiction, art. 21.*

RENTE, CAUTION.

39 La clause de bailler caution dans un temps est odieuse, & une espece de paction usuraire pour donner ouverture de retirer le principal quand on veut. *Voyez Brodeau, sur la Coûtume de Paris, article 94. nombre 3.*

40 Le débiteur est contraignable par corps comme stellionataire à racheter la rente, quand ayant promis de faire obliger dans un temps une caution, il n'y satisfait point. Arrêt du 20. Avril 1638. *Brodeau, sur M. Loüet, lettre S. somm. 18. nomb. 5.*

41 Caution d'une rente, si elle est tenue de racheter? *Voyez* le mot *Caution, nomb. 248. & suiv.*

RENTE, COMMUNAUTÉ.

42 Rente constituée par le mari pendant le mariage, si sa veuve accepte la communauté, elle en est tenue pour moitié, jusqu'à la concurrence des biens de la communauté, & hypotecairement pour le tout, si elle possede des immeubles de la communauté, sauf son recours. Arrêt du 10. Février 1559. *Carondas, liv. 4. Rép. 90.*

43 En la Coûtume de Meaux, il fut accordé par le contrat de mariage que le survivant des deux conjoints prendra les meubles & conquêts immeubles; le mari étant decedé qui avoit constitué des rentes sur ses biens pendant la communauté, sa veuve survivant prenant lesdits meubles & conquêts immeubles est seule tenue desdites rentes, & doit en acquitter & dédommager l'heritier du mari. Arrêt du 19. Janvier 1574. *Le Vest, Arrêt 128.*

44 Un contrat de constitution de rente fait par un mari solidairement, tant en son nom que comme Procureur de sa femme, fondé de procuration qui ne contenoit speciale & specifique renonciation au Velleïen & à l'authentique *si qua mulier.* (Henry IV. a abrogé cette renonciation) mais generalement à tous privileges introduits en faveur des femmes, ne peut obliger sa femme qui a renoncé à la communauté, & furent les Lettres enterinées, & renvoyé absoute des fins & conclusions du creancier. Arrêt du 24. Mars 1595. *Chenu, 1. Cent. quest. 53. & 54.*

45 Rentes düés par le mari, ou par la femme. *Voyez* le mot *Communauté, nomb. 6. & 17.*

RENTES CONSTITUÉES.

46 *Voyez* la nouvelle édition des *Oeuvres de M. Charles Du Moulin, to. 2. page 1. & suiv.* où est son traité des rentes constituées à prix d'argent.

47 *M. Philippes Renusson en son traité des Propres, ch. 5. section 2.* parle des rentes constituées à prix d'argent, lesquelles sont reputées immeubles; il marque la disposition de plusieurs Coûtumes où on les repute meubles, telles que sont les Coûtumes de Vitry, Troyes, Reims, & Chauny.

48 Dans les Coûtumes où les rentes constituées sont reputées immeubles, elles deviennent propres, & sont affectées à la ligne d'où elles sont venues, mais elles ne sont point sujettes au retrait lignager, il n'y a que les rentes foncieres. *Vide Renusson, ibid. p. 444.*

49 *Non currit reditus ante realiter factam numerationem.* Du Moulin, *to. 1. p. 145.*

50 Si une rente constituée à prix d'argent peut être faite fonciére, & non rachetable? *Voyez Coquille, to. 2. quest. 186.*

51 Jugé au Parlement de Roüen que les rentes constituées dont les débiteurs avoient leurs biens dans la Province du Maine seroient partagées suivant la Coûtume du domicile du pere qui étoit en Normandie, parce que la succession y étoit échüe. *Basnage, sur la Coûtume de Normandie, art. 434.*

52 Arrêt rendu de l'avis des Chambres, par lequel il fut dit qu'une rente volante constituée à dix pour cent, seroit moderée & réduite au denier quinze pour les arrerages à payer, quoiqu'il y eût cinquante ans de prescription; cependant il fut dit que la rente ne seroit rachetable. Autre Arrêt qui a jugé qu'il y avoit lieu au rachat, nonobstant la prescription de plus de soixante années. *Papon, livre 12. titre 7. n. 14.*

53 Un contrat portoit, tel constitue sur tous ses heritages 20. livres de rente pour 400. qu'il a reçus, & promet le franchir dans trois ans, autrement & le temps passé, il sera contraint de faire assiette. Par Arrêt du Parlement de Bretagne du 19. Août 1578. il fut dit mal jugé ce le Juge qui avoit condamné l'appellant à faire assiette de 20. liv. de rente sur cens constituée dés 1548. & payer les arrerages de dix années; & corrigeant le jugement déclare la rente rachetable suivant l'Ordonnance, & condamne l'appellant aux arrerages de cinq ans seulement. *Du Faïl, liv. 1. ch. 118.* où il est dit avoir été jugé que telle clause, franchir dans trois ans, *vitiatur & non vitiat.*

54 Les rentes constituées à prix d'argent que l'on nomme volantes quoique reputées immeubles, n'entrent pas dans la communauté des mariez, ni activement, ni passivement; mais elles sont propres quant aux principaux, à celui auquel elles appartenoient avant le mariage, ou, à qui elles sont échues par succession legitime pendant le mariage; ainsi qu'il a été jugé par Arrêt du 9. Août 1604. elles n'ont point de suite ni hypoteque quand elles ont été vendues à un tiers sans fraude, avant que d'être saisies. Arrêt du 2. Mars 1600. elles ne sont point sujettes au doüaire Coûtumier. Arrêt du 16. Mars 1593. *Taisand, sur la Coûtume de Bourgogne art. 1. tit. 5. n. 2.*

55 En Bourgogne les rentes constituées peuvent être cedées & transportées comme les autres dettes simples, sans être sujettes aux hypoteques des creanciers, pourvû qu'elles n'ayent pas été saisies avant le transport. Arrêts du Parlement de Dijon du 2. Juin 1594. 25. Juin 1618. 3. Juillet 1619. 17. Juin 1681. Le 18. Janvier 1689, il y eut Arrêt en apparence contraire; mais on soutenoit qu'il y avoit fiction dans le transport, puis qu'avec la parenté qui étoit entre la cedante & le cessionnaire, la cedante avoit touché les interets depuis le transport, sans que le cessionnaire s'en fût plaint. *Ibidem, art. 2. n. 4.*

56 Es rentes constituées, il faut que le prix soit payé comptant, & que le contrat le porte; & en quelles especes le payement en a été fait: Arrêt du 26. Mars 1602. *Mornac, l. 26. C. de usuris. Voyez Henrys, to. 1. liv. 4. ch. 6. quest. 72.*

57 Deux coheritiers ayant une maison indivisible la liciterent entr'eux, & l'un quitta à l'autre sa part pour une certaine somme, partie payée comptant, & le surplus montant à trois cens livres constitué en trente livres de rente. Le creancier demandoit 29. années d'arrerages, prétendant que cette rente ayant été créée pour fonds étoit fonciere. L'obligé s'en defendoit, disant qu'il ne devoit que de l'argent constitué au denier dix. Par Arrêt du Parlement de Roüen du 7. Juillet 1623. la rente fut déclarée constituée à prix d'argent. *Basnage sur la Coûtume de Normandie, article 525.*

58 Les rentes constituées se partagent en Normandie selon la situation des biens du redevable. Arrêt du Parlement de Roüen du 20. Février 1652. *Basnage, sur l'art. 262. de la Coûtume de Normandie.* elles se partagent à Paris suivant la Coûtume du domicile du creancier.

59 Les rentes constituées à prix d'argent, doivent être réglées par le domicile du creancier, & non du débiteur d'icelles, ni de la situation des hypoteques. Jugé au Parlement de Paris le 3. Decembre 1655. *Soëfve, tome 2. Cent. 1. chap. 3.*

60 Le contrat de constitution de rente qui ne porte point numeration actuelle de deniers est nul, & ce qui a été payé pour les arrerages doit être imputé au principal. Jugé par plusieurs Arrêts, entr'autres

par un du mois de Decembre 1600. suivant l'Edit du Roy Henry second. *Voyez Papon, livre* 12. *titre* 7. *nombre* 8.

61. Un pere promet en termes generaux 600. livres de rente par avancement de succession, les biens du pere étans vendus par decret, le fils demanda les 600. livres de rente en fonds comme donnez par un avancement de succession, que n'y ayant point de rentes constituées il falloit luy délivrer du fonds. Les creanciers répondoient qu'on ne luy avoit promis qu'une rente, & que cela s'entendoit d'une rente constituée; ainsi jugé au Parlement de Roüen le 9. Mars 1669. *Basnage, sur l'article* 244. *de la Coutume de Normandie.*

62. Les rentes constituées participent de la nature des immeubles dans le Dauphiné, & l'hypoteque des creanciers les suit, après même qu'elles sont entrées dans les Convents des Ordres Religieux, pour les enfans de celuy en faveur duquel elles ont été constituées. Arrêt du Parlement de Grenoble du 8. Mars 1682. contre les Péres Minimes du Convent de Vienne pour quelques creanciers de Flory Chol. *Voyez Chorier en sa Jurisprudence de Guy Pape*, p. 244.

RENTES, DISPOSITIONS DES COUSTUMES.

63. Un contrat de constitution de rente passé à *Alençon* à un homme y demeurant, à raison du denier dix, est bon & valable, encore que celuy qui l'avoit constituée, eût son bien situé au pays du Maine, où il n'étoit loisible qu'au denier douze. Arrêt du 13. Decembre 1604. *M. le Prêtre* 1. *Cent. ch.* 79. *fine.*

64. Les rentes en la Coûtume d'*Amiens* sont réputées immeubles entre les heritiers du débiteur, encore qu'elles ne soient realisées & nanties. Arrêt du 18. Septembre 1604. *M. le Prêtre, és Arrêts de la Cinquiéme; secus*, à l'égard du Seigneur & du creancier. *Voyez Brodeau sur M. Louet, lettre* D. *somm.* 4. *nomb.* 10.

65. En 1527. le predecesseur de l'appellant vend une tenuë au predecesseur de l'intimé à raison du denier vingt. Il stipule que si la tenuë vaut davantage il récompensera la plus value en terre de pareille qualité. Les Juges de Vannes condamnent l'appellant à faire assiette de la rente, & payer les arrerages depuis la constitution; appel. Par Arrêt du Parlement de Bretagne du 20. Avril 1563. la Cour en émendant le jugement, ordonne que la rente demeurera toûjours franchissable, rendant les deniers de la constitution, & condamne aux arrerages depuis la constitution jusqu'en 1539. & dé 5. années seulement échuës depuis 1539. avant le procez intenté, & aux arrerages qui étoient échus durant le cours du procez. *Voyez Du Fail, livre* 1. *chapitre* 157.

66. En la Coûtume de *Chalons* les rentes constituées ont suite par hypoteque entre les mains du tiers détempteur, cette Coûtume les repute immeubles, jusqu'à ce qu'elles soient rachetées. Arrêt du 19. Août 1687. *Journal du Palais.*

67. Reglement general sur le fait des rentes en grains de la Province de *Dauphiné*, du 20. Août 1601. *Bassit, tome* 1. *livre* 3. *titre* 3.

68. Rente en sel doit être payée en espece. Arrêt du 6. Avril 1634. *Basset ibidem, chap.* 7.

69. Arrêt du Conseil d'Etat du Roy du 15. Juin 1636. rendu pour le rachat des rentes en Dauphiné. *Ibidem.*

70. En Dauphiné toutes rentes en grains & autres especes sont réduites & rachetables en argent à raison du denier vingt, tant pour les arrerages que pour l'avenir, excepté les rentes qui sont duës au Roy à cause de son Domaine, ensemble celles données à l'Eglise d'ancienne fondation, ou dotation, & celles dûës aux Seigneurs hauts Justiciers. Arrêt du Conseil d'Etat du Roy du 5. Septembre 1636. *Ibid.*

71. Arrêt du Conseil d'Etat du Roy du 15. Juin 1661. concernant les rentes en Dauphiné, verifié le premier Septembre ensuivant. *Ibidem.*

72. En *Haynaut* on peut agir pour une rente par voye de main-mise sur le fonds hypotequé à ladite rente, mais non sur la personne, ou autres biens du débiteur. Jugé au Parlement de Tournay le 7. Novembre 1697. *Arr. du Parlement de Tournay, tome* 2. *page* 101. *nombre* 188.

73. Les rentes à *Lyon* sont immeubles & non meubles; contre les conclusions de M. Bignon, Arrêt, Audience, Grand'-Chambre du 16. Juillet 1668. plaidans le Verrier pour l'appellant, & Pajot pour l'intimé. *De la Guiss. tome* 3. *livre* 2. *chap.* 20.

74. Le survivant qui par la convention du contrat de mariage doit prendre les meubles & conquets immeubles; si le mari constitué des rentes & décéde, la veuve qui les prend est seule tenuë desdites rentes, &c. Arrêt du 19. Janvier 1574. *Le Vest, Arrêt* 128. & doit en acquitter l'heritier du mari en la Coûtume de *Meaux.*

75. En *Normandie* les rentes constituées se partagent selon la Coûtume des lieux où les biens du débiteur sont assis; cet usage est contraire à celuy de Paris où les rentes se partagent selon la loy du domicile du creancier; de sorte qu'une rente duë à un Bourgeois de Paris sur des biens situez en Normandie, se partage suivant la Coûtume de Paris. L'usage de Normandie est fort ancien. Arrêts des 23. Août 1546. & 4. Juin 1603. *Basnage, sur l'article* 329. *de la Coûtume de Normandie.*

76. *Voyez Carondas, liv.* 10. *Rép.* 67. où il rapporte un Arrêt du 11. Avril 1600. qui a réduit une rente du denier dix passée en Normandie au denier douze, les débiteurs ayans leur domicile en Beauvoisis.

77. *Usura in Neustriâ usitata ad rationem decimi redacta fuit ad rationem decimi quarti, edicto regio anno* 1602. *Mornac, loy* 10. ff. *mandati.*

78. Le Juge ayant ordonné en la Coûtume de Normandie qu'une fille aura pareil mariage que son frere marié par le pere commun lors décedé, sa dot doit être reglée, non sur le pied de la rente constituée à ladite sœur, mais sur le pied du principal, la réduction des rentes qui avoient cours au denier dix, ayant été faite au denier quatorze. Jugé le 4. Decembre 1654. *Soëfve, tome* 1. *Cent.* 4. *ch.* 72.

79. En Normandie les rentes se partagent selon la nature des biens obligez. Par Arrêt du Parlement de Roüen en 1661. jugé que les rentes constituées sur personnes dont les biens étoient situez en la Province du Maine, seroient partagez suivant la Coûtume du Maine. *Basnage sur l'article* 539. *de la Coûtume de Normandie.*

80. De quelle maniere les rentes sur particuliers doivent être reglées en la Coûtume de Normandie, si par le domicile du creancier, ou par celuy du débiteur, ou par la situation des hypoteques. Arrêt du 8. Mars 1667. qui les regle suivant la situation des hypoteques, & non suivant le domicile du creancier, non qu'il y ait aucun article de la Coûtume qui le regle ainsi, mais on rapporta un Arrêt du Parlem. de Normandie de l'année 1546. qui l'avoit jugé de la sorte. *Soëfve, tome* 2. *Cent.* 3. *chap.* 94.

81. En Normandie quand il échet en une succession des rentes duës par des personnes domiciliées hors de cette Province, par quelle Coûtume le partage s'en doit regler, & quelle part les femmes y peuvent avoir? Par Arrêt du Parlement de Roüen du 30. Juillet 1671. il fut dit que les rentes seroient partagées selon la Coûtume de Châteauneuf en Timerais où les débiteurs étoient domiciliez, & que les heritiers de la femme y auroient moitié. *V. Basnage, sur l'article* 329. *de la Coûtume de Normandie.*

82. En Normandie les rentes constituées suivent la situation des heritages qui y sont hypotequez, & neanmoins les rentes constituées au profit des particuliers de la Province de *Senlis*, dont les débiteurs

demeurent en Normandie , ne laiſſent pas d'être partagez ſuivant le domicile du creancier ; autrement il
faudroit diviſer les rentes , eu égard aux biens que
le débiteur auroit en differentes Provinces ; l'Arrêt
entre les heritiers de M. de Leſſeville a été rendu ſur
le fondement que ce Prélat avoit ſon domicile en ſon
Evêché de Coutance, quoiqu'il réſidât ordinairement à Paris , & y fît les fonctions de Treſorier de
la Sainte Chapelle. Le contraire a été depuis jugé
pour M. Joſeph Rizard , le 19. Juin 1692. en la Seconde des Enquêtes , que les rentes actives laiſſées
par Adrien Gaulde decédé à Beauvais, ſeroient partagées ſuivant la Coûtume de Senlis , quoiqu'elles
fuſſent dûës en Normandie , & que les biens hypotequez y fuſſent ſituez. Voyez M. Ricard , ſur l'article
198. de la Coûtume de Senlis.

83   Rentes volantes en la Coûtume d'Orleans jugées
immeubles. Arrêt du 23. Février 1577. & l'Arrêt lû,
&c. Le Veſt , Arrêt 151. Voyez Charondas , livre 6.
Réponſe 34.

84   Des rentes en la Coûtume de Paris. Voyez cy-
deſſus le nombre 1. & l'article 94. de cette Coûtume.

85   Par Arrêt general du 5. Avril 1546. avant Pâques
en la Ville de Toulouſe, arrêté le 26. Mars précedent,
les rentes volantes furent taxées à raiſon de ſoixante
livres le carton. Biblioth. de Bouchel, verbo Uſures.

86   Jugé au Parlement de Tournay le 14. Mars 1697.
qu'une rente créée en 1648. & paſſée pardevant Tabellion, eſt ſujette à reduction, lorſqu'il n'eſt pas porté par le contrat qu'elle a été conſtituée en deniers de
permiſſion , à moins qu'on ne le prouve ; le procez
étoit entre Petronille de Vic veuve de Jean Henry,
& Meſſire Antoine François Gaſpard de Colins ,
Comte de Mortagne. Voyez le Recüeil des Arrêts de
M. Pinault, tome 1. Arrêt 143.

87   Arrêt en la Coûtume de Troyes du 24. May 1577.
qui a déclaré immeuble une rente rachetable. Voyez
la Bibliotheque de Bouchel, verbo Rente.

RENTE , DECRET.

88   Le creancier s'oppoſant aux criées d'une ferme
pour rente à luy baillée ſur l'Hôtel de Ville , avec
clauſe de garantir, fournir , &c. au préjudice de l'E-
dit du Roy portant ſurſeance , les creanciers ſubſe-
quens ont touché les deniers en baillant par eux caution, & les creanciers deſdites rentes mis en leur ordre le 28. Mars 1600. M. Loüet lettre C. ſomm. 41.

89   Par Arrêt du 29. Decembre 1609. la Cour a fait
défenſes au Bailly d'Amiens, & tous autres Juges, de
faire aucun decret à la charge de rente conſtituée à
prix d'argent, quand elles ſont rachetables. Bibliotheque de Bouchel , verbo Rentes.

RENTES , DISCUSSION.

90   De la diſcuſſion és rentes. Voyez le mot Diſcuſſion,
nomb. 74. bis & ſuiv. & cy-après le nomb. 168.

RENTE DIVISE'E.

91   Voyez M. Loüet & ſon Commentateur lettre R. ſommaire 6. & Bacquet, des Droits de Juſtice, chapitre 21.
nombre 144.

RENTES , DOMICILE.

92   Jugé par Arrêt ſolemnellement donné Conſultis
Cameris, que les rentes ſortiſſoient leur nature, ſelon
la coûtume du domicile du creancier. Bibliotheque de
Bouchel , verbo Rentes.

93   Les rentes conſtituées ſe reglent ſuivant le domicile du creancier, & non ſuivant la Coûtume des lieux
où les heritages hypothequez ſont ſituez. Arrêt du
premier Juin 1570. Le Veſt , Arrêt 110. Autre Arrêt
du 7. May 1598. M. le Prêtre és Arrêts de la Cinquième.
Autre Arrêt du 2. Février 1608. portant que pour juger la nature d'une rente, il faut conſiderer le domicile que l'acquereur avoit lors du contrat d'acquiſi-
tion ou conſtitution, & non le temps de ſa mort.
M. le Prêtre, ibidem. Voyez du Frêne, liv. 1. chap. 55.
& Bardet, tome 1. liv. 2. ch. 44. où il y a Arrêt du 30.
May 1625. Voyez Charondas , liv. 12. Rép. 27. Voyez
M. Loüet lettre R. ſomm. 31. Le même Charondas, liv.
10. Réponſe 67. & Tronçon , ſur la Coûtume de Paris,
article 163.

RENTES , DOUAIRE.

Si les rentes conſtituées ſont ſujettes au doüaire ? 94
Voyez le mot Doüaire, n. 247.

RENTES , DROITS SEIGNEURIAUX.

Voyez cy-après le nombre 174. & ſuivans.   94
                                           bis.
RENTES , ECHANGE.

Des rentes échangées. Voyez le mot Echange, nomb. 95
21. & ſuivans.

RENTES DEUES A L'EGLISE.

Rentes dûës aux Egliſes & Communautez Eccle- 96
ſiaſtiques ne ſont ſujettes à rachats, nonobſtant l'Edit
de 1553. Ainſi jugé pour les Chanoines de la ſainte
Chapelle à Paris , contre Maître Guillaume Buron
Procureur au Châtelet. Le Veſt , Arrêt 317.

L'on a jugé, & l'on juge ordinairement, que les ren- 97
tes des Eccleſiaſtiques ne ſont point rachetables, même celles qui ſont ſur les maiſons de cette Ville de
Paris ; il y en a deux Arrêts notables ; l'un du 9. Février 1562. pour la Sainte Chapelle contre Maître
Guillaume Vivons Procureur au Châtelet pour 27.
ſols ſix deniers de rente dûë par ſa maiſon ; l'autre
du 6. Août 1575. entre les Chanoines de Saint Denis
du Pas, & Claude Louvet Marchand, pour une rente
d'un écu ſur quelques vignes ſiſes au pré Saint Gervais ; les deux Arrêts portent que les pieces furent
communiquées au Procureur General qui y prit ſes
Concluſions. V. Loiſel , en ſes Obſervations du Droit
Civil, page 131.

Rente en grain conſtituée à prix d'argent au profit 98
de l'Egliſe , eſt rachetable, & les arrerages payables
en argent, nonobſtant qu'elle ſoit conſtituée de temps
immémorial. Arrêt du premier Avril 1586. Anne Robert rerum judicat. liv. 4. chap. 18. Montholon, Arrêt
39. Voyez M. Loüet lettre R. ſomm. 10. & 12. Voyez
le Veſt, Arrêt 93. Voyez Mornac l. 16. C. de uſuris,
où il y a Arrêt du 12. Decembre 1598. toutes rentes
en bled rediguntur ad pecuniam.

Par Arrêt du Parlement de Roüen du 30. Juillet 99
1608. il a été jugé qu'une rente donnée d'ancienneté
à l'Egliſe , n'étoit point rachetable. La raiſon étoit
que la faculté de rachat étoit preſcrite , & que la
rente étoit d'autre nature, qu'une rente hypotequée,
en laquelle on s'oblige en deniers reçus. Berault, ſur
la Coûtume de Normandie , art. 530.

L'on ne peut agir perſonnellement contre un te- 100
nancier d'une terre ſur laquelle eſt aſſignée une rente
chacun an par teſtament à une Egliſe , & telle rente
eſt preſcriptible. Arrêt du Parlement de Dijon du
28. Juillet 1617. Bouvot , tome 2. verbo Legs , queſtion 12.

Les rentes dûës à l'Egliſe pour la fondation du 101
Divin Service, ſont réputées foncieres, les arrerages
en ſont dûs de vingt-neuf années ; cependant il y a
Arrêt rendu le 10. Juillet 1638. en faveur du Sieur
Marquis de Saint Prieſt, contre les Curé & Prêtres
de la Ville de Boën en Forêts , qui a réduit les arrerages d'une rente de cette qualité à cinq années ; cet
Arrêt eſt appellé ſolitaire & particulier. V. Henrys,
tome 1. liv. 4. chap. 6. queſtion 71.

Les rentes dûës à l'Egliſe & qui ſont de patrimoi- 102
ne ancien par fondation ou dotation, ne pourront
être rachetées en Dauphiné. Arrêts du Conſeil d'E-
tat du Roy des 10. Août 1641. & 12. Février 1642.
Baſſet , tome 1. livre 3. titre 3.

Si une penſion d'une ſomme certaine eſt créée en 103
faveur de l'Egliſe, à prendre ſur tous les biens de celuy qui la créée , & particulierement ſur un fonds
n'étant pas fonciere, elle eſt indiviſible. Arrêt du Parl.
de Grenoble du 7. Septembre 1674. rapporté par
Chorier en ſa Juriſprudence de Guy Pape, p. 244.

RENTES , ENGAGEMENT.

Si le contrat d'engagement peut être converti en 104
conſtitution

constitution de rente? *V. Bouvot, tome 2. verbo Ufu-res, question 16.*

RENTES EN ESPECES.

105 Le vassal ne peut être contraint de payer ses rentes en d'autres especes qu'en celles qu'il doit ; il ne peut aussi contraindre son Seigneur de les recevoir en argent. Arrêt du Parlement de Roüen du 24. Janvier 1523. Lorsque le Seigneur refuse de recevoir le grain qui luy est offert, le vassal ne luy doit que l'estimation du prix qu'il valoit au temps des offres suivant l'évaluation faite par la Justice ordinaire, c'est-à-dire, par la Justice Royale ; car par Arrêt du 28. May 1619. sur la remontrance de M. le Procureur General, il fut dit que les Sénéchaux se regleroient sur les appretiations apportées au Greffe des Jurisdictions ordinaires, & du temps que les rentes sont düës. *Basnage, titre de Jurisdiction, article 34.*

106 Quand une rente est stipulée & promise en une espece, le possesseur ne peut, quelque prétexte qu'il ait, la convertir en deniers. Arrêt du Parlement de Grenoble du 5. Avril 1634. pour le Prieur de S. Martin de Miseré au sujet d'une rente de trois minots de sel qu'il avoit à prendre sur une maison, contre le possesseur qui la vouloit faire réduire à une somme certaine. De même si l'introge promis par le précedent possesseur est encore dû, le nouveau possesseur ne peut non plus éviter de payer l'introge que la rente. Arrêt du 14. Juin 1614. les Chambres consultées. *V. Chorier en la Jurisprudence de Guy Papé, p. 246.*

107 Le proprietaire d'une rente fonciere peut la recevoir en argent, ou autre espece, sans que cela luy préjudicie pour les années qu'il la voudra demander en nature ; s'il s'agit de l'estimation, elle ne doit pas être faite au prix moyen du marché, mais au prix sur le pied duquel lesdites especes seroient évaluées en fait de rentes. Jugé au Parlement de Tournay le 5. May 1696. *Voyez M. Pinault, tome 1. Arrêt 104.*

RENTES, ESTIMATION.

108 De l'estimation des rentes. *Voyez* le mot *Estimation, nombre 57.*

109 Par Arrêt du 13. Juin 1517. entre Loüis de Levis, Baron de la Voute, le Sieur de Monthalin, Marguerite de Joyeuse, & autres, après estimation faite par Experts sur la valeur de la rente fonciere contentieuse, il fut jugé que chaque livre de rente avec Justice haute moyenne & basse valoit trente-cinq livres dix-sept sols, & la somme de 388. livres de rente contentieuse entre les parties, fut estimée 11000. liv. tournois, eu égard au temps de la vente faite le 25. Octobre 1464. *La Rochestavin, des Droits Seigneuriaux, ch. 10. art. 2.*

110 Rente subrogée en la nature d'une terre, est estimée par le lieu où l'hypotheque est assise, & non par le lieu du creancier. Arrêt du 1. Juin 1571. *M. le Prêtre, 11 Cent. chap. 79.*

RENTES SUR L'ETAT.

111 Rentes düës par l'Etat peuvent être saisies entre les mains des payeurs sur ceux à qui elles sont düës à la requête de leurs creanciers. Jugé au Parlement de Tournay le 29. Octobre 1693. *Voyez M. Pinault, tome 1. Arrêt 3.*

RENTES, FEMME.

112 Le mary ne peut rien changer *in propriis uxoris*, comme s'il change une rente en bled qui étoit du propre de sa femme en argent, la femme acceptant la communauté peut demander sa rente, & ce à cause de la prohibition ; mais quand le mari a fait le profit de la femme, ayant accepté la communauté, *contrà propria commoda laborans non erit audienda.* Brodeau, *sur M. Loüet lettre F. somm. 5. nomb. 15. & 16.*

113 L'Huissier Macheroux & sa femme avoient constitué une rente de cent livres aux Chanoines de la sainte Chapelle du Palais un seul pour le tout sans division ; Macheroux décede le premier, sa veuve fut seulement condamnée en la moitié de cent livres tournois de rente & arrerages. Arrêt du 1. Février 1546. *Le Vest, Arrêt 32.*

114 Une femme n'est tenuë à cause de la communauté du principal de la rente düë par son défunt mari, mais seulement des arrerages qui avoient couru pendant le mariage ; & à l'égard du doüaire, qu'elle passeroit titre nouvel de la rente qu'elle seroit tenuë de continuer tant qu'elle seroit détentrice des propres de son mari. Arrêt à Pâques 1592. *Montholon, Arrêt 67.*

115 Rente subrogée ne va plus avant qu'à affecter la rente aux conventions matrimoniales. Arrêt du 23. Janvier 1625. *Du Frêne, livre 1. chap. 37.*

116 Rente constituée par une femme separée de biens & d'habitation, quoiqu'autorisée d'une autorisation generale, & par transaction de son mari, déclarée nulle, c'étoit la Dame d'Hyllerin & le sieur Blondeau Avocat : si pour tous droits paternels & maternels il n'est donné en partage que des paternels, ce qui excede le paternel, est censé propre maternel. Arrêt du 26. Janvier 1680. *De la Guessiere, to. 4. liv. 3. chapitre 5.*

RENTES FONCIERES.

117 Des rentes foncieres. *Voyez* le Recueil des Ordonnances par Fontanon, tome 1. livre 4. tit. 25. p. 804.

118 Rentes foncieres & düës en grain. *Voyez Grimaudet, livre 1. des Contrats, pign. & usu. chap. 10.*

119 Traité des censives, rentes foncieres, &c. Paris 1691.

Quatre differences, selon Loyseau, entre les rentes foncieres Seigneuriales, & celles qui ne le sont pas : celles-ci ne se prescrivent par le Rentier, les arrerages seulement par trente ans, parce que le Rentier qui possidet nomine Domini non potest sibi mutare caufam possessionis.

2°. Les rentes Seigneuriales emportent lods & ventes quand l'heritage sujet à icelles est vendu, parce que c'est une tacite condition que le Seigneur utile ne peut vendre l'heritage sans l'approbation du Seigneur, pour laquelle approbation le Seigneur a les lods & ventes ; ces lods & ventes sont dûs au premier & plus ancien Seigneur & bailleur du fond ; Aux simples rentes foncieres, il n'échet jamais lods & ventes.

3°. Les rentes Seigneuriales ne sont point purgées par le decret, *aliud* des simples rentes foncieres.

4°. Les rentes Seigneuriales sont mises en ordre avant les frais des criées par *l'Ordonnance des criées, chap. 12.* les simples rentes foncieres ne viennent qu'après les frais.

Differences entre les rentes foncieres & constituées. **120**

1°. De celles-là on peut demander vingt-neuf années, de celles-cy cinq.

2°. Les rentes constituées à prix d'argent, en bled ou autres especes, sont réduites en argent par l'Ordonnance de 1553. les rentes foncieres de bail d'heritages, quoique stipulées rachetables, ne peuvent être réduites en argent, quand il n'y en a point en de baillé.

3°. Le debiteur est tenu personnellement de la rente constituée, quoiqu'il ait aliené l'heritage ; *Secus, du* preneur à rente après qu'il l'a mis hors de sa main.

4°. Les criées des rentes foncieres se font ainsi que celles des heritages, les rentes constituées se decretent autrement.

5°. L'heritage s'ajuge à la charge de la rente fonciere, le creancier vient seulement en cas de rente constituée sur le prix de l'heritage.

6°. Pour les arrerages de la rente fonciere on peut proceder par voye d'arrêt ou brandon sur les fruits, ce qui n'a pas lieu pour la rente constituée.

7°. Le retrait lignager a lieu en rente fonciere, non en constituées, celles-là sont indivisibles, celles-ci sont divisibles.

386 REN

120 bis. *Loyseau* remarque plusieurs autres différences.

Les rentes foncieres sont entierement à la charge des debiteurs, *aliud* des rentes constituées.

Es rentes foncieres, le preneur peut s'exempter en déguerpissant, *secus* aux autres.

Es rentes foncieres, la discussion n'a point lieu au profit du tiers détenteur, même quand il est question des arrerages précedens sa détention, *secus* és constituées.

En la cession & transport, & aussi dans le rachat & amortissement d'une rente fonciere, sont dûs lods & ventes, comme aussi dans la constitution & imposition d'icelle, si elle est rachetable, & non autrement, art. 87. de la Coûtume de Paris, *secus* és rentes constituées.

Pour arrerages de rentes foncieres, on peut, même sans contrat executoire, directement proceder par voye de saisie sur l'heritage. Par l'Ordonnance de 1563. en rente constituée, il faut contrat ou condamnation. *Vide Loyseau, liv. 1. des Rentes, ch. 3.*

121 De la difference des rentes foncieres & des rentes constituées à prix d'argent. *Voyez Henrys, tome 1. liv. 4. chap. 6. quest. 68.*

122 Pour sçavoir si la rente est fonciere ou volante & rachetable, il faut toûjours avoir égard à la premiere constitution. *V. M. le Prêtre, 1. Cent. ch. 35. & Henrys, tom. 1. livre 4. ch. 6. quest. 68.*

123 Fond noble baillé à la charge d'une rente fonciere, la rente n'est pas feodale comme le fond, si elle n'a été infeodée, mais seulement réputée propre ou acquêt comme le fond, & se partage roturierement. *Chopin, Coût. de Paris, liv. 1. titre 3. n. 15.*

124 Un debiteur de rente fonciere d'un poinçon de vin, ne peut payer l'estimation; mais il est tenu de payer en espece, *quia aliud pro alio invito creditori solvi non potest*, & que la rente est dûë à cause du fond, *ita judicatum audivi*. Bouvot, *tome 1. part. 2. verbo Detteur de vin, quest. 1.*

125 Si celuy qui prétend une rente fonciere sur une maison, peut contraindre le détenteur à exhiber le titre en vertu duquel il possede; & si telles rentes foncieres dûës és Villes aux Ecclesiastiques, sont rachetables? *V. Bouvot, to. 2. verbo Rentes à prix d'argent, question 24.*

126 Si la rente fonciere doit porter ces qualitez, portant *lods, retenuë, remuage*, sans aucun prix, afin qu'elle ne soit rachetable, & qu'il y ait expresse reserve sur l'assignat; autrement, si elle peut être dite volante & rachetable? *Ibid. quest. 32.*

127 La rente fonciere doit être payée au lieu où l'heritage est situé, & non au lieu du domicile du bailleur. Arrêt du Parlement de Bourgogne du 21. Janvier 1582. *Bouvot, tome 2. verbo Cense, quest. 1.*

128 Dans une rente qui a toutes les marques d'une rente fonciere, la clause du rachat moyennant un certain prix, en change la nature, & la fait considerer comme une rente constituée. Arrêts du Parlement de Bourgogne des 11. & 28. Mars 1670. *Taisand, sur cette Coûtume, tit. 5. art. 2. n. 5.*

129 Rentes foncieres, même celles sur les maisons des Villes, ne sont pas rachetables. Arrêt du Parlement de Dijon du 26. Avril 1674. L'on citoit un Arrêt contraire de l'année 1628. mais on ne fit point état de cet Arrêt unique, contre une maxime dont personne ne trouva lieu de douter. *Ibid.*

130 Le 17. Août 1574. arrêté que les rentes de grain & toutes autres, fors celles d'argent, dûës par tenanciers d'heritages assis aux champs, *in dubio* sont réputées foncieres & pour bail d'heritage, & le debiteur ne peut en demander le rachat ni déduction, s'il ne montre qu'elles ayent été constituées & acquises à prix d'argent. *V. la Biblioth. de Bouchel, verbo Rentes.*

131 Appropriement n'exclut les rentes foncieres, c'est-à-dire, que celuy qui a acquis un heritage, & s'en est approprié, ne laisse pas d'être tenu de payer les arrerages anciens. Arrêt du Parlement de Bretagne du 17. Février 1575. qui condamna un détenteur à payer vingt années d'arrerages d'une rente de froment. *Du Fail, liv. 1. ch. 395.*

132 Une maison chargée d'une rente fonciere, bâtie près des murs de la Ville, ruinée par les guerres civiles, le proprietaire du fond ne peut contraindre le debiteur au payement de la rente. Jugé le 23. Decembre 1600. *Mornac, L. 9. §. muros ff. de rerum divis.*

133 Jugé que les rentes anciennes dûës en grains ou argent, de bail d'heritage, payées par plus de quarante ans, sont réputées foncieres, perpetuelles & non rachetables, encore qu'il n'apparoisse des titres originaires. Arrêt du Parlement de Paris du 2. Août 1601. *M. Bouguier, lettre R. n. 7.*

134 Plusieurs s'opposent à un decret pour rentes qu'ils appellent foncieres; les constitutions le portent ainsi, même une appartenante à l'Eglise. Les creanciers disent qu'il ne peut y avoir qu'un Seigneur foncier. *Ejusdem dominii duo non sunt domini in solidum.* Les autres rentes ne sont que constituées; ils consentent qu'elles soient acquittées. Arrêt du Parlement de Paris du 24. Novembre 1605. confirmatif de la Sentence du Châtelet, qui juge que le plus ancien titre est la rente fonciere; que la rente constituée se devoit liciter au decret, & le rentier venir comme creancier, quoique la rente fût dûë à l'Eglise. *V. les Plaidoyez de Corbin, ch. 147.*

135 Il n'échet de faire remise & diminution pour arrerages de rentes foncieres, échûs pendant la guerre. Arrêt du 14. May 1639. *Du Frêne, livre 3. chap. 59.* où il est remarqué que si le détenteur étoit entierement depossedé de l'heritage, il ne seroit tenu au payement de la rente fonciere.

136 Un debiteur ayant une rente fonciere de 15. livres avec quelques septiers de bled, cede à son creancier le revenu de cette terre pour cinq ans; un an & demi après, le debiteur vend le fond à un autre, à la charge de dédommager le creancier. L'acheteur attaque le creancier pour vuider les lieux. Le creancier soûtient qu'il a acheté une rente pour cinq ans, & qu'il n'est point Fermier. Le Presidial de Poitiers maintient le creancier dans la joüissance; appel par l'acheteur. Arrêt du 28. Juin 1644. qui confirme la Sentence, & condamne l'appellant à l'amende. *Dist. de la Ville, n. 8586.*

137 Les rentes foncieres ne peuvent être créées que *in alienatione fundi*, & non par simple assignat. Dans ce dernier cas, l'on n'est recevable à demander que cinq années d'arrerages. Ainsi jugé au Parlement de Paris le 14. Juillet 1688. en insinuant une Sentence des Requetes du Palais. *Voyez le Journal du Palais, tome 2. page 748.*

Voyez cy-après le nomb. 148.

138 Rente fonciere, en quel cas elle a été jugée rachetable? *Voyez M. Expilly, Arrêt 129.* où il y a Arrêt du 5. Février 1605.

139 Le Chapitre de Castelnaudary vend en 1474. une maison à un nommé Falga, moyennant cinquante écus, par acte passé devant Notaire & témoins; & confesse devoir 8. septiers de bled de rente pour un Obits, lesquels il promet payer audit Chapitre, à la charge que lorsqu'il payeroit dix écus d'argent, le payement d'un septier cesseroit; depuis ce temps, la rente a toûjours été payée en bled, à l'exception de quelques années qu'elle l'avoit été en argent. Le successeur de Falga demande à amortir la rente en payant cinquante écus, comme rente volante & constituée à prix d'argent. Par Arrêt du 23. Decembre 1603. la rente fut declarée fonciere, parce qu'il y avoit un fond donné, quoiqu'il fût convenu qu'elle seroit rachetable, permis seulement au possesseur de déguerpir, ce qui avoit été jugé auparavant pour le

même Chapitre, le 18. Novembre 1595. *Cambolas*, *liv. 3. chap. 37.*

140 Le Seigneur auquel l'heritage chargé de rentes foncieres retourne, a cette faculté de les pouvoir racquitter au denier vingt. On a étendu ce privilege plus loin. Par Arrêt du Parlement de Roüen du 13. Juillet 1628. il a été jugé qu'un Seigneur feodal qui avoit retiré à droit feodal un heritage chargé de rentes foncieres, avoit la liberté & le pouvoir de les racheter. *Basnage, sur l'art.* 201. *de la Coût. de Normandie.*

141 Jugé au Parlement de Roüen le 10. Février 1663. pour l'Hôpital de Coutance, qu'encore qu'une rente fonciere n'eût été payée qu'à cinq sols par boisseau durant plus de quarante ans, & que par une Sentence donnée plus de quarante ans auparavant, dont il n'y avoit point d'appel, l'Hôpital eût été condamné à recevoir la rente sur ce pied ; neanmoins elle seroit payée en essence, conformément à deux Arrêts rapportez par *Berault*. Voyez *Basnage, sur la Coût. de Normandie, art.* 521.

142 Jugé au Parlement de Roüen le 13. Juin 1664. qu'une rente créée pour le prix d'un heritage vendu, encore qu'il y eût clause commissoire, n'étoit point fonciere. Il n'en est pas de même d'une rente dont un lot est chargé ; quoiqu'elle soit rachetable, elle ne laisse pas d'être fonciere. *Basnage, sur la Coût. de Normandie, art.* 525.

143 Au procès d'entre Pierre Grandmare appellant, & les Prieur & Religieux Celestins de Roüen, intimez, l'on agita cette question, sçavoir si le détempteur d'une partie de l'heritage obligé à une rente fonciere, ayant joüi avec ses auteurs pendant quarante années, sans être inquieté pour le payement des arrerages, avoit pû liberer son fond, & l'affranchir de cette redevance ? Par Arrêt du Parlement de Roüen du 20. Decembre 1681. la Sentence fut confirmée. Au fait particulier, il y avoit quelque espece de mauvaise foy, en ce que Martin Grandmare, ayeul de Pierre appellant, avoit stipulé pour le preneur à fiefe dans le contrat de 1604. & depuis avoit acheté les quatre acres & demie, dans la vûë de les distraire de la fiefe, & de frauder le proprietaire de sa rente. *Basnage, ibidem, art.* 521.

RENTES A FOND PERDU.

144 La Déclaration du Roy est du 12. Août verifiée en Parlement le 2. Septembre suivant 1661. par laquelle le Roy défend à toutes les Communautez, tant regulieres que seculieres, de recevoir des deniers à fond perdu, à l'exception de l'Hôtel-Dieu de Paris, l'Hôpital General, les Incurables, & le grand Bureau des Pauvres. La Charité, par Lettres Patentes qu'elle a obtenuës du Roy ensuite de la Déclaration, a eu le même privilege. Dans cette Déclaration, il n'est point parlé des particuliers.

145 On ne peut saisir réellement une rente à fond perdu ; on a distribué les arrerages comme meubles ; la Sentence des Requêtes de l'Hôtel infirmée, & ajugé à la Dame, à qui appartenoient les arrerages de cette rente à fond perdu, la somme de 400. livres par chacun an. Jugé à Paris le 31. Juillet 1685. *Journal du Palais.*

146 Rente à fond perdu faite entre particuliers au denier dix, est permise. Arrêt du 26. Août 1687. *Ibidem.*

Voyez *lettre F. au titre Fond perdu.*

RENTES, GARANTIE.

147 De la garantie en fait de rentes. Voyez le mot *Garantie, nomb.* 105. *& suiv.*

La garantie n'a point de lieu pour les rentes dûës par le Roy. *Ibid. nomb.* 116. *& suiv.*

RENTES EN GRAIN.

148 Voyez cy-dessus *le nomb.* 35. *& suiv, & le nomb.* 98. & encore *le nomb.* 117. *& suiv.*

Pensions de grains & autres denrées fondées pour Obits, doivent être réduites *ad legitimum modum*, & sont rachetables. Voyez le mot *Fondation, nomb.* 97. *& suivans.*

149 Rentes de denrées, bleds & autres choses, se doivent constituer ou vendre à raison du denier courant de l'Ordonnance. Arrêt du 9. Février 1531. qui declare usuraire un contrat, parce que le creancier ne prouvoit pas que communément & durant dix années, la rente de bled, n'avoit pas excedé le prix de la constitution. *Papon, liv.* 12. *tit.* 7. *n.* 22.

150 Le 18. May 1516. Guyon d'Orcheres, & Jeanne Jamin sa femme, vendent à Raoul Loisel six boisseaux & demi de rente, pour la somme de seize liv. cinq sols monnoye. Depuis le boisseau fut apprecié à douze sols six den. monnoye. La rente de bled fut réduite à prix d'argent à l'égard de ce qu'elle fut premierement achetée, sçavoir à seize sols trois den. de rente monnoye, & à ce prix seront payez les arrerages, tant de ce qui est resté, que de ce qui auroit été payé, icelle rente rachetable à toûjours. La clause du contrat fut aussi cassée, portant que les vendeurs ne pourroient vendre leur terre hypotequée, à autres qu'à l'acheteur. Arrêt du Parlement de Bretagne du premier Octobre 1535. *Du Fail, li.* 3. *chapitre* 411.

151 Arrêt du 13. Mars 1549. qui réduit à raison du denier 15. une rente d'un muid de froment, constituée pour 100. liv. de principal, & la declare rachetable, quoiqu'elle fût constituée en l'an 1510. Autre Arrêt du 18. May 1564. qui declare qu'une rente constituée en grains, quoiqu'elle n'excedât le denier douze, se pouvoit payer & racheter à prix d'argent, à raison du denier douze. Arrêt semblable du 30. Juillet 1576. *Papon, liv.* 12. *tit.* 7. *n.* 17.

152 Trente boisseaux de seigle vendus pour cent liv. furent declarez perpetuellement rachetables, & ce au denier douze. Arrêt du Parlement de Bretagne du mois d'Octobre 1557. *Du Fail, liv.* 2. *ch.* 64.

153 Rente en bled qu'on prétendoit avoir été constituée à prix d'argent, a été declarée fonciere & non rachetable, par Arrêt du 15. Janvier 1563. entre le Chapitre de Roüen, d'une part, & Messire Robert de Pellevé, d'autre part. *Le Vest, Arr.* 211.

154 L'appellant en l'an 1554. vend à l'intimé sept boisseaux de froment de rente, mesure de saint Malo, à devoir de portage en la maison de l'intimé, sur hypoteque speciale d'une piece de terre pour 57. livres en principal, & vingt sols en commissions, à condition de payer de cinq ans, & le temps passé, l'appellant sera assiette de la rente sur les heritages. Le temps de grace & faculté passée, l'appellant est condamné de faire assiette ; appel. Il prend Lettres pour franchir la rente & la réduire. Par Arrêt du Parlement de Bretagne du 27. Février 1563. il est dit mal jugé, corrigeant le Jugement, & enterinant les Lettres, la rente dûë en espece de bled réduite à argent, à raison du denier quinze ; à laquelle raison, sera tenu l'appellant payer les arrerages ; & à la même raison, luy sera fait déduction sur les arrerages seulement, de ce qu'il en a payé davantage pour le passé ; condamne l'intimé aux dépens de la cause d'appel. *Du Fail, liv.* 1. *chap.* 191.

155 *Theveneau*, sur l'Ordonnance de Charles IX, raporte un Arrêt du 25. Février 1605. par lequel il fut jugé que rentes constituées au denier dix, pour un heritage demandé par retrait, n'étoient sujetes à la réduction du den. 12. ni celles constituées pour soulte de partage. Et par Arrêt du Parlement de Bretagne du 26. Juin 1597. jugé que rente promise pour un droit naturel ou récompense dont l'assiette est designée, les arrerages peuvent être demandez de plusieurs années, comme des rentes foncieres. *Ibid.*

156 Pierre des Maisons est condamné par l'Alloüé de Nantes à payer les arrerages de vingt années en espece de deux septiers de bled ; il appelle, disant que la

rente est constituée pour 25. livres, & que deux septiers valent chacun, & par chacun an soixante sols ; ce qui est une usure excessive : il conclut à ce que le contrat soit déclaré usuraire, au moins la rente rachetable, & les arrerages ajugez seulement de cinq années avant le procez, à raison du denier vingt. L'Administrateur de l'Hôpital de Nantes disoit qu'il y avoit prescription à l'Hôpital, en faveur duquel *est aliquid relaxandum*. Par Arrêt du Parlement de Bretagne du 16. Février 1576. il fut dit que la rente seroit rachetable à perpetuité, en rendant le fort principal, & loyaux coûts. La rente réduite à prix d'argent à raison du denier douze ; le débiteur condamné à payer sur ce pied les arrerages du passé. *Du Fail*, livre 1. chap. 401.

157. Rente de cinquante boisseaux de froment, constituée dés 1460. pour deux cens livres, réduite par Arrêt du Parlement de Bretagne du 4. Octobre 1567. à prix d'argent au denier quinze, & rachetable toutefois & quantes. *Ibid. li. 2. ch.* 299.

158. Sans rassembler tous les préjugez sur cette matiere; il y a l'Ordonnance de Charles IX. en 1565. par laquelle toutes rentes constituées en bled de quelque temps, & à quelque prix que ce soit, sont réduites à prix d'argent à raison du denier douze, tant pour les arrerages qui en peuvent être dûs, que pour le payement qui s'en fera à l'avenir, laquelle Ordonnance a lieu en dot ; comme il fut jugé entre le beau-pere & le gendre, par Arrêt du Parlement de Paris du 3. May 1571. *Chopin*, 2. li. de privil. rust. part. 1. cap. 6. *Papon*, liv. 12. tit. 7. nomb. 10.

159. Rente en grain est rachetable à prix d'argent pour la somme déboursée, & les arrerages dûs payables au denier douze. Arrêt du 2. Août. 1567. *Voyez le Vest*, Arrêt 93.

160. Un Seigneur feodal est préférable à la discussion des immeubles du vassal pour la prestation & recouvrement du payement des redevances en deniers & especes à lui dûës ; mais s'il étoit question du payement des redevances en grain, il suffiroit qu'il fût fait de ceux recuëillis par le Vassal, exempt de fraude, mauvaise foi & negligence, sous laquelle consideration le Parl. de Rouën rendit Arrêt en 1578. entre le sieur de Guihesberg, & ses hommes Vassaux, & décida qu'ils payeroient leurs rentes en grains, de ceux qui proviendroient sur les terres de la Seigneurie ; & par même moyen qu'il bailleroit quittance & décharge du payement qui luy seroit fait par lesdits hommes. *Biblioth. de Bouchel*, verbo, *Redevance feodale*.

161. Arrêt donné és Arrêts generaux de Pâques 1586. par lequel une rente d'un septier de grains méteil constituée à prix d'argent par l'an 1384. nonobstant l'allegation de la forte monnoye du temps, & sans avoir égard à aucune prescription, a été déclarée rachetable & réductible en argent au denier douze, sans avoir égard au temps & à la valeur de la monnoye forte, ou autre, de laquelle la rente étoit constituée, & que le rachat se feroit suivant le prix que la monnoye auroit lieu pour lors. *Papon*, livre 12. tit. 7. n. 17.

162. En rente de grains portable, les arrerages en peuvent être demandés & estimés suivant la valuë de chaque année, ce qui n'a pas lieu à l'égard des rentes generales. Jugé le 3. Février 1590. pour le sieur de Gaignac, contre un emphiteote, afin de les rendre exacts à payer aux termes convenus. *Cambolas*, liv. 1. chap. 10.

163. Nonobstant le long-temps qu'il y avoit qu'une rente avoit été constituée à prix d'argent en bled, ou autre espece de grains, & que l'on eût montré par écrit que lors de la constitution, & par plusieurs années précedentes & subsequentes le bled n'avoit valu, suivant le prix commun, qu'à raison du denier quinze & douze ; neanmoins par Arrêt du premier Août 1598. la rente & les arrerages ont été réduits au denier douze. Autre Arrêt du premier Août 1601. qui a jugé que quand il ne paroît point de la création de la rente en grain, & qu'elle a été payée sur les heritages quarante ans & plus, elle est reputée fonciere & non rachetable. *Papon*, li. 12. tit. 7. n. 20.

164. Rente en grain réduite en argent suivant l'Ordonnance, à la raison du denier douze. Arrêt du 22. Decembre 1598 *Bibliotheque de Bouchel*, verbo *Rente*.

165. Jugé au Parlement de Mets le 22. Decembre 1639. que les Prêtres & Chanoines dans une Abbaye de Filles, & dont le revenu est fondé & désigné en certaine quantité de grains & de vin, peuvent dans un temps miserable, & lors qu'il n'y a pas de grains suffisamment pour nourrir les Religieuses, être contraints de recevoir leur revenu en argent. *Voyez le* 35. *Plaidoyé de M. de Corberon* ; il fut dit que pour le passé les rentes seroient payées en espece, mais que pour l'avenir tant que la guerre durera, les Prêtres auroient chacun an 150. livres tournois.

166. Par Arrêt du Parlement de Paris du 29. Decembre 1659. il a été jugé qu'une rente en grains, payée pendant plus de quarante années, doit être reputée fonciere, & non rachetable. *Soëfve*, to. 2. Cent. 2. chap. 5. il rapporte un Arrêt contraire du premier Juillet 1606.

RENTE SUR HERITAGE.

167. Une rente est assignée sur le revenu d'un heritage ; si l'assignation n'est que pour montrer & désigner le lieu sur lequel elle se pourroit prendre plus commodément, & non pas pour la restraindre au revenu dudit heritage ; au premier cas, la rente doit être suppléée par les autres biens de celuy qui a donné la rente ; au second cas, non. *Carondas*, liv. 11. Réponse 69.

168. Heritage pris à rente, jugé que la terre seroit discutée par le cessionnaire aux perils & fortune du preneur, & sur le prix le cessionnaire payé, tant du sort principal que des arrerages de la rente, si tant il se pouvoit se monter, sinon le preneur condamné luy fournir le surplus ; s'il s'agissoit si un preneur d'heritage à rente en bled avec promesse de la fournir & faire valoir, est reçu à la rembourser. Arrêt du 30. Avril 1626. *Du Frêne*, livre 1. ch. 101.

RENTES, HYPOTEQUE'ES.

169. Si les rentes constituées ont suite par hypoteque entre les mains du tiers détempteur dans les Coûtumes qui les reputent meubles ? *Voyez* le mot *Hypoteque*, nomb. 130. & suiv. où il est parlé de l'hypoteque des rentes.

RENTES IMMEUBLES, OU MEUBLES.

170. Si les rentes sont reputées meubles ou immeubles ? *Voyez* le mot *Immeubles*, nomb. 23. & suiv.

171. Il y eut Arrêt au mois de Septembre 1260. par lequel une rente fut déclarée immeuble. *Bibliotheque de Bouchel*, verbo *Rentes*.

172. La rente est déclarée mobiliaire selon la Coûtume du lieu où le creancier a son domicile. Arrêt du 7. Mars 1598. *Carondas*, livre 11. Rép. 42. voici l'espece. Un habitant d'Orleans vend & constituë une rente à un autre habitant d'Orleans au temps de la vieille Coûtume, que les rentes à Orleans étoient reputées mobiliaires. Le vendeur obligé au payement tous ses biens, entre lesquels il y a une ferme sise au Bailliage d'Etampes, où les rentes sont immobiliaires : *quaritur*, de quelle nature sera reputée la rente ? Rép. Il faut seulement considerer le domicile des parties contractantes, *quia debitorum nomina*, principalement des dettes mobiliaires *adhærent personis creditorum*. Même Arrêt du 7. Mars 1598.

173. Pour sçavoir la nature d'une rente si elle est meuble ou immeuble, il faut considerer la Coûtume du lieu où étoit demeurant le premier acquereur de la rente, & non simplement le domicile du débiteur. Arrêt du 10. Février 1608. *M. le Prêtre, és Arrêts celebres du Parlement, & 3. Cent. chap.* 57. Voyez *Carondas*, liv. 12. Réponse 27.

RENTES, LODS ET VENTES.

174 Lods & ventes sont dûs pour le principal de la rente constituée sur soy par l'acheteur de l'heritage redevable, sans attendre le rachat, quoiqu'il n'y ait deniers déboursez ; ainsi jugé pour l'Evêque de Paris, contre M. Jean Beauclerc Treforier, le 24. Mars 1567. En rente rachetable, le Seigneur prend seulement les lods & ventes de la somme accordée pour le rachat. *Papon, liv.* 13. *tit.* 2. *n.* 24.

175 Arrêt du Parlement de Paris du 17. Février 1568. qui condamne à payer les lods & ventes auxReligieux de S. Denis en France, pour la vente d'une rente fonciere. *Ibidem, nomb.* 36.

176 Jugé par Arrêt du 15. Avril 1606. qu'en la Coûtume de *Lorris* l'acquereur d'un heritage chargé de rente fonciere, neantmoins rachetable, lequel s'est chargé de la rente par son acquisition, n'est tenu de payer les lods & ventes du prix de la rente, mais seulement des deniers actuellement déboursez. *Chenu,* 2. *Cent. quest.* 94. Filleau, 4. *part. quest.* 194.

177 Si quelqu'un fait achat d'une rente portant lods, retenuë & remuage à prix d'argent, que le vendeur assigne sur certains heritages, l'acheteur agissant contre les tenanciers, s'il peut demander les arrerages de 29. années ; & si cette rente doit être jugée simple & viagere, & réduite à la nature des rentes viageres? *V. Bouvot, tome* 1. *part.* 1. verbo *Vente, de cense portant lods*, *quest. seule*.

Voyez *lettre* L. *le titre des Lods & Ventes*, *n.* 309. & *suiv.* & cy-aprés *le nomb.* 299.

RENTES SUR MAISONS.

178 Voyez les Commentateurs *sur l'article* 122. *de la Coûtume de Paris*.
Une rente sur une maison que l'on dit rachetable, ne pouvant faire apparoir de contrat valable pour montrer qu'elle est Seigneuriale, & non rachetable ; il faut toûjours présumer pour la liberté. *Voyez Bouvot, tome* 2. verbo *Cense*, *quest.* 42.

179 Les rentes foncieres sur les maisons bâties dans les Villes sont déclarées rachetables à perpetuité par les Ordonnances du mois d'Octobre 1539. & May 1553. elles n'ont point été observées à Toulouse à l'égard des Ecclesiastiques. *V. Mainard, livre* 4. *chapitre* 49.

180 Quand un débiteur est en demeure de payer, & qu'il doit quelques années d'arrerages d'une rente en grain, ou quatre especes, l'estimation se fait, non au plus haut prix de chacune année, mais au prix qui a été le plus commun ; ainsi jugé par Arrêt és grands Jours tenus à Riom le 10. Novembre 1546. Autre Arrêt semblable du Parlement de Paris du 22. Janvier 1548. *Papon, liv.* 13. *tit.* 2. *n.* 13.

181 Par Edit du Roy Henry II. du 26. Juin 1554. publié le 20. Novembre audit an, les rentes assises sur maisons des Villes closes, ont été déclarées rachetables au denier quinze. Jugé par plusieurs Arrêts du Parlement de Toulouse, entr'autres le 28. Novembre 1562. pour une rente assise sur une maison en la ruë du Salin à Toulouse. *La Rocheflavin, liv.* 3. *titre* 6. *Arrêt* 1.

182 Arrêt du Parlemennt de Paris du dernier Mars 1576. qui permet à Simon Acarie proprietaire d'une maison à Paris, de racheter une rente duë à l'Eglise de sainte Oportune, en payant le sort principal à raison des rentes au denier vingt. Chopin plaidoit pour les Marguilliers. *Définit. Can. p.* 100.

183 Une maison sise au Fauxbourg de Châteaudun baillée à rente, est brûlée lors de la prise de la Ville, comme les autres au nombre de 1500. Le bailleur demande sa rente. Le preneur absous par Sentence des Requêtes du Palais. Par Arrêt donné en Juin 1595. la Sentence confirmée. *Bibliotheque de Bouchel*, verbo *Renie*.

184 Une place ou maison avoit été baillée par un particulier autre que le Seigneur, avec clause que la rente ne pourroit être rachetée. Par Arrêt du 26. Novembre 1620. il a été jugé que la maison qui avoit été saisie réellement seroit ajugée à la charge de la rente, nonobstant que le saisissant soûtint qu'il seroit impossible de trouver des encherisseurs, avec la charge de la rente. *Voyez Auzanet, sur l'art.* 121. *de la Coûtume de Paris*, *page* 106.

185 Par deux Arrêts donnez, l'un le 22. Novembre 1620. & l'autre en Janvier 1634. contre les Religieux Feüillans ; il été décidé que la premiere rente aprés les cens dont le rachat a été jugé prescriptible par l'art. 121. de la Coûtume de Paris, doit être entenduë celle qui est duë au Seigneur, & non de celles duës à des particuliers. On allegue un autre Arrêt du 23. Juillet 1639. donné en la quatriême Chambre des Enquêtes entre Jean Coudray & Loüise Guillois sa femme, François de Blois, & Pierre Bauquinville, lequel comme on prétend, a passé outre, & jugé qu'une rente sur une maison sise à Poissy étoit rachetable à perpetuité, & que le rachat étoit imprescriptible par quelque tems que ce soit en faveur de la liberté *& ne ædificia urbium difformentur* ; mais il faut observer qu'en l'espece sur laquelle ce dernier Arrêt a été rendu, il se trouvoit un titre nouvel accepté par le creancier durant les trente années dernieres, dans lequel la rente étoit demeurée rachetable ; & quelques-uns des Juges furent d'avis que ce titre nouvel avoit interrompu la prescription, & prorogé en ce tems la faculté de rachat de la rente pour trente années, à compter du jour du titre nouvel. *Voyez ibid. art.* 120.

RENTES, MARCHANDISES.

186 Jugé que pour marchandise livrée, le Marchand ne peut tirer une constitution de rente, si ce n'est *ex intervallo*, & un long-tems aprés que le débiteur poursuivi se trouve n'avoir aucun moyen de payer comptant. *Bibl. de Bouchel*, verbo *Rente, & Loüet, let.*I.*som.*8.*n.*2.

187 Une rente constituée, partie pour marchandise, & partie pour argent, a été déclarée bonne pour l'argent, & nulle pour la marchandise. Arrêt du 13. Decembre 1512. *Papon, li.* 12. *tit* 7. *n.* 8.

188 Mais quand il y a un an que la marchandise a été livrée on peut constituer rente ; l'on rapporte un Arrêt d'Audience du 20. Février 1564. ce requerant M. du Mesnil pour M. le Procureur General, par lequel il fut jugé que rente se pouvoit créer pour vente de marchandise, pourvû qu'il y eût quelque tems, comme de trois ou quatre mois entre la vente & le contract. *M. le Prêtre*, 4. *Cent. ch.* 11. Chopin, *Coûtume de Paris, li.* 3. *tit.* 2. *n.* 14. Mornac, *l.* 25. *C. de usuris*. Carondas, *li.* 9. *Rép.* 15. *& liv.* 11. *Réponse* 25. *& Jovet*, au mot *Rente*, à la fin.

189 Une rente peut être créée pour vente de vin. Arrêt du Parlement de Dijon du 8. Avril 1603. le terme donné pour payer étoit expiré. *Bouvot, tome* 2. verbo *Usures*, *quest.* 2.

RENTE, MINEUR.

190 S'il est permis de faire créer une rente d'arrerages dûs par un débiteur au profit d'un mineur, auquel les arrerages de six années sont échûs en partage ? *Voyez Bouvot, to.* 10. verbo *Rentes à prix d'argent*, *quest.* 16.

191 Par Arrêt du Parlement de Paris du 8. Mars 1549. la Cour a cassé le contrat, en rendant par le mineur le sort principal dans six mois, *alias*, le contrat entretenu, & sans aucuns arrerages ni dépens. *Papon, li.* 12. *tit.* 7. *n.* 12.

192 On ne peut faire un rachat de rente à un mineur étant marié sans autorité de tuteur ou de curateur. Arrêt du 9. Avril 1562. *Voyez Tronçon*, *Coûtume de Paris*, *article* 226. verbo *sans son consentement*, où il rapporte deux Arrêts, l'un pour le pays de Droit écrit de l'an 1596. l'autre pour le pays Coûtumier du 18. Decembre 1610.

193 Es Coûtumes où l'on est majeur à 20. ans, un mineur de 19. ans reçoit un remboursement d'une rente,

Ccc iij

RENTES, MONNOYE.

194 D'une rente payable en écus d'or, lorsque les especes sont augmentées. *Voyez Cambolas, livre 2. chapitre 25.*

195 Titre ancien ne peut être diverti : comme à cause d'une maison sise à Lyon, fussent dûs douze écus vieux de rente fonciere, dont il apparoissoit par Lettres de Bail authentique, toutefois le détenteur disoit que depuis cinquante ans & plus, luy & ses prédecesseurs avoient payé vingt-quatre livres seulement, comme il justifioit par quittances qu'il offroit payer & continuer, alleguant prescription. Par Sentence du Sénéchal de Lyon confirmée par Arrêt il est condamné à payer les douze écus vieux, *ut qui iter & altum habet, eundo non perdit altum, sic per solutionem partis totum retinetur. L. 2. quem adm. serv. amitt. L. ult. §. de præscript. 30.* Bibliotheque de Bouchel, verbo Rentes, p. 186.

196 Monsieur de Montholon dit que M. Allegrain luy avoit cotté un Arrêt, par lequel il prétend avoir été jugé que la rente continuée en écus sans appretiation de l'écu, le payement pour les arrerages se doit faire en especes d'écus ; c'étoit entre Madame de Brienne & quelques creanciers pour des criées qui avoient été faites. *Ibidem.*

197 Rente constituée pour certaine somme de deniers en écus sol lorsqu'ils ne valoient que quarante sols la piece, fut déclarée rachetable pour ladite somme en mêmes especes d'écus sol, jusqu'à la concurrence d'icelle somme ; toutefois seulement & selon la valeur desdits écus lors du rachat qui étoient de 45. s. piece, par Arrêt du 4. Février 1539. *Ibidem.*

198 Rentes constituées en écus se payeront, continuëront & racheteront en écus ou à la valeur d'iceux par chacun an. Arrêt du 13. Août 1569. entre le Chapitre de Paris & le Duc de Montpensier. *Le Vest, Arrêt 100.*

199 Il y avoit cinquante ans que l'on avoit constitué six écus de rente à des Religieuses moyennant cent écus : les arrerages toûjours payez en six écus. Le debiteur obtient Lettres, & soûtient qu'il n'est tenu de payer ces arrerages qu'en monnoye courante à raison du prix que valoit l'écu lors de la constitution, & non à raison de la valeur presente. Arrêt du 20. Juillet 1594. qui le condamne de payer six écus suivant le contrat de constitution, quoiqu'ils ne fussent point évaluez. *Bibliotheque de Bouchel, verbo Rentes.*

200 Hervé Airaud vendit & constitua en 1526. au Chapitre d'Angers six écus couronnez de rente moyennant cent écus, qui luy furent baillez en soixante & dix-sept couronnez, & le reste douzains marquez à la couronne. On continuë toûjours le payement de six écus par chacun an. En 1594. René Airaud offre de payer quelques arrerages, & même racheter la rente à la raison de ce que les écus valoient lors de la creation qui étoit cent trente-cinq sols par écus, & avoit pris Lettres pour être remboursé des payemens faits en six écus. Le Chapitre dit qu'il faut avoir égard non à ce que lors valoit l'écu, mais à la bonté intrinseque de l'écu, comme il avoit été stipulé. Le Sénéchal d'Angers déboute Airaud de son offre, appel. Par Arrêt du 16. Juillet 1594. il fut dit l'appellation de grace au néant ; & aprés l'Arrêt prononcé M. le Premier President de Harlay dit aux Avocats, qu'ils avertissent leurs parties de ne plus mettre en controverse ce qui avoit été décidé par les Arrêts, parce que cette cause avoit déja par plusieurs fois été jugée en cas semblable. Voy la Loy *Paulus respondit de solutionib. secus*, s'il y avoit six écus couronnez à 35. sols piece. *Molin. de usur. qu. 90.* Voyez la *Bibliotheque de Bouchel, verbo Monnoye.*

201 Sols, bonne monnoye, comment & à quel prix estimée en fait de rente, Arrêt du Parl. de Grenoble du 13. Septembre 1636. par lequel il fut dit que quant aux sols bonne monnoye, le payement devoit en être fait suivant l'évaluation faite par la Chambre des Comptes de Dauphiné, à raison de deux sols cinq deniers. Quand il se trouve quelque difficulté ou incommodité en une prestation de certaine espece, on a toûjours admis le remede subsidiaire de l'estimation. *Basset, tome 2. liv. 3. tit. 11. chap. 2.*

202 Arrêt du Parlement de Grenoble du mois de Septembre 1662. qui déclare rachetable une pension annuelle de cinquante écus imposée l'an 1576. sous le capital de six cens écus, & les arrerages qui en étoient dûs payables à raison de trois livres cinq sols pour chaque écu, suivant l'Edit de Monceaux de l'an 1602. c'étoit en la cause de Pierre Allian & de la Communauté d'Alois. *Chorier en sa Jurisprudence de Guy Pape, p. 264.*

RENTE, PARTAGE.

203 Rente à dix pour cent constituée pour argent dû de soute par partage d'immeubles, est valable, & ne se réduit, parce que cette rente est au lieu de l'immeuble, & tient lieu d'interêts & de fruits qui sont incertains. Jugé par Arrêt confirmatif de la Sentence du Conservateur des privileges, nonobstant l'Arrêt du 19. Février 1552. parce qu'il n'apparoissoit point de l'origine de la constitution qu'elle fût vrayement pour solte de partage d'immeubles. *Voyez la Bibliotheque de Bouchel, verbo Rentes.*

204 Les rentes se partagent entre coheritiers suivant la Coûtume où le creancier de la rente a son domicile. Arrêt du premier Juin 1571. *M. Loüet lettre R. sommaire 31.*

205 Rente annuelle constituée en deniers, se doit partager entre les habitans de Paris, selon la Coûtume où les heritages specialement sont situez, sinon qu'il fût convenu entre les contractans que la rente seroit payée par chacun an à Paris. Arrêts des Partenay & Charmoulües. *Chopin, Coûtume de Paris, livre 2. titre 5. n. 21.* c'est l'Arrêt du 1. Juin 1571.

206 Quand la rente est subrogée au lieu de l'heritage, on suit la Coûtume du lieu où l'heritage est situé ; mais si la rente est constituée & dûë par obligation seulement, on suit le domicile du creancier. *M. le Prêtre, 1. Cent. chap. 79.*

207 Rente de fief rachetée, les deniers s'en partagent également entre les heritiers, sans aucun droit d'aînesse ni préciput. Arrêt du 15. Juillet 1589. *M. Loüet lettre D. somm. 30. & lettre R. somm. 15.*

208 Jugé au Parlement de Paris, toutes les Chambres assemblées, le 7. Mars 1598. que pour le partage des rentes rachetables, on regarde le domicile du creancier. *Bibliotheque de Bouchel, verbo Rentes.*

209 Pour les rentes constituées sur les Aydes d'une Ville ou sur le Roy, elles se doivent partager suivant la Coûtume du lieu où elles sont assignées, & non suivant le domicile du testateur. Arrêt du 21. Mars 1603. *M. Loüet lettre R. somm. 31.*

210 Rente acquise des deniers procedans de la vente d'un heritage feodal, se partage roturierement & non feodalement, nonobstant que la disposition du pere fût contraire. Arrêt du 22. Juin 1607. *Brodeau sur M. Loüet lettre S. somm. 10. nomb. 5.*

211 Rentes confuses revivent entre les heritiers paternels & maternels. Arrêt du 23. Août 1608. *M. le Prêtre, ès Arrêts de la Cinquiéme. Voyez Brodeau sur M. Loüet lettre F. somm. 5.*

212 L'acquereur au bout de neuf ans de prorogation de la grace en la Coûtume d'Anjou quittant la possession de l'heritage, & au lieu de son remboursement prenant une constitution de rente, cette rente luy est acquit, & se doit partager comme rente entre ses heritiers, & non comme propre. Arrêt du 6. Juin 1622. *Ibidem, lettre D. somm. 30.*

213 Rente sous seing privé est immeuble, quoiqu'elle

REN

n'emporte hypoteque que du jour de la reconnoissance. *Brodeau sur l'art. 94. de la Coûtume de Paris, nomb. 13.* Il y en a Arrêt du 14. Mars 1662.

214 Les rentes appartenantes à M. de Lesseville, Evêque de Coutances en Normandie, & qui d'ordinaire demeuroit à Paris; à l'égard des rentes constituées en Normandie, il a été jugé que sa sœur n'y prendroit aucune chose, mais que les rentes hors de ladite Coutume seroient partagées également. Arrêt du 8. Mars 1667. Audience Grand-Chambre, plaidans de Lhomineau & Caillard. *Journ. des Aud. to. 3. li. 1. ch. 17.*

Rentes, Payement.

215 Du payement en matiere de rentes. *Voyez* le mot *Payement, n. 97. & suiv.*

Payeurs des Rentes.

216 Des Payeurs des rentes. *Voyez* le mot *Payeurs, n. 1. & suivans.*

Rentes Portables.

217 *Henrys, tome 2. livre 1. quest. 21.* rapporte un Arrêt du Parlement de Paris du 8. Août 1643. qui a jugé qu'une redevance annuelle de bled duë à un Hôtel-Dieu, à prendre sur une Terre, est portable.

218 Jugé au Parlement de Toulouse que la rente étoit portable au Château du Seigneur, l'emphiteote étant obligé par le Bail en premiere reconnoissance de rendre & payer la rente au Seigneur; & on crut que ces mots *rendre & payer* exprimoient suffisamment la portabilité; mais si par les reconnoissances du Seigneur d'une Terre, la rente est payable au lieu où payable au Seigneur au lieu, elle est querable, du moins si elle est en grains, ainsi par les anciennes reconnoissances des Seigneurs de Quint étant dit que les rentes sont payables au lieu de Quint, ou payable au Seigneur audit lieu de Quint, & les dernieres reconnoissances ayant précisément stipulé en rentes portables, il fut jugé le 28. Mars 1673. que les dernieres reconnoissances ne contenoient pas surcharge pour les rentes en argent; mais qu'elles contenoient surcharge pour les rentes en grains. L'Arrêt est après partage sur le dernier article. *Voyez M. de Catellan, livre 3. chap. 3.*

Rente, Prescription.

219 De la prescription des rentes. *Voyez* le mot *Prescription, n. 300. & suiv.*

220 Prescription des cinq ans pour les arrerages d'une rente constituée. *Voyez* le mot *Arrerages, n. 72.*

221 Si les rentes Seigneuriales sont prescriptibles ? *Voyez* le mot *Prescription, n. 325. & suiv.*

222 Le 23. Août 1533. il fut conclu en la Troisiéme Chambre des Enquêtes, par l'avis pris des autres Chambres, qu'une rente volante constituée à dix pour cent qui est au denier dix, seroit moderée & réduite au denier quinze pour les arrerages à payer, quoiqu'il y eût cinquante ans de prescription. Toutefois il fut dit que la prescription serviroit quant au rachat, & qu'en se faisant la rente n'étoit rachetable. *Biblioth. de Bouchel, verbo Rentes.*

223 La prestation faite d'une rente fonciere par l'un des détenteurs des heritages sujets à la rente, n'empêche point l'effet de la prescription. *Voyez M. le Prêtre és Arrêts de la Cinquième,* où il y a Arrêt du mois de Juillet 1587. & *Henrys, tome 1. liv. 4. ch. 6. question 72.*

224 Jugé par Arrêt du 12. Mars 1629. que la prescription du rachat de la rente assignée sur une maison de la Ville de Senlis, n'est interrompuë ni par le rachat d'une partie d'icelle, ni par le titre nouvel accepté par le creancier de la même rente en qualité de rachetable, le tout durant le cours des trente années, & neanmoins la rente qui avoit été stipulée rachetable au denier quinze réduite au denier vingt. *Auzanet sur l'art. 110. de la Coûtume de Paris.*

Rente, Promesse.

225 Quand par obligation il y a promesse de passer contrat de constitution, & qu'il n'est au pouvoir du

REN 391

creancier de demander le sort principal, en ce cas la promesse n'est usuraire, mais contrat de constitution de rente. *Voyez M. le Prêtre 2. Centurie, chap. 23. in margine.*

Rentes, Propres.

226 Si la rente qui est des propres de l'ayeule doit retourner à ceux qui la représentent ? *Voyez Peleus, question 156.*

227 Rentes retrocedées & qui avoient été cedées avec garantie, & depuis retrocedées aux enfans heritiers des vendeurs, ou par eux retirées, pour se décharger de la garantie, même après le partage fait des biens du défunt, sont censées & réputées propres aux enfans & heritiers. Arrêt du 3. Mars 1618. *M. Bouguier lettre R. nomb. 8.*

228 La rente acquise pour être de pareille nature qu'un heritage propre auparavant aliené & hypothequé aux conventions matrimoniales est acquêt en succession. Arrêt du 23. Janvier 1625. *Du Frêne, liv. 1. ch. 37.*

229 Les rentes propres rachetées pendant la communauté d'une mineure, étant depuis sa majorité dévoluës à son fils son heritier, qui decede trois mois après sa mere, l'action en est mobiliaire, & appartient à l'heritier des meubles & acquêts. Arrêt du 9. Avril 1651. *Du Frêne, liv. 6. chap. 21.*

230 Une rente constituée donnée en employ de deniers dotaux qui avoient été stipulez propres à la femme, aux siens, estoc & ligne, la femme en disposé par donation entre-vifs confirmée par testament en la Coûtume de Senlis, cette donation n'avoit point été insaisinée, jugée bonne & valable à l'exclusion des collateraux qui la prétendoient. Arrêt du 12. Février 1664. *Notables Arrêts des Audiences, Arrêt 116. De la Guessiere, tome 2. livre 6. chap. 13.* rapporte le même Arrêt.

Rentes, Rachat.

231 Si le contrat porte rente rachetable, sans dire à quel prix, le rachat d'icelle est au denier vingt ; s'il est dit rachetable au denier quinze en fondation, étant assignée sur une maison, & si la rente constituée au denier dix, doit être réduite au feur de l'Ordonnance ? *V. Bouvot, tome 2. verbo Rentes à prix d'argent. quest. 33.*

232 Maxime que toute rente par quelque laps de temps qu'elle ait été payée est presumée volante & constituée à prix d'argent non fonciere d'heritage, s'il n'appert du contraire, & par consequent rachetable suivant l'Ordonnance. *Brodeau sur M. Loüet lettre R. somm. 12. nomb. 4.*

233 Si toutes rentes telles qu'elles soient duës sur maisons sises és villes & fauxbourgs, & principalement de la ville de Paris, sont rachetables à perpetuité ? *Voyez le 16. Plaidoyé d'Ayrault.*

234 Jugé par plusieurs Arrêts que le debiteur rachetant la rente, payeroit le prix principal d'icelle en espéces d'or, selon qu'il les avoit reçuës lors de la constitution, si mieux il n'aimoit payer en autre monnoye selon la valeur presente, & non selon qu'elle valoit au temps du contrat. *M. Rob. lib. 1. rer. jud. cap. 16.*

235 D'une rente que l'Eglise prétendoit perpetuelle, & dont elle ne vouloit recevoir le remboursement. *Voyez la nouvelle Edition des œuvres de Maître Charles Du Moulin, tome 2. p. 834. en son Conseil 9. & 10.* on présume toûjours pour la liberté, c'est au creancier à prouver la qualité de sa rente.

236 Rachat de rente fait de deniers empruntez, il faut trois choses pour entrer au lieu du premier creancier. *Voyez Bacquet, des Droits de Justice, chapitre 21. nomb. 140. & suivans.*

237 Les rentes acquises à prix d'argent sont rachetables, & non les autres emphiteotiques. *Basset, tome 1. livre 3. titre 3. ch. 1.*

238 Rente achetée à la charge qu'elle ne pourra être rachetée dans certain temps, ou que si le debiteur la rachette, il sera tenu de payer entierement l'année

commencée ; telle clause eſt uſuraire. Arrêt du 9. Avril 1513. *Papon*, liv. 12. tit. 7. n. 1.

239. Quand par long-temps, comme de quatre-vingt ou cent ans, une rente eſt poſſedée, & que pour le payement & continuation il y a eu pluſieurs Sentences, elle n'eſt plus amortiſſable, même quand il y a eu certain fond obligé & hypotequé, & qu'il ſe trouve par les titres que la rente a été conſtituée à plus haut prix qu'au denier douze. Arrêt ſolemnel du Parlement de Paris du 19. May 1543. *Bibliotheque de Bouchel*, verbo *Uſures*.

240. Un pere baille à ſon fils naturel une rente dont le pere joüit; le creancier qui n'a pas connoiſſance de la donation, la rachete. Après ſon décez, conteſtation par le fils naturel contre la veuve à qui tous les meubles appartenoient par la Coûtume, que c'étoit donner & retenir, qu'elle n'étoit point heritiere, & qu'elle n'avoit jamais eu connoiſſance de la donation. Arrêt au profit de la veuve, le 12. Juillet 1544. *Carondas*, livre 7. Rep. 49.

241. En 1549. Arrêt de la Cour, qu'une rente achetée à prix d'argent, ſe peut racheter *toties quoties*, nonobſtant qu'il ſoit accordé au contrat qu'elle ne ſera rachetable, per *L. Nemo*, ff. de Legat. 1. Bibliot. de Bouchel, verbo, *Uſures*.

242. Rentes conſtituées avant cent ans, furent déclarées rachetables, par Arrêt du 2. Avril 1549. Et par autre du 14. Mars 1552. entre le ſieur de la Trimoüille, & le Chapitre de Sens, fut une rente déclarée rachetable, encore qu'elle fût conſtituée au denier vingt dés quatre-vingt ans & plus, & que par le contrat ne fût faire mention de faculté de rachat. *Voyez la Bibliot. de Bouchel*, verbo Rentes.

243. Rente conſtituée à prix d'argent, eſt toûjours rachetable, nonobſtant toutes clauſes contraires. Arrêt du Parlement de Paris, du 2. Avril 1549. *Papon*, li. 12. titre 7. nomb. 26.

244. Arrêt du Parlement de Paris de 1551. qui a déclaré une rente conſtituée, rachetable juſques à trente années, quoique le rachat ne fût ſtipulé que pour trois années. Cependant le debiteur qui s'eſt obligé au rachat, peut y être contraint par corps, à la décharge de ſa caution. Arrêt du même Parlement du 14. Août 1559. *Ibid.* nomb. 1.

245. Rentes ou penſions annuelles impoſées ſur certaines pieces, par achat avec contrat que par emphytéoſe, bail, ou infeodation de piece, ſont rachetables à perpetuité par le prix & ſommes qui ſur elles ſont impoſées. Jugé par pluſieurs Arrêts des 8. Avril 1551. 17. May 1555. 24. May 1563. 30. May 1564. & 7. Mars 1567. *La Rocheſtavin*, liv. 3. titre 6. Arrêt 3.

246. Rentes dûës aux Egliſes & Communautez Eccleſiaſtiques, ne ſont ſujetes à rachat, nonobſtant l'Edit du mois de May 1553. Arrêt du 9. Février 1571. *Le Veſt*, Arrêt 117.

247. Le Prévôt de Paris avoit condamné le debiteur d'une rente de 50. écus ſol pour 600. écus, à payer les arrerages en écus ſol, & faire le rachat auſſi en écus en pareilles eſpeces & en pareil nombre, quoique l'écu eût augmenté de prix, depuis le temps de la conſtitution. M. du Ménil Avocat du Roy dit, qu'il falloit ſuivre la convention & les termes du contrat. Arrêt du premier Août 1560. confirmatif. *Bibliot. de Bouchel*, verbo, *Rentes*.

248. L'intimé donne à l'appellant 10. livres de rente ſur un particulier, à la charge que l'appellant luy donnera pareille rente, dont il ſe pourra franchir dans un an, après lequel l'intimé pourra le contraindre à faire aſſiette à raiſon du denier douze, qui eſt à douze ans quitte. L'appellant obtient Lettres pour caſſer cet accord. Arrêt du Parlement de Bretagne du 11. Octobre 1560. il eſt ordonné que l'appellant, qui avoit été condamné à faire aſſiette, amortira ſuivant ſon offre, & franchira la rente, ſi bon luy ſemble, dans trois mois, à raiſon du denier vingt, & payera les arrerages depuis le contrat; & faute de faire l'amortiſſement dans le délai, ſera faite aſſiette au denier douze, ſuivant la tranſaction. *Du Fail*, liv. 1. chapitre 122.

Les rentes conſtituées ſur les maiſons des villes, ſont rachetables. *Cambolas*, liv. 3. chap. 19. 249.

Arrêt du 9. Mars 1588. rendu entre le Syndic du Clergé de la Province de Toulouſe, & des Dioceſes de Commenge & Conſerans, ſuppliant en enterinement de certaines Lettres Patentes du 23. Mars 1575. & le Syndic du pays de Languedoc & de la Ville de Toulouſe, oppoſans; par lequel il eſt ordonné qu'ayant égard à la Requête & Concluſions du Procureur General du Roy, nonobſtant leſdites Lettres, pour le regard du rachat des rentes foncieres appartenantes audit Clergé ſur les maiſons, édifices, jardins, & places vuides, ſituez en la Ville de Toulouſe & Fauxbourg d'icelle, ſeront regiſtrées au Regiſtre de la Cour, pour joüir par ledit Syndic du contenu en icelle. *La Rocheſtavin*, livre 3. titre 6. Arrêt 5. 250.

Un Fermier perpetuel ſous certaine rente annuelle, s'étant reſervé de pouvoir racheter à même prix la rente, au cas que le maître la vende à un autre, peut en vertu de la convention, ôter la rente à l'acheteur, en rembourſant le prix qu'il en a donné. Arrêt du Parlement de Paris du 17. Avril 1589. *Papon*, liv. 11. tit. 10. n. 1. 251.

Les rentes foncieres ſur les maiſons de la Ville de Paris & autres Villes, quoique non rachetables par le contrat, ſe peuvent racheter à raiſon du denier vingt, ſi le denier n'eſt point ſtipulé; ſi elles ne ſont les premieres après le cens & fond de terres, *Coût. de Paris*, art. 121. Voyez *Bacquet*, des Francs-fiefs, chap. 2. nomb. 14. Pour les rentes foncieres dûës aux Eccleſiaſtiques, par l'article 20. de l'Edit de 1606. il eſt dit que les Eccleſiaſtiques ne pourront être contraints à ſouffrir le rachat des rentes foncieres dépendantes de leurs Benefices. Quant aux rentes à prix d'argent, le rachat s'en pourra faire, appellé le Patron ou Collateur du Benefice, à ce que les deniers ſoient employez à l'augmentation du revenu du même Benefice. Arrêt du 9. Février 1571. *Le Veſt*, Arrêt 117. 252.

Arrêt du Parlement de Paris du 21. Août 1574. par lequel un debiteur de rente ayant par ſon ſecond contrat donné à ſon creancier un fond par aſſiette, pour en joüir à perpetuité, a été reçû à racheter la rente avec le fond, en payant le ſort principal & les interêts. *Papon*, liv. 12. tit. 7. n. 11. 253.

Le 12. Février 1595. il a été jugé qu'une rente conſtituée à prix d'argent, n'étoit point rachetable, quoiqu'on ait ceſſé de la payer par deux ans, non plus qu'une penſion conſtituée, ou d'une rente fonciere; parce que *facta eſt perpetua alienatio ſortis*; & parce que par les Edits & Ordonnances rendus ſur leur conſtitution, cela eſt défendu, nonobſtant les Arrêts du Parlement de Toulouſe, leſquels parlent des rentes conſtituées en eſpece de bled & vin, réduites par leſdits Arrêts en argent, & auſſi par proviſion, juſques à ce qu'autrement par le Roy en ſoit ordonné. *La Rocheſtavin*, liv. 3. tit. 6. Arr. 7. 254.

C'eſt une maxime du Palais, ſuivie par tant d'Arrêts, qu'il n'en faut plus douter. Quand une rente a été conſtituée en eſpeces d'écus, ſans ſpecifier leur valeur, comme ſi pour cent écus comptans on l'on a conſtitué ſix écus de rente par chacun an, l'on doit faire le rachat de la rente en eſpeces d'écus, quoique l'écu ſoit augmenté de valeur, ou bien en monnoye blanche, à la raiſon de la valeur de l'écu, lors du rachat. Arrêt du 17. Juillet 1599. portant défenſes aux Avocats de plus plaider telles cauſes décidées par pluſieurs Arrêts. Que ſi par le contrat l'écu étoit évalué, il conviendroit ſuivre l'évaluation, ainſi 255.

ainsi qu'il a été jugé. V. Papon, livre 10. titre 5. nombre 8.

256 Un fils aîné & un puîné comme heritiers de leur pere debiteur de 1000. livres de rente, étoient tenus personnellement, chacun pour sa portion hereditaire, hypotequairement pour le tout. L'aîné plus exposé aux pour suites du creancier, rachete la moitié de la rente, & somme son frere de racheter sa part. Celui-cy dit que son aîné ne l'avoit point cautionné, au surplus que la rente n'étoit pas constituée. Arrêt du Parlement de Paris du 7. Janvier 1603. qui déboute l'aîné. V. la Bibliotheque de Bouchel, verbo Rente rachetable, & Mornac. L. 18. §. Celsus ff. familiæ erciscunda.

257 Coheres non potest cogere coheredem ad extinguendum pro ratâ reditum civilem hæreditarium. Arrêt du 7. Janvier 1603. Mornac, ibid.

258 Un heritier ne peut contraindre son coheritier de fournir sa part, pour racheter une rente constituée par le defunt, duquel ils sont heritiers. Arrêt du 7. Septembre 1603. Brodeau sur M. Loüet, lettre F. somm. 27. nomb. 6.

259 Voyez M. Expilly, Arrêt 119. où il rapporte un cas où l'on a jugé la rente fonciere rachetable. Arrêt du 5. Février 1605.

260 La rente constituée pour le don mobile du mari, est rachetable après les quarante ans. Arrêt du Parlement de Roüen du 8. May 1611. Basnage, sur la Coût. de Normandie, art, 524.

261 Arrêt du 9. Avril 1612. rendu entre les Religieux de l'Abbaye de sainte Geneviève, & Denis Martinot qui tenoit d'eux une maison, jardin & jeu de paume, qui avoient été baillez à ses prédécesseurs, à la charge de 12. deniers de cens, 16. livres 9. sols 2. deniers de rente non rachetable, & 43. liv. 10. sols 10. den. de rente rachetable ; il fut jugé que la convention de la premiere rente stipulée non rachetable, étoit valable, & le preneur débouté de la demande par luy formée pour le rachat d'icelle, & les Religieux condamnez de recevoir le rachat de l'autre rente, quoique la convention eût été faite plus de soixante ans auparavant, & le proprietaire déchargé du remploy des deniers du rachat. Auzanet, sur l'article 121. de la Coûtume de Paris.

262 Si la femme est mineure, & le mari majeur, il pourra recevoir le rachat, sans qu'on crée un tuteur à sa femme, parce qu'il luy tient lieu de tuteur ; ce qui a été décidé par Arrêt du 9. Juin 1648. rendu en la Grand'Chambre, au rapport de M. Ferrand, entre M. le Duc de Liancourt, & M. le Prince de Lorraine d'Harcourt, & rapporté dans les Mémoires de M. Barthelemy Auzanet. C'est aussi le cas d'un Arrêt du 20. Mars 1632. rendu entre M. le Duc de Mantouë, & Damoiselle Anne Guarlin, veuve de Charles de Languerais, & rapporté par Palu, sur l'art. 304. de la Coûtume de Tours. Enfin cela a été jugé par un Arrêt de la Grand'Chambre du 27. Mars 1691. & ces Arrêts sont rapportez dans une Note marginale, sur le chap. 5. du livre 1. Traité de la Communauté, par M. Duplessis. Voyez le Brun, en son même Traité de la Communauté, liv. 2. ch. 2. n. 18.

263 Rentes foncieres constituées autrement qu'à prix d'argent, peuvent être duës en bled, sans être réductibles ni rachetables ; au contraire, s'il est dit, le debiteur d'icelle peut être contraint de racheter, & peut devoir les arrerages de plus de 5. ans. Loyseau, du Déguerp. liv. 1. chap. 7. n. 2. & suiv. La Peirere, lettre R. nomb. 78. rapporte un Arrêt du 5. Septembre 1665. donné en la Grand'Chambre du Parlement de Bourdeaux, au rapport de M. de Maran, dans l'espece qui suit. Le sieur la Fon avoit baillé à rente un lien fond à 40. livres par an, avec pouvoir au Tenancier de racheter la rente pour certaine somme. Le Tenancier étoit en arrerages de payer ladite rente pendant plusieurs années, & sur la demande qui

luy en est faite par le Seigneur, il prétendoit en être quitte en payant cinq années d'arrerages, comme en rente constituée ; jugé qu'il en payeroit les arrerages comme d'une rente fonciere.

264 Arrêt rendu au mois de Février en l'année 1665. au rapport de M. de Bouran, entre les nommez Lespen, & Fondvioille ; jugé que de deux cooblligez solidairement dans un contrat de constitution de rente, l'un des oobligez se voulant liberer & racheter pour sa part, ne pouvoit contraindre l'autre à racheter. La Peirere, ibidem.

265 Rente contrat de constitution est bon, nonobstant la stipulation de racheter. Arrêt du 28. Juin 1677. De la Guess. tome 3. liv. 11. ch. 11.

266 Arrêt du Parlement de Tournay du 5. Mars 1701. qui a declaré nulle une stipulation faite dans la constitution d'une rente, qu'elle ne pourroit être rachetée avant sept ans. L'Arrêt rendu en faveur d'un debiteur demeurant à Valenciennes. Voyez M. Pinault, tome 2. Arrêt 299.

Voyez cy-dessus le mot Rachat, n. 24. & suiv.

RENTES REDUITES.

Voyez Bouvot, tome 2. verbo Rentes.

267 De la réduction des rentes constituées en bled, appellées volantes, à prix d'argent, à raison du denier douze. Ordonnances de Fontanon, tome 1. liv. 4. titre 23. page 788.

Rente réduite. Voyez M. le Prêtre, 4. Centurie, chap. 12. & l'Ordonnance de Neron.

268 Les Arrêts qui ont moderé & réduit les rentes excessives, n'ont point compris celles baillées pour heritages ; car les choses immobiliaires ne sont point sujetes à réduction. Papon, liv. 11. tit. 7. n. 18.

269 Jugé le 23. Decembre 1532. qu'une constitution de rente à raison du denier dix, seroit réduite au denier quinze, & que les arrerages seroient précomptez sur le sort, & se conformément à un autre Arrêt du 23. Decembre 1512. rendu entre Raoul de Feron, & Jean de Mailly, sieur d'Auchy. Le Vest, Arr. 5.

270 Il y a des Arrêts qui portent réduction au denier douze ; les autres au denier quinze, quoique la constitution soit de même sort. Par Arrêt notable du 21. Juillet 1517. la rente du denier dix fut réduite au denier quinze, parce qu'elle avoit été levée à cette raison depuis 1495. & ce tant pour l'avenir, que pour les arrerages dûs, & fut outre cela déclarée rachetable pour toûjours. Bibliotheque de Bouchel, verbo Usure.

271 La constitution de rente à raison d'un pour dix, sera réduite au denier quinze, & que les arrerages seront précomptez sur le sort. Arrêt du 23. Decembre 1532. Le Vest, Arrêt 5.

272 Par Arrêt du 17. Avril 1544. il a été jugé qu'une rente achetée par le Chapitre de Lectoure à raison de dix pour cent, seroit réduite à raison d'une livre de pension annuelle pour quinze livres d'achat, & seroit rachetable à perpetuité. La Rochestavin, livre 3. titre 6. Arrêt. 4.

273 La rente en grain constituée par argent & donnée pour payer une somme de deniers, promise par contrat de mariage, est sujete à réduction. Arrêt du 3. May 1571. Voyez Carondas, liv. 6. Rép. 31. & l'Ordonnance de Neron.

274 Rente acquise de deniers alloüez à plus haut prix qu'il n'est porté par l'Ordonnance, doit être réduite à raison du prix de l'Ordonnance. Arrêt à la Prononciation de Pâques 1586. Carondas, livre 6. chapitre 84.

275 L'obligé subsidiairement ne peut demander réduction d'une rente constituée au den. dix, par le principal debiteur demeurant en Normandie, même après discussion de tous les biens & hypotheques sises en Normandie, pour n'en être plus tenu qu'au denier douze. Arrêt du 25. Février 1605. M. Bouguier, lettre R. nombre 6.

276 Le lignager n'ayant argent pour retirer les heritages vendus, traite avec l'acheteur, luy constitué rente en vin rachetable pour un prix ; la rente en vin a été reduite en argent au denier douze. Arrêt du Parlement de Dijon du 2. Août 1563. Bouvot, tome 1. part. 2. verbo Lignager, quest. 1.

276 bis. Les habitans d'un Village débiteurs d'une rente en 1596. ayant toûjours payé des arrerages au denier douze, peuvent à cause de l'Edit repeter ce qui a été payé de plus des arrerages reduits au denier seize par l'Edit. Arrêt du Parlement de Dijon du 6. Février 1615. Bouvot, to. 2. letre R. verbo Rente à prix d'argent, question 21.

277 Edit de réduction des rentes au denier seize publié au Parlement, n'a lieu dans les Bailliages que du jour qu'il y est aussi publié ; & les contrats de constitution passez intermediairement au denier douze y sont valables. Arrêt du Parlement de Paris du 5. Décembre 1628. Bardet, tome 1. li. 3. ch. 16.

278 On peut réduire une rente ex causa, quand elle est à trop grande charge. Arrêt du 30. Juin 1651. Dans le fait, la maison sur laquelle la rente étoit à prendre, & constituée pour luy donner sauvegarde, avoit été démolie. Bessst, to. 1. liv. 3. tit. 3. ch. 5.

279 Edit portant réduction des constitutions de rente dans la Province de Normandie au denier 18. A Paris en Novembre 1667. registré au Parlement de Roüen le 13. Janvier 1668.

280 Rente au denier douze affectée au doüaire, reduite depuis au denier seize, ne donne pas un recours à la femme lors du rachat pour le parfournissement. Voyez le mot Doüaire, n. 15.

281 Lorsqu'il convient de réduire les rentes créées au temps du désordre des monnoyes, on réduit les arrerages à l'avenant du capital ; s'il échet de faire la réduction à proportion de 33. un tiers pour cent, la diminution ne sera pas d'un tiers, mais d'un quart ; sçavoir, de 33. un tiers sur 133. un tiers, & ainsi du reste ; & s'il y a du trop payé, il en faut faire l'imputation sur ce qui peut être dû d'arrerages, avant de rien imputer en diminution du capital. Jugé au Parlement de Tournay le 5. Décembre 1697. V. M. Pinault, to. 2. Arr. 193.

282 En Haynaut les rentes personnelles avec rapport d'heritages, sont sujettes à moderation & attermination, aussi-bien que les hyporequées, lors que les débiteurs ont souffert une perte considerable de tous leurs biens. Arrêt du Parlement de Tournay le 2. Juillet 1699. rapporté par le même M. Pinault, to. 2. Arrêt 264.

RENTE, RETRAIT.

283 Celuy qui avoit une rente sur quelque heritage ayant éteint la rente par l'achat de l'heritage, étant évincé par retrait lignager ne pouvoit comprendre au sort principal ladite rente. Arrêt du 8. Janvier 1495. Carondas, liv. 3. Rép. 44. L'article 137. de la Coûtume de Paris a changé cette Jurisprudence.

284 Rentes constituées ne sont plus sujettes au retrait lignager. Arrêt du Parlement de Dijon du 11. May 1584. Taisand, sur la Coûtume de Bourgogne, titre 5. article 2. note 4.

285 Rente non amortissable en la Coûtume de Chartres, & depuis rachetée par le preneur, ou son heritier, entre les mains du bailleur creancier de ladite rente n'est sujete à retrait. Arrêt du onze Février 1659. Notables Arrêts des Audiences, Arr. 23. de la Guesle. to. 2. liv. 2. chap. 8. rapporte le même Arrêt. Voyez Chopin, Coûtume de Paris, liv. 2. tit. 6. n. 20.

286 Les rentes constituées ne peuvent être retirées à droit de sang, ou feodal ; mais on a agité cette question ; si une rente constituée par le pere en faveur du mariage de sa fille, & depuis devenue fonciere après les 40. ans étoit sujette à retrait ; Pierre d'Epiney en mariant Simonne d'Epiney sa fille luy constitué dix livres de rente pour dot ; après les 40. ans, les enfans de cette femme vendirent cette rente à Pierre Bourrey. Pierre d'Epiney frere de Simonne, & débiteur de la rente, forma action pour la retirer, le Vicomte du Ponteaudemer le reçût à sa demande ; mais le Bailly ayant cassé la Sentence, sur l'appel, par Arrêt du Parlement de Roüen du 20. Novembre 1664. la Cour en infirmant la Sentence du Bailly, ordonna que celle du Vicomte sortiroit son effet.

Au moyen de ce que le pere baille à sa fille en payement de la dot, il se fait une continuation de proprieté, *sit continuatio dominii*; c'est pourquoy par l'Arrêt de Maigremont rapporté par Berault, le rere fut débouté de la demande en retrait ; par la même raison il n'est point dû de treiziéme, *quia subrogatum sapit naturam subrogati*, M. d'Argentré dit qu'il y a lieu au retrait, parce que le fonds sort de la famille; mais ce n'est pas l'en faire sortir que de le donner à une personne du même sang, & de la même famille ; & il sort si peu hors du nom qu'il demeure toûjours un bien maternel ; s'il étoit vendu, les freres ou les descendans auroient l'action en retrait lignager. Vide Molin. §. 55. gl. 1. n. 110. Basnage, sur la Coûtume de Normandie, article 452.

287 Rentes constituées par conjoints pour retraire un heritage sont dûes par celuy à qui il est propre, & les arrerages échûs durant le mariage sont à la charge de la Communauté. Jugé au Parlement de Tournay le 23. Juillet 1695. Pinault, to. 1. Arr. 71.

RENTES SUR LE ROY.

288 Les rentes dûes par le Roy & constituées sur des recettes, se reglent suivant la Coûtume du lieu où le Bureau est établi. Arrêt du Parlement de Roüen du 23. Août 1546. entre la veuve de Saint Maurice & Marion de Saint Maurice, par lequel on ajugea à cette veuve la moitié de 85. livres de rente acquise par son mari pendant son mariage, sur la recette des Aydes d'Arques, & quinze liv. de rente sur le Grenier à Sel ; & à l'égard du remploi demandé par ladite veuve de ses rentes dont son mari avoit reçû le rachat sans diminution de son doüaire, ni de son meuble, & de la part qu'elle avoit aux conquêts, le remploi seroit pris sur la part des acquêts revenans à lad. Marion, & en cas qu'ils ne pussent suffire sur le propre. *Basnage, sur l'article 329. de la Coûtume de Normandie.*

289 Les rentes sur le Roy se partagent suivant la Coûtume generale entre les sœurs qui sont reçûes à partage. Arrêt du Parlement de Roüen du 4. Août 1661. Ibidem, art. 170.

Voyez cy-après le nomb. 306. & suiv.

RENTES SEIGNEURIALES.

290 Par l'usage de Dauphiné les rentes Seigneuriales ou simples foncieres sont divisibles ; mais on peut agir solidairement sur un des fonds chargé d'une rente ou pension constituée à prix d'argent. Voyez Salvaing de l'usage des Fiefs, chap. 77.

291 Par l'article 68. titre 5. de la Coûtume de Blois, Rente constituée sur heritage feodal n'est point censée feodale, jusqu'à ce que l'acquereur en soit entré en foy & hommage. Si avant ce faire l'acquereur décede, la rente se partagera entre ses heritiers comme roturiere. Voyez Pontanus sur cet article.

292 Arrêt du 13. Juin 1513. entre de Levis, & de Moncamp, & de Joyeuse, par lequel la livre de rente en censive est estimée 37. livres 10. sols, & de revenu à 20. liv. eu égard au temps de l'an 1464. sans justice. La Rochsavin, liv. 3. tit. 6. Arr. 6.

293 Si une rente constituée, & specialement assignée sur un fief, le fils aîné encore qu'il prenne les deux tiers du fief, ne payera les deux tiers de la rente. Arrêt donné en l'Audience sur un appel de Poictou le 4. Juin 1584. Carondas, liv. 7. Réponse 139. & la Bibliotheque de Bouchel, verbo Rente.

294 Dolive au chap. 21. du livre 2. avance une fausse doctrine en soûtenant que la nouvelle rente établie avec

REN

tous droits Seigneuriaux sur un fonds allodial par ce-luy qui le possede & qui le retient devers soy, de-oit être jugée fonciere, car il est certain qu'elle ne eut être jugée que volante, quoique *nomine tenus* elle puisse être qualifiée rente fonciere, cette qualité étant donnée aux simples cens sans la qualité d'emphiteose, qui neanmoins ne laisse pas de se résoudre en constitution ; & l'Arrêt du 19. Août 1634. qu'il allegue est contraire à la proposition qu'il veut établir. *Graverol sur la Rocheflavin*, liv. 3. tit. 6. Arr. 7.

295 L'usage est certain que le Seigneur qui possede sa rente Seigneuriale ou fonciere sur l'un des détenteurs du fonds obligé, la possede sur tous les autres détenteurs ; ce qui a été jugé par Arrêt rapporté par Berault sur l'art. 521. de la Coûtume de Normandie, & par autre du même Parlement de Roüen du 17. Decembre 1664. *Basnage, sur cette Coûtume, article* 521.

296 Les rentes dûës aux Seigneurs, même aux hauts Justiciers seront payées sur le prix des apretiations faites par le Bailly Royal, dans les enclaves duquel leurs fiefs sont situez ; ce qui a aussi lieu à l'égard des Engagistes & Receveurs du Domaine de sa Majesté. Arrêt du Parlement de Roüen, les Chambres assemblées au mois d'Avril 1666. *art.* 14. *Ibidem*, tome 1. à la fin.

296 bis.
 I. Si le capital d'une rente dûë par la défenderesse a pû être compensé avec les arrerages de cens dûs par les demandeurs ?
 II. Si la défenderesse a pû construire une digue, ou levée d'un bord de la riviere à l'autre, & de l'appuyer contre le fonds du demandeur ?
 III. Si l'on peut demander les interêts des arrerages de servis non liquidez ?
 IV. Si les demandeurs doivent rapporter les contrats de leurs acquisitions, pour regler les lods qu'ils doivent ?
 V. Si de simples extraits de reconnoissance font foy ?
 VI. Si une redevance stipulée sous conditio n st annuelle, & si elle porte avec soy le droit de lods ?
 VII. Si la redevance d'un septier de seigle doit être payée pour l'entrée en Religion d'une fille ?
 VIII. Si l'on peut obliger un emphiteote à reconnoître confusément les articles qui sont separez & reconnus par différentes reconnoissances.
 IX. Si le servis ayant été reçû de chaque emphiteote, il n'est pas censé divisé ? *Voyez le Recüeil des Factums & Memoires imprimez à Lyon chez Antoine Boudet, en 1710. to. 1. p.* 496.

RENTE, TITRE NOUVEL.

297 Un heritier beneficiaire qui passe titre nouvel d'une rente sans prendre cette qualité, en est tenu comme heritier pur & simple, sans préjudicier en autre cause à son benefice d'inventaire. Arrêt du 10. Juillet 1599. *Peleus quest.* 44.

RENTE VIAGERE.

298 *De emptione reddituum ad vitam.* Voyez *Andr. Gail, lib.* 2. *observat.* 8.

299 Voyez *Cavondas*, liv. 11. Réponse 30. où il dit que Droits Seigneuriaux pour l'heritage vendu à la charge d'acquitter une rente viagere, sont dûs, non à raison du prix entier de la valeur de la rente, mais seulement du tiers.

300 Lorsqu'un particulier donne une terre avec les rentes, tant foncieres que viageres dûës audit lieu, membres & dépendances, & qu'après il substituë la terre, membres & dépendances, si sous ces mots, *membres & appartenances*, les rentes viageres sont comprises & peuvent être demandées par les substituez ? *V. Bouvot, to.* 1. part. 1. verbo *Substitution*, quest. 4.

301 Si un particulier baille un moulin à rente de bled rachetable de 400. livres, la rente est tenuë pour viagere, & doit être reduite au denier douze, à proportion du prix, y ayant droit de retenuë au contrat en cas de vente, & convention que le reteneur ne pourroit vendre le moulin sans le consentement du bailleur. *Voyez ibid. to.* 2. verbo *Rente à prix d'argent*, quest. 25.

302 En succession les rentes viageres sont reputées meubles, & le pere y succede encore que les rentes viennent *ab avo, proavo*. Arrêt du Parlement de Dijon du 22. Mars 1588. Autre Arrêt du 22. Mars 1599. *consultis classibus* ; la raison est que le pere n'est exclus que des anciens heritages, & qui ont fait tronc, & l'heritage s'entend de chose herente & permanente. *Ibidem, tome* 1. part. 3. verbo *Rentes viageres*.

303 Le creancier d'une rente viagere ne peut s'adresser à l'acheteur du fonds hypotequé pour la rente ; il n'a qu'une action réelle laquelle *non sequitur fundi possessorem*. Arrêt du Parlement de Dijon du 5. Decembre 1600. *Ibid. to.* 2. verbo *Usures*, qu. 7.

304 Une rente créée par un pere au profit du Monastere dans lequel sa fille a fait profession, ayant été par luy qualifiée annuelle & perpetuelle, elle ne doit être reputée viagere, & ne demeure pas éteinte par la mort de ladite Religieuse. Jugé au Parlement de Paris le 26. Decembre 1652. *Soefue, tome* 1. *Centurie* 3. *chap.* 99.

305 Par Edit du mois d'Août 1661. verifié le 2. Septembre suivant, il est défendu aux Communautez Ecclesiastiques, Regulieres & Seculieres (à l'exception de l'Hôtel-Dieu de Paris, du grand Hôpital de Paris, & de la maison des Incurables) de prendre à l'avenir aucuns deniers comptans, heritages ou rentes, à condition d'une rente la vie durant des rentiers. Ensemble aux Notaires & autres personnes publiques de recevoir les actes, à peine de cinq cens livres d'amende contre les Notaires, & nullité des contrats, & de confiscation sur les donateurs, de 3000. livres d'amende contre les Communautez & gens de mainmorte. L'Arrêt de verification porte, sans préjudice neanmoins de l'execution des contrats qui ont été faits jusques à ce jour qui seront executez selon leur forme & teneur. *Biblioth. Can. to.* 2. *p.* 458.

RENTES SUR LA VILLE.

306 Quelques actes sur les differends mûs entre le Clergé de France & la Ville de Paris pour le payement des rentes de l'Hôtel de Ville. *Voyez les Memoires du Clergé, to.* 4. part. 6. tit. 3. ch. 2.

307 Arrerages de rente sur la Ville. *Voyez le mot Arrerages,* nomb. 84.

308 Des Etrangers qui ont des rentes sur la Ville. *Voyez le mot Etranger, nomb.* 88.

309 Pour rentes sur l'Hôtel de Ville, si l'on doit mettre en ordre les creanciers opposans aux criées au préjudice de l'Edit de surseance. *Voyez M. Loüet, lett. C. somm.* 41. *& M. le Prêtre,* 2. *Cent.* ch. 26.

310 *Voyez la onziême Action de M. le Bret, sur les Lettres Patentes*, par lesquelles le Roy confirme les assignations des rentes dûës sur la Ville de Paris, & défend le divertissement d'icelles.

311 Jugé au Parlement de Paris le 5. Janvier 1601. qu'une rente de 800. livres sur l'Hôtel de Ville avoit été valablement ajugée par decret pour 2500. écus. Comme par Arrêt du Conseil Privé, & de la Chambre des Comptes, il est dit que ceux qui ont acheté des dettes du Roy, ne seront remboursez que de ce qui se trouvera avoir été par eux payé ; la difficulté sera venuë en execution. *Bibliotheque de Bouchel*, verbo *Rentes*.

312 Rentes sur l'Hôtel de Ville de Paris au profit des Etrangers, étoient éteintes & amorties par leur decez; ainsi jugé par Arrêt rendu le 17. Decembre 1626. *Bardet, tome* 1. *liv.* 2. *ch.* 95.

313 Pour purger les hypotheques des rentes sur l'Hôtel de Ville de Paris, il ne faut plus de decret, mais seulement des lettres de ratification. Edit du mois de

Mars 1673. quarante sols au Greffier, dix sols au Commis, & douze livres pour le Sceau de la grande Chancellerie ; mais la taxe pour le prix ne s'observe point, cela vient de la negligence de Messieurs les Juges.

Il faut recourir aux derniers Edits, dont les dispositions sont favorables à ceux qui acquierent ces sortes de rentes.

RENTE, USURE.

314 En constitution de rente la confession d'avoir reçu auparavant la somme dûe par obligation ou cedules qui ne sont point representées, est suspecte de fraude & d'usure. V. *Bouvot*, tome 1. part. 3. verbo *Confession*, quest. 2. où il rapporte des Arrêts qui ont ordonné l'imputation des arrerages sur sort principal.

315 Si l'achat d'une rente au denier dix est usuraire, & si l'on doit imputer sur les arrerages reçûs au-delà des interêts au denier dix-huit ? *Basnage, sur la Coût. de Normandie*, article 530. où il observe que chaque partie produisoit des Arrêts à son avantage. En effet il avoit été jugé que ce qui avoit été payé au dessus du denier quatorze devoit être imputé sur le principal ; mais cette même question s'étant presentée pour les habitans de Louviers, il fut jugé que les arrerages ayant été payez volontairement, il n'y avoit lieu d'en demander l'imputation sur le principal : & les parties s'étant pourvûës au Conseil contre cet Arrêt, il y fut confirmé.

316 Cette clause si le vendeur rachete la rente, il sera tenu de payer la rente entiere de l'année commencée, a été jugée usuraire par Arrêt du Parlement de Paris du 9. Avril 1513. *Bibliotheque de Bouchel*, verbo *Usure*.

317 En constitution de rente l'année ne peut commencer deux mois avant la date du contrat, à peine de nullité & d'usure. Jugé au Parlement de Paris le 27. Mars 1518. *Papon, liv.* 12. tit. 7. n. 1.

318 Terme de rente acceleré est usuraire, même en rente à bled. Arrêts du Parlement de Paris des 17. Juin 1521. & mois de Novembre 1531. à cause qu'il étoit dit que le premier terme écherroit à Noël, quoique la rente ne fût constituée qu'à la Toussaint. *Papon*, ibidem, n. 24.

319 C'est une paction usuraire que celle-ci, le debiteur ne pourra avant quatre & cinq mois, ou autre temps racheter la rente. Jugé au Parlement de Paris le 21. Octobre 1541. que le contrat étoit entierement nul. *Biblioth. de Bouchel*, verbo *Usures*.

320 Il y a usure dans l'achat de rente pour un prix, dont partie est actuellement comptée, & partie assignée par l'acheteur. Neanmoins il y a Arrêt du Parlement de Paris du 14. Juillet 1547. par lequel après que l'acheteur eut déclaré ne se vouloir aider de l'achat, sinon pour la partie pour laquelle les deniers avoient été comptez, il fut dit que pour cette partie la rente étoit dûë, pour l'autre non. *Papon, liv.* 12. tit. 7. n. 29.

321 La rente constituée du prix d'un cheval vendu, est usuraire, sujette à déduction du sort principal. Arrêt du Parlement de Dijon du 19. Juillet 1570. *Bouvot*, tome 2. verbo *Usures*, quest. 13.

322 La rente fut constituée en 1514. pour marchandise baillée & réduite à prix d'argent, avec promesse d'assiette. Arrêt du Parlement de Bretagne du 26. Août 1566. qui casse le contrat, déclare la rente raquitable. payant le sort principal, sur lequel seront précomptez les arrerages, si aucuns ont été payez. Les arrerages avoient été convertis en principal. *Du Fail, liv.* 1. chap. 215.

323 Bien que l'on ne puisse pas constituer une rente à prix d'argent à un moindre prix que celuy de l'Ordonnance, on peut neanmoins l'acheter à un prix moindre que celui de sa constitution : cela a été jugé par plusieurs Arrêts, & notamment par un du 23. Decembre 1523. mais on donnoit aussi cette faculté à l'obligé de se pouvoir liberer par le même prix que le cessionnaire en avoit payé. Arrêt du Parl. de Roüen du 12. Mars 1626. entre Hannot & Vasse. Cela ne se jugeroit pas maintenant, si la rente n'étoit point litigieuse. *Basnage sur la Coût. de Normandie*, art. 530.

314 Par deux contrats des 21. May 1644. & 14. Janvier 1647. le Sieur de Saint Clair, & son fils, encore mineur, s'étoient chargez d'acquitter M. Denis Barbey de deux rentes, l'une de cent huit livres, & l'autre de cent sept livres, & d'en rapporter le rachat dans un certain temps, au moyen des quittances qui leur furent délivrées de 400. & de 500. livres d'arrerages, sur les arrerages d'autres rentes qu'ils devoient audit Barbey. Par Sentence des Requêtes ces contrats avoient été déclarez valables. Par Arrêt du Parlement de Roüen du 25. Juin 1663. la Cour en émendant la Sentence, ordonna que les deniers reçus par Barbey seroient imputez sur les arrerages des rentes à luy dûës, & le surplus sur le principal de la rente : pour valider ces contrats, & effacer tout soupçon d'usure, il faut suivant la doctrine de Du Moulin qu'il y ait *nova persona* ; on ne pouvoit dire qu'il y eût *nova persona* ; celui auquel on s'étoit obligé de payer n'ayant point acquitté le transport ; au contraire Barbey avoit reçu les arrerages des rentes que l'on devoit acquitter : la question avoit été jugée aux Enquêtes le 11. Février 1633. quoique les arrerages pour lesquels le debiteur d'une rente avoit été chargé d'acquitter une rente, eussent été transportez à un autre que celui auquel le principal étoit dû, & qu'il y eût divers payemens en execution du contrat & ratification d'icelui, on n'y eut aucun égard. *Basnage*, ibidem.

315 Les constitutions de rentes pour alimens, arrerages de douaire, de rentes foncieres & Seigneuriales, pour fermages & pour des dépens ne sont usuraires. Arrêt du Parlement de Roüen du 17. Mars 1645. *Basnage*, ibidem.

316 Par Arrêt du Parlement de Roüen du 13. Juillet 1651. la constitution d'une rente en laquelle on avoit fait entrer les arrerages d'une rente dotale qui n'étoit point rachetable, fut déclarée usuraire ; que si le pere promettoit & s'obligeoit simplement en une rente rachetable par une certaine somme, en ce cas non seulement on pouvoit en constituer les arrerages, parce que ce n'étoit point une rente dont la constitution eût commencé par un prix d'argent, mais même quoique le rachat s'en pût faire par une somme qui produiroit un interêt moindre que celui permis par les Edits, la constitution ne laisseroit pas d'être valable : par exemple, si le pere avoit promis mille livres de rente qu'il pourroit racheter par seize mille livres, la constitution ne seroit point usuraire, cette faculté de rachat à moindre prix n'empêchant pas la promesse ni l'obligation de payer mille livres de rente ne fût legitime : ces sortes de rentes ne sont point de la nature & de la qualité des rentes constituées, & sont plûtôt des contrats commutatifs, où le pere pour la legitime de sa fille au lieu d'argent comptant lui donne une rente. Ibidem, art. 524.

317 Un frere pour demeurer quitte de la legitime de sa sœur, par transaction luy avoit accordé 3000. livres, dont il y en avoit 2000. livres constituez en 110. liv. de rente jusqu'au racquit ; le mary avoit transporté cette rente ; enfin le frere se défendoit comme d'une rente usuraire. L'on voulut distinguer, lorsque la rente passe à une autre main, ou quand le frere ou pere donnent une somme qu'ils constituent pour en ce cas la tenir illicite ; neanmoins par un Arrêt du 14. Juillet 1659. vû un autre Arrêt de 1653. l'on a déclaré & jugea licite, que toutefois pour les arrerages non payez, échûs & à écheoir, la rente seroit réduite au denier 20. & on ajoûta à l'Arrêt, ainsi qu'à celui de 1653. que défenses étoient faites à l'avenir de faire pareilles constitutions. *Berault sur la Coûtume de Normandie*, p. 105. col. 1.

328. Le prix de la constitution des rentes ayant souvent changé, on a plusieurs fois agité cette question, si celui qui bailloit de l'argent à un tiers pour l'acquitter d'une rente au denier dix ou au denier 14. dans un temps où il n'étoit plus permis de constituer ses deniers à ce prix-là, commettroit une usure, & si le contrat étoit feneratif & usuraire ? En 1625. Gilles Gabriel acquit un heritage de Richer moyennant 300. livres, dont il en paya comptant 150. livres, & pour les 150. livres restans, il se chargea d'acquitter Richer de 15. livres de rente au denier dix ; peu de jours aprés Haribel fit un contrat avec Gilles Haribel Sieur du Parc, par lequel il le chargea de payer à son acquit deux rentes au denier dix ; l'une de 12. livres, & l'autre de 15. livres, qui étoit celle qu'il s'étoit obligé de payer, & pour ce il lui paya 270. livres, tant en argent qu'en des obligations, montant à 103. livres dont le sieur du Parc lui étoit redevable : celui-ci ayant laissé échoir quelques arrerages, par Sentence de l'année 1639. il fut condamné de garantir Gilles Haribel, & de payer ce qui étoit dû ; mais en 1659. le sieur du Parc étant poursuivi pour les arrerages, il s'avisa de soûtenir que le contrat étoit usuraire : le procez ne fut vuidé que le 14. Août 1676. & par Sentence le contrat fut déclaré usuraire, & ce qui avoit été payé d'arrerages imputé sur le principal. par Arrêt du Parlement de Roüen du 17. Août 1677. la Sentence fut cassée, & le contrat déclaré valable. *Basnage, sur la Coûtume de Normandie*, art. 530.

329. Le sieur de Languerie s'étoit soûmis de décharger le sieur de Bedey de cent livres de rente, moyennant mille livres qui lui furent baillées ; mais sous ce qu'on prétexte pour exiger un interêt au denier dix, paroissant par les quitances que le sieur le Bedy avoit reçû les arrerages, ce qui donna lieu à la cassation du contrat : mais lorsque la rente est veritablement dûë, & que celui qui baille l'argent n'en profite point, on ne peut réputer le contrat usuraire : ce qui fut jugé par un Arrêt du Parlement de Roüen du 10. Février 1656. entre Maître Loüis Ameline Curé des Obeaux appellant, & du Fayel intimé, sur quoi Monsieur le Guerchois Avocat General fit distinction entre les deniers qui avoient été baillez & les obligations. *Basnage, ibidem.*

Voyez cy-aprés le titre de l'*Usure.*

RENVOI.

LE Renvoi est, *Dimissio ad alium judicem*.
Les Renvois que les Juges inferieurs font quelquefois au Juge superieur, ou au Prince, ont du rapport avec les Relations ou Rapports, *Relationes*, qui étoient autrefois en usage, & qui ont été abrogées par la Novelle 125.
De relationibus. C. 7. 61.... *C. Th.* 11. 29.... *N.* 125.
De appellationibus & relationibus. D. 49. 1.... *Exir.* 2. 18.

Voyez hoc verbo *Renvoi*. Bouvot, *tome* 2. & les mots *Declinatoire, Evocation, & Incompetence.*

1 Causes renvoyées pardevant le Juge dont a été appellé. *Voyez* le mot *Appel*, nomb. 183. *& suiv.*
2 Du Renvoi demandé par les Clercs pardevant leurs Juges. *Voyez* le mot *Clercs*, nombri 85. *& suiv.*
3 Du renvoi fait au Juge d'Eglise. *Voyez* le mot *Juge*, n. 469.
4 On ne peut appeller d'un ajournement, mais demander son renvoy. Arrêt du Parlement de Paris de l'an 1390. *Papon*, liv. 7. tit. 7. n. 34.
5 La Duchesse de Lorraine avoit appellé du Maître Particulier des Eaux & Forêts à Chaumont, comme de Juge incompetent, & entreprenant sur les droits & Jurisdiction ; & relevée en la Cour, elle prétendoit ne devoir être renvoyée au Grand Maître à la Table de Marbre, parce que l'un ni l'autre n'avoient Jurisdiction pour elle. Le Procureur General disoit que le renvoi s'en devoit faire, & qu'elle ne pou-

voit venir à la Cour, obmis le Grand Maître sur ce : par Arrêt de l'an 1517. la cause a été renvoyée pardevant le Grand Maître où son Lieutenant à la Table de Marbre. *Biblioth. Can. to. 2. p.* 462. *col.* 2.

6 Le 21. Juillet 1517. sur ce que M. le Duc d'Alençon appellant du Bailly de Chartres ou son Lieutenant, disoit que le Bailly l'avoit grevé en lui déniant le renvoi d'une cause en laquelle un Gentilhomme avoit obtenu Lettres Royaux, par lesquelles il disoit aucuns heritages assis en la Châtellenie de Châteauneuf, Comté du Perche, luy appartenir, & étoit mandé au premier Huissier de faire commandement aux possesseurs de s'en départir, & en cas d'oppositions ajourner les opposans pardevant le Bailly de Chartres, auquel étoit mandé sur ce faire proceder les parties pardevant lui, sans avoir égard à la prescription ou laps de temps écoulé durant la minorité de l'impetrant intimé, a été dit, mal ordonné & refusé par le Bailly, & bien appellé ; la cause principale renvoyée pardevant le Vicomte de Châteauneuf. *Bibliotheque de Bouchel*, verbo *Lettres Royaux*.

7 Si un debiteur ne s'est soûmis à toutes Cours Royales par l'obligation, qu'il soit trouvé hors de son lieu & executé en vertu d'un Mandement donné par un Juge Royal autre que le sien, ou qu'il y ait soûmission à toutes Cours Royales, & qu'un Juge non Royal subalterne ait déclaré les Lettres executoires de l'obligation, il peut, en formant son opposition, demander son renvoi pardevant son Juge. Arrêt du Parlement de Paris du 15. Février 1529. *Ibidem*, verbo *Competence*.

8 En Païs Coûtumier le sujet sans le Seigneur ne peut décliner & demander son renvoi ; mais en Païs de Droit écrit il le peut faire seul ; ainsi jugé en 1530. à moins qu'il ne se trouve soûmission du sujet au Juge duquel il veut décliner la Jurisdiction ; car alors il a besoin de l'aide de son Seigneur. *Ibidem*, verbo *Renvoi*.

9 *Judex sæcularis, quamvis pronuntiet malè judicatum, non potest retinere causam, sed debet eam remittere ad eandem sedem, ad alium tamen quam ad eum qui judicavit, ut Senatus pronunciavit an.* 1533. *& die* 16. *Decembris ; quod procedit quando appellatur de judice Regio ad Regium, secus quando appellatur non Regio ad Regium, quia tunc causam retinere ex consuetudine solet, licet contrarium ex causâ fuerit judicatum pro Dominis de Royalmont die* 24. *Novemb. anno* 1534. Rebuffe sur le Concordat *tit. de frivolis appellat.*

10 Arrêt du Parlement de Paris du 19. Janvier 1545. portant défenses au Prévôt de Paris ou son Lieutenant de plus délivrer Lettres ou Commission en laquelle y ait adresse à un Sergent de renvoyer une cause au refus du Juge sur peine de nullité de la Commission, & aux Sergens de l'executer. Papon, *livre* 7. titre 7. nomb. 59.

11 Les Juges doivent faire droit sur le renvoi requis en vertu de Committimus sur le champ, & ne pas appointer les parties à mettre. Jugé au Parlement de Paris le 26. Avril 1566. *Chenu, premiere Centurie, question* 87.

12 Un sujet ne peut demander son renvoi sans être vendiqué par son Seigneur. Un appellant de déni de renvoi qui n'étoit pas vendiqué, fut condamné en l'amende aux Grands Jours de Poitiers par Arrêt de 1567. *Mol. in Consuet. Paris. tit.* 1. *parag.* 2. *glos.* 3. num. 11.

13 Le 13. Juillet 1597. Chamet plaidant contre A. Arnauld, dit qu'il avoit des Arrêts par lesquels la Cour avoit confirmé des Jugemens des Présidiaux qui avoient retenu une cause en laquelle un des Conseillers du Siege étoit partie, nonobstant le renvoi requis par l'autre partie, & dit qu'on faisoit cette distinction, quand la cause étoit de l'ordinaire seulement, il n'étoit pas besoin de faire renvoy, mais bien si la cause étoit Présidiale. Monsieur l'Avocat

Ddd iij

Servin, dit que la Cour avoit accoûtumé de distinguer, si le fait dont il s'agissoit étoit un point de droit, il n'étoit pas besoin de renvoy ; mais s'il gisoit en Enquête, parce que la preuve fait le Jugement, il n'étoit pas raisonnable que le Présidial en connût ; en ce cas, il faut garder l'Ordonnance. Toutefois par Arrêt pour le regard de l'appel, on mit les parties hors de Cour & de procès, parce que le principal étoit évoqué. *Bibliotheque de Bouchel*, verbo, *Renvoy*.

14 La clause contenuë és renvois que la Cour fait devant les Juges desquels il a été appellé, pour leurs Sentences avoir été infirmées, en tout ou en partie, ou autres considerations en ces termes, *pardevant autres toutesfois que celuy dont avoit été appellé*, s'entend de celuy qui auroit présidé à la déliberation de la Sentence, & non du Rapporteur ; c'est la disposition des Arrêts des Cours, singuliérement de celle de Toulouse. *Mainard, liv. 3. ch. 32.*

15 Jugé par Arrêt du 3. Septembre 1609. qu'en matiere criminelle, un Prêtre accusé de crime pardevant un Juge seculier, n'ayant demandé son renvoy pardevant son Juge naturel, l'Official de l'Evêque le peut faire en la cause d'appel. *Filleau, 4. partie, question 113.*

16 Comme les Juges Royaux ne se dessaisissent pas volontiers, & ne prononcent qu'avec peine le renvoy qui leur est demandé, par Arrêt du Parlement de Rouen du 20. Novembre 1664. il leur fut enjoint d'y prononcer sans délai, & au Greffier, en cas d'appel, d'expedier les Sentences en papier. Il fut encore enjoint au Juge Royal, de faire le renvoy en la Cour à jour certain, pour dispenser les Hauts-Justiciers de prendre des Lettres à la Chancellerie, & de donner des Assignations. Il n'est pas nécessaire, comme le prétendent mal à propos quelques Juges Royaux, que le Procureur Fiscal vienne en personne ; c'est assez que le Procureur, qui parlera pour luy, soit fondé d'un pouvoir special. Arrêt du 1. Février 1619. pour M. le Duc d'Elbœuf. *Basnage, titre de Jurisdiction, art. 15.*

17 Par Arrêt du Parlement de Rouen du 6. May 1644. il a été ordonné que les Tabellions de la Haute-Justice de Quatre-mares, seront tenus tous les ans representer leurs Registres, pour être paraphez, pardevant le Juge Bailly de la Haute-Justice, en la presence du Procureur Fiscal : Et faisant droit sur les Conclusions du Procureur General du Roy, la Cour a ordonné que les Juges Royaux du Pont-de-l'Arche, en cas de renvoy requis par le Seigneur Haut-Justicier, seront tenus, après communication faite aux Substituts, prononcer l'accord ou l'éviction d'iceluy, & en délivrer les actes en papier, & non en parchemin. *Berault, à la fin du 2. tome de la Coût. de Normandie, page 43. sur l'article 19.*

18 Voyez l'Ordonnance d'Orleans, art. 52. 53. & de Blois, art. 111. On ne doit l'étendre hors de ces cas, ni l'entendre que des propres oncles, neveux, & non pas des grands oncles ou arriere-neveux. Arrêt au mois de May 1617. *M. le Prêtre, és Arrêts de la Cinquiéme. Voyez la Declaration du Roy de 1670.*

19 Arrêt du Parlement de Provence du 7. Janvier 1678. qui a jugé que l'Ecclesiastique, aprés avoir répondu pardevant le Juge laïc, n'est point obligé d'assister en personne au Jugement de renvoy, sauf d'assister au Jugement du principal, s'il en est debouté. *Boniface, tome 1. liv. 2. tit. 4. ch. 2.*

20 Le 8. Avril 1678. jugé qu'un simple Clerc, sans Benefice, étant accusé, ne peut demander renvoy au Juge d'Eglise. *Ibidem.*

21 Arrêt du 16. Juin 1670. qui a jugé qu'une cause ayant été renvoyée par Arrêt du Conseil aux Officiers d'un Siege pour la juger, le Lieutenant ne peut pas la juger seul. *Boniface, tome 3. liv. 1. titre 8. chapitre 12.*

22 Il a été jugé au même Parlement de Provence le 6. Juillet 1675. que l'on peut demander *renvoy* de la cause pendante au Siege, à un autre plus prochain du chef de la partie, qui est Officier ou Successeur présomptif de l'Officier. *Ibidem, ch. 22.*

23 Renvoy en une autre Chambre des causes d'un *Conseiller* au Parlement, ou en un autre Siege, des causes d'un Conseiller. *Voyez le mot* Récusation, *nombre 14.*

REPARATIONS.

Ædium sarta tecta. Refectio. Impensæ.

Définition & division de ce mot, *Impensæ, L. 79. D. de verb. sign.*

De impensis in res dotales factis, D. 25. 1.

De refectione domûs. L. 61. D. de reg. jur.

Voyez, hoc verbo, *Réparations*, Bouvot, tome 2. & la Bibliot. Canon. tome 2.

1 Reglement pour les réparations qui doivent être faites pendant le temps des *Baux judiciaires*, & quelles en doivent être les formalitez ; il est du 23. Juin 1678. *De la Guessiere, tome 4. liv. 1. ch. 9.*

2 S'il est permis de couper des *Bois*, pour faire les réparations ? *Voyez le mot* Bois, *nomb. 53. & suiv.*

3 Réparations des *Chemins*. Voyez le mot *Chemins, nomb. 16. & suivans.*

Ecclesiastiques tenus de contribuer à la réparation & entretenement des chemins publics. Arrêt du 14. May 1583. contre les Religieux de Saint Victor, pour les proviseurs des chaussées d'Orleans. *Tournet, lett. E. Arrêt 39.*

4 Si l'*usufruitier* est tenu à la réparation du chemin, & à quelles charges il est tenu ? *V. Bouvot, tome 1. partie 1. verbo, Usufructuaire, & verbo, Usufruit, question 3.*

5 De quelle maniere se fait la contribution aux réparations des Villes & Villages. Voyez le mot *Contribution, nomb. 48. & suiv.*

6 Réparations faites ou à faire par le preneur à titre d'*Emphyteose*. Voyez le mot *Bail, nombre 310. & suivans.*

Des réparations dont est tenu l'*Emphyteose*. Voyez le mot *Emphyteose, n. 61. & suiv.*

7 Comment se fait l'*estimation* des réparations ? *V. le mot Estimation, n. 62. & suiv.*

8 De la *compensation* des fruits, avec les réparations. *Voyez le mot, Fruits, nombre 132. & cy-aprés, le nombre 16.*

9 De l'*hypotheque* & privilege des réparations, *Voyez le mot Hypotheque, nomb. 233.*

10 Des réparations faites par le *Fermier*. Voyez le mot *Fermier, nomb. 73.*

11 *An contribuere debeant ad fortalitium reparandum habitantes extrà ?* Voyez la nouvelle Edition des *Oeuvres de M. Charles Du Moulin, tome 2. p. 580. Item ad murorum. Ibid. p. 581. quest. 137.*

De provisione facienda super reparationibus fortalitii & vadiis capitanei. Ibid. p. 581. quest. 141.

Testamenti antistitis curatorem vel executorem ad sarta tecta rectè conveniri. V. Du Luc, lib. 1. tit. 4. cap. 17.

13 Réparations faites par le mary qui augmente l'heritage de l'un ou de l'autre, sont réputées conquêts. *Voyez Cavondas, liv. 2. Rép. 63.*

14 Le locataire perpetuel d'une maison déguerpissant, ne peut repeter la valeur des réparations faites depuis le Bail, quoique grandes & importantes, ni même la valeur des réparations faites avant le bail, & autres hypotheques qu'il avoit sur le fond dont il a déchargé le bailleur, nonobstant la clause de ce bail, par laquelle il étoit dit que le locataire ne pourroit être dépossedé, qu'il ne fût au préalable remboursé de toutes ses reparations, tant de celles qui avoient précedé le bail, que de celles qui pourroient être faites dans la suite. Arrêt du Parlement

de Toulouse rapporté par *M. de Catellan*, livre 3. chapitre 13.

15. Si les réparations étant faites en une chose décretée, pour lesquelles l'acheteur de la maison, où elles ont été faites, est colloqué, le creancier saisissant pour lesdites réparations, est preferable, quoiqu'il soit posterieur creancier, si telles reparations en l'action pour en avoir le payement & remboursement, sont meubles ou immeubles? *Voyez Bouvot*, tome 2. verbo *Réparations*, quest. 2.

16. Si celuy qui achete un heritage, y plante une vigne, qui après est decretée, à la Requête des creanciers du vendeur, l'acheteur est tenu de *compenser* les réparations avec les fruits, ou s'il doit être payé pour icelles par preference; & si le mary a fait des réparations & meliorations en ses fonds & bâtimens, la femme peut, après la dissolution de la communauté, repeter la moitié des impenses? *Ibid. quest.* 4.

17. Proprietaire en partie d'une maison, peut être contraint pour le tout aux réparations par son voisin, si elle menace ruine, sauf son recours contre les autres coproprietaires. Arrêt du Parlement de Paris de l'an 1588. *Papon*, liv. 6. tit. 11.

18. Le possesseur ne peut retenir la maison ou heritages, pour le remboursement des réparations par luy faites; mais il peut seulement obliger le demandeur de luy donner caution pour icelles. Arrêt du Parlement de Paris du 12. Février 1530. *Papon*, livre 11. tit. 9. n. 1. où est ensuite rapporté un autre Arrêt du 19. Mars 1569. qui a jugé qu'un appellant dépossedé en vertu d'un Arrêt infirmatif d'un decret contre mineur, seroit reçû à s'opposer, & empêcher l'execution de l'Arrêt, pour raison des impenses & meliorations.

19. Mineur restitué contre une vente faite sans decret, condamné de rembourser les réparations necessaires, dont compensation doit être faite jusqu'à concurrence, avec les fruits du jour de l'alienation; s'ils ne sont suffisans, le mineur tenu de parfaire; & si au contraire les fruits montent plus que les impenses necessaires, ils doivent être compensez avec les réparations utiles, dont le mineur doit être au surplus déchargé. Arrêt du Parlement de Paris du 26. Mars 1544. *Papon*, liv. 18. tit. 4. n. 14.

20. Locataire est tenu des réparations des ruines arrivées par sa faute, même depuis qu'il est condamné à sortir. Arrêt du même Parlement du 21. Février 1563. *Ibid.* liv. 11. tit. 9. n. 1.

21. Par Arrêt du Parlement de Toulouse, l'Abbé de S. Gilles condamné és frais des réparations non faites par son Prédecesseur, sauf à les prendre sur les fruits du Benefice. Le même jugé contre l'Abbé de Vertus, le 17. Mars 1574. *Papon*, liv. 1. tit. 1. n. 14.

22. Arrêt du Parlement de Paris du 22. Février 1586. qui ordonne que l'Evêque d'Angers sera tenu d'employer la quatriéme partie de ses revenus aux réparations de son Evêché, & luy enjoint de poursuivre les heritiers ou biens tenans de son Prédecesseur, à fournir les réparations avenuës de son temps, sur peine de s'en prendre à luy; les Chanoines condamnez pareillement à réparer de leurs fruits, à réparer l'Eglise Cathedrale, esquelles réparations seroient employez les arrerages des festages, & les deniers de la Fabrique. *Ibidem*.

23. Le proprietaire d'une maison, n'est pas privilegié ni preferé à celuy qui a fait les menuës réparations, desquelles le locataire étoit tenu pour les meubles qui se trouvent en la maison qu'il a louée. Arrêt à Noël 1590. *Montholon*, Arrêt 64. Voyez *M. Bouguier*, lettre M. nombre 1. où il y a Arrêt du 26. ou 27. Juillet 1622.

24. Réparations des maisons & des saillies. Voyez *Le Vest*, Arrêt 106.

25. Le Maçon est preferé pour les réparations par luy faites, contre le bailleur d'heritage à rente, sur les loyers de la maison. Arrêt du 15. Mars 1598. *Carondas*, liv. 10. Rép. 79.

26. Distraction ne peut être faite des bâtimens & ameliorations au profit des creanciers, qui ont prêté leur argent, pour réparer la maison sujete au douaire coûtumier. Arrêt du Parlement de Paris du 7. Septembre 1601. qui ordonne que distraction seroit faite de la maison au profit des mineurs, en l'état qu'elle étoit, sans aucune diminution ni distraction des réparations & ameliorations. *V. Carondas*, livre 10. *Rép.* 16. & *Papon*, liv. 15. tit. 5. n. 16.

Voyez le mot *Bâtimens*, n. 17. & suiv.

27. Les menuës réparations dûës par un locataire, sont ordinairement estimées à six livres. Arrêt du Parlement de Paris, du mois de Février 1606. *V. les Reliefs forensés de Rouillard*, chap. 41.

28. Entre Loüis de Courtignon Ecuyer, Prieur & Seigneur de Saint Martin les-Longueaux, appellant du Bailly de Senlis, d'une part, & les habitans, d'autre; ceux-cy ont été condamnez à fournir & contribuer à leur égard, à la réedification & réparation de l'Eglise Paroissiale de Saint Martin; & l'appellant contribuer jusques à la concurrence du tiers des dîmes, sans comprendre les oblations, ni que pour le surplus des revenus dependans du domaine dud. Prieuré, il en puisse être tenu. Arrêt donné en l'Audience de la Grand'Chambre, sur l'avis de M. le Bret, Avocat General, le 16. Février 1610. *Corbin*, suite de Patronage, chap. 230.

29. Arrêt du Parlement de Grenoble du 28. Février 1611. par lequel il a été jugé que les réparations utiles & necessaires, doivent être renduës à un creancier possedant *jure creditoris*. *Basset*, tome 1. liv. 5. titre 8. chap. 1. où il explique quelles sont les réparations necessaires, ajoûtant que celles faites de mauvaise foy, peuvent être retirées par celuy qui les a faites, pourvû qu'elles luy puissent être utiles, & qu'il ne paroisse pas qu'il ait le seul dessein de nuire.

30. Arrêt du Parlement de Grenoble du 10. Août 1609. qui a jugé que les réparations & meliorations doivent être payées avec interêt, quand les fruits sont restituables. *Basset*, tome 2. liv. 5. tit. 8. ch. 2.

31. De la contribution des Monasteres aux réparations publiques. Arrêt du Parlement de Grenoble du 2. Mars 1626. *V. Basset*, tome 1. liv. 1. tit. 1. ch. 22.

32. Il faut rendre au possesseur de bonne foy toutes les réparations qui ont rendu le fond plus precieux, même le prix des fonds achetez pour la plus grande commodité & valeur de celuy qu'on veut évincer. Arrêt du 21. Mars 1630. *Ibidem*, livre 2. titre 34. chapitre 7.

33. L'heritier grevé n'a en détraction que les réparations par luy faites sur le fond sujet au fideicommis; *in quantum fundus est factus locupletior*, & plus logeable, & cela sans aucuns interêts. Arrêt du Parlem. de Grenoble du 21. Février 1633. *Basset*, to. 1. liv. 5. tit. 9. chap. 17.

34. Le Seigneur direct n'est tenu de fournir aux réparations du fond emphyteotique. Arrêt du 31. Juillet 1646. *Basset*, tome 1. liv. 3. tit. 4. ch. 1.

35. Les réparations & meliorations, dont le possesseur évincé demande la restitution, doivent être estimées en détail, & non en gros & confusément. Arrêt du même Parlement de Grenoble du mois de Novembre 1650. rapporté par *Chorier*, en sa Jurisprudence de Guy Pape, page 296.

36. Jugé au Parlement de Roüen le 3. Février 1657. qu'une veuve qui prend du fond pour sa dot, est tenuë des réparations utiles. *Basnage*, sur la Coût. de Normandie, art. 575.

37. Le possesseur d'un fond convenu hypothecairement, n'est recevable d'offrir la valeur du sol & des mazures, sous prétexte que les réparations qu'il y a faites, excedent la valeur de ce fond. Arrêt du Parlement de Grenoble du treiziéme

38 Si le possesseur vendant au creancier par droit d'offrir doit être remboursé des réparations utiles, necessaires & superfluës. Arrêt du Parlement de Provence du 28. Février 1670. qui n'ajuge que le remboursement des réparations utiles & necessaires, & non des superfluës. *Boniface, to. 4. livre 9. titre 2. chapitre 1.*

39 De l'exemption de contribuer aux réparations. Voyez le mot *Exemption*, nomb. 99. & suiv.

RÉPARATIONS, BENEFICE.

40 Réparations d'Eglise. Voyez cy-dessus le nomb. 12. & suiv. hoc verbo *Réparations*, la *Biblioth. de Jovet.*

41 Qui est tenu à la réparation des Eglises? Voyez le mot *Eglise*, nomb. 36. & suiv.

42 Des réparations dont sont chargez les Décimateurs. Voyez le mot *Décimateur*, nomb. 5. & suiv.

Décimateurs sujets aux réparations. Voyez le mot *Dîme*, nomb. 438. & suiv.

43 Quêtes pour les réparations de l'Eglise. Voyez le mot *Quête*, nomb. 7.

44 Réparations des Eglises ruinées qui sont en Patronage. *Memoires du Clergé*, to. 2. part. 2. p. 72.

45 Réparations des ruines arrivées pendant les guerres. *Ibid. to. 3. part. 3. p. 193. & 194.*

46 Réparations des Eglises & autres lieux pieux, ou dépendans des Benefices. Voyez ibidem, titre 5. page 499. & suiv. Moyens d'y pourvoir, ibid. Les Evêques y pourvoiront dans leurs Visites.

47 Défenses à tous juges de prendre aucuns salaires pour la visite des réparations qui sont à faire aux Eglises, à peine de concussion. *Ibidem, page 510. jusqu'au 514.*

48 Les Juges des lieux ne doivent connoître des réparations qu'en cas que l'Official neglige d'y faire contraindre les Beneficiers de son Ressort dans le temps qui-luy est accordé pour ce sujet. Voyez *Ibid. p. 512.*

En quel cas les Procureurs du Roy peuvent faire saisir le revenu des Benefices, faute de réparations? *Ibid. p. 514.*

49 Sur qui tombe l'obligation de réparer les Eglises & Convens, il s'en fait la contribution. Voyez Papon, liv. 1. tit. 1. n. 12.

50 Du rétablissement des Eglises & maisons Presbyterales. Voyez Filleau part. 1. tit. 1. chap. 14. où il rapporte plusieurs anciens Arrêts en faveur des Curez.

51 De la réparation des Eglises, & pour quelle part les Prieurs & Seigneurs Décimateurs y sont tenus? Voyez Henrys, to. 1. liv. 1. ch. 3. quest. 15.

52 An ratione decimae quis ad chori Ecclesia instaurationem teneatur? Voyez *Franc. Marc. tome 2. qu. 160.*

53 De quibus reparationibus teneantur Episcopi, & eorum executores? *Joann. Galli, quest. 69. In Parlamento fuit dictum per arrestum pro executoribus Domini Gonterii Archiepiscopi Senonensis contra dominum Guidonem de Roye, quod nec dictus defunctus Archiepiscopus, nec ejus executores tenebantur pro reparationibus castrorum & aliorum locorum qua erant per hostes destructa; & idem fuit in Parlamento immediatè praecedenti dictum pro executoribus Domini Joannis Nicoti Episcopi Aurelianensis, pro tunc cum viveret. Contra Episcopum Aurelianensem?* V. la Bibliotheque Can. to. 2. p. 516. col. 2.

54 Jugé que le Prieur-Curé primitif, lequel tenoit les dîmes en la Paroisse de Cayeu, seroit tenu de contribuer aux réparations & refection de l'Eglise Parochiale, jusques à la concurrence du tiers de son revenu, les oblations exceptées. Voyez les Plaidoyés de Corbin, chap. 45.

55 Curé primitif percevant les dîmes d'une Cure, tenu de contribuer aux réparations. V. Bouvot, tome 2. verbo *Eglise*, quest. 8.

56 Les reparations d'Eglises & manoirs presbyteraux sont tellement privilegiées qu'elles sont preferées à tous, même à ceux qui ont obtenu du Roy le droit d'aubaine. Arrêt du Parlement de Paris contre Michel du Bois, donataire de l'aubaine du Cardinal Cajetan mort à Rome, & pourvû de Benefices en France. *Biblioth. Can. to. 2. p. 518. col. 1.*

57 Ceux de la Religion prétenduë Réformée sont obligez de contribuer aux réparations des Eglises à cause des dîmes inféodées, ès cas esquels les Seigneurs Catholiques possesseurs des dîmes y sont condamnez. Comme aussi tous les Religionnaires aux réparations du clocher de l'Eglise de la Paroisse. Voyez Filleau, en ses décisions Catholiques, Décis. 75.

58 Les Ecclesiastiques nonobstant les anciens Arrêts sont tenus de contribuer au rétablissement & réparation des Eglises ruinées par les guerres civiles. Arrêt du Parlement de Toulouse contre l'Evêque de Castres qui s'y opposoit; jusqu'à avoir entrepris d'arrêter les Juges seculiers & souverains par excommunications & censures Ecclesiastiques, pour raison de quoy il fut condamné en l'amende. *Bibliotheque Can. to. 2. p. 516. col. 2.*

59 Le prix des réparations est dû par l'Ecclesiastique qui rentre en ses domaines alienez. Voyez le titre *Alienation de biens d'Eglise*, nomb. 86.

60 Arrêt du 26. Novembre 1384. qui a jugé que l'executeur testamentaire d'un Prélat pouvoit être assigné pour les ruines des bâtimens du Benefice, arrivées du temps du défunt. *Papon, liv. 1. tit. 1. n. 15.*

61 La question des réparations d'un Benefice appartient au Juge Lay. Arrêt du Parlement de Paris de l'an 1389. *Ibidem, tit. 5. n. 21.*

62 Les Parlemens du Royaume se sont reservez d'ordonner & de faire proceder à la visitation des Benefices, dont il y a un Arrêt du Parl. de Paris du 16. Decembre 1521. qui ordonne que le Prieuré de saint Maurice à Senlis seroit visité & reparé: & en outre, que pendant le procez du Prieuré l'administration des choses sacrées seroit commise à deux Clercs, & des choses profanes à deux Laïcs. Et les Moines de l'Abbaye d'Orbais en Champagne se plaignans de l'Abbé fiduciaire, le Monastere fut visité; par Arrêt du même Parlement de l'an 1568. Elle appartient veritablement aux Evêques, mais ils ne peuvent user de contrainte pour la réparation des Edifices d'iceux. Ils doivent appeller avec eux les Officiers Laïcs des lieux pour pourvoir tous ensemble au rétablissement & entretenement des Eglises Parochiales, & edifices d'icelles. Ensuite l'execution appartient aux Juges Laïcs, qui à ces fins doivent contraindre les Marguilliers & Paroissiens à la contribution des frais requis & necessaires, par toutes voyes dûës & raisonnables, même les Curez par saisie de leur temporel à porter telle part & portion des réparations & frais qu'il sera arbitré par les Prélats. *Bibliotheque Can. tome 1. p. 764. col. 1.*

63 *Joann. Gallus, quest.* 587. rapporte un Arrêt du Parlement de Paris confirmatif d'une Sentence renduë par un Bailly de Vermandois, par laquelle en procedant à une commission du Roy il avoit ordonné qu'il connoîtroit de l'aprétiation des réparations qui étoient à faire en quelques maisons de l'Eglise de Laon. Un Evêque de Noyon assigné au Parlement pour réparations qu'il avoit negligé de faire dans un Evêché qu'il avoit auparavant, fut débouté de son declinatoire. Voyez ibidem, qu. 225.

64 Les habitans des Paroisses pour la réparation de leur Eglise sont obligez de faire les charois & manœuvres necessaires dans la Paroisse. Arrêt du Parl. de Toulouse du 20. Mars 1558. ce qui fut reglé par Arrêt du 3. Septembre 1558. suivant la faction du mortier, port de chaux, sable, tuille, & autres materiaux. *Mainard, to. 1. liv. 1. ch. 32. & 33.*

65 Arrêt du Parlement de Paris du 10. Février 1542. qui sur la requête du Procureur General ordonne que les

les réparations de l'Eglise Collegiale de Nôtre-Dame de Montbrison en Forêt seront faites. *Preuves des Libertez*, to. 2. *ch*. 35. *n*. 55.

66 Troisiéme partie des fruits décimaux saisie & arrêtée pour la réparation de l'Eglise, à la charge au Recteur de parfaire l'Eglise. Arrêt du Parlement de Toulouse du 9. Decembre 1555. *Mainard*, to. 1. liv. 1. ch. 41. Au *chapitre suivant*, il rapporte d'anciens Arrêts qui ont condamné les Evêques de Mende & Leictoure, & Archevêque d'Auch, à fournir toutes dépenses necessaires pour les fabriques & réparations des Eglises sans aucune limitation.

67 Declaration portant exemption en faveur des Ecclesiastiques, de réparer les bâtimens dependans de leurs biens pendant les troubles. A Saint Maur de Fossez le 10. Septembre 1568. Registrée le 15. Février 1571. *Voyez le Recüeil des Ordonnances par Fontanon*, to. 4. p. 518. Même Edit le 18. Septembre 1571. *Ibid*. page 572.

68 Des réparations que sont tenus faire les Beneficiers en leurs Benefices. A Paris le 3. Novembre 1572. Regiftré le 22. Decembre suivant. V. *Ibidem*, titre 29. page. 572.

69 Le revenu Ecclesiastique est saisissable & applicable pour moitié à la réfection & réparation des Temples démolis par les guerres. Arrêt en 1569. & autre du 27. Mars 1576. contre l'Abbé de Vertu. *Biblioth. de Bouchel*, verbo *Réparations*.

70 Tous prenans fruits décimaux doivent contribuer à la réparation & construction des Eglises. Arrêt du Parlement de Toulouse du 25. Janvier 1571. *Mainard*, to. 1. liv. 1. chap. 31.

71 *Boyer* dans sa *décision* 204. rapporte un Arrêt du Parlement de Toulouse du 27. Mars 1574. par lequel l'Abbé de saint Gilles en Provence fut condamné aux frais des réparations de son Benefice, qui n'avoient pas été faites par son prédecesseur.

72 L'Abbé de Rhedon avoit été condamné en plusieurs réparations, & à entretenir plus grand nombre de Religieux; il a Lettres du Roy pour en sursseoir l'execution. Par Arrêt du Parlement de Bretagne du 29. Avril 1575. il est dit que la Cour ne peut, ni doit surseoir l'execution des Arrêts, attendu le fait dont est question; & enjoint au Procureur General de les faire executer. *Du Fail*, liv. 2. chap. 493. *summa ratio est quæ pro religione facit*.

73 Les Paroissiens sont tenus aux grosses réparations du Presbytere. Arrêt en 1579. *Carondas*, *liv. 1. Rép.* 57. Les biens du titulaire sont affectez & hypotequez du jour de sa prise de possession. Arrêt du 24. Mars 1603. *M. Loüet, lettre* R. *somm*. 50.

74 Jugé par Arrêt du P. de Dijon du 2. Avril 1584. que *qui percipit decimas tenetur ad reparationem Ecclesiarum*, quand il n'y a point de Fabrique. *Bouvot*, to. 1. part. 3. verbo *Réparations d'Eglise* quest. 2.

75 Jugé au Parlement de Dijon le 27. Avril 1584. que l'Abbé de saint Pierre contribuëroit pour le tiers aux réparations qu'il conviendroit faire en l'Eglise de Ciel, & le Curé pour un autre tiers. *Ibidem*, part. 2. verbo *Réparations d'Eglise*.

76 Arrêt de l'année 1586. rendu contre les Doyen, Chanoines, & Chapitre de l'Eglise Cathedrale d'Angers, contre leur nouvel Evêque, par lequel en enterinant la requête présentée par M. le Procureur General, il fut dit que l'Evêque seroit tenu d'employer la quatriéme partie du revenu de son Evêché pour les réparations qui étoient à faire à l'Eglise & aux lieux dependans de son Evêché; & luy enjoint en outre de poursuivre les heritiers & biens tenans du défunt Evêque à luy fournir leur part & portion pour les ruines & démolitions survenuës au temps de la tenuë de leur parent, qu'ils représentoient dans l'ordre de sa succession, à peine de s'en prendre à luy, même pour raison de ce; & à l'égard des Archidiacres, Tresoriers & Chanoines, il fut pareillement dit qu'ils seroient tenus d'employer en réparations à la mêmeEglise la quatriéme partie de leur revenu jusqu'à ce qu'elle fût entierement remise dans son ancien état. *Définit. Can.* p. 780.

77 Le 29. Novembre 1588. au Rolle de Vermandois, jugé qu'un Arrêt donné contre le Cardinal d'Est, de la somme de 4000. écus pour les réparations de l'Abbaye de . . . . seroit executé contre son nouveau successeur, encore que Chauvelin remontrât qu'il étoit nouveau venu, la dépense qu'il avoit faite pour l'annate, en décimes, à la garde du Château de l'Abbaye, qu'il avoit mense separée de celle des Moines, sur lesquelles il vouloit faire tomber les réparations, comme ayant plus grande mense que lui; il fut débouté de son opposition. *Bibliotheque de Bouchel*, verbo *Réparations*.

78 Oblations ne peuvent être imputées au tiers des réparations. Arrêt du 31. Juillet 1599. *M. Loüet*, *lettre* O. *somm*. 6.

79 Les Ecclesiastiques doivent contribuer à la réparation des Eglises ruinées par les guerres civiles. Arrêt du Parlement de Toulouse du 9. Septembre 1599. contre l'Evêque de Castres. V. *Mainard*, tome 1. livre 1. chap. 6.

80 Arrêt du dernier Juin 1607. rendu sur un procez par écrit à la Grand'. Chambre du Parlement de Paris, entre les Marguilliers & Paroissiens du Bourg du grand Essigny, entre les Religieux-Abbé du Convent du Mont Saint Quentin lez Peronne, qui furent condamnez par cet Arrêt de faire réparer, & de plus de maintenir en bon & suffisant état, de toutes sortes de réparations le Chœur & le Cancel de la même Eglise, jusqu'au mur de la ruë, à quoi ils seroient tenus & contraints par saisie de leurs dîmes qu'ils avoient coûtume de percevoir en la même Paroisse. *Définit. Can.* p. 781.

81 Tous les proprietaires tenans heritages, soit qu'ils résident actuellement dans la Paroisse, ou ailleurs, doivent entrer en contribution à proportion des heritages qu'ils possedent pour la réédification de leur Eglise. Jugé au Parlement de Roüen le 29. Novembre 1607. entre les Paroissiens de Langrune prés Caen; il fut ordonné que la taxe seroit faite à l'acre, tant pour les habitans du Village que horsains y ayant heritages. *Biblioth. Can*. to. 2. p. 517. col. 1.

82 Arrêt du Parlement de Grenoble rendu en forme de Reglement, les Chambres assemblées, le 10. Avril 1609. entre un Forain & les Habitans de la Paroisse de Beauregard dans la Province de Dauphiné, par lequel il fut ordonné que les gros décimateurs seroient tenus de contribuer aux réparations des Eglises Paroissiales, & permis aux Paroissiens de se cotiser entre eux pour satisfaire aux parts & portions qu'ils devoient porter chacun d'eux en particulier. *M. Expilly*, *Plaidoyé* 9.

83 Les Paroissiens d'une Eglise ruinée depuis long-temps, la veulent faire réparer, & soûtiennent que le Curé primitif doit contribuer *pro rata emolumenti*, qu'il prend de la Cure; au contraire le Curé dit que c'est à la Fabrique à faire réparer l'Eglise. Le premier Juge ordonne que les lieux seront visitez, ensemble le revenu, tant de la Fabrique que de la Cure évalué, afin de sçavoir pour quelle part chacun y contribuëroit. Appel par le Curé. Arrêt du 4. Janvier 1610. qui met sur l'appel hors de Cour; & neanmoins que sur la part du Curé ne seront comprises les oblations & crüés de l'Eglise. *Bibliotheque de Bouchel*, verbo *Réparations*.

84 Arrêt du Parlement de Bretagne du 13. May 1617. qui enjoint aux Juges Royaux, & Substituts du Procureur General de faire procez verbaux des réparations & ornemens nécessaires, és Benefices; ordonne que le temporel sera saisi à cet effet. *Voyez les Arrêts qui sont à suite du Recüeil de Du Fail*, page 11.

85 Arrêt du Parl. de Toulouse du dernier Octobre. 1619. pour les réparations & constructions des Eglises de quelques Dioceses de son ressort. Il fut ordonné que pour subvenir aux frais necessaires à l'execution de l'Arrêt, tant les Evêques, Syndic du Clergé des Dioceses, que leurs Receveurs des décimes seront contraints par toutes voyes, & par saisie de leur Temporel, de consigner & avancer les sommes necessaires és mains du Greffier du Commissaire député, jusqu'à la somme de 900. livres, sauf à icelle augmenter ou diminuer. *Voyez les Preuves des Libertez,* 10. 2. *chap.* 35. *n.* 88.

86 Le 14. May 1620. la Cour condamna pareillement les gros Décimateurs de la Paroisse de Val, de faire les réparations du Chœur, chacun d'eux suivant la part & portion qu'ils percevoient des dîmes ; & les habitans furent pareillement condamnez à faire les réparations de la Nef, c'est-à-dire, depuis le Chœur jusqu'à la porte de l'Eglise. *Définitions Canoniques, page* 781.

87 Curé primitif qui a les deux tiers de la dîme, doit les deux tiers des réparations du Chœur & cancel de l'Eglise, & le Vicaire perpetuel doit l'autre tiers. Arrêt du 14. Août 1622. *Bardet,* t0. 1. *ch.* 102.

88 Ceux qui perçoivent les dîmes dans les Paroisses, sont tenus de contribuer pour un tiers. Arrêt du 12. Decembre 1623. *Du Frêne,* liv. 1. *chap.* 9.

89 Arrêt du Parlement d'Aix du 13. May 1624. lequel ordonne les réparations qui se devoient faire à l'Evêché de Digne, & que le tiers du revenu y sera employé. *Preuves des Libertez,* t0. 2. *ch.* 35. *n.* 94.

90 Arrêt du même Parl. d'Aix du 6. Juin 1628. par lequel l'Evêque de Toulon est condamné de contribuer pour la refection de l'Eglise de S. Paul d'Yere, & aux ornemens de ladite Eglise. *Ibidem, n.* 98.

91 Arrêt du 10. Juillet 1630. qui appointa pour sçavoir si ceux de la Religion Prétenduë Reformée doivent contribuer à l'édification d'un clocher, quoiqu'ils soient exempts des réparations de l'Eglise Paroissiale. *Bardet,* tome 1. *livre* 3. *chap.* 114. M. l'Avocat General Talon avoit conclu à l'exemption.

92 Reglement entre les Seigneurs, Curez & Habitans des Paroisses, portant qu'il sera pris le tiers des dîmes pour les réparations & entretenement des Eglises ; il est du 4. Janvier 1642. *Henrys,* tome 1. livre 1. *chap.* 3. *question.*15.

93 Arrêt du Parlement de Grenoble du 11. Février 1647. qui a jugé que les Paroissiens feroient rebâtir le clocher étant dans le Chœur en contribuant par le Prieur à proportion de ses fonds. *V. Basset,* tome 1. *livre* 1. *titre* 7. *chap.* 2.

94 Les Curez primitifs principaux dîmeurs des Paroisses, sont tenus solidairement aux réparations du Chœur & du Cancel, sauf leur recours entre les Codîmeurs, auquel cas ils sont tenus de fournir les Calices, Livres & Ornemens, la Paroisse étant pauvre. Arrêt du 22. Février 1650. *Du Frêne,* liv. 5. *ch.* 54.

95 Les Religieux de Fécamp Patrons de Saint Georges sur Fontaine-le-Bourg, furent condamnez au Parlement de Roüen de reédifier le Chœur, & de contribuer à la Nef à cause des dîmes & des autres biens qu'ils possedoient en cette Paroisse.

Par autre Arrêt du 7. Juin 1651. entre les Curé & Tresoriers de S. Eloy de Roüen, & les Paroissiens en general, il a été jugé que les proprietaires de maisons & heritages en cette Paroisse payeroient les trois quarts, & les locataires l'autre quart des sommes necessaires pour la réparation du Presbytere.

Pareil Arrêt entre les proprietaires d'heritage de la Paroisse de Maromme, & les fermiers & locataires. *Basnage, sur l'art.* 212. *de la Coût. de Normandie.*

96 Arrêt du Parlement de Grenoble du 4. Juin 1658. qui a jugé que le Titulaire d'un Benefice est obligé de le réparer, & ne peut repeter ses réparations. *Voyez les* 19. *&* 20. *Plaidoyez de Basset.*

97 Jugé le 30. May 1659. que c'est aux Décimateurs à faire les réparations du Chœur, du Clocher & de la Nef qui avoit été abbatuë par la chûte du Clocher. *Journal des Aud.* to. 2. liv. 2. ch. 25.

98 Declaration du Roy du 18. Février 1661. par laquelle Sa Majesté exhorte, & neanmoins enjoint aux Archevêques & Evêques du Royaume, & en cas de legitime empêchement, à leurs Grands Vicaires & Officiaux, de visiter incessamment les Eglises & Maisons Presbyterales de leurs Dioceses, & de pourvoir promptement, les Officiers des lieux appellez, à ce qu'elles soient bien & dûement réparées, mêmes les Maisons Presbyterales bâties aux lieux où il n'y en a pas, en sorte que le Service Divin y puisse être dûement & commodement fait & celebré, & les Curez & Vicaires convenablement logez, même à ce que les Eglises soient fournies des Ornemens & autres choses necessaires pour la celebration du Service Divin, à quoy faire ils seront contraindre les Décimateurs, Marguilliers, Paroissiens & autres, suivant qu'ils en peuvent être tenus, même les Curez pour telle part & portion qui sera par eux arbitrée, s'ils jugent que le revenu de leurs Cures le puisse commodément porter, & ce par toutes voyes dûës & raisonnables, & par saisie de leurs biens & revenus ; & seront les Ordonnances rendues pour raison de ce par les Archevêques & Evêques, leurs Vicaires & Officiaux executées nonobstant oppositions ou appellations quelconques, & sans prejudice d'icelles, Sa Majesté n'entend que ses Officiers ni autres Juges puissent sous prétexte des appellations ou de renvoi, en vertu de Committimus donner aucune main-levée des saisies, lesquelles ne pourront être accordées qu'en jugeant le fond diffinitivement s'il y échet. Enjoint à tous Officiers & autres de tenir la main à l'execution de ce qui sera ainsi ordonné, le tout sans frais, salaires & vacations. Cette Declaration a été registrée au Parlement de Paris le 18. Juillet 1664. *Voyez le* 10. *Volume des Ordonnances de Louis XIV. fol.* 128. & la Biblioth. Can. to. 1. p. 498.

99 Arrêt du Parlement de Provence du 26. Mars 1665. qui condamne les Communautez de payer les deux tiers des réparations des Eglises. *Boniface,* to. 2. *part.* 3. *liv.* 2. *tit.* 1. *chap.* 19.

100 Le Prieur est tenu de contribuer aux réparations de la maison curiale pour le fonds qu'il possede au lieu. Arrêt du Parlem. de Grenoble du 9. May 1665. *V. Basset,* t0. 1. *liv.* 1. *tit.* 7. *ch.* 1.

101 Les gros Décimateurs condamnez au rétablissement du Chœur des Eglises Paroissiales. Arrêt du 9. May 1665. *De la Guessiere,* to. 2. *liv.* 7. *ch.* 18.

102 Les Eglises Paroissiales seront entretenuës de toutes réparations, sçavoir celles du Chœur par les Décimateurs, & les autres par les habitans, les Ornemens & Livres necessaires pour la celebration du Service Divin, seront fournis par les Habitans & Décimateurs, suivant les Arrêts, & encore par lesdits, habitans un logement pour le Curé ; & en cas d'impuissance & de pauvreté desdits habitans, seront lesdites réparations & ornemens pris sur toutes les dîmes Ecclesiastiques, & subsidiairement sur celles qui sont infeodées, distraction préalablement faite de la portion du Curé. *Arrêt de Reglement des Grands Jours de Clermont* concernant les affaires Ecclesiastiques du 30. Octobre 1665.

Il y a plusieurs Arrêts donnez en pareils cas, tant par le Parlement de Paris que celui de Toulouse, & autres rapportez dans les *Memoires du Clergé, tome* 1. *chap.* 4. *art.* 22. 23. 24. *&* 25. que l'on peut voir.

103 Arrêt du Parlement de Provence du 26. Février 1667. qui a jugé, que le successeur au Benefice doit payer les réparations & ornemens ajugez par Sentence de visite, contre son predecesseur. *Boniface,* to. 1. *liv.* 2. *tit.* 9. *ch.* 4.

104 Arrêt du Parlem. de Paris du premier Avril 1670.

& qui condamne le Chapitre de Nôtre-Dame de Reims gros Décimateurs de la Paroisse du grand Mormelon, de faire rétablir le Chœur & Cancel de l'Eglise, & les mettre en tel état qu'ils étoient avant leur chûte; & à cet effet la moitié des dîmes qu'ils ont perçûës depuis le premier Janvier 1658. jusqu'au jour du presént Arrêt (selon l'estimation qui en sera faite sur les extraits de la valeur des gros fruits qui seront tirez du Greffe de la Vicomté de Reims) y sera employée, comme aussi la moitié de celles qu'ils percevront cy-aprés jusqu'au rétablissement, & ne pourra le Chapitre faire les Baux des dîmes sans y appeller les Marguilliers de la Paroisse & le Procureur Syndic des habitans, auquel rétablissement le Chapitre sera tenu de faire travailler dans quinzaine du jour de la signification de l'Arrêt à leur Procureur Fiscal de Reims, & rendre les ouvrages parfaits dans les six mois: autrement & à faute de ce faire dans ledit temps, permis aux habitans d'y mettre ouvriers, & pour ce faire emprunter deniers à interêt jusqu'à la concurrence de la somme à laquelle les ouvrages se trouveront monter suivant les marchez qui en seront faits par les habitans, les Chanoines du Chapitre dûement appellez, & obliger au payement du principal & interêt de la somme qui sera empruntée, la moitié des dîmes tant échûës qu'à écheoir, & pour la réduction du Chœur & Cancel, se pourvoiront les habitans pardevers l'Archevêque de Reims, si bon leur semble. *Biblioth. Canon. to. 1. p. 487. & le Nouveau Recueil des Declarations concernant les Dîmes, page 115. & suivantes.*

106 & 107 Arrêt du Parlement de Paris du 14. Mars 1673. rendu sur la remontrance de M. le Procureur General, qui ordonne que suivant l'article 52. de l'Ordonnance de Blois, l'article 3. de l'Edit de Melun, & la Declaration du Roy du 18. Février 1661. les Archevêques & Evêques faisant leurs visites, pourvoiront, les Officiers des lieux appellez, à ce que les Eglises soient fournies de Calices, de Croix & d'Ornemens necessaires pour la celebration du Service Divin: celles qui sont ruinées, rétablies, ensorte que le Service y puisse être fait avec décence, & les Curez logez commodément. Enjoint aux Officiers de tenir la main à l'execution des Ordonnances qui seront renduës à cet effet par les Archevêques & Evêques, & de proceder par toutes voyes, même par saisie pour cet effet; & qu'en cas de contestation les Ordonnances renduës pour l'achat des Calices, Croix & Ornemens necessaires à la celebration du Service Divin, seront executées par provision contre les Marguilliers & Fabriciens étant actuellement en charge, si les Fabriques ont un revenu suffisant, sinon contre les gros Décimateurs, jusqu'à la somme de cent livres, & pour le rétablissement des réparations necessaires du Chœur des Eglises, jusqu'à deux cens livres contre les Décimateurs. Et à l'égard de celles concernant les logemens des Curez, enjoint aux Officiers des lieux de faire assembler incessamment les habitans pour y pourvoir & regler quelle part chacun d'eux sera tenu d'y contribuer, & en attendant que ces logemens soient en état d'être habitez, faire lever sans frais sur toute la communauté & à proportion de ce que chaque habitant paye de taille jusqu'à la somme de 40. livres, si besoin est, par an, pour le loüage d'une maison où le Curé puisse demeurer, les Ordonnances, saisies & contraintes faites en vertu de Sentences des Officiers pour l'execution des Ordonnances des Archevêques ou Evêques executées nonobstant oppositions ou appellations quelconques, sans préjudice neanmoins aux Décimateurs, Marguilliers & Habitans de contester entre eux pardevant les Juges Royaux des lieux quelle part & portion ils seront tenus d'y contribuer. *Bibliot. Can. to. 1. p. 484.*

108 Arrêt du Parlement de Provence du 28. Janvier 1675. qui a jugé que la construction ou réparation de

Tome III.

la Maison claustrale est de la connoissance du Juge laïc, qu'elle doit être réparée ou construite aux frais des deux tiers par les Paroissiens, & l'autre tiers par les Prieurs décimateurs. *Boniface, tome 3. li. 5. tit. 14. chapitre 6.*

109 Quelques réparations que fasse le Titulaire dans son Benefice, il ne s'y acquiert aucun droit ni à ses heritiers; ils ne peuvent répeter ce qu'elles ont coûté, ni s'en conserver la possession pour quelques années: il faut qu'elle leur ait été promise & permise avant que de s'engager à réparer. Il y en a deux Arrêts du Parlement de Grenoble des 31. Juillet 1675. & 8. Août 1676. rapportez par *Chorier en sa Jurisprudence de Guy Pape, p. 27.*

109 bis. Par Arrêt du Conseil du 8. Janvier 1678. & en conformité du 17. article du Reglement de 1639. les Ecclesiastiques qui possedent des dîmes doivent réparer le Chœur des Eglises, & tous generalement contribuent aux réparations de la Nef & des maisons des Curez, pour les fonds, pour les rentes & pour les autres droits qui leur appartiennent dans les Paroisses. Arrêt du Parlement de Grenoble du 3. Août 1638. *Voyez Chorier, ibid. p. 117.*

110 Arrêt du Grand Conseil du 17. Novembre 1676. pour les Religieux de Haut-Villiers Ordre de Saint Benoît, qui condamne le Curé de Vraux de contribuer aux réparations du Chœur de sa Paroisse pour telle part & portion qu'il est gros Décimateur. *Bibliotheque Can. to. 1. p. 487.*

111 Les réparations sont si absolument acquises au Benefice, qu'elles ne peuvent même être compensées avec les déteriorations, en faveur du Beneficier qui les a faites. Arrêt du Parl. de Grenoble du 18. May 1680. rapporté par *Chorier en sa Jurisprudence de Guy Pape, page 28.*

112 Arrêt du Conseil d'Etat du Roy du 16. Decembre 1684. pour le rétablissement des Nefs des Eglises ou des Presbyteres tombez par vetusté ou incendie; Sa Majesté étant en son Conseil a ordonné & ordonne qu'en envoyant par les Sieurs Archevêques & Evêques aux Intendans & Commissaires départis dans les Provinces & Generalitez, copie des procez verbaux qui auront été par eux faits ou par leurs Archidiacres ou Grands Vicaires par leurs ordres, des Nefs des Eglises ou des Presbyteres qu'il conviendra construire ou réparer dans les Villes, Bourgs, Villages & Paroisses dépendans de leurs Dioceses, il sera par lesdits Sieurs Intendans & Commissaires départis, en faisant la visite de leurs Generalitez, nommé des Experts pour proceder à la visite desdites Nefs des Eglises & Presbyteres contenus aux procez-verbaux à eux envoyez par lesdits Sieurs Archevêques & Evêques, & au devis & éstimation des ouvrages qu'il conviendra faire en présence des Maires & Echevins & Syndics des lieux, & ensuite faire une assemblée des habitans en la forme portée par ladite Declaration du mois d'Avril 1683. pour aviser aux moyens qui pourront être pratiquez pour fournir à la dépense à laquelle montera l'adjudication desdits ouvrages pour être le tout remis ausdits Sieurs Intendans & Commissaires départis, & par eux envoyé au Conseil avec leurs avis sur iceux pour y être pourvû par Sa Majesté ainsi qu'il appartiendra. *Voyez les Edits & Arrêts recueillis par l'ordre de M. le Chancelier en 1687.*

113 Quand les Paroissiens de temps immémorial ont toûjours réparé les Presbyteres, les gros Décimateurs n'en peuvent être tenus. Arrêt du Parlement de Tournay du 10. Decembre 1698. qui décharge le Chapitre de la Cathedrale de S. Omer, & condamne les Cottiseurs du Village de Broukerque Châtellenie de Berghe. *Voyez M. Pinault, to. 2. Arr. 244.*

REPARATION CIVILE.

114 Voyez le mot *Interêt*, *nombre 73. & suiv.* où il est parlé des interêts civils ajugez à un accusateur,

Eee ij

404 REP

& *dans la Bibliotheque de Jouet* le titre de la *Réparation civile*.

115. Des réparations civiles ausquelles un homme est condamné par contumace. *Voyez* le mot *Contumace*, *nomb.* 24. *& suiv.*

116. De la réparation dûe à la fille engrossée. *Voyez* le mot *Grossesse*, *nomb.* 23. *& suiv.*

117. Si par réparation civile on est reçu au Benefice de cession ? *Voyez* le mot *Cession*, *nomb.* 144. *&* 145.

118. L'on doit déduire d'une réparation civile ce qui a été payé par provision, quoiqu'il ne soit expressément dit. *Voyez Du Luc*, *liv.* 11. *tit.* 14. *chap.* 5.

119. Celui qui prend la réparation civile, ne fait point acte d'heritier. Mornac *l. ult. C. de hæredit. vel act. vend.* Voyez Tronçon Coûtume de Paris, art. 317. *circà medium*.

120. Entre les enfans heritiers de leur pere, si à l'un d'eux a été ajugé quelque chose pour réparation du tort qui lui a été fait, il n'est point tenu de le rapporter à ses freres coheritiers, quoique tout ce qui est acquis par l'un des freres doive être rapporté aux autres, parce qu'il a plûtôt poursuivi la vengeance de l'injure que l'argent ; & quant à ce qu'il a reçu, il ne l'a reçu comme heritier. Chopin, *Coûtume de Paris*, *liv.* 2. *tit.* 1. *n.* 23.

121. Si le crime emporte mort civile, la femme du criminel n'est point tenuë à contribuer à l'amende, ni à la réparation civile, mais l'heritier seul ; s'il n'y a point de mort civile, la réparation se prend sur la communauté. M. Loüet lettre D. *somm.* 31. lettre C. *somm.* 35. *&* 52. *&* lettre F. *somm.* 15. *&* 24. Coquille, *quest.* 108. & Du Frêne, *li.* 1. chap. 28.

122. Arrêt du premier Juin 1554. rendu entre la veuve & les enfans, qui ordonne que la moitié de la somme ajugée pour la réparation du meurtre, seroit donnée par provision à la mere, & l'autre moitié seroit mise entre les mains du sequestre pour être convertie au profit des enfans. *Voyez* Chopin, *sur les Coûtumes d'Anjou*, *li.* 1. *ch.* 73. *art.* 5. & Papon, *liv.* 24. *tit.* 2. *nombre* 3.

123. Un homme tuë sa premiere femme, passe à des secondes nôces, est ensuite condamné en des réparations ; il étoit question de la préference entre le pere de l'homicidée & de la seconde femme ; le pere a été préferé à la seconde femme pour sa réparation, & le surplus des biens affectés & hypotequez au douaire de la seconde femme. Arrêt à Pâques 1581. *Montholon*, *Arr.* 9. Charondas, *liv.* 6. *Rép.* 82.

124. Aprés la mort d'un accusé d'homicide, l'on peut poursuivre ses heritiers pour la réparation civile. Arrêt du 27. Janvier 1582. La raison de douter est que *morte extinguitur crimen*. Charondas *li.* 5. *Rép.* 82.

125. En 1595. au mois de Janvier, jugé en la Tournelle qu'un fils voulant purger la memoire de son pere, ayant déclaré qu'il n'étoit point son heritier, n'est tenu de consigner la réparation. *Bibliotheque de Bouchel*, *verbo Réparation*.

126. Par Arrêt donné en la Tournelle de Paris le 24. Novembre 1601. jugé que les cinq ans de l'Ordonnance de Moulins pour la consignation de la réparation ne courent qu'au jour de la signification de l'Arrêt. *Ibid.* verbo *Réparation civile*.

127. La moitié de la réparation de l'homicide du mari appartient à sa veuve, quoiqu'elle renonce à la communauté, & l'autre moitié aux heritiers. Arrêt du Parlement de Bretagne du 19. Août 1614. rapporté par *Frain*, *page* 159. H-*vin* dans sa note sur cet Arrêt examine la question de sçavoir comment la réparation civile ajugée aux enfans sera partagée, & s'il y a lieu à cet égard au droit d'aînesse ? La negative est le plus juste parti.

128. Les creanciers d'un mari & de la femme ont été préferés des deniers provenans de la vente par decret d'une maison acquise pendant ladite communauté, à une femme qui avoit obtenu pendant ladite communauté une condamnation de 157. livres de réparation civile pour délit contre la femme seule, quoique ladite condamnation fût beaucoup anterieure à la dette du creancier commun. Arrêt du 17. Juillet 1627. M. le Prêtre *és Arrêts de la Cinquiéme*.

129. Un blessé décede aprés 45. jours, estimé mort de sa blessûre, & la réparation civile ajugée à sa veuve, nonobstant une transaction contre laquelle il y avoit Lettres. Arrêt du 18. Janvier 1631. *Du Frêne*, *liv.* 2. chapitre 88.

130. La moitié de l'indemnité accordée pour le meurtre du mari contre les meurtriers, appartient à la femme du meurtri, l'autre moitié aux enfans, quoiqu'ils soient plusieurs. Arrêt du Parlement de Toulouse en 1645. Cette moitié ne se perd pas par les secondes nôces, parce que la femme l'a à titre d'indemnité, & qu'indemnité & gain sont deux choses contraires ; c'est pourquoi il fut jugé le 18. Juillet 1664. que cette veuve avoit succedé au décez *ab intestat* de deux de ses enfans du premier lit à leur portion de cette indemnité, laquelle ne venoit pas des biens & par la disposition du pere. *Voyez les Arrêts de M. de Catellan*, *liv.* 4. *chap.* 48.

131. La réparation civile se prend par préference à l'amende ajugée au Roy, nonobstant les anciens Arrêts. (Monsieur Bignon conclut à la concurrence.) Jugé le 10. Mars 1660. *Notables Arrêts des Audiences*, *Arrêt* 41. Voyez Tronçon, *Coûtume de Paris*, *article* 107. sur ces mots *emporte hypotheque*, & Coquille, *qu.* 13.

132. On ne peut faire compensation d'une réparation civile avec des arrerages de rente dûs par celui à qui la réparation étoit dûë. Arrêt du 15. Mars 1664. *Dictionnaire de la Ville*, *nomb.* 8666.

133. La veuve d'un Ministre est condamnable aux réparations civiles & amendes, pour raison des contraventions faites aux Edits par ledit Ministre son mari, décedé durant les poursuites. *Voyez les Décisions Catholiques de Filleau*, *décision* 140. où il rapporte un Arrêt de la Chambre de l'Edit à Paris du 2. Septembre 1667.

134. Deux freres, l'un coupable du meurtre, & l'autre l'accompagnant, le premier rompu vif, le second condamné aux galeres pour neuf ans, a été recherché plusieurs années aprés pour la réparation civile, quoique la veuve de l'homicidé se fût départie de cette réparation lorsque le procés fut fait au meurtrier, & a été condamné en 3000. livres de dommages & interêts ; sçavoir un tiers pour la veuve, & les deux autres tiers pour ses enfans. Arrêt du Parlement de Paris du 3. Avril 1685. *Journal du Palais*.

RÉPARATION D'INJURE.

135. Sitôt que le défendeur en injures déclare qu'il ne veut soûtenir ce qu'il a dit & desavoué, le Juge ne doit pas passer outre, ni permettre d'informer. Arrêts du Parlement de Paris donnez és Grands Jours de Moulins les 15. Octobre 1534. & 9. Février 1564. Papon, *li.* 8. *tit.* 3. *n.* 16.

136. Un homme avoit été condamné à être pendu en effigie ; la potence & le tableau ayant été abbatus, la partie demanda permission de les faire redresser ; & cependant il la fit porter au logis d'un oncle du condamné, lui faisant signifier qu'il l'en établissoit gardien comme de biens de Justice. L'oncle se plaignit, la partie déclara qu'il n'avoit pas eu intention de l'offenser ; ils furent mis hors de Cour. Appel ; sur lequel intervint Arrêt le 1. Juillet 1606. qui dit qu'à jour de Marché le Sergent & la partie iroient avec l'Executeur, nuds têtes, requerir la potence du lieu où elle avoit été mise en dépôt ; défenses de plus commettre de semblables fautes, à peine de punition corporelle, & neanmoins sans note d'infamie. *Le Bret*, *li.* 6. *décision* 6.

137. Les heritiers d'un défunt appellés en Justice pour réparation d'injures atroces, sont tenus, le défunt s'en trouvant coupable par l'évenement, de bailler

acte en qualité d'heritiers au demandeur, qu'ils le tiennent pour homme de bien & d'honneur, & condamnez aux dépens liquidez à 48. livres parisis. Arrêt du 9. Decembre 1656. *Du Frêne, livre 8. chapitre 47.*

Voyez le mot *Injure*, nomb. 133. *& suiv.*

RÉPETITION.

ACtion pour redemander ce que l'on a avancé ou payé de trop. *Conditio.*

De rebus creditis, si certum petatur, & de conditione. D. 12. 1.

Si certum petatur. C. 4. 2. Ces deux Titres parlent de la répetition de ce qu'on a prêté, soit argent, soit autre chose: *Conditio ex mutuo.*

De conditione, causâ datâ, causâ non secutâ. D. 12. 4.

De conditione ob causam datorum. C. 4. 6. Ces deux Titres parlent de la demande ou répetition d'une chose donnée, à condition de faire telle chose qui n'a pas été faite.

De conditione ob turpem vel injustam causam. D. 12. 5.

De conditione ob turpem causam. C. 4. 7. *& 9.* Ces deux titres sont pour la répetition de ce qui a été donné pour faire une chose illicite ou injuste.

De conditione indebiti. D.12. 6..., C. 4. 5..., L. 53. D. *de reg.jur.:* l. 3. 15. §. 1... l. 3. 28. §. 6. *& 7.* Répetition de ce qui a été payé par erreur, sans être dû.

De conditione sine causâ. D. 12. 7. Répetition de la chose promise ou donnée sans cause.

De conditione ex lege, & sine causâ, vel injustâ causâ. C. 4. 9.

De conditione ex lege. D. 13. 2. De l'action particuliere qui naît de la Loi même, quand elle ne prescrit point d'action generale.

De conditione triticariâ. D. 13. 3. De l'action pour répeter toutes les choses prêtées, autres que de l'argent. *Triticaria, à Tritico*; parce que le premier à qui cette action fut permise, agissoit pour du blé.

De conditione furtivâ. D. 13. 1... C. 4. 8. Revendication de la chose qui nous a été volée. *V. Vol.*

Voyez Revendication.

Répetition de la chose payée. *Voyez* le mot *Payement.* n. 102. *& suiv.*

REPI.

Voyez les mots *Attermoyement, Banqueroute, Cession, Lettres,* nombre 184. *& suiv.* & *Quinquenellei.*

1 Des Répis. *Voyez Coquille,* tome 2. *Institut. au Droit François,* page 109. l'Ordonnance de 1669. tit. 6. & le tit. 11. de l'Ordonnance du 23. May 1673.

2 On ne peut empêcher un decret par Lettres de répi. *Voyez* le mot *Decret,* nomb. 58.

3 Si après avoir obtenu Lettres de répi, on peut demander à faire cession? *Voyez* le mot *Cession,* nombre 46.

4 Debiteur emprisonné après l'ajournement en Lettres de répi, doit être réintegré. Arrêt du Parlement de Bourdeaux. *Papon, liv.* 10. *titre* 9. *nombre* 4. Car c'est un attentat à l'autorité du Prince.

5 Lettres de répi n'ont point effet contre les dettes contractées depuis leur obtention. Jugé par plusieurs Arrêts du Parlement de Grenoble. *Ibid. n.* 7.

6 Acheteur de biens de Justice, peut être contraint par prison, & ne peut s'aider de répi. Ainsi jugé. *Ibid. nombre* 10

7 Obligations causées pour arrerages de rente dûs par un Fermier, sont executoires, nonobstant Lettres de répi. Jugé au Parlement de Paris. *Ibidem, nombre* 14.

8 Les Lettres de répi n'ont point lieu contre les arrerages de rentes foncieres, moissons, loyers de maison, ferme, & exploitation d'heritages, fruits & revenus d'iceux, pension & nourriture d'Ecoliers, Apprentifs & autres Pensionnaires, dettes de mineurs contractées avec les mineurs, ou leurs tuteurs durant leur minorité, reliqua d'administration de tutelle des mineurs, des biens de la chose publique ou de l'Eglise, des prodigues ou insensez, alimens dûs à des mineurs, pauvres, orphelins, venves, ou autres qui ne peuvent souffrir délai, frais funeraires, pour chose donnée en dépôt, gage non rendu, acheteurs de vivres, vente de bled, vin, bétail, entre Marchands, & de Marchands à Marchands, & même pour vente de vaisseaux à mettre vin és lieux de vignobles, dette procedante de délit, salaires d'ouvriers, &c. *Papon, ibid. n.* 15.

9 Lettres de répi n'empêchent point l'execution des Sentences ou Jugemens, dont il n'y a point eu d'appel. Jugé par Arrêt du Parlement de Grenoble du 24. Decembre 1456. *Ibid. n.* 8.

10 Cession de biens doit être reçûë, nonobstant la renonciation à icelle. Arrêt du Parlement de Paris du 22. Novembre 1459. *Ibid. n.* 3.

11 Lettres de répi n'ont point lieu contre dettes privilegiées, comme consignation, dépôt volontaire. Jugé par Arrêt du Parlement de Bourdeaux du 3. May 1524. *Ibid. n.* 15.

12 Un acheteur de maison n'ayant payé le prix comptant, mais s'étant obligé pour le prix, & depuis obtenu répi à un an, fut debouté de l'effet de ses Lettres, par Arrêt du 21. Janvier 1533. *Ibid. n.* 10.

13 Ceux qui veulent obtenir Lettres de répi, sont obligez de justifier que leur ruine est arrivée depuis qu'ils ont contracté avec leurs creanciers; ils doivent le mettre de même dans les Lettres: mais si par erreur dans les Lettres, il est dit que les pertes sont arrivées avant les dettes faites, & qu'il soit prouvé que ç'a été après, ils seront deboutez de l'enterinement. Jugé par Arrêt du Parlement de Paris du 1. Decembre 1533. *Ibid. n.* 1.

14 Les Boulangers creanciers pour marchandises de pain, ayant compte fait & arrêté, n'ont pas plus de privilege que d'autres; le debiteur peut se servir contre eux de Lettres de répi. Arrêt du 11. Decembre 1533. *Ibid. numb.* 6.

15 Debiteur emprisonné, après l'ajournement donné à sa Requête, pour venir proceder sur l'enterinement des Lettres de répi, par son creancier, doit être réintegré. Arrêt du Parlement de Paris du 19. Février 1535. *Bibliotheque du Droit François par Bouchel,* verbo, *Répi.*

16 Le demandeur en enterinement de Lettres de répi, ne doit pendant le procés garnir la main. Arrêts du même Parlement des 4. Février & 26. Avril 1537. Si les Lettres de répi sont impetrées après la condamnation à garnir, la condamnation sera executée; de même, si il étoit dit que les gages pris feront vendus par provision. Ainsi jugé le 21. Mars 1526. Depuis est venuë l'Ordonnance de François I. de l'année 1535. & celle d'Orleans, qui autorisent les Juges à donner main-levée, en baillant caution par le debiteur. *Papon, liv.* 10. *tit.* 9. *n.* 2.

17 Répi n'a lieu en moisson de grain ou argent. Arrêt du Parlement de Paris du 13. Avril 1548. La Cour avoit même jugé le 12. Decembre 1535. que si d'arrerages de telles rentes, on avoit fait compte, transaction, ou nouvelle obligation, le répi n'auroit pas lieu, vû que la même cause subsiste toûjours, qui est celle d'alimens. *Bibliotheque de Bouchel,* verbo, *Répi.*

18 Le debiteur condamné par Sentence, peut se servir de Lettres de répi. Jugé en la Grand' Chambre des Enquêtes, par Arrêt du 17. Mars 1540. après avoir demandé l'avis de Messieurs de la Grand'-Chambre. Le même jugé le 16. Octobre 1548. és Grands Jours de Toulouse. *Papon, livre* 10. *titre* 9. *nombre* 11.

19. Par Arrêt donné au Conseil, du 16. Juillet 1544. rapporté par Berault, sur la Coûtume de Normandie, tit. de Jurisdiction, art. 20. verbo Répi, il a été jugé qu'une dilation de payer de six semaines, ne s'étend à celuy qui est solidairement obligé comme caution, suivant la Loy, exceptiones quæ. ff. de except. Joann. Faber. §. quodcumque Institut. de Jur. art.

20. Celuy qui veut faire enteriner les Lettres de répi, peut demander un délai. Par Arrêt du Parlement de Paris du 6. Février 1545. il a été accordé deux mois de surseance au debiteur, pour faire juger l'enterinement de ses Lettres, & qu'iceux passez, le creancier pourroit faire executer son obligation. Papon, livre 10. titre 9. nombre 5.

21. Un Receveur de Seigneur particulier ayant rendu son compte, & par la clôture trouvé redevable, fut débouté des Lettres de répi à un an; il lui fut neanmoins de grace, & pour cause, creditore non admodum reclamante, octroyé délai de six mois. Arrêt du même Parlement du 14. Janvier 1547. Papon, ibid. nomb. 9. & la Bibliot. de Bouchel, verbo Répi.

22. En moisson de grain ou denier, répi n'a point lieu. Arrêt du Parlement de Paris du 13. Avril 1548. Papon, liv. 10. tit. 9. nomb. 12.

23. Un creancier seul peut empêcher l'enterinement des Lettres de répi, bien que tous les autres y ayent consenti. Arrêt du Parlement de Grenoble du 16. May 1555. en faveur d'un tuteur. V. Basset, tome 1. liv. 2. tit. 25. chap. 10.

24. Celuy qui obtient répi annal, doit être chargé de donner caution. Arrêts rendus au même Parlement de Grenoble les 5. Février 1556. & 12. Novembre 1571. Ibid. chap. 11.

25. Quand le debiteur est prisonnier, il doit tenir prison, ou bailler caution, à moins que les Lettres de répi ne le portent autrement. Jugé au Parlement de Paris le 22. Avril 1577. Papon, livre 10. titre 9. nombre 3.

26. Le 19. Decembre 1595. par Arrêt contradictoire, Madame de Guise, veuve de feu M. de Guise, a été déboutée des Lettres de répi d'un an, pour le regard de M. Pasquier Avocat du Roy en la Chambre des Comptes, & de plusieurs autres creanciers qui empêchoient le répi, & pour le regard de quelques autres creanciers qui l'accordoient, les Lettres enterinées. Bibliot. de Bouchel, verbo Répi.

27. Cession de biens n'est reçûë, aprés une condamnation diffinitive. Arrêt du Parlement de Toulouse du mois de Mars 1595. comme aussi quand il y a, du côté du cessionnaire, dol & fraude, comme d'une tutelle, dépôt & administration publique; car en ce cas, les tuteurs, pour les deniers pupillaires, dont ils sont redevables; les Dépositaires des biens de Justice; Receveurs & Administrateurs publics, comme Hôpitaux, Maladeries, & autres semblables, ne sont recevables à ladite cession, comme par plusieurs Arrêts du Parlement de Toulouse, il a été souvent jugé. La Rocheflavin, liv. 6. tit. 10. Arr. 1.

28. Si le debiteur a délaissé la poursuite du répi, le creancier le peut poursuivre aprés quatorze mois, & faire vendre ses biens. Arrêt du Parlement de Bourgogne du 10. Decembre 1598. Bovot, tome 2. verbo, Cession, quest. 12.

29. Jugé par Arrêt du Parlement de Dijon du 17. Février 1610. que le répi ne peut être demandé contre les creanciers qui ont obtenu Jugement. Bouvot, tome 1. part. 2. verbo, Creancier, quest. 3.

30. Par Arrêt du Parlement de Roüen du 14. Février 1611. rapporté par Terrien, livre 10. titre dernier, il a été jugé que répi n'avoit point lieu contre une dette contractée pour le poisson, à cause du péril dans lequel se mettent les Poissonniers, d'exposer leur vie; ce qui leur donne un privilege particulier. V. M. le Prêtre, Cent. 3. chap. 125.

31. En Dauphiné, les Lettres de répi ne sont reçûës, mais on accorde quelque délai, pourvû qu'on n'en ait pas déja obtenu, & qu'il ne s'agisse de dette privilegiée, encore oblige-t-on de payer les interêts. Arrêt du Parlement de Grenoble du premier Février 1638. V. Basset, tome 1. liv. 2. tit. 25. ch. 14.

32. Arrêt du Parlement de Mets du 8. Octobre 1638. portant défenses à tous Procureurs & autres personnes, de plus inserer dans les Lettres de répi autres défenses, que les generales, à peine de tous dépens, dommages & interêts envers les parties. Voyez le 33. Plaidoyé de M. de Corberon.

33. Arrêt de Reglement provisionnel, donné au Parlement d'Aix le 12. May 1653. entre le Lieutenant des Soûmissions, & le Juge, sur la connoissance des répis. Boniface, tome 1. liv. 1. tit. 10. n. 21.

34. Celuy qui obtient Quinquenelles ou Lettres de répi, est obligé de donner caution, pour la sureté des creanciers, suivant le Reglement de la Cour de Dauphiné de 1560. Jugé par Arrêt; neanmoins elles ne sont jamais reçûës pour avoir effet, ni pour ni contre la caution. Arrêt du quatorze Août 1653. rapporté par Chorier, en sa Jurisprudence de Guy Pape, page 342.

35. Les Lettres de répi qui viennent du Prince, ne sont point enterinées que sous caution. Arrêt du Parlement de Grenoble du 5. Février 1556. rapporté par M. Expilly, chap. 41.

36. Les Lettres de répi ne peuvent surseoir l'execution des Lettres de change. Edit du Roy au mois de Mars 1673. servant de Reglement pour le commerce des Négocians & Marchands. Arrêt du Parlement de Bourdeaux du 14. Mars 1672. Il avoit jugé le contraire, & donné du temps de trois mois, mais il faut observer que c'étoit auparavant l'Edit. Journal du Palais.

REPLETION.

1. DE la répletion des Graduez. Voyez le mot Gradué, nomb. 175. & suiv.

2. Si taire sa répletion donne ouverture au dévolut, contre la provision de l'Ordinaire; & du dévolut, contre les provisions de l'Ordinaire? Voyez Peleus, en ses questions concernant le droit des Graduez.

3. Par Arrêt du mois d'Août 1602. jugé que les Benefices hors le Royaume, & à plus forte raison les pensions créées sur iceux, ne remplissent point le Gradué. M. Loüet, lettre G. somm. 10.

4. Indultaire rempli. Voyez le mot, Indult, nombre 77. & suivans.

5. Brevetaire de joyeux avenement, à qui l'on opposoit la répletion, parce qu'ayant requis une Prébende, en vertu de son Brevet, il s'étoit laissé évincer par un Arrêt par défaut, & non par Arrêt contradictoire. Voyez lettre J. verbo, Joyeux avenement, nombre 19.

REPLIQUE.

Replique. Responsum. Replicatio. Iterata responsio. Contradictio, &c.
De replicationibus. Inst. 4. 14.
Voyez le mot Exception, & le titre, de la Procedure Civile.

REPRE'SAILLES

Représailles. Prise faite sur ceux qui ont pris sur les autres. Clarigatio. Represalia.
Le droit de représailles, s'appelle aussi, droit de marque, & d'Arrêt; quia est jus transfundi in alterius principis marchas, seu limites, & bona eorum occupare, qui nostra usurpârunt.
Le Roy accorde des Lettres de représailles & de marque, selon les formes prescrites par le Titre 10. du Livre 3. de l'Ordonnance de la Marine.
Ut non fiant pignorationes pro aliis personis. N. 51.... N. 134. 6. 7. Pignoratio, signifie la saisie ou l'arrêt

que l'on fait par repréfailles : *Jus alium pro alio retinendi.*

Ut nullus ex vicaneis, pro alienis vicaneorum debitis teneatur. C. 11. 56. On ne peut pas ufer de repréfailles, ni exercer la folidité contre le concitoyen de fon debiteur.

De reprafaltiis. In fexto Decret. lib. 5. tit. 8.... D. Grat. 23. q. 2. c. *dominus.*

1 Repréfailles ou droit de marque. Voyez, le mot, *Marque*, la *Bibliotheque du Droit François*, par *Bouchel.*

2 De l'octroy des Lettres de marque & de repréfailles, de la contrainte folidaire, & du privilege du bétail de labourage. Voyez M. Expilly, *Plaidoyé* 16.

3 *De reprafaliis, & earum origine.* Voyez *Andr. Gaill, lib. fing. de pignorationibus. Obfervat.* 2.

4 *An civitas fingulos cives, & eorum bona fub pœnâ reprafaliarum obligare poffit?* Voyez *Andr. Gaill,* en fon *Traité de Arreftis Imperii, cap.* 9.

5 *Jus reprafaliarum in bonis exiftentibus in concedentis territorio illorum contrà quos conceffum eft , exequi poteft.* Voyez *Franc. Marc.* tome 2. queft. 331.

6 *Senatus pro executione Arrefti in defectum juftitia, an & quando reprafalias concedere poffit?* Ibidem, queftion 358.

7 *Reprafalia contrà Clericum concedi poffunt, quando fegniter juftitiam adminiftrat.*

Clerici contrà quos reprafalia conceffa funt per laicos, capi non debent. Voyez *Franc. Marc.* tome 2. queftion 395.

8 En Villes maritimes tenuës de divers Princes Souverains, la coûtume de repréfailles eft tolerable : Celuy par le fait duquel le Citoyen eft détenu, le doit indemnifer. V. M. le Prêtre 4. *Centurie*, chapitre 93.

9 Du droit *de Marcha feu de reprifa*, que l'on dit repréfailles. Voyez un Arrêt du Parlement de Paris du 5. Juillet 1328. dans *Corbin*, fuite de *Patronage* chapitre 28.

10 Le Parlement de Grenoble a le pouvoir d'ufer de repreſailles fur les fujets des Princes étrangers , pour la défenſe de ſa Juriſdiction, & de ſes Juſticiables ; il le peut abſolument après s'être informé de la verité ſans autre préliminaire ; il a permiſes ainſi une fois contre les ſujets du Duc de Bourgogne, & deux fois contre ceux du Duché de Savoye ; l'une en 1466. pour un habitant d'Avalon, & l'autre deux ans après pour Roche Chinard, elles l'avoient déja été en 1448. contre les ſujets de l'Evêque de Valence. Voyez *Guy Pape*, queſt 31. & 33. & *Chorier*, p. 77.

11 Les repreſailles ordonnées par les Magiſtrats temporels n'ont pas moins d'effet contre les Eccleſiaſtiques, que contre les Laïcs. Arrêt du Parlement de Grenoble du 8. Octobre 1448. contre un Clerc du Dioceſe de Valence, au ſujet d'un faux monnoyeur qui s'étoit retiré dans l'Evêché avec 1400. écus faux fabriquez en France ; l'Evêque n'avoit pas voulu le rendre après trois fommations de la part des Commiſſaires du Dauphiné ; enfin il obéit. Voyez ibidem, queſt. 34.

12 Droit de repréfailles ne ſe peut exercer contre les Ecoliers. Arrêt du Parlement de Paris du mois de Juillet 1593. ni contre les Laboureurs ; ainſi jugé. Voyez les *Reliefs forenfes de Roüillard*, ch. 17.

13 Les repréfailles ne peuvent être executées contre les Marchands qui viennent aux Foires de Lyon. Arrêt du Conſeil du 9. Juillet 1627. pour les Marchands négocians à Lyon. Voyez *Chorier*, en ſa *Juriſprudence de Guy Pape*, p. 77.

14 Lettres de repréſailles n'ont lieu que contre les ſujets d'un autre Prince, ſur meubles & marchandiſes, non ſur les immeubles, & ſont révoquées ſans expreſſion particuliere dans l'Edit d'abolition generale, qui profite aux heritiers de ceux qui étoient décedez pendant la rebellion de la Rochelle. L'eſperance du pardon, & de la clemence du Prince a été tranſmiſe aux heritiers, ainſi ils doivent joüir du Privilege. Arrêt du 12. Juin 1630. *Bardet*, tome 1. livre 3. chapitre 110.

REPRESENTATION.

La répreſentation s'entend des *actes* que l'on produit, d'un droit qui s'exerce par quelques *Archidiacres* ; de la comparution d'un accuſé *contumax*, de celle d'un *priſonnier* : Et plus ordinairement en matiere de ſucceſſion du droit de repréſenter la perſonne d'un défunt, & de remplir ſon degré. 1

REPRESENTATION, ACTE.

Définition & ſens de ces mots *Exhibitio, Exhibere.* 2 L. 22. & 246. D. *de verb. fign.*

Ad exhibendum. D. 10. 4... C. 3. 42... I. 4. 17. §. 3. *Eft actio ad rem mobilem exhibendam.* Répreſentation d'Actes ou titres, & autres choſes mobiliaires contentieuſes.

De tabulis exhibendis. D. 43. 5... C. 8. 7. Répreſentation du Teſtament à ceux qui y ont quelque intereſt. V. Acte.

De homine libero exhibendo. D. 43. 29. Contre ceux qui refuſent de répreſenter un homme libre.

De liberis exhibendis, item ducendis. D. 43. 30. Action pour contraindre ceux qui retiennent les enfans d'autrui, à les repréſenter.

De liberis exhibendis, feu deducendis ; & de libero homine exhibendo. C. 8. 8.

REPRESENTATION, ARCHIDIACRE.

Droit de répreſentation appartenant à quelques Archidiacres. Voyez le mot *Archidiacre*, nomb. 42. 3

REPRESENTATION, CONTUMAX.

Repreſentation du contumax. Voyez le mot *Contumax*, nomb. 42. 4

REPRESENTATION DE PRISONNIER.

Voyez cy-après le nomb. 87. & ſuiv. 5

REPRESENTATION, SUCCESSION.

De repraefentatione. Voyez un petit traité in octavo, imprimé en 1676. 6

Voyez hoc verbo *Répreſentation*, la *Bibliotheque du Droit François par Bouchel.* 7

De la répreſentation en ligne directe & collaterale, & dans les fiefs. Voyez M. *le Brun*, en ſon *traité des Succeſſions*, liv. 3. chap. 5. le traité fait par M. *Ricard*, & les notes ſur l'article 140. de la *Coûtume de Senlis* ; & les Commentateurs des Coûtumes qui admettent ce droit. 8

Traité de la répreſentation des filles, *vol. in quart.* Paris 1660.

Voyez le traité fait par M. François Guyné Avocat au Parlement de Paris, *imprimé chez Simon Langlois en* 1698.

De la répreſentation dans le droit Romain. *Renuffon* l'explique en ſon *traité des Propres*, chap. 2. ſect. 1. où il parle de la répreſentation en ligne directe aſcendante. 9

Au même traité *chap.* 2. ſect. 8. il parle de la répreſentation ſuivant l'uſage ancien, & depuis réformé.

Le duel fur ordonné pour le droit de repreſentation par Othon II. Empereur, les répreſentans gagnerent contre leurs oncles. Voyez *Expilly*, *Plaidoyé* trentiéme. M. le Prêtre rapporte quelques exemples pour la repreſentation ; mais ſans duel. V. la 2. Cent. chap. 19. fine. 10

Repréſentation en ligne directe & collaterale. Voyez *Peleus*, queſt. 136. 11

Répréſentation en droit écrit en ligne directe, va *in infinitum.* En ligne collaterale il n'y avoit point de répréſentation ; Juſtinien en la Novelle 118. a corrigé cette rigueur, & l'a admiſe juſqu'au troiſiéme degré. Voyez M. le Prêtre 2. Cent. chap. 19. 12

Répréſentation de la perſonne, ou repréſentation 13

de degré different. *Du Frêne*, *liv. 6. ch. 3.*

14. L'enfant venant par réprésentation ne succede au lieu de son pere qu'à l'égard du degré seulement, & non à l'égard de la personne. *Voyez les notables Arrêts des Aud. Arrêt 91. art. 3. & Henrys, to. 1. liv. 5. ch. 4. qu. 52.* où il dit qu'en ligne directe le fils réprésente la personne & le degré. Dans la collaterale le neveu qui succede par réprésentation peut bien réprésenter la personne, mais non pas le degré. *Voyez Brodeau sur M. Loüet, lettre R. somm. 9. nomb. 19.* Voyez *Charondas, liv. 2. Réponse 8.*

15. La réprésentation approche d'un degré une personne plus éloignée pour la faire concourir avec une personne plus proche; celuy qui réprésente entre au droit & condition de la personne par luy réprésentée, &c. *Voyez Henrys, to. 1. liv. 6. chapitre 1. question 1.*

16. *Quæsitum est*, si l'enfant de celuy qui s'abstient & renonce se peut porter heritier, comme par droit de réprésentation pendant la vie de son pere, ou de sa mere qui a renoncé? *Du Moulin sur le 241. art. de la Coûtume du Maine*, au titre des successions, tient que non. Toutefois il y a eu jugement contraire au Siege de *Bourges* en la succession de Catherine Gerard, entre Maître Antoine Baruthen, & Savary Maréchal sieur de Breton, dont il y a appel; on allegue la loy *si quis filium C. de inofficios.* où toutefois *querela datur filio transmissionis jure ex personâ patris, non successionis ex suâ.* Bibliotheque de Bouchel, verbo Réprésentation.

17. C'est une maxime *repræsentationem locum habere semper ac in infinitum in descendentibus, in ascendentibus numquam; in collateralibus ultra fratris filios non extendi.* Voyez *Mainard*, *liv. 6. ch. 95.*

18. Le Roy Henry II. ordonna en 1556. que par tout son Royaume la réprésentation auroit lieu en ligne directe à l'infini, & en ligne collaterale jusqu'au troisiéme degré. *Voyez Henrici secundi Progymnasmata, Arrêt 160.*

19. Les heritiers en pays de réprésentation *in æquali gradu succedunt in stirpes.* Arrêt du 13. Février 1574. *Le Vest, Arrêt 129.*

20. *Viventis nulla repræsentatio.* Arrêt du 7. Décembre 1628. M. le Prêtre *és Arrêts de la Cinquiéme*.

21. Il n'y a point de réprésentation quand la personne est vivante, ou qu'elle a renoncé à la succession à elle déferée. Arrêt du 11. Décembre 1612. *Chenu, 2. Cent. quest. 23. Mornac, l. 7. ff. de his qui sunt sui juris vel alieni.* Soit en directe ou collaterale. *Voyez M. Loüet, lettre R. somm. 41.*

22. Un pere renonçant, ses enfans ne le réprésentent point. Arrêt du 7. Décembre 1628. M. le Prêtre, *és Arrêts de la Cinquiéme*.

23. Quoique la réprésentation ne se fasse ordinairement que d'une personne absente, ou morte, il semble que si le pere vivant ne veut point se prévaloir de son droit, il ne doit point faire d'obstacle à ses enfans, celuy qui ne veut point être heritier ne devant plus être consideré en cet égard que comme s'il n'étoit plus dans l'être des choses. Cependant le contraire a été jugé en la Chambre de l'Edit à Roüen le 23. Juillet 1654. Henry Bauquemare décede sans enfans; Michel un de ses freres se declare heritier; mais Pierre son autre frere renonce, & comme créancier, fait saisir les biens de la succession. Après sa mort, Tobie son fils demande part en la succession d'Henry son oncle : la veuve & les enfans de Michel luy opposerent qu'il ne pouvoit venir à la réprésentation de son pere, puis qu'il étoit vivant lors que la succession fut ouverte; & qu'il n'y avoit jamais eu de réprésentation; par cet Arrêt Tobie a été débouté des Lettres de restitution qu'il avoit obtenuës. On peut douter si par cet Arrêt la Cour a décidé la question; car en consequence de la renonciation faite par Pierre Bauquemare, Michel avoit pris la succession entiere, & le fils de Pierre ne venoit qu'après 20. ans de paisible possession que Michel avoit eüe; de sorte que son silence faisoit présumer qu'il avoit abandonné son droit, quand même il eût été capable de succeder. *Voyez Basnage sur l'art. 304. de la Coûtume de Normandie.*

RÉPRÉSENTATION, BAIL.

14. Réprésentation a lieu aux baux à vie. *Voyez le mot Bail*, nomb. 246.

RÉPRÉSENTATION, COUSTUME D'AMIENS.

15. Par Arrêt prononcé en Robes rouges le 23. Mars 1578. sur la Coûtume d'*Amiens*, en laquelle il y a réprésentation, la Sentence du Bailly d'Amiens fut confirmée par laquelle il avoit ajugé l'hoirie du défunt au fils de son frere, contre l'oncle de ce défunt qui y prétendoit part comme étant en pareil degré. *Voyez la Bibliot. de Bouchel, verbo Réprésentation, &* cy-après *le nomb. 68.*

RÉPRÉSENTATION, COUSTUME D'AUVERGNE.

16. Par l'article 9. du titre *des Successions*, réprésentation a lieu en ligne collaterale jusqu'à l'infini, &c. *Voyez Henrys, tome 1. liv. 6. quest. 22.*

COUSTUME DE BOURBONNOIS.

17. L'article 306. de la Coûtume de *Bourbonnois* est ainsi conçuë, *les termes de réprésentation sont dans les successions directes des ascendans ou descendans in infinitum, & en ligne collaterale des freres & sœurs, ou de leurs enfans*, il dit ensuite que hors les termes de réprésentation l'on partage par têtes, & non pas par souche; c'est une fort ancienne dispute dans cette Coûtume, si son esprit est tel, que pour être censé se trouver dans les termes de réprésentation, & pour partager par souches, il suffit d'être dans les degrez dans lesquels on admet la réprésentation, soit que l'on soit en degré égal, soit que l'on se trouve en degré inégal? La difficulté est que quand l'on se trouve en degré égal, il semble qu'il n'y ait pas lieu à la réprésentation actuelle, au moins en ligne collaterale. Cependant la Coûtume déclarant indistinctement les enfans des freres être dans les termes de réprésentation, il semble qu'elle les y ait supposez en l'un & en l'autre cas, & soit qu'ils viennent avec leurs oncles freres du défunt, soit qu'ils réprésentent tous en égal degré; le mot de *termes* signifiant fins & limites, & non pas degrez. Aussi ç'a été l'avis de M. Charles Du Moulin, comme il se voit en sa note sur cet article, où il taxe un peu les Avocats de Moulins qui lors étoient d'avis contraire. Peut être que le fondement de leur opinion étoit que le texte original de la Coûtume, qui est resté à Moulins, ne dit pas comme les dernieres impressions, *& en ligne collaterale des freres & sœurs, ou de leurs enfans*, mais il dit *des freres & sœurs, & de leurs enfans*; ce qui fait une difference essentielle; car la conjonctive suppose le degré inégal, au lieu que la disjonctive suppose le degré égal; mais comme la disjonctive se suit aujourd'huy, il semble que c'est avec raison que le Siege de Moulins a depuis jugé le partage par souches entre neveux, & que les Avocats ont adheré au Grand Maître, aussi les Arrêts ont autorisé cet avis : il y en a deux rapportez par *Montholon*, Arrêt 49. l'un du 18. Juillet 1551. & l'autre du 24. Decembre 1608. Cependant j'apprends que les Avocats de Moulins retournent encore à leur premiere opinion, & qu'ils estiment derechef que la réprésentation n'a lieu qu'en degré inégal. V. M. le Brun, en son traité des Successions, livre 3. chapitre 5. sect. 1. n. 21.

18. En la Coûtume de *Bourbonnois* les enfans des freres succedent *in stirpes, & non in capita*, encore qu'ils ne succedent par réprésentation. Arrêt de la Nôtre-Dame d'Août 1587. Montholon, Arrêt 49. Voyez Loüet, lettre R. somm. 9. & le Vest, Arr. 129.

COUSTUME DE BOURGOGNE.

19. En *Bourgogne*, lors qu'il n'est question que d'un legs, ou d'un fideicommis, & non d'une succession, la

la représentation n'a point de lieu. Arrêt du Parlement de Dijon du 24. Avril 1674. *Taisand, sur cette Coûtume*, tit. 7. art. 19. note 6.

30 Philippes le Sage prétendoit qu'étant frere germain de François, Jean & Suzane le Sage, il devoit leur succeder seul à l'exclusion de Lazare de Rochemont, qui n'étoit qu'un arriere neveu. Lazare de Rochemont soûtenoit qu'il devoit succeder aux biens laissez par ses grands oncles & tantes, conjointement avec Philippes le Sage, parce qu'il représentoit Elizabeth le Sage, Marie Bernard sa mere, qui étoit fille de la même Elizabeth le Sage. On répondoit pour Philippes le Sage que si cette représentation avoit lieu ce seroit une double fiction, autrement *per saltum* qui n'étoit pas admise par la Coûtume de *Bourgogne*; de sorte qu'il s'agissoit de l'explication de l'article 10. de l'ancienne Coûtume, qui depuis les articles ajoûtez se trouve à présent le 19. dans le titre des successions, lequel article porte qu'*en toute succession représentation a lieu, quand la personne représentée est en pareil degré que celuy de la ligne & branche avec lequel il succede.* Par Arrêt du Parlement de Dijon du 4. Juin 1693. il fut jugé que Lazare de Rochemont ne pouvant représenter que Marie Bernard sa mere, qui n'étoit pas en pareil degré que Philippes le Sage son grand oncle, avec lequel il vouloit succeder, il étoit exclus des successions dont il s'agissoit; & en consequence Philippes le Sage fut envoyé seul en possession des biens délaissez par François le Sage & ses enfans, & par Jean & Suzanne le Sage. *Voyez Ibid. Coût. de Bourg, titre 7. art. 19. note 1.*

REPRESENTATION EN BRETAGNE.

31 Par Arrêt du Parlement de *Bretagne* prononcé en Robes rouges le dernier Avril 1575. jugé que les neveux roturiers peuvent recueillir une succession collaterale avec pareil avantage que feroit leur grande mere, Demoiselle, qu'ils représentent au préjudice de leur tante, sœur puînée de leur grande mere; cet Arrêt est l'un des notables du sieur Président de Lancran. *Biblioth. de Bouchel*, verbo *Succession.*

COUSTUME DE CHAUNY.

32 En Pays Coûtumier on suit les Coûtumes: en la Coûtume de *Chauny* article 36. représentation n'a point de lieu, même en la directe, &c. *Voyez M. le Prêtre* 2. Cent. chap. 19.

COUSTUME DE CLERMONT.

33 Dans la Coûtume de *Clermont* en Beauvoisis représentation a lieu en ligne directe pour les fiefs; *secus*, pour les autres meubles & immeubles roturiers. Arrêt du 9. Août, tiré du Regître des Jugez du Parlement de Paris de l'an 1351. *Arrêt* 110. Voyez *Corbin, suite de Patronage*, chap. 174.

REPRESENTATION, EPTE.

34 Sur l'article dernier des usages locaux des 24. Paroisses qui sont au delà de la riviere d'*Epte*, il est porté qu'en ligne collaterale *représentation a lieu jusqu'au second degré inclusivement.* Arrêt du Parlement de Roüen du 8. Avril 1631. par lequel l'on a admis l'arriere neveu avec le neveu à la succession de l'oncle, comme étant l'arriere-neveu au troisiéme degré de représentation, quoiqu'il soit au troisiéme degré de parenté, autrement cet article de l'usage local n'eût rien dit davantage de la Coûtume generale, quoiqu'il étende la représentation plus qu'aucune autre Coûtume de France: car en effet le frere ne représente personne, il est de son chef le frere au premier degré, & le neveu bien qu'il vienne à la succession de son chef, neanmoins comme il ne peut être reputé aussi proche parent que le frere du défunt, qu'en feignant qu'il représente son pere, il est le premier qui a besoin du secours de la représentation, ainsi il fait le premier degré, & l'arriere-neveu le second. *Basnage, sur l'art. 404. de la Coûtume de Normandie.*

COUSTUME DU MAINE.

35 M. Charles du Moulin *sur l'article 242. de la Coûtume* Tome III.

mr du Maine, dit que si des deux enfans l'un repudie la succession du pere, l'enfant du répudiant ne viendra à la succession de son ayeul avec son oncle par representation, parce qu'il n'y a point de representation, sinon d'une personne décedée naturellement ou civilement. *Coquille, Coûtume de Nivernois*, ch. 34. *des Successions*. V. M. Loüet, lettre R. somm. 41. où il parle de la representation que font les descendans.

COUSTUME DE MEAUX.

36 Representation en ligne collaterale n'a lieu en la Coûtume de *Meaux*. Jugé le 16. Avril 1585. *Montholon, Arr.* 32. Voyez *Anne Robert, rerum judicat. liv. 3. chap. 15.* où l'Arrêt est rapporté bien au long.

COUSTUME DE MELUN.

37 Cette Coûtume n'admet point de représentation en ligne directe, mais par contrat de mariage on y peut déroger; & par le moyen de la dérogation les enfans issus de ce mariage prennent le même droit d'aînesse en la succession de leur ayeul que le pere y eût pris. Arrêt du 31. Décembre 1556. *M. le Prêtre, és Arrêts célebres du Parlement.*

COUSTUME DE MONTDIDIER.

38 Traité pour montrer qu'en la Coûtume de Montdidier entre Nobles, la représentation en ligne collaterale a lieu quant aux fiefs anciens partagez noblement entre les freres heritiers de leur pere, & que l'aîné des freres étant décedé, lequel avoit survécu son second frere, lesdits fiefs appartiendront au troisiéme frere, à l'exclusion de son neveu fils du second frere prédecedé, par *Claude le Caron* Avocat, & ancien Mayeur de Montdidier, in octavo, à *Paris chez Denis Langlois* 1629.

COUSTUME DE MONTFORT.

39 Par Arrêt prononcé en Robes rouges le 7. Septembre 1565. jugé que le cousin germain ne succede point avec son oncle au cousin germain, *etiam* en la Coûtume de *Montfort*, quoi qu'elle porte que représentation a lieu en ligne collaterale; ce qui se doit entendre, quand il est question de la succession du frere ou de la sœur; auquel cas l'enfant du frere représente son pere pour succeder au frere son oncle, *non sic* en la succession du cousin germain, conformément à la Loy *avunculo C. commun. de successoribus*. Biblioth. du Droit François par Bouchel, *verbo* Représentation.

40 M. de Montholon dit avoir vû l'Arrêt donné pour Saint Vidal en la Coûtume de *Montfort*, qu'y ayant representation *in collaterali* la fille représente son pere dans les fiefs *qui alioqui*, par la même Coûtume appartiendroient au mâle & *concurrit cum fratre defuncti masculo non excludit*; prononcé en Robes rouges à Pâques 1568. *Ibidem.*

REPRESENTATION EN NORMANDIE.

41 Dans la Coûtume de *Normandie* en succession aux propres, représentation a lieu jusques & compris le septiéme degré, auquel cas la succession est partagée par souches, & non par têtes, même en ligne collaterale, soit que les heritiers soient en pareil degré, ou en degrez inégaux. Arrêté du Parlement de Roüen, les Chambres assemblées, le 6. Avril 1666. article 42. *Basnage*, to. 1. à la fin.

COUSTUME D'ORLEANS.

42 En la Coûtume d'*Orleans* ù représentation n'a lieu Martin a trois fils, Robert, Jean, Simon, & une fille qui est mariée, & meurt; elle laisse des enfans ses heritiers: Simon leur oncle s'absente, & on n'en oit aucunes nouvelles; le pere de Simon ayeul des enfans de sa fille décede; pour le partage de ses biens, procez entre Robert & Jean, & les enfans de leur défunte sœur qui sont demandeurs, & leurs oncles défendeurs; Sentence qui adjuge un quart aux demandeurs, & les autres trois quarts aux défendeurs, tant de leur chef, que comme seuls heritiers de Simon qui étoit tenu pour mort, parce que représentation n'avoit lieu en ligne collaterale, Appel. Arrêt qui adjuge aux

Fff

demandeurs la tierce partie des biens, & aux défendeurs les deux autres tiers ; ainsi la Cour a présumé que Simon étoit décedé avant son père. Jugé le 23. Mars 1561. *Le Vest*, *Arr.* 71.

43 En la Coûtume d'*Orleans*, les oncles vouloient bien admettre les neveux à la succession de leur ayeule, mais ils disoient qu'il en falloit distraire deux parts pour deux de leurs freres qui étoient decedez après l'ayeule. Les neveux soûtenoient que ces deux oncles par le bruit commun étoient décedez devant l'ayeule. Arrêt à Pâques du 23. Mars 1561. au profit des neveux. *Charondas*, livre 2. *Rép.* 75.

COUSTUME DE PARIS.

44 L'ancienne Coûtume de *Paris* étoit prohibitive de representation en ligne collaterale, la Coûtume reformée l'a admise. *Voyez Papon*, *liv.* 21. *tit.* 1. *n.* 10. où il parle de cette representation & de sa faveur.
Voyez les Commentateurs *sur les articles* 319. *&* 320. *de la Coûtume de Paris*, qui disposent singulierement de la representation tant en ligne directe que collaterale.

COUSTUME DU PERCHE.

45 *Entre Nobles & Roturiers, representation a lieu infiniment tant en ligne directe que collaterale, & succedent les descendants, ou collateraux du défunt, étant entre eux en pareil ou inégal degré, par souches & non par têtes*, c'est l'art. 151. de la Coûtume du *Grand Perche* ; l'article 157. de la même Coûtume porte, *En succession collaterale, soit Noble ou Roturiere, les mâles excluent les femelles és heritages propres du défunt, tenus en foy & hommage, sinon que lesdites femelles representassent l'hoir mâle, auquel cas elles prennent telle part esdits heritages qu'eût fait ledit hoir mâle ; & quant aux autres heritages dudit défunt, encore qu'ils fussent feodaux, étant ces heritages feodaux par lui acquis, les femelles y succedent également avec les mâles*. Voyez les Consultations de M. *Duplessis*, où à sujet de ces deux articles il examine la question de sçavoir si dans le cas de la representation l'aîné des representans excluid des fiefs les femelles ses sœurs.

46 En la Coûtume du *Perche* article 157. un homme decede qui avoit une sœur, tante des neveux & niéces d'un défunt frere , ce particulier décedé, & sa sœur avoit fait un don mutuel ; il y avoit des propres feodaux & roturiers. Les niéces prétendoient de partager avec leurs freres comme venans du pere commun, & par representation ; les fiefs ajugez aux freres à l'exclusion des filles, parce qu'ils venoient de leur chef. Jugé au Parlement de Paris le 26. Juillet 1672. *Journal du Palais*.

COUSTUME DE SENS.

47 En la Coûtume de *Sens* les filles descendantes d'un mâle, & venant par representation avec leur oncle, succedent avec leur oncle és fiefs. Jugé par l'Arrêt des Beroults en 1631. & le 13. May 1658. *Notables Arrêts des Audiences, Arrêt* 13. M. le Prêtre, 1. *Centurie, chap.* 22. Cette Jurisprudence a varié par l'Arrêt de Messieurs de Saintot, par lequel la fille du frere prédecedé, n'herite point aux fiefs avec son oncle frere du défunt. Jugé le 23. Février 1663. en la Premiere des Enquêtes. *Notables Arrêts des Audiences, Arr.* 91. Requête civile contre l'Arrêt, le 16. May 1669. Arrêt qui déboute de la Requête civile.

COUSTUME DE TOULOUSE.

48 Dans la Coûtume de *Toulouse* où le plus proche du côté du pere est appellé, les neveux succedent par droit de representation. Arrêts du mois de Février 1590. 6. May 1621. & en l'année 1609. & le 6. Avril. *De Cambolas*, livre 1. *chap.* 22.

COUSTUME DE VALOIS.

49 De l'effet de la representation en la Coûtume de *Valois*. Arrêt du 7. Avril 1562. *Le Vest, Arrêt* 72.

50 Si en la Coûtume de *Valois*, laquelle dans la collaterale admet la representation jusqu'aux cousins germains inclusivement, l'oncle, comme étant le plus proche, peut exclure les cousins germains dans la succession de leur cousine germaine? Arrêt du 17. Février 1653. qui ordonna que la succession seroit partagée entre l'oncle & les cousins germains par representation, suivant la Coûtume. *Soëfve*, *tome* 1. *Cent.* 4. *chapitre* 11.

COUSTUME DE VERMANDOIS.

51 Jugé par Arrêt du 29. Janvier 1660. que la Novelle 118. de l'Empereur Justinien & l'Authentique *post fratres, Cod. de legit. hared.* touchant la representation en ligne collaterale doit avoir lieu dans la Coûtume de *Vermandois*, & qu'ainsi doit être entendu l'art. 75. de la même Coûtume, qui dit, qu'*en ligne collaterale representation a lieu aux enfans des freres & sœurs inclusivement, suivant la raison écrite* ; & en consequence que les neveux du défunt qui n'a laissé aucuns freres vivans, doivent être admis à sa succession, à l'exclusion des oncles du même défunt. *Soëfve, to.* 2. *Cent.* 2. *chap.* 8.

COUSTUME DE VITRY.

52 Representation a lieu en ligne collaterale au Bailliage de *Vitry*, tant és heritages nobles que roturiers, & défenses faites aux Juges d'appointer les parties sur le fait des Coûtumes rédigées par écrit, ou maniere d'user d'icelles. Jugé le 5. Avril 1541. *Le Vest, Arrêt* 19. Et pour l'effet de la representation *in gradu inaquali*. Arrêt du 7. Septembre 1576. *Voyez le même le Vest, Arrêt* 149.

53 Les neveux issus de filles qui viennent par representation en la succession de leur oncle avec leur tante, qui est *gradus naturâ inequalis beneficio consuetudinis*, prennent telle & aussi grande part que seroient celles qu'ils representent, tant aux fiefs qu'és rotures, & si elles étoient vivantes : *secus*, si c'étoit un mâle venu d'un mâle, qui vînt à representation ; car il auroit la part qu'eût eûë son pere, & tous les fiefs, ainsi qu'il a été jugé par tous les Arrêts où il y a semblable Coûtume, comme à *Vitry*. *Le Vest, Arrêt* 161. rapporte l'Arrêt du Parlement de Paris du 19. Juin 1579. qui a jugé cette question. *Voyez le même Auteur au chap.* 65.

54 Representation tant en ligne directe que collaterale aux rotures & meubles dans les Coûtumes de *Vitry* & de *Reims*. Voyez les Plaidoyers de M. *Servin* au troisiéme Volume, & l'Arrêt du 3. Décembre 1601.

55 Par Arrêt du 22. Janvier 1665. jugé en la Coûtume de *Vitry*, qui n'admet la representation dans la ligne collaterale que jusqu'aux enfans des freres inclusivement, que le rappel fait par une défunte d'aucuns de ses parens *extra terminos representationis*, pour prendre par eux pareille part en la succession que leurs défunts pere ou mere, s'ils eussent été vivans, ne pouvoit valoir que par forme de legs, suivant l'avis de M. *Charles Du Moulin* sur l'art. 6. de la Coût. de *Lepuroux* locale de Blois. *Soëfve, to.* 2. *Cent.* 3. *chapitre* 40.

REPRESENTATION, FIDEICOMMIS.

56 Si le droit de representation a lieu en fideicommis ? *Voyez* le mot *Fideicommis, nomb.* 197. *& suiv.* & cy-après *le nombre* 72. *& suiv.*

REPRESENTATION EN LIGNE DIRECTE.

57 La fille represente son pere en la succession de son ayeul, & prend les mêmes droits que son pere. *Voyez Charondas, liv.* 2. *Rép.* 9.

58 Du partage de l'augment entre les enfans, & s'il y a lieu de representation, la qualité d'heritier cessant ? *Voyez Henrys*, tome 1. liv. 4. chap. 6. q. 56.

59 On peut déroger par contrat de mariage à la Coûtume qui n'admet la representation en ligne directe. Arrêt du 31. Decembre 1556. *M. le Prêtre és Arrêts celebres du Parlement.*

60 Une ayeule a survécu ses deux enfans, dont l'un a laissé six enfans, representans leur pere, & l'autre un seul enfant, qui venoient à la succession de leur ayeule par representation, & non de leur chef, & par ce

moyen ils avoient moitié en ſes biens. L'ayeule fait ſon teſtament en la Coûtume d'*Auxerre*; elle donne à quatre des ſix tous ſes meubles, acquêts & quint de ſes propres ; les quatre legataires renoncent à la ſucceſſion de leur ayeule, les deux autres prétendent avoir la moitié des quatre quints. Jugé que celuy d'une branche auroit la moitié des quatre quints, & que dans l'autre moitié les deux enfans n'auroient qu'un tiers, & les deux autres tiers ſeroient partagez par moitié entre l'enfant ſeul, & les deux autres. L'Arrêt eſt du 20. Decembre 1602. *M. Loüet, lettre D. ſomm.* 56. Voyez *Montholon, Arr.* 109. & *M. le Prêtre*, 1. *Cent. chap.* 78. *& Cent.* 2. *ch.* 33.

REPRESENTATION EN LIGNE COLLATERALE.

61 De la repreſentation en ligne collaterale en un ſeul cas. *V. Coquille, to.* 2. *queſt.* 240.

62 Si l'excluſion de la ſœur par le frere a lieu hors les termes de repreſentation ? *Ibidem, queſt.* 241.

63 Les enfans des freres ne repreſentent leur pere, pour ſucceder conjointement avec les oncles à un couſin germain. *Cambolas, li.* 2. *ch.* 41.

64 Repreſentation en ligne collaterale juſqu'aux enfans des freres : car s'il eſt queſtion de couſin à couſin, cela eſt hors les termes de la repreſentation, *& tunc jure proximiores ſuccedunt.* Et ſelon cela il a été toûjours jugé que la tante comme plus prochaine d'un degré exclud les couſins germains de la ſucceſſion de leur couſin décedé ſans hoirs de ſon corps. Voyez *la Bibliotheque de Bouchel*, verbo *Repreſentation*.

65 Neveux iſſus des filles viennent par repreſentation en la ſucceſſion de leur oncle avec leur tante, &c. Jugé le 22. Mars 1558. *Le Veſt, Arrêt* 65.

66 En ligne collaterale, on peut ordonner que les neveux repreſenteront leur pere en la part & portion qui lui eût pû appartenir. Arrêt du 7. Septembre 1564. *Charondas, liv.* 2. *Rép.* 55.

67 Dans *Charondas, livre* 7. *Rép.* 220. vous trouverez l'Arrêt de Partenay du 7. May 1569. qui a jugé que les neveux en la Coûtume de Paris, où pour lors repreſentation n'avoit pas lieu en collaterale, n'y ſuccederoient.

68 Par Arrêt du 24. Mars 1578. entre François le Caron & conſors d'une part, & Balthaſar Caron & conſors d'autre part, jugé que les neveux en ligne collaterale excluent leurs oncles par repreſentation de leur défunt pere, en la ſucceſſion d'un de leurs oncles, en la Coûtume d'*Amiens*. Le Veſt, *Arrêt* 156. Voyez cy-deſſus le nomb. 25.

69 Repreſentation en collaterale, *in locis in quibus lege municipali repreſentatio locum non habet, Senatus hereditatem fratri adjudicavit, excluſo fratris filio.* Arrêt du 16. Avril 1585. *Anne Robert rerum judicat. liv.* 3. *chap.* 15. Voyez *Montholon, Arrêt* 32. qui rapporte le même Arrêt, & dit avoir été rendu en la Coûtume de Meaux. La repreſentation en collaterale ſe doit entendre de ceux qui ſont en pareil degré & branche. *Charondas, liv.* 13. *Rép.* 35.

70 Les petits-neveux des freres n'ont point droit de repreſentation, pour ſucceder à un grand oncle. Jugé au Parlement de Touloûſe le 9. Mars 1626. *Cambolas, liv.* 5. *chap.* 21.

71 La repreſentation de la repreſentation n'a pas lieu contre les collateraux ; c'eſt pourquoy le 3. Juillet 1659. au Parlement de Touloûſe, en la cauſe des Caſtels, il fut jugé qu'un arriere-neveu ne ſuccedoit pas avec un neveu à l'oncle decedé, parce que *poſt fratres fratrumque filios non eſt locus repraeſentationi.* La Cour ordonna que les Caſtels prouveroit qu'il étoit en même degré que ſa partie adverſe. *Albert*, verbo *Tranſmiſſion, art.* 2.

REPRESENTATION, FIDEICOMMIS, SUBSTITUTIONS.

Voyez cy-deſſus *le nombre* 56.

72 Le droit de repreſentation a lieu dans la ſucceſſion des aſcendans & des oncles ; & on y ſuccede par ſouches ; neanmoins il a été jugé au Parlement de Grenoble que dans les fideicommis, les neveux ſuccedoient *in capita* avec leurs oncles ; ç'a été dans cette eſpece ; *ſi celui ou ceux, ou celle de ſes enfans, ou des enfans de ſes enfans qu'elle voudra choiſir, &c.* par ces termes *ceux ou celles*, le teſtateur avoit regardé ſes petits-fils & leurs enfans individuellement. Voyez *Chorier en ſa Juriſprudence de Guy Pape*, p. 197.

73 La repreſentation doit avoir ſon effet en matiere de fideicommis à l'inſtar de la ſucceſſion *ab inteſtat*, avec prérogative d'aîneſſe, d'autant que ces ſortes de ſubſtitutions n'ayant pour regle que la Coûtume, elles doivent être gouvernées ſuivant les diſpoſitions qu'elle a établies. *M. Ricard, des ſubſtitutions, chap.* 9. *ſect.* 2. *nomb.* 663.

74 Les ſubſtitutions en termes nominatifs, comme, *j'inſtituë Pierre mon heritier, & en cas qu'il décede ſans enfans, je lui ſubſtituë Jean & Philippes ſes freres*, different des ſubſtitutions en termes collectifs, comme quand le teſtateur ſubſtituë ſa famille ou ſes deſcendans en termes generaux ; au premier cas la repreſentation n'a point de lieu ; neanmoins la repreſentation y peut être admiſe en certain cas par la preſomption de la volonté du teſtateur, lorſque celui qui eſt chargé de reſtituer, eſt heritier purement fiduciaire, & obligé de reſtituer aux enfans incontinent & ſans delay, pour leur tenir lieu de legitime & de portion hereditaire. Voyez *Ricard, ibidem, traité* 3. *chap.* 9. *ſect.* 2. *nomb.* 664. *& ſuivans.*

75 Dans la repreſentation du fideicommis, on ne doit point conſiderer la perſonne du teſtateur, mais la perſonne de celui qui eſt chargé de reſtituer. Un teſtateur inſtituë ſon fils aîné ſon heritier, & le charge d'un fideicommis graduel au profit de la famille, en cas qu'il vienne à deceder ſans enfans ; la condition du fideicommis arrive ; trois ſortes de perſonnes ſe preſentent, ſçavoir le ſecond fils du teſtateur, les enfans du troiſiéme frere qui eſt prédecedé, & les petits enfans du quatriéme qui étoit decedé avant l'ouverture de la ſubſtitution. Si on conſidere le teſtateur, ils doivent tous joüir du benefice de la repreſentation, parce qu'ils ſont en ligne directe où elle a lieu infiniment ; mais ſi on regarde celui qui eſt chargé de reſtituer, la repreſentation ſe doit regler comme collaterale, & ainſi les enfans du quatriéme en ſeront exclus ; c'eſt pourquoi il n'y a que le frere & les neveux de l'heritier qui puiſſent demander l'ouverture du fideicommis. *Ibidem, nomb.* 690.

76 La repreſentation doit avoir ſon effet en matiere de fideicommis à l'inſtar des ſucceſſions *ab inteſtat*, avec prérogative d'aîneſſe, d'autant que ces ſortes de ſubſtitutions n'ayant pour regle que la Coûtume, elles doivent être gouvernées ſuivant les diſpoſitions qu'elle a établies. *Ibidem, nomb.* 692.

77 *Jus repraeſentationis in ſubſtitutionibus locum non habet.* Cujas *Conſultat.* 15. *fine.* Brodeau ſur M. Loüet *lettre F. ſomm.* 2. *circa medium.* Voyez *Henrys*, to. 1. *liv.* 5. *chap.* 26. *& tome* 2. *liv.* 4. *queſt.* 2. *& liv.* 5. *queſt.* 5. *& 41.*

78 La repreſentation a lieu dans les fideicommis faits en termes collectifs à la famille, & ce par ſouches, & non par têtes. Arrêt de la Dame Duhamel du 31. May 1642. *Ricard, des Subſtitutions, traité* 3. *chap.* 8. *ſect.* 2. *nomb.* 576. *& chap.* 9. *ſect.* 2. Pour la repreſentation en fait de fideicommis, Voyez *Henrys*, to. 2. *liv.* 5. *queſt.* 5.

79 En l'ouverture d'une ſubſtitution, la repreſentation n'a lieu. Arrêt du 20. Juillet 1624. *Henrys, tome* 1. *liv.* 5. *ch.* 4. *queſt.* 25. où il examine ſi le fils aîné peut être preferable à l'oncle, ou du moins faire concours.

80 Si la repreſentation peut avoir lieu en fait de fideicommis, avec une notable hypotheſe de ſubſtitution ſur ce ſujet ? *V. Henrys, tome* 2. *liv.* 5. *queſtion* 5.

Tome III. F f f ij

81 Si dans un contrat de mariage les futurs conjoints ayant stipulé une donation perpetuelle irrevocable du tiers de tous leurs biens au profit du premier mâle survivant qui naîtroit de leur mariage au défaut du mâle au profit de la fille de son mariage & au défaut de mâles, au profit de la fille aînée qui se trouveroit en vie, n'y ayant point eû de mâles, & la fille aînée étant décedée avant ses pere & mere, mais ayant laissé une fille de son mariage, sçavoir si la donation devoit avoir son effet en faveur de cette fille, ou si la fille puînée des donateurs devoit en profiter au préjudice de sa niéce? *Henrys*, to. 1. li. 4. quest. 2. établit par plusieurs autoritez, & par des raisons tres-puissantes, que la representation devoit avoir lieu en ce cas, & que la fille de l'aînée doit exclure sa tante ; cependant il rapporte une Sentence arbitrale renduë par cinq fameux Avocats, qui a jugé en faveur de la fille puînée au préjudice de la fille de sa sœur aînée. Il dit que les Avocats fonderent leur Jugement sur un mot inseré dans la donation, *& au défaut de mâles de la fille aînée, qui de même se trouveroit en vie* ; il fait voir par plusieurs raisons que ces termes ne sont pas capables de faire changer la maxime, qui veut que dans les dispositions contractuelles les enfans de l'aînée succedent à tous ses droits.

82 *Henrys*, *tome 1. liv. 5. chap. 4. quest. 25.* examine si la representation a lieu dans les fideicommis ; dans le *tome 2. li. 2. quest. 5. & 41.* il traite la même question.

M. Cujas dans sa Consult. 15. sur la fin dit que personne ne révoque en doute que la representation n'a pas lieu dans les substitutions , *quis enim nescit, jus representationis habere tantum locum in successionibus ab intestato , non in substitutionibus.*

83 Quoique regulierement le droit de representation n'ait pas lieu en fait de substitution & de fideicommis , sur tout entre collateraux ; il a pourtant lieu entre eux lorsque le testateur dont la volonté doit servir de loy, la voulu par exprés. Arrêt du Parlement de Toulouse du mois de Septembre 1636. *Graverol sur la Rocheflavin, liv. 4. lettre T. tit. 6. Arr. 1.*

Voyez cy-aprés le mot *Substitution.*

REPRESENTATION, RETRAIT.

84 La representation n'a pas lieu dans le retrait lignager, le frere du vendeur, & le fils d'un autre frere prédecedé demandant le retrait lignager, le frere est preferé. Arrêt du Parl. de Toulouse du 24. Janvier 1661. rapporté par *M. de Catellan, livre 3. chap. 12.* La nature ne connoît point de representation, qui est une espece de fiction ; c'est la Loy qui l'a introduite seulement pour les successions.

REPRESENTATION, TRANSMISSION.

85 La representation & la transmission different. La transmission est la translation des droits acquis à une personne en la personne d'une autre ; la representation au contraire. Les biens ne passent point par la personne de celuy qui se trouve au milieu, mais aux enfans ou autres qui viennent aux successions, au lieu de leurs peres morts naturellement ou civilement, pour concourir avec d'autres plus proches qu'eux. *Ricard, Traité 3. des Substitutions, chap. 9. sect. 2. nomb. 663.*

86 Au pays de Droit écrit, les Docteurs font difference entre *jus repræsentationis* , *& jus transmissionis*. Voyez *M. le Prêtre, 2. Cent. ch. 19.*

REPRESENTER UN ACCUSÉ.

87 De celuy qui s'oblige de representer un prisonnier. *Voyez* le mot *Prisonnier, nomb. 78. & suiv.*

88 Le pere n'est tenu de representer son fils accusé d'homicide. Arrêt du 10. Mars 1569. *Carondas, liv. 4. Rispons. 97.*

Le fils qui s'est obligé de representer son pere qui meurt subitement, sans que le fils ait été interpellé, ni ordonné de le representer , est quitte. Arrêt du 13. Août 1622. *M. Bauguier, lettre O. nomb. 4.*

89 Celuy qui a promis de representer un prisonnier , est tenu de le faire , à peine de tous dépens , dommages & interêts. Arrêt du Parlement de Dijon du 23. Juin 1618. *Bouvot, tome 2. verbo Emprisonnement, question 29.*

REPRESENTER LES MEUBLES.

90 Défenses aux Huissiers & Sergens & à tous autres d'emprisonner les gardiens établis aux saisies des meubles, faute de les representer. Arrêt du Parlement de Paris du 28. Août 1676. *Au Journ. des Aud. tome 3. liv. 10. ch. 13.*

Voyez le mot *Gardien.*

REPRISE.

Il y a la reprise d'Instance , & les reprises qui se font par la femme en vertu de son contrat de mariage , qui contient la clause & faculté de reprendre.

REPRISE DE PROCÉS.

Voyez le mot *Procés , nomb. 62.*

1 Un heritier reprend en procedant, & par toute cette procedure, il prend cette qualité même. Il y a Arrêt contre luy en cette qualité, contre lequel il se pourvoit depuis par Requête civile, fondé sur ce qu'il n'y avoit point eu d'acte passé au Greffe de la reprise ; la Requête civile fut enterinée. *Bibliot. de Bouchel, verbo Reprise de procés.*

2 L'on est reçu par Lettres Royaux à poursuivre en quelque matiere que ce soit, après cause contestée, quoique la matiere ait été par l'espace de trois, six, neuf, même jusques à trente ans sans poursuite, & on ne peut prescrire la poursuite que jusques à 40. ans passez. Arrêt du Parlement de Paris du premier Février 1547. *Ibidem.* V. le mot *Peremption.*

3 Le procés interrompu par la mort du défendeur, & le demandeur est tenu dans l'an de la mort, de faire reprendre ou délaisser le procés , autrement il n'est plus reçu. Arrêt du même Parlement en 1390. *Ibid. verbo Reprise.*

4 Des cas esquels l'instance ayant pris fin par la mort de l'une des parties, les heritiers doivent être assignez en reprise. *Voyez Despeisses, to. 2. p. 475.*

5 Sur ce que le Procureur General a remontré , que sur les reprises des procés se font diverses procedures, & à faute de reprendre, sont intervenus plusieurs Arrêts , par lesquels les procés tenus pour délaissez, les parties réduites à reprendre leurs conclusions, & faire nouvelle instruction de leurs demandes à grands frais & longueur ; dont seroient relevez , si les procés étoient tenus pour repris, comme il est raisonnable, quand ils auront été declarez & jugez heritiers, suppliant la Cour y pourvoir à leur soulagement , la matiere mise en deliberation ; la Cour a ordonné que les parties appellées en reprises de procés, feront ladite reprise dans le délay qui leur sera donné selon la distance des lieux, autrement & à faute de ce faire, & sans autre délay, pour venir reprendre ou délaisser, en ajugeant le profit des défauts qui auront été obtenus , seront tenus pour repris, pour y venir proceder par les parties, suivant les derniers erremens. Publié en Jugement le 24. Novembre 1603. *Bibliotheque de Bouchel, tome 3. verbo Reprise de procés, p. 238.*

REPRISES DE LA FEMME.

6 Effets de la stipulation de reprise. *Voyez* le mot *Communauté, nomb. 184. & suiv.*

7 Si la clause de reprise empêche le don mutuel ? *Voyez* le mot *Don mutuel, nomb. 58. & suiv.*

8 De la reprise de la dot. *Voyez* le mot *Dot, n. 371. & suivans.*

9 De la reprise des propres. V. *M. le Brun, Traité de la Communauté, liv. 3. ch. 2. sect. 1. dist. 1.*

10 De la reprise des propres en cas de renonciation. *Ibid. sect. 2. dist. 3.*

11 *Renusson, Traité des Propres, chapitre 4. sect. 9.* explique plusieurs difficultez concernant la reprise.

12. Reprise, & de l'option à laquelle les collateraux succedent à cause du décez du mineur. *Voyez Brodeau sur M. Loüet, lettre F. somm. 28.*

13. Lorsque les pere & mere ont stipulé la faculté de renoncer à la communauté & de reprendre, celuy des conjoints qui survit seul, peut exercer la clause de reprise pour le tout. *V. M. Duplessis, Consultation 25.*

14. La reprise des deniers provenans du rachat fait durant le mariage, des rentes propres à la femme, est preferée au douaire, quoique la femme ait signé les quittances de rachat avec son mari. *Ibidem, Consultation 13.*

15. Quand il est dit que la femme renonçant reprendra sa dot après la dissolution du mariage, elle le peut aussi après la séparation jugée, bien qu'il n'y ait aucune stipulation de remploy. Arrêt du 7. Janvier 1505. *Peleus, quest. 87.*

16. Si l'on doit conserver à la femme ce qu'elle a apporté, si elle renonce, encore qu'il n'y ait pas eu de stipulation par le contrat? *V. l'Arrêt du 7. Septembre 1574. dans Le Vest, Arr. 5.*

17. L'action de reprise, même pour les propres anciens, a été jugée mobiliaire entre les heritiers, le 11. Février 1604. *Du Frêne, liv. 6. ch. 22. fine.*

18. Si la reprise n'est stipulée que pour la femme, les enfans ne peuvent s'aider de la convention. Arrêt à Pâques 1592. *Montholon, Arrêt 66.* Que si la reprise n'est point stipulée par le contrat de mariage, la femme renonçant à la communauté, perd ce qu'elle y a mis. Arrêt à Pâques 1604. *Montholon, Arr. 103.* Voyez Brodeau, sur *M. Loüet, lettre R. som. 30.* On n'étend point les clauses d'un contrat de mariage hors leurs cas. Arrêt à Noël 1607. *Montholon, Arrêt 112.* La faculté de renoncer à la communauté & reprendre à la femme, n'est transmissible aux enfans. Arrêt du 5. Decembre 1617. *M. Bouguier, lettre R. nombre 5.*

19. La clause de reprise est personnelle, & lorsque la femme renonce, & que la reprise a été omise en son contrat, elle perd ce qu'elle a mis dans la communauté. Arrêt du 30. Février 1611. *Mornac, L. 10. Cod. de pactis. Voyez Peleus, quest. 98.*

20. Si la reprise, en cas de renonciation, est accordée à une femme qui passe en secondes nôces, & aux enfans qui naîtront du mariage; alors elle ne s'étend point aux enfans du premier lit, qui ne sont dénommez dans la clause, parce que les contrats de mariage sont de droit étroit. Arrêt du 3. Février 1615. qui l'a ainsi jugé. *Auzanet, sur l'article 237. de la Coûtume de Paris.*

21. Deux conjoints se font un don mutuel, la femme décede la premiere, qui laisse des heritiers collateraux, lesquels renoncent à la communauté, & demandent la reprise de tout ce que la femme y a apporté. Le mari soûtient qu'il en doit avoir la joüissance, & qu'ils ne peuvent prétendre ladite reprise qu'après son décez. Jugé en 1616. en faveur des collateraux. *Voyez Renusson, au Traité des Propres, ch. 4. sect. 9. n. 30.*

22. La stipulation de reprise à la future épouse & à ses heritiers collateraux, empêche le don mutuel. Jugé en l'Audience de la Grand'Chambre le 26. May 1616. *Ricard, du Don mutuel, Traité 1. chap. 5. sect. 3. nombre 194.*

23. Clause de reprise qui regardoit seulement la femme, a été étendue aux enfans dénommez dans la précedente, pour la faculté de renoncer, contre leur pere remarié. Jugé en 1614. *Bardet, tome 1. livre 2. chap. 11.* où M. Claude Berroyer, fait une dissertation curieuse, & rapporte plusieurs Arrêts contraires, sur les circonstances particulieres, & se détermine enfin à penser que la clause de reprise, est odieuse & personnallissime, & que la renonciation n'a rien de commun avec la reprise.

23 bis. Une femme mariée mineure par sa mere, qui luy a baillé en dot pour mettre en communauté la somme de 3000. liv. sur la succession de son pere, ne peut être relevée du défaut de stipulation de reprise des deux tiers de cette somme, en cas de renonciation à la communauté. Arrêt du 17. Février 1654. Le fondement de l'Arrêt fut qu'une mere tutrice qui marie sa fille mineure, n'est jamais presumée avoir rien obmis par trop grande facilité, ou par imprudence, en une affaire en laquelle l'on sçait que des meres prennent toûjours les conseil & l'avis de leurs plus proches parens, & y apportent toutes les précautions necessaires pour faire la condition de leurs filles plus avantageuse, suivant quoy jamais on ne les restituë contre l'omission de la clause de stipulation de reprise. *Voyez le Journal des Audiences, to. 1. livre 7. chapitre 31.*

24. Mais quand les filles mineures, qui ont la plûpart de leurs biens en meubles, ont été mariées par des tuteurs étrangers, lesquels abusant de l'autorité de leur charge, & de la puissance qu'ils ont sur leurs personnes & biens, ont omis à stipuler la reprise des deux tiers des deniers qu'elles ont portées en dot ; il y a lieu de les restituer contre cette omission. Jugé par Arrêt, *ut imperitia hominum & rusticitas nihil eis possit afferre prajudicii, & causa dotium inveniatur valida & perfecta, quasi omnibus dotalibus instrumentis à prudentissimis viris confectis,* selon que l'Empereur y a pourvû en son temps, introduisant l'hypotheque tacite des dots, *in L. unic. parag. & ut plenius. Cod. de rei uxoria actione. Ibid.*

25. Une somme de 4000 livres stipulée propre à la future épouse, & à ses enfans, pour être employée en achat d'heritages, sinon qu'elle sera reprise sur les biens de la communauté, est en la succession de l'enfant réputée meuble. Arrêt du 13. May 1656. *Du Frêne, livre 8. ch. 39.*

26. La reprise stipulée par contrat de mariage en faveur des heritiers de la future épouse décedant sans enfans, en cas de renonciation à la communauté, n'emporte point substitution, & n'ôte point la liberté de disposer des choses sujetes à reprise, Arrêt du 6. Avril 1666. *Soefue, tome 2. Cont. 3. ch. 73.*

27. Clause que la femme renonçant à la communauté, reprendra sa dot, & tout ce qu'elle montrera avoir apporté de plus, luy donne droit de reprendre le legs universel à elle fait par un étranger, comme si l'on avoit stipulé la reprise de tout ce qui luy écherroit par succession, donation, legs ou autrement. Jugé le 12. Août 1631. *Bardet, tome 1. liv. 4. ch. 45. Voyez ibid. l'Addition aux Notes, fol. 619.*

28. Quand la femme, qui avoit stipulé la clause de reprise en cas de renonciation, est prédécedée sans avoir renoncé, ses creanciers ne peuvent pas après son décez, exercer la faculté de reprise, comme exerçant ses droits. Arrêt du Parlement de Roüen du 19. Août 1676. qui l'a ainsi jugé. *Traité des Propres, ch. 4. sect. 9. nomb. 17.*

29. Reprise des conventions matrimoniales ne se doit faire des choses mobiliaires échûës par succession directe pendant le mariage, quand par le contrat il n'y a qu'une reprise de dot en general, & qu'il n'est point stipulé qu'elle sera de ce qui sera échû par succession. Arrêt du 16. Juillet 1677. *De la Guessiere, tome 3. liv. 11. ch. 35.*

30. La clause d'un contrat de mariage portant, *que la femme renonçant à la communauté, reprendra tout ce qu'elle se trouvera y avoir apporté,* ne suffit pour luy donner droit de reprendre tout ce qui luy est échû par donation, legs ou autrement ; elle n'est entenduë que pour les choses mises effectivement dans la communauté au moment qu'elle a été contractée. Arrêt du Parlement de Paris du 18. Juin 1687. infirmatif de la Sentence du Châtelet. *V. le Journal du Palais*, in fol. tome 2. p. 673.

31. Quoiqu'il y ait clause de reprise pour la femme,

les siens & ayans cause, après son decez, ses pere & mere renonçant à la communauté, les choses mobilisées de la femme prédecedée, ne laissent pas d'être sujetes au don mutuel. Jugé en la Grand'Chambre du Parlement de Paris le 8. Juin 1694. *Journal des Aud. tome 5. liv. 10. ch. 11.*

32 La faculté de reprise n'est extensible hors le cas de la stipulation ; si elle est accordée à la femme, & qu'elle prédecede, ses heritiers ne peuvent l'exercer. Arrêt du Parlement de Paris en 1697. *Ibidem, liv. 13. ch. 7.*

REPROCHES.

De *testium reprobatione.* Voyez le Traité fait per *Bartolum, cum addit. Jaco. Ægidii.*

Des reproches faits contre les témoins. *Voyez cy-devant le mot* Objets, *& cy-après* Témoins, §. Témoins reprochez.

REPUDIATION.

CE mot se dit en deux sens : le premier, au sujet d'une Femme que son mari renvoye ; le second, d'une succession à laquelle un heritier renonce.

REPUDIATION DE FEMME.

Définition & sens de ce mot, *Repudium. L. 101. §. 1. D. de verb. sign.*

Sa difference avec divorce. *L. 101. §. 1. & L. 191. eod. tit.*

De divortiis & repudiis. D. 24. 2.... C. Th. 3. 16.... Lex 11. tabb.

De repudiis, & de judicio de moribus sublato. C. 5. 17.

Nov. 22. de nuptiis, ubi de repudiis, passim.

Ut quæ mulier mariti odio abortat, repudiari ab illo possit. Leon. N. 31.

De muliere, quæ, vivo marito, alios compellat de matrimonio. Leon. N. 30. C'étoit une cause de répudiation.

Voyez *Divorce, Séparation.*

REPUDIATION D'HOIRIE.

De repudiandâ bonorum possessione. C. 6. 19.

De repudiandâ vel abstinendâ hæreditate. C. 6. 31.

De eo qui transfert hæreditatem. L. 6. D. de reg. jur.

Voyez les mots *Renonciation, Succession.*

REQUESTE.

REquête. *Libellus supplex.*

Ce qui ne se peut faire par une simple Requête. *L. 71. D. de reg. jur.*

De precibus imperatori offerendis, & de quibus rebus supplicare liceat. C. 1. 19.

Quando libellus Principi datus, litis contestationem facit. C. 1. 20.

Ut lite pendente vel post provocationem aut definitivam sententiam nulli liceat Imperatori supplicare. C. 1. 21.

Voyez les mots *Demande, Lettres Royaux, & Procedure.*

REQUESTE CIVILE.

DE *retractationibus sententiarum Præfecti Prætorio. N. 119. c. 5.... N. 82. c. 12.... L. 5. C. de precib. imper. offer.*

1 Voyez *Rebuffe*, dans son Commentaire sur les Ordonnances, sous le titre de *Requestis civilibus.*

2 Des Lettres Royaux en forme de Requête civile. *Joly, des Offices de France, tome 1. livre 1. titre 50. page 316.*

3 Des propositions d'erreur. Voyez *Joly, ibidem, tit. 51. page 317.*

4 Des Lettres Royaux en forme de Requête civile. *Ordonnances de Fontanon, tome 1. livre 3. titre 22. page 580.*

5 Des Requêtes civiles. Voyez *La Rochflavin, livre 13. chap. 82.*

6 Des Requêtes civiles ou en interpretation, & de la proposition d'erreur, & Lettres en opposition. *V. Despeisses, tome 2. p. 592.* où sont plusieurs cas exprimez.

7 Des Requêtes civiles. Voyez *l'Ordonnance de 1667. tit. 35. le Commentaire de M. Philippes Bornier, & le nouveau Procés verbal de cette Ordonnance.*

8 Les Romains avoient une maniere de se pourvoir contre les Jugemens, qui approchoit assez de la Requête civile. Elle étoit refusée à celuy qui avoit attenté à la vie du Prince. Voyez *M. le Bret, en son Traité de l'ordre ancien des Jugemens, chapitre 46. de supplicatione & restitutione.*

9 Cette clause ordinaire dans les Requêtes & dans les demandes, *& autrement Justice luy être ministrée,* sert à faciliter l'adjudication d'un accessoire omis dans celle du principal, & c'est ce que pratique le Parlement de Grenoble. Voyez *Guy Pape, question 163. & 405.*

10 L'omission dans l'Arrêt d'une des qualitez du procés, ne peut être excusée par la consideration de cette clause generale, *& sur les autres fins & conclusions des parties, la Cour, &c.* de sorte qu'elle est un moyen de Requête civile. Ainsi jugé au Parlement de Grenoble le 18. Juillet 1676. Cet Arrêt est rapporté par *Chorier, en sa Jurisprudence de Guy Pape, page 353.*

11 Des moyens de Requêtes civiles & fins de non recevoir contre icelles, & que pour la preuve des actes il suffit que l'Arrêt en fasse mention, bien qu'ils soient égarez, & que le défendeur n'en fasse point apparoir. Voyez *Peleus, quest. 158.*

REQUESTE CIVILE EN MATIERE BENEFICIALE.

12 Jean Imbert qui s'étoit rendu suppliant en réparation de surprise contre un Arrêt donné en matiere beneficiale, au profit de Jean Maillac, fut débouté de sa Requête au Parlement de Toulouse le 9. Septembre 1628. *M. d'Olive, liv. 1. ch. 25.*

REQUESTE CIVILE EN MATIERE CIVILE.

13 Requête civile enterinée au Parlement de Bretagne, parce que les parties condamnées, n'avoient assisté à quelques Enquêtes faites contre elles. *V. Du Fail, liv. 2. chap. 261.*

14 Les deux parties peuvent prendre Requête civile contre un Arrêt. Jugé au Parlement de Grenoble par Arrêt sans date dans un procés, au sujet de la Terre d'Ornacieu. Voyez *Guy Pape, quest. 345.*

15 On peut obtenir Requête civile, pour faire changer une qualité de la partie impetrante, comme si l'on est condamné par Arrêt comme heritier simple, quoique l'on n'ait qualité que d'heritier par benefice d'inventaire. Arrêt du 20. Avril 1540. après Pâques. *Bibliot. de Bouchel,* verbo, *Requête civile.*

16 Les Lettres en forme de Requête civile n'induisent aucune litispendance. Arrêt du 11. Decembre 1540. *Ibidem.*

17 A l'examen de M. Jean Brugelles pourvû d'un état de Conseiller en la Sénéchaussée de Lauraguois, Messieurs de la Seconde Chambre des Enquêtes furent partagez ; des huit, il y en eut cinq pour la réception, & les trois autres pour le renvoy pour six mois. Le fait porté à la Grand'Chambre, l'affaire fut renvoyée aux Chambres assemblées, pour donner un Reglement. Premierement, il fut mis en déliberation, si Messieurs tenans la Chambre des Requêtes, devoient être appellez & opiner en cette affaire ; il fut jugé que non, parce qu'ils n'ont point voix aux Chambres assemblées, si ce n'est lorsqu'il s'agit d'affaires concernant le general du Corps de la Cour, ou de la publication & verification des Edits Royaux ; mais és affaires des particuliers qui sont traitées par

occurence aux Chambres assemblées, par partage ou autrement, autres toutefois que des Messieurs de la Cour, ils n'y opinent point. *Reglement de la Rochestavin, chap.* 2. *Arr.* 15.

18 La Requête civile doit être jugée par les mêmes Juges qui ont jugé le procés. Arrêt du Parlement de Grenoble du 15. Decembre 1609. *Bouvot, tome* 1. *part.* 1. verbo, *Requête civile, quest.* 2.

19 Le 6. Mars 1615. au Parlem. de Toulouse, il fut arrêté qu'une Requête civile fondée sur contrarieté d'Arrêts donnez en autre Parlement, se jugeroit en la Grand'Chambre, sans appeller deux Chambres. La plus forte des raisons contraires étoit que s'il y avoit contrarieté entre deux Arrêts donnez à la Grand'Chambre, on appelloit une Chambre des Enquêtes, encore que la Requête civile se jugeât en la Chambre où les Arrêts avoient été donnez; neanmoins le procés fut jugé à la Grand'Chambre seule. Les Arrêts de la contrarieté desquels il étoit question, avoient été donnez à la Grand'Chambre. *Cambolas, liv.* 1. *ch.* 14.

20 Requêtes civiles profitent même à ceux qui ne les ont impetrées, y ayant interêt. Arrêt du Parlement de Grenoble du 9. May 1615. *Basset, tome* 2. *livre* 2. *tit.* 13. *chap.* 1.

21 Autrefois en la Chambre de l'Edit de Castres, la Cour ne faisoit pas de difficulté d'admettre à plaider les Requêtes civiles impetrées contre les Arrêts du Parlement de Toulouse, comme étant censées de nouvelles instances; mais aujourd'huy elles sont rejettées à cause des contestations volontaires des parties faites au Parlement lors des Arrêts, aprés lesquelles contestations ceux la qui de la qualité de l'Edit, heritiers, ou ayans droit de ceux qui les ont faites, ne sont point reçûs à décliner la Jurisdiction de leurs Juges naturels, pour recourir à celle de leurs Juges de privileges. Ainsi jugé en la Chambre de l'Edit de Castres le 10. Août 1627. *Voyez Boné, Arrêt* 79.

22 Arrêt du Parlement de Provence du 26. Novembre 1637. qui a restitué un coheritier contre un Arrêt rendu contre son coheritier, quoique sur mêmes raisons, *tamquam res inter alios acta. Boniface, tome* 1. *liv.* 6. *tit.* 2. *ch.* 5.

23 L'on peut se pourvoir par Requête civile contre un Arrêt qui ordonne le regrez. Arrêts du Parlement de Toulouse des 2. Mars 1654. & 25. Juillet 1660. rapportez par *Albert, lettre B. art,* 19.

24 Arrêt du Conseil d'Etat du 17. Août 1668. qui casse une Requête civile sur les articles 17. & 30. de l'Ordonnance de 1667. Il y avoit une Consultation d'Avocats étrangers. Il y avoit eu restitution contre les six mois. Elle étoit expediée en la Chancellerie de Grenoble, contre un Arrêt rendu à Paris. *Voyez le Recüeil des Arrêts rendus en interpretation des nouvelles Ordonnances,* p. 216.

25 Le sieur Gombaud Conseiller au Parlement de Bourdeaux, exposé qu'il y avoit eu Requête civile, obtenuë avant l'Ordonnance de 1667. attendu que la Chambre a renvoyé les parties vers Sa Majesté, pour sçavoir sa volonté, requeroit qu'il plût à Sa Majesté declarer si son intention est que la premiere Requête civile obtenuë en 1661. & appointée & jointe en la même année, avec l'ampliation de la même Requête civile obtenuë depuis la publication de sa nouvelle Ordonnance, appointée avant son execution, demeure toûjours appointée & jointe, pour être jugée avec le principal; & si les autres Requêtes civiles obtenuës depuis la publication de sa nouvelle Ordonnance, appointées à l'Audience sur les Conclusions du sieur Talon Avocat General, doivent être disjointes & portées de nouveau à l'Audience. Le Roy en interpretant les articles 35. & 40. du tit. des Requêtes civiles de l'Ordonnance de 1667. a ordonné & ordonne qu'en jugeant les Requêtes ci-viles incidentes qui ont été appointées & jointes avant le 12. Novembre 1667. au procés principal, d'entre lesdites parties, le principal different d'icelles pourra être jugé en même temps que lesdites Requêtes civiles incidentes. Arrêt du premier Juillet 1669. *Au Recüeil des Arrêts rendus en interpretation des nouvelles Ordonnances,* p. 223.

Arrêt du Parlement de Toulouse du 29. Avril 1675. 26 qui a jugé que les faits d'erreur, & contre les titres, couchez dans les écritures, & non contredits par précipitation, sont des moyens d'ouverture de Requête civile. *Boniface, tome* 3. *liv.* 3. *tit.* 4. *ch.* 4.

Edit du Roy pour les Requêtes civiles, du mois 27 de Mars 1674. enregistré au Parlement de Tournay. *Voyez le mot Coûtume, nomb.* 102.

Edit portant que les Requêtes civiles qui seront 28 prises contre des Arrêts rendus en la Chambre de la Tournelle du Parlement de Toulouse, y seront plaidées, sans que la Grand'Chambre en puisse prendre connoissance, &c. A Saint Germain en Laye, en Février 1682.

Une Requête civile n'ayant été que signifiée, sans 29 avoir donné assignation par une communauté, fut enterinée le 4. May 1681. *De la Guessieve, tome* 4. *liv.* 5. *ch.* 15. Voyez les art. 5. & 7. de l'Ordonnance de 1667. tit. 35. des Requêtes civiles.

Edit du mois de Janvier 1684. pour regler la ma- 30 niere de se pourvoir par Requête civile au Parlement de Pau. *V. les Edits & Arrêts recüeillis par l'ordre de M. le Chancelier en* 1687.

REQUESTE CIVILE, AMENDE.

De l'amende dûë par le demandeur qui succombe. 31 *Voyez le mot Amende, nomb.* 26.

Impetrans de Lettres en forme de Requête civile, 32 succombant, sont condamnez à l'amende par l'Ordonnance de l'an 1539. article 117. qui est tirée d'un Arrêt du mois de Février avant Pâques 1537. à la Requête de M. Capel Avocat General, laquelle amende ne pourra être moindre que l'ordinaire du fol appel. *Voyez la Bibliot. de Bouchel,* verbo *Requête civile.*

Impetrant de Requête civile acquiesçant au Juge- 33 ment, est quelquefois excusé de l'amende. Exemple en l'Arrêt du 6. Mars 1542. *Ibidem.*

Celuy qui a obtenu Requête civile, y renonçant, 34 ne peut être exempt de l'amende. Arrêt du Parlement de Dijon du 24. Février 1614. *Bouvot, tome* 1. *part.* 1. verbo *Requête civile, quest.* 3.

Sur l'art. 16. du tit. 35. de l'Ordonnance de 1667. 35 celuy qui est debouté de Requête civile obtenuë avant l'année 1667. plaidée aprés l'Ordonnance, doit l'amende des 450. livres.

Le sieur de Gaillard Conseiller au Parlement d'Aix, ayant été debouté d'une Requête civile contre les Dominicains de la Ville de Saint Maximin, avec amende & dépens, par Arrêt du Grand Conseil du 4. Juin 1668. le Grand Conseil se seroit abstenu de fixer ladite amende, jusqu'à ce qu'il en ait été donné avis à Sa Majesté, attendu que lesdites Lettres ont été obtenuës avant ladite Ordonnance: Le Roy a ordonné & ordonne, que conformément à son Ordonnance du mois d'Avril 1667. ledit sieur de Gaillard demeurera condamné en 300. livres d'amende envers Sa Majesté, & 150. livres envers les Religieux, de laquelle amende de 300. livres, Sa Majesté neanmoins par grace, a déchargé & decharge ledit sieur de Gaillard. Arrêt du 25. Juin 1668. *Voyez le Recüeil des Arrêts rendus en interpretation des nouvelles Ordonnances, page* 201.

Arrêt du Parlement de Provence du 20. Octobre 36 1678. qui a jugé qu'une Requête civile ayant été ouverte contre un chef de l'Arrêt, l'amende consignée doit être restituée, quoique ladite Requête civile n'ait pas été ouverte contre tous les chefs. *Boniface, to.* 3. *li.* 3. *tit.* 4. *ch.* 2.

Requeste civile, Arrest d'Audience.

37. Les Requêtes civiles n'ont point de lieu contre les Arrêts donnez en l'Audience ; il a été souvent ainsi jugé, même par Arrêt des Generaux du 12. Juin 1566. *Bibliotheque de Bouchel*, verbo *Requête civile*.

38. Arrêt du Parlement de Provence du 23. Mars 1639. par lequel a été déclarée non recevable la Requête civile obtenuë contre un Arrêt d'Audience, à moins qu'il n'y ait nullité dans l'Arrêt, parce que comme on n'écrit pas ce que disent les Avocats, on ne sçait pas le motif du Jugement. *Boniface, tome 1. liv. 1. tit. 22. chapitre 1*.

Requeste civile, Arrest Interlocutoire.

39. Les Requêtes civiles n'ont point de lieu contre un Arrêt provisionnel. Arrêt du 15. Mars 1544. Autre Arrêt pour le sieur de Vallançay du 23. Avril 1595. telle chose se peut réparer en diffinitive. *Voyez la Bibliotheque de Bouchel*, verbo *Requête civile*.

40. Sur le fait d'une Requête civile contre un Arrêt de récreance. *V. Basset, to. 1. liv. 1. tit. 5. ch. 3*.
Au Parlement de Toulouse, l'on ne reçoit les Requêtes civiles contre les Arrêts interlocutoires ni de récreance. *Voyez M. d'Olive, liv. 1. chap. 25*.

41. Arrêts du Parlement de Provence des 22. & 27. Mars 1640. & 1641. qui ont jugé que la Requête civile est non recevable contre un Arrêt donné par provision, parce qu'il est réparable en diffinitive. *Boniface, to. 1. liv. 1. tit. 22. n. 1*.

42. Le 13. Decembre 1640. Arrêt qui a déclaré qu'on ne peut obtenir Requête civile contre un Arrêt interlocutoire & de récreance, quand il ne touche point au principal. *Boniface, ibidem, n. 2*.

Requeste civile, Arrest Frauduleux.

43. Arrêt du Parlement de Provence du 23. Juin 1644. par lequel il a été jugé, qu'il y a ouverture de Requête civile contre un Arrêt obtenu par dol & fraude de la partie, qui avoit supprimé une piece importante. *Boniface, ibidem, n. 10*.
L'Ordonnance de 1667. au titre des *Requêtes civiles, art. 12. & 34*. en contient une disposition formelle.

Requeste civile, Arrest Partagé.

44. Arrêt donné en la Cour des Comptes, Aydes & Finances de Provence le 17. Decembre 1642. qui déboute d'une Requête civile obtenuë contre un Arrêt parti en opinions. *Boniface, to. 1. tit. 22. nomb. 4*

Requeste civile, Plusieurs Chefs.

45. Arrêt du Parlement de Provence du 29. Janvier 1684. qui a jugé que la Requête civile peut être ouverte contre un chef de l'Arrêt, les autres subsistans, & que l'amende consignée est restituable. *Boniface, to. 3. liv. 3. tit. 4. chap. 1*.

46. On peut obtenir Lettres en forme de Requête civile contre quelques chefs d'un Arrêt, sans donner atteinte aux autres chefs. Arrêt du Parlement de Paris du dernier Juillet 1685. *Journal du Palais*.

Requeste civile, Consultation.

47. Par Arrêt de la Cour, il a été défendu aux Avocats & Procureurs de conseiller à leurs parties d'obtenir Requête civile, que la chose ne soit meurement déliberée, & par consultation signée de trois Avocats. Arrêts des 10. Decembre & 7. Mars 1563. *Papon, liv. 19. tit. 8. n. 4*.

48. La Cour ordonna que dorénavant nulles Requêtes civiles seroient reçuës au Sceau, sans au préalable être consultées par deux anciens Avocats, & la Consultation attachée aux Lettres, & vûë par le Secretaire, lesquels anciens Avocats seroient tenus conseillant les Requêtes civiles de signer leur Consultation, & l'ayant signée, assister à la Plaidoirie, & en cas de maladie seroient excusez, rapportant leur Consultation signée. *Corbin, Plaidoyers, chap. 113*. rapporte ce Reglement & ne le date pas.

49. Par Arrêt du 2. Avril 1607. la Cour sur le Requisitoire de M. Servin Avocat General du Roy, ordonna que les Avocats qui assisteront l'Avocat plaidant pour le demandeur en Requête civile, seront anciens Avocats, autrement le demandeur ne sera point ouï. *Bibliotheque de Bouchel*, verbo *Requête civile*.

50. Par Arrêt du 10. Mars 1608. il fut dit par la Cour, faisant droit sur les Conclusions du Procureur General, que les Avocats plaidans les Requêtes civiles, se feroient assister de trois anciens Avocats suivant l'Ordonnance : & en cas d'absence & legitime empechement de l'un d'iceux certifié, seroit rapportée la Consultation de ceux qui auroient conseillé la Requête civile. Le Procureur General avoit requis que la Consultation fût attachée aux Lettres avant que de les sceller ; mais on pensa que ce seroit faire tort aux Maîtres des Requêtes, & douter de leur suffisance. Toutefois dit Bouchel en sa Bibliotheque, verbo *Requête civile*, j'ay appris de M. Duhamel qu'autrefois il y avoit eu Arrêt conforme à ces Conclusions, du temps de M. le Premier Président Magistry.

51. Arrêt du Parlement de Provence du 27. Novembre 1645. qui permet aux seuls Avocats qui fréquentent le Barreau du Parlement de consulter les Requêtes civiles. Le motif est que les Avocats des Sieges ne peuvent pas être instruits de ces matieres qui ne se présentent point dans leur Jurisdiction. *Boniface, tome 1. li. 1. tit. 18. nomb. 5. & tit. 22. nomb. 6*.

52. Arrêt de la Chambre de l'Edit de Castres du 5. Février 1651. qui déboute une demanderesse en Requête civile, parce qu'elle ne contenoit aucun moyen libellé de restitution, & fait défenses aux Procureurs de dresser aucunes Requêtes civiles, sans consultation de deux Avocats, & sans y libeller les moyens. *Voyez Boné, part. 2. Arr. 82*.

Requeste civile, Contrarieté.

53. Arrêt du Parlement de Provence du 28. Janvier 1666. qui a jugé que la contrarieté d'Arrêts étoit un moyen de Requête civile. Cette Jurisprudence se trouve confirmée par l'Ordonnance de 1667. art. 34. au titre des Requêtes civiles. *Boniface, to. 1. liv. 1. tit. 22. nomb. 9*.
La contrarieté d'Arrêts rendus en differens Parlemens, produit un moyen particulier pour se pourvoir contre les Arrêts. Ces contestations se portent & se jugent au Grand Conseil. *Voyez le mot Contrarieté*.

Requeste civile en Dauphiné.

54. Le parfournissement a lieu entre Etrangers, & la Requête civile prise contre un chef de l'Arrêt, n'est ouverte avant le parfournissement de tous les chefs. Arrêt du Parlement de Grenoble du 14. Decembre 1635. qui juge que l'Ordonnance d'Abbeville auroit lieu entre Etrangers dans les Arrêts rendus en ce Parlement, & que bien que les Arrêts ne fussent que préparatoires pour quelques parties, neanmoins pour l'interet de ceux qui avoient obtenu définitivement, la Requête civile ne pourroit être ouverte ni contre les uns ni contre les autres. La raison fut que les Arrêts sont considerez indivisibles, qu'on ne les peut impugner en partie & les approuver en l'autre, & que le parfournissement qui est aussi de l'usage de ce Parlement est indivisible : ce qui fut aussi jugé le 12. Septembre 1641. *V. Basset, tome 2. livre 1. tit. 13. chapitre 3*.

55. Il faut en Dauphiné parfournir tous les chefs d'un Arrêt, bien que la Requête civile n'en concerne qu'un détaché des autres. Arrêt du 12. Septembre 1641. Au Parlement de Grenoble ils jugent que les Arrêts sont indivisibles, il faut les impugner en tout, sinon qu'il n'y a pas lieu de les attaquer. *Voyez Basset, to. 1. liv. 2. tit. 24. ch. 2*.

56. Parfournissement de l'Arrêt contre lequel on a impétré

impetré Requête civile, bien qu'il ne soit réparable, a neanmoins été ordonné par Arrêt du 17. Decembre 1666. Un homme avoit été condamné à une amende sans note d'infamie ; il soûtenoit que son honneur seroit flétri en attaquant cette derniere partie de l'Arrêt ; la Cour ne laissa pas d'ordonner le parfournissement entier. *Voyez Ibid. ch. 3.*

57 Les cas ausquels le parfournissement préalable n'a pas de lieu, 1°. contre un Arrêt de récréance d'un Benefice. 2°. Lorsqu'il y a eu quelque dol. 3°. Quand l'Arrêt a été rendu au préjudice d'une convention de transiger. 4°. Quand il est par défaut, sinon pour les dépens de la contumace. 5°. Quand il est par forclusion. 6°. Quand l'impetrant déclare qu'il abandonne tous ses biens à la partie averse. *Basset, ibidem, chap. 4.* rapporte les Arrêts qui l'ont ainsi jugé.

58 On doit expedier un Certificat du nom des Juges qui ont assisté à l'Arrêt contre lequel on a pris Requête civile. Arrêt du 19. Janvier 1645. *Voyez Ibidem, chapitre 8.*

REQUESTE CIVILE, EGLISE.

59 Requête civile enterinée sur le seul moyen de défaut de communication au Parquet dans une affaire de biens d'Eglise, quoique l'Arrêt fût rendu en faveur de l'Eglise ; ainsi jugé au Parl. de Paris en May 1671. *De la Guessiere, tome 3. liv. 10. chap. 12.*

REQUESTE CIVILE, EXECUTION D'ARREST.

60 La Requête civile n'empêche l'execution de l'Arrêt, à moins que les choses ne fussent irréparables en définitive. *Despeisses, to. 2. p. 569.*

61 Quand les moyens de Requête civile sont prompts, l'on a accoûtumé d'ordonner que l'execution d'Arrêt surseoira. Il en est de même, quand par la Requête civile, *arguitur falsum judicium*, qui ont donné l'Arrêt, ou renvoyé la Requête civile en une autre Chambre ; ainsi fut fait au procez de Bussy d'Amboise. *Bibliotheque de Bouchel, verbo Requête civile.*

62 On n'est pas recevable à plaider en la Requête civile, que l'Arrêt ne soit executé par le rétablissement des fruits & payement des dépens. Arrêt du Parl. de Bretagne du 10. Septembre 1568. contre Fabry Evêque de Vannes. *Du Fail, liv. 3. chap. 218.*

63 Arrêt du Parlement de Provence du 18. Novembre 1686. qui a débouté l'impetrant d'une Requête civile envers un Arrêt faute de plaider, pour l'avoir impetrant executé, & pour être la cause au fonds notoirement injuste. *Voyez Boniface, tome 3. liv. 3. titre 4. chapitre 3.*

REQUESTE CIVILE, JUGEMENT DU FOND.

64 Quelquefois avant l'Ordonnance de 1667. en terinant la Requête civile, on faisoit droit au principal, & on jugeoit le fond. Arrêt du Parlement de Paris du 1. Août 1598. *Bibliotheque de Bouchel, verbo Requête civile.*

65 Requête civile pour retrait lignager, la procedure avoit quelque nullité, mais l'Arrêt qui avoit ajugé le retrait, ayant bien jugé au fonds ; sur les Lettres en forme de Requête civile, les parties hors de Cour. Arrêt du 5. Decembre 1638. *De la Guessiere, tome 2. liv. 1. chap. 61.*

66 L'on accorde quelquefois des Arrêts qui permettent aux Cours de juger en même temps & par un seul Arrêt le rescindant & le rescisoire. *Voyez cy-après Rescindant.*

REQUESTE CIVILE, MINEUR.

67 Arrêt du Parlement de Provence du 29. Novembre 1674. qui reçut la seconde Requête civile envers un Arrêt donné contre un mineur, ou rendu sur pieces fausses. *Boniface, to. 3. li. 3. tit. 4. ch. 6.*

68 Un mineur de l'on conteste l'état, en débattant de nullité le mariage de sa mere, & prétendant que du moins il ne doit point avoir d'effets civils, ne peut être reputé avoir été suffisamment défendu, lorsqu'il n'a point eu de tuteur dans la contestation ; mais seulement un curateur aux causes qui étoit son Procureur. Ce défaut est un moyen valable de Requête civile pour un mineur. Arrêt du Parlement de Paris du 21. Février 1692. *Voyez le Journal des Audiences, tome 5 liv. 8. chap. 3.*

69 Une Requête civile est non recevable après les six mois de majorité ; quand on a executé l'Arrêt, on y est mal fondé, quoique des mineurs prétendent avoir été mal défendus, s'il y a eu des majeurs en cause qui se sont défendus. Arrêt du Parlement de Paris du 13. Avril 1696. *Ibidem, liv. 11. chap. 13.*

REQUESTE CIVILE, PIECES FAUSSES.

70 Quand la piece fausse donne lieu au Juge de prononcer le Jugement dont on se plaint : exemple, une obligation fausse sur laquelle on est condamné, ce fait de faux est un bon moyen de Requête civile. *M. le Prêtre, 2. Cent. chap. 73.*

71 Un moyen de Requête civile est, si le Juge a jugé sur pieces fausses, & ne suffit de prouver qu'il y ait eu des pieces fausses, mais il faut prouver que le Jugement a été rendu sur pieces fausses ; car s'il y a quelque piece vraie, le Juge *ex veris judicavit*, & point de lieu à la Requête civile. Arrêt en 1608. au fait de M. de Pontac, Maître des Requêtes. *M. le Prêtre, Ibidem.*

72 La requête civile sur pieces apparemment fausses n'arrête le parfournissement. Arrêt du Parlement de Grenoble du 14. Février 1659. *V. Basset, tome 1. liv. 2. tit. 24. chap. 7.*

REQUESTE CIVILE, PIECES NOUVELLES.

73 Des pieces nouvellement recouvrées dont l'on faisoit un moyen de requête civile. *Vide Servin, tome 2. page 751.*

74 On n'est recevable à se pourvoir contre un Arrêt qui déclare un homme roturier, sur le fondement de pieces nouvellement recouvrées. Arrêt du mois de May 1601. *Voyez la 37. Action de M. le Bret.*

REQUESTE CIVILE, OU PLAIDE'E.

75 Requête civile se doit présenter au Parlement où le jugement a été donné. Arrêt du Parlement de Paris du 14. Juin 1555. sur une requête civile à luy présentée contre un Arrêt du Grand Conseil, où elle fut renvoyée. *Papon, liv. 19. tit. 8. n. 17.*

76 Arrêt du Parlement de Paris du 22. Novembre 1622. qui juge que les requêtes civiles ne doivent être plaidées aux Rolles des Provinces les Lundis & Mardis. *Bardet, to. 1. liv. 1. chap. 103.*

77 Par Arrêt rendu au Conseil d'Etat Privé du Roy le 23. Septembre 1668. le Roy a ordonné qu'après que les requêtes civiles auront été appointées elles seront renvoyées aux Chambres où les Arrêts auront été rendus pour y être instruites & jugées, encore que lesdites requêtes civiles fussent fondées sur la contrarieté des Arrêts ; l'instruction des procez par écrit se fera dans les Chambres où ils auront été distribuez. Cet Arrêt contient plusieurs autres dispositions, & est un reglement entre la Grand'-Chambre du Parlement de Toulouse, & les Enquêtes du même Parlement pour l'execution des articles 24. & 28. titre 11. & article 34. tit. 35. de l'Ordonnance de 1667. *Voyez le Recueil des Arrêts rendus en interpretation des nouvelles Ordonnances, page 68.*

Arrêt du Conseil d'Etat du 11. Mars 1669. par lequel une requête civile est renvoyée à d'autres Juges qu'à ceux qui avoient rendu l'Arrêt, & le temps de six mois prorogé. *Ibid. p. 154.*

PLUSIEURS REQUESTES CIVILES.

78 Quand il y auroit trente Arrêts & autant de Requêtes civiles jugées, *ex novâ causâ*, on peut toûjours obtenir requêtes civiles. Toutefois en la cause du Comte de Caravas, contre son frere qui se vouloit faire relever du vœu de Chevalier de Malthe qu'il disoit avoir été contraint de faire par force en minorité, dont il avoit été débouté par Arrêt du Parlement de Roüen ; il obtint requête civile au Grand Conseil, de laquelle il avoit aussi été débouté ; contre lesquels

Arrêts il avoit obtenu une autre requête civile en la Chambre de l'Edit à Paris le 4. Août 1599. Pour le regard de la requête civile, la Cour mit les parties hors de procez. M. le Président Forget dit à Arnault qu'il avoit déja allegué ses moyens par requête civile dont il avoit été débouté. *Biblioth. de Bouchel*, verbo *Requête civile*.

79 Celuy qui a obtenu requête civile, ne peut recourir par Lettres en forme de requête civile, contre l'Arrêt rendu sur une précedente, quoique ce n'ait été qu'en vertu de la forclusion. Arrêt du Parlement de Grenoble du 5. Mars 1657. rapporté par *Chorier en sa Jurisprudence de Guy Pape*, *p*. 352.

REQUESTE CIVILE, PRESCRIPTION.

80 Arrêt rendu au Parlement d'Aix le 24. Janvier 1646. qui a jugé que les requêtes civiles ne se prescrivoient que par trente ans en Provence. *Boniface*, *tome 1. liv. 1. tit. 22. n. 7*.

81 Autre Arrêt du même Parlement de Provence du 30. Janvier 1666. qui a déclaré les instances de requête civile peries par trois ans ; l'Arrêt fondé sur ce qu'il ne faut pas donner plus de temps aux instances des requêtes civiles, qu'à celles des appellations des Sentences. *Ibidem, n. 11*.

REQUESTE CIVILE, PROCUREUR.

82 La faute du Procureur ou curateur n'est pas un moyen suffisant pour venir contre un Arrêt, parce qu'elle est réparable par le recours de la partie, ou du mineur, contre le Procureur, ou curateur. *l. in causâ. D. de minoribus*, Arrêt du 7. May 1537. *Bibliot. de Bouchel*, verbo *Requête civile*.

83 Une Requête civile fut enterinée sur ce que l'Arrêt avoit été obtenu avec un autre Procureur que celuy qui avoit contesté, & sur une procuration surannée, passée par un Notaire Royal hors de son Ressort, & fut décerné ajournement personnel contre le Notaire. Arrêt du Parlement de Paris du 10. May 1607. *Plaidoyez de Corbin*, *chap*. 89.

REQUESTE CIVILE, QUESTION DE DROIT.

84 Un homme ayant perdu sa cause prend requête civile : il remontre que les Conseillers de France qui ont assisté au jugement de son procez, n'entendoient la Coûtume de ce pays : son Avocat fut si hardi de plaider & de conclure. La Cour le déboute de sa requête civile, condamne l'imperant à l'amende seulement de vingt livres vers le Roy, & de dix vers la partie ; défenses aux Avocats de plaider telle cause sur peine de l'amende, & autres peines arbitraires. Arrêt du Parlement de Bretagne du 12. Octobre 1556. *Du Fail*, *liv*. 1. *chap*. 13.

85 Arrêt du Parlement de Provence du 23. Decembre 1660. qui a jugé que la requête civile n'est point recevable contre un Arrêt donné en question de droit. *Boniface*, *to*. 1. *liv*. 1. *tit*. 22. *n*. 5.

REQUESTE CIVILE, ROY.

86 Tout le monde peut alleguer des moyens de droit en cause d'appel sans Lettres de requête civile, & le Roy n'en a jamais besoin pour quelque cause que ce soit, lorsqu'il plaide pour ses droits. Arrêt du Parlement de Tournay du 23. Janvier 1696. qui prononce sans avoir égard aux Lettres de requête civile obtenuës par l'appellant dont il n'avoit besoin. *V. M. Pinault*, *to*. 11. *Arr* 87.

REQUESTE CIVILE, SIX MOIS.

87 Les six mois des Requêtes civiles courent du jour de la prononciation de l'Arrêt contradictoire : si c'est par forclusion, du jour de la signification ; s'il n'y a fausseté ou minorité, elle n'empêche l'execution de l'Arrêt. *M. Loüet*, lettre R. *somm*. 49. Voyez l'*Ordonnance de Blois*, *art*. 91. Et à l'égard des six mois, l'Ordonnance de 1667. tit. 35. art. 11. désire que l'Arrêt soit signifié à personne ou domicile pour en induire les fins de non recevoir contre la requête civile.

88 Arrêt du Parlement de Provence du 20. Mars 1670. qui a jugé que le temps de la requête civile ne court pas contre un Hôpital, l'Arrêt n'ayant pas été signifié au lieu ordinaire du Bureau de l'Hôpital. *Boniface*, *to*. 3. *li*. 3. *tit*. 4. *chap*. 9.

89 Il a été jugé le 14. Novembre 1672. que les six mois établis par l'Ordonnance pour impetrer les requêtes civiles doivent courir depuis la signification seule de l'Arrêt en personne, ou en domicile, nonobstant l'execution de l'Arrêt faite long-temps avant la signification, & que cette Ordonnance doit être accomplie *in formâ specificâ*. Ibid. ch. 7.

90 Arrêt rendu au même Parl. d'Aix le 12. May 1673. qui enterina la requête civile quoiqu'elle n'eût été obtenuë qu'un an aprés la signification faite seulement au Procureur de la partie. *Boniface*, *ibidem*, chapitre 8.

91 On ne peut venir contre les Arrêts par requête civile aprés les six mois préfigez par l'Ordonnance de 1667. Arrêt du Parlement de Grenoble du 19. Juin 1671. qui jugé que les six mois ne commencent à courir que du jour de la signification specifique qui a été faite de l'Arrêt à la partie condamnée, quand même elle l'auroit levé. Il ne convient non plus contre celuy dont la production est arrêtée dans le Greffe d'où il ne peut l'en retirer, il faut que cet empêchement ait cessé. Arrêt du 18. Juillet 1676. rapporté par *Chorier*, *en sa Jurisprudence de Guy Pape*, *page* 353.

REQUESTE CIVILE, TRANSACTION.

92 Contre un Arrêt portant homologation d'une transaction faite par ignorance d'un Arrêt précedent, on n'est pas recevable à proposer requête civile, n'étoit que la transaction portât un grand & notable préjudice, *quia post rem judicatam valet transactio*. Arrêt du 8. Janvier 1545. pour une femme de Montferrant. *Biblioth. de Bouchel*, verbo *Requête civile*.

93 On n'a pas besoin de requête civile contre les Arrêts d'homologation des transactions. Arrêt du Parlement de Grenoble du 10. Decembre 1672. les Chambres ayant été consultées. *Chorier en sa Jurisprudence de Guy Pape*, *p*. 352.

REQUESTE CIVILE, EN CRIMINEL.

94 Requête civile en matiere criminelle. *Voyez* le mot *Procedure*, *nomb*. 239. 247. *& suiv. &* 260.

95 Si les requêtes civiles ont lieu *in pœnali judicio* ? Cette question fut traitée au Parlement de Roüen à l'Audience de la Tournelle le 23. Novembre 1651. de la Motte avoit été condamné aux galeres à perpetuité pour homicide, son complice condamné à mort par contumax ayant obtenu sa grace à l'entrée du Roy, il déclara qu'il croioit avoir commis l'homicide. Cela donna lieu à de la Motte de se pourvoir contre l'Arrêt par requête civile, & prétendoit qu'elle devoit être reçuë en crime comme en civil, que s'agissant de la vie & de l'honneur d'un accusé, il n'étoit pas juste d'étouffer ses défenses, sur tout quand son innocence commençoit à paroître. M. Hué Avocat General remontra la consequence de recevoir des requêtes civiles *in pœnalibus judiciis*, qu'il n'y en avoit point d'exemple ; que ce seroit un moyen pour anéantir les condamnations de mort, & les rendre inutiles. La Cour appointa la cause au Conseil : depuis la requête civile fut enterinée, celuy qui avoit commis le crime l'avoit confessé, & il en avoit obtenu la remission ; de sorte qu'il n'eût pas été juste de faire prévaloir la fin de non recevoir contre l'innocence connuë du condamné. *V. Basnage*, *sur la Coûtume de Normandie*, *article* 143.

96 Requête civile a lieu, même en matiere criminelle. Arrêt du 15. Mars 1580. Bibliotheque de Bouchel, verbo *Requête civile*.

97 Requête civile non reçuë contre un Arrêt de relaxe en matiere criminelle. Arrêts du Parlement de Toulouse en 1617. & 1634. Autres les 11. Avril 1647. & le 10. Janvier 1659. neanmoins *ex magnâ causâ*, la Cour

reçoit quelquefois de telles impetrations, comme elle fit le 16. Mars 1647. en la cause de la Dame Daiguevilles, contre un certain Demas accusé d'un meurtre, sur ce qu'elle justifioit par actes que Demas étoit à Beziers lors de son relaxe ; & sur ce que cette Dame ayant impetré requête civile contre un Arrêt préparatoire, la Tournelle fit un vuidement de Registre sur cette requête, ce qui ne pouvoit se faire alors suivant le Reglement. La Cour en reçut une semblable le 3. Mars 1648. de la part du sieur de Cavillac, contre le sieur de Monjesieu qui s'étoit fait relaxer de plusieurs crimes, sans que les procedures fussent remises ; depuis peu M. le Procureur General s'étant pourvû par requête civile contre un Arrêt du Parlement de Bourdeaux sur de pareils défauts, elle a été reçûë, parce qu'en effet l'on ne peut pas dire que de tels prévenus *judicium subierint*, car l'un ne risquoit rien, puis qu'il n'étoit pas remis prisonnier ; l'autre n'avoit non plus rien risqué, puis que la procedure n'étant pas remise, il ne pouvoit jamais être convaincu, ainsi la raison de la loy, qui ne veut pas qu'on subisse deux fois le danger, cessoit en eux. La Cour en a aussi reçu une contre un Arrêt rendu dans le délay, & sur le défaut par le prévenu de s'être remis. *Voyez Albert*, verbo *Requête civile*, *art*. 1.

98   Requête civile n'a pas lieu contre un Arrêt rendu en matiere criminelle. Arrêt du Parlement de Grenoble du 3. Decembre 1630. *V. Basset*, *tome* 1. *liv.* 2. *tit.* 4. *chap.* 5.

99   En action criminelle on ne reçoit point requête civile contre les Arrêts de condamnation ou d'absolution. Jugé au Parlement de Grenoble les 3. Decembre 1630. & 18. Septembre 1663. pour le sieur de Truchis, contre le sieur Procureur General qui rapportoit des informations plus amples contre un homme qui avoit été absous par un Arrêt précedent. *Voyez Chorier*, *en sa Jurisprudence de Guy Pape*, *p*. 352.

100   Requête civile est recevable contre un Arrêt d'absolution, quand l'accusé a falsifié ou supprimé les charges, corrompu les témoins, ou usé d'artifices semblables pour la procurer ; mais non par de simples défauts contre la procedure. Jugé le 16. Juin 1632. *Bardet*, *to*. 2. *liv.* 1. *ch.* 32.

101   En matiere criminelle les requêtes civiles sont regardées comme des monstres. Un Procureur accusé d'assassinat ayant été renvoyé absous de l'accusation contre luy faite, parce qu'il avoit eu l'adresse de supposer une information à la place de la veritable, la partie ayant produit la veritable dans la suite, & s'étant pourvûë par requête civile sur la supposition ; par Arrêt de l'année 1628. en la Chambre de la Tournelle, après y avoir eu partage en audience, elle fut déboutée de sa requête, sauf à enquerir de la supposition. Arrêt semblable du 18. May 1639. *Graverol sur la Rocheflavin*, *li*. 3. *tit*. 7. *Arr*. 2.

102   Le 24. Avril 1640. au Parlement de Toulouse un nommé Terrissou Concierge de Tournay ayant impetré des Lettres en forme de requête civile envers un Arrêt qui le condamnoit au fouët & aux galeres, pour avoir laissé évader un prisonnier, remettant le prisonnier, les Lettres furent enterinées ; mais cela est si extraordinaire qu'en l'année 1644. il fut défendu aux Avocats de plaider de telles Lettres ; c'est pour cela que quelques causes qu'il y ait de restituer en entier, la Cour ne le fait pas, comme il se verra par cet exemple. Un nommé Roques avoit fait condamner à mort par défaut un autre de même nom, pour meurtre, par Sentence des ordinaires de Montfaucon en 1627. sans que ce prévenu eût purgé la contumax. En 1645. il fit informer contre sa partie, disant qu'il l'avoit blessé d'un coup de pistolet ; il y avoit une Sentence qui portoit que le prévenu prouveroit les objets dans trois jours ; au préjudice de cette Sentence les ordinaires de Montfaucon avoient ordonné qu'il seroit appliqué à la question. Sur l'appel de suite par surprise, elle fut confirmée, sans que ce miserable eût pû relever les nullitez de cette Sentence ; de sorte qu'il se pourvût contre l'Arrêt par Lettres en forme de requête civile que M. Parisot plaida, commençant *per insinuationem*, pour se disculper luy-même de ce qu'il plaidoit contre un Reglement ; la Cour voyant d'un côté la consequence si l'on ouvroit cette porte, & de l'autre l'innocence de cet homme, le démit de sa requête civile ; par Arrêt du 5. Decembre 1645. mais elle retint *in meute curia*, qu'il ne seroit que présenté à la question, comme en effet, il y fut présenté, & ensuite relaxé. *Albert*, verbo *Requête civile*, *art*. 2.

103   Arrêt du Parlement de Provence du mois de Juin 1653. qui a jugé qu'en matiere criminelle la requête civile étoit recevable en faveur de l'accusé. *Boniface*, *to*. 1. *liv*. 1. *tit*. 22. *n*. 8.

104   Arrêt du 13. Juin 1661. qui a reçu la requête civile d'un accusateur contre un Arrêt quand il y a eu nullité. *Idem*, *to*. 2. *part*. 3. *li*. 1. *tit*. 16. *ch*. 2.

105   Arrêt du mois de Novembre 1666. qui a déclaré une fille accusatrice en crime de rapt non recevable en sa requête civile, sous pretexte que le ravisseur n'avoit été condamné qu'en des amendes. *Idem*, *to*. 1. *li*. 1. *tit*. 22. *n*. 8.

106   Par Déclaration du mois de Février 1682. sa Majesté ordonne que les requêtes civiles que l'on prendra doresnavant contre les Arrêts rendus en la Chambre Tournelle du Parlement de Toulouse soient plaidées & jugées en ladite Chambre Tournelle, sans que la Grand'-Chambre en puisse prendre connoissance pour quelque cause & sous quelque pretexte que ce puisse, dérogeant en tant que besoin est ou seroit, à tous usages à ce contraires. *V. les Edits & Arrêts recueillis par l'ordre de M. le Chancelier*.

REPY.

Voyez cy-dessus Repi.

REQUESTES DE L'HOSTEL.

Voyez lettre M. le titre des *Maîtres des Requêtes*.

1   Maître des Requêtes de l'Hôtel connoissent des differends d'Officiers pour le titre seulement ; quant au reglement il faut aller au Parlement. *Papon*, *liv*. 4. *tit*. 9. *n*. 4.

2   Messieurs des Requêtes de l'Hôtel sont Juges competens, non seulement en cas de contestation d'Office, mais aussi pour connoître si l'Office est hereditaire ou domanial, & titulaire à la disposition du Roy. Arrêt du 15. May 1564. *Papon*, *liv*. 7. *tit*. 7. *nombre* 54.

3   Messieurs les Maîtres des Requêtes de l'Hôtel connoissent en premiere instance des affaires des Conseillers des Requêtes du Palais, suivant l'article 45. de l'Ordonn. du Roy Loüis XII. faite en Mars à Blois en l'an 1498. Arrêt du 12. Avril 1588. *Le Vest*, *Arr*. 188.

4   Jugé par Arrêt du 16. Decembre 1602. que les Présidens, Conseillers, & autres Officiers des Requêtes du Palais, plaideront en la Jurisdiction des Requêtes de l'Hôtel, & non aux Requêtes du Palais, à peine de nullité des procedures & Jugemens. *V. Filleau*, *part*. 3. *tit* 11. *chap*. 42.

REQUESTES DU PALAIS.

1   Des Conseillers ou Commissaires des Requêtes du Palais. *Voyez Du Luc*, *liv*. 4. *tit*. 8. ils sont appellez par M. René Chopin, en son traité de la Police Ecclesiastique, li. 1. *tit*. 8. *n*. 3. *libellis in palatio cognoscendis præfecti*.

2   Des Conseillers tenans les Requêtes du Palais, *Ordonn. de Fontanon*, *to*. 1. *li*. 1. *tit*. 8. *p*. 8. *& Joly*, *des Offices de France*, *to*. 1. *li*. 1. *tit*. 8. *p*. 56. *& aux Additions p. cx. & suiv*.

3. Des Requêtes du Palais, & Officiers d'icelles, & de leur institution & établissement. *Joly, des Offices de France,* to. 1. li. 1. tit. 26. p. 263.

4. Des renvois aux Requêtes du Palais en vertu des Lettres Royaux & Committimus. *Joly,* ibid. tit. 27. page 285.

5. Committimus aux Requêtes du Palais. *Voyez* le mot *Committimus.*

5 bis. De la Jurisdiction de Messieurs des Requêtes du Palais, de leur pouvoir & autorité. *Voyez Filleau,* 4. partie, question 87. La Rocheflavin, *des Parlemens de France,* liv. 13. ch. 66. & M. le Prêtre, 2. *Centurie,* chapitre 32.

6. Par l'Ordonnance des Rois Loüis XII. & Charles IX. Messieurs des Requêtes du Palais ne connoissoient des matieres réelles & petitoires ; mais à present l'usage de la pratique est tel, qu'ils connoissent des droits fonciers & exploits domaniaux, même des saisies feodales & autres causes semblables. *Brodeau sur M. Loüet lettre R. somm. 35.*

7. Messieurs des Requêtes du Palais sont Conseillers en la Cour, y prêtent le serment, & ne sont pas neanmoins distribuez aux Chambres des Enquêtes, mais sont directement installez aux Requêtes du Palais ; quand l'un d'entre eux après un long travail en la Justice ordinaire, *gravis annis, miles, multo jam fractus membra labore,* se démet de sa Commission, il peut, conservant l'Office de Conseiller, entrer au Parlement & y prendre séance. *Voyez la Bibliotheque de Bouchel,* verbo *Préseance.*

8. Les Requêtes du Palais peuvent connoître des servitudes, il y avoit eu anciennement un Arrêt contraire ; mais l'expedition en fut défenduë. *Papon, liv. 14. tit. 1. n. 1.*

9. Messieurs des Requêtes du Palais ne peuvent connoître des actions hypothecaires, *cum hypothecaria sit actio merè realis.* Arrêt du Parlement de Paris de l'an 1384. ils peuvent connoître de la personnelle & hypothecaire quand on agit au payement & continuation. Arrêt du 12. Janvier 1535. *Ibidem,* liv. 4. tit. 9. nombre 2.

10. Le 7. Février 1519. toutes les Chambres assemblées, il a été ordonné qu'en matieres petitoires, les Gens tenans les Requêtes du Palais, ne sont Juges capables, & n'en pourroient connoître, quoiqu'elles leur fussent déléguées par Lettres de Chancellerie, excepté quant aux Secretaires du Roy qui maintiennent avoir privilege d'avoir leurs causes réelles & petitoires commises aux Requêtes. *Bibliotheque de Bouchel,* verbo *Requêtes du Palais.*

11. Messieurs des Requêtes sont Juges de competence, & ont privilege de faire évoquer toutes causes à eux commises de tous Juges par un simple Sergent Royal en vertu d'un Committimus, sans que la partie soit tenuë faire poursuite ni attendre que le Juge fasse le renvoy ; il suffit que le Sergent fasse au Juge, tenant son Audience, commandement de renvoyer la cause, & à son refus ou délay, la doit renvoyer luy-même ; ce qui n'est pas permis à l'égard des Juges Conservateurs des Privileges des Universitez, car il faut que le Juge le fasse ; ainsi fut dit par Arrêts du Parlement de Paris du 8. Juillet 1368. 1. Avril 1389. & 18. Mars 1575. *Bouchel, ibid. & Papon, liv. 7. tit. 7. n. 2.*

12. Causes où le Procureur du Roy est partie ne sont renvoyées aux Requêtes du Palais ; souvent jugé. A l'égard de la reintegrande, en laquelle il y a question criminelle incidente pour la force, Arrêt du Parlement de Paris du 27. Novembre, qui renvoye aux Requêtes, sauf de renvoyer les parties pardevant le premier Juge pour faire le procez criminel, au cas que l'accusé ne gagne sa cause au civil. *Papon, liv. 4. tit. 9. nomb. 3.*

13. La Cour des Requêtes connoît d'actions personnelles, possessoires, mixtes, & non de réelles, quoique Lettres de Chancellerie leur soient adressées

pour le petitoire. Arrêts du Parlement de Paris des 19. Août 1530. & 7. Février 1519. *Ibidem,* n. 1.

14. Messieurs des Requêtes ne peuvent évoquer de la Cour d'Eglise, sous prétexte d'un aveu en action personnelle. Arrêt du Parlement de Paris du 25. Septembre 1531. en faveur d'un pere qui s'étoit rendu caution. *Papon, liv. 7. tit. 7. n. 14.*

15. Le sieur Forget Secretaire du Roy étant assigné aux Requêtes du Palais sur le renvoy par luy demandé, comme domestique de la Maison du Roy pardevant les Maîtres des Requêtes. Par Arrêt du Parlement du 23. Février 1550. la cause a été remise au Conseil, & par provision ordonné que la cause seroit traitée aux Requêtes. *Papon,* ibid. n. 13.

16. Le Roy Henri II. regla en 1556. la Jurisdiction des Requêtes du Palais. V. *Henrici Progymnasmata,* Arrêt 197.

17. Le 13. Avril 1559. fut infirmé par Arrêt le Jugement de Messieurs des Requêtes du Palais, par lequel ils avoient retenu la connoissance d'une action negatoire en matiere de servitude de vûës & des eaux ; l'appellant avoit remontré que telle action est réelle. *Bibliotheque du Droit François par Bouchel,* verbo *Servitude.*

18. Renvoy aux Requêtes étant demandé, doit être donné sans connoissance de cause, sauf à debattre & renvoyer s'il y échet. Arrêts des 4. Janvier 1563. & 7. Juin 1574. Que s'il est question d'appreciation ou de visitation, & autre chose qui se doit faire sur les lieux par le Juge ordinaire, le renvoy ne doit être fait. Jugé le 7. Juin 1574. *Papon, liv. 4. tit. 9. n. 3.*

19. Le privilege des Requêtes du Palais est si grand, que quelque Juge que ce soit doit déferer, & en quelque état que soit la cause, survenant quelqu'un incidemment qui y a interêt, elle doit être renvoyée, sauf le débat du renvoy pardevant Messieurs des Requêtes. Arrêt du premier Mars 1585. *Ibidem,* liv. 7. tit. 7 nomb. 12.

20. De la peremption d'Instance és Requêtes du Palais. *Voyez* le mot *Peremption, n. 104. & suiv.*

21. Jugé par Arrêt du 23. Avril 1605. qu'il y a peremption d'Instance en un procez, étant en état de juger aux Requêtes du Palais. *Filleau,* 4. part. quest. 134.

22. Un Chapitre étant cessionnaire de plusieurs obligations pour rente & somme léguée pour celebration de Messe, peut user de son privilege, & faire assigner les debiteurs aux Requêtes du Palais. Arrêt du Parlement de Dijon du 21. Juillet 1608. *Bouvot,* to. 2. verbo *Transport, quest. 4.*

23. Arrêt de la Chambre de l'Edit de Castres du 11. May 1637. confirmatif d'un decret de prise de corps décerné par Messieurs des Requêtes du Palais à Toulouse, comme incompetens des Instances des crimes par l'Edit de leur établissement desquels ils peuvent seulement connoître incidemment aux Instances civiles des privilegiez qui sont traitez devant eux, & non originairement en commençant par le criminel. V. *Boué, part. 2. Arr. 56.*

24. Arrêt du Parlement de Provence du 10. Novembre 1641. qui a jugé que la Chambre des Requêtes du Palais ne connoît point des matieres réelles. *Boniface,* to. 1. liv. 1. tit. 11. n. 1.

25. Edit portant rétablissement d'une seconde Chambre des Requêtes du Palais au Parlement de Roüen : creation des Officiers dont elle doit être composée, & Reglement pour sa Jurisdiction & autorité. A Fontainebleau en Juillet 1680. registré le 27. Août de la même année.

26. Arrêt du Conseil du 7. Janvier 1681. touchant le service des Requêtes du Palais du Parlement de *Guyenne,* & le rang des Officiers d'icelle. *Voyez les Edits & Arrêts recueillis par l'ordre de M. le Chancelier en 1682.*

27. Président des Requêtes du Palais. *Voyez* le mot *Présidens.*

REQUISITION.

DE la Requisition des Graduez. *Voyez* le mot *Gradué, n.* 188. *& suiv.*

RESCINDANT ET RESCISOIRE.

1 Voyez M. le Prêtre, deuxiéme Centurie, chapitre 59.

2 Du rescindant & rescisoire qui ne peuvent être accumulez. *Voyez Guy Pape, question* 145.

3 Pendant le procez rescisoire le contrat par provision doit être entretenu, autrement le défendeur n'est point obligé de proceder. Arrêt du Parlement de Paris du 5. Juillet 1513. Autre Arrêt semblable en 1554. *Papon, liv.* 18. *tit.* 1. *n.* 28.

4 Rescindant & rescisoire pouvoient être anciennement accumulez. Arrêts du Parlement de Paris du 16. Septembre 1540. 1560. & 20. Novembre 1582. *Ibid. liv.* 16. *tit.* 3. *n.* 8.

Le contraire est pratiqué aujourd'hui. Quelquefois il plaît au Legislateur de dispenser de l'execution de la Loy. *Voyez* Requête civile, *nomb.* 64. *& suiv.*

RESCISION.

Voyez *Dol, Fraude, Lettres de Rescision*, au mot *Lettres, nomb.* 189. *& suiv. Mineur, Restitution.*

La matiere des rescisions, & restitutions en entier, est traitée dans le second Livre du Code, depuis le Titre 20. jusqu'au 54.

De integrum restitutionibus. D. 4. 1. ... *Paul.* 1. 7. ... C. Th. 2. 16. ... *Dec. Gr.* 7. *q.* 1. *& 2.* ... 35. *q.* 9. ... *Extr.* 1. 41. ... S. 1. 21. ... *Cl.* 1. 11. ... *I. Lanc.* 3. 18.

De rescindenda venditione, & quando liceat ab emptione discedere. D. 18. 5. ... C. 4. 44. 45. *& 46.* ... *Const. 1. Romani Sen.* 2. *&* 3.

Quod metus causâ gestum erit. D. 4. 2. Premiere cause de rescision.

De his quæ vi, metus-ve causâ gesta sunt. C. 2. 20. V. Violence.

De dolo malo. D. 4. 3. ... C. 2. 21. ... *Paul.* 1. 16. ... C. Th. 2. 15. Second moyen de restitution. V. Dol.

De doli mali & metus exceptione. D. 44. 4.

De minoribus viginti-quinque annis. D. 4. 4. Minorité: troisiéme moyen de restitution.

De in integrum restitutione minorum viginti-quinque annis. C. 2. 22.

Si in communi eâdemque causâ, in integrum Restitutio postuletur. C. 2. 26. Si le Mineur releve le Majeur ?

Si adversus rem judicatam Restitutio postuletur. C. 2. 27. Cela s'entend d'un Mineur.

Si adversus venditionem. C. 2. 28. Ce Titre & les Titres suivans se doivent entendre des Mineurs.

Si adversus venditionem pignorum. C. 2. 29.

Si adversus donationem. C. 2. 30.

Si adversus libertatem. C. 2. 31. Scilicet, si minor temerè manumiserit.

Si adversus transactionem, vel divisionem, in integrum minor restitui velit. C. 2. 32.

Si adversus solutionem à tutore vel à se factam. C. 2. 33.

Si adversus dotem. C. 2. 34. D'une femme mineure, qui a donné toute sa dot.

Si adversus delictum. C. 2. 35. Pour être relevé d'une faute commise par ignorance du mineur.

Si adversus usucapionem. C. 2. 36.

Si adversus fiscum. C. 2. 37.

Si adversus creditorem. C. 2. 38.

Si ut minor ab hæreditate se abstineat. C. 2. 39. ... N. 119. *e.* 6. Le mineur est restitué quand il s'est porté pour heritier mal à propos.

Si ut omissam hæreditatem, vel bonorum possessionem, vel quid aliud adquirat. C. 2. 40. Le mineur est restitué quand il a négligé d'accepter une succession dans le temps prescrit.

In quibus causis restitutio in integrum necessaria non est. C. 2. 41.

Qui, & adversus quos in integrum restitui non possunt. C. 2. 42. Ce Titre & les titres suivans expliquent les cas ausquels les mineurs ne sont pas restituez.

Si minor se majorem dixerit, vel probatus fuerit. C. 2. 43.

Si sæpius in integrum restitutio postuletur. C. 2. 44.

De his qui veniam ætatis impetraverunt. C. 2. 45. C. Th. 2. 17. Les mineurs ne sont pas relevez de ce qu'ils ont fait touchant la simple jouïssance de leurs biens, quand ils ont obtenu des Lettres d'émancipation, ou de Benefice d'âge.

Si major factus ratum habuerit. C. 2. 46. ... *Idem.* 5. 74. Les mineurs ne sont pas restituez contre les Actes qu'ils ont ratifiez en majorité. *Voyez* le mot Ratification.

Ubi & apud quem cognitio restitutionis agitanda sit. C. 2. 47.

De reputationibus quæ fiunt in judicio in integrum restitutionis. C. 2. 48. Des imputations & compensations que l'on peut demander contre le mineur qui demande à être relevé.

Etiam per procuratorem, causam in integrum Restitutionis agi posse. C. 2. 49.

In integrum restitutione postulatâ, ne quid novi fiat. C. 2. 50. Toutes choses doivent demeurer en état pendant l'Instance de rescision. Ce Titre est le dernier de ceux qui traitent de la restitution des mineurs.

De restitutionibus militum, & eorum qui reip. causâ absunt. C. 2. 51.

De uxoribus militum, & eorum qui reip. causâ absunt. C. 2. 52. Les femmes qui ont suivi leurs maris à la guerre, ou dans les voyages faits pour la République, sont relevées du dommage que l'absence leur a pû causer, & peuvent recouvrer le profit qu'elles ont manqué de faire.

De temporibus in integrum restitutionis, tam minorum & aliarum personarum quæ restitui possunt, quàm hæredum eorum. C. 2. 53. Nôtre usage est different de celui qui est prescrit par Justinien dans la Loy derniere de ce titre, pour le temps auquel il faut demander la restitution en entier.

Quibus ex causis majores in integrum restituuntur. C. 2. 54. ... D. 4. 6.

1 Des rescisions de contrats & transactions, restitution en entier, & dans quel temps elle se doit obtenir ; ensemble des relevemens fondez sur minorité, lesion, dol, crainte, & autres cas semblables ? *Voyez les Ordonnances recueillies par Fontanon,* to. 1. *liv.* 4. *tit.* 19. *p.* 768. *& Papon, liv.* 16. *tit.* 3.

2 Quand l'impetrant de Lettres de rescision ne peut executer le contrat dont il demande la cassation, le défendeur peut demander caution pour ses dommages & interêts, s'il étoit dit que le contrat fût valable, en rendant le prix, auquel cas le défendeur doit aussi donner caution. Arrêt du Parlement de Paris du 28. Août 1528. *Papon, liv.* 18. *tit.* 1. *n.* 32.

3 Arrêt du Parlement de Bretagne du 31. Octobre 1559. qui avant faire droit sur les Lettres de rescision, ordonne que les heritages dont est cas, seront vûs & estimez, tant à rente annuelle qu'une fois payée, eu égard au temps du contrat, & à l'état auquel ils étoient alors par six priseurs, dont les parties conviendront. *Du Fail, liv.* 2. *chap.* 85.

4 L'Intimé prend Lettres pour casser un contrat d'heritage fait avec l'appellant à Ploarmel, l'heritage situé en cette Jurisdiction dont est l'intimé, lequel ajourne l'appellant à Ploarmel. L'appellant prend appointement d'écrire : ensuite il dit être mal ajourné, qu'il devoit être convenu à Nantes dont il est, d'autant que c'est une action personnelle. L'intimé répond que la contagion est à Nantes. Le Juge ordonne que l'autre défendra ; Appel. Par Arrêt du Parlement de Bretagne du 6. Septembre 1563. la Cour met l'appellation au néant, sans amende ni dépens, & pour cause ordonne neanmoins que ce dont a été appellé sortira effet. *Ibid. liv.* 1. *chap.* 166.

5 La Loy 2. *Cod. de rescind. vend.* n'a point lieu en contrat d'infeodation. Arrêt du P. de Toulouse du mois de May 1591. pour les Chartreux de Cahors. *La Rocheflavin,* li. 3. tit. 8. *Arrêt.* 1.

6 Acceptation d'une Lettre de change du mary par la femme, est sujete à rescision comme une autre simple-promesse, en cas de renonciation à la communauté. Arrêt du Parlement de Paris donné pendant les troubles, plaidans Chauvelin & Chopin, le treiziéme jour d'Août 1592. *V.* Chopin, *liv.* 2. *de mor. Paris. tit.* 1. *nomb.* 7.

6 *bis.* Arrêt du Parlement de Provence du 26. Avril 1638. qui a jugé que pour la rescision d'un contrat, la crainte reverentielle seule ne suffit point. Boniface, *to.* 2. *liv.* 4. *tit.* 19. *ch.* 1.

7 La rescision n'a lieu contre les contrats des fermes publiques, sous prétexte de lézion. Arrêt du même Parlement de Provence du 20. Juin 1681. Boniface, *to.* 4. *liv.* 10. *tit.* 3. *ch.* 16.

8 Les dix ans accordez par les Ordonnances Royaux, courent utilement, nonobstant l'impetration de Lettres Royaux, si elles n'ont pas été signifiées pendant ce temps-là, parce que la seule impetration ne suspend pas le cours de la prescription, mais en exerçant l'action en restitution. Le Parlement de Grenoble a même jugé le 18. Decembre 1669. que l'interpellation pour le rescisoire, n'étoit pas un moyen legitime pour interrompre le cours du rescindant. Graverol, *sur la Rocheflavin, liv.* 3. *tit.* 8. *Arr.* 1.

9 En rescision de contrat, le demandeur peut requerir de joüir par provision. *Voyez le mot Provision, nomb.* 34. *& suiv.*

10 Par Arrêt du 11. Août 1677. la rescision de dix ans pour reddition de compte, fut jugée n'avoir point de lieu, les parties remises en l'état qu'elles étoient avant les lots, & renvoyées devant le Bailly de Roüen, pour y proceder. Berault, *à la fin du* 2. *tome de la Coûtume de Normandie, p.* 105. *col.* 2.

RESCRIT.

1 IL y a les rescrits du Prince, & les rescrits de Cour de Rome.

RESCRIT DU PRINCE.

De diversis rescriptis, & pragmaticis sanctionibus. C. 1. 23... C. Th. 1. 2.

2 *De rescriptis.* D. Gr. 25. q. 1. & 2... *Extr.* 1. 3... S. 1. 3... Cl. 1. 2.

Voyez *Lettres Royaux.*

3 Kinschotii *consilia juris, & de rescriptis gratia in Senatu Brabantiæ concessis solitis.* Lovanii 1633.

RESCRITS DE COUR DE ROME.

4 Voyez les mots *Bref, Bulle, Pape, Provisions, Rome.*

5 *Differentia inter privilegium & rescriptum.* Voyez Rebuffe, 1. *part. prax. Benef.*

6 Voyez Rebuffe, *sur le Concordat, tit. forma mandati Apost.* où il parle *de rescriptis, rationi congruit, perinde valere, si neutri in forma dignum.*

7 *Differentia inter rescripta gratiæ & justitiæ.* Voyez Rebuffe, 1. *part. prax. Benef.*

8 *De rescripto si neutri, si alteri, & si nulli.* Voyez Rebuffe, *ibidem.*

9 *De rescripto etiam & perinde valere.* Voyez Rebuffe, 2. *part. prax. Benef.*

10 *De rescriptis mistis.* Ibidem, 3. *part. praxis Beneficiariæ.*

11 *Rescriptum contra Jus an valeat?* Voyez Com. Joan. Const. *sur l'Ordonnance de François I. art.* 35.

12 Voyez verbo *Abus, nomb.* 70. où il est parlé des rescrits adressez *extra* ou *intra partes Diœcesis.*

13 Des rescrits, & de leurs differentes especes. Voyez *la Bibliotheque Canonique, to.* 2. *p.* 468. *& suiv.* où il est parlé des rescrits de grace & de Justice, des rescrits en forme commune, & en forme des pauvres, pour les Graduez, du rescrit en la forme *dignum,* des rescrits pour les Benefices vacans, des rescrits mixtes ou communs, du rescrit *si neutri, si alteri, si nulli,* des rescrits *etiam & perinde valere,* du rescrit de Noblesse, de legitimation, & du rescrit *rationi congruit.*

14 Par le rescrit de *perinde valere,* est suppléé tout défaut qui peut être suppléé de droit, mais non pas un défaut naturel ; de sorte que si un furieux avoit obtenu un Benefice, l'impetration seroit nulle, quand même il auroit depuis obtenu un rescrit *de perinde valere,* comme s'il étoit sage & plein de raison. Bibl. Can. *tome* 2. *p.* 475. *col.* 1.

15 Pithou, *en ses Commentaires sur les Libertez de l'Eglise Gallicane, Note* 44. Rescrit *in partibus,* a-été, dit-il, jugé par plusieurs Arrêts devoir être en *Diœcesi,* & particulierement par un du 29. Novembre 1575. *l'Homedé* plaidant pour l'appellant comme d'abus ; il fut jugé que tous rescrits, portant ces mots *authoritate apostolica,* étoient abusifs, à moins que l'impetrant, avant l'execution, n'eût signifié à sa partie, qu'il n'entend s'en servir *authoritate apostolica,* mais seulement *authoritate ordinaria* ; d'où il s'ensuit que les appellations d'une Sentence rendue par l'Ordinaire pour l'execution d'un Bref, doivent ressortir devant le Juge superieur immediat de l'Ordinaire. C'est l'usage du Royaume, comme dit *Févret, en son Traité de l'Abus, liv.* 9. *ch.* 3. *n.* 7. que les Evêques, quelque clause qui soit inserée dans leur Commission, & de quelque qualité que soit l'affaire, à l'instruction ou jugement de laquelle ils sont commis pour y proceder, *authoritate apostolica,* ne s'y entremettent que *vi & potestate ordinaria* ; ainsi les sujets du Roy, en cas d'appel, ne sont jamais distraits à ce sujet.

16 Rescrit obtenu du Pape par Jacques de Baudry, Cordelier, contre ses vœux, avec l'Arrêt en sa faveur, qui le renvoye pardevant l'Official de Chartres, & par provision alimentaire luy ajuge la somme de 2000. liv. &c. Arrêt du 8. Juillet 1680. *De la Guess. to.* 4. *liv.* 3. *ch.* 17.

Voyez cy-dessus le mot, *Reclamation,* & cy-aprés le mot *Vœux,* où il est parlé de ces sortes de rescrits.

RESERVE.

1 LA reserve a lieu en matiere beneficiale, par rapport aux droits que prétend le Pape sur certains Benefices, & à la provision anticipée qu'il en donne avant la vacance, ce que nous n'admettons point en France. La reserve a lieu en matiere civile dans certains actes, qui seront cy-aprés expliquez.

RESERVES, BENEFICE.

2 Voyez le mot *Benefice,* & *Mandat.*

3 Simoneta *de reservatione beneficiorum.* In octavo, Col. 1583.

4 *De reservationibus beneficiorum.* Per Æneam de Falconibus, per Gasparem de Perusio, & per Thomam Campegium, in tractatu de auth. Rom. Pont.

5 Hieronymus Gonzalez, *de reservatione mensium, & alternativa Episcoporum.*

6 *De reservationibus, gratiis expectativis, & regressibus,* lib. 7. Decret. Ecclef. Gallic. tit. 17.

7 *Reservatio quid & quotuplex ?*

An eadem sit vacatio apud sedem, quæ in curia, indeque perpetuo inducatur reservatio, & an reservatio hujusmodi indifferenter dicatur, clausa in corpore juris, quaque ejus sit ratio ? Voyez Lotherius, *de re beneficiaria,* li. 2. quæst. 26. & 27.

8 *Reservatio, de quâ in primâ regulâ Cancellariæ quâ ratione nitatur?* V. Ibid. quæst. 30.

9 *Qualiter inducta sit reservatio ratione personæ quaque sit ejus ratio qualiter inducta sit, ex certâ qualitate beneficii, & quæ sit unius cujusque ratio?*

Quæ sit ratio reservationis regulæ 2. *in vers. & etiam reservavit?*

RES   RES   423

Quæ sit ratio reservationis inductæ per regulam 8. *Cancellariæ in vers. nec non ad collationem, &c ?*
Quæ sit ratio reservationis regulæ 9. *in ejus primâ parte ?* Voyez Lotherius, *de re beneficiariâ, lib.* 2. *quest.* 32. 33. 34. 35. *&* 36.

10. *De reservationibus tam generalibus quam specialibus sublatis.* Voyez Rebuffe, sur le Concordat.

11. *De reservationibus tam generalibus quam specialibus.* Voyez Rebuffe, 1. part. prax. Benef.

12. Des reserves. *Voyez le Traité qui a été fait par* Gonzalez, *sur la* 8. *Regle de Chancellerie, de la reserve des mois, & de l'alternative des Evêques.*

13. Des reserves. *V.* Papon, li. 8. tit. 2. Coquille, *to.* 1. p. 254. la Bibliotheque Canonique, *to.* 2. p. 476. *& suiv.* les Définitions Canoniques, p. 785. & Hevin sur Frain, p. 673. *& suiv.*

14. Des reserves des Benefices au Pape. *Voyez les Memoires du Clergé, tome* 2. part. 2. p. 183. *&* 309.

15. Des reserves des Benefices, tant generales que speciales, abolies. *Ibid.* p. 211. *&* 251.

16. Abus & inconveniens des reserves de Benefices de personnes vivantes. *Ibid.* p. 244. 245. 251. 309. *jusqu'à* 313. *& tome* 5. part. 8. p. 190. *&* 253.

17. Les reserves Apostoliques sont les Constitutions des Papes, par lesquelles ils retiennent à leur collation certains Benefices, qui vaqueront en certain temps, en certains lieux, & par la mort de certaines personnes. Elles n'ont point de lieu en France ; elles sont abolies & défenduës par la Pragmatique Sanction, & par le Concordat *de reservat. sublatis.*

18. La reserve perpetuelle, est lorsque le Pape fait cette reserve tant à luy qu'à ses Successeurs au saint Siege, de maniere qu'elle n'est pas tant au Pape, qu'elle soit autant au saint Siege ; ce qui fait que cette reserve est perpetuelle. La temporelle se remarque, en ce que le Pape se reserve de conferer un Benefice *ad beneplacitum.* Cette reserve est à sa personne même, & non point au saint Siege, ni à ses Successeurs au Pontificat. C'est de cette difference que *Gonzalez*, *glos.* 12. *n.* 6. a formé deux especes de reserve. *Definit. Can. pag.* 785.

19. Les reserves generales, sont celles qui sont connuës dans les Constitutions extravagantes *ad regimen & execrabilis*, des Papes Benoît XII. & Jean XXII. comme l'a observé le Glossateur de la Pragmatique Sanction, tit. *de reservat.* au mot *speciales. Reservatio autem generalis dicitur facta generaliter de beneficiis electitiis, aut beneficiis officialium sedis Apostolica, ut per extravagantes ad regimen & execrabilis.* Les reserves speciales, sont celles qui sont contenuës dans les regles de Chancellerie, suivant l'opinion d'*Alphonse Sotto, dans son Glosseme, rapporté par Jean Acoquier, sur la premiere regle de Chancellerie, des reservations generales & speciales du Pape Innocent VIII.*

20. On a cy-devant observé que les reserves sont abolies en France par la Pragmatique Sanction & le Concordat ; & de toutes les differentes reservations expliquées cy-dessus, celles des mois Apostoliques & de l'alternative, & la reserve des Dignitez majeures après la Pontificale, dans les Eglises Cathedrales pendant toute l'année, ont encore lieu en Bretagne, comme étant pays d'obedience, où sont reçuës les regles de Chancellerie, & les Constitutions des Papes. *Definir. Can.* p. 787.

21. Toutes les reserves sont abolies & ôtées par le Concile de Bâle reçû en France, par lequel sont revoquées les extravagantes *ad regimen, & execrabilis*, & toutes celles qui sont comprises és regles de Chancellerie. *Bibliot. Can. to.* 2. p. 477. col. 2.

22. Touchant les reserves abolies par le Concordat, & qui sont appellées *ambitiosa decreta*, Voyez Boniface, *to.* 1. *liv.* 6. *tit.* 10. *ch.* 7.

23. *De reservationibus omnium fructuum beneficiorum: Per Thomam Campegium.* Ibid.

24. De la reserve de tous les fruits en matiere de pension. *Voyez* le mot *Pension, nombre* 136. *& suivans.*

25. Quelquefois le Pape reserve les fruits à celuy qui a resigné son Benefice, par forme de pension ; laquelle reserve de tous les fruits, est toleree en pays d'obedience, soit qu'il soit dit qu'il percevra ces fruits de son autorité, ou par les mains d'un autre ; parce que l'entiere & pleine dispensation des Benefices appartient au Pape. Neanmoins par Arrêt du 9. Avril 1496. telle reserve de tous les fruits fut défenduë, & n'est point reçuë en pays Coûtumier. *Bibliot. Can. tome* 1. p. 477. col. 2.

26. Si quelqu'un resigne avec la reserve de tous les fruits, *& non aliter*, & que le Pape admette la resignation avec la reserve de la moitié des fruits seulement, la resignation vaudra, pourvû que le Procureur ait resigné en vertu de sa procuration, parce que le Pape n'est pas obligé d'entretenir les conventions des parties, quand elles sont opposées aux Loix & aux saints Decrets. Arrêt du Parlement de Bourdeaux de l'an 1552. *Ibid.* p. 501. col. 2.

27. Reserve du droit de conferer. *Voyez* le mot *Collation, nomb.* 154.

RESERVE EN MATIERE CIVILE.

La reserve des *conquêts* au survivant stipulée par contrat de mariage, n'est sujete à insinuation ; ce n'est pas une donation, c'est une convention reciproque & matrimoniale. Arrêt en Mars 1582. Caron*das*, *liv.* 8. Réponse 70.

29. Reserves apposées par le donateur. *Voyez* le mot *Donation, nomb.* 683. *& suiv.*

30. Donation avec reserve de pouvoir disposer d'une partie des choses données, ou de l'usufruit & joüissance sa vie durant du donateur. *Ibid.*

31. Au pays du Duché de Bourgogne, la reserve nuptiale de donation libre entre mariez, ne s'étend pas à la testamentaire ni au legs ou donations à cause de mort. Chopin, *Coût. de Paris, liv.* 2. *tit.* 3. *nomb.* 9. Voyez *la Coûtume de Bourgogne, des droits appartenans à gens mariez, art.* 7.

32. La reserve ne fait pas la donation conditionnelle ; de même, si un acheteur appose cette convention, que s'il ne paye dans le mois *res fiet inempta magis*, dit Ulpien, *ut sub conditione resolvi emptio quam sub conditione contrahi videatur L.* 1. *si fundus ff. de lege commissoriâ.*

33. La reserve faite dans la donation, n'appartient au mary, mais aux heritiers de la femme, qui a reservé pour en disposer, n'en ayant disposé. Arrêt du 21. Juin 1623. *M. d'Olive, li.* 3. *ch.* 28. Voyez *M. Ricard, des Donations entre-vifs*, 1. part. *ch.* 4. sect. 2. distinct. 2. nombre 1014.

34. De la reserve faite au profit d'une fille, en la mariant, du droit des successions directes, si elle se peut étendre aux collaterales. *Voyez* Henrys, *to.* 1. *liv.* 6. *chap.* 5. *quest.* 22.

35. Reserve de faire des legs. *Voyez* le mot *Legs, n.* 96. *& suivans.*

36. Dans les Coûtumes où il ne faut point de tradition réelle, comme aux termes du Droit écrit, si la chose est simplement reservée, sans destination de personne en particulier, elle appartient à l'heritier ; mais si le testateur a dit dans sa reserve, que s'il n'en a disposé, elle appartiendra au donataire, l'heritier n'y peut rien pretendre : que si la tradition est necessaire, quelque clause que le donateur puisse exprimer, elle appartiendra à l'heritier. Arrêt du 3. Avril 1648. Ricard, *des Donations entre-vifs*, 1. part. *ch.* 4. sect. 2. distinct. 2. *n.* 1018.

37. De la reserve de l'hypotheque sur l'heritage vendu. *Voyez* le mot *Hypotheque*, *n.* 234. *& suiv.*

RESIDENCE.

La residence astreint tant les Beneficiers, que les Pourvûs de Charges & Dignitez seculieres.

RESIDENCE DES BENEFICIERS.

1. Antonii Pagani, *Tractatus de Ordine, jurisdictione & residentiâ Episcoporum.*

2. Athanasii Constantinopolitani, *de necessariâ Episcoporum residentiâ Epistola* 8.

Ambrosius Catharinus, *de residentiâ Episcoporum contra Carranzam.*

3. Dominici Soti, *Apologia contra Ambrosium Catharinum, capite* 1.

4. Bartholomæi Carranzæ, *Libellus de necessariâ residentiâ Episcoporum & Pastorum.*

5. Nicolaus Garzias Canonicus Abulensis, *de Beneficiis.*

6. Guillelmi de Prato Episcopi Clarimontensis, *Sententia de residentiâ Prælatorum.* Item Brachii Martelli, *in actis Concilii Trident.*

Flaminius Parisius.

7. Franciscus Turrianus, Soc. Jesu, *de residentiâ Pastorum*; idem, *de Commendatione, vacantium Ecclesiarum, & residentiâ Pastorum.*

Jacobus Naclantus.

Sylvester, *in Summâ.*

Thomas Campegius, *de residentiâ Episcoporum.*

Hieronymus Gigas, *de residentiâ Episcoporum.*

8. *De residentiâ beneficiis debitâ.* Voyez Pinson, *cap.* 2.

Du devoir de la résidence. Voyez le 4. tome des Loix Civiles, liv. 1. tit. 10. sect. 2. n. 8.

9. M. de Selve parle de la résidence dans la quatriéme Partie de son Traité.

10. De la résidence que doivent faire les Prélats & autres Ecclesiastiques, en leurs Prélatures & Benefices. Voyez les Ordonnances recuëillies par Fontanon, tome 4. tit. 2. p. 218. la Bibliotheque de Jovet, au mot *Résidence,* les Memoires du Clergé, to. 2. part. 2. tit. 14. Despeisses, to. 3. p. 438. Henrys, to. 1. liv. 1. chap. 3. quest. 9. & le petit Recuëil de Borjon, to. 4. p. 142.

11. Beneficiers doivent résider, ou être privez de leurs Benefices. Tournet, lettre B. nomb. 84.

12. Résidence des Beneficiers, & ceux qui en sont exempts. Ibid. lettre R. Arr. 146.

13. Dispense de résidence pour les Escoliers. *Ibidem*, Arr. 147. Voyez cy-après le nomb. 50. & suiv.

14. De la résidence aux Benefices. Voyez *les Memoires du Clergé*, to. 2. part. 2. p. 370. jusqu'à 406. tome 6. part. 9. p. 10. & 30.

Résidence des Evêques, to. 2. part. 2. p. 374. & suivantes.

Résidence des Chanoines, & comme ils sont obligez d'assister à l'Eglise, part. 2. p. 404.

Ils sont tenus de résider, & d'assister en personne du moins aux grandes Heures, sur peine de privation des fruits de leur Prébende. *Ibid. & p.* 115. n. 8.

15. La matiere de la résidence est traitée dans le titre des Décretales, *de Clericis non residentibus,* qui est composé de 17. chapitres. Gonzales a fait sur chaque chapitre un ample Commentaire; il y a plusieurs personnes qui sont exemptes de la résidence. Rebuffe dans sa Pratique Beneficiale chap. *dispensatio de non residendo*, en parle & rapporte tous les sujets d'excuses qui peuvent dispenser de la résidence. Bouchel en sa Somme Beneficiale sur le mot *Résidence*, traite cette matiere doctement & amplement. Voyez Henrys, to. 1. liv. 1. chap. 3. quest. 9.

16. Arrêt du Grand Conseil donné sur la requête de M. le Procureur General, portant que tous les Titulaires Reguliers des Prieurez Conventuels seront tenus de résider; cela regardoit particulierement les Religieux de la Congregation de saint Maur, Ordre de saint Benoît, qui unissent des Prieurez à leur mense, & dont les Titulaires changent aussi souvent qu'il plaît à leurs Superieurs. *Bibliotheque Canonique,* to. 1. page 13.

17. La possession immemoriale ne peut autoriser la non résidence dans les Benefices-Cures, Canonicats, ou autres qui demandent le Service personnel du Beneficier; ce qui est si veritable que si le Pape, ou l'Evêque avoient dispensé sans cause legitime un Curé de résider, & s'il y avoit des Statuts pour exempter les Chanoines d'assister aux Heures Canoniales, tout cela seroit abusif. *Ibid.* to. 2. p. 160.

18. Arrêt du Parlement de Toulouse du 17. Decembre 1526. qui enjoint aux Juges de Rieux, & à tous les autres du Ressort, en suivant les Ordonnances faire leurs résidences personnelles en leurs Sieges principaux, à peine de cent marcs d'or, *Reglement de la Rocheflavin,* ch. 4. Arr. 5.

19. Par Arrêt du Parlement de Bretagne du 3. Septembre 1562. la Cour, vû les Lettres Patentes obtenuës par l'Evêque & Clergé de saint Malo le 26. Août 1562. ordonné qu'elles seront registrées pour y être obeï par provision seulement, sans toutefois qu'un Chanoine de l'Eglise Collegiale soit excusé de la résidence qu'il doit en un Benefice-Cure; & neanmoins pourront les Juges Présidiaux en cas de negligence des Juges inferieurs, & la Cour selon l'occurrence des cas, faire proceder par saisie sur les fruits des Benefices des non résidens. *Du Fail,* liv. 2. chapitre 180.

20. La saisie du temporel des Beneficiers faute de résidence ne peut se faire que par les Juges Royaux, si ceux non Royaux la font, ils doivent tous dépens, dommages & interêts. Jugé le 18. Janvier 1571. pour le Doyen de Montbrison. Papon, p. 1359. tiré des Memoires de Bergeron.

21. Arrêts pour la résidence des Ecclesiastiques, rendus au Parlement de Toulouse les 3. Janvier 1572. 30. Juillet 1576. 12. Juin 1577. 13. Novembre 1582. & les Chambres assemblées du 23. Août 1583. *La Rocheflavin,* liv. 6. tit. 12. Arr. 1. & *la Biblioth. Canonique,* to. 2. p. 481. col. 1.

22. Le 3. Decembre 1575. il a été jugé au même Parlement de Toulouse pour le sieur de Giradon pendant l'année qu'il fut Trésorier de l'Hôtel-Dieu, qu'il joüiroit comme s'il étoit présent, & faisoit le service actuel en l'Eglise. *Ibid. tit.* 36. *Arr.* 5.

23. Arrêts solemnels des 20. Mars 1609. & 19. Juillet 1630. par lesquels il est enjoint à tous les Recteurs & Beneficiers ayant charge d'ames dans les Eglises du Ressort de faire résidence aux lieux de leurs Benefices, sous peine de privation des fruits; le dernier fut publié pour servir de loy aux Justiciables du Ressort du Parlement de Toulouse, à la diligence de M. le Procureur General. *Cambolas,* livre 6. chapitre. 41.

24. Declaration du Roy du sept Février 1681. portant que lors qu'une même personne sera pourvûë de deux Cures, ou d'un Canonicat, ou dignité, & d'une Cure, ou de deux autres Benefices incompatibles, soit qu'il y ait procez, ou qu'il les possede paisiblement, le pourvû ne joüira que des fruits du Benefice auquel il résidera actuellement, & sera de résidence en personne, & que les fruits de l'autre Benefice, ou des deux, s'il n'a résidé & fait le service en personne en aucun, seront employés au payement du Vicaire, ou des Vicaires qui auront fait le service, aux reparations, ornemens, & profits de l'Eglise dudit Benefice, par l'Ordonnance du sieur Evêque Diocesain; laquelle sera executée par provision, nonobstant toutes appellations simples, ou comme d'abus, & tous autres empêchemens ausquels les Juges & Officiers n'auront aucun égard. V. *les Edits & Arrêts recueillis par l'ordre de M. le Chancelier en* 1681.

25. Si aucuns Prélats ou autres Ecclesiastiques qui possedent des Benefices à charges d'ames, manquent à y résider pendant un temps considerable, ou si les Titulaires des Benefices ne font pas acquitter le service & les aumônes dont ils peuvent être chargez, & entretenir en bon état les bâtimens qui en dépendent: Nos Cours de Parlemens, nos Baillifs & Sénéchaux ressortissans nuëment en nosdites Cours, pourront les en avertir, & en même temps leurs Superieurs Ecclesiastiques

Ecclesiastiques, & en cas que dans trois mois après ledit avertissement ils négligent de résider sans en avoir des excuses legitimes, ou faire acquitter le Service ou les aumônes, & de faire faire les réparations, particulierement aux Eglises, nosdites Cours, & les Baillifs & Sénéchaux pourront seuls à la requête de nos Procureurs Generaux, ou de leurs Substituts faire saisir jusqu'à concurrence du tiers du revenu desdits Benefices, pour être employé à l'acquit du Service & des aumônes, à la réparation des bâtimens, ou distribué à l'égard de ceux qui ne résident pas par les ordres du Superieur Ecclesiastique, au profit des pauvres des lieux, ou autres œuvres pies telles qu'ils le jugeront à propos:Enjoignons à nos Officiers & Procureurs de proceder ausdites saisies avec toute la retenuë & circonspection convenable, & par la seule necessité de faire observer les fondations, & de conserver les Eglises & bâtimens qui dépendent desdits Benefices; & à l'égard des Archevêques & Evêques, voulons que de tous nos Juges & Officiers, nos seules Cours de Parlemens en prennent connoissance, & qu'elles donnent avis à nôtre tres-cher & feal Chancelier de tout ce qu'elles estimeront à propos de faire à cet égard pour nous en rendre compte. *Article 23. de l'Edit concernant la Jurisdiction Ecclesiastique, du mois d'Avril 1695.*

Voyez cy-dessus le mot Ponctuation.

RESIDENCE, ARCHIDIACRE.

25 bis. Archidiacres dispensez de la résidence. *Voyez le mot Archidiacres, nomb. 17.*

RESIDENCE, BENEFICE SIMPLE.

26 Les Benefices simples ne sont point sujets à la résidence à moins que ceux qui en sont pourvûs n'y fussent tenus. L'Eglise de S. Vulfran d'Abbeville en fournit un exemple; l'on remarque que par un Statut particulier, les Beneficiers sont obligez à la résidence, encore que ce soient des Benefices simples. *Définitions Canoniques, p. 793.*

27 Le fondateur d'une Chapelle ayant précisément voulu que celuy qui la possederoit ne pût s'absenter pour quelque cause & dispense que ce fût; celuy qui en est pourvû doit la perdre faute d'y avoir résidé pendant dix mois, & ne peut être repris à la résidence sous prétexte que le revenu est diminué par le fait des guerres. *Voyez le 76. Plaidoyé de M. de Corberon, Avocat General au Parlement de Metz.*

RESIDENCE DES CARDINAUX.

28 *Voyez le mot Cardinal, nomb. 25.*

RESIDENCE DES CHANOINES.

29 *Voyez le mot Chanoines, nomb. 106. 127. & suiv.*

Si les Chanoines & autres Beneficiers tenus à la résidence gagnent les fruits pendant qu'ils sont absens & à la poursuite des procez qu'ils ont contre le Chapitre? *Voyez Filleau, part. 1. tit. 1. ch. 32.* où il tient l'affirmative, & dit, qu'il faut demander congé au Chapitre.

30 Les Chanoines & autres Beneficiers des Eglises Cathedrales sont tenus de faire résidence pour gagner les fruits, à l'exception des privilegiez. *Tournet, lettre C. nomb. 8.*

31 N. Pesteau Chanoine de l'Eglise Collegiale de sainte Monegonde à Chimay s'étoit présenté au Chapitre la veille de saint Jean en 1694. & y avoit déclaré qu'il prétendoit commencer sa résidence perilleuse; trois mois après il avoit présenté 25. Horins au Chapitre pour racheter comme à l'ordinaire le surplus des neuf mois de la résidence perilleuse; & sur le refus de les recevoir, il avoit fait sommer le Chapitre de luy faire connoître ce qu'il devoit faire pour se conformer aux Statuts. Le Chapitre avoit répondu qu'on le luy feroit sçavoir dans le temps. Ensuite Pesteau avoit fait sommer ceux du chapitre de lui rendre compte des fruits depuis la mort du prédecesseur, & de les luy restituer, sauf dix muids de bled pour l'année de grace accordée aux heritiers du défunt.

Tome III.

Arrêt du Parlement de Tournay du 5. Decembre 1696. en faveur de Pesteau, défenses aux Chanoines de distraire à l'avenir aucune portion des fruits de la seconde année destinée pour la Fabrique, & de les appliquer à leur profit. Ainsi cet Arrêt a jugé trois questions; sçavoir, qu'un nouveau Chanoine peut entreprendre sa résidence perilleuse dés la premiere saint Jean Baptiste suivante sa prise de possession, & le Chapitre ne peut l'empêcher sous prétexte que les années de grace ne sont expirées. 2°. Lors qu'un nouveau pourvû pourra racheter une partie de sa résidence perilleuse, le Chapitre ne peut s'y opposer sans cause. 3°. Il n'y a point de statut ni d'usage qui puisse autoriser un Chapitre de s'approprier les fruits des absens ou des nouveaux pourvûs. *V. M. Pinault, to. 1. art. 130.*

32 Les Canonicats de l'Eglise Collegiale de Nôtre-Dame de Messines, ne sont sujets à résidence; à été ainsi préjugé au Parlement de Tournay le 22. Novembre 1698. Le Chanoine disoit qu'il étoit notoire qu'une Prebende de Messines, bien loin de suffire à l'entretien d'un pourvû, n'étoit pas même admise pour servir de titre à un Prêtre; ainsi qu'il constoit d'une Declaration des Vicaires generaux d'Ypres du 24. Juillet 1685. La Cour admit les parties à prouver, & cependant ajugea la recréance au Chanoine. *V. ibid. to. 2. Arr. 239.*

RESIDENCE, CONSEILLERS DES COURS.

33 Conseillers Chanoines dispensez de la résidence & comment? *Voyez le mot Chanoines, nomb. 128.*

34 M. Boyer, *décis. 17.* rapporte plusieurs exemples de ceux qui ne sont pas obligez à la résidence, au nombre desquels il met les Conseillers des Cours souveraines.

35 Conseillers de Cours souveraines sont dispensez de la résidence dans leurs Benefices. Arrêt du Parlement de Bourdeaux du 1. Février 1527. contre le Chapitre de Bazas, *hominibus enim id genus ob Principem qui assident favere justum est. Biblioth. Can. p. 480. col. 1.*

RESIDENCE DES CUREZ.

36 *De residentia Pastorum. Voyez le traité fait per* Fran. Torrensem.

37 De la résidence des Curez. *Vide les Memoires du Clergé, to. 1. part. 1. p. 199. & to. 2. part. 2. p. 245. & suiv.*

Ils ne peuvent s'absenter sans la permission de l'Evêque, *to. 2. part. 2. p. 345. 347. 382. & suiv.* pendant long-temps, *secus*, quand c'est pour peu de temps, ce qui s'entend de trois semaines; & il faut laisser des Prêtres pour l'administration des Sacremens. *Castel, Mat. benef. to. 1. p. 31.* où il ajoûte la disposition du Concile de Trente, *chap. 1. sect. 23.* qui donne trois mois aux Prélats Superieurs, deux aux Curez, & autres; à ce dernier est conforme l'Ordonnance de Blois, *art. 14.*

Injonction aux Curez pourvûs de Canonicats de résider à leurs Cures, ou de s'en défaire, autrement privez des fruits. *Mem. du Clergé, to. 2. part. 2. p. 383. & suiv. & 402.* Au même endroit il y a un Plaidoyé de M. Bignon Avocat General sur la résidence.

38 De la résidence des Pasteurs & Curez. *Voyez Henrys, to. 2. liv. 1. quest. 10.*

39 Si les habitans peuvent pour la résidence du Curé sur les lieux se pourvoir pardevant le Juge Royal? *Voyez Bouvot, to. 2. verbo Résidence, qu. 1.*

40 Les Curez peuvent commettre des Vicaires qui feront toutes leurs fonctions; mais cette non résidence du Curez ne peut être que pour un temps, & si quelqu'un avoit obtenu une dispense de non résidence dans sa Cure, elle seroit abusive; ce qui a été ainsi jugé par un ancien Arrêt du 7. Novembre 1559. conformément au Droit commun. *Définitions Can. page 248.*

41 Par Arrêt rendu au Parlement de Bretagne le 19. Octobre 1563. sur la requête du Connêtable de Montmorency, Seigneur de Châteaubriand, enjoint aux

Hhh

Curez de résider, & aux Evêques d'en commettre de capables, sur peine de saisie de leur Temporel ; aux Juges Royaux d'y avoir l'œil, & aux Substituts du Procureur General de faire les diligences requises, sur les peines qui y échéent. *Du Fail, liv. 2. chapitre* 214.

42. Le 2. Decembre 1578. le Curé d'Assy du Diocese de Meaux, a été condamné de résider en personne, sinon pour excuse valable, auquel cas il donneroit Vicaire de bonne vie & litterature. *Item*, pour le Curé de Chambly par Arrêt du 20. Janvier 1579. *Biblioth. Can. to.* 2. *p.* 480. *col.* 1.

43. Le Curé de la Ferté Bernard, comme Chanoine de Beauvais, se disant dispensé par une Bulle du Pape Victorius, sur la plainte de non résidence faite par ses Paroissiens, l'Official de Tours l'avoit seulement condamné à y mettre un bon Vicaire. Par Arrêt du 12. Février 1587. il fut condamné de résider, suivant l'Ordonnance de Blois, article 14. faute dequoy permis de saisir son Temporel. *Mornac l. unicâ Cod. in quibus causis militantes fori, &c. Voyez M. Expilly, Arrêt* 147. & *la Biblioth. Can. to.* 2. *p.* 480. *col.* 1.

44. Arêt du Parlement de Dijon du 2. Decembre 1623. qui maintient les Doyen, Chanoines & Chapitre de l'Eglise Collegiale de Châlons dans l'exemption de la Jurisdiction de l'Evêque, & dans le privilege de résider aux Cures dont ils seront pourvûs; & faisant droit sur les Conclusions de M. le Procureur General, a ordonné & ordonne à tous Curez & autres Ecclesiastiques du Ressort possedans Benefices ayant charge d'ames, d'aller résider dans trois mois sur leurs Benefices pour y faire service & desserte en personne, à peine, ledit temps passé, de saisie de leur Temporel. Enjoint aux Lieutenans & Substituts du Procureur General des Bailliages, chacun en droit soy, de dresser des procez verbaux des non résidens, proceder par saisie de leur Temporel, & en certifier la Cour dans trois mois, à peine de suspension de leurs charges : & à tous les Ecclesiastiques prétendans avoir privileges, de les mettre pardevers le Greffe de la Cour, dans trois mois, pour iceux communiquez au Procureur General, ses Conclusions vûës, y être pourvû ainsi qu'il appartiendra ; & sera l'extrait du present Arrêt envoyé par tous les Bailliages & Sieges du Ressort à la diligence du Procureur General pour y être lû, publié & enregistré, à ce qu'aucun n'en prétende cause d'ignorance. *Ibidem, page* 492.

45. M. l'Evêque d'Alby fit une Ordonnance Synodale, qui enjoignoit aux Curez de résider ; elle fut signifiée au Vicaire d'un Curé appellé Villeneuve. Il en avoit rendu une autre, signifiée aussi ; le Curé ayant dit ses raisons à M. l'Evêque, il lui avoit accordé trois mois; mais ne le trouvant pas un jour qu'il faisoit sa visite, il déclara par une troisiéme Ordonnance le Benefice vacant, & en pourvût un nommé Boyer. Comme les moyens d'abus sembloient être plûtôt des griefs, M. l'Avocat General disoit qu'il n'y avoit point d'abus ; c'est pourquoy il y eut partage en la Grand'-Chambre de Toulouse le 8. Avril 1641. porté à la Premiere des Enquêtes, il fut déclaré y avoir abus, parce que l'Ordonnance d'Orleans, art. 3. & l'Ordonnance de Blois, art. 14. ne portent privation ni des fruits du Benefice, ni du Benefice même, & que l'Evêque par son Ordonnance ne pouvoit pas décider de la perte du Temporel d'un Benefice, sur tout en visite & sans les formalitez requises ; d'ailleurs il falloit trois comminations, & après le priver des fruits, & en dernier lieu du Benefice. *Albert*, verbo *Evêque, art.* 13.

46. Les Curez de l'Archevêché de Bourdeaux sont astraints à une résidence actuelle, sur peine de perte des fruits, s'ils n'ont dispense par écrit de l'Archevêque ou de ses Grands Vicaires. Arrêt du Conseil d'Etat du 12. Decembre 1639. rapporté dans les *Memoires du Clergé, tome* 2. *part.* 2. *tit.* 13. *art.* 5. Même Arrêt du 18. Septembre 1643. *Ibid. art.* 6.

47. Curez tenus de résider. Jugé au Conseil Privé du Roy le 18. Mars 1644. *Henrys, tome* 1. *liv.* 1. *chap.* 3. *quest.* 9. & *tome* 2. *liv.* 1. *quest.* 10. où il rapporte un Arrêt du 12. Juin 1654. *Voyez De la Guessiere, tome* 2. *liv.* 1. *chap.* 19. où il rapporte un Arrêt du 7. May 1659.

48. L'Evêque d'Angers ayant ordonné à tous les Curez de son Diocese de résider en personne en leurs Cures, ou de se défaire des Benefices, Maître Jean Martineau Archidiacre & Curé de la Ville l'Evêque au Diocese d'Angers, interjetta appel comme d'abus de ladite Ordonnance, de laquelle appellation il fut débouté & déclaré non recevable, nonobstant l'intervention du Chapitre, avec amende & dépens, par cet Arrêt celebre du Parlement de Paris, rendu contradictoirement à l'Audience de la Grand'-Chambre en forme de Reglement le 9. Juin 1654. Autre Arrêt du 12. Juin 1654. qui ordonne que Martineau satisfera à l'Arrêt, & dans six mois se démettra de sa Cure ou de son Archidiaconé & Prébende. *Mem. du Clergé, to.* 2. *part.* 2. *tit.* 14. *Arr.* 13.

49. Les Chanoines Curez du Mans doivent résider en leurs Cures, autrement seront déchûs des fruits desdites Cures, & iceux appliquez à l'Hôpital General du Mans. Arrêt du même Parlement du 7. May 1639. *Memoires du Clergé, to.* 2. *part.* 2. *tit.* 13. *art.* 15. & le 2. tome du Journal des Aud. liv. 2. ch. 19.

DISPENSE DE RESIDER.

50. De la dispense de résider. *Voyez* cy-dessus le nomb. 13. le mot *Dispense, n.* 56. & *suiv.* & les *Reliefs forensis* de Roüillard, *chap.* 2.

51. *Dispensatio de non residendo.* Voyez Rebuffe 2. part. praxis benef.

52. Arrêt du Parlement de Paris du 12. Janvier 1515. qui ordonne qu'aux Lettres de non résidense que l'Evêque d'Angers donnera aux Chanoines, ces mots *de gratia speciali* seront ôtez. *Preuves des Libertez, to.* 2. *ch.* 35. *n.* 46.

53. *Fuit reprobata compositio inter Canonicos & Vicarios* de Lesat, *super non residendo* ; 14. *Mart.* 1537. Voyez Rebuffe sur le Concordat au tit. *de Collationibus* §. 1.

54. Les Evêques ne doivent rien prendre pour les Lettres de non résidence. Arrêt du Parlement de Paris du 5. Février 1548. qui ordonna que les Evêques seroient tenus de rendre ce qu'ils avoient auparavant reçu, pour être distribué aux pauvres, à la discretion de la Cour, & qu'à cette fin les comptes des Receveurs seroient exhibez. *Papon, liv.* 3. *tit.* 13. *n.* 1.

55. Défenses aux Evêques de donner Lettres de non résidence, sinon au cas de droit, & prendre salaire. Arrêt du Parlement de Bretagne du 11. Septembre 1553. *Du Fail, liv.* 3. *chap.* 431. & 447.

56. Arrêt du Parlement de Paris du 27. Novembre 1559. qui a déclaré abusive une dispense de résider, donnée à un Curé par son Evêque ; il fut dit que l'Evêque d'Angers qui avoit donné la dispense viendroit défendre au mois, sur l'appel de M. le Procureur General. *Papon, liv.* 3. *tit.* 13. *n.* 3.

57. Les Statuts de l'Eglise de Dol, portoient que les Chanoines qui auroient commencé leur premiere résidence au jour de la vigile de S. Samson, & continuée durant les vingt-quatre semaines suivantes, ne seroient tenus à l'avenir de résider que trois mois ½ an & à leur plaisir. Le Procureur General interjetta appel comme d'abus. Arrêt du Parlement de Bretagne du 25. Février 1562. qui le reçoit appellant comme d'abus, & ordonne que les Chanoines qui auront fait leur résidence selon les Sanctions canoniques seront payez de leurs gros fruits depuis le commencement de leur résidence. *V. Du Fail, liv.* 1. *chap.* 159.

58. Les Chanoines de l'Eglise de Bourges, & autres Beneficiers dispensez de la résidence en leurs autres Benefices, même és Cures où ils pouvoient commettre des Vicaires. Arrêt du Parlement de Paris du 15. Juillet 1563. Les Chanoines de Beauvais prétendirent telle

exemption; par Arrêt du 12. Février 1587. le contraire jugé. Ceux de l'Eglise d'Amiens l'avoient par privilege de Pie II. auquel a été dérogé en 1586. par Pie V. Papon, liv. 3. tit. 13. n. 2. & la Biblioth. Can. tome 2. p. 480. col. 1.

59 Maître A. Loisel par Arrêt du 26. May 1583. fut dispensé de la résidence en l'Eglise de Laon, & encore que le Chapitre soûtint qu'il falloit requerir sur le lieu en personne, la dispense du stage & stance des six mois ; toutefois la Cour en faveur des Etudes, ordonna que ledit Loisel joüiroit du jour de la prise de possession, *etiam per procuratorem*, par privilege de l'Université. *Bibliot. Can. to. 2. p. 480. col. 1.*

60 Un Chanoine de l'Eglise Collegiale de S. Georges à Châlons & Curé de S. Remi, eut ordre de son Evêque, d'aller résider à sa Cure. Le Chanoine se fondant sur une Bulle de dispense accordée à tous ceux du Chapitre fulminée & confirmée par Lettres du Roy Charles VIII. interjette appel comme d'abus. Arrêt du Parlement de Dijon du 11. Decembre 1623. qui déclare le Chanoine non recevable en son appel, enjoint à tous Beneficiers d'aller résider dans trois mois , & que ceux qui prétendent avoir des Lettres de dispense les mettront au Greffe de la Cour dans six semaines. On voulut se pourvoir en cassation d'Arrêt; mais il a été jugé qu'il auroit son execution; d'autant qu'il ne s'est point trouvé de privilege posterieur à l'Ordonnance de Blois, soit en concession ou verification. *Voyez les Plaidoyers de M. de Xaintonge, page 542.*

61 Les Chanoines des Eglises d'Amiens & de Poitiers, par un privilege particulier , sont dispensez de résider dans les autres Benefices qu'ils possedent, étant assidus au service qu'ils doivent à leurs Prébendes & Chanoinies , grace qui leur fut accordée par une Bulle du Pape du 2. ou 4. Novembre 1460. mais par une nouvelle Jurisprudence Françoise, tres-sagement établie par plusieurs Arrêts, sur les conclusions & sur les requisitions de M. l'Avocat General Talon , ennemi de ces sortes d'abus , rendus contre les Chanoines des Eglises de Clermont & de Laon, és années 1660. 1661. & 1664. ces dispenses sont abolies. *Défin. du Droit Can. p. 133.*

62 Privileges de non résider dans les Cures, accordez par les Papes , jugez nuls & abusifs par Arrêt du 18. Juillet 1662. *Soefve, to. 2. Cent. 2. chap. 66.*

RESIDENCE DES EVESQUES.

63 *De Residentiâ Episcoporum.* Per Hieron. Gigantem. Per Bartholomæum Caranza. Per Thomam Campegium. Et per Jac. Naolan. Episc. Clagiensem.

64 Evêques obligez à résider. *Voyez* le mot *Evêque*, nomb. 128. & *suiv.*

65 De la résidence des Evêques, Curez & autres. *Voyez* la *Biblioth. Can. to. 2. p. 479. & suiv.* où il est aussi parlé des raisons capables d'en dispenser.

66 Edits , Lettres Patentes & Arrêts sur la résidence des Evêques & des Curez. *Voyez les Preuves des Libertez , to. 1. chap. 18.*

67 Comme le Roy a la nomination des grands Benefices de France depuis le Concordat, la Jurisprudence de ces anciens Canons, qui veut que les Evêques qui ne résident pas soient privez de leur Evêché, & qu'on en peut élire un autre à leur place , n'est plus en usage parmi nous : au lieu de ces dépositions, ou de ces élections ainsi ordonnées, Messieurs les Procureurs Generaux peuvent obliger ces grands Prélats à faire leur devoir, & peuvent même suivant le Droit François les y contraindre par des saisies de leur Temporel. *Défin. Can. p. 792.*

68 Arrêt d'Henri II. en 1556. pour la résidence des Evêques. Voyez *Henrici Progymnasmata*, Arrêt 31.

69 Commandement aux Evêques & Juges de ce Ressort de résider, sur peine de saisie de leur Temporel, & privation de leurs gages ; défenses aux Payeurs de rien bailler, sinon aux résidens. Arrêt du Parlement de Bretagne du 3. Octobre 1560. *Du Fail, livre 2. chapitre 108.*

70 Les Evêques Conseillers au Conseil d'Etat ne sont pas dispensez de la résidence. Arrêt du Parlement de Paris du 30. Mars 1562. *Voyez les Preuves des Libertez, to. 1. ch. 18. n. 11.*

71 L'Archevêque a droit d'enjoindre aux Evêques de résider dans leurs Dioceses. Comme ce devoir est réciproquement negligé, il est du ministere des Procureurs Generaux d'y veiller, & de le faire ordonner, il y en a un Arrêt du 10. Février 1578. rapporté dans les *Preuves des Libertez de l'Egl. Galli. to. 2. ch. 35. n. 71.*

72 Arrêt rendu le 19. Juin 1582. dans la Chambre de Justice envoyée par le Roy en Guyenne , enjoignant à tous Evêques & Curez de résider, & aux Archevêques & Evêques de faire leurs visites, & autres choses concernant la Police de l'Eglise. *Voyez les Preuves des Libertez, to. 1. ch. 18. n. 16.*

73 Arrêt sur la Requête de M. le Procureur General du Parlement de Provence du 22. Mars 1605. qui ordonne la saisie du Temporel des Prélats non résidens actuellement en leurs Benefices. *Voyez ibidem, n. 17.*

Voyez, cy-dessus le nomb. 25.

RESIDENCE , MONITIONS.

74 Arrêt du 12. Février 1587. contre M. Frontin Curé de la Ferté Bernard qui avoit negligé les admonitions à luy faites par ses Superieurs, de résider dans sa Cure. *Définit. Can. p. 385.*

75 Avant qu'un Curé puisse être privé des fruits de son Benefice pour cause de non résidence, il faut que les monitions ayent précedé. Arrêt du Parlement de Paris du 26. Juin 1635. pour la Cure de saint Jean, Diocese de Poitiers , en faveur de Jean Dubos , contre Jacques Duot. Le stile de la Daterie de Rome est conforme ; les Officiers, dans les impetrations fondées sur la non residence, inserent toûjours cette expression qui fait la vacance du Benefice, *ex eo quod spretis ordinarii loci monitionibus , ab anno ex ultra residere negligit.* Definitions Canoniques, *verbo* Residence, *page 792.* & cy-dessus le *n. 45.*

76 Si l'absence du Chanoine, sans juste cause , fait seule vaquer de droit son Canonicat, ou s'il faut encore des sommations qui le mettent en contumace. Arrêt du Grand Conseil du mois de Janvier 1686. après passage, qui maintient le Chanoine contre le dévolutaire. V. *le Journal du Palais in fol. to. 2. p. 574.* où l'Auteur observe que le dévolutaire étoit en decret, & qu'il s'étoit intrus dans la possession du Benefice, circonstances ausquelles le Lecteur fera telles reflexions qu'il jugera à propos.

RESIDENCE, OFFICIERS DE LA CHAPELLE.

77 Par Arrêt du 27. Juillet 1571. entre M. François Textoris, d'une part, & les Chanoines & Chapitre de Clermont, d'autre, il a été jugé qu'un Chantre de Chapelle de la Musique du Roy, pourvû d'une Prébende hebdomadiere en l'Eglise de Clermont, n'est exempt de la résidence. *Le Vest, Arr. 229.*

78 Les Conseillers Clercs & Officiers de la Chapelle du Roy pourvûs de Canonicats, sont tenus de résider, hors le temps de l'exercice de leurs Charges. *Voyez les Memoires du Clergé, part. 2. tit. 14. de la Résidence,* qui rapportent tout au long un Arrêt du Conseil Privé du 19. Juin 1585.

RESIDENCE , VACANCE DE BENEFICE.

79 *Vacatio qualiter inducatur ex privatione ob non residentiam?* Voyez Lotherius , *de re beneficiariâ, liv. 3. quest. 27.*

80 Quoique deux Benefices requierent résidence , & qu'une même personne en soit pourvûë, neanmoins il n'y a pas lieu à un dévolut. Jugé le 26. Juin 1635. *Bardet, to. 2. liv. 4. chap. 20.* M. l'Avocat General Bignon dit, qu'il faut sommer le titulaire de résider ; s'il ne satisfait, le Superieur peut y pourvoir, & encore le titulaire a la faculté d'opter.

RESIDENCE, OFFICIERS ROYAUX.
Voyez cy dessus le nomb. 33.

81 *De residentiâ Officiorum Regiorum.* Voyez la nouvelle Edition des Oeuvres de *M. Charles Du Moulin*, tome 2. p. 518. & *Papon*, p. 1365.

82 *De la residence que doivent faire les Officiers de la Cour de Parlement en leurs Charges.* Ordonnances de *Fontanon*, tome 1. liv. 1. tit. 12. p. 59. & liv. 2. tit. 21. p. 548.

83 *De la residence que doivent faire les Baillifs, Sénéchaux, & tous Officiers Royaux en leurs Charges, à cause de leurs Offices. Joly*, tome 2. liv. 3. tit. 4. p. 910. & aux *Additions*, p. 1825. 1826. & 1831.

84 *De la residence des Officiers de la Cour. Voyez* La *Rocheflavin, des Parlemens*, liv. 8. ch. 5.

85 *De la residence des Officiers.* V. *Bouvot*, tome 2. verbo, *Jugement, quest.* 23. & 24.

86 *Super residentiâ Seneschallorum, Baillivorum, & cæterorum Officiariorum Regiorum in partibus sibi commissis.*
Huc pertinet ordinatio *Caroli VII.* anni 1443. *ordinamus quod nostri Seneschalli Judices majores criminum & cætera. In compilatione ordinationum factâ à Carolo Molinæo & inserta parti tertiæ tit. 30. de residentiâ Officiariorum Regis libro qui inscriptus est stylus antiquus supremæ Curiæ, & c.* Voyez *M. Servin*, tome 2. page 406.

87 *Declaration du Roy du 29. Decembre 1663.* pour obliger les Officiers des Maréchaussées & autres, de resider és lieux de leur établissement. *Maréchaussée de France*, p. 851.

88 Résidence des Capitouls. *Voyez* le mot *Capitouls*, nomb. 9. & suiv.

RESIGNATION.

1 *De renunciatione, lib. 7. Decretor. Ecclef. Gallic. tit. 14. & lib. 1. Decretal. tit. 9. & lib. 1. sext. tit. 7. & Clement. lib. 1. tit. 4.*

2 *Voyez les mots Benefice, Collations, Démission, Procuration, nomb. 39. & suiv. sous la lettre R. les titres Regles de Chancellerie Romains, & le mot Regrez.*

3 La résignation est une libre démission de son Benefice, ou du droit qu'on y a, faite entre les mains du Supérieur qui a puissance de conferer. *Est spontanea & libera beneficii demissio, seu juris cessio coram superiore facta. Toto titulo extra de renunciat.* Rebuffe, dans sa pratique de *resignat.* Flaminius *Parisius, de resignat.* li. 1. quest. 1. n. 34.

4 Voyez *Flaminii Parisii J. C. Consentini, tractatus de resignationibus beneficiorum & confidentiâ beneficiali prohibitâ, complectens ferè totam praxim beneficiariam.* Coloniæ 1615. apud Anton. Hierat, in fol.

5 *De resignatione expressâ, purâ & conditionali.* Voyez Rebuffe, 3. part. *praxis benef.*

6 *De causis resignationem irritantibus,* & primo de dolo, de vi in resignationibus adhibitâ, de resignatione metu extortâ. Ibidem.

7 *Ratione personæ & rei vitiatur resignatio.* Voyez Rebuffe, ibid.

8 *De beneficiorum ejuratione, quæ & resignatio appellatur; quis possit ejurare, quando beneficiorum ejurandum sit; effectus ejurationis?* Duaren, *lib. 8. de Beneficiis, cap. 2.*

9 *Des résignations.* Voyez la *Bibliotheque Canonique*, tome 2. p. 500. & suivantes, & celle de *Jovet*, au mot *Résignation*.

10 *De resignationibus beneficiorum.* Voyez Anne Robert, *lib. 1. rerum judicat. cap. 7.*

11 De l'origine & du progrés des résignations. *Voyez M. Charles Du Moulin*, sur la Regle *de verisimili notitiâ*, n. 99. & suiv.

12 *Resignationis facienda modus.* Voyez Franc. Marc. to. 1. quest. 1179.

13 Reglement pour la validité des résignations. *Voyez les Mem. du Clergé*, to. 2. part. 2. p. 45.

14 De ceux qui peuvent resigner; de la forme de la résignation; de ceux qui peuvent l'admettre; de la résignation admise; des cas esquels elle est revoquée & annullée. *Voyez Despeisses*, to. 3. p. 457. & suiv.

15 *Renunciatio beneficii simoniacè factâ an teneat vel non, & quid de resignatione factâ in favorem certæ personæ in manibus Legati?* V. la nouvelle Edition des Oeuvres de *M. Charles Du Moulin*, to. 2. p. 670.

16 Les résignations se font en trois façons; la première, pure & simple; la seconde, *in favorem*; la troisième, *permutationis causâ.* Voyez *M. le Prêtre*, 1. Cent. chap. 87. avec l'annotation; & la Declaration du Roy, portant Reglement pour le Contrôle des Benefices, faite en 1646. contenant vingt articles, verifiée en la Cour le 2. Août 1649. Autre Declaration, par laquelle le Roy veut que toutes les procurations *ad resignandum*, ou par permutations, soient registrées és Greffes des Dioceses, dans lesquels les procurations & autres actes dont l'insinuation est ordonnée, auront été passées, & ce devant que d'être envoyées en Cour de Rome. Voyez *M. d'Olive*, liv. 1. ch. 26.

17 Par le droit des Decretales, les renonciations, & les démissions ne se pouvoient faire valablement en d'autres mains, qu'en celles des Collateurs ordinaires. *Voyez M. Charles Du Moulin, de Infirmis,* n. 345.

18 Une résignation bonne & valable dans son origine, peut être aneantie dans la suite. Par exemple, un homme pourvû d'un second Benefice incompatible, résigne le premier. L'autre étoit affecté à un Mandataire, sans qu'il le sçût, ou le Pape avoit prévenu: Comme la démission n'avoit été faite qu'en vûe de conserver ce second Benefice, s'il en est évincé, il rentre dans le premier. Voyez le Chap. *Si Beneficia de Præb. in 6.* & Du Moulin, sur la Regle, *de Public.* nomb. 69.

19 Il y a une erreur introduite, & par la Glose, & par les Docteurs. Ils disent que le Collateur ordinaire a deux voyes contre le résignant entre les mains d'une personne qui n'a pas le pouvoir d'admettre; car il peut ou le priver absolument de son Benefice, ou ordonner que sa renonciation tiendra & sera valable: mais cela ne peut être veritable, d'autant que le texte du Chapitre *quod in dubiis*, parle seulement d'une personne qui a résigné son Benefice, *sponte*, entre les mains d'un Laïc au mépris de l'Eglise; & a pris une nouvelle collation de ce même Laïc, ôtant ou voulant ôter à l'Eglise tout son pouvoir; encore dans ce rencontre, il n'est pas privé de plein droit de ce Benefice; mais en connoissance de cause, il en peut être privé, ainsi qu'on le peut voir dans le Chapitre même *quod in dubiis.* Du Moulin, Regl. *de Infirmis*, nomb. 346.

20 *Acta & judicata cum resignante post resignationem nocent resignatario, sive scienter dissimulanti, sive ignoranti, sive etiam mentis impoti; multo magis saltem aquè profunt.* Du Moulin, Reg. *de public. resign.* nomb. 428.

21 Resignation faite és mains de celuy qui ne peut sçavoir si elle préjudicie au résignant & résignataire? *Voyez D. D. in C. adveniet, C. quod in dubiis de renunci. dominum de Rot, Decis.* 3. & 4.

22 Si pendant le procés touchant la privation du Benefice, le pourvû résigne à un qui a deux Benefices, cette derniere provision ne fera pas vaquer les deux autres par la Clement. *si plures de Præbend.* parce que cette derniere provision est nulle. Il est vray que si, en vertu de celle-cy, il avoit pris possession pacifique du troisième, il feroit vaquer les deux autres, *per cap. eum qui de Præb. in 6.* encore que *ipso jure*, la collation soit nulle, même ne puisse servir de titre coloré.

23 Résignations, *cum regressu & retentione omnium fructuum*, sont défendues en France. Arrêt du P. de Paris du 13. Avril 1496. *Papon*, liv. 1. tit. 8. n. 3.

24 Celuy qui a refigné avant le procés, n'eft tenu faire venir le refignataire. Jugé au Parlement de Paris le 15. Janvier 1545. Il en feroit autrement, fi la refignation étoit faite aprés avoir contefté. *Papon, liv. 2. tit. 8. n. 19. & liv. 8. n. 13.*

25 En 1556. le Roy Henry II. declara nulles les provifions de Benefices, faites à la refignation de ceux, qui depuis fe font retirez à Geneve ou ailleurs. V. *Henrici Progymnafmata*, Arrêt 221.

26 Provifion faite par refignation, encore qu'il y ait claufe, *vel aliàs quovis modo*, ne peut s'étendre à la vacation par mort. Jugé le 23. Décembre 1561. *Carondas, liv. 1. Rép. 17.*

27 L'appellant eft excommunié, aggravé & réaggravé, faute de payer certaine penfion ; ordonné que telles cenfures font nulles & abufives ; l'intimé apportera dans quatre mois une abfolution, fur peine de faifie de fon temporel. Le temps paffé, l'appellant fait faifir les fruits de l'Abbaye. Le titulaire refigne à Cefar Brancace, lequel, à la nomination du Roy, eft pourvû ; & averti que l'appellant vouloir affermer encore les fruits, il s'oppofe au bail, dit que le refignant n'y a rien, & que la caufe de la faifie eft perfonnelle, ce n'eft pour caufe de Benefice, les fruits duquel ne font affectez à l'appellant, finon que pour le temps que le refignant en a été titulaire & poffeffeur. Arrêt du Parlement de Bretagne du 10. Septembre 1562. qui ordonne que Brancace aura pleine main-levée des fruits de ladite Abbaye, le recours audit appellant vers le refignant. *Du Fail, liv. 1. ch. 147.*

28 Les mots *aut aliàs quovis modo*, appofez à une provifion par refignation, ne fe peuvent étendre à la vacation par mort du refignant, contre un autre qui auroit été depuis ladite provifion pourvû par icelle. V. *Mainard, liv. 1. de fes queft. ch. 59. & Tournet, lett. R. Arrêt 169.*

29 Refignation *metu excommunicationis*, eft nulle. *Tournet, lett. R. Arrêt 173.*

30 Refignant ayant furvécu fon refignataire, retient fon premier rang entre les Chanoines. *Ibidem, Arrêt 181.*

31 Le refignant ne peut donner fon avis fur la réception du refignataire. Arrêt du Parlement de Dijon du premier May 1611. *Bouvot, tome 1. part. 2. verbo Refignant.*

32 De la reftitution des majeurs ou des mineurs en matiere beneficiale, pour avoir refigné. *Carondas, liv. 1. Réponfe 45.*

33 Arrêt du Parlement de Paris du 10. Avril 1629. par lequel il a été jugé qu'un Benefice refigné, lorfque le refignataire n'avoit fait les expreffions neceffaires en Cour de Rome, demeure toûjours en la perfonne du refignant, par la mort ou mariage duquel le Benefice vaquoit, & non en la perfonne du refignataire. *Filleau, 1. part. tit. 1. ch. 52.*

34 Reglement pour la validité des refignations & autres expeditions de Cour de Rome, intervenu entre les Banquiers expeditionnaires, & les Notaires Apoftoliques, le 13. Août 1661. *De la Gueffiere, tome 2. liv. 4. chap. 38.*

35 Il faut exprimer clairement le nom & furnom du refignataire ; quoique l'article 18. de l'Edit de Henry II. des petites Dates, ne porte point peine de nullité, felon *Du Moulin*, elle y eft fous-entenduë. Arrêt du Parlement de Toulouſe du 4. Mars 1693. au profit d'un dévolutaire, dont le moyen étoit que la refignation étoit en faveur de *Pierre Lance*, & qu'ils étoient deux de ce nom, oncle & neveu. *Arrêt de M. de Catellan, liv. 7. ch. 72.*

RESIGNATION ACCEPTÉ E.

Voyez le mot *Acceptation*, nomb. 2.

36 Si la refignation eft acceptée, le Benefice vaquera à la mort du refignataire, quoiqu'il répudiât la refignation lors de fon décez. Exemple rapporté par M. *Du Moulin* fur la regle *de public. n. 249.* Un oncle refigne à fon neveu, avec retention de penfion. Celuy-ci charge un Banquier de la procuration pour la faire expedier, & en donne une autre pour confentir à la création de penfion ; trois ans aprés les procurations expediées le neveu prêt de mourir déclare qu'il répudie la refignation, Du Moulin dit que le Benefice ne laiffera pas de vaquer par fa mort, *quia jam fatis acceptaverat*.

37 L'acceptation eft l'accompliffement de la refignation, & fon execution, quand il paroît par quelque acte que le refignataire a accepté la refignation ; le Parlement a jugé que c'eft une fuffifante acceptation comme s'il a chargé le Banquier de la procuration, obtenu le *Vifa*, fuivant le fentiment de *Du Moulin de publicand. refignat. n. 45. & 49.* mais la Jurifprudence eft differente au Grand Confeil, où le refignant n'eft cenfé privé de fon droit qu'aprés la prife de poffeffion du refignataire, fuivant la modification de l'article 20. de l'Edit du Controlle que le Grand Confeil a verifié & modifié, enregiftré, à la charge que pour les refignations faites en faveur, le refignant ne fera privé de fon droit qu'aprés la prife de poffeffion du refignataire, & que pour la multiplicité & diverfité des refignations les Arrêts feront executez felon leur forme & teneur. *Définitions Can. page 802.*

38 Si le refignataire n'accepte le Benefice, le refignant peut continuer fa poffeffion, fans qu'il luy foit befoin de prendre de nouvelles provifions. Jugé au Parlement de Paris le 23. de 1549. pour un Chanoine de l'Eglife de faint Etienne de Bourges, contre le Chapitre, qui fut condamné aux dépens, dommages & interêts. *Bibliotheque Canonique, tome 1. page 28. col. 1.*

39 Par Arrêt du Parl. de Roüen du 23. Décembre 1605. donné en la deuxième Chambre des Enquêtes, rapporté par *Berault, fur la Coûtume de Normandie, titre de Jurifdiction, art 3.* il a été jugé que la refignation *in favorem* non acceptée par le refignataire, ni confentie par la procuration envoyée de fon vivant, étoit nulle, comme il avoit été jugé par Arrêt du Grand Confeil du 7. May 1613. ſçavoir qu'une refignation faite avec retention de penfion étoit nulle ; fi le refignataire n'avoit paffé fa procuration pour confentir à la penfion, icelle délivrée à la partie, & fait expedier du vivant du refignant, & que fi ledit refignant décede avant les chofes faites, le Benefice vaque par mort, fuivant les décifions de Rebuffe en fa Pratique Beneficiale, titre *de refign. conditionali, & c.num.7. 11. & 24. & Du Moulin* fur la regle de la Chancellerie *de publ. refig. num. 4.*

40 Refignation *in favorem* admife, même le *Vifa* donné au refignataire abfent, ne font vaquer le Benefice fans acceptation de fa part. Arrêt du 19. Juillet 1619. *Bardet, to. 1. liv. 1. ch. 69.*

ACCUSÉ QUI RESIGNE.

41 Refignation faite par un homme accufé. *Voyez* le mot *Benefice, n. 69. & fuiv. & le mot Dévolut, n. 50.*

42 Dévolut fur refignations faites par des Prêtres aprés la Sentence de condamnation. *Voyez* le mot *Dévolut, nomb. 50. & fuiv.*

43 Refignation pour éviter accufation quand fe peut faire. V. *Tournet, lettre R. Arr. 160.*

44 Refignation faite par un Curé aprés un meurtre commis, fujete à dévolut. *Ibid. Arr. 181.*

45 C'eft une grande erreur de croire qu'une perfonne accufée puiffe refigner fon Benefice, fans diftinction, auparavant la Sentence de condamnation ; cette propofition n'eft veritable qu'à l'égard des démiffions pures & fimples que l'accufé peut faire entre les mains du Collateur ordinaire, & non à l'égard des refignations en faveur, c'eft la penfée de tous les textes qui ont parlé des refignations faites avant la Sentence. *Du Moulin, de infirmis, n. 370.*

46. Un Beneficier accusé devant l'Official de son domicile, possede des Benefices dans un autre Diocese, où il envoye clandestinement un Procureur pour resigner entre les mains du Collateur ordinaire; cette resignation quoique faite purement & simplement, ne pourra subsister, non par la raison de la subreption, parce que le cedant a crû qu'il étoit accusé d'un crime qui meritoit la privation, & que la Sentence en devoit bien-tôt intervenir contre luy; mais par la prohibition que luy fait le Droit commun de resigner son Benefice en fraude de la Sentence qui doit être renduë contre luy. *Du Moulin, de infirmis, n. 376.* il passe plus avant, car il dit qu'encore que la provision & la collation des Benefices dont l'accusé est pourvû, appartienne à l'Evêque, & que ce soit-par-devant son Official que le procez se fait; neanmoins si cet Evêque admet la resignation pure & simple de l'accusé, & qu'il confere à un autre ce Benefice ainsi resigné, & l'admission & la collation ne pourront subsister si l'Evêque ignore qu'elles se font en fraude du jugement, & de la Sentence qui doit intervenir contre ce coupable, parce qu'alors il s'agit uniquement *de causâ lucrativâ*, & par consequent c'est assez que le dol & la tromperie soient du côté du resignant, pour faire casser & annuller l'acte tout entier.

47. Lorsqu'un coupable accusé donne procuration pour resigner son Benefice entre les mains du Pape, ou du Legat, ou qu'il envoye cette procuration pour faire executer sa resignation, il est certain que l'admission de la resignation, & collation donnée par le Pape, ou par le Legat, sont nulles & ne peuvent jamais valoir, pour deux raisons. La premiere est la prohibition établie sur le Droit commun qui lie les mains aux accusez, & qui les empêchent de resigner leurs Benefices en fraude de la Sentence & du jugement qui doit intervenir; or le Pape n'a pas voulu, & n'a pas pû même déroger au Droit commun. La seconde est la subreption, si l'on avoit exprimé au Pape que le resignant étoit coupable & accusé, prêt à être condamné à perdre son Benefice, sans doute il n'eût pas admis cette resignation, ou du moins il l'eût admise avec beaucoup plus de difficulté, puis qu'il eût bien vû que cette resignation se faisoit en fraude de la Sentence future: ainsi le Benefice quoique resigné vaquera par la Sentence de condamnation, & non par la resignation; il vaque sur les lieux, & non en Cour de Rome. Supposé qu'on ait exprimé au Pape que le resignant étoit accusé d'un crime digne de privation, & que la Sentence en doit bien-tôt intervenir, & que le Pape ou le Legat ait fait mention expresse de cela; comme il n'y avoit plus de subreption il sembleroit que la resignation & la collation seroient valables; mais toute cette expression bien loin de favoriser l'affaire la rendroit encore plus mauvaise, d'autant qu'il y auroit un abus fondé sur le titre du Concordat *de causis*, lequel veut que toutes sortes de causes tant civiles que criminelles, soient traitées sur les lieux, & non pas à Rome, & ainsi il y auroit à appeller comme d'abus de l'execution de ces Bulles, parce que lorsque le Pape ou le Legat sçachant le crime du resignant pour lequel il est en procez pardevant son Juge naturel & ordinaire, & duquel il attend de jour à autre la Sentence de condamnation, admettent la resignation, ils troublent & confondent la Jurisdiction ordinaire, car *per hanc admissionem resignationis*, ils ôtent au Juge ordinaire le moyen de prononcer avec effet sa Sentence, puisque l'accusé n'aura plus son Benefice; ce qui est directement contraire au titre *de causis*. *Ibid. nomb. 378.*

48. Il faut aussi tenir pour une maxime assurée qu'un Beneficier accusé d'un crime de faux & supposé, peut resigner nonobstant l'accusation, son Benefice, soit entre les mains du Collateur ordinaire, soit entre les mains du Pape ou du Legat, & l'innocence du resignant détruit le soupçon de la subreption, d'autant qu'une personne innocente d'un crime dont on l'accuse n'est pas obligée d'en faire mention, & quand on eût exprimé que ce resignant étoit accusé d'un crime, mais duquel il étoit absolument innocent, ni le Pape, ni le Legat n'eussent pas été plus difficiles à luy accorder ce qu'il leur demandoit; il est bien veritable que cette resignation, quoique faite par une personne innocente, demeure neanmoins en suspens jusqu'à la Sentence diffinitive afin d'être cassée, ou valoir, suivant la Sentence de condamnation ou d'absolution qui interviendra. *Ibid. n. 379.*

49. Si un Beneficier accusé d'un crime dont il étoit coupable, & lequel meritoit la privation, obtient neanmoins en sa faveur Sentence d'absolution, non pas fondée sur son innocence, mais par grace, par abolition ou pardon; dira-t-on que la resignation qu'il aura faite dans le temps de son accusation, soit legitime, & qu'elle doive subsister, ou qu'elle demeure toûjours nulle? Du Moulin fait une difference entre la resignation pure & simple admise par les collateurs ordinaires, lesquels ont conferé librement ces Benefices ainsi resignez par un accusé, laquelle doit demeurer bonne & valable, parce qu'il n'y a roit que le vice de la subreption qui la pourroit annuller; il ne peut y avoir de subreption dans les provisions des Ordinaires: mais pour ce qui est des provisions données par le Legat ou par le Pape, sur des resignations de cette nature, elles sont nulles & subreptices, d'autant que le resignant n'a pas exprimé au Pape le crime dont il étoit accusé & prevenu. Il en seroit de même, si un accusé après avoir resigné son Benefice meurt avant qu'aucune condamnation soit intervenuë contre luy, encore qu'il le meritât. *Ibidem, n. 380.*

50. On propose une autre difficulté touchant cette matiere, laquelle ne peut avoir lieu dans nôtre Jurisprudence, si le Pape n'a pas conferé le Benefice d'une personne coupable, mais qu'avant qu'aucune action soit intentée contre le possesseur, & qu'il eût resigné, le Pape ait donné un Mandement à quelqu'un qu'il députe de s'informer du crime, & s'il trouve qu'il en soit prévenu & convaincu, qu'il le prive du Benefice, & le confere à un autre; on a demandé si nonobstant ce Mandement, ou ce rescrit donné par le Pape, le Beneficier qui n'est pas encore accusé du crime pourra resigner? Les Docteurs ont crû qu'il pourroit resigner, & que la collation du Benefice donné en consequence de cette resignation sera bonne, pourvû que ce resignant n'ait aucune connoissance de ce Mandement, ou de ce rescrit. *Ibidem, n. 381.*

51. Quand même le resignant se seroit démis purement & simplement de son Benefice entre les mains du Collateur ordinaire, si neanmoins ce Collateur n'étoit pas le Juge devant lequel le procez & l'accusation fût pendante, la renonciation seroit nulle, parce que ce seroit une espece d'alienation qui se feroit en fraude du jugement. *V. Du Moulin, sur la regle de Publicandis, n. 98.*

52. Un Curé ayant commis quelque crime ou délit capital, duquel il n'est encore prévenu, accusé, ni déferé en Justice, a neanmoins puissance de resigner son Benefice à qui bon luy semble; ainsi à été jugé par Arrêt du Parlement de Paris, pour le Prieuré de S. Denis de la Chartre; mais après l'accusation, il ne peut resigner *in favorem*. *Tournet, lettre C. nombre 178. & la Biblioth. Can. to. 1. p. 28. col. 2. & p. 506. col. 1.*

53. Un accusé qui veut resigner, le doit faire avant que les Gens du Roy ayent conclu. *Voyez Papon, liv. 2. tit. 8. n. 16.* où il rapporte cette espece. Un Titulaire la veille de la Sentence de privation, avoit passé procuration *ad resignandum* qui fut executée à Rome long-temps après. Il étoit alors contumax & fu-

gitif. Il appella ensuite, mais il ne fit aucune pour-suite, en sorte que par désertion le jugement obtint force d'Arrêt. Le resignataire fut debouté comme *in fraudem datus ad declinandum judicium & ad illusionem privationis.*

54 On demande si un accusé de crime capital peut resigner son Benefice après la Sentence ? On tient l'affirmative, & que la resignation est valable pendant l'appel qui éteint le jugé, à moins que le crime fût tel qu'il fit vaquer le Benefice *de jure & de facto*, tels que l'heresie, simonie, force commise contre un Cardinal, contrainte de resigner, intrusion, homicide qualifié. La resignation *in favorem* ne vaut. Papon, *liv. 3. tit. 6. n. 1.* La Biblioth. Can. 10. 2. p. 508. & Maynard, *liv. 1. chap. 61.*

55 Pour éviter ou prévenir les inconveniens qui pourroient arriver dans les resignations faites par des criminels, il faut informer le Pape, en luy demandant des provisions, de la qualité du crime dont le resignant est accusé, & faire mention du procez qui est intenté contre luy ; sans quoy la provision ne seroit pas bonne, & celuy qui *medio tempore*, se seroit pourvoir du Benefice, l'emporteroit au préjudice du resignataire ; c'est le sentiment de Rebuffe, *de modo amit. benef. n. 35.* en sa Pratique beneficiaire.

56 *Peleus*, en ses *Actions forenses, liv. 1. act. 31.* dit avoir été jugé au Parlement de Paris au mois de Juillet 1598. qu'un dévolut avoit été bien obtenu sur une resignation faite par un Curé de sa Cure, après un meurtre par lui commis, & admise en Cour de Rome, après la Sentence de mort donnée contre ledit Curé. La raison de cet Arrêt est que le resignant ne perd, ni titre, ni possession *ante admissam resignationem*, comme dit Du Moulin *in regul. cancella. de infirm. resignationib.* de sorte qu'il étoit vrai de dire, que le Curé étant condamné devant la resignation admise, avoit perdu son Benefice, lequel il retenoit *usque ad resignationem admissam, & sic*, il n'avoit pû resigner, *nam ut donationes, sic etiam resignationes beneficiorum post contractum capitale crimen facta, non valent si condemnatio secuta sit ante admissionem eorum, ut hic*; au contraire si la resignation eût été admise devant la Sentence, elle eût été bonne, comme n'étant le resignant privé par la Justice, ce qui est necessaire *cap. Clericis*; *ne Clerici vel Monachi, cap. ex litt. de excess. Panorm. in cap. ult. Ibidem.* Le même Arrêt de 1598. est rapporté par *Charondas, li. 1. Rép. 22.*

57 Un Prêtre ayant commis quelque crime, ou délit, capital duquel il n'est encore prévenu, accusé ni déferé en Justice, a la liberté de resigner son Benefice à qui bon luy semble. Arrêt du Parlement de Paris pour le Prieuré de S. Denis de la Chartre; mais après l'accusation il ne peut resigner *in favorem*, seulement remettre le Benefice entre les mains de l'Ordinaire; que si le crime étoit énorme, comme d'homicide, ou autre semblable, & ce pendant l'instruction du procez, l'Ordinaire pourroit commettre au service du Benefice, suivant qu'il fut jugé par un Arrêt du Parlement de Roüen prononcé en la Grand'Chambre le 8. Février 1608. que l'Archevêque seroit supplié de commettre un Prêtre pour ledit service, pour le payement duquel ledit Parlement ordonna, que les fruits seroient sequestrez pour être employez à la pension du Prêtre, payement des Décimes & réparations du Manoir Presbyteral, sans luy avoir octroyé aucuns frais pour subvenir aux frais de son procez. Que si par l'évenement il n'y avoit qu'un bannissement à temps, ou que la condamnation fût telle que le Prêtre ne fût déclaré indigne de son Benefice & privé d'iceluy, en ce cas le Prêtre auroit main-levée, comme il fut jugé par Arrêt du même Parlement du 26. Mars 1604. Autre chose seroit du bannissement perpetuel, qui emporte consequence necessaire de privation du Benefice, encore que la Sentence n'en fit mention, suivant l'avis de Panorme *in cap. 1. de arb. & cap. cum non de Jud.* suivi d'un Arrêt du Parlement de Toulouse de l'an 1539. *Jovet* au mot *Resignation, nomb. 32.*

58 Le Curé de Saint Valery de Heudebouville prés de Louviers en Normandie, fut condamné par Sentence du Juge du lieu à cinquante livres d'amende, & à quarante jours de prison; pendant lequel temps seroit par luy pourvû à l'exercice de sa Cure ou Benefice; & ordonné que les poudres, drogues & manuscrits dont il étoit saisi, seroient jettez au feu & brûlez en sa presence. Le même jour de la condamnation il passe procuration pour resigner & remettre purement le Benefice és mains du Pape, ou du Collateur ordinaire, M. le Cardinal de Joyeuse Abbé de Fescamp, & presente le sieur Guy qui prend collation de l'Evêque Diocesain, & possession. Deux autres se font pourvoir de la même Cure par incapacité & inhabileté du Curé; le premier se fait pourvoir par le Cardinal de Joyeuse, & l'autre en vertu d'un dévolut; le second pourvû dit que s'agissant d'une condamnation pour sortileges elle emportoit privation du Benefice; neanmoins par Arrêt du Grand Conseil du 10. Juillet 1609. sans avoir égard à ces raisons, ni à la requête presentée par le resignant afin d'être reçû partie en la cause, sous prétexte de ce qu'il disoit n'avoir jamais resigné la Cure, le nommé Guy fut maintenu, avec dépens & interêts contre les deux pourvûs, & le resignataire ; cet Arrêt fondé sur ce que par la Sentence de condamnation du resignant il n'étoit pas déclaré atteint du crime de sortilege ou magie ; l'arrêt portoit seulement ces paroles generales, (*pour reparation des cas résultans du procez*) qui n'emportent pas infamie ; mais sont employez à raison d'autres cas ou circonstances remarquées par la Justice. *V. Tournet lettre C. nomb. 181.* & la *Biblioth. Can. 10. 2. p. 507. col. 1.*

59 Encore que la regle *de 20. diebus sive de infirmis resignantibus* n'ait lieu contre les Collateurs ordinaires *purè & simpliciter seu indistinctè & indeterminatè*; neanmoins elle doit être entenduë *si fraus absit*, d'autant qu'il est toûjours permis d'alleguer les argumens, conjectures & présomptions de fraude, tant contre les procurations *ad resignandum* que contre les Collateurs ordinaires. Jugé par Arrêt du 28. Février 1615. M. le Prêtre, és Arrêts de la Cinquième.

60 L'on tient que celuy qui est prévenu d'un crime, n'est point interdit de resigner avant sa condamnation. *M. le Prêtre, 1. Cent. chap. 84. in margine*, où il y a Arrêt du 18. Septembre 1618. si ce n'est que le crime soit tel qu'il porte avec soy l'interdiction de toute administration ; mais s'il y a condamnation, pendant l'appel il ne peut resigner. *M. Loüet, lettre C. somm. 25.* où il fait mention de l'Arrêt contre la resignation faite de la Cure de Baugé. *Voyez Tronçon, Coûtume de Paris, article 272. Idem*, de l'Officier.

61 Un Beneficier coupable d'un crime qui fait vaquer le Benefice de plein droit, ne peut *renuntiare nec simpliciter nec in favorem*. Arrêt du Parlement de Paris du 5. Decembre 1625. qui maintint Sœur Marie *de Malaba* dans la possession du Prieuré de Valdosne, sans avoir égard à la resignation faite par la Sœur Testart Prieure, après un assassinat prémedité. Autre Arrêt du 11. Juillet 1626. en faveur de Michel Hamelin dévolutaire ; il s'agissoit de la Cure de saint Laurent de Baugé Diocese d'Angers, que René Sophier accusé d'inceste spirituel & d'adultere, avoit resigné *pendente appellatione* à Jean Hunault. *Voyez Pinson*, au chap. *quibus modis vacent beneficia, §. 5. nomb. 11.*

62 Jugé au Parlement de Toulouse au mois de Janvier 1654. que le cas de la resignation devoit être reglé de même que celuy des autres actes passez par le prévenu durant sa prévention, si la condamnation s'en ensuit ; les resignations faites par le coupable

font d'ailleurs en un sens moins favorables que les donations & les ventes ; il y a lieu d'en craindre de mauvaises acquisitions pour le bien & pour le service de l'Eglise. Cet Arrêt est rapporté par *M. de Catellan, liv.* 3. *chap.* 43. V. M. le Prêtre, *Cent.* 4. *ch.* 85.

63. La resignation faite en faveur d'un homme decreté ne fait aucune impression sur sa tête, de sorte qu'il ne peut resigner à un autre le même Benefice. Arrêt du Parl. de Paris du 18. Août 1688. V. *M. Du Perray, liv.* 2. ch. 1. n. 20. & *suiv.*

RESIGNATION ADMISE.

64. Le Benefice ne vaque par resignation, quand le resignant décede devant la resignation admise. *Voyez Peleus, quest.* 164.

65. La procuration *ad resignandum* avant que d'être admise par le Superieur, n'est pas à proprement parler une resignation, mais seulement *praeparatio seu mandatum ad resignandum*; ainsi elle ne fait pas vaquer le Benefice. *Voyez Du Moulin de infirmis resign.* n. 1. Au nomb. 4. il rapporte le sentiment de Cassadorus, qui tient que jusqu'à ce que la resignation soit admise, le resignant dans l'impetration qu'il feroit d'un autre Benefice doit exprimer celuy qu'il a resigné, & dont la resignation n'est point encore admise. Au nomb. 7. il dit que si le resignant sans attendre l'autorité & le consentement du Superieur eût quitté réellement le Benefice, & s'en fut depossedé luy-même, alors sans attendre l'admission de la resignation, le Benefice vaqueroit.

66. Un Benefice n'est censé vaquant par la simple resignation du Titulaire, il faut que la resignation soit admise. Arrêt du Parlement de Toulouse du mois de Juin 1578. *Mainard, liv.* 1. *ch.* 62. & Papon, *livre* 3. *titre* 6. *nomb.* 2.

67. Si le Beneficier resigne, & le lendemain v. g. se marie avant que la resignation soit admise, elle est nulle & sans effet. Arrêt du P. de Grenoble du 3. Mars 1665. rapporté par *Chorier en sa Jurisprud. de Giey Pape, p.* 50.

RESIGNATION, BAIL.

68. Si le resignataire est tenu d'entretenir les Baux ? *Voyez,* le mot *Bail,* n. 293. & *suiv.*

RESIGNATION, BASTARDS.

69. Resignation faite au profit des bâtards. *Voyez* le mot *Bâtards,* n. 38. & 39.

70. Bâtards tenans Benefices par dispense peuvent resigner à un capable & legitime. Arrêt du 23. Novembre 1549. V. *Tournet, lettre B. nomb.* 28.

RESIGNATION, BENEFICE ELECTIF.

71. La resignation faite d'un Benefice electif ne vaut, à moins que le consentement de ceux qui ont droit d'élire ni soit intervenu. *Cod. Fab. liv.* 1. *tit.* 3. *deff.* 44. Et le consentement arrivé, même aprés coup, est suffisant. Si la resignation est faite avant la confirmation ensuivie, il faut proceder à une nouvelle élection, mais non aprés la confirmation. *Ibid. deff.* 48.

72. Arrêt du Parlement de Paris du 20. Février 1569. qui resigne le resignataire du Doyenné de Chartres prétendu electif par les Chanoines, sauf au Chapitre d'y pourvoir par élection, vacation avenant par mort ou incapacité. Papon, *liv.* 1. *tit.* 3. *n.* 4. *Voyez* cy-aprés le nombre 96.

RESIGNATIONS, BENEFICES OPTATIFS.

73. La resignation pure & simple des Benefices optatifs és mains de l'Ordinaire n'empêche le droit d'option. Jugé le 19. Juillet 1630. *M. d'Olive, liv.* 1. *ch.* 21.

RESIGNATION, BRETAGNE.

74. Le Jeudy trentiéme Mars 1662. jugé au Parlement de Paris que l'Ordinaire en Bretagne peut admettre une resignation pure & simple dans les mois reservez au Pape, & en consequence pourvoir qui bon luy semblera, plaidant Pinson pour Primanier, & Billard pour Bossard, lequel par surabondance de droit, avoit pris du Roy des provisions en Regale, attendu la démission dudit Evêché par M. de la Motte Haudancourt entre les mains du Roy, qui avoit donné son Brevet dudit Evêché à M. de la Vieuville, à present Evêque de Rennes ; laquelle démission avoit donné ouverture à la Regale. La disposition de cet Arrêt est d'autant plus juste, qu'elle est conforme au Concordat fait entre la Bretagne, Pays d'obédience, & le Pape, lequel par iceluy s'est reservé de pourvoir pendant son alternative aux Benefices vacans par mort ; ainsi cette reserve étant restrainte à ce genre de vacance, il n'y a pas lieu de l'étendre à d'autres genres. Cette reserve est contraire à l'usage de la France, laquelle par la Pragmatique Sanction, conformément au Concile de Bâle, a aboli toutes sortes de reserves. *Journal des Aud. tome* 2. *liv.* 4. *ch.* 57.

RESIGNATION, BULLES.

75. Bulles levées ou retenuës par le Resignant. *Voyez* le mot *Bulles,* nomb. 49. & *suiv.*

RESIGNATION CAPTATOIRE.

76. & 77. Il y a une espece de resignation que Du Moulin nomme captatoire, *captatoria,* qui est quand un Beneficier passe procuration à un laïc pour resigner son Benefice en faveur de telle personne que le laïc voudra choisir. Et *Du Moulin* prouve que cette sorte de resignation est permise en un Edit des *Petites Dates* § 10. *gloss.* 2. n. 11. V. la regle *de Inf.* n. 13.

78. Maître Jean Garreau resigna une Chapellenie à François Jalier, qui promit de resigner à celui qui Garreau luy nommeroit : Garreau le mit en cause pour satisfaire à sa promesse, & il fut débouté par Arrêt du Parlement de Bretagne du 3. Avril 1576. telle promesse *vitiatur & non vitiat, pactum de succedendo non admittitur, & partibus de hoc conqueri non est liberum.* Du Fail, *liv.* 2. *ch.* 504.

79. Un Beneficier qui veut resigner, ne peut donner une procuration à un laïc, pour nommer tel que celui-cy voudra, & auquel le Beneficier promet d'envoyer sa procuration, *ad resignandum.* Arrêt du Parlement de Paris du 6. Mars 1691. au *Journal des Aud. tome* 5. *liv.* 7. *ch.* 12.

RESIGNATION, CHAPITRE.

80. Un particulier resigne son Benefice és mains du Chapitre, le Siege Episcopal vacant qui étoit en la pleine collation de l'Evêque ; le Chapitre ou son Vicaire y pourvoit ; l'Evêque successeur le confere à un autre qui demande contre le premier ; le demandeur est maintenu. Jugé au mois de Juillet 1532. *Charondas, liv.* 10. *Rép.* 12.

RESIGNATION, CHORISTE.

81. Benefices affectez aux Choristes ne peuvent être resignez. *Voyez* le mot *Chapelles,* nomb. 27.

RESIGNATION CONDITIONNELLE.

82. Un Evêque ou Collateur ordinaire peut conferer un Benefice à quelqu'un, à la charge qu'il resignera un autre Benefice dont il sera déja pourvû. *Voyez la Bibliot. Can. to.* 1. *p.* 279.

83. Par la Bulle de Pie V. qui commence *quanta Ecclesia,* il est défendu aux Evêques & autres Collateurs de recevoir & admettre les resignations conditionnelles avec resignation d'un successeur au Benefice. *Chopin,* dans son traité *de sacrâ Politiâ,* dit que par Arrêt du 4. May 1535. il a été jugé que le Vicaire de l'Evêque ne peut conferer tels Benefices vacans par resignation du dernier & paisible possesseur, bien qu'il ait lors droit de conferer generalement toutes sortes de Benefices ; il s'agissoit du Prieuré de Chivery. *Defin. du Droit Can. p.* 884.

RESIGNATION, CONFIDENCE.

84. Resignations entachées du vice de confidence. *Voyez* le mot *Confidence,* nomb. 14. & *suiv.*

85. Celui qui a resigné un Benefice, ne peut être interrogé sur l'effet de confidence contre son resignataire. Jugé le 13. Février & Juillet 1604. *Chenu,* 2. *Cent. qu.* 75. & *Filleau,* 4. *part. qu.* 175.

86. Lettre de confidence entre le resignant & le resignataire, ne peut servir au resignataire du resignant, pourvû avec la clause, *aut alio quovis modo,* le
premier

premier resignant est reçû à rentrer dans le Benefice. *Voyez* cy-après *le nomb.* 94.

RESIGNATION, CONSENS.
Voyez le mot *Consens*, & cy-dessus *le nomb.* 39.

87 La resignation faite en Cour de Rome se prend de la date & expedition des Bulles, & le Procureur à resigner peut donner son consentement après la mort du resignant, & les trois subrogez furent condamnez solidairement à la restitution des fruits. Jugé le 21. Juillet 1496. *Charondas, liv.* 1. *Rép.* 59. *& Tournet, lettre R. Arr.* 158.

88 Consentement à un resignant pour la levée des Bulles n'est necessaire en France. *Tournet, ibidem, Arrêt* 157.

89 Un Religieux ayant possedé pendant plusieurs années la Prébende Theologale de l'Eglise d'Angoulême, en consequence de provisions obtenuës en Cour de Rome, par lesquelles, attendu sa qualité de Regulier, la desserte du Benefice avec la joüissance des fruits *suppresso interim titulo*, luy avoit été accordée, n'a pû resigner le titre avec reserve de pension. La résignation n'étoit presumée admise du jour de l'arrivée du Courier avant que les pieces necessaires pour obtenir le consens y fussent envoyées. Le consens prêté après le décez du resignant & l'homologation de la pension, faute de laquelle l'effet des provisions étoit demeuré en suspens, empêchoient que le resignataire eût acquis aucun droit, & ne pouvoient avoir effet retroactif avant le décez. Ces trois questions jugées par Arrêt du 27. Mars 1651. M. l'Avocat General Bignon dit que la cause étoit arbitraire, & qu'il pouvoit dire ce qu'il avoit oüi de feu M. Servin, que la collation du Benefice étoit en la disposition de la Cour. *V. Soëfue, tome* 1. *Centurie* 3. *chapitre* 71.

RESIGNATION, DEROGATION A LA REGLE DES VINGT JOURS.

90 Si le Pape a conferé en un jour un Benefice par resignation, avec dérogation à la regle des vingt jours, & que le même jour l'Ordinaire l'ait conferé *per obitum*, la collation du Pape sera presumée avoir été faite la premiere, tant à cause de la prérogative *C. si à sede de praebend. in* 6. qu'à cause de la resignation. Arrêt du 24. Decembre 1514. encore que celuy qui étoit pourvû par l'Ordinaire eût le premier pris possession. *Biblioth. Can. to.* 1. *p.* 738. *col.* 1.

91 Une resignation d'une Cure admise en Cour de Rome, avec dérogation à la regle *de viginti diebus*, est valable au préjudice d'un Indult, par lequel le Pape a seulement excepté les resignations faites en ses mains, sans faire mention de la dérogation à cette regle. Jugé le 20. Juin 1651. *Du Frêne, li.* 6. *ch.* 27.

Voyez cy-dessus *l'explication des Regles de Chancellerie Romaine.*

RESIGNATION, DETTES.

92 Le resignataire est tenu des dettes düés par son resignant au Chapitre de l'Eglise de Chartres, & ce suivant un Statut. Jugé le 18. Mars 1598. *M. le Prêtre,* 2. *Cent. ch.* 68.

RESIGNATION, DEVOLUT.

93 *Titius* dévolutaire de *Maevius* est maintenu par Sentence. *Maevius* resigne ; nouvelle complainte ; le resignataire demande caution. *Titius* répond qu'elle ne luy a point été demandée, par *Maevius*, de plus que le dévolut n'est point obtenu sur le resignataire. Arrêt du Parlement de Paris du 4. Janvier 1607. qui déboute le resignataire. *M. Loüet lettre D. somm.* 18.

94 Un dévolut obtenu pour cause de confidence depuis prouvée & verifiée, n'ayant été signifiée au confidenciaire, n'empêche pas l'effet de la resignation, & ne prive pas le successeur du droit qui luy est acquis par collation de l'Ordinaire, en vertu de ladite resignation. Jugé le 30. Juillet 1612. *M. Bouguier, lettre D. nombre* 20.

Voyez le mot *Dévolut.*

Tome III.

RESIGNATION, DOYEN.

95 Si le Chapitre peut empêcher que son Doyen ne resigne ? *Voyez* le mot *Doyen, n.* 25. *& suiv.*

BENEFICES ELECTIFS.

96 Resignation des Benefices électifs. *Voyez* cy-dessus *le nomb.* 71. & le mot *Election, nomb.* 141. *& suiv.*

RESIGNATION, EVESCHEZ.

97 Resignation d'un Evêché. *Voyez* le mot *Evêque, n.* 234. *& suiv.*

98 Depuis l'Indult d'Alexandre VII. & l'ampliation de Clement IX. le Roy a toûjours nommé aux Benefices des trois Evêchez, & de leurs dépendances, quoique les Officiers de la Daterie prétendent que Sa Majesté, en vertu de ces Indults, n'a pouvoir de nommer qu'aux Benefices vacans par mort, & non à ceux qui vaqueront par resignation ; & sous ce prétexte ils font difficulté de faire mention de sa nomination dans les Bulles expediées pour les Benefices vacans par resignation ; mais c'est une prétention sans fondement, & contraire aux termes de l'Indult de Clement IX. qui donne au Roy la nomination *ad quaecunque & qualiacunque Beneficia Ecclesiastica, &c. quae extra Romanam Curiam quibusvis modis & quibuscunque personis vacare contigerit, & quorum collatio, provisio & omnimoda dispositio nobis & successoribus nostris praedictis, & dictae sedi quomodolibet, non tamen ratione obitus apud sedem eamdem reservata existat.* Ensorte qu'il est constant que le Pape ne s'est reservé que la disposition des Benefices qui pourront vaquer par mort en Cour de Rome, ce qui a donné lieu à l'Arrêt du Conseil du 13. Decembre 1670. par lequel Sa Majesté a déclaré nulles toutes les resignations qui pourroient être admises sans son agrément & sa nomination. Les Officiers de ladite Cour prétendent aussi que le Roy n'a droit de nommer qu'aux Benefices situez dans l'étenduë des terres & lieux qui étoient sous sa domination au temps desdits Indults, *ad quaecunque Beneficia, Ecclesiastica, in praefatis Metensi, Tullensi & Virdunensi civitatibus, earumque territoriis, tuae ditioni & dominio temporali de praesenti subjectio, duintaxat consistentia.* A l'égard de ceux qui sont situez dans le païs depuis soûmis à l'obéïssance de Sa Majesté, bien qu'ils soient dépendans desdits trois Evêchez, comme les Benefices de l'Eglise de Saint Gery d'Espinal du Diocese de Toul, ils soûtiennent que c'est au Pape à qui la disposition en appartient. *Définit. Can. p.* 367.

RESIGNATIONS EXTORQUÉES.

99 *Resignatio facta metu cruciatûs corporis & carcerum nulla est.* Voyez *Franc. Marc. to.* 1. 1. 88.

100 Resignations faites par crainte sont nulles. *Voyez les Mem. du Clergé, tome* 2. *part.* 2. *p.* 584.

Resignation extorquée d'un mineur par subornation déclarée nulle, & le resignataire condamné à faire amende honorable & au bannissement. *Ibidem, page* 557.

101 Un Chanoine de S. Martin de Tours, durant les troubles, pour se délivrer de prison & se faire penser, avoit resigné au fils du Capitaine de la Porte qu'il avoit és prisons, sa Prébende, & ce fils à un autre. Le resignant dépose la Requête, les parties étant contraires en faits, il fut dit que par provision il rentreroit en son Benefice, & furent tenus les Chanoines de le recevoir, à peine de 600. livres d'amende. *Papon, liv.* 3. *tit.* 11. *n.* 1.

102 Arrêt du Parlement de Paris du 12. Avril 1510. qui condamna l'Evêque de Treguier à cent livres d'amende, aux dépens, dommages & interêts, pour avoir mis en prison un homme qui n'avoit pas voulu resigner son Benefice. *V.* Rebuffe, 3. *part. praxis benef. C. de procur. ad resign. Constit. n.* 31. Papon, *livre* 2. *titre* 8. *nomb.* 2. la Bibliotheque Canonique, *tome* 2. *p.* 504. *col.* 2. & la Clementine *multorum de poenis.*

103 *Decius Consil.* 219. *qu.* 1. a répondu que la resignation faite par l'Evêque de Plaisance étoit nulle, parce

Iii

qu'elle avoit été faite par le commandement du Roy.

103 Le 18. Juin 1554. en l'Audience fut lû par le Greffier un Arrêt donné au profit de Mathurin Congnet, contre Jean & Pierre Violier freres, & un certain Prêtre, par lequel les procurations *ad resignandum*, qu'avoit extorquées Jean Violier de son disciple, furent declarées nulles ; Violier condamné à faire amende honorable en la Cour, & en cent livres envers le Roy, cent livres envers la partie, cent livres envers les pauvres, & son frere condamné en amende pecuniaire. *Bibliot. de Bouchel*, verbo *Procuration ad resignandum*.

104 Resignation extorquée, declarée nulle par Arrêt du Parlement de Bretagne du 19. Février 1559. Le resignant avoit eu la précaution de révoquer pardevant deux Notaires la resignation. *Du Fail, livre 1. chapitre 112.*

105 Contraint par force à resigner, peut rentrer en son Benefice. Jugé le 24. May 1565. *Charondas, livre 1. Réponse 46.*

106 Un pere ne se peut plaindre de la resignation faite par son fils majeur de son Benefice, comme ayant été extorquée de luy par subornation & mauvaises pratiques de la part du resignataire. *Soefve, tome 1. Cent. 3. ch. 8.* L'Arrêt est du 19. Avril 1649.

107 Restitution accordée contre une resignation de Benefice faite par le titulaire, *pendente accusatione*, nonobstant la reserve de pension. Arrêt du 24. Juillet 1656. La Prieure qui avoit resigné, justifioit qu'elle avoit été menacée & intimidée lors de l'accusation, qui n'avoit d'autre objet, que pour l'obliger de resigner. Le chef d'accusation étoit qu'elle avoit dissipé les biens du Monastere, & qu'elle s'étoit adonnée à la chimie. *Voyez Soefve, tome 2. Centurie 1. chapitre 39.*

108 Celuy qui a resigné par crainte, force, ou violence, peut dans les trois ans la faire annuller ; mais ce temps passé, il est débouté. Arrêt du Parlement de Grenoble du 4. Février 1672. Un Beneficier majeur ayant resigné en prison où il est arrêté pour crime, ne peut se faire relever, sous prétexte de crainte du succès de l'accusation. Arrêt du 4. Mars 1673. Un Curé qui avoit resigné étant *in reatu*, ayant révoqué sa resignation, & obtenu des Lettres Royaux, même après la resignation admise, par Arrêt du 8. Janvier 1674. a été maintenu, parce qu'il auroit été obligé de demander sa vie. *Jurisprudence de Guy Pape, par Chorier, p. 21.*

109 Arrêt du Parlement de Provence du 2. Juin 1687. qui a préjugé une resignation d'un Benefice forcée, nulle. Il s'agissoit d'une resignation faite par un fils du premier lit, en faveur d'un fils du second lit. *Boniface, tome 3. liv. 6. tit. 8. ch. 1.*

Resignation extorquée d'un fils de famille. *Voyez le mot Regale, nomb. 223.*

RESIGNATION EN FAVEUR.

110 *Voyez cy-dessus le nomb. 15.*
Des resignations en faveur. *Voyez Rebuffe, 3. part. praxis benef. C. de resignatione conditionali quam in favorem vacant.*

111 *De renunciatione in favorem.* Voyez *Pinson, au tit. quibus modis vacent, vel amittantur beneficia. §. 11.*

112 Il n'y a qu'un seul cas dans lequel les Ordinaires peuvent admettre les resignations en faveur ; sçavoir quand un titulaire resigne son Benefice pour unir à un autre, car c'est plûtôt une union autorisée par le Droit commun, qu'une resignation ; & d'ailleurs cette resignation étant en faveur de l'Eglise, on ne peut pas dire qu'aucun interêt humain y ait part. *Bibliot. Can. tom. 1. p. 178.*

113 La procuration étant admise par le Dataire, & le consens prêté par le Notaire qui l'écrit au dos, la signature s'expedie ; & si le Pape en fait refus, il y a lieu d'appel comme d'abus ou de complainte, si on est empêché de prendre possession, ou se faire pourvoir par l'Ordinaire. *Du Fail, liv. 3. ch. 1.*

114 Les resignations *in favorem*, soit expresses ou tacites, ne peuvent être faites entre les mains de l'Ordinaire ni du Legat *à latere*, s'il n'y a clause expresse dans ses facultez. *Brodeau, sur M. Loüet, lettre C. sommaire 40.*

115 Arrêt du Parlement de Paris de l'an 1513. qui a declaré nulle une resignation faite *in favorem*, és mains de l'Ordinaire. *Papon, liv. 2. tit. 8. n. 19.*

116 Lorsque celuy qui a resigné son Benefice en faveur de certaine personne, & non autrement, si le Pape le confere, & que celuy-la ne le veüille accepter, le resignant peut toûjours continuer sa possession, & desservir son Benefice, sans prendre nouvelle provision, à cause de la clause *non aliter*, & parce que la resignation faite autrement ne vaudroit rien, comme étant faite contre la forme & les termes de la procuration. Arrêt du 23. Decembre 1549. pour le sieur Bochetel Chanoine de saint Etienne de Bourges, contre le Chapitre, qui fut condamné aux dépens, dommages & interêts. *Bibliotheque Canonique, to. 2. p. 295. col. 1.*

117 Concordat non homologué en Cour de Rome, doit être executé, entre le resignant & le resignataire. Arrêt du 18. Decembre 1629. Par le Concordat, le resignataire s'obligeoit de donner dans trois années au resignant, un Benefice simple de Patronage lay, de la valeur de 60. livres de revenu, & jusqu'à ce, luy payer une pension annuelle de même somme. *Bardet, tom. 1. liv. 3. ch. 74.*

118 Quand le Pape fait un injuste refus d'admettre une resignation en faveur, l'on peut se pourvoir pardevers le Roy ou ses Cours Souveraines, & faire dire que le refus vaudra titre. Arrêt du Parlement de Paris du 24. May 1696. *Journal des Aud. to. 5. liv. 12. chapitre 16.*

RESIGNATION FRAUDULEUSE.

119 *Voyez le mot Fraude, n. 28. & suiv.*
Voyez M. Charles Du Moulin, sur la Regle de Publicandis, n. 362. & suiv. où il marque les présomptions d'une resignation frauduleuse.

120 *Quid de resignatione factâ in favorem certa personæ in manibus Legati?* V. *Bibliot. Canon. to. 2. page 508.*

121 Jugé au Parlement de Bretagne contre l'Abbé de Rhuis, au Grand Conseil, & au Parlement de Paris, que les resignations *in fraudem*, par Commendataires oberez, n'empêchent la saisie des fruits jusqu'à payement effectif ; en tout cas, les fruits se doivent diviser à compter du 1. Janvier. *Robert, liv. 3. ch. 4. Rev. jud. & Du Fail, liv. 1. ch. 147.*

122 Les resignations faites par les Beneficiers malades, en fraude des Graduez, sont nulles. Jugé le 9. Janvier 1606. *M. Bouguier, lett. R. n. 12.*

123 Entre trois Contendans le Prieuré de saint Médard de Fenoüillet, il y avoit de la fraude dans la resignation qui se tiroit de quelques conjectures, le pourvû par l'Abbé de Grace, d'où dépendoit ledit Prieuré, fut maintenu en la possession du Benefice contre le resignataire, & le pourvû en Cour de Rome. Jugé au Grand Conseil le 26. Juillet 1677. *Journal du Palais.*

RESIGNATION, GRADUEZ.

124 Si les Graduez peuvent prétendre aux Benefices resignez ? *Voyez le mot Graduè, n. 198. & suiv.*

RESIGNATION, INSINUATION.

125 Les resignations doivent être insinuées. *Voyez le mot Insinuation, n. 208. & suiv.*

126 Une procuration *ad resignandum* non insinuée, ce défaut n'est pas considerable, si ce n'est que la fraude ou faussété soit manifeste. Rasté avoit gagné sa cause au Châtelet ; Jean qui étoit aux droits de Bonichon, la gagna au Parlement le 4. Avril 1675. *De la Guessiere, to. 3. liv. 9. ch. 8.* Brodeau sur M. Loüet, *lett. G. somm. 3.*

RES   RES   435

RESIGNATION, LEGAT.

127. Résignation és mains du Legat. *Voyez* cy-dessus *les nomb.* 15. 120. & le mot *Legat, nomb.* 106. *& suiv.*

128. *M. Charles Du Moulin*, sur la Regle *de Publicand. n.* 116. *&* 184. dit qu'il n'avoit vû aucun Legat, autre que l'Archevêque de Barry, qui eût la faculté d'admettre des résignations en faveur.

129. Résignation *cum retentione*, peut être simplement dépêchée par le Legat, & la pension par le Pape. *Arr.* 11. Rebuffe, *in reg. de verism. not. glos.* 7.

130. En jugeant par la Cour, les deux Chambres assemblées en 1513. le procés par écrit, M. Hardoüin Fournier, appellant du Prévôt de Paris ou son Lieutenant, & M. René Vailly, intimé, pour raison de l'Eglise Parochiale d'Udence, Diocese d'Angers, auquel procés a été question d'une résignation faite de la Cure, és mains du Cardinal d'Amboise, lors Legat en France, par le moyen d'une procuration passée par M. Aléxandre Fournier, pour résigner en faveur de M. Hardoüin son frere, *& non aliàs, aliter, nec alio modo.* La Cour, pour mettre ordre en la décision des procés qu'il conviendra juger cy-aprés, a retenu *in mente*, que telles & semblables résignations faites in *favorem certa persona*, ou par vertu d'une procuration portant la clause *in favorem certa persona & non alias, aliter, nec alio modo*, & les collations qui s'ensuivent, faites par autre que par le Pape, sont illicites, & de nulle valeur, *& tanquam sapientes speciem simonie*, ne tiennent *etiam* au préjudice des résignans; & la Cour entend que cette presente conclusion ait lieu, non seulement pour les résignations qui se feront à l'avenir *in favorem certa persona*; mais aussi aux résignations déja faites *in favorem certa persona*, pour raison desquelles il y auroit procés intenté, pourvû que le procés soit contesté, non autrement. *Bibliot. de Bouchel*, verbo *Resignation.*

131. La résignation admise par le Legat étant en France, doit être publiée dans le mois comme de l'Ordinaire, nonobstant la Regle *de viginti diebus*. Jugé le premier Avril 1560. *Carondas, liv.* 1. *Rép.* 18.

132. Résignation en faveur du Vice-Legat, a lieu pardevant le Vice-Legat, bien que le Procureur ait résigné purement. Arrêt cité par *Basset, tome* 1. *liv.* 1. *tit.* 4. *ch.* 6. Si les résignations sont *ad effectum unionis cum clausulâ non aliter, nec alio modo*, l'Ordinaire peut les admettre. *Du Moulin*, sur la Regle *de Public. n.* 175.

133. Arrêt du Parlement de Provence du 27. Février 1660. qui, en déboutant le dévolutaire, a maintenu au Benefice le résignataire pourvû en la Légation d'Avignon, qui s'étoit mis en possession deux mois quatorze jours aprés, & quarante heures avant la mort du résignant. *Boniface, tome* 1. *liv.* 2. *titre* 24. *chapitre* 3.

RESIGNATION PAR UN MALADE.

134. *M. Charles Du Moulin*, sur la Regle *de Infirmis resig. n.* 16. demande dans quel temps il faut qu'un résignant soit malade, pour donner lieu à la Regle *de Infirmis resignantibus?* Quelques-uns avoient été d'avis, qu'il falloit qu'il fût malade au temps de la passation de la procuration *ad resignandum*: mais il rejette cette opinion, vû que par ce moyen, se feroit fraude à la Regle, d'autant qu'un Beneficier en santé passeroit une procuration pour résigner son Benefice, laquelle on n'envoyeroit à Rome que lorsque l'on le verroit malade: & enfin il conclut que pour donner lieu à la Regle, si le consentement est prêté auparavant l'admission de la résignation, en ce cas il suffira que le résignant soit malade au temps du consentement prêté, & qu'il soit mort dans les 20. jours, à compter de ce jour. *Voyez* les Espeçes qu'il propose.

135. Le même Du Moulin, *ibid.* propose cette espece. Un homme sain passe procuration pour résigner son Benefice le premier Janvier; elle est admise le 1. May. Le procureur constitué par le résignant, prê-

Tome III.

te son consentement le 1. Août à l'expedition des provisions du résignataire. Les provisions ne sont accordées que le 1. Decembre. Le résignant meurt le 10. du même mois, d'une maladie qui l'avoit pris avant la date des provisions. *Du Moulin* décide que le Benefice vaque par mort, parce que jusqu'à ce que le résignataire soit pourvû, ce n'est point une résignation veritable, mais seulement une préparation, & un effort pour faire accomplir la résignation. Il n'en seroit pas de même des résignations pures & simples; car le résignant s'est dépoüillé totalement & sans condition; & il n'est pas obligé de faire ensorte que son résignataire soit pourvû.

136. Résignation faite en extrémité de maladie; le résignant revient en convalescence, y veut rentrer sans nouvelle provision. *Voyez* hoc loco & suprà, *Benefices, Regrez*, ou bien *M. Loüet & son Commentateur, lett.* B. *somm.* 13.

137. Cause appointée au Grand Conseil le 23. Octobre 1629. pour sçavoir si la résignation pure & simple du titulaire *in extremis*, entre les mains du Collateur ordinaire, peut être attaquée par un indultaire, comme faite en fraude des indult. M. Gaulmin, Avocat General, conclut en faveur de celuy qui avoit obtenu la collation du Chapitre de Châlons sur Saone. Arrêt qui appointe. *Bardet, tome* 1. *liv.* 3. *ch.* 65.

138. Malade résignant ne perd son Benefice, qui n'est vacant par le décés du résignataire, sans avoir pris possession. Arrêt du 7. Avril 1639. au profit d'un Chanoine de Langres. *Bardet, to.* 2. *livre* 8. *ch.* 17.

RESIGNATION, MEDECIN.

139. Résignation faite au fils d'un Medecin. *Voyez* le mot *Medecin, n.* 43.

RESIGNATION, MINEUR.

140. Des résignations faites par les mineurs. *Voyez* Rebuffe, 3. *part. praxis benef.* C. *ratione personæ, & rei vitiatur resignatio.*

141. La résignation faite par un mineur, est valable. *V.* les Plaidoyez de Bordeaux & Rebuffe, *prat. Ben. part.* 3. *chap.* 14. *n.* 1. *& suiv.* & sur la Regle de Chancel. 41. *Carondas, en ses Pand. liv.* 1. *ch.* 10.

142. Un mineur de quatorze ans dispensé à tenir Benefice, s'il résigne, peut être restitué en entier contre le résignation; mais s'il a quatorze ans, & est dispensé du Pape à porter ce Benefice à la forme accoûtumée, *& cum clausulâ renuntiandi & retinendi*, il faut qu'il y ait cause urgente pour obtenir telle restitution, autre que l'age, sçavoir, menaces, contrainte & obéïssance paternelle. Arrêt du Parlement de Bourdeaux du 7. Septembre 1500. *Papon, liv.* 16. *tit.* 3. *nomb.* 3.

143. Arrêt du Privé Conseil du Roy rendu à la Rochelle le 2. Janvier 1542. en faveur de François Mathieu, contre Nicolas de Berry, condamné, à peine d'être emprisonné, de passer & donner dans deux jours une procuration valable, pour rétroceder la Cure de S. Hilaire de Lymerat, en faveur de François Mathieu, duquel il l'avoit extorquée & obtenuë par mauvais artifices; défenses à Mathieu de passer aucune procuration pour résigner en faveur de qui que ce soit, sans l'avis & le consentement de son curateur, & à toutes personnes d'accepter ces résignations faites sans la volonté du curateur, à peine d'amende arbitraire. *Du Moulin*, sur la Regle *de Publicandis, n.* 240. dit, avoir une copie de cet Arrêt. Il en rapporte un autre rendu en pareil cas par le Parlement de Bourdeaux le 25. Juin 1564. mais je crois que c'est 1544. *Papon, liv.* 3. *tit.* 10. *nomb.* 1. rapporte les mêmes Arrêts, & date le dernier de 1544.

144. La résignation faite par un impubere pendant la prison de son pere, nulle. Arrêt du 16. Janvier 1581. *Papon, liv.* 3. *tit.* 11. *n.* 1. & *Peleus, quest.* 78.

Résignation faite par un mineur à l'insçû de son pere, est nulle. Jugé à Mets le 12. Septembre 1672. *Journal du Palais.*

Iii ij

436 RES RES

145 Un Mineur que le Pere a fait pourvoir d'un Benefice ne peut le resigner sans son consentement. Arrêt du 12. Avril 1602. pour une Prebende de saint Maurice de Lyon ; autre Arrêt du 17. Janvier 1594. pour un nommé de la Chaise. *Biblioth. Canonique tome 2. p. 507. col. 2.*

146 Resignation *Beneficii facta temerè & inconsultò à minore nulla est.* Jugé le 17. Janvier 1593. & le 12. Avril 1601. *minor tamen utens jure communi nunquam dicitur læsus, & potest condemnari in expensas & in carcerem eo nomine post quadrimenses inducias.* Jugé le 13. Octobre 1607. Morn. *l. 7. ff. de minoribus.*

147 Le mineur sous la puissance de pere ou de mere, ne peut resigner son Benefice sans son consentement. Jugé le 10. Avril 1601. *Charondas livre 13. Rép. 78.* Voyez *hoc loco & suprà,* fils de famille.

148 Mineur âgé de 14. ans debouté de la restitution demandée contre une resignation par luy faite. Arrêt du Parlement de Bourdeaux du 18. Juillet 1613. *Voyez les Plaidoyers celebres dediés à M. de Nesmond p. 529.*

149 Le pere recevable de poursuivre l'annullation de la resignation indiscretement donnée par son fils ou de luy extorquée. Arrêt du 20. Juin 1618. *V. Basset tom. 1. liv. 1. tit. 4. ch. 5.* Il en rapporte plusieurs au même chapitre, & observe que cela s'execute encore plus rigoureusement quand le mineur n'a qu'un Benefice pour sa subsistance : s'il en a plusieurs, la resignation d'un vaudroit, *quia in hoc non videtur deceptus* ; il ajoûte que le mineur ne peut resigner en faveur de son tuteur, curateur, precepteur, leurs enfans ou autres personnes interposées.

150 Regulierement les resignations des Benefices faites par des mineurs âgez de dix-huit à vingt ans *non malis artibus*, ni directement ni indirectement au profit de tuteur, precepteur & autres, sont valables. Jugé le 21. Juillet 1622. *Brodeau sur M. Loüet lettre B. Som. 7.* où il est parlé du serviteur qui resigne le Benefice sans le consentement de son maître.

151 Un fils de famille âgé de 18. ans, sans le sçû de son pere qui a resigné ses Benefices *malis artibus* : Jugé le 23. Juin 1626. que telles resignations étoient nulles, & le pere recevable à les debattre ; mais si le fils de famille au dessus de vingt ans ne voulant être d'Eglise, dispose de ses Benefices avec retention de pension sans le consentement de son pere, sans mauvais artifice, à une personne capable, la resignation est bonne. Ainsi jugé. *Du Frêne liv. 1. chap. 114. & Bardet tom. 1. liv. 2. ch. 88.*

152 Fils de famille âgé de vingt-deux ans & retenant une pension, peut resigner sa Prebende sans le consentement de son pere, n'étant la Prebende venuë de l'industrie de son pere. Jugé le 15. Juin 1628. *Du Frêne liv. 2. chap. 22. Voyez liv. 4. ch. 19.* où il y a Arrêt du 2. Mars 1645.

153 Resignation faite par un Mineur, confirmée par Arrêt du 30. Juin 1629. sur l'appel d'une Sentence du Juge de Riom, entre Me. Antoine Tournade Chanoine d'une part, & Me. Pierre Chardon. *Additions à la Bibliotheque de Bouchel, verbo Resignation.*

154 Le Parlement de Paris par son Arrêt du 7. Septembre 1639. condamna un particulier à faire amende honorable & au bannissement, pour avoir extorqué d'un mineur par subornation la resignation de son benefice, elle fut déclarée nulle. *Mémoires du Clergé tom. 2. tit. 21. art. 4.*

155 Le mineur qui resigne sans la participation de son pere, rentre facilement sans Lettres Royaux. Arrêt du Parlement de Grenoble du 21. Juillet 1643. sur tout quand le pere du resignant mineur agit pour luy, *quasi decepto*, comme il peut *pro corrupto*. Arrêté du même Parlement des 20. Juin 1618. & 11. Août 1656. *Jurisprudence de Guy Pape par Chorier p. 21.*

156 Arrêt du Parlement de Paris du 26. May 1648. qui restituë un mineur contre une resignation par luy faite. M. Talon Avocat General dit qu'à la verité il n'y avoit point dans le Droit Canon de titres *de minoribus*, non plus que *de titulis*, mais qu'il y avoit un titre *de dolo*, que tout ce qui sentoit le dol & la fraude ne pouvoit être confirmé. *Soefve tom. 1. Cent. 2. ch. 88.*

157 Arrêt du 15. Février 1666. qui casse une resignation faite par un mineur âgé de 14. ans & demi seulement, quoyque du consentement de son pere & avec reserve de pension, mais l'on prouvoit qu'elle avoit été faite au cabaret, & que le resignataire avoit payé quelques sommes en l'acquit du pere du resignant. *Soefve to. 2. Cent. 3. ch. 64. & le Journ. des Audiences tom. 2. liv. 8. chap. 3.*

158 Resignation d'un mineur *malis artibus*, est nulle, & il la peut revoquer, & en faire valablement une seconde. Arrêt du 3. Septembre 1686. *Journ. du Palais.*

RESIGNATION, MINUTES.

159 Les minutes des procurations *ad resignandum* doivent être gardées par les Notaires. Voyez cy-dessus le mot *Procuration nomb. 12.*

MORT DU RESIGNANT.

160 *De Beneficio resignato à sano qui postmodum moritur, Beneficium per renunciationem vacare dicetur.* V. Franc. Marc. tome 1. quest. 295.

161 Quand même le resignant par la mort duquel le Benefice a vaqué n'auroit jamais pris possession, ni fait expedier des Bulles, mais qu'il justifieroit du droit qu'il avoit au Benefice seulement par une simple signature du Pape ou du Legat, comme en ce cas dés le moment que la supplique & la grace est signée, elle est accordée, & le droit acquis à celuy auquel elle est faite, on ne doit pas douter que ce ne soit le veritable titulaire ; & que ce ne soit par sa resignation ou par sa mort que le Benefice doit vaquer, la regle des vingt jours doit avoir lieu à son égard ; il y en a qui ont passé plus avant, & ils ont soûtenu que par la seule parole du Pape ou du Legat, la grace étoit reputée parfaite. *V. Du Molin sur la regle de Infirmis. n. 308.*

162 Un particulier resigne son Benefice ; la resignation est admise en Cour de Rome ; quelque-temps après le resignant decede ; le resignataire prend possession dans les six mois, la resignation declarée bonne au préjudice du Collateur ordinaire de la Prebende. Jugé à Toulouse le 23. Juillet 1605. *Chenu 2. Cent. q. 5.*

163 Une resignation expediée à Rome aprés les six mois de la date retenuë, & aprés le décès du resignant arrivé à l'extremité des six mois, est bonne & valable. Jugé le 20. Mars 1685. *De la Guesse tome 4. liv. 8. chap. 32.*

RESIGNATION, PENSION.

164 De la resignation d'un Benefice à la charge d'une pension. Voyez le mot *Pension*, nomb. 164. *& suiv.*

165 Procuration à resigner, *retenta pensione*, sont deux actes, qui se peuvent separément expedier, & par intervalle de temps. *Voyez Du Luc, liv. 2. tit. 4. ch. 6.*

166 Par Arrêt du 7. Septembre 1575. fut un resignant preferé à rentrer en son Benefice, faute d'avoir par le resignataire accompli les conventions pour la pension, quoyqu'il y eût provision par mort du resignataire. *Papon, liv. 2. tit. 8. n. 20.*

167 Celuy à qui un Benefice est resigné à la charge de faire créer certaine pension en Cour de Rome, est tenu de retroceder le Benefice, ou de payer la pension. Jugé le 20. Janvier 1581. *Charondas, liv. 1. Réponse 26.*

168 Le resignataire d'une Cure qui n'a aucun revenu assuré, ne peut se liberer de la pension qu'il a consentie & promise sur le Benefice en faveur du resignant en proposant l'excés, & offrant de rendre compte des droits & émolumens. Jugé par Arrêt contradictoire qui n'est point rapporté. *Henrys tome 1. liv. 1. chap. 2. q. 3.*

Dans *Henrys tom.* 1. *liv.* 1. *ch.* 2. *question* 3. il paroît qu'on a jugé qu'un refignataire d'une Cure , ne pouvoit pas faire reduire la penfion fous prétexte d'excés , par la maxime , *cede aut folve* , cependant la maxime eft certaine qu'un refignataire eft bien fondé de faire reduire la penfion au tiers , qui eft la portion Canonique.

169 Par Arrêt de reglement rendu fur la remontrance de M. l'Avocat General Talon , il eft fait défenfes à tous Chanoines & autres ayant Benefices incompatibles qui refigneront des Cures , de retenir penfion fur icelles , fous quelque prétexte que ce foit ; ordonné qu'à l'avenir nul ne pourra retenir ni ftipuler aucune penfion fur une Cure feculiere , qu'il ne l'ait defervie continuellement & actuellement l'efpace de 10. ans ; laquelle penfion ne pourra exceder le tiers du revenu de la Cure , & même ne pourra monter au tiers , qu'au cas qu'il refte au titulaire au moins 300. liv. de revenu , fans y comprendre le Cafuel , & fans qu'il puifse être diminué par aucune convention , ni fous quelque prétexte d'équité & de bonne foy dont elle puifse être colorée : & ce nonobftant toutes pactions entre le refignataire & le refignant , & tous cautionnemens même des perfonnes étrangeres. Et au cas que le titulaire d'une Cure paie penfion au préjudice du prefent reglement , il eft ordonné qu'elle demeurera vacante & impetrable : fait pareillement inhibitions & défenfes fous les mêmes peines de prometrre de fournir un Benefice de certaine valeur , à condition cependant de payer un penfion annuelle de même fomme , ordonne que le Roy fera très-humblement fupplié d'envoyer une Declaration conforme au reglement d'incompatibilité des Prebendes avec les Cures , & au prefent Arrêt qui fera leu, affiché & publié à la Requête du Procureur General par tout où befoin fera. Fait en Parlement le 16. Juin 1664. *Tom.* 2. *du Journal des Audiences liv.* 6. *chap.* 33.

170 Le Pape ne peut admettre la refignation d'une Cure , fans admettre la penfion que le refignant s'eft refervée par la même procuration pour refigner , c'eft-à-dire il ne peut admettre la refignation & rejetter la penfion. Arrêt du Parlement de Paris du 1. Mars 1696. *Journal des Audiences tom.* 5. *liv.* 12. *chapit.* 10. *Voyez cy-deffus* le mot *Penfion*.

RESIGNATION, PERMUTATION.

171 Benefice permuté & depuis refigné par l'un des permutans à un tiers qui en joüit par trois ans , ne peut être repeté par le refignant , fous prétexte que le Benefice copermuté luy feroit rendu litigieux, *Carondas liv.* 1. *Rép.* 13.

172 La provifion de l'Evêque étant nulle à caufe du refus fait par le Patron Laic d'agréer la permutation, le Benefice retourne au refignant. *Voyez Servin tom.* 1. *page* 94.

173 Refcifion de refignations , *ex causâ permutationis*, fe pourfuit devant le Juge ordinaire & Ecclefiaftique. Arrêt du Parlement de Paris du 6. Septembre 1522. *Papon liv.* 2. *tit.* 7. *n.* 6.

174 Le refignataire ne peut lors du litige formé concurrer à la décharge abfoluë de la penfion affignée par fupplement lors de la permutation reciproque , non plus qu'au regrez du Benefice copermuté , ni à la condamnation de dépens & interêts , autrement la conclufion de l'un & l'autre feroit prématurée ; à moins qu'il n'apparût que c'eft le refignant collufoirement qui a donné lieu au Procez. Jugé au Parlement de Normandie en pareil cas l'an 1604. au mois d'Août entre Farin & Picot. *Biblioth. Can. tom.* 2. *p.* 208. *col.* 2.

175 Refignation de la Tréforerie d'une Cathedrale , & enfuite permutation du même Benefice , au profit d'une même perfonne ne font point contraires. Arrêt du 29. Novembre 1633. *Bardet tom.* 2. *liv.* 2. *chap.* 59.

On ne peut refigner *causâ permutationis* les Cures 176 dépendantes de l'Ordre de Malthe fans le confentement du Commandeur. Arrêt du dernier Septembre 1673. *Journal des Audiences tom.* 3. *liv.* 7. *chap.* 18.

RESIGNATION, PLACES MONACHALES.

Arrêt du Grand Confeil du dernier Septembre 177 1611. portant qu'il a été mal & abufivement procedé à l'execution d'une Declaration , laquelle permettoit aux Religieux de l'Abbaye de Lezat Ordre de Cluny , de refigner leurs Prébendes & portions Monachales. *Bibliotheque Canonique tom.* 1. *p.* 418.

Les places Monachales ne peuvent point être re- 178 fignées , ni on ne peut s'en demettre. Arrêt du Parlement de Touloufe au mois de Juillet 1687. conformément à un autre Arrêt du 4. Juillet 1686. *V. M. de Catellan liv.* 1. *chap.* 39.

Voyez cy-aprés le nomb. 202.

PLUSIEURS RESIGNATIONS.

Me. Charles Du Moulin fur la regle *de infirmis n.* 179 169. *& fuiv.* examine cette queftion ; un malade a fait & deux refignations toutes deux admifes ; la premiere 180 ne contient point la derogation , la feconde la porte. Le refignant décede dans les vingt jours à compter du jour de la premiere refignation. On demande fi le Benefice vaquera par mort, ou fi au contraire la derogation fubfiftant fera pareillement fubfifter la refignation ? Du Moulin décide que les refignations ne vaudront, foit qu'elles ayent été faites au profit du même ou de differentes perfonnes. Si les refignataires font differens, il eft certain que le Benefice ayant été rempli par le premier , il y a eu fubreption dans la feconde provifion. Si le refignataire eft le même , quoyqu'on ne puifse pas dire qu'il y ait fubreption , il eft pourtant vray que lors de la feconde refignation , le refignant n'avoit plus de droit au Benefice ; ainfi la feconde refignation ne peut donner lieu à aucune provifion. La premiere refignation n'eft pas nulle dans fon principe ; au contraire elle eft valable , mais elle eft annullée dans la fuite par la regle des vingt jours ; la feconde eft nulle de droit commun dans fon origine. Il convient enfuite que la derogation fe peut faire dans l'intervalle qui fe rencontre entre l'admiffion de la refignation & les provifions expediées fur icelle , pourvû que le refignant foit encore en vie , fi la derogation furvient dans l'intention de conferver la refignation & la collation precedente ; cela n'a point lieu , quand cette derogation ne fe fait pas précisément pour faire valoir la premiere refignation de laquelle il n'eft fait aucune mention dans la feconde , mais feulement pour faire valoir la feconde refignation.

Si une premiere refignation n'eft pas valable , com- 181 me fi par exemple elle avoit été faite entre les mains du Legat , d'un Benefice dependant de la collation d'un Cardinal , & que le refignant voulût refigner le même Benefice entre les mains du Pape en faveur de la même perfonne , en faveur de laquelle il l'avoit refigné en la Legation , il ne faut pas oublier de faire mention dans cette feconde refignation de la premiere , quoyque nulle & abufive , autrement la derniere feroit nulle à caufe de la fubreption & obreption. *Voyez Du Moulin* fur la regle *de Infirmis n.* 107.

Une feconde refignation faite dans le mois ou dans 182 les 6. mois que le premier refignataire devoit avoir francs & libres pour fatisfaire à la regle *de publicandis* eft tellement nulle , qu'elle ne peut jamais fubfifter , foit que le refignant foit décedé naturellement ou civilement aprés les 6. mois ou aprés le mois , foit qu'elle ait été publiée & exécutée ponctuellement , foit que le premier refignataire ne paroifse point pour demander l'execution de la refignation , laquelle deviendroit pareillement nulle. Si une perfonne s'étoit fait pourvoir par mort avant qu'elle fût arrivée , fa provifion feroit nulle ; de même fi dans ce temps le refignant fait une feconde refignation *remanet* in suâ mirâ & originali nullitate, & elle ne peut pas devenir valable, quoique dans la suite il arrive un cas dans lequel si elle eût commencé, elle eût été valable. *Du Moulin de Publicandis n. 107. & suiv.* Autre chose seroit, c'est-à-dire, la seconde resignation vaudroit alors, si la premiere étoit nulle comme simoniaque, ou qu'elle eût été faite à un absent qui ne l'auroit point acceptée.

183 De la resignation d'un même Benefice faite plusieurs fois à la même personne. *Voyez Du Moulin* sur la regle *de Publicandis, n. 314. & suiv.*

184 C'est une maxime que *secundo resignans nihil agit*; neanmoins si le resignant est demeuré trois ans en possession du Benefice par luy resigné, & qu'après les trois ans, il resigne à un autre, cette seconde resignation est valable, comme étant par le temps rentré en ses droits. Arrêt du 5. Juillet 1623. entre Loüis le Clerc Chanoine de saint Paul de Lyon, appellant d'une part, & Urbain Scaron intimé. *Additions à la Bibliotheque de Bouchel, verbo Resignation.*

185 Cause appointée pour sçavoir si le titulaire d'une Cure peut resigner deux fois son Benefice en faveur du même, la premiere resignation ayant été admise sans être executée. Arrêt du 24. Janvier 1639. *Bardet, tome 2. liv. 8. chap. 4.* M. Bignon Avocat General dit, que quoique le resignataire n'eût pas pris possession, le resignant avoit perdu tout droit au Benefice, jusques là que plusieurs ont tenu que s'il demeuroit en possession plus de trois ans, il ne pourroit se servir du Decret *de pacificis possessoribus*, parce qu'il n'a qu'une possession nuë & naturelle, & non appuyée d'aucun titre.

RESIGNATION, PORTION CONGRUE.

186 Le resignant obligé à la portion congruë envers le resignataire. *Voyez* le mot *Portion congruë, nombre* 52.

187 Par Arrêt du Parlement de Bourdeaux du 27. May 1672. sur un appel du Sénéchal d'Agen, il a été jugé qu'un resignataire d'un Curé pouvoit obliger le resignant de luy payer la somme de 300. livres de portion congruë en luy délaissant tout le revenu de la Cure, conformément à la Declaration du Roy du mois de Juin de l'année 1671. enregistrée le 3. Août ensuivant, quoique la pension eût été créée auparavant cette même Declaration. *Journal du Palais*, in folio, *to. 2. p. 969. & l'in quarto, part. 3. p. 430.*

RESIGNATION, PREUVES.

188 La preuve par témoins d'une resignation n'est recevable. Arrêt du Parlement de Bretagne du 13. Septembre 1554. *Du Fail, liv. 3. chap. 172.*

RESIGNATION, PRISE DE POSSESSION.

189 Possession des Benefices resignez se doit prendre six mois après la resignation admise. *Bellordeau, liv. 5. Cent. 92. & Tournet, lettre P. Arr. 149.*

190 L'on peut resigner un Benefice avant que d'avoir pris possession & sans avoir levé Bulles, mais non pas avant qu'il ait été conferé au resignant. Quoique le resignataire ne soit tenu de montrer le droit & le titre de son resignant, il doit justifier qu'il étoit en possession paisible du Benefice. *Papon, livre 2. tit. 8. n. 5.* dit avoir été ainsi conclu à Bourdeaux.

191 La publication de la resignation & prise de possession est necessaire pour asseurer le Benefice; outre l'Ordonnance qui l'a ainsi statué, les Arrêts l'ont toûjours ainsi jugé. Arrêt du Grand Conseil du 27. Août 1492. Un autre du 7. Septembre 1526. & du 3. Decembre 1505. cette publication doit-être faite dans les six mois, si le Benefice a été resigné en Cour de Rome, sinon, & si le resignant vient à mourir en possession du Benefice resigné, *censetur vacare per ejus mortem, & non per resignationem*, ce qui est perpetuellement veritable; ce qui a été ainsi jugé par Arrêt du Parlement de Paris le 14. Août 1504. *quod fuit extractum à Registris Curiæ Parlamenti.* Papon, liv. 3. tit. 1. nomb. 1. *Jovet, verbo Resignation, n. 33.*

192 Arrêt singulier du 14. Août 1504. *super 34. regulâ Cancellariæ Apostolicæ continente, quod possessio beneficii resignati in Romanâ Curiâ debet adipisci & publicari in sex menses, & si extra Curiam Romanam infra mensem, alias si resignans moriatur in possessione beneficii resignati dicitur vacare per ejus mortem, & non per resignationem.* Jo. Gal. part. 7. styl. Parlam. Arr. 19.

193 Bonnet resigne une Chapelle à Titius *eo insciô*; sur cette resignation il fait expedier une signature, garde le tout pendant 5. ans; après il tombe malade, Titius en le visitant trouve les provisions, il se veut mettre en possession, Bonnet s'y oppose, & meurt quelque temps après. Mœvius est pourvû de la Chapelle *per obitum*; procez entre Titius & Mœvius. Par Arrêt du 23. Février 1606. en confirmant la Sentence du Sénéchal d'Angers, la maintenuë fut ajugée à Mœvius. *Biblioth. Can. to. 2. p. 289. in fine.*

194 Jugé au Parlement de Paris le 13. Decembre 1612. qu'il n'y a vacation de droit ni de fait par la resignation en Cour de Rome *in favorem*, quoiqu'admise, mais non acceptée par prise de possession. Il s'agissoit d'une Chanoinie de Bayeux. *Corbin traité des Fiefs, page 790.*

195 Le Benefice vaque par la mort du resignataire, & le resignant ne peut plus resigner une seconde fois, quand même le premier n'auroit pas pris possession. Jugé à Toulouse au mois de Decembre 1617. *Cambolas, livre 4. chap. 13.*

196 Resignataire en faveur n'ayant pris possession du Benefice que le même jour du décez de son resignant, & peu de temps après, est déchû de son droit, & le Benefice declaré vacant par mort. Arrêt du P. de Paris du 2. Janvier 1639. *Bardet, to. 2. li. 8. ch. 1.*

197 M. François Petit resigne son Benefice à Bernard son neveu & son pupile; la provision de Cour de Rome est du 24. Septembre 1678. non suivie de prise de possession. En 1683. seconde resignation devenuë caduque comme la premiere; on n'y avoit point fait mention de cette premiere resignation; troisiéme procuration *ad resignandum*, à l'effet de reparer ce défaut. Le 19. Mars 1684. Bernard declare pardevant Notaire qu'il répudie la resignation. Cependant Bernard reçoit la provision de Cour de Rome le 24. le 15. Juillet suivant il prend possession. Le resignant meurt le premier Decembre. Un Obituaire paroît, & obtient au Grand Conseil le 11. Mars 1687. Arrêt en sa faveur. On agita plusieurs questions. La premiere, si la resignation étoit nulle aux termes du controlle, qui porte que *tous resignataires seront tenus de prendre au plus tard possession dans trois ans après leurs provisions, autrement que le resignant ne pourra plus leur resigner.* La seconde, si cette même resignation étoit nulle par défaut d'expression des resignations precedentes. La troisiéme, si un resignataire ayant répudié la resignation faite à son profit, peût dans la suite s'en servir. *V. le Journ. du Palais.*

198 Resignation faite en infirmité de maladie est valable, le resignataire n'ayant pris possession que six jours devant les trois ans après la resignation, le resignant étant décedé pendant l'opposition par luy formée à la prise de possession du resignataire. Jugé le 5. Decembre 1684. *De la Guessiere, tome 4. livre 7. chapitre 30.*

RESIGNATION, PREBENDE.

199 Arrêt du Parlement de Provence du 20. Octobre 1622. qui permet au Chanoine Préceptorial de resigner. *Boniface, to. 1. liv. 2. tit. 21. chap. 2.* il raporte un semblable Arrêt du Grand Conseil du 17. Avril 1663. qui a jugé que le Theologal peut resigner à personne capable son Benefice, & le permuter. *Ibidem, nomb. 5.*

200 Reglement touchant les resignations des Canonicats dans les trois Evêchez de Metz, Toul & Verdun; il est du 13. Decembre 1670. rendu au Conseil d'Etat. *De la Guess. to. 3. liv. 4. chap. 9.*

201 La Chanoinie Préceptoriale est un Benefice resignable & non électif, & la Prébende pour le Précepteur ne peut être separée de la Chanoinie Préceptoriale. Jugé à Aix le 6. Février 1673. *Journal du Palais* in quarto, part. 3. p. 397. & le 1. *to.* in fol.

202 Prébendes & portions Monachales ne peuvent être resignées. *Voyez* cy dessus le *n.* 177. & le mot *Abbé*, nomb. 72.

RESIGNATION AU PRECEPTEUR.

203 Arrêt du Parlement de Paris du 18. Juin 1554. qui déclare nulle une resignation faite par un Ecolier à son Précepteur, & fait défenses aux Précepteurs d'accepter directement ou indirectement telles resignations; le condamne à faire amende honorable, & en cent livres d'amende, tant envers le Roy qu'envers la partie, & en autres cent livres envers les pauvres de la Trinité, & à tenir prison jusqu'à plein payement. L'Arrêt lû dans l'Université. *Papon*, livre 3. tit. 11. *n.* 1.

204 Un Précepteur ayant induit son disciple à luy resigner un Benefice, lequel depuis il permute à un autre qui acheve de joüir par trois ans, est tenu & son permutant rendre ledit Benefice avec les fruits. Jugé le 12. Avril 1601. *Charondas*, liv. 1. Rép. 32. *Peleus*, quest. 79. & la *Biblioth. Can.* to. 2. p. 159.

PROCURATION *ad resignandum.*

205 *De Procuratoris ad resignandum constitutione.* Voyez *Rebuffe*, 3. part. *praxis benef.*

206 Procuration après l'an est nulle. Arrêt du Parlement de Toulouse sans date; depuis est intervenu l'Edit du Roy. *Papon*, liv. 2. tit. 8. *n.* 1.

207 Quoique de droit le Procureur puisse être constitué par amples missives & écritures privées, *l.* 1. & *l. si procuratorem D. de procuratorib.* neanmoins à cause de l'importance des procurations, on n'y recevroit par une écriture privée, *qua non facit probationem probatam, sed probandam*, & partant ne peut assurer pleinement & parfaitement le Collateur de la verité de la resignation, joint le hazard des faussetés & antidates. Le Notaire même ne seroit pas crû, & ne pourroit pas resigner valablement, s'il se disoit avoir été constitué Procureur, *Bart. in l. ex Sententia D. de testam. tut. Guid. Pap. qu.* 136. & *Matth. de Affli.* dit avoir été ainsi jugé en la Cour souveraine de Naples, *décis.* 317. *Bald. in l. judices C. de fide instrum.* Voyez la *Biblioth. Can.* to. 2. p. 503.

208 Un Procureur peut resigner avant que d'avoir reçû sa procuration, pourvû qu'il soit bien certain que veritablement il a été constitué Procureur. *Rota decis.* 145. & *Boër. in decis. Burdegal. quest.* 174. dit que *hoc servatur de consuetudine*, & qu'il faut qu'il soit assuré de son Mandement par Messager ou Lettres du Maître, & non pas d'un autre. *V.* la *Biblioth. Can.* to. 2. p. 504. col. 1.

209 La procuration pour accepter Benefice, & pour le resigner après l'an est nulle, *juxta Felinum in cap. non nulli, §. sunt & alii de rescript. Immola ad cap. ult. eod. tit. cap. gratum de offic. præleg.* Les Auditeurs de la Rote Romaine, décis. 529 *in antiquis*; & comme il fut jugé par Arrêt du Grand Conseil du 20. Janvier 1536. & par autre du Parlement de Bourdeaux rapporté par *M. Boyer en ses décis. décis.* 308. *Chopin*, *li.* 1. *de la Police Ecclesiastique, tit.* 6. *n.* 11. & *Tournet*, lettre P. *Arr.* 199.

210 Une procuration à resigner que le resignant n'a pû signer, où il n'y a que deux témoins, jugée nulle par Arrêt du Parlement de Grenoble du 23. May 1658. *Basset*, to. 2. liv. 1. tit. 6. chap. 3. Il observe que l'Edit des petites dates qui est daté à saint Germain en Laye au mois de Juin 1550. dans les Registres du Greffe du Parlement de Paris est daté dans celuy du Dauphiné du mois de Decembre 1548. il y est ordonné que le resignant signeroit la procuration, ensemble deux témoins; & où le resignant ne pourroit signer il y auroit quatre témoins. Cet Edit en la forme qu'il se trouve registré au Parlement de Grenoble y est donc suivi. Au contraire suivant les termes de son enregistrement au Parlement de Paris, il ne faut que deux témoins.

211 Une resignation où l'Edit d'Henry II. contre les petites Dates n'a été observé au regard des témoins, & dont la cede est demeurée en son pouvoir pendant sa vie, & le resignataire en faveur n'a pris possession qu'après la mort du resignant, est nulle. Par Arrêt du 20. Août 1672. *Basset*, to. 2. li. 1. tit. 6. ch. 2.

212 Jugé au mois de Juin 1681. au Parlement de Provence qu'une procuration *ad resignandum* doit être attestée par témoins domiciliez non parens ni domestiques. *Boniface*, to. 3. liv. 6. tit. 10. ch. 5.

213 Si une procuration pour resigner peut être reçuë valablement par un Notaire haut Justicier? Arrêt du Parlement de Paris du 4. May 1693. qui a appointé les parties au Conseil. *Journal des Audiences*, to. 5. li. 9. chap. 7.

214 La procuration *ad resignandum*, quoique passée devant deux Notaires subalternes, & sans minute, est valable, & le resignataire est censé faire une acceptation suffisante par la resignation qu'il fait luy-même à un tiers. Jugé en la Grand'Chambre du Parlement de Paris le 27. Juillet 1694. *Journal des Audiences*, to. 5. liv. 10. chap. 16.

RESIGNATION, PROVISION NOUVELLE.

215 Jugé au Parlement de Provence en 1659. que le resignant rentrant en son Benefice, n'est pas obligé de prendre de nouvelles provisions, mais seulement d'obtenir Sentence de reintegrande. *Boniface*, tome 1, liv. 2. tit. 10. chap. 6.

PUBLICATION DES RESIGNATIONS.

216 Sur la Regle *de publicandis resignationibus*. Vide *Servin*, tome 1. p. 242.

217 M. Charles Du Moulin fut consulté en 1525. ou 1526. avec les plus celebres Avocats sur la question suivante. Un resignataire prend possession en présence de deux témoins seulement, & du consentement du resignant; Il avoit renouvellé le bail des revenus du Benefice; le resignant demeura toûjours en possession, & étoit reputé le veritable titulaire. Six mois après, ce resignant est pourvû d'une dignité, sans quitter le premier Benefice, *Titius* l'obtient comme vacant par incompatibilité. Après cette impetration, le resignataire paroît & fait publier sa resignation du vivant du resignant, lequel même étoit encore en possession. Du Moulin se détermina pour l'impetrant, il ne fut pas suivi, les autres Avocats déciderent pour le resignataire, sur le fondement qu'on ne doit faire aucune extension d'un genre de vacance à un autre. *Voyez Du Moulin*, sur la Regle *de publicandis*, nombre 62. & suiv.

218 Un oncle malade resigne un Doyenné en faveur de son neveu âgé seulement de 18. ans; la resignation fut admise, le Pape donna la collation à son neveu avec la dispense d'âge, & la clause derogatoire à la Regle *de infirmis*. Cette provision ne fut expediée que par simple signature; l'oncle revenu en convalescence ne voulut point executer la resignation; les Bulles ne furent levées, ni expediées. Six mois après le resignant tombé dans une maladie plus dangereuse, consent que la premiere resignation soit executée; mais comme l'extremité de sa maladie ne donnoit pas le temps d'envoyer à Rome, il fit une démission és mains du Collateur ordinaire, qui conféra ce Benefice au neveu. L'oncle étant mort deux jours après la publication, le Collateur conféra ce même Benefice à *Titius* comme vacant par mort; un tiers s'en fit encore pourvoir en Cour de Rome avec la clause *quovis modo*. Arrêt du Parlement de Paris en faveur du neveu. On luy objectoit principalement la premiere resignation; mais il répondoit qu'il n'en avoit point eu connoissance, qu'il ne l'avoit pas même acceptée, *præsumitur ignorantia ubi scientia*

non probatur. Les autres ne le prouvant point, il devoit demeurer pour constant qu'il l'avoit ignorée. Voyez Du Moulin sur la regle *de publicandis*, n. 327. & suivans.

219 Titius passe procuration pour resigner son Benefice devant le Pape. Le Procureur le resigne; le resignataire qui a ses provisions ne prend possession, pas même après les six mois. Titius resigne derechef en un autre, qui en vertu de cette seconde resignation obtient ses provisions, & prend possession depuis dans les six mois; ensuite Titius resignant décedé, & par sa mort *Cajus* impetre le Benefice. Le Benefice appartient à celui qui est pourvû *per obitum*, par la regle de Chancellerie *de publicandis*, qui veut que le Benefice soit réputé avoir vaqué par mort. *Biblioth. Can. to. 2. p. 295. col. 2.*

220 Resignation admise par le Legat étant en France doit être publiée dans le mois comme de l'Ordinaire, nonobstant la regle des vingt jours. *Charondas, liv. 1. Réponse 18.*

221 Le pourvû par resignation doit faire publier sa resignation, & les provisions obtenuës sur icelle dans six mois, si elles ont été expediées en Cour de Rome, ou dans le mois si elles ont été expediées hors d'icelle: enforte que si le resignant meurt après ledit temps, étant en possession du Benefice, le Benefice sera estimé vacant non par resignation, mais par mort. *Despeisses, to. 3. p. 432.*

222 Arrêt singulier *Super 34. regulâ Cancell. Apostolicæ continen. quod possessio Beneficii resignati in Romanâ Curiâ debet adipisci & publicari infrâ sex menses, & si extrâ Curiam Roma. infrâ mensem: alias si resignans moriatur in possessione Beneficii resignati, dicitur vacare per ejus mortem, & non per resignationem: quod nota perpetuo & in æternum.* Cet Arrêt est du 14. Août 1504. *Bibliot. Can. to. 2, p. 510. & suiv.*

223 Si le resignataire n'a point été déposedé, la resignation devient caduque. *Voyez Rebuffe 3. part. praxis benef.* dans ses *Addit. sur la 37. Regle de Chancellerie*, où il rapporte des Arrêts du 23. Decembre 1505. 15. Mars 1508. & 7. Septembre 1526.

224 Resignations se doivent publier dans les six mois, autrement sont nulles quand le resignant meurt en possession, & elles sont ouverture à la vacance par mort. Arrêt du Parlement de Paris du 2. Avril 1567. *Papon, liv. 2. tit. 8. n. 1.*

225 Un resignataire garde long-temps sa procuration; mais il prend possession & fait publier avant la mort du resignant, six mois après l'impetration des Bulles; la resignation ne laisse de valoir. Arrêt du Curé de la Magdelaine du 16. Decembre 1574. *Bibliotheque Can. to. 2. p. 511. col. 1.*

226 Jugé par Arrêt du Parlement de Toulouse du 23. Juillet 1605. que la resignation faite d'une Prébende admise en Cour de Rome, du vivant du resignant, quoique la possession ait été prise après le décez du resignant, étoit bonne, pourvû que ce soit dans six mois après la resignation admise, au préjudice du Collateur ordinaire de ladite Prébende. *Filleau*, 4. *part. quest.* 105. & *Chenu* 2. *Cent. quest.* 5.

227 Il ne suffit pas d'avoir satisfait à la lettre de la regle *de publicandis*, c'est-à-dire, d'avoir pris possession par un resignataire, & de l'avoir fait publier; mais il faut encore satisfaire à l'esprit de la regle, c'est-à-dire, déposeder entierement le resignant, autrement s'il meurt en cet état, un tiers sera bien fondé à obtenir des provisions *per obitum*. Jugé en la Grand'-Chambre du Parlement de Paris le 28. Juillet 1693. *Journ. des Aud. tome 5. liv. 9. ch. 21.*

RESIGNATION PURE ET SIMPLE.

218 De la resignation pure & simple. *Voyez le Recueil des Arrêts de Jovet, p. 74.*

219 *De renunciatione simplici.* Voyez *Pinson* au titre *quibus modis vacent, vel amittantur beneficia* §. 9.

230 Jugé au Parlement de Paris qu'un Abbé, Prieur, ou autre, auquel droit de presenter aux Benefices vacans appartient, ne peut admettre les resignations, à moins que par privilege ou autrement la disposition *pleno jure* ne luy en appartienne. *Papon, liv. 2. tit. 8. nombre 18.*

231 Celuy qui s'est démis és mains de l'Ordinaire, ne peut plus resigner en Cour de Rome, si la démission a été admise par l'Ordinaire. Arrêt du Parlement de Paris de la veille de l'Assomption 1539. *Rebuffe sur le Concordat tit. de Collationibus. §. Volumus, verbo vacantia Beneficia.*

REFUS DU RESIGNATAIRE.

232 *Beneficium in alterius gratiam ejurantem, si ille repudiaverit, jus pristinum retinere, neque ei novâ collatione opus esse.* V. *Luc. li. 2. tit. 4. cap. 7.*

233 Si un resignataire répudie la resignation en faveur qui luy est faite, le resignant rentre de plein droit dans son Benefice; *secus*, si la resignation est pure & simple, quoique le Collataire répudie, la vacance subsiste toûjours, & le Collateur est en droit de pourvoir une autre personne. *Du Moulin sur la regle de publicandis*, n. 248.

234 Au mois de May un oncle resigne en faveur de son neveu, lequel *absens & ignorans*, est pourvû par le Pape. Au mois de Juillet le resignant *adhuc possidens* décede, l'Evêque confere à *Baldus* le Benefice comme ayant vaqué par mort; *Cynus* obtient une provision du Pape. Au mois d'Août le neveu répudie la resignation & collation; l'Evêque confere à *Dynus* le même Benefice *per obitum*; le Vicaire General de l'Evêque le confere à *Ennius* comme vacant par la repudiation du neveu. Enfin le nommé *François* se fait pourvoir par le Pape, & la provision comprend tous les genres de vacances. *Du Moulin sur la regle de verisim. notit.* n. 85. & suiv. propose cette espece & la décide en faveur de *Dynus*, parce que la répudiation du neveu a laissé en effet le Benefice dans le veritable état d'une vacance par mort. Car lors de la collation donnée à *Baldus*, la resignation subsistoit encore, & lors de la provision de *Cynus* le Benefice n'étoit pas vacant. De plus *Cynus* avoit été prévenu par *Baldus*, comme cette répudiation fait remonter la vacance au jour de la mort du resignant arrivée au mois de Juillet, si un Gradué avoit requis le Benefice, il luy appartiendroit.

235 Si le resignataire quoique pourvû refuse, le resignant demeure en son premier droit, & il n'est pas necessaire qu'il se fasse nouvellement recevoir au nombre des Chanoines. Arrêts du mois de Septembre 1365. & 23. Janvier 1549. Davantage le resignataire n'ayant accepté, nul ne peut après son décez se faire pourvoir, le resignant est maintenu; ainsi jugé le 5. Février 1577. *Papon, liv. 2. tit. 8. n. 17.*

236 Jean Bouchetel, Chanoine de Bourges, avoit resigné sa Chanoinie & Prébende en faveur de son neveu, la resignation admise par le Pape, lequel au même temps en avoit pourvû ce neveu, qui quand il eut connoissance de cette resignation & de cette collation faites en sa faveur ne les voulut pas accepter. Le Chapitre de Bourges refusoit de donner les fruits de cette Prébende au resignant, & ne le vouloit plus reconnoître comme Chanoine, à cause de cette resignation publique, qu'on ne pouvoit pas douter être admise en Cour de Rome. Bouchetel voyant ce refus, fit assigner le Chapitre & forma complainte contre lui pour le trouble qu'il luy faisoit en la possession & joüissance de cette Chanoinie. Par Arrêt du Parlement de Paris du 23. Janvier 1549. il fut maintenu dans la pleine possession & joüissance; & ordonné qu'il garderoit son ancien rang entre les Chanoines, & la place qu'il avoit dans le Chœur avant cette resignation, & que l'autre, comme dernier Chanoine, prendroit la derniere place. *V. Du Moulin, sur la regle de publicandis*, n. 245. il n'approuve pas neanmoins absolument cet Arrêt; il reserve à dire son sentiment dans son

RES   RES

son Commentaire sur la regle *de verisimili notitiâ*, n. 106.

237. Ce même Arrêt de 1549. est rapporté par *Rebuffe* en son traité *des Nominations*, n. 21. quest. 21. par *Papon, liv. 3. Arrêt 17.* & par *Lucius lib. 2. Placitor. tit. 4.* lequel rapportant la décision de l'Arrêt, *judicaverunt, inquit, P. C. conditionem huic ejurationi messe : & sic dictus Bouchetel, dit Rebuffe, in priorem locum & statum antiqui Canonici restitutus fuit, sive potius permansit. D. num. 45.*

238. Au Grand Conseil la Jurisprudence est differente de celle du Parlement ; l'on tient au Grand Conseil que quelque acceptation qu'un resignataire puisse faire, quand même il auroit obtenu *Visa* en personne, sur les provisions de Cour de Rome, à moins qu'il n'ait actuellement dépossedé son resignant, la resignation n'est point censée accomplie ; en sorte que si depuis la resignation acceptée, le resignataire décedoit sans avoir pris possession, le Benefice ne vaqueroit point par sa mort, & le resignant demeureroit dans son ancienne possession, sans qu'il fût besoin de nouvelles provisions. C'est ce qu'il declara en procedant à la verification de l'Edit du contrôle sur l'article 10. qui portoit : *Et quant aux resignations faites en faveur, si le resignataire y a consenti expressément ou tacitement ; le resignant demeurera pareillement privé de son droit, & n'y pourra rentrer sans nouvelles provisions : comme aussi tous les resignataires seront tenus de prendre possession au plûtard dans trois ans aprés leurs provisions, autrement & aprés ledit temps, elles demeureront entierement nulles, ores que le resignant soit encore vivant, lequel ne pourra plus resigner directement ni indirectement le même Benefice en faveur de celuy qui aura laissé passer ledit temps de trois ans sans prendre possession.* Le Grand Conseil y apporta cette modification par son Arrêt, *à la charge que pour les resignations faites en faveur, le resignataire ne sera privé de son droit qu'aprés la prise de possession du resignataire, & que pour la multiplicité & diversité des resignations, les Arrêts seront executez selon leur forme & teneur.* A l'égard du Parlement, il a jugé que dés le moment que le resignataire, par quelque acte, avoit accepté la resignation faite en sa faveur, il acquiert tout le droit au Benefice ; & s'il venoit à deceder avant que d'avoir prise possession du resignant, il feroit vaquer son Benefice par sa mort : en quoy il a suivi l'autorité de M. Charles Du Moulin, en son Commentaire sur la regle *de publicandis resignat. n. 144. & 245.* Voyez les *Definitions Canoniques,* verbo *Acceptation, p. 8.*

239. Une resignation est admise en Cour de Rome, cependant le resignataire la refuse. Jugé par Arrêt prononcé en Robes rouges le 7. Septembre 1565. que le Benefice est demeuré *pœnes resignantem,* jusqu'à ce qu'il prenne une nouvelle possession. *Bibliotheque de Bouchel,* verbo *Resignation.*

RESIGNATION, REGALE.

240. Resignation faite pendant la Regale. Voyez le mot *Regale, n. 217. & suiv.*

241. Une resignation d'une Prébende admise en Cour de Rome aprés trois ans de possession du resignant, n'est plus considerable, & la Prébende ne peut être impetrée comme vacante en regale. Jugé le 27. Juillet 1628. *Du Frêne, liv. 2. chap. 25.* Voyez Charondas, *liv. 11. chap. 43.* qui rapporte un Arrêt contraire du 22. May 1599.

242. En l'ouverture de Regale, le Roy peut pourvoir sur une resignation *in favorem.* Arrêt du Parlement de Paris du 7. May 1601. *Papon, liv. 2. tit. 3. n. 21.*

243. Resignation *in favorem,* non admise ni effectuée, ne fait vaquer le Benefice en Regale, & le resignant étant décedé avant l'admission, la Regale n'est ouverte que par le décez. Arrêt du 19. Mars 1618. dans *Bardet, tome 1. liv. 1. ch. 14.*

RESIGNATION, REGREZ.

244. Resignataire contraint de rendre le Benefice resigné pour indisposition. *Tournet, lettre R. Arr. 179.*

245. Arrêt du Parlement de Paris du 23. Janvier 1549. qui ordonne que M. Bochetel Chanoine de Saint Etienne de Bourges, rentreroit dans le Benefice qu'il avoit resigné, & qu'il reprendroit au Chœur son premier rang, le Chapitre qui s'opposoit à sa prétention, & qui demandoit un droit de Chappellon condamné aux dépens, dommages & interêts. Voyez Rebuffe, *3. part. praxis Benef.* sur la regle *de publicandis resig. glos. 18. n. 30.* & cy-dessus le *n. 236.*

246. Curé âgé de soixante-huit ans induit à resigner sa Cure moyennant une lettre de confidence, reçû à y rentrer contre le resignataire du resignataire. Jugé le 16. Mars 1617. *Du Frêne, liv. 1. chap. 130.*

247.

248.

249. Resignant en extrêmité de maladie une Chanoinie dans le Chapitre de S. Hilaire de Poitiers, admis au regrez, reprend son même rang, lieu & place. Jugé le 7. Juillet 1637. *Bardet, 5. to. 2. li. 6. ch. 19.*

250. Une resignation d'un Benefice faite en Cour de Rome en faveur, se trouvant nulle pour avoir été le Patron laïc resigné au regrez, même à l'égard d'un pourvû depuis par l'Ordinaire sur la nomination du Patron : le même a lieu en la Regale, icelle venant à être ouverte. Jugé le 30. May 1647. *Du Frêne, liv. 3. chap. 19.*

251. Arrêt du Parlement d'Aix du 20. May 1661. qui a jugé que celuy qui avoit deux Benefices incompatibles pouvoit rentrer au Benefice qu'il avoit resigné, quand l'autre lui avoit été évincé. Ce même Arrêt a jugé, que le resignant rentrant en son Benefice, doit payer les frais des provisions du resignataire. *Boniface, to. 1. li. 2. tit. 10. ch. 4.*

252. Par Arrêt du Parlement de Paris du 17. Janvier 1665. jugé que le Titulaire d'un Benefice par luy resigné en extrêmité de maladie étant revenu en convalescence, rentre de plein droit dans le Benefice, en telle sorte qu'il peut le resigner une seconde fois en faveur de quelque autre. *Soefve, to. 2. Centurie 3. chapitre 37.*

253. Le regrez ne doit avoir pour motif que la resignation faire en extrêmité de maladie ; & il ne doit s'y rencontrer aucunes autres circonstances. Arrêt en la Grand'Chambre du Parlement de Paris du 9. Juillet 1694. *Journ. des Aud. tome 5. liv. 10. ch. 16.*

RESIGNATION, RESERVE.

254. De la reserve des fruits dans la resignation. Voyez le mot *Fruits, n. 135. & suiv.* & M. Loüet, *lettre F. somm. 16.*

255. La resignation de celuy qui a retenu la moitié des fruits est valable ; il ne peut même demander de rentrer dans son Benefice faute du payement du total de la pension ; le successeur du resignataire, le resignataire luy-même peut en obtenir la reduction. Que si la procuration a été passée avec cette clause *nec alias, nec aliter, nec alio modo,* cette condition étant impossible, est en même temps nulle, & ainsi si le resignant meurt en possession du Benefice dans les six mois, le Benefice vaquera par sa mort. *Du Moulin, de infir. resig. n. 14.*

256. Un neveu pourvû de la Chanoinie resignée fit le lendemain un contrat sous le sceau du Chapitre de Chartres, par lequel il donna & ceda à son oncle tous les revenus du Benefice tant gros fruits que distributions manuelles pour en joüir sa vie durant, & les percevoir sur ses quittances particulieres. *Du Moulin* sur la regle *de publicandis,* n. 290. dit que ce contrat ne valoit rien, parce qu'il étoit fait en fraude du decret, *ut beneficia sine ullâ diminutione conferantur,* au préjudice du decret *de reservationibus sublatis, in fraudem simoniæ vetitâ, & c.*

257. Sur la question de sçavoir si le Pape peut reduire la reserve generale à une partie des fruits ? Voyez *Du Moulin* sur la regle *de publicandis.* n. 294.

258. Reservations excessives ne rendent point la resignation nulle. Arrêt du Parlement de Toulouse du

3. Février 1493. qui maintient une Abbesse resignataire, sans avoir égard aux reserves tant des fruits que de regrez. *Papon, liv. 2. tit. 8. n. 8.*

259. Une resignation qui seroit faite d'un Benefice, à la reserve de tous les fruits, est abusive. *Flamin. l. 6. quæst. n. 42.* rapporte un Arrêt qui l'a ainsi jugé le 14. Avril 1496. il n'est pas juste qu'un homme qui n'est plus titulaire joüisse de tous les fruits d'un Benefice qu'un autre dessert. Ce même Auteur rapporte un autre Arrêt qui a jugé qu'une telle resignation est nulle, & que si le resignant venoit à déceder, le Benefice vaqueroit *per obitum*; ce qui est à remarquer, l'Arrêt est de 1512. *Rebuffe* sur le Concordat, au tit. *de reservationibus.*

260. Vincent Flamand avoit été pourvû de la Cure d'Amigniac sur la resignation de Nicolas de Lorme; resignation admise par le Pape, suivie de prise de possession, le tout notifié à l'Evêque de Mâcon qui étoit Collateur, & au Chapitre qui étoit Patron. Aprés deux années & demie le resignant mourut; Barthelemy Maguin se fit pourvoir de cette Cure comme vacante par le décez de de Lorme qui avoit toûjours joüi. Arrêt du Parlement de Paris du 5. Mars 1512. en faveur de Maguin. La Cour n'eut égard à la possession presque triennale, fondée sur un titre non coloré & absolument abusif, à cause de la reserve de tous les fruits. *Voyez Du Moulin* sur la regle *de publicandis, nombre 193.*

261. Resignation avec retention de la moitié des fruits est reçuë en France. Arrêt du Parlement de Bourdeaux de l'an 1534. on suppose que l'autre moitié peut suffire aux alimens. *Papon, liv. 2. tit. 8. n. 4.*

262. La resignation faite avec reserve de tous fruits, ne laisse pas de valoir, quoique le Pape n'ait accordé que la moitié, parce qu'alors *non stat per procuratorem*, & que *Papa non subjicitur conventionibus quæ contra leges fiunt.* Arrêt du Parlement de Bourdeaux de 1552. *Voyez Rebuffe, 3. part. praxis benef. C. de resignat. condit. n. 25. & suiv. & Papon, liv. 2. tit. 8. n. 7. & suiv.*

263. M. Jacques Foüin, Abbé de saint Serge lez-Angers, resigne son Abbaye à son neveu, à la charge d'une pension de 1000. écus ou la moitié des fruits, avec la collation des Benefices dépendans de cette Abbaye. La resignation admise en Cour de Rome, le resignataire meurt. M. Jean Surhomme se fait pourvoir de l'Abbaye *per obitum*. L'oncle prétend que son neveu avoit son décez luy avoit rétrocedé; procés au Grand Conseil. Le sieur Foüin forme complainte pour raison du possessoire, & subordinément en la joüissance de la pension de 1000. écus, ou de la moitié des fruits & reservation de la collation, & presentation des Benefices dépendans d'icelle Abbaye. Surhomme interjette appel comme d'abus de la creation de pension & reservation de la collation. Par Arrêt du Grand Conseil du dernier Septembre 1593. à Chartres, défenses sont faites à Foüin de troubler Surhomme en la possession de l'Abbaye; & en tant que touche l'appel comme d'abus, la pension est declarée abusive, en ce qu'elle contient reservation de la collation des Benefices, & de la moitié des fruits, ou de la somme de 1000. écus; en corrigeant l'abus, la pension réduite au tiers des fruits, sans que Foüin se puisse aucunement entremettre en la presentation & collation des Benefices en dépendans. *Bibliotheque Can. to. 1. page 266. col. 2.*

264. Le Cardinal de Pelve resigne à son neveu un Prieuré, & par un acte separé, il retient les fruits & les collations du Benefice; le resignataire maintenu le 28. Mars 1597. *M. Loüet, lettre F. som. 16.*

265. Le 6. Juillet 1600. fut plaidé l'appel comme d'abus interjetté par M. l'Avocat General Servin, de l'execution de la Bulle accordée à M. le Cardinal de Gondy, resignant l'Evêché de Paris à Messire Henry de Gondy son neveu, avec reserve de la collation des Benefices simples, & des Dignitez, *loco pensionis*. Cet appel fondé sur la maxime ordinaire, *ne Beneficia Ecclesiastica cum diminutione conferantur*, qui seroit admettre deux Evêques *in eadem civitate*, & que d'ailleurs sur les Benefices à charge d'ames, les pensions n'étoient point favorables. Le Cardinal soûtenoit que *non erat in jure prohibitum*, que le resignant ne pût retenir, *loco pensionis*, les collations; qu'en même espece, on l'avoit ainsi pratiqué dans l'Evêché de Paris, comme rapporte *Probus*, Traité des Regales, *quæst. 23. in principio*, que *collationes erant in fructu*, *pars in fructus faciebant propter gratificationem*; que l'on n'étoit point au cas de la Regle, *ut Ecclesiastica Beneficia sine diminutione conferantur*; que les Benefices étant conferez par l'Evêque, c'étoit *sine ulla diminutione*; que l'on ne pouvoit dire que *duo essent Episcopi*; que le Roy avoit consenti à la retention des collations, ce qui avoit été autorisé par le Pape, & que tous deux ont *magnam*, même comme l'on dit en France, *omnimodam potestatem habent in consistorialibus Beneficiis*; que particulierement cette prérogative, ou ce privilege avoit été accordé à Messieurs les Cardinaux, qui en avoient de tout temps ainsi usé en France. Par Arrêt la cause fut appointée au Conseil. *Voyez M. Loüet, lettre P. sommaire 33.*

Sur un pareil appel comme d'abus interjetté par M. du Mesnil, Avocat General au Parlement de Paris; & sous le Regne de Henry II. il y eut un semblable appel comme d'abus interjetté par M. le Procureur General du Grand Conseil; qui fut appointé au Conseil; c'étoit contre M. le Cardinal de Lorraine, qui fit évoquer l'affaire au Privé Conseil. *M. Loüet, ibid.*

RESIGNATION REVOQUÉE.

Voyez cy-dessus le nomb. 158. 166

Resignation révoquée pour cause d'ingratitude. *Voyez* le mot *Ingratitude, n. 17.*

De revocatione procuratoris quomodò & quando fieri possit ? V. Rebuffe, *3. part. praxis benef.* 167

De la révocation des procurations *ad resignandum*. *Voyez Rebuff.* sur le Concordat, au titre *de sublatione Clementina litteris.*

Touchant la révocation des résignations. *Voyez* le Conseil 58. de Du Moulin, tome 2. p. 975. 168

En quel cas le resignant peut révoquer des Procureurs constituez ? *V. Tournet, lett. R. Arr. 159.* 169

Felinus a soûtenu, qu'il suffisoit de révoquer la 170 procuration *ad resignandum*, renvoyée en Cour de Rome, & de notifier cette révocation à celuy-là même, en faveur duquel la resignation étoit faite, d'autant que jusques à l'admission, on ne peut pas dire qu'il y ait une resignation. *V. Du Moulin*, sur la Regle *de Publicandis, n. 176.*

Révocation du Procureur peut être faite avant la 171 resignation, *Clement. un. de renunciat.* mais il faut 272 que cette révocation soit intimée & signifiée au Collateur, & au Procureur constitué; autrement la resignation vaudra *D. Clemen. un.* & non seulement au Procureur, mais à tous les Procureurs, s'il y en a plusieurs constituez; autrement la resignation qui auroit été faite par l'un de ceux ausquels la resignation n'auroit pas été signifiée, seroit jugée bonne, *cap. si duo ubi doct. de procurat.*

L'Ordinaire ne peut toucher à un Benefice auquel 173 le Pape a mis la main. Jugé au Parlement de Bourdeaux le 23. May 1514. qu'un titulaire ayant passé procuration à resigner en Cour de Rome, ne peut, ores qu'il ait révoqué premierement la procuration, resigner és mains de l'Ordinaire, ce qui depuis a été confirmé par autre Arrêt du mois de Février 1531. soit que la révocation ait été notifiée ou non. *Papon, liv. 2. tit. 8. n. 15.* Et dans la Note, il est ajoûté, *pourvû que l'un ou l'autre, sçavoir le Procureur ou le Superieur sçache la révocation.* Voyez *Boüt, quæst. 207.*

274. Révocation faite après la résignation admise, ne peut nuire au résignataire, ni la Regle de *Publicandis resignationibus*, pour n'avoir pris possession dans les six mois du vivant du résignant. Jugé le premier Février 1547. Et il faut que le résignataire entre en joüissance. Jugé le 18. Janvier 1603. *Carondas*, liv. 1. *Réponse* 21.

275. Provisions admises sur résignation au préjudice d'une révocation signifiée au résignataire, sont nulles, & n'ont pû être validées par un départ intermédiaire de la révocation. Arrêt du 16. Mars 1627. *Bardet, tome* 1. *liv.* 2. *ch.* 103.

276. Révocation d'une résignation, dûment signifiée avant la date de la signature, & du consens, (quoique depuis l'arrivée du Courier) est valable. Ainsi jugé le 21. Juillet 1631. *Ibid. liv.* 4. *ch.* 40.

277. La révocation avant l'admission empêche l'effet de la résignation, même sans une pension. Jugé au Parlement de Toulouse le 27. Février 1637. en faveur de Barbé, contre un autre Barbé son neveu, la pension étant de 1200. liv. *Albert, lett.* B. *art.* 15.

278. Arrêt du 3. Novembre 1643. qui a jugé que la révocation de procuration *ad resignandum*, notifiée au résignataire *in favorem* suffit. Ce même Arrêt a jugé que la résignation étant révoquée, le résignataire doit être remboursé des frais des provisions obtenuës sur la foy de la procuration contre le résignant. *Boniface, tome* 1. *liv.* 2. *tit.* 24. *ch.* 1.

279. Jugé que la révocation nulle à l'égard du résignant, & qui à cause de sa nullité, ne donnoit point le droit au résignataire de rentrer dans son Benefice, pouvoit être bonne contre le résignataire, en faveur du pourvû par l'Ordinaire. Voicy le cas. Darles résigne à Pons, qui obtient des provisions au mois de Février, & se met en possession au mois d'Août suivant, trois ou quatre jours avant la mort du résignant, qu'il paroissoit avoir, avant la résignation admise, il révoque la résignation par acte en Cede volante. Aprés la mort de ce résignant, l'Ordinaire fait titre à Delpoüy du Benefice comme vacant par le décez de Darles. Le pourvû sur résignation prétendoit que les provisions devoient avoir leur effet malgré la révocation nulle, suivant l'article 28. de la Déclaration de 1646. qui veut que les révocations soient enregistrées sur le Régistre du Notaire, à peine de nullité. Le pourvû par l'Ordinaire répondoit que cela n'étant ainsi ordonné que pour empêcher les fraudes qui pourroient par cet endroit être pratiquées contre les Collateurs ordinaires, ce qui avoit été établi en leur faveur, ne devoit pas tourner à leur préjudice, & cette raison décida en faveur du pourvû par l'Ordinaire. Arrêt du Parlement de Toulouse, rapporté par *M. de Catellan*, *liv.* 1. *ch.* 12.

280. *Voyez les* 11. 13. & 14. *Plaidoyez de M. Gaultier, tome* 2. pour M. Payen, Conseiller au Parlement, maintenu dans la possession du Prieuré de la Charité, par Arrêt du Grand Conseil. Il s'agissoit d'une question de la révocation d'une résignation.

281. Il suffit que la révocation d'une résignation soit signifiée au Banquier chargé de la procuration de la part du résignant; la signification n'étant point rapportée, est suffisamment prouvée par l'Extrait du Controle, où le Commis du Banquier, porteur de la révocation & signification d'icelle, a signé. Arrêt du 19. Avril 1649. *Soefve, tome* 1. *Cent.* 3. *ch.* 5.

282. *Henrys, to.* 2. *liv.* 1. *quest.* 15. cite un Arrêt rendu à l'Audience de la Grand'Chambre du Parlement de Paris le 15. Juillet 1653. au Rôlle de Lyon, pour un Canonicat de saint Paul de la Ville de Lyon, par lequel il a été jugé que la révocation d'une résignation ne se peut pas verifier par témoins. Cette question ne peut plus se presenter au moyen de l'Edit des Insinuations du mois de Decembre 1691. qui veut que tous les actes concernans les Benefices soient insinuez, à peine de nullité.

Tome III.

La preuve par témoins d'une résignation révoquée, a été rejettée par Arrêt du Parlement de Toulouse du 25. Février 1669. *Voyez M. de Catellan*, *li.* 1. *ch.* 22.

284. Me. Daubeze Curé de la Gardelle étant malade, fit une procuration en Cour de Rome, pour résigner sa Cure en faveur de Me. Timbal: mais cette procuration ayant été revoquée bien-tôt-aprés, il se trouva que la révocation avoit été signifiée trois jours avant que la procuration fût admise. Me. Daubeze étant mort, Bourzes impetra le Benefice *per obitum* & un autre aprés luy. Arrêt du Parlement de Toulouse du 10. Septembre 1672. en faveur de Bourzes, il est rapporté par M. *Jean Albert lettre* B. *art.* 15.

285. Revocation d'une résignation doit être rapportée en forme, & ne peut être prouvée par le livre Journal du résignant, ni celuy du Sergent qui dit l'avoir signifiée, ni par témoins. Jugé le 4. Juillet 1633. *Bardet tom.* 2. *liv.* 2. *ch.* 49.

286. D'une seconde résignation faite dans les trois ans de la premiere. Me. Boyer Curé de sainte Foy *in infirmitate constitutus*, la résigne à Lasceube le 29. Août 1668. Celuy-ci n'en prend possession que le 7. Septembre 1670. intermediairement, & le 19. Juillet 1669. Boyer revenu de sa maladie, résigne son même Benefice à Camare. Procez. Arrêt du Parlement de Toulouse du 6. May 1678. en faveur du premier résignataire, fondé sur ce que le résignant dépoüillé de son droit, n'avoit point marqué qu'il voulût y rentrer, d'ailleurs *Renuntiantibus non datur regressus*. V. *les Arrêts de M. de Catellan*, *liv.* 1. *chap.* 27.

287. En fait de résignation pure & simple, il n'y a plus lieu à la revocation, du moment qu'elle est admise par l'Ordinaire, quoyque le Benefice ne soit pas encore remply. Arrêt du Parlement de Metz du 31. May 1691. *Voyez le Journal des Audiences tom.* 5. *liv.* 7. *chap.* 29.

RESIGNATION, SERVITEUR.

288. La résignation faite par un serviteur qui avoit été nourry & élevé par son Maître, des Benefices obtenus par la liberalité de son Maître, & sans consentement, encore bien que la résignation fût faite *causâ permutationis*, Jugée nulle le 12. Janvier 1564. *M. Loüet & son Commentateur lettre* B, *Somm.* 7.

RESIGNATION, SIMONIE.

289. Lorsque la résignation est simoniaque de la part du résignataire, elle est nulle; le résignant mineur peut être réintegré même par le Juge seculier, sans qu'il ait besoin de Lettres de restitution, ni rescript du Pape, comme plusieurs ont pensé; ainsi jugé au Conseil Privé du Roy le 2. Janvier 1542. pour François Matthieu contre Nicolas de Berry: celuy-ci condamné sur peine de prison, à passer une procuration valable, & en bonne forme, pour retroceder la Cure de saint Hilaire de Lymerat, en faveur de Matthieu, duquel il avoit extorqué une résignation, avec defences à Matthieu de passer une procuration sans l'autorité de son curateur, & à tous résignataires d'accepter à l'avenir telles résignations sur peine d'amende arbitraire. Arrêt semblable de Bourdeaux du 25. Juillet 1564. *Bibliotheque Can. tom.* 2. *p.* 293. *col.* 1.

290. Le fait de simonie concernant le résignant qui n'en a été convaincu, ne nuit à son résignataire, & n'est facilement reçu en regale. Jugé au mois de Mars 1574. *Charondas*, *liv.* 1. *Rép.* 9.

RESIGNATION, TITRE CLERICAL.

291. Celuy qui a pris les Ordres sous le titre de son Benefice, quoyqu'il n'ait pas d'ailleurs de quoy vivre, peut résigner. C'est l'usage de France contre la prohibition du Concile de Trente, *Neque ea resignatio admittatur, nisi constito quod aliundè vivere commodè possit*, & contre l'usage & le style des Officiers de la Daterie, qui dans les signatures d'Indult *extra tempora*, à titre de Benefice, mettent toûjours la clause aprés qu'il aura apparu que les fruits dudit Benefice

Kkk ij

sont suffisans pour sa subsistance ; *Constito prius quod idem orator capellaniam hujus modi verè, realiter, & pacificè possideat, & capellania hujus modi fructus ad congruam sui sustentationem sufficiant.* Pastor *lib. 3. tit. de renunciat. num.* 14. Pinson *de tit. Beneficiorum num.* 19.

293   Par Arrêt du Parlement de Paris du mois d'Avril 1592. lors seant en la ville de Tours, il a été jugé que le Benefice dont un Prêtre étoit pourvû lorsqu'il a été reçu à l'Ordre, pouvoit être resigné. *Vide cap. Cum secundum Apostolum,* & *cap. Tuis quæstionibus de Prebend.* Biblioth. Can. *to.* 2. *p.* 644. *col.* 2.

RESIGNATION, VACANCE.

294   Si un homme a resigné son Benefice à une personne qui ne peut l'obtenir à cause de quelque incapacité & inhabilité, on demande si le Benefice vaque par la resignation, en sorte que le resignant n'y puisse rentrer. Rebuffe tient que le resignant peut rentrer ; Parisius est d'avis contraire. *Voyez* Frain, *page* 858.

295   C'a été une grande question dans laquelle Gomez & Du Moulin sur la regle *de infirmis resig. quæ l.* 29. sont d'avis contraires, de sçavoir lors d'une resignation en quel temps commence la vacance. Gomez a crû que c'étoit du jour de la procuration pour resigner, & que le Notaire comme Juge cartulaire, avoit l'authorité de recevoir la renonciation à un Benefice. Du Moulin au contraire a refusé cette opinion, il l'appelle simoniaque, en ce qu'elle attribuë à un Laïc le pouvoir sur des choses spirituelles. L'opinion de Du Moulin a prévalu à celle de Gomez. Bibliotheque Can. *tom.* 1. *p.* 287.

296   Si le resignant continuë de percevoir les fruits, la resignation est caduque, & le Benefice vaque, non pas par elle mais par la mort du resignant qui n'est point dépossedé. V. Rebuffe 3. *part. praxis Benef. dans ses addit. sur la* 37. *regle de Chancel.* où il rapporte des Arrêts des 13. Août 1504. 15. Mars 1508. & 7. Septembre 1526.

RESIGNATION, Visa.

297   Si un titulaire peut resigner avant qu'un devolutaire ait pris visa ou Lettres *In formâ dignum* de l'Ordinaire ? Oüy, dit Basset, *tom.* 1. *liv.* 1. *page* 58. parce que les rescrits *cum decreto & committatur Ordinario in formâ dignum antiquâ aut novissimâ* ne sont que provisions conditionnelles, ou autrement *mandata de providendo*, dont la perfection dépend du visa. *Vide ibid. p.* 59. Duperray *en sa capacité des Ecclesiastiques, p.* 642. *& suiv.* refute cette opinion, & dit que les mandats *de providendo* ont toûjours été donnés *ad vacatura*, ce que l'on appelle graces expectatives, lesquelles ont été abolies par le Concile de Trente à la reserve des Graduez, Indultaires, Brevetaires de joyeux avenemens & serment de fidelité. Comme le Pape donne tous les jours des provisions sur de veritables vacances, il est vray de dire que les provisions donnent *jus in re*, & que les graces expectatives ne donnent qu'un droit *ad rem*, lequel on ne peut resigner, le resignataire peut donc resigner *possessione nondum adeptâ*, à un tiers & sans avoir un visa, quand même il luy auroit été refusé pour cause d'indignité.

298   Si le resignataire n'a point pris de visa, le resignant n'est point depossedé, ensorte que le resignataire mourant, le Benefice ne vaqueroit par sa mort. *Voyez* M. du Perray *en sa capacité des Ecclesiastiques, page* 643.

299   Le resignataire ayant la signature de Rome *sub formâ dignum*, doit se presenter à l'Evêque pour avoir son visa, autrement la provision est nulle, & donne ouverture à la vacation par mort, & à la regale. Arrêt du 21. Juillet 1575. Papon *liv.* 2. *tit.* 3. *n.* 19.

300   Un titulaire peut resigner avant qu'un devolutaire ait pris visa, ou Lettres *in formâ dignum* de l'Ordinaire. Arrêt du 2 Septembre 1665. La raison donnée est que les rescripts *cum decreto & committatur Ordinario* ne sont que provisions conditionnelles, ou autrement *mandata de providendo*, dont la perfection dépend du visa. *Voyez* Basset, *tome* 1. *liv.* 1. *tit.* 4. *ch.* 10. *& cy-aprés verbo* Visa.

RESIGNATION D'OFFICE.

301   *Voyez cy-dessus* le mot Office §. *Resignations d'Offices*.

Des resignations & survivances promises ou prohibées. *Voyez la Conference des Ordonnances liv.* 11. *tit.* 86. *& la Bibliotheque Can. tome* 2. *p.* 500.

302   En Offices il faut pour valider la resignation, qu'il y ait reception & prestation de serment, *alioquin* le resignant demeure toûjours en possession, & le resignataire mourant, *non censetur vacare Officium.* Jugé le 27. May 1573. contre les Elûs d'Orleans, pour un Duplessis qui avoit resigné à un autre depuis la mort de son premier resignataire non receu, ils vouloient faire supprimer cet Office par mort. Papon, *liv.* 3. *tit.* 6. *nombre* 2.

303   On n'est point contraint précisément de resigner un Office dont on est pourvû, bien que l'on s'y soit obligé ; cela se resout en dommages & interêts. Arrêt de 1608. M. Bougnier *lettre* R. *nombre* 13.

304   Arrêt du mois de Mars 1615. qui a jugé que la resignation d'un Office de Conseiller de la Cour n'avoit pû être revoquée. Le resignant offroit des dommages & interêts, mais il étoit prouvé que le resignataire avoit manqué trois ou quatre occasions. Le Bret *liv.* 2. *decision* 2.

305   Aprés le crime & assassinat commis & avant la Sentence Prevôtale de mort donnée contre l'accusé & mort dans les cinq ans, la resignation de son Office est valable, parce que ce n'est pas une vraye & parfaite condamnation, mais feinte & imparfaite. Jugé le 18. Septembre 1618. M. le Prêtre *premiere Cent. ch.* 84. *in margine.*

RESSORT.

1   DU dernier ressort, & que c'est un des principaux droits de la Souveraineté. Le Bret, *Traité de la souver. liv.* 4. *ch.* 2.

2   Arrêt du 4. Septembre 1545. qui défend à tous Magistrats de porter juger les Procez hors des ressorts des Sieges où les matieres sont traitées. La Rocheflavin *liv.* 6. *tit* 56. *Arr.* 8.

3   Sergens & Notaires ne peuvent exploiter ni instrumenter és terres des Hauts-Justiciers, sinon és cas de ressort, & par la permission desdits Seigneurs, suivant l'Ordonnance. Jugé par Arrêts des 20. Decembre 1575. & 20. Mars 1603. M. le Prêtre 4. *Cent. chap.* 34.

Voyez le mot Notaires *nomb.* 181. *bis & suiv.*

4   Il n'est pas permis de distraire du pays de Bourgogne hors du ressort, sans visa ou *pareatis* de la Cour. Arrêt du Parlement de Dijon du 16. Février 1615. Bouvot, *tom.* 2. *verbo* Sergent, *quest.* 25.

5   Arrêts du Parlement de Provence des 21. Mars 1634. & 21. May 1665. qui défendent aux Officiers de faire des procedures hors le lieu de leur établissement. Boniface, *tom.* 1. *liv.* 1. *tit.* 25. *n.* 4.

Arrêt du même Parlement de Provence du 23. Janvier 1687. qui a jugé que les Parties de differens ressorts en même Cause, pour être attirées au Lieutenant General d'Aix, suivant l'Edit de Cremieu, doivent être Parties principales. Boniface, *tom.* 3. *liv.* 1. *tit.* 8. *chap.* 17.

RESTITUTION.

1   IL y a la restitution qui consiste à rendre une chose induëment prise & reçuë ; & la restitution qui est un rétablissement dans le premier état où l'on étoit avant un acte passé.

La restitution dans le premier sens que nous luy donnons, est un droit bien negligé, & sur lequel les Jurisconsultes se sont expliquez aussi-bien que les Canonistes.

RES RES 445

2   Définition & sens de ce mot *Restituere*. L. 22. 35. 73. 75... 94. & 246. §. 1. D. de verb. sign.
  Restitution emporte les fruits. L. 173. §. 1. D. de reg. juris.
  Sur la restitution des biens mal acquis. *Voyez* les Auteurs qui suivent.
3   S. Bernardini *de Christianâ Religione, sermo* 33. & 7. *sequentes*.
4   Dominicus Sotus *de Jure & Justitiâ, libro* 4. *questione* 6. & 7.
5   Silvester *tractatus octo, & alii in summis*.
6   *De restitutionibus usurarum*. Fratris Franc. de Plateâ & Gerardi Senensis. Ord. Herem.
7   Franc. de Plateâ *tractatus restitutionum & usurarum*.
  Joannis de Medinâ *codex de restitutione*.
  S. Thomas 2. 2. *questio* 62.
  S. Antonini *summa confessionalis cum tractatu de restitutionibus*.
8   *Rebus pignoratis pretio redemptis, an ad restitutionem pretii agi possit?* Voyez *Andr. Gaill. lib. sing. observatio.* 11.
9   Des fruits & de la restitution d'iceux. Ordonnances de Fontanon, *to.* 1. *li.* 3. *tit.* 62. *p.* 640.
10 De la restitution de fruits, arrerages, dommages & interêts, & remboursement de réparations. *Voyez* le mot *Fruits, n.* 139. & *suiv.*
11 Restitution de fruits en faveur de l'Eglise qui rentre dans un domaine aliené. *Voyez* le mot *Alienation de biens d'Eglise, nomb.* 86.
12 Legs par forme de restitution. *Voyez* le mot *Legs, nomb.* 598. & *suiv.*
13 De la restitution de la Dot. *Voyez* le mot *Dot, n.* 372. & *suiv.* & cy après *le nomb.* 65.
14 Le mineur, qui a traité avec son tuteur, & reçû argent, peut, étant restitué, être contraint à rendre ce qu'il a reçû; mais son offre de bailler caution est suffisante de rendre s'il se trouve debiteur. Arrêt du Parlement de Dijon du 15. Juin 1619. Bouvot, *to.* 2. verbo *Tuteurs & Curateurs, quest.* 24.

RESTITUTION DU CONDAMNÉ.

15 Restitution du condamné en ses biens par Lettres du Prince. *Voyez* le mot *Condamné, nombre* 28. & *suivans*.

LETTRES DE RESTITUTION.

16 *Voyez* cy-dessus *Rescision*, & à ce sujet le Commentaire Latin de Jean Constantin sur l'Ordonnance de François premier.
17 *De restitutione in integrum*. Per Emanuelem Costam, *& per Joan. Mauritium Dolanum.*
18 *Tract. de restitutione in integrum variorum fol.* Francofurti.
19 Oddius *de restitutione in integrum. vol. in folio.* Ffurti 1671.
20 *De restitutione in integrum adversùs lapsum fatalium.* Voyez *Andr. Gaill. lib.* 1. *observ.* 143.
21 Restitution demandée contre un contrat. *Voyez* le mot *Contrat, nomb.* 24. & *suiv.*
22 *Mainard, liv.* 6. *ch.* 16. & *suiv.* montre que Papon rapportant un Arrêt du Parlement de Toulouse au titre des Restitutions en entier, livre 16. Arrêt dernier a erré au fait.
23 Si l'émancipé est restituable? *Voyez* le mot *Emancipation, n.* 33. & *suiv.*
24 Des restitutions en general, de la restitution des mineurs & des majeurs. *Voyez* le 2. tome des Loix Civiles, *liv.* 4. *tit.* 6.
25 De la restitution en entier, de ses causes, soit minorité, crainte, dol, erreur de fait. *Voyez* Despeisses, *to.* 1. *p.* 738. & *suiv.*
26 *De iis quæ fato accidunt, non datur in integrum restitutio.* Mornac *l.* 44. *ff. ex quibus caussis majores, &c.*
27 *Non enim eventus damni restitutionem indulget; sed inconsulta facilitas, ætatisque lubricum.* Mornac *l.* 11. §. *sciendum ff. de minoribus* 25. *annis.*
28 *Beneficium restitutionis transit ad hæredem; & tempus quod ad in integrum restitutionem defuncto superaverat, non currit hæredi minori*, Mornac *l.* 2. *C. de temporibus in integrum restitutionis, &c.*
29 La restitution passe à l'heritier & acquereur. *Voyez* M. le Prêtre premiere Cent. chap. 48.
30 Interpretation & limitation de la Loy seconde au *C. ubi & apud quem cognitio in integrum restitutionis agitanda sit?* V. Ayrault, Plaidoyé 15.
31 *Minor vel Ecclesia an beneficium restitutionis in integrum, adversùs rem bis judicatam, vel tres sententias conformes petere possit; & quis potest in integrum restituere, & hac restitutione impediatur executio?* Voyez *Franc. Marc. to.* 2. *quest.* 54.
32 *An concedatur restitutio in integrum adversùs purgationem civilem, quam vocant, solito ritu peractam, & sententiâ plenè conclusam*: Voyez Stockmans, *decis.* 113.
33 *Nulla admittitur in integrum restitutio, contra adjudicationes & alienationes decreto judicis factas.* Voyez Ibidem, *decis.* 114.
34 L'Instance de restitution poursuivie pardevant le Juge du domicile du creancier. Arrêt du Parlement sans date rapporté par Bouvot, *to.* 2. verbo *Rescision de contrat, quest.* 4.
35 Aux Grands Jours de Troyes M. Loüis Buisson plaidant une Requête civile, dit que la Republique est restituable comme le mineur; il fut débouté, parce qu'il n'alleguoit des moyens pertinens. *Bibliotheque de Bouchel*, verbo *Restitution*.
36 Henrys, *to.* 2. *liv.* 4. *quest.* 61. établit par plusieurs autoritez, & par de bonnes raisons, que la crainte reverentielle n'est pas suffisante pour faire rescinder les actes passez par les femmes & par les enfans, sous prétexte de l'autorité & de la persuasion de leurs parens, ou de leurs maris; il met une exception à cette regle si l'action refléchit contre le pere ou le mari, comme quand ils sont garands de la chose alienée.
37 Une confession faite dans l'énoncé des Lettres Royaux, sur une copie que la, partie adverse avoit fait signifier par fraude, ne fait point de preuve contre celuy qui veut être relevé. Arrêt du 15. Janvier 1494. *Charondas, liv.* 3. *Rép.* 24.
38 En restitution de contrat on peut demander de joüir par provision. Arrêt du 31. Mars 1502. Ibidem, *liv.* 5. *Rép.* 31. & *liv.* 7. *Rép.* 176.
39 Lors qu'un mineur a fait rescinder une transaction, il ne peut plus y renoncer, ni par requête être remis au même état qu'il étoit auparavant. Arrêt du Parlement de Dijon du 28. Decembre 1577. Bouvot, *to.* 1. *part.* 2. verbo *Mineur*.
40 Un particulier executé & pris au corps par un Sergent, étant mené à sa priere vers le creancier, auquel il fait vente de marchandise, est restituable contre cette vente, Arrêt du Parlement de Dijon du 25. Decembre 1569. *Ibid. to.* 2. verbo *Rescision, quest.* 12.
41 Une fille recevable à se pourvoir par Lettres Royaux, afin de restitution en entier contre un contrat & ratification d'icelui faite par elle au préjudice des droits successifs en la succession de sa mere & de son oncle au profit de son pere. Arrêt du 4. Juin 1579. Le Vest, Arrêt 199.
42 Henrys, *to.* 1. *liv.* 4. *ch.* 1. *quest.* 3. rapporte un Arrêt du 7. Septembre 1635. qui en restituant le fils mineur, déboute la mere qui s'étoit obligée pour lui, de la restitution par elle demandée. L'Auteur observe qu'elle avoit fait diverses fuites, n'avoit voulu rapporter l'Inventaire ni son compte, s'étoit laissée décheoir, & avoit été condamnée en son nom; ainsi ce n'étoit pas pour le mineur seul qu'il s'étoit obligé, mais pour se liberer de l'effet d'une condamnation personnelle. *Bonus judex variè ex personis caussique constituet L. in fundo. ff. de rei vindica.*
43 Restitution en entier accordée contre une delegation aux Ursulines de S. Romans, par Arrêt du Parlement de Grenoble du 31. Juillet 1654. Basset, *to.* 2. *liv.* 6. *tit.* 1. *ch.* 5.

44 Le Chapitre de l'Eglise Collegiale de Montfaucon en Argonne, ayant été obligé de créer une Chapelle sous le nom de Saint Pierre, de deux cents livres de revenu par les menaces de celuy qui commandoit l'armée en Lorraine, pour récompenser le Chanoine qui se démettroit de son Canonicat en faveur d'une personne marquée par ce Commandant, le Chapitre a obtenu des Lettres de rescision contre cette fondation comme faite par violence. Ces Lettres ont été enterinées par Arrêt du 30. May 1665. mais celuy qui avoit donné son Canonicat en permutation de la Chapelle, fut maintenu & gardé dans la possession & joüissance de son Canonicat avec restitution de fruits. *V. le 2. tome du Journal des Aud. liv. 7. ch. 23.*

RESTITUTION, ADITION D'HEREDITÉ.

45 Voyez *Henrys, tome premier, livre 6. chap. 5. question 32.*

46 Mineur qui veut être restitué contre l'acceptation d'une heredité, doit 1º. justifier de la minorité, 2º. de la lesion. Arrêt du Parlement de Grenoble du 22. Decembre 1457. *Bibliotheque de Bouchel*, verbo *Restitution.*

47 Une femme majeure est restituable contre une adition d'heredité onereuse acceptée de parole seulement, quand par dol on a recelé & tû les dettes passives & charges de l'heredité. Arrêt du 7. Septembre 1559. *Le Vest, Arrêt 66.*

48 Un mineur s'étant fait restituer contre une adition, telle restitution peut être opposée aux creanciers, non oüis ni appellez, & cependant la provision peut être ajugée. Arrêt du Parlement de Dijon du 26. Mars 1576. *Bouvot, to. 2. verbo Mineur, question 13.*

49 Un majeur qui a accepté une succession avec un mineur, peut être restitué, *ex consequentiâ & capite minoris coheredis*, à moins que le creancier hereditaire ne veüille se contenter de la part & portion du majeur pour le payement de son dû. Arrêts des 5. Mai 1578. & 9. Mai 1591. *Papon, liv. 15. tit. 1. n. 15.*

50 Une mere tutrice de sa fille, fut relevée de l'acceptation pure & simple qu'elle avoit faite pour elle de l'heritage de son pere, sans aucune preuve de lesion, par Arrêt du Parlement de Grenoble du 13. Août 1579. rapporté par M. le Président de la Croix Chevrieres. C'étoit une femme qui avoit accepté sans l'avis des parens de sa fille. *Voyez Chorier en sa Jurisprudence de Guy Pape*, p. 321.

51 Un majeur ayant apprehendé une succession avec un mineur, si le mineur par aprés se trouvant lezé dans l'adition de l'heredité se fait relever, le majeur sera relevé en consequence de la restitution du mineur. Arrêt du 23. Mars 1580. suivant la Loy *Si communem. ff. quemad. servit. amitt.* Cela est sans doute en droits individus, & en tel cas de restitution est tenu rendre compte aux creanciers & legataires de la succession, de la gestion & maniement que son Tuteur ou Curateur en a fait, & tout ce qui aura été fait par eux de bonne foy sans dol, sera déclaré valable. *Tronçon, Coût. de Paris, art.* 317.

52 Isabeau du Mas avoit accepté en minorité l'heredité pure & simple de son frere décedé; elle est poursuivie par les creanciers; son mary plaide en cette qualité devant le Prevôt de Paris; elle obtint Lettres pour être receuë à se porter heritier par benefice d'inventaire; deboutée, il appelle. Arrêt confirmatif; Requête civile; elle dit qu'elle est encore mineure, & qu'elle n'a pas été bien defenduë, qu'on devoit répudier la succession de son frere qui luy avoit été infiniment onereuse, comme de fait elle y renonce. Le mary intervient, qui demande en consequence de la restitution de sa femme, d'être déchargé des poursuites: Par Arrêt du 25. Février 1604. la Requête civile enterinée, & en consequence de la restitution de la femme, le mary déchargé. On allegue deux semblables Arrêts donnez auparavant, l'un de Thomas, l'autre de Annot. *Bibliot. de Bouchel, verbo Restitution.*

53 Un majeur ayant apprehendé une succession avec un mineur, le majeur fait renoncer le mineur en le mariant, qui aprés se trouvant lezé, se fait restituer, le majeur sera restitué *ex consequentiâ restitutionis minoris.* De même un majeur & un mineur s'étans solidairement obligez, même le majeur de faire ratifier le mineur parvenu en âge de majorité, le mineur se faisant restituer, le majeur le sera aussi *ex consequentiâ minoris.* Prononcé le 27. Juin 1609. *Chenu, 2. Cent. quest.* 64. & 65.

54 Jugé par Arrêt du Parlement de Paris du 11. Août 1611. qu'un mineur ayant apprehendé la succession de son pere, duquel les fonds étoient substituez; depuis étant majeur, & dans l'âge de 35. ans, s'étant fait relever, tant de ladite apprehension, que d'un contrat fait avec un creancier de son pere, y a été reçû, à la charge de rendre compte des biens non substituez à ses dépens. *V. Filleau, 4. part. quest.* 189.

55 Majeur non recevable de recourir d'une répudiation d'heritage, sur tout les choses n'étant plus en leur entier. Arrêt du Parlement de Grenoble du 3. Juillet 1639. *Basset, tome 2. liv. 6. tit. 1. ch. 1.*

56 Un majeur se peut faire restituer d'une adition d'heredité qu'il a faite étant mineur, hors le cas de fraude & de mauvaise foy continuée, *Voyez M. Loüet, lettre H. som.* 24. pendant dix ans, à compter de sa majorité, pourvû que dans ces dix années de majorité, il ne fasse point d'autres actes d'heritier que ceux qu'il a commencés en minorité, comme si mineur, il a fait un bail d'une terre de la succession, & devenu majeur, il reçoit les loyers & donne quittance, cette quittance n'est qu'une suite du bail. Jugé à Paris le 4. Septembre 1660. *Journal du Palais.*

57 Un tuteur accepte une succession pour son mineur; ce mineur décede, & laisse son tuteur pour heritier; le benefice de la restitution qui appartient au mineur passe à son heritier majeur, & ce benefice peut être demandé par l'heritier pendant le temps qu'il a pû être demandé par le mineur, c'est-à-dire, pendant dix ans de sa majorité, c'est pourquoy les Lettres furent enterinées, & les Sentences infirmées, & ordonné que les parties viendroient à nouveau compte à l'amiable, pardevant deux Marchands de Paris. Jugé à Paris le 18. Août 1678. *Journal du Palais.*

58 Un mineur qui accepte sous l'autorité de sa tutrice la succession de son pere purement & simplement, & persevere dans cette acceptation depuis sa majorité sans faire inventaire, est recevable à l'accepter par benefice d'inventaire, & est bien fondé dans ses Lettres de restitution obtenuës dans les 10. ans de sa majorité contre cette acceptation; & la veuve sa mere & tutrice recevable à renoncer à la communauté, aprés avoir geré & administré les effets en qualité de tutrice, sans inventaire pendant plusieurs années. Jugé à Paris le 16. Février 1679. *Ibidem.*

59 Un mineur qui a accepté une heredité est restituable *initio inspecto*, encore qu'il ait perseveré dans l'acceptation qu'il en a faite par des actes passés en majorité jusqu'à la trente-cinquiéme année de son âge, sans en avoir profité. Jugé au Grand Conseil le 16. Decembre 1680. *Journal du Palais. Voyez dans le même Journal les Arrêts du premier Mars 1674. & 16. Février 1679.*

RESTITUTION, ASSOCIATION UNIVERSELLE.

60 Association de tous biens qui pourront échoir par droit de successions quelles qu'elles soient, se peut rescinder par Lettres Royaux. Jugé en la cause de Vertamont par Arrêt du P. de Bourdeaux du 21. May 1571. depuis confirmé par Arrêt du Grand Conseil du 27. Janvier 1573. *Voyez la Bibliot. de Bouchel*, verbo *Association.*

61 *Henrys, to. 1. liv. 4. ch. 6. quest.* 23. décide qu'une

fille mineure peut être restituée, contre une association universelle faite avec son mary par leur contrat de mariage. Il rapporte l'exemple de la communauté entre conjoints dans les Pays de la Coûtume. Il cite M. Loüet, sur la lettre M. ch. 9. pour prouver que les filles mineures peuvent par contrat de mariage mettre tous leurs biens en communauté. Cependant les Arrêts rapportez en cet endroit par M. Loüet, ont jugé que l'ameublissement fait par une fille mineure dans son contrat de mariage, est reductible *ad legitimum modum*. Il y a plus, les Arrêts rapportez par le même Auteur, sous la même lettre, chapitre 10. ont jugé, que quand la dot d'une mineure consiste en deniers, son tuteur n'en peut faire entrer que le tiers en communauté, & que le surplus demeure propre à elle & aux siens de son côté & ligne. Cette Jurisprudence est aujourd'huy certaine au Palais.

RESTITUTION, COMMUNAUTEZ.

62 Si les Communautez sont restituables envers les contrats, sous prétexte de lézion après les dix ans. Arrêt du Parlement de Provence du 9. Février 1662. qui ordonna le rapport par Experts de la valeur des biens. *Boniface, to. 4. liv. 10. tit. 3. ch. 15.*

63 Si les Corps & Communautez doivent venir dans les dix ans, pour la rescision des contrats, afin que l'on peut doubler le temps. Arrêt du même Parlement d'Aix du 22. Mars 1679. qui regla le temps à dix ans? *Ibid. liv. 3. chap. 14.*

64 Arrêt du Parlement de Toulouse au mois de Juillet 1694. qui restituë la Communauté de S. Plancard en Nebouzan, contre un bail emphyteotique, où elle avoit renoncé à la faculté de déguerpir. On n'eut point d'égard à la fin de non recevoir, tirée de ce que la Communauté n'étoit point venuë dans les dix ans. *Voyez les Arrêts de M. de Catellan, livre 3. chapitre 31.*

RESTITUTION DE LA DOT.

65 S'il est toûjours veritable que pour la restitution de la dot, le mary ne soit tenu que *in quantum facere potest*? *Voyez Henrys, to. 2. liv. 4. quest. 63. & to. 1. liv. 4. ch. 3. quest. 9.* où il parle de la dot & de son payement.
Voyez cy-dessus le nomb. 13.

RESTITUTION, ETRANGER.

66 Etranger est recevable à obtenir Lettres pour être restitué contre un contrat fait avec un François, où il prétend avoir été lezé d'outre moitié de juste prix. Arrêt du Parlement de Paris du 18. Juillet 1616. *Le Bret, liv. 2. Décision 3.*

RESTITUTION DES FEMMES.

67 Restitution accordée à la femme qui s'est obligée. Voyez le mot *Femme*, nomb. 116. & suiv.

68 Femme obligée *in solidum* avec son mary, peut être après sa mort restituée de la moitié de l'obligation, encore qu'elle eût renoncé au Velleïan. *Carondas, livre 2. Réponse 42.* Cette Jurisprudence est changée.

69 Une femme après dix ans de majorité, ne peut être relevée de la renonciation faite à la succession de pere & de mere, en faveur de son frere & tuteur. Arrêt du 29. Mars 1575. *Carondas, liv. 11. Rép. 45.*

70 Si une femme mineure, qui de l'autorité de son mary baille à rente emphyteotique un lieu infertile & inculte, peut être restituée par Lettres du Prince, sous prétexte de minorité & lézion? *Voyez Bouvot, tome 1. part. 3. verbo Mineur, quest. 2.*

71 La femme mineure ayant après le decez de son mary, accepté la communauté, ne peut être restituée par Lettres, & être reçuë à la renonciation, en rapportant ce qu'elle auroit reçu. Arrêt du Parlement de Dijon du 21. Avril 1586. *Bouvot, tome 2. verbo Rescision de contrat, quest. 18.*

72 Jugé au Parlement de Paris le dernier Juillet 1600. que le temps de la restitution, à cause de la minorité,

court contre la femme mariée pendant son mariage, quoiqu'elle ait mis en fait qu'elle a été contrainte par son mary à passer l'acte; mais elle est restituée *ex capite*, de la force, si elle est prouvée. C'est pourquoy la Cour ordonna qu'il seroit informé des violences, sans avoir égard à la minorité. *V. la Bibliot. de Bouchel*, verbo *Restitution*.

73 La donation faite par un pere à sa fille, qui à l'instant par acte séparé, declare ne s'en vouloir servir, n'est pas valable, & la fille *in casu posito*, ne peut être restituée contre sa declaration, pour n'avoir pas été autorisée de son mary. Arrêt du 7. Mars 1610. *Henrys, tome 1. liv. 4. chap. 1. quest. 4.* avec l'avis de l'Auteur.

74 Dans la Coûtume d'Anjou une femme majeure de vingt ans, mineure de vingt-cinq, a été restituée contre une indemnité par elle consentie avec son mary, pour une somme de 300. livres, avec mainlevée de ses immeubles saisis réellement, par Arrêt du 4. Decembre 1635. *Bardet, tome 2. livre 4. chapitre 30.*

75 Separation volontaire entre le mary & la femme d'habitation & de biens, avec autorisation respective de la femme pour passer certains contrats, suivie de la promotion du mary aux Ordres sacrez, n'empêche qu'elle ne soit restituable contre les contrats d'alienation non exprimez. Arrêt du 3. Juin 1641. *Ibid. liv. 9. chap. 25.*

76 Une femme mineure s'obligeant pour son mary, poursuivi comme stellionataire & faux vendeur par corps, peut être restituée. Arrêt du 2. Janvier 1651. *Du Fresne, liv. 6. ch. 14.*

77 Si par la Coûtume de Reims, art. 10. le mary & la femme, quoique mineurs, sont reputez majeurs pour la disposition de leurs meubles seulement; la femme qui s'est obligée indefiniment, demande d'être restituée du chef de sa minorité, le creancier restraint l'execution de son obligation sur les meubles dont elle avoit la disposition; les Lettres de rescision enterinées pour le tout, sur le fondement que l'acte étoit nul en luy même. Arrêt du 5. Decembre 1651. *Soefve, tome 1. Cent. 3. ch. 87.*

78 La femme ne se peut faire restituer contre le consentement par elle fait à la vente des biens de son mary, pour le tirer de prison, pour dette civile. *M. Abraham la Peirere, en ses Décisions du Palais, lettre R. nomb. 106.* rapporte un Arrêt du Parlement de Bourdeaux du 14. Mars 1651. rendu en la premiere des Enquêtes, au rapport de M. de Fayard; Jugé qu'une femme, qui avoit consenti à la vente de partie des biens de son mary pour le tirer de prison, où il étoit détenu pour dette civile, se contentant du restant des biens de son mary, ne pouvoit être restituée. Pareil Arrêt au rapport de M. de Mirat, entre la femme d'un nommé Marquet, & la Dame de Monnier. Et encore pareil Arrêt en l'Audience, du 26. Janvier 1668. parce que la femme par tel consentement, *non intercedit, sed minuit*. Il y a des Arrêts qui permettent à la femme de vendre son propre bien, pour tirer son mary de prison, détenu pour crime, sans qu'elle puisse être relevée.

79 Une femme est recevable après la mort de son mary, & dix ans après avoir traité de ses droits successifs, à se pourvoir contre les actes par elle faits & passez conjointement avec son mary. Arrêt du Parlement de Paris du 11. May 1671. *De la Guess. tome 3. liv. 5. chap. 9.*

80 Par la Coûtume de Nivernois, article 14. *des droits appartenans à gens mariez*, la femme demeure quitte des dettes de la communauté créées par les deux conjoints, ou l'un d'eux, en renonçant dans les vingt-quatre heures du décez. Cela présupposé, une femme s'oblige pendant sa minorité avec son mari, & renonce par le contrat au benefice de la Coûtume. Elle obtient Lettres de rescision plus de dix années

aprés la majorité acquise. Arrêt du 1. Juillet 1672. qui les enterine. On considere ces sortes de renonciations, ou comme des clauses de stile, ou comme des effets de surprise. Soefve, tome 2. Cent. 4. ch. 75. Il rapporte un semblable Arrêt du 27. May 1672. qui n'eut aucun égard au laps de temps, & qui restitua aprés les dix années, la femme ayant toûjours été sous l'autorité de son mari.

81. Si la femme separée de son mary, & colloquée pour sa dot sur les biens d'iceluy, & vendu ses biens, peut venir contre la vente 35. ans aprés, le mary toûjours vivant? Arrêt du Parlement de Provence du 21. Juin 1672. qui restitue la femme, & condamne l'acheteur à vuider. L'Arrêt fondé sur la prohibition d'aliener le fond dotal. *Boniface*, *to*. 4. *liv*. 5. *tit*. 14. *chapitre* 3.

82. Si la rescision de la femme envers l'obligation solidaire passée par elle & son fils, fondée sur le S. C. Velleïan, doit être obtenuë dans les dix années, ou étenduë à trente, comme passée contre le droit. Arrêt du 16. Mars 1677. qui declara la femme non recevable aprés les dix ans. *Ibidem*, *livre* 9. *titre* 1. *chapitre* 8.

RESTITUTION, GARANTIE.

83. De la restitution en fait de garantie. *Voyez* le mot *Garantie*, *n*. 118. & *suiv*.

RESTITUTION, INSINUATION.

84. On ne peut être restitué du défaut d'insinuation, au préjudice du creancier. *Voyez* le mot *Insinuation*, *n*. 47. & *suiv*.

RESTITUTION, JUGE.

85. Pardevant quel Juge doit être portée la connoissance des Lettres de rescision? *Voyez* le mot *Competence*, *nomb*. 20. & *suiv*.

RESTITUTION, MAJEUR ET MINEUR.

86. Si le benefice de restitution accordé au mineur, profite au majeur? *Voyez Henrys*, *tome* 2. *livre* 4. *question* 19.

87. Lorsqu'un majeur & mineur ont ensemble, & chacun d'eux seul & pour le tout, avec renonciation au benefice de division, ordre de droit & discussion, vendu l'immeuble du mineur pour ses affaires propres, ou bien que le prix est converti ou employé à son profit, si le mineur par Lettres du Prince a fait casser la vente, l'acheteur ne se peut adresser au majeur. Jugé par plusieurs Arrêts sans date. *Papon*, *liv*. 16. *tit*. 1. *nomb* 15. dit l'avoir sçû par aucuns de bon nom.

88. Jugé par Arrêt du Parlement de Paris du 8. Février 1603. que le mineur ne releve pas le majeur. Il s'agissoit d'une transaction consentie par un majeur & une mineure. Celle-cy fut restituée; l'autre deboutée. Cet Arrêt est rapporté par *Hevin sur Frain*, *page* 443.

89. Jugé par Arrêt du 17. Juin 1609. qu'un majeur ayant apprehendé une succession avec un mineur, le mineur par aprés se trouvant lezé, & se faisant restituer, le majeur sera relevé *ex consequentia restitutionis minoris*.

De même un majeur & un mineur s'étant solidairement obligez, même le majeur, qui fait ratifier le mineur parvenu en âge de majorité; le mineur se faisant relever, le majeur sera aussi restitué, *ex consequentiâ minoris*. *Filleau*, 4. *partie*, *question* 163. & 164.

90. La restitution d'un mineur ne profite au majeur son coheritier. Jugé à Paris le 17. May 1680. *Journal du Palais*.

91. Dans la Coûtume de Nivernois, des filles majeures ayant passé titre nouvel en qualité d'heritieres de leur mere, qui avoit predecedé son mary sans avoir ratifié les contrats, la mere ayant laissé passer les 35. ans sans se faire relever, les filles majeures ayant pris des Lettres pour être restituées de leur titre nouvel, en furent deboutées; & à l'égard de l'autre fille mineure, les Lettres furent enterinées. Jugé à Paris le 11. Juillet 1682. *Journal du Palais*.

RESTITUTION DES MAJEURS.

Voyez le mot *Majeur*, *n*. 6. & *suiv*.

92. Un majeur peut être restitué en entier contre l'obligation par luy faite, s'il y a dol, & preuve que la partie est accoûtumée à en user, & que luy-même n'entendoit pas ce qu'il faisoit. Arrêt du 9. Janvier 1556. *Papon*, *liv*. 16. *tit*. 2. *n*. 13.

93. Jugé au Parlement de Paris le 9. Janvier 1556. qu'un majeur ayant contracté par fidejussion ou autrement, peut être restitué, *ex eâ causâ* qu'il n'entendoit pas ce qu'il faisoit, & que sa partie a coûtume de pratiquer telles fraudes. *Bibliot*. *de Bouchel*, verbo *Restitution*.

94. Restitution accordée à un majeur contre une renonciation à la succession de sa mere. Arrêt du Parlement de Paris du 4. Decembre 1628. *Journal des And*. *tome* 1. *liv*. 2. *ch*. 26.

RESTITUTION, MARCHAND.

95. Le fils aîné du sieur de la Tour, Baron de Châteauroux, vint à Angers. L'Evêque de cette Ville, qui luy fit prêter de l'étoffe pour s'habiller, fut condamné envers le Marchand, sauf son recours contre le Baron. Celui-cy interjetta appel de la Sentence; mais la Cour considerant que la somme étoit modique, & d'ailleurs que M. d'Angers n'avoit eu qu'en vûë l'honneur du pere, mit l'appellation au néant; sans toutefois que l'Arrêt pût tirer à consequence pour autres creanciers; car il faut observer que le fils étoit interdit. *Papon*, *liv*. 12. *tit*. 4. *n*. 2.

96. Le 4. Decembre 1585. au procez de Pierre Mallecoft, contre Arnauld Bertrand Marchands trafiquant en laine de la Ville de Limouts, fut arrêté & conclu qu'un Marchand trafiquant, mineur de 20. ans, ne peut être restitué en entier contre les contrats & obligations par luy faites, concernant le fait de sa negociation. *L. quod si minor*. 25. §. *nam semper D*. *de minor*. 25. *annis*. *La Rochestavin*, *livre* 2. *lettre M. titr.* 2. *Arrêt* 1.

97. Si un Marié & Marchand donnant à ferme ses biens peut être relevé par Lettres fondées sur lezion & restitué, qu'il fait achat de marchandise, & qu'il soit lezé, ou si le mineur peut être restitué pour meubles? *Voyez Bouvot*, *to*. 1. *part*. 1. verbo *Mineur*, *quest*. 4.

98. Si le fils mineur qui est Marchand, se rendant caution pour son pere avec lequel il ne demeure pas, peut être restitué en entier, sous prétexte de minorité & lézion? *Ibidem*, *part*. 2. verbo *Restitution*, *question* 4.

99. Arrêt du Parlement d'Aix du 13. Juin 1667. qui a jugé que le mineur & fils de famille industrieux n'est point restituable contre son obligation. Son pere luy avoit donné un bateau dans Marseille pour negocier; le fils fut debouté de la rescision de deux promesses de 400. livres à luy prétées pour son commerce. *Boniface*, *to*. 1. *li*. 4. *tit*. 8. *ch*. 7.

RESTITUTION DES MINEURS.

100. De la restitution des mineurs. *Voyez* cy-dessus le *nomb*. 86. & *suiv*. le mot *Mineurs*, *nomb*. 138. & *suiv*. *Mainard*, *liv*. 3. *ch*. 36. & *suiv*.

101. De la restitution des mineurs dans les 10. ans de la majorité, où sont traitées plusieurs questions. *Voyez Carondas*, *liv*. 6. *Rép*. 69.

102. *Minor non restituitur ex eo quòd utilitatis suæ causâ gessit*. M. le Prêtre, 3. Cent. ch. 41.

103. *Minor restitutus præstum restituit*. Voyez *Franc*. *Marc*. *to*. 1. *quest*. 21.

104. Prêtre mineur, restituable. *V. Mainard*, *livre* 3. *chap*. 37.

105. Un mineur qui a emprunté des deniers par obligation pour se faire pourvoir d'un Office ne peut être restitué contre son obligation, encore que l'Office *ex eventu* ait été perdu par son décez avenu bien-tôt aprés.

après. Prononcé le 28. Novembre 1573. *Chenu*, 2. *Cent. quest.* 71.

106. Mineur restitué contre la constitution de dot faite à sa sœur par son curateur sans decret, ni connoissance de cause; le curateur toutefois condamné à payer à la sœur la somme de six cents livres, leguée par le pere à une seule fois, bien que attermoyée par le testament, si mieux elle n'aimoit sa legitime, avec restitution de fruits depuis le decez du pere. *Mainard*, *liv.* 3. *chap.* 43.

107. Aux majeurs de 20. ans ès Coûtumes d'Anjou, art. 444. & du Maine 455. la restitution a lieu *ex capite læsionis, non minoris ætatis*. M. le Prêtre, 3. Centurie, *chap.* 42.

108. Procez commencé contre un mineur, poursuivi pendant sa majorité & jugé; le mineur n'est pas restituable s'il n'y a dol apparent & évidemment prouvé. V. *ibidem, chap.* 44.

109. Le mineur qui n'a fait que ce qu'un majeur eût pû faire, n'est pas restitué. Arrêt du 23. Decembre 1574. *Carondas, liv.* 3. *Rép.* 30.

110. L'on n'est point relevé des formalitez prescrites par les Coûtumes, le temps court contre les mineurs, sauf leur recours contre le tuteur. Arrêt du 11. Mars 1600. qui deboute un mineur du retrait non exercé dans les 40. jours marquez par la Coûtume de Berry, sauf son recours contre sa mere tutrice. *Papon, liv.* 11. *tit.* 3. *n.* 17.

111. La fille mineure se faisant relever de la quittance & renonciation par elle faite au profit de son tuteur, & personnier, le mari & le pere du mari qui s'étoient obligez de faire valoir sa quittance, doivent être relevez & restituez en consequence de la restitution de la mineure; ainsi jugé le 27. Juin 1609. V. *Henrys*, *to.* 1. *liv.* 4. *chap.* 6. *quest.* 25.

112. Sur la restitution d'un fils de famille & mineur qui s'étoit dit majeur en s'obligeant pour son pere. M. le Bret, *liv.* 2. *décis.* 1. rapporte l'Arrêt du 4. Février 1610. & en cite un autre du 10. Février 1608. par lequel la Cour déclara nulle une promesse de 400. écus qu'un fils mineur avoit faite à un Bourgeois de Cambray pour retirer le corps mort de son pere qu'il tenoit en Arrêt pour gage de cette somme qui luy étoit dûë.

113. Un mineur ayant apprehendé la succession de son pere dont les fonds étoient substituez, depuis étant majeur & dans l'âge de 35. ans s'étant fait restituer, tant de ladite apprehension, que d'un contrat fait avec un creancier de son pere, a été restitué à la charge de rendre compte des biens non substituez à ses dépens. Prononcé le 11. Août 1612. *Chenu*, 2. *Cent. quest.* 89.

De restitutione minorum. Voyez *Valla, de rebus dubiis, tractatu* 19.

114. Pour la restitution en entier, la seule minorité ne suffit, & il est necessaire avant que de casser le contrat d'entrer en connoissance de cause de la lézion. Arrêt du 3. Mars 1629. Autre Arrêt du 6. Avril 1623. *Henrys, to.* 1. *liv.* 4. *chap.* 1. *quest.* 1.

115. Restitution du fils mineur pour lequel la mere s'étoit obligée, le fils s'étant fait restituer, la mere en consequence n'a pû parvenir à la même restitution en entier. *Voyez* l'espece & l'Arrêt du 7. Septembre 1635. *Ibidem*, *quest.* 3.

116. Le mineur peut être restitué envers la premiere restitution. Une fille voulant être Religieuse fait donation de tous ses biens à ses freres, à la charge de payer une somme au Convent où elle vouloit entrer; les donataires se font relever de l'acceptation. La donatrice ressaisie de ses biens en fait une donation nouvelle à son beau-frere qui les vend avantageusement. Les premiers donataires obtiennent Lettres contre leur répudiation sous prétexte de minorité. Arrêt en leur faveur rendu au Parlement de Toulouse le 13. Septembre 1650. ils gagnerent leur cause beaucoup plus par la parité de cas, avec celuy de la répudiation d'heredité; & par la décision des loix sur cette matiere, que par les circonstances particulieres de la lézion & suggestion du second donataire. *Voyez les Arrêts de M. de Catellan, liv.* 5. *ch.* 65.

117. Celuy qui a contracté avant l'âge de 20. ans accomplis, peut en obtenir relevement dans l'an trente-cinquiéme de son âge. Arrêté du Parlement de Roüen, les Chambres assemblées, le 6. Avril 1666. art. 39. *Basnage*, *to.* 1. à la fin.

118. Mineur reçu à rentrer dans son bien vendu conventionnellement, quoique par autorité de Justice. Arrêt du Parlement de Paris du 28. Avril 1664. *De la Guess. to.* 1. *liv.* 6. *chap.* 28.

119. Arrêt du Parlement d'Aix du 16. Avril 1668. qui a jugé que le mineur n'est restituable contre l'arrentement qu'il a fait de ses biens; il l'avoit passé au même prix que celuy de son pere. *Boniface, to.* 1. *livre* 4. *tit.* 8. *chap.* 5.

120. Arrêt du 5. Février 1672. qui déboute un fils de famille de la rescision, envers un consentement par luy donné à une lézion, faite par son pere d'un capital à luy appartenant. *Ibidem, tome* 4. *livre* 8. *tit.* 5. *chap.* 5.

121. Un mineur ne peut être restitué d'une caution judiciaire à laquelle il s'est soumis pour tirer son frere de prison. Jugé au même Parlement d'Aix le 20. Février 1672. *Journal du Palais*.

122. Un mineur ayant accepté sous l'autorité d'un tuteur la succession de son pere, & ensuite devenu majeur ayant donné en qualité d'heritier quittance du remboursement d'une Charge d'Elû supprimée, qui étoit un des effets de la succession, a été restitué contre cette quittance, & reçu à renoncer à l'heredité paternelle. Arrêt de la Cour des Aydes de Paris, le premier Mars 1673. *Ibidem*.

123. Arrêt du Parlement de Toulouse du premier Février 1679. qui déboute un mineur de la restitution prétendue envers sa reception dans une Confrairie de Penitens. La raison du mineur étoit qu'en cette qualité de Confrere, il étoit tenu de quelques dettes communes. V. M. *de Catellan, li.* 5. *ch.* 27.

124. La restitution du mari mineur, contre les contrats de rente de ses immeubles faits en minorité, & contre l'autorisation qu'il a donnée à sa femme; & de sa femme majeure qui s'est dite separée de biens d'avec luy, & s'est obligée solidairement avec luy à la garantie, doit profiter à la femme, & la faire décharger de la garantie envers l'acquereur, sans qu'il soit necessaire qu'elle obtienne personnellement des Lettres de rescision pour se faire relever de son obligation. Arrêt du Parlement de Paris du 27. Avril 1701. V. *Henrys*, *tome* 1. *livre* 4. *chap.* 6. *qu.* 22.

RESTITUTION, OFFICIERS.

125. M. d'Aygua Avocat General au Parlement de Toulouse fut restitué sous prétexte de minorité contre un contrat. V. *Mainard, liv.* 3. *ch.* 39.

126. Un Sergent Royal mineur peut être restitué en entier, de même que les Officiers du Roy. Jugé à Toulouse & à Bourdeaux plusieurs fois, bien que pour y être reçu il faut qu'ils rapportent preuve de leur âge de 25. ans. Le Parlement de Paris juge le contraire. *Ibid. liv.* 9. *chap.* 4.

127. Un contractant déçu d'outre moitié de juste prix n'est point recevable à se faire relever des choses mobiliaires vendues, ou rachetées: toutefois un mineur est reçu; témoin l'Arrêt de M. Corbin Conseiller au Grand Conseil, pour un cheval & une mulle follement achetés en minorité; & notamment si les meubles sont précieux & de grande valeur. Notable Arrêt donné à Paris le 22. Juin 1510. pour le Seigneur Daiglure qui avoit acheté un diamant de pierre fine 4000. livres, lequel achat fut annullé. *Biblioth. du Droit François par Bouchel*, verbo *Restitution*.

128. Un Gendarme ayant acheté un cheval, ne peut être restitué sous prétexte de minorité ou lézion, non plus qu'un mineur qui auroit acheté des meubles. Arrêt du Parlement de Dijon du mois de May 1588. Bouvot, to. 1. part. 2. verbo Restitution. qu. 2.

129. Officier de Judicature est censé majeur, & non restituable pour minorité. Jugé au Parlement de Paris le 7. Juin 1633. contre M. Odebert Avocat, qui depuis fut pourvû de la Charge de Conseiller au Présidial de Poitiers, débiteur solidaire d'une somme de 2400. livres, avec les interêts. Bardet, tome 2. li. 2. chap. 39.

130. De la restitution d'un fils mineur Auditeur en la Chambre des Comptes. M. Antoine le Picart ancien Avocat son pere, étoit appellant de l'appointement; & demandeur en requête afin d'évocation du principal. Arrêt du 27. Février 1648. qui enterine les Lettres. Soëfve, tome 1. Cent. 2. ch. 67.

131. Jugé par Arrêt du même Parl. de Paris du 9. May 1668. qu'un Magistrat peut prétendre d'être restitué contre un acte public par luy passé en pleine majorité, sous prétexte qu'il a été induit par fraude & circonvention à la passation de l'acte. La Cour ordonna la déduction des sommes touchées. Ibidem, tome 2. Cent. 4. chap. 17.

132. De la restitution en entier d'un Officier de Cour Souveraine sous prétexte de sa minorité. Arrêts du Parlement de Grenoble des 7. May 1661. & 28. Août 1670. qui ont débouté de la restitution. Voyez Basset, to. 2. liv. 6. tit. 1. chap. 2.

RESTITUTION, PEREMPTION.

133. On ne peut être relevé de la Peremption d'instance. Voyez le mot Peremption, nomb. 110. & suiv.

RESTITUTION, PARTAGE.

134. Il suffit d'être lezé du tiers ou du quart. Voyez M. le Prêtre, 4. Cent. chap. 31. & premiere Centurie, chap. 12. Voyez la loy 3. majoribus C. comm. utriusque judic.

135. Il ne faut pas recevoir facilement les restitutions contre les contrats faits entre Nobles pour leurs partages & droits successifs. Voyez Charondas, livre 5. Réponse 34.

136. Un Mineur ayant demandé partage & jetté au sort, n'y ayant point de lézion, ne peut être restitué encore que l'autorité du Juge ne soit intervenuë. Arrêt du Parlement de Dijon du 17. Avril 1581. Bouvot, tome 2. verbo Partage, quest. 9.

Voyez cy-dessus le titre du Partage.

RESTITUTION, PRESCRIPTION.

137. Restitution contre la prescription. Voyez le mot Prescription, nomb. 310. & suiv.

RESTITUTION DES PRINCES.

138. De la restitution des Princes. Voyez la question 301. de Guy Pape, où il rapporte un Jugement celebre de Grenoble, le Roy Charles VII. ayant fait cession des Comtez de Valentinois & de Diois à Loüis de Poitiers, Seigneur de saint Valier, il fut restitué par la raison de sa minorité, & de la lézion.

RESTITUTION, RENONCIATION AUX SUCCESSIONS.

139. La restitution n'est point donnée contre les renonciations faites aux successions futures, au profit de ceux qui dotaverunt renunciantem; mais si telles renonciations sont faites aux successions acquises, l'énorme lézion est considerée. Ces deux points furent jugez par Arrêt du Parlement de Paris, conclu en la Grand-Chambre des Enquêtes environ l'an 1531. il y avoit 24. ou 25. Conseillers, dont une partie avoit été pris des autres Chambres, ce qui rend l'Arrêt notable. Papon, liv. 16. tit. 3. n. 4.

140. Si un fils ayant acheté l'hoirie de sa mere, étant devenu majeur, obtient Lettres pour être reçû à la répudier, & ayant consentement prêté à l'enterinement des Lettres, & jugement ensuite, le fils peut être recevable à renoncer au benefice desdites Lettres, & à se dire heritier de sa mere. Voyez Bouvot, to. 1. part. 1. verbo Majeur, quest. 1.

141. Si la fille qui a renoncé à la succession échuë de son pere, ou de sa mere étant mineure de 25. ans, peut être relevée? Voyez ibidem, part. 2. verbo renonciation à la succession.

142. Si le pere tuteur de sa fille convole en secondes nôces, & moyennant une somme fait renoncer sa fille à la succession de sa mere échuë, & à sa succession à écheoir, la fille peut se relever de cette renonciation obtenant des Lettres, & être reçuë au partage des biens avec ses autres freres & sœurs. Arrêt du Parl. de Dijon du 9. Janvier 1612. Ibidem, tome 2. verbo Legitime, quest. 17.

143. Arrêt rendu le 30. Avril 1671. au P. d'Aix qui restitua un fils envers la répudiation faite par sa mere heritiere fiduciaire de son mari. Boniface, to. 5. li. 1. tit. 25. ch. 3.

Voyez le mot Renonciation, nomb. 236. & suiv.

RESTITUTION, RETRAIT.

144. Restitution n'a lieu contre le temps du retrait. Voyez Carondas, liv. 3. Rép. 67. Voyez M. Louet, lettre R. sommaire 7. où il y a Arrêt au mois de May 1532.

TEMPS DE LA RESTITUTION.

145. Decem annis concluditur omnis in integrum restitutio ex Constitutione Ludovici XII. Morn. l. 3. C. quibus ex caussis majores, &c.

146. De la restitution dans les dix années. Voyez Hevin sur Frain page xxxv de ses Additions aux notes.

147. Le temps de la restitution ne peut être étendu à 30. ans au-delà de la majorité complette, il faut distinguer avec le texte de l'Ordonnance de Loüis XII. & suivant la doctrine d'Henrys tom. 2. liv. 4. quest. 21. les actes ausquels les mineurs sont positivement intervenus, & un simple laps de temps auquel on ne leur peut imputer qu'une negligence passive. Au second cas, quelques-uns tiennent que la restitution en entier dure 30. ans après la majorité, & que c'est une exception à l'Ordonnance qui prescrit par 10. ans toutes les actions rescindantes : mais lorsque les mineurs ont agi, consenti, & contracté, il faut qu'ils se fassent restituer dans la 35. année de leur âge. Boniface tom. 5. liv. 2. tit. 2. ch. 1. n. 45.

148. Sur le sens de l'Ordonnance de Loüis XII. art. 46. portant que dans dix ans on se doit pourvoir contre tous Contrats, il y a eu doute en matiere de Contrats de vente faits à pacte de rachat, de quel jour doivent être comptez les dix ans, ou du jour du Contrat, ou du jour du rachat, expiré ? Mais la Cour de Toulouse les compte du jour du Contrat, suivant le texte de l'Ordonnance, qui est à compter du jour que les Contrats auront été faits. Voyez Maynard liv. 3. chap. 68.

149. Les dix ans introduits par l'Ordonnance ancienne n'ont lieu que inter majores quand il y a nullité, dol & fraude, & ces dix années commencent à courir du jour du Contrat & non de la majorité. L'Ordonnance de 35. ans de l'an 1539. a lieu entre mineurs, & commence à courir a tempore majoris ætatis, & a été jugé quod est declaratoria juris antiqui, tellement qu'elle a lieu & pour les Contrats & pour les Procez intentez avant l'Ordonnance. Papon, liv. 16. tit. 3. n. 1.

150. Si le temps de la restitution commençant à courir contre un majeur, court aussi contre son heritier mineur pendant sa minorité ; ou si le temps qui restoit au mineur cesse de courir jusqu'à ce que son heritier soit fait majeur ? Voyez Bouvot tom. 1. part. 2. verbo, Temps de restitution quest. unique.

151. Maynard liv. 3. chap. 72. conformément au sentiment de Rebuffe, tient que la feinte & simulation d'un Contrat étant voye de nullité, l'action dure 30. ans, & n'est sujette à l'Ordonnance de dix années: cependant le contraire est observé, & l'Ordonnance est pratiquée.

152 La fille doit venir dans les trente-cinq ans, si elle est mineure ; si elle est majeure, elle doit obtenir ses Lettres, & les signifier dans les dix ans du jour du Contrat. *Voyez Bacquet, seconde partie du Droit d'Aubaine chap.* 21. *nomb.* 17. *& suivans.*

153 Quand on veut revenir contre des renonciations, ou autres actes semblables ; il faut se pourvoir dans les 10. ans, & compter depuis sa majorité atteinte. *Voyez Filleau part.* 4. *quest.* 24.

154 La femme mariée, après les 35. ans ne peut être restituée de la renonciation, ni Contrat par elle fait étant mineure. Arrêt des Rambouillets, du 18. Juillet 1575. *Charondas, livre* 6. *Rép.* 78. *Voyez* Henrys *tome* 2. *liv.* 4. *q.* 21. *Voyez encore* Charondas *livre* 2. *Rép.* 45.

155 *Henrys tom.* 2. *liv.* 4. *quest.* 74. décide que les mineurs se doivent pourvoir dans les dix ans de leur majorité, contre les actes par eux passés avec leur tuteur. Il cite un Arrêt rendu le 26. Juin 1632. qui infirme la Sentence du Bailly de Montpensier, qui avoit enteriné des Lettres de rescision obtenuës par une mineure après dix ans depuis sa majorité, contre la quittance par elle donnée à son tuteur du reliqua de son compte, *non visis, neque dispunctis rationibus.*

156 La prescription pour le dol ne court que du jour qu'il a été découvert, comme si quelqu'un a vendu un heritage chargé de censes, qu'il a dit ignorer, & neanmoins qu'il sçavoit pour les avoir payées au Seigneur, le Seigneur les demandant, l'acheteur peut obtenir Lettres pour être restitué en entier. Arrêt du Parlement de Dijon du 26. Avril 1606. *Bouvot,* 10. 2. *verbo Rescision quest.* 6.

157 Un mineur qui a contracté avec son tuteur, ne peut être restitué dix ans après l'âge de majorité. Arrêt du Parlement de Bourgogne du 25. Février 1607. *Bouvot, tome* 2. *verbo Legitime, quest.* 26.

158 Un majeur recourant de la rente de ses biens faite par son tuteur, doit intenter son recours dans les 10. ans, & appeller de la Sentence d'interposition par Decret, dans le même temps de dix ans après sa majorité, autrement il n'y est plus recevable. Jugé au Parlement de Grenoble le 17. Juin 1643. M. le Président de Servien étoit partie. *Basset, tome* 2. *livre* 6. *tit.* 1. *chap.*

159 Dans quel temps le mineur doit être restitué ? Arrêt du 4. Août 1647. qui a jugé que l'action en reddition de compte duroit jusqu'à 30. ans, après les 35. sur le fondement que la transaction *non visis, neque dispunctis rationibus* n'étoit pas valable, au contraire nulle. Autre Arrêt semblable du 9. Février 1654. *Voyez Basset, tom.* 2. *liv.* 6. *tit.* 1. *ch.* 6.

160 Il ne suffit pas que les Lettres de restitution soient obtenuës dans les dix ans, si elles ne sont signifiées dans les dix ans. *Mornac ad L.* 12. *C. de diversi. rescript.*

Arrêt du Parlement de Bourdeaux du 21. Juillet 1660. au rapport de Monsieur de la Roche, au Procés d'Israël Juge de Morguyon : jugé qu'il ne suffisoit d'avoir obtenu Lettres de restitution dans les dix ans : mais qu'il falloit aussi les faire signifier dans les dix ans. Et le même a été jugé au mois de Mars 1660. dans l'Audience de la Chambre de l'Edit. Autre Arrêt en ladite Chambre au rapport de Monsieur de Gachon, entre les sieurs Renaudet & Carré, Juge de Jonzac. *La Peirere lettre R. n.* 107.

161 Par Arrêt du Parlement de Toulouse du 17. Août 1663. jugé qu'il suffisoit au mineur d'avoir impetré dans les 10. ans des Lettres pour être relevé du laps du temps, à cause du port des Armes pour le service du Roy ; & de la condamnation à mort par défaut, quoy qu'elles ne fissent point mention de la minorité, & que la minorité n'eût été alleguée que long-temps après les 35. ans du demandeur dans ses écritures. M. *de Catellan, liv.* 7. *chap.* 16.

Tome III.

RESTITUTION TRANSACTION.

162 *Nulla restitutio contrà transactionem ex capite læsionis, sed doli, aut metûs causâ tantùm. Voyez l'Ordonnance de Neron. Voyez M. le Prêtre* 4. *Cent. ch.* 30. *Voyez Charondas liv.* 3. *Rép.* 79.

163 Celuy qui par dol a été induit de transiger d'une succession sur un testament nul, le croyant bon, & ayant été lezé énormement, est bien fondé à se faire relever. *Voyez Charondas livre* 10. *Rép.* 32.

164 La force est un moyen de restitution. Arrêt du 23. Juillet 1578. contre la Dame Comtesse de Brienne, qui casse une transaction faite entre elle & les tuteurs sieurs de Luxembourg & parens, pour leur laisser l'éducation des enfans & la garde noble, suivant le testament du pere irrité contre la mere. *Papon, liv.* 16. *tit.* 3. *n.* 6.

165 Mineur n'est relevé de transaction par luy faite en matiere criminelle. Arrêt du Parlement de Paris du 2. Novembre 1581. contre un mineur qui avoit transigé pour 10. écus avec celuy qui l'avoit maltraité à coup d'épée. *Papon, liv.* 16. *tit.* 3. *n.* 19. Le même a été jugé au Parlement de Toulouse.

Voyez cy-après verbo Transaction.

RESTITUTION, VENTE.

166 L'acquereur ne peut être restitué contre un Contrat d'acquisition, sous prétexte qu'il prétend être troublé en la joüissance de l'heritage. Jugé le 11. Decembre 1546. *Voyez Charondas liv.* 7. *chap.* 51.

167 Une vente avoit été faite à vil prix ; l'heritier du vendeur l'ignora long-temps ; l'acheteur étoit decedé sans en avoir payé le prix ni les interêts. L'heritier se pourvut pour être relevé du laps du temps *ex capite ignorantia,* & pour être reçu à faire casser la vente, & condamner les tiers possesseurs à abandonner, si mieux ils n'aimoient payer le prix legitime. Ce qui fut ordonné par Arrêt du Parlement de Grenoble du 8. Mars 1613. *Basset, to.* 2. *liv.* 4. *tit.* 16. *ch.* 8.

168 S'il faut impetrer Lettres Royaux pour être reçu au Benefice de la Loy 2. *Cod. de rescind. vendit.* Au Parlement de Grenoble il a été jugé le 29. May 1619. qu'il n'en falloit point, par la raison que ce recours étant un remede ordinaire donné par le droit, on n'a pas besoin du remede extraordinaire d'une restitution en entier. *Voyez Basset* 10. 2. *liv.* 6. *tit.* 6. *ch.* 3. Il ajoûte qu'il ne faut point de Lettres, quand on propose la simple lezion d'outre moitié, *secus* quand un autre moyen y est joint, comme dol, fraude, stellionat ; il dit aussi avoir été jugé les 7. Août 1654. & 16. May 1663. que sur le point de recours, l'Ordonnance de 10. ans de Louis XII. a lieu, quand il s'agit de la seule lezion d'outre moitié de juste prix.

169 Vente & cession faite au mary par les heritiers de la femme, de leur part en la Communauté, n'est sujete à rescision pour aucune lezion. Jugé au Parlement de Paris le 10. May 1633. *Bardet, tom.* 2. *l.* 2. *chap.* 26.

170 Arrêt du Parlement de Provence du 12. May 1656. qui a jugé qu'un acheteur des fruits d'un dixain d'une communauté, n'est restituable pour lezion. *Boniface, tom.* 2. *part.* 3. *liv.* 2. *tit.* 13. *ch.* 5.

171 Un acquereur faute de luy livrer partie des choses vendües, & étant lezé d'outre moitié du juste prix, a été restitué, & a fait casser le Contrat. Jugé au Parlement de Paris le 31. Août. 1658. *De la Guess. tom.* 2. *liv.* 1. *chap.* 56, Ce même Arrêt est rapporté aux notables Arrêts, Arrêt 20.

RETENUE FEODALE.

1 SI le droit de retenuë se peut ceder, & de la diversité de retenuë & retrait lignager ? *Voyez Coquille, tome* 2. *quest.* 37.

2 Les gens de main morte peuvent user du droit de retenuë feodale. Arrêt du Parlement de Paris du 15. Février 1538. qui réserve aux Chartreux quand il y

aura ouverture de Fief, de se pourvoir comme de raison. *Bibliotheque de Bouchel verbo Fiefs.*

Cette matiere est cy-après expliquée au titre des Retraits, & l'on fait un titre particulier du Retrait feodal.

RE'TABLIR.

REtablir. Rétablissement. *De sententiam passis & Restitutis. D. 48. 23.... C. 9. 51. ult.* Ce titre regarde le rétablissement des Condamnez, & particulierement le rappel de ceux qui ont été bannis.

Voyez les mots *Bannissemens, Condamnez, Rappel,* nomb. 1. & suiv. & cy-dessus le mot *Restitution*, n. 15. & suiv.

RETARDEMENT.

DE *usuris, & fructibus, & causis, & omnibus accessionibus, & morâ. D. 22. 1.* Retardement qui produit des interêts. *Voyez* Interêts.

Retardement vicieux. *L. 63. D. de reg. jur.*

Nul Retardement sans demande. *L. 88. D. de regulis Juris.*

RETENTUM.

LEs Juges inferieurs ne peuvent faire aucun *Retentum.* Voyez *Despeisses, tom. 2. p. 566.*

RETOUR.

LE Droit de retour, se dit de deux choses bien differentes.

I. Il signifie le Droit que les peres & meres ont de reprendre, après la mort de leurs enfans, ce qu'ils leur ont donné en les mariant; & ce droit s'appelle aussi, droit de reversion: *jus reversionis.*

II. Il signifie le retour ou le rétablissement de ceux qui ont été Captifs ou Prisonniers de Guerre: *jus postliminii.*

DROIT DE REVERSION.

1 Droit de retour & de Reversion, dont il est encore cy-après parlé, *verbo* Reversion.

Soluto matrimonio, dos quemadmodum petatur. D. 24 3.... C. 5. 18.

Si dos, constante matrimonio, soluta fuerit. C. 5. 19.

De rei uxoriæ actione. C. 5. 13. Des actions pour la repetition de la Dot.

Lex 6. D. de jure Dot. Mornac. ad hanc. L. & ad L. 15. D. de inoff. testam.

V. Dot.

RETOUR DES CAPTIFS.

2 Retour des Captifs & Prisonniers, *Postliminium. De Captivis, & de Postliminio, & redemptis ab hostibus. D. 49. 15. ... C. 8. 51.*

De Postliminio, id est, post captivitatem reversis. C. Th. 5. 5. ... I. 1. 12. §. 5.

De Postliminii tempore. Const. Justiniani. 1. c. 3. 4. & 6.

Voyez Prisonnier.

RETOUR, REVERSION.

3 Du droit de retour en matiere de succession. *Voyez Mourgues en son Commentaire sur le Statut de Provence page* 251.

4 Touchant le droit de retour. *Voyez Renusson traité des Propres chap. 2. sect. 19.* il dit que le droit de retour n'a point lieu à l'égard des peres naturels, car les choses données en dot à la fille bâtarde retournent au fisc.

5 Le droit de retour appartient au pere par le droit Romain, en cas que les enfans soient décédés sans enfans: le Parlement de Toulouse a étendu ce droit à d'autres qu'aux peres; la mere, l'ayeul & autres ascendans, même les collateraux en jouïssent, mais il n'a pas été étendu au-delà des oncles & tantes.

Il se pratique dans ce Parlement, que quand le pere a doté sa fille une seconde fois, *les enfans du premier mariage n'empêchent pas le retour de la dot, constituée en faveur du second,* dont il n'y a point d'enfans. *Ferriere sur la Coûtume de Paris art.* 313.

6 *De Clausulâ reversionis bonorum insertâ pactis nuptialibus, quando fideicommissum contineat, & quando successionem ab intestato designet? Voyez Stockmans, Decis.* 43.

7 De la reversion à la veuve du donateur en cas de prédecés du donataire sans enfans, & sans en avoir disposé. *Voyez Peleus en ses questions illustres, qu. 42. Montholon en ses Arrêts ch. 28. & Henrys tom. 1. l. 6. ch. 5. quest. 30.*

8 Retour a lieu és coûtumes qui n'en disposent, & n'a lieu qu'*ab intestat,* & non quand l'enfant a disposé jusqu'à ce que la Coûtume permet. *Voyez M. Loüet & son Commentateur lettre P. Som.* 47.

9 Le droit de retour ou de reversion n'a pas lieu pour la portion que la mere n'a pas retenüe, quoyqu'elle eût pouvoir de la retenir en nommant heritier un des enfans. *Advis d'Henrys tome 1. liv. 6. ch. 5. q.* 28.

10 Le testament étant nul par la preterition de l'ayeule, la mere peut prétendre le retour de ce qu'elle avoit donné. *Advis d'Henrys tome 1. liv. 6. chapit. 5. quest.* 31.

11 La reversion stipulée par le pere où la fille décederoit sans enfans, & ses enfans sans enfans, a lieu pour les autres enfans, quoyque le pere n'ait pas survêcu sa petite fille. *Advis de M. Henrys tome 2. liv. 6. q.* 3.

12 Quand les biens donnez par l'ascendant luy retournent, & s'ils retournent sans charges faites par le donataire? *Voyez Coquille, tome 2. qu.* 167.

13 Le droit de retour n'est ajugé à la charge des hypotheques, que subsidiairement. Arrêt du Parlement de Provence de l'an 1605. rapporté dans *Boniface, 10. 1. liv. 7. tit. 8. chap. 2.*

Voyez le mot *Hypotheque* nomb. 239. *& suiv.*

14 La dot fait retour à la mere, la fille étant décedée sans enfans. Arrêt du 16. Février 1591. pour une ayeule, quoyque les enfans eussent survécu à leur mere. *Cambolas liv. 1. chap.* 5.

15 En la Coûtume de Chauny où il n'est point parlé du droit de retour, Arrêt du 29. Avril 1606. en faveur du droit de retour. *M. Loüet, lettre P. Som.* 47.

16 Du droit de reversion en faveur de la femme. *voyez les Plaidoyers celebres dediez à M. de Nesmond, page* 297. où il est observé qu'il a été prononcé diversement sur cette question par le Parlement de Bourdeaux, & quelquefois jugé que le pere seul, ou l'ayeul paternel, devoient joüir du droit de reversion, par vertu de la puissance paternelle, & non la mere, ni l'ayeul maternel; mais elle est aujourd'huy résoluë aussi bien en faveur de la mere, & de l'ayeul maternel, que du pere, par les derniers Arrêts donnez au même Parlement. Il y a encore l'Arrêt de Jean Joly, contre Joseph Brignon, du 22. Août 1607. quoique par cet Arrêt il ait été ajugé à Brignon comme pere un droit de legitime ; le Parlement a depuis jugé n'être dûë aucune legitime, & ne l'eût ajugée par l'Arrêt sans le consentement de Joly.

17 Le gain que le mari fait en survivant à sa femme, étant retourné à l'enfant du premier lit, doit être censé propre maternel en la succession du fils. Arrêt du premier Juin 1619. *Brodeau sur M. Loüet, lettre N. somm. 3. n. 16. Voyez Henrys, to. 2. liv. 4. qu.* 35.

18 Le droit de retour n'a pas lieu en faveur des oncles par alliance. Arrêt du 10. May 1621. *De Cambolas, l. 1. chap.* 5.

19 L'ayeule maternelle en la Coûtume de Berry, legue une terre à sa petite fille en faveur de mariage; elle décede sans enfans, l'ayeule aussi décede ; la terre leguée à la petite fille doit appartenir à la mere, comme étant de l'estoc & ligne, & la plus proche, & ce à l'exclusion des oncles. *Brodeau sur M. Loüet,*

lettre P. *somm.* 47. *nomb.* 4. où l'Arrêt qu'il rapporte est daté du 5. Janvier 1630. Ricard *sur la Coûtume de Paris*, *art.* 312. rapporte ce même Arrêt. *Voyez* Henrys, to. 1. liv. 6. chap. 5. qu. 12. où il y a Arrêt du 12. Juillet 1625. qui a jugé le retour au profit de l'ayeul : ce n'est pas que le fils ou la fille donataire ne puisse par testament faire préjudice au droit de retour, & en exclure le pere à la réserve de la legitime. Jugé le 6. Avril 1593. *Peleus*, *quest*. 70. Voyez Henrys, *to*. 1. *liv*. 6. *chap*. 5. *quest*. 13. & *tome* 2. *liv*. 5. *quest*. 60. & *liv*. 6. *quest*. 3. *&* 11. M. le Prêtre, *ès Arrêts de la Cinquième* où il y a Arrêt du 12. Juillet 1625. qu'Henrys rapporte, comme il est marqué cy-dessus.

20 Retour stipulé par une mere en cas que sa fille décedât sans enfans, & que la mere survécût ; la fille & l'enfant étoient morts sans sçavoir lequel avoit survécu, transaction avec la mere, à qui on avoit fait entendre que l'enfant avoit survécu, l'heritier prend des lettres, les Lettres enterinées. Arrêt du 6. Juin 1641. H nrys, *tome* 1. *liv*. 6. *ch*. 5. *quest*. 33.

21 La fille survivant à la mere n'empêche pas le retour en faveur de son ayeul pour les biens qui y sont sujets. Arrêt du Parlement de Toulouse du 27. Juin 1646. *Albert*, *verbo Substitution*, *art*. 1.

22 Jugé au Parlement d'Aix le 16. Decembre 1655. que le droit de retour n'a point lieu en faveur des Etrangers sans stipulation d'iceluy. Boniface *to*. 1. *liv*. 7. *tit*. 8. *chap*. 5.

23 Clause de réversion stipulée par contrat de mariage, opere que la fille mariée, & qui étoit fille naturelle, ne peut disposer au préjudice de la clause de reversion. Jugé le 6. Avril 1666. *De la Guess*. *to*. 1. *liv*. 8. *chap* 36.

24 Droit de retour a lieu en faveur du pere contre la confiscation des biens du fils condamné, bien que le fils ait des enfans. *Mainard*, *liv*. 2. *ch*. 91. *Ex bono & æquo*, le pere doit exclure le fisc. M. Abraham la Peirere en ses *Décisions du Palais*, *lettre* R. *nomb*. 116. rapporte un Arrêt rendu en la Seconde des Enquêtes au rapport de Monsieur de Boucaud, entre le sieur Lespes, & la Demoiselle de Lalande sa belle fille : jugé qu'une de deux petites filles dudit sieur Lespes, provenuës de son fils, étant décedée, ladite Lande auroit son droit de legitime sur les biens de son fils, sauf de rendre & rétablir ledit droit de legitime, en cas que le droit du retour fût ouvert à l'avenir par le décez de l'autre fille à son ayeul.

25 Le droit de retour se fait en faveur du pere sans aucune charge ni hypoteque contractée par le donataire, répondront neanmoins subsidiairement les biens donnez en faveur de mariage, des conventions matrimoniales de la femme. *Ferrer*. qu. 147. *vid*. Vignes, *tit*, 2. *id*. Mornac, *ad* L. 2. *de jur. dot*. *id*. Bacquet, *just*, *ch*. 21. *n*. 304. *vid*. Chopin. *Paris*. *lib*. 2. *tit*. 5. *n*. 15.

Arrêt du Parlement de Bourdeaux du 8. May 1666. rendu en la Grand'-Chambre, au rapport de Monsieur de Mirat, entre Lucresse Jay, & Françoise Malois veuve d'Antoine Layral : jugé que la donation faite par ladite Jay audit Layral son fils, par contrat de mariage, étoit subsidiairement sujette au payement de la dot de ladite Maloys, quoique ladite Jay n'eût point assisté au second contrat de mariage de son fils avec ladite Maloys, & avoit fait la donation à son fils dans son premier contrat de mariage. La *Peirere*, *lettre* R. *nomb*. 114.

26 Si le fils ou la fille donataires peuvent par testament, ou autre disposition faire préjudice au droit de réversion, & en exclure le pere, à la réserve de la legitime ? *Voyez* Henrys, *to*. 1. *liv*. 6. *qu*. 13. où il se tient la négative : le même Henrys, *tome* 2. *liv*. 5. *qu*. 60. rapporte un Arrêt du 17. Septembre 1658. qui a jugé le contraire. L'Arrêt de Madame de Guito âgée de 21. à 22. ans ; elle avoit fait un testament par lequel elle laissoit la legitime par forme d'institution à

ses pere & mere, & instituoit M. le Prince son heritier ; elle étoit de Bourgogne, où ses biens étoient situez ; on soûtenoit la reversion ; son testament déclaré bon. Audience de la Grand'-Chambre le 8. Juillet 1669. *Voyez* M. le Prêtre, *ès Arrêts de la Cinquième*, où il y a Arrêt du 12. Juillet 1625. *Voyez* Carondas, *liv*. 7. *Rép*. 114.

27 Le droit de reversion en pays de Droit écrit du ressort de la Cour, n'a lieu qu'*ab intestat*. Arrêt du 19. Juillet 1666. *De la Guess*. *to*. 2. *liv*. 8. *chap*. 16. *Voyez* H nry, *to*. 1. *liv*. 6. *ch*. 5. *qu*. 14.

28 Arrêt du Parlement de Paris du 16. May 1692. qui juge qu'une stipulation à laquelle on avoit joint une clause, portant que la mere de la future succederoit à la somme stipulée propre, à l'exclusion de tous collateraux, n'établit point un droit de retour en faveur de cette mere. *Voyez le Recueil des Factums & Memoires*, *imprimez à Lyon chez Antoine Boudet, en 1710. tome* 2. *p*. 55.

29 Du droit de reversion. *Voyez le Brun, des Successions*, *livre* 1. *chap*. 5. *section* 2. la reversion a lieu au profit de l'ayeul, lorsque les enfans de la fille dotée décedent sans enfans. Arrêt du Parl. de Paris du 6. Mars 1697. Le Présidial de Lyon se conformant à l'usage du Parlement de Grenoble, avoit jugé le contraire.

RETOUR, AUGMENT.

30 Du retour de l'augment, & quand il a lieu ? *Voyez* le mot *Augment*, *nomb*. 61. *& suiv*.

RETOUR DES BIEN'S DONNEZ.

31 Du droit de retour en faveur du donateur. *Voyez* le mot *Donation*, *nomb*. 707. *& suiv*.

32 Si les biens donnez par le pere à son fils, & à ses enfans mâles reviennent au pere par le décez de son fils qui n'a laissé que des filles *Du Perrier*, *liv*. 1. *qu*. 15. rapporte des Arrêts contraires. Le dernier qui est du 22. Decembre 1661. a jugé en faveur de la fille.

33 Si le pere par convention est tenu de donner à sa fille pour meubles & acquêts quand elle se mariera 1500. livres, à la charge que si elle vient à déceder sans enfans, cette somme retournera au pere, & qu'après il donne à sa fille une maison en payement des 1500. livres, à la charge qu'où elle viendroit à déceder sans hoirs de son corps, ladite maison retourneroit au pere ou aux siens, nonobstant tout ce qui pourroit être dit au contraire ; si la fille étant décedée sans enfans après son pere la somme consignée, ne peut pas demander ladite maison par droit de retour & réversion, sans être tenuë à rendre les 1500. livres ? V. Bouvot, *tome* 1. *part*. 1. *verbo Vente de maison à charge de Retour*.

34 Les biens que le pere a donnez en faveur de mariage à son fils, & les fils de son fils décedans sans enfans, survivant le donateur, luy reviennent à l'exclusion de la mere du petit fils, qui n'y peut rien prétendre. L. 2. *codice de bonis quæ lib*. §. *igitur pr quas personas acquir. instituit*. l. *jure succur. de jure dotis*, quoiqu'en la succession *ab intestat*, & autres biens du petit fils l'ayeul soit exclus par la mere comme plus proche, *auth*. *de facto. Codice ad senat. Tertul*. ainsi se juge à Toulouse, & en autres Parlemens pour toutes donations faites par les parens survivans aux donataires, & à leurs enfans decedez sans enfans. *Voyez* Mainard, *liv*. 9. *ch*. 16.

35 Entre personnes de pays de Droit écrit il a été jugé par Arrêt sans date que la retention faite par un donateur, que si le donataire meurt sans enfans, la chose donnée retournera au donateur, sans mention des siens, est réelle & non personnéle, & ainsi transmissible à l'heritier du donateur s'il se trouve mort lors que la condition d'icelle retention arrive. Papon, *li*. 11. *tit*. 1. *n*. 38.

36 La reversion des biens donnez par le pere ou la mere à l'enfant qui decede avant le donateur, luy

retourne. *Voyez Carondas*, liv. 10. Rép. 81. Voyez l'art. 313. de la Coûtume de Paris.

37. La donation faite par le pere d'une terre à sa fille aînée en la mariant, à condition que si elle décede sans enfans, cette terre retournera ou reviendra à sa sœur puînée ; le cas de l'aînée étant arrivé, le pere peut disposer de ladite terre, parce que la puînée n'avoit pas accepté la donation. 2°. L'aînée n'en pouvoit avoir la proprieté qu'après le décez du pere qui s'en étoit reservé l'usufruit, & avoit survécu son aîné. Arrêt du 26. Avril 1561. *Carondas*, livre 10. Réponse 91.

38. Si le fils donataire a disposé des biens donnez en faveur de ses enfans, au cas qu'ils prédecedent l'ayeul donateur ; le droit de revision a lieu. Arrêt du Parl. de Toulouse du 17. Avril 1564. *Mainard*, li. 2. ch. 91.

39. Jugé au Parlement de Toulouse le 18. Juin 1565. qu'un pere par droit de reversion, pouvoit reprendre les biens donnez à son fils condamné à mort, & executé, quoiqu'ils fussent demandez par le fisc, & que le condamné eût laissé une fille survivante qui n'en eut aucune part. *Mainard*, ibidem.

40. Un oncle donne à son neveu la moitié de ses biens, se reservant l'usufruit & le retour des biens donnez, si le donataire décedoit sans enfans, l'oncle décede, & après le donataire laisse des enfans ; procez entre leurs heritiers ; mais par Arrêt du Parlement de Toulouse en Janvier 1574. il fut dit que les biens seroient retour aux heritiers du donateur, quoiqu'il eût omis de stipuler le retour nommément pour luy, & pour les siens. *Ibid*. liv. 8. ch. 33.

41. Le 27. Mars 1580. il a été jugé que les biens donnez par le pere en faveur de mariage, *& si donatarius decesserit relicto filio ipso decedente donante, adhuc superstite*, sont retour au pere donateur. *La Rocheflavin*, li. 6. tit. 44.

42. Les biens donnez par la mere à son fils luy retournent en cas de prédecez du fils sans enfans. Arrêt du 23. Juin 1582. *La Rocheflavin*, liv. 2. tit. 7. Arr. 3.

43. Cette reversion des biens donnez se fait *cum omni causâ*, & la mere du donataire survivante ne peut prétendre droit de legit:ime sur iceux ; les alienations des biens faites par le donataire sont sujettes à rescision. Arrêt du Parlement de Toulouse du 26. Juin 1581. *Mainard*, liv. 2. ch. 93.

44. Les biens donnez au fils après son décez retournent aux pere ou mere qui ont fait la donation, à la charge des hypoteques, & autres obligations contractées par le fils ; specialement lors qu'il n'y a point réservation d'usufruit. Arrêt du premier Avril 1591. *La Rocheflavin*, liv. 6. tit. 40. Arr. 21. L'observation de Graverol est, comme les raisons alleguées de part & d'autre sont extrêmement fortes (quoique s'il me falloit déterminer, je n'hésitasse pas à le faire pour les enfans survivans contre leur ayeul.) Le Parlement a pris ce milieu & ce temperament, d'ordonner le retour du fruit de l'ayeul, à la charge de conserver aux petits neveux survivans les biens donnez par une espece de fideicommis tacite. C'est ainsi qu'il le jugea par Arrêt du 1. May 1659. & par autre Arrêt du 19. May 1670. Il est vrai qu'en l'espece de cet Arrêt les freres survivans n'étoient que freres uterins ; mais la question devant être jugée sur la même raison de décider à l'égard des freres germains, les préjugez doivent servir de Loy.

45. Les biens donnez aux neveux décedans sans enfans la donatrice leur doit succeder par droit de retour. Arrêt du 10. May 1610. *La Rocheflavin*, livre 6. tit. 41. *Arrêt* 19.

46. Ce que l'ayeul donne à sa belle fille fait retour aux neveux de l'ayeul. Un pere donne à la veuve de son fils quelques biens pour en disposer à sa volonté, & luy permet de se remarier ; ce qu'ayant fait, & institué son second mari heritier, après son décez sa fille du premier lit, demande à son beau-pere les biens donnez par son ayeul. Par Arrêt du Parl. de Toulouse du mois de May 1619. il fut jugé que les biens donnez par l'ayeul à sa belle fille seroient retour au profit des enfans dudit Guillaume ayeul, comme ayant été les seuls considérez en cette donation, laquelle n'avoit été faite à la belle fille, *quam ut res necessitudinis committeretur*, & que la permission de se marier n'empêchoit pas le retour, qu'il falloit qu'il eût renoncé. *Cambolas*, liv. 4. chap. 17.

47. Le droit de retour a non seulement été accordé à la mere, mais encore au frere, à l'oncle, & à la tante, comme remarque Ferrieres sur la premiere question de M. Duranty, où il dit que si les biens ont été donnez par un pere naturel à son fils, s'il vient à déceder sans enfans, ils ne sont point de retour à l'ayeul. Arrêt du 16. Avril 1621. *Voyez* ce qu'a dit *Cambolas*, liv. 1. ch. 5. sur le droit de Retour.

48. Les biens qui viennent par droit de retour, reviennent exempts de toutes charges, de sorte que si le fils après la donation que son pere luy a faite en faveur de mariage, contracte des hypoteques sur les biens donnez, le cas du retour arrivant, le pere n'est point tenu de les décharger des dettes hypotequées, mais il reprend son bien quitte de toutes charges que son fils y auroit imposées par l'argument de la Loy *vectigali. ff. de pign*. la raison est, comme remarque *Faber*, liv. 6. tit. 36. def. 12. n. 4. d'autant que le pere en la donation ne peut être censé heritier de son fils pour en supporter les charges. Arrêt du 28. May 1626. quoique le fils eût émancipé par son contrat de mariage, ce retour exclut aussi les plus proches, lesquels succederoient sans cette consideration ; en sorte que si un pere a marié sa fille, qu'elle meure & laisse des enfans, & que les enfans prédecedent leur ayeul, le pere vivant quoiqu'en la succession des enfans le pere soit preferable à la mere, neanmoins il l'exclut en la succession de la dot qu'il a constituée à sa fille, & même ne peut demander droit de legitime sur icelle, comme de biens de ses enfans : car la dot revient à l'ayeul maternel sans aucune diminution. Arrêt du 19. Avril 1622. neanmoins ces biens qui reviennent libres entre les mains des donateurs, ne sont point exempts en cas d'insuffisance des hypoteques qui viennent du contrat de mariage, dans lequel ces donations sont faites. Arrêt du 15. Octobre 1623. *Ibidem*.

49. Un homme fait sa femme heritiere par son testament ; après la mort de son mari elle se remarie, au moyen de ce second mariage, les biens que son mari lui avoit donnez reviennent à sa fille du premier lit, à la charge de l'usufruit de la mere à toûjours, la fille meurt, & dispose de ses biens au préjudice de sa mere ; la mere les donne à son second mari par testament, l'heritier de l'enfant du premier lit prétend que les biens que le premier mari avoit laissez à sa femme luy appartenoient à cause de son mariage. Par Arrêt du 2. Mars 1630. les biens furent ajugez au second mari, la fille ne pouvant disposer au préjudice de sa mere des biens que son pere luy avoit laissez, qui appartenoient à sa mere par droit de retour dont elle avoit pû disposer. *Ibid*. liv. 6. ch. 4.

50. Le donataire étant mort sans enfans, la donation ne fait retour au donateur étranger. Arrêt du Parlement de Toulouse du 29. Janvier 1631. *Ibidem*, livre 6. chap. 14.

51. Le droit de retour établi par l'article 313. de la Coûtume de Paris, à l'égard des choses données par les peres & meres aux enfans décedans sans enfans n'empêche pas lesdits enfans d'en disposer. Arrêt du 18. Juillet 1647. *Soëfve*, to. 1. Cent. 2. ch. 33.

52. Retour a lieu, quoiqu'il ne soit pas stipulé en faveur de l'oncle donateur ; il y a neanmoins un Arrêt singulier, qui a jugé qu'un Commandeur de Malthe ne pouvoit pas demander le retour des biens donnez à sa niéce en contrat de mariage, ne l'ayant pas stipulé, quoique la niéce fût morte sans enfans. L'Arrêt

est du 17. Juin 1651. à Toulouse, après partage. *M. de Catellan, liv. 5. chap. 8.*

53. Le droit de retour a lieu, lorsque le donataire est décédé laissant des enfans, & que ces enfans sont morts avant le donateur. Jugé au Parlement de Toulouse le 5. Septembre 1651. en faveur d'une ayeule. Autre Arrêt semblable du 3. Juin 1694. qui ajuge le retour à l'ayeul par le prédécez de son fils donataire, & de ses enfans, au préjudice de la mere de ces enfans. *Voyez les Arrêts de M. de Catellan, livre 5. chapitre 8.*

54. Jugé au Parlement de Grenoble le 10. Juin 1656. qu'une mere ayant fait donation entre-vifs à son fils, sous une reserve de pension annuelle, & de certaine somme pour en disposer, ce fils étant mort sans enfans, ayant institué heritier son frere, cette mere ne pouvoit, par reversion legale, demander les biens qu'elle avoit donnez ; l'heritier de ce fils fut maintenu. *Basset, to. 2. liv. 6. tit. 5. ch. 1.*

55. Par Arrêt du Parlement de Normandie du 28. Janvier 1665. jugé que l'avancement fait par un pere à son fils, après la mort de ce fils sans enfans, ne retournoit point à ce pere. *Basnage, sur l'art. 244. de cette Coûtume.*

56. Par Arrêt du Parlement de Paris du 6. Avril 1666. jugé qu'une stipulation de reversion d'une somme de 6000. liv. baillée par un pere à sa fille naturelle, étoit valable, & fut icelle somme ajugée au pere & à ses heritiers. *Journal des Audiences, tome 2. livre 8. page 895.*

57. Un Novice voulant faire profession, institué heritier un de ses freres. La mere commune intervient dans ce testament, & renonce en faveur de l'heritier à la legitime qu'elle pouvoit prétendre sur les biens du testateur. Cet heritier étant mort avant sa mere sans enfans, jugé au Parlement de Toulouse le 10. Juin 1667. que cette renonciation étoit une veritable donation sujete au retour. *V. les Arrêts de M. de Catellan, liv. 5. ch. 8.*

58. Le sieur de Saint Jean Herbouville donne au sieur Delombre, qui avoit été son Page, 200. livres de rente avec cette stipulation, que s'il décedoit sans enfans, la rente retourneroit au donateur. Le donataire eut une fille qui luy survécut. Au moyen de cette clause, les heritiers de cette fille prétendirent cette rente. Jugé au Parlement de Roüen le 19. Mars 1682. en leur faveur. *Basnage, sur l'article 244. de la Coût. de Normandie.*

RETOUR, BIENS PROFECTIFS.

59 & 60. La donation faite au fils, & la constitution de dot faite à la fille, & autres biens que l'on nomme profectifs venans du pere lui retournent en cas qu'ils décedent sans enfans, & les freres n'y peuvent rien prétendre. *Idem* de la mere. Arrêt du Parlement de Grenoble du mois de Juin 1461. Arrêt semblable du Parlement de Paris du 5. Août 1558. en faveur de la mere. *Papon, liv. 21. tit. 1. n. 5.*

61. Arrêt du Parlement de Toulouse du 8. Juin 1565. qui a ajugé au pere d'un fils condamné, les droits de reversion contre le fisc qui les prétendoit à cause de la confiscation. M. le Président qui prononça l'Arrêt, dit que la Cour estimoit que le donateur laisseroit les biens à luy ajugez par le droit de reversion à sa petite fille, que *neptis erat ex filio damnato. Ibidem, nombre 24.*

62. Si le droit de reversion des biens profectifs peut empêcher que le fils n'en dispose? Il y a un Arrêt du Parlement de Toulouse du 17. Avril 1564. qui juge l'affirmative. Même Arrêt du Parlement de Paris aux Grands Jours de Clermont au mois d'Octobre 1582. *Voyez Ibidem, nombre 25. id non in patre tantum sed in avo observandum.*

RETOUR DE LA DOT.

63. *Voyez* le mot *Dot, nomb. 383.* Du droit de retour ou de reversion des choses données en faveur de mariage, ce droit n'empêche pas les gains sur les biens sujets au retour ; le pere a le retour de la dot donnée par l'ayeul paternel. *Voyez le 3. tome des Loix Civiles, liv. 2. tit. 2. section 3.*

64. La dot constituée par la mere, décedant la fille sans enfans, est sujete à retour ; la question ayant été partagée en trois Chambres, a été ainsi jugée *per L. quod scitis C. de bon. qua liber.* La Rochestavin, *liv. 3. tit. 9. Arrêt 2.*

65. Retour au pere de l'heritage donné par contrat de mariage après le décez de la fille sans enfans, être tenu à la contribution de l'ameublissement convenu par ledit contrat. *Voyez Charondas, Livre 11. Réponse 41.*

66. Si la fille dotée par le pere laisse deux enfans de divers lits, & que l'un des enfans de la suite de prés laissant l'ayeul, le pere & le frere, l'ayeul doit recüeillir sa part par droit de reversion. *Henrys, tome 1. livre 6. chap. 5. quest. 19.*

67. Le pere ayant fait donation de tous ses biens en faveur de son fils, à la charge de doter ses sœurs, la dot que le fils leur a constituée, est reversible au profit du pere. *Avis d'Henrys, tome 1. liv. 6. chapitre 5. question 29.*

68. Si un pere ayant stipulé par le contrat de mariage de sa fille, que si-elle decede sans enfans, & ses enfans sans enfans, la dot qu'il luy constitué, luy retournera, ses heritiers sont en droit d'exercer le droit de reversion, quand cette fille a laissé des enfans qui ont survécu à l'ayeul ? *Voyez Henrys, tome 2. liv. 6. quest. 3.*

68 bis. La dot retourne à la mere qui l'a constituée, la fille prémourant sans enfans. Arrêt du 16. Juin 1582. quoique la fille eût testé, *idque ex L. 2. C. de bon. qua liber. qua licet vulgo interpretetur de patre, habet etiam locum in matre qua dotem constituit.* La Rocheflavin, *liv. 3. tit. 9. Arr. 1.* & Mainard, *liv. 2. chapitre 90.*

69. Au pays de Droit écrit, la reversion a lieu de la dot de la fille dans la succession du petit fils, en faveur de l'ayeul qui l'avoit constituée, à l'exclusion du pere du défunt, soit qu'elle ait été payée ou fût encore dûë, en tout ou partie. Dans *Bardet, tome 1. liv. 1. chap. 118.* est rapporté un Arrêt du 10. Juin 1611. qui le juge ainsi, & un autre du 10. Avril 1625. qui appointe.

70. Non seulement l'ayeul, mais l'ayeule ont droit de reversion de toutes les sommes qu'ils ont constituées en dot à leurs fils ou fille, sans que le pere puisse prétendre aucun droit de legitime, quoique plus proche. Arrêt du Parlement de Bourdeaux du 18. Juillet 1613. *Voyez les Plaidoyez celebres dediez à M. de Nesmond, page 451.*

71. La donation faite par l'ayeul à sa petite fille sortie de sa fille, qu'il avoit mariée & dotée, retourne aux enfans mâles après la mort de la donataire comme propre, & non aux collateraux comme un acquet. Arrêt du Parlement de Roüen du 28. Mars 1623. *Basnage, sur la Coûtume de Normandie, art. 252.*

72. En pays de Droit écrit, l'ayeul maternel est preferable par droit de reversion au pere, en la succession de sa fille décedée sans enfans, pour les choses par luy données en dot à la defunte mere de ladite fille décedée. Arrêt du 12. Juillet 1625. *M. le Prêtre, ès Arrêts de la Cinquième.* Voyez *Henrys, tome 1. liv. 6. chap. 5. quest. 12.* où il rapporte l'Arrêt du 12. Juillet 1625. au profit de l'ayeul.

73. Les enfans du premier mariage de la femme ne peuvent empêcher le retour de la dot constituée au second mary, dont il n'y a point d'enfans. Arrêt du 5. Juillet 1632. *M. d'Olive, liv. 3. ch. 27.*

74. Arrêt du 17. Septembre 1658. qui a jugé qu'une fille à laquelle sa mere avoit constitué sa dot, avoir pû disposer de sa dot au profit de son mary, au préjudice de sa mere, à laquelle cette même dot devoit re-

venir par droit de retour. *Voyez Henrys*, to. 2. liv. 5. quest. 60.

75. Arrêt du premier Decembre 1667. qui ajuge le retour de la dot à la mere & ayeule. Ce même Arrêt ajuge la dot profectice, constituée par le pere, à sa fille par son predecez & de ses enfans. *Boniface*, to. 1. liv. 7. tit. 8. ch. 2.

76. Sçavoir si la Demoiselle Anne Pierrefort, femme de Henry Verney, ayant reçu sa dot de ses pere & mere, & ayant laissé après sa mort un enfant qui mourut quatre mois après elle, la succession de cet enfant appartient au pere ; ou si c'est aux ayeuls fondez sur le droit commun de la reversion de dot ? *Voyez le Recüeil des Factums & Memoires imprimez à Lyon, chez Antoine Boudet en 1710. to. 2. p. 349.*

RETOUR, DOUAIRE.

77. Si le douaire est sujet à retour ? *Voyez le mot Douaire, n. 259. & suiv.*

78. Du douaire sans retour. *Voyez, ibidem, nombre 261. & suivans.*

RETOUR, FISC.

79. Le fisc a été préferé au pere naturel, qui avoit donné à sa bâtarde, avec défenses d'aliener. La bâtarde étant décedée sans enfans, le pere naturel prétendoit que ce qu'il avoit baillé à sa bâtarde luy devoit retourner. Jugé au profit du fisc le 7. Septembre 1584. Pareil Arrêt du 10. Avril 1612. *Ricard, des Donations, entre-vifs, part. 3. ch. 7. sect. 4. n. 764.* Voyez *Henrys, to. 1. liv. 6. ch. 5. quest. 30. & Montholon, Arrêt 28. Ricard, des Substitutions, Traité 3. chap. 7. part. 1. nomb. 331.*

RETRAIT.

1. LE retrait est un droit singulier & extraordinaire, que la Coûtume a établi contre le droit commun, & la liberté des contrats de ventes, qui sont du droit des gens. *M. Loüet, lett. R. som. 52. & fait succeder le retrayant en la place du vendeur. Voyez Ad. le Prêtre, 2. Cent. ch. 86. & les Commentateurs des Coûtumes,* qui admettent ce droit ; & *M. Duplessis, en son Traité du Retrait lignager.*

Le retrait se divise en deux, en legal & conventionnel.

Le legal en deux, en feodal & en lignager.

Le feodal est en partie legal, & en partie conventionnel.

Le lignager est purement legal, & appartient à toute la famille. *M. Loüet, lettre R. sommaire 38. & M. Charles Du Moulin, tit. des Fiefs, art. 13. hodie le 20.*

2. D'autres divisent le retrait en conventionnel, lignager, feodal & censuel. A Paris le censuel n'a pas de lieu. *Coquille, en son Droit François, tit. de Retrait lignager,* tient qu'il y en a de trois sortes, conventionnel, lignager & Seigneurial, qui comprend le feodal & censuel.

3. *De utroque retractu, municipali & conventuali,* per And. Tiraquel.

4. *De jure retractûs, & ejus requisitis.* Voyez *Andr. Gaill, lib. 2. Observat. 19.*

5. Du retrait feodal, conventionnel, & lignager. *Voyez* hoc verbo, *Retrait,* la Bibliotheque de *Jovet,* & *Papon, liv. 11. tit. 5. 6. & 7.*

6. Retrait conventionnel, & lignager. *Voyez Bouvot, tome 2.* verbo *Retrait.*

7. Voyez *Mornac, L. 7. ff. de statu hominum.* Les loix statutaires courent contre toutes sortes de personnes. *Joly, en ses Notes, sur la Coût. de Paris.*

8. Si l'argument est bon du retrait à la succession des meubles & acquêts ? *Voyez Peleus, quest. 136.*

9. Dans les contrats on ne peut employer des conditions qui tendent à empêcher le retrait. *V. Basnage, sur l'art. 497. de la Coût. de Normandie.*

10. Pour donner de l'ordre à ce Titre, qui est trésétendu, & susceptible de plusieurs divisions, il faut parler du retrait des biens d'*Eglise*, du retrait conventionnel, du retrait feodal, du retrait lignager, & du retrait du my-denier. Chacune de ces subdivisions demande & merite un Titre singulier.

RETRAIT, BIENS D'EGLISE.

11. REtrait d'un bien d'Eglise vendu pour le secours du Roy. *Voyez Carondas, liv. 8. Rép. 2.*

12. L'Eglise ayant droit de retenuë, peut s'en aider pour le revendre & faire son profit. Arrêt du Parlement de Paris du 30. Janvier 1519. pour l'Evêque de Senlis, lequel fut dispensé de jurer que c'étoit pour reünir à sa table, mais seulement que c'étoit sans fraude, & de ses deniers. *Papon, livre 11. titre 5. nombre 7.*

13. Jugé par Arrêt du 18. Novembre 1614. que les Ecclesiastiques n'étoient tenus de retirer que ce qui étoit de leur domaine, quoiqu'il y eût d'autres heritages vendus qui n'en étoient pas. *Bouvot, tome 1.* verbo *Biens Ecclesiastiques, quest. 3.*

14. Ecclesiastique qui retire, est tenu de rembourser les ameliorations. *Ibidem.*

L'on ne s'étend pas beaucoup sur cette sorte de retrait, parce qu'il en est amplement traité, *lettre A.* au titre *Alienation de biens d'Eglise, n. 51. & suiv.*

RETRAIT CONVENTIONNEL.

15. DU retrait conventionnel. *Voyez* le mot *Faculté, & Du Luc, liv. 9. tit. 2.*

16. Du retrait conventionnel. *Voyez Guy Pape, qu. 516.* où il dit que s'il n'est permis que pour être exercé dans dix ans, il ne le sera que la derniere, & non plûtôt, mais qu'un tel contrat n'est pas exempt de soupçon d'usure.

17. *Retractus conventionalis gentilitius, feudali & censuali, in consuetudinibus, ubi admittitur, præfertur, &c.* & ce en Pays coûtumier ; *secus,* en Pays de Droit écrit. *Tournet, Coûtume de Paris, art. 159. C. M. §. 15. hodiè le 22. n. 1. & 4.*

18. Un heritage est vendu avec faculté de remeré ; le vendeur cede ladite faculté à deux, toutefois l'un après l'autre. Le dernier obtient Sentence, & rembourse l'acquereur ; il doit être préferé au premier cessionnaire, quoique cette faculté soit *jus incorporale quod possideri non intelligitur.* Arrêt à la prononciation de la Pentecôte 1549. *Carondas, livre 3. Réponse 6.*

19. Retrait conventionnel exclut le lignager ; mais si le fief est vendu à un parent, le Seigneur ne peut le retenir par retrait feodal, à cause de la preference du retrait lignager au feodal. *C. M. tit. des Fiefs, §. 13. hodiè le 20. & §. 15. hodiè le 22. n. 3.*

20. Le demandeur en retrait conventionnel, doit être saisi pendant le procés en donnant caution pour l'insuffisance de la consignation, sauf au défendeur de prendre les deniers consignez. Arrêt du Parlement de Paris de l'an 1563. *Papon, liv. 11. tit. 8.*

21. En retrait conventionnel tous les fruits qui étoient pendans lors du rachat, appartiennent au vendeur, & ne sont divisez entre luy & l'acheteur *pro ratâ temporis.* Arrêt prononcé en Robes rouges le dernier May 1566. *Papon, liv. 11. tit. 5. n. 5. & Carondas, liv. 5. Réponse 33.*

22. Contrat de vente portant faculté de rachat pendant neuf ans avant l'écheance, l'heritier du vendeur assigne la veuve de l'acheteur pour proceder au retrait. Elle demande délay. Cependant l'heritier consigne une bourse, donne assignation à l'après-dinée pour compter argent. Rien ne se termine ; l'affaire dure un an ; le délay accordé étoit passé. La veuve s'en prévaut, & dit que la consignation ne vaut rien ; qu'il falloit déposer l'argent & le compter. Réponse par l'heritier, qu'il a donné caution de tout payer dans le temps de la grace, ce qui est suffisant pour interrompre la prescription. Arrêt du Parlement de Bretagne

tagne du 10. Février 1575. qui ajuge le retrait conventionnel. *Du Fail*, *liv*. 1. *ch*. 389.

23 Trois vendent par un même contrat un heritage, & stipulent faculté de remeré dans un certain temps. L'acheteur stipule qu'ils seront tenus de racheter le tout ensemble, & non par parties. L'un offre sa part, même le total. L'acheteur peut le recevoir pour son tiers, sauf quand les autres se presenteront, de les recevoir. Arrêt du Parlement de Paris du 9. Juillet 1577. en sa faveur, dont le motif fut que c'étoit un retrait conventionnel, qui ne donne pas plus de droit au vendeur que celuy qu'il avoit dans la chose. *Bibliot. de Bouchel*, verbo *Retrait*.

24 Un particulier vend un heritage, à la charge que si le preneur le vend, le vendeur pourra le retirer. Le vendeur & le preneur decedent, & laissent des enfans. Le fils du preneur vend l'heritage; un de ses parens vient au retrait lignager. Le fils du bailleur, en vertu de la clause, demande la preference. Arrêt du 2. Mars 1585. qui prefere le fils du vendeur. *Carondas*, *liv*. 13. *Rép*. 92.

25 L'action en retrait conventionnel ne se prescrit point par an & jour. Arrêt du Parlement de Normandie du 1. Février 1648. *Basnage*, *sur l'art*. 499. *de cette Coûtume*.

RETRAIT FEODAL.

26 Voyez cy-dessus le mot *Fief*, nombre 124. & *suiv*. Despeisses, tome 2. pages 24. 81. & 87. & les *Arrêtez faits chez M. le Premier Président de Lamoignon, recueillis dans le Commentaire de M. Barthelemy Auzanet, sur la Coûtume de Paris*, page 93.

27 Le retrayant par droit feodal, est tenu hypothequairement de satisfaire aux creanciers du vendeur. *Chopin*, *Coûtume de Paris*, *liv*. 1. *tit*. 2. *n*. 21.

28 In retractu feudali, le Seigneur n'est tenu de retirer que ce qui est sorti du domaine ancien de son fief, *quia retractu competit favore certa rei*; *retractus gentilitius favore persona*. Voyez M. *Bouguier*, *lettre R. nombre* 15. & M. *Loüet* & *son Commentateur*, *lett. R. sommaire* 25.

29 Domaine d'un fief ayant été alienné par le vassal, avec retention de foy & hommage & censive; cette censive étant alienée par le même vassal, tombe en retrait feodal avec tout le domaine du fief. Voyez M. *Loüet*, *lett*. R. *som*. 26.

30 Droit de retenuë feodale, n'est empêché par la resolution de la vente, du commun consentement des parties, car la vente a acquis un droit au Seigneur. Arrêt du Parlement de Paris du 9. Février 1533. *Papon*, *liv*. 13. *tit*. 1. *n*. 6.

31 Droit de retenuë ou retrait feodal n'a lieu, quand le vassal s'est retenu sur la terre certain cens Seigneurial ou Justice. Arrêt du 16. Février 1537. entre les Chartreux, & le Prevôt de Villeneuve-le-Roy. Aussi n'y a-t-il ouverture de fief, & le Seigneur ne peut prendre quint ni requint, quoiqu'il y ait eu somme d'argent déboursée par forme de baulme. Arrêt du 5. Février 1543. entre Florent Bourgoüin, & Maître Guillaume Hurault, en la Coûtume d'Orleans, *art*. 4. La saisie feodale declarée tortionnaire. *Bibliot. de Bouchel*, verbo *Retenuë*.

32 Deux conjoints par mariage, constant iceluy, acquierent quelques heritages feodaux, dépendans d'un fief appartenant au survivant; il peut demander par retrait feodal aux heritiers du défunt, la moitié desdits heritages acquis, en rendant la moitié du sort principal, frais & loyaux coûts. Arrêt du 23. Août 1584. Voyez *la Coûtume de Paris*, *art*. 155. & *Carondas*, *liv*. 7. *Rép*. 19.

33 Le 18. Juillet 1587. Arrêt du Parlement de Bourdeaux, par lequel la Dame de la Fayette est condamnée de faire revente de la Terre & Seigneurie d'Aix au Duc de Ventadour, demandeur en retrait feodal.

Tome III.

Corbin, *Traité des Fiefs*, p. 938. & *la Bibliotheque de Bouchel*, verbo *Retrait*.

34 Par Arrêt du Parlement de Roüen du 14. Mars 1596. un acheteur parent du vendeur, ayant déclaré que comme lignager d'iceluy, il retenoit la chose venduë, le Seigneur feodal fut debouté de sa demande en retrait, *juxta Molin*. *sur le titre des Fiefs*, §. 15. Mais si le lignager poursuivoit son retrait en fraude, le lignager seroit preferé. Arrêt du dernier May 1543. *Berault*, *sur la Coûtume de Normandie*, *article* 452.

35 Le Seigneur du fief est tenu dedans quarante jours aprés la signification de l'achat, copie donnée, & offre de faire foy & hommage de retenir la chose feodale; sinon ledit temps, il en doit être debouté. Arrêt du Parlement de Dijon du 2. Août 1568. *Bouvot*, *tome* 1. *part*. 3. verbo, *Seigneur du Fief*, *qu*. t.

36 Si le Seigneur feodal a un an pour retenir la chose mouvante de son fief aprés la declaration de l'acheteur, & copie donnée d'un contrat d'achat? V. *Ibidem*, *question* 3.

37 Celuy qui n'est Seigneur que pour un quart, peut user du droit de retenuë pour le tout. Arrêt du Parlement de Dijon du 4. Février 1619. *Bouvot*, *tome* 2. verbo *Réponses par crédit*, *quest*. 9.

38 Faculté de retrait est personnelle au Seigneur. Arrêts du Parlement de Toulouse en Decembre 1649. & le 30. May 1652. *Albert*, verbo *Retrait*, *art*. 1.

39 Receveur du Seigneur, pour lever les rentes & autres droits Seigneuriaux, ne fait point préjudice au retrait, quoiqu'il ait reçû les ventes. *Du Moulin*, verb. *a reçû*, *n*. 9. & *seq*. *id*. Ferrer. *quast*. 173. & *cum libera*, *cont*. Ferrer. *quast*. 477. *in conductore cum potestate exigendi laudimia*, *cont*. Chopin, *Andeg*. *lib*. 1. *cap*. 38. *n*. 2. *id*, au Fermier. *Maichin*, *tit*. 4. *art*. 25. chap. 2. *id*, au Fermier. Chopin, *Andeg*. *lib*. 1. *tit*. 4. *n*. 15. & *eum vid*. *ibid*. *vid*. Maichin, *tit*. 4. *art*. Automne, *art*. 89.

Arrêt du Parlement de Bourdeaux du 21. Mars 1651. au rapport de M. de Monnier. Un acqueureur de certains biens situez dans le Duché d'Aiguillon, avoit reconnu desdits biens entre les mains du sieur du Burg, procureur ayant procuration generale de la Dame Duchesse d'Aiguillon, pour l'administration des affaires du Duché. Cet acqueureur étant actionné par un lignager, il obtient le droit de prélation de la Dame Duchesse. Jugé que le droit de prélation excluoit le lignager. *Nota* qu'en Droit écrit, le retrait feodal exclut le lignager. *La Peyrere*, *lett*. R. *n*. 121.

RETRAIT FEODAL CESSIBLE.

40 Le retrait feodal se peut ceder & se bailler à ferme, comme étant *in fructu*; *secus*, du lignager qui est un droit personnel *ad rem*, & le feodal est un droit *in re* ou foncier. Voyez M. *Loüet*, *lettre* R. *somm*. 3. Coquille, *Coûtume de Nivernois*, *tit. des Fiefs*, *article* 35. V. Henrys, *tome* 1. *liv*. 3. *chap*. 3. *question* 16. où il traite si le retrait feodal est cessible, & s'il appartient plûtôt au Roy qu'à la Reine doüairiere. Voyez *Carondas*, *liv*. 7. *Rép*. 198.

41 Le droit de retenuë peut être cedé par le Seigneur à un autre. Arrêt du Parlement de Dijon du 12. Juin 1607. *Bouvot*, *tome* 2. verbo, *Réponses par crédit*, *question* 4.

42 Retrait feodal est cessible. Arrêt du 23. Juin 1612. *Le Bret*, *liv*. 5. *Décis*. 14. La question étoit pour un fief sis en la Coûtume de Boulenois.

43 Par l'ancienne Jurisprudence du Parlement de Dijon, le droit de retenuë n'étoit pas cessible; mais on juge en dernier lieu le contraire. Arrêt du 7. Juin 1613. *Taisand*, *sur la Coûtume de Bourgogne*, *tit*. 11. *art*. 4. *n*. 3.

44 Entre le sieur du Peyrat, Trésorier de France à Limoges, donataire du Roy du droit de prélation du retrait feodal de la Terre & Seigneurie de Tourron, & le tuteur des enfans de M. Pierre des Fourreaux. Arrêt du 7. Avril 1637. qui condamne le tuteur à

M m m

laisser au demandeur, comme ayant les droits du Roy par transport de prélation & retrait feodal, la Terre de Tourron, en remboursant par le demandeur ou consignant, à la décharge des défendeurs le prix de l'adjudication, frais & loyaux coûts, sans dépens. *Additions à la Bibliotheque de Bouchel*, verbo *Retrait*, où il est observé que l'usage & cession du retrait feodal, est fréquent dans le Pays de la Marche, & autres de Droit écrit.

45 Par la Jurisprudence de presque tous les Parlemens, le retrait feodal appellé aussi droit de prélation & de retenuë, est jugé cessible. Les Parlemens de Grenoble & de Toulouse ne l'admettent que pour réünir le fief au domaine ou table du Seigneur, & rejettent la cession. *Voyez Salvaing, Traité de l'usage des Fiefs, ch. 22. & la Rocheflavin, ch. 13. art. 1.* M. *Cambolas, liv. 5. chap. 10. n. 2. de ses Décisions.* Hevin sur Frain, *page 809.* rapporte un Arrêt du Parlement de Bretagne du 3. Mars 1670. qui a jugé le retrait feodal cessible.

46 Le retrait feodal, & la faculté que le Roy a de réünir & de retenir les biens vendus dans sa mouvance, est cessible. Arrêt du Parlement de Mets du 1. Decembre 1684. *Au Journal des Audiences, tome 5. liv. 1. chap. 11.*

RETRAIT FEODAL, COUSTUMES.

47 Si en Bourgogne il y a lieu de retenuë de chose feodale venduë, & si la retenuë doit être faite dans quarante jours, ou dans l'an? *V. Bouvot, tome 2. verbo Retenuë de cense, quest. 3.*

48 Jugé au Parlement de Bretagne du 22. Octobre 1556. que celuy qui avoit 110. sols de rente fonciere & de cens sur une maison, laquelle d'un autre côté devoit au Roy 4. deniers de rente propre, pouvoit exercer le retrait censuel. *Du Fail, liv. 3. ch. 189.* où il est observé que le retrait a pareillement lieu en bail à complaint, à la charge de payer un chapon, un denier de cens, & un écu pour chacun quartier de droit d'entrée. Arrêt du 30. Août 1613.

49 Le 24. Novembre 1575. Chopin plaidant une cause pour le Prieur de la Charité, soûtenoit que la Coûtume du *Nivernois*, ne peut avoir lieu en un heritage chargé de bordelage, *quia dominus eo jure semper utitur ut penes eum maneat directa, & partant locus non est retractibus, Mass. Tit. de retract. jux. L. sin. C. de jure emphit.* Il dit que l'article de la Coûtume s'entend de meuble mêlé avec immeuble, de censuel mêlé avec le feodal, & non quand il s'agit du seul immeuble tenu du Seigneur bordelier. *Bouchel en sa Bibliotheque, verbo Retrait.*

49 bis. Pour l'usage en *Normandie*, l'on n'a jamais entendu dire que depuis que les Normands s'y établirent en l'an 892. aucun Ecclesiastique y ait prétendu le droit de retrait feodal, avant l'Abbé de Valosse, qui en fut débouté, & déclaré non recevable par Sentence du Juge des lieux. Il en appella au Parlement, & en la cause plaidée le 19. Mars 1610. M. du Viquet, premier Avocat General, assisté de Messieurs de Bretigneres, & le Guerchois, Procureur & second Avocat Generaux, soûtint en leur Conclusion extraite au Registre du Greffe du Parlement, que l'Eglise n'a point le droit de retrait feodal en Normandie, ni le droit de gardenoble comme les Seigneurs laïcs; ne peut posseder heritage en France, sinon par privilege de chaque chose qu'elle possede, & après l'amortissement; & à plus forte raison, ne peut pas retirer feodalement. L'on n'a jamais entendu dire qu'aucun Ecclesiastique ait prétendu ce droit. Le Roy n'en use pas en Normandie aux fiefs de son Domaine. Ce droit seroit perilleux en Normandie, où l'Eglise possede plus de biens qu'aux autres Provinces, & les principales Seigneuries desquelles sont tenus la plûpart des fiefs, à trait de temps elle auroit tout. Arrêt qui declare les Ecclesiastiques incapables de retrait. *Berault, à la fin du 2. tome de la Coûtume de Normandie, sur l'art. 451. p. 64.*

Autre Arrêt du 22. Decembre 1642. qui déboute l'Abbesse de Saint Sauveur d'Evreux, d'un retrait feodal par elle prétendu. *Ibid.*

50 Les gens de main-morte sont incapables d'exercer le retrait feodal dans la Province de *Normandie*. Le Parlement de Paris & le Conseil Privé l'avoient autrement jugé en 1643. Nonobstant ces Arrêts, le Parlement de Roüen a maintenu son usage, & pour le rendre plus notoire & incontestable, par l'article 96. du Reglement de l'année 1666. il est porté que les gens de main-morte ne peuvent retirer à droit feodal les heritages relevans de leurs fiefs. *V. Basnage, sur la Coût. de Normandie, art. 178.*

51 Par Arrêt du 27. Février 1638. de la Chambre de l'Edit, jugé qu'à faute d'avoir garni le rembours d'un heritage clamé à droit feodal dans les vingt quatre heures, & que l'an & jour de la clameur étant expiré, l'acquereur seroit maintenu en sa joüissance & possession. *Berault, à la fin du 2. tome de la Coût. de Normandie, p. 106. col. 2.*

52 En la Coûtume de *Poitou*, jugé le 9. Février 1533. que si le vassal vend son fief, le Seigneur peut exercer le retrait feodal, quoique dés le lendemain de la vente, le contrat ait été résolu, & même que délivrance n'ait été faite à l'acheteur, *quia sufficit venditum, & facile utile dominium ad directum redit.* Le retrait du fief doit se faire pour le prix qu'il s'est vendu entier, non deduits les quints & requints. Si l y a deux Seigneurs, dont l'un consente d'investir l'acquereur, le Coseigneur ne pourra retirer que l'autre moitié. Arrêt du mois d'Août 1577. en la Coûtume de Touraine. *V. la Bibliotheque de Bouchel, verbo Retrait.*

53 En la Coûtume de *Senlis*, il n'est point dû de droits Seigneuriaux pour une acquisition faite par un Seigneur feodal, en consequence d'une Sentence renduë, de prendre le total de l'acquisition par droit de retrait feodal, encore que le total de ladite acquisition ne fût mouvant de son fief, mais d'un autre. Arrêt du 10. May 1662. *Notables Arrêts des Audiences, Arrêt 79. Voyez Brodeau, sur M. Loüet, lett. R. sommaire 26.*

54 Si le retrait feodal a lieu dans le Gardiage & dans la Viguerie de *Toulouse*? On appelle Gardiage le territoire adjacent à la Ville, qui est sous la garde & jurisdiction des Capitouls. La Viguerie est le détroit de la jurisdiction du Juge Royal ordinaire de la Ville. Plusieurs Arrêts anciens ont jugé que le retrait feodal y avoit lieu. *Mainard* est d'avis contraire. *V. les Arrêts de M. de Catellan, li. 3. ch. 9.* où il en rapporte un du 10. Mars 1644. qui a jugé que les Seigneurs particuliers n'ont point droit de prélation dans le Gardiage, quoique ce droit soit stipulé par des reconnoissances. Quant à la Viguerie, il y a Arrêt du 5. Mars 1647. en faveur du sieur de Maleprade. Arrêt posterieur du 26. Août 1663. qui a jugé que le droit de prélation n'avoit pas lieu dans la Viguerie; mais il étoit prouvé que le Seigneur avoit demandé pendant un long-temps le droit de lods. Autre Arrêt du 9. Juin 1665. qui a préjugé que le droit avoit lieu dans la Viguerie.

RETRAIT FEODAL, DESISTEMENT.

55 Quand le Seigneur a choisi la retenuë de l'heritage vendu, il ne peut varier & demander ensuite les lods. Arrêt du Parlement de Dijon du 17. May 1677. contre le Seigneur de la Loyere, qui après avoir fait signifier à l'acquereur d'un heritage mouvant de sa directe, qu'il vouloit user du droit de retenuë & ayant consigné le prix à cet effet, changea de dessein, & retira les deniers consignez, prétendant qu'il pouvoit se départir de la retenuë, & luy demanda les lods. *Voyez Taisand, sur la Coût. de Bourgogne, tit. 11. art. 4. note 4.*

RETRAT FEODAL, DROIT ÉCRIT.

56 Si le retrait feodal a lieu en pays de Droit écrit?

Voyez Corbin, Traité des Fiefs, Loi 22. où il rapporte les Plaidoyez de M. Auguste Galand, & de M. Nicolas Rigault, sur la question de la prélation & retenuë feodale.

57. Le Seigneur feodal en pays de Droit écrit, peut dans l'an de la vente retirer à luy le fief mouvant de luy noblement, en remboursant le sort principal, loyaux coûts. Arrêt du 4. Juin 1515. pour Messire François d'Alleigre, & autant pour M. le Duc de Montmorency. Autre Arrêt pour le Seigneur de Château-mourant l'an 1540. En pays où le lignager est préferé au Seigneur, si l'acheteur est parent du vendeur, il exclura le Seigneur du droit de prélation. Arrêt du Parlement de Bourdeaux du 8. May 1582. Le contraire jugé au Parlement de Toulouse au mois de Septembre 1598. *Papon, liv.* 11. *tit.* 5. *n.* 6.

58. Arrêt du Parlement de Paris du 3. Août 1611. qui juge Messire Henry de la Tour, Duc de Boüillon, premier Maréchal de France, Vicomte de Turenne, bien fondé à prétendre le droit de prélation & retrait feodal de la Terre & Seigneurie de Noüailles, tenuë & mouvante de la Vicomté de Turenne. *Corbin, Traité des Fiefs, p.* 963. *& suiv.*

RETRAIT FEODAL, DROITS SEIGNEURIAUX.

59. Il a été jugé au Parlement de Dijon, en general & sans distinction, par Arrêt du 14. May 1579. pour le nommé Renaudot, contre les Confreres de la Chapelle de Sainte Anne de l'Eglise de Nôtre-Dame de Dijon, que l'acquereur ayant traité du droit de retenuë avec le Seigneur censier, s'il arrivoit une éviction de l'heritage censable de la part du Seigneur, après le payement fait par l'acquereur suivant la convention, le Seigneur est obligé à rendre la somme qu'il a reçuë pour son droit de retenuë. L'usage present est au Duché de Bourgogne, que le retrayant rembourse l'acquereur des lods qu'il a payez, & qu'il devroit payer luy-même au Seigneur, si le Seigneur étoit obligé de les rendre à l'acquereur. *Voyez Taisand, sur la Coûtume de Bourgogne, titre* 11. *article* 4. *note* 4.

60. Si un Seigneur de fief qui clame à droit feodal des rotures tenuës de son fief, peut demander le treiziéme sur le prix de l'administration par decret de ces rotures ? *Voyez le Recueil des Arrêts notables du Parlement de Normandie, page* 209. *& suiv.* étant ensuite de l'espece de la même Coûtume.

RETRAIT FEODAL, EGLISE.

61. L'Eglise n'a retenuë en cens ; & si en fraude d'elle on aliene à vil prix, quel remede ? *Voyez Coquille, tome* 2. *quest.* 47.

62. L'Eglise a droit de retrait feodal en Normandie aussi-bien que dans les autres Provinces. *Memoires du Clergé, to.* 2. *part.* 3. *p.* 189. *& suiv.*

63. Par la Coûtume de Berry tit. de la retenuë, l'Eglise n'a droit de retenuë d'heritages mouvans d'elle en fief ou censive, & pour l'Eglise en censive a droit de prendre deux sols pour livre de l'alienation, & les lais qui ont droit de retenuë 2°. deniers seulement, *tit. des cens art.* 6. Pareillement le Roy n'a droit de retenuë, parce que s'il l'avoit il ne se trouveroit personne qui voulût acheter du vassal ou censier du Roy. Arrêt du mois de May 1537. *Papon, livre* 11. *titre* 5. *nombre* 7.

64. Les Chartreux sont recevables à avoir par retrait feodal les heritages qui se vendent en leur mouvance. Arrêt du 16. Mars 1537. *Le Vest, Arr.* 14. Mais si un vassal se joüé de son fief, au désir de l'article 51. de la Coûtume de Paris, les Chartreux ayant intenté le retrait feodal, en ont été déboutez. Arrêt du 15. Février 1538. *M. le Maître des fiefs & hommages, chap.* 4. *&* 5. *Voyez M. Loüet, lettre* R. *somm.* 26.

65. Les heritages du Clergé étant vendus le secours du Roy, il n'y a point de retrait feodal. Arrêt du 2. Decembre 1595. *Charondas, liv.* 8. *Rép.* 3.

66. Arrêt du Parlement de Toulouse du 27. Juin 1597. *Tome III.*

par lequel l'adjudicataire d'un fief noble appartenant au Chapitre de Montpellier fut condamné de le délaisser par droit de retenuë & puissance de fief au sieur Evêque de Beziers. *Corbin, traité des fiefs, page* 938. *& la Bibliotheque de Bouchel, verbo Retrait.*

67. Si le droit de retention feodale appartient au Chapitre qui a l'annate des revenus du Prévôt décédé, Seigneur temporel & spirituel, ou au Prévôt successeur ? Arrêt du 9. Decembre 1669. en faveur de celuy ci. *Boniface, to.* 4. *liv.* 2. *tit.* 3. *ch.* 3.

68. Arrêt du Parlement de Provence du 3. Novembre 1672 qui a réglé la cause au Conseil pour sçavoir si l'Evêque de Riez ayant un fief, a pû retenir par droit de prélation le bien alienée dans son fief pour le réünir à son Evêché. *Ibidem, ch.* 7.

RETRAIT FEODAL, ENGAGISTE.

69. Engagistes ne peuvent point exercer en leur nom le retrait feodal. *Voyez le mot Domaine, nombre* 35.

RETRAIT FEODAL, EXCLUSION.

70. Un Seigneur feodal ayant écrit à son vassal nouvel acquereur, qu'il luy feroit bonne composition des lods & ventes ; jugé par Arrêt en la Coûtume d'Anjou, plaidant Robert, que le Seigneur avoit élû les lods & ventes, il fut débouté du retrait feodal. *Bibliotheque du Droit François par Bouchel, verbo Retrait.*

71. Un Seigneur qui a reçu aveu ou dénombrement contenant l'alienation du domaine dudit fief, avec retention de foy & censive, agrée tacitement l'alienation, & n'est plus recevable au retrait feodal. *Coûtume de Paris art.* 52. *M. Loüet, lettre* R. *sommaire* 25.

72. Jugé au Parlement de Paris le 16. Février 1538 qu'il n'y a lieu au retrait feodal, quand le vendeur a retenu un droit de censive & de Seigneurie, sauf aux Chartreux demandeurs & Seigneurs feodaux, quand il y aura ouverture de fief de se pouvoir comme de raison L'affaire avoit été partagée. Même Arrêt prononcé en Robes rouges au mois de Septembre 1526. pour le sieur de Montmorency, contre Jean Patu. *Biblioth de Bouchel, verbo Retrait feodal.*

73. Si le Seigneur feodal s'est presenté aux expeditions exercées sur la poursuite du decret par opposition couchée de sa part, à l'effet d'obtenir le payement de quelques deniers & prestations, soit personnellement à luy dûës, ou à cause du fief, qu'il ait encheri sur la vente, comme forcé, des heritages relevans de luy compris au decret ; cela ne luy ôte pas le droit d'exercer le retrait feodal, quand même les heritages seroient acquis au Roy par confiscation. Arrêt du Parlement de Normandie du 19. May 1553. *Ibidem, verbo Executoires.*

74. Le 13. Août 1585. Carbon de Luppes, sieur Darbellade avoit requis un fief luy être délaissé par droit de préference feudataire ; la Cour voyant le procez jugea qu'il en avoit plusieurs fois approuvé l'alienation, & qu'il n'étoit pas recevable en sa demande : mais en le déboutant pour montrer que la preference luy eût été ajugée, si luy-même ne s'en fût privé par telles approbations de la vente ; elle ajoûta, sans préjudice audit de Luppes dudit droit de preference & retenuë feodale pour l'avenir. Arrêt du Parlement de Toulouse du 13. Août 1585. *Ibidem, verbo Retrait.*

75. Un vassal se presente à son Seigneur pour être reçu en foy, dont toutefois il ne paroissoit point ; quelque temps aprés le Seigneur baillant son dénombrement à son superieur, articule entr'autres choses, que tel son vassal tient de luy un certain fief. Il veut ensuite retirer le fief, & le réunir. Par Arrêt donné aux Enquêtes en l'an 1592. il fut débouté. *Ibidem, verbo Retrait.*

76. Arrêts du Parlement d'Aix des 11. Avril 1611. 23 Février 1634. & 29. Janvier 1626. qui ont jugé que le

Seigneur peut retenir par droit de prélation, quoiqu'il ait tiré payement de la cense. *Bonifàce*, tome 4. *liv.* 2. *tit.* 3. *chap.* 2.

77. La reception des droits faite par le fermier, l'usufruitier, ou l'engagiste n'exclut pas le proprietaire d'exercer le retrait feodal, en remboursant luy-même, de suo ces mêmes droits à l'acquereur, & quand les droits n'auroient point été payez, il ne peut jamais exercer le retrait feodal sans indemniser les premiers. Arrêt du 7. Avril 1637. *Voyez* M. *Du Plessis*, *traité des Fiefs*, *liv.* 7. *chap.* 5.

78. Le mineur ou son tuteur qui reçoit le treizième est privé du retrait feodal. Arrêt du Parlement de Normandie du 30. Avril 1652. rapporté par *Basnage*, *sur l'art.* 452. *de cette Coûtume.*

79. Jugé au Parlement de Paris le 28. Février 1653. que le Seigneur aprés avoir reçû son Vassal en foy & hommage, ne peut plus retirer l'heritage par puissance de foy. *S'éfue*, to. 1. *Cent.* 4. *ch.* 15.

80. La reconnoissance acceptée par le Seigneur du nouvel acquereur l'exclut du retrait feodal, quoique la reconnoissance ne fasse point mention de l'acquisition, & qu'ainsi le Seigneur ait pû ignorer l'achat, & ait pû croire que le possesseur possedoit depuis plus de 30. ans, ou qu'il possedoit par succession, donation ou autre titre, excluant le retrait feodal. Arrêt du Parlement de Toulouse du 12. Juin 1665. rapporté par *M. de Catellan*, *liv.* 3. *chap.* 10.

81. Arrêt du Parlement de Roüen du 25. Juin 1684. qui a jugé que la demande des lods & ventes faite par le Seigneur n'empêche pas d'exercer le retrait feodal, mais il faut qu'il les ait reçus. *Basnage*, *sur l'article* 182. *de la Coûtume de Normandie.*

RETRAIT FEODAL, BIEN DE LA FEMME.

82. Si le mari prend le fief de sa femme avec promesse de la faire ratifier, le Seigneur feodal n'est pas obligé de recevoir l'acheteur à faire les devoirs de fiefs, & ne peut user de retenuë, quoique le contrat d'achat luy ait été notifié avec les formalitez ordinaires, à moins que la femme n'ait ratifié; la raison est que le mari ne peut legitimement vendre le bien de sa femme sans son exprés consentement, à peine de nullité; s'il ne vend sans qu'elle consente, il ne peut transferer aucun droit de proprieté à l'acheteur, jusqu'à ce qu'elle ait ratifié, de même maniere que si outre la vente faite par le mari, & la ratification faite par la femme, elle venoit à s'obliger dûëment, & à hypotequer ses biens, le creancier de la femme seroit preferé à celuy qui auroit acheté du mari, nonobstant qu'elle eût ratifié posterieurement cette vente faite de son propre fonds par son mari; ainsi jugé par Arrêt du Parlement de Bourgogne entre la Demoiselle de Seaux Dame de Bussiere, d'une part, & M. Antoine Fiot Conseiller à la Cour d'autre, le 11. Août 1569. *Taisand sur la Coûtume de Bourgogne*, *tit.* 3. *art.* 1. *n.* 20.

RETRAIT FEODAL, FERMIER.

83. Le Fermier peut exercer le retrait feodal. *Voyez* le mot *Fermier*, *nomb.* 74.

RETRAIT FEODAL, FRAUDE.

84. En échange frauduleux le Seigneur a droit de retenuë feodale. *Voyez Charondas*, *livre* 3. *Rép.* 17.

85. Le Seigneur peut user du droit de retenuë du jour de la fraude découverte. Arrêt du Parlement de Paris du dernier Mars 1576. *Papon*, *livre* 11. *titre* 5. *nombre.* 7.

86. Arrêt du Parlement d'Aix du 15. Février 1592. qui a déclaré un surchargement du prix de la vente des biens emphiteoticaires pour frauder le retrait feodal amendable, avec defenses à tous emphitéotes de faire de semblables fraudes. *Boniface*, *tome* 4. *liv.* 2. *tit.* 3. *chap.* 6.

87. Jugé par Arrêt du 20. Mars 1610. qu'en retrait feodal & censuel, tout ainsi qu'en retrait lignager, le temps ne court contre le Seigneur qui veut user du droit de retenuë, que du jour qu'il a découvert la fraude dont l'acquereur a usé pour se conserver l'heritage acquis, & qu'il ait été rendu certain de celuy qui est vrai acquereur, & que le vrai titre d'acquisition luy ait été exibé. Le Seigneur feodal & censuel retenant l'heritage vendu, est seulement tenu rembourser l'acquereur des reparations & meliorations utiles & necessaires par luy faites en l'heritage retenu. *Chenu*, 2. *Cent.* quest. 25.

RETRAIT FEODAL, GENS DE MAIN-MORTE.

88. Du retrait feodal exercé par Gens de main-morte. *Voyez Mornac*, *l.* 27. §. *quod in specie ff. de pactis.*

89. Gens de main-morte peuvent user du droit de retenuë feodale. Arrêt du 15. Février 1538. en faveur des Chartreux de la Ville de Paris. *Papon*, *livre* 13. *tit.* 1. *n.* 4.

90. Les Gens de main-morte, ni les engagistes du domaine du Roy ne peuvent retirer à droit feodal les heritages relevans de leurs fiefs. Arrêté du Parlement de Roüen, les Chambres assemblées, le 6. Avril 1666. art. 96. *Basnage*, tome premier, à la fin.

RETRAIT FEODAL, HYPOTEQUE.

91. Par la Jurisprudence nouvelle le Seigneur direct qui a retiré par droit de Prélation le fief ou le fonds emphiteotique est tenu hypotecairement des dettes que le vassal ou l'emphiteote a contractées, *Voyez Salvaing*, *de l'usage des Fiefs*, *chap.* 29.

92. En cas de retenuë feodale ou bordeliere, si l'heritage tient au Seigneur franc des hypoteques constituées par le Seigneur utile? *Voyez Coquille*, *tome* 2. *quest.* 38.

Voyez le mot *Hypoteque*, *nomb.* 251. & *suiv.*

RETRAIT FEODAL ET LIGNAGER.

93. Arrêt du Parlement de Toulouse du 24. May 1538. pour la preference du retrait feodal au retrait lignager. Autres Arrêts semblables des 4. Avril 1585. 6. Septembre 1597. & 7. Août 1606. *Corbin*, *traité des Fiefs*, *page* 863.

94. Le Seigneur direct doit être preferé au proche parent. Arrêt du Parlement de Toulouse du 4. Avril 1585. Même Arrêt au mois de Septembre 1598. *Mainard*, *to.* 1. *liv.* 2. *chap.* 83.

95. Le retrait feodal dans un fief noble a lieu en faveur du Seigneur dominant de plein droit, quoiqu'il ne soit pas stipulé, le Seigneur usant de ce droit est preferé au lignager. Arrêt du Parlement de Toulouse du 13. Decembre 1655. rapporté par *M. de Catellan*, *liv.* 3. *chap.* 11.

RETRAIT FEODAL, PLUSIEURS SEIGNEURS.

96. Un particulier achete un fief, pendant la contestation de la mouvance feodale entre deux Seigneurs; cet acquereur exhibe son contrat à l'un & à l'autre des deux Seigneurs; un an se passe du jour de l'exhibition de son contrat; on tient qu'il n'a point prescrit le retrait feodal, & que la prescription ne peut courir que du jour que la mouvance feodale a été ajugée à l'un des contendans, parce que l'effet de la feodalité est tenu en suspens, pendant laquelle l'acheteur n'est point obligé de reconnoître au retrait ni l'un ni l'autre des Seigneurs, qui ne sont point obligez de reconnoître pour vassal ce nouvel acquereur. M. Charles Du Moulin est de contraire opinion *in verbo* par main souveraine. §. 40. *hod.* è le 58. *Voyez Tronçon*, *Coûtume de Paris.*, *art.* 159. *in verbo* l'an & jour.

97. Le Seigneur feodal a la prérogative de ne retirer que ce qui est mouvant de son fief, & quoique ses autres heritages vendus ou decretez fussent tenus d'autres fiefs dont il seroit aussi proprietaire, il a cette faculté de n'user de son droit que pour un fief, s'il ne luy plaît; mais en ce cas il est obligé de prendre tout ce qui en dépend, suivant l'Arrêt rémarqué par *Berault*, *sur l'article* 172. *de la Coûtume de Normandie.*

98. Le retrait feodal ne peut être demandé par le Seigneur qu'à proportion de la part qu'il a dans le fief dominant ; car le retrait feodal n'a été établi que pour réünir le fief servant au dominant, cette réünion ne peut être faite que pour la part qui appartient au demandeur en retrait dans le fief dominant. Arrêt donné en la Cinquième Chambre des Enquêtes le 15. Avril 1581. aprés avoir pris l'avis de toutes les Chambres. Et neanmoins en pareille rencontre, on donne le choix à l'acquereur d'abandonner au Seigneur la totalité du fief servant, *quia for. è partem non fuiffet empturus*. Auzanet, *fur l'art. 20. de la Coût. de Paris*.

99. Si, quand il y a plusieurs Seigneurs, l'un peut retraire malgré l'autre ? Guido Papa, queft. 412. & 508. dit que fi l'un veut user du retrait, & l'autre investir, *quisque potest uti jure suo*. Mais Ferrieres, *ibid.* rapporte un Arrêt general du Parlement de Toulouse du 22. Decembre 1601. qui juge qu'un Seigneur qui a trois portions de quatre, ne peut en user malgré son consort, contre l'opinion *de Chaff. tit. des Retraits, rubr. 10. §. 1. verbo*, Retenuë, *num. 4*. qui se fonde sur l'argument tiré de la premiere Loy, § *si alter*, *ff. quorum legat*. En effet suivant cet Arrêt general, il fut jugé au mois de Mars 1643. en la cause de M. Lacombe, Curé de Caffade, contre le sieur Comte d'Orval, qu'il ne pouvoit retirer un fond. Albert, *verbo* Retrait, *art. 3*.

100. Arrêt rendu au Parlement d'Aix en l'année 1654. qui a jugé que les Coseigneurs ne veulent pas user de leur droit, & retenir par prélation une proprieté venduë, un des Coseigneurs peut retenir la totalité de la proprieté. Boniface, *tome 1. liv. 3. tit. 2. chap. 11*. Il rapporte plusieurs autres Arrêts.

101. Le Coseigneur par indivis avec un autre, peut retraire l'entier fond vendu, du consentement & avec la cession du Coseigneur, malgré l'Emphyteote Arrêt du Parlement de Toulouse du 27. Juillet 1667. rapporté par M. de Catellan, *liv. 3. ch. 11*.

102. L'acquereur d'une Terre située dans la Coûtume de *Montfort-Lamaury*, mouvante de deux differens Seigneurs, ne peut obliger l'un des Seigneurs, qui veut exercer le retrait feodal, de retirer toute la Terre, mais il suffit qu'il retire ce qui est de sa mouvance. Jugé à Paris le ... Juin 1683. *Journal du Palais*.

RETRAIT FEODAL, PRESCRIPTION.

103. Si le retrait feodal peut se prescrire par trente ans. Voyez Carondas, *liv. 2. Rép. 7*.

104. Pendant la contention de la mouvance entre deux Seigneurs d'un fief, *Titius* achete le fief contentieux, & exhibe son contrat à l'un & à l'autre ; sçavoir si aprés l'an de l'exhibition de son contrat, il peut prescrire le retrait feodal. M. Charles Du Moulin tient l'affirmative. Tronçon tient la negative, *Coûtume de Paris, art. 159. verbo* L'an & jour, & que la prescription ne peut courir que du jour que la mouvance est ajugée. Voyez C. M. §. 13. *hodiè le 20. glof. 12. n. 11. Coût. de Paris*.

RETRAIT FEODAL, REMBOURSEMENT.

105. Un Seigneur réünit à son fief un autre fief par puissance feodale, il doit la moitié du prix aux heritiers de la femme. Prononcé en Avril 1548. *Valla, de rebus dubiis tractat. 13*. Voyez Carondas, *livre 7. Réponse 10*.

106. L'acquereur d'une terre à la charge d'une rente rachetable, n'est tenu d'accorder le retrait feodal, si le Seigneur ne rembourse actuellement les deniers de la rente ; & s'il le fait, il demeure obligé vers son vendeur. Jugé au mois de Février 1633. *Du Frêne, liv. 1. chapitre 130*.

107. Arrêt du 16. Novembre 1675. qui a jugé que le retrayant feodal doit rembourser les frais & loyaux coûts de l'acquereur ; si au rang des loyaux coûts, les frais des voyages pour faire les acquisitions y sont compris, si le prix des arbres plantez à la place des morts, le prix des fossez & remparts couverts est emporté par les eaux, les engraiffemens & les fumiers sont compris aux loyaux coûts. V. Boniface, *to. 4. liv. 2. tit. 3. chap. 4*.

108. Jugé au Parlement de Toulouse le 23. Février 1699. que le Seigneur feodal qui exerce le retrait, est tenu de rembourser à l'adjudicataire les sommes à luy dûës par le discret au delà du prix du decret. On rapportoit deux Arrêts contraires, mais il ne paroissoit pas si dans ces Arrêts le decretiste, en faisant les sursdites & encheres, avoit reservé les autres sommes à lui dûës, ce qui étoit dans l'espece de celui-cy, & qui servit à déterminer les Juges. V. *les Arrêts de M. de Catellan, liv. 3. ch. 14*.

RETRAIT FEODAL, RENTE.

109. Le Seigneur feodal a droit de retenuë pour une rente venduë par son vassal, qu'il tient en fief de lui. Arrêt du Parlement de Paris du 7. Septembre 1518. en faveur de M. le Duc de Montmorency. *Papon, liv. 13. tit. 1. n. 5*.

110. Il a été jugé au Parlement de Roüen le 13. Juillet 1628. qu'un Seigneur qui avoit retiré par puissance de fief un heritage, & l'avoit réüni au fief, étoit recevable à racheter les rentes foncieres dûës par cet heritage, en rendant le denier vingt ; car le retrait feodal est une espece de retour, & le Seigneur a interêt de n'être pas le debiteur de son vassal. Basnage, *fur l'article 178. de la Coûtume de Normandie*.

111. Jugé en la Coûtume de *Senlis* le 16. Février 1657. qu'un contrat par lequel un particulier avoit déclaré avoir vendu & transporté une maison moyennant 50. livres de rente, proprietaire & non rachetable, & outre 700. livres payez comptant, ne pouvoit être pris pour un contrat de bail à rente, exempt du retrait Seigneurial, & qu'ainsi le Seigneur étoit bien fondé à user du droit de retenuë. Soifve, *tome 2. Cent. 1. ch. 56*.

112. Rente fonciere venduë à celuy qui en est redevable, ne peut être clamée du droit lignager ni feodal. Arrêt du Parlement de Normandie, les Chambres assemblées, le 6. Avril 1666. *art. 28. Basnage, tome 1. à la fin*.

Voyez cy-deffus *le nomb. 106*.

RETRAIT FEODAL, ROY.

113. Retrait feodal, s'il peut être exercé par le Roy ? M. le Maître, *au Traité des Fiefs, chap. 5. sur la fin*, rapporte un ancien Arrêt de 1277. que le Roy retira du Comte de Foix un Château de la Roche par luy acheté.

114. Le Roy peut donner ou transporter la retenuë feodale d'un fief vendu mouvant d'aucune de ses Terres & Seigneuries. Voyez Carondas, *livre 7. chapitre 140. & chap. 198*.

115. Encore que le Roy puisse retenir par retrait feodal le fief immediatement tenu de sa Majesté, vendu par son vassal, celuy qui a acquis du Roy à faculté de remeré quelque Seigneurie du Domaine de la Couronne, ne peut retenir par retrait feodal les fiefs mouvans de ladite Seigneurie vendus par les proprietaires, &c. Bacquet, *Droits de Justice, ch. 12. nombre 10*.

116. La retenuë feodale a lieu és terres données en appanage sur les Secretaires du Roy, sans leur payer des droits de quints, & les fruits pendans sur terre lors de l'acquisition, estimez à 2000. liv. Arrêt du 21. Août 1649. *Du Frêne, liv. 5. ch. 47*.

RETRAIT FEODAL, SERMENT.

117. Le Seigneur retrayant doit jurer qu'il veut pour luy-même les biens dont il demande le retrait, & non pour un autre. Arrêt du Parlement de Toulouse du 27. Juillet 1667. On exige pareil serment du retrayant lignager. Arrêt du 14. Janvier 1661. rapporté par M. de Catellan, *liv. 3. ch. 11*.

RETRAIT FEODAL, TEMPS.

118. Le temps du retrait court du jour de la réception en foy & hommage, & le devoir fait en l'absence du Seigneur feodal tient lieu de foy. Arrêt du Parlement de Paris du mois de Janvier 1567. *Biblioth. de Bouchel*, verbo *Retrait*.

RETRAIT FEODAL, TOUT OU PARTIE.

119. Le Seigneur du fief dominant en partie venant au retrait feodal, il est au choix de l'acquereur de le recevoir au retrait par moitié seulement ou pour le tout, sinon il doit être debouté du retrait. Arrêt du 30. May 1587. *Brodeau, sur M. Loüet, lett. R. somm.* 25. *nomb.* 9. où il met distinction entre le Seigneur feodal du tout, & le Seigneur feodal en partie.

120. Arrêt de la Chambre de l'Edit de Toulouse du 8. May 1638. qui a décidé que le Seigneur est obligé de prendre toutes les pieces mouvantes de sa directe, comprises dans la saisie & dans le decret des biens de l'Emphytéote; ce qui doit être entendu, si chaque piece emphytéotique n'a pas un prix separé: car si chacune de ces pieces a son prix dans le contrat ou dans l'enchere, par la raison qu'il y a autant de contrats que de prix differens, le Seigneur peut retraire une ou plusieurs, sans être tenu de retraire les autres. *Voyez M. de Catellan, liv. 3. ch. 14.* où il observe que le 23. Février 1699. on agita la question de sçavoir, si dans un decret chaque surdite ou enchere fait un contrat separé? les raisons de part & d'autre sont rapportées.

121. Le 6. May 1649. il fut jugé au Parlement de Toulouse en la cause de Capelle & de Nadal, contre le sieur de Montagudet, que le Seigneur devoit tout retirer. Cet Arrêt en confirmoit un autre precedent; le sieur de Montagudet fut démis de sa Requête civile. *Albert*, verbo *Retrait*, *art.* 4.

122. Le 21. Mars 1675. il fut jugé au Parlement de Toulouse, en faveur du sieur d'Arboras, qu'il pouvoit retirer la seule piece de sa directe; mais il faut observer que le sieur d'Arboras avoit surfait de plus de 100. livres sur cette piece, ce qui faisoit le profit des creanciers; ce fut le motif de l'Arrêt, de sorte qu'il ne fait rien contre l'opinion de ceux qui disent que le Seigneur doit prendre tout. *Ibidem*.

123. La Demoiselle de Maleprade fut reçûë à retirer ce qui étoit de sa directe, & à laisser le reste. Il faut noter que Massut sa partie ne contestoit pas par cette raison, mais seulement par ce qu'il disoit que le droit de prélation n'avoit pas lieu dans la Viguerie de Toulouse; si bien que l'acheteur ne demandant pas que le Seigneur fût tenu de prendre le tout, cet Arrêt qui est du mois de Février 1646. ne doit pas être tiré à consequence. *Ibid.*

124. Le Seigneur feodal doit retirer tous les heritages qui sont en la mouvance du fief à cause duquel il fait le retrait; mais il est tenu de retirer les heritages relevans des autres fiefs qui sont en sa main. Arrêté du Parlement de Roüen, les Chambres assemblées, du 6. Avril 1666. *art.* 114. *V. Basnage, to.* 1. *à la fin.*

125. Le Seigneur feodal est obligé de retirer par retrait feodal seulement ce qui releve de luy. Arrêt du 14. Juin 1683. *De la Guess. to.* 4. *liv.* 6. *ch.* 11.

RETRAIT FEODAL, TUTEUR.

126. Du pouvoir du tuteur pour reprendre le fief. *Voyez le mot Fief, n.* 156.

RETRAIT FEODAL, USUFRUIT.

127. Le Seigneur peut, l'usufruit éteint, retenir ce que l'usufruitier a acquis par retrait feodal, en rendant le prix & loyaux coûts. Arrêts du Parlement de Paris des 9. Janvier 1563. & 23. Février 1571. *Papon, livre* 13. *titre* 1. *n.* 5. *& Carondas, livre* 2. *Rép.* 85.

RETRAIT LIGNAGER.

128. DU Retrait lignager. *Voyez* Grimaudet, *la Bibl. du Droit François par Bouchel*, *Du Luc, liv.* 9. *tit.* 3. Carondas, *liv.* 5. *Rép.* 37. *liv.* 7. *Rép.* 141. *& liv.* 9. *Rép.* 57. Auzanet, *sur la Coûtume de Paris, page* 116. *& suiv.* les Arrêtez faits chez *M. le Premier President de Lamoignon, & recüeillis dans le même Commentaire d'Auzanet*.

129. *De jure gentilitio, vulgò* retrait lignager. *Voyez Francisci Stephani, Decisio* 3.

130. Du retrait lignager. *Voyez le* 31. *chapitre de la Coûtume de Nivernois, & Coquille, en son Commentaire sur icelle, tome* 2. *page* 289. *où il est parlé des formalitez du retrait, & en son Institution au Droit François, page* 89.

131. Retrait lignager plus favorable qu'odieux. *Voyez les Opuscules de Loisel, page* 122.

132. Le retrait lignager ne se regle pas à l'instar des successions, parce que *jus retractatûs consanguinitatis non datur certa persona sed toti familia & cognationi in genere*, tellement qu'il suffit d'avoir cette qualité, *esse de familia & cognatione tempore actionis*. M. Loüet, *lett. R. somm.* 38. Coquille, *Coûtume de Nivernois, chap.* 31. *de Retr. lign. art.* 1. Tronçon, *Coûtume de Paris*, verbo *du côté & ligne*, *art.* 129.

133. Maxime generale, lignager sur lignager n'a point de retenuë, bien que l'acquereur soit parent au huitiéme degré. M. Loüet, *lett. R. som.* 53.

134. Retrait ajugé à un défunt qui a consigné, doit tenir, & est transferé à ses heritiers. *Voyez Carondas, liv.* 2. *Rép.* 77. *& liv.* 6. *Rép.* 60.

135. Contrat où il y a simple promesse de vendre, ne donne point ouverture à l'action en retrait. Mainard, *liv.* 7. *chap.* 52.

136. Retrait reconnu. *Voyez Brodeau sur M. Loüet, lett. C. somm.* 37. *nomb.* 4.

137. *Pactum inter fratres super jure retractûs, nullâ haredum mentione factâ, an ad filios extendatur? Voyez Franc. Marc. to.* 1. *quest.* 405.

138. Retrait a lieu en heritage baillé en payement ou pour récompense, *secus*, quand le mary pour récompenser sa femme de son heritage vendu, luy donne le sien, *quia videtur permutatio quadam.* Arrêt du 14. Août 1411. *Bibliot. de Bouchel*, verbo *Retrait*.

139. S'il y a un frere & une sœur, & que la sœur vienne à la retraite, & revende les biens retirez, le frere peut venir à la retraite dedans l'an & jour, en rendant le prix de la premiere vente, frais & loyaux coûts? *V. Bouvot, to.* 1. *part.* 1. *verbo Retrait, question* 3.

140. Si la chose acquise par un parent est échûë par succession, il y a lieu de retrait sur la vente qui en est faite après, encore que le lignager ne soit descendu de l'acquereur, ou qu'il ne soit du côté d'où il vient, & comme se prend le mot d'*ancien* en succession, & comment en succession? *V. ibidem, part.* 2. *verbo Retraite, quest.* 1.

141. Si en retraite l'heritage ancien se prend comme en succession, & si le consing fait entre les mains d'un Prêtre étoit valable? *V. ibidem, to.* 2. *verbo Retrait conventionnel, quest.* 13.

142. Si l'action de retraite doit être intentée pardevant le Juge du domicile de l'acheteur, & si l'an du retrait court contre le mineur sans esperance de restitution? *V. ibid. quest.* 35.

143. Si le vendeur s'est pourvû par Lettres de rescision de contrat, fondé sur lezion d'outre moitié du juste prix, le lignager peut retraire pendant l'instance de rescision, & si le Juge peut joindre deux instances, & differer de prononcer sur la retraite? *V. ibid. to.* 2. *quest.* 41.

144. Si la vente est faite sous cette condition, que si le vendeur rend dans l'espace de 18. mois le prix qu'il a reçû, elle demeurera pour non faite, le temps du retrait courra nonobstant tous procés, il courra même contre le mineur, mais il sera restitué s'il veut. *Voyez Guy Pape, quest.* 31. *& Chorier en sa Jurisprudence du même Auteur*, *p.* 240.

145. La faculté de retraire les biens contre la prohibition faite dans un testament, dure trente ans. *Cambolas, liv. 5. chap. 42.*

146. Le prochain lignager ayant exercé le retrait lignager, & après rendu pour le même prix, ou autre plus fort à l'acquereur étranger si c'est hors les temps du retrait, autre prochain n'y pourra être reçû : car tel heritage sera acquest au premier retrayant, si c'est dans l'an il y sera reçû. Arrêt du Parlement de Bourdeaux du 20. Octobre 1520. *Arr. de Papon, livre 11. tit. 7. nomb. 6.*

147. Jugé par plusieurs arrêts que quand la Coûtume ne met aucune limite aux degrez de succession, elle passe *in infinitum ad exclusionem fisci*, & le droit de retrait va aussi loin que la succession, s'il n'y a Coûtume au contraire. Au reste par la raison tirée du présent article a été fondé l'Arrêt des Hannequins du 2. Juin 1556. pour la regle *paterna paternis*. Biblioth. de Bouchel, *verbo* Retrait.

148. Promesse faite au lignager de le recevoir au retrait est censée *in dubio* n'avoir lieu après l'an & jour de retrait. Arrêt du Parlement de Bourdeaux en 1570. *Mainard, liv. 7. ch. 45.*

149. Retrait refusé à un religionnaire absent. Arrêt du Parlement de Bretagne du 15. Mars 1571. *Du Fail, li. 1. chap. 322.*

150. En matiere de retrait pour les formalitez, il faut suivre la Coûtume du lieu où les choses sont situées. Arrêt du Parlement de Paris du 28. May 1574. *Papon, liv. 11. tit. 7. n. 27. & 28.* Arrêt contraire du 19. Mars 1557. qui juge que l'action de retrait est plus personnelle que réelle, & en effet Messieurs des Requêtes du Palais en connoissent.

151. *Voyez le* 10. *Plaidoyé de M. Marion*, in octavo, sur les solemnitez précisément requises en l'execution du retrait lignager ; même en ce qui concerne le poids exact des especes offertes, & la forme des bien consigner, au refus de les prendre par l'acheteur. Arrêt du 28. Juin 1584. qui déboute du retrait.

152. Le 27. Février 1590. il a été jugé au Parl. de Toulouse 1590. que le traité fait par deux freres, que l'un voulant vendre ses biens, l'autre seroit préferé sous l'obligation expresse de tous lesdits biens, n'étoit suffisant pour retraire, parce qu'il n'étoit fait en la tradition ou division de la chose. *Cambolas, livre 1. chapitre 24.*

153. Nicolas demande de retraire la vigne vendüe par son frere Pierre, en vertu de la clause apposée au testament de Nicolas leur pere, par lequel il avoit ordonné que l'un des enfans du premier lit venant à vendre les autres fussent préferez à même prix. Par Arrêt du 26. Janvier 1593. il a été jugé que ce droit dure trente ans, & que le retrayant ne pouvoit ceder ce droit, & qu'il pouvoit être contraint d'affirmer que c'étoit pour luy. *Ibid. ch. 39.*

154. Retrait lignager est individu ; il ne peut s'exercer pour une partie seulement, & l'an ne court que du jour de l'ensaisinement, & non du jour du decret. Arrêt du Parlement de Paris du 21. Février 1622. *Bardet, to. 1. liv. 1. chap. 92.* il observe que M. le premier Président étant aux opinions demanda au retrayant s'il ne prétoit point son nom , & dans l'Arrêt il luy ajoûta ces mots, s'il le prétoit, la Cour dés à présent le déclaroit déchû du retrait.

155. La déclaration faite judiciairement par un lignager à l'acquereur est valable, en ce cas il n'est pas necessaire de la signifier par un Huissier. Arrêt du Parlement de Roüen du 27. Août 1637. *Basnage, sur la Coûtume de Normandie, art. 452.*

156. Arrêt du Parlement d'Aix du 19. Octobre 1640. qui a jugé que l'action de repetition de retrait n'a pas plus de durée que l'action du retrait ; & que le parent peut prêter son nom à son parent, sans tomber dans la peine du parjure en retirant pour luy. *Boniface, to. 1. liv. 8. tit. 1. ch. 8.*

157. La Coûtume n'éxigeant pas que l'heritage vienne de la ligne directe pour être ancien en retrait , il est sans difficulté que le fonds qui vient d'un collateral ne laisse pas d'être ancien en retrait , de même que s'il venoit d'un ascendant. Arrêt du Parlement de Dijon du 21. Juin 1646. *Voyez Taisand , sur la Coûtume de Bourgogne , tit. 10. n. 8.*

158. Arrêt du Parlement de Paris du 31. May 1650. qui a jugé que dans la Coûtume de Chaumont en Bassigny , l'an & jour du retrait doit courir du jour de l'adjudication par decret , & non du jour de l'ensaisinement. 2°. Qu'y ayant eu contestation , entre le retrayant & le défendeur en retrait , le prix entier de l'acquisition doit être consigné, ou à faute de consignation offerte & répresentée à chaque jour de la cause, & que l'année étant bissextile, la demande en retrait ne peut être prorogée au delà du terme ordinaire établi par la Coûtume , & le jour intercalaire servit au retrayant, pour montrer que son action a été intentée dans l'an. *Soëfve , tome premier , Cent. 3. chapitre 42.*

159. Jugé par Arrêt du 31. May 1656. que dans l'action de retrait lignager , le défendeur ne peut refuser de répondre par serment sur les faits de fraude alleguez par le demandeur , & qu'il n'y a nullité en l'exploit de demande , le Sergent n'ayant point fait mention du domicile des témoins. *Ibidem , to. 2. Centurie 1. chap. 17.* où il observe que dans la Province de Normandie le retrait est extrêmement favorable , au lieu que dans les autres Coûtumes il est odieux.

160. Un particulier vend , cede une moitié de maison à des Religieuses , moyennant 1000. livres comptant, & une pension viagere de 450. livres pendant sa vie, & de celles de son pere & de sa sœur 100. livres. Jugé qu'il y avoit lieu au retrait , le 5. Mars 1657. *De la Guess. to. 2. liv. 1. chap. 9.*

161. La faculté de retrait lignager est personnelle. Arrêt du Parlement de Grenoble du 11. Février 1659. *V. Basset , to. 1. liv. 2. tit. 25. ch. 13.*

162. Un acquereur peut dans l'an & jour de son acquisition hypotequer les fonds par luy acquis au préjudice d'un retrayant lignager : un creancier après vingt-cinq années de possession par le lignager , luy demande les arrerages d'une rente constituée, le premier Juge le déboute ; le second Juge infirme cette Sentence. Appel. L'appellation, & ce en tant que touche la condamnation personnelle des arrerages , sauf à l'intimé d'agir par voye hypotequaire. Jugé à Roüen le 12. Janvier 1672. *Journal du Palais.*

163. Les heritages du Vautier ayant été saisis & ajugez , Joachim Lescaley Ecuyer fit signifier à Longuet adjudicataire qu'il les retiroit à droit de sang , il fit réponse que le lendemain huit heures du matin il consentiroit de luy en faire remise : le même jour Fillâtre autre gendre du decreté se rendit aussi demandeur en retrait lignager , & en l'absence du sieur Lescaley , Longuet luy fit un délai : par le contrat de remboursement il étoit porté que les deniers avoient été prêtez par le Vasnier auquel on en ceda la joüissance pour l'interêt de ses deniers , & en cas qu'il n'en fût remboursé dans un an, Fillâtre luy en quittoit la proprieté. Le même jour le sieur Lescaley somma Longuet de se transporter au Tabellionage pour recevoir son remboursement ; il fit réponse qu'il avoit fait remise à Fillâtre , cette réponse donna lieu de faire ajourner Fillâtre. Par Arrêt du Parlement de Roüen du 11. Août 1672. le retrait ne fut ajugé que pour une moitié au sieur Lescaley , & l'autre moitié à Fillâtre comme étant beau-frere. On se fonda sur ce que cette condition étoit quelque chose , que Lescaley pourroit la retirer, & il devoit attendre après l'an , & qu'en cas que Fillâtre ne disposât pas de la condition , il y auroit de la fraude au contrat ; c'est pourquoi il fut prononcé que Lescaley étoit debouté quant à présent de son action pour une moitié , sauf

son regard. *Basnage, sur la Coûtume de Normandie article* 478.

164. Acte de Notorieté donné par M. le Lieutenant Civil du Châtelet de Paris, le 7. Avril 1702. portant qu'un demandeur en retrait lignager n'est recevable à s'opser à une Sentence renduë par défaut, à moins que ce ne soit pendant la même Audience. *Recüeil des Actes de Notorieté, page* 143.

RETRAIT, ACQUESTS.

165. Si le retrait lignager a lieu és acquests faits par le vendeur, comme si le pere a acquis une maison, & que l'heredité du pere soit jacente, curateur créé, le fils n'étant heritier du pere, la maison étant decretée & ajugée, le fils peut venir à la retraite, & s'il y a des acquests vendus avec des anciens, le retrayant est tenu de retirer les acquets. *V. Bouvot, to.* 2. *verbo Retrait conventionnel, quest.* 55.

166. Jugé au Parlement de Dijon le 18. Juillet 1603. qu'il suffit que l'heritage vendu n'ait été acquis par le vendeur, & qu'il luy soit échû par succession directe & collaterale : & s'il y a des heritages vendus avec des acquests faits par le vendeur, l'acheteur s'il veut n'est tenu que de remettre l'heritage ancien, & peut retenir l'acquest, & s'il veut il peut contraindre l'acheteur à retirer le tout. *Ibidem qu.* 32.

167. Le 16. Decembre 1603. il a été jugé au Parlement de Toulouse que la Coûtume qui permet le retrait lignager sans parler des acquests ne laisse pas d'y étendre sa disposition, parce que le bien étant acquis, il se communique à toute la famille ; & souvent dans le droit, *bona & patrimonium* se confondent. *Cambolas, liv.* 3. *chap.* 35.

168. En matiere de retrait lignager le retrayant est tenu de retirer même ce qui est acquest, quand il ne se peut commodément separer d'avec le propre. Arrêt du 22. Juillet 1606. *M. Bouguier lettre R. nomb.* 15. Voyez *M. Loüet, lettre R. somm.* 25.

169. Heritage legué à un collateral qui en fait legs à un autre collateral, étant vendu par le dernier, ne tombe point en retrait dans la Coûtume de *Paris*, parce que c'est un acquest, & non un veritable propre. Arrêt du 9. Juin 1633. *Bardet, tome* 2. *livre* 2. *chapitre* 40.

170. Les heritages propres acquis par un parent du côté & ligne, dont les heritages procedent, sont vrais acquests audit parent acquereur, combien qu'ils soient sujets à retrait, s'ils sont par luy vendus. Arrêt du 16. Février 1647. *Du Frêne, livre* 5. *chapitre* 6.

171. Si la femme peut participer en l'acquest fait d'une maison qui appartenoit au parent du mari, & si elle avoit été venduë à un autre, le mari le pouvoit avoir par droit de retrait, ou si la femme peut demander le remboursement de la moitié du prix, & si le même a lieu en retrait feodal ? Voyez *Bouvot, tome* 2. *verbo Société*, *Communauté*, qu. 31.

RETRAIT, ACTION.

172. L'action de retrait lignager *est personalis in rem scripta*, & ne peut être pure personnelle, puis qu'elle descend *ex contractu*; & partant elle peut être intentée ou devant le Juge de l'acheteur, ou du lieu où les biens sont assis ; toutefois aujourd'huy elle est tenuë comme purement personnelle, & se debat le Juge du défendeur, quelque contrarieté d'Arrêts du temps passé qui se trouvent sur ce sujet. Voyez *Mainard, liv.* 7. *ch.* 51.

173. Quand le retrayant devient Religieux profez, ou meurt délaissant heritiers qui ne sont au degré du retrait, avant le retrait ajugé, l'action demeurera perie. Voyez *Coquille, to* 2. *quest.* 187.

174. Action de retrait jugée personnelle contre l'acheteur, & réelle contre un tiers. Par Arrêt du 25. Septembre 1545. *ideoque attenditur consuetudo loci ubi res est.* Biblioth. de *Bouchel, verbo* Retrait.

175. L'action en retrait lignager dure trente ans, s'il y a eu fraude au contrat ; comme il a été jugé par Arrêt du mois d'Avril 1554. rapporté par *Berault sur la Coûtume de Normandie, article* 500. suivant l'avis de M. Charles du Moulin, sur le titre *des Fiefs*, §. 13. gl. 8.

176. Par Arrêt prononcé en Robes rouges le 6. Septembre 1566. en la cause de Messire François de Chabannes Baron de Curton, d'une part, & Catherine de la Berandiere, & Consors, d'autre ; il a été jugé qu'en matiere de retrait lignager un ajournement sans contestations, quoiqu'il y ait défaut, ne proroge l'action outre l'an. *Le Vest*, Arr. 87.

177. Arrêt du Parlement de Bretagne du 19. Septembre 1577. qui déboute d'une demande en retrait lignager, sur le fondement que le contrat avoit été passé depuis plus de trente ans. Arrêt semblable du 26. Mars 1635. *Du Fail, liv.* 1. *chap.* 437.

178. Arrêt du Parlement d'Aix du 21. Novembre 1658. qui a jugé qu'en matiere de retrait lignager le retrayant ne peut l'intenter aprés huit ans. *Boniface, to.* 2. *liv.* 1. *tit.* 4. *ch.* 5.

179. Si l'acquisition n'est publiée en Jugement, l'action de retrait dure trente ans, & en ce cas l'article 135. de la Coûtume de *Paris* s'étend aux Coûtumes qui n'en disposent point. Arrêt du 3. Mars 1661. *De la Guesse. to.* 2. *liv.* 4. *chap.* 10.

180. Un lignager qui a intenté son action en retrait, & a obtenu Sentence qu'il n'a point executée pendant l'an & jour, le contrat de l'acquereur n'ayant été ensaisiné, jugé qu'il n'étoit pas recevable à intenter une nouvelle action ; c'étoit au Rolle de Vermandois, pour la demande en retrait hors de Cour. M. l'Avocat General dit que la Sentence devoit être en ce pays executée dans l'an & jour : à Paris qu'il n'y avoit que vingt-quatre heures : que lors qu'un lignager avoit fait faute en son exploit, il étoit déchû de retrait, & qu'il suffisoit d'avoir intenté l'action auparavant l'ensaisinement. Arrêt du Mardy 8. Janvier 1664. prononcé à la Grand'-Chambre. *Dictionnaire de la Ville,* nomb. 9035.

RETRAIT, FILS ADOPTIF.

181. Fils adoptif n'est reçû au retrait. Voyez cy-devant *Adoption*, nomb. 9.

RETRAIT, AN ET JOUR.

182. An & jour du retrait. Voyez cy-dessus le mot *An*, nomb. 7. & suiv. & hoc verbo, *la Biblioth. du Droit François par Bouchel.*

183. Si l'an du retrait lignager court du jour du contrat ensaisiné, ou du retrait conventionnel expiré ? Voyez *Carondas, liv.* 6. Rép. 64.

184. En matiere d'heritage propre vendu étant en censive, l'an & jour du retrait ne court qu'après l'ensaisinement. *Coûtume de Paris*, art. 129. Etant en fief, du jour de la réception en foy & hommage, art. 129. & 130. Etant en franc-aleu, du jour que l'acquisition a été publiée & insinuée aux Plaids au plus prochain Siege Royal, art. 132. Et si le Seigneur acquiert le fief mouvant de luy, il est réputé infeodé du jour de son acquisition publiée en Jugement au plus prochain Siege Royal, art. 135. De même s'il l'a retenu par puissance feodale, art. 159.

185. Si le pupille devenu majeur ratifie la vente faite pendant sa minorité par son tuteur, l'an du retrait ne commence à courir que du jour de la ratification, parce que cette vente n'ayant été parfaite que par la ratification faite en majorité, il n'a pas dû commencer plûtôt. *Taisand, sur la Coûtume de Bourgogne, tit.* 10. art. 13. n. 8.

186. En plusieurs lieux, le temps du retrait ne court que du jour de l'investiture faite par le Seigneur direct ; mais au ressort de Toulouse où le retrait lignager a lieu, on ne compte l'année que du jour du contrat. *V. Mainard, liv.* 7. *ch.* 43.

187. L'an du retrait lignager se prend du jour de la saisine & investiture de l'acheteur. Arrêt du Parlement

ment de Paris de l'an 1269. *Papon, liv.* 11. *tit.* 7. *n.*13. où il est ajouté que l'assignation doit écheoir dans l'an & jour.

188 En vente à faculté de remeré, l'an du retrait lignager ne commence à courir que du jour de l'expiration de la faculté. Arrêt du Parlement de Paris du 10. Janvier 1530. *Ibidem, nomb.* 8. Ce qui a lieu aussi en pactes commissoires de vente ; car à l'effet du retrait, les ventes doivent être parfaites & irrevocables, avec tradition de possession.

189 Claude Genton Prévôt de l'Hôtel, fut débouté de ses Lettres afin d'être relevé de ce qu'il n'étoit venu au retrait dans l'an & jour, étant absent à la guerre avec le Roy, *reip. caufâ*, le 6. Mars 1552. *Bibliot. de Bouchel*, verbo *Retrait*.

190 Un mari avoit vendu en 1555. l'heritage de sa femme, & avoit promis de faire ratifier la vente ; elle ratifie en 1558. Le lignager dans l'an de la ratification fait ajourner l'acheteur à fin de retrait, & dit que l'an du retrait n'a couru que du jour de la ratification. L'acheteur au contraire dit que l'année couroit depuis la vente faite par le mari, *cui etiam rem alienam vendere licet*. Par Arrêt prononcé en Robes rouges en 1560. le retrait fut ajugé au lignager, & dit que le temps n'avoit couru que du jour de la ratification. *Bibliot. de Bouchel*, verbo *Retrait*.

191 S'il intervient débat sur la saisine, la preuve par témoins n'y est reçuë. Arrêt prononcé en Robes rouges le 23. Decembre 1568. *Papon, livre* 11. *tit.* 7. *nombre* 23.

192 M. *Mainard*, en ses questions de Droit, liv. 17. chapitre 44. tient que le jour intercalaire ou de Bissexte, est compris dans l'an & jour du retrait lignager. *Carondas*, sur la Coûtume de Paris, en rapporte l'Arrêt du 10. Decembre 1569. On le juge ainsi à Toulouse & à Bourdeaux.

193 *Dies termini computatur in termino ex L.* 1. *ff. si quis cautionibus*. Si le contrat est passé le 26. Février, le 27. Février suivant l'an est revolu, & le retrayant non recevable. Arrêt du 16. Avril 1574. *Le Vest, Arr.* 132. Il y a des Arrêts contraires.

194 Quand deux conjoints ayant enfans ont acquis des biens sujets à retrait, l'an & jour du retrait lignager ne court & ne se prend que depuis le decez des enfans du survivant des acquereurs. Arrêt du 8. Juin 1574. *Papon, liv.* 11. *tit.* 7. *n.* 13.

195 Nonobstant l'article 38. de l'Edit de l'an 1577. auquel est conforme le 59. de l'Edit de Nantes, qui décharge ceux de la Religion Prétenduë Réformée de toutes prescriptions, tant legales que coûtumieres, la prescription d'an & jour du retrait lignager ou conventionnel qui a couru durant les troubles, doit avoir lieu contre eux. Voyez les *Décisions Catholiques de Filleau, Décis.* 94.

196 Le jour de la vente, & le jour de l'ajournement ne sont comptez en la prescription de l'an & jour. Arrêt du 8. Juin 1577. *Labbé & Tronçon, article* 137. *Coûtume de Paris*, in verbo, *dedans l'an & jour*.

197 L'action de retrait est de sa nature annale, & l'instance périt par discontinuation d'an & jour. S'il y a contestation, l'instance est perpetuée & continuée, & il ne peut y avoir peremption que par trois ans. Arrêt du 10. ou 11. Avril 1579. *Papon, livre* 11. *tit.* 7. *nombre* 25.

198 Par Arrêt du mois de Juillet 1584. Chopin plaidant, il fut jugé que l'an du retrait lignager court du jour de l'ensaisinement du contrat, & non du jour de l'ensaisinement du decret volontaire fait suivant le contrat. *Bibliot. de Bouchel*, verbo *Retrait*.

199 L'an se compte du premier jour du mois de Janvier. *Ordonnance de Roussillon, art.* 39. sous Charles IX. Elle doit être intentée de jour & non de nuit, contre l'opinion de M. *Tiraqueau & de Chassanée*. Arrêt du 7. Septembre 1602. *Mornac, L.* 10. *Cod. de transactionibus*. Faute de poursuite, elle périt par an &

jour ; contestée, elle dure trois ans. *Brodeau, Coût. de Paris, art.* 129. *nomb.* 17.

200 La demande dans l'an discontinuée, après plus d'un an, le demandeur en retrait non recevable. Arrêt du 7. Juillet 1605. *Peleus, quest.* 81. Contestée, dure trois ans.

201 Le lignager ayant laissé écouler l'an & jour d'une maison venduë, laquelle après est revenduë par decret, peut venir par retrait dedans l'an & jour de la revente par decret. Arrêt du 16. Février 1613. *Bouvot, tome* 1. *part.* 1. verbo *Lignager, quest.* 2.

202 Si le lignager a laissé passer l'an & jour sans venir à la retraite de la chose venduë à faculté de rachat, & que le vendeur achete le droit de rachat, le lignager peut venir à la retraite du droit de rachat, & retirer l'Heritage en rendant le prix de la premiere vente, & du droit de rachat. *Ibidem*, verbo, *Retrait, question* 5.

203 Si l'an & jour du retrait court dés le contrat de vente fait sous écriture privée, ou devant Notaire Royal ; & si le Seigneur de la main-morte doit venir à la retraite de la chose venduë dans l'an, ou dans les quarante jours ? V. *Bouvot, tome* 2. verbo *Retrait conventionnel, quest.* 52.

204 L'an & jour en la Coûtume de *Melun* touchant le retrait ne court que du jour du rachat. Arrêt du 14. Avril 1615. *Brodeau, Coûtume de Paris, article* 137. *nombre* 5.

205 Le temps d'un an & un jour commence à courir dés le jour du contrat de vente, lorsqu'elle est faite dans les formes ; car la faculté de rachat n'empêche point le cours du temps du retrait. Si la vente étoit faite secretement, l'an & jour ne commenceroit à courir que du jour qu'elle seroit connuë, ce qu'on appelle *à die notitiæ*. Ainsi jugé le 21. Juin 1619. au Parlement de Dijon. *Taisand, sur la Coût. de Bourgogne, tit.* 10. *art.* 1. *not.* 1.

206 Un demandeur en action de retrait lignager, doit intenter son action dans l'an & jour de la Sentence & adjudication par decret, & non dans l'an du jour de l'Arrêt confirmatif de ladite Sentence. Arrêt du 10. May 1622. *M. le Prêtre*, és *Arrêts de la Cinquième*.

207 L'an & jour ne court pas du jour de la Sentence ou Arrêt affirmatif seulement, mais du jour de l'ensaisinement du decret si c'est en roture ; si c'est un fief du jour de l'infeodation & réception en foy & hommage, ou de la publication & insinuation en jugement au plus prochain Siege Royal, si c'est un francaleu, Arrêt du 10. May 1622. Arrêt d'Audience du 4. Août 1633. *Ricard, Coûtume de Paris, art.* 150. *Brodeau, sur le même art. n.* 4. Soit que l'heritage soit vendu à la charge du decret, l'an & jour court du jour de l'ensaisinement. *Brodeau*, *eodem loco*, *nombre* 5.

208 Le délay d'un an au retrait lignager se compte depuis la ratification du mineur, & non depuis le premier contrat de vente. Arrêt du Parlement de Toulouse du 20. Mars 1643. *Albert*, verbo *Retrait*, *article* 9.

209 Le jour du terme n'est point compris dans le terme, & qu'en la Coûtume de *Berry* pour parvenir au retrait, la consignation du prix n'est point necessaire, mais seulement pour le gain des fruits de l'heritage retiré, lesquels le retrayant ne gagne que du jour de la consignation. Arrêt du 23. Mars 1656. *Du Frêne, liv.* 8. *chap.* 34.

210 Arrêt du Parlement d'Aix du 28. Juin 1656. qui a jugé que le retrait lignager ne peut être intenté après l'an de la vente enregistrée au Greffe du ressort. *Boniface, to.* 4. *liv.* 9. *tit.* 5. *ch.* 3.

211 Jugé au Parlement de Paris au mois de Juin 1657. que l'an & jour du retrait court du jour de l'adjudication, & non du jour de l'Arrêt qui l'a confirmée, parce que l'Arrêt qui confirme *nihil dat, sed datum*

Tome III. N n n

significat ; & par cette raison, il a un effet rétroactif. *Basnage*, *sur l'article* 458. *de la Coûtume de Normandie.*

212. Si le contrat de vente n'avoit point eu d'effet, parce qu'un autre se seroit rendu adjudicataire, en ce cas l'an & jour du retrait ne commenceroit à courir que du jour de l'adjudication ? *Berault* rapporte un Arrêt qui l'a jugé de la sorte. *Voyez Basnage*, Ibidem.

213. Jugé par Arrêt du Parlement de Paris du 2. Juillet 1657. que l'an & jour du retrait és adjudications par decret dont il y a appel, doit courir du jour de l'adjudication, & non de l'Arrêt confirmatif d'icelle, parce que c'est l'adjudication qui transfere la propriété. *Soefve*, *to*. 2. *Cent.* 1. *ch.* 12.

214. Jugé par Arrêt du 3. Mars 1661. en interprétation des articles 83. & 84. de la Coûtume de *Meaux*, touchant le retrait lignager, que l'an & jour du retrait de l'heritage feodal acquis par le Seigneur feodal, ou par luy retenu, ne court que du jour que ladite acquisition ou retenuë a été publiée en Jugement. *Ibid. Cent.* 2. *ch.* 36.

215. Le nommé Poulet commun en biens avec ses beaux-freres, vendit quelques heritages, avec promesse de faire ratifier les femmes des vendeurs. Deux ans aprés la vente, un proche parent des vendeurs demande le retrait. On luy oppose que le temps de la Coûtume est expiré. Il répond que l'an du retrait ne commence que du jour de la fraude découverte ; que les vendeurs & l'acheteur ont concerté ensemble de faire ratifier leurs femmes pour le surprendre, & l'empêcher d'exercer le retrait, sous prétexte qu'elles n'avoient pas ratifié ; & qu'en haine de la fraude, il étoit dans le temps d'exercer le retrait. Il fut jugé au Parlement de Dijon le 7. Decembre 1666. qu'il n'y avoit lieu au retrait qu'aprés la ratification des femmes, & qu'alors le parent se pouvoit pourvoir à cet effet. *Taisand*, *sur la Coûtume de Bourgogne*, *tit.* 10. *art.* 13. *note* 7.

RETRAIT LIGNAGER, APPEL.

216. Si à l'instant de la Sentence adjudicative du retrait, l'acheteur en interjette appel, le retrayant n'est tenu de consigner, & les 24. heures ne courent qu'aprés l'Arrêt confirmatif de la Sentence. *Brodeau*, *Coûtume de Paris*, *article* 136. *nombre* 25. *circà medium.*

217. Lignager ne perd l'année à luy accordée, pendant l'appel du demandeur. Ainsi jugé à Bourdeaux. *Papon*, *liv.* 11. *tit.* 7. *n.* 23. *Boëtius*, *Decis.* 140.

218. Le retrait doit être intenté dans l'an & jour de la Sentence, & non dans l'an & jour de l'Arrêt confirmatif de la Sentence. Arrêt du 10. May 1612. *M. le Prêtre*, *és Arrêts de la Cinquiéme.* Voyez *Carondas*, *liv.* 6. Rép. 14. Voyez *de la Guessiere*, *tome* 2. *livre* 1. *chap.* 18. où il y a Arrêt du 2. Juillet 1657.

RETRAIT, ASSIGNATION.

219. Un acquereur est assigné par deux particuliers ; l'acquereur contre l'un, allegue la prescription ; contre l'autre, il dénie le retrait lignager : si en ces deux procés l'un des deux lignagers gagne sa cause, devant que le procés de l'autre soit vuidé, il est tenu en ce cas de rendre l'heritage au lignager, en baillant caution à l'acquereur, de le défendre. *Voyez* Mornac, *L. penult. ff. de petitione hereditatis.*

220. L'assignation peut être baillée un jour de Fête. Elle doit écheoir dans l'an & jour en la Coûtume de Paris, art. 130. *secus*, aux autres Coûtumes qui n'ont point de disposition semblable, où il suffit que l'assignation soit donnée dans l'an & jour, quoique l'écheance arrive aprés l'an & jour. *M. Louet, lett. A. sommaire* 10.

221. En matiere de retrait lignager, une assignation sans contestation, encore qu'il y ait défaut, ne proroge l'action outre l'an. Prononcé le 6. Septembre 1566. *Le Vest*, *Arr.* 87.

212. Assignation donnée à une personne qui n'étoit pas acquereur, qui avoit laissé passer l'an & jour, & ensuite declaré qu'il n'étoit point acquereur. Arrêt du 8. Août 1573. qui déboute le demandeur en retrait, avec dépens. *Le Vest*, *Arr.* 126.

213. Un acquereur est assigné en retrait lignager ; l'assignation donnée à longs jours, mais écheante dans l'an. Avant l'écheance, il anticipe le demandeur, tend le giron, & offre de délaisser en remboursant ; c'étoit dans la Coûtume de *Montargis*. Le demandeur excipe du délay. L'acquereur soûtient qu'il faut suivre la disposition de la Coûtume, portant qu'aprés le retrait ajugé ou accordé, le demandeur est tenu rembourser dans les 24. heures. Ainsi il conclut au remboursement. La cause fut appointée au Conseil le 29. Decembre 1582. depuis jugée au profit de l'acquereur, qui fut absous de la demande afin de retrait. *Bibliot. de Bouchel*, verbo *Retrait.*

214. Jugé par Arrêt du 27. Juin 1583. qu'une assignation pour retrait, baillée à comparoir hors l'an du retrait, n'est valable. *Ibidem.*

215. L'assignation en retrait lignager donnée nuitamment, declarée nulle, par Arrêt du 7. Septembre 1601. & défenses aux Sergens de donner telles assignations à telles heures, les Juges ne pouvant faire exploit de nuit, conformément à l'ancienne Loy des douze Tables, *solis occasus suprema tempestas esto.* Tronçon, *sur la Coûtume de Paris*, *article* 129. in verbo, *l'an & jour.*

216. L'ajournement en retrait doit être fait selon la Coûtume du lieu, où la chose, de laquelle l'on fait le retrait, est située, & la procedure selon le stile de la Jurisdiction du Juge pardevant lequel la cause est renvoyée. Ainsi jugé par Arrêt du 10. Avril 1606. Tronçon, art. 130. verbo, *Demander*, & 129. verbo, *Ajournement.*

217. Si le temps de l'écheance de l'assignation pour faire le délaissement de l'heritage, est dans l'an & jour de la lecture, & que l'ajourné ait comparu sur l'assignation, il ne peut alleguer les défauts de l'Exploit pour faire débouter le retrayant, parce que par sa comparence, il a reconnu que le retrayant a fait sa demande en retrait, ce qui suffit ; cette demande pouvant être faite en Jugement sans Exploit, quand l'acquereur y est present, comme il a été jugé au Parlement de Roüen le 18. May 1612. Mais si l'écheance de l'assignation est aprés l'an & jour, l'ajourné peut comparoître pour se défendre des fins de l'action par les moyens de la nullité de l'Exploit, le demandeur ne pouvant se prévaloir d'un Exploit nul, & n'étant plus dans le temps de faire une demande ; ce qui a été jugé par plusieurs Arrêts. *Pesnelle*, *sur l'art.* 484. *de la Coût. de Normandie.*

218. L'assignation de demande en retrait lignager, étoit nulle, parce que les témoins n'avoient signé ladite assignation, & que leur demeure & qualité n'y étoient inserées. Arrêt du 10. Février 1625. *M. le Prêtre*, *és Arrêts de la Cinquiéme.* Le même quand le Sergent signifiant la demande en retrait au domicile de la partie, pour n'avoir exprimé la demeure de l'un des témoins, ni iceux fait signer ou interpellé de ce faire. Arrêt du 20. Mars 1632. *M. le Prêtre*, ibidem. *Voyez du Frêne*, *liv.* 2. *chap.* 62. où il rapporte un Arrêt du 21. Janvier 1630. qui l'a ainsi jugé.

219. L'Exploit d'assignation en retrait ne contenant aucun jour à comparoir, emporte nullité de l'action. Arrêt du 4. Août 1625. *Du Frêne*, *liv.* 1. *ch.* 64.

230. Regulierement l'assignation donnée pardevant un Juge incompetent, est nulle, & ne produit aucun effet pour interrompre la prescription, la citation étant un acte de Jurisdiction. *M. Louet*, *lettre A. sommaire* 10. *Du Frêne*, tient le contraire, l'assignation étant libellée, & rapporte un Arrêt du premier Juillet 1627. *au livre* 1. *chapitre* 134.

231 Un acquereur assigné à la huitaine en demande de retrait par un lignager, ne peut avant l'écheance de ce délay faire débouter le lignager, faute de le rembourser, aprés luy avoir fait signifier le lendemain matin de l'assignation, qu'il étoit prêt ce jour-là même de le recevoir au retrait pardevant le Juge. Jugé à Bourdeaux le septiéme Janvier 1672. *Journal du Palais.*

232 Acte de Notorieté donné par M. le Lieutenant Civil du Châtelet de Paris, le 17. Janvier 1691. portant que l'assignation en retrait lignager suivant la Coûtume de Paris, doit être de huitaine franche, & écheoir dans l'an & jour de la foi & hommage en matiere de fief, & de l'ensaisinement en matiere de biens en roture. *Recueil des Actes de Notorieté p.* 71.

RETRAIT, AUBAINS.

233 Aubains exclus du retrait. V. *Basnage, sur l'article* 452. *de la Coûtume de Normandie.*

RETRAIT, BAIL.

234 Bail emphyteutique est baillé en emphyteose, à la charge du retrait conventionnel, c'est-à-dire, qu'en cas que le preneur, ou les siens l'alienent pour le tout ou partie, le bailleur ou les siens le pourront avoir pour le prix dedans l'an & jour que la vente sera venuë à leur connoissance, & par ce moyen preferez au retrait lignager, comme étant le retrait conventionnel plus puissant que le lignager. Arrêt du 2. Mars 1585. Tronçon, *Coûtume de Paris, article* 137. Voyez *Charondas, liv.* 2. *Rép.* 76.

235 Un homme ayant fait couper & démolir un bois de haute futaye, transporta le fonds à la charge de le défricher & cultiver, & le planter en vigne blanche, & donner au bailleur le quart de la vendange par chacun an. Le retrait est demandé par les heritiers. Arrêt du 13. Août 1613. qui l'ajuge, sur le fondement que le bail étoit translatif de propriété. *Frain, page* 785.

236 Par Arrêt du Parlement de Roüen du 23. Novembre 1656. entre Pelerin & Tullon, Pelerin fut declaré non recevable à son action en retrait lignager d'un contrat de fieffe de 350. livres de rente fonciere; mais le même jour de son contrat il s'étoit passé un écrit entre le bailleur & le preneur à fief, par lequel le bailleur s'obligeoit en cas qu'il voulût vendre sa rente, d'en faire le preneur premier refusant, & le preneur s'obligeoit de l'acheter toutefois & quantes que le bailleur voudroit, à raison du denier vingt; plusieurs furent d'avis contraire à l'Arrêt, soûtenant que c'étoit une fraude. *Basnage, sur la Coûtume de Normandie, art.* 452.

237 Retrait a lieu en matiere de bail à rente perpetuelle de maison située en une Ville, suivant l'Ordonnance d'Henry II. en 1553. Arrêt du 18. Juin 1658. *De la Guesse. to.* 2. *liv.* 1. *ch.* 49.

238 En contrat de bail à rente rachetable à la volonté du vendeur, le retrait n'a pas lieu dans la Coûtume d'Anjou. Arrêt du 17. Juin 1659. *Soëfve, tome* 2. *Cent.* 2. *chapitre* 2.

RETRAIT, BASTARDS.

239 Si les bâtards peuvent exercer le retrait? Voyez le mot *Bâtards, nomb.* 201.

240 Le bâtard ni le legitimé par rescrit du Prince ne peuvent retrarire. *Coûtume de Paris, article* 158. Coquille, *Coûtume de Nivernois, tit. de Retrait lignager, art.* 25. le même au Droit François, *tit.* de Retrait *circà medium.* Voyez *sa question* 180. & cy-après le n. 249.

RETRAIT, BASTIMENS.

241 *Jouet,* verbo *Retrait feodal & lignager, n.* 111. dit qu'on feroit doute si une maison venduë à la charge d'en enlever les bâtimens est sujette à retrait, d'autant que les bâtimens tirez du fonds, ne sont plus que meubles, & le fonds demeure, sur lequel les lignagers ont droit de retrait en cas de vente. Toutefois par Arrêt du Parlement de Normandie du 18. Decembre 1590. la Cour admit le Seigneur feodal au *Tome III.*

retrait d'une maison ainsi venduë; c'est-à-dire, à la charge d'en enlever les bâtimens. Cet Arrêt est rapporté par *Berault, sur l'article* 452. *de la Coûtume de Normandie,* in verbo *Heritage.* Autre Arrêt du 12 Janvier 1613. sur l'art. 452. la maison ayant été démolie. L'Arrêt a ordonné que sur le prix, le retrayant auroit déduction des bâtimens.

RETRAIT, BOIS DE HAUTE FUTAYE.

242 Par Arrêt du Parlement de Bretagne du 7. Octobre 1562. jugé que le retrait n'a lieu en arbres vendus. Voyez *Du Fail, liv.* 1. *chap.* 138. M. Sauvageau en sa note, dit, *secus,* quand le vendeur avant l'abat s'est pourvû par lézion, & que sous l'instance il a demandé la premesse au nom de son fils; car en ce cas elle a été ajugée par Arrêt d'Audience du 3. Decembre 1637.

243 *Retractus gentilitius in venditione grandium arborum locum non habet.* Arrêt du 22. Avril 1583. *Anne Robert, rerum judicatarum, liv.* 3. *chap.* 9. Voyez *M. Charles Du Moulin, sur l'article* 201. *de la Coûtume de Blois.* Chopin, *Coûtume de Paris, liv.* 1. *tit.* 1. *n.* 22. Tronçon, *sur la même Coût. art.* 129. verbo *Heritage ou Rente.* Coquille, *Droit François, titre de Retrait lignager, fine.* Tournet, *Coûtume de Paris, titre du Retrait lignager.* Berault, *sur la Coûtume de Normandie, article* 463.

244 La vente des bois de haute futaye est sujette au retrait lignager, suivant l'art. 449. de la Coûtume de Normandie, encore que ce soit à la charge d'être coupé; comme il a été jugé contre M. le Comte de Soissons l'an 1608. ce qui a été interpreté, pourvû qu'il surpassât 100. ans en croissance, car s'il étoit au dessous, le retrait n'auroit lieu. *Bibliotheque Canonique, to.* 1. *p.* 461. *col.* 1.

245 Jugé au Parlement de Roüen qu'un droit de tiers & danger appartenant au Roy, engagé, & depuis revendu par l'engagiste à un tiers, pouvoit être retiré par le proprietaire du bois, sans prejudice des droits du Roy. Arrêt entre Damoiselle Catherine Angelique d'Harcourt, & M. Nicolas Etienne, sieur de la Guyonniere, du 25. May 1622. la cause ayant été évoquée au Conseil par le sieur de la Guyonniere, l'Arrêt du Parlement fut confirmé. *Basnage, sur la Coûtume de Normandie, art.* 501.

Voyez le mot *Bois, nomb.* 57. *& suiv.*

RETRAIT, CESSION.

246 Le retrait lignager ne peut être cedé; neanmoins si le cedant a déja un droit acquis par offres & consignation, la cession est valable. Arrêts des Parlemens de Bourdeaux & de Toulouse, rapportez par *Mainard, livre* 8. *chapitre* 21.

247 Lignager est preferé à l'étranger cessionnaire du retrait conventionnel. Arrêt du Parlement de Paris sans date. *Papon, liv.* 11. *tit.* 7. *n.* 3.

248 Cessions de droit en retrait lignager, de ceux même de qui on avoit emprunté de l'argent sont nulles. Arrêt du Parlement de Paris du 4. Juin 1543. le retrayant est obligé de jurer que c'est pour luy, de ses deniers, & sans fraude; autrement si par la suite on en découvre, il est débouté avec amende & dépens. Arrêt du Parlement de Bourdeaux du 23. Février 1580. *Ibidem, n.* 4. *&* Boërius, *Décis.* 139.

249 Jugé au Parlement de Toulouse le 6. Decembre 1587. le retrait lignager *extraneo cedi non posse, & legitimatos rescripto principis ad dictum retractum admitti non posse etiam ad bona aliundè quàm à patre naturali provenientia.* Mainard, tome 1. li. 2. ch. 81.

250 Le droit de retrait lignager ne peut être vendu à un étranger. Arrêts du Parlement de Dijon des 30. Juin 1610. & premier Août 1614. *Bouvot, to.* 1. *part.* 1. verbo *Retrait, quest.* 1.

251 Le retrait lignager ne se peut ceder à un étranger, & après l'avoir cedé, le cedant ne peut plus s'en servir. Voyez *Mornac, l.* 11. *ff. de servitutib. rust. prædiorum, & l.* 66. *ff. de jure dotium.* Coquille, *Coûtume*

Nnn ij

de Nivernois, titre des Fiefs, art. 35. La cession au parent de la même ligne, est valable. Arrêt du 21. Janvier 1615. Brodeau, Coûtume de Paris article 129. nombre 10.

252 & 253. L'on tient à present pour certain qu'un lignager peut profiter du droit de retrait, & faire les conventions qu'il juge à propos ; que les conventions entre un lignager & un étranger de luy remettre l'heritage quand il est retrayé, sont des faits non admissibles en preuve, & que le lignager n'est pas même obligé à prêter serment sur des faits de cette nature. Le lignager ne peut vendre ni ceder son droit de retrait à un étranger : car une pareille cession est entierement contraire à l'intention de la Coûtume ; mais quand il use du retrait, il peut revendre les choses retirées à un étranger pour en tirer du profit. Arrêt du Parlement de Dijon du 19. Decembre 1642. Par autre Arrêt du 26. Février 1654. on a jugé qu'encore que la convention fût certaine, même par la concession judiciaire du lignager, il luy étoit neanmoins permis d'user de son droit de retrait, & qu'il le pouvoit ceder à un étranger pour en tirer du profit, d'autant que ce droit ne devoit pas être inutile à ceux de la famille du vendeur, & qu'il leur seroit souvent infructueux s'ils n'avoient pas la liberté de vendre à un étranger les choses retirées, sur tout si l'on y joignoit qu'il n'y avoit rien en cela de contraire à l'intention de la Coûtume ; mais lors qu'il est certain qu'il y a convention faite avec le parent du vendeur de remettre l'heritage à celuy qui prête l'argent pour exercer le retrait au préjudice du lignager, une pareille convention est frauduleuse, & le retrayant est privé de son droit ; ainsi jugé le 21. Juin 1624. Taisand, sur la Coûtume de Bourgogne, titre 10. art. 6. n. 7.

254. Le droit de rachat statutaire ne se cede point, secùs, du contractuel qui ne dépend pas de la Coûtume, ou du Statut, l'acquereur doit être reçu à prouver que le retrayant ne fait que prêter son nom. Arrêt du Parlement de Grenoble du 11. Février 1659. rapporté par Chorier en sa Jurisprudence de Guy Pape, page 241.

RETRAIT, COMMUNAUTEZ, EGLISE, VILLES.

255. Retrait lignager n'a point lieu contre une Communauté de Ville, ni d'Eglise. Arrêt du Parlement de Bourdeaux du 6. Septembre 1591. Autre Arrêt du Grand Conseil du 21. Juillet 1595. pour les mêmes Jurats de Bourdeaux. Il y en avoit eu un du 17. Juillet 1571. pour la Ville & Communauté de Chartres. Papon, livre 11. titre 7. n. 11. & Chopin, livre 3. de Dom. tit. 23. n. 3.

256. Le retrait n'a lieu en vente faite à la Communauté d'une Ville. Arrêt du P. de Paris du 7. Juillet 1571. du GrandConseil du 20. Juillet 1591. pour les Jurats de Bourdeaux & du P. de Bourdeaux du 6. Septembre 1591. V. Bouvot, to. 1. part. 1. verbo Retrait, qu. 9.

257. La Ville de Dijon ayant acheté par decret la maison de M. Pierre Marcey pour agrandir le College qui étoit trop étroit, le nommé Jantot comme lignager se presente dans l'année pour user du droit de retrait ; on luy maintint ce droit n'a pas lieu dans un achat fait par une Ville pour l'utilité publique; Jantot fut débouté par Arrêt du 27. Octobre 1580. Taisand sur la Coûtume de Bourgogne, tit. 10. art. 1. note 19. Chopin, dans son traité du Domaine, liv. 3. titre 23. est de même avis, & aussi le Grand sur la Coûtume de Troyes, art. 144. gl. 3. n. 31. qui dit que les parens ne peuvent avoir par la voie du retrait lignager les choses achetées pour le bien public, comme pour élargir ou agrandir les rues, ou pour faire construire un Hôtel de Ville, & autres édifices necessaires au public, sur quoi il rapporte deux Arrêts du Parlement de Paris, & un troisième du Grand Conseil qui l'ont ainsi jugé.

RETRAIT, CONCOURS.

258. Deux également proches concurrens au retrait eodem die, sont également reconnus. Mornac, l. 47. §. 1. ff. de minoribus.

259. Un retrayant intente son action. Un plus proche pour faire plaisir à l'acheteur s'oppose, il est subrogé ; mais il tergiverse, & laisse perdre sa cause; le premier demande d'être reçu à poursuivre sa cause au même état qu'elle étoit au temps de l'opposition ; sic judicatum Dominicâ post Cathedram S. Petri; pris du Registre olim, feüillet 108. Corbin, suite du Patronage, chap. 134.

260. Ex mutuo concursu sese impediunt, nisi intra annum deponatur integrum pretium. Arrêt du 14. Août. 1568. Mornac, l. 5. ff. de servituribus. Voyez Carondas, li. 4. Rép. 94. Brodeau, sur la Coûtume de Paris, article 136. nombre 5.

261. Si en retrait il se rencontre deux Exploits d'un même jour, le plus prochain doit être préferé, encore qu'il ait été prévenu de l'heure, & en concurrence de proximité, & du jour, celuy que l'acheteur voudra choisir : il y a des Coûtumes qui les admettent en pareil degré par portion également. Voyez Brodeau sur M. Louet, lettre M. somm. 10. nomb. 13.

262. Il y a des Coûtumes qui donnent la faculté de retirer au plus proche, mais si deux parens sans même degré concourent en même jour & heure, aut in dubio ; il a été jugé sur l'article 201. de la Coûtume de Blois que l'un & l'autre doivent consigner. Bibliotheque de Bouchel, verbo Retrait.

263. Retrait lignager ajugé à plusieurs heritiers par égale portion. Arrêt du Parlement de Bretagne du 5. Septembre 1577. Du Fail, liv. 1. ch. 439.

264. L'action en retrait ayant été formée par deux freres, il dit que l'heritage seroit partagé entr'eux par moitié. Arrêt du Parlement de Roüen du 17. Février 1597. Papon, li. 11. tit. 7. n. 29.

265. Deux lignagers se présentent en la Coûtume d'Anjou pour retirer la terre de la Cour-Vaulandry, du moins ce qui étoit situé dans le ressort de Beaugé. Les acquereurs déclarent qu'ils n'entendent recevoir les offres, sinon pour le total ; elles sont ainsi faites par l'un des lignagers, & acceptées par les acquereurs ; l'autre lignager s'oppose, & persiste dans sa demande ; le Seigneur forme la sienne en retrait feodal ; Sentence qui reçoit les deux lignagers conjointement au retrait chacun pour moitié, & à faute de le faire, permis au sieur d'Etranges d'executer son retrait feodal. Arrêt du 2. Mars 1613. qui confirme la Sentence. Voyez le 18. Plaidoyé de M. Gautier, to. 2.

266. Il fut jugé au profit du parent d'un côté seulement, quoique le Parent des deux côtez, fût également proche, qu'ils doivent être admis ensemble au retrait. Arrêt du Parlement de Dijon du 13. Avril 1617. Taisand sur la Coûtume de Bourgogne, titre 10. art. 1. n. 14.

267. Jugé par Arrêt du P. de Paris du 21. Février 1630. qu'en concurrence de la veuve & d'un retrayant qui demandoient les heritages du mary qui étoit étranger de la famille, le retrait de la moitié du conquêt, la veuve étoit préferable à cause de la moitié qu'elle avoit dans l'heritage, quoique sa demande fût posterieure. Auzanet, sur l'article 147. de la Coûtume de Paris.

RETRAIT, BIENS CONFISQUEZ.

268. Retrait lignager n'a point lieu à l'égard des biens confisquez. Arrêt du 22. Decembre 1563. pour les biens d'un homme condamné & executé à mort. Papon, liv. 11. tit. 7. n. 8.

269. L'heritage confisqué & vendu pour l'amende, n'est sujet à retrait. Arrêt du mois d'Août 1565. Carondas, liv. 4. Rép. 27. Voyez Pithou, sur la Coûtume de Troyes, art. 7. n. 7. tit. 9. du Retrait, où il y a Arrêt à la Prononciation de Noël 1569.

270. Si un heritage réüni au fief par confiscation, est

decreté pour les dettes du confisqué, les parens d'icelluy ne sont recevables à la retraite. Jugé par Arrêt du Parlement de Paris du 22. Decembre 1563. rapporté *en la Conference des Coûtumes*, titre *des Retraits lignagers*; & par autre pareil Arrêt de l'an 1565. rapporté par Chopin, liv. 3. de Doman. tit. 23. suivant l'opinion de *Boyer*, en la *Décision* 279 nomb. 1. & par autre Arrêt du Parlement de Normandie du 19. Mars 1608. rapporté par *Berault*, avec les deux *susdits*, *sur l'article*, 452. Ces Arrêts fondez sur ce que les retraits sont déferez à ceux qui pourroient succeder aux vendeurs, ce que ne peuvent les parens du confisqué, qui ne peut avoir d'heritier. Il n'y a que le Seigneur qui peut retraire à droit feodal. *Jovet*, verbo *Retrait*, n. 115.

271. Les lignagers de celuy qui a été confisqué, ne peuvent retirer les heritages qui luy ont appartenu, & qui depuis ont été decretez. Outre les Arrêts remarquez par *Berault*, cela fut encore jugé au même Parlement de Roüen le 17. May 1657. entre les lignagers d'un confisqué, & les adjudicataires de son bien; cela est sans difficulté, quand le Seigneur s'est mis en possession des biens confisquez; si le Seigneur ne s'étoit pas mis en possession, il y auroit lieu au retrait. Arrêt du 26. Mars 1638. contre un Seigneur qui avoit reçu le treiziéme, lorsqu'un des enfans du condamné avoit vendu ce même heritage à son frere qui étoit le retrayant. *Basnage*, *sur la Coût. de Normandie*, art. 452.

272. Les biens d'un nommé le Grand étant saisis réellement, il fit production d'un contrat contenant le rachat de la rente pour laquelle on avoit saisi; ce contrat fut déclaré faux, & le Grand condamné aux galeres, & ses biens confisquez; le decret fut cassé sur l'appel d'un creancier, & le poursuivant criées ayant fait une nouvelle saisie après sommation faite au Seigneur confiscataire, on proceda à l'adjudication. Un parent du Grand demanda à retirer les heritages; l'adjudicataire le soûtint non recevable, disant que les retraits se reglent comme les successions; or le decreté ayant été confisqué, le decret n'avoit pas été fait sur luy, mais sur le Seigneur confiscataire, ce qui excluoit les parens du confisqué. Par Arrêt du Parlement de Roüen du 17. May 1657. les parties sur la demande en retrait, furent envoyées hors de Cour. *Basnage*, *sur la Coûtume de Normandie*, art. 468.

273. Heritages vendus sur le curateur aux biens vacans, & sur le proprietaire dont les biens ont été confisquez pour crime au profit du Roy, sont sujets au retrait. C'est aussi l'usage du Duché de Bourgogne; quant aux biens vacans, quoique la Coûtume n'en parle point. Arrêt du P. de Dijon du 15. Mars 1663. La raison est que dans les biens vacans, le Roy ou le Seigneur haut-Justicier est successeur, & represente le défunt. *Hereditas in multis partibus juris pro domino defuncto habetur* Il en est autrement d'une chose abandonnée, car le curateur represente seulement la chose abandonnée. A l'égard des biens confisquez sur un criminel, il a été jugé le 22. Decembre 1637. qu'il n'y avoit lieu au retrait. Voyez *Tassand*, *sur cette Coûtume*, tit. 10. art. 9. n. 1.

274. Si le parent d'un condamné à mort, dont les biens ont été confisquez, & depuis vendus en Justice pour le payement des amendes, & de la réparation civile, est recevable à les vouloir retirer par droit de retrait lignager sur celuy en s'en est rendu adjudicataire. La Sentence avoit ajugé le retrait. Arrêt du 11. Août 1665. qui appointe les parties au Conseil. *Soëfve*, to. 2. cen. 3. ch. 61.

RETRAIT, CONSIGNATION.

275. Voyez *cy-dessus* le mot *Consignation*, nombre 69. & suivans. *Carondas*, liv. 6. *Réponse* 6. & liv. 13. *Réponse* 70.

276. Du défaut de la consignation en retrait lignager.

Voyez M. *Loüet* & son *Commentateur*, à la lettre R. *sommaire* 35.

277. Entre Jean de Xantolio, Miles retrayant d'une part, & Jean Saunier acheteur, d'autre. Un retrait lignager avoit été ajugé à Miles. Pendant le procés, Saunier acheteur avoit joüi, même il y avoit eu saisie. Miles demande d'être reçu à consigner le prix de l'achat, déduction faite des fruits perçûs. Au contraire on dit que l'offre & consignation n'est valable; elle fut jugée bonne; ordonné que consignation sera faite, déduction faite des fruits & revenus; pris du Registre *olim*, de l'an 1299. feüillet 33. B. *Corbin*, *suite de Patronage*, ch. 112.

278. Par Arrêt du mois de Mars 1508. rapporté par *Berault*, *sur l'art.* 492. il a été jugé qu'un retrayant n'étoit recevable au retrait, pour n'avoir apporté la consignation au jour préfix, s'étant excusé sur maladie, & encore que le jour précedent, il ait iceluy offert en deniers à découvert, de déposer en la main du Juge qui avoit refusé; ce qui a été jugé par deux Arrêts, l'un du 11. Septembre 1599. & l'autre du 19. Juillet 1616. *Dilatione autem data per hac verba, intra certum diem, ad aliquid faciendum, potest illud fieri in qualibet die inclusa intra tempus dilationis.* *Glos. Pragm. Sanct. in tit. de concub. §. nec non in verbo ut intra.*

279. Le retrayant qui a consigné, doit être saisi par provision. Ainsi jugé en 1565. *Papon*, livre 11. titre 5. nombre 9.

280. Deux parens qui retirent en même temps, doivent consigner *in solidum*. *Mornac ad rubricam ff. qui potiores*. Voyez M. *Loüet*, lett. R. *somm.* 35. Et ne sert la part de la consignation faite par l'un des retrayans Arrêt du quatorze Août 1568. *Le Vest*, *Arrêt* 97.

281. Le consing fait sur le refus n'est valable étant fait en l'absence, & sans avoir été signifié, & l'offre réelle sans consing, n'est valable. Arrêt du Parlement de Dijon du 8. Juillet 1578. *Bouvot*, to. 2. verbo *Retrait conventionnel*, qu. 19.

282. Aprés le consing des deniers pour la retraite, le vendeur & acheteur peuvent accorder la résolution du contrat. Arrêt du Parlement de Dijon du 8. Février 1602. *Ibidem*, quest. 12.

283. S'il suffit d'avoir offert les deniers, & au refus de les avoir consignez dedans l'an, encore que la consignation pour la retraite soit donnée après l'an expiré; Jugé au Parlement de Dijon le 21. Juillet 1600. que le consing fait dans l'an avoit interrompu la préscription, *V. Bouvot*, *ibidem*, qu. 26.

284. Le retrayant ayant consigné le prix de l'achat, & non des vins bas, a été par cette faute débouté du retrait, quoiqu'il eût consigné plus que le prix de l'achat, avec protestation d'ajoûter ou retirer; le prix étoit de douze livres dix sols pour les vins, il n'avoit consigné que douze livres six sols. Arrêt du Parlement de Dijon du 13. May 1611. *Bouvot*, *ibidem*, qu. 58.

285. Un empêchement necessaire peut servir d'excuse à celuy qui est tenu de consigner pour le retrait lignager dans les vingt-quatre heures. Arrêt du 14. Janvier 1588 *Anne Robert*, *rerum judicat*. liv. 4. chap. 15. *secus*, si c'étoit un jour seulement de Dimanche, ou de Fête. Arrêt du 11. Mars 1603. *Caronda*s, livre 9. *Réponse* 52.

286. Par Sentence du Bailly de Montereau, Jean Picard & sa femme avoient été reçus au retrait lignager; ils consignent; mais ils n'apportent point de decharge de certaines clauses du contrat esquelles Jean Bedin acheteur étoit obligé; pour ce défaut, & n'avoir entierement consigné les frais & loyaux coûts exprimez au contrat, ils sont declarez déchûs du retrait lignager, & condamnez aux dépens. Sentence, confirmée par Arrêt du 23. Juin 1606. *Corbin*, *suite du Patronage*, chap. 302.

287. Par Arrêt du Parlement de Normandie du 9. Mars

1611. rapporté par Berault, sur la Coûtume de Normandie, art. 492. il a été jugé que les deniers consignez par le retrayant aux fins de remboursement ne pouvoient être arrêtez par les creanciers pour le payement de leur dû ; la raison est que ces deniers au moyen de la consignation n'étoient plus siens, *sed emptoris*, & que la perte n'en pouvoit tomber que sur l'acheteur. *L. acceptam Cod. de usur. l. qui decem in princ. ff. de solut.*

288 Retrayant déchû du retrait, faute d'avoir fait appeller l'acquereur pour voir consigner les deniers à son refus. Arrêt du 13. Mars 1629. *Du Frêne livre 2. chapitre 37.*

289 Par Arrêt du 18. Juin 1659. jugé que pour la rencontre de deux lignagers, le délai n'ayant pû être fait, mais les deniers consignez, l'instance entre les lignagers ne doit pas être accordée pour voir aller prendre l'argent du receveur des Consignations, mais que le clamant devoit luy faire tomber sans diminution du droit de consignation, sauf son action contre l'autre lignager qui a donné lieu, & attendu qu'il faut que l'acquereur soit rendu indemne. Berault, à la fin du 2. tome de la Coûtume de Normandie, p. 104. col. 2.

290 Le retrayant lignager doit non seulement donner l'assignation dans le temps prescrit, c'est-à-dire dans l'an & jour de la vente ; mais il doit consigner dans l'an & jour. Arrêts du Parlement de Toulouse du 10. Decembre 1663. & 5. Juillet 1666. rapportez par *M. de Catellan, li. 3. chap. 11.* Il ajoûte que le dernier Arrêt décide aussi que l'an & jour veut dire un an, sans compter le jour du contrat, & cite *M. Loüet, lettre A. sommaire 10. lettre R. sonnm. 29. & Mainard, livre 7. chap. 44.*

RETRAIT, DISPOSITION DES COUSTUMES.

291 Coûtume où le temps ne court que du jour de la prise de possession faite pardevant deux Notaires, ou un Notaire, & deux témoins, celuy qui n'est pas né au temps de la vente, est recevable au retrait ; l'action est personnelle, & dure 30. ans. *Voyez Carondas, liv. 10. Rép. 42.*

292 & 293 Si en differentes Coûtumes deux heritages sont ajugez, dont l'une n'admet le retrait lignager en adjudication par decret, l'autre au contraire admet le retrait, le retrayant aura l'heritage dans la Coûtume qui admet le retrait, & dans l'autre il en sera debouté ; & à cet effet ventilation faite pour estimer le prix desdits heritages, si mieux n'aime l'adjudicataire se départir du total ; c'est-à-dire qu'en ce cas si l'adjudicataire offre les deux heritages, le retrayant ne sera pas reçû à en retraire l'un, bien qu'ils soient situez en diverses Coûtumes. Arrêt du 3. Juin 1589. Brodeau sur *M. Loüet, lettre R. sommaire 25. nombre 11.* Cet Arrêt est aussi rapporté par le même Brodeau, & par Tournet sur la Coûtume de Paris, articles 150.

RETRAIT, COUSTUME D'ANJOU.

294 En la Coûtume d'*Anjou* les meubles vendus par un même contrat de vente d'heritages, ne sont sujets à retrait, quand le prix des meubles est distingué du prix des immeubles. Arrêt du 16. Juin 1657. *Notables Arrêts des Audiences, Arrêt 3.*

295 L'action en la Coûtume d'*Anjou* est réelle ; le contrat de bail à rente perpetuelle, avec une simple faculté de racheter, n'est sujet à retrait ; & en interpretant l'article 356. de la même Coûtume. Arrêt du 17. Juin 1659. *De la Guess. to. 2. liv. 2. chap. 29. en ses notables Arrêts des Audiences, Arr. 29.*

296 En la Coûtume d'*Anjou* les retraits doivent être jugez à l'Audience ; & le fils du vendeur ne peut être connu à retrait, n'ayant fait donner assignation qu'aprés la mort de son pere, quoique renonçant à la succession. Jugé le 21. Mars 1662. *Notables Arrêts des Audiences, Arr. 73. De la Guess. to. 2. liv. 4. ch. 53.* rapporte le même Arrêt.

RETRAIT, COUSTUME D'AUXERRE.

297 La Coûtume d'*Auxerre* article 167. porte que le retrait en vente d'heritages propres ajugez par decret, court dans l'an & jour de la délivrance & scel du decret ; de maniere que si le retrayant fait sa demande hors de l'année de l'adjudication par decret, quoiqu'il soit dans l'an de l'Arrêt confirmatif du decret, il est non recevable. Ainsi jugé. *V. Ricard & Brodeau, Coûtume de Paris, art. 150.*

RETRAIT, COUSTUME DE BERRY.

298 Par la Coûtume de *Berry* article 10. des Fiefs & adjudication par decret feodal ou censuel, le Seigneur ne peut user de retenuë, s'il ne vient dans la huitaine. *Tronçon, Coûtume de Paris, art. 150.*

299 Jugé par Arrêt du 23. Mars 1656. dans la Coûtume de *Berry* que le jour de la vendition n'étoit point compris dans les 60. jours accordez pour le retrait. *Soefve, tome 2. Centurie 1. chap. 21.*

300 Le retrait en la Coûtume de *Berry* des biens vendus par decret, ne court que du jour de la déclaration faire par le Procureur, & ne se compte la huitaine que du jour de la déclaration. Arrêt du 16. Janvier 1683. *De la la Guess. to. 4. liv. 6. ch. 4.*

RETRAIT, COUSTUME DE BLOIS.

301 Enquête par Turbes ordonnée par Arrêt du 17. Juillet 1618 touchant l'usage de *Blois*, pour sçavoir si le retrait lignager n'a lieu lors que l'acquereur a des enfans de la ligne du vendeur ; & si tous les enfans étant decedez, un lignager du vendeur est reçû au retrait ; quoiqu'il y ait plusieurs années expirées depuis la vente. *Bardet, to. 1. liv. 1. ch. 37.*

RETRAIT, COUSTUME DE BOULLENOIS.

302 La Coûtume de *Boullenois* dit que les retraits lignagers se gouvernent comme les successions, & qu'en concurrence de plusieurs retrayans, le plus proche de la côté & ligne du vendeur doit être preferé ; cela se doit entendre quand la vente de l'heritage est faite à un étranger qui n'est pas de la ligne, & non quand elle est faite à un qui est parent & de la ligne, & que le retrait n'est encore executé : car aprés le retrait ajugé au lignager qui est entré en possession, un plus prochain n'est pas recevable à demander la preference ; ainsi jugé le 21. Janvier 1625. On allegua un Arrêt rendu environ deux ans auparavant qui sembloit être contraire ; mais M. Talon Avocat General qui avoit plaidé en la cause, montra que c'étoit en autre cas ; & qu'alors il s'agissoit d'une vente faite *extraneo*. *V. la Bibliotheque de Bouchel, verbo Retrait, & Du Frêne, liv. 1. chap. 36.*

RETRAIT, COUSTUME DE BOURBONNOIS.

303 Les trois mois accordez par la Coûtume de *Bourbonnois*, suivant l'article 422. ont couru au profit de l'acquereur, du jour de la Sentence du Juge d'Espineul, qui a donné acte à son Procureur de ses diligences & offres de faire la foy & hommage, quoiqu'elle porte refus de le recevoir ; le lignager debouté de son retrait, qui se fondoit sur ce que l'acquereur n'avoit pas fait la foy & hommage, n'y ayant que le Seigneur qui s'en puisse plaindre. Jugé à Paris le 13. Août 1682. *Journal du Palais.*

RETRAIT, COUSTUME DE BOURGOGNE.

304 Au Duché de *Bourgogne* il n'est pas necessaire que l'assignation soit donnée, ni qu'elle échet dans l'an du retrait ; mais il suffit qu'elle soit donnée aprés l'an, pourvû que la consignation soit duëment faite dans l'an & jour de la vente. Arrêt du Parlement de Dijon du 21. Juillet 1600. cela est fondé sur ce que la Coûtume ne parle point de l'assignation qui doit être donnée à l'acheteur, & qu'elle n'oblige le retrayant qu'à rendre le prix & les frais raisonnables. *Taisand sur la Coûtume de Bourgogne, tit. 10. art. 1. n. 20.*

305 Par la Coûtume de *Bourgogne* les lignagers peuvent retirer dans l'an. Jean Bacquot exerce le retrait, sa sœur étant encore dans l'an demande d'y être admise pour moitié ; le frere oppose qu'il a été plus di-

ligner. M. de Xaintonge Avocat General dit qu'il n'y a lieu de préoccupation ni de prélation entre personnes qui sont en même degré. 1º. Parce que le Statut a limité le temps, autrement le plus riche excluroit le moins opulent. 2º. Le retrait lignager imite le droit successif, la diligence d'un coheritier ne prive point l'autre du délai qu'il a pour délibérer. Arrêt du Parlement de Dijon du 23. Février 1616. qui condamne Jean Bacquot à retroceder à sa sœur la moitié de l'heritage contentieux. Après la prononciation M. le premier Président dit aux Avocats qu'ils n'en fissent plus de doute. Cet Arrêt est rapporté par *M. de Xaintonge en ses Harangues & Plaidoyers*, p. 316.

306 Si dans la Coûtume de Bourgogne il faut être lignager du vendeur pour retraire, ou s'il suffit d'être parent à une personne de la famille, & s'il y a en ce cas quelque distinction à faire entre la ligne directe & la collaterale?

Si la demande en retrait doit être faite au domicile du proprietaire ou détempteur ou fermier de la terre que l'on veut retraire?

Si dans la susdite Coûtume le retrayant doit offrir le prix entier de l'acquisition?

Et si la copie de l'exploit contenant ladite demande doit être signée des Recors & du Sergent, aussibien que l'original? Arrêt du 11. Mars 1647. qui déboute le demandeur en retrait. *Soëfve*, *tome 1. Cent. 2. chap. 7.*

RETRAIT EN BRETAGNE.

307 Les actions annales en France, comme de retrait, & autres semblables, s'éteignent avec la peremption d'instance. *Chenu*, *quest. 95.* ce qui n'a lieu pour retrait en Bretagne, qui va jusques à quinze ans contre l'acquereur non approprié par bannies, & s'il n'a possession par Notaires jusques à trente ans; de sorte que pour exclure les lignagers, il se faut approprier, même ayant acquis par decret. *Sauvageau sur Du Fail*, *liv. 1. chap. 293.*

308 La Dame de Maure tutrice du Baron du Pont son fils, conclut à revendication de quelques tenuës congeables qu'elle nomme. François Poulain demande qu'elle montre les heritages qu'elle prétend. Le Juge de Rennes l'ordonne ainsi; ce qui est confirmé par Arrêt du Parlement de Bretagne du 10. Août 1556. *Du Fail*, *liv. 1. chap. 47.*

309 Arrêt du Parlement de Bretagne en Robes rouges, au profit de M. Mathurin Richard, qu'il n'y a lieu de retrait lignager *inter ejusdem gradus consanguineos*, le transport étant fait à l'un d'eux. *Ibidem*, *livre 3. chap. 75.* il ne date point l'Arrêt.

310 Retrait lignager n'a point lieu en domaine convenantien ne le doit point considerer comme étant une proprieté incommutable, puis que le Seigneur peut toutefois & quantes congedier le tenancier. Arrêt du Parlement de Bretagne en 1559. *V. ibidem livre 3. chapitre 161.*

311 En vente de rente avec obligation d'assiette, le temps de la premesse ne court que du jour de l'assiette faite, à moins que l'assiette ne fût promise sur certain fonds désigné & que le contrat ne fût banni, & certification faite en Jugement, auquel cas l'appropriement a son effet, suivant l'article 324. de la Coûtume de Bretagne, où d'Argentré rapporte plusieurs Arrêts. *Du Fail*, *liv. 1. ch. 149.* en cas du dernier Août 1561. *M. Sauvageau*, en sa note observe que le contraire, se juge suivant la doctrine de Du Moulin, Auteur de la nouvelle Jurisprudence.

312 L'intimée & son mari acquierent un heritage, bannissent & s'approprient sans opposition. En 1564. l'appellant demande premesse; ses moyens sont qu'il y a dol au contrat, qu'il étoit mineur lors d'icelui; que Charles Godet son predecesseur & vendeur étoit prodigue, & s'il est dans les dix ans depuis la certification des bannies; le Juge déclare l'appellant non recevable. Ce qui est confirmé par Arrêt du Parlement de Bretagne du 20. Septembre 1565. *Du Fail*, *livre 3. chapitre 72.*

313 Le frere de l'appellant acquiert un heritage, le bannit & approprie, puis le vend à l'intimé. L'appellant demande la premesse, disant qu'en vertu de l'appropriance est fait le ramage, tronc, souche, & estoc requis par la Coûtume; ainsi jugé par Arrêt d'un fils reçu au retrait lignager d'un heritage que son pere avoit acheté, puis approprié, & l'avoit ensuite vendu. L'intimé dit *duo concurrunt*, en retrait lignager par la Coûtume, lignage & ramage, l'un manquant tout cesse; quant à l'Arrêt, il y a raison, *quia res sit majorum*, qui est le fondement du retrait lignager, car le pere s'en est approprié, *ubi filius quoddam antiquitatis jus videtur habere*; mais en ce cas, collaterales non dicuntur majores; le Juge déboute de sa premesse. Par Arrêt du Parlement de Bretagne du 17. Février 1567. la Cour *de gratid*, a mis l'appellation au néant, sans amende; ordonne que ce dont a été appellé sortira son effet. Cet Arrêt est rapporté par d'*Argentré*, *sur l'article 284. de l'ancienne*, où il en rapporte un contraire pour la terre de Gallisson, au retrait des acquêts d'un frere : maintenant l'article 298. a lieu aux acquêts appropriez, & y viennent les collateraux, aussibien que les descendans du vendeur, & autres du lignage, & ramage, encore mêmes qu'ils ayent renoncé à la succession, de laquelle sont les heritages qu'ils demandent par retrait. *V. ibid. liv. 1. chap. 249.*

314 Retrait du domaine congeable n'a lieu. Arrêt du Parlement de Bretagne du 13. Avril 1567. rendu pour aucunes considerations. *Du Fail*, *liv. 1. chap. 243.* le contraire a depuis été jugé par Arrêt en Robes rouges, rapporté par *M. d'Argentré sur l'article 299. de l'ancienne Coûtume.*

315 Le 17. Février 1556. le pere de l'intimée acquiert un heritage du pere de l'appellant, il fait bannir son contrat le dernier du même mois. La seconde bannie est du 7. Mars. La troisiéme du 14. & la certification des bannies est du 22. En 1566. l'appellant fils du vendeur demande la premesse. L'intimé répond que son pere est mort approprié de l'heritage; il dit qué la certification ne vaut rien, qu'il faut huit jours francs. L'intimé replique que la huitaine doit se prendre de Dimanche en Dimanche. Arrêt du Parlement de Bretagne du 2. Octobre 1567. qui ordonne la premesse. Sur le fondement que la huitaine doit être franche. *Du Fail*, *li. 1. ch. 259.* Cet Arrêt a donné lieu à l'article 269. de la même Coûtume.

316 L'appellant neveu du vendeur d'une maison demande la premesse. L'intimé le prétend non recevable, & se dit approprié. L'autre soûtient l'appropriement nul, & appelle des bannies & certifications, 1º. Le contrat principal est avec condition de raquit, ce qui empêche qu'on ne forme opposition, dans l'esperance que le vendeur ne laissera passer la condition. 2º. Le prix n'est point désigné. 3º. Il étoit dit par le contrat que le vendeur demeureroit en la maison jusqu'à ce que l'acquereur fût approprié. Ainsi le vendeur continuant d'être possesseur, l'appropriement n'est soûtenable. Arrêt du Parlement de Bretagne du 26. Février 1568. qui reçoit l'appellant au retrait. *Ibidem*, *chap. 268.*

317 L'appellant acquiert en 1552. un heritage duquel il se veut approprier en 1553. L'intimé s'oppose & prend conclusion de premesse. En 1568. l'intimé ajourne l'appellant pour proceder suivant les derniers appointemens qui étoient en 1558. Arrêt du Parlement de Bretagne du 3. Août 1569. qui ordonne qu'il répondra. *Ibidem*, *chap. 293.*

318 Retrait n'a lieu, quand l'acquereur est parent du vendeur en pareil degré. Arrêt du Parlement de Bretagne du dernier Octobre 1579. Sur cet Arrêt & autres semblables il fut dressé l'article

326. de la Coûtume. *Du Fail*, livre 3. chapitre 159.

319 Un cohéritier vend la quatriéme partie par *indivis* de certaines terres venant de la succession paternelle. Le retrait est demandé ; le cohéritier répond que c'est un droit convenancier, où il n'y a prémesse. Le retrayant dit que le droit convenancier vient *ut minus dignum*, accessoirement au fond & à la propriété duquel il doit retenir la nature, *& est unicus contractus*. Arrêt du Parlement de Bretagne du 12. Septembre 1572. qui juge la demande bien fondée. Le contraire a été jugé. Neanmoins le retrait n'auroit lieu, si l'acquereur des droits convenanciers se rendoit Seigneur du fond. Arrêt du 12. May 1609. *Ibid.* liv. 1. chap. 333.

320 Arrêt du Parlement de Bretagne du 20. Octobre, qui admet au retrait aprés quinze années, sur le fondement que la joüissance de l'acquereur n'étoit pas notoire, & qu'il avoit laissé le vendeur en possession. *Du Fail*, liv. 1. ch. 324. où il est aussi rapporté un Arrêt du 16. Février 1620. qui a jugé que la prise de possession devoit être cartulaire devant Notaires.

321 Le retrait n'a point lieu en bail à convenant, parce que ce n'est point une alienation. Arrêt du Parlement de Bretagne du 12. Octobre 1572. *Du Fail*, liv. 1. chap. 355.

322 En 1557. Françoise passe procuration à Jean pour retirer quelques terres venduës par son frere. Jean negocie tant avec le frere, qu'il a vent l'heritage pour 800. liv. il s'en approprie. Depuis le Seigneur feodal retire par puissance de fief. Françoise conclut contre luy au retrait lignager. Il allegue une possession de dix années. Cependant comme il y avoit eu beaucoup de collusion de la part de Jean, & que l'appropriement avoit été fait par la Cour de Keronzere dont il étoit Sénéchal, le Parlement de Bretagne par Arrêt du 2. Octobre 1574. adjugea la premesse à Françoise, en remboursant dans six semaines. Jean fut decreté d'ajournement personnel. *Ibidem*, livre 3. chapitre 139.

323 En 1567. Jean Lépaule vend plusieurs terres appartenantes à Helain sa femme. Il vendit aussi en 1570. à sa sœur uterine la maison en laquelle il demeuroit, pour la somme de 50. livres, avec faculté de remeré pendant deux années. Il ne fut point dépossedé ; sa sœur subrogea à son droit le nommé Macé qui prit possession en l'absence d'Helain. Lépaule meurt ; la veuve continuë de joüir. Macé fait bannir son contrat, & s'approprie. La veuve assignée en retrait, dit que recompense luy est dûë de son propre alienée, outre qu'elle prétend son doüaire. Macé répond qu'elle se devoit opposer aux bannies. Arrêt du Parlement de Bretagne du 7. Mars 1575. qui ordonne qu'elle demeurera en la possession de la maison dont il s'agit, jusqu'à la concurrence de son droit de doüaire, & que les autres heritages appartenans au défunt mary, luy demeureront affectez pour la récompense de ses propres alienez. *Du Fail*, livre 1. chapitre 390.

324 Jean de la Chapelle vend en 1571. la terre de Quetrebert à Guillaume Guillard pour 500. livres. Guillard la rétrocede pardevant les mêmes Notaires à la Chapelle pour 20. livres de rente, que Guillard devoit aux enfans du second mariage de la Chapelle. Une fille de la Chapelle demande à Guillard la terre par prémesse ; elle luy est ajugée. Lorsqu'il s'agit de l'executer, elle trouve François Bouquen, & Marguerite de la Chapelle sa femme en possession. Ceux-cy disent que la terre leur a été donnée en échange, & parfournissement d'un droit naturel & part en la succession de Charles de la Chapelle. De plus que le contrat de vente de Guillard fut resolu le même jour. Arrêt du P. de Bretagne du 21. Mars 1575. qui ordonne le retrait lignager, sans préjudice des autres droits des défendeurs. *Ibid.* chap. 392.

325 Jacques Robin prend tant du Sénéchal de Rennes que de certains Commissaires de la Chambre des Comptes, un emplacement & cabaret prés l'Auditoire de la Prévôté de Rennes pour sept ans. Depuis il a Lettres du Roy, par lesquelles cet emplacement luy est baillé à titre de rente cens, à la charge de le démolir toutefois & quantes. En 1566. Robin vend le cabaret & fond à François Lemoine. Quelque temps aprés Robin, au nom de son fils, demande la prémesse. Lemoine dit que prémesse ni écheoit, d'autant que par la Coûtume, il faut qu'il y ait en toute prémesse & retrait lignager, lignage & ramage ; ce qui n'est en ce cas. Robin dit que le Roy l'ayant voulu, *res incipit esse de suâ familiâ*, conséquemment par son fils y est bien fondé. Ce qui est ainsi jugé & confirmé par Arrêt du Parlement de Bretagne du 27. Octobre 1575. *Du Fail*, liv. 1. ch. 377.

326 Arrêt du Parlement de Bretagne du 4. Septembre 1576. qui ordonne le retrait lignager, L'acquereur prétendoit être suffisamment approprié ; mais on luy opposoit qu'il n'avoit banni toutes les clauses du contrat, & que si les proches les eussent connuës, *promptiores fuissent ad retrahendum*. *Ibid.* ch. 417.

317 Perronnelle Robinault & Barbe Estaisse sont cousines germaines, & parentes en pareil degré de Jacquette le Bretin, laquelle ayant vendu la Haye au Seigneur d'Aligné, Robinault y demande la prémesse, laquelle luy est ajugée, & aprés executée. Estaisse *his peractis*, demande contre sa cousine la moitié au retrait, par le même droit de prémesse, d'autant qu'elle est en pareil degré, aux offres de payer la moitié de ce qui a été exploité en la prémesse. Robinault dit qu'elle est premiere en la demande de prémesse, au remboursement, & en tout & par tout. Estaisse replique qu'étant en pareil degré, elles sont fondées en même concurrence, & que pour l'en faire débouter, il falloit faire l'ajournement de quinzaine à ban suivant la Coûtume, pour forclore les autres prémes. Les Juges de Rennes ordonnent que Estaisse participera à la moitié de la prémesse, payant la moitié des deniers dûs, frais, coûts, &c. ce qui est confirmé par Arrêt du Parlement de Bretagne du 25. Septembre 1576. *Ibid.* ch. 411.

318 Une heritiere de Pierre du Vaucler donne à sa veuve une piece de terre pour récompense de deux maisons par luy venduës. La veuve aliene cette piece de terre. Le frere de cette veuve s'oppose à la vente, & demande la prémesse. Elle dit que le retrait lignager doit être executé, non par fiction, *nec per aquipollens, sed in formâ specificâ*. Il est fondé sur ce que l'heritage *fuit majorum*, & cependant la piece de terre n'est ni lignage & ramage du retrayant, qui répond *subrogatum sapere naturam subrogati*, que cette terre tient nature de celles alienées. Arrêt du Parlement de Bretagne du 2. Mars 1577. qui admet au retrait. *Ibid.* ch. 429.

319 Par Arrêt du Parlement de Bretagne prononcé en Robes rouges, le dernier Avril 1577. au procés entre Jeanne le Corre, & Guillaume le Poulain, jugé que le lignager peut avoir par retrait la terre venduë par son parent, laquelle il tenoit seulement à titre de convenant & domaine congeable. Cet Arrêt est l'un des notables du sieur Président de Lancran. *Bibliot. de Bouchel*, verbo *Retrait*.

330 Entre Guillemette Ruallon, & Vincent Gourdel intimé. L'appellante demande prémesse qui luy est ajugée, parce qu'à la Requête de l'intimé, elle jurera que c'est pour elle qu'elle veut retirer. Au jour qu'elle doit faire serment, l'intimé empêche l'execution de prémesse, disant qu'elle a déja cedé son droit au sieur de Guemadeuc. Le premier Juge appointe les parties en faits contraires. Arrêt du Parlement de Bretagne du 11. Octobre 1557. qui infirme la Sentence. *Ibid.* ch. 66.

331 Retrait n'a lieu en pur feage noble. Arrêt du Parlement

lement de Bretagne du 4. Septembre 1578. Le contraire a été jugé, quand les terres roturieres sont baillées à titre de feage noble, & à rente grande. *Voyez Du Fail*, liv. 3. ch. 399.

332. Une demanderesse en retrait disoit entre autres moyens que depuis les bannies commencées & non parachevées, le défendeur avoit prorogé d'un an la faculté de remeré, laquelle prorogation n'avoit été bannie ni publiée; de plus, qu'elle étoit mineure lors de la vente. Arrêt du Parlement de Bretagne du dernier Octobre 1578. qui admet au retrait. *Du Fail*, liv. 1. chap. 450.

333. Ces mots de l'article 298. de la Coûtume de Bretagne, *& sera censé l'heritage du ramage du retrayant, quand aucun de sa famille en a été approprié, &c.* s'entendent d'acquêts seulement, non de l'ancien propre, où il faut lignage & ramage pour avoir prémesse. Arrêt du Parlement de Bretagne du 11. Septembre 1614. rapporté par *Frain*, p. 163. La question est amplement traitée par *Hevin*, dans *sa Note*.

334. Par Arrêt du Parlement de Bretagne du 11. Septembre 1614. jugé que ces mots de l'article 298. de la Coûtume, *& sera censé l'heritage du ramage du retrayant, quand aucun de sa famille en a été approprié, & fait Seigneur irrevocable*; ores que le retrayant n'en soit descendu, se doivent entendre des acquêts seulement, & non des propres & anciens heritages, lesquels ne se peuvent retirer par prémesse, sinon que le retrayant soit parent en estoc & ramage ancien de l'heritage. *Frain, sur l'art.* 309. *Joves*, au mot, *Retrait*, nomb. 139.

335. En Bretagne pour exclure le retrayant, il faut prise de possession par écrit. Arrêt du 16. Février 1621. *Voyez Frain, sur la Coûtume de Bretagne, art.* 3.

336. Arrêt du Parlement de Bretagne du 25. Octobre 1621. qui a jugé que lors de l'action de prémesse, le congéement étant demandé & jugé, & ayant depuis & durant le procès le Seigneur remboursé, il n'y avoit lieu au ratrait lignager, parce que le Seigneur ayant remis les terres dans son domaine, elles ne pouvoient plus rentrer dans la famille du vendeur. *Frain*, page 322.

337. En matiere de retrait, il faut suivant les Arrêts que l'acquereur défendeur en retrait mette la contrat au Greffe à l'instant de l'adjudication, & en demande acte, & l'y laisse toute la quinzaine, afin que le retrayant puisse en prendre communication, si bon luy semble. Faute de cette solemnité, il fut donné Arrêt au Parlement de Bretagne le 22. Août 1625. portant que ladite quinzaine n'avoit couru. *Du Fail*, liv. 1. ch. 37. où il est observé dans la Note de *Sauvageau*, que pareils Arrêts sont intervenus le 7. May 1630. & au mois de Décembre 1637.

338. Si dans la Coûtume de *Bretagne*, qui ne requiert aucune formalité dans l'action de retrait lignager, l'Ordonnance touchant la désignation du domicile des Records ou témoins dans les Exploits, à peine de nullité, doit être observée? Arrêt du 14. Mars 1665. qui appointa les parties au Conseil; les Conclusions de M. l'Avocat General Talon étoient en faveur du retrayant. *Soëfve*, tome 2. Centurie 3. chapitre 51.

COUSTUME DE BRIANÇON.

339. Le retrait lignager est reçu dans le *Briançonnois*, mais il doit être exercé dans les dix jours qui suivent immédiatement la vente entre les presens, & dans l'an & jour entre les absens. Ce temps que prescrit la Coûtume, ne court, s'il y a procès, qu'après qu'il est terminé. *Voyez Guy Pape*, quest. 257. *Chorier*, en *sa Jurisprudence du même Auteur*, p. 241. observe que le délay pour intenter le retrait, court dès le jour de la vente pure & sans condition, sans attendre même la tradition, ni la mise de possession, quoique l'Ordonnance du Roy Henry III. du mois de Novembre 1587. porte que ce ne soit qu'à dés le
* *Tome III.*

jour de l'insinuation du contrat de vente; la décision de *Guy Pape* est neanmoins suivie dans le Dauphiné.

COUSTUME DE CHARTRES.

340. La prescription est opposée au demandeur en retrait lignager. Le Bailly de Chartres infirme deux Sentences qui l'avoient déclaré non recevable. Sur l'appel, Arrêt qui ordonne que l'usage de la Coûtume de *Chartres* sera prouvé, pour sçavoir si par *l'article* 67. *tit. de Retrait*, portant ces mots, *dedans le jour & an de la possession réelle & actuelle sans fraude*, il étoit nécessaire, pour exclure le retrayant lignager, que la possession réelle & actuelle de l'acquereur fût prise par luy ou par Procureur, Notaire & témoins presens, quoique l'acquereur, avant son acquisition, jouït à titre de loüage ou autrement, & non dedans les six semaines lors prochainement venans. Après l'Enquête par Turbes, Arrêt definitif du Parlement de Paris du 7. Décembre 1548. confirmatif de la Sentence du Bailly. *Corbin, suite de Patronage*, chap. 244.

341. Dans la Coûtume de Chartres le bailleur à rente fonciere non rachetable, veut bien que l'acheteur l'amortisse. Le retrait n'y a point de lieu, la Coûtume n'ayant aucune disposition ni pour ni contre. Jugé le 11. Février 1659. contre les Conclusions des Gens du Roy. *Notables Arrêts des Aud. Arr.* 23.

RETRAIT, DROIT ECRIT.

342. Edit portant que le retrait aura lieu dans toute l'étendue du Royaume, même en pays de Droit écrit, &c. A Paris en Novembre 1581. reg. le 25. Janvier 1582. 5. *Vol. des Ordonnances d'Henry III. fol.* 74. *Fontanon*, to. 1. page 486. *Joly, des Offices de France*, tome 2. page 1390. Voyez *l'Edit du mois de Decembre suivant*.

Voyez cy-après le nombre 555. *& suiv*.

RETRAIT EN FOREST.

343. Le retrait lignager n'a lieu en *Forêt*, pays de Droit écrit. Arrêt du 17. Juin 1589. Ni en Maconnois, Arrêts des 7. May 1604. & 27. Novembre 1610. Ni en Lyonnois, Arrêt de 1611. Ni à Issoudun, Arrêt du 3. Juillet 1596. *Corbin, Traité des Fiefs*, Loy 23.

344. Le retrait lignager n'a point de lieu au pays de *Forêt*, nonobstant un usage que l'on prétendoit contraire. Arrêt du 17. Novembre 1610. *M. le Prêtre, és Arrêts celebres du Parlement*.

RETRAIT, ISSOUDUN.

345. Le retrait lignager n'a lieu en la Coûtume d'*Issoudun*, art. 30. Arrêt du 3. Juillet 1596. *Brodeau*, en son *Préambule du Retrait lignager*, nombre 3. Voyez *M. le Prêtre, és Arrêts celebres*, où il rapporte trois Arrêts des années 1589. 1610. & 1612.

RETRAIT, LUXEMBOURG.

346. Dans la Coûtume de *Luxembourg*, l'omission des termes avec offres de compter le prix de l'achat, est une nullité essentielle, & le retrayant declaré non recevable en sa demande, avec dépens. Jugé à Metz le 27. Février 1673. *Journal du Palais*.

COUSTUME DE LA MARCHE.

347. En la Coûtume de la *Marche*, le retrait étant ajugé par Arrêt, le retrayant n'ayant payé ni consigné dans le temps porté par la Coûtume, déchû du profit de l'Arrêt, & condamné aux dépens que l'Arrêt luy avoit ajugez. Jugé le 19. Février 1665. *De la Guess*. tome 2. liv. 7. ch. 7.

COUSTUME DU MAINE.

348. Si l'art. 392. de la Coûtume du *Maine*, desirant que *le retrait lignager soit demandé en toutes les Jurisdictions où les choses acquises sont situées, ou en la Cour suzeraine qui soit capable du tout*, il suffit au retrayant, qui a droit de *committimus*, de faire donner l'assignation aux Requêtes du Palais; & si l'Exploit d'assignation en retrait n'étant signé d'aucuns témoins ou records, cette nullité peut être reparée par un autre Exploit fait incontinent après, signé des re-

O o o

474 RET

cords ou témoins, la partie étant encore dans le temps d'intenter son action. Arrêt du 10. Mars 1653. qui déboute de la demande en retrait. *Soëfve*, *30. 1. Cent. 4. chap. 22.*

COUSTUME DE MELUN.

349 *Voyez au troisiéme Volume des Plaidoyez de M. Servin*, le Plaidoyé & Arrêt, en la cause d'entre M. le Comte de Soissons, appellant & demandeur, d'une part, & le sieur de Montignac & consors, intimez, d'autre, pour le retrait lignager de la terre de Blaudy sise en la Coûtume de *Melun*.

350 En la Coûtume de *Melun* l'an & jour du retrait ne courent que du jour du rachat. Arrêt du 14. Avril 1615. *Brodeau*, *Coûtume de Paris*, *art. 137. n. 5.*

351 Le retrait en la Coûtume de *Melun*, ne commence à courir que du jour que l'acquisition de fief est publiée en Jugement; il y avoit douze ans que l'on joüissoit du fief. Arrêt du 3. Mars 1661. & ce suivant l'article 135. de la Coûtume de Paris. *Notables Arrêts des Audiences*, *Arrêt 54.*

RETRAIT EN NORMANDIE.

352 *Voyez* le mot *Clameur*.

Ce que nous appellons Retrait, est appellé en la Province de Normandie Clameur; c'est pourquoy le titre 17. de la Coûtume porte, *des Retraits ou Clameurs de Bourse*. Le proprietaire d'un heritage sujet à une rente fonciere, la peut retirer par droit de clameur, si elle est venduë à un étranger, & il est preferé en vertu de ce droit aux lignagers & aux Seigneurs, en faveur de la reconsolidation de l'usufruit avec la propriété; ce qui est une nouvelle Jurisprudence établie par le Reglement de la Cour du 6. Avril 1666. qui veut que cette rente venduë puisse être clamée par le debiteur. *Voyez l'Auteur de l'esprit de la Coûtume de Normandie*, *p. 144.*

353 Par Arrêt du Parlement de Roüen du 23. Juillet 1521. rapporté par *Berault*, *sur la Coûtume de Normandie*, *art. 246.* jugé qu'un heritage qui avoit été retiré par clameur de bourse, par un mary au nom de sa femme, à laquelle le fils d'icelle avoit succedé, étant iceluy fils mort sans enfans, devoit retourner aux parens maternels, & non aux paternels dudit fils; & ainsi ce qui avoit été acquêt à la mere, fut estimé propre au fils, pour retourner au côté maternel dont il étoit venu, comme il avoit été jugé par Arrêt du 13. Février 1517. *Jovet*, verbo *Succession*, *nombre 53.*

454 Si dans le Bailliage de Caux les enfans de l'aîné succedant à leur ayeul, sont obligez de retirer le tiers appartenant en proprieté à leur oncle, frere puîné de leur pere, dans l'an & jour du décez de leur ayeul, comme leur pere, s'il avoit survécu, & qu'il eût été mineur, auroit eu le temps de sa majorité, ses enfans doivent avoir le même temps; la cause plaidée au Parlement de Roüen le 27. May 1622. fut appointée au Conseil, & depuis terminée par accord entre les parties. *Voyez Basnage*, *sur la Coûtume de Normandie*, *art. 296.*

455 Par Arrêt du Parlement de Roüen du 13. May 1552. jugé qu'en contrat de vente faite sous seing privé, non reconnu, ni ratifié, ni lecture faite, n'y avoit lieu au retrait, attendu qu'il y avoit vingt-deux ans passez du jour du contrat; que s'il fût venu dans les six ans, *Jovet*, verbo *Retrait feodal & lignager*, dit, j'estime qu'il y auroit été reçû, comme à present il faudroit venir dans les trente ans pour le retrait de tel contrat; *Berault*, *sur la Coûtume de Normandie*, *art. 354. & Jovet*, *ibid. n. 122.*

455 bis. Par Arrêt du même Parlement du 9. Decembre 1628. le Seigneur fut condamné de quitter au lignager les heritages dont l'acquereur luy avoit fait delai. *Basnage*, *ibid. art. 452.*

456 On a demandé s'il étoit necessaire que le contrat fût passé devant Notaires, ou si n'étant que sous signature privée, l'an & jour ne commençoit à courir

RET

que du jour de la lecture? Par Arrêt du Parlement de Roüen du 16. Août 1619. entre le sieur de la Motte Heuté, & la veuve du Sage, il fut jugé que la lecture faite sur un contrat sous signature privée, étoit valable, & que l'acquereur, bien que son contrat fût sous seing privé, l'ayant fait lire, pouvoit retirer à droit de lettre lûë, son acquisition, laquelle avoit été decretée pour les dettes de son vendeur, au préjudice des lignagers du decret. Cependant cette même difficulté s'étant offerte le 3. Février 1651. il fut jugé que l'an & jour n'avoit couru que depuis la reconnoissance du contrat devant Notaires. Ce qu'il y avoit de particulier, étoit qu'aprés la premiere lecture, l'acquereur avoit fait reconnoître son contrat; & depuis, comme s'il avoit douté de la validité de la premiere lecture, il en avoit requis une seconde. *Basnage*, *ibid.*

456 bis. Si les heritages vendus sont situés en diverses Paroisses, & que la lecture du contrat n'ait pas été faite en tous ces lieux, ou qu'elle ait été faite en divers temps, on est reçû à retirer les heritages situez dans les Paroisses où la lecture n'a point été faite, ou dont l'an & jour n'est point encore passé, quoiqu'il le soit pour la plus grande partie des autres choses vendues; en ce cas le lignager n'est tenu de retirer que les terres qui peuvent être retirées; parce que l'an & jour de la lecture n'est point encore expiré. Par Arrêt du Parlement de Roüen du 14. Decembre 1655. la Cour en réformant les Sentences qui avoient débouté le lignager de son action, condamna l'acquereur à faire delais des heritages clamez, si mieux il n'aimoit remettre le tout; quoy faisant, le lignager seroit tenu de rembourser le prix entier du contrat. *Basnage*, *ibid.*

457 Quoiqu'en Normandie les filles ne soient pas heritieres de leurs peres, neanmoins comme elles ne sont pas incapables de succeder, elles peuvent exercer le retrait lignager, lorsque les mâles ne leur font point d'obstacle. Arrêt du Parlement de Normandie du 28. May 1666. *Basnage*, *sur l'article 452. de cette Coûtume.*

457 bis. Le 28. Juin 1619. on agita au Parlement de Roüen la question de sçavoir si la lecture d'un contrat de vente n'ayant point été bien & dûment faite, & l'heritage vendu ayant depuis été saisi réellement sur l'acquereur & ajugé, les lignagers du vendeur étoient recevables au retrait, en consequence des défauts qui se rencontroient en la lecture & publication du contrat de vente. Par l'Arrêt il fut dit à bonne cause le retrait, en remboursant l'adjudicataire du prix de l'adjudication, à proportion de l'heritage retiré. *Basnage*, *ibid. art. 413.*

458 Un particulier aprés une premiere vente en fit une seconde du même heritage au même acquereur; l'on ne fit la lecture que du second contrat. Aprés l'an & jour de cette lecture, mais avant les 30. ans de la passation du premier, un lignager prétendit que le premier contrat n'ayant point été lû, il y avoit ouverture à l'action en retrait. Par Arrêt du Parlement de Roüen du mois de Juin 1621. le retrayant fut declaré non recevable. L'on trouva qu'en ce cas la lecture du second contrat avoit purgé le défaut de lecture du premier. Par ce même Arrêt, l'on jugea qu'il n'y avoit point de nullité en la lecture, pour avoir été faite par le Vicaire de la Paroisse, quoiqu'il fût beau-frere de l'acquereur, le Curé & le Vicaire étant des personnes necessaires, contre lesquels l'on ne reçoit point de reproches. Autre pareil Arrêt du 15. May 1668. *Basnage*, *ibid.*

458 bis. Clameur intentée 29. ans 11. mois 29. jours aprés le contrat de vente lû, quoique l'assignation échée aprés les 30. ans, jugée bonne, par Arrêt du premier Mars 1633. rapporté par *Berault*, *à la fin du deuxiéme tome de la Coûtume de Normandie*, *sur l'article 453. page 66.*

RET   RET   475

459   Suivant la remarque de *M. Josias Berault*, la lecture du second contrat de vente ne purge point le défaut de lecture du premier contrat. Vastel vendit un heritage à Crevon moyennant 1400. liv. dont il paya 1000. liv. comptant; pour le surplus il luy bailla quelques terres. Vastel negligea de faire lire son contrat. Après six ans un lignager de Crevon demanda d'être reçû au retrait. Vastel s'en défendit par cette raison, que le contrat de Crevon avoit été lû, & que par cette lecture les parens de Crevon avoient eu connoissance de la vente qui luy avoit été faite, étant contenuë dans le même contrat. Le retrayant répondoit que la lecture ne se supplée point par des équivalences, & qu'étant certain que ce contrat n'avoit point été lû, il y avoit ouverture au retrait. Le retrayant ayant obtenu Sentence à son profit, elle fut confirmée par Arrêt du Parlement de Roüen du 19. Juillet 1669. *Basnage, sur la Coûtume de Normandie, article 455.*

459 bis.   Par Arrêt du mois de Mars 1586. jugé que la lecture dont il est parlé par la Coûtume de Normandie, que l'acquereur est obligé de faire en Normandie, c'est-à-dire l'acte de prise de possession, se doit faire en tous les lieux & endroits où les heritages sont assis. *Berault, sur la Coûtume de Normandie, art. 455.*

460   Par Arrêt du 31. Janvier 1613. jugé qu'une lecture faite par un Sergent autre que du lieu de la querelle, & hors de son détroit, quoique de la même Vicomté, & quoique faisant ordinairement autres Exploits, étoit nulle. *Berault, à la fin du 2. tome de la Coûtume de Normandie, sur l'art. 455. page 101.*

461   La lecture du contrat de vente se doit faire à l'issuë de la Messe Paroissiale, & doit être employée sur le dos du contrat. Arrêt du Parlement de Roüen. Ce défaut ne peut être réparé par le registre du Sergent. Arrêt du 18. Avril 1654. Par autre Arrêt du 26. Février 1619. une lecture faite au Prône fut cassée. Elle doit être faite en toutes les Paroisses où les heritages sont situez. Arrêt du 14. Decembre 1655. La presence & la signature de quatre témoins y est requise. Si les parens de l'acquereur peuvent servir de témoins ? La cause fut appointée le 19. Novembre 1655. L'on cita un Arrêt de 1622. pour l'affirmative. Ce n'est pas assez que les témoins ayent signé, il faut qu'ils soient dénommez. Arrêt du 19. Novembre 1656. Le Curé ou le Vicaire, le Sergent ou le Tabellion, peuvent seuls faire la lecture, & il ne faut que ce soient eux qui la fassent; une lecture faite par un Sergent de la Vicomté, mais non de la querelle, fut cassée par Arrêt du 3. Janvier 1618. Si la lecture est mal faite, le Curé ou Vicaire n'en sont responsables. Arrêt du 3. Août 1650. La preuve par témoins de la lecture d'un contrat de vente n'est recevable. Arrêt du 2. Octobre 1616. *Voyez Basnage, sur l'article 455. de la Coûtume de Normandie.*

462   Un lignager 25. ans après un contrat passé forma une action en retrait sur le défaut de lecture; l'acquereur avoit perdu son contrat, mais il représentoit le registre du Curé décedé six ans avant l'action, qui contenoit que la lecture avoit été faite; & il soûtenoit que la preuve qui resultoit de ce registre étoit suffisante après la perte de son contrat; il ajoûtoit que le retrayant avoit déja disposé de l'heritage en faveur d'un Officier, ce qui le rendoit non recevable, le retrait étant incessible. Le lignager disoit que la lecture n'étoit valable pour exclure le retrait, que quand elle étoit employée sur le contrat, que la preuve n'en étoit point reçuë par équivalence; qu'en tout cas la Coûtume ordonne que la lecture soit enregistrée au Greffe de la Jurisdiction ordinaire, & pour la vente, qu'il n'avoit faite que depuis la Sentence. Par Arrêt du Parlement de Roüen du 14. May 1630. le retrayant fut débouté de son action. Même Arrêt le 8. Juillet 1681. *Ibidem.*

463   Alix Mustel voulant retirer les heritages acquis par Langlois 16. ans auparavant, se fonda sur le défaut de lecture: Langlois disoit qu'il avoit perdu son contrat; mais pour preuve de la lecture, il produisoit un extrait du controlle où la lecture étoit employée; davantage, il offroit prouver que son contrat avoit été vû, tenu & lû, & que sur le contrat la lecture étoit employée & signée de témoins. Mustel avoit obtenu Sentence à son profit; sur l'appel Langlois representa encore un extrait du Tabellion qui avoit fait la lecture, & il concluoit qu'elle étoit valablement prouvée par ces deux pieces; en tout cas il persistoit à la preuve de ses faits. Mustel y opposoit la fin de non recevoir, & pour les pieces qu'elles n'étoient point suffisantes, parce que dans le registre du Tabellion il n'y avoit point de témoins signez. Par Arrêt du Parlement de Roüen du 11. Janvier 1650. la Sentence fut cassée, & Mustel débouté de son action. Dans cette espece la Cour jugea que la lecture étoit suffisamment prouvée, de sorte qu'elle ne prononça rien sur la preuve, la même chose avoit été jugée par un Arrêt du mois de Juin 1621. *Ibidem.*

464   Par Arrêt du 23. Juin 1657. jugé qu'un contrat ne s'étant trouvé signé par le Tabellion qui avoit fait la lecture étoit clamable dans les trente ans, quoique le registre fût en bonne forme, & que l'acquereur se plaignît du lignager clamant qui luy avoit demandé son contrat sous autre prétexte. *Berault à la fin du 2. tome de la Coûtume de Normandie, page 101. sur l'article 455.*

465   Par contrat un heritage avoit été fieffé à rente irraquitable; mais par un écrit fait posterieurement, le preneur à fief s'étoit soûmis d'en faire le rachat au double prix toutefois & quantes que le bailleur voudroit; 26. ans après la fille du bailleur y voulut reclamer comme d'un contrat frauduleux, & d'une rente rachetable; il fut neanmoins jugé que le retrait n'y venoit, ne pouvant être dit la rente rachetable, puis que le preneur n'en avoit la faculté, que cet écrit n'étoit qu'une contre promesse en fraude, mais une paction volontaire, ensuite d'un contrat qui n'étant reciproque, pouvoit même être soûtenu nulle. Arrêt du 23. Novembre 1656. rapporté par *Berault à la fin du 2. tome de la Coûtume de Normandie, page 101. & 102. sur l'article 462.*

466   Sur l'article 465. de la Coûtume de Normandie il a été douté si la preuve se pouvoit faire par témoins. Par Arrêt du 16. Août 1656. jugé que la preuve par témoins instrumentaires, Tabellions, & les Avocats qui avoient concerté & minuté le contrat se pouvoit faire, *& tamen nullis adminiculis.* Berault, *à la fin du 2. tome de la même Coûtume, p. 101.*

467 & 468   Par Arrêt du 10. Mars 1659. jugé que ce fait est recevable par témoins, que le prix du contrat avoit été enflé de 2400. livres, que les censures Ecclesiastiques venoient, il y avoit grandes présomptions d'ailleurs au contrat qui y aidoient; & aussi l'on passa par dessus les défenses de l'acquereur, qu'il y avoit 24. ans & plus, que c'étoit un fils qui n'étoit en état de clamer lors du contrat. *Ibidem, art. 465.*

469 & 470   Quand la Coûtume de Normandie rejette la prévention par les articles 470. 475. 476. & 477. cela ne se doit entendre que quand le retrait est fait dans l'an & jour de la publication du contrat; car s'il étoit fait après à raison de la fraude ou du défaut de la lecture, il conviendroit préferer le parent qui auroit prévenu en découvrant la fraude, ou le défaut, & le maintenir en la possession en laquelle il auroit été envoyé sur son acte, suivant qu'il semble avoir été jugé au Parlement de Roüen le 22. Mars 1616. *Berault, sur l'art. 470.*

471   Retrait à droit de Lettre luë est introduit en faveur de l'acquereur, & il est cessible. *V. Basnage, sur l'article 471. de la Coûtume de Normandie.*

472   Cette question s'est presentée au Parlement de

476 RET

Normandie, sçavoir, si le mari étant dépossedé par une saisie réelle des acquêts par luy faits en Bourgage, & étant mort durant le decret, sa femme ou les heritiers pouvoient retirer à droit de Lettre lûë la part que la femme auroit eüe en ses conquêts; là cessant la dépossession du mari. Poyer avoit acquis quelques maisons situées en la Ville de Roüen, dont il devint proprietaire incommutable; depuis elles furent saisies, ajugées pour les dettes du vendeur, il mourut avant l'adjudication, les lignagers de cet acquereur perdant voulurent retirer le tiers à droit de Lettre lûë; Chedeville qui répresentoit la femme qui avoit survêcu à son mari en demandoit la moitié, parce que le mari en étoit devenu propriétaire incommutable, & qu'elle y auroit eu la moitié, s'il n'avoit pas été dépossedé; mais puisque son mari avoit ce droit de lettre lûë, elle devoit y avoir la même part qu'à la chose même: au contraire le gros lignager de l'acquereur perdant, soûtenoit que la femme n'avoit aucun droit aux conquêts du mari que par sa mort. Arrêt du 14. Juillet 1615. qui confirma la Sentence, laquelle avoit reçû le gros à retirer le tout; cela à mon avis reçoit beaucoup de difficulté; car encore que l'acquêt ne se trouvât plus entre les biens du mari, neanmoins ce droit de Lettre lûë luy appartenoit, & se pouvoit compter entre ses biens, où par consequent la femme avoit part comme à un droit réel. Berault sur l'article 329. & 368. fait mention d'un Arrêt par lequel nonobstant la renonciation de la femme à la succession du mari, ses parens avoient été reçûs à retirer la part qu'elle avoit eüe à ses acquêts; mais il n'y a pas d'apparence que l'Arrêt ait été donné de la sorte; car la femme en consequence de sa renonciation n'avoit jamais eu aucun droit aux acquêts de son mari, elle n'y prend part que quand elle se déclare son heritiere; il seroit donc étrange que l'on reçût ses parens à retirer un bien où elle n'avoit jamais eu de part; il n'en est pas de même dans l'autre espece où la femme étoit heritiere de son mari, le droit de Lettre lûë étant quelque chose de réel, puis que l'action pour retirer un immeuble est réputée immobiliaire, on ne pouvoit la priver de ce droit de Lettre lûë: aussi Berault n'estimoit pas que cet Arrêt qui admettoit les heritiers de la femme à retirer la part qu'elle auroit eüe si elle avoit renoncé, fût raisonnable. Godefroy au contraire approuvoit l'Arrêt; mais la Jurisprudence a changé sur cette matiere. V. Basnage, art. 471.

473 Par Arrêt du 8. Mars 1656. jugé qu'un proprietaire par contrat d'échange ne pouvoit pas clamer à droit de Lettre l'heritage duquel il étoit dépossedé par decret, la loy luy donnant un autre remede de rentrer en son contre-échange. Berault, à la fin du 2. to. de la Coûtume de Normandie, p. 102. sur l'art. 471.

474 Par Arrêt du 12. Février 1658. jugé qu'un clamant qui prétendoit ne rembourser que les heritages non saisis en decret, & consigner seulement le prix des heritages saisis jusqu'après le decret, dont il y auroit appel, n'étoit recevable qu'en remboursant le total. Ibidem.

475 Si le retrait à droit de Lettre lûë a lieu dans les contrats d'échange & de fieffe? Autrefois la Jurisprudence étoit incertaine; elle est devenuë constante par l'article 99. du Reglement de Roüen en 1666. suivant lequel celuy qui a acquis par échange, ou par fieffe, ne peut clamer à droit de Lettre lûë. Ibidem.

476 Les parens de l'acquereur perdant retrayans à droit de Lettre lûë, ne sont tenus de consigner. Arrêt du Parlement de Roüen du 16. Juillet 1630. pour de Laigle premier Huissier au Bailliage; il fut dit qu'il avoit satisfait à la Coûtume, en offrant le remboursement dans l'an & jour, bien qu'il n'eût pas consigné ses deniers. Ibidem, art. 473.

477 Si pour le retrait lignager il y a répresentation comme pour les successions, si les enfans d'une niece sont admissibles en concurrence de retrait avec la niece du vendeur. Par Arrêt du Parlement de Roüen du 15. Juillet 1616. en réformant la Sentence des Requêtes, le sieur de Miromesnil au nom de la Dame sa femme fut reçû seul au retrait de la maison; mais la Cour se fonda sur ce que la maison étoit indivisible, & qu'en ce cas il étoit plus juste de donner la préference à la mere au préjudice de l'arriere niece; ce que Berault n'ayant pas remarqué, il a eu raison de dire que cet Arrêt ne doit pas être tiré à consequence; cette circonstance ne s'y rencontrant pas, il n'y avoit pas de lieu d'exclure l'arriere niece; car quoiqu'elle eût des freres, comme il ne s'agissoit pas de succession, mais de droit de retrait, elle en étoit capable, puis que ses freres ne vouloient point exercer leur droit; comme s'ils avoient renoncé à la succession, les sœurs auroient pû la prendre, aussi n'usant point du droit de retrait, les sœurs pouvoient l'exercer en leur place: c'est une regle certaine que le plus éloigné n'est pas exclus par le plus proche quand il est admis avec luy à la succession. Ibidem, article 475.

478 Berault n'a pas rapporté l'Arrêt de Labbé dans sa veritable espece, & il n'a pas connu la difficulté qui fut décidée par cet Arrêt, qui porte date du 3. Août 1555. il propose cette espece comme si la contestation eût tombé sur la proximité, à sçavoir, si l'oncle étant plus proche que son neveu pourroit exclure, ce n'étoit pas la question. Jacques Labbé avoit acquis des heritages de N. Labbé son frere puîné. Guillaume qui étoit l'aîné voulant les retirer, le tuteur des enfans de Jacques Labbé acquereur soûtint qu'il n'y étoit pas recevable, parce qu'il avoit pris un fief par préciput, & qu'il ne pouvoit par consequent succeder aux rotures qu'il avoit abandonnées à ses freres puînez; il s'aidoit de l'article 476. suivant lequel il falloit être plus proche & plus habile à succeder. Guillaume Labbé prétendoit que jure sanguinis retractus competit, & que la seule proximité acqueroit un droit: par l'Arrêt on reçût Guillaume à concurrer pour la moitié. Ibidem, art. 476.

479 L'on ne peut retirer que pour la part en laquelle on succede à la chose venduë, comme il paroit par l'Arrêt du sieur de Pretot, rapporté par M. Josias Berault, sur la Coûtume de Normandie, art. 477.

479 bis. Clamant peut assigner l'acquereur, ou à son domicile, ou à celuy du Fermier. Arrêt du 20. Juillet 1635. rapporté par Berault à la fin du 2. tome de la Coûtume de Normandie, art. 484. & 485. p. 67.

480 Par Arrêt du 24. Février 1646. jugé que le clamant n'étoit tenu de payer l'interêt au prix du Roy à l'acquereur, quoique stipulé par le contrat, avec la clause sur le vendeur de n'en être prenable. Ibidem, page 102. sur l'art. 480.

481 Par Arrêt du Parlement de Roüen du 10. Decembre 1658. jugé que le lignager faisant le retrait au second acquereur qui est en possession, quoique le premier acquereur dont le contrat donnoit ouverture au retrait fût restant dans la Vicomté. Basnage, ibidem, article 485.

482 C'est l'usage en la Province de Normandie, & conformément à l'Arrêt de Cingal rapporté par Berault, sur l'art. 487. de la Coûtume de cette Province, qu'il suffit au retrayant de faire offre & exhibition de ses deniers pour gagner les fruits, & que la consignation n'en est pas necessaire. Ibidem, article 486.

483 Clamant doit comparoir au lieu donné par le Juge, & à l'heure limitée, à faute de décheoir. Arrêt du mois de Juin 1646. rapporté par Berault, à la fin du 2. to. de la Coût. de Normandie, sur l'art. 491. p. 67.

484 Un mary ayant retiré au nom de sa femme, d'avec laquelle il étoit séparé quant aux biens par son traité

de mariage. Il a été jugé par Arrêt du 13. Mars 1653. que la femme étoit obligée à rendre tous les deniers sur le soûtien des creanciers du mari. *Ibidem*, page 102. *sur l'article* 495.

485. Par Arrêt du 22. Février 1657. jugé que la discontinuation de poursuites pendant un an en la Cour, emportoit éviction de la clameur. *Ibidem*, *sur l'article* 499.

486. L'on avoit intenté action en retrait lignager, & procedé avec le vendeur qui avoit déclaré vouloir retenir à droit de constitution retenu pendant le procez; le clamant étoit décedé quatorze mois après; le tuteur de ses enfans mineurs reprend le procez : question, de sçavoir s'il pouvoit y revenir après l'an. Par Arrêt du 17. Mars 1659. il a été jugé que le tuteur le pouvoit, & qu'il n'étoit exclus par l'article 499. de la Coûtume de Normandie, qui s'entend d'une action discontinuée ; mais comme par la mort la peremption d'instance cesse, aussi cette action introduite d'un an en cet article cessoit, cet article limitant seulement la peremption où elle échet à un an seulement aux cas où peremption a lieu, non au cas de mort, *Ibidem*.

487. Les fiefs perpetuels ne sont sujets à retrait. Arrêt du Parlement de Normandie du 15. Octobre 1616. Basnage, *sur l'article* 502. *de cette Coût.*

488. Par Arrêt du 31. Juillet 1658. jugé qu'après l'offre & consignation faite entre les mains d'un ami pour le refus d'en avoir voulu convenir, & l'assignation donnée devant le Juge dans le temps de la convention & représentation d'une bourse, encore dans le temps que le clamant ne pouvoit exciper après le temps expiré, que le depositaire étoit suffisant, qu'il y avoit eu numeration de deniers & bordereaux, que l'on avoit dû consigner entre les mains du Receveur des Consignations, & qu'il avoit dû des lors de l'assignation que l'on eût pû mettre l'argent dans le temps. Berault à la fin du 2. tome de la Coûtume de Normandie, p. 102. sur l'art. 503.

489. Jugé le 3. Decembre 1653. que l'action de clameur duroit 40. ans, comme pour une chose réelle, & quoique la clameur de soy apparente ni même proprement, is est-il qu'elle intentée étoit suffisante, sauf au Juge à donner l'option. *Ibidem*, page 103. *sur l'article* 540.

490. Sur la question generale, sçavoir, si la clameur revocatoire pour lézion de moitié d'outre prix avoit lieu au contrat de fieffe, par Arrêt du 26. Avril 1667. jugé que le preneur à fieffe seroit maintenu en la possession. *Ibidem*, p. 107. col. 2.

491. Touchant la clameur revocatoire, si les dix ans courent du jour du contrat, ou de l'expiration de la condition. Arrêt du 2. Septembre 1662. qui maintient l'acquereur vû l'expiration de la condition. *Ibidem*.

RETRAIT, COUSTUME D'ORLEANS.

492. Dans la Coûtume d'Orleans article 400. titre du retrait, Retrait n'a lieu sur la chose venduë par decret forcé, parce que c'est une vente necessaire ; *Secus*, *és Decrets volontaires. Tronçon & Tournet*, *Coûtume de Paris* art. 150.

RETRAIT, COUSTUME DE PARIS.

493. En la Coûtume de Paris, l'enfant peut demander par retrait lignager l'immeuble de son estoc maternel contre son pere acquereur. Arrêt du 22. Decembre 1639. *Bardet*, *tome* 2. *livre* 8. *chapitre* 41.

Voyez les autres decisions & les Commentateurs de la Coûtume de Paris au titre du retrait lignager.

RETRAIT, COUSTUME DE POITOU.

494. C'est une prémesse ajugée en la marche commune de Poitou, si l'acquereur dit qu'il a insinué son contrat en Poitou, & joüi un an après, consequemment qu'il est approprié, d'autant qu'en la marche commune il y a prévention de jurisdiction.

Le retrayant répond que pour la moitié, il ne veut avoir la prémesse, mais il veut avoir l'autre, d'autant qu'il n'a banni ne certifié les bannies suivant la Coûtume de ce pays. *Si in pluribus locis opus fiat*, *non una sufficit nuntiatio, sed plures, l. de pupillo ff. de op. no. nunciat.* Le Juge de Nantes ordonne que le retrayant aura la moitié de l'heritage. Appel ; par Arrêt du Parlement de Bretagne du 14. Mars 1570. la Cour a mis les appellation & Sentence dont est appel au néant, sans amende & sans dépens des causes d'appel, corrigeant le Jugement, a condamné l'appellant recevoir au retrait lignager l'intimé au nom qu'il procede, des choses par luy demandées devant le Juge *à quo*, condamné neanmoins l'appellant és dépens de la cause principale. Et faisant droit sur les conclusions du Procureur General, ordonne que les acquereurs en marche commune, ne pourront exclure les lignagers demeurans en ce pays, du droit de prémesse, qu'ils n'ayent banni leurs contrats & satisfait à la Coûtume de ce pays. *Du Fail*, *liv.* 1. *chapitre* 297.

495. Jugé par Arrêt du Parlement de Paris du 18. Fevrier 1656. que l'heritage acquis par un parent & lignager du vendeur en la Coûtume de Poitou, n'est pas sujet au retrait. *Soëfv* 6, *to.* 2. *Cen.* 1. *chap.* 12.

RETRAIT, COUSTUME DE PONTHIEU.

496. Si les immeubles donnez par les pere & mere à leurs puîsnez en la Coûtume de *Ponthieu*, sont propres ou acquêts en leur personne à l'effet du retrait lignager ? Arrêt du 16. Janvier 1657. par lequel la cause fut appointée au Conseil, M. l'Avocat General Talon conclut en faveur du retrayant. *Soëfve*, *to.* 2. *Cent.* 1. *chap.* 47.

RETRAIT, VILLE DE ROMANS.

497. De la faculté du retrait lignager dans la Ville de *Romans*. Arrêt du Parlement de Dauphiné du 4. Septembre 1672. qui jugea que le retrait porté par le statut de Romans, étoit réel. *Voyez Basset, to.* 1. *liv.* 6. *tit.* 7. *chap.* 2. où il observe que quand un retrait est personnel, *non egreditur personam*, les enfans même de celuy qui en avoit le droit, en sont exclus. Ainsi jugé le 28. Août 1663.

498. Le retrait lignager a lieu dans la Ville de *Romans*. Arrêt du Parlement de Grenoble du 4. Septembre 1672. pour les enfans du sieur Merez Maître des Comptes. *Voyez Chorier en sa Jurisprudence de Guy Pape*, *p.* 240.

RETRAIT, COUSTUME DE RHEIMS.

499. Dans la Coûtume de *Rheims* il ne faut point être descendu de celuy qui a mis l'heritage en la famille ; sur la demande en retrait les parties hors de Cour, la femme de l'acquereur étant du côté & ligne. Arrêt du 7. Janvier 1659. *De la Guess. tom.* 2. *livre.* 2. *chapitre* 2.

RETRAIT, COUSTUME DE RIOM.

500. En la Coûtume de *Riom* en Auvergne, qui permet le retrait des acquêts, & ne requiert aucune discussion, il a été jugé le 29. May 1619. que l'heritage d'un tiers détenteur ajugé par decret pour les dettes de son vendeur, peut être retiré par le lignager de ce tiers détenteur. *Bibliotheque de Bouchel* verbo *Retrait*.

RETRAIT, COUSTUME DE TOULOUSE.

501. La Coûtume du retrait lignager est observée en quelques lieux du ressort de *Toulouse*, il a lieu en ventes judicielles & retraits, à la charge par le retrayant de rembourser le decretiste des frais du decret & autres loyaux-coûts. *Voyez Maynard*, *livre* 6. *chap.* 46.

RETRAIT, COUSTUME DE TOURS.

502. En la Coûtume de *Tours* article 180. quand il y a decret, le retrait n'a point de lieu ; *Secus*, en licitation. *Mornac*, sur la loy 3. *C. Communi dividundo.*

503. En la Coûtume de Touraine le retrait lignager fut ajugé pour moitié, & non pour le tout à cause des

O o o iij

circonstances. Jugé le 8. Avril 1540. Prononcé le 5. Avril 1541. Le Vest, Arrêt 20.

504. Par la Coûtume de Tours, le plus proche parent est préferé au retrait, tellement que le tout se regle suivant la succession. Arrêt du 7. Septembre 1543. qui ajuge toute une terre à un premier né des enfans qui avoit succedé à tout l'heritage. Papon, liv. 11. tit. 7. n. 6.

RETRAIT, COUSTUME DE TROYES.

505. Cause appointée, pour sçavoir si dans la Coûtume de Troyes le retrait lignager a lieu contre un acquereur, parent au 8. degré. Arrêt du 5. Septembre 1639. Bardet, tom. 2. liv. 8. ch. 37.

RETRAIT, COUSTUME DE VITRY.

506. En la Coûtume de Vitry, le retrayant lignager doit offrir le prix entier de l'acquisition. Arrêt du 7. Février 1691. Bardet, tom. 2. liv. 9. chap. 16.

RETRAIT, CURATEUR.

507. Du retrait exercé sur le curateur. Voyez le mot Curateur, nomb. 45. & 46.

508. L'heritage ajugé sur un curateur aux biens vacquans, n'est sujet à retrait. Arrêt de la prononciation de Noël 1569. Bibliotheque de Bouchel verbo Retrait.

509. Ce que c'est que la chose abandonnée de laquelle il n'y a point de retrait ? c'est celle qui est déguerpie & délaissée par l'acquereur, à cause des dettes & hypotheques, & non pas quand un debiteur abandonne ses biens ; car pour lors les creanciers font créer un curateur aux biens vaquans de leur debiteur pour les decreter. Arrêt du 22. Juin 1606. M. le Prêtre 2. Centurie, chap. 34.

510. Point de retrait sur le curateur à la chose abandonnée ; secus sur le curateur à la chose vacante. Arrêt du 23. Decembre 1613. M. Bouguier lettre R. nombre 17. Voyez la Coûtume de Paris art. 151. & 153.

RETRAIT, DECRET.

511. Retractus gentilitii an locus sit in rebus distractis subhastatione judiciaria. L'affirmative est certaine. Voyez Stockmans decis. 99.

512. Si l'acheteur d'un heritage pris par decret, rapporte le prix de son achat au profit des creanciers ? lesquels y consentent, moyennant ce, distraction de l'heritage vendu, s'il y a lieu de retraite. V. Bouvot, tom. 1. part. 1. verbo Retrait quest. 10.

513. S'il y a lieu de retrait en decret fait sur un debiteur, non seulement pour les biens decretez possedez par le debiteur mais aussi pour ceux possedez par autres, ausquels ils auroient été vendus, & dont ils auroient joüi plus de trois ans avant le decret, & s'il y a lieu de retraite quand il est vendu sur un heritier beneficiaire, & si l'heritier peut venir à la retraite ? Voyez Bouvot tom. 2. verbo Retrait conventionnel, quest. 53.

514. Le retrait a lieu contre les heritages ajugez par decret, & ne peut le retrayant obliger le defendeur à affirmer le prix. Arrêt du premier Decembre 1542. Papon liv. 11. tit. 7. n. 30.

515. Le retrait lignager peut être exercé contre les adjudicataires par decret, de même que contre les autres acquereurs. Arrêt du Parlement de Toulouse du dernier Octobre 1573. La Rocheflavin, liv. 2. tit 1. arr. 11.

516. Il y a délivrance par decret d'un heritage ancien, dont appel ; le temps du retrait court du jour de la délivrance, nonobstant l'appel. Arrêt du Parlement de Dijon du 4. Février 1580. Bouvot, tom. 2. verbo Retrait conventionnel, quest. 39.

517. Titius achete un heritage, & stipule qu'il fera un decret ; le contrat étant ensaisiné, les ventes payées on fait le decret ; un lignager intente son action en retrait du jour de l'adjudication ; débouté de son action. Arrêt du 7. Février 1584. Brodeau sur M. Loüet lettre D. Som. 26. nomb. 2. Voyez Mornac, l. 16. Cod. de inofficios. testam.

518. Noël le Sage & sa femme acquierent d'un particulier un heritage de son propre ; le contrat non ensaisiné, les creanciers de Noël les font decreter & ajuger ; dans l'an de l'ensaisinement le tuteur des enfans du vendeur se constitue demandeur en retrait, contre la veuve ; elle dit n'avoir plus les heritages en sa possession. Le tuteur presente Requête à la Cour, à ce qu'au lieu du délaissement, elle fût tenuë de luy rendre 200. écus qu'elle avoit reçûs pour le prix des heritages dont étoit question avec interêts, offrant de sa part de satisfaire à ses offres de retrait. Arrêt du Parlement de Paris du 8. Juillet 1595. confirmatif de la Sentence qui avoit ajugé le retrait, & neanmoins ordonne que la veuve en demeurera quitte en payant 200. écus, à laquelle somme les heritages demandez par retrait lignager, ont été ajugez, sur ce deduit le sort principal, frais & loyaux-coûts par elle débourfez, condamnée aux dépens de la cause d'appel, ainsi au lieu de l'heritage la Cour a ajugé la somme provenante de la vente. Bibliotheque de Bouchel verbo Retrait.

519. Le retrait n'est recevable és ventes & adjudications par decret pour vouloir retirer les portions coheritiers, parce que toutes ventes judiciaires & adjudications par decret, sont actes individus & solidaires, & earum forma & substantia non cadit super portionibus singulis seorsum, sed super re totâ simul. Arrêt du 4. Août 1609. Brodeau sur M. Loüet lettre R. som. 25. nomb. 13.

520. Retrait a lieu en vente par decret d'un heritage qui a appartenu à un cessionnaire de biens. Arrêt prononcé à Noël 1613. Montholon, Arrêt 123.

521. Une maison étant venduë pour un prix, pour la sureté duquel il y a speciale hypoteque, étant revenduë avec même hypoteque speciale, est prise par decret, & ajugée, les enfans du premier acheteur ne sont recevables à venir à la retraite. Arrêt du Parlement de Dijon du 14. Janvier 1614. Bouvot, to. 2. verbo Retrait conventionnel quest. 19.

522. Par Arrêt du Parlement de Roüen du 28. Juin 1619. Jugé que si l'heritage decreté avoit été auparavant vendu sans lecture, duquel contrat les lignagers du vendeur viennent à retrait, après l'interposition & adjudication du decret, & avant la tenuë de l'état, ils sont recevables, bien qu'ils soient venus 18. ans après le contrat. Berault, sur la Coûtume de Normandie art. 456.

523. Temps préfix pour intenter l'action en retrait lignager, court du jour de la Sentence portant adjudication par decret, & non pas seulement du jour de l'Arrêt confirmatif. Arrêt du 4. Août 1633. Bardet to. 2. liv. 2. ch. 55.

524. Par Arrêt du Parlement de Dijon du 24. Janvier 1642. on jugea que le retrait avoit lieu contre le sieur de Château-Verd, qui soûtenoit que le pere avoit acquis un heritage, & qui dans la suite l'avoit vendu, si après cette vente il étoit mis en decret sur lui, il n'y avoit pas lieu au retrait, parce que cet heritage avoit, disoit-il, été aliené avant qu'il fût ancien ; mais on repliquoit que les alienations sont revoquées par le decret, & que tout se réünit au patrimoine de celui sur lequel le decret est fait. Voyez Taisand sur la Coûtume de Bourgogne tit. 10. art. 9. note 1.

525. Par Arrêt du Parlement de Dijon du 26. Novembre 1657. entre trois difficultez qui furent jugées ; celle-cy fut la nombre, sçavoir qu'un pere ayant vendu son ancien heritage sans que ses enfans fussent allez au retrait, & cet ancien ayant été discuté à la poursuite des creanciers du pere, anterieurs à la vente, les enfans pouvoient aller au retrait lignager, car le decret cassoit la vente, & donnoit au parent du droit dont il n'étoit pas servi originellement. Voyez Taisand sur la Coût. de Bourg. tit. 10. art. 9. n. 1.

526. L'imperant & les opposans sont admis au retrait lignager sans restriction comme tous autres parens

du défendeur principal, il est vray qu'il semble que l'on pouvoit dire de l'impetrant, qu'ayant poursuivi la vente des biens, il a été obligé à la garantie envers l'acheteur ; mais par Arrêt du Parlement de Dijon le 19. Juillet 1660. il fut jugé que l'impetrant devoit être admis au retrait lignager, parce qu'il pouvoit se rendre adjudicataire, & qu'il ne falloit pas le considerer comme le vendeur de ses propres biens, mais comme poursuivant la vente des biens du debiteur, dont les parens peuvent demander le retrait, & non ceux de l'impetrant. *Voyez Taisand, sur la Coûtume de Bourgogne, tit.* 10 *art.* 9. *n.* 3.

527. Par Arrêt du Parlement de Paris du 27. Fevrier 1665. jugé que dans une adjudication par decret, l'adjudicataire ayant simplement levé un extrait de l'adjudication, en attendant que le decret luy fût expedié, & ayant fait ensaisiner l'extrait, l'an & jour du retrait lignager avoit couru du jour de l'ensaisinement d'extension, & non du jour de l'ensaisinement du decret. M. Talon, Avocat General réleva d'autres nullitez ; l'Huissier n'avoit pas déclaré son domicile, quoiqu'il eût déclaré la paroisse où il étoit demeurant ; des deux recors qui avoient signé il n'y en avoit qu'un present, lorsque l'exploit fut baillé, ce qui resultoit du procés verbal d'un Commissaire que le defendeur en retrait manda à cet effet ; dans plusieurs Ordonnances au bas des Requêtes, portant *veniment les parties*, il n'y avoit eu aucunes offres faites. *Soefvé, to. 2. Cent. 3. chap. 48.*

RETRAIT, D'EGUERPISSEMENT.

528. Une pere par Contrat de mariage avoit donné à sa fille une maison en avancement d'hoirie, la fille poursuivie par les creanciers de sa mere, avoit deguerpi la maison ; un lignager avoit intenté action en retrait ; Sentence, qui déclare non recevable au retrait : appel, hors de Cour, le 11. Février 1658. *De la Guess. tom. 2. liv. 1. chap. 35.*

RETRAIT, DENIERS.

529. Deniers prêtez pour être employez à un retrait lignager ne peuvent être arrêtez par autre creancier comme meubles. Arrêt du Parlement de Paris du 19. Fevrier 1564. *Papon, liv. 17. tit. 4. n. 6.*

530. Somme de deniers prêtée pour employer au retrait d'une terre, l'interêt n'en est pas licite, encore que le retrayant eût commencé à le payer, & fût en joüissance de la terre. Arrêt du 16. May 1628. *Du Fresne, liv. 2. chap. 19.*

RETRAIT, DESISTEMENT.

531. Le retrayant doit les reparations faites depuis l'ajournement, pourvû qu'elles soient peu considerables & fort necessaires ; il peut être contraint, s'il a obtenu jugement, à retraire. Arrêt du Parlement de Bourdeaux du 24. Janvier 1524. *Papon, liv. 11. tit. 7. nombre 7.*

532. Si le retrayant veut se départir de la Sentence renduë à son profit ; Arrêts des 11. Juillet 1551. & du mois d'Aoust 1552. qui dans ce cas l'ont contraint de satisfaire à la Sentence, nonobstant l'offre de payer les dépens, & d'être deboutez du retrait. Quelques-uns même ont tenu qu'aprés contestation en cause, le demandeur, auquel l'acherteur a tendu le giron, est tenu prendre la chose & rendre le prix & loyaux coûts. Ainsi jugé. *Voyez la Bibliotheque de Bouchel, verbo Retrait.*

533. Le retrayant qui a fait condamner, ne peut se desister, mais il le peut auparavant, quoiqu'il ait offert & contesté. Arrêts du 10. Juillet 1551. & du 21. Mars 1580. *Papon, liv. 11 tit. 7 n. 11.*

534. Le lignager qui a été reçu par l'acquereur au retrait ne s'en peut desister ni renoncer ; Seeus, si le defendeur a purement contesté, & n'a tendu le giron, en ce cas les choses étant entieres, le retrayant peut se desister, en payant seulement les dépens de l'instance. *Chopin, Coûtume de Paris liv. 2. tit. 6. n. 17.* l'offre de reconnoître se doit faire en Justice.

Arrêt du 12. May 1570. *Le Vest, Arrêt* 104.

Le Baron du Pont afferme une terre pour six années ; sa sœur demande la prémesse, ensuite elle se désiste moyennant 100. liv. & consent que la ferme ait lieu : Quelque temps aprés elle forme la même demande, disant que la terre luy a été donnée en partage ; elle offre de payer tous dépens & interêts. Arrêt du Parlement de Bretagne du 20. Octobre 1575. qui la juge bien fondée. *Du Fail, liv. 1. chap. 378.* 535

Le retrayant peut être contraint, s'il veut se desister aprés l'ajournement de retraire, quand même la chose seroit depuis tombée en ruïne. Jugé au Parlement de Paris le 22. Juin 1576. *Papon, liv. 11. tit. 7. n. 7.* 536

Jugé au Parlement de Paris, qu'un retrayant peut ne se point aider du Jugement rendu en sa faveur. Dans le fait, Moreau acquereur est condamné à délaisser Blondet vendeur à rembourser ; celuy-ci demande delai, il l'obtient, Moreau appelle, parce que *medio tempore* la maison est déteriorée. Blondet signifie qu'il ne veut point s'aider de la Sentence, alors Moreau demande pardevant le Prevôt de Paris, que la premiere Sentence soit executée, *quia in judiciis quasi contrahimus*. Ainsi ordonné. Blondet appelle. Par Arrêt l'appellation, & ce sans amende & dépens ; ordonné que dans 24. heures Blondet consignera le prix, *alias* debouté du retrait. *Bibliotheque de Bouchel, verbo Retrait.* 537

Le Demandeur en retrait peut y renoncer, & ne peut être contraint de prendre l'heritage ; mais il doit les dépens. Jugé par Arrêt du Parlement de Normandie du 8. Mars 1602. rapporté par Berault sur la Coûtume de Normandie art. 491. la raison est que par le jugement le retrayant n'est pas condamné de payer ; mais bien l'acquereur de rendre l'heritage pourvû qu'il soit remboursé & indemnisé. Boyer en sa décision 48. dit neanmoins avoir été jugé par Arrêt du Parlement de Bourdeaux, que le lignager en retrait non recevable à renoncer au marché aprés la Sentence ; lequel Arrêt est aussi rapporté par *Papon, au titre de retrait lignager, Arrêt 7.* 538

Un acquereur avoit promis au lignager une somme d'argent pour ne retirer point aprés l'an & jour expiré ; ce lignager demandant à l'acquereur ce qu'il luy avoit promis, il offrit de luy remettre l'heritage : il s'agissoit de sçavoir s'il y étoit recevable ? Cette question s'offrit au Parlement de Roüen le 2. Juin 1656. Gruchet étoit demandeur pour retirer une maison decretée & ajugée à la veuve de Sircut, pour faire cesser ce retrait l'adjudicataire promit 300. liv. payables, 50. liv. comptant, & les 250. liv. dans un an, en consequence dequoy le retrayant se désista de son action : Ferecoq cessionnaire de Gruchet, ayant demandé les 250. liv. la veuve s'en défendit, alleguant qu'elle souffroit perte en cette adjudication, & offrant d'en faire remise, le Juge eut égard à ses offres. La Cour sur l'appel mit les parties hors de Cour & de procés. *Basnage, sur la Coûtume de Normandie art. 452.* 539

Un particulier intente action en retrait lignager, & ensuite moyennant une somme de deniers, il s'en désiste par transaction ; ce particulier étant decedé, son fils intente l'action en retrait. Jugé à Roüen qu'il y étoit non recevable, le 7. Février 1673. *Journal du Palais.* 540

RETRAIT, DÎMES.

Si le retrait lignager a lieu en dîme ? *Voyez le mot Dîmes, n. 442. & suiv.* 541

Les dîmes octroyées aux personnes laïques aprés le Concile de Latran, & executées depuis à l'Eglise, ne sont sujetes à retrait, comme étant retournées à leur premiere origine. *Ordonnance de Saint Louis 1261.* 542

Quand les dîmes inféodées sont une fois venduës à l'Eglise, elles ne sont plus sujetes à retrait, & par 543

480 RET RET

conſequent elles retournent en leur premiere nature de dîmes Eccleſiaſtiques. Ainſi jugé par pluſieurs anciens Arrêts du Parlement, donnez l'un à la Touſſaint de l'an 1267. & les autres en 1272. 1280. & 1550. rapportez dans les Memoires du Clergé, & par *Tournet lettre D. n.* 86. & par *Borjon, to.* 3. *n.* 90.

RETRAIT, DONATION.

544 Si donation eſt faite pour cauſe ſpeciale de recompenſe de ſervices eſtimables en deniers, s'il y a retenuë ou retrait lignager? *Voyez Coquille, to.* 2. *queſt.* 36.

545 Il n'y a lieu au retrait lignager ni feodal en pur don, par la Coûtume de France. Jugé pour la Dame de Vierzon, aux Arrêts de la Pentecôte 1281. *Voyez la Bibliotheque de Bouchel, verbo Retrait.*

546 M. Boyer en ſa déciſion 43. rapporte un Arrêt du Parlement de Bourdeaux, par lequel il fut jugé que nonobſtant la clauſe de donation de la plus valuë, le retrayant n'étoit tenu de rembourſer que les deniers payez par l'acquereur : ſi toutefois on avoit diſtingué & ſeparé par le contrat ce que l'on vouloit vendre, & ce que l'on prétendoit donner, cette donation ne ſeroit pas ſujete à retrait, pourvû qu'il n'y eût aucune fraude, & que la choſe venduë eût été eſtimée à ſa juſte valeur. *Baſnage, ſur la Coûtume de Normandie, art.* 452.

547 Monſieur de Fleury Conſeiller en la Cour, ayant retiré par retrait lignager du Commiſſaire Arroger, quatre maiſons en cette Ville de Paris, en fait donation en 1609. pour cauſe remuneratoire, à Vincente Amelin, femme d'Antoine le Pere, ſur laquelle Maître Jacques de Pardouë Conſeiller au Châtelet, les veut retirer comme lignager ; ſe fondant ſur l'article 129. de la Coûtume de Paris. Il a été debouté ſur le champ en l'Audience, par Arrêt du 1. Mars 1610. *Corbin, ſuite de Patronage chap.* 233.

548 Jugé par Arrêt du Parlement de Roüen du 6. Août 1610. qu'une donation de tous biens, à la charge de payer les alimens au donataire, n'étoit point ſujete à retrait, ſuivant le ſentiment de Grimaudet ſur le titre de Retrait liv. 5. chap. 15. à quoy eſt conforme la Coûtume de Vitry, art. 39. *Voyez Berault, ſur l'article* 452. *de la Coûtume de Normandie.*

549 Jugé par Arrêt du 16. Février 1657. que le retrait lignager peut avoir lieu à l'égard d'un immeuble acquis, moyennant une penſion viagere payable au proprietaire pendant ſa vie, & à ſes pere & mere, & au ſurvivant d'eux aprés ſa mort, quoique le donateur declare qu'il avoit eu intention de donner, & que ce n'étoit point une vente ; l'Arrêt ordonna que le retrayant ſatisferoit aux clauſes du Contrat. *Soefve, to.* 2. *Cent.* 1. *ch.* 60.

550 Un Contrat fait d'une maiſon à des Religieuſes qui portoit ces termes, *vend, cede, quitte & tranſporte*, moyennant la ſomme de 1000. liv. comptant, & une penſion viagere de 450. liv. pendant ſa vie & la vie de ſon pere & de ſa ſœur 100. liv. Un tel contrat n'eſt pas une donation, mais une vente ſujette au retrait lignager. Arrêt du 5. Mars 1657. *De la Gueſſiere to.* 2. *liv.* 1. *ch.* 9.

551 L'heritage que les peres & meres vivans donnent en avancement de ſucceſſion à leurs enfans, eſt ancien en retrait lignager. Arrêt du Parlement de Dijon du 24. Mars 1670. *Voyez Taiſand, ſur la Coûtume de Bourgogne, tit* 10. *art.* 1. *n.* 15.

RETRAIT, DOT.

552 Par Arrêt du Parlement de Roüen du 28. Août 1615. rapporté par *Berault ſur la Coûtume de Normandie, art.* 452. in verbo, *vendu par deniers*, jugé qu'une terre baillée en payement de dot, n'étoit point ſujete à retrait.

RETRAIT, DOÜAIRE.

553 Le doüaire, ſoit prefix ou coûtumier, eſt paternel, & non maternel, & ainſi les parens maternels ne peuvent pas intenter l'action en retrait. Arrêt à la veille de Noël 1551. *Carondas, livre* 4. *Rép.* 26.

La doüairiere qui avoit ſon doüaire aſſigné ſur 554 quelques heritages, le vend au proprietaire. Le lignager de la doüairiere le prétend. Arrêt du 3. Avril 1611. en la Coûtume de *Poitou*, qui le déboute ſans dépens de la cauſe, d'appel & de grace. *Additions à la Bibliotheque de Bouchel, tom.* 1. p. 27.

Jugé par Arrêt du 19. Février 1669. que le prix d'u- 554 ne maiſon acquiſe par un particulier, quelque temps bis. avant ſon mariage, & depuis ſur luy retiré par un lignager du vendeur, eſt ſujet au doüaire coûtumier de l'enfant iſſu du mariage. *Soefve, to.* 2. *Cent.* 4. *ch.* 34.

RETRAIT lignager, DROIT ECRIT.

Du retrait lignager dans les païs du Droit écrit. 555 *Voyez cy-deſſus le nomb.* 342. M. le *Prêtre és Arrêts celebres du Parlement*, & *l' Autheur des Obſervations ſur Henrys tom.* 1. *liv.* 2. *ch.* 4. *queſt.* 19.

En païs de Droit écrit pour heritage ſis à Brioude, 556 encore que par la Coûtume generale d'Auvergne il n'y ait que trois mois pour intenter le retrait lignager, neanmoins l'action de retrait eſt annale, en conſequence de l'Ordonnance du Roy Henry III. de l'an 1581. & le retrait a lieu auſſi bien en vente & adjudications par decret, comme en vente volontaire. Arrêt du 18. May 1626. M. *le Prêtre és Arrêts de la 5.*

En païs de Droit écrit le retrait lignager n'a lieu ; il n'a auſſi lieu à Iſſoudun. Premier Arrêt du 17. Juin 1589. 2. Arrêt du 13. Juillet 1596. 3. Arrêt du 23. Juin 1611. M. *le Prêtre és Arrêts celebres du Parlement.* Le même pour les païs de Forêt où le retrait n'a lieu. *Voyez du Freſne liv.* 1. *chapitre* 121.

Il n'y a lieu de retrait lignager en païs de Droit 557 écrit. *Bouvot, tom.* 1. part. 1. verbo *Retraite, queſt.* 7. où il obſerve que ceux de la Châtellenie de Cuſery ont obtenu Lettres Patentes du Roy, avec l'Arrêt publié au Bailliage de Châlon en 1621. pour joüir & avoir le Droit de retrait.

Si le retrait lignager a lieu en païs de Droit écrit 558 Arrêt du 18. Juillet 1651. qui appointa les Parties au Conſeil. Des Arrêts contraires ſont rapportez dans *Soefve, tom.* 1. Cen. 3. chap. 84.

RETRAIT, DROITS SEIGNEURIAUX.

Comment ſe payent les Droits Seigneuriaux en ma- 559 tiere de retrait? *Voyez* le mot *Droits Seigneuriaux n.* 142. *& ſuiv.*

De la reſtitution des lods en cas de retrait. *Voyez* 560 le mot *Lods & Ventes, n.* 321. *& ſuiv.*

Quand le Seigneur fait grace du quint, ou lods & 561 vente à l'acquereur, ſi le retrayant doit avoir la même grace ? *Voyez Coquille, tom.* 2. *queſt.* 184.

Lods & ventes ne ſont dûs de revente faite à un 562 lignager hors jugement. Arrêt du Parlement de Paris du dernier May 1582. *Papon, liv.* 13. *tit.* 3. *n.* 36.

Le retrayant n'eſt tenu de payer à l'acquereur les 563 droits dont il a été gratifié en rapportant quittance, & n'eſt tenu d'affirmer quelle ſomme il a payée pour leſdits droits. Arrêt du 8. Juin 1606. *Brodeau ſur M. Loüet lettre S. ſomm.* 22. *nomb.* 4.

Un Secretaire du Roy venant au retrait lignager 564 ſur un acquereur Secretaire du Roy, n'eſt tenu de rembourſer les droits ſeigneuriaux ; le privilege de l'exemption eſt attaché au College des Secretaires du Roy ; ce ſeroit faire payer les droits ſeigneuriaux par un Secretaire à un autre Secretaire qui n'auroit rien payé. Arrêt du 5. Avril 1607. M. *Loüet lettre S. ſom.* 22. *Secus*, ſi l'heritage a été acquis d'un particulier non privilegié, en ce cas le Secretaire doit les droits à l'acquereur, ſauf ſon recours contre le Fermier du Domaine.

Retrayant lignager doit rembourſer l'acquereur 565 de tous les lods & ventes, & ne peut le contraindre d'affirmer & jurer qu'il n'en a eû compoſition. Arrêt du 8. Janvier 1619. *Bardet tom.* 1. *liv.* 1. *chap.* 51. qui remarque que M. de Verdun premier Préſident dit à la fin de l'Arrêt, *ne plaidez plus telles cauſes pour les Droits Seigneuriaux.*

Uu

566 Un particulier possedoit une terre, laquelle suivant ses aveux étoit en franche vavasorie & exempte de treiziéme; en la vendant il ne declara point cette exemption à l'acquereur, & ne luy en bailla aucun titre, au contraire il le chargea de payer tous droits seigneuriaux; il stipula toutefois que le prix luy seroit payé franchement & entierement : cet acquereur étant clamé, demanda au retrayant le remboursement du treiziéme qu'il avoit payé, ignorant cette exemption, & que c'étoit au lignager à porter cette perte, sauf à le repeter contre le Seigneur; par Arrêt du Parlement de Roüen du 18. Novembre 1664. le retrayant fut condamné à rembourser le treiziéme aprés le serment de l'acquereur qu'il l'avoit payé, sauf son recours contre le Seigneur. *Basnage sur la Coûtume de Normandie*, art. 453.

567 Le sieur Truchot Secretaire du Roy, évincé par le sieur Marquis d'O, du tiers de la terre de Franconville, & du total de la terre de Rossay par retrait lignager; le sieur Truchot demandoit les droits feodaux qu'il s'étoit fait ajuger par défaut ; Appel par le sieur Marquis d'O, & par Madame la Princesse de Carignan, & Dame de Nemours; Truchot débouté de sa demande, aux dépens dé la cause d'appel, le 18. Decembre 1668. *De la Guess. tom. 3. liv. 2. ch. 27*. Le *Journal du Palais* rapporte le même Arrêt.

RETRAIT; ECHANGE.

568 *Coquille tom. 2. question 31.* estime que le lignager peut offrir à celuy qui a acquis l'heritage propre par échange, les deniers du sort principal de la rente pour retraire l'heritage.

569 Arrêt de la Chambre de l'Edit à Roüen, entre M. de la Ferté Maître des Requêtes, & Jacques le Seigneur, Ecuyer Seigneur de Botot ; M. de la Ferté avoit promis par écrit à son permutant, de luy faire trouver un acheteur pour prendre la terre qu'il luy bailleroit en contréchange; il fut jugé que cette paction ne donnoit point ouverture au retrait. *Basnage sur la Coûtume de Normandie*, art. 461.

570 Par Arrêt du Parlement de Paris, pour la terre de Brêle, dont M. de Joüé Maître des Comptes avoit pris le fief mouvant du Roy par échange, contre une piece de pré, & un mois aprés avoit acheté le domaine non fieffé, suivant la promesse qu'il en avoit baillée lors de l'échange, & depuis fourni un acheteur du contréchange, auquel il avoit baillé les deniers en rente; le beau-frere du demandeur fut debouté de son action en retrait, parce que l'échange étoit veritable & sans fraude, n'étant point entré en possession de son contréchange, étant permis d'acheter une partie d'une terre, & d'échanger le surplus, pourvû que le tout se fasse sans simulation, *licet oblique, sed non simulatè contrahere. Basnage sur la Coûtume de Normandie*, art. 461.

571 Deux freres ont par indivis un fief, l'un d'iceux échange sa moitié à une terre rachetable, l'autre veut retirer par retrait. Arrêt du mois d'Août 1496. qui le déboute du retrait. *Carondas, liv. 5. Rép. 15.*

572 Lorsque l'argent baillé en permutation n'excede ou excede de peu de l'immeuble donné, c'est une permutation contre laquelle le retrait n'a point lieu; mais s'il excede de beaucoup, c'est une vente, & le retrait a lieu. Arrêt du 3. Decembre 1511. Arrêt contraire du 24. Decembre 1517. *Papon liv. 11. tit. 7. n. 15. V.* Mainard *liv. 4. de ses quest. ch. 37. & la Décision 144. de M. Boyer.*

573 Un demandeur conclut au retrait lignager ; le defendeur dit que le contrat est partie d'échange, partie de vente, & qu'il est bien approprié. Le demandeur dit que l'échange est une feinte, car le contréchange ne paroît point, ni aucune prise de possession. A l'égard de l'appropriement, il ne vaut rien ; dire qu'autant d'obéissances de menées sont autant de plaids, c'est *impingere in verba statuti*, la Coûtume use de ces mots, *aux prochains plaids, en l'endroit de l'obéissance*.
Tome III.

Il faudroit qu'il y eût autant d'assignations que de plaids, or il n'y en a qu'une. Arrêt du Parlement de Bretagne du 12. Mars 1576. qui admet au retrait, en remboursant le sort principal avec les loyaux coûts dans quinzaine. *Du Fail liv. 1. chap. 409.*

574 Le retrait lignager n'a pas lieu dans les échanges ou permutations, donations, ni dans les partages. Arrêt du 21. Mars 1610. *Tournet Coûtume de Paris. Tronçon Coûtume de Paris, art. 129. Voyez du Fresne, liv. 5. chap. 57.*

575 S'il y a Contrat d'échange, & que le prix donné excede en valeur la moitié de la chose donnée en échange, il y a lieu de retraite comme en Contrat de vente. *Voyez Bouvot, tom. 1. part. 3. verbo Retraite, quest. 1.*

576 Lorsqu'il y a échange, & qu'en même temps la maison est vendüe à un tiers, il y a lieu à la retraite, comme en vente. Arrêt du Parlement de Dijon du 10. May 1610. *Bouvot, tom. 2. verbo Retrait conventionnel, qu. 448.*

577 Retrait lignager a lieu en échange fait d'un heritage retrayable avec des rentes constituées. Jugé le 2. Janvier 1611. *Chenu 2. Cent. q. 26.*

578 Josias Bertheaume Tabellion, avoit pris par échange une prairie du sieur Malherbe, en contréchange il avoit baillé quelques heritages, avec trois petites parties de rente qu'il assuroit être foncieres, & lesquelles neanmoins n'étoient que des rentes constituées ; deux ans aprés il paya au sieur Malherbe 400. liv. au lieu de ces rentes. 25. ans aprés Pierre & Claude Malherbe ses enfans vendirent l'heritage que leur pere avoit baillé en échange à Bertheaume, & quelques jours aprés ils se rendirent demandeurs en retrait lignager, pour retirer cet heritage comme d'un Contrat frauduleux. Pierre & Eustache Bertheaume donnerent les mains à cette demande, mais depuis ayant découvert que les sieurs Malherbe avoient disposé de cet heritage, avant le délai ils se pourvûrent de Lettres d'appel & de restitution, dont ils furent deboutez par le Vicomte & par le Bailly d'Alençon au Siege de Trun. Par Arrêt du Parlement de Roüen du 14. May 1672. la Sentence fut confirmée. *Basnage, sur la Coûtume de Normandie art. 479.*

Voyez le mot *Echange, nomb. 16. & suiv.*

RETRAIT EMPHITEOSE.

579 Si le retrait a lieu en emphiteose ? *Voyez* le mot *Emphiteose, n. 66.*

RETRAIT, ENCHERE.

580 Si le retrait a lieu en enchere ? *Voyez* le mot *Enchere, n. 77. & suiv.*

RETRAIT, ENSAISINEMENT.

581 Le lignager peut venir au retrait d'un heritage vendu dans l'an de saisine & investiture. Arrêt de la Chandeleur 1269. pour la terre de Beaumont retirée sur le Maître & Freres du Temple. *Voyez la Bibliotheque de Bouchel, verbo Retrait.*

582 Par Arrêt du mois de Novembre 1586. lignager debouté du retrait. L'acheteur avoit ensaisiné le 17. Novembre, l'assignation n'avoit été donnée que le 18. Novembre de l'année suivante. La Sentence du Prevôt de Paris infirmée. *Bibliotheque de Bouchel, verbo Retrait.*

583 *Voyez du Fresne, livre 6. chapitre 9.* où il parle de l'article 115. de la Coûtume de Chaumont : deux exceptions quand le Seigneur vend l'heritage en sa censive l'an & jour se comptent du jour de la passation du Contrat. Arrêt du 22. May 1648. contre le frere du Baron de Couve ; l'autre quand le tuteur du mineur est acquereur. *Brodeau sur M. Loüet, lettre R. somm. 40.*

RETRAIT, ESPECES.

584 *Voyez Brodeau sur M. Loüet, lettre R. sommaire 25. nombre 4.*

585 En retrait le poids des especes est necessaire. Arrêt
P p p

du 22. Juin 1584. *M. le Prêtre, premiere Centurie, chapitre* 97.

586 L'augmentation des especes survenuë, peut être couchée en loyaux coûts. Arrêt du 12. Janvier 1603. *Tronçon, Coûtume de Paris, art.* 129. verbo *Loyaux coûts*, fine.

587 En retrait lignager on ne peut contraindre l'acquereur de prendre des especes qui ne soient de poids de l'Ordonnance, ni aussi prendre les especes à autre prix & valeur. Arrêt du 26. Février 1579. *M. le Prêtre*, 1. *Cent. ch.* 97. Autre Arrêt du 15. Janvier 1605. par lequel suivant la Declaration du Roy de 1602. sur les monnoyes, toutes les especes non visiblement rognées, seroient reçuës sans être pesées. *Le Prêtre*, ibid.

588 Entre le contrat d'acquisition, & l'offre de rembourser faite par le retrayant, est intervenu l'Edit du rehaussement des monnoyes; le retrayant n'est point tenu de rembourser en especes, mais selon l'estimation qui étoit lors du contrat d'acquisition. Arrêt du 14. Mars 1605. Arrêt contraire, & suivant l'opinion de *C. M.* du 9. Mars 1605. *Voyez Peleus, quest.* 110.

589 Dans le retrait il suffit d'offrir les deniers ayant cours, & non les semblables especes qui ont été payées. Arrêt du 14. Mars 1605. *Peleus, qu.* 110.

RETRAIT LIGNAGER, ETRANGER.

590 Les Etrangers & Aubains sont exclus du retrait lignager. *Chopin, Coûtume de Paris, livre* 2. *titre* 6. *nombre* 1.

591 Jugé au mois d'Août 1554. qu'un François étant en pays étranger, étoit recevable à exercer le retrait lignager en France. Cet Arrêt solemnel rendu pour Marie Mabile, est appellé l'Arrêt de l'Angleshe. *Voyez la Bibliot. de Bouchel*, verbo *Aubaine*.

592 Jugé le 25. Février 1613. qu'un Flamant avoit pû intenter en France une action en retrait lignager de la Terre de Croüi située au Bailliage d'Amiens, venduë par decret. L'Arrêt fondé sur l'interêt public. Une terre ainsi retirée sert de gage à la France de la fidelité du lignager. Delà vient que de tout temps on a permis aux Etrangers d'acquerir des biens en ce Royaume, pour avoir autant d'ôtages de leur affection. *Le Bret. liv.* 5. *Décis.* 15.

593 Un lignager ayant acheté avec un Etranger un heritage par moitié, peut venir à la retraite de l'autre moitié venduë à l'Etranger, & qui n'est parent. Arrêt du Parlement de Dijon du 25. Novembre 1614. *Voyez Bouvot, tome* 1. *part.* 1. verbo *Retrais, quest.* 6.

594 Du retrait lignager dans la Provence, demandé par une personne conçuë hors de la Province, & qui y est née par accident, & de qui les pere & mere ont toûjours habité dans le Languedoc. Arrêt du 28. Août 1654. par lequel il fut jugé que le retrayant étant habitant de Languedoc, n'étoit pas recevable à ce retrait, quoique né par occasion dans le terroir d'Arles; d'ailleurs il étoit présumé avoir eu connoissance de la vente, & n'étoit venu dans le terroir, que pour avoir approuvé la vente par son intervention dans la discussion du prix en provenant, & par la réception de son payement, le mineur n'étoit pas recevable au retrait. *Basset, to.* 2. *liv.* 6. *tit.* 7. *chap.* 1.

RETRAIT, EVICTION.

595 Si l'éviction a lieu en retrait? *Voyez le mot Eviction, nombre* 25.

RETRAIT, EXPLOIT.

596 Ce qui doit être marqué dans l'Exploit de retrait. *Voyez le mot Retrait, nomb.* 27. *& suiv.*

597 Sur une question de retrait lignager en la Coûtume de *Chartres*, les témoins doivent signer les Exploits, ou les Huissiers declarer la cause. *Voyez Servin, tome* 2. *page* 715.

598 En Exploit de retrait lignager les témoins ou records doivent signer, sinon mention doit être faite, à peine de nullité, qu'ils ne sçavent signer. C'est la disposition de l'Ordonnance de Charles IX. en 1568. confirmée par Arrêts du Parlement de Paris des 5. Août 1605. 1. Septembre 1608. en la Coûtume de *Dreux*. 14. Decembre 1612. en celle de *Nivernois*. Autre Arrêt de 1613. en la Coûtume de *Meaux*. 5. Juillet 1614. en la Coûtume de *Paris*. 2. Juillet 1622. en celle de *Lochet*. 14. Février 1626. en celle de *Troyes*. 3. Decembre suivant. en la Coûtume d'*Orleans*, & autre du mois de Juillet 1629. *Additions à la Bibliot. de Bouchel*, verbo *Retrait*.

599 Par Arrêt donné au mois d'Août 1607. contre Guillard Procureur au Parlement, appellant d'une Sentence du Bailly de Chartres, jugé que les Exploits en matiere de retrait lignager doivent être signez des records, ou bien l'Huissier doit declarer qu'ils ne sçavent signer, sur peine de nullité, & sera l'Arrêt lû & publié au Siege de Chartres. Ibidem, verbo *Records*.

600 Demandeur en retrait lignager a été condamné de rapporter son premier Exploit, nul par les défauts de signature des témoins en la copie, & jugé qu'il n'avoit pû réiterer sa demande par un second Exploit. *Bardet, tome* 2. *liv.* 2. *ch.* 56. rapporte l'Arrêt du 11. Août 1633. *Voyez le même Auteur*, ibidem, *page* 613. *aux Notes*.

601 Demandeur en retrait lignager, ayant voulu réparer les défauts & nullitez d'un premier Exploit, par un second où les témoins n'ont point signé, est débouté de la demande. Jugé le 5. May 1639. *Bardet, tome* 2. *liv.* 8. *ch.* 19.

602 Jugé au Parlement de Roüen le 6. Juillet 1635. qu'un Exploit de retrait étoit valable, qui contenoit qu'il avoit été fait l'après-midy, sans employer l'heure, & que sans inscription, on n'étoit pas recevable à verifier par une simple preuve, qu'il avoit été fait la nuit. *Basnage, sur la Coûtume de Normandie, art.* 452.

603 Dans un Exploit de retrait fait le dernier jour du temps fatal, la date étoit en blanc; mais dans celuy du retrayant, le jour y étoit employé, & même dans le Registre du Sergent. Par Arrêt du même Parl. du 13. Juin 1653. il fut dit que le retrait auroit lieu, & neanmoins le Sergent condamné aux dépens des parties. *Ibidem*.

604 Un Sergent dans un Exploit de clameur avoit employé la date du Contrôle, au lieu de celle du contrat. La Demoiselle de Fontaines Neüilly fit juger par le Vicomte de Caën que cette erreur en la date rendoit l'Exploit nul. Sur l'appel, par Arrêt du Parlement de Roüen du 15. Janvier 1655. en infirmant la Sentence du Vicomte, on prononça à bonne cause le retrait. *Basnage*, ibid.

605 Ce n'est pas une nullité dans un Exploit en retrait lignager, d'omettre la parenté du demandeur, & la qualité de l'heritage. Arrêt du Parlement de Paris le 26. Juillet 1674. *Journal du Palais*.

RETRAIT, FACULTÉ DE RACHAT.

606 Si durant le temps accordé pour racheter le fief, le Seigneur exerce le retrait feodal, ou confisque, sans que le vendeur en ait eu connoissance, le vendeur peut s'adresser directement à l'acheteur; Si pendant la procedure qui se fait avec l'acheteur seul, & avant que d'appeller le Seigneur, le temps de la faculté expire, & qu'il y ait eu neanmoins consignation, le vendeur est recevable; car il a fait son devoir, & est présumé ignorer telle commise. Arrêt du 26. Mars 1548. *Papon, liv.* 11. *tit.* 6. *n.* 6.

607 Jugé le 16. Decembre 1564. que deux ans après l'ensaisinement d'un acheteur avec faculté de rachat, *qui non venit ad notitiam proximi; eum fuisse ex aliâ causâ possessorem quam ex causâ conducti, & in contractibus gratiosis ut plurimum fieri solet reconductio*, le prochain lignager est reçu en retrait, encore que d'ailleurs la Coûtume ne requiere qu'un an, hors

608 Celuy qui a donné faculté de rachat d'un an, ne peut demander les fruits *pro ratâ tempore*, que l'on a demeuré à faire ledit rachat, sinon que par exprés ils soient stipulez par le contrat de vente, encore que le rachat se fasse *maturis fructibus*. Arrêt du 30. May 1566. *Le Vest, Arrêt* 83.

609 Vente faite d'un heritage avec faculté de rachat pendant sept ans, au même jour & lieu, la grace est éteinte moyennant une certaine somme. Le retrait est demandé. Celuy qui y conclut, oppose que l'acquereur n'a fait bannir que le premier contrat, & non l'amortissement de la faculté, qu'ainsi les bannies sont nulles. Arrêt du Parlement de Bretagne du 13. Octobre 1572. qui admet au retrait. *Du Fail, livre* 1. *chapitre* 329.

610 Le Prince de Guemené demande par retrait une Terre que son pere avoit vendüe à Guillaume Carie. Ses moyens sont que le contrat portoit faculté de rachat pendant trois ans; qu'avant l'expiration, le Prince de Guemené écrivit à Carie, & le pria de continuer la grace pour le même temps. Carie Officier du Prince, luy répond qu'il luy accordoit la grace *non seulement de trois ans, mais durant son bon plaisir*, lesquels mots signifioient une faculté de *toties quoties*, qui dure trente ans. Les heritiers de Carie disent que ce n'est qu'une simple promesse, & que ces mots, *durant vôtre bon plaisir*, se doivent referer à pareil temps que celuy d'abord accordé, sçavoir trois années. Arrêt du Parlement de Bretagne du 9. Août 1575. qui déboute le Prince. *Du Fail, livre* 1. *chapitre* 374.

611 La donation de remeré n'empêche pas le retrait lignager. Arrêts du Parlement de Normandie des 23. Mars 1638. 11. Juillet 1653. & 18. Décembre 1664. Si ces sortes de donations d'une faculté de rachat reservée par le vendeur étoient valables, on frustreroit aisément tous les retraits. *Basnage, sur l'art.* 452. *de cette Coûtume*.

Retrait, Bien de la Femme

612 L'an ne court contre la femme durant le mariage, ni contre l'enfant pendant la tutelle de son pere. *Voyez* Mornac, *L.* 19. §. *si cum me absente, ff. de negot. gest*.

613 Deux filles d'un premier lit; le pere marie l'une, & la fait renoncer aux successions de la mere échûës & du pere à écheoir. Le pere se remarie & a des enfans; il décede. La fille mariée obtient Lettres; procés entr'elle & les enfans du second lit. Transaction par laquelle cette fille ratifie son contrat de renonciation, moyennant certaine somme. La sœur du premier lit demande par retrait lignager dans l'an de la ratification les propres de leur mere; elle y est reçûë par Arrêt du 13. Août 1558. *Carondas, livre* 7. *Réponse* 37.

614 Il faut venir dans l'an & jour de la ratification faite par la femme de son propre vendu par le mari. Arrêt prononcé en Robes rouges le Mardy avant Pâques 1560. confirmatif de la Sentence du Prévôt de Mante. *Bibliot. de Bouchel*, verbo *Retrait*.

615 *Decisum est annum retractûs fundi uxorii à marito venditi currere à die ratihabitionis uxoris*. Arrêt du 4. Décembre 1598. *Mornac, L.* 16. *ff. de pignoribus*, &c. *Voyez Anne Robert, rerum judicat. liv.* 3. *ch.* 17. & *Carondas, liv.* 2. *Rép.* 76.

616 Si un mary comme procureur de sa femme vend un heritage, & qu'ensuite elle ratifie la vente, l'année du retrait ne courra pas du jour de la ratification, mais du jour du contrat même. Arrêt du Parlement de Paris du 1. Juin 1585. Autre Arrêt semblable du onziéme Mars 1600. *Papon, liv.* 11. *tit.* 7. *nombre* 34.

617 Il s'agissoit d'une vente faite par le mary des biens de sa femme, avec promesse de la faire ratifier. Jugé au Parlement de Toulouse le 27. Juin 1603. que l'an & jour devoit se compter du jour du premier contrat, & non de la ratification. Le Parlement de Paris a jugé au contraire. Sur cette contrarieté d'Arrêts, *Mainard, liv.* 7. *chap.* 33. dit pour la sauver, qu'il pouvoit y avoir des circonstances differentes, ou quelques défauts d'assignations. Neanmoins il ajoute, s'il falloit juger la question en termes generaux, nous suivrions le préjugé de la Cour de Parlement de Paris. *Au chapitre suivant*, il dit que quand le mary contracte, tant en son nom, que comme procureur de sa femme, en vertu de sa procuration, avec promesse de faire ratifier, il est certain que l'an & jour court *à die contractûs*.

618 L'action en retrait lignager ne court que du jour de la ratification, quand le mary a vendu le bien de sa femme, sans son consentement. Arrêt du Parlement de Roüen en 1620. *Basnage, sur la Coûtume de Normandie*, art. 452.

619 Un particulier de la Ville de Baieux avoit vendu à son gendre une maison moyennant 1500. livres. Celui-cy mourut quatre ans aprés. Sa veuve renonça à la succession & dans l'an & jour du décez de son mary, elle forma action pour retirer la maison vendüe par son pere; le Juge de Baieux l'en débouta. Coquerel son Avocat prétendoit qu'elle étoit recevable à retirer cette maison; qu'il étoit vray que si un autre que son mary l'avoit acquise, elle ne viendroit, dans le temps fatal; mais à l'égard de son mary l'an & jour n'avoit pû courir contre elle, que du jour de sa mort, suivant la regle *non valenti agere*, &c. étant *in sacris mariti*, elle étoit incapable d'intenter aucune action; ainsi la prescription ne pouvoit avoir couru durant le mariage, *L. cum notissimi de præscr.* 30. *vel* 40. *ann*. On répondoit que cette femme n'étoit point plus favorable qu'un mineur; que le mary avoit pû luy faire préjudice *in omittendo*; qu'il n'étoit pas obligé d'acquerir pour sa femme. La cause appointée, fut depuis jugée, & par Arrêt du Parlement de Roüen du 3. Mars 1625. la Sentence fut confirmée. *Ibidem*.

620 Jugé au même Parlement de Roüen le 28. Janvier 1660. que Postel, qui avoit retiré au nom de sa femme, seroit remboursé de la moitié du prix, comme aussi du prix de son propre qu'il avoit aliené auparavant, quoiqu'il ne parût point que les deniers de cette alienation eussent été employez à faire ce retrait. Cela fut jugé pour éviter aux avantages indirects que le mary poutroit faire à sa femme. *Ibid. article* 496.

621 L'heritage baillé à la femme par le mary, pour récompense de ses biens qu'il auroit alienez, n'est point sujet à retrait. Outre l'Arrêt de Maigremont, la même chose fut jugée, entre Baudoüin, & d'Estrépagny. *Ibid. art.* 452.

622 Le mary, quoiqu'il ne soit pas lignager, peut retirer au nom de sa femme; pour cet effet, il n'a pas besoin qu'elle autorise son action par une procuration speciale, ou qu'elle la ratifie dans le temps fatal, parce qu'il est le maître des actions de sa femme, & qu'il ne s'agit que de luy faire un avantage; ce qu'il peut toûjours faire sans son aveu, quoiqu'il ne puisse aliener ce qui luy appartient, que par son consentement. Mais l'on a fait cette question, s'il avoit ce même pouvoir, lorsque sa femme étoit civilement separée. L'affirmative a été jugée par deux Arrêts du Parlement de Roüen, le premier donné en l'année 1666. en la Chambre des Vacations, mais ce n'étoit qu'aprés l'an & jour; le second fut donné en l'Audience le 30. Juin 1675. il y avoit moins de difficulté en cette espece; le mary qui vouloit retirer au nom de sa femme, sans en avoir de procuration, n'étoit point separé de biens d'avec elle. *Basnage, ibidem*.

623 Arrêt du Parlement de Provence du 10. Février

1656. qui a jugé que la femme mariée, peut retirer par retrait lignager. On disoit pour elle, que bien qu'elle n'eût que 1000. livres en dot, son mary pouvoit fournir la somme, sous l'affectation du bien du retrait. *Boniface, tome 3. liv. 8. tit. 7. ch. 2.*

614 Damoiselle Anne Suhard, femme de du Fayel, Ecuier, Sieur de Blé, avoit été accusée d'adultere par son mary en l'année 1652. & par une transaction qui fut faite à la priere & sollicitation de sa mere & de tous ses parens, elle fut privée de ses dot & doüaire, & confinée dans un Monastere, pour y passer le reste de ses jours. Après avoir demeuré 25. ans dans ce Monastere, elle presenta Requête à la Cour, pour être renvoyée en la possession de son bien, & incidemment elle obtint des Lettres de rescision contre la transaction; mais avant que l'on eût fait droit sur cette Requête, il arriva que la Terre d'Anterville qui avoit appartenu à son frere, fut saisie réellement, & ajugée à vil prix; ce qui fut cause que plusieurs personnes firent dessein de s'en rendre maîtres, & pour cet effet, on eut recours à plusieurs parens. La Demoiselle de Blé prêta son nom à un particulier, qui intenta action en retrait lignager; le fils du Sieur de Blé & d'elle se presenta aussi pour la retirer. Par Arrêt du Parlement de Roüen du 23. Janvier 1680. elle fut déboutée de sa Requête, la transaction confirmée, & la clameur ajugée au fils. *Basnage, sur la Coûtume de Normandie, art. 468.*

615 Si le mary vend au nom de sa femme, le temps de ce retrait court, non du jour de la ratification, mais de la vente, suivant la décision de *Mainard, au livre 7. chap. 33.* Il en est de même de la vente faite par le mary du fond dotal, ratifiée par la femme après la mort du mary. Ainsi jugé au Parlement de Toulouse au mois de Septembre 1680. *M. de Catellan, liv. 3. chapitre 12.*

RETRAIT LIGNAGER, FIEF.

616 Le retrait lignager a lieu en matiere de mouvance feodale. L'acquereur disoit pour moyens qu'il n'avoit acquis que sa liberté, & qu'on ne pouvoit faire revivre une servitude éteinte. La demanderesse répondoit que la servitude, *non est pars fundi sed jus inhærens rei*, & qu'au contraire la mouvance feodale étoit une partie du fond. Arrêt rendu en sa faveur au mois de Juin 1619. *Le Bret, liv. 5. Décis. 13.*

RETRAIT, FRANCS-FIEFS.

617 Un roturier acquiert un fief, & ensuite il paye les francs-fiefs; le fief est retiré *à consanguineo nobili*, le roturier ne peut repeter ce qu'il a payé pour les francs-fiefs. *Mornac*, sur la Loy 21. §. *cum per venditorem ff. de actionibus empti.* cite un Arrêt de 1272. rapporté par *Pithou, sur l'article 151. de la Coûtume de Troyes.* Voyez *Bacquet, des francs-Fiefs, chapitres 3. & 4.*

618 & 629 Le retrayant lignager entre en la place du vendeur, & comme il retient à son profit tous les avantages portez par le contrat, il doit aussi entrer en toutes les obligations & charges d'iceluy, *vitia personalia emptoris non transeunt in retrahentem, sed vitia realia, vitia contractus*, qui affectent la chose, & qui sont de l'obligation du contrat. Ainsi jugé le 29. Novembre 1605. *M. le Prêtre, 2. Centurie, chapitre 86.*

RETRAIT, FRAUDE.

630 De la fraude dans le contrat de vente, pour empêcher le retrait. Voyez le mot *Fraude*, nombre 39. & suivans.

631 Le retrait lignager peut être exercé après l'an & jour, quand il y a eu dol de l'acquereur. *V. Coquille, tome 2. quest. 305.*

632 La peine de celuy qui fait mettre en son contrat un plus grand prix qu'il n'a vendu ou acheté, est arbitraire: en la Coûtume de Melun on perd le prix. Voyez *Mornac, Loy 11. ff. od. de rescindenda venditione.*

633 Le parent qui retire & qui dés le lendemain vend l'heritage pour son profit faire, ne fait point de fraude, & *Du Luc liv. 9. titre 5.* Arrêt 8. remarque qu'il fut jugé en faveur du parent, Voyez *M. le Prêtre 2. Cent. chap. 3.* où il y a plusieurs exemples.

634 Un lignager fait convenir afin de retrait l'acheteur qui accorde la qualité & fait offre de revendre, pourveu que ce lignager jure & affirme que c'est pour luy, & de ses deniers sans fraude; le prix & frais sont remboursez, & le retrait executé; le lendemain le retrayant vend l'heritage à un autre moyennant 100. écus d'augmentation. Par Arrêt sans date, le dernier acheteur a été maintenu contre le premier acheteur. *Papon liv. 11. tit. 7. n. 9.*

635 Berault a remarqué un Arrêt de Rouen, par lequel il a été jugé que ce n'est point une fraude que de revendre l'heritage retiré, cinq jours après le delai à celuy dont on avoit emprunté les deniers. *Basnage, sur la Coûtume de Normandie art. 479.*

636 Par Arrêt du Parlement de Paris du 3. May 1512. a été un retrayant debouté de retrait après la fraude découverte, & ses deniers confisquez. *Berault sur la Coûtume de Normandie, art. 463. Jovet verbo Retrait féodal & lignager. n. 128.*

637 Il y a lieu au retrait lignager, quand la fraude est découverte, *à die detecta fraudis.* Arrêt du 22. Decembre 1557. *Le Vest. Arrêt 13.* Voyez *M. le Prêtre, 2. Cent. chap. 3.* la fraude se peut verifier par affirmation ou par témoins; mais si l'on a demandé l'affirmation, l'on ne peut revenir à la preuve par témoins. Voyez *M. Loüet lettre R. somm. 53.*

638 Par Arrêt du Parlement de Roüen du 23. Decembre 1539. rapporté par *Berault sur la Coûtume de Normandie, art. 500.* jugé qu'un bail d'heritage vendu & retrait, doit être entretenu par le retrayant, s'il a été fait sans fraude.

639 Le défendeur en retrait justifiant qu'il y a paction faite entre le demandeur & autre, pour remettre la chose qu'il demande, a été déchargé par Arrêt du Parlement de Paris du 4. Juin 1543. *Papon, livre 11. tit. 7. n. 5.*

640 Le temps du retrait court *à die & anno notitiæ sive detectæ fraudis.* Jugé le 23. Février 1396. Arrêt de Courbefosse du 1. Decembre 1569. *etiam*, si le lignager n'a fait aucune démarche pour la découvrir. Arrêt du 8. Août 1572. *Bibliotheque de Bouchel, verbo Retrait.*

641 Fraude pratiquée entre deux lignagers; le Vion quant à present debouté du retrait, sauf à se pourvoir au cas que cy-après Dolet aliene la terre de Loägué en fraude du retrait, & qu'il n'execute ledit retrait dans les 24. heures portées par la Coûtume, ainsi qu'il verra être à faire par raison. Arrêt du dernier Avril, prononcé le 7. May 1605. *M. Loüet lettre R. somm. 54.*

642 L'acheteur est recevable à faire preuve par témoins de la fraude du lignager, qui a promis de retirer l'heritage pour le revendre à un tiers pour une somme, quoyque le retrayant eût prêté serment, & confessé avoir emprunté les deniers, mais non pour les remettre. Arrêts du Parlement de Dijon des 10. Juillet 1604. & 16. Decembre 1608. *Voyez Bouvot tom. 2. verbo Retraits conventionnel, quest. 41.*

643 Un acheteur est tenu de répondre sur la fraude prétenduë, & prix de l'acheteur, & s'il y a fraude, le temps du retrait ne court du jour du Contrat, mais de la fraude découverte. Arrêt du Parlement de Dijon du 28. Juillet 1606. *Voyez Bouvot, tom. 2. verbo Retrait conventionnel, quest. 30.*

644 En retrait feodal, censuel & lignager, le temps de retenuë ne court que du jour que la fraude est découverte, & le Seigneur retenant l'heritage est seulement tenu de rembourser l'acquereur des reparations & meliorations utiles. Arrêt du 10. Mars 1610. en la Coûtume de Berry. *Chenu 2. Cent. quest. 25.*

645 Arrêt du dernier Decembre 1619. au rôle de Ver-

mandois, qui a jugé qu'en retrait lignager, la fraude commise par l'un de deux lignagers qui avoient formé la demande le même jour, & dont l'un étoit d'intelligence avec l'acquereur pour le laisser jouir, donnoit ouverture au droit de l'autre. *Bardet, tom. 1. liv. 3. chap. 78.*

646. Dans la Coûtume du *Maine*, un retrayant lignager est reçeu à prouver par témoins l'excés du prix porté par le Contrat d'acquisition, & cependant doit le consigner tout entier. Jugé le 23. Mars 1632. *Bardet, tom. 2. liv. 1. ch. 18.*

647. Lorsqu'il y a plusieurs Contrats frauduleux, le retrayant n'est point obligé de retirer le tout ; & bien qu'il ne puisse regulierement diviser le Contrat, neanmoins il n'est tenu de prendre le tout, que quand l'acquereur a contracté de bonne foy & non lorsqu'il contracté frauduleusement. *Basnage, sur la Coûtume de Normandie, art. 469.* rapporte Arrêt du Parlement de Rouen du 8. Août 1638.

648. Arrêt du Parlement de Paris du 30. May 1650. contre un retrayant étant lors en Auvergne à la suite d'un grand Seigneur. L'acquereur avoit soûtenu qu'il y avoit fraude, que ce n'étoit point pour luy qu'il vouloit retirer l'heritage, & qu'il s'en rapportoit à son serment ; il avoit envoyé sa procuration, contenant son affirmation ; sans avoir égard, le premier Juge en luy ajugeant le retrait, avoit ordonné qu'il feroit son affirmation en personne dans la quinzaine, cette sentence fut confirmée. *Basnage, sur la Coûtume de Normandie, art. 479.*

649. Un lignager avoit promis par écrit à l'acquereur, que s'il étoit clamé, il se presenteroit & feroit débouter le retrayant de son action ; cela fut executé ; le retrayant que l'on avoit exclus, eut depuis connoissance de cette paction, il soûtint qu'il étoit preferable, l'action de l'autre parent étant frauduleuse & la fraude étant justifiée par écrit. Il luy répondit que ce n'étoit pas assez d'avoir eu le dessein de faire une fraude, il en falloit prouver l'execution & l'évenement ; or il ne paroissoit pas que l'on eût fait remise de l'heritage à l'acquereur, le retrayant ayant appellé à deni de Justice, & demandé l'évocation du principal, la Cour mit sur l'appel, & principal les parties hors de Cour. Arrêt du 11. Juillet 1653. au Parlement de Rouen. *Basnage, sur la Coûtume de Normandie, art. 478.*

650. Bien que l'acquereur ait fait remise à un retrayant qu'il croyoit lignager, il peut reprendre l'heritage, en justifiant la surprise qui luy a été faite. Arrêt du Parlement de Rouen le 3. Mars 1662. *Basnage sur la Coûtume de Normandie, art. 452.*

651. Du retrait frauduleux & de plusieurs circonstances. *Voyez les Notables Arrêts des Audiences, Arrêt 89. & le Journal des Audiences, tom. 2. liv. 5. chap. 5.* où il y a Arrêt du 12. Février 1663. qui juge un retrait frauduleux, & en ajuge la repetition à l'acquereur ; le Conseil & l'évenement verifient la fraude. *M. le Prêtre, 2. Cent. ch. 3.*

652. De la fraude & simulation prétenduë dans un contrat d'échange, à l'effet d'empêcher le retrait lignager. Arrêt du 18. Août 1663. qui condamne l'acquereur à délaisser l'heritage. *Soefve, tom. 2. Cent. 3. chap. 92.*

RETRAIT, FRUITS.

653. A qui appartiennent les fruits de l'année en matiere de retrait lignager ? *Voyez le mot Retrait n. 159. & suiv.*

654. Quand les heritages, partie retrayables, partie non, ont été accommodez l'un avec l'autre, le retrayant n'est pas reçû à demander l'un sans l'autre, *Coquille, tom. 2. quest. 189.*

655. Comment se doivent partager les fruits de l'année en cas de retrait ? *V. Coq. tom. 2. quest. 304.*

656. En retrait lignager viennent les fruits, quoique le retrayant n'ait rien consigné, les fruits deja échûs,

vendus avec le Fonds, tombent en retrait lignager comme le fond. *Voyez du Lut, liv. 9. tit. 3. ch. 3.*

657. Par la Consignation le retrayant gagne les fruits, *Consignatio pro solutione habetur. L. obsignatione C. de solut.* V. Bouvot, tom. 1. part. 2. verbo Retrayant.

658. Le 18. Août 1532. jugé en la Grande-Chambre qu'un retrayant lignager doit avoir les fruits de la chose ajugée depuis contestation en cause, pourvû qu'il ait offert bourse & deniers, & à par faite, quoi qu'il n'ait fait aucune consignation réelle. *Voyez la Bibliotheque de Bouchel, verbo Retrait.*

659. Vente de fruits cumulez, n'empêche le retrait lignager. Arrêt du dernier Juin. 1550. *Papon, liv. 11. tit. 7. n. 17.*

660. Un retrayant conclut à la restitution des fruits depuis la date du contrat, offrant de déduire deux cens écus. Arrêt du Parlement de Bretagne du 19. Avril 1561. qui le deboute. *Du Fail, livre 2. chap. 122.*

661. & 662. Par Arrêt du 13. Janvier 1610. jugé qu'un retrayant lignager fait siens les fruits pendans par les racines, sans être tenu d'aucuns interêts de deniers. *Voyez la Bibliotheque du Droit François par Bouchel, verbo Fruits.*

663. Quand un ou plusieurs heritages de diverses lignes sont vendus par un seul prix, un des lignagers n'est point recevable à demander l'heritage de sa ligne seulement, il sera au choix de l'acquereur de l'y recevoir ou le contraindre à tout retraire, ce benefice pourtant ne se donne de lignager à lignager, lesquels retrairont par portions competentes. *Voyez M. Loüet. Brod. lit. R, n. 25. id. Loyseau du Deguerp. lib. 5. chap. 2. n. 22. in duabus donibus separatis licet sint diversa pretia, in uno contractu, id. Chopin. Andeg. lib. 1. cap. 4. n. 4. id. Mornac ad L. 47. § 1. ff. de minorib. & ad L. 16. ff. de in diem addict. & ad L. 34. ff. de Edilit. edict. id. Automne art. 33. id. Maichin. tit. 6. art. 1. chap. 2.*

Par Arrêt du Parlement de Bourdeaux du 23. Mars 1654. au rapport de Monsieur de Moneins, il a été jugé qu'un lignager ne pouvoit retirer deux maisons de quatre qui avoient été decretées par un seul prix d'enchere, & qu'il falloit tout retirer. *Voyez M. Abraham la Peirere en ses décisions du Palais. lettre R, nombre 138.*

664. Quand le lignager ou le Seigneur viennent au retrait avant la recolte, les fruits se divisent entr'eux, & l'acquereur à proportion du temps, 2. Mais s'ils viennent aprés la recolte, ils n'ont aucune part aux fruits, quand bien ils eussent été pendans lors de l'achat.

Coquille quest. 40. & eum vide, quest. 304. 1. id. Peregrin. art. 49. n. 98. 2. id. Chopin. Parif. lib. 2. tit. 6. n. 7. 1. id. abr. Maynard. lib. 7. chap. 47. indistincté vid. Automne art. 24. La Peirere, ibidem nomb. 186. dit & ajoûte, je trouverois juste d'ajuger l'interêt à l'acquereur.

665. Au êt rendu en la premiere des Enquêtes aprés partage fait en la Grand'Chambre, Monsieur de Primet Rapporteur, Monsieur de Sabourin Compartiteur. Les biens du nommé Copi ayant été ajugez au sieur de la Montagne au mois de Décembre, trois mois aprés vient un lignager ; le sieur de la Montagne ne conteste point la revente, mais demande la part des fruits à venir à proportion, où l'interêt de son argent : jugé suivant l'avis de Monsieur de Primet, que ledit sieur de la Montagne auroit, ou les fruits ou l'interêt. *La Peirere, lett. R. n. 186. Voyez le mot Fruits.*

RETRAIT, GARANTIE.

665 bis. De la Garantie en fait de retrait. *Voyez le mot Garantie, n. 121. & suiv.*

RETRAIT, GREFFES.

666. Les Greffes en Normandie sont sujets à retrait lignager, parce qu'en Normandie ils sont hereditaires.

Ppp iij

Arrêt du 22. Février 1676. Autre Arrêt du 2. May 1684. *De la Guess.* to, 4. *liv.* 1. *ch.* 1. *Voyez* le mot *Greffe*, *nomb.* 119.

RETRAIT, HERITIER.

667 Le parent lignager est recevable au retrait quoiqu'heritier du vendeur. Arrêts en la Coûtume de Paris la veille de la Chandeleur 1543. & au mois d'Avril 1548. Même Arrêt en la Coûtume d'Angoumois le 7. Decembre 1548. *item* quoique caution. Ainsi jugé par l'Arrêt de René Du Moulin, *Bibliotheque de Bouchel*, verbo *Retrait*.

668 Retrait n'a lieu en partage. Arrêt du Parlement de Bretagne du 9. Septembre 1563. *Du Fail*, livre 1. chapitre 160.

669 L'action du retrait lignager commencée peut être continuée par les heritiers, ou autres successeurs universels, dans la vûë de suivre les intentions du défunt. Arrêt du Parlement de Toulouse du mois de Mars 1581. Cette action dure trente ans, parce que l'Edit de Roussillon portant seulement trois ans pour la contestation en cause n'est point verifié, encore moins observé en ce Parlement. *Mainard*, tome 1. livre 2. chap. 82.

670 Les Biens acquis par un pere ne sont sujets à retrait si le fils n'est heritier, & que l'heredité soit jacente. Arrêt du Parlement de Dijon du mois d'Avril 1591. *Bouvot*, tome 2. verbo *Retrait conventionnel*, quest. 24.

671 Le fils ayant renoncé aux biens maternels de sa mere au profit de son pere, & qu'après les biens se vendent sur le pere, duquel il n'est heritier, il y a lieu à la retraite. Arrêt du Parlement de Dijon du 28. Juillet 1593. *Ibidem*, quest. 25.

672 L'heritier beneficiaire ne peut repraire l'heritage de la succession vendu sur luy par decret; le curateur parant peut retirer l'heritage de la succession vendu sur luy, parce que l'heritier est reputé vendeur. Arrêts du 7. May 1609. & en 1621. *Tronçon*, art. 151. *de la Coûtume de Paris*, M. *Bouguier*, lettre R. nomb. 16. M. le Prêtre, 2. *Cent.* chap. 34.

673 Conformément à l'opinion de Boërius, il y eut Arrêt donné au Parl. de Dijon le 29. Mars 1612. pour les enfans du nommé Bavolet de Beaune, heritiers de leur pere, lequel ayant vendu une servitude réelle, & étant mort dans l'année de la vente, ses enfans furent admis au retrait lignager, quoiqu'ils fussent les heritiers, la raison est qu'ils n'allerent pas au retrait lignager comme heritiers, mais comme enfans du vendeur, & par consequent de sa famille, & l'on prit pour motifs que les enfans ne tiennent pas ce droit de leur pere, mais de la Coûtume. *Taisand*, sur la Coûtume de Bourgogne, tit. 10. art. 1. n. 8.

674 Le fils après la mort de son pere, étant heritier simple, ou par benefice d'inventaire, peut venir à la retraite des biens vendus par son pere. Arrêt du Parlement de Grenoble sans date rapporté par *Bouvot*, tome 1. part. 1. verbo *Retrait*, quest. 2.

RETRAIT LIGNAGER, JUGE.

675 Les Présidiaux sont incompetens de connoître du retrait lignager. *Voyez* le mot *Présidiaux*, nomb. 101. & suivans.

676 Le Juge qui a fait l'adjudication d'un heritage peut le retraire par retrait lignager. *Voyez Brodeau Coûtume de Paris*, art. 150. n. 3.

677 Le retrayant peut se pourvoir devant le Juge du domicile du défendeur en retrait. Ainsi jugé. *V. Auzanet*, sur l'art. 140. de la Coût. de Paris.

678 L'action de retrait lignager ou coûtumier, *ut conditio ex lege municipali est in rem scripta*, & peut être intentée pardevant le Juge de l'acheteur, ou bien pardevant le Juge ordinaire du lieu, où l'immeuble du retrait duquel est question, est situé de même qu'en toutes actions purement réelles. Arrêt du 23. Decembre 1545. *Papon*, liv. 7. tit. 7. n. 43. & liv. 11. tit. 7. n. 27.

679 La demande en retrait conventionnel ou lignager se doit intenter pardevant le Juge du lieu où les choses sont situées. Arrêt du P. de Paris contre M. le Roux Conseiller en la Cour, du premier Avril 1548. Arrêt du 18. Avril 1564. qui a jugé que telle action est plus personnelle, *quia ex contractu*. Ibidem, liv 11. tit. 6. n. 1.

680 Par Arrêt du 16. Avril 1562. fut appointée en Conseil la question de sçavoir si le demandeur en retrait lignager a option de convenir le défendeur au lieu de la chose, ou au lieu du domicile du défendeur. Marillac soûtenoit que l'action de retrait est personnelle, *in rem scripta & sic mixta*, que la personnelle *dignior est*, & que par les Arrêts il a été plusieurs fois ainsi jugé. Saint Mploir au contraire disoit que l'action de retrait lignager étoit *in rem scripta*, attendu qu'elle a lieu *contra tertium detentorem*, & que la Loy finale, *Ubi in rem actio* avoit lieu, & que par Arrêt qu'il avoit en main, il avoit été ainsi jugé; la Cour dit qu'elle verroit les Arrêts. *Biblioth. de Bouchel*, verbo *Retrait*, p. 313.

681 En retrait lignager l'on doit traduire l'acheteur pardevant le Juge de son domicile. & étant assigné pardevant le Juge du lieu où sont assis les heritages, il peut demander son renvoy. Arrêt du Parlement de Dijon du 22. Mars 1588. *Bouvot*, tome 2. verbo *Renvoy*, quest. 3.

682 *Actio retractûs Gentilicii apud judicem domicilii non rei movenda est.* Jugé le 10. Avril 1606. *Mornac*, l. 14. *Cod. de contrahendâ emptione. Vide locum ubi multa affert de retractu.*

683 L'action de retrait est pure personnelle, & appartient au Juge de la personne, & non de la chose, si la Coûtume n'est au contraire. *Tronçon, Coûtume de Paris, article* 129. verbo *de Demander*. Et Sentence pardevant le Juge du domicile de l'acquereur. Arrêt du 10. Février 1606. *Ricard, Coûtume de Paris*, article 129. Voyez *Mornac*, loy 14. *Cod. de contrahendâ empt.*

684 Retrait intenté par exploit libellé pardevant un Juge incompetent, jugé valable le premier Juillet 1617. *Du Frêne*, livre 1. chap. 134. M. *Loüet*, lettre A sommaire 10. où il y a quelque chose d'opposé.

685 Action en retrait lignager se doit intenter pardevant le Juge de la situation des heritages. Arrêt du 12. Decembre 1633. *Bardet*, tome 2. livre 2. chapitre 60.

688 L'action en retrait lignager se doit renvoyer pardevant le Juge du lieu, où les heritages sont situez, & non du domicile de l'acquereur. *Brod.* lit. R. n. 51. *Ferrer.* quest. 237. in utroque, vid. *Vignes*, tit. 6. art. 6. *Papon*, lib. 7. tit. 7. n. 41. & lib. 11. tit. 7. n. 25. in utroque & n. 26. M. *Abraham le Peivrre en ses décisions du Palais*, lettre R, nombre 141. ajoûte aux citations précedentes cette reflexion:Devant le domicile de l'acquereur, comme l'action en retrait est plûtot réelle que personnelle, j'ay toûjours crû que le Juge de la situation étoit le vrai Juge. Autre chose est au retrait conventionnel.

Arrêt du Parlement de Bourdeaux du 26. Février 1657. Présidant Monsieur le Premier, plaidans Listerie & Soubies : jugé que le retrayant ayant fait assigner l'acquereur devant le Juge de la situation de la chose, l'acquereur ne pouvoit demander le renvoy devant le Juge de son domicile.

689 Le retrait lignager intenté pardevant un Juge incompetent, renouvellé pardevant le Juge de l'acquereur, &c. le retrayant débouté de sa demande en retrait, &c. Arrêt du 12. Février 1677. *De la Guessiere*, tome 3. livre 11. chap. 6.

690 Jugé au Parlement de Paris le premier Mars 1701. que l'action en retrait est réelle, & qu'elle se doit intenter pardevant le Juge de la situation des heritages que l'on veut retirer. *Bruneau traité des Criées*, ch. 11. p. 135.

RETRAIT, LICITATION

691 Le fils émancipé âgé de six ou sept ans peut venir à la retraite d'une maison licitée, aussi bien que celuy qui n'étoit né, ni conçû lors du contrat. *Bouvot, tome 2. verbo Retrait conventionnel, qu. 23.*

692 On a jugé au Parlement de Paris qu'en licitation faite entre coproprietaires, ou coheritiers, bien que de diverses lignes, l'action en retrait lignager de ce qui se trouve propre n'est point recevable, d'autant que celuy des proprietaires qui se rend adjudicataire est réputé avoir changé sa part, son acquisition tient lieu de permutation, & non point de vente. *Basnage sur la Coûtume de Normandie, article 469.*

693 La licitation faite entre coproprietaires, ou heritiers, bien que de diverses lignes, l'action en retrait lignager de ce qui se trouve propre n'a point de lieu. Arrêt du 3. Mars 1650. *Du Frêne, livre 5. chapitre 57. & l'article 154. de la Coûtume de Paris. Voyez Carondas, livre 9. Rép. 54.*

RETRAIT, LOYAUX COUSTS.

694 Les loyaux coûts sont les droits des proxenetes, le quint, les lods & ventes, les droits de Notaires, ce qui est donné à la femme pour ses épingles, labourage, semence & réparations necessaires, & autres frais. *Voyez Carondas, Coûtume de Paris, article 21. circà finem. & Tronçon, Coûtume de Paris, article 129. fine.*

695 En retrait lignager, si les frais & loyaux coûts ne sont liquides, il suffit de bailler caution pour entrer en jouïssance de l'heritage ajugé. Arrêt au mois d'Août 1494. *Carondas, liv. 3. Rép. 23.*

RETRAIT, BIENS DU MARY.

696 Arrêt du 6. Septembre 1701. rendu en la Grand'-Chambre, au rapport de M. Bruneau Conseiller, qui a jugé que le mary qui étoit en ligne avoit acquis un heritage, avec déclaration qu'il serviroit de remploi à sa femme, laquelle n'avoit point signé ce contrat, mais bien à une vente posterieure faite par son mari, le retrait lignager n'avoit pas été ouvert par le premier contrat; la femme qui étoit étrangere à l'heritage, n'ayant pas consenti ni par la déclaration de remploi faite par son mary, ni par le premier contrat, ni par la vente posterieure, parce qu'elle n'avoit pas accepté la déclaration de remploi, & qu'elle n'avoit parlé à la vente que comme d'un conquêt pour se désister de ses hypoteques pour la sûreté de l'acquereur, & en consequence que le retrait n'avoit été ouvert que du jour de cette vente, dans l'année de laquelle il avoit suffi aux retrayantes de venir. *Voyez le traité de la Communauté par M. le Brun, p. 583.*

RETRAIT LIGNAGER, MEUBLES.

697 Si les deniers déboursez pour un retrait sont meubles ou immeubles? *Voyez le mot Immeubles, nomb. 28. & suivans.*

698 Si quelques meubles d'une heredité jacente sont vendus & délivrez, & aprés du consentement de l'acheteur revendus à sa folle enchere, s'il y a lieu de retrait desdits meubles pour l'acheteur premier, ou son cessionnaire dans les dix jours donnez au débiteur pour le réachat de ses meubles. *Voyez Bouvot, to. 1. part. 3. verbo Retraite, quest. 2.*

699 Transport d'heritage fait pour meubles non apréciés, si c'est vraie vente sujete à retrait lignager & à retenuë? *V. Coquille, tome 2. quest. 266.*

700 Sur la question si choses mobiliaires peuvent tomber en retrait lignager. Il y a Arrêt du Parlement de Paris rapporté par *Du Luc, placit. lib. 6. tit. 3. art. 4.* au cas de la vente faite d'un fonds avec les arrerages des fruits qui luy étoient dûs; il fut dit que le retrait auroit lieu pour le tout, *fundum enim ac fructus uno pretio emptos fuisse & fundo fructus accedere*, ce qui autrement n'eût eu lieu en cas de vente simple des fruits, non conjoints avec la vente du fonds. A Toulouse il n'y a aucun préjugé au cas du retrait lignager qui est rare au Ressort de ce Parlement; mais en cas de retrait feodal dont on peut tirer argument au lignager, il y a préjugé contraire donné en vente faite, conjointement du fonds, fruits & meubles, portant que d'estimation séparée seroit faite du fonds pour sçavoir à quoi revenoient les lods d'icelui. *Voyez Mainard, liv. 7. chap. 39.*

701 L'heritage & meubles acquis par un même contrat, si le prix des meubles est distingué de l'immeuble, les meubles ne sont sujets à retrait. Arrêt du 16. Juin 1657. au Rolle de Poitou. *De la Guess. tome 2. liv. 1. chap. 16.*

702 Par Arrêt du Parlement de Paris rapporté par *Du Frêne, liv. 1. chap. 16.* il a été jugé le 16. Juin 1657. que les meubles vendus par un même contrat de vente d'heritage ne sont sujets à retrait, quand le prix des meubles est distingué de celuy des immeubles, en interpretant l'article 361. & l'article 379. de la Coûtume d'Anjou. Toutefois par Arrêt du 20. Avril 1600. il a été jugé que l'acquêt fait par le défunt se peut retraire étant vendu sur l'heritiere beneficiaire. *Tronçon, art. 151. de la Coûtume de Paris.*

RETRAIT, MINEUR.

703 Mineur ajourné en retrait, & s'il peut retirer par retrait lignager? *Voyez le mot Mineur, nombre 167. & suivans.*

704 Le temps du retrait lignager court contre le mineur, sans esperance de restitution. Par Arrêt du Parlement de Toulouse, un mineur fut démis des Lettres en restitution obtenuës pour être relevé de quelques solemnitez requises par la Coûtume locale en retrait lignager, quoiqu'il fût venu dans le temps, & n'y eût rien à dire au fonds. *Voyez Maynard, livre 8. chapitre 22.*

705 Le temps du retrait court contre le mineur sans esperance de restitution. Jugé au Parlement de Toulouse le 23. Février 1596. Par ce même Arrêt il a été jugé que pour retraire il faut offrir la somme à deniers à découvert. *Cambolas, liv. 2. ch. 17.*

706 Mineur peut être relevé du laps de temps du retrait conventionnel; *secùs*, du retrait lignager. *Papon, liv. 11. tit. 7. n. 23. & 24.*

707 Retrait lignager a lieu en chose litigieuse, à la charge du procez. Arrêt du Parlement de Paris du 13. Août 1563. Un mineur avoit pris des Lettres de rescision contre une vente; un creancier du mineur saisit le rescindant & le rescisoire; l'adjudication en est faite; le proprietaire appelle; un parent du mineur demande que le droit luy soit ajugé pour le prix de la derniere enchere. Jugé recevable. *Ibidem, n. 3:.*

708 Le mineur n'est point relevé du temps passé pour retirer. Arrêt du 14. Decembre 1564. *Ibidem, titre 6. nombre 3.*

709 Retrait ajugé au négotiateur & bienveillant d'un mineur, par Arrêt du Parlement de Bretagne du 16. Août 1569. *Du Fail, li. 1. ch. 283.* M. Sauvageau en sa note dit que la qualité de bienveillant n'est pas reçûë en Justice, il faut un curateur au mineur, il ajoûte qu'il l'a fait ainsi juger au mois de May 1608.

710 Loüis Loisel retire une terre que ses pere & mere avoient venduë; ils la revendent ensuite au nommé Pithoys. Loysel *major factus* appelle l'acquereur en revendication de la terre; il dit qu'il étoit mineur; mais l'acquereur répondoit que la vente avoit été ratifiée, & qu'il n'y avoit eu aucune opposition. Arrêt du Parlement de Bretagne du 3. Septembre 1573. qui déboute le demandeur. *Du Fail, livre 1. ch. 354.*

711 *In alienatione à minore factâ, contractus dici, non ratihabitionis spectatur.* Arrêt du premier Juin 1585. *Anne Robert, rerum judicat. liv. 3. chap. 17.*

712 Le mineur qui fait ajourner en retrait sans l'autorité de son tuteur qui approuve l'ajournement. Jugé bon, *minor enim in acquirendo meliorem suam conditionem facere potest.* Arrêt du 3. Juin 1585. *M. Loüet, lettre M. somm. 11. Voyez Peleus, quest. 43.*

713 L'ajournement fait à la requête d'un mineur sans l'autorité de son curateur, a été jugé bon & valable, par Arrêt donné en la seconde Chambre des Enquêtes le 3. Juin 1585. entre Guillaume du Coin, & Jean Renard, parce que c'étoit au profit du mineur, pour un retrait lignager qui luy fut ajugé. *M. Loüet, lettre M. somm.* 11.

714 L'an du retrait court contre le mineur sans esperance de restitution, ce qui reçoit une exception quand celuy qui demande le retrait étoit sous la tutelle de l'acquereur. Car c'étoit à l'acquereur à exercer cette action contre soy-même. Arrêt du Jeudy 22. ou 29 Décembre 1639. *Anzanet sur l'article* 131. *de la Coûtume de Paris.*

715 L'heritage d'un mineur ayant été vendu par le tuteur, le fils du tuteur actionnaire voulant user du retrait, l'acquereur déclara qu'oûtre le prix du contrat, il donnoit encore 500. livres au profit du mineur; l'on douta si cette offre étoit recevable pour empêcher le retrait, car le retrayant soûtenoit que le contrat étant parfait l'on ne devoit point avoir égard à cette offre pour le priver d'un droit qui luy étoit acquis: neanmoins la faveur du mineur l'emporta sur la rigueur; & par Arrêt du Parlement de Roüen du 19. Juillet 1650. la Cour ayant égard à cette offre, ordonna qu'il seroit procedé à une nouvelle proclamation de l'heritage, mais ce qui fut jugé en faveur du mineur ne le pourroit être en d'autres rencontres. *Voyez Basnage, sur la Coûtume de Normandie, art.* 453.

RETRAIT, NE', NI CONCEU.

716 Si celuy qui n'est né ni conçû au temps de la vente, peut exercer le retrait lignager? Arrêts contraires rapportés par *Mainard, livre* 7. *chap.* 38.

717 On tient que l'enfant né & conçû après la vente est recevable au retrait lignager, encore que lors de la vente il ne fût pas de la famille de laquelle l'heritage est sorti, parce qu'il suffit qu'il soit lignager lors que l'action de retrait est ouverte. On allegue à ce propos l'Arrêt d'Apollo Conseiller au Châtelet: on allegue aussi communément la loy *Titius de suis legit. hæred.* laquelle neanmoins semble être au contraire. *Bibliot. de Bouchel*, verbo *Retrait*.

718 Ceux qui ne sont encore nez ni conçûs lors de la vente, reçûs à intenter retrait lignager. Arrêt de la troisiéme Chambre des Enquêtes l'an 1541. Le contraire jugé le 1. Décembre 1564. enfans non nez lors de la vente déboutez du retrait. Autre Arrêt contre les enfans non conçûs. *Voyez Papon, livre* 11. *titre* 7. *nombre* 1.

719 *De concepto & an retrahi possit fundus sub ejus nomine?* Le 11. Février 1578. fut plaidé une cause par Bautru & Choppin, sur un appel interjetté de certaine Sentence du Sénéchal d'Anjou, par laquelle un pere avoit été reçû au retrait lignager de certains heritages par luy vendus sous le nom d'un fils, *qui conceptus tantum tempore venditionis, nec dum animatus erat sed embrio tantum: at verò is post contractam venditionem mense editus erat.* La Cour en délibera au Conseil pour l'importance de la matiere, & sera l'Arrêt prononcé en Robes rouges. *Voyez la Bibliotheque de Bouchel*, verbo *Retrait*.

720 Un lignager qui n'est né ni conçû au temps de la vente de l'heritage propre, pourvû qu'il soit né au temps de l'action, peut user de retrait. *Voyez M. Loüet, lettre R. somm.* 38. *Secus*, pour les successions. *M. Ricard, Coûtume de Paris, article* 158. rapporte un Arrêt du 9. Février 1595.

721 Si celuy est conçû au temps de la succession échûë, peut succeder & venir à la retraite? *V. Bouvot, to.* 1. *part.* 3. verbo *Retraite, qu.* 2.

RETRAIT, OFFRES.

722 Le retrayant gagne les fruits du jour des offres. Arrêt du 7. Septembre 1531. Arrêt du 3. Juin 1589. qui ne les ajuge que du jour de la consignation en la Coûtume de Bourges. *Papon, livre* 11. *tit.* 5. *n.* 5. Les dispositions de chaque Coûtume doivent être observées. En general l'offre peut suffire quand on n'est pas certain du prix; si on le sçait, la consignation semble necessaire.

723 Offres en retrait hors le temps sont nulles. Arrêt du Parlement de Bretagne du 30. Août 1566. il s'agissoit d'un retrait conventionnel dont le demandeur fut débouté, quoiqu'il alleguât que les offres eussent été faites dés le lendemain de l'année échûë, & qu'il offrît de prouver que sa partie luy avoit donné un délai à tel moment & heure qu'il avoit été absent du pays pour le service du Roy. *Du Fail, livre* 1. *chapitre* 225.

724 En retrait il ne suffit d'offrir deniers sans les montrer à découvert. Arrêt du Parlement de Dijon du 5. Février 1581. *Bouvot, tome* 1. *part.* 3. verbo *Retraite, quest.* 4.

725 Si en retrait il faut avoir procuration speciale du retrayant pour offrir & consigner: & si le retrait doit finir à tel moment & heure que l'achat a été fait, l'an revolu? *Voyez ibidem, quest.* 5.

726 Le défaut d'offres desirées par la Coûtume se rencontre dans la signification d'un débouté de défenses, & dans des avenirs, n'emporte pas nullité & décheance du retrait. Jugé par Arrêt du 12. Décembre 1640. Et en effet des avenirs sont des actes *extra causam*, ou *libelli extrà tribunal.* *Soëfve, tome* 1. *Cent.* 3. *chap.* 23.

RETRAIT, PARENS DU VENDEUR.

727 *De Prælatione. Const. Imp. Rom. Senior.* 3... *Niceph. Ph.* 3... *Michaël.* 1... Préference des Parens pour le retrait lignager.

728 Quand les parens en pareil degré & pareille diligence sont reçûs à retraire par égale portion; si l'on sera reçû à retraire *pro parte*, & contre la volonté de l'acquereur? *Voyez Coquille, to.* 2. *qu.* 185.

729 Si en retrait lignager pour sçavoir le plus prochain lignager, l'on a égard à la personne du vendeur, & sans s'enquerir d'où viennent les biens? *Voyez Bouvot, to.* 1. *part.* 3. verbo *Lignager, quest.* 1.

730 En matiere de retrait lignager *nullo modo consideratur duplicitas vinculi*. Charles Du Moulin, Coûtume de Lodunois, article 15. & *sic utrimque junctus* n'est pas le plus prochain. *Voyez Brodeau sur M. Loüet, lettre S. somm.* 17. *nomb.* 5. & *suiv.*

731 En retrait lignager le plus prochain en degré, exclut les plus éloignez s'il vient dans le temps, sans que la diligence du plus éloigné nuise au plus prochain; mais si le plus prochain ne se présente dans le temps, le retrait sera ajugé au plus éloigné. *Voyez Mainard, liv.* 7. *chap.* 49. & 50.

732 Il suffit d'être parent de l'estoc & ligne du vendeur sans être descendu de l'acquereur. Exemple; deux freres ont chacun un fils, l'un des freres achete un heritage & décede, son fils recueille sa succession, l'autre frere décede aussi, & laisse son fils, cousin de l'autre fils qui vend l'heritage; le cousin est recevable au retrait. *Voyez la Coûtume de Paris, art.* 142. & *Charondas, liv.* 3. *Rép.* 13.

733 Retrait n'a lieu quand l'heritage est vendu à une personne de la ligne, ni quand cet acquereur le revend à un autre de l'estoc & ligne, encore qu'il soit éloigné en degré. *Voyez Cavondas, liv.* 7. *Rép.* 35.

734 Si l'on veut retirer par retrait lignager des heritages qui soient alienez par les enfans, il faut être parent du côté du pere, & non du côté de la mere, encore que lesdits heritages ayent été donnez par le pere à sa femme, & que les enfans en ayent joüi comme heritiers de leur mere. Arrêt de la Benestaye, & pour le sieur de Malicorne. *Montholon, Arrêt* 17.

735 Jugé que le lignager qui dans la quinzaine du remboursement, demande à retirer les choses ajugées à un plus éloigné, doit être preferé, mais non après la quinzaine, suivant l'avis de d'Argenté sur l'article 286. de la Coûtume de Bretagne, gloss. 2. si les retrayans

RET RET 489

retrayans également favorables & diligens se présentent, & un seulement consigne pour sa part; l'un & l'autre doivent être déboutez du retrait. *Rocquemont le Vest, Arr.* 97.

736. Le plus proche parent exclut toûjours le plus éloigné s'il n'a renoncé d'user de son droit, ce qu'il peut faire en faveur du vendeur ou de l'acheteur; si neanmoins il est simplement intervenu caution de la vente, il n'est pas exclus du retrait, suivant l'opinion de Du Moulin, *de Feud.* quoique par un ancien Arrêt de 1536. on ait jugé le contraire. *Basnage, sur la Coût. de Normandie, art.* 452.

737. Le plus prochain lignager peut retraire de l'acheteur lignager, qui n'est si proche parent du vendeur. Ainsi jugé par Arrêt du Parlement de Paris donné à la Chandeleur en 1543. *Papon, liv.* 11. *tit.* 7. *nomb.* 29. Il faut suivre la disposition des Coûtumes. Dans celles qui ne parlent point du plus prochain, il ne pourra exclure les autres parens qui auront formé leur action.

738. Les neveux, enfans d'un frere, ne peuvent retraire les acquêts vendus par leur oncle, parce qu'ils ne sont pas de la famille dans laquelle l'heritage a fait souche. Arrêt du 7. Septembre 1565. *Papon, livre* 11. *titre* 7. *nomb.* 37.

739. Il semble qu'il est necessaire que l'heritage vienne de la souche commune du vendeur & du retrayant, soit qu'il vienne par succession directe ou collaterale. Toutefois on dit qu'en la Coûtume de *Paris*, il a été jugé au profit de Julien de Bouligny, contre M. Pierre des Forges, & Gilbert de Vendôme, que l'heritage acquis par un frere, & venu à son fils par succession, si le fils vend, tel heritage peut être retiré par l'oncle du vendeur frere de l'acquereur; & de cet Arrêt est fait mention est arrêt solemnel donné en la Grand Chambre, le 29. Novembre 1566. par lequel il fut jugé en la Coûtume de *Berry*, sur l'article 4. du titre *des Retraits*, que la sœur n'étoit point recûë à demander par retrait l'heritage vendu par son frere, auquel frere l'heritage étoit advenu par la succession d'un autre son frere qui l'avoit premierement acquis; & ordonné que ledit Arrêt seroit lû & publié aux Sieges du Duché de Berry, pour reprise de Loy en pareille difficulté. *Bibliot. de Bouchel, verbo Retrait.*

740. Arrêt du Parlement de Bretagne du 16. Août 1569. qui ajuge le retrait à l'oncle du fils du vendeur, comme son négociateur & bienveillant. *Du Fail, liv.* 3. *chap.* 114.

741. Par Arrêt du Parlement de Paris du 29. Mars 1599. jugé que le fils aîné, en la representation de son pere, exclut son oncle puîné au retrait lignager de l'heritage. *Berault, sur la Coûtume de Normandie, article* 463. & *Jovet*, verbo, *Retrait feodal & lignager, nombre* 129.

742. Si un parent du côté d'où l'heritage vendu procede, le retire dans l'an & jour, à compter non du jour du retrait fait par le parent plus éloigné, mais du jour de la vente de l'heritage, un autre plus proche parent du vendeur du même côté le peut retirer dans le premier an & jour du premier ou second acquereur, qui est détempteur de cet heritage, & même s'il est vendu à quelqu'un de la famille, un plus proche parent le peut retirer de luy, de même que s'il avoit été vendu à un étranger; car suivant l'esprit de la Coûtume, le plus proche parent doit avoir la préference pendant le premier an & jour. Arrêt du Parlement de Dijon du 14. Février 1605. *Taisand, sur la Coûtume de Bourgogne, tit.* 10. *art.* 2. *note* 1.

743. Un heritage étant vendu à un de la ligne, un plus proche ne peut le retirer sur luy, quoique la Coûtume prefere le plus proche au moins proche. Arrêt du 21. Janvier 1625. en la Coûtume de *Boulenois*. Du Frêne, *liv.* 1. *chapitre* 36.

Tome III.

744. Le nom de parent ne se perd jamais, quoique l'on répudie la succession du défunt, & les acquêts qu'il a faits sont anciens à ceux qui luy devoient succeder, encore qu'il répudie, outre que le retrait lignager s'accorde, non pas à l'heritier, mais au parent; & il suffit que l'heritage soit ancien, sans qu'il soit besoin qu'il y ait un heritier, pourvû qu'il y ait un parent. Arrêt du Parlement de Dijon du 21. Juin 1646. *Taisand, sur la Coûtume de Bourgogne, titre* 10. *art.* 1. *note* 3.

745. Arrêt du Parlement d'Aix du 8. Février 1646. qui a jugé qu'en retrait lignager, le parent peut prêter son nom à un parent. *Boniface*, tome 1. *liv.* 8. *tit.* 1. *chapitre* 7. Semblable Arrêt du 29. Octobre 1640. *Ibidem, chapitre* 8.

746. Si l'acquereur est luy-même lignager, un pareil en degré que luy ne pourra point demander concurrence. 2. Mais si l'acquereur est plus éloigné, l'autre aura le retrait. *Papon, liv.* 11. *tit.* 7. *n.* 27. 2. *cont.* Du Frêne, *liv.* 1. *chap.* 36. *cont.* Automne, *art.* 6. 2. *cont.* Brodeau, *lettre R. n.* 53. M. Abraham la Peirere, *lettre R. n.* 153. dit, je crois que comme l'action en retrait se regle à l'instar des successions, il n'est pas juste que l'acquereur puisse renvoyer un lignager plus proche que luy; mais quand il y a concurrence du degré, *facilius damus recentionem quam petitionem.*

Arrêt du 22. May 1648. rendu en la premiere des Enquêtes; jugé qu'un frere s'étant rendu adjudicataire des biens d'un sien frere, la sœur, quoy qu'en égal degré, ne pouvoit point venir au retrait lignager sur son frere. La *Peirere, lett. R. n.* 153.

747. Un retrayant du chef de son bisayeul, s'appercevant aprés l'an qu'il luy seroit plus facile d'établir par Lettres la preuve de sa parenté du chef de sa bisayeule, peut par Lettres de Requête civile, être recû à le faire, même aprés l'ouverture des premieres Enquêtes, & la conclusion de la cause en droit. Arrêt du Parlement de Tournay le 8. Juillet 1700. rapporté par *M. Pinault,* 10. 2. *Arr.* 185. Le sieur Huvino défendeur en retrait intenta revision d'Arrêt, mais il s'en desista, & fut condamné à l'amende & aux dépens, le 31. Octobre 1701.

RETRAIT, PERE, FILS.

748. Un mary survit sa femme; il est créé tuteur à ses enfans; la tutelle dure quinze ans, les enfans sont recevables à intenter l'action de retrait, *Voyez M. Loüet, lettre R. sommaire* 40. Tronçon, *Coûtume de Paris, article* 156. & *l'article* 155. *de la même Coûtume.*

749. Retrait par le pere sous le nom de son fils. *Voyez M. le Prêtre,* 3. *Cent. ch.* 95.

750. Enfans en la puissance de leur pere, peuvent retirer par retrait lignager. Arrêt du Parlement de Bourdeaux du 14. Août 1521.

Le pere ne succede point à l'heritage retiré par retrait lignager au nom de l'enfant; il est propre au fils. Arrêt du Parlement de Paris du 7. Septembre 1560. *Papon, liv.* 11. *tit.* 7. *n.* 2.

751. Le pere succede à l'action du retrait intenté au nom de sa fille. Arrêt du Parlement de Bretagne du 26. Octobre 1568. *Du Fail, liv.* 1. *ch.* 273.

752. Le pere administrateur de son fils retire un heritage vendu par un parent de sa défunte femme; le pere & le fils meurent ensuite. Les parens maternels demandent l'heritage, disant qu'il n'est point acquêt, mais propre. Un frere consanguin du fils prétendoit au contraire que c'étoit un acquêt. Arrêt du Parlement de Paris du 7. Septembre 1570. en faveur des heritiers maternels. *Papon, liv.* 11. *tit.* 7. *nomb.* 37. & *Carondas, livre* 2. *Réponse* 101. & *livre* 6. *Réponse* 63.

753. *An filius rem distractam a patre possit retrahere, saltem patre mortuo? & quid si hæres descriptus sit? Voyez Francisci Stephani, Décis.* 34. où il rapporte

Qqq

un Arrêt du Parlement d'Aix du 10. Janvier 1583. qui a jugé l'affirmative, *licet venditionis tempore facultas non suppeteret.*

754. Par Arrêt du Parlement de Bourdeaux du 20. Juin 1590. un fils fut reçû à retirer par tour de bource certain heritage vendu par sa mere, avec clause de constitut & précaire, pacte de rachat de six ans, & bail à ferme pour ce temps. La raison fut que la venderesse étoit toûjours demeurée en possession. *Chopin, sur la Coûtume de Paris, livre 2. titre 6. art. 3. & Papon, liv. 11. tit. 7. n. 2.*

755. Par Arrêt du Parlement de Paris de l'an 1592. rapporté par *Berault, sur la Coûtume de Normandie, art. 482.* il a été ajugé à une fille du second lit, le tiers d'un heritage qui avoit été retiré par le pere au nom de deux filles du premier lit, plus de quinze ans avant que l'autre fût née.

756. Un homme vend son heritage propre. Depuis, comme tuteur de sa fille, il intente action en retrait lignager. La fille décede comme son heritier, il reprend l'action. On luy objecte, 1°. qu'elle n'étoit née ni conçûe lors de la vente; 2°. que luy pere, *ex contractu,* est tenu de laisser joüir l'acquereur. Il répond, 1°. qu'elle étoit conçûe dans le temps marqué pour l'action du retrait, qui compete *jure sanguinis & familiæ, non jure hæreditario;* 2. que la reprise du procez étoit faite *ex novâ causâ.* Arrêt du Parlement de Paris du 9. Février 1595. en sa faveur. *Bibliot. de Bouchel, verbo Retrait.*

757. L'action en retrait lignager intentée, passe à l'heritier. Arrêt du Parlement de Paris du 10. Février 1595. pour le pere heritier de son fils. *Papon, liv. 11. tit. 7. nomb. 1.*

758. Si le pere, ayant émancipé son fils de six ou sept ans, peut venir à la retraite? *V. Bouvot, tome 2. verbo Retrait conventionnel, quest. 16.*

759. Le pere ayant vendu, & le fils venant à la retraite, l'acheteur ne peut requerir qu'ils ayent à répondre par serment, s'il n'y a point de fraude, mais seulement ils ne viennent pas au retrait pour un autre. Arrêt du Parlement de Dijon du 24. Janvier 1597. *Ibid. quest. 20.*

760. Le pere vendant au fils, ou donnant par préciput un heritage, cet heritage est réputé ancien au fils, ensorte que le vendant, ses enfans peuvent venir à la retraite, la vente étant faite après le décez du pere, quoique l'heritage fût acquis par le pere. Arrêt du même Parlement de Dijon du 21. Novembre 1613. *Ibid. quest. 34.*

761. Par Arrêt du Parlement de Toulouse du 27. Juin 1603. il a été préjugé qu'un fils de famille pouvoit, par vertu de la Coûtume du retrait lignager, retirer les biens vendus par son pere, en la puissance duquel il étoit, nonobstant la maxime, que ce que le fils acqueroit, retournoit au pere *jure patriâ potestatis,* & que le pere même fournissoit l'argent au fils qui n'avoit rien au monde de propre; *& sic,* indirectement, & au nom supposé de son fils, venoit contre son contrat; mais il y a divers Arrêts du Parlement de Paris qui disent, que sur tels biens retirez par le fils, le pere a droit d'usufruit, & n'en peut disposer. *Voyez Mainard, liv. 7. ch. 32.*

762. Si l'heritage retiré par le pere au nom de ses enfans luy appartient, au préjudice de ses creanciers? La Jurisprudence a changé. Jugé au Parlement de Roüen au mois de Décembre 1633. que le pere qui avoit acquis un heritage au nom de son fils, & le fils ayant renoncé à sa succession, pouvoit revendiquer cet heritage, sans que les creanciers pussent en arrêter les fruits. Autre Arrêt du 10. Decembre 1644. Autre du 17. Mars 1666. Suivant tous ces Arrêts on avoit tenu pour maxime, que les enfans ne sont point obligez au remboursement des deniers payez par leur pere, pour le retrait fait en leur nom; mais par un dernier Arrêt du 25. May 1674. on a changé cette Jurispru-

dence. *V. Basnage, sur l'article 482. de la Coûtume de Normandie.*

763. Si l'heritage retiré par le pere au nom de sa fille, qu'il a depuis mariée, luy appartient au préjudice de ses freres nez depuis le retrait? Arrêt du Parlement de Normandie du 17. Decembre 1632. qui maintient les freres en la proprieté de l'heritage retiré. *Ibidem.*

764. La qualité de mere & tutrice naturelle, est suffisante en une action de retrait lignager. Arrêt du Parlement de Paris du 12. Janvier 1644. *Du Frêne, livre 4. chapitre 12.*

765. On ne doute point au Parlement de Roüen, suivant les Arrêts remarquez par *Berault,* que l'heritage retiré par le pere au nom de ses enfans, ne leur appartienne, & qu'il ne peut plus l'aliener à leur préjudice, quoiqu'il en ait fourni les deniers. Arrêt semblable du 10. Decembre 1644. Il est vrai que par un Arrêt du 15. Novembre 1635. il fut jugé que l'heritage acquis par le pere sous le nom seul de l'un de ses enfans, & dont le prix étoit payé au nom de l'enfant, sans aucune stipulation de la part du pere, de le repeter, mais dont il avoit toûjours conservé la joüissance, étoit présumé appartenir au pere, & que les deniers avoient été fournis par luy pour son enfant qui étoit mineur; & par ce moyen, sans avoir égard à la vente que le fils en avoit faite, le pere fût maintenu en la joüissance de l'heritage. Cet Arrêt ne fait point de conséquence; la Cour jugea que l'heritage retiré par le pere au nom de son fils, & dont il avoit payé le prix, étoit comme en sequestre durant la vie du pere & du fils, & qu'il ne pouvoit être alienté par l'un ni par l'autre; le fils mauvais ménager, ne pouvoit en ôter la joüissance au pere: il seroit rigoureux de priver le pere de cet usufruit, c'est assez que le fils soit assuré de la proprieté. *Voyez Basnage, sur la Coûtume de Normandie, article 482.*

766. Par Arrêt du Parlement de Roüen du 10. May 1660. le fils du decreté qui avoit renoncé à la succession de son pere, fut reçû à retirer l'heritage decreté. L'on tint pour constant qu'un fils heritier peut retirer, pourvû que la saisie réelle & le decret n'ayent point été faits sur luy, parce que ce droit luy appartient à droit de sang, & il n'est pas moins admissible à retirer ce qui a été vendu par decret, que ce qui a été alienté volontairement. *Ibidem, article 452.*

767. Heritage retiré ou acquis par pere, mere ou autre ascendant, au nom de l'un de ses enfans, doit être remis en partage, si l'enfant n'avoit d'ailleurs, lors de l'acquisition, biens suffisans pour en payer le prix. Article 101. des Arrêtez du Parlement de Roüen, les Chambres assemblées, du 6. Avril 1666. *V. Basnage, tome 1. à la fin.*

768. Quand le pere sous le nom de son fils, vient au retrait de l'heritage par luy vendu, l'heritage appartient au fils en remboursant, & est reglé comme acquet en la personne du fils. *Brohet, art. 61.* Arrêt du Parlement de Bourdeaux du 26. Juin 1645. présidens M. le Premier, plaidans du Mantet, Vielbans & Dalon, entre Micanau jeune enfant impubere plaidant sous l'autorité d'un curateur en cause; le nommé Semilion, & la Demoiselle Vilatel mere de l'impubere, fut confirmé un appointement du Sénéchal de Guyenne, par lequel Semilion acquereur ayant été assigné en retrait lignager à la Requête de l'impubere, il cota des faits de fraude contre le retrait, & requir que l'impubere ni le curateur ne pouvant jurer, le serment fût par luy déféré à ladite Vilatel mere, dont elle fut déchargée par lesdits appointement & Arrêt.

Par autre Arrêt du 3. Mars 1663. il a été jugé qu'un pere, après une vente de fonds par luy faite, son fils âgé de trois ans venant au retrait lignager autorisé par son pere, le pere étoit obligé de se purger, qu'il vouloit le bien pour son fils & non pour autre, La Peirere, lettre R. nomb. 202.

769 Le fils de famille pendant la vie de son pere, est reçu à recouvrer par retrait lignager les biens vendus par son pere. Arrêt du Parlement de Toulouse du 18. Juin 1667. rapporté par M. de Catellan liv. 3. chapitre 12.

770 Le pere a l'action en retrait pour ses enfans mineurs; elle cesse par leur majorité. Arrêt du Parlement de Roüen du 14. Février 1680. rapporté par Basnage, sur l'article 452. de la Coût. de Normandie.

RETRAIT, PEREMPTION.

771 Les mineurs ou absens du Royaume, Reipublicæ causâ, ne peuvent être relevez de la peremption d'an & jour. V. Mainard, liv. 7. ch. 41. où il rapporte l'Arrêt de 1566. contre le sieur de Gurton.

772 Il faut trois ans pour périr l'instance de retrait lignager, après que la cause est contestée, & qu'elle est appointée en Droit; auparavant, l'action est annalle, de sorte que si elle n'est poursuivie, & la cause contestée dedans l'an, elle emporte perte de l'action contre le retrayant, ratione L. omnes. ff. de reg. jur. omnes actiones quæ morte, aut tempore pereunt, semel inclusâ judicio salva permanent. Ainsi jugé suivant l'opinion de Tiraqueau, par Arrêt du 2. Août 1584. Tronçin, art. 131. in verbo Majeur Mineur.

773 Jugé qu'après l'ajournement en retrait lignager sans contestation, il y a peremption d'instance, par discontinuation de poursuites par an & jour. Arrêt du 23. Janvier 1588. Le Vest, arrêt 186.

774 Sentence qui adjuge le retrait lignager en remboursant, & ordonne que l'acquereur mettra son titre au Greffe, (quoiqu'il n'y ait point satisfait) n'empêche la peremption contre le retrayant. Arrêt du 27. Novembre 1636. Bardet, tome 2. liv. 9. ch. 28. M. Talon Avocat General dit que regulierement l'execution d'une Sentence, même de provision, duroit 30. ans; mais que dans les retraits, il en devoit autrement, parce que telles Sentences n'étant que declaratives du droit & de l'action introduite par la Coûtume, leur execution ne devoit pas être de plus longue durée que l'action.

775 Arrêt du Parlement d'Aix du 22. Decembre 1666. qui a jugé que l'instance en retrait, non contestée, ne dure pas plus que l'action. Boniface, to. 1. liv. 8. tit. 1. chapitre 9.

Voyez le mot Peremption, n. 113. & suiv.

RETRAIT, PREFERENCE.

776 En cause pareille la condition de celuy qui previent, est à preferer. Coquille, Coûtume de Nivernois, chap. 31. de Retr. lign.

777 En retrait des biens maternels les heritiers maternels preferez aux heritiers paternels; les terres du doüaire propre à l'enfant par luy venduës, sont retrayables par les parens paternels, non par les maternels; Arrêt du 7. Septembre 1570. Chopin Coût. de Paris liv. 2. tit. 6. nomb. 12. & au même nombre il remarque que le plus diligent est préferé.

778 En retrait lignager, le plus prochain parent du vendeur est preferé à celuy plus prochain, d'où vient l'heritage vendu. Arrêt du Parlement de Dijon du 14. Février 1605. Bouvot, tom. 2. verbo Retrait conventionnel, quest. 43.

779 De deux freres qui sont venus à la retraite, celuy qui a été le plus diligent n'est pas préferé à l'autre, quoiqu'il ait cession d'un parent plus prochain. Arrêt du Parl. de Dijon du 7. May 1607. Ibid. qu. 50.

780 La prévention & diligence n'a lieu entre personnes, qui sont en même degré, il suffit d'y venir dans l'an & jour. Arrêt du Parlement de Dijon du 7. Mars 1614. ibid. quest. 31.

RETRAIT, PRESCRIPTION.

781 Prescription pour le retrait lignager court pendant l'appel. Voyez appel, nomb. 136.
Tome III.

RETRAIT, PROCUREUR.

782 Arrêt du Parlement de Bretagne du 12. Février 1575. qui admet au retrait; quoique le retrayant eût une procuration generale & non speciale. Du Fail, liv. 1. chap. 314.

783 La Cour reçut un retrayant qui declara par son Procureur, ayant procure generale, qu'il faisoit le retrait pour se retenir à soy. Arrêt du 15. Mars 1632. au Parlement de Bretagne. Sauvageau sur Du Fail, liv. 1. chap. 314.

784 Celuy qui vient à la retraite au nom & comme ayant charge, doit justifier de sa procuration speciale dedans l'an, ou faire ratifier ses poursuites, & le temps de la retraite se compte de momento ad momentum. Arrêt du Parlement de Dijon du 4. Juin 1601. Bouvot, tom. 2. verbo Retrait conventionnel, quest. 11.

RETRAIT, PROPRE.

785 Si l'heritage retrait par le lignager, luy est propre. Voyez le mot propre, n. 113. & suiv.

RETRAIT, RATIFICATION.

786 Si le vendeur a fait vente des biens de son pupile la retraite n'a lieu du jour de la vente, mais de la ratification. Arrêt du 7. Février 1611. & si le mary a été créé tuteur à ses enfans, le temps du retrait pour les biens acquis ou retirez du parent de la femme, court durant la tutelle. Voyez Bouvot, tom. 2. verbo Retrait conventionnel, quest. 38.

787 Si quelqu'un vend l'heritage d'autruy, comme le mary l'heritage de sa femme, son procureur, son mandataire, sans procuration, le retrait ne court que du jour que les contrats de vendition & ratification auroient été lûs. Jugé par un Arrêt du Parlement de Normandie, du 20. Juin 1619. rapporté par Berault sur la Coûtume de Normandie, art. 453. titre des retraits & clameurs, la raison, parce qu'avant la ratification non est perfecta venditio, & que l'acheteur ne se peut point dire Seigneur incommutable.

RETRAIT, REMBOURSEMENT.

788 Le retrait lignager ne desire le remboursement en mêmes especes. Brodeau, sur M. Loüet lettre R. som. 25. nomb. 15.

789 Le retrayant ne doit pas rembourser en mêmes especes de monnoye, & des Coûtumes du temps de forte & foible monnoye. Voyez Coquille, tom. 2. quest. 183.

790 Si un acquereur prend un decret, pour seureté de son acquisition, & que l'on vienne au retrait lignager, le remboursement doit être du prix du decret, & non pas du contrat de vente. Voyez du Luc, liv. 9. tit. 3. ch. 5.

791 Le lignager du premier vendeur qui veut retirer, n'est pas obligé de rendre au second acquereur le plus haut prix de son achat, mais bien le prix du premier achat, sauf au second acquereur son recours contre son vendeur pour le reste du prix qu'il a baillé; mais si le second acheteur a acheté à moindre prix, le retrayant doit payer le prix du premier contrat, & non du second contrat. Chopin, Coûtume de Paris liv. 3. tit. 4. nomb. 20.

792 Le retrayant qui veut retirer l'aire d'une maison qui a été brûlée dans l'an du retrait, & avant son action, est tenu de rembourser le prix entier de l'acquisition. Voyez Brodeau Coûtume de Paris art. 136. nomb. 3. & Mornac. l. 14. Cod. de contrahendâ emptione.

793 Le retrayant lignager est tenu rembourser ce que l'acquereur a payé pour se faire ensaisiner d'une rente, par le Seigneur duquel les heritages hypothequez à la rente, sont tenus, pour avoir droit d'hypoteque en la Coûtume de Vallois. Bibliotheque de Bouchel, verbo Retrait.

794 Par Arrêt du 3. Janvier 1420. au Registre du Conseil, un appellant du Prevôt de Paris, reçû au Retrait d'une rente en rendant la somme baillée par

l'acheteur, & les loyaux coûts, en pareils deniers que lesdites sommes furent baillées & payées, ou en monnoye courante lors de l'Arrêt jusqu'à la valeur d'iceux deniers. *Ibid.*

795 Le retrayant est tenu de payer tout le prix quoiqu'il y ait terme pour le payement. *Voyez Bouvot, tom. 1. part. 1. verbo Retrait quest. 4.*

796 Par Arrêt du Parlement de Roüen du 23. Décembre 1503. Jugé que le retrayant n'est tenu rembourser les frais de l'hommage porté par l'acquereur dedans l'an & jour du contrat, parceque l'acquereur n'étant incommutable *ultrò se detulit*, autre chose seroit, si l'hommage avoit été fait après la saisie du Seigneur. *Berault, sur la Coûtume de Normandie, art. 453.*

797 La Coûtume de Tours porte que le retrayant a huit jours pour rembourser, pendant lesquels si un plus prochain lignager paroît, il sera reçû; un acheteur ayant long-temps contesté, tend enfin le giron. Dans les huit jours de la reconnoissance, intervient le curateur d'une fille âgée seulement de 3. à 4. mois; laquelle étoit née hors le temps du retrait. Arrêt du 14. May 1521. qui l'admet. On a prétendu conclure de cet Arrêt, qu'un enfant pouvoit être restitué contre l'année prescription du retrait; mais il y a une raison de l'Arrêt, c'est au vendeur à opposer la prescription, icy il luy importoit peu de le faire, puisqu'il ne s'agissoit que d'une préference entre les parens. *Papon, liv. 11. tit. 7. n. 25.*

798 Un demandeur en retrait dûement reconnu, n'ayant ses deniers prêts, demande délay, il en est débouté, & appelle: cet appel demeure plus d'un an à juger, l'intimé voulut opposer la fin de non recevoir. Arrêt du 23. Juillet 1521. qui renvoye les parties pardevant le Prévôt de Paris à huitaine, auquel jour le retrayant pourra consigner. *Papon, liv. 11. tit. 7. n. 26.*

799 Un homme voulant retirer l'heritage vendu, presente le prix à l'acheteur qui le reçoit sans passer revente. Le retrayant est mis en possession, & vend à un autre; l'autre acheteur voulut l'inquieter. Jugé par Arrêt du Parlement de Bourdeaux du 25. Janvier 1523. qu'il étoit non-recevable, attendu qu'il avoit reçû son prix. *Papon, liv. 11. tit. 5. n. 4.*

800 Lignager n'est tenu de rembourser la plus valüé donnée par le vendeur. Arrêt du Parlement de Bourdeaux du 18. Juin 1523. *Ibidem. tit. 7.*

801 Arrêt du Parlement de Paris du 6. Septembre 1533. par lequel le retrayant a été condamné seulement à rembourser le prix du decret, & non celuy du contrat qui étoit plus fort.

Le Retrayant doit rembourser le sort principal, frais, loyaux coûts du premier contrat, non de l'adjudication forcée par decret. Arrêt du Parlement de Paris du 10. Août 1550. *Papon, liv. 11. tit. 7. n. 2.*

802 Le retrayant offrant le remboursement à l'égard du liquide & caution pour le non liquide, doit être écouté. Arrêt du Parlement de Paris du 9. Août 1551. autre Arrêt semblable rapporté par le *Caron au liv. 3. de ses Rep. chap. 23. Voyez Papon liv. 11. tit. 5. n. 2.*

803 *Quæritur.* Si le retrayant rendra le prix d'une rente sur l'heritage, à la charge de laquelle il a été vendu par le lignager, rachetée par l'acheteur dans l'an? *Nec videtur ne hoc modo retractus beneficium difficilius reddi possit ab emptore intra annum dominii commutabilis: contra tamen judicatum*, pour le vendeur contre le lignager, par Arrêt prononcé en robes rouges en 1580. confirmatif de la Sentence du Bailly d'Auxerre, contre l'opinion du Rapporteur, & de deux Présidents de la Grand'Chambre, & plusieurs autres. *Voyez la Bibliotheque de Bouchel*, verbo *Retrait*.

804 Il suffit de rendre la somme en valeur, & non en mêmes espèces de la numeration: comme si le prix est de 1000. liv. payées en écus, il suffit de rendre la valeur de 1000. en autres deniers loyaux & usuels

qu'écus: Arrêt du 17. Avril 1560. autre du 2. Août suivant, autre en Février 1605. quoique les espèces eussent été augmentées entre le jour du contrat & celuy du retrait; *aliud*, si le prix est conçû en écus, & non la numeration seulement, comme au procés de Nus, où il fut dit que le prix seroit rendu en pareilles espèces d'écus au Porc Epic, & fut douté si du Porc Epic couchant ou dressé. *Voyez la Bibliotheque de Bouchel*, verbo *Retrait*.

805 Par Arrêt du 26. Avril 1560. jugé qu'en matiere de retrait lignager, le remboursement est bien fait en monnoye usuaire, sans que le retrayant soit tenu de le faire en mêmes espèces que l'acquereur à debourssées. *Ibidem.*

806 Le retrayant doit rembourser à l'acheteur tout ce qu'il a payé, même le sort principal & arrerages des rentes dont les choses étoient chargées; & que l'acquereur aura acquittées depuis son acquisition. Arrêt du Parlement de Paris du 23. Décembre 1560. *Papon, liv. 11. tit. 7. n. 21.*

807 Un retrayant obtient Arrêt à son profit le 5. Août 1557. en remboursant les frais & loyaux coûts. Il ne satisfait point dans la huitaine, ainsi qu'il est requis par la Coûtume du Maine. L'acquereur presente sa Requête le 6. Août 1560. tendante à le faire déclarer non-recevable. Le retrayant répond que l'action *ex judicato*, est perpetuelle jusqu'à 30. ans. Arrêt du Parlement de Paris du 23. Mars 1561. qui maintient le retrayant dans la possession des choses ajugées, condamne le demandeur aux dépens. Il y avoit un pareil Arrêt le 17. Février 1544. pour un moulin. *Bibliotheque de Bouchel*, verbo *Retrait*.

808 François de la Vilermaye achete de Gilles Morel adjudicataire par decret, certains heritages pour 600. l. depuis il supplée jusqu'à 1200. Jeanne & Gillette le Voyer demandent preemée qui leur est ajugée, payant 1200. liv. qui est le principal & supplement. Par Arrêt du Parlement de Bretagne du 27. Septembre 1561. il est dit, mal jugé, & réformant le Jugement, la preemée est ajugée payant seulement 600. liv. *Du Fail, liv. 2. ch. 146.*

809 Une vente est faite pour 1200. liv. moitié payée comptant, pour l'autre moitié, rente constituée. Un lignager se presente, & veut profiter de la condition du contrat. Arrêt du Parlement de Toulouse en 1562. qui le condamne au remboursement actuel du prix total avec dépens. *Voyez Maynard, liv. 7. chap. 31.* où il fait cette observation: Si cet Arrêt peut & doit être tiré à consequence sans appeller les vendeurs principaux, jugeront ceux à qui il appartiendra.

810 Entre François Poullart & François Gicguel Arrêt du Parlement de Bretagne du 30. Mars 1566. qui ordonne que Poullart remboursera huitaine après la liquidation, les loyaux coûts & frais, sur peine d'être déchû de ladite preemée suivant la Coûtume. Maintenant il y a quinzaine par l'article 107. de la Coûtume nouvelle, tant pour le principal que loyaux coûts, après la reconnoissance & adjudication; & ne suffiroit reconnoissance, car il faut aussi adjudication. Arrêt d'Audience du mois de Mars 1613. & aux loyaux coûts, ne vient le quart des ventes, qui est donné & remis à l'acquereur, qui dans le temps de l'Edit, exhibe son contrat. Arrêts en *Belourdeau R. Contro. 143.* mais bien les rentes; desquelles les Secretaires sont exempts, où qui sont remises par le Seigneur. *Voyez Du Fail, liv. 3. chap. 110.*

811 Remboursement en retrait en mêmes espèces contenûes au contrat, ou au prix qu'elles valoient lors du payement. Arrêt du Parlement de Bretagne du 14. Octobre 1566. *Du Fail, liv. 1. chap. 1220.*

812 Temps pour le remboursement, prolongé de trois jours, à compter du jour de la prononciation de l'Arrêt. Jugé au Parlement de Bretagne les 15. Mars 1568. & 20. Octobre 1572. *Du Fail, liv. 3. chap. 16.*

813 Yves le Moine requiert que le temps de rembourser un retrait de préméssé à luy ajugée, luy soit prolongé; ce qui est ordonné pour trois semaines, à compter du jour de la prononciation du present Arrêt. Jugé au Parlement de Bretagne le 18. Mars 1568. *Du Fail, liv. 2. ch. 321.*

814 Une homme achete une place, à la charge d'y bâtir un moulin. Dans l'an il bâtit le moulin, & dans l'an il est ajourné en retrait lignager. L'on ajuge au lignager les lieux & le moulin, en remboursant les deniers portez par le contrat dans les 24. heures, temps de la Coûtume, & en remboursant l'estimation du moulin dans huitaine aprés la liquidation. Appel par l'acquereur, qui disoit pour grief qu'on luy devoit ajuger le remboursement de ce que le moulin luy avoit coûté, ou le choix de reprendre ou emporter son moulin, sans deteriorer la place. De plus, que le remboursement étoit ajugé dans la huitaine aprés la liquidation, & qu'il se devoit ajuger dans les 24. heures aprés la liquidation. Par Arrêt du 2. Decembre 1569. il fut dit, mal jugé, en ce qu'il étoit dit dans la huitaine, & en émendant le Jugement, que le remboursement du prix, & l'estimation du moulin se fera dans les vingt-quatre heures aprés la liquidation. *Bibliot. de Bouchel, verbo Retrait.*

815 Le 30. Octobre, Arrêt qui donne trois semaines pour faire le remboursement. Assignation au 22. Novembre; les parties comparoissent. L'acquereur pretend le vendeur non recevable, attendu que les trois semaines sont passées. Le vendeur dit que la huitaine doit être franche, *terminus a quo & ad quem non computantur*. Les jours sont de 24. heures. Arrêt du Parlement de Bretagne du 14. Août 1676. qui ordonne l'execution du retrait. *Du Fail, livre 1. chapitre 422.*

816 En l'instance du retrait lignager, entre Jean de Rey fils de Nicolas de Rey, comme plus proche parent, & Damoiselle Benigne Gaveau veuve de Jean Maillard, laquelle empêchoit le retrait comme adjudicataire du même Nicolas de Rey, qui luy avoit été délivré pour le prix de 6300. livres; il se presenta une difficulté, sur ce que Jean de Rey demanda la rétrocession des biens de son pere, & offrant de rembourser la Demoiselle Gaveau de cette somme de 6300. livres, prix effectif, elle soûtint qu'elle avoit augmenté son appréstation de 1800. liv. employées au payement d'une collocation qui la precedoit. Le retrayant ayant maintenu qu'il n'étoit pas obligé de payer ces 1800. liv. comme étant hors du prix de la vente lignagere, par Arrêt du Parlement de Dijon du 30. Janvier 1580. il fut dit que le retrait auroit lieu, sans que le retrayant fût tenu au remboursement des 1800. liv. dépens compensez. Ainsi il faut tenir pour constant, qu'en retrait lignager, l'augmentation fraudulense du veritable prix est rejettée. *Voyez Taisand, sur la Coûtume de Bourgogne, tit. 10. art. 1. n. 24.*

817 L'acheteur doit être remboursé entierement des lods, quoiqu'ils n'ayent été payez. Arrêt du Parlement de Dijon du 5. Février 1581. *Bouvot, tome 2. verbo Retrait conventionnel, quest. 18.*

818 Si le remboursement que le retrayant est obligé de faire dans les 24. heures, échet un jour de Dimanche, il doit être fait ou offert valablement, sinon le retrayant doit être débouté, à moins qu'il n'y ait Procession solemnelle comme de la Châsse de sainte Geneviéve, ou autres Reliques, auquel cas le remboursement pourroit être fait l'aprés-midy. Arrêts des 11. Mars 1603. & 14. Janvier 1588. *Papon, liv. 11. titre 7. nombre 19.*

819 Le retrayant voulant faire son payement, & pour cet effet avoit apporté ses deniers, pour en faire la numeration, & rembourser l'acquereur; si à l'instant ils sont saisis par d'autres creanciers, cela n'a effet de remboursement. Arrêt du 21. May 1602. *Carondas, livre 13. Réponse 41.*

810 La Coûtume dit que quand un acquereur tend le giron, & a mis son contrat au Greffe, le retrayant lignager doit rembourser dans les 24. heures, *alias* est déchû du retrait. Le Parlement séant à Tours, une cause de la Rochelle en matiere de retrait ayant été évoquée au Parlement, *pendente lite*, l'acquereur tend le giron. Le retrayant demande un délay, pour aller querir son argent, eu égard à la distance des lieux, aux dangers des chemins, & attendu que la cause avoit été renvoyée de la Rochelle. L'acquereur objectoit qu'il devoit toûjours être prêt de rembourser, même dans les 24. heures, suivant la Coûtume en quelque lieu que fût la cause; neanmoins par Arrêt on donna au retrayant deux mois de délay. Au mois de Février 1603. se plaida à la Grand Chambre une pareille cause, entre le sieur Maillard retrayant lignager, pour lequel Dolé plaidoit, & le sieur de Sardiny acquereur. Dolé demandoit un délay, attendu l'évocation, & alleguoit l'Arrêt précedent; neanmoins la Cour ordonna qu'il rembourseroit dans les 24. heures, *alias* déchû du retrait. Il étoit question de payer ou six vingt mille livres. *Bibliothe. de Bouchel; verbo Retrait.*

811 Un retrayant lignager ne doit joüir du benefice des délais de payer, portez par le contrat de l'acquereur; l'offre de payer & continuer les rentes constituées pour partie du prix, n'est valable; il doit précisément consigner le total, sinon fournir acquit & décharge du vendeur dans les 24. heures. Arrêt du 23. Juin 1606. *Voyez les Reliefs forenses de Ruillard, chapitre 41.*

812 Si le retrayant est tenu au remboursement des voyages faits pour le contrat de vente, coûts d'aveu, dénombrement, frais de lettres, instrumens? *V. Bouvot, tome 1. part. 3. verbo Retrayant.*

823 Lorsqu'il y a vente pour un prix d'un heritage, & qu'avant l'interpellation & consignation du prix de l'achat, il y a augmentation, le lignager est tenu rembourser le supplement; *secus*, quand il y a preuve de fraude. Arrêt du Parlement de Dijon du 11. May 1610. *Bouvot, tome 2. verbo Retrait conventionnel, question 49.*

814 Par Arrêt du Parlement de Roüen du 28. May 1610. rapporté par *Berault, sur l'art. 453.* jugé que le retrayant n'est tenu de rembourser ce que l'acquereur a payé pour la plus-value & la sur-enchere du decret; mais seulement ce qui a été débourse pour la premiere adjudication, le decret n'étant que l'execution & l'accomplissement du premier contrat.

815 L'augmentation du prix (qui est la convention faite aprés coup du plus ordinaire) doit être remboursée pour le retrayant, lorsqu'elle se trouve faite avant ses diligences, quoique l'augmentation de prix & les diligences du retrayant ayent été faites le même jour, pourvû qu'il soit certain en fait que l'augmentation faite par le vendeur & l'acheteur, a précedé les diligences du retrayant, ainsi qu'il fut jugé au Parlement de Dijon le 8. Octobre 1615. La raison fut que l'augmentation avoit été faite le même jour que le lignager se presentoit pour user du retrait, & qu'on avoit exprimé l'heure de Vêpres dans l'acte d'augmentation, au lieu que l'heure n'étoit pas exprimée dans l'interpellation faite à l'acheteur, pour recevoir son remboursement, ce qui donna lieu de croire que l'interpellation étoit posterieure à l'égard de l'augmentation du prix. *Voyez Taisand, sur la Coûtume de Bourgogne, tit. 10. art. 11. n. 2.*

816 Le retrayant peut forcer l'acquereur à reprendre une rente qu'il a baillée au lieu d'argent. Arrêt du Parlement de Normandie du 17. Mars 1617. *Basnage, sur l'article 453. de cette Coûtume.*

817 Si le fils doit rembourser le prix du retrait, étant offert de prouver que les deniers avoient été prêtez

Qqq iij

par l'acquereur? Jugé pour l'affirmative. La raison fut que le contrat ne portoit pas que les deniers provinssent de cet acquereur; on ne pouvoit donc le réputer un creancier privilegié: neanmoins, vû qu'il étoit constant que l'heritage étoit retiré de ses deniers, on ne trouva pas juste que le fils s'enrichît à ses dépens, *cum illius damno locupletior fieret.* Arrêt du Parlement de Roüen du 10. Decembre 1621. *Ibid. art.* 481.

828. Jugé par Arrêt du Parlement de Paris du 8. Février 1628. que le retrait lignager est en usage dans la Ville de Lyon, & l'acquereur ayant tendu le giron, doit être remboursé dans trois jours. *Bardet, to. 1. liv. 3. chapitre 2.*

829. Si un acquereur pouvoit donner sans fraude, temps de six mois ou un autre délay à un retrayant, de le rembourser, pour exclure les autres lignagers, & ensuite constituer en rente le prix du remboursement? Au mois d'Août 1633. Adrien le Marchand, & Françoise Mansel, vendirent par autorité de Justice neuf acres de terre à Jean le Blanc moyennant 200. livres l'acre; cette terre appartenoit à la femme. Le contrat fut lû le 30. Octobre 1633. & le 27. Octobre 1634. Adrien le Vilain parent de la femme forma action devant le Bailly de Longueville aux fins du retrait, & donna ajournement au 10. Novembre suivant. Avant l'écheance le 28. Octobre, Adrien le Marchand, comme tuteur naturel & legitime d'Antoine le Marchand son fils mineur, avoit aussi fait signifier une clameur lignagere, & le 3. Novembre le Blanc luy avoit fait remise au moyen du remboursement qu'il confessoit luy avoir été fait. Il paroissoit neanmoins par une contre-promesse, qu'il n'avoit rien payé, & qu'il luy avoit donné temps de six mois de luy payer 2200. liv. pendant lequel temps l'acquereur demeuroit en puissance, & qu'à faute de faire le remboursement dans ce terme, cette remise demeuroit nulle. Le Vilain ayant representé ses deniers au jour de l'écheance de l'assignation, il conclut, que, sans avoir égard à cette remise collusoire, l'acquereur devoit luy quitter la possession de l'heritage; on ordonna seulement que le Vilain auroit son regard en cas de fraude. Arrêt du Parlement de Roüen le 23. Novembre 1635. *Basnage, sur la Coût. de Normandie, art.* 478.

830. Retrayant lignager doit rembourser à l'acquereur dans les 24. heures, cette partie du prix qu'il a payé actuellement en deniers; mais pour les rentes passives du vendeur, dont l'acquereur s'est chargé de faire le rachat; il y a lieu d'accorder un délay competent au retrayant pour le faire. Jugé au Parlement de Paris le 4. Février 1636. *Bardet, tome 2. liv. 5. chap. 3.*

831. Le retrait sur un acquereur, à la charge d'une rente, ne luy doit payer le prix de la rente; il suffit qu'il promette l'en décharger envers le vendeur. Arrêt du 5. Février 1636. *Journal des Audiences, to. 1. livre 3. chap. 21.* où il est dit, cet Arrêt établit une Jurisprudence nouvelle.

832. Le terme de 24. heures donné par la Coûtume, pour l'execution du retrait, ne court que du jour que l'acquereur a mis son contrat au Greffe; s'il est en demeure d'y satisfaire, on demande si le droit du retrayant est conservé en son entier? Jugé par Arrêt du 27. Novembre 1636. que le retrayant étoit exclus du retrait, faute d'avoir fait son remboursement dans l'an, après la Sentence adjudicative du retrait. *Auzanet, sur l'art.* 136. *de la Coût. de Paris.*

833. Arrêt du Parlement d'Aix le 16. May 1645. qui a jugé que le retrayant donne caution du prix au vendeur, quoy qu'à pension perpetuelle, & que l'acheteur n'y fut pas soûmis. *Boniface, tome 1. livre 8. titre 1. chap. 4.*

834. Arrêt du 22. Mars 1647. qui a jugé que l'acheteur est obligé de payer au vendeur le prix du bien du retrait, & le retrayant obligé de le relever, & donner caution du prix, autrement déchû du retrait. *Boniface, ib.*

835. Jugé au Parlement de Roüen le 15. Janvier 1655. que le lignager n'étoit pas tenu de rembourser le vin du contrat; parce que la somme avoit été laissée en blanc, & remplie depuis la lecture; ce seroit une ouverture pour commettre des fraudes que l'on ne doit point approuver; & le Tabellion, pour avoir laissé la place du vin en blanc, lorsqu'il avoit expedié le contrat, fut condamné en 30. livres d'amende. *Basnage, sur la Coûtume de Normandie, art.* 452.

836. Par Arrêt du Parlement de Toulouse du 23. Février 1654. le retrait lignager fut adjugé à Carloti sur l'offre & consignation par luy faite au vendeur, du prix & interêts, & sur l'offre faite à l'acheteur, des frais du contrat, sans exhibition d'aucuns deniers, & sans offre des loyaux coûts. Neanmoins par Arrêt posterieur du 13. Decembre 1655. il fut jugé après partage sur cet article, que le Comte de Clermont retrayant devoit payer à la Dame de Pompignac, qui avoit acheté, l'entier prix dont le terme du payement étoit déja échû, quoiqu'elle ne l'eût pas entierement payé à la Dame de Recouderc sa mere, qui luy avoit vendu, d'autant que la Dame de Pompignac, qui étoit de bonne intelligence avec sa mere, demandoit dans le procés le payement de cet argent pour le luy compter; ce qui fut ordonné par l'Arrêt que rapporte M. de Catellan, *liv. 3. ch.* 11.

837. Arrêt du Parlement d'Aix du 1. Février 1657. qui a jugé que le retrayant ne remboursant le prix dans le terme établi par la Sentence, à peine de décheance, est déchû definitivement, & n'est point reçû à purger la demeure. *Boniface, tome 1. livre 8. titre, chapitre 6.*

838. Arrêt du même Parlement du 1. Février 1657. qui a jugé que le retrayant ne peut demander caution du prix qu'il rembourse à l'acheteur. *Ibid. ch.* 5.

839. Le Parlement de Dijon a jugé que la consignation doit être complete aussi-bien que les offres. Arrêt du 11. Mars 1658. au profit des nommez le Duc, contre la Demoiselle de la Grange, laquelle voulant retirer des heritages qu'ils avoient acquis pour le prix de 1220. livres, sçavoir 1100. livres pour le prix principal, & le surplus pour les frais; car n'ayant pas dit qu'elle offroit 1120. livres, pour le prix principal, cette omission de 20. livres la fit débouter du retrait lignager. *Taisand, sur la Coûtume de Bourgogne, titre 10. art. 1. n.* 19.

840. Par Arrêt du Parlement de Roüen du 4. May 1661. jugé qu'un retrayant étoit obligé de rendre à l'acquereur la valeur des heritages baillez avec argent, pour le prix de l'acquisition, quoique le retrayant offrît de faire rendre l'heritage; le retrait étant introduit contre la liberté publique, il faut en toutes manieres desinteresser celuy que l'on dépossede, & que l'on prive du bon marché qu'il avoit fait. *Basnage, sur la Coûtume de Normandie, art.* 452.

841. Par Arrêt du même Parlement du 14. May 1661. il fut jugé qu'un retrayant étoit tenu de rendre au défendeur en retrait la valeur de l'heritage baillé avec de l'argent pour prix de l'acquêt, quoique le retrayant offrît de faire rendre le prix des immeubles baillez pour partie du prix; & d'autant que par le contrat ils n'étoient point estimez, il fut dit que ce seroit à dûë estimation. *Ibid. art.* 464.

842. Si l'acquereur n'a pas payé le prix, mais s'est constitué debiteur du tout ou d'une partie, promettant de payer dans un certain temps, le lignager venant au retrait, est obligé de consigner l'acte de décharge, & de rembourser le principal & arrerages. Arrêts du Parlement de Dijon des 4. Août 1665. & 18. Janvier 1678. *Taisand, sur la Coûtume de Bourgogne, titre 10. art. 1. note* 26.

843. Le retrayant est obligé de payer à l'acquereur les

frais qu'il a faits en justice, ensemble la restitution de fruits esquels il a fait condamner le vendeur, à faute de luy laisser la possession de la chose venduë. *Chopin. Parisf. lib. 2. tit. 6. n. 7.*

Arrêt rendu au Parlement de Bourdeaux le 7. Septembre 1667. en la Grand'-Chambre, au rapport de Monsieur de Mirat, entre le nommé Fermis & Robert. Fermis avoit acquis des biens d'un nommé Robert. Un lignager nommé Pierre Robert vient au retrait, lequel ayant fait quelque faute en la formalité du retrait, il est débouté du retrait. Ensuite paroît un autre lignager qui vient dans l'an ; Fermis luy accorde le retrait : mais demande qu'il ait à luy rembourser les frais & dépens qu'il avoit faits en plaidant contre le premier lignager, lesquels luy avoient été ajugez, & qu'il avoit fait taxer. Jugé que ce second lignager rembourseroit lesdits dépens audit Fermis. *La Peirere, lettre R. n. 178.*

844 Par Arrêt du Parlement de Roüen du 18. Decembre 1671. il fut dit que la retrayante ne rembourseroit qu'à proportion du prix total de l'enchere. *Basnage, sur l'art. 472. de la Coûtume de Normandie.*

RETRAIT, RENONCIATION.

845 L'heritier d'un lignager qui a renoncé à son droit de retrait, ne peut retirer de son chef. Arrêt du Parlement de Normandie du 7. Fevrier 1673. Autre chose seroit si cet heritier presomptif venoit avant la succession échûë. *Basnage sur l'article 460. & 493. de cette Coûtume.*

Voyez le mot *Désistement*, & Bouvot, *tome 2. verbo Retrait conventionnel, quest. 57.*

RETRAIT LIGNAGER, RENTE.

846 Rente constituée à prix d'argent est sujete à retrait lignager. *Voyez Du Luc, livre 9. titre 3. chapitre 2.*

847 Il n'y a point de retrait lignager ou feodal aux rentes constituées, d'autant que sont rentes volantes, *quæ situm non habent*, mais aux heritages pris à rente rachetable. *Voyez Brodeau sur M. Loüet, lettre R. som. 2. nomb. 15.*

848 Retrait feodal ou lignager n'a lieu és rentes constituées, parce que *situm non habent, nec perpetuò fundum afficiunt.* Voyez M. Loüet *lettre R. som. n. 2.*

849 L'heritage baillé à rente rachetable est sujet au retrait dedans l'an & jour de la saisine ou infeodation, si c'est un fief. *Voyez Brodeau sur M. Loüet, lettre L. somm. 18. nomb. 11.*

850 Jugé par l'Arrêt 218. rapporté par *Rocquemont le Vest*, qu'un lignager étoit recevable à retirer par retrait lignager une partie des propres alienez à rente, dont il avoit l'autre partie, afin d'empêcher le partage. *Voyez d'Argentré sur l'art. 294. de l'anc. Coût. in verbis* ence qu'il en pouvoit payer ; *nullum exemplum*, dit-il, *in toto regno Franciæ talis juris reperitur.* Grim, *liv. 1. des Retraits, ch. 10.*

851 Rente venduë sur certains fonds, & sur tous biens est sujete à retrait. On est tenu de faire le remboursement en mêmes especes ; le titre doit être donné au retrayant, & une copie collationnée à l'acheteur. Arrêt du Parlement de Paris du 3. Janvier 1410. *Papon, liv. 11. tit. 7. n. 19.*

852 Par Arrêt du Semestre en la Chambre de M. le Président Ranconnet, 1550. jugé que retrait lignager avoit lieu en maison à Paris devant le Palais baillée à rente rachetable aprés avoir communiqué au Châtelet, & s'être informé *de modo utendi* ; *quid*, si l'heritage propre est baillé à rente rachetable, *quo casu*, il seroit sujet à retrait ; si l'heritage peut être retiré par le lignager, quand la rente est rachetée, soit que le rachat ait été fait peu de temps aprés le bail à rente, comme de deux ou trois jours, ou long-temps aprés, comme de 5. ou 6. ans ? Cela a été disputé en la Coûtume de Paris ; il y a Arrêt du 13. Août 1552. par lequel il est ordonné qu'il sera informé d'office par deux Turbes, & depuis il y eut Arrêt au profit de la lignagere du 24. Avril, & autre du dernier Decembre 1555. Autre sur l'execution du dernier Avril 1556. *Bibliotheque de Bouchel, verbo Retrait.*

853 Si l'acquereur dans l'an du retrait rachete quelque rente constituée, de laquelle l'heritage acquis étoit chargé, il faut que le retrayant rembourse & le sort principal baillé au vendeur, & les deniers que l'acquereur a déboursé pour le racheter. Arrêt prononcé en Robes rouges le 23. Decembre 1560. *Voyez la Biblioth. de Bouchel, verbo Retrait.*

854 Par Arrêt de la prononciation de Noël 1560. entre Leonard Brissart & François le Prince ; la Sentence du Bailly de Sens fut confirmée, qui avoit condamné un lignager à rembourser 200. écus & 120. livres pour le rachat de 28. bichets de bled de rente que le defendeur en retrait avoit racheté incontinent aprés l'acquisition du fonds chargé de la rente par le contrat de vente du fonds, moyennant les 200. écus que le retrayant offroit rembourser & passer titre nouveau, à quoy il avoit été reçû par le Prevôt. La Cour se fonda sur ce que par le même contrat de vente la rente étoit déclarée rachetable, & que le rachat faisoit *partem pretii*, aussi-bien que les 200. écus. *Biblioth. de Bouchel, verbo Remboursement.*

855 On jugeoit anciennement au Parlement de Bretagne que retrait avoit lieu en rente constituée. Arrêt du 23. Septembre 1567. Autre Arrêt du 19. Septembre 1571. Cela n'a plus lieu ; Du Moulin prétend avoir fait changer la maxime & la Jurisprudence. *Du Fail, liv. 2. chap. 290. & 392.*

856 L'heritage vendu pour rente constituée ou pour prix payable à terme, les offres, la caution de faire décharger l'acquereur ne sont recevables, il faut une décharge pure & simple. Arrêt du 5. May 1579. *M. le Prêtre, 2. Cent. ch. 23. Voyez les articles de la Coûtume de Paris, art. 129. & 137.*

857 Il n'y a lieu de retrait lignager en une rente fonciere perpetuellement rachetable, & échangée contre un heritage. Arrêt du Parlement de Dijon du 11. May 1584. *Bouvot, to. 2. verbo Retrait conventionnel, question 40.*

858 Retrayant lignager d'un heritage baillé à rente est tenu de rembourser le prix de la rente. Arrêt du Parlement de Paris du 5. Mars 1624. *Bardet, to. 1. liv. 2. chapitre 12.*

859 Le proprietaire d'un fonds sujet à rente fonciere peut la retirer des creanciers. Arrêt du Parlement de Normandie du 8. Février 1629. *Basnage, sur l'article 501. de cette Coûtume.*

860 La Coûtume de Normandie en l'article 501. permet au lignager & au Seigneur de retirer la rente fonciere quand elle a été venduë ; & quand ils n'usent point de leur droit, le proprietaire du fonds sujet à la rente, peut la retirer ; mais cet article n'explique pas la difficulté, si quand la rente est venduë directement au proprietaire, le lignager & le Seigneur feodal ont droit de la retirer au préjudice du proprietaire du fonds. On a jugé par l'Arrêt rapporté par Berault, qu'en ce cas le proprietaire du fonds est préferable, parce que ce n'est pas proprement une vente, mais l'extinction d'une servitude ; ce qui a été pareillement jugé le 17. Juin 1655. *Basnage, sur cet article 501.*

861 M. le Royer Avocat avoit pris un fonds à fieffe à charge de rente fonciere, en déduction de laquelle rente il en devoit payer 4. l. à la sœur du bailleur, qu'il luy devoit pour sa dot ; il étoit ajoûté qu'en cas que le bailleur fît le rachat des 4. livres de rente, le preneur seroit tenu de luy payer la rente entiere de 15. livres. Un lignager prétendit que c'étoit une vente, vû la paction d'amortir 4. livres de rente. On répondit que ce n'étoit qu'une délegation pour payer les arrerages tant que la rente subsisteroit ; & pour la deuxième clause, que le preneur n'étoit pas obligé de fournir ces deniers en cas que le bailleur voulût

racheter ; il s'obligeoit seulement en cas de rachat à continuer la rente entiere. Par Arrêt du Parlement de Roüen du 5. Juin 1657. le lignager fut débouté de son action. *Ibidem*, *art*. 452.

862 Jugé par Arrêt du Parlement de Paris du 11. Février 1619. en la Coûtume de Chartres qu'une rente de bail d'heritages stipulée perpetuelle & non rachetable, ayant neanmoins aprés plusieurs années été rachetée du consentement du creancier, n'est point sujete au retrait lignager. *Soefve*, *tome 2. Cent. premiere*, *chap*. 94.

863 Rente perpetuelle en la Coûtume d'Anjou avec une simple faculté de remeré, n'est sujete à retrait. Arrêt du 17. Juin 1659. *Notables Arrêts des Audiences*, *Arrêt 29. Secùs en la Coûtume de Paris*.

863 bis. La rente constituée à prix d'argent en faveur de mariage, n'étant plus rachetable aprés les 40. ans, est sujete à retrait comme une rente fonciere : ce qui fut jugé au Parlement de Roüen entre de l'Epincy & Boursi, le 20. Novembre 1664. *Basnage*, *sur la Coûtume de Normandie*, *art*. 524.

Voyez cy-dessus le mot Rentes, *nomb*. 283. *& suiv*.

RETRAIT, REPARATIONS.

864 Si le retrayant est tenu au remboursement des materiaux achetez pour réparations necessaires ? *V. Bouvot*, *to*. 1. *part*. 3. verbo *Retrayant*.

865 L'acheteur d'un fonds pris par decret, auquel fonds il a fait quelques meliorations estimées par luy deux cents livres a l'adjudication des biens pour six cents livres, outre les meliorations. Le lignager par retrait n'est tenu de payer 200. livres pour les meliorations, mais bien suivant l'estimation. Arrêt du Parlement de Dijon du 25. Juin 1610. *Ibidem*, *part*. 1. verbo *Meliorations*.

866 L'acheteur d'une maison, en laquelle il fait des reparations, est préferable à tous creanciers pour la valeur & prix desdites réparations, & doit être colloqué aprés les frais privilegiez. Arrêt du Parlement de Dijon du 26. Juin 1610. *Ibidem*, *tome* 2. verbo *Retrait conventionnel*, *quest*. 56.

RETRAIT, RESTITUTION.

867 E's prescriptions annales on ne reçoit aucune restitution en entier. *Coquille Coûtume de Nivernois*, *titre de Retrait lignager*. Voyez *Carondas*, *liv*. 3. *Réponse* 67.

868 Un acquereur ayant reconnu au retrait, peut encore contester la ligne du vendeur, s'étant préalablement fait restituer. *Voyez Mornac*, *loy* 14. *ff. de Jurisdictione*.

869 Titius reconnu à retrait par Sentence du Prévôt de Paris, découvrit que l'heritage devoit être évincé pour avoir été échangé avec une rente de l'Hôtel-de-Ville ; il appelle de la Sentence, & obtient Lettres pour se faire restituer, à cause qu'il avoit ignoré l'échange qui en avoit été fait ; la Sentence infirmée, & les Lettres admises. *Voyez ibidem*, *loy* 11. §. *ex causâ ff. de interrogationibus*.

870 Le Prince par son reserit peut relever le demandeur en retrait, lequel ayant fait ajourner sa partie, & fait offres reelles, ne les a assez tôt executées, ni fait délivrance & consignation de deniers, si aprés le relief le défendeur se laisse contumacer, les fruits sont dûs au demandeur à *citatione*. Arrêt du mois de Juin 1527. *Papon*, *liv*. 11. *tit*. 7 *n*. 26. où il est observé que ce relief est contre le stile & l'usage.

871 Le temps de retrait lignager court sans restitution même pendant les troubles, & nonobstant la mort arrivée au service du Roy. Arrêt prononcé en Robes rouges au mois de Septembre 1566. *num*. 33. *Mainard*, *liv*. 7. *des* 1. *quest*. *chap*. 41. Le *Caron*, *au* 3. *liv*. *des Rép*. *chap*. 67.

RETRAIT, ROY.

872 Le retrait a lieu contre le Roy. *Voyez Brodeau sur M. Loüet*, *lettre* S. *sommaire* 22. *nomb*. 2. Il y a des Docteurs de sentiment contraire.

873 Vente faite au Roy, à une Ville, pour la necessité & commodité publique, n'est sujete au retrait lignager. *V. Mainard*, *liv*. 7. *chap*. 40.

874 Le Roy peut retenir ce qui est vendu de son fief immediat, & non d'arriere-fief. *Voyez Papon liv*. 11. *tit*. 5. *n*. 10.

875 Retrait lignager n'a point lieu en terres venduës au Roy. Arrêt du Parlement de Paris de l'an 1283. pour le Comté de Guines acquis par le Roy. *Ibidem*, *tit* 7. *n*. 12.

RETRAIT, SERMENT.

876 En retrait lignager, on peut faire jurer le retrayant s'il veut les biens pour soy, ou pour autruy, ou si c'est de ses deniers ou de ceux d'autruy qu'il fait la consignation, car le droit de retrait ne peut être cedé à un tiers. *Voyez Mainard*, *livre* 7. *ch*. 48.

877 Le retrayant lignager est simplement tenu d'affirmer que c'est pour luy l'heritage, sans être contraint de dire s'il veut le garder, ni s'il a emprunté les deniers. Arrêt du Parlement de Paris du mois de Novembre 1572. qui avoit condamné une femme à tenir prison, faute de dire & répondre si on lui avoit prêté l'argent. *Papon*, *liv*. 11. *tit*. 7. *n*. 9. M. Mainard dit que le Parlement de Toulouse approuve le serment du demandeur s'il veut les biens pour luy, & si les deniers fournis sont à luy.

878 Le sieur du Plessis vend des heritages à Bequet pour 2060. livres. Le fils du vendeur demande la préemesse, Bequet l'accepte, le retrayant fournit nombre d'especes qui reviennent à 2450. liv. eu égard au cours des especes entre Marchands. Bequet prend cet argent, mais il dit qu'il ne vaut selon l'Edit du Roy que 1600. livres. Le retrayant assigné pour payer le reste, dit que Bequet qui est Marchand a pris les especes selon le cours qu'elles ont dans le commerce ; il s'est rapporté à son serment, & au cas de refus, déclare qu'il se desiste du retrait ? Arrêt du Parlement de Bretagne du 30. Août 1577. qui ordonne que Bequet sera tenu de jurer, si mieux il n'aime retenir la terre, & rendre les especes reçûës à l'appellant, suivant l'offre, sans dépens, & pour cause. *Du Fail*, *liv*. 1. *chap*. 444.

879 Le retrayant peut faire purger par serment le vendeur & l'acheteur. Arrêt du Parlement de Roüen du 19. May 1618. *Basnage*, *sur l'article* 465. *de la Coûtume de Normandie*.

880 Par Arrêt du Parlement de Dijon en 1622. aprés le serment du retrayant qu'il n'avoit pas prêté son nom à un étranger pour le mettre en possession de l'heritage sujet au retrait ; l'acheteur fut admis à la preuve du contraire. *Taisand sur la Coûtume de Bourgogne*, *tit*. 10. *art*. 6. *n*. 3.

881 Jugé au Parlement de Paris le 30. May 1650. qu'en matiere de retrait lignager le retrayant auquel le serment est déferé sur le fait de fraude & accommodation de nom, doit faire l'affirmation en personne, & non par Procureur. *Soefve*, *to*. 1. *Cent*. 3. *chap*. 41. & enfin c'est *in pecuniariis controversiis* qu'il est permis de répondre par Procureur, & non dans ces sortes d'actions personnelles & réelles.

RETRAIT, SERVITUDE.

882 Il y a lieu de retraite en servitude, & vente de droit de prisage. Arrêt du Parlement de Dijon du 5. Avril 1612. *Bouvot*, *tome* 1. verbo *Retrait conventionnel*, *quest*. 37.

883 Encore que la Coûtume ne dise pas que le retrait a lieu en vente de servitude réelle, neanmoins la servitude réelle ne laisse pas d'être sujete au retrait lignager, quand le retrayant est possesseur de l'heritage dominant auquel cette servitude est attachée ; car on la regarde comme étant de la même nature & qualité que le fonds, & l'on a égard qu'elle le rend plus utile & plus considerable ; ainsi les Arrêts ont jugé qu'elle étoit sujete au retrait, de même que le fonds dont elle fait partie, l'un ne pouvant être separé de l'autre

RET RET 497

l'autre. *Taifand fur la Coûtume de Bourgogne*, titre 10. article 9. n. 4. où il cite un Arrêt du Parlement de Dijon du 29. May 1612.

RETRAIT, TEMPS.

884 *Voyez* le mot *Delay*, nombre 33. & *fuiv*. M. le Prêtre, *Cent.* 4. *chap.* 98. & cy-deſſus *le nombre* 182. & *ſuivans*.

885 Le temps du retrait court du jour de la vente ſous ſignature des parties, quoiqu'il y ſoit ſtipulé, *à la charge de la paſſer pardevant Notaire Royal.* Arrêt du Parlement de Dijon du 30. Mars 1562. Bouvot, to. 2. verbo *Vente*, queſt. 1.

RETRAIT, TOUT OU PARTIE.

886 Si le retrayant eſt obligé de retenir toutes les pieces acquiſes par un même contrat. Voyez *Mornac*, ad l. 34. ff. de adilit. edict. Paſteur & Coquille, *ibidem*, Loüet & Brodeau, lettre R. n. 25.

887 S'il y a des heritages anciens vendus avec d'autres acquêts, le lignager eſt tenu de retirer tout, & de conſigner tout le prix. *Ibidem*, to. 1. part. 2. verbo *Lignager*, queſt. 2.

888 Si le retrayant doit payer tout le prix convenu, quoiqu'il y ait terme de payer le tout ou partie? *Voyez* Bouvot, tome 1. part. 1. verbo *Retrait queſtion* 4.

889 Retrait lignager & conventionnel ne ſe diviſent point, & doit le tout être retiré. Arrêts du Parlement de Paris des 7. Février 1546. & 14. Août 1568. Ce dernier Arrêt a jugé que le retrayant doit retraire le total, ſi bon ſemble à l'acquereur, quoique le total de l'heritage vendu ne ſoit retrayable par luy. Papon, livre 11. titre 5. nombre 8.

890 Un coheritier peut retirer le tout par retrait lignager ſans ceſſion de ſes coheritiers. Arrêt du Parlement de Paris du 21. Avril 1548. Si de trois freres demeurans enſemble l'un vend ſa portion hereditaire à l'autre, l'acquereur eſt obligé d'en faire part à ſon frere. Jugé par deux Arrêts des 3. Août 1516. & 23. Juin 1548. Ibi *iem*, tit. 6. n. 8. Chopin, liv. 3. de privil. ruſt. part. 3. cap. 10.

891 Un lignager receu à retirer par retrait une partie des propres alienez & baillez à rente, dont il avoit l'autre partie. Arrêt du 23. Decembre 1561. *Le Veſt*, *Arrêt* 218. Voyez M. Loüet, lettre R. ſomm. 25.

892 Si par un même contrat il y a des heritages retrayables, & non retrayables vendus, le retrayant eſt tenu de tout prendre & rembourſer l'acheteur, s'il le requiert. Arrêt du 7. May 1569. car un quartier fait vendre un autre. *Voyez la Bibliotheque de Bouchel*, verbo *Retrait*.

893 Un retrait eſt demandé; l'acquereur dit avoir acheté pluſieurs terres ſituées dans trois Juriſdictions, il offre de recevoir au retrait pour le tout, ou que loties en ſoient faites ſuivant la Coûtume, mais que c'eſt à luy de choiſir. Arrêt du Parlement de Bretagne du 21. Février 1571. qui accorde le retrait tel qu'il eſt demandé. Du Fail, liv. 1. chap. 342. Arrêt contraire du 8. Janvier 1607. en Belordean P. Contr. 136. & autre du 11. Août 1603.

894 Si un acquereur achete pluſieurs choſes, dont partie eſt ſujete au retrait, les autres non, on diſtingue ſi la vente eſt faite *unico pretio*, le retrayant eſt tenu de retirer le tout; *ſecus*, s'il y a diverſité de prix, encore que les heritages ſoient acquis par un ſeul contrat; mais dans le retrait feodal le Seigneur n'eſt tenu de retirer la totalité des choſes venduës, ſi ce n'eſt que le Seigneur ne ſoit Seigneur du fief qu'en partie, auquel cas il eſt au choix de l'acquereur de l'admettre pour ſa partie ou pour le tout. Arrêt du 10. Janvier 1577. Brodeau ſur M. Loüet lettre R. Som. 25. nomb. 7. & 12. Voyez Mornac, l. 34. ff. de adili tio edicto. & la loy 13. ff. de in diem addictione.

895 Arrêts du Parlement de Dijon qui ont jugé, que quand les meubles & les heritages ont été vendus enſemble pour un ſeul prix, l'acheteur peut contraindre le retrayant à tout prendre, ou à tout laiſſer; les Arrêts ſont du 30. Janvier 1580. & du 5. Février 1627. le choix fut laiſſé à l'acheteur de quitter les anciens, & de retenir les acquêts, ou de tout quitter; mais ſi l'acheteur revend les anciens dans l'an du retrait, & ſe reſerve les acquêts, le retrayant pourra retirer dans la même année du ſecond acheteur ſeparément revendus, nonobſtant la clauſe contraire qui pourroit être dans le contrat, ſans que le premier acheteur le puiſſe obliger à retirer le tout; la raiſon de la difference eſt que le premier acquereur n'a plus d'interêt, & s'eſt dépatti de ſon droit, ayant diviſé les anciens d'avec les acquêts par la vente ſeparée qu'il a faite des anciens, & par la reſerve des acquêts. *Taiſand*, ſur la Coûtume de Bourgogne tit. 10. art. 1. n. 16.

896 Par un même decret, un particulier acquiert une metairie ſituée pour la plus grande partie en la Coûtume de Montargis, où le retrait lignager a lieu, l'autre partie en la Coût. d'Orleans qui ne l'admet, Il eſt appellé en retrait pour le total; il ſe défend pour ce qui eſt ſitué en la Coûtume d'Orleans. Arrêt du 3. Juin 1589. qui le condamne à ſe départir des heritages ſis au bailliage de Montargis, & quant à ceux ſis au Baillage d'Orleans, l'en abſout, ordonne qu'eſtimation ſera faite des heritages par gens à ce connoiſſans, & ce pour faire rembourſer l'acquereur du prix des heritages ſituez en la Coûtume de Montargis, ſi mieux il n'aimoit rendre le tout par droit de retrait. Papon, liv. 11. tit. 5. n. 8.

897 Le retrayant lignager eſt tenu de retirer ce qui eſt acquêt, lorſqu'il ne peut commodément ſe ſeparer d'avec le propre. Arrêt du 22. Juillet 1606. M. Bouguier, lettre R. nomb. 15. Secus s'ils ſe peuvent commodément diviſer, Montholon Arrêt 8.

898 *Domus indiviſa à pluribus vendita in conſuetudine Turonicâ, filius unius ex venditoribus vult univerſam domum jure gentilitio habere, à petitione ſummotus eſt ſecundùm art. 178. conſuetudinis, circa tamen impenſas*, le 4. Août 1609. *ſecus, in conſuetudine Pariſienſi cum additio uno pretio facta eſt.* Mornac. l. 16. ff. de in diem ad. dictione.

899 La Coûtume de Bretagne art. 294. reçoit le lignager au retrait pour autant qu'il peut payer des choſes venduës, pourvû qu'elles ſe puiſſent commodément diviſer. Monſieur Tiraqueau eſt d'avis, que le retrayant n'eſt recevable qu'en retirant le tout. Par Arrêt du Parlement de Roüen du 13. Mars 1618. le retrayant fut déclaré non recevable, à faute de prendre le tout; ce lignager n'étoit pas favorable, parce qu'il avoit qualité pour retirer le tout étant neveu des autres vendeurs, Baſnage, ſur la Coûtume de Normandie art. 452.

900 Retrait lignager eſt individu, & le retrayant n'eſt pas recevable à demander les terres, & rejetter un Gouvernement compris en la vente, ſous prétexte qu'il n'eſt pas en commerce ſans l'agrément du Roy. Jugé au Parlement de Paris le 7. Juin 1624. en faveur de M. de Luxembourg qui avoit acquis les Terres de Lauſat & de S. Savin ſituées en Guyenne, & le gouvernement de la Ville de Bourg pour le prix de 200000. liv. Voyez Bardet, tom. 1. liv. 2. chap. 22.

901 Quand on dit que le retrait ne peut s'executer en partie, cela s'entend à l'égard de l'acquereur, & non de deux collignagers auſquels le droit eſt acquis chacun pour moitié, & ne leur peut être ôté, *iis invitis*, notamment quand l'heritage ſe peut commodément diviſer, & les offres que peut faire le lignager à l'autre de prendre le tout ou bien de luy laiſſer, ne ſont conſiderables. Arrêt du 21. Mars 1630. Brodeau ſur M. Loüet, let. R. ſom. 25. nomb. 10. fine.

902 Arrêt du Parlement de Bretagne du 30. Avril 1651. qui a jugé que le parent en un eſtoc peut exercer le retrait pour le tout contre l'acquereur étranger. En

Tome III. R r r

quoy on n'a pas suivi les Coûtumes voisines, Tours, Maine, Anjou, qui déferent à l'acquereur étranger l'option d'obliger le retrayant des heritages d'caquet à prendre le tout ou partie. *Voyez Hevin sur Frain*, *page 46*.

903. Par Arrêt du Parlement de Roüen du 20. Juin 1653. jugé qu'encore qu'un retrayant ne pût être reçû à retirer tout ce qui a été vendu ou encheri contre la volonté du vendeur ou de l'adjudicataire, neanmoins quand il luy donne les mains, le retrayant est obligé de prendre le tout ; mais cet Arrêt n'a pas été suivi. *Basnage, sur la Coûtume de Normandie*, art. 452.

904. Deux freres coheritiers ayant vendu conjointement une maison qu'ils avoient partagée auparavant par 800. liv. dont l'un devoit recevoir 300. liv. & l'autre 200. liv. parce que chacun ne seroit garant que de sa part, un lignager également parent, ne vouloit clamer qu'une part, parce que la garantie de l'un des freres étoit bonne, & celle de l'autre douteuse; mais par Arrêt du Parlement de Roüen du 18. Février 1638. il fut jugé qu'il étoit tenu de clamer le tout. *Basnage ibidem*.

905. Par Arrêt rendu au Parlement de Bourgogne le 16. Février 1697. en réformant la Sentence du Bailliage de Beaune du 5. Decembre 1696. on débouta Loüis Dorey Boulanger en la même Ville & sa femme, intimez, de la demande en retrait pour la moitié d'une maison, laquelle moitié n'y étoit pas sujete, quoique cette maison fût indivise & construite d'une maniere à ne pouvoir être partagée sous le benefice des offres faites par l'appellant qui étoit acquereur de la maison dont il s'agissoit, de la liciter dans les formes ordinaires, & de retroceder l'autre moitié de la même maison, laquelle moitié étoit seulement sujete au retrait, en satisfaisant par les intimez aux obligations portées par la Coûtume de Bourgogne. *Taisand, aux additions*, p. 817.

RETRAIT, TRANSACTION.

906. Retrait a lieu d'un heritage cedé par transaction. Arrêt du P. de Bretagne du 17. Octobre 1575. *Du Fail, lib. 1. chap. 368.*

907. Arrêt du Parlement de Bretagne du 16. Octobre 1578. qui déboute d'un retrait demandé. Les moyens du défendeur étoient que le contrat étoit une transaction non une vente, & que si on pouvoit considerer cette transaction & partage comme une vente, il possedoit depuis 15. ans. *Du Fail, liv. 3. chap. 394.*

908. Retrait lignager n'a lieu en transaction. Arrêt du Parlement de Toulouse du 7. Juillet 1622. *Cambolas liv. 4. chap. 39.*

RETRAIT, TUTEUR.

909. Le tuteur qui acquiert un heritage dont son pupille est lignager, & avoit fonds en la tutelle pour acquerir, le pupille fait majeur, peut dedans l'an aprés la tutelle finie, & compte à luy rendu, recouvrer l'heritage par retrait lignager ; nonobstant que l'an & jour fût passé. *Voyez Coquille, tom. 2. quest. 181.*

910. Entre Dame Françoise de Pompadour tutrice de sa fille, & Robert Forgeais, l'intimé acquiert l'heritage avec le sieur du Pont, bannit & certifie ses bannies le 27. Octobre 1568. L'appellante signifie le 21. Octobre à l'intimé une opposition extrajudicielle de non s'approprier, & demande prémesse le 28. Septembre 1570. l'appellante ajourne l'intimé pour proceder sur cette opposition extrajudicielle ; il dit que l'appellante est non recevable ; ce qui est ainsi jugé & confirmé par Arrêt du Parlement de Bretagne du 15. Février 1571. L'appellante disoit que sa fille étoit absente & hors du Duché. L'intimé répondoit que l'appellante tutrice, y étoit au temps des bannies, qui est le temps considerable. *Du Fail, liv. 1. chap. 314.*

911. Par Arrêt du Parlement de Paris du 28 Avril 1610. jugé que le tuteur qui avoit été évincé du retrait au nom de son mineur, devoit porter les dépens en son propre & privé nom ; la raison étoit qu'il n'avoit point pris avis de parens de son mineur, lorsqu'il avoit voulu intenter ladite action, suivant la Loy, *non est ignotum, Cod. de admin. tut.* Berault *sur la Coûtume de Normandie* art. 463. Jovet verbo Retrait feodal & lignager n. 130.

912. Il n'y a lieu de retraite pour l'heritage donné par un tuteur en payement du reliquat du compte, omissions & souffrances, & autres differends à un pupile. Arrêt du Parlement de Dijon du 13. Avril 1617. *Bouvot, tom. 1. part. 3. verbo Retraite quest. 3.*

913. Par Arrêt du Parlement de Paris du 14. Février 1619. rapporté par Berault sur la Coûtume de Normandie art. 463. Jugé que les heritages retraits par un pere tuteur au nom de ses enfans, leur appartenoient. Jovet, verbo Retrait feodal & lignager, n. 131.

RETRAIT, VILLES.

914. Biens achetez pour les Villes, s'ils sont sujets à retrait ? *Voyez cy-dessus le nomb. 255. & suiv.*

RETRAIT, USUFRUIT.

914 bis. Vente d'usufruit quand est retrayable? *Voyez Basnage, sur l'art. 502. de la Coûtume de Normandie.*

915. Chassanée & autres tiennent qu'en vente d'usufruit retrait a lieu ; le contraire est decidé par la Coûtume de Paris, art. 147. *Voyez M. Loüet lettre D. som. 23.*

915 bis. L'an est aussi à prendre du jour de l'usufruit fini. Arrêt du 14. Février 1585. *Papon liv. 11. tit. 7. n. 13.*

916. L'on ne peut retirer par retrait lignager en usufruit, comme un douaire ; la raison, que l'usufruit ne fait part de l'heritage sur lequel il est dû, *non est pars dominii*, ce sont droits separez que l'usufruit & la propriété. *L. recté 25. ff. de verb. sign.* tellement qu'un demandeur en retrait lignager pour un douaire, en a été debouté par l'Arrêt du 23. Avril 1621. Tronçon, art. 144. Berault en rapporte un Arrêt du Parlement de Normandie du 20. Juin 1617. *en l'art. 502. de la Coûtume de Normandie.*

RETRAIT, MY-DENIER.

917. Voyez Mornac *l. 61. ff. de ritu nuptiarum*. la L. 81. *ff. pro socio*, & la L. 78. *ff. de jure dotium § si fundus*. Voyez *M. le Prêtre 3. Cent. chap. 99. Chopin, Coûtume de Paris liv. 2. tit. 6. n. 19.*

918. Si le survivant des deux mariez, en negligeant de rembourser les heritiers du premier decedé, quand l'heritage de son estoc a été acquis, peut préjudicier aux autres lignagers? *Voyez Coquille,tome 2. quest. 139.*

919. Quand le survivant des deux mariez est tuteur de ses enfans, & il ne rembourse pas dedans l'an, si l'heritage sera conquêt à son avantage ? *V. ibid. question 140.*

920. Si l'un des coheritiers fait seul le remboursement, sera-t-il tenu d'en faire part aux autres, & dans quel temps? *Voyez ibid. question 141.*

921. Retrait de choses acquises pendant le mariage, est suspendu jusqu'au jour de la dissolution de la Communauté, & au cas qu'il y ait des enfans, le retrait ne peut être exercé que du jour de leur decés. Arrêt du Parlement de Paris du dernier Janvier 1544. *Papon, liv. 11 tit. 7. n. 36.*

922. Jugé au Parlement de Bretagne, qu'un mary n'est point recevable à demander la prémesse au nom de sa femme, des heritages qui sont de son ramage, aprés l'an & jour de l'appropriement de l'acquereur, encore qu'il ne fût dans la Province lors de la certification des bannies de l'appropriement. Belord. & la chose retirée du côté de l'un des conjoints est son propre, de sorte qu'elle n'est engagée pour les dettes de l'autre, Arrêt en Peleus, *liv. 3. art. 32.* Voyez *Du Fail, liv. 1. chap. 303.*

623. Un pere meurt & laisse deux enfans, la veuve est tutrice ; les enfans décedent ensuite ; une sœur du pere se porte heritiere, & conclut au retrait de la

moitié des acquêts faits pendant le mariage, des heritages étant de son ramage avec offre de my-denier, suivant la Coûtume. La veuve objecte que le retrait n'a point été intenté dans l'an, & qu'il y en a cinq que le défunt est mort. La sœur répond que le temps n'a pû courir, attendu que la veuve avoit caché les contrats. La veuve replique que la Coûtume use de ce mot *dans l'an*, & que le retrait est odieux ; un tuteur n'est *in dolo, nec in culpa qui acquirendi occasione non utitur*. Arrêt du Parlement de Bretagne du 14. Mars 1570. qui déboute du retrait. *Du Fail, liv.* 1. *chap*. 303.

914 Quand deux conjoints par mariage, ayant enfant ont acquis chose sujete à retrait, l'an & jour du retrait lignager ne court que depuis le decés des enfans du survivant. Arrêt du 8. Juin 1574. *Papon, liv.* 11. *tit*. 7. *n*. 13.

925 Le survivant des deux conjoints par mariage en la tenuë feodale, duquel ont été acquis quelques heritages durant iceluy peut en demander par retrait feodal la moitié en rendant la moitié du sort principal, frais & loyaux coûts. Arrêt du 23. Août 1584. confirmatif de la Sentence du Senechal du Perche, ou son Lieutenant à Bellême. *Carondas, lib.* 7. *Resp*. 20.

916 Jugé par Arrêt du Parlement de Paris du 15. Mars 1589. que le Censier qui acquiert le fief dominant, réünit la censive au fief, s'il n'y a déclaration au contraire, & depuis la même question a été jugée le 24. Février 1607. entre les heritiers de M. Thomas de Bragelonne. *Bibliotheque de Bouchel*, verbo *Censive*.

927 Le mary pendant la Communauté retire par retrait feodal un heritage ; il décede, sa veuve prétend la moitié. Jugé qu'elle n'auroit que la moitié du prix. Arrêt du 15. Septembre 1594. *M. Loüet, lettre R. Som*. 3. Brodeau sur cette lettre R. *nombre* 5. remarque que si le mary & la femme sont tous deux lignagers, le retrait du my-denier ne peut avoir lieu, mais l'heritage se divise par moitié. *Voyez le même Brodeau, sur la lettre R. somm*. 25.

928 Sur l'article 332. de la Coûtume de Normandie, qui permet au mary ou à ses heritiers de retirer dans les trois ans du jour du decez de la femme, la part qu'elle a eu en proprieté aux conquêts, il a été jugé au Parlement de Roüen le 24. Janvier 1692. qu'en cas de prédecez du mary, ses heritiers ne sont point tenus de faire ce retrait dans les trois ans, mais qu'ils peuvent en diferer l'action jusqu'à trois ans aprés la mort de la femme. *Basnage*, sur cet article.

929 On ne peut faire le remboursement d'une partie d'un heritage, mais on est obligé au tout. Arrêt du Parlement de Roüen du 19. Juillet 1652. *Basnage*, ibidem.

930 Les heritiers du mary ayant retiré la part des conquêts qui appartenoit en proprieté à la femme, elle devient un propre paternel en la personne des heritiers qui la retirent ; le droit qu'ils ont eu de la retirer, leur est venu à droit successif du côté du mary ; mais si le mary l'avoit retiré luy-même durant son second mariage, ce seroit une nouvelle acquisition, à laquelle la seconde femme auroit part, le droit & l'action change de nature en la main de ses heritiers. Arrêt du même Parlement du 22. Février 1674. *Ibidem*.

931 Les oncles & les neveux peuvent retirer leur part des conquêts. Arrêt du Parlement de Roüen du 3. Avril 1635. *Ibid*.

932 Il ne suffit pas que l'action en retrait soit intentée dans les trois ans ; mais le remboursement ou la consignation en doivent être faits dans les trois ans. Arrêt du Parlement de Roüen du 26. Février 1619. Les heritiers de la femme ne sont pas tenus de rembourser l'integrité des conquêts, quand le mary ou ses heritiers leur abandonneroient leur part, &

leur en feroient un délaissement. Jugé au même Parlement de Roüen le 30. Août 1664. *Ibid*.

933 Le retrait ne se doit pas faire au dommage des heritiers de la femme. Si les heritages sont occupez par des fermiers ou des locataires, les heritiers du mary ne peuvent pas les déposseder, parce que la veuve ou ses heritiers en seroient garands, ou obligez à un dédommagement. Arrêt du Parlement de Roüen du 30. Juillet 1646. *Ibid*.

934 On ne révoque point en doute que le mary ou ses heritiers ne puissent repeter la moitié des deniers qu'il a déboursez, pour retirer un heritage au nom de sa femme, quand elle n'étoit point séparée de biens d'avec luy ; mais on a donné des Arrêts différens sur cette question, si, quand la femme étoit separée de biens, le mary ou ses heritiers pouvoient repeter tout ce qui avoit été déboursé, ou seulement la moitié ? Pour concilier ces Arrêts il faut faire une distinction entre les creanciers & les heritiers. A l'égard des creanciers, comme la séparation met la femme à couvert de toutes leurs demandes ; & la rend exempte de toutes les dettes de son mary, ne souffrant rien pour son mauvais ménage, & que d'ailleurs elle joüit de son bien, & peut en faire son profit, il ne seroit pas juste qu'étant à couvert de tous risques, elle profitât du bien de son mary au préjudice de ses creanciers ; sa condition ne doit pas être meilleure que si elle avoit renoncé. Aussi l'article 495. de la Coûtume ne parle que du mary & de ses heritiers. Si l'acquêt étoit en bourgage, elle y auroit la moitié ; à plus forte raison elle ne doit rendre que la moitié des deniers, puisque cessant son nom & sa qualité, son mary n'auroit pû retirer, ni par consequent joüir du profit qui pouvoit revenir de cette action en retrait : mais comme elle ne pourroit avoir part aux acquêts, qu'en se declarant heritiere de son mary, & en devenant sujete à ses dettes, il faut aussi à l'égard des creanciers, que si elle veut user de l'avantage que son mary luy a procuré, elle contribue aux dettes qui peuvent avoir été contractées, pour parvenir à ce retrait, bien que le contrat n'en fasse aucune mention. V. *Basnage, sur la Coûtume de Normandie, art*. 495.

935 Si la disposition de l'article 156. de la Coûtume de Paris, est limitée au seul cas du retrait du my-denier ? Acte de Notorieté de M. le Lieutenant Civil, du 27. Juillet 1682. Que l'usage observé au Châtelet, est qu'indistinctement l'action de retrait est suspenduë, lorsque pendant la Communauté, les conjoints acquierent un heritage propre à l'un d'eux, & qu'elle n'a pas de lieu, même après le decez de l'un des conjoints, si le survivant ayant des enfans lignagers acquiert un heritage propre aux enfans. *Recueil des Actes de Notorieté, p*. 13. *& suiv*.

REVENDERESSES.

1 Voyez au Recüeil des Statuts & Ordonnances concernans les Orfévres, page 544. plusieurs Arrêts & Sentences contre les Revendeurs & Revenderesses.

2 Arrêt du Parlement de Toulouse du 14. Février 1550. qui défend aux revendeurs & revenderesses de vendre aucun Merlus, Merluisse, Saulmon, ni autres poissons moüillez, és ruës & places publiques, ou maisons privées, ni ailleurs, qu'aux lieux à ces fins ordonnez & destinez. *La Rochestavin, liv.* 3. *tit*. 10. Arrêt 1.

3 Le 4. Decembre 1587. il a été fait défenses aux revendeuses de Toulouse de se trouver aux ventes publiques, ni de faire encherir par personnes interposées, sur peine du foüet. *Ibidem*.

4 Perles venduës par une revenderesse à un Auditeur des Comptes ; la revenderesse mange l'argent, & meurt. La personne qui avoit donné ses perles pour les vendre, apprend la personne qui les avoit

achetées ; elle l'attaque. Jugé en affirmant par l'Auditeur, que la somme qu'il avoit baillée luy seroit renduë. Arrêt du Parlement de Paris du 28. Août 1609. *secùs*, si la revenderesse les avoit engagées, on ne rend point le prix. Arrêt du 14. Mars 1616. *Mornac*, *L*. 44. *ff. pro socio*.

5 Revenderesse publique ne peut engager ce qui lui est donné pour vendre, & le maître de la chose la peut revendiquer, sans restitution du prix pour lequel elle est engagée. Ainsi jugé le 5. Mars 1637. *Bardet*, tome 2. liv. 7. ch. 6.

6 Celuy qui achete pour revendre, est coupable de stellionat, & privé du benefice de cession. *Voyez* le mot *Cession*, nomb. 127.

7 Revenderesse non reçuë au benefice de cession. *Voyez* le mot *Cession*, nomb. 148.

REVENDICATION.

LA revendication, est l'action par laquelle on demande la restitution d'une chose qui nous appartient, & qu'un autre retient injustement. La revendication se dit des choses mobiliaires ; & l'éviction se dit des immeubles.

De rei vindicatione. D. 6. 1 .. C. 3. 32 ... C. Th. 2. 13.

De publicianâ in rem actione, D. 6. 2... I. 4. 6. §. 4. Ce Titre parle d'une autre espece de revendication qui appartient au possesseur ou à l'acheteur, pour recouvrer la chose qu'il possedoit de bonne foi : *Possessor pro domino habetur. Publiciana in rem actio, sic dicta, à Publicio prætore, qui primus eam in edicto proposuit.*

Ubi in rem actio exerceri debeat. C. 3. 19.

De petitione hæreditatis, D. 5. 3... C. 3. 31... C. Th. 2. 22. Revendication, ou éviction de l'heredité.

Ad exhibendum. D. 10. 4... C. 3. 4 2 ... I. 4. 17. §. 3. Avant la revendication d'un meuble, on demande qu'il soit representé.

De exceptione rei venditæ & traditæ. D. 21. 3. Contre le vendeur qui veut revendiquer la chose qu'il a venduë.

V. Eviction, Repetition.

1 Sur la Loy *cum à matre* C. *de rei vindicatione*. L'heritier ne peut pas évincer ce que le défunt a vendu avec promesse de garantie. Plusieurs estiment que cette maxime ne comprend les ventes prohibées par la Loy. *Cujas*, sur la Loy 11. C. de evict. & *Dargentré*, sur la *Coûtume de Bretagne*, art. 419. glos. 3. n. 234. sont d'avis contraire, & n'admettent aucune distinction. *Voyez* Duperier, liv. 1. quest. 9.

2 Un mineur peut agir en revendication, sans avoir possession réelle de la chose. *Voyez l'espece dans Carondas*, liv. 3. Rép. 43.

3 Vente de bétail vendiqué. *V. M. Expilly*, Plaidoyé 10.

4 L'action *ad exhibendum*, est préparatoire de la revendication ; & le défendeur est tenu d'exhiber le titre duquel il s'est vanté. Arrêt du 13. Decembre 1568. *Papon*, liv. 8. tit. 13. n. 1.

5 Saisie faite de marchandise de vin venduë & non payée, étant és mains du vendeur, n'empêche la revendication. Arrêt du Parlement de Paris du 15. Avril 1579. *Papon*, liv. 18. tit. 5. n. 46.

6 *Mornac*, sur la Loy 1. *ff. de rerum divisione*, raporte un Arrêt du 19. Février 1603. qui a jugé qu'un Fondeur de cloches ne pouvoit revendiquer, & faire dépendre les cloches qu'il avoit vendues à une Eglise, quoiqu'elles eussent été sacrées & benites, parce qu'il n'avoit pas été payé de leur valeur.

7 Le Prevôt de l'Isle de France prend un voleur saisi d'un cheval, qu'il confesse avoir volé. Par le Jugement de mort, il est dit que le cheval sera vendu pour les frais de Justice. Il est jugé à un Archer moyennant 30. écus. Un mois aprés il est revendiqué par Girard de la Carriere ; l'Archer somme le Prevôt. Arrêt du Parlement de Paris du 12. Decembre 1608.

qui ordonne que le cheval sera rendu en payant la nourriture depuis le jour de la vente, jusqu'à celuy de la demande ; le Prevôt condamné à rendre 30. écus à son Archer, sans dépens, sauf au Prevôt à se pourvoir pour ses frais, ainsi qu'il verra être à faire par raison. *Bibliot. de Bouchel*, verbo *Revendication*.

8 Proprietaire vendique la chose dérobée sans restitution de prix. Jugé le 29. Novembre 1630. *Bardet*, tome 1. liv. 3. chap. 130. L'on n'excepte que le cas où la chose a été achetée à l'encan dans un marché public, ou pour la conserver au proprietaire, lequel autrement l'eût perduë.

9 Le proprietaire de la chose venduë par celuy qui n'en avoit pas le pouvoir, a le choix, ou de luy en demander le prix, ou de vendiquer la chose même du possesseur, *Du Perier*, liv. 3. quest. 1.

REVERSION.

DU droit de reversion. *Voyez* le Traité fait par *M. Côme Béchet*, Avocat au Parlement de Paris, & Siege Présidial de Saintes, *in quarto*, à Saintes, chez Jean Bichon, 1647.

1 Du droit de reversion. *Voyez Henrys*, to. 1. liv. 6. chap. 5. quest. 12.

2 Si le fils ou la fille donataires peuvent par testament, ou autre disposition faire préjudice au droit de reversion, & en exclure le pere, à la reserve de la legitime. ? *V. Ibid.* quest. 13.

3 *Henrys*, tome 1. liv. 6. chap. 5. quest. 14. propose si le pere substituant à son enfant impubere, cette substitution peut faire préjudice au droit de reversion ? Il dit que cette question ne souffre aucune difficulté, n'y ayant pas apparence que le pere, qui pendant sa vie ne peut pas exclure l'ayeul du droit de reversion, le puisse faire en mourant, par une substitution pupillaire.

4 L'Auteur des *Observations sur Henrys*, to. 1. li 6. ch. 5. qu. 8. rapporte un Arrêt du Parl. de Paris du 6. Mars 1697. qui a jugé que le droit de reversion a lieu au profit de l'ayeul, au préjudice de la mere qui est vivante lors du décez du dernier de ses enfans, & que ce droit de reversion n'est pas franc & exempt de dettes ; mais à la charge de payer par l'ayeul sa part des charges & dettes de la succession de son fils & de ses petits enfans.

5 De la reversion du fief. *Voyez* le mot *Fief, n.* 117. *& suivans.*

Voyez ce qui a été cy-dessus observé, sous le mot, *Retour*.

REVISION.

1 DE revisione sententiarum in Camerâ imperiali. *Voyez* Andr. Gaill, lib. 1. Observat. 153.

2 *De revisionibus, & jurisdictione revisorum Cameræ imperialis : item de modo procedendi*. Ibidem, Observat. 154.

3 *De tempore interponendæ revisionis ; & utrùm illa in sententiis interlocutoriis locum habeat ?* Ibidem, Observat. 155.

4 Aux Registres du Parlement de Paris commencéz à la Saint Martin d'Hyver 1313. il est fait mention d'une Ordonnance du Roy, portant que la Cour reverra en certain procés qu'elle avoit jugé. Le motif étoit *quod per errorem non viderat omnes processus factos.* Aprés le procés revû, l'Arrêt fut confirmé. *Corbin, suite de Patronage*, ch. 139.

5 Arrêt du Conseil d'Etat du 27. Octobre 1679. portant que sur les plaintes des parties des Jugemens de la Chambre des Comptes, les revisions en seront faites par les Officiers du Parlement, & pareil nombre de la Chambre des Comptes, & jugées en la Chambre du Conseil. *Boniface*, tome 3. liv. 1. tit. 6. chap. 4.

6 La protestation de se pourvoir par appel *à minimâ*, par voye de revision contre un Arrêt, n'empêche pas

qu'il ne soit procedé à l'execution de l'Arrêt, sans prejudice aux fins de non recevoir dans l'instance de revision. Jugé au Parlement de Tournay le 14. Juillet 1698. *Voyez* M. *Pinault*, to. 2. *Arrêt* 214.

Voyez le titre 16. *de l'Ordonnance de* 1670. touchant les Lettres de revision obtenuës par les condamnez.

REUNION.

REUNION, DOMAINE.

1. DE la reünion au Domaine, qui est appellée par Chopin en son traité de la Police Ecclesiastique, *Redhibitoria domanii lex*; *Voyez* le mot *Domaine*, nomb. 84. & suiv.

REUNION DE FIEF.

2. *Voyez* le mot *Directe*, nomb. 14. & *suiv*. & les *Arrêtez de* M. *de Lamoignon*, recüeillis dans le *Commentaire de* M. *Barthelemy Auzanet sur la Coûtume de Paris*, *page* 122.

3. De la reünion des deux Seigneuries. *Voyez* le mot *Fief*, nomb. 128. & *suiv*. 157. & Henrys, *tome* 1. *li*. 3. *chap*. 2. *quest*. 7.

4. De l'extinction des hypoteques aprés la reünion. *Voyez* le mot *Hypoteque*, nomb. 243.

5. *Vide* Renusson en son traité des propres *ch*. 1. *sect*. 11. où il explique en quels cas se fait la reünion des Fiefs, & en quels cas les Fiefs reünis sont censés être propres, ainsi que le Fief auquel se fait la reünion. 1°. La reünion se fait quand le Fief a été concedé pour un certain temps. 2°. Quand il a été donné à titre d'emphiteose, en ces deux cas, ce qui est reüni prend sa premiere qualité de propre. 3°. Quand un condamné pour crime donne lieu à la confiscation, c'est un acquêt, *item* au cas de desherence ou de bâtardise, & même que le Fief est reüni par la commise du Vassal; *item* quand le Seigneur achete l'arrierefief de son vassal, ou quand il le retient par puissance de fief.

6. De la reünion du fief servant au fief donnant par la felonie du vassal. *Voyez* Dupuis, *traité des droits du Roy*, *page* 143.

7. Si l'acquet de l'arriere-fief ou de la censive se fait pendant la communauté, il n'y aura que la moitié de reüni, la part de l'autre demeure en même état; mais les heritiers pourront rembourser cette moitié à ce qu'elle demeure consolidée, & que l'arriere-fief ne soit démembré. M. le *Prêtre*, 2. *Centurie*, *ch*. 64.

8. La reünion d'heritage en roture ayant été faite au fief, elle ne cesse point aprés la mort du Seigneur acquereur, par la division de ces mêmes heritages entre les heritages des propres & des acquêts, parce que la chose étant une fois devenuë feodale, elle ne change plus de nature & de qualité. *V*. la 19. *Consultation de* M. *Du Plessis*.

9. Aprés la mort de Dame Jaqueline de Harcourt, la Dame Comtesse de Fiesque premiere heritiere à sa succession, choisit par preciput le fief de Lignon, qui consistoit en un quart de fief de Haubert; & pour faire valoir son option, elle justifioit que le fief dans son origine étoit un quart de fief de Haubert, & qu'encore qu'il eût été autrefois divisé entre deux filles, il avoit été depuis remis de droit & de fait: De droit, par le retour de deux portions dans la main du seul proprietaire; de fait, en vertu des Lettres de reünion qui avoient été verifiées & enregistrées selon toutes les formes. M. François de Brou premier Ecuyer de Madame la Duchesse d'Orleans, soûtenoit qu'il y avoit deux fiefs, que les Lettres de reünion étoient nulles, parce que l'on avoit énoncé que les deux huitiémes du fief que l'on prétendoit reünir, étoient tenus du Roy, quoiqu'ils fussent mouvans du fief de Briouse; & pour faire valoir cette nullité, l'on fit intervenir M. Jacques d'Orglandes Seigneur de Briouse qui reclamoit la mouvance des deux fiefs, soûtenoit que la reünion n'avoit pû être faite que de son consentement. Par Arrêt du Parlement de Roüen du 23. Juin 1689. le fief entier de Lignon fut ajugé à la Dame de Fiesque en consequence de son action; & la mouvance ajugée au sieur de Briouse. *V*. Basnage, *sur l'article* 200. *de la Coûtume de Normandie*.

10. Un Seigneur reünit à son fief un autre fief par puissance feodale; il doit la moitié du prix aux heritiers de la femme. Arrêt du mois d'Avril 1548. *Valla de rebus dubiis, tractat*. 13. & Catondas, *liv*. 7. *Rép*. 20.

11. Jacques le Roux ayant reüni par retrait feodal un heritage; il luy fut permis par Arrêt du Parlement de Roüen du 29. Mars 1576. de se faire payer de la rente Seigneuriale sur les autres tenanciers, sa portion déduite; la raison en peut être que *servitus pro parte confundituv, pro parte retinetur, pro parte acquiri non potest, pro parte retineri non potest*. L. 6. *de servitutibus*.

12. Par Arrêt du Parlement de Roüen du 19. Decembre 1625. il fut jugé à tort l'execution par indivis requise par un Seigneur qui avoit reüni par confiscation le chef de l'aînesse, & ordonné que les autres tenans payeroient seulement leur part; contre cet Arrêt le Seigneur ayant obtenu requête civile elle fut appointée au Conseil sans avoir été plaidée; mais toutefois & quantes que l'aîné voudra remettre le chef de l'aînesse, il aura la solidité comme auparavant. Basnage, *sur l'article* 179. *de la Coûtume de Normandie*.

13. Heritage reüni par retrait feodal est acquêt en la personne du Seigneur de fief. Ainsi jugé au Parlement de Paris le 24. Janvier 1623. *Bardet*, *tome* 1. *liv*. 1. *chap*. 109.

14. On a demandé si la déclaration faite par l'acquereur que son intention est que l'heritage demeure en roture, produit un effet perpetuel dans sa famille entre ses heritiers en degré pour empêcher la reünion du même heritage avec le fief, bien qu'il n'y ait pas de déclaration reïterée dans les partages de ses enfans? M. Du Plessis tient l'affirmative, *traité des Fiefs*, *li*. 10. où il ajoûte que cette difficulté s'étant présentée dans la succession du President de Maupeou, & renvoyée au Parlement de Roüen, il y eut Arrêt portant qu'il seroit informé par Turbes, ce qui ayant été fait en 1638. tous les Turbiers au nombre de 30. rapporterent avoir toûjours vû juger que quand il y a eu une déclaration faite par l'acquereur qui a empêché la reünion de l'heritage roturier, il retient toûjours la qualité de roturier, & se partage comme tel. Nonobstant cette Turbe l'Arrêt du Parlement de Roüen du 5. Decembre 1639. jugea pour la reünion, & que la roture seroit partagée comme fief, quoique la mere lors de son acquisition eût fait sa déclaration confirmée par testament, & reïterée par Turbe. Les Auteurs des notes sur M. Du Plessis tiennent que cet Arrêt est contraire à l'usage, & ne doit pas être suivi.

15. En la Coûtume de Paris la reünion se fait de plein droit par l'acquisition des censives, au fief, si dans le contrat le Seigneur ne fait déclaration contraire, qui ne peut plus être valablement faite aprés un long intervale. Arrêt du 21. Juillet 1639. *Bardet*, *tome* 2. *liv*. 8. *chap*. 31.

16. Le Seigneur ayant acquis un heritage mouvant de son fief, chargé d'une rente fonciere envers le fief, la rente est éteinte par la reünion de l'heritage fief; en sorte que si le même Seigneur revend l'heritage sans imposer de nouveau la même charge à laquelle il étoit sujet avant la reünion, il ne peut obliger l'acquereur au payement d'icelle. Arrêt du 10. Decembre 1648. *Soefve*, *to*. 1. *Cent*. 2. *chap*. 97.

17. M. de Montmorency ayant donné sans reserve quelques fiefs relevans de Preaux qui luy étoient venus par droit de desherence; demande quarante années aprés aux proprietaires de ces mêmes heritages des rentes dont ils étoient chargez. Deux

questions; la premiere, si le Seigneur cedant l'heritage qui luy étoit retourné par desherence étoit présumé avoir donné ces rentes: Et la seconde, si la prescription avoit eu cours durant que le possesseur avoit exercé la Charge du Procureur Fiscal? Par les termes de la donation il paroissoit que le Seigneur n'avoit eu la volonté que de donner l'heritage en l'état qu'il étoit avant la desherence. Par Arrêt de la Chambre de l'Edit de Roüen du 8. Août 1651. rendu sur procez par écrit, il fut dit que le Vassal seroit tenu d'employer les rentes en son aveu. Neanmoins par Arrêt du même Parlement du 14. ou 26. Février 1681. il a été jugé que les rentes dûës par un heritage roturier, étoient éteintes *ipso facto*, lorsque les heritages affectez étoient acquis par le Seigneur du fief, soit que le fief & la roture soient possedez par differentes personnes. Jugé par autre Arrêt du 30. May 1688. que par l'acquisition que fait un Seigneur de fief des rotures qui en relevent, & qui étoient sujetes à des rentes Seigneuriales, il se fait une extinction des rentes, en sorte que le fief demeurant à l'aîné, & les terres roturieres aux puînez, il ne peut demander les rentes dûës avant l'acquisition. V. *Basnage, sur l'article 178. de la Coûtume de Normandie.*

18 Heritage noble ou roturier acquis par le Seigneur n'est pas réüni au fief duquel il releve, s'il n'est retiré ou échû à droit feodal, ou aprés le temps porté par l'article 200. de la Coûtume. Arrêté au Parlement de Roüen, les Chambres assemblées, le 6. Avril 1666. art. 30. *Ibidem*, to. 1. à la fin.

19 Les heritages relevans d'un fief sont censez réünis au fief, si le contraire n'est justifié. Arrêt du Parlement de Roüen, les Chambres assemblées, du 6. Avril 1666. art. 204. V. *Ibidem.*

20 En Normandie on favorise si peu les Réünions, que par un Arrêt de la Grand'-Chambre, en l'année 1669. entre les nommez de Bardou il fut jugé qu'un Seigneur ayant acheté des heritages relevans de son fief, & donné faculté de remeré; cette condition ayant été venduë & retirée par le Seigneur, il ne s'étoit point fait de réünion, & que ces heritages ne seroient compris dans le préciput de fief pris par l'aîné. V. *Ibidem, article 200. de la Coûtume de Normandie.*

21 Jugé au Parlement de Roüen le 18. Février 1669. qu'un Seigneur feodal ayant acquis un heritage mouvant de son fief, à condition de remeré, & cette condition ayant été venduë, & depuis retirée par le Seigneur à droit feodal pour se maintenir en son acquisition, cet heritage devoit être partagé comme une roture, & comme n'étant point réüni au fief; la condition de retirer à droit feodal n'avoit en d'autre effet que de maintenir le Seigneur en sa premiere acquisition; qui étoit une roture, & n'avoit fait qu'empêcher la résolution du contrat de vente; mais n'avoit point rendu l'heritage noble. *Ibidem, article 337.*

22 Si deux fiefs relevans du Roy sont réünis par une possession de 40. années? Arrêt du Parlement de Roüen le 19. Janvier 1674. qui a jugé la négative. *Ibidem, article 200.*

23 Jugé au P. de Roüen le 6. Février 1691. que les rotures venduës ayant été retirées à droit lignager par le Seigneur du fief dont elles relevoient, n'étoient réüniés au fief, & n'augmentoient point le préciput de l'aîné, quoique l'heritier du retrayant les eût possedées pendant un fort long-temps, au dessous neanmoins de 40. ans, comme domaine non fieffé, & les eût même employées dans l'aveu qu'il avoit rendu de son fief, comme incorporé & réüni à iceluy en vertu de la possession quadragenaire, que le retrayant son heritier & luy en avoient euë; ainsi pour operer la réünion d'une roture qui échet à droit successif, il faut une possession quadragenaire. *Basnage, Ibidem.*

REVOCATION.

1 *Quod in genere revocatur, speciem comprehendit, l. 2. ff. de liber. & posth.* Montholon, Arrêt 76. *circà medium.*

REVOCATION, CHOIX.

2 Révocation d'un choix & option. *Voyez* le mot *Choix*, nomb. 17. & suiv.

REVOQUER SON CONSENTEMENT.

3 Le pere ne peut revoquer le consentement par luy donné au contrat fait par ses enfans de sa future succession. Arrêt du 14. Février 1586. Charondas, livre 7. *Réponse* 201.

REVOCATION DE DONATION.

4 *Patruus qui fratris filium ad successionem suam admitti voluerat, pœnitere & voluntatem suam revocari potest.* Arrêt du 27. May 1582. Anne Robert, rerum judicat. liv. 3. chap. 16.
Voyez le mot *Donation,* nomb. 782. & *suiv.*

5 La donation peut être revoquée pour injures verbales & réelles; mais la preuve des faits n'en doit être reçuë aprés dix ans. *Voyez* le mot *Injure*, nombre 62.

6 Les donations ne peuvent être revoquées sans cause pendant les quatre mois de l'Ordonnance pour l'insinuation; & si les donateurs viennent à faire pendant ledit temps d'autres donations des mêmes biens, elles sont nulles, quand même elles auroient été insinuées avant la premiere. Arrêt de Toulouse du 7. Decembre 1580. La Rocheflavin, liv. 6. tit. 40. Arr. 11.

REVOCATION, EXHEREDATION.

7 De la revocation de l'exheredation, *Voyez* le mot *Exheredation*, nomb. 81. & *suiv.*

REVOCATION, FONDATION.

8 Si les fondations sont revocables? *Voyez* le mot *Fondation*, nombre 107. & *suiv.*

9 Donations & fondations faites à l'Eglise peuvent être revoquées avant qu'elles soient acceptées & fulminées. Arrêt du Parlement de Paris du 13. Decembre 1598. quoique la revocation n'eût été faite que 12. années aprés la fondation, qui étoit de deux Messes par semaine en l'Eglise Paroissiale de Longué. Papon, liv. 20. tit. 6. n. 12.

10 Les fondations obituaires peuvent être revoquées jusqu'à ce qu'elles ayent été acceptées par le Superieur, ou par le Titulaire de l'Eglise où la fondation est faite. Jugé par Arrêt celebre prononcé à Noël 1598. c'étoit en une cause en laquelle il s'agissoit de la validité d'une fondation de deux Messes par chacune semaine, qui n'avoit point été acceptée par le Chapelain de la Chapelle où ces deux Messes devoient être dites, laquelle fondation avoit esté revoquée par le fondateur; de maniere qu'aprés son decez les heritiers ayant eu procez avec ce même Chapelain pour raison de l'homologation du contrat de fondation de ces deux Messes, le Chapelain fut débouté de sa demande. *Définit. Can.* p. 519.

11 Une femme fondatrice d'une Prébende dans l'Eglise Collegiale de Châtelleraut en Poitou, qui ne s'étoit pas reservé assez de bien pour sa subsistance, ne fut point reçuë à revoquer sa donation, quoique decretée & executée. Arrêt du Parlement de Paris du 3. Juillet 1675. aprés un partage donné sur la question. *Journal du Palais.*

REVOCATION DE LEGS.

12 Elle se peut faire par un acte simple pardevant Notaire, n'ayant forme de testament; elle le peut faire *mutâ voluntate sine codicillis, quacunque enim voluntas sufficit, pourvû que constet de illâ voluntate l. fin. Cod. de pactis*; c'est pourquoy telle mutation vaut pour ademption, *cum translatione in se contineat de adim. & transfer. leg. translatio. ff. eod. tit. translatio enim sit aut de re ad rem, aut de personâ ad personam.* Arrêt du 3. Mars 1612. M. Bouguier, lettre R. ch. 18.

Voyez le mot *Legs*, nomb. 601. & *suiv.*

REVOCATION, HERITIER.
13 De la revocation de l'institution d'heritier. *Voyez* le mot *Heritier*, *nomb.* 267. & *suiv.*

REVOCATION, PARTAGE.
14 De la revocation du partage. *Voyez* le mot *Partage*, *nomb.* 174.

REVOCATION, PROCUREUR, PROCURATION.
15 Un Procureur du Roy ne peut revoquer son Substitut sans cause jugée par le Juge. Arrêt du 20. Juillet 1499. Carondas, *liv.* 4. *Rép.* 54.
16 *Revocatio mandati etiamsi procuratori denuntiata non fuerit, dummodo ante contractum matrimonii id fiat, valet.* Mornac, *l.* 15. *ff. mandati.*
Voyez le mot *Proces.*, *nom.* 96. & *suiv.*

REVOCATION DE RESIGNATION.
17 *Voyez* cy-dessus le mot *Resignation*, *nomb.* 266. & *suiv.* & Bardet, *to.* 2. *liv.* 2. *chap.* 59.

REVOCATION DE TESTAMENT.
18 De la revocation des testamens mutuels. *Voyez* M. Ricard, *tome* 2. *traité du don Mutuel*, *chapitre* 5. *section* 7.
19 Si le testament fait il y a plus de dix ans est revoqué par une volonté solemnelle, & de la pieté & affection des pere & mere envers leurs enfans? *V.* Bouvot, *to.* 1. *part.* 1. *verbo Testament*, *quest.* 4.
20 Si le testament précedent peut être revoqué par un subsequent, quoique nul, quand il y a revocation du précedent en bonne forme? *V. Ibid. part.* 3. *verbo Testament*, *quest.* 4.
21 L'homme & la femme peuvent faire testament par un même écrit, & l'un d'eux le peut revoquer après le decez de l'autre. Arrêt du Parlement de Dijon du 12. Decembre 1586. *Ibid. tome* 2. *verbo Testament*, *quest.* 11.
22 Un premier testament ayant été revoqué par un second, qui après est aussi revoqué, le premier ne doit subsister. Arrêt du Parlement de Dijon du 21. Juillet 1609. *Ibid. quest.* 65. où il observe qu'il y a des opinions contraires.
23 Le mary & la femme ayant fait un testament conjointement & après le decez de la femme, le mary l'ayant revoqué, & déclaré qu'il n'entendoit que ses enfans succedassent par égale portion, n'ayant survêcu les vingt jours, telle revocation n'est pas valable? Arrêt du Parlement de Dijon du 12. Janvier 1616. *Ibidem*, *quest.* 73.
24 Le testateur peut revoquer sa volonté. Arrêt du 17. May 1582. Anne Robert, *rerum judicat. livre* 3. *chapitre* 16.
25 *Nuda declaratione facta coram Tabellione, testamentum revocari potest.* Arrêt du 19. May 1608. Mornac, *l.* 8. *ff. de peculio.*
26 Si un testament secret commun & conjointement fait par pere & mere, contenant partage de tous leurs biens entre leurs enfans, peut être revoqué par le pere survivant qui l'avoit executé, pour y avoir par leurs enfans contrevenu, en ce qu'ils auroient demandé inventaire être fait avec leur pere contre la prohibition testamentaire? *Voyez* Filleau, 4. *part. quest.* 181. il rapporte l'Arrêt du premier Septembre 1612. confirmatif du testament mutuel, sauf à l'enfant du second mariage de se pourvoir pour sa legitime.
27 Par Arrêt du Parlement de Paris du 14. Juillet 1666. jugé qu'un testament mutuel entre mary & femme en pays de Droit écrit, ne se peut revoquer par l'un d'eux sans le consentement de l'autre, & qu'il est necessaire pour la validité de la revocation que celuy des deux conjoints qui l'a fait la fasse signifier à l'autre. Soëfvé, *to.* 2. *Cent.* 3. *ch.* 81.
28 Si le testament fait en faveur de la cause pieuse est revoqué par un posterieur sans la revocation expresse du premier? Arrêt du Parlement d'Aix du 20. Novembre 1670. qui confirma le dernier testament. Boniface, *to.* 5. *liv.* 1. *tit.* 14. *ch.* 3.

RICHELIEU.

Declaration portant établissement d'un Académie & College Royal en la Ville de Richelieu, & Reglement pour ses Privileges. A Saint Germain en Laye en Septembre 1640. registrée au Grand Conseil le 27. du même mois.

RIVAGE.

Definitions de ce mot *Littus*, dans la *L.* 96. & 112. *D. de verb. sign.*
De ripa munienda. D. 43. 15.
V. L'article qui suit.

RIVIERE.

Fluvius. Flumen.
De fluminibus: ne quid in flumine publico, ripave ejus fiat, quo pejus navigetur. D. 43. 12.
Ne quid in flumine publico fiat, quo aliter aqua fluat, atque uti priore æstate fluxit. D. 43. 13.
Ut in flumine publico navigare liceat. D. 43. 14.
De classicis. C. 11. 12... C. Th. 10. 23 Soldats préposez pour veiller à la commodité de la navigation.
De ripa munienda. D. 43. 15.
De alluvionibus & paludibus. C. 7. 43. Des accroissemens faits à un champ par une riviere.
De Nili aggeribus non rumpendis. C. 9. 38. Ceux qui rompoient les remparts ou chauffées du Nil, étoient condamnez au feu.
Voyez les mots *Eaux*, *Fleuves*, le titre 28. de l'Ordonnance des Eaux & Forêts de l'année 1669. & cy-après *Ruisseaux.*

1 Si la riviere étant entre deux Seigneurs qui ont toute Justice en leur terre, est commune? V. Bouvot, *to.* 1. *part.* 1. *verbo Riviere.*
2 Des Bâtimens qui sont faits sur le bord des rivieres. *Voyez* le mot *Bâtimens*, *nomb.* 73. & *suiv.*
3 Arrêt qui ordonne la demolition des édifices & bâtimens empêchans le cours de la riviere, du 12. Mars 1547. La Rocheflavin, *liv.* 6. *tit.* 41. *Arr.* 1.
4 Il est certain que les droits des Rivieres navigables appartiennent au Roy privativement aux Seigneurs hauts-Justiciers qui n'ont titre ou possession immemoriale au contraire; laquelle possession immemoriale a été jugée valable, lorsqu'elle a été prouvée, même contre le Roy, comme droit de Peage, Pontage, de bac, & autres semblables; même à l'égard des droits d'afforage, pêche & autres; ce qui a été ainsi jugé par Arrêt du Parlement de Paris, du 10. Novembre 1548. verifiant l'Edit, par lequel il étoit enjoint à tous prétendans droit de peage en la Riviere de Loire, d'apporter leurs titres: La Cour déclara qu'elle n'entendoit déroger aux permissions de la preuve du temps immemorial, octroyez par l'Edit du Roy Loüis XII. Ce qui est conforme à la disposition du droit *in L. si quisquam ff. de divers. & temp. præscript. L. injuriarum. §. ult. ff. de injur.* ce qui fut amplement traité en la cause du Vicomte de Melian. Jovet, *verbo Seigneurs*, *n.* 58.
5 Arrêt du Parlement de Toulouse du 13. Février 1553. qui ordonne que la riviere de Giron sera élargie suivant ce qui sera trouvé necessaire par les Experts que le Commissaire commis à cet effet nommera; & que ceux dont les biens seront pris pour agrandir le lit de ladite Riviere en seront recompensez par la contribution à laquelle les prochains voisins seront taxez, & que les déliberations des trois Etats de Languedoc, concernans le paturage, & Arrêt rendu en consequence, seront executez. La Rocheflavin, *lib.* 3. *lettre* R. *tit.* 12. *Arr.* 1.
6 Les fleuves navigables appartiennent au Roy; les simples ruisseaux ou rivieres sont aux Seigneurs hauts Justiciers, & par ce moyen la riviere de Loire, dans l'étenduë du païs de Forêt où elle ne porte bâteau, est au Seigneur haut Justicier, & ce Sei-

gneur a droit d'y permettre les moulins & les prises d'eau, & non au Roy. Arrêt du 9. Decembre 1651. *Henrys*, tom. 2. liv. 3. quest. 5.

Le fleuve de Loire étant entre deux Seigneurs, l'un d'eux y faisant un avaloir ou moulin, ne peut l'appuyer sur la terre & Seigneurie de l'autre ; ainsi jugé sans dater l'Arrêt. *Henrys*, tom. 2. liv. 3. quest. 6.

ROBELLE.

ON appelle ainsi ce qui est ajugé à une femme qui a renoncé au meuble de son mary. *Voyez le mot Femme*, n. 121.

ROLE.

L'On distingue les Rôles des causes, les Rôles des tailles, &c.

RÔLE DES CAUSES.

Des Rôles. *Joly, des Offices de France*, to. 1. liv. 1. tit. 30. p. 291. & le recueil des Ordonnances, par *Fontanon*, tom. 1. liv. 3. tit. 3. p. 556.

Par Arrêt du 22. Novembre 1575. défense aux Procureurs de mettre au Rôle des causes d'appel, quand par la Sentence il paroit que c'est un procès par écrit; il fut enjoint d'avoir en main la Sentence pour justifier que ce soit procès par écrit, afin que sur le champ on condamne le Procureur qui a fait mettre la cause au rôle, s'il se trouve que ce soit un procès par écrit ; & afin que dorénavant on ne juge plus de congezez après la déclaration que c'est un procès par écrit. *Biblioth. de Bouchel*, verbo *procès par écrit*.

Le Greffier ne peut appeller du Rôle les causes que bon luy semble. Arrêt du Parlement de Bourgogne, du 22. Novembre 1599. il doit suivre l'ordre à peine de suspension & d'amende. *Bouvot*, tom. 2. verbo *Action*, quest. 12.

Arrêt du Parlement d'Aix du 22. Decembre 1672. qui a jugé que contre un Arrêt d'exploit au Rôle du Jeudi, faute de plaider, il faut venir par Requête en opposition dans les huit jours, non par Requête civile. *Boniface*, tom. 3. liv. 3. tit. 4. chap. 12.

Il y a une Déclaration particuliere pour les Rôles du Grand Conseil.

RÔLE, GARDE DES RÔLES.

Des Gardes des Rôles des Offices de France. *Joly, des Offices de France*, tom. 1. liv. 2. tit. 1. aux additions p. CCLXXVI. & *suiv*.

RÔLE, ROY.

Le premier mis au Rôle & Etat du Roy, précede celuy qui est le premier en date du don & dernier au Rôle. Arrêt de la Cour des Aydes, du 10. Février 1576. *Charondas*, liv. 7. Rep. 12.

RÔLE DES TAILLES.

Le 5. Septembre 1586. Arrêt en la Cour des Aydes de Paris, rapporté par *Joly Conf. des Ordonnances*, tom. 2. fol. 178. par lequel la Cour faisant droit sur le Reglement, requis par le Procureur General du Roy, fit défenses aux Elûs de recevoir aucune demande pour les tailles d'une année après l'autre expirée; ce qui seroit lû & publié aux Sieges des Elections du ressort. Il y a neanmoins une exception à l'execution des Rôles des Tailles, quand ils sont faits cinq années auparavant celle en laquelle on veut les executer; cette exception resulte d'un Arrêt du Conseil d'Etat, rendu au rapport de Monsieur Pelletier, lors Contrôleur general le 12. Mars 1686. Depuis cet Arrêt en 1690. des Collecteurs de Pontoise du Rôle de 1676. ayant demandé un reste de taille de la même année 1676. à la veuve d'un taillable, ils en furent déboutez par les Elûs de Paris; mais la Sentence fut infirmée par Arrêt du 16. Février 1691. quoique l'on objectât l'Arrêt de 1586. & que suivant l'Arrêt du Conseil du 12. Mars 1688. les Collecteurs devoient au moins avoir la permission de Monsieur l'Intendant. *Memorial alphabetique*, verbo *Rôles*, n. 6.

Par l'article 8. du Reglement de 1673. défenses ont été faites aux Elûs, de rien changer aux Rôles, sauf à eux à faire droit sur les oppositions en surtaux, ainsi qu'il est accoûtumé, sans retardation du payement qui sera fait par provision. Nonobstant ce Reglement, par Arrêt du 22. Janvier 1684. il a été ordonné que la cote d'un particulier omise, seroit mise dans le Rôle, & que les Collecteurs diminuëroient la cote de tous les habitans au sol la livre ; ce qui fut ainsi jugé contre la regle, parce que cette omission fut reconnuë avant qu'aucun des habitans eût rien payé sur le Rôle. *Idem*. n. 4.

Des Collecteurs de la Ville de Loudun, ne sçachans ni lire ni écrire, ou du moins assez bien pour faire leurs Rôles, se servirent d'un homme qui fit plusieurs erreurs, omissions & doubles emplois. Les Collecteurs en ayant été avertis, donnerent leur Requête avant la verification de leurs Rôles, qui étoient entre les mains des Elûs pour les faire verifier, afin que ces erreurs, omissions & doubles emplois fussent reformez: la Requête fut communiquée au Procureur du Roy, qui desirant pratique, conclud à débouter les collecteurs. Les Elûs, dans la même vûë du Procureur du Roy, esperant que ces erreurs & omissions seroient des procés en abus à des pauvres collecteurs, les débouterent de leur Requête, & le Rôle fut verifié tout défectueux qu'il étoit ; ils interjetterent appel de l'Ordonnance des Elûs de Loudun. Par Arrêt du 16. Decembre 1701. défenses ont été faites de l'executer, ordonné que pardevant d'autres Elûs, les Rôles seroient reformez, & les erreurs, omissions & doubles emplois rétablis. *Idem*.

Voyez le mot Collecteur, & *cy-après* Tailles.

ROME.

AUgustinus, tomo 9. *de urbis excidio*.
Engelbertus Admontensis, *de ortu & fine Romani imperii*.
Blondus, *de Româ*.
Francisci Pollæti Jc. *historia fori Romani*.
Franciscus Albertinus, *de mirabilibus novæ & veteris Romæ*.
Hieronymus Rotta, *de principalitate Romanæ Ecclesiæ*.
L. Fenestella, *de magistratib. Rom*.
Melchior Canus, libro sexto *locorum de auctoritate Romanæ Ecclesiæ*.
Sexti Ruffi & Cassiodori, *de rebus gestis Romanorum*.
Statuta, Reformationes & Privilegia, *urbis Romanæ in sex libris* 1521.
VVolffgangus Lezius, *de Romanâ Republicâ, in extris provinciis bello acquisitis constitutâ*.
De Principatu Romanæ sedis per Hieronymum Donatum.
De summi Pontificis Romani dignitate, & Constantini donatione. Per Joann. Hieronymum albanum
De officiis & officialib. Romanæ curiæ, & in quibus eorum versetur officium. Per Octa. Vestrium foro corneliensi.
Rosini antiquitates Romanæ. vol. in 4. Genevæ, 1632.
Usage de la Cour de Rome pour l'expedition des signatures de France, par *Castel*, in 12. Paris, 1689.
Des provisions de Cour de Rome. *Voyez les memoires du Clergé*, tom. 2. part. 2. tit. 3. & *le mot* Previsions n. 88. & *suiv*.
Appel à Rome. *Voyez le mot* Pape, n. 4. & *suiv*.
Arrêt du 25. Février 1417. portant que tous ceux qui appelleroient à Rome des Ordonnances du Roy, seroient punis comme criminels de leze-majesté. *Voyez les Preuves des Libertez*, to. 1. ch. 9. n. 4.
Arrêt du Grand-Conseil le 5. Septembre 1590. sur le pouvoir des œconomes ecclesiastiques pour les provisions des benefices électifs, étans à la nomination du Roy, pendant les empêchemens d'aller à Rome; au bas duquel sont les extraits des autoritez de saints decrets, & des Peres catholiques touchant les œconomes. *Ordonnances de Fontanon*, to. 4. p. 1273.

Mori

ROU

11 *Mori extra curiam Romanam quando quis dicatur & an dispositio cap. 2. de prebend. libr. 6. procedat in dignitatibus electivis?* Voyez *Franc. Marc. to. 1. quest.* 1387.

12 Citations des sujets du Roy en Cour de Rome, declarées abusives. *Voyez plusieurs Arrêts rapportez dans le 1. tome des preuves des Libertez de l'Eglise Gallicane*, ch. 9.

Voyez le mot *Citation*, nomb. 15. & suiv.

13 Les benefices qui vaquent en Cour de Rome, ne peuvent être conferez par autres que par le Pape, mais il le doit faire dans un mois à compter du jour de la vacance, autrement ce droit passe à l'Evêque ou autre collateur ordinaire, *cap. 2. & cap. statutum de prebend. in 6.* de même que si le Pape mouroit avant la collation faite.

14 Appel comme d'abus interjeté en l'année 1566. par l'Evêque d'Usez, d'une procedure extraordinaire faite à Rome contre luy ; semblable appel interjeté par l'Evêque de Valence de la publication & fulmination de certaines procedures faites contre luy à Rome, pardevant les Inquisiteurs en 1567. *V. les Preuves des Libertez*, to. 1. chap. 9. n. 14. & 15.

15 Arrêt de verification du dernier Janvier 1596. des Lettres du Roy, portant la levée des défenses d'aller prendre à Rome les provisions des benefices, sans approuver ce qui a été fait à Rome au préjudice des libertez de l'Eglise Gallicane, ni que l'on puisse inferer, que le Roy puisse être excommunié par le Pape, ni son Royaume interdit, & contraint par censures, ni ses sujets absous du serment de fidelité. *V. le 1. tome des Preuves des Libertez* ch. 4. n. 43.

Voyez cy-dessus le mot *Pape*.

ROTE.

1 *Opinio ea prævalet in rotâ, quam semel Curia approbavit.* Lotherius, liv. 1. *Apparat.* n. 67.

2 *Rota dicitur aliquando rotare, id est à suis recedere sententiis, tamen Rota contrà sententiam judicare perfractæ temeritatis.* Lotherius, *ibidem*, n. 79.

3 M. C. Du Moulin n'est pas souvent touché des Jugemens de la Rote ; quand il veut refuter *Gomés*, lequel allegue assez ordinairement ces sortes de préjugez, il dit, *non tam spectandum quod Romæ factum est quam quod fieri debeat.* Du Moulin, *de Publicand.* nomb. 35.

4 *Decisiones Rotæ Romanæ*, collecta per Beltraminum. Lugd. 1622.

5 *Decisiones Rotæ Romanæ*, collecta à Rubeo. to. 2. & 3. Romæ 1646. 2. vol.

Voyez le mot *Auditeurs*.

ROTURE.

Voyez hoc verbo, *le Glossaire du Droit François, ou la nouvelle Edition de l'Indice de Ragueau*.

1 Terres roturieres acquises par le Seigneur en sa Seigneurie, ne sont réputées nobles, & ne se partagent noblement, s'il n'en a fait foy & hommage, ou donné dénombrement ; *idem des rentes infeodées*. Arrêt du Parlement de Paris du 27. Mars 1498. Papon, liv. 13. tit. 1. n. 21.

2 Jugé que si le détenteur soûtient l'heritage roturier, il n'est tenu d'avoüer ou desavoüer, jusqu'à ce que celuy qui le prétend fief en ait fait apparoir. Cet Arrêt rendu en interpretation de l'article 51. de la Coûtume de *Troyes*, entre les Chanoines du Bois de Vincennes, Seigneurs de Mery, & le sieur de Clesses. Autre Arrêt semblable du 20. Novembre 1574. *Bibl. de Bouchel*, verbo *Aveu*.

3 Si le fief peut être converti en roture par le pere ? Voyez le mot *Fief*, n. 133.

ROUAGE.

Du droit de roüage. Voyez le mot *Droits Seigneuriaux*, n. 145.

Tome III.

ROY

ROY.

1 *De potestate Regiâ.* Per Ant. Corset, ubi de Minimis.

2 *De oratoribus seu Legatis Principum, & de eorum fide & officio.* Per Julium Ferretum.

3 *De Legatis Principum.* Per Martin. Garat. Laudens.

4 *De officio Principis.* Per Jacobum Omphalium.

5 *De successione Regum.* Per Guillelmum de Monteferrato.

6 *Quod Princeps ad publicam utilitatem res privatorum auferre possit?* Voyez Andr. Gaill, lib. 2. *Observat.* 56.

7 *Promissio sub fide Principis, an juramento comparetur.* Ibid. *Observat.* 59.

8 *De privilegiis Regum Francorum.* Per Jo. Ferrault, & per Carol. de Grassali, Carcason.

9 Droits de Souveraineté que le Roy a dans le Royaume. A... le 8. May 1372. *Ordin. antiq.* vol. A. fol. 71.

10 Les Genealogies des Rois de France, avec leurs Epitaphes & Effigies, par *Jean Bouchet*. Par. 1527.

11 Explication de la Genealogie de Henry IV. trad. du Latin, par *de Heris*. Par. 1595.

12 Alliances genealogiques de France, par *Paradin*, vol. *in fol.* Genève 1606.

13 Discours abregé de l'*Artois*, membre ancien de la Couronne de France, & de ses Possesseurs depuis le commencement de la Monarchie, 1640.

14 Origine de la Maison de France, vol. *in fol.* par *du Bouchet*. Paris 1646.

15 Histoire genealogique de la Maison de France, par *de Sainte-Marthe*, 2. vol. *in fol.* Paris 1647.

16 Traité de l'autorité des Rois touchant l'administration de l'Eglise, par *M. Talon*, imprimé à Amsterdam en 1700. *in octavo*.

17 Traité des Droits du Roy sur le Royaume de Sicile, avec les Genealogies. *V. Dupuy, Traité des Droits du Roy*, page 1.

18 Du Droit du Roy aux Villes & Places de Coni, Savillon, Fosson, Mondevis, Cherasc en Piémont. *Ibid.* page 36.

19 Du Droit du Roy au Royaume d'Angleterre. *Ibid.* page 145.

20 Des Droits du Roy sur les Villes de Tournay & le Tournesis, Mortagne lez-Tournay, Saint Amand. *Ibid.* p. 189.

21 Du Droit du Roy aux Comtez de Provence, Forcalquier & Terres adjacentes, avec les Genealogies. *Ibid.* p. 225.

22 *Du Tillet*, Recueil des Rois de France, leur Couronne, & Maison.

23 La recherche des Droits du Roy & de la Couronne de France ; sur les Royaumes, & Etats Etrangers, par *Cassan*. Par. 1634.

24 Traité des Droits de la Couronne de France sur le Comté de Saint Paul, par *M. de la Guesle*. Par. 1634.

25 Alliances generales des Rois & Princes de Gaule, par *Paradin*. Genève 1636. figur.

26 La prééminence des Rois de France sur l'Empire & l'Espagne ; par *Aubry*, vol. *in quarto*, Par. 1650.

27 *Petri Bellugæ, Speculum Principum, in quo Regum Principum & populorum, præsertim Arragoniæ, jura expenduntur*, vol. *in fol.* Bruxellis 1655.

28 Du Roy & de sa Majesté. *Voyez les Ordonnances recueillies par Fontanon*, tome 2. liv. 1. titre 1. page 1. Du Luc, liv. 3. tit. 1. & Papon, liv. 4. tit. 1.

29 Du Droit de Royauté. *Voyez Coquille, en son Institution au Droit François*, to. 2. p. 1.

30 De la puissance Royale. *Voyez Grimaudet*, où il traite du Droit de Regale.

31 De la puissance, des droits, & des devoirs de ceux qui ont le gouvernement souverain. *Voyez les Loix Civiles*, to. 4. liv. 1. tit. 2.

32 *Voyez* ce que M. *Charles Du Moulin, nouvelle Edition de ses Oeuvres*, to. 2. p. 1031. a dit de la Monarchie des François, où il établit le pouvoir de nos Rois, les usurpations des Papes; les Decretales ont usurpé sur la Jurisdiction des Rois.

33 L'Histoire de Bearn, remarque que le Roy Loüis XI. étant dans ce pays, fit baisser son épée que l'on portoit haute devant luy; il ne voulut pas que l'on scellât aucunes Lettres pendant le séjour qu'il y fit, disant qu'il étoit hors de son Royaume.

34 De la puissance du Roy dans l'Eglise, & sur les choses sacrées. V. la *Bibliotheque Canonique*, tom. 2. p. 522. & *suivans*.

35 *Quæ sunt jura regalia*, par rapport à la Jurisdiction? *Voyez* le 29. chap. du *stile du Parlement*, dans Du Moulin, tome 2. page 471.

36 *De juribus & privilegiis Regni Franciæ*. Du Moulin, tome 2. p. 339. & *suiv*.

Rex Franciæ neminem in temporalibus recognoscit superiorem. Ibid.

Rex Franciæ nomen habet pulcherrimum. p. 540.

Potest inconsulto Papâ sub nomine mutui doni aut charitativi subsidia componere viris Ecclesiasticis, pro defensione Regni. p. 541.

Quicumque usus pro Rege habet decem dies indulgentiarum. Ibid.

Rex in Ecclesiis capit regalia, & beneficia confert in regaliis vacantiæ. p. 542.

A nullo sui Regni antistite potest excommunicari, nec excommunicatus declarari. Ibid.

Nonobstante quod laici Ecclesiis non debent præfici, tamen Rex Franciæ obtinet ut obtinere possit præbendas in Ecclesiis sui Regni. p. 543.

Licet jus conferendi præbendas adeò sit spirituale ut laico non conveniat, nihilominus Rex Franciæ pleno jure confert beneficia, & dignitates Ecclesiasticas; M. Charles Du Moulin ajoûte, que *Rex Franciæ plus est privilegiatus quam Imperator*, parce que celui-cy non habet potestatem conferendi, mais facultatem faciendi præcipi, ce qu'on appelle *primariæ preces*.

In electione Prælati requiritur Regis consensus, qui si non adsentiat, non confirmatur electio. p. 543.

Episcopi Regni Franciæ tenentur Regi jurare fidelitatem seu reverentiam. Ibid. p. 544.

Rex habet cognitionem causarum civilium inter personas Ecclesiasticas in possessorio de causis spiritualibus, vel causam eis annexam habentibus.

Solus Rex facit Constitutiones seu Leges in Regno Franciæ. Ibid. p. 547.

Rex Franciæ potest eligi in Imperatorem. Ibid.

Restituit famam. Ibid. p. 548.

Papa non legitimat, aut restituit in Regno Franciæ, sed solus Rex.

Rex Franciæ potest non successibiles, facere succedere. Ibidem.

Solus Rex & nullus alius potest imponere novum vectigal, etiam in suis terris & proprio dominio seu patrimonio.

Quamvis usus procuratoris sit necessarius, ut qui suæ causæ adesse nolunt, vel non possunt eum in judicio sistant, tamen nulla civitas etiam communem bursam habens potest se congregare & pro ejus utilitate disponere nisi expressâ licentiâ Regis. Ibid. p. 549.

Nemo in Regno Franciæ de portu armorum cognoscit, nisi Rex.

Ad Coronam Regni Franciæ non potest succedere femina nec masculus ex eâ descendens. Ibid.

37 *Voyez* la *Bibliotheque du Droit François* par Bouchel, verbo *Roy*, où il est traité des Droits & Privileges Royaux.

38 *De privilegiis apostolicis concessis*. *Voyez* le 29. chapitre du *stile du Parlement*, dans Du Moulin, tome 2. page 529.

39 *Voyez* le *Traité* que M. le Bret a fait *de la Souveraineté du Roy*. Il explique les Droits de la Royauté, blâme l'erreur de ceux qui disent que la France doit dépendre de l'Empire, parle des Loix fondamentales du Royaume; de la majorité des Rois acquise à 14. ans; des droits des femmes, veuves, enfans & freres des Rois; du pouvoir qu'ils ont sur les Benefices, & de la Regale spirituelle dont ils joüissent; de la collation de ceux dont ils sont Patrons & Fondateurs; de l'obéissance dûë aux Commandemens & Rescrits du Prince; du pouvoir qu'il a de faire seul des Nobles, naturaliser les Etrangers, legitimer les bâtards, faire battre monnoye: de ses droits sur la Mer, sur les Fleuves navigables, sur les grands Chemins: du droit de marque & de represailles: de celuy qui luy appartient d'établir des Postes, & des Courtiers publics; d'écrire aux Parlemens en Corps, & aux Armées, & de plusieurs autres droits dépendans de la Souveraineté, comme ceux qu'il a sur les mines & métaux, biens vacans par desherence, acquis par confiscation, de l'autorité & droits de ses Sceaux, du dernier ressort, de la puissance du glaive.

40 Le Roy fils aîné de l'Eglise. *Voyez* la *Bibliotheque de Bouchel*, verbo *Aînesse*, p. 109.

41 *Voyez Henrici secundi Progymnasmata*, où il y a plusieurs Arrêts confirmatifs du pouvoir qu'a le Roy en ce qui concerne les Eglises, Service Divin, & Cérémonies de la Religion; en voicy le stile; *le Roy a ordonné que par toute l'Eglise Gallicane, sur laquelle ledit Seigneur a superintendance, quasi pontificale, par l'octroy & privilege irrevocable des saints Conciles generaux, &c*.

42 *Princeps in dubio actui jurato derogare non nisi specialiter dicatur, intelligitur*. *Voyez Franc. Marc*. to. 1. quest. 189.

43 *Rescripta Principum sine tertii præjudicio concessa esse intelliguntur*. Ibid. quest. 452.

44 *Jurium regalium licitationes quomodo faciendæ sint, & qui ad licitationes non admittantur*? V. ibidem, to. 2. quest. 257.

45 *In concessione Regni veniunt etiam omnia regalia; secundùm Bald*. in C. 1. quæ sunt regalia in fine. Ibid. quest. 271.

46 En quels cas le Roy peut disposer des biens des particuliers contre leur gré, pour fortifier une Place, élargir les fossez, &c. *V. M. le Bret, Traité de la Souveraineté*, liv. 4. ch. 10.

47 *Quorum cognitio specialiter pertinet ad Regem, & qualiter contra personas Ecclesiasticas procedatur*? *Voyez* le 29. chapitre du *stile du Parlement*, dans Du Moulin, tome 2. p. 440. & sur les Notes, p. 469.

48 Plaidoyé de M. *Brisson*, touchant un transport d'or & d'argent, perles & pierreries saisies en l'extrémité du Royaume. *Voyez* le *Recüeil des Plaidoyez & Arrêts notables* imprimez en 1645.

49 Des deniers Royaux. *Voyez* le mot *Deniers*, nomb. 51. & *suivans*.

50 Le Roy Arbitre entre Princes Etrangers. *Carondas*, liv. 4. Rép. 2.

51 Exemples, que les Rois se peuvent entremettre d'accommoder les differens qui surviennent entre les Rois leurs voisins, & leurs peuples. *Voyez Dupuy, Traité des Droits du Roy*, p. 666.

52 Du droit que le Roy ou les Seigneurs ont pour débiter du vin pendant un mois de l'année, & si ce droit, qu'on appelle le *ban de May* ou le *ban d'Août*, est cessible. *Voyez Henrys*, tome 1. livre 3. chapitre 3. question 41.

53 Le Roy voulant purger les Eglises de son Duché de Bretagne, toutes clauses, pactions & convenances dont l'on use és resignations & permutations des Benefices & Dignitez, a déclaré toutes les resignations & permutations faites & à faire *cum regressu*, & toutes Expectatives des Benefices & Dignitez, vacantes & impetrables, reservant à luy, & à son Aumônier & ses Vicaires, les provisions des dévolutaires, à cause

que cela provient de cette presente providence, & autant en a ordonné & ordonne pour toutes les autres Terres & Pays de son obéïssance. Arrêt du Roy Henry II. en 1556. *Voyez Henrici Progymnasmata, Arrêt 170.*

53 Le Roy peut bien ceder & quitter les Droits Royaux, comme de Justice, censive ; mais non les cas Royaux & de Souveraineté, comme accorder rémission. Arrêt du Parlement de Paris contre le Duc de Nevers de l'année 1564. *Papon, livre 5. titre 1. nombre 1.*

54 Arrêt du même Parlement du 17. Juin 1606. qui condamne Messire Charles B. de Valois, à se desister & départir de la détention & occupation des Comtez de Clermont & d'Auvergne, & de la Baronnie de la Tour, appartenances & dépendances, & en laisser & souffrir joüir la Reine Marguerite demanderesse, suivant le contrat de mariage de la Reine Mere des Rois, du 17. Octobre 1533. *V. les Plaidoyez de M. Servin.*

55 Arrêt du même Parlement de Paris du deuxiéme jour de Janvier 1615. toutes les Chambres assemblées, sur la remontrance de M. le Procureur General du Roy, que bien que par plusieurs Arrêts les maximes de tout temps tenuës en France, que le Roy ne reconnoît aucun Superieur au temporel de son Royaume, sinon Dieu seul, & que nulle puissance n'a droit ni pouvoir de dispenser ses sujets du serment de fidelité & obéïssance qu'ils luy doivent, ni le suspendre, priver ou déposer de son Royaume, & moins d'attenter ou faire attenter par autorité, soit publique ou privée, sur les personnes sacrées des Rois, ayent été confirmées ; neanmoins plusieurs personnes se donnent la licence de les révoquer en doute, & de les tenir pour problématiques ; en consequence requiert, qu'il luy plaise ordonner que les anciens Arrêts seront renouvellez, &c. Par cet Arrêt de 1615. il est ordonné que les Arrêts des 2. Decembre 1561. 29. Decembre 1594. 7. Janvier & 19. Juillet 1595. 27. May, 8. Juin & 26. Novembre 1610. & 26. Juin 1614. seront gardez & observez selon leur forme & teneur. Défenses à toutes personnes de quelque qualité & conditions qu'elles soient, d'y contrevenir, sous les peines y contenuës, & à cette fin seront publiées aux Bailliages & autres Sieges du ressort, à la diligence des Substituts du Procureur General, qui en certifieront la Cour au mois, à peine d'en répondre en leurs noms. *Bibliotheque Canonique, tome 2. page 338.*

ROY, BENEFICE.

56 *De regali nominatione ad sacrorum præfecturas.* Voyez Chopin, *Pol. sacr. tit. 7. n. 22. & suiv.* Voyez le mot *Nomination, n. 8. & suiv.*

57 *De collationibus Regis jure fundationis.* Voyez Pinson, au titre *de modis adquirendi beneficii. §. 15.*

58 *An Rex Franciæ in collationibus beneficiorum per eum factis possit decretum apponere ?* Voyez *la nouvelle Edition des Oeuvres de M. Charles Du Moulin, tome 2. page 574.*

59 Abbayes de Fondation & Patronage Royal. *Tournet, lett. P. Arr. 11.*

60 Du pouvoir du Roy sur les Benefices qui sont en sa collation, Voyez *M. le Prêtre, 2. Cent. ch. 67.*

61 De la nomination que le Roy fait au Pape des premieres Dignitez de l'Eglise. Voyez *M. le Bret, en son Traité de la Souveraineté, liv. 1. ch. 17.*

62 Collations qui appartiennent au Roy, & quels droits exerce le Roy Collateur ? Voyez le mot *Collation, nomb. 156. & suiv.*

63 Du droit du Roy dans les Elections. Voyez le mot *Election, nomb. 146.*

64 Es nominations que fait le Roy aux Prélatures, il faut que les Bulles soient expediées dans les six mois aprés la date du Placet ou Brevet du Roy. *Voyez cy-devant le mot Procuration, n. 47.*

Tome III.

65 Des formalitez observées en la provision aux Archevêchez, Evêchez & Abbayes de ce Royaume, & du pouvoir des Rois de France, depuis le commencement de la Monarchie, jusques aux Concordats faits à Boulogne, entre le Pape Leon X. & le Roy François I. De l'information des vies & mœurs des nommez aux Prélatures. Voyez *les Preuves des Libertez, tome 1. chap. 15.*

66 La nomination du Roy pour son joyeux avenement à la premiere Prébende vacante, ne lie point tellement les mains à l'Ordinaire, qu'il ne puisse valablement la conferer à un autre. *M. Louet, lettre P. sommaire 6.*

67 La provision du Roy prévaut sur celle du Trésorier de la Sainte Chapelle. Voyez *Concours, & Brodeau sur M. Louet, lett. V. som. 1.*

68 Jugé qu'encore que le Roy soit absent du Royaume, & que saisies ayent été faites en sa main avec adjudication d'un Fief noble tenu nuëment de luy, auquel y a droit de Patronage joint, son Procureur ne peut presenter au Benefice vacant ; mais ce droit est reservé au Roy seul, ou au Regent ayant pouvoir special. *Bibliot. Can. tom. 2. p. 581. col. 1.*

69 Les Prébendes de l'Eglise de Saint Urbain de Troyes, dont la presentation appartient au Roy & au Doyen de la même Eglise, alternativement, sont sujetes aux Graduez, bien entendu que cette sujetion aux Graduez n'est qu'à l'égard des Benefices qui tombent dans le tour du Collateur Ecclesiastique, & non pour ceux qui sont au tour du Roy. Cette Jurisprudence est fondée sur un Arrêt du 5. Février 1656. rendu au profit de Mademoiselle de Montpensier, fille de M. le Duc d'Orléans, pour le Doyenné de Saint Fargeau. Autre chose seroit, si un Benefice dépendoit de deux Patrons, un Ecclesiastique, & l'autre Laïque. Si la presentation ou collation se fait *uno eodemque actu*, pour lors le privilege du Patron laïque profite au Patron Ecclesiastique, parce qu'étant un acte individu, le privilege n'est point divisible ; mais quand le Patronage est distinct & alternatif, que chacun confere à son tour, pour lors le tour du Patron Ecclesiastique arrivant, le Benefice est sujet au Gradué, & le Patron Ecclesiastique est obligé de luy conferer conformément au Concordat. *Bibliot. Can. tome 1. page 103.*

70 Plusieurs prétendent que celuy qui resigne en faveur pendant la Regale, doit survivre vingt jours aprés la resignation, si ce n'est que le Roy eût dans ses provisions dérogé à cette Regle, & que le Benefice eût été conferé au resignataire, en quelque sorte & maniere qu'il ait vaqué, comme les plus adroits ont coûtume de faire mettre dans les provisions qu'ils obtiennent du Roy, afin de conformer tous les genres de vacances, par lesquels Sa Majesté pourroit pourvoir. D'autres soûtiennent que la Regle des vingt jours n'a point lieu en Regale, quoique le Roy ait continué d'en mettre la condition dans ses provisions ; que si elle n'y étoit pas, il ne seroit pas necessaire que le resignant vécût les vingt jours, pour faire valoir les provisions de Sa Majesté. Ce dernier parti a plus de fondement. *Bibliotheque Can. tome 1. page 282.*

71 Celuy qui veut permuter, ne le peut faire sans le consentement du Roy, soit dans le temps de la Regale, soit lors de la collation en qualité de Fondateur. En quoy Sa Majesté ne joüit que du droit commun des Patrons laïques ; & dans tous ces cas, comme le Roy ne connoît point de Superieur, ses Collataires n'ont pas besoin d'être autorisez du *Visa* des Evêques, pour prendre possession : en un mot il n'y a que les provisions de Cour de Rome qui ayent besoin de *Visa*. Les presentations laïques ont besoin d'institution, mais aux collations laïques, le *Visa* n'est pas necessaire. *Ibidem.*

72 Quoique la Regle des vingt jours n'ait point de

lieu és Benefices qui sont à la collation du Roy, comme sont les Chanoinies des Saintes Chapelles de Paris, de Bourges, du Sault, de Vincennes & autres, dont le Roy est seul Ordinaire, le Pape, & encore moins le Concile de Latran n'y ayant aucun droit, neanmoins le Roy fait ses provisions conformes à ladite Regle, & les limite expressément à cela, ce qu'il peut faire comme Souverain. Ensorte que de deux Pourvûs par le Roy, l'un par resignation, & l'autre par mort, par Arrêt du Parlement de Paris du premier Decembre 1494. le dernier fut maintenu, le défunt étant mort dans les vingt jours. Papon, liv. 3. tit. 2. nomb. 4.

73. Chopin rapporte qu'il y a des Lettres du Roy Henry III. du 6. Mars 1577. par lesquelles il est ordonné que les premiers Benefices venans à vaquer dans la Ville ou Diocese où le Roy fait son entrée, soient affectez aux Aumôniers, Chapelains & Chantres de sa Chapelle, pour leur être conferez par les Evêques, & non à d'autres. & que cela a été jugé au Grand Conseil le 11. Août 1604. au profit de René Vallin, Chapelain du Roy. Biblioth. Canon. tome 2. page 50.

74. En ouverture de la Regale, le Roy peut pourvoir sur une resignation *in favorem*. & la Prébende ajugée au Pourvû en Regale. Jugé le 7. May 1601. Chenu, 1. Cent. quest. 4.

75. L'Ordinaire ne peut conferer *spreto patrono*, mais admettre une permutation: le Roy peut conferer en regale *spreto patrono Ecclesiastico*, c'est l'un des points jugez par l'Arrêt du 9. Juin 1608. Brodeau sur M. Louet, let. R. som. 47. Secùs *spreto patrono laico Rex non potest conferre*. Jugé le dernier Juin 1642. Du Frêne, liv. 4. ch. 3.

76. Le Roy conferant en Regale peut déroger à un patronage mixte; le Roy ne souffre point de compagnon. Jugé le 12. Août 1677. de la Guess. to. 4. liv. 1. chap. 4.

ROY, CHANOINE.

77. Le Roy Chanoine en plusieurs Eglises. *Voyez* le mot *Chanoine*, nom. 130. & suiv.

ROY, COMMITTIMUS.

78. On ne peut se servir de son Committimus contre le Roy. *Voyez* le mot *Committimus*, nom. 4. & 5.

ROY, COMPLAINTE.

79. Si la Complainte peut être formée par le Roy ou contre le Roy. *Voyez* le mot *Complainte*, nomb 41. & 42.

ROY, CONCOURS.

80. S'il peut y avoir concours entre le Pape & le Roy. *Voyez* le mot *Concours*, nom. 25.

ROY, CONTRATS.

81. Des contrats & traitez qui se font entre les Rois. *Voyez* M. le Bret, traité de la Souveraineté, liv 4. ch. 8.

82. *Sacrilegium est de Regum contractibus dubitare.* Du Moulin, to. 2. p. 165.

83. On demande si le Prince Souverain est sujet aux contrats de son prédecesseur, & si telle obligation est compatible avec la Souveraineté? *Voyez* la Bibliotheque de Bouchel, verbo *faits & promesse du prédecesseur* où la negative est tenuë, conformément à un ancien Arrêt de 1250. qui est au Registre *Olim* ful. 105. li. 3.

ROY, DAUPHIN.

84. *Voyez* le mot *Dauphin*.

ROY, DETTES.

85. Si le Roy est obligé de payer les dettes de son prédecesseur. V.M. Le Bret traité de la Souveraineté, liv. 4. ch. 9 il distingue entre les Monarchies hereditaires, le successeur doit; & celles qui sont déferées par la Loy du Royaume, le successeur ne doit.

86. *Successor in regno solvere non debet debita prædecessoris.* Mornac verbo *aliis indicamus*, Cod. *de legibus*.

87. Messire Jean de Mendon Chevalier, étoit demandeur en reconnoissance de cedule contre la Reine Blanche; la cedule étoit reconnuë; l'on demandoit la garnison de main; la Reine l'empêchoit, disant que telle garnison n'avoit lieu qu'entre gens de commun Etat, & non entre Roy & Reine qui sont notoirement solvables, & ne sont sujets aux droits ordinaires. Au contraire on soûtient que les Rois & Reines & autres puissans sont plûtôt sujets à garnison de main que les moindres, vû qu'ils ont plus de moyen. *Imo*, ils doivent eux-mêmes rendre la Justice aux particuliers. La Cour condamne la Reine à garnir la main par provision, sans préjudice au principal. Arrêt du 8. Juillet 1375. *Voyez* Corbin, suite au patronage Chap. 58.

88. Entre le sieur Dubois de la Mothe, & les heritiers de Jacques Pars intimez, ceux-cy portent une Sentence provisoire de l'an 1549. contre l'appellant, par laquelle il est condamné garnir la main de douze cens écus que défunt Messire Philippe de Montauban prédecesseur de l'appellant s'étoit obligé de payer pour la Reine Anne audit Pars; l'obligation étoit de l'an 1489. La Sentence est déclarée executoire par le Senechal de Rennes, & ce par provision, dont il appelle; il dit que Montauban n'étoit que garnisson de la Reine, que Pars étoit Tresorier de ses guerres, & qu'il a été trouvé reliquataire au Roy de 80000. liv. ils doivent donc comme ses heritiers prendre la Sentence & dete en payement, ou bien qu'elle leur soit rabatuë. Le Procureur General dit qu'il n'y a que le Roy qui perde en cette cause. Le Juge qui a vû qu'il y avoit de l'argent *in nominibus* du debiteur du Roy devoit le luy ajuger, quant à la Requête de l'appellant, par laquelle il demande que le Procureur general prenne la cause & défenses du procés. il est mal fondé; parce que le Roy ne peut être poursuivi comme heritier de la Reine Anne pour plusieurs raisons, qu'il déduira s'il en est besoin, ainsi qu'il y a prescription évidente La Cour ayant aucunement égard à la Requête de l'appellant, ordonne que le Procureur general du Roy se joindra au present procés pour son interêt, lequel il a reçu pour appellant & tenu pour bien & dûëment relevé; & faisant droit en ses appellations, même en celle de l'appellant, a mis & met les appellations, & ce dont a été appellé, au néant sans amende & dépens, & pour cause; & en émendant le jugement, dit qu'aucune provision n'appartient; & les parties renvoyées, &c. pour proceder au principal. Du Fail, li. 1. ch. 106 rapporte l'Arrêt du Parlement de Bretagne du 12. Octobre 1559.

ROY, DISCUSSION.

89. La discussion n'a lieu à l'égard du Roy; le Roy n'est obligé à aucune discussion pour ce qui luy est dû. Tronçon, Coûtume de Paris, art. 101.

ROY, DIMES.

90. Le Roy condamné à payer à son Curé la dîme des fruits de son jardin, par Arrêt de 1266. V. la Bibliotheque de Bouchel, verbo *Roy*.

Voyez le mot *Dîme*, nombre 447.

ROY, DONATION.

91. Insinuation des donations faites par le Roy. *Voyez* le mot *Insinuation*, n. 35.

ROY, EMPEREUR.

92. *An à Principe, vel Comite Imperii extrajudicialiter gravante ad Cameram appelletur.* Voyez Andr. Gail, lib. 1. observ. 110.

93. *An à Commissariis Cæsaris ad cameram appellari possit?* Ibidem.

94. *Appellationes infrà summam ordinationis, vel privilegiorum in camerâ non recipiuntur.* Ibidem observ. 123.

95. *De Collectis imperii.* Idem observ. 53. V. le mot *Empereur*.

ROY, ENFANS DE FRANCE.

96. Des Enfans de France. *Voyez* le mot *Enfant*.

ROY

ENTREE DU ROY,

97 Voyez cy-dessus le n. 73. & le mot *Entrée n. 6. & suiv.*

ROY, EXCOMMUNICATION.

98 Des Rois temerairement excommuniez. *Voyez* le mot *Excommunication*, nomb. 104. *& suiv.*

99 Bulle du Pape Benoist, par laquelle il excommunioit le Roy, les Princes de son sang, & sa Noblesse, fut condamnée & déchirée par Arrêt de la Cour du 19. Juillet 1408. *Bibliot. Canon. to.* 1. *p.* 172. *Col.* 2.

Anciennement pour mieux assurer la Majesté des Rois de France, contre la puissance du Pape, on a obtenu des Bulles des Papes séans en la Ville d'Avignon pour être exempt de leur puissance, il y a au Tresor de France une Bulle du Pape Clement V. par laquelle non seulement il absout Philippes le Bel & ses sujets, de l'interdiction de Boniface ; mais aussi il déclare le Roy & le Royaume, exempts de la puissance des Papes ; & même Alexandre IV. donne ce privilege au Royaume de France, qu'il ne peut être interdit, ce qui depuis a été confirmé par sept Papes consecutivement : sçavoir Gregoire VIII. IX. X. & XI. Clement IV. Urbain V. Benoist XII. desquels les Bulles sont encore au Tresor de France, ce qui n'étoit pas agrandir, mais diminuer la Majesté de nos Rois, qui n'ont jamais rien tenu des Papes; & qui plus est la Cour de Parlement par plusieurs Arrêts du 27. Juin 1536. & dernier Janvier 1552. a declaré nulle & abusive la clause *autoritate apostolica*, inserée aux rescrits des Papes envoyez en France, il faut que celuy qui se veut aider du rescrit, proteste en jugement qu'il ne se veut servir aucunement de la clause, *Bibliot. Can. to.* 2. *p.* 338. *Col.* 2.

ROY, GÎTE.

100 Droit de gîte dû au Roy, & non à la Reine, *V.* le mot *Geoliers, nom.* 23.

ROY, INSTITUTION D'HERITIER.

101 Un testateur ayant institué un heritier universel, ajoûte qu'en cas que son heritier seroit troublé par litige, voye de fait, ou main armée, il institüoit le Roy en la moitié de son heritage, à la charge par Sa Majesté de prêter main-forte à son heritier, le défendre & soûtenir pour l'autre moitié ; mais par Arrêt du Parlement de Toulouse du mois de Février 1533. le testament fut pour le regard de l'institution du Roy, déclaré nul suivant les Loix *res qua* §. *lites donatas ff. de jure fisci l. penult. ff. de hared. instit.* 3. *C. de testam. & l. nolumus C. eod.* & ce non sans difficulté, & après un partage. *Voyez Maynard, liv.* 7. *ch.* 20.

ROY, LIVRES DEFFENDUS.

102 Vû par la Cour, les Grand-Chambre de la Tournelle, & de l'Edit assemblées, le Livre intitulé, *Tractatus de potestate summi Pontificis in temporalibus adversus Guillelmum Barclaium, authore Roberto sanctæ Ecclesiæ Romanæ Cardinalis Bellarmino,* imprimé à Rome par Barthelemy Zanneti, l'an 1610. Conclusions du Procureur general du Roy ; & tout consideré, la Cour fait défenses à toutes personnes, sur peine de crime de leze-Majesté, de recevoir, retenir & communiquer, imprimer, faire imprimer ou exposer en vente ce livre contenant une fausse & détestable proposition, tendant à l'éversion des Puissances Souveraines ordonnées & établies de Dieu, soulevement des sujets contre leurs Princes, soustraction de leur obéissance, induction d'attenter à leurs personnes & Etats, troubler le repos & la tranquillité publique. Enjoint à ceux qui auront des exemplaires du Livre, ou connoissance de ceux qui en seroient saisis, de le déclarer promptement aux Juges ordinaires, pour en être faite perquisition à la requête des Substituts du Procureur General ; & proceder contre les coupables, ainsi que de raison. A fait & fait pareilles inhibitions & défenses, sur la même peine à tous Docteurs, Professeurs & autres, de traiter, disputer, écrire ni enseigner, directement ou indirectement, en leurs Ecoles, Colleges & tous autres, la susdite proposition ; ordonne que le present Arrêt sera envoyé aux Bailliages & Sénéchaussées de ce ressort, pour y être lû, publié & registré, gardé & observé selon sa forme & teneur ; enjoint aux Substituts du Procureur General du Roy de tenir la main à l'execution, & certifier la Cour de leurs diligences au mois. Fait en Parlement le 26. Novembre 1610.

Aprés l'Arrêt les Gens du Roy mandez, ce qui venoit d'être jugé leur a été notifié par la Cour de son Ordonnance, le Livre du Cardinal Bellarmin a été remis en leurs mains.

Sur les plaintes & remontrances faites par nôtre Saint Pere le Pape, pour raison de certain Arrêt du 26. de ce mois contre le Livre intitulé *Tractatus de potestate summi Pontificis, &c.* imprimé à Rome par Barthelemy Zanneti, l'an 1610. le Roy étant en son Conseil, assisté de la Reine Regente sa mere, Messieurs les Princes de Condé & Comte de Soissons Princes du Sang; Duc de Mayenne, Chancelier, Duc d'Epernon, de Lavardin, & Bois Dauphin, Maréchaux de France, Amiral & Grand Ecuyer de France, a ordonné & ordonne pour certaines bonnes causes & considerations, que la publication & execution dudit Arrêt sera tenuë en surseance ; jusqu'à ce que par sa Majesté il en soit autrement ordonné ; & sera le present Arrêt délivré au Procureur General de sa Majesté ; enjoint à tous Baillifs, Sénéchaux, & autres Juges du ressort du Parlement de surseoir la publication & execution suivant l'intention de sa Majesté. Fait au Conseil tenu à Paris le dernier jour de Novembre 1610. Depuis M. le Premier Président de Harlay fut mandé par la Reine, sur ce que le Nonce s'étoit plaint que l'Arrêt qui condamnoit le Livre du Cardinal Bellarmin faisoit grand prejudice à l'autorité du Pape. M. le premier Président rendit compte de ce qui avoit été fait & délivré par le Parlement ; & le 10. Decembre 1610. M. Servin Avocat General dit, que sur ce que quelques-uns avoient dit à la Reine, qu'il n'y avoit rien de mauvais dans le Livre de Bellarmin ; il en avoit fait quelques extraits qu'il mettroit en François pour presenter à sa Majesté. Il les lût, M. le Prince de Condé prit le cahier & lût tous les articles latins, qui furent interpretez à la Reine, chacun trouva ce Livre mauvais. La Reine & M. le Chancelier dirent qu'il le falloit supprimer, & empêcher de le vendre, M. le Chancelier dit qu'il avoit expedié une commission à cet effet ; la Reine y ajoûta qu'elle désiroit que les choses se passassent doucement, & qu'il ne fût rien proposé qu'elle n'en fût avertie auparavant ; on les chargea de les présenter au premier jour au Parlement. *Bibliot. Can. tome* 2. *p.* 534.

Voyez le mot *Libelle.*

103 Arrêt de la Cour du 26. Juin 1614. contre le Livre de François Suarez, intitulé *Defensio fidei Catholicæ,* contenant plusieurs propositions contraires aux Puissances Souveraines des Rois ; il fut ordonné que le Livre seroit brûlé par l'Executeur de la hâute Justice, & arrêté que quatre Peres Jesuites seroient mandez au premier jour en la Cour ; & à eux remontré que contre leur déclaration & decret de leur General de l'an 1610. le Livre de Suarez a été apporté en cette Ville contre l'autorité du Roy, sûreté de sa personne, & Etat ; & leur sera enjoint de faire vers leur General qu'il renouvelle ledit decret, & qu'il soit publié, en rapporteront acte dans six mois, & pourvû à ce qu'aucuns livres contenans si damnables & pernicieuses propositions ne soient faits ni mis en lumiere par ceux de leur Compagnie ; à eux enjoint par leurs Prédications exhorter le peuple à la doctrine contraire aux dites propositions, autrement la Cour procedera contre les contrevenans comme criminels de léze-Majesté. *Voyez les Preuves des Libertez, to.* 1. *ch.* 4. *n.* 47.

104 Arrêt du Parlement de Bourdeaux du 7. Février 1643. rendu, les Chambres assemblées, en la se-

quête du Procureur General, qui condamne une Lettre écrite par l'Archeveque de la même Ville, tendante à déprimer l'autorité souveraine du Roy, & à tous ceux qui ont des exemplaires de les remettre au Greffe dans trois jours pour être supprimés; leur fait défenses de les faire courir & publier, à peine d'être procedé contre eux par la rigueur des Ordonnances faites contre les auteurs des libelles diffamatoires ; permis au Procureur General d'en informer pardevant deux Conseillers ; cependant ordonne que le Roy sera averti de tout, & qu'un exemplaire de la Lettre soit envoyé à sa Majesté. *Voyez les Preuves des Libertez*, *to. 1. ch. 7. n.* 88.

ROY, FONDATEUR.

105   Fondations faites par les Rois. *Voyez* le mot *Fondation*, *nomb.* 112. *& suiv.*

FOY ET HOMMAGE AU ROY.

106   *Voyez la Bibliotheque du Droit François par Bouchel*, verbo *Hommage*.

ROY, GRADUEZ.

107   Le Roy n'est sujet aux Graduez. *Voyez* le mot *Graduez*, *nomb.* 104. *& suiv.*

ROY INDEMNITE'.

108   De l'indemnité dûë par le Roy. *Voyez* le mot *Indemnité*, *nomb.* 50. *& suiv.*

ROY, INDULTS.

109   Indults accordez au Roy par les Papes. *Voyez* le mot *Indult*, *nomb.* 84. *& suiv.*

ROY SOUMIS AUX LOIX.

110   Par Arrêt de 1415. le Roy débouté des Lettres de restitution qu'il avoit obtenuës pour couvrir les défauts contre luy acquis. *Bibliotheque de Bouchel*, verbo *Roy*.

111   Les Rois se soumettent volontairement aux Loix, sur tout quand il s'agit de secourir le peuple. Arrêt du P. de Paris du 26. Novembre 1419. qui ordonne que le Roy sera tenu de vendre jusques à 30. arpens de Forêts proche Paris. *Papon, li. 4. tit. 1. n. 1. & li. 6. tit. 1. n. 4.*

ROY, MAJORITE'.

112   Ordonnance pour la majorité des Rois de France à quatorze ans. Au bois de Vincennes en l'an 1374. *Ordin. antiq. vol. A. fol.* 74. *Corbin, p.* 9. Fontanon, *tome* 2. *page* 1.

113   Ordonnance touchant la majorité des Rois de France. A Paris le 13. Décembre 1392. *Fontanon*.

114   Edit portant qu'en cas que les Rois se trouvent mineurs à leur avenement à la Couronne, ils seront incessamment Couronnez, & le Royaume gouverné par les Reines meres, & les plus prochains du Royaume, par les avis des Connêtables, Chancelier & Sages hommes du Conseil. Donné, lû & publié en Parlement le Roy y tenant son lit de Justice, le lendemain de la Fête de Noël, le 26. Decembre 1407. *Fournival, page* 814.

115   De la majorité des Rois. *Voyez Papon, livre* 4. *tit.* 1. *n.* 3. L'Edit de Charles V. & la Declaration faite par Charles IX. avec le traité de *Du Tillet*.

MORT DU ROY.

116   Lettres de grace, commandement d'un Roy défunt ne sont executées du regne du successeur sans confirmation.

Lettres de Justice octroyées par un Roy qui soit décedé, sont executées du Regne du Roy successeur sans confirmation. *Du Tillet, p.* 205.

117   Les Mandemens du Roy sont executoires nonobstant sa mort, ainsi qu'ils étoient de son vivant. Arrêt du Parlement de Paris du 6.e Octobre 1381. *Papon, liv.* 4. *tit.* 2. *n.* 3.

118   Le Roy avant sa consecration use de sa Majesté ; il est tenu pour consacré, toutes les expeditions se scellent sous son autorité, & au nom du Roy défunt ; cela fut arrêté au Parlement de Paris le 19. Avril 1498. *Idem, liv.* 3. *tit.* 2. *n.* 1.

119   L'Abbé & les Religieux de S. Denis en France ont les poêles & dépouilles des effigies des Rois & Reines portez à leurs obseques. Ainsi jugé par Arrêt du 9. Juillet 1501. contre le Grand Ecuyer de France qui les prétendoit. Cet Arrêt est rapporté par *Du Tillet en ses Mem. & par Chopin, dans son Monasticon, liv.* 2. *tit.* 2. *n.* 23.

120   Le Roy ne meurt jamais ; le Parlement de Paris, arrivant quelque interregne, y pourvoit toûjours, soit pour approbation de Regence, ou autrement, en attendant le sacre ou élection, comme il arriva aprés la mort de Charles IX. quand le 3. Juin 1574. on confirma les Lettres de la Reine mere. *Papon, livre* 4. *tit.* 2. *n.* 4.

Voyez le mot *Funerailles*.

ROY, MOUVANCE DE FIEF.

121   Sur la demande faite par le Syndic des Prêtres de l'Oratoire de Toulouse, que le Procureur General fût obligé de luy passer reconnoissance des pieces de terres mouvantes de leur directe, dans le Vicomté de Villemur, & acquises par le Roy avec la Vicomté ; le Procureur General fut déchargé de la reconnoissance feodale, à la charge de procurer dans l'année à ce Syndic une indemnité conforme à l'estimation qui en seroit faite par des Experts L'Arrêt fut rendu en la Grand'Chambre, le 27. Novembre 1671. Il ne convient pas à la dignité Royale de rendre cette redevance, même par Procureur ; mais il est juste que le Seigneur du fief soit indemnisé du préjudice que luy porte l'acquisition faite par le Roy. *M. de Catellan, liv.* 3. *chap.* 42.

Voyez cy-aprés le nomb. 152.

ROY, NOBLES.

122   Le Roy fait les Nobles. *Voyez* le mot *Noblesse*, *nomb.* 83. *& suiv. & cy-aprés le nomb.* 145.

ROY, PAPE.

123   De l'autorité du Pape sur le temporel des Rois. *Voyez* le mot *Pape*, *nomb.* 87. *& suiv.*

ROY, PARIAGE.

124   Du Pariage entre le Roy & un Seigneur, & si le Roy peut déroger aux conditions d'iceluy ? *Voyez Henrys, to.* 1. *liv.* 3. *chap.* 3. *qu.* 39.

Voyez le mot *Pariage*.

ROY, PARLEMENT.

125   De la reception du Roy és Cours de Parlement. *Voyez la Rocheflavin, des Parlemens, livre* 7. *chapitre* 1.

126   Necessité publique est cause suffisante pour contraindre le Prince d'y donner secours. Par Arrêt du Parlement de Paris du 26. Novembre 1419, il fut ordonné sur la faute de bois avenuë en la Ville de Paris, que le Roy seroit tenu de vendre jusqu'à trente arpens de Forêts prochaines de Paris. *Papon, livre* 6. *tit.* 1. *nomb.* 4.

127   Arrêt du Parlement en 1446. contre Charles VI. par lequel il fut condamné souffrir qu'on coupât les bois qu'il avoit prés Paris, pour l'usage du public en general, & d'un chacun en particulier, & qui plus est le prix luy fut taxé par l'Arrêt ; ce qu'on ne feroit pas à un particulier. Et neanmoins au même temps Philippes Marie Duc de Milan défendoit de passer les rivieres sans avoir congé de luy, qu'il vendoit à prix d'argent. *Biblioth. de Bouchel, verbo Roy*.

128   Les articles de paroles que le Roy à son avenement à la Couronne a coûtume de jurer, furent envoyez au Parlement par Loüis XI. le 23. Avril 1481. pour être enregistrez. *Papon, liv.* 4. *tit.* 2. *n.* 1.

Voyez le mot *Parlement*.

ROY, PATRON.

129   Des Patronages Royaux. *Voyez* le mot *Patron*, *nomb.* 192. *& suiv.*

130   Dans les Eglises où le Roy est Patron, on se fait donner des Lettres de sa Majesté pour joüir des droits Honorifiques. *Voyez* le mot *Droits Honorifiques*, *nomb.* 25. *& suiv.*

131   Provision contre le Roy. *Voyez* le mot *Provision*, *nomb.* 55.

ROY, PLAIDER.

132 Comment l'on entend ce que l'on dit ordinairement, *le Roy plaide la main garnie.* M. le Bret, *traité de la Souveraineté, livre 3. chap. 11.*

133 La regle qui dit que *le Roy ne plaide point dessaisi,* n'est pas toûjours vraye. *Voyez Du Luc, livre 3. titre 1. chap. 8.*

134 *An in principe disponente contrà jus, in dubio justa causa præsumatur?* Voyez *Andr. Gaill, lib. 2. observat. 58.*

135 Les Rois ont soûmis leurs differends à l'autorité des Parlemens. Les Gens du Roy ayant mis en leurs mains la Seigneurie du Comte d'Alençon, prétendant qu'elle appartenoit à sa Majesté ; il fut dit par Arrêt de l'année 1278. attendu que le Comte étoit ensaisiné, que la main du Roy étoit levée, & que le Comte devoit demeurer en saisine, sauf, au Roy son action pour la proprieté. *Papon, livre 5. titre 1. n. 10.*

136 Le Roy doit plaider saisi, & la possession luy est dûë quand on lui conteste des droits, sur tout dans le cas de nouvelleté. Arrêt du Parl. de Paris en l'an 1281. qui ordonne que le Roy qui avoit fait de nouveau dresser moulins sur le port de Grestonne demeureroit en cette possession, sauf au Chevalier Bertrand son action de proprieté contre le Roy. On juge le contraire s'il appert sommairement du droit du sujet. Arrêt du 6. Août 1565. pour le Marquis de Maizieres, touchant la Seigneurie de Villebois. *Ibidem, n. 9. &* Chopin, *du Domaine de France, liv. 3. tit. 10. in fine.*

137 Arrêt prononcé par les Etats entre le Roy Edoüard d'Angleterre & Philippes de Valois, tous deux prétendans à la Couronne de France, en faveur de Philippes comme plus prochain heritier de la ligne masculine. *Idem, lib. 4. tit. 1. n. 2.*

138 Le Comte de Savoye d'une part, Monsieur le Dauphin, & le Marquis de Saluces d'autre, avoient soûmis leurs differends pour le Marquisat de Saluces au jugement du Roy & de sa Cour de Parl. On doutoit si la succession étoit continuée en la personne du Roy successeur sans autre nouveau consentement. Le Roy séant avec son Parlement au Louvre le prononça, & les parties y acquiescerent & leurs raisons oüyës, elles furent appointées à informer, par Arrêt donné par le Roy, & prononcé par Messire Arnault de Corbie son premier Président, le 23. Février 1376. *Corbin, faite de Patronage, chap. 59.*

139 Le Roy anciennement n'assistoit pas même au jugement des coupables de crime de léze-Majesté. Il se trouve un registre de la Cour une protestation du 3. Mars 1386. faite par le Duc de Bourgogne comme premier Pair de France au Roy Charles VI. par laquelle il est porté que le Roy ne devoit assister au Jugement du Roy de Navarre, & que cela n'appartenoit qu'aux Pairs de sorte qu'il y avoit une semblable protestation faite au Roy Charles V. afin qu'il ne fût present au Jugement du Duc de Bretagne : où il voudroit passer outre, les Pairs de France demanderent en plein Parlement qu'il leur fût decerné acte de leur protestation, & dellors il fut enjoint au Greffier par Arrêt de la Cour de délivrer aux Pairs & au Procureur General du Roy, acte de leur protestation. Même quand il fut question de juger le procez du Marquis de Saluces sous le regne de François I. il fut soûtenu par vives raisons, que le Roy de France ne pouvoit assister au jugement, puis qu'il y alloit de la confiscation du Marquisat, & quoiqu'il fût passé outre ce requerant le Procureur General, & que le Marquis fût condamné & ses biens confisquez, toutefois que les autres Princes le trouverent mauvais. *V. la Biblioth. de Bouchel, verbo Juges.*

ROY, PRELATION.

140 Voyez le mot *Prélation, nomb. 49. & 50.*

ROY, PRESCRIPTION.

141 Prescription court contre le Prince quoique mineur. Arrêt du Parlement de Paris du 4. May 1551. parce que le Roy a ses Procureurs & Officiers qui le défendent. *Papon, liv. 12. tit. 3. n. 32. &* Mainard, *li. 7. ch. 5. & liv. 8. ch. 36. &* le mot *Prescription, nomb. 316. & suiv.*

ROY PRISONNIER.

142 Aprés que le Roy Jean fut fait prisonnier à la bataille de Poitiers, les Gens des trois Etats de Languedoc assemblez de l'ordre du Comte d'Armagnac Lieutenant de Roy, ordonnerent qu'audit pays, si le Roy n'étoit délivré durant l'année personne ne porteroit or, argent, ni perles, couleur de verd, ni gris, robes, ni chaperons decoupez, ni autres, & que Jangleurs ni Menestriers ne joüeroient de leur Métier durant ledit temps. *Cambolas sur la Rochestavin, livre 2. lettre I. tit. 2. Arr. 1.*

143 Lors de la prise de François I. il a été défendu de danser, ni faire festin ; ordonné que chacun se retrancheroit, que celuy qui avoit trois chevaux se contenteroit d'aller à deux. *Ibid.*

ROY, REGENCE.

Voyez cy-devant Regence.

144 Regens & Gouverneurs des Rois. *Voyez la Bibliotheque du Droit François par Bouchel, verbo Regence.*

ROY, REHABILITATION.

145 Il n'appartient qu'au Roy seul de rehabiliter en son Royaume. *Voyez M. le Prêtre, 3. Centurie, chapitre 30. & cy-dessus le nombre 122.*

ROY, RENTES.

146 Rentes sur le Roy. *Voyez* le mot *Rentes, nombre 288. & 289.*

ROY, REQUESTE CIVILE.

147 Le Roy n'a jamais besoin de Requête civile, lors qu'il plaide pour ses droits. *Voyez* le mot *Requête, nombre 86.*

ROY, RETRAIT.

148 Le Retrait lignager n'a point lieu en vente de terre faite au Roy. Arrêt de l'an 1283. contre le sieur de Guines. *Papon, liv. 11. tit. 7. n. 12.*

Voyez le mot *Retrait, nomb. 113. & 872. & suiv.*

SACRE DU ROY.

149 L'ordre & ceremonies observées aux Sacres & Couronnemens des Rois & Reines de France. *Voyez Filleau, part. 3. tit. 11.*

150 *Per arrestum expeditum in Parlamento, anno Domini 1275. nonobstantibus rationibus & defensionibus capituli Remensis, pronunciatum fuit quod Burgenses Capituli & Canonicorum Remensium pro rata possessionum & hæreditatum quas habent in banno & jurisdictione Archiepiscopi Remensis, tenentur contribuere in taliâ factâ Remis, una cum aliis hominibus & hospitibus Archiepiscopi memorati. Ex Registro olim. B. fol. 29.*

Voyez cy-aprés le mot *Sacre.*

ROY, SEIGNEUR.

Voyez cy-dessus le nomb. 121.

151 Le Roy peut disposer de tous les biens qu'il avoit acquis, ou qui luy sont obvenus par succession avant son avenement à la Couronne, pourvû qu'ils ne soient point de l'appanage, ou unis au Domaine. *Bacquet, Desherence, ch. 7. n. 9. seq. id.* Chopin, *Parisf liv. 1. tit. 2. n. 28.*

152 Quand le Vassal s'avoüe tenir du Roy contre un autre Seigneur, le Roy doit demeurer saisi ; & la connoissance en appartient au Juge Royal. *Chopin, Andeg. lib. 1. cap. 6. n. 7.*

153 Le Roy est tenu mettre hors de sa main l'hommage relevant d'un Seigneur qui luy est ajugé pour dettes, ou autrement. 2. Autre chose est de l'heritage acquis par le Roy dans la seule Justice du Seigneur. 3. De laquelle encore il demeurera exempt. 1. *Chopin, Andeg. lib. 1. ch. 7. n. 3. 2. 3. id.* Loiseau, *des Seign. chap. 12. n. 22.*

154 Le Syndic & Consuls de Sainte Dode en l'an 1368. passent accord avec le Comte d'Estarat, *quo sit nar-*

ratio, qu'à l'occasion de grandes & diverses occupations du Roy, Seigneur dudit lieu, les habitans d'iceluy ne se sont aucunement défendus contre les incursions des Anglois, & autres voleurs, contre lesquels ledit Comte prend lesdits Habitans en sa protection pour les défendre, & donne exemption du peage par toute sa Comté en payant à la premiere Ville une fois, & lesdits Habitans s'obligent payer annuellement chacun un quarton avoine; de le suivre à la guerre, préter secours en temps de guerre & de paix, & le recevoir de nuit & de jour, contribuer à sa redemption, voyage outre mer, mariage des filles. Il demande l'execution de ce contrat, & soûtient qu'il a toûjours été executé. Les habitans soûtiennent au contraire. Le Procureur General du Roy intervient, & oppose que les hommes de la Seigneurie du Roy & ses censitaires ne peuvent se rendre censuels d'un autre Seigneur; ce qui fut jugé ainsi. *La Roch:flavin, des droits Seigneuriaux, ch.* 39.

156 Arrêt du 26. Février 1605. rendu entre le sieur de Bar, Seigneur pour la quatriéme partie de la Jurisdiction haute, moyenne & basse du lieu d'Islemade, avec le Roy Seigneur des autres trois parties, demandeur, & les Consuls dudit lieu, qui permet audit de Bar pouvoir créer & mettre un Baile audit lieu pour la conservation de ses droits, & ordonne qu'il precedera les Consuls tant aux assemblées particulieres que publiques, avec inhibition aux Consuls d'y contrevenir; & luy permet de construire prisons audit lieu en son fond, pour la garde des prisonniers qui seroient faits en ladite Jurisdiction, tant pour le Roy que pour luy, desquelles le droit, usage, profit & revenu demeureroit commun entre le Procureur du Roy & luy, suivant les cottitez de ladite Jurisdiction à eux appartenante; & de plus qu'il assistera à la prestation de serment des Consuls dudit lieu, & d'iceux prendra & recevra avec le Juge ledit serment. *Ibidem, chap.* 21. *art.* 14.

SUIETS DU ROY.

157 *Princeps an subditos suos in alium transferre sine ipsorum subditorum consensu valeat? Voyez Franc. Marc, tome* 1. *quest.* 337.

158 Si le Roy est en droit & en pouvoir d'échanger & aliener les Provinces de son Royaume, contre le gré de ses Sujets? *V. Henrys, to.* 1. *li.* 3. *ch.* 3. *qu.* 40.

ROY DE L'ARQUEBUSE.

159 Par Arrêt de la Cour des Aydes du 29. Janvier 1689. jugé qu'à Sezanne le Roy de l'Arquebuse n'a point de privilege. Les motifs de l'Arrêt furent que les habitans, ou du moins les Chevaliers de l'Arquebuse de Sezanne n'avoient point de Lettres de Concession du Roy pour joüir d'un privilege comme les habitans de Beauvais; 2°. que par l'article 23. de l'Edit de 1634. les privileges des Rois de l'Arquebuse étoient révoquez; que la Cour avoit consenti pour la taille, & non pour les Aydes, par l'Arrêt de verification sur cet article; 3°. que par l'article 35. du mê-me Reglement de 1634. les habitans ne peuvent exempter ni abonner personne à la taille. *Memorial alphabetique, verbo Roy de l'Arquebuse, n.* 3.

ROY DE LA BAZOCHE.

160 Recüeil des Statuts, Ordonnances, Antiquitez, Prérogatives du Royaume de la Bazoche. *Paris,* 1654. *in octavo.* V. le mot *Bazoche.*

ROY D'ESPAGNE.

160 bis. Lettres Patentes du Roy, avec l'Arrêt du Parlement, pour conserver à Philippes V. Roy d'Espagne le droit de succession à la Couronne de France. *Voyez le Recüeil des Arrêts notables imprimez en* 1710. *chez Michel Guignard, ch.* 25.

ROIS DES RIBAULTS.

161 Ils avoient connoissance sur tous jeux de dez & de brelans qui se faisoient en l'ost & chevauchée du Roy. Il en est parlé dans un Arrêté du 13. Janvier 1357. & en d'autres Arrêts recueillis par le Greffier *du Tillet. Voyez,* Pasquier, *dans ses Recherches, liv.* 8. *ch.* 44. *& Ragueau,* verbo *Ribault.*

ROY DES VIOLONS.

162 Lettres Patentes de confirmation des Statuts, Ordonnances & Reglemens faits par les Rois sur l'exercice de la Charge du Roy des Violons, Maîtres à danser, & Joüeurs des instrumens tant haut que bas, du mois d'Octobre 1658. *Boniface, to.* 3. *liv.* 4. *tit.* 13. *chapitre* 2.

163 Si le Lieutenant du Roy des Violons se peut faire pourvoir par le Lieutenant du Sénéchal de Marseille, au préjudice d'un Arrêt de défense obtenu par la bande des Violons de la même Ville? Arrêt du 15. Mars 1679. qui declara la procedure incompetente, & permit à ceux de la bande de faire leur métier, avec défenses de les troubler. *Ibid. ch.* 1.

ROY D'YVETOT.

164 *Voyez* cy-aprés *Yvetot.*

ROYAUME.

1 Genealogies de soixante-sept Maisons illustres issuës de Meroüée, avec un Traité des Droits de plusieurs Princes au Royaume de Jerusalem, par *Ess. de Lusignan.* Par. 1587.

2 Edit portant défenses à tous Religieux de sortir du Royaume, même pour tenir les Chapitres de leurs Ordres. A Seloines le 3. Septembre 1476. *Ordonnances de Fontanon, to.* 4. *p.* 1240.

3 Traité contre les prétentions du Roy d'Angleterre sur le Royaume de France, & sur aucunes Provinces dudit Royaume, avec les Genealogies. *V. Dupuy, traité des Droits du Roy, p.* 125.

4 Recherches pour montrer que plusieurs Provinces & Villes du Royaume sont du Roy; le tout recueilli de divers Memoires & Titres anciens, tirez tant du Trésor des Chartes du Roy, qu'autres lieux, redigé par ordre alphabetique. *Ibid. p.* 403.

5 Arrêt du Parlement de Paris du 16. Decembre 1610. qui a declaré abusives les citations données aux François, pour plaider hors du Royaume. *Voyez Brodeau sur M. Loüet, lett. D. somm.* 49.

6 Si les contrats passez hors du Royaume, peuvent être executez en France? *Voyez* le mot *Contrat, n.* 96. *& suiv,* & le mot *Etranger, n.* 43. *& suiv.*

7 Si la discussion se fait des biens, étant situez hors du Royaume? *Voyez* le mot *Discussion, nombre* 79.

8 De ceux qui quittent le Royaume sans la permission du Roy. *Voyez* le mot *Etranger, nombre* 12. A quoy il faudra joindre l'instruction extraordinaire commencée contre M. le Cardinal de Boüillon, au Parlement de Paris, au mois de May 1710.

RUE.

De *viâ publicâ, & si quid in eâ factum esse dicatur. D.* 43. 10. Ce Titre s'entend des ruës de la Ville; il y a d'autres Titres qui traitent des chemins de la campagne. *V. Chemin public.*

Il n'est pas permis de loüer aux revenderesses ni autres, aucunes portions des ruës publiques, au devant des maisons qui aboutissent ausdites ruës. Arrêt du 17. Mars 1577. *publicæ res non sunt in commercio privatorum.* La Rochestavin, *liv.* 6. *lett. L. titre* 65. *Arrêt* 3.

RUISSEAU.

De *Rivis. D.* 43. 21. Ce Titre s'entend des ruisseaux ou canaux que l'on fait pour détourner l'eau d'une riviere. *Voyez* cy-dessus le mot *Riviere.*

SACRE.

SAC   SAC   513

S

SACRE DES ROIS.

1. LE Théatre d'honneur & de magnificence preparé au Sacre des Rois, par *Marlot*. Rheims 1643. Des anciennes Enseignes & Etendarts de France; de la Chappe de Saint Martin, de l'Oriflamme; de la Banniere de France, & Cornette blanche. *Par.* 1637.

2. Après que Gervais, Archevêque de Rheims, eut sacré & couronné le Roy Philippe I. il reçut & regala tous les assistans, C'étoit à luy à porter la dépense du Sacre & Couronnement. Les Citoyens de la Ville de Rheims étoient tenus y contribuer, pour ce taillables; ainsi qu'il paroit par les Arrêts & Jugez des Parlemens de la Pentecôte en 1287. & de la Chandeleur 1290. *Du Tillet.*

3. L'ordre & ceremonies observées aux Sacres & Couronnemens des Rois & Reines de France. *Voyez Filleau*, part. 3. tit. 11.

Voyez cy-dessus le mot *Roy*, nomb. 150. & 151.

SACRE'S.

1. COmplainte en choses sacrées. *Voyez* le mot *Complainte*, nomb. 41. & suiv.

2. De la veneration duë au Saint Sacrement & choses sacrées, & ce qui a été fait & ordonné contre les Heretiques sur ce sujet. *Voyez les Memoires du Clergé*, to. 6. part. 9. ch. 4.

SACREMENT.

1. DE Sacramentis in genere, & in specie. *Inst. Lanc.* l. 2. & seqq.

Quoiqu'on ne se propose pas de parler des Sacremens *more & modo Theologis proprio*, cependant on ne laissera pas d'indiquer les Auteurs qui en ont traité; cela peut même avoir beaucoup d'application & une liaison étroite avec la Jurisprudence, qui n'a que trop d'occasions de regler en cela la police de l'Eglise, de corriger les abus, & de punir les profanateurs & sacrileges.

2. Ambrosii, *de Sacramentis, libri sex.*

Ambrosius Camaldulensis, *de Sacramentis.*

Franciscus Sonius, *de Sacramentis.*

Franciscus de Victoria, *Summula de iisdem.*

Franc. Suarez *Granatensis, Societatis Jesu Theologi, in Divum Thomam*, tom. 3. & 4. *de Sacramentis agit.*

Robertus Card. Bellarminus, to. 2. *Controversiarum de Sacramentis.*

Henricus Henriquez, *Societ. Jesu*, part. 2. *moralis Theologia de Sacramentis.*

Guillelmi Parisiensis, *Dialogi de Sacramentis*, to. 2.

Guillelmus Alanus, *de Sacramentis in genere, de sacramento & sacrificio Eucharistiæ.*

Hugonis de S. Victore, *de Sacramentis Christianæ legis libri duo, Dialogus de Sacramento legis naturalis & scripta tomo* 3.

Henricus VIII. *contra Lutherum.*

Joannis Eckii, *Homilia de Sacramentis.*

Joannes Cochlæus, *de gratia Sacramentorum contra Lutherum. Francofordiæ* 1523.

Joannis de Burgo, *pupilla oculi, quâ instituitur Sacerdos de Sacramentis, praeceptis & Ecclesiasticis officiis.*

Laurentius Petrus, *de Sacramentis.*

Tome III.

Melchior Canus, *de Sacramentis in genere*,

Ruardus, *articulo* 1. & *sequentibus.*

Lud. de Ponte, *de perfectione stat. tomis tribus* 4. *colon.*

Roberti Cenalis, *adversus Sacramentarios antidotum.*

Sententiarii, libro 4.

Sanctus Thomas, parte 3. à quæstione 60.

Thomæ Vvaldensis, *de Sacramentis tomus secundus.*

Eustachius de Sichenis, *de septem Sacramentis, cæteríque qui in tertiam partem scripsere.*

3. De Sacramentis, per Nicolaum Plovium, & per Stephanum de Caieta, Neapolitanum.

4. De la mission des Prédicateurs, approbation des Confesseurs, & administration des Sacremens, *Voyez les Memoires du Clergé*, tome 1. partie 1. titre 2. chapitre 8.

5. Administration des Sacremens. *Voyez cy-devant* le mot *Administration*, nomb. 20. & le *Recueil de Decombes, Greffier en l'Officialité de Paris*, 2. partie, chapitre 2.

6. Complainte ne peut être formée pour l'administration des Sacremens. *Voyez* le mot *Complainte*, nomb. 45.

Droits dûs aux Curez, pour l'administration des Sacremens. *Voyez* le mot *Neufme.*

7. Des salaires du Prêtre qui administre les Sacremens en temps de peste. *Voyez* le mot *Peste*, nomb. 33. & suivans.

8. Arrêt du Parlement de Toulouse du 17. Novembre 1542. qui fait défenses par tout son ressort à tous les Ecclesiastiques de rien prendre pour l'administration des Sacremens, outre ce qui leur sera volontairement offert; ni pareillement pour faire sonner les cloches és funerailles, sauf le salaire de ceux qui sonneront. *Papon*, liv. 1. tit. 3. n. 7.

9. Sacramenta Pœnitentia & Eucharistia, *an & quando incarceratis danda sint? Voyez Franc. Marc. to.* 2. quæst. 10.

10. Chanoines & Prébendiers, reglez pour le fait des Sacremens. *Tournet*, lett. C. n. 32.

11. Les Curez ne sont tenus de commettre à leurs dépens des Prêtres és lieux de santé, pour administrer les contagiez. Arrêt du 31. Janvier 1633. au Rôle d'Amiens. *Du Frêne*, liv. 2. ch. 119.

Déclaration contre ceux qui s'étant convertis, refuseront dans leur maladie de recevoir les Sacremens de l'Eglise. A Versailles le 29. Avril 1686. registrée le 24. May de la même année.

SACREMENS, RELIGIEUX.

12. & 13. Les Religieux n'ont droit d'administrer les Sacremens aux personnes laïques qui se retirent dans leurs Maisons Conventuelles, situées dans l'étenduë des Paroisses, sinon aux Religieux & aux domestiques à gages, ni aussi les inhumer dans leurs Eglises, s'il n'y a testament du défunt, ou deliberation des parens, sans la permission du Curé ou Recteur, & pour l'avoir fait, condamnés en six livres d'aumône. Jugé à Rennes le 23. May 1672. *Journal du Palais.*

14. Les Religieux maintenus & gardez au droit d'administrer les Sacremens à un Religieux Curé pendant sa maladie, même de l'inhumer; contre le Doyen Rural, & l'intervention de M. l'Evêque de Soissons. Arrêt du 29. Novembre 1677. *De la Guessiere*, to. 3. livre 11. chapitre 42. *Voyez le tome* 4. *liv.* 4. *ch.* 12. où il y a Arrêt contraire, du 21. Janvier 1681.

Voyez le mot *Exemption*, nomb. 173.

Ttt

SAINT SACREMENT.

1. Voyez le mot, *Pape*, nomb. 54. où est rapporté un Arrêt qui fait défenses au Pape de se faire précéder d'un homme étant à cheval, & portant le S. Sacrement.

2. Par les Loix politiques du Royaume, ceux de la Religion Prétendue Réformée, doivent rendre les respects extérieurs au Très-saint Sacrement de l'Autel, lorsqu'il est porté en public; ceux qui y manquent, punis. *Voyez les Décisions Catholiq. de Filleau*, Décif. 5. §. 5.

3. Ceux de la Religion Prétendue Réformée, sont obligez de tendre devant leurs maisons, és jours des Processions du Très-saint Sacrement, ou de payer les frais de la tenture, ou souffrir que l'on tende devant leurs maisons. *Ibid. Décif. 6.*

4. Les Religionnaires Prétendus Réformez doivent être punis corporellement, lorsqu'ils font quelque injure au saint Sacrement, ou qu'ils l'ont reçu avant que d'être convertis. Arrêt du Parlement de Paris du 17. Février 1532. qui condamne deux Ecoliers de Saumur à faire amende honorable, à un bannissement de trois ans, 2400. livres d'amende envers le Roy, & 1000. liv. dont 200. liv. seront employez à l'achat d'une Lampe d'argent, qui sera mise en l'Eglise de Nôtre-Dame des Ardilliers, & les 800. l. restans, à fonder une rente, pour la faire luire à perpétuité, & faire mettre proche le lieu où est le saint Sacrement, une lame, en laquelle sera inscrit l'Arrêt. *Ibid. Décif. 7.*

SACRILEGE.

Sacrilege. Vol des choses sacrées. *Sacrilegium.*
Homo sacrilegus.
De sacrilegio. Lex 12. tabb.
De crimine sacrilegii. C. 9. 29.
De sacrilegiis. Paul. 5. 16.
Ad. legem juliam peculatus, & de sacrilegiis, & de residuis. D. 48. 13.
De sortilegis, maledicis, & sacrilegis. Inst. Lanc. 4. 5.

1. *An in crimine sacrilegii facto in personam sacram, si agatur contra laicum, an præventionis locus sit?* Voyez Franc. Marc. to. 2. quæst. 803.

2. *Crimen sacrilegii an sit Ecclesiasticum vel mistum?* Ibid. quæst. 817.

3. *De pœna sacrilegii.* Ibid. quæst. 861.

4. Voyez Julius Clarus, li. 5. *Sententiarum*, où sont rapportées plusieurs condamnations contre les sacrileges. La jeunesse ne justifie pas le coupable, elle donne lieu seulement à modérer la peine. *Voyez les Additions qui sont à la fin de l'Ouvrage du même Auteur*, §. Sacrilegium.

5. De la punition des jureurs, blasphémateurs, sacrileges, & autres profanateurs des choses saintes. *Voyez les Mémoires du Clergé*, tome 2. part. 1. tit. 2. chapitre 21.

6. En crime de sacrileges, les complices font pleine foy contre un autre. *C. in primis 12. quæst. 1. & q. qui autem 17. qu. 4.*

7. Les Religionnaires qui commettent quelques sacrileges, ou vol du saint Ciboire, punis de mort. *Voyez les Décisions Catholiques de Jean Filleau, Décision 8. où il rapporte plusieurs Arrêts notables.*

8. Sacrilege qualifié, puni de mort. Arrêt du Parlement de Bourdeaux du 17. Mars 1527. par lequel un homme convaincu d'avoir à coups de pied voulu rompre la coupe, pour l'emporter plus aisément avec la custode où étoit la sainte Hostie, a été condamné à mort. Arrêt semblable du 12. Septembre 1533. *Papon, liv. 24. tit. 10. n. 3.*

9. Arrêt du Parlement de Bourdeaux du 12. May 1528. par lequel deux jeunes gens, pour avoir dérobé un Calice d'argent avec sa Patène, le Jeudy Saint, furent condamnez à être battus de verges deux jours de Samedis, & Dimanche assister à toute la grande Messe, en chemise, à genoux, la torche ardente au poing, la corde au col, & lors de l'Elevation du précieux Corps de Dieu, luy demander pardon hautement, tenus de faire refaire le Calice, & l'augmenter d'un marc, & bannis de la Sénéchaussée de Bazas. *Ibid. n. 4.*

10. Clercs qui ont commis sacrilege, ne peuvent demander leur renvoy au Juge d'Eglise. Arrêt du 13. Janvier 1545. *Bibliot. Canonique, to. 2. p. 462. col. 2.*

11. Arrêt du 16. Octobre 1577. qui condamne aux galeres pour un temps, un homme convaincu d'avoir crocheté un coffre, & pris un bout de cierge. On avoit trouvé chez luy plusieurs meubles, comme nappes, custodes, & autres, qu'il confessa avoir dérobez és Eglises de saint Médard, de saint Honoré, & autres. La Sentence du Juge de saint Marceau, qui l'avoit condamné à être pendu, fut infirmée; de douze Juges, les avis se trouvèrent partagés, six pour la mort, & les six autres aux galeres, à laquelle opinion il passa, *tanquam in mitiorem*. Bibliotheque Canonique, tome 2. page 550. col. 1.

12. Arrêt du Parlement de Provence du 13. Février 1645. qui a attribué la connoissance du sacrilege aux Lieutenants Criminels, & interdit aux Juges Royaux. *Boniface, to. 1. li. 1. tit. 10. n. 29.*

13. Déclaration du Roy du 11. Janvier 1685. en exécution de celle du 21. Mars 1671. & qui défend à toutes les Cours & Juges de prononcer des condamnations d'aumônes, pour employer en œuvres pies, si ce n'est pour sacrileges & autres cas esquels il n'échet pas d'amende: & ordonne que lesdites aumônes ne pourront être appliquées qu'au pain des prisonniers, ou au profit des Hôpitaux, Religieux Mendians, & lieux pitoyables. Registrée en Parlement le 12. Mars ensuivant. *Voyez le recueil du Domaine p. 697.*

SACRISTAIN.

De officio sacristæ. Extr. 26.

1. Sacristie de l'Eglise Collegiale de Lyon compatible avec la Cure. Voyez le mot *Cure*, nomb. 17.

2. La Sacristie est la première dignité de cette Eglise. V. le mot *Dignité*, nomb. 18.

3. Arrêt du Parlement de Provence du 4. May 1677. qui a jugé que le Sacristain de l'Eglise Cathedrale de Glandeve, est chargé des vases sacrez & ornemens de l'Eglise, non le Sous-Sacristain. *Boniface, tom. 3. liv. 5. tit. 9. chap. 1.*

SACS.

Voyez *Juges, Pieces, Procureurs.*

1. Jugé par Arrêt en la cause des héritiers de M. Boucher Avocat du Roy, que les héritiers d'un Juge ou Avocat du Roy ne peuvent être recherchez des sacs des parties, trois ans après le decés du Juge ou Avocat du Roy. *Bibliotheque de Bouchel, verbo Sacs.*

2. Les parties ayant transigé d'un procés, ne peuvent retirer leurs sacs, que leur transaction n'ait été homologuée. Arrêt du Parlement de Paris du 17. Septembre 1411. *Papon, liv. 6. titre 6. n. 5.*

3. Rolland de la Corniliere, qui avoit les sacs de Jacques de Clebinault, & étoit son solliciteur, est condamné le rendre par emprisonnement de sa personne, sauf ses actions pardevant le Juge ordinaire pour son salaire. Arrêt du Parlement de Bretagne du 15. Octobre 1556. *Du Fail, liv. 2. chap. 39.*

4. Arrêt du Parlement de Bretagne du 15. Mars 1563. par lequel la Cour, faisant droit sur les Requêtes du Procureur Général, ordonne que dorénavant, tous Procureurs & Solliciteurs qui recevront des parties leurs sacs & pieces, en donneront recepissé par inventaire, & certification sous leurs signes, ou de deux Notaires, aux dépens des parties, & seront papiers & registres d'icelles pieces, à ce qu'aucun in-

SAC SAI 515

convenient n'en avienne. *Du-Fail, liv. 6. chap. 137.*

5. Les Magistrats Rapporteurs & leurs veuves, sont déchargez des pieces après trois ans; le même au profit des veuves & heritiers des Sergens & Huissiers de la Cour, qui sont chargez des procès jugez ou indecis. Arrêt du 25. Novembre, prononcé le 22. Decembre 1565. *Le Vest.* Arrêt 226. *Voyez M. Loüet & son Commentateur lettre S. som. 21. & Mornac, l. 4. Cod. ad exhibendum.*

6. M. François Oregan ayant perdu son petit inventaire de production, demande son sac au Greffier lequel demande son petit inventaire, où il est obligé, Oregan presente Requête; il est dit que le sac luy sera rendu, se purgeant par serment, que par dol ou fraude il n'a cessé d'avoir son petit inventaire, baillera quittance qui sera enregistrée au Greffe. Arrêt du Parlement de Bretagne du 24. Octobre 1567. *Du-Fail, liv. 2. chap. 360.*

7. Vincent le Roy, Procureur des Paroissiens de Plovesec, demande que Maître Nicolas Vassault Procureur en la Cour, luy rende un sac & pieces qu'il a dés 1562. ou monstrer en avoir été déchargé. Vassault dit qu'il l'a rendu. Par Arrêt du Parlement de Bretagne du 26. Octobre 1577. il fut ordonné, sans tirer à consequence, que Vassault se purgeroit par serment qu'il n'a pu par dol ou fraude, cessé d'avoir les sac & pieces; ce faisant, la Cour l'en a déchargé, ordonné neanmoins qu'il sera fait commandement à tous Procureurs, de se faire décharger des sacs, les procès étans jugez dans trois ans après, & d'en tirer quittance, suivant les anciennes Ordonnances, sur peine d'en répondre, & des dépens, dommages & interêts des parties. Depuis est intervenu l'art. 221. de la Coûtume, qui oblige les parties de retirer leurs sacs dans les 3. ans après les Jugemens executez, revocations ou autrement. *Du Fail, liv. 2. ch. 568.*

8. La repetition des sacs des Plaideurs se prescrit par cinq ans après le procès jugé; & par dix ans quand il n'a pas été jugé. Edit du 11. Decembre 1597. la Cour confirmant son Edit le 14. Mars 1603. en déchargea les veuves des Avocats & Procureurs après cinq ans jugez ou non jugez; même Arrêt le 3. Juillet 1604. le même jugé le 14. Octobre 1614. encore bien qu'il y eût des mineurs. *Mornac, l. 49. ff. de procuratoribus.*

9. Par l'Ordonnance confirmée par les Arrêts, les Avocats, Procureurs, leurs veuves & heritiers, sont déchargez de la representation des sacs, nonobstant leur recepissé, après cinq ans. Messieurs du Parlement de Paris, en déchargent les heritiers après trois ans. Arrêts des 14. Octobre 1614. 13. May 1611. 25. Juin 1611. 18. Juillet 1602. 23. Août 1613. 23. Decembre 1620. 3. Juin 1621. & beaucoup d'autres rapportez par *M. Loüet, lettre S. sommaire 21. & ibi Brodeau. Chenu tit. 27. ch. 150.* rapporte la Déclaration & l'Arrêt de la Cour du 14. Mars 1603. *Joannes Galli quest. 65.* fait mention d'un Arrêt accordé au profit d'un Avocat, par lequel il fut jugé qu'après l'affirmation par luy faite d'avoir rendu de la partie certaines pieces, il n'étoit point obligé de justifier d'ailleurs sa décharge. *Voyez Loysel, au Dialogue des Avocats du Parlement de Paris.*

10. Déclaration du Roy du 5. Decembre 1611. qui décharge les Avocats du Parlement de Provence, comme aussi les Procureurs, leurs veuves, enfans & heritiers, des sacs dont ils se trouvent chargez après 5. ans, avant l'action intentée contr'eux. *Boniface, tom. 3. liv. 2. tit. 5. chap. 11.*

11. Les Avocats, leurs veuves & heritiers, sont déchargez six mois après le Jugement des procès par eux jugez. Arrêt du Parlement de Grenoble du 16. May 1619. *V. Bassset, to. 1. li. 2. tit. 10. ch. 4.*

12. Arrêt du Parlement de Provence du 27. Mars 1670. qui a jugé que le Lieutenant Particulier au Siege de Castelene, ne peut se saisir des sacs en distribution. *Boniface, to. 3. liv. 1. tit. 8.*

Sac & pieces étant perdus, celui qui en est chargé, 13 est responsable des dommages & interêts. Arrêt du 15. Mars 1674. *Boniface, to. 3. li. 1. tit. 8. ch. 23.*

De l'erection en titre d'Offices des places de Clercs, Gardes des sacs & autres. *Joly des Offices de France, to. 1. liv. 1. tit. 10. aux additions p. CXXIX. & CXXX.*

S'AGE-FEMME.

SAge-Femme. Accoucheuse. *Obstetrix.*
De inspiciendo ventre, custodiendoque partu. D. 25. 4. Visite faite par des Matrones & Sages Femmes, pour reconnoître si une Femme est grosse.

De Obstetricibus vide *Cujacium, lib. 17. observat. Cap. 17.*

Déclaration portant que les Sages Femmes seront 1 dorénavant receües à S. Côme par le Corps de Chirurgie, en presence de la Faculté de Medecine, sur la presentation & instruction qui en sera faite par la Jurée Sage-Femme, en titre d'office és Châtelets. A Vincennes en Septembre 1664. reg. le 19. Août 1666.

Déclaration portant défenses à celles de la R. P. 2 R. de faire la fonction de Sages-Femmes, nonobstant l'art. 30. de celle du 1. Février 1669. à S. Germain en Laye le 29. Février 1680. reg. au Parlement de Roüen le 19. & en celuy de Paris le 29. Mars suivant.

Ædificat Deus domos Obstetricibus timentibus se & servantibus pueros Hebræorum. Exod. 1.

Les Femmes qui favorisent les suppositions n'ont point de part à ces benedictions.

SAISIE.

SAisie, Saisir, chose saisie. *Bonorum pignoratio, traditio sub custodiam. Manum regiam injicere. Res vel bona publicè possssa, &c.*

Quæ res pignori obligari possunt, vel non; & qualiter pignus contrahitur C. 8. 17. Des choses qui ne peuvent pas être saisies. *Pignus & Pignorari,* signifient saisie, & saisir: La chose saisie est le gage de la Justice.

De pignoribus. C. Th. 2. 10. Ce titre parle encore des choses qu'on ne peut saisir.

De capiendis & distrahendis pignoribus, tributorum causâ. C. 10. 21.... C. Th. 11. 9. De la vente des choses saisies pour les impositions publiques. *Voyez le Titre 46. au Livre 4. du Code.*

De deposito, & denuntiatione inquilini factâ, & de suspendendâ administratione panum vel pensionum. N. 88. Saisie du dépôt des loïers & revenus, & des pensions ou rentes. *Denuntiatio,* Saisie.

Qui potiores in pignore habeantur ? C. 8. 18. 1. D. 20. 4. De la préference entre plusieurs Saisissans.

Si in causâ judicati pignus captum sit ? C. 8. 23. de la saisie faite en execution du Jugement.

Saisie réelle

Ut nemo privatus titulos prædiis suis, vel alienis imponat, vel vela regia suspendat. C. 1. 2. 16... N. 17. c. 15... N. 164. c. 1. Ce Titre & le suivant parlent des Brandons & Panonceaux que l'on mettoit aux heritages, pour marquer qu'ils étoient saisis réellement. *V. Brandon.*

Ut nemini liceat, sine judicis authoritate, signa imponere rebus alienis, C. 2. 17. Voyez les mots *Cises, Decret, Hypoteque, Panonceaux.*

De deposito & denuntiatione, &c. N 88.... Denuntiatio, signifie icy saisie entre mains, avec défense de rendre, ou de paier.

Des executions de biens. *Voyez* le mot *Execution,* 1 *n. 9. & suiv. & Charondas, li. 11. Rep. 43.*

Saisie mobiliaire ou réelle faite par le creancier, & 2 ce qu'il est tenu faire après avoir saisi? *Voyez* le mot *Creancier, nomb. 66. & suiv.*

Si l'on peut executer les jours de Fêtes? *Voyez* le mot *Execution, n. 37. & suiv.*

Une saisie faite un jour de Dimanche, est nulle. 3 *Bouvot, to. 2. verbo Saisie, quest. 49.*

Saisie faute de payement d'un legs, sur quels 4

biens doit être faite ? *Voyez* le mot *Legs*, *n.* 608.

5 Arrêt se peut faire sur les sommes dûës à son debiteur, encore qu'elles ne soient liquides ; de sorte que l'on peut faire proceder par Arrêt sur dépens ajugez & non taxez, auquel cas le creancier peut faire presnir temps à celuy qui les a obtenus pour les faire taxer, & à faute de ce faire, le contraindre à ceder son droit pour en poursuivre la taxe, & luy payé de sa dette & des frais de la taxation, delivrer le surplus à celui qui les a obtenus. *Terrien, Livre du Droit de Garde en Normandie, chap.* 8. Voyez la *Bibliotheque de Bouchel*, verbo *Arrêt*.

6 Il n'est pas permis d'executer dans les maisons des meubles, s'ils ont ailleurs des gages suffisans, C'est l'article 7. des Libertez du Dauphiné. *Franc. Marc. to.* 1. *quest.* 51. *nomb.* 7.

7 Chose saisie quoiqu'en la puissance du debiteur, ne peut être alienée sans le consentement du creancier, & avec le consentement du creancier ne suffit, si quelqu'autre prétend droit à la chose comme celuy à qui il l'auroit venduë ou autrement engagée. Arrêts du Parlement de Grenoble de Pâques fleurie 1455. & du mois d'Avril 1460. *Papon, liv.* 18. *tit.* 5. *n.* 19.

8 Les Huissiers doivent mettre par écrit ce qu'ils saisissent, & en donner copie à la partie saisie. L'Ordonnance de Roussillon depuis intervenuë, veut que les exploits soient libellez, & copie baillée à peine de nullité, & des dépens de l'assignation, sauf le recours contre le sergent. Jugé par Arrêts du Parlement de Paris des 7. Juillet 1549. & 14. Janvier 1551. *Papon li.* 6. *tit.* 7. *n.* 5.

9 Saisie, opposition de plus value de biens saisis, n'est recevable après les trois mois. Arrêt du dernier Février 1555. *M. Expilly, Arrêt* 39.

10 Si une saisie pour chose litigieuse non liquide, vaut au préjudice d'une faite depuis pour somme certaine & liquide ? *V. Bouvot, to.* 1. *part.* 3. verbo *Veuve*, *quest. unique.*

11 Si celuy qui a amodié un heritage doit être preferé non seulement pour le droit de retirer, mais aussi pour ce qu'il a prêté aux saisissans, & si l'on peut faire saisir des meubles d'un moulin pour dette publique ou particulière ? *Voyez Bouvot, to.* 2. verbo *Saisie, quest.* 9.

12 Les saisies qui se font en vertu d'un *debitis* general scellé, sont valables, quoique les obligations, constitutions de rente ne soient scellées. Arrêt du Parlement de Dijon du 23. Juillet 1604. *Bouvot, Ibid. quest.* 12.

13 * Saisi ne peut encherir, ni être adjudicataire. Arrêt du Parlement de Paris du 13. Avril 1628. *Bardet, to.* 1. *liv.* 3. *chap.* 7.

14 Le 16. Avril 1666. il a été jugé au Parlement de Provence que la saisie des deniers d'un debiteur faite par un creancier, profite à tous les creanciers, le debiteur étant insolvable. *Boniface, tome* 2. *liv.* 4. *tit.* 7. *chapitre* 5.

15 Arrêt du dernier Janvier 1670. qui a jugé que la saisie en force de Jugement, empêche l'alienation de la chose saisie. *Boniface, to.* 3. *liv.* 3. *tit.* 5. *ch.* 1.

16 Autre Arrêt du dernier Juin 1671. qui a declaré qu'au préjudice d'un arrêtement des sommes dûës, entre les mains des debiteurs, le creancier ne peut pas se faire payer & se colloquer, sans faire lever l'arrêtement. *Ibid. to.* 4. *liv.* 8. *tit.* 3. *ch.* 2.

SAISIE, AFFIRMATION.

17 Celuy qui est assigné pour affirmer, doit faire son affirmation, sinon doit être condamné à payer les causes de la saisie sans dépens, à moins qu'il n'ait contesté mal à propos. Arrêt du Parlement de Paris du 15. May 1528. *Papon, liv.* 18. *tit.* 3. *n.* 31.

SAISIE, APPOINTEMENS, GAGES.

18 Les appointemens des gens de guerre, des Prévôts des Maréchaux ne peuvent être saisis qu'à la Requête des (*Viarch*) c'est-à-dire, Vivandiers, pourvoyeurs, & autres fournisseurs de vivres. *Mornac,* Authent. *sed jam cautum*, verbo *quibus pœnis* C. *depositi vel contra.*

19 Les émolumens des Professeurs dans les Universitez, ne peuvent être saisis. Il en est autrement des gages. Arrêt du Parlement de Toulouse du 16. Mars 1675. Même décision à l'égard des Officiers Royaux. Arrêt du 11. Avril 1676. *V. M. de Castellan, livre* 6. *chapitre* 23.

SAISIR LES ARMES.

10 *Creditori interdicitur manum in equum & arma militis injicere.* Arrêt du 5. Decembre 1588. *Mornac, L.* 4. *C. familiæ erciscundæ.*

SAISIE, BAIL.

11 Saisie faite avant le bail à loyer & toûjours poursuivie, le proprietaire locateur de la maison n'est préferé pour ses loyers. *M. Bouguier, lettre M. nombre* 11 où il cotte l'Arrêt du 16. ou 17. Juillet 1622.

SAISIE DE BŒUFS.

12 Arrêt du Parlement de Provence du 24. Février 1640. qui a jugé que l'on ne peut saisir les bœufs qui servent au labourage. *Boniface, to.* 1. *liv.* 1. *tit.* 5. *nomb.* 3. L'Ordonnance de 1667. titre 33. article 16. y est formelle.

SAISIE DE BOIS.

13 *Voyez* le mot *Bois*, *nomb.* 62.

SAISIE, CHEVAUX.

14 Les chevaux de guerre & de campagne ne peuvent être saisis. Arrêt du Parlement de Dijon du 10. Novembre 1595. *Bouvot, to.* 2. verbo *Saisie, quest.* 41.

15 Les chevaux de labeurs ne peuvent être pris par execution. Arrêt du 4. Septembre 1604. *Peleus, question* 41.

SAISIE, COMMANDEMENT.

16 Commandement quoique non fait à la personne du debiteur, ne laisse pas d'être valable. Arrêt du Parlement de Paris du mois de Novembre 1392. qui reprouve l'usage de Poitou, où l'on ne pouvoit faire qu'après sommation faite au debiteur, trouvé en personne. *Papon, liv.* 18. *tit.* 5. *n.* 30.

SAISIES SUR LES COMPTABLES.

17 Des saisies & Arrêts de deniers faites sur les comptables. Ordonnance de *Fontanon, to.* 2. *liv.* 3. *tit.* 22. *p.* 1142.

SAISIE, CONDAMNATION.

18 Arrêt du Parlement de Provence du 10. Octobre 1639. qui a déclaré nul un Arrêt & saisie de deniers & de meubles, fait sans condamnation precedente. *Boniface, to.* 1. *liv.* 1. *tit.* 26. *n.* 11.

SAISIE, CONSIGNATION.

19 La perte des deniers consignez tombe sur les creanciers, & non sur le saisi. Jugé le 3. Decembre 1594. *Charondas, liv.* 13. *Rép.* 23. Autre Arrêt du 20. Juillet 1598. *M. Loüet lettre* C. *som* 50.

30 *Bouvot* en ses questions notables *to.* 2. in *verbo* depôt, *quest.* 9. rapporte un cas assez singulier sur la matiere des saisies; il dit qu'une saisie faite par un creancier des deniers consignez pour le rachat d'une rente, fut approuvée, mais le particulier étoit que la consignation n'avoit pas été faite de l'autorité du Juge. *Vide L. acceptam, cod. de usur.*

SAISIE COOBLIGEZ.

31 Chose commune ne peut être saisie sans commandement en particulier à tous les coobligez. Arrêt du Parlement de Paris du 16. Mars 1534. *Papon, liv.* 18. *tit.* 5. *n.* 26.

32 Celuy qui a deux obligez insolidement, ayant saisi sur l'un, ne le peut après cela sur l'autre que subsidiairement, & en cas d'insuffisance. Arrêt du Parlement de Dijon du 16. May 1600. *Bouvot, to.* 1. *quest.* 47.

33 La saisie faite contre un des coobligez solidairement, a effet contre les autres. Arrêt du Parlement de Grenoble du 24. May 1617. *Voyez, Basset tom.* 1. *liv.* 2. *tit.* 35. *ch.* 5.

SAI

SAISIE SUR ECCLESIASTIQUES.

34 Des Saisies & executions faites sur les Ecclesiastiques, & de la saisie réelle de leurs immeubles. *Voyez* le mot *Ecclesiastiques*, n. 49. *& suiv.*

35 Quelles choses peuvent être saisies sur un Prêtre? *Voyez* le mot *Clercs*, *nomb*. 115. *& suiv.*

36 Distributions manuelles ne peuvent être saisies. *V.* le mot *Distributions*, *nomb*. 11. *& suiv.*

37 Si la dîme peut être saisie? *Voyez* le mot *Dîme*, n. 454. *& suiv.*

38 La portion congrue n'est saisissable. *Voyez* le mot *Portion congrue*, n. 56. *& suiv.*

39 Par la Coûtume de la Rochelle chap. 4. art. 6. le Seigneur ayant Jurisdiction, peut saisir les terres, cens & autres choses appartenantes à l'Eglise de laquelle il est patron, étant en sa Jurisdiction, faute de service non fait, & réparations non faites: mais les Ordonnances ont pourvû & ordonné que les seuls Juges & Officiers Royaux, & non les Seigneurs hauts-Justiciers, & leurs Officiers pourroient faire saisir les biens des Ecclesiastiques, sous prétexte de la non résidence, ou réparations non faites, à la requête des Procureurs Generaux ou leurs Substituts, Charles IX. à Paris le 16. Avril 1510. art. 11. Henry III. 1519. art. 15. & 16. & en l'Ordonnance de Melun, art. 5. *Biblioth. Can. to. 2. p. 465. Col. 2.*

40 Les revenus Ecclesiastiques peuvent être saisis, pourvû qu'on laisse une portion suffisante. Ainsi jugé au Parlement de Toulouse. Le Prêtre avoit une pension de 20. liv. par mois qui luy étoit payée par le Chapitre Cathedral de l'Eglise de Nîmes, dans le Chœur de laquelle ce Prêtre faisoit certain service. La Cour ordonne que de cette pension il sera pris chaque mois à l'avenir huit francs par le creancier, jusqu'à son entier payement, les 12. liv. restantes demeurantes à ce Prêtre. *M. de Catellan, liv. 6. ch. 23.*

41 L'on peut saisir les meubles des Clercs non mariez quoiqu'ils vivent clericalement, pour loüages de maisons à cause du privilege réel sur les meubles du locataire, lequel privilege ne peut être éteint par le privilege personnel. Arrêt du Parlement de Paris en Juin 1511. *Bibliotheque de Bouchel*, verbo *Loüage*.

42 On peut se pourvoir par saisie du temporel contre les Prelats qui refusent d'obeïr aux Arrêts. Arrêt du Parlement de Paris du 5. Août 1373. contre l'Archevêque de Roüen. *Papon, liv. 1. tit. 5. n. 50.*

43 Arrêt du 13. Juin 1517. qui déclare nulle la saisie des biens meubles des Clercs. *Bibliotheque de Bouchel*, verbo *Meubles*.

44 Contre l'Archevêque de Lyon, condamné en quelque somme, il fut dit par Arrêt que les immeubles seroient saisis, & qu'il seroit contraint de vuider ses maisons, & mettre hors tous ses meubles. Autre Arrêt semblable du 4. May 1537. *Papon, liv. 1. tit. 5. n. 56. & li. 18. tit. 5. n. 14.*

45 Un Mandement de Justice obtenu sans discussion faite, la solemnité gardée par le Patron Laïc, le Curé étant absent de la Province, contenant permission d'arrêter les fruits du Benefice, a été cassé par Arrêt du 6. Mars 1598. à la poursuite d'un nommé le Comte, Curé de Saint Crespin, contre le Baron de Tambronne, Patron, sauf à s'adresser par action contre le Curé. Telles saisies ont été depuis défenduës, par les art. 15. & 16. de l'Ordonnance de Blois, à la tenuë des Etats, & par l'Edit d'Henry III. du mois de Février 1580. art. 4. & 5. *Biblioth. Canonique, tome 2. page 518. col. 1.*

46 Le gros des Chanoines & Prébendiers peut être saisi par les Creanciers, mais non pas les distributions quotidiennes & manuelles, & le droit des miches & pains qui se distribuent chaque jour ausdits Chanoines & Prébendiers. Arrêts des 19. Septembre 1554. & 15. Septembre 1575. *La Rochestavin, livre 2. lettre H. tit. 4. Arr. 7. liv. 6. tit. 36. Arr. 3. & Maynard, liv. 1. chap. 15.*

47 Les distributions quotidiennes des Chanoines & Prébendiers, sont exemptes de toutes saisies des Creanciers & autres, parce qu'elles tiennent lieu d'alimens. Arrêt du Parlement de Toulouse du 10. Septembre 1576. La portion congrue d'un Vicaire perpetuel, ou d'un Prébendier, peut être saisie pour les dettes contractées par le Beneficier, pourvû qu'il luy reste 100. liv. pour sa subsistance. Arrêts des 8. Fevrier 1666. & 10 Septembre 1668. *La Rochestavin, livre 2. ti. 1. Arrêt 21.*

48 Arrêt du Parlement de Bretagne du 22. Octobre 1566. qui sur les Conclusions du Procureur General, commande aux Juges en jugeant les matieres Beneficiales, de faire droit aux Parties; suivant l'Arrêt de Henon, sans permettre de venir par voye d'Arrêt sur les fruits des Benefices: or cet Arrêt fut donné en 1543 entre M. Jean Lohier, & M. Thomas Henon, par lequel il est défendu de faire arrêt, tant en matieres Beneficiales qu'hereditaires, que l'arrêt ne soit auparavant decreté par Justice. *Du Fail, livre 1. chapitre 216.*

49 Les Juges subalternes ne peuvent décerner Commission pour saisir le temporel des Benefices, sous prétexte de réparations ou non résidence. Arrêts du Parlement de Paris des 15. Février & 22. Mars 1571. *Papon, liv. 1. tit. 5. n. 50.*

50 Le Chapitre peut mulcter un Chanoine par saisie de son temporel. Jugé aux Grands Jours de Lyon en 1596. *Carondas, liv. 13. Rép. 8.*

51 L'Ordonnance qui défend de saisir les meubles des Prêtres, ne s'étend point aux Diacres. Arrêt du 26. Juillet 1607. *Bibliotheque Canonique, tome 2. pag. 555. colonne 2.*

52 La saisie du temporel d'un Benefice, ne se doit faire sans Ordonnance de Justice, à la Requête d'un Procureur du Roy. Arrêt du Parlement de Bretagne du 16. Octobre 1611. *Bellordeau, 2. part. de ses Controv. Controv. 17.*

53 Un Curé peut demander sur les fruits de son Benefice saisis par ses Creanciers, une Provision pareille à la portion congrue, sans y comprendre les terres d'aumône. Arrêt du Parlement de Roüen du 8. May 1670. qui ajuge au Curé de Misi 200 liv. en ce, non compris les Obits. *Basnage, sur la Coût. de Normandie, article 514.*

54 Quand des Evêques se sont exposez par leurs dépenses aux poursuites des Creanciers, & que leurs biens ont été saisis, ils ont toûjours obtenu la troisiéme partie de leurs revenus, & les deux autres ont été donnez aux Creanciers. Ainsi jugé pour un Evêque de Laon. Même Arrêt pour le sieur de Calvisson, qui avoit une pension de 3000. liv. sur l'Abbaye de son frere; il fut jugé qu'il auroit 1000. liv. l'Arrêt prononcé le 26. Juin 1682. de relevée. *M. Duperray, liv. 1. chap. 9. n. 19.*

SAISIE, EMPHYTEOSE.

55 L'Emphyteose peut être saisie comme les autres immeubles. *Voyez* le mot, *Emphyteose*, n. 67.

SAISIE D'EPICES.

56 Epices non saisissables. *Voyez* le mot, *Epices*, nombre 53.

SAISIE, EVOCATION.

57 Si un decret d'heritages peut être évoqué? *Voyez* le mot, *Evocation*, n. 23.

SAISIE EXCESSIVE.

58 L'intimée opposoit à celuy qui étoit subrogé à une saisie faite sur elle, que telle saisie étoit tortionnaire, le poursuivant ayant saisi pour plus qu'il ne luy étoit dû, & disoit que tels vices réels *transeunt in delegatum*. Le Sénéchal déboute des Lettres de subrogation; appel; le 19. Octobre 1560. Arrêt du Parlement de Bretagne, qui déclare l'appellant bien fondé à poursuivre les criées. *Du Fail, livre 1. chapitre 124.*

59 *Guy Pape, en sa question* 320. dit que si la chose saisie

sie est d'un prix qui aille au-delà du double de la dette, le gagement sera révoqué, les Statuts le voulant ainsi, quoy qu'il ne soit pas nul de droit. *M. Expilly*, *chap.* 39. *&* 42. observe qu'il en faut opposer avant le troisième inquant, & que c'est la disposition de l'Ordonnance de la Cour de Dauphiné de l'an 1560.

60. La saisie faite en vertu d'un *debitis* general sur une Sentence de provision de l'Hôpital, n'est valable, & la saisie étant faite pour plus grande somme, le saisissant ne doit être condamné aux dommages & interêts, quand il n'y a point d'offre de la part du debiteur. Arrêt du Parlement de Dijon du 23. Janvier 1578. *Bouvot, tome 2. verbo, Saisie, quest. 5.*

61. Celuy qui saisit pour plus qu'il ne luy est dû, doit être condamné aux dépens, encore que ces mots soient, *sauf à déduire*. Arrêt du 19. Février 1596. *Bouvot, ibid. question 42.*

62. Arrêt du Parlement de Grenoble du 13. Août 1620. qui a jugé que la délivrance se faisant piece à piece, à concurrence de la dette, pouvoit couvrir le vice de l'excessiveté de la saisie. *Basset, tome 2. liv. 7. titre 7. chapitre 4.*

63. Sur l'excessiveté d'une saisie, qu'en ce cas, il faut faire vendre les fonds piece à piece, & de la lesion énormissime. *Voyez Basset, Ibid.*

64. Jugé au Parlement de Grenoble le 21. May 1649. que l'opposition de l'excessiveté de saisie, est recevable au troisième inquant, & qu'elle avoit dû arrêter les executions, quoyque seulement signifiée à ceux qui faisoient faire le troisième inquant : la délivrance faite au préjudice de l'opposition, est nulle. Ce même Arrêt a jugé que les inquans & délivrances avoient pû être faits en un autre lieu que celuy de la situation des choses saisies, quand il y a crainte de les faire sur le lieu. *Ibidem.*

65. Saisie faite pour plus qu'il n'est dû, ne laisse pas d'être bonne, si le saisi n'offre quelque chose, la saisie ne peut être declarée tortionnaire *cuin' sit debitor.* Voyez la Loy unique, *C. de plus petitionib.* Arrêt du 11. Juillet 1621. *M. Bouguier, lettre S. nomb. 1.*

SAISIE FEODALE.

66. Cy-après l'on en fait un titre particulier, qui commence au *nombre* 130. *& suiv.*

SAISIE DES FRUITS.

66. De l'effet de la saisie des fruits pendans. *Voyez Coquille, tome 2. quest. 100.*

67. Si le Locateur de l'heritage peut saisir les fruits avant le terme échu? *Ibid. quest. 203.*

68. Le Proprietaire des terres données à partie des fruits, est preferé au saisissant des fruits pendans és heritages, pour ce qu'il a fourny au colon partiaire, pour l'année courante, mais non pour toutes les années précédentes. Arrêt du Parlement de Dijon du dernier Juin 1616. *Bouvot, tome 1. part. 1. verbo, Fruits, question 2.*

69. Le pere ayant constitué en dot 1000. écus à sa fille, & luy donnant un heritage pour en joüir jusqu'à ce qu'elle soit payée, les fruits ne peuvent être saisis par les Créanciers du pere, à moins qu'ils ne se pourvoyent *actione hypothecaria.* Arrêt du Parlement de Dijon du 24. Avril 1603. *Bouvot, tome 2. verbo, Saisie, quest. 8.*

70. Celuy qui baille un heritage à cultiver & prête de la graine pour le semer, est préférable aux Créanciers saisissans, quand il est dit par l'obligation que les fruits dudit heritage demeureront specialement hypothequez. Ainsi jugé au Parlement de Bourgogne. *Ibid. quest. 10.*

71. Si les Créanciers du pere peuvent saisir les fruits des biens maternels, qui sont destinez pour la nourriture des enfans, quoyque le pere en ait l'usufruit? Arrêt du Parlement de Provence du 20. Mars 1668. qui donne la main-levée des fruits aux enfans. *Boniface, tome 4. liv. 5. tit. 10. ch. 1.*

SAISIE, GARDIEN.

72. Acte de Notorieté donné par M. le Lieutenant Civil, le 22. Septembre 1688. que les Huissiers & Sergens, faisant des saisies de meubles, doivent laisser copie du procès verbal de saisie aux Commissaires qu'ils établissent, & aux Gardiens qui se chargent volontairement des choses saisies, sans les déplacer. *Recueil des Actes de Notor. pag. 53. & 54.*

SAISIE GENERALE.

73. Par Arrêt du Parlement de Dijon du 29. Novembre 1582. jugé que la saisie speciale est préferable à la generale. *Bouvot, tome 2. part. 1. verbo, Saisie.*

74. Une saisie particuliere, quoyque posterieure, est préferable à la generale. Arrêt du Parlement de Dijon du 15. Decembre 1582. *Bouvot, tome 2. verbo, Saisie, question 30.*

75. La saisie particuliere est préferable à la generale, Arrêt du Parlement de Dijon du 23. Janvier 1606. *Ibid. quest. 18.*

76. Une saisie peut être faite en vertu d'un mandement general émané du Juge, qui permet de saisir tout ce qui seroit dû à un tel. Arrêt du Parlement de Dijon du 18. Avril 1606. *Ibid. quest. 16.*

SAISIE, HABILLEMENT DE LA FEMME.

77. Arrêt du Parlement de Grenoble du 26. Janvier 1549. qui fait main-levée d'une robe nuptiale, & des chemises d'une femme, la saisie declarée nulle. Cet Arrêt est rapporté par *Chorier, en sa Jurisprudence de Guy Pape, p.* 340.

78. Le Créancier ne peut prendre & saisir les habillemens d'une femme, Arrêt du Parlement de Bourgogne du 22. Decembre 1602. *Bouvot, tome 2. verbo, Detteurs, quest. 6.*

HYPOTHEQUE DU SAISISSANT.

79. *Voyez* le mot, *Hypotheque*, *nombre* 246. *& suiv.*

SAISIE, MARCHANDISE.

80. La saisie est bonne de la marchandise qui a été vendue *re adhuc extante*, & le saisissant n'est tenu d'entrer *in tributum.* Arrêt du 27. Novembre 1574. *Le Vest. Arrêt* 137. Voyez la *Cout. de Paris, art.* 177.

SAISIE, PENSION.

81. Pension ajugée aux filles sur les fruits saisis à la Requête des Créanciers. Arrêt du 14. Août 1599. *M. le Prêtre, 4. Cent. chap. 7.*

82. Le pere ne peut révoquer la pension alimentaire qu'il a faite à son fils au préjudice de ses Créanciers, qui peuvent saisir. Arrêt du Parlement de Roüen du 28. Juin 1629. *Basnage; sur l'art.* 242. *de la Cout. de Normandie.*

SAISIE, PEREMPTION.

83. Arrêt du Parlement de Provence du 13. Decembre 1650. qui a jugé qu'une saisie faite ensuite de clameur, n'est sujete à peremption, si elle n'a été suivie d'aucune opposition. *Boniface, tome 2. livre 4. tit. 7. chapitre 6.*

84. En Flandres on peut saisir pour dette non liquide, & la saisie dure jusques au parfait payement du principal & dépens. Arrêt du P. de Tournay du 11. Juin 1697. rapporté par *M. Pinault, tome 2. Arrêt* 159. *Voyez* le mot, *Peremption.*

PLUSIEURS SAISISSANS.

85. Créanciers saisissans même jour viennent à contribution au sol la livre. Jugé à la Nôtre-Dame de Septembre 1588. *Montholon, Arrêt* 53.

86. Il y a concurrence entre les Créanciers qui saisissent le même jour, sur leur debiteur commun. Arrêt du Parlement de Dijon du 22. Octobre 1610. *Bouvot, tome 2. verbo, Saisie, quest.* 26.

87. Si entre plusieurs saisissans il faut suivre l'ordre des saisies? & si un blessé ayant obtenu une Provision d'alimens, est privilegié? *Voyez Bouvot, Ibidem, question* 14.

SAISIE, PREFERENCE.

88. De la préference entre saisissans. *Voyez* le mot, *Préference*, *nomb.* 19. *& suiv.*

Le prix convenu d'une tapisserie à faire, & payé au Tapissier, l'acheteur doit être préféré aux autres Créanciers saisissans, parce que ce n'est pas une simple & nuë convention, mais une vente parfaite. *Carondas, liv. 4. Rép. 69.*

88 Le Créancier qui saisit pour une somme à luy ajugée pour delit, quoyque posterieur, est preferable au premier Créancier saisissant, pour un dû prétendu, & non ajugé. Arrêt du Parlement de Dijon du 8. Janvier 1581. *Bouvot, tome 2. verbo, Saisie, quest. 31.*

89 Jugé par Arrêt du Parlement de Dijon du 6. Mars 1581. que celuy qui a avancé argent & plomb pour faire des thuiles plombées, n'est preferable à un créancier saisissant les thuiles. *Bouvot, to. 1. part. 3. verbo Créancier, quest. 3.*

91 Jugé par Arrêt du Parlement de Dijon du 7. May 1584. que celuy qui fait déplacer les meubles du débiteur, est preferable à celuy qui fait exécuter le détenteur qui s'est rendu adjudicataire de ses gages. *Ibidem, to. 1. part. 3. verbo Créancier, quest. 4.*

92 Le créancier de l'heritier n'est preferable sur les meubles du défunt au créancier du défunt. *Ibidem, to. 2. verbo Saisie, quest. 11.*

93 Ceux qui ont fourni argent & grains pour la nourriture des vignerons, sont preferables à tous créanciers saisissans. Arrêt du Parlement de Dijon du 17. Decembre 1599. *Ibid. quest. 18.*

94 Celuy qui a avancé des grains à un granger pour semer, quoiqu'il n'y en ait eu que partie employée aux semailles, que le surplus ait servi à la nourriture du granger, est neanmoins preferable au créancier du granger saisissant, y ayant convention que les fruits qui proviendroient des heritages, demeureroient specialement affectez & hypotequez. Arrêt du Parlement de Dijon du 2. Avril 1602. *Ibid. qu. 24.*

95 Celuy qui a des meubles en sa puissance pour seureté de son dû, est préferable au saisissant. Arrêt du 22. Decembre 1608. *Ibidem, qu. 23.*

96 Le Maître est préferable aux créanciers qui saisissent les fruits, non seulement pour le droit de rieretterre, mais pour les grains fournis au Granger pour sa nourriture, & pour ensemencer les terres, & s'il n'a obligation, il est recevable à le prouver. Arrêt du Parlement de Dijon du 10. Avril 1617. *Voyez Bouvot, ibidem, quest. 38.*

97 Entre deux créanciers saisissans les mêmes meubles du même débiteur, la preference est reglée par la date des saisies, & non par la priorité des hypoteques; & le premier saisissant, quoique créancier posterieur, est préféré au créancier anterieur qui s'opposera à cette saisie avant la vente des meubles. Ainsi jugé au Parlement de Toulouse le 26. Avril 1669. en faveur du Syndic du Chapitre de Rieux, suivant l'avis de *Louët, & Brodeau lettre M. nomb. 10. V. M. de Catellan, liv. 6. ch. 28.*

PREMIER SAISISSANT.

98 La femme saisissante premiere les meubles de la communauté pour le payement de ses conventions matrimoniales, aprés la faillite de son mari, n'est preferable en matiere de déconfiture, il n'y a aucun privilege. Arrêt du 13. Decembre 1585. *M. Louët, lettre M. somm. 8.*

99 Les créanciers saisissans en un même jour les meubles de leur débiteur commun, sans pouvoir connoître qui étoit le premier saisissant, viennent par contribution au sol la livre. Arrêt du 7. Septembre 1588. *Ibidem, somm. 10.* Montholon, *Arrêt 55.* rapporte le même Arrêt.

100 Au mois de Mars 1600. jugé au Parlement de Paris en la Chambre de l'Edit, que le premier saisissant sur les rentes de l'Hôtel de Ville devoit être payé de tous les deniers qui luy étoient dûs, & les autres aprés, sans être obligé de venir à contribution. *M. le Prêtre, Arrêts celebres du Parlement.*

101 Celuy qui saisit le premier les meubles est preferable, quoique posterieur créancier, Arrêt du Parlement de Dijon du 19. Juin 1600. *Bouvot, tome 2. verbo Saisie, quest. 48.*

102 Si une saisie peut être bonne & valable au prejudice d'un premier créancier hypotéquaire, sur des deniers provenans des heritages sur lesquels le débiteur avoit hypoteque? Jugé au Parlement de Dijon le 3. Juillet 1608. que tels deniers étoient meubles, & appartenoient au premier saisissant. *Ibid. qu. 22.*

103 Jugé par Arrêt du Parlement de Dijon du 2. Juillet 1611. que la veuve premiere saisissante est preferable, à celuy qui a fait une saisie particuliere de meubles ou bestiaux. *Bouvot, ibid. qu. 27.*

104 La déconfiture fait cesser le privilege des premiers saisissans aprés la chose jugée. Prononcé le 23. Decembre 1639. *Henrys, tome 1. livre 4. chapitre 8. question 38.*

105 Un créancier pour arrerages de rente premier saisissant les meubles ou chevaux d'une ferme des champs, est preferé sur la vente au proprietaire de la ferme opposant pour les redevances dûës. Arrêt au Rolle de Vermandois, le 22. Novembre 1655. *Du Fresne, liv. 8. ch. 25. sect.* pour Paris, parce que la Coûtume article 171. est contraire, *sed suo clauditur territorio.*

106 Entre les saisies & arrestations des sommes dûës au debiteur la preference doit être reglée par la priorité de l'hypoteque, & non par la date des saisies. C'est la derniere Jurisprudence du Parlement de Toulouse nonobstant quelques Arrêts précedens. Ainsi jugé le 20. Février 1681. *V. M. de Catellan, liv. 6. ch. 18.*

107 A present l'on juge dans la Ville de Lyon, & dans toute la Province qu'en matiere de saisie de meubles ou de deniers, le premier saisissant l'emporte; cela a été ainsi décidé dans un procez jugé à la Grand-Chambre, au rapport de M. Maulnourry, le 17. Mars 1699. entre le sieur du Lieu Lieutenant Particulier en la Senéchaussée & Siege Presidial de Lyon, & le sieur de Grange-Blanche Procureur du Roy en l'Hôtel de Ville de Lyon. *Henrys, tome 1. livre 4. chapitre 8. question 38.*

SAISIE, REVENDICATION.

108 Meuble saisi & trouvé en la possession du debiteur peut être reclamé, & s'il appartient à un tiers, mainlevée en doit être faite avec dommages & interêts contre le saisissant qui auroit connu que la chose n'appartenoit point au debiteur. Arrêt donné és Grands Jours de Moulins le 6. Septembre 1540. *Papon, livre 18. titre 5. n. 32.*

Voyez le mot *Revendication.*

SAISIE, SEQUESTRE.

109 Les Sergens ne doivent laisser les meubles par eux saisis en la garde du proprietaire, ou de ses domestiques. Arrêt du Parl. de Paris du 26. Février 1515. Autre du 8. Février 1590. en forme de reglement. Si le debiteur étoit dépositaire, l'execution ne seroit qu'imaginaire & non réelle; un autre creancier qui saisiroit ensuite, seroit preferé; ainsi jugé au même Parl. les 22. Janvier 1571. & 27. Juillet 1589. *Ibidem, nomb. 24.*

110 La saisie n'est pas parfaite sans bailler copie, & établir sequestre, & au prejudice d'icelle le debiteur peut vendre la chose saisie. Arrêt du Parlement de Grenoble du 11. Mars 1583. *M. Expilly, Arr. 81.*

111 Arrêt du Parlement de Provence du 25. Octobre 1648. qui a cassé des executions, faute d'avoir établi les rentiers sequestres des revenus saisis. *Boniface, to. 1. livre 1. tit. 26. n. 3.*

SAISIE ROYALE.

112 De la saisie Royale, & comment l'on entend ce que l'on dit ordinairement, *le Roy plaide les mains garnies?* Voyez *M. le Bret, traité de la Souveraineté, livre 2. chap. 11.*

SAISIE, SURANNÉE.

113 Une saisie aprés un an est nulle, & le second saisissant a été jugé preferable au premier, Arrêt du P. de Dijon du 11. Mars 1596. *Bouvot, to. 2. verbo Saisie, qu. 43.*

114 La saisie de meubles après deux ans est surannée, & lors qu'il vient un nouveau saisissant, on n'a aucun égard à cette premiere saisie. Arrêt du Parlement de Dijon du 5. Juillet 1604. Bouvot, ibid. qu, 13.

SAISIE SUR SAISIE.

115 Saisie sur saisie ne vaut; & comment cela s'entend? Voyez la Biblioth. du Droit François par Bouchel.

116 Au Parlement de Grenoble, on a souvent préjugé que saisie sur saisie vaut, s'il y a intervalle ou cessation des poursuites du premier saisissant d'environ six mois. La Rocheflavin, liv. 2. tit. 1. Art. 33.

117 Deux maisons sont saisies & mises en criées avant les troubles, à cause desquels on ne continue point les poursuites: cependant une de ces maisons périt & devient masure. Après les troubles, un autre creancier fait saisir cette masure, mettre en criées, & ajuger. Un Procureur en la Cour qui avoit un droit d'hypoteque sur ces deux maisons ne s'oppose point à cette adjudication, mais il se va depuis opposer à la premiere saisie, & appelle de l'adjudication faite sur la seconde saisie, disant que saisie sur saisie ne vaut. On luy répond que la derniere saisie n'est que d'une masure, & que la premiere étoit d'une maison. Ergo, ce n'est pas saisie de la même chose. Par Arrêt le decret fut confirmé, ainsi qu'a dit M. de Bernage. On dit qu'il y a des Arrêts contraires; le même Bernage en cotoit un pour le Conservateur de Lyon, au rapport de M. le Voix, un autre pour la Dame de Thorigny, contre le sieur de Tornoille. Bibliotheque de Bouchel, verbo Saisie, p. 392.

118 Saisie sur saisie ne vaut, il faut se pourvoir par opposition. Arrêt du Parlement de Toulouse du mois de Decembre 1591. Mainard, to. 1. liv. 2. ch. 64.

119 Encore que par la maxime du Palais saisie sur saisie ne vaille; neanmoins saisie sur saisie peut valoir. Quand quelqu'un fait saisir au sçû du premier saisissant, & fait apposer le decret sans qu'il s'oppose, *nam qui tacet quando prohibere poterat pro consentiente habetur*. Arrêt du 20. Mars 1601. Pelleus li. 3. art. 34.

120 Saisie sur saisie peut valoir; le premier saisissant n'a point consideré lors qu'il a negligé de faire des poursuites. Arrêt du Parlement de Grenoble du 15. Novembre 1603. qui prefere le second saisissant. Saisie sur saisie peut encore valoir, si c'est au vû & sçû du premier saisissant qui ne s'y oppose. Ainsi jugé au Parlement de Grenoble le 20. May 1604. Basset, to. 2. livre 7. tit. 7. chap. 1.

121 Saisie sur saisie vaut s'il y a intervalle ou cessations de poursuites du premier saisissant d'environ six mois. Arrêt du même Parlement de Grenoble du 9. Février 1608. V. ibid. to. 1. liv. 2 tit. 35. ch. 4.

SAISIE, TRANSPORT.

122 La somme cedée peut être saisie par les creanciers du cedant, tant que le transport n'est point signifié. Arrêt du Parlement de Toulouse du dernier Juillet 1674. mais si la cession a été acceptée, on distingue; ou le débiteur delegué est à terme de payer au temps de l'acceptation, ou il n'est pas à terme; s'il n'est pas à terme les creanciers du cedant peuvent nonobstant l'acceptation, & avant l'écheance faire saisir s'il est à terme, quoique dans l'acte d'acceptation le cessionnaire luy donne un nouveau délai, il n'y a plus lieu de saisir. Cette distinction fondée sur deux Arrêts des 16. Février & 11. Avril 1679. rapportez par M. de Catellan, liv. 4. chap. 47.

SAISIE, VENTE.

123 Par Arrêt du 12 Avril 1588. rapporté par Tronçon sur la Coûtume de Paris, art. 176. in verbo sans Terme, il a été jugé que la chose se trouvant saisie sur le débiteur par autre creancier, en ce cas celuy qui l'a vendue, nonobstant qu'il eût donné terme de payer, ne laisse d'être fondé à empêcher la vente jusqu'à ce qu'il soit payé, & qu'il est préférable à la chose nantie au creancier, autrement si la chose étoit saisie, en ce cas le vendeur n'auroit aucun droit de préférence sur le premier saisissant. Arrêt du 10. Mars 1587.

114 Celuy qui a charge d'acheter du bétail en ayant fait l'achat, & le creancier d'iceluy faisant saisir le bétail, la saisie n'est valable au préjudice du mandant qui a baillé l'argent pour l'achat. Bouvot, tome 1. pari. 2. verbo Saisie.

125 Si le vendeur d'un meuble n'étant pas payé du prix est préférable à un creancier saisissant? Voyez ibid. to. 2. verbo Saisie, quest. 3.

126 La vente étant faite d'un Matrein, & n'ayant été délivré, le creancier qui le saisit sur le vendeur, est préférable à l'acheteur. Arrêt du Parlement de Dijon du 5. Decembre 1594. Ibid. qu. 37.

127 La chose prétenduë venduë étant en la puissance du débiteur, le saisissant est préférable. Arrêt du Parlement de Dijon du 2. Juin 1598. Ibidem, verbo Rente, quest. 20.

128 Celuy qui a vendu des tonneaux pour mettre le vin provenu des fruits saisis, n'est pas préférable aux saisissant. Arrêt du Parlement de Dijon du 12. Juillet 1605. Bouvot, to. 2. verbo Saisie, quest. 11.

129 L'acheteur d'un heritage mis en criées peut faire saisir des deniers dûs, au vendeur pour seureté de son achat. Arrêt du Parlement de Dijon du 29. Juillet 1605. Bouvot, ibidem, quest. 15.

SAISIE FEODALE.

130 Voyez les mots Commise, Désaveu, Felonie, Foy & Hommage, n. 48. & suiv. & cy-aprés le n. 269. & suiv.
Des saisies de fiefs par les Seigneurs feodaux. Ordonnances de Fontanon, to. 1. liv. 4. tit. 16. page 804. & l'Ordonnance de Roussillon, art. 11. & Chatondas, livre 2. Rép. 27. & les Arrêtez faits chez M. le premier Président de Lamoignon, recueillis dans le Commentaire de M. Barthelemy Auzanet, sur la Coûtume de Paris.

131 *Patronus tenetur de casu fortuito, si acciderit & effectum habuerit occasione prehensionis injusta; Secus si cessante prehensione res peritura erat penes Clientem.* Voyez M. Charles du Moulin sur la Coût. de Paris, §. 6. hodit le 9. Glos. 7. n. 19.

132 Dans la saisie feodale *si subest causa*, le Seigneur peut saisir sans observer les solemnitez, & encore que sa saisie soit nulle il ne doit aucuns dépens, dommages & interêts; mais *si non subest causa*, comme s'il n'est rien dû, en ce cas la saisie est plûtôt tortionnaire, faite *pro non debito*; nulle *ex defectu solemnitatis*. M. Charles Du Moulin, sur l'art. 76. de la Coûtume de Blois apporte cette distinction. Voyez M. Loüet, lettre F. somm. 20.

133 *Non fit prahensio feudi pro juribus pecuniariis tantum, sed dominus viâ actionis sua jura petit & hoc de antiquis juribus.* M. Charles Du Moulin, §. 1. Glos. 1. n. 1. *hoc si patronus admisit clientem in fidem non potest uti prahensione feudali pro juribus.* M. Charles Du Moulin §. 1. Glos, 9. n. 22.

134 *Prahensio feudalis, aliis prædominatur.* C. M. §. 1. Glos. 2. n. 3. soit qu'elle soit premiere ou suivante. Coquille, Coûtume de Nivernois, tit. des Fiefs.

135 Le chef lieu étant saisi tout le fief est saisi. Mornac, l. 44. ff. de religiosis & sumptibus.

136 La saisie feodale doit être signifiée pour avoir effet. Tronçon, Coûtume de Paris, art. 178. in verbo Saisir.

137 Si le Seigneur qui a saisi le fief de son vassal a droit de presenter aux Offices? Voyez Bacquet des Droits de Justice, chap. 17. nomb. 4. s'il a droit de presenter aux Benefices? V. ibid.

138 La saisie feodale n'a point un effet résolutif, mais seulement suspensif. Brodeau sur M. Loüet, lettre S. somm. 34. Voyez la Coûtume de Paris, art. 56.

139 Si les creanciers du Seigneur feodal peuvent par Justice le contraindre à saisir son fief servant pour gagner les fruits? Voyez Coquille, tome 2. quest. 26. il tient l'affirmative.

140 Si durant la saisie feodale vient une échoite, hoiriere

SAI

141. Si le Seigneur feodal peut saisir les seuls profits, quand la foy ne défaut, & s'il fait audit cas les fruits siens? V. *ibidem*, *quest.* 264.

142. De deux Seigneurs dominans (comme il peut arriver qu'un même fief tienne de deux divers Seigneurs,) l'un ayant fait saisir faute d'hommes, & l'autre non, la saisie & interruption du saisissant ne sert & ne profite point à l'autre, jusques-là qu'elle n'interrompt point la prescription à son égard. *Brodeau, sur M. Loüet, lettre F. somm.* 26.

143. Les Seigneurs directs ne doivent point saisir sur leurs Tenanciers sans condamnation précedente ; autrement les Tenanciers peuvent requerir la reintegrande comme spoliez. Arrêt du Parlement de Grenoble de la veille de Noël 1456. *Papon, liv.* 13. *tit.* 2. *nomb.* 11.

144. Le Seigneur peut faire saisir pour ses droits, encore qu'ils ne soient liquidez ; mais il ne fera vendre, sinon après la liquidation ; par l'argument de l'article 76. de l'Ordonnance de 1539. *Coquille, Coûtume de Nivernois, chap.* 5. *des Cens, &c.*

145. Pour le payement des rentes au treiziéme, l'heritage du vassal ne peut être decreté ; le Seigneur feodal doit se contenter de saisir & arrêter les levées & fruits du fonds. Arrêt du 4. Decembre 1540. *Bibliotheque de Bouchel,* verbo, *Decrets.*

146. Par Arrêt du Mardy 7. Avril 1551. rapporté par *Coquille, sur la Coûtume de Nivernois, art.* 9. du titre *des Fiefs*, jugé que les Officiers ne peuvent dans les saisies feodales qu'ils font, user de ces termes, *& en cas d'opposition, la main feodale tenant*, mais après la saisie faite le Juge de la cause, après avoir oüi les Parties, peut ordonner que la main feodale tiendra nonobstant l'opposition.

147. Arrêt du P. de Bretagne du 16. Avril 1562. qui declare nulle une saisie pour une rente feodale duë sur une maison de la ville de S. Malo. La saisie étoit faite à la Requête d'Olivier le Maire, qui étoit en possession aux trois ans derniers, cependant le détenteur condamné à payer la rente. *Du Fail, liv.* 2. *chap.* 159.

148. La saisie feodale est personnelle, & ne passe point au successeur singulier, comme étoit le Duc de Brunsvvich. Arrêt du 20. May 1575. *Carondas, livre* 4. *Réponse* 45.

149. Le Seigneur feodal ayant fait saisir, la saisie tient jusqu'au devoir sans peremption, tellement que les autres Seigneurs fonciers ou directs & autres ne peuvent faire saisir, mais venir par opposition. Arrêt du P. de Paris du 9. Août 1581. *Papon, liv* 13. *tit.* 1. 2. *n* 77.

150. Sur les fiefs en l'air la saisie feodale ne peut être faite par main-mise que sur les arrieres-fiefs. Arrêt du 21. Février 1604. *Peleus, quest.* 75.

151. La saisie feodale qui n'a point été faite sur le fief, mais seulement entre les mains du vassal en parlant à sa personne n'emporte perte de fruits ; *secùs*, si le fief consiste en un droit de redevance, en ce cas la saisie vaut sans qu'il soit besoin de saisir entre les mains du debiteur de la redevance, si ce n'est pour empêcher qu'il ne paye au vassal. Arrêt du 22. Decembre 1608. *M. le Prêtre* 3. *Cent. chap.* 49.

152. Par Arrêt du 21. Février 1613. rapporté par *Tronçon sur la Coût. de Paris, art.* 28. *in verbo*, jugé saisir, une saisie feodale a été convertie en opposition, à la charge de la préference pour les droits Seigneuriaux. Autre Arrêt du 9. Janvier 1624. par lequel il a été jugé que la saisie feodale faite au Fermier, n'y ayant manoir au fief, étoit nulle selon la Coûtume d'*Amiens.*

153. La saisie feodale est nulle, quand elle est faite au nom du Procureur Fiscal, & non du Seigneur dominant. 2. Quand les fruits pendans par les branches & racines sont pendans & non faits. 3. Quand le Sergent a saisi & mis en la main du Roy, au lieu de mettre en la main du Seigneur dominant. 4. La foy & hommage ayant été renduë. *Voyez les Notables Arrêts*

Tome III.

SAI 521

des Audiences. Arrêt 53. du 14. Février 1664. Saisie feodale faute de foy & hommage faite au nom du Procureur Fiscal signée de deux témoins sans declarer leur domicile, jugée valable, & la perte des fruits reduite à une année seulement. Arrêt du Parlement de Paris du 11. Mars 1681. *Journal du Palais.*

154. Le nouveau Seigneur ne peut saisir un fief mouvant de luy, sur la simple signification faite à son vassal, sans publications d'hommages. Arrêt du 3. Avril 1691. *Au Journ. des Aud. du Parl. de Paris, tome* 5. *liv.* 7. *chap.* 18.

Voyez cy après le mot, *Seigneur, nomb.* 147.

SAISIE FEODALE, ABSENCE DU VASSAL.

155. Absent de cinq ans n'est réputé mort, & la saisie feodale faite à la Requête du Seigneur dominant après le partage fait par les freres, des biens de l'absent, fut declarée tortionnaire & mainlevée, &c. attendu que l'absent avoit fait avant son départ la foy & hommage, le saisissant condamné aux dépens. Jugé le 7. Août 1576. *Carondas, liv.* 4. *Rép.* 70.

156. L'absence ne peut servir de prétexte pour proceder à une saisie faute d'hommes & devoirs non faits, quand le vassal absent a donné son aveu ; mais si le vassal n'en a point donné & que le Seigneur ait usé de main-mise, l'heritier présomptif peut être reçû à donner aveu. Arrêt du Parlement de Normandie du mois de Juin 1661. qui renvoye l'heritier en possession de l'heritage, en baillant caution de rapporter les fruits en cas de retour de l'absent, & en donnant aveu, faisant les devoirs & payant les frais de la réünion. La cause de l'absence étoit un pelerinage à saint Jacques en Galice ; cet Arrêt est d'autant plus remarquable qu'en Normandie on n'admet point de Curateurs aux biens vacans, ni de Commissaires comme à Paris. *Basnage, sur l'art.* 120. *de la Coût.*

SAISIE FEODALE, ALIENATION.

157. La saisie feodale n'empêche d'aliener ; *Secùs quando est pignus prætorium quod afficit rem ipsam.* V. *M. le Prêtre* 2. *Centurie, chapitre* 58. *& M.* Charles du Moulin, *sur la Coût. de Paris,* §. 35. hodie, le 51. *nomb.* 31. *& M. Loüet, lettre R. somm.* 34.

158. Le Seigneur qui a usé de main-mise sur les heritages feodaux de son vassal, ne peut en vendre ni aliener ; mais si le Seigneur après la saisie du fief baille à rente quelques arpens du domaine saisi, & que les preneurs en joüissent par l'espace de 30. ans, ils sont asseurez contre le vassal. *Voyez* Chopin, *Coûtume de Paris, liv.* 1. *tit.* 2. *nomb.* 37.

159. Le Seigneur du fief dominant ayant saisi le fief de son vassal, faute d'hommes & droits, &c. s'il vend son fief dominant avec reserve du droit de saisie, & que l'Acquereur reçoive depuis le vassal à foy, il peut neanmoins poursuivre la saisie. Arrêt du 10. Decembre 1565. *Papon, liv.* 13. *tit.* 1. *nomb.* 15.

SAISIE FEODALE, BAIL.

160. Si le Seigneur doit entretenir les baux pendant la saisie feodale ? *Voyez* le mot Bail, *nomb.* 210. *& suiv.*

SAISIE FEODALE, BENEFICE.

161. De la présentation au Benefice pendant la saisie feodale. *Voyez* le mot *Dénombrement, nomb.* 4.

SAISIE FEODALE, BESTES.

162. Le Seigneur ayant saisi pour sa rente les bêtes pâturantes sur son fond, non seulement celles appartenantes à son vassal, mais les bêtes de ceux qui tiennent l'heritage à loüage ou qui ont été aloüé des Bêtes : mais celuy dont il auroit saisi des bêtes, pourroit agir solidairement contre les redevables, de même que le Seigneur auroit pû faire. Arrêt du Parl. de Roüen du 3. Janvier 1650. rapporté par *Basnage, sur l'art.* 67. *de la Coûtume* ; il observe que l'Arrêt ne passa pas tout d'une voix, & que M. Damiens un des Juges disoit que le contraire avoit été jugé à son rapport.

SAISIE FEODALE, COMMISSION.

163. Du Commissaire établi aux heritages saisis feodale-

Vuu

ment. Voyez le mot *Commissaire*, nomb. 50. & suiv.

164 Pour saisir feodalement il faut avoir une commission du Juge du Seigneur ou du Juge Royal, &c. V. M. le Prêtre 3. Cent. chap. 49. fine.

165 Arrêt donné le 13. May 1530. entre Maître Augustin de Thou, Avocat en Parlement & Messire François du Monceaux Chevalier Seigneur de saint Sire, par lequel commission generale pour saisir tous fiefs trouvez ouverts est reprouvée, & est defendu à tous Juges de décerner telle commission. *Biblioth. de Bouchel*, verbo, *Fief*.

166 Saisie feodale faite sans mandement du Juge & à la Requête du Procureur Fiscal seul, sans nommer le Seigneur, est neanmoins valable. Arrêt rendu au Grand Conseil le 7. Mars 1692. au profit de M. le Duc de Nevers. *Voyez le Journal du Palais* in fol. tome 2. page 808.

SAISIE FEODALE, DAUPHINE'.

167 La Saisie feodale n'est pas de l'usage de Dauphiné: le Seigneur vient par action, pour avoir declaration du Commis. Arrêts du Conseil Delphinal des 4. Avril 1369. & 3. Juillet 1452. Autres Arrêts du Parl. de Grenoble des 16. Decembre 1649. & 27. Novembre 1653. *Voyez M. Salvaing*, Traité des Fiefs, part. 1. chap. 10.

SAISIE FEODALE, ENREGISTREMENT.

168 La saisie feodale doit être enregistrée au Greffe de la Jurisdiction, soit subalterne ou Royale, lequel enregistrement est pour le premier cas de la signification aussi bien que pour celuy de la publication. Ricard est d'avis contraire, & que l'enregistrement n'est pas necessaire; ce qui a été ainsi jugé par l'Arrêt du 11. Mars 1681. qui est en *la 7. partie du Journal du Palais*. Neanmoins la question s'etant presentée entre le sieur de la Ravoye acquereur du fief de Montbelin, & le sieur de Verneüil, Seigneur du fief de Montlignon, le sieur de Verneüil, qui soûtenoit que l'enregistrement n'étoit necessaire que dans le cas de la publication au Prône; le sieur de la Ravoye qui pretendoit que l'Exploit de saisie feodale devoit dans tous les cas être enregistré au Greffe du lieu saisi. Par Arrêt rendu aprés un deliberé en la premiere Chambre de la Cour des Aydes de Paris le 3. Juin 1699. on jugea conformément à l'avis de *M. du Plessis* qui fut cité & lû. Voyez *Du Plessis*, Traité des Fiefs, livre 5. chapitre. 3.

SAISIE FEODALE EVOCATION.

168 bis Saisie feodale ne peut être évoquée aux Requêtes de l'Hôtel ou du Palais en vertu d'un *Committimus*. Arrêt du Parl. de Paris du 4. Juin 1703. *Notables Arrêts imprimés chez Michel Guignard en 1710. chap. 41.*

SAISIE FEODALE, FRUITS.

169 Les fruits ne sont dûs au Seigneur du Fief que du jour de la saisie feodale faite à sa requête; & les precedens demeurent à l'Acquereur. Voyez le mot *Fruits*, nomb. 175.

170 Arrêt du Parlement de Bretagne du 31. Octobre 1562. qui a jugé que la saisie feodale n'emportoit point perte de fruits. *Du Fail*, liv. 2. chap. 167.

171 Le Seigneur direct peut faire saisir les fruits du Fermier quand ils sont pendans par les racines, quoique le Fermier dise avoir payé; mais s'ils sont serrez & recuëillis, il ne peut que faire arrêter entre ses mains ce qui peut être dû au principal preneur. Arrêt du Parlement de Paris du 17. May 1574. *Papon*, liv. 13. tit. 2. nomb. 11.

172 La saisie feodale ordonnée par le Juge du Seigneur n'emporte point perte des fruits que du jour qu'elle est executée, & qu'il y a eû Commissaire établi. Arrêt du 9. Decembre 1595. *M. le Prêtre*, és Arrêts de la Cinquiéme.

173 Au Rôle d'Amiens une saisie feodale n'ayant été & signifiée qu'au Fermier, la Coûtume desirant qu'el-
174 le soit signifiée au chef-lieu, s'il y en a un, ou bien à la porte de l'Eglise Paroissiale & par affiches, n'est suffisante pour acquerir les fruits au Seigneur. Arrêt du 9. Janvier 1624. *Du Frêne*, liv. 1. chap. 13.

175 Une saisie feodale des fruits, sans parler du fief, à la Requête du Procureur Fiscal sans commission speciale n'est pas valable, & main-levée des bois taillis vendus commencez à couper devant la saisie & restans à couper. Arrêt du 14. Février 1661. *De la Guesse*, tome 2. liv. 4. chap. 6.

176 *Basnage*, sur l'art. 111. de la Coût. de Normandie, où il est parlé de la saisie feodale, dit, si les heritages sont donnez à ferme, il faut suivre l'art. 19. du Reglement de 1666. suivant lequel les fermages des heritages reünis sont acquis au Seigneur; si pendant que les fruits sont encore sur le champ, il a signifié au Fermier qu'il s'arrête audit fermage, si le vassal ne donne aveu avant que les fruits soient engrangez par le Fermier. Touchant la peine qu'encourt le vassal quand il empêche la joüissance du Seigneur. Voyez *Coquille*, quest. 25.

177 La réunion étant jugée par Sentence au profit du Seigneur saisissant feodalement, les fruits luy appartiennent; elle ne perit point par an & jour; mais s'il les laisse enlever par le vassal, il les perd. Arrêt du Parlement de Roüen du 31. Juillet 1671. Voyez *Basnage*, sur l'art. 111. de la Coûtume de Normandie.

178 Un Seigneur en vertu de la saisie feodale avoit fait réünir les heritages; mais il ne fit signifier la Sentence de réünion qu'aprés qu'une partie des fruits avoit été engrangée; neanmoins le Seigneur ayant déclaré qu'il s'arrêtoit au fermage, le Juge de Neufchâtel les luy avoit ajugés entierement. Sur l'appel du vassal, sur la contestation pour sçavoir le nombre des bleds qui avoient été engrangez avant la signification de la réünion, les Parties furent appointées en preuves respectives de leurs faits. Il parut qu'il y avoit le tiers des bleds engrangez. Par Arrêt du Parlement de Roüen du 11. Août 1681. l'on ajugea au Seigneur les deux tiers des fermages. *Basnage*, sur l'art. 118. ibid.

179 La saisie réelle du Créancier n'empêchera point la perte des fruits acquis au Seigneur par la saisie feodale, faute d'hommage non fait, *Bechet*, art. 66. M. Abraham la Peirere, *en ses Décisions du Palais*, lettre H. nombre 37. dit, *Je ferois doute si la saisie réelle précedoit la feodale*.

Arrêt rendu au Parlement de Bourdeaux le 15. May 1673. Le Seigneur de Boüillon avoit fait proceder par saisie feodale sur le sieur de Miramont son vassal, faute d'hommage non rendu sans avoir fait établir de Commissaires, la saisie dura depuis le 5. Août 1670. jusqu'au 15. Octobre 1672. que ledit sieur Miramont rendit son hommage. La question étoit sur la perte des fruits pendant la saisie; ledit sieur Miramont se defendoit sur ce que n'y ayant point d'établissement de Commissaires, le Seigneur de Boüillon l'avoit laissé joüir des fruits volontairement: neanmoins jugé que ledit sieur de Miramont avoit perdu les fruits, & les devoit restituer audit sieur de Boüillon.

180 Saisie feodale en la Coûtume de *Loris*, faute de droits & devoirs non payez, on demandoit les fruits depuis 80. ou 100. ans, le Demandeur débouté de sa demande. Jugé au Parlement de Paris le 13. Juillet 1678. *Journal du Palais*.

SAISIE FEODALE, MAINLEVE'E.

181 En Normandie la simple presentation de l'aveu bon ou mauvais, aneantit la saisie feodale & la réünion, il suffit pour obtenir main-levée de la saisie feodale que le vassal ait fait la foy & hommage. Arrêt du Parlement de Normandie du 6. Février 1543. rapporté par *Basnage*, sur l'art. 109. de cette Coûtume.

182 Pour obtenir la main-levée de l'heritage réüni, il ne suffit pas de se presenter pour faire les foy & hommages, ou à bailler un aveu; il faut de plus faire cesser toutes les causes qui ont donné lieu à la réünion, c'est-à-dire, il faut payer les reliefs & treiziéme & les rentes, même les frais, comme il se peut inferer de l'article 120. de la Coûtume de Nor-

SAI

mandie, ce qui a été jugé par Arrêt du 23. Mars 1543. comme *Berault* le remarque. *Voyez Pesnelle sur cette Coût. art.* 117.

183 Si le Seigneur feodal blâme quelques-uns des articles du dénombrement baillé, & les autres non ? La main-levée se doit bailler *pro rata* de ce qui est accordé, demeurant la saisie pour les autres articles blâmez, à la charge des dommages & interêts. Ainsi jugé au Parlement de Paris en 1563. & sont à ce conformes les Coûtumes de *Vermandois*, art. 205. *Châlons*, art. 206. *Senlis*, art. 252. *Chaumont*, art. 19. *Biblioth. de Bouchel*, verbo, *Saisie feodale*.

184 Entre Jean Beau-joüan, & le Seigneur de Guemené. L'Appellant acquiert du sieur de la Pommeraye une terre tenuë de l'Intimé, auquel il montre son Contract, & paye les ventes; l'Intimé qui auparavant avoit saisi la terre, non encore venduë par défaut de foy, poursuit la saisie. L'Appellant n'ayant reçû les ventes & vû le contrat, il n'est recevable en la saisie, de l'execution de laquelle il appelle. Par Arrêt du Parlement de Bretagne du 13. Avril 1564. il est dit, mal saisi, mal executé, main-levée à l'appellant des fruits de la terre, pour en joüir depuis les ventes payées à l'intimé, lequel est condamné ès dépens & interêts de l'execution, sauf son recours vers le sieur de la Pommeraye, pour les fruits du temps précedent. *Du Fail, liv.* 1. *ch.* 171.

SAISIE FEODALE, OFFRES.

185 Jugé par Arrêt du Parlement de Paris du 10. May 1662. qu'en cas de saisie feodale par faute d'homme, droits & devoirs non faits & non payez, les offres faites par le vassal de tous & tels droits qui peuvent être dûs au Seigneur par la mutation du fief, outre la foy & hommage sont suffisantes. *Soëfve, tome* 2. *Cent.* 2. *chap.* 64.

SAISIE FEODALE, PREFERENCE.

186 Si la saisie feodale est preferée à la saisie des creanciers; & en cas que l'un des deux prévienne, si neanmoins l'autre pourra saisir ? *Voyez Coquille, tome* 2. *question* 21.

187 Un Seigneur feodal fut préferé à tous les autres creanciers, non seulement pour ses droits Seigneuriaux, mais aussi pour les fruits tombez en pure perte depuis le cours de sa main mise, encore qu'elle fût posterieure aux droits de quelques creanciers, *Arg. L. lex vectigalis de pign.* en Novembre 1543. Arrêt entre le sieur de Guise, & le Président de Brinon, & ne passa que d'une voix. *Bibliot. de Bouchel*, verbo *Saisie feodale*.

SAISIE FEODALE RENOUVELLE'E.

188 *Quæritur*, si la surseance d'une saisie feodale accordée pour un temps, empêche l'effet de la saisie aprés le temps, si elle n'est de nouveau renouvellée ? Jugé par Arrêt du 16. Mars 1565. que ladite saisie doit être renouvellée, autrement qu'elle n'a plus d'effet. *Tronçon, art.* 31. *de la Coût. de Paris*, verbo *De trois ans en trois ans*.

189 La saisie feodale n'étant renouvellée aprés trois ans, n'a aucun effet; mais si l'instance d'opposition sur la saisie dure plus de trois ans; la saisie feodale dure, sans qu'il soit besoin de la renouveller. Arrêt du 24. Mars 1600. *M. Loüet, lett.* S. *som.* 14. Voyez *M. le Prêtre, 2. Cent. ch.* 58. où il date l'Arrêt du 28. & non pas du 24. Mars 1600.

SAISIE FEODALE, REPARATIONS.

190 Le Seigneur qui pendant la saisie feodale, a la joüissance des maisons, les doit reparer & tenir en bon état, pourvû qu'il ait perçû les fruits; car s'il n'en a pas profité, on doit luy tenir compte des reparations qu'il aura faites utilement. Arrêt du Parlement de Roüen du 9. Février 1643. Il fut aussi dit par le même Arrêt, que le vassal rembourseroit les frais que le Seigneur avoit fait faire aprés la réünion d'une adjudication, jusqu'aux hoirs venans. *Basnage, sur l'art.* 109. *de la Coûtume de Normandie*.

Tome III.

SAI 523

SAISIE REELLE.

191 Voyez cy-dessus *les textes de Droit Civil*, les mots *Bail judiciaire*, *Commissaire*, *Criées*, *Decret*, *Distribution*, nomb. 34. *Encheres*, *Ordre*, nomb. 67. & suiv. *Panonceaux*, &c.

Des saisies, criées, subhastations, & établissement de Commissaires, & des opposans ausdites saisies & criées. *Ordonnance de Fontanon*, to. 1. liv. 3. tit. 60. page 632.

Voyez les traitez des Criées, qui ont été faits par Forget, par Gouget, par *M. le Président le Maître*, & la derniere Edition d'iceluy fait par *M. Bruneau*, Avocat au Parlement de Paris.

192 Des saisies, criées, & ventes par decret, & des formalitez qui s'observent dans la Province de Bretagne. *Voyez Hevin sur Frain*, p. 429. & suiv.

193 C'est une question fréquente, & diversement décidée en la Province de Bretagne, de sçavoir si l'on peut saisir des heritages d'une succession beneficiaire, sur l'heritier de benefice d'inventaire ? *V. le même Hevin*, p. 465. Il tient l'affirmative.

194 Des adjudications separées. *Voyez* le mot *Decret*, n. 13. & suivans.

195 Saisie réelle des biens du défunt ou de son heritier. *Voyez* le mot *Heritier*, n. 377. & suiv.

196 Par la saisie d'un heritage, un autre y est compris, dont le proprietaire n'auroit été dépossedé, & n'étoit debiteur du saisissant, l'adjudication ne peut faire préjudice audit proprietaire. *Voyez Carondas, liv.* 7. *Rép.* 112.

197 A l'Ordonnance qui porte, que les heritages saisis seront designez par tenans & aboutissans, la Cour de Parlement de Toulouse a ajoûté l'expression particuliere de la quantité & qualité des pieces saisies, à sçavoir prés de telle contenance, & vigne ayant contenant tant, &c. *Voyez Mainard, liv.* 7. *ch.* 78.

198 Partie saisie reçuë à demander sursceance à la poursuite, & permission de vendre ses immeubles, pour satisfaire ses creanciers, à la charge de porter les deniers au Receveur des Consignations. Arrêt du 3. Mars 1518. pour le sieur de Mailly, dont les bois étoient saisis réellement. *Papon*, livre 18. titre 6. nombre 19.

199 Un creancier adjudicataire par Arrêt, ayant en vertu d'iceluy fait saisir une maison, & procedé jusqu'à interposition par decret, un tiers s'y opposa, disant avoir acheté la maison, & n'étant reçû opposant par le Sergent executeur, il en appella, disant qu'il avoit des droits d'hypoteque anterieurs au saisissant, qui soûtenoit son execution par la force de son Arrêt, au préjudice duquel l'opposant n'avoit pû ni dû acquerir ce fond. Arrêt du Parlement de Grenoble du 16. Mars 1552. qui condamne l'appellant. *Basset*, to. 2. liv. 7. tit. 7. ch. 2.

200 Les choses saisies ne peuvent être alienées pour quelque cause que ce soit. Arrêt du Parlement de Grenoble du 4. Juin 1565. Elles sont par un article du Statut de 1379. *sub protectione & salvagardiâ D. N. Delphini à tempore executionis inchoatæ*. Si neanmoins le prix en est destiné, & employé au payement du creancier, il ne pourra pas empêcher l'effet de la vente, n'y ayant plus d'interêt ni de droit sur la chose saisie, puisque *solutione ejus quod debetur, tollitur omnis obligatio*. Voyez *Guy Pape*, qu. 87. & *Chorier*, en sa *Jurisprudence du même Auteur*, p. 237.

201 La saisie du fond aprés la saisie des fruits, n'est rejettable. Arrêt du Parlement de Bretagne du 21. Octobre 1563. *Du Fail*, liv. 2. ch. 208.

202 Le tuteur heritier sous benefice d'inventaire, fait bailler à ferme les heritages saisis par Justice. Un créditeur du défunt fait saisir *secundo*, en vertu d'un Arrêt de la Cour; il y a procés à qui la meilleure saisie. Ordonné que la derniere saisie tiendra; appel. Par Arrêt du même Parlement de Bretagne du 19.

V u u ij

524 SAI   SAI

Août 1567. il est dit, mal jugé, ordonné que le premier bail à ferme tiendra. *Du Fail, liv. 1. ch. 265.*

203 Quand les biens d'un debiteur sont saisis par ses creanciers, & qu'une partie est suffisante pour les payer, le Juge en doit ordonner la vente, sauf, en cas qu'ils ne suffisent, à faire vendre l'autre partie. Arrêt du Parlement de Toulouse du 2. May 1591. *La Rochestavin, liv. 2. tit. 1. Arr. 40.*

204 Saisie faite sur biens indivis, jugée nulle au Parlement de Grenoble, le 3. Juillet 1587. *M. Expilly, Arrêt 99.*

205 Par Arrêt du Parlement de Paris du 11. Mars 1611. rapporté par *Joly, liv. 1. ch. 72.* il a été jugé que la saisie & arrêt d'arrerages de la rente, cessoit par la saisie réelle du fond de la rente, & qu'elle ne reprenoit son effet qu'après la main-levée de la saisie réelle.

206 La perte du fond délivré au creancier saisissant, tombe sur luy, bien qu'il n'en ait encore pris possession. Arrêt du Parlement de Grenoble du 15. Juin 1613. *Basset, to. 2. liv. 7. tit. 8. ch. 4.*

207 Des demandes d'heritages pour la prisée. *Voyez le traité des Criées, par M. Bruneau, ch. 18. p. 246.*

208 M. Bruneau, dans son même traité des Criées, dit que c'est une maxime à Paris, que l'on ne peut saisir réellement, pour une somme moindre que de cent livres.

209 On ne peut saisir réellement pour une somme modique. Un creancier ayant fait saisir pour 10. livres une maison qui étoit louée 30. liv. le decret fut cassé au Parlement de Rouen le 4. Août 1651. En prononçant un Arrêt le 9. Février 1683. M. le Premier President avertit les Avocats, que l'on ne pourroit decreter pour une somme de 50. liv. une fois payée. *Basnage, sur l'art. 546. de la Coût. de Normandie.*

210 Saisie faite sur un fond pour la somme de 29. liv. a été cassée au Parlement de Toulouse le 4. Février 1674. entre Lombard debiteur, & Vayret creancier saisissant. Les saisies ont en ce cas un air violent & tortionnaire. C'est une trop mauvaise affectation de s'en prendre au fond, quand les fruits peuvent suffire. *M. de Catellan, liv. 6. ch. 19.*

211 Reglement pour les saisies réelles; les Fermiers judiciaires tenus de faire faire la visite des biens dont ils seront adjudicataires, les saisis & saisissans, & plus ancien Procureur des opposans appellez en leurs domiciles, ou ceux de leurs Procureurs, pour assister à ladite visite, &c. & des reparations à faire, &c. Arrêt du Parlement de Paris du 23. Juin 1678. *Journal du Palais.*

212 Saisie réelle d'un fief qui en contient plusieurs, & des heritages roturiers. *Voyez Carondas, livre 12. Réponse 45.*

213 Reglement du Parlement de Bretagne du 19. Juillet 1683. sur le fait des saisies, criées, baux judiciaires, & adjudications, des biens saisis sur les heritiers sous benefice d'inventaire. *Voyez Hevin sur Frain, page 37. de ses Additions aux Notes.*

214 Quelques-uns d'entre plusieurs creanciers consentant de prendre des heritages saisis réellement, en payement de leur dû, la partie saisie ne peut y obliger les autres creanciers refusans; & sur ce même fondement, la partie saisie n'est pas recevable à interjetter appel d'une Sentence, qui ordonne la certification des criées. Arrêt du Parlement de Paris du 6. Septembre 1690. *Journal des Audiences, tome 5. liv. 6. chap. 24.*

215 Les biens d'un debiteur sont generalement saisis. Le creancier saisissant comprend dans la saisie une maison possedée par un acquereur; ensuite ce creancier, & tous les autres se départent de la saisie à l'égard de cette maison, & consentent que l'acquereur en jouisse comme auparavant, à la charge d'en payer le prix à la distribution. L'acquereur refuse d'accepter cette offre, & represente que la saisie l'a deposedé, & l'a mis en liberté de demander l'allocation pour les reparations qu'il a faites en cette maison, & pour le prix soûtient avoir payé; que ce droit luy étant une fois acquis, ne peut luy être ôté par une declaration posterieure. Arrêt du Parlement de Toulouse en 1698. qui déboute les creanciers. Il est rapporté par *M. de Catellan, liv. 6. ch. 36.*

SAISIE REELLE AFFICHEE.

216 Acte de Notorieté donné par M. le Lieutenant Civil du Châtelet de Paris le 28. Juillet 1708. portant que l'affiche que l'on appose, pour avertir le public de la vente par licitation de maisons & heritages, & dans l'enchere qui se met au Greffe & qui se publie, le détail de la consistance, & les tenans & aboutissans, aussi bien que les servitudes, y doivent être exprimées, ce qu'il n'est point necessaire de dire dans l'Exploit de la demande, afin de licitation. *Recueil des Actes de Notorieté, page 256.*

SAISIE REELLE, BIENS DE LA FEMME.

217 Du decret fait du bien commun entre le mary & la femme pendant leur mariage. *Voyez le mot Decret, nombre 18.*

218 Bâtimens faits sur l'heritage saisi réellement. *Voyez le mot Bâtimens, n. 47.*

219 Si le bien de la femme étoit saisi réellement, on demande s'il suffit que la sommation soit faite au mary seul ? Par l'usage de la France, où la communauté a lieu, il est necessaire que la sommation soit faite à la femme comme au mary. Par un ancien Arrêt du 10. Mars 1522. au decret de la Terre de S. Germain sur Cailly, appartenante à la Damoiselle de Maillor, il fut jugé que c'étoit assez que la sommation fût faite au mary. En Normandie le mary est le maitre de tous les biens, n'y ayant point de communauté, & par cette raison, la sommation faite à sa personne doit suffire; mais le plus sûr est de le faire à l'un & à l'autre. *Basnage, sur la Coût. de Normandie, art. 546.*

220 En matiere de saisie & criées, un mary n'est pas obligé de proceder en qualité de curateur de sa femme mineure. Arrêt du Parlement de Bourdeaux du 3. Août 1671. *Journal du Palais. Voyez M. Loüet, lett. M. somm. 1.*

221 Si l'article 127. du Reglement de 1666. qui permet d'executer les contrats faits par la femme separée, sur ses meubles & acquêts, & sur le revenu de ses immeubles, s'entend de tous les immeubles en general, sans excepter la dot ? Arrêt du Parlement de Normandie du 5. Decembre 1686. qui juge l'affirmative. *Basnage, sur l'art. 538. de cette Coûtume.*

222 Une saisie réelle des propres d'une femme mariée, peut être faite & poursuivie avec elle seule, sans l'autorisation ni assistance de sondit mary, quand elle se trouve separée de biens d'avec luy, & par leur contrat de mariage autorisée, pour ester en Jugement. Arrêt du Parlement de Paris du 15. Juin 1690. *Journal des Aud. to. 5. liv. 6. ch. 15.*

SAISIE REELLE, BIENS DU MINEUR.

223 Le Parlement de Toulouse n'exige pas la discussion préalable des effets mobiliers du mineur. On peut d'abord saisir réellement les immeubles. *Voyez Mainard, liv. 7. ch. 63.* Mais les mineurs peuvent exposer la lézion, & alors ils sont restituez contre les criées. *Ibid. ch. 75.*

Voyez cy-après le nomb. 242. & suiv.

SAISIE, COMMISSAIRE, COMMISSION.

224 Des Commissaires aux saisies réelles. *Voyez le traité des Criées de M. Bruneau, part. 2. & cy-devant le mot Commissaires.*

225 Les commissions generales pour saisir tous les fiefs ouverts, sont défenduës par l'Arrêt du 13. May 1550. Le Roy seul peut bailler des commissions generales. *M. le Maître, des Fiefs, chapitre 5. & 6.* Toutefois quand la cause de la saisie est exprimée par l'Exploit fait en vertu de la commission, la saisie est bonne.

SAI   SAI

Tronçon, art. 7. de la Coûtume de Paris, in verbo, *Ne peut saisir*.

226 Quoique les parties vouluffent élire trois Commiffaires, le Juge ne doit pas le leur permettre. Arrêt du Parlement de Paris du 22. May 1533. par lequel une Commiffion faite en pareil nombre, a été déclarée nulle. *Papon*, liv. 8. tit. 10. n. 2.

227 Il a été fouvent jugé par plufieurs Arrêts, que ni le propriétaire fur lequel l'on crie, ni le pourfuivant criées, ni autres fes oppofans aux criées, ne peuvent être Commiffaires, ni Fermiers des heritages faifis pendant les criées; & de cecy y a Arrêt donné le 6. Décembre 1557. au Plaidoyé entre M. Jean Briçonnet Préfident des Comptes, & la Dame de Mailly. *Voyez la Bibliot. de Bouchel*, verbo *Saifie feodale*.

228 Les parens, les alliez, freres, oncles & neveux du faifi ne pourront être établis Commiffaires. *Voyez l'Ordonnance de* 1667. tit. 19. art. 13. & 14. & le titre 17. de l'Ordonnance criminelle, art. 6.

SAISIE REELLE, DESISTEMENT.

229 Jugé au Parl. de Roüen, que fi le creancier même qui a faifi, reconnoiffant la faifie défectueufe, s'en veut départir, pour en faire une autre, il ne le peut faire valablement qu'aprés avoir declaré fon defiftement au debiteur, & qu'il obéît de payer les dépens & interets qui peuvent être dûs pour ce qui a été fait auparavant. Arrêt du 5. May 1606. rapporté par *Berault*, fur l'article 576. de la Coûtume de Normandie.

SAISIE REELLE, DOMICILE ELU.

230 Saifie réelle declarée nulle, parce que le faififfant n'avoit fait élection de domicile au Bailliage où l'heritage faifi étoit fitué. Arrêt du Parlement de Paris du 22. Avril 1606. qui ordonne qu'il fera procedé à nouvelle faifie, établiffement de Commiffaire, & criées. *Papon*, liv. 18. tit. 6. n. 29.

SAISIE REELLE D'UN DUCHÉ.

231 Si l'on peut faifir réellement quelques Terres particulieres faifant partie d'un Duché? Il fut dit que le debiteur payeroit le creancier dans fix mois, autrement fera fait droit fur la faifie. Arrêt du 4. Mars 1659. *De la Gueff. to.* 2. liv. 2. ch. 11.

SAISIE REELLE, ENREGISTREMENT.

232 Les faifies réelles & criées doivent être enregiftrées au Châtelet un mois auparavant le congé d'ajuger, à ce pour empêcher l'abus qui fe commettoit. Arrêt du 24. Janvier 1674. *De la Gueffiere, tome* 3. liv. 8. chap. 1.

233 Arrêt du 7. Juin 1691. qui regle l'enregiftrement des faifies réelles, & les oppofitions qui y font formées. *Journal des Aud. to.* 5. liv. 8. ch. 16.

BIENS DE LA FEMME.

234 *Voyez cy-deffus le nomb.* 217. & fuiv.

SAISIE REELLE, FIEF.

235 L'Ordonnance dit qu'il fuffit en general de faifir le fief & appartenances, *quid fi le vaffal a démembré*, & l'acquereur joüit? *V. Coquille, to.* 2. queft. 217.

236 Si la faifie faite à la Requête des creanciers fur le fief faifi par le Seigneur feodal, eft nulle, & l'offre des creanciers faite en Jugement de faire la foy & hommage par le Commiffaire au Seigneur, eft valable? *Voyez Carondas, liv.* 3. Rép. 1.

237 Jugé au Parlement de Touloufe, que fous le nom des dépendances de la maifon noble, étoit compris le droit de prefentation d'une Chapelle, & que la collation étant comprife fous le nom de fruits, appartenoit au fequeftre. *Mainard, to.* 1. liv. 2. ch. 41.

238 Si les membres dépendans des Principautez, Duchez-Pairies, & autres grands fiefs de cette nature, peuvent être faifis réellement? Arrêt du Parlement de Paris du 4. Mars 1659. qui ordonna que dans fix mois la partie faifie feroit ceffer les caufes de la faifie, autrement & le temps paffé, qu'il feroit fait droit. *Soëfue, to.* 2. Cent. 1. ch. 97.

239 Quand le fief qui compofe tout le patrimoine du pere, eft faifi réellement & decreté, les enfans ne peuvent avoir leur tiers coûtumier en effence, mais feulement en deniers; & il eft à leur choix de le prendre, ou fur le pied de l'adjudication, ou fur la vraye valeur, fuivant l'eftimation qui en fera faite par Experts, franc & quitte de tous frais, même du decret, & de confignation. Arrêt du Parlement de Roüen du 4. Mars 1672. entre le fieur de Saffey, les fieurs Dardez, Loubert & Preaux. Et par autre Arrêt du 9. Août 1675. la Cour ordonna que fur la fomme de 47500. livres, prix de l'adjudication, au profit commun de la Terre de Saffey, le fieur de Saffey feroit payé de la fomme de 25100. livres pour fon tiers, fuivant l'eftimation, fur laquelle fomme on prendroit le tiers des défalcations jugées pour les rentes Seigneuriales & foncieres, & le tiers des dettes aînées du mariage du fieur de Saffey pere, & les deux autres tiers fur le reftant du prix de l'adjudication, & les frais du decret & treiziéme, parce qu'en cas que le furplus du prix de l'adjudication ne fût pas fuffifant pour payer les deux autres tiers des dettes aînées, elles feroient payées fur le tiers de la fomme de 25100. livres ajugée audit fieur de Saffey, enforte que ladite fomme ne puiffe être diminuée, ni qu'elle contribuë en aucune façon aux frais du decret, droits de confignation & treiziéme, qui feront payez par les creanciers qui ont foûtenu, que le tiers devoit être decreté au fol le livre de leurs credites. *Bafnage fur l'art.* 171. de la Coût. de Normandie.

240 Des terres baillées en fief par un Prince de la Maifon Royale à un particulier, pour en joüir par luy & fes defcendans de fon corps, fans faculté de les pouvoir aliener, peuvent bien être faifis réellement pour la dot & conventions matrimoniales de la femme d'un des defcendans de ce premier donataire. Arrêt du Parlement de Paris du 16. Decembre 1686. *Au Journal des Aud. to.* 5. liv. 2. ch. 8.

SAISIE REELLE, FRUITS.

241 A qui appartiennent les fruits des biens decretez. *Voyez le mot Fruits, n.* 67. & fuiv.

SAISIE REELLE, MEUBLES DISCUTEZ.

242 La difpofition du Droit Romain, *in L. divo pio : fi in venditione ff. de re judicatâ*, portant qu'avant que de toucher aux immeubles d'un debiteur, il faut difcuter fes meubles, a été corrigé par l'Ordonnance de François I. de 1539. art. 74. qui permet de faire faifir les immeubles, fans précedente perquifition des meubles; & bien que le Parlement de Paris n'ait pratiqué l'Ordonnance contre les mineurs executez, mais caffé les faifies de leurs immeubles, fans précedente perquifition des meubles, & difcuffion faite par le Juge fur un état fommaire de la recette & dépenfe des biens du mineur & pupille remis devers luy par le tuteur ou curateur; toutefois à Touloufe l'Ordonnance a été reçûë & gardée indifféremment, même contre les mineurs, fauf la grace dont la Cour ufe fur le recouvrement des biens decretez en caffant les decrets, s'il y a la moindre formalité ômife. *V. Mainard, liv.* 6. ch. 42.

243 Le défaut de difcuffion de meubles ne peut être oppofé par le mineur, s'il ne juftifie que lors de la faifie réelle faire de fon immeuble, il avoit des deniers fuffifans pour acquiter la dette qui a donné lieu à la faifie réelle. Arrêt du 30. May 1656. *Soëfue, to.* 2. Cent. 1. ch. 28.

Voyez cy-deffus le nomb. 223.

SAISIE, HERITAGES DU MINEUR.

244 *Voyez cy-deffus le nomb.* 223.

SAISIE REELLE D'UN MONASTERE.

245 Arrêt du 25. Février 1650. qui a jugé qu'une maifon acquife par les Religieufes de l'Annonciade des dix Vertus au Fauxbourg Saint Germain, dans laquelle elles fe font établies, même ont fait faire une Chapelle, un Cloître & un Dortoir, pouvoit, à faute de payement du prix de l'acquifition, être faifie réelle-

ment, & venduë par decret à la Requête des creanciers, tant du fond, que des bâtimens & augmentations, sans que les Religieuses puffent prétendre aucune diftraction des Lieux faints. *Soefve*, to. 1. *Cent.* 3. ch. 25. & du Frêne, liv. 5. ch. 56.

SAISIE, MOULINS.

246. Les moulins fur bâteaux fe doivent decreter, bien que par la Coûtume ils foient entre les meubles. Jugé le 23. Octobre 1581. parce qu'ils gifent en revenu ordinaire & annuel. *M. Louet*, lett. *M. fom.* 13.

SAISIE REELLE, NORMANDIE.

247. Le 17. Août 1629. Meſſieurs de la Chambre de l'Edit à Roüen firent un *confulatur* en la Grand'Chambre, fur cette difficulté. Le Sergent n'avoit pas affiché la copie des contrats en vertu defquels il avoit fait la faifie, mais feulement la Déclaration des chofes faifies en chacune des criées, comme il avoit fait en la faifie ; ce qui eft conforme à la Coûtume, qui n'oblige point de faire autre chofe. La difficulté procedoit d'un Arrêt donné en la Grand'Chambre en forme de Reglement le 8. Mars 1608. rapporté par *Berault, fur l'article* 556. de la *Coût. de Normandie*, qui fembloit porter par forme de Reglement une injonction aux Sergens, non feulement de faire la lecture des contrats, mais auſſi d'en afficher la copie, tant à la faifie que criées, fur quoy il fut dit que la Coûtume feroit gardée fans l'étendre davantage, & que c'étoit affez d'attacher la copie de la Déclaration. *Bafnage, fur la Coûtume de Normandie*, art. 557.

248. Quand les terres que l'on veut faifir réellement, font fituées en divers Bailliages, il n'eſt pas neceſſaire de faire autant de faifies ; mais on obtient un Arrêt en la Cour, par lequel on renvoye pourfuivre la faifie devant celuy des Baillis, dans le détroit duquel la plus grande partie des heritages eſt fituée. C'eſt l'uſage du Parlement de Roüen. Arrêt du 4. Decembre 1642. *V. Bafnage*, titre de *Jurifdiction*, art. 4.

249. Celuy qui a acquis les heritages avant qu'ils fuſſent faifis par decret, peut demander le payement des dettes par luy acquittées, anterieures de celle pour laquelle la faifie eſt requife, ou obliger le faififfant de donner caution de les faire porter en execution du treiziéme, & frais du decret. Arrêt du Parlement de Roüen, les Chambres affemblées, du 6. Avril 1666. art. 138. *V. Bafnage*, to. 1. à la fin.

250. La faifie des rentes conftituées par argent, doit être faite en la Paroiſſe en laquelle l'obligé eſt domicilié. Arrêt du même Parlement du 6. Avril 1666. art. 139. *Ibidem*.

251. Le creancier ne peut comprendre en une même faifie par decret, les heritages fituez en divers Bailliages Royaux, s'il n'y eft autorifé par Arrêt du Parlement, encore que l'un des Bailliages Royaux, foit dans les enclaves de l'un des fept Bailliages de Normandie. Arrêté du même Parlement, les Chambres affemblées, du 6. Avril 1666. *Ibid.*

252. On ne peut faifir réellement l'avancement fait au fils par le pere, avec ftipulation de ne l'hypotéquer que de fon confentement. Arêt du Parlement de Roüen du 11. Juillet 1668. *Bafnage, fur l'art.* 244. *de la Coût. de Normandie.*

253. On peut obliger le creancier qui ne faifit qu'une partie des biens de fon obligé, à faifir le furplus, aux périls de celuy qui le demande ; mais le faififfant n'eſt tenu de comprendre dans la faifie les autres biens fituez hors Normandie. Arrêt du même Parlement de Roüen du 17. Juillet 1670. rapporté par *Bafnage, fur l'art.* 546. *de cette Coûtume*.

254. Suivant *l'art.* 547. *de la Coûtume de Normandie*, la faifie réelle doit être faite dans l'an & jour de la fommation ; d'où il s'enfuit que toute faifie eſt annale, puifque dans l'an & jour il faut faire des pourfuites. Quoyqu'il ſoit, la Coûtume ne defire pas que les criées foient faites dans l'an & jour de la faifie ; il fuffit d'avoir fait quelque procedure, par le moyen de laquelle la faifie ayant fubfiſté, on foit en droit de continuer les diligences. Arrêts du Parlement de Roüen des 14. Mars 1671. 19. Decembre 1673. & 23. Août 1685. On a long-temps douté, ſi après une Sentence ou un Arrêt qui vuidoit l'appel de l'oppofition, qui avoit arrêté la continuation des diligences d'un decret, il falloit pourfuivre dans l'an, faute de quoy l'appel étoit péri ? Arrêt du même Parlement du 7. Mars 1671. qui juge la negative, & ordonne qu'il feroit paffé outre à l'adjudication finale. *V. Bafnage, fur cet article* 547.

255. Les Jugemens interlocutoires qui confirment des diligences de decret, n'ont que trois ans d'execution, & les Jugemens diffinitifs, trente. Ainfi jugé au Parlement de Roüen. *Ibid.*

256. Si le creancier ne faififfoit qu'une partie des immeubles de fon debiteur, les autres creanciers peuvent l'obliger à faifir le tout, en luy baillant une déclaration des heritages qu'ils veulent faire comprendre dans la faifie, & mettant les chofes en état, que le pourfuivant criées puiffe continuer le decret, à leurs périls & rifques ; comme il a été jugé le 29. Janvier 1683. au même Parlement de Roüen. *Bafnage, ibid. art.* 546.

257. En Normandie un creancier du vendeur peut venir faifir reëlla fur l'acquereur les fruits de la chofe venduë, fans être obligé d'agir par action hypotecaire. Arrêt du Parlement de Paris du 9. Juillet 1698. *Journal des Aud.* to. 5. liv. 14. ch. 8.

SAISIE D'OFFICES.

258. Le vendeur d'un Office qui vient à être faifi, ne vient en contribution avec les autres faififfans, mais il eſt preferé fur le prix de l'Office. *Voyez Mornac, L.* 5. §. *plane. ff. de tribut. actione*.

259. Pour les Offices venaux, fi pendant la pourfuite des criées, & avant l'adjudication, le debiteur qui étoit proprietaire de l'Office vient à deceder ; l'Office fe perd par fa mort au profit du Roy, nonobſtant la faifie réelle des creanciers, & n'y ont plus de droit. *Voyez M. le Prêtre*, 2. Cent. ch. 13.

260. Un Office venal faifi, les deniers ajugez au premier faififfant, en baillant caution de les rapporter, fuivant l'article 180. de la Coûtume de Paris, pour être diſtribuez entre les creanciers au fol le livre, au cas que les biens du debiteur fe trouvaffent infuffifans pour payer les Arrêtez. Arrêt du 17. Mars 1607. *M. le Prêtre*, 3. Cent. ch. 60. La Jurifprudence a varié ; les deniers fe diſtribuent par ordre d'hypoteque, fuivant la Déclaration du Roy du mois de Février 1683. regiſtrée le 23. Mars 1683.

261. Par Arrêt du 20. Mars 1623. fut confirmée la Sentence de Meſſieurs des Requêtes du Palais, qui avoient ordonné qu'un parti faifi feroit vendu & avoüé par decret, & confirmée l'appofition des affiches à la porte de l'Eglife de Saint Barthélemy feulement, comme d'un Office comptable. C'étoit un homme de Lyon, qui avoit pris pour le temps de feize ans, le parti de fol pour livre des Tailles du pays de Lyonnois ; & après en avoir joüi dix ans entiers, feroit decedé, fes creanciers avoient fait faifir ledit parti, pour fix mois qui reſtoient à parfaire. *Biblioth. de Bouchel*, verbo *Parties Cafuelles*.

262. Les Offices de Judicature ne pouvoient être faifis ni mis en criées. Jugé le 12. Février 1626. *Du Frêne, liv.* 1. ch. 1. Et la faifie réelle d'un Office de Lieutenant General declarée nulle, & à faute de payer dans un certain temps, condamné par corps à paffer procuration pour refigner fon Office. Jugé le 30. Avril 1629. *Du Frêne, liv.* 2. ch. 44.

263. Une faifie réelle lie les mains au titulaire, & étant enregiſtrée au Greffe, conftituë le refignataire de l'Office en mauvaife foy. Arrêts des 22. Janvier 1647. & 22. Avril 1657. *Du Frêne*, liv. 4. ch. 46. & liv. 6. chap. 23.

264. Par Arrêt du 24. Avril 1651. jugé que la faifie réelle

d'un office, peut empêcher le titulaire, d'en disposer, quoique la saisie n'ait point été signifiée à M. le Chancelier, & qu'il n'y ait eu aucune opposition au sceau. *Soëfve*, *to*. 1. *Cent*. 3. *chap*. 76.

265. L'article 95. de la Coûtume de Paris n'est plus en usage, la Jurisprudence a varié par Edit du mois de Février 1683. registré le 23. Mars 1683. par lequel l'Office venal est immeuble, & a suite par hypotheque. *Voyez* le mot *Offices*. *nomb*. 108.

SAISIE, PATRONAGE.

266. Le droit de presentation ou nomination à un benefice, peut être saisi & vendu par decret, quand même il ne seroit point exprimé en l'exploit de saisie du fief. *Bibliotheque du Droit François*, verbo *Decrets*.

SAISIE REELLE SUR LE PROPRIETAIRE.

267. La saisie réelle doit être faite sur le proprietaire, ou du moins sur celui qui passe publiquement pour proprietaire, quoiqu'en effet il ne le soit pas ; si la saisie est faite sur celui qui passe pour proprietaire, le veritable proprietaire qui ne s'y est point opposé, perd son droit de proprieté. *Voyez Gouget*, *pag*. 351. Sur ce principe la Cour a jugé par Arrêt du 22. Février 1607. qu'un decret fait sur celui qui avoit fait cession de biens, sans avoir fait créer un curateur, étoit nul, parce que celui qui a fait cession, ne doit plus passer pour possesseur ni proprietaire. *V*. *ibid*. *pag*. 350. & *Duplessis sur la Coûtume de Paris*, *art*. 346. *tit*. *des saisies réelles*.

268. Arrêt du Parlement de Paris du 18. Décembre 1635. qui a déclaré nulle une saisie réelle faite sur un pere, des heritages appartenans aux enfans du chef de leur mere. *V*. *Henrys*, *tom*. 2. *liv*. 3. *quest*. 17. où il dit qu'il y avoit une circonstance fondée sur l'équité qui peut avoir contribué à faire déclarer la saisie nulle ; il avoit procedé pour des arrerages de cens modiques. sur cela il observe que quand les fruits de deux ou trois années sont suffisans pour le payement, l'on ne doit point faire saisir réellement le fond, ni faire vendre les biens des mineurs.

SAISIE REELLE PAR LE SEIGNEUR.

269. Pour une saisie de plusieurs heritages à faute de payement de cens, il n'est dû qu'une amende & non plusieurs, encore que chaque heritage saisi eût son cens separé. Arrêt en 1607. *M. le Prêtre* 2. *Cent*. *ch*. 58.

270. L'article 74. de la Coûtume de Paris, permet au Seigneur, à faute de payement des arrerages du droit de cens, de proceder par voye d'Arrêt & Brandon sur les fruits de l'heritage sujet au droit de cens, mais il ne peut saisir & faire saisir réellement le fond de l'heritage sans jugement & condemnation précedente. Arrêt du Parlement de Paris du 2. Janvier 1603. *V*. *Auzanet sur l'art*. 74. *de la Coûtume de Paris*, *page* 55.

271. Pour faire saisir réellement l'heritage, en vertu d'un jugement de condamnation, il est necessaire que les arrerages dûs au Seigneur soient considerables, & ne puissent être payez sur les fruits d'une ou deux années. Arrêt du Parlement de Paris du 30. Juillet 1609. *Auzanet*. Ibidem.

272. La saisie réelle n'empêche pas que le Seigneur ne puisse poursuivre ses droits par les voyes ordinaires qui sont ouvertes par la Coûtume, c'est-à-dire, par saisie feodale ; mais la saisie feodale permise par la Coûtume, n'a effet que pour l'hommage qui luy doit être fait par le Commissaire ; autre chose est des droits & profits de fiefs dûs à cause de la mutation pour lesquels le Seigneur est obligé de se pourvoir en l'ordre, & pour cela la saisie feodale faite de la part d'un Seigneur particulier, doit ceder à la saisie réelle faite de l'autorité de Justice pour le bien commun de tous les creanciers du vassal. Arrêt du 7. Août 1627. entre Dame Ester de Jamard, & Dame Magdelaine Berthelemy veuve du sieur Duplessis Praslin. *Voyez Auzanet*, *sur l'article* 34. *de la Coûtume de Paris*.

273. On avoit autrefois jugé qu'on ne pouvoit saisir réellement pour les arrerages des rentes Seigneuriales, parce que le Seigneur ou son receveur peuvent se faire payer par une simple saisie des fruits, & par la coertion qu'ils ont sur les contribuables. Arrêt du Parlement de Roüen du 6. May 1654. mais depuis par Arrêt du 20. May 1675. on a jugé le contraire. *Basnage, sur la Coûtume de Normandie*, *art*. 546. *Voyez* cy-dessus le nomb. 230. & suiv.

SAISIE REELLE, SOMMATION.

274. Le saisissant voyant sa saisie mal faite, trois mois aprés il en fit signifier un desistement au decreté, & reparoit tout de nouveau sans faire une nouvelle sommation : on fut en doute si la sommation faite lors de la premiere saisie étoit suffisante, il fut jugé qu'elle étoit bonne, par Arrêt du Parlement de Roüen du mois de Juillet 1603. *Basnage, sur la Coûtume de Normandie*, *art*. 546.

275. La sommation doit être faite au domicile de l'obligé, & à l'égard du saisissant, il doit élire un domicile s'il est resseant hors la Vicomté ; que s'il y est domicilié, il n'a pas besoin d'élire un domicile. Arrêt du Parlement de Roüen du 2. Avril 1631. *Basnage, sur la Coûtume de Normandie*, *art*. 546.

276. Sommation faite au tiers détenteur seulement déclarée nulle par Arrêt du Parlement de Roüen du 19. May 1649. Ibidem.

277. Le premier Mars 1657. entre Ameline & Gamare le Parlement de Roüen confirma une saisie, quoiqu'elle eût été faite dans la quinzaine de la sommation : il y avoit de particulier que lors de la sommation, le tuteur avoit déclaré qu'il n'avoit aucuns deniers en ses mains, ainsi il n'étoit plus necessaire d'attendre la quinzaine, mais en examinant les paroles de l'article 591. de la Coûtume de Normandie, il paroîtra que le creancier n'est tenu d'attendre que l'expiration de la quinzaine. *Basnage, sur cet article*. 591.

278. Par Arrêt du Parlement de Roüen du 18. Avril 1659. une sommation faite à une personne hors Province, fut jugée nulle, quoiqu'elle eût été faite au Fermier des terres obligées. *Basnage, sur la Coûtume de Normandie*, *art*. 587.

SAISINE.

Voyez le mot *Ensaisinement*, & cy-aprés verbo *Seigneur*.

Voyez hoc verbo *Saisine*, le Glossaire du droit François ou l'Indice des droits Royaux & Seigneuriaux, par *Ragueau derniere édition*, & *Ricard sur le tit*. 14. *de la Coûtume de Senlis*.

1. De la saisine, *Vide Coquille tom*. 2. *en son institution au Droit François*, *p*. 122.

2. Seigneur qui prétend la succession vacante de son sujet, peut dans l'an intenter le cas de saisine & de nouvelleté. *Charondas*, *li*. 4. *Rep*. 58.

3. Une fille qui a renoncé par son contrat de mariage à la succession de son pere moyennant sa dot ; le pere par un autre contrat veut qu'elle luy succede en sa part en rapportant ; ensuite le pere par son testament ordonne qu'elle se contente pour toute sa portion hereditaire de ce qu'il luy a donné en mariage, cette fille ne peut intenter le cas de saisine. Arrêt au mois de Juin 1501. *Charondas*, *liv*. 5. *Rép*. 60.

4. Un Seigneur ensaisinant un second acquereur d'un moulin qu'il avoit vendu en minorité avec reserve du droit de censive, on demande si c'est là une ratification qui empêche la restitution ? Le procés a été parti en la premiere Chambre des Enquêtes le 31. Janvier 1564. *Papon*, *liv*. 16. *tit*. 1. *n*. 5.

5. Par l'article 82. de la Coûtume, *ne prend saisine qui ne veut*, & en l'article 130. l'an du retrait lignager ne commence à courir que du jour de l'ensaisinement : mais on a douté si la quittance des ventes est une promesse de la part du Seigneur d'ensaisiner le contrat, équipole à un ensaisinement. Jugé que non ? Il faut

528 SAL

un ensaisinement réel sur le contrat pour faire courir l'année du retrait. Arrêt du 17. Février 1605. V. Auzanet sur l'art. 130. de la Coûtume de Paris.

6 Creancier par un contrat de constitution, qui a la liberté de ne le point faire ensaisiner, l'ayant fait ne peut plus varier & s'exempter des droits du Seigneur, ni les repeter contre le debiteur de la rente, parce qu'ils ne sont point partie des loyaux coûts. Jugé le 5. Février 1641. Bardet, to. 2. liv. 9. ch. 15.

7 Arrêt du 22. May 1648. qui a jugé qu'un Seigneur censier ayant vendu des heritages étant en sa censive, celui qui acquiert de luy n'a pas besoin d'autre ensaisinement que son contrat d'acquisition. Soefve, tom. 1. Cent. 2. ch. 87.

8 La possession actuelle du donataire équipole à la saisine s'il n'y a disposition au contraire. Arrêt du Parlement de Paris du 28. Mars 1656. dans l'espece de l'article 209. de la Coûtume de Bourbonnois, qui est l'une de celles qui requierent saisine en matiere de donations universelles. Les heritiers de la donatrice se servoient d'un Arrêt contraire du 17. Août 1650. Voyez M. Potier commentateur de cette Coûtume.

SALAGE.

1 DU droit de Salage. Voyez lettre D. verbo Droits Seigneuriaux, n. 146. & suiv.

2 Arrêt du 12. Decembre 1586. par lequel il est enjoint aux Religieux Abbé & Convent de Saint Mesmin, recevoir leur droit de salage au dedans du détroit dudit Saint Mesmin, & non en la Ville d'Orleans. Voyez le recueil des Arrêts concernans les Marchands frequentans la Loire.

3 Arrêt de la Cour du Parlement du 13. Août 1588. par lequel il est decidé que les batteaux allegés sont exempts du droit de salage au péage de Blois. Ibidem.

SALAIRE.

Voyez le mot Gages.
Salaire. Merces, Pretium.
De variis & extraordinariis cognitionibus; & si judex item suam fecisse dicatur. D. 50. 13. Dans ce titre il est particulierement traité des salaires de ceux que l'on a employez, comme Professeurs, Medecins, Ouvriers, Artisans & autres: & de l'honoraire des Avocats.
De Proxeneticis. D. 50. 14. Salaires des entremetteurs ou Courtiers. Voyez Entremetteur.
De præbendo salario C. 10. 36. ... C. Th. 12. 2. Défenses d'augmenter les gages & salaires des Officiers de Ville, sans permission du Prince.
De lucris Officiorum. C. Th. 8. 9. Salaires des Officiers.
De annonis & capitatione administrantium, & eorum adsessorum, &c. C. 1. 51. Les salaires des Officiers étoient païez aux dépens du public, & consistoient en provisions de bouche. Voyez Provision, pour l'explication de ce titre.

SALAIRE, POUR CONSIGNATION.
1 Si l'on peut demander salaire pour consignation de deniers? Voyez le mot Consignation, nomb. 89. & 90.

SALAIRE DE CURATEUR.
2 Voyez Curateur, nomb. 3. & ci-après le nomb. 44. & suiv.

SALAIRES DES EXPERTS.
3 Des Salaires dûs aux Experts. Voyez le mot Experts, n. 21. & suiv.

SALAIRES DES GREFFIERS.
4 Des salaires & droits dûs aux Greffiers. Voyez le mot Greffiers, nomb. 65. & suiv.

SALAIRES DU JUGE.
5 Voyez le mot Juge, n. 343. & le mot Offices, nom. 477. & suiv.

6 Des salaires & épices pour la visitation des procez en la Cour & prononciation des Arrêts. Joly des Offices de France, tom. 1. li. 1. tit. 46. pag. 310.

SAL

7 Du salaire des Conseillers de la Cour qui sont commis à faire Enquête & Interrogatoires, tant civils que criminels. Joly, des Offices de France, tom. 1. li. 1. tit. 41. pag. 305.

8 Un citoyen de Grenoble promet de payer ses vignerons à même raison que les autres citoyens payeront les leurs, les uns ont donné 15. deniers, les autres 18. d'autres 20. le maître en offre 15. l'offre jugée bonne par Arrêt. Papon, li. 6. tit. 12. n. 9. & Maynard, liv. 6. de ses quest. ch. 88.

9 Jugemens de salaires jusqu'à 25. liv. se doivent executer nonobstant l'appel, en ce qui concerne ledit salaire. Arrêt du Parlement de Paris le 7. Mars 1529. Bibliotheque de Bouchel verbo Salaire.

10 Arrêt du Parlement de Paris du 18. Janvier 1663. qui a jugé que le creancier pour salaires & vacations, n'est point obligé de se payer par département des biens d'une communauté impuissante, mais qu'il doit être payé en deniers. Boniface, tom. 2. liv. 4. tit. 3. ch. 6.

SALAIRES DES MERCENAIRES.
11 Vignerons mercenaires & journaliers, sont tenus de travailler dés le soleil levé jusqu'au soleil couché, sans se divertir de leur journée, autrement le salaire à eux promis ne doit être payé. Arrêt du Parlement de Paris en 1391. Bibliotheque de Bouchel, verbo Salaires.

12 Si on n'a rien promis de certain aux ouvriers en les loüant, Guy Pape estime en sa question 252. que si les uns payant plus, les autres moins, le salaire sera fixé au plus bas prix. M. le President de la Croix de Chevrieres, est d'un avis plus raisonnable, disant qu'il faut choisir un milieu entre le plus grand & le moindre prix. Voyez Chorier en sa Jurisprudence de Guy Pape, p. 250.

13 Par Arrêt du 13. Juillet 1563. il fut jugé que les ousterons & mercenaires peuvent convenir celui qui les a mis en besogne pardevant le Juge du lieu où la besogne a été faite, encore que celui qui les a mis en besogne n'y ait son domicile, & qu'il soit d'une autre Justice. Bibliotheque de Bouchel, verbo Salaires.

14 Quoique l'Ordonnance & Coûtume privent le mercenaire, ouvrier & manœuvre de leur salaire demandé aprés six mois, hoc tamen non videtur habere locum in rusticis, sed magis in urbanis. Arrêt du 4. Février 1583. qui déboute un fermier de la fin de non recevoir qu'il alleguoit contre un pauvre manœuvre. Maynard en ses questions, liv. 6. ch. 89. Papon, liv. 6. tit. 12. n. 9.

15 Pour demander salaire, il faut faire apparoir de procuration ou convention. Arrêt du Parlement de Dijon du 18. Février 1599. Bouvot, to. 2. verbo Salaires, quest. 4.

16 Arrêt du Parlement de Provence du 11. Mars 1655. qui regle la taxe des porteurs de chaises, 50. liv. par an, 20. s. pour une matinée 30. s. depuis midy jusqu'à la nuit. Arrêt du 20. Février 1665. qui a moderé la taxe des porteurs de chaises, à l'encontre du donataire du Droit. Boniface, tom. 1. liv. 8. tit. 11.

17 Le Vendredy 16. Avril 1660. il a été ajugé en la succession de défunt Maître Antoine le Tonnelier Auditeur en la Chambre des Comptes, la somme de 20000. liv. pour les appointemens dûs audit défunt sieur le Tonnelier, Intendant de la Maison d'Angoulême, quoique le Brevet ne portât point d'appointement, & que ledit le Tonnelier eût vécu trois ans depuis la mort dudit sieur d'Angoulême, sans en avoir rien demandé, & qu'il eût reçû 3000. liv. pour sa part de 30000. leguez par ledit sieur d'Angoulême à ses domestiques, dont il avoit donné quitance sans protestation, & fait plusieurs actes depuis. Jovet, verbo Salaires, n. 2. dit avoir entendu prononcer cet Arrêt par M. de Nesmond.

SALAIRES DES NOTAIRES.
18 Un Notaire ne peut contraindre ceux qui ont contracté

SAL SAL 529

tracté devant lui, à prendre & lever l'expedition de ce qu'il a reçû, mais doit en être requis. Arrêt des grands Jours de Moulins du 14. Octobre 1550. Papon, liv. 4. tit. 14. n. 15.

19 Les Officiers ayant procedé à un inventaire ne peuvent faire proceder par saisie de meubles, sauf de se pourvoir en adjudication & taxe. Arrêt du Parlement de Dijon de 21. Juin 1605. Bouvot, tom. 2. verbo Salaires, quest. 2.

20 Les Notaires après deux ans de la date des actes & instrumens, ne peuvent demander salaires. Arrêt du 27. May 1607. M. Expilly, Arrêt 140.

SALAIRES DES PRESTRES.

21 Du salaire des Predicateurs. V. le mot Predicateurs, n. 30. & suiv.

22 Réglement du Parlement de Paris du 11. Mars 1401. entre les Echevins d'Abeville, & l'Evêque d'Amiens, Curé d'Abeville pour le payement des Lettres de fiançailles, oppositions aux bans, Enterremens, Baptêmes, &c. Papon, liv. 1. tit. 1. nomb. 3.

23 Par Arrêt du 11. Juillet 1531. un Prêtre fut déclaré recevable à demander pardevant le Juge laïc, & contre un laïc, le salaire de sa vacation, d'avoir celebré Messe par la raison du chap. precariæ 10. qu. 2. Bibliotheque de Bouchel, verbo Salaires.

24 Arrêt de la Cour de Parlement de Paris, par lequel un Prêtre peut agir pardevant Juge competent pour son loyer d'avoir dit Messe pour autruy. Raisons foibles, & autoritez impertinentes de Papon, pour la preuve & confirmation du precedent Arrêt. Autre Arrêt du Parlement de Toulouse par lequel le jugement de pareille question avoit été suspendu, & pourquoi l'erreur de Gratien en cela corrigée par le Pape. Voyez la Bibliotheque de Bouchel, verbo Salaires.

25 Prêtre peut demander salaires de sa Messe seulement contre un Lay, & pardevant Juge Lay. Arrêt du Parlement de Paris du 11. Juillet 1531. Papon, liv. 6. tit. 12. n. 1.

26 Arrêt du 27. Novembre 1542. rendu sur la requisition de l'Avocat du Roy qui défend à tous dudit ressort, ayant charge & regime des Paroisses, & administration des ames, d'exiger prendre, ni lever aucune chose, par forme necessaire pour les Sacremens de Bâteme, Extreme-Onction, Mariage, & autres Sacremens de l'Eglise, ni aussi pour les Sepultures, Terrages, Croix portées aux Funerailles & Enterremens, outre ce qui par devotion & volonté leur sera offert & donné librement sans contrainte, ni pareillement pour faire sonner les cloches esdites sepultures & funerailles, sauf le salaire de ceux qui sonneront. La Rocheflavin, liv. 6. tit. 34.

27 Le Juge Laïc est seul competent pour connoître des salaires dûs aux Prêtres par les Laïcs. Jugé par Arrêt du Parlement de Paris du 17. Avril 1545. Papon, liv. 1. tit. 1. n. 3.

28 Autrefois le P. de Toulouse avoit accoûtumé de laisser au croc le procés où il s'agissoit du salaire prétendu pour le celebration des Messes suivant l'Arrêt rapporté par Mainard, liv. 1. chap. 1. presentement il suit l'usage du Parl. de Paris, par Arrêt du 7. Decembre 1666. en faveur du Syndic des Prêtres de Nasbinals, contre Jean Elye, & Guillaume Batifols, les parties ayant été renvoyées devant l'Evêque Diocesain pour la taxe des Messes. La Rocheflavin, liv. 6. tit. 34.

SALAIRES DES PROCUREURS.

29 Salaires des Procureurs. Voyez dans Du Fail, liv. 2. chap. 423. un Reglement du Parlement de Bretagne du 18. Août 1572.

30 Un Procureur après deux ans n'est recevable à demander son salaire à la partie qu'il a servi : de plus il est tenu de faire registre & écrire ce qu'il a reçû afin de sçavoir ce qui luy est justement dû de reste, faute de ce faire quoiqu'il n'ait pas reçû le tout, & voulu affirmer, il doit être débouté de demander aucune chose. Arrêt du Parlement de Paris publiquement prononcé en une Audience par M. de Saint André Président, le premier Février 1547. Biblioth. de Bouchel, verbo Salaires.

31 Les Procureurs & Greffiers ne peuvent demander leurs salaires après deux ans. Arrêts du Parlement de Dijon de l'an 1583. & 1584. Bouvot, to. 1. part. 3. verbo Procureur, quest. 1.

Voyez le mot Procureur, nomb. 162. & suiv.

SALAIRES DES SERGENS.

32 Un Sergent ne peut demander payement de ses salaires après un an. Arrêt du Parlement de Dijon du 20. Février 1603. Bouvot, to. 1. verbo Salaires, question 6.

33 Les Sergens ne peuvent se faire payer de leurs salaires par les débiteurs. Arrêt du 25. Juin 1611. Ibid. verbo Sergent, quest. 28.

34 Un Sergent peut demander ses salaires à un creancier payé, encore que les Exploits fussent nuls. Arrêt du Parlement de Dijon du 14. May 1612. Ibidem, quest. 31.

35 Il n'est pas permis aux Sergens de retenir les meubles des débiteurs pour payement de leurs salaires. Arrêt du Parlement de Dijon du 10. Mars 1610. Bouvot, ibid. quest. 24.

36 Arrêt du Parlement de Provence du 19. Janvier 1647. par lequel il a été jugé qu'un Sergent qui a rendu les pieces à la partie, est presumé payé de ses salaires & vacations ; le Serment de la partie fut pris. Boniface, to. 1. liv. 1. tit. 25. nomb. 6.

Voyez cy-après Sergens, nomb. 84. & suiv.

SALAIRES DES SERVITEURS.

37 Le Parlement de Toulouse ne reçoit pas favorablement la prescription alleguée contre les serviteurs qui demandent leurs salaires ; il y a des Arrêts qui en ont adjugé jusqu'à sept ou huit années. Voyez Mainard, liv. 6. chap. 87.

38 On ne doit distraire du salaire des serviteurs le temps de leur maladie dans la maison du Maître. Arrêt du Parlement de Toulouse conforme à autre du Parlement de Paris du 26. Mars 1556. rapporté par Charondas, livre 9. tit. 3. ch. 24. de ses Reponses. V. Mainard, liv. 3. ch. 13.

39 La servante étant au service d'un Maître decedé, peut demander ses salaires de six ans, & est preferable au creancier saisissant les meubles qui sont en la maison. Arrêt du Parlement de Dijon du 25. Mars 1566. Bouvot, to. 2. verbo Saisie, quest. 2. il observe que l'Ordonnance qui limite l'action à trois années de gages n'a lieu que contre les serviteurs qui sont hors du service du Maître.

40 La servante pour ses salaires est preferable à tous saisissans, car *salvum fecit totius pignoris causam*. Arrêt du Parlement de Dijon du 6. May 1566. Ibidem, quest. 32.

41 Voyez l'Ordonnance de Loüis XII. art. 67. qui oblige les serviteurs à faire demande de leurs gages dans un an après qu'ils seront sortis de se. vices. Voyez l'art. 127. de la Coûtume de Paris ; ladite Ordonnance ne leur donne action que pour les trois dernieres années s'il n'y a convention. Arrêt du 13. Février 1621. Henrys, to. 1. li. 4. ch. 6. qu. 20.

42 Gages dûs à une servante par un Prêtre ; la connoissance en appartient au Juge Royal, sans que le Prêtre puisse demander son renvoy pardevant le Juge d'Eglise, nonobstant que ce soit une action personnelle, &c. Jugé le 15. Août 1635. Brodeau sur M. Loüet, lettre B. somm. 11. & Henrys, loco citato, au nombre precedent.

SALAIRE, SOLLICITEUR.

43 Par l'article 291. de la Coûtume de Bretagne les Solliciteurs étant considerez comme des serviteurs à gages, doivent demander leurs salaires dans l'an ; neanmoins les Agens des Grands ne sont compris dans cette disposition. Jugé contre la Dame de Tivarlan

Tome III. Xxx

530 SAV

le 9. Janvier 1615. au Parl. de Bretagne. *Sauvageau*, *livre* 2. *chapitre* 39.

SALAIRES, TUTEUR.

44   Salaires du Tuteur. *Voyez* cy-dessus le *nomb.* 2. & le mot *Compte*, *nomb.* 82.

Des salaires prétendus par les Tuteurs, on leur en ajuge, quand on voit que pour solliciter les dettes des mineurs, ils ont fait des diligences, & ont été obligez de commettre des Solliciteurs. *V. dans Mainard*, *liv.* 6. *chap.* 55. plusieurs Arrêts du Parlement de Toulouse.

45   Arrêt du Parlement de Provence du 23. Décembre 1664. qui ajugea 3000. livres au Tuteur, pour certaines considerations, sans tirer à consequence. *Boniface*, *to.* 4. *liv.* 4. *tit.* 1. *chap.* 9. rapporte plusieurs autres Arrêts qui ont ajugé salaire au Tuteur.

46   Acte de Notorieté de M. le Lieutenent Civil le 7. Mars 1685. portant que l'usage du Châtelet, est que l'on passe au tuteur les frais necessaires pour la perception des droits du mineur, même l'entretien d'un homme d'affaire & voyages; lors qu'il a été ainsi reglé par l'avis des parens assemblez pour l'élection des Tuteurs, & que tous les comptes de tutelle se rendent aux dépens du mineur, sans que le Tuteur soit obligé d'en porter aucune chose, dont l'on fait à cet effet un chapitre de dépense, qui se nomme chapitre de dépense commune du compte. *Recueil des Actes de Notorieté*, p. 29.

47   Autre Acte de Notorieté de M. le Lieutenant Civil du Châtelet de Paris du 19. Juin 1708. portant que les appointemens & les voyages des Tuteurs de mineurs ne doivent point être passez dans les comptes de tutelles, s'ils ne sont fixez par l'avis des parens, ou si les Juges n'ont décidé quelle dépense en est necessaire. *Ibid.* p. 251.

Voyez cy-après le mot *Tuteur*, §. *Tuteur, Salaires.*

SALAISON.

DE la salaison des poissons, chairs & beurres. *V. l'Ordonnance des Aydes & Gabelles au mois de May* 1680. *tit.* 15.

SALINES.

1   DU droit du quart boüillon des salines de Normandie. *V. ibidem*, *tit.* 10.

2   Des lieux privilegiez dans les pays de Gabelle, & des salines appartenantes aux particuliers. *Voyez le tit.* 14. *de la même Ordonnance.*

SALPESTRE.

DEs salpêtriers & salpêtres. *Ordonnances de Fontanon*, *to.* 3. *tit.* 16. p. 179.

SALVATION.

VOyez le mot *Production.*

Salvations fournies par l'intimé pour productions nouvelles entrent en taxe. Arrêt du 8. Mars 1510. *Papon*, *liv.* 8. *tit.* 2. *n.* 19.

Ne fournit salvations ni réponses à griefs qui ne veut. Arrêt du 29. May 1589. M. *Loüet*, *lettre* S. *sommaire* 2.

SANG.

NE ex sanguine cibus conficiatur. *Leon.* N. 58. ... *Ita Levit. c.* 17. & *Act. Apost.* 15. v. 19.

SAVETIERS.

VOyez *Cordonniers.*

Reglement entre les Maîtres Cordonniers & Savetiers de Paris, du 11. Avril 1562. *Le Vest*, *Arr.* 73. Entre les Savetiers & Cordonniers de Pontoise. *Le Vest*, *Arrêt* 140.

3   Jugé par Arrêt du Parlement de Dijon du 3. Juillet 1574. qu'il faut trois ans d'apprentissage pour être reçû Savetier à Châlons. *Bouvot*, *to.* 1. *part.* 3. *verbo Savetier.*

SAU

SAUF.

SAuf nôtre droit & l'action. *Voyez dans la Bibliotheque du droit François par Bouchel*, verbo *Sauf*, l'explication de cette clause.

SAUF-CONDUIT.

SAuf-conduit, Sauve-garde. *Fides, securitas publica. Conmeatus.*

De fide publica, aut securitate non passim danda. N. 17. 6. 6.

Ne præsides, in fiscalibus causis, fidem publicam dent. Ed. *Just.* 2.

De his qui potentiorum nomine, titulos prædiis adsigunt, vel eorum nomina in lite pretendunt. C. 2. 15. . N. 17. C. 15. N. 264. Défenses d'appliquer les Armoiries d'une personne puissante pour servir de Sauve-garde.

Ut nemo privatus, titulos prædiis suis, vel alienis imponat ; vel vela regia suspendat. C. 2. 16.

De salvo conductu. Voyez *le traité fait per Gregorium Magalotum.*

Touchant le sauf conduit. *Voyez Julius Clarus, liv.* 1 5. *Sentent.* §. *finalis, quest* 32. aux additions.

Salvi conductus sunt tenendi. Voyez *la derniere édition des œuvres de M. Charles Du Moulin, to.* 2. p. 591.

Judex lite pendente salvum conductum quo ad causa incumbentia partibus dare potest, quem in delictis servare tenetur. Voyez Franc. Marc. to. 2. *quæst.* 68.

4   Sauf-conduit obtenu par Marchands. *Voyez* le mot *Marchand*, *nomb.* 108.

SAVOYE.

1   STile & Reglement du Senat de Savoye. Chambery, 1582.

2   *Sola ad universa Sabaudorum Ducum decreta*, vol. in fol. aug. Taurin. 1625.

3   *Grafvvinchelius de Jure præcedentia inter remp. Venet. & Sabaudiæ Ducem.* Leyde 1644.

4   Guichenon histoire genealogique de la maison de Savoye, 3. *vol. in fol.* Lyon 1660.

5   Traité des differends qu'a le Roy avec Monsieur de Savoye, concernant Fossigni, Bonne, & autres lieux du Genevois, Nice, Villefranche, & autres lieux dépendans du Comté de Provence, Coni, Fossan, Savillan, Mondevis, & Cherasc en Piemont. *V. Dupuy traité des Droits du Roy*, p. 29.

6   Des droits reservez aux Rois de France par les traitez de Château en Cambresis, de Turin, Vervins, & de Lyon, sur plusieurs Etats & Seigneuries possedés par le Duc de Savoye. 2. Quelles sont ces Seigneuries. 3. Conference de Lyon 1561. des Députez du Roy Charles IX. avec ceux du Duc de Savoye. *V.* Ibid. *p.* 31.

7   Declaration portant que les Savoyards qui étoient habituez dans le Royaume avant la restitution du Duché de Savoye, & qui sont demeurez depuis, sont reputez regnicoles, & comme tels capables de, &c. A Moulins le 5. Février 1566. registré le 21. May ensuivant. *Ordonnances de Fontanon*, *to.* 2. p. 442.

Voyez les mots *Aubains, Etrangers.*

8   Indult dont on prétendoit étendre l'effet dans la Savoye. *Voyez* le mot *Indult*, *nomb.* 52.

SAUVE-GARDE.

1   IL en est parlé dans Du Moulin, *to.* 2. p. 471. *chap.* 4. *V.* cy-dessus le mot *Sauf-conduit.*

Ecclesia licet fundatione Regia, non est in salvagardia Regis, nisi specialiter recipiatur. Du Moulin, *to.* 2. page 560.

2   *Rex Franciæ potest solus dare salvam gardiam.* Voyez *la Biblioth. du droit François par Bouchel.*

3   L'infraction de la sauve-garde donnée à ses ennemis par le Souverain durant la guerre, est punie de mort ; elle l'a été en la personne d'un des plus braves de la nation Françoise, sous le Regne de Loüis

SCE   SCE   531

XIII. *Voyez Chorier en sa Jurisprudence de Guy Pape*, page 78.

4. Le Juge Lay connoissoit contre un Clerc de sauve-garde par luy enfrainte extraordinairement: Arrêt du Parlement de Paris. *Papon, liv. 1. tit. 5. n. 45.* ne le date point.

5. Clercs accusez d'avoir enfraint une sauve-garde Royale, condamnez par Arrêt du Parlement de Paris de l'an 1394. en l'amende de 100. liv. envers le Roy, & 300. livres envers partie civile, & à tenir prison jusqu'à payement. *Ibid. liv. 1. tit. 5. n. 46. Imbert, li. 3. inst. ch. 9. & Jo. Galli, quest. 172.*

6. Les Eglises qui sont au Roy quelques redevances pour le droit de sauve-garde, ne laissent pas de les payer, nonobstant que les Châteaux qui leur servoient de retraite, ne soient plus en état de défenses, parce que saMajesté protege suffisamment tous ses sujets par les garnisons qu'elle entretient aux places frontieres; neanmoins le droit de sauve-garde qui luy est dû à cause du Comté d'Albon, par le Prieur de S. Philibert en la terre de S. Vallier, fut équitablement moderé, par Arrêt du 30. Juin 1651. à huit septiers d'avoine, quatre septiers de froment, & quatre charges de vin, après qu'Antoine le Bret Prieur eut verifié que la plus grande quantité portée par les reconnoissances consumoit presque tout le revenu de la métairie sujet à ce droit là. *Salvaing, de l'usage des Fiefs, ch. 49.*

SCEAU SCEL.

1. DEs Audienciers & Controlleurs ésChancelleries de France, & de ce qui concerne le grand Scel. *Ordonnances de Fontanon, tom. 1. liv. 2. tit. 26. p. 150.*

2. Des Lettres obligatoires passées sous le Scel Royal, ou autre scel authentique. *Ibid. liv. 4. tit. 13. p. 758.*

3. Taxes de ce que l'on doit payer pour le Sceau des Lettres scellées és Chancelleries. *Joly des Offices de France, tome 1. liv. 2. tit. 9. pag. 770. & aux additions, page ccclvij. & suiv.*

4. Des Lettres de Claméur du petit Scel de Montpellier, & de l'execution d'icelles. *Ordonnances de Fontanon, tom. 1. liv. 4. tit. 14. pag. 759.*

5. Des Sceaux du Roy, de leur autorité, & de leurs droits, de la dignité de Garde des Sceaux. *Voyez M. le Bret, Traité de la Souveraineté, liv. 4. chap. 1.*

6. *Littera Principis non sigillata an & quatenus effectum aliquem habeat?* Voyez *Stockmans, Décis. 148.*

7. *Obligatio parvi sigilli Montispessulani quod & exceptionem paratam habeat, & clamorem.* Voyez *Franc. Marc, tome 1. quest. 158.*

8. *Sigillum recognoscendum est; quod si negetur, aut de eo dubitetur, an pro sigillo præsumatur?* Voyez *ibidem, quest. 989.*

9. *Sigillum cum subscriptione ut quis obligetur ut sibi præjudicet, requiritur.* Ibid. *quest. 990.*

10. *Littera sigillata sigillo alieno cum attestatione valent & faciunt fidem.* Ibid. *quest. 991.*

11. *In Tholos. Parlamento 1433. die 25. Novembris per Curiam fuit ordinatum quod durante absentiâ sigilli Regis omnia quæ per Curiam passarentur, sigillo ipsius Curiæ sigillarentur, & quod jus Regis, scilicet emolumentum sigilli Regii servaretur.* Biblioth. de *Bouchel, verbo, Scel.*

12. Les Actes non scellés ne sont point attributifs de Jurisdiction, quand même on s'y seroit soûmis. Arrêt du Parlement de Grenoble du 24. Mars 1458. le débiteur pourra être attiré en la Jurisdiction à laquelle il s'est soûmis; mais il y sera jugé selon le droit commun, & non suivant la rigueur de la Jurisdiction. V. *Guy Pape, quest. 409.*

13. Le privilege du scel attributif de Jurisdiction n'a lieu contre un tiers possesseur. Arrêt du Parlement de Paris du 6. Mars 1641. *Papon, liv. 5. tit. 8. nomb. 3.*

14. Défenses au Bailly de *Meaux* de plus prendre la qualité de Conservateur de son scellé; cela n'appartient qu'au Prévôt de Paris par privilege exprès de *Tome III.*

se dire Conservateur de son scellé. Jugé le 26. Janvier 1545. *Le Vest, Arrêt* 30.

15. Arrêt du Parlement de Bretagne du 16. Octobre 1554. qui ordonne que le Sceau de la Chancellerie sera entre les mains du premier des Présidens ou Conseillers de la Cour en l'absence du Garde. *Du Fail, liv. 3. chap. 282.*

SCEAU, OFFICE.

16. Un Tuteur vend un Office à la charge de payer ce qui étoit dû: deux Créanciers font saisir les deniers entre les mains de l'Acquereur, & en demeurent là; l'Acquereur revend à un autre, à la charge de payer les saisissans, un autre Créancier s'oppose au sceau, prétend d'être payé par preference aux saisissans. Debouté de sa demande le 22. Janvier 1647. *Du Frêne, liv. 4. chap. 46.*

17. Charge ajugée, le prix consigné, il n'est plus necessaire de continuer ses oppositions au Sceau. Arrêt par lequel la Dame de la Cour des Bois a été colloquée sur le prix d'un Office de Secretaire du Roy, concurremment avec le sieur le Gendre, qui avoit continué après la consignation ses oppositions au Sceau, & ce par contribution au sol la livre. Arrêt de la Cour des Aydes, à Paris du 16. Février 1682. *Journal du Palais.*

18. Les Sceaux en matiere d'Office purgent toutes les hypotheques, c'est pourquoy les Créanciers doivent s'opposer au Sceau: l'opposition au titre ne dure que six mois, l'opposition pour somme de deniers dure un an, c'est pourquoy il faut veiller & renouveller les oppositions. Edit de 1683. *Voyez le mot* Office, *nombre.* 108.

SCEL DU CHASTELET.

19. Privilege du Scel du Châtelet de Paris. *Voyez M. Bruneau,* Traité des Criées, *chap. 4. page 65.*

20. Le Scel du Châtelet de Paris a ce privilege, qu'il s'étend par tout le Royaume de France: de quoy il se trouve un Arrêt du dernier Decembre 1319. contre Clemence veuve du Roy Loüis Hutin, Appellante du Prévôt de Paris. Ce privilege confirmé par Lettres Patentes du Roy Charles V. du 8. Février 1367. *Voyez l'Edit de Charles VII. en* 1447. *& la Biblioth. de Bouchel, verbo, Scel.*

21. Le Scel du Châtelet de Paris est attributif de Jurisdiction par tout le Royaume, tel privilege ne s'étend point contre les tiers possesseurs pour l'hypotheque. Arrêt du Parlement de Paris du 13. Février 1549. *Papon, liv. 4. tit. 10. nomb. 2.* où il observe que le Scel de *Montpellier,* & des foires de Brie, est pareillement attributif de Jurisdiction.

22. Le 29. Avril 1557. fut appointé au Conseil, sçavoir si l'heritier est tenu proceder pardevant le Prévôt de Paris étant convenu *ex testamento* qui est passé sous le scellé de Paris. *Bibliotheque de Bouchel, verbo, Sceau du Roy.*

23. Preuves par titres depuis 400. ans que le Sceau Royal dont l'on s'est toûjours servi au Châtelet, est attributif de Jurisdiction par tout le Royaume. *Voyez le Recüeil des Actes de Notorieté donnez par M. le Lieutenant Civil, page 270. jusqu'à la fin.*

Voyez ce sujet les *Factums & Memoires imprimés à Lyon en* 1710. par *Antoine Boudet tome 2. pag. 93.*

24. Du droit de suite par tout le Royaume que les Officiers du Châtelet peuvent exercer pour juger les contestations principales ou incidentes, lorsqu'un Commissaire a apposé le Scellé de l'Ordonnance de M. le Lieutenant Civil. *Recüeil des Actes de Notorieté, pag. 32.* L'Acte en fut délivré le 1. Février 1686.

SCEL ECCLESIASTIQUE.

25. Le Scel Ecclésiastique fait foy, mais il ne donne hypotheque, *& quid si hypotheca sit ex vi legis?* Voyez *Coquille, tome 2. quest. 218.*

26. Du droit du Sceau appartenant au Chapitre, le Siége Episcopal vacant. *Voyez le mot* Chapitre, *n. 33. Chenu, tit. 7. & Tournet, lettre C. nomb. 29.*

27. Les Contracts & Obligations passez sous Sceau Ecclesiastique n'emportent execution, garnison, ni hypotheque, soit expresse ou tacite, non plus que les cedules reconnuës pardevant le Juge d'Eglise. *Voyez M. Louet*, lett. H. *somm.* 15.

28. Du Sceau des Evêques. *Voyez Franc. Marc*, en ses Décisions du Parl. de Dauphiné, tome 1. quest. 988.

29. Le Scel de l'Archevêque de Bourges fait foy. *V. la nouvelle édition des œuvres de M. Charles du Moulin*, tome 2. *page* 668.

30. *Littera sigillata sigillo Archiepiscopi Bituricen. & Officiarii sui faciunt plenam fidem in Bituriâ in Curiis secularibus, pro ut extitit consuetum*, ann. 1283. Biblioth. de *Bouchel*, verbo, *Scel.*

31. Archevêque de Lyon condamné en 10. livres d'amende pour avoir fait apposer son scel en une Lettre au dessus de celuy du Roy. Arrêt du Parlement de Paris du 5. Juillet 1379. *Preuves des Libertez*, tome 2. *chap.* 36. nomb. 16.

32. Par Arrêt du 10. Novembre 1392. entre le Duc de Bourgogne & l'Evêque d'Authun, ce Duc fut maintenu en possession de faire sceller, sous le Scel de la Cour, & quelquefois sous son Scel, & le Scel de l'Evêque d'Authun, tous Testamens, Ordonnances & dernieres Volontés, Contracts, Convenances de quelque état qu'ils soient, soit d'Eglise ou autres. Et tels Testamens & Contracts sont reputez bons & valables, soit sous lesdits Sceaux ensemble, ou sous le Scel du Duc séparément; toutefois cet Evêque n'est tenu sceller avec ce Duc si bon ne luy semble. *Bibliotheque de Bouchel*, verbo, *Scel*.

33. Contrats passez sous le Scel de la Cour Ecclesiastique, ne portent point hypotheque; ainsi arrêté le 14. Mars 1534. en la Grand-Chambre des Enquêtes après en avoir entendu l'avis de la Grand-Chambre & de la Tournelle. *Preuves des Libertez*, tome 2. ch. 36. nomb. 28.

34. De quels droits Archiepiscopaux ou Episcopaux dépendans du Sceau, les Chapitres jouïssent, le Siège vacant, & le Roy par droit de Regale? *V.* l'Arrêt entre le Procureur General & les Chanoines de Bourges du 26. Avril 1580. Autre Arrêt pour les Chanoines d'Angers du 15. Juillet 1587. *Biblioth. de Bouchel*, verbo, *Sceau*.

SCEL, EXECUTION.

35. Autrefois ce n'étoit point l'usage de sceller les Sentences; au contraire il y eut Arrêt au Parlement de Normandie le 3. Mars 1546. qui le défendit absolument, afin d'éviter à frais; mais les Edits ont changé cette Jurisprudence. *Biblioth. de Bouchel*, verbo, *Execution*.

36. Sentences, Obligations ou autres Actes non scellez, ne sont executoires à peine d'amende contre le Sergent, pour laquelle il peut être actionné. Arrêt du Parlement de Paris du 22. Février 1575. Autre Arrêt du 1. Decembre 1552. par lequel une execution réelle en vertu d'Obligation non scellée a été declarée nulle, & la partie à la requête de qui elle avoit été faite condamnée aux dépens, dommages & interêts de la partie saisie. *Papon*, liv. 9. tit. 8. nom. 1. & 2.

37. Par Arrêt donné au Parlement de Paris le 1. Decembre 1552. fut declarée nulle l'execution réelle faite à la requête de Thomas Petit sur les biens de Hubert Malert, en vertu d'une Obligation non scellée. Petit condamné aux dépens, dommages & interêts. *Biblioth. de Bouchel*, verbo, *Instrument*.

38. Sergens Royaux ne peuvent exploiter en vertu des Contracts passez sous Scel Royal, au dedans de l'enclos des Doyen, Chanoines & Chapitre de Chartres, lesquels avec l'Evêque ont été autrefois Comtes de Chartres avant l'accord fait avec Charles de Valois en 1206. Jugé par Arrêt du Parlement de Paris du 18. Janvier 1580. *Papon*, liv. 6. tit. 7. nomb. 4.

39. Arrêt du Conseil d'Etat du 9. Février 1627. qui ordonne que toutes les expeditions de la Jurisdiction de la Maréchaussée, seront scellées du Sceau des armes du Prévôt. *Maréchaussée de France*, page 487.

40. Un Contract non scellé porte hypotheque dés le jour qu'il a été passé, & est préferable à un autre posterieur en date, qui se trouve duëment scellé, ensuite de l'Edit des petits Scels; mais il faut être relevé par Lettres Royaux du manquement du Scel. Arrêt du Parlement de Grenoble du 7. Juillet 1633. *Basset*, tome 2. liv. 5. tit. 2. chap. 1.

41. Par l'Edit du mois d'Août 1672. registré au Grand Conseil du Roy & aux Parlemens; il est défendu aux Huissiers de faire aucuns Exploits en vertu d'Arrêts executoires, & autres expeditions de toutes les Cours où il s'agit d'execution, si les Arrêts & expeditions ne sont scellez à peine de 500. liv. d'amende d'interdiction de leurs Charges pour la premiere fois, & de punition corporelle pour la seconde, ce Reglement est conforme à l'Edit du mois de Janvier 1566. *La Rocheflavin*, liv. 2. tit. 1. Arr. 38.

42. Arrêt du Conseil d'Etat du 26. Mars 1678. qui condamne plusieurs Huissiers, Sergens & Archers & dénoncez, en 300. l. chacun d'amende, pour avoir fait des significations & executions d'Arrêts, Sentences & jugemens, sans commissions duëment scellées, au payement desquels ils seront contraints. *Recueil du Domaine*, page 538.

GARDE-SCEL.

43. De l'Institution des Gardes des Sceaux és Contrats & Sentences, en toutes les Cours, Ressorts & Jurisdictions, soit Chambres des Comptes, Aydes, Monnoyes, Tresor, Connêtablies, & Maréchaussée, Amirauté, Requêtes & Prévôté de l'Hôtel, Eaux & Forêts, Sieges Présidiaux, & autres Cours & Jurisdictions de France, fors & excepté les Chancelleries établies és Cours de Parlemens & aux Sieges Présidiaux, lesquels dépendent de la Grande Chancellerie. *Joly des Offices de France*, tome 1. tit. 11. pag. 811. & aux additions, pag. ccclxiij. & suiv.

44. *Voyez dans Filleau*, part. 1. tit. 5. plusieurs Arrêts en faveur des Gardes du Scel, portant défenses d'exploiter aucuns Actes sans scel à peine d'amende, & aux Juges d'y avoir égard.

45. Arrêt de Reglement du 15. Decembre 1522. par lequel il est dit que le Scelleur du Châtelet pour chacun decret, quoiqu'il y eût mille rôles ne prendroit que sols parisis, autant pour chacune opposition enregistrée après la délivrance, & rien pour celles faites auparavant, à luy enjoint de demeurer en son banc depuis sept heures du matin jusqu'à onze, & depuis deux heures jusqu'à cinq. *Du Luc*, liv. 6. tit. 3. art. 13. Papon, liv. 6. tit. 12. nomb. 4.

46. L'Office du Garde du petit Scel, & des Controlleurs des Titres & autres domaniaux, se partagent suivant la Coûtume du domicile du proprietaire. Arrêt du 22. Février 1629. *Du Frêne*, liv. 2. chap. 34. Du partage d'entre l'ancien Proprietaire & du nouveau. *Voyez Henrys*, tome 1. livre 2. chapitre 4. question 25.

47. Declaration du Roy du mois de Septembre 1697. portant rétablissement des Gardes des petits Scels. *Voyez l'Observation sur Henrys*, tome 1. liv. 2. chap. 4. quest. 25.

SCEL ROYAL.

48. Du privilege du Scel Royal. *Voyez Coquille*, tom. 2. quest. 192.

49. Le Roy ne peut user de Scel Royal en la Terre d'un haut Justicier, sinon en défaut dudit Justicier. *Du Moulin*, tome 2. pag. 667.

50. Le Roy ne peut user de Scel Royal en la Terre d'un haut Justicier, *nisi in defectu illius*. Arrêt de 1281. rapporté par *Bouchel, en sa Bibl. du Droit François*.

51. Quoique le débiteur d'une Obligation se soit soûmis à la Jurisdiction du Juge Royal, il ne peut être contraint en vertu d'icelle qu'elle ne soit scellée du Scel Royal. Arrêt du Parlement de Grenoble du 24.

Mars 1458. *Voyez Papon*, livre 9. titre 8. nombre 3.

52 Quoique par l'Obligation un débiteur soit expreſſément & nommément ſoûmis à la contrainte du Juge Royal, neanmoins ſi l'Obligation n'eſt ſcellée du Sceau Royal, il ne peut en vertu d'icelle être contraint. Arrêt du Parlement de Grenoble du 24. Mars 1548. *Biblioth. de Bouchel*, verbo, *Instrument*.

53 Le Scel Royal ſans ſoûmiſſion, n'emporte competence, & le Seigneur peut demander ſon ſujet au Juge Royal. Arrêt du Parlement de Paris du 9. Février 1550. *Papon*, liv. 7. tit. 7. n. 40.

54 Le 9. Février 1550. il fut dit par Arrêt que le Seigneur peut demander & requerir ſon Sujet au Juge Royal, pardevant lequel il eſt convenu, par le moyen d'une obligation paſſée ſous le Scel Royal, pourvû qu'il n'y ait point de ſoûmiſſion faite par la partie au Scel Royal.

Soûmiſſion faite pardevant un Juge Royal, n'empêche point que le renvoy ne ſoit fait pardevant autre Juge Royal; ainſi jugé par Arrêt au Grands Jours de Moulins le 17. Septembre 1534. *Bibliot. de Bouchel*, verbo, *Competence*.

55 Le 7. May 1582. M. Liſet, plaidant pour le Roy en une cauſe où il étoit queſtion incidemment de l'effet & puiſſance du Scel Royal, ſans ſoûmiſſion expreſſe, dit un mot remarquable ; ſçavoir, qu'anciennement on avoit vû dire au Palais, que l'oppoſition du Scel Royal étoit ſuffiſante pour attribuer la connoiſſance au Juge Royal par prévention ; mais cela depuis n'a été gardé, *imò*, qu'il y falloit ſoûmiſſion ; *& tunc ratione ſubmiſſionis*, la prévention & connoiſſance en appartient au Juge Royal, *Biblioth. de Bouchel*, verbo, *Scel Royal*.

56 Des *Pareatis* du grand & petit Sceau. *Voyez Deſpeiſſes*, tom. 2. p. 570.

SCELLE'.

1 LE ſcellé ne ſe doit faire ſi ce n'eſt à la Requête de quelque partie ; par pluſieurs Arrêts, les Procureurs du Roy ou Fiſcaux, qui faiſoient faire les ſcellez, ont été condamnez aux dépens, dommages & interêts des heritiers : auſſi le ſcellé à la Requête du créancier, en la maiſon de ſon débiteur, étant à l'article de la mort, ſans forme de Juſtice, eſt reprouvé par l'Empereur Juſtinien, *Novell. Conſtitut*. 60. *vel defuncti*, &c. Biblioth. de Bouchel, verbo, *Sceau du Roy*.

2 Le Juge Royal pour appoſer le ſcellé & faire l'inventaire, *non poteſt prævenire judicem Eccleſiaſticum*, quand il eſt requis de ce faire par les créanciers ou heritiers, & que ledit *Juge ſe tuetur poſſeſſione longiſſimâ*. Voyez Mornac, *L. 1. ff de Juriſdictione*.

3 En concurrence de ſcellé les Officiers du Roy doivent faire l'inventaire, quand la Juſtice eſt déniée aux hauts-Juſticiers, & que le Roy a prévenu. *Voyez Bacquet, des droits de Juſtice*, chap. 21. n. 6. *Secus*, ſi la Juſtice n'eſt point déniée aux hauts-Juſticiers, & que le Roy n'ait pas prévenu. Arrêt du 9. Mars 1534. À Paris en concurrence, la Cour ordonne que l'inventaire ſera fait par un tel Notaire de la Cour, ou un Huiſſier. *Ordonnance de Blois*, art. 164.

4 L'appellant condamné en 20. liv. d'amende vers l'intimé, pour avoir levé les Sceaux appoſez d'autorité de Juſtice, & à rendre pluſieurs Actes que l'intimé a verifié y avoir été mis par la défunte femme de l'intimé, & en tous dépens, dommages & interêts. Arrêt du Parlement de Bretagne du 20. Septembre 1567. *Du Fail*, livre 2. chap. 193.

5 Par Arrêt du Parlement de Bretagne du 23. Mars 1571. Jacques Judin intimé, eſt condamné en dix liv. d'amende vers le ſieur de Coüaſcan, pour avoir en mépris de Juſtice levé les Sceaux appoſez és coffres de ſa maiſon, ſans note d'infamie. *Du Fail*, livre 3. chapitre 128.

6 Arrêt du Parlement de Paris du 3. Decembre 1569. en forme de Reglement, donné tant contre les Commiſſaires du Châtelet, que tous les Seigneurs ſubalternes & leurs Officiers, par lequel défenſes leur ſont faites de proceder au ſcellé ſur les biens des défunts, s'il n'y a partie requerante, ou que ce ſoit à faute d'hoirs apparens. *Voyez les Chartres des Notaires*, chap. 7. page 388.

7 Arrêt du Parlement de Paris du 17. Novembre 1581. portant que le ſcellé que qu'un Huiſſier de la Cour vouloit lever, ſeroit levé & ôté par un Commiſſaire du Châtelet, *Ibid.* chap. 9. p. 543.

8 Arrêt du 30. Decembre 1615. qui fait défenſes aux Officiers des Juges ſubalternes, d'appoſer le ſcellé après le décès de leurs Juſticiables, s'ils n'en ſont requis par les heritiers ou créanciers ; défenſes aux Officiers de mulcter d'amende les Juſticiables qui ſe ſeront pourvûs pardevant le Prévôt de Paris. *Fuſleau*, part. 3. tit. 7. chap. 14.

9 Un homme étant décedé, & ayant laiſſé ſa femme avec des enfans impuberes, le Procureur du Roy ne peut obliger la veuve & tutrice deſdits enfans à faire appoſer le ſcellé, ni faire inventaire contre ſon gré. Arrêt du 7. Août 1617. *Voyez Mornac*, L. 1. §. *ſolent. ff. de officio præfecti*.

10 Arrêt du Parlement de Bretagne du 19. Avril 1635. qui fait défenſes à tous Juges d'appoſer le ſcellé ſur les meubles, ni faire inventaire d'iceux, tant que le pere eſt vivant. *Frain*, p. 713.

11 Reglement touchant les appoſitions de ſcellez, inventaires & taxes des Juges, par lequel défenſes ſont faites à tous Juges d'appoſer les ſcellez dans les maiſons des défunts ſans en être requis par les parties, ſinon ils n'auront aucuns ſalaires ni vacations pour les appoſitions de ſcellez & inventaires faits ſans requiſition des parties ; s'il y a des enfans mineurs, ou des heritiers abſens, le ſcellé ſera appoſé à la Requête du Procureur du Roy ou du Procureur Fiſcal. Fait au Parlement le 15. Janvier 1684. *De la Guiſſ. tome 4. liv. 7. chap. 2.*

12 Le Magiſtrat de Menin ne peut appoſer ſcellé ſans l'aſſiſtance du Bailly ou de ſon Lieutenant. Arrêt du Parlement de Tournay du 11. Mars 1698. rapporté par *M. Pinault*, tome 2. Arr. 210.

13 Reglement pour les ſcellez. Arrêt de la Cour des Aydes de Paris du 19. Mars 1698. qui ordonne que les ſcellez qui auront été appoſez par les Officiers commis à cet effet, ne pourront être levez que par eux, ſinon en cas d'abſence, maladie ou recuſation. *Journal des Audiences du Parlement de Paris*, tome 5. liv. 14. chap. 2.

14 Si après le décès des Seigneurs hauts-Juſticiers, leurs Officiers doivent, à l'excluſion des Officiers Royaux, appoſer le ſcellé dans leurs Châteaux, faire l'inventaire de leurs effets, & donner des tuteurs à leurs mineurs ? M. l'Avocat General conclut en faveur des Officiers du Préſidial de Mantes, contre ceux des Seigneurs. La Cour, par Arrêt du 20. Février 1702. avant de faire droit, ordonna que les Seigneurs de Binanville & d'Orvilliers ſeroient appellez, pour le Reglement être fait avec eux, & juſqu'à ce, par proviſion, accorda aux Officiers du Préſidial de Mantes le droit d'appoſer le ſcellé, & de faire l'inventaire des effets de tous les Seigneurs hauts-Juſticiers, dépendans de leur Juriſdiction, ſi le cas y échet, même de donner des tuteurs à leurs enfans, le tout au cas du Reglement, c'eſt-à-dire, ſi requiſition leur en eſt faite ; car il ne ſeroit pas juſte, ajoûta M. le premier Préſident de Harlay, que des Juges vinſſent ſans être requis faire des frais & des procedures inutiles. Voyez le Recueil des Arrêts Notables imprimez en 1710 chez Michel Guignard, chap. 39.

Voyez cy-deſſus le mot, *Scel*, nomb. 24. & le mot, *Inventaire*.

SCHISME.

1. DE Schismate, per Bald. Perus. & per Conradum de Gerlenhusem, & per Hermanum Theutonicum Monachum Cistersiensem, & Nicolaum, Archidiaconum Bajocensem, & Joannem Herson, Cancellarium Parisiensem.

2. De Niem, de schismate Avenionensi. vol. in folio, Basil. 1566.

3. État de l'Eglise Gallicane durant le schisme, par Pierre Pithou, Avocat en Parlement. Ordonnances de Fontanon, tome 4. pag. 1209.

4. Des Schismatiques. Voyez la Bibliot. Canon. tom. 2. pag. 565. & suiv.

5. Si ce qui est fait par les Schismatiques, est valable? Voyez Franç. Marc. tom. 1. quest. 947.

6. Schismatici pertinaces nedum excommunicati sunt, sed in carceres detrudendi sunt. Voyez Franc. Mars. to. 1. quest. 947.

7. État de l'Eglise Gallicane durant les Schismes en l'Eglise Catholique. Ordres donnez par les Rois de France durant les Schismes, & durant leur mauvaise intelligence avec les Papes, ou durant quelques difficultez d'envoyer à Rome, ou pour autres causes. Voyez les Preuves des Libertez, tome 2. chap. 10. Là, sont rapportées les Lettres Patentes du Roy Charles VI. du 27. Juillet 1398. où après avoir dit ce qu'il avoit négocié pour appaiser le Schisme qui étoit en l'Eglise entre le Pape Benedict XIII. & Boniface IX. Antipape, qu'il avoit trouvez fort contraires à l'union & à la paix, il declare que par l'avis de son Eglise, des Princes, Seigneurs, & autres assemblez, qu'il n'entend plus obéir au Pape, ni à l'Antipape ; fait défenses à tous ses Sujets de les plus reconnoître, en quelque sorte que ce puisse être.

8. Arrestum Curiæ Parisiensis 17. Julii 1406. contrà Epistolam quandam Universitatis Tholosanæ, à Guigone Flandrin, ejusdem nuntio allatam, quâ dicebatur substractionem obedientiæ scandalosam & impiam esse. Voyez les Preuves des Libertez, tome 1. ch. 20. n. 2.

9. Arrêt du Parlement de Paris du 23. Mars 1646. par lequel il est ordonné que le libelle intitulé, Optati Galli, de cavendo schismate, &c. sera laceré & brûlé ; défenses à toutes personnes d'en avoir & retenir, sur les peines portées par l'Arrêt. Ibid. tome 2. chap. 35. nombre 100.

Voyez les mots, Heresie & Religion.

SCHOLARITÉ

1. AN Advocatus vel Procurator à tailliis se possit exemptare pretextu Scholaritatis? Non. Du Moulin, tom. 2. p. 574.

2. Un Sergent ne doit faire le renvoy en vertu des Lettres de Scholarité. Tournet, lettre S. Arr. 19.

3. Un Étudiant à Paris ne peut user du privilege des Ecoliers pour y faire plaider un autre qui est de Bourgogne. Arrêt du Parlement de Dijon du 25. Novembre 1577. Bouvot, tome 1. part. 3. verbo, Privilege des Ecoliers.

4. Le privilege de Scholarité n'exempte point du droit d'Aubaine. Voyez le mot, Aubaine, n. 29.

Voyez les mots, Ecoles, Ecoliers, & cy-après, verbo, Université.

SCRUTIN.

Action de recueillir les suffrages de ceux qui font une élection. Scrutinium. Suffragiorum collectio. De Scrutinio in ordine faciendo. Dec. Gr. dist. 23. c. 2... dist. 24... dist. 51. 6. 5... Extr. I. 12.

De l'élection par scrutin. Voyez le mot, Election, nombre 155.

SCULPTEURS, SCULPTURE.

1. LEs Sculpteurs & les Peintres de Paris, sont exempts des Lettres de Maîtrise. Jugé au Souverain aux Requêtes de l'Hôtel, le 28. Avril 1678. Journal du Palais.

2. Sculpture est un Art liberal, & les Sculpteurs déchargez des taxes que les Menuisiers, Charpentiers, & autres de cette qualité, payent à la Communauté pour leurs Apprentifs, en ne travaillant que de la Sculpture. Jugé à Aix le 6. Mars 1674. Journal du Palais.

3. Les Sculpteurs ne s'addonnant qu'à la Sculpture, ont pû se séparer de la Confrairie des Menuisiers, Charpentiers, & entrer dans celle des Peintres & Brodeurs. Arrêt du mois de Mars 1674. Boniface, tome 3. liv. 4. tit. 11. ch. 1.

4. Le Roy ayant été informé que quelques-uns des Maîtres Sculpteurs de la Ville de Paris, sous prétexte des privileges qu'ils prétendent avoir obtenus pour mouler leurs propres ouvrages, entreprennent de faire mouler & contrefaire ceux des Sculpteurs de l'Académie Royale de Peinture & de Sculpture, & par leur ignorance en corrompent la beauté, & en changent même souvent l'ordonnance, y ajoûtant ou diminuant, selon les places où ils les veulent mettre, & étant ainsi contrefaits, les débitent sous le nom des Sculpteurs de l'Académie, ce qui fait un tort considerable à la réputation, que leur travail & étude leur ont acquise, & trompent le public ; à quoy étant nécessaire de pourvoir, Sa Majesté étant en son Conseil, en confirmant les Privileges qu'elle a cydevant accordez à ladite Académie, a fait & fait tres-expresses inhibitions & défenses à tous les Sculpteurs, Mouleurs, & autres, de quelque qualité & condition, & sous quelque prétexte que ce puisse être, de mouler, exposer en vente, ni donner au public aucuns ouvrages desdits Sculpteurs de l'Académie Royale de Peinture & de Sculpture, ni copie d'iceux, lors qu'ils se trouveront marquez de la marque de ladite Académie, non autrement, sans avoir permission de celuy qui les avoit faits, à peine de 1000. liv. d'amende, & de tous dépens, dommages & interêts. Arrêt du Conseil d'Etat du Roy du 21. Juin 1676.

SECONDES NOPCES.

Voyez le mot, Nopces.

Un pere convolant en secondes nopces, peut convenir que les enfans qui en proviendront n'auront qu'une certaine somme en la Communauté, si ce n'est qu'ils aiment mieux se tenir à la legitime. Arrêt du Parlement de Paris du 1. Juin 1627. Journal des Aud. tome 1. liv. 2. ch. 48.

Un second mariage contracté par un particulier, ne peut pendant son premier mariage. La contestation portée au Châtelet ; Sentence qui declare Elisabeth Fiorelli, fille de Tiberio Fiorelli, dit Scaramouche, illegitime, suivant la disposition du Chapitre, tanta est vis. Qui filii sint legitimi, aux Decretales, & qui luy ajuge 1500. liv. à une fois payer, & 100. liv. de pension. Arrêt rendu en la Grand'Chambre du Parlement de Paris le 4. Juin 1697. Recüeil des Arrêts notables en 1710. chez Michel Guignard. chap. 2.

SECOURS.

EGlise succursale. Voyez le mot, Eglise, nomb. 50. & suivans.

Es Eglises Paroissiales il n'est permis de donner secours & annexe, si ce n'est par l'autorité de l'Evêque ; parties appellées devant l'Official. Quand une Eglise succursale est érigée, le Curé de l'Eglise Matrice peut contrainte les Paroissiens du secours de se trouver dans l'Eglise Matrice les quatre Fêtes annuelles, même le jour de la Dedicace en l'Eglise Matrice. Ainsi jugé au Parlement de Paris, les 23. Janvier 1576. & 14. Mars 1584. Papon, liv. 1. tit. 1. n. 12. & Tournet, let. E. n. 20.

SEC

SECRETAIRES.

Il y a les Secretaires de la *Cour*, les Secretaires d'*Etat*, & les Secretaires du *Roy*.

SECRETAIRES DE LA COUR.

1. Des Notaires & Secretaires, tant de la Cour de Parlement de Paris, que des autres Parlemens. *Joly, des Offices de France, tome 1. liv. 1. tit. 11. pag. 123. & n4. & aux Additions, pag. CXXX. & CXXXI.*

2. Par Arrêt du Parlement de Bretagne du 23. Août 1554. Secretaires déboutez de leur Requête, tendante à s'asseoir durant l'Audience près le Greffier de la Cour. Il se trouve sur le Registre autre Arrêt, qui leur attribue droit de s'asseoir sur le banc proche le Barreau du côté des Pairs, étant en habit decent. *Du Fail, liv. 3. chap. 331.*

SECRETAIRES D'ETAT.

3. *De Magistris sacrorum scriniorum. C. 12. 9... C. Th. 6. 11. Magistri scriniorum*, représentent nos Secretaires d'Etat, & les Secretaires du Cabinet. *Scrinium*, proprié, signifie, Coffret, Cassette. Ici ce mot, signifie Porte-feuille, Registre. *Erant quatuor scrinia Palatina: scil. scrinia memoriæ, Epistolarum, libellorum, & dispositionum*. Vide *Cujacium, & Notir. Imper.... & Jac. Gotofr. ad Cod. Th.*

De proximis sacrorum scriniorum, cæterisque qui in sacris scriniis militant. C. 12. 19.... C. Th. 6. 26. Des Officiers du Conseil, & des Commis, &c.

Histoire des Secretaires d'Etat, par *Du Toc*, vol. in quarto, *Paris 1668*.

4. Par Arrêt du 10. Decembre 1602. il a été jugé que la Provision en Regale doit être signée en Commandement par l'un des quatre Secretaires d'Etat. *Bibliot. Canon. tome 2. pag. 397. col. 2.*

5. Declaration du Roy du 21. Avril 1692. concernant les Contracts de mariage reçûs par les Secretaires d'Etat. Ces sortes de Contracts portent hypotheque, on en garde minute; & neanmoins pour la commodité des parties, on en déposé une copie signée par le Secretaire d'Etat, par collation, chez un Notaire, qui en délivrera des expeditions, comme s'il en avoit reçû la minute. Cette Declaration a été enregistrée au Parlement le 30. du même mois. *V. le Recueil de De Combes, Greffier en l'Officialité de Paris, 1. partie, chap. 4. pag. 442.*

SECRETAIRES DU ROY.

6. *De Primicerio, & Secundicerio, & Notariis. C. 12. 7... C. Th. 6. 10.* Du Doyen, & des Secretaires du Prince. *De Secundicerio, nihil hic.*

7. Abraham Tessereau, Ecuyer Secretaire du Roy, a fait un Recueil de leurs Privileges, sous le nom de l'*Histoire Chronologique de la grande Chancellerie de France*. Il y en a une nouvelle édition en deux volumes, 1710. chez *Pierre Emery*.

8. Des Secretaires de la Couronne de France, & Reglement du Grand Scel. *Ordonnances de Fontanon, tome 1. liv. 1. tir. 25. p. 150.*

9. Secretaires du Roy. *Voyez ibid. tom. 4. p. 921. & suiv. & Joly, des Offices de France, tom. 1. liv. 2. tit. 5. & aux Additions, pag. CCCXL. & Filleau, partie 1. titre 5.*

10. Des Secretaires du Cabinet, & de la Chambre du Roy, *Joly, des Offices de France, tom. 1. liv. 2. tit. 12. pag. 819. & aux Additions, p. CCCLXVIII.*

11. Declaration portant confirmation de la Confrairie des Secretaires du Roy, & les Reglemens que les concernent. A Paris à l'Hôtel de Saint Paul le 9 May 1365. *Mest. hist. p. 66. Joly, des Offices de France, to. 1. page 683.*

12. Les Secretaires du Roy sont Nobles, joüissent des Privileges de Noblesse, leur succession se partage noblement, sont exempts du droit de Francs Fiefs, Tailles, Quints & Requints, & autres Droits Seigneuriaux acquis au Roy. Leurs Privileges sont fondez sur de grandes Patentes qui leur ont été accordées par nos Rois. Arrêt du 21. Mars 1603. *M. Loüet, let. S. n. 19.* Le procès ne peut leur être fait que par M. le Chancelier, & Messieurs les Maîtres des Requêtes. Ils ont l'obligation de leurs Privileges à Maître Alain Chartier, Notaire, & Secretaire des Rois Charles VI. & Charles VII. *Joly, liv. 4. chap. 84.* rapporte un Arrêt du 27. Février 1629. pour le vin du droit duquel les Secretaires du Roy sont exempts. *Jouet, verbo, Secretaires du Roy, n. 1.*

Voyez dans le present Recueil *tome 2.* le mot, *Noblesse, nombre 91.*

SECRETAIRES DU ROY, ACTES.

13. Quoyque les Secretaires du Roy donnent une foy publique à tous les Actes qui sont signez d'eux; & qu'ils surpassent les Notaires en Dignité; ils ne sont pas neanmoins capables de recevoir un Testament en une Coûtume, qui donne seulement ce pouvoir à un Notaire; ce qui a été jugé par un Arrêt du Parlement de Paris, sur une Requête Civile, obtenuë contre un Arrêt du Parlement de Bourgogne, qui avoit décidé la même chose. *Ricard, des Donations, part. 1. chap. 5. section 8.*

SECRETAIRES DU ROY, EXEMPTIONS.

14. Le 10. Avril 1554. fut plaidée une cause de Secretaires du Roy, qui se disoient exempts de la solde de 50000. hommes, parce qu'ils sont Commensaux du Roy. Au contraire, il fut dit que si les pauvres qui n'ont que bien peu à perdre, contribuënt à la défense du Royaume, à plus forte raison les Secretaires qui sont fort riches, y doivent contribuer. Par Arrêt, quant au principal, les Parties furent appointées au Conseil; & cependant par provision, les maisons & heritages des Secretaires seront sujettes aux tailles, & charges réelles. *Biblioth. de Bouchel, verbo, Secretaires du Roy.*

15, 16. Secretaires du Roy exempts de tous droits de Greffe. Ordonné par les Requêtes de l'Hôtel du Roy, le 15. Juin 1595. que Bluet, Clerc au Greffe des Requêtes du Palais, rendra ce qu'il a reçû de M. Martin Connay, Secretaire du Roy; défenses de plus contrevenir à l'exemption. *Idem. verbo, Greffiers.*

Le même Jugement des Requêtes de l'Hôtel, du 15. Juin 1595. est rapporté *Ibidem, lettre S. verbo, Secretaires du Roy.*

17. Secretaire du Roy qui a acquis d'un autre Secretaire, retire l'heritage par retrait lignager, il ne doit aucuns lods & ventes. Autre chose seroit, si le Secretaire retiroit sur un non privilegié, auquel cas il doit le rembourser *ut indemnis abeat*, sauf son recours contre le Fermier & Receveur, que si un non privilegié retire du Secretaire du Roy, il doit rembourser les droits Seigneuriaux, ne plus ne moins que s'ils avoient été payez au Roy. Arrêt du 5. Avril 1607. *M. Loüet, & son Commentateur, sur la la lettre S. Sommaire 22.*

18. Si le privilege des Secretaires du Roy pour l'exemption des lods & ventes, des terres par eux acquises dans le Domaine du Roy, a lieu contre les Enfans de France, qui possedent le Domaine en Appanage? Arrêt du 21. Mars 1641. qui appointe; mais qui forme un préjugé, en donnant main-levée à la veuve d'un Secretaire du Roy, de la saisie féodale faute de droits non payez. *Sceve, tome 1. Cent. 1. ch. 35.*

19. Leurs Privileges n'ont lieu que sur les Terres du Domaine qui appartiennent au Roy, & pour les acquisitions qu'ils font des Fiefs relevans nuëment & immediatement du Roy. Arrêt du 21. Mars 1641. *Du Frêne, liv. 3. ch. 70.* qui fit main-levée à la veuve d'un Secretaire du Roy, &c.

20. L'exemption des Secretaires du Roy des quints deniers pour les acquisitions qu'ils font dans la mouvance du Roy ou des Seigneurs Appanagers, n'opere une exemption de la reteneüe féodale sur eux; & étant rétirées par les Seigneurs Appanagers, ou ceux

qui ont leurs droits, il ne leur est dû aucun droit de quint, & les fruits pendans par les racines au temps de l'adjudication, estimez à 2000. liv. Arrêt du 21. Août 1649. *Du Frêne, liv. 5. ch. 47.*

21. Les Secretaires du Roy sont exempts de lods & ventes, & autres droits Seigneuriaux, pour les heritages qu'ils acquierent dans la mouvance & censive des Evêchez & Archevêchez vacans en Regale. Arrêt du Grand Conseil du 7. Juin 1666. *De la Guess. tome 2. livre 8. chapitre 11.*

22. Pendant la vie des Secretaires du Roy, qui n'ont pas vingt années de service, leurs enfans sont exempts des impositions ordinaires des roturiers. Jugé au Privé Conseil le 27. Janvier 1675. *Journal du Palais.* Il y a deux Declarations du Roy du mois d'Août 1669. & 1672.

23. Arrêt du Conseil d'Etat du 21. Mars 1682. qui ordonne que les Secretaires de Sa Majesté payeront les droits de lods & ventes, quints & requints, & autres droits Seigneuriaux, établis par les Coûtumes, pour les acquisitions qu'ils feront par échanges, dans les mouvances des Seigneurs particuliers. *Recueil du Domaine, p. 600.*

24. Secretaires du Roy peuvent faire valoir quatre charruës dans une métairie, quoyque les heritages qui la composent soient situez en differentes Paroisses. Edit du 13. Decembre 1701. enregistré au Grand Conseil le 21. du même mois.

25. Par Arrêt rendu au Grand Conseil le 7. Decembre 1702. conformément aux Conclusions de M. Pierre-Jacques Brillon, lors Substitut, & portant la parole pour M. le Procureur General ; le sieur Vilain, Secretaire du Roy en la Chancellerie, prés la Chambre des Comptes, Cour des Aydes, & Finances de Dole, a été reçu opposant à l'execution du Rôlle de la Taille négotiale de la Ville de Beaune, declaré franc & exempt de cette Taille ; ordonné qu'il seroit rayé du Rôlle. *V Tisserau, tom. 2. p. 446.*

JUGES DES SECRETAIRES DU ROY.

26. Tous Juges sont competens, pour informer & decreter contre les Secretaires du Roy : mais la Cour seule leur peut faire leur procés. Arrêt du Parlement de Paris du 5. Août 1632. *Bardet, tom. 2. tit. 1. chapitre 41.*

27. Les Secretaires du Roy prés la Chancellerie du Parlement de Tournay, n'ont point d'autres Juges de leurs privileges que ce Parlement. Jugé au Parlement de Tournay le 17. Decembre 1698. contre un Secretaire du Roy, qui demandoit son renvoy au Grand Conseil, sous prétexte qu'il étoit Juge de leurs privileges, & qu'il s'agissoit dans la cause d'une exemption du droit de Greffe. Mais le Greffier répondoit que les *Committimus* n'avoient point de lieu dans le ressort du Parlement de Tournay ; que le Roy l'avoit ainsi reglé par la Declaration du mois de Novembre 1671. même que Sa Majesté avoit par Arrêt du 30. Septembre 1688. fait défenses aux Secretaires de la Chancellerie prés le Parlement de Tournay, de se pourvoir au Grand Conseil, pour sujet de leurs privileges & exemptions, & fait défenses au Grand Conseil d'en connoître, à peine de nullité. *Voyez M. Pinault, to. 2. ch. 247.*

SECRETAIRES DU ROY, SUCCESSION.

28. Secretaires du Roy, & du partage entre leurs heritiers ; le 24. Mars 1603. il fut jugé que la succession de Jean Gauchery Secretaire du Roy, se partageroit roturierement, étant échuë avant la verification de leur privilege au Grand Conseil. *M. Loüet, lett. S. sommaire 19.*

29. Par Arrêt donné en la Cinquiéme Chambre du Parlement de Paris, les autres consultées, le 23. Mars 1603. la Cour a ordonné que la succession du sieur Gauchery Secrétaire du Roy, sera partagée, sans aucun préciput ni avantage de noblesse ; que la maternelle sera neanmoins, au desir de la Coûtume du Maine, partagée noblement, & la fraternelle aussi noblement, pour les heritages tombez en tierce foy. S'étant la Cour principalement fondée, pour declarer roturieres les successions des Secretaires du Roy, sur ce que leurs prétendus privileges n'ont point été verifiez ni registrez au Parlem. joint qu'ils ne parlent que d'immunitez personnelles, & nullement de noblesse réelle ou hereditaire, sinon la Chartre du Roy Charles VIII. de 1484. laquelle n'a été registrée au Grand Conseil que prés de six vingt ans aprés, sçavoir en l'an 1575. & sans Lettres d'adresse ni de suranation. *Voyez les Reliefs forensés de Rouillard, chapitre 20.*

SECULARISATION.

Voyez *Abbayes, Religieux.*

1. Benefice séculier, ou sécularisé. *Voyez* le mot *Benefice, nomb. 174. & suiv. & le mot Oblat, nomb. 11. 13. & 23. & le mot Religieux, n. 252.*

2. Sécularisations de Monasteres, pour établir des Chapitres séculiers en des Eglises Cathedrales. *Memoires du Clergé, tome I. partie 1. page 131. jusqu'à 156.*

3. Sécularisation des Eglises de Montpellier, de Nîmes, & de S. Pons de Tourmieres. *Ibid. to. 2. part. 2. page 129.*

4. Eglise de Maguelone sécularisée. *Voyez* le mot *Regale, nomb. 174.*

5. Quand il s'agit de séculariser des Eglises regulieres, outre l'autorité du saint Siege, il faut que le consentement de tous ceux qui y peuvent avoir interêt, y intervienne de necessité, comme du Roy, de l'Evêque, du Chapitre, des Patrons, & du peuple, avec l'homologation & approbation du Parlement. *Févret, traité de l'Abus, liv. 2. ch. 2. art. 9.*

6. Lettres Patentes du mois de May 1469. par lesquelles le Roy consent & ratifie les Bulles du Pape, portant le changement de l'Eglise de Luçon, de Reguliere qu'elle étoit, en Séculiere. *Preuves des Libertez, to. 2. ch. 36. n. 20.*

7. Le Pape ne peut faire les mutations des Monasteres de reguliere en sécularité, sans le consentement du Roy. La preuve en resulte d'une Lettre écrite par François I. le 29. Janvier 1538. au Sénéchal de Carcassonne. *Ibid. ch. 35. n. 53.*

8. Par Arrêt du Parlement de Paris du 22. Janvier 1600. rapporté par *Peleus*, en ses *Actions forenses, liv. 2. Act. 30.* il a été jugé que les Eglises sécularisées ne laissoient d'être tenuës de recevoir les Oblats, & tel changement étoit fait, *cum suâ causâ, onere & conditione, L. legatum. ff. de adim. vel transfer. legat.* & le simple consentement du Roy prêté à la sécularisation, ne pouvoit éteindre les Droits Royaux, comme est celuy de presenter un Oblat, *L. oblig. generali. ff. de pignor.* Neanmoins si cette raison avoit lieu, il y a peu d'Eglises Collegiales & Cathedrales en ce Royaume, qui se pussent exempter de cette charge ; car elles ont été premierement Monasteres, & depuis sécularisées. *V. Chopin, L. 1. de sacrâ Polit. tit. 3. n. 7. & 8. Voyez Brodeau sur M. Loüet, lett. O. somm. 7. nomb. 5. Chenu, en ses Reglemens, tit. 1. ch. 8. sur la fin, & Filleau, part. 1. tit. 1. ch. 8.*

9. Un Beneficier regulier ne peut être rendu séculier par la possession de quarante ans, s'il n'y a titre de sécularité, &c. Le Juge de Lyon avoit ajugé la récréance au Religieux comme étant regulier ; la Sentence mise au neant, & la recréance ajugée au séculier ; & avant faire droit sur la maintenuë, que le séculier rapporteroit le titre de son auteur, qui avoit possedé quarante ans ledit Benefice, pour, ce fait, ordonner ce que de raison. Jugé le 15. Juillet 1602. *M. Bouguier, lett. B. nomb. 2. & Tournet, lett. B. nomb. 77.*

10. En l'année 1608. l'Abbé & les Religieux de l'Eglise de saint Etienne de Dijon, Ordre de saint Augustin,

SEI

tin, passent un Concordat, pour parvenir à une sécularisation; il est dit que l'Eglise sera desservie par douze Chanoines prébendez; & parce qu'ils étoient alors en plus grand nombre, on convint qu'arrivant le decez d'aucun d'eux, leurs places demeureroient supprimées, jusqu'à ce qu'ils fussent réduits au nombre de douze: que la collation appartiendra à l'Abbé; sera neanmoins libre de disposer par permutation ou résignation en Cour de Rome. Ce Concordat fut admis en Cour de Rome en 1611. & fulminé en 1613. Par Arrêt du Parlement de Dijon depuis rendu, il a été jugé qu'un de ces Chanoines avoit pû résigner sa Prébende, & qu'il n'y avoit pas lieu d'attaquer leur sécularisation. *Voyez les Plaidoyez de M. de Xaintonge, Avocat General, p.* 385.

11 Les fonds acquis par un Moine de sa place Monacale, luy demeurent, lorsque tout le Monastere vient à être sécularisé. Arrêt du Parlement de Toulouse du 14. Juillet 1654. contre le Syndic de l'Abbaye de Moissac, qui s'étoit emparé d'un fond ainsi acquis par un Religieux. Il y avoit cette raison contre le Syndic, que si après la sécularisation, l'autre ne pouvoit gardet comme Moine, le Chapitre ne pouvoit aussi acquerir comme Monastere. *Albert, lett. M.* verbo *Moine, article* 2.

12 Déclaration pour l'enregistrement des Bulles de sécularisation de l'Eglise Cathedrale de *Saint Pons* de Thomiers. A Paris le 10. Janvier 1656. reg. le 17. Septembre 1661. 8. *Vol. des Ordonn. de Louis XIV. folio* 542.

13 La Congregation des Cardinaux, dite des Reguliers, ne peut séculariser un Religieux; ce droit appartient seulement au Pape. Le Religieux sécularisé *ad tempus*, pour soulager ses pere & mere pauvres, ayant encouru l'irregularité, pour n'être pas retourné après leur mort dans son Monastere, ne purge point ce défaut par sa Profession dans un autre Ordre, dans lequel il s'est fait transferer. Cette irregularité encourüe de droit, n'est point remise & effacée. Arrêt du Grand Conseil du 20. Septembre 1694. *Voyez le Journ. du Palais*, in fol. to. 2. p. 872.

SEIGNEUR.

1 Voyez *Affranchissement*, *Cens*, *Directe*, *Commise*, *Droits Honorifiques*, *Droits Seigneuriaux*, *Fief*, *Felonie*, *Quint*, *Relief*, *Retrait feodal*, *Saisie feodale*. Seigneur, appellé *Dynasta*, & la Seigneurie *Dynastia*, par *M. René Chopin*, en son Traité *de sacrâ Polit. lib.* 2. tit. 1. n. 12.

2 *Voyez*, hoc verbo *Seigneur*, *le Glossaire du Droit François*, ou *l'Indice* de Ragueau, *la Bibliotheque des Arrêts* par Jovet, *M. Auzanet*, en son traité *de l'état des Personnes*, p. 8.

3 *De potestate Dominorum*, & *libertate subditorum*. Voyez le Traité fait per *Jo. Bagnionum*.

4 Des Seigneurs Hauts-Justiciers, & de ceux qui font exactions induës. *Ordonnances de Fontanon*, to. 3. tit. 9. page 79.

5 De la distinction de la Seigneurie directe & utile. *Voyez Henrys*, to. 1. liv. 3. ch. 2. quest. 6.

6 Quel est le droit des Seigneurs Justiciers, & s'ils ont droit de fisc, & autres droits Royaux? *Voyez Coquille*, to. 2. quest. 6.

7 Le Seigneur direct est tenu d'entrer aux reparations qu'on fait contre un torrent. Arrêt du 19. Decembre 1598. *M. Expilly*, *Arr.* 121.

Seigneur direct qui recherche ses droits, n'est pas sujet aux regles des hypotheques; mais il doit s'adresser à l'heritage sien. *Coquille*, quest. 46.

8 De l'heritage qui se trouve sans tenementier, si le tuteur ou gesteur de négoces pourra empêcher le Seigneur direct? *V.* ibidem 48.

9 En cas que l'heritage soit vendu, sous charge de Seigneurie directe, le Seigneur direct, par telle déclaration a preuve suffisante. *Ibid.* qu. 51.

Tome III.

SEI 537

Quand la mutation est occulte, si la retenuë se 10 perd pour le Seigneur du 30. ans, & de même quant aux autres profits? *V. Coquille*, qu. 265.

En quel cas le Seigneur prenant la maintenuë de 11 son homme serf, est tenu payer ses dettes, & à quelle raison? *Ibid.* quest. 280.

Quand le franc acquiert du serf, le Seigneur 12 le contraint de vuider ses mains, s'il vend, devra-t-il profit au Seigneur? & de même le bordelier qui a démembré le tenement? *V. Ibid.* qu. 281.

Si le Seigneur qui a la Justice moyenne & basse, 13 peut égadüiller les mesures de ses sujets; S'il peut faire défenses de joüer jeux de hazard; & s'il y a procés pour fausses mesures, à qui la connoissance appartient; si c'est au Seigneur qui a la moyenne & basse Justice, ou au Haut-Justicier? *V. Bouvot*, to. 1. part. 3. verbo *Seigneur en Justice moyenne & basse*.

Le Seigneur censier contraignant l'un des tenan- 14 ciers, est tenu de ceder ses actions, afin qu'il se fasse payer. Arrêt du Parlement de Dijon du 23. Janvier 1581. *Ibid.* verbo *Seigneur censier*, quest. 1.

Les Seigneurs Ducs, Comtes, Barons, Haut-Jus- 15 ticiers, &c. ne peuvent instituer en leurs Terres & Seigneuries, nouvelles maîtrises ni métiers, moins encore des Statuts ausdits métiers, sans Lettres ou permission du Roy, parce que c'est un Acte de Souverain. Jugé par Arrêt du 8. Février 1621. *Tronçon*, art. 126. in verbo, *Gens de métier*.

Le 14. May 1624. il a été jugé contre la Dame 16 veuve du sieur de Calvisson, Seigneur haut, moyen & bas de S. Pons, qu'en Languedoc, pour la preuve de la demande en instance feodale, le bail ou deux reconnoissances étoient necessaires, du moins une, avec des adminicules, & quoique ledit sieur de Calvisson fût Seigneur haut, moyen & bas de S. Pons, neanmoins qu'une seule reconnoissance n'étoit pas suffisante pour l'établissement de la directe sur une Terre dédit lieu, comme n'ayant la Justice rien de commun avec la directe. *Cambolas*, liv. 5. ch. 14.

*Quand le Seigneur est demandeur contre son 17 vassal, le Juge du Seigneur ne peut connoître de la cause. Arrêt du 8. Janvier 1617. *Dict. de la Ville*, verbo *Seigneur*.

Seigneur en partie d'un Village acquerant une 18 maison de son Coseigneur, ne peut la démolir pour la mettre à usage de prez. Arrêt du 15. Mars 1629. *Du Frêne*, liv. 2. ch. 38.

Arrêt du Parlement d'Aix du 27. Janvier 1639. qui 19 a jugé que le possesseur d'un arriere-fief, ne peut appeller sa maison *Château*, ni appeller *Seigneur*, mais *Sieur* seulement. Autre Arrêt du 21. May 1649. qui a jugé le semblable. *Boniface*, to. 1. liv. 3. tit. 2. chapitre 8.

Par l'usage du pays de Dauphiné, le possesseur 20 d'un fief sans Justice, comme sont plusieurs maisons fortes, a droit aussi de s'en qualifier Seigneur, en designant le fief; mais non celuy qui n'a qu'un simple domaine noble & exempt de tailles. Arrêt du Parlement de Grenoble du 15. Janvier 1657. *Basset*, to. 2. liv. 3. tit. 5. ch. 1.

Le haut Seigneur peut empêcher celuy qui n'a 21 qu'une directe & point de jurisdiction, de se qualifier Seigneur de la Terre. Jugé par Arrêt du 27. Août 1665. dans un procés évoqué du Parlement de Paris, & renvoyé en celuy de Dauphiné, en faveur de M. Perreault, Président en la Chambre des Comptes de Paris, Seigneur de Mailly, contre les Religieux de S. Victor. *Basset*, ibid. où il rapporte plusieurs Arrêts.

Celuy qui achete un fond à la charge de relever 22 d'un certain Seigneur, n'acquiert point preuve au Seigneur contre soy. *Cont.* Argent. art. 85. gl. 4. *n*. 2. id. Papon, liv. 13. tit. 2. n. 18. id. Mainard, liv. 4. ch. 48. cont. Coquille, quest. 51.

Arrêt du Parlement de Bourdeaux du 29. Août

Yyy

1669. au rapport de M. Delpech, en la Premiere des Enquêtes, entre Marie Daragny dite de Ruthi, & Pierre Dirigaray ; jugé que la déclaration du vendeur dans le contrat de vente, que le fond vendu relevoit d'un fief du Seigneur, ne faisoit pas une preuve suffisante pour le droit de directité, & ledit Dirigaray chargé de verifier plus amplement son droit de directité. *La Peirere*, lett. P. n. 119.

SEIGNEUR, ALIENATION.

23 Seigneurs qui alienent leurs Fiefs, Jurisdictions, & sujets. Voyez le mot *Alienation*, n. 94. & suiv.

ALIMENS AU SEIGNEUR.

24 Alimens ne sont dûs au Seigneur par le vassal. Voyez le mot *Alimens*, nomb. 120.

SEIGNEUR, AMENDE.

25 Des amendes prononcées au profit des Seigneurs dans les procès criminels faits à la Requête des Procureurs Fiscaux. Voyez le mot *Amende*, nomb. 61. 66. & 67.

SEIGNEUR, BAIL A RENTE.

26 Le Seigneur peut demander reconnoissance tant au locataire de 29. en 29. ans, & sic in perpetuum, comme tenancier & possesseur de la piece, qu'au locateur & maître qui l'a baillée à ferme ; parce que *domini interest plures habere reos debendi*, & d'avoir plusieurs obligez. Ainsi jugé au Parlement de Toulouse, pour le Syndic de S. Martial, Seigneur de Fenoillet. *Bibliotheque de Bouchel*, verbo, *Reconnoissance*.

29 Un Seigneur ne peut empêcher le loüage perpetuel en vertu de la clause apposée en toutes reconnoissances, prohibitives aux emphiteotes, de mettre cens sur cens, parce que ce n'est pas surcens, mais pris le loüage, lequel ne diminuë point la rente du Seigneur, ni le droit de lods, parce que le Seigneur a double lods, l'un quand le fonds se vend, & l'autre, lors que la rente retenuë se vend ; ce qui n'a lieu aux directes du Roy, esquelles par Arrêt rendu au Parlement de Toulouse le 22. Avril 1556. tels baux à loüage perpetuels sont prohibez entre le Procureur General, Malines, & autres ; & encore pour les autres Seigneurs il y a des Arrêts prohibitifs, en leurs directes de faire telles locations perpetuelles, l'un du mois de Juillet 1578. Autre du mois de Juin 1577. *Bibl. de Bouchel*, verbo *Reconnoissance*.

30 Un Seigneur voyant qu'une vigne qu'il avoit donnée à complant ou à rente étoit mal cultivée, la reprend en sa main, & la redonne à un autre. Le Seigneur est appellé devant le Sénéchal de Poitiers par un creancier du premier preneur pour se voir condamner à luy passer titre nouvel d'une rente, au payement de laquelle il luy avoit obligé cette vigne. Sentence qui le condamne à renouveller l'obligation. Arrêt du mois de Novembre 1606. qui la confirme, à la charge de la preference au Seigneur, tant pour ses droits, que pour ses dommages & interêts. *Le Bret*, liv. 2. Décision 5.

31 Le Seigneur est alloüé non seulement pour la rente & arrerages sur la rente séparée du fonds qui y est sujet ; il y a des Arrêts qui ont poussé la faveur des Seigneurs jusqu'à étendre ce privilege aux dépens faits pour la poursuite de la condamnation de cette rente & arrerages, & qui ont alloüé les dépens en même temps que la rente. Arrêts du Parl. de Toulouse du 21. Avril 1667. Autre en Janvier 1677. rapportés par *M. de Catellan*, liv. 6. ch. 9.

Voyez le mot *Bail à rente*.

SEIGNEUR, CHASSE.

32 Seigneur qui a droit de chasser, ou d'empêcher que d'autres ne chassent. Voyez le mot *Chasse*, nomb. 42. & suiv.

33 Le Seigneur dominant ne peut empêcher son vassal de chasser sur sa terre, & poursuivre la bête. Arrêt du 17. Mars 1573. Voyez *Carondas*, livre 4. Réponse 82.

SEIGNEURS, CHASTELAINS.

Voyez le mot *Châtelains*.

SEIGNEURS, CLERCS.

34

35 Coûtume où pour s'engager dans la Clericature, il faut avoir le consentement du Seigneur. Voyez le mot *Clercs*, nomb. 123. & 124.

SEIGNEUR, COMMUNES.

36 Un Seigneur haut Justicier & censier ne peut demander partage d'une commune aux habitans de la Paroisse qui y ont usage, quand la commune est au dessous de cinquante arpens. Jugé le 24. May 1658. de relevée. *Notables Arrêts des Audiences*, Arrêt 16. De la Guessiere, to. 2. liv. 1. chap. 45. rapporte le même Arrêt. Voyez *Expilly*, Arr. 66.

SEIGNEUR, COMPENSATION.

37 Si la compensation peut être offerte au Seigneur ? Voyez le mot *Compensation*, nomb. 55. & 56.

SEIGNEUR, COMPLAINTE.

38 Si la complainte peut être formée par le vassal contre son Seigneur ? Voyez le mot *Complainte*, nomb. 46. & suiv.

39 Le sujet n'est reçû à former complainte contre son Seigneur en cas de saisine & de nouvelleté ; neanmoins le résident en sa Jurisdiction, comme un Convent, est exempt ; & telle regle n'a lieu à son regard. Arrêt du Parlement de Paris entre un Convent de Religieuses, contre le Comte d'Alençon en l'an 1394. *Bibliot. de Bouchel*, verbo *Complaintes possessoires*.

40 Arrêt du Parlement d'Aix du 21. Avril 1644. qui a jugé que contre le Seigneur le vassal ne peut intenter statut de querelle, ni action de complainte, & que les Consuls ne se peuvent dire protecteurs du lieu. *Boniface*, to. 1. liv. 3. tit. 2. ch. 6.

SEIGNEUR, CONFISCATION.

41 Confiscation pretenduë par les Seigneurs. Voyez le mot *Confiscation*, nomb. 113. & suiv.

42 En l'an 1506. Jean Pomié étant condamné à mort, & ses biens confisquez pour avoir tué sa femme, par Sentence du Juge ordinaire, ladite Sentence confirmée par Arrêt ; avant l'execution dudit Arrêt differé par des raisons particulieres, le condamné meurt ; le Seigneur Justicier demandant la confiscation, en a été debouté par Arrêt en la Grand'-Chambre sur le partage fait à la Tournelle, parce que le corps ne se trouvant confisqué, qui est le principal, les biens qui font l'accessoire ne le peuvent être. *La Rocheflavin*. liv. 6. lettre C. tit. 23. Arr. 5.

SEIGNEUR, CONSIGNATION.

43 Consignation en faveur du Seigneur. Voyez le mot *Consignation*, nomb. 91. & 92.

SEIGNEUR, CONTRIBUTION.

44 Quand il y a double dîme octroyée pour l'acquitement des dettes d'un Bailliage à prendre sur les heritages, le Seigneur n'y est compris, ni les Forains. *Bouvot*, to. 2. verbo *Subsides*, *Tailles*, qu. 1.

45 Par Arrêt du 19. Decembre 1598. il a été jugé qu'un Seigneur étoit tenu contribuer aux réparations des ruines qu'avoit fait un torrent, avec tous ceux qui possedoient des fonds. L'Arrêt rapporté par *Expilly*, part. 2. chap. 121.

46 Un Seigneur qui enclôt quelques heritages d'autruy avec les siens, est tenu d'en payer le triple de l'estimation. Arrêt fondé sur la Loy *Invitum*. Cod. de contrah. empt. qui ne permet pas qu'un chacun puisse être contraint de vendre son bien malgré luy. Arrêt du 15. Mars 1647. *Journal des Aud*. to. 1. liv. 5. ch. 10.

SEIGNEUR, CORVE'ES.

47 Arrêt du Parlement de Paris du 23. Decembre 1578. qui condamne les habitans de Marigny à faire les corvées de leurs bras & chevaux à leur Seigneur fondé en titre & possession, sans qu'il fût tenu les nourrir, ni les payer. *Pithou sur la Coûtume de Troyes*, titre 1. article. 3.

4 Les corvées ne doivent être demandées que par necessité, & pour telle distance de lieux, que partant

SEI 539

le matin les hommes puiſſent retourner à leurs maiſons & gîtes le même jour ; & doivent être avertis les Payſans deſquels on voudra exiger la journée du charroy deux jours devant pour s'y diſpoſer, ſans pouvoir accumuler leſdits charrois, ni exiger les arrerages d'iceux. Arrêt entre le ſieur de ſaint Jory & ſes Habitans, le 18. Septembre 1579. *La Roheflavin, des droits Seigneuriaux, ch. 3. & Terrien, Coûtume de Normandie, liv. 5. ch. 3.*
Voyez le mot *Corvées.*

SEIGNEUR, COSEIGNEUR.

49 Il faut venir aux anciennes inveſtitures, quand il y a conteſtation entre deux Seigneurs. Arrêt en l'an 1565. *Carondas, liv. 11. Rép. 72.*

50 Le Coſeigneur direct peut avoir Château, Creneaux, Giroüettes & Tours. *Cambolas, livre 6. chapitre 40.*

51 Un Seigneur foncier ne peut prendre la qualité de Seigneur d'une terre, où ſe dire Coſeigneur, au préjudice du Seigneur qui a la Juſtice haute, moyenne & baſſe. Arrêt du Parlement de Paris du 20. Mars 1511. rapporté par *Chopin, ſur la Coûtume d'Anjou, liv. 2. part. 2. tit. 2.* V. *Bouvot, to. 1. part. 2.* verbo *Seigneur foncier.*

52 Entre Coſeigneurs Juſticiers ceux qui ont la plus grande portion & cotité de la Juſtice, précedent les autres en toutes aſſiſtances, aſſemblées, actes & honneurs publics, & privez, és lieux & détroits de leurs Seigneurie & Juriſdiction ; & ſe doivent accorder de lieu & maiſon convenable pour tenir la Cour & exercer les actes de Juſtice, & faire conſtruire priſons ſûres & condecentes audit lieu, & y contribuer à proportion des cotitez de leur Juriſdiction. Arrêt du Parlement de Touloute, du 14. Août 1553. *La Rocheflavin, des droits Seigneuriaux, chap. 11. Art. 1.*

53 Par pluſieurs Arrêts il a été défendu aux Seigneurs directs ou fonciers ſeulement de ſe dire, ni attirer Seigneurs abſolus deſdits lieux, ſi ce n'eſt en y ajoûtant la qualité de directs ou fonciers, tant és terres des Seigneurs juriſdictionnels, que du Roy : & entr'autres, à la requête du Procureur General du Roy, à un nommé de Haultpoul, fut défendu de ſe nommer Seigneur de Calconieres, le 12. Février 1569. Arrêt ſemblable du 27. Février pour le Seigneur Juſticier de ſaint Ferriol. *Ibidem. Art. 8.*

54 L'Archevêque de Touloute étant ſeul Seigneur haut & moyen de Gragnague, & pour une moitié de la baſſe Ville ; Sebaſtien Nogaret, & François de Boſquet pour l'autre moitié, fruits & émolumens d'icelle, juſques à ſoixante ſols monnoye forte. Par Arrêt du 10. Juillet 1521. il fut dit que pour l'exercice de la baſſe Juriſdiction leſdits Archevêques, Nogaret & Boſquet communement & reſpectivement inſtitüeroient un Juge & un Greffier, & un chacun d'eux un Bail pour faire informations, décerner priſes de corps, empriſonner, & connoître des matieres & cas de la baſſe Juriſdiction, & icelles décider & condamner les délinquans juſques à ladite ſomme de ſoixante ſols, & au deſſous, ou iceux renvoyer au ſieur Archevêque haut Juſticier, & à ſes Officiers ; neanmoins que la création & preſtation de ſerment des Conſuls dud. Gragnague leur appartenoit comme dépendans de la baſſe juſtice. *Ibid. ch. 26. Art. 6.*

55 Pluſieurs Arrêts ont défendu aux Coſeigneurs Juſticiers de ſe dire ni intituler en ſeul Seigneur, mais ſeulement Coſeigneurs ; entr'autres pour Antoine Pageſe Coſeigneur du Fouſſat, contre Aimable du Bourg Avocat, Coſeigneur dudit Fouſſat ; il fut permis audit du Bourg Coſeigneur faire ſes reconnoiſſances pour ſa part & cotité des droits fonciers, ſans appeller l'autre Coſeigneur, ſans neanmoins luy préjudicier. *Ibid. ch. 11. art. 6.*

56 Par Arrêt du Grand Conſeil du 4. Août 1585. pour Hunault Baron de Lanta, il a été défendu à de ſaint Etienne, Combaron des 24. parties une ſeulement de ſe dire, ni intituler Seigneur ni Baron dudit Lanta, ſi ce n'eſt en y ajoûtant ces mots, *pour la 24. partie. Ibidem, art. 7.*

57 Celuy qui a portion en une Seigneurie ſe peut dire auſſi bien Seigneur que l'autre qui a portion plus grande. Arrêt du Parlement de Dijon en 1584. *Bouvot, to. 1. part. 3.* verbo *Coſeigneur.*

58 Arrêt du Parlement de Paris du 23. Juin 1584. par lequel il fut dit que deux Seigneurs demandans differens droits de cens ſur les mêmes terres en joüiroient ſuivant leurs titres ; & à l'égard des lods & ventes, & autres droits, Commiſſaires & Seigneuriaux le plus ancien en joüiroit ſeul. *Papon, livre 13. titre 2. nomb. 9.*

59 Il eſt défendu au Seigneur qui n'a que des directes ſans Juſtice de ſe dire Coſeigneur du lieu ; mais demandant ſa directe, il ſe peut dire Seigneur direct du fief qui luy fait rente, non du lieu. Arrêt du 13. Mars 1623. qu défend au ſieur Comte de Rabat de ſe qualifier Coſeigneur de Daumaſan, parce qu'il n'avoit audit lieu que des directes ; la Juſtice haute, moyenne & baſſe appartenante au Roy & au ſieur de Rochefort. *De Cambolas, liv. 3. ch. 33.*

60 Par Arrêt du 15. Juillet 1603. rendu contre le ſieur des Caſſes Seigneur haut & moyen dudit lieu, & les ſieurs d'Alboüys Seigneurs en partie de la baſſe Juſtice ; il a été premierement jugé que leſdits Alboüys pouvoient avoir comme bas Juſticiers droits de banc dans l'Egliſe, & en lieu plus éminent que celuy des Conſuls, neanmoins après le haut Juſticier, lequel le précederoit en tout, enſemble ſa femme & enfans ; & après que leſdits Alboüys, leurs femmes & enfans précederoient les Conſuls ; & ſur la demande que le haut Juſticier faiſoit qu'il fût défendu auſdits Alboüys de ſe dire Coſeigneur du lieu des Caſſes ; il fut jugé qu'ils ne ſe pourroient dire que Coſeigneurs du lieu des Caſſes en la baſſe Juſtice, & non Coſeigneurs ſimplement. *Ibidem.*

61 Le 17. Février 1633. entre le Baron d'Orgüeil, & le ſieur Ladugie, il a été jugé que ledit Ladugie ſe pourroit dire Coſeigneur direct de la Chapelle, un des tennemens de ladite Baronnie, parce qu'il avoit un fief noble dans ledit lieu de la Chapelle, pour lequel il faiſoit hommage au Roy pour ſa maiſon qu'il avoit audit lieu, & quantité de directes ; ce qui ne doit pas être tiré à conſequence, parce que c'étoit en Guyenne où toute la terre du Village faiſoit directe ; par conſequent, luy en ayant une grande partie relevée encore par un fief noble, on crût qu'il ſe devoit dire Coſeigneur direct du lieu de la Chapelle. *Ibid. livre 6. chap. 30.*

62 *Henrys, tom. 2. liv. 3. queſt. 12.* rapporte un Arrêt du Parlement de Paris du 20. Février 1638. qui a jugé que dans le concours & le doute de la directe elle ſeroit partagée entre les deux prétendans droit. Il n'approuve pas cette déciſion, & l'appelle *judicium ruſticorum.* L'Auteur des obſervations inſiſte ſur ſon avis.

63 Le Coſeigneur direct d'un fief par indivis doit paſſer une reconnoiſſance, & payer la rente des biens qu'il poſſede dans le fief à ſon Coſeigneur, mais le Coſeigneur inſtitué par indivis n'eſt pas tenu reconnoître pour la Juſtice ſon autre Coſeigneur Juſticier, quoiqu'il habite dans l'étenduë de la Juſtice ; ces queſtions ont été ainſi décidées au Parl. de Touloute le 2. Février 1658. *M. de Catellan, li. 3. ch. 15.*

64 Le Seigneur principal ſe peut dire ſeul indéfiniment Seigneur, avec préference en tous les droits honorifiques, & doit être nommé le premier en tous les actes de Juſtice & Seigneurie, ſauf aux autres ſe dire Seigneurs en partie. Arrêt du 26. Février 1661. *De la Guiſſiere, tome 2. livre 4. chapitre 9.*

DEMENTI AU SEIGNEUR.

65 Vaſſal ayant démenti ſon Seigneur perd ſon fief

pour sa vie. Arrêt du Parlement de Paris du dernier Decembre 1556. à la charge qu'après la mort du vassal l'usufruit retourneroit à ses heritiers, avec la proprieté, & sans note d'infamie. *Papon, liv. 8. tit. 3. n. 17. & liv. 13. tit. 1. n. 18.*
Voyez le mot *Démenti.*

SEIGNEUR, DEMOLITION.

66 Monsieur le Duc d'Orleans avoit traité de la Terre & Seigneurie de Champigny, appartenante à Mademoiselle d'Orleans, avec M. le Cardinal de Richelieu pour en faire l'union avec le Duché de Richelieu ; la terre de Champigny ayant eté démolie, Mademoiselle d'Orleans après la mort de M. le Cardinal de Richelieu intenta action contre Madame la Duchesse d'Aiguillon pour la restitution & rétablissement de ladite terre de Champigny ; ce qu'elle obtint par Arrêt rendu en la seconde Chambre des Enquêtes du Parlement de Paris, qui ordonne, faisant droit sur la sommation de la Dame Duchesse d'Aiguillon, que M. le Duc d'Orleans l'acquitteroit de la condamnation portée par l'Arrêt. M. le Duc d'Orleans prit Lettres en forme de Requête civile. *Voyez les Plaidoyez de M. Poussét de Montauban,* qui plaidoit pour luy.

67 Un Seigneur en partie d'un Village acquerant une maison tenuë en censive de son Coseigneur, ne la peut démolir pour mettre à usage de prez & jardin, d'autant que telle démolition seroit grandement préjudiciable à celuy de qui la maison seroit tenuë & mouvante, en ce que perdant un domicile, il perdroit un homme, & en ce faisant, un Seigneur pourroit en acquerant les maisons tenuës en censives de son Coseigneur, les mettre en usage de jardin, & par ce moyen rendre la portion du Village de sondit Coseigneur inhabitée : de plus, il perdroit un tenancier qui pourroit vendre, & par ce moyen seroit privé des lods & ventes, des droits de desherence, de confiscation, d'amendes que pourroit encourir un sujet. Arrêt du 15. Mars 1629. *Journal des Audiences, to. 1. liv. 2. chap. 38.* Il y avoit eu même Arrêt le 23. Decembre 1578. rapporté par *Carondas, livre 11. Réponse 29.*

SEIGNEUR DESAVOUÉ.

68 Désaveu du Seigneur : *V.* les mots *Aveu & Désaveu.*

SEIGNEUR, FELONIE.

69 La felonie s'entend aussi des excez commis par le Seigneur envers son vassal, auquel cas le Seigneur perd son hommage & droit de fief, lequel droit retourne au Seigneur Souverain de celuy qui a commis la felonie. Arrêt de l'Echiquier de Roüen de l'an 1392. Autre Arrêt du P. de Toulouse du 14. Août 1526. pour les habitans de la Ville de Myrande, contre la Comtesse Asterac. *La Rocheflavin, des droits Seigneuriaux, ch. 32. art. 1.*

70 Certains paysans & sujets du Capitaine Malcouran, Seigneur Justicier de Beauflour en Lauraguois, s'étant emparez du Château ; & ayant dans iceluy massacré leur Seigneur, sa femme & enfans, par Jugement du Prévôt de Languedoc, donné sur l'avis des Magistrats Présidiaux de Toulouse, furent condamnez à être tenaillez tous vifs par les Carrefours de Toulouse, & après être mis à quartiers tout vifs, la tête derriere, leurs biens confisquez aux hoirs de leur Seigneur, ce qui fut executé au mois de Mars 1592. *La Rocheflavin, des Droits Seigneuriaux, ch. 32. art. 3. Voyez* le mot *Felonie.*

SEIGNEUR, FORTIFICATION.

71 Maisons nobles ne peuvent être fortifiées sans la permission du Seigneur haut Justicier. Arrêt du Parlement de Paris du premier Novembre 1597. *Papon, liv. 6. tit. 10. n. 1.*

SEIGNEUR, FOUILLER L'HERITAGE.

72 Jugé le 14. Février 1648. contre le sieur Marquis de la Vieville, qu'un Seigneur ne peut empêcher celui qui possede un heritage dans sa censive, d'y fouiller si avant que bon luy semble & de transporter la marne d'iceluy sur d'autres terres, étant dans une autre censive pour les ameliorer, sous pretexte que l'heritage fouillé étant moins vendu, les droits Seigneuriaux seront peu considerables. *Soefve, tom. 1. Cent. 2. ch. 66.*

SEIGNEUR HAUT JUSTICIER.

73 Le Seigneur Justicier n'est pas fondé en présomption de se dire Seigneur direct de tout ce qui est en son territoire ; car la Justice est marque de protection & non de proprieté, toutefois la qualité de Seigneur sert d'aide. *Coquille Coûtume de Nivernois, chap. 32. des Execut. &c.*

74 Seigneur Justicier ne peut empêcher l'enterinement des lettres de grace accordées par le Roy, sous pretexte que la confiscation luy appartient. Jugé par Arrêt du Parlement de Paris. *Voyez Jo. Galli quest. 284. & Papon, liv. 24. tit. 17. n. 1.*

75 Le titre Seigneurial d'une terre, n'appartient qu'au Seigneur haut Justicier. Arrêt du Parlement de Paris du 26. Février 1550. en la cause des Budez pour la Seigneurie de Marly-la-Ville en France, il fut ordonné que Guillaume de Meaux ne s'intituleroit Seigneur de Marly, ni Seigneur des Fiefs de Marly indifinctement, mais qu'il s'intituleroit specifiquement Seigneur des Fiefs qu'il prétendoit être à luy, assis en la Seigneurie & territoire de Marly. Autre Arrêt du 4. Juin 1646. en faveur du Seigneur d'Herbelay, défenses aux Seigneurs de s'en dire Seigneurs, & à leurs Officiers de se qualifier Officiers de la Justice d'Herbelay, mais seulement de la moïenne & basse Justice du fief de Beauvais sis au village d'Herbelay, permis aux Beauvais de prendre la qualité de Sieurs du fief d'Herbelay sis en la paroisse de Champagne sur Oyse condamnez à effacer le titre qu'ils avoient fait mettre en l'Eglise d'Herbelay. *Loyseau en son Traité des Seigneuries chap. 11. n. 8.* dit que c'est une coûtume prescrite déformais d'appeller Seigneurs du village, ceux qui ont la Seigneurie directe, soit feodale ou censuelle de la plus grande partie des maisons, sans qu'il estime que non seulement un particulier, faute d'interest legitime, ne seroit recevable de leur empêcher ce titre ; mais même que le Seigneur Justicier du village, n'y seroit fondé, sinon en trois cas, sçavoir ou que c'est sur le principal village de la Seigneurie, ou celui dans lequel fut l'auditoire de sa Justice, ou duquel luy-même eût coûtume de porter le nom ; neanmoins le contraire a été jugé nonobstant la possession immemoriale en une cause celebre, évoquée du Parlement de Paris en celuy de Grenoble, entre les parties & heritiers de Messire Henry d'Argouges, Marquis de Rasnes, opposant tant pour luy que pour les Religieux du Convent de S. Victor lez Paris, & frere Pierre Lescot déservant le Prieuré d'Oney, pour lesquels il avoit pris cause en main ; afin de distraire aux criées poursuivies par M. Guillaume Languet Secretaire du Roy, sur la Terre & Seigneurie de Milli, d'une part, & Messire Jean Perault, Président en la Chambre des Comptes de Paris, ayant pris la poursuite de Languet, comme proprietaire de la Terre de Milli d'autre part. *Voyez Salvaing de l'usage des Fiefs, ch. 56.* où il ajoute que l'usage de Dauphiné le possesseur d'un fief sans Justice, comme sont plusieurs maisons fortes, a droit aussi de s'en qualifier Seigneur en désignant le fief, mais non celui qui n'a qu'un simple domaine, noble & exempt de tailles, comme il a été jugé le 15. Janvier 1657. en faveur de Jeanne Genevièfve de Rochefort, Dame de Meysieu, par l'Arrêt défenses ont été faites à Noble Gaspard de Vincent, de prendre la qualité de Seigneur de Panete, qui est un domaine sis dans la terre de Meysieu, nonobstant qu'il eût allegué que ses prédecesseurs l'avoient possedé d'ancienneté, avec la qualité de Seigneur.

76 Arrêt notable du Parlement de Toulouse donné en la cause de Bernard de Molinier, Seigneur de Malasa, & M. Paul de Casare du 13. Septembre 1552. con-

SEI SEI

tenant une déclaration par le menu des cas qui appartiennent à la Jurisdiction haute, moyenne & basse, & reglement entre deux Coseigneurs, à l'un desquels appartiennent les sept neuviémes parties, & à l'autre les deux neuviémes. *Le Vest, Arrêt 57.*

77 Seigneur Justicier peut saisir ce qui ne luy est reconnu ; il peut inseoder & abenevifer les terres hermes autres que les bois, forêts & Montagnes communs, empêcher la pêche à tous dans les limites des pêches & éclufes de ses moulins ; comme aussi il peut empêcher de couper les bois pour autre usage que celui des habitans : de même il peut empêcher que les habitans ne fassent loges & cabanes dans les bois communs, & ne les reduisent en sol & labourage. Arrêt du Parlement de Toulouse du 13. Septembre 1554. *Papon, liv. 13. tit. 2. n. 2.*

78 Arrêt du 15. Janvier 1579. entre les Doyen Chanoines & Chapitre de l'Eglise de Troyes, Seigneurs de Massey, appellans contre Maître Nicolas Réglet, comme ayant les droits Royaux, par lequel il fut dit, mal jugé par le Bailly de Troyes, qui avoit fait défenses de faire inventaires & partages en ladite terre de Massey, où ils n'ont que police & réalité, & ordonne que l'Arrêt feroit publié. *Voyez la Bibliotheque de Bouchel* verbo *Aveu.*

79 Le Seigneur d'un fief situé au territoire du Seigneur haut Justicier, ne se peut intituler Seigneur du nom du fief du Seigneur haut Justicier, *Voyez Filleau, 4. part. quest. 131.*

80 Un Seigneur haut Justicier ne peut donner la basse & moyenne Justice à son vassal és terres qu'il tient en fief de luy. Arrêt du 3. Juillet 1615. *Du Frêne, liv. 1. chap. 61.*

81 Le Seigneur Justicier ne doit pas souffrir que celui qui a une directe en fief noble dans son village, prenne la qualité pure & simple de Seigneur de ce village, & le Seigneur Justicier peut l'empêcher & le reduire au titre de Seigneur direct dans ce village. Arrêt du Parlement de Toulouse du 10. Septembre 1650. rapporté par *M. de Catellan, liv. 3. ch. 1.*

82 Non seulement les Seigneurs hauts Justiciers ont droit d'empêcher qu'un Seigneur direct sans Justice, se qualifie Seigneur du lieu où il a des directes ou quelque maison forte ; mais ils ont encore droit de faire abbattre les crenaux, & autres marques de noblesse dans la maison de ce même particulier, & de se qualifier noble. Arrêt du P. de Grenoble du 7. Septembre 1663. en faveur du sieur de Cardaillac de Levi, Comte de Bioulle. *Basset, tom. 2. liv. 3. tit. 5. ch. 1.*

83 Regulierement le titre de Seigneur du village appartient au haut Justicier & non au Seigneur feodal, 1. Toutefois si le Seigneur feodal avoit pris le nom du village, le haut Justicier ne pourra l'empêcher qu'en trois cas, si c'étoit le principal village de la Seigneurie ou celui dont feust l'auditoire de la Justice, ou duquel luy-même eût accoûtumé de porter le nom. *Loys. des Seign. chap. 11. n. 9. 10. 11. 1. id. Morn. ad L. 1. C. de off. præf. verb. vid.* Chopin. *Andeg. lib. 2. part. 2. tit. 4. n. 7.* M. Abraham la Peirere *en ses Décisions du Palass, lettre S. nomb. 13.* réunit toutes ces autoritez, & rapporte l'Arrêt rendu au Parlement de Bourdeaux le 20. Février 1668. Préfidant M. le Premier, plaidans Poitevin & Dalon, entre le Seigneur d'Estillac Seigneur de Moncla, & le sieur Rochon. Il fut fait defenses audit Rochon de prendre la qualité de sieur de S. Felix, sous prétexte qu'il avoit quelques fiefs & rentes dans la Paroisse de S. Felix, faisant partie de la Seigneurie de Moncla.

HONNEURS AU SEIGNEUR.

84 Seigneur ayant droit d'avoir un banc dans l'Eglise. *Voyez le mot Bancs nomb. 38. & suiv.*

85 Si le Seigneur du lieu où est assise l'Eglise, quoiqu'il ne soit patron, a les honneurs ? *Voyez le mot Droits honorifiques, n. 62. & suiv.*

86 Le Seigneur Justicier peut demander à la communauté & aux habitans, l'hommage & le serment de fidelité, quoiqu'il ne paroisse point qu'ils l'ayent jamais prêté, ni à luy, ni à ses devanciers. *Du Perrier liv. 2. quest. 2.*

87 Arrêt du 6. Mars 1561. concernant le droit & prérogative d'honneurs entre le sieur Baron de Montaut, & Coseigneur pour les deux parties, trois faisant le tout du lieu de la Bruguyere. *La Rocheflavin des droits Seigneuriaux, ch. 21. Art. 2.*

88 Arrêt du Parlement de Toulouse du 30. Août 1603. qui regle entre les Coseigneurs de Montbrun, les honneurs de l'Eglise, la nomination des Officiers, la perception des droits, &c. *La Rocheflavin, des droits Seigneuriaux, ch. 21, art. 11.*

89 Arrêt du Parlement d'Aix du 5. Novembre 1644. qui a jugé qu'au Seigneur censier n'est dû honneur par le debiteur du cens, & qu'il n'avoit pas été obligé de le saluer, M. l'Avocat General de Cormis avoit conclu au contraire. *Boniface, to. 1. liv. 3. tit. 2. ch. 5.*

90 Le 22. Juin 1647. il a été jugé que le Seigneur doit être honoré par le Vicaire du lieu. *Boniface. ibidem chapitre 4.*

91 Arrêt du 16. May 1665. qui a jugé que l'action criminelle n'est point donnée au Seigneur du fief contre son vassal qui ne le salué point, quand l'irreverence n'est pas grande, ce même Arrêt juge que le vassal doit respecter son Seigneur. *Boniface, tom. 2. part. 3. li. 1. tit. 2. ch. 29.*

92 Le 21. Juin 1669. Arrêt qui enjoint au Curé de recommander au Prône le Seigneur & sa femme, & sa famille, aux prieres publiques, & leur presenter la paix & l'aspersion, & les faire encenser aux jours de Dimanches & autres Fêtes solemnelles, par le Soudiacre ; & qu'il sera dire l'une des Messes à une heure convenable & commode pour le Seigneur & sa famille. *Boniface, tom. 4. liv. 1. tit. 4. ch. 1.*

93 Si les Consuls du lieu doivent visiter le Seigneur, aprés leur creation, & s'ils doivent luy demander la permission de battre le tambour à la Fête du village, pour faire courir les joyes à la jeunesse. Arrêt du Parlement de Grenoble du 27. Juillet 1679. qui déboute le sieur Baron de Viens, de sa prétention. *Boniface, tom. 4. li. 1. tit. 7. ch. 1.* Un Arrêt contraire rendu au Parlement d'Aix le 30. Avril 1681. en faveur du Seigneur de Reillane, est rapporté au 2. *ch.*

94 Dans la Châtellenie de Lisle, c'est au Seigneur du village, y ayant les droits honorifiques, de permettre de danser aux jours de Fêtes, & de la Dédicace, à l'exclusion de tous les autres Seigneurs, ayant des fiefs dans le village. Arrêt du Parlement de Tournay du 3. Decembre 1695. contre Eustache Lesart, Ecuyer Sieur de Farvaques, demandeur au profit de Messire Guillaume François de Montmorency, Vicomte de Roullers. *M. Pinault, tom. 1. Arr. 82.*

SEIGNEUR, INDEMNITE'.

95 Indemnité taxée à la valeur & estimation du quart des heritages, s'ils sont feodaux, & à la valeur & estimation du quint, s'ils sont censuels. Ainsi jugé en la Coûtume de Boulonnois par Arrêt prononcé en robes rouges, le 22. Decembre 1581. entre les sieurs de Mont-Caurel & Chanleu d'une part, & le Maître Administrateur & Religieuses de l'Hôpital de Montreüil d'autre. *Bibliotheque de Bouchel*, verbo *Indemnité.* Voyez *le Vest, Arrêt 78.*

96 Une maison est achetée par deux Convents d'un même Ordre chacun pour moitié, l'indemnité est payée au Seigneur ; dix ans aprés, l'un des Convents transporte sa moitié à l'autre par échange ; le Seigneur prétend un nouveau droit ; le Convent renvoyé absous, par Arrêt du 20. Avril 1651. *Du Frêne, liv. 6. ch. 21.*

Voyez le mot *Indemnité*

JUGES DE SEIGNEURIE.

97 *Voyez le mot Competence, nomb. 55. & suiv. & le mot Juges, nomb. 529. & suiv.*

98 Le 19. Juin 1652. jugé que les Seigneurs hauts Justiciers, ayant un Bailly d'ancienneté dans leur Justice, ne peuvent y établir un Lieutenant ou autres Officiers nouveaux. *Du Frêne, liv. 7. ch. 7.*

99 Les Seigneurs des terres peuvent plaider pour leurs droits Seigneuriaux & feodaux devant les Juges qu'ils y ont établis, contre leurs sujets ; mais non en autres cas. Arrêt du Parlement de Grenoble du 2. May 1655. les Chambres assemblées. *Voyez Chorier en sa Jurisprudence de Guy Pape, page 101.*

JUSTICE HAUTE, MOYENNE, ET BASSE.

100 *Voyez* le mot *Justice*, nomb. 493.
Des matieres dont les hauts, moyens & bas Justiciers peuvent connoître. *Voyez* le mot *Juge*, nombre 522. bis.

101 De la prévention des Juges superieurs sur les inferieurs. *Voyez* le mot *Prévention*, nomb. 32. & suiv.

102 Qu'en même Ville il n'y aura qu'un degré de Jurisdiction en premiere instance commune entre le Roy & les hauts Justiciers. *Voyez les Ordonnances de Fontanon, tome 1. liv. 2. tit. 16. page 475.*

103 Des Justices temporelles des Seigneurs Ecclesiastiques & de leurs Officiers. *Ibid. chap. 3.*

SEIGNEUR, LODS.

104 Les lods & demi-lods servant d'indemnité dûs par les gens de main-morte non compris specifiquement dans la ferme, sont dûs au Seigneur, non au Fermier ; parce que ce sont droits extraordinaires. *Boniface, tome 4. liv. 2. tit. 2. chap. 4.*

105 Le Seigneur qui a pris des lods & ventes d'heritage à rachat, peut, si le rachat est revendu, retenir l'heritage. Arrêt du Parlement de Dijon du 12. Juillet 1566. *Bouvot, tom. 1. part. 2. verbo, Seigneur, question 2.*

106 Si le vendeur cede à un tiers la faculté du rachat qu'il s'étoit reservée, le droit de lods & de prélation en est dû au Seigneur. *Voyez Du Perrier, liv. 4. quest. 15.*

107 Si de la prorogation du temps du rachat, le droit de lods & de prélation est dû au Seigneur, le rachat s'en étant ensuivi aprés le premier terme? *Voyez ibid. quest. 16.*

108 Le Seigneur direct ne peut prendre par droit de prélation, ni demander lods & ventes, lorsque la piece mouvante de sa directe est donnée en locatairie, mais le locatairie se vendant, il peut demander l'un ou l'autre. Jugé au Parl. de Toulouse le 25. Juillet 1604. *Cambolas, liv. 3. chap. 41.*
Voyez le mot *Lods*.

NOTAIRE DES SEIGNEURS.

109 *Voyez* le mot *Notaires*, nomb. 207. & suiv.

SEIGNEUR OFFENSÉ.

110 Es Arrêts generaux de Pâques en 1566. certains habitans de la Commanderie de Sainte Croix, qui avoient offensé & blessé en un de ses doigts le Commandeur leur Seigneur, furent condamnez à faire amende honorable, avec un bannissement de la Commanderie, & grande amende pecuniaire. *La Rochefiavin, des Droits Seigneuriaux, chap. 32. art. 2.*

111 Seigneur offensé par son vassal. *Voyez* les mots *Fief, nomb. 105. & suiv. & Injure, nomb. 153. & suiv.*

OFFICIERS DU SEIGNEUR.

112 *Voyez* le mot *Office*, nomb. 479. & suiv.
Consuetudo quod solus Dominus electionem parium habeat, an valeat? Voyez *Andr. Gaill, lib. 1. observ. 34.*

113 Officiers du Seigneur sont exempts même incapables des Charges de la Communauté. *Voyez* le mot *Communauté*, nomb. 62. & suiv.

114 Il n'appartient au Seigneur moyen ni bas Justicier de donner permission aux Consuls de porter chaperons ni livrée consulaire mi-partie de rouge & noir, mais seulement au Seigneur haut-Justicier. Arrêt du 21. Avril 1603. pour le Seigneur haut-Justicier de Moncla, contre le Seigneur moyen & bas qui avoit donné la dite permission aux Consuls dudit Moncla.

La Rochefiavin des Droits Seigneuriaux, chapitre 21. article 9.

115 Les Officiers des Abbayes & autres Beneficiers ne se peuvent qualifier Juges d'une telle Seigneurie, ni les Abbé & Beneficiers, se qualifier Seigneurs d'un tel village ; ils doivent ajoûter, à cause d'une telle Abbaye. Arrêt du Parlement de Dijon du 27. Novembre 1610. *Bouvot, tome 2. verbo, Offices, quest. 35.*

116 Quand il y a plusieurs Seigneurs, ils peuvent avoir plusieurs Officiers qui rendent la justice alternativement, le temps de l'exercice reglé suivant la portion qu'ils ont en la Seigneurie. Arrêt du Parlement de Dijon du 9. Août 1612. *Bouvot, tome 1. part. 1. verbo, Seigneur.*

DU DROIT COMMUN DE PAIX.

117 *Voyez* le mot *Droits Seigneuriaux*, nomb. 24.

SEIGNEUR, PLAIDER.

118 Un Seigneur peut plaider devant son Juge. *Voyez* le mot *Plaider*, nomb. 20. & suiv.

119 Avocat plaidant contre son Seigneur. *Voyez* le mot *Avocat*, nomb. 143. & suiv.

120 Jugé par Arrêt du 21. Août 1613. que le vassal est tenu de plaider en la Justice de son Seigneur feodal, quand il s'agit des droits feodaux prétendus par le Seigneur, si ce n'est que le vassal ait prévenu par offres, ou qu'il soit question de ventilation. *Filleau, 4. part. quest. 129.*

SEIGNEUR, POSSESSION.

121 Les Seigneurs sont censez proprietaires des terres gastes & incultes, mais la possession immemoriale sert de titre aux habitans. *Boniface, tome 4. liv. 3. tit. 1. chap. 1.*

122 Le Seigneur d'Esparnes prétendant être Seigneur direct dudit lieu & jurisdictionnel jusqu'à 3. livres, & en possession de temps immemoriale de tenir Boucheries & Tavernes, & de les affermer à son profit, les Consuls de Montfort forment possessoire, & soutiennent que ces droits ne luy peuvent appartenir, comme n'étant de la basse Jurisdiction, & qu'au contraire, ils leur appartiennent comme exerçant la Jurisdiction au nom du Roy de Navarre, Vicomte de Fezensaguet : ce qui fut jugé ainsi en l'année 1576. *La Rochefiavin, des Droits Seigneuriaux, chap. 29.*

123 M. Bouguier *in litt. D. ch. 19.* dit avoir jugé que les baux, & accensemens du droit universel en toute une contrée, quoiqu'il n'apparût d'aucune concession, & baillée des terres ; cependant la possession de plus de quatre-vingt ans & payement universel par les particuliers, fit juger que les Chanoines & Chapitres de S. Pierre de Bourges, étoient bien fondés *in qualibet parte territorii limitati* ; le detenteur de certaine quantité de terre assise & enclavée parmi les autres, fut declaré sujet audit droit, quoiqu'il ne fût verifié d'aucun payement par luy fait, & qu'il fût en possession immemoriale de liberté. *Mol. in conf. Paris. §. 46. n. 6. & jus commissi post tres annos, & jus retractûs* montre la retention de la directe Seigneurie. La même chose jugée par Arrêt du Parl. de Bourgogne contre le sieur Burignot Grenetier au profit de l'Evêque de Châlons. *Bouvot, tome 2. verbo, Cens, quest. 34.*

124 Le Seigneur ne peut par voye de fait & de son autorité se mettre en possession du fief de son vassal ; mais il doit se servir de l'autorité de la Justice, du ministere d'un Sergent, lequel au nom & de l'autorité du Seigneur mettra entre ses mains le fief du vassal, pour en joüir bien & dûement. Arrêt du 9. Decembre 1595. en la Cinquiéme Chambre des Enquêtes du Parlement de Paris entre Theroneau & Rodet. *Voyez Auzanet, sur l'article 1. de la Coût. de Paris.*

125 Un Seigneur feodal ayant haute Justice, moyenne & basse, fut maintenu en la joüissance des droits specifiez par les aveux qu'il avoit rendus au Seigneur dominant : la Cour se fonda sur la possession & joüissance de ces droits verifiez par l'information, dont

SEI   SEI

fut fait recit par M. Servin Avocat du Roy. Ces droits appellez droits de *nôces*, étoient que ce Seigneur feodal haut-Justicier & en son absence son Sergent de sa Justice devoit être convié à la nôce huit jours devant pour accompagner l'Epouse allant à l'Eglise, & se pouvoir séoir avant le marié à dîner, avoir deux chiens courans & un levrier durant le dîner, qu'ils auroient aussi à dîner ; & après dîner ce Seigneur ou son Sergent pourroit dire la premiere chanson: l'Arrêt du Parlement de Paris du 6. Mars 1601. fondé sur ce qu'il n'y a rien en ces droits contre les bonnes mœurs. Par la Sentence du Juge des lieux en tout confirmée, il étoit ordonné que les mots concernant autres droits de nôces contraires aux bonnes mœurs, contenus dans les mêmes aveux seroient rayez. *Bibliotheque de Bouchel*, verbo, *Droits Seigneuriaux*.

126 Une masse d'ambre gris trouvée par un particulier au bord de la mer, le Seigneur du territoire la prétendoit, & soûtenoit que de temps immemorial ce qui se trouvoit de la sorte appartenoit au Seigneur du lieu. Arrêt à Pâques 1606. qui ordonne que la masse seroit laissée au particulier, & que le Seigneur feroit preuve de sa possession, laquelle ayant été faite la masse d'ambre gris luy fut ajugée. Mornac, *l. 3. ff. de rerum divisione*.

127 Conformément à l'opinion de *Du Moulin*, touchant la possession immemoriale sans titre, il a été jugé par Arrêt du Parlement de Dijon du 11. May 1667. au profit de M. Jacques Poussi Avocat, contre Messieurs Espiard & Blanot, au sujet de fonds délivrez par decret ; car le sieur Poussi ayant été admis à une preuve de possession immemoriale, fut maintenu dans le droit de tierce, en execution duquel Arrêt, s'étant pourvû contre des possesseurs, qu'il prétendoit luy devoir des droits de tierce, ils s'opposerent à l'execution du même Arrêt, & soûtinrent que ce jugement étoit, *Res inter alios acta & judicata*, qu'il falloit un titre au sieur Poussi, & subsidiairement ils offrirent de faire la preuve de la franchise de leur fonds, sur quoy par Arrêt du 6. Mars 1668. La Cour sans s'arrêter au titre demandé par les opposans, les admit à la preuve qu'ils offroient de faire touchant la franchise des heritages sur lesquels le sieur Poussi prétendoit un droit de tierce en vertu d'une possession immemoriale, & comme les opposans ne firent pas une preuve suffisante, par Arrêt du 10. Juillet 1669. ils furent condamnez à payer le droit de quatorze gerbes l'une. *Taisand, sur la Coutume de Bourgogne, titre 11. article 1. note 9*.

SEIGNEUR, PRESCRIPTION.

118 *Solutione tributi an probetur subjectio : & an adversus solutionem præscribatur?* V. *Franc. Marc.* to. 1. quest. 352.

119 Un Seigneur peut prescrire contre un autre Seigneur par l'espace de 30. ans, en faisant apparoir des reconnoissances, jouïssance paisible, & payement de la rente pendant trente ans. *Voyez les Arrêts de M. de Catellan, liv. 3. chap. 2*.

130 Comme les Seigneurs ne se font pas toûjours payer en especes, & qu'au lieu d'icelles ils les estiment à un certain prix pour éviter les appréciations, il ne s'ensuit pas que le vassal en consequence des payemens continués par plusieurs années, puisse changer la nature de la premiere obligation en vertu de la prescription, cela ne se faisant que pour une plus grande commodité du vassal, le titre de la redevance demeure toûjours en sa force & vertu. On en rapporte un Arrêt notable donné pour le Roy de Navarre, comme Comte de Marle, du 12. Mars 1581. par lequel il fut dit que la possession de 60. ans durant laquelle il avoit payé 25. deniers pour un chapon de rente qui étoit dû, n'empêchoit point qu'il ne se fît payer en essence quand il voudroit. *Chopin, liv. 2. chapitre 2. tome 1. art. 2. de feudis Andeg*. Mornac, *ad L. in vendiniombus, de contrah. empt*. *Voyez Basnage, article 185. de la Coûtume de Normandie*.

Sur la question de sçavoir si la surcharge peut être 131 prescrite par un Seigneur, il faut établir cette difference, si les emphiteotes depuis le premier titre ont déguerpi : car en ce cas le fief étant retourné aux mains du Seigneur, il a pû être donné sans de nouvelles conditions ; ainsi jugé au Parlement de Toulouse en 1597. entre le sieur Malroux, contre les habitans de Battade en Quercy. *Albert*, verbo, *Seigneur, art. 3*.

Par Arrêt du Parlement de Roüen du mois de Juillet 1629. il fut jugé que deux Seigneurs, dont l'un 132 étoit vassal de l'autre, ne pouvoient prescrire les tenures l'un de l'autre. *Basnage, sur la Coûtume de Normandie, art. 521*.

Entre deux Seigneurs, la prescription, & la peremption ont lieu, au Parl. de Roüen. Arrêt du 14. May 1654. 133 rapporté par *Basnage, sur l'art. 116. de cette Coûtume*.

Un Seigneur prescrit contre un autre Seigneur par 134 30. ans entre Laïcs & par 40. contre l'Eglise. Arrêt du Parlement de Toulouse du 11. Juillet 1670. *La Rocheflavin des Droits Seigneuriaux, chap. 10. Arr. 3*.

La dénegation de la mouvance necessaire pour l'interversion de possession, & pour la prescription de 135 la liberté, doit être expresse & faite en jugement ou dans le procés intenté, parce que la prescription de la mouvance étant contre la loy du bail qui veille toûjours pour le Seigneur, il faut le ministere du Juge & la contestation en cause pour donner cours à cette prescription. Arrêt du Parlement de Toulouse du 20. Decembre 1675. Autre Arrêt semblable en 1679. rapportez par *M. de Catellan, liv. 3. chap. 29*.

Voyez le mot *Prescription*, nomb. 325. *& suiv*.

SEIGNEUR, RECONNOISSANCES.

Le Seigneur de la main-morte alloüant l'achat fait 136 par un homme franc, ne peut après le contraindre à mettre l'heritage en main habile, & de qualité. Arrêt du Parlement de Dijon du 10. Decembre 1563. *Bouvot, tome 1. part. 2*. verbo, *Seigneur de Mainmorte*.

Si un Seigneur censier ou rentier peut intenter 137 action contre le tenancier du fonds, quoiqu'il n'ait reconnu & ne soit obligé, ni heritier du reconnoissant ? *Voyez Bouvot, tome 1. part. 3*. verbo, *Seigneur censier*, quest. 3.

Le Seigneur demandant être reconnu ; si c'est au 138 Corps & Communauté il peut être créé un Syndic pour faire la reconnoissance ou pour s'en défendre ; si c'est aux particuliers tenanciers, si les droits demandés sont generaux & universels & égaux à tous, comme tant pour chaque maison, chaque feu allumant, chaque homme, chaque arpent de terre, prez ou vignes, parce que c'est l'interêt universel & general de tous, ils peuvent aussi créer un Syndic comme dessus ; mais si les demandes sont particulieres à des particuliers, pour des particuliers terroirs & pour des droits particuliers & differens les uns des autres, ils ne peuvent créer Syndic pour generalement s'en défendre ou garantir ; mais comme la demande est particuliere, il faut que particulierement chacun se défende en son particulier ; peuvent neanmoins se servir d'un même Procureur, pourvû qu'il n'y ait des garanties entr'eux, & ce afin de ne donner *potentiores adversarios* au Seigneur, comme il a été jugé par plusieurs Arrêts qui ont declaré odieuses des clauses contre le Seigneur, comme de jurer & promettre jamais accord avec luy, & ne le reconnoître, de le poursuivre par appel & évocations. *La Rocheflavin, des Droits Seigneuriaux, chap. 1. art. 27*.

Par Arrêt du 10. Avril 1571. le Seigneur de Marthes 139 pour avoir surchargé & fait reconnoître à son emphiteote plus que l'infeodation ne portoit, fut privé de son fief durant sa vie & les reconnoissances cassées, & l'emphiteote condamné à reconnoître les hoirs du Seigneur, suivant l'infeodation ; quoique ce fût le pere de l'emph'teote qui avoit fait les reconnoissances, & tant lui que son fils toûjours payé suivant icelle. Un Président pour semblable surcharge ne fut pas seulement privé de son fief, mais encore dégradé en pleine Audience, & après remis par le Roy en son honneur & état, l'exerça long-temps après, & le Vicomte de Sere fut privé de la Jurisdiction & rentes à luy dûes pour pareille surcharge, le 25. Février 1538. Autre Arrêt du 10. Avril 1571. qui décharge l'Emphyteote de rien payer sa vie durant. *La Roch-flavin, des Droits Seigneuriaux, chapitre* 1. *article* 22.

140 Quand le tenancier a luy même passé reconnoissance, ou quand il est heritier, cessionnaire, legataire ou donataire, ou autrement, ayant droit & cause, *ex causâ lucrativâ*, de celuy qui a reconnu, il suffit au Seigneur de faire apparoir de cette seule reconnoissance, à cause de l'obligation personnelle & hypothequaire contenuë en icelle, laquelle est transmise à ses heritiers. Arrêt de l'an 1590. *Ibid. art.* 6.

141 Quand une terre ou fond est vendu à faculté de rachat, il est au choix & option du Seigneur de faire reconnoître celuy que bon luy semblera, ou l'acheteur ou le vendeur, parce qu'ils sont tous deux maîtres & proprietaires, sauf, pour la possession & joüissance qui appartient à l'acquereur, à cause de laquelle il ne peut se défendre de reconnoître. Arrêt du 8. Février 1591. *Ibid. art.* 31.

Voyez cy-dessus le mot Reconnoissance.

RENTES SEIGNEURIALES.

142 Voyez le mot Rentes, nomb. 290. & suiv.

SEIGNEUR, RETRAIT.

143 Seigneur censuel ne peut retenir un heritage par retrait Seigneurial, s'il n'y a convention expresse, ou Coûtume au contraire. *Voyez Carondas, liv.* 2. *Réponse* 11.

144 Si la locatairie perpetuelle se vend, le Seigneur direct la peut prendre par droit de prélation, ou les lods & ventes. Jugé au Parlement de Toulouse le 9. Avril 1630. *Camholas, liv.* 6. *ch.* 7.

145 Quand il y a plusieurs Seigneurs, si l'un peut retraire malgré l'autre. *Voyez* le mot Retrait, *nomb.* 96. & suiv.

SEIGNEUR, REUNION.

146 Arrêt du P. de Paris du 10. Decembre 1648. au profit des Carmes d'Angers. Le Seigneur de fief ayant acquis un heritage mouvant de son fief, & chargé d'une rente fonciere envers le fief, la rente étoit éteinte par le moyen de la réunion qui s'étoit faite de cet heritage à ce fief, en telle sorte que le même Seigneur, ou ceux qui étoient à son droit, ayant revendu cet heritage, sans le charger de nouveau, l'acquereur de la même rente ne pouvoit pas être poursuivi pour raison d'icelle par le Seigneur du fief, suivant la Loy *Si quis aedes de servit. urban. praed.* D. Voyez *Basnage, sur l'art.* 178. *de la Coûtume de Normandie.*

Voyez cy-dessus le mot Réunion.

SEIGNEUR, SAISIE FEODALE.

147 Si le Seigneur feodal ayant saisi, devra joüir de la maison Seigneuriale du fief servant? *Voyez Coquille, tome* 2. *quest.* 24.

Voyez cy-dessus le mot Saisie, *n.* 130. & suiv.

SEIGNEUR, SUCCESSION.

148 Seigneur qui succede au bâtard. *Voyez* le mot Bâtard, *nomb.* 212. & suiv.

149 De la succession des taillables & main-mortables mourans sans enfans, acquise au Seigneur. *Voyez Guy Pape, quest.* 312. & 361. Il y en a un Arrêt du Parlement de Grenoble du 26. Février 1530. mais il n'a pas été suivi d'autres. Le Dauphin Humbert II. a renoncé, & voulu abolir cette servitude. *Voyez Chorier en sa Jurisprudence de Guy Pape, p.* 146.

150 Le Seigneur, par le trépas de son homme de main-morte, est saisi des biens & succession de sondit homme de main-morte, quant à ce qui tombe en ladite main-morte, *Coûtume de Troyes, art.* 91. Le Seigneur est

saisi des biens, *etiam* contre l'heritier, & s'il est recevable à former complainte contre luy. Arrêt du 20. Mars 1570. prononcé en Robes rouges. Le Seigneur est saisi *jure peculii, non jure haeredis.* Bibliotheque de *Bouchel, verbo Main-morte.*

151 Si le Jésuite congedié de sa Maison, après deux ans, acquiert des biens dans le siecle, ils appartiennent à ses parens, non au Seigneur Haut Justicier. Arrêts des 12. May 1671. & 9. Avril 1674. Le Brun, *traité des Successions, liv.* 1. *ch.* 2. *sect.* 2. *n.* 8.

SEIGNEUR, TERRIER.

152 Henrys, *tome* 1. *liv.* 3. *ch.* 3. *quest.* 42. établit que les transactions passées entre le Seigneur & les Emphyteotes, ne sont valables, quand elles contiennent des charges plus fortes que celles portées par les anciens terriers. Il ajoûte que le temps ni la longue possession ne peuvent les autoriser; car comme l'on présume que la transaction a été passée par force & violence, l'on présume aussi qu'il y en a eu dans la joüissance.

153 M. de la Rocheflavin, *des Droits Seigneuriaux, ch.* 1. *art.* 22. fait mention de plusieurs Arrêts du Parlement de Toulouse, qui ont privé des Seigneurs de la joüissance de leurs terres pendant leur vie, pour avoir surchargé leurs Emphyteotes de plus grands droits que ceux portez par les anciennes reconnoissances. *Graverol,* dans ses Observations sur cet article, distingue: Il dit, que si le Seigneur, qui avoit mis la surcharge, est vivant, il doit être privé de sa directe durant sa vie; si c'est l'ouvrage de ses auteurs, les reconnoissances qui contiennent la surcharge, doivent être cassées, & réduites aux titres anciens, sans avoir égard à la possession, quelque longue qu'elle puisse être, laquelle ne peut acquerir aucun droit contre le titre, suivant la Loy *improba, Cod. de acquirendâ vel omitt. possess.*

154 Seigneur direct, quoique bas Justicier, peut contraindre un possesseur de fond, étant dans sa directe & censive, à reconnoître en son terrier, & luy payer les droits Seigneuriaux. Arrêt du Parlement de Paris du mois de Juin 1548. *Papon, liv.* 12. *tit.* 2. *n.* 16.

155 Par la Coûtume generale de France, nulle Terre sans Seigneur; & ainsi un Seigneur, en vertu de Lettres de terrier, peut faire saisir, & assigner pour bailler par déclaration; & si le sujet ne desavoüe ou n'allegue franc-aleu & immunité, il est tenu de la faire. Arrêt du Parlement de Paris du dernier Juin 1567. Dans les Coûtumes de Franc-aleu, le prétendu vassal n'est tenu d'avoüer ou desavoüer, jusqu'à ce que le Seigneur ait fait apparoir de sa mouvance. Arrêt du 10. Novembre 1574. Papon, *liv.* 13. *tit.* 2. *nombre* 16.

156 Quand un Seigneur obtient Lettres de terrier, tous sont tenus bailler déclaration, autrement terre roturiere seroit plus privilegiée que la feodale, pour laquelle, sans exception, le Seigneur est tenu faire services, s'il n'a titre d'exemption; & de fait, le Seigneur peut faire saisir pour les redevances; la saisie tient nonobstant l'opposition; toutefois les sujets doivent avoir main-levée, en consignant trois années des droits prétendus. Arrêt pour M. Pierre Pithou, contre Quentin Blancher, Edme Briel & consors, habitans de Luyeres, au Bailliage de Chaumont, du Mardy 28. Avril 1573. *Sed hoc potius ex vi Edicti Regii,* sur la saisie pour rentes & censives, publié l'an 1593. *quàm ex consuetudine.* V. la *Bibliotheque de Bouchel, verbo Aleu.*

Voyez cy-après le mot Terrier.

SEIGNEUR, TITRES.

157 Quels titres sont necessaires pour prouver la directe? Voyez le mot Directe, *n.* 19. & suiv.

158 *Vassallus vel emphyteuta emphyteusis instrumentum domino, & quando ostendere teneatur?* Voyez Franc. Marc. *tome* 1. *quest.* 606.

159 Si le Seigneur, pour demander 29. années d'arrerages

SEI SEI 545

rages du cens, est tenu de rapporter des titres? *Voyez Henrys, tome 2. liv. 3. quest. 23.*

160. Directe Seigneurie fondée par la déclaration simple du vendeur, ne peut servir de titre ; ainsi le Seigneur duquel le vendeur a déclaré le fond par luy vendu, être tenu & mouvant, ne peut contraindre l'acheteur de le reconnoître, s'il ne montre terriers. Arrêt du Parlement de Grenoble. Cependant telle déclaration ne laisse pas de faire quelque sorte de preuve, sur tout si le vendeur a payé & reconnu les droits du Seigneur. *Papon, liv. 13. tit. 2. n. 19.*

161. Les déclarations de certaine mouvance faites dans les contrats, n'acquierent aucun droit aux Seigneurs; elles peuvent servir d'adminicule, au cas que d'ailleurs ils ayent des terriers, ou qu'ils rapportent la preuve d'une perte de titres. *V. Guy Pape, quest. 24. nomb. 1. & Benedict. in verbo & uxorem, n. 444. & 1001. & Mainard, liv. 4. ch. 48.*

162. Quand un Seigneur a par ses instrumens de bail, inféodation ou reconnoissance, donné un terroir uni & limité de chemins, montagnes ou autres bornes & limites, il n'est pas tenu de montrer ses titres au tenancier, mais seulement luy montrer que la terre, de laquelle les droits sont demandez, est enclose dans son terroir & dans les limites, & confrontation d'iceluy. En ce cas le tenancier est tenu de reconnoître, & payer les droits Seigneuriaux, comme les autres circonvoisins, & à proportion de ce qu'il y possede, si ce n'est que le tenancier fasse apparoir de la liberté & affranchissement de la terre, comme il est tenu de faire en ce cas. Arrêts des 9. Juin 1526. & 11. Mars 1552. *La Rocheflavin, des Droits Seigneuriaux, ch. 1. Arr. 3.*

163. Les sujets doivent être appellez à fin d'exhibition de titre, & de réformation en Reglement. Arrêt du Parlement de Toulouse du 23. Juin 1528. entre la Dame de Moussin, & le Syndic des Consuls & habitans du lieu. *Papon, liv. 13. tit. 2. n. 3.*

164. Si le Seigneur par feu, larcin, guerre, ou autres cas fortuits, a perdu ses titres & reconnoissances, il doit être reçu à en faire preuve, & sur les payemens faits par les Emphyteotes, & réciproquement les Emphyteotes leurs affranchissemens. Par Arrêt du 19. Août 1532. les Chapitres de Montpellier, Mende & Gaillac, & autres, ayant obtenu Lettres Patentes du Roy, elles furent reçuës & registrées au Parlement de Toulouse; celles de Montpellier le dernier Juin 1583. celles de Mende le 8. Août 1587. *La Rocheflavin, des Droits Seigneuriaux, chap. 1. art. 11. & la Bibliotheque de Bouchel, verbo Reconnoissance.*

165. Le Seigneur direct ou foncier ne peut de droit commun contraindre les habitans & biens tenans en sa directe, à luy payer ni reconnoître aucun droit, si ce n'est en tant qu'il en justifiera par inféodation, transaction, jugemens, & nombre suffisant de reconnoissances, non seulement en Languedoc ou en franc-aleu a lieu, mais aussi en Guyenne & ailleurs; ce qui a été jugé pour Dampmartin en 1576. les deux Chambres des Enquêtes assemblées, & en consequence, fût rejettée une minute de reconnoissance qu'un Seigneur demandoit, dans laquelle il avoit ramassé tous les droits qui peuvent appartenir à un Seigneur Justicier & foncier, pour les droits non spécifiez en ses précedentes reconnoissances, lesquelles pour les droits de nouveau ajoûtez, & autres exorbitans, les Parlemens ont coûtume de casser, même punir de la privation du fief, & extraordinairement les Seigneurs extorquans telles reconnoissances. *La Rocheflavin, des Droits Seigneuriaux, ch. 1. art. 29.*

166. Le Seigneur direct ne peut contraindre l'Emphyteote à luy montrer ses titres d'acquisition pour le payement des lods & ventes, & liquidation de ses droits, qu'auparavant il ne soit trouvé bien fondé par bons & valables titres, à demander la directe, & des pieces seulement, desquelles il est déclaré Seigneur foncier; mais alors il le peut, pour sçavoir quels droits de lods & ventes luy appartiennent, & deliberer s'il veut le bien vendu, dont on luy demande l'investiture par droit de prélation. Arrêt du 2. Août 1590. *Ibid. ch. 1. Art. 13.*

167. Le Seigneur qui fait assigner son vassal, pour voir declarer la commise, attendu le devoir non fait, est tenu de justifier de son titre. Arrêt du Parlement de Dijon sans date, rapporté par *Bouvot, to. 1. part. 3. verbo Seigneur de Fief, quest. 2.*

168. Le titre de Marquisat attribué par le Roy à une Seigneurie, est réel, non personnel. Arrêt du 21. Mars 1550. au Grand Conseil. *Carondas, livre 11. Réponse 71.*

169. Le Seigneur ne peut prendre pour trouble le refus du vassal, avant que de luy avoir communiqué ses titres. Ainsi jugé au Parlement de Bourgogne le 26. Janvier 1582. contre le Seigneur de Montfort, qui fut débouté de sa complainte, au profit du sieur de Baleure. Il fut jugé de même par un autre Arrêt du 3. Juillet suivant, entre le sieur de Rabutin, & la Dame Marquise de Nesle. Le vassal peut donc refuser de faire le devoir de fief, lorsque le Seigneur refuse de luy faire voir son titre, & de justifier de ce qu'il prétend être de son fief, comme le vassal de ce qu'il tient en fief du Seigneur. *Taisand, sur la Coûtume de Bourgogne, tit. 3. art. 1. note 22.*

170. Il y a une maniere de procedure qui a été permise par les Arrêts au Seigneur Justicier & censier d'un territoire, qui est de faire appeller en Justice les Seigneurs particuliers prétendans droit de censive dans l'étendue de sa terre, pour rapporter leurs titres, & s'inscrire dans le Registre des declarations faites au profit dudit Seigneur, & dans son terrier, sans que le Seigneur soit tenu de bailler aucune communication de sa part, l'universalité de son territoire suffisant pour l'établissement de son action. Jugé par Arrêt de la Grand'Chambre, le 15. Mars 1605. plaidans Talon & Roy, au profit de M. de Mesmes, Sieur de Roissy, contre le sieur de Bragelonne. *Voyez Auzanet, sur l'art. 1. de la Coûtume de Paris.*

171. *Patronus feudalis debet doceri à vassallo in jure feudi primævo, ac dominico & censuali; sed si patronus alia jura petat veluti civica & incolatus, nonobstante longissima possessione, tenetur dominus edere titulum, quo obligati sint incola.* Arrêt du 13. Decembre 1616. *Mornac, L. 6. ff. de rei vindicatione.*

172. Par Arrêt du Parlement de Roüen du 8. Février 1618. il a été jugé que les journaux & papiers terriers des Ecclesiastiques, ne peuvent leur servir de preuves pour leurs rentes. A l'égard des Seigneurs particuliers, il est sans doute que leurs papiers, leurs gages pleiges, & les Registres des Receveurs, n'obligent point leurs vassaux, quand ils ne sont point signez d'eux. Arrêt du Parlement de Roüen du 17. Août 1618. *Basnage, sur l'art. 185. de la Coûtume de Normandie.*

173. Lorsque le vassal desavoüe de posseder le fond que le Seigneur prétend être affecté à sa rente, le Seigneur est obligé de l'indiquer. Arrêts du même Parlement de Roüen des 28. Août 1618. 28. May 1632. & premier Août 1670. Ainsi l'on n'a pas suivi l'Arrêt remarqué par *Berault.* Pour éviter ces contestations, les vendeurs sont obligez d'employer dans leurs contrats les tenures, rentes & charges particulieres. Ainsi jugé le 1. Juin 1607. Et par Arrêt du 18. Août 1661. on condamna la Sentence, qui avoit condamné un vendeur à desinteresser l'acheteur, pour le chef & assemblement d'une aînesse. Le contrat contenoit que l'acquereur avoit connoissance de l'heritage qui luy étoit vendu, à condition de payer les rentes & sujetion qu'il devoit. L'acquereur répondoit qu'il ne pouvoit s'entendre que des sujetions ordinaires, & que le vendeur avoit dû *legem apertius dicere.* Ibidem.

Tome III. Zzz

174 Par Arrêt rendu au Parlement de Toulouse le 21. Mars 1646. il fut ordonné qu'un Seigneur Justicier qui n'avoit qu'une reconnoissance & une énonciation d'une autre, justifieroit de plus amples titres. *Albert*, verbo, *Seigneur*, art. 1.

175 Jugé au Parlement de Grenoble le 6. Septembre 1663. que les Seigneurs, notamment les hauts-Seigneurs, ne sont obligez d'exhiber les titres primitifs de leurs droits & devoirs Seigneuriaux. *Basset*, to. 2. liv. 6. tit. 8. chap. 2.

176 On a prétendu autrefois que celuy qui possedoit le Fief principal & le Patronage, pouvoit obliger les autres Seigneurs qui prétendoient avoir des extensions de Fief dans la même Paroisse, de communiquer leur titre, n'ayant besoin d'autre preuve que de son clocher, pour s'attribuer la mouvance de tout le Territoire de sa Paroisse; mais le Patronage ne fait aucune consequence pour la Seigneurie féodale, parce que le Patronage peut être attaché à une roture, & il n'y a que le Seigneur dominant qui puisse demander à son Vassal qui luy dispute une teneure, qu'il luy justifie son droit. Ainsi par Arrêt du Parlement de Roüen du 9. Mars 1686. il a été ordonné que Jean de Vieuxpont, Seigneur d'Auzouville, & le sieur de Martainville se communiqueroient respectivement. *Basnage*, tit. *de Jurisdiction*, art. 42.

SEIGNEURS, MAUVAIS TRAITEMENS.

177 *Subditi propter malam Domini tractationem à Jurisdictione Domini eximi debent.* Voyez *Franc. Marc.* tom. 2. quest. 374.

178 *Domini sævitia in subditos quomodo mandatis pœnalibus coërceri possit?* Voyez *Andr. Gaill.* lib. 1. observ. 17.

179 Le Seigneur qui met la main sur son homme & vassal pour l'outrager, perd l'hommage & la teneure; les rentes & les devoirs à luy dûs, à cause du Fief de son Vassal; cet usage est fort ancien. Par un Arrêt de l'Echiquier de l'an 1380. il fut jugé que Guillaume Aubert, Vassal de Messire Guillaume d'Orbec, & qui avoit été maltraité par luy, seroit déchargé des rentes & de toute autre redevance, & que le Roy auroit l'hommage, avec la Cour & Usage, bien que le Procureur du Roy voulust avoir les rentes & redevances. Il y a un autre Arrêt du 21. Novembre 1540. entre la Vigne & Raverton; mais pour les arrerages échûs avant la felonie, le Seigneur n'en est point privé. Arrêt du 28. Novembre 1509. *Basnage, sur l'art.* 126. *de la Coût. de Normandie.*

180 Le Seigneur qui abuse de sa Justice contre son Sujet, doit être privé de sa Justice. Arrêt du 21. Novembre 1558. *Carondas*, liv. 2. Rép. 17.

181 Arrêt du Parlement de Paris du 14. Juin 1548. entre le Seigneur Comte de Tonnerre, & ses Sujets, par lequel ils ont été déboutez de leur Requête, afin d'être mis au sauf-conduit du Roy; & enjoint aux Parties de se comporter entre eux selon leurs états, & permis d'informer des excés commis contre eux par le Comte de Clermont, pour aprés leur être fait droit. *Papon, liv.* 13. ti. 2. n. 5.

182 Les Seigneurs ne doivent user de rigoureux ni mauvais traitemens envers leurs Sujets & Justiciables, au moyen de quoy, par Arrêt du 29. Juillet 1578. Damoiselle Robine de Saint Pastour, veuve de Bernard Dalbine, & ses enfans dudit Dalbine & leurs successeurs, ont été declarez exempts à perpetuité de la Jurisdiction du sieur de Fonterailles, & de ses successeurs, & de luy payer aucuns cens, oublies, & droits Seigneuriaux, par elle ou ses enfans, ou ses successeurs dûs. *La Rocheflavin, des droits Seigneuriaux, chapitre* 32. art. 5.

183 Par Arrêt rapporté par *Berault, sur l'art.* 37. *de la Coûtume de Normandie*, in verbo, *autrement le doit renvoyer*, un Gentilhomme pour avoir détenu trop long-temps un sien Sujet prisonnier dans ses prisons, & usé envers luy de plusieurs inhumanitez, pendant ledit emprisonnement, fut condamné en plusieurs amendes, & privé du droit de Justice; qu'il avoit au dedans de sa Terre & Seigneurie; ordonné que ladite Justice seroit unie à la plus prochaine Jurisdiction Royale; & que pour le payement des gages des Officiers, qui exerceroient ladite Justice, seroit pris pour chacun sur le revenu de sa Seigneurie, la somme de 30. liv. parisis; ce qui est conforme au sentiment de Maistre Charles Du Moulin, tit. des Fiefs, §. 2. Glos. 4. n. 14. qui dit, *& si malè tractat homines & subditos suos, & monitus à domino suo non desistat, privatur Jurisdictione sua quæ revertitur ad Dominum*. Ce même Arrêt est rapporté par *Bacquet, au Traité des droits de Justice, chap.* 18.

184 Seigneur qui avoit donné des coups de bâton à un Vassal, condamné en 4000. liv. d'amende; le Vassal & ses parens affranchis de sa Justice. Arrêt du Parlement de Toulouse en 1644. Voyez le mot, *Amende, nombre* 111.

185 Arrêt de la Cour des Grands Jours de Clermont, du 27 Novembre 1665. contre les Seigneurs qui abusent de leur justice & pouvoir. Le sieur Comte de Montvallat privé pendant sa vie du droit de Justice; ordonné qu'elle sera exercée par le plus prochain Juge Royal des lieux, à la charge du ressort; condamné à aumôner 8000. liv. tournois, &c. les habitans mis sous la protection du Roy; défenses au Comte de Montvallat de les maltraiter, ni de leur méfaire, ni médire, à peine de la vie. Voyez le *Recueil des Grands Jours*, page 133.

186 Arrêt du Parlement de Provence du 4. Avril 1686. qui a condamné le Seigneur de Montpezat, atteint & convaincu d'avoir chassé par force & violence presque tous les habitans, & d'avoir ravi leurs biens, à être banni d'Aix & de son Fief, & de la Viguerie de Moutiers sa vie du ant; l'a declaré indigne de posseder Fief à l'avenir, l'a privé de la Jurisdiction du lieu durant sa vie, & que pendant ce temps la Justice sera exercée par les Officiers de la Judicature Royale de Mouriers, l'a condamné en de grosses amendes. *Boniface*, tome 4. liv. 1. tit. 6. ch. 1.

SEIGNEUR, VASSAL.

187 Un Seigneur pretend de pouvoir loger dans les maisons de ses Vassaux ceux qui le viennent visiter; telle prétention rejettée. Voyez *M. d'Olive*, liv. 2. chapitre 5.

188 Le Seigneur est reçû à poursuivre la vengeance de son Sujet. Arrêt du 10. Janvier 1587. *Papon*, liv. 24. tit. 2. Arr. 5.

189 Le Seigneur féodal peut, quand bon luy semble, quitter les biens de son Vassal, desquels il a joüi à droit de Garde-Noble, confiscation ou desherence, ou autre droit féodal. Neanmoins il doit payer les arrerages des rentes & autres charges annuelles échûës pendant sa joüissance, encore qu'elles excedent le revenu. Il n'est point tenu personnellement de payer les dettes mobiliaires qui étoient dûës par son Vassal, lors qu'il est entré en joüissance, sans préjudice de l'hypotheque des Créanciers. Arrêt du Parlement de Roüen du 6. Avril 1666. art. 22. & suiv. *Basnage, tome* 1. *à la fin.*

190 *Dominum Territorii Vassallos, seu subditos sine eorum consensu in alium transferre non nisi majori, vel æquali Domino alienari posse regulare*. Voyez *Franc. Marc.* tom. 1. quest. 353.

191 Sentiment de *M. d'Argentré* n'est pas entierement suivi en France; car il n'est pas permis à un Seigneur de changer ses Vassaux, qui tiennent de luy noblement; mais il peut ceder la teneure roturiere. Arrêt du Parlement de Roüen du 21. Août 1675. d'autant plus considerable, que l'alienation avoit été faite par le Roy. Voyez *Basnage, sur l'art* 204. *de la Coutume de Normandie*.

SEIGNEUR, VENTE.

192 Aujourdhuy que les Fiefs & Emphyteoses sont patrimoniaux, le défaut du consentement du Seigneur

n'est plus un obstacle à la perfection de la vente. Jugé à Grenoble les 5. Septembre 1651. & 31. Juillet 1652. Basset, tome 2. liv. 7. tit. 7. ch. 2.

SEIGNEUR, VEUË ET MONTRE'E.

193 Seigneur direct pour sa rente n'est point obligé de faire vûë & montrée. Arrêt du 3. Août 1566. Même Arrêt du 3. Juin 1582. Papon, liv. 8. tit. 14. n. 2.

194 Un Seigneur de Fief n'est tenu de faire vûë à son Vassal. Arrêts des 8. Février 1572. 12. Decembre 1586. & 12. Juin 1587. Autre Arrêt du 21. Juin 1593. en faveur de M. de Montpensier, qui demandoit une rente féodale aux Détenteurs de certains heritages, sis au tenement appellé la Picotiere. Bibliotheque de Bouchel, verbo, Vûë.

GRANDS SEIGNEURS.

195 Voyez les mots, Ducs, Pairs, Princes, Roy.
Obligation des femmes des Seigneurs, quoyque non autorisées, sont valables. Voyez le mot, Autorisation, n. 56.

SEL.

1 Voyez le mot, Gabelles, & Bouvot, to. 2. verbo, Magasin.
2 Voyez le Recuëil des Edits & Declarations concernans les Cours des Aydes, fait par M. Jacques Corbin, Avocat & Maître des Requêtes de la Reine; il en traite particulierement au tome 2. liv. 3.
3 Des Greniers à Sel, & Offices des Grenetiers, de leurs droits, privileges & fonctions. Voyez Filleau, part. 3. tit. 2.
4 Pretium salis an augeri possit per prepositos tractus, maximè cum trium statuum consensu, & stante caristia? Voyez Franc. Marc. tom. 1. quest. 154.
5 Salinarum jus quale sit: sal an & à quo Gabellari potest? V. Idem, tom. 2. quest. 39.
6 Pretium salis per conductores autoritate privata etiam cum trium statuum consensu augeri non debet. Ibidem, quest. 616.
7 La prise des deniers du sel affectez au payement des rentes, n'est censée remise par les Traitez des Villes, s'il n'y en a articles exprés. Arrêt du mois de May 1595. Voyez la 10. Action de M. le Bret.
8 Reglement pour le sel, façon, transport d'iceluy, lequel donne la liberté aux Paludiers & Laboureurs, de le vendre dans tous les temps, & les affranchit de la servitude qui leur avoit été imposée par les Officiers de Guerrande, de garder les Marêts depuis le mois de May jusqu'au mois d'Octobre. Les Officiers de Guerrande furent ajournez en personne, par l'Arrêt rendu en Bretagne le 11. Juillet 1619. Voyez Frain, page 253.
9 Lettres Patentes en forme d'Edit, au mois d'Août 1661. sur l'établissement du minot pour la debite du sel en Provence, au lieu de la vieille Emine, & pour l'augmentation du sel à 15. liv. le minot, pesant 100. liv. poids de marc, qui fait 25. liv. poids ordinaire, sous les conditions y mentionnées, conformément aux autres Provinces du Royaume. Boniface, tome 4. livre 10. tit. 3. chap. 31.
10 Arrêt du Conseil d'Etat du 12. Février 1671. qui ordonne que les particuliers qui voudront faire construire ou tenir des chaudieres ou payelles pour cuire, blanchir & rafiner le sel, dans l'étenduë des villages & lieux conquis & cedez au Roy, seront tenus d'en prendre la permission des Intendans de Justice, Police & Finance desdits Pays, sur la nomination ou consentement du Fermier des Domaines, ou de ses Procureurs & Commis, & de luy payer la somme de 62. liv. 10. sols de redevance annuelle. V. le Recuëil du Domaine, pag. 224.
11 Du chargement & du transport du sel dans les dépôts aux embouchûres des rivieres. V. l'Ordonnance des Aydes & Gabelles au mois de May 1680. tit. 2.

Tome III.

12 Des mesurages & contre-mesurages du sel. Voyez ibid. tit. 3.
13 De la voiture, descente & emplacement du sel dans les Greniers. Ibid. tit. 4.
14 Des Greniers à sel de vente volontaire, & du prix du sel. Ibid. tit. 5.
15 De la vente volontaire du sel. Ibid. tit. 6.
16 Des Greniers à sel d'impôt, & du prix du sel. Ibidem, tit. 7.
17 De la distribution du sel par impôt. Voyez ibidem, titre 8.
18 De la vente du sel à petites mesures. Voyez ibidem titre 9.
19 Des dechets du sel. Ibid. tit. 11.
20 Du commerce du sel dans le Poitou, & autres Pays redimez, & des dépôts établis dans les Paroisses limitrophes des Pays de Gabelles. Ibid. tit. 16.
21 Faux sel, & de la peine des Faussonniers, Voyez le mot, Faux, n. 145.

SELLIERS.

Statuts des Selliers, Carossiers de Paris. Paris, 1679. in 12.

SEMINAIRE.

1 Des Seminaires. Voyez le mot, College, le mot, Evêque, n. 235. & suiv. Le Concile de Trente, chap. 18. de reformatione. Les Memoires du Clergé, tome. 1. part. 1. tit. 1. chap. 6. La Biblioth. Can. verbo, Seminaire, & le 4. tome des Loix Civiles, in quarto, liv. 1. tit. 10. sect. 1. n. 8.
2 L'Archevêque d'Aix ayant uni au Seminaire de la Ville le Prieuré de Cabry, situé dans son Diocese, Messire Pierre Baltazard, Maître des Requêtes, ayant formé sa complainte, pour raison du possessoire de ce Prieuré en ladite qualité, contre le Directeur du Seminaire; il en fut débouté, & l'union confirmée par Arrêt du Grand Conseil du dernier Decembre 1666. nonobstant la requisition de ce Benefice par l'Indultaire. Biblioth. Canon. tom. 2. p 591. in fine.
3 Le Seminaire de Saint Nicolas du Chardonnet à Paris, fut érigé par Messire Jean François de Gondy, premier Archevêque de Paris, le 20. Avril 1644. L'érection en fut confirmée par Lettres Patentes du mois de May suivant, & verifiées au Parlement avec certaines modifications, le 21. Juin, & depuis purement & simplement le 25. May 1661. Cette verification du 21. Juin 1644. ne fut faite qu'à condition qu'ils ne pourroient accepter ni recevoir aucuns dons que par donations entre-vifs, sans rétention d'usufruit; mais depuis, la verification a été faite purement & simplement, en vertu de Lettres de Jussion. Bibliot. Canon. Ibidem.
4 L'Assemblée du Clergé du Diocese de Laon, ayant arrêté qu'il seroit imposé par chacun an sur les Benefices du Diocese, une somme de 1000. liv. pour la subsistance du Seminaire, & le Rôlle des taxes & assiette de ladite somme; cet Acte fut homologué, par Arrêt du Parlement de Paris du premier Février 1663. Ibidem.
5 Le Seminaire de la Rochelle fut établi par Lettres Patentes du mois de Juin 1664. verifiées en Parlement le 5. Septembre suivant, avec confirmation des taxes faites sur les Benefices du Diocese, pour la subsistance du Seminaire. Ibidem.
6 Sur le nouvel établissement d'un Seminaire dans le Prieuré ou Abbaye de Saint Martin de Miseré, Diocese de Grenoble, par M. l'Evêque de Grenoble, dans sa visite, le 2. Février 1673. Basset, tome 2. liv. 1. tit. 4. chapitre 2.
7 L'Edit de Châteaubriant, par lequel il est défendu de faire aucun legs, ni institution testamentaire, en faveur d'un Corps Ecclesiastique, n'a point d'execution pour les Seminaires; ainsi jugé le 2. Mars 1674. au profit du Seminaire de Gap. Ibid. ch. 1.

Zzz ij

8 Les Curez & autres Ecclesiastiques, ne peuvent pas interjetter appel comme d'abus des Ordonnances rendües par les Evêques, leurs Grands Vicaires, & Archidiacres, soit qu'ils fussent dans le cours de leur visite, ou qu'ils n'y fussent pas, quand ils ordonnent verbalement ou par écrit, aux Ecclesiastiques, de se rétirer pendant un temps médiocre dans un Seminaire; il n'est pas besoin que ces Ordonnances soient précédées d'aucune information, ni même d'aucun procés verbal. Arrêts des 28. Novembre 1689. & 15. Juillet 1693. au *Journal des Audiences du Parlement de Paris*, tome 5. liv. 5. ch. 42.

9 Declaration du Roy du 15. Decembre 1698. pour l'établissement des Seminaires dans les Dioceses où il n'y en a point.

Voyez cy-après, le mot, *Union*.

SEMI-PREBENDES.

1 Semi-Prébendes. *Voyez* le mot, *Prébendes*, n. 47. & *suiv*. & le petit Recüeil de *Borjon*, to. 1. p. 307.

2 Le droit de Regale s'étend jusqu'aux Semi-Prébendes. Arrêt du 19. May 1564. *Papon*, page 1356. tiré de M. *Bergeron*.

SENATEUR.

Les Titres du Droit qui concernent la dignité & les fonctions du Senateur, peuvent s'appliquer aux Juges, Officiers de Justice, & Magistrat.

De Senatoribus. D. 1. 9. .. C. Th. 6. 2.
De Senatoribus, & eorum ordine. N. 62.
Ubi Senatores, vel Clarissimi, civiliter, vel criminaliter conveniantur. C. 3. 24. *Senatores, erant Senatores, sine dignitate: Clarissimi, Senatores cum dignitate.*
De dignitatibus, C. 12. 1.
De prædiis Senatorum. C. Th. 6. 3.
Abrogatio legis quæ Senatui Prætores, Decurionibus vero Præfectos constituere concedebat. Leon. N. 47. Anciennement le Senat nommoit les Préteurs. L. 2. C. *de off. Prat*.

SENATUS-CONSULTE.

Senatuf-Consulte. *Senatus-Consultum.*
Ne amplius Senatus-consulta fiant. Leon. N. 78.
Senatus-consultis. C. 1. 16.
Senatus-consulto Claudiano tollendo. C. 7. 24.
Senatus-consulto Macedoniano. D. 14. 6.
Senatus-consulto Orphitiano. J. 3. 4.
Senatus-consulto Syllaniano & Claudiano, & c. D. 29. 5.
Senatus-consulto Tertulliano. I. 3. 3.

SENECHAUX.

Senéchal. Sénéchaussée. *Seneschallus. Seneschalli Tribunal*.

La dignité & les fonctions des Sénéchaux, répond en quelque sorte à celles des Proconsuls de l'Empire Romain, lesquels avoient des Lieutenans, *Legatos*, qui sont representez par les Lieutenans Generaux des Sénéchaux. *Voyez* les mots, *Préteur. Proconsul.*

1 *Voyez* hoc verbo, *Sénéchal*, le *Glossaire du Droit François*, ou l'*Indice* de *Ragueau*, nouvelle édition de 1704.

2 Des Sénéchaussées. *Voyez Du Luc*, liv. 6. tit. 4.

3 Des Sénéchaux & de leurs fonctions. *Voyez les Reliefs Forensis de Roüillard*, chap. 18. Ils ne peuvent entreprendre sur celles des Lieutenans Criminels.

4 Des Sieges Royaux, Particuliers des Bailliages & Sénéchaussées, & Conseillers desdits Sieges. *Voyez Filleau*, part. 2. tit. 4. où sont rapportez les Reglemens qui les concernent.

5 Le 18. Janvier 1559. il a été défendu par le Parlement de Toulouse, aux Sénéchaux d'user de ces termes: *l'appellation & ce dont a été appellé, mis au néant*; mais doivent prononcer *aut bene vel male*. Reglement de la *Rochestlavin*, ch. 2. Arr. 9.

6 Arrêt du Parlement de Paris du 8. Août 1628. portant défenses au Sénéchal de Clermont, & Officiers dudit lieu, de prendre la qualité de Sénéchal d'Auvergne, & icelle inserer en leurs Jugemens, & autres Actes judiciaires. *Filleau*, 1. part. tit. 4. ch. 31.

7 Arrêt du Parlement d'Aix du 29. May 1673. qui a jugé que les Lieutenans des Sénéchaux sont proclamatez aux encheres des biens & domaines des Communautez de l'ordre des Consuls, & qu'ils connoissent des causes arrivées aux Conseils des Communautez. *Boniface*, to. 3. liv. 1. tit. 8. ch. 7.

Voyez le mot *Juge*.

SENLIS.

Origine de la Prevôté de Senlis avec abrogation de la Commune, Maire, Echevins & Jurats. 16. Février 1319. *Corbin, suite de Patronage*, chap. 74.

SENTENCE.

1 *Qua sententia sine appellatione rescindantur.* D. 48. 8. Des Sentences qui sont nulles d'elles mêmes. Ce titre & le suivant ne sont pas en usage, parce que les voies de nullité n'ont pas lieu en France, & il faut toûjours que le Juge superieur prononce sur la nullité.

2 *Quando provocare non est necesse.* C. 7. 64. de même que l'article précedent.

Ne liceat in unâ eâdemque causâ, tertiò provocare; vel post duas sententias judicum, quas definitio præfectorum roboraverit, ea retractare. C. 7. 70. Deux Sentences conformes excluent l'appel.

De sententiis, & c.

Voyez les mots *Amende, Appel, Arrêts & Jugemens*, & le Recüeil des Ordonnances par *Fontanon*, to. 1. li. 3. tit. 55. p. 625.

De sententiis, arrestis & executione eorumdem. Voyez la nouvelle édition des œuvres de M. *Charles Du Moulin*, to. 2. p. 514.

3 *De Sententiâ, & re judicatâ.* Per Jo. *Oldendorpium*, & per Federicum Schen.

4 *De senten. & interlocu. & diffin.* Per Franc. de acceptantibus.

5 *Heraldus de rerum judicatarum autoritate.* in octav. Paris. 1640.

6 *De sententiâ reformatoriâ.* Voyez *Andr. Gail*, lib. 1. observ. 110.

7 *Sententia an in Dominum vel procuratorem ferenda sit?* Voyez ibid. observat. 111.

8 De ce qui est requis pour la validité des Sentences & Arrêts. *Despeisses*, to. 2. p. 548. Il faut qu'ils soient prononcez par Juges competens à la pluralité des voix, suivre l'équité; & on peut juger un jour de Fête quand il est dit que le Commissaire pourra juger sans forme ni figure de procez. *Idem*, des Sentences arbitrales.

9 Des Sentences provisoires, & autres qui sont executoires, nonobstant oppositions ou appellations quelconques, & execution d'icelles. *Ordonnances de Fontanon*, to. 1. liv. 3. tit. 54. p. 621.

10 Des Sentences interlocutoires, provisionnelles, & de récréance. *Vide Despeisses*, to. 2. p. 588.

11 *Sententia debet esse conformis libello.* Mornac, l. 18. ff. *communi dividundo*.

12 La Sentence donnée contre aucuns en des cas, peut nuire aux uns, & ne pas nuire aux autres. V. *Carondas*, liv. 12. Rép. 10.

13 La Sentence rendüe contre une personne morte est nulle; mais si elle est rendüe en sa faveur, elle est bonne & valable. *Voyez Brodeau sur M. Loüet*, lettre M. *somm*. 11. nomb. 2.

14 *De sententiis paribus numero, itur in mitiorem*; en matiere criminelle, le procez est parti; quand l'un des partis excede d'une voix, il en faut deux. *Voyez M. le Prêtre*, 1. Cent. chap. 74.

15 *Sententia lata contra vassallum non præjudicat Domino etiam scienti.* Du Moulin, to. 2. p. 889.

16 *Sententia ubi minuatur, novum instrumentum censetur. In reformatione dies quo facta fuit reformatio non prima data pensanda.* Voyez *Franc. Marc.* tom. 1. qu. 670.

17 *Sententia lata tribus judicibus, licet unus eorum corruptus sit valida est.* Ibid. tom. 2. quest. 687.

18 *Minori vel Ecclesiæ an adversus sententiam in integrum restitutio competat?* V. Ibid. tom. 2. quest. 58.

19 *Interdum sententia diffinitiva potest fieri ex causâ necessitatis de nocte.* Ibid. quest. 301.

20 *Sententia facta super principali nullâ factâ mentione de juramento suppletivo, per appellationem revocanda venit.* Voyez ibid. quest. 454.

21 *Sententia tot sunt, quot capita diversa.* V. *Cym. Joan. Conf.* sur l'Ordonnance de François I, art. 115.

22 Lors que le Greffier du Présidial de Rennes commençoit à prononcer une Sentence, la demanderesse à qui l'on contestoit la qualité de tutrice qu'elle avoit perduë par un second mariage, requit qu'il fût surcis à la prononciation & lecture, offrant que les Avocats & Procureurs fussent Procureurs speciaux, *ad causam*, & qu'elle fournira caution de l'évenement du procez. Le défendeur veut l'empêcher. Les Juges instituent suivant l'offre de la demanderesse les Procureur & Avocat Curateurs speciaux du mineur. Appel au P. de Bretagne. Arrêt du 7. Mars 1577. qui faisant droit sur les conclusions du Procureur General, enjoint aux Juges du Ressort de faire prononcer sans aucune remise les Sentences qu'ils arrêteront, & icelles mettre au Greffe, sans qu'ils puissent en empêcher la prononciation, ou donner autres Sentences où appointemens contraires, sur peine de tous dépens, dommages & intérêts des parties. *Du Fail*, livre 1. chap. 426.

23 Autrefois on appelloit comme d'abus des Sentences des premiers Juges. Il y a plusieurs appellations ainsi qualifiées dans la *Rocheflavin*, livre 3. titre 6. Arrêt 8.

24 Sentence confirmée ou réformée. Voyez le mot *Appel*, nomb. 180. & suiv.

25 Sentences executoires nonobstant l'appel. Voyez le mot *Appel*, nomb. 189. & suiv.

26 On peut changer de volonté & renoncer à l'effet d'une Sentence donnée contradictoirement à son profit, bien que les choses ne soient plus entieres. Arrêt du 27. Avril 1600. *M. Bouguier, Arrêt 4.* Voyez *M. Loüet*, lettre C. somm. 37. où il est dit, en payant les dépens de la procedure.

27 Quoiqu'une Sentence ait été renduë du consentement d'une partie, si par la suite elle recouvre un contrat qui justifie de ses exceptions, elle est reçuë en refondant les dépens, sans prendre Lettres de rescision, *nullus est consensus, nulla voluntas.* Arrêt du Parlement de Dijon du 23. Juin 1605. *Bouvot*, to. 1. verbo *Fin de non recevoir*, quest. 1.

28 Celuy qui est condamné de payer par Sentence le contenu en une obligation ou cedule, ne peut être contraint au payement, si l'on ne fait apparoître de l'obligation ou cedule. Arrêt du Parlement de Dijon du 10. Decembre 1614. *Bouvot*, to. 2. verbo *Sentence*, quest. 1.

29 Une Sentence ne fait foy si l'on ne fait apparoir du contrat sur lequel elle a été renduë. Arrêt du Parlement de Dijon du 5. Juillet 1614. Ibid. qu. 5.

30 L'appel d'une Sentence diffinitive a effet dévolutif & suspensif. Arrêt du 13. Decembre 1610. *Brodeau sur M. Loüet*, lettre C. somm. 4. nomb. 7.

31 Fins de non recevoir se doivent suppléer, encore qu'elles eussent été obmises dans l'appointement de conclusion, la Sentence étant donnée en dernier ressort. Arrêt du premier Avril 1613. *M. le Prêtre, ès Arrêts de la Cinquiéme.*

32 Par Arrêt du Parlement de Bretagne du 30. Août 1658. la Cour fait défenses aux Sénéchaux, & autres Juges du ressort, de prononcer leurs Jugemens & Sentences en leurs maisons privées; leur enjoint de les faire prononcer au Greffier suivant les Arrêts & Ordonnances d'icelles. *Du Fail*, li. 1. ch. 85. & 88.

33 Acte de Notorieté donné par M. le Lieutenant Civil du Châtelet de Paris, le 24. Avril 1700. que l'énonciation de titres de creances qui se met dans les qualitez des Sentences, ne peut pas servir pour établir la créance, si les originaux ne sont ensuite représentez. *Recüeil des Actes de Notor.* p. 110. & 121.

SENTENCE ARBITRALE.

34 Sentences renduës par les Arbitres. Voyez le mot *Arbitres*, nomb. 43. & suiv. & le mot *Compromis*.

35 Homologation de Sentence arbitrale. Voyez le mot *Arbitres*, nomb. 44. 56. & 57.

36 *Utrum à sententia arbitri appellari possit?* Voyez *Andr. Gail*, liv. 1. observat. 150.

37 Des Sentences arbitrales, & si la peine est duë pour n'avoir pas satisfait au temps porté par la Sentence, Voyez *M. le Prêtre*, 2. Cent. chap. 79. & *Anne Robert rerum judicat.* liv. 3. chap. 8.

38 Si une Sentence arbitrale a été approuvée, & qu'il apparoisse que les parties y ont acquiescé par exprés, elle est vrayement transaction. Arrêt du 2. Mars 1546. *M. Expilly, Arrêt 22.*

39 Des Sentences d'Arbitres par les Ordonnances de Loüis XII. en l'année 1512. art. 54. touchant les Jugemens des Arbitres, du Roy François II. en 1560 & de Charles IX. son successeur en l'an 1561. verifiée le 16. Avril 1562. il est dit que nul ne sera reçû appellant des Jugemens des Arbitres, que préalablement ils ne soient entierement executez, tant en principal, que dépens, & en la peine, &c. V. *M. Expilly, Arr. 102.* sur la Sentence d'appel. Voyez *Charondas*, li. 4. Rép. 62.

40 La Sentence donnée ensuite d'un compromis étant nulle, ne peut être executée. Arrêt du Parlement de Dijon du 14. Mars 1576. *Bouvot*, to. 1. part. 3. verbo *Sentence nulle.*

41 L'appellant d'une Sentence arbitrale doit la peine, encore qu'il n'ait soûtenu son appel. Arrêt du 23. Decembre 1582. *Carondas*, liv. 4. Rép. 3.

42 Si de trois Arbitres deux signent la Sentence, elle est bonne. Jugé le onze Decembre 1585. *M. Loüet*, lettre C. somm. 3. Voyez *Henrys*, to. 2. liv. 2. quest. 16. & *Mornac*, l. 17. §. *principaliter, ff. De receptis.*

43 Le 18. Février 1590. il fut jugé par Arrêt du Parlement de Toulouse qu'une Sentence arbitrale donnée contre un mineur étoit nulle. Voyez *la Bibliotheque de Bouchel,* verbo *Arbitre.*

44 On peut prononcer les Sentences arbitrales executoires, nonobstant l'appel par provision, & sous caution, mais quant à la peine on ne charge point l'intimé de caution. Arrêt du Parlement de Grenoble du 2. Mars 1617. *V. Basset*, to. 1. liv. 2. tit. 22. ch. 8.

45 Une Sentence arbitrale renduë le Jeudy Saint a été confirmée le 9. Janvier 1604. *Mornac*, l. 7. verbo *octava pars C. de feriis*, fol. 298.

Sentence arbitrale n'emporte hypotheque que du jour de l'homologation. Arrêt du 29. Juillet 1625. *Brodeau sur M. Loüet*, lettre H. somm. 25. nomb. 4. circà medium.

46 Sentence arbitrale est valable, bien que les Arbitres n'ayent eu ni le temps, ni jour limité. Arrêt du 5. Janvier 1629. *Du Frêne*, li. 1. ch. 76.

47 Homologation de Sentence arbitrale ne peut être empêchée par une opposition. Le Juge ordinaire des parties pardevant qui l'on se pourvoit pour l'homologation, doit y proceder purement & simplement, sans prendre aucune connoissance de la cause, & laisser aux parties à se pourvoir par appel, ou autrement. Arrêt du 4. Janvier 1630. *Bardet*, to. 1. livre 3. chap. 80.

48 Aprés le temps du compromis expiré, les Arbitres ne peuvent expliquer, ni interpreter leurs Sentences, & si elles sont publiées aprés ce temps là, elles ne sont executoires. Arrêt du Parlement de Grenoble du 27. Mars 1631. *V. Basset*, to. 1. liv. 2. tit. 22. ch. 7.

49 Une Sentence arbitrale est bonne sans compromis quoiqu'elle ne soit souscrite par les parties. Arrêt du 21. Mars 1634. sur le fondement que le consentement verbal est suffisant. V. Basset, ibid. ch. 3.

50 La Sentence arbitrale est nulle, si de 3. Arbitres un d'eux n'est présent. Arrêt du 17. Avril 1663. V. Basset, ibid. ch. 6. Il est vrai que les voies de nullité n'ont point lieu en France, mais cette maxime n'a lieu qu'aux Jugemens necessaires, non aux volontaires. L'Auteur ajoute au même endroit que la décision de l'Arrêt doit être étenduë à l'instruction qui doit être faite par le même nombre.

51 Il y a différence entre les Sentences arbitrales & les avis que rendent les Avocats, en conséquence des renvois pour juger les contestations des parties, ils redigent leurs avis par forme d'appointement. Arrêt du 28. Février 1680. De la Guessière, tome 4. livre 3. chapitre 7.

SENTENCE, TIRER A CONSEQUENCE.

52 Le Prévôt de Paris ou son Lieutenant, ne doit mettre en ses Sentences, sans tirer à conséquence. Arrêt du 28. Avril 1584. Le Vest, Arrêt 176.

53 Par Arrêt du 15. Mars 1594. défenses au Bailly de Vendomois, & tous autres Juges de prononcer, sans tirer à conséquence ; cela appartient seulement à la Cour, comme aussi de dire que les Sentences seront executées nonobstant l'appel par provision. Biblioth. de Bouchel, verbo Sentence.

SENTENCE EN CRIMINEL.

54 Sentence plus douce en cas de supplice qui tend au bannissement ou aux galeres, que celle qui va à la question. Arrêt du 3. May 1614. M. Bouguier let. S. nomb. 17.

Voyez cy-dessus lettre P. le titre de la procedure criminelle.

SENTENCE, Dictum.

55 Après que le dictum est signé, & mis au greffe, les Juges n'ont plus la liberté de le retirer, ni d'y rien augmenter ou diminuer. Arrêt du 17. Decembre 1555. rapporté par Papon, li. 6. nomb. 26. & afin qu'ils ne soient pas maîtres de changer ce qui a été arrêté à la Chambre du Conseil, l'Ordonnance de 1667. tit. 11. art. 15. veut que trois jours après que le procés aura été jugé, le Rapporteur mette au greffe le Dictum de la Sentence.

56 Par Arrêt de la Cour des Aydes de Paris du 14. Decembre 1683. intervenu sur la Requête du Procureur General du Roy, pour connoître si les Sentences ont été renduës par trois des Officiers des Elections, & pour distinguer en cas de renvoi pardevant d'autres Officiers de la même Election ceux qui en peuvent prendre connoissance ; la Cour auroit enjoint aux Officiers des Elections de son ressort de signer les dictum de leurs Sentences, & aux Greffiers desdites Elections de faire mention dans leurs grosses des noms des Juges qui ont signé les minutes, aux peines de l'Ordonnance. Memorial alphabetique, verbo Sentences, n. 1.

SENTENCE, EXECUTION.

57 De l'execution des Sentences. Voyez le mot Execution, nomb. 59. & suiv.

58 De sententiis & earum executione. Citatio ad audiendam sententiam definitivam an sit necessaria? Voyez And. Gaill, lib. 1. observat. 109.

59 Nullitas evidens impedit executionem etiam triplicis sententiæ. Du Moulin, to. 2. p. 867. & 875.

60 In sententia executione omnia videntur commissa sine quibus executio fieri commodè non possit. Voyez Franc. Marc. to. 1. quest. 635.

61 Si la Sentence est confirmée, le Juge dont a été appellé la peut mettre à execution ; secùs, si elle est infirmée, l'execution appartient au Juge qui l'infirme. Mornac, authentique, si quis C. de Episcopali audientiâ.

62 Quand les Sentences des premiers Juges doivent être executées nonobstant l'appel. Voyez Henrys, to. 2. liv. 1. quest. 40. où vous trouverez la Mercurialle composée de 13. articles, qui regle cette matiere avec d'autres.

63 Sentence est executoire contre tiers possesseurs. Arrêt du Parlement de Bourdeaux. Papon, livre 12. tit. 3. nomb. 15.

64 Quand on vient contre une Sentence par des voyes extraordinaires, sçavoir, par Lettres Royaux, pour être reçû appellant après les dix & quarante jours que ladite Sentence a passé en force de choses jugées, elle peut être executée nonobstant ledit appel. Arrêt du 28. May 1545. M. Expilly, Arr. 19.

65 Le demandeur en execution de Sentence ou Arrêt de partage contre les détenteurs des héritages de la succession qui est à partager, n'est tenu de faire vüe, & montrée ; il suffit qu'il déclare & désigne les heritages. Arrêt du 31. Decembre 1556. Carondas, li. 2. Réponse 95.

66 Quand deux parties ont été condamnées respectivement, le défendeur peut contraindre le demandeur de satisfaire de sa part dans un temps, à peine d'être débouté de l'effet de la Sentence. Arrêt du 29. Mars 1559. Papon, liv. 18. tit. 5. n. 36.

67 Les Sentences & Jugemens d'injures données contre les femmes non autorisées par leurs maris, sont executoires sur les biens de la communauté, étant dissolüe, & sur les propres de la femme, l'usufruit reservé au mari durant la vie de la femme. Arrêts des 3. Août 1574. & 30. Août 1578. Chenu, 1. Centurie, quest. 60.

68 Quand l'inhibition empêche l'execution d'une Sentence ? Voyez M. Expilly, Arr. 110. où il rapporte un Arrêt du 5. Septembre 1592. qui a confirmé la Sentence nonobstant l'inhibition, conformément à l'Ordonnance d'Abbeville, art. 280.

69 La Sentence donnée contre un du party sans obligation ou promesse pour le fait du party, n'est pas executoire contre la veuve & heritiers du défunt. Arrêt du 14. Juin 1596. Carondas, liv. 9. Rép. 23.

70 Sentence renduë en Flandre Espagnole ne peut être déclarée executoire en France ; mais la Cour jugeant de nouveau de la même chose, a admis le tireur d'une lettre de change au benefice de cession de biens. Jugé le 23. Janvier 1626. Bardet, tome premier, liv. 2. chapitre 65.

71 La Sentence du Juge d'Eglise qui a déclaré un Prêtre incapable de tenir Benefice dans le Diocese de son Evêque, pour avoir abusé de ses Paroissiennes dans le Sacrement de Penitence, a son effet hors le Diocese. Arrêt du 6. May 1649. fondé sur l'atrocité du crime. Soëfve, to, 1. Cent. 3. chap. 11.

SENTENCE, HYPOTHEQUE.

72 Par l'Ordonnance de Moulins art. 53. l'hypotheque a lieu sur les biens du condamné du jour de la Sentence confirmée par Arrêt. Voyez, Coquille dans ses Regles, M. le Prêtre, 4. Cent. chap. 20. & Brodeau sur M. Loüet, lettre H. somm. 25. nomb. 3.

73 Une Sentence quoique par défaut, qui tient une cedule sous seing privé reconnuë, emporte hypotheque du jour de la prononciation. Ordonnance de 1539. art. 92. & 93. où il est dit que si le débiteur dénie la cedule, & qu'elle soit reconnuë, l'hypotheque aura lieu du jour de la dénegation.

74 Hypotheca in delictis incipit à die sententiæ. Jugé le 14. Février 1603. Mornac, ff. de pignoribus & hypothecis. Voyez l'Ordonnance de Moulins, art. 53.

75 La Sentence donne hypotheque suivant l'Ordonnance. Arrêt du 21. Mars 1606. Brodeau & M. Loüet, lettre H. somm. 25.

76 La Sentence donne hypoteque sans être nantie, suivant l'Ordonnance de Moulins article 53. & le créancier de la Sentence est préferé à un créancier de la même succession non nanti ni fondé en Sentence ou Arrêt. M. Loüet, lettre H. sommaire

25. & Brodeau, sur la lettre D. du même Loüet, sommaire 15. nombre 3. du même Loüet.

Les Sentences des Juges d'Eglise n'emportent hypotheque. Voyez le mot Hypotheque, nombre 164. & suivans.

SENTENCE, PRONONCIATION.

78 Le 4. Décembre 1576. entre les Bailles Serruriers de Toulouse ; & un nommé Gaston, il a été défendu aux Capitouls de Toulouse, à tous autres Juges inferieurs d'user en leurs Sentences de ces termes, *pour certaines causes & considerations à ce nous mouvans*, ces termes n'appartenant seulement qu'aux Cours souveraines. Reglement de la Rochestavin, ch. 2. Arr. 10. Voyez cy-dessus le mot Prononciation.

SENTENCE DE PROVISION.

79 Des Jugemens & Sentences de provision. Voyez le mot Provision, n. 56. & suiv.

80 En vertu d'une Sentence de provision on peut saisir, vendre & ajuger par decret, la caution étant pour la sûreté des dommages & interêts, mais non pas emprisonner le condamné en matiere pure civile. Voyez Brodeau sur M. Loüet, lettre P. som. 17. nomb. 3. & 4.

81 Sentence de provision donnée au profit d'une veuve qui s'étoit obligée avec son mary pour la nourriture d'elle & de ses enfans, se doit continuer après son trépas ausdits enfans. Arrêt du 2. Janvier 1560. Charondas, liv. 2. Rép. 89.

82 L'Ordonnance de Moulins art. 48. des quatre mois, n'a lieu és Sentences de provision, parce qu'un emprisonnement n'est réparable en définitive. Arrêts des 17. Octobre 1569. & 18. Mars 1602. Chenu, premiere Cent. q. 59.

83 En vertu d'une Sentence provisionnelle, l'on peut proceder par criées, nonobstant l'appel. Arrêt du Parlement de Dijon du mois d'Avril 1599. Bouvot, to. 1. part. 3. verbo Sentence provisionnelle.

84 De deux Sentences de provision qu'un Juge a données aux deux parties, la premiere doit tenir. Arrêt du Parlement de Bourgogne du 23. Février 1600. Bouvot, to. 2. verbo Jugement, quest. 1.

SENTENCES RETRACTÉES.

85 *Judex an & quando suam Sententiam emendare possit?* Voyez Franc. Marc. part. 1. quest. 668.

86 *Sententia quæ in rem judicatam transivit instrumenti novi reperti prætextu retractari regulariter non potest.* Voyez Franc. Marc. tom. 1. quest. 312.

87 Le Juge ne peut toucher à la Sentence après qu'elle a été prononcée. V. M. le Prêtre, 4. Cent. ch. 56.

88 Le Juge ne peut corriger une Sentence diffinitive. Arrêt du Parlement de Dijon du 17. May 1605. fondé sur la L. Fin. C. de modo mult. L. hac lege C. de Sent. ex recit. Jas. in L. quod jussit. Bouvot, to. 2. verbo Sentence, quest. 3.

89 Les Lieutenans Generaux ni autres Juges des Sieges Présidiaux, ne peuvent revoquer les Sentences par eux données, ni en donner d'autres contraires, ni faire défenses de les executer, ou en suspendre l'execution à temps, ni même les Sentences des Juges inférieurs ; mais se doivent les parties pourvoir par appel. Arrêt du Parlement de Paris du 26. Juillet 1608. Filleau, 1. part. tit. 4. ch. 18.

90 Juges subalternes ne peuvent retracter leurs Sentences contradictoires. Arrêt du Parlement de Toulouse des dernier Avril 1644. & 11. Juin 1648. depuis il y a eu une Déclaration du Roy qui leur défend cet usage. Albert, verbo Sentence, art. 2.

TROIS SENTENCES.

91 Si l'appel de trois Sentences conformes est reçu ? Voyez le mot Appel, nomb. 228. & suiv.

92 Arrêt du 25. Février 1537. entre l'Abbé de Pontigny & un nommé Richer, par lequel il fut dit que trois Sentences de Cour d'Eglise en matiere decimale, dont la seconde étoit absolutoire *ab instantia & observatione judicii in causa appellationis propter contumaciam appellantis*, furent reputées diffinitives & conformes, l'Abbé appellant declaré non recevable ; ordonné que les trois Sentences seroient executées. Bibliotheque de Bouchel, verbo Sentence.

93 Execution d'un reserit pour être reçu appellant, & avoir des Juges *in partibus*, après trois Sentences Ecclesiastiques, conformes, est abusive. Arrêt du 25. Avril 1629. Bardet, tom. 1. liv. 2. ch. 43.

SEPARATION.

1 DEs femmes séparées. V. le mot Divorce, & le mot Femme, nomb. 122. & suiv.

2 Voyez hoc verbo la Bibliotheque du Droit François, par Bouchel ; Celle de Jovet, le Recueil de Bouvot, tom. 2. p. 227. Papon, liv. 15. tit. 3. & Charondas, liv. 11. Rép. 57.

3 De la séparation de biens entre le mary & la femme, des causes & effets de la séparation. Voyez le 1. tom. des Loix civiles, tit. 9. sect. 5.

4 Du divorce & séparation, & de ses formalitez. V. l'Auteur de l'esprit de la Coûtume de Normandie, p. 16.

5 De la séparation qui n'est pas faite dans les formes ordinaires, & qui ne laisse pas d'être regardée comme une séparation veritable, à l'effet de dissoudre la communauté. V. Soëfve, tom. 2. Cent. 4. ch. 64.

6 Des femmes séparées, ou qui ont vécu dans le libertinage & épousé leurs valets. V. M. Bruneau en son traité des criées, ch. 3. p. 22.

7 Des séparations de biens. V. l'Ordonn. de 1673. tit. 8. *Conjugum alteri an liceat se propria authoritate separare sive propter fornicationem, sive malam tractationem, sive alias, & an Sententia requiratur?* Voyez Franc. Marc. to. 1. quest. 513.

8 *Criminis ratione torus an separari possit.* Voyez Franc. Marc. tom. 2. quest. 739.

9 Voyez les plaidoyers de M. Boné, Avocat au Parlement de Toulouse, part. 2. p. 67. il plaidoit pour un mary qui redemandoit sa femme, laquelle avoit obtenu par surprise un Arrêt de séparation de corps, & de biens : foiblesse étrange dans le mary, ou prodige debonté dans la femme qui rendoit sa perte si douloureuse !

10 Entre les causes legitimes de séparation, l'on en a reçu deux principalement, les sevices du mary envers la femme qui est aux Jurisconsultes, *actio de moribus*, & que les Canonistes veulent que *si tanta sit vivi sævitia ut mulieri trepidanti, non possit sufficientes securitas provideri, non solum non debet restitui, sed ab eo potius removeri.* Innocent III. cap. litteras 13. ext. de restitut.

11 L'autre cause, *ob dilapidationem bonorum à marito*, quand le mary est idiot & hebeté, ou prodige & mauvais ménager, dissipe les biens de luy & de sa femme, *vergit ad inopiam, tunc enim matrimonio constante, mulier sibi prospicere potest, dotem repetendo*, dit Justinien, L. ubi adhuc, Cod. de jure dot. ce qui se connoît quand le mari est chargé de grandes dettes, *quando neque tempus, neque finem impensarum habet.* L. I. Cod. de curat. furiosi *quando plus annuatim impendit quam habet ex reditu.* Jovet, verbo Séparation, n. 1.

12 La femme poursuivant la séparation de corps d'avec son mary, le doit suivre & luy remettre tout ce qu'elle a emporté jusqu'au jugement diffinitif. Arrêts des 15. Février 1492. & 18. Août 1536. Papon, li. 15. tit. 3. n. 1.

13 En cas de séparation de biens d'entre le mary & la femme, les enfans issus de leur mariage, doivent être nourris par le mary & la femme. Arrêt du 14. Mars 1661. Charondas, li. 11. Rép. 79.

14 Si la femme peut demander, vivant son mary, d'être separée de biens, & les creanciers de son mari ouïs & appellez ; & les gens du Roy, quand il y a du mauvais ménage : & si telle séparation peut être empêchée par les creanciers du mari, ou par le mari ? Voyez Bouvot, to. 1. part. 3. verbo *Séparation de biens*.

15. Si la femme qui est séparée de biens, perd les avantages qui lui ont été faits, par contrat de mariage, des meubles & acquests. V. *Bouvot, tom. 2. verbo Séparation de biens, quest. 10.*

16. Jugé par Arrest du Parlement de Bourgogne du 15. Juillet 1565. que la femme peut être reçuë à demander séparation de biens après criées, Sentence & execution. *Bouvot, tom. 2. verbo Criées, quest. 36.*

17. Arrest du 23. Avril 1575. qui sépare le mary d'avec sa femme, jusqu'à ce qu'il ait remployé le bien aliené. *Papon, liv. 15. tit. 3. n. 1.*

18. Femme séparée de biens, ne peut vendre son bien, encore que son mary soit absent. Jugé par Arrest du 24. Avril 1586. non plus donner son immeuble par donation entre-vifs sans l'autorité de son mary. Arrest du 5. Juillet 1605. & ne peut être caution sans son consentement & autorité. *Idem.* ne peut s'obliger par acte judiciaire au payement du prix d'un heritage, duquel elle se seroit renduë adjudicataire, sans être par acte particulier autorisée de son mari, à l'effet de l'adjudication, bien que le mari y soit present. Jugé par Arrest du 22. Septembre 1579. *Tronçon, art. 234. in verbo, si elle n'est séparée. V. Bouvot, part. 3. in verbo Divorce, quest. 15.* il en rapporte un du 14. Juillet 1584.

19. Femme séparée de biens n'a qu'une pension viagere par forme de provision d'alimens plûtost que par droit de doüaire, & non les autres gains nuptiaux & preciput, & elle doit faire appeller au procés de séparation, les cobligez à la restitution de sa dot & conventions matrimoniales. Arrest du 20. Mars 1593. *Chenu, 1. Cent. q. 46. & 47.*

20. Sur la demande en séparation faite par la femme, le premier Juge appointe les parties à informer; cependant la femme demande par provision, qu'inventaire soit fait des biens de la communauté, défense au mary de contracter & rien aliener au préjudice de l'instance de séparation. Le Juge ordonne qu'inventaire sera fait des biens de la communauté sans rien déplacer; appel par le mari: le Juge *à quo* dit non-obstant l'appel par provision: appel en adherant. Par Arrest donné à Tours le 18. Juin 1593. l'appellation & ce dont est appelé, mis au neant: les parties renvoyées par devant le Juge *à quo*, autre que celuy dont est appel, pour proceder au principal, suivant l'appointement de contrarieté. Défense au Juge des lieux de passer outre, nonobstant l'appel en telle matiere, & autres semblables, qui ne sont des cas de l'Ordonnance. *Biblioth. de Bouchel verbo Séparation.*

21. Une transaction faite entre mari & femme, portant divorce & séparation de biens, a été déclarée nulle n'y ayant eu connoissance de cause ni partage des meubles de la Communauté. Arrest du 5. Février 1601. *M. Loüet, lettre S. som. 16.* Pour la validité d'une séparation soit de biens ou d'habitation, il est requis qu'il y ait information ou enquête faite par le Juge des lieux; & quand la séparation est solennelle, quoique les séparez vivent ensemble, il n'y a point de communauté, s'il n'y a acte ou Jugement par lequel ils se départent de la séparation, & se remettent en communauté. Arrest du 30. May 1623. *Brodeau sur cette letre nomb. 12. Chopin, Coûtume de Paris, tit. 1. liv. 2.* tient le contraire, & dit que la communauté se contracte *ipsâ*. Voyez *M. le Prêtre premiere Centurie chap. 67.* où il dit que les causes de séparation sont deux, les sevices, & la depredation.

22. Par la Déclaration du Roy du 22. Octobre 1648. registrée au Parlement le 24. art. 30. il est dit que les séparations faites depuis les Traitez avec le Roy, sont nulles.

23. Sur une Requête verbale la séparation de corps & de biens entre le sieur Défiat & la Dame son épouse, fut ordonnée le 1. Mars 1664. *Notables Arrêts des Audiences, Arrêt 121. De la Guessiere, tom. 2. li. 6. ch. 18.* rapporte le même Arrêt fort au long.

24. Femme condamnée en une réparation pecuniaire, pour avoir témerairement accusé son mari, & sa belle-fille de l'avoir voulu empoisonner, à 4000. liv. de réparations envers le mari, & de 2000. liv. vers la fille. Arrest du 12. Mars 1674. *De la Guess. tom. 3. li. 8. ch. 4.*

25. Une femme qui se sépare d'avec son mary, & fait divorce avec luy, sans en avoir une juste cause, risque de se faire priver de sa dot & conventions matrimoniales, si elle n'y retourne dans un bref delay qu'on luy donne; il est de la prudence des Juges de luy donner quelque temps à demeurer dans un Convent avant de retourner avec son mary. Elle ne peut pas prétendre se dispenser de revenir avec son mary, jusqu'à ce qu'il ait payé les dettes qu'elle dit avoir contractées dans son éloignement; il faut qu'elle commence par retour, sinon dés-lors auprès du mary, du moins dans un Convent pour quelque temps; le mary est aussi obligé en ce cas de payer les dettes de sa femme pendant son absence, sur ce qui est arbitré de juste & necessaire. Arrest du Grand Conseil du 29. Decembre 1689. dans la cause de M. de Mazarin. Voyez *le Journal des Audiences, tome 5. livre 5. chapitre 44.*

26. Acte de notorieté de M. le Lieutenant Civil du Châtelet de Paris du 8. May 1703. portant que la femme par la séparation de biens & d'habitation en Justice, devient émancipée à l'égard de son mari, pour recevoir & disposer de ses revenus, & des sommes mobiliaires qui peuvent lui écheoir. *Recueil des actes de Notor. p. 178. & suiv.*

27. Acte de notorieté de M. le Lieutenant Civil du 8. May 1703. portant qu'encore que la femme soit séparée en Justice, elle ne peut vendre, aliener ni hypothequer ses immeubles sans autorité, & sans le consentement de son mari; ou si elle n'est autorisée par Justice au refus de son mari, lorsqu'il y a necessité de faire la vente ou alienation, *Ibid.*

28. De l'execution de la Sentence de séparation. *Ibid.*

29. Acte de notorieté de M. le Lieutenant Civil du 26. Juillet 1707. portant que le défaut de renonciation à la communauté de biens, ne fait un moyen de nullité dans une Sentence de séparation que la femme a obtenuë au Châtelet contre son mari, & que la femme qui n'a pas renoncé, est en état de demander le partage de cette même communauté de biens. Même *Recueil des actes de Notor. p. 223. & suiv.*

SEPARATION, ACTION CIVILE OU CRIMINELLE.

29. Séparation de corps & de biens doit être poursuivie par l'action civile ou criminelle, la procedure extraordinaire fut confirmée, & sans entendre le sieur Marquis Deffiat de simples lettres qu'il avoit écrites, quoiqu'elles ne fussent point reconnuës, il fut ordonné que sa femme demeureroit séparée d'avec luy. M. l'Avocat General Talon avoit conclu au contraire. Depuis sur la Requête civile prise par M. Deffiat, la Cour, après avoir entendu les parties par leur bouche, les appointa au Conseil; & cependant ordonna que la femme seroit payée du my-doüaire, & que son mari la pourroit voir chez la Dame sa mere où elle s'étoit retirée. *Soefve, tom. 2. Cent. 3. ch. 9.*

30. Demande en séparation d'habitation & de biens, ne peut être poursuivie que civilement, & non par la voye extraordinaire. Jugé le 21. Février 1636. *Bardet, to. 2. li. 5. ch. 7.*

SEPARATION POUR ADULTERE.

31. La femme peut demander le divorce & séparation de biens contre son mari pour son adultere & impudicité. Jugé le 14. Juin. 1561. *Charondas, liv. 9. Rép. 33. Coquille, Coûtume de Nivernois de Doüaire art. 5. & 6.*

32. Si pour les sevices, inhumanitez, & autres mauvais déportemens, même pour fornication, la femme peut demander la séparation de corps & de biens. Voyez *les reliefs forensez de Roülliard, ch. 47.* où il dit la Cour suivant la coûtume plus ordinaire en matiere de

de procés de divorce aprés avoir mandé le mari & la femme en la cinquiéme Chambre, & étant comparus, les avoir respectivement admonestez de leur devoir, le mari, du bon traitement qu'il étoit tenu de rendre à sa femme, & la femme de l'obéïssance, dont le lien du mariage l'obligeoit envers son mari; auquel ladite. Cour avoit fait inhibitions & défenses d'user de sévices & inhumanitez vers elle, ni de vendre, disposer, ou aliener son bien aux peines contenuës en l'Arrêt du mois de Janvier 1604. n'ayant par icelui la Cour touché à la question de sçavoir si pour la fornication du mary la femme peut intenter l'action de divorce, attendu que la plus commune opinion est, qu'à cet égard, *aliæ sunt leges Christi, alia leges Cæsaris.*

33 Si en mariage entre des personnes de la Religion P. R. l'adultere & les sevices du mary donnent droit à la femme de demander séparation de corps & de biens? *Voyez le 3. Plaidoyé de M. Jean Boné* ; il plaidoit pour la femme qui avoit pris Requête civile contre un Arrêt qu'elle prétendoit avoir été surpris par le mary : elle en fut déboutée, par Arrêt du Parlement de Toulouse du 15. Avril 1636. Il est vray que le mary avoit fait offre d'éloigner de sa maison la femme avec laquelle on l'accusoit d'être en mauvais commerce, aussi bien que l'enfant adulterin.

Retablissement de Communauté.

34 Séparation de biens jugée & executée, n'est point annullée, *etiam redintegratâ gratiâ*, encore que le mary & la femme ayent demeuré ensemble en bonne union & intelligence par l'espace de 40. ans, & qu'en mariant leurs enfans ils se soient obligez ensemble au payement de la dot, sans faire mention de la séparation ; mais il faut qu'il y ait acte d'annullation de la séparation, & rétablissement de la société. Arrêt du 22. Février 1521. On alleguoit au contraire quelques Arrêts ; entr'autres celui du Vicomte d'Auchy, contre sa femme. *Biblioth. de Bouchel*, verbo, *Séparation.*

35 Si aprés la séparation de biens, le mary & la femme se rassemblent, & mettent leurs biens ensemble, l'effet de la séparation cessera, & rentreront en la communauté les meubles & acquêts immeubles, même ceux qui sont échûs & acquis pendant la séparation. Ainsi jugé par Arrêt du 4. Février 1601. *Nam & post verum divortium nuptiæ revocari possunt, & matrimonium reconciliatur, item si mulier divertere & judicio de dote contestato reversa fuerit in matrimonium reintegrato matrimonio expirat judicium & omnia in statu pristino manent.* Tronçon, *art. 224. de la Coût. de Paris.*

36 La séparation une fois jugée ne peut être anéantie par le consentement de la femme. Arrêt du Parlement de Normandie du 24. Février 1644. rapporté par *Basnage sur l'art. 538. de cette Coûtume.*

37 Une femme qui a vécu comme séparée, qui en a fait tous les actes & soûtenu cette qualité contre les Créanciers de son mary, n'est plus recevable à alleguer qu'elle ne l'étoit point, ni à prendre des Lettres de restitution contre tous les actes qu'elle a passez en cette qualité. Arrêt du Parlement de Roüen du 2. Juin 1655. rapporté par *Basnage, sur l'art. 391. de la Coût. de Normandie.*

Separation de Corps.

38 Des sujets de la séparation de corps. *Voyez Franc. Marc. en ses Décisions du Parlement de Dauphiné, tome 2. quest. 677.*

39 Des demandes en séparation *à thoro*, de couche & d'habitation, pour adultere, portées pardevant l'Official. *Voyez le recüeil de Decombes Greffier de l'Officialité de Paris, chap. 4.*

40 D'une séparation de biens & d'habitation fondée sur trois moïens, 1. la fureur, 2. la reconnoissance même du mary qu'il étoit possedé par les démons, 3. sa misere & pauvreté notoire, justifiée par écrit. *Voyez les Plaidoyers de M. Auguste Galand* ; Bouchel a inferé celuy-ci dans sa *Biblioth. du Droit François*, verbo, *Séparation.*

Separation des Biens du Debiteur.

41 Séparation des biens du défunt, & de ceux de l'heritier. *De separationibus. D. 42. 6. Inst. 2. 19. §. 1. de hæred. qual. & differ. De bonis auctoritate judicis possidendis seu venundandis : & de separationibus bonorum. C. 7. 72.*

42 De la séparation des biens du défunt & de ceux de l'heritier entre leurs Créanciers. C'est par l'usage de cette séparation que les Créanciers du défunt qui craignent que son heritier ne soit pas solvable, empêchent la confusion des biens du défunt avec ceux de l'heritier, afin que les biens de leur debiteur leurs soient conservez, & ne passent pas aux Créanciers de cet heritier ; de même que ceux-cy peuvent distinguer & séparer les biens de l'heritier de ceux du défunt, dont la succession seroit onereuse. Comment finit, où se perd le droit de cette séparation ? *Voyez le 2. tome des Loix Civiles, liv. 3. titre 2.*

43 Si les Créanciers & legataires de l'heritier peuvent demander la séparation des biens du debiteur d'avec ceux du défunt, de même que les Créanciers du défunt la peuvent demander des biens du défunt d'avec ceux de l'heritier ? *V. Boniface, tome 2. liv. 4. tit. 3. chap. 7.*

Voyez le Traité de la Communauté, par M. le Brun, liv. 2. chap. 3. sect. 4.

Separation, Demence.

44 M. Duval Conseiller au Parlement de Paris tomba en démence. Arrêt du 7. Septembre 1599. qui accorde la séparation demandée par sa femme, sans que jamais elle soit tenuë de retourner avec luy, avec condamnation pour la restitution de ses deniers dotaux, & adjudication d'une somme pour son préciput, bagues & joyaux. Cet Arrêt est énoncé dans un plaidoyé de M. Auguste Galand. & dans *Bouchel, t. 3. p. 453.*

45 La démence & la fureur d'un des conjoints survenuë pendant le mariage, sont des causes legitimes de séparation. Jugé à Paris ; l'Arrêt n'est point daté. *Journal du Palais, fine.* où il y a plusieurs raisons.

Voyez le mot Démence, nomb. 4.

Separation, Donation.

46 Le mary aprés la séparation de biens d'avec sa femme luy peut donner, quand il n'y a point de prohibition par la Coûtume, & l'heritier du mary n'en peut faire instance. Arrêt du 15. Février 1498. *Carondas, liv. 3. Rep. 76.*

47 La femme séparée de biens ne peut faire donation. Arrêt du Parlement de Dijon du 3. Mars 1583. *Bouvot, tome 2. verbo, Mariage, quest. 52.*

48 Si une femme séparée de biens & d'habitation ayant par son testament disposé de ses biens au profit de son pere, à la charge de les remettre à ses enfans lorsqu'ils auroient 25. ans, ou seroient pourvûs par mariage ; le mary pere de ses enfans, sous prétexte d'un interêt éloigné, peut contester cette disposition comme inofficieuse ou faite en haine de luy ? Arrêt du 24. Avril 1660. qui ordonna que le testament seroit executé selon sa forme & teneur, en baillant par le pere bonne & suffisante caution, de remettre les biens aux petits enfans au temps porté par le testament. *Soëfve, tome 2. Cent. 2. chap. 19.*

Separation, Dot.

49 Une femme porte 1000. écus en dot ; il est stipulé par le Contract qu'en cas de prédecés du mary sans enfans, elle remportera tout ce qu'elle aura apporté en renonçant par elle à la communauté. Le mary *virgit ad inopiam*, elle se fait séparer de biens, & renonce à la communauté ; elle demande sur les biens de son mary 1000. écus suivant ce qui étoit stipulé par son Contract. Le mary l'empêche, & dit qu'elle ne doit rien reprendre qu'aprés son décés. Elle répond que cette séparation pour le regard de ses con-

ventions matrimoniales équipolle à une mort, que *publicè intereſt mulieribus dotes ſalvas eſſe*. Le Prévôt de Paris par Sentence ordonne qu'elle reprendra 2000. écus. Appel : l'appellation au neant & ſans dépens. *Voyez la Bibliotheque de Bouchel*, verbo, *Séparation*.

50 Ceſſion de biens n'a lieu pour la reſtitution de la dot de la femme qui a été du tout ſéparée d'avec le mary impuiſſant. Jugé le 28. Avril 1599. *Carondas*, *liv*. 13. *Rép*. 52.

51 Arrêt du Parlement d'Aix du 21. Decembre 1655. qui a jugé qu'une femme s'étant ſéparée de ſon mary pour ſes ſevices, peut demander le payement de ſes alimens contre luy. Ce même Arrêt a jugé que la ſéparation étant legitime, le mary ne peut prétendre la confiſcation de la dot de ſa femme. Autre Arrêt ſemblable du 15. Decembre 1665. *Boniface*, tome 1. *liv*. 5. *tit*. 8. *chap*. 5.

52 Femme ſéparée de biens par la faillite de ſon mary, *en Païs de Droit* écrit joüit de ſon augment de dot en baillant caution, bien que la propriété ne luy appartienne qu'en cas de ſurvie à ſon mary. Arrêt du 18. Juillet 1656. Rôle de Lyon. *Du Frêne*, *liv*. 8. *chap*. 46. Voyez *Henrys*, tome 2. *liv*. 4. queſt. 1.

53 Arrêt du 28. Février 1659. qui a jugé *en Pays de droit écrit* que le mary offrant de bailler caution de la dot ou d'en conſigner les deniers, la femme ne peut inſiſter à la ſeparation. *Soëfve*, tome 2. Cent. 1. chap. 95.

SEPARATION, DOUAIRE.

54 Femme ſéparée de biens pour ſevices de ſon mary mauvais ménager & diſſipateur de ſes biens, peut repeter non ſeulement ſa dot & heritages propres, mais auſſi ſon doüaire, combien que ſon mary ſoit vivant. Arrêt des 18. & 19. Decembre 1576. & 1577. *Chenu*, 1. *Cent*. queſt. 42.

55 Jugé par Arrêt du 20. Mars 1593. que la femme ſéparée de biens n'a qu'une penſion viagere par forme de proviſion d'alimens plûtôt que par droit de doüaire, & ne gagne les autres gains nuptiaux & préciput. Elle doit faire appeller au procés de ſéparation les obligez à la reſtitution de ſa dot & conventions matrimoniales. *Voyez Filleau*, 4. part. queſt. 46.

56 Une femme ſéparée, ſon mary abſent, peut demander ſon doüaire: Arrêt du 17. Decembre 1593. *Chenu*, 1. *Cent*. queſt. 43.

57 Femme ſéparée de corps & de biens d'avec ſon mary ne doit point avoir un demi-doüaire. Jugé le 27. Mars 1684. au Parlement de Paris. *Journal des Audiences*, tome 5. *liv*. 1. chapitre 6.

SEPARATION, DROITS SEIGNEURIAUX.

58 Dans la Coûtume *de Blois* une femme eſt ſéparée de biens par Arrêt ; cette femme herite par le décés de ſa mere d'un fief ; le Seigneur fait ſaiſir pour payement du droit de rachapt, & ſe fonde ſur la Coûtume qui veut que la femme mariée doive rachapt du fief qui luy eſt éſchû en ligne directe. Arrêt du 20. Juin 1601. qui déboute le Seigneur, parce qu'en ce cas le mary ne prend aucune choſe és fruits. *M. Loüet*, *lettre R. ſomm*. 45.

SEPARATION, ENQUESTE.

59 On tient au Palais, & il a été jugé par pluſieurs Arrêts en 1597. & en May 1598. que la ſéparation de biens ne vaut rien s'il n'y a eu enquête faite du mauvais ménage & diſſipation des biens par le mary : encore que l'on fît apparoir de pluſieurs obligations & Contracts d'alienations faits par luy faites, telles alienations ou obligations peuvent avoir été faites pour ſubvenir aux affaires de la communauté. *Biblioth. de Bouchel*, verbo, *Séparation*.

60 Les ſéparations d'entre mariez ſans connoiſſance de cauſe ſont nulles. Arrêt du Parlement de Bretagne du 28. Octobre 1626. qui ordonne avant faire droit qu'il ſera informé du mauvais ménagement du mary, & que la femme fera apparoître des Contracts d'alienation par elle alleguez. *Fraein, page 263*.

61 Si la femme qui pourſuit la ſeparation de biens d'avec ſon mary eſt obligée de juſtifier par écrit les faits par elle articulez touchant la diſſipation & mauvais uſage par luy fait de ſes biens dotaux, ou ſi la preuve par témoins luy en doit être accordée ? Arrêt du 3 Février 1662. qui permet à la femme de verifier les faits par elle mis en avant. *Soëfve*, tome 2. Cent. 2. chap. 57.

62 Une ſeparation ſans enquête déclarée nulle. Arrêt du 4. May 1677. *De la Guiſſ*. tome 3. *liv*. 11. chap. 14.

SEPARATION, FEMME ABSENTE.

63 Voyez le 8. *Plaidoyé de M. le Maître*, au ſujet de la ſéparation demandée par une femme qui diſoit avoir été chaſſée par ſon mary. L'Arrêt du 10. Decembre la condamna à retourner avec luy.

64 Une femme qui pendant pluſieurs années quitte ſon mary par legereté & ſans cauſe, n'étant point retournée lors de la mort de ſon mary, fut privée de demander part en la communauté, du jour qu'elle s'étoit retirée. Arrêt du 20. Janvier 1672. *De la Guiſſ*. tom. 3. *liv*. 6. chap. 1. Ce même Arrêt eſt rapporté au *Journal du Palais*, & dans *Soëfve*, tom. 2. Centurie 4. chapitre 64.

65 Femme qui a quitté ſon mary, aprés pluſieurs années de mariage pour faire déclarer ce mariage nul, ayant été declarée non recevable en l'appel comme d'abus & condamnée de retourner avec ſon mary n'eſt pas bien fondée à demander qu'il ſoit tenu de l'acquiter des dettes par elle contractées pour ſa nouriture & ſon entretien, pendant qu'elle a vécu ſeparée d'avec luy. Arrêt du 23. Mars 1672. *Soëfve*, tome 2. Cent. 4. chap. 70.

SEPARATION, FEMME QUI ALIENE.

66 Alienations faites par une femme ſéparée. *Voyez* le mot *Alienation*, nomb. 60. & ſuiv.

67 Séparation de biens ne baille point permiſſion à la femme de vendre ni engager ; mais ſeulement luy laiſſe l'adminiſtration. *M. Loüet & Brodeau*, lett. F. nomb. 30. id. *Loiſ. des off*. liv. 5. ch. 2. nomb. 39. id. *Mornac, ad L. 4. ff. ad Senat. Maced. & L. 60. Lucins, ff. Mandat. & L. 2. §. 1 ff. Divort. ubi reſté ſe obligat.* id. *Chopin*, Paris. *liv*. 2. tit. 4. nomb. 15. & en la ſéparation du corps. *M. Abraham la Peirere*, en ſes *Déciſions du Palais*, lett. S. nomb. 27. rapporte un Arrêt du Parlement de Bordeaux aprés partage vuidé en la ſeconde des Enquêtes, entre le ſieur Ponthelier & Jeanne Deſſalis, par lequel il a été jugé qu'une femme ſéparée de biens d'avec ſon mary, & ayant toûjours habité avec luy, pouvoit repeter ſur ſes biens les bagues & joyaux & meubles que ſon mary avoit diſſipez & conſommez, depuis la ſéparation, contre les Créanciers de ſon mary, au rang & ordre de ſes ſommes dotalles.

68 Femme ſéparée de biens peut ſeulement diſpoſer des fruits de ſes immeubles ſans qu'elle puiſſe hypothequer, ni vendre ſes immeubles, conſtituer rente ſur iceux ni s'obliger ſans ſon mary, la raiſon priſe de la loy, *ſi filius*, §. 4. *ff. ad Maced. Tronçon, art. 234*.

69 En quels cas la femme ſéparée de biens, peut obliger, vendre & aliener ſes immeubles ſans l'autorité de ſon mary? *Voyez Filleau*, 4. part. queſt. 51.

70 Par Arrêt donné en la Grand'Chambre le 14. Avril 1584. il fut jugé en la Coûtume d'*Orleans*, que la femme ſéparée d'avec ſon mary, ne peut aliener ſes heritages ; & l'alienation qu'elle avoit faite fut declarée nulle contre l'acquereur. On dit qu'il y avoit des particularitez, & que le mary remontroit qu'il avoit des enfans de luy & de ſa femme ſéparée, qu'elle s'étoit retirée à Genéve étant de la Religion Prétenduë Reformée, & qu'elle avoit emmené avec ſoy quelques-uns de ſes enfans, & en avoit laiſſé quelques-uns en France. *Bibliotheque de Bouchel*, verbo, *Séparation*.

71 Femme ſéparée de biens ne peut aliener ſans être autoriſée de ſon mary. Arrêt du 24. Avril 1586. *M. Loüet*, *lett. F. ſomm*. 30. ni faire échange. Arrêt du

30. Juin 1603. *M. Bouguier, lett. O. nomb. 2.* ni être conſtituée gardienne ni dépoſitaire de biens de Juſtice. *Brodeau ſur M. Loüet, lett. F. ſomm. 30.* & ſi la femme mariée le fait, elle eſt recevable au Beneſice de ceſſion, c'eſt-à-dire, qu'elle ſe rende gardienne des biens ſaiſis ſur ſon mary. Arrêt au mois de Novembre 1604. *Brodeau ſur M. Loüet, lett. F. ſom. 11. n. 5.* ni vendre ni donner ſes immeubles ſans être autoriſée. Arrêt en Juillet 1605. *M. le Prêtre ès Arrêts de la Cinquiéme. Voyez Caronaas, liv. 7. Rép. 208.*

72 En Normandie les alienations faites par la femme, même pour parvenir à ſa ſeparation ont été declarées nulles. Arrêt du Parlement de Roüen le 14. May 1651. au profit de l'heritiere de la femme, après déclaration faite qu'elle abandonnoit les meubles & acquêts. *Baſnage, ſur l'art. 538. de cette Coût.*

73 La femme ſeparée de biens peut, ſans autorité ni permiſſion de Juſtice, & ſans l'avis & conſentement de ſon mary, vendre & hypothequer ſes meubles preſens & à venir, de quelque valeur qu'ils ſoient, & les immeubles par elle acquis depuis ſa ſeparation, ſans qu'il ſoit beſoin d'en faire le remploy; mais elle ne peut vendre ni hypotequer les immeubles qui luy appartenoient lors de ſa ſeparation, qui luy ſont échûs depuis par ſucceſſion, ſans permiſſion de Juſtice & avis de parens; & neanmoins les Contracts qu'elle en aura faits ſans ladite permiſſion pourront être executez ſur les meubles & ſur le revenu de ſes immeubles après qu'il ſera échû & amobilié. Arrêté du Parlement de Roüen les Chambres aſſemblées du 6. Avril 1666. *art. 116. & 117. Baſnage, à la fin.*

74 Suivant l'article 541. de la Coûtume de *Normandie,* & 126. du Reglement de 1666. une femme ſeparée de biens en cette Province, peut ſans autorité de Juſtice, & ſans l'avis & conſentement de ſon mary, vendre & hypothequer ſes meubles, & ſes immeubles par elle acquis, ſans être obligée à remploy. Arrêt du Parlement de Paris du 9. Juillet 1698. *Journal des Aud. tom. 5. liv. 14. ch. 8.*

SEPARATION, FEMME MINEURE.

75 Femme mineure ſeparée de biens, a beſoin d'un Curateur aux cauſes pour les actions mobiliaires, & d'un Curateur pour les réelles & les hypothecaires. *Brodeau ſur M. Loüet, lettre M. ſomm. 1.* où il cite *M. Charles Du Moulin,* en ſon Commentaire manuſcrit, *art. 117. ſur la Coût. de Paris.*

FEMME SEPARE'E QUI S'OBLIGE.

76 Si la femme ſeparée peut s'obliger ſans être autoriſée? *Voyez le mot, Autoriſation, nombre 69. & ſuivans.*

77 Non ſeulement la femme mariée & ſeparée de biens, ne ſe peut obliger pour autruy, ſans l'autorité de ſon mary, mais elle ne le peut pour ſon propre fils. *Filleau, part. 4. queſt. 50.*

78 Femme ſeparée ſe peut obliger. Arrêt du Parlement de Paris du 21. Janvier 1597. Il s'agiſſoit d'une obligation de 200. écus, & l'on diſoit que la ſeparation, ayant été executée par inventaire & partage, l'autoriſation du mary n'avoit pas été neceſſaire. *Biblioth. de Bouchel, verbo, Separation.* & *Carondas, liv. 13. Rép. 16.*

79 Quand on dit que la femme ſeparée de biens, peut s'obliger ſans l'autorité de ſon mary; cela ſe doit entendre d'une ſimple obligation, qui n'emporte une expreſſe alienation de ſon immeuble, mais ſeulement une hypotheque; tellement qu'un Contract d'échange fait par une femme ſans l'autorité de ſon mary, doit être caſſé, n'ayant été autoriſée par Juſtice au refus de ſon mary; d'autant que les Contracts de vente & d'échange *qui habent in ſe cauſam perpetuam transferendi dominii,* ne peuvent être compris ſous le mot d'obligation; & auſſi la Loy défend en ce cas à la femme d'aliener ſans l'autorité de ſon mary. *L. ubi Cod. de jure dot. nulla licentia ei res ſuas alienandi.* M. Bouguier, *let. O. ch. 2.*

Tome III.

Jugé par Arrêt du Parlement de Roüen du 8. Juin 1603. que la femme ſeparée de biens étoit obligée de payer la ſomme de 4000. liv. pour la folle enchere d'un heritage qui luy avoit été ajugé par decret. *Berault, ſur la Coûtume de Normandie, art. 538.* 80

Femme ſeparée peut doter ſa niéce entrant en Religion, quoyque non autoriſée par ſon mary. Arrêt du 13. Mars 1651. *M. le Prêtre,* 1. *Cent. chap. 67. in additione.* 81

Femme ſeparée de biens ne peut s'obliger par empriſonnement de ſa perſonne, par Acte judiciaire, encore que ſon mary y ſoit preſent, ſans l'autoriſer. Arrêt du 22. Septembre 1579. *Chenu,* 1. *Cent. queſt. 52.* Elle ne peut auſſi s'obliger valablement ſans procuration de ſon mary, qui doit être rapportée & annexée à la minute de l'obligation. Arrêt du 8. Mars. 1661. *Notables Arrêts des Audiences, Arrêt 55.* & le *Journal des Aud. tome 2. livre 4. ch. 13.* 82

SEPARATION, FILS DE FAMILLE.

Arrêts du Parlement d'Aix des 22. Février 1638. & 15. Janvier 1665. qui ont jugé que le fils de famille marié, ne peut ſe ſeparer de ſon pere ſans ſon conſentement, quoyque la ſeparation ait été ſtipulée, en cas qu'ils ne puſſent vivre enſemble. *Boniface, tome 1. liv. 5. tit. 9. chap. 1.* 83

Si un pere ayant fait donation à ſon fils en ſe mariant, de certains biens qui ſe trouveront le jour de ſa ſeparation; & ce fils étant decedé ſans avoir été jamais ſeparé du pere, la fille de ce fils peut demander à ſon ayeul les biens qui étoient lors de la mort de ſon pere, ou lors de ſa ſeparation d'avec ſon ayeul par ſon mariage. Arrêt du 7. Avril 1642. qui a ajugé les biens au temps de la mort du pere. *Ibid. to. 4. li. 7. tit. 10. ch. 2.* 84

Arrêt du 5. Février 1667. qui a jugé que la belle-fille ne ſe peut ſeparer de la maiſon de ſon beau-pere ſans ſujet, même en cas de clauſe dans le Contract de mariage, qu'ils ne puſſent demeurer enſemble, ni en faire ſeparer ſon mary; à elle enjoint de ſe retirer avec ſon mary dans la maiſon de ſon beau-pere, & au mary de la traiter maritalement, avec inhibition au beau-pere & à la belle-mere de la maltraiter. *Ibid. tome 1. liv. 5. tit. 9. ch. 3.* 85

SEPARATION D'HERITAGES.

La ſeparation des heritages peut être ordonnée au préjudice du tiers & du acquereur des biens, & cet acquereur doit repayer le prix du bien au Créancier. Arrêt du 10. Decembre 1670. *Boniface, to. 5. li. 1. tit. 30.* 86

SEPARATION FRAUDULEUSE.

Si un mary bon ménager, pour fruſtrer ſa femme de la part qu'elle pourroit avoir en ſes meubles & en ſes acquêts, l'engageoit à ſe faire ſeparer, cette ſeparation, quoyque revêtuë de toutes les formes, ne pourroit luy préjudicier, étant frauduleuſe. Arrêt de la Chambre de l'Edit de Roüen du 21. Mars 1650. Neanmoins en ce cas elle doit faire ſa proteſtation durant le mariage, ou peu de temps après la diſſolution d'iceluy, ſuivant l'Arrêt du 19. Juin 1622. *Baſnage, ſur l'art. 391. de la Coûtume de Normandie.* 87

SEPARATION, JALOUSIE.

Jalouſie cauſe de ſeparation. Le premier Arrêt, ſur l'appointement, ordonna la réünion du mary & de la femme; l'autre ſur Requête civile, jugea la ſeparation de biens & d'habitation; & depuis les eſprits ſe reconcilierent. *Voyez le 19. Plaidoyé de M. Gaultier, tome 1.* 88

SEPARATION, INSINUATION.

Aux termes des Edit & Declaration du Roy du mois de Decembre 1703. & 19. Juillet 1704. les ſeparations de corps & de biens doivent être inſinuées. 89

INSTANCE DE SEPARATION.

Divortii cauſâ pendente, & uxorem & res apud virum eſſe debere. Vide *Luc. lib. 8. tit. 4. c. 1. & 2.* 90

Divortii cauſâ pendente, uxorem ſeorſum à viro agere, rerumque ſuarum partem habere, aliquando indultum. Ibid. *cap. 3. & 4.* 91

A Aaa ij

92 Si la femme pendant le procés en séparation, peut demander des alimens ? *Voyez* le mot, *Alimens*, nombre 74.

93 Pendant le procés de séparation pour sevices, le mary est tenu de bailler provision à sa femme. Arrêt aux Grands Jours à Clermont, du 28. Novembre 1582. *Chenu*, 1. Cent. quest. 48.

94 La femme qui est condamnée de se retirer avec son mary, aprés avoir formé instance en séparation de corps & de biens, doit avoir un delay à se retirer, jusques au jugement du procés civils, pour la liquidation de sa dot & droits. Arrêt du Parlement d'Aix du 17. Octobre 1672 *Boniface*, tome 4. liv. 5. tit. 14. chapitre 4.

95 Arrêt du même Parlement d'Aix du dernier Mars 1678. qui a ordonné que la femme pendant l'instance de séparation, joüiroit des fruits de sa dot, si mieux n'aimoit le mary luy payer 300. liv. par an. *Boniface*, ibid. chap. 5.

SEPARATION, INTERESTS.

96 Interêts dûs à la femme du jour de la Sentence de séparation seulement, & non du jour de la demande. Arrêt du 8. Avril 1672. *De la Guessiere*, tome 3. liv. 6. chapitre 23.

SEPARATION, JUGE D'EGLISE.

97 Les diligences requises pour la séparation, doivent être faites devant les Juges Royaux, & non devant l'Official. Par Arrêt du Parlement de Roüen du 23. Février 1657. entre les Officiers Royaux de Montivilliers & le Bailly de Longueville, il a été jugé que le haut Justicier pouvoit connoître des Lettres de séparation civile. *Basnage*, sur l'art. 391. de la Coût. de Normandie.

98 Jugé au Parlement de Paris le 22. May 1665. que le Juge d'Eglise n'est point competent de connoître d'une demande en séparation entre mary & femme, appointa les Parties, pour sçavoir si l'*épilepsie* ou mal caduc peut donner lieu à la séparation de corps & d'habitation entre personnes mariées; ordonna cependant que deux Transactions passées entre le mary & la femme, par lesquelles le mary avoit consenti que sa femme demeurât séparée d'avec luy, seroient executées. *Soëfve*, tome 2. Cent. 2. chap. 82.

SEPARATION, MALADIES.

99 De *separatione ex causâ luis venereae*. Voyez M. le *Prêtre*, 1. Cent. ch. 100.

100 Arrêt du Parlement de Paris du 1. Juin 1580. confirmatif d'une Sentence de l'Official, par laquelle un mary avoit été séparé d'avec sa femme pour cinq ans, à cause de la verolle réiterée. *Papon*, livre 5. titre 1. nombre 11.

101 Par Arrêt du Parlement de Dijon, séparation ordonnée sur la preuve faite par la femme de la mauvaise conduite de son mary; elle se plaignoit qu'il luy avoit donné deux fois la verolle. *Voyez les Harangues & Plaidoyez de M. de Xaintonge*, ch. 24.

102 Si le mal caduc est une cause de séparation de corps & d'habitation. Le 22. May 1663. la cause appointée. Voyez *les Notables Arrêts des Aud. Arr.* 104. & *Jovet*, verbo, *Séparation*, n. 16. & cy-dessus le n. 98.

SEPARATION, MARCHANDS.

103 Par l'Ordonnance du mois de Mars 1673. titre 8. des séparations de biens, art. 1. il est porté que dans les lieux où la Communauté de biens d'entre mary & femme, est établie par la Coûtume ou par l'Usage, la clause qui y dérogera dans les Contracts de mariage des Marchands Grossiers ou Détailleurs & des Banquiers, sera publiée à l'Audience de la Jurisdiction Consulaire, s'il y en a, sinon dans l'Assemblée de l'Hôtel commun des Villes, & inserée dans un Tableau exposé en lieu public, à peine de nullité, & la clause n'aura lieu que du jour qu'elle aura été publiée & enregistrée.

SEPARATION DEMANDE'E PAR LE MARY.

104 Il y a des cas où l'on doit permettre au mari de demander la séparation, quand les affaires de la femme sont si intriguées, que l'application & la fortune du mary n'y suffisent pas. Il y en a un Arrêt rendu par M. Porte, Conseiller en la Cour, appellant de pareille Sentence de séparation; que le mary soûtint sur ce que sa femme avoit cent quatorze procés indécis contre M. Poële : ce qui donna lieu de confirmer la séparation, par Arrêt du 27. Février 1602. qui est dans *Peleus*, liv. 5. des Actions forenses, Action 28. & cy-aprés le nombre 121.

SEPARATION, MARY PAUVRE.

105 Femme séparée de biens est tenüe de nourrir son mary, lorsque *lapsus est facultatibus, non suo, sed fortuna vitio ; Secus*, si c'est par son mauvais ménage, suivant le Droit Romain. *Voyez Brodeau sur M. Loüet, let. C. somm*, 19. Coquille, *Coûtume de Nivernois*, & en sa question 11. *circà medium*.

106 La femme voyant son mary devenir pauvre, peut répeter sa dot, & demander la séparation de biens. Arrêt du Parlement de Paris du 13. Février 1497. même son doüaire, & autres conventions, *marito vergente ad inopiam*. Arrêts des mois de Septembre 1567. & 19. Decembre 1577. *Papon*, liv. 15. titre 4. nombre 8.

Voyez le mot, *Pauvre*, n. 25. & 26.

SEPARATION, MENACES.

107 Arrêt du 12 Juin 1655. qui a jugé que les ménaces faites par le mary à la femme, ne sont pas causes suffisantes pour la séparation de corps & de biens, & qu'il faut un attentat sur la vie. *Boniface*, to. 1. liv. 5. tit. 8. chap. 2.

SEPARATION EN NORMANDIE.

108 La mauvaise conduite du mary & les mauvais traittemens ayant donné lieu à une femme d'obtenir sa séparation, par Arrêt du Parlement de Roüen du 29. Novembre 1660. on luy accorda non seulement son doüaire, mais aussi part aux meubles & acquets, comme si le mary eût été mort; si mieux n'aimoit le mary luy payer 500. liv. annuellement, la somme de 1200. liv. qui luy avoit été ajugée pour avoir des meubles, 650. liv. qu'elle auroit reçuë par provision; ce fut parce que le mary étoit un Marchand, dont la plûpart des biens consistoient en meubles. *Basnage, sur l'art*. 368. *de la Coût. de Normandie*.

109 Plusieurs ont prétendu que le droit de *viduité* ne pouvoit être prétendu par le mary lorsque sa femme s'étoit fait séparer de biens d'avec luy, & qu'en vertu de cette séparation, elle étoit rentrée en la possession de son bien; ils se fondoient sur cette raison, que suivant l'art. 382. de la Coûtume de Normandie, le mary doit survivre à sa femme; or comme la séparation est une espece de mort civile, qui est presque comparable à la naturelle, *in omnibus & per omnia morti aequiparatur*, le mary séparé de biens d'avec sa femme, quoy qu'il la survive, est réputé mort, à l'effet de ne pouvoir joüir de son bien. Cette question s'étant presentée entre un pere & ses enfans, par Arrêt du Parlement de Roüen du 22. Decembre 1636. il fut ordonné que le pere joüiroit des biens de sa femme à droit de viduité, nonobstant la séparation. V. *Basnage, sur cet art*. 382.

110 Si par inadvertance on a obmis de faire ajourner quelques-uns des Créanciers, cela n'est pas suffisant pour annuller la séparation. Arrêt du Parlement de Roüen du 10. Mars 1610. rapporté par *Berault, sur l'art*. 391. & par *Pesnelle*, p. 343.

111 Une femme ayant été deboutée de ses Lettres de séparation, pour cause de soustraction, en obtient de nouvelles, qui furent entherinées, nonobstant l'opposition de sa belle-mere, parce qu'elle ne luy opposoit aucune soustraction. Arrêt du Parlement de Roüen du 28. Février 1631. rapporté par *Basnage, sur l'art*. 391. *de la Coût. de Normandie*.

112 Séparation stipulée par Contract de mariage, doit être *insinuée* aux Assises, autrement les meubles de la

femme peuvent être vendus pour les dettes du mari. Arrêt du Parlement de Roüen du 7. Août 1637. neanmoins si en consequence de la séparation stipulée par le Contract de mariage, la femme a fait un inventaire des meubles qu'elle apportoit à son mary, quoy qu'elle n'ait point fait inscrire son nom au Tabellionage, ni insinuer la séparation aux Assises, les Créanciers du mary ne peuvent executer ces meubles comme appartenans à leur débiteur. Arrêt du Parlement de Roüen du 17. Novembre 1665. *Basnage*, *Ibidem*.

113 Toutes sortes de femmes peuvent demander la séparation. Arrêt du Parlement de Roüen dès 1. & 4. Avril 1639. pour la femme d'un Receveur des Tailles, & pour celle du Receveur & Payeur des Gages des Officiers du Présidial de Roüen. *Basnage*, *ibid*.

114 En *Normandie*, quand il y a séparation de corps & d'habitation, la femme peut demander la restitution de ses droits matrimoniaux, élire la Communauté, & en prendre sa part, & y renoncer, & demander la restitution de ses conventions de mariage. Arrêt du Parlement de Roüen du 8. Novembre 1660. La femme séparée de biens a tant d'avantage, que par Arrêt du Parlement de Roüen du 14. Août 1656. sur la question de sçavoir si 3000. liv. de meubles donnez par augmentation de dot à une Demoiselle, en cas que son mari la prédecedât, pouvoient être demandez, en consequence de la séparation civile, il fut jugé que la femme séparée jouïroit dès-à-present des interêts de cette somme au préjudice des Créanciers de son mary. *Ibidem*.

115 La femme n'a point de part aux meubles & acquêts faits par son mary depuis sa séparation, bien qu'elle soit stipulée par le Contract de mariage, suivant l'article 80. du Reglement de 1666. Ainsi jugé par Arrêts des 23. Août 1656. & 19. Mars 1664. *Ibid*.

116 Lorsque la séparation de biens est stipulée par le Contract de mariage, le mary n'en peut empêcher l'execution, bien que la femme ait vêcu quelque temps avec luy sans s'en prévaloir, & même qu'elle luy ait laissé la joüissance de son bien. Arrêt du Parlement de Roüen du 11. May 1637. rapporté par *Basnage*, *sur l'art*. 391. *de la Coûtume de Normandie*. Le mary soûtenoit que le silence de la femme équipolloit à une renonciation.

117 Il ne suffit pas d'avoir observé les formalitez de la Coûtume, où l'on demeure lors de la séparation, il faut satisfaire à celle où l'on vient demeurer. Arrêt de la Chambre de l'Edit de Roüen, du 16. Decembre 1658. qui a confirmé une execution faite contre le mary & la femme séparée de biens à Paris, où ils avoient demeuré, faute par eux de l'avoir fait publier à Caën où ils étoient venus demeurer *Basnage*, *ibidem*.

118 Les Créanciers du mary ayant saisi les meubles de sa femme, quoyque séparée de biens d'avec luy, sur le fondement que son nom n'étoit pas inscrit dans le Tableau des femmes séparées, elle fut déboutée de son opposition. Elle disoit pour moyens d'appel, que cette formalité n'étoit necessaire que pour la conservation de ses droits contre son mary; mais que cette formalité n'étoit pas necessaire à l'effet de luy conserver ce qu'elle avoit réservé par son Contract de mariage; ces biens luy appartenans, les Créanciers de son mary n'avoient pû les saisir. Arrêt en sa faveur au Parlement de Roüen le 26. Octobre 1666. *Ibidem*.

SEPARATION, SAISIE.

119 Une femme s'oppose à la saisie faite à la Requête d'un Créancier, & dit qu'elle est séparée par Contract de mariage. On objectoit qu'il n'y avoit point eu d'inventaire fait, tout au plus qu'on n'en communiquoit qu'un broüillard non signé. Arrêt du Parlement de Paris du 21. Juin 1583. qui declare la saisie valable. *Biblioth. de Bouchel*, verbo, *Séparation*.

120 Le Contract de mariage porte faculté de renoncer à la Communauté, ce faisant que la femme reprendra ce qu'elle aura apporté, ses bagues & joyaux. La séparation est ensuite prononcée, & la femme obtient les conventions; le Syndic des Créanciers du mort fait saisir ses bagues entre ses mains; elle dit que la Sentence les luy ajuge; d'ailleurs, c'est un meuble dont elle est saisie. On luy oppose qu'il ne paroît pas qu'elle ait payé sa dot. 2°. Qu'il y a déconfiture. Arrêt du Parlement de Paris du 28. Mars 1611. confirmatif de la Sentence des Requêtes du Palais, qui ordonne que les bagues seront vendües, sauf à donner de la préference sur les deniers qui en proviendront. *Ibidem*.

SEPARATION DE SOCIETE'.

121 Séparation demandée par Maîtres Barnabé le Vest, Avocat, & Philippes de Beauvais, leur fut accordée par Sentence du Châtelet de Paris. Arrêt du 26. Février 1602. qui pour bonnes causes, justes & raisonnables, la confirme. Ces causes étoient afin d'ôter toute occasion d'aigreur entre les beaux-freres, appellans. *Ibidem*.

Voyez cy-après le mot, *Société*.

SEPARATION, SUCCESSION.

122 La séparation d'habitation empêche la succession d'entre conjoints, au cas de bâtardise & desherence. *Voyez M. le Brun*, *des Successions*, *livre* 1. *chapitre* 7. *nombre* 19.

123 Le mary qui succede aux meubles de sa femme séparée n'ayant point d'enfans, est tenu de toutes ses dettes. Arrêt du Parlement de Roüen du 21. Juin 1625. si neanmoins il avoit fait inventaire, il n'en seroit tenu que jusqu'à concurrence de la valeur des meubles; car il n'est pas heritier, il prend les meubles *jure mariti*. *Basnage*, *sur l'art*. 391. *de la Coût. de Normandie*.

124 Femme séparée de biens d'avec son mary, par son Traité de mariage ou autrement, ne peut demander aux heritiers de son mary aucune part des meubles de sa succession, ni aux acquêts qu'il a faits depuis leur séparation.

Femme séparée de biens n'est pas censée heritiere de son mary, encore qu'elle n'ait pas renoncé à sa succession; mais si elle n'est pas séparée, elle est censée heritiere de son mary, encore qu'elle ait renoncé à sa succession, ou obtenu du Juge dans ledit temps un plus long delay d'y renoncer. Arrêtez du Parlement de Roüen, les Chambres assemblées, le 6. Avril 1666. art. 81. & suiv. *Basnage*, *tome* 1. *à la fin*.

SEPARATION, TAILLES.

125 La femme séparée de biens d'avec son mary, est imposable à la taille. Arrêt du Parlement de Dijon sans date, rapporté par *Bouvot*, *tom*. 2. verbo, *Tailles*, quest. 74. & *cy-après*, *le Titre de la Taille*. §. *Taille. Femme*.

SEPARATION, TESTAMENT.

126 Si en Bourgogne la femme séparée de biens peut tester, encore que la séparation fût valable? *Voyez Bouvot*, *tome* 1. *part*. 1. verbo, *Femme séparée*. q. 1.

Voyez cy-après le mot, *Testament*.

SEPARATION, MAUVAIS TRAITEMENS.

127 *Matrimonium propter vitæ insidiationem & sævitiam an separari possit*? Voyez *Franc. Marc*. tom. 2. question. 738.

128 De la peine des maris excedans outrageusement leurs femmes séparées d'eux de corps & de biens. *Voyez Peleus*; quest. 2.

129 Une femme s'étant séparée, & ayant intentée l'action de séparation *ob sævitiam & dissipationem bonorum*; par Arrêt du 26. May 1565. il fut ordonné qu'elle retourneroit, en baillant par le mary caution *de non sæviendo*. *Papon*, *liv*. 15. *tit*. 3. *n*. 1.

130 La Cour ne sépare la femme d'avec le mary que quand il y a pertinacité. Arrêt du Parlement de Paris du 18. Decembre 1576. par lequel un mary à qui la Cour avoit enjoint de traiter maritalement sa femme, & s'en étant moqué, disant que c'étoit pour la battre

AAaa iij

trois fois par jour, la séparation fut ordonnée, le mary condamné en amende, & envoyé en la Conciergerie. Papon, liv. 15. tit. 3. n. 2.

131 Une femme ayant demandé la séparation pour cause de fornication, mauvais traitemens, & attentat à sa vie, nonobstant la preuve de tous ces faits, par Arrêt du Parl. de Paris du mois de Janvier 1604. a été renvoyée à son mary qui l'avoit redemandée, & enjoint au mary de luy rendre à l'avenir les devoirs d'un bon mary sur de grandes peines. Cet Arrêt est rapporté par Peleus, *Actions forenses*, & dans *Boné, partie 2. page* 80.

132 Une femme n'ayant coarcté les faits de mauvais traitemens de son mary, n'étoit recevable en cause d'appel, de les vouloir prouver. Arrêt du Parlement de Grenoble du 13. Février 1651. *Basset*, tom. 1. liv. 4. tit. 9. ch. 1. où il rapporte un Arrêt du 3. Juillet 1650. qui a jugé que si les sevices ne sont atroces, la femme ne peut demander séparation, & qu'une honnête correction est permise au mary. On n'alleguoit en cette cause qu'un coup d'assiette sur la joüe, une meurtrissure sur les cuisses, & quelques injures verbales.

133 Femme doit être séparée de corps & de biens d'avec son mary à sa premiere plainte, par les sevices extraordinaires. Arrêt du Parlement d'Aix du 21. Janvier 1668. *Boniface, tome* 4. *livre* 5. *titre* 13. *chapitre* 1.

134 La femme ayant formé instance contre son mary, pour être séparée de corps & de biens, pour ses mauvais traitemens, la séparation fut ordonnée pour trois ans seulement, par Arrêt du 23. May 1670. *Ibidem, chapitre* 3.

135 Si le mary peut demander que sa femme qui est séparée de corps & de biens, pour sevices, rétourne avec luy, en la traitant maritalement? Arrêt du 18. Juin 1675. qui déboute le mary de sa Requête. *Boniface, ibid. chap.* 2.

SEPARATION VOLONTAIRE.

136 Si l'homme & la femme peuvent par transaction faire séparation de biens sans connoissance de cause : & si les jugemens rendus de leur consentement sur telle séparation sont valables : & quelles formalitez sont requises pour la validité de telles séparations ? *Voyez Bouvot*, to. 1. part. 1. verbo *Séparation de biens*.

137 La séparation de biens d'entre mari & femme ne peut valoir faite du consentement du mari, sans connoissance de cause, & sans appeller les creanciers, Arrêt du 3. Février 1583. *Ibid.* verbo *Femme séparée*, *quest.* 2.

138 *Bonorum separatio voluntaria & quæ citrà plenissimam causæ cognitionem admissa à judicibus fuerit, irrita promultiat Senatus.* Arrêt du 5. May 1598. *Mornac, l. 62. ff. de donationibus inter virum & uxorem, &c.*

139 Sentence de séparation consentie ; le mari obtient Lettres pour être restitué contre le consentement énoncé dans la Sentence, disant qu'il n'étoit pas plus maître de son honneur que de sa vie. Arrêt du Parlement de Paris du 7. Mars 1608. qui met la Sentence au neant, & renvoye les parties pardevant le Juge des lieux pour proceder sur la séparation de biens avec connoissance de cause. *Plaidoyez de Corbin, chapitre* 112.

140 Arrêt du 14. Mars 1610. qui met hors de Cour, sur une requête civile obtenuë par un mari contre un Arrêt par lequel de son consentement, & de celuy de sa femme ils avoient été séparez de biens, de lit, & d'habitation. *Le Bret*, liv. 1. *décis.* 7.

141 Transaction contenant séparation de corps & de biens entre mariez est nulle : mais la femme est privée de la communauté jusques au jour qu'elle retourne avec son mari. Jugé le 13. Juin 1619. *Bardet, to. 1. liv. 1. chap.* 61.

142 Séparation de biens d'entre le mary & la femme faite volontairement & exécutée pendant 19. ans est bonne & valable à leur préjudice. M. l'Avocat General Bignon dit que l'appellante avoit provoqué son mari à la séparation de biens qu'elle vouloit rétracter; ce qui n'étoit pas juste. Arrêt du premier Décembre 1626. *Bardet*, to. 1. liv. 4. ch. 93. & *Du Frêne*, liv. 1. chap. 122. Même Arrêt du 6. Mars 1631. rapporté par *Bardet*, to. 1. liv. 4. ch. 11. & par *Du Frêne*, liv. 2. chap. 92.

143 Séparation de biens faite volontairement & par simple contrat, est confirmée contre les heritiers du mari. Arrêt du 5. Septembre 1635. *Bardet*, to. 1. liv. 4 chap. 28.

144 Si un mari & une femme s'étant de leur consentement séparez de corps & de biens sans qu'il en ait paru aucun sujet legitime, les heritiers de la femme peuvent après le décez des deux, contester cette séparation de biens. Dans le fait, les parties se presenterent devant le Vice-Regent de l'Official de la Cour Archidiaconale de Metz, & demanderent séparation perpetuelle de corps & de biens, & aussi tôt après se restraignirent à une tolérance & à un divorce pour trois ans. Arrêt du Parlement de Metz du 23. Novembre 1637. qui sur les appellations comme d'abus met hors de Cour. *Voyez le* 26. *Plaidoyé de M. de Corberon*.

145 Arrêt du Parlement de Bretagne du 21. May 1632. contre les Sieur & Dame de Quernault, qu'ils vivoient ensemble, quelque transaction qu'il y eût entr'eux. Arrêt semblable du 9 Septembre 1640. *Sauvageau en sa note sur le chap.* 229. *livre* 1. *des Arrêts de Du Fail*.

146 Arrêt du Parlement d'Aix du 5. Juin 1642. qui a déclaré nulles les séparations faites volontairement entre mariez sans information & enquête precedente. Le même Arrêt a cassé une transaction entre les mêmes mariez, portant desistement des donations reciproques faites en cas de predecez dans le contrat de mariage. Autre Arrêt du 16. Octobre 1649. qui a fait défenses aux Notaires de recevoir les contrats de séparation de corps, qu'elles ne soient ordonnées par les Magistrats, ce qui est conforme à un Arrêt du 11. Juin 1596. portant mêmes défenses, *Boniface*, to. 1. liv. 5. tit. 8. ch. 1.

147 Autre Arrêt du 19. Février 1685. qui a cassé une séparation volontaire d'entre mari & femme, & fait reglement portant défenses aux Notaires d'en recevoir. Jugé encore que la femme doit rendre compte à son mari des sommes exigées en vertu d'une procuration ; comme aussi que les profits faits par la femme séparée des deniers du mary, appartiennent au mari. *Boniface*, to. *4. liv.* 5. tit. 14. chapitre 2.

148 Séparation volontaire déclarée nulle, par Arrêt du Parlement de Bretagne du premier Octobre 1659. entre Yvon Conzenneux Ecuyer sieur de l'Escoüet, & Damoiselle Françoise de Cousil sa femme. *Voyez Du Fail*, liv. 1. chap. 144.

149 Séparation volontaire entre Monsieur de Broüée Maître des Requêtes, & la Dame son épouse, a été confirmée le Jeudy 26. Janvier 1662. à la Grand'-Chambre, plaidans Langlois & Garnon. *Dictionnaire de la Ville, nomb.* 4691.

SEPARATION, YVROGNE.

150 Séparation demandée par la femme du sieur de Mailly Sénéchal de Vermandois, adonné au vin, & alors capable de toutes sortes de violences. Arrêt du 10. Février 1633. qui ordonne qu'elle sera sequestrée en la maison, & près la personne de Madame la Duchesse de Longueville, que le sieur de Mailly luy donnera 600. livres de pension, & qu'il n'auroit autre liberté que celle de la visiter. Second Arrêt le 21. Mars 1633. qui ordonne que durant le procez la fille issuë de leur mariage seroit ôtée au sieur de Mailly, & mise entre les mains de sa femme avec une pension de deux cents livres. Au mois de Juin suivant la séparation de biens & d'habitation, a été diffinitive-

SEP.

ment prononcée. *Voyez* les 14. 15. & 16. Plaidoyez de M. le Maître.

SEPARATION DE DETTES.

151 De la clause de séparation de dettes. *V.* Le Brun, traité de la Communauté, liv. 2. ch. 3. sect. 4. & cy-dessus le nomb. 41. & suiv.

152 De la séparation des biens du défunt leur débiteur, demandée par son creancier, contre les creanciers de l'heritier de ce même défunt. *Voyez* le mot *Creancier*, nomb. 73. & suiv.

SEPULTURE.

1 De sepulchris. *Valent. N. t. 5... Lex 12. tabb.*
De sepulturis. D. Gr. 13. q. 1... Extr. 3. 28... S. 3. 12... Cl. 3. 7... Extr. co. 3. 6... I. Lanc. 2. 24.
De religiosis, & sumptibus funerum, & ut funus ducere liceat. C. 3. 44... D. 11. 7. Religiosis, id est, locis religiosis, quæ destinata sunt sepulturæ.
De mortuo inferendo, & sepulchro ædificando. D. 11. 8.
De locis religiosis. I. 2. 1. §. 9. de rer. divis.
De sepulchro violato. D. 47. 12... C. 9. 19... C. Th. 9. 17... Leon. N. 96.
De sepulchris & lugendis. Paul. 1. ult. Des Sepulcres & du Deüil.
De cadaveribus punitorum. D. 48. 24. ult. De la sépulture des criminels.
Voyez les mots *Cimetiere*, *Enterremens*, *Frais funeraires*, & *Funerailles*.

2 De sepulchris & sepeliendi ritu. Per Hieronymum Magium Anglarensem, lib. X.

3 Des sépultures. *Voyez* Papon, livre 20. tit. 8. La Biblioth. de Jovet, au mot Sépulchre. Les Memoires du Clergé, to. 1. part. 1. tit. 2. chap. 6. Févret, liv. 4. chap. 8. Henrys, to. 1. liv. 1. chap. 3. quest. 13. 14. & 42. La Peirere, en ses Décisions du Palais lettre S. nomb. 41. 42. & 43.

4 Du Droit de sépulture. *Voyez* Carondas, liv. 7. Réponse 5. & Mornac, l. 4. C. de religiosis & sumptibus.

5 De iure sepulchri. Comment il s'acquiert, & à qui il passe? *V.* Lotherius, de re beneficiaria, liv. 2 question 3.

6 Jus sepulchri ad omnes hæredes & omnes de familia pertinet. *Voyez* Franc. Marc. to. 1. qu. 1137.

7 Qu'il sera fait registre des personnes tenans Benefices, & de la garde des corps morts des Beneficiers. Ordonnances de Fontanon, to. 4. tit. 24. p. 513.
Voyez cy-dessus le mot *Registre*, nomb. 2.

8 Les honneurs funebres ne sont point dûs à la femme comme au mary; ainsi qu'il fut déclaré par Arrêt du Parlement de Paris du 4. Juin 1515. Jovet, verbo *Sépulcre*, n. 11.

9 Droit de sépulture n'est cause spirituelle ni Ecclesiastique. Arrêt du Parlement de Paris du mois d'Avril 1532. il faut se pourvoir au Juge Royal. Papon, liv. 20. tit. 8. n. 8.

10 Les Juges de Kimpercorentin sur lesquels il y a eu ajournement personnel, pour ce jugement condamnent Pugnen à souffrir à l'avenir Constance Kerquellan joüir d'une tombe contentieuse entre les parties. Par Arrêt du Parl. de Bretagne du 12. Août 1567. il est dit mal jugé, & reformant le jugement l'intimé déclaré non recevable en ses prétenduës possessions. Du Fail, liv. 2. chap. 308.

11 Si le droit de sepulture est cessible aux étrangers au préjudice de ceux de la famille? Arrêt du Parlement de Bourdeaux du 26. Mars 1601 qui ordonne que les parens du cedant en joüiront aussi. *Voyez* les Plaidoyez celebres dediez à M. de Nesmond, p. 143.

12 Le droit d'un sepulcre familier appartient aussi bien à ceux qui sont parens du côté des femmes, comme du côté des mâles, *in familiari sepulchro, id est familia certa constituit (sic enim familiaria dicebantur sepulchra, l. 5. familiaria. ff. de relig. & sumpt.*

SEP

fine) non solum agnitis sed cognati, id est, per fæminei sexûs personas conjuncti & descendentes, ont droit d'y être enterrez. Ainsi jugé par Arrêt du 14. Septembre 1604. M. Bouguier, lettre S. chap. 2. Henrys, liv. 1. chap. 3. quest. 42. rapporte ce même Arrêt du 7. Septembre 1604 & là il traite la question d'une autre maniere que M. Bouguier. *Voyez* Mornac, l. 30. ff. familia ercisc.

13 La maintenuë du projet de sépulture appartient aux Juges Royaux, & la seule possession, quoique sans titre suffit pour l'obtenir. Arrêt du Parlement de Grenoble du 16. May 1676. rapporté par Chorier en sa Jurisprudence de Guy Papé, p. 47.

SEPULTURE, CHANOINES, CURÉ.

14 Les Curez ont droit de sépulture dans le Chœur de leur Eglise. *Memoires du Clergé*, to. 1. part. 1. pag. 58.

15 Entre le corps du Chapitre & les Curez d'une Ville, aux enterremens des seculiers, & autres actions publiques touchant le rang & l'ordre & la prérogative entre eux. Reglement. *Voyez* Henrys, to. 1. liv. 1. chap. 3. quest. 2.

16 Par Arrêt du Parlement de Normandie du 11. Avril 1504. plusieurs Chanoines de l'Eglise Metropolitaine de Roüen furent condamnez en grosses amendes vers le Roy pour avoir voulu au Convoi du corps de M. Jean le Monnier Conseiller & Chanoine, empêcher 4. Conseillers, 2. Ecclesiastiques, & autant de Laïcs de la Cour de Parlement lors assemblez, de tenir le drap posé sur le corps, fait cesser le chant, éteindre la lumiere, & renvoyé le reste du Clergé; ayant été le même corps laissé au milieu de la ruë l'espace de deux heures, & ensuite pris & inhumé tumultuairement par eux seuls, l'avoir fait sçavoir à la Cour, contre laquelle ils avoient proferé plusieurs paroles injurieuses. Bibliotheque Canonique, tome 2. pag. 594. col. 1.

17 Le 21. Février 1567. Arrêt au Parlement de Bretagne par lequel la Cour ordonne que la distribution des sépultures de l'Eglise de saint Malo se fera par les Doyen, Chanoines & Chapitre, & pour ce faire, seront tenus huit jours après la signification du present Arrêt, élire l'un d'entr'eux residant en la Ville, auquel les habitans se pourront adresser à cette fin, & en l'absence d'iceluy, au plus ancien Chanoine; & outre sera informé des contraventions faites par les Chanoines aux Ordonnances du Roy & Arrêts de la Cour (c'est pour l'argent qu'ils prenoient pour enterrer;) enjoint aux parties se comporter à l'avenir en telle paix & union les uns avec les autres, qu'il n'y ait lieu de trouble & sedition, & qu'ils n'ayent occasion de retourner en la Cour, sur les peines qui y écheent. Du Fail, liv. 3. chap. 152.

18 Un particulier de la Ville de Lyon de la Paroisse de saint Paul de la même Ville, ordonna à ses heritiers qu'après son decez ils priassent les sieurs Comtes de saint Jean de Lyon d'assister à son Convoi. Le Chapitre s'étant transporté à la porte du défunt où il étoit exposé en attendant l'heure de la sépulture comme Curez primitifs & Superieurs de tout le Diocese, prétendoit faire les fonctions Curiales; le Curé s'y opposa. Le Chapitre déclara qu'il ne prétendoit rien aux retributions du Curé. Arrêt du Parlement de Paris du 10. Juillet 1657. qui en consequence ordonna que le Chapitre pourroit assister aux Convois & faire les honneurs de la sépulture lors qu'il y seroit appellé par les parens des défunts, ou qu'ils l'auroient ainsi désiré, & qu'il feroit toutes les fonctions Curiales, Henrys tome 2. liv. 1. ch. 20.

SEPULTURE CHOISIE.

19 Pour la preuve d'élection de sepulture, suffisent 20 trois ou quatre témoins singuliers, pourvû qu'ils s'accordent de ladite élection ; & ainsi fut jugé par Arrêt du Parlement de Grenoble, suivant l'opinion de speculat. in tit. de testib. §. Jam de interrogatoriis.

verf. item de tempore, *ibi*: *in aliis autem & in tit. de inquil. §. 1. verf. sed quid si unus.* joint la faveur de la sepulture, *l. 2. Cod. de sacros. Eccles.* pris de la Décision de Guy Pape, *Décision* 544.

21. La preuve de témoins au nombre de quatre est suffisante pour justifier où le défunt a demandé d'être enterré, Arrêt du Parlement de Bourdeaux du 12. Juin 1522. Autre Arrêt du Parl. de Grenoble. *Papon, liv.* 20. *tit.* 8. *n.* 5. *&* 6.

22. Pierre Doublet fermier de Grenelles prêt de mourir ordonne verbalement de sa sepulture, & desire être inhumé à Vaugirard. Le Curé de S. Etienne sa Paroisse refuse de donner la permission: quatre particuliers prennent ce corps & le portent à Vaugirard. Le Curé de saint Etienne rend plainte; Sentence qui les condamne en l'amende & aux dépens. Appel, M. Patru plaidoit pour eux. La cause fut jugée le 18. May 1634. au Parlement de Paris. La décision n'est point rapportée. *Voyez son* 8. *Plaidoyé.*

23. Arrêt du Parlement d'Aix du 14. Février 1664. qui a jugé que la sepulture des Paroissiens morts dans les bornes de la Paroisse, doit être faite dans l'Eglise Parochiale, excepté en cas de choix ailleurs. *Boniface, to.* 1. *liv.* 2. *tit.* 15. *ch.* 1.

24. Autre Arrêt du 4. Mars 1666. qui ordonna partage des cierges & flambeaux és funerailles entre la Paroisse qui avoit fait porter le corps, & l'Eglise où le défunt avoit voulu être enterré. *Boniface, ibidem, chap.* 5.

25. Quand il y a élection de sepulture par testament ou verbalement par les défunts ou leurs heritiers, les corps des défunts y seront inhumez, mais ils seront portez aux Eglises Paroissiales avant que d'être presentez au lieu où la sepulture a été choisie, Arrêt du 25. Janvier 1669. *De la Guess. to.* 3. *liv.* 3. *ch.* 1. *Voyez* Du Frêne *liv.* 8. *chap.* 14. où il y a Arrêt du 14. Octobre 1655. Chambre des Vacations.

26. Arrêt du P. d'Aix du 18. May 1673. qui a déclaré que les corps enterrez dans une Eglise non choisie ne doivent pas être déterrez pour les ensevelir en l'Eglise choisie. *Boniface, tome* 3. *liv.* 5. *tit.* 2. *ch.* 7.

SEPULTURE, COMPLAINTE.

27. Complainte ne peut être formée pour sepulture entre personnes de même famille. Arrêt du 22. Decembre 1600. *Chenu*, 1. *Cent. quest.* 84.

28. Du droit de sepulture, & si par icelui l'on peut former complainte, & autres questions. *V. Filleau*, 4. *part. quest.* 84.

29. Quand on est empêché d'enterrer un défunt dans le sépulcre de ses ancêtres, on peut aujourd'hui former complainte. *Voyez Mornac, l.* 8. §. *ult. ff. de Religiosis, &c.* où il y a Arrêt du quinze Decembre 1616.

SEPULTURE, CONDAMNEZ.

30. *Majestatis damnatorum sepulturam fere nunquam, aut agerrime concedi.* Vide *Luc. lib.* 12. *tit.* 11.

31. Touchant la sepulture des corps il y a Arrêt du Parlement de Paris du 11. May 1406. qui permit aux parens de M. Desmaretz Avocat du Roy au Parlement, executé pour crime de leze-Majesté de faire enterrer son corps en la Chapelle sainte Catherine à Paris que le défunt avoit fait bâtir. La difficulté pouvoit être de sçavoir si la sepulture devoit être accordée à ces sortes de coupables, & s'il falloit demander cette grace au Prince. *Papon, liv.* 20. *tit.* 8. *n.* 4.

SEPULTURE, DETERRER LES CORPS.

32. Arrêt du Parlement de Paris en 1394. qui condamne l'Evêque du Mans à faire déterrer un homme que son Official avoit excommunié au préjudice des défenses obtenuës par un appellant comme d'abus; ordonné qu'il le feroit absoudre & mettre en terre sainte. *Voyez Mainard, liv.* 8. *chap.* 44.

33. Entre Claude Auger sieur de Crapado, & René de la Motte. La mere de l'intimé avoit été déterrée deux ou trois fois par les gens de l'appellant en l'Eglise Danvrenay; il y avoir eu procez, lequel fut accordé entre le frere aîné de l'intimé & l'appellant; l'intimé puiné, nonobstant l'accord mit en procez l'appellant pardevant le Juge de Nantes en réparation des cas & injures; & consequemment de l'enfeu & prééminence qu'il prétend en cette l'Eglise. L'appellant dit qu'il n'est recevable attendu que toutes actions tant actives que passives sont à l'aîné du noble. Il a transigé avec l'aîné de l'intimé qui est noble. L'intimé confesse qu'ils sont nobles. Il convient de la Coûtume, mais que son frere ne luy a pû prejudicier *in sepulcro familiari*, auquel il est aussi-bien fondé que luy: la Coûtume s'entend des choses qui reçoivent division, & non en chose individuë. De plus, on ne doit par l'Ordonnance avoir égard aux accords faits sur crimes. Le Juge dit que l'intimé est bien recevable; ce qui est confirmé par Arrêt du Parlement de Bretagne du 25. Mars 1567. rapporté par *Du Fail, liv.* 1. *chap.* 242.

34. Les testateurs ou testatrices ayant elû leurs sepultures en l'Eglise de Religieux ou Religieuses, les Curez de leurs Paroisses sont obligez d'y porter le corps avec leur Clergé à la porte, le presenter au Superieur, & certifier que le défunt est mort dans la Communion de l'Eglise Catholique, Apostolique & Romaine; & à faute de ce, doivent être contraints par saisie de leur temporel, n'y ayant rien de plus inviolable, & de plus saint en nos Loix, que les dernieres dispositions des défunts concernant leurs sepultures, & particulierement quand elles sont consignées en leurs testamens, *licet enim occasu necessitatem mens divina non sentiat, amant tamen anima sedem corporum relictorum, & nescio quâ sorte rationis occulta sepulchri honore latantur*, dit l'Empereur Valentinien, Novelle *de sepulch.* & de cette inclination des hommes est procedé le defir d'être enterré plûtot en un endroit qu'en un autre. Arrêt du 14. Octobre 1655. *Journal des Audiences, to.* 1. *liv.* 8. *ch.* 24.

35. Arrêt rendu au Parlement d'Aix le premier Avril 1656. qui a jugé que c'est un crime que de déterrer les corps morts, & les exposer aux bêtes. L'accusé fut condamné en 150. livres d'amende, aux dépens, jusqu'au payement desquels il garderoit prison, & à rétablir le lieu. *Boniface, to.* 1. *liv.* 2. *tit.* 15. *ch.* 2.

SEPULTURE DANS L'EGLISE.

36. *De prohibitâ sepulturâ in Ecclesiis.* Voyez *Pinson, au titre de immunitatibus Ecclesiarum.* §. 4.

Sepultures dans les Eglises. *Voyez Mornac, L.* 2. *Cod. de sacrosanctis, &c.*

37. S'il est permis de prendre & d'exiger des deniers pour la concession d'une place de sepulture en l'Eglise? *Voyez M. d'Olive, Actions forenses,* 3. *partie, Action* 9.

38. Du droit de sepulture, & si celuy qui le prétend dans une Eglise, est bien fondé à demander le déterrement & la translation d'un corps que les Religieux ont mis dans le tombeau. *Voyez sur cette matiere, M. d'Olive, ibid. Action* 8.

39. Entre Thomas de Quermenozaël, & Bertrand Guegant, sieur de Queraudraou; la Cour met les parties hors de Cour, & neanmoins ordonne que les tombes prétenduës par chacune d'elles, étant sur la terre en l'Eglise de Guyfray, seront mises uniment & à fleur de la terre. Arrêt du Parlement de Bretagne du 13. Septembre 1561. *Du Fail, liv.* 2. *ch.* 149. Ainsi jugé par plusieurs Arrêts, & par un general, contre le Sénéchal de S. Renan. *Voyez Loiseau, des Sepultures voûtées,* au Traité *des Seigneuries, ch.* 11. *n.* 86.

40. Il n'appartient qu'aux Patrons & aux Curez, d'être enterrez dans le cancel; comme il a été jugé par Arrêt du 21. Juillet 1598. rapporté par *Berault, sur l'art.* 141. *de la Coût. de Normandie, in verbo les Droits honoraires*, par lequel les heritiers d'un défunt qu'ils avoient fait enterrer dans le Chœur, furent condamnez

nez en trente écus d'amende. *Jovet*, verbo *Sépulchre*, nombre 14.

41 Le Patron & le Haut-Justicier maintenus dans le droit d'être inhumez au Chœur de l'Eglise, & jugé qu'ils avoient droit d'empêcher que d'autres, même des Nobles, y fussent enterrez. Arrêt du mois d'Août 1605. *Le Bret*, liv. 3. *Décision* 8.

42 L'Evêque de Senlis, par une Lettre Synodale, avoit défendu d'enterrer personne *intrà Ecclesiarum capta*, sans sa permission. Appel comme d'abus ; M. Talon Avocat Général, conclut au débouté ; la cause fut appointée, par Arrêt du 8. Mars 1650. *Voyez Pinson*, au titre *de immunitatibus Ecclesiarum*, §. 4. n. 9.

SEPULTURE DE LA FEMME.

43 Si une femme qui a eu plusieurs maris, n'a point fait choix de sa sépulture, elle doit luy être donnée dans le tombeau de la famille du dernier mary ? *V. les Définit. Can.* p. 824.

FRAIS DE LA SEPULTURE.

44 Si le défunt a par testament fait quelques legs à sa Paroisse, hors laquelle il a depuis été inhumé, tel legs vient en compensation avec la quatriéme portion Canonique, ou autres droits dûs au Curé, quoiqu'il n'y en ait aucune expression dans le testament. *Bibliot. Can.* to: 2. p. 593. col. 1.

45 Arrêt du Parlement de Paris du 23. Août 1402. portant que chacun des habitans du païs d'Anjou, faisant chef de ménage, sçavoir l'homme & la femme mariez, & aussi non mariez, âgez de quinze ans, ayant leur ménage, seront tenus pour droits de sépultures, enterremens & funerailles, comme aussi à cause des droits qu'anciennement les Curez prenoient pour le drap de linge, soye, ou laine, étant sur le défunt, & pour la célébration de la Messe au jour de l'Obit, & septime, appellée vulgairement de seme, de chaque défunt, faisant chef de ménage, dorenavant de payer par chacun an aux Curez, à la Fête de Saint Jean-Baptiste, à la Fête de la Toussaint, & à la Nativité, six deniers, montant le tout à dix-huit deniers, & les arrerages échûs. Les pauvres mendians qui sont exempts de tailles, le sont pareillement de ces droits de sépultures. De plus, il est ordonné que le luminaire de cire, qui sera mis sur les Autels des Eglises, le jour de l'Obit & septime, autrement seme, appartiendra dorésnavant aux Curez, & la moitié de celuy qui sera mis autour du corps, ou du poêle, qui n'aura été d'aucune Confrairie, le Service fini, appartiendra aux Curez ; la quatriéme partie appartiendra aux Fabriques, si elles sont tenûes de fournir le luminaire aux Eglises ; mais si au contraire les Curez en sont tenus, elle leur appartiendra, & l'autre quart aux heritiers ou executeurs du défunt, lequel luminaire sera gardé dans l'Eglise, un mois tout au plus, à compter du jour de l'Obit, lequel passé, le Service fait ou non fait, les Curez, Fabriques, heritiers ou executeurs, auront & partageront entre eux lesdits droits, comme il est specifié cy-dessus. *Ibid.* p. 596. à la fin.

46 Sur les plaintes des Gens du Roy, que les Curez differoient d'inhumer ceux qui n'avoient pas le moyen de fournir aux frais de leur sépulture, & ceux desquels on n'exhiboit les testamens ; Arrêt du Parlement de Paris du 21. Juin 1505. qui ordonne que les Vicaires, & autres principaux Officiers de l'Evêque de Paris, & aussi les Vicaires de S. Germain seront mandez. *Voyez le 2. tome des Preuves des Libertez*, ch. 35. *nomb.* 33.

47 Les honneurs funebres que l'on doit au mary, soit à cause de sa charge ou autrement, ne sont point dûs à la veuve. Arrêt du Parlement de Paris du 4. Juin 1513. pour la sépulture d'une femme d'un Conseiller en la Cour. *Papon*, liv. 20. tit. 8. n. 7.

48 Arrêt du Parlement d'Aix du 17. Decembre 1654. qui a jugé que la contrainte ne pouvoit être décernée pour le droit de sépulture. *Boniface*, to. 1. l. 2. tit. 15. c. 4.

Tome III.

SEPULTURE, MARGUILLIERS.

49 C'est une maxime, que les droits & places de sépulture sont à la disposition des Marguilliers, & sur un particulier débouté de la complainte par luy formée contre un autre, lequel avoit obtenu que sa femme seroit enterrée dans une Chapelle qu'il prétendoit être spéciale à ceux de sa famille, ce qui fut ainsi jugé par Arrêt du 12. Decembre 1600. rapporté par *Tournet*, tome 1. lett. B. Arrêt 13.

50 Par Arrêt du Parlement de Bretagne du 13. Janvier 1622. rapporté par *Frain*, *Plaidoyé* 130. il a été jugé, qu'il appartient aux Recteurs & Marguilliers, de désigner les sépultures avec les Curez ; les Curez ne le peuvent seuls.

51 Le droit de conceder des sépultures, qui appartenoit anciennement aux Evêques & aux Curez primitifs, a passé par leur negligence aux Marguilliers. Il leur appartient tellement, qu'il fut jugé à Toulouse le 24. Avril 1665. que les Marguilliers de Nôtre-Dame des Tables de Montpellier, ne l'avoient point perdu par la démolition de cette Eglise, demeurée démolie durant plus de 100. ans, où qu'ils le reprenoient avec leurs autres droits & prérogatives dans l'Eglise ensuite rebâtie. Ces Marguilliers plaidoient contre le Châpitre de Montpellier, qui comme Curé primitif, prétendoit, par la nouvelle construction de l'Eglise, rentrer dans son droit originaire. *V. M. de Catellan*, liv. 1. ch. 64.

SEPULTURE, PESTE.

52 *Corpora luë interempta sepeliri & in hortis & in cæteris quibuscumque locis profanis, prout impellit mali grassantis necessitas.* Arrêt du mois de Juillet 1583. *Mornac*, L. 12. *Cod. de religiosis & sumptibus*.

SEPULTURE REFUSÉE.

53 Arrêt du Parlement de Paris de l'an 1388. qui abroge l'ancienne coûtume des Officiers, de donner des commissions, en vertu desquelles les Curez, quand un homme étoit mort *ab intestat*, faisoient un testament à leurs avantages, lequel étoit executoire sur ses biens, & leur enjoint en outre de les enterrer en terre sainte ; l'avarice des Prêtres étoit telle, qu'ils ne donnoient la sépulture qu'après le testament, ainsi fait par le Commissaire député suivant les facultez du défunt. *Papon*, liv. 20. tit. 8. n. 1.

54 Arrêt du 1. Mars 1401. par lequel il est dit que les Curez ne pourroint refuser la sépulture, s'il n'y a autre cause que celle d'être mort *ab intestat*. Ibidem *n.* 2.

55 Arrêt du Parlement de Paris du 13. Juin 1552. donné au sujet de l'enterrement de M. Coët Maitre des Requêtes de la Reine, fait par le Curé sans tirer la Finance ordinaire ; pour raison dequoi, l'Evêque de Paris luy avoit suscité un procés ; sur la Requête de M. le Procureur General, le décret synodal fait 300. ans auparavant, portant permission aux Evêques de tirer un droit des enterremens, & aux Curez de refuser sépulture de ceux qui seroient morts *ab intestat*, a été reprouvé & anéanti par cet Arrêt de 1552. *Papon*, ibidem, *n.* 3.

56 La sépulture Ecclésiastique ne doit point se refuser sur de simples présomptions. Arrêt du Parlement de Grenoble du 1. Novembre 1542. par lequel le Parlement exhorta l'Official de Grenoble de pourvoir à la sépulture d'une femme trouvée sur un rivage, qu'on disoit s'être précipitée, & dont il avoit été ordonné que le corps seroit traîné sur une claye, & conduit dans un lieu profane. *Voyez Basset*, to. 2. li. 1. tit 2. ch. 9.

57 Un Vicaire avoit refusé sépulture au défunt, sous prétexte que l'executeur testamentaire ne luy avoit pas voulu montrer le testament de ce défunt. Le Vicaire se vouloit excuser par un statut synodal de l'Evêque, *ne quis intestatus sepeliatur*. Par Arrêt du 10. Juin 1560. il fut dit mal & abusivement denié, quant à l'appel comme d'abus interjeté par M. Dumesnil Avo-

Bbbb

cat du Roy du statut synodal, il fut dit que l'Evêque viendroit défendre à quinzaine. *Bibliot. de Bouchel*, verbo *Sépulture*.

Registre des Sepultures.

58 Registre des sépultures des Beneficiers. *Voyez les Memoires du Clergé*, to. 2. part. 2. p. 455. & cy-dessus le mot *Registres*.

Sepulture, Religieux

59 Le Curé, Religieux mendians, ou autres personnes de semblable qualité, és Eglises dans lesquelles le défunt a ordonné sa sépulture, peuvent aller querir processionnellement avec croix & bannieres, le corps jusques dans les limites de la paroisse d'autruy, *Oldra-Consil.* 204. *& Ancharan.*, avec cette limitation toutefois, apportée par plusieurs Docteurs Canonistes, que ce doit être avec la permission du Curé domiciliaire present ou appellé à lever le corps. *Voyez Bibliot. Can.* to. 2. p. 593. Col. 2.

60 Reglement par lequel le Curé ou son Vicaire levera le corps qui sera porté accompagné de son Clergé jusqu'à la porte de l'Eglise du Convent, où le Superieur du Monastere ou Religieux commis le recevra. Le Curé certifiera que le défunt est mort en la communion de l'Eglise Catholique, Apostolique & Romaine, & se retirera avec son Clergé, les cierges & torches partagez entre le Curé & les Religieux également. Défenses aux Religieux de lever le corps des défunts, sinon en cas de refus des Curez, & après sommation deuëment faite, &c. Arrêt du 27. Mars 1646. Autre du 7. May 1646. qui ordonne l'execution du 27. Mars précedent. *Voyez du Frêne*, liv. 4. chap. 38. *& liv.* 8. chap. 24. *& Henrys*, tom. 1. liv. 1. chap. 3. q. 13. *& to.* 2. li. 1. quest. 9.

61 Quand les défunts par testament ou autrement ont choisi leur sepulture dans quelque Eglise de Religieux, leurs heritiers ou parens peuvent les faire enterrer; mais il faut que les corps soient levez par le Curé, portez dans l'Eglise Paroissiale, & ensuite conduits dans l'Eglise, où les défunts ont choisi leur sépulture, pour y être reçûs par les Religieux, & inhumez, comme il fut jugé pour le Curé de la Paroisse de Pompone, Diocèse de Paris, contre les Religieux & Convent des Augustins du bout du Pont de Lagny sur Marne, par Arrêt du 25. Janvier 1669. *Definit. Can.* p. 822.

Sepulture des Religionaires

62 Les sépulchres ne peuvent être communs entre gens de diverse religion. Arrêt du mois de Janvier 1605. Le Bret, li. 3. Decis. 9.

63 Ceux de la R. P. R. ne pourront être inhumez, ni élire leurs sépultures dans les Eglises, Monasteres. Voulons & ordonnons à cet effet que l'Edit par nous fait en la Ville de Nantes en l'article 28. pour le regard desdites sépultures, soit observé. Edit de l'an 1606. sur la plainte du Clergé, art. 10.

64 Le fondateur d'une Eglise faisant profession de la R. P. R. ne peut être enterré en l'Eglise de laquelle il est fondateur. *Voyez Filleau en ses décisions catholiques*, Décision 31. où il rapporte un Arrêt du Parl. de Paris du 5. Mars 1625. *V. du Frêne*, li. 1. ch. 40. *& 42.*

Sepulchre violé.

65 *Voyez Despeisses*, to. 2. part. 1. tit. 12. sect. 2. art. 15. Contre des soldats, lesquels dans la premiere rebellion du sieur Duc de Rohan, démolissans l'Eglise d'Alés, violerent le sépulchre d'une Dame de consideration. *Voyez la dixième conclusion du sieur de Roquayrols Procureur General en la Chambre de l'Edit de Castres*. Les Procureurs furent condamnez à faire amende honorable devant la porte de l'Eglise, & ensuite à servir sur les Galeres.

Sequelle.

1 LE Droit de sequelle s'appelle autrement demi-dîme qui est dû au Curé sur les terres de la Paroisse, par quiconque qu'elles soient labourées. *Voyez Bouvot* to. 1. part. 2. quest. 1. au mot *Sequelle*, où il explique en quoy ce droit consiste, & comment il peut être prétendu.

2 Ceux qui ont part à la dîme, ont droit à la Sequelle. Arrêt du Parlement de Dijon du 27. Février 1614. *Bouvot*, tom. 1. part. 1. verbo *Sequelle*.

Sequestre.

DEfinition & etimologie du mot *Sequester*. L. 110. D. *de verb. sign.*
De prohibitâ sequestratione pecuniæ. C. 4. 4 .. C. Th. 2. 28. *Pecunia, pro quantitate certâ.*
De sequestratione possessionum & fructuum. D. Gr. 2. q. 6. c. 26 .... *Extr.* 2. 17 ... Cl 2 6
Post provocationem quid observandum sit. Paul. 5. 35. Ce Titre parle du sequestre des fruits pendant l'appel.
De sequestrationibus. Per Jacob de arenâ.
Per Franc. Curt. senior.
Per Aug. de Periglis.
Et per Jo. Baptistam Cacialupum, in tract. de debitoribus fugitivis.

1 *Sequestratio possessionis, an lite pendente fieri possit?* Voyez *Andr. Gaill.* lib. 1. *observat.* 147.
Sequestratio rei tempore perituræ an lite pendente permitti debeat? Voyez ibid. *observat.* 148.

3 Du sequestre. *Voyez le* 1. to. *des Loix civiles*, li. 1. tit. 7.

4 *Voyez* supra verbo *Commissaires, & Bouvot*, to. 2. verbo *Sequestres*.

5 Des sequestres ordonnez par Justice, & Commissaires établis à cette fin, ensemble de la restitution des fruits des choses sequestrées. *Ordonnances de Fontanon*, tom. 1. li. 3. tit. 61. p. 639.

6 De sequestre & fournissement de complainte. *V. Du Luc*, li. 9. tit. 9. ch. 7.

7 *De sequestratione possessionis & fructuum.* Voyez la nouvelle Edition des œuvres de *M. Charles Dumoulin* to. 2. p. 512.

8 Des sequestres & des Commissaires & Gardiens des fruits & choses mobiliaires. *Voyez l'art.* 174. *de l'Ordonnance de Blois, celle de* 1667. tit. 19. *& M. Expilly*, art. 138.

9 Sequestre par figure s'execute nonobstant l'appel, Arrêt du 9. Août 1499. toutes les Chambres assemblées. *Bibliotheque de Bouchel*, verbo *Sequestre*.

10 Souvent la nature de la matiere dont est question, ou bien la difficulté du fait, donne occasion aux Juges d'ordonner qu'il n'y aura fournissement de complainte que par figure; & lors, telles Sentences ne laissent d'être executées, nonobstant l'appel, aussi bien que les autres fournissemens réels. Arrêt du Parlement de Paris le 9. Août 499. *Biblios. de Bouchel*, verbo *Sequestre*.

11 Le Juge peut nommer sequestre aux rentes contentieuses. Arrêt du Parlement de Bourdeaux du 12. Mars 1519. entre deux Seigneurs qui prétendoient une même rente sur un même fond. *Papon, liv.* 8. tit. 10. n. 7.

12 Quand il y a des biens à regir en plusieurs Provinces, on ne peut élire plus de deux Sequestres pour chacune, quand même les parties le voudroient. Arrêt du Parlement de Paris du 10. Mars 1524. *Papon*, liv. 8. tit. 10. n. 5.

13 Lorsqu'il y a jugement du sequestre, les parties doivent nommer & s'accorder de ceux qui regiront la chose dont est question, & le Juge les commettre; ce qu'il ne peut faire de son seul office, sinon après que le terme qu'il aura donné aux parties pour en nommer sera expiré. *L. in venditione D. de bon. auct. jud. poss.* Arrêt du 25. Avril 1551. *Papon*, Ibid. nomb. 1. *Bibliotheque de Bouchel*, verbo *Sequestre*.

14 Arrêt du Parlement de Paris en 1537. contre une séquestration réelle, ordonnée par un Juge d'Eglise. *Rebuffe de regiâ ad prælat. nomin.* §. 1.

15 Les proprietaires des biens saisis, ni les saisissans ou opposans ne peuvent être établis sequestres à iceux par les sergens. Arrêt du Parl. de Paris du 6. Decembre 1537. *La Rochestavin, li. 2. tit. 1. Arr. 31.*

16 *bis* De plusieurs litigans, les uns au préjudice des autres ne peuvent accorder le sequestre, le possesseur doit être appellé. Arrêt du Parlement de Dijon du 14. Janvier 1562. *Bouvot, tom. 1. part. 1. verbo Sequestre, quest. 3.*

16 Si le poursuivant criées est responsable du fait du sequestre, civilement, & tenu s'il est insolvable subsidiairement *V. Bouvot, tom. 1. part. 2. verbo Sequestre quest. 1.*

17 Si l'établissement d'un sequestre est valable, & oblige le sequestre qui n'a point signé. *Ibid. quest. 2.*

18 Le maître est payé par préférence au sequestre de la retereire, mais non des interêts & dépens ; lorsqu'il y a saisie sur son Fermier, & établissement de Commissaire aux fruits, Arrêt du Parlement de Dijon du 11. Janvier 1585. *Bouvot, tom. 1. verbo Sequestre, Commissaires, quest. 2.*

19 Si en succession directe, il échet sequestre ? *V. Bouvot, tom. 2. verbo Saisie quest. 59.*

20 Le sequestre ayant laissé prendre les fruits à la partie, peut alleguer nullité. Arrêt du Parlement de Dijon du 13. Juin 1599. *Bouvot, tom. 2. verbo Saisie, quest. 60.*

21 L'on doit prendre un sequestre en la Jurisdiction & Bailliage, où les biens decretez sont assis, & au plus prochain lieu des heritages, celui qui ne seroit du même Bailliage pourroit être déchargé. Arrêt du Parlement de Dijon du 17. Juin 1611. *Bouvot, tom. 2. verbo Commissaires, quest. 9.*

22 De la sequestration de la chose contentieuse. Pour la permettre, il faut 1°. que le droit de celuy qui la demande, soit prouvé du moins sommairement. 2°. Qu'il s'agisse de bonne foy pour la conservation de ce droit. 3°. que du chef du possesseur il y ait des causes legitimes de soupçon. Il y a pareillement lieu au sequestre, si l'on craint que les parties ne viennent aux mains & à la violence. *Voyez Guy Pape, quest. 146.* la partie interessée y doit être appellée ; à peine de nullité. Jugé par Arrêt du Parlement de Grenoble de l'an 1557. contre le Procureur General du Roy, rapporté par *Chorier en sa Jurisprudence de Guy Pape, p. 309.*

23 Chose sequestrée à la requête de deux creanciers, est indivisible, comme aussi les frais que le sequestre y a faits qui doivent être portez par un d'eux, sauf son recours contre l'autre. Arrêt du Parlement de Grenoble du 23. Août 1603. *V. Basset, to. 1. li. 2. tit. 37. ch. 2.*

24 Le sequestre volontaire ne representant pas les gages dans le temps qui luy est ordonné, doit dédommager le creancier, de même que le sequestre forcé. Arrêt du Parlement de Grenoble du 24. May 1678. pour M. Puissant Secretaire du Parlement contre Rival, rapporté par *Chorier, en sa Jurisprudence de Guy Pape, p. 340.*

SEQUESTRE, APPEL.

25 L'ordonnance qui veut que sequestres soient executez, nonobstant l'appel, s'entend des Sentences rendues contradictoirement, & non pas par défaut. Arrêt des Grands Jours de Poitiers du 12. Octobre 1531. à moins que le Juge ne voye que la contumace soit vraye & sans excuse ; il peut, suivant l'Ordonnance de 1539. passer outre. *Papon, liv. 8. tit. 10. n. 8.*

SEQUESTRE, BENEFICE.

26 Sequestre de benefice. *Voyez le mot* Benefice, *n. 229.*

27 Du droit de conferer qui appartient au sequestre. *Voyez Pinson en son Traité de modis aquirendi Beneficii §. 16. n. 93.*

28 *Sequester beneficii præsentare potest.* Voyez *Franc. Marc. 10. 2. quæst. 464.*

29 *Sequestro in interdicto uti possidetis in beneficialibus an Tome III.*

& quando locus sit. Voyez Franc. Marc. 10. 1. qu. 1196.

30 Le Juge d'Eglise ne connoît de sequestre. *Voyez le mot* Juge, *n. 473.*

31 Le sequestre des fruits & revenus d'un benefice, ne peut être ordonné par un Juge d'Eglise, ni par un Juge lay, comme executeur d'un mandement du Juge d'Eglise ; autrement il y a abus, comme *du Moulin, sur la regle de infirmis resign. num. 100.* remarque avoir été jugé par Arrêt, mais le sequestre doit être ordonné par le Juge seculier, connoissant de son chef de la cause, non comme executeur.

32 En 1454. par Arrêt du Parlement, il fut déclaré que le gouvernement & sequestre des Benefices de ce Royaume, contentieux sur le possessoire, & la délivrance des Provisions ajugées aux parties, se doit faire par l'autorité du Roy, non pas du Pape, quoiqu'il prétendit ce droit. *Du Tillet, en son Recueil des Privileges & Libertez de l'Eglise Gallicane.*

33 Quand un Benefice contentieux est sequestré, si l'une des parties contendantes est refusante de rétablir entre les mains des Commissaires ce qu'elle a perçû des fruits provenus du Benefice sequestré, terme luy doit être donné, lequel passé en son refus, contre partie doit être mise en possession du Benefice & luy être permis de prendre les fruits par provision, jusqu'à ce que par jugement de recréance, ou de plein possessoire il soit autrement ordonné. Arrêt du 10. Janvier 1535. *Bibliotheque de Bouchel, verbo Sequestre.*

34 Un Theologien pourvû par un Vicaire de l'Archevêque de Reims *jure devoluto* requiert le sequestre contre un autre Theologien pourvû par l'Ordinaire ; ce dernier l'empêche, disant qu'il est Theologien ; qu'il falloit prêcher & faire des Leçons en Theologie, & qu'ainsi il n'y avoit lieu au sequestre ; de plus que le pourvû *jure devoluto*, n'avoit point communiqué le Vicariat de son Collateur. Il fut dit que la complainte seroit fournie après avoir fait lire par le Greffier, une copie du Vicariat collationné à l'original partie presente.

34 *bis* il avoit été dit entre les parties que la complainte seroit fournie touchant un Office claustral contentieux ; l'Abbé s'étoit opposé à l'execution de la complainte, & pour ses causes d'opposition il disoit que lorsqu'un Office ou Benefice Claustral de son Abbaye est mis en sequestre, il ne peut être commis autre au regime & gouvernement que luy, dont il est en possession immemoriale : cette cause d'opposition à été trouvée bonne le 17. Mars 1533. M. Rubentel dit, qu'en tel cas, si un Office Claustral est sequestré, on doit ordonner Commissaire au spirituel un Religieux de l'Abbaye, & un autre au temporel. *Bibliotheque Canon. tome 2. page 599.*

35 Dans le temps que les Juges d'Eglise connoissoient du petitoire des Benefices, ils n'avoient pas le pouvoir d'ordonner le sequestre ; ce droit a toûjours été reservé au Juge Royal. Arrêt du Parlement de Paris du 1. Juin 1537. qui declare abusive la permission de saisir donnée par l'Archevêque de Sens. *Voyez Rebuffe, sur le Concordat, au Titre de regia ad prælat. nomin.*

36 Un Benefice est contentieux sequestré ; l'une des parties refuse de rétablir entre les mains des Commissaire député, & pour ce refus la recréance est ajugée à l'autre partie. Sur l'appel de cette Sentence, Arrêt du Parlement de Paris du 15. Juillet 1537. qui condamne l'Intimé à remettre ès mains du Commissaire les fruits perçus ; & en emendant ordonné que dans certain temps l'Appellant seroit tenu de rétablir les fruits dont est question, faute de quoy l'Intimé seroit mis en possession du Benefice, & prendroit les fruits par provision, jusqu'à ce que par jugement de recréance ou de plein possessoire, il fut autrement ordonné, tant pour la restitution des fruits perçus, que de la possession, & que cependant le Benefice demeureroit sequestré. Observez que

Bbbb ij

cela se doit entendre des fruits perçûs & liquides, car pour les non liquides c'est assez de donner caution. Ainsi jugé le 6. Janvier 1535. *Papon livre 8. titre 10. nombre 5.*

37. Quelquefois ni l'un ni l'autre des Contendans n'ont aucun titre valable ; ce qu'on peut remarquer lorsque les parties sont appointées en droit sur la récréance ; pour lors le Juge ne doit pas accorder la récréance à aucun d'eux ; mais il doit sequestrer les fruits du même Benefice à parce qu'il n'est pas juste qu'une personne sans titre ni capacité, joüisse d'un Benefice sur lequel il n'a aucun droit, ni vray ni apparent : cette question se trouve avoir ainsi été jugée par un ancien Arrêt du 2. May 1548. *Papon, liv. 8. tit. 11. nomb. 1.*

38. Celuy qui a demandé un Sequestre peut incontinent aprés conclure à la maintenuë. Jugé le 1. Juillet 1574. *Papon, liv. 8. tit. 10. nomb. 1.*

39. Sequestre ne se fera des fruits des Benefices contentieux qui sont de la Collation des Abbayes & Convents privilegiez, & qui ont puissance de pourvoir, par élection desquels les Benefices sont obedientiaires & revocables, & sont en cas different administrez par le Celerier de la maison. Arrêt du 20. Avril 1594. *Bibliotheque de Bouchel, verbo, Sequestre.*

SEQUESTRE, COMPTE.

40. La condamnation de deux Sequestres à rendre compte & prêter le reliqua, dont l'un n'avoit rien administré, comme ne luy ayant été fait aucun commandement parlant à luy, ni pris aucune charge, mais seulement injonction à l'autre qui étoit avec luy de l'en avertir & de luy faire sçavoir, ce qui n'avoit point été fait, fut reformée en faveur du prétendu sequestre qui fut mis hors de cour & de procez par Arrêt du mois de Juillet 1580. *Arrêt de la Rocheflavin, liv. 6. lettre S. tit. 74. Arr. 1.* l'action est solidaire entre les Sequestres. *Journal des Audiences, tome 1. liv. 1. chap. 51.*

41. L'Impetrant peut contraindre le Sequestre à rendre compte chaque année. Arrêt du Parlement de Dijon du 8. Août 1603. *Bouvot, tome 2. verbo, Sequestres, Commissaires, quest. 6.*

42. Le Sequestre qui a joüi est responsable, bien qu'il y ait quelque défaut en l'Exploit. Arrêt du Parlement de Grenoble du 17. Juin 1617. *Voyez Basset, tome 1. liv. 2. tit. 37. chap. 1.*

SEQUESTRE, CONSULS.

43. Arrêt de la Cour des Comptes, Aydes, & Finances de Provence du 13. Juin 1644. qui a declaré que les Consuls chefs de Viguerie ne peuvent être sequestres. *Boniface, tome 1. liv. 1. tit. 7. nomb. 3.*

CONTRAINTS D'ESTRE SEQUESTRES.

44. Les Consuls ou Jurisdictiables peuvent être contraints de se rendre sequestres des biens du Seigneur du lieu, pourvû qu'il n'y habite pas. *V. Basset, tom. 1. liv. 2. tit. 37. ch. 3.*

46. Jugé par Arrêt du Parlement de Dijon du 18. Janvier 1601. que le Procureur d'Office en un village, & deux charges de tutelle, ne doivent décharger un particulier d'être sequestre. *Bouvot, to. 2. verbo Saisie, quest. 63.*

47. Un marchand ne peut être déchargé du sequestre, sous pretexte qu'il dit qu'il y a de bons villageois plus voisins que luy des biens saisis. Arrêt du Parlement de Dijon du 14. Février 1608. *Bouvot, to. 2. verbo Sequestres, Commissaires, quest. 8.*

48. Arrêt du Parlement d'Aix du 7. Novembre 1640. qui a jugé que le sequestre n'est pas toûjours le plus proche voisin, & que trois sequestrations ne déchargent pas d'une quatrième. *Boniface, tome 1. li. 1. tit. 26. n. 8.*

DÉCHARGEZ DU SEQUESTRE.

49. Un sequestre qui n'est du même ressort du Bailliage, où les immeubles sont situez, doit être déchargez. Arrêt du Parlement de Dijon du 26. Juin 1606.

Bouvot, tome 2. verbo Sequestres Commissaires, quest. 7.

50. Un sequestre d'un bois coupé, peut s'en faire décharger. Arrêt du Parlement de Dijon du 29. Avril 1614. *Ibidem, quest. 10.*

51. Arrêt du P. de Dijon du 5. Octobre 1618. qui juge qu'un sequestre peut être déchargé ayant huit enfans, un laboureur sujet ne peut être établi sequestre aux biens de son Seigneur. *Bouvot, ibidem, quest. 11.*

52. Un septuagenaire, & celuy qui a cinq ou huit enfans, peuvent être dispensés de se charger d'une sequestration. Arrêt du Parlement de Grenoble du 18. Février 1625. *Basset, to. 1. liv. 2. tit. 37. ch. 4.*

53. Arrêt du Parlement d'Aix du 10. Juin 1638. qui a déclaré un exacteur public exempt d'être sequestre. *Boniface, tome 1. liv. 1. tit. 16. n. 4.*

54. Autre Arrêt du 20. May 1643. qui a déclaré qu'on ne peut demander à être déchargé d'un sequestre de fruits, aprés la recolte d'iceux. *Ibid. n. 6.*

55. Par Arrêt du 11. Janvier 1646. la Cour a déchargé celuy qui avoit procés avec le creancier d'être sequestre des fruits saisis à la requête de ce creancier. *Ibidem, n. 5.*

56. Le 16. Octobre 1661. Arrêt qui a déchargé un sequestre septuagenaire de la contrainte par corps. *Ibidem, n. 9.*

57. Arrêt du Parlement d'Aix du 26. Avril 1667. qui a jugé qu'une communauté ayant été députée sequestre des fruits saisis de son Seigneur, n'en est pas déchargée, quand elle demande la décharge aprés la recolte. *Boniface, tome 1. liv. 3. tit. 2. ch. 9.*

SEQUESTRE, EXPLOIT.

58. Arrêt du Parlement d'Aix du 9. Novembre 1644. qui a declaré nul un Exploit de sequestre, pour n'être pas signé par deux témoins ou par le Sequestre. *Boniface, tome 1. liv. 1. tit. 26. nomb. 7.*

59. Jugé au Parlement de Grenoble le 14. Janvier 1667. qu'un Acte de sequestration étoit nul, pour n'avoir été signé ni par le Commissaire établi, ou à ce défaut par un Notaire, ou par deux témoins, ou par le Greffier de la Justice des lieux à la forme de l'article 174. de l'Ordonnance de Blois ; le Sequestre sut déchargé ; il en seroit autrement, si de sa part il y avoit eu quelque approbation. *Basset, tome 2. liv. 7. tit. 9.*

SEQUESTRE, FERMIER.

60. La chose sequestrée ne doit être baillée à ferme, à l'une ni à l'autre des parties. Arrêt du mois de Septembre 1527. entre Messire Gabriel Dallégre Prevôt de Paris & le Comte de Juvigny. Autre Arrêt du mois de Novembre 1538. entre Messire Jean Briçonnet, & la veuve d'Antoine de Mailly. Autre Arrêt du 13. Février 1545. *Bibl. de Bouchel, verbo, Sequestre.*

61. Les parties ne peuvent prendre à ferme les choses sequestrées, elles doivent être baillées à ferme au plus offrant & dernier encherisseur. Arrêts du Parlement de Paris du mois de Septembre 1527. Novembre 1538. & 8. Février 1545. *Papon, liv. 8. tit. 10. nomb. 9. & M. Loüet, lett. S. somm. 21.*

62. Un Métayer de Messieurs du Parlement ne peut être établi Sequestre. Arrêt du Parlement de Dijon du 3. Mars 1600. *Bouvot, tome 2. verbo, Saisie, q. 61.*

63. Un Sequestre impetrant, & opposant, peut être admodiateur des fruits saisis. Arrêt du Parlement de Dijon du 28. Février 1603. *Bouvot, tome 2 verbo, Sequestres, Commissaires, quest. 4.*

HERITIERS DU SEQUESTRE.

64. Par Arrêt du Parlement de Dijon du 18. Mars 1596. Les heritiers du Sequestre furent déchargez en tenant compte des fruits précedens jusqu'au jour de son décés, ensemble de son dol & administration. *Bouvot, tome 2. verbo, Commissaires, quest. 1.*

SEQUESTRE INSOLVABLE.

65. Si le Sequestre commis en saisie n'est solvable, qui supportera la perte, ou le saisissant ou le debiteur? *Bouvot, tom. 2. verbo, Saisie, quest. 17.* répond que le saisissant est responsable, s'il y a de sa faute ; sinon,

quand la perte arrive par cas fortuit. Arrêt du Parlement de Dijon du 17. Avril 1606.

66 Si le Sequestre devient insolvable, quand celuy qui l'a fait établir en est responsable? *Voyez Basset, tom. 1. liv. 2 tit. 37. chap. 7. & Coquille, en ses questions, chap. 215.*

67 Deux Sequestres chargez de même chose, l'un d'eux devenant insolvable, l'autre doit répondre du tout. Arrêt du 12. Mars 1664. *Basset, tom. 1. liv. 2. titre 37. chap. 5.*

SEQUESTRE, RELIGIONAIRE.

68 Arrêt de la Chambre de l'Edit de Castres du 22. May 1628. qui a déchargé un homme de la Religion Prétendue Reformée, à cause de sa qualité, de la sequestration de biens saisis, quoyqu'il eût été établi Sequestre d'autorité du Parlement de Toulouse. *V. Boné, Arr. 38. part. 2. pag. 114.*

69 Lors que ceux de la R. P. R. sont établis Sequestres d'autorité du Parlement, ils peuvent demander la décharge de la sequestration, en la Chambre à raison de leur qualité, qui neanmoins leur devient inutile dés qu'ils sont poursuivis pour rendre compte de leur administration, ce qu'ils doivent faire au Parlement, comme s'étant soûmis à sa Jurisdiction par l'acceptation du Sequestre. Jugé en la Chambre de l'Edit de Castres le 9. Janvier 1653. la Cour declara vouloir empêcher que les parties ne se retirassent au Parlement. *Voyez Boné, part. 2. Arr. 57.*

SEQUESTRES TROUBLEZ.

70 Le Seigneur de Tournecoupe au païs d'Armagnac troublant tous les Sequestres établis sur ses biens à la Requête de sa mere pour être payée de la pension à elle ajugée, les Sequestres demandant être deschargez à cause des troubles & empêchemens resultans des informations faites à ce sujet, en furent déboutez, avec defenses audit Tournecoupe de par luy ou personnes interposées troubler les Sequestres établis; autrement en cas dudit empêchement la Seigneurie dudit Tournecoupe confisquée au Roy & unie à son domaine, en payant ladite somme de 500. l. à sadite mere. Arrêt du 20. Juin 1566. *Arr. de la Rocheflavin liv. 6. lett. S. tit. 74. Arr. 2.*

71 Quoique l'Ordonnance porte défenses generales à tous proprietaires & possesseurs des biens saisis de troubler les Sequestres; toutefois le Parlement de Paris y a fait une limitation en faveur des tiers opposans ainsi qu'il juge, & qui sous ce titre se trouvent être actuellement joüissant des biens saisis: il ne paroit pas juste de les déposseder sans connoissance de cause, à moins que le titre de leur acquisition ne fût si suspect qu'il portât son vice sur le front: Neanmoins par Arrêt du Parl. de Toulouse du 28. May 1571. il fut jugé contre les possesseurs qu'ils ne devoient troubler les Sequestres. *V. Mainard, livre 6. chap. 48.*

72 Arrêt du Parlement d'Aix du 3. Février 1668. qui a déchargé un Sequestre de la sequestration, quand il a été troublé par force, aprés avoir fait des verbaux legitimes. *Boniface, tome 3. liv. 3. tit. 10 chap. 1. même Arrêt en 1678. ibid. chap. 2.*

SEQUESTRE, VASSAL.

73 Les sujets justiciables d'un Seigneur ne peuvent être Sequestres de ses biens, *secus*, des emphiteotes du Seigneur foncier & direct sans Justice, comme aussi les justiciables des Eglises des Archevêques, Evêques, Abbez, Prieurs, Chapitre, Colleges & Communautez peuvent aussi l'être. Jugé par plusieurs Arrêts du Parlement de Toulouse; ce qui a été étendu aux sujets justiciables d'un Seigneur qui ne demeure sur le lieu. Arrêt du Parlement de Paris du premier Octobre 1575. *La Rocheflavin, liv. 2. tit. 1. Arr. 56.* Graverol rapporte un Arrêt du Parlement du 26. Juin 1666. qui confirme la sequestration commise aux emphiteotes.

SERF.

1 VOyez les mots Affranchissement, Esclave, Mainmorte.

2 *De servis fugitivis*, Pet Marcum Mantuum Benavidium in suo Enchiridio.

3 Serfs, Coûtume de *Troyes*, art. 3. ce ne sont pas des Esclaves, car il n'y en a point en France, mais des personnes sujettes à de ceraines servitudes.

En Bourgogne & en quelques autres Provinces, ceux qui sont serfs ne le sont qu'à cause de leurs heritages, & ils deviennent francs en les abandonnant.

En Champagne & en quelques autres Provinces, la condition de Serfs est differente, selon la nature des terres & Seigneuries à cause desquelles ils sont hommes. *V. au mot Serfs, l'Indice des droits Royaux & Seign. par Ragueau, ou le Glossaire du Droit François.*

4 Un Serf ne peut être fait Clerc sans le consentement de son Maître. *Tournet, lettre S. Arr. 28.*

Voyez cy-aprés le mot Servitude, nomb. 93.

SERGENS.

1 VOyez les mots, *Exploits, Huissiers, Recors, &* sous ce mot *Sergent*, le *Glossaire du Droit François*, ou l'*Indice des Droits Royaux & Seigneuriaux* par *Ragueau, Bouvot, tome 2. verbo Sergent, Du Luc, liv. 6. tit. 1. Filleau, part, 3. tit. 6. Chenu des Offices de France, tit. 37. Les Opuscules de Loysel, page 150. & 417.*

2 Des Sergens fieffez. *Joly, des Off. de France, tom. 2. liv. 3. tit. 35. pag. 1624. & aux additions, pag. 1924.*

3 Des Maîtres Priseurs, Vendeurs de biens meubles en chacune ville & bourg de ce Royaume, de leurs salaires & réunion au Corps des Sergens Royaux. *Ibidem, tit. 33. pag. 1604.*

4 Autrefois les Huissiers & Sergens demeuroient en la maison du debiteur, *& de suo vivebant*, jusqu'à ce qu'il eût payé; c'est ce que l'on appelloit contrainte par *gast & garnison*. Cette rigueur fut abolie à Toulouse par Arrêt de l'an 1527. conforme à autre du Parlement de Paris. *Voyez Mainard, livre 7. chap. 30.*

5 Par Arrêt du Parlement de Normandie du 14. Juillet 1547. il a été jugé que les Sergens doivent faire payer dans la huitaine les deniers des ventes, suivant l'Ordonnance d'Orleans, art. 91. qui enjoint aussi aux Sergens de bailler recepissé des pieces mises en leurs mains. *Berault, sur la Coûtume de Normandie, tit. de Jurisdiction, art. 5.* in verbo, *faire faire Inventaire.*

6 Sergens reçus avec inquisition de leur bonne vie & experience, seront âgez de 25. ans, bailleront caution de 200. liv. *Ordonnance d'Orleans, art. 89.* bailleront un recepissé des pieces qui seront mises en leurs mains, &c. *Ordonnance d'Orleans, art. 91.*

7 Un Sergent ne peut exploiter dans une haute Justice sans mandement du Jugé. *Voyez lett. H. au mot, Haute Justice, nomb. 44. & 45.*

7 bis Les Sergens féodez de Fougere, ont le septiéme, denier des taux & amendes. Arrêt du P. de Bretagne du 12. Octobre 1564. ils doivent recueillir à leurs frais les rentes dûës au Roy & à leurs Seigneurs. Arrêt du 26. Decembre 1613. *Du Fail, liv. 2. chap. 239.*

8 L'Edit ampliatif des Offices de Sergent, ne s'entend que des Sergens des Jurisdictions ordinaires, non des Elûs qui sont occupez pour les affaires du Roy. Arrêt du 15. Decembre 1572. qui ordonne qu'un Sergent sera remboursé par les autres Sergens opposans à sa reception; ils sont sujets à la suppression de l'Edit des états de Sergens surnumeraires. Jugé le 28. Novembre 1564. *Papon, liv. 6. tit. 7. n. 2.*

9 Un Sergent general reçu à la Cour, & depuis au Bailliage, n'est tenu de faire le service à la tenuë des Jours, comme les autres Sergens. Arrêt du Parlement de Dijon du 29. Juillet 1600. *Bouvot, tome 2. verbo, Sergent, quest. 5.*

10 Un Sergent pour n'avoir fait le service ordinaire à son tour, peut être condamné à l'amende. Arrêt du

Bbbb iij

Parlement de Dijon du 15. Juin 1602. *Bouvot*, *ibid.* question 13.

11. *Apparitores notorias ullas conscribere (vulgus informationes vocat) nisi authore judice; imò & repetendi sunt testes ab ipsomet judice qui delegavit, alias & nisi repetitio illa facta sit nihil actum, &c.* Arrêt du 19. Avril 1608. Mornac, *L. 50. ff. de evictionibus*, où il est parlé de *apparitorum perfidiâ*.

12. Les Sergens sont tenus de mettre au collier les condamnez. Jugé par Arrêt du Parlement de Bretagne du 27. Novembre 1614. rapporté par *Frain*, page 179.

13. Reglement pour obliger les Sergens qui ne sont point des Jurisdictions de Paris, de resider dans les lieux où ils doivent le service, avec défenses d'exploiter ailleurs, à peine de faux & d'amende; enjoint aux Huissiers de declarer le lieu auquel ils sont Officiers, à peine de nullité & de faux; du 2. Janvier 1665. *De la Guess. tome 2. liv. 7. ch. 1.*

SERGENT ABSENT.

14. Sergent est destituable, s'il s'absente du service sans permission & congé de son Magistrat. L'Arrêt est du mois d'Octobre 1567. *Voyez le 2. Plaidoyé d'Ayrault.*

15. Arrêt du Parlement d'Aix du dernier Avril 1658. qui condamne à l'amende un Sergent qui s'étoit absenté de la Ville sans la permission du Lieutenant. *Boniface, tom. 1. liv. 1. tit. 21. n. 1.*

SERGENT AMENEUR.

16. Sergent ameneur. Dans la Coûtume de Bretagne. *Voyez* l'Arrêt du 14. Decembre 1606. en *Bellordeau*, *li. 2. Contr. 49.* & le Stile & l'Usage touchant l'ordre des menées, redigé par *M. d'Argentré*, en 1536. étant à la fin des anciennes Coûtumes.

SERGENS D'ARMES.

17. Par Arrêt du Parlement de Bretagne du 27. Octobre 1566 il fut dit que le nommé Bourbans s'appellant Sergent general & d'Armes, pourra faire tous Exploits de Justice, fors la cueïllette des deniers des taux & amendes, dont l'intimé est tenu répondre à cause de son Office, à la charge à l'appellant de faire tous exploits, dont il sera requis par le Procureur General, sans en prendre aucun salaire. *V. Du Fail, liv. 3. chap. 158.*

18. Il y avoit autrefois des Sergens d'Armes, ils portoient les masses devant le Roy; & pouvoient exploiter par tout le Royaume, même contre les Princes. Arrêt du Parlement de Bretagne du 23. Septembre 1568. qui a jugé qu'ils ne devoient être condamnez en l'amende pour avoir manqué d'assister aux Audiences & services de la Cour. *Du Fail, liv. 1. chapitre 276.*

19. Les Sergens generaux & d'Armes ne sont tenus aller à l'Audience, ni accompagner les Juges à l'Auditoire. Arrêt du Parlement de Bretagne du 22. Septembre 1570. *Ibid. liv. 2. chapitre 363.*

20. Les Sergens d'Armes pour le fait de leurs Charges & Commissions, sont Justiciables de la Connétablie, où ils sont reçus, suivant les Arrêts du Conseil d'Etat du Roy du 28. May 1659. & 21. Juillet 1668. *Jovet*, verbo, *Prévôt, Connétablie. nomb. 25;*

21. Arrêt du Conseil du 1. Juin 1672. en faveur des Sergens d'Armes en la Connétablie. *Maréchaussée de France, page 922.*

SERGENS DU CHAROLOIS.

22. Les Sergens du Comté de *Charolois* ne peuvent mettre à execution les mandemens du Juge Royal. Arrêt du Parlement de Dijon du premier Mars 1612. *Bouvot, tom. 2. verbo, Sergent, quest. 29.*

SERGENS DU CHASTELET.

23. Des Sergens de la douzaine du Châtelet de Paris. *Joly, des Offices de France, to. 2. liv. 3. tit. 26. p. 1626. & aux Additions, pag. 1924.*

24. Des Sergens à cheval du Châtelet de Paris. *Ibid. tit. 31. p. 1547. & aux Additions, p. 1923.*

25. Des Sergens à pied à verge du Châtelet de Paris. *Ibid. tit. 32. p. 1575. & aux Additions, p. 1924.*

26. Recueil des Edits, &c. concernant l'exercice & fonction des Sergens à verge au Châtelet de Paris. *Paris 1669.*

27. En une cause plaidée le 14. Avril 1554. entre le Prévôt de Paris, & un des Sergens de la Douzaine, fut requis par M. Riant Avocat du Roy, que les douze Sergens, suivant leur premiere institution, qui fut lors que la Barre étoit Prévôt de Paris, eussent à tenir compagnie au Prévôt de Paris, vacant à son Office, & en son absence au Lieutenant Civil & Criminel vacans à l'état de la Police. *Biblioth. de Bouchel*, verbo, *Sergens.*

28. Jugé le 21. May 1572. que le Privilege octroyé aux Sergens du Châtelet, d'avoir leurs causes commises pardevant le Prévôt de Paris, s'étend en défendant & non en demandant. Quelques-uns disent que ce Privilege est restraint aux causes qui concernent l'exercice de leurs états. *Ibidem.*

29. Arrêt du Parlement de Paris du 1. Decembre 1588. par lequel il fut ordonné que doresnavant les criées d'un état de Sergent au Châtelet, se feroient au Châtelet, encore que le Titulaire redevable n'y fût domicilié; les affiches se mettront aux principales Portes de saint Germain de l'Auxerrois, Paroïsse du Châtelet. *Ibidem.*

30. Reglement au profit des Huissiers, Sergens à cheval au Châtelet de Paris, contre les autres Sergens Royaux, du 8. May 1668. *Voyez De la Guess. tome 3. liv. 2. chap. 13.*

SERGENT CLERC.

31. Un homme qui avoit été Sergent ne pouvoit s'aider du Privilege de Clericature. Arrêt du Parlement de Paris du 28. Juin 1562. *Biblioth. de Bouchel*, verbo, *Sergens.* & cy-aprés le nombre 62.

SERGENS, COMMISSION.

32. L'on ne doit arrêter un Sergent exploitant sans *pareatis*; mais il a été trouvé soûtenable d'arrêter son cheval. Arrêt du Parlement de Paris du 1. Février 1543. *Papon, liv. 7. tit. 5. n. 5.*

33. Entre Jean Alexis & Bourbans, Sergens, par Arrêt du Parlement de Bretagne du 14. Août 1559. la Cour confirme le Jugement du Sénéchal de Rennes, lequel fait prohibition à Bourbans Sergent d'exploiter sans Commission, és fins & metes de Melesse & Beton, dont Alleix est Sergent Bailliager, sur peine d'amende, & de nullité des Exploits. *Du Fail, livre 2. chapitre 94.*

34. Par Arrêt du Parlement de Bretagne du 26. Octobre 1560. défenses, requerant le Procureur General, à tous Sergens du ressort, d'executer & signer aucuns arrêts & saisies à la Requête du Procureur General, ou de ses Substituts, sans avoir d'eux commission & pouvoir de ce faire, sur les peines qui y écheent. *Du Fail, liv. 1. ch. 119.*

35. Arrêt du Parlement de Paris du 4. Août 1592. qui fait défenses au Juge dont étoit appel, & à tous autres de bailler à Ferme, ni par Commission, l'Office d'un Sergent; ordonné que l'Arrêt seroit publié en tous les Sieges. *Bibliotheque de Bouchel*, verbo, *Sergens.*

36. Arrêt du Parlement de Provence du 20. Decembre 1640. qui condamne un Sergent à l'amende, pour avoir refusé d'exploiter une Commission. *Boniface, tom. 1. liv. 1. tit. 21. nomb. 2.*

SERGENS, LEUR CREATION.

37. Il n'y a que le Roy qui crée des Sergens. La premiere création qui s'en proposa sous le Roy Henry III. fut de dix-huit mille ces Charges qui auparavant n'étoient que Commissions, ont été érigées en titre d'Office & renduës hereditaires, par Edit du 3. Mars 1672. & depuis il a été défendu par Arrêt du Conseil du 22. Août 1679. de les exercer sans Provision. En *Dauphiné* les Seigneurs hauts Justiciers sont en

possession d'établir des Sergens ordinaires, pour exploiter dans l'étendue de leurs Terres; & cela en conformité de l'Ordonnance de 1667. ils donnent pour cet effet des Provisions à leurs Sergens, lesquelles sont enregistrées au Greffe de la Jurisdiction; mais il ne leur est pas permis d'executer, ni de faire aucun acte ni signification hors de la Terre, ni d'executer les Mandemens de la Cour, ni des Juges dans la Terre même. *Voyez* Chorier, *en sa Jurisprudence de Guy Pape, page 110.*

SERGENS, DENIERS TOUCHEZ.

38. Par plusieurs Arrêts, il y en a du 22. Février 1577. qui enjoint aux Sergens de faire signer leurs Records & leurs Commissaires, & Dépositaires de Justice; Item, de ne donner qu'un Exploit d'établissement des biens baillez en garde; il ne leur est pas permis de retenir l'argent pour leur salaire, sauf à eux à faire taxer par le Juge. *Papon, liv. 6. tit. 7. nombre 5.*

39. Le Créancier ne peut sous prétexte que son Sergent ne luy a pas remis toute la somme entre les mains, poursuivre le débiteur pour le surplus. Jugé en la Tournelle Civile du Parlement de Paris, le 17. Février 1694. *Journal des Audiences, tome 5. liv. 10. chapitre 6.*

SERGENS, ENQUESTE.

40. Sergens ne peuvent faire enquête. *Voyez* le mot, *Enqueste, nombre 64.*

SERGENS, LIRE ET ECRIRE.

41. Huissiers & Sergens doivent sçavoir lire & écrire, autrement ne doivent être reçus à exploiter. Ainsi décidé par plusieurs Arrêts, & même par un donné à Paris le 4. Octobre 1550. il fut expressément enjoint aux Juges du ressort de plus recevoir ni instituer Huissiers ou Sergens s'ils ne sçavent lire & écrire. *Voyez la Biblioth. de Bouchel, verbo, Huissiers.*

42. Par Arrêt du Parlement de Bretagne du 3. Avril 1565. commandement aux Sergens qui ne sçavent écrire de se défaire de leurs états dans six mois. *Du Fail, liv. 1. chap. 186.*

SERGENS, EXCES.

43. Excés faits à un Sergent. *Voyez* le mot, *Excés, nombre 3. & suiv. & cy-après le nombre 75.*

44. Sergens excedez executant les Ordonnances de Justice. *Voyez l'Ordonnance de Moulins, article 34.* & celle de *Blois, art. 190.* Voyez *M. Expilly, Arr. 91.* & Mornac, *L. 1. ff. de in jus vocando.*

45. Le 6. Juillet 1536. un Sergent fut condamné à être pendu, & les autres fouëtez devant les Etudes, pour avoir meurtri là-devant un Ecolier, en faisant quelque exploit. *Bibliotheque de Bouchel, verbo, Université.*

46. Celuy qui excede un Sergent faisant une execution, doit être puni corporellement. Arrêt du Parlement de Dijon du 22. Mars 1565. qui condamne un Moine à faire amende honorable & à un bannissement perpetuel, nonobstant la grace par luy impetrée. *Bouvot, tome 1. part. 2. verbo, Sergent.*

47. Quand un Sergent est offensé en mettant à execution un debitis general, la connoissance du delit appartient au Lieutenant Criminel. Arrêt du Parlement de Dijon du 26. May 1599. *Ibid. tome 2. verbo, Saisie, question 57.*

48. Il n'est pas permis à un Sergent qui se prétend offensé, de prendre argent du debiteur. Arrêt du Parlement de Dijon du 27. Avril 1613. *Ibid. verbo, Sergent, question 32.*

49. Sergent excedant est bien pris à partie. Jugé le 10. Février 1579. *Papon, liv. 7. tit. 7. n. 49.*

50. Arrêt du Parlement d'Aix du 29. Mars 1642. portant condamnation d'amende contre un Sergent qui avoit outragé la Partie qu'il executoit. Le même Arrêt défend aux Sergens de prendre avec eux d'autres Sergens en exploitant. *Boniface, tome 1. livre 1. tit. 21. nombre 3.*

SERGENS, GARANDS.

51. Le proprietaire de la Sergenterie est garand des cautions reçues par ceux qu'il a commis pour l'exercer. *Voyez* le mot, *Garentie, n. 125. & 126.*

52. Jugé par Arrêt du Parlement de Normandie du 12. Avril 1511. qu'un Sergent ne doit recevoir aucune opposition sans caution, ou la main de Justice suffisamment garnie; & le Sergent qui a reçu une opposition sans caution, si l'opposant est évincé de son opposition, en sera tenu, & se pourra contre luy, l'executant addresser, sans autre discussion. *Berault, tit. de Namps, art. 63. in verbo, peut délivrer a condition.*

53. Par Arrêt du Parlement de Roüen du 27. Juin 1597. rapporté par *Berault, sur la Coûtume de Normandie, art. 63.* jugé qu'un Sergent qui avoit reçu une opposition, & une caution devenuë depuis insolvable, étoit tenu en son nom de la dette, & fut condamné de la payer.

54. Un Sergent ne peut être condamné en son propre & privé nom, s'il n'appert *de dolo & culpa.* Arrêt du Parlement de Dijon du 14. May 1598. *Bouvot, tome 2. verbo, Sergent, quest. 52.*

55. Jugé par Arrêt du Parlement de Normandie du 2. Juin 1598. que le Sergent ayant reçu la caution d'un opposant, depuis débouté de son opposition, doit représenter les meubles, sans discussion de l'obligé. *Berault, tit. de Namps, art. 63. in verbo, peut délivrer à caution.*

56. Un Juge peut ordonner qu'un Sergent sera condamné en son propre & privé nom, s'il ne fait les diligences necessaires. Arrêt du Parlement de Dijon du 8. Février 1599. *Bouvot, tome 2. verbo, Saisie, question 55.*

57. Un Sergent ayant vendu des meubles par luy executez, & fait son devoir, ne peut être actionné par les debiteurs, pour leur rendre les meubles, sous prétexte qu'ils ont payé. Arrêt du Parlement de Dijon du 7. Mars 1603. *Bouvot, tome 2. verbo, Sergent, question 17.*

58. Arrêt du Parlement de Provence du 28. Mars 1659. qui declare les Sergens responsables envers les Parties des manquemens de formalitez qui se trouvent dans les exploits. *Boniface, tome 1. livre 1. titre 21. nombre 5.*

SERGENS, INVENTAIRE.

59. Les Sergens ne peuvent faire Inventaire. *Voyez* le mot, *Inventaire, n. 143.*

JUGES DES SERGENS.

60. Sergens ou Huissiers de Cour Superieure punis par l'Inferieure, *si in eâ deliquerint.* Mornac, *L. 2. C. de sportulis.*

61. Sergent n'obéissant à ce que le Juge luy commande, peut être emprisonné; ainsi jugé. *Papon, livre 6. tit. 7. nombre 11.*

62. Arrêt du Parlement de Paris du 11. Septembre 1425. par lequel il est enjoint aux Sergens Clercs de se marier en dedans la Chandeleur, & prendre l'habit de Sergent, le tout afin que nonobstant leur Privilege Clerical, les Juges temporels eussent moyen de les punir de leurs fautes. *Papon, livre 6. tit. 7. nombre 2.*

63. Arrêt du Parlement de Bourdeaux du mois de Juin 1536. contre le Vicomte de Turenne, & contre l'Abbesse de Saintes, de l'an 1507. par lesquels il est dit, que le Juge Royal est seul competent pour connoître des excés commis contre un Sergent en faisant son office, & non le Seigneur Justicier du domicile du Sergent. *Ibid. liv. 5. tit. 8. n. 2.*

64. Sergent Royal ayant delinqué *ut privatus, & hors de son office,* doit être puni par le Juge ordinaire de son domicile; mais si c'est comme exerçant son office de Sergent, il doit être puni par le Juge Royal duquel il est institué. Arrêts des Grands Jours de Moulins du 16. Octobre 1540. *Ibidem, livre 7. titre 7. nombre 49.*

65 Si le Lieutenant de la Chancellerie peut connoître d'un delit commis par un Sergent exploitant, en vertu de sa Commission, ou le Lieutenant Criminel? *Voyez Bouvot*, tome 2. verbo, *Saisie*, quest. 53.

66 La connoissance d'un delit commis par un Sergent Royal, en faisant sa charge, n'appartient au Juge du lieu, mais au Lieutenant Criminel, qui est Juge Royal. Arrêt du Parlement de Dijon du 6. Avril 1601. *Ibid.* verbo, *Sergent*, quest. 7.

67 Les Sergens d'un Bailliage sont tenus d'aller prendre chacun à leur tour les Lieutenans pour les conduire à l'Auditoire, & les ramener portant le Bâton Royal, à peine d'amende, & suspension de leur office, & le Juge hors les plaids peut condamner les défaillans à une amende, & les suspendre, iceux non oüis. Arrêt du Parlement de Dijon du 23. Juillet 1613. *Ibid.* quest. 1.

68 Un Sergent procedant par execution en vertu d'un Mandement d'un Juge Royal, commettant quelque delit, la connoissance en appartient au Juge dont est émané le Mandement, suivant la Loy *in officiales, C. de off. rect. provinc. L. de militibus de cust. & exhib. reorum, L. quod promulgatis, de off. præf. urbi.* Arrêt du Parlement de Dijon du 16. Novembre 1616. *Ibidem*, verbo, *Parlement*, quest. 9.

69 Jugé le 10. Février 1626. qu'un Sergent au Bailliage de Beauvais, ayant été publier dans la Ville de Beauvais un ajournement à trois briefs jours, de l'ordonnance du Prévôt de Paris, avoit été mal assigné par-devant le Bailly de Beauvais, pour rapporter sa Commission ; d'autant que les Sergens executans les Mandemens de Justice, ne sont tenus répondre du fait de leurs Commissions que pardevant les Juges dont elles sont émanées. *Journal des Audiences*, tome 1. livre 1. chapitre 85.

70 Arrêt du Parlement d'Aix du 7. Juillet 1679. qui a jugé que le Lieutenant des Submissions de Marseille connoît de la malversation d'un Sergent executant sa Commission. *Boniface*, tome 3. liv. 1. tit. 8. ch. 9.

SERGENS, NOTAIRES.

70 bis. Sergens ne peuvent s'immiscer dans la fonction des Notaires. *Voyez* le mot, *Notaires*, nombre 213. & suivans.

RAPPORT DES SERGENS.

71 Si un Sergent doit être crû à son serment sur un fait que l'on dit être faux ? *Voyez Bouvot*, to. 1. partie 1. verbo, *Sergent*, quest. 1.

72 Les Sergens sont tenus en faisant leur rapport, de cotter & le jour & le lieu des prises qu'ils font, & de les rapporter au Greffe dans trois jours, & au plus tard dans huitaine. *Ibid.* part. 3. verbo, *Sergens*, question 4.

73 L'on ne doit decerner prise de corps, sur le simple exploit d'un Sergent qui rapporte avoir été offensé. Arrêt du Parlement de Dijon du 11. Juillet 1599. *Ibid.* tome 2. verbo, *Saisie*, quest. 54.

74 Si le Sergent par son rapport doit être crû sur tout ce qu'il rapporte avoir fait ou avoir été fait en sa presence ? *V. Coquille*, tome 2. quest. 112. où il cite un Edit portant que quand le rapport est témoigné de deux personnes, le Juge peut decreter jusques à ajournement personnel.

SERGENT, REBELLION.

75 Crime de Leze-Majesté de tuer un Sergent qui exploite. *Voyez* le mot, *Crime*, n. 42.

76 *Licitum ne sit aliquem è manibus apparitoris eripere, si commissionis littera insinuentur ?* Voyez *Franc. Marc.* tom. 2. quest. 91.

77 Sous le regne de Charles VI. un Sergent ayant fait un exploit dans la Ville de Neufchâtel, sous le nom du Roy, & apposé ses pannonceaux, le Duc de Lorraine le fit lacerer, & mettre en prison le Sergent. La Cour de Parlement luy fit son procés, & par défaut & contumace le declara avoir commis crime de felonie, le bannit à perpetuité du Royaume, & confisqua Neufchâtel au Roy. *Bibliotheque de Bouchel*, verbo, *Execution*.

L'on peut resister à un Sergent, lors qu'il execute 78 sans commission, où quand il veut faire effraction des portes, sans mandement exprés, *quia domus cuique refugium certissimum.* Arrêt du Parlement de Dijon du 30. Septembre 1610. *Bouvot*, tome 2. verbo, *Sergent*, question 25.

Voyez cy-dessus le nomb. 43. & le mot, *Rebelles*, n. 16.

SERGENS, RECORS.

Par Arrêt du Parlement de Dijon du 9. Juin 1556. sur 79 les réquisitions du Procureur General, il fut ordonné à tous Sergens de mettre en leurs exploits les noms & surnoms des dépositaires, ausquels ils bailleront en garde les meubles qui seront par eux pris & saisis; défendu aux Sergens d'appeller Sergens pour témoins & recors de leurs exploits, & de recevoir les debiteurs pour acheteurs de leurs gages, si ce n'étoit du consentement des Créanciers : enjoint ausdits Sergens d'exploiter bien & dûement les Mandemens qui leur seront donnez à une fois, s'il est possible, & en tout & par tout observer les Ordonnances & Arrêts de la Cour. *Bouvot*, tome 1. part. 3. verbo, *Sergent*, question 3.

Un Sergent ne peut prendre un autre Sergent pour 80 Recors. Arrêt du Parlement de Dijon du 12. Mars 1565. *Bouvot*, tome 1. part. 3. verbo, *Sergent*, quest. 1.

Voyez cy-dessus le mot *Recors.*

SERGENT, RESSORT.

Un Sergent general exploitant par tout le Royau- 81 me de France, ne peut exploiter hors du ressort du Parlement, sans avoir presenté ses Lettres à la Cour, & verifiées en icelle, & n'ait donné caution & fait élection de domicile en la Province sous le ressort. Il y auroit nullité, & il encourroit l'amende. Arrêt du Parlement de Dijon du 26. Mars 1601. *Bouvot*, tome 2. verbo, *Sergent*, quest. 13.

Il n'est pas permis au Sergent du ressort de mettre 82 à execution, ni signifier aucunes Lettres d'évocation, pour tirer les personnes hors du ressort, si elles n'ont été presentées à la Cour & que d'icelle il n'y ait permission inserée, à peine de démission de leur Office. Arrêt du Parlement de Dijon du 29. May 1604. *Ibid.* question 14.

Un Sergent general exploitant par tout le Royau- 83 me, ne peut valablement executer, saisir une personne du Ressort du Parlement, si ses Lettres ne sont verifiées & enregistrées à la Cour, & qu'il n'ait fait élection de domicile sous le Ressort. Arrêt du Parlement de Dijon du 11. Novembre 1616. *Ibidem*, to. 2. verbo, *Sergent* quest. 1.

SERGENT, SALAIRES.

Voyez cy-dessus le mot *Salaires*, nomb. 39. & suiv. 84

Le Sergent doit mettre son reçu; il en est de même des Juges inferieurs pour les épices, & ne peuvent être demandées par avance, ni par contrainte, *nisi à consorte litis qui les a avancées. Mornac, C. de sportulis.*

La taxe des Sergens Royaux reglée à 20. sols par 85 jour. Arrêt du 8. Septembre 1421 confirmé & suivi par l'Ordonnance de 1539. Celle des Sergens non Royaux doit être plus foible. Arrêt des Grands Jours de Nîmes du 10. Octobre 1541. *Papon*, liv. 6. tit. 7. nomb. 4.

Les parties qui ont envoyé un Sergent ne peuvent 86 prétendre plus forte taxe que s'il avoit été pris sur les lieux. Arrêt du Parlement de Toulouse du 22. Decembre 1537. *La Rocheflavin*, liv. 2. tit. 4. Art. 2.

Un Sergent qui a promis moyennant certaine som- 87 me faire des criées, & qu'à faute de ce il payeroit la somme dûë, est seulement tenu de rendre l'argent qu'il a reçu, & non la peine à laquelle il s'est engagé. Arrêt du Parlement de Dijon du 2. Mars 1601. *Bouvot*, to. 2. verbo *Peines*, quest. 3.

Un Sergent ne peut retenir des meubles pour le 88 payement de ses salaires & vacations, après le payement

SER

ment fait au Créancier. Arrêt du Parlement de Dijon du 3. Mars 1601. Autre du 20. Mars 1610. Bouvot, verbo, Sergent, quest. 27.

89 Un Sergent faisant plusieurs executions en un jour, ne doit prendre qu'une journée pour toutes, & les départir à un chacun. Arrêt du Parlement de Dijon du 21. Novembre 1601. Ibid. quest. 8.

90 Les Sergens ne doivent se faire payer par les debiteurs de leurs salaires, ni retenir les meubles pour leurs vacations. Arrêts du Parlement de Dijon du 30. Janvier 1602. & 3. Mars 1611. Ibid. quest. 10.

91 Un Sergent demandant taxe, & luy étant allegué qu'il a fait plusieurs exploits & executions le même jour, est tenu de representer ses exploits, & à faute de ce, déchû. Arrêt du Parlement de Dijon en 1602. & au mois de May 1604. Bouvot, tome 2. verbo Sergent, qu. 9.

SERGENS DES SEIGNEURS.

92 Sergent Royal ne peut exploiter dans le terroir d'un Seigneur Justicier contre ses sujets, ni pour cas royaux, ni en cas de ressort, le Seigneur le peut contraindre d'aller demeurer ailleurs, s'il n'est natif du lieu, ou qu'il y soit marié, Arrêt ancien pour le Vicomte de Touraine de 1171. Pour l'Evêque de Langres en 1471. Pour le Seigneur de Harcourt, Vicomte de Châtelleraud en 1272. & pour le Comte de Nevers contre le Procureur General du 13. May 1334. toutefois il leur a été permis pour les cas & droits purement royaux, par Arrêt du 3. Juillet 1527. entre le Procureur General & les Religieux de Saint Germain des Prez, suivant un autre accord fait avec les Moines au mois de Février 1272. Biblioth. de Bouchel, verbo Sergent.

93 Recordata fuit curia, quod per inquestam super hoc factam inventum fuit quod Episcopus Atrebatensis erat, in saisiná quod servientes sui deferebant cultellos cum Cuspide per villam Atrebatensem; propter quod dictum fuit, in Parlamento omnium Sanctorum anno Domini 1278. quod dictus Episcopus in hujusmodi saisiná remaneret, & declaratum quod illi quibus licitum est deferre Cultellos cum Cuspide, possunt enses deferre, si velint. Ex Registro olim, B. fol. 41. Bibliotheque de Bouchel verbo Sergens.

94 Il y a accord homologué au Parlement le 25. Janvier 1402. par lequel les Sergens de l'Evêque & du Chapitre de Beauvais, peuvent ajourner leurs sujets dans les terres l'un de l'autre. Ricard, sur l'art. 95. de la Coût. de Senlis.

95 Sergens non Royaux ne peuvent executer commission du Juge Royal à peine de nullité. Jugé par Arrêt du Parlement de Paris des 2. Juillet 1523. & 6. Mars 1572. Papon, li, 6. tit. 7. n. 3.

96 Sergens Royaux, quoiqu'ils ayent pouvoir d'exploiter par tout le Royaume, ne peuvent mettre à execution dans la terre des Seigneurs, les contrats qui sont passez pardevant les Tabellions du Seigneur. Arrêt du 16. Janvier 1587. Biblios. de Bouchel, verbo Sergens.

97 Les Sergens de Justices des Seigneurs, ne peuvent instrumenter ni exploiter hors de leur ressort. Arrêt du 20. Mars 1603. M. le Prêtre 3. Centurie ch. 126.

98 Comme les Seigneurs n'ont point de Jurisdiction hors de l'étenduë de leurs terres, de même les Sergens par eux commis, ne peuvent exploiter valablement que dans l'étenduë de leurs Seigneuries. Arrêt du Parlement de Toulouse du 14. Juillet 1678. La Rocheflavin, li. 2. lettre N. Ar. 1. p. 232.

SERGENS, SIGNATURE.

99 Les exploits des Sergens sont valables, encore qu'ils ne soient signez des parties, on excepte deux cas, l'établissement de Commissaire, ou vente de meubles. Arrêt du Parlement de Dijon du 1. Mars 1611. Bouvot, tom. 2. verbo Sergent, quest. 26.

Voyez cy-dessus le nomb. 41. & suiv. & le mot Exploit, nomb. 20.

Tome III.

SER 569

SERMENT.

Jusjurandum. Juramentum. Sacramentum.

De jurejurando. D. Gr. 15. q. 6... 22. q. 1. 2. 4. & 5... 36. q. 6... Extr. 2. 24... S. 2. 11... Cl. 2. 9.

De vi & vinculo jurisjurandi. L. 12. tabb. t. 5. c. 4.

De jurejurando, sive voluntario, sive necessario, sive judiciali. D. 12. 2.

De rebus creditis, & jurejurando. C. 4. 1. Ce titre ne parle point de rebus creditis, mais seulement du serment. Idem tit. apud Paul. 2. sent. 1.

De in litem jurando. D. 12. 30... C. 5. 53. Ce titre parle du serment déferé par le Juge au demandeur, qui affirme la valeur de la chose contestée, quand le défendeur refuse par dol, de la representer. Lis, prove litigiosá. Jurare in litem, est cum juramento astimare rem litigiosam.

Quarum rerum actio non datur, & de exceptionibus jurisjurandi. D. 44. 5. Ce titre propose plusieurs exceptions pour se défendre d'une demande, & entre autres, l'exception du serment par lequel le défendeur a affirmé qu'il ne devoit rien. Vide Inst. §. 11. de action... & §. 4. De exceptione.

Scenicas, & si fidejussores prastent, & jusjurandum dent, posse discedere. N. 51. Le serment n'est pas obligatoire pour les choses illicites: ainsi les Comédiens peuvent se retirer quoique engagez par serment.

De jurejurando à moriente prastito propter mensuram suæ substantiæ. N. 48. Inventaire de biens affirmé par le défunt, fait Loi aux Heritiers, & non pas aux creanciers.

Jusjurandum quod prastatur ab his qui administrationes accipiunt. N. 8. tit. 3. Forme du serment que prêtent ceux qui entrent en charge. Vide cand. Nov. tit. 2. c. 7. & 14... Conf. Frid. 1. c. 6.

De juramento per capillos Dei, aut aliquid hujusmodi; neque blasphemetur in Deum. N. 77.

Ut litigantes jurent in exordio litis quia neque promiserunt dare judicibus, neque dabunt. N. 124.

Ut in contestatione litis, & magistratuum initio juretur. Leon. N. 97.

Ut qui jusjurandum defert, prior de calumniâ juret. Leon. N. 99.

De jurejurando propter calumniam dando. C. 2. 59. C'est le serment de calomnie.

De perjurio. Lex 12. tabb.

Michaël Baius de Juramento Antuerpiensi.

M. Antonius Baverius de virtute & viribus juramenti.

Joannis Eckii, decisio de juramenti materiá.

De virtute juramenti per Marc. Anto. Baverium.

Heribertus Rosweydus & Mart. Becanus de fide haret. servandâ.

De jurejurando per Calum. dand. per Franc. Curtium Senio.

Joannis Lensei, conclusiones de juramento quod fictitio duci Brabantia prastitum est.

Joannis Molani, lib. 5. qui est de juramento quod à tyranno exigitur.

Dominici Soti, de Jure & Justitiâ, lib. 8.

L. Molin. & Leon. Lessius, Societ. Jesu de Justitiâ & Jure.

De jurejurando, per Jo. de Selva. & per Marc. Ant. Baverium.

De suspecti juramento, sive de suspectis. Per Joann. Baptistam, de sancto Severino.

De juramento & adjuratione. Per F. Dnic. Sotû. in trad. de Just. & Jure.

De jurejurando & juramenti privi. Per Maria. Sozinum Senio. & per Ant. Corset. in Ru. de jureju.

Chrysostomus hom. 9. in Acta Apost. cap. 3. hom. 11. in Epist. ad Rom. cap. 7. Item Hom. 4. 5. 6. 7. 8. 9. 10. 11. 12. 14. ad Pop. Antiochenum.

Augustinus super Epist. ad Galat. cap. 1. lib. de mendacio, cap. 15. lib. contra Fortunatum Manichaum,

Cccc

disp. 2. sermone 28. de verbis Apostoli, sermone de decollat. S. Jo. Bapt.
Antonius de Petruccià de jurejurando.
Sententiariis lib. 3. distinct. 39.
Thomas, 22. quæst. 89. 90. 98.
Sylvester, *in summâ.*
Joannes de Selvà *de jurejurando.*

1. Voyez la Bibliotheque du Droit François par Bouchel, verbo *Jurement.*

2. *De jurejurando.* Voyez Mornac, *l. 11. ff. de jurejurando, & C. de transactionibus lege 19.*

3. De la preuve par serment; des personnes qui sont obligées de jurer, de la forme du serment, de ses effets. V. Despeisses, to. 2. p. 527.

4. Vide Castel, tome 1. de ses mat. benef. p. 210. & suiv. où il rapporte des choses fort curieuses au sujet du serment, en parlant de celuy qui doit être fait par les Chanoines, lors qu'ils procedent à une élection il en parle aussi au même endroit, p. 300.

5. *De formâ juramenti judicis, & in cujus manibus præstandum sit.* Voyez Franc. Marc. to. 1. quæst. 682.

6. *De relaxatione à juramento ad effectum agendi.* Voyez Andr. Gaill. lib. 1. observ. 22.

7. *An leṫigimus processus, in causâ citationis ad videndum relaxari à juramento, observandus sit.* Ibid. observat. 23.

8. *Relaxatione à juramento obtentâ, an victus in expensis condemnandus.* Voyez Ibidem observat. 24.

9. *Jurisjurandi, tres species, voluntarium, judiciale, ac necessarium.* Voyez Mornac sur la *l. 2. 2. & 3. Cod. de rebus creditis.*

10. *Jurisjurandi forma cui superstitiosa ceremonia ascribitur, non est præcisè ac necessariò observanda.* Anne Robert *rerum judicat.* liv. 1. ch. 11.

11. *De fide jurisjurandi.* Voyez, M. Lebret en son Traité de l'ordre ancien des Jugemens. ch. 40.

12. Se purger par serment. Voyez le Glossaire du droit françois, verbo *Purger.*

13. Les sermens qui vont à détruire ce qui est établi par les loix, ne sont pas obligatoires; & on repute contre les bonnes mœurs tout ce qui va contre les Loix. Ricard traité des Donations, 1. part. ch. 4. sect. 2.

14. Serment ne fait point valoir ce qui a été reprouvé de droit, jugé par plusieurs Arrêts en faveur de mineurs, qui avoient juré sur les saints Evangiles, de ne point revenir contre l'alienation de leurs immeubles. Papon, li. 9. tit. 6. n. 23.

15. *Si depositio prima non sit jurata, ut loquitur Boerius q. 108. (secunda autem jurata, tunc depositioni secundæ juratæ standum iss vult, etiam si prima non juratæ contraria.* Voyez Mornac, *l. 28. ff. de jurejurando, & c. ubi assert locum, Demosthenis contra Phormionem qui locus est contrarius opinioni Boerii.*

16. *Juramentum extortum non valet, sed condici potest contra jus Superioris non valet.* Voyez la nouvelle Edition de M. Ch. du Moulin, tom. 2. p. 845.

17. *De formâ juramenti Episcopi, & aliorum pro testimonio ferendo.* Voyez Franc. Marc. to. 1. quæst. 377.

18. Du serment il n'est pas reçu s'il n'est déferé, le refus de jurer sert de preuve; il peut être referé à celuy qui le deferoit, & celuy-cy peut le revoquer; le serment éteint l'action, si après le serment il se trouve des pieces nouvelles, l'effet du serment sera détruit, & le droit de l'autre partie rétabli. V. le 2. tome des Loix civiles, liv. 3. tit. 6. sect. 6. & les textes cy-dessus rapportez.

19. Sermens s'entendent toûjours selon les qualitez des actes, sur lesquels ils sont intervenus, & selon les termes de droit; ainsi un fils & heritier, à qui prohibition est faite d'aliener pour quelque cause, & toute détraction de legitime & Trebellianique, & qui a approuvé & juré d'observer telle volonté, tant devant la mort du testateur qu'après, n'est empêché d'aliener pour doter ses filles; car telle alienation est necessaire, & se fait par la permission de la loy. Ainsi jugé à Grenoble la veille de Noël 1455. Bibliotheque de Bouchel, verbo *Sermens.*

20. Si le creancier demande garnison par provision, & que le debiteur qui allegue avoir payé, s'en rapporte au serment du creancier, la garnison doit être differée, si le creancier est present, ou à une journée ou deux; mais s'il étoit absent de plus que de deux journées, il doit être dit qu'il jurera dans certain temps, & que cependant le debiteur consignera au greffe, sauf après le serment en ordonner. Ainsi jugé à Bordeaux le 1. Août 1526. Papon, li. 9. tit. 6. n. 7.

21. Quand celuy qui a affirmé, allegue erreur & surprise, le Juge doit ordonner qu'il affirmera au vray en payant les dépens en la cause d'appel. Arrêt du 1. Mars 1563. Papon, liv. 17. tit. 2. n. 3.

22. Quand en matiere d'Aydes, comme pour vin vendu en detail, on a requis le serment, & que le Fermier veut prouver le contraire, il n'est permis de prendre monition scandaleuse, ni informer de parjure, mais regler en contrarieté de faits. Jugé pour un appellant comme d'abus, és generaux, le 2. Juillet 1577. Ibid. liv. 9. tit. 6. n. 16.

23. Arrêt du Parlement de Toulouse *qui in ablatis violenter stabitur juramento partis*, entre l'Evêque & Chapitre de Carcassonne, & un nommé Belissant, donné le 11. May 1536. Autre Arrêt semblable que *in ablatis stabitur juramento partii*, entre M. Michel de Pontaux, un nommé Planquet, & autres Chanoines de Beaumont, donné le 21. Janvier 1519. La Rocheflavin, liv. 3. lettre R. tit. 3.

24. Une cause legere se décide par le serment. Arrêt du Parlement de Dijon du 15. Juillet 1561. *L. thesaurus ff. ad exhib. quod in causis levioribus per juramentum sit probatio.* Bouvot, to. 1. part. 3. verbo serment, quæst. 1.

25. Le mari ne peut être reçu au serment contre sa femme accusée d'avoir soustrait quelques meubles. Arrêt du Parlement de Dijon du 12. Decembre 1566. *quia nulla actio famosa competit constante matrimonio.* Ibid. part. 2. verbo *Serment*, quæst. 2.

26. Celuy qui se rapporte au serment de sa partie adverse qui a affirmé, n'est recevable à verifier le contraire; *per jusjurandum enim transactum videtur. L. quod si deferente 21. ff. dolo malo.* Ainsi jugé par Arrêts du mois d'Août 1573. 7. Mars 1604. 10. Decembre 1512. & 2. Mars 1610. V. M. Lüet, lettre S. sommaire 4.

27. Par Arrêt du Parlement de Dijon du 23. Juin 1604. il a été jugé que le Notaire peut prendre le serment si aucune chose a été soustraite. Bouvot, to. 1. verbo *Inventaire*, quæst. 4.

28. Par Arrêt du Parlement de Grenoble du 10 Janvier 1619. il fut jugé que l'énonciation d'un Juge qui portoit qu'une partie avoit juré, n'étoit pas de foy probatoire, n'apparoissant pas de son asseveration, *quia non creditur referenti nisi constet de relato*, Basset, to. 2. liv. 2. tit. 12. ch. 1.

29. Un particulier qui s'est engagé par serment de ne point reveler un accord fait en sa presence entre deux parties, ne peut être contraint par l'un d'eux à revelation; jugé au Parlement de Tournay le 19. Mars. 1695. Pinault, to. 1. Arr. 58.

SERMENT ARRERAGES.

30. Le serment ne peut être demandé quand le debiteur oppose la prescription des cinq années. Ordonnance de Loüis XII. 1510. V. Henrys, tom. 1. l. 4. ch. 6. qu. 73. V. la Conference des Ordonnances, tom. 1. liv. 4. tit. 7. art. 71. & cy-dessus le mot *Prescription*, nomb. 351. & suiv.

SERMENS DES AVOCATS.

31. Voyez le mot *Avocats*, nomb. 186. & suiv.

SERMENT DE CALOMNIE.

Voyez le mot *Calomnie.*

32. *De juramento calumniæ quod jusjurandum calumniæ*

requirat speciale mandatum. Voyez *Anar. Gaill*, l. 1. obs. 83.

Juramentum calumniæ exactum, & non præstitum, an processum vitiet? Idem *obs.* 84.

Juramentum calumniæ, an consuetudine vel statuto remitti possit? Idem *obs.* 85.

Pœna non jurantis de calumniâ, an committatur ipso jure, & an ad hæredes transeat? Idem. *obs.* 86.

Pœna non jurantis de malitia. Idem *obs.* 87.

Procurator ex officio datus, an cogendus sit præstare juramentum calumniæ? Idem *obs.* 88.

Contumacia procuratoris non jurantis de calumniâ, an noceat Domino? Idem *obs.* 89.

Procurator fiscalis an de calumniâ jurare teneatur? Idem *obs.* 90.

33. *Quid discriminis sit inter juramentum calumniæ, seu malitiæ, & juramentum veritatis.* Voyez *Franc. Marc.* to. 2. q. 686.

34. Du serment de calomnie, de la caution de payer le Jugé, & de la contestation. Voyez *Despeisses*, to. 2. p. 471.

35. On ne peut contraindre une partie de répondre par serment de calomnie sur des questions de Droit. Arrêt du Parlement de Tournay du 21. Juillet 1694. en faveur d'un demandeur en enthérinement de Lettres Royaux pour avoir permission de vendre les biens de la succession de son grand pere contre un opposant qui avoit interpellé le demandeur d'affirmer si les biens en question n'étoient pas chargez de *fideicommis*. Pinault, to. 1. Arr. 35.

SERMENT, CHANOINE.

36. Serment d'un Chanoine lors de sa reception. Voyez le mot *Chanoine*, nomb. 143.

Voyez cy-dessus le nomb. 4.

SERMENT A CHARGE ET DÉCHARGE.

37. On ne peut obliger une partie à jurer sur un fait à charge, sans pouvoir alleguer ses exceptions à décharge. Jugé au Parlement de Tournay le 14. Avril 1695. contre un Chanoine, lequel avoit demandé que sa partie fût tenuë d'affirmer seulement s'il avoit fourni au défendeur la somme ; le défendeur offroit d'affirmer qu'il l'avoit payée en son acquit ; ce qui étoit même chose. *Pinault*, to. 1. Arr. 63.

38. On ne peut obliger une personne d'affirmer à sa charge seulement ; mais on doit en même temps recevoir son serment à sa décharge. Jugé au Parlement de Tournay le 19. Mars 1697. à l'appel d'une Sentence portant que l'appellant affirmeroit simplement, *si la somme dont on luy avoit donné quittance ne luy avoit pas été remise entre les mains* ; l'appellant avoit offert de satisfaire ; mais il vouloit en même temps affirmer qu'il l'avoit depuis renduë, & restitué la somme. *V. ibid.* Arr. 145.

SERMENT, CONTRAT.

39. Arrêt du Parlement de Grenoble du 12. Septembre 1460. qui a jugé qu'on ne pouvoit contrevenir ni de droit ni de fait à un contrat juré. Voyez *Guy Pape*, quest. 427. Aujourd'huy ce n'est plus l'usage d'avoir égard à ces sortes de sermens.

40. Jugé au Parlement de Toulouse le 23. Novembre 1617. qu'un débiteur s'étant obligé envers son creancier, & ayant soûtenu qu'on avoit compris dans l'obligation des interêts excessifs, le creancier pouvoit sur la verité du fait soûtenir contre le contrat *Cambolas*, liv. 2. chap. 38.

41. Celuy qui est fondé en contrat, n'est tenu de jurer, en quelle espece la rente a été constituée ? Arrêt du 14. Janvier 1625. Du Frêne, liv. 1. chap. 32. même Arrêt du 13. Mars 1637. Ibid.

SERMENT DECISOIRE.

42. Le serment décisoire du fidejusseur ne décharge pas le principal obligé, *si quidem de suâ tantum personâ juravit quasi se non esse obligatum, si vero in rem juravit, hoc est, & ideo interpositum est jusjurandum ut de ipso contractu, & de re non de personâ jurantis agatur, etiam proderit quia in locum solutionis succedit,* 28 ff. *de jurejurando, & l.* 1. §. 3. *ff. quarum rerum actio non datur.* Voyez *M. le Prêtre*, 1. Cent. chap. 16. in margine.

43. Après une enquête, l'on peut se remettre au serment décisif de la partie. Arrêt du Parlement de Dijon sans date rapporté par *Bouvot*, to. 2. verbo *Serment*, quest. 2.

44. Serment décisoire empêche la consignation. Voyez le mot *Consignation*, nomb. 25. & 26.

45. Sermens décisoires ne sont sujets à être recherchez. Arrêt du Parlement de Paris du 10. Octobre 1512. Il en est autrement de ceux déferez par le Juge. *Papon*, liv. 9. tit. 6. n. 16.

Depuis, autre Arrêt du Parlement de Paris du mois d'Octobre 1511. limitatif de celuy de 1512. par lequel il est déclaré que lors qu'il est question de chose particuliere entre personnes privées, l'accusation du parjure n'est recevable, *secus*, s'il s'agit de chose & crime public. En l'an 1532. le 23. Decembre par la Cour de Bourdeaux fut donné Arrêt, les Chambres assemblées, où ces deux Arrêts furent citez, le premier fut suivi neanmoins, sans avoir égard à la limitation du dernier. *Ibidem*, n. 17.

46. Le serment litisdécisoire empêche une contrainte si le débiteur le défere au creancier sur le payement, & ce jusques à ce que le creancier ait juré, les lettres ne peuvent être executoires, pas même par provision. Arrêt du 28. Février 1555. *Expilly*, Arr. 38.

47. *Deferendum nunquam si fieri possit jusjurandum decisorium.* Mornac, l. 38. *de jurejurando, &c.*

48. Pour être décisoire il doit être fait suivant les termes & la formule prescripte du demandeur qui défere le serment, autrement il est nul. Arrêt du 10. Février 1605. *Peleus*, quest. 95.

49. Serment décisif ne peut être déféré après que les délais d'informer sont passez. Arrêt du Parlement de Bretagne du 14. Novembre 1611. & les réponses en tel serment ne se peuvent diviser non plus qu'aux interrogatoires. Arrêt du 21. Mars 1600. Quand il y a fin de non recevoir la déclaration de serment décisif n'est admise. Jugé pour le sieur du Breüil Monneraye, contre M. Robert Frangoul, contre de la Bersonniere Apotiquaire, pour drogues demandées après an & jour. *Sauvageau sur Du Fail*, livre 2. chapitre 163.

50. La déclaration du serment décisoire ne peut diviser, & étant conjointement déféré au mari & à la femme, quoi qu'elle ne soit point partie en la cause, le serment du mari n'est point considérable sans celuy de la femme. Arrêt du 5. Juin 1617. *Brodeau sur M. Loüet*, lettre S. som. 4. nomb. 10.

51. Celuy qui se rapporte au serment de partie adverse n'est recevable à verifier le contraire ; celui qui articule payement est tenu de jurer sur la verité du payement, l'heritier même sur ce qui est de sa science. Arrêt du 16. Janvier 1613. *Brodeau sur M. Loüet*, lettre S. sommaire 4. nomb. 8.

52. Si le serment litisdécisoire peut être déféré à l'une des parties pour raison d'un fait étant contre la teneur du contrat ; & si celuy auquel le serment a été déféré peut s'excuser de se présenter en jugement pour y satisfaire, ou par sa qualité, soit par indisposition ? La partie ne voulut affirmer, & offrit de payer. L'Arrêt du 17. Juillet 1640 le déchargea du serment, & en consequence de ses offres le condamna à payer. *Soëfve*, to. 1. Cent 1. ch. 18. & *Henrys*, to. 1. liv. 4. chap. 6. quest. 21.

53. Le serment litisdécisoire peut être déféré sur un fait contraire à la teneur du contrat excedant la somme de 100. l. ce qui a lieu principalement quand la contestation est contre les parties qui ont passé le contrat, l'heritier pourroit refuser le serment, car il n'est pas présumé instruit de ce qui a été fait par le défunt. Jugé à Paris le 9. Août 1649. *Soëfve*, to. 1. Cent. 3. chap. 19.

54. Arrêt du Parlement d'Aix du 14. Decembre 1684. qui n'a pas reçû l'appellation d'une Sentence aprés le serment décisif prêté. *Boniface*, to. 3. liv. 3. titre 13. chap. 1.

55. Sur la question si le serment aux réponses cathegoriques est décisif ou non ; l'Arrêt du 25. Février 1687. confirma la Sentence qui avoit ordonné que le sieur d'Aurillac répondroit sur les faits, sans préjudice du droit des parties, & sauf de faire droit sur la qualité des sermens, *Ibidem*, *chap*. 3.

56. Le serment litisdécisoire peut être déferé sur un fait contraire à la teneur du contrat excedant la somme de 100. livres. L'on distingue quand la contestation est entre les parties qui ont passé le contrat, l'heritier pourra refuser le serment, car il n'est pas presumé instruit de ce qui a été fait par le défunt. Jugé à Paris le 9. Août 1649. *Soëfve*, tome 1. *Cent*. 3. *chapitre* 19.

Serment deferé.

57. *Juramentum necessarium an judex ex officio post conclusionem causæ parte non petente deferre possit* ; Voyez *Andr. Gaill*. *lib*. 1. *observat*. 108.

58. En tout état de cause le serment peut être déferé. Voyez *Carondas*, liv. 12. Rép. 7. où il rapporte beaucoup d'espèces de serment.

59. Du serment deferé, joint la commune renommée, *duo requiruntur, dolus rei & difficultas probationis*. Voyez *M. le Prêtre*, premiere *Cent. ch*. 65.

60. Serment deferé en matiere civile vaut contestation en cause, en fait durer l'action trois ans comme la contestation. *Mornac*, *l*. 9. §. *si is ff. de jurejurando*, &c.

61. On distingue entre le serment fait à la délation du Juge, & celuy fait à la délation d'une partie ; dans ce dernier cas le déferant n'est plus reçû à informer du contraire. Il en est quelquefois autrement dans le premier. Voicy deux Arrêts contraires, une partie ayant obtenu des dépens, affirme avoir payé dix écus d'épices ; le condamné recouvre quelque temps après le dicton où il ne veut que cinq écus ; il obtient ajournement personnel, l'appellant soûtint qu'il avoit juré verité. Arrêt qui met les parties hors de Cour. L'autre Arrêt est du 9. Juin 1550. une partie aprés avoir payé les dépens taxez, fait informer du parjure de l'autre sur les voyages, & autres choses faussement affirmées, l'accusation fut admise, & depuis pour la preuve non concluante, les parties reçuës au procez ordinaire. *Papon*, liv. 9. tit. 6. n. 1.

62. Le 17. Juillet 1522. par Arrêt du Parlement de Bourdeaux, jugé qu'un demandeur, ou défendeur est tenu de jurer sur la demande, ou défense, si le serment luy est déferé par sa partie, & n'est recevable de l'empêcher en disant qu'il veut faire sa preuve par témoins, & notamment lors qu'il faut jurer, tant sur l'action que l'exception. *Bibliotheque de Bouchel*, verbo *Serment*, & *Papon*, *liv*. 9. *tit*. 6. *n*. 4.

63. Aprés tous les délais de faire preuve passés, un demandeur se peut rapporter au serment du défendeur, n'ayant fait preuve contraire par témoins. Arrêt du Parlement de Bourdeaux au mois de Juin 1331. *Ibidem*, & *Papon*, *ibidem*, *n*. 26.

64. Une partie ne peut deferer serment à l'autre qui a fait sa preuve. Arrêt du Parlement de Bourdeaux du 19. Octobre 1536. depuis est intervenuë l'Ordonnance publiée en 1539. par laquelle partie peut être contrainte *in quâcumque parte litis* de répondre par serment. *Papon*, liv. 9. tit. 6. n. 5.

65. Le serment se peut deferer sur un fait contre le Contrat. Un Fermier afferme la Baronnie de Campendu moyennant 2200. liv. purément & simplement. Les parties conviennent entre elles que les 200. liv. sont seulement pour empêcher un tiercement. La Dame Baronne assigne le Fermier pour payer 2200. liv. il offre 2000. liv. & luy defere le serment sur les 200. liv. disant qu'il étoit convenu avec elle & son Procureur à 2000. liv. La demanderesse disoit que c'étoit un fait contre le Contrat, & par consequent non recevable, & se servoit de l'article 54. de l'Ordonnance de Moulins, qui défend de recevoir aucune preuve par témoins contre un Contrat. Par Arrêt du 15. May 1582. il fut dit qu'elle jureroit, & sous le nom de preuve en ladite Ordonnance le serment n'y étoit pas compris, comme il avoit été jugé auparavant le 15. May 1582. *Cambolas*, livre 2. chapitre 37.

66. La partie qui a deferé le serment décisif peut révoquer la declaration *re integrâ*, & le prouver par témoins suivant la Loy *Si quis jusjurandum C. de reb. cred*. Arrêt du 26. Novembre 1590. *La Rochessavin*, *liv*. 3. *lettre S*. *Ar*. 1. *p*. 262.

67. En action infamante ou qui décend de mauvaise foy, le serment ne peut être déferé. Jugé le 20. Novembre 1602. pour un débiteur à qui le serment étoit deferé, s'il n'avoit pas reçû des interêts excessifs. Arrêt semblable du 27. Juin 1600. *Cambolas*, livre 3. *chap*. 28.

68. Aprés la chose jugée le serment ne peut plus être deferé. Jugé contre une débitrice d'une obligation qui avoit été condamnée à la payer, & aprés avoir deferé le serment à sa creanciere pour affirmer s'il n'étoit pas vray que la valeur de l'obligation en question n'avoit jamais été fournie. Arrêt le 20. Février 1640. *Cambolas*, liv. 2. ch. 38.

69. Le serment deferé sur la vraye Croix venerée en l'Eglise de Toussaints de Rennes, a été reçû non-obstant la qualité de celle qui offroit jurer en l'Audience, & vouloit être reçuë à son serment, par Arrêt du 26. Septembre 1600. *Du Fail*, liv. 2. ch. 192.

70. Par Arrêt du Parlement de Dijon du 18. Mars 1610. rapporté par *Bouvot*, t. 1. part. 3. in verbo *Délation de serment*, quest. 2. jugé que le serment peut être pris en l'absence de la partie, s'il l'a deferé.

71. Celuy à qui le serment est deferé sur une chose qui n'est pas de son fait, n'est pas tenu de referer le serment, il ne peut prêter. Jugé au Parlement de Tournay le 23. Novembre 1693. *Pinault*, to. 1. *Arr*. 7.

72. La Cour est competente en premiere instance par action pour délation de serment, sur tout entre les Flamands. Jugé au Parlement de Tournay le 14. Juillet 1694. *Ibidem Arr*. 36.

73. Aprés qu'une partie a deferé le serment, & qu'il a été fait, elle n'est plus reçuë à opposer de nouveaux moyens. Jugé au Parlement de Tournay le 30. Juin 1695. *Pinault*, *ibidem Arr*. 52.

74. On ne peut sous prétexte de convention se dispenser du serment deferé sur le fait d'une administration qu'on a entreprise. Jugé au Parlement de Tournay le 14. Avril 1696. pour des creanciers qui demandoient au fils de leur debiteur qu'il fût tenu d'affirmer s'il n'avoit pas detourné & diverti les effets de la succession, lequel s'en défendoit, en disant que par acte du 11. Février 1694. ils avoient borné leurs prétentions avec effets inventoriez, avec promesse de ne le plus inquieter. *V. ibid. Arr*. 103.

75. Celuy qui a deferé le serment peut toûjours s'en déporter, pourveu qu'il n'ait pas été fait. Jugé au Parlement de Tournay le 18. Mars 1698. quoyqu'il y eût un Arrêt qui ordonnoit que celuy à qui il étoit deferé, le pouvoit faire à sa charge & décharge. *M. Pinault*, to. 2. Arr. 213.

76. Afin qu'une délation de serment puisse rendre un Juge superieur competent de connoître en premiere instance d'une affaire, il faut que le serment soit deferé sur la chose dont il s'agit de juger. Arrêt du Parlement de Tournay du 18. May 1699. rapporté par *M. Pinault*, to. 2. *Arr*. 262.

77. Une partie s'étant rapportée à l'affirmation de l'autre, ne peut demander à faire preuve du contraire. Arrêt du Parlement de Paris du 8. Avril 1698. *Journ. des Aud*. to. 5. *li*. 14. *chap*. 3.

SER — SER 573

SERMENT, DEMANDEUR.

78 Par Arrêt du Parlement de Roüen, du 14. Juillet 1504. rapporté par *Terrien*, *liv. 29. tit. 6. sur la fin*, il a été jugé qu'en concurrence de preuves, & lorsqu'il est jugé question de décider d'un fait par le serment des Parties, le serment du demandeur doit prévaloir à celuy du défendeur. Il étoit question en l'Arrêt du fait de possession.

79 Lorsqu'il est question de petite somme, l'on doit s'en rapporter au serment du demandeur, soit pour un compte ou autrement, pourvû qu'il soit de bonne vie & renommée. Ainsi jugé à Grenoble. *Papon, liv. 9. tit. 6. n. 3.*

80 Par Arrêt du Parlement de Bourdeaux du 10. Juillet 1533. sur la déposition d'un seul témoin, disant avoir été présent, que le défendeur auroit accordé la faculté de retrait au demandeur, & de l'avoir ainsi confessé en la présence de partie, & sur ce que autres témoins déposoient que le bruit étoit tel, le serment fut deferé au demandeur pour supplément de la preuve; & après l'avoir oüi, le défendeur condamné à revendre. *Papon, ibidem, n. 11.*

81 *Juranti in litem petitori adversus cauponem creditur.* Arrêt du 14. Août 1582. *Mornac, l. 1. ff. nautæ caupones stabularii.*

SERMENT, DENIERS ROYAUX.

82 Pour les deniers Royaux il est permis au Fermier après avoir juré d'informer au contraire du serment, par l'Ordonnance du Roy Charles VII. article 13. *Brodeau sur M. Loüet, lettre S. sommaire 4. nombre 4.*

SERMENT, DISPENSE.

83 De la dispense de serment. *Voyez* le mot *Dispense, n. 89. & suiv.*

SERMENT, ELECTION.

84 En cas d'élection qui doit être faite conjointement avec des personnes Ecclesiastiques, & par des Laïcs après serment par eux fait, les Electeurs tant Ecclesiastiques que Laïcs doivent prêter le serment par devant le Juge Laïc. Arrêt du Parlement de Paris du 9. May 1662. *Soëfve, to. 2. Cent. 2. chap. 63.*

SERMENT, ENQUESTE.

85 *Scilicet in l. Si quis jusjurandum, quæst. ult. C. de Rab. Cod. & Jure*, tient qu'après enquête faite, l'une des parties à laquelle est deferé le serment, n'est tenuë de l'accepter ni le referer. On allegue sur ce propos un Arrêt donné en l'Audience le 4. Decembre 1511. *Voyez la Bibliotheque de Bouchel, verbo Serment deferé.*

86 Le creancier qui a fait preuve que la somme luy est deuë, ne peut être contraint par le débiteur à l'affirmer. Jugé à Paris le 12. May 1539. *Papon, liv. 9. tit. 6. nombre 8.*

87 Après qu'une partie a fait son enquête, il ne peut être reçu à déferer le serment à sa partie des faits sur lesquels il a informé. Arrêt du 5. May 1586. *La Rocheflavin, liv. 3. lettre S. tit. 2. Ar. 3.*

SERMENT SUR L'EVANGILE ET RELIQUES.

88 Le serment fait en l'Eglise, ne se peut plus retracter hors l'Eglise. *Bellordeau, 2. part. Contr. 50. Tournet, lettre S. Arr. 30.*

89 Le serment décisif en presence du Saint Sacrement de l'Autel, ne peut être déferé à un Catholique, par un Religionnaire. *Bellordeau, part. 2. Contr. 62. & Tournet, lettre S. Arr. 31.*

90 Le serment déferé sur la vraie Croix, venerée en une Eglise, reçu nonobstant la qualité de celle qui offroit jurer en l'Audience, & vouloir être crû à son simple serment. *Bellordeau, part. 2. Contr. 68. & Tournet, lettre S. Arr. 33.*

91 Serment sur les Reliques prohibé. Arrêt du Parlement de Bretagne du 5. Mars 1556. *Du Fail, liv. 1. chap. 14.*

92 L'intimé avoit deferé à l'appellant le serment sur le *Corpus Domini*: l'appellant le refuse, & offre jurer en face de Justice. Le Sénéchal de Nantes le condamne à jurer sur le *Corpus Domini*, ou serment referé. Arrêt du Parlement de Bretagne du 9. Septembre 1566. par lequel la Cour corrigeant le Jugement, ordonne que l'appellant jurera suivant son offre en face de Justice selon les Ordonnances; condamne l'intimé és dépens de la Cause d'appel: deffenses à tous Juges à l'avenir d'ordonner telles delations de serment sur les peines qui y échetront. *Du Fail, l. 1. c. 217.*

93 Arrêt du Parlement de Bretagne du 20. Septembre 1567. qui prononce mal jugé par le Juge de Kimpercorentin, lequel avoit ordonné que la partie étoit tenuë de faire le serment à l'aspect du Corps de Nôtre-Seigneur, ou icelui referer à l'autre: corrigeant le jugement, ordonné qu'elle jurera par devant le Commissaire de la Cour en Jugement, comme l'on a accoûtumé de faire en toutes causes ordinaires. *Du Fail, liv. 2. chap. 291.*

94 Le serment étant deferé à un Marchand à jurer sur les Reliques de saint Antoine, en l'Eglise de saint Bertrand de Lezat, par un autre pour vuider le differrent qui étoit entre eux, par Arrêt du 7. Mars 1573. L'offre faite d'affirmer en l'Eglise de Moutardy prés saint Antoine en Toulouse a été déclaré valable, attendu le danger qu'il y avoit d'aller à Lezat. *La Rocheflavin, liv. 3. lettre S. tit. 2. Arr. 6.*

95 Lorsqu'on use de condamnation au préalable, le demandeur purgé par serment sur la verité des choses demandées, si c'est par simple purgation sur les Evangiles, il faut qu'il se fasse avant la prolation du jugement; mais si elle est solennelle sur le *Te igitur* & Croix du Livre, Messel en quelque Chapelle, il faut que ce soit après la remise dudit jugement, afin que la partie condamnée le sçache, ou pour y assister, ou pour se pourvoir contre le jugement. *La Rocheflavin, liv. 3. lettre S. tit. 2. Ar. 7.*

96 Arrêt des grands Jours de Clermont en Auvergne de l'an 1582. confirmatif d'un jugement du Juge d'Aurillac qui avoit ordonné qu'un mary qui avoit maltraité sa femme préteroit le serment, sur ce que l'on appelle en Auvergne le *Te igitur*, ou sur les saints Evangiles, ou sur la Croix, en présence du Juge, en l'Eglise, en l'assemblée du peuple, au son de la cloche, & ce sur les faits que la femme mettoit en avant contre luy, par lesquels elle disoit qu'il avoit soustrait des meubles & joyaux. *Papon, liv. 9. titre 6. nombre 24.*

97 Anciennement il y avoit diverses formes de serment, comme *per ferrum candens, per purgationem ignis*; quelquefois par certaines paroles solennelles en quelques lieux, au son de la cloche, sur les saintes Reliques: mais telles ceremonies comme abusives ont été rejettées par deux Arrêts des grands Jours de Clermont des 22. Juin 1582. & 28. Mars 1585. *Papon, liv. 9. tit. 6.*

98 Serment superstitieux sur le *Te igitur*, sur le Bras de saint Antoine, & autres telles ceremonies superfluës, reprouvées par Arrêt du 20. Mars 1585. entre M. Bertrand de la Roche appellant, & M. Antoine Julian intimé: plaidans T. Chauvelin & Deschamps. *Robert, liv. 1. ver. judic. cap. 11.*

99 Arrêt du Parlement de Bretagne du 18. Avril 1633. qui a jugé que le serment solennel *in præsentia Corporis Christi*, a lieu en dépôt necessaire. Ce serment est ordonné dans les affaires importantes. *Voyez Hevin, p. 686.*

SERMENT, FACTEUR.

100 Facteur reçu à jurer, & sera crû de tout ce qui étoit en coffre, acquits & garants au compte qu'il doit rendre à son maître, si le maître n'exhibe les lettres & garants. Arrêt du Parlement de Bretagne du 7. Avril 1556. *Du Fail, liv. 2. chap. 53.*

FAUX SERMENT.

101 Arrêts ou Sentences donnés sur un faux serment judiciel fait à la requisition de la partie, ne se re-

Cccc iij

tractent point par preuves survenuës depuis, à moins que la partie qui l'a fait, ne se soit vantée que par faux serment & faveur elle a ainsi obtenu. Arrêt du Parlement de Bourdeaux du 18. Janvier 1532. *Papon, liv.* 19. *tit.* 8. *n.* 11.

Voyez le mot *Parjure*, & *cy-après le n.* 126. *& suiv.*

SERMENT DE FIDELITÉ.

102 Cy-après nomb. 165. *& suivans.* L'on en fait un titre particulier.

SERMENT, HERITIER.

103 *Juramentum defuncti an ejus haredem ab agendo repellat?* Voyez *Andr. Gaill, lib.* 1. *observat.* 27.

104 L'heritier est obligé de prêter le serment, *se credere esse pretium quod in instrumento continetur, nec præterea potest quidquam exigi ab eo, juramento præstito de credulitate.* Mornac, *liv.* 1. 2. 4. ff. *de in litem jurando.*

105 Arrêt du Parlement d'Aix du 17. Juin 1684. qui a jugé que le serment ordonné, & non prêté durant la vie de celuy qui en est chargé, luy fait perdre ses adjudications à serment, & que l'heritier n'est pas reçû à le prêter. *Boniface*, *to.* 3. *liv.* 3. *tit.* 13. *chap.* 2.

SERMENT, INVENTAIRE, SCELLÉ.

106 Arrêt du Parlement de Paris du 14. Mars 1610. qui ordonne que les sermens concernant les scellez seront reçûs par les Commissaires, & pour le regard des inventaires qui seront faits par les Notaires, recevront les affirmations. Il y a eu deux Arrêts semblables des 11. Decembre 1610. & 20. Janvier 1612. en faveur des Notaires, à l'effet de prendre le serment pour le fait des inventaires. *Voyez les Chartres des Notaires, ch.* 7. *p.* 444.

SERMENT, JUGES.

107 Du serment pris de ceux qui sont choisis pour juger. *Voyez le mot Avocats, nomb.* 108.

SERMENT in litem.

108 Du serment *in litem.* Voyez le mot *Inventaire, n.* 146. *& suiv.*

109 *De jurejurando in litem.* Per Phanucium Phanucium.

110 *Juramentum in litem à defuncto dum viveret oblatum, an ab ejus harede præstari possit?* Voyez *Andr. Gaill, lib.* 2. *observat.* 43.

111 Si le serment en plaid est reçû contre un heritier du tuteur, & quand? Voyez *Bouvot, to.* 2. *verbo Inventaire, quest.* 5.

112 Le serment en plaid ne peut être reçû contre le tuteur, sans une preuve préalable de la commune renommée des biens délaissez par les pere & mere. Arrêt du Parlement de Dijon du 24. Novembre 1618. *Bouvot, tom.* 1. *part.* 3. *verbo Serment, quest.* 2.

113 Le serment en plaid peut être admis contre un tuteur qui a recelé quelques meubles. Arrêt du Parlement de Dijon du 7. Février 1617. *Bouvot, to.* 1. *part.* 2. *verbo Tuteur, quest.* 2.

114 On admet un demandeur au serment *in litem*, faute par les défendeurs de satisfaire aux compellations qui sont & paroissent de leur fait. Jugé au Parlement de Tournay le 30. Juin 1698. pour une fille demandant sa legitime sur la succession de sa mere. *V. M. Pinault, to.* 2. *Arr.* 220.

Voyez *cy-après le nomb.* 134. *& suiv.*

SERMENT, MARGUILLIERS.

115 Les Marguilliers doivent prêter serment par devant le Juge Laïc. Arrêt du Parlement de Paris contre l'Official de Noyon. *Papon, liv.* 4. *tit.* 12. *n.* 14.

SERMENT, MINEUR.

116 *Pupillus vel pupilla, an ad jurandum admittantur?* Voyez *Franc. Marc, to.* 2. *quæst.* 792.

SERMENT, OBLIGATION.

117 Le défendeur ne peut obliger le demandeur d'affirmer que le contenu en son obligation luy est deu, mais bien que la somme luy a été payée. *Papon, liv.* 9. *tit.* 6. *n.* 8.

118 Quand un défendeur requiert qu'un demandeur fasse serment, si le contenu en son obligation contient verité, & s'il est justement dû, il ne doit à ce être reçû : car l'instrument suffit. Mais s'il requiert que le demandeur jure, pour sçavoir s'il n'en a point été payé, d'équité il le faut oüir. Arrêt du Parlement de Paris le 6. Octobre 1538. *Bibliotheque de Bouchel*, *verbo Serment*.

119 Un Procureur à qui on demande 22. écus en vertu d'une obligation par luy passée, soûtient qu'il ne doit que 20. écus, n'ayant reçû que cela, & que son creancier soit tenu d'affirmer ; ce qui est ordonné ; & sur l'appel, par Arrêt du 23. Mars 1594. le jugement est reformé sans dépens, & jugé qu'il n'y avoit lieu d'affirmer attendu la modicité de la somme, & que l'appellant étoit Docteur & Avocat. *La Rocheflavin, liv.* 3. *lettre S. tit.* 2. *Arr.* 5.

120 Celuy qui est fondé en Contrat n'est tenu de jurer de la verité du contenu au Contrat, Arrêts du 14. Janvier 1625. & du 13. Mars 1637. de relevée ; *Secus*, s'il y avoit inscription en faux contre le Contrat. *DuFresne, liv.* 1. *chap.* 32. Voyez *Henrys*, *tome* 1. *liv.* 4. *ch.* 6. *quest.* 21.

SERMENT PAR LES OFFICIERS.

121 Que les Présidens & Conseillers de la Cour feront sujets à l'examen, & de la reception d'iceux. *Ordonnances de Fontanon, to.* 1. *li.* 1. *tit.* 5. *p.* 13.

122 Des sermens que sont tenus de faire les Présidens Conseillers & autres Officiers de la Cour. *Ordonnances de Fontanon, to.* 1. *li.* 1. *tit.* 7. *p.* 14.

123 Du serment que sont tenus faire les Présidens, Conseillers & autres Officiers de la Cour. *Joly, des Offices de France, tome* 1. *liv.* 1. *tit.* 3. *page* 23. *& aux additions*, *page* v. vi. lvi. lxxi. & lxxxiv.

124 Des sermens que sont tenus faire les Baillifs, Sénéchaux, Prévôts & autres Officiers des Jurisdictions subalternes, & où ils doivent être reçûs & examinez. *Ordonnances de Fontanon, tome* 1. *liv.* 2. *tit.* 3. *page* 211. *& Joly des Offices de France, to.* 2. *liv.* 3. *tit.* 3. *p.* 903. *& aux additions*, *p.* 1811. 1813. 1817. 1823. *& suiv.*

125 Prestation de serment en la Charge de Lieutenant General pour le Roy. *V. le* 20. *Plaidoyé de M. Expilly.* Voyez *cy-dessus le mot Reception.*

SERMENT PARJURE.

Voyez *cy-dessus le nombre* 101.

126 *Si in Judicio juratum fuerit & perjurium probatum, statur religioni, sufficitque perjurii pœna l. quod §* 21. ff. *de dolo malo.* Vide *Freigium parat: fol.* 152.

127 *Canonicus qui consuetudines & statuta servare juravit, impetrans nonnullas portiones contra prædictas consuetudines non est perjurus, & valet provisio cum clausul. derogatoria.* Voyez *Franc. Marc. tome* 1. 1265.

128 Si quelqu'un se remet au serment décisif de la partie, & après dit qu'il est parjure, il n'est reçû à la preuve. Voyez *Bouvot, tome* 1. *part.* 2. *verbo ; Serment, quest.* 1.

129 Une partie qui avoit obtenu des dépens, affirme avoir payé dix écus d'épices, quelque temps après l'on retrouve le dicton de la Sentence où il n'y en avoit que cinq marquez. Le défendeur obtient ajournement personnel contre le parjure prétendu. Il persiste à dire que quelque chose qu'on ait écrit il a dit verité. Arrêt qui met les parties hors de Cour. *Papon, liv.* 17. *tit.* 2. *nomb.* 3.

130 Par Arrêt du Parlement de Roüen du 14. Juillet 1520. rapporté par *Terrien, liv.* 9. *chap.* 36. & par *Jovet*, au mot *Serment, nomb.* 11. jugé que quand une partie a juré, la cause ne peut plus être reprise, sous prétexte de parjure, ce qui est fondé sur les dispositions des Loix 1. & 2. Cod. de reb. cred. & jurejur. où il est dit que *causa juramento decisa perjurii prætextu retractari non potest*, & que *jurisjurandi contempta religio satis habet Deum ultorem.*

SERMENT EN PERSONNE.

131 Les sermens se doivent faire en personne quelque éminente que soit la qualité, elle ne dispensera point celuy à qui ce serment est déferé, de compa-

SER   SER   575

roître en Justice pour le faire. Jugé contre le Maréchal de Rohan sieur de Gié, par un Arrêt du 3. Avril 1505. rapporté par Berault, sur l'art. 465. de la Coût. de Normandie.

132   Serment doit être fait en personne. Arrêt du Parlement de Bretagne du 28. Février 1561. Du Fail, liv. 2. chapitre 163.

133   Celuy qui a prêté le serment en une procuration, sur un fait de payement, n'est tenu de venir en personne, pour répondre encore une fois. Arrêt du Parlement de Dijon du 16. Juin 1616. Bouvot, tome 2. verbo, Interrogations, quest. 1. il y avoit eu un Arrêt contraire le 10. Février 1594.

SERMENT EN PLAID.

134   Voyez cy-dessus le nomb. 108. & suiv.

Faute d'exhiber un acte décisif, dont on est saisi, le serment en plaid doit être déféré. Jugé au Parlement de Grenoble le 11. Janvier 1608. Basset, tome 2. livre 7. tit. 4. chap. 3.

135   Le serment en plaid est censé avoir été prêté, quand celuy qui l'a déféré recourt du jugement qui l'a ordonné, & que cependant celuy qui devoit jurer est venu à mourir. Jugé au Parlement de Grenoble le 3. Mars 1626. Basset, tome 2. liv. 7. tit. 4. chap. 1.

136   Le serment en plaid est une preuve du demandeur pour luy dans les cas où il est déféré, il l'est principalement contre les Tuteurs & les Administrateurs, & même de leur chef, contre leurs heritiers. Arrêt du Parlement de Grenoble du 19. Juillet 1662. contre l'heritier d'un pere & administrateur legitime, quoique ce serment ratione doli potius quàm culpa deferatur, & que l'action de dolo ne puisse être exercée contre le pere ni contre la mere, ni même regulierement contre les heritiers. Voyez Chorier en sa Jurisprudence de Guy Pape, page 312.

SERMENT DES PRESTRES ET RELIGIEUX.

137   Ecclesiastiques appellez à témoins, comment sont tenus de prêter serment ? Voyez Tournet, lettre E. Arr. 51.

138   Il suffit que les personnes Ecclesiastiques étant oüies en témoignage prêtent le serment, la main mise à la poitrine, sans autrement les astraindre au touchement des saints Evangiles. Arrêt du mois de Février 1582. La Rocheflavin, liv. 6. tit. 46. Arr. 1.

139   La forme de jurer des Prêtres & Religieux, est de jurer la main mise sur la poitrine, bien qu'en cas d'importance ils puissent être contraints de jurer, tactis SS. Evangeliis. Mainard, liv. 4. chap. 63.

140   Les sermens des Prêtres ou Religieux se doivent prêter sur les saints Evangiles ; il ne suffit de mettre la main à la poitrine. Guy Pape dit, que de son temps au Parlement de Grenoble dépositions de telles personnes faites autrement ont été declarées nulles. Papon, liv. 9. tit. 6. nomb. 14.

SERMENT, PROCUREUR.

141   Juramentum an possit per Procuratorem praestari ? Voyez Franc. Marc, tome 2. quest. 687.

142   Procuration ne peut déferer serment décisoire sans Procuration speciale à cet effect ; autrement le tout est nul, sans même qu'il soit besoin de former desaveu. Arrêt du Parlement de Paris du 26. Novembre 1543. Papon, liv. 9. tit. 6. nomb. 21.

143   Le 11. Septembre 1553. il fut dit au Parl. de Bretagne qu'en taxe des dépens les Procureurs auroient procure speciale pour jurer & affirmer les voyages, & consultations, autrement ne seroient reçus à faire tels sermens. Du Fail, liv. 3. chap. 432. où il est observé que cela n'est plus requis : car par l'art. 95. de la Coûtume, les Procureurs peuvent faire serment pour liquidation de dépens & tout autre servant à la cause, pourvû qu'il ne soit décisif.

144   Jugé par Arrêt du Parlement de Bourgogne du 7. May 1599. que s'il est question d'un Contract que l'on dit être en la puissance d'un corps, la Procuration qu'ils passeront pour jurer, doit porter qu'ils se

sont assemblez capitulairement, ou étant ils ont prêté le serment l'un après l'autre de n'avoir ni ne posseder doleusement, ni délaissé de posseder le Contrat. Bouvot, tome 2. verbo, Communauté, quest. 26.

Il a été jugé que le serment seroit prêté pour tous 145 les Chanoines par le Syndic. Arrêts en 1609. & 5. Juillet 1612. Moinac, l. 1. §. 1. quibus autem ff. quod cujusque universitatis.

SERMENT, RETRAIT.

Le Seigneur retraiant doit jurer qu'il vend pour luy 146 & non pour un autre les biens dont il demande le retrait. Voyez le mot Retrait, nombre 117.

On peut obliger le Retraiant lignager à jurer que 147 c'est pour luy qu'il retraie. Voyez le mot, Retrait, nomb. 876. & suiv.

SERMENT SUPPLETIF.

De juramento suppletivo, an & quando in defectum 148 probationis deferatur ? Voyez Franc. Marc, tome 1. quest. 387.

Juramentum suppletivum ei qui confessionem enun- 149 tiativè prolatam, & non propter se, non nisi per unum testem probaverit, defertur. Voyez Franc. Marc, tome 2. quest. 219.

Juramentum suppletivum an locum habeat in causâ 150 matrimoniali ? Voyez ibid. quest. 753.

Si le serment suppletif doit être admis, & quand ? 151 Voyez Bouvot, tome 1. part. 1. verbo, Serment.

Sermens suppletifs ne sont reçus au Parlement de 152 Paris. Papon, liv. 9. tit. 6. nomb. 12.

Le serment suppletif est reçu quand la preuve est 153 plus qu'à demi parfaite, sçavoir quand il y a deux témoins dont l'un n'est sans reproche, ou bien qu'avec un bon témoins il y a quelques indices. Ainsi jugé au Parl. de Bourdeaux en 1520. par deux Arrêts. Papon, liv. 9. tit. 6. nomb. 9.

Par Arrêt du Parlement de Bourdeaux, donné le 154 17. Août 1535. un homme fut reçu à serment suppletif en action d'injures, en laquelle il avoit seulement conclu en amende pecuniaire, & à se dédire en amende honoraire, ni à aucune infamie. Biblioth. de Bouchel, verbo, Serment.

Arrêt du 22. Decembre 1656. qui ordonne que le 155 serment suppletif n'ayant été prêté durant la vie par celuy qui le devoit prêter, est tenu pour non prêté. Boniface, tome 1. liv. 1. tit. 39. no. 3. Autre chose seroit s'il n'eût pas tenu à luy de le prêter ; mais à la partie soit par appellation de la Sentence, ou autre moyen.

Où il échoit peine en action civile, le Juge ne doit 156 jamais bailler le serment par supplément. Molin. verb. qui dénie le fief, nomb. 34. cont. Boër. dec. 86. n. 5. vid. Clarum sent. liv. 5. quest. 63.

Arrêt du Parlement de Bourdeaux, du 13. Juin 1676. Président Monsieur le Premier, plaidans Faute & Poitevin, entre Peyronne Achart & le sieur l'Eglise Bourgeois & Marchand de Bourdeaux. Ladite Achart actionna ledit l'Eglise devant le Sénéchal de Guyenne, soûtenant qu'il l'avoit engrossée sous promesse de la doter, dequoy elle luy donnoit le serment décisoire. Le Sénéchal ordonna qu'il jureroit, dequoy appel par luy ; la Cour le déchargea dudit serment & le relaxa. Le motif de la Cour fut sans doute de ce que ledit l'Eglise étoit homme marié. La Peireré, lettre S. nomb. 18.

Jugé au Parlement de Tournay le 22. Novembre 157 1697. que la preuve d'un seul témoin suffit quelquefois pour la preuve d'un fait, du moins à l'effet de recevoir le serment suppletif d'une partie. Voyez M. Pinault, tome 2. Arr. 191.

SERMENT, TÉMOINS.

De juramento testium. Voyez Andr. Gaill, lib. 1. 158 observat. 101.

SERMENT, TESTAMENT.

Serment apposé en un second Testament, par le- 159 quel le Testateur jure ne vouloir que le premier Testament ait lieu, est suffisant pour toutes dérogations

576 SER

speciales necessaires à révoquer le premier auquel il y avoit dérogation à tous autres. Arrêt du Parlement de Grenoble du 2. Août 1457. *Papon, livre 9. titre 6. nombre 19.*

SERMENT, TUTEUR.

160 Un heritage appartenant à des majeurs & des mineurs décreté sans discussion préalable, valide à l'égard des majeurs, & non à l'égard des mineurs. Arrêt du 13. Mars 1574. *in individuis restitutio minoris prodest majori;* à l'égard des majeurs il ne faut point de discussion, & pour le mineur son tuteur doit rendre compte en Justice : car la déclaration qu'il pourroit faire, suivie du serment de n'avoir aucuns deniers ni biens meubles du mineur, ne seroit pas suffisante, & le compte doit être rendu pardevant le Juge où les criées sont pendantes, sans que le tuteur puisse demander son renvoy pardevant le Juge de la Tutelle. *M. Loüet, lettre M. somm. 15. & son Commentateur, nombre 6.* où il y a Arrêt du 8. Mars 1619.

SERMENT, VENTE.

161 Jugé qu'il n'y avoit pas lieu d'admettre la Requête, tendante afin de faire jurer l'acheteur par decret sur la verité du prix, & s'il en a tant donné qu'il y en a d'écrit. *Papon, liv. 9. tit. 6. n. 22.*

162 Un tiers détenteur est tenu encore se purger par serment, s'il en est requis de la verité du prix déboursé par l'acheteur, duquel il a droit, encore qu'il dit que ce n'est de son fait. Arrêt du 1. Decembre 1542. entre le sieur de Sourdis. *Biblioth. de Bouchel, verbo, Parjure.*

163 Arrêt du Parlement de Bretagne du 30. Mars 1575. en faveur d'un Vendeur qui defere le serment décisif à l'acheteur, qu'il n'a payé autant qu'il est porté au Contract. *Du Fail, liv. 2. chap. 496.*

164 L'affirmation doit être deferée au vendeur, dans le cas d'une convention verbale entre Marchands. Arrêt du 14. Mars 1691. *au Journal des Aud. tome 5. liv. 7. chapitre 13.*

SERMENT DE FIDELITE'.

165 Voyez les mots, *Brevet*, nombre 3. *Expectative*, *Fidelité*, *Induit*. *Liber de pace constantiæ. cap. 2.*

166 Serment de fidelité, appellé *clientelare jusjurandum*, par *M. René Chopin*, en son *Traité de sacrâ polit. li. 3. tit. 1. n. 10.*

167 Dans le 17. Chapitre des Preuves des Libertez, tome 1. sont rapportez les formulaires de diverses sermens de fidelité des Evêques aux Rois de France, le premier est d'Hincmar, Evêque de Laon, qui vivoit dans le IX. siécle.

168 Les Ecclesiastiques ne violent pas le serment de fidelité par les differends qu'ils sont avec leur Prince, pour les droits de leurs Eglises. *Voyez Castel, en ses Mat. benef. tome 1. p. 18.*

169 Les Evêques ne violent pas le serment de fidelité par les differends qu'ils ont avec leur Prince pour les droits de leurs Eglises. *Voyez ibid. n. 10.*

170 *Cardinales an ad juramentum fidelitatis Papæ teneantur sicut Episcopi ? Non. Voyez Franc. Marc. tome 1. quæst. 1298.*

171 *Juramentum fidelitatis an per procuratorem præstari possit ? Ibid. quæst. 1113.*

172 Serment de fidelité des Evêques. *Mem. du Clergé, tome 1. part 1. page 161. & suiv.* il doit être enregistré en la Chambre des Comptes, *page 170.* Sur le refus d'enregistrer celuy d'un Evêque faute d'avoir rendu foy & hommage, aveu & dénombrement, le Roy ordonne à son Procureur General en ladite Chambre, d'envoyer les motifs de refus au Greffe du Conseil, & cependant main-levée, & la regale tenuë pour close. *Ibidem.*

L'Evêque peut avant le serment de fidelité exercer les fonctions Episcopales. *pag. 74 & 75.*

SER

SERMENT DE FIDELITE', BENEFICE.

173 Du serment de fidelité *V. la Biblioth. Can. tom. 1. verbo, Fidelité, & tom. 2. lett. S. verbo, Serment de fidelité.*

174 Les Evêques & autres Prélats du Royaume, doivent le serment de fidelité au Roy, à cause des grands fiefs qu'ils possedent, & autrefois ils étoient obligez d'aller à la guerre avec leurs hommes, c'est un ancien droit marqué au 2. tome des Libertez de l'Eglise Gallicane, *tit. 39. n. 1. & 2.*

175 Les Archevêques & Evêques sont tenus de prêter le serment de fidelité au Roy, avant que d'entrer en l'exercice de leurs prélatures. *Rebuf. sur les Concordats, chap. 5. de Reg. ad Prælat. nom. verbo, alias idoneum. Févret, Traité de l'Abus, livre 1. chapitre 6. article 13.*

176 Suivant l'ancienne coûtume, les Prélats étoient tenus de faire le serment de fidelité au Roy avant que de se pouvoir dire tels ; ainsi qu'il a été jugé au Parlement de Paris, contre l'Archevêque d'Auch, & l'Evêque de Mande ; ce qui s'observoit du temps de Philippes I. suivant le témoignage de l'Evêque de Chartres, parlant en ses Epîtres addressées au Pape Paschal, de l'Archevêque de Reims, qui avoit été privé de sa Dignité, le rétablissement duquel il avoit poursuivi au Conseil du Roy; *la Cour du Prince,* dit-il, *Epist. 106.* resistant au contraire, nous n'avons pû impetrer une paix entiere qu'en faisant par le susdit Metropolitain au Roy tel serment de fidelité que les autres Archevêques de Reims, ensemble tous les autres Evêques du Royaume, quelques saints Religieux qu'ils fussent, avoient fait à ses prédecesseurs Rois. Plusieurs Auteurs font foy de ce serment de fidelité fait par les Evêques aux Rois & aux Princes de France, d'Angleterre & d'ailleurs. *Bibliot. Canon. tome 1. page 573. col. 2.*

Le Chapitre d'une Eglise Cathedrale, en possession immémoriale de conferer toutes ses Prébendes, n'est sujet à l'expectative du serment de fidelité, dû par le nouvel Evêque. Jugé au Grand Conseil le 17. Septembre 1675. pour le Chapitre de l'Eglise Cathedrale de Mets. Le motif de l'Arrêt est que le Brevet du serment de fidelité fait seulement une dette personnelle de l'Evêque; ainsi c'est à l'Evêque à y satisfaire : & bien que dans le cas de Regale on ait quelquefois jugé contre les Chapitres, ces Jugemens ne doivent pas être tirez à consequence, parce que le droit de Regale, dit Du Moulin, *Reg. de infirm. Resign.* est un droit primitif de la Couronne, & qui subsistoit avant tous les droits Canoniques; *jus primitivum Coronæ Franciæ, ante omnia Jura Canonica natum;* c'est pour cette raison que l'on a jugé que s'il paroissoit qu'autrefois l'Evêque avoit été Collateur des Prébendes, & qu'il en eût partagé la Collation avec le Chapitre, le Roy ne laissoit pas de joüir de tout le droit ancien de l'Evêque pendant la Regale. *Journal du Palais.*

177 L'Archevêque *Auxitanus* condamné par Arrêt du Parlement de Paris du 11. Juin 1328. à faire au Roy le serment de fidelité pour le temporel de son Archevêché. *Corbin, suite de Patronage, ch. 34.*

178 Par Lettres Patentes de Charles VII. du 28. May 1486. il paroît qu'un nommé Doyac, pourvû de l'Evêché de Saint Flour, avoit été maintenu en la possession d'iceluy, à la charge de prêter le serment de fidelité au Roy, à cause de la temporalité dudit Evêché, ce sont les termes de ces Lettres Patentes. *Voyez le 1. tome des Preuves des Libertez, ch. 15. n. 69.*

179 Les Evêques doivent faire le serment de fidelité au Roy, quoy qu'absent du Royaume, & non à son Lieutenant General. Arrêt du Parlement de Paris du 13. Avril 1496. *Preuves des Libertez, tome 1. chapitre 16. nombre 53.*

180 Le 15. Août 1583. le Lieutenant General de Condom fit défenses à M. Jean Duchemin, de faire aucun acte Episcopal en l'Eglise de Condom, jusqu'à ce qu'il eut fait

SER   SER   577

fait apparoir du ferment de fidelité qu'il devoit faire au Roy, en qualité d'Evêque. *Ibid. n. 55.*

181. Les Evêques doivent faire enregiftrer leur ferment de fidelité en la Chambre des Comptes à Paris, pour clore la Regale. Arrêt du 18. Avril 1624. *Du Frêne, liv. 1. chap. 25.*

182. M. Miron Evêque d'Angers, n'avoit point fait enregiftrer fon ferment de fidelité en la Chambre des Comptes, ni obtenir Arrêt de main-levée de fon temporel, d'autant qu'il n'y en avoit point eu de faifie, & ainfi il n'avoit dû obtenir aucun Arrêt de main-levée; & que pour la même raifon il n'y avoit point eu d'enregiftrement du ferment de fidelité, parce que l'enregiftrement ne fe fait, que lors qu'on va demander l'Arrêt de main-levée. Jugé le 11. Avril 1628. *Du Frêne, liv. 2. ch. 17.*

183. Le défaut d'enregiftrement de ferment de fidelité en la Chambre des Comptes à Paris, ne donnoit point d'ouverture à la Regale dans les Evêchez de Languedoc, & de Provence, avant la derniere Declaration du Roy de 1673. regiftrée en la Cour, &c. Jugé les 11. Août 1672. & 25. Janvier 1674. *Journal du Palais.*

184. Comme les taxes de l'enregiftrement du ferment de fidelité pour les Prélats des quatre Provinces de Languedoc, Guyenne, Provence & Dauphiné, n'avoient pas été reglez; le Roy par une Declaration du 10. Février 1673. addreffée aux Officiers de la Chambre des Comptes de Paris, en a arrêté l'état, enregiftré en la Chambre, le 27. Juillet de la même année. *Biblioth. Canon. tome 2. p. 403.*

185. Le Chapitre d'une Eglife Cathedrale en poffeffion immémoriale de conferer toutes les Prébendes, n'eft fujet à l'expectative du ferment de fidelité dû par le nouveau Evêque. Arrêt au Grand Confeil du 17. Septembre 1675. *Journal du Palais.*

186. Quoyque les Prébendes de l'Eglife Cathedrale de Bayonne ne foient point à la feule difpofition de l'Evêque, mais de luy & de fon Chapitre conjointement, il a été rendu au Grand Confeil le 13. Mars 1686. Arrêt en faveur du Brevetaire. M. l'Avocat General avoit été d'un avis contraire, en eftimant qu'il falloit referver l'execution du Brevet fur les Benefices qui dépendoient de la libre difpofition de M. l'Evêque de Bayonne. *Journal du Palais*, in fol. tome 2. page. 582.

187. Du ferment de fidelité dû au Seigneur. *Voyez* hoc verbo, *le Gloffaire du Droit François, ou l'Indice des Droits Royaux & Seigneuriaux*, par Ragueau.

SERRURIERS.

1. SI les Serruriers font tenus de faire chef-d'œuvre, & quel, & comment ils doivent travailler? *Voyez Bouvot, tome 1. part. 3. verbo, Serruriers.*

2. Jugé que l'article 15. du métier des Serruriers à Laon, portant défenfes d'expofer en vente des ouvrages neufs, n'avoit lieu pour les Ferronniers, qui achetent en gros pour revendre, fauf aux Maîtres Jurez Serruriers d'avoir vifitation & exploitation fur eux, s'ils en abufent, & font travailler en leurs maifons. Arrêt confirmatif de la Sentence du Bailly de Vermandois, & Préfidiaux à Laon, du 26. Août 1606. *Corbin, fuite de Patronage, chap. 193.*

SERVANTES.

IL faut voir les mots, *Domeftiques, Maîtres, Serviteurs.*

Mariage avec Servantes ou Valets. *Voyez* le mot, *Mariage, n. 707. & fuiv.*

SERVICE DIVIN.

Voyez au fecond Volume de ce Recueil, le mot, *Office, nomb. 11. & fuiv.*
Tome III.

SERVICES.

AN fufficiat in donatione remuneratoria enuntiari merita in genere, qua debent effe de præteritis & non de futuris; futura merita habentur pro non adjectis. Voyez Mornac, L. 10. §. *fi domini debitor. ff. de in rem verfe.*

Voyez le mot, *Donation, nomb.* 568. *& fuiv.*

SERVIS.

Voyez les mots, *Cens, Directe, Droits Seigneuriaux, Fief, Seigneur, Vaffal.*

SERVITEURS.

1. DEs Serviteurs & Servantes. *Ordonnances de Fontanon, tome 1. liv. 5. tit. 17. p. 1010.*

2. Du payement des gages des Domeftiques. *Voyez* le mot, *Gage, nomb. 26. & fuiv.*

3. Serviteurs coupables du crime d'adultere. *Voyez* le mot, *Adultere, n. 113.*

4. Si les Maîtres font tenus des delits de leurs domeftiques? *Voyez* le mot, *Delit, n. 36. & fuiv.*

5. Serviteurs qui accufent leurs Maîtres. *Voyez* le mot, *Accufation, n. 45.*

6. Les ferviteurs ne peuvent être oüis contre leurs Maîtres qu'en trois cas, *Lezæ Majeftatis, fraudati cafûs, & adulterii.* V. Bouvot, tome 2. verbo, *Injure, queftion 38.*

7. Serviteurs maltraitez. *Voyez* le mot, *Excés, n. 6. & le mot, Maître, n. 41. & fuiv.*

8. Serviteur qui refigne des Benefices qu'il a reçûs de la liberalité de fon Maître, & fans fon confentement. *Voyez* le mot, *Refignation, n. 288.*

8 bis. Si l'on peut agir criminellement contre celuy qui a corrompu le ferviteur d'autruy? *Voyez Bouvot, tom. 2. verbo, Serviteur, queft. 4.*

Voyez au 1. vol. de ce Recueil, le mot, *Corrompre.*

9. Arrêt du Parlement de Touloufe du 13. Decembre 1553. faifant défenfes à tous habitans de tenir aucuns coffres de ferviteurs fans le fçû & licence de leurs Maîtres. *La Rocheflavin, liv. 1. tit. 33.*

10. Edit portant défenfes de recevoir aucuns ferviteurs ou fervantes, s'ils ne rapportent un certificat du Maître de chez lequel ils fortent, & du fujet de leur congé. A Touloufe le 21. Février 1565. *Ordonnances de Fontanon, tome 1. p. 1011.*

11. Arrêt du 28. Janvier 1573. qui appointe au Confeil une demande en enthérinement des Lettres de grace prefentées par une veuve, qu'elle avoit obtenuës pour avoir battu fa fervante toute nuë avec une courroye de bougette de corde, fuppofant qu'elle luy avoit volé un chaudron: De chagrin, cette fervante s'étoit penduë au grenier, *La Rocheflavin, livre 3. lettre S. tit. 5.*

12. Les ferviteurs ne peuvent fortir hors de la maifon de leur Maître fans congé. Arrêt du Parlement de Dijon du 3. Février 1579. L'on procederoit contr'eux comme vagabonds & gens fans aveu. *Bouvot, tom. 1. part. 2. verbo, Serviteurs.*

13. C'eft une maxime, que *gravius agendum cum fervis quam cum aliis*; pour cela fur une information faite contre une fervante qui avoit injurié faMaîtreffe, ladite fervante fut condamnée à faire amende honorable, la torche au poing en pleine Audience, & devant le logis de fa Maîtreffe, & bannie pour dix ans, après avoir été fuftigée de verges devant le Palais, en deux écus d'amende, deux écus de dommages & interêts, & à tenir prifon jufqu'en fin de payement. Arrêt du même Parlement de Dijon du 14. May 1583. *Ibid. tom. 2. verbo, Injure, queft. 11.* Autre Arrêt du 9. Mars 1563. *queftion 16.*

14. Legs faits aux ferviteurs. *Voyez* le mot, *Legs, nombre 615. & fuiv.*

15. Le Teftament portant un legs pour douze années de fervice, fait foy, & empêche la prefcription de

Dddd

l'Ordonnance. Arrêt du Parlement de Dijon du 18. Juillet 1601. *Bouvot, tome 2. verbo, Salaires, question 5.*

16 Le serviteur mineur, dont la mere, avoit protesté de son remboursement, ne peut être débouté de cette demande, pour être, depuis sa rançon, retourné chez son Maître, y avoir pris facture, & en avoir rendu compte, sans faire demande en Justice de sa rançon. *Peleus, quest. 137.*

17 Lettres Patentes portant que dans la Province de Touraine les serviteurs & servantes ne se pourront loüer qu'au jour & Fête de Toussaints, sur peine de perdre leurs gages. A Paris le 3. Octobre 1611. registrées le 16. Janvier 1612. *Vol. 1. des Ordonnances de Louis XIII. fol. 254.*

18 On peut faire informer contre un serviteur, qui use de paroles injurieuses contre la fille de son maître. Arrêt du Parlement de Dijon du 21. Novembre 1603. *Bouvot, to. 2. verbo Serviteur, quest. 6.*

19 Il n'est pas permis à un maître d'exceder le serviteur ou servante étant hors de sa maison, sous couleur de prétenduës injures & larcin. Arrêt du Parlement de Bourgogne du 12. Janvier 1612. *Bouvot, to. 2. verbo Injures, Battures, quest. 5.*

20 Un serviteur ou servante peuvent faire informer d'outrages excessifs & avec effusion de sang commis en leurs personnes par leur maître ou maîtresse. Arrêt du Parlement de Dijon du 8. Février 1614. *Levis castigatio permittitur, non sævitia.* Voyez *Bouvot, to. 2. verbo Serviteur, quest. 1.*

21 Convention par laquelle un particulier s'étoit obligé de servir le Curé de Linas moyennant 40 liv. de pension viagere jugée licite, & que celuy qui s'étoit ainsi obligé, ayant été empêché par maladie de continuer son service, étoit bien fondé à demander aux heritiers la pension promise. Arrêt du 16. Avril 1641. *Soëfue, to. 1. Cent. 1. ch. 37.*

23 Des femmes qui se remarient avec leurs valets, & gens de basse naissance. Voyez *Ricard en son traité des Donations, 3. part. chap. 9. glosse 9.* & cy-dessus le mot *Servante.*

SERVANTE ENGROSSE'E.

24 *Si quis ex Ancillâ suâ liberos habuerit. N. 78. C. 4.*

25 *Ancilla pregnans, in dubio, videtur esse pregnans à domino.* Arrêt du Parlement de Paris du 23. Février 1562. qui ordonne que le maître seroit contraint par corps au payement de la provision. *Ayrault, 6. Plaidoyé.*

26 Le maître d'une servante engrossée en sa maison qui dénie luy avoir fait l'enfant, pendant le procés, le doit nourrir. Jugé le 7. May 1605. *Peleus, q. 91.*

27 Une servante est preferable pour salaires à tous creanciers. Arrêt du Parlement de Dijon du 6. May 1566. *Bouvot, to. 1. part. 3. verbo Salaire.*

SERVITUDE.

Droit qui assujettit un fonds à quelque service, pour l'usage d'un autre fonds.

*De servitutibus. D. 8. 1... L. 86. D. de verb. sign...
Paul. 1. 25... Caj. 2. 1. §. 3. Lex 12. tabb.
De servitutibus prædiorum. Inst. 2. 3.
De servitutibus prædiorum rusticorum. D. 8. 3.
De servitutibus, & aquâ. C. 3. 34.
De itinere actuque privato. D. 43. 19.* Interdit pour être maintenu en la possession d'un chemin, ou d'un passage.

De aquâ quotidianâ & æstivâ. D. 43. 20. Interdit pour être maintenu en la possession de l'eau.

De rivis. D. 43. 21. Ce titre regarde encore le droit de prise d'eau.

De fonte. D. 43. 22. Droit de prendre & puiser l'eau. Voyez *Eau.*

De cloacis. D. 43. 23. Le droit de cloaque ou d'égout, est aussi une servitude.

De servitute legatâ. D. 33. 3.

Maison donnée avec ses servitudes. *L. 90. D. de verb. sign.*

Si servitus vindicetur, vel ad alium pertinere negetur. D. 8. 5. Ce titre parle des actions pour demander en Justice, & pour défendre les servitudes: *Actio confessoria & negatoria, de quibus, Inst. 4. 6. §. 2. de action.*

De operis novi nuntiatione. D. 39. 1... Extr. 5. 32. Celui qui a un droit de servitude, peut s'opposer à une construction qui est contraire à son droit, comme aux vûës, égouts, &c.

De novi operis nuntiatione maritimi aspectus. N. 63. Contre ceux qui bâtissoient pour empêcher la vûë de la Mer. Voyez *Jours & vûës.*

Communia prædiorum tam urbanorum, quàm rusticorum. D. 8. 4.

Quemadmodum servitutes amittantur. D. 8. 6.

1 De l'origine des servitudes & de leur usage, de leurs especes & comment elles s'acquierent; des servitudes des maisons & autres bâtimens, des servitudes des heritages de la campagne; des servitudes du proprietaire du fonds asservi; de ceux du proprietaire du fonds pour lequel il est dû une servitude; comment finissent les servitudes. Voyez le 1. tome des *Loix Civiles, liv. 1. tit. 12.*

2 *De servitutibus urbanorum rusticorum prædiorum.* Per Bartholomæum Cæpolam.

3 Davezan, *de Servitutibus, vol. in 4. Aurelia 1650.*

4 *De servitutibus.* Per Ber. Gammarum.

5 Voyez les mots *Egout, Fenêtres, Veuës,* & hoc verbo *Servitude,* Bouvot, to. 2. & *La Bibliotheque de Joret; Despeisses, to. 1. p. 581.* Les Arrêtés faits chez M. le Premier Président de Lamoignon recueillis dans le Commentaire de Me. *Barthelemy Auzanet sur la Coûtume de Paris,* & les Commentateurs des Coûtumes qui ont un *titre des Servitudes.*

6 Comment les servitudes d'heritages s'acquierent & se perdent, tant de droit Civil que par les Coûtumes. Voyez *la Bibliotheque du Droit François par Bouchel,* verbo *Servitudes.*

7 Voir le *ch. 35. de l'Architecture françoise des bâtimens particuliers,* par rapport au titre des servitudes, par M. *Louis Favol,* & des notes de M. *Blondel,* in octavo, à Paris, chez François Clouzier & Pierre Aubouin 1681. & cy-après le n. 10.

8 Sur plusieurs questions qui naissent des servitudes & autres charges & vices dissimulez ou tûes dans le Contrat de vente. Voyez *Duperrier, liv. 4. quest. 10.*

9 Ce que c'est que hoir commun en servitude. Voyez *Coquille, tom. 2. quest. 73.*

10 *Quemadmodum servitutes prædiorum tam jure civili quam moribus acquirantur & amittantur.* Voyez Valla, *de rebus dubiis, &c. tractat. 7.*

11 *De celatâ servitute;* Voyez Stockmans, *decis. 97. Permissum fuit emptori recedere à Contractu, præstito injurando quod empturus non fuisset, si scisset hanc servitutem impositam.*

12 *Multiplicatio prædiorum non multiplicat servitutem.* Mornac, *l. 12. C. de servitutibus & aquâ.*

13 *Servitutem proprietarius non pleno dominio fundo nec imponere nec amittere, potest tamen invito fructuario adquirere.* Voyez Mornac, *lege 15. ff. sufficienter verb. proprietario ff. de Usufr. & quem ad &c.*

14 On ne peut changer l'état de la servitude, *nisi consentiant quorum interest, l. 19. alias 20. servitutes §. si antea.* Mornac, ff. *de servitutibus urbanorum prædiorum, ubi de stillicidio agitur.*

15 Les servitudes comme les contrats se doivent garder suivant la forme de la concession. Voyez *Mornac, l. 29. ff. de servitutibus rustic. præd.* & *l. 8. & 11. ff. communia prædiorum, &c.*

Concessâ servitute, concessa videntur sine quibus servitus exerceri non potest. Voyez *Mornac, l. 12. §. 1. ff. communia prædiorum, &c.*

16 Nous observons la Loi 4. §. Modus, & la Loi 5. ff. *de servitutibus,* pour user & joüir alternative-

SER   SER   579

ment des servitudes & dans le temps prefix. Voyez *Mornac*, *ff. hoc titulo*.

17 *Jure glandagii, Bochagii seu pascuagii utendum ne noceat alii.* Voyez *Franç. Marc*, to. 2. *quest.* 545.

18 *Servitus coquendi vel molendi non nisi inhibitionis facta de non coquendo aut molendo alibi si obsecundatum acquiri potest.* Voyez *ibidem*, *quest.* 584.

19 Les servitudes peuvent être constituées *etiam citra alienationem rei*, à la difference des rentes foncieres lesquelles ne peuvent être créées que dans le contrat de vente. *Vide Loiseau, l. 1. des Rentes, chap.* 3.

20 *De servitutum præscriptione, & statuto Provinciæ clastrandi fenestram, ne in aliam aream prospiciatur.* Voyez *Francisci Stephani decis.* 71.

21 Si en vendant ou partageant, la servitude est censée avoir été imposée? On distingue, ou la servitude à une cause continuelle & permanente, elle est censée tacitement imposée à la part alienée ou retenuë, parce qu'elle fait portion de la chose venduë; mais si la cause est non continuelle, comme passage, en ce cas la servitude n'est censée tacitement imposée en contrat, mais bien en derniere volonté. *Coquille, Coût. de Nivernois, chap.* 8. *des Servitudes, &c.*

22 Puisque pour les servitudes urbaines, celuy à qui elles sont duës les conserve par la seule souffrance de celui qui les doit; comment la liberté se peut-elle acquerir? L'on s'en peut affranchir en faisant un Acte contraire à la servitude; par exemple si mon voisin avoit droit de placer ses sommiers sur les murailles de ma maison, & qu'aprés les y avoir posez je les fisse ôter, & bouchasse les trous, & qu'il n'en eût point formé de complainte dans le temps fatal, ma maison demeureroit déchargée de cette servitude; *si tigni immissi ædes tua servitutem debent, & ego ejecero tignum, ita demum amitto jus meum, si foramen unde exemptum est tignum obturaveris, & per constitutum tempus ita habueris: alioquin si nihil novi feceris, integrum jus tuum permanet L. hoc autem jura de servit. urb. præd.* suivant ces maximes il a été donné Arrêt au Parlement de Roüen. Voyez *Basnage, sur l'art.* 607. *de la Coûtume de Normandie.*

23 Demandeur en negatoire de servitude n'est tenu de confesser son défendeur possesseur de la servitude, s'il ne veut. Arrêt du Parlement de Paris, de l'an 1386. *Papon, liv.* 14. *tit.* 1. *n.* 2.

24 M. Sevin Conseiller en la Cour, & M. Benoize Maître des Comptes avoient leurs maisons voisines; autrefois ce n'avoit été qu'une maison; mais ayant été séparées par un mur, il avoit été stipulé entre les précedents proprietaires que cette muraille ne pourroit être haussée plus haut de dix pieds ou environ, *ne luminibus afficeretur*. M. Benoize acheta sa maison par decret. M. Sevin ne s'oppose point pour cette servitude. Aprés l'achat le sieur Benoize fait élever ce mur fort haut, afin d'empêcher la vûë du logis prochain dans sa maison. Le sieur Sevin le veut empêcher, & dit s'il ne s'est opposé que c'est une servitude occulte pour laquelle il n'est pas besoin de s'opposer. Arrêt du 10. Mars 1603. jugé qu'il se faut aussi-bien opposer pour une servitude occulte que pour une apparente. Voyez *Bouchel en sa Bibliotheque*, *verbo Servitude*, où il dit: J'ay appris de Maître François Chauvelin un Arrêt presque semblable donné peu auparavant. Une maison sise à la Place Maubert qui consiste en deux corps de logis, une cour au milieu où il y a un puits, est venduë par decret. Le corps de logis de devant est ajugé à un Patissier; le corps de logis de derriere est ajugé à Gillot Procureur en la Cour, le tout par un seul decret. Il est à observer que ce corps de logis de devant avec les chambres qui n'avoient vûë que sur la Place Maubert: les autres chambres prochaines n'avoient vûë que sur la cour. Or aprés l'adjudication, Gillot demande que défenses soient faites à ce Patissier d'entrer en sa cour pour prendre de l'eau à son puits, & qu'il ait à boucher ses vûës qui sont sur la cour. Le Patissier répond que par un seul decret les maisons avoient été venduës en l'état qu'elles étoient: & qu'il ne s'étoit point opposé pour les servitudes, parce qu'il n'y avoit encore rien auparavant l'adjudication; neanmoins par Arrêt défenses au Patissier de plus aller au puits de Gillot, & à lui enjoint de retirer ses vûës, & les réformer suivant la Coûtume de Paris, *à verre dormant, &c.*

25 Celui qui a constitué servitude sur son fond, n'est tenu à ses propres frais entretenir & refaire les choses sur lesquelles la servitude est imposée comme s'il a donné à son voisin le puisage dans son puits, la margelle étant rompuë, elle se doit rétablir à frais communs. Arrêt du Parlement de Dijon du mois de Juin 1567. *Bouvot, tome* 2. *verbo Servitude, quest.* 3.

26 Arrêt du Parlement de Paris du 19. Avril 1608. pour les servitudes de vûë, eau & égoût; ordonné qu'elles demeureroient en tel & semblable état qu'elles étoient lors du vivant du proprietaire pour être commun. Voyez *la Bibliotheque de Bouchel*, *verbo Servitudes*.

27 De l'interpretation des articles 195. & 205. de la Coûtume de Paris au titre des servitudes, & que les Experts convenus par les Parties, ne les peuvent pas obliger contre la disposition de la Coûtume. Arrêt du 17. May 1650. *Sœfve, to.* 1. *Cent.* 3. *ch.* 37.

28 Celui qui a vendu sans se reserver le droit de servitude sur les biens vendus, ne peut le prétendre, à moins que la servitude ne fût apparente & visible lors de la vente, pour que le fait d'un particulier qui établit une servitude sur un fonds puisse passer pour une veritable destination d'un pere de famille, il faut qu'il ait la puissance & la volonté d'établir la servitude. Jugé au Parlement de Tournay le 24. Novembre 1694. Voyez *Pinault, tome* 1. *Arr.* 3.

Servitude, Cave.

29 Cave dessous une maison acquise séparément par titre particulier, n'est pas une servitude pour laquelle il soit besoin de s'opposer au decret de la maison saisie réellement. Arrêt du 9. Août 1619. *M. Bouguier, lettre S. nomb.* 3.

30 En consequence de la regle *qui a le sol, doit avoir le dessus & le dessous*, l'on a fait cette question, si une cave étant au dessous d'une maison, & laquelle cave on avoit acquise par un titre particulier, & dont l'on étoit en jouïssance étant decretée, le proprietaire étoit obligé de s'y opposer, comme pour un droit de servitude. Par Arrêt du Parl. de Paris rapporté par *M. Bouguier, lettre S. n.* 3. & par *Tronçon sur l'art.* 187. *de la Coûtume de Paris*, il a été jugé que le proprietaire n'avoit pas besoin de s'opposer au decret de la maison, *non possidebatur jure servitutis, sed jure proprietatis*, comme une part & portion séparée de ladite maison, *sine quâ ædes esse intelligebantur*. La même chose fut jugée au Parlement de Roüen le 8. Juillet 1683. *Basnage, sur la Coûtume de Normandie, art.* 608.

Servitude, Clôture.

31 Hors les villes & fauxbourgs on ne peut contraindre le voisin à se clorre. Arrêt de la Chambre de l'Edit de Roüen le 12. Mars 1665. *Nemo enim cogi potest ut vicino prosit, sed ne noceat.* Basnage, sur l'art. 617. de la même Coûtume.

Servitude confuse.

32 *Ædes meis ædibus servientes emi, confusa est servitus, & si vendam eas nominatim imponenda est servitus, l. 29. ff. de servitutib. urban. præd.*

33 *Servitus hæredi debita à defuncto non amittitur per confusionem.* Mornac, *l.* 9. *ff. communia prædiorum.*

34 *Servitutes prædiorum confunduntur & confusione extinguntur, nemini enim res sua servit.* Voyez *M. le Prêtre* 2. *Cent. chap.* 99. *nomb.* 3.

35 Lors qu'un Seigneur achette une piece mouvante de sa directe, la servitude s'éteint, & s'il la vend aprés sans imposer nouvelle charge, il la vend noble & allodiale. Jugé le 26. Janvier 1593. & il faut que celuy

qui veut faire revivre la servitude qui se trouve éteinte par cette confusion, en vendant ou leguant le fond sur lequel elle étoit établie, l'impose de nouveau. *Cambolas, liv. 1. chap. 38.*

36 *Servitus semel confusa restauratione opus habet.* Arrêt du 19. Février 1631. *M. d'Olive, liv. 2. chap. 19.*

SERVITUDE, CONSOLIDATION.

37 Si on revend l'heritage, il faut stipuler dans le contract la servitude, autrement elle demeure éteinte. Voyez *Mornac, l. 29 ff. de servitutib. urban. præd.*

SERVITUDE, DECRET.

38 Si les servitudes d'égoût, privez, & autres visibles se perdent par decret? *Voyez Bouvot, tome 1. part. 2. verbo Servitude d'égoût.*

39 Jugé que l'adjudicataire par decret d'une maison, qui a des vûes sur la maison du voisin, doit les ôter, encore que le proprietaire de ladite maison voisine, ne se soit opposé au decret, pour conserver la liberté de ladite maison, d'autant que par la Coûtume, nul ne peut prétendre servitude sans titre. Arrêt du 17. Février 1588. *M. le Prêtre Cent. 2. chap. 59.* Autre du 20. Juillet 1611. rapporté par *Tronçon, sur la Coûtume de Paris, art. 202. in verbo Vûë,* où il y a un autre Arrêt du premier Mars 1608.

DESTINATION DU PERE DE FAMILLE.

40 La destination n'établit aucun droit de servitude, si elle n'est pas écrite, même entre les enfans & les coheritiers, bien que dans leur partage il y ait clause generale qu'ils jouïront des choses en l'état qu'elles sont, parce que cette clause ne s'étend que pour jouïr selon le Droit commun, & non pour établir aucun droit de servitude. Voyez *Mornac, l. 8. ff. communia prædiorum*, avec la nouvelle Pratique civile.

41 & 42 Il a été jugé que pour le temps precedent la réformation de la Coûtume de Paris, la destination du pere de famille valoit titre en matiere de servitudes, encore qu'il n'y eût titre par écrit. Arrêt du 3. Décembre 1580. pour les Religieux de sainte Croix de la Bretonnerie, *Voyez la Bibliotheque de Bouchel, verbo Destination.*

43 La destination du pere de famille vaut titre en servitude, quand elle est ou a été par écrit, & non autrement, ne s'entend toutefois des servitudes qui étoient avant la réduction de la Coûtume. Arrêt du 17. Février 1588. *M. Loüet, lett. S. somm. 1.* Voyez *M. le Prêtre 2. Cent. chap. 63. ès Arrêts de la Cinquiéme.* Mornac, *leg. 17. ff. commu. præd.* Charondas, *livre 2. Réponse 69.*

44 En matiere de servitude, un possesseur sans titre, & ne prouvant point la destination du pere de famille, ni par écrit ni autrement, cette destination n'est présumée de droit après une longue possession commencée, même avant la derniere réformation de la Coûtume, & fut le sieur Prost de la Ville de Lyon condamné à fermer ses vûës. Jugé au Parlement de Paris le 21. Août 1674. *Journal du Palais.*

45 En fait de servitudes l'on n'a point d'égard à la destination non écrite du pere du famille, quoi qu'elle soit justifiée par la consistance des lieux avant la réduction de la Coûtume, quand les successeurs ont innové & changé la disposition des mêmes lieux. Arrêt du Parlement de Paris du 10. May 1684. *au Journ. des Audiences, tome 5. liv. 1. ch 7.*

SERVITUDE, DROITS SEIGNEURIAUX.

46 Lods & ventes ne sont dûs pour vente de servitude; le vendeur d'un heritage est tenu des dommages & interêts, *& quanti minoris*, s'il n'a déclaré les servitudes. Voyez *Mornac, l. 14. ff. de servitutibus.*

SERVITUDE DE L'EAU.

47 *Voyez* le mot *Eau, nombr. 35. & suiv.*

48 Jugé par Arrêt du Parlement de Paris du 13. Août 1644. qu'un particulier qui avoit acheté des eaux, dont la source étoit dans une terre, ne pouvoit en divertir le cours au préjudice de ceux auxquels elle servoit depuis ladite source, pour en faire des fontaines sans necessité, suivant le sentiment de Maître Antoine Mornac, sur le *§. si initium de la Loy 6. de edendo*, & ce qu'il dit avoir été ainsi jugé par Arrêt du 6. Juillet 1605. *Henrys, tome 2. liv. 4. quest. 75.*

SERVITUDE, EGOUT.

49 *Si stillicidium dominans sit in aëre, nec quiescens in fundo vicini opus est titulo; secùs, si de incorporato & inædificato visibiliter, vel quiescente super fundo vicini.* Mornac, *l. 19. ff. de servitutibus urban. præd.*

50 *Solum super quo stillicidium cadit, an illius sit cujus est stillicidium ipsum; quid si stillicidium protendatur in fundum Vicini, nonne incrustare solum & aquæductum facere teneatur, ne Vicini ædes, aut murus putrefiat.* Voyez *Franc. Marc. to. 1. quest. 499.*

51 L'on ne peut par la longueur du temps acquerir le droit de vûë ou d'égoût. *Bouvot, to. 1. part. 1. verbo Servitude, quest. 3.*

SERVITUDE, EMPHYTEOTE.

52 L'emphyteote peut créer une servitude sur l'heritage baillé en emphyteose, *sed finitâ emphyteusi evanescit.* Mornac, *li. 3. & l. 17. ff. de servitutib.* Voyez *Brodeau sur M. Loüet, lettre C. somm. 53. nomb. 7.*

SERVITUDE, FENESTRES.

53 *Fenestras habentibus super ambulatorio per quod itur ad furnum, quòd aquas projicere etiam domino soli invito liceat. Et de immittendi & projiciendi servitutibus.* V. *Franc. Marc. to. 1 quæst. 497.*

54 Un proprietaire a deux maisons; il vend l'une avec clause que les vûës demeureroient comme elles étoient; quelque temps après il vend l'autre, l'acquereur la fait hausser; le premier acheteur le met en procés, débouté de sa demande. Appel. Consultation. Avis qu'il avoit été bien jugé, *cujus est solum ejusdem est cælum*, s'il n'y a servitude par titre. Chopin, *Coûtume de Paris, liv. 1. tit. 4. n. 4.* Voyez *Henrys, tom. 1. liv. 4. ch. 6. q. 78.* où il parle des vûës de Lyon, & rapporte un Arrêt conforme à la Coûtume de Paris.

55 Arrêt du Parlement d'Aix du 10. Novembre 1639. qui a ordonné que les fenêtres qui regardent dans la basse court d'un voisin seroient treillissées à tête de chat, & qu'il seroit informé sur l'usage de la Ville d'Arles pour le verre dormant. *Voyez Boniface, to. 1. li. 8. tit. 26.*

56 Dans la Coûtume de Paris, un voisin peut faire des fenêtres à fer maillé & verre dormant, dans un exhaussement fait sur un mur metoyen. Arrêt du 22. Avril 1662. Notables Arrêts des Audiences, Arrêt 77. *De la Guess. tom. 2. liv. 4. ch. 59.* rapporte le même Arrêt. *Voyez la Coûtume de Paris és art. 199. 200. & 201.* qui sont contraires à l'Arrêt.

SERVITUDE, FONDS LEGUÉ.

57 Fonds legué sous condition, si pendant le temps de la condition l'heritier acquiert quelque servitude, elle demeure au profit du legataire. *Brodeau sur M. Loüet, lettre C. somm. 53. nomb. 7.*

SERVITUDE, FOY ET HOMMAGE.

58 La foy & hommage est une espece de servitude individuë. *Brodeau sur M. Louet, lettre F. somm. 3. nomb. 2. & même lettre F. somm. 26. nomb. 2.*

SERVITUDE, GARANTIE.

59 Si le proprietaire de deux maisons en vend une comme libre, excepté une servitude exprimée par le contrat, il doit garantir l'acheteur de toutes autres servitudes, encore qu'elles soient manifestes & apparentes à la vûë du dommage. Chopin, *Coûtume de Paris, liv. 1. tit. 4. nomb. 4.*

60 Ne sert au vendeur qui vend le fonds avec ses charges, ce qui se dit des droit *servitutes si quæ debentur debebuntur*, à l'effet d'être déchargé de l'éviction quand il en a une connoissance particuliere, & s'est tenu dans le silence sans en avertir l'acquereur ignorant. Jugé le 7. Juillet 1633. *M. Dolive, liv. 4. ch. 24.*

SERVITUDE INDIVIDUË.

61 *Ubicunque de individuis agitur, possessio partis conser-*

vat possessionem totius. Voyez Mornac, *l. 2. ff. quemadmodum servitutes amittantur; conservatur servitus per quemcumque usum.* Mornac, *l. 20. ff. quemadmodum servitut. amittantur.*

SERVITUDES, MONASTERES.

61 Les maisons anciennes des Religieux & Religieuses, ne sont sujettes à souffrir toutes les servitudes reglées par la coûtume entre les particuliers proprietaires des maisons voisines; mais les servitudes doivent être reglées *ad legitimum modum*, eu égard à la bienséance & commodité des Monasteres : il y a des Arrêts donnez au Parlement de Paris en faveur des Religieuses de S. Marcel, & de l'Ave Maria, & le 21. Juin 1636. cela a été jugé en faveur des Barnabites. V. *Auzanet* sur *l'art. 186. de la Coûtume de Paris.*

SERVITUDE, LOY *Quinque pedum.*

63 Voyez *Henrys*, tom. 1. liv. 4. chap. 6. q. 80. où il dit que cet espace ne se peut prescrire.

SERVITUDE, OPPOSITION.

64 S'il est necessaire de s'opposer pour une servitude prediale connuë à l'adjudicataire.

Si le decret purge les servitudes visibles, étant sur les heritages ajugez, sans opposition. Voyez *Filleau*, 4. part. quest. 187.

65 Si la servitude est éteinte par l'acquisition faite du fond, que devoit la servitude par le maître, à laquelle elle étoit deuë, & si ayant une fenêtre, par laquelle un voisin puisoit au puits de la maison venduë par decret, telle servitude est perduë ne s'y étant opposé. *Bouvot*, tome 2. verbo *Servitude*, quest. 6.

66 Par Arrêt du 10. Mars 1602. jugé que pour conserver une servitude latente au decret, il faut s'opposer au decret, sinon qu'on la perd. *Tronçon sur la Coûtume de Paris art.* 215. M. *Loüet* in verbo *Servitudes*, lettre S. nomb. 1. & Brodeau en rapporte un du 19. Août 1599. & deux autres des 3. Mars 1603. & un de la troisiéme des Enquêtes du mois d'Août 1621.

Voyez le mot *Opposition*, nomb. 99.

SERVITUDE, PASSAGE.

67 Le voisin est tenu de souffrir le passage & le tour d'échelle, lorsqu'il faut réparer & couvrir; mais il doit être desinteressé. Arrêt du Parlement de Normandie rapporté par *Godefroy* sur l'art. 607. de cette Coûtume, *laudanda est, vel etiam amanda vicinitas retinens veterem officii morem.*

68 La servitude d'aller par le champ de son voisin, ne se peut prescrire. Arrêt du Parlement de Dijon de l'an 1559. *Bouvot*, tom. 1. part. 3. verbo *Servitude.*

69 Entre Alain Levêque & Jean Tanguy, Arrêt du Parlement de Bretagne du 27. Octobre 1563. par lequel la Cour ordonna que Tanguy pourra passer & repasser par le lieu à l'endroit le moins incommode pour ledit Levêque, si mieux celui-ci n'aime faire recompense à Tanguy de la piece du bois, à laquelle est deuë la servitude. *Du Fail*, li. 2. ch. 209.

70 Dans la Coûtume de Sens, l'un de deux voisins proprietaires, chacun d'une de deux maisons contiguës ausquels appartient par *indivis* une allée commune qui sert de passage à l'une des deux maisons, n'a pas droit de faire tomber les eaux de ses toits en ladite allée par une goutiere nouvellement posée au bas de l'un desdits toits, sous pretexte de la communauté de l'allée. Arrêt du Parlement de Paris le 3. Août 1689. au Journal des Audiences tom. 5. liv. 5. ch. 31.

Voyez cy-dessus le mot *Passage.*

SERVITUDES PERSONNELLES.

71 Des servitudes personnelles & main-mortes. Voyez *Coquille*, tom. 2. *Instit. au droit. Fr. p.* 45.

72 Servitudes personnelles sur le fond d'autruy, sont reprouvées. Arrêt du Parlement de Bourgogne du 14. Août 1555. en faveur de la Dame Marquise de Rotelin, contre les habitans de Chagny, lesquels ont été déboutez de la possession immemoriale dans laquelle ils prétendoient être de cueillir & couper des verdures en la Forêt de Turenay pour parer les ruës le jour de la Fête-Dieu. *Papon*, liv. 14. tit. 3. nombre 7.

73 Les reconnoissances seules ne sont pas suffisantes pour la preuve des servitudes personnelles, parce qu'elles ne sont que pour avoir les charges portées par l'ancien titre, & non pour attribuer un nouveau droit au Seigneur direct, qui d'ordinaire est une personne puissante, & les tenanciers ou serfs mortaillables, parjures & miserables, qui peuvent bailler les reconnoissances erronement ou par force, de sorte que faute de rapporter le titre ancien & primitif, ou autre équipolent, on présume pour la liberté naturelle, contre la servitude personnelle. Arrêt du 17. Août 1588. M. *Loüet*, lettre S. som. 7.

SERVITUDE, POSSESSION.

74 Si la servitude s'acquiert par possession immemoriale? Voyez la Bibliotheque de *Bouchel*, verbo *Servitude.*

75 La possession immemoriale n'attribuë proprieté, n'étant assistée d'un titre. *Bouvot* en rapporte un Arrêt du Parlement de Dijon du dernier Janvier 1617. tome 2. verbo *Servitude*, quest. 4.

76 S'il reste des vestiges du moulin à vent, de l'étang, & du colombier, la possession demeure toûjours, & n'est point interrompuë par la discontinuation de 100. ans. Voyez Mornac, l. 34. *ff. de servitutib. rust. prad.*

77 On a demandé si la possession immemoriale vaut titre, comme traite *Nicolaus Valla* en son traité *de rebus dubiis.* Un pere de famille proprietaire de deux maisons, avoit imposé servitude de l'une à l'autre : elles passent à plusieurs qui n'en avoient point parlé. Procés, on dit qu'elles ne peuvent subsister, nulle mention dans la vente, partage trop ancien & choses ont depuis changé : l'on montre bien qu'un même pere de famille avoit été proprietaire des deux maisons; l'on ne prouve point qu'il ait ainsi destiné & disposé les servitudes. Neanmoins jugé au Parlement de Paris le 5. Decembre 1603. que les servitudes demeureroient, comme elles avoient été imposées par la disposition de l'ancien Seigneur, suivant ce qui étoit porté au partage. *Plaidoyers de Corbin*, ch. 127.

78 En la Coûtume de Crespy en Valois, plaidans Petit-pied pour l'appellant, Langlois pour l'intimé, il fut jugé que l'article de ladite Coûtume qui porte, *nulle servitude sans titre*, pour quelque possession que ce soit, n'exclut la possession centenaire, si l'article ne le dit expressément; l'Arrêt du 11. Février 1658. *Dictionnaire de la Ville*, nomb. 9360.

79 Si un possesseur qui a passé dans le fonds d'autruy acquiert droit de servitude par une possession de trente ans ou s'il faut une possession immemoriale? Arrêt du Parlement d'Aix du 18. May 1673. qui a ordonné la preuve de la possession immemoriale. *Boniface*, to. 4. li. 9. tit. 1. ch. 10.

SERVITUDE PREDIALE.

80 *Non potest cedi nec in alium transferri, nisi cum fundo dominante à quo est inseparabilis.* C. M. §. 1. Gloss. 5. n. 72. & 74. *ubi loquitur de itinere & aquæ haustu, &c. de servitute redempta an cedat feudo, & dicit quod non est cessibilis, sed extinguibilis.*

SERVITUDE, PRESCRIPTION.

Voyez cy-dessus le nomb. 20.

81 Servitude prescriptible. V. le mot *Prescription*, n. 354. & suiv.

82 *Titulum allegare in præscriptione servitutis continuæ vel discontinuæ non necessum.* Voyez *Franc. Marc.* tom. 1. q. 209.

83 Le changement de payer la servitude ne prescrit point la chose qui est deuë pour la servitude ; *quia est error in qualitate corporis,* comme si au lieu d'un chapon on paye un sol, *quia in individuis possessio partis servat possessionem totius* ; le même est rapporté par *Chopin* pour la Jurisdiction : 1°. *quia nunquam infer-*

Dddd iij

tur præscriptio ex possessione quæ adversatur titulo, maximè si in corpore solutionis erratum fuerit. Voyez Mornac, *l. 9. ff. de contrahendâ emptione, &c.*

84. Touchant les servitudes discontinuées, comme les vendanges & les fenaisons, pour les prescrire, au lieu de trente ans il en faut soixante. *V. le Prêtre*, 2. *Cent. ch.* 63.

85. *Servitutes per se nusquam longo tempore capi possunt, cum ædificiis possunt.* M. Dolive, liv. 5. ch. 33. Voyez Henrys, tom. 1. liv. 4. ch. 6. où il rapporte plusieurs loix qui autorisent la prescription.

85 bis. Pour prescrire servitude il est necessaire qu'il y ait eu contradiction & interversion du droit du Seigneur par celui qui a voulu entrer en possession de liberté & prescrire, ou bien quelqu'acte signalé & manifesté par lequel il apparoisse que le fief est entré en possession de liberté, y est demeuré, & après se soient passez trente ans. Coquille, *Coûtume de Nivernois*, ch. 8. *des servitudes &c.*

86. Par Arrêt du Parlement de Roüen du dernier Mars 1607. rapporté par Berault sur l'art. 607. de la Coûtume de Normandie, jugé qu'en ladite Coûtume, la prescription n'est admise, & ne donne aucun droit de servitude, soit rustique ou urbaine par quelque joüissance que ce puisse être sans titre, *juxta L. si quis sepulchrum de resign.* Masuer, *tit. de servit.* ensuite de quoy il y a un Arrêt du Reglement fait en 1611. sur le même fait.

87. Dans les pays du droit écrit, les servitudes s'acquierent par prescription, suivant la disposition du droit Romain, l'on n'y suit pas celle de la Coûtume de Paris, qui dit dans l'article 186. que droit de servitude ne s'acquiert par longue joüissance telle qu'elle soit sans titre. *V.* Henrys, tom. 1. liv. 4. ch. 6. q. 79. Dans la question suivante il semble se contredire, puisqu'il rapporte un Arrêt rendu entre les parties de la Ville de Lyon, qui a confirmé une Sentence du Sénéchal de la même Ville, par laquelle un particulier avoit été condamné à barrer de fer, & vitrer à verre dormant les fenêtres qui avoient vûë sur le jardin de son voisin, & icelles hausser & reduire à six pieds au dessus des carronemens, suivant les us & Coûtume de la Ville de Lyon.

88. Servitude d'aqueduc ne se peut prescrire par le proprietaire de l'heritage inferieur, contre celuy de l'heritage superieur où est la source. Jugé le 10. Juillet 1619. Bardet, *to.* 1. *liv.* 1. *ch.* 65.

SERVITUDE REELLE.

89. Des servitudes réelles & droits prédiaux és villes & champs. *Voyez* Coquille, *to.* 2. *Instit. au Droit François*, page 48.

90. *Si verba sonent jus, servitus est realis; si factum, est personalis.* Mornac, *l.* 2. *Cod. de servitutibus & aqua.*

SERVITUDE, RETRAIT.

91. Il y a lieu de retrait en servitude. *Voyez* le mot Retrait, nomb. 882. *& suiv.*

SERVITUDE, SOL OU SUPERFICIE.

92. *Servitus ad solum magis quam ad superficiem pertinet, & si agri cultura mutatur jus antiquum vel decima, vel alterius penstationis præstatur ex eâ specie fructuum.* Arrêt du 17. Juillet 1598. Mornac *l.* 13. *ff. de servitut. rust. præd.*

SERVITUDE, SERF.

93. Si le serf qui est fait Prêtre ou Moine, ou Evêque, est délivré de servitude? *V.* Coquille, *to.* 2. *quest.* 283. Voyez *cy-dessus* le mot Serf.

SERVITUDE, TITRE.

94. Voyez la *Coûtume de Paris*, article 186.*
An verus titulus requiritur, an sufficit putativus cum possessione immemoriali? Minimè. Ainsi jugé entre Guillaume Boucher demandeur, Jean le Juge & Simon Guillot défendeurs, contre l'opinion du Rapporteur, & non sans grande contradiction d'une bonne partie des Juges; si le cas se presentoit encore, il ne seroit pas sans doute, *quia tacita patientia per tot annos con-*

firmat titulum & ad præscriptionem sufficit talem titulum esse, qui & verus esset, sufficeret ad acquisitionem. Voyez la Bibliotheque de Bouchel, *verbo* Destination.

95. Destination de pere de famille vaut titre, comme par exemple si le pere de famille divise une maison en deux, en l'une desquelles il laisse des fenêtres & vûës regardant sur l'autre, & après son decez ses heritiers partagent entre eux les maisons, sans parler des vûës, elles demeureront selon la destination, celuy en la part duquel elle se trouvera ne pourra être contraint de les condamner & boucher. Jugé en la Coûtume de Meaux, par Arrêt du 14. Mars 1567. *V. Ibid.*

96. Destination de pere de famille équipole à titre, suivant l'Arrêt intervenu sur la Coûtume de *Troyes* le 16. Mars 1585. *Voyez Ibidem*, verbo *Servitudes.*

97. Un simple titre nouvel non suivi d'aucune prestation, ne prouve pas *contra tertium possessorem.* Arrêt du 8. May 1604. M. Bouguier, lettre T. nombre 6.

SERVITUDE, TOUT OU PARTIE.

98. *Servitus semel constituta super toto debet redimi à toto, quoniam non potest redimi à parte indivisâ sive quotâ, sive integrali. &c.* M. Ch. Du Moulin sur la Coûtume de Paris, Glos. 5. n. 124.

99. Servitude est un accident, & *non pars substantiæ sive fundi, est individua tota in toto, & tota in qualibet parte, nec pro parte adquiri, extingui aut retineri potest, l.* 11. *pro parte ff. de servitutibus.* Brodeau sur M. Loüet, let. S. Som. 1. n. 3.

SERVITUDE, VEUES.

100. De la difference entre la servitude de vûë, & de la clarté ou lumiere. *Voyez* Coquille, tome 2. *question* 297.

101. Si celuy qui a droit de vûë par convention peut empêcher l'élevement d'un bâtiment de son voisin, plus que les fenêtres. *Voyez* Bouvot, *to.* 2. verbo *Servitude*, *quest.* 1.

102. Transaction faite par les Augustins de Lyon sur une servitude *altius non tollendi* cassée par Arrêt du 8. Juillet 1554. Papon, liv. 1. tit. 13. nomb. 8.

103. Le Sénéchal de Rennes condamne Jacques Babelée qui avoit fait une ouverture de grilles sur la cour de Pierre le Vieil, de remettre les choses en leur premier état, & boucher & estouper la fenêtre. Arrêt du Parlement de Bretagne du 20. Mars 1566. par lequel la Cour fait visiter la fenêtre, fait la valeur & éstimation de l'interet de le Vieil, & après ordonner que Babelée bouchera & estoupera la fenêtre dont est cas, si mieux il n'aime laisser & payer à le Vieil 25. livres pour une seule fois payé, suivant l'avis & appréciation des Marchands & Bourgeois de cette Ville, pour ce faire appellez, *V.* Du Fail, livre 2. chap. 286.

104. Vûës des maisons partagées entre coheritiers qui ont suivi la disposition du pere de famille, ne doivent être bouchées. Arrêt du 24. Mars 1567. Carondas, liv. 2. Rép. 69. Voyez l'article 216. de la *Coûtume de Paris.*

105. L'adjudicataire par decret d'une maison qui avoit des vûës sur la maison voisine, est tenu de les retirer, encore que le proprietaire de la maison voisine ne se soit opposé au decret pour conserver la liberté de sa maison, d'autant que par la Coûtume, nul ne peut prétendre servitude sans titre. Arrêt donné au Parlement de Paris, conformément à autre Arrêt du premier Mars 1608. *Biblioth. de* Bouchel, verbo *Servitude.*

106. Il est permis de percer sa muraille, & prendre jour sur le fond & jardin de son voisin. Arrêt du Parlement de Dijon du 15. Février 1618. Bouvot, tome 2, verbo *Servitude qu.* 5.

107. La servitude *altius non tollendi muri*, ne contient pas de soy même celle *ne luminibus officiatur*, mais elle s'en induit quelquefois, suivant la nature des contrats, & des circonstances. Jugé au Parlement de

Tournay le 16. Juillet 1697. V. M. Pinault, tome 2. Arrêt 173.

SERVITUDES VISIBLES.

108 Celuy qui cele les servitudes d'un heritage qu'il vend, est tenu *quanti minoris, non ad interesse.* Voyez *Mornac, l. 1. §. 1. ff. de actionibus empti & venditi,* & la *l. 9. Co d. de actionibus empti & venditi, & l. penult. ff. de evictionibus.* Voyez *M. le Prêtre, premiere Cent. chap. 62.*

109 Quand les servitudes sont visibles, le decret ne les purge point, *quia scienti lex non subvenit, &c.* Difference entre les servitudes visibles, & les servitudes latentes. Arrêt du 16. Février 1588. *M. le Prêtre ès Arrêts de la Cinquième.* Voyez *M. Louet & son Commentateur, lettre S. somm. 1.* Voyez Tronçon, *Coûtume de Paris, art. 215.* où il rapporte deux Arrêts l'un du 16. Février 1588. pour les servitudes visibles, l'autre pour les servitudes latentes, du dix Mars 1602.

110 Le decret ne purge les servitudes visibles & apparentes, car on présume que l'adjudicataire a vû l'état de la maison, avant que de faire son enchere. Arrêt du 2. Août 1588. *V. Auzanet sur l'article 186. de la Coûtume de Paris.*

111 Il n'est pas necessaire de s'opposer pour une servitude prédiale connuë à l'adjudicataire, les decrets ne purgent point les servitudes visibles, étant sur les heritages adjugez, sans opposition. Arrêt du 10. Janvier 1609. *Chenu, 2. Cent. qu. 87.*

112 L'adjudicataire par decret d'une maison qui avoit des vuës sur la maison du voisin, est tenu de les retirer, encore que le proprietaire de ladite maison voisine ne se soit opposé au decret pour conserver la liberté de ladite maison, d'autant que par la Coutume on ne peut prétendre servitude sans titre. Arrêt du 20. Juillet 1611. *M. le Prêtre, ès Arrêts de la Cinquième.*

SERVITUDE URBAINE.

113 La Cour déclara que le premier article de servitudes se doit entendre de toutes sortes de servitudes urbaines & rustique, & ques les unes & les autres ne se peuvent acquerir sans titre, par possession de quelque temps que ce soit. Arrêt du Parlement de Roüen du 13. Juin 1611. *Basnage, sur la Coûtume de Normandie, art. 607.*

114 Servitudes urbaines se reglent dans la Ville de Lyon comme à Paris. Arrêt du 17. May 1631. *Henrys, to. 1. liv. 4. ch. 6. quest. 78.*

115 La Jurisprudence du Parlement de Dijon est constante, que pour acquerir une servitude urbaine, soit continuë, soit discontinuë sur le fonds d'autrui, il faut un titre ; à l'égard d'une servitude des champs trente ans suffisent. Arrêts des 12. Mars 1648. 16. Janvier 1660. & 29. Juillet 1686. La possession immemoriale ne suffit pas pour la servitude urbaine ; il faut un titre. Arrêt du 18. Mars 1687. quoiqu'il s'agit d'un droit d'égoût, d'une grange située à la campagne sur une place voisine, on jugea que c'étoit une servitude urbaine, le droit d'égoût étant mis par les Jurisconsultes entre les servitudes de Ville. Même Arrêt du mois de May 1694. *Taisand sur la Coûtume de Bourgogne, tit. 14. n. 8.*

SESTERAGE.

Voyez *l'Indice de Ragueau,* hoc verbo, & cy-après Sextellage.

SEXTELLAGE.

SExtellage, Stellage ou Minage ; ce droit se paye pour raison des grains vendus aux Halles ; quelques-uns l'ont étendu au bled vendu és greniers, ou ailleurs, pour raison dequoi y a procez au Parlement de Paris entre les habitans d'Étampes, contre M. de Vendôme, & un autre entre les habitans de Soissons, contre M. le Comte. Il y a Arrêt du 9 Août 1572. entre les Abbesse & Religieuses de Maubuisson, & les Habitans de la Ville de Pontoise, par lequel après enquêtes respectivement faites, il est dit que les habitans de Pontoise payeront le droit de *Minage* de tous grains, fors les pois & féves qui seront vendus & mesurez à mesure & boisseau, soit au marché de ladite Ville, maisons, greniers & fauxbourgs d'icelles, ou sur le port de la riviere d'icelle Ville, avec specification de la mesure pour ledit droit. Il y a encore un autre Arrêt du 17. Mars 1635. conforme entre Simon le Vasseur Fermier du droit de *Minage* desdites Religieuses de Maubuisson, & Leon le Clerc, Receveur du College de Pontoise. *V. le Glossaire du Droit François,* ou *l'Indice des Droits Royaux & Seigneuriaux,* verbo Sextellage, & cy-devant verbo *Minage.*

SIEGE VACANT.

1 DE potestate capituli, sede vacante. Per Jo. Franciscum Pavinum.
Voyez le mot *Chapitre*, nombre 3. & suiv. 34. & suiv.

2 A qui appartient le droit de conferer *sede vacante*. Voyez le mot *Collation*, nomb. 165. & suiv.

3 Le Chapitre de Nismes, le Siege vacant, a droit de percevoir les fruits contre le Cardinal d'Avignon, d'instituer des Vicaires & Officiers spirituels. Arrêt du Parlement de Toulouse du 16. Septembre 1557. rapporté par *Tournet*, lettre R. Arr. 48. & 50.

4 Destitutions des Officiers faites pendant la vacance du Siege. Voyez le mot *Destitution*, nombre 88.

SIENS.

DOnations faites aux siens. Voyez le mot *Donation*, nomb. 855. & suiv.

Du fideicommis en faveur des siens. Voyez le mot *Fideicommis*, nomb. 208. & suiv.

Par divers Arrêts du Parlement de Paris il a été préjugé que le mot de *siens* n'emporte aucune substitution qui empêche le premier appellé de disposer des biens, ou revoquer les alienations; cependant le Parlement de Toulouse a tenu que le mot de *siens* contient la substitution vulgaire en cas que l'heritier appellé ne veüille ou ne puisse apprehender & recueillir l'heredité. *Vid. Guid. Pap. qu.* 150. & 306. & il a été ainsi jugé par divers Arrêts de 1578. Voyez *Mainard, liv. 5. chap. 91.*

Voyez les mots *Estoc, Propres, Remploy, Substitution,* nomb. 491.

SIGNATURE.

1 IL y a la signature qui est une provision Apostolique, & la signature des Actes & Contrats.
SIGNATURE, BENEFICES.
Voyez les mots *Bulles, Pape, Provisions, & les Memoires du Clergé, to. 2. part. 2. p. 501.* comment les Signatures de Cour de Rome doivent être verifiées par les Banquiers.

2 La Signature est une écriture en papier signée du Pape par *fiat*, ou de son Délegué par *concessum*, au milieu, entre la Supplique & les Clausules sans sceau, contenant en abregé la demande du suppliant, & la concession du Pape.

3 La signature est la minute originale en abregé des Lettres Apostoliques, ou Bulles que les Officiers de Rome supposent devoir toûjours être expediées ; mais en France la simple signature a effet de provision, sans qu'il soit besoin de la clause, *quod sola signatura sufficiat* ; elle ne laisse pas de valoir pendant que les Bulles avoient été expediées. C'est un article des libertez de l'Eglise Gallicane, & un usage particulier de la France que les Papes ont souvent, mais en vain entrepris de faire abolir. *Definit. Can. p. 839.*

4 La signature est un brevet accordé par le Pape, elle contient la supplique & la concession. La signature differe des Bulles, en ce qu'elle est en papier, & les Bulles en parchemin, elle n'a point de sceau. *Vide les Memoires du Clergé, to. 2. part. 2. page 501.* verbo *Signature.*

5 De la forme des signatures. *Voyez Coquille*, tome 1. page 245. le mot *fiat*, est écrit de la main du Pape, s'il ne signe luy mème, le Vice-Chancelier écrit *concessum ut petitur in præsentia Domini nostri Papæ*.

6 Des signatures expediées en Cour de Rome sur la provision des Benefices. *Voyez M. Dolive*, liv. 1. ch. 16. avec l'Ordonnance de Blois, art. 12.

7 La Bulle ne peut être plus ample *quantum ad substantialia*, que la signature : par ce moyen la partie peut voir la signature de son adversaire : car en ce que la Bulle excede la signature, ou bien s'il y a omission de quelque exception ou réserve, l'on peut faire rejetter la Bulle, & croire en la signature en ce qu'elle porte contre l'impetrant. *L. cùm precum. C. de liber. cauf*. Jugé par Arrêt du P. de Paris pour la signature où il y avoit *proviso quod beneficium non sit de collatione Episcopi Pictaviensis*, contre la Bulle où telle clause étoit omise. *Biblioth. Can.* tome 2. page 604. col. 2.

8 *Litterarum expeditio an & quatenus necessaria sit*. Voyez *Lotherius de beneficiis*, l. 3. qu. 2.

9 Signatures ne suffisent pour obtenir récreance d'un benefice, ni pour prouver le titre, il faut que la Bulle soit produite, cependant elles suffisent pour faire sequestrer le Benefice, & aussi pour avoir récreance & provision d'une pension. Arrêt du Parlement de Paris du 22. May 1543. *Papon*, liv. 2. tit. 9. n. 2.

10 En France les signatures de provisions des Benefices communs qui s'expedient par suppliques (autre

11 chose est des consistoriaux comme sont les Evêchez, sont tenuës datées du jour de l'arrivée du courier en la Ville de Rome. Jugé le 21. Janvier 1612. *Brodeau sur M. Loüet*, lettre *M. somm.* 10.

SIGNATURE, CONTRATS.

12 *Signature. Signer. Chirographus. Chirographum apponere. Subscribere*.
Définition de ce mot, *Subsignare. L.* 39. D. *de verb. sign*.
Si quis prolatam manum suam negaverit. N. 18. c. 8. & 9. Contre ceux qui desavoüent leur signature.

13 Que tous contrats seront signez des parties, si elles sçavent signer, sur peine de nullité. *Ordonnances de Fontanon*, to. 1. liv. 4. tit. 5. p. 743.

14 Signature des parties, témoins ou Notaires aux contrats. *Voyez* le mot *Contrat*, nomb. 99. & *suiv*. & le mot *Notaire* nomb. 217. & *suiv*.

15 Si la donation non signée du donataire est nulle? *Voyez* le mot *Donation*, nomb. 857. & *suiv*.

16 L'acte obligatoire s'il n'est signé est nul, encore qu'il ait été fait en Jugement ; c'étoit pour une caution. *Voyez Carondas*, liv. 11. Rép. 35.

17 Par Arrêt du Parl. de Normandie du 6. Avril 1581. enjoint à tous Juges, quand les parties feroient reconnoissances, offres, obéissances, & préteroient aucun consentement en jugement de leur faire signer & arrêter au Greffe, à peine de nullité, & de répondre des dommages, dépens & intérêts des parties. *V. Forget & Bouchel*, to. 1. p. 1057.

18 Qui signe comme témoin un contrat de vente ne perd pas son hypotheque. Arrêt du 31. May 1581. *V. Carondas*, liv. 7. Rép. 217. & *Dolive*, liv. 5. ch. 28. *Voyez* le mot *Hypotheque*, nomb. 253. & *suiv*.

19 Contrat nul faute de signature des témoins. Jugé le 6. Avril 1585. *Expilly*, Arrêt 92. Voyez l'*Ordonnance d'Orleans*, art. 84. & de Blois, art. 165.

20 La femme ayant constitué rente avec son mari, n'ayant signé le contrat, le mari qui a signé, autorisant sa femme, ne peut debattre de nullité le contrat. Arrêt du Parlement de Dijon du 14. Janvier 1599. *Bouvot*, to. 2. verbo *Rentes*, quest. 1.

21 Qui signe un contrat de mariage ne perd pas l'hypotheque sur les biens du mari, s'il n'est dit qu'ils sont francs & quittes. Arrêt du 15. Juin 1601. M. *Bouguier*, let. H nomb. 8. Voyez *Charondas*, livre 8. *Réponse* 28.

22 Autrefois la signature n'étoit pas en usage. Une donation non signée ayant été declarée nulle, par Arrêt du Parlement de Paris du 6. Septembre 1603. M. le premier Président s'adressa aux Avocats, les avertissant de suivre à l'avenir cet Arrêt, pour la signature des actes, sans s'arrêter aux actes qui se trouveroient avoir été cy-devant au contraire. *Bibliotheque de Bouchel*, verbo *Signature*.

23 Il n'est pas necessaire que celuy au profit duquel est une constitution de rente, obligation ou testament fait au profit d'un mari de son autorité pour sa femme, signe à peine de nullité. Arrêt du 16. Avril 1609. *Bouvot*, to. 2. verbo *Hypotheque & Discussion*, question 7.

24 Jugé par Arrêt du 7. Mars 1652. que dans un testament il est necessaire qu'il soit fait mention que le testateur a signé, & qu'il a été interpellé de le faire lors qu'il ne peut, ou ne sçait signer, & que les Avocats peuvent valablement recevoir de leurs Cliens par testament. *Soëfve*, tome 1. Cent. 3. chap. 93.

25 Le seing est entierement de la substance de tout instrument. 2. Mais neanmoins si le registre du Notaire se trouvoit signé des parties, & non de luy, l'acte seroit bon. 1. *Loys. des off. lib.* 2. chap. 4. n. 42. 1. *id. Boër. dec.* 47. n. 10. & *in testamento*, 2. Ranchin. *ad Guy Pap*. quest. 2. M. *Abraham lu Peirere*, en ses décisions du Palais, let. S. nomb. 25. dit à ce sujet : la question est pour l'execution de l'hypotheque. Je crois que quand l'acte se trouve dans le Registre du Notaire, & qu'avant & aprés iceluy, il y a d'autres actes signez du Notaire, l'acte emportera execution & hypotheque, & sera presumé que le Notaire a oublié de signer.

Arrêt du Parlement de Bourdeaux du 20. Juin 1664. donné en la Seconde des Enquêtes, au rapport de Monsieur Baratet, aprés partage vuidé en la Premiere, entre Guillaume Brisson, & Françoise Guillou : jugé qu'une quittance signée seulement du Notaire sans aucun seing des parties, les uns ni les autres ne sçachans signer, & sans aucune interpellation de signer étoit bonne. Et le motif de l'Arrêt est que dans l'article 1666. de l'Ordonnance de Blois, il n'y a point clause *irritante*, & *hoc jure utimur*. La Peirere, *ibid*.

26 Signature des Sergens au bas de leurs Exploits lors du record d'iceux pour parvenir au decret, n'est plus requise. Arrêt du Parlement de Normandie du 27. Août 1664. ainsi le Reglement de 1624. *abiit in desuetudinem*. Basnage, *sur l'art.* 558. *de cette Coûtume*.

SIGNIFICAVIT.

C'Etoit un Monitoire qui s'obtenoit anciennement en Cour de Rome, & qui fut ainsi nommé à cause que ce mot y étoit employé ; car au lieu que dans les provisions des Benefices les mots *Supplicat & orator* sont ordinaires dans cette sorte de Monitoire, il y avoit toûjours les mots *significavit* que le Pape s'appliquoit, & *significans* qu'il appliquoit à l'impetrant. *Voyez* touchant ces Monitoires, M. *Hevin sur Frain*, p. 153. & cy-devant verbo *Monitoire*, nombre 100. & *suivans*.

SIGNIFIER.

DEfinition de ces mots, *Denuntiare*, *denuntiatio*, dans la *L*. 39. §. 2. & *L*. 40. *D. de verb. sign*. *Voyez* les mots, *Accusation*, *Dénonciation*, *Procedure*.

SIMONIE.

1 DE simonia, & ne aliquid pro spiritualibus exigatur, vel promittatur. D. Gr. causa 1. omn. quæst. 6. q. 1. c. 22. & 23. §. porrò. 7. q. 1. c. 3. & 33. 15. q. 3. c. 4. *Extr*. 5. 3. *Extr*. co. 5. 1. *Inst. Lanc*. 4. 3.
De *lege Julia ambitus*. D. 48. 14. C. 9. 26. & c.
Crimini Ambitus affinis est Ecclesiasticorum simonia,

parce

parce que dans l'un on achete une dignité ; & dans l'autre on achete un Benefice, ou une chose spirituelle: c'est pourquoy *Papon* dans son Notaire, 2. 7; joint ces deux crimes sous un même titre d'Ambition & Simonie. Aussi *Chopin*, en son Traité de la Police Ecclesiastique, *liv.* 1. *tit.* 8. *nomb.* 15. appelle la simonie, *Ambitus simoniacus.*

Adriani Sexti, *quodlibetum nonum.*
Bartholomæus de Spinâ, *de redemptione simoniacâ vexationis Ecclesiæ.*
Cornelius Blockhius, *de simoniâ Religiosorum.*
Dominicus Sotus, *de jure & justitia libro ex quæst.* 5. *& sequentib.*
Dionysius Carthusianus, *tractatus de Simoniâ duo, tomo* 1.
Franciscus Victoria, *de Simoniâ.*
Engelbertus Cultificis, *de simoniâ in receptione vitandâ.*
Henricus Gorichen, *de simoniâ & quodam casu matrimoniali.*
Joannis Naucleri, *de simoniâ, libri tres.*
Joannes Gerson, *tomo* 2. *de simoniâ.*
Petrus Damianus, *de simoniacâ hæresis confutatione.*
Petrus Binsfeldius, *de simoniâ* 8.
Raymundi, *Tractatus de simoniâ.*
Silvester *& alii in summis.*
S. Thomas, 22. *quæst.* 100.
Thomas Vius Cajetanus, *tomo* 2. *opusculo.*
De simoniâ, *per Jo. Carafa.*

De la simonie. *Voyez* le mot *Confidence*, le mot
3 *Dévolut*, *nomb.* 35. *& suiv.* le titre de la Resignation, *nomb.* 289. *& suiv.* les Ordonnances de Fontanon, *tome* 4. *tit.* 19. *page* 501. l'art. 41. de l'Ordonnance de Blois, les Memoires du Clergé, *tome* 2. *part.* 2. *tit.* 16. *Tournet, let. S. Arr.* 37. la Bibl. de Jouet, au mot *Simoniæ,* la Bibl. Canon. *tome* 1. *pag.* 30. *col.* 2. *& to.* 2. *p.* 617. *& suiv.* M. *Louët, lett. R. somm.* 9. *Despeisses, tome* 2. *pag.* 682. M. Du Perray, *en son Traité de la capacité des Ecclesiastiques, liv.* 4. *chap.* 1.

4 La Simonie, Heresie, & crime de leze-Majesté sont reputez même crime, *can.* 6. *quæst.* 1. §. *verum* & les Simoniaques sont excommuniez comme herétiques. *Concil. Turon. art. finalium Calcedonense, art.* 2. *Toletan* 6 *art.* 6.

5 *Voyez Rebuffe*, sur le Concordat au Titre *de electionis derogatione.*
6 *Voyez* le traité de François Pinson, *de simoniâ in Beneficiis.*
7 *De simoniâ in resignatione. Voyez* Rebuffe, 3. *part. praxis benef.*
8 De la Simonie. *Voyez Lotherius de re Beneficiariâ, liv.* 2. *quæst.* 9. *nomb.* 60. *& suiv.*
9 De la Simonie. *Voyez Julius Clarus, liv.* 5. *Sententiarum*, où il est parlé de ce crime & de la peine encouruë par ceux qui le commettent; on y examine aussi la question de sçavoir si le Pape peut commettre simonie. *Voyez aussi les additions* qui sont à la fin de l'ouvrage du même Auteur. §. *Simonia.*
10 De la simonie & de ceux qui doivent être admis en témoignage. *Voyez Franc. Marc, tome* 1. *quæst.* 496. 1118. *&* 1119. *in hoc crimine solus Papa dispensat non Legatus à latere.*
11 *Pactio inter patronum & præsentatum quod in tertii favorem, renunciet, est simoniaca, & an cum simoniaco dispensetur? Voyez Franc. Marc, tome* 1. *quæst.* 475.
12 *Simonia manu, obsequio, & linguâ contrahitur; vexationem in beneficialibus redimere licitum. Voyez ibidem, quæst.* 543.
13 *Papa simoniam committere, & de simoniâ, accusari an possit? Voyez ibid. quæst.* 749.
14 *De simoniâ mentali. Voyez ibid. quæst.* 1126.
15 *Electio simoniaca sive collatio ipso jure nulla est. Voyez ibid. quæst.* 1246.
16 M. de Selve, 1. *part. tract. quæst.* 7. explique plusieurs cas où la simonie a lieu.

Tome III.

17 *Renuntiatio Beneficii simoniace facta an teneat vel non? Voyez la Biblioth. Canon. tome* 2. *page* 508.
18 Une somme de deniers comptée pour paction simoniaque ne se restituë point. Arrêt du Parlement de Paris, de l'an 1461. entre Jean Poler de Cremieu & Jean de Latra *Biblioth. Canon. tome* 2. *pag.* 518. *colon.* 1. & *Tournet, lett. S. Arr.* 38. il rapporte les moyens & non la date de l'Arrêt.

19 Par Arrêt du 22. Mars 1509. entre M. Guillaume Postel d'une part, & M. Jean d'Orbec d'autre, fut declarée nulle à cause de la simonie une pension de 140. liv. dont le pensionnaire avoit joüi par 14. années. *Biblioth. Canon. tome* 2. *page* 205. *colon.* 2.

20 Le Jeudy 11. Février 1550. fut plaidée une cause solemnelle au Parlement de Paris, Olivier Bichon Moine avoit resigné par un concordat homologué par le Pape, le Prieuré-Cure, de Berchorio au Diocése de Maillezais. Le resignataire promettoit au resignant de luy rendre, ou à telle personne qu'il voudroit le Benefice dans deux ans, à compter du jour de l'homologation du concordat ; & au cas qu'il ne le pût faire par empêchement de fait ou de droit, il s'oblige de luy donner un autre Benefice paisible, regulier, déchargé de toute pension, de valeur de 200. liv. par an, & pendant les deux années luy faire une pension de pareille somme à laquelle le Benefice étoit affermé, jusqu'à l'accomplissement du concordat. Il fut homologué avec les clauses ordinaires *nec alias, nec aliter*. Le resignataire prit possession réelle publiquement. 18. mois aprés le resignant decedé, Michel Chanceau Religieux se fait pourvoir par l'Ordinaire, de ce Benefice vacant par le décés de Bichon resignant ; le Resignataire allegue sa possession; Chanceau interjette appel comme d'abus de l'execution de l'homologation du Concordat. M. Seguier lors Avocat du Roy se joignit à luy, & appella sur le fondement de la simonie. La cause fut appointée au Conseil ; le 7. Septembre 1551. fut prononcé l'Arrêt définitif par lequel la Cour declara nul & abusif tout ce qui avoit été fait en execution du concordat : le même a depuis été jugé en la troisiéme Chambre des Enquêtes en 1557. & avoit auparavant été jugé en 1512. La publication d'un resignataire ne couvre point alors la simonie, *Biblioth. Canon. tome* 2. *page* 296.

21 Le Roy reprenant des derniers errements de l'execution des saints Decrets du Concile General tenu à Reims, le Pape Leon IX. séant, à la plainte de Hugues Abbé de Cluny, a ordonné qu'il sera informé de l'encontre de tous Beneficiers diffamez d'avoir été pourvus de leurs Benefices par praevité simoniaque. Arrêt en 1556. *Voyez Henrici Progymnasmata,* Parlet 188.

22 Declaration du Clergé de France, du mois de Decembre 1579. contre les Confidentaires, Pensionnaires illicites, & simoniaques. *Ordonnances de Fontanon, tome* 4. *page* 992.

23 Le 27. Juin 1581. sur le fait mis en avant contre un Docteur, qu'il avoit reçu de l'argent pour une Cure, il fut ordonné qu'il comparoîtroit en personne. *Papon, liv.* 3. *tit.* 12. *nomb.* 1.

24 Le fils quoique mineur ne peut être relevé d'une simonie sous prétexte de la reverence paternelle. Jugé le 20. Février 1598. parce qu'en matiere beneficiale les mineurs sont reputez majeurs, & plaident sans Curateur. Depuis & le 23. Août 1630. on reçut la preuve de la simonie qu'une mere avoit commise en l'obtention d'un Benefice en l'absence de son fils qui étoit à Toulouse, lorsque le Benefice, dont étoit question luy fut resigné. *Cambolas, liv.* 2. *chap.* 43. *page* 68.

25 La promesse de donner argent pour un Benefice, *ad redimendam vexationem*, n'est point toûjours simoniaque, *ut dicitur ex cap. quæsitum* 1. *q.* 3. & *cap. nemo de simon. nam aliud est aliquid dare pro jure quærendo, aliud pro jure quæsito.* La Cour par Arrêt du 17. Août 1598. l'a ainsi jugé ; cet Arrêt est rapporté par *Peleus, liv.* 20. *action* 26.

Eeee

26. Confidence autorisée par Sentence & Transaction declarée nulle par Arrêt du mois de Decembre 1600. *Voyez les Arrêts de M. Loüet, let. B. somm. 10. & Tournet, lettre B. nomb. 66.*

27. Par Arrêt du 7. Janvier 1605. fut cassé un Contrat simoniaque fait entre l'Evêque de Comenge & le sieur de Lansac, auquel ledit sieur Evêque par ce Contrat faisoit 10000. de pension par raison dudit Evêché, condamna ledit Evêque à payer les arrerages de deux ans audit sieur de Lanzac, applicables aux reparations de l'Eglise & aux pauvres. *La Rocheslavin, liv. 6. tit. 32.*

28. Arrêt du Parlement d'Aix du dernier Juin 1656. qui a declaré simoniaque la permutation triangulaire des Benefices, ou la resignation d'un Benefice en consideration d'un autre. *Boniface, to. 1. li. 2. tit. 26. ch. 2.*

29. Autre Arrêt du 27. May. 1661. qui a jugé que la convention & concordat par lequel on donne quelque chose pour obtenir un Benefice sans l'homologation du Pape, est simoniaque. Ce même Arrêt a jugé que le dévolutaire n'est pas obligé de continuer la pension imposée sur le Benefice. *Boniface, to. 1. liv. 2. titre 25. chap. 1.*

30. L'on ne peut faire perdre par simonie un Benefice à un resignataire, n'y ayant point de preuve de simonie qui procede personnellement de luy resignataire, mais du chef d'un tiers qui a fait faire la resignation. Arrêt du P. de Paris du 19. Août 1678. *Journ. du Palais.*

ELECTION SIMONIAQUE.

31. *Voyez le mot Election, n. 163. & suiv.*

SIMONIE IMPRESCRIPTIBLE.

32. Simonie imprescriptible. *Voyez le 6. Plaidoyé de M. Daudiguier du Mazet.*

33. Arrêt du 4. Mars 1574. contre un dévolutaire qui opposoit au Titulaire jouïssant depuis 12. ou 13. ans qu'il avoit acheté son Benefice 1000. liv. On jugea qu'encore que le decret *de pacificis* n'ait lieu quand il y a simonie, elle n'est considerable aprés 10. ans qui sont reputées en telle matiere, *spatium longi temporis*. *Papon, p. 1357. tiré de M. Bergeron.*

34. Il faut venir dans les dix ans contre le crime de simonie, autrement on n'est point restituable aprés ledit temps. Jugé par Arrêts du 27. Juin 1581. & 4. Mars 1574. *Tournet, Arr. 39. let. S.*

35. Aprés dix ans le possesseur d'un Benefice ne peut être recherché sous prétexte de simonie. Arrêt du Parlement de Grenoble du 13. Mars 1609. *Basset, tome 1. liv. 6. tit. 16. chapitre 1.* où il rapporte l'Arrêt du Parlement de Paris du 4. Mars 1574.

36. On demande si le crime de simonie se peut prescrire par quelque laps de temps d'autant que par l'usage de la Jurisprudence des Arrêts, il y a des crimes qui se prescrivent par cinq ans; & tous generalement quelconques, de quelque nature qu'ils puissent être, & quelques horribles qu'ils soient, se prescrivent par le laps de 20. ans.

Plusieurs Docteurs tiennent que 13. années suffisent pour lever toute la crainte que ce crime peut causer dans l'esprit de ceux qui l'ont commis. *Guenois*, en ce qu'il a écrit sur la Pratique Criminelle d'Imbert du Clos, en son *Comm.* sur le Docteur Flaminius & Carondas en ses *Pandectes*, les tiennent ainsi. Autrefois cette matiere a été agitée dans l'Assemblée du Clergé de France en l'année 1586. où il fut resolu que 13. ans étoient suffisans pour prescrire contre ce crime. *Du Clos* tient que dix ans suffisent pour cela; tous ces Docteurs assûrent qu'en France aprés ce temps on n'est plus reçu en aucune action de complainte; mais le crime de simonie est imprescriptible & la possession du simoniaque, quelque longue qu'elle soit, ne se peut couvrir par le decret *de pacificis possessoribus*. Jugé en la Grand'Chambre du Parlement pour la Cure de Presle, dont Loüis de la Mothe avoit été Titulaire plus de 20. ans aprés la simonie & confidence; neanmoins Jean Langevin Dévolutaire fut maintenu contre Jean Duval Resignataire de la Mothe par Arrêt du 15. Février 1655. *Du Frêne, liv. 8. chap. 10. & les Definit. Canon. page 837.*

37. Le vice de la simonie ne se couvre point, ni pareillement l'abus qui se trouve d'ailleurs dans une espece de jugement arbitral, quoique rendu depuis plusieurs siecles & executé. En consequence l'Abbaye de Joüarre a été déchargée d'une redevance de dix-huit muids de grains qu'elle payoit à l'Evêque de Meaux. Arrêt du Parlement de Paris le 26. Janvier 1690. *Voyez le Journal des Audiences, tome. 5. liv. 6. chap. 2.*

SIMONIE, JUGE.

38. Le crime de simonie, est comme on dit, *mixti fori*, de la connoissance du Juge d'Eglise, contre un Ecclesiastique, & de la connoissance du Juge Royal, contre un Laïc. Neanmoins le Juge Royal en peut connoître sans doute contre un Ecclesiastique, même civilement & incidemment dans une instance pendante devant luy; & sur ce principe conforme à la doctrine de *Févret*, dans son traité de l'*Abus, liv. 8. ch. 2. nomb. 5.* il fut rendu Arrêt au Parlement de Toulouse le 26. Mars 1669. en la cause du Curé de Gourdon, qui demandoit la cassation d'un Monitoire, que M. le Procureur General avoit eû sur Requête la permission de faire publier pour luy servir dans l'instance d'appel comme d'abus, où étoit revelé le fait de simonie. L'Arrêt joint la Requête à l'instance d'appel comme d'abus, & cependant sursoit à la publication du Monitoire. La raison du sursis fut que le Juge Royal ne pouvant connoître du crime de simonie contre un Ecclesiastique pour l'en punir, mais seulement pour servir civilement dans l'instance pendante, M. le Procureur General ne pouvoit faire publier le Monitoire, qu'aprés avoir été par un Arrêt contradictoire admis à la preuve; il fut ensuite admis à faire cette preuve par Arrêt du 13. Decembre 1669. *M. de Catellan, liv. 1. chap. 31.*

SIMONIE, PAPE.

39. *Papa an labem simoniæ incurrere possit? Per Thomam Campegium, in tract. de autoritate Romani Pontificis.*

40. De quelle espece de simonie le Pape peut dispenser de celle qui est établie par le droit positif & par les constitutions de l'Eglise. *Voyez Du Perrier, livre 2. quest. 1. Voyez cy-dessus les nomb. 9. & 13.*

SIMONIE, PENSION ETEINTE.

41. Eteindre une pension sur un Benefice *anticipatis solutionibus* sans l'autorité du Pape est une simonie qui rend le coupable indigne même des Benefices dont il a ensuite été pourvû. Arrêt du Parlement de Toulouse du 13. Decembre 1669. contre le Curé de Gourdan. *Voyez les Arrêts de M. de Catellan, liv. 1. chap. 31.*

SIMONIE, POSSESSION TRIENNALE.

42. M. Charles du Moulin, sur la regle *de publicandis, n. 30.* dit que *ingresso per simoniam non prodest triennalis pacifica possessio.*

43. L'Arrêt & Declaration du Roy pour Me. Jean Benoît Curé des saints Innocents, n'a lieu és pactions simoniaques: & le dévolutaire, quand la resignation a été faite par telles voyes, est bien recevable aprés la possession de plus de 30. ans. *Carondas, liv. 1. rép. 47.*

44. Simonie simplement conventionnelle n'empeche le decret des *paisibles possesseurs*. Arrêt du Parlement de Toulouse du 3. Mars 1524. Il n'y a que la simonie réelle qui empêche l'effet de ce decret. *Maynard, to. 1. liv. 1. ch. 58.*

45. Quoyque le decret *de pacificis possessoribus* n'ait lieu quand il y a simonie dans la provision, neanmoins on n'est point recevable contre le simoniaque aprés 10. ans. Arrêt du Parlement de Paris du 4. Mars 1574. *Papon, liv. 3. tit. 12. n. 1.*

46. La simonie est si odieuse que celuy qui en est coupable ne peut se prévaloir du decret *de pacif. possess.* & que le Pape ne peut le réhabiliter, à l'égard du Benefice pour lequel la simonie a été commise; ainsi jugé au Parlement de Toulouse le 26. Juin 1652. en-

SIM   SIN

été Maroul Curé de Villaudric & Vigoufe devolutaire; ce qui doit être entendu, non feulement de la fimonie réelle, mais encore de la confidence qui empêche tout de même que le poffeffeur triennal ne foit en fûreté; jugé par Arrêt de la Seconde des Enquêtes, après partage porté en la Premiere, contre l'Arrêt de M. de Maynard, depuis lequel a été donnée la Bulle de Pie V. qui en confirmant celle de Pie IV. veut que l'on ne faffe aucune difference entre le fimoniaque & le confidentiaire. A quoy paroît fe rapporter l'Ordonnance de 1629. qui joignant la confidence & la fimonie, ordonne qu'on en recevra également la preuve fuivant les Bulles Canoniques. Ce font les Bulles des Papes Pie IV. & Pie V. qui femblent leur avoir donné une autorité nouvelle. Arrêt rapporté par *M. de Catellan*, liv. 1. chap. 31. où il obferve qu'il avoit été neanmoins jugé le 18. Février 1650. que le decret *de Pacif.* mettoit à couvert le poffeffeur d'une Chapelle de patronage laïque poffedée en vertu d'une refignation admife par l'Ordinaire, quoyqu'il n'y eût pas lieu de douter que ce ne fût une fimonie.

SIMONIE, PREUVE PAR TE'MOINS.

47   *Mediatores & focii criminis in odium fimoniæ in teftes admittuntur.* Franc. Marc, to. 1. quæst. 475. n. 22.

48   *Du Moulin*, fur la regle *de Publicandis* n. 31. dit, qu'il fut le premier lequel excita & pouffa les Juges laïques & feculiers par plufieurs raifons qu'il ne rapporte pas, à admettre les faits de fimonie, & même de donner permiffion de les prouver par témoins, & de rendre leurs Sentences fur les preuves qui pourroient refulter des informations; il dit qu'il l'a fait ainfi juger deux fois, tant par une Sentence du Prévôt de Paris, que par un Arrêt du Parlement.

49   *In fimonia folos teftes fufficere citra ullas auxiliares fchedas, judicatum eft menfe Auguft.* 1614. MORNAC, *authent. quod pro caufa*, Cod. *de Epifcopis & Clericis*, &c.

50   Le 29. Mars 1629 il a été jugé que la fimonie & confidence fe verifient par témoins, ayant commencement de preuve par écrit, fondé fur l'énormité du crime de fimonie, lequel le Public a intérêt de reprimer, *ne fanctuarium Dei in commercio fit, & ne pro Epifcopis vel Abbatibus feu quibufcumque perfonis Ecclefiafticis ponendis in fedem vel introducendis in Ecclefiam aliquid exigatur vel detur*, fuivant la prohibition du chapitre *Cum in Eccl. ext. de fim.* & de droit Canon ce crime eft fi odieux, qu'il eft permis au serviteur d'en intenter l'accufation contre fon maître, en ces termes, *tanta eft labes hujus criminis, quod etiam fervi adverfus dominos admittuntur ad accufationem*, au chap. *tanta eod. tit.* & au chap. 3. il veut même qu'un chacun foit exhorté à en rendre témoignage. L'Ordonnance de Henry III. faite aux Etats de Blois, art. 6. enjoint aux Archevêques & Evêques d'informer diligemment, fi pour obtenir les nominations & les provifions des Beneficies; n'a été commife aucune fimonie. *Journal des Aud.* to. 1. liv. 2. ch. 40. & *Bardet*, to. 1. liv. 3. chap. 38.

Même Arrêt rendu au grand Confeil le 1. Août 1678. *Journal du Palais.* Arrêt contraire du Parlement d'Aix du 29. Novembre 1646. qui a rejetté la preuve de fimonie. *Boniface*, to. 1. liv. 1. tit. 27.

SIMONIE D'UN TIERS.

51   La fimonie du pere nuit au fils, auquel il a acquis un Benefice fimoniaquement, quoyque le fils l'ait ignorée. Arrêt du Parlement de Grenoble du 6. Juillet 1623. Mais après dix ans le Beneficier ne peut plus être inquieté pour la fimonie: jugé le 13. May 1609. *Voyez Choiftr en fa Jurifprudence de Guy Pape. p.* 56.

52   Simonie du pere nuit au fils qui l'ignore, s'il a donné caufe à la refignation ou provifion, quoyqu'il en fût ignorant, du 10. Juillet 1623, *Baffet*, to. 1. li. 1. tit. 16. ch. 2.

53   Le fieur de Bourges refignataire de la Cure de Brunay, perdit fa caufe, quoyqu'il n'y eût aucune fimonie de fon chef, mais on en accufoit un tiers qui avoit fait faire la refignation, par Arrêt du 19. Août 1678. *Journal du Palais.*

SIMONIE, VACANCE DE BENEFICE.

54   *An & quando per fimoniam inducta fit vacatio Beneficii ipfo jure?* Voyez *Lotherius*, *de re beneficiariâ*, liv. 3. quæst. 29.

55   *Conftitutio Gregorii XIII. contra dantes, & C. qualiter practicari poffit in inducendâ vacatione Beneficii ipfo jure.* Voyez ibidem. quæst. 32.

56   Concordat contenant pactions fimoniaques quoyque homologué en Cour de Rome, fait vacquer le Benefice. Arrêt du Parlement de Paris du 7. Septembre 1551. qui reçut M. le Procureur General appellant comme d'abus, & declare abufif un concordat, lequel portoit que fi le refignataire prétendoit, ou étoit en demeure après deux ans d'executer ce qu'il avoit promis, le furvivant recouvreroit le Benefice. *Papon*, liv. 2. tit. 8. n. 10.

57   Arrêt du Parlement d'Aix du 23. Février 1639. qui a jugé que la fimonie du pere pour obtenir un Benefice à fon fils, fait vacquer le Benefice, quoyque le fils en foit ignorant. Ce même Arrêt a jugé que la regle de *triennali poffeffore*, n'affeure pas le poffeffeur d'un Benefice qui eft fimoniaque, non pas même la poffeffion de dix ans. *Boniface*, to. 1. liv. 2. tit. 26. ch. 1.

SINDIC.

1   LE Sindic, eft celuy qui eft chargé des affaires d'une Communauté. *Syndicus*, De *Syndico.* Extr. 1. 39. *Quod cujufque univerfitatis nomine, vel contra eam agatur.* D. 3. 4. Ce Titre parle des Sindics.

2   Des Sindics directeurs & autres adminiftrateurs des corps & communautez, de leur nomination & pouvoirs, des engagemens des Sindics & autres prépofez, & des engagemens des communautez à leur égard. *Voyez* le 2. tome des Loix Civiles, liv. 2. tit. 3.

3   Sindics des communautez d'habitans. *Voyez* le mot *Communautez.* nomb. 88. & fuiv.

4   Il faut élire un Sindic, lorfqu'un Curé forme une demande, ou un particulier contre une communauté. *Voyez* le mot *Plaider*, n. 23.

5   Le Procureur Sindic d'une Ville ne peut fe prefenter és caufes, fans exprimer fon nom. Arrêt du Parlement de Dijon du 29. Novembre 1614. *Bouvot*, to. 1. part. 1. verbo *Sindic.* Il n'appartient qu'au Roy de prefenter fes caufes fous le nom de Procureur General.

SINDICS DU CLERGE'.

6   *Voyez le petit Recueil de Borjon*, to. 2. à la fin.

SINDIC, DIRECTEURS.

7   Des Sindicats entre creanciers. *Voyez* le *Traité des Criées par M. Bruneau*, ch. 19. p. 247.

8   *De Sindicatu officialium.* Per Ang. de Perutio. Per Ang. de Periglis. Per Amodeum Juftinum. Per Antonium Rondinellum. Per Cataldinum de Boncompagnis. Per Paridem de Puteo. Et per Raynaldum Lonzon. *Regium auditorem in Regno Neapoli.*

SINDIC DE THEOLOGIE.

9   Sindic de Theologie. *Voyez hoc verbo*, *la Bibliotheque du droit François par Bouchel.*

SINODE.

1   DE Synodo Epifcopi, & ftatutis Epifcopalibus. Per Henricum Botils.

2   *De convocatione Synodi.* Voyez *Pinfon*, titre de cenfibus. §. 9.

3   Arrêt du Parlement de Paris du 11. Août 1583. qui a jugé qu'un Curé exempt n'eft pas tenu d'affifter perfonnellement au Sinode, il fuffit qu'il y envoye un Procureur. Jugé en faveur d'un Chapelain de la fain-

re Chapelle, lequel étoit Curé de l'Eglise de saint Pierre de Boisseray Diocése de Sens. *Voyez Pinson, de Censibus.* § 9.

Voyez le mot *Concile.*

4 Des Sinodes & assemblées de ceux de la Religion prétenduë reformée. *Voyez les Décisions Catholiques de Filleau, Décision* 58.

SOCIETE'.

DE Societate. *Inst.* 3. 26.
Pro socio. D. 17. 2... C. 4. 37... Paul. 2. 16. Titulus est, Pro socio : id est, Actio pro socio, quæ ex utroque latere est directa. Nominis & tituli ratio desumitur ex formulâ : Quod pro socio, communiterve gestum est. L. 65. § si post hoc tit.
De societate prædiorum maritimorum, ad piscatorias remoras constituendas, etiam ab invitis ineundâ. Leon. N. 102. & 103. Société forcé, pour la pêche de la Marée. Au commencement de la Novele 102. l'Empereur Leon fait l'éloge du contrat de société.
Société ou communauté d'interêts, qui se trouve en plusieurs rencontres. Leon. N. 70.

1 De la nature de la société, comment elle se contracte, des diverses sortes de societez, des engagemens, des associez, de la dissolution de la société, de l'effet de la société à l'égard des heritiers des associez. *Voyez* le 1. tome des Loix Civiles, liv. 1. tit. 8. & suiv.

2 Felicius de societate. vol. in 4o. 1666.
Voyez le tit. 4. de l'Ordonnance de 1673.

3 Des communautez & societez. *Voyez Coquille,* to. 2. *instit. au Droit Fr.* page 58. & *Papon,* liv. 15. tit. 2.

4 De la rupture ou continuation des societez. *Voyez* cy-dessus le mot, *Séparation, n.* 111. *& suiv.* & *Henrys,* tome 1. liv. 4. chapitre 6. quest. 93. & tome 2. liv. 6. question 15.

5 *Societas in quâ unus pecuniam præstat, alter autem operas: opera impensis cujus præstabuntur?* Voyez *Franc. Marc.* tom. 1. quest. 888.

6 *Socius qui operas ponit, si foras proficiscatur, expensæ communibus societatis sumptibus fieri debent.* Ibid.

7 *Societas inita cum superiore non valet.* Ibidem, tom. 2. quest 379.

8 *Societas quomodo inæqualitatem lucri & damni admittat ?* Voyez *Antr. Gaill,* lib. 2. *observ.* 24.

9 Des personnes qui peuvent contracter société, & de la forme de la société. *Despeisses,* tome 1. p. 120.

9 Société contractuelle differe de la société conjugabis. le. *Voyez M. Louet, let. S. somm.* 13.

10 En fait de société, le Livre de raison de celuy qui a charge par ses associez de le tenir, fait pleine preuve entr'eux. Mornac, *ad L.* 5. *C. de edendo.*

11 En matiere de société où l'un contribuë l'argent & l'autre l'industrie, l'argent n'est point fait commun, ni le peril d'iceluy ne touchera nullement celuy qui contribuë l'industrie. Fachin, li. 1. chap. 95. & 96. La Peirere, *let.* S. nomb. 47. dit, La raison de douter se prend de la Loy 1. ff. pro soc. qui veut que ce qui est porté dans la société est fait commun entre les associez ; mais comme celuy qui contribuë seulement l'industrie ne met rien de réel dans la société, il n'est pas juste qu'il ait part à ce qui est porté par l'autre ; & par cette même raison, il ne court pas aussi risque de ce que l'autre a porté.

12 Société & donation mutuelle faite par Testament entre deux filles, la donation a été jugée bonne, par Arrêt du 17. Novembre 1554. Carondas, livre 7. Réponse 70.

13 Un cheval commun peut être vendu pour une amende ajugée contre l'un des associez, sauf leur remboursement contre le coupable. Arrêt du Parlement de Dijon du 2. Août 1574. *Bouvot,* tom. 2. verbo, *Société, Communauté, quest.* 41.

14 L'associé faisant quelque chose à part & contre l'avis de la Compagnie, se départ de la société, & en est tenu à ses associez, & de leurs dommages & interêts.

Frauder son Compagnon est un grand crime. Arrêt au Grand Conseil du mois de Septembre 1607. *Peleus,* quest. 163.

15 L'associé qui dit avoir été volé, est obligé de dresser état de son voyage. Arrêt du Parlement de Dijon du 11. Janvier 1609. *Bouvot,* tom. 2. verbo, *Société, Communauté,* quest. 7.

16 Si un associé peut sous-amodier sans le consentement de l'associé, la chose amodiée : & si l'association est en bétail baillé à moitié croît & décroît, qui est pris & enlevé par des Soldats, le peril doit être commun; & si l'un des associez peut prendre les lods, & renoncer au droit de retraite, au préjudice des autres associez? *Ibid.* quest. 32.

17 Le Maître & chef de la Communauté, peut obliger valablement pendant le tems de son administration, ses associez. Arrêt du 5. Juin 1655. *Voyez Henrys,* tome 2. liv. 4. quest. 52. *Voyez M. Louet,* letre *S. somm.* 13. où il parle d'un acte qui ne concerne pas la société.

18 Si la société est tenuë du dommage arrivé à celuy qui travaille pour la chose commune? Arrêt du Parlement d'Aix du mois de Juillet 1673. qui ordonna la preuve de l'imprudence de ceux qui commandoient, & autres faits. *Boniface,* tome 4. liv. 8. titre 10. chapitre 2.

19 *Henrys,* tome 1. liv. 4. chap. 6. quest. 50. dit que la dot payée des deniers de la société, ne peut être répetée ou imputée à la part de l'associé.

SOCIETE', ASSOCIATION.

Voyez le mot, *Association.*

20 Association de tous biens se peut rescinder. *Voyez* le mot, *Restitution,* n. 60. & 61.

SOCIETE' EN COMMANDITE'.

21 Ce qu'on nomme dans le commerce *Société en commandite,* n'est autre chose qu'une société, où l'un des associez fournit l'argent ; & l'autre sous le nom duquel le commerce se fait, son industrie, à la charge de partager entr'eux le profit. *Vide Fachin.* lib. 1. *Controversiarum.*

SOCIETE', COMPTE.

22 *Voyez* le 6. *Plaidoyé de M. Patru,* prononcé en la Cour des Aydes au mois de Juin 1653. il s'agissoit de faire condamner des associez à rendre compte d'une société.

SOCIETE', DETTES.

23 Des dettes de Société. *Voyez* le mot, *Dettes,* nombre 126.

24 Toutes obligations n'obligent pas l'associé qui n'a pas contracté, mais seulement celles qui sont, ou se justifieront concerner la société ; ce qui se présumera par la qualité, quantité & tems de l'obligation. 2. Et encore en ce cas l'associé ne sera obligé que jusques à la concurrence de la société. 3. Mais si les associez étoient Marchands Banquiers, ou qu'il s'agît de deniers Royaux, ils pourront être convenus solidairement pour telle obligation. *Coquille,* instit. des Communautez, vid. Chopin, *Paris.* li. 2. tir. 1. n. 11. vid. Louët, & Brod. let. S. n. 13. vid. Mornac, ad L. 27. ff. pro socio. 3. id. Maichin, tit. 7. art. 1. ch. 4. 2. M. la Peirere, en ses Décisions du Palais, let. S. nomb. 48. dit, Cela est conforme à la Loy 82. ff. pro socio, & la necessité du commerce, & le privilege des deniers Royaux, a baillé lieu à la solidarité qui se pratique parmi nous, & au surplus, je croy qu'en fait de société generale de tous biens, telles obligations sont pareillement solidaires.

Arrêt du 21. Août 1669. donné en la Grand'Chambre, au rapport de M. de Maran, entre M. Roüard, Conseiller au Parlement, & les Vinatiers, Marchands de Dauphiné : jugé qu'il n'y avoit point de solidarité entre des associez, concernant le recouvrement des effets de la société, respectivement prétendus les uns contre les autres.

Arrêt du 5. Décembre 1671. donné en la *Grand'-Chambre,* au rapport de M. de Maran : jugé qu'un associé ayant été condamné solidairement à la Bourse, avec contrainte par corps envers un Créancier de la société, le condamné ayant payé, avoit pareille contrainte par corps contre l'associé pour le remboursement de sa moitié.

25 Le chef de la société oblige tous les associez quand il contracte pour le fait de la société. *V. Henrys,* 10. 2. *liv.* 4. *quest.* 52.

26 Celuy qui est en société de tous biens, avec convention, qu'on ne pourra contracter dettes sans consentement, ne peut obliger ses autres associez. Arrêt du Parlement de Dijon sans date, rapporté par *Bouvot*, tome 2. verbo, *Société, Communauté*, *quest.* 2.

27 Si le Créancier est tenu de prouver, que les deniers prêtez à l'un des associez, sont tournez au profit de la Communauté. *Ibid. quest.* 9.

28 Deux associez achetent à credit des marchandises; un créancier de l'un des deux fait saisir la part de son debiteur, telle saisie n'est valable, & l'autre associé peut s'y opposer & empêcher l'effet d'icelle, jusqu'à ce que le prix des marchandises soit payé. *Ibid. quest.* 20.

29 De la clause prohibitive d'emprunter par un de la société que jusqu'à certaine somme. Arrêt du Parlement de Grenoble du 24. Mars 1635. qui sans avoir égard à cette clause prohibitive, condamne les heritiers à payer les sommes legitimement dûës aux créanciers du défunt avant sa mort, & qui se trouvoient insérées dans ses Livres; outre que de la part des heritiers il y avoit approbation des emprunts, telles clauses ne peuvent nuire aux créanciers à qui elles sont inconnuës, elles doivent leur être signifiées, ou enregistrées dans les Greffes, ou inscrites dans un Tableau affiché au lieu où se fait le négoce. *Basset*, tome 2. liv. 4. tit. 22. chap. 1.

30 De la préference d'obligation sur le fond d'une société. Jugé au Parlement de Grenoble le 22. Août 1637. que les dettes faites pour la société, sont préferables aux étrangeres, que l'un de la société a contractées en son propre, quoy qu'anterieures à la société. *Ibid. liv.* 5. *tit.* 2. *ch.* 11.

31 Entre associez les dettes contractées par l'un d'eux, autres que pour le fait de la société, ne peuvent être prises sur la Communauté. Arrêt du Parlement de Roüen du 11. Mars 1681. Un pere prend une Ferme avec deux de ses enfans; les deux freres pendant ce bail prirent des heritages en fief d'un Chanoine de Coutance; n'étant point payé de sa rente, il se pourvût contre le fils aîné, en qualité d'heritier de son pere; mais ayant opposé que cette dette contractée par ses deux freres n'étoit point de la Communauté d'entre leur pere, il en fut déchargé. *Basnage, sur l'art.* 389. *de la Coût. de Normandie.*

32 *Titius* associe *Mævius* avec luy dans un commerce, avec faculté à *Mævius* de donner interêt dans sa moitié à qui bon luy semblera; mais à la charge que *Titius* ne connoîtra pour associé, & ne sera obligé de conferer qu'avec *Mævius*; celuy-cy ayant presqu'aussi tôt fait déclaration de tout son interêt au profit de quatre particuliers, il demeure neanmoins tenu de moitié des charges de la société, sans pouvoir prétendre n'être qu'un prête nom, & il n'a que son recours subsidiaire contre ceux ausquels il a cedé ses parts dans la société.

Titius de son côté ayant associé *Sempronius* pour un quart dans sa moitié, s'y étant contracté plusieurs dettes pour les affaires de la société principale, dans lesquelles *Sempronius* s'étoit obligé indéfiniment; & *Titius* étant devenu insolvable, *Mævius* n'a point d'action directe contre *Sempronius*, qui n'a point été son associé pour luy faire acquiter la moitié que devoit *Titius*, mais il peut seulement, en comme exerçant les droits de *Titius*, faire contribuer *Sempronius* au payement d'un quart dans cette moitié; & il doit porter les trois autres quarts, sauf son recours contre ceux, au profit desquels il s'est démis de sa part en ladite société. Ces deux questions ont été jugées au Parlement de Paris le 13. Mars 1690. *Journal des Aud. tome* 5. *liv.* 9. *chap.* 8.

DISSOLUTION DE LA SOCIETE'.

33 La dissolution de la société doit être signifiée aux Marchands qui fournissoient les associez, alias, ils demeurent obligez l'un pour l'autre, de même que si elle continuoit toûjours. Arrêt du 20. Novembre 1564. *Papon, liv.* 15. *tit.* 2. *n.* 28.

FEMMES DES ASSOCIEZ.

34 Société de tous biens entre mary & femme par Contract de mariage, declarée bonne au Parlement de Dijon en 1567. *Bouvot, tome* 1. *partie* 3. *verbo, Heritier.*

35 Société, & des femmes des associez qui ne peuvent être préferées aux Créanciers de la société sur les effets de ladite société. Arrêt du Parlement de Paris du 25. Janvier 1677. *De la Guesp. tome* 3 *liv.* 11. *ch.* 3.

SOCIETE' ENTRE FRERES.

36 Société présumée & son execution ordonnée entre freres qui avoient eu une même habitation & joüissance, comme d'un heritage baillé à rente. Arrêt du Parlement de Toulouse le 18. Novembre 1569. *Mainard, liv.* 7. *chap.* 54.

37 Société entre freres, & leurs descendans en tous & chacuns leurs biens, pour long-temps de pere en fils continuée, est censée durer toûjours; même elle a été étenduë aux acquisitions par eux faites. Arrêt du Parlement de Toulouse du 2. Août 1581. *Voyez du Maynard, tome* 1. *liv.* 2. *chap.* 71.

38 Le 11. Juillet 1617 il a été jugé que quoyque deux freres eussent été pendant plusieurs années en Communauté de biens, cela n'induisoit pas qu'ils eussent été en société, & par consequent qu'ils n'étoient point tenus des dettes l'un de l'autre. *Cambolas, livre* 5. *chapitre* 42.

39 Jugé au Parlement de Paris le 31. Août 1652. que dans une société entre trois freres, l'on avoit pû stipuler qu'après le décès de l'un, ses enfans succederoient en sa place par têtes & égales portions à celles des autres associez. *Voyez Henrys, tome* 2. *livre* 4. *question* 11.

SOCIETE', INTERESTS.

40 Arrêt du Parlement d'Aix au mois de Juin 1661. qui déclara les interêts être dûs à l'associé des sommes qu'il a mises dans la société. *Boniface, tome* 4. *liv.* 8. *tit.* 10. *chap.* 3.

SOCIETE', MINEUR.

41 Société contractée par un mineur avec des Marchands de Lyon ou autres, ne le fait pour cela réputer majeur; prenant Lettres il pourra se faire relever de la société. Arrêt donné en l'Audience, le Parlement séant à *Tours*, le 2. Janvier 1593. *Biblioth. de Bouchel*, verbo, *Société*.

SOCIETE', MORT DES ASSOCIEZ.

42 *Societas an uno ex sociis mortuo sopita sit, & an locatio ad hæredes transeat? Voyez Franc. Marc. tom.* 1. *quest.* 626.

43 Si l'associé peut contraindre ses heritiers, avec lesquels il avoit pour certain temps contracté société, de demeurer & perseverer en ladite société aprés sa mort? *Carondas* tient pour l'affirmative, & dit qu'il est permis au Testateur d'ôter l'émolument de sa succession à son heritier sous cette condition, s'il ne satisfait & obéit à sa volonté. *L. unica C. quæ pœnæ nom. &c. & §. fin. Instituc. de legat.* Carondas, livre 3. *Réponse* 43.

44 Il est certain par la disposition du Droit Romain, que la société finit par la mort. *L.* 4. *L.* 35. *& L.* 59. Le Jurisconsulte dit en ladite Loy 35. que *nemo potest hæredi suo parare societatem, sic ut ipse hæres socius sit*; mais nos Coûtumes ne se conforment point toutes à cette disposition; la Coûtume d'Auvergne les fait passer jusqu'aux descendans, *tit. des Associations, art.* 2.

Ee ee iij

lors qu'il est ainsi convenu & arrêté, & quand même il y auroit eu partage, ce qui fut ainsi jugé en ladite Coûtume, par Arrêt du 31. Août 1652. rapporté par *Henrys*, *tome* 1. *liv.* 4. *quest.* 11. *tome* 2. & en ladite question, il traite la question de sçavoir, si le mary qui est associé avec la femme en la même Coûtume, & avec convention de succeder, peut faire pareille convention avec un autre, *V. cy-après le n.* 55.

46 En quel cas la société se transmet aux heritiers, & la mort de l'un d'iceux ne finit pas la société. *Voyez* Duperrier, *liv.* 2. *quest.* 6.

SOCIETE' DE NOTAIRES.

47 *Societas inter Notarios rejecta ut bonis moribus contraria.* Arrêt du 8. Février 1612. Mornac, *L.* 54. *ff. pro socio.* Filleau, *part.* 3. *tit.* 4. *ch.* 13. & le mot, *Notaire*, *n.* 229. *& suiv.*

SOCIETE', PERE ET FILS.

48 S'il y a société entre le pere & le fils, après le décés du pere le fils prendra par préciput la part qui luy doit appartenir à cause de ladite société. Arrêt du 26. Janvier 1558. *Carondas, liv.* 4. *Rép.* 93.

49 La société n'est présumée contractée entre le pere, mere & leurs enfans qu'ils marient, s'il n'y a société contractée par exprés, & la part des meubles & acquêts faits durant le premier mariage, avec les choses données, doivent être renduës aux enfans du premier lit. *Bouvot, tome* 2. verbo, *Société*, *Communauté*, *question* 10.

SOCIETE', PREUVE.

50 Si l'on peut prouver par témoins qu'une société a été contractée verbalement. *Voyez* le mot *Preuve*, *nombre* 142. *& suiv.*

51 Nul n'est recevable à prouver un société par Témoins. Mornac, *ad L.* 31. *ff. pro socio.* J'ay pourtant vû juger, dit *La Peirere*, *let. T. n.* 14. que bien qu'il n'apparoisse point d'acte de la société, la preuve d'icelle est recevable par écrit & par témoins conjointement.

Arrêt rendu au Parlement de Bourdeaux le 28. Juillet 1645. en la premiere des Enquêtes, au rapport de M. Denis, entre Tourterel & Candau: jugé qu'une société ne se pouvoit verifier par Témoins. *La Peirere, ibid.*

SOCIETE' DE TOUS BIENS, SUCCESSION.

52 Si en Contract d'association, la convention que l'un succedera à l'autre, & sera son heritier, vaut à l'exclusion des heritiers *ab intestat*, avenant leur décés sans enfans, & si la société passe à l'heritier, ou si elle est dissoluë par la mort? *V. Bouvot, to.* 2. verbo, *Société, Communauté*, *quest.* 13.

53 De la société, communauté & compagnie d'entre freres & sœurs, & autres parens, même entre étrangers, gens usans de leurs droits, qui ont demeuré ensemble par an & jour, vivans à communs dépens, & se communiquans leurs profits; comme il est marqué dans les Coûtumes de Chartres, art. 61. de Dreux 165 de Troyes 101. de Chaumont 75. de Poitou 231. & de Bourges, tit. des Societez, art. 10. & en celle de Nivernois, art. 1. 2. & 3. tit. des Communautez. *Voyez* Papon, *liv.* 15. *tit.* 2.

54 Le mary qui est associé avec sa femme, & avec convenance de succeder, ne peut faire pareille association & convenance avec un autre. *Avis d' Henrys, tome* 2. *liv.* 4. *quest.* 12.

55 *Henrys, tome* 1. *liv.* 4. *ch.* 6. *quest.* 51. établit qu'entre les personnes associées en tous biens, si la fille d'un des associez est mariée pendant la société, la dot de cette fille doit être prise sur tous les biens de la Communauté & non pas en particulier sur la part du pere de la fille; il ajoûte une exception à cette regle, pourvû que la dot ait été payée pendant la société: car si après la dissolution de la Communauté, elle se trouve encore duë, elle sera supportée par le pere seul. *Henrys* dit qu'il a été souvent consulté sur cette matiere par les Villageois de la Province; sur

cela il faut observer que le Pays de Forêts est d'un côté limitrophe à la Province d'Auvergne, & de l'autre à celle du Bourbonnois, où ces sortes d'associations & de communautez sont dans un frequent usage; mais dans la Province du Lyonnois elles sont fort rares.

La société dure jusqu'à ce que l'inventaire soit fait, 56 & clos, & un nommé Cromer fut condamné par Arrêt de 1531. à bailler moitié des biens de la société, autrefois contractée avec le pere des enfans demandeurs. *Papon, liv.* 15. *tit.* 2. *n.* 9.

Association entre étrangers, avec promesse que le 57 survivant succedera au défunt decedé sans enfans de loyal mariage, doit avoir son effet au préjudice du Testament du défunt. Arrêt du 12. Decembre 1562. *Papon, liv.* 15. *tit.* 2. *n.* 28.

Trois freres Marchands de la Ville de Limoges, 58 passent un écrit portant association de tous biens qui pourroient à l'avenir leur écheoir par droit de successions, quelles qu'elles soient, avec serment & promesse de le confirmer pardevant Notaires. Depuis le pere fait son Testament, par lequel il institue l'un d'eux son heritier. Celuy-cy prend Lettres de Rescision contre l'écrit. Arrêt du Grand Conseil du 27. Janvier 1573. confirmatif d'autre Arrêt du Parlement de Bourdeaux, qui les avoit enterinées. *Papon, li.* 15. *tit.* 2. *nombre* 28.

Jugé au Parlement de Paris le 17. Janvier 1689. 59 que la société n'avoit pû continuer avec un posthume, quoique par avis des parens. *Henrys, tome* 2. *livre* 4. *question* 52.

SOCIETE', TUTEUR.

Si le Tuteur est entré dans une société maritime & 60 y a employé les deniers de son pupille qui se sont perdus avec ceux des autres associez, ce Tuteur n'auroit pas droit de réperer des associez les deniers qui auroient été perdus dans un naufrage, ou dans quelque autre commun accident. Arrêt du Parlement de Grenoble du 12. Août 1612. *Basset, to.* 2. *li.* 4. *tit.* 13.

SOCIETE' TACITE.

De tacitâ societate. Voyez *Francisci Stephani, Deci-* 61 *sison.* 64.

In tacitâ societate quæsitum de pecuniâ communi ad 62 *socios ex æquo pertinet, licet inæqualem pecuniam contulerint, si modò partes non sunt constitutæ. Geometrica proportio non arithmetica in negotio societatis attenditur,* Voyez *ibid. Decis.* 84.

Societez tacites qui se forment, ou se contractent 63 entre deux ou plusieurs personnes, par la demeure commune, mélange de biens, vie, bourse & dépense commune & autrement que par le mariage. *Voyez* le Traité fait par *M. le Brun*, inseré dans son *Traité de la Communauté.*

SODOMIE.

E Dictum de his qui luxuriantur contrà naturam. N. 1 *77... N.* 141. Vide *Notas Gotofredi.*

Adulterii malum vincit fornicationem, vincitur ab 2 *incestu. Peius enim est cum matre quam cum alienâ uxore dormire: sed horum omnium pessimum est, quod contrà naturam sit; ut si vir membro mulieris non ad hoc concesso utatur; hoc execrabiliter sit in meretrice, sed execrabilius in uxore.* Canon. *adulterii* 32. *quest.* 7.

De Sodomiticâ immanitate, ad L. cum vir. nubit. C. 3 *ad Leg. Julii. de adulter.* Per Hieronymum Magium, *Anglarensem libri quinque.*

Du crime de Sodomie. *Voyez Franc. Marc. en ses* 4 Décisions du Parlement de Dauphiné, *tome* 2. *q.* 895. La nouvelle édition des Oeuvres de *M. Charles Du Moulin, tome* 5. *pag.* IX. *col.* 1.

Licet peccatum sodomiticum sit majus adulterio, tamen 5 *propter hoc non debet dimitti conjux, nisi vir vellet attrahere uxorem ad illud crimen.* Voyez *Franc. Marc*, *to.* 2. *quest.* 739.

6. *Qualiter inducta fit vacatio Beneficii per apostasiam à naturâ?* Voyez *Lotherius, de re Beneficiariâ, & les Définit. Can.* p. 105.

7. Du crime de sodomie, & de la peine que merite un clerc coupable. Voyez *Lotherius, de re Beneficiariâ*, li. 3. quæst. 51.

8. *Ipso jure perdit Beneficium, is qui crimen sodomiticum commisit.* Ce crime est appellé *Apostasia à naturâ.* Voyez *Rebuffe*, 3. part. praxis Benef. C. *de modis amittendi Beneficia*, n. 38.

9. *De sodomiâ vitio illo nefando & super omnia detestando.* Voyez *Julius Clarus*, li. 5. *Sententiarum.* où il est parlé de la peine de ce crime. *In oppido Talavera fuit combustus quidam qui propriam uxorem contra naturam carnaliter cognoverat.* Voyez les additions qui sont à la fin de l'ouvrage du même Autheur, §. *Sodomia.*

10. Le crime de sodomie merite la peine du feu. Arrêt du 1. Février qui condamne Nicolas Dadon, lequel avoit été Recteur en l'Université de Paris, a été pendu & brulé avec le procez. Papon, liv. 22. tit. 7. nomb. 3. Bouteiller *en sa Somme rurale*, dit que de son temps on leur coupoit le testicule pour la premiere fois, & le membre viril pour la seconde.

11. La peine du crime de sodomie. Arrêts de 1557. & du mois d'Avril 1584. Papon, li. 24. tit. 10. n. 6.

12. Un particulier soupçonné du crime de sodomie fut constitué prisonnier à la requête de Monsieur le Procureur General, il sortit en vertu d'un Arrêt. La Cure de Nyort Diocése du Mans vint à vaquer ; il la requit comme gradué ; le sieur Bouteiller moins ancien en fit la requisition ; il obtint une Sentence par défaut au Présidial du Mans qui le maintenoit dans la Cure, & en cas d'appel la récreance : appel, parce qu'il opposoit l'antiquité de ses degrez, & qu'il étoit licentié de Theologie ; pour combattre ce moyen, il répondoit que l'appellant étoit indigne, parce qu'il avoit été soupçonné, *de crimine pessimo*: il y avoit eu un decret de prise de corps contre luy en 1677. & avoit été arrêté en 1681. Il est vray que par Arrêt rendu au mois de May 1682. il fut renvoyé de l'accusation, ordonné que les prisons luy seroient ouvertes, & néanmoins à l'avenir qu'il ne possederoit aucune principalité, regences & autres emplois pour l'éducation & instruction de la jeunesse. Bouteiller disoit que la maxime *quod absolvit notat*, étoit trés-veritable en cette espece, & que l'Arrêt faisoit une note sanglante contre la conduite de C. qu'il étoit infame *apud bonos & graves viros* par cette condamnation, & qu'un Curé de campagne, qui devoit instruire & préparer les jeunes gens de l'un & de l'autre sexe, pour recevoir les Sacremens, devoit être non seulement exempt de crime, mais encore de tout soupçon, & que s'il avoit pû abuser de son authorité sur les jeunes écoliers à Paris, que ne feroit-il point à la campagne, où les enfans sont nourris dans la simplicité. On ajoûteroit que le scandale que causeroit la connoissance de cet Arrêt, & le peril qu'il y avoit de confier l'administration des Sacremens & l'instruction des jeunes gens à un homme si mal noté, devoit faire un obstacle & un empêchement perpetuel contre luy pour les Cures. La chose bien examinée, tous Messieurs de la Grand'Chambre furent d'avis que c'étoit une cause legitime d'exclusion ; il y eut Arrêt du 10. Decembre 1687. Voyez *M. Dupérray*, liv. 3. ch. 8. n. 6. il étoit Avocat dans la cause.

SOEURS.

DE la dot des Sœurs en Normandie. Voyez le mot *Dot*, n. 406.

SOLDAT.

DE re Militari. D. 49. 16... C. 12. 36... C. Th. 7. 1. Des Soldats, de leurs privileges, fonctions, payes, pecule, crimes, peines, &c. Des Officiers d'armée, & de l'Art militaire.

Qui militare possunt, vel non possunt : & de servis ad militiam vel dignitatem aspirantibus: & ut nemo duplici militiâ, vel dignitate & militiâ simul utatur. C. 12. 34.

Quid probare debeant ad quamcumque militiam venientes. C. Th. 7. 2.

Negotiatores ne militent. C. 12. 35.

De castrensi peculio militum & præfectianorum. D. 49. 17... C. 12. 37. *Præfectiani erant appositores Præfecti Prætorio.*

De bonis militum. C. Th. 5. 4.

De testamento militis. D. 29. 1. &c. Voyez cy-aprés *Testament.* §. Testament militaire.

De veteranorum & militum successione. D. 38. 12.

De veteranis. D. 49. 18. ult... C. 12. 47... C. Th. 7. 20. Veteran, est un Soldat qui a son congé aprés avoir servy vingt ans. Privileges des veterans.

De captivis, & postliminio reversis, & redemptis ab hostibus. D. 49. 15.

De his qui, non impletis stipendiis, sacramento soluti sunt. C. 10. 54. Ce Titre parle de l'exemption que les Soldats congedicz, ont des charges publiques, dans certains cas.

Quibus muneribus excusentur hi, qui, post impletam militiam vel advocationem, per Provincias, suis commodis vacantes, commorantur; & de privilegiis eorum; & de conductoribus vectigalium fisci. C. 10. 55. Exemptions & privileges des Soldats anciens.

De Officio Magistri militum. C. 1. 29... C. 12. 3. & 4. *Magister militum* étoit, à peu-prés, le même Officier que le Connêtable en France. V. Connêtable.

De apparitoribus Magistrorum militum, & privilegiis eorum. C. 12. 55... C. Th. 8. 3. *Hi Apparitores censentur milites.*

De comitibus rei militaris. C. 12. 12.

De restitutionibus militum, & eorum qui reipublicæ causâ absunt. C. 12. 51.

De uxoribus militum, & eorum qui reipublicæ causâ absunt. C. 2. 52. Par ce titre & le precedent, ceux qui sont à la guerre ou dans un voyage fait pour le service du public, & leurs femmes qui les ont suivis ; sont relevez du dommage que l'absence leur a pû causer, & peuvent recouvrer le profit qu'ils ont manqué de faire.

In quibus causis militantes fori præscriptione uti non possunt. C. 3. 25. *Militantes*, dans ce Titre, signifient pas les Soldats, mais des Officiers de la Maison du Prince, qui ne joüissoient pas du droit de *Committimus* en de certaines affaires.

Quando liceat unicuique, sine judice, se vindicare, vel publicam devotionem. C. 3. 27. Ce Titre parle des Soldats deserteurs. *Publica devotio, est Militia : quia Milites sunt publicè devoti.* De sorte que, *vindicare publicam devotionem*, signifie, arrêter un Soldat deserteur, qui blesse *publicam devotionem*, son engagement.

Quibus militantibus, ad urbem non liceat accedere. C. Th. 14. 11.

De Classicis. C. 11. 12... C. Th. 10. 23. Soldats destinez à nettoyer les batteaux, & veiller à la commodité de la navigation.

De fundis limitrophis, & terris, & paludibus, & pascuis, & limitaneis, vel castellorum. C. 11. 59. Défense aux particuliers de posseder les fonds destinez à l'entretien des Soldats qui gardoient les frontieres.

De erogatione militaris annonâ, & quis militaris cibus esse debeat. C. 12. 37... C. Th. 7. 4. Des rations & étapes.

De exactione & translatione militarium annonarum. C. 12. 39. C. Th. 7. 5.

De tractatoriis & stativis. C. 12. 52... C. Th. 8. 6. Des routes, étapes & séjours.

De Primipilo. C. 12. 63... C. Th. 8. 4. *Primipilus est Decurio primæ cohortis. Est etiam annona quæ dabatur Primipili centurionibus, ut inter milites distribueretur :* Les rations.

De militari veſte. C. 12. 40. . . . *C. Th.* 7. 6.

De metatis , & epidemeicis. C. 12. 41. . . . *C. Th.* 7. 8. *Metata ,* Les logemens des gens de guerre : *unde Metatores ,* Maréchaux des logis qui marquent les logemens. *Epidemetica,* eſt l'argent qu'on donnoit pour être diſpenſé du logement.

De ſalgamo hoſpitibus non præſtando. C. 12. 42. . . . *C. Th.* 7. 9. *Salgamum* ſignifie ici ce que nous appellons l'Uſtencile des Soldats. Ce Titre leur défend d'éxiger l'Uſtencile de ceux chez qui ils logent, les exactions leur ſont défenduës.

De commeatu. C, 12. 43. . . *C. Th.* 7. 12. Congé donné aux Soldats pour un certain temps.

De Tyronibus. C. 12. 44. . . *C. Th.* 7. 13. Ce Titre s'entend de ceux qui s'enrôlent pour la guerre, auſſi-bien que des autres Apprentifs: Des ſoldats de Milice, ou de Recruës.

Qui à præbitione Tyronum & equorum excuſentur. C. Th. 11. 18.

De Burgariis. C. Th. 7. 14. Défenſe d'enrôler ceux qui étoient deſtinez à garder les Bourgs, les Châteaux, ou les Forts, placez ſur les frontieres de l'Empire.

De deſertoribus, & occultatoribus eorum. C. 12. 45 . . . . *C. Th.* 7. 18. *&* 19. Des Deſerteurs.

Ut neque miles, neque fœderatus obſervetur domui privatæ , aut poſſeſſioni alicujus. N. 116. Défenſe aux Soldats de demeurer & de s'occuper ailleurs que dans leurs quartiers: & aux Particuliers, de leur donner retraite.

Quomodo oporteat milites tranſitum in civitatibus facere , & de introitu. N. 130.

De teſtimonialibus ex tribunis & protectoribus. C. Th. 7. 21. Contré les atteſtations ou congez pat écrit, donnez par faveur, aux Soldats qui ne les ont pas méritez.

De Imperatore militum eligendo. Per Barto. Cœpollam.

1 Degrader un ſoldat. *Voyez* le mot *Degrader,* n. 8. *& ſuiv.*

De la confiſcation en cas de délit militaire. Voyez le mot *Confiſcation ,* nomb. 92. *&* 93.

4 Ceux qui achetent des ſoldats, ne peuvent demander reſtitution du prix à celuy auquel appartient la choſe venduë. *Bouvot, tome* 2. verbo *Revendication , queſt.* 2.

5 Arrêt du Parlement d'Aix du 9. Avril 1642. qui caſſa l'empriſonnement fait d'un ſoldat pour dette civile. *Boniface, to.* 5. *li.* 3. *tit.* 1. *ch.* 12.

6 Mariage contracté par un ſoldat. *Voyez Mariage, nombre* 245.

SOLIDITE'.

*S*I *plures unâ ſententiâ condemnati ſunt. C.* 7. 55. La condamnation n'eſt pas ſolidaire contre les condamnez ; ſi la ſolidité n'eſt pas exprimée.

De duobus reis ſtipulandi, & promittendi. ff. 3. 17. . . *D.* 45. 2. . . *C.* 8. 40. . . N. 99. De deux créanciers, ou deux debiteurs ſolidaires.

Ut non fiant pignorationes pro aliis perſonis, &c. N. 52. . . . N. 134. *c.* 7. *Pignoratio ,* eſt la ſaiſie qu'on fait ſur une perſonne pour un autre debiteur ; *jus alium pro alio retinendi.*

Ut nullus ex vicaneis , pro alienis vicaneorum debitis teneatur. C. 11. 56. On ne peut pas exercer la ſolidité contre le Concitoien de ſon debiteur.

1 De la ſolidité entre deux ou pluſieurs debiteurs & creanciers. *Voyez* le 2. tome *des Loix Civiles, li.* 3. *tit.* 3.

2 De la ſolidité ? *Voyez* le titre *cooblige*z *,* le mot *Diviſion ,* n. 13 *& ſuiv.* le mot *obligation,* n. 151. *& ſuiv.*

3 Si la Novelle 99. *de duobus reis,* abroge la tacite ſolidaire entre les corréés auſſi-bien que les debiteurs ou cobligez ? *V,* Duperier, *liv.* 3. *queſt.* 13.

4 De la ſolidité & diviſion des dettes actives & paſſives. *V.* les *Arrêtez de M. de Lamoignon, recueillis dans Auzanet, Coûtume de Paris.*

5 L'obligation d'un ſeul pour le tout a lieu en pluſieurs cas ſans convenance. *Voyez Coquille , tome* 2. *queſt.* 195.

6 Quand pluſieurs ſont preneurs d'un heritage , ſans que la clauſe de ſolidité y ſoit, s'ils ſont tenus ſolidairement. ? *V. Ibidem , queſt.* 278.

7 *Poſſeſſores in actione hypothecaria quod annuam præſtationem in ſolidum ſolvere teneantur.* V. Franc. Marc, to. 1. *queſt.* 196.

8 *Pro ſolutione annua penſionis, pro quâ plura prædia ſunt hypothecata contra unumquem que poſſeſſorem prædiorum inſolidum agi poteſt. Voyez Franc. Marc , tome* 2. *queſt.* 433.

9 La veuve renonçant à la Communauté , & faiſant bon inventaire , l'obligation étant ſolidaire, peut être pourſuivie pour le tout par le Créancier en vertu de l'obligation ſolidaire, ſauf ſon recours. *Brodeau , ſur M. Loüet , let. F. ſomm.* 17. *Secus ,* ſi elle n'eſt point obligée, la renonciation & l'inventaire la mettent à couvert. *V. M. Loüet , let. V, ſomm.* 6. *& 7.*

10 Trois freres vendent la totalité d'une maiſon , & s'obligent à la garentie , un ſeul pour le tout , promettent de faire ratifier la vente à leur quatriéme frere ; le frere ratifie aux mêmes conditions & ſoûmiſſions du Contrat précedent. Jugé par Arrêt du 16. Decembre 1588. qu'une telle ratification n'emporte point une obligation ſolidaire, laquelle ne ſe préſume jamais, mais doit être ſpecifiée. *Bibliotheque de Bouchel,* verbo *, Solidité.*

11 Pluſieurs obligez *in ſolidum,* & après condamnez pat Sentence ſans parler de la ſolidité, peuvent être contraints pour le tout. Arrêt du Parlement de Bourgogne du 13. Mars 1570. *Bouvot, tome* 2. verbo *, Detteurs , queſt.* 5.

12 Quand il y a trois obligez inſolidement, & que le creancier fait prendre les meubles de l'un,& les rend, il ne peut après executer l'autre. Arrêt du Parlement de Bourgogne du 16. May 1601. *Ibidem ,* queſtion 9.

13 Arrêt du Conſeil d'Etat du dix Decembre 1660, qui défend de contraindre les Marchands qui amenent des proviſions à Paris pour les ſolidite*z. Voyez les Ordonnances concernant la Juriſdiction de la Ville de Paris ,* imprimées chez *Frederic Leonard ,* en 1676. p. 193.

14 Arrêt du Parlement d'Aix du mois de Mars 1665. qui a jugé que deux des trois ſolidairement obligez à une penſion perpetuelle, étant devenus inſolvables, le creancier peut demander caution au troiſiéme cobligé , ou le contraindre de payer le ſort principal. *Boniface , to.* 2. li. 4. *tit.* 20. *ch.* 14.

15 Si le creancier d'une dette où il y a pluſieurs ſolidairement cobligez , en décharge quelques-uns ; il ne peut plus agir ſolidairement & pour toute la dette contre les autres , mais pour leur part ſeulement. Jugé au Parlement de Tournay le 7. Octobre 1697. *Voyez* M. *Pinault, tom.* 2. *Arr.* 186.

SOLIDITE', COOBLIGEZ.

16 Un de pluſieurs ſolidairement obligés ayant été contraint pour le tout , ne peut exercer la même contrainte contre un autre. *Voyez Boniface, to.* 4. *liv.* 8. *tit.* 11. *ch.* 2.

17 Les ſieurs de la Marſilliere & de Mezieres s'étoient obligez ſolidairement avec deux autres à 100. liv. de rente. La Veuve du ſieur de la Marſilliere pourſuivie pour les arrerages , veut racheter le principal ; elle aſſigne le ſieur de Mezieres qui eſt condamné par Sentence à contribuer ſeulement pour ſa part des arrerages. Par Arrêt du Parlement de Paris du 27. Mars 1596. l'appellation & ce , & en emendant le ſieur de Mezieres condamné à contribuer la quatrieme partie tant du ſort principal que des arrerages. *Bibliotheque de Bouchel,* verbo *Coobligez.*

18 Arrêt du Parlement d'Aix du 23. Novembre 1643. qui a jugé que l'un des deux ſolidairement obligez ,
ſans

SOL   SOL   593

sans avoir renoncé à la Loy du principal & premier convenu, ne peut être convenu pour le tout que discussion faite de la part de l'autre. *Boniface, to. 2. liv. 4. tit. 10. chap. 13.*

19. Par Arrêt du 19. Janvier 1661. il fut jugé au Parlement de Grenoble que deux ou trois étant coobligez solidairement, l'un d'eux ayant payé le tout comme contraint, n'ayant pas cession du creancier pouvoit attaquer chacun des autres coobligez pour leurs portions ; mais si l'un d'eux étoit insolvable, il fut ordonné que celuy qui avoit tout payé le discuteroit avant que de pouvoir agir contre l'autre, ou autres pour les portions qui luy competoient pour celle de l'insolvable. *Basset, tome 2. livre 4. titre 21. chap. 4.*

20. Jugé au Parlement de Roüen le 8. Juillet 1666. qu'un des obligez solidairement ayant baillé des heritages au creancier pour le rachat de sa rente, avec stipulation qu'en cas d'éviction, la premiere obligation demeureroit en sa force & vertu sur tous les obligez, le creancier ayant été dépossedé pouvoit mettre son contrat à execution, quoiqu'il n'eût point été present au contrat fait par son coobligé. *Bassage sur la Coûtume de Normandie, art. 521.*

21. Si un ob'igé qui fait la condition de son codébiteur avantageuse, par un emprunt au denier vingt, pour éteindre une dette au denier seize, ne peut engager ce codébiteur à la derniere dette sans sa participation, sur tout luy ayant donné une indemnité, ou si cette indemnité étant un acte secret & inconnu dans le public, ne peut nuire qu'à celuy qui l'a donné, & non au tiers nouveau creancier qui a prêté ses deniers dans la vûë de la premiere obligation solidaire. *Voyez le Journ. du Pal. in fol. to. 2. p. 622. & suiv.* où cette question est traitée.

22. L'Arrêt qui intervint le premier Août 1686. jugea que Philippes de Bethune porteur d'une indemnité d'Hypolite son fi s, avoit été acquitté par le payement fait par Hypolite, lequel ne l'avoir pû obliger à la nouvelle dette contractée pour faire ce payement.

SOLIDITÉ, AMENDE.

23. Solidité entre plusieurs condamnez en l'amende. *Voyez le mot Amende, nomb. 87.*

SOLIDITÉ, COMMUNAUTÉ.

24. Si la solidité peut être prétendue contre des Habitans pour dettes de la Communauté? *Voyez le mot Communauté, nomb. 45. & 46.*

SOLIDITÉ, PROCEDURE CRIMINELLE.

25. Accusateurs condamnez envers l'accusé sont obligez solidairement, mais celuy qui a payé le tout est recevable à demander la part de l'autre. Arrêt du Parlement de Paris. *Papon, livre 24. titre 10. nombre 17.*

26. Accusez de même crime condamnez en une amende, peuvent être contraints solidairement, à moins que la condamnation ne porte qu'ils payeront chacun leur part, suivant ce qui s'observe au Parlement de Toulouse. *La Rochestavin, liv. 6. tit. 4. Arrêt 6.*

SOLIDITÉ, DEMANDE.

27. Des effets de l'obligation solidaire ; la demande faite contre l'un sert contre les autres. *V. Henrys, to. 2. liv. 4. quest. 40.*

28. Demande & condamnation d'interêts contre l'un des débiteurs solidaires, opere contre tous les coobligez non poursuivis, tant pour le principal qu'interêts. Arrêt du 16. Avril 1630. *Bardet, tome 1. livre 3. chapitre 98.*

SOLIDITÉ, DEPENS.

29. De la solidité en dépens. *Voyez le mot Dépens, nomb. 168. & suiv.*

SOLIDITÉ, DEPOST.

30. Si deux personnes entre les mains desquelles a été fait un dépôt, en sont tenuës solidairement ? *Voyez le mot Dépôt, nomb. 50. & suiv.*

Tome III.

SOLIDITÉ, DISCUSSION.

31. Pere & fils obligez solidairement au douaire sans renonciation, ni sans parler de division ni discussion ; le fils étant mort la veuve peut s'adresser au pere sans faire discussion, pourvû qu'elle agisse personnellement ; si elle agit hypothequairement contre le pere pour les biens qu'il tient de son fils, elle doit auparavant faire discussion contre les heritiers du fils. Arrêt du Parlement de Paris du mois de Mars 1547. *Papon, liv. 15. tit. 4. n. 14.*

32. Deux ou plusieurs débiteurs indivis obligez chacun pour le tout, l'un d'eux ne peut être contraint solidairement sans discussion, à moins qu'ils n'eussent renoncé expressément au benefice de division. Arrêt du Parlement de Toulouse au mois d'Avril 1594. *Mainard, to. 1. liv. 4. chap. 14.*

33. La caution solidaire sans division ni discussion peut être convenuë solidairement, quoiqu'elle n'ait pas nommément renoncé à la division & discussion. Ainsi jugé le 16. May 1652. au Parlement de Toulouse, les mots *sans division ni discussion* valent une renonciation suffisante. *M. de Catellan, liv. 6. ch. 20.*

SOLIDITÉ, DROITS SEIGNEURIAUX.

34. De la solidité és droits Seigneuriaux. *Voyez les nombre 148. & 149. au titre des Droits Seigneuriaux.*

35. Solidité dans le payement du cens. *Voyez le mot Cens, nomb. 81. & suiv.*

36. Par deux Arrêts des 18. Novembre 1572. & 2. Août 1573. jugé que le Seigneur direct, & le Prêtre Obituaire se peuvent adresser contre tel de plusieurs tenanciers du fonds sujet à la rente ou à l'Obit, que bon leur semblera, sauf son recours contre ses cotenanciers. *Mainard, livre 2. chap. 33. au chapitre suivant*, il dit que cette rigueur a été moderée par Arrêt du 24. Avril 1584. on ne peut convenir solidairement un des tenanciers s'il ne tient au moins un quart du fief. On ne peut aussi luy demander solidairement les arrerages qui ont couru avant l'introduction de l'instance. Chacun doit être appellé pour payer sa cotité.

37. Dans la Coûtume d'Angoumois, le détenteur de partie des heritages, poursuivi solidairement pour le payement du cens, prenant cession du Seigneur censier, peut contraindre solidairement, pour le tout, sa portion déduite, l'un de ses codétenteurs, qui n'a point payé sa part. Arrêt du Parlement de Paris du 4. Decembre 1635. *Bardet, to. 2. liv. 4. chapitre 31.*

38. Quand une fois le Seigneur a reçu le cens par portion divisée s'il ne peut plus user de solidité ? Jugé par Arrêt rendu en la quatriéme Chambre des Enquêtes du Parlement de Paris le 31. Mars 1700. au profit des habitans du Bourg Argental en Forêt, contre les Jésuite Seigneurs du lieu, en qualité de Prieurs de S. Sauveur. *V. l'Auteur des Observations sur Henrys, to. 2. liv. 3. quest. 28.*

SOLIDITÉ, HERITIERS.

39. De l'action solidaire d'un coheritier, il y a des Arrêts qui l'ont donnée, elle ne se pratique point en Bretagne. *Voyez Frain, p. 846.*

40. Arrêt du Parlement d'Aix du 3. Avril 1677. qui a jugé qu'un des heritiers ne peut être poursuivi solidairement pour la pension Obituaire, mais par action personnelle. *Boniface, to. 5. liv. 1. tit. 24. chap. 9.* Il y a des sentimens pour la solidité, mais le préjugé l'emporte sur l'opinion.

41. Les heritiers sont tenus solidairement au payement des legs. *Voyez le mot Legs, nomb. 618. & suiv.*

SOLIDITÉ, PAYEMENT.

42. Coobligé qui a été contraint de payer ; les interêts luy sont dûs de la somme payée. *Voyez le mot Interêts, nomb. 258. & suiv.*

43. Si la quittance est faite à l'un des coobligez insolidement en une rente, *j'ay reçû la somme de deux écus, dont je le quitte*, sauf ce que me doit sa mere, emportent

Ffff

SOL

te division. *Voyez Bouvot*, tome 2. verbo *Rentes*, quest 3.

44 Un creancier qui a trois débiteurs solidairement obligez en prenant payement du tiers de l'un d'eux avec clause que c'étoit pour luy faire plaisir, sans autre réservation ; il fut jugé par Arrêt du Parlement de Toulouse de l'an 1559. n'avoir renoncé à l'obligation solidaire contre les deux autres. *Voyez Mainard*, liv. 8. chap. 39.

45 Un coobligé solidaire payant toute la dette au creancier *non habet regressum adversus singulos correos in solidum*, suivant la loy 1. & 2. C. de duob. eis. l. 1. C. si plures una sententia condemn. fuer. & l'opinion de Faber, *Cod. eod. dessin.* 10. où il est décidé que les clauses solidaires n'ont effet qu'en faveur du creancier, & que les coobligez ne peuvent s'en servir les uns contre les autres de peur de tomber dans un circuit long & inutile. Jugé en la Chambre de l'Edit de Castres le 21. May 1629. entre des Associez. Cet Arrêt est rapporté par *Boni*, part. 2. Arr. 22. Voyez *Louet & Brodeau*, lettre C. n. 38.

46 La Loy *si creditores C. de paît.* n'a point lieu si le coobligé *solidairement* paye seulement sa part de l'interêt, ou de la rente, & non du principal, ou si le creancier reçoit sans préjudice, ou si le débiteur paye purement & simplement sans dire que c'est pour soi. *Brod. lit. R. n.* 6. id. Bacquet, justi. ch. 21. n. 245. *et si creditor. perierit in judicio* n. 247. vid. Chopin, *Andeg.* lib. 2. part. 2. cap. 2. tit. 1. n. 4. M. Abraham le Peirere *en ses Décisions du Palais*, lettre S. nomb. 49. réünit toutes ces citations, & rapporte l'Arrêt rendu au Parlement de Bourdeaux en l'espece qui suit.

Arrêt du 6. May 1661. en la seconde Chambre des Enquêtes, au rapport de M. Duval, entre Michel Tauzin, Jean Girard, & Jean Brenon, & Pierre de Cuppé Fermier de la terre de Montis : jugé après partage, vuidé en la premiere que ledit Cuppé pouvoit demander solidairement les arrerages de rente audit Tauzin, Girard & Brenon tenanciers ; nonobstant qu'il eût reçû d'eux & de quelques autres leur quotité de rente. Ledit Arrêt confirmé sur Requête Civile, qui reserva seulement aux tenanciers la division de la rente, par temps suffisant à prescrire.

47 Si celuy qui est obligé solidairement paye sans prendre cession du creancier, il peut convenir ses coobligez pour leur part seulement. 2. Que s'il prend cession, sa part demeurera confuse, & pour le reste il agira solidairement. 3. Excepté que s'il y en a quelqu'un insolvable, cette insolvabilité sera portée par luy & par les autres coobligez également, *Louët & Brod.* let. R. n. 11. 1. 2. id. *Loys. du Deguerp.* lib. 2. chap. 8. n. 6. & seq. 2. id. Mornac, ad L. 25. §. si unus ff. famil. ercisc. 2. id. Charond. resp. lib. 6. n. 11. 2. 3. id. Bacquet, justi chap. 21. n. 232. 242. 243. & inter consortes, 2. id. Molin. de usur. quaest. 49. n. 344. vid. Mainard, lib. 8. chap. 98. 2. id. Chopin, *Andeg.* lib. 2. part. 2. tit. 1. n. 4. 2. 3. cont. Arrêt du Frêne, lib. 5. chap. 54. J'ay toûjours, dit la *Peirere*, lettre S. nomb. 50. vû juger conformément à la décision.

Arrêt du 22. Août 1669. au rapport de Monsieur de Senaut en la premiere des Enquêtes : jugé que le coobligé solidairement qui avoit cession du creancier, pouvoit agir solidairement contre chacun de ses coobligez.

Par Arrêt du 8. Avril 1664. jugé qu'un des deux coobligez solidairement ayant payé toute la dette, il avoit recours pour la moitié contre son coobligé, & prenoit l'hypotheque du jour & date de l'obligation solidaire contre les creanciers de son coobligé.

48 Si le coobligé payant le creancier n'a pas pris une cession de son hypotheque, il ne pourra agir contre chacun des autres coobligez que pour la portion d'un chacun ; mais s'il y a des insolvables, il pourra agir contre chacun des solvables pour ce qui le concerne de cette portion des insolvables qui doit être regalée

sur tous. Arrêt du Parlement de Toulouse du 25. Juin 1664. mais si l'un des trois coobligez solidaires payant le creancier prend de luy la cession de son hypotheque, en ce cas il pourra agir solidairement contre chacun des autres coobligez, la portion de celuy qui a payé déduite. Arrêt en 1697. après partage. V. M. *de Catellan*, liv. 5. chap. 43.

49 Si le cosidejusseur payant peut agir contre les autres cosidejusseurs solidairement obligez sans cession d'actions lors des payemens, *in incontinenti aut ex intervallo*. Arrêt du Parlement d'Aix du dernier Avril 1663. qui juge l'affirmative. *Boniface*, tome 2. livre 4. tit 20. chap. 12.

50 Le coobligé ayant payé en force de jugement peut executer son coobligé sans cession d'actions du creancier, & le faire constituer prisonnier, & le prisonnier doit faire la cession de biens ne pouvant payer. Arrêt du 22. Octobre 1671. *Boniface*, tome 4. livre 8. tit. 22. chap. 3.

51 Creancier ne divise point son action solidaire en poursuivant & recevant d'un des coobligez solidairement à compte de la rente. Jugé au Parlement de Tournay le 23. Octobre 1693. en faveur de Charles Stapens. *Arrêts du Parlement de Tournay*, tome premier, Arrêt 1.

SOLIDITÉ, RENTES.

52 Cession d'obligation solidaire. Par Arrêt donné en la Chambre des Enquêtes le 2. May 1590. conformément à un autre Arrêt donné de la troisiéme Chambre des Enquêtes, au rapport de Monsieur Tiraqueau, il a été jugé que de plusieurs coobligez solidairement à une rente, celuy qui rachete la rente & prend cession du creancier peut agir solidairement contre les autres coobligez ou détempteurs particuliers des coobligez, sa part toutefois de laquelle il étoit tenu personnellement, confuse & déduite, & au cas qu'il se trouve quelqu'un des coobligez insolvables, sa part sera également portée par les autres coobligez. Arrêts semblables des 7. Mars 1573. & 14. Decembre 1602. *Bibliotheque du Bouchel*, verbo *Cession*.

53 Un coobligé à une rente, ayant son argent prêt, peut obliger son coheritier au remboursement de la rente dont ils sont débiteurs. Arrêt du Parlement de Paris en 1630. *Journal des Audiences*, tome 1. livre 2. chap. 64.

SOLIDITÉ, TAILLES.

54 Une belle mere & un gendre demeuroient ensemble. Les Collecteurs les imposent sous une même ligne à 135. livres ; le gendre s'étant plaint de cette imposition, par Sentence des Elûs de Montdidier il fut déchargé de la solidité, en laquelle les Collecteurs l'avoient compris en leurs rolles, en indiquant par luy les biens de sa belle mere, & restant par luy garant ; & que les Collecteurs seroient tenus de déclarer à quelle somme ils avoient entendu imposer le gendre. En execution de cette Sentence, les Collecteurs déclarerent avoir donné au gendre 90. livres de tailles ; après cette déclaration le gendre interjetta appel de la Sentence en ce que l'on l'obligeoit d'indiquer les biens de sa belle mere, & de demeurer garand de sa cote ; par Arrêt du premier Mars 1697. il a été reçû appellant, avec défenses de le plus contraindre à plus grande somme que celle de 90. livres. *Memorial alphabetique*, verbo *Solidité*, nombre 4.

55 Si avant la solidité il se trouve des habitans de la Paroisse qui ayent changé leur demeure, & qui raportent la preuve de ce changement par une publication de leur délogement, & des certificats du Curé, Marguilliers & autres notables du lieu de leur demeure actuelle, ou par des baux de maisons, il y a lieu suivant la maxime certaine de la solidité qui auroit été prononcée contre eux, de les décharger de la solidité qui auroit été prononcée contre eux. Ceux qui ont été Collec-

SOLLICITATION.

Sollicitation. Solliciter ses Juges. *Jus suum apud judices & cognitores persequi.*

De lege Juliâ ambitûs. D. 48. 14. Ce titre n'a qu'une Loy, dont le §. 4. défend aux accusateurs & aux accusez, d'entrer dans la maison de leurs Juges pour les solliciter.

SOLLICITEURS.

1. Des Solliciteurs. *Voyez la Rochesavin, des Parlemens de France*, liv. 2. chap. 18.
2. Où les solliciteurs ont leurs causes commises. *Voyez le mot* Committimus, *nomb.* 3.
3. Solliciteurs ne peuvent composer avec leurs parties. Arrêt du 7. Juillet 1514. Autre du mois de Mars 1583. *Papon*, liv. 6. tit. 4. n. 3. *Voyez Mainard*, tome 1. liv. 3. chap. 12. & le mot *Avocat*, nomb. 35. & suivans.
4. Edit par lequel défenses sont faites à tous Clercs & Solliciteurs qui n'ont pas prêté le serment de Procureur de poursuivre aucunes affaires, & à tous Procureurs de leur prêter leurs noms, & de signer pour eux, à peine d'être privez de leurs états, & de faux, & de nullité des actes & expeditions qu'ils auroient signez. A Paris le 29. Juin 1549. registré le 11. Février de la même année. *Joly des Offices de France*, to. 1. page 171. *Ordonnances de Fontanon*, tome 1. page 74.
5. Défenses aux artisans & autres gens mécaniques d'exercer la Charge de Solliciteur sur peine de cent livres, & autre arbitraire. Arrêt du Parlement de Toulouse du 28. Mars 1571. *Reglement de la Rochesavin*, chap. 2. Arr. 1.
6. Solliciteur ne peut rien faire au préjudice de celuy dont il a manié les affaires, & conduit le procez Jugé à la my-Aoust 1586. *Montholon*, Arr. 43.
7. Arrêt du Parlement d'Aix du 8. Mars 1652. qui déclare licite la cession de dépens faite à un Solliciteur par son Client sur le condamné. *Boniface*, to. 1. liv. 1. tit. 40. n. 2.
8. Arrêt du mois de May 1666. qui a déclaré valable le testament fait en faveur d'un Solliciteur. Il étoit cousin Germain de la testatrice. *Ibidem*, tome 2. liv. 1. titre 11.
9. Reglement contre les Solliciteurs & Postulans; & que les Clercs des Procureurs faisans charges seront tenus trois jours aprés la publication de l'Arrêt de porter dans le Palais des tocques de camelot noir, &c. du 16. Février 1671. *De la Guessiere*, tome 3. liv. 5. chap. 3.

JUGES QUI SOLLICITENT.

10. Nous défendons à tous Présidens & Conseillers de nos Cours souveraines de ne solliciter pour autruy les procez pendans és Cours où ils sont nos Officiers, & n'en parler aux Juges directement ou indirectement sur peine de privation de l'entrée de la Cour, & de leurs gages pour 10. ans, & d'autres plus grandes peines s'ils y retournent, dont nous voulons être avertis, & en chargeons nôtre Procureur General sur les peines que dessus, art. 124. de l'Ordonnance de *François I. Voyez Com. Joan. Const. sur cette Ordonnance.*
11. Il est défendu par Arrêt du Parlement de Grenoble du 12. Novembre 1663. aux Présidens, aux Conseillers, aux Gens du Roy, à leurs femmes, & à leurs enfans de solliciter pour autres que pour leurs parens jusques au quatriéme degré, & pour leurs domestiques. *Voyez Chorier, en sa Jurisprudence de Guy Pape*, page 72.

Tome III.

SOMMATION.

Des Sommations faites aux Juges. *Voyez* le mot *Juge*, n. 345.

SORBONNE.

1. Institution & fondation de Sorbonne pour être un Seminaire de Theologie. *Voyez Tournet, lettre H. Arrêt* 38.
2. De l'autorité des conclusions du College de Sorbonne. *Voyez Peleus*, q. 67.
3. Arrêt du Parlement du 2. Aoust 1618. la Cour sur la plainte faite par la Requête à elle presentée par les Doyen, Syndics & Docteurs de la Faculté de Theologie, du refus que faisoit M. Hennin, de communiquer au Prieur ses theses, & de répondre de sa Sorbonique au jour & lieu accoûtumé, ledit Hennin, & le Grand Maître de Navarre mandez & oüis en leurs excuses pour les excessives dépenses à traiter le Prieur & les Docteurs, & du grand nombre qui est au College, emportant pour la pluralité des voix, ce qu'ils ont projeté; & pareillement oüi M. Jean Filesac ancien Docteur qui a fait lecture du statut; & Servin pour le Procureur General du Roy, a ordonné que demain se fera la Sorbonique au College de Sorbonne, ainsi qu'il est accoûtumé, & que celui qui la doit faire & répondre, ira ce soir trouver le Prieur, luy communiquera ses theses & l'approbation; & qu'à l'avenir tous ceux qui feront leur Sorbonique, se transporteront vers le Prieur le Dimanche précedent pour luy conferer de leurs theses, & porter l'approbation d'icelle, à peine de décheance de tous leurs droits & priviléges de la Faculté & Doctorat. *Biblioth. Can.* tom. 2. p. 246. col. 1.
4. Le bedeau de la Sorbonne qui auroit souffert une dispute contraire à l'autorité du Roy, condamné à faire amende honorable. *Voyez* le mot *Amende*, nom. 84.

Voyez Fevret, ll. 1. p. 43. & cy-aprés verbo *Université.*

SORCIERS.

1. Martinus de Arles *de superstitionibus maleficiorum, & sortilegiorum.* Romæ, 1559. in 8.
2. Binsfeldius, *de confessionibus maleficorum & sagarum.* Aug. Trevir. 1589. in 8.
3. Idem tractatus, *cum Auctoris Comment. in codicis titulum de maleficis & mathematicis, & collectione bullarum Apostolicarum contra Magos.* Aug. Trevir. 1596.
4. Discours des Sorciers, tiré des procés faits à quelques Sorciers du Comté de Bourgogne, par *Boguet*, Lyon, 1605. in 12.

Le même, augmenté considérablement. Lyon 1610. in 8.

5. L'Histoire prodigieuse du Docteur Fauste horrible enchanteur, avec sa mort épouvantable. Paris 1616. in 12.
6. Le fleau des démons & sorciers, par *Jean Bodin.* Niort 1616. in 8.
7. La découverte des faux possedez, avec la conference touchant la prétendue possedée de Nancy, par *Pithois.* Châlons 1621.
8. Punition des devins. *Voyez les Ordonnances recueillies par Fontanon*, to. 4. tit. 6. p. 235.
9. Si les Sorciers & sorcieres sont dignes du dernier supplice? V. *Charondas*, liv. 9. Rép. 43. & 44. où vous trouverez l'interrogatoire de Marie Martin sorciere.
10. De la punition des magiciens, sorciers & sorcieres. *Voyez Charondas*, liv. 12. Rép. 64.
11. Procés faits à des sorciers en la Châtellenie de Brecy en Berry, avec les Arrêts confirmatifs ou infirmatifs des jugemens donnez contr'eux par le Bailly de ladite Châtellenie. V. *Chenu*, 2. Cent. q. 98.

10 Il y a de tres-belles Loix dans les livres de Justinien *Cod. de Malefic. & Mathem. per totum L. quicumque eod. L. Mathem. c. de Episc. audient.* pour la punition des devins & enchanteurs, dont la connoissance appartient aux Juges & Magistrats : même il y en a une qui commande à celuy qui les aura surpris de les mettre entre les mains des Juges. Les Empereurs Honorius & Theodose écrivant à Cecilian un de leurs Magistrats de les bannir, à moins qu'ils ne veüillent consentir à voir brûler leurs livres en presence des Evêques, ce qui montre que les Evêques n'avoient nulle Jurisdiction pour ce regard, l'Empereur Leon écrit aussi à un de ses Officiers de les punir de mort comme apostats. *Novell. Leonis* 65.

11 Des sorciers & magiciens. *Voyez Henrys*, to. 1. liv. 4. ch. 6. q. 99. il est observé que le Parlement de Paris ne souffre point que l'on fasse le procés à personne simplement pour sortilege, mais pour malefice & pour les autres crimes qui accompagnent ordinairement cette fatuité.

12 De ceux qui guerissent les maladies de paroles. *Vide ann. Rob. lib.* 1. *rer. judic. cap.* 5. & *la Bibliotheque de Bouchel*, verbo *Paroles.*

13 La connoissance & jugement des accusez de sorcellerie appartient au Juge Lay ; jugé par Arrêt du Parlement de Paris de l'an 1390. pour le Prevôt de Paris, contre l'Evêque demandeur en renvoy ; neanmoins entre les Jugemens, Conciles & Arrêts du même Parlement de la Saint Martin 1482. trois femmes accusées de sortilege furent renvoyées à l'Evêque de Paris par Arrêt du 11. May 1130. rapporté par *Jo. Gall. qu.* 141. Pareillement la connoissance du sortilege fut attribuée à l'Evêque de Senlis, contre le Bailly du lieu ou son Lieutenant, par Arrêt du Parlement de Paris de l'an 1282. *Bibliot. Can. tom.* 2. *p.* 621. & *Papon*, liv. 22. tit. 3.

14 *De invocatione dæmoniorum, & incantationibus quæ fiunt ex causâ amoris ; pœna de jure communi imposita hujusmodi sortilegiis est mortis & confiscationis bonorum ; sed de consuetudine, hæc pœna non servatur, sed imponitur pœna fustigationis. In causâ cujusdam Angela Cornetanæ imputatæ de sortilegiis, maleficiis & incantationibus dubitatum fuit, an esset imponenda confiscatio bonorum ? Senatus censuit quod non,* 10. *Augusti* 1563. *Julius Clarus*, li. 5. *Sentent.*

15 Sorcellerie ni magie ne sont pas cas Royaux. Arrêt de la Tournelle du 12. Mars 1588. quoique ce soit crime de leze majesté divine. *La Rocheflavin*, liv. 6. tit. 72. *Arr.* 2.

16 Arrêt du 1. Decembre 1601. en la cause d'entre Jean Breton & Jean Bertrand, tuteurs & curateurs des enfans mineurs de défunts Sébastien Breton & Jeanne Simony sa femme, accusez de sortilege, appellans, & le Juge & Procureur Fiscal d'Inteville, intimez, par lequel il a été défendu à tous Juges de Champagne & autres Provinces, de faire épreuve par immersion d'eau. *V. la Biblioth. de Bouchel*, verbo *Purgation.*

17 Traité du sortilege ou enchantement, vulgairement appellé le noüement de l'éguillette en la celebration des mariages. *Bibliot. Can. tom.* 2. *p.* 621. verbo *Sortilege.*

18 Une fille accusée d'avoir noüé l'éguillette, & decretée d'ajournement personnel, nie le contenu en l'information, & demande que la cause soit civilisée ; le Juge à quo la déboute, & ordonne le recolement & la confrontation ; elle appelle ; son moyen étoit qu'il étoit préalable d'ordonner que les accusateurs seroient vûs & visitez pour connoître s'il n'y avoit point en eux un défaut de nature ; & qu'auparavant la procedure *constare debebat de delicto.* Voyez le 2. plaidoyé de *M. Bouchin, Procureur du Roy au siege de Beaune* ; il conclut au bien jugé.

19 Le crime de sortilege n'est de la Jurisdiction des Prevôts des Marêchaux. Reglemens pour le jugement des procés contre les accusez de sortilege. Arrêt du 17. Août 1602. *Filleau*, 2. *P. tit.* 3. *ch.* 37.

20 Le Maître de la poste de Villejuive se plaint devant le Prévôt Royal du lieu, qu'un marechal son voisin par paroles d'enchantement, luy a fait mourir 114. chevaux en moins d'un mois ; information, decret & prise de corps ; appel ; le Maître de la poste injurie le Marêchal, & poussé de colere, le frappe ; le Marêchal fait informer & decreter par le Prévôt de Paris, ou son Lieutenant Criminel ; appel par le Maître de la Poste. Par Arrêt de la Tournelle du 13. Janvier 1610. la Cour a mis les appellations *hinc inde*, & ce dont étoit appel au néant, & pour le bien commun des parties, a évoqué le principal, & y faisant droit, a mis les parties hors de Cour & de procés. *Nota* comme l'Avocat vouloit montrer que les paroles n'étoient pas suffisantes pour charmer, M. le President Seguier luy dit qu'il n'étoit pas besoin d'entrer plus avant en cette question qui avoit été souvent jugée à la Tournelle. *Bibliot. de Bouchel*, verbo *Sorciers.*

21 D'un Prêtre convaincu de sortilege. *Voyez Anne Robert rerum judicat.* liv. 1. ch. 6. *Bardet*, to. 1. li. 4. ch. 38. où il est rapporté ce que dit M. l'Avocat General Bignon, de l'opinion du Parlement de Paris sur ce crime.

22 L'on ne peut pour connoître les sorciers faire l'épreuve de l'eau ou du feu, ni proceder à l'instruction du procés sans appel. Arrêt du 10. Août 1641. *Henrys, tom.* 1. *li.* 4. *ch.* 6. *q.* 97. Voyez *Anne Robert rerum judicat.* liv. 1. ch. 6. *M. le Prêtre* 1. *Cent. ch.* 20.

23 En 1672. le Parlement de Roüen ayant fait arrêter un tres grand nombre de bergers & autres gens accusez d'être sorciers, à qui on faisoit le procés avec beaucoup de diligence & de severité, le Roy averti de cela, donna un Arrêt en son Conseil d'Etat par lequel il fut enjoint au Parlement de Roüen, de relâcher tous ces pauvres gens ; cet Arrêt eut le pouvoir de faire taire le démon. Depuis ce temps-là, l'on n'a plus entendu parler de sorciers en Normandie. *V. l'Auteur des Observations sur Henrys*, to. 1. liv. 4. ch. 6. q. 99.

V. cy-devant le mot *Magie*, & cy après le mot *Sortilege.*

SORT.

DE *sortibus. Per Troylum Maluetium.*
De l'élection par sort. *Voyez* le mot *Election, n.* 167. & *suiv.*
Sort en partage. *V.* les mots *Lots* & *Partage.*

SORTILEGE.

1 DE *sortilegiis, per Paulum Grillandum, & per Nicolaum Italum, de aquâ pendente.*

2 *De illusionibus Dæmonum, per Bernardum Theutonicum, or. præd.*

3 *Pererius de Magiâ, de observatione somniorum, de divinatione, &c.*

4 Traité des causes de malefices, sortileges & enchanteries, *par René Benoît.*

5 Declamation contre les Enchanteurs, Magiciens, &c. *par Pierre Nodé.*

6 *Wierus de præstigiis dæmonum, & incantationibus ac veneficiis. Basil.* 1566. *in* 8.

7 De l'imposture & tromperie des diables, des enchantemens & des sorcelleries, traduit du Lat. de *Jean Wier*, par *Grevin. Par.* 1569. *in* 8.

8 Des charmes, sorcelages, ou enchantemens, trad. du Lat. de Leonard Vair, par *Baudon, Par.* 1583. *in* 8.

9 *Peucerus, de præcipuis divinationum generibus. Francofurti*, 1593. *in oct.*

10 *Remigii dæmonolatreïa Francofurti* 1596. *in* 12.

11 *Cicogna magia omnifaria, seu spiritibus & incantationibus, ex Ital. Latine, per Casparum Ens. Colon.* 1607. *in* 8.

12 *Filesacus, de Idololatriâ magicâ. Par.* 1609. *in* 8.

13 Les controverses & recherches magiques, trad. du Lat. de Delrio, par *André du Chêne*, Par. 1611. in 8.
14 Psellus, *de operatione dæmonum*, Gr. Lat. cum not. Goalmini, Par. 1615. in 8.
15 Traité des Anges & Démons, trad. du Latin de Maldonat, par *de la Borie*, Par. 1617. in 12.
16 De l'incredulité & mecréance du fortilege, par *de Lancre*, in 4. Par. 1622.
17 Demonologie, ou Traité des Démons & Sorciers, par *Perreaud*, avec l'antidemon, de Mâcon, ou l'histoire de ce qu'un démon a fait & dit en la maison de l'Auteur à Mâcon. Geneve 1653 in 8.
18 D'un Prêtre adultere qui pour corrompre une femme avoit eu recours au sortilege. *Voyez* verbo, *Adultere*; nomb. 122.
19 Connoissance du crime de sortilege à qui appartient, ou à l'Evêque, ou au Juge d'Eglise? *V. Tournet, let. S. Arr.* 42. & Chopin, liv. 2. Pol. Eccl. tit. 2. no. 11.
20 Si c'est sortilege de tourner à l'entour d'un puits, en disant trois *Pater* & trois *Ave Maria*, & y jettant de l'eau benite de Pâques, & si le procés peut être fait à un malade, qui a recherché ce remede pour sa guerison, & si le sortilege doit être puni, & de quelle peine? *Voyez Bouvot*, tome 2. verbo, *Sortilege*.
21 Si une femme qui est accusée d'être sorciere, peut être jettée dans l'eau, sur ce que quelques-uns tiennent, que n'allant au fond, elle est sorciere tenuë pour telle? *Voyez Bouvot*, tome 2. verbo, *Sorcellerie*.
Voyez les mots, *Demon, Magie, Impuissance*, nomb. 101. *& suivans.*

SOUFFLET.

1 Par Arrêt pour un soufflet donné, entre un vassal & le sieur de Fief, fut jugé privation de la feodalité *ad vitam* seulement, & s'appelle l'Arrêt de Parthenay. *Voyez Montholon*.
2 Arrêt du Parlement d'Aix du 19. Juin 1658. qui a confirmé la procedure criminelle faite à la requête d'un Chanoine Prêtre célebrant, sur un soufflet à luy donné, & a declaré l'intervention du Chapitre non recevable pour le Chanoine injurié, ne faisant pas lors de l'excés les affaires du Chapitre. *Boniface*, tome 5. liv. 3. tit. 10. chap. 3.
3 L'excés du soufflet est punissable, Arrêt du 7. Avril 1674. *Ibidem*, chap. 1.
4 Arrêt rendu au Parlement d'Aix le 17. Septembre 1680. qui condamna l'accusé de declarer au parquet de l'Audience, que folement & brutallement il avoit donné un soufflet à l'accusateur & luy en demande pardon, en 20. liv. d'amende envers le Roy, 100. liv. envers la partie & aux dépens, avec inhibitions & défenses d'y retourner, à peine de punition corporelle. *Ibidem*, chap. 2.

SOUFFRANCE.

Voyez *hoc verbo*, le Glossaire du Droit François ou *l'Indice de Ragueau*, édition de 1704.
De la souffrance faute de foy & hommage. *Voyez* le mot *Foy & hommage*, nomb. 53. *& suiv.*

SOURD.

1 De bonorum possessione furioso, infanti, muto, surdo, *&c. competente*. D. 37. 3. Les sourds & autres, peuvent être admis à l'heredité.
Voyez le mot *Fideicommis*, nomb. 157.
2 Surdité n'excuse de la tutelle, si elle n'empêche la personne de faire ses affaires. Jugé le 7. Juin 1575. *Papon*, liv. 15. tit. 5. n. 11.
3 Sourd & muet qui se marient. *Voyez* le mot *Mariage*, nomb. 716. *& suiv.*

SOULTE.

1 Soulte de partage. *Voyez* le mot *Partage*, nombre 176. *& suiv.*
2 Si la soulte est vulgairement reputée immeuble, &

le prix tient lieu de l'heredité pour avoir lieu entre les mariez, & ceux qui les representent & ne passe plus outre à d'autres personnes plus éloignées en degré, ni à leurs successeurs, &c. Chopin, *Coût. de Paris*, livre 1. titre 1. nombre 24.
3 On demande si une soulte ou retour de partage en deniers dûs à l'un des conjoints entre comme meuble en la communauté? Oüi, au cas que le partage ait été fait avant le mariage, d'autant que l'heritier n'avoit plus aucune part aux immeubles; *secus*, quand le partage se fait durant le mariage. *Renusson*, Traité *de la Communauté*, page 18.

SPECTACLE.

Voyez *Jeux publics*.
Cyprianus, tom. 3. *de spectaculis*.
Tertullianus, tom. 2. *de spectaculis*.
Barnabas Brissonius, *ad C. Dominico de spectaculis, in C. Theodosiano Commentarius*. Parisiis 1564. in 8.
Joan. Mariana, *Soc. Jesu*.
Chrysostomus, *Homil. ad eos qui ad theatra currunt; tom. 5. & homilia 6. in Matth.*
Tertullianus, *liv. de spect. cap.* 9. 10. 11. 12. 16. 18. 19.
Cyprianus, *Epist.* 2. *& lib. de spectaculis*, cap. 2. 5. 6.
Lactantius, *lib.* 6. *cap.* 20.
Augustinus, *de Civit. Dei*, cap. 4. 5. 6. 7. 8. 9. 10. 11. 12. 13. *& lib.* 6. *confess. cap.* 8.
Ephræm, *quod Christiani abstinendum sit à ludicris, tom. 1.*
Jo. Mariana, *Societ. Jesu in opusculis, &c.*

SPOLIATION.

Spoliation d'hoirie. *Expilatæ hereditatis crimen.*
De actione rerum amotarum. D. 25. 2... C. 5. 21.
Action de recelé qui est donnée au mary & à la femme, pour les effets soustraits & enlevez. *V. Recelé*.
De crimine expilatæ hereditatis. C. 9. 32...
Expilatæ hereditatis. D. 47. 19.
Si is, qui testamento liber esse jussus erit, post mortem Domini, aute aditam hereditatem, subripuisse aut corrapisse quid dicetur. D. 47. 4. Contre l'Esclave institué heritier avec la liberté qui a spolié l'hoirie.

STARRUM.

Ce mot *Starrum* signifie la même chose que maison ou manoir, du moins je le conjecture ainsi d'un titre de 1215. où il semble qu'il est employé dans ce sens. *Salvaing, de l'usage des fiefs*, chapitre 97. page 494.

STATUE.

De statuis & imaginibus. C. 1. 24.
De imaginibus Imperialibus. C. Th. 15. 4.
De his qui ad statuas confugiunt. C. 1. 25... C. Th. 9. 44.
1 Si les statuës sont meubles ou immeubles? *Voyez* le mot *Immeubles*, n. 32. *&* 33. & le Traité *de la Communauté* par M. *le Brun*, pag. 729.
2 Jugé par Arrêt du 9. Juillet 1619. que des statuës de marbre, posées sur des bases de pierre, font partie de la maison, doüquoiqu'elles ne soient pas enclavées dans les murailles, suivant la loy *Quæsitum. §. specularia, ff. de instruct. & instrum. leg.* Journ. des Audiences, to. 1. liv. 2. ch. 53. Bardet, to. 1. liv. 3. ch. 56. & Auzanet, *sur l'art.* 91. *de la Coût. de Paris*.

STATUTS.

Statutorum interpretatio quomodo facienda? Voyez *Andr. Gaill*, lib. 2. *observ.* 33.
Quod judex secundum consuetudines & statuta judicare debeat. Voyez *ibid.* lib. 1. *observ.* 36.
In statutis, non sit extensio ad similia, omissumque in statutis habendum est pro omisso. Mornac, *l.* 1. C. *communi utriusque &c. & l.* 2. C. *de noxalibus.*

Ffff iij

4 Statuts des grandes Maisons contraires aux Coûtumes. *Voyez Peleus*, *quest*. 52.

STATUTS ABUSIFS.

5 Statuts abusifs, ou moyen d'abus tiré de la contravention aux statuts. *Voyez cy-devant* verbo , *Abus*, *nomb*. 154. *& suiv*.

6 Appel comme d'abus interjetté par le Doyen de Ligny en Barrois nommé d'Estati, de ce que les Chanoines avoient fait un statut par lequel ils avoient ordonné que le Doyen seroit tenu de leur donner le pas à certains jours de l'année ; l'abus fondé sur ce qu'ils n'avoient pû faire statut sans le consentement du Roy, qui est Patron & Fondateur de l'Eglise : ainsi contravention faite indirectement à la fondation. Le Procureur General concluoit à cet appel, ensemble de la citation faite à d'Estati depuis l'appel par luy interjetté , de comparoir pardevant eux pour se voir declarer avoir encouru la peine de parjure pour n'avoir gardé les statuts jurez à sa reception. Il fut dit mal & abusivement fur le dernier ; & sur le premier ordonné que les parties informeroient respectivement de leurs faits. Arrêt du 16. Avril 1548. *Biblioth. de Bouchel*, verbo , *Statut*.

7 Le long-temps n'excuse point les Statuts des Eglises qui contreviennent aux saints Decrets. Jugé au P. de Toulouse le 5. Avril 1583. *Carondas*, *li*. 7. *Rép*. 170.

STATUTS, AMENDES.

8 Amendes ordonnées par les Statuts, ne sont que comminatoires ; il faut une condamnation precedente. Arrêt du Parlement d'Aix du 8. Novembre 1638. *Boniface*, *tome* 2. *part*. 3. *liv*. 1. *tit*. 12. *chap*. 3.

STATUTS, ARTISANS.

9 Il n'appartient qu'au Roy seul, & non aux Ducs & Pairs, ni aux Juges de créer & faire Statuts de métier. Arrêt du Parlement de Paris du 22. Février 1534. qui reserve aux Marchands Drapiers & Bourgeois de Beauvais de se pourvoir vers le Roy si aucuns Statuts ils veulent faire contre les préjudice des droits de Jurisdiction de l'Evêque ou autres choses. Arrêt semblable du 21. Février 1535. entre les Chaussetiers & Tailleurs. Le Parlement ce pendant par provision quelques Reglemens. Autre Arrêt du 17. Janvier 1536. entre les Maire , Pairs & Commune de la même ville , & les Tisserands, Drapiers & Chaussetiers. Autre Arrêt du 27. Février 1578. entre le même Evêque qui fait défenses à Guillaume Boulanger prétendu premier Barbier de se qualifier tel, & d'en faire aucun exercice, ordonné que les Statuts universels d'entre les Chirurgiens seroient entretenus. Autre Arrêt du 7. Juillet 1612. qui casse les provisions qu'il avoit données d'un Office de Mesureur , Vendeur & Visiteur de Charbon. Autre du 8. Février 1621. qui sans avoir égard aux Lettres Patentes obtenuës par l'Evêque de Beauvais , par lesquelles le Roy autorisoit les Statuts qu'il avoit faits pour les Arquebusiers & autres , infirma tout ce qui avoit été fait , & reserva seulement à se pourvoir pardevers le Roy pour ériger ce Statut par son autorité Royale , non communicable à ses vassaux, quoiqu'ils soient des premiers de sa Couronne. *Corbin*, *Traité des Fiefs*, *loy* 27.

10 Si les Statuts des Artisans n'ayant pas été autorisés par le Prince, ni Lettres sur ce prises sont executoires ? Arrêt du 24. Août 1679. qui cassa les executions faites. *Boniface tome* 3. *liv*. 4. *tit*. 3. *chap*. 1. Les Statuts d'entre les Artisans ne peuvent lier les tiers ; ainsi il fut jugé le 26. Octobre 1682. que les Menuisiers de Marseille n'avoient pû saisir en vertu de leurs Statuts , les caisses de bois non ouvrées , remplies de fruits venant des Pays étrangers , sur le fondement que les fruits deviendroient plus chers , & que les Menuisiers s'occupant à ces petits ouvrages negligeroient les plus considerables. *Ibid*. *chap*. 2. & *au ch*. 1. *du tit*. 13. il parle des Statuts non homologuez par la Cour.

11 La Déclaration des peines portées par les Statuts des Apoticaires contre les Chirurgiens ne peut être demandée par action criminelle , mais par action civile. Arrêt du 27. Octobre 1671. *Boniface*, *tome* 3. *liv*. 4. *tit*. 4. *chap*. 2.

STATUTS, CHANOINES.

12 Si les Chanoines peuvent faire des Statuts pour le Reglement des assistances ? *Voyez le mot Chapitre*, *nombre* 19.

STATUTS, COMMUNAUTEZ.

13 Les Corps , Colleges & Communautez peuvent faire Statuts , pourvû qu'ils ne soient contraires à l'intérêt public. Arrêt du Parlement de Grenoble du 8. Janvier 1662. *Voyez Basset*, *tome* 1. *liv*. 3. *tit*. 14. *chapitre* 2.

STATUTS, REFORMATION.

14 En matiere de reformation, il ne faut introduire nouveaux Statuts , mais seulement renouveller les anciens , autrement l'appel comme d'abus seroit recevable. Jugé le 9. Août 1565. pour le Prieur de Chaumont. *Papon*, *liv*. 1. *tit*. 7. *nomb*. 4.

STELLIONAT.

LE Stellionat, appellé *stellionatus*, à *stellione*, *specie lacerti stellati*.

Le stellionat est un nom general que l'on donnoit dans le Droit Romain, à toutes les tromperies, fraudes, impostures , qui n'avoient pas de nom propre. Mais le stellionat est proprement le crime de ceux qui ayant engagé une chose à une personne , la vendent à un autre, luy dissimulant à dessein, & par dol, cet engagement.

De crimine stellionatus. C. 9. 34... D. 47. 20.

1 Du stellionat. *Voyez le* 1. *tome des Loix Civiles*, *li*. 1. *tit*. 18. *sect*. 3. & *Despeisses*, *tome* 2. *p*. 681.

2 *Qui obligat rem alienam vel alteri obligatam committit stellionatum, nisi res obligata cuilibet creditori sufficiat pro utroque debito*. Li. 36. §. *sed & si quis ff. de pignoratitia actione*.

3 De la contrainte par corps en cas de stellionat. *Voyez le mot*; *Contrainte par corps* , *nomb*. 68.

4 Les Stellionataires ne sont reçûs au benefice de cession. *Voyez le mot* , *Cession* , *nomb*. 149. *& suiv*. & Tronçon , *Coûtume de Paris*, *art*. 111. verbo , *Répit*.

5 Stellionataires doivent être contraints par corps au remboursement des choses par eux vendues. Arrêt du Parlement de Paris du 24. Février 1542. *Papon*, *liv*. 11. *nomb*. 14. où est rapporté un Arrêt du 26. May 1536. qui prononce une peine extraordinaire contre un homme coupable de stellionat.

6 Ajournement personnel contre un stellionataire. Arrêt du Parlement de Bretagne du 16. May 1564. *Du Fail* , *liv*. 2. *chap*. 228.

7 Stellionataire condamné par Arrêt du Parlement de Bretagne du 5. Mars 1566. à faire amende honorable. *Du Fail*, *liv*. 3. *ch*. 165.

8 Par Arrêt donné en la Chambre de l'Edit le 17. Février 1602. il fut jugé qu'un stellionataire ne peut demander provision d'alimens contre celuy qui l'a fait constituer prisonnier. *Biblioth. de Bouchel*, verbo , *Stellionat*.

9 La clause de bailler caution dans un temps, est odieuse , & une espece de paction usuraire pour donner ouverture de retirer le principal quand on veut. *Brodeau*, *Coût*. *de Paris*, *art*. 94. *n*. 3. *fine*.

10 En cas de stellionat, le débiteur peut être contraint de racheter la rente. *Item* , pour la décharge du fidejusseur , qui peut valablement stipuler que le débiteur rachetera dans un temps, lequel passé, il peut le faire contraindre au rachat, ou son heritier. *Voyez M. Loüet*, *lettre* F. *somm*. 27. & *Brodeau*, *hic n*. 3.

11 Stellionat a lieu , tant en rentes constituées , qu'en ventes & en obligations. Arrêt prononcé le 28. Mars 1600. qui ordonne le rachat dans un an, & cependant payer les arrerages échus, après lequel temps, contraint à faire ledit rachat. *Ibid*. *let*. S. *somm*. 18.

12 *Crimen stellionatûs infamiam irrogat damnato. L. 13. §. ult. ff. de iis qui notantur infamiâ.* Voyez Mornac, *fol.* 149. §. *ult.*

13 S'il y a de la negligence du Créancier qui dans une Coûtume de nantissement ne se seroit point fait nantir, quoy qu'il se soit opposé, il doit s'imputer; le même s'il a laissé vendre par decret, sans s'opposer, la chose hypothequée au cas qu'il eût pû venir en ordre, le débiteur n'est point en ces cas stellionataire. Arrêt du 12. Janvier 1610. *Brodeau sur M. Loüet, let. S. somm.* 18. *n.* 9. circà finem.

14 L'acquereur qui retient en ses mains des deniers pour payer les dettes dont il n'a été parlé au Contract de vente, quoyque la chose soit venduë franche & quitte, le vendeur n'est pas stellionataire. Arrêt du 4. Février 1625. *Dictionnaire de la Ville, n.* 9500.

15 Si le débiteur promet de faire obliger solidairement une caution dans un temps, & s'il n'y satisfait point, il peut être contraint à racheter comme stellionataire. *Brodeau sur M. Loüet, let. F. som.* 27. *n.* 3. & *let. S. som.* 18. *n.* 5. où il y a Arrêt daté du Mardy 22. Avril 1638.

16 Celuy qui vend le bien substitué commet stellionat. Voyez *Henrys, tome* 1. *liv.* 4. *chap.* 6. *quest.* 38. Voyez M. Loüet & son Commentateur sur la *let. S. som.* 9.

17 Un homme commet stellionat, s'il prend qualité d'une Terre qui est substituée, *as enim alienum esse dicitur*, aussi-bien que s'il prend la qualité d'une Terre qu'il a donnée, n'en ayant que l'usufruit, ou bien qui est saisie réellement, & prête d'être adjugée. Arrêt du 11. Février 1645. *Brodeau sur M. Loüet, let. S. somm.* 18. *nombre* 9.

18 Les crimes sont personnels; c'est pourquoy si l'un des coobligez commet stellionat, obligeant une chose qui ne luy appartient pas, les coobligez qui n'ont point fait la déclaration, ne peuvent être poursuivis comme stellionataires, nonobstant l'obligation solidaire, *nulla enim criminum societas.* Brodeau, sur M. Loüet, *let. S. somm.* 18. *n.* 10.

19 Les alimens sont dûs au stellionataire emprisonné, qui sont de 4. sols par jour. Arrêt du Mercredy 14. Février 1674. *Dictionnaire de la Ville, n.* 9491.

FEMME STELLIONATAIRE.

20 La femme mariée ayant conjointement avec son mary commis stellionat, ne peut, pour raison d'iceluy, être contrainte par corps. Arrêt du 23. Mars 1618. Voyez Brodeau sur M. Loüet, *let. F. som.* 11. *n.* 5.

21 Le 10. Janvier 1651. jugé qu'une femme mineure qui s'étoit obligée pour son mary, poursuivi comme stellionataire & faux vendeur, par corps, étoit restituable, par Arrêt rapporté par Du Frêne, *liv.* 6. *chapitre* 14. Il en est de même à l'égard de la femme majeure, suivant un Arrêt du 10. May 1579. rapporté par *Brodeau sur M. Loüet, lettre F. titre* 11. La raison de ces Arrêts est qu'ordinairement les femmes n'ont point de connoissance des affaires de leurs maris, & qu'il n'est point juste que par le dol & le fait du mary, la femme vienne à perdre son privilege; ce qui a encore été jugé depuis par Arrêt du 19. Avril 1625. *Ibid.* Mornac, *ad L. ob at. in fin. Cod. de obl.* & *act.*

22 Une femme caution de son mary stellionataire, est recevable au benefice de cession. Arrêt du 6. May 1659. *De la Guess. to.* 2. *liv.* 2. *chap.* 18.

23 Une femme obligée avec son mary, qui avoit déclaré ses biens francs & quites, & qui ne l'étoient pas, seroit contrainte par corps, comme stellionataire. Arrêt du Mardy 31. Janvier 1668. de relevée, contre les Conclusions de M. Talon, Avocat General. Il y a eu depuis un Edit du Roy du mois de Juillet 1680. par lequel les femmes mariées pour cause de stellionat commis avec leurs maris, ne pourront être emprisonnées, &c. Voyez *Pratique Civile.* Voyez *De la Guess, tome* 3. *liv.* 6. *chap.* 6. où vous trouverez deux Arrêts de l'année 1672. & *tome* 4. *liv.* 3. *chap.* 19. où l'Edit est rapporté.

PRESTRE STELLIONATAIRE.

24 Prêtre stellionataire ne peut se servir du privilege de l'Ordonnance de Moulins. *Brodeau sur M. Loüet, let.* C. *somm.* 31. *nomb.* 11.

STERILITÉ.

Voyez les mots *Bail, Diminution, & Ferme.*

1 De la diminution prétenduë pour cause de sterilité. Voyez *Franc. Marc. de Claperiis, Caus.* 43. & 44. & *suivans.*

2 *Exceptio remissionis mercedis propter sterilitatem super compulsoriis admittitur. Sterilitatis probandæ modus; sterilitas quando dicatur.* Voyez *Franc. Marc. tome* 2. *quest.* 208.

3 *Mercedis remissio colono partiario propter sterilitatem fieri non debet; secus in eo qui minus colit.* Voyez *ibid. quest.* 211.

4 *Sterilitatis exceptio in colono ad non modicum tempus locum habet. Ibid. quest.* 212.

5 *De remissione pensionis ob sterilitatem.* Mornac, *L.* 15. §. *sed* & *si labes. ff. locati* & *conducti.*

6 *Sola sterilitas concernens emphyteutas non minuit pensionem seu reditum annuum.* Arrêt du 27. Juillet 1599. Mornac, *L.* 1. *C. de jure emphyteutico. circà medium.*

7 Diminution accordée pour sterilité. Arrêt du 19. Juillet 1584. en faveur du Fermier des Dîmes de l'Eglise Cathedrale de Tours. *Carondas, livre* 7. *Réponse* 137.

STILE.

IN iis quæ ad ordinationem litis spectant, stilum quidem loci servari æquum est in quo judicium redditur; sed non ita in iis quæ ad decisionem. Mornac, *C. ut lite pendente, vel post,* & *c.*

STIPULATIONS.

Stipulationes omnes pœnales quæ in quantitate sunt judicantur usurariæ. Arrêt au mois de Janvier 1602. *Excipitur nisi jus sit in causâ,* ut le 3. Juillet 1606. *judicatum fuit.* Mornac, *L.* 44. *ff. de usuris* & *fructibus,* & *c.*

Voyez les mots, *Clause, Contract.*

STUPRE.

LE mot de stupre n'est pas en usage; mais on est obligé de s'en servir à l'imitation du Latin, pour exprimer la défloration d'une fille, & l'habitude avec une veuve vivant honnêtement.

Définition de ce mot, *Stuprum. L.* 101. *D. de verborum significat.*

De adulteriis & *stupro. D. Gr.* 36. *q.* 1. *c.* 2. & 3. §. *cùm ergo... Extr.* 5. 6. *Hìc stuprum dicitur etiam de adulterio.*

Ad Legem Juliam de adulteriis & *stupro. C.* 9. 9. *D.* 48. 5.

Si quis eam, cujus tutor fuerit, corruperit. C. 9. 10. *C. Th.* 9. 8.

De mulieribus quæ se servis propriis junxerunt. C. 9. 11. *C. Th.* 9. 9. *V.* Luxure, & Serviteurs.

SUBORDINATION.

SUbordination. *Rerum, vel personarum ordo, ordinatio.*

De majoritate & *obedientiâ. D. Gr.* 21. & 22. *dist.* 23. *c.* 6... *dist.* 74. *c.* 5... *dist.* 81. *c. fin... dist.* 93. 96. & 99... 2. *q.* 6. *c.* 12. & 14. & *q.* 7. *c.* 57... 8. *q.* 4. *q.* 9. 3. *c.* 9. & 10. *usq. ad fin. q...* 11. *q.* 3. *c.* 11. 12. 13. & 14... *c.* 53. 6. 101. 8. *cùm ergo...* 12. *q.* 3. & 5. *c.* 18... 13. *q.* 4. *c.* 5... *De consecr. dist.* 5. *c.* 34... *Extr.* 1. 33... *S.* 1. 17... *Ex. Jo.* 2... *Ex. co.* 1. 8.

SUBREPTION.

Voyez les mots, *Exemption, Obreption, Privilege,* & *Regles, nombre* 68. & *suiv.*

SUBROGATION.

IL faut icy distinguer deux sortes de subrogation, la subrogation en matiere Beneficiale, & celle qui a lieu pour l'acquisition des privileges & hypotheques.

SUBROGATION BENEFICIALE.

1. Des subrogations en matiere Beneficiale au droit d'un des Collitigans décedé. *Voyez la Bibliotheque du Droit François*, par Bouchel, verbo, *Subrogation. Papon, liv. 8. tit. 17.* Les Définitions Canoniques, page 815. Le petit Recüeil de Borjon, tome 4. page 295. Lotherius, *de re beneficiariâ, li. 2. quest. 20.* & Rebuffe, *2. part. prax. benef.*

2. *Voyez* Rebuffe, *2. part. prax. benef.* où il explique la Regle de Chancellerie Romaine, *de subrogandis Collitigantibus.*

3. De la subrogation Beneficiale. *Voyez* Rebuffe, sur le Concordat, tit. *de Mand. Apost. §. declarantis,* où il rapporte plusieurs anciens Arrêts, qui ont jugé que la subrogation devoit être demandée dans l'année. Il a aussi été jugé que l'année se comptoit *à die collationis & possessionis adversarii.*

4. *Subrogationis gratiosa litera, qualiter expediantur & executioni demandentur.* Voyez Lotherius, *de re benef. lib. 3. quest. 13.*

5. *De subrogationibus judiciariis.* Voyez *Pinson,* au titre, *quibus modis conserventur beneficia. §. 3.*

6. Voyez le 12. Plaidoyé de Basset, tome 1. fol. 145. sur une subrogation *in jus Collitigantis.*

7. La subrogation par Lettres a été abrogée par l'Ordonnance de 1667. tit. 15. art. 16. elle se fait aujourd'huy judiciairement sur une simple requête. *Définit. Can. p.* 816. Mais voici ce qui se pratiquoit.

C'étoit le style de la Datterie, de faire mention de l'état du procés, des pieces & des noms des Juges & des Parties, pour satisfaire à la disposition du Chap. *si bi contra quos ut lite pendent. in 6.* mais le Pape dispense toûjours par cette clause ordinaire dans toutes les Provisions; *quatenus litigiosus existat litis status, ac nomina & cognomina judicum & collitigantium, juraque & tituli illorum exprimi, seu etiam pro expresso haberi possint;* ce qui est regardé comme inutile en France, où le Chap. *si bi contra quos* n'est pas observé, & où le Pape ne peut rien ordonner, concernant la forme judiciaire ni l'état du procés.

8. Le Pourvû se peut faire subroger au droit que le défunt Beneficier avoit au Benefice. *Despeisses, tom. 3. page 45.* Cette subrogation doit être demandée dans l'an, & se compte du jour de la prise de possession.

9. Le subrogé en l'instance & possession de l'un des Litigans, duquel le droit a vaqué, & a été conferé au Demandeur en subrogation, ne peut être tenu és dépens que de son temps, & non de ceux faits auparavant, ni obligé à la restitution des fruits pris par son prédecesseur: car il ne tient pas le Benefice de luy. Arrêts du Parlement de Paris des 8. Avril 1508. & mois de Février 1516. Papon, livre 8. titre 17. nombre 11.

10. *Subrogatus non tenetur ad expensas nisi à die subrogationis.* Arrêt du Parlement de Paris du 3. Avril 1508. à moins qu'il ne reprît le procés, & les derniers erremens de la cause, purement & simplement; ainsi qu'il a été jugé les 7. Avril 1516. & 17. Octobre 1541. *Voyez* Rebuffe, *2. part. praxis benef. C. de subrogationibus,* nomb. 47.

11. En matiere Beneficiale le procés étant conclu en la Cour, si l'une des Parties décede, il ne peut être valablement jugé, s'il n'y a réprise pour le subrogé au lieu du décedé, & ne peut la subrogation être demandée après l'an. Jugé le 23. Juin 1509. M. Loüet, *let. S. somm. 5. & 6.*

12. Le subrogé peut s'aider de la possession de son prédecesseur. Jugé au mois de Juin 1510. les fruits du Benefice se partagent *pro rata temporis,* & commence l'année au mois de Janvier. Jugé le 10. Mars 1602. *Carondas, liv. 1. Rép. 52.*

13. *Inhabilis non notorius debet subrogari.* Arrêt du Parlement de Paris de l'année 1514. rapporté par Rebuffe, *2. part. praxis benef.* Chap. *de subrogationibus,* nombre 43.

14. La subrogation Beneficiale est une action annale, il faut la demander dans l'an. Arrêt du Parlement de Paris du 8. Janvier 1514. rapporté par *Du Moulin,* sur la Regle, *de public. Resign. n.* 415. où il en parle fort au long.

14 bis. Subrogation au lieu d'un Resignant se doit demander dans l'an; on ne reçoit point les Lettres pour être relevé du laps de l'an. Arrêt du Parl. de Paris du 8. Janvier 1514. Il faut venir dans l'an de son titre, & ne suffit que ce soit dans l'an de la possession. Arrêt de l'an 1531. Papon, *liv. 8. tit. 17. n. 3.*

15. Lettres de subrogations sont entherinées après l'an, quand la Partie impetrante a usé de diligence; par Arrêt du 18. Avril 1594. Papon, *livre 8. titre 17. nombre 4.*

16. Celuy qui est simplement subrogé en l'instance, droit de possession & procés, en reprenant les arremens de la cause, est tenu à tous les dépens, dommages & interêts, tant de son temps, que de celuy au lieu duquel il est subrogé. Arrêts du Parlement de Paris des 3. Avril 1516. & 17. Octobre 1531. *Papon, ibid. n. 10.*

17. Le subrogé n'est sujet ni obligé à la restitution des fruits recüeillis par son prédecesseur; mais seulement à ceux qu'il a perçus depuis sa subrogation; c'est l'opinion de Probus, *in cap. presentis de Offic. Lega. Rat.* confirmée au Parlement de Normandie le 26. Avril 1524. *Bibliotheque Canonique,* tome 1. p. 634. *colonne* 1.

18. Celuy qui avoit été subrogé par la mort de l'une des parties, demande le titre du défunt à son Procureur. Le Procureur allegue qu'il luy a été dérobé; il fut ordonné qu'il seroit tenu de le donner dans trois semaines, pendant lequel temps il procederoit contre ce qu'il disoit l'avoir, & contre lequel on décreta un ajournement personnel. Ibid.

19. Le subrogé qui succombe, quand il ne l'auroit été que quelques jours avant le jugement, doit generalement tous les dépens de la cause d'appel. *Ibidem, colonne* 2.

20. *Subrogatus non potest novum judicium inchoare ne diversa sequantur judicia.* Arrêt du Parlement de Paris du 2. May 1525. Rebuffe, *2. part. praxis benef.* Cap. *de subrogationibus, n.* 41. & les Définitions Canoniques, *page* 827.

21. Il a été jugé le 11. May 1525. qu'un Pourvû du droit de l'un des Contendans, ne peut commencer un nouveau procés possessoire; il faut qu'il se fasse subroger par Lettres du Prince, & par un Juge, en reprenant le procés en l'état qu'il le trouve. *Papon, liv. 8. tit. 17. nombre 6.*

22. *Licet quidam fuerit in locum alicujus subrogatus, tamen alter in ejusdem locum se subrogari petere potest, quia primus fortè est inhabilis.* Arrêts du Parlement de Paris des 9. Février 1526. & 17. Mars 1527. rapportez par Rebuffe, *2. part. praxis benef.* Cap. *de subrogationibus, n.* 42. Papon, *liv. 8. tit. 17. n. 7.* & les Définis. Canon. *page* 829.

23. *Subrogatus non prosequens litem per duos annos amplius non potest quia perempta est instantia.* Arrêt du Parlement de Paris du 14. Decembre 1528. *V. Rebuffe 2. part. praxis benef. C. de subrogationibus n.* 58. & la Bibliotheque Can. to. 2. p. 633.

24. Si pendant le litige un des deux meurt ou resigne son droit, le Pape ou l'Ordinaire confere, possession nouvelle doit être prise de la part du pourvû, & Lettres Royaux obtenuës en Chancellerie, afin d'être subrogé, & mis au lieu ou place du resignant ou du décedé; plusieurs sont d'avis qu'elle doit être prise dans

SUB   SUB 601

dans l'an, à compter du jour de la collation qui luy est donnée du droit ou Benefice litigieux. *Bibliotheque Can. to. 2. pag. 634. col. 1.*

25 *Subrogatus non tenetur restituere fructus quos prædecessor percepit, quia nihil juris habet ab eo.* Arrêt du Parlement de Paris du mois de Février 1536. rapporté par Rebuffe, 2. part. praxis benef. C. de subrogationibus, n. 46.

26 Le resignataire subrogé avant la récréance jugée, n'est tenu qu'aux dépens de son temps, mais après la récréance il est tenu à tous. Arrêts du Parlement de Paris de 1540. & 11. May 1542. Papon, liv. 8. tit. 17. nombre 12.

27 On peut demander la subrogation dans l'an de la prise de possession; il y avoit trois mois au-delà, mais la prise de possession étoit dans l'an de la provision. Arrêts des 4. May 1540. & 2. Décembre 1543. Si l'on prouve que la résignation a été connue avant la possession, il semble que l'année devroit être comptée du jour de cette connoissance. *Ibidem, nomb. 5.*

28 Lorsque le subrogé se trouve duëment habitué & préparé, il n'est pas reçu à former une action nouvelle; mais il doit reprendre le procez en l'état qu'il le trouve, & profite de tout ce qui a été jugé en faveur de son predecesseur, même de la Sentence de récréance. Arrêt du Parlement de Paris, le 29. Juillet 1541. *Bibliot. Can. to. 2. p. 634. col. 1.*

29 Le subrogé entre en possession d'un Benefice, il est tenu des charges & des arrerages & dépens du temps de son prédécesseur. Jugé au mois de Novembre 1542. *Charondas, liv. 1. chap. 31.*

30 Le pourvû par la mort des litigans n'est point tenu de se faire subroger, s'il joüit. Arrêt du Parlement de Paris du 11. Janvier 1544. s'il ne joüit il est tenu dans l'an de se faire subroger, & à cette fin obtenir Lettres, à moins que la première partie n'eût résigné à l'un des litigans, ou bien que par sa mort l'un des litigans soit pourvû, le subrogé ou non subrogé doit poursuivre l'instance sans la laisser interrompre, deux ans après il ne seroit plus recevable. Jugé le 14. Décembre 1528. *Papon, liv. 8. tit. 17. n. 1.*

31 On peut être subrogé au procez de maintenuë, au lieu de celuy contre lequel il y a Jugement de récréance. Jugé au mois de Janvier 1546. mais que le défendeur en subrogation ne seroit tenu de plaider avec le subrogé sur la maintenuë, que préalablement il n'eût entierement satisfait au Jugement de récréance, par lequel son résignant avoit été condamné à la restitution des fruits, & à quelques dépens. *Charondas, liv. 10. Rép. 9.*

32 Les litigans ont un mois pour imperter le Benefice contentieux & se faire subroger au lieu du défunt, suivant la regle *de subrogandis colligitantibus*, qui est du Pape Innocent VIII. qui tenoit le Saint Siege en l'an 1484. il faut compter ce mois du jour du décez, & non pas de la notice. Cette maxime est générale, puisque l'on voit que le Parlement de Grenoble l'a ainsi jugé le 21. May 1557. pour une Chanoinie de l'Eglise Cathedrale de Die, entre un nommé Replat, pourvû par le Pape dans le mois du décez. & le nommé Brachet l'un des contendans au même Benefice, ne l'ayant imperré que deux mois après le décez; quoique *Gomez* soit d'avis contraire, il est certain que le mois donné aux litigans pour un Benefice par la regle *de colligitantibus subrogandis*, se compte du jour du décez de l'un des contendans, & non pas *a die notitia*, comme le tient ce Docteur. *Expilly, Arrêt 48.*

33 Le resignataire d'un Benefice litigieux s'en fait pourvoir en Cour de Rome, & en prend possession, sans toutefois se faire subroger au procès pendant par appel en la Cour, &c. Jugé le 8. Mars 1551. pour le pourvû par mort. *Charondas, liv. 8. Rép. 7.*

34 C'est afin de ne point ignorer l'ancienne Jurisprudence que l'on a rapporté tous ces Arrêts; car l'Ordonnance du mois d'Avril 1667. en l'art. 16. du tit. 15. a aboli les Lettres de subrogation, & ordonné que les subrogations se feroient par simples Requêtes. Pourra le Resignataire se faire subroger aux droits de son Resignant, & continuer la procedure sur une Requête verbale faite judiciairement sans appeler parties, & sans obtenir Lettres de subrogation, que nous défendons aux Officiers de nos Chancelleries de presenter, signer & sceller à l'avenir.

SUBROGATION CIVILE.

35 Subrogation. *Subrogatio. Substitutio: ita Paulus Jurisc.*

De his qui in priorum creditorum locum succedunt. C. 8. 19.

Qui potiores in pignore vel hypothecâ habentur; & de his qui in priorum creditorum locum succedunt. D. 20. 4.

De prætorio pignore, & ut in actionibus debitoris missio Prætorii pignoris procedat. C. 8. 22. Prætorium pignus, étoit un droit que le Prêteur donnoit à un creancier, d'exercer les actions de son débiteur : ce qui étoit une espece de subrogation.

De la subrogation à l'hypotheque ou au privilege du creancier. *Loix Civiles, tome 2. livre 3. tit. 1. section 6.*

36 Traité de la Subrogation par *Renusson* vol. in 4. Paris. Voyez le Traité des Propres du même Auteur, p. 50. & suiv.

37 Subrogation à des criées. Voyez le mot *Criées, nombre 121.*

De la subrogation aux criées, tirée de l'exemple que nous en avons en la Loy, *qui autem §. sciendum ff. de his qui in fraudem creditorum.* V. M. Bruneau en son Traité des Criées, p. 109.

38 La femme, les deniers de laquelle ont été employez par le mary au payement d'un ancien creancier, par la cession qu'il luy a faite, peut prétendre d'être subrogée à son hypotheque, quoiqu'elle n'ait point de cession d'actions, ni de subrogation expresse. *Voyez Du Perrier, liv. 3. quest. 4.*

39 Si l'heritier par Inventaire payant de son propre argent un creancier hypothecaire, sans en rapporter cession d'actions, est subrogé à son hypotheque : V. *Ibidem, liv. 4. quest. 11.*

40 Subrogation acquise à la caution qui a payé. Voyez le mot *Caution, nomb. 201. & suiv.*

41 Subrogation, *rebus non integris facta nihil prodest.* Arrêt du 7. Mars 1616. Voyez l'espece dans Mornac l. 2. ff. de pignorat. actione & l. 28. ff. mandati, & la l. 3. ff. qui potiores in pignore.

42 Par Arrêt du 7. Juillet 1644 jugé qu'un creancier posterieur de la renonciation du presomptif heritier, n'étoit recevable à se faire subroger. *Berault, à la fin du 2. tome de la Coûtume de Normandie, p. 97. sur l'art. 278.*

SUBROGATION AU PARLEMENT DE PARIS.

43 *In quibus subrogatus sapit naturam subrogati?* Voyez M. Loüet & son Commentateur, lettre S. somm. 10. & *Henrys, tome 1. liv. 4. chap. 5. q. 28.*

43 bis Subrogation; *sapit naturam subrogati in re universali,* comme *in successione, non in re particulari.* Montholon, Arrêt 29. *circa medium.*

44 Quand il s'agit d'une hypotheque speciale & privilegiée, la subrogation est suffisante, il ne faut point de cession, contre ce que M. Brodeau a écrit sur M. Loüet lettre C. somm. 38. & tel est l'avis de M. le Prêtre; qui est suivi, *premiere Cent. chap. 69.*

45 Un étranger qui n'est point creancier, a trois voyes pour entrer en la place d'un creancier hypothecaire; la premiere, quand il offre luy-même les deniers au creancier, auquel cas il est necessaire qu'il prenne cession du creancier : la seconde, par Sentence du Juge, avec adjudication des mêmes droits : la troisième, par la convention & subrogation du debiteur, &c. Brodeau sur M. Loüet lettre C. somm. 38. nomb. 4.

46 Quand il y a plusieurs obligez envers le premier

Gggg

creancier, & que l'un d'eux emprunte des deniers pour payer la dette avec convention, que le second creancier, envers qui il s'oblige, sera subrogé aux droits du premier ; en cela la subrogation n'a effet que contre le debiteur, qui a contracté la derniere obligation ; Quant aux autres, qui étoient obligez dans la premiere obligation, dont le creancier a donné quittance, ils ne sont point compris dans cette derniere obligation, où ils n'ont point parlé en la subrogation, qui est restrainte à cette obligation, dont elle est accessoire, & ne s'étend point sur eux. *Voyez la six-éme Consultation de M. Duplessis.*

47. Ce qui est necessaire pour qu'un debiteur qui emprunte, afin d'acquiter un ancien creancier, puisse donner la subrogation à nouveau, sans que le premier y consente, & si un mary empruntant seul, peut donner subrogation d'hypotheque sur les biens de sa femme obligée solidairement avec luy. *V. M. Duplessis, Consultation* 17.

48. Si le nouveau creancier ayant acquité de ses deniers l'ancienne dette du coobligé solidaire, qui n'est point intervenu dans le dernier emprunt, succede à l'obligation personnelle de l'ancien creancier, ou si par le defaut de subrogation ou de cession, il perd l'obligation personnelle, aussi-bien que l'hypotequaire? *Voyez le Journal du Palais, to. 2. p. 628.* où cette question est traitée.

49. L'an 1560. Monsieur le Connêtable de Montmorency qui avoit acquis les droits du Sr de Boullainvilliers en la Com'é de Dammartin, obtint Lettres pour être subrogé au lieu & droit du sieur de Boullainvilliers, le Duc de Guise en obtint de semblables, pour être subrogé au lieu & droit du Sr de Rambures. La Cour ordonna que ni l'un ni l'autre ne seroient subrogez ; mais que les Srs de Boullainvilliers & Rambures plaideroient & détruiroient leurs droits en leurs noms ; ce fut un Arrêt notable entre deux grands Seigneurs, se voulant heurter en procez l'un contre l'autre. *Bibliotheque de Bouchel*, verbo *Subrogation.*

50. Subrogation doit être reçûë nonobstant faits mis en avant. Arrêt du Parlement de Paris du 16. Juillet 1569. *Papon, liv. 8. tit. 17. n. 13.*

51. Il s'observe au Palais que par l'acquit de l'argent que l'on baille à l'ancien creancier, au droit duquel on veut entrer, il soit dit & déclaré que c'est des deniers de celuy qui veut entrer en son lieu & place d'hypotheque ; *ut liquido constet sub pecuniâ dimissum creditorem.* Arrêt du 22. Decembre 1604. *M. Loüet lettre C. somm. 39.*

52. Henry IV. au mois de May 1609. fit un Edit qui fut verifié le 4. Juin, portant que ceux qui fourniroient des deniers aux debiteurs, avec stipulation expresse de pouvoir succeder aux hypotheques des creanciers, par declaration faite par les debiteurs lors de l'acquit, seroient subrogez de droit aux hypotheques, droits, noms, raisons & actions desdits creanciers, sans autre cession & transport d'iceux. *Voyez l'Ordonnance de Neron. M. le Prêtre premiere Centurie, chap. 69. in margine. & Mornac, l. 2. si debitor ff. de pignoratitiâ actione.*

53. Jugé le 7. Mars 1616. qu'un creancier qui a prêté son argent pour payer une dette contenüe en une vieille obligation, n'est point subrogé *ipso jure*, au lieu du creancier auquel la dette a été payée de ses deniers, ainsi même qu'il étoit porté par la quittance. *Biblioth. de Bouchel*, verbo *Subrogation.*

54. L'acheteur d'un heritage qui est hypothequé, s'il paye le prix pour l'acquit du vendeur au creancier, il demeure subrogé de plein droit en sa place, nonobstant le defaut de l'omission de subrogation. Arrêt en Juillet 1622. *Brodeau sur M. Loüet, lettre C. sommaire 38. nomb. 7.*

55. Subrogation faite à la veuve commune en biens par l'un des heritiers du mary de la part à luy afferante

en la communauté, les autres coheritiers ne peuvent demander la subrogation, parce que la veuve n'est point réputée étrangere. Arrêt du 23. Mars 1623. *Brodeau, ibidem, somm. 13. nomb. 3.* circa finem.

56. Celuy qui paye un creancier de ses deniers, n'entre en sa place sans subrogation. Arrêt du 1. Août 1628. *M. d'Olive, liv. 4. chap. 14.* Il faut observer que ce soit un étranger qui paye, & non pas un second creancier qui paye au premier. *V. l'Arrêté des subrogations.*

57. Le creancier qui subroge un autre dans son hypotheque moyennant le payement de sa dette, sans autre convention, est tenu de l'éviction. Arrêt du 15. Juillet 1637. *M. d'Olive, liv. 4. chap. 26.*

58. Défenses aux Notaires de recevoir des particuliers des declarations & subrogations d'emprunts de deniers, sinon par les quittances & rachats des dettes, à peine de nullité. Arrêt du 31. Août 1676. *De la Guessiere, tome 3. liv. 10. chap. 14.*

59. Un creancier subrogé à la poursuite des criées, ne peut obliger le poursuivant & son Procureur de demeurer garants de leurs procedures pour les frais qu'il leur rembourse ; c'est pourquoy acte des offres de payer la somme de 2500. livres, & en la payant la Gardette Procureur condamné à rendre les pieces & procedures. Jugé au Parlement de Paris le 6. Juillet 1678 *Journal du Palais.*

60. Celuy qui prête ses deniers à l'un de deux coobligez solidairement à une rente, à la charge qu'ils seront employez au remboursement de cette rente, à l'effet d'être subrogé aux droits & hypotheques du creancier, peut poursuivre l'autre coobligé en vertu de la subrogation du creancier, portée par la quittance de remboursement. Jugé au Parlement de Paris le 28. Avril 1679. *Ibidem.* Cet Arrêt est à present suivi.

61. La subrogation a l'effet d'une cession pour conserver l'hypotheque sur tous les coobligez, & l'hypotheque subsiste contre un coobligé qui n'a point parlé, ni été partie dans la quittance & acte de subrogation. Arrêt du 15. May 1679. *Journal du Palais. De la Guessiere, tome 4. liv. 2. chap. 6.* Autre Arrêt du 10. Août 1679. *Ibidem.* Autre Arrêt du 30 Juillet 1682. *La Guessiere, ibid. li. 5. ch. 24.*

62. Celuy qui est subrogé par le debiteur du consentement du vendeur d'un Office, pour le restant du prix, n'a point de preference sur les autres creanciers privilegiez sur l'Office, mais ils viennent par concurrence. Jugé à Paris le 1. Mars 1681. *Journal du Palais.*

63. La Dame Desclusselles & la Dame de Grosmots sa mere devoient une rente à Capon ; la Dame Desclusselles seule emprunte de Pierre Gervy une somme pour être employée au rachat de cette rente, ce qui est executé avec subrogation, & tenant que de besoin seroit cession & transport : les biens de la Dame Grosmors sont saisis réellement. Gervy s'oppose au decret & prétend devoir être mis en ordre du jour de la rente de Capon ; les autres creanciers au contraire ; l'affaire partagée ; jugé que la cession faite à Gervy par le sieur Capon ne luy avoit pas conservé les hypotheques sur les biens de la Dame de Grosmors. Arrêt en la 5. Chambre des Enquêtes du 14. Mars 1684. *Journal du Palais. Voyez de la Guess. tome 4. liv. 7. chap. 7.* où il rapporte plusieurs Arrêts, l'un du 19. Août 1673. l'autre du 29. Février 1679. le 3. du 28. Août 1679. & du 20. Janvier 1677.

64. Arrêté, les Chambres assemblées sous le bon plaisir du Roy, portant qu'un nouveau creancier prêtant ses deniers à l'un des debiteurs, pour être employez au payement de l'ancien creancier, la subrogation faite par le debiteur, sans être consentie par l'ancien creancier ni par les autres debiteurs & cautions, ou ordonnée par Justice, est bonne ; le 6. Juillet 1690. *Journal du Palais.*

Ce jour la Cour, toutes les Chambres assemblées, a arrêté & ordonné sous le bon plaisir du Roy, que pour succeder & être subrogé, aux actions, droits, hypotheques & privileges d'un ancien creancier, sur les biens de tous ceux qui sont obligez à la dette ou de leurs cautions, & pour avoir droit de les exercer en la maniere que les creanciers l'auroient pû faire, il suffit que les deniers du nouveau creancier soient fournis à l'un des debiteurs, avec stipulation faite par acte passé pardevant Notaires qui précede le payement, ou qu'il soit de même date, que le debiteur employera les deniers au payement de l'ancien creancier; que celuy qui les prête sera subrogé aux droits dudit ancien creancier, & que dans la quittance ou dans l'acte qui en tiendra lieu, lesquels seront aussi passez pardevant Notaires, il soit fait mention que le remboursement a été fait des deniers fournis à cet effet par ce nouveau creancier, sans qu'il soit besoin que la subrogation soit consentie par l'ancien creancier, ni par les autres debiteurs & cautions, ou qu'elle soit ordonnée par Justice; & qu'en attendant que ledit Seigneur Roy en ait autrement ordonné, la Compagnie suivra cette Jurisprudence, dans toutes les occasions qui s'en presenteront; ordonne que le present Arrêt sera envoyé aux Bailliages & Sénéchaussées du Ressort, pour y être pareillement observé, & à cet effet lû, publié, enregistré; & enjoint aux Substituts du Procureur General du Roy d'y tenir la main, & d'en certifier la Cour dans un mois. Fait à Paris en Parlement le 6. Juillet 1690. *V. le 2. to. du Journal du Palais, p.* 780. Le 9. Avril 1691. la même deliberation a été faite en la Cour des Aydes. *Ibid. p.* 793.

66 Le payement fait par un fidejusseur, étant contraint, ne luy acquiert de droit la subrogation aux droits & actions du creancier principal, contre d'autres cautions, sans stipulation ni subrogation expresses. Arrêt du Parlement de Paris du 26. Août 1706. *Voyez le recueil des Arrêts notables imprimé en* 1710. *chez Michel Guignard, ch.* 75.

SUBROGATION AU P. DE PROVENCE.

67 Arrêt du 21. Juin 1644. qui a jugé qu'un acheteur qui a payé le prix à un creancier est subrogé à son droit & hypotheque *ipso jure* sans subrogation expresse. *Boniface, to.* 4. *liv.* 8. *tit.* 2. *chap.* 8.

68 Jugé le 9. May 1645. que l'acheteur chargé de payer le creancier du vendeur, est subrogé tacitement à son hypotheque sans subrogation expresse. *Boniface, to.* 2. *liv.* 4. *tit.* 2. *ch.* 8.

69 Arrêt du 8. May 1661. qui a jugé que l'heritier grevé ayant payé une dot leguée, par la fille du testateur, est subrogé à l'hypotheque de la fille. *Boniface, to.* 2. *liv.* 2. *tit.* 2. *ch.* 16.

70 Si les capitaux des semences fournies en une année sont censées continuées aux années à venir par subrogation, & conservent leur hypotheque? Arrêt du mois de Mars 1675. qui declara la subrogation à l'hypotheque en faveur de celuy qui avoit prêté du bled pour semer. *Boniface, to.* 4. *liv.* 8. *tit.* 9. *ch.* 1.

SUBROGATION AU P. DE ROUEN.

70 bis. L'acquereur des biens du mary étant dépossedé par la femme est subrogé à ses droits & actions au préjudice de l'acquereur posterieur du bien de la femme? Arrêt du Parlement de Roüen du 30. Juillet 1669. *Basnage, sur la Coûtume de Normandie, art.* 539.

71 Un débiteur qui a emprunté de l'argent avec promesse d'employ, & qui a tiré des quittances particulieres sous seing privé sans aucune declaration ny subrogation, peut rendre trois mois après les quittances particulieres au creancier, & en tirer une quittance generale passée pardevant Notaires, où il déclare d'où proviennent les deniers, à l'effet de produire une subrogation à l'hypotheque & au privilege du creancier au profit de ceux qui ont prêté leur argent. Jugé au Parlement de Roüen le 26. Février 1687.

Tome III.

en l'ordre des creanciers de M. le Président Baillet, la cause avoit été renvoyée au Parlement de Normandie sur évocation à cause des parentez. *Voyez le Recüeil des Arr. de Nor. p.* 87. *& suiv.* étant ensuite de *l'esprit de la même Coût.*

SUBROGATION AU P. DE TOULOUSE.

72 On demande si celuy des deniers duquel le vendeur d'un fonds est payé de partie du prix, & qui est subrogé au premier, joüit du privilege contre le vendeur? Il se juge au Parlement de Toulouse que ce subrogé ne joüit point du privilege contre le vendeur, & que le vendeur est preferé sur la vente separée de la chose pour le reste du prix en capital & en interêts; sur tout s'il a reçu l'argent sans être tenu d'aucune éviction & garantie, soit que la subrogation faite à celuy des deniers de qui une partie du prix a été payée, ait été faite par l'acheteur ou par le vendeur même. Si la subrogation est faite par l'acheteur debiteur du prix, il n'est pas juste que cette subrogation que le vendeur n'a pas faite, luy porte préjudice; s'il a subrogé luy-même, il n'est pas presumé subroger à son propre préjudice, sur tout lorsqu'il a stipulé qu'il ne seroit tenu à aucune éviction ny garantie. Arrêts du Parlement de Toulouse des 15. May 1664. & 24. Janvier 1677. rapportez par *M. de Catellan, liv.* 6. *chap.* 4.

73 Par Arrêt du Parlement de Toulouse du 29. Avril 1665. jugé que celuy qui prête pour payer partie de la dette au creancier, & qui est subrogé par le debiteur, ne peut nuire au creancier, & cette subrogation ne vaut pas contre luy: en telle sorte que le préteur puisse être alloüé par concurrence avec le creancier originaire, quoyque les deniers soient parvenus en ses mains. Semblable Arrêt rendu en la Grand'Chambre le 17. Avril 1684. ils sont rapportez par *M. de Catellan, ibidem.*

74 Un creancier posterieur qui paye le premier, *tacito juris intellectu*, & sans autre subrogation succede en sa place, parce qu'il est presumé avoir fait ce payement, non pas pour prêter ses deniers, mais pour conserver & augmenter ses hypoteques. C'est l'usage du Parlement de Toulouse: par la même raison l'acheteur d'un fond qui du prix paye les creanciers de son vendeur, acquiert leur hypotheque sans autre subrogation. Arrêt du 17. May 1667. Le simple engagiste n'a pas le même avantage. *Voyez M. de Catellan, liv.* 5. *chap.* 31.

75 Arrêts du Parlement de Toulouse des 23. Decembre 1669. & 14. Decembre 1699. qui ont alloüé l'acheteur par privilege pour les lods, quoyqu'il n'y eût point de subrogation. *Voyez M. de Catellan, liv.* 5. *chap.* 31.

76 Celuy qui prête une somme pour payer un creancier de celuy qui emprunte, avec subrogation, est valablement subrogé lorsque le payement n'est fait à ce creancier que le lendemain, & qu'il n'y a pas de declaration d'employ. Arrêt du Parlement de Toulouse du 2. May 1678. rapporté par *M. de Catellan, liv.* 5. *chap.* 29.

77 La cessionnaire succede pleinement à toute l'hypotheque réelle qu'elle cedant, sans qu'il soit besoin de subrogation. Arrêt du Parlement de Toulouse au mois de Decembre 1679. rapporté par *M. de Catellan, liv.* 5. *chap.* 32.

78 Celuy qui est subrogé au premier, ou par le vendeur ou par l'acheteur, joüit du privilege, & est alloüé par la vente separée de la chose venduë, pour le capital & interêt; & les interêts courent sans interpellation, comme ils courent en faveur du vendeur: c'est l'usage du Parlement de Toulouse. Arrêts des mois de Février 1693. & Juillet 1694. rapportez par *M. de Catellan, liv.* 6. *chap.* 4.

79 Si le débiteur pour payer son creancier, emprunte en divers temps de deux ou trois personnes, & le subrogé à l'hypotheque du creancier, ces deux sub-

rogez ne feront pas alloüez en même rang, & par concours, quoyqu'ils ayent acquis la même hypotheque, mais la préference sera reglée entr'eux par la priorité de la date des subrogations. Ainsi jugé au Parlement de Toulouse, en la premiere Chambre. Mais si le creancier luy-même prenant le payement de partie de ce qui luy est dû, subroge à son hypotheque, & si ensuite prenant le payement du restant d'un autre, il le subroge aussi; on demande lequel de ces deux subrogez sera preferé? Le dernier subrogé doit l'être, d'autant que nonobstant la premiere subrogation, le creancier retenant la préference sur le premier subrogé, cette préference doit passer au second. Cette question se presenta dans le cas du premier, en la premiere Chambre des Enquêtes en 1694. & le dernier subrogé par le vendeur, fut preferé au premier pour le capital; mais les interêts deus à ces deux subrogez furent alloüés par concours sur la vente separée; en quoy on divisa le privilege du vendeur, qui sans difficulté est preferé pour le restant du prix, en capital & interêts, à celuy qu'il a subrogé à une partie. *Voyez M. de Catellan*, liv. 6. chap. 4.

80 Dans le cas où le vendeur prenant partie du prix des deniers du prêteur, le subroge luy-même; on vient d'observer que cette subrogation ne peut luy nuire, qu'il n'est pas présumé la faire à son préjudice, sur tout s'il a été dit qu'il ne sera tenu d'aucune eviction & garantie, & le vendeur sera preferé en capital & interêts. M. Dolive en rapporte un Arrêt dans sa nouvelle addition au liv. 4. chap. 10. Ainsi par Arrêt rendu en la Grande Chambre aprés partage le 1. Mars 1700. en la distribution de Jean Gaultier, la préference fut donnée au vendeur pour le capital & les interêts du restant du prix, sur celuy qu'il avoit subrogé auparavant, en recevant une partie sans être tenu d'éviction ni garantie. *M. de Catellan, ibidem.*

SUBSIDES.

Voyez hoc verbo, *le Recueil des Arrêts de Bouvot, to. 2. & les mots Impôts, Tailles.*

SUBSTITUT.

SUbstitut des Avocats du Roy. *Voyez le mot Avocat, nomb. 247. & suiv. & le mot Procureur, n. 147. & suiv.*

Voyez cy-aprés *Substituts*, où leurs droits seront expliquez.

SUBSTITUTION.

1 **D**E vulgari & pupillari substitutione. D. 28. 6. Inst. 2. 15. & 16.

De impuberum, & aliis substitutionibus. C. 6. 16.
De institutionibus, & substitutionibus, seu restitutionibus sub conditione factis. C. 6. 21. Ce Titre parle des conditions apposées aux Institutions & aux Substitutions.

De substitutionibus, & de faciendis secundis tabulis. Cajus. 2. 4.

Ut restitutiones fideicommissi usque ad unum gradum constant, N. 159. Des Substitutions, & à quel degré elles s'étendent.

Voyez les mots Fideicommis, *Nôces, nomb.* 107. & *suiv. & le mot* Representation, *nomb.* 72. & *suiv.*

2 *De Substitutionibus.* Per Ray. de Forlivio.
   Per Baldum de Ubaldis.
   Per Lancellot. Pollitum.
   Per Udalricum Zazium.
   Per Antonium Fumeum.
   Per Barto. de Hutio.
   Per Anto. Caijum.

3 *De successionibus & substitutionibus.* Per Constantin. Rogerium.

4 *De quintuplici substitutione.* Per Joan. Cruceum.

5 *Intrigliolus de substitutionibus*, vol. in folio. Hannoviæ 1602.

Traité des Substitutions, par *des Roys.* Lyon 1644.
Fusarius, *de substitutionibus.* in folio. *Geneva.* 1653. 6 & 1674.

Des Substitutions. *Voyez le traité de M. Duval, de* 7 *rebus dubiis Cap. de substitutionibus, Julius Clarus in testamentum.*

De l'institution & substitution. *V. Julius Clarus, li.* 8 *3. Sentent. quest.* 70.

Me. Jean *Champy* Avocat, a fait un Abregé des 9 Substitutions & des formalitez necessaires pour leur validité dans le Commentaire sur la Coûtume de Meaux in 8°. à Paris, chez *Christophe Journel*, 1682.

Voyez le Traité des Conditions Fideicommissaires 10 en l'un & l'autre cas du decés sans enfans, & du decés avec enfans, & des enfans sans enfans, exprimé ou sous-entendu dans les substitutions graduelles. Ce Traité a pour Autheur M. Vulson, Conseiller au Parlement de Grenoble, & se vend à Paris, chez *Charles Osmont*, ruë S. Jacques. Il a été imprimé en 1707.

Substitutions. *Voyez hoc verbo*, *la Bibliotheque du* 11 *Droit François par Bouchel, celle de Jovet*, Papon, *liv.* 20. *tit.* 3. Bouvot, *tome* 1. *part.* 2. *verbo Esperance de Substitution.* Henrys, *tome* 2. *li.* 5. *quest.* 14. 18. & 20. Ricard, *to.* 2. Traité 6.

Le mot d'Institution est souvent pris pour celuy de 12 Substitution. *Voyez le mot* Heritier, *n.* 273. & *suiv.*

La substitution est la subrogation d'une personne à 13 une autre pour recueillir le profit d'une disposition, *instituti dicuntur primo gradu, substituti secundo vel tertio, l. 1. ff. de vulgari & pupill. substit.*

De substitutionibus & restitutionibus fideicommissariis, 14 *& ad quos gradus extendantur tam jure civili quam regia constitutione*, M. *Valla de rebus dubiis, & c. tractatu* 5. *Voyez* Mornac, *l.* 7. ff. *de statu hominum*, où il est dit que Valla s'est mépris en son Traité 4. & 5.

Maynard, *liv.* 6. *ch.* 19. censure des Arrêts de Tou- 15 louse, ou leur citation faite par *Papon*, au titre *des Substitutions, art.* 30.

Quelles sont les marques d'une substitution, quand 16 ce terme de substitution ne se rencontre pas dans les actes. *V. le Jour. des Aud. tom.* 2. *liv.* 5. *ch.* 11. & *les notables Arrêts des Aud. Arr.* 93.

Noverca si hæres universalis instituatur, & ei unus ex 17 *liberis secundi matrimonii substituitur, an talis substitutio vulgarem contineat substitutionem: & quid si substitutus moriatur ante institutum?* Voyez Franc. Marc. *to.* 2. *q.* 78

Substitutionis vulgaris jus licet filius præmoriatur, an 18 *ad suos transmittatur: & sic dies incerta rejiciatur propter hæredis in capacitatem.* Voyez Franc. Marc. *to.* 2. *quest.* 113.

Substitutus vulgariter & pupillariter antequam admit- 19 *tatur, oportet quod probet an in gradu præcedentes decesserint.* Voyez Franc. Marc. *to.* 2. *q.* 445.

Substitutus obliquè per fidei commissum uno ex hæredi- 20 *bus mortuo sine liberis præfertur cohæredi, l. finali §. filium ff. de legatis* 20. *l.* Lucius §. Gaio ff. *ad Senatusc.* Trebellianum, nam post aditam hæreditatem cessat jus accrescendi, l. 1. ff. de usufructu accrescendo, & l. 30. ff. *de vulgari, & c.*

Substitutionem defecta conditione perire: quandoque 21 *contra & quando hæredis nomen ad descendentes rstringatur.* Voyez *Francisci Stephani decis.* 90.

* *Illa videntur partes repetita in substitutione qua in in-* 22 *stitutione expressa sunt.* Mornac, *l.* 29. ff. *pro socio.*

Fait notable touchant les substitutions des maisons, 23 noms & familles. *V.* Chavrondas, *liv.* 2. Rép. 96. Voyez *le liv.* 5. Rép. 61. où il est parlé de l'Arrêt des Dormans, & *liv.* 9. *Rép.* 34.

Le sens exprimé par les termes, doit prévaloir à 24 l'intention présumée. *V.* Henrys, *tom.* 2. *livre* 5. *question* 42.

Substitution, esperance. *V. Carondas liv.* 7. *Rép.* 25 155. & *liv.* 13. *Rép.* 54.

25 bis   M. Charles du Moulin dans son premier Conseil agite une question de substitution. *Vide to. 2. p. 809. Item* dans son Conseil 4. & 5. *ibid. p.* 821. *Item* au Conseil 6.7.8.15. 26. où il est dit que *prohibitio alienandi causata inducit fideicommissum*.

Præscriptio non incipit currere ante singularum substitutionum eventum &c. Voyez encore les Conseils 40. 45. 51. où il dit, *verbum Hoires intelligitur de descendentibus ut verbum hæres*, Conseil 56. & dans un autre Conseil pour Martin Dharagon *p.* 983.

26   La substitution ne fait point de degré en la personne de celuy qui ne l'a expressément acceptée. V. *Henrys, tom.* 1. *liv.* 5. *ch.* 4. *q.* 24. & *to.* 2. *li.* 6. *q.* 9. M. *Expilly, Arr.* 124. le degré doit être rempli *cum eff. &*, autrement la substitution ouverte ; si le fideicommissaire meurt avant que d'avoir intenté sa demande en fideicommis, il ne transmet rien à ses heritiers. *Ricard des substitutions, trait.* 3. *ch.* 9. *sect.* 6. *part.* 1. *nom.* 760. 768. 784. & 804.

27   Un pere a deux enfans ; il institue l'aîné, & au cas qu'il meure sans enfans, il luy substitue le puiné ; une disposition de cette qualité ne couvre point la preterition du puiné ; où il dit avoir été jugé sans rapporter l'Arrêt. *Henrys, tom.* 1. *liv.* 5. *ch.* 4. *q.* 27.

28   *Henrys, tom.* 2. *liv.* 5. *q.* 42. decide que le pere ayant substitué ses filles les unes aux autres, il n'est pas censé pour cela avoir voulu les substituer à son fils son heritier : il dit que quoiqu'il faille favoriser l'intention du testateur, il ne faut pas neanmoins faire le devin, *non sunt somnandæ subst. tutiones*, il donne un moyen pour concilier les loix 12. & 13. *de reg. jur.* l'une dit qu'il faut interpreter favorablement les volontez des testateurs, *in testamentis plenius voluntates testantium interpretantur*; l'autre que quand on ne peut pas entendre ce qui est écrit dans un testament c'est la même chose que si la chose n'étoit pas écrite, *quæ in testamento ita sunt scripta ut intelligi non possint, perinde sunt, ac si scripta non essent* ; il dit que la premiere se doit entendre lorsqu'il y a lieu d'expliquer la volonté du défunt, & que l'interpretation est favorable & vraisemblable ; & l'autre lorsque la disposition est conçuë en termes si obscurs, que l'on ne sçauroit y rien comprendre, ni penetrer le sens, il faut ajoûter, ni luy donner un qui soit raisonnable.

29   Quand la substitution, soit reciproque ou simple, se trouve conçuë en termes de compendieuse, comme lors que le testateur a dit, *qui in locumque hæres morietur*, elle enferme une substitution graduelle & fideicommissaire, ainsi que la vulgaire & la pupillaire ; c'est parce que le mot qui la regle enveloppe divers temps. *Henrys, tome* 1. *liv.* 5. *ch.* 4. *qu st.* 48.

30   Quand le testateur permettra à son heritier de disposer comme il voudra de ses meubles, de son argent, ou de quelques autres choses, les substituez, comme il a été jugé au Parlement de Grenoble, voudront en vain l'empêcher. *Voyez Guy Pape, quest.* 75. & *Chorier en sa Jurisprudence du même Auteur, p.* 191.

31   Arrêt solemnel du P. de Toulouse, qui ajuge à une mere la moitié des biens de sa fille, nonobstant la substitution : sçavoir le tiers *jure legitimæ* : & le quart du reste *jure trebelliani*, parce qu'elle étoit morte, *jam facta pubes*, & sans avoir fait pourvoir de tuteur à sa fille impubere. *Papon, liv.* 20. *tit.* 3. *n.* 30.

32   Un substitué pour les biens à luy avenus par la mort du premier heritier, se pourvoit possessoirement, se disant saisi par la Coûtume generale de France, par laquelle le sort saisi le vif, contre l'heritiere *ab intestat*, du premier heritier, laquelle luy oppose fin de non recevoir pour la possession. Arrêt du Parlement de Bourdeaux du 23. Juin 1526. qui maintient l'heritiere, le substitué debouté, à luy reservé son action au petitoire. Même Arrêt le 14. Août 1521. pour Marguerite de Grammont, heritiere du premier heritier, appellant du Sénéchal de Limoges, contre Pierre de Grammont substitué. Cependant *Benedict*, dit qu'un substitué fideicommissaire a lieu de s'aider de la Coûtume de France, *le mort saisi le vif*, & que de son temps fut donné Arrêt à Toulouse, par lequel un substitué complaignant, fut reçû & maintenu pour les biens substituez pour la maison de Boisse ; il soûtient cet Arrêt par l'équité du chapitre *in præsentiâ de probat*. lequel, il dit être déclaré par Balde à cet effet, que le cas de restitution avenu, le circuit de la restitution ne se doit observer, mais est tenu pour fait & pour le même motif, il dit que semblable Arrêt fut donné le dernier Mars 1506. *Biblioth. de Bouchel*, verbo *Substitution*.

33   Deux freres substituez l'un à l'autre en cas de décès sans enfans, par leur division & partage, peuvent contracter ensemble au préjudice des substitutions, & contre leurs mutuelles quitances, leurs enfans ne peuvent revenir. Arrêt du Grand Conseil de l'an 1517. *Papon, liv.* 20. *tit.* 3. *n.* 25.

34   Par testament, un pere laisse à chacun des deux enfans qu'il a, certains biens ; au residu, il les institue heritiers universels, & substitue en cas qu'ils n'ayent enfans, l'un à l'autre, & aux deux le plus prochain : l'un d'eux meurt sans enfans, fait heritier autre que son frere ; cet heritier veut distraire la legitime du défunt, & la quarte trebellianique, outre ce les biens qui furent preleguez par le testament au défunt. Ce frere substitué l'empêche quant au prélegat, & l'accorde quant aux quartes. Par Arrêt du Parlement de Bourdeaux du 14. Juillet 1510. jugé selon le texte, *quidam liberis*, & l'opinion de Bart. *Biblioth. de Bouchel*, verbo *Substitution*.

35   Un substitué aprés la condition échûë, ne peut se dire possesseur, ni pourvoir par complainte, mais doit petitoirement requerir, & poursuivre l'heritier de celuy qui est chargé de la restitution hereditaire, de s'acquiter du fideicommis. Arrêt du 12. Février 1522. Les Auteurs ont été long-temps partagez sur cette difficulté ; & il a été enfin résolu qu'en droite ligne le substituez se peuvent pourvoir possessoirement, en ligne collaterale, non ; entre Madame Loüise de Savoye, mere de François I. & Charles de Bourbon, Connétable de France. *Voyez Papon, liv.* 20. *titre* 3. *nomb.* 12. & 13.

36   Un substitué ne se peut pourvoir possessoirement. Arrêt du Parlement de Bourdeaux du 23. Juin 1526. qui luy reserve son action au petitoire, autres des 14. Août 1521. & 22. Février 1536. Arrêt contraire du Parlement de Paris du mois de May 1561. sur le fondement que le substitué est saisi par la Coûtume. Même Arrêt a été donné au Parlement de Toulouse. *Voyez Mainard, liv.* 5. *ch.* 10. & *Papon, liv.* 20. *tit.* 3. *n.* 21.

37   Entre Messire Jean de Levis de Châteaumorand, Gentilhomme ordinaire de la Chambre du Roy, & Gouverneur de Monseigneur le Dauphin, ayant repris le procez interrompu par la mort de Messire Jacques de Levis de Châteaumorand son pere, d'une part ; & Messire Gilbert de Levis Comte de Vantadour, au lieu de son pere, défendeur d'autre part ; il fut dit par Arrêt du Parl. de Toulouse en l'an 1533. le 5. Février, qu'au demandeur substitué par le testament de Philippes II. Antoine I. son fils, & Bremond de Levis, seroient délivrez, sept onces & demie, dont les douze font le tout des hereditez, & de tous & chacuns les biens de la maison de Levis, & Comté de Villars, ayant appartenu aux susnommez, & tous & chacun les biens & succession de Châteaumorand, ayans appartenu à M. Jean de Châteaumorand, & Dame Anne sa fille, sauf Poligny, le Vicomté de Remond, Luny, Chausseaux & le Pont de Chargi, à la charge de la legitime de M. Jacques de Levis sur lesdites places, & outre à Jean de Levis, la legitime telle que de raison, dûë à M. Jacques sur les

Ggggiij

biens de la Voute, & qui furent de Bremond Levis ; Seigneur de la Voute ; le surplus laissé au dessus dit pour ses quartes & autres distractions, & sans avoir égard à ce *quod essent plures substitutiones*. V. La Bibliotheque de Bouchel, verbo, *Substitution*.

38. Un Testateur institué heritier un de ses mâles, & fait deux degrez de substitution ; sçavoir que si le premier decede sans mâles, le second est appellé, & au cas que le second meure sans enfans, un étranger est substitué. L'heritier meurt sans laisser aucuns enfans ; le second fils qui en laisse prédecede cet heritier ; le dernier substitué demande les biens ; les enfans s'y opposent & disent qu'ils sont appellez avant luy. Il fut debouté au Parlement de Bourdeaux par fin de non recevoir, à cause qu'il s'étoit pourvû au possessoire, & luy fut reservée son action au petitoire, & depuis Arrêt du 14. Août 1537. en sa faveur. Dans la même espece Arrêt du Parlement de Toulouse du 27. Avril 1548. au profit des enfans. Biblioth. de *Bouchel, ibid*.

39. Voyez l'Arrêt du dernier Decembre 1554. au profit d'un frere substitué à sa niece heritiere universelle par Justice, de son défunt pere, contre la mere de l'heritiere. Le Vest, *Arrêt 59*.

40. Jugé au Parlement de Paris le 9. Janvier 1556. qu'un mineur, quoiqu'il semble se mettre à couvert d'une poursuite desavantageuse, ne peut renoncer à une substitution non avenuë. 2. Qu'un premier substitué de plusieurs degrez, en cedant à un tiers l'émolument & biens de la substitution avenuë ou non avenuë, ne fait aucune ouverture au second ou autre consequemment substitué. Biblioth. de Bouchel, verbo, *Restitution, page 296*.

41. La substitution d'un pere faite à ses enfans de mâles en mâles, l'aîné vient à la succession & decede devant son fils, qui seroit aussi décedé sans enfans ; la fille du puisné de ses heritiers institué exclut la mere dudit fils. Arrêt du 1. Septembre 1571. *Peleus, question 56*.

42. Arrêt du mois de Février 1575. qui a jugé la substitution étoit finie par la naissance des enfans survivans au décès de celuy à qui la substitution étoit faite. La Rochflavin, liv. 3. *lettre S. titre 9. Arr. 5*.

43. Un pere qui avoit deux enfans mâles institué l'aîné, & s'il venoit à deceder sans enfans mâles, il luy substitué le puisné; aprés son décès l'aîné qui n'avoit qu'une fille de son mariage, la marie & luy constitué en dot la moitié de tous & chacuns ses biens que son pere luy avoit laissés, le puisné present au Contract promet de n'y contrevenir ; il ne le fit pas aussi ; mais aprés son décès les heritiers du puisné demandent l'ouverture de la substitution par le décès de l'aîné sans enfans mâles. Les mariez opposent la presence & promesse du puisné au Contract de mariage. On replique que le puisné n'avoit pas quitté ses droits de substitution contenuë au Testament qui n'avoit été vû ni lû, non pas même fait mention d'iceluy. Il fut jugé pour les mariez, par Arrêt du Parlement de Toulouse du 15. Juillet 1575. aprés le procés parti és deux Chambres des Enquêtes, départy en la Grand Chambre. Voyez *Guy Pape, quest. 231*. & Mainard, iv. 7. chap 29.

44. La substitution ou fideicommis n'est présumé de toutes paroles rogatoires faites par le Testateur. Arrêt du 16. Avril 1585. Carondas, liv. 7 Rép. 82.

45. Par Arrêt general prononcé en Robes rouges le 13. Septembre 1585. entre Marie de Pellepoix demandant la repetition de sa dot, & le Syndic de l'Hôpital de Toulouse substitué aux biens sur lesquels la dot étoit demandée, la femme fut deboutée de sa demande & il fut décidé que l'*Auth. Res quæ C. de fideicom*. n'auroit lieu que *inter descendentes & non inter collaterales* & aux substitutions faites par le pere ou mere, à leurs enfans, ou descendans d'iceux, & non aux substitutions faites par les oncles ou autres collateraux, ni aussi par les étrangers. Bibliot. de Bouchel, verbo, *Douaire*.

46. Lorsque les substituez sont des descendans ils doivent être saisis des biens ausquels ils sont substituez, avant que l'on procede aux distractions, parce qu'ils sont plus favorables que les heritiers étrangers, ou autant favorables que les heritiers mêmes, en qualité de descendans, ils sont saisis. Arrêt donné au Parl. de Toulouse du 17. Avril 1598. en faveur des substituez de la Maison de Morillon en Roüergue. Arrêt semblable du 17. Avril 1603. Ce qui doit avoir lieu quand la moitié des biens est substituée, s'il n'y avoit qu'une legere partie, il n'en seroit pas de même. Ibidem, verbo, *Substitution*.

47. Au cas d'une substitution, *nomine filii non continetur nepos ex filia*. Arrêt du 12. Juillet 1601. M. Bouguier, lettre S. nomb. 10.

48. Un Marchand de Lyon a un fils & une fille ; *il institué son fils heritier & ses enfans mâles en loyal mariage ; & s'il décede sans enfans mâles, il substitué sa fille & ses enfans, & si elle décede sans enfans, il substitué un de ses freres, avec prohibition d'aliener ; & s'il decede sans lignée, il veut que ses biens appartiennent à l'Hôtel-Dieu de Lyon*. Ce fils decede sans enfans mâles, laissant sa sœur qui joüit pendant 50 ou 60. ans des biens ; elle meurt sans enfans, fait son Testament, & laisse plusieurs maisons à l'Hôtel-Dieu de Lyon, & au residu de biens, elle institué le Receveur de l'aumône du Pont de Lyon. Une petite fille du frere du premier testateur demande la substitution qui fut declarée ouverte à son profit, avec restitution de fruits, déduction faite des quartes de legitime & de trebellianique au profit des défendeurs que la Cour estima de deux tiers. Arrêt à Noël 1615. Montholon, *Arrêt 127*. où il parle & explique la trebellianique.

49. Voyez les 37. & 38. *Plaidoyers de M. le Maître*, & l'Arrêt du 4. Juin 1637. qui declare une substitution de quatre Terres ouverte au profit du sieur Marquis de *Chabannes*. Plusieurs questions importantes sont traitées dans ces Plaidoyers.

50. Arrêt du Parlement d'Aix du 15. Juillet 1676. qui a jugé que les plus proches n'étant appellez à la substitution, le neveu fils d'un frere germain exclut la tante consanguine. Boniface, *tome 5. liv. 2. tit. 16. chap. 2*.

51. Si l'esperance d'une substitution est transmise du pere substitué à l'enfant en ligne directe, quand il y a plusieurs degrez de substitution ? V. Bouvot, *to. 1. part. 2*. verbo, *substitution, quest. 3*.

52. Le pere instituant deux de ses filles impuberes, les substituant l'une à l'autre ; si telle substitution est censée vulgaire ou pupillaire ; & si la mere est exclue de la legitime par cette substitution reciproque. *Ibid. question 7*.

53. Si l'ayeul peut faire Testament pour les enfans de ses enfans impuberes aprés la mort de son fils, & substituer les uns aux autres, s'ils décedent sans enfans, & si la mere est exclue de la legitime pour telle substitution ? Voyez ibid. verbo, *Mere, quest. 3*.

54. Si le fils est institué par le pere, le frere du Testateur substitué, deceder, sans enfans, le frere du Testateur substitué, s'il a des enfans qui ne se portent heritiers d'iceluy, ils peuvent avoir les biens par la disposition du pere, & empécher que les Creanciers ne soient payez sur lesdits biens. & si en la substitution du fils est compris le petit-fils de la fille ? Voyez Bouvot, *tome 2*. verbo, *Substitution, quest. 7*.

55. Si en Bourgogne le mary par un traité fait avec sa femme, declare qu'il veut & entend que tous les meubles & acquêts communs demeurent à sa femme, à la charge que la femme acquittera ses enfans de toutes dettes, & pour les anciens les laisse à ses en-fans, & substituant la mere en cas de prédecez des enfans sans enfans, & sans institution d'iceux, si tel traité est valable ? Voyez le mot *Dettes*, no. 126. *bis*.

56 S'il suffit pour la validité d'un Testament que les enfans soient appellez, par une substitution vulgaire ou fideicommissaire & conditionnelle, ou à jour incertain? *Voyez* Duperrier, *liv.* 1. *quest.* 24.

57 Si l'interruption des degrez éteint le fideicommis, quand la substitution est compendieuse, & si les enfans du premier substitué qui est predecedé, & qui n'étoient qu'en la condition, sont preferables au second substitué qui a survêcu à l'heritier grevé? *Voyez* Duperrier, *liv.* 2. *quest.* 21.

58 Une femme institué son mary en la troisième partie de ses biens & és deux autres parties ses enfans, lesquels elle substituë l'un à l'autre, & s'ils decedent, substituë le plus proche de parenté : les enfans décedent *vivente patre*, lequel se remarie & a des enfans du second lit. Aprés le décés du pere la sœur uterine de la testatrice demande la succession des enfans, disant qu'elle leur est substituée en vertu de ces mots, *le plus proche de parenté*. Aprés de grandes disputes entre M. Josse Raporteur & M. Mainard, il a été jugé que ces mots devoient s'entendre de la parenté de la Testatrice. *La Rocheflavin*, *livre* 4. *lettre* T. *tire* 5. *Arr.* 12.

59 La substitution faite, si l'heritier meurt sans enfans, prend fin, l'heritier laissant un fils quoiqu'il decede peu de temps aprés. Jugé au Parlement de Toulouse le 13. Fevrier 1598. Cambolas, *liv.* 2. *ch.* 41.

60 Par Arrêt du 4. May 1623. il a été préjugé qu'un pere instituant son fils heritier & luy substituant, en cette substitution n'étoient pas compris les biens que le fils avoit de son pere par transmission. Cambolas, *liv.* 5. *chap.* 2.

61 Un homme ayant deux enfans institué son aîné & au cas où il decederoit sans enfans, luy substituë son second fils. L'aîné va en Espagne, s'y marie & a des enfans ; il vend les biens que son pere luy avoit laissés situés en France : aprés son décés son frere forma instance contre l'acquereur en ouverture de substitution, dont il fut debouté le 29. May 1626. par Arrêt du Parlement de Toulouse. Par cet Arrêt il a été jugé que la substitution est empêchée par l'existence des enfans, bien qu'ils soient conçûs & nés, & fassent residence en pays étrangers. Cambolas, *liv.* 5. *chapitre* 24.

62 Dans les substitutions au Parlement de Toulouse, on compte par generations, & non par successions, quoiqu'elles soient faites par un Collateral. Jugé le 9. Septembre 1627. Par Arrêt du 17. Avril 1636. en la maison d'*Archer*, il a été jugé que ceux de cette maison ayant leur principal manoir dans le ressort du Parlement de Toulouse, quoy qu'ils eussent des biens considerables dans celuy de Paris, où l'on compte les degrez des substitutions par têtes, plusieurs freres ayant recüeilli, ne font qu'un même degré à l'égard des biens situez au ressort du Parlement de Paris. Cambolas, *liv.* 3. *chap.* 7.

63 Substitution faite à une partie de l'heritage laissé au pupille est étenduë aux entiers biens d'iceluy. Arrêt du Parlement de Toulouse du 15. Mars 1631. Cambolas, *liv.* 6. *chap.* 19.

64 Si plusieurs indefiniment sont chargez de substitution precaire. 2. Ou quand la substitution precaire est faite aprés le décés de tous les instituez ; le substitué exclura le coheritier survivant. 3. Autre chose est lorsque les heritiers grevez sont des descendans du Testateur. 4. Et neanmoins en ce cas il n'y aura point de substitution reciproque, entre lesdits coheritiers descendans. Peregrin. *art.* 13. *n.* 36. & *seq.* & *n.* 59. 60. 61. 3. vid. Mainard, *liv.* 5. *chap.* 18. §. id. Mantic, *liv.* 4. *tit.* 10. *n.* 11. 28. 4. cont. Olive, *liv.* 5. *ch.* 11. vid. Graff. §. Substitutio. quæst. 61. *n.* 8. & *seq.* 1. 2. 3. id. Graffus §. Substitutio. quæst. 79. *n.* 15. & *seq.* vid. L. 2. §. 1. ff. de condit. instit. L. 42. ff. de vulg. & pup. L. 34. 57. §. 1. & L. 78. §. 7. ff. ad Trebellianum. M. Abraham la Peirere, *en ses Décisions du Palais, lettre* S. *nomb.* 133. *dit en rapportant toutes ces autoritez*, Cette décision est des plus controversées parmi les Docteurs ; j'ay toûjours crû que quand les heritiers instituez, & les substituez sont étrangers au Testateur, le substitué est preferé aux coheritiers survivans, & à chacun d'eux ; *& pluralitas resolvitur in singularitates* : mais si les heritiers instituez sont des descendans du Testateur, & le substitué étranger, le coheritier survivant est preferé au substitué ; & le substitué n'est admis qu'aprés le decez de tous les heritiers instituez sans enfans, auquel cas le substitué aura l'entiere heredité, sans que neanmoins il s'en puisse induire aucune reciprocité de fideicommis entre les heritiers instituez, & la substitution demeure en suspens jusqu'au décés sans enfans du dernier institué.

65 Arrêt du Parlement de Bourdeaux du 3. Août 1648. Maître François Château Notaire Royal faisant son Testament, en l'an 1609. legua 600. livres à Anne & Jeanne ses filles, institua ses heritiers universels Jean & François ses enfans, & si l'un de ces enfans decederoit sans enfans, luy substitua le survivant ; ou tous les deux decederoient sans enfans, leur substitua ses filles ou leurs enfans. Jean deceda laissant un enfant qui étoit l'intimé, en suite les deux filles decederent laissant enfans, qui étoient les appellans ; & aprés François mourut sans enfans. Par Sentence du Senechal de Perigueux confirmée par ledit Arrêt, les appellans furent deboutez de la substitution par eux prétenduë. La Cour jugea que puisque les enfans des filles avoient été appellez, le petit fils né du fils heritier institué les devoit exclure, & c'est une exception au §. *Cum ità L. hæredes mei. ff. ad Trebell.* La Peirere, *ibid.*

66 Arrêt du 22. Avril 1673. donné en la Grand'Chambre, au rapport de M. de Sabourin, Jeanne de Balsac femme de Claude Durfé, par son Testament divise ses biens entre quatre enfans qu'elle avoit, & au cas que ses enfans mourussent sans enfans, & lesdits enfans en pupillarité, substituë Claude son mary, & l'instituë en tous ses biens. Antoine Durfé premier enfant mâle decede sans enfans. La question étoit si Claude Durfé avoit recüeilli l'effet de la substitution de la portion d'Antoine son fils, auquel il avoit survêcu à l'exclusion de ses autres enfans : Jugé que Claude ne pouvoit prétendre aucun droit qu'aprés le décés de tous ses enfans, & la Cour luy ajugea seulement une legitime sur la portion d'Antoine. La Peirere, *ibid.*

67 Si un enfant fait legataire universel par le Testament de son pere, & chargé d'une substitution envers ses enfans, & au défaut d'enfans, envers ses freres & sœurs, & leurs descendans, peut renoncer à son legs universel, pour aneantir la substitution ? La contestation portée aux Requêtes du Palais, intervint Sentence, par laquelle le Testament fut confirmé, & le Legataire universel condamné d'executer la substitution, si mieux il n'aimoit se contenter de sa legitime ; auquel cas le surplus de cette legitime seroit mis entre les mains de son frere & de sa sœur, qui donneroient bonne & suffisante caution, de rapporter le principal & les interêts aux enfans du Legataire universel, au cas qu'il en eût. La Cour par Arrêt du 17. Mars 1698. confirma la Sentence. *Voyez le Recüeil des Arrêts Notables imprimé en 1710. chez Michel Guignard, ch.* 8.

SUBSTITUTION, ACCROISSEMENT,

68 Accroissement *in substitutionibus*. Voyez *le mot* Accroissement, *nomb.* 44. *fine.*

69 Le droit de substitution differe du droit d'accroissement ; le premier est personnel, & ne passe aux heritiers ; le second est réel & transmissible M. d'Olive, *liv.* 5. *ch.* 23. *An quod ex jure accrescendi consecutus est hæres, veniat in fideicommissi restitutione?* Voyez M. Henrys, *tom.* 1. *liv.* 5. *ch.* 4. *q.* 44. *fine.*

70 Comme deux heritiers peuvent être instituez dans

un testament, il y peut auſſi avoir deux ſubſtituez, ſi l'un d'eux meurt avant l'heritier, ſa portion doit être ajugée au ſubſtitué. *V. Guy Pape*, *q.* 335. *Chorier en ſa Juriſprudence du même Auteur*, obſerve que cette opinion eſt ſuivie par le Parlement de Grenoble.

71 Il a été jugé à Toulouſe au mois de Juin 1585. *in ſubſtitutione fideicommiſſariâ jus accreſcendi locum habere & gloſ. in cap. Raynaldus, de teſtam.* La Rocheſlavin, liv. 3. let. S. tit. 9. Arr. 8.

SUBSTITUTION, AÎNESSE.

72 Lors que le teſtateur veut que ſes biens ſoient conſervez entiers, la ſubſtitution eſt préſumée faite en faveur de l'aîné. *Mantic. lib.* 8. *tit.* 10. *n.* 5.

73 La ſœur puinée ſubſtituée à ſa ſœur aînée ſi elle decede ſans enfans, en une donation où le pere ſe reſerve l'uſufruit, l'aînée étant morte ſans enfans avant ſon pere qui vend à un particulier la maiſon donnée à l'aînée, la puinée n'y peut rien prétendre. Arrêt du 26. Avril 1561. *Peleus*, *q.* 57.

74 Un pere ayant deux enfans & deux filles, inſtitué ſon fils aîné heritier & où il décederoit ſans enfans mâles luy ſubſtitué ſon ſecond fils, auquel il ſubſtitué, ſes filles à même condition; l'aîné meurt & laiſſe un mâle qui decede deux ou trois jours après. L'oncle demande l'ouverture de la ſubſtitution appoſée au Teſtament de ſon pere, diſant qu'il ne faut pas tant conſiderer les paroles que la volonté du Teſtateur. La mere diſoit au contraire que ſon fils ayant acquis avec la vie le titre d'heritier de ſon ayeul, il n'avoit eu beſoin que de naître avant le décès de ſon pere, qui luy avoit tranſmis le droit qu'il avoit eu ſur cette ſucceſſion. Ainſi jugé le 24. Avril 1597. que le fils ayant ſurvécu à ſon pere. *Cambolas*, livre 2. chapitre 28.

75 Es choſes féodales arrivées par droit de ſubſtitution ou de fideicommis à une famille par ſucceſſion, bien que collaterale, l'aîné prend ſon droit d'aîneſſe. Arrêt du 3. Juillet 1604. *M. Bouguier, lettre F. nombre* 3.

76 Le pere ne peut ſubſtituer le précipu de l'aîné, parce que luy étant déferé par la Loy, le pere ne peut le charger de ſubſtitution, d'autant que pour ſubſtituer il faut donner; le pere dans le précipu ne donne rien, & par conſéquent il ne peut pas ſubſtituer le précipu. Arrêt du 17. Août 1667. à la Chambre de l'Edit. *Dictionnaire de la Ville*, au mot, *Subſtituez*, nomb. 6437.

ALIENATION DES BIENS SUBSTITUEZ.

77 *Voyez* le mot, *Alienation*, *n*. 45. *& ſuiv.*
De ſubſtitutione & alienatione prohibitâ. Voyez *Franciſci Stephani, déciſ.* 15.

78 *Res quæ ſubjacent reſtitutioni alienari vel obligari prohibentur. Authent. res quæ C. communia de legatis,* Voyez l'authent. 4. tit. 18. Nov. 39. chap. 1. *Voyez Brodeau, ſur M. Louet, lett. S. ſomm.* 9. *nomb.* 4. *& ſuiv.*

79 La ſubſtitution étant faite par les aſcendans, les biens ſubſtituez peuvent être alienez pour la dot. *Cambolas, liv.* 2. *chap.* 14.

80 L'alienation des biens ſubſtituez eſt permiſe, pour ſe tirer de priſons. *Voyez* le mot, *Priſonnier, nombre* 73. *& ſuiv.*

81 Celuy au profit de qui la ſubſtitution eſt ouverte, peut agir contre les détenteurs, tant particuliers qu'univerſels, par révendication, ſans être obligé de pourſuivre les heritiers *ab inteſtat.* Arrêt du Parlement de Grenoble de l'an 1461. *Papon, liv.* 20. *tit.* 3. *nombre* 10.

82 La Gloſe *in C. Sacrament.* 12. *queſt.* 11. tient que les biens ſujets à la ſubſtitution, peuvent être alienez, pour délivrer un heritier de priſon, detenu pour amende, jugée pour ſa faute, ſans délit, pourvû qu'il n'ait autre moyen d'y ſatisfaire, & de ſe tirer; a été approuvée par deux Arrêts du Parlement de Bourdeaux, dont le dernier fut donné en la cauſe des Prêtres de S. Julien de Tulles, oppoſans aux criées pourſuivies par M. Aimé Chabanier, au mois de Septembre 1531. *Bibliotheque de Bouchel*, verbo, *Subſtitution.*

83 Un Teſtateur au Pays de Droit écrit, n'ayant enfans, inſtitué ſon frere ſon heritier univerſel; & s'il decede ſans enfans, luy ſubſtitué ceux de ſon nom & famille collectivé; le frere inſtitué decede ſans enfans, deux couſins germains luy ſuccedent & aux biens ſubſtituez; ils vendent les biens, & décedent ſans enfans; d'autres couſins du nom & famille attaquent les acquereurs. Par Arrêt du 3. Avril 1557. les demandeurs déboutez de leurs Concluſions. *Carondas, li.* 9. *Rép.* 34.

84 On ne peut diſpoſer par Teſtament des biens ſubſtituez, ſi ce n'eſt de la legitime & quarte trebellianique. Arrêt du 20. Août 1566. *Le Veſt, Arr.* 86.

85 Le ſubſtitué ayant diviſé ou conſenti à l'alienation, eſt cenſé avoir renoncé à la ſubſtitution. Arrêt du Parlement de Toulouſe du 15. Juillet 1575. *Cambolas, liv.* 1. *chap.* 25.

86 *Num fideicommiſſarius conſentiendo alienationes rerum ſubjectarum reſtitutioni, videatur remittere fideicommiſſum.* La reſolution eſt *eum in cujus favorem factum eſt fideicommiſſum, ſi conſentiat alienationes rerum ſubjectarum reſtitutioni fideicommiſſum remittere dummodo major ſit.* Arrêt du Parlement de Toulouſe du 25. Juillet 1575. *La Rocheſlavin, livre* 3. *lettre S. tit.* 9. *Arr.* 6.

87 Les alienations & hypotheques des heritiers chargez pendant le cas de la ſubſtitution fideicommiſſaire, demeurent en ſuſpens en attendant l'événement de la condition. *Mainard*, tome 1. *liv.* 5. *ch.* 54.

88 Le ſubſtitué ou fideicommiſſaire a action contre l'acquereur, & le tiers détenteur pour la reſtitution du fideicommis. Arrêt à Noël 1585. *Montholon, Arrêt* 45.

89 Les biens ſujets à reſtitution, outre les cas portez par l'Authentique, *res quæ C. de fideicomm.* peuvent être vendus pour la rançon de l'inſtitué priſonnier de guerre, s'il n'a d'autres biens, Arrêt de l'an 1595. *La Rocheſlavin, liv.* 3. *let. S. tit.* 9. *Arr.* 2.

90 La réception du prix de la vente des biens ſubſtituez faite par le fideicommiſſaire, comme Procureur de l'heritier, ne luy peut nuire. le cas du fideicommis échû. Arrêts des 6. Avril 1628. & 17. Juillet 1613. *M. d'Olive*, *liv.* 5. *chap.* 28.

91 Il a été préjugé au Parlement de Grenoble le 9. May 1636. que l'alienation des biens du fideicommis eſt valable, pour faire le prix de la rançon de celuy qui en eſt chargé, au cas même d'un debiteur qui pouvoit ſortir de priſon, en faiſant ceſſion de biens. Graverol ſur la Rocheſlavin, livre 3. lettre S. titre 9. *Arrêt* 2.

92 *Voyez* le 12. *Plaidoyé de M. Patru*, au ſujet d'un bien ſubſtitué, & donné à la charge de ne le pouvoir aliener; la cauſe fut jugée le 1. Mars 1640. mais la déciſion de l'Arrêt n'eſt pas marquée.

93 Celuy qui vend un bien ſubſtitué, peut être pourſuivi par l'acquereur avant l'éviction ou trouble. *Voyez Henrys*, tome 1. *liv.* 4. *chap.* 6. *queſt.* 38. où la queſtion eſt traitée. *Voyez Du Freſne, liv.* 7. *ch.* 10. où il y a Arrêt du 12. Decembre 1632.

94 Celuy qui remplit le ſecond degré, l'inſtitué non compris, peut aliener les biens, parce que ſuivant l'Ordonnance ils ſont libres en ſa perſonne. Arrêt du 2. Juillet 1653. *Ricard, des Subſtitutions*, Traité. 3. chapitre 9. ſect. 6. part. 1. n. 822. & 853. *Henrys*, tome 2. *liv.* 5. *queſt.* 9. rapporte le même Arrêt.

95 *Henrys*, tome 2. *liv.* 5. *queſt.* 9. établit que la prohibition d'aliener ne s'étend pas plus avant que les degrez des ſubſtitutions, quoyque le Teſtateur ait appoſé une peine contre ſes heritiers, & leurs deſcendans en cas d'alienation. Il rapporte un Arrêt de Parlement de Paris du 2. Juillet 1653. qui l'a jugé de la ſorte.

L'heritier

SUB   SUB

96   L'heritier peut aliener valablement pour le payement des dettes du Testateur, sans que le substitué soit reçû à recouvrer les biens en rendant le prix. Arrêt du Parlement de Toulouse au mois de Decembre 1663. au procés d'entre le sieur de Bovial, & le sieur de la Bastide, Président en la Cour des Aydes de Montauban ; il est rapporté par *M. de Catellan*, *liv. 7. chap. 4.*

97   Le substitué a une hypotheque tacite sur les biens particuliers de l'heritier grevé, pour raison des alienations & dégradations par luy faites dans les biens substituez, & cette hypotheque du jour de l'alienation & non de la condamnation, comme si l'heritier a vendu des bois de haute futaye, avec les interêts du jour de la demande. Jugé à Paris le 29. Mars 1675. *Journal du Palais.*

98   Le substitué ayant consenti à la vente des biens sujets à restitution, ne peut revoquer la vente aprés l'ouverture de la substitution. *V.* Bouvot, *to. 1. part. 2.* verbo, *Substitué mort avant l'institution.*

99   Si celui qui achete avec connoissance les biens substituez, peut répeter contre le vendeur ?
Et si les substituez peuvent être exclus par la vente des biens & prescription ? *Voyez* Bouvot, *to. 1. part. 3.* verbo, *Substitution*, *quest. 3.*

100   Si les biens substituez peuvent être obligez pour la dot & augment ? *Ibidem, tome 2.* verbo, *Mariage, question 23.*

ALTERNATIVE EN SUBSTITUTION.

101   *Voyez* le mot, *Alternative, n. 30.*
Si la vente d'une Maison substituée à des enfans nez & à naître est nulle, la substitution n'ayant point été déclarée lors de la vente ? Sur la contestation intervint Sentence qui confirma le contrat de vente. Sur l'appel, l'affaire appointée fut distribuée à Monsieur Dreux, au rapport de qui l'appellation, & ce, fut mise au neant, le contrat de vente declaré nul, & M. Doublet intimé condamné aux dépens, par Arrêt du 15. Février 1703. *Voyez le Recüeil des Arrêts Notables imprimé en 1710. chez Michel Guignard, ch. 37.*

SUBSTITUTION,

PORTER LES ARMES ET LE NOM.

102   Substitution des filles, au cas que leurs maris portent le nom & les armes du testateur. *Voyez* Peleus, *q. 69.*

103   A *Caius* heritier, *Titius* son fils est substitué, & ce substitué est chargé de porter le nom & les armes du testateur ; celuy-ci laisse deux fils qui prétendent cette succession, offrant de satisfaire à la condition. Mais comme la présomption est que la pensée du testateur n'alloit qu'à un, & non à deux, & que par consequent il avoit regardé l'aîné des enfans de son fils, le fideicommis ne sera ouvert que pour luy. Ainsi jugé au Parlement de Grenoble. *Voyez* Guy Pape, *quest. 67. & Bouchel*, verbo *Substitution.*

104   Institution d'heritier universel à condition que si au jour de son décez il fait aucun heritier, il les charge de porter son nom, n'emporte & n'induit point de fideicommis en faveur des mâles de l'heritier ainsi institué, ni d'aucun d'eux. *Voyez* Mainard, *to. 1. liv. 5. chap. 82.*

105   *Rogo Mævi ut si liberos habeas, sique eorum unum aliquem haredem instituere velis, is meum Octavii nomen & Octaviorum familiæ arma insigniaque ferre teneatur, simulque etiam omnia bona mea consequatur; Mævius reliquit filium & duas filias intestatus. Senatus bona æqualiter dividenda inter liberos pronunciavit.* Arrêt du 16. Avril 1585. Anne Robert *rerum judicat. liv. 4. chap. 4.* Montholon, *Arr. 54.*

106   Une substitution où il n'est point parlé de la condition de porter le nom & les armes de la famille n'est point entenduë être masculine, & donner l'exclusion à une fille directement descendante de l'institué. Arrêt du Parlement de Paris du 23. Juillet 1696. *Journal des Aud. to. 5. liv. 12. ch. 20.*

Tome III.

SUBSTITUTION, AUGMENT.

107   Si l'augment peut être demandé sur les biens substituez ? *Voyez* le mot *Augment*, nomb. 77. & suiv.

SUBSTITUTION, BASTARDS.

108   Si les enfans legitimes des bâtards peuvent être substituez par l'ayeul ? *Voyez* le mot *Bâtard*, nombre 100.

109   S'il y a substitution à défaut d'enfans, le bâtard legitimé ne la rendra point caduque. 2. Autre chose est au legitimé par mariage subsequent. Guy Pap. & Ferrer. *quæst.* 482. *id.* Benedict. *verbo duas habens filias n.* 148. 2. *id.* Chopin. *Parif. lib 2. tit. 4. n.* 18, 1. *id.* Fachin. *lib. 4. cap.* 53. *nisi legitimatus fuisset ante testamentum*, 1. *cont.* Mantic. *lib.* 6. *tit.* 6. *n.* 27. *in naturali simpliciter & lib.* 11. *tit.* 9. *quem vide, vid.* Peregrin. *art.* 23. 24. 1. *id.* Chatond. *resp. lib.* 5. *n.* 44. 2. *cont.* Fachin, *lib.* 4. *cap.* 54. *si adjectum sit ex legitimo matrimonio procreatis, quidan filio ex matrimonio putativo.* Mantic. *lib.* 11. *tit.* 8. *n.* 24. 2. *id.* Mantic. *lib.* 11. *tit.* 12. *sed. cont. si sit adjectum filiis ex legitimo matrimonio procreatis n.* 14. *& seq. id. Mant. lib.* 11. *tit.* 13. *quamvis matrimonium sit contractum in mortis articulo*, 2. *id.* Fachin. *lib.* 4. *cap.* 55. *quamvis matrimonium sit contractum in mortis articulo*, 2. *id.* Peregrin. *art.* 24. 2. *id.* Bacquet. Bâtardise, *ch.* 9. *n.* 1, 2. *id* Grassus, §. *Fdeicommissum, quæst.* 38. *quamvis sit ajectum ex legitimo matrimonio procreatis*, 2. *La Peirere, lettre* S. *nomb.* 73. *dit*, j'ay toûjours crû la décision certaine, quand bien la substitution porteroit *ex legitimo matrimonio procreatis.*

110   En France & par tout ailleurs en la Chrétienté les bâtards quoique legitimez par le Prince, ainsi qu'il appartient, ne peuvent faire préjudice aux substituez, sous la condition sans enfans. Jugé au Parlement de Toulouse conformément à deux Arrêts du Parlement de Paris, recitez par *Carondas, liv. 5. de ses Rép. chap. 44. liv. 9. chap. 38.* La Rochelavin, *liv. 6. titre 11. Arr. 1.*

111   Le pere peut donner à ses bâtards une constitution de rente pour leurs nourritures & alimens, les substituez l'un à l'autre, & en cas de décez sans enfans y substituer sa propre fille pour le principal. Arrêt du Parlement de Dijon du 19. Juillet 1607. Bouvot, *to. 2.* verbo *Substitutions*, *quest. 1.*

SUBSTITUTION, BASTIMENS.

112   Bâtimens faits sur l'heritage substitué. *Voyez* le mot *Bâtimens*, nomb. 49.

SUBSTITUTION, CAUTION.

113   De la caution demandée en cas de biens substituez. *Voyez* le mot *Caution*, nomb. 149. & suiv.

114   Henrys, *to. 1. li. 5. ch. 4. q. 65.* examine si les heritiers chargez de fideicommis sont obligez de donner caution ? Il distingue entre la ligne directe & collaterale, suivant la disposition de la Loy *jubemus* §. 1. *au Cod. ad Trebell.* les peres & meres en sont dechargez, à moins que le testateur ne l'ait ordonné expressément, ou qu'ils ne passent en secondes nôces, tous les autres y sont obligez à moins que le testateur ne les ait deschargez suivant la Loy 2. *ne in possess. leg. vel fideicom.* Il dit que l'usage n'est pas de demander caution en semblable cas, mais qu'on pourroit le faire.

SUBSTITUTION, CHARGE.

115   François de Navailles, Seigneur de Noillart, institué heritier universel Jean son fils, & luy substitué Ademar son neveu, & fils du Seigneur de Chambre fils du testateur ; & à luy Jean de Cognac fils de Loüise de Navailles fille du testateur, & aprés luy il en appelle d'autres *gradatim: & novissimè,* Jean de saint Martial fils de Blanche sa fille. Veut & ordonne que ses filles Loüise & Blanche descendent filles, elles soient dotées & mariées selon la faculté de ses biens. On douta à qui étoit la charge des mariages, à l'heritier premier, ou aux substituez, & ausquels de tous ? Par Arrêt du Parlement de Bourdeaux du

Hhhh

18. Juin 1521. jugé que c'étoit au dernier substitué, suivant la vrai semblance de la volonté du testateur, laquelle il faut suivre sur toutes choses. *Papon, li. 10. titre 3. n. 15.*

116 *Henrys*, to. 1. liv. 5. chap. 3. quest. 18. décide qu'une femme instituée heritiere par son mari à la charge de rendre sa succession à un de leurs enfans, n'a pas la liberté de charger de substitution l'enfant à qui elle restitue le fideicommis. Il dit que l'ayant jugé de la sorte en qualité de Juge de l'Hôpital sur Rochefort, sa Sentence fut confirmée par celle du Bailly de Forêt, de laquelle il y eut appel au Parlement, mais l'appel ne fut pas jugé soûtenable par les Avocats de la Cour. Il remarque que l'on juge au contraire au Parlement de Toulouse.

117 Le mari chargé de nommer & substituer en l'heredité de la mere un de leurs enfans, ces mots n'emportent point le pouvoir de les substituer les uns aux autres; la substitution faite par le pere des biens de la mere a été retranchée. *Voyez Henrys*, to. 1. liv. 5. chap. 3. quest. 19. où il dit avoir été jugé de la sorte le 3. Avril 1635.

118 Une mere ne peut charger de substitution la part appartenante en sa succession à l'un de ses enfans qui demeuroit à Rome, sa part luy fut ajugée franche de substitution. Arrêt en la Grand'Chambre du 2. Mars 1654 plaidant Gailliot. *Dictionnaire de la Ville, nombre 9549.*

SUBSTITUTION, CHOIX.

119 Du choix qui se fait dans le cas d'une substitution. *Voyez* le mot *Choix*, nomb. 23. & suiv.

120 *Rogo Mavia cum morieris fundum Tusculanum restituas uni ex liberis cui voles quemque eliges; Mavia est defuncta & non elegit, controversia inter primogenitum & minorem natum; Senatus fundum Tusculanum inter fratres aquis partibus dividendum judicavit.* Arrêt du 15. May 1592. *Anne Robert*, rerum judicat. liv. 4. ch. 4. *Henrys*, to. 2. liv. 5. quest. 12. 21. & 53.

121 Contrat de mariage portant que la moitié des biens des futurs appartiendra à leur fils aîné, ou s'ils ont plusieurs mâles qu'ils pourront élire & nommer celuy que bon leur semblera: le pere a la faculté d'élire seul pour ses biens l'un de ses enfans, mais ne luy peut imposer la charge de substitution au profit des autres. Arrêt du 12. Février 1535. *Bardet, tome 2. liv. 4. chap 5*

SUBSTITUTION COLLATERALE.

122 Les biens substituez en collaterale sont sujets aux conventions matrimoniales. *Voyez la Novelle* 39. Arrêt à Paris de l'année 1675. *Journ. du Palais.*

123 De la substitution faite en ligne collaterale & de l'Authent. *res qua C. commun. de legatis.* Voyez *Carondas, liv. 7. Rép. 160.*

SUBSTITUTION COMPENDIEUSE.

124 De la substitution compendieuse. *Voyez* hoc verbo *Bouvot, to 1. part. 2. & Despeisses, to. 1. p. 113. & M. Ricard, des Substitutions, traité 3. chap. 6. part. 1. nomb. 248. & suiv.*

125 *Substitutio compendiosa facta per verb. substituo, duo capita continet: si voluerit scilicet, vel non potuerit.* Voyez *Franc. Marc.* to. 2. quest. 103.

126 *Substitutio compendiosa facta posthumo per verbum substituo, cum temporis distinctione in atate pupillari vel alias quandocumque sine prole legitima decesserit, ante aditam hereditatem vulgarem continet, post vero fideicommissariam: extenditurque ad casum quo posthumus nascitur.* Voyez *ibidem*, quest 170.

127 Les enfans impuberes instituez heritiers par leur pere, & chargez d'une substitution compendieuse en faveur d'un tiers, sont censez substituez entre eux réciproquement. *M. d'Olive, liv. 5. ch. 11.*

128 La substitution compendieuse comprend tous les genres de substitution selon les temps & les cas. La substitution pupillaire comprise sous la compendieuse exclut la mere de la trebellianique; & non de la legitime. Jugé premierement en 1560. en la cause de Dame Jeanne de Beaumont d'Aurichamp, & depuis il y a eu plusieurs Arrêts semblables; en quoy l'on a suivi l'opinion de Decius, *in l. prioribus. C. de impub. & aliis subst.* & ce Docteur mediam viam *sequutus est.* Voyez la 522. quest. *de Guy Pape & Chorier en sa Jurisprudence du même Auteur*, p. 185.

129 La substitution compendieuse exclut la mere de la succession du fils, & de la legitime. Deux Arrêts, le premier prononcé à la Pentecôte 1588. *Montholon, Arr.* 69. Le second, à la Pentecôte 1591. *Montholon, Arr.* 68. Voyez *Henrys*, to. 1. liv. 6. chap. 5. quest. 14. & to. 2. li. 5. q. 7. Voyez *Carondas, liv. 7. Réponse* 117.

130 La substitution conçuë *si sine liberis* faite aux enfans compendieuse, & eux decedans en pupillarité, elle est censée pupillaire expresse, *verbis generalibus,* comme contenuë sous la compendieuse: étant certain que celuy qui est mort dans la pupillarité est mort sans enfans. Jugé au Parlement de Toulouse le 15. Février 1598. *Cambolas, liv. 2. ch. 42.*

131 Sçavoir si la substitution compendieuse conçuë *per verbum quandocunque* étoit perpetuellement fideicommissaire, ou si elle devoit être censée pupillaire jusques à 14. ans, & 14 ans 14 ans elle étoit fideicommissaire; *Item* si la substitution pupillaire faite par le pere en ses biens seulement s'étendoit aux biens de la mere, & à tous autres biens obvenus aux enfans predecedez; enfin si le pere avoit pû substituer à ses filles aux legats, consistans en deniers seulement? *Voyez les Plaidoyez celebres dédiez à M. de Nesmont, pag.* 359. où il est dit, la Cour vuidant le Registre, évocant & retenant le principal, déclare la substitution faite par feu Guillaume du Drot, pere commun des parties, par son testament du 13. Decembre 1569. à feu Jean Agesilan, & Marie du Drot ses enfans, decedez impuberes, être ouverte en faveur du défendeur, a maintenu & maintient és biens délaissez par ledit feu Jean Agesilan, & Marie du Drot, distraite la legitime ajugée à Anne du Bernet ayeule des parties, par Arrêt du 27. Mars 1612. neanmoins condamné le défendeur à payer aux demanderesses la somme de 4000. livres à chacune d'elles leguées par son feu pere, par son testament, si fait n'a été; & avant faire droit de supplément de legitime par les demanderesses prétenduë, a ordonné que les parties s'accorderont d'experts dans un mois pardevant le plus prochain Juge Royal des lieux non suspect, pour estimer les biens de leur feu pere; & a la Cour ajugé aux demanderesses les deux sixiémes parties, les six faisant le tout, des biens delaissez par feu Gasparde de Melet leur mere, avec restitution des fruits depuis le décez de leur feu pere, sans dépens, & pour cause.

132 Les enfans impuberes instituez heritiers par leur pere, & chargez d'une substitution compendieuse en faveur d'un tiers, sont censez substituez entr'eux réciproquement, à cause de la substitution compendieuse. Arrêt du 15. Février 1630. *M. d'Olive, liv. 5. chap. 11.*

133 *Substitutio compendiosa,* matre in medio existente, *omni tempore est fideicommissaria, ubi substitutus non est ex liberis*; car il y a une grande difference de la substitution faite à un descendant, ou bien à un étranger: au premier cas la legitime de la mere n'est qu'un tiers de la troisiéme ou tierce partie; au second cas la mere a la troisiéme de tous les biens. Arrêt du 27. Avril 1636. *M. d'Olive, liv. 3. chap. 10. Voyez la loy* 8. *Papinianus ff. de inoffic. testamento. Henrys, tome premier, liv. 3. chapitre 3. quest. 25. & tome 2. liv. 5. quest. 7.*

134 Au Pays de Droit écrit la mere substituée aux enfans par une substitution compendieuse est heritiere de son mary, & non des enfans, & en cette qualité elle doit des lods & ventes au Seigneur. Arrêt du 14.

SUB SUB 611

Juillet 1634. *M. Ricard des substitutions, traité* 3. *chap.* 6. *nomb.* 59.

135 La substitution compendieuse comprend la pupillaire, *matre existente in medio*; elle exclut la mere remariée de la succession de son fils, & l'ajuge au frere. Arrêt du Parlement d'Aix du mois de Février 1656. *Boniface*, to. 5. *liv.* 2. *tit.* 6. *ch.* 1.

136 Lors que la substitution compendieuse est restrainte aux biens du testateur, elle est présumée precaire; & non jamais pupillaire. *Faber. C. de impub. & al. substit. def.* 5. *id.* Mantica, *lib.* 7. *tit.* 3. *n.* 13. *quando ad certa bona.* Je croi, dit *la Peirere, lettre* S. *nomb.* 84. cette décision veritable, pourvû que la restriction soit claire & patente, *vid. Mantic. lib.* 5. *tit.* 7. *n.* 5. *& seq.*

Arrêt en la premiere des Enquêtes, au rapport de Monsieur de Boucaud le jeune. Un pere par son testament institue son heritier son fils pupille, & où il décederoit sans enfans, luy substitué son en heredité : jugé que la substitution étoit pupillaire, & qu'elle s'étendoit aux biens particuliers du pupille.

137 La substitution compendieuse faite *per verbum commune*, contient en soy la vulgaire, la pupillaire, la fideicommissaire. 2. Et l'exemplaire. 1. *Guy Pap. quest.* 521. & 533. 1. Boër. dec. 38. n. 20. 1. id. *Faber, C. de impub. & aliis substit. def.* 6. & est *pupillaris etsi adjiciatur si sine liberis def.* 20. *ibid.* 2. *id.* Mantic. *lib.* 5. *tit.* 16. *n.* 16. & *id etsi adjiciatur si sine liberis lib.* 11. *tit.* 1. *n.* 2. 1. *id.* Peregrin. art 15. *n.* 16. 17. *cont. si si: substitutio simplex.* Peregrin. art. 34. *n.* 8, 1, *id.* Fachin. *lib.* 10. *cap.* 23. *quæ sint verba communia* Grassus §. *substitutio, quest.* 3. & *id. etsi adjiciatur si sine liberis quest.* 60. & *continet exemplarem, quest.* 61. la *Peirere, lettre* S. *nomb.* 57. dit, La substitution compendieuse est fondée sur la Loy, *precibus C. de impub. & al. substit.* & se pratique ordinairement dans nôtre ressort, & nous ne nous servons point de ces formules, *Titius hæres esto, si Titius hæres non erit, Mevius hæres esto* : mais nous nous servons de ce mot commun, je substitué, qui est pris de la Glose, *ad L.* 15. *ff. de vulg. & pupill. in verbo duntaxat*, ce qui baille un étrange changement à l'interpretation & application de quantité de Loix du Digeste & du Code. Il faut encore remarquer qu'il y a grande difference entre la substitution compendieuse, & la substitution pupillaire tacite, comprise dans la vulgaire expresse, ou la substitution vulgaire tacite, comprise dans la pupillaire expresse; car suivant le sentiment des Docteurs, la substitution compendieuse, *per verbum commune*, comprend *virtualiter*, la vulgaire, la pupillaire, & la fideicommissaire, comme si par exprès le testateur avoit substitué vulgairement, pupillairement, & par fideicommis, tellement que les Loix qui concernent ces trois substitutions séparément, s'appliqueront fort bien à la substitution compendieuse.

Arrêt du Parlement de Bourdeaux du 5. Septembre 1665. au rapport de Monsieur de saint Sever, entre Louïse Guerin, & Jeanne & Louïse Gasseteau, en la Seconde des Enquêtes. Jacmes Gasseteau par son testament avoit institué son heritier universel Jean Gasseteau son fils unique, & où il décederoit sans enfans, il le charge de substitution envers lesdites Gasseteau sœurs du testateur, *verbis generalibus*. Ledit Jean Gasseteau après le décez de son pere meurt en pupillarité, délaissant à luy survivant, ladite Guerin son ayeule maternelle, & lesdites Gasseteau ses tantes. Ladite Guerin soûtenoit ladite substitution fideicommissaire, & qu'étant *in medio*, elle devoit recuëillir la moitié des biens substituez par le legitime & quart dudit Jean Gasseteau son petit fils; & au contraire lesdites Gasseteau la soûtenoient pupillaire comprise dans la compendieuse. Jugé que ladite substitution seroit reglée comme pupillaire, & les tiers des biens substituez ajugés à ladite Guerin pour

Tome III.

son droit de legitime, & les deux tiers aux tantes. *La Peirere, ibidem, lettre* S. *n.* 37.

SUBSTITUTION, CONDAMNE'.

138 Le condamné aux galeres perpetuelles ayant obtenu Lettres de rappel sans les avoir fait entheriner, ne peut rien prétendre en la substitution d'un frere Prêtre auquel les deux autres freres étoient substituez, & dont le condamné en étoit un. Arrêt au Parlement de Toulouse du 23. Decembre 1583. *Carondas, liv.* 7. *Réponse* 158.

139 Les substitutions ne sont point censées ouvertes par la condamnation à mort par défaut. Arrêt du Parlement de Toulouse du 29. Janvier 1618. Cambolas, *liv.* 1. *chap.* 41.

SUBSTITUTION, CONDITION.

140 Des conditions apposées és substitutions. *Voyez* le mot *Condition, nomb.* 17. & *suiv.*

141 *De substitutione conditionali, si sine liberis hæres decesserit, ita ut filius naturalis substitutum excludat.* Voyez *Andr. Gaill., lib.* 2. *observat.* 136.

142 Si les enfans entre freres sont appellez à la substitution, n'étant compris qu'en la condition & non en la disposition? *V.* Bouvot *to.* 1. *part.* 1. verbo, *Substitution, question* 2.

143 Si la niéce d'un Testateur qui n'est nommée ni en la disposition, ni en la condition, se peut dire appellée au défaut de son frere & des enfans de son frere, nommez en la disposition? *Ibid. quest.* 3.

144 Si l'esperance d'une substitution passe à l'heritier, quand le Substitué décede avant l'accomplissement de la condition, & que les substituez ne sont des descendans? *Voyez* Bouvot, *tome* 1. *part.* 2. verbo, *Testament, quest.* 11.

145 Les conditions sont ou conjonctives, ou disjonctives, ou alternatives. Voyez *Henrys*, tome 2. *liv.* 5. *quest.* 4. où il explique amplement la *l. generaliter. Cod. de institut. & substitut.*

146 *Henrys, tome* 1. *liv.* 5. *ch.* 4. *quest.* 26. traite la question si souvent agitée parmi les Docteurs, si les enfans qui sont dans la condition sont censez appellez à la substitution. Il traite encore la même question dans le *tome* 2. *liv.* 5. *quest.* 17. & 20. Il faut tenir pour maxime certaine, que les enfans qui sont simplement dans la condition, ne sont point appellez à la disposition; parce que la nature de la condition n'est pas disposée, *conditio nunquam disponit*; il y a pourtant quelques cas favorables qui font présumer que la volonté du Testateur a été d'appeller à la substitution les enfans de l'heritier par luy institué ou substitué, quoiqu'il ne les ait mis que dans la condition.

147 La loy *generaliter* expliquée en faveur des enfans seulement, la disjonctive se changeant en conjonctive. *Voyez Henrys*, tome 2. *liv.* 5. *quest.* 4. & Ricard, *des dispositions conditionnelles*, traité 3. *ch.* 9. *sect.* 4. *nomb.* 734. la loy *singulis ff. de vulgari*, &c. la loy *Titia*, §. *Sita ff. de Legat.* 2°. sont expliquées par Henrys, *tome* 2. *liv.* 5. *quest.* 35. La Loy *unum ex familiâ. ff. de Legat.* 2°. Ibidem, *liv.* 6. *quest.* 14.

148 Dans le concours de plusieurs substitutions differentes, si les conditions de toutes sont purifiées en même temps, le substitué aura la liberté de faire le choix de celle qu'il croira luy être plus avantageuse, comme s'il est substitué vulgairement, pupillairement & fideicommissairement. Jugé au Parlement de Grenoble. *Voyez Guy Pape, quest.* 532.

149 Si les enfans sont mis en condition, l'on ne présume pas qu'ils soient substituez, ni compris en la disposition. *Sempronius* étant institué heritier, s'il meurt sans enfans, *Titius* luy est substitué; en ce cas, les enfans qu'aura *Sempronius* en mourant, feront bien cesser le fideicommis, qui appelle *Titius*; & neanmoins il n'y en aura point pour eux, si ce n'est que la volonté évidente les favorise : cette évidence est dans cette clause, *si mon heritier meurt sans enfans, & ses*

Hhhh ij

enfans *sans enfans, je substituë Titius* : le redoublement de cette condition est une preuve que la volonté du Testateur est non seulement que son bien passe aux enfans de son heritier, mais encore aux leurs. Jugé au Parlement de Grenoble pour les filles d'un Gentilhomme, qui avoit fait le Dauphin son heritier. Autres Arrêts semblables du 1455. & 1456. *Voyez* Guy Pape, *quest.* 39. 184. & 600.

150. Si les enfans de l'heritier institué ou substitué nommez en la condition sont invitez, de même que s'ils étoient nommez en la disposition, & s'ils se peuvent dire successeurs *ex testamento aut ab intestato, sub illà clausulà, si decesserit hæres sine liberis, substituo talem*. L'opinion la plus commune est celle de *Bartole*, sur la Loy *Centurionum* 37. ff. *de vulg.* est que s'ils succedent à leur premier heritier, c'est *ab intestat*, & non pas *ex testamento*. Elle a été suivie par Arrêt du Parlement de Grenoble, prononcé à Romans au mois de Mars 1456. entre la Dame de Clermont d'une part, & les Seigneurs de Vivray & Vatelles freres. *Biblioth. de Bouchel, verbo, Substitution*.

151. Les enfans de l'heritier institué ou substitué nommez en la condition, ne sont appellez, de même qu'ils le seroient s'ils étoient nommez en la disposition, que quand ils succedent à leur pere premier heritier, c'est *ab intestat* & non pas *ex testamento*. Jugé au Parlement de Grenoble en 1456. ou Juin 1457. au mois de Mars 1459. Papon, *liv.* 20. *tit.* 3. *n.* 9. Il n'est pas indifferent de succeder *ex testamento* du premier Testateur, ou *ab intestat*. Au premier cas le pere n'auroit eu la liberté d'aliener les biens hereditaires ; au second cas les alienations tiennent.

152. Pour peu que le Testateur ait fait entendre sa volonté d'appeller les enfans, comme s'il les a grevez de restituer ; on juge en leur faveur. Exemple, *Je fus mon heritier Etienne mon fils, & s'il meurt sans enfans, ou ses enfans sans enfans, je substituë tel* ; en ce cas les enfans sont grevez de restituer au dernier substitué, s'ils meurent sans enfans. Donc ils sont tacitement appellez, puis qu'ils ne pourroient pas restituer ce qu'ils n'auroient pas reçû ; ainsi ils viennent *ex testamento*, quoy qu'ils paroissent seulement être *in conditione*. Ainsi jugé au Parlement de Grenoble, au procés de la Seigneurie de Saournon, entre les filles du Seigneur du lieu, demanderesses, & M le Dauphin, heritier du feu Baron, défendeur. Papon, *liv.* 20. *tit.* 3. *n.* 10. Au *nombre* 12. il observe que les descendans en droite ligne soit nommez en la disposition, ou seulement en la condition, sont toûjours preferez à l'étranger, ou même à un qui ne seroit en pareil degré qu'eux.

153. Un substitué aprés la condition avenuë, dont il est appellé, ne peut se dire possesseur, ni se pourvoir par complainte ; mais il doit petitoirement requerir, & poursuivre l'heritier de celui qui est chargé de la restitution hereditaire, & s'acquiter du fideicommis. Arrêt du Parlement de Paris en 1459. *Bibliotheque de Bouchel, verbo Substitution*.

154. L'opinion tenuë par Accurse, Bartole, & plusieurs autres que les enfans nommez à la condition, ne sont compris dans la disposition a été limitée par quelques uns, disant que s'il y a verisimilitude de l'intention du testateur, ils sont appellez, comme s'il a dit, *& si hæres decedat sine masculis*, de ce qu'il a déclaré avoir affection aux mâles, il est présumé les avoir voulu appeller, *ex eâ præsumptâ voluntate vocati censentur* ; neanmoins par Arrêt du Parl. de Grenoble en 1461. au procez de la Rochivaud entre les freres Alemands, il fut jugé que cette difference expressément nommée des mâles ne pouvoit déroger à l'opinion de la Glose *in l. Lucius*, & que les nommez par la condition n'étoient pas invitez. *Ibidem*.

155. Le droit de substitution & de fideicommis ne peut être cedé, remis & transporté qu'à l'heritier grevé avant l'évenement de la condition. Arrêt du mois de Mars 1543. M. Expilly, *Arrêt* 13.

156. Le 8. Juillet 1587. il a été jugé que pour l'ouverture de la substitution faite au cas que l'institué décederoit sans enfans ou sans faire testament, si le substitué est des descendans du testateur, il suffit que l'une, ou l'autre des conditions soit arrivée, *ut locus sit substitutio, favore liberorum* ; mais s'il est des collateraux ou étrangers, il faut que l'une & l'autre des conditions soient ensemble arrivées & accomplies, *quia tunc alternativa (aut) resolvitur in conjunctam*, suivant le texte de la Loy, *generaliter. C. de justit. & substit*. Arrêt du 17. Août 1587. *La Rochestavin, liv.* 3. *lettre* S. *tit.* 9. *Arr.* 4.

157. Sur la Loi *generaliter, C. de instit. & substit.* les Docteurs ont résolu que les substitutions faites sous ces deux conditions negatives *de décez sans enfans, & sans faire testament*, ou bien par ces mots, *ou sans faire testament*, étoient de telle nature & force, que la conjonctive ne prenoit pour la disjonctive, & au contraire la disjonctive se resolvoit en conjonctive en faveur des enfans & descendans du testateur, & ainsi se juge sans difficulté au Parlement de Toulouse. Un Bourgeois de Lectoure ayant deux enfans, par son testament institué l'aîné, & en cas qu'il décede sans enfans ou sans faire testament, substituë le puîné. L'aîné étant décedé sans enfans, mais non pas sans faire testament, par lequel il instituoit sa femme heritiere ; procez entre elle & son beaufrere, qui demandoit ouverture de la substitution ; elle fut déclarée ouverte par Arrêt du mois de Juillet 1566. aprés avoir consulté les Chambres ; parce que l'on prit ces deux conditions comme conjointes, & comme si le Testateur avoit dit, *s'il decede sans enfans, & sans faire testament*, par le défaut de l'une desquelles la substitution avoit lieu, en faveur d'un fils du testateur. Mais si les substituez ne sont descendans du testateur, l'alternative demeure en sa vertu, & le substitué seroit exclus par le moyen du testament de l'heritier, quoiqu'il fût décedé sans enfans. Ainsi jugé le 17. Août 1587 cela a lieu, encore que ceux qui instituez par le testament de l'heritier soient du tout étrangers au testateur, & à son heritier aussi, quoique les substituez soient proches parens. Arrêt du 17. May 1599. contre lequel Reynaldic s'étant pourvû par Requête civile, il en fut démis avec dépens & amende, par Arrêt du 10. Avril 1600. pour montrer que cela ne devoit être révoqué en doute. *Voyez Mainard, liv.* 5. *ch.* 38. & 39.

158. Aux substitutions des proches & enfans mis en condition, sont appellez ; & comment il faut entendre la Loy *hæredes mei, in parag. cum ita ff. ad trebell*. La substitution fut déclarée ouverte au profit de la fille & des enfans des filles du testateur comme representans leurs meres ; & les enfans des heritiers mâles exclus par Arrêt du Parlement de Bourdeaux du 5. Août 1600. *Voyez les Plaidoyers celebres dédiez à M. de Nesmond*, p. 319.

159. Si les enfans mis en la condition sont censez appellez à la substitution par conjectures aux contrats de mariage? Arrêt du Parlement d'Aix du dernier Juin 1633. qui juge l'affirmative. *Boniface, tome* 2. *livre* 2. *tit.* 2. *ch.* 1.

160. *An quando liberi in conditione positi censeantur in dispositione? Voyez* Basset, *to.* 1. *li.* 5. *tit.* 9. *chap.* 4. où il rapporte un Arrêt du Parlement de Grenoble du 17. Août 1650. qui prefere l'aîné au cadet.

161. De la substitution faite sous deux conditions alternatives ou conjonctives, *Voyez les Arrêts de M. de Catellan, liv.* 2. *chap.* 19. où il en rapporte un du mois de Février 1650. qui a jugé que la conversion de l'alternative en copulative, ou copulative en alternative, n'avoit point lieu lors qu'un descendant du testateur avoit les biens, soit par la substitution, ou par quelque autre droit. Autre Arrêt du 20. Avril 1654. qui a jugé que la conversion de l'alternative en disjonctive, & de la disjonctive en conjonctive, a lieu non seulement en faveur des enfans ; mais aussi de tous les des-

cendans du testateur substituez. La même conversion a lieu en faveur de la cause pie, suivant l'avis de *Maynard*, *livre* 5. *chap.* 41. mais si la cause pie est substituée aux descendans du restateur sous deux conditions conjonctives, la conjonctive ne sera point convertie en disjonctive, & la substitution ne défaillira, quoique l'une des conditions arrive. Arrêt du 28. Février 1664. *Ibidem*.

162 Une mere en la Province de *Bourgogne* fait son Testament; elle institué heritiers Maximilien & Antoine ses deux enfans, & veut qu'en cas qu'Antoine decede sans enfans, Maximilien luy soit substitué; & ensuite par une clause separée, elle déclare qu'en cas que ses enfans viennent à deceder avant l'âge de 25. ans, ou sans enfans; elle leur substitué Jean & Pierre ses cousins. Antoine decede le premier sans enfans, mais après l'âge de 25. ans; il avoit fait son Testament au profit de Gregoire. Jean & Pierre substituez soûtenoient que ce Testament n'avoit point effet à l'égard des biens substituez en leur faveur, & le fideicommis ouvert à leur profit, Maximilien étant décedé sans enfans, qui étoit une des conditions alternatives, sous laquelle ils luy avoient été substitué, & prétendoient que Gregoire ne pouvoit tirer avantage de la disposition de la Loy *generaliter*. Arrêt sur les Conclusions de M. Bignon, le Samedy 10. Juillet 1655. par lequel il fut jugé que le fideicommis étoit demeuré sans effet. *Ricard*, *des dispositions conditionnelles*, *Traité* 2. *chap.* 5. *sect.* 4. *n.* 404.

163 Arrêt rendu au Parlement d'Aix en l'année 1656. qui a jugé que le premier substitué étant prédecedé, ses enfans mis en condition sont préferez à leur oncle substitué au second degré. *Boniface*, *tome* 2. *liv.* 2. *titre* 2. *chap.* 5.

164 Si les enfans étant en la condition sont compris dans la disposition? *Voyez* M. Loüet & son Commentateur lett. C. somm. 46. *Liberis in conditione non sunt in dispositione*. Arrêt du 16. Juillet 1658. *De la Guessiere*, *tome* 2. *liv.* 1. *chap.* 54. *nisi aliunde constet de voluntate restatoris*.

165 Jugé que les petits enfans qui étoient dans la condition seulement devoient être neanmoins compris dans la substitution de l'ayeul, qui avoit pour cause la crainte de la dissipation du pere desdits enfans. Jugé aussi que dans la substitution faite pour cause de dissipation, les creanciers du fils n'avoient pas droit de demander, ni de prétendre la distraction de sa legitime au préjudice des petits enfans substituez, le 17. Août 1666. Au même lieu il rapporte un Arrêt du 18. May de la même année. *De la Guessiere*, *tome* 2. *liv.* 8. *chap.* 17.

166 Les enfans du premier substitué, qui est mort avant l'heritier, & qui sont dans la simple condition, ne sont point appellez à la substitution de leur chef, & ne peuvent recueillir leurs oncles substituez en second lieu. Il en est autrement si ces enfans sont dans la condition avec la qualification des mâles. Cette qualification fait qu'ils sont appellez de leur chef, non seulement à la portion de leur pere prédecedé; mais aussi à celle de leur oncle heritier chargé de rendre, & qu'ils excluent leurs autres enfans substituez en dernier lieu. Arrêt rendu au Parlement de Toulouse le 23. Janvier 1675. *Voyez M. de Catellan*, *liv.* 2. *chapitre* 72.

167 Si les enfans qui sont simplement dans la condition, sont appellez à la substitution. *An liberi in conditione positi censeantur, & quando conditio sufficit, ut inducat fideicommissum graduale & perpetuum?* V. Henrys, *to.* 2. *liv.* 5 *quest.* 17. Arrêt du 23. Novembre 1690 qui a jugé que quand la condition est suffisante pour induire une substitution, le fideicommis est graduel & perpetuel.

SUBSTITUTION, CONFISCATION.

168 Les biens substituez n'entrent dans la confiscation. *Voyez* le mot *Confiscation*, *nomb.* 131. & *suiv*.

169 Les biens substituez ou dont l'alienation est prohibée, ne tombent point dans la confiscation, sinon lors que la prohibition d'aliener ne va point au profit d'un tiers, mais seulement du criminel : cela n'a point de lieu en crime de leze Majesté, car en ce cas le Roy reprend le fief par la loy de l'investiture sans aucune charge de dettes ni de substitution ou de fideicommis. *Brodeau sur M. Loüet*, *lettre C. somm.* 52. *nomb.* 8. Voyez Mornac, *l.* 31. *ff. de pignoribus sol.* 735. & le mot *Confiscation*, *nomb.* 63. & *suiv*.

170 Si les biens du délinquant sont sujets à substitution ou restitution fideicommissaire, le substitué les prendra, & non le fisc. *Coquill*, *Coûtume de Nivernois*, *ch.* 2. *des Confisc. art.* 1. toutefois és crimes de leze-Majesté les biens appartiennent au Roy, *sine onere substitutionum*. M. Loüet, *lettre C. somm.* 53.

SUBSTITUTION CONTRACTUELLE.

171 Les substitutions contractuelles sont reçuës en France, & ont pareil effet pour la prohibition d'aliener, que les testamentaires. Il y a plusieurs lieux où les substitutions testamentaires ne sont reçuës, si fait bien les contractuelles, comme Montargis, Sedan, la Marche, Bourbonnois, Nivernois, & Auvergne *Brodeau sur M. Loüet*, *lettre S. somm.* 9. *nomb.* 4. & *suiv*.

172 La substitution se peut faire en contrat, à la seule convention que les enfans qui viendront du mariage, & ceux qui descendront d'eux perpetuellement en ligne masculine, & au défaut d'eux, le mary de la fille porteroit le nom & les armes de la Maison, ne fait pas une substitution en païs coûtumier. Arrêt du 9. Avril 1595. *Peleus*, *quest.* 52. où il parle des Loix & Statuts des grandes Maisons contraires aux Coûtumes.

Les substitutions contractuelles sont de pareil effet pour la prohibition d'aliener que les testamentaires. Arrêt du 5. Decembre 1586. M. Loüet, *lettre S. sommaire* 9.

173 Un pere marie sa fille, & promet de faire valoir sa part en sa succession ; 30000. livres, pour luy demeurer propre à elle & à ses enfans, en cas d'alienation par le futur mary, il sera tenu de le remployer en pareille nature d'heritages. Le pere meurt ; la fille succede ; elle vend une partie de ce bien ; son fils mineur interjette appel de decret, disant qu'il s'agit d'une substitution contractuelle, la mere n'a pû disposer. Elle répond qu'il y a différence, *inter verba dispositiva, & verba executiva*. Si le pere eût dit, *je donne* 30000. *liv. à ma fille & à mes enfans*, ils eussent été *in dispositione*, & la mere n'auroit pû aliener ; mais il n'a parlé que *in verbis executivis*, pour être propres à elle & à ses enfans. Arrêt du Parlement de Paris du 12. Janvier 1601. en faveur de la mere, conformément aux conclusions de M. Marion Avocat General. *Biblioth. de Bouchel*, *verbo Substitution*.

174 Les substitutions & institutions contractuelles d'heririer faites par contract de mariage sont donations entre vifs sujettes à insinuation & non révocables, bien qu'elles ayent trait jusqu'à la mort. Arrêt du 21. Janvier 1605. M. *Bouguier*, *lett. S. n.* 11.

175 Substitution contractuelle se peut faire hors du traité de mariage. Arrêt du Parlement de Bourdeaux du 31. May 1644. *La Peyrere*, *lettre S. nomb.* 113.

176 Jugé par Arrêt du 23. Mars 1656. qu'en une substitution contractuelle faite au profit des mâles descendans du donateur, les enfans issus d'une fille, ne peuvent pas prétendre d'être appellez à la substitution, & ainsi que la sœur du dernier mâle de la famille du donateur, qui a joüi des biens substituez, luy peut succeder ausdits biens à l'exclusion des mâles descendans d'une fille, comme les ayant possedés librement à défaut d'autre mâle de la famille. *Soëfve*, *to.* 2. *Cent.* 1. *ch.* 10. où est encore agitée la question de sçavoir si la proximité en cas de substitution se doit prendre *à gravante vel à gravato*.

178 Difference entre les substitutions contractuelles & les testamentaires, les premieres ont leur effet du jour

de la date des contrats, les autres du jour de la mort du testateur, & ainsi l'Ordonnance d'Orleans, art. 59. peut être entenduë des premieres, & non des secondes. Arrêt du 2. Août 1659. *Notables Arrêts des Audiences, Arrêt* 31.

SUBSTITUTION CONVENTIONNELLE.

178 Voyez *Charondas*, livre 13. chapitre 93.

SUBSTITUTION,
CONVENTIONS MATRIMONIALES.

179 Si les biens substituez peuvent être obligez aux conventions d'une femme, & si c'est aussi bien en la ligne collaterale qu'en la directe, & pour tous les degrez que pour le premier? *Voyez Henrys, tome* 1. *liv.*5. *chap.* 4. *q.* 66.

180 Arrêt du Parlement de Paris du 27. Mars 1584. par lequel il est jugé qu'une veuve ne peut prétendre ses conventions matrimoniales sur des biens substituez en Païs coûtumier, non pas même sur une somme de deniers subrogée au lieu desdits biens substituez. *Voyez le Recüeil des Plaidoyers & Arrêts notables*, imprimé en 1645. & *le Vest*, *Arrêt* 175.

181 Si les biens substituez peuvent être obligez aux conventions matrimoniales d'une femme, aussi-bien en collaterale qu'en directe? Arrêt du 21. Février 1647. qui appointe les Parties au Conseil, & cependant ordonne la provision en faveur de la veuve du sieur Comte de Tournon, en baillant caution. *Soëfve, to.* 1. *Cent.* 1. *ch.* 2.

182 La veuve sur les biens substituez prend ses conventions jusqu'à la concurrence de la legitime dûë à son mary. Arrêt du 5. Février 1658. de relevée, plaidans Bilin & Coignet. *Soëfve, tome* 2. *Cent.* 1. *ch.* 88. Voyez *Henrys, tome* 1. *liv.*5. *quest.*65. & *le Vest, Arrêt* 175. M. d'Olive, *liv.* 3. *chap.* 22. & *Henrys, tome* 2. *liv.*5. *quest.* 29. où il parle de la directe & de la collaterale. *Peleus, quest.* 41.

183 Une femme ne peut prétendre le payement de sa dot & de son doüaire, subsidiairement sur les biens substituez à son mary par ses pere & mere, depuis le mariage de ladite femme, quand son mary a été rempli de sa legitime avant la substitution. Arrêt du Parlement de Paris du 23. Juillet 1687. *Voyez le Journal des Audiences, tome* 5. *liv.* 3. *chap.* 10. & *Ricard, tome* 2. *Traité des substitutions, p.* 546.

DISPOSITIONS DES COUSTUMES.

184 En la Coûtume d'*Anjou*, quelles sont les marques de substitution, & si on y peut substituer? La cause appointée, c'étoit une substitution en la maison du Bellay. Arrêt du 6. Mars 1663. *Notables Arrêts des Audiences, Arrêt* 93.

185 Sur l'explication de l'art. 17. du titre 14. de la Coûtume d'*Auvergne*, si une convention apposée au contract de mariage d'un fils aîné, & en sa faveur & de ses descendans, pouvoit s'étendre aux descendans mâles d'un second mariage, n'y en ayant point eu du premier lit, ou si elle devoit demeurer restrainte aux seuls descendans qui eussent pû naître dudit premier mariage. Le sieur Marquis de Courton étant décedé sans mâle, la substitution fut déclarée ouverte au profit du sieur Vicomte de la Roche son frere, sans préjudice de distraction. L'Arrêt n'est point daté. *Voyez Henrys, tome* 1. *liv.* 6. *chap.* 5. *quest.* 25.

186 *Henrys* décide que dans la Coûtume d'*Auvergne*, qui prohibe les substitutions, un pere peut leguer le quart de ses biens à celuy de ses deux fils qui aura plûtôt atteint l'âge de vingt-cinq ans; il dit que ce n'est pas un fideicommis, mais un legs conditionnel qui n'est pas défendu par la Coûtume; il ajoûte qu'un pere qui auroit plusieurs enfans mâles, pourroit leguer le quart de ses biens à celuy que la mere choisiroit, que ce ne seroit pas un fideicommis; mais un simple ministere; cependant par cette voye l'on pourroit éluder la prohibition de la Coûtume; mais le mal ne seroit pas grand, car la disposition de la Coûtume d'*Auvergne* en cela n'est pas raisonnable,

les substitutions sont tres-utiles, sur tout pour la conservation des grandes maisons; je *suis surpris*, dit l'Auteur des Observations, *que les Etats du Païs d'Auvergne où il y a tant de Noblesse, ayent souffert une semblable disposition.* Voyez *Henrys, tome* 2. *liv.* 4. *quest.* 43.

187 En *Franche-Comté* le bien substitué sans publication, a été déclaré libre & affecté aux dettes des Comtes & Comtesses de Belun pour être vendu, & les deniers en provenans distribuez aux creanciers. Arrêt du 14. Septembre 1669. *De la Guessiere, tome* 3. *liv.* 3. *chap.* 19.

188 Le substitué marche avant l'heritier, lorsque le testateur au défaut du legataire luy en a substitué un autre; car bien que les substitutions d'heritier soient inconnuës en *Normandie*, il est permis neanmoins de substituer en matiere de donations testamentaires ou entre-vifs; chacun a la liberté d'apposer telles conditions qu'il luy plaît aux choses dont la coûtume luy accorde la disposition, pourvû qu'elles ne soient point contre les bonnes mœurs, comme il demeura constant en la cause plaidée en la Chambre de l'Edit à Roüen le 11. Mars 1648. entre Jean le Quesne sieur du Bocage, appellant, & Isaac le Bourg, intimé: quoyque l'insinuation ne soit point requise pour les donations testamentaires, il est neanmoins necessaire de les insinuer, lorsqu'elles contiennent une substitution, ce qui fut jugé de la sorte. *Voyez Basnage, sur la Coûtume de Normandie, art.* 422.

189 Substitution en *Provence*. Les neveux viennent à la substitution avec leurs oncles. Arrêt du 30. Mars 1675. *De la Guess.* 10. 3. *liv.* 9. *chap.* 4.

SUBSTITUTION, CREANCIERS.

190 Un pere à Toulouse laisse trois enfans, institué son fils son heritier à la charge de payer la legitime à ses deux sœurs, & les luy substitué, le frere meurt aprés avoir engagé sa bien substitué; dispute entre les filles & les creanciers du frere, &c. *Voyez l'Arrêt du vingt-huitiéme* Août 1546. dans *le Vest, Arrêt* 211.

191 Arrêt du Parlement de Paris du 6. May 1589. par lequel il est jugé qu'un creancier ne se peut adresser à des biens substituez, même en païs coûtumier. *Voyez le Recüeil des Plaidoyez & Arrêts notables imprimés en* 1645.

192 Par Arrêt du Parlement de Toulouse du 10. May 1635. jugé que les legitimaires & les creanciers hereditaires pouvoient recourir contre le substitué pour le payement des interêts qui ont couru durant la vie de l'heritier, chargé du Fideicommis. Même Arrêt le 9. Juin 1637. *M. D'Olive, li.* 5. *chap.* 13.

192 Entre les creanciers de la Maison de *Bellay* & les bis. heritiers touchant une substitution, contre les conclusions de Monsieur l'Avocat General qui alloient pour les heritiers, la cause fut appointée, & au principal en droit & joint. Arrêt du 6. Mars 1663. *Notables Arrêts des Audiences, Arrêt* 93.

SUBSTITUTION, DEBAUCHE, DISSIPATION.

193 Un pere en cas de mauvais ménage de son fils, luy peut substituer ses petits fils en tous ses biens, meubles & immeubles, &c. Arrêt en Février 1634. *Du Frêne, liv.* 2. *chap.* 146.

194 Une substitution faite par un pere & une mere, en ces termes, *de la part & portion que leur fils pourroit amender de leurs successions, tant en meubles qu'immeubles*, est valable, ayant pour prétexte les débauches & les dérèglemens de leur fils; & la mere fut déchargée de la demande des creanciers, avec dépens, & l'Arrêt porte que Alix & sa femme joüiront de la moitié de l'usufruit des biens de Vincent Traverse, à luy écheus par le décés de son pere, jusques à ce qu'ils soient entierement payez, & l'autre moitié audit Traverse pour ses nourritures & alimens; & pour connoître les effets de ladite succession, la mere veuve representera l'inventaire desdits biens, &c. Arrêt à Paris du 21. Janvier 1672. *Journal du Palais.*

Voyez le mot *Prodigue.*

SUB SUB 615

Substitution, Deceds.

195 Le premier substitué étant décédé avant l'institué, sçavoir, si le substitué au premier peut aussi être censé avoir été substitué à l'institué? *Voyez Bouvot*, to. 1. part. 2. verbo *Substitué mort avant l'institué.*

196 La substitution étant faite au cas que l'institué décede sans enfans ou avant la testatrice, & sans avoir pû ou voulu apprehender son hoirie, si ayant apprehendé l'heredité, il décede sans enfans, le substitué peut-il demander l'ouverture du Fideicommis? *Voyez Bouvot*, to. 1. part. 2. verbo, *Substitution*, quest. 5.

Substitution, Decret.

197 Les choses substituées étant decretées, le substitué doit s'opposer. *Voyez Mornac*, l. 13. ff. qui satisdare cogantur.

198 Le 4. Août 1573. fut appointée au Conseil une cause, en laquelle l'appellant disoit qu'il étoit substitué à la Terre & Seigneurie de Mons, laquelle avant que la substitution fût ouverte, avoit été ajugée par decret sur celuy qui en joüiroit sous la charge de la substitution, que luy appellant substitué ne s'étoit point opposé à cause que la substitution n'étoit pas encore ouverte, puisqu'il étoit mineur. *Bibliotheque de Bouchel*, verbo *Substitution.*

199 Si le decret se donne sur les biens substituez avant l'ouverture de la substitution, l'ouverture ensuite intervenant, le decret ne pourra point nuire aux substituez. *LaPeirere*, lettre D. n. 17. dit, je fais grand doute en cette décision s'il y avoit long-temps du decret; & encore il faudra que le substitué forme opposition envers l'Arrêt de decret aux termes de l'Ordonnance de 1667. Arrêt du Parlement de Bourdeaux du dernier Mars 1664. qui a jugé qu'un mineur pourvû de curateur qui ne s'étoit point opposé à un decret, pour avoir distraction des biens sujets à substitution déja échûe lors du decret, n'étoit pas recevable à se pourvoir par Requête civile.

Degrez de Substitution.

200 Jusqu'à quel degré il est permis de substituer par testament, contrat, ou autre disposition? *V. les Ordonnances de Fontaron*, to. 1. l. 4. tit. 11. p. 756.

201 Pour le reglement general des degrez de substitution, il faut voir les *articles* 59. & 124. de l'Edit d'Orleans, & l'art. 57. de celuy de Moulins.

202 Si l'on peut substituer à l'infini, & si par les Ordonnances les fideicommis & substitutions peuvent passer le quatriéme ou second degré, & si le degré doit être pris pour generation, ou pour personnes appellées à la substitution, qui ont recüeilli les biens? *Voyez Bouvot*, tome 1. part. 3. verbo *Substitution*, quest. 3.

203 Deux degrez outre l'institution. *Ordonnance d'Orleans* art. 59. & pour les substitutions faites avant l'Ordonnance d'Orleans, & dont le droit n'étoit échû, seront restraintes au quatriéme degré, outre l'institution. *Ordonnance de Moulins* art. 57. *Voyez M. Expilly* Arrêt 146. Pour les degrez effectifs, *voyez Henrys*, tome 2. liv. 6. q. 9. *Voyez M. le Prêtre* 2. Centurie chap. 21.

204 *Aurelianæ constitutiones circâ substitutionum gradus interpretatio*. *Voyez Franc. Stephani* decis. 1.

205 L'ordre des substitutions se regle par les personnes, & non par les degrez de generation, & ce en païs coûtumier. *Voyez l'Ordonnance d'Orleans* art. 59. qui les regle à deux degrez, non compris l'institution & premiere disposition, & ainsi elle desire trois personnes, l'institué & deux substituez. L'Ordonnance de Moulins article 57. pour regler les substitutions faites avant l'Ordonnance d'Orleans, & dont le droit n'étoit encore acquis, desire 4. degrez outre l'institution, c'est-à dire, cinq personnes. La Nov. 159. les limite à quatre degrez. *Voyez M. le Prêtre*, 2. Cent. chap. 21. *Henrys*, tome 2. liv. 5. q. 48. Peleus, q. 60. q. 48. & quest. 161. Ricard, *des Substitutions*, trait. 3. ch. 9. sect. 6. n. 758. & M. d'Olive, livre 5. chap. 10.

206 L'Ordonnance de Moulins art. 57. porte que toutes substitutions faites auparavant l'Ordonnance d'Orleans en quelque disposition que ce soit, par contrats entre-vifs, ou de derniere volonté, & sous quelques paroles qu'elles soient conçuës, seront restraintes au 4. degré outre l'institution; exceptées toutefois les substitutions desquelles le droit est déja acquis aux personnes vivantes, ausquelles n'est prejudicié. Ordonné aussi que dorénavant toutes dispositions entre-vifs ou de derniere volonté, contenant substitutions, seront pour le regard d'icelles substitutions publiées en jugement à jour de plaidoirie, & enregistrées aux Greffes Royaux plus prochains des lieux des demeures de ceux qui auront fait les substitutions, & ce dedans six mois, à compter quant aux substitutions testamentaires, du jour du décez de ceux qui les auront faites, & pour le regard des autres, du jour qu'elles auront été passées, autrement seront nulles, & n'auront aucun effet.

207 La Cour de Toulouse approuve une substitution qui s'étend plus loin que le quatriéme degré, même en faveur des descendans en ligne directe. *V. Maynard*, to. 1. li. 5. ch. 86. Les Ordonnances qui limitent les degrez de substitution n'ont point été reçuës en ce Parlement.

208 L'interruption des degrez n'est pas un obstacle, comme on l'a quelquefois prétendu. Un pere substitue reciproquement ses deux fils, qui sont ses heritiers universels : s'ils meurent sans enfans mâles, il leur substitue *Titius* son cousin, & à celuy-cy au même cas de mort sans enfans mâles, *Caius* & *Sempronius* freres. *Titius* meurt le premier sans enfans, & après *Titius* les deux heritiers universels aussi sans enfans, celuy d'eux qui mourut le dernier ayant fait un étranger son heritier, *Caius* & *Sempronius* demandent pour eux l'ouverture de cette substitution, quoy-qu'il soit constant que *Titius* étant mort avant les heritiers, l'ordre en ait été interrompu : neanmoins leur demande est bonne, étant indifferent que le premier substitué meure devant ou après l'heritier, ce qui a été jugé par plusieurs Arrêts au Parlement de Grenoble. *Voyez Guy Pape*, quest. 180.

209 Si un fils qui est d'Eglise & imparfait d'esprit ou de corps, peut faire degré dans les substitutions graduelles? M. C. du Moulin §. 13. Glos. 1. in verbo le fils aîné *nomb.* 25. & 27. tient que celuy qui est insensé ou furieux, mais encore tout autre qui est inhabile ne peut avoir le droit d'aînesse. *Voyez Henrys*, to. 1. liv. 5. chap. 4. quest. 60. où il rapporte des Autheurs pour & contre.

210 Les substitutions perpetuelles quoyque non bornées expressément par le testateur, se font par l'Ordonnance de Moulins de l'an 1566. & ne peuvent aller au delà du 4. degré. Jugé par plusieurs Arrêts du P. de Thoulouse, & entre autres le 7. Janvier 1638. *Graverol sur la Rocheflavin*, li. 3. lett. S. tit. 9. Arr. 14.

211 Jugé au Parlement de Toulouse le 5. Juin 1587. que le progrez d'une substitution ne cesse point par l'interruption des degrez, lorsqu'il appert de la volonté du testateur. *La Rocheflavin*, livre 4. lettre T. titre 5. Arrêt 3.

212 Raymond Landez par son testament institué son posthume, & en cas qu'il n'y en auroit pas ou qu'il décedast sans enfans mâles, substitué Jean Landez son frere, & ensuite avoit ajoûté d'autres substitutions, sur le sujet desquelles étant intervenu procez, par Arrêt du 23. Février 1600. il fut jugé suivant l'Ordonnance de Moulins, que la substitution pouvoit être étenduë jusques au quatriéme degré sans y comprendre l'institution ou substitution dont il s'agissoit en ce fait, par laquelle le testament avoit commencé, n'ayant pris sa force qu'en la personne de Jean, encore que par l'Ordonnance d'Orleans on ne fût point reçu après le second degré de demander ouverture de substitution. *Cambolas*, liv. 3. chap. 7.

213 Les degrez és substitutions au païs de Droit écrit se comptent par souches, & non par têtes. Arrêt du 13. Avril 1604. *M. d'Olive*, *liv.* 5. *chap.* 10.

Les degrez de substitution s'accomplissent par mort naturelle, & non par la Profession Monachale. Arrêt du 7. Septembre 1620. *M. le Prêtre*, 3. *Cent. chap.* 81. Arrêt contraire du 25. May 1660. *Voyez les notables Arrêts des Audiences*, *Arr.* 46. Voyez *M. d'Olive*, *liv.* 5. *ch.* 8. *De la Guess. tome* 2. *liv.* 5. *ch.* 22. rapporte l'Arrêt du 23. May 1660.

214 Arrêt du Parlement d'Aix du 28. Avril 1623. qui a compté les degrez des substitutions par têtes non par generations, *Boniface*, *to.* 5. *liv.* 2. *tit.* 13.

215 Un testament portant substitution graduelle & perpetuelle fait en 1552. le testateur decede en 1563. aprés l'Ordonnance d'Orleans en 1560. le testament ne commence d'avoir son execution que du jour de la mort du testateur, & qu'il n'y a que deux degrez de substitution, l'institution non comprise. Arrêt du 2. Août 1659. *Notables Arrêts des Audiences*, *Arrêt* 31. le Lundy 11. Mars 1675. pareil Arrêt à la Grand'Chambre, plaidans Vaultier & Loranchet. *Voyez Ricard*, *des Substitutions*, *traité* 3. *ch.* 9. *sect.* 6. *nomb.* 813. *& suiv.* De la Guess. *tome* 2. *liv.* 2. *ch.* 35. rapporte l'Arrêt du 2. Août 1659.

216 Quoyque par l'usage du Parlement de Toulouse les degrez de substitution se comptent par souches, de sorte que les freres qui recueillent la succession en divers temps ne font qu'un degré, neanmoins lorsque cette succession se fait avec interruption de degré & *per medios nepotes*, le frere qui succede par cet. te voye compose un nouveau degré, bien qu'il soit d'une même generation que son aîné qui a rempli cette place. Cette décision est conforme à la doctrine & aux Arrêts rapportez par *M. d'Olive*, *li.* 5. *ch.* 10. elle doit avoir lieu, quoyque le second fils du testateur, qui recueille la substitution aprés son neveu fils de l'heritier institué qui a rempli le premier degré, soit un des heritiers instituez, & chargez de rendre par le testament contenant la substitution. Arrêt du 6. Mars 1665. rapporté par *M. de Catellan*, *liv.* 2. *ch.* 74. où il ajoûte, si l'un des substituez repudie par acte la substitution à luy déferée, il ne fait point de degré, & la substitution est prorogée, jusques à celuy qui sans cette repudiation auroit esté au 5. degré, ainsi qu'il a été jugé en la grand'Chambre en robes rouges le 14. Août 1660. Le droit de substitution étant repudié, c'est comme s'il n'avoit jamais appartenu au substitué que repudie suivant la maxime établie par nos Loix, *quod repudiatur numquam nostrum fuisse intelligitur*, aussi ce substitué ni son degré ne doivent pas être comptez, & par-là le substitué du 5. degré monte, & se trouve au quatriéme.

217 Acte de Notorieté de M. le Lieutenant Civil du 4. Novembre 1689. que l'usage qui se pratique dans le Siege du Châtelet de Paris, dans le jugement des causes de substitutions qui y sont portées, est que l'on suit exactement l'Ordonnance de Moulins, & la Declaration donnée en consequence, pour le nombre des degrez dont le compte se fait par celuy des personnes qui ont été en possession de droit ou de fait des biens substituez; & qu'à l'égard de l'interpretation de la volonté des testateurs ou donateurs, lorsqu'il y a des termes qui peuvent causer quelques doutes, la Coûtume de Paris n'ayant établi aucune disposition touchant les substitutions, l'on suit entierement les dispositions du Droit écrit, suivant lequel les conjectures de fait & de droit servent de décision. *Recüeil des Act. de Notor.* p. 66.

218 Dans les substitutions ordonnées anterieurement à l'Edit perpetuel des Archiducs du 12. Juillet 1611. article 11. les degrez avant l'Edit ne font pas nombre à compter des trois degrez, ausquels le Prince a restraint l'effet des Fideicommis. Si même un des appellez avoit apprehendé avant l'Edit, sa personne ne seroit nombre entre les trois degrez, bien qu'il eût encore vécu quelque temps après l'Edit avec la charge du Fideicommis. Et lorsqu'un pere assigne à son aîné une Seigneurie, & la substitué à ses hoirs mâles, *pour tenir la côte & ligne de ceux de sa famille portans son nom à toûjours*, ceux appellez en vertu de ce Fideicommis & qui sont encore chargez, ne peuvent en intervertissant l'ordre des successions, disposer de la terre en faveur d'un Cadet, à l'exclusion de l'aîné conte le Statut Coûtumier. Arrêt du Parlement de Tournay du 23. Decembre 1700. il s'aguisoit de la Terre & Baronnie de Bouvignier. *Voyez M. Pinault*, *to.* 2. *Arr.* 293. depuis ayant été intenté revision de cet Arrêt, les parties se sont accommodées.

Voyez le mot *Degrez*.

SUBSTITUTION, DEROGER.

219 Si les coheritiers chargez de substitution reciproque l'un envers l'autre, & leurs descendans y peuvent déroger par quelque convention particuliere entre eux? *Voyez Henrys*, *tome* 1. *liv.* 5. *ch.* 4. *q.* 23. où la question est amplement traitée.

220 On ne peut déroger à l'Ordonnance. *Voyez Ricard*, *des Substitutions*, *trait.* 3. *chap.* 9. *sect.* 6. *nombre* 843. 850. *& suiv.*

221 Fille mariée & appanée, passant quittance de tous droits paternels, maternels, successifs, presens & à venir, soit par institution ou substitution de ses predecesseurs & des leurs, est exclusse du droit de substitution. Jugé au Parlement de Grenoble au mois de Decembre 1459. plusieurs étoient d'avis contraire. *Papon*, *liv.* 16. *tit.* 4. *n.* 6.

SUBSTITUTION, DETRACTION.

222 Substitution faite par un Gendarme étant à la Guerre à son fils pupille, au cas qu'il décederoit sans enfans, le fils décedant hors l'âge pupillaire, *non dicitur directa*, *sed habet vim fideicommissi*, *& ideo filius ant ejus hæres legitimam & quartam detrahit*, *quia ex quo ad ejus mortem refertur*, *non ad certum tempus*, *dicitur compendiosa*, *non directa militaris*; *de quâ in L. centurio qua est interpretanda in suo casu*, *nempe quando ad certum tempus*. Ainsi jugé au Parlement de Toulouse. *La Rochflavin*, *liv.* 3. *lett.* S. *tit.* 9. *Arr.* 7.

223 Lorsque les substitué sont des descendans, ils doivent être saisis des biens ausquels ils sont substitués avant qu'être procedé aux detractions, parce qu'ils sont plus favorables que les heritiers, s'ils sont étrangers; & autant favorables si lesdits heritiers sont aussi des descendans; & parce qu'en ladite qualité de descendans ils en sont saisis par la Coûtume generale de France qui dit que le mort saisit le vif. Arrêt du 17. Avril 1598. en faveur des substituez de la maison de Morillon. *Ibidem*. *Arr.* 1.

224 Autrefois quand le substitué étoit des descendans du testateur, la liquidation du Fideicommis se faisoit entre les mains des heritiers de l'heritier grevé, suivant la distinction de *Ferrerius*, *in quæst. Guid Papa*. Aujourd'huy ceux-cy joüissent indistinctement à concurrence des imputations & detractions à faire sur les biens substituez, jusques à ce que *distracta sint detrahenda*. Arrêt du mois de Juin 1674. *Graverol sur la Rochflavin*, *ibidem Arr.* 1.

SUBSTITUTION, DETTES.

225 Les dettes créées depuis la substitution, outre & par dessus ce dont le donateur s'étoit reservé de disposer, ne se doivent acquiter par le donataire ou substitué; le même de l'institué par Contrat de mariage. *Voyez M. Loüet*, *lettre D. somm.* 69.

SUBSTITUTION ES BIENS DONNEZ.

226 De la substitution de la chose donnée. *Voyez* le mot *Donation*, *n.* 859. *& suiv.*

227 *Pater an in donatione propter nuptias substituere valeat*? Voyez *Franc. Marc. to.* 1. *quæst.* 333.

228 Un pere qui a fait une donation entrevifs à son fils de la totalité, ou d'une partie de ses biens, soit par contrat de mariage ou autrement, ne peut plus charger ces

ces mêmes biens d'aucune substitution par un acte posterieur, même au profit des enfans de son fils : l'on juge au contraire au Parlement de Toulouse, pourvû que le donateur fasse mention expresse des biens donnez, & que la substitution soit au profit des enfans du donateur. *Voyez Henrys*, to. 2. li. 5. q. 52.

229 Le pere peut substituer à son fils même aux biens qu'il luy a donnés en faveur de Mariage, pourvû qu'il luy substitué *unum ex liberis*, & qu'il fasse mention des biens donnez en ladite substitution, *per legem sequens Quæstio 2º. ff. de legatis*. La Rocheflavin, *liv. 2. M. tit. 4. arr. 46.*

230 En donation d'un fief fait à un fils bâtard, & aux hoirs mâles, le cas arrivant qu'il ait un fils & une fille, si le mâle ne laisse que fille, & la fille un fils, le fief appartient à la fille du fils. Arrêt du Parlement de Paris pour un bâtard de la maison de la Trimoüille. *Papon, liv. 20. tit. 3. n. 27.*

231 Le pere peut substituer aux biens qu'il a donnés à son fils en faveur de mariage, pourvû que ce soit un de ses autres enfans, & non pas que ce soit un étranger, ni même un collateral, comme il a été jugé sur la fin de l'année 1592. & le 11. Août 1527. *Cambolas, l. 1. c. 35.*

232 Nonobstant ce qui a été dit, qu'un pere qui a donné en faveur de mariage à un sien enfant, luy peut substituer un autre de ses freres fils du donateur, pourvû qu'il le fasse *nominatim*, & qu'autrement dans la substitution generale de tous les biens, les donnez ne seroient compris ; toutefois par Arrêt du Parlement de Toulouse du 30. Juillet 1571. le contraire fut jugé, parce que le donataire de la moitié des biens du pere étant aprés substitué avec substitution generale, s'étoit durant sa vie porté pour heritier, & étant décedé en cette volonté, par laquelle, *judicium defuncti agnoverat*, son heritier ne pouvoit venir au contraire. *Voyez Mainard, lib 6. ch. 5.*

233 Il a été jugé plusieurs fois au Parlement de Toulouse, que le fils donataire pouvoit être grevé de substitution, mais avec deux conditions ; l'une que la substitution soit faite *nominatim*, és biens donnez, car il ne suffit pas d'une substitution generale faite par le testateur en tous ses biens, vû que les biens donnez sont, *extra causam bonorum*. L'autre condition est que le testateur appelle à la substitution ses descendans freres du donataire, & non les étrangers, & par Arrêt prononcé en robes rouges à Toulouse, le Mardy avant Pâques 1582. il fut jugé qu'une substitution faite, *verbis generalibus*, ne comprend les biens donnez. *Voyez Maynard, liv. 5. ch. 34.*

234 La regle generale n'admet point la substitution és biens donnez, que *verbis expressis*, & *sub conditione si sine liberis*, & il faut que la substitution soit faite aux descendans & par exprés és biens donnez sans faire difference des mâles ou des femelles ; toutefois le pere en donnant se peut reserver la faculté de substituer ; en ce cas la substitution generale comprend les biens donnez, &c. Arrêt du Parlement Juillet 1630. M. d'Olive, *liv. 5. ch. 15.* Voyez Henrys, tome 2. liv. 5. quest. 51.

235 Un pere donateur, ne peut pas substituer à son fils donataire ses propres enfans, parce qu'il ne luy est pas permis par nos prejugez de substituer aux biens donnez que sous trois conditions, la premiere que ce soit nommément qu'il substitué, la deuxieme que ce soit en cas que le donataire meure sans enfans, & la troisieme que le substitué soit un des enfans du donataire ; le pere ne pouvant pas par une substitution preferer un des enfans de son fils donataire à ses autres petits fils, qui ont tous droit d'esperer d'avoir part à ce même bien par la disposition de leurs peres. Arrêts des 18. Janvier 1651. 22. Février 1652. & au mois d'Août & 4. Septembre 1654. Cambolas, *liv. 1. ch. 35.*

236 L'ayeul peut substituer ses neveux aux biens qu'il avoit donnés à leur pere en ses pactes de mariage, la mere le peut aussi. Arrêt du Parlement de Toulouse du 3. Avril 1631. *Cambolas, liv. 6. ch. 13.*

237 Si la substitution doit être faite nommément aux biens donnez. Arrêt du Parlement de Toulouse en 1643. qui a jugé que la substitution quoique generale, & non expressément faite aux biens donnez, les comprenoit, si le donataire a accepté l'institution faite de sa personne, sous la charge de cette substitution generale. Arrêts contraires des 17. Février 1655. 17. Avril 1665. & 28 Février 1676. ces Arrêts établissent que la substitution doit être faite nommément aux biens donnez. Neanmoins si le pere ou la mere dans leur testament ont donné des marques évidentes & non équivoques, de vouloir comprendre les biens donnez dans la substitution, cela doit suffire. Arrêt du 18. Decembre 1684. Au reste le pere ne peut pas substituer aux biens qu'il a donnez à son fils un des enfans de ce fils donataire. Arrêts du même Parlement des 23. Janvier 1651. & May 1665. *Voyez les Arrêts de M. de Catellan, liv. 2. chapitre 13.* où cette question est amplement traitée, & où plusieurs maximes importantes sont établies.

238 Regulierement l'on ne peut substituer aux biens donnez *ex intervallo*, parce que la donation les met *extra causam bonorum*, il en est autrement si elle est faite aux descendans du mariage tel que le donateur élira ; on peut alors substituer à l'élû, parce que *videtur potius ex nominatione quam ex donatione rem consequi*. M. Maynard, *livre 5. chapitre 34.* dit que cela a été jugé plusieurs fois que les Eligibles ; ainsi jugé au Parlement de Toulouse le 27. Juin 1646. aprés partage.

239 Le pere peut substituer aux biens donnez, quand le donataire n'a point d'enfans, & qu'il substitué un frere du donataire. Arrêt du Parlement de Toulouse du 26. Août 1650. en la cause de certains appellez Jammes freres contre des acquereurs des biens. *Albert*, verbo *Substitution*.

240 Sauboy avoit fait donation des biens à son fils en le mariant ; & son fils ayant alienée une piece de terre en faveur de Guy, le donateur par son testament substitua aux biens donnez, le premier mâle de son fils, le premier mâle avoit fait casser cette alienation par le Sénéchal : mais la Sentence fut reformée sur cette raison que le donateur ne peut substituer, quand il y a des enfans du donataire ; cet Arrêt fut rendu au Parlement de Toulouse le 23. Janvier 1651. La même chose fut jugée en faveur de la Demoiselle de Marthel, contre Jacques Bonnet le 22. Février 1652. *Voyez Cambolas, liv. 6. chap. 13.* Autre Arrêt le 26. Novembre 1655 sur une Sentence arbitrale, qui jugeoit que le donateur n'avoit pû substituer aux biens donnez à son fils, quoiqu'il eût survécu au donataire, parce qu'il avoit des filles qui vivoient. *Albert*, verbo *Substitution*, art. 1.

241 On reçoit la substitution par paroles équipolentes en ce cas, sçavoir lorsqu'il s'agit de conserver les biens dans une famille noble ; comme il fut jugé au Parlement de Toulouse en la cause du sieur d'Albarel Seigneur de S. Clair, contre M. de Marsis son oncle ; le testateur ayant confirmé la donation dans son testament, & divisé ses autres biens aux autres enfans, les autres biens absorbez, la substitution ne peut s'entendre que de la donation : de sorte que lorsqu'il y a quelques circonstances qui favorisent & qui aident, les paroles équipolentes suffisent, quoiqu'elles ne soient pas tout à fait expresses ; il seroit bien difficile de faire une regle certaine. *Albert, Ibid.*

242 Lorsqu'il est dit qu'on substitué aux biens donnez & leguez, quoi qu'auparavant dans le testament on ait dit, *je donne & legue*, & que celuy qui défend la donation, veut interpreter des mots *donnez & leguez*, de ce qui a été dit dans le testament, non de la donation précedente, la moindre chose qui fasse comprendre l'intention du testateur, fait que cette al-

legation ne passe que pour une cavillation comme il fut jugé au Parlement de Toulouse, au mois de Janvier 1643. après partage neanmoins. *Albert*, verbo *Substitution*, *art.* 1.

242 Contre ce qui est dit que la substitution ne s'entend des biens donnez, que lorsqu'elle est expresse, il faut observer qu'on ne peut entendre la substitution que des biens donnez, comme lorsqu'il y a cinq enfans qui absorbent la moitié reservée par leurs legitimes, la substitution s'entend des biens donnez. Ainsi jugé au Parlement de Toulouse sur l'opposition à un Arrêt qui jugeoit que les paroles equipolentes ne suffisoient pas; l'Arrêt est du 9. Juin 1646. *Albert*, verbo *Substitution*, *art.* 1.

243 Quoique les donations précedemment faites par le testateur, ne soient point sujetes à la substitution s'il n'est dit; neanmoins si dans l'institution il est fait mention des donations, les choses données viendront dans la restitution. *Peregrin. art.* 6. *n.* 6. *vid.* Maynard, *lib.* 5. *chap.* 34. 35. *vid.* Guy Pape, *quæst.* 303. *id. L.* 68. *ff. de leg.* 2. *& L.* 62. *ff. ad trebell.*

M. la Peirere en ses decisions du Palais lettre S. nomb. 120. rapporte un Arrêt du Parlement de Bourdeaux du 30. Août 1660. au rapport de Monsieur Taranque, entre Marguerite & Anne de saint Aubin, Jean de saint Aubin avoit dans son contrat de mariage, fait une donation contractuelle de la moitié de ses biens, en faveur d'un de ses enfans mâles, qui seroit par luy nommé. De ce mariage naissent Marguerin & Bertrand de saint Aubin; ensemble Marguerite & Anne de saint Aubin; ledit Jean de saint Aubin faisant son testament, declare nommer ledit Marguerin de saint Aubin pour recüeillir l'effet de la donation, & outre ce l'institué son heritier universel avec substitution en cas de décés sans enfans, en faveur de Bertrand saint Aubin, & à défaut de Bertrand en faveur de Marguerite, & à défaut de Marguerite en faveur d'Anne Bertrand predecede sans enfans; ledit Marguerin ayant accepté purement & simplement ledit testament, mourant sans enfans délaisse à luy survivants, lesdites Marguerite & Anne, laquelle Marguerite appellée à la substitution du testament de Jean, a prétendu comprendre dans la substitution la donation de la moitié des biens, que ledit Jean de saint Aubin avoit faite par son contrat de mariage; & ladite Anne au contraire soûtenoit que ladite donation n'y pouvoit être comprise. Jugé neanmoins que ladite moitié donnée tomboit dans ladite substitution. Le motif de l'Arrêt a sans doute été, que comme dans le testament dudit Jean de saint Aubin, ledit Jean avoit fait mention de ladite donation, & nomma ledit Marguerin, & tout incontinent institua ledit Marguerin, & le chargea indefinement de substitution, ladite substitution devoit comprendre la donation.

244 D'une donation faite aux futurs époux, & aux enfans qui naîtront de leur mariage & des descendans d'eux, à la charge que l'aîné mâle qui naîtroit du mariage, porteroit le nom & les armes de la famille du donateur, & si cette donation contient une substitution graduelle ou perpetuelle, au profit de tous ceux de la famille du donateur tant mâles que femelles? Arrêt du 6. Mars 1663. qui appointa les parties au Conseil. M. Bignon Avocat General, conclut pour l'affirmative. *Soëfve*, *tom.* 2. *Cent.* 2. *chap.* 77.

245 Par Arrêt du 13. May 1665. jugé que les conventions matrimoniales d'une femme, & la donation qui luy a été faite par son mary d'une somme de deniers en contract ant mariage, peuvent être prétendus par la femme après le décés de son mary sur les biens substituez dont il n'avoit que l'usufruit; M. Talon Avocat General, avoit conclu au contraire. *Soëfve*, *tom.* 2. *Cent.* 3. *chap.* 55.

246 Si le substitué a deux heritiers donataires ou legataires, prend la portion du predecedé, ou si elle appartient à l'autre heritier donataire ou legataire? Ju-

gé au Parlement de Toulouse, qu'il n'est substitué qu'au dernier mourant. Si neanmoins on peut raisonnablement présumer que l'intention du testateur a été de substituer separément à chacun de ceux qu'il a chargez de rendre, en ce cas après la mort de l'un d'eux, le substitué doit être maintenu en la portion du decedé. Arrêts des 18. Juillet 1676. & 17. Juillet 1680. rapportez par *M. de Catellan*, *liv.* 2. *chap.* 25.

247 Donation portant substitution faite par Henry IV. à Monsieur le Duc de Vendôme declarée bonne sans insinuation ni publication, comme pareillement celle des Terres du Duché de Vendôme retirées, &c. depuis 1598. jusques en 1609. jour de son mariage jusques à la concurrence de la somme de 450000. livres, & ce qui en défaudra, recompensé luy en sera faite en deniers, & aura hypotheque sur les biens de Cesar de Vendôme son pere du 5. Avril 1598. les fruits & interêts dudit Duché en terres retirées luy appartiendront, à compter du jour du decés du sieur de Vendôme son pere, qui luy seront precomptez sur la jouïssance qu'il a euë des biens des successions du sieur de Vendôme, & de Dame Françoise de Lorraine son épouse ses pere & mere, & des sieurs Cardinal de Vendôme, & Duc de Beaufort, la substitution des 400000. livres faisant partie de celle de 500000. liv. donnez par le Roy Henry IV. le 5. Avril 1598. ou les terres si aucunes ont été acquises, ensemble la substitution du Duché de Beaufort, des bois de haute fustaye de la Terre de Vaudevil bonne & valable, toutes lesquelles Terres données par le contrat du 5. Avril 1598 sont declarées hypothequées aux conventions matrimoniales, indemnité des dettes & remploy; & à l'égard du sieur Loüis Joseph Duc de Vendôme, que la somme de 100000. liv. pour être employée en meubles, & les 270000. liv. en pierreries, fussent declarées substituées, & la substitution ouverte à son profit Sa Majesté sur ces demandes, a mis les Parties hors de Cour & de procés. Jugé au Conseil d'Etat du Roy, Sa Majesté y étant, le 24. Janvier 1678. *Journal du Palais.*

248 Par la Jurisprudence du Palais, il est permis aux peres de substituer aux biens qu'ils ont donnez à leurs enfans, pourvû que cette substitution soit accompagnée de trois conditions, qu'elle soit faite nommément aux biens donnez, au cas que le donataire decede sans enfans, & en faveur d'un des descendans du donateur, *nominatim si sine liberis, favore liberorum.* Jugé au Parlement de Toulouse le 5. Juillet 1696. que le pere même peut substituer sous ces trois conditions à la dot qu'il a constituée à sa fille en la mariant, en ce que cette dot excede la legitime. *Arrêts de M. de Catellan*, *liv.* 2. *ch.* 13.

SUBSTITUTION, DOT.

249 Biens dotaux qui se prennent sur les substituez. V. le mot *Dot*, *n.* 411. *& suiv.*

250 Par Arrêt du Parlement de Toulouse en 1585 entre le Syndic de l'Hôpital saint Jacques d'une part, & Marie de Pelepoix, veuve de Jean la Forcade; trois points furent préjugez; l'un, qu'elle ne pouvoit prendre sa dot & augment sur les biens de son mari, ausquels Antoine la Forcade son oncle & collateral avoit substitué l'Hôpital. L'autre, que les reparations faites sur ces biens par Jean la Forcade grevé de rendre, ne devoient être compensées avec les fruits qu'il en avoit pris, mais distraites à son profit, & affectées au payement de sa dot & augment de sa veuve. Le troisiéme, que la fille qui étoit expressement exclue par le testament qui appelloit l'Hôpital en défaut de mâles, fût neanmoins dotée de 400. livres sur les biens substituez, attendu sa pauvreté, & notable valeur des biens. Mainard, *livre* 3. *chapitre* 21.

251 La femme est preferée à tous creanciers suivant la loy *assiduis* au Ressort du Parlement de Toulouse, pour sa dot augment, & autres avantages à elle faits

en son contrat de mariage par son mari sur ses biens, même sur les substituez & sujets à restitution ; l'Ordonnance pour la publication des testamens contenant substitution n'est pas observée à Toulouse. Jugé à Paris à cause de l'évocation du 23. Mars 1602. il y avoit Arrêt précedent du 3. Février 1575. *Chenu*, 1. *Cent. quest*. 98. Voyez M. *d'Olive*, li. 3. ch. 21. *Henrys*, *tome* 2. *liv*. 5. *qu*. 29. où il parle de la directe & de la collaterale. M. *Loüet*, *lettre* D. *somm*. 21.

252 Les biens substituez sont sujets à la restitution de la dot. Arrêts du Parlement de Dijon du 18. Août 1606. *Bouvot*, *to*. 2. verbo *Substitutions*, *q*. 17.

253 *Henrys*, *to*. 1. *liv*. 5. *chap*. 4. *quest*. 66. rapporte le Plaidoyé de M. l'Avocat General Talon, par lequel ce grand Magistrat établit que les biens substituez, tant en ligne directe que collaterale sont affectez subsidiairement à la dot des femmes.

254 Jugé au Parlement de Toulouse en 1690. en la cause de la Dame Daubisson seconde femme du sieur Marquis de Castelnau, que la répetition de la dot a lieu sur les biens substituez en faveur de la femme d'un second ou troisième heritier, & d'une seconde femme d'un des heritiers. *Voyez les Arrêts de M. de Catellan*, *liv*. 4. *chap*. 44.

255 Le pere ne peut point substituer à la dot par luy constituée à sa fille, ni à la donation par luy faite à son fils dans le contrat de mariage de son fils. *Guy Pap. quæst*. 613. cont. *Ferrer. quæst*. 184 in *donatione facta si ro* in *contractu matrimonii* ; id. *Faber*, *de jure delib. def*. 44. in *donatione inter vivos facta filio*. La Peirere, *lettre* S. *nomb*. 65. dit, cette décision est certaine dans nôtre Parlement ; neanmoins si la donation étoit faite hors du contrat de mariage au fils emancipé, elle pourroit être sujete à la substitution quand elle est expresse, suivant la Loy *sequens quæstio*.

256 L'Authentique *Res quæ* n'a point lieu aux enfans des enfans. 2. ni lors qu'il y a institution d'étranger. 3. Ou en ligne collaterale. 4. Si ce n'est que les enfans de l'institué fussent substituez. *Loüet, lit*. D. *n*. 21. 1. *quid in dote data per patrem gravatum filia*. Vid. *Peregrin. art*. 42. *n*. 32. & *seq*. 3. id. *Mainard, lib*. 3. *chap*. 18. 21, 2. 3. id. *Graff*. §. *fideicommissum. quæst*. 57. *n*. 3. 1. La *Peirere*, *lettre* S. *nomb*. 197. ajoûte, excepté si les enfans des enfans sont du premier degré : il y en a encore qui tiennent que l'Authentique n'a pas lieu aux enfans des enfans, lors qu'elle n'a pas eu lieu aux enfans ; c'est à dire qu'il faut qu'elle ait lieu une fois & non plus. 4. Je fais grande difficulté en ce chef de décision, vû que l'authentique ne peut avoir lieu qu'entre l'ascendant & les descendans.

Au procez du Seigneur Durfé au rapport de Monsieur de Sabourin, entre ledit Seigneur & les creanciers de Jacques Durfé son pere : jugé que la dot de la femme ne pouvoit être prise qu'une fois sur les biens substituez : mais que si elle n'avoit pas été prise au premier degré, elle pouvoit être prise au second ou au troisième. La *Peirere*, *ibid*.

SUBSTITUTION, DOUAIRE.

257 Si le doüaire peut être demandé sur les biens substituez ? *Voyez* le mot *Doüaire*, *nomb*. 169 & *suiv*.

SUBSTITUTION, DROIT ECRIT.

258 Un testateur en pays de Droit écrit laisse entr'autres deux fils mariez, qu'il institue ses heritiers, & leur substitue les enfans mâles d'iceux, & de mâles en mâles, déclarant expressément qu'il ne veut que ses biens viennent à ses filles, ni aux enfans descendans d'elles, ni aux filles de ses enfans mâles tant qu'il y aura des enfans mâles de luy ou de ses enfans ; l'ainé meurt ayant fils & filles ; les deux enfans de l'ainé meurent ; le cadet décede aprés eux, & laisse une fille ; la mere des enfans décedez de l'ainé pretend selon la Loy Romaine que tous les biens luy doivent appartenir comme heritiere de ses enfans : la fille du cadet soûtient que la substitution doit être ouverte à son profit, &c. Arrêt du premier Septembre

Tome III.

1571. qui déboute la mere. *Carondas*, *liv*. 7. *Rép*. 66. Voyez *Petrus*, *quest*. 56.

259 En pays de Droit écrit de l'étenduë du Parlement de Paris un ayeul institué sa petite fille, & luy substitué sa femme ayeule de la petitefille, & *&c*. la Cour ordonna que la substitution portée par le testament seroit executée seulement comme fideicommissaire, sur les biens qui avoient appartenu au testateur, & le surplus des biens qui appartenoient à la défunte seroient partagez entre les heritiers *ab intestat*. Arrêt du 3. Septembre 1667. *De la Guess. tome* 3. *livre* 1. *chap*. 39.

Le substitué en Droit écrit est saisi de plein droit en ligne directe. Arrêt du 27. Mars 1681. en la cause de Monsieur de Vantadour. *Ibid. tome* 4. *liv*. 8. *chapitre* 20.

SUBSTITUTION, DROITS SEIGNEURIAUX.

260 La substitution pupillaire faite au profit de la mere, les droits sont dûs au Seigneur, comme d'une disposition faite par le mari à sa femme. Arrêts du Parlement de Paris des 10. Juillet 1610. & 14. Juillet 1654. *Ricard*, *to*. 2. *traité des Substitutions*, *part*. 1. *chap*. 2. *n*. 59.

SUBSTITUTION, ENFANS.

261 De ceux qui sont compris dans la substitution sous le mot *Enfans*. Voyez le mot *Enfans*, *nomb*. 80. & *suivans*.

262 Ce mot *enfans* étant general signifie les deux sexes & tous les degrez de la ligne descendante. Voyez *Ricard des substitutions*, *traité* 3. & *Charondas*, *liv*. 4. *Rép*. 47. & 48. où il y a Arrêt du 16. Avril 1500. qui sous le nom d'enfans comprend les petits enfans, & encore *Ricard des Substitutions*, *chap*. 8. *section* 2. *nomb*. 506.

263 Des enfans mis en la double condition substituez vulgairement à leur pere, qui neanmoins a succedé au testateur, & si leur survivance éteint le fideicommis quoiqu'ensuite il meure sans enfans ? *V. Du Perrier*, *liv*. 4. *quest*. 2.

264 Substitution sous cette clause d'*enfans nez en loyal mariage* a lieu en la legitime par subsequent mariage. Arrêt du Parlement de Paris du 7. Juin 1558. *Papon*, *liv*. 20. *tit* 3 *n*. 5.

265 Enfans nez & à naître comprennent les petits enfans. Arrêt du 10. Février 1659. *De la Guess. to*. 2. *liv*. 2. *chap*. 7. que s'ils ne sont nez ni conçus lors de la substitution échuë, ils n'y peuvent rien pretendre, &c. Arrêt du 23. Août 1607. *M. Bouguier lettre* F. *nomb*. 1. M. *Ricard*, *des Substitutions*, *traité* 3. *chap*. 9. Montholon, *Arr*. 84.

266 Le 10. Février 1659. jugé qu'un pere qui avoit substitué ses biens à ses enfans, avoit entendu comprendre en la substitution ses petits enfans qui avoient survécu leur pere, lequel pere étoit décedé avant le testateur, par Arrêt que *Jouet*, verbo *Substitution*, *n*. 5. dit avoir oüy prononcer.

267 Si le testateur nomme & institué ses enfans ; & substitué les survivans à celuy qui décedera sans enfans, les enfans des predecedez seront exclus par les survivans ; autre chose est quand les survivans & les enfans des predecedez sont substituez, & en ce cas les enfans des predecedez succederont avec leurs oncles par representation. *Peregrin. art*. 21. *n*. 27. & *seq*. *ubi de vario concursu nepotum cum patruis*, vid. *Grassum* §. *Fideicommissum quæst*. 10. 11. vid. *L. sed si plu ries ff. de vulg. & pupill*. La Peirere *lettre* S. *nomb*. 199. rapporte un Arrêt du 5. Août 1672. donné au Grand Chambre du Parlement de Bourdeaux, au rapport de Monsieur de Monnier. Un pere ayant cinq enfans les institue tous ses heritiers, & les substitue reciproquement au cas du décez sans enfans. Le premier, le second, & le quatrième décedent sans enfans. Le troisième décede sans enfans, & par testament institue les enfans du quatrième. Le cinquième demande l'ouverture de la substitution qui luy est con

testée par les enfans du quatriéme. La Cour déclare la substitution, dont le troisiéme étoit chargé, ouverte au profit du cinquiéme.

Voyez cy-aprés *le nomb.* 495. *& suiv,*

SUBSTITUTION, ETRANGER.

268 Etranger substitué au cas que l'heritier meurt sans enfans, n'est substitué aux enfans des enfans. *Carondas, liv.* 7. *ch.* 61.

269 Etranger substitué au défaut d'heritier legitime, ne peut être empêché par ceux en ligne ascendante; l'heritier legitime se doit entendre seulement de ceux en ligne descendante. Arrêt du Parlement de Grenoble de l'an 1460. *Papon, liv.* 17. *tit.* 3. *n.* 6.

SUBSTITUTION EXEMPLAIRE.

270 De la substitution exemplaire. *Voyez Despeisses, tome* 2. *page* 108.

271 *Substitutio exemplaris expirat impedimento cessante, vel liberis posteà susceptis; olim morbo affectis substituere non licebat nisi à principe id impetratum est,* Secùs hodie L. *humanitatis.* C. *de impub. & aliis substit. licet mutus testamentum facere non possit.* L. *discretis* C. *qui testam. facere possunt.* L. 43. *ff. de vulgari substitut.*

272 Sentence du Lieutenant General d'Aix, qui declara nulle la substitution exemplaire faite en Contract de mariage, & sans institution d'heritier. Il y eut appel, mais il n'y a point de d'Arrêt. *Voyez Boniface, tom.* 5. *liv.* 1. *tit.* 7. *ch.* 2.

273 Substitution exemplaire faite par une mere par son Testament à sa fille imbecille d'esprit, est bonne *salvâ filiæ legitimâ.* Arrêt du 18. Janvier 1656. *Du Frène, liv.* 8. *chap.* 17. Ricard, *des Substitutions, ch.* 2. *n.* 91. & des Donations, 3. *partie, chapitre* 8. *sect.* 10. *nombre* 1136.

274 En la substitution exemplaire, le petit-fils mâle descendu d'un mâle heritier de l'ayeul Testateur, est preferé à la fille du Testateur. Arrêt du Parlement d'Aix du 18. Juin 1686. *Boniface, tome* 5. *liv.* 2. *tit.* 7. *chapitre* 1.

SUBSTITUTION, EXHEREDATION.

275 Si l'exheredation du fils peut s'étendre aux biens substituez? *Voyez* le mot, Exheredation, *n.* 93. *& suiv.* & Henrys, *tome* 2. *liv.* 5. *quest.* 3.

276 Un pere qui a desherité son fils impubere, peut neanmoins luy substituer pupillairement. Il le peut encore dans le cas d'une vraye & parfaite préterition; & ce qui rend plus fort le jugement du pere, est le consentement du Tuteur. *Voyez Guy Pape, q.* 529.

277 Le sieur Comte de Mailly exhereda son fils, legua tous ses biens à sa fille, lors matiée au Grand Chancelier de Lithuanie, avec défenses d'en disposer au profit de son frere, voulant qu'ils appartinssent à l'aîné des enfans mâles qu'elle auroit de son mariage, & en cas qu'elle n'en eût, ces mêmes biens retournassent à Loüis de Mailly son fils naturel. L'exheredation fut annullée, par Arrêt du 3. Juillet 1670. mais il étoit question de sçavoir si au cas qu'elle eût été valable, & la Legataire universelle, aussi-bien que le fils naturel, jugez incapables, les biens pouvoient être prétendus par tous les heritiers, sans aucune distinction, ou seulement par ceux des heritiers ayant la qualité de mâles, & portant le nom & les armes du Testateur. *Voyez Soefve, tome* 2. *Cent.* 4. *chap.* 50. La Sentence des Requêtes de l'Hôtel, avoit confirmé l'exheredation, cassé le legs universel, & ajugé les biens aux heritiers collateraux du sexe masculin, portant le nom & les armes de la Maison de Mailly.

278 Jugé par Arrêt du Parlement de Paris du 17. Juillet 1601. que les petits enfans exheredez par leur ayeul pour le fait de leur pere, ne peuvent agir tant que leur pere vivra, contre ceux qui sont substituez par le Testament de leur ayeul. *Filleau,* 4. *part. quest.* 39. & Chenu, 1. *Cent. quest.* 39.

EXTENSION DE LA SUBSTITUTION.

279 *Si appellatione liberorum vel filiorum veniant nepotes,*

& quo casu fiat extensio de personâ ad personam? Voyez M. Expilly, *Arrêt* 5. & Carondas, *liv.* 10. *Rép.* 17.

280 Substitution ne se peut étendre en faveur des parens de cas à autre au préjudice des heritiers en droite ligne; mais ceux en faveur de qui elle est faite, ne peuvent revenir contre les tiers possesseurs des biens grevez de substitution avant qu'elle soit ouverte à leur profit. Arrêt du Parlement de Paris du 4. Decembre 1595. *Papon, liv.* 20. *tit.* 3. *n.* 29. *&* 31.

281 Une mere par son Testament institue Benoît son fils son heritier universel; & en cas qu'il décedât sans enfans, luy substitué ses cinq filles, sœurs de Benoit, & les biens par égales portions. Benoît meurt sans enfans; deux filles ont le même sort; deux autres en laissent ; la cinquiéme survivante prétend tous les biens, comme seule appellée à la substitution ; les neveux prétendoient le contraire, à cause de ces mots, *mes filles & les leurs.* La tante répond que cela se doit entendre graduellement ; & au cas qu'il n'y eût autre plus proche en degré : car la representation n'a point lieu en substitutions; se trouvant seule des filles, elle est seule capable de recuëillir les biens substituez. Arrêt du Parlement de Paris du 5. Mars 1620. confirmatif de la Sentence renduë en faveur de la tante. *Additions à la Bibliotheque de Bouchel,* verbo, Substitutions.

282 Un particulier par son Testament declare qu'il substitué à son neveu, qui est son seul heritier, le fils aîné dudit neveu, & s'il n'a enfans le second fils ; le neveu institué ayant plusieurs enfans lors du Testament & du décés du Testateur, le premier substitué ayant recuëilli aprés la mort de son pere la substitution, & celuy qui étoit le second fils lors du décés du Testateur, ayant predecedé son frere aîné mort sans enfans, la substitution ne s'étend point aux autres fils de l'institué ni à leurs enfans. Arrêt du 13. Février 1690. *Journal des Aud. tome* 5. *liv.* 6. *ch.* 6.

SUBSTITUTION FIDEICOMMISSAIRE.

283 De la substitution fideicommissaire. *Voyez* le mot, Fideicommis, & Despeisses, *tome* 2. *p.* 114.

284 *Substitutio directa ad fideicommissariam non trahitur: neque fideicommissaria ad directam.* Voyez Franc. Marc. *tom.* 2. *quest.* 373.

285 *An substitutio breviloqua fideicommissariam contineat ob adjectionem clausulæ codicillaris testamento factam?* Voyez Francisci Stephani, *decis.* 22.

286 En substitution fideicommissaire, le mot, *ses heritiers,* comprend non seulement les universels, mais aussi les particuliers. Arrêts du Parlement de Grenoble & de Toulouse, rapportez par *Mainard, liv.* 5. *chapitre* 88.

287 En substitution fideicommissaire, representation n'a point de lieu, & le substitué étant décedé avant la condition, il n'a rien transmis à ses enfans. Jugé au Parlement de Paris le 5. Mars 1620. *Bardet, tome* 1. *liv.* 1. *ch.* 78. Brodeau rapporte le même Arrêt.

288 Un homme par son Testament institué son heritiere sa femme, avec cette substitution, *& substitué à* sadite heritiere tous ses neveux & niéces, par égales parts *& portions.* Jugé le 30. Mars 1657. que la substitution n'étoit vulgaire. 2°. Qu'elle étoit fideicommissaire d'un pur fideicommis specialement restitutoire, parce qu'il n'y avoit pas de quoy rendre quand elle mouroit, *& ubi dies non apponitur presenti die debetur.* Basset, *to.* 1. *liv.* 8. *tit.* 2. *ch.* 3.

289 Si le fideicommis est fait simplement à la famille, & que la famille soit étrangere au Testateur, tous ceux de la famille viendront par concurrence, sans consideration de la proximité du degré; que si la famille est du Testateur, les plus proches viendront par concurrence, & les plus éloignez ne seront appellez que par ordre successif; & au cas vulgaire seulement ; toutefois il y aura lieu à la substitution fideicommissaire, si le Testateur a ajoûté la cause de la conservation des biens dans la famille. Peregrin. *art.* 22. *n.* 63. *& 64.*

vid. Graff. §. *fideicommissum*, *quæst.* 16. *n.* 3. vid. Fachin. *liv.* 10. *ch.* 19. vid. L. 32. §. *ult. ff. de Leg.* 2. & L. 67. §. 2. & §. 3. & L. 69. §. 3. *ff. de Leg.* 2. & L. 94. *ff. de Leg.* 3

Arrêt du 24. May 1667. préfidant M. le Premier, plaidans Grenier & Jegun : jugé qu'un heritier chargé de rendre à la famille, avoit pû élire un des parens plus éloignez. *La Peirere, lettre S. n.* 144.

290 En fait de fideicommis le terme de *generation* se restraint quelquefois à la ligne directe. Arrêt du Parlement de Tournay du 15. Octobre 1696. qui le juge ainsi contre des collateraux ; ils prétendoient que l'heritage substitué n'avoit pû être chargé d'un usufruit. V. *M. Pinault, tome* 1. *Arr.* 118.

SUBSTITUTION, FRUITS.

291 *Si quis possidens rem ex testamento vel contractu restitutionis subjectam sub diem restitutionis immaturos fructus decerpat in fraudem ejus, cui res venit restituenda, tenetur restituere unà cum illis fructibus, vel eorum æstimatione.* Charles Du Moulin, *tit. des Fiefs,* §. 7. *n.* 13.

292 Jean Aillet instituë sa femme son heritiere universelle, & après son décés luy substitué son propre neveu ; sa femme décedée en 1588. le neveu demande ouverture de la substitution ; l'heritier de la femme demande la détraction de la quarte trebellianique. Le neveu dit au contraire qu'elle a joüi de l'heredité pendant plusieurs années, & qu'il faut imputer les fruits par elle perçeus ; ainsi qu'il n'y a lieu à la détraction. Arrêt en faveur du neveu, le 18. Septembre 1590. *Biblioth. de Bouchel*, verbo, *Legitime*, où il observe qu'il a été ordonné le 16. Avril 1580. que les neveux *qui tenent primum gradum, non imputant fructus in quartam.*

293 Un Testateur peut substituer les fruits de ses biens jusques à ce que son heritier ait atteint l'âge de 20. ans. Arrêt du 27. May 1661. *Des Maisons, lettre F. nombre* 8.

SUBSTITUTION GRADUELLE.

294 En substitutions graduelles, la proximité du degré se regle suivant le droit commun. 2. Eu égard au Testateur, & non au grevé. *Mantic. liv.* 8. *tit.* 11. *n.* 30. & *seq. cont. in legato relicto fratribus diversi vinculi tit.* 13. *n.* 3. & *seq.* 2. *cont.* Clarus. §. *testamentum, quæst.* 76. *n.* 14. 2. id. Fachin. *li.* 4. *ch.* 85. vid. Peregrin. *art.* 30. *ubi de fratribus diversi vinculi,* & *art.* 21. & *art.* 30. *n.* 20. 2. id. *in dubio.* Maynard, *liv.* 5. *ch.* 52. 1. Mantic. *li.* 6. *tit.* 6. *n.* 24. *denegat repræsentationem,* 1. *denegat repræsentationem.* Fernand. *de hæred. ab intestato, n.* 28. vid. Graff. §. *fideicommissum, q.* 11. *n.* 8. & *q.* 12. *n.* 6. &. *q.* 18. vid. L. 32. §. *ult. ff. de legat.* 2. 1. La Peirere, *let. S. n.* 98. dit, La raison de douter se prend de ce que l'Authentique cessante, n'a lieu qu'en la cause d'*intestat*, & non quand il y a Testament : neanmoins j'ay toûjours crû que representation a lieu en fait de substitution, & que les enfans des freres viennent en concours avec les freres. 2. J'ay toûjours crû que *in dubio*, il faut avoir égard au degré du Testateur, & non de l'heritier, si ce n'est que par exprés le Testateur ait fait mention du degré du grevé.

295 Dans la substitution graduelle & perpetuelle, les descendans substituez qui se trouvent au quatriéme degré de la substitution, ne transmettent l'esperance du fideicommis à leurs enfans, qui se trouvent au cinquiéme degré. Ainsi jugé au Parlement de Toulouse. *Voyez les Arrêts de M. de Catellan, livre* 2. *chapitre* 74.

296 Testateur qui legue l'usufruit d'une Terre à son frere, & veut que la proprieté en appartienne au fils ainé de sondit frere après son décés, & de ce fils à d'autres y dénommez, sans user des termes de *substitution* ou *fideicommis*, n'est pas censé avoir voulu faire un fideicommis gradüel & perpetuel ; mais il le restraint aux personnes dénommées, & au cas exprimez, sans que la condition dispose. Jugé le 8. Mars 1633. *Bardet, tome* 2. *liv.* 2. *ch.* 14.

Le 2. Août 1659. en l'Audience de la Grand'-Chambre, jugé qu'un Testament portant substitution graduelle & perpetuelle faite en 1551. & le Testateur décedé en 1563. après l'Ordonnance d'Orleans de 1560. ne commençoit à avoir son execution que du jour de la mort du Testateur, & que les substitutions y contenuës ne pouvoient s'étendre au-delà de deux degrez de substitution, la premiere institution non comprise. *Jouet*, verbo, *Substitution*, *nom.* 6. dit qu'il étoit present à la prononciation de cet Arrêt. 297

Il est certain qu'au Parlement de Toulouse les substitutions graduelles fideicommissaires finissent au quatriéme degré, suivant l'Ordonnance, & non pas au second, suivant l'Ordonnance de Moulins ; il y a un cas où elle va jusqu'au cinquiéme degré ; sçavoir, lorsque celuy qui est au quatriéme degré, répudie la substitution : car alors ce degré n'étant compté pour rien, celuy qui se trouve au cinquiéme peut recueillir la substitution ; parce que si ce degré étoit compté, il s'ensuivroit que celuy qui auroit répudié seroit heritier, ce qui implique. D'ailleurs la limitation de l'Ordonnance étant contre la nature de la substitution, qui n'étoit pas limitée par le Droit, on ne doit entendre cette restriction que lorsque les quatre degrez ont été remplis réellement & d'effet. Ainsi décidé par un Arrêt general du 13. Août 1660. Quant à ce que l'on disoit que cette répudiation avoit été faite *in fraudem creditorum ;* & quainsi elle ne devoit pas être consideréee, il étoit opposé la substitution, que les Créanciers ne se pouvoient pas plaindre, parce qu'il y a la difference de ne vouloir pas acquerir, & de racheter un droit acquis ; ce qui est traité fort au long par M. Cambolas, *liv.* 6. *chapitre* 8. V. Albert, *article* 22. *lettre* A. 298

Substitution graduelle & perpetuelle de la Baronnie de Sérignan, située au Comtat d'Avignon, où les Ordonnances d'Orleans & de Moulins n'ont point de lieu. *Voyez le Journal du Palais*, où il y a Arrêt du 4. Septembre 1681. 299

Le sieur de la Chapelle, Lieutenant General du Bailliage à Tournay, avoit donné un heritage à ses deux neveux, à condition *qu'ils ne pourroient l'aliener jusqu'à la troisiéme generation,* & *en joüiroient par indivis ;* en sorte que l'un d'eux venant à mourir sans hoirs legitimes, sa moitié appartiendroit au survivant, ou à ses enfans par représentation aux conditions susdites. Jean étoit mort le premier sans enfans. Gregoire qui luy avoit succedé, n'ayant point d'enfans, avoit declaré sa femme son heritiere mobiliaire, & laissé à sa sœur la totalité de l'heritage, à condition *de rendre à sadite femme sa vie durant la moitié du revenage.* La sœur objectoit que l'heritage se trouveroit chargé non seulement d'un fideicommis réciproque entre les deux freres, Jean & Gregoire ; mais encore d'une substitution graduelle, par ces termes, *qu'ils ne pourront aliener jusqu'à la troisiéme generation ;* le Testateur n'avoit point entendu appeller la ligne collaterale, puisqu'il veut que les descendans succedent par *representation*. Arrêt du Parlement de Tournay du 15 Octobre 1696. en faveur de la veuve ; il est rapporté par *M. Pinault, tome* 1. *Arr.* 118. 300

SUBSTITUTION, HERITIER.

En substitution, le mot *d'heritier presomptif* s'entend de l'heritier, ou enfant de l'heritier legitime, & non des ascendans qui ne succedent que *turbato mortalitatis ordine.* Arrêt du 6. Mars 1586. Papon, *livre* 17. *tit.* 3. *nombre* 6. 301

SUBSTITUTION A L'IMBECILLE.

Si la substitution faite à un enfant hebeté, est valable pour tous les biens, le frere du pere seulement ayant été substitué, & les autres freres & sœurs de 302

pere & mere exclus. *Bouvot, tome 1. part. 1. verbo, Substitution, quest. 1.*
Voyez *Montholon, Arrêt* 121.

SUBSTITUTION, INSINUATION, PUBLICATION.

303 Si les substitutions doivent être insinuées? *Voyez* le mot, *Insinuation, nombre* 170. *& suiv. &* cy-après, le *nombre* 401. *& suiv.*

304 C'est à l'heritier à faire publier & registrer les Testamens, portans substitutions. Arrêt à la Nôtre-Dame de Septembre 1583. *Montholon, Arr.* 22.

305 L'heritier ne peut objecter aux substituez le défaut de publication, non pas même au Tuteur, s'il étoit substitué. Arrêt du 17. Septembre 1589. *M. le Prêtre, és Arrêts de la Cinquiéme.* Voyez *M. Loüet, lettre S. somm.* 3. & *Peleus, quest.* 55.

306 Par Arrêt du 17. Septembre 1589. jugé que l'Ordonnance de Moulins touchant la publication des substitutions, n'est point au profit de l'heritier, & que l'heritier ne peut objecter aux substituez le défaut de publication, non pas même à son Tuteur, s'il étoit substitué; d'autant que cette Ordonnance est faite en faveur des Créanciers & Contractans avec les instituez & premiers substituez. Ce qui avoit été jugé auparavant, & depuis a été encore jugé, même pour le regard de l'heritier, au mois de Février 1590. *Voyez la Bibliotheque du Droit François,* par *Bouchel,* verbo, *Publication.*

307 La substitution quelquefois ne laisse pas d'avoir effet, encore qu'elle n'ait été publiée, ni insinuée, comme si par le dol ou faute de l'heritier institué, le Testament est supprimé en fraude des substituez; alors le défaut d'insinuation publique du Testament, ne leur peut nuire ni préjudicier. Arrêt du Parlement de Paris, prononcé en robes rouges, la veille de la Pentecôte, 30. May 1591. sur un procés du Pays de Mâcon. Autre Arrêt semblable du 4. Août 1598. au Rôlle d'Angoumois. *Ibidem,* verbo, *Substitution.*

308 Le 4. Août 1598. substitution jugée valable, quoyque le Testament n'eût été publié ni insinué au Greffe, suivant l'Ordonnance. L'Arrêt porte ces mots, *en consequence des precedens Arrêts, donnez en pareils cas.* Le motif fut que le substitué n'étoit mineur, & plaidoit contre les heritiers de l'institué, auquel il étoit substitué; il disoit que le défaut de publication procedoit du fait de l'heritier testamentaire, non de la faute du substitué, qui n'étoit pas né lors du Testament; M. Marion avoit conclu contre le substitué. *Ibidem,* verbo, *Publication,* & Filleau, 4. *partie, quest.* 185.

309 L'heritier institué ne peut debattre une substitution faute d'insinuation, parce qu'il en est garant. Arrêt du 7. Decembre 1692. *Peleus, quest.* 55.

310 Le défaut d'insinuation entre freres germains instituez & substituez, n'annulle la substitution. Arrêt sans date rapporté par *Bouvot, to.* 1. *part.* 3. verbo *Substitution, quest.* 1.

311 Jugé par Arrêt du 22. Decembre 1612. que les testamens qui contiennent des substitutions pupillaires, ne sont point sujets à insinuation. *Brodeau sur M. Loüet, lettre S. somm.* 3.

312 Le défaut de publication de substitution peut nuire aux mineurs, lors qu'ils en ont eu connoissance. Arrêt du 3. Août 1649. *Soëfve, tome* 1. *Centurie,* 3. *chapitre* 18.

313 Les substitutions testamentaires faites en faveur des mineurs, doivent être publiées, à peine de nullité, & les mineurs ne sont exceptez de la disposition de l'art. 57. de l'Ordonnance de Moulins. Arrêt du 9. Avril 1680. *De la Guessiere, tome* 4. *liv.* 3. *ch.* 10.

314 Declaration du Roy du 17. Novembre 1690. verifiée au Parlement de Paris le 25. portant que les substitutions pourront être publiées & registrées en tout temps, & lorsque la publication & l'enregistrement auront été faits dans les six mois du jour auquel les substitutions auront été faites, elles auront leur effet du jour de leur date, tant contre les creanciers, que contre les tiers acquereurs des biens qui y sont compris, & si elles sont seulement publiées & enregistrées après les six mois, elles n'auront effet contre les creanciers & tiers acquereurs, que du jour des publications & enregistremens. Les donations pourront être insinuées pendant la vie des donateurs, encore qu'il y ait plus de quatre mois qu'elles ayent été faites, & sans qu'il soit besoin d'aucun consentement du donateur, ni de Jugement qui l'ait ordonné, & lors qu'elles ne seront insinuées qu'après les quatre mois, elles n'auront effet contre les acquereurs des biens donnez, & contre les creanciers des donateurs, que du jour qu'elles auront été insinuées. 2. *tome du Journal du Palais.* in folio.

SUBSTITUTION, INSTITUTION.

315 La substitution universelle apposée par le pere dans son testament en faveur de ses enfans, tient lieu d'institution à leur égard, & le testament déclaré bon & valable. Jugé au Parlement d'Aix le 30. Juin 1673. *Journal du Palais.*

L'institution ayant été annullée par le prédeceds de l'heritier, le testament vaut pour la substitution apposée en iceluy, & la fideicommissaire se convertit en vulgaire. Arrêt du 8. Juin 1628. *Voyez Henrys, tome* 1. *liv.* 5. *quest.* 22. *& quest.* 27. où il parle de la *l.* 43. *ff. de vulgari, &c. instituit qui substituit.*

SUBSTITUTION, INOFFICIOSITÉ.

316 Le fils exheredé ne peut intenter la querelle d'inofficiosité, quand l'heritier institué est obligé de luy rendre l'heredité; parce qu'étant substitué, il est reputé institué. Arrêt du 14. Juillet 1631. *Brodeau sur M. Loüet, lettre R. somm.* 9. *nomb.* 4. Voyez *Henrys, tome* 1. *liv.* 5. *chap.* 4. *quest.* 27.

SUBSTITUTION, LEGITIME.

317 Si la legitime peut être substituée? *Voyez* le mot *Legitime, n.* 256. *& suiv.*

318 Si plusieurs freres sont substituez l'un à l'autre décedans sans enfans, si les heritiers *ab intestat* peuvent détraire la legitime & quarte trebellianique, & si les autres parts & portions des premiers decedez ne viennent pas au dernier survivant par vertu de la substitution? V. *Bouvot, tome* 1. *part.* 2. verbo *Substitution, quest.* 2.

319 Le sieur de Clermont institué son fils aîné heritier universel, laisse aux autres, qui étoient huit ou neuf, 10000. livres à chacun *jure substitutionis*; au cas de décés de l'un des puisnez, sa part rétournera à l'heritier. L'un des puisnez mineur de 25. ans, a besoin d'argent; l'aîné luy en donne en presence d'un Curateur nommé, & sans caution, même avec hypotheque de tous les biens qui pouvoient luy appartenir par la succession échüe de sa mere: ensuite il aliene cette portion d'heredité à sa sœur la Comtesse de Tonnerre, & meurt sans enfans. La substitution se trouve donc ouverte au profit du fils aîné, il en demande le profit. La Comtesse de Tonnerre rémontre que *legitima non potuit gravari fideicommisso, L. quoniam in prioribus C. de inoffi. testam.* Pat Arrêt du 7. Mars 1548. il fut dit que l'hypotheque étoit bonne, *Biblioth. de Bouchel,* verbo, *Substitution.*

320 A Toulouse on ne peut disposer par Testament des biens substituez, fors la legitime & quarte trebellianique. Arrêt du 20. Août 1566. *La Vest, Arr.* 86.

321 Arrêt du Parlement de Paris du 16. Mars 1577. qui ajuge au pere heritier de sa fille, le tiers pour la legitime, & pour la quarte trebellianique, le quart du surplus des biens de la fille, nonobstant la substitution qui en avoit été faite par la mere, en cas de décés de sa fille sans enfans, au profit de l'ayeule maternelle. *Papon, liv.* 20. *tit.* 3. *n.* 32.

322 Touchant la matiere des substitutions & la distraction des legitimes dans la Maison de *Crussol,* Duché

d'Uzès. *Voyez* le *Vest*, *Arr.* 170. où vous trouverez Arrêt du 12. May 1581.

323 Quelqu'un avoit ainsi disposé en son Testament, *si mon fils décede sans heritiers, je substitue mon frere.* Le fils décede en pupillarité, survivante son ayeule maternelle: procés entre l'ayeule & le frere substitué. L'ayeule soutenoit la substitution être fideicommissaire, & qu'elle pouvoit détraire la legitime & quarte; le frere la disoit être compendieuse, & que par la pupillarité directe comprise en icelle, l'ayeule étoit privée tant de la legitime que trebellianique. Le Parlement de Toulouse, par Arrêt du 10. May 1583. ajuge la legitime à l'ayeule, & luy dénie la trebellianique. Cinq jours aprés il y eut Arrêt contraire. *Voyez Maynard*, *liv.* 5. *ch.* 25. *& 26.*

324 Encore qu'il y ait prohibition d'aliener par le Testament, & que la substitution soit faite sous condition *si sine liberis*, la legitime & la trebellianique sont dûes à l'heritier. Arrêt à Noël 1615. *Montholon*, *Arrêt* 127.

325 Un pere, en cas de mauvais ménage de son fils, peut luy substituer ses petits-fils en tous ses biens, meubles & immeubles, dont il pourroit profiter aprés luy, sans exception de la legitime, n'y ayant point de Créancier du fils qui vendiquât la legitime. Arrêt au mois de Février 1634. *Du Frêne*, *liv.* 2. *chap.* 146. & *liv.* 5. *chap.* 15.

326 Par Arrêt du 22. Août 1637. rapporté par *Henrys*, *tome* 2. *liv.* 5. *quest.* 7. jugé que la substitution compendieuse, exclud la mere de sa legitime. *Montholon*, *chap.* 28. *& 29.* rapporte deux Arrêts, qui ont jugé la même chose.

327 Un pere ou une mere peuvent substituer la portion qui doit appartenir dans leur succession à leur fils mauvais ménager, au profit des enfans de leurdit fils, même à l'égard de la legitime. Arrêt du 9. Avril 1647. *Soëfve* tome 1. *Cent.* 2. *chap.* 16.

328 Toutefois il a été ordonné que le pere Rainfant n'avoit pû substituer la legitime de son fils, quoiqu'il lui eût laissé des biens au-delà de sa legitime. Arrêt du 27. Mars 1669. *De la Guess.* tome 3. *liv.* 1. *chap.* 28. *Voyez Mornac*, *l.* 26. *C. de inoffic. testam.*

329 Substitution du pere à l'un de ses enfans qui luy donne pour droit de legitime sa portion hereditaire en usufruit, declarée nulle, & le fils joüiroit de sa portion hereditaire en toute proprieté sans charge de substitution. Arrêt du 31. May 1680. *De la Guess.* tome 4. *liv.* 3. *chap.* 13.

330 Si un pere peut generalement substituer tous ses biens à ses enfans en leur laissant l'usufruit de leur portion entiere pour legitime, sans marquer d'autres motifs de la disposition, sinon que c'est pour bonnes causes à luy retenuës. *Voyez* le 2. tome du *Journal du Palais* page 591 où est rapporté l'Arrêt du Parlement de Paris du 1. Avril 1686. qui declare la legitime franche & libre, & confirme le surplus de la substitution.

331 Si lorsqu'un pere a substitué tous ses biens aux enfans à naître de ses enfans, & reduit à leur legitime ceux qui contesteront la substitution, les enfans peuvent demander leur legitime sans aucune charge de substitution, & l'usufruit des autres biens substituez? M. l'Avocat General Joly de Fleury conclut, à ce que distraction fût faite en corps hereditaires de la legitime des appellans, dont ils pourroient disposer en pleine proprieté, & que l'usufruit du surplus des biens leur fût donné; la proprieté reservée à leurs enfans, ou aux heritiers collateraux, suivant le Testament. Conformément à ses Conclusions intervint l'Arrêt du 9. Février 1704. qui a donné acte aux appellans de leur declaration, qu'ils consentent à l'execution du Testament pour la substitution, & à la charge que délivrance leur sera faite en corps hereditaires de leur legitime, & qu'ils joüiront de l'usufruit du surplus, leur vie durant; & en consequence, a mis & met l'appellation, & ce dont a été appellé, au néant; émendant. évocant le principal, renvoyé du Châtelet, & y faisant droit, ordonne que délivrance sera faite aux appellans de leurs portions legitimaires en corps hereditaires, feodaux & roturiers de la succession, & qu'ils joüiront du surplus des biens substituez non compris en leurs legitimes par usufruit leur vie durant. *Voyez* le *Recueil des Arrêts notables imprimé en* 1710. *chez Michel Guignard, chap.* 45.

SUBSTITUTION, LEGS.

Legs sur les biens substituez. *Voyez* le mot, *Legs*, 331 *nomb.* 620. *& suiv.* bis.

Si l'on peut substituer au Legataire, & à la fille instituée heritiere, jusqu'à la legitime? *Voyez Bouvot*, 332 *tome* 1. *part.* 2. *verbo, Substitution, quest.* 1.

Si le substitué est exclus par le décés de l'institué 333 heritier avant le testateur, & si le legs annuel doit être payé par l'heritier institué, ou par le fideicommis? *Voyez Bouvot*, *tome* 2. *verbo, Substitutions, quest.* 20.

Substitué à l'heritier prend avec l'hoirie les prelegats. Arrêt du Parlement de Bourdeaux du 14. Juillet 1520. *Papon*, *liv.* 20. *tit.* 1. *nomb.* 17.

Le 14. Août veille de Nôtre-Dame il a été jugé que 334 *legata debentur ex testamento, revocato.* Jean Galtier de Castres avoit fait un Testament avec substitution, *& à substituto legaverat prædium*, à une sienne sœur, aprés par un codicille il révoque ladite substitution, & fait une autre substitué; *dubitabatur, num legata relicta à substituto priore revocato, deberentur à substituto in illo codicillo.* L'affirmative jugée par la Loy *Celsus de leg.* 2. La Rocheflavin, *liv.* 6. *lettre* L. *tit.* 61 *Arrêt* 9.

Un nommé Balien décede, laisse sa femme de qui 335 il avoit eu 400. écus de dot; sa femme par son Testament écrit par le Curé en presence de trois témoins, substitué sa mere, & fait plusieurs legs; cette derniere disposition est déposée quelque temps aprés chez un Notaire pour être enregistrée, le fils étant mort en pupillarité. Par Arrêt du 18 Décembre 1586. la substitution fut ouverte au profit de l'ayeule, & l'heritier fut condamné au payement des legs. *Cambolas*, *liv.* 1. *chap.* 13.

Cohæres filii, & eidem substitutus non deducit falcidiam 336 *in legatis à se tanquam substituto relictis*, *l.* 41. §. *cohæres, ff. de vulgari & pupil.*

Institutus in partem purè, & in partem sub conditione, 337 *legato confert & contribuit, ut legata solida solvantur, &c. l.* 41. §. *cohæres, ff. de vulgari, &c.*

Si le pere chargé de rendre à son fils lorsqu'il aura 338 atteint l'âge de 20. ans, peut au cas de décés arrivé avant cet âge, être contraint de rendre soudain à celuy qui est substitué à ce fils? Arrêt du Parlement de Toulouse, qui juge l'affirmative. Il y avoit une circonstance, la testatrice avoit dit qu'elle entendoit que les legs, au cas que cette substitution arrivât, fussent payez dans l'an. *Voyez les Arrêts de M. de Catellan*, *liv.* 2. *chap.* 94.

SUBSTITUTIONS DE PLUSIEURS MAISONS.

Maison du *Bellay*, & qu'elles sont les marques de 339 substitution, quand le terme de substitution n'est pas dans les actes, & si le défaut d'insinuation peut être objecté par les créanciers substituez? Le 6. Mars 1665. la cause appointée contre les Conclusions de M. Bignon. *De la Guess.* tome 2. *liv.* 5. *chap.* 11. *Notables Arrêts des Audiences*, *Arrêt* 93.

De la maison de *Gozan*, *Voyez Henrys*, *tome* 1. 340 *liv.* 5. *ch.* 4. *quest.* 44.

De la Maison de *Feugerolles*. *Voyez Henrys*, *tome* 1. 341 *liv.* 5. *quest.* 26. & *tome* 2. *liv.* 5. *quest.* 20.

De la maison de *Gordes* & d'*Avançon*, contenuë 342 au Contract de mariage sans insinuation, a été declarée ouverte au profit de l'Abbé de Gordes pour beaucoup de circonstances, le 7. Septembre 1657. *De la Guess. tome* 2. *liv.* 1. *chap.* 26.

Henrys, *tome* 1. *liv.* 5. *chap.* 4. *quest.* 23. *& suivan-* 343 tes, examine la substitution de la maison de *Lévy*, qui contenoit plusieurs questions ; dans celle-cy il s'agit d'examiner l'échange fait entre Jean & Guy de Levi, des biens à eux délaissez par le Testament mutuel d'Eustache de Levy, & Alix de Cozan leur pere & mere, à la charge de substitution, sçavoir à Jean qui étoit l'aîné, des biens du pere situez en Languedoc & à Guy des biens de la mere situez en Forêts : l'aîné préferant le séjour du païs de Forêts à celuy de Languedoc, engagea le cadet à échanger leurs lots du consentement de leur mere, qui étoit vivante & avec clause expresse, que les parties par cet échange n'entendoient point déroger aux substitutions portées par le Testament de leurs pere & mere, au moyen de cette clause il ne pouvoit pas y avoir de difficulté ; mais quand cette clause n'auroit pas été inserée dans l'acte, la question n'auroit pas été susceptible d'une grande difficulté, car suivant la disposition de la Loy 71. *de Leg.* 20. & les Loix 16. & 27. *de Jur. dot,* les échanges ne changent point la qualité des heritages, ou plûtot les heritages pris en échange conservent toûjours leurs mêmes qualitez.

344 Voyez dans *Basnage, sur l'art.* 235. *l'Arrêt de Montbason & Rohan.*

345 *Voyez le* 14. *Plaidoyé de M. Marion, in* 8. pour M. le Duc de Montmorency Connétable de France, en la cause d'*Ossmont*, & *Merlou*, il s'agissoit d'une substitution. M. Marion prétendoit que les enfans mâles n'étoient point invitez ni concurremment ni successivement, mais un tout seul, & en un cas tout seul, sçavoir ou l'aîné, ou l'unique, ou le second au temps du décéds de ses pere & mere respectivement sans gemination, ni d'autre condition qui fît autre ouverture à la substitution, ni d'autre personne qui y pût entrer.

346 De la maison de *Montlaur*, avec le fait du procés, & plusieurs Notables questions. *Voyez Carondas, liv.* 5. *Rép.* 32.

347 De la maison de *Pierrefort* en la haute Auvergne, agitée & décidée, *& an appellatione liberorum veniant nepotes? Voyez Henrys, tome* 2. *liv.* 5. *quest.* 17.

348 De la maison de *Tournon*. Voyez *Henrys, tome* 2. *liv.* 5. *quest.* 51.

SUBSTITUTION, MASLES.

349 Quand il y a lieu de présumer que la volonté du Testateur est pour les mâles, il s'y faut conformer touchant cette proposition. *Voyez Guy Pape*, q. 483.

350 Lorsque la substitution est faite confusément entre mâles de divers enfans, les mâles d'une ligne excluront toûjours les mâles de l'autre ligne ; mais les mâles de l'une défaillans, les mâles descendans de l'autre succederont à l'exclusion de toute autre personne appellée par le Testament. *Molin, consil.* 40. nomb. 7. *& seq.*

351 Un Testateur ayant plusieurs mâles & une fille, institué les mâles heritiers universels, & la fille en certaine somme d'argent, & fait une substitution en ces mots *si quis eorum* vient à déceder sans enfans que la portion d'iceluy vienne au plus prochain de la race ; un des mâles decede, & par Arrêt les autres mâles survivans furent appellez, la fille exclusé. *Voyez Mainard, livre* 8. *chap.* 2.

352 Jugé en la Chambre de l'Edit de Castres que les substitutions ordonnées entre les enfans mâles d'un Testateur & les prohibitions faites aux mêmes enfans mâles d'aliener les biens du Testateur, doivent être étenduës aux enfans mâles des filles du Testateur lesquels furent maintenus en tous les biens d'iceluy. *Voyez les Arrêts de Boné, Arrêt* 44. *part.* 2. p. 219.

355 M. *Rouillard*, Plaidoyé 27. *de ses Reliefs Forenses*, traite si la substitution du mâle de la fille du Testateur, comprend aussi le mâle de la'rriere-fille, laquelle est décedée devant sa mere fille d'iceluy Testateur ; il fut dit que non par Arrêt.

356 Si le Testateur ayant substitué un second fils & ses enfans mâles, ils sont censez appellez ensemble ou successivement : *Voyez Henrys, tome* 2. *liv.* 5. *quest.* 31. & si le pere ayant substitué à son fils aîné le second, & au défaut de mâles ses filles même en la portion leguée au second & aux heritages compris en icelle, cette substitution en suppose une reciproque entre les freres, avec conciliation sur ce sujet de la Loy *vel singulis, ff. de vulgari,* & de la Loy *Titia,* §. *Scia. ff. de legat.* 2. & autres textes de droit. *Voyez Henrys, tome* 2. *liv.* 5. *quest.* 36.

357 Un Gentilhomme fait son Testament, institué son heritier universel Henry son néveu : & au cas qu'il décede sans enfans mâles, luy substitué Etienne, & ses enfans mâles : au cas qu'Etienne meure sans enfans mâles, substitué un Henry de Varennes, & ses enfans mâles. Du vivant de ce Testateur meurent, sçavoir le premier Henry institué, 1. *gradu*, sans enfans, après luy Etienne substitué, *& secundo gradu*, institué, à luy survivant un enfant mâle. Ce Testateur meurt : ce fils Etienne se met en l'hoirie, il meurt en pupillarité ; lors de ce décéds, se trouve mort Henry de Varennes, survivant un sien fils nommé Jean de Varennes, auquel les heritiers *ab intestat* du fils d'Etienne contestent l'hoirie, ils prétendent que les substitutions étoient tombées en caducité. Par Arrêt du Parlement de Grenoble de 1464 il fut jugé pour luy, contre les heritiers *ab intestat.* Voyez *La Bibliotheque de Bouchel, verbo, Substitutions.*

358 Un testateur fait heritier son fils aîné, & luy substitué le premier mâle procréé de luy en loyal mariage, & au cas qu'il n'en ait, son autre fils puîné. Cet heritier a un fils d'une jeune fille dont il abusoit, il l'épouse ensuite. Jugé au Parlement de Paris le 7. Juin 1538. que le fils aîné legitimé étoit expressément appellé à la substitution. *Bouchel, ibidem.*

359 Un pere par Testament institué ses deux enfans mâles, & les substitué l'un à l'autre ; & au cas de décéds de l'un d'eux sans enfans, il appelle le survivant, & s'ils en avoient, il veut que ses biens leur appartiennent ou à l'un d'eux au choix & disposition de ses heritiers. Un des enfans donne par son Contrat de mariage la troisième partie de tous ses biens aux mâles qui en seroient procréez, & étant décédé sans faire Testament, sur le procés pendant entre eux, par Arrêt du 11. Juillet 1586. la substitution fut ouverte au profit des enfans mâles & des filles, distraite la legitime & quarte trebellianique, en laquelle ils furent maintenus, si mieux lesdits mâles n'aimoient se contenter de la troisième partie, tant de legitime que quarte trebellianique des biens dont luy pere étoit possesseur au temps de la donation en laquelle en cas d'option ils furent maintenus. *Cambolas, livre* 1. *chapitre* 12.

360 Si la substitution du mâle de la fille du Testateur comprend aussi le mâle de l'arriere fille, laquelle est décedée avant sa mere fille de ce même Testateur ? *Voyez les Reliefs Forenses de M. Sebastien Rouillard*, *chap.* 33. où il dit, ce procés ayant été consulté aux plus celebres Avocats du Parlement de Paris & de Toulouse de la part de l'appellant, fut trouvé tres-juste & tres-soutenable : car quoiqu'en matiere de substitution, ce soit une regle vulgaire, qu'elle ne reçoit extension de degré à degré, ni de personne à personne, qu'ainsi la substitution du fils de la fille ne puisse comprendre en apparence le fils de la fille de la fille, toutefois, parce que la fille mere du fils étoit décedée avant la mere d'elle, fille du Testateur, il sembloit que sa personne ne devoit être comptée pour rien, puisque le fils avoit succedé à son ayeule par droit de suite, sa mere par son décés étant rejetée du milieu De cette même opinion fut le Rapporteur, en la premiere Chambre des Enquêtes la pluralité emporta le contraire, par Arrêt du mois de Juin 1601. s'étant la Cour fondée sur la regle commune prohibitive des extensions. *Voyez Polenus, quest.* 48. Le

SUB   SUB   625

361. Le Testateur ayant dit par son Testament ou Contract, en faisant une fondation à une Eglise, qu'il délaissoit quelques heritages pour seureté de payement, voulant que les enfans mâles & descendans d'iceluy de ligne en ligne fussent joüissans desdits heritages en payant la fondation, & à faute de mâles les enfans des femelles en ligne feminine, les premiers nez de ligne en ligne joüissans desdits heritages, si d'une fille naissent une fille ou un garçon, la fille doit être preferée en la joüissance des heritages. Arrêt du Parlement de Dijon du 11. Février 1616. *Bouvot, tome 2. verbo Substitution quest. 24.*

362. Les mâles descendans des filles, sont preferables à leurs meres. Un mâle des filles qui ne fait point profession des Lettres, peut être admis à la substitution. Arrêt du Parlement d'Aix du 21. Août 1621. *Boniface, tom. 5. liv. 2. tit. 9. ch. 1.*

363. La volonté du testateur est une loy souveraine: si un pere fait ses fils ses heritiers, & leur substitué les enfans mâles qu'aura sa fille au temps de leur mort, ceux qui naîtront après, ne succederont point, comme ils auroient fait, si cette substitution avoit appellé indifferemment les enfans mâles de cette fille, jugé au Parlement de Grenoble, en suivant la volonté determinée du testateur pour des enfans nez & non à naître. *Voyez Guy Pape, quest. 511.*

364. La substitution des plus agez des fils ou des filles, s'entend de ceux qui seront, quand la condition arrivera, & non de ceux qui étoient quand le testament a été fait, ou lors que le testateur est mort. Jugé à Grenoble le 5. Août 1636. Mais si l'heritier a la liberté de choisir un entre plusieurs qui luy sont proposez par le testateur, il aura encore celle de charger de fideicommis celuy qu'il élira. Arrêt du 20. May 1622. *Voyez Chorier en sa Jurisprudence de Guy Pape, p. 181.* où il observe qu'il faut que ce fideicommis soit fait en faveur des autres éligibles.

365. La qualification de mâles mise aux derniers degrez de substitution, doit être sousentenduë & suppléée aux premiers degrez. Arrêts du Parlement de Toulouse des 1. Septembre 1644. & 5. May 1668. rapporté par *M. de Catellan, liv. 2. ch. 24.*

366. C'est une regle constante en matiere de fideicommis, & sur tout de ceux qui sont faits en ligne directe, que les enfans mis en condition, sous la qualité de mâles, sont censez dispositivement appellez. Arrêt de l'année 1654. *Graverol, sur la Rochesiavin, liv. 3. lettre S. tit. 9. Arr. 11.*

367. Substitution au fils aîné par le testament mutuel d'un pere & d'une mere qui avoient Pierre, Loüis & Henry; la substitution à l'aîné de Pierre & ses descendans d'aîné en aîné, & au cas que ce fils aîné décedât sans mâle, l'aîné mâle de leur second fils, les hoirs d'iceluy mâle, sont appellez, & à défaut de mâles, Henry leur troisiéme fils & ses hoirs mâles d'aîné en aîné. Pierre meurt sans enfans, Loüis au temps de son decés, n'avoit point d'enfans, & dans la suite il en a eu; la substitution a été jugée à Henry par Arrêt du mois d'Août 1677. *De la Guess. tome 3. livre 11. chapitre 38.*

368. Sous le nom de mâles le fils de la fille n'est pas compris, quand la substitution est faite aux mâles premierement, ce qui a lieu même aux Contrats, Coûtumes & Statuts. Arrêt au mois de Juin 1601. *Peleus, qu. 48. Voyez Ricard des Substitutions, traité 3. ch. 9. sect. 6. n. 771.*

369. Substitution masculine jugée ouverte au profit des collateraux, au préjudice d'une fille issuë du fils aîné institué. Arrêt du 28. Août 1680. *De la Guess. tome 4. liv. 3. ch. 21.*

370. Les mots de mâles & femelles étant portez dans le premier degré de substitution, & n'étant parlé qu'en general des descendans & enfans dans les autres degrez de substitution, une arriere petite fille de l'institué doit l'emporter sur son oncle. Arrêt du Parlement de Paris du 23. Juillet 1696. *Journ. des Aud. tome 5. liv. 12. ch. 20.*

SUBSTITUTION, MERE.

371. Si la mere est preferée aux fantes en substitution? *Voyez Bouvot, tome 2 verbo Substitutions, quest. 2.*

372. Si l'on est tenu d'avoüer un testament, ou repudier tout le contenu, la mere étant substituée, & les oncles voulans accepter la tutelle sans prejudice de la substitution? *Voyez Bouvot, tome 2. verbo Substitutions, quest. 6.*

MORT DU SUBSTITUÉ.

373. La substitution ne devient caduque par interruption. Exemple, un testateur institue ses deux enfans heritiers universels, & les substitue l'un à l'autre, & si les deux meurent sans enfans, il leur substitue Antoine, & à luy s'il meurt sans enfans, Paul. Après la mort du testateur arrive celle d'Antoine sans enfans; & aprés luy decedent les deux premiers heritiers sans enfans. Paul demande les biens; les heritiers *ab intestat* objectent qu'il est substitué à Antoine en la personne duquel la substitution premiere n'est avenuë. Arrêts du Parlement de Grenoble qui condamnent leur prétention. *Papon liv. 20. tit. 3. n. 2. & 13. & Guy Pape, quest. 550.*

374. Si celuy à qui on doit restituer, meurt, les biens restituables passent à ses heritiers, & n'appartiennent pas à l'heritier fiduciaire. *Henrys, tome 1. liv. 3. chap. 3. quest. 25.*

375. Si l'heritier chargé de rendre aprés son decés, rend l'heritage de son vivant, & que le substitué predecede l'heritier ne pourra être relevé de la restitution d'heredité faite avant le temps prescrit. Arrêt du Parlement de Toulouse en Mars 1591. aprés un partage, sans prejudice de l'usufruit reservé. *Voyez Mainard, liv. 8. ch. 81.*

376. La substitution ou fideicommis de l'usufruit auquel l'un des enfans Prêtre, étoit institué, & à luy substitué trois autres freres, deux d'iceux étans morts devant le Prêtre institué, leurs enfans sont appellez avec leur oncle survivant. Arrêt à Toulouse le 4. Decembre 1595. *Charondas, liv. 9. Rép. 67.*

377. Si plusieurs enfans ayant été substituez l'un à l'autre en cas de decés sans enfans, & décedans tous, les plus proches parens ayant été substituez, sçavoir, si le dernier étant décedé sans enfans, les enfans des freres predecedez sont substituez? Cette question n'a point été jugée par Arrêt; mais elle est traitée dans *Boniface, tom. 2. liv. 2. tit. 2. ch. 6.* la Sentence du Lieutenant de Marseille du 16. Decembre 1656. avoit ordonné l'ouverture du fideicommis.

378. La substitution n'est caduque par le predecés de la substituée à l'heritier grevé; mais la substitution est transmise au fils de la substituée par son predecés. Arrêt du 29. Avril 1676. *Boniface, tome 5. livre 2. tit. 14.*

379. La condamnation aux galeres perpetuelles fait ouverture à la substitution, & non au fideicommis. *V. le mot Galeres, n. 29.*

380. Factum pour Madame la Duchesse de Nemours, défenderesse, contre M. le Prince de Conti, demandeur. Caducité du fideicommis par le predecés de l'institué & des substituez vulgairement, nonobstant la clause codicillaire. *Voyez le recueil des Factums & Memoires imprimez à Lyon, chez Antoine Boudet en 1710. tome 1. p. 537.*

SUBSTITUTION, OUVERTURE.

381. Quand une substitution est faite au profit du plus prochain parent du testateur, il faut considerer le temps de l'ouverture de la substitution, car celuy qui se trouve être alors plus prochain, est appellé, comme s'il eût été nommé au testament. *Voyez Mainard, liv. 5. chap. 46.*

382. Un premier substitué de plusieurs degrez en quittant à un tiers l'émolument, esperance & biens de la

Tome III.   Kkkk

626 SUB

substitution avenuë ou non avenuë, ne fait par là aucune ouverture au second ou autre substitué. Arrêt du 9. Janvier 1556. *Papon, liv. 6. tit. 3. n. 13.*

383   Substitution testamentaire declarée ouverte, &c. *Voyez le Vest, Arrêt 155.* où il rapporte un Arrêt du 23. Août 1577.

384   La mort naturelle seule donne lieu à l'ouverture des fideicommis. Arrêt du Parlement de Grenoble du 15. May 1609. contre le fideicommissaire, le cas est lorsque l'heritier chargé de fideicommis, n'étoit que mort civilement, étant condamné aux galeres. Arrêts semblables des 17. Février 1633. & 15. du même mois 1635. rapportez par *Chorier en sa Jurisprudence de Guy Pape page 186.*

385   Une substitution, bien que non encore ouverte, peut donner lieu à la rescission d'un contrat d'acquisition d'un heritage. Jugé le 12. Decembre 1652. *Du Frêne, liv. 7. chap. 10.* en la cause de M. de Bercy. *Voyez le Vest, Arrêt 155.*

SUBSTITUTION DU POSTHUME.

386   Antoine Roussel ayant sa femme enceinte, institué le posthume, & où il decederoit avant l'âge pour disposer, il vouloit que tout son bien fût vendu pour faire un portail à une chapelle, donner aux pauvres, & marier des filles ; outre les dot & augment, il laisse à sa femme 200. liv. de pension ; elle accouche d'une fille qui decede deux années aprés; intermediairement le portail avoit été construit ; le Syndic de l'Hôtel-Dieu demande l'execution du testament ; la femme prétend sa legitime, disant que la substitution exemplaire, *qua introducta fuit ad instar pupillaris, non excludit matrem*, moins pupillaris. On disoit au contraire que la substitution *habebat formulam pupillaris qua nominatim facta sub ea conditione*, s'il decedoit avant l'âge de tester ; on fit valoir le privilege de la cause pieuse, *equiparatur filio*, de plus la femme avoit 200. liv. de pension. Arrêt du 11. Juillet 1577. qui la déboute. *Voyez la Bibliotheque du droit François par Bouchel*, verbo *Substitution.*

387   Un homme par son testament institué son posthume, & en cas ou il decederoit en minorité ou sans enfans luy substituë Anne sa femme, & Catherine Mage sa sœur. Aprés le décès du testateur, le posthume meurt en pupillarité. Sur le procés d'entre Anne mere du posthume, & Catherine sœur dudit Mage, pour raison de la legitime que cette mere prétendoit sur la portion des biens de son fils qui étoient échûs à Catherine, par Arrêt du mois de May 1594. il fut jugé que ladite substitution étoit expresse pupillaire, non en termes exprés mais generaux, comme parlent les interpretes ; & on ajugea à la mere la legitime, sur laquelle il fut ordonné qu'elle imputeroit la moitié qui luy étoit acquise par la substitution que son mary avoit faite en sa faveur. *Cambolas, liv. 2. ch. 2.*

388   Celuy qui n'est pas encore né au temps du testament, ni à la mort du testateur, ni même au temps que la substitution est ouverte & échûë, peut faire demander & apprehender les biens substituez. Arrêt du Parlement de Dijon du 29. Novembre 1604. *Bouvot, tome 2. verbo Substitution, qu. 16.*

389   Posthume institué heritier, s'il decede avant l'âge de vingt-cinq ans, *je luy substituë de plein droit en tous mes biens mon mary*, est une substitution vulgaire. Arrêt du 19. Juillet 1666. *De la Guess. tome 2. liv. 8. chap. 16.*

SUBSTITUTION, PRESCRIPTION.

390   Biens de substitution vendus, se peuvent prescrire contre le substitué, *quia potuit substitutus agere ad declarationem fideicommissi*. Opinion de C. M. en son Conseil 26. *M. d'Olive tient le contraire, liv. 4. ch. 17. in notis.*

Voyez le mot Prescription, n. 357. & suiv.

SUBSTITUTION, PREUVE PAR TÉMOINS.

391   Les substitutions ou fideicommis ne peuvent être

SUB

prouvées par témoins, vû que par l'Ordonnance de *Moulins, art. 57.* toutes substitutions doivent être publiées & enregistrées.

392   Si la preuve de substitution ou de fideicommis verbal, est recevable par témoins, en cas de testament qui contient une institution absoluë & exempte de substitution? *M. d'Olive* tient l'affirmative. *Voyez le chap. 22. du liv. 5.*

393   Sur le different mû à Toulouse, à cause de deux grosses d'un testament expediées par un même Notaire, l'un contenant une clause de substitution, l'autre sans cette clause, verification faite sur la minute, que la clause de substitution étoit écrite par Guidon de la main du Notaire, non signée ni du testateur ni des témoins, la Cour ordonne que les témoins numeraires dudit testament, seroient ouïs d'office, parce qu'ils étoient encore vivans, & ayant déposé pour ladite clause, elle sortit effet : mais il fut aussi jugé que dix ans aprés un testament fait, & le cas d'une pretenduë substitution échûë, il n'y avoit lieu d'en demander la preuve par témoins. *Voyez Mainard, liv. 5. ch. 94.*

SUBSTITUTION, PROFESSION RELIGIEUSE.

394   Sebastien de Noalhes ayant un fils du premier mariage, qui s'étoit fait Jesuite contre sa volonté, aprés en avoir fait plainte en son testament, luy donne une pension de cent livres sa vie durant seulement, à la charge de ne pouvoir rien demander de plus sur ses biens, sous pretexte de legitime, supplément d'icelle, ou autrement ; & où il viendroit au contraire du testament, le prive de la pension, instituë Bertrand son fils du second lit ; & si Pierre revient chez luy pour y vivre & mourir, en ce cas & non autrement, le fait heritier égal avec Bertrand, les substituant l'un à l'autre. Aprés son décez, contestation entre les freres. Jugé par Arrêt du Parlement de Toulouse du 23. Septembre 1589. aprés un partage & attestation du Provincial que Pierre n'étoit encore Profez, mais en état de disposer de ses biens, autant au profit de ses parens que de la Compagnie des Jesuites : la Cour, sans avoir égard à la condition apposée au testament, maintient ledit Pierre Jesuite en la moitié des biens de son pere, & Bertrand en l'autre moitié, à la charge des substitutions contenuës au testament, & sans qu'au moyen de la Profession dudit Pierre, ni disposition d'icelui en faveur de la Compagnie des Jesuites, ou d'autre personne, pût être fait préjudice à la substitution, sans restitution des fruits, & sauf à Pierre de se faire payer des arrerages de la pension, si aucuns en étoient dûs. *V. Mainard, liv. 5. chap. 14.*

395   Une femme fait son testament, instituë François, & luy substituë Jean, lequel se fait Religieux Minime, & fait Profession dans le Convent où il avoit pris l'habit; l'heritier institué meurt quelque temps aprés, & Mourelon heritier assigne le Sindic des Minimes, prétendant que la substitution par laquelle Jean avoit été appellé étoit caduque. Par Arrêt il a été jugé que Jean étant mort par sa Profession dans l'Ordre des Minimes avant le décez de François, l'heredité a été acquise à Mourelon. Arrêt du mois de Decembre 1591. *Cambolas, liv. 1. chap. 30.*

396   Substitution n'est ouverte par la Profession en Religion. Arrêt du 7. Septembre 1620. *Bardet, tome 1. livre 1. chap. 86.*

397   Monastere de Religieuses, incapable des substitutions faites en sa faveur par une Novice ; mais la portion perduë par incapacité du Monastere, n'accroît à l'autre substitué. Arrêt du Parlement d'Aix du 12. Février 1658. *Boniface, to. 5. liv. 2. tit. 11. ch. 1.*

398   Jugé le 25. May 1660. que la Profession en Religion qui est une espece de mort civile, a pareil effet que la mort naturelle, pour donner lieu à l'ouverture de la substitution, *Soëfve, to. 2. Cent. 2. chap. 23.*

399   Arrêt du Parlement de Bourdeaux du 11. Mars 1664. entre les Broquier frere & sœur chargez réciproque-

SUB   SUB   627

ment de substitution par leur pere & mere, la fille se voulant faire Religieuse, & s'étant constituée la somme de 4000. livres d'aumône dotale, à laquelle son droit de legitime ne pouvoit pas approcher, la Cour regla ladite somme à 3500. livres, à prendre tant sur les droits de legitime de la fille, que sur sa part des biens substituez *La Peirere, lettre S. nomb. 208.*

400   En France le cloître ne tient point lieu d'enfans, pour rendre une substitution caduque. *Ferrer. quæst. 477. vid.* Mantic. *lib.* 11. *tit.* 7. *n.* 9. vid. Peregr. *art.* 28. *n.* 58. *& seq. cont.* Mainard, *lib.* 5. *chap.* 28. idem tamen ibid. chap. 75. cont. Graff. §. Fideicommissum quæst. 40. La Peirere, *lettre S. nomb.* 71. rapporte un Arrêt du Parlement de Bourdeaux du 13. May 1671. donné en la Grand'Chambre, au Rapport de Monsieur du Verdier, entre les nommez Lespinet & Batut, pour un legs de la liberation de la somme de six cents livres fait à une fille, dont le pere de la fille étoit débiteur, & le legs fait à condition que la fille se marieroit & non autrement. La fille ne se marie point, & se fait Religieuse. L'heritier institué par le testament, demande la somme à l'heritier de la fille, la condition ayant défailli, & l'authentique, *nisi rogati*, n'ayant point lieu en France ; neanmoins la Cour confirme la liberation en faveur de l'heritier de la fille. Il faut que la Cour ait eu égard à l'aumône dotale que la fille avoit portée entrant au Cloître.

PUBLICATION DES SUBSTITUTIONS.

401   Voyez cy-dessus le nombre 303, & suiv. & le mot *Publication, nombre* 11. & *suiv.*

Le défaut de publication de la substitution, n'exclud le substitué ; mais n'étant publiée, elle ne nuit aux creanciers. Arrêt du Parlement de Dijon du 13. Mars 1611. Bouvot, *tome* 2. verbo *Substitutions, question* 18.

402   Par Arrêt du Parlement de Paris du 5. Juillet 1661. jugé que les mineurs n'étoient point restituables contre le défaut de publications à l'égard des tiers détenteurs. *Jouet,* verbo *Substitution n.* 2.

SUBSTITUTION PUPILLAIRE.

403   De la substitution pupillaire. *Voyez Despesses, to.* 2. *page* 100.

404   Si le pubere & l'impubere sont substituez l'un à l'autre par clauses de substitution séparées, en ce cas la substitution vulgaire en la personne du pupille, comprendra la pupillaire. Fachin. *lib.* 4. *cap.* 68. id. Mantica, *lib.* 5. *tit.* 14. *n.* 15. id. Graff. §. *Substitutio, quæst.* 55. *n.* 2.

Arrêt du Parlement de Bourdeaux du 17. Mars 1663. donné en la Grand'Chambre, au Rapport de Monsieur Lescure ; le nommé Bonnin institué sept enfans mâles qu'il avoit, & les substitué réciproquement, & veut que ses filles soient contentes de leurs dots ; un des enfans instituez meurt pupille, les filles demandent part en la legitime du pupille ; les coheritiers survivans disent que la substitution est pupillaire, les filles repliquent que lors du Testament & du decez du pere, partie des enfans étant puberes, partie impuberes, il n'y avoit lieu à aucune substitution pupillaire : & fut ainsi jugé par ledit Arrêt. Cet Arrêt juge qu'en fait de substitution compendieuse, si l'impubere est mêlé avec le pubere, il n'y a point lieu à la substitution pupillaire. *La Peirere, lettre S. nomb.* 107.

405   S'il y a imparité d'âge aux enfans substituez, la substitution ne peut contenir la pupillaire. Bouvot, *to.* 1. *part.* 2. verbo *Mere, quæst.* 3.

406   La mere peut substituer pupillairement à son enfant le pere de son enfant. Arrêt du Parlement de Dijon du 18. Janvier 1616. Idem, *to.* 2. verbo *Substitutions, quæst.* 22.

407   De la substitution pupillaire, de la fiduce & marques d'icelle, questions demeurées indécises. *Voyez Boniface, to.* 5. *liv.* 2. *tit.* 4. *ch.* 2.

408   *Substitutio pupillaris facta per matrem pupillo, aut per*
Tome III.

patrem emancipato, aut puberi vel extraneo tacitam vulgarem continet. Voyez Franc. Marc. *to.* 2. *quæst.* 171.

409   *Substitutio facta per patrem pupillo per verbum commune substituo, pupillarem & vulgarem continet : nec post additam hæreditatem ad fideicommissum trahitur. Idem si fiat extraneo vel puberi.* Ibidem, *quæst.* 172.

410   *Substitutio pupillaris à principio jure directo, valere non potest. Substitutio pupillaris facta per verba dubia, vulgaris substitutionis jure valere potest.* Ibidem, *question* 174.

411   *Substitutio pupillaris tacita contenta in expressâ vulgari, contrà minorem non admittitur : secus in tacitâ vulgari.* Voyez Ibidem, *quæst.* 175.

412   *Substitutio facta pupillo matre existente in medio per verbum commune substituo, & si decedcret in pupillari ætate aut alias expressa censetur, & matrem excludit.* Voyez Ibidem, *quæst.* 298.

413   Jugé que la substitution pupillaire exclud la mere de la legitime de son fils. *Bibliotheque de Bouchel,* verbo *Legitime.*

414   *An substitutio pupillaris includatur fideicommisso ?* Jugé que si le testateur a fait la substitution pupillaire, & après grevé l'heritier en termes generaux, les biens du pupille viennent aussi en restitution au profit du fideicommissaire, même quand il auroit grevé les heritiers plûtôt que de faire cette substitution pupillaire. *V.* Mainard, *liv.* 5. *ch.* 57.

415   La mere comme n'ayant en sa puissance ses enfans, ne peut leur substituer pupillairement ; mais au lieu d'instituer & substituer à ses enfans impuberes directement & dés lors, elle doit les instituer heritiers lors & du temps qu'ils seront parvenus, sçavoir le mâle à quatorze ans, & la fille à douze ; & s'ils décedent auparavant, en instituer, ou substituer d'autres : quoy faisant l'entiere heredité sera dûë au substitué & conditionnellement institué. *Voyez Papon, liv.* 20. *tit.* 5. *nombre* 32.

416   Dans la substitution pupillaire, il faut que celuy qui l'a faite, ait le pupille en sa puissance *jure paterno*, & qu'il ait institué ou desherité. *Chorier en sa Jurisprudence de Guy Pape, page* 184.

417   De l'exclusion de la mere en cas de substitution pupillaire. *Voyez Guy Pape, quæst.* 522.

418   De la substitution pupillaire, & si la mere la peut faire ? *Voyez Henrys, tome* 1. *liv.* 5. *chap.* 4. *quæst.* 45.

419   Substitution pupillaire faite en faveur de la seconde femme, est sujete au retranchement de la loy *hac edictali, Cod. de secundis nuptiis.* Arrêt du 20. Février 1631. M. d'Olive, *liv.* 3. *chap.* 14. Voyez Henrys, *tome* 1. *liv.* 5. *chap.* 4. *q.* 21. *& chap.* 46. où il demande si la mere peut reprendre par la mort de ses enfans ce qu'elle a perdu en se remariant : il se sert de distinction, où la chose est acquise, la mere la perd ; où la chose est en esperance, la mere ne la perd pas.

420   Un pere substituant à son enfant impubere, cette substitution pupillaire ne peut faire préjudice au droit de reversion pour les biens paternels. *Avis d'Henrys, tome* 1. *liv.* 6. *chap.* 5. *q.* 14.

421   La substitution pupillaire, qui est un des principaux effets de la puissance paternelle, n'a point de lieu en Païs coûtumier de la France, mais bien l'exheredation pour le mariage contracté sans le consentement des pere & mere, & autres cas de droit. *Brodeau sur M. Loüet, lettre M. somm.* 18. *nomb.* 8.

422   Au Parlement de Toulouse l'avantage que la mere tire par la substitution pupillaire, n'est sujet au retranchement de la loy. L'Edit des meres n'y a lieu ; *secus*, où l'Edit a lieu comme à Paris. *Voyez Henrys, tome* 1. *liv.* 5. *chap.* 4 *quæst.* 21.

423   Henrys, *tome* 2. *liv.* 5. *quæst.* 7. propose trois questions. 1. Que la substitution pupillaire expresse exclut la mere de la legitime. 2. Que la substitution compendieuse produit le même effet. 3 Que la mere n'est pas privée de la legitime à elle accordée par la substitution compendieuse.

Kkkk ij

424 Le pere instituant son fils & petit-fils heritiers, & les substituant, s'ils décedent en pupillarité ou hors de pupillarité, le fils étant hors l'âge de pupillarité, & le petit-fils en pupillarité, si à l'égard du petit-fils pupille la substitution peut-être pupillaire décedant en pupillarité? *Voyez Bouvot*, tome 3. part. 2. verbo *Substitution*, quest. 6.

425 Si le pere fait testament, institué son fils pupille heritier, & où il viendroit à décéder en l'âge de pupillarité, substitué les enfans de sa sœur, & délaisse par droit d'institution à sa femme une maison & heritage, si la mere de l'enfant décedé en pupillarité, la mere en ce cas est exclue & de la succession & de la legitime? V. *Bouvot*, tome 2. verbo *Substitution*, question 19.

426 Il a été question de sçavoir si la seconde femme substituée pupillairement à son fils par son mary, & recueillant au moyen de la substitution ouverte, les biens tant du mary que du fils, devoit souffrir retranchement du mary par vertu de la loy, *hâc edictali*, en faveur du premier lit, ou non? Pour l'affirmative semblent être exprès, les mots de la loy, *si is qui ex bonis ff. de vulg. & pup. substit. substitutum impuberi solidi ex bonis testatoris solidum ex eâ causâ capere quasi à pupillo Captat, ita tamen ut ex bonis quæ testatoris fuerant amplius capere non possit*; toutefois la Cour de Toulouse a préjugé le contraire, suivant l'opinion des Docteurs sur cette loy, par cette raison que la mere devoit succeder *ab intestat*, qui ôte tout soupçon de fraude, & captation nouvelale, & par même raison l'Ordonnance cassant les dispositions faites par pupilles & mineurs, au profit de leurs Administrateurs, ne touche point à ceux qui devoient succeder *ab intestat*. Voyez Mainard, liv. 3. ch. 81.

427 Que si le mary qui a des enfans du premier & du second lit, institué sa seconde femme, & le fils qu'elle a d'un autre lit, la disposition de la loy *hâc edictali* cesse pour le regard de la portion hereditaire qui competé à la femme, par la raison du chapitre precedent, mais cette raison cessant, la portion en laquelle une fille d'un autre lit de la seconde femme est instituée, est sujete au retranchement, comme étant une personne interposée pour frauder la loy: *Non obstat*, ce qu'on pourroit alleguer pour exclure le soupçon de fraude, que la mere pouvoit être substituée entierement, si le testateur eût eu ce dessein, sans choquer la loy *hâc edictali*, car puisque cela n'a pas été fait, le testateur peut avoir eu d'autres intentions préjudiciables aux enfans du premier lit, c'est de ne pas substituer seulement la seconde femme en la personne de laquelle décedante, la substitution pouvoir aisément devenir caduque; mais de luy enjoindre une autre substituée pour reculer d'autant plus cette esperance, & affermir ladite substitution. Ce préjugé se peut étendre à toutes autres personnes proches de la seconde femme, qui sont censées personnes interposées pour frauder la loy. Voyez *Maynard*, liv. 3. ch. 82.

428 Substitution pupillaire faite par le pere vaut, même si celuy de ses enfans à qui il substitué n'est institué en aucune portion de son hoirie. Arrêt du Parlement de Grenoble de l'an 1460. *Papon*, liv. 20. tit. 3. n. 4.

429 Substitutions pupillaires faites en forme de legs particuliers n'excluent la mere de prétendre sa legitime, sur tout quand la mere n'a de quoy vivre d'ailleurs. Arrêt du 8. Juin 1566. *Papon*, li. 29. tit. 3. n. 31.

430 La substitution pupillaire est exprèse, encore bien qu'elle ne soit pas exprimée avec les termes de pupillarité ou de puberté. Exemple, je substitué Pierre à mon fils en cas qu'il vienne à décéder avant l'âge pour disposer de ses biens; cette substitution sera appellée exprèse. Arrêt du Parlement de Toulouse du 11. Juillet 1577. qui la jugé de la sorte. M. *Ricard, des Substitutions*, traité 3. chap. 2. nomb. 68.

431 Par Arrêt du Parlement de Toulouse donné aux prononciations solemnelles de la Pentecôte de 1585. il fut préjugé que par l'Auth. *Ex causâ C. de liberis præteritis*, la substitution pupillaire étoit conservée en vertu des clauses generales de *la Novelle* 115. *ch. 3. & 4. in fine*, dont l'Auth. est tirée, portant que hors l'institution, *qualibet alia capitula legibus concessa firma manent*, quoyqu'au cas de l'Arrêt il fut question d'une préterition faite par un pere, & que par disposition de droit le testament étant rompu, la substitution pupillaire soit aussi aneantie, *l. moribus* §. 1. *ff. de vulg. & pup. substit. & L. Papinianus.* §. *Sed nec impuberis ff. de inoffic. testam.l.* 1. & *l.* 2. *ff. de vulg. & pupill. l. patris & filii cod.* Voyez *Maynard*, liv. 5. ch. 12.

432 Par Arrêt du 8. Juin 1585. il fut jugé *substitutionem pupillarem conservari hodie*, *ex authent. Ex causâ C. de lib. præt. interveniente posthumi præteritione in patre factâ*. La Rocheflavin, liv. 3. lett. S. tit. 9. Arr. 10.

433 Le substitué pupillairement est mis en possession. Arrêt du 15. Septembre 1589. avec caution. M. Expilly, Arrêt 105.

434 La mere ne peut demander la legitime en la substitution pupillaire, *l. Papianus.* 8. *ff. de inofficioso testam.* parce que la loy ne luy accorde pas la legitime sur la succession de son mary, mais sur la succession de son fils qui n'en laisse point. Il y en a qui tiennent l'opinion contraire, & rapportent des Arrêts, le premier au Parlement de Paris du 8. Juin 1566. le second à Bourdeaux en 1567. le troisiéme en Provence, il n'est point daté, le quatriéme à Bourdeaux du 21. May 1604. par lesquels il a été jugé que nonobstant la substitution pupillaire, faite *verbis expressis*, la mere auroit la legitime sur les biens de son fils mort en pupillarité. *Ricard des Substitutions*, fol. 31. & 32. C. M. *ser Decius ad legem precibus*, n. 9. & *suiv. Cod. de impuberum & aliis substitutionibus, & Conf.* 211. n. 5. & 128. &c. que la mere ne peut être privée de la legitime même par le pere, qui fait un testament pupillaire à son fils. Brodeau sur M. Loüet, lettre M. somm. 12. nomb. 3. M. d'Olive, liv. 3. chap. 10. M. du Vair, Arrêt prononcé en robes rouges. *Facta à patre matris legitimam excludit*. Mornac, l. 8. *ff. de inoffic. testamento*.

435 Un fils de famille par son testament institué pupillairement à son fils son pere; le cas de l'ouverture en la substitution arrivé, l'ayeul en demande l'ouverture contre la mere, laquelle prétend que la succession de son fils luy est acquise, d'autant que son mary n'avoit pû faire valablement cette substitution, ce qui fut jugé par Arrêt de ce mois le 12. Septembre 1597. Cambolas, liv. 2. chap. 31.

436 La substitution pupillaire fait cesser toutes détractions, même la legitime des meres. Arrêt du mois de Juin 1606. *Le Bret*, liv. 3. décision 5.

437 Jeanne Barbier instituté par son testament sa fille en tous ses biens anciens, & la substitué au profit de son mary au cas que sa fille décede en pupillarité, ou aprés, avant que d'être mariée; lors du mariage toutes substitutions levées. La fille meurt sans être mariée; le pere demande l'effet du testament; on luy oppose que la substitution est pupillaire, & que la mere n'a pas survécu les 30. jours ordonnés par la Coûtume reformée de Bourgogne. M. l'Avocat General de Xaintonge, dit que ce n'étoit point une substitution pupillaire, mais *fideicommissum partiale & sub conditione relictum, cujus conditio extitit*. 2°. La survie de 20. jours n'est requise que lorsqu'il y a des enfans: les collateraux n'ont pas droit de faire telle objection. Par Arrêt du Parlement de Dijon du 18. Janvier 1616. infirmatif de la Sentence, le fideicommis declaré ouvert au profit du pere. Cet Arrêt est rapporté par M. de Xaintonge, p. 294.

438 De la substitution pupillaire comprise dans la compendieuse. Arrêt rendu au Parlement de Grenoble le 7. Août 1630. qui a jugé que la substitution sous la condition *si sine liberis* comprend la pupillaire, 2°. Que cette pupillarité n'est pas assez exprèse pour exclure

la mere du droit de legitime. 3°. Que *ex vi pupillaris* la subſtitution qui ſembloit *ordine ſcriptura* n'être faite que pour la ſucceſſion a eu lieu pour le legat. Même Arrêt le 9. Août 1641. Baſſet, *tome 2. liv. 8. tit. 2. chapitre 2.*

439 D'une ſubſtitution pupillaire *inter impares ætate* convertie en fideicommiſſaire. *Voyez dans Baſſet, to. 1. li. 5. tit. 17.* un Arrêt du 16. Mars 1632.

440 La ſubſtitution pupillaire ne fait point de degré. Arrêt du 17. Mars 1634. La ſubſtitution pupillaire eſt comme un homme au pupille, au lieu que la fideicommiſſaire eſt une charge à l'heritier grevé. *Guenois en ſa Conférence des Ordonnances* au titre *des Subſtitutions & Maynard, liv. 5. chap. 86.* ſont d'avis de l'Arrêt. *Voyez Baſſet, to. 1. li. 5. tit. 9. ch. 1.*

441 *Henrys, tom, 1. liv. 5. ch. 4. queſt. 47.* rapporte un Arrêt du 11. Avril 1634. qui a jugé que la ſubſtitution pupillaire, quoyque reciproque, n'eſt pas valable entre deux enfans, lorſqu'il y en a un qui n'eſt pas impubere : il faut dire la même choſe lorſqu'un des enfans n'eſt pas dans la puiſſance du pere. Dans la queſtion ſuivante, il obſerve que le même Arrêt a jugé que la ſubſtitution pupillaire reciproque entre deux enfans, dont l'un étoit pubere, devoit paſſer pour fideicommiſſaire : il cite pluſieurs Autheurs qui ſont de ce ſentiment, auſquels il faut joindre *M. Ricard, dans ſon traité des Subſtitutions, part. 1. ch. 6.*

442 Le ſubſtitué ſuccede au teſtateur & au pupille dans la ſubſtitution pupillaire, & même aux biens venus au pupille d'autre que du teſtateur ſon pere, & dans la compendieuſe, *ſi ſine liberis*, elle eſt compriſe, & comprend generalement tous les biens du pupille, de quelque côté qu'ils viennent. jugé au Parlement de Grenoble. Il a été auſſi jugé le 17. Avril 1634. que cette ſubſtitution ne fait point de degré en la cauſe de Joſſerand Perdrix & de Jean Mirabel, les Ordonnances d'Orleans & de Blois reglent ſeulement les ſubſtitutions fideicommiſſaires, & non celle là.

443 Si dans une ſubſtitution pupillaire le ſubſtitué ſuccede au pere teſtateur ou au pupille pour qui il a teſté? *Voyez dans Baſſet, to. 1. liv. 5. tit. 9. ch. 23.* un Arrêt du 4. Juin 1655. qui débouta le fideicommiſſaire de l'imputation des fruits ſur le fondement que le fils étant mort en pupillarité, on étoit cenſé ſucceder au pere & non au pupille.

444 Jugé au Parlement de Toulouſe le 3. Decembre 1656. après partage, que la ſubſtitution pupillaire faite *in re certâ* en la ſomme de 700. liv. comprenoit tous les biens du pupille, au préjudice même de ſa mere. *Arrêts de M. de Catellan, liv. 2. chap. 35.* où il ajoûte que la Cour ajugea le tiers des biens delaiſſez par la pupille à ſon ayeule maternelle, les Juges ayant cru que puiſque la ſubſtitution n'étoit faite nommément qu'en une portion de biens, il n'étoit pas juſte qu'en l'étendant à tous les autres biens, ce fût au préjudice de la legitime.

445 L'ayeul ne peut ſubſtituer pupillairement à ſa petite fille, après le décés de ſon fils émancipé par le mariage. Arrêt du 3. Septembre 1667. qui juge que la ſubſtitution ne vaudroit que pour fideicommis. *Soéfve, to. 2. Cent. 4. chap. 4.*

446 La ſubſtitution pupillaire que le pere fait au fils qu'il a en ſa puiſſance, comprend ſans doute la vulgaire ; mais ſi un étranger inſtitué ou leguant, ſubſtitué à ſon heritier ou à ſon legataire, s'il décede en pupillarité, cette ſubſtitution ne comprend pas la vulgaire, & ſi l'heritier ou legataire mourant avant le teſtateur, la ſubſtitution expire, & le ſubſtitué n'eſt point appellé. Arrêt du Parlement de Toulouſe du 11. May 1667. rapporté par *M. de Catellan, li. 2. ch. 60.*

447 Arrêt du Parlement de Toulouſe le 22. Mars 1670. après partage, que l'inſtitué *in re certâ* ou ſubſtitué pupillairement *in re certâ*, la ſubſtitution pupillaire étant le teſtament du pupille, devenoit heritier univerſel par le décés de l'autre ſubſtitué pupillairement arrivé avant le décés du pupille. Car dans la ſubſtitution pupillaire on regarde particulierement l'état des choſes au temps du décés du pupille ſuivant la Loi 11. §. *Si quis ff. de vulg.* Voyez les *Arrêts de M. de Catellan, liv. 2. chap. 35.*

448 La mere ſubſtituée pupillairement à ſon fils, par le teſtament du pere, generalement en tous ſes biens, ſuccede à tous les biens de ſon fils, à l'excluſion des tantes. Arrêt du Parlement d'Aix du 18. Juin 1670. *Boniface, to. 5. liv. 2. tit. 4. ch. 1.*

449 On demande ſi pluſieurs ayant été inſtituez heritiers & reciproquement ſubſtituez en cas de décez des uns en pupillarité, la portion avenuë à un des pupilles mort en pupillarité ayant été recueillie par moitié par les deux freres ſurvivans, & l'un des deux freres étant decedé en puberté ſans enfans, la part du frere decedé en puberté doit être reſtituée au dernier frere ſurvivant? Arrêt du Parlement d'Aix du 20. Mars 1671. qui a déclaré que tous les biens advenus au pubere en vertu de la ſubſtitution pupillaire devoient être compris au fideicommis ouvert en la perſonne du ſurvivant. *Boniface, to. 5. liv. 2. tit. 6. ch. 2.*

450 De l'effet de la ſubſtitution pupillaire expreſſe, de la ſubſtitution pupillaire compriſe ſous la compendieuſe, de la pupillaire tacite compriſe dans la vulgaire contre la mere & contre l'ayeul maternel & l'ayeule maternelle. *Voyez les Arrêts de M. de Catellan, liv. 2. chap. 84.* où il obſerve que dans le cas de la ſubſtitution compendieuſe, lorſque le frere du défunt mort impubere eſt ainſi ſubſtitué par le pere commun, on reduit la legitime de la mere commune à la troiſiéme partie de ce qu'elle auroit eu *ab inteſtat* ſur la legitime de ſon fils. Arrêts du Parlement de Toulouſe des 1. Février 1662. & 15. Mars 1681. Si la mere eſt predecedée & que l'ayeul maternel ſe trouve *in medio*, le droit établi en faveur de la mere que la ſubſtitution compendieuſe eſt préſumée en tout temps fideicommiſſaire ſimplement, lorſque le ſubſtitué eſt étranger, tel droit n'a lieu en faveur de l'ayeul. Ainſi jugé le 28. Mars 1697.

SUBSTITUTION PUPILLAIRE TACITE.

451 On demande ſi la faveur de la mere qui fait ceſſer la ſubſtitution pupillaire tacite, ne peut pas être empêchée par une perſonne auſſi favorable que la mere, comme le fils du teſtateur qui eſt appellé à la ſubſtitution? Quelques uns ſont pour l'affirmative. Ricard tient la negative, parce que le fils n'a point de loy pour luy comme la mere dans l'eſpece dont eſt queſtion, *ſubſtitutionis quidem in hujuſmodi caſu vivâ matre reſpuendas eſſe cenſemus, l. ult. Cod. de inſtitut. & ſubſtitut.* M. Ricard, *des Subſtitutions, trait. 3. ch. 5. n. 229.* Mais ſi des freres ſont conjoints des deux côtez, ſoit qu'ils ſoient ſubſtituez ou non, ils concourent avec leur mere dans la ſucceſſion *ab inteſtat* de leur frere. *Ricard des Subſtitutions, ibidem nomb. 233.*

452 L'ayeule maternelle n'exclud pas comme la mere la ſubſtitution pupillaire tacite ; ce privilege eſt perſonnel à la mere, *propter partûs periculum & ipſam liberorum procreationem pro quibus multa noſtris legibus inventa ſunt privilegia, l. aſſiduis 12. §. quis enim, Cod. qui potiores in pignore.* Ricard, *des Subſtitutions, trait. 3. chap. 5. nomb. 236. & 237.*

453 Pour faire ceſſer la ſubſtitution pupillaire tacite, il eſt neceſſaire que la mere ſoit actuellement heritiere. Ricard, *des Subſtitutions, trait. 3. chap. 5. nomb. 240.*

454 De la ſubſtitution pupillaire tacitement compriſe en la vulgaire expreſſe, & ſi l'exiſtence de la mere luy fait obſtacle. *Voyez Duperrier, liv. 3. queſt. 8.*

SUBSTITUTION, QUARTE.

455 La diſtraction des quartes trebellianiques, & de legitimes n'eſt interdite par le teſtateur par mots generaux : comme, je veux que tous mes biens reviennent ou ſoient reſtituez à un tel que je ſubſtitue au dit cas, ou bien deviennent à plein droit : il faut qu'il y ait expreſſe prohibition de la trebellianique. Arrêt

du Parlement de Paris en 1549. entre le Seigneur de S. André Maréchal de France, & les sœurs de Montregnaud. *Bibliotheque de Bouchel*, verbo *Substitution*.

456 Un frere a eu une fille âgée de cinq à six mois, il l'institué son heritiere, & luy substitué son oncle frere du testateur ; cette fille décede peu de temps après ; sa mere & le substitué ont procés. Arrêt du 31. Décembre 1554. au profit du substitué, sans distraction d'aucune quarte. *Le Vest*, *Arrêt* 59.

SUBSTITUTION RECIPROQUE.

457 *Voyez Despeisses*, *tb*. 2. *p*. 110. & *Peleus*, *quest*. 69.
De *substitutione reciprocâ quastio quâ formulâ inducatur*. Voyez *Stokmans*, *décis*. 34.

458 De *reciprocâ factâ inæqualibus personis cum expressione pupillaris ætatis sub unâ oratione*. Voyez *Franc. Stephani*, *décis*. 16.

459 Si la substitution reciproque faite à un majeur & à un mineur pure & simple, & sans specification de temps contient un fideicommis, ou si elle contient seulement la substitution vulgaire. *Bouvot*, *to*. 1. *part*. 3. verbo *Substitution*, *quest*. 2.

460 Si le substitué appellé par substitution reciproque peut prétendre les biens du premier décedé & écheus au dernier survivant. *Bouvot*, *ibidem quest*. 7.

461 Un pere qui a trois fils & trois filles, fait ses fils ses heritiers universels ; & les substitué reciproquement les uns aux autres ; & s'ils meurent sans enfans nez de leurs corps & en legitime mariage, il leur substitué les filles & leurs enfans : il en meurt deux sans enfans, & au troisiéme survit une petite fille, *neptis*, née de sa fille à qui cette succession est disputée par ses tantes filles du testateur qui avoient survêcu leurs freres. Leur raison est qu'elle n'étoit pas née du corps de leur frere substitué à ses freres. *Guy Pape*, *quest*. 353. décida en faveur des tantes.

462 Si la substitution reciproque faite entre deux enfans de divers âge peut être pupillaire pour l'un, ou si elle n'est que vulgaire pour les deux ? Voyez *Henrys*, *to*. 1. *li*. 5. *ch*. 4. *quest*. 47.

463 Substitution reciproque, faite *in infinitum* en faveur des mâles, & de l'aîné d'iceux. Voyez *Peleus*, q. 69.

464 Substitution reciproque, & si on y peut déroger. Voyez *Henrys*, *to*. 1. *liv*. 5. *chap*. 4. *quest*. 23. où vous trouverez la question amplement traitée.

465 La substitution ne peut être reciproque ou double, la condition des substituez reciproquement n'étant pas égale. Arrêt du 11. Avril 1634. *Henrys*, *tom* 1. *liv*. 5. *chap*. 4. *qu*. 47. c'est-à-dire que la substitution vulgaire reciproquement, ne peut pas comprendre la pupillaire, si les enfans ne sont tous impuberes.

466 Si le pere ayant substitué à son fils aîné le second, & au défaut des mâles ses filles, même en la portion leguée au second & aux heritages compris en icelle, cette substitution en suppose une reciproque entre les freres, avec conciliation pour ce sujet de la loy *vel singulis ff. de vulgari*, & de la loy *Titia* §. *Seia ff. de legat*. 10. & autres textes de Droit. Voyez *Henrys*, *tome* 2. *liv*. 5. *q*. 36.

467 La substitution breviloque ou reciproque, comme quand un pere institué ses deux enfans impuberes ses heritiers, & qu'il les substitué l'un à l'autre, ils sont reciproquement appellez par la substitution vulgaire & pupillaire. *Ricard, des Substitutions*, *trait*. 3. *ch*. 5. *nombre* 194.

468 Il y a grande difference entre la substitution reciproque ou breviloque, & la compendieuse, la reciproque ne comprend pas toutes sortes de substitutions, à moins qu'elle ne soit faite entre personnes égales & en pupillarité, ou fureur ; mais la compendieuse comprend generalement toute sorte de substitutions ; toutefois si elle est aux termes de la reciproque, je les substitué l'un à l'autre *invicem*, sans ajoûter les mots de la compendieuse, quand l'un ou l'autre décedera sans enfans, telle substitution n'est plus censée reciproque, mais prend la nature de la compendieuse. Arrêt du Parlement de Toulouse au mois de Juin 1580. *Voyez Maynard*, *liv* 5. *chap*. 27.

469 La substitution reciproque ou breviloque, *ut invicem substituo* est de telle nature qu'elle ne se peut accommoder, sinon aux cas qui conviennent aux deux substituez. Donc si la substitution est faite entre deux personnes inégales d'âge, l'une pubere, & l'autre impubere, la pupillaire ne peut avoir lieu. Ainsi jugé par Arrêt du Parlement de Toulouse du dernier Mars 1583. *Voyez Mainard*, *liv*. 5. *ch*. 42.

470 La substitution reciproque n'a lieu sinon quand le testateur s'est tenu aux termes de la reciproque, *vos invicem substituo*, car s'il a passé plus avant, & y a ajoûté le cas, s'ils décedent sans enfans, la substitution devient compendieuse, & comprenant toute sorte de substitutions comprend aussi la pupillaire ; & ainsi il a été souvent jugé *Voyez ibid*. *ch*. 44.

471 Un testateur qui dit dans son testament qu'il substitué ses biens à ses enfans reciproquement, & qu'au cas qu'ils viennent à mourir sans enfans il substitué au plus proche parent ; cela s'entend de son côté. Arrêt du Parlement de Toulouse du 4. Septembre 1685. *Mainard*, *ibidem*, *ch*. 52.

472 Fevelle Marchand ayant des enfans de deux lits, les substitué tous reciproquement aux sommes & biens à eux délaissez ; deux enfans du second lit étant décedés, jugé au Parlement de Bourdeaux le 16. Juillet 1666. que ce que le second avoit eu du premier par vertu de la substitution tomboit dans le fideicommis aussi bien que sa propre portion, *La Peirere*, *lettre S. Arr*. 125.

473 En substitution reciproque en pays de Droit écrit, il faut faire distraction de la legitime, & la décision de la Loy *si pater puella, Cod. de inofficioso testamento*, ne s'observe. Arrêts des 20. Juin 1621. & 7. Juillet 1625. M. *Bouguier lettre S. nomb*. 9.

474 Par Arrêt du Parlement de Toulouse du 15. Février 1630. jugé que les enfans impuberes instituez heritiers par leur pere, & chargez d'une substitution compendieuse en faveur d'un tiers, n'étoient point censez substituez entr'eux reciproquement, & qu'il n'y avoit que la substitution pupillaire qui emportoit ce droit. M. *d'Olive*, *li*.5. *ch*. 11.

475 Dans le cas de la substitution reciproque de deux enfans, les creanciers & legataires du predecedé ne peuvent avoir détraction de sa legitime, ni trebellianique sur les biens substituez. Arrêt du dernier Juillet 1631. qui neanmoins sans tirer à consequence ordonna qu'un legs de cent cinquante livres fait à un domestique seroit délivré. *Voyez Bardet*, *tome* 1. *liv*. 4. *chap*. 43.

476 De la substitution tacite reciproque entre enfans, un étranger leur étant substitué. Jugé au Parlement de Grenoble le dernier May 1634. *favore liberorum*, qu'entre les enfans appellez par le mot collectif, ausquels a été donné ou substitué, *resultat tacita reciproca*, & que le substitué n'y peut rien prétendre, *nisi post mortem omnium*. *Basset*, *tome* 2. *liv*. 8. *tit*. 2. *chap*. 11.

477 La substitution est présumée reciproque precaire entre les instituez, lors que le frere survivant est substitué au mourant. 2. Ou lors que le dernier mourant est chargé de rendre l'entiere heredité à l'étranger. 3. Autre chose est lors que l'étranger est simplement substitué aprés le décez de tous les instituez 4. Ou au dernier mourant d'iceux. *Mantic*. *lib*. 7. *tit*. 2. *aliud in pupillari si mater sit in medio*. *Fachin*. *lib*. 4. *cap*. 79. 2. 3. 4. *id*. *Fachin*. *lib*. 4. *cap*. 80. 8. *vid*. *Peregrin*. *art*. 13. *vid*. *Crassum*. §. *Substitutio*, *quest*. 61. *n*. 8. & *seq*. *vid*. L. 37 *ff. de vulg*. & *pupil*. L. 87. §. 2 *ff. de leg*. 2. L. 34. *ff. ad Trebell*.

478 Arrêt du 8. Juin 1649. Présidant Monsieur le Premier, plaidans Constans & Hugon. Le nommé Bignon faisant son testament, institua son heritiere universelle Jeanne Vignon sa fille unique, mariée avec

Claude de Bourgoing, & substitua à sadite fille les enfans mâles qu'elle avoit ou pourroit avoir, sans que les filles puissent rien prétendre à ladite substitution. Ladite Jeanne Vigon meurt laissant cinq enfans mâles, & Michelle Bourgoing sa fille. Lesdits enfans mâles à la reserve de Pierre Bourgoing, meurent sans enfans, ladite Michelle Bourgoing demandant sa part de succession des freres décedez ; ledit Pierre Bourgoing soûtenoit que la substitution étoit reciproque entre les mâles, & qu'il devoit exclure ladite Michelle sa sœur : jugé qu'il n'y avoit point de reciprocité de substitution entre les mâles heritiers instituez. La raison de douter de l'Arrêt se prenoit des termes, *sans que les filles puissent rien prétendre en la substitution*. La Peirere, *lettre S. nomb.* 94.

478 La division faite entre freres coheritiers de leur pere, avec promesse de garantie, & de ne se plus rien demander l'un à l'autre de present, ni ailleurs, ne préjudicie pas à la substitution reciproque faite entr'eux par le pere commun en cas de décez sans enfans. On convint de cette maxime au jugement du procez de Palanque à la premiere Chambre des Enquêtes du Parlement de Toulouse, le 8. Août 1667. ce qui est conforme à la doctrine de *Mainard, liv.* 5. *chap.* 96. & à celle de *Cujas* & de *Godefroy* sur la Loy 122. *qui Roma,* §. *duo fratres ff. de verb. oblig.* Voyez *M. de Catellan, liv.* 2. *ch.* 13.

479 Plusieurs enfans ayant été reciproquement substituez par leurs ascendans de l'un à l'autre, en cas de décez sans enfans, & les leurs, & le survivant, les neveux concourent avec l'oncle survivant. Arrêt du Parlement d'Aix du 30. Mars 1675. *Boniface no.* 5. *liv.* 2. *tit* 10. *chap.* 1.

480 La substitution reciproque ordonnée par un pere entre ses enfans à la suite du partage de ses biens, est estimée graduelle, étant contenuë en ces termes. *Voulant bien expressément qu'ils soient heritiers l'un de l'autre, au cas qu'ils viennent à mourir sans enfans ; ensorte que les biens du décedé accroissent toûjours aux survivans, pour y prendre ce que la Coûtume de la situation des biens leur donnera, & leur défendant toute distraction ou alienation de ses biens, au préjudice dudit fideicommis & substitution reciproque, sauf pour cause de remploi,* & à la reserve de 8000. *florins dont chacun pourra disposer librement.* Arrêt du P. de Tournay du 10. Mars 1699. entre la Dame Comtesse de Cruys-Hautem, & le sieur Comte de Cauroy, rapporté par *M. Pinault, to.* 2. *Arr.* 258.

SUBSTITUTION, RELIEF.

481 Quand le relief est dû en matiere de substitution? Voyez le mot *Relief, nomb.* 32. *& suiv.*

SUBSTITUTION, RELIGIEUX.

482 Substitution ne peut être ouverte au profit d'un Religieux Profez. *V. Cambolas, livre* 1. *chap.* 30. *& cy-dessus le nomb.* 394. *& suiv.*

SUBSTITUTION REMISE.

483 Le droit de substitution ou de fideicommis ne peut être remis ni transporté qu'à l'heritier grevé avant l'évenement de la condition. *Voyez M. Expilly Arrêt* 13.

SUBSTITUTION, REPRESENTATION.

484 La representation n'a point lieu dans les substitutions. *V. Henrys, to.* 2. *liv.* 5. *quest.* 5.

485 Les enfans du substitué, quoique décedé avant l'ouverture de la substitution, le représentent par la suite au préjudice des heritiers *ab intestat.* Arrêt du Parlement de Grenoble de l'an 1460. *Papon, liv.* 20. *tit.* 3. *n.* 8.

486 Un fils par testament institué sa mere heritiere, luy substituë deux sœurs du même lit, l'une d'elles meurt & laisse deux enfans naturels & legitimes ; la mere meurt aprés ; la sœur survivante se saisit de la succession. Les enfans de la défunte prétendent la moitié contre leur tante disant qu'ils representent leur mere, quoi qu'elle soit morte avant que la substitution fût ouverte. La tante soûtient au contraire que telle condition de substitution n'a été transmise aux successeurs, parce que les mots *siens* n'y sont ajoûtez. Par Arrêt du Parlement de Toulouse de l'an 1567. les enfans furent déboutez, & le tout ajugé à la sœur ; alors le Président remontra qu'il y eût eu plus de droit, si le pere eût été fideicommissaire & heritier premier comme fut la mere. *Ibidem, n.* 23.

Si en substitution il y a lieu de représentation, & 487 si l'oncle est préféré aux enfans du frere décedé lors de l'ouverture de la substitution, ou s'ils succedent avec luy ? *V. Bouvot, to.* 2. verbo *Substitution, question* 26.

SUBSTITUTION, RETOURNER.

Le mot de retourner, sans autre addition qui pût 488 faire paroître une substitution, ne faisoit une substitution ; & l'Arrêt des Enquêtes rendu aprés plusieurs vacations fut cassé ; & la Dame Marquise de Minieux gagna sa cause, qui l'avoit perduë aux Enquêtes, plaidans la Requête civile le Verrier & Martiner, Langlois soûtenant l'Arrêt de 1659. *Petit Edit le Vendredy* 20. *Mars* 1665.

SUBSTITUTION, SAISIE RE'ELLE.

Saisie réelle des terres substituées. *Voyez* le mot 489 *Creancier, nomb.* 77.

Voyez cy-dessus *le nomb.* 197. *& suiv.*

SUBSTITUTION, SECONDES NÔCES.

Une femme ayant des filles du premier lit, & un 490 fils du second, fait par son testament des legs aux filles du premier lit, & instituë heritier son fils du second mariage ; & au cas qu'il decederoit en pupillarité elle augmente les legs de ses filles, & ordonne que son heredité viendra à son second mari ? Il a été jugé au Parlement de Toulouse que cette femme par sa disposition avoit choqué la Loy *hâc edictali*, & que cette substitution (qui ne pouvoit valoir que *jure fideicommissi*, la mere ne pouvant pas substituer pupillairement à son fils) étoit sujette au retranchement, & que le second mari ne pouvoit pas répudier ce fideicommis, & reprendre les biens de la testatrice comme heritier *ab intestat* de son fils. Sans cette substitution, si l'institution du fils eût été pure & simple, ce fils ayant recueilli la succession de sa mere, le pere luy auroit succedé naturellement ; mais cette mere ayant porté sa pensée plus loin, & ayant voulu gratifier son second mary de son heredité aprés la mort de son fils au préjudice de ses autres enfans du premier lit ; ce dessein injuste partant d'une affection en quelque sens dereglée, & que la Loy condamne, merite d'être puni par le retranchement de cette substitution, qui dans l'intention de la testatrice, & par l'évenement, se trouve être en effet une liberalité excessive. *M. de Catellan, liv.* 4. *ch.* 57.

SUBSTITUTION, SIENS.

Le testateur substituant à son heritier les siens, ne 491 regarde que les enfans de ce même heritier, à l'exclusion de tous autres. Une mere qui a un fils & des filles, instituë son fils son heritier universel, & luy substituë ses filles, s'il meurt sans heritier legitime. Elles excluront le pere & l'ayeul quoique la qualité d'heritiers legitimes leur soit donnée par le droit ; la raison est que celuy qui est du sang de l'heritier, est appellé l'heritier legitime, autrement il arriveroit que les ascendans, & même les collateraux jusqu'au septiéme degré s'emporteroient sur les substituez, parce qu'ils sont aussi appellez heritiers legitimes. Le Parlement de Grenoble l'a souvent jugé de la sorte. *Voyez Guy Pape, quest.* 306.

Nomine heredum in testamentis, & ultimis voluntatibus descendentes tantum intelliguntur, in contractibus autem haeredes omnes qualescunque. Idem *p.* 180.

Ce mot de *siens* en substitution, comme *je substituë* 492 *Titius & les siens,* ne s'entend que des enfans, autrement la substitution iroit à l'infini. Arrêt au mois d'Août 1591. *Voyez Montholon, Arr.* 115. *& Henrys,* to. 2. liv. 5. quest. 31. où il dit qu'en la substitution faite au pere & à ses enfans, ne sont point appellez ensemble, mais successivement *ordine charitatis*.

493 *Suorum nomine* le pere n'est compris. Arrêt du Parlement de Grenoble du 23. Juillet 1619. *Basset*, to. 2. liv. 4. tit. 10. chap. 1.

494 Arrêt du Parlement d'Aix du 11. Juillet 1661. qui déclare qu'en l'institution faite par un collateral de *Titius* & les siens, les enfans de l'institué ne sont appellez que par la vulgaire. *Boniface*, tome 5. liv. 2. tit. 3. chap. 3.

SUBSTITUTION, si sine liberis.
Voyez cy-dessus le nomb. 261. & suiv.

495 De la condition, *si sine liberis* apposée dans les substitutions. V. *Mainard*, liv. 7. ch. 27.

496 *De conditione si sine liberis, num conjecturis repetatur?* Voyez *Francisci Stephani, decis.* 24.

497 *Volo restituas, si sine liberis decedas; conditio deficit ex voluntate, vel ex uno filio superstite relicto*, & la raison est que la nature de la condition est telle, que *in se convertitur & habet à contrario sensu implicitam negativam, ita ut nihil intersit utrum scribatur, si sine liberis restituito an si cum liberis ne restituito.* Voyez M. *le Prêtre, premiere Centurie, chap.* 70. & *Peleus*, quest. 49.

498 Que la condition, *sans enfans*, mise en une substitution ne comprend les enfans des enfans entre étrangers qui ne sont enfans, autrement pour le regard des enfans & descendans en ligne directe. Voyez *Carondas, liv.* 7. *Rép.* 61.

499 De la clause (*s'il décede sans enfans*) &. qu'elle fait un fideicommis. *Voyez Peleus, quest.* 51.

500 Substitution faite par un Gendarme étant à la guerre à son fils pupille en cas qu'il décederoit sans enfans, le fils décedant hors l'âge pupillaire, *non dicitur directa sed habet vim fideicommissi, & ideo filius aut ejus haeres legitimam & quartam detrahit, quia ex quo ad tempus mortis refertur, non ad certum tempus dicitur compendiosa, non directa militaris de quâ in L. Centurio quae est interpretanda in suo casu, nempe quando ad certum tempus.* Jugé au Parlement de Toulouse au rapport de M. Mainard, le 17. Janvier. *Bibliotheque de Bouchel*, verbo *Substitution*.

501 Jeanne la Fargue veuve de Guillaume Pelati, par testament de l'an 1513. après avoir legué certaines sommes à ses filles, en tous ses autres biens, institué Jean & Beranger Pelati, ses enfans pupilles également, avec telles substitutions, que si l'un d'eux décedoit sans enfans, sa portion vienne au survivant, & au contraire, ou à ses enfans *seu ad ejus liberos*, substituant l'un à l'autre, & au contraire avec cas susdits, & si tous deux décedoient sans enfans, elle veut que ses biens viennent à ses filles également, *seu ad earum liberos*. Après son décez Jean & Beranger recueïllent l'heredité, & joüissent long-temps; Beranger décede sans enfans, & Jean recueïlle sa portion, & vend une métairie de l'heredité à Bernard Maurel Secretaire; après décede Jean Pelati laissant Guerin & Jacques Pelati ses enfans, lesquels comme appellez à la substitution, pat ces mots *seu ad ejus liberos*, font instance contre Maurel en maintenuë de ladite métairie. Maurel soûtient que par ces mots *seu ad liberos*, ils ne sont appellez collectivement ni successivement avec leur pere Jean, Sinon *in casum vulgarem*, que Jean ayant recueïlli en un temps auquel les demandeurs n'étoient pas encore nez, ils ne peuvent être concurrens avec leur pere. Ainsi jugé par Arrêt du Parlement de Toulouse le 2. Septembre 1584. *Voyez Mainard, liv.* 5. *chap.* 37.

502 C'est aujourd'huy chose certaine, que sous cette condition *si sine liberis*, les enfans ne sont point compris dispositivement, mais seulement conditionnellement; toutefois cela n'a lieu qu'en fideicommis testamentaires, mais non en contractuels, auxquels les enfans sont censez appellez dispositivement, par la clause *si sine liberis*, & revoquent les alienations; c'est une difference entre les fideicommis testamentaires, & les contractuels; l'autre en ce que des fideicommis contractuels, il ne se fait aucune détraction de trebellianique comme des testamentaires; ces deux differences ont été prejugées par deux divers Arrêts du Parlement de Toulouse. *Vide Fernand. in cap. unic. de fil. nat. ex. matr. contract.* Maynard, liv. 5. ch. 66. & 67.

Nota. Ferrieres tient le contraire sur la quest. 39. de Guid. Pap. & dit que *si liberi in conditione positi non censentur vocati, in quib. plenius voluntatem defunctorum interpretantur; multo minus in contract. in quib. stricte agimus*; il blâme *Maynard*.

503 Une substitution est faite en ces termes, *si mon fils décede sans enfans, je substituë à ma fille, ses enfans mâles, & si ma fille n'a point de mâles, je substituë Caius*. Le fils décede sans enfans; la fille survivante n'a point encore de mâles. On demande si la substitution est incontinent ouverte au profit de Caïus, ou si elle est suspenduë jusqu'au décés de la fille, ou jusqu'à ce que l'on puisse être asseuré qu'elle n'aura plus d'enfans. Maynard, liv. 9. chap. 51. distingue, ou ceux qui sont substituez après les mâles de la fille, sont étrangers, ou proches parens, ou en même degré d'affection que seroient les mâles de la fille venant à naître. Au premier cas il faut suspendre la substitution: au dernier, les mâles sont exclus, s'ils ne sont nez lorsque le fils du Testateur est mort, d'autant que la qualité jointe aux termes de la substitution, doit être entenduë, eu égard au temps que le Testateur parle. Il ajoute que la substitution est en suspens, & que la mere possede les biens jusqu'à ce qu'il soit certain que sa fille ne puisse avoir de mâles.

504 Si la substitution en défaut d'enfans est vulgaire ou fideicommissaire? *V. Boniface*, tome 2. livre 1. titre 8. chapitre 2.

505 On a demandé si la substitution en cas de décés sans enfans doit être ouverte par l'ordre de Prêtrise, pris par l'heritier grevé? La question fut terminée par Transaction. *Voyez Boniface, tome* 5. livre 2. titre 5. chap. 2. où il cite un Arrêt rapporté par *Papon*, qui ajugea à une sœur substituée ou à ses enfans, les biens & l'heritage d'un sien frere, chargez de substitution, en cas de décés sans enfans, pour s'être fait Prêtre, à l'exclusion de l'heritier du Prêtre.

506 Je fais mon heritier Etienne mon fils, s'il meurt sans enfans, ou ses enfans sans enfans, je substituë tel; en ce cas, les enfans sont grevez de restituer au dernier substitué, s'ils meurent sans enfans, *ergo*, ils sont tacitement appellez, ils viennent *ex testamento*. Arrêt du Parlement de Grenoble sous cette limitation de *Bartole*, sur la Loy *Centurionum* 57. au procés de la Seigneurie de Sournom, entre les filles du Seigneur, demanderesses d'une part, & M. le Dauphin, heritier dudit feu Baron, d'autre part. *Bibliot. de Bouchel*, verbo, *Substitution*.

507 Le Testateur instituë autre que ses enfans, & luy substituë, s'il décede sans enfans, ceux du nom & famille du Testateur sont entendus, & non pas ceux de l'institué. *Peleus, qu.* 54.

508 Un Testateur fait ses heritiers universels deux enfans, & les substituë l'un à l'autre; si les deux meurent sans enfans, il leur substituë Antoine leur cousin; & à luy s'il meurt sans enfans six ans après la mort dudit Testateur, les deux premiers heritiers vivans. Antoine meurt sans enfans, & après luy les premiers heritiers sans laisser d'enfans. Paul demande les biens; les heritiers *ab intestat* disent qu'il est substitué à Antoine, en la personne duquel la substitution premiere n'est avenuë; neanmoins la disposition du Droit commun étoit contraire, nonobstant l'interruption; ainsi par plusieurs Arrêts il a été jugé à Grenoble. *Biblioth. de Bouchel*, verbo, *Substitution*.

509 Le pere ayant un fils & une fille, fait le fils heritier,

SUB. SUB 633

tier, & luy substitué sa fille s'il meurt sans enfans. Après la mort du pere, le fils se fait Prêtre; la fille meurt ensuite, & laisse des enfans; le Prêtre decede, & nomme un heritier; les enfans de la sœur prétendent les biens, disant que lors qu'il s'est fait Prêtre, il y a eu lieu à la condition *si sine liberis*, & que la substitution a été ouverte au profit de la sœur, lors vivante. Arrêt du Parlement de Bourdeaux du 23. Juin 1523. en faveur des enfans. Plusieurs n'en étoient pas d'avis, car les enfans n'étoient point appellez à la substitution, mais seulement nommez à la condition. Le contraire a été jugé au Parlement de Paris en 1566. *Voyez Boyer, quest.* 354. Maynard, *livre* 7. *de ses quest. chap.* 27. Papon, *liv.* 20. *tit.* 3. *nom.* 1. & la *Bibliotheque de Bouchel*, verbo, *Substitution.* où l'Arrêt qui départage cette question, est daté du 23. Juillet 1523.

510 En la condition, *s'il décede sans enfans*, les enfans ne sont substituez, & ne peuvent empêcher leur pere de disposer de l'heredité qui luy a été laissée par Testament ou par des legs, & autres choses données. Arrêt à la Pentecôte 1535. Peleus, *qu.* 53.

511 Dans la substitution, *s'il décede sans enfans*, ne sont compris les enfans legitimes du fils bâtard de l'institué pour exclure la substitution. *Voyez Carondas, livre* 9. *Réponse* 38. Secus, si les enfans sont legitimez par un mariage subsequent. Arrêt à la Pentecôte 1538. *Peleus, question* 36.

512 Un pere fait son heritier universel son fils impubere, & luy substitué, s'il mouroit en pupillarité, ou bien hors de pupillarité sans enfans, sa sœur. Arrivant le cas qu'il meure en pupillarité, la sœur substituée reçoit le tout; & la mere ne peut demander sa legitime: car la substitution pupillaire est expresse. Autre chose si la pupillaire étoit tacite, par ces mots, *& si mon fils & heritier meurt sans enfans, je substituë*; car s'il meurt en pupillarité (quoyqu'il y ait grand conflit d'opinions) neanmoins la plus saine est que la legitime est dûe à la mere. Arrêt de la Cour, séant à Riom, aux Grands Jours en 1546. au mois d'Octobre. *Biblioth. de Bouchel*, verbo, *Substitution.*

513 Le demandeur en fideicommis n'est tenu de prouver que l'heritier chargé de restituer soit mort sans enfans, n'ayant apparu qu'il eût jamais eu d'enfans; *Secus*, s'il en a eu. Arrêt du 14. Août 1547. M. Expilly, *Arr.* 29.

514 La condition négative *s'il n'y a enfans de ce mariage*, ne manque point par la naissance d'enfans, s'ils ne survivent à celuy aprés lequel ils sont appellez; & au contraire la condition *s'il y a enfans*, n'est point arrivée par la naissance des enfans, s'ils ne survivent. Arrêt du Parlement de Paris du 4. Août 1550. entre la Princesse Suzanne de Bourbon, veuve du Seigneur de Rieux d'une part, & les heritiers dudit Seigneur. Papon, *liv.* 20. *tit.* 1. *n.* 18.

515 Si un pere institué son fils, & aprés sa mort substitué un autre, sans faire mention des enfans; cela s'entend toûjours, *si sine liberis decesserit*; mais cela n'a point lieu en institution de collateraux & étrangers. Arrêt du Parlement de Toulouse en 1551. confirmé par autre en 1594. sur la Requête Civile. Telle institution s'étendroit encore aux enfans, quoyque la cause pie fût instituée. Arrêt du Parlement de Paris du mois de Novembre 1553. contre le grand Hôpital de Lyon. Il y a des Arrêts semblables du Parlement de Toulouse. *Voyez Maynard, liv.* 5. *ch.* 83. *& 84.* où il fait observer que la constitution, portant que l'existence des enfans empêche l'ouverture des fideicommis, tant universels que particuliers, jusqu'aux simples legats fideicommissaires, a lieu en ceux ausquels on a seulement legué ou qu'ils sont chargez de rendre aprés leur décés, mais non pas à l'égard des heritiers universels, ausquels on a laissé quelque chose par préciput, à la charge de le restituer, ou qui ne sont chargez que de rendre quelques biens

particuliers de l'heredité. Arrêt du Parlement de Paris du mois de Mars 1574.

516 Un pere ayant deux enfans, institué l'aîné, & s'il décede sans enfans, substitué le puîné, & ajoûte, *& si omnes liberi mei decesserint sine liberis, substituo fratrum meum*; l'aîné décede laissant des enfans, ausquels il substitué un sien parent, autre que son frere; les enfans aussi décedent. Procés entre ce parent substitué ausdits enfans de l'aîné, & le puîné qui gagne sa cause, par Arrêt plein d'équité du Parlement de Toulouse du 16. Mars 1569. La Cour fondée sur ces mots, *si tous mes enfans viennent à deceder sans enfans*, a crû que le Testateur avoit entendu parler non seulement de ses enfans au premier degré, mais aussi des enfans descendans du premier institué, son fils aîné; & qu'ainsi ayant été appellez & grevez par leur ayeul, ils n'avoient pû être grevez de substitutions par leur pere en mêmes biens, alleguant l'opinion des Interpretes, *in L. Ceni. ff. de vulgari*, & que la personne la plus aînée, est censée preferée, & par consequent le fils puîné du Testateur à ses collateraux, vû qu'il avoit voulu que son frere fût reçû à l'heritage aprés la mort de tous ses enfans & descendans en droite ligne & non plûtôt; mais la Cour auroit ajugé la legitime & trebellianique de ce fils aîné à celuy que ce fils avoit substitué à ses enfans. Le même avoit été jugé par autre Arrêt du 27. Avril 1548. mais cela n'a lieu qu'en faveur des descendans en droite ligne, & non en faveur des collateraux & étrangers. *Voyez Maynard, liv.* 8. *chap.* 91.

517 *Mævium filium meum hæredem ex dimidia facio, & ex altera dimidia Seium, & si unus ex his decesserit, sine liberis, superstitem substituo, uno ex his mortuo, relictis liberis, qui posteà superstiti altero filio moriuntur; an substitutus admittatur, & ita conditio sine liberis hanc interpretationem recipiat, vel liberis, sine liberis?* Au mois de Février 1575. aprés partage, il fut arrêté au Parlement de Toulouse que la substitution étoit finie par la naissance des enfans survivans au décés de celuy à qui la substitution étoit faite. *Biblioth. de Bouchel*, verbo, *Substitution.*

518 Un Testateur ayant un fils & deux filles, institué le fils, & s'il decede sans enfans, substitué les filles; le fils décede sans enfans; & par Testament institué l'une de ses sœurs, fille du Testateur, avec clause que c'est outre la substitution de son feu pere, à laquelle il ne veut être dérogé. Procés entre les deux sœurs, sur ce que l'heritiere instituée par le fils veut détraire à son profit la legitime & trebellianique du fils. L'autre sœur l'empêche, & dit que le défunt avoit bien pouvoir de les détraire s'il eût voulu; mais qu'il ne l'a pas fait; au contraire, s'est tacitement departi de cette distraction, en ordonnant que la substitution contenué au Testament de son pere, sortît effet; en quoy *plenius videtur satisfecisse voluntati defuncti*; comme il est dit en cas pareil, *in L. patrem. ff. quæ in fraudem creditor*. Mais nonobstant ces raisons, elle perdit sa cause, par Arrêt du Parlement de Paris du 1. Juin 1585. rapporté par Anne Robert, *rerum judicat. li.* 4. *cap.* 17. Et le même fut jugé à Toulouse. *Voyez Maynard, liv.* 7. *chap.* 7.

519 La question a été grande & douteuse touchant la substitution faite sous la condition, *si sine liberis decesserit*, au cas que les enfans survivans soient aprés decedez si la substitution a lieu? Plusieurs ont tenu pour l'affirmative, & *casum non existentium liberorum protrahi ad casum existentium, & posteà deficientium Auth. sed & si quis. C. de sec. nupt.* mais l'opinion contraire a prévalu *conditionem quæ semel defecit non amplius instaurari, L. cum uxori, C. quando dies legati vel fideic. L. si quis hæredem, C. de inst. & substit.* Arrêt du 19. Juin 1586. donné au Parl. de Toulouse, les Chambres assemblées, aprés des partages faits en chacune des Chambres. *Voyez Maynard, liv.* 5. *chapitre* 74.

520 De la substitution, *si sine liberis decesserit*, l'heritier institué & les enfans, étant hors du Royaume, & ne pouvant succeder aux biens qui étoient en France : Jugé que la substitution étoit ouverte au profit du substitué. Arrêt du 23. Decembre 1598. *M. Loüet, lettre S. somm. 15.*

521 *Titius mihi hæres esto, & si sine liberis moriatur, meam hæreditatem Sempronio restituito*; *si Titius laisse des enfans, fideicommisso locus non est.* Titius a des enfans, Titius fait cession, ses biens sont saisis & mis en decret; sa femme, mere & tutrice de ses enfans, demande distraction des biens avenus à *Titius* par le Testament de son pere, comme appartenans à ses enfans, & leur étans substituez, parce qu'étant en la condition, ils étoient aussi en la disposition. Jugé que les enfans n'étoient appellez par cette clause, mais seulement les substituez exclus par le défaut de la condition. Arrêt du 10. May 1603. *M. le Prêtre, 1. Cent. ch. 70. M. Loüet, let. C. somm. 46. M. Expilly, Arr. 5. Henrys, tom. 1. liv. 5. chap. 4. quest. 26. & tome 2. liv. 5. question 20.* où il parle de la substitution des *Feugeroles.*

522 Une substitution *si sine liberis*, comprend la pupillaire, & cette pupillaire doit être expresse, pour exclure la mere de sa legitime. Arrêt du Parlement de Grenoble du 7. Août 1630. qui juge aussi que *ordine scripturæ*, cette pupillaire n'a lieu pour l'heritier, & pour un legat. *Basset, tome 1. liv. 5. tit. 9. ch. 5.*

523 On juge au Parlement de Toulouse que celuy qui est chargé de rendre en un certain cas, est appellé à la substitution *etiam eo casu deficiente* : Arrêt du 22. Août 1650. aprés partage, porté de la seconde à la premiere des Enquêtes. Jean Gouze institué ses deux enfans, Raymond & Jean, heritiers égaux ; & au cas que l'un d'eux vînt à deceder sans enfans, ou leurs enfans en pupillarité, substitué le survivant. Raymond étant décedé aprés son pere, & ayant laissé deux enfans majeurs de 25. ans, il étoit question si ces enfans étoient substituez à leur pere ? Il fut jugé qu'ils l'étoient, parce qu'ils étoient dans la condition redoublée, par consequent appellez, suivant l'usage de ce Parlement ; & quoy qu'ils ne fussent chargez de rendre qu'au cas qu'ils décedassent avant l'âge de 14. ans, ils ne laissoient pas d'être absolument & purement appellez ; la clause du Testament contenant tacitement deux substitutions; la premiere par laquelle Raymond est chargé de rendre absolument à ses enfans ; & la seconde par laquelle les enfans de Raymond sont chargez de rendre, au cas qu'ils décedent avant l'âge de puberté, la charge de restitution, quoy qu'en un certain cas, suppose une institution pure & simple, comme dit *Maynard, liv. 5. chap. 71. Guy Pape, question 184. Boërius, decis. 155. n. 22.* Le même a été jugé le 20. Septembre 1665. *Voyez M. de Catellan, liv. 2. chapitre 75.*

524 Par cette clause de substitution, si l'heritier décede sans enfans, ou ses enfans sans enfans, les petits-fils de l'heritier ne sont point appellez, parce qu'ils sont dans la simple condition ; mais les enfans de l'heritier sont appellez parce qu'ils sont dans la réduplicative, c'est une maxime que *liberi in conditione positi non sunt in dispositiva nisi sint in reduplicativa, vel sub nomine masculorum.* On a douté si la frequente repetition de cette clause sur la tête de chacun des enfans du testateur, pouvoit appeller les petits fils de cet enfant, & faire présumer une substitution graduelle & perpetuelle. Un testateur ayant cinq enfans mâles & deux filles, institué l'aîné, & au cas qu'il décede sans enfans, ou ses enfans sans enfans substitué le second ; & au cas que le second décede sans enfans, ou ses enfans sans enfans, substitué le troisiéme, & au cas que le troisiéme, &c. substitué le quatriéme, & au cas que le quatriéme, &c. substitué le cinquiéme, & au cas que le cinquiéme &c. substitué la premiere fille, & au cas que la premiere

fille, &c. substitué la seconde. Le petit fils de l'aîné arriere petit fils du testateur demandoit ouverture de la substitution contre un acquereur, & prétendoit que cette frequente repetition faite par le testateur sur la tête de chacun de ses enfans, *s'il decede sans enfans, ou ses enfans sans enfans*, pouvoit faire présumer une substitution graduelle, & l'appeller, quoiqu'il ne fût que dans la condition. Par Arrêt du 4. Juillet 1658. rendu au Parlement de Toulouse, en la cause de Henry le Noir, demandeur en ouverture de la substitution, aprés partage, porté à la seconde, il fut jugé que Henry le Noir, petit-fils de l'aîné, & arriere-petit-fils du Testateur, n'étoit point appellé, parce qu'il n'étoit que dans la simple condition, & que la frequente repetition de la clause ne pouvoit rien changer à la maxime, ni faire présumer une substitution graduelle. Par le même Arrêt, la substitution apposée au Testament de l'ayeul de Henry le Noir fut ouverte, parce qu'à l'égard de celle-là, il se trouvoit dans la réduplicative. Ceux donc qui dans une clause de substitution, se trouvent dans la simple condition, ne sont point appellez; neanmoins s'il y a fortes conjectures, les petit-fils de l'heritier sont appellez, *ex præsumptâ mente testatoris*; comme il a été jugé le 31. May 1660. en l'affaire du Marquis de Thoiras. *Voyez M. de Catellan, liv. 2. chap. 62.*

525 Jugé le dernier Juin 1659. au Parlement d'Aix que la substitution faite par le pere à son fils, en cas de décés sans enfans, ne comprend pas la pupillaire tacite, & que la pupillaire tacite n'exclut pas l'ayeule de la succession de son petit-fils mort en pupillarité. *Boniface, tome 2. liv. 2. tit. 2. chap. 12.*

526 Pierre Barracan heritier chargé de fideicommis, ayant échangé une piece de terre, dépendante de la substitution de valeur de 100. livres avec une autre piece de valeur de 500. liv. & ses biens ayant été generalement saisis, il fut jugé au Parlement de Toulouse le 24. Decembre 1660. que les 400. livres de plus valuë n'étoient pas des biens de la substitution ; mais des biens propres de l'heritier, en faveur de ses creanciers, contre ses enfans substituez par l'ayeul, cette plus valuë est justement acquise à l'heritier, puisqu'il l'a, non pas *ex bonis defuncti*, mais par son adresse ou par le peu d'habileté de celuy avec qui il fait l'échange ; *id habet ex decisione suâ, vel ex stultitiâ emptoris*, comme dit le Jurisconsulte en la Loy 3. *ff. ad Leg. falc. M. de Catellan, liv. 2. chap. 61.*

527 Si dans la substitution faite au cas de décés sans enfans, la condition défaut par l'existence des enfans de l'heritier nez & demeurans hors du Royaume ? Les Arrêts du Parlement de Paris & ceux du Parlement de Toulouse sont differens. *Loüet, lettre S. nomb. 15.* en rapporte qui ont jugé que la substitution est ouverte, ainsi décidé au Parlement de Toulouse en Decembre 1675. *Arrêt de M. de Catellan, liv. 2. ch. 88.*

528 Le sieur de Dromme avoit cinq enfans, un fils & quatre filles : le sieur de Chaulieu leur oncle donna par son Testament à l'aînée & à la cadette à chacune 50. livres de rente, & qu'en cas que l'une mourût sans enfans. L'autre heritero it de sa part sans que les freres ou les sœurs y pussent rien demander qu'aprés leur mort sans enfans. Les deux sœurs legataires étant décedées, les deux autres sœurs demanderent part aux 100. livres de rente prétendans les partager avec leur frere, comme étant substituées avec luy par le Testament de leur oncle. Le Juge de Vire prononça en leur faveur; le frere en appella au Parlement de Roüen. Par Arrêt du 12. Mars 1680. la Sentence fut cassée & la rente ajugée au frere. *Basnage, sur la Coûtume de Normandie, art. 422.*

529 M. de Marca Archevêque de Paris & auparavant Archevêque de Toulouse, fait un Testament, nomme pour son heritier M. de Marca son fils Président au Parlement de Navarre, il ajoûte à l'institution ces termes: *étant bien assuré, que si son fils vient à deceder*

sans enfans, il disposera de ses biens suivant l'ordre de la nature, & au profit de ceux dont il auroit receu plus de services & de témoignages d'amitié. Le sieur Baron de Mirepoix de Navailles soûtenoit que ces paroles renfermoient une substitution. La cause partagée fut décidée en sa faveur au Parlement de Toulouse au mois d'Août 1693. il y avoit à la verité quelques Lettres missives qui sembloient favoriser la substitution par le rapport que la disposition de l'Archevêque avoit à ces Lettres; mais la grande attention des Juges fut aux principes & aux regles generales: & l'on crut qu'en bonne Jurisprudence cette clause établissoit un fideicommis en faveur des plus proches, particulierement des descendans à l'exclusion des collateraux. *Voyez les Arrêts de M. de Catellan, liv. 2. chap. 9.*

SUBSTITUTION, SUCCESSION.

530. Le Substitué succede au Testateur & non pas à l'heritier. *Voyez Henrys, tome 1. liv. 3. ch. 3. quest. 25. Mantica, liv. 8. tit. 10. de conject. ultim. volunt. Covar. practicarum, quest. cap. 38. Thesaurus decis. 65. & Fachineus, liv. 4. cap. 85. controvers. juris.*

531. Les enfans institués heritiers avec leur pere & mere renonçant à leur succession, ne peuvent demander par substitution les biens de leur ayeul. Arrêt du 22. May 1560. *Carondas, liv. 7. Réponse 67. V. Peleus, quest. 50.* où il dit qu'ils sont conjointement institués.

532. En matiere de substitutions, on ajuge les biens substitués au plus proche, non du Testateur ou du substitué, mais du dernier décedé; & si on cherche la ligne plus haute que le fils, *de cujus successione agitur*, & son pere, ce n'est pas pour la division des biens, mais seulement pour sçavoir si ceux qui veulent succeder sont parens paternels ou maternels, parce qu'ils ne peuvent estre paternels, s'ils ne sont descendus de l'estoc & ligne de l'ayeul; ni maternels, s'ils ne sont venus de l'ayeule ou autres ascendans. *Brodeau, sur M. Louet, lettre P, somm. 28. nomb. 9.*

SUBSTITUTION, TRANSACTION.

533. Les freres ne peuvent transiger sur le Testament de leur pere, au préjudice de la substitution du fils de l'un d'eux. Arrêt du Grand Conseil du 22. Septembre 1550. *Carondas, liv. 11. Rép. 81.*

534. Les biens substitués & échangez par transaction ou convention, ne changent la substitution, & elle doit subsister nonobstant l'échange fait entre les freres. *V. Henrys, tome 1. liv. 5. quest. 23. dans Peleus, quest. 161.* il y a Arrêt du 22. Septembre 1607.

SUBSTITUTION, TRANSMISSION.

535. *Licet jus substitutionis non transmittatur ad hæredem hæredis, jus tamen accrescendi transmittitur, l. si ex pluribus, ff. de suis & legit. hæredibus; jus enim accrescendi non habet conditionem, sed est purum jus legale, l. 24. ff. de vulgari, &c.*

536. Il s'observe, & a été jugé par les Arrêts, que *spes substitutionis transmittitur in liberos primi gradus* seulement, & non aux autres enfans & personnes qui sont *in remotiori gradu*, par la doctrine des Docteurs. *in l. 1. C. de his qui contra aper. tab. per l. is quis C. de actionibus & oblig. & rationem, l. si in personam, C. de fideicommiss. La Rochestavin, liv. 3. lettre S. titre 9. Arrêt 3.*

537. Seius Saturninus *reliquit hæredem fiduciarium Valerium à quo petiit ut filio suo Oceano cùm ad annos 16. pervenisset, hæreditatem restitueret.* Ocean décede avant l'âge de 16. ans; son oncle demande les biens *jure proximitatis*, & y comprend *hæreditatem patris fiducaria*, M. Valere dit que celuy à qui il devoit restituer étoit décedé avant l'âge de 16. ans, & qu'il n'avoit pû transmettre. Le Jurisconsulte répond que les biens appartiennent à l'oncle, & que le testateur par la clause n'a fait que differer le payement jusques à ce que son fils eût atteint cet âge, & non pas pour rendre le fideicommis conditionel. *Voyez M. le Prêtre 1. Cent. chapitre 51. circa medium.*

538. Le fideicommis conditionel n'est point transmissi-

Tome III.

ble aux descendans avant l'existence de la condition, suivant l'opinion des Docteurs, toutefois les Jurisconsultes & les Empereurs ont introduit la transmission du fideicommis conditionel aux descendans. *Voyez M. d'Olive, liv. 5. chap. 23.*

539. Le fideicommis conditionnel *non transmittitur ante conditionis eventum, etiamsi factum sit ab avo; Secùs*, aux substitutions contractuelles qui se transmettent. *M. Loüet, lettre F. somm. 2.* Au Parlement de Toulouse on juge pour la transmission, *maxime in liberis primi gradus. Brodeau, sur M. Loüet, lettre F. som. 2. nomb. 3.*

540. François Maynaguet par Testament, institue Pierre & Jacques ses enfans, les substitue l'un à l'autre, s'ils décedent sans enfans, & à tous deux ainsi décedans substitué Simon son autre fils, où ses descendans. Il arrive que Simon décede, survivant Pierre & Jacques, & laisse François & Claire mariée avec de Medecis. Claire décede aussi & laisse un fils; après décedent Pierre & Jacques heritiers institués, sans enfans; procés pour la substitution entre François & l'enfant de Claire, qui dit que par vertu de la substitution, & comme representant Claire sa mere, il doit venir en concours avec François, lequel au contraire, prétend avoir seul recueilly le profit de la substitution, ou par droit d'accroissement, ou comme plus prochain en degré que le fils de Claire, tous compris sous le nom de descendans contenu au Testament, étant certain que si plusieurs sont appellez par un nom collectif, tel que celui de descendans, le plus prochain en degré est préferé aux autres. Ainsi jugé au Parlement de Toulouse le 3. Septembre 1683. l'Arrêt confirmatif de la Sentence du Sénéchal de Toulouse qui avoit ouvert la substitution à François seul, exclut l'enfant de Claire. *Voyez Mainard, liv. 5. ch. 45.*

541. Un pere en païs de Droit écrit institué son fils en la moitié de ses biens, & sa femme en l'autre moitié, à laquelle il substituë trois de ses autres enfans, & substituë les trois les uns aux autres & le survivant d'iceux; l'un desdits trois enfans décede avant la mere, & laisse un fils qui prétend quelque chose en la substitution avec ses deux oncles. Arrêt du 28. Mars 1589. qui le déclare mal fondé, *quia spes non additi fideicommissi conditionalis, ad filios transmitti, non potest. M. Loüet, lettre S. somm. 8. Carondas, liv. 13. Rép. 54.* est de contraire avis & rapporte quelques Arrêts. *Voyez M. le Prêtre, és Arrêts de la Cinquième,* où il rapporte l'Arrêt de *M. Loüet.*

542. Les biens qui écheent aux enfans par la transmission, n'ayant jamais appartenu au pere, & ne leur avenant pas par son jugement, ni en consequence de sa disposition, ni même à l'occasion de son hérédité, il n'y a point de raison qui oblige de les comprendre dans le fideicommis, &c. Arrêt du 27. Juillet 1634. *M. d'Olive, liv. 5. chap. 24.*

543. Les Empereurs ont fait passer la transmission du fideicommis conditionel aux descendans. Arrêt du 9. Mars 1635. *M. Dolive, liv. 5. quest. 23. Voyez Brodeau, sur M. Loüet, lettre F. somm. 2. nombre 2. & lettre S. somm. 8. nomb. 13. Voyez Henrys, tome 1. livre 5. question 24.*

SUBSTITUTION, USUFRUIT.

544. L'usufruit attribué aux meres par l'Edit de 1567. ne doit leur demeurer au cas de la substitution pupillaire expresse. Cette substitution faite par le mary au profit de sa femme est sujette à l'Edit des secondes nopces. *Voyez Ricard, Traité des Substitutions, part. 1. ch. 2. nomb. 69. & suiv.*

545. Substitution, *cum elogio* faite par le pere Rainsant qui reduisoit Jean Rainsant son fils à l'usufruit, declarée non valable, par Arrêt du 5. May 1667. *De la Guess. tome 3. liv. 1. chap. 28.*

546. Millet pere Procureur au Parlement, avoit reduit Pierre Millet l'un de ses enfans à l'usufruit de sa portion hereditaire, & la proprieté substituée à ses en-

SUBSTITUTION VULGAIRE.

547 De la substitution vulgaire. *Voyez Despeisses, tome 2. pag. 99.*

De la nature & de l'usage de la substitution vulgaire, regles particulieres sur quelque cas des substitutions vulgaires; de la nature & de l'usage de la substitution pupillaire, & de celle qu'on appelle communément exemplaire, compendieuse & reciproque; regles particulieres sur quelques cas de substitutions pupillaires; des substitutions directes & fideicommissaires de partie de l'heredité ou de certaines choses. *Voyez les Loix Civiles, tome 3. liv. 5.*

548 Si la substitution vulgaire est éteinte par la survivance des enfans de l'heritier qui étoit chargé d'une substitution compendieuse, en cas de décès sans enfans, & qui a prédecedé le Testateur? *Voyez Duperier, liv. 2. quest. 11.*

549 Je substitué Pierre mon heritier, & en cas qu'il ne le soit pas, je luy substitué Jean; cette substitution est vulgaire expresse, qui contient la pupillaire tacite; c'est-à-dire, si Pierre prend ma succession & meurt en pupillarité. *Ricard, des Substitutions, traité 3. ch. 5. nombre 195.*

550 La substitution vulgaire expresse, selon quelques-uns, s'étend d'un cas à un autre. Ricard tient la negative, parce que les dispositions s'accomplissent dans les termes où elles sont conçues. *Ricard, ibidem, nombre 206.*

551 La substitution vulgaire réciproque, ne peut prendre la pupillaire, si tous les enfans ne sont impuberes. Arrêt du 11. Avril 1634. *Henrys, to. 1. liv. 5. chap. 4. quest. 47.*

552 Arrêt du Parlement d'Aix du 7. Mars 1643. qui declare que le pere ayant été institué & les siens; les sœurs ne sont appellées que par substitution vulgaire & non par fideicommissaire. *Boniface, tome 5. liv. 2. tit. 3. chap. 2.*

553 Vulgari substitutioni inesse tacitam pupillarem, & contra certum est. *M. le Prêtre, 1. Cent. ch. 26.*

554 J'institue mon Posthume mon heritier, s'il décede avant l'âge de 25. ans, je luy substitué de plein droit, & en tous mes biens mon mary. Cette substitution est vulgaire. Arrêt du 19. Juillet 1666. *De la Guess. tome 2. liv. 8. chap. 16. fol. 925.*

555 Arrêt du Parlement d'Aix du mois de May 1683. qui a jugé que l'enfant du Testateur & les siens enfans & hoirs appellez à la substitution ne sont appellez que par la vulgaire, non par le fideicommissaire. *Boniface, tome 5. liv. 2. tit. 3. ch. 1.*

556 Cette clause d'un Testament, *Je donne à Bertin deux fiefs, & un à Antoine, lesquels seront heritiers l'un de l'autre*, ne contient point le cas vulgaire d'une substitution; ensorte que si Bertin décedant avant le Testateur n'atteint pas son legs, Antoine ne sera pas censé y être appellé; au contraire, il demeurera exclus; il fut ainsi departi en la Premiere Chambre des Enquêtes du Parlement de Tournay sur le partage de la troisiéme, le 7. Mars 1695. au procés d'entre Nicolas Mannier, Marchand, & les nommées le Dien demanderesses qui furent déboutées. *Voyez Pinault, tome 1. Arrêt 56.*

SUBSTITUTS.

1 Substituts de Messieurs les Procureurs Generaux és Cours de Parlement, & Adjoints des Conseillers esdites Cours, ensemble les Substituts des Avocats & Procureurs de sa Majesté, & Ajoints aux Enquêtes en chacun Bailliage, Sénéchaussée, Prévôté & autres Sieges, avec l'Edit de création. *Voyez Chenu, Offices de France, tit. 15.*

fans, & s'il n'avoit point d'enfans à ses autres freres & sœurs, &c. Jugé que Pierre Millet viendroit à partage avec ses freres & sœurs, de tous les biens, sans aucune charge de substitution, par Arrêt à Paris le 31. May 1680. *Journal du Palais.*

Arrêt par lequel il a été jugé que les Substituts 2 postuleront pour les Parties comme les simples Procureurs, és causes où le Roy n'a interêt, & même és Sieges où le nombre des Procureurs est limité. *Filleau, 2. part. tit. 6. ch. 17.*

Reglement du 17. Octobre 1609. entre le Substitut 3 à Bourges & les Avocats du Roy en toutes les Jurisdictions de ladite ville; qu'une même personne ne peut exercer l'Office de Substitut aux Jurisdictions ordinaires Royales, & aux Jurisdictions extraordinaires; que le Substitut ne peut preceder l'Enquêteur sinon en l'absence du Procureur du Roy; que le Substitut précede les Avocats tant au Siége, qu'és Assemblées publiques. *Ibid. chap. 10.*

Le Substitut du Substitut au Siége de Saumur, fai- 4 sant d'ailleurs la fonction d'Avocat, n'a point de préseance au-dessus des Avocats, & n'a rang que du jour de sa matricule. Arrêt du 23. Janvier 1657. *De la Guess. tome 2. liv. 1. chap. 4.*

Les Substituts du Procureur General en la Cour des 5 Aydes, signeront toutes sortes de conclusions, soit preparatoires, interlocutoires, ou définitives; défenses aux Avocats du Roy d'en signer ni parapher aucunes à peine de faux & de nullité, &c. Arrêt du 25. Janvier 1657. *Ibid. ch. 5.*

Voyez ci-dessus le mot Substitut.

SUBVENTIONS.

1 Des alienations & ventes du temporel, pour subventions accordées aux Rois, en vertu des Bulles des Papes, & des Lettres Patentes données sur icelles. *V. les Memoires du Clergé, tome 4. part. 6. tit. 5.*

2 Des decimes & subventions accordées aux Rois par le Clergé de France. *Ibidem, tit. 6.*

3 Du rachat & réünion des Domaines de l'Eglise, vendus & alienez pour lesdites subventions, & les Edits, Declarations & Arrêts donnez sur cet effet en faveur du Clergé. *Voyez ibid. & les mots Decimes, Don gratuit.*

SUCCESSION.

Voyez les Titres *Actes d'heritier, Benefice, Inventaire, Heritier, Institution, Legs, Partage, Rapport, Substitution.*

La matiere des successions & des Testamens, est fort étenduë, l'un & l'autre titre a beaucoup de rapport.

1 La matiere des successions est particulierement traitée dans le Digeste, depuis le commencement du XXVIII. Livre, jusqu'à la fin du XXXVIII.

Elle comprend tout le sixiéme Livre du Code, excepté les 8. premiers Titres.

Dans les Institutes, elle commence au Titre X. du Livre second, & finit avec le Titre XIII. du troisiéme Livre.

Et dans le Jurisconsulte Paulus, elle contient le troisiéme & le quatriéme Livre de ses Sentences.

Définition de succession. *Hereditas, bonorum possessio. L. 24. 119. 138. 151. 178. §. 1. D. de verb. sign.*

Succession testamentaire, en quel sens est appellée succession legitime. *L. 130. D. de verb. sign.*

De acquirendâ vel omittendâ hereditate D. 29. 2. Acquirere, hic pro, adire.

De jure deliberandi, & de adeundâ vel acquirendâ hereditate. C. 6. 30.

De repudiandâ vel abstinendâ hereditate. C. 6. 31.

De eo qui transfert hereditatem. L. 6. D. de reg. jur.

De crimine expilatae hereditatis. C. 9. 32. . . . D. 47. 19. Voyez Spoliation.

De fideicommissariis hereditatibus. Inst. 2. 23. V. Fideicommis.

De hereditatis petitione. D. 5. 3. . . C. 3. 31. Demande de la Succession contre celuy qui s'en est emparé injustement.

Si pars hereditatis petatur. D. 5. 4.

De possessoriâ hereditatis petitione. D. 5. 5.

SUC

De fideicommissariâ hereditatis petitione. D. 5. 6. De la succession donnée par Fideicommis.

De hereditate, vel actione vendita. D. 18. .... C. 4. 39. Vente de droits successifs.

De bonorum possessionibus. D. 37. 1. ... *Inst.* 3. 10. *Bonorum possessio, est jus persequendi, retinendive patrimonii, sive rei quæ cujusque, cum moritur, fuit.* C'est la Succession même, ou l'hérédité.

Quorum bonorum. D. 43 2. ... C. 8. 2. ... C. Th. 4. 19. ... *Inst. de interd.* §. 3. Ce Titre parle d'une sorte d'interdit, par lequel l'Héritier, ou *Bonorum possessor*, étoit mis en possession de tous les biens du Défunt.

De possessionibus dandis. Ulp. 28.

Si tabulæ testamenti extabunt. D. 37. 2. Quand il y a eu un Testament, qui est perdu, ou corrompu, il y a lieu *Bonorum possessioni*.

Qui admitti ad bonorum possessionem possunt, & intra quod tempus. C. 6. 9. Vide tit. 16.

De bonorum possessione, furioso, infanti, muto, surdo, cæco, competente. D. 37. 3.

De bonorum possessione contra tabulas, quam Prætor liberis pollicetur. C. 6. 12. .... D. 37. 4. *Liberis, in hoc titulo, intellige emancipatis & præteritis.*

De conjungendis cum emancipato liberis ejus. D. 37. 8. Comment les Enfans d'un Pere emancipé, succedent avec luy à leur ayeul. Ce Titre est abrogé par la Novelle 118. qui appelle également aux successions, les Enfans emancipez, & ceux qui ne le sont pas. Ainsi le Pere, comme plus proche de l'ayeul, exclut le Fils.

De ventre in possessionem mittendo, & curatore ejus. D. 37. 9. Du droit de succeder qui appartient à l'Enfant qui n'est pas encore né.

De bonorum possessionibus secundùm tabulas. D. 37. 11. C. 6. 11.

Si à parente quis manumissus sit. D. 37. 12. *Manumissus, id est, Emancipatus.* Que les Ascendans succedent aux Enfans qu'ils ont émancipez.

De bonorum possessione ex testamento militis. D. 57. 13.

De bonorum possessione contra tabulas liberti, quæ patronis vel liberis eorum datur. C. 6. 13.

De bonis & successione libertorum. V. Affranchi.

Quibus non competit bonorum possessio. 38. 15.

Ut ex legibus, senatusque consultis bonorum possessio detur. D. 38. 14.

Qui ordo in possessionibus servetur. D. 38. 15.

De repudiandâ bonorum possessione. C. 6. 19.

De his qui ante apertas tabulas, hereditatem transmittunt. C. 6. 52. Les Héritiers du Testateur transmettent la succession à leurs Héritiers, même avant l'adition. L. 6. D. de reg. jur.

De hereditatibus quæ ab intestato deferuntur. Inst. 3. 1. ... *Lex 12. tabb. t. 20.*

De intestatorum successione. Paul. 4. 8. ... *Caj.* 2. 7.

De legitimâ agnatorum successione. Inst. 3. 2.

De successione cognatorum. Inst. 3. 5.

Si quis, omissâ causâ testamenti, ab intestato, vel alio modo possideat hereditatem. D. 29. 4.

Si omissâ sit causa testamenti. C. 6. 39. Ce Titre & le précédent ordonnent, que si l'Héritier testamentaire renonce au Testament, pour prendre la succession qui luy peut appartenir par le droit du sang ; en ce cas les legs & les autres dispositions ne soient pas caduques.

De legitimis hereditatibus. C. Th. 5. 1.

Si tabulæ testamenti nullæ extabunt: unde liberi. D. 38. 6. C'est-à-dire : *Liberi succedunt ab intestato.*

Unde liberi. C. 6. 14. .... C. Th. 4. 2. *Sic intellige hunc titulum: Pars edicti, unde liberi ab intestato vocantur ad successionem parentum; est primus gradus successionis ab intestato.*

Unde legitimi, & unde cognati. C. 6. 15. .... D. 38. 7. & 8. ... *Inst.* 3. tit. 2. 5. & 8.

De suis & legitimis liberis, & ex filiâ nepotibus ab intestato venientibus. C. 6. 55.

SUC 637

De successorio edicto. D. 38. 9. .... C. 6. 16. Cet Edit régloit le temps dans lequel les Héritiers devoient demander l'hérédité, *bonorum possessionem*. Les Enfans & les Peres avoient un an; & les autres avoient cent jours.

Unde vir & uxor. D. 38. 11. ... C. 6. 18.

De veteranorum & militum successione. D. 38. 12. Des successions abintestat des gens de Guerre, & des Veterans.

De hereditatibus decurionum, naviculariorum, cohortalium militum, & fabricensium. C. 6. 61. Succession d'un Captif, ou prisonnier de Guerre. L. 3. D. *de verb. sign.*

Quis ordo in successionibus servetur. D. 38. 15. Hic titulus parum differt à titulo 9. *De successorio edicto.*

De hereditibus ab intestato venientibus, & de agnatorum jure sublato. N. 118. Ordre de toutes les successions ab intestat.

Ut fratrum filii succedant pariter, ad imitationem fratrum, etiam ascendentibus extantibus. N. 117. c. 1.

De consanguineis & uterinis fratribus. N. 84 Partage de succession entre Freres de divers lits.

De actionibus hereditariis. C. 4. 16.

Communia de successionibus. C. 6. 59. Ce Titre ne se doit pas entendre des Successions testamentaires, & ab-intestat : il ne concerne que les Successions abintestat, *quæ deferuntur jure civili, vel jure Prætorio.*

De Armeniorum successione. Edict. Just. 3.

Succession des Meres, & comment elles succedent à leurs Enfans. Voyez le mot *Edit.* §. *Edit des Meres.*

De successionibus sublatis, quæ fiebant per bonorum venditiones, & ex Senatus-consulto Claudiano. Inst. 3. 13.

Des successions en general. *Voyez la Préface, du 3. tome des Loix Civiles.* 2

Ligne des ascendans, des descendans & des collateraux. *Voyez le 3. tome des Loix Civiles, liv. 2. tit. 1. section 3.* 3

Comment succedent les enfans & les descendans, qui sont les enfans & les descendans, ordre de la succession des enfans & descendans, on crée un curateur à l'enfant à naître, la veuve enceinte obtient une provision. Comment succedent les peres, les meres, & les ascendans; les freres, sœurs, & autres collateraux. *Voyez le 3. tome des Loix Civiles, livre 2. tit. 1. & suiv.* 4

De successione ab intestato. Per Dynum. 5
Per Cynum.
Per Bartolum.
Per Matthæ. de Matesillan.
Per Ant. Roxellum.
Per Rolandinum Passagerium.
Per Jo. Oldendorpium.
Per Fabianum Bodeii in arbore.
Et per Oliverium Textorem.

De successionum creatione, progressu, effectuque & resolutione. Per Fernandum Vasquium Hispanum. 6

De statutis fœminam & cognatorum lineam à successione excludentibus. Per Albertum Brunum Asiensem, & per Jo. Campegium *in materia dot.* 7

De successione ab intestato clericorum regularium, & secularium. Per Nicolaum de Ubaldis. 8

De translatione possessionis defuncti in superstitem. Per Andræam Tiraquel. *in tract.* Le mort saisit le vif. & per Nicolaum Bellonum. 9

Barry, *de successionibus. Furti* 1653. 10

Grassus, *de successionibus*, vol. in fol. *Geneva* 1638. 11

Voyez hoc verbo Succession. La Bibliotheque du Droit François par Bouchel, & celle de Jovet. Papon, liv. 21. tit. 1. Coquille, liv. 2. Institution au Droit François, p. 100. Le traité des Successions par M. le Brun, les Arrêtés de M. le Premier Président de Lamoignon, recueillis dans Auzanet. & les Commentateurs des Coûtumes.

Voyez la nouvelle édition des Oeuvres de M. Charles 12

638 SUC

du Moulin, tome 1. *p.* 878. *& suiv.* où il explique le traité de la Coûtume de Paris sur les successions directes, *& p.* 899. où il traite des successions collaterales.

13. Des successions. *Voyez le* 34. *chap. de la Coûtume de Nivernois, & Coquille en son Commentaire sur icelle, to.* 2. *p.* 251. où il est parlé de la representation qui n'a point lieu en ligne ascendante, du rapport, des lignagers, des bâtards, des successions & hereditez. *Ibid. en son Institution au Droit François*, p. 100.

14. *Pœna privationis hæreditatis indicta hæredi, qui molestaverit legatarium, an committatur lite contra eum mota ab hærede?* V. Stokmans, *Décis.* 17.

15. *An testator possit derogare statuto Bruxellensi, de non dividendâ hæreditate sine interventu Collegii arbitrorum, vulgo* de Ghesworene Lothers, *quando unus hæredum est minor* 18. *annis.* V. Stokmans, *Décis.* 123.

16. Il ne suffit pas pour succeder d'être proche parent, il faut encore être habile à succeder.

Les causes pour lesquelles les plus proches sont inhabiles à succeder, sont.

La mort civile laquelle rend incapable des effets civils.

2°. La naissance non legitime des bâtards & des aubains.

3°. L'incapacité qui provient du crime.

4°. La renonciation des filles par contrat de mariage.

5. L'exheredation. *Voyez* chaque titre.

17. De l'ordre des successions : si l'hérédité non acceptée peut être transmise, dans quel temps est exclus l'heritier de l'accepter, & de celuy qui a spolié la succession en l'inventaire. *Voyez la Bibliotheque de Bouchel*, verbo *Succession*.

18. Questions de successions briévement décidées. V. Charondas, *liv.* 7. *Rép.* 64.

19. *Propter judicium universale petitionis hæreditatis non silent judicia particularia creditorum & legatarum.* Voyez Franc. Marc, *to.* 2. quæst. 81.

20. *Filius pupillus adventitium hæreditatem etiam patre recusante adire potest.* Voyez *ibidem*, quæst. 502.

21. *Qui semel est hæres, numquam desinit esse hæres.* V. Henrys, *to.* 2. *li.* 6. quæst. 23.

22. Les successions se reglent selon la nature mobiliaire ou immobiliaire qui se rencontre aux choses dont il s'agit *non inspectâ origine.* M. Bouguier, *lettre R. n.* 1. *circa medium.*

23. *Quis ordo in successionibus servetur, an hæreditas non adita transmittatur, & quo temporis spatio excludatur hæres qui omisit adire hæreditatem sibi delatam: postremò de eo qui rem hæreditariam celavit vel intervertit ex inventario.* Voyez Valla, *de rebus dubiis, &c. tractat.* 6.

24. *Si is qui est in utero sit verè in rerum naturâ,* & s'il peut toûjours succeder avec conciliation des textes qui semblent contraires. *Voyez* Henrys, tome 2. *li.* 6. question 25.

25. Si les biens employez en heritages ou rentes, sont mobiliaires en la succession de l'enfant. *Voyez* le mot *Employ, n.* 14.

26. Comment succedent les enfans, & de quelle maniere on leur succede, *Voyez le mot Enfant, nomb.* 86. *& suiv.*

27. Si le frere auquel sont accruës les portions des sœurs appannées, decede sans enfans, lesdites portions retourneront-elles aux sœurs ; *& quid* aux bordelages ? *Voyez* Coquille, *to.* 2. *qu.* 126.

28. Si un homme franc a ses plus proches parens serfs & les plus éloignez sont francs, comment l'on succedera ? *V. Idem. quest.* 235.

29. Un nommé Rossignol s'étoit rendu Frere lay voyant en l'Hôpital des aveugles de Chartres, aprés la mort de ce Rossignol les maîtres & freres des aveugles formerent complainte contre les enfans & heritiers de ce feu Rossignol, disans que les biens se devoient partager en deux, & que la moitié devoit être donnée

SUC

à la femme, & l'autre divisée en deux, dont eux aveugles en devoient avoir l'une, & les enfans & heritiers du Rossignol, l'autre. C'étoit un quart en route la succession que les aveugles prétendoient en vertu de leurs Statuts. Par Arrêt du 27. Avril 1557. les parties renvoyées pour proceder sur la complainte, & cependant la Cour ajuge aux enfans & heritiers la récreance de la quarte portion que les aveugles prétendoient leur appartenir en vertu de leurs Statuts. *Biblioth. de Bouchel*, verbo *Succession*.

30. Par Arrêt du 23. Août 1578. confirmatif d'une Sentence des Requêtes du Palais, entre Maître Jean Acarie & consorts d'une part, & Jean Sochet & consorts d'autre, jugé qu'une succession ne se peut partager comme directe & comme collaterale tout ensemble, & à une même fois, *simul & semel.* Le Vest, *Arrêt* 158.

31. Les mots, *que quelqu'un aura la succession de Titius* doivent être entendus de tous les biens que Titius avoit au temps de la mort, & non pas seulement de ceux qui restoient au temps du contrat, Arrêt du Parlement de Dijon du 21. Janvier 1603. Bouvot, *tom.* 1. *part.* 1. verbo *Vente de succession.*

32. S'il y a le perp vivant des oncles, freres consanguins de la mere du défunt, & des cousins germains de l'ayeul, comment se partagent les biens, & si en succession directe la mere vivante &, repudiant la succession de sa mere qui luy est déferée, ses enfans la peuvent representer & apprehender la succession de leur ayeul avec leur oncle ? *Voyez* Bouvot, *tom.* 2. verbo *Succession*, *qu.* 2.

33. Si le défunt n'a point de parens, à qui appartiennent les biens : & si la femme est preferée en la succession de son mary décedé sans heritiers ? *Voyez* Bouvot, *tom.* 2. verbo *Succession legitime, qu.* 5.

34. Les pere, mere succedent aux constitutions de rentes provenant de l'ayeul, bisayeul. Arrêt du Parlement de Dijon du dernier Mars 1599. les Chambres assemblées. Bouvot, *tom.* 2. verbo *Succession*, *quest.* 9.

35. Si les interêts ajugez pour la mort d'un fils, sont meubles, & si la mere y succede, avec les freres & sœurs, & aux deniers provenus de la vente d'un office acquis par le pere avant son mariage ? V. Bouvot, *tom.* 2. verbo *Succession legitime, qu.* 11.

36. S'il y a des freres consanguins du défunt, & des oncles maternels des deux cotez, comment ils succedent, & s'il n'y a que des cousins germains, s'ils succedent par ligne ou par tête ? *Voyez* Bouvot, *to.* 2. verbo *Succession, qu.* 19.

37. Si le pere a donné à son fils quelques heritages en faveur du mariage, si le fils decedé laissant un enfant, qui aprés meurt, la mere vivante, & le frere du pere, la mere peut pretendre lesdits biens provenans de l'ayeul du fils, n'y en ayant des descendans d'iceluy? Répondu que les descendans du tronc, d'où proviennent les heritages excluent la mere. Arrêts du Parlement de Dijon du 10. Janvier 1610. *Voyez* Bouvot, ibidem, *qu.* 30.

38. Si en Bourgogne, il y a des parens du côté paternel & maternel en la succession collaterale, qui est preferable aux meubles & acquêts ? & s'il y a un parent proche, le plus éloigné peut demander la succession avant la renonciation ? *Ibid. qu.* 38.

39. Par Arrêt du Parlement de Roüen du 22. Août 1608. rapporté par *Berault sur la Coûtume de Normandie, tit. de succession art.* 235. *in verbo* plus proche heritier, jugé que le fils ayant renoncé à la succession de son pere, étoit recevable à appeller du decret de l'heritage de son ayeul, parce qu'il étoit né pendant le temps que duroit encore l'action, encore qu'il ne fût né lors de la succession échûë, ainsi il fut admis à la succession de son ayeul, ce qui a été jugé depuis par un Arrêt de 1616. rapporté par *le même Auteur sur le titre de benefice d'inventaire, art.* 90.

40 Les enfans font exclus de la fucceffion pour le delit du pere & de la mere, d'autant qu'ils y viennent *Jure repræsentationis.* Arrêt du 7. Août 1604. *M. Loüet, lettre S. fom.* 20.

41 Celuy qui a recueïlli une fucceffion en vertu d'un teftament, n'eft recevable de la demander par fideicommis, en vertu d'une claufe codicillaire contenuë au même teftament. Arrêt du Parlement de Grenoble du 16. Mars 1632. *Baffet, tom.* 1. *liv.* 5. *tit.* 17.

42 Albin le Cauchois Bourgeois de Roüen, avoit épousé Pafquette Amette, avec laquelle il avoit fait plusieurs acquifitions en bourgeoifie, où les femmes prennent moitié en propriété. Albin décéda fans enfans en l'année 1595. fa fucceffion écheüe à Jean & Guillaume le Cauchois fes freres, & à Françoife le Cauchois, fille de Nicolas troifiéme frere lors décédé; lefquels partagerent ladite fucceffion avec Amette, veuve dudit Albin, & depuis fubdiviferent & partagerent entr'eux trois le lot qui leur étoit échu, ladite Amette étant décédée le 19. Août 1632. Bonaventure le Cauchois fils & heritier dudit Guillaume, & Jean le Cauchois, fils & heritier dudit Jean, intenterent action à l'encontre des heritiers de ladite Amette, pour retirer la part des conquefts qui leur étoient échus de la fucceffion dudit défunt Albin le Cauchois, fuivant l'art. 332. de la Coûtume de Normandie. Loüis & Pierre Dauvré freres, enfans & heritiers de ladite Françoife le Cauchois, fe prefenterent aux fins d'être reçûs parties au procés & à rembourfer concurremment avec lefdits conquefts. Sentence aux Requêtes du Palais à Roüen par laquelle lefdits Dauvré ont été évincés. Appel. Arrêt du 3. Août 1635. qui met l'appellation & ce dont a été appellé au néant; en reformant le jugement, a reçû & reçoit les appellans, à partager concurremment avec les intimez coheritiers, la part des conquefts ayant appartenu à ladite femme veuve d'Albin le Cauchois, fans dépens entre les parties. *Berault, à la fin du* 2. 10. *de la Coûtume de Normandie fur l'art.* 332. *p.* 54.

43 Si l'enfant eft né en un mois auquel il n'eût fçû vivre, c'eft tout de même en fucceffion, comme s'il étoit né mort, quoiqu'il ait furvécu à fa mere, *Mornac, ad L.* 12. *ff. de ftat. hom. id* Chopin. *Parif. lib.* 3. *tit.* 1. *n.* 3. *id.* Peregrin. *art.* 43. *n.* 26. *& feq. id.* Clarus §. *Teftamentum quæft.* 45. *cont.* Charond. *refp. lib.* 7. *n.* 78. *id.* Mantic. *lib.* 11. *tit.* 6. *n.* 10. *in fubftitutione id.* Maihard *lib.* 5. *chap.* 77. *in fubftitutione vid. L.* 12. *ff. de lib. & poft. M.* Abraham la Peireire *en fes décifions du Palais lettre S. nomb.* 223. cite ces Auteurs, & rapporte un Arrêt rendu au Parlement de Bourdeaux le 10. Juin 1641. Meffieurs de Blanc & faint Avid, faifant leurs premiers plaidez; une femme étant malade, inftituë fes heritiers dans fon teftament un fien frere & fon mary : étant morte on découvrit quelle étoit enceinte, & on luy tira un enfant du ventre, qui rendit des fignes de vie, & fut baptifé, & vécut quatre heures, le mary demandant l'entiere fucceffion comme heritier de fon enfant. Sentence de l'Ordinaire, qui ordonne qu'enquête feroit faite, fi l'enfant étoit né vivant, & eût pû vivre : appel par le mary au Sénéchal ; qui ajuge l'entiere fucceffion au mary ; appel en la Cour par le frere : la Cour confirma la Sentence de l'Ordinaire.

44 Le pere ou la mere en tous biens excluent le frere d'un lien de la fucceffion du fils. *Boër. dec.* 185. *n.* 2. *id.* Ferron. *lib.* 2. *tit.* 5. §. 11. La Peirere *lettre S. nomb.* 210. ajoûte, *excepté le pays coûtumier.*

Arrêt du 30. Août 1658. donné en la Grand'Chambre, au rapport de Monfieur de Montagne. Une mere conftituë dot à fa fille, du mariage vient un fils, le mary de cette fille meurt, la fille paffe à fecondes nôces; de ce fecond mariage naît un fils. La fille meurt, & enfuite le fils de ce fecond lit. Queftion fur la fucceffion de ce fils du fecond lit : le pere prétend exclure l'ayeule qui étoit vivante du droit de retour, attendu le petit fils venu du premier lit, & exclure auffi le petit fils furvivant, attendu qu'il n'eft que frere uterin. Jugé que l'ayeule reprendroit par droit de retour ce qu'elle avoit conftitué de fon chef à fa fille, à la charge de le remettre après fa mort à fon autre petit fils, & que le furplus appartiendroit au pere.

45 Les heritiers qui conteftent l'heredité de leur pere ou mere, doivent avoir provifion pour pourfuivre. *Voyez* le mot *Provifion, n.* 44. *& fuiv.*

46 Factum pour Dame Claude Bouchard autorifée par juftice à la pourfuite de fes droits, au refus de Meffire Edme François Dupé, Chevalier Marquis de Loüefme fon mary, heritiere en partie du feu fieur Bouchard fon pere, Secretaire du Roy, fous benefice d'inventaire, & en partie heritiere pure & fimple de la Dame Bouchard fa mere, du fieur Bouchard de Villevoque fon frere, & de Demoifelle Marie Nicole Bouchard fa fœur, demandereffe & défenderefle.

Contre Maître Pierre Soüart, Sieur du Boulay, Préfident au Préfidial de Tours, & Dame Marie Anne Bouchard fa femme de luy autorifée, heritiere en partie du feu fieur Bouchard fon pere, fous benefice d'inventaire, & en partie heritiere pure & fimple de la Dame Bouchard fa mere, du fieur Bouchard de Villevoque fon frere, & Demoifelle Marie Nicolas Bouchard fa fœur, défendeurs & demandeurs.

Laquelle de deux fœurs, l'une aînée & l'autre puînée, doit avoir la fucceffion du pere, fi les actions de la mere contre fes enfans comme heritiers du pere, n'ont pas été éteintes dés le moment que les enfans fe font trouvez envers eux-mêmes créanciers & debiteurs, fi la renonciation pure & fimple du frere s'étend jufqu'aux droits fucceffifs. A qui doivent appartenir les biens de la plus jeune des fœurs. Enfin fi l'aînée mariée doit rapporter fa dot. *Voyez le Recueil des Factums & Memoires imprimez à Lyon, chez Antoine Boudet en* 1710. *tom.* 2. *p.* 171.

47 Factum pour Meffire Yves Marquis d'Alegre, Maréchal des Camps & Armées du Roy, fils heritier, & ayant repris l'inftance au lieu de Meffire Emmanuël Marquis d'Alegre, qui étoit heritier de Demoifelle Marie Jeanne Colbert de Seignelay, fille unique & heritiere de Dame Marie Marguerite d'Alegre; & encore ledit fieur Marquis d'Alegre, comme étant aux droits de défunt Meffire Jean Baptifte de Colbert de Seignelay, Miniftre & Secretaire d'Etat, qui étoit heritier mobilier de ladite Demoifelle Marie Jeanne de Colbert fa fille, défendeur, & incidemment demandeur.

Contre Meffire François Gafpard Palatin de Dyo, Chevalier Marquis de Montperoux Saligny, Colonel d'un Regiment de Cavalerie, petit fils, heritier univerfel, & ayant repris au lieu de Dame Gilberte de Roquefeüille, au jour de fon décez, veuve & Doüairiere de Meffire Claude Yves Marquis d'Alegre, demandeur & défendeur. A ce qu'il plaife à la Cour ajuger au fieur Marquis d'Alegre les conclufions qu'il a prifes à l'inftance, avec dépens.

La queftion qu'on examine dans ce *Factum*, confifte à regler les droits & conventions du Mariage de Dame Gilberte de Roquefeüille avec Monfieur d'Alegre, & à fixer la nature des biens qui fe trouvent dans la fucceffion de Demoifelle de Seignelay, pour connoître à qui cette fucceffion a été déferée de droit, ou à Mademoifelle d'Alegre fon ayeule maternelle, ou à Monfieur de Seignelay fon Pere, ou à Meffire Emmanuël Marquis d'Alegre fon grand Oncle maternel. *Voyez le même Recueil, p.* 485.

48 Memoire pour la veuve & les heritiers de Me. Nicolas Cleron, vivant Procureur au Châtelet, heritier de Catherine Françoife de Puifaye fa petite fille, Intimez.

Servant de réponfe aux moyens de Denife Champagneux, veuve de Jean Chaillou Chirurgien, bis-ayeulle, & se disant heritiere de ladite de Puisaye en la somme de 6000. liv. prétenduë luy avoir été un propre conventionnel, appellante de la Sentence renduë au Châtelet de Paris.

La somme de 6000. liv. ne doit point retourner à la veuve Chaillou, parce qu'ils n'ont été donnez par ladite Champagneux, pour partie de la dot de ladite Chaillou sa fille. *Ibidem* p. 556.

SUCCESSION, ABSENCE.

49 Absent de France par 40. ans, & marié hors de France, est capable de succession en France. *Chenu*, question 99.

50 Jean Martin l'Aîné trois fils, Robert, Jean, Simon, & une fille qui décede laissant pour heritiers ses enfans. Simon âgé de 17. ans s'absente, on le presume décedé. Procez entre les enfans de la fille & leurs oncles. Le Bailly d'Orleans ajuge aux enfans un quart de la succession, les trois autres quarts aux oncles, tant de leur chef que comme seuls heritiers de Simon reputé mort ; parce que la representation n'a lieu à *Orleans* en ligne collaterale. Arrêt prononcé en robes rouges le 23 Mars 1561. qui en infirmant la Sentence ajuge aux enfans la troisiéme partie. Ainsi la Cour présuma que Simon étoit mort avant son pere ; ce qu'elle n'eût jugé, si les oncles eussent verifié que Simon avoit survécu. *Le Vest*, *Arrêt* 71. Même Arrêt du 5. Janvier 1599. *M. le Prêtre, premiere Centurie, chap.* 96. fine.

51 Si l'heritier présomptif d'un absent. pendant dix ans, peut demander la succession ? *V. Bouvot*, to. 2. verbo *Succession*, *quest.* 10.

52 Le fils peut demander la succession qui échoit à son pere absent. Arrêt du Parlement de Dijon du 19. Juillet 1570. *Filius enim meliorem conditionem patris facere potest.* Bouvot, tome 2. verbo *Legitime*, quest. 21.

53 Un mineur devenu majeur, absent pendant dix ans, ses heritiers peuvent demander sa succession en baillant caution. Jugé le 24. May 1595. *Chavondas, liv.* 13. *Réponse* 19. Mornac, *l.* 22 ff. *Familia ercifcunda*, verbo, *propter spem postliminii.*

54 Un François originaire bien qu'il ait demeuré quarante ans hors de la France, n'est pourtant exclus du droit de succeder, pourvû qu'il soit dans le temps de la petition d'heredité, & qu'il renonce au droit de cité acquis en Païs étranger. Arrêt du 23. Decembre 1605. *M. Bouguier*, lettre S. nomb. 15 Montholon, *Arrêt* 103. Brodeau sur M. Loüet, lettre S. somm. 15. Voyez *l'Edit du Roy Loüis XIV.* du 13. Août 1669.

55 L'absence de quatorze ans ne fait pas que l'absent soit réputé mort avant sa mere, dans les biens de laquelle il devoit avoir sa legitime. Arrêt du 7. Juillet 1629. *Du Frêne, liv.* 2. *ch.ap.* 14. Voyez *le même livre, chap.* 145. où il y a Arrêt du 2. Janvier 1634. qui a jugé qu'un homme ne paroissant plus étoit présumé mort. *Le Vest*, *Arrêt* 71.

56 Si celuy qui a abandonné son Païs en temps de guerre, & s'est retiré en Païs de contribution, n'étant point retourné dans le temps de la capitulation, doit être privé de la grace du Prince, & déclaré incapable de succeder ? Arrêt du 4. Février 1647. qui juge la négative. *V. Soëfve*, to. 1. *Cent.* 1. *ch.* 98.

57 Un beaufrere avoit fait assembler les parens de deux de ses beaux-freres, absents depuis long-temps, pour nommer un Curateur pour raison d'une succession à eux échuë, & l'avoit aussi fait juger & regler depuis la Sentence ; un des freres revenu l'empêche, & en avoit appellé ; la Sentence fut cassée & la succession à luy ajugée en baillant caution. Arrêt du 25. Juillet 1659. Berault, à la fin du 2. tome de la Coûtume de *Normandie*, page 103 sur l'art. 545.

58 Succession indivise de pere & de mere entre deux enfans ; le cadet va à la guerre, on n'en a point de nouvelles, l'aîné fait condamner le tuteur à luy rendre compte, & luy rendre tous les biens, l'aîné dissipe tous les effets mobiliers, le cadet retourne de l'armée, procez entre luy & les creanciers de l'aîné. Jugé au Parlement de Dijon le 22. Juin 1675. que le cadet seroit payé de toute sa portion hereditaire préferablement aux creanciers de l'aîné. *Journal du Palais.*

Absent est réputé mort du jour de son depart, & 59 en consequence sa succession censée avoir été acquise à son oncle mort depuis son absence, & par consequent que les biens de l'absent devoient appartenir au legataire universel de l'oncle. Jugé au Parlement de Paris, Audience de relevée, sur les Conclusions des Gens du Roy, le 22. Mars 1688. *Dictionnaire de la Ville*, nombre 65.

SUCCESSION ACCEPTE'E, APPREHENDE'E.

Celuy qui apprehende sa part dans une succession, 60 les parts des autres coheritiers qui ne veulent point apprehender la succession, luy accroissent *ipso jure*, quoyque contre son gré, en telle sorte que *tenetur omnia onera hæreditaria sustinere.* Voyez M. le Prêtre, 2. Cent. chap. 5.

Hæreditas semel adita non est amplius hæreditas, sed 61 *proprium patrimonium adeuntis l. sed si plures.* 10. §. *filio ff. de vulg. & pupil. substitut.* Brodeau sur M. Loüet, lettre P. somm. 28. nomb. 10.

Une succession échuë à un mineur, le pere l'accepte 62 pour luy purement & simplement ; depuis l'hoirie étant suspecte le pere change d'avis, & fait restituer son fils pour l'accepter par benefice d'inventaire ; le pere qui a autorisé son fils n'en est pas responsable. Voyez Henrys, tome 1. liv. 6. chap. 5. qu. 32.

Droit d'accepter la succession est hereditaire en 63 ligne directe ; ainsi l'heredité du pere non acceptée par le fils, peut être acceptée par le fils du fils du défunt, ce qui n'est pas en autres successions. Arrêt du P. de Paris de la veille de Noël 1551. *Papon, l. 20. tit. 1. n. 3.*

Mais le fils ne peut, du vivant & consentement de 64 son pere accepter une succession qu'elle n'ait été auparavant rapportée par son pere. Arrêt de Parlement de Paris du 26. Novembre 1565. *Ibidem, liv.* 21. *tit.* 1. nombre 3.

Succession qu'un mary accepte échuë à sa femme, 65 ne la rend heritiere, n'y ayant pas parlé ; elle en a été relevée, & son mary condamné de rendre ce qu'il avoit reçu des biens de ladite succession, s'il ne peut justifier par un bon inventaire, *alioquin essit in dolo & lata culpa*, & en ce cas tenu des dommages & interêts. *Idem*, si la preuve est impossible de justifier ce qu'il a reçu. Arrêt du 21. Février prononcé le 28. 1595. *M. Loüet, lettre M. somm.* 25.

Succession du pere acceptée par son fils mineur 66 comme heritier pur & simple, peut étant majeur avec Lettres l'accepter sous benefice d'inventaire, & la veuve sa mere peut aprés plusieurs années, sans avoir fait aucun inventaire, renoncer à la communauté. Arrêt du 16. Février 1679. & ce pourvû qu'il n'ait point fait d'acte d'heritier que ceux qu'il a commencés en minorité ; car si en majorité il a agi, & pris qualité d'heritier, il n'y est plus recevable. Arrêt du 4. Septembre 1600. *De la Guessere*, tome 4. liv. 2. chap.1. Le *Journ. du Palais* rapporte l'Arrêt du 16. Février 1679.

De quelle maniere s'acceptent ou se répudient les 67 successions dans la Coûtume de Paris ? Voyez *le Recüeil des Actes de Notorieté donnez par M. le Lieutenant Civil*, page 216. & suiv.

Voyez le mot *Acceptation*, nomb. 34.

SUCCESSION, ACCROISSEMENT.

Accroissement dans les successions. Voyez le mot 68 *Accroissement*, nomb. 52.

De jure accrescendi. Per Franc. Duarenum.

Papillonius *de jure accrescendi*, in 11. Leyde. 1640.

Pauci *de jure accrescendi*, in 12. Parif. 1685.

SUCCESSION, ACTIONS.

Les actions se partagent entre les heritiers comme 69 le

SUC

le reste du bien ; sçavoir, les actions pour choses mobiliaires entre les heritiers des meubles, & les actions pour les choses immobiliaires entre les heritiers des immeubles ; le mary est Seigneur des actions mobiliaires & possessoires de sa femme, & non des petitoires, parce qu'elles concernent les immeubles. Pour les dettes actives, on regarde ce qui est contenu en l'obligation, cedule, &c. est mobilier comme une somme de deniers, du grain, un cheval, &c. elles appartiennent à l'heritier des meubles, ou au legataire des meubles ; mais si ce qui est conçu dans l'obligation ou contract est immobilier, comme un heritage, une rente constituée, un droit de censive, de champart, &c. telle dette appartient à l'heritier des immeubles. *Voyez M. le Prêtre, 2. Cent. chap. 100. & Brodeau sur M. Loüet, lettre R. somm. 30. nomb. 23.*

70 M. le Duc d'Epernon avoit traité comme heritier de sa sœur, de laquelle pourtant sa mere étoit seule heritiere, suivant la Coûtume de leur Pays. Arrêt du 20. Août 1617. qui le déclare non recevable, quoy qu'il alleguât que cet heritage étoit parvenu à sa mere, de qui il se disoit heritier, parce que sa mere avoit vécu plus de vingt ans après l'heritage à elle échû, sans avoir fait ni acte ni declaration de le vouloir accepter. *Basset, to. 1. liv. 5. tit. 4. chap. 8.*

SUCCESSION, AÎNESSE.

71 Le droit d'aînesse n'a lieu entre ascendans. *Voyez le mot Aînesse, nomb. 5.*

SUCCESSION, ASCENDANS.

72 Succession entre les ascendans. *Voyez hoc verbo Bouvot, tome 1. part. 1. & M. le Brun, des successions, liv. 1. ch. 5. sect. 1.*

73 Ascendans de divers côtez succedent par moitié, quoyque divers en nombre. *Boër. dec. 185. n. 5. id. Fachin. lib. 6. cap. 4. sine distinctione bonorum. id. Grassus §. Successio quæst. 22. n. 41 sine distinctione bonorum.*

74 De la succession des descendans par le regard des ascendans & de l'ayeule. *Voyez M. le Prêtre, premiere Centurie, chap. 78.*

75 Les ascendans succedent aux descendans à l'exclusion des collateraux, si les biens ne sont anciens, & qu'ils ayent fait souche, & à ces biens les enfans, tant du second que du troisiéme lit, succederont également à leur pere. Arrêt à la Pentecôte 1592. *Montholon, Arrêt 75.*

76 Si l'ascendant comme la mere, est appellé à la succession de son fils avec ses freres, & après vient à se remarier, la portion de la mere après son décez retournera aux enfans du premier mariage, *L. fœmina illud, C. de sec. nuptiis l. fin, C. de bo is mater.* Cela est bien certain pour la mere, mais quant au pere la chose n'est point passée sans contradiction, quoyque Accurse ait tenu ce §. *illud. Voyez Mainard, livre 6. chapitre 96.*

77 Le pere & autres ascendans excluent les collateraux autres que freres du défunt ; sçavoir, oncles & tantes, de la succession de leurs enfans pour les biens provenus de pere & mere, & ayeul maternel du défunt, du tronc desquels les collateraux ne sont point descendus, ni du premier qui a acquis lesdits biens, & que les collateraux peuvent pretendre seulement les heritages du tronc dont ils sont issus. Arrêt du Parlement de Dijon du 18 Mars 1581. *Voyez Bouvot, to. 1. part. 3. verbo Collateraux, quest. 1.*

78 Par Arrêt du 25. Février 1602. rapporté par Tronçon sur Paris, art. 313 les biens donnez par les ascendans ont été jugez leur retourner quand leurs enfans décedent sans enfans.

SUCCESSION, ASSOCIEZ.

79 Si deux freres se peuvent associer pour toutes successions futures ? *Voyez Henrys, tome 1. liv. 6. chap. 5. quest. 16. & tome 2. liv. 6. quest. 7.*

SUCCESSION, AVANCEMENT D'HOIRIE.

80 Succession en avancement d'hoirie, & si ce qui est donné, doit être imputé moitié sur la succession du

SUC 641

pere & moitié sur la succession de la mere ? *Voyez M. le Prêtre, premiere Cent. chap. 36.*

Avancement fait par le testateur, s'il vient en la restitution du fideicommis, encore que le testateur ait prohibé de l'aliener, &c. *Voyez Charondas, livre 5. Réponse 51.*

SUCCESSION, AVANTAGE.

81 Des avantages qui se font aux heritiers présomptifs ou instituez. *Voyez le mot Avantage, nombre 51. & suivans.*

82 La Coûtume défend aux pere & mere d'avantager un de leurs enfans venant à leur succession, elle prohibe aussi de vendre à l'enfant si la bonne foy n'est visible. Arrêt du 23. Decembre 1532. *Charondas, liv. 10. Rép. 29.*

83 La clause que les pere & mere ne pourront avantager l'un de leurs enfans plus que l'autre, comprend tous les enfans, & non pas seulement celui qui se marie. Arrêt du Parlement de Dijon du 16. Janvier 1615. *Bouvot, to. 2. verbo Mariage, quest. 31. Voyez la 28.*

SUCCESSION DES AUBAINS.

84 *Voyez le mot Aubaine, nomb. 46. & suiv.*

SUCCESSION, AYEUL.

85 Les enfans des enfans venans à la succession de l'ayeul ou ayeule, succedent par ligne, & non par tête. *Bouvot, to. 1. part. 1. verbo Succession entre les descendans.*

86 Si l'ayeul en succession en Païs de Droit écrit hors de France, exclud le frere consanguin ou uterin ; & comme l'ayeule succede avec les freres & sœurs germains du défunt de pere & mere ? *Bouvot, ibid. part. 2. verbo Succession, quest. 2.*

87 L'ayeul & l'ayeule au défaut des pere & mere, succedent aux meubles & acquêts de leur petit fils. *Coûtume de Paris, 311. Voyez M. le Prêtre, 2. Cent. ch. 71.*

88 Il étoit question de sçavoir si en l'article de la Coûtume de *Paris*, qui dit que le pere & la mere succedent à leurs enfans pour les meubles & conquêts immeubles, ces mots de pere & mere, *extendantur*, à l'ayeul & ayeule ? M. Riant Avocat du Roy soûtenoit que la Coûtume se doit interpreter selon le Droit commun, qui veut que *in favorabilibus nomine patris intelligatur avus, & nomine filii intelligatur nepos, l. juxtâ interpretationem l. liberorum ff. de verb. signif.* : il fut dit que l'ayeul seroit préferé à la sœur, aux meubles & conquêts délaissés par le décez du petit fils. *Bibliothoque de Bouchel, verbo Succession.*

89 Succession d'une petite-fille décedée, ajugée à son ayeule, pour les meubles & conquêts, à l'exclusion de la sœur de la défunte & de sa bisayeule. Arrêt du 1. Février 1558, *Le Vest*, Arrêt 116 *Patris appellatione avus comprehenditur.* Jugé le 7. Janvier 1559. *Ibidem, Arrêt 217.*

90 Quand l'ayeul a donné à son fils qui est le pere de la succession duquel il s'agit, des heritages, & même des deniers qu'on a stipulé devoir sortir nature d'anciens, comme s'ils avoient fait double tronc, en ce cas ils doivent retourner à l'ayeul à l'exclusion du pere. Arrêts du Parlement de Dijon des 6. Juillet 1566. & 13. Juin 1600. Mais quand l'ayeul a donné à son fils que des effets mobiliers, & des deniers qu'on a seulement promis d'assigner, & qu'on a simplement stipulé devoir sortir nature d'anciens, alors le pere y succede preferablement à l'ayeul. Arrêts du même Parlement des années 1566. 1567. 16. Mars 1580. 22. Avril 1626. & 18. Juin 1640. *Taisand, sur la Coûtume de Bourgogne, tit. 7. art. 14. note 6.*

91 L'ayeule maternel en Païs de Droit écrit n'est point exclusé de la succession de ses petits enfans, même pour les biens qui leur sont échûs du côté paternel, encore que la mere en soit exclusé par l'Edit de Charles IX. donné au mois de May 1567. Jugé par deux Arrêts, le 1. du 23. Decembre 1598. le 2. du 8. Mars 1608. *M. le Prêtre, ès Arrêts de la Cinquiéme.*

92 La Sentence qui ajugeoit à l'ayeule les biens meu-

642 SUC

bles de sa petite fille à l'exclusion de sa mere, a été infirmée, & par Arrêt la mere audit Païs de Droit écrit, succede en propriété en tous les meubles de son enfant. Arrêt du 1. Février 1600. *M. le Prêtre, ibidem.*

93 Le pere succede à son fils aux deniers venans de l'ayeul à l'exclusion de l'ayeul même, à moins qu'ils n'eussent été stipulez comme ayant fait double tronc, car en ce cas ils retourneroient à l'ayeul ; l'Arrêt du Parlement de Dijon du 3. Février 1620. Autre du 10. Mars 1639. par lequel les deniers stipulez avoir fait double tronc, furent ajugez à l'ayeul, à l'exclusion de la mere. Autre du 18. Juin 1640. par lequel les deniers stipulez anciens heritages & promis d'assigner furent ajugez au pere à l'exclusion de l'ayeul. *Taisand, sur la Coûtume de Bourgogne, tit. 7. art. 14. note 13.*

94 Le mary ne succede comme heritier de son fils au préjudice de l'ayeul aux deniers donnez par l'ayeul à sa fille, avec destination en employ d'heritages, que le mary a negligé de faire. Arrêt du Parlement de Paris du 14. Juillet 1638. au Rôle de Poitou. *Journal des Audiences, tome 1. liv. 3. ch. 55.*

95 L'ayeule maternelle ne succede à son petit-fils, en concours avec le frere germain, *matre existente in medio.* Arrêt du Parlement d'Aix du 23. Décembre 1664. *Boniface, tome 5. liv. 1. tit. 21. ch. 4.*

96 *Henrys,* tome 1. liv. 6. ch. 5. quest. 15. propose une espece fort singuliere, qui neanmoins peut arriver souvent, dans le concours de l'ayeul du pere du second mary de la fille décedée, & d'un enfant du premier lit, lequel des trois doit succeder au fils du second lit? Tous les trois se servent de la regle, *si vinco vincentem te, à fortiori te vinco.* Il décide que la cause de l'ayeul est la plus favorable, *quia habet jus potentius,* le droit de reversion étant plus favorable & plus puissant que celuy de la succession. Il dit l'avoir ainsi jugé en qualité de Juge Royal de Châtelneuf.

SUCCESSION, BANNI.

97 Si le banni est capable de succeder ? *Voyez le mot Bannissement, nomb. 48. & suiv.*

SUCCESSION, BASTARDS.

98 *De successione filiorum naturalium & spuriorum. Per Rodericum Suares in legibus fori.*

99 Bâtards à qui l'on succede. *Voyez le mot, Bâtards. nomb. 220. & suiv.*

100 Si le fils legitime du bâtard. 2. Ou de l'aubain, meurt sans tester, sa succession appartiendra premierement à ses parens, & à leur défaut au haut-Justicier par desherence, à l'exclusion du Roy. *Loyseau, des Seign. chap. 12. n. 116. 1. id. Carondas, rép. li. 7. n. 64. 1. id. Coquille, quest. 253.*

101 Un mariage contracté *in articulo mortis* avec une fille qui étoit concubine, est valable, & les enfans nez pendant le concubinage, legitimez par tel mariage subsequent. Arrêt du 29. Mars 1599. *Chenu, 1. Cent. quest. 17.* La Jurisprudence a changé, tels enfans sont incapables de toutes successions. *Voyez l'Ordonnance de 1639. art. 6.*

102 Les filles exclues par la Coûtume de la succession de leur pere ou mere, même des Fiefs quand il y a des mâles, n'en sont exclues par les bâtards legitimez par le Roy. *Voyez Carondas, liv. 10. Rép. 55.*

103 *Henrys,* to 1. liv. 6. ch. 3. quest. 9. rapporte un Arrêt du 14. May 1624. qui a jugé que dans le Pays de Forêts les enfans bâtards ne succedent pas à leur mere, & qu'il faut suivre la maxime generale de la France, qui exclut les bâtards de toutes sortes de successions.

SUCCESSEUR AU BENEFICE.

104 *Voyez le mot, Benefice, nomb. 233. & 234.*

SUCCESSION, BENEFICE D'INVENTAIRE.

105 Difference entre les enfans de plusieurs lits touchant la succession de leur mere, en ce qui concerne l'heritier simple & par benefice d'inventaire. *Voyez les art. de la Coût. de Paris, 342. & 343.* où l'heritier par benefice d'inventaire, n'est exclus par autre agent qui se porte heritier simple, & ce en ligne di-

recte ; en la collaterale l'heritier simple, bien qu'il soit plus éloigné, exclud l'heritier par benefice d'inventaire, s'il se presente dans l'an de l'obtention ou presentation des Lettres de benefice d'inventaire. *Voyez M. Loüet, & son Commentateur, let. H. somm. 1.*

106 *Memoire,* pour Messire Loüis-François Servien, Marquis de Sablé, & Messire Augustin Servien son frere, Demandeurs & Défendeurs.

Contre la Dame Marquise de Nancré, Défenderesse & Demanderesse.

De quel jour des heritiers beneficiaires qui ont payé de leurs deniers des dettes de la succession, peuvent avoir hypotheque sur les biens de la même succession, pour le remboursement de ce qu'ils ont payé : si ce n'est que du jour des payemens qui ont été faits, ou s'ils sont en droit d'exercer les droits & hypotheques des Créanciers payez de leurs deniers, comme subrogez à ces mêmes droits, par les payemens qu'ils ont faits en qualité d'heritiers beneficiaires ? *Voyez le Recueil des Factums & Memoires imprimé à Lyon chez Antoine Boudet, en 1710 to. 2. pag. 101.*

SUCCESSION, CHANGER DE VOLONTE'.

107 *Senatus-divisionem, quam patruus volebat fieri inter fratrem & filium fratris, ab illâ voluntate recedere posse, & totam ejus hareditatem fratri relinquere posse exclusô fratris filio, ambulatoria enim est hominis voluntas usque ad mortem.* Arrêt du 27. May 1582. *Anne Robert, rerum judicat. li. 3. chap. 16.*

SUCCESSION, CHEVALIERS.

108 Chevaliers de Malthe ne succedent. *Voyez le mot, Chevaliers, n. 86. & suiv.*

109 Les Chevaliers de Saint *Lazare,* dont on prétend le Prieur de Boisgency lés-Orleans être le Chef, peuvent succeder à leurs parens, par Bulle du Pape Alexandre IV. les biens qui leur aviennent, sont declarez exempts de toutes charges, comme aussi les Cordeliers du Tiers Ordre de Saint François, qui n'ont voüé pauvreté ni clôture, succedent ; & il y a Arrêt pour le sieur de Predesou, contre la Dame de Basoges sa sœur, du 18. May 1548. *Biblioth. Canon. tome 1. pag. 242. col. 1.*

110 Les Chevaliers de Malthe ne peuvent succeder ni demander part & portion, soit en propriété ou usufruit en l'heredité, ils n'ont point aussi d'autres heritiers que l'Ordre. Jugé le 22. Décembre 1573. *Carondas, liv. 7. Rép. 225. Du Fresne, liv. 2. chapitre 30.* rapporte un Arrêt du 11. Janvier 1629. qui juge incapables de successions, sans distinction de directe ou collaterale ; neanmoins qu'on peut leur ajuger une pension, comme il a été observé en ce lieu, cy-devant *in verbo,* Chevalier de Malthe, *n. 59. & suiv. Voyez M. Loüet & son Commentateur, lettre C. som. 18. & Chenu, 2. Cent. quest. 16. Ricard, des Donations entre-vifs, part. 1. chap. 3. nomb. 309.*

SUCCESSION COLLATERALE.

111 Qui sont les collateraux, & de l'ordre de leur succession ? *Voyez le 2. tome des Loix Civiles, li. 2. tit. 3. section 1. M. le Brun, des Successions, liv. 1. chap. 6. Henrys, tome 1. liv. 6. chap. 1.*

112 De la forme de succeder entre le fils de la femelle & la fille du mâle, en ligne collaterale, où representation a lieu. *Carondas, liv. 10. Rép. 43.*

113 En collaterale les biens suivent les estocs d'où ils sont sortis ; cela s'observe au Parlement de Toulouse. *Papon, liv. 21. tit. 1. nomb. 28. & Maynard, liv. 6. de ses Questions, chap. 90.*

114 De la succession en ligne collaterale és propres, qui procedent d'un collateral commun, & non du pere ni de la mere, & autres ascendans. *Papon, livre 21. tit. 1. nombre 14.*

115 Si en succession collaterale de frere ou sœur, par la révocation de la mere, les enfans peuvent venir à la succession de leur oncle ou tante décedez, avec autre oncle ou tante, par la representation de leur pere ou mere vivans ? *Voyez Filleau, 4. part. quest. 123.*

116. Succession en heritages anciens, ne monte point en collateral. *Voyez Coquille*, tome 2. *quest*. 239. où il explique l'art. 8. de la Coûtume de *Nivernois*, au tit. des Successions.

117. En succession collaterale les sœurs & neveux procreéz d'elles, sont recevables à succeder avec les neveux des freres du défunt dans les biens nobles, nonobstant la Loy feudale, à moins qu'il n'y eût Coûtume locale au contraire, comme Chartres. Arrêt du Parlement de Paris de la Veille de Noël 1550. *Papon, liv*. 21. tit. 1. *n*. 10.

118. Un pere n'a que des acquêts; son fils qui les recueille, meurt sans enfans, & laisse pour heritiers des cousins germains du côté paternel, & remuez de germain du côté maternel: en sorte que les troncs, dont dépendent leurs consanguinitez, se prennent de l'ayeul & ayeule dû fils de la succession duquel il s'agit. Les cousins germains disent que le tout leur appartient; car ils sont plus prochains, & aussi du côté paternel. Les autres répondent qu'ils doivent y avoir part; car ils sont tous uns par rapport au pere, qui a acquis les biens. Jugé en leur faveur le 24. Octobre 1557. *Papon, ibid. n*. 15.

119. Entre cousins succedans à un défunt sans enfans, partage se fait transversalement, & les biens procedans de l'estoc sont dûs aux cousins de cette part; & les biens procedans de la mere aux cousins maternels, sans examiner que ceux d'un côté sont plus puissans que l'autre. Jugé au Parlement de Paris le 14. May 1558. *Ibid. n*. 16.

120. Un pere laisse un fils & sa veuve; le frere du pere achete un heritage, & le laisse par succession à ce fils son neveu; les cousins du côté paternel doivent succeder audit heritage, & en exclure, tant la mere du défunt que l'ayeul paternel. Arrêts à la prononciation de Pâques 1560. du 1. Septembre 1565. & du 20. Juillet 1571. *Carondas, liv*. 13. *Rép*. 88.

121. Quand il est question de la succession du fils ou petit-fils, entre le pere ou la mere, l'ayeul ou l'ayeule, & les cousins germains, ou autres collateraux, ces derniers ne peuvent prétendre, sinon les heritages qui viennent de leur tronc commun, avec le défunt; ainsi qu'il a été jugé au Parl. de Dijon les 18. Mars 1581. & 14. Août 1592. *Voyez Taisand, sur la Coût. de Bourgogne, tit*. 7. *art*. 16. *note* 4.

122. Succession collaterale des propres qui ont fait souche; il faut être parent du côté & ligne de celuy qui originairement a apporté l'heritage en la famille, & par consequent que les acquêts de Colombe des Moulins, & de Claude Guibert, qui avoient fait souche en la personne d'Etienne, appartenoient aux tantes germaines, privativement aux tantes consanguines seulement. Arrêt du 2. Decembre 1595. *M. le Prêtre*, 2. Cent. chap. 69.

123. Les biens de Marie Neveu qui luy étoient avenus par la succession d'Anne Baudoüin sa mere, que ladite Baudoüin avoit acquis, appartenoient aux demandeurs, comme plus proches de ladite Neveu d'un degré que les défendeurs. Arrêt du 7. Janvier 1603. *M. le Prêtre, és Arrêts de la Cinquième*.

124. Les Docteurs tiennent que bien que regulierement les successions collaterales ne s'étendent point le dixiéme degré; neanmoins tant que l'on peut justifier la parenté en quelque degré que ce soit, le fisc est exclus. Arrêt du 12. May 1622. le même vid successions illustres qui s'étendent à l'infini. *Brodeau, sur M. Louet, let*. F. *somm*. 21. *n*. 2. & 3.

125. Les successions collaterales, quoyque d'acquêts, n'entrent point regulierement en Communauté; mais pour ce qui est donné ou legué universellement, *etiam successivo*; est acquêt & non propre. Arrêts du 23. Février 1643. *Ibid. let*. A. *som*. 2. *n*. 17.

126. Quand l'heritage tombe au collateral, il ne fourche point contremont, & demeure en la personne où il a tombé, & suffit d'être le plus proche du défunt de la succession, duquel il s'agit du côté du collateral auquel il avoit tombé. *Papon, liv*. 21. *tit*. 1. *n*. 14. id *Carondas, Rép. li*. 7. *n*. 64. *in retractu, cont*. Arrêt, apud *Carond. li*. 7. *n*. 64. vid. *Mantic. li*. 8. *tit*. 12. *n*. 12. id. *Chopin. Parisf. li*. 2. *tit*. 5. *n*. 7. *cont. tamen inter cognatos ejusdem lineæ ibid. n*. 8. cont. Du Frêne, *liv*. 4. chap. 36. M. Abraham la Peirere, *en ses décisions du Palais, lettre* S. *nomb*. 221. ajoûte, La décision est veritable, si la Coûtume n'est au contraire, comme quand la Coûtume dit que les biens suivent le branchage ou la ligne d'où ils viennent; en ce cas il faut remonter au premier acquereur, & suivre la ligne ou le branchage; il y a neanmoins des Arrêts contraires rendus au Parlement en la Coûtume de Bourdeaux. J'ay vû des Arrêts de la Chambre de l'Edit, dans la Coûtume de Saint Jean, qui suit le branchage, contraires à la décision; & c'est la vraye Jurisprudence dans telles Coûtumes: neanmoins il est incroyable, quelle peine & quels procés engendre la preuve qu'il faut faire, pour remonter à la source de l'acquisition. Pour à quoy obéir, je serois d'avis de la décision en toutes Coûtumes indifferemment. *Voyez Automne, art*. 60.

Arrêt rendu au Parlement de Bourdeaux le 14. May 1646. en la premiere Chambre des Enquêtes, entre Jean & Germain Colom, & Isabeau Molinier, heritiers coûtumiers de Jean & Joseph Despujols, par lequel il fut jugé que les biens suivent le branchage. Et ladite Isabeau Molinier, quoyque plus éloignée en degré, fût preferée audit Colom, parce qu'elle venoit de la ligne où les biens avoient commencé: mais depuis en la succession de Robardeau, Bourgeois de Bourdeaux, la succession se regla par la proximité du degré, sans remonter à la source; au rapport de M. de Maran en 1674. *La Peirere, ibid. lett*. S. *n*. 221.

127. L'article 540. de la Coûtume de *Bretagne*, porte qu'en collaterale la Justice est saisie de la succession; il étoit autrefois necessaire d'en demander la mainlevée; ce qui ne se pratique plus en la succession des freres & sœurs. Arrêt du Parlement de Rennes, qui faisant droit sur les Conclusions du Procureur General, défend à tous Juges d'apposer la saisie sur biens des successions des défunts qui auroient laissé freres ou sœurs, leur declarant dans 40. jours, suivant la coûtume d'accepter les successions; ordonné que l'Arrêt sera publié aux Sieges Présidiaux. *Voyez Du Fail, liv*. 3. chap. 62. il date diversement cet Arrêt, du 13. Decembre 1638. & 13. Octobre 1648.

128. Les enfans des neveux & niéces succedent par representation, ainsi que leurs peres & meres en ligne collaterale, aux immeubles situez dans les vingt-quatre Paroisses des conquêts de Hüé de Gournay. Art. 152. du Reglement fait au Parlement de Roüen le 6. Avril 1666. *V. Basnage*, tome 1. à la fin.

SUCCESSION, *simul Commorientes*.

129. De la succession de ceux qui meurent en même temps. *Voyez* Mort, & *les Loix Civiles*, tome 3. *li*. 2. *tit*. 1. *sect*. 1. *n*. 11.

130. Mere & fils impubere massacrez dans un Château en un même jour, sans pouvoir être sçû lequel des deux seroit le premier décedé. Le Parlement de Toulouse avoit jugé que c'étoit l'enfant impubere; toutefois le Parlement de Paris pour la succession des biens de M. Charles Du Moulin, auroit jugé au contraire que le prédecés de la mere avant ses petits-enfans, pour circonstances particulieres. *Maynard, liv*. 3. *chap*. 83. & *liv*. 8. *chap*. 17.

131. Fille de quatre ans qui se noye avec sa mere, est présumée morte la premiere, & le pere est débouté de la succession des meubles. Ainsi jugé le 9. Février 1629. *Bardet*, tome 1. *liv*. 3. *chap*. 15.

SUCCESSION COMMUNE A PLUSIEURS.

132. L'heritier est tenu d'agir en la succession commune en bon pere de famille, *alias tenetur de dolo*. Mornac, L. 25. §. *non tantum dolum ff. familiæ ercisçundæ*. La

Tome III. Mmmm ij

possession de d'un conserve le droit des autres qui sont communs. Voyez M. Charles Du Moulin sur l'article 272. de la Coûtume du Maine. Chopin, Coûtume de Paris, liv. 2. tit. 1. n. 19.

COMPTE DE SUCCESSION.

133 Voyez le mot Compte, nomb. 70. & 71.

SUCCESSION, CONDAMNÉ.

134 Si un condamné par contumace succede? Voyez le mot Contumace, n. 43. & suiv.

135 Si ceux qui sont prévenus de crime, & les condamnez à mort, ou au bannissement perpetuel, ou aux galeres, peuvent succeder? V. Le Brun, des Successions, liv. 1. chap. 2. sect. 3.

136 Qui deportantur, si hæredes scribuntur, tanquam peregrini capere non possunt, sed hæreditas in eâ causâ est, in quâ fuisset, si hæredes scripti non essent, l. 1. Cod. de hæred. instit.

137 Hors les crimes de léze-Majesté & de peculat, l'accusé depuis l'accusation jusqu'à la Sentence, est capable de succeder ; mais s'il ne se porte heritier, la succession passe à ses enfans, ou à ses creanciers, & les Seigneurs confiscataires en sont privez. V. Basnage, art. 235. de la Coûtume de Normandie.

138 Il y a au Coûtumier de Normandie in quarto un Arrêt du Parl. de Roüen du 26. Août 1558. par lequel il est jugé que les enfans nez du sang du condamné ne sont exclus de la succession de leurs peres. Bibliot. de Bouchel, to. 1. p. 619.

139 Un homme qui meurt dans les cinq ans de la contumace est censé avoir recuëilli les successions échuës, on doit favorablement présumer qu'il se fût representé dans le temps. Arrêt du Parlement de Paris du 26. Juillet 1652. M. Anne Robert en son recueil d'Arrêts, liv. 4. chap. 16. dit avoir été jugé le 17. Juin 1595. qu'un fils condamné à mort par contumace avoit été incapable de recueillir les successions de ses pere & mere, mais il ne marque pas que le décez du fils fût arrivé dans les cinq ans de la condamnation, circonstance qui a servi de fondement à l'Arrêt de 1652. Ricard, traité des Donations entre-vifs, article 1. chap. 3. nomb. 258.

140 Les enfans issus d'une femme condamnée à mort, qui a obtenu Lettres de commutation de peine, ne peuvent succeder. Arrêt du 14. Août 1585. M. Loüet, lettre E. somm. 8. Montholon, Arr. 36. Mornac, l. 57. §. 1. ff. de ritu nuptiarum.

141 Les enfans d'un condamné à mort reçus à la succession d'un oncle, duquel le pere avoit été heritier avant la condamnation, mais depuis le crime commis. Jugé à Pâques 1603. Montholon, Arr. 100.

142 Le fils d'un condamné à mort, & qui étoit né d'un mariage contracté après la condamnation, ayant été declaré incapable de succeder au pere, par Arrêt du 13. Février 1625. n'est pas incapable de succeder au frere provenu du premier mariage. Arrêt du 6. Juillet 1637. Henrys, to. 1. liv. 6. chap. 1. quest. 6. & Bardet, to. 2. liv. 6. chap. 18.

143 Condamné par contumace, depuis mise au neant, & enfin condamné à mort par Arrêt contradictoire, & executé, a été déclaré incapable des successions à luy échuës pendant la contumace. Arrêt du 23. Juillet 1626. Bardet, to. 1. liv. 2. ch. 90.

144 Le condamné par contumace est habile à succeder dans les cinq ans, mais après les cinq ans il n'est plus habile. Loüet & Brod. litt. G. n. 25. quid si après les cinq ans, il est reçu à fournir à droit, vid. du Frêne, lib. 1. chap. 115. cont. Olive, lib. 5. chap. 7. La Peirere, lettre S. nomb. 212. rapporte les Arrêts suivans, qui ont été rendus au Parlement de Bourdeaux.

Arrêt du 11. May 1663. au rapport de Monsieur de Taranque, entre Maître Antoine Debats Juge du Mas, & Anne Coudroy : jugé qu'un condamné à mort par défaut, & justifié après les cinq ans étoit capable de toutes donations & dispositions.

Arrêt du 3. Mars 1666. donné en la Grand'Chambre au rapport de M. de Maran : jugé qu'un fils condamné à mort par contumace étoit exclus de la succession de sa mere, même de sa legitime, quoiqu'il fût mort dans les cinq ans pour se representer.

Arrêt du 5. Mars 1666. rendu en la Grand'Chambre au rapport de M. de Martin : jugé qu'un condamné à mort par défaut après la prescription de 20. ans acquise, pouvoit recuëillir une succession à luy déferée depuis la prescription acquise.

Arrêt du 28. Août 1669. au rapport de Monsieur de Baratet en la seconde des Enquêtes. Martin Moreau ayant été condamné à souffrir mort par défaut, pour raison d'un meurtre, & executé en effigie, vient après les trente ans, & demande à ses freres la portion en la succession de ses pere & mere, qui luy étoit échuë pendant sa contumace : jugé qu'il ne pouvoit avoir part aux successions échuës pendant sa contumace, mais seulement à celles qui luy pourroient écheoir depuis les trente ans.

145 L'absolution du condamné à mort par défaut a un effet retroactif pour les successions échuës pendant la contumace. Il n'en est pas de même de la prescription de 20. ou 30. ans : car cette prescription n'est que une innocence justifiée, c'est plûtôt la peine duë au crime, le prévenu qui prescrit, solventi similis est, comme on le dit de celuy qui prescrit contre une créance ordinaire. Arrêt du Parlement de Toulouse du 14. Février 1681. rapporté par M. de Castellan, liv. 2. chap. 68.

146 Par Arrêt du Parlement de Roüen du 26. Mars 1683. il a été jugé qu'un accusé non condamné étoit capable de succeder, mais que pour acquerir les biens au fisc, il étoit necessaire qu'il eût fait quelque acte par lequel il parût qu'il eût pris la succession, & il fut permis au Receveur du Domaine de faire preuve que le condamné avoit fait acte d'heritier. Basnage, sur l'art. 235. de la Cout. de Normandie.

147 Une Sentence de condamnation de mort rendue par contumace quoique non signifiée ni executée par effigie, rend le condamné incapable de succeder dans les vingt ans pour la prescription du crime, ensorte que l'incapacité remonte au jour de la condamnation. Jugé le 23. Juin 1690. au procez de Jean Charles Vautier qui avoit tué sa femme, & l'enfant dont elle étoit enceinte, pour reparation de quoi il avoit été condamné à être rompu vif ; ce qui n'avoit été executé. Voyez le recueil des Arr. du P. de Nor. p. 152. & suiv. étant ensuite de la même Coûtume.

SUCCESSION, CONFISCATION.

148 Le confiscataire ne peut se faire subroger à apprehender la succession qui a été repudiée par celuy qui depuis a été confisqué. Art. 53. des Arrêtez du Parlement de Normandie, les Chambres assemblées, le 6. Avril 1666. Basnage, à la fin.

Voyez le mot Confiscation, nomb. 134.

SUCCESSION, CONFUSION.

149 Touchant la confusion. Vide Renusson, au traité des Propres, chap. 6. sect. 5. Il explique plusieurs cas dans lesquels certaines actions subsistent ou s'éteignent par le concours de deux hereditéz.

Voyez le mot Confusion.

SUCCESSION DES CONSEILLERS DE LA COUR.

150 La succession des Conseillers de la Cour se partage noblement. Arrêt du 9. Septembre 1595. Contre cet Arrêt proposition d'erreur ; & au mois de Janvier 1608. Arrêt qui juge que la succession seroit partagée roturierement, parce que le procez étoit entre heritiers collateraux ; mais en la directe la succession se partage noblement. M. le Prêtre, 1. Cent. ch. 9. in margine.

Voyez le mot Conseillers, nomb. 42. & suiv.

SUCCESSION CONTRACTUELLE.

151 Voyez M. le Prêtre, 2. Cent. ch. 94.

152 Si par traité, mariage & association de tous biens la convention de succeder l'un à l'autre en cas de décez

SUC SUC 645

sans enfans, est valable sans insinuation? *V. Bouvot*, *tome premier*, *partie 2.* verbo *Paction de succeder*.

153 Si les pere & mere dans le contrat de mariage d'un de leurs enfans, déclarent vouloir que leurs enfans leur succedent également, tel pacte vaudra, & sera irrevocable entre Nobles pour l'enfant qui se marie, & eu égard au nombre des enfans qui se trouveront lors du decez. Autre chose est des autres enfans, fussent-ils presens au contrat *Vid. Charond. resp. lib. 2. n. 54. vid.* Bacquet, *aubaine chap. 21. n. 9. 10. vid.* Chopin, *Parif. lib. 2. tit. 5. n. 13. vid.* Mornac, *ad L. 15. C. ff. pact. vid.* Faber. *C. de pact. convent. def. 7.* Tels pactes dit *La Peirere*, *lettre S. nomb.* 230. n'ont lieu qu'entre nobles dans nôtre ressort, & encore le pacte ne vaudra qu'en faveur de l'enfant qui se marie suivant le dernier chef de la décision; parce que le pacte ne soûtient que *per coherentiam contractûs matrimonii*; &- en faveur des futurs conjoints.

Arrêt du Parlement de Bourdeaux du 17. Août 1643. au rapport de Monsieur de Mirat, en la Premiere des Enquêtes; le nommé Lardy mariant Anne, & Dauphine Lardy ses filles, leur constitua certaine dot; & dans le contrat de mariage de ladite Dauphine il promet de ne point avantager ses autres enfans plus que ladite Dauphine. Et ensuite du mariage le pere fait une donation entre-vifs à ladite Dauphine, sans faire mention de ladite promesse, ni d'augmentation de dot après ladite donation; se pere faisant son testament institué Anne son heritiere, & revoque la donation qu'il avoit faite à ladite Dauphine. Jugé que ladite promesse de ne pouvoir avantager étoit nulle, & que la donation faite à ladite Anne, avoit pû être revoquée suivant la Loy *donationes quas parentes*; parce que l'usage du Ressort de la Cour, le mariage ne tire pas les filles hors la puissance du pere.

Arrêt du 24. Mars 1664. donné en la Grand' Chambre, au rapport de Monsieur Dusoulier. Un pere & mere mariant leur fille, luy constituerent certaine somme, & promirent ne point avantager leurs autres enfans; de même somme qu'ils luy fissent, font don & donation de semblable somme à leur dite fille; la mere après la mort du pere fait donation à une autre fille, & après la mort de la mere, la premiere fille conteste la donation à sa sœur, & demande à partager également les biens de la mere. Jugé que dans la promesse de n'avantager pas y ayant donation, ladite promesse valoit donation; il fut dit que les deux sœurs partageroient également.

SUCCESSION, CONVENTION.

154 La convention de payer par un fils de famille, quand la succession de ses pere & mere luy sera échûë, est nulle & contre les bonnes mœurs. Arrêt du 15. Février 1641. *secus*, quand la convention est faite du consentement de celuy des biens, & de la succession duquel il s'agit. *Brodeau sur M. Loüet*, *lette H. som. 6. nomb. 2.*

SUCCESSION, COSTE' ET LIGNE.

155 Il faut seulement voir en l'heredité du dernier défunt, de quel côté les biens luy sont échûs, *Voyez M. Loüet*, *lettre P. somm. 28.*

156 Pour être heritier des propres anciens, il faut être parent du côté & ligne du défunt, *de cujus bonis*, &c. Arrêt du 12. Decembre 1674. *De la Guessiere*, *tome 3. liv. 10. chap. 30.*

157 Un pere étant de l'estoc & ligne de sa fille en la Coûtume de *Montfort*, a été preferé aux autres parens en la succession des propres. Arrêt du mois d'Avril 1676. *Ibidem*, *chap. 5. & cy-aprés le n.* 184.

SUCCESSION, COUSINS.

158 Les cousins enfans des freres *deficientibus patruis*, succedent à leur oncle par têtes. Arrêt à Paris du 23. Decembre 1526. *Journal du Palais*, *fine*, Arrêts obmis.

159 En la succession d'un cousin, son oncle est plus proche à luy succeder que le cousin en la Coûtume de *Montfort*, selon la Loy *avunculo Cod. communia de successionibus*. Arrêt du 7. Septembre 1565. *Le Vest*, *Arrêt* 80.

160 S'il est question de succession entre cousins germains, les heritiers du côté maternel peuvent prétendre les biens anciens du côté maternel. *Bouvot*, *to. 1. part. 2.* verbo *Succession*, *quest. 3*

161 Quoique l'oncle exclue le cousin, *Carondas*, *liv. 3. Rép.* 86. rapporte une espece où le cousin petit fils exclut l'oncle enfant puîné. *Rép. 26.* Voyez *le lieu*.

162 Dans le pays de *Vaudemont* le cousin germain exclut le pere de la succession mobiliaire de son enfant. Jugé à Metz le 13. Decembre 1672. *Journal du Palais*.

163 La tante succede aux meubles & acquêts à l'exclusion des cousins germains. Arrêt du 7. Juin 1616. *Bouvot*, *to.* 2. verbo *Succession*, *quest. 40.*

DISPOSITION DES COUSTUMES.

164 Du droit de succeder par rapport aux differentes Coûtumes. *Voyez* le mot *Coûtume*, *nombre* 65. & *suivans*.

165 La forme de succeder & autres droits se reglent suivant la Coûtume du lieu où le testateur étoit domicilié. *Voyez M. Loüet & son Commentateur*, *lettre C. somm. 42.*

166 C'est la Coûtume qui appelle à la succession, ou qui exclut de la succession; dans les successions il y a ce qui est personnel qui suit la personne, comme les meubles; il y a aussi ce qui est réel, comme les propres: c'est pourquoy il n'est pas inconvenient que celuy qui n'est pas heritier aux propres y puisse être legataire. *V. Ibid. lettre H. somm.* 16.

167 La diversité des Coûtumes introduit divers droits pour la succession des biens. Arrêt du 31. Octobre 1560. *Charondas*, *liv.* 2. *Rép.* 57.

168 Pour la capacité de la personne il faut suivre la Coûtume du domicile, aussi-bien que pour les meubles; à l'égard des immeubles il faut suivre la Coûtume du lieu où ils sont situez. *V. Henrys*, *to.* 1. *liv. 4. chap. 6. quest.* 105. Du Moulin, *dans son Conseil* 53. *n.* 14. d'Argentré, *sur la Coûtume de Bretagne*, *tit. des Donations*, *art.* 218. *glos. 6. n. 26.*

169 Les heritages se partagent suivant la Coûtume des lieux où ils sont situez lors de la succession échûë, & non selon la Coûtume des lieux où sont situez ceux ausquels ils sont subrogez. Arrêt du Parlement de Roüen, les Chambres assemblées, du 6. Avril 1666. *art.* 67. *Basnage*, *to.* 1. à la fin.

SUCCESSION, AUVERGNE.

170 *In æquali gradu succeditur in stirpes.* Arrêt du 13. Février 1574. *Le Vest*, *Arrêt* 129.

171 Coûtumes d'*Auvergne*, la *Marche*, & autres qui rejettent la fille mariée & dotée de toutes successions directes & collaterales; après la mort de la fille sans enfans, les freres succedent de ce qui luy a été constitué en dot, à l'exclusion du pere, ou autres ascendans qui l'ont donné. *Voyez Brodeau sur M. Loüet*, *lettre P. somm.* 17.

172 Si la reserve faite au profit d'une fille en la mariant du droit des successions directes, se peut étendre aux collaterales en ladite Coûtume? *Voyez Henrys*, *to.* 1. *liv. 6. ch. 5. quest.* 22.

173 Sur l'explication de l'art. 55. du titre des Successions de la Coûtume d'Auvergne. *V. Henrys*, ibid. *quest.* 23.

174 Sur l'interpretation de l'art. 25. du titre des successions de la Coûtume d'Auvergne, & si la fille qui n'a renoncé qu'à la succession des pere & mere, peut venir avec les mâles à la succession d'un oncle? *V. Henrys*, ibidem, *q. 24.*

SUCCESSION, BLOIS.

175 Des freres conjoints des deux côtez, & des freres de pere & de mere seulement, & comment une succession se divise entr'eux en la Coûtume de *Blois*? *V. dans le Vest*, *chap.* 89. l'Arrêt donné le 24. Mars 1567.

M m m m iij

entre Jacques Veron & Jeanne Ramibouſt ſa femme d'une part, & Guillaume Ramibouſt & conſorts d'autre part.

SUCCESSION, BOURBONNOIS.

176 En la Coûtume de *Bourbonnois*, les enfans des freres ſuccedent *in ſtirpes & non in capita*, encore qu'ils ne ſuccedent par repreſentation. Jugé à la Nôtre-Dame d'Août 1587. *Montholon Arrêt* 49. M. Loüet *lettre S. ſomm.* 9.

SUCCESSION, BOURGOGNE.

177 L'article 14. de la Coûtume de *Bourgogne* au titre des ſucceſſions, qui regle le partage de la ſucceſſion du fils entre les peres & meres, freres & ſœurs, ajoûte à ſa diſpoſition, *& au regard des autres biens meubles & acquêts faits par leſdits enfans, leurs peres & meres y ſuccederont avec leurs freres, &c.* Il a été jugé au Parlement de Dijon le 2. Août 1610. que l'on ne devoit comprendre parmi ces acquêts, ceux faits par le pere ou la mere des enfans décedez, auſquels pere ou mere les mêmes enfans avoient ſuccedé; ſur la Requête civile contre cet Arrêt, on mit hors de Cour le 12. Janvier 1613. *V. Taiſand ſur cet art. n.* 6.

SUCCESSION, BRETAGNE.

178 Arrêts du Parlement de *Bretagne* du 13. Decembre 1628. qui faiſant droit ſur les concluſions du Procureur General, défend à tous Juges d'appoſer la ſaiſie ſur les biens des ſucceſſions des défunts qui auroient laiſſé freres ou ſœurs, leur déclarant dans 40. jours ſuivant la Coûtume d'accepter les ſucceſſions. *Voyez les Arrêts qui ſont à la ſuite du Recueil de Du Fail p.* 86.

SUCCESSION, COUSTUME D'ESTAMPES.

179 L'ayeul & l'ayeule ſuccedent aux meubles au défaut de pere ou mere. *V. M. le Prêtre* 1. *Cent. ch.* 78.

SUCCESSION LUSITANIE.

180 *Jus ſuccedendi in Lusitaniæ Regnum Catharinæ Regis Luſitaniæ Emmanuelis neptis, Doctorum Sententiis confirmatum.* Pariſ. 1641.

SUCCESSION, COUSTUME DU MAINE.

181 La mere ne ſuccede point aux acquêts immeubles de ſes enfans, mais ſeulement aux meubles. Arrêt du 24. Mars 1603. *M. le Prêtre* 1. *Cent. ch.* 78.

SUCCESSION, COUSTUME DE LA MARCHE.

182 Dans la Coûtume de *la Marche* le pere ſuccede à ſes enfans dans ce qu'ils ont herité de la dot de leur mere, qui n'étoit pas des deniers mobiliers. Arrêt du Parlement de Paris du 11. Août 1692. *au Journal des Aud. tom.* 5. *liv.* 8. *ch.* 21.

COUSTUME DE MELUN.

183 La Coûtume de *Melun* eſt ſouchere. *Voyez du Freſne liv.* 8. *ch.* 26. où il y a Arrêt du 17. Decembre 1655.

184 Il a été jugé en la Coûtume de *Melun* que la ſucceſſion de l'aîné échûë avant qu'il eût fait partage avec ſes cadets, ſe partageroit comme en ligne directe, par l'Arrêt du 13. May 1662. Requête civile contre l'Arrêt. Sur la Requête civile les parties hors de Cour. Jugé le 3. Février 1667. *De la Gueſſ. tom.* 3. *li.* 1. *ch.* 11.

COUSTUME DE MONTFORT.

185 En la Coûtume de *Montfort* s'agiſſant d'une ſucceſſion d'un couſin, l'oncle eſt plus proche à luy ſucceder que le couſin, ſelon la loy *avunculo, Cod, communia de ſucceſſionibus.* Jugé le 7. Septembre 1565. *Le Veſt. Arrêt* 80. Voyez *l'article* 338. *de la Coûtume de Paris. & cy-deſſus le nomb.* 157.

COUSTUME DE MONTARGIS.

186 En la Coûtume de *Montargis* ſi les biens ne ſont anciens, & qu'ils ayent fait ſouche, les aſcendans ſuccedent aux deſcendans à l'excluſion des collateraux. Jugé à la Pentecôte 1592. *Montholon, Arr.* 75.

SUCCESSION EN NORMANDIE.

187 Par Arrêt du Parlement de Roüen du 10. Juillet 1614. rapporté par *Berault ſur la Coûtume de Normandie art.* 175. Jugé qu'une ſucceſſion échûë appartient au plus proche lors habile à ſucceder au préjudice de ceux qui étoient lors nez & non legitimez; la regle eſt qu'il faut conſiderer l'habilité de l'heritier au temps de l'écheance de la ſucceſſion. § *ità demum tamen inſt. de hæred. qua ab inteſt. defer. L. his verbis §. interdum de hæred. inſt.*

188 Le 16. Février 1635. jugé que l'aîné peut auſſi bien retirer le tiers en Caux donné au puîné comme s'il n'avoit point été donné. *Berault*, à la fin du 2. tome de la Coûtume de Normandie, *p.* 52. *ſur l'art.* 296.

189 Arrêt du 1. Août 1624. après en avoir déliberé au Conſeil, qui ajuge l'ancienne ſucceſſion entiere étant en Caux, du frere aîné décedé ſans enfans, au ſecond frere ſucceſſeur immediat comme aîné, au préjudice, & à l'excluſion des autres freres puînez, & ſans dépens. *Berault*, à la fin du 2. tome de la Coûtume de Normandie, *p.* 52. *ſur l'art.* 303.

190 Arrêt au Parlement de Roüen le 1. Août 1642. qui juge que le frere plus ancien des puînez a la ſucceſſion en tiers de ſon frere aîné décedé, au préjudice de ſes autres freres dans le pays de Caux. *Berault*, à la fin du 2. tome de la Coûtume de Normandie *p.* 69. *& ſuiv.*

191 Par Arrêt du Parlement de Roüen du 21. Février 1633. les Chambres aſſemblées, la ſucceſſion des meubles & acquêts de feu Jacques Auvray Ecuyer ſieur de Leſcarde Treſorier de France en la Generalité de Caën, fut ajugée aux arrieres-neveux dudit défunt, au préjudice & à l'excluſion de la tante maternelle. *Berault, à la fin du 2. tome de la Coûtume de Normandie, p.* 77. *& ſuiv.* l'Arrêt rendu conformément aux concluſions de M. le Guerchois Avocat General, & en interpretation de l'article 304. de la Coûtume.

192 Le 11. Août, Arrêt qui a jugé que l'article 244. de la Coûtume de Normandie auroit lieu, en cas qu'un oncle eût reconnu ſon neveu pour préſomptif heritier, & promis luy garder la ſucceſſion, & que cette reconnoiſſance étoit commune à tous ſes neveux, & que l'oncle n'avoit pû vendre un fond d'heritage pour payer une dette jugée anterieure, & que le neveu pouvoit rentrer en l'heritage en le payant. *Berault, au 2. tome de cette Coûtume à la fin, p.* 95.

193 Par Arrêt du 3. Juin 1654. jugé qu'un frere Prêtre ayant reconnu ſon frere ſon heritier préſomptif, ayant ſurvêcu ſon frere, la veuve de ſon frere ni ſes creanciers ne pouvoient y rien prétendre. *Ibidem, page* 96.

194 Par Arrêt du mois d'Août 1655. jugé qu'un pere qui avoit reconnu l'un de ſes fils ſon heritier, & promis garder la ſucceſſion, ne pouvoit aliener même au préjudice de ſes autres enfans, autrement ce ſeroit indirectement avancer l'un plus que l'autre. *Ibidem*, *p.* 96.

195 Par Arrêt du 10. Février 1656. jugé que le fils reconnu pour préſomptif heritier, avoit pû hypotequer le bien en faveur des alimens de ſon pere, & pour l'aſſiſtance de ſa famille en une maladie de peſte, même pour les frais de ſon mariage, & ſans leſquelles conſiderations on demeura d'accord, que le fils n'eût pû obliger ni hypothequer le bien. *Berault*s Ibid.

196 Par Arrêt de 1634. la ſucceſſion des acquêts a été ajugée au grand oncle, au préjudice d'un couſin remué de germain. *Berault*, *à la fin du* 2. *tome de la Coûtume de Normandie*, *p.* 97. *ſur l'art.* 303.

197 Par Arrêt du 7. Février 1656. la tante a été preferée au couſin germain en la ſucceſſion de l'acquêt, & ce ſur l'autorité d'un ancien Arrêt de 1519. toutes les Chambres aſſemblées ceſſant, lequel l'on demeura d'accord, que la difficulté étoit grande, vû que par la ſuppputation canonique qui eſt celle ſuivie en la Coûtume de Normandie, la tante eſt auſſi bien au deuxiéme degré que le couſin germain; il eſt vray que par la civile la tante eſt d'un degré plus proche, & que *in rei veritate*, il y a toûjours quelque plus proche & abſoluë proximité, qui a donné lieu aux Arrêts. *Ibidem.*

198 Pour succeder il faut être parent au septième dégré & le prouver, neanmoins il y eut Arrêt au Parlement de *Normandie* le 12. Janvier 1617. en faveur de Pierre Manfils contre le Procureur du Roy, il passa le dire que Manfils étant en possession de la parenté & ayant été appellé heritier dans les affaires onereuses de la parenté, comme de nourriture & de tutelle, cela suffisoit. *Voyez Basnage, sur l'art. 146. de la Coûtume de Normandie.*

199 Le Parlement de Roüen a jugé le 1. Avril 1569. qu'une fille mineure ayant accepté une succession par l'autorité de son Tuteur, & depuis ayant été mariée à un majeur lequel avoit à menager les biens de cette succession pendant quatre années, étoit bien fondée aux Lettres de relevement qu'elle avoit obtenuës de son acceptation & de l'amenagement fait en consequence ; son mary & elle furent deschargez des dettes de la succession en rendant compte, suivant les offres qu'il en avoit faites. *Berault qui sur l'art. 235. de la Coût. de Normandie* rapporte cet Arrêt, en cite un autre du 22. Juin 1584. par lequel il fut jugé qu'un homme ayant pris une femme en mariage sans faire part qu'il lui pourroit appartenir aux successions de ses prédécesseurs, & ayant deux ans après reconnu beaucoup de dettes dont ces successions étoient chargées avoit pû demander la séparation de biens d'avec sa femme ; il étoit constant au procez que le mary lors de son mariage, n'avoit été saisi d'aucun meuble ni effets dépendans de ces successions, mais qu'il avoit seulement reçu quelque revenu, dont il offroit de rendre compte ; ce qui fut ordonné par l'Arrêt. *V. Pesnelle, sur cet art. 235. de la même Coût.*

200 Un enfant se porte heritier de son pere ; mais reconnoissant que la succession ne valoit rien, il l'abandonne ; un parent l'accepte, accommode les affaires & la rend bonne ; le premier fit porter une de ses filles heritiere de son ayeul pour prendre cette succession, & sous son nom il en poursuivit le possesseur, pour voir dire qu'elle seroit ajugée à sa fille, nonobstant la renonciation contre laquelle en tant que de besoin, il prit Lettres de restitution, prétendant que sa fille venoit *ex capite suo, non ex persona patris*. Par Arrêt du Parlement de Roüen du 4. May 1610. elle fut déboutée ; la Sentence qui la déboutoit, attendu qu'elle n'étoit ni née ni conçuë au temps de l'écheance de la succession, fut confirmée. *Basnage, sur l'art. 235. de la Coût. de Normandie.*

201 Une succession étant échûë à trois sœurs, deux renoncerent, la troisiéme la prit par benefice d'inventaire ; ces deux sœurs se firent autoriser par leurs maris pour être reçuës à y participer, & après quelques procedures elles laisserent tomber l'instance en peremption ; par ce moyen le benefice d'inventaire fut ajugé à celle qui l'avoit obtenu. Huit ans après ces deux sœurs prétendirent de rechef d'être admises à cette succession beneficiaire, disant que la Coûtume ne pouvoit être étenduë contre les coheritiers de l'heritier beneficiaire. Ainsi jugé le 29. Octobre 1643. au Parlement de Roüen. Ainsi quand on a negligé de recueillir une succession échûë & que l'on a souffert qu'un coheritier ou un parent éloigné en prît possession, ce silence ne tient pas lieu de renonciation, & n'empêche pas de demander partage. Arrêt du Parlement de Roüen du 20. Juillet 1671. *Ibidem.*

202 Arrêt du Parlement de Roüen du 18. Janvier 1652. par lequel un aîné ne fut point exclus de la succession qui luy étoit déferée par la Coûtume par le décés d'une personne homicidée par son pere & ses freres conjointement. *Ibidem.*

203 Le Juge d'Eglise est incompetent de juger sur la capacité de succeder. Arrêt du Parlement de Roüen du 29. Mars 1658. contre l'Official de Coûtance. *Ibidem.*

204 Arrêt du Parl. de Roüen du 9. Août 1680. par lequel un frere étant accusé d'avoir tué son frere, & ayant obtenu des Lettres de pardon, ne fut point exclus de sa succession ; la querelle dans laquelle le défunt avoit été blessé, étoit survenuë à l'occasion d'un partage ; les Medecins dirent qu'il n'étoit pas mort du coup de pincette qu'il avoit reçu, mais qu'ils avoient trouvé une grande putrefaction dans toutes les parties de son corps qui luy avoit causé la mort. *Ibidem.*

205 L'article 241. de la Coûtume de *Normandie*, porte *Pere & mere, ayeul & ayeule ou autre ascendans, tant qu'il y a aucun descendu de luy vivant, ne peut succeder à l'un de ses enfans*, cet article se pratique fort rigoureusement. De la Bessiere sieur de saint Pierre Langers avoit 4. filles & un fils ; il maria l'aînée au sieur de Boisivon, & luy donna 5000. liv. En mariant la seconde au sieur de Roton, il luy promit 18000. liv. & son fils étant mort il donna à sa troisiéme fille qui fut mariée à M. du Boüillon Conseiller, 3000. l. de rentes rachetables moyennant 40000. liv. & enfin il maria sa quatriéme fille au sieur de Gratot. La seconde & la troisiéme filles étant mortes sans enfans, le sieur de Boisivon ne demanda point leur succession d'abord ; mais depuis s'imaginant que son beaupere avoit quelque prédilection pour la Dame de Gratot, il luy demanda les sommes qu'il avoit données à ses deux filles mortes. L'affaire portée au Parlement de Roüen, sur l'appel d'un incident, Maury disoit pour le sieur de Boisivon que suivant cet article les sœurs étoient heritieres de leurs sœurs à l'exclusion de leur pere ; que par cette raison il luy appartenoit la moitié de ce qui avoit été promis en dot par le pere aux deux sœurs décédées ; puisque par le mariage elles en étoient devenuës les veritables proprietaires ; que la dot constituée par le pere étoit un veritable propre qui ne remontoit point ; & pour montrer qu'il vouloit user de l'avantage que l'article 241. de la Coûtume luy donnoit, son action n'ayant eu d'autre cause que cette inégalité d'affections que son beau-pere faisoit paroître, il consentoit que l'interêt des 40000. livres fût reduit au denier 20. Le sieur de saint Pierre n'opposoit à la rigueur de la Loy que des raisons de faveur & de pieté ; il offroit même de garder sa succession à ses filles. Le sieur de Gratot consentoit que son beau-pere demeurât en possession de tout son bien : Par Arrêt du 14. Août 1657. faisant droit au principal on condamna le beau-pere à payer les dots qu'il avoit promises à ses filles à raison du denier 20. *V. Ibidem, art. 241.*

206 Le pere est reçu à reclamer l'avancement qu'il a fait au préjudice de son fils, & à se défendre des interêts resultans de crime. Le sieur de There fit un avancement de succession à ses deux fils à ces conditions de luy payer une pension de 600. livres & la dot de sa femme qu'il retenoit, & d'acquitter toutes les rentes dont il étoit chargé dans deux ans, faute de quoy après le temps expiré, il rentreroit de plein droit en son bien. Nicolas fon puîné n'y ayant point satisfait, il le fit sommer d'accomplir les conditions de l'avancement, protestant de se remettre en possession de son bien. Six mois après le fils étant condamné pour contumace pour homicide, le pere obtint des Lettres de rescision contre l'avancement qu'il avoit fait à ce fils, elles furent entherinées au Parlement de Roüen le 20. Janvier 1647. *Ibidem, art. 244.*

207 Les biens ayant changé de situation ou de nature se partagent en l'état qu'ils se trouvent lors de la succession ouverte. Jugé au Parlement de Roüen, l'an 1623. *Ibidem, 245.*

208 Le bien qui devient immeuble à l'égard de la femme l'est aussi à l'égard de son heritier ; ainsi une succession de meubles étant échûë au mary à cause de sa femme qui excedoient la moitié de son don mobile n'en ayant point fait de remploy, suivant l'art. 390. de la Coût. de Normandie, ayant laissé une fille

mineure qui mourut sans enfans, ils furent jugez aux heritiers maternels. Arrêt du Parl. de Roüen du mois de Janvier 1653. *Ibidem.*

209 Une sœur succedé aux acquets d'un frere avec ses neveux, enfans d'un autre frere predecedé, en execution de l'article 306. de la Coûtume de *Normandie*, si ces acquets qui sont devenus propres sont à partager dans la succession de cette sœur décedée sans enfans, ces neveux qui n'avoient point eu de preference en la succession de leur oncle, l'auront en la succession de cette tante, & excluront leurs autres tantes & leurs descendans. De plus si une sœur qui a succedé à son frere uterin, tant avec ses neveux fils de son frere de pere & de mere qu'avec sa sœur de mere seulement (comme elle en est capable par les articles 306, 307. & 316. décede sans enfans, les acquets du frere uterin qui sont devenus propres en la personne de sa sœur appartiendront aux neveux issus des freres, à l'exclusion des neveux sortis des autres sœurs, comme il a été jugé au Parlement de Roüen le 24. Mars 1604. il ne faut pas oublier que cette maxime se doit entendre hors du cas de representation de son pere concurremment avec les mâles au partage des propres tant en ligne directe qu'en la collaterale. *Voyez Pesnelle, sur l'art.* 248. *de cette Coûtume.*

210 L'article 257. de la Coûtume de *Normandie*, porte, *Fille mariée avenant que ses sœurs soient reçuës à partage, fait part au profit de ses freres pour autant qu'il luy en eût pû appartenir au tiers dû aux filles pour leur mariage, encore qu'il ne luy fût rien dû lors du décés de ses pere ou mere.* Jugé le 9. Mars 1646. que la Coûtume ne parlant que des filles mariées, les freres ne sont tenus de rapporter ce qui avoit été donné à leurs sœurs Religieuses, ainsi la Religieuse ne fait part en Normandie. *Voyez Basnage, sur cet article.*

211 Suivant l'article 258. de la Coûtume de *Normandie* les filles ne sont pas naturellement incapables de succeder, puisqu'il permet au pere de les reserver à sa succession & de leur mere, ce qui est opposé au droit civil, où le pere ne pouvoit donner ni constituer la dot à sa fille des biens de la mere contre sa volonté. *L. n: que mater. C. de jure dot.* mais aussi il faut que cette reservation se fasse en termes precis & formels on n'admet point d'équivalence. Une mere en mariant sa fille luy donne 1200. livres que son pere luy avoit leguées par son testament & luy donne encore 600. liv. de rente à prendre sur ses heritages & rentes, & ce par forme *d'avancement de succession & sans prejudice aprés la mort de sa mere, de prendre part en sa succession, suivant la Coûtume du païs où les heritages de cette mere seroient situez*, cette fille devenuë veuve passe en secondes nopces avec le sieur de Grandval, lequel aprés la mort de la mere demande partage en sa succession, tant aux biens de Normandie que de France, prétendant que ces mots (par avancement de succession) & les suivans (sans prejudice) servoient de reservation à partage pour les biens de Normandie, autrement ils eussent été superflus n'étant pas besoin d'une reservation expresse pour ceux de France où la loy donne part aux filles. Les freres soûtenoient que pour admettre une sœur à succeder aux biens de Normandie, il falloit une reservation expresse. Ces mots *suivans la Coûtume du païs* déterminoient à dire, que les filles n'ayant point de part aux biens de Normandie, elle ne pouvoit demander partage qu'aux biens de France. Ainsi jugé en la Chambre de l'Edit à Roüen le 5. Decembre 1644. *Basnage, sur cet art.* 258.

212 La veuve du sieur le Cocq ayant des biens en Normandie & en Hollande, & en mariant une de ses filles avec Isabel Procureur, luy promet de garder sa succession pour être partagée entre ses fils & ses filles, suivant la Coûtume des lieux où ils sont situez, Isabel prétendit que cela valoit reservation à partage; & l'ayant fait juger de la sorte. Les freres disoient pour moyen d'appel que ce terme de reserver devoit y être employé; & qu'aprés tout la mere ayant promis simplement de garder sa succession pour être partagée selon la Coûtume des lieux, n'avoit point entendu déroger aux Coûtumes; au contraire, elle avoit laissé les choses dans le droit general, & puisque suivant la Coûtume de Normandie les filles n'entrent point en partage, la sœur ne pouvoit avoir d'autre part aux biens situez en Normandie, que celle qui luy étoit donnée par la Coûtume. Par Arrêt du Parl. de Roüen du 16. Juillet 1680. la Sentence fut cassée, & l'on ajugea seulement mariage avenant. *Ibidem.*

213 On ne doute plus que le pere ne puisse reserver sa fille à partage *quocunque actu*, par le Contract de mariage, par Acte entre-vifs ou par testament, pourvû neanmoins que ce soit avant ou lors du mariage; & par l'Arrêt de Cauchois du 8. Janvier 1639. on confirma la reservation que le pere avoit faite par Testament à la succession même de la mere décedée, comme on avoit jugé que ces paroles de l'art. 252. (*quand ils la marieront*) ne privoient point le pere de donner à sa fille aprés l'avoir mariée, pourvû que la donation n'excedât point la legitime; ainsi ces mots (*en la mariant*) ont été considerez comme demonstratifs & non point comme limitatifs, telle reservation se faisant le plus souvent au temps du mariage, on a exprimé ce cas comme le plus ordinaire, ce qui n'emportoit pas une exclusion de la pouvoir faire en d'autres cas ou par d'autres Actes *Basnage, ibid. art.* 258.

214 On promet bien à sa fille d'augmenter la dot de sa fille aprés l'avoir mariée; mais il ne s'ensuit pas qu'il puisse la reserver à sa succession, aprés l'avoir mariée, quoiqu'il le fasse lors du second Contract de mariage. Arrêt du Parlement de Roüen du 28. Janvier 1655. La veritable raison de cette Jurisprudence est qu'il n'y auroit rien d'assuré dans les familles. Un pere aprés avoir marié son fils avantageusement pourroit ruiner sa condition en rappellant à partage ses filles qu'il avoit mariées.

215 Une fille n'avoit rien eu de ses pere & mere lors de son premier mariage, par le second Contract sa mere luy donne 300. l. pour toute & telle part qu'elle pouvoit prétendre en sa succession, si mieux elle n'aimoit partager avec ses freres. Le frere luy conteste ce partage, parce qu'elle avoit été mariée de ses pere & mere, qu'ils avoient pû la marier sans luy donner aucune chose, que d'ailleurs, suivant l'article 448. toutes donations d'immeubles faites de pere à fils en faveur de mariage doivent être insinuées, que celle-cy étant à prendre sur les immeubles étoit nulle faute d'insinuation. Le Juge de Neufchâtel ayant dit à tort l'action de la sœur, Arrêt du Parlement de Rouen qui casse la Sentence; sauf au frere à la rappeller à partage.

216 Suivant cet article 258. *le pere peut reserver sa fille à la succession de sa mere*; on a douté si le second mary pouvoit reserver à la succession de la mere la fille sortie du premier mariage, & si cette reservation est valable la mere n'ayant point legué lors du Contract? Barbe le Voleur fut mariée par son beau-pere, & il la reserva à la succession de sa mere laquelle étoit presente au Contract, & neanmoins elle n'y signa point; étant devenuë veuve elle attesta sa presence & son consentement à cette reservation qu'elle ratifia, & en cas qu'elle n'eût pas d'effet, elle donnoit à sa fille le tiers de tous ses biens; lorsque cette fille demanda partage à Denis le Feteur son frere uterin, il y fut condamné par Arrêt du Parlement de Rouen du mois d'Août 1621. *Basnage, ibidem.*

217 En consequence du pouvoir que la Coûtume de Normandie accorde aux peres & aux meres de reserver leurs filles à leurs successions, on a souvent agité cette question, si le pere au lieu de reserver sa fille à sa succession peut arbitrer son mariage, & si la
fille

fille est obligée de s'arrêter à cette arbitration. Berault dit qu'elle ne peut se plaindre, & qu'il a ainsi été jugé; mais cette maxime n'est plus en usage, le contraire se juge, fondé sur le principe que la Coûtume ne permet pas au pere de ne donner rien à sa fille, ou de regler ce qu'il luy plaît de donner en la mariant, *in solo actu maritationis* : la loy présume en ce cas que le pere a satisfait à son devoir, qu'il l'a pourvûë convenablement, & que par ce moyen il luy assûre un douaire, une part aux meubles & aux acquêts de son mari qui peuvent suppléer au défaut de sa liberalité: hors ce cas l'arbitration que le pere fait pour le mariage de sa fille n'étant que pour avoir effet après sa mort, elle devient inutile, & la fille après la mort de son pere devient capable de demander à ses freres ce qui luy appartient par la Coûtume. Jugé par Arrêt du Parlement de Roüen du mois de Janvier 1624. entre la fille du sieur de Villers-Maisons son oncle, & les creanciers de son frere; on n'eut aussi d'égard à l'arbitration faite par Me. Pierre Penelle Procureur en la Cour, du mariage de sa fille.

Les freres aussi ne sont pas tenus d'accepter l'arbitration faite par le pere du mariage avenant de leurs sœurs.

La fille reservée à la succession doit rapporter le principal & interêt depuis la succession écheuë. Arrêt du Parlement de Roüen du 2. Mars 1657. *Basnage, sur l'art. 260. de la Coûtume de Normandie.*

219 Il y a cette difference entre le pere & la mere, quant au pouvoir de reserver leurs filles à leurs successions que la mere ne les peut reserver qu'à sa succession, & non à la succession de leur pere, *par l'art. 259. de la Coûtume de Normandie*, ou qu'elle ne peut pas même faire pour sa propre succession du vivant du pere son mary, mais le pere peut reserver ses filles tant à la succession de soy qu'à celle de la mere, soit qu'elle soit décedée, soit qu'elle soit vivante. Le cas de la mere prédecedée, a été jugé par deux Arrêts rapportez par Berault, l'un du 9. Février 1513. & l'autre du 29. Juin 1605. Quant au cas de la mere vivante, on peut douter que le mary puisse reserver ses filles à la succession de leur mere sans l'intervention & le consentement de la mere, parce que le mary ne peut pas disposer valablement des biens de sa femme, sans qu'elle intervienne & y consente, *maritus de bonis uxoris suæ invita dotem dandi nullam habet facultatem.* L. 14. C. *de Jure dotium. Pesnelle, sur cet art.* 259.

220 Ce n'est point une question douteuse en Normandie, que le pere peut changer la nature de son bien, même depuis la naissance de ses enfans, & qu'il est en sa liberté de mettre hors Caux ce qui étoit en Caux, ou au contraire de placer en Caux ce qu'il n'y étoit pas. Jugé au Parlement de Roüen le 10. Juin 1613. entre les nommez Coupel, & par un autre Arrêt précedent du 5. Février 1626. entre Dubois & le Boucher. *Basnage, sur la Coûtume de Normandie, art. 295.*

221 Deboivin Curé de Claville, ayant demandé part en la succession de sa sœur décedée sans enfans, le sieur de Canonville fils du frere aîné, soûtint que *l'article 300. de la Coûtume* n'avoit lieu que pour les freres. Par Sentence il fut jugé part audit sieur de Claville; le sieur de Canonville ayant appelé, la Sentence fut confirmée, ne s'étant point trouvé d'Avocat pour conclure l'appel. *Basnage, sur la Coûtume de Normandie, art. 300.*

222 La Coûtume de *Normandie* ne parlant que des puînés, on a douté si la dot d'une sœur décedée sans enfans, devoit être partagée comme celle d'un puîné, pour y donner les deux tiers à l'aîné & aux puînés l'autre tiers? La raison de douter étoit que suivant *l'art. 297.* la sœur avoit été mariée de meubles qui se partagent également entre les freres; mais cette question se decide par cette raison, que la dot est un immeuble remplacé sur les immeubles du mary; que si ses biens sont situez en Caux, c'est une rente qui se partagée selon la loy du domicile du mary debiteur comme les autres rentes; que si ses biens sont en Bourgage, ou dans la Coûtume generale, la rente est divisible également entre les freres. Arrêt du 30. Juin 1655. *Basnage, sur la Coûtume de Normandie, art. 300.*

Arrêt du Parlement de Roüen du 14. Août 1656. 223 qui a jugé qu'un pere ayant constitué une rente sur ses biens qui étoient tous situez en Caux pour la dot de sa fille, le frere aîné succedoit aux deux tiers de la rente dotale de cette fille morte sans enfans. Il fut aussi jugé par le même Arrêt que la part qui revenoit de cette rente à un puîné, après la mort de ce puîné sans enfans retournoit à l'aîné comme d'une ancienne succession collaterale. *Basnage, sur l'art. 300. de la Coûtume de Normandie.*

En *Caux* les acquêts de l'oncle se partagent par têtes entre les neveux fils des freres puînés, & les filles de l'aîné. Arrêt du Parlement de Roüen du 12. May 1659. *Basnage, sur l'article 300. de la Coûtume de Normandie.*

La representation étant limitée au premier degré, 225 les oncles & tantes en la succession de leurs neveux & niéces excluënt les cousins germains. Arrêts du Parlement de Normandie des 10. May 1650. & 23. Juillet 1672. *Voyez Basnage, sur l'art. 304. de cette Coûtume.*

Les enfans du frere uterin ne peuvent s'éjoüir du 226 benefice de la representation pour succeder avec leurs oncles. Arrêt du Parlement de Roüen du 23. Mars 1637. Autre Arrêt du 23. Août 1647. qui a jugé que les enfans du frere uterin sont exclus par leurs oncles freres de pere & de mere. *Basnage, sur l'art. 312. de la Coûtume de Normandie.*

L'art. 313. de la Coûtume de Normandie porte que 227 *les enfans du frere uterin, en premier degré, succedent avec les enfans du frere de pere & de mere.* Par Arrêt du Parlement de Roüen du 23. Février 1662. il a été jugé que cet article ne doit point être étendu aux enfans de la sœur uterine pour succeder avec les enfans de la sœur de pere & de mere. *Basnage, sur l'art. 313. de la Coûtume de Normandie.*

Les filles descendans des freres partagent également 228 avec les mâles descendans d'autres freres. Arrêt du Parlement de Roüen du 12. de May 1519. rapporté par *Berault, sur l'art. 318. de la Coût. de Normandie.*

En consequence de *l'art. 328. de la Coûtume de* 229 *Normandie*, qui porte que *les sœurs uterines de pere sont tantes paternelles de leurs neveux & niéces, & en cette qualité excluënt les oncles & tantes maternels du défunt en la succession des meubles & acquêts*; un oncle uterin prétendit exclure la tante de pere & de mere en la succession des meubles & acquêts de son neveu. Par Arrêt du Parlement de Roüen du 22. Mars 1678. il fut débouté. *Voyez Basnage, sur cet art.*

Un homme de *Normandie* ayant épousé une femme 230 d'Orleans, fit échange d'une succession qui luy étoit écheuë avec des rentes & heritages situez en *Normandie*; ce contrat fut ratifié par la femme; une fille issuë de ce mariage, voulut après la mort de sa mere avoir part aux biens échangez, comme subrogez à la place de ceux d'Orleans où les sœurs succedent avec leurs freres; elle disoit que la chose subrogée retient la nature de celle qui luy est subrogée, *subrogatum sapit naturam subrogati*; que la succession étoit écheuë à sa mere avant qu'elle fût mariée, que son mari & elle s'étoient contentez d'un mariage avenant sur l'esperance qu'après la mort de sa mere elle auroit part à cette succession; que si elle en étoit privée par cette échange, elle feroit beaucoup deceuë. Le frere répondoit que la succession devoit être considerée au temps de la mort. Quant à la regle *subrogatum sapit naturam subrogati*, elle a lieu dans les demandes universelles, *in petitionibus universalibus, ut in petitione hæredis, & rebus quæ restitutioni subjacent*, non pas en succession directe, *nec in rebus particularibus* la subrogation doit être faite par la loy ou par le contrat; étant une fiction, on ne la doit point faire fi elle n'est expresse par la loy, joint que la chose subrogée pourroit retenir sa condition primordiale & non pas sa qualité accidentelle, comme l'heritage paternel vendu ou remplacé retient la qualité de feodal ou autre s'il en avoit. Par Arrêt du Parlement de Roüen du 5. Février 1626. entre Noël Dubois sieur des Noyers, & Gaspard le Boucher sieur de S. Aubin, ayant épousé Marie Dubois ; le beaufrere & la sœur furent déboutez de leur action. *Voyez* Basnage, *sur la Coûtume de Normandie*, art. 341.

231 L'art. 352. de la Coûtume de *Normandie*, qui porte que l'aîné doit avoir les titres de la succession, s'entend au cas qu'il soit sage & prudent. Sur l'appel du Tuteur des enfans puînés du sieur Martot, qui ordonnoit que le frere aîné seroit saisi des titres de la succession, il fut remontré que cet aîné étoit séparé de biens, decreté & emprisonné pour ses dettes. On ordonna qu'il seroit fait assemblée des creanciers pour convenir d'un dépositaire solvable qui seroit saisi des titres de la succession. Arrêt du Parlement de Roüen du 2. Août 1650. Le sieur de Montgommery s'étant plaint des violences de son aîné, & du peu de sureté qu'il y avoit d'aller chez luy, on ordonna par Arrêt du 19. de Janvier 1652. qu'il mettroit au Greffe du Pont l'Evêque les lettres de la succession, pour être procédé au partage. Arrêt semblable du 24. Février suivant. *Basnage, sur cet article* 352.

232 Les oncles & tantes excluent leurs enfans, & leur sont preferez en la succession aux propres de leurs neveux cousins de leursdits enfans, mais ils sont appellez concurrement à ladite succession avec leurs neveux enfans de leurs freres & sœurs. Article 44. des Arrêtez du Parlement de Normandie, les Chambres assemblées, le 6. Avril 1666. Basnage, *to*. 1. *à la fin*.

233 Les heritages non alienez, & les rentes non rachetées, ainsi que les heritages & rentes qui tiennent lieu de remplacement special doivent retourner aux parens maternels de la ligne desquels ils sont venus, tant qu'il s'en trouve dans le septième degré inclusivement ; à faute de parens de la ligne de laquelle sont venus les heritages dans le 7e. degré soit paternels ou maternels, ils retournent au fisc, ou Seigneur feodal, au préjudice du mary & de la femme. Arrêté du Parlement de Roüen, les Chambres assemblées, du 6. Avril 1666. Art. 105. & 106.

234 On succede en *Normandie* jusqu'au 7e. degré inclusivement. Art. 231. 41. du Reglement au Parlement de Roüen, les Chambres assemblées le 6. Avril 1666. Basnage, *to*, 1. *à la fin*.

SUCCESSION, COUSTUME DE NOYON.

235 Si dans la Coûtume de *Noyon*. qui fait succeder l'aîné noble en tous les fiefs, à la charge du quint à vie, à les puînez, les enfans des puînez peuvent prétendre le même quint à vie, venans à la succession de leur ayeul par representation de leur pere ou mere predecedez ? Il y eut Arrêt interlocutoire pour s'informer de l'usage de la Province ; y ayant été répondu qu'il n'y avoit point d'usage certain, le Parlement de Paris par Arrêt définitif du 13. Mars 1700. infirma la Sentence de Noyon, & jugea que le quint viager ne passoit point aux petits enfans, quoyque la mere fût décedée avant l'ouverture de la succession. *Voyez le Recüeil des Arrêts Notables*, imprimé en 1710. chez Michel Guignard, *chap*. 20.

SUCCESSION COUSTUME D'ORLEANS.

236 Les rentes constituées en la Coûtume d'*Orleans*, doivent être censées immeubles en une succession collaterale. Jugé le 23. Février 1577. *Le Vest, Arrêt* 151.

COUSTUME DE PARIS.

237 L'on ne dit rien de particulier sur cette Coûtume, parce que la plus grande partie des décisions de ce titre convient au titre qu'elle a des Successions.

COUSTUME DU PERCHE.

238 Les meubles & acquêts en la Coûtume du *Perche*, art. 152. qui admet la representation à l'infiny, se divise en deux lignes dans les successions collaterales, sans que les plus proches y succedent. Jugé le 2. Février 1682. *De la Guess. tome* 4. *liv*. 5. *chap*. 3. Voyez *le tome* 2. *liv*. 1. *chap*. 15.

COUSTUME DE PICARDIE.

239 Consuetudines in Picardia super non succedendo. Du Moulin, *to*. 2. *p*. 629.

COUSTUME DE POITOU.

240 Interpretation des art. 277. & 279. de la Coûtume de Poitou touchant les successions collaterales, &c. *Voyez de la Guess. tom*. 2. *liv*. 1. *chap*. 15.

241 Les successions des filles qui ont renoncé en faveur des mâles, se partagent également sans droit d'aînesse. Arrêt à Noël 1619. *Montholon, Arrêt* 133.

COUSTUME DE PONTHIEU.

242 Jugé dans la Coûtume *de Ponthieu*, qu'il n'y a qu'un seul heritier ou qu'une seule & unique heritiere des meubles en succession collarerale comme en directe, & qu'un mineur ne peut changer de domicile. Le 5. Septembre 1665. *De la Guess. tome* 2. *liv*. 7. *chap*. 33.

COUSTUME DE SENLIS.

243 Dans la Coûtume de *Senlis* un pere peut avantager un de ses enfans plus que l'autre, & il faut rapporter à la succession ou moins prendre. Un ayeul donne à son petit fils ; l'ayeul & puis le pere meurent ; les enfans veulent que leur frere rapporte à la succession ce qui luy a été donné par l'ayeul, parce qu'ils disent que ç'a esté *contemplatione* du pere. Par Arrêt prononcé en robes rouges à la Pentecôte 1596. le fils donataire déchargé du rapport. *M. Loüet, lettre D. somm*. 36. & 56.

COUSTUME DE SAINT SEVER.

244 Le sieur de Geneste heritier de son pere, ne pourra prétendre ès biens de saint Sever que le droit de legitime seulement ; & à cet effet qu'il seroit fait une masse de tous les biens immeubles, tant acquêts que propres, même anciens & paraphernaux, situez dans ladite Coûtume de saint Sever. Il s'agissoit d'une fille décedée *ab intestat, &c*. Jugé le 13. Mars 1666. *De la Guess. tome* 3. *liv*. 1. *chap*. 7.

COUSTUME DE TOURAINE.

245 En la Coûtume de *Touraine, etiam*, en matiere de succession de roturiers les enfans des sœurs consanguines excluent les freres uterins en succession mobiliaire. Jugé le 25. Mais 1662. *M. Bonguier, lettre F. n*. 5. *Voyez M. le Prêtre*. 2. *Cent. chap*. 24. *circa finem*, & *fol*. 446. où il parle s'il n'y a que freres & sœurs conjoints d'un côté seulement les heritiers collateraux succedent par moitié. Arrêt du 29. Janvier 1606.

COUSTUME DE VALOIS.

246 En la Coûtume *de Valois*, la succession d'une tante entre ses coheritiers venans par representation a été ajugée par souches, & non par têtes. Prononcé le 7. Avril 1562. *Le Vest, Arrêt* 71.

COUSTUME DE VALENCIENNES.

247 A *Valenciennes*, les enfans des grands oncles succedent également avec les oncles du défunt. Arrêt du Parlement de Tournay, du 10. Avril 1696. rapporté par *M. Pinault, to*. 1. *Arr*. 101.

248 A *Valenciennes*, le plus proche parent d'un défunt n'est pas exclus de sa succession pour avoir manqué de l'apprehender dans l'an du décez. *Ibidem*.

SUCCESSION, CREANCIERS.

249 Creanciers qui se sont subroger aux droits successifs échûs à leur débiteur. *Voyez le mot Creancier, nomb*; 31. & 32.

250 L'heritier par l'addition d'heredité contracte avec les creanciers, mais l'obligation n'est que personnelle pour sa part ; & s'il est detenteur d'heritage de ladite succession, il peut être convenu hypothequairement pour toute la dette ; mais s'il deguerpit l'heritage affecté, il ne peut être convenu que personnel-

lement. *Voyez* le mot *Heritier*, *nombre* 113.

251 Les creanciers peuvent contraindre le débiteur ou d'accepter une succession en luy donnant caution de l'indemniser, ou de les subroger pour l'accepter ; sinon telles successions sont declarées affectées à leurs dettes. Arrest du Parlement de Bretagne du 22. Août 1592. *Du Fail, liv* 1. *chap.* 390.

252 *Le Caron, au* 9. *liv. des rép. chap.* 18. & *liv.* 10. *rép.* 78. rapporte un Arrêt prononcé à Pâques 1596. qui permet aux creanciers d'accepter une succession écheue à leur débiteur ; quoyqu'il y eût renoncé. *Papon, liv.* 18. *tit.* 5. *n.* 5.

253 Par l'art. 278. de la Coûtume de *Normandie*, les creanciers sont subrogez à accepter la succession écheue à leur débiteur ; il faut neanmoins observer que cette subrogation n'appartient qu'aux creanciers anterieurs à la renonciation. Arrêt du 7. Juillet 1644. Cet article ne s'étend point au fisc. Arrêt du 21. Juillet 1635. *Voyez Basnage sur cet article.*

SUCCESSION, DEGREZ.

254 Des degrez dans les successions. *V.* le mot *Degrez.* En France les successions legitimes sont receuës au dessus du dixiéme degré. Arrêt du Parlement de Paris du 17. May 1572, *Papon , liv.* 21. *tit.* 1. *nombre* 29. Chopin, *au* 1. *liv. du Dom. tit.* 12. *nomb.*7. Le Caron, *au* 4. *liv. des Rép. ch.* 10. & *liv.* 8. *ch.* 62.

SUCCESSION, DENIERS.

255 La mere heritiere des meubles succede à sa fille aux deniers d'une rente rachetée, le remploy n'étant fait lors du décez de ladite fille. Jugé à la Pentecôte 1581. & à la Nôtre-Dame d'Août 1591. *Montholon, Arrêts* 5. & 71. Arrêt contraire à la même prononciation. *Arrêt* 72. Voyez pareillement *l'Arrêt* 115.

256 Le pere succede aux deniers qui devoient sortir nature de propres, s'ils sont encore à employer lors du décez du fils. Arrêt du dernier Mars 1601. *M. le Prêtre, premiere Cent. chap.* 41. & 2. *Cent. chap.* 95. Charondas, *liv.* 9. *Rép.* 60. Voyez *les Notables Arrêts des Audiences, Arrêt* 120.

257 Les deniers dûs par l'acquereur pour une vente d'heritage propre, sont meubles dans la succession du vendeur. Arrêt du 20. Février 1660. *De la Guessiere, tome* 2. *liv.* 3. *chap.* 7.

SUCCESSION, DOUAIRE PREFIX.

258 Voyez la *Coûtume de Paris, article* 259. Voyez Charondas, *liv.* 7. *Rép.* 65. & que les enfans qui peuvent succeder sont part. *Ibidem, liv.* 2. *Rép.* 60.

DETTES, SUCCESSION.

259 Comment se payent les dettes d'une succession ? *Voyez* le mot *Dettes, nomb.* 117.

SUCCESSION, DEVOLUTION.

260 Comment s'entend la dévolution en matiere de succession ? *Voyez* le mot *Devolution, n.* 42. *bis.*

SUCCESSION, DOUBLE LIEN.

261 Si les freres de pere & mere sont preferez pour les meubles & acquêts, & non pour l'ancien patrimoine ? *V. Bouvot, to.* 2. *verbo Succession, quest.* 24.

262 Par Arrêt du 23. Janvier 1550. jugé que les freres & sœurs conjoints des deux côtez excluent en la succession de leurs freres, les freres & sœurs joints seulement d'un côté, pour les biens roturiers & feodaux. Arrêt en interpretation de deux articles de la Coûtume d'*Orleans.* Le Vest.

263 Un pere institué son fils & où il décederoit en pupillarité ou sans enfans, il substituë les plus prochains du grain. L'enfant meurt majeur de 24. ans, laissant une sœur germaine de son pere, & un frere de son pere qui n'étoit que consanguin ; l'oncle veut succeder également avec la tante : elle dit qu'elle est plus prochaine du testateur, parce qu'elle luy étoit sœur *ex utroque latere*, & que cette succession doit être reglée *ut ab intestato* : Neanmoins il a été jugé le 23. Mars 1587. qu'ils succederoient également parce qu'il n'étoit pas question de succeder au testateur, mais au fils pour le regard duquel cesse la disposition

Tome III.

de l'Authentique (*cessante*) *ut notat Paulus Castrens. in auth. post fratres, de suis & legit. hæred.* La Rocheflavin, *liv.* 3. *lettre S. titre* 6. *Arr.* 7.

Par Arrêt donné en la Cinquiéme Chambre des 264 Enquêtes le 9. May 1618. sur un appel du Bailly de *Forêt*, ou son Lieutenant à *Montbrison*, jugé qu'en la succession d'une niéce, il n'y avoit aucune prerogative entre les deux tantes, bien que l'une fût conjointe des deux côtez à la mere du décedé, & l'autre conjointe seulement d'un côté ; mais qu'elles luy succedoient également ; & que la Novelle 118. par laquelle aux successions collaterales, les conjoints des deux côtez excluent ceux qui ne sont conjoints que d'un côté, n'est extensible, & n'a lieu, outre les cas y exprimez, hors lesquels il faut considerer seulement la proximité du degré. *Bibliotheque de Bouchel, verbo Succession.*

Si lorsque les neveux succedent seuls au défaut 265 d'oncle qui concoure ou qu'il faille exclure, le double lien est considerable. Voyez *Henrys, tome* 1. *liv.* 5. *chap.* 4. *quest.* 56.

Arrêt du Parlement de Normandie du 26. Mars 266 1637. qui ajuge une succession collaterale aux meubles, acquêts, & conquêts immeubles du frere de pere & de mere, au préjudice & à l'exclusion d'un frere uterin. Berault, *à la fin du* 2. *tome de la Coûtume de Normandie, page* 53. *sur l'art.* 313.

En la succession du neveu de l'oncle, ou de l'oncle 267 au neveu seul, on ne regarde point le double lien. *Ferr. quæst.* 134. *id.* Brod. *lett. S. n.* 17. en l'oncle , *id.* Grass. §. *Successio, quæst.* 31. *in fine & quæst.* 33. *id.* Mainard, *lib.* 6. *cap.* 88. *id.* Olive, *lib* 4. *chap.* 35.

Arrêt du Parlement de Bourdeaux du 29. Février 1664. donné en la Grand'Chambre, au Rapport de Monsieur Darche. Jeanne Bouchard eut un fils de son premier lit, nommé Pierre Rullier ; de son second lit, elle eut Pierre, Michel & Marguerite Landry. Pierre Rullier meurt laissant des enfans. Pierre & Marguerite Landry meurent pareillement laissant aussi des enfans. Michel Landry meurt sans enfans : jugé en confirmant une Sentence arbitrale, que n'y ayant point concours d'un frere germain , la succession dudit Michel Landry seroit également partagée, entre les enfans de Pierre Rullier, & les enfans de Pierre & Marguerite Landry. *La Peirere, lettre. S. nomb.* 116.

Regulierement en succession de propres du double 268 lien n'est en aucune consideration ; autre chose est aux meubles & acquêts. Brodeau, *lit. S. n.* 17. *id.* Bacquet *Just. ch.* 15. *n.* 18. *id.* Chopin, *Paris. lib.* 2. *tit.* 5. *n.* 1. *id.* Grassus §. *successio. quæst.* 31. *n.* 2.

Arrêt du Parlement de Bourdeaux du 8. Juillet 1666. au Rapport de Monsieur de Sabourin : jugé qu'une sœur uterine d'un fils prédecedé concouroit avec le pere au tiers du bien maternel, deféré au pere par la Coûtume. *La Peirere, lettre S. nomb.* 216.

Voyez dans le present Recueïl *la lettre D. titre du Double lien.*

SUCCESSION, DROIT ECRIT.

En Païs de Droit écrit, les successions sont réduites 269 à l'usufruit des propres du fils, soit que la mere se remarie ou non. *Voyez Chopin, Coûtume de Paris, liv.* 2. *tit.* 5. *nomb.* 15.

Henrys, tome 1. *liv.* 6. *chap.* 1. *quest.* 3. rapporte un 270 Arrêt du 6. Septembre 1636. qui a jugé qu'en Païs de *Droit écrit*, les oncles paternels & maternels succedent également, de quelque côté que les biens procedent.

La Coûtume *le mort saisit le vif*, a lieu en Païs de 271 Droit écrit. Arrêt du Parlement de Paris du 30. Mars 1554. *Papon, liv.* 21. *tit.* 6. *n.* 2.

En Païs de Droit écrit, le frere uterin est preferé 272 au cousin paternel, même ès acquêts faits par le pere, reputez propres paternels au fils, *de cujus successione* : la Regle *paterna paternis* n'a lieu qu'en Païs Coûtumier ; mais s'il y a Contract de mariage avec clause, il

N n n n ij

SUC

le faut observer. Arrêt du 17. Septembre 1582. M. Loüet, lettre V. somm. 3.

273. En Païs de Droit écrit la mere succede en proprieté en tous les meubles de son enfant. Arrêt du premier Février 1600. M. le Prêtre, és Arrêts de la Cinquiéme.

274. En Païs de Droit écrit les ayeules n'heritent point avec les freres & sœurs du frere décedé ; la mere vivante est exclue par l'Edit des meres : Secus, s'il n'y avoit ni frere ni sœur. Arrêt du 22. Février 1601 plaidans Bordel & de Lhommeau. Voyez cy-aprés le n. 278.

275. En Païs de Droit écrit les biens se partagent également entre les ayeules paternels & maternels, sans consideration de la regle paterna paternis, &c. Arrêt du 18. Février 1610. M. le Prêtre, és Arrêts de la Cinquiéme. Il y a seulement un cas en Droit où l'on considere d'où sont venus les biens, qui est entre les enfans uterins pour être preferez aux consanguins és biens provenus du côté maternel. Voyez M. Bouguier, lettre S. nombre 6.

276. En Païs de Droit écrit l'ayeul succede au petit-fils, à l'exclusion des grands oncles. Jugé le 30. Juillet 1620. Bardet, tome I liv. 1. ch. 85.

277. Les oncles paternels & maternels succedent également en Païs de Droit écrit de quelque côté que les biens procedent. Arrêt du 24. May 1633. Henrys, to. 1. liv. 6. chap. 1. quest. 3. M. Loüet, lettre V. sommaire 3. M. Bouguier, lettre E. nombre premier.

278. En Païs de Droit écrit les ayeules n'heritent point avec les freres & sœurs du frere décedé, la mere vivante est exclue par l'Edit des meres. Secus, s'il n'y a ni frere, ni sœur. Jugé à la Grand' Chambre, plaidans Bordel & de Lhommeau le 22. Février 1601. Pareil Arrêt du 7. Février 1665. consultis classibus. Voyez M. le Prêtre, 3. Cent. chap. 91. & Henrys, tome 1. liv. 5. chap. 4. quest. 28.

SUCCESSION, DROITS SEIGNEURIAUX.

279. En succession les Droits seigneuriaux ne sont dûs. Voyez le mot Droits Seigneuriaux, nomb. 151. & 152.

SUCCESSION, ECCLESIASTIQUES.

280. Qui doit succeder aux Ecclesiastiques ? Voyez le mot Ecclesiastiques, n. 58. & suiv.

SUCCESSION, EGALITE'.

281. Que les enfans succederont également, ce qui se fait au contraire, est nul. Voyez Charondas, livre 2. Réponse 54.

282. De la clause que l'on appose aux Contracts de mariage, que les enfans viendront également aux successions de leurs pere & mere, ou comme l'un des autres enfans. Voyez Filleau, 4. part. quest. 184.

283. Un pere ayant un fils & deux filles, mariant ses deux filles, déclara par le Contract de mariage qu'il vouloit que tous ses enfans vinssent également à sa succession, & promet ne faire aucun avantage ni préciput à son fils. Cette paction a été jugée bonne & valable, & le pere au préjudice ayant baillé à son fils une Terre par forme de prélegat (c'étoit en une Coûtume qui le permettoit) avec declaration qu'il vouloit que le reste de ses biens fût également partagé entre ce fils & ses filles ; les filles ou leurs maris debattent ce prélegat. Par Arrêt du 14. Avril 1579. il est dit que sans avoir égard au prélegat les biens seroient également partagez, suivant la clause apposée au Contract de mariage des filles. Cet Arrêt rapporté par M. Anne Robert, liv. 1. chap. 15. sur un même differend au Parlement de Bourdeaux est intervenu Arrêt contraire, & cela a été jugé solemnellement comme il ensuit : La Cour, les Chambres assemblées, pour éviter diversité de Jugemens, a arrêté par plusieurs Arrêts cy-devant donnez que les conventions faites entre Roturiers par Contracts de mariage, ou autrement, par lesquels le pere ou la mere, promet à son fils ou fille de luy laisser aussi bonne part de ses biens qu'à ses autres enfans, & même l'une plus que l'autre, n'être obligatoires, quoyqu'elles soient confirmées par serment, & que nonobstant icelles les pere & mere peu-

SUC

vent disposer librement de leurs biens, & avantager celuy ou ceux que bon leur semble, suivant la disposition du Droit ; à Bourdeaux le 28. Avril 1561. L'Arrêt du Parlem. de Paris semble plus équitable, vû que par le Droit de la France les Contracts de mariage sont capables, non seulement de recevoir toutes institutions contractuelles, mais aussi toutes dispositions de biens à l'avenir. Additions à la Bibliotheque de Bouchel, verbo Succession.

De aqualitate inter liberos ex pacto servandâ, licet 283 generi consenserint ; Senatus omnes liberos aquo jure ad bis. paternam successionem admittit, nullaque habitâ donationis, praeceptionis, aut praelegati ratione, bona hereditaria inter Seium & sorores aqualiter dividi voluit. C'est la disposition de l'Arrêt du 14. Avril 1579. rapporté par Anne Robert, rerum judicat. liv. 1. chap. 15. Voyez Charondas, liv. 2. Rép. 54. & liv. 8. Rép. 36. Appellatio paris, dimidiam partem continet. Mornac, l. 29. ff. pro socio. De la clause de venir également à la succession. Voyez Chenu, 2. Cent. q. 84.

284. L'aînée fille de la maison de Gadagne prétendoit que nonobstant sa renonciation elle devoit succeder pour un cinquiéme, & que son pere n'avoit pû disposer au préjudice de la reserve de l'égalité des filles, portée par son Contract de mariage. Arrêt du 18. Mars 1605. qui luy fait perdre sa cause. Henrys, to. 1. liv. 4. chap. 6. quest. 59.

285. La déclaration faite par une mere au Contract de mariage de l'un de ses enfans, qu'ils luy succederont également, est obligatoire ; il n'y peut être dérogé par testament. Jugé le 4. Juin 1625. Du Frêne, liv. 1. chapitre 58.

286. Si le pere remarié succede également avec son fils, à son autre fils décedé en l'heritage qu'il avoit en la succession d'une tante ? Boniface, to. 4. liv. 5. tit. 9. chap. 1. rapporte un Arrêt du 17. Mars 1673. qui a déclaré que le pere & le fils ont succedé également.

SUCCESSION DES ENFANS.

287. De la succession des enfans des premiers & second lits. Voyez le mot Nôces, nombre 112. & suiv.

SUCCESSION DES ETRANGERS.

288. De la succession active ou passive. Voyez le mot, Etranger, n. 90. & suiv.

289. En matiere de succession la Sentence donnée hors le Royaume, touchant les biens qui sont assis en France, est rétractée. Chopin, Coûtume de Paris, liv. 2. tit. 5. nombre 28.

290. Argent déposé chez un amy demeurant en un autre Royaume, est ajugé à l'heritier de celuy qui l'a déposé selon la Coûtume de son domicile, & non du lieu où l'argent est déposé. Voyez ibid. liv. 1. tit. 3. n. 31.

291. En succession collaterale le vray Regnicole est préferé à l'étranger, ayant droit de naturalité, encore qu'il soit plus proche en degré. Arrêt en Septembre 1553. Bibliotheque de Bouchel, verbo, le Mort saisit le Vif.

292. Une Françoise mariée avec un Anglois, est recevable à succeder en France, à la charge de ne point aliener les immeubles qui luy écherront, ou d'en faire le remploi en France. Arrêt du 28. Août 1630. Du Frêne, liv. 2. chap. 81.

293. Un François retiré en Flandres au service du Roy d'Espagne, ne confisque point les biens qu'il a en France, ou qui luy écheent de succession, &c. Arrêt du 18. Mars 1647. Ibid. liv. 5. ch. 11.

294. Un François revenant dans 30. ans en France, peut succeder aux biens de France. & n'est reputé étranger, encore qu'il se soit marié en Pays étranger. Arrêt à Noël 1605. Montholon, Arrêt. 106. Voyez l'Edit du Roy du 13. Août 1569. M. Bouguier, lett. S. nom. 17. rapporte le même Arrêt. Voyez le Vest, Arr. 212. & Peleus, quest. 138.

295. Un François retiré en Savoye, & qui depuis s'étoit mis au service de Madame la Duchesse, Fille de France, & avoit pris femme au Pays, ses enfans sont

SUC   SUC   653

capables de recueillir en France les successions de leur ayeul & ayeule, bien que leur pere n'en eût fait aucune demande. Arrêt du 27. Avril 1655. *Du Frêne*, liv. 8. chap. 35.

296 Un habitant de Nancy a pû recueillir une succession échûë en France avant la Paix de Nimegue ; la regle *paterna paternis, &c.* a lieu en la Coûtume de *Chartres*, même en degré inégal en collaterale. Arrêt du 11. Janvier 1683. *De la Guess.* tome 4. liv. 6. chap. 1. Le Journal du Palais rapporte le même Arrêt.

297 *Factum*, pour les Directeurs Generaux de la Compagnie Royale des Indes Orientales, Appellans d'une Sentence renduë en la Chambre du Domaine, Intimez.

Contre Jacques Gaultier, Officier de Madame la Duchesse d'Orleans, Donataire du Roy, des biens d'Octavien Baudeau, décedé aux Indes, Intimé, & Appellant de la même Sentence.

A qui appartient la succession d'un homme décedé aux Indes sans heritiers apparens, ou aux Directeurs des Indes, ou à un Donataire du Roy ? *Voyez le Recueil des Factums & Memoires imprimez à Lyon chez Antoine Boudet en 1710.* tome 2. p. 86.

298 *Factum*, pour Adrien de Bie, Appellant.

Contre Guillaume Van-Issandoren, Jean Dziernel, & Adrienne Van-Issandoren sa femme, Intimez.

Si les enfans d'une étrangere, naturalisez en France, y peuvent succeder à leur oncle, comme representans leur mere.

Ou si, pour la succession de l'oncle, la representation de la mere étrangere, a lieu en faveur de ses enfans naturalisez en France ? *V. Ibid. tome 1. p. 292.*

299 *Factum*, pour le sieur Van-Issandoren, & Dame Adrienne Van-Issandoren, épouse du sieur Dziernel, heritiers par moitié de Messire Guillaume de Bie leur oncle, &c. Demandeurs à fin de partage.

Contre Adrien de Bie, frere du défunt sieur de Bie, & son heritier aussi par moitié, Défendeur.

Et contre le sieur Herinx, se disant Créancier du sieur Adrien de Bie, & joint avec luy, aussi Défendeur.

Que l'incapacité de la mere étrangere n'empêche pas que ses enfans naturalisez en France, ne puissent succeder à leur oncle, par representation de leur mere. *Ibidem, page 312.*

SUCCESSION, EVICTION.

300 De l'éviction entre heritiers. *Voyez* le mot, *Eviction, n. 15. & suiv.*

301 *Nulla evictio in venditione hareditatis.* Mornac, *L. 2. ff. de hereditate vendita.*

SUCCESSION, EXHEREDATION.

302 Si les enfans du fils exheredé sont reçûs à la succession de leur ayeul ? *Voyez* le mot, *Exheredation, nombre 96. & suiv.*

303 Le pere exheredant son fils, le petit-fils luy succede. Arrêt du 7. Juillet 1615. Mornac, *L. 33. §. filius infans, Cod. de inoff. testam.*

304 Les enfans du fils exheredé par le pere, ont été admis à la succession de leur oncle, qui avoit recueilli la succession du pere ; jugé que le pere leur avoit transmis cette succession, qui ne devoit point être consideré comme paternelle, mais comme fraternelle. Arrêt du 24. Mars 1603. *Brodeau sur M. Loüet, let. S. somm. 20. n. 8.*

SUCCESSION, FEMME ET MARY.

305 Si la femme succede au mary ? *Voyez* le mot, *Femme, n. 128. & suiv.*

306 Explication de la Loy *unde vir & uxor*. Voyez le mot, Bâtards, *n. 252. & suiv.*

307 Le Titre *unde vir & uxor*, observé en Bourgogne. *Bouvot, tome 1. part. 1. verbo, Heritier simple, q. 1.*

308 Si la femme à défaut de parens en Bourgogne succede à son mary, & peut agir en désistement contre les détenteurs des biens de son mary ? *V. Ibid. tome 2. verbo, Succession, quest. 37.*

309 *Conjuges invicem sibi non succedunt in Brabantia deficientibus cursanguineis, sed succedit fiscus.* Voyez Stockmans, *Decis. 64.*

310 Succession acceptée par le mary échûë à sa femme sans son consentement, il ne la rend point heritiere, & avec Lettres elle s'en fait relever, & son mary condamné de rendre ce qu'il a reçu sans aucuns dommages & interêts, parce qu'il n'a rien fait avec dol ; *secùs*, si la succession étoit grande consistant en meubles, & qu'il n'eût point fait d'inventaire. Arrêt du 21. Février 1595. *M. Loüet, let. M. som. 25.*

311 Mary & femme décedans *ab intestat* & sans heritiers, se succedent l'un à l'autre en Pays de Droit écrit, & coûtumier, s'il y a disposition contraire, même au préjudice du fisc. Jugé par plusieurs Arrêts, & entre autres, le 7. Août 1600. contre le Comte de Sancerre. Papon, *liv. 21. tit. 1. nomb. 19.* & Maynard, *liv. 8. ch. 25. & liv. 4. chap. 1.*

312 Par Arrêt prononcé en Robes rouges la Veille de Nôtre-Dame de Septembre 1600. un homme décedé en la Ville de Sancerre, sans heritiers apparens. Le Procureur Fiscal du Comte de Sancerre, fait saisir la succession, suivant la Coûtume *de Paris*, En cas semblable la femme dit qu'elle est heritiere de son mari; & d'autant que par la Coûtume de *Lorris* il n'y a rien de cela, elle prétend qu'il faut avoir recours à la plus prochaine Coûtume, qui est celle de *Berry*, par lequel, article . . . . . en ce cas la femme succede à son mary : la Cour ajuge la succession à la femme. *Bibliotheque de Bouchel*, verbo, *Succession*.

313 La veuve qui s'est remariée, peut au défaut d'heritiers, demander la succession de son premier mary. Arrêt de la prononciation de Nôtre-Dame de Septembre 1606. *V. le Brun, des Successions, liv. 1. ch. 7. nombre 23.*

314 Henrys, *tome 1. liv. 6. chap. 5. quest. 18.* parle de l'Edit *unde vir & uxor*, sçavoir, s'il a lieu entre les conjoints bâtards ; il rapporte un Arrêt du 23. May 1630 confirmatif d'une Sentence de la Chambre du Trésor, rendu sur les Conclusions de M. l'Avocat General Talon, par lequel il a été jugé que le mary succede à sa femme bâtarde quand elle ne laisse point d'enfans.

315 Si l'un des mariez pauvre survivant, succede à l'autre riche, pour une quatriéme partie de l'heritage ; le Juge de Forcalquier rendit Sentence le 20. Juillet 1675. portant que le mary, attendu sa pauvreté, joüiroit sa vie durant par forme de provision alimentaire, des fruits de l'heritage de sa femme, eu égard à la modicité d'iceux, en payant les charges ; l'appel de cette Sentence n'a point été jugé. *Voyez* Cujas, *ad Lib. C. unde vir & uxor, & Surdus de alimentis, lib. 1. qu. 45.* où il rapporte un Arrêt du Senat de Mantouë, qui dit que *vir & uxor inopes superstites atendi sunt ab heredibus defuncti.*

316 Le Titre *unde vir & uxor* a lieu en France, & une femme peut prendre qualité d'heritiere sous benefice d'inventaire, lorsque le fils né de leur mariage, a renoncé, & que les collateraux ne paroissent pas pour recueillir la succession de son mary. *Voyez la 2. Consultation de M. Duplessis.*

SUCCESSION, FEMME DEBAUCHE'E.

317 Au mois de Février de l'année 1584 il fut proposé au Parlement de Toulouse, *Num mater ob stuprum commissum post mortem mariti, successione filii privata, proximiores ex parte matris admittantur ad successionem filii ; an vero parentes ex parte patris, licet remotiores ?* Il fut jugé, *eos qui ex parte patris reperiuntur, etiam uno gradu inferiores, praeferri, exclusis parentibus ex parte matris proximioribus:* la raison est que hoc privatio inducitur ob injuriam illatam marito, de laquelle les parens du mary sont offensez & non ceux de la femme; *& ideò illis debet deferri commodum privationis.* La Rochesalvin, *liv. 2. let. M. tit. 4. Arr. 14.*

318 Une femme *ob stuprum commissum* après la mort du

mary, est privée de la succession de son fils. Jugé au Parlement de Toulouse en Février 1584. que les parens du côté du mary, quoyque plus éloignez succedent, à l'exclusion des parens maternels plus proches; parce que ce sont les parens du mary qui sont offensez, & *ideo illis debet deferri commodum privationis*. La même chose avoit été jugée le 14. Février 1575. *Biblioth. de Bouchel*, verbo, *Mariage*.

SUCCESSION, FIEF.

319 De la succession des Fiefs. *Voyez* le mot, *Fief*, nombre 137. *& suiv.*

320 Des successions de Fief, & droit d'aînesse. V. M. le Brun, *Traité des Successions*, liv. 2. chap. 2. & les Arrêtez de M. de Lamoignon, recueillis dans le Commentaire de M. Barthelemy Auzanet sur la Coût. de Paris.

321 En succession collaterale un mâle venu d'une fille, & une fille venuë d'un mâle, dans une Coûtume où representation a lieu, la fille exclut le mâle en Fief qui n'a pas plus de droit que sa mere. Arrêt en l'an 1543. *Carondas*, liv. 10. *Rép.* 43.

322 Les mâles issus des filles en collaterale, succedent également aux Fiefs avec leurs cousins germains mâles & issus des mâles. Arrêt du 27. Mars 1635. *Du Frêne*, liv. 3. chap. 17.

323 Les enfans d'une fille ayant partagé un Fief avec les representans d'une autre fille, cette portion de Fief qui leur est échuë, ne peut être de nouveau subdivisée, quoyque ce soient des mâles & non des filles. Arrêt du Parlement de Roüen du mois de Juin 1645. *Basnage, sur l'art. 272. de la Coût. de Normandie.*

324 En la Coûtume de *Sens* les filles descendans d'un mâle, & venans par representation avec leur oncle, succedent avec leur oncle és Fiefs. Jugé par l'Arrêt des Beroults en 1631. & le 13. May 1658. *Notables Arrêts des Audiences*, Arr. 13. M. le Prêtre, 1. Cent. chap. 22. Cette Jurisprudence a varié par l'Arrêt de Messieurs de Saintot, par lequel la fille du frere predecedé, n'herite point aux Fiefs avec son oncle, frere du défunt. Jugé le 23. Février 1663. en la premiere des Enquêtes. *Notables Arrêts des Audiences*, Arrêt 91. Requête Civile contre l'Arrêt; le 16. May 1669. Arrêt qui déboute de la Requête Civile.

325 Succession collaterale des propres en Fiefs. *Voyez de la Guesse*. tome 2. liv. 2. ch. 37. où il y a Arrêt du 11. Août 1659. rendu en la Coûtume du *Perche*.

326 Dans la Coûtume de *Vitry-le-François*, art. 46. & autres Coûtumes, qui ont semblables dispositions, les biens feodaux dans les successions roturieres, se partagent également, sans avantage ni preciput pour l'aîné. Arrêt du 16. Mars 1678. servant de Reglement. *Journal du Palais*.

327 Dans la Coûtume de *Peronne*, en ligne collaterale entre roturiers, le fils de l'aîné mâle emporte les Fiefs par representation de son pere, à l'exclusion de son oncle & de ses enfans. Jugé à Paris le 22. Juin 1679. *Ibid.*

328 Succession collaterale en Fief de propres feodaux dans la Coûtume du *Grand Perche*, si un cousin germain, issu d'une fille, doit exclure des cousines germaines, issuës pareillement d'une fille? Arrêt du 11. Août 1659. qui ordonne qu'il sera informé par turbes de l'usage. *Notables Arrêts des Audiences*, Arrêt 32.

SUCCESSION, FILLE.

329 Si le pere dispose pour le droit maternel de sa fille échû, la fille sera-t-elle tenuë de s'y tenir? *Coquille*, tome 2. *quest.* 245.

330 Le plus proche parent du côté maternel, & non le pere, succede à sa fille. *Voyez* l'espece dans *Carondas*, liv. 7. *Rép.* 213.

331 Le Contract fait par une fille au préjudice de ses droits successifs en la succession de sa mere & d'un de ses oncles au profit de son pere, est cassable. Arrêt du 29. May 1546. *Le Vest, Arrêt* 199.

SUCCESSION, FISC.

332 Quelles successions appartiennent au fisc? *Voyez* le mot, *Fisc*, n. 23. *& suiv.*

333 S'il n'y a point d'heritier pour les biens paternels ou maternels, du côté d'où viennent les biens paternels ou maternels, si le fisc y succede, ou l'heritier d'un côté? *Voyez Bouvot*, tome 2. verbo, *Succession*, question 15.

SUCCESSION, FRERES.

334 *Voyez Bouvot*, tome 1. part. 3. verbo, *Succession entre freres & sœurs.*

335 Quand il y a un frere uterin, il exclud tous les autres pour le regard de tous les biens propres à la sœur ou au frere uterin, excepté ceux qui se trouvent mouvans du tronc de la famille des cousins germains. Arrêt du Parlement de Dijon du 18. Février 1570. *Ibid* part. 2. verbo, *Succession*, quest. 3.

336 Si un père acquiert avec sa femme une Terre & Seigneurie, ayant des enfans de ce mariage, desquels quelques-uns meurent, laissans leur frere & sœur survivans avec le pere; sçavoir si le pere succede avec le frere & sœur du défunt en la part de la Terre acquise, avenuë à l'enfant mort? V. *Bouvot*, to. 1. part. 1. verbo, *Succession entre les ascendans*, quest. 1. où il rapporte un Arrêt du Parlement de Dijon du 28. Mars 1588. au profit du pere, contre les heritiers maternels de la fille.

337 Si en Bourgogne le frere en double ligne exclud le frere uterin pour tous les biens, fors les maternels; & si les cousins germains en double ligne excluent aussi les enfans d'un frere consanguin ou uterin. V. *Bouvot*, tome 1. part. 3. verbo, *Exclusion.*

338 Le 17. Juillet 1593. il a été jugé au Parlement de Toulouse qu'en une succession d'un frere décedé *ab intestat*, laissant deux sœurs, l'une conjointe des deux côtez, & l'autre consanguine, toutes deux succederoient également aux biens qui sont dans le Gardiage de Toulouse, & quant aux autres biens la sœur consanguine en fut excluë, & l'autre maintenuë. Arrêt semblable du 6. Septembre 1603. *Cambolat*, liv. 1. chap. 43.

339 Le frere d'un lien succedera avec le frere germain, au tiers du bien coûtumier, déferé pour droit de legitime à l'ascendant. *Automne*, art. 49. 57. *& 65. M. Abraham la Peirere, en ses Décisions du Palais, let.* S, *n.* 231. dit, la raison de douter est prise de ce que le défunt pouvoit disposer du tiers du bien coûtumier; mais comme la coûtume conserve aux freres leur portion de ce tiers, elle le regarde comme bien coûtumier; auquel le double lien n'est d'aucune consideration, ains seulement la ligne.

340 Par Arrêt du Parlement de Toulouse du 22. Janvier 1627. jugé suivant l'avis de *Benedict*. verbo, & *uxorem, decis.* 5. *n.* 76. que les freres uterins ne succedent avec la mere aux biens du frore. *Novell. de hered. ab intestat.* A défaut d'une ligne, les autres de l'autre ligne succedent à l'exclusion du fisc, même un bâtard s'il a été marié, & aux étrangers qui ont été naturalisez; c'est-à-dire, que la succession paternelle va aux heritiers maternels, à faute de parens paternels. Il y a un ancien Arrêt dans les Registres de la Cour, *fol.* 118. qui est contraire; mais depuis jugé contre le fisc, par Arrêt du Parlement de Paris du 16. May 1566. & par Sentence du Trésor, du 10. May 1571. Autre du 26. May 1587. Autre du 9. Février 1588. rapportés par *Bacquet, Traité du droit de Desherence, ch.* 4.

341 Par Arrêt du 17. Decembre 1649. jugé sur l'article 248. qu'une sœur uterine prefereroit les pere & mere en la succession d'acquets & meubles, *Berault, au 2. tome de la Coût. de Normandie*, à la fin. p. 96.

SUCCESSION, HERMITES.

342 Parens pauvres, successeurs d'un Hermite. V. *Tournet, sur S. Arr.* 61.

343 Arrêt du Parlement de Paris du 27. Février 1633. par lequel un Hermite n'a été reçû à partage des successions de ses pere & mere; avec les Plaidoyez des Parties. *Voyez le Recueil des Plaidoyez, & Arrêts notables imprimez en* 1645.

SUC

HERITIER DE L'HOMICIDE.

Voyez le mot *Homicide*, *nomb.* 61. *& suiv.*

344 Les biens d'une sœur tuée par son frere appartiennent entierement à la sœur consanguine, à l'exclusion du Seigneur ou fisc. Arrêt du P. de Dijon du 4. Juillet 1580. *Bouvot*, *to.* 2. *verbo Succession. qu.* 25.

SUCCESSION, HYPOTHEQUE.

345 De l'hypotheque d'un fils heritier de son pere sur les biens de sa mere. *Voyez* le mot *Hypotheque*, *nombre* 135. *& suiv.*

346 L'heritier beneficiaire conserve ses hypotheques. *Voyez* le mot *Hypotheque*, *nomb.* 142. *& suiv.*

347 Un heritier qui possede une partie de l'heritage chargé d'une rente, peut être convenu pour le tout, sauf son recours contre ses coheritiers. *Voyez* le mot *Heritier*, *nomb.* 370. *& suiv.*

SUCCESSION, JESUITES.

348 Si les Jesuites peuvent succeder à leurs parens, & combien il y a de sortes de Professions entr'eux, & qu'elle les prive & exclut des successions. *Voyez Filleau*, 4. *part. quest.* 117. où il rapporte l'Edit de leur établissement en France.

349 Jugé par Arrêt du 30 Janvier 1631. que les Jesuites congediez après le premier vœu simple qu'ils font à la fin des deux ans de Noviciat, sont capables de succeder, de même que les autres Religieux. L'Arrêt par aucunes considerations ordonna que le Religieux congedié joüiroit par forme d'usufruit du tiers des immeubles & heritages de la succession par forme d'alimens, sans dépens, ni restitution de fruits. *Bardet*, *to.* 1. *liv.* 4. *chap* 5.

350 Memoire instructif pour Messire André le Picart, Chevalier, Seigneur d'Aubecourt heritier en partie de défunt Messire François le Picart son pere, & de Dame Anne Benard sa mere; comme aussi des feües Demoiselles Anne Catherine, & Marie Anne le Picart ses sœurs, & Jean Baptiste le Picart son frere, défendeur & appellant d'une Sentence surprise par défaut de comparoir.

Contre Noël Benard, sieur du Verger, au nom & comme se prétendant curateur à l'interdiction de François Gabriel le Picart, intimé & demandeur.

Si un homme qui a été Jesuite sans avoir fait profession, qui n'a fait que des vœux simples, & qui n'est sorti de la Société qu'avec le congé legitime de ses Superieurs, & à la requisition de la famille, estant seul aujourd'huy en état de la soûtenir, est capable de succeder, & doit être regardé comme Religieux? *Voyez le recüeil des Factums & Memoires imprimez à Lyon chez Antoine Boudet, en* 1710. *to.* 2. *p.* 396.

Voyez le mot *Jesuites*, *nomb.* 17 *& suiv.*

SUCCESSION, S'IMMISCER.

350 *bis.* Personne ne doit s'immiscer dans une succession, sous prétexte qu'il luy est dû, *sed authore pretore*. *Mornac*, *l.* 3. *ff. de interrogationibus*, *&c.* Voyez la *Coûtume de Paris*, *art.* 317.

INCAPABLE DE SUCCEDER.

351 Incapables de succeder. *Voyez* le mot *Incapable*, *nomb.* 2. *& suiv.*

352 De l'incapacité de succeder dans les bâtards, étrangers, Religieux, condamnez à mort, effets de l'incapacité survenüe après l'ouverture de la succession *ab intestat*. Voyez le 3. *to. des Loix Civiles*, *liv.* 1. *tit.* 1. *sect.* 2. *n.* 8. *& suiv.*

353 Enfans incapables de succeder à leur pere en ligne directe, sont capables en ligne collaterale de succeder aux mêmes biens à leur frere aîné du premier mariage heritier de leur pere, *mutatio persona*, *mutatur qualitas bonorum*. Arrêt du 6. Juillet 1647. *Du Frêne*, *liv.* 5. *chap.* 12.

354 Le fils parricide n'est présumé pouvoir succeder à son pere, pour faire que l'amende se puisse prendre sur la part qui luy devoit appartenir dans la succession. Arrêt du 9. Juin 1659. *De la Guess. to.* 2. *liv.* 2. *chap.* 27.

SUC 655

INDIGNE DE SUCCEDER.

355 Des indignes de succeder. *V. M. le Brun*, traité *des Successions*, *liv.* 3. *chap.* 9.

356 Par la disposition canonique, l'enfant qui a promis d'accomplir le vœu fait par son défunt pere, & est refusant d'y satisfaire sans cause legitime, doit être privé de sa succession, même de celuy qui étant institué heritier n'execute pas la volonté de son pere. *Brodeau sur M. Loüet*, *lettre S. somm.* 5.

357 La mere qui s'est mal comportée pendant sa viduité, est indigne de la succession. Arrêt du Parl. de Toulouse du 26. May 1590. contre une mere, quoiqu'elle opposât que c'avoit été sous promesse de mariage qu'elle avoit été engrossée. *La Roche flavin*, *li.* 3. *lettre S. tit.* 6. *Arr.* 2.

358 Le 11. Decembre 1590. il a été jugé au même Parlement de Toulouse que non seulement la mere pour s'être remariée *intra annum luctus*, & sans faire pourvoir de tuteur à ses enfans, étoit privée de leur succession, decedez en pupillarité, mais aussi les enfans d'elle du second mariage, & freres uterins des trepassez, la succession desquels fut ajugée à un oncle paternel comme plus proche, *exclusa matre & fratribus uterinis :* & ainsi quand la mere se trouve indigne, ceux qui descendent d'elle, le sont aussi. *Ibidem*, *Arrê.* 6.

359 Les enfans de la sœur qui avoit commis l'assasinat en la personne de son frere oncle desdits enfans, privez de la succession, & les cousins germains déclarez heritiers. Arrêt du 7. Août 1604. *M. Loüet*, *lettre S. somm.* 10.

360 Les coupables de ces crimes monstrueux de parricides, & fratricides sont incapables & indignes; *ipso jure & facto*; il n'est pas même raisonnable que leurs enfans profitent de leurs crimes; mais la succession dont on les prive, ne passe point au fisc, comme il fut jugé au Parlement de Roüen le 13. Janvier 1661. entre François Moulion tuteur des enfans d'Etienne Pigeon, & les parens d'Antoine Pigeon : Etienne Pigeon avoit tué Antoine Pigeon son frere pour l'empêcher de se marier. Les enfans de ce parricide prétendans succeder au préjudice des autres parens, furent deboutez de cette prétention par Sentence du Vicomte de Beaumont : mais il jugea cent livres de pension aux quatre enfans de ce parricide jusqu'à l'âge de quatorze ans; ce qui fut confirmé par Arrêt qui ne peut être fondé que sur une raison de commiseration; cette espece n'est pas conforme à celle de l'Arrêt rapporté par Berault sur l'art. 238. Les enfans de l'homicide ne demandoient pas de prendre part à la succession de celui que leur pere avoit homicidé, ils venoient de leur chef à la succession de leur ayeul. *Voyez Basnage*, *sur l'article* 235. *de la Coûtume de Normandie.*

361 Les enfans de celuy qui a commis un crime de parricide, luy & ses enfans sont indignes de recüeillir les biens; ce seroit indirectement admettre les parricides à la succession de leur pere. Arrêt du 15. May 1665. *De la Guess. to.* 2. *liv.* 7. *chap.* 20.

INSTITUTION D'HERITIER.

362 *Factum* pour Monsieur le Duc de Chevreuse, appellant, demandeur & défendeur.

Contre les sieurs Marquis de Mailly & de Vervins, & autres, intimez, parties intervenantes, & défendeurs.

Un parent institué heritier universel dans son contrat de mariage par une procuration sous seing privé, ratifiée ensuite, doit joüir pleinement de sa succession, & les autres heritiers n'y ont aucun droit. *Voyez le recüeil des Factums & Memoires imprimez à Lyon chez Antoine Boudet, en* 1710. *tome* 1. *page* 286.

362 *bis.* Consultation de plusieurs Avocats de Paris sur cette question, qui montre que les institutions d'heritiers universels sont de droit commun en France par

contrat de mariage, & qu'elles comprennent tous les propres sans aucune réduction, dans les Coûtumes où il est permis de les donner entre-vifs. *Ibid.*

Voyez le mot *Institution d'heritier.*

SUCCESSION INTERETS.

363 En l'action de petition d'heredité les interêts sont dûs dés la mort du défunt. *Voyez* le mot *Interêts*, *nomb.* 262.

SUCCESSION, *ab intestat.*

364 *De hæreditatibus, quæ ab intestato deferuntur.* Vide *Luc. lib.* 8. *tit.* 10.

365 La succession *ab intestat* s'étend jusqu'au 10. degré de parenté suivant Accurse, *in fin. inst. de successione cognatorum, & in auth. in successi. C. de suis & legitimis hæredibus :* mais en fait de succession de Royaumes, Marquisats, Comtez & Duchez, suivant Balde la succession a lieu *in infinitum*, & Carondas, *Resp. lib.* 4. *c.* 10. *& lib.* 8. *c.* 62. dit avoir été jugé par Arrêt du Parlement de Paris que *etiam* outre le dixiéme degré celuy qui se trouve de la race ou lignée du défunt, est preferé au fisc. *Voyez Mainard*, *livre* 6. *chap.* 99.

366 Sur l'intelligence du mot plus prochain *ab intestat* est singulier le §. *quamvis & seqis. in tit. de legitimâ agnator. succession*, portant que si le défunt est decedé *intestat* il faut prendre le temps de sa mort; que s'il a fait testament duquel aucun ne se soit dit heritier, il faut prendre le temps auquel il a apperçu qu'il n'y avoit point d'heritier, *tunc enim propriè quisque intestatus decessisse intelligitur quòd quidem aliquandò longo tempore declaratur in quo spatio temporis sæpe accidit ut proximiori mortuo proximus esse incipiat qui moriente testatore non erat proximus.* Ainsi jugé par Arrêt du Parlement de Toulouse pour les plus prochains du temps que les donations & autres dispositions du défunt auroient été déclarées nulles par la Cour. *Voyez Mainard*, *liv.* 6. *chap.* 100.

367 Un homme décede *ab intestat* laissant une sœur germaine, l'ayeul paternel, l'ayeul & l'ayeule maternels à luy survivans; *Quærebatur*, touchant la succession & division d'icelle entre les quatre personnes qui sans difficulté se trouvoient concurrentes. Par Arrêt du Parlement de Toulouse de l'an 1556. confirmatif de la Sentence donnée par Mainard comme Juge de saint Cere, il fut dit que la sœur en prendroit un quart, & que des trois quarts restans l'ayeul paternel seul en prendroit la moitié, l'ayeul & l'ayeule maternels l'autre moitié. *Vide auth. defuncto. C. ad Tertull. & nov.* 118. §. *Silvero cum ascendentib. & si igitur defunctus. Voyez Mainard*, *livre* 6. *chapitre* 93.

368 Par Arrêt du Parlement de Toulouse du mois de Septembre 1584. furent préjugez deux points de la succession *ab intestat*. L'un que la pluralité des liens ne passe les freres & fils des freres suivant la *Nov.* 118. *cap.* 8. *& l'auth. post fratres C. de legitim. hæred.* & que la regle *paterna paternis, materna maternis* n'étoit usitée à Toulouse, *vide Nov.* 84. *& l'auth. & itaque, C. communia de succesff. Voyez Ibid. ch.* 89. *& 90.

369 Par Arrêt du Parlement de Toulouse au mois de Septembre 1597. la mere ayant survécu à son fils fut préferée en la succession *ab intestat*, de son fils aux enfans des freres du défunt, quoique s'il y eût eu un frere du défunt aussi-bien survivant, il eût été concurrent avec la mere, & aussi fait voye & accez à la mème succession aux enfans d'un autre frere predecedé. *Vide les Novelles* 127. *& 118. Voyez Mainard*, *liv.* 7. *chap.* 21.

370 De la succession *ab intestat* du pere ou freres, au fils & frere décedé. *Voyez les Arrêts de M. de Catellan, li. 2. ch.* 19. où sont plusieurs Arrêts du Parl. de Toulouse des années 1644. & 7. May 1663. qui ont jugé que le pere succedant à un de ses fils avec ses autres enfans, n'a point d'usufruit sur leurs portions, quoiqu'il l'eût sur les biens du fils décedé, & qu'il offre de renoncer à sa portion de proprieté. Le contraire avoit été jugé en 1637. & 1641.

371 De la succession *ab intestat* dans la Coûtume de Toulouse. *Voyez les Arrêts de M. de Catellan*, *liv.* 2. *chap.* 32. où il rapporte un Arrêt du 27 Février 1669. qui a décidé que la Coûtume qui appelle *proximiorem ex parte patris* devoit être entendu du plus proche parent du côté du pere du défunt, mais sans considerer l'agnation, Les termes de la Coûtume qui appelle le plus proche *in gradu parentela ex parte patris* s'entendent de la famille & estoc du pere. Arrêt du mois de Juillet 1693.

SUCCESSION DE MAINMORTABLES.

372 De la succession des taillables & mainmortables acquise aux Seigneurs. *Voyez* le mot *Seigneur*, *nombre* 149. *& le mot *Serfs*.

SUCCESSION, MAISONS PARTICULIERES.

373 La Dame Duchesse d'*Elbeuf* est seule & universelle heritiere de la Dame Duchesse de Beaufort sa mere. *Voyez le* 21. *Plaidoyé de M. Galand.*

374 Marie de *Lameth*, tante de Germain de Lameth a été maintenuë comme plus proche habile à succeder à son neveu Germain, au préjudice de Jacques-François cousin de Germain, & le legs universel fait par Germain à Eleonor de Monsure de Graval, confirmé le 26. Janvier 1683. *De la Guessiere*, *tome* 4. *livre* 6. *chap.* 3.

375 Succession de la Maison de *Montagnac* controversée & adjugée *ab intestat*, non par faute de disposition, mais pour en avoir trop fait. *Henrys*, *tome* 2. *liv.* 6. *quest.* 7.

376 Succession de la Maison de Messire François de *Montmorency*, Marquis de Château Brun, de l'état de son mariage & de ses enfans. *Voyez Henrys*, *tome* 2. *liv.* 6. *quest.* 5.

377 Succession de la Maison de *Tournon* agitée, & plusieurs questions décidées. *Voyez Ibidem*, *liv.* 5. *qu.* 51.

SUCCESSION, MASLES.

378 *De statuto excludente fœminas à successione, extantibus masculis. Per Georgium Natam. in Capt. quamvis de pactis. lib.* 6.

379 *Fœmina propter masculos à successione paterna vel feudo, semel exclusa, an perpetuo censeatur exclusa ? Voyez Andr. Gaill. lib.* 2. *observat.* 148.

380 L'exclusion des filles introduite par quelques Coûtumes, au cas qu'il y ait des enfans mâles, si ces enfans viennent à décéder avant pere & mere, ou après sans enfans, les filles qui étoient exclusées sont appellées à leurs successions par le Droit commun. *Voyez Charondas*, *liv.* 13. *Rép.* 96.

381 Un frere décede aprés la mort du frere commun, avant toutefois que d'avoir accepté sa succession, il transmet le droit d'exclusion à ses enfans mâles qui ne viennent pas par representation, attendu que leur pere a été saisi de son vivant, *Brodeau*, *Coûtume de Paris*, *art.* 25. *nomb.* 2.

382 *Statutum Provincia revocans filias ad amissam existentiam masculorum successionis portionem an habeat locum uno ex masculis mortuo, superstite altero ? Arrêt du* 18. Janvier 1586, qui juge la sœur mal fondée à demander part dans la succession de sa mere, *à quâ exclusa fuerat existentiâ fratris. Voyez Francisci Stephani decisi.* 86.

SUCCESSION, MERES.

383 *Voyez* le mot *Edit* §. *Edit des meres*, que les meres ne succederont à leurs enfans és biens provenus du côté paternel; mais seulement és meubles & conquêts provenus d'ailleurs. *Ordonnances de Fontanon*, *to.* 1. *liv.* 4. *tit.* 12. *p.* 757.

384 La mere en la succession du fils, est préferée aux enfans du frere predecedé, n'y ayant point de concours de frere ou sœur vivant. *Mainard*, *lib.* 7. *ch.* 21. Arrêt du mois de Juillet 1669. donné en la Grand'Chambre du Parlement de Bourdeaux, au rapport de Monsieur de Thibault, en la cause du sieur de Chanfort:

jugé

jugé qu'un fils étant décedé, laissant son pere & ses enfans d'un sien frere prédecedé, il n'y auroit point de concours entre les enfans du frere prédecedé, & le pere, & que le pere succederoit seul par défaut de concours d'autre frere. La Peirere, lettre S. nom. 236.

385 Par la Coûtume de Toulouse, les meres sont forcloses de la succession de leurs enfans, & ne peuvent prétendre que la legitime, laquelle leur est ajugée & déclarée être la troisiéme partie de tous & chacuns les biens appartenans à l'enfant, tant du côté paternel qu'autrement. Arrêts des 18. Avril 1565. 28. Mars précedent, & 14. Août 1564. La Rochestavin, liv. 3. lettre S. tit. 6. Art. 4.

386 La mere succede en proprieté à son enfant, en ce qui est venu d'elle, encore que par le contrat de mariage la mere eût donné à son mary pere dudit enfant. Arrêt à la Pentecôte, 1581. Montholon, Arrêt 73. Voyez M. Loüet pour le droit écrit lettre, M. somm. 11. Voyez Bacquet és Droits de Justice chap. 21. n. 308. où il est dit avoir été jugé le 14. Août 1591. que les deniers provenus d'un rachat de rente paternelle, sans avoir été employez, appartiennent à la mere heritiere de son enfant. Voyez le Vest, Arrêt 124. où il y a Arrêt du 11. Avril 1573. Voyez M. le Prêtre trosiéme Centurie, chap. 91. de la succession des meres à leurs enfans.

387 La sœur consanguine a exclus la mere de l'usufruit des conquests immeubles paternels échus par succession à un des fils decedé sans enfans. Arrêt du 1. Avril 1586. Chopin, Coûtume de Paris liv. 2. tit. 5. nomb. 14.

388 Sur l'interpretation de la Coûtume de Toulouse, contenant que les meres ne peuvent succeder à leurs enfans, fut donné Arrêt le 24. May 1588. par lequel la Sentence du Sénéchal de Toulouse fut confirmée, laquelle ajugeoit à sa mere tous & chacuns les biens ayant appartenu à M. de Saint Aignan decedé, ab intestat qui sont hors de Gardiage, & outre ce, lui fut ajugée la legitime sur tous & chacuns les biens qui sont dans le Gardiage; & il fut jugé que la mere n'étoit point obligée d'imputer la legitime les biens qu'elle perçoit hors le Gardiage, suivant plusieurs Arrêts donnez en semblable fait. La Roch-flavin, liv. 3. lettre S. tit. 6. art 3.

389 Une fille étant decedée, ses deux sœurs uterines de deux autres lits, prétendirent succeder avec leur mere; par Arrêt du 21. Janvier 1627. la succession fut ajugée à la mere seule. Cambolas, liv. 5. chap. 33.

390 La mere est privée par la Coûtume de Toulouse, de la succession de ses enfans dans le Gardiage, non dans la Viguerie. Arrêt du 7. Septembre 1633. Cambolas, liv. 6. ch. 47.

391 L'Ordonnance prohibitive aux meres de succeder à leurs enfans és biens provenans du côté paternel, ne doit s'entendre que des successions ab intestat, & que les meres peuvent être instituées par les enfans capables de pouvoir disposer. Arrêt du 22. Janvier 1590. M. Loüet, lettre M. som. 5. l'Ordonnance ne doit être étendue aux successions. Arrêt du 7. Septembre 1603. M. Loüet, lettre N. som, 8.

392 La mere succede en proprieté à ce qui est venu d'elle à son enfant, encore que le pere en eût don de la mere de l'enfant qui étoit sa femme. Jugé à la Nôtre-Dame de Septembre 1591. Montholon, Arrêt 75.

393 Dans la Coûtume de Bourgogne la mere succede à un propre paternel de son fils, à l'exclusion des parens collateraux du côté paternel, qui ne sont pas descendus de l'acquereur, lequel a mis l'heritage dans la famille. Arrêt du Parlement de Dijon rapporté au 2. tome du Journal du Palais in fol. p. 977.

394 *Matre exclusà municipali lege à successione liberorum an institutis extraneis hæredibus legitimam integram petere possit actione ad supplementum, & non agere querelà insufficiosì, si omnino præterita sit à filio aut filiâ?* Voyez Stockmans decis. 22. l'affirmative jugée en Octobre 1653.

Tome III.

Si une mere en païs de droit écrit, succede à ses 395 enfans, & en quels biens, étant en France, & sujets à l'Edit des meres. Voyez Bouvot, tom. 1. part. 1. verbo Succession entre ascendant, quest 5.

La mere étant exclusë par Edit de la succession ab 396 intestat de son fils pour les biens paternels, l'ayeule est aussi exclusë, & tous ceux qui viennent du côté de la mere, comme les freres uterins. Voyez Bouvot, tom. 1. part. 2. verbo Posthum, quest. 1.

Si la mere succ. à sa fille és meubles & acquêts 397 faits par sa fille, & en ceux faits par le pere de sa fille, & ayeul & ayeule de sa fille. V. Bouvot, tom. 1. part. 3. verbo Mere, quest. 3

La mere ne succede aux acquêts faits par le pere, 398 pendant son premier mariage, comme étant à l'égard des enfans du premier lit, reputez anciens, pour ce qui est avenu à l'enfant du second lit. Arrêt du Parlement de Dijon du 9. Juin 1617. le même est pour les acquests faits durant le second mariage, s'il y a des freres du défunt consanguins, qui sont descendus du tronc de pere qui les a acquis, s'il n'y a des freres uterins ou autres collateraux, qui ne sont du tronc, la mere y succederoit à leur exclusion. Voyez Bouvot, tom. 2. verbo Legitime succession, quest. 4.

Jugé par Arrêt du Parlement de Dijon du 14. May 399 1598. que la mere ne succede aux rentes constituées par les tuteurs du prix des fonds vendus du pupille decedé. Bouvot, tome 2. verbo Succession legitime, question 11.

La mere en la succession du fils, est préferée aux 400 enfans du frere prédecedé, n'y ayant point de concours de frere ou sœur vivant. Maynard. livre 7. ch. p. 21.

Arrêt du Parlement de Bourdeaux du mois de Juillet 400 1669. donné en la Grand-Chambre, au rapport de bis Monsieur de Thibaut, en la cause du sieur de Chanfort; jugé qu'un fils decedé, laissant son pere & ses enfans d'un sien frere prédecedé, il n'y auroit point de concours entre les enfans du frere prédecedé, & le pere, & que le pere succedoit seul par défaut de concours d'autre frere. La Peirere, lettre S. nomb. 236.

SUCCESSION, MEUBLES ET ACQUESTS.

Si la succession des meubles, en quelque part qu'ils 401 soient, se regle selon la coûtume du domicile du decedé? Voyez Coquille, tome 2. quest. 157.

Une succession d'un fils ne consistant qu'en meubles, 402 le tiers en appartient à la mere, & au pere pour la legitime le tiers des deux tiers restans. Avis d'Henrys, tome 2. liv. 6. qu. 2.

Meubles échus à un mineur par sort dans son lot; 403 & qui durant sa minorité s'est fait Religieux, la succession qui ne consiste qu'en meubles, appartient à l'heritier des meubles. Voyez le Journal du Palais sine quest. & Arrêts sans date.

La succession d'une petite fille decedée a été aju- 404 gée à son ayeul pour les meubles & conquêts, à l'exclusion de la sœur & de la bisayeule de la défunte. Arrêts des 1. Février 1558. 14. Septembre 1556. & 23. Decembre 1561. Le Vest. Arrêt 216.

Mere survivant son fils est heritiere en tous ses meu- 405 bles, dettes, acquêts & conquests immeubles délaissez par le trépas de son fils. Arrêt du 11. Avril 1573. entre Maître Pierre Thibaut, & consorts d'une part, & Marie le Lievre d'autre part. Le Vest.

Meubles & acquêts se partagent également entre 406 freres de deux lits. Arrêt du Parlement de Bretagne du 9. Septembre 1577. Du Fail, liv. 1. chap. 440.

Rogier est marié deux fois, a des enfans du pre- 407 mier & du second mariage; sa seconde femme pendant sa viduité fait quelques acquêts; par son décés ils écheent à François Rogier son fils qui decede sans enfans, & laisse Nicolas Rogier son frere consanguin issu du premier mariage, heritier des meubles & acquêts, & autres ses cousins heritiers des

Qqqq

propres maternels. Arrêt du 14. Mars 1626. *Brodeau sur M. Loüet, lettre P. som.* 28. nomb. 25. circà finem. *Voyez M. le Prêtre,* 2. Cent. chap. 69. jugé pour les cousins maternels.

408 Un testateur ordonne que ses immeubles, acquêts seront vendus pour en bailler à chacun des heritiers sa part en argent, la part échûë à une mineure qui decede mineure, appartient à sa mere comme meubles & acquêts de sa fille. Arrêt du 23. Avril 1626. *Du Frêne,* liv. 1. chap. 97.

409 Voyez le 24. *Plaidoyé de M. de Corberon Avocat General au Parlement de Metz,* sur une succession mobiliaire qu'on soûtenoit être devoluë à la mere par la mort d'un enfant, dont l'on prétendoit qu'elle étoit accouchée, étant malade de la peste.

410 La succession aux meubles & acquêts, est toûjours deferée au plus proche. Arrêt du Parlement de Roüen du 21. Février 1633. qui ajuge la succession aux meubles & acquêts de Marguerite Safray à ses petits-neveux au préjudice de sa tante maternelle ; l'Arrêt fut rendu aprés partage. *Basnage, sur l'art.* 304. *de la Coûtume de Normandie,* où il examine les lignes, degrez, souches, titres & droits de representation.

411 En la succession collaterale des meubles & acquêts hors le premier degré où la representation a lieu, le plus proche, soit paternel ou maternel, succede. Arrêt du Parlement de Roüen du 21. Mars 1659. *Basnage,* Ibid.

412 Le grand oncle exclut le cousin remué de Germain en la succession des meubles & acquêts. Arrêt du Parlement de Normandie du 17. Février 1634. *Basnage sur l'art.* 304. *de cette Coûtume.*

413 Par Arrêt du Parlement de Roüen du 17. Decembre 1649. un frere uterin a été preferé en la succession des meubles & acquêts au pere, & déchargé de rapporter les meubles dont il s'étoit saisi ; l'Arrêt fondé sur ce que succedant avec le frere de pere & de mere, il doit exclure le pere, parce que le frere uterin excluant la sœur paternelle, & icelle excluant le pere, il le doit aussi exclure ; car si je suis preferé à celuy qui vous est preferé, à plus forte raison vous suis-je preferé, *nam si vinco vincentem te, potiori ratione vinco te. Basnage sur la Coûtume de Normandie,* art. 312.

414 Celuy qui se trouve capable au temps de l'échéance de la succession, ne peut être exclus par ceux qui sont nez depuis, pourvû que la succession ne soit plus jacente. Arrêt du Parlement de Roüen du 4. Août 1665. Un pere ayant été marié deux fois, & le fils du premier lit étant mort, comme il n'y avoit alors qu'un enfant du second lit, la succession aux meubles & acquêts luy fut ajugée au préjudice de tous les autres freres nez depuis la succession échûë : autre Arrêt semblable. *Voyez Basnage sur l'art.* 235. *de la Coûtume de Normandie.*

415 Les filles admises à la succession, partagent les meubles également avec leurs freres, art. 49. des Arrêtez du Parlement de Roüen le 6. Avril 1666. *Basnage,* tom. 1. à la fin.

416 Les enfans de la sœur de pere excluent les enfans de la sœur uterine de la succession des meubles & acquêts. Art. 62. du Reglement fait au Parlement de Roüen le 6. Avril 1666. *Basnage,* tom. 1. à la fin.

417 Le sieur de la Fontelaye, Capitaine en Hollande, aprés y avoir demeuré 30. ans, y deceda en l'année 1655. il laissa trois heritiers, un neveu sorti d'un frere, une sœur de pere & de mere, & une sœur de pere seulement. Par la Coûtume de Mastrech, où il étoit décedé, aprés en avoir consulté les Avocats du lieu, la sœur du pere prit la sixiéme partie de 24000. liv. qui se trouverent dans la succession ; cette sœur étant morte 10. ans aprés Marthe le Févre, sa fille prétendit que le partage avoit été mal fait, & que le sieur de la Fontelaye étant originaire de Normandie, ses meubles avoient dû être partagez suivant la Coûtume de Normandie ; par Sentence du Juge de Fécamp, il avoit été dit que les meubles seroient partagez suivant la Coûtume de Mastrech, par Arrêt du Parlement de Roüen du 17. Juin 1679. la Sentence fut confirmée. *Basnage sur la Coûtume de Normandie* art. 546.

418 Freres & sœurs d'un côté seulement, sont appellez avec les freres & sœurs de deux côtez à la succession des meubles & acquêts de leurs freres & sœurs prédecedez. Arrêts en la Coûtume d'Amiens, suivant l'art. 86. le 25. Janvier 1655. *Du Frêne,* liv. 8. chap. 9. Voyez l'art. 341. *de la Coûtume de Paris.*

419 S'il n'y a ni freres ni sœurs germains, ni des enfans des freres & sœurs germains, les peres & meres succedent seuls aux meubles & aux acquêts qui ont été faits par les enfans décedés ; & cela a lieu, quand il n'y a que des freres & sœurs consanguins ou uterins, parce que les freres & sœurs uterins sont exclus par le pere ; & les freres & sœurs consanguins sont exclus par la mere. *Taisand, sur la Coûtume de Bourgogne,* tit. 7. art. 14. note 6. en rapporte un Arrêt du Parlement de Dijon au mois de Decembre 1642.

SUCCESSION, MINEUR.

420 Arrêt du mois de Septembre 1570. qui a jugé qu'une acquisition faite par le Tuteur de l'argent pupillaire provenant de l'heritage maternel du pupile venant à deceder, est reputé maternel, & ajugé aux freres uterins & non aux consanguins. *Papon,* liv. 21. tit. 1. nombre 16.

421 Sur quoy se doivent prendre les dettes de la succession d'un mineur, & en quel temps il faut les considerer? *Voyez Henrys,* tome 2. liv. 6. quest. 16.

422 Si dans la succession d'un mineur les biens & les dettes se doivent prendre en l'état qu'ils se trouvent au temps du décés, ou bien au temps qu'ils luy sont échûs, &c? *Voyez M. le Prêtre, és Arrêts célebres du Parlement* où vous trouverez l'affaire amplement expliquée, avec l'Arrêt du 10. Juillet 1655.

423 Si un mineur n'ayant de la succession de son pere que des meubles, qui par sort luy sont échûs pour partage dans son lot, & ensuite s'étant fait Religieux durant sa minorité, la succession se partage, comme elle se trouve, en sorte que la mere heritiere mobiliaire, exclut les freres & sœurs du Religieux, où il font considerer ses meubles comme immeubles & propres, à proportion que le mineur auroit eu de ces derniers biens ; en cas qu'ils eussent été distribuez également à chacun des coheritiers, dans la succession paternelle, comme cela se pouvoit facilement, parce que la plûpart de ces biens immeubles, étoient constitutions de rente? *V. le Journal du Palais,* in fol. tome 2. p. 1009. où il est observé que l'avis commun est que la mere comme heritiere mobiliaire doit avoir tous les meubles trouvés dans la succession du fils.

SUCCESSION, ENFANT MORT.

424 Un enfant qu'on présumoit être mort né, qui neanmoins avoit jetté des excremens, il y avoit rapport des Medecins, dans le doute il faut plûtôt juger l'enfant avoir eu vie que d'être mort né. *Voyez Henrys,* tome 1. liv. 6. chap. 5. quest. 21.

SUCCESSION, MUTATION.

425 *Mutatione personæ, mutatur jus successionis,* & celuy qui n'est pas capable d'avoir la succession de son chef, la peut avoir du chef d'un autre. *M. le Prêtre,* 3. Centurie, chap. 88.

Les biens changent de qualité par la mutation des personnes. Arrêt du 6. Juillet 1637. *Brodeau, sur M. Loüet, lettre E. somm.* 8. nombre 6.

SUCCESSION ; NEVEUX ET ONCLES.

426 *Quis potior, in successione nepotis ex fratre patruus an avunculus, in maternis bonis, in quibus tantùm constabat hæreditas? Voyez Francisci Stephani, Décis.* 48.

427 Le neveu fils du frere, exclut les neveux enfans de la sœur des heritages feodaux en la succession de leur

oncle. Coûtume de *Paris*, art. 25. & 322. Voyez *Ca-rondas*, *liv.* 2. *Rép.* 13.

428 L'oncle succede à son neveu en l'heritage acquis par son frere pere dudit neveu, & en exclut le frere uterin de son neveu, encore qu'il soit plus proche d'un degré, & que l'oncle ne soit descendu de celuy qui originairement a apporté l'heritage. *Voyez M. le Prêtre*, 1. *Cent. chap.* 71.

429 Quand un défunt ne laisse point de freres mais des enfans de plusieurs freres, tels fils de freres succedent par têtes ; s'il y avoit un frere du défunt, ils succederoient avec luy *in stirpes*. Cela s'observe ainsi au Parlement de Toulouse. *Voyez Mainard*, livre 6. chap. 91.

430 Si les neveux qui *ab intestat* ne succederoient que par souches avec les oncles, peuvent succeder par têtes, la testatrice ayant ordonné que ses heritiers partageroient également ? *Voyez* Henrys, tome 1. liv. 5. chap. 4. quest. 52.

431 *Henrys*, tome 1. liv. 5. ch. 4. quest. 54. établit que les neveux de differentes branches succedent par têtes, lorsque le défunt n'a point laissé de freres. Premiere exception, quand il y a ou oncle consanguin ou uterin : seconde exception quand il y a un grand oncle.

432 Si l'oncle peut être admis à la succession du neveu conjointement avec l'oncle maternel, tout ainsi que le neveu succederoit également avec le même ayeul ? *Voyez Henrys*, tome 1. liv. 6. chap. 1. quest. 2.

433 Dans les Coûtumes de droit commun, un oncle peut ordonner par Testament que sa succession sera partagée par souches entre ses neveux, pourvû qu'il ne blesse pas en cela les reserves coûtumieres. *Le Brun, des Successions*, liv. 1. chap. 6. sect. 4. nomb. 3.

434 Les oncles & tantes succedent à leurs neveux & niéces au préjudice de leurs enfans cousins du défunt. Les oncles & tantes s'accordent concurremment avec leurs neveux enfans de leurs freres & sœurs. *Voyez Basnage, sur l'art.* 243. *de la Coût. de Normandie.*

435 Les freres succedent par têtes à leurs freres, & les neveux par souches à leurs oncles. Le Parlement de Grenoble l'a ainsi jugé par divers Arrêts ; mais il est aussi remarquable que l'ayeul n'entre point en concours avec ses petits fils dans la succession de leur pere, non pas même à l'égard des choses venuës de luy. *Voyez Guy Pape*, quest. 134. & 147.

436 Si les cousins, enfans des deux freres, *deficientibus patruis*, succedent à leur oncle par têtes, ou s'ils ne succedent que par souches ? Il y a un ancien Arrêt dont il a été parlé diversement dans tous les Livres au sujet de la succession d'un oncle pour sçavoir si elle doit être partagée par têtes, ou par souches entre les cousins germains. *M. Du Luc* en parle, liv. 8. tit. 10. art. 16. Carondas, *sur l'art.* 320. *de la Coûtume de Paris*. Theveneau, *sur l'art.* 277. *de la Coûtume de Poitou*, Coquille, *dans ses Institutes sur la Coûtume de Nivernois*, és questions 2401. Tronçon, *sur l'art*. 328. de la Coûtume de *Paris*, Bugnyon, *Traité des loix abrogées*, page 464. Papon, *dans ses Arrêts*, liv. 21. Titre des *Successions legitimes*, *Arrêts*, 21. & 23.Bouchel, *sur l'art.* 87. de la Coûtume de *Valois*. Voicy les termes dans lesquels est conçû cet Arrêt, & de la maniere dont il est énoncé dans un autre Arrêt, portant qu'il sera délivré. La Cour ayant vû la Requête à elle presentée par M. Adrien de Lauray Secretaire du Roy, requerant pour éviter à longueur du procés, pendant entre luy au nom & comme Tuteur de ses enfans d'une part, & M. Nicolas Herbelet M[re]. des Comptes aussi Tuteur de ses enfans, d'autre, pour raison de la succession de défunte Dame Marie du Ponchet, & pour la décision d'icelle matiere, que certain arrêté ou retenu ci-devant fait par la Cour, és Chambres des Enquêtes, en pareil & semblable cas de 1516. luy être délivré avec les moyens d'iceluy arrêté, & sur ce, oüi le Procureur General du Roy, a ordonné &

Tome III.

ordonne pour le bien de Justice & soulagement & certitude du droit des Parties, que du Suppliant & autres Parties, ce requerans leur être baillé & délivré par extrait avec le present Arrêt. ledit retenu arrêté & inseré à la fin d'iceluy sous la teneur qui ensuit, a été arrêté par les deux Chambres des Enquêtes; que les cousins enfans des deux freres, *deficientibus patruis*, succederont à leur oncle, *in capita*, en suivant l'opinion d'Azo en pays où il n'y a Coûtume de representation ou autre derogeante, *& ita decissum fuit per dictam Curiam*, anno Domini 1526. die vigesimâ tertiâ mensis Decembris, *in causâ pendente inter* Renatum Collet *& consortes, ex unâ, & Margaritam* de Quatre livres, *ex alterâ : prædicti processus, relatore Domino Bonaventuro de sancto Bartholomeo.* Voyez le Journal du Palais, in folio, tome 2. page 962. & Corbin, *suite de Patronage*, chap. 194.

437 S'il y a plusieurs enfans de plusieurs freres ou sœurs, qui viennent à succeder, comme ils doivent succeder ? V. *Bouvot*, to. 1. part. 2. verbo, *Succession,* q. 4.

438 Si les enfans des freres du défunt succedent en pais de Droit écrit en tous biens à l'exclusion des grands oncles & tantes ? *Voyez* Bouvot, tome 1. part. 3. verbo, *Succession*, quest. 3.

439 Pour sçavoir comme se partage en Bourgogne la succession de celuy qui laisse un ayeul, des oncles & tantes. V. *Bouvot*, ibidem, quest. 5.

440 Si la cousine germaine en double ligne, tant du côté paternel que maternel, exclut les oncles & tantes d'un côté ? *Voyez Bouvot* , tome 2. verbo, *Legitime succession*, quest. 1.

441 La destination seule *habet vicem rei immobilis*, mais c'est un privilege *quod non egreditur personam* : s'il y a des acquêts, ils sont adjugez au frere consanguin à l'exclusion des oncles maternels, encore qu'ils soient acquis des deniers dotaux: Arrêt du Parlement de Dijon du 23. Février 1579. *Bouvot, ibid*, verbo , *Succession*, quest. 21.

442 S'il y a une sœur germaine en double ligne, & un neveu *in quarto gradu*, le neveu peut venir à reprendre la succession d'un grand oncle par representation de son pere, & neveu du grand oncle. V. Bouvot, *ibidem*, quest. 23.

443 En succession du cousin, l'oncle est plus proche à luy succeder que le cousin en la Coûtume de *Montfort*, suivant la Loy *avunculo C. communia de successionibus*. Arrêt du 7. Septembre 1565. *Le Vest*, *Arrêt* 80.

444 La declaration faite par un oncle, acceptée & insinuée par ses neveux en une Coûtume où la representation n'est admise en ligne collaterale, par laquelle il veut que ses neveux luy succedent avec son frere en la part que leur défunt pere eût euë, peut être revoquée. Jugé le 7. Decembre 1566. & le 27. May 1582. Carondas, liv. 8. *Rép*. 41.

445 Comment se regle la succession d'un oncle entre ses neveux ? *Voyez Papon*, liv. 21. tit. 1. nomb. 11. & *suiv*. où il rapporte Arrêts differens & contraires, qui se concilient en disant que les cousins succedent à leur cousin germain par têtes, pourvû qu'il n'y ait avec eux oncle vivant ; s'il y a oncle vivant, les cousins viennent avec luy par lits *& in stirpes*, ainsi qu'il a été jugé au Parlement de Paris le dernier jour de Juin 1574.

446 Les oncles succedent également aux neveux sans considerer la pluralité des biens. Jugé le 26. Février 1590. *Cambolas*, liv. 1. chap. 23.

447 Les neveux ne peuvent concourir en la succession de leur oncle avec leur ayeule, & la succession luy doit appartenir s'il n'y a point d'oncles survivans, & s'il y en a ils succedent avec l'ayeul. Arrêt du mois de Septembre 1593. *Ibidem* chap. 46.

448 En la succession des oncles ne succedent pas avec l'ayeule, mais l'ayeule seule comme étant au second degré, & les oncles au troisiéme, & par consequent qu'étant plus proche, elle devoit exclure les

Ooooij

plus éloigné. Jugé au Parlement de Toulouse le 29. Avril 1633. *Cambolas, liv. 6. chap. 42.*

449 Arrêt du Parlement de Normandie du 21. Février 1633. qui ajuge une succession de meubles & acquêts au profit des arriere-neveux, au préjudice & à l'exclusion de la tante maternelle. *Berault, à la fin du second tome de la Coûtume de Normandie, page 52. sur l'article 248.*

450 Les neveux en ligne collaterale excluent leurs oncles par representation de leur défunt pere en la succession d'un de leurs oncles en la Coûtume d'Amiens. Jugé le 24. Mars 1578. *Le Vest, Arrêt 156.*

451 Freres & sœurs uterins succedent à leurs freres uterins, à l'exclusion des oncles paternels, &c. M. le Prêtre, és Arrêts celebres du Parlement, où il cite un Arrêt du 17. Septembre 1582.

452 Le frere legataire, & l'un des heritiers se tenant à son legs, les neveux ne peuvent partager par têtes. Arrêt du 15. May 1588. *Tronçon, Coûtume de Paris, art. 320. verbo Neveux & niéces. Henrys, to. 1. liv. 5. chap. 4. quest. 52. & 53.* rapporte un Arrêt contraire du 31. May 1642. où il explique l'Arrêt de *Tronçon.*

453 En la succession des neveux aux oncles, le double lien n'est pas considerable. Arrêt du Parlement de Toulouse du 13. May 1628. *M. d'Olive, liv. 5. chap. 35.* Voyez *Henrys, tome 1. liv. 5. chap. 4. quest. 56.*

454 Le fils du frere aîné prédecedé, est préferé à l'oncle en la succession qui est déferée à l'aîné par coutume ou par disposition testamentaire ou contractuelle. Ainsi jugé au Parlement de Grenoble le 9. Juillet 1631. & 27. Juin 1665. *V. Salvaing, de l'usage des fiefs, chapitre 95.*

455 Les oncles & tantes paternels & maternels, succedent également en Païs de Droit écrit, de quelque côté que les biens procedent. Arrêt prononcé le 6. Septembre 1636. *Henrys, tome 1. livre 6. chapitre 1. question 3.*

456 Les neveux qui ne succederoient *ab intestat* que par souches, quoyque la Dame Duhamel eût ordonné par son testament que ses heritiers partageroient également, n'ont point été admis par têtes, mais par souches. Arrêt du 31. May 1641. *Ibidem, liv. 5. chap. 4. question 52.*

457 Une tante par son testament ordonne que tous ses neveux viendront à sa succession par souches, & non par têtes, telle disposition est valable, *per modum legati.* Arrêt du 6. Février 1646. *Du Frêne, livre 4. chapitre 31.*

458 Le neveu d'un défunt en ligne collaterale luy succede aux propres naissans, à l'exclusion du même défunt, quoy qu'en égalité de degré, &c. Arrêt du 27. Mars 1646. *Ibidem, chap. 37. & liv. 5. chap. 6.*

459 Une fille dotée & mariée par pere & mere, qui la font renoncer à leurs successions futures & aux fraternelles, sçavoir si les enfans de cette fille sont exclus de la succession des meubles & acquêts de l'oncle? Le 29. Mars 1650. la cause appointée; & le 24. Mars 1651. jugée au profit de l'oncle frere du défunt contre les niéces. *Du Frêne, livre 6. chap. 3.*

460 Une cousine issuë du côté & ligne du défunt, exclud l'oncle maternel du même défunt qui n'en est pas, en la succession des propres naissans. Arrêt du 19. May 1651. *Ibidem, chap. 25.*

461 L'oncle & le neveu du défunt étant également au troisiéme degré, ils semblent qu'ils doivent concourir dans la succession *ab intestat* ; neanmoins la préference est donnée au neveu par Arrêt du Parlement de Toulouse au mois de Mars 1657. suivant la Novelle 118. chapitre 3. fondée peut-être sur ce que la succession descend plus aisément & plus naturellement qu'elle ne remonte. *Arrêts de M. de Catellan, liv. 2. chap. 66.*

462 En la Coûtume de *Soissons* les neveux excluent les oncles du défunt, à la succession duquel ils sont appellez au défaut d'enfans, quoy qu'en pareil degré, suivant l'apostille de Maître Charles Du Moulin, sur l'article 75. de la Coûtume de *Vermandois*, qui regle les parties. Arrêt du 29. Janvier 1660. *De la Guess. to. 2. liv. 3. chap. 4. Secùs*, en la Coûtume de Paris, où il y a disposition contraire, article 339. *Le Vest, Arrêt* 107. Coûtume de Senlis. *Ibidem, Arrêt* 156. Coûtume d'*Amiens*. Entre l'oncle & les neveux, les propres ne remontent en ligne directe ni collaterale en la Coûtume de *Senlis*. Arrêt du 14. Août 1570. *Le Vest, Arrêt* 107.

463 La niéce fille d'un frere ne partage avec ses oncles la succession des fiefs d'un autre frere décedé, l'Arrêt de M. de Sainctot du 23. Février 1663. *Notables Arrêts des Audiences, Arr. 11.* avec l'*Arrêt* 32. précedent. Requête civile contre l'Arrêt, second Arrêt du 16. Mars 1669. qui déboute de la Requête civile. Voyez *De la Guess. tome 2. liv. 3. chap. 32.*

464 Les oncles & tantes du défunt sont préferez par les arriere-neveux & arriere-niéces dudit défunt, en la succession de ses meubles & acquêts. Arrêt du Parlement de Roüen les Chambres assemblées, du 6. Avril 1666. art. 64. *Basnage, to. 1. à la fin.*

465 Dans la Coûtume de *Normandie* une tante paternelle exclud tous ses neveux indifferemment en la succession des meubles & acquêts d'un autre neveu sorti d'un frere. Jugé au Parlement de Roüen le 22. Juillet 1672. *Journal du Palais.*

466 Dans la Coûtume de *Troyes* les neveux du côté paternel & maternel, ont eu les meubles, dettes & conquêts immeubles provenans de la succession de Marguerite Baillot, & à l'exclusion des freres & neveux consanguins d'icelle. Arrêt du 18. Juillet 1674. *De la Guess. tome 3. liv. 10. chap. 16.*

467 Un neveu venant avec un oncle & des tantes à la succession de son oncle, non de son chef ; mais par representation de son pere, en vertu de l'article 310. de la Coûtume de Paris, il est obligé de rapporter ce que sa sœur a receu de l'oncle au mariage, & il n'aura pas plus de droit qu'en auroit eu son pere, lequel suivant le don fait à sa fille, & par son Contract de mariage avoit promis de précompter ce que son frere, oncle de la future épouse luy avoit donné en mariage. Arrêt du Parlement de Paris du 23. Mars 1688. Voyez *le Journal des Audiences, to. 5. liv. 4. chap. 6.*

468 Arrêt rendu au Parlement de Paris le 28. Avril 1705. suivant l'avis de Messieurs les Gens du Roy, qui juge que quand un frere & une sœur viennent à la succession d'un oncle par representation, dans la subdivision le frere exclut sa sœur des biens feodaux. Voyez *l'Auteur des Observations sur Henrys, tome 2. livre 3. question 14.*

PACT DE SUCCESSION.

Voyez le mot *Pact*, *nomb. 9. & suiv.*

469 *Pactum mutuum de succedendo an valeat ?* Voyez *Andr. Gaill, lib. 2. observat. 126.*

470 *Pacta gentilitia vel statuta familiæ de succedendo, an valeant ? Ibidem, observat.* 127.

471 *Pacta familiæ sive gentilitia hodie generatim valent tam inter plebeios, quam inter nobiles, si concepta sint de bonis ipsis, non de hæreditate vel successiones, & substituunt tam de feudis, quam de allodiis inita, etiam absque licentia principis, quam octroy vulgo dicimus.* Voyez *Stockmans, decis. 44.*

472 *Pactum de succedendo, reprobatum à lege, quasi bonis moribus repugnans.* Voyez la *Bibliotheque de Bouchel*, verbo *Succession.*

473 *De successione mutuâ & ex pacto.* Voyez *M. le Prêtre, 2. Cent. chap. 14. & 94.*

474 *Valet pactum nobilium quod fœminæ non succedant in eorum terris.* Voyez *la nouvelle édition des œuvres de M. Charles Du Moulin, to. 2. p. 874.*

475 *Pactum factum de succedendo in contractu matrimonii nobilitatis favore valet : nec revocari potest ad liberorum matrimonii prejudicium.* Voyez *Franc. Marc. to. 2. quest. 118.*

476 *Pactum dotale in contractu matrimonii de succedendo in omnibus bonis nobilibus & immobilibus validum est.* Voyez ibidem.

477 *De pacto succedendo inter nobiles.* Voyez ibidem, quest. 131.

478 *Pactum factum in contractu matrimonii filiæ conjunctæ, de futura hæreditate conservanda in defectum masculorum juridicum est.* Voyez ibid. quest. 597.

479 Par le droit civil toute paction faite de succession à écheoir, & qui empêche de tester librement de son bien, est reprouvée : en France nous pratiquons le contraire, tant és Pays Coûtumier que de Droit écrit, car les institutions, substitutions, renonciations à succession faites par contract de mariage & société sont bonnes. *M. le Prêtre*, 2.*Cent. chap.*14.*&* 94. où il rapporte plusieurs dispositions des Coûtumes.

SUCCESSION, FAIRE PART.

480 Si les Religieux Cordeliers, les bannis à perpetuité, & les incapables de succeder sont part, quoy qu'ils ne soient admis à la succession? *V. Bouvot, to.* 2. verbo *Succession*, quest. 36.

481 Succession, *facere partem.* Il n'y a que ceux qui succedent, ou qui ont renoncé *aliquo dato*, ou qui prennent legitime, qui soient comptez & qui fassent nombre; & les exheredez valablement, & les renonçans *nullo dato*, & autres incapables *non faciunt partem*, comme aussi les enfans qui ont fait profession en Religion. *Voyez Montholon, Arrêt* 58. *Henrys*, *tome* 1. *liv.* 5. *chap.* 4. *quest.* 53. *&* 55.

SUCCESSION, PARTAGE.

482 Partage d'une succession. *Voyez le mot Partage.*

483 Le partage *inter socios* n'ôte pas l'hypotheque acquise. Anne Robert, *rerum judicat. liv.* 3. chapitre 19. *Sociis*, entre coheritiers, parce que chacun n'est censé avoir eu par la mort du pere que ce qui luy écheoit en partage. *Voyez Henrys, tome* 1. *livre* 6. *ch.* 5. *q.* 37. & M. Loüet, lettre H. *somm.* 11.

484 Lorsque l'un des freres ou coheritiers empêche le partage de l'heredité, en ce cas la Cour a accoûtumé d'ordonner qu'elle sera sequestrée & regie par Commissaire; & sur execution d'Arrêt donné en pareil cas on douta comment se feroit la ferme de l'heredité, parce qu'aucuns des contendans requeroient que ce fût en moisson comme grains & denrées; autres requeroient que ce fût en deniers : la Cour par son Arrêt du 14. Decembre 1543. ordonna que ce seroit en deniers. *Papon, liv.* 15. *tit.* 7. *n.* 4.

485 Par Arrêt du 8. Janvier 1611. rapporté par *Tronçon sur Paris, art.* 231. *in fine*, il a été jugé que les successions se partagent en l'état qu'elles sont.

SUCCESSION, *Paterna paternis*, *Materna maternis*.

486 La regle *paterna paternis, materna maternis*, n'a lieu, sinon entre ceux qui sont en même degré. *Voyez Du Luc, liv.* 8. *tit.* 10. *ch.* 3.

487 En la succession des ayeuls ou ayeules à leurs neveux ou nièces, & ainsi des bisayeuls, la regle *paterna paternis, & materna maternis*, n'a certain lieu, mais succedent également à leursdits neveux. Jugé par Arrêt sans date. *La Rocheflavin, liv.* 3. *lettre* S. *titre* 6. *Arrêt* 5.

488 Par Arrêt du Parlement de Roüen, du 19. Février 1599. rapporté par *Berault, sur l'art.*245. *de la Coûtume de Normandie*, *titre de succession*, il a été jugé qu'une rente acquise des deniers procedans du rachat d'une rente faite à un decret, qui étoit provenu de parens du côté maternel, retournoit aux parens du même côté, & non aux paternels, *quia subrogatum sapit naturam subrogati*.

489 Un défunt laisse plusieurs ascendans, d'un côté son ayeul paternel, de l'autre ses ayeul & ayeule maternels; la succession se partagera par souches, moitié au paternel & moitié aux maternels, suivant la Novelle 118. chap.2. *mediatatem quidem accipiant omnes à patre ascendentes quantacumque fuerint, mediatatem verò reli-* *quam à matre ascendentes, quantoscumque eos invenire contigerit*, ce qui s'observe en Païs de Droit écrit. Arrêt du 18. Février 1610. *M. le Prêtre, ès Arrêts de la Cinquième*; le plus grand nombre va à partager les successions des meubles & acquêts entre les ayeuls & ayeules par têtes, & non par souches. *Voyez le Traité des Propres, chap.* 2. *sect.* 2. *nomb.* 3.

490 En Païs de Droit écrit l'ayeul exclut les oncles au défaut de la mere en la succession des propres des enfans décedez sans enfans, nonobstant que la regle *paterna paternis, &c.* n'y ait point de lieu. Jugé les 15. Février 1610. & 20. Juillet 1610. *Tronçon, Coûtume de Paris, art.* 311. *in verbo ayeule.*

SUCCESSION, PERE.

491 En Bourgogne le pere n'est comptable des fruits échûs par succession à ses enfans. *Voyez le mot Fruits, nombre* 177.

492 Si le pere succede aux heritages baillez en payement de dot à sa femme qui a laissé un enfant mort survivant le pere, & aux constitutions de rente? *Voyez Bouvot, to.* 1. *part.* 1. verbo *Succession entre ascendans*, question 2.

493 Si le pere succede avec les frere & sœur du défunt? *V. Bouvot, ibid. part.* 2. verbo *Succession*, *qu.*2.

494 Les pere & mere en Bourgogne succedent aux meubles & acquêts faits par les enfans & par lesdits pere & mere, à l'exclusion des collateraux autres que frere & sœur, ès meubles des frere & sœur. Arrêt du Parlement de Dijon du 17. Juillet 1574. *Ibidem, partie* 3. verbo *Succession, quest.* 2.

495 Si le pere succede aux immeubles par conventions, qui de leur nature sont meubles? *V. Bouvot, tome* 2. verbo *Succession*, *quest.* 34.

SUCCESSION, PERE TUE'.

496 Enfans pauvres qui ne font poursuite de la mort de leur pere, ne sont pas indignes de sa succession. Jugé le 30. Juillet 1630. *Du Frêne, liv.* 2. *chap.* 80.

497 Un enfant qui a tué son pere, ne luy peut succeder. Arrêt du 9. Juin 1659. *Notables Arrêts des Audiences, Arrêt* 27. *Du Guesf. tome* 2. *liv.* 2. *chap.* 27. rapporte le même Arrêt.

498 La mere & les enfans dont cette mere avoit tué son pere, & prescrit par les vingt ans, sont non recevables à prétendre la succession de leur tante qui l'avoit recüeillie du pere tué, & sur les autres demandes hors de Cour. Arrêt du Vendredy 15. May 1665. à cause de l'Ascension, plaidans Messieurs le Févre Dormeson, Langlois le jeune, Masson & le Brun. *Dictionn. de la Ville, n.* 9984.

SUCCESSION, POSSESSION.

499 En matiere de succession la possession fictive suffit, *le mort saisit le vif*, encore qu'elle ne soit acquise réellement & corporellement pour former complainte. *Chopin, Coûtume de Paris, liv.*3. *tit.* 1. *nomb.* 3.

SUCCESSION, POSTHUME.

500 Celuy qui est *in utero* en ligne directe, quoyqu'il ne soit pas *in rerum naturâ*, si son pere meurt, il en est l'heritier; mais en ligne collaterale il faut être capable à l'écheance de la succession, parce que *le mort saisit le vif.* Voyez *Henrys, tome* 2. *liv.* 6. *quest.*15.

501 Posthume institué né monstrueux, avec un museau de singe & un pied fourchu, capable de succeder à son pere, & la substitution pupillaire déclarée ouverte au profit de la mere. Jugé le 23. Juillet 1619. *Bardet, to.* 1. *liv.* 1. *ch.* 68.

502 Il faut être né ou conçû lors de l'ouverture de la succession pour pouvoir succeder; ainsi jugé au Parlement de Paris le 11. Mars 1692. même contre un Etranger, en infirmant la Sentence du Châtelet. *Voyez le Brun, des successions, liv.* 1. *ch.* 3.

503 Le petit-fils qui n'étoit point né ni conçû lors du decez de son ayeul, ne peut accepter la succession, qu'il trouve vacante lorsqu'il vient au monde. Arrêt du Parlement de Paris du 11. Mars 1692. *Journal des Aud. tome* 5. *liv.* 8. *chap.* 5.

SUCCESSION, PRESCRIPTION.

504 La petition d'heredité est prescrit par trente ans, *etiam per cohæredem, tam in suis, quam in collateralibus & extraneis.* Voyez Brodeau sur M. Loüet, lettre S. sommaire 15. nomb. 11. & le *Journal du Palais* dans l'*Arrêt du 24. Avril 1673.*

SUCCESSION, PLUS PROCHAIN.

505 L'oncle en la succession du neveu, est preferé au cousin germain comme le plus proche au troisiéme degré, & le cousin au quatriéme. *Coûtume de Paris*, art. 3 & 8. Voyez *Charondas*, liv. 3. *Rép.* 86.

506 Toute succession appartient au plus proche heritier. Deux exceptions; la premiere, la Regle *paterna paternis*, &c. par laquelle toute succession collaterale retourne toûjours à ceux du côté & ligne de celuy qui le premier a apporté l'heritage en la famille; la seconde, la representation où elle a lieu, parce que les representans viennent concurremment avec ceux qui sont plus proches en degré.

507 En succession quand la Coûtume appelle le plus prochain, le parent paternel est reputé plus proche que le parent maternel qui est en même degré. *Extr. des Reg. du Parlement des Lettres & Arrêts du Parlement.* 1328. Arrêt 26. *Corbin*, *suite de patr.* ch. 79.

508 Jugé par Arrêt du 11. Decembre 1612. que celuy qui est plus éloigné en degré ne peut apprehender une succession qu'au prealable celuy qui est plus prochain en degré du defunt n'ait renoncé à ladite succession, & que le moins proche en fasse apparoir. *Filleau*, 4. part. *quest.* 122.

509 Un parent plus éloigné, habile neanmoins à succeder à un defunt, peut obliger le plus proche de se déclarer heritier ou de se déporter, pour peu qu'une succession soit embarrassée; les Juges doivent accorder neuf mois de deliberation à l'heritier apparent, & qu'on prétend devoir se declarer. Jugé au Parlement de Tournay le 21. Janvier 1700. au sujet de la succession du Comte d'Halennes où il y avoit beaucoup de procez. *M. Pinault*, to. 2. *Arrêt* 280.

SUCCESSION PROMISE.

510 Succession promise par les pactes de mariage ne s'entend que des biens qui sont lors desdits pactes. *Cambolas*, liv. 4. ch. 26.

511 Par Arrêt du Parlement de Normandie du 30. Mars 1519. rapporté par *Berault*, *titre des Successions en propre*, art. 244. *de la Coûtume de Normandie*, in verbo *ledit Heritage*, il a été jugé conformément audit Arrêt que le pere ayant reconnu son fils seul & unique heritier, & promis de luy garder son heritage, ne le peut point aliener; il peut neanmoins vendre ses meubles & recevoir le rachat de ses rentes, en baillant toutefois caution de conserver le fonds desdites rentes. Ce qui fut encore ainsi jugé par Arrêt du mois de Janvier 1526.

512 Par Arrêt du Parlement de Toulouse du 18. Juin 1621. il a été jugé qu'une succession promise par convention d'un contrat de mariage, ne s'entend que des biens qui sont possedez lors dudit contrat, & que promesse d'instituer par contrat de mariage, vaut donation des biens presens & à venir. *M. Cambolas*, l. 4. c. 26.

513 Succession promise par contrat de mariage ne s'entend que des biens que les conjoints avoient pour lors. V. *Cambolas*, liv. 4. chap. 26.

514 La promesse de garder sa succession n'a son effet que par le decez de celuy qui l'a faite, & le presomptif heritier predecedant, ses creanciers n'en tirent aucun avantage. Arrêt du Parlement de Roüen du 3. Juin 1654. Arrêt semblable du 10. Juillet 1636. en un cas plus favorable. Un pere avoit promis à son fils en le mariant de luy garder sa succession: après la mort de ce fils ses sœurs voulurent empescher leur pere de disposer de son bien, prétendant que comme heritieres de leur frere, elles avoient droit de s'éjouïr de cette promesse. Le pere remontre que sa promesse ne pouvoit operer qu'en faveur de son fils; que cette interdiction volontaire ne subsistoit que pour luy ou pour ses enfans, s'il en avoit eu, sans pouvoir être étenduë à des heritiers; les filles furent déboutées. *Basnage*, sur l'art. 244. *de la Coûtume de Normandie.*

515 La promesse faite par le pere, mere, ou autre ascendant de garder la succession à l'un de ses enfans a aussi son effet pour les parts qui doivent revenir aux autres enfans. Article 45. du Reglement fait au Parlement de Roüen le 6. Avril 1666. *Basnage*, tome 1. à la fin.

SUCCESSION, PROPRES.

516 De la succession des propres. Voyez le mot *Propres*, n. 118. & *suiv.*

517 L'article 248. de la Coûtume de *Normandie* porte qu'en succession de propres, tant qu'il y a mâles ou descendans des mâles, les femelles ou descendans des femelles ne peuvent succeder, soit en ligne directe ou collaterale. Voyez un Arrêt du 17. Avril 1646. rendu en interpretation de cet article dans le Commentaire de *Berault*, tome 2. à la fin. p. 50.

518 Les deniers destinez pour la dot d'une fille ne sont point immeubles, si elle n'est mariée. Arrêt du Parlement de Normandie du 12. Janvier 1662. *Basnage*, sur l'art. 315. de cette Coûtume.

519 Quand il s'agit des propres, s'il y a des collateraux descendus de l'acquereur, ou ils sont en parité de degrez avec les ascendans, ou les ascendans sont plus proches. Si les collateraux descendus de l'acquereur, sont en parité de degré avec les ascendans, ils sont preferez aux ascendans. Si les ascendans sont plus proches en degré, ils excluent les collateraux descendus de l'acquereur, suivant l'article 315. de la Coûtume de *Paris*. Et enfin si la succession est de meubles, d'acquêts & de conquêts, les ascendans en parité de degré excluent les collateraux, parce qu'en ce cas, il ne se trouve aucuns de tous les collateraux, qui soit descendu de l'acquereur. *M. le Brun, des Successions*, liv. 1. ch. 5. sect. 1. nomb. 20.

520 Les peres & meres succedent aux anciens conventionnels simplement stipulés comme en chose mobiliaire, parce que ces derniers cessent d'être anciens par la dissolution du mariage, & qu'ils reprennent par ce moyen leur premiere nature de meubles. Arrêt du Parlement de Dijon du 7. Juillet 1567. Autre du 26. Mars 1580. rapporté par *Taisand*, sur la Coûtume de Bourgogne, tit. 7. art. 14. note 13.

521 Le pere ne succede à sa fille aux propres, maisons. Arrêt à Noël 1582. *Montholon*, Arrêt 17. encore que tous les biens du pere & de la mere ayent été faits communs par le contrat de mariage.

522 Par Arrêt du 24. Mars 1586. jugé que quand un enfant decede laissant des freres ou sœurs, la mere ne doit joüir par usufruit des propres de l'enfant decedé, & que l'article 311. de la Coûtume de *Paris* s'entend que le pere ou la mere doivent joüir des propres de leurs enfans qui sont décedés, quand ils ne laissent point de freres, suivant un autre article de la Coûtume. *Bibliotheque de Bouchel*, verbo *Succession.*

523 Le pere succede à son fils aux propres maternels, à l'exclusion du fisc, à faute d'heritier du côté maternel. Arrêt à Noël 1611. *Montholon*, Arrêt 118. Voyez la *Coûtume de Paris*, art. 330.

524 Sur une succession contestée entre la mere & les oncles du defunt qui prétendoient les propres & immeubles de leur estoc; Arrêt du Parlement de Metz du 9. Decembre 1636. qui déboute les oncles. V. le 10. *Plaidoyé de M. de Corberon.*

SUCCESSION, RAPPEL.

525 Voyez *hoc loco suprà* rappel par Contrat de mariage, & *M. Bouguier*, lettre S. nombre 13. où il y a Arrêt du 23. Decembre 1614. *en la Coûtume de Beauvais.*

526 Le rappel est valable en la Coûtume de Senlis encore qu'il n'y ait representation en ligne collaterale ne servant à l'heritier d'offrir que le rappel eût lieu

SUC SUC

jufques à la concurrence de ce que ladite Coûtume permet de difpofer, qui eft des meubles, acquêts & conquêts & quint des propres fuivant lequel le rappel fe peut faire : la Coûtume de Senlis n'étant point prohibitive du rappel, les neveux étoient rappellez par moitié. Arrêt de Noël 1614. Montholon, Arrêt 125.

527 Un neveu venant par rappel à la fucceffion de fon oncle avec fa tante fœur du défunt n'exclut point la tante ; mais ils fuccedent également. Le rappel n'a feulement la force de faire repréfenter la perfonne décedée, mais non pas de l'exclute. Arrêt du Lundy 12. Février 1635. Du Frêne, livre 3. chap. 10.

528 En la Coûtume de Vitry, c'étoient des arrieres-coufins qui avoient été rappellez, le rappel jugé valable per modum legati. Arrêt du 24. Janvier 1665. De la Guiff. tome 2. liv. 7. chap. 4.

Voyez cy-deffus le mot Rappel.

SUCCESSION, RAPPORT.

529 Freres concurrens avec enfans de leur oncle, ne font tenus de rapporter les deniers dotaux qui ont été baillez à leur fœur par leur ayeule, laquelle fœur renonce à la fucceffion de l'ayeule. Chopin, Coûtume de Paris, livre 2. tit. 3. nomb. 19. fine.

530 Jugé au Parlement de Paris le 2. Decembre 1574. que le petit fils ayant furvêcu fes pere & mere, venant à la fucceffion de fon ayeule, eft tenu de rapporter à ladite fucceffion non feulement tout ce qui a été donné à fes pere & mere par ladite ayeule en avancement de fa fucceffion, mais auffi les deniers prêtez à fefdits pere & mere, ou moins prendre, quoyque le petit fils ait renoncé à la fucceffion de fondit pere. Filleau, 4. part. queft. 161.

531 En la Coûtume de Senlis une mere n'eft point tenuë de rapporter ce que fon pere a donné à fa petite fille ob bene merita. Jugé à la Pentecôte 1594. Montholon, Arrêt 83.

532 Une fille venant à la fucceffion de fes pere & mere, doit rapporter actuellement ce qui luy a été donné en dot, ou moins prendre ; & il ne fuffit de rapporter les actions contre les heritiers & biens tenans de fon mary. Arrêt du 30. Avril 1605. Chenu, 2. Cent. queft. 62.

533 Les petits enfans ayant renoncé à l'heredité de leur pere & mere venant à la fucceffion de leur ayeul par repréfentation avec leurs oncles, font tenus de rapporter non feulement les dons & avantages faits à leur pere & mere, mais auffi les fommes de deniers qui leur ont été prêtées pour leur ayeul, pour être mis en partage. Jugé le 14. Janvier 1617. M. Bouguier, lettre R. nombre 19.

534 Quand toutes les filles ont été mariées par le pere, & qu'il n'eft rien deu de leur mariage, elles viennent à la fucceffion de leur frere fans rapporter ce que leur frere leur avoit donné en mariage. Arrêté du Parlement de Roüen, les Chambres affemblées, du 6. Avril 1666. Art. 68. Bafnage, tome 1. à la fin.

535 Dans la Coûtume de Paris les petits enfans heritiers de leur ayeule, en confequence des renonciations faites par leur mere furvivante, viendront à partage chacun pour un tiers de la fucceffion de leur ayeule, en rapportant les avantages faits à leur mere, le tout jufques à concurrence de ce qu'ils amenderont de la fucceffion, & n'y pourront rien prétendre, qu'au préalable le moins avantagé ne foit égalé au plus avantagé, & ce du fonds de ladite fucceffion ; après lequel également le furplus fera partagé entr'eux ; & fi les effets ne fuffifent pour l'également, les tuteurs defdits enfans ne feront tenus de contribuer audit rapport de leur tiers propre & particulier ; & ainfi la Cour a jugé que les trois meres donataires n'étoient point obligées de rapporter pour s'égaler, ou leurs enfans, s'il n'y avoit aucun fonds dans la fucceffion. Jugé au Parlement de Paris le 1. Avril 1686 Journal du Palais.

Voyez le mot Rapport.

SUCCESSION, RELIEF.

536 Relief eft deu par l'heritier en ligne collaterale. Voyez le mot Relief, n. 35. & fuiv.

SUCCESSION, RELIGIEUX.

537 De la fucceffion d'un Evêque Religieux. Tournet, lettre S. Arr. 64.

538 La fucceffion d'un Religieux n'eft déférée aux parens d'iceluy. Tournet, lettre S. Arr. 66.

539 De la fucceffion des gens d'Eglife. Voyez Biblioth. Can. to. 2. p. 635. verbo Succeffion.

540 Les moines font morts civilement, & incapables de difpofition & de fucceffion. Voyez M. le Prêtre, premiere Centurie, chap. 28.

541 La fucceffion d'un Evêque qui avoit été Cordelier, partagée par moitié entre fes parens pauvres ; l'autre moitié employée aux reparations de l'Eglife. Arrêt du Parlement de Paris pour la fucceffion d'un Evêque d'Evreux. Autre Arrêt du 16. Avril 1585 donne aux heritiers la fucceffion d'un Evêque de Châlons qui avoit été Jacobin. Papon, liv. 21. tit. 8. n. 5. & fuiv. M. Robert, rer. judic. liv. 4. ch. 3.

542 Abbas Commendatarius nomine Ægid. Quinault fancti Genulphi ad Angerem fluvium, fucceffit Monachus anno 1592. Morn. l. 3. §. Sed & fi hæres, ff de Minoribus 25. annis fo'. 199. Trônçon, Coût. de Paris, art. 337. rapporte un Arrêt femblable du 19. Juin 1609. pour les heritiers dudit Abbé.

543 Hermites ne fuccedent point. Arrêt du Parlement de Paris du 17. Février 1633. Voyez Pinfon, au titre de peculio Monachorum, n. 19.

544 La fucceffion des Religieux Evêques appartient aux heritiers du fang, & non aux Monafteres. Voyez Robert, rerum judicatarum, l. v. 4. ch. 3. M. Loüet & fon Commentateur lettre E. nom. 4. Mais au contraire le Religieux Evêque ne fuccede point à fes parens. Arrêt du 11. May 1633. rapporté par Du Frêne, liv. 3. chap. 51. Additions fur M. le Prêtre, Cent. t. ch. 28.

Voyez cy-deffus le mot Religieux, nomb. 231. & fuiv.

SUCCESSION, RENONCIATION.

545 Renonciations faites par les filles au profit des mâles ne font autorifées dans la Coûtume de Montargis, qui défend d'avantager un heritier l'un plus que l'autre. Voyez le mot Avantage, nomb. 59.

Où la Coûtume fimpliciter excludit filiam dotatam, & tunc excluditur à fucceffione ; aut excludit dotatam & maritatam, quo cafu copulativè requiruntur. Voyez Brodeau fur M. Loüet lettre R. fomm. 18. nomb. 1.

546 Si la fille qui a renoncé aux fucceffions de fes pere & mere au profit d'eux & de fes freres, & de leurs enfans avec cette referve, fauf à nouvelle fucceffion, & loyale écheute telle que de droit luy peut appartenir après le decez de fes pere & mere, freres & fœurs & leurs hoirs, eft recevable à demander les biens de fes pere & mere & des enfans de fes freres, au préjudice du Seigneur qui a droit de ferf mortaillable, par l'art. 154. de la Coûtume de la Marche ? Voyez Filleau, 4. part. queft. 100. où il obferve que cette claufe n'opere en faveur de la fille qu'en cas de prédecez de fes freres, alors elle fuccede à fon pere à l'exclufion des collateraux.

547 Si en fucceffion directe la mere vivante, & répudiante la fucceffion de fa mere qui luy eft déférée, fes enfans peuvent la repréfenter, & fic, apprehender la fucceffion de leur ayeule avec leur oncle ? Voyez Filleau, 4. Part. queft. 123.

Si un enfant qui n'étoit point né lors de la fucceffion échuë de fon ayeul, à laquelle fon pere avoit renoncé, & qui avoit été prife par benefice d'inventaire par un du lignage, étoit recevable à la demander, étant encore en minorité ? Revel étant mort, fon fils renonça à fa fucceffion : elle fut prife par benefice d'inventaire par un parent collateral : cependant Revel qui avoit renoncé ayant eu un enfant, il le fit porter heritier abfolu de fon ayeul, ce qui luy fut contefté par l'heritier beneficiaire. Revel ayant appellé d'un appointement à écrire, il soûtenoit que son fils ne pouvoit être exclus de cette succession, encore qu'il ne fût point né lors de l'échéance, *Nam qui in utero sunt pro jam natis habentur, quoties agitur de eorum commodis*; que les Lettres de benefice d'inventaire contenoient toûjours cette clause, *pourvû qu'il ne se presente aucun du lignage*; ainsi se presentant pour succeder à son ayeul, il y venoit de son chef. Par Arrêt du Parlement de Roüen du 30. Juillet 1610. la succession fut ajugée à Revel. Cet Arrêt a été remarqué par *Berault, sur l'art.* 90. de la Coût. de Normandie, & par *Godefroy, sur l'art.* 235. Le motif de l'Arrêt fut que le benefice d'inventaire n'étoit point encore ajugé; de sorte que la succession étoit encore réputée jacente. *V. Basnage, sur cet art.* 235.

548 Voicy une espece particuliere, où nonobstant l'adition d'heredité, on fut obligé d'en faire part à des enfans nez depuis la succession ouverte. François Gamard, pere de Pierre & de Jacques, doüa à Jacques son puîné, en faveur de mariage, & en la meilleure forme qu'il pouvoit, dix-huit Journaux de terres situez en Caux, & le reserva à sa succession. Jacques mourut, laissant un fils, qui mourut sans enfans. Marie & Catherine Gamard, fille de Pierre, ses cousines germaines luy succederent en ces dix-huit Journaux de terre; cependant François Gamard leur pere, s'étant remarié, eut un fils nommé Jean, & sous son nom il poursuivit ses filles, pour faire part à Jean leur oncle de ces dix-huit Journaux de terre. Sur cette action les Parties furent mises hors de Cour, sauf à Jean après la mort de son pere à demander le rapport des terres; ce qu'il fit après la mort de son pere. Arrêt du Parlement de Roüen du 16. May 1660. qui condamne les filles à rapporter à la succession de leur ayeul pour être partagées entre elles comme heritieres de leur pere & ledit Jean leur oncle. *Basnage. sur l'art.* 235. de la Coûtume de Normandie.

549 Trois freres, deux mineurs & un majeur prennent la succession; les mineurs se font relever, l'aîné demeure seul heritier, qui soûtient qu'il luy doit être permis de répudier l'heredité, ou n'être tenu qu'à la troisiéme partie des dettes. Jugé qu'il ne payeroit que le tiers des dettes, & à luy permis de renoncer aux immeubles, & par ce moyen déchargé de la poursuite de toute hypotheque. Arrêts des 31. Decembre 1583. & 16. Juillet 1584. *Anne Robert, rerum judicat. liv.* 4. *chap.* 5.

550 Le fils peut renoncer à la succession de son pere, toutefois & quantes. Arrêt du 8. Février 1590. *M. le Prêtre,* 3. *Cent. chap.* 93.

551 Enfans de la fille qui a renoncé, ne peuvent venir à la succession de l'ayeul, encore qu'ils ne soient heritiers de leur mere. Jugé à la Nôtre-Dame d'Août 1593. *Montholon, Arrêt* 79.

552 Par Arrêt du Parlement de Roüen du 4. May 1610. un pere ayant renoncé fut exclus d'appréhender une succession sous le nom de sa fille, qui avoit été déja recüeillie par le frere d'iceluy. *Berault, sur la Coût. de Normandie, art.* 235. in verbo, *Renoncer ou accepter.*

553 Un frere qui a renoncé à la succession du pere, & se trouve dans les trois ans en Pays coûtumier, aussibien qu'en Pays de Droit écrit, est recevable à se porter heritier du pere, & que la Loy derniere *C. de repudianda vel abstinenda hæreditate*, est dans l'usage. Arrêt, Audience de la Grand'-Chambre, du 11. Decembre 1612. *Henrys, tome* 2. *liv.* 6. *quest.* 24.

554 La fille qui renonce au profit des mâles aux droits successifs maternels échûs, moyennant une somme promise par sa mere, a hypotheque pour le payement d'icelle sur les biens paternels, encore qu'elle ne l'ait point stipulée du jour du décès de son pere. Arrêt du 7. Septembre 1626. *Brodeau sur M. Loüet, lettre H. somm.* 21. *nomb.* 8.

555 Les filles renonçans aux successions collaterales, telles renonciations ont lieu en *Pays de Droit écrit.* Arrêt du 24. Mars 1651. *Henrys, tome* 2. *liv.* 4. *q.* 4.

SUCCESSION, RESTITUTION.

De la restitution contre l'adition d'heredité. *Voyez* 556 le mot, *Restitution, n.* 45. *& suiv.*

De la restitution en matiere de partage. *Voyez* le 557 mot, *Restitution, n.* 134. *& suiv.*

Mineur restituable contre l'adition de l'heredité. 558 *Voyez* le mot, *Mineur, n.* 169. *& suiv.* où il est parlé de la succession active & passive des mineurs.

SUCCESSION, SECONDES NÔCES.

Jugé le 8 Juillet 1538 que les filles du premier ma- 559 riage où leurs enfans partagent également avec la fille du second mariage leur sœur paternelle, en tous les immeubles du côté paternel de la succession de l'un de leurs freres décedés, fils du second mariage, quoy qu'il ne fût frere que de pere des filles du premier mariage, & qu'il fût frere de pere & de mere de la fille du second lit. *Le Vest.*

Succession du fils du second lit entre la fille du pre- 560 mier lit & l'ayeule du fils *ex alio latere*. *Voyez* dans *Du Fail, li.* 3. *ch.* 245. un Arrêt rendu au Parlement de Bretagne le 18. Mars 1566. qui regle telle succession.

Par Arrêt du 9. Février 1571. entre M. Jean de 561 Pommeraye d'une part, & Jeanne Garnon d'autre, il a été jugé quand il y a plusieurs enfans de divers mariages d'un même pere, qui ont survêcu leur pere, & que quelques-uns des enfans décedent sans hoirs, les freres & sœurs survivans, conjoints d'un côté seulement, leur succedent dans ses biens propres provenus de leur pere commun, concurremment avec les freres & sœurs conjoints des deux côtez, & ce au Bailliage de *Dunois*. *Le Vest.*

L'ayeul paternel par les secondes nôces est privé de 562 la proprieté de tous droits successifs de son neveu, fils d'une fille du premier lit de cet ayeul. Arrêt du Parlement de Bourdeaux. *Voyez les Plaidoyez celebres dediez à M. de Nesmond,* p. 121.

S'il y a des acquêts faits par une mere constant un 563 premier mariage & viduité, & en second mariage, & qu'il ait des enfans du premier & second lit uterins, & que l'un décede avant du second lit, l'enfant du premier, frere uterin exclut le pere des acquêts faits par la mere. *V. Bouvot, tome* 2. *verbo, Succession, q.* 35.

Le pere ou la mere remariez succedent en proprieté 564 à un des enfans du premier lit, aux biens qu'il a eus de la succession de l'ayeul ou de l'ayeule, *ex patre vel matre defunctis*, quoyqu'il y ait des enfans de ce même lit. Arrêt du Parlement de Toulouse, dont les raisons furent que les biens que les petits-fils ont eus par leur ayeul *ex patre defuncto*, ne leur viennent pas *ex occasione vel contemplatione patris*, dans une interpretation assez naturelle de ces termes pour pouvoir être regardez comme paternels. *Voyez les Arrêts de M. de Catellan, liv.* 4. *chap.* 13.

SUCCESSION, SECRETAIRES DU ROY.

Comment se partage la succession d'un Secretaire 565 du Roy? *Voyez cy-dessus* le mot, *Secretaires du Roy, nomb.* 28. *& suiv.*

SUCCESSION, SEPARATION.

Succession des femmes séparées *Voyez* le mot, *Se-* 566 *paration, n.* 122. *& suiv.*

SUCCESSION, SIENS.

De suitate. Per Angelum de Periglis de Perusio. 567
Per Jo. Pyrrhum.
Per Jo. Raynaudi.
Per Jo. Carronis.

SUCCESSION, SOUCHES.

Un oncle Legataire de son défunt frere, renonce à 568 sa succession; les cousins partagent par souches, & non par têtes, d'autant que le legs équipole au droit hereditaire de l'oncle, outre que l'oncle ne peut être heritier & legataire; toutefois si par le Testament du défunt qui a laissé le legs à son frere, il est dit que les cousins partageront entr'eux ensemble la succession, elle ne doit être divisée par souches. Ainsi jugé

SUC

jugé, & qu'il faut obéir à la volonté du Testateur, le 9. Juillet 1602. *Chopin, Coût. de Paris, liv. 2. tit. 5. nombre 5.* Voyez *M. Ricard, des Substitutions, traité 3. chap. 8. sect. 2. n. 516.*

569 Entre tantes, sœurs de pere & de mere, & leurs neveux, enfans de leurs freres seulement, la succession se partage par souches ; car le degré ne manque pas seulement, mais aussi la ligne à ceux qui ne sont que freres de mere. Arrêt du Parlement de Roüen du 15. May 1664. *Basnage, sur l'art. 304. de la Coût. de Normandie.*

570 Une femme ayant une sœur & des neveux de deux autres branches, & ayant laissé par son Testament son bien en trois branches ; sçavoir, un tiers à sa sœur, laquelle vint à prédeceder de six jours la Testatrice, à qui l'on avoit caché ce décès ; sa succession se doit partager par têtes avec la fille de la sœur prédecedée, & cela conformément à l'article 321. de la Coûtume de Paris, & non par souches, comme le porte l'art. 320. qui n'a point d'application à cette espece. V. *le Journal des Aud. tome 5. liv. 1. ch. 8.*

SUCCESSION, STATUTS DE FAMILLE.

571 Les Statuts & les Loix particulieres, que quelques Maisons s'étoient données d'elles-mêmes pour l'ordre de leur succession ; ce que les Romains appelloient *jus familiare*, les Chartes anciens *statuta familiæ*, ont cessé d'être executés, depuis que les Parlemens les ont rejettez, comme une entreprise sur l'autorité Royale, qui ne permet pas que les familles privées se donnent des Loix contraires au droit public ; c'est ainsi qu'il a été jugé en la Maison de Montmorency, par Arrêt du Parlement de Paris de 1519. En celle de Dreux. En 1551. en celle de Laval, par Arrêt prononcé en Robes rouges par M. le Président Seguier, le 9. Avril 1565. En celle de Montboissier en Auvergne, par Arrêt du 7. Septembre 1571. Sur quoy l'on peut voir ce qu'en ont écrit *Chopin, li. 2. de domanio, tit. 4. n. 8. & in consuet. Andegav. cap. 1. tit. 2. n. 6. & 7. Bodin, en sa Republique, liv. 1. chap. 2.* D'Argentré *en son Traité des partages des Nobles, quest. 24.* Tiraqueau, *traité de jure primigenit. quest. 16.* Du Moulin, *Consil. 50. n. 5. & seq.* M Marion, *au Plaidoyé 8. du second volume.* Peleus, *en ses quest. illustres, quest. 52.* & Brodeau, *sur les Arrêts de M. Loüet, let. R. som. 9.* Voyez Salvaing, *de l'usage des Fiefs, chap. 91.*

SUCCESSION, TRANSACTION.

572 *Consuetudine fieri potest ut pactum de futurâ successione valeat.* Voyez *Franc. Marc. tom. 1. quest. 148.*

573 Jean & Françoise Vivien partagent les meubles de leur mere, & parce que Françoise a eu 700.l. de plus, ils transigent. Françoise abandonne tout le droit en la succession maternelle, moyennant 50. écus. Aprés le décès de Jean, Mathurin, peré commun, demande les meubles ausquels la Coûtume luy permet de succeder. Accord, par lequel Mathurin délaisse à Françoise les heritages que Jean luy avoit cedez, qu'il avoit, dit être tels, comme meubles, à la charge qu'aprés le décès d'elle les heritages seront partagez entre les heritiers, & ceux du pere commun de ses siens. Françoise mourut, ses heritiers sont mis en cause par Mathurin, qui demande l'entherinement de la transaction, & par consequent un partage. Arrêt du Parlement de Bretagne du 17. Février 1567. qui déboute Mathurin, & neanmoins condamne les heritiers à luy payer 50 écus: la Cour considera que l'accord fait entre Jean & Françoise étoit un partage & non une vente. Voyez *Du Fail, liv. 3. chap. 151.*

574 Un majeur qui a transigé d'une succession, ne peut être relevé s'il n'y a dol. Arrêt du Parlement de Bourgogne du 13. Août 1594. *Bouvot, tome 2. verbo, Legitime, quest. 23.*

SUCCESSION, TRANSMISSION.

575 La maxime de Droit touchant la transmission des successions, ne s'entend que des institutions, substitutions, fideicommis, & autres dispositions à cause

SUC 665

de mort, & non des dispositions entre-vifs, & notamment des dispositions contractuelles. *Brodeau, sur M. Loüet, let. S. som. 9. n. 13.* Voyez *Henrys, tom. 2. liv. 4. quest. 2.*

576 Enfant né à quatre mois & demi, par l'ouverture du côté de la mere, qui expiroit, ne peut avoir eû vie pour recueillir la succession de la mere, & la transmettre à son pere quant aux meubles. Arrêt du 17. Avril 1635. *Bardet, tome 2. liv. 4. chap. 12.*

SUCCESSION, VENTE.

577 De l'heritier qui a vendu son droit. Voyez *M. le Prêtre, 3. Cent. chap. 94.*

578 De la lezion en vente de succession. Voyez le mot, *Lezion, n. 69. & suiv.*

579 Cessionnaire de droit successif est saisi par la Coûtume, *le mort saisit le vif.* Arrêt du Parlement de Paris du 17. Novembre 1517. pour une sœur qui avoit acquis les droits de sa sœur en la succession de leur pere. Papon, *liv. 21. tit. 6. n. 1.*

580 Une succession vendüe avec le consentement de celuy *de cujus hæreditate agitur*, a été déclarée nulle, & les Lettres entherinées. Jugé en Janvier 1530. *M. Loüet, let. H. somm. 6. 7. & 8.*

581 Jugé par Arrêt du 23. Mars 1580. que la Loy 2. C. de *rescind. vend.* n'a point lieu en vente de succession, ou de droits successifs, si ce n'est que le vendeur allegue que les forces de la succession luy étoient inconnuës. Filleau, *4. part. quest. 76.*

582 Celuy qui a acheté tous les droits, noms, actions & biens d'une succession, n'est restituable, se disant lezé d'outre moitié de juste prix. Arrêt du Parlement de Dijon du 17. Février 1585. *propter incertum eventum.* Bouvot, *tome 2. verbo, Vente, quest. 31.*

583 En vente de droit de succession l'on ne peut faire répondre par serment du prix que l'on a donné. Arrêt du Parlement de Dijon du 15. Avril 1605. *Ibid. verbo, Réponses par credit, quest. 4.*

584 Par Arrêt du Parlement de Normandie du 21. Juillet 1603. rapporté par *Berault, sur la Coûtume de Normandie, art. 244. in verbo, il ne pourra*, il a été jugé qu'un presomptif heritier ne peut vendre la succession qu'il attend, non plus qu'un usufruitier.

585 En vente d'heredité, il n'y a lieu à la restitution, sous prétexte de lezion d'outre moitié de juste prix, *propter incertum eventum & quia damnosa hæreditas potest esse & lucrosa.* Arrêt du Parlement de Dijon du 28. Février 1614. Bouvot, *tome 2. verbo, Rescision, question 11.*

586 Le fils ayant traité d'une succession avec son pere, ne peut s'en faire relever par Lettres du Prince, fondées sur la lezion, & qu'il est son Tuteur, Arrêt du Parl. de Dijon du 11. Avril 1617. *Bouvot, tome 2. verbo, Pere, question 9.*

SUCCESSION, unde vir & uxor.

587 De la succession d'entre mary & femme. Voyez *le Brun, des Successions, liv. 1. chap. 7.*

588 Jugé défaillant les deux lignes d'heritiers paternels & maternels en directe & collaterale, la femme survivant son mary succede à tous ses biens, & est preferée au Seigneur haut Justicier, & au fisc *de successorio edicto, unde vir & uxor*; l'on a dit que la succession & les personnes étoient de Sancerre en la Coûtume de *Lorris*, & que cette Coûtume ne parle point de cette difficulté ; mais qu'elle est voisine de celle de *Berry*, réformée par le Président Lizet, qui étoit Docteur en Droit, & qui avoit mis plusieurs articles, en faisant réformation, conformément au Droit Romain, qu'en autres articles de cette Coûtume de *Berry*, il y en a un qui préfere la femme au haut-Justicier & au fisc *ex successorio edicto, unde vir & uxor*, qui porte que le mary succede à sa femme, la femme au mary *ab intestat*, par défaut de tous parens en ligne directe & collaterale, *Biblioth. de Bouchel, verbo, Vir & uxor.*

589 Les Gens du Roy tiennent que le Titre *unde vir &*

590 Le Titre *unde vir & uxor*, qui defere la succession de la femme du mary à la femme du mary, sous trois conditions, que le predecedé ne laisse point de parens, que le mariage soit legitime, & que l'union conjugale ne soit pas rompuë par aucun divorce, s'observe indistinctement en Pays de Droit écrit, quoyque M. Maynard, liv. 4. chap. 1. ait prétendu le contraire; mais outre qu'il s'est engagé à dire que ce titre n'avoit point lieu dans tout le Royaume, en quoy il s'est trompé manifestement, pour justifier l'usage particulier du Parlement de Toulouse, il ne s'est fondé que sur un Arrêt du 17. Avril 1575. dans l'espece duquel celuy qui se prétendoit heritier, & M. le Procureur General alleguerent des faits d'ingratitude & d'indignité, qui donnerent lieu d'ajuger la succession au Roy à titre de desherence, à l'exclusion de la femme. V. le Brun, *des successions*, livre 1. chapitre 7. nombre 3.

591 La Loy *unde vir & uxor* n'a point lieu en Normandie, & les biens appartiennent au Seigneur au préjudice de la veuve. Arrêt du Parlement de Roüen du 30. Juillet 1620. Le contraire a été jugé en celuy de Paris, pour une succession de Normandie; mais depuis il y a eu Arrêt different; en sorte que la maxime est certaine, que ne se trouvant aucun lignager, le Seigneur est preferable à la veuve. Basnage sur l'art. 245. *de la Coût. de Normandie*.

SUCCESSION, USUFRUIT.

592 Par la Coûtume de *Paris*, art. 314. les pere & mere succedent à leurs enfans en usufruit aux biens par eux acquis; mais la question est de sçavoir si le mary avant mariage ayant fait plusieurs acquisitions, decedant & laissant un enfant qui survit peu de temps, la mere de l'enfant pouvoit prétendre la joüissance des acquisitions faites par son mary avant son mariage? Arrêt du 15. Juillet 1589. qui déboute la mere de l'usufruit par elle prétendu; & lesdits acquêts ajugez à l'heritier collateral. *Caron*, las. *liv.* 8. *Rép.* 35.

593 Si l'ayeul paternel succede à l'usufruit des biens de son petit-fils, ou la mere en vertu de l'Edit des meres? Arrêt du Parlement d'Aix du 26. Juin 1670. qui ajugea l'usufruit à la mere. Boniface, tome 5. liv. 1. tit. 21. chapitre 5.

SUCCESSION, UTERIN.

594 Tant qu'il y a freres germains ils se succedent les uns aux autres, à l'exclusion des uterins. Arrêt du Parlement de Paris. Papon, liv. 21. tit. 1. n. 27.

595 Si en la Coûtume de *Touraine* le frere uterin est plus favorable que l'ayeul, pour les meubles & acquêts. Voyez Peleus, quest. 139. Dans cette même question Peleus dit, que les propres naissans maternels, ont été ajugez aux grands oncles maternels, & aux cousins remuez de germain, à l'exclusion de l'ayeule & du pere du défunt.

596 La mere succede en propriété à son enfant, en ce qui est venu d'elle, encore que par le contrat de mariage la mere eût donné à son mary pere dudit enfant. Arrêt à la Pentecôte 1581. Montholon Arrêt 73.

597 Si les freres uterins & consanguins, doivent succeder & partager par têtes ou par souches? Voyez Henrys, tom. 1. liv. 6. chap. 1. qu. 5.

598 Si au frere défunt survit un frere paternel avec la mere, elle succede pour le tout à l'exclusion du frere paternel; & au contraire, si ce frere laisse freres uterins avec le pere, ceux-là sont exclus, & la mere emporte tout. Arrêt du Parlement de Bourdeaux du 7. Septembre 1527. V. Papon, liv. 21. tit. 1. n. 8.

599 Un cousin paternel en pays coûtumier, au sept ou huitiéme degré, exclura un frere uterin pour le re-

gard des heritages de l'estoc paternel. Arrêt du 7. Septembre 1552. Brodeau sur M. Loüet, let. S. somm. 17. nom. 2. fine, Le Vest, Arrêt 56. rapporte le même Arrêt.

600 Succession entre des freres & sœurs uterins. Voyez Charondas, liv. 7. Rép. 73. où il y a Arrêt du 28. Juillet 1579.

601 En pays de Droit écrit, comme *Mascon*, le frere uterin est preferé au cousin paternel, même és acquêts faits par le pere échûs à son fils, & audit fils reputez propres. Arrêt du 17. Septembre 1582. M. Loüet, let. V. somm. 3.

602 La succession des enfans entre les peres & meres, & les freres & sœurs consanguins & uterins, se regle de telle sorte, que quand les enfans ne laissent point des freres & sœurs germains avec leurs peres & meres, alors les peres & meres succedent à l'exclusion des freres & sœurs, consanguins & uterins en tous les meubles & acquêts des enfans decedez sans enfans, comme aussi aux heritages, qu'eux mêmes peres & meres ont acquis pendant leur mariage, dont l'enfant de la succession duquel il s'agit, est issu; mais quant aux heritages acquis par le pere ou la mere avant le mariage, qui a donné lieu à la naissance de l'enfant, dont la succession est à partager, ou pendant un precedent mariage, ou pendant leur viduité, les freres & sœurs, consanguins & uterins y succedent à l'exclusion des peres & meres, parce que ces heritages venans de leur tronc commun, sont anciens aux freres & sœurs, consanguins & uterins: ainsi jugé au Parlement de Dijon le 21. Mars 1587. au profit de M. le Conseiller Ocquidam, contre M. le Conseiller Odebert. V. Taisand sur la *Coûtume de Bourgogne*, tit. 7. art. 19. n. 7.

603 Le frere uterin, lequel cede le pere de l'usufruit par luy prétendu des heritages acquis & faits propres naissans à ses enfans de son mariage, avec une femme qui auroit été mariée en premieres nôces. Arrêt du 8. May 1608. M. Bouguier, lett. V. Arr. 4. Loüet, lettre P. somm. 28. parle de cette même question, & cotte l'Arrêt d'un autre temps.

604 Le frere uterin partage avec son frere uterin, les meubles venus du côté du pere. Arrêts du Parlement de Roüen des 7. Mars 1617. & 17. Juillet 1636. rapportés par Basnage sur l'art. 312. de la Coûtume de Normandie.

605 Les sieurs de Creulet, de Couvert, & le Prieur de S. Gabriel, étoient freres de pere & de mere, & le sieur de Meautix étoit leur frere uterin; ce Prieur fut tué; les sieurs de Creulet & de Couvert ses freres, poursuivirent la vengeance de sa mort, & obtinrent une condamnation d'interêts contre les coupables. Le sieur de Couvert mourut; Meautix prétendoit part à cette portion d'interêts qui eut appartenu au sieur de Couvert, comme à un droit qu'il avoit transmis à ses heritiers, *l. qui injuriarum ff. de injur.* qu'il ne faloit plus considerer la cause & l'origine de ses interêts, que ce n'étoit plus le prix du sang, *pretium sanguinis*, mais un pur meuble. Le sieur de Creulet répondoit que cet interêt ne regardoit que ceux de la famille; le sieur de Meautix n'en étant point, ne pouvoit y prendre part, *l. quasi cum D. de sepulchro*; Molin. Il fut dit par Arrêt du Parlement de Roüen du 24. May 1624. que les sommes ajugées pour les provisions & frais funeraires, seroient partagées également, & pour les interêts de l'homicide, Meautix en fut débouté. Basnage sur la *Coûtume de Normandie*, art. 312.

606 Le frere uterin exclud le pere en la succession des meubles & acquêts. Arrêt du Parlement de Roüen du 17. Decembre 1649. Voyez Basnage sur l'art. 241. de la Coûtume de Normandie.

607 Dans la Coûtume de *Troyes* le frere uterin du premier lit, succede à son frere du second lit, dans une stipulation de propres de la mere à elle & à ses

enfans, à l'exclusion du pere. Arrêt le 29. Janvier 1677. *De la Gueſſ.* tome 3. liv. 11. chap. 4.

SUFFOCATION.

UNe nourrice ayant malſoigneuſement & indiſcretement ſuffoqué l'enfant d'un Docteur és Droits, a été par Arrêt du Parlement de Toulouſe du dernier Février 1566. condamnée à faire amende honorable au Palais, & devant la maiſon du pere, battuë de verges juſqu'au ſang incluſivement, & bannie de la Ville pour cinq ans, avec défenſe de plus nourrir d'enfant à la mamelle. *Papon*, liv. 22. tit. 5. n. 6.

SUFFRAGANT.

Voyez les mots *Archevêque*, *Diocéſe*, *Evêque*, *Primat*.

SUFFRAGES.

DE *ſuffragiis*, & *creatione Magiſtratuum*. Lex 12. tabb.
De ſuffragio. C. 4. 3. Demande de ce qui a été promis pour avoir une dignité ; car on pouvoit vendre ſon ſuffrage, & acheter celuy d'autrui : ce qui fut enſuite défendu par Tibere le Jeune, dans la Novelle 161.
Si certum petatur de ſuffragiis. C. Th. 2. 29.
De lege Juliâ Ambitûs D. 48. 14. ... C. Th. 9. 26. ...
l. 4. ult. §. ult. Contre ceux qui achetoient les ſuffrages du peuple pour les Charges & Dignitez.
An in capitulo prævaleat ejus ſententia qui dignitate præſtat, ſi æqualia ſuffragia ſint: Voyez *Franc. Marc.* p. 849. il tient l'affirmative. *Peleus en ſes actions forenſes*, liv. 1. art. 49. rapporte un Arrêt du 7. Mars 1600. confirmatif de cette opinion.
Voyez le mot *Election*.
A l'égard des ſuffrages qui ſont les voix des Juges, *Voyez* les mots *Juges*, *Opinion*, *Voix*.

SUGGESTION.

1 DE la ſuggeſtion & fauſſeté des teſtamens & donations. Voyez *Ricard*, traité *des Donations* part. 3. ch. 1. & la nouvelle Edition des œuvres de M. Charles du Moulin, tom. 2. p. 901.

2 Si un teſtament eſt dit ſuggeré par ignorance des heritiers legataires, où il y a des Blancs, porté tout écrit au Notaire, fait en quelque lieu éloigné en préſence des témoins inconnus, & de divers lieux, où il ſe trouve quelque clauſe extraordinaire, pour empêcher la confection d'un autre teſtament ? V. *Bouvot*, tom. 1. part. 1. verbo *Teſtament*, queſt. 4.

3 Un pere ayant fait ſon teſtament, que l'on diſoit être nul, pour avoir été ſuggeré en fraude, & par une belle mere, & pour la preterition d'un fils abſent ; l'on peut appointer les parties à écrire, tant ſur la ſuggeſtion que nullité, & après qu'ils prouveront leurs faits. Arrêt du Parlement de Dijon du 12. Juin 1609. *Bouvot*, tom. 2. verbo *teſtament*, queſtion 64.

4 *Voyez le* 29. *Plaidoyé de M. le Maître*, contre un teſtament ſuggeré par un Conſeiller au Parlement de Bourdeaux, Arrêt du 20. Avril 1635. qui le caſſe ; l'affaire avoit été évoquée au Parlement de Paris.

5 Arrêts du Parlement de Provence des dernier Avril 1635. 30. Mars & 18. Decembre 1656. qui ont reçû la preuve par témoins de force & de ſuggeſtion à teſter. *Boniface*, to. 1. liv. 8. tit. 27. ch. 14.

6 Faits de ſuggeſtion ne ſont recevables contre une donation entrevifs. Arrêt du Parlement de Paris du 30. Avril 1640. *Soëfve*, tom. 1. Cent. 1. ch. 8.

7 La Coûtume de Rheims art. 189. deſirant que le teſtament ſoit dicté & nommé, lû & relû ſans ſuggeſtion, il faut que l'acte faſſe mention expreſſe de ces mots *ſans ſuggeſtion*. M. l'Avocat General Talon déclara qu'il ne pouvoit prendre parti, & laiſſoit à la Cour d'en juger ſuivant ſa prudence ordinaire. Arrêt ſans date rapporté par *Soëfve*, tom. 1. Cent. 1. ch. 33. qui declare le teſtament nul.

8 Arrêt du mois de Mars 1642. qui confirme le teſtament de Monſieur de Chantecleré, Préſident au Parlement de Mets, en faveur de ſon frere legataire univerſel ; le teſtament étoit attaqué par des faits de ſuggeſtion. Voyez le 18. *Plaidoyé de M. Gaultier* to. 1.

9 L'équipolence des termes n'eſt pas ſuffiſante en matiere des teſtamens, & le mot d'*induction* n'a pareil effet que celuy de *ſuggeſtion*, en la Coûtume de Poitou ; pourquoy le teſtament fait par une femme au profit de ſon mary, a été déclaré nul. Arrêt du 24. Juillet 1642. *Soëfve*, tome 1. Cent 1. ch. 55.

10 Faits de ſuggeſtion contre un teſtament jugez non recevables, la preuve d'iceux par témoins rejettée, nonobſtant la jonction des faits de recelé & de divertiſſement. Arrêt du 21. Mars 1653. *Soëfve*, tome 1. Ceut. 4. chap. 29.

11 En la Coûtume de *Rheims*, un teſtament eſt bon & valable, auquel dans la derniere clauſe de dicté, nommé & relû, ne ſont repetez les mots ſans ſuggeſtion, &c. Jugé le 22. Decembre 1654. *Du Freſne*, liv. 8. chap. 3.

12 La preuve par témoins peut être reçûë des faits de ſuggeſtion, contre un teſtament. Arrêt du 12. Janvier 1655. *Soëfve*, tom. 1. Cent. 4. ch. 75.

13 Jugé par Arrêt du 18. Mars 1655. que les faits de démence & de ſuggeſtion, ne peuvent être alleguez contre un teſtament holographe. *Soëfve*, to. 1. Cent. 4. ch. 84.

14 La preuve par témoins des faits de ſuggeſtion contre un teſtament, eſt recevable, lorſque les faits ſont précis & circonſtanciez. Arrêt du 11. Janvier 1656. *Soefve*, to. 2. Cent. 1. ch. 7.

15 Si des faits d'induction & de ſuggeſtion ſont recevables pour en admettre la preuve contre un teſtament fait par un pere, & ſi une exheredation tacite eſt bonne ? Arrêt qui ordonne que l'appellant articulera dans huitaine ſes faits, & l'intimé au contraire, deſquels ils informeront pardevant le Sénéchal de Lyon, l'Arrêt eſt du 2. Juillet 1658. *De la Gueſſ.* tom. 2. liv. 1. ch. 50. Le même Arrêt eſt rapporté par les notables Arrêts des Audiences. Arrêt 19. Voyez le même Auteur, *Arrêts* 24. & 25.

16 Par Arrêt de la Grand'Chambre du 22. Juillet 1658. des faits de ſuggeſtion, ont été reçus en preuve contre un teſtament fait en Païs de Droit écrit. *Jovet*, verbo *Teſtament*, nomb. 38. dit avoir été préſent à la prononciation.

17 Par Arrêt du Parlement de Paris du 7. Avril 1664. les faits de ſuggeſtion ont été rejettez contre un teſtament, lequel fut déclaré valoir, nonobſtant leſdits faits. *Jovet*, ibidem, nombre 77. dit l'avoir oüi prononcer.

18 La preuve par témoins de prétendus faits de ſuggeſtion & moyens de nullité contre un teſtament, reçuë à l'occaſion d'une Inſcription de faux contre le même teſtament, & en conſequence d'une permiſſion d'informer ſurpriſe & indirectement obtenuë, eſt nulle. Le Notaire qui l'a reçuë, & les témoins qui l'ont ſignée, ne ſont recevables à dépoſer contre la verité de ce Teſtament. Ainſi jugé le 7. Avril 1664. *Soëfve*, to. 2. Cent. 3. chap. 17.

19 Si les heritiers peuvent être admis à prouver par témoins la ſuggeſtion d'un teſtament revêtu de toutes les formalitez ? Le Conſeil de Colmar ordonna la preuve par témoins, par Arrêt du 5. Juin 1709. V. le Recueil des Arrêts notables imprimez en 1710. chez *Michel Guignard*, ch. 99.
Voyez cy-après verbo *Teſtament* §. *Teſtament ſuggeré*.

SUISSES.

DEs privileges octroyez aux Cantons de Suiſſes, Ordonnances *de Fontanon*, tome 2. livre 3. titre 35. *page* 1192.

2 Déclaration en faveur des Suisses qui trafiquent dans la Ville de Lyon. A Fontainebleau le premier Août 1571. *Traité des Privileges des Suisses.*

3 Déclaration en faveur des Suisses qui sont au service du Roy, & de leurs veuves. A Paris le dernier Decembre 1618. registré le 25. Janvier 1619. *3. vol. des Ordonnances de Louis XIII. fol. 144.*

4 Recueïl des Lettres patentes, Edits &c. donnez en faveur des Suisses, & leurs coalliez étant en France au service de nos Rois, par Frantz Zuvellin, *Par.* 1671.

5 Declaration par laquelle le Roy confirme l'art. 20. du traité d'alliance fait par le sieur de la Barde son Ambassadeur en Suisse, le 1. Juin 1658. touchant les Marchands Suisses trafiquant en France. A Calais le 19. Juillet 1658. registrée le 11. Novembre 1663. *9. vol. des Ordonnances de Louis XIV. fol. 436.*

SUPERSTITION.

Traité des superstitions, in 12. *Paris.* 1679.
De superstitionibus, Per Martin. de Arles.
Voyez les mots *Devins, Magie, Sorciers, Sortileges.*

SUPERIORITE.

Continuité de superiorité, ne rend pas une superiorité perpetuelle. *Voyez* le mot *Religieux,* nomb. 254. *& suiv.*

SUPPLEMENT.

1 Supplément de la legitime. *Voyez* le mot *Legitime,* nomb. 278. *& suiv.*

2 Du supplément en matiere de lézion. *Voyez* le mot *Supplément,* nomb. 74. *& suiv.*

3 Lods sont dûs pour le supplément du prix. *Voyez* le mot *Lods & Ventes,* nomb. 347. *& suiv.*

SUPPLIQUE.

La Supplique pour être dans la regle doit contenir la qualité du Benefice ; s'il est Prieuré, ou Cure ; s'il est Regulier ou Seculier ; s'il demande résidence actuelle ; s'il est en Patronage Laïc ou Ecclesiastique ; s'il est électif, en quel Diocese il est situé, &c. *Voyez les Définit. du Droit Canonique,* verbo *Supplique.*

Voyez dans le present Recueil les mots *Bulles, Pape, Provisions, Signature.*

SUPPOSITION.

Voyez au mot *Notaires* le nomb. 234. où il est parlé de ceux qui supposent des personnes en passant des actes pardevant Notaires.

SUPPOSITION D'ENFANT.

1 De la supposition. *Voyez* le mot *Grossesse,* nomb. 35. *& suiv.* Filiation, nomb. 9. *& suiv.* le mot *Part,* nomb. 7. *& suiv.*

2 Voyez *Menochius de præsumpt. to. 2. liv. 5. ch. 24. Mascardus, de probat. to. 3. conclus. 1147. Cujas, dans son Commentaire sur le titre du Code ad leg. Cornel. de fals. Despeisses, to. 2. p. 673. & 674.*

3 *Voyez* le 4. Plaidoyé de M. *Gaultier,* to. 2. pour une veuve accusée de supposition de part. Il rapporte l'Arrêt sans date, qui sans avoir égard à sa requête a maintenu les heritiers du défunt en la possession de tous les biens délaissez par son décez, sauf à la veuve à se pourvoir à l'encontre d'eux pour son douaire & conventions matrimoniales sur les biens du défunt.

Cette supposition produisoit ce semble une indignité qui devoit la priver de la jouïssance du douaire.

4 Supposition d'un enfant pour exclure un frere substitué. *Voyez, Henrys,* to. 2. liv. 6. qu. 21.

5 Si une fille est recevable à justifier sa naissance sur de simples présomptions, & soûtenir sa condition & son état contre les paroles mourantes de son pere, & le témoignage vivant de sa mere? *Voyez* cette question traitée par M. *Galand dans ses Plaidoyez ;* il paroît pour la fille désavouée qui gagna sa cause.

6 Arrêt du Parlement de Toulouse du 12. Septembre 1560. contre le nommé Arnoud Tilh dit Parisette, lequel s'étoit supposé être *Martin Guerre* pour abuser de sa femme, que des apparences de vraisemblance avoient entretenuë dans l'erreur. Le faussaire fut condamné à faire amende honorable, à être pendu, ensuite brûlé, ses biens, attendu la bonne foy de la femme, adjugez à une fille qu'il avoit euë d'elle. *Voyez Papon, liv. 21. tit. 9. n. 20.*

7 M. de Coras rapporteur du procez de Martin Guerre a fait cent annotations sur l'Arrêt intervenu au Parlement de Toulouse ; c'est un petit in 12. imprimé à Paris en 1565.

8 Par Arrêt du 8. Mars 1596. fut condamné à être pendu un nommé Jacques de la Ramée, lequel se disoit fils du Roy Charles IX. & qu'il s'appelloit François de Valois ; mais que lors que la Reine Elizabeth accoucha de luy, la Reine mere avoit supposé une fille en son lieu, & qu'il fut baillé à nourrir à un personnage qu'il nommoit, & lequel avant que de mourir luy avoit dit la verité de son extraction. Il disoit qu'il avoit eu revelation de s'aller faire sacrer à Reims. De fait, il y fut constitué prisonnier. Et un quidam prisonnier avec luy pour avoir dit qu'il avoit entendu de nuit une voix disant, *François de Valois prend courage, la Couronne t'appartient,* fut condamné à avoir le foüet & assister à l'execution de l'autre. *Biblioth. de Bouchel,* verbo *Supposition.*

9 En un Bailliage prés d'Orleans se renouvela l'histoire de Martin Guerre. Un jeune homme supposa le nom & la personne d'un absent, la mere & les autres parens le reconnoissent, & le marient avec une jeune fille d'égale maison. Le vrai fils revient, la supposition est reconnuë, & l'imposteur executé. La femme intente action pour la restitution de sa dot, dommages & interêts contre les parens, ils répondent qu'eux-mêmes ont été trompez les premiers, *id natura facit, non dolus.* Arrêt du Parlement de Paris du 8. Mars 1607. qui les absout. *Plaidoyez de Corbin, chap.* 87.

10 Défenses à un imposteur de prendre le surnom qu'il se donnoit faussement, à peine de punition corporelle. Arrêt du dernier Janvier 1636. *Bardet, to. 2. liv. 5. chap. 2.*

11 Arrêt du 5. Juin 1636. qui fait perdre le douaire à la veuve du Lieutenant General du Maine pour avoir supposé un enfant. *Voyez le 30. Plaidoyé de M. le Maître, & le Journal des Audiences, tome 1. livre 3. chap. 29.*

12 L'accusation de supposition de part n'appartient qu'au mari, luy vivant. Arrêt du Parlement de Paris du 16. Juin 1658. *Journal des Audiences, to. 1. liv. 3. chap. 54. & Bardet, to. 2. liv. 7. chap. 31.*

13 *Voyez* le 3. Plaidoyé de M. *Gautier,* to. 1. contre une fille supposée pour la veuve de Joachim Coignot Medecin de la Faculté de Paris. M. le Maître plaidoit pour la fille désavouée. *Voyez son Plaidoyé septième à la fin,* duquel est l'Arrêt du 4. Decembre 1658. par lequel Marie Coignot est déclarée fille legitime de défunt M. Joachim Coignot, sa mere condamnée à la reconnoître pour sa fille, & ledit Coignot son premier mari dont la succession luy est ajugée. *Voyez dans Bardet, tome 2. liv. 1. ch. 19. le Plaidoyé de M. Bignon Avocat General en faveur de la fille.*

14 Voyez le second Plaidoyé de M. *Patru,* qui plaidoit contre Madame la Duchesse de Rohan.

Voyez M. *Gaultier,* to. 1. Plaidoyé 14. *& 15.* où il observe que la cause ayant été depuis jugée, Arrêt est intervenu au profit de M. & Madame de Rohan, contre toutes les revocations faites par la mere de ses donations & avantages.

De la prétenduë supposition d'un enfant jugée par défaut contre la Dame doüairiere de Rohan. Arrêt du

SUP

26. Février 1646. qui fait défenses au nommé Tancrede soi disant fils du sieur Duc de Rohan de prendre le nom & les armes de la maison de Rohan, & à la Duchesse doüairiere, & à tous autres de luy en donner le nom & la qualité, sous les peines portées par les Ordonnances. *V. Scéfve, to. 1. Cent. 1. ch.* 87.

15. L'accusation de supposition de part n'est point recevable en la bouche des heritiers de la femme, le mari étant vivant. Arrêt du 18. Juin 1648. *Ibid. Cent. 2. chap.* 89.

16. *Voyez dans les Plaidoyez de Boné*, partie 2. p. 150. *& suiv.* un Arrêt rendu en la Chambre de l'Edit de Castres le premier Mars 1651. au sujet d'une fille supposée, qui se prétendoit fille de Jean Saurin habitant de Castres. Les preuves furent si incertains que les Juges se trouverent partagez. Les uns conclurent à déclarer Marie Bohemienne convaincuë du crime de supposition, pour cet effet condamnée d'être fustigée jusqu'à effusion de sang, au bannissement pour cinq ans, & en l'amende de 300. livres. Les autres estimerent qu'avant faire droit sur la requête de la Bohemienne, il seroit fait enquête dans les Villes d'Alby, Gaillac & Marseille, où l'on prétendoit que l'autre fils avoit demeuré. Quelque temps après l'Arrêt de partage personne ne se mettant en état de le faire juger, les prisons furent ouvertes à ces deux filles qui s'accusoient l'une & l'autre de supposition.

17. Le 25. Mars 1665 en la Chambre de la Tournelle, il a été jugé que l'action en supposition de part n'étoit plus recevable, après que l'enfant étoit en possession de son etat pendant 27. années. *Registres du Parlement.*

18. La joüissance provisoire des biens accordez à un enfant dont l'état étoit contesté, & que l'on disoit supposé. *Bouvot, to.* 1. *part.* 2. verbo *Enfant supposé.*

19. SUPPOSITION EN MARIAGE.
Voyez le mot *Mariage*, nomb. 721. *& suiv.*

SUPPOSITION DE PROCURATION.

20. Mariage d'un mineur qui avoit supposé une procuration du tuteur portant son consentement, a été déclaré valable au Parlement de Paris le 29. Août 1630. mais il fut restitué contre le contrat de mariage, & quittance de 21000. livres qu'il avoit eu la facilité de signer ; ordonné que six des parens tant d'un côté que d'autre comparoîtront pardevant deux de Messieurs pour être les conventions reglées sur ce qui se trouvera avoir été payé. *Journ. des Audiences, to.* 1. *liv.* 2. *chap.* 82.

SUPPOTS.

Entre les suppôts des Universitez sont compris Papetiers, Libraires Jurez, Messagers, Bedeaux, qui demandent renvoi, & sont francs & exempts en vertu de leurs testimoniales, suivant plusieurs Arrêts notoires. *Papon, liv.* 5. *tit.* 14. *n.* 9.

SUPPRESSION DE BENEFICE.

1. *Voyez* le mot *Benefice*, nomb. 235.
La suppression est l'extinction d'un titre de Benefice avec l'union de sa mense & revenus à quelque Chapitre, Maison ou Seminaire ; par exemple, le titre d'Abbé de saint Denis en France, a été supprimé, & la mense Abbatiale unie à la Maison Royale de saint Cir.

2. Quand les extinctions & suppressions de titres se font en Cour de Rome de l'autorité du Pape, par exemple, si on veut réduire des Benefices de la valeur de 24. ducats, comme des Chapelles ou des Prébendes, à un moindre nombre, les Officiers prennent ordinairement 100. ducats d'or de componende pour chaque Chapelle ou Prebende supprimée ; & si de cette suppression & réduction on en érigeoit des Canonicats, ou autres Benefices simples, ils prendroient 100. autres ducats d'or pour l'érection de chaque Canonicat.

SUP 669

Pour éviter cette dépense, par la disposition du chap. *Sicut unire de excessib. Prælat.* & même par le Concile de Trente, *sess.* 24. *ch.* 6. l'Evêque pourroit supprimer & réduire lesdites Chapelles ou Prébendes, & si l'on veut les ériger en Canonicats, ou autres Benefices, en gardant les formes de Droit ; ensuite on en pourroit demander la confirmation du Pape. Il est vrai que les Officiers ne laisseront pas de prétendre toûjours la même componende, mais la chose étant faite, on tâche de les faire composer & d'en obtenir quelque diminution. *Definit. Can.* p. 848.

3. Les Docteurs tiennent que pour remettre un Benefice supprimé dans son premier état, l'autorité du Pape n'est pas toûjours necessaire ; encore qu'elle fût intervenuë lors de la suppression qui en fut faite ; ce qui est conforme au texte du chap. *cum accessissent. Ibid.* 849.

4. Suppression de neuf Chanoinies & Prébendes en l'Eglise Collegiale de saint Honoré de Paris, confirmée, & les pourvûs en regale déboutez de leur demande. Jugé le 28. Mars 1669. *De la Guess. to.* 3. *liv.* 3. *chap.* 7.

5. De la suppression du part. *Voyez* le mot *Part*, nombre 10.

SURCENS.

Voyez hoc verbo *le Glossaire du Droit François*, ou *l'Indice des Droits Royaux & Seigneuriaux*, par *Ragueau.*

SURFACE.

De superficiebus. D. 43. 18. *Superficies, hic dicitur, ædificium in alieno solo positum, Domino consentiente ; ex causa conductionis, vel emptionis ; in perpetuum, vel ad tempus.* En ce sens, *superficies*, est la même chose qu'*Emphitéose*, si ce n'est que *superficies est tantùm in prædiis urbanis, at Emphyteusis constat etiam in rusticis.*

Quando superficies solo cedit, & vicissim. l. 2. 1. §. 29. *& seqq.*

SURSEANCE.

Surséance de payement. *Voyez* le mot *Payement*, nombre 112. *& suiv.*

SURTAUX.

1. Le Mercredi premier Decembre 1614. en la premiere Chambre de la Cour des Aydes de Paris, fut jugé que sur l'opposition en surtaux on doit se pourvoir pardevant les Elûs, & non pas en la Cour des Aydes directement. *Journal des Audiences, tome* 1. *liv.* 5. *chap.* 5.

2. Lors qu'il se presente en la Cour des Aydes de Paris des appellations de Sentences renduës à l'Audience sur des surtaux, & qu'il y a des pieces à examiner, la Cour ordonne qu'elles en délibererà. Et le déliberé se distribue à l'un de Messieurs de la Premiere qui en fait son rapport, après quoi l'Arrêt qui intervient se met sur la feüille d'Audience sans épices ; & cela est si inviolablement observé, que sur l'appel d'une Sentence de surtaux les Procureurs ayant pris un appointement au Conseil ; & cet appointement distribué à Monsieur Boyetet Conseiller, quoique les parties eussent respectivement écrit & produit ; par Arrêt du Août 1695. M. le Procureur General a été reçû opposant à la procedure, & ordonné que sur ledit appel les parties se pourvoiroient à l'Audience. Cette regle pourroit neanmoins recevoir une exception, tant en premiere instance qu'en cause d'appel, lors que le surtaux est fondé sur quelque privilege du taillable, auquel les Habitans & Collecteurs auroient donné atteinte ; parce qu'alors il ne s'agiroit pas seulement d'un simple surtaux, mais encore de la confirmation d'un privilege qui merite plus

d'examen & d'attention qu'un simple surtaux. *Memorial alphabetique*, verbo *Surtaux*.

SURVIE.

SI la veuve doit avoir la pension viagere promise en cas de survie par le mari, outre les alimens viduaux? *Boniface*, to. 4. liv. 5. tit. 12. chap. 2. rapporte un Arrêt du Parlement d'Aix du 27. Juin 1671. qui n'ajuge que la pension.

Voyez cy-aprés verbo Testament, §. *Testament, Survie.*

SURVIVANCE.

1 DU 5. Octobre 1575. au Parlement de Bretagne, le Prince de Dombes, fils de M. de Montpensier, Lieutenant General en ce pays, par survivance du sieur de Montpensier, à la charge de faire reformer les clauses par lesquelles il peut amasser la Cour & appeller les Conseillers tels que bon luy sembleroit, & sans prendre autre Jurisdiction que celle des anciennes Ordonnances & Edit sur ce faits. *Du Fail*, liv. 3. chap. 366.

2 Arrêt du Conseil du 12. Mars 1672. qui accorde la survivance aux Officiers des Maréchaussées. Declaration du Roy sur le même sujet du 16. Mars 1672. *Maréchaussée de France*. p. 919.

3 Arrêt du Conseil du mois d'Octobre 1684. qui défend au Parlement de Toulouse de donner rang, séance, ni voix déliberative aux survivanciers des Officiers de ladite Cour, s'il n'est porté par leurs provisions. V. *les Edits & Arrêts recueillis par l'ordre de M. le Chancelier en* 1687.

4 Declaration du Roy du 7. Janvier 1690. qui accorde la survivance aux Officiers des Maréchaussées. *Maréchaussée de France*, p. 1066.

5 Arrêt du 21. Juillet 1693. qui accorde la survivance au Lieutenant Assesseur en la Maréchaussée de Langres, moyennant le retranchement d'un quartier de ses gages pendant quatre années. *Ibid. page* 1097. *Voyez* le mot *Officiers*.

SUSPENSION.

1 DE *suspensione*. Per Anto. Archiepiscopum Florentinum.

De *pœnâ suspensionis*. Voyez *Julius Clarus*, liv. 5. *Sententiar. quæst.* 75.

2 De la suspension contre un Ecclesiastique. *Voyez M. du Perray*, p. 537.

3 *Suspensus authoritate Papæ, an per inferiorem restitui possit*? Voyez *Franc. Marc.* tom. 1. quæst. 740.

4 Voyez dans *Castel en ses mat. benef.* to. 1. p. 170. les differentes especes de suspension.

Il y a des personnes qui sont suspenduës des fonctions divines seulement devant Dieu; ce sont les grands pécheurs, mais cependant en celebrant la Messe, ils ne tombent dans l'irregularité, parce que *hoc non est expressum in Jure*.

La seconde espece de suspension est celle qui est prononcée par la loy de Dieu même, & ensuite par le Canon, sçavoir lors qu'on trouve quelque texte dans le Droit qui veut que celuy qui a commis certain peché demeure de plein droit suspendu de l'execution de ses Ordres.

5 Il y a des suspensions *ab officio & beneficio* selon Panorme, suspension *ab officio* fait perdre tout exercice de la Jurisdiction spirituelle. Sous ce mot *officium* on comprend & ce qui est de l'Ordre, & ce qui est de la Jurisdiction. *Castel, mat. benef.* to. 1. p. 283.

Voyez les mot Censures, Excommunication, Interdit.

T

TABELLION.

E Tabellione, per Bartholum à Saxo Ferraro.
Per Baldum Ubaldis.
Et per Jo. Jacobum de Canibus.
Tabelliones creare qui possint? V. Franc. Marc. tome 1. quest. 488.
Tabellions. Voyez hoc verbo, La Bibliotheque du Droit François par Bouchel, où sont rapportez plusieurs Arrêts qui ont fixé leurs droits, & puni leurs malversations par de grosses amendes, & condamnations à faire amendes honorables.
Reglemens pour les Tabellions du Royaume. Voyez les Ordonnances recueillies par Fontanon, tome 4. page 65. & suiv.
Si un Tabellion qui a accordé du droit de Tabellionage avec un Notaire, est preferable aux créanciers du Notaire anterieurs à l'obligation du droit de Tabellionage, sur le prix de la vente de l'Office du Notaire. Voyez Bouvot, tome 1. part. 1. verbo, Tabellion.
Voyez les mots Contrat, Hypotheques, Notaires, & Ressort.

TABLE DE MARBRE.

DE la Table de marbre & Juges en dernier ressort. Voyez l'Ordonnance des Eaux & Forêts, tit. 12. & au 1. volume du present recueil, le mot Connétable.

TABLEAUX.

LE Seigneur Justicier demandoit que défenses fussent faites au Curé de recevoir des Tableaux où fussent dépeintes les Armoiries de ceux qui les donnoient, pour être élevez sur les Autels de l'Eglise: le Curé a été maintenu en la faculté de recevoir Chapes, Tableaux, & autres oblations avec ou sans Armoiries, & défenses de mettre Litres, &c. Arrêt du 11. Août 1621. M. d'Olive, Actions forenses, 3. part. Action 14.
Tableaux de Chapelle sont immeubles. Jugé le 7. Juin 1585. Ricard en ses notes sur la Coûtume de Paris, article 90.
Tableaux seulement suspendus & non cramponez, sont meubles. Brodeau, Coûtume de Paris, art. 90. nomb. 2.
Tableau legué à un témoin testamentaire; le Tableau étoit de vil prix, & le Testament fut confirmé. Arrêt du 29. Mars 1677. Journal du Palais.
Tableau des interdits chez les Notaires. Arrêt du 17. Janvier 1662. qui rend les Notaires responsables des Actes qu'ils passent pour les interdits. Journal des Audiences, tome 2. liv. 4. chap. 42.

TACITE RECONDUCTION.

DE la tacite reconduction. Voyez cy-devant verbo, Bail.
Ex tacitâ reconductione, hypotheca est à lege & creditores præferuntur, qui ante prorogationem illam, seu, ut loquimur, continuationem locationis, contraxerint. Arrêt du 22. Août 1604. Mornac, l. 13. §. qui impleto, ff. locati & conducti.

TAILLES.

TAilles. Tributum Annona. Publica pensitatio. Census, Capitatio, &c.
De annonis & tributis. C. 10. 16... C. Th. 11. 1.
De tributis, stipendiis, censibus & prædiis Juris Italici. Ulp. 19. de domin. & acquis. rer.
De indictionibus. C. 10. 17... C. Th. 11. 5. Indictiones sunt annona & tributa, vel potius, impositiones tributorum.
De superindicto. C. 10. 18... C. Th. 11. 6. Id est, indictionis augmento: Imposition nouvelle & extraordinaire; Taillon & Crûe.
De exactoribus tributorum. C. 10. 19... C. Th. 11. 7. Des Collecteurs des Tailles & Tributs.
De executoribus & exactoribus. C. 12. 61...C.Th.8.8.
Tributa in ipsis speciebus inferri. C.Th. 11. 2.
De superexactionibus. C. 10. 20... C. Th. 11. 8...
Tributorum exactores, si plus quàm debeant, exegerint, quâ pœnâ afficiendi sint. Leon. N. 61.
De canone largitionalium titulorum. C. 10. 23. Des Receveurs des Tailles, qui doivent les remettre aux Receveurs Generaux. Canon, est annua pensitatio.
De capiendis & distrahendis pignoribus, tributorum causâ. C. 10. 21... C. Th. 11. 9.
Si propter publicas pensitationes venditio fuerit celebrata. C. 4. 46. Rescision de la vente des heritages faite à vil prix, ou sans les formalitez requises, pour le payement des Tributs qui étoient réels.
De censibus. D. 50. 15. Census, étoit un état ou terrier public, contenant la description, les confins, & l'estimation des fonds de chaque particulier, pour faire une juste imposition des Tributs, que nous appellons Tailles en France: Les Rôles des Tailles.
De censu, sive adscriptione. C. Th. 13. 10.
De censibus & censitoribus, & peræquatoribus, & inspectoribus. C. 11. 57... C. Th. 13. 11.
Sine censu vel reliquis fundum comparari non posse. C. Th. 11. 3.
De censibus, exactionibus & procurationibus. D. Gr. 10. q. 2. & 3... 11. q. 1. c. 27. & 28... 23. q. 8. c. 20. §. ecce. vers. sed notandum; usq. ad §. hinc. post c. 25. Extr. 3. 39... S. 3. 20... Cl. 3. 13... Ex. co. 3. 10.
De apochis publicis, & de descriptionibus curialibus, & de distributionibus civilibus. C. 10. 22. Des quittances publiques pour les impositions.
De immunitate nemini concedendâ. C. 10. 25., C. Th. 11. 12... Const. Justin. Just. 9. & 10.
De collatione donatorum vel elevatorum, aut translatorum, seu adaratorum. C. 10. 28... C.Th. 11. 20. Contribution des heritages donnez & affranchis par le Prince. Dans ce titre il faut sous-entendre ce mot, prædiorum. Voici l'explication des autres mots. Donat possessiones seu prædia Princeps, dempto canone: Relevat possessiones tributis: Transfert possessiones in jus aliud, aliamve functionem. Adærare, est æstimare & taxare pecuniâ, quod in annonis inferebatur.
De collatione æris. C. 10. 29... C. Th. 11. 21. Les Provinces qui payoient les Tributs en monnoye d'airain, pouvoient les payer en especes d'or de la même valeur.
De argenti pretio, quod thesauris infertur. C. 10. 76. ult... C.Th. 13. 2. La même chose pour les Tributs payables en argent. Reduction de l'or à la valeur de l'argent.
De lustralis auri collatione. C. 11. 1... C. Th. 13. 1. C'étoit un Tribut que payoient quelques Marchands tous les quatres ans, ou chaque lustre. Ce tribut fut imposé par Constantin, & supprimé par l'Empereur Anastase.
De discussoribus. C. 10. 30... C. Th. 11. 26... Des Asséeurs, Collecteurs, & Receveurs des Tailles, ou Tributs. Discussores, sunt veluti cognitores & discepta-

tores rationum fiscalium, ab aliis tractatarum.

De susceptoribus. C. 10. 70... C. Th. 12. 6. Receveurs des Tailles, Tributs & deniers publics.

De capitatione civium censibus, eximendâ. Les habitans des Villes sont exemts des Tailles.

Si curialis, relictâ civitate, rus habitare maluerit. C. 10. 37... C. Th. 12. 18. Ce titre parle des Décurions, mais il peut s'étendre aux Bourgeois des Villes, qui peuvent être imposez à la Taille, quand ils demeurent à la campagne.

Ut nemo ad suum patrocinium suscipiat rusticanos, vel vicos eorum. C. 11. 53... C. Th. 11. 24. Contre les donations & ventes simulées, faites en fraude de la Taille, à une personne exempte.

Non licere habitatoribus Metrocomia, loca sua ad extraneum transferre. C. 11. 55. Metrocomia, étoit un bourg principal, qui tenoit, entre plusieurs autres villages, le même rang qu'une Metropole tenoit entre les Villes. Ce Titre défend aux habitans de ces Métrocomes, de vendre leurs fonds aux habitans des autres bourgs, à cause de l'exemption des Tailles.

De reliquis publicis non exigendis, & de discussione diversarum actionum. N. 147. Décharge ou remise du payement des Tributs qui étoient dûs en reste ; c'est-à-dire, des arrerages échus. De cette remise sont exceptez les tributs qui étoient destinez à l'entretien des Villes, & des Soldats : ce qui est exprimé par ces mots, *de discussione diversarum actionum.* Les Empereurs cedoient quelquefois à leurs peuples, ces sortes d'arrerages. Loüis XII, Roy de France, remit à ses sujets le present du couronnement, la troisiéme partie des impôts, & la dixiéme des Tailles. Il remit ensuite la moitié de son revenu, & mérita le nom de Pere du peuple. Le Roy Henry le Grand remit aussi tout ce qu'on luy devoit en reste des Tailles & subsides, depuis sept ans & plus, en 1599.

De indulgentia Reliquorum publicorum. N. 148. Justini. 1... C. Th. 11. 28. Indulgentia dicitur de præteritis tributis, des arrerages échus : *Relevatio, de futuris.*

De indulgentiis debitorum. C. Th. 11. 28.

De relevatione publicorum tributorum. N. 163... Const. Justinian. Just. 9. & 10... Constan. Imper. Niceph. Bot. 2.

De prædiorum sterilium ad fertilia impositione. N. 166.

De hominibus qui eidem Domino subjecta prædia possident. N. 168. ult.

De collatoribus, & aliis capitulis. N. 128. De l'imposition des tributs : le temps, la maniere, la forme des impositions, de l'exaction & du payement : ce qui a du rapport à l'imposition, à la collecte & à la recepte de nos tailles.

De Hellesponto. Ed. Justin. 11. Défenses de lever aucuns tributs, impôts, ou deniers, dans les Provinces de l'Empire, sans l'attache du Gouverneur, outre les Lettres du Prince : ce qui est en usage en France pour les Intendans de Provinces.

Ne Monasteriorum prædia describantur. Const. Imp. Alex. Comn. 2. Exemption des Monasteres.

Ne conlatio per logographos, celebretur. C. Th. 11. 4. Les impositions ou taxes ne doivent pas être faites par ceux qui dressent les Rôles ou Registres. *Conlatio, id est, collatio. Logographi,* étoient ceux *qui rationes tributorum conficiebant.*

Ne equorum conlatione. C. Th. 11. 17. De ceux qui étoient obligez de fournir des chevaux à l'Empereur.

De conlationis, translatio postuletur. C. Th. 11. 22. Défenses de faire transporter les taxes des contribuables aux tributs, des Rôlles d'une Ville ou d'une Province, en ceux d'une autre. En France on permet aux Taillables qui ont des fonds dans deux Paroisses, de faire transporter leur taxe ou imposition, aux Rôlles d'une seule Paroisse.

De Protostasie. C. Th. 11. 23. Ce mot est Grec, & signifie en general, Primauté, *Principatus.* En cet endroit il signifie proprement la charge de lever les tributs, comme sont parmi nous les Consuls & Collecteurs des Tailles.

Touchant la voiture & le transport des tributs publics, circonstances & dépendances. *Voyez* cy-après Voiturier.

Voyez les mots, Cadastre, Capitation, Cens, Collecteurs, Deniers publics, Don gratuit, Exemption, Impôt, les mots Moulin, nomb. 51. & suiv. Noblesse, nomb. 96. & suiv. Solidité, nomb. 54. & suiv.

1. *De Talliis, exactionibus, & excubiis. Voyez* la Nouvelle édition des œuvres de M. Charles Du Moulin, tome 2. page 521. & Franc. de Claperiis, cah. 42.

2. Des Aydes, Tailles & autres impositions qui se levent en Languedoc, avec le Sommaire du style en forme de proceder en la Cour des Aydes à Montpellier. *Ordonnances de Fontanon, tome 2. liv. 3. tit. 4. page 801.*

3. Des Tailles, Receveurs, Asséeurs, & Greffiers d'icelles ; & de ne faire levées & cottisations de deniers sans expresse permission du Roy. *Ibidem, tit. 10. page 858.*

4. *Voyez* hoc verbo, Tailles, Bouvot, tome 2. & au même volume, le mot, Subsides.

5. Dans un Commentaire fait sur la Coûtume de Melun, par M. J. Champy, Avocat, il y a un petit abregé des Regles & maximes principales de la Cour des Aydes, pour les Tailles, *in 12. à Paris chez Jacques Morel, 1687.*

Il y a un traité particulier des Tailles ; *in 12.*

6. Des Asséeurs ou Partisseurs des Tailles. *Voyez la Biblioth. de Bouchel,* verbo, Asséeurs.

7. Il n'appartient qu'au Roy de lever des deniers sur ses Sujets par forme de Tailles, Aydes & Gabelles, & d'en donner l'exemption. *V. M. de Bret, traité de la Souveraineté, liv. 3. chap. 7. & 28.*

8. Le Roy seul peut imposer la taille. Arrêt de l'an 1514. contre le Duc de Bourgogne. *Bibliotheque de Bouchel, verbo,* Tailles, *ubi multa,* sur l'institution & premiere origine des Tailles.

9. C'est une maxime certaine en la Cour des Aydes, que les habitans qui ne feront valoir que leur bien, quoi qu'en differentes Elections, ne sont imposables qu'au lieu de leur domicile. *Memorial alphabetique, verbo* Habitans, *n. 16.*

10. Ceux qui ont privilege de Noblesse, ou d'Ordre de Prêtrise, ne peuvent être imposez à la Taille, sous prétexte qu'ils travaillent de leurs mains en leurs propres possessions, non plus que pour les biens Ruraux qu'ils ont acquis. Arrêts du Parlement de Grenoble de l'an 1457, & 28. Janvier 1460. Autre chose seroit, s'ils trafiquoient & tenoient Ferme. Arrêt du même Parlement du dernier Avril 1461. il n'y auroit plus lieu au privilege, s'ils exerçoient l'état de Notaire, car il est vil. *Papon, liv. 5. tit. 11. n. 21.*

11. Celuy pour qui l'on a promis de payer la taille, peut être poursuivi, mais on luy reserve son indemnité contre l'autre qui a fait la promesse. Arrêts de la Cour des Aydes de Montpellier des 16. Mars 1541. 5. Juillet 1554. & 12. Février 1557. *V. Philippi, art. 14.*

12. Appeller ceux qu'on veut de nouveau tirer aux tailles. Arrêt du 31 May 1604. *M. Expilly, Arr. 128.*

13. Bertrand du Plessis condamné à Rennes sur la Requête du Procureur du Roy, de payer la taille pour la maison du Temple, située en la Paroisse de S. Jame de la Lande, comme sujete aux tailles ; sauf à recouvrer les deniers par luy ou ses predecesseurs déboursez & payez aux Paroissiens pour consentir le prétendu affranchissement de la maison ; défenses au contraire, & aux dépens & interêts de l'instance. Arrêt du Parlement de Bretagne du 16. Octobre 1561. confirmatif. *Du Fail, liv. 3. chap. 205.*

14. Par Arrêt du mois de Janvier 1596. conformément à l'Ordonnance du Roy François verifiée en l'an 1543. Jugé que pour le payement de la taille, il n'est licite d'user de contrainte solidaire contre les particuliers ;

pour

TAI   TAI

pour le commun de leurs Paroisses, ni d'emprisonner leurs personnes, ni saisir leurs immeubles, bœufs & chevaux, rapporté par *Le Bret, Action* 15.

15 Celuy qui demeure en un lieu, ne faisant apparoir qu'il soit imposé ailleurs, peut être imposé, & il faut appeller ceux qu'on veut de nouveau imposer à la taille. Arrêt du Parlement de Dijon du 15. Juin 1592. *Bouvot, to.* 2. verbo *Taille, quest.* 13.

16 Un habitant ne peut être contraint pour la taille de son voisin. Arrêt du Parlement de Dijon du 4. May 1599. ou s'il s'est retiré hors du village, & a renoncé à l'Incolat, il ne peut être imposé pour les dépens faits par les soldats. *Ibidem, quest.* 15.

17 Les habitans du village de Prosna ayant abandonné le village, & s'étant retirez à demi-lieuë, nonobstant la renonciation à l'Incolat, pouvoient être imposez, faisant labourer leurs terres, & recueillant leurs fruits, & n'étant imposez au lieu où ils faisoient leur demeure. Arrêt du Parlement de Dijon du 7. May 1579. *Ibidem, quest.* 28.

18 Si celuy qui a renoncé à l'Incolat, peut être cottisé après sa renonciation? *Ibidem, quest.* 31.

19 Un Syndic ou Echevin, avec trois ou quatre habitans, font un accord, par lequel il est dit qu'en payant par chacun an une somme certaine, un habitant sera déchargé du payement de la taille, tel accord n'est valable. Arrêt du Parlement de Dijon du 8. Juillet 1599. qui décharge pour le passé, & confirme l'imposition future. *Ibidem, quest.* 45.

20 Si une Seigneurie exempte le Seigneur de payer taille? *Ibidem, quest.* 62.

21 Un Officier en une ville ne peut renoncer à l'Incolat, en se déclarant habitant d'un autre lieu pour n'être cottisable aux tailles. Arrêt du 14. Juin 1604. *Ibidem, quest.* 64.

22 Un Etranger non regnicole peut être cottisé pour les heritages qu'il tient en France. Arrêt du Parlement de Dijon du 7. Février 1605. *Ibidem, quest.* 66.

23 Ceux qui se retirent d'un village en un autre prochain, & neanmoins labourent leurs heritages par leurs mains, peuvent, nonobstant la renonciation à l'Incolat, être cottisez. Arrêt du Parlement de Dijon du 3. Mars 1605. *Ibidem, quest.* 68.

24 Un particulier étant proche du Ressort d'un autre Parlement, exerçant un Office alternatif de Grenetier, ne peut être imposé à la taille en deux lieux; mais à celui de sa demeure ordinaire. Arrêt du Parl. de Dijon du 10. Avril 1606. *Bouvot, ibidem, question* 72.

25 Assemblées pour les Tailles. *Voyez* le mot *Assemblées, nomb.* 15. *& suiv.*

TAILLES, ABONNEMENT.

26 Abonnement de Tailles ne peut être fait par les habitans à aucun d'eux: un tel abonnement, quoyque homologué par Sentence, est inutile, s'il n'est confirmé par Arrêt. Ainsi jugé en la Cour des Aydes à Paris au mois de Mars 1686. *Voyez le Memorial alphabetique*, verbo *Abonnement*.

TAILLES, AUGMENTATION.

27 Sindics & Echevins ne peuvent être augmentez durant qu'ils sont en charge. Il y en a plusieurs Arrêts de la Cour des Aydes à Paris, & un assez recent du 22. Janvier 1694. La raison de cette Jurisprudence est fondée sur ce que les Sindics & Echevins convoquant les assemblées pour les nominations des Collecteurs, & nommant les premiers, ceux qui seroient nommez ne manqueroient pas pour se venger de les imposer plus fortement, ils peuvent neanmoins être augmentez, en cas d'augmentation de biens ou du principal de la taille au sol la livre. *Memorial alphabetique*, verbo *Sindics*.

TAILLES, AVOCAT.

28 Avocats exempts de la collecte & assiette des Tailles. *Voyez* le mot *Avocat, nomb.* 191. *& suiv.*

29 Anno 1386. die 9. Martii fuere lectæ literæ in dicto Parlamento continentes quod Rex mandabat omnibus suis judicibus quod *Advocatos & Procuratores non permitterent practicare in suis Curiis qui se volebant eximere à suis tailliis, prætextu scholaritatis. Voyez Joan. Galli, quest.* 95.

30 Le Juge de Boussac avoit déchargé de la collecte des Tailles un Notaire sous pretexte qu'il étoit Avocat. M. Dulys pour M. le Procureur General, dit que sa qualité d'Avocat fiscal étoit insuffisante, qu'il n'avoit jamais exercé la fonction d'Avocat au Parlement. Arrêt de la Cour des Aydes du 3. Septembre 1617. qui infirme la Sentence, *sans neanmoins que le present Arrêt puisse être tiré à consequence à l'encontre des Avocats écrivains, plaidans & consultans dans les Cours souveraines, Sieges Presidiaux & Royaux. Voyez la Bibliotheque de Bouchel*, verbo *Tailles*, où le Plaidoyé est inseré.

31 Avocat déchargé de l'assiette & collecte des Tailles à la Cour des Aydes, le 8. Mars 1669. *De la Guessiere, tome* 3. *liv.* 3. *chap.* 4.

TAILLES, BANNI.

32 Femme d'un mary banni du Royaume à perpetuité, ne peut être imposée. Jugé par plusieurs Arrêts; cela passe pour maxime; neanmoins il semble que le mari étant incapable d'aucuns effets civils, & mort civilement en France, il ne luy reste plus de pouvoir ni de puissance sur sa femme: cela est si vray, qu'elle peut selon la necessité de ses affaires vendre, engager & s'obliger, comme autorisée par Justice, par l'impossibilité qu'elle le soit de son mary, ainsi elle fait chef de famille comme pourroit faire une veuve. *Memorial alphabetique*, verbo *Femme*.

TAILLES, BETAIL, BOIS.

33 Bestiaux communs contribuent aux Tailles. *Voyez* le mot *Bétail, nomb.* 27. *& suiv.*

34 Droit de depaître le bétail & l'usage de prendre bois, sont sujets à la Taille. Arrêts de la Cour des Aydes de Montpellier des 26. Mars 1556. & 28. Juin 1590. *Philippi, art.* 51.

TAILLES, CENS.

35 Quoyque les directes & rentes foncieres ne soient sujettes à autres charges qu'aux droits du Ban & Arriere-Ban, neanmoins en quelques villes du Païs d'Albigeois, comme à l'Isle & Corde par coûtume & profession ancienne, lesdites rentes foncieres sont cottisées pour les Tailles. Arrêt du 4. Avril 1593. *La Rocheflavin, liv.* 4. *lett. T. tit.* 1. *Arr.* 9.

36 Les rentes & censives perpetuelles sont cottisables à la taille, non les temporelles & rachetables. Ainsi jugé en la Cour des Aydes de Montpellier. *V. Philippi, article* 21.

37 Arrêt du Parlement d'Aix du 16. Juin 1675. qui déclare les censes imposées sur les fonds vendus, n'être point sujets à la Taille. *Boniface, tome* 5. *liv.* 6. *titre* 3. *chapitre* 1. La même chose avoit été jugée le 25. Juin 1632. *Ibid. chapitre* 2.

38 Un proprietaire d'une cense où il y a des terres de moindre valeur les unes plus que les autres, ne peut retenir les bonnes & abandonner les mauvaises pour les charges des tailles, à moins de payer les tailles pour la totalité des terres de la cense, ou bien il les faut toutes abandonner. Jugé au Parlement de Tournay le 4. Mars 1698. entre les gens de Loy du village de Maude & les Prieur & Religieux du Convent de Sainte Croix à Tournay. *Voyez M. Pinault, tome* 2. *Arrêt* 207.

TAILLES, CESSION.

39 Cession n'est admise en matiere d'execution de tailles. *Voyez* le mot *Cession, nomb.* 152.

TAILLES, CHEVALIERS DE MALTHE.

40 Chevaliers de Malthe sujets à la taille. *Voyez* le mot *Chevaliers, nombre* 91.

TAILLES, COLLECTEUR.

41 Des Collecteurs des Tailles & deniers des Receptes particulieres & fermes en chacune des 17. Receptes generales de ce Royaume. *Voyez les Ordonnances*

de Fontanon, to. 2. liv. 3. tit. 12. page 888. & cy-dessus le mot Collecteurs.

42. Les Excuses du Droit Romain ne sont reçues en France pour s'exempter des charges de l'assiette & collecte des tailles. Ainsi un homme ayant soixante ans; un autre disant avoir six enfans, être Notaire Royal, & avoir déja levé une somme de 200. livres pour satisfaire aux dettes de la Communauté, furent condamnez à exercer la charge à eux imposée; à l'égard du troisiéme qui étoit Avocat au Siege Royal de la ville, il fut dit que les habitans procederoient à nouvelle élection. Arrêt du mois d'Avril 1595. *Le Bret, Action 50.*

43. Jugé en 1597. que le Collecteur n'avoit aucun droit de préference contre le proprietaire pour être payé de la taille de la Ferme. *Le Bret, Action 49.*

44. Par Arrêt donné en la Cour des Aydes le 18. May 1601. il fut dit qu'un Controleur Triennal de l'Election de Melun demeurant à Paris, payeroit la taille à Melun en l'année de son exercice, parce que cette année-là il y doit sa résidence. *Bibliotheque de Bouchel, verbo Tailles.*

45. Les vacations des Perequateurs & Officiers qui ont liquidé les dettes des Communautez, sont préferables aux dettes qu'ils perequent. Arrêt du Parlement de Grenoble du 4. Février 1635. *V. Basset, tome 1. liv. 3. tit. 2. chap. 9.*

46. L'union de la Charge de Consul & la Collecte des tailles a été confirmée. Arrêt du Conseil Privé du 8. May 1636. *Henrys, tome 2. liv. 4. quest. 60.*

47. Arrêt du Parlement d'Aix du 8. Mars 1647. qui a ordonné que le Tresorier, pour le payement de la Taille, peut faire saisir les fruits des biens arrentez, & n'est pas obligé de saisir la rente. *Boniface, tome 2. part. 3. liv. 2. tit. 9. chap. 5.*

48. Arrêt du Parlement d'Aix du 20. Mars 1647. qui a condamné un Collecteur qui exigeoit double payement. *Boniface, ibidem, chap. 6.*

49. L'action criminelle a lieu contre un Collecteur qui execute pour tailles déja payées. Arrêt du 10. May 1647. *Ibidem, liv. 1. tit. 2. chap. 15.*

50. Arrêt du 17. May 1658. qui a jugé que celuy qui a été premier Consul peut être élû Tresorier ou Collecteur des Tailles. *Ibidem, liv. 2. tit. 9. chap. 7.*

51. Ceux qui servent à des Confrairies ne sont pas exempts de la Collecte des tailles pendant les années qu'ils sont en charge. Jugé à la Cour des Aydes le 26. Juillet 1660. *De la Guessiere, tome 2. livre 3. chapitre 35.*

52. Les Collecteurs qui veulent imposer un particulier à la taille, ne peuvent compulser chez les Notaires la minute d'un Inventaire pour justifier de ses facultez. Arrêt du 22. Janvier 1664. *Ibidem, livre 6. chapitre 5.*

53. Les femmes sont exemptes de la Collecte des tailles. *Voyez le mot Femme, n. 130. & suiv.*

TAILLES, COMMIS.

54. Sur la question de sçavoir si un Commis qui n'a jamais été imposé, mais qui a du bien dans la Paroisse où il prend une Commission, peut ainsi que les privilegiez faire valoir une ou deux charruës; il a été jugé à la Cour des Aydes à Paris le 9. ou 10. Juin 1698. qu'il seroit imposé à raison du bien qu'il avoit dans la Paroisse. Neanmoins il semble que comme les Cours ne peuvent expliquer les Ordonnances, il eût été plus à propos d'ordonner que les parties se pourvoiroient au Conseil pour faire expliquer jusqu'où s'étend le privilege des Commis: *Memorial alphabetique, verbo Commis.*

TAILLES, COMMUNAUTE' D'HABITANS.

55. Un particulier habitant d'un lieu, n'étant ni Consul ni Collecteur, ne peut être contraint au payement de la taille pour la Communauté. Arrêts de la Cour des Aydes de Montpellier. *Voyez Philippi, article 66.*

56. La Communauté doit payer les tailles des Terres délaissées ou dévenuës steriles, & des maisons démolies & abandonnées, & qu'on appelle, *non valoirs*, sans qu'elles demeurent exemptes au profit du Roy. *Voyez Mainard, liv. 9. chap. 33.*

57. Particuliers déchargez de la clause solidaire pour la taille, & comment il faut proceder contre une Communauté pour la perequation d'une dette. Arrêt du Parlement de Grenoble de l'année 1639. *Basset, to. 2. liv. 3. tit. 3. chap. 4.*

58. Arrêt du Conseil d'Etat du Roy, servant de Reglement general pour toutes les Communautez de Provence, du 23. Juin 1666. par lequel Sa Majesté ordonne que tous proprietaires possesseurs d'heritages en rotures situez audit Païs, soit Ecclesiastiques, Seigneurs, Coseigneurs, & Nobles & Officiers des Cours souveraines, contribuëront suivant leurs alivremens à toutes tailles, taillons, cruës, garnisons, subsistances, dettes des Communautez, & generalement à toutes les charges & impositions sans aucune exception. *Boniface, tome 5. livre 6. tit. 4. chap. 3.*

59. Si le Creancier d'une Communauté, colloqué ensuite d'un département general des dettes d'icelle, ayant abandonné les biens de sa collocation à la Communauté, pour ne pouvoir payer les tailles, par l'insuffisance des fruits, peut être reintegré sur les biens, sans payer les tailles à la Communauté qui a joüi de ces biens, ne les réparations? Arrêt du 23. Novembre 1631. qui a ordonné la réintegrande en remboursant les tailles duës jusqu'au jour de la joüissance des biens par la Communauté & les réparations, *Ibidem, tit. 2. chap. 3.*

TAILLES, COMPENSATION.

60. Il n'y a point de compensation en tailles. Arrêt du Parlement de Dijon du 17. Août 1603. *Bouvot, to. 2. verbo Tailles, quest. 61.*

TAILLES, COMPLAINTE.

61. S'il y a lieu à la complainte en fait de tailles? *Voyez le mot Complainte, nomb. 50. & 51.*

COMPTE DES TAILLES.

62. Un Exacteur de taille qui a compté de sa Recepte, n'est tenu de rendre un nouveau compte, mais seulement d'exhiber celuy qu'il a rendu. Jugé au Parlement de Grenoble le 1. Février 1556. *Basset, tome 2. liv. 3. tit. 4. chap. 2.*

TAILLES, CONTRAINTE.

63. Les biens d'un lieu peuvent être pris pour la taille d'autre lieu, si les uns & les autres dépendent d'un même maître. Ainsi jugé en la Cour des Aydes de Montpellier. *V. Philippi, art. 45.*

64. On a demandé autrefois s'il y avoit lieu de contraindre par corps au payement de la taille. Arrêt du 7. May 1568. qui a jugé la negative. *Bibliotheque de Bouchel, verbo Tailles.*

65. Pour les tailles, subsides, ni autres deniers imposez sur une ville ou village, les particuliers habitans ne peuvent être constituez prisonniers par les Receveurs. Arrêts du Parlement de Toulouse des 9. Juillet, premier Août & 12. Octobre 1575. ce qui avoit été jugé auparavant, qui ont cassé plusieurs emprisonnemens, & élargi ceux qui étoient arrêtez. *La Rochessavin, liv. 4. lettre T. tit. 1. Arr. 11.*

66. Pour le payement de la taille, il n'est pas permis d'user de contrainte solidaire contre les particuliers pour le commun de leurs Paroisses, ni de les emprisonner, & saisir leurs immeubles, boeufs & chevaux, si ce n'est aux cas exprimez dans un Reglement de la Cour des Aydes du 17. May 1596. *Voyez la 15. Action de M. le Bret.*

TAILLES, COTTISATION.

67. La cottisation des tailles se doit faire par déliberation de la plûpart des habitans. Jugé le 26. Mars 1557. *Expilly, Arrêt 47.*

68. Tous les fonds sont cottisez dans les lieux de leur situation; & les contribuables le sont pour leurs

facultez mobiliaires dans celuy de leur résidence, il n'y a ni possession ni usage contraire de quelque temps qu'il soit, qui puisse empêcher cette cottisation des fonds où ils sont situez. Arrêt du Parlement de Grenoble du 20. Mars 1686. rapporté par *Chorier en sa Jurisprudence de Guy Pape*, p. 113.

TAILLES EN DAUPHINÉ.

69. De la forme que doivent pratiquer les Officiers des Villes, Bourgs & Communautez de Dauphiné dans l'imposition & perception des Tailles. *Basset*, tome 1. liv. 3. tit. 2. chap. 1.

70. De la forme que doivent pratiquer les Collecteurs & Receveurs particuliers des Communautez dans l'exaction & recette des deniers Royaux, & autres Tailles qui s'imposent dans les Communautez du Dauphiné. *Ibidem*, chap. 4.

71. Les Officiers même du Conseil Delphinal, qui étoit Souverain, payoient les tailles, & en ont été déchargez par Lettres Patentes du 8. Avril 1434. sous le regne du Roy Charles. *Voyez Chorier, en sa Jurisprudence de Guy Pape*, p. 121.

72. Si au département les tailles on peut cottiser pour le capage ou capitation; & si les Fermiers des Gentilshommes en Dauphiné peuvent être tirez aux tailles pour l'habitation. *Voyez M. Expilly, Plaidoyé* 2. où vous trouverez Arrêt du 12. Decembre 1605. qui casse la cottisation.

TAILLES, DAUPHINÉ.

73. Reglement entre les Ordres du païs de Dauphiné sur le fait des tailles & impositions du 15. Avril 1602. *Charondas*, liv. 11. Rep. 61.

74. Arrêt du Conseil d'Etat du Roy du 24. Octobre 1639. par lequel sa Majesté a déclaré les tailles réelles en Dauphiné. *Voyez Salvaing, de l'usage des Fiefs*, chapitre 55.

75. Reglement du Parlement de Dauphiné concernant l'imposition & exaction des tailles de ladite Province du dernier Mars 1651. *V. Basset*, to. 1. liv. 3. tit. 3.

76. Le collecteur qui n'a fait ses diligences sur les frais à la forme du Reglement de Dauphiné, n'est préférable. Arrêt du 9. Juillet 1659. *V. Basset*, to. 1. liv. 3. tit. 3. chap. 7.

77. Le collecteur ou Consul a privilege sur les fruits pendans, & sur le fonds quand il a fait ses diligences sur les fruits, ce qui ne se doit entendre que pour les tailles imposées après le Reglement de 1651. car pour les anterieures, il y a préférence. Arrêt du 11. Août 1660. *V. Basset*, to. 1. li. 3. tit. 3. ch. 3.

78. L'affranchissement de la taille acquis au fonds par la qualité du possesseur, suivant le Reglement de 1639. est estimé sur le pié du tiers du prix de la vente. Arrêts du Parlement de Grenoble en 1668. 1669. & 1670. rapportez par *Chorier, en sa Jurisprudence de Guy-Pape*, p. 196.

TAILLES, DOMICILE.

79. Si pour le fait des tailles & impositions, l'on doit considerer le domicile. *Voyez le mot Domicile*, n. 27. & suiv.

80. Quoyque l'on ait maison en deux endroits, il suffit de payer la taille dans le lieu où est la principale résidence, & on ne peut être contraint de payer ailleurs. Ainsi jugé. *Papon*, li. 5. tit. 11 n. 10.

81. On a demandé si les habitans d'une Paroisse étoient témoins suffisans pour prouver qu'une personne y demeure & doive être mise à la taille? La negative a été tenuë; en effet il y a eu des Arrêts de la Cour des Aydes à Paris des 16. & 17. Mars & 22. Avril 1553. qui ont fait défenses aux Elûs d'admettre en témoignage les habitans & Paroissiens dans les causes où ils auroient intérêt. *V. la Bibliotheque du Droit François par Bouchel*, verbo *Tailles*, où nonobstant ces préjugez, l'opinion contraire est tenuë.

82. Les sujets peuvent être poursuivis pour leurs tailles en quelque endroit qu'ils aillent demeurer. Le sieur de Châteauroux reclama son serf qui s'étoit fait Bourgeois de Paris, & obtint provision.

Le 3. Mars 1576. Arrêt entre la Dame de Basincourt, contre Claude & Blaise Broüillards; elle obtint droit de suite, quoyqu'ils se fussent retirez en Barrois, & abandonnassent les biens qu'ils avoient en la Terre de Basincourt, même eussent fait intervenir M. de Loraine. *Voyez la Bibliotheque de Bouchel*, verbo *Poursuite d'hommes*.

83. Sur la translation du domicile des contribuables aux tailles, Arrêt du 19. Juillet 1595. ensuite duquel est cette observation. Ceux qui se retirent ès Villes franches y demeureront cinq ans avant que de pouvoir joüir du privileges, quoiqu'ils se fussent contenu en l'Edit de 1599. Ceux qui changeront de Paroisse seront cottisez au lieu de leur ancienne demeure, jusqu'à ce qu'ils ayent demeuré par an & jour au lieu auquel ils ont fait publier qu'ils se vouloient retirer, suivant l'article 22. de l'Edit de Mars 1600. *Voyez la 17. action de M. le Bret*.

84. Les taillables ne peuvent être cottisez hors le lieu de leur domicile pour les biens qu'ils exploitent, & cultivent ailleurs par leurs mains. Arrêts du Parlement du 14. Juillet 1643. & de la Cour des Aydes du 26. Septembre 1644. *Henrys*, to. 2 liv. 4. quest. 30.

85. Celuy qui n'est pas encore cottisable s'établissant dans Lyon, n'est pas obligé d'y demeurer dix ans avant que de pouvoir joüir du privilege. Arrêt de la Cour des Aydes du 11. Mars 1656. *Henrys*, tome 1. liv. 4. chap. 4. qu. 111.

86. Par Arrêt de la Cour des Aydes de Paris du 22. Février 1659. sur la réquisition de M. le Procureur General, il est dit qu'un particulier passant d'une Paroisse à l'autre, cela s'entend dans la même élection, ne pourra être imposé qu'au lieu de son domicile actuel pour les heritages à luy appartenans en d'autres Paroisses, quoyqu'il les exploite par ses mains, cela s'entend aussi apres les deux années qu'il doit payer à son ancienne Paroisse. Par Arrêt du 23. Septembre 1681. & la Déclaration du 16. Août 1683. registré le 27. Novembre suivant, article 17. servant de Reglement pour les tailles, il est dit que ceux qui auront fait les declarations requises, seront taxez pendant deux années en la Paroisse qu'ils auront quittée, après lesquelles ils seront imposez dans les Paroisses où ils auront transferé leur domicile, au moins à la même somme qu'ils payent dans la Paroisse dont ils seront sortis. *Memorial alphabetique*, verbo *Habitans*, n. 7.

87. Un mary décede en 1671. sa veuve transfere son domicile sans l'avoir fait publier avant le premier Octobre, & ce dans la même Election; elle est mise à la taille de la Paroisse quittée, dont les habitans prétendent l'imposer pendant trois années. Jugé à la Cour des Aydes à Paris le 12. du mois d'Août 1672. qu'elle demeurera taillable pour l'année 1672. *Journal du Palais*.

88. L'Arrêt du Conseil du 23. Septembre 1681. & la Déclaration du 16. Août 1683. disent précisément que ceux qui transfereront leur domicile dans une autre Paroisse pour y faire valoir quelque ferme, & qui cesseront de travailler à la culture des heritages de la Paroisse d'où ils seront sortis, seront imposez une année seulement dans la même Paroisse après laquelle ils seront taxez dans celles de leur nouvel établissement. *Memorial alphabetique*, verbo *Habitans*, n. 8.

89. Ceux qui ne font valoir que leurs biens en differentes Elections, ne doivent être imposez qu'au lieu de leur domicile. Mais cette maxime qui sembloit s'étendre à tous les biens du taillable, quelque quantité qu'il en eût, a été restrainte par Arrêt de la Cour des Aydes à Paris du 15. May 1697. En sorte que si le taillable a plus de 25. arpens d'heritages dans l'Election où il n'a pas son domicile, & qu'il fasse valoir au delà desdits 25. arpens, il peut être valablement imposé en l'une & l'autre Election. *Memorial alphabetique*, verbo *Taillables*, n. 13.

Tome III.

Qqqq ij

TAILLES, ECCLESIASTIQUES.

90 Eglises & biens Ecclesiastiques comment chargez ou exempts de la taille? *Voyez Philippi, en ses Arrêts de consequence de la Cour des Aydes de Montpellier, article 16.*

91 Si les Clercs vivans clericalement sont exempts des tailles & autres? *Voyez* le mot *Exemption*, nomb. 21. *& suiv.*

92 Les Ecclesiastiques sont exempts de tailles pour leurs biens d'acquêts. *V. les Mem. du Clergé, tome 3. part. 4. p. 26. & suiv.* 40. *& suiv.* 55. *& suiv. & p.* 376. & en l'addition à la 4. *part. p.* 377. *& part.* 5. *page* 59.

93 Les Curez qui prennent à ferme les dîmes de leurs Paroisses, ne peuvent être pour ce sujet imposez à la taille. *Mem. du Clergé, to.* 3. *part.* 4. *p.* 59. & add. à la 4. *part. p.* 379. Idem *des Vicaires, p.* 55. *& 68.*

94 Les Ecclesiastiques ne doivent être imposez à la taille à cause de leurs successions directes & collaterales, donations, acquêts & tous autres biens. *Memoires du Clergé, to.* 3. *part.* 4. *p.* 40. *& suiv.* 69. *n.* 10. *& p.* 81.

95 Defenses aux Elûs de condamner les Curez à fournir aux Receveurs des tailles declaration des grains croissans sur les heritages des contribuables de leurs Paroisses. *Mem. du Clergé, to.* 3. *part.* 4. *p.* 80.

96 Les Fermiers, Receveurs, & Commis des Beneficiers, sont exempts de taille pour le profit qu'ils peuvent faire aux fermes des Benefices. *V. les Mem. du Clergé, to.* 3. *part.* 4. *p.* 65. *& suiv.* 71. *& suiv.* 84. *& suiv.* 95. 98. 99. & addition à la 4. *part. p.* 377.

97 Les Ecclesiastiques qui font valoir par leurs mains leurs fermes, sont pareillement exempts. *Mem. du Clergé, to.* 3. *part.* 4. *p.* 77. *& 81. & suiv.*

98 Officiers du Clergé aussi exempts de taille pour raison de leurs Offices. *Mem. du Clergé, to.* 2. *part.* 2. *p.* 528. *to.* 4. *part.* 6. *p.* 370. *& p.* 371. iceux dechargez de la collecte des tailles.

99 Les Chanoines & autres Beneficiers doivent contribuer aux tailles, à raison des biens patrimoniaux qu'ils ont & possedent en la Ville où sont leurs Benefices, & non à raison du revenu de leurs Benefices, & maisons Canoniales. *Filleau, part.* 4. *quest.* 10. en rapporte plusieurs Arrêts.

100 Arrêt du Parlement de Paris de l'année 1275. qui ordonne que l'Evêque de Toulouse seroit requis de faire admonester par trois fois Prêtres ou Clers de ne trafiquer, & ne soy mêler de choses viles & de negociations temporelles, autrement luy êtoit signifié que les contrevenans il ne défendit plus de charges & subsides. *Papon, liv.* 5. *tit.* 11. *n.* 24.

101 Prêtres cottisez à la taille; cotisation jugée valable, par Arrêt du Parlement de Bretagne du 28. Août 1563. *Du Fail, liv.* 2. *chap.* 19.

102 Les Prêtres & les Chanoines sont exempts de taille. Arrêt de la Cour des Aydes du 21. Août 1577. en faveur des Chanoines de S. Furcy de Peronne, qu'on prétendit imposer à la taille à raison de leurs maisons Canoniales. Ils la prouverent être leurs biens patrimoniaux. Même Arrêt du 8. Avril 1603. pour les Chanoines d'Alby. *Papon, liv.* 5. *tit.* 2. *n.* 24.

103 Sur la question de sçavoir si en Provence les gens d'Eglise, de Noblesse & de Justice, sont tenus de payer les tailles pour les biens roturiers qu'ils possedent; Arrêt du Parlement de Provence du 6. Mars qui appointe les parties, & cependant ordonne par provision que ceux qui ont volontairement acheté des terres depuis l'année 1471. ou bien retenu par droit de prélation, payeront dorénavant la taille & autres charges accoûtumées. *Voyez Papon, liv.* 5. *titre* 11. *n.* 39.

104 Les Curez sont exempts de tailles, tant pour les biens patrimoniaux qu'acquêts, avec défenses aux asseurs & collecteurs de les plus imposer & aux Elûs de plus délivrer de commission pour raison de ce. Ainsi jugé pour le Curé de saint Jean de la Ruelle,

Diocése d'Orleans, par Arrêt du Conseil Privé du 20. Octobre 1631. rapporté dans les *Memoires du Clergé, tom.* 3. *tit.* 4. *chap.* 3. *art.* 3.

105 Le Curé de Tournan ayant été imposé à la taille pour des acquêts par luy faits dans cette Paroisse, à été rayé du rôle, par Arrêt de la Cour des Aydes du 18. Juillet 1619. *Ibid. art.* 2.

106 Par trois Arrêts du Conseil d'Etat; le premier du 26. Juin 1634. le second du 30. Octobre 1670. & le troisiéme du 30. Octobre 1671. il est défendu aux habitans des Paroisses d'imposer à la taille des Curez, qui se porteront pour fermiers des dîmes de leur Paroisses, ni les Domestiques desdits Curez qui porteront lesdites fermes. *Mem. du Clergé, to.* 3. *tit.* 4. *c.* 3.

107 Les Chanoines & autres Beneficiers doivent contribuer aux tailles à raison des biens patrimoniaux qu'ils ont & possedent en la Ville où sont leurs Benefices, & non à raison de leur Benefice & Maisons Canoniales. Arrêt du 8. Avril 1603. *Chenu, 1. Cent. quest.* 10.

108 Les Ecclesiastiques doivent payer la taille des biens par eux acquis, & qui leur sont échûs par successions collaterales ou par donation, n'ayant exemption que pour leurs biens Ecclesiastiques, leur patrimoine, titre Presbyteral, & pour ce qui sera échû par succession directe, &c. Arrêt du 5. Septembre 1662. *De la Guess. to.* 2. *liv.* 4. *chap.* 66.

TAILLES, EGLISES.

109 Arrêt du Parlement d'Aix du 23. Février 1684. qui a ordonné que les Temples & Cimetières de ceux de la Religion Prétenduë Réformée payeroient la taille comme les biens roturiers. *Boniface, to.* 5. *liv.* 6. *tit.* 4. *chap.* 1.

TAILLES EMPHYTEOSE.

110 Les biens emphyteotiques sont sujets à la taille, mais s'ils reviennent au Seigneur, qui avant l'emphyteose les tenoit noblement; il faut distinguer; ou ils luy reviennent *jure privato*, comme à un étranger par achat, donation, legs, échange, ou autre titre semblable; alors ils conservent leur nature de biens roturiers; ou ils luy reviennent *jure dominii*, *puta*, par confiscation commis & droit de prestation.

Si le bien feodal est baillé en emphyteose rurale il doit tailles, supposé que le Seigneur se soit reservé la joüissance de la moitié des fruits; en ce cas, comme le Fermier est seulement *colonus partiarius*, il doit seulement moitié de la taille, le Seigneur doit l'autre. *V. Philippi, en ses Arrêts de la Cour des Aydes de Montpellier, art.* 31. rapporte ceux qui l'ont ainsi jugé.

TAILLES, ESTIMATION.

111 Les maisons & édifices tant és villes qu'és champs sont estimés, eu égard à leur revenu, non eu égard à leur beauté & magnificence. Arrêts de la Cour des Aydes de Montpellier des 13. Juillet 1540. 13. Juillet 1557. & 28. Janvier 1558. *V. Philippi, art.* 56.

112 Des salaires & vacations que doivent prendre les Officiers des Communautez vacans aux départemens & perecation des tailles. *V. Basset, tome* 1. *li.* 3. *tit.* 2. *chapitre* 2.

113 Chaque particulier taillable peut à ses frais faire de nouveau estimer ses fonds. Arrêt du Parlement de Grenoble du 2. Mars 1619. *Ibid. tit.* 3. *ch.* 10.

114 Des tailles pour étapes, il n'est dû interêt. Arrêts des 4. Avril & 15. Decembre 1660. *Basset, ibidem, chapitre* 5.

TAILLE D'ETAPE.

115 La taille d'Etape participe de la taille Royale, & de la taille negotiale, si celuy qui en avoit des quittances comptables contre une Communauté, à rétranché pour la gratifier la somme qui luy étoit dûë, les interêts des cottes particulieres luy seront dûs comme ils le seroient s'il y avoit eu novation. Arrêt du Parlement de Grenoble du 24. Juillet 1677. rapporté par *Chorier, en sa Jurisprudence de Guy Pape, p.* 113.

TAI TAI 677

EXEMPTS DE TAILLES.

116. De l'exemption des tailles. *Voyez* le mot, *Exemption*, *nombre* 101. *& suiv.*

117. Des privileges de tous ceux qui sont exempts des tailles & autres subsides. *Ordonnances de Fontanon*, tome 2. liv. 3. tit. 31. p. 1184.

118. Exemptions des tailles, cadastres, tarifs, subsistances, & d'autres semblables impositions. *Ibidem*, chapitre 3.

119. Archers exempts des tailles. *Voyez* le mot, *Archers*.

120. Assesseur exempt de tailles. *Voyez* le mot, *Assesseur*, nomb. 12. 13. *& 19.*

121. Si les *Medecins* sont exempts de la taille ? *Voyez* le mot, *Medecins*, n. 47. *& suiv.* & cy-après, le n. 190. *& suivans.*

122. Le Lieutenant du Viguier de Toulouse prétendant être exempt des tailles à cause de son état, fut condamné le 24. Septembre 1517. par Sentence du Sénéchal de Toulouse à payer sa part. *La Rocheflavin*, li. 6. tit. 76. Arr. 7.

123. Le nombre d'enfans peut exempter le pere des tailles Royales. Arrêt du Parlement de Dijon du 7. Août 1573. mais non des tailles qui s'imposent pour les biens de la Communauté. Arrêt du 7. Juin 1581. *Bouvot*, tome 1. part. 2. verbo, *Tailles*, quest. 3.

124. Les Maire & Echevins pendant leurs charges, ne peuvent être exempts de payer la taille. Arrêt du Parlement de Dijon du 5. Decembre 1594. *Ibidem*, question 18.

125. Si les habitans d'une ville peuvent donner exemption à quelqu'un sur quelque consideration ? *V. Ibid.* quest on 33.

126. Les Heraults d'Armes du Roy sont exempts de la taille, en justifiant qu'ils sont couchez sur l'Etat, qu'ils sont payez de leurs gages, & qu'ils servent actuellement. Arrêt du Parlement de Dijon du 5. May 1600. *Ibid. quest.* 8.

127. Personne ne se peut exempter de la taille par accord. Arrêt du Parlement de Dijon du 11. Juillet 1613. Cependant une Matrone ayant été exempte à titre onereux pour servir les femmes qui accoucheroient, l'exemption fut confirmée, par Arrêt du 24. Janvier 1614. *Ibid.* quest. 48.

128. Jugé le 14. Janvier 1632. en la Cour des Aydes de Paris, qu'une personne pourvûë de l'un des Offices de cent Gentilhommes de la Chambre du Roy, encore qu'il ne fût noble de race, ne laissoit pas de joüir de l'exemption des tailles, & sur son opposition à la taxe qui avoit été faite de sa personne, il fut dit qu'à bonne & juste cause, il s'étoit opposé ; & faisant droit sur son opposition, qu'il seroit rayé au Rôlle des tailles : défenses aux habitans de l'imposer, tant & si longuement qu'il seroit pourvû dudit Office, rendroit service aux occasions, & qu'il ne feroit acte derogeant, & que les deniers par luy payez luy seroient rendus, par les mêmes voyes qu'il y avoit été contraint. *Journal des Aud*. tome 1. liv. 2. chap. 103.

129. Jugé en la Cour des Aydes de Paris le 14. Mars 1635. qu'un Maître de Poste étoit exempt de tailles pour l'avenir ; & sur l'appel de la taxe de sa personne pour l'année, après l'Edit du 14. Janvier 1634. portant la suppression du privilege de tels Officiers ; il fut mis hors de Cour, parce que la taxe avoit été faite avant la Declaration du Roy, portant qu'ils joüiroient de l'exemption nonobstant cet Edit ; fut posé pour maxime que l'on ne mettroit point d'état en la Cour des Aydes des Maîtres des Postes, mais seulement qu'il y avoit état de six vingt chevaucheurs, & ainsi qu'il ne falloit pas s'arrêter sur le défaut d'être employé à l'Etat de ladite Cour, puisqu'il ne leur faisoit point. *Journal des Audiences*, tome 1. liv. 3. ch. 15.

130. Arrêt de la Cour des Aydes de Paris du 9. Avril 1672. autre du 11. Janvier 1690. qui ont maintenu non seulement les habitans de la Ville d'Amiens, mais encore ceux de la banlieuë, dans la faculté de faire valoir leur terre dans des paroisses taillables, sans payer tailles, les habitans d'Amiens prétendent même que leur exemption est plus étenduë que celle des Bourgeois de Paris ; que ceux-cy ne peuvent faire valoir qu'une métairie, composée d'une charruë, & encore dans l'étenduë de l'Election de Paris ; mais qu'à l'égard des habitans d'Amiens, leur privilege n'est limité ni dans le lieu, ni dans la quantité des charruës ; neanmoins c'est une question de sçavoir si ce privilege leur ayant été accordé à l'instar de celuy des Bourgeois de Paris, dans un temps auquel il n'étoit pas limité, comme il est aujourd'huy, la limitation qui en a été faite ne doit pas operer à l'égard d'Amiens. *Memorial alphabetique*, verbo, *Habitans*, nombre 23.

131. Arrêt de la Cour des Aydes de Paris du 29. May 1693. en faveur des Greffiers des Rôlles pour l'exemption des tailles. *Journal des Audiences*, tome 5. liv. 9. chapitre 9.

132. Les Collecteurs pour imposer à la taille un particulier qui en est exempt, ne doivent prendre d'indemnité. *Voyez* le mot, *In lemnité*, n. 51.

133. Arrêt du Grand Conseil du 16. Novembre 1699. qui maintient les Invalides en l'exemption de la taille, & qui ordonne qu'ils joüiront de tous les privileges à eux accordez. *Voyez le Recüeil des Arrêts notables imprimez en* 1710. *chez Michel Guignard*, chapitre 19.

TAILLE, BIENS DE LA FEMME.

134. Mary & femme, comment reglez pour le payement des tailles des biens dotaux. *V. Philippi, Arrêts de consequence de la Cour des Aydes de Montpellier*, article 146.

135. Femme mariée est taillable seulement au domicile du mary. Arrêt du Parlement de Grenoble du 24. May 1460. si ce n'est que le mary & elle soient trouvez au lieu du premier domicile d'elle. Jugé le 2. Avril 1574. *Papon*, liv. 5. tit. 11. n. 10.

136. De même qu'une piece noble peut être renduë roturiere par l'exprés consentement du possesseur, qui l'a baillé à emphyteose, il peut aussi arriver *tacito poss soris consensu*, que la taille ayant été payée longtemps pour un bien noble, elle ne pourroit plus en être affranchie. Arrêt de la Cour des Aydes de Montpellier, le 19. Janvier 1546. rapporté par *Philippi*, article 33.

137. La femme qui se retire d'avec son mary pour quelque querelle, faisant labourer ses terres, ne peut être mise à la taille, son mary en étant exempt. Arrêt du Parlement de Dijon du 5. Février 1601. *V. Bouvot*, tome 2. verbo, *Taille*, quest. 2.

138. La veuve ayant des mineurs, ne peut être cotisée qu'à la moitié de la taille : & si elle se remarie à un roturier, son premier mary étant noble, elle perd sa noblesse. Arrêt du Parlement de Dijon du 3. Juin 1605. *Bouvot*, ibid quest. 69.

139. L'on ne doit comprendre dans les tailles pour dettes de communauté, les femmes qui se sont colloquées avant la création des mêmes dettes. Arrêt du Parlement de Grenoble du 21. Novembre 1612. *Basset*, tom. 2. liv. 3. tit. 3. ch. 3.

140. Mary n'est tenu de payer la taille des biens de sa femme. Arrêt du Parlement de Grenoble du 16. Février 1619. quoique la femme dit que les tailles étoient *onera fructuum*, mais il fut remontré que la taille étoit perequée pour ses propres fonds, qui ne pouvoient pas être plus privilegiez que si elle n'eût pas été mariée lors de la cotisation. *Basset*, tc. 2. liv. 3. tit. 2. ch. 6.

141. Femme séparée de corps & de biens d'avec son mary, ne peut être imposée à la taille, quoiqu'elle fasse valoir à la campagne des biens considerables, car la taille est pure personnelle. Arrêt de la Cour des Aydes à Paris du 7. Février 1676. Par autre du 23.

Septembre 1683. il a été jugé qu'une femme séparée, quoiqu'elle ait autre habitation que celle de son mary, n'est pas imposable; mais ce n'étoit pas là une question après ce qui avoit été jugé par l'Arrêt de 1676. parce que la femme ne demeurant pas avec son mary, cela marque davantage la sincerité de la séparation. *V. le Memorial alphabetique*, verbo, *Femme*.

142 Femme noble d'extraction qui épouse un roturier, a besoin de Lettres de réhabilitation, autrement taillable. Jugé à la Cour des Aydes le 17. Janvier 1676. *Journal du Palais*. Voyez M. Expilly, *Plaidoyé* 1. Le contraire a été jugé. *Voyez Memorial alphabetique*.

TAILLES, FERMIERS.

143 Métayers des Nobles doivent être mis & imposez à la taille. Arrêt du mois de Février 1537. *Biblioth. de Bouchel*, verbo, *Métayers*.

144 Bien que les Maîtres soient exempts de payer la taille, les Fermiers ne peuvent prétendre l'exemption. Arrêt de la Cour des Aydes de Montpellier du 16. Janvier 1549. contre le Rentier d'un Commandeur de Saint Jean de Jerusalem. V. *Philippi*, art. 22.

145 Grangiers & Métayers à moitié doivent la taille où est leur grange, & ne peuvent être imposez ailleurs. Arrêt du Parlement de Paris du 13. Mars 1553. *Papon*, liv. 5. tit. 11. n. 35.

146 Celuy qui est Amodiateur d'un fourneau, ayant domicile au lieu où il est cottisé, ne peut être aussi cottisé au lieu du fourneau. Arrêt du Parlement de Dijon du 11. Juillet 1611. *Bouvot*, tome 2. verbo, *Taille*, question 83.

147 Arrêt du Parlement d'Aix du 21. Octobre 1643. qui a jugé que les Fermiers ou Métayers ne payent point les tailles en cette qualité. *Boniface*, tome 2. part. 3. liv. 2. tit. 2. ch. 13.

148 Le 27. Novembre 1665. jugé au même Parlement de Provence que le Fermier du Seigneur jouit de la franchise de la taille imposée sur le bétail, jusques à la concurrence du bien noble. *Ibid. ch.* 14.

149 Les Fermiers même en sont exempts, tant qu'ils demeureront Fermiers, & tiendront le bien de l'Eglise; ainsi jugé par Arrêt contradictoire du Grand Conseil du 21. Septembre 1652. & par Arrêt du Conseil d'Etat du 30. Octobre 1670. rapporté *Ibid.* à la fin du 3. tome dans l'edition à la 4. partie.

150 Par Arrêt du 31. Juillet 1693. contre les habitans de Meri, défenses d'imposer en leurs Rôlles les habitans des Paroisses de l'Election de Paris, qui ne possederoient en leur Paroisse que 25. arpens de terre, ou d'autres heritages dépendans de leurs Fermes situées dans les Paroisses de l'Election de Paris; il faut observer que si le Fermier avoit une grange dans l'Election où il fait valoir la moindre partie de la Ferme, & qu'il y engrangeât les grains qu'il recueille sur les terres, étant dans ladite Election, il y seroit valablement taxé, pour peu qu'il y fit valoir. *Memorial alph.* verbo, *Fermiers*, n. 3.

151 Un Fermier à present est imposé au lieu de la Ferme, & de l'heritage, quoyqu'il soit imposé ailleurs pour ses biens propres. *Voyez Henrys*, tome 1. liv. 4. chap. 6. quest. 86.

152 *Henrys*, tome 1. liv. 4. chap. 6. quest. 88. & suiv. parle de la taille dûë au Roy; il établit que les Fermiers qui exploitent des Fermes en differentes Paroisses, ou qui ont des heritages à eux appartenans dans une autre Paroisse, doivent être imposez dans les lieux où les Fermes sont situées, & dans ceux où ils ont leurs biens, ou font leur domicile; mais il n'en est pas de même, lors que c'est un particulier qui possede des biens en differentes Paroisses, il ne peut être imposé que dans celle où il a son domicile; suivant deux Arrêts rendus en la Cour des Aydes de Paris, rapportez par l'Auteur, tome 2. liv. 4. question 30.

TAILLE, FONDS NOBLE OU ROTURIER.

153 Roturiers tenans Fiefs nobles de celuy à qui la taille est dûë, ne doivent point être imposez à la taille, pour raison des mêmes Fiefs: il faut que trois choses concourent; la 1. que ce soit Fief où il y ait Justice & Sujets; la 2. qu'il y ait investiture par le Prince, & reception en foy & hommage; la 3. qu'ils vivent noblement. *Papon*, liv. 5. tit. 11. n. 28. Cela n'est plus observé; car tels Fiefs n'annoblissent pas.

154 Sur l'annoblissement d'une metairie roturiere en Bretagne, & que cela ne s'est pû faire sans indemniser la Paroisse où elle est assise. L'Arrêt du mois de Decembre 1600. ordonne que le demandeur sera décharger dans six mois la Paroisse de deux feux que portoit sa metairie, autrement tenu de dédommager jusqu'à concurrence. *Le Bret*, action 40.

155 Arrêt du Parlement d'Aix du 13. Novembre 1628. qui a jugé que les biens des Seigneurs de fief, ne peuvent être encadaistrez avant la declaration de roture, & neanmoins les Seigneurs condamnés aux arrerages des tailles des biens roturiers. *Boniface*, to. 4. liv. 3. tit. 10. ch. 1.

156 Le 13. Juin 1644. Arrêt qui a ordonné que les autres Seigneurs seroient appellés, & sursis pour un quart de la taille; il s'agissoit de sçavoir si un Coseigneur qui n'a qu'un peu de Jurisdiction, & tous ses autres biens étant roturiers, devoit être exempt de la taille. *Boniface*, to. 4. liv. 3. tit. 9. ch. 1.

157 Fonds nobles retirés d'un roturier par un Noble en vertu de substitution, demeurent sujets à la taille, si l'ouverture du Fideicommis a été faite avant le Reglement du 24. Octobre 1639. Arrêt du 15. Mars 1658. & è converso les fonds retirez par un Noble en vertu d'un Fideicommis sont exemptez de taille. V. *Basset*, tom. 1. liv. 3. tit. 3. chap. 2.

158 Arrêt du 13. Septembre 1670. qui a jugé que le bien feodal franc de taille, d'ancienneté devient roturier, quand il se trouve dépouillé de Jurisdiction. *Boniface*, to. 4. liv. 3. tit. 11. ch. 1.

159 Arrêt du 12. Janvier 1675. qui a reglé la qualité des tailles ausquelles sont sujets les Seigneurs feodataires en Provence, comme forains; & a déclaré que le Seigneur ayant vendu son bien roturier à un habitant, à la charge qu'il payeroit toutes les impositions & tailles de la Communauté, le successeur Seigneur, heritier ou rétrayant, jouit des décharges accordées aux Seigneurs comme forains, nonobstant les contracts & charges imposées à l'acquereur. *Boniface*, tome 5. liv. 6. tit. 4. ch. 2.

TAILLES, GENS DE GUERRE.

160 Arrêt du 8. Avril 1593. qui enjoint aux Lieutenans & Elûs de toutes les Elections du ressort, de mander à tous Asseeurs de taxer & cottiser aux tailles, & autres levées de deniers, tous les Nobles de profession des armes, qui n'ont servi & ne servent le Roy en ses guerres; ainsi qu'ils y sont tenus par les Edits & Ordonnances, & dés-à-present les declarer déchûs de tous privileges. *Le Bret*, action 3.

161 Gens de guerre exempts de la taille. Cela se jugeoit ainsi depuis long-temps; il y a en un Arrêt du mois de Février 1596. rapporté dans le 19. Action de M. le Bret. L'Edit du mois de Mars 1600. les conserve dans l'exemption tant qu'ils servent, & aprés 25. ans de services, en obtenant Lettres Patentes, qui seront enregistrées és Cour des Aydes.

162 Controlleurs ordinaires des guerres jouïssent du privilege & exemption des tailles sans servir actuellement, sinon aux occasions, & lors qu'ils sont commandez, & sans être obligez de rapporter chaque année des certificats de service. Arrêt du 28. Août 1682. Cour des Aydes. *De la Guessiere*, tome 4. liv. 5. chapitre 27.

TAILLES, GENTILSHOMMES.

163 Claude Condebout condamné à payer les tailles & subsides, tandis qu'il a fait trafic de marchandises; défenses de l'imposer à l'avenir, attendu sa déclaration que dorenavant il veut vivre noblement. Arrêt

du Parlement de Bretagne du 6. Février 1571. Du Fail, liv. 2. chap. 411.

164 Bâtards des Gentilshommes legitimez par le Roy, ne joüiſſent comme Nobles de l'exemption des tailles, s'ils n'obtiennent Lettres d'annobliſſement, fondées ſur quelque grande conſideration de leurs merites ou de leurs peres. Arrêt du mois de Juin 1598. *V. la 35. action de M. le Bret*, & l'art. 16. *de l'Edit ſur le fait des tailles du mois de Mars* 1600.

165 Si celuy qui eſt annobli par le Prince, peut être impoſé aux tailles pour les biens ruraux ? *V. Bouvot, tome 2.* verbo *, Taille , queſt.* 82.

166 Celuy qui a été impoſé à la taille, ſe prétendant Noble, peut être maintenu en poſſeſſion, juſqu'à ce que l'on ait prouvé qu'il a dérogé à la nobleſſe. Arrêt du Parlement de Dijon du 12. Decembre 1608. *Ibid.* verbo, *Nobleſſe, queſt.* 2.

167 Les Gentilshommes ne peuvent joüir & exploiter par leurs mains ou par leurs ſerviteurs, plus d'une Terre & Seigneurie. Arrêt du Conſeil d'Etat du 22. Octobre 1650.

TAILLES EN GUYENNE.

168 Si les tailles ſont réelles ou perſonnelles en Guyenne, & ſi l'on peut tranſiger pour raiſon d'icelles ? Arrêt du mois de Mars 1597. qui ordonne que les Religieuſes de Proüillan ſeront rayées des Rôles, en payant neanmoins la ſomme de 10. livres par chacun an au deſir d'une ancienne tranſaction. Par là on jugeoit que les biens compoſant la dot & ancien patrimoine de la maiſon n'étoient pas taillables. *Voyez la* 39. *Action de M. le Bret.*

TAILLES, HAMEAUX, PAROISSES.

169 Il eſt défendu de ſéparer & diſtraire les hameaux du corps des Paroiſſes pour lever la taille, cette ſéparation étant onereuſe & cauſant la multiplicité des Collecteurs. Arrêt de la Cour des Aydes du 16. Mars 1560. & un autre du mois de Février 1596. qui fait défenſes à tous les Elûs du reſſort de la Cour de diviſer & démembrer les Paroiſſes de leurs Elections ſans Lettres Patentes du Roy bien & dûement verifiées, ſur peine de ſuſpenſion de leurs Charges. *Papon, liv. 5. titre* 11. *nomb.* 38.

170 Les départemens des tailles, ſuivant l'Ordonnance ſe doivent faire ſelon les Paroiſſes ſans diſtraire les hameaux & cenſes des villages, quoiqu'il y ait ſecours à part. Arrêt du 8. Mars 1563. pour les habitans d'*Aunay*, contre ceux de *Savigny* : & en cas de dol ou malverſation, il faut faire appeller les habitans & Aſſéeurs ; & furent pour tel cas les Gouverneurs & Echevins de Montereau condamnez en leur propre nom aux dépens , dommages & intereſts. Par Arrêt du 18. Decembre 1563. *Papon, livre* 5. *titre* 10. *nombre* 2.

171 Tailles ſe payent par terroirs & Juriſdictions, non par Paroiſſes. *Philippi, art.* 5. en rapporte pluſieurs anciens Arrêts de la Cour des Aydes de Montpellier ; mais il ajoûte que quand il y a trop d'incommodité, dans la levée des deniers, on juge au contraire ; il cite un Arrêt du 17. Mars 1586.

172 Quoiqu'on paye la taille en la Paroiſſe dont on eſt ſorti, on eſt exempt des charges de la Paroiſſe, comme d'Aſſéeur , Collecteur , &c. Arrêt du 4. Janvier 1610. cependant on alleguoit que les deux Paroiſſes étoient en un même village ; la raiſon déciſive fut que l'Edit n'ajoûtoit point que ceux qui tranſportoient leur domicile ſupporteroient les Charges. *Plaidoyers de Corbin, chap.* 47.

173 Les hameaux ne peuvent être impoſés à la taille & autres impoſitions ſéparément des Paroiſſes dont ils dépendent, & par des Rôles particuliers ; il faut des Lettres Patentes du Roy pour faire de ſemblables déſunions des hameaux d'avec les Paroiſſes dont ils ſont partie. Arrêt de la Cour des Aydes de Paris du 21. Août 1686. *Au Journal des Audiences , tome* 5. *liv.* 2. *chap.* 7.

HERITIERS DU TAILLABLE.

174 Les heritiers d'un Taillable decedé entre la confection du Rôle & la verification doivent acquitter ſa collecte. Les Collecteurs excipoient de leur bonnefoy ; ils ne prévoyoient pas le decés ; d'ailleurs, quand ils auroient rayé la perſonne décedée , ils auroient pû employer ſes heritiers en ſon lieu. Arrêt de la Cour des Aydes à Paris du 22. Janvier 1684. *Mercurial alphabet.* verbo , *Taillables.*

TAILLES, PREMIER HUISSIER.

175 La veuve du premier Huiſſier au Parlement de Dijon a été déchargée de la taille , & qu'elle ſeroit tirée du Rôle des tailles. Jugé à Dijon le 15. Février 1669. *Journal du Palais.*

TAILLES, HYPOTHEQUE.

176 Des hypotheques des tailles. *Voyez* le mot *Hipotheques , nomb.* 258.

TAILLES, INSENSE'.

177 *Phreneticus ſeu inſanus ac furioſus , non ratione perſonæ ſed ratione poſſeſſionum vectigalibus tributiſque annuis eſt obnoxius.* Arrêt du 10. Juillet 1602. *Mornac, l.* 1. *§. interdûm ff. de ædilitio edicto , &c.*

178 Un Bourgeois de Paris fut interdit à cauſe de ſa démence , ſa femme luy ayant été créée curatrice, crut que la campagne pourroit contribuer au recouvrement de la ſanté de ſon mary , elle l'y mena, & aprés y avoir demeuré ſept années, les habitans s'aviſerent de l'impoſer aux tailles & au ſel. Cette femme paya l'impoſition du ſel & un quartier de taille volontairement : en cet état le mari venant à mourir, la femme s'oppoſa aux impoſitions qui avoient été faites de la perſonne de ſon mary , & prétendit qu'étant en démence , & ne pouvant joüir des avantages de la vie civile , il n'étoit pas juſte de luy faire porter les charges publiques , qu'ainſi il y avoit lieu de luy reſtituer les ſommes qu'elle avoit payées. Par Arrêt du 5. Septembre 1664. qui ſe voit au *Journal des Audiences , tome* 2. *page* 758. avec le Plaidoyé de M. Bouvillé lors Avocat General en la Cour des Aydes, les parties furent miſes hors de Cour , ſur l'appel interjetté par cette femme des Sentences des Elûs, qui l'avoit déboutée de ſon oppoſition ; neanmoins défenſes aux habitans de l'impoſer à l'avenir, il ſemble qu'on ait omis quelques circonſtances en recueillant cet Arrêt, qui empêchent d'en tirer une déciſion certaine, parmi pluſieurs conſequences qui en reſultent , on ne dit point ſi la femme faiſoit valoir ou non dans la Paroiſſe où elle s'étoit retirée avec ſon mary ; il y a bien de l'apparence que non : car ſi elle eût fait valoir quelques biens dans la Paroiſſe étant curatrice de ſon mary , on ne peut pas dire qu'elle fût en ſa puiſſance , & par conſequent elle faiſoit chef de ſa famille, & pouvoit raiſonnablement être impoſée, ainſi que l'auroit pû être une femme veuve Bourgeoiſe de Paris qui transfereroit ſon domicile à la campagne où elle ſeroit valoir ſon bien y demeurant ordinairement. D'ailleurs par cet Arrêt qui fait défenſes aux habitans d'impoſer cette femme à l'avenir, on ne luy fait point d'injonction de revenir demeurer à Paris, ſuivant la faculté qu'en ont les veuves dans les quarante jours du décés de leurs maris ; ce qui fait croire qu'elle y étoit revenuë : car autrement, ſi elle eût encore reſté à la campagne aprés la mort de ſon mary , l'Arrêt ne l'auroit pas déchargée à l'avenir, à moins qu'on ne diſe que la veuve d'un Bourgeois de Paris peut demeurer à la campagne ſans y être impoſée , ce qui n'a ni exemple ni apparence. *Memorial alphabetique,* verbo , *Femme, nomb.* 9.

TAILLES, INTERESTS.

179 Intereſts ne ſont dûs d'étapes ni d'autres tailles. *Voyez* le mot , *Intereſt , nombre,* 264.

TAILLES, JUGES.

180 Les Officiers de Hodé ajournés devant le Sénéchal de Rennes de la part des Paroiſſiens de Geneſé , en cas de malverſation & ſurhauſſement de Taille ;

disent qu'ils ne répondront & plaideront à Rennes, mais au Conseil Privé du Roy seulement, d'autant qu'il y a interdiction par les Lettres, en vertu desquelles ils ont été appellez en procez. Le Juge ordonne qu'ils répondront; ils appellent & disent qu'en pareils termes il a été ordonné que les Parties se pourvoiroient où être devroit; aussi qu'il faut déférer aux Lettres du Roy. Les Paroissiens disent que l'Arrêt allegué par les Officiers est en autres termes, que l'interdiction se doit prendre en cas que quelqu'un prétendroit empêcher, & non quand il n'y va que de l'interêt particulier. Arrêt du Parlement de Bretagne du 17. Octobre 1575. *Du Fail*, livre 1. chapitre 86.

181. Arrêt du Parlement d'Aix du 7. Mars 1642. donné en la Cour des Comptes, Aydes & Finances, qui attribuë aux Lieutenans la connoissance de l'opposition aux executions faites pour les tailles ordinaires. *Boniface*, tome 1. liv. 1. titre. 10. n. 5.

182. Le 4. May 1645. autre Arrêt qui a déclaré que les Reglemens sur le fait de la taille, ne sont point de la connoissance de la Cour des Aydes, mais bien du Parlement. *Boniface*, tome 2. part. 3. liv. 2. tit. 2. ch. 3.

183. Le 2. ou le 3. Juin 1660. au Parlement de Toulouse en la cause du sieur Marquis Dauduze & d'un Collecteur de 1647. 1651. & 1652. la distribution étant pendante en la Cour, le Collecteur qui demandoit être renvoyé en la Cour des Aydes, fut débouté de ses fins de non proceder; la raison est qu'une distribution ne peut être attirée ailleurs, & qu'il ne s'agissoit pas si les tailles étoient duës ou non des biens du distributaire, ce qui est de la competence de la Cour des Aydes; mais de sçavoir en quel rang elles doivent être alloüées, joint à cela qu'après certain temps les arrerages de tailles *abeunt in creditum*. *Albert*, verbo, Tailles, art. 1.

TAILLE JURÉE.

184. Taille jurée, qui se paye sans enquerir de la valeur des biens des habitans, dont est fait mention, és Arrêts du Parlement de Paris du 26. May & 1. Juin 1403. 3. Juillet 1406. où la taille est jurée; & un Arrêt du dernier May 1477. *Bibliotheque de Bouchel*, verbo, *Tailles*.

TAILLES EN LANGUEDOC.

185. Tailles sont réelles en Languedoc: Gens d'Eglise & Nobles la payent aussi bien que les Officiers du Parlement. *Voyez sur cette matiere Corbin, en son traité des Aydes*, & *Recueil*, tome 1. liv. 5.

186. Les tailles étant réelles en la Province de Languedoc, nul Office, nul employ n'en est exempt; les Docteurs, Regens de l'Université de Toulouse & les Officiers du P. en étoient exempts par les privileges que les Rois Louis XI. & Charles VIII. leur avoient accordés aussi bien qu'aux autres Officiers de la Province; mais ladite exemption a été revoquée par l'Edit de François Premier du 18. Juin 1535. & quoique depuis, un Roy ait accordé aux Professeurs de Medecine de ne pas payer la taille, neanmoins ils y ont été condamnez par Arrêt de la Cour des Aydes de Montpellier du 17. Février 1541. *Graverol sur la Rocheslavin*, liv. 5. lettre V. tit. 1. Arrêt 36. où il ajoûte, l'on peut dire qu'en Languedoc, la taille non plus que la mort n'épargne personne.

TAILLES, MAJEURS.

187. Celuy qui est âgé de 25. ans, Marchand, trafiquant & en pension, peut être imposé, quoyqu'il ne soit marié, ni tenant feu & lieu. Arrêt du Parlement de Dijon du 22. Novembre 1593. *Bouvot*, to. 2. verbo *Taille*, quest. 16.

188. Un majeur quoyque non marié, ne tenant ni feu ni lieu, peut être imposé à la taille. Arrêt du Parlement de Bourgogne du 29. Janvier 1610. *Bouvot*, to. 1. part. 1. verbo *Majeur*, quest. 2.

189. Un majeur maniant ses biens, demeurant en la maison de son oncle, peut être cottisé à la taille. Arrêt

du 29. Février 1610. *Bouvot*, to. 2. verbo *Taille*, q. 57.

TAILLES, MEDECINS.

190. La disposition du Droit Romain touchant le privilege des Medecins n'a lieu en ce Royaume. Arrêt du mois d'Août 1595. qui ordonne qu'un Medecin demeurera compris aux rôles des tailles, & neanmoins eu égard aux services par luy rendus au Public, & tant qu'il les continuëra, qu'il ne sera taxé à plus haut que 60. sols. *Voyez la 22. action de M. le Bret*.

191. Par Arrêt du 7. Decembre 1629. il a été jugé qu'un Medecin abonné avec les habitans de Montfort à dix sols de taille, ne peut être imposé à plus grande somme, la convention faite pour bonne cause & récompense de services étoit favorable. *Bardet*, to. 7. li. 3. chap. 69.

Voyez le mot *Medecins*, nomb. 47. & suiv.

TAILLES, MINEUR.

192. Si les mineurs peuvent être imposez à la taille? *Voyez* le mot *Mineur*, n. 177. & suiv.

193. Arrêt aux Generaux des Aydes à Paris en faveur des mineurs, pour l'exemption de la taille. *Voyez la Bibliotheque de Bouchel*, verbo *Mineurs*.

194. Arrêt de la Cour des Aydes de Paris du 20. Mars 1550. par lequel les Consuls de saint Bonnet en Forêts ont été condamnez aux dépens pour avoir imposé une mineure à la taille; la mineure fut declarée exempte. *Papon*, liv. 5. tit. 11. n. 34. où il observe que le tiers état du païs de Forêts s'étant retiré vers le Roy, & ayant representé que l'exemption des mineurs riches & aisez devenoit onereuse à ses pauvres sujets, il y eut une Déclaration du Roy adressante à Messieurs de la Cour des Aydes pour n'avoir plus égard à telles exemptions, la Cour refusa de la verifier.

195. Les mineurs ne sont point tenus aux tailles Royales, ni à celles qui se font pour les affaires de la communauté. Arrêt du Parlement de Dijon du 3. Février 1581. *Bouvot*, to. 1. part. 3. verbo *Mineur*, quest. 5.

196. Les mineurs étant en puissance de Tuteurs & Curateurs, ne doivent être imposez à la taille. Arrêt du Parlement de Dijon du 28. Février 1594. *Bouvot*, to. 2. verbo *Taille*, quest. 17. Arrêts semblables rapportez en la question 23.

197. Le mineur qui fait trafic, tient feu, laboure ses terres, peut être imposé à la taille. Arrêt du Parlement de Dijon du 16. Decembre 1616. *Bouvot*, to. 2. verbo *Taille*, quest. 59.

198. Si un jeune homme qui n'a ni feu ni lieu, étant en pension, est cottisable à la taille comme un autre habitant? *Voyez Bouvot, ibidem* quest. 80.

199. Le 26. Janvier 1594. par Arrêt des Generaux, ordonné que le Curateur des filles de M. Robert Garnier Conseiller au Grand Conseil, seroit rayé du rôle des tailles, & autres impositions de la Ville du Mans, parce qu'elles étoient mineures, & que ce qu'il avoit payé luy seroit rendu. M. le Bret Avocat du Roy dit que par les Arrêts les mineurs au dessous de 20. ans ne sont point contribuables aux tailles. *Bibliotheque de Bouchel*, verbo *Exemptions*.

200. Mineurs exemptez de la taille jusqu'à ce qu'ils ayent atteint un âge legitime. Arrêt du mois d'Avril 1596. *Voyez M. le Bret*, action 41.

201. *Henrys*, to. 1. liv. 4. chap. 6. quest. 89. établit que dans la Province du Lionnois, Forêt & Beaujolois, les mineurs joüissent à la verité de l'exemption des tailles, mais que ce privilege ne dure que jusqu'à l'âge de dix-huit ans. Il rapporte differens Arrêts du Conseil & de la Cour des Aydes; les premiers restraignent le privilege à l'âge de 18. ans: les seconds l'étendent jusqu'à l'âge de 25. ans, mais dans la question suivante il rapporte un Arrêt du Conseil du Roy du premier Octobre 1650. qui ordonne que celuy du 21. Février 1609. sera executé selon sa forme & teneur, ce faisant, que les mineurs qui auront atteint l'âge de 18. ans, seront compris au rôle des tailles à raison de leurs biens, ainsi qu'il a été pratiqué
de

de tout temps en ladite Province, nonobſtant tous Arrêts de la Cour des Aydes, & Ordonnances des Officiers de l'Election de la Generalité de Lyon. Il faut que cet âge ſoit accompli au commencement de l'année, enſorte que le mineur ne doit pas être impoſé, quoyque lors du département ou de l'impoſition il eût 18. ans accomplis, s'il ne les avoit pas au commencement de l'année, parce que la taille eſt dûë dés le commencement de l'année, quoyque le partage ne ſe faſſe que long-temps aprés.

202. Au païs de Forêt l'exemption de la taille pour les mineurs s'étend juſques à 25. ans, & non juſques à 18. ans. Arrêt de la Cour des Aydes du 7. Mars 1646. *Henrys*, to. 1. liv. 4. ch. 6. q. 87.

203. Arrêt du Conſeil qui ordonne, nonobſtant l'Arrêt de la Cour des Aydes, que les mineurs qui auront l'âge de 18. ans, ſeront compris au rôle des tailles au païs de Forêt à raiſon de leurs biens. L'Arrêt eſt du premier Octobre 1650. *Henrys, ibidem. q.* 88.

TAILLES, MONNOYERS.

204. Sur le privilege des monnoyers. Jugé qu'ils ne le conſervent point en transferant leur domicile d'une monnoye à l'autre. Il fut ordonné que l'appellant ſeroit rayé des tailles tant & ſi longuement qu'il demeurera en la Ville & Banlieuë de S. Lo, & qu'il ſervira actuellement en la monnoye d'icelle. Arrêt du mois de Février 1601. *Le Bret, action 46.*

TAILLES, MOULINS.

205. Ceux qui afferment les moulins de Gonneſſe ne peuvent être mis à la taille dés la premiere année de l'occupation & demeure qu'ils font dans la Paroiſſe pour raiſon deſdits moulins. Jugé le 8. Août 1691. en la premiere Chambre de la Cour des Aydes de Paris. *Journal des Aud.* 10. 5. liv. 7. ch. 41.

TAILLES NEGOCIALES.

206. Les tailles negociales ſont préferables à une rente fonciere, même aux dots des femmes à proportion de ce que chaque fonds a été cottiſé en l'écart general. *Voyez* pluſieurs Arrêts du Parlement de Grenoble dans *Baſſet, to. 1. li. 3. tit. 3. ch. 6.*

207. Les Cottiſez ſont recevables à former oppoſition, ſans conſigner en fait de tailles negociales. Arrêt du 10. Septembre 1667. *Baſſet, to. 1. li. 3. tit. 2. ch. 11.*

208. Arrêt du Conſeil d'Etat du 27. Janvier 1680. portant qu'il ſera donné avis à ſa Majeſté par M. Rouillé Intendant, ſur la plainte du tiers état de Provence contre les Arrêts obtenus par les Nobles, du rétabliſſement de la franchiſe des tailles negociales, & de la compenſation des biens nobles alienez avec les roturiers acquis. *Boniface*, to. 5. liv. 6. tit. 4. ch. 6.

TAILLES,
OFFICIERS DES MAISONS ROYALES.

209. Les Officiers domeſtiques des Enfans de la Maiſon de France, ſont exempts de taille. Arrêt du mois de May 1596.

210. Un Capitaine ayant porté les armes au ſervice du Roy, ne peut être impoſé à la taille, s'il y a ſervi vingt cinq ans, quoyqu'il n'ait d'exemption du Roy. Arrêt du Parlement de Dijon du 2. May 1608. *Bouvot*, to. 2. verbo *Taille*, queſt. 76.

211. Déclaration portant qu'aucun Officier des Maiſons Royales ne ſera exempt des tailles, s'il ne ſert actuellement, & n'eſt couché ſur l'Etat. A Paris le 8. Septembre 1610. reg. en la Cour des Aydes le 22. du même mois. *Neron, p.* 865.

212. Un Garde du Roy eſt exempt de payer les Tailles Royales, non celles de la Communauté. Arrêt du Parlement de Dijon du 4. Juillet 1619. *Bouvot*, to. 2. verbo *Taille*, queſt. 37.

213. Déclaration du Roy du 23. Octobre 1680. verifiée le 13. Novembre ſuivant, portant que les Officiers des Maiſons Royales, poſſedans des Charges de Judicature, ſeront impoſez à la taille tant qu'ils demeureront pourvûs conjointement des deux Offices. *De la Gueſſiere*, tome 4. livre 3. chapitre 24.

Tome III.

214. On ne peut impoſer à la taille celui qui eſt pourvû d'une Charge de Marchand Mercier & Joüaillier de la Garderobe du Roy, couché & employé ſur l'Etat mis au Greffe de la Cour des Aydes, tant qu'il rend ſervice actuel & ne fait acte dérogeant à ſon privilege. Arrêt de la Cour des Aydes de Paris du 18. Juin 1687. *Journal des Audiences*, tome 5. liv. 3. ch. 8.

215. Un Chirurgien s'étant fait pourvoir d'un Office commenſal de Mademoiſelle de Montpenſier prétendoit joüir des privileges attribuez à ſa Charge. Les habitans ſoûtinrent au contraire que ce Chirurgien exerçant toûjours la Chirurgie, étoit impoſable, nonobſtant ſon privilege auquel il dérogeoit. Par Arrêt du 9. Août 1690. auroit été donné acte à l'Officier de la declaration par luy faite qu'il entendoit & ne vouloit plus faire à l'avenir la Chirurgie, & en conſequence défenſes aux habitans Aſſeeurs & Collecteurs du lieu de la demeure de l'Officier de l'impoſer tant qu'il ſeroit Officier, rendroit ſervice actuel, & ne feroit acte dérogeant. *Memorial alph.* verbo *Chirurgien*.

216. Privilegié payant volontairement la taille, n'eſt pas pour cela déchû de ſon privilege. Un privilegié Officier de la Reine ayant été impoſé à la taille en 1674. ſe pourvût en radiation pardevant les Elûs de Mondidier, qui le confirmerent en ſon privilege; les habitans du lieu de ſa demeure interjetterent appel de la Sentence, & continuerent à l'impoſer. Pendant le Jugement de l'appel le privilegié deceda; ſa veuve faute de conſeil crut qu'elle ne pouvoit s'éviter de payer, & en effet elle paya la taille juſqu'en 1695. ſans ſe plaindre; en 1696. mieux inſtruite de ſon droit, elle s'oppoſa en radiation, & par Sentence des Elûs de Mondidier elle fut déchargée de la taille de 1696. les habitans interjetterent appel. Par Arrêt de la Cour des Aydes du 10. May 1697. la Sentence fut confirmée avec amende & dépens. *Ibidem,* verbo *Privilegié, n.* 9.

217. Un Officier Commenſal de la Maiſon du Roy, faiſant un commerce au lieu de ſa réſidence, fut impoſé aux tailles. Cet Officier reconnoiſſant ſa dérogeance paya la taille quelque temps; il fit enſuite publier au Prône & regiſtrer au Greffe ſa tranſlation de domicile, déclarant qu'il alloit demeurer à Paris. Nonobſtant cette tranſlation de domicile, les habitans & Collecteurs de la Paroiſſe où il demeuroit, l'impoſerent dans leur Rôle l'année ſuivante de ſa tranſlation; il s'oppoſa, & ſur le fondement de ſon privilege, il demanda la radiation de ſon taux; les Elûs le déchargerent de l'impoſition. Les habitans interjetterent appel de cette décharge; ils ſoûtinrent que l'Officier n'avoit pas ceſſé de déroger dans leur Paroiſſe, étant venu demeurer à Paris, où même il tenoit une Hôtelerie, qui étoit encore une ſuite de ſa dérogeance, ou du moins une choſe répugnante à ſa Charge. La Cour des Aydes de Paris par Arrêt du mois de Juin 1697. en infirmant la Sentence des Elûs, ordonna l'execution du Rôle des Tailles de la Paroiſſe du lieu où il demeuroit, & qu'il y ſeroit impoſé dix années de ſuite, avant qu'il pût acquerir la franchiſe de la même maniere qu'un particulier habitant qui ſeroit venu demeurer à Paris, ſans être revêtu d'aucun privilege. Cet Arrêt fait connoître que le privilegié devoit ceſſer de déroger & ſe faire rayer du Rôle au lieu de ſa demeure avant que de transferer ſon domicile à Paris ou autre Ville franche. On peut croire neanmoins que ſi cet Officier n'avoit point fait de commerce à Paris, il n'eût été condamné à payer la taille en ſa derniere demeure, que juſqu'à ce qu'il cût acquis ſon domicile en ladite ville par an & jour, ainſi qu'il ſe juge à l'égard des habitans taillables, qui aprés s'être fait pourvoir d'une Charge qui emporte un privilege, declarent vouloir demeurer en lieu exempt de tailles, comme par exemple les Archers de Ville à Paris. *Memorial alphabetique,* verbo *Privilegié, n.* 10.

Rrrr

218 & 219. Officiers de la Maison du Roy & des Maisons Royales qui ne sont pas capables de remplir les fonctions de leurs Offices, doivent être privez de leurs Charges & imposez aux tailles, suivant une Ordonnance de Louïs XIII. au mois de Janvier 1629. Un Marêchal ferrant de la Compagnie de Monsieur de Lauzun; ayant été imposé, & rayé du Rôle par Sentence des Elûs du Mans; sur l'appel de cette Sentence les habitans demanderent à faire preuve que ce Marêchal n'en sçavoit point le métier; mais comme le Marêchal dérogeoit à son privilege, parce qu'il faisoit valoir le bien de son beaufrere, la Sentence fut infirmée sur ce principe, & luy condamné à payer la taille, & sur la Requête des habitans, il fut mis hors de Cour quant à present; ce qui fait voir que cessant ladite dérogeance, on auroit admis la preuve de l'incapacité. Arrêt de la Cour des Aydes du mois d'Août 1703. *Memorial alphabetique*, verbo *Officiers*.

TAILLES, OFFICIERS DE MARECHAUSSÉE.

220. Commissaire du Prévôt des Marêchaux, qui est exempt de la taille, ne doit joüir du privilege pendant qu'il exerce l'Office de Grenetier, à cause de l'incompatibilité. Arrêt du dernier Août 1635. *Bardet*, *to. 2. liv. 4. chap. 27*.

221. Par Arrêt de la Cour des Aydes de Paris, du 22 Février 1639. il a été ordonné à la requisition de M. le Procureur General, que les Archers des Prévôts des Marêchaux ne joüiront de l'exemption des tailles que jusqu'à 5. livres, qui leur seroient déduits sur les cottes ausquelles ils seroient imposez par les Rôles, conformément aux Edit & Declarations du Roy, Arrêts & Reglemens de la Cour. *Memorial alphabetique*, verbo *Officiers*, n. 31.

222. Déclaration portant révocation des privileges & exemptions des Tailles, accordées aux Officiers des Marêchaussées. A S. Germain en Laye en Septembre 1662. registrée en la Cour des Aydes de Normandie le 17. Octobre suivant. 9. *Volume des Ordonnances de Louïs XIV. fol. 232. & 245*.

TAILLES, PERES ET MERES.

223. C'est une maxime certaine que les peres & meres, qui de leur vivant donnent leurs biens à leurs enfans, ne s'affranchissent pas de l'imposition: si les enfans demissionnaires, quoiqu'exempts & privilegiez, doivent la payer, ils n'ont que la voye du surtaux, si ces cottes sont excessives. V. *le Memorial alphabetique*, verbo *Démission & enfans*. Le Président de la Barre en son *Formulaire des Elûs*, dit au *ch. 37. p. 277*. que si les enfans succedent aux biens de leurs peres taillables par démission ou en avancement de succession demeurant avec les peres, ils doivent être cottisez conjointement; neanmoins avec distinction les peres à peu de chose, les enfans à une somme plus considerable, comme joüissans des biens de leurs peres.

224. Pere ou mere revenant par droit de retour en possession des biens dont ils se sont démis, sont imposables. Arrêt de la Cour des Aydes à Paris du mois de May ou Juin 1697. *Memorial alphabetique*, verbo *Pere*.

225. Le pere qui a douze enfans, est exempt de toutes tailles personnelles & patrimoniales. Arrêt du Parlement de Dijon du 13. Juillet 1557. *Bouvot*, *tome 2. verbo Taille, quest. 50*.

226. Celuy qui a douze enfans est exempt de payer la taille. Jugé par Arrêt du Parlement de Dijon du mois de May 1592. *Ibidem*, verbo *Privileges*, *quest.* 1.

227. Le fils marié, quoyque demeurant avec son pere, peut être imposé. Arrêt du Parlement de Dijon du 22. Mars 1600. *Bouvot*, *to. 2. verbo Taille, quest. 12*.

228. Le pere qui a douze enfans, quoyque l'un d'iceux vienne à déceder, doit neanmoins être exempt de payer toutes Tailles Royales & subsides. Arrêt du Parlement de Dijon du 14. Février 1607. *Ibidem*, verbo *Privileges*, *quest. 3*.

229. Le pere ayant onze enfans, & une fille de sa fille morte, qu'il tient en sa maison, ne doit être déchargé de la taille. Arrêt du Parlement de Dijon du 13. Mars 1617. *Bouvot*, *ibidem*, *quest. 6*.

TAILLES PERSONNELLES.

230. Tailles sont estimées plus personnelles que réelles, étant les personnes taillables seulement és lieux de leur domicile. Arrêts des 21. May & dernier Juillet 1573. *Papon*, *liv. 5. tit. 11. n. 3*.

231. La rente est préferable aux Tailles sur le fond qui y est sujet. Voyez le mot *Préference*, n. 23.

TAILLE, PRÉFÉRENCE.

232. Arrêt du Parlement d'Aix du 10. Mars 1638. qui a jugé que la taille doit être préferée aux frais du labourage sur les fruits des biens qui la doivent. *Boniface*, *to. 2. part. 3. liv. 2. tit. 2. chap. 1*.

233. Arrêt du 23. Octobre 1641. qui a déclaré la taille préferable aux semences sur les fruits. *Boniface*, *ibidem*, *chap. 2*.

234. Les tailles & arrerages ont non seulement privilege sur les biens qui y sont sujets, & sur les autres biens que le même debiteur a dans le même taillable, mais non sur les biens qu'il a dans un autre taillable. Arrêt du Parlement de Toulouse du 7. Août 1662. suivant l'avis de Despeisses, qui leur donne le privilege sur les biens d'une autre collecte. Il suit de là que le Collecteur n'a point de privilege sur les sommes dües au debiteur de la taille. Arrêt du 22. Juin 1678. qui donna la maintenuë des sommes arrêtées à un simple creancier, préferablement au Collecteur; il est vray que ce creancier étoit anterieur à l'imposition de la taille. Voyez M. *de Catellan*, *liv. 6. chapitre 9*.

TAILLES, PRESCRIPTION.

235. La seule prescription de trente ans a lieu contre les tailles. Voyez le mot *Prescription*, n. 363.

236. Si après sept ans l'on peut être poursuivi pour payement d'une taille, & s'il y a decret, le Roy a droit de préference contre les creanciers hypothequaires? V. *Bouvot*, *to. 2. verbo Taille*, *quest. 34*.

237. L'Ordonnance defend de rechercher aucun pour la taille après trois ans. Ainsi jugé le 5. Mars 1566. *Papon*, *liv. 5. tit. 11. n. 2*.

238. Du Privilege de Veteran pour l'exemption des tailles, il faut Lettres pour en joüir. Arrêt de la Cour des Aydes de Paris du 12. Avril 1606. contre la veuve d'un Capitaine qui avoit joüi de l'exemption pendant quarante ans. En matiere de tailles, il n'y a point de prescription. *Plaidoyers de Corbin*, *chapitre 41*.

239. Les Receveurs après trois ans du jour de la délivrance des Rôles, ne peuvent exiger les tailles, & à faute d'en avoir tiré le payement dans ledit temps, sont déclarez nuls & non exigeables, sinon qu'il apparoisse de diligences suffisantes. Arrêt en forme de Reglement rendu au Parlement de Grenoble le 10. Avril 1609. V. *Basset*, *tome 1. liv. 3. tit. 2. ch. 1*.

240. Le 2. Mars 1640 par Arrêt sur partage, il fut jugé au Parlement de Toulouse, qu'après la premiere année les tailles étoient une dette simple, & que les autres années *abierant in creditum*, parce que suivant la disposition de Droit *sunt, onera fructuum*, non pas *onera fundorum* comme les censives. *Albert*, verbo *Tailles*.

241. Les tailles sont alloüées sans difficulté sur la vente séparée des biens qui y sont sujets, sur quoy il est à remarquer que par les anciens Arrêts du Parlement de Toulouse le privilege des tailles étoit restraint aux tailles de trois années avant l'Instance; ainsi jugé: mais depuis la Jurisprudence a changé, on ne borne point ce privilege, non plus que dans les Cours des Aydes. Arrêt le 7. Août 1662. les dépens même exposez pour le payement de ces tailles sont alloüez sur la même vente séparée. Arrêt du 5. Juillet 1662. autres en Juillet 1664. & le 3. Decembre rapportez par M. *de Catellan*, *liv. 6. chap. 9*.

TAI TAI 683

TAILLES, PRIVILEGE.

242. Le privilege de la taille une fois acquis par le nombre de douze enfans continuë, nonobstant que l'un des enfans meure. Jugé à la Cour des Aydes le 26. Août 1672. *De la Guessiere*, tome 3. *liv.* 6. *chapitre* 28. Le *Journal du Palais* rapporte le même Arrêt, & la Declaration du Roy du mois de Novembre 1666.

TAILLES REELLES.

243. En Dauphiné les tailles sont réelles & prediales. Reglement du Roy du 24. Octobre 1639. *Basset*, to. 1. *liv.* 3. *tit.* 2. *chap.* 1.

TAILLES, RELIGIEUX.

244. Les Nonains de S. Panthaleon de Toulouse avoient échangé une piece de Terre exempte de tailles avec une piece roturiere : ils prétendoient que celle-cy devoit joüir de la même exemption, disant que *subrogatum sapit naturam subrogati*. Le Sindic répondoit que cette regle s'entend, *quando subrogatum est ejusdem qualitatis & juris ejusdem capax*. Il ajoûtoit que *res qualibet transit cum suâ causâ*. Arrêt de la Cour des Aydes de Montpellier du 23. Août 1552. qui condamne par provision les Nonains. *Voyez Philippi*, article 40.

245. Arrêt du 27. Juin 1569. qui déclare exempts des tailles & contributions, les Religieux du Convent des Carmes de la Ville de Carcassonne contre le Sindic qui les vouloit contraindre à payer les charges de ladite Ville. Arrêts semblables des 19. Mars 1573. & 11. Mars 1572. pour les Religieux de Nôtre-Dame de la Mercy de la Ville d'Auterive, & pour les Religieuses de Sainte Claire. *La Rochestavin*, liv. 6. titre 76. *Art.* 2. 3. & 4.

246. Des fonds anciens d'un Monastere exempts de tailles, donnez en emphiteose, depuis faute de payement repris tres long-temps après, ne doivent pas être taillables comme ils l'étoient és mains emphiteoses : ainsi jugé au Parlement de Grenoble le 14. May 1611. en faveur des Chartreux. *Basset*, to. 2. *liv.* 3. *tit.* 2. *ch.* 5.

247. Habitans donnant leurs biens à une Maison Religieuse, ne sont pas pour cela exempts d'être imposez au Rôle des tailles. Par un Arrêt du 21. Février 1635. il a été jugé en la Cour des Aydes de Paris, qu'un particulier s'étant retiré aux Celestins de Sens devoit être imposé, & les Religieux condamnez à payer, le particulier n'avoit d'autres biens que ceux qu'il leur avoit donnez. Il y a un autre Arrêt de la même Cour du 20. Juillet 1640. qui juge la même chose ; il fut ordonné qu'à l'avenir le particulier seroit imposé à la somme de quinze livres ; enjoint aux Religieux de bailler à ferme les terres à eux données. *Memorial alphabetique*, verbo *Habitans & Religieux*, & le *Journal des Audiences*, tome 1. *liv.* 3. *ch.* 66.

248. & 249. Deux personnes fort âgées quitterent le village de S. Martin, & se retirerent en la Maison des Celestins de la Ville de Sens, leur abandonnerent leur bien qui étoit de peu de valeur, à la charge d'être nourris le reste de leurs jours, & inhumez après leur mort, on demanda la taille sur les biens compris dans la donation. Arrêt de la Cour des Aydes du 23. Février 1635. qui n'ayant pas jugé les privileges des Celestins assez verifiez, ordonne que ces deux particuliers payeroient la taxe de six livres pour cette année, & que pour les autres ils seroient imposez aux tailles en la Paroisse de S. Martin. *Voyez le* 35. *Plaidoyé de M. le Maître.*

250. Les fonds des Monasteres hors le clos fermé de murailles, sont cottisables aux tailles. Arrêt du Parlement de Grenoble du 13. Août 1662. en faveur des Religieuses de Salettes. *Basset*, tome 1. livre 3. titre 3. chapitre 4.

251. Arrêt du Parlement d'Aix du 23. Juin 1671. qui a déclaré les biens censables à la religion de Malthe, être sûjets à la taille. *Boniface*, to. 3. *liv.* 7. *tit.* 8. *chap.* 5.

252. Des Religieux s'étant soûmis lors de leur établissement au payement des tailles, moyennant une pension de 80. écus à eux accordée, ne peuvent dans la suite en demander l'exemption pour l'enclos de leur Convent & jardin. Jugé à Aix, Cour des Aydes ; l'Arrêt n'est point daté ; les Religieux s'étant pourvûs au Conseil Privé en cassation, deboutez de leur Requête, le 18. Janvier 1683. *Journal du Palais*.

253. Les acquisitions amorties peuvent être exploitées par les Religieux & Religieuses, jusqu'à concurrence de quatre charruës, ou par supplement de leurs biens d'ancienne dotation : au contraire les acquisitions non amorties, ne peuvent être tenuës par qui que ce soit de l'Etat Ecclesiastique, sans assujettir ceux qui les font valoir à payer la taille. Cette maxime est confirmée par plusieurs Arrêts de la Cour des Aydes à Paris, rapportez au *Memorial Alphabetique*, verbo *Eccles.* le plus recent Arrêt est du 17. Août 1693.

254. Les Ursulines de la Ville du Mans ayant acquis un domaine en la Paroisse de Conlie, élection du Mans, y mirent une veuve & ses enfans comme domestiques à gages. Les habitans ayant prétendu que cette veuve avoit été autrefois imposée aux Rôles des tailles, la taxerent en 1690. Les Religieuses prirent le fait & cause de leurs domestiques, & concluerent sur le fondement de leurs privileges, à la radiation de leur cotte ; surquoi par Sentence des Elûs du Mans, sans avoir égard à la prise de fait & cause, la taxe fut confirmée avec dépens. Les Religieuses interjetterent appel en la Cour, & ayant justifié que la veuve leur servante, n'avoit pas été comprise au Rôle des tailles de la paroisse, cinq années avant celle de 1690. qu'elle avoit été taxée au Rôle, par Arrêt du 17. Août 1693. la Sentence fut infirmée ordonné, que la servante seroit raïée du Rôle, ce qu'elle avoit été contrainte de payer réimposé sur les habitans, avec défenses de l'imposer à l'avenir tant qu'elle seroit servante ou domestique des Religieuses, ne possederoit aucuns biens, & ne seroit aucun trafic ne commerce. *Memorial alphabetique*, verbo *Domestiques*.

REMISE DES TAILLES.

255. Remise faite par le Roy des restes des tailles en 1598. Un particulier qui avoit de l'argent à toucher du Receveur, s'étoit contenté d'une obligation de 3000. liv. qu'une communauté avoit faite au Receveur pour sa cotte-part de la taille : la communauté poursuivie, obtint sa liberation. La Cour considera que le particulier pouvoit aux termes d'un Edit de 1596. prendre du Receveur un certificat de *non soluto*, pour se retirer au Roy, afin d'avoir une nouvelle assignation. Arrêt du mois de Juillet 1600, *Le Bret*, action 44.

256. De la remise des tailles en 1648. Arrêt du Parlement de Grenoble du 2. Août 1649. qui a jugé que s'agissant de chose favorable, telle que la remise des tailles, le benefice du Roy avoit lieu dés le jour qu'il avoit été accordé, & que cette remise avoit son effet en faveur du cottisé, bien que le collecteur eût payé pour luy, & que la cotte fût sienne & nullement au Roy. *Voyez Basset*, tome 2. liv. 3. tit. 2. chapitre 1.

TAILLES, RÔLES.

257. Des Rôles des tailles. *Voyez* le mot *Rôles*, nomb. 8. *& suiv.*

258. De la verification des Rôles. *Voyez Basset*, tom. 1. *liv.* 3. *tit* 2. *ch.* 3.

259. Les Receveurs & Exacteurs des Rôles des tailles, feront la recepte & exaction dans trois ans après la délivrance du Rôle, sinon le temps passé les Rôles déclarez nuls, & les cottisez déchargez. Arrêt du 10. Avril 1609. *M. Expilly*, *Arrêt*, 145.

260. Les Rôles, si les cottisez sont appellans de la cottisation, sont déclarez executoires par provision & sans caution. Arrêt du Parlement de Grenoble du 15. Septembre 1681. rapporté par *Chorier en sa Jurisprudence de Guy Pape*, p. 114.

Tome III. Rrrr ij

TAILLES, RUINE DES TERRES.

261 Si le dégât ou la ruine des terres est trouvé perpetuel & irremediable, elles sont déchargées de la taille, & le déchargement surimposé sur les autres taillables du lieu; il en est autrement des dégâts temporels & reparables; le Maître condamné à payer la taille. Arrêt de la Cour des Aydes de Montpellier, rapporté par *Philippi, art.* 47.

TAILLE, E'S 4. CAS, SEIGNEUR.

262 *Voyez* le mot *Aydes*, nomb. 35. & *suiv.* cas, nomb. 9. & *suiv.* lettre D. au titre des *Droits Seigneuriaux*, nomb. 154. & *suiv.*

263 L'usufructuaire peut faire payer le droit de taille pour mariage d'une fille. Arrêt du Parlement de Dijon du 30. Janvier 1566. au profit du Seigneur de Rousselay. *Bouvot*, tom. 2. *verbo*, Taille quest. 14.

264 Le Seigneur qui a faculté de tailler à mercy ses habitans, ne le peut que *arbitrio boni viri*; jugé pour les habitans de Mayres le 24. May 1601. *Cambobas*, liv. 3. chap. 21.

265 Droit de *tailles aux quatre cas*, se doit par convention ou par possession immemoriale, & se prend pour le mariage des filles seulement & pour toutes, ou si elles entrent en Religion, soit que le Seigneur soit riche ou pauvre; ne se prend pour Chevalerie de Robe; ni si le Seigneur prisonnier sortoit sans rançons, ou si le Roy ou autre la payoit pour luy. *Ferrer.* quest. 57. *vid.* Papon *lib.* 13, *tit.* 5, *n.* 1. non debentur nisi ex pacto vel consuetudine Clar §. feudum, q.29. On fait doute pour celles qui entrent en Religion. *Voyez* cy-après le n. 284. où l'on fait un Titre singulier de cette sorte de taille.

TAILLES, SURTAXE.

266 Reglement de la Cour des Aydes du 13. Decembre 1568. pour terminer les procès & differends de ceux qui prétendent être surtaxez. *Voyez* Papon, liv. 5. tit. 11. n. 40.

267 Par Arrêt de la Cour des Aydes de Paris du dernier May 1606. sur la Requête de M. le Procureur General, il lui a été permis de se pourvoir contre les diminutions & rabais ordonnés par les Elûs, avec les Maires & Echevins des Villes seuls, par les voyes de droit, défenses aux Elûs de juger aucunes moderations ou rabais de taxes des opposans en surtaux ni d'en souffrir aucun département; comme aussi aux asseeurs d'en faire aucune assiete, & aux collecteurs la levée, que les habitans des paroisses interressez aus. dites taxes, n'ayent été ouïs & duëment appellez, sous les peines portées par les Ordonnances & Arrêts de la Cour. *Memorial Alphabetique*, verbo *Habitans*, n. 31.

268 Par Arrêt de la Cour des Aydes de Paris du 21. Novembre 1685. une Sentence des Elûs de Joigny, qui avoit ordonné que les sommes à quoy s'étoient trouvés monter les abus & malversations des collecteurs en charge l'année 1684. audit Joigny, seroient employées à la surtaxe des opposans en surtaux, & demandeurs en abus, & fut infirmée en ce chef, & fut ordonné que le provenu desdits abus & malversations, seroit mis és mains du Procureur Syndic, pour être employé à la décharge du General des habitans, & être d'autant moins imposé sur eux à la prochaine assiete, ce qui fut ainsi jugé, parce que les opposans en surtaux & demandeurs en abus, n'avoient pas fait instruire leur surtaux devant les Elûs, avec les habitans dudit Joigny. *Memorial Alphabetique*, verbo *Opposans*.

TAILLES, TRESORIERS.

269 Un Tresorier, pour payement de la taille modique, ne peut executer sur les biens immeubles, sans discuter les fruits. Arrêt du Parlement d'Aix du 13. May 1672. *Boniface*, to. 5. liv. 6. tit. 7. ch. 2.

270 Un Tresorier qui a fait saisir les fruits des biens de son débiteur pour les tailles, ne peut être appellé en d'autres Jurisdictions par le sequestre pour regler sa préference. Arrêt du dernier May 1673. *Boniface*, to. 5. liv. 6. tit. 7. chap. 1.

TAILLES, TUTEUR.

271 C'est une maxime certaine qu'un tuteur qui fait valoir le bien de ses mineurs, n'est pas imposable, parce qu'il doit rendre compte à ses mineurs, & dans ce compte porter en recepte tout le produit du bien, sur quoy la dépense doit être alloüée; en sorte que le Tuteur ne doit faire aucun profit sur les revenus de ses mineurs, & par consequent on ne le peut imposer par consideration de ces biens, dont il ne joüit que comme simple mandataire; s'il pouvoit être imposé, il y auroit de la justice de mettre en dépense dans son compte la somme qui seroit arbitrée pour cette joüissance, dont il faudroit faire distraction de son imposition totale, ce qui seroit faire porter indirectement la taille à des mineurs qui n'en doivent point. Dans un Plaidoyé de M. l'Avocat General Du Bois, il est dit que les Tuteurs sont imposables, lorsqu'ils font valoir le bien de leurs mineurs, ce qui semble contraire à la maxime; mais je crois que pour concilier ces contrarietez, il faut que M. l'Avocat General ait entendu parler d'un Tuteur qui tient à ferme le bien de son mineur, par un bail qui luy auroit été fait par le subrogé tuteur. *Memorial Alphab.* verbo, *Tuteurs*, n. 8.

TAILLES, VEUVE.

272 La veuve qui a seulement droit de se loger dans une maison, n'est point obligée de payer la taille, mais les heritiers de celuy qui luy a laissé ce droit. Arrêt de l'an 1592. *La Rocheflavin*, livre 2, lettre H. tit. 2. Arr. 1.

273 Une veuve qui paye la taille dans sa Paroisse, se remariant au mois de Février avant que le nouveau Rolle ait été fait, ne doit plus être comprise, si son mary la paye dans une autre Paroisse; mais s'il étoit exempt, elle seroit encore cottisable pour cette année. Arrêt rendu en la Cour des Aydes, le 9. Mars 1629. *Bardet*, tome 1. liv. 3. ch. 31.

274 Par Arrêt de la Cour des Aydes de Paris du 12. Août 1672. sur l'appel d'une Sentence des Elûs de Paris, qui avoit fait défenses aux Habitans & Collecteurs de la Paroisse d'où étoit sortie une femme après la mort de son mary, de la comprendre aux Rolles, en payant par elle en la Paroisse nouvelle où elle étoit allée demeurer, les parties furent mises hors de Cour; en sorte que cet Arrêt juge qu'après la mort du mari, la femme devient libre d'aller demeurer où elle veut, sans que le droit de suite pour les tailles luy puisse être opposé. On ne voit point par cet Arrêt si cette veuve avoit fait publier sa translation de domicile dans les 40. jours de son veuvage: mais il y a bien de l'apparence qu'elle l'avoit fait, parce qu'autrement elle n'auroit pû se dispenser de payer les deux années de suite dans la Paroisse qu'elle avoit quittée. *Memorial Alphabetique*, verbo, *Femme*, n. 4.

275 Par Arrêt du Conseil du 19. Septembre 1679. jugé que les veuves des environs de Paris qui y transferoient leurs domiciles, seroient taillables dans les Paroisses de leurs anciennes demeures pendant dix ans. Le Roy par une Declaration expresse du 29. Janvier, registrée le 8. Février 1687. donne la liberté ausdites veuves de choisir tel domicile que bon leur semblera, en le déclarant par écrit dans les quarante jours du décés de leurs maris, aux Syndic & Marguilliers des Paroisses où le décés est arrivé, & feront publier cette déclaration aux Prônes des Paroisses, & signifier aux Collecteurs, &c. si elles ont des maisons, elles seront tenuës de les donner à loyer dans l'an du décés de leurs maris, sinon comprises aux Rolles des tailles, &c. *Le Journal du Palais* rapporte la Declaration du Roy du 29. Janvier 1687.

276 Par Arrêt du 5. May 1683. rendu en la seconde Chambre de la Cour des Aydes de Paris, une femme ayant fait declaration au Sindic & habitans de sa

Paroisse, publier au Prône, & registrer au Greffe de l'Election, qu'en conséquence de son mariage elle alloit demeurer en une autre Paroisse avec son mary au préjudice de laquelle declaration, les Collecteurs l'avoient comprise en leurs rôles elle fut déchargée. Cet Arrêt n'apprend pas si cette declaration a été faite dans les 40. jours de la mort du premier mary de cette femme : mais outre qu'il n'est pas ordinaire qu'une femme se remarie si-tôt après la mort de son mary, c'est qu'une femme passant par un second mariage en la puissance d'un nouveau mary, elle est dés ce moment affranchie de toutes les charges personnelles, ausquelles elle étoit sujete ; par conséquent il est indifferent que cette declaration ait été faite dans les six semaines de la mort du premier mari, ou après, pourvû qu'elle ait précédé la confection des Rolles de l'année en laquelle cette femme s'est remariée. *Memorial Alphabetique*, verbo, *Femme*.

277 Le sieur le Noir, Greffier de l'Election de Montfort, jouïssoit de l'exemption de la taille & autres impositions, à raison de la Charge de Greffier; mais il étoit encore pourvû de la Charge de Procureur en la Jurisdiction ordinaire de Montfort, qui le rendoit taillable, & qui formoit une espece de dérogeance à son privilege, sans neanmoins que les Habitans & Collecteurs de Montfort se fussent avisez de l'imposer. Le Noir étant décédé, sa veuve demeurant toûjours à Montfort, auroit joüi de l'exemption, n'ayant point été comprise au Rolle; mais cette veuve voulant venir demeurer à Paris avec son fils Avocat au Conseil, les habitans de Montfort la firent imposer au Rolle par droit de suite; elle se défendit par le privilege de son mary, qui n'avoit point reçu d'atteinte par aucune imposition; & sur ce qu'elle-même depuis le décés de son mary n'avoit été imposée, en conséquence du privilege ; d'où il suit qu'elle inseroit que son état étoit libre, elle avoit pû venir demeurer à Paris sans craindre la suite. les habitans pretendirent au contraire que le mary de cette veuve, étant mort dans une actuelle dérogeance, elle n'avoit joüi comme luy de son privilege que par tolerance , & qu'ainsi elle ne pouvoit se défendre de la suite ; neanmoins par Arrêt de la Cour des Aydes de Paris, du 18. Octobre 1690. elle a été déchargée de l'imposition. *Ibid.* verbo, *Veuve*, n. 2.

278 En l'année 1676. le nommé Maubert, habitant de Pontoise, fut imposé à 200. liv. Pour le payement de cette somme ses meubles furent saisis & vendus, & ce qui en provint ne paya qu'une partie de la taxe. Maubert étant décedé sans payer le reste, sa veuve qui étoit une pauvre femme, se mit en service. Depuis elle passa en secondes nôpces avec le nommé Hupé. En 1690. les Collecteurs de 1676. firent assigner Hupé & sa femme pour être condamnez à payer le reste de la taxe de Maubert. Ils en furent déchargez en l'Election de Paris ; mais par Arrêt de la Cour des Aydes de Paris du 16. Février 1691. la Sentence fut infirmée, & Hupé & sa femme condamnez à païer : d'où il faut conclure qu'une veuve commune doit la taille de son mary. *Ibid. n. 8.*

TAILLES,
VILLES CAPITALES ET FRANCHES.

279 Arrêt de la Cour des Aydes du 13. Mars 1574. portant Réglement pour le fait des tailles, & pour les privileges des habitans des Villes. *Le Vest, Arr.* 130.

280 Sur l'immunité des Villes capitales, & qu'il est permis aux habitans de faire valoir leurs terres par leurs mains, sans être sujets à la taille. Arrêt du mois de Février 1596. il faut un séjour de cinq ans pour acquerir le privilege ; à l'égard des terres on a reduit à une certaine quantité. *V.* la 20. *Act. de M. le Bret.*

281 Par Arrêt de la Cour des Aydes de Paris, du 16. Avril 1660. défenses ont été faites aux Habitans, Asseeurs & Collecteurs des Paroisses, de comprendre dans leurs Rolles les habitans des Villes franches, quand ils n'auront dans leurs Paroisses que des maisons & vignes, qu'ils feront façonner par les particuliers habitans de la Paroisse, compris aux Rolles des tailles d'icelle, ou quand ils ne recueilleront que moitié des fruits de leurs Métairies. *Memorial alphabetique*, verbo, *Habitans*, nomb. 22. & le *Journal des Aud.* tome 2. liv. 3. chap. 18.

TAILLES, USUFRUITIER.

282 Usufruitier doit payer la taille d'un Pont nouveau. Arrêt du Parlement de Grenoble du 10. Août 1658. dont le fondement fut que l'Usufruitier possedoit à titre lucratif. *Basset*, tome 2. livre 3. titre 2. chapitre 4.

TAILLES, UNIVERSITÉ.

283 Arrêt du Parlement de Toulouse du 4. Juillet 1575. pour l'Université de Toulouse, contre le Syndic de la Ville, concernant le payement des tailles, & autres subsides cottisables. *La Rocheflavin*, livre 5. titre 1. *Arrêt* 37.

TAILLE SEIGNEURIALE.

284 Voyez cy-dessus le nombre 282. & suiv.
Du droit des Vassaux ou Emphyteotes taillables. *V. Despeisses*, tome 3. p. 199.

285 Quand les Sujets sont taillables à la discretion de leur Seigneur, par plusieurs Arrêts, cette volonté a été moderée au double des cens & droits Seigneuriaux, que le sujet a coûtume de payer chaque année à entre autres pour les sujets de la Dame de Paulignan. *La Rocheflavin, des Droits Seigneuriaux*, ch. 7. article 1. Les Coûtumes du *Maine* & d'*Anjou* appellent ces tailles, *Doublage*.

286 Anciennement les Aydes & Tailles étoient dûës au Roy, à cause des Fiefs tenus de luy, nuëment & sans moyen, comme aux autres Seigneurs. *Jean Tillet*, en son Recueïl d'Arrêts, en rapporte un de la Chandeleur 1270. par lequel ceux de Bourges & Issoudun, Villes Royales en Berry, furent condamnez payer au Roy l'Ayde pour la Chevalerie de son fils aîné & mariage de sa fille; & ceux de Bourges furent taxez à 1000. liv. & ceux d'Issoudun à 300. liv. *La Rocheflavin, des droits Seigneuriaux*, chap. 7. Art. 3.

287 *Terrien*, en ses *Commentaires sur les Coût. de Normandie*, liv. 5. chap. 19. rapporte un Arrêt de l'Echiquier, tenu à Roüen en l'an 1266. que celuy qui étoit à la solde du Prince, étant prisonnier de guerre, ne pourroit faire contribuer ses sujets au payement de sa rançon, s'il n'est pris en faisant le service qu'il doit faire, à cause de son Fief : neanmoins ceux du Vicomte de Turenne furent condamnez de contribuer au payement de sa rançon, lequel étoit prisonnier par les Espagnols. *Ibid. Art.* 5.

288 Tailles annuelles jugées & abonnées : *Anjou*, articles 129. & 130. le *Maine*, art. 140. & 141. que les sujets doivent à leur Seigneur féodal chacun an ; comme par un Arrêt du Parlement de Paris du 19 May 1397. il paroit que les habitans de la Justice d'Eglygny, sont taillables du Chapitre d'Auxerre, de quatre lieuës abonnées. Aussi par la Coûtume d'*Anjou*, article 128. & du *Maine*, art. 138. le droit de doublage & des loyaux aydes est appellé *Taille*, qui se leve en trois cas : desquelles aussi est fait mention à la fin du procés verbal de la Coûtume du Grand *Perche*. *Bibliot. de Bouchel*, verbo, *Tailles*.

289 *Henrys*. tome 2. liv. 3. quest. 23. parle de la taille aux quatre cas ; il établit que dans la Province du Lyonnois & Forêts, les Seigneurs n'ont pas droit de la lever, si ce droit n'est expressément porté par les Terriers ; il rapporte un ancien Arrêt du Parlement, en Langue Latine, rendu le 4 Mars 1474. qui a déchargé d'un simple droit les habitans de la Paroisse de Saint Michel située en Forêts. Il cite un autre Arrêt du 28. Mars 1637. qui a débouté M. Charles de Bron, Comte de la Liegue, Seigneur de Laubespin, d'un semblable droit.

290 Du Tillet, Greffier en la Cour, au Titre des *Subsides*, a recueilli plusieurs Arrêts, faisant mention du droit des tailles qui s'imposent sur les sujets par leurs Seigneurs, soit à volonté ou autrement; & entr'autres un Arrêt du 6. Septembre 1488. par lequel les droits de tailles sur les habitans d'*Issoudun* sont ajugez au Chapitre de l'Eglise Collegiale de la Chapelle Taillefert, dont aussi est fait mention à la fin de l'ancienne Coûtume d'*Issoudun* en Berry. *Bibliotheque de Bouchel*, verbo, *Tailles*.

291 Plusieurs Seigneurs peuvent imposer la taille en quatre cas, confirmés par Arrêt de la Cour en 1521. le 5. Février, & en May 1527. & par des Coûtumes, même pour des Seigneurs qui n'ont point de Jurisdiction. Pour Loüis Rivonce jugée en 1559. le 19. Juin 1559. *Voyez ibid*.

292 En quels cas les Seigneurs feodaux peuvent tailler leurs sujets. *Voyez* l'Arrêt du 6. Septembre 1550. entre Aimard Gaste, Seigneur de saint Julien, Molin, Moles, & de Lupes, d'une part, & Jean Chaudon, & consors, d'autre. *Le Vest*, *Arr*. 42.

293 Quand par les inseodations & reconnoissances les sujets sont taillables à la volonté & discretion du Seigneur; par Arrêt general du 22. May 1601. entre Seigneur de Montlor & ses sujets, il a esté jugé que cette volonté devoit être équitable & moderée suivant la Loy *si libertus juraverit D. de op. libert. &c. cum Apostolus*, §. *prohibemus de censibus*, Arrêt du 7. Mars 1558. pour le Seigneur de Montmorin: & lors que les Seigneurs & sujets n'en demeurent d'accord, plusieurs ont été d'avis que la taxe en doit être laissée à l'arbitre du Juge, eu égard à la faculté des biens des sujets; comme il a été jugé pour le Seigneur d'Arpajon le 17. Janvier 1496. pour le Seigneur de Joyeuse, contre les habitans de saint Didier, le 17. Février 1511. & pour le Seigneur Dayssene en Roüergue, le 23. Mars 1555. *La Rocheflavin*, *des droits Seigneuriaux*, *chap*. 7. *art*. 6.

294 Par Arrêt du Parlement de Dijon du mois de Janvier 1569. en la cause des Doyen & Chanoines de Vergy, contre leurs sujets de main-morte, taillables, haut & bas; jugé que la taille seroit proportionnée au nombre des feux, & aux facultez des habitans, sans que l'on fût obligé de s'assujettir à l'ancien pié des tailles, parce que les sujets venant à augmenter en nombre & en facultez, il doit être permis au Seigneur d'augmenter les tailles à proportion, autrement il seroit inutile que la taille fût à volonté, & que les gens de main-morte fussent taillables, haut & bas. *Voyez Taisand sur la Coûtume de Bourgogne*, *tit*. 9. *art*. 19. *n*. 3.

295 Il y a Arrêt entre les Jugés du 9. Juin 1598. au profit des Doyen & Chapitre de Langres, contre les habitans de Marcilly, Plenon, Celles, Challindrey, Eulley-Coton, Magny, Chassigney, & autres, par lequel est jugé audits de Langres droit d'imposer tailles abonnées sur lesdits habitans, eu égard à leurs facultez, *ad sterilitates & adversa fortuna quæ ipsis supervenire poterunt, & alias moderationis, & diminutionis talliarum justas & legitimas causas respectum habendo onera rationabiliter imponant*. Voyez la Bibliot. de Bouchel, verbo *Tailles*.

296 La taxe des cas Imperiaux, ou taille Seigneuriale dépend de la convention ou de la Coûtume. Par transaction passée entre Alfonse de Sassenage, & ses Habitans, du 5. Octobre 1651. elle a été reglée pour chacun des cas à 1000. l. départables par feux sur toute la Baronnie. En la terre de la Mote Chalençon, elle est abonnée à 50. livres, à quoi la Communauté fut condamnée, par Arrêt de la Chambre de l'Edit du 5. Août 1645. En celle de la Roche des Arnauds en Gapençois, & en quelques autres, la taille est fort moderée par les titres qui doivent être suivis. Mais si la taxe ne se trouve pas reglée par les titres, les Docteurs estiment qu'elle le doit être *arbitrio judicis*,

suivant quoi les habitans de Saint Nasaire en Diois furent condamnez de payer la somme de cinquante livres à Charles Brotin leur Seigneur pour le mariage de sa fille. Par Arrêt de l'an 1542. allegué par Rabot & par Boneton, sur la question 57. de *Guy Pape*, Ainsi le Président Faber C. *de jure emphit. definit*. 6. dit que chacun des cas fut moderé par Arrêt du Senat de Chamberry de l'an 1581. à quatre florins monnoye de Savoye par feu, *focorum duntaxat non etiam capitum aut facultatum habita ratione*. Voyez *Salvaing*, *de l'usage des fiefs*, *chap*. 49. *p*. 244.

297 En la Coûtume de *Bourbonnois* pour droit de taille dû par les vassaux, le Seigneur peut s'opposer afin de distraire, nonobstant le congé d'ajuger. Arrêt du 10. Decembre 1676. *De la Guessiere*, *tome* 3. *livre* 10. *chap*. 29.

298 On a douté quel égard on devoit avoir à un titre qui porte que les habitans sont taillables aux quatre cas ordinaires, avec la clause, que l'un de ces cas arrivant, la taillabilité sera reglée par des prud'hommes. Le Seigneur de Castelmary en un cas pareil prétendoit que ses habitans devoient payer une double rente, par la regle & l'usage qui réduisent cette taillabilité au doublement de rente: D'où il concluoit qu'il falloit épargner à toutes les parties le soin, les frais, & l'incertitude de l'estimation arbitraire des prud'hommes, qui ne pourroient au fonds mieux la regler que la Cour l'avoit reglée par son usage. Les habitans répondoient qu'il falloit executer la clause, & qu'ils ne pouvoient ni devoient être privez de profit & de l'avantage qu'elle pouvoit leur procurer des circonstances particulieres. Ils gagnerent leurs causes à Toulouse, par Arrêt en 1695. aprés partage, *M. de Catellan*, *liv*. 3. *chap*. 45.

299 L'Auteur des Observations sur *Henrys to*. 2. *liv*. 3. *quest*. 14. estime que le mot *Taillables* se trouvant dans les anciens terriers, & dans les reconnoissances qui les ont suivis, est suffisant pour obliger à payer la taille és quatre cas. Cependant il rapporte un Arrêt du Parlement de Paris en la troisiéme Chambre des Enquêtes le 9. Janvier 1699. qui a ordonné que les parties feroient preuves, tant par titres que par témoin, si sous le nom de Justiciable & Taillable l'on entend ordinairement un homme sujet à la taille aux quatre cas. Le Marquis de Cousan Seigneur de Châlin, & le Procureur du Roy en l'Election de Montbrison, parties, transigerent suivant le conseil des Juges.

300 Tous les Docteurs sont d'avis que le Seigneur n'a pas droit de tailler, ses justiciables ou vassaux en aucun des cas, s'il y peut satisfaire de ses propres facultez, sans une diminution notable de son patrimoine. Le Parlement de Grenoble l'a ainsi jugé en faveur des habitans de Chasses, contre Pierre de Grolée leur Seigneur, comme a remarqué *François Marc*, *part*. 2. *quest*. 65. neanmoins l'usage de France est contraire. V *Salvaing*, *de l'usage des Fiefs*, *ch*. 49.

TAILLE, DROIT D'INDIRE.

301 Le droit d'*Indire* (ce mot signifie imposition d'une taille outre l'ordinaire) étant personnel; c'est assez d'être Justiciable *id est* sujet du Seigneur haut Justicier par rapport à sa Justice. Ainsi jugé à Autun au mois de Decembre 1508. pour le Baron de Mont S. Jean. V. *Chasseneuz*, *tit*. *de Juss*. *art*. 4. *n*. 14.

302 Pour le droit d'indire les doubles redevances sont duës au Seigneur haut Justicier. Arrêt du Parlement de Dijon du 21. Février 1544. pour le Seigneur de Joude & de Villars. Autre du 11. Février 1563. au profit de la Dame de Fautin & de Loges. Autre au mois d'Avril 1567. les Chambres assemblées, pour le Seigneur de Brion, V. *Taisand*, *Coûtume de Bourgogne*, *tit*. 1. *art*. 4.

303 *Taisand sur la Coûtume de Bourgogne*, *tit*. 1. *art*. 4. *nomb*. 14. dit comme nôtre Coûtume ne parle pas en termes prohibitifs, je veux dire qu'elle ne dé-

fend pas d'user du droit d'indire hors des quatre cas qu'elle specifie, le Seigneur peut acquerir le droit d'indire par convention faite de bonne foi avec ses sujets, au delà des quatre cas qu'elle rapporte: comme si étant mainmortables, il les affranchit à charge de redoubler les redevances ordinaires à chaque mutation de Seigneur, ou autre cas juste & raisonnable. Ainsi jugé les 3. Février 1550. & 3. Juillet 1592.

304 L'usufruitier jouït du droit d'Indire. Arrêts du Parlement de Bourgogne du mois de Mars 1556. 13. Janvier 1610. & 7. Mars 1658. rapportés par Taisand, Cout. de Bourg. tit. 1. art. 4. n. 11.

TAILLES, CHEVALIER.

305 L'Auteur des Observations sur Henrys, to. 2. liv. 3. quest. 24. estime que le seul ordre du Saint Esprit peut donner droit à ceux qui en sont honorés, de lever la taille sur les emphiteotes.

TAILLES, MARIAGE DE LA FILLE.

306 *Dominus pro dotandâ filiâ homines talliabiles ad nutum seu misericordiam compellere non potest, ut sibi auxilientur, cum bona illi sufficiunt: nec consuetudo in talibus prodest.* Voyez Franc. Marc. to. 2. qu. 65.

307 La veuve peut tailler ses sujets pour le mariage de sa fille, encore qu'elle ne soit tenuë à la doüer comme le pere. Arrêt en la Coûtume d'*Auvergne* pour la veuve du sieur de Tournon, contre les habitans des Murs. *Bibliotheque de Bouchel*, verbo *Tailles*.

TAILLE A VOLONTE.

308 La taille & cense à volonté doit être réglée selon les censes & rentes que payent les Villages circonvoisins. Bouvot, to. 2. verbo Cense, qu. 28.

309 Taille d'un homme taillable, haute & basse, en l'ancienne assiette de Bourgogne: ce droit de taille volontaire & raisonnable a été ajugé à Jean Chevrier Seigneur de Chauday en Berry, par Arrêt du Parlement de Paris du 24. Novembre 1542. Tels sont les hommes de servitude, & de main morte, lesquels en leur vie sont taillables, & à leur decez mort-taillables. *Bibliot. de Bouchel, verbo Tailles.*

310 Quand les inféodations & reconnoissances portent les sujets à être taillables aux cas en icelles specifiés *ad nutum*, & à la volonté du Sieigneur, par Arrêt general du Parlement de Toulouse du 22. May 1691. entre le Seigneur de Montlor & ses sujets, il fut dit la volonté devoir être équitable & moderée suivant la Loy *si libertus juraverit*. D. *de oper. libert. & c.* Cum Apostolus, §. prohibemus de censib. Le même fut jugé pour le Seigneur de Montmorin le 7. Janvier 1558. Si le Seigneur & les sujets n'en demeurent d'accord, quelques-uns ont été d'avis que la taxe en doit être laissée à l'arbitrage du Juge, eû égard à la faculté des biens des sujets, à cause de quoi se trouvent diverses taxes faites pour le Seigneur d'Arpajon, contre les sujets de Bronse, le 17. Janvier 1496. Pour le sieur de Joyeuse, contre les habitans de saint Didier, le 17. Février 1611. & pour le sieur de Broquiés contre ses sujets du lieu d'Ayssenie & Roüergue, par Arrêt du 23. Mars 1555. D'autres ont réduit cette sorte de contribution à double cens d'une année, suivant l'Arrêt 5. *de Papon, liv. 13. tit. 3. Bibliotheque de Bouchel, verbo Tailles.*

TAILLEURS.

1 Reglement du Parlement de Bretagne du 4. Septembre 1570. entre les Tailleurs & Chausseriers de Nantes. Les Tailleurs pourront faire Chausses, les Chaussetiers pourront faire Pourpoints. Jugé conformément à cet Arrêt, par autre de l'an 1636. Du Fail, liv. 2. chap. 365.

2 Par Arrêt du 4. Juin 1575. il fut dit que les Tailleurs d'habits, Frippiers, & autres Revendeurs ne pourront acheter ni vendre aucuns habits, ni les couper, ni tailler, changer, ni innover, s'ils ne sont Maîtres Tailleurs de la Ville de Paris, pour en répondre quand besoin sera, sous peine de 20. livres d'amende; & que les Vendeurs, Revendresses & Frippiers n'acheteront retailles ni rognures de draps de soye, ni de laine, passement, tant d'or & d'argent, que soye, ni autres restes provenans de la façon des habits, sur peine d'amende arbitraire, & de plus grande s'il y échet; enjoint aux Maîtres Tailleurs d'habits de rendre les restes à qui ils appartiendront sans en rien retenir, mettre ou appliquer à leur profit. *Biblioth. de Bouchel, verbo Tailleurs.*

3 Entre les Maîtres Tailleurs de draps & Coûturiers de la Ville de Rennes, & Guillaume le Mée. Arrêt du Parlement de Bretagne du 4. Mars 1567. par lequel la Cour corrigeant le jugement, fait défenses à toutes personnes d'exercer à Rennes le métier de Tailleur, soit en ouvroir, chambre fermée, ou autre lieu, qu'il n'ait préalablement fait chef d'œuvre, & soit approuvé par les Prévôts & Maîtres, à la charge toutefois que les reçus seront tenus suivant leurs offres, aller aux maisons des habitans travailler à journée s'ils en sont requis, sans que les habitans en puissent prendre d'autres; & que pour la taxe & prix de toutes façons d'accoustrement, seront les Prévôts & autres Maîtres appellez pardevant le Sénéchal de Rennes, ou son Lieutenant, pardevant lequel la Cour a renvoyé les parties à quinzaine. *Du Fail, liv. 1. chap. 247.*

4 Arrêt du Parlement d'Aix du 13. Decembre 1679. qui cassa les executions des Tailleurs d'habits, contre les Chaussetiers; ainsi il fut jugé que ceux-cy pouvoient faire des habits pour vendre aux étrangers, *Boniface, to. 3. liv. 4. tit. 16. chap. 1.*
Voyez le mot *Coûturiers.*

TAILLIS.

Bois taillis. *Voyez le mot Bois, nombre 73. & suivans.*

TALION.

LE Talion est une peine égale & semblable au crime commis. *Talio.*
De *poenâ talionis. Lex 12. tabb. t. 5. c. 3. & t. 25. c. 2.*
Quod quisque juris in alterum statuerit, ut ipse eodem jure utatur. D. 2. 2.
De *poenâ ejus qui aliquem, debitâ operâ excaecavit. Leon. N. 92.* Peine du talion.

TANNEURS.

ARrêt du Parlement d'Aix du 18. May 1643. qui fait défenses aux Tanneurs de Manosque de faire leur métier dans la ville, & fait injonction aux Consuls de leur assigner un lieu hors la ville à cause de la puanteur. *Boniface, tome premier, livre 8. tit. 7.*

TAPISSIERS.

1 UN Tapissier pour certain prix convient de faire quelques pieces de tapisseries, le particulier l'ayant payé, les tapisseries sont saisies à la requête d'autres creanciers; le particulier qui a payé a droit de préference. *Voyez Carondas, liv. 4. Rép. 69.*

2 Tapissier ou Marchand avoit prêté ou loüé des meubles à un locataire; ces meubles pouvoient être saisis pour les loyers, & le proprietaire de la maison préferé pour les loyers au proprietaire desdits meubles. *Nouvelle pratique civile.*

3 Un homme vend une tapisserie à crédit, l'acquereur l'engage à un particulier. Jugé que le vendeur ne pouvoit la revendiquer du particulier à qui elle avoit été baillée en gage, qu'en luy payant la somme prêtée. Arrêt du 10. Mars 1587. *Brodeau, Coût. de Paris, article 181. nomb. 5. M. le Prêtre, premiere Centurie, chapitre 90. in margine circà finem.*

TAX

TASQUE.

Arrêt du Parl. d'Aix du 17. Février 1687. qui déclare la tasque des bleds dûë aux Seigneurs ne devoir être prise des queües & grapiers des bleds. *Boniface, tome 4. liv. 3. tit. 6. chap. 1.*

TAUX.

La Communauté de S. Remy étant en possession de mettre taux au prix du vin, prétendoit obliger les Hôtes de le vendre trois sols le pot pour faire valoir la ferme, qui étoit le quart denier sur les Hôtes. Ceux-cy formerent opposition. Arrêt du 16. Decembre 1643. qui permet de vendre les denrées au dessous du taux. *Boniface, tome 1. liv. 1. tit. 37.*

TAXE.

1 Taxe des *Bulles*, taxe des *dépens* & autres choses qui entrent en taxe.

TAXE DES BULLES.

2 Voyez le mot *Bulles*, nomb. 51. & suiv.
3 Taxe en Cour de Rome pour les Benefices qui sont à la nomination du Roy. *Joly des Offices de France, tome 1. liv. 1. tit. 24. page 261.*
4 *Taxa Episcopatuum Regni Franciæ, per Benedict. Curtium Symphorian.*
5 De la taxe des Evêchez & Archevêchez. Voyez le mot *Evêque*, nomb. 248.
6 Les droits que doivent payer à la Chambre des Comptes, les Archevêques & Evêques des Provinces de *Languedoc*, *Guyenne*, *Provence*, & *Dauphiné*, pour l'enregistrement des Lettres de main-levée, qu'ils obtiennent de sa Majesté concernant la Regale, sont reglez par Declaration du Roy du 10 Février 1673. registrée en la Chambre des Comptes le 27. Juillet suivant, comme s'ensuit.

PROVENCE.

Archevêché d'*Aix*, 600. livres, les Evêchez suffragans, *Apt*, 300. liv. *Frejus*, 600. liv. *Gap*, 350. liv. *Riez*, 350. liv. *Sisteron*, 400. liv.

Archevêché d'*Arles*, 700. liv. Evêchez suffragans, *Marseille*, 600. liv. *S. Paul Trois-Châteaux*, 250. liv. *Toulon*, 400. liv.

Archevêché d'*Ambrun*, 400. liv. Evêchez suffragans, *Digne*, 300. liv. *Grasse*, 200. liv. *Glandeve*, 300. liv. *Senez*, 300. liv. *Vence*, 200. livres.

DAUPHINE.

Archevêché de *Vienne*, 500. liv. Evêchez suffragans, *Valence* & *Die*, 600. liv. *Grenoble*, 400. liv. *Viviers*, 600. livres.

LANGUEDOC.

Archevêché de *Narbonne*, 1200. liv. Evêchez suffragans, *Agde*, 700. liv. *Beziers*, 600. liv. *Montpellier*, 600. liv. *Nismes*, 550. liv. *Lodeve*, 500. livres. *Saint Pons*, 550. liv. *Alet*, 600. liv. *Usez*, 600. livres. *Carcassonne*, 700. liv.

Archevêché de *Toulouse*, 800. liv. Evêchez suffragans, *Lavaur*, 600. liv. *Lombez*, 400. liv. *Mirepoix*, 550. liv. *Montauban*, 700. liv. *Rieux*, 600. liv. *Saint Papoul*, 550. liv. *Pamiers*, 400. liv.

Suffragans de *Bourges*, *Alby*, 1000. liv. *Mende*, 650. liv. *Castres*, 650. liv. *Le Puy-en-Velay*, 500. liv.

GUYENNE.

Evêchez suffragans de *Bourges*, *Vabres* 350. liv. *Cahors en Quercy*, 650. liv. *Rhodez en Roüergue*, 700. liv.

Archevêché d'*Auch*, 800. liv. Evêchez suffragans, *Aire*, 600. liv. *Acqs*, 400. liv. *Bazas*, 400. liv. *Bayonne*, 400. liv. *Commenge*, 700. liv. *Leitoure*, 400. liv. *Lescar*, 300. liv. *Oleron*, 300. liv. *Tarbe*, 300. liv.

Archevêché de *Bourdeaux*, 700. liv. Evêchez suffragans, *Agen*, 600. liv. *Condom*, 700. liv.

Depuis ce temps-là il y a eu trois Provinces d'ajoûtées, sçavoir;

Province d'*Alby* érigée en Archevêché par le Pape Innocent XI. le 3. Octobre 1678.

Archevêché d'*Alby*, Evêchez de *Cahors*, *Castres*, *Mende*, *Rhodez*, & *Vabres*, tirez de la Province de Bourges.

Province de *Besançon*, Archevêché de *Besançon*. Evêchez de *Basle*, *Lausanne*, *Orange* & *Belley*, en *Bugey*.

Province de *Cambray*, érigée en Archevêché par le Pape Paul IV. en 1559.

Archevêché de *Cambray*, Evêchez d'*Arras*, *Tournay*, *Saint Omer*, *Namur*.

Cette Province étoit autrefois de celle de Reims.

TAXES, D'EPENS.

7 Des dépens ajugez, & de la taxe & liquidation d'iceux. *Ordonnances de Fontanon, tome 1. liv. 3. tit. 53. page 641. & Joly, des Offices de France, tome 1. liv. 1. tit. 48. page 311.*
8 De la taxe des dépens. Voyez le mot *Dépens*, nomb. 171. & suiv.
9 Appel de taxe de dépens. Voyez le mot *Appel*, nomb. 202.
10 Voyages & Audiences superfluës ne se taxent. Arrêt du Parlement de Paris du mois d'Août 1523. *Papon, liv. 18. tit. 2. nomb. 22.*
11 Arrêt du Parlement de Bretagne du 28. Août 1576. qui fixe la taxe & vacation du Juge à six sols pour l'audition de chacun témoin. *Du Fail, liv. 2. ch. 529.*
12 On ne peut demander taxe de dépens d'un voyage fait afin de venir conferer la cause pardevant Messieurs les Gens du Roy. Arrêt du 3. Juin 1588. *M. Expilly, Arrêt: 103.*
13 En appel de la taxe, si la taxe des articles n'est retranchée d'un tiers, l'appellant doit être condamné aux dépens, quoiqu'il y ait quelques articles mal taxez & réformés. Arrêt contre M. de Castres du 1599. L'Ordonnance de 1667. art. 31. du tit. 31. veut qu'on condamne l'appellant en autant d'amendes qu'il y a des croix chefs d'appel, sur lesquels il est condamné, à moins qu'il ne soit appellant des articles croisez par un moyen general; cela n'est pas suivi à la rigueur & les Cours Souveraines usent toûjours de leur ancien droit, c'est l'observation de Graverol *sur La Rochefladin, liv. 6. tit. 5. Arr. 7.*

TAXES, EXEMPTION.

14 Ecclesiastiques exempts de quelles taxes, *V. les Memoires du Clergé, tome 3. part. 4. page 159. & suiv.*
15 Arrêt du Parlement de Provence du 25. Juin 1667. qui a déclaré exempte de taxe la superficie, le sol ayant été taxé. *Boniface, tome 4. liv. 10. tit. 1. ch. 17.*

TAXE DE GREFFIERS.

16 Voyez le mot *Greffier*, nomb. 118.

TAXE, HUITIEME DENIER.

17 Le vendeur est tenu de l'acquiter & non l'acquereur, avec garantie. Jugé au Parlement de Paris le 18. Juillet 1681. *Journal du Palais.*

TAXE, IMPOSITIONS.

18 Celuy qui est chargé du recouvrement d'une taxe, ne peut être contraint qu'auparavant la repartition n'en ait été faite. Arrêt du 18. Août 1548. car jusques-là il n'est point en demeure. *Papon, liv. 18. titre 5. nombre 23.*
19 Les Paroissiens de Plegben & Prasebraz sont cottisez en certaines sommes au profit du Greffier de Châteaulin, qui avoit été à la Cour, ainsi qu'il dit pour les affaires de ses Paroissiens; ils répondent qu'ils n'ont été presens ni oüis à la taxe; il prétend être follement intimé: Il est dit mal & nullement taxé, les biens executez seront rendus. Défenses aux Juges de ce ressort de proceder à telles cottisations, sur les peines qui y écheent, & decret d'ajournement personnel sur le Sénéchal & Procureur de Châteaulin. Arrêt du Parlement de Bretagne du 21. Avril 1562. *Du Fail, liv. 1. chap. 153.*
20 Les Juges de Ploarmel avoient taxé certains particuliers des Paroisses de &c. pour le payement de la Gendarmerie, quoique les Lettres du Roy parlassent seulement

seulement des villes closes ; Il est dit mal taxé & mal ordonné, ils les avoient aussi cottisez pour quelques frais faits par certains payez pour eux députez pour aller aux Etats d'Orleans, il est dit qu'ils seront ajournez, & ordonné que toutes les cottisations & taxes seront rapportées, & vûës en la Cour. Arrêt du Parlement de Bretagne du 19. Octobre 1563, *Du Fail, liv.* 1, *chapitre* 162.

21 Arrêt du mois de Mars 1593. portant défenses à toutes personnes de faire aucunes levées sans la permission du Roy, sur les peines contenuës aux Edits & Ordonnances. *Voyez la* 13. *action de M. le Bret.*

22 Toutes personnes de quelque qualité & condition qu'elles soient, mêmes les Ecclesiastiques & taxes, doivent contribuer aux frais qui se font pour honorer les premieres entrées des Rois és Villes de leur Royaume. Arrêt du mois d'Avril 1596. *Le Bret*, 16. *action.*

23 Les doüairieres qui jouïssent des biens du Domaine du Roy ne sont point tenuës des taxes, parce qu'elles se font *pro jure percipiendorum fructuum*, pour être maintenus en la possession du Domaine. Arrêts de la Chambre de l'Edit de Roüen des 15. Janvier & 18. Decembre 1647. *Basnage, sur l'art.* 375. *de la Coûtume de Normandie.*

24 Les meubles & grains d'une femme séparée de biens d'avec son mary par son Contract de mariage, ayant été saisis sur le mary, comme se trouvant en sa maison, faute de payement de sa taxe, la femme se seroit pourvûë en l'Election, ou ayant été déboutée de la main-levée de ses grains, qu'elle justifioit avoir achetés, elle interjetta appel de la Sentence, & obtint que les habitans & Collecteurs seroient assignez à quinzaine, cependant surcis : à l'échéance de la quinzaine, les parties ayant plaidé, la surséance fut levée, après en avoir déliberé en la troisiéme Chambre : neanmoins par Arrêt du 23. Avril 1694. rendu sur l'appel, la Sentence a été infirmée, & main-levée a été faite à la femme de ses grains avec dépens. *Memorial alphabetique de la Cour des Aydes, de Paris*, verbo, *Femme, nomb.* 7.

TAXE, OFFICES.

25 Si la taxe est faite sur un Office pendant le mariage, il en est dû recompense à la femme ou à ses heritiers de la taxe qui auroit été payée des deniers de la communauté. *Renusson, Traité des Propres, page* 482.

26 Un Greffe taxé & ensuite vendu, à la charge de payer le prix convenu de la taxe, cette taxe comme réelle suit l'acquereur & possesseur de l'Office. Arrêt du Parlement de Provence du 15. Novembre 1660. dont l'execution fut ordonnée au Grand Conseil le 8. Mars 1690. où l'on avoit porté une demande en contrarieté d'Arrêts ; car le Parlement de Paris avoit jugé le contraire le 28. Janvier 1688 *Journal du Palais*, in fol. *tome* 2. *page* 777.

TAXE, VISITE.

27 L'Evêque de Grasse ayant prétendu 50. liv. pour son droit & frais de visite, la taxe fut moderée à 20. livres, par Arrêt du 8. Février 1666. *Boniface, tome* 1. *liv.* 2. *tit.* 2. *chap.* 9.

28 Arrêt du Parlement d'Aix du 23. Avril 1671. qui a déclaré qu'il n'y avoit pas moyen d'appel comme d'abus en la taxe excessive faite par M. Godeau Evêque de Vence dans sa visite, à la somme de 90. livres pour deux jours, attendu qu'il avoit fallu faire beaucoup de dépense pour ouvrir les chemins bouchez par les neiges. *Boniface, tome* 3. *liv.* 5. *tit.* 6. *chap.* 4.

TE DEUM.

C'Est à la Cour, non à l'Archevêque de Paris, d'assigner le jour & l'heure pour dire le *Te Deum*, ordonné être dit par le Roy du 26. Septembre 1625. *Preuves des Libertez, tome* 2. *chap.* 35. *nombre* 95.

Voyez le mot *Juge, nomb.* 479. *art.* 46.
Tome III.

TEINTURIER.

Teinturier. Teinture. *Infector. Tinctura.*
De vestibus holosericis & auratis ; & de intinctione sacri muricis. C. 11. 8... C. Th. 10. 21. Teinture de la Pourpre, & défense d'en porter. *Voyez* LUXE, Pourpre.

Des Teinturiers contre les Tisserans. *Du Moulin, tome* 2. *page* 665.

Défenses aux Teinturiers de la ville de Rennes d'exposer en vente ni debiter aucun fil noir, ou pers, ou d'autre couleur qu'il ne fût bien sec & hors de son eau ; leur enjoint de teindre le fil en bonne & loyale teinture, sans y commettre fraude, & sans user d'aucune fausse teinture, comme teinture appellée georgette ou autre, même de teindre le fil destiné pour marquer les coutils en voyde seulement & non en bresil : lequel fil sera dorénavant vû, visité avant d'être exposé en vente par un Mercier & un Teinturier, sans prendre aucuns salaires ; lequel Teinturier sera nommé par les Merciers, & le Mercier par les Teinturiers. Ordonne la Cour icelui fil & toutes autres marchandises être vendües & débitées au poids le marc : Défendu à tous Merciers, Epiciers & autres Marchands de cette Ville d'avoir & tenir en leurs boutiques ou maisons autres poids que celuy d'un marc, le tout sur peine de crime de faux & d'amende arbitraire : ordonne que le poids du Roy établi en cette Ville sera ajusté & reduit au poids de marc. Arrêt du Parlement de Bretagne du 31. Octobre 1566. *Dans Du Fail, liv.* 3. *chap.* 241.

Arrêt du Parlement de Toulouse du 23. Avril 1572. rendu entre les Baillifs des Teinturiers de Thounis en Toulouse, & un nommé Maillol, Constanson, & autres Teinturiers en soye, qui fait défenses ausdits Teinturiers en soye de ne faire ledit métier sans au préalable faire acte d'experience, & à tous ceux dudit métier respectivement, commandement & injonction de garder les Statuts dudit métier. *La Rocheflavin, liv.* 4. *lettre* T. *tit.* 3.

TEMOIGNAGE, TEMOINS.

Témoin, Témoignage. *Testis. Testimonium.*
De Testibus. C. 22. 5... C. 4. 20... N. 90. Paul. 5. 13... Lex. 12. *tabb. t.* 7. c. 4. & t. 16.
De Testibus & attestationibus. D. Gr. 2. q. 1. c. 7. & q. 4... 3. q. 5. & 9... 4. q. 2. & 3... 6. q. 1. c. 17... 11. q. 3. c. 80... 14. q. 2... 35. q. 6.
Extr. 2. 20. S. 2. 10... Cl. 2. 8.
De Testibus cogendis, vel non, D. Gr. 2. q. 6. c. 3.
5... *Extr.* 2. 21.
De fide Testium & instrumentorum. C. Th. 11. 39.
Si litterarum fides à voce Testium discrepet. N. 73. c. 3.
De Testibus & benedictione matrimonii servorum Const. I. Alex. Comn. 9.

Ut in civitatibus quinque, in itineribus verò & agris, tres testes ad testamentorum fidem sufficiant. Leon. N. 41.
Ut sufficiens numerus testium testamentum ratum faciat, tametsi id neque illorum subscriptiones, neque signacula habeat. Leon. N. 42.
Ut per scribendi ignaros testamenta etiam confirmentur. Leon. N. 43. Il n'est pas necessaire que les témoins sçachent signer.
Ne mulieres in contractibus testimonium præbeant. Leon. N. 48.
Ne servi ad dicendum testimonium admittantur. Leon. N. 49.
Si ex falsis instrumentis, vel testimoniis, judicatum sit. C. 7. 58.
Quot testes sunt necessarii ad probandam feudi ingratitudinem. F. 2. 57.
Ut lite non contestatâ, non procedatur ad testium receptionem, vel ad sententiam definitivam. Extr. 2. 6.
Ut non liberentur curiali fortunâ Judæi Hæretici, &c. Posse verò eos contrà Orthodoxos... Testimonium perhibe-

re, ut qui & pro orthodoxâ politiâ testimonium perhibent. N. 45. Les Hérétiques peuvent porter témoignage.

De pœnâ falsum testimonium dicentium Sacerdotum. Leon. N. 76.

Quibus pœnis subjiciantur Clerici qui falsum tulerint testimonium, N. 123. *c.* 20.

De falsariorum pœnâ. Leon. N. 77.

1 *De Testibus,* per Bartolum de Saxo Ferrato.
Per Bald. de Ubald. *in vol. tract. Bar.*
Per Ang. de Ubald. *addition.* ibid.
Per Albericum de Maletis Papi.
Per Tindarum.
Per Nellum à S. Geminiano.
Per Jacobum Butrigarium.
Per Andræam Barbatiam, *in repeti. C. testimonium. de testi.*
Per Franc. Currium Seniorem.
Per Stephanum Aufrerium.
Per Joan. Crotum, *cum additioni. & suppletione Petri de Monchadâ.*
Per Federicum Schenx.
Et Per Jo. Oldendorpium.
S. Thomas 2. 2. *quæst.* 7.
Silvester, *in summâ.*
Dominicus Sotus, *de jure libro* 5. *quæst* 7. *&* Leon. Lessius *Societ. Jesu.*
Tract. de testibus variorum, per Budelium.
De testibus post publicationem, per Maria. *in C. fraternit. de testibus.*
De testibus, & eorum depositione. Per Lanfranch. de Oriano.
Farinacius, *de testibus.* vol. *in fol. Osnabrugi.* 1657.

2 *An removeri debeant testes qui pares esse desierunt?* V. *Consuetud. Feud. li.* 2. *tit.* 19.

3 *De testibus ad perhibendum testimonium cogendis.* V. Andr. Gaill, *lib.* 1. *obser.* 100.

Testis infirmus an à judice incompetente examinari possit? Voyez Andr. Gaill, *lib.* 1. *obser.* 102.

4 *Testes in momentaneo judicio recepti, an fidem faciant in ordinario judicio?* Ibidem, *observat.* 103.

5 *De relatione testis ad primam depositionem.* Voyez ibidem, *obser.* 104.

6 *De publicatione testium.* Voyez ibidem, *observ.* 105.

7 *De testibus.* Vide Luc. *lib.* 11. *tit.* 8.

8 Des témoins, & quel nombre sur un fait peut être examiné, & de nommer & convenir d'experts par les parties pour l'estimation & évaluation des choses contentieuses, *Ordonnances de* Fontanon, *to.* 1. *liv.* 3. *tit.* 46. *p.* 618.

9 Des Commissaires à examiner témoins, & de leurs salaires. Joly, *des Offices de France, to.* 1. *li.* 1. *tit.* 39. *p.* 303.

10 Témoins entendus dans l'enquête. *Voyez* le mot Enquête, *nomb.* 65. *& suiv.*

11 Des enquêtes & de leurs dépositions. *Voyez* M. le Prêtre, 1. *Cent. chap.* 66. Charondas, *liv.* 12. *Rép.* 6.
Testes an audiri possint inquisitione civili, qui in notoriis seu informationibus à Senatu rescissis auditi sunt? Mornac, *l.* 21. *§. ult. circa finem, ff. de testibus distinguit.*

12 *Testibus duobus affirmantibus plus creditur quam mille negantibus.* V. Com. Joan. Const. sur l'Ordonnance de François I. *art.* 107.

13 *De testium fide.* Voyez M. le Bret, *en son traité de l'ordre ancien des jugemens, chap.* 38.

14 *De testibus, attestationibus, & reprobationibus.* V. la nouvelle édition des Œuvres de M. Charles Du Moulin, *to.* 2. *p.* 512. *de salvationibus contrà reprobationes.* Ibid. *p.* 51.

15 Les personnes qui peuvent valablement porter témoignage, & qui y peuvent être contraints? *Voyez* Despeisses, *to.* 2. *p.* 484.

16 Des témoins suspects, interessés, parens & alliez, amis, ennemis, domestiques, incertains. Les témoins peuvent être contraints de déposer, ceux qui ont excuse suffisante peuvent la proposer; la maladie, l'absence, la dignité servent d'excuse. *Voyez* le 2. *to.* des Loix Civiles, *liv.* 3. *tit.* 6. *section* 3.

17 *Testis à testificando an legitimè excusetur, dicens negotium ad suum commodum vel incommodum pertinere?* V. Franc. Marc, *to.* 1. question 132.

18 *De testium publicatione.* Voyez ibidem, *quæstio* 504.

19 *Alteri partium præcipi potest, ut productionis, & examinationis tempore discedat, ne testes terreat, aut impediat ne testentur.* V. Franc. Marc, *to.* 1. *qu.* 515.

20 *Testes peritiæ artis turbatim deponere possunt, sed in depositione testium peritia artis consuetudo loci attendi debet.* Ibidem, *quæst.* 899.

21 *Testes minus idonei in defectum, quando veritas aliter haberi non potest, examinari possunt.*
Privilegiati ut testimonium ferant, quando veritas aliter haberi non potest, cogi possunt.
Testes qui ex personæ vilitate & vitio suo à testimonio repelluntur, in defectum & subsidium admittuntur. Minor viginti annis in defectum probationum quando admittatur, item & mulier? Voyez Franc. Marc, tome 2. *quæst.* 94.

22 *Testes minus idonei quando in subsidium admittuntur, præsumptionem quamdam non plenam probationem faciunt.*
Testes minus idonei in subsidium si admittuntur, probare oportet quod aliæ probationes deficiant. Voyez ibid. *quæst.* 94.

23 *Testis ex confessione quam in testificando fecit, condemnari non debet: nec producens testificationem pro parte accipere potest, & pro parte non.* Voyez ibidem, *quæst.* 439.

24 *Testis unius dicto ut stetur ad plenam probationem faciendam privilegio, consuetudine vel statuto judice potest.* Voyez ibidem, *quæst.* 455.

25 *In causis quæ parvi sunt momenti, unius testis dicto standum est.* Voyez ibidem, *quæst.* 456.

26 *Testis à testimonio non excusatur dicendo se in bonis de quibus agitur, substitutum esse.* Voyez ibidem, *qu.* 593.

27 Un témoin ayant été oüi en une information qui a été cassée & annullée, les parties en l'instance civile étant admises à la preuve de leurs faits, peut demander que sa premiere déposition soit lûe. Arrêt du Parlement de Dijon du 7. Janvier 1560. Bouvot, *to.* 2. verbo *Témoins, quæst.* 1.

28 A été dit le 10. Février 1579. que de ce que le Juge Mage de Toulouse ayant oüi certains témoins en l'absence de son adjoint lors malade, avoit ordonné que lesdits témoins seroient recolez par ledit adjoint; ce qui avoit été fait: la Cour par son Arrêt a déclaré qu'il avoit nullement & mal procedé & ordonné, & bien appellé, & la cause renvoyée au Sénéchal avec dépens. La Rochestavin, *liv.* 4. *lett.* T. *tit.* 4. *Arr.* 2.

29 Après avoir produit un témoin, on peut *ex causâ* ne le pas faire oüir. Jugé au Parlement de Grenoble le 18. Août 1621. Basset, *to.* 1. *li.* 6. *tit.* 8. *ch.* 3.

30 Arrêt du Parlement d'Aix du mois de Juin 1664. par lequel il a été jugé, que la déposition d'un témoin *per verbum credo,* ne fait pas foy. Boniface, *to.* 1. *liv.* 8. *tit.* 27. *ch.* 2.

TÉMOINS, ASSIGNATION.

31 Celuy qui étant trouvé en jugement, est *illico* appellé sans autre assignation pour rendre témoignage, ne peut être dit témoin volontaire, ni tenu pour suspect, comme s'il étoit venu déposer *ultrò,* sans sommation & assignation précedente. V. Maynard, *li.* 4. *chap.* 87.

32 Par Arrêt du 7. Août 1565. jugé que l'assignation pouvoit être donnée au lieu où sont les témoins, soit pour faire l'enquête ou pour faire examen à futur. Bibliotheque de Bouchel, verbo *Témoins.*

TÉMOIN, AVOCAT, PROCUREUR.

33 *An Advocatus sit cogendus ut testis & idem in procuratore ad requestam partis adversæ?* Non. Voyez Du Moulin, *to.* 2. *p.* 575.

34 *Fuit dictum, sed non per Arrestum, quod advocatus & procurator causa producti non possunt per adversarium in testem, nec cogentur de hoc.* N°. *in* C. *Romana de testibus. lib.* 6. & l. *mandatis, eodem titul. ff. facit. l. fin. Cod. de offic. Assesso.* Voyez *Jo. Gall.* quest. 98.

35 Anne Robert cite des Arrêts par lesquels il fut jugé que l'Avocat seroit contraint d'être témoin contre sa partie. *Lib.* 2. *rer. jud. cap.* 19.

36 *Licèt familiares & domestici non admittantur ad testimonium pro domino, tamen bene admittuntur in contra, & idem dicitur de advocato & procuratore.* Voyez *Franc. Marc,* to. 1. quest. 93.

37 *Advocatus & procurator in defectum probationis testimonium contrà Clientulum dicere possunt.* Voyez *ibid.* quest. 382.

Voyez le mot *Avocat,* nomb. 193.

TÉMOINS, COMMISSAIRE.

38 Le Commissaire qui n'aura pas interrogé suffisamment les témoins, soit en fait criminel, soit en fait civil, doit être condamné aux dommages & interêts de la partie. Arrêt du Parlement de Grenoble en l'an 1544. rapporté par *Chorier, en sa Jurisprudence de Guy-Pape,* p. 259. De même si la procedure est nulle par le fait du Commissaire. *Ordonnance d'Abbeville,* art. 204. & de 1667. *tit.* 21. art. 36.

TÉMOINS, COMMUNAUTÉ D'HABITANS.

39 *Quatenus testes admittantur in causâ universitatis?* Voyez *Mornac, Loi.* 10. *ff. de in jus vocando.* avec la Loi 2. §. 1. & 2. *ff. Si quis caution.*

40 *An illi de universitate possint adstringi ad ferendum testimonium contrà universitatem: & quid juris in causâ decima?* Voyez *Franc. Marc,* tom. 2. quest. 93.

TÉMOINS, CONFRONTATION.

41 Les témoins confrontables font si privilegiez, qu'en allant ou venant, ou séjournant ou s'en retournant pour être confrontez, ils ne peuvent être arrêtez ni constituez prisonniers pour dettes ni crimes, & s'ils le sont, ils sont élargis en leur donnant le chemin pour prison, & à la charge de s'aller présenter aux prisons du Juge, d'autorité de qui ils auroient été faits prisonniers. Arrêt du 20. Avril. *La Rochestavin,* liv. 4. lett. T. tit. 4. *Arr.* 5.

42 Par la Declaration du Roy donnée à saint Germain en Laye le 18. Novembre 1679. il a été ordonné qu'à l'avenir, lorsqu'un accusé condamné par coûtumace se representeroit, & qu'on ne seroit point comparoître les témoins dans les délais prescrits à l'effet de la confrontation, és procez esquels elle auroit été ordonnée, les Juges ne pourront prononcer l'absolution de l'accusé, mais seulement qu'il sera mis hors des prisons à sa caution juratoire de se representer toutefois & quantes qu'il luy sera ordonné, pour subir la confrontation, & être ensuite procedé au jugement définitif du procez, sans qu'un Arrêt ou Sentence qu'aura obtenu un accusé, puisse luy servir de justification ou d'absolution définitive. *La Rochestavin,* liv. 4. lett. T. tit. 4. *Arr.* 1.

DIX TÉMOINS.

43 L'Ordonnance par laquelle on ne peut faire ouïr plus de dix témoins sur un fait, se doit entendre que s'ils sont deux consorts à plaider, quand ensemble ont posé le même fait, chacun d'eux peut produire dix témoins sur chacun fait, d'autant que si séparément ils avoient écrit, chacun feroit sa production, ainsi la conjonction ne peut leur porter dommage. Arrêt du Parlement de Paris en 1388. *Bibliotheque de Bouchel,* verbo *Preuve.*

44 Arrêt du 14. Août 1504. qui condamne un Commissaire pour avoir ouï témoins en nombre excessif, en 30. liv. d'amende. *La Rochestavin,* liv. 6. tit. 46. *Arr.* 12.

45 Il est dit par Arrêt du Parlement de Bretagne du 31. Octobre 1554. que Bosée pourra faire enquerir témoins jusques au nombre de l'Ordonnance; la Coûtume de Bretagne dit, vingt, l'Ordonnance dix. *Du Fail, liv. 2. chap.* 13.

46 Ordonné au Parlement de Bretagne le 16. Octobre 1557. que les dépositions des témoins excedans le nombre de dix en matiere civile, seroient rayées. *Du Fail,* liv. 3. ch. 190.

47 Les témoins enquis outre le nombre de dix sur chacun article seront rejettez, & n'aura la Cour aucun égard aux dépositions. Arrêt du Parlement de Bretagne du 12. Octobre 1560. *Du Fail,* li. 2. ch. 105.

48 S'il y a deux consors à plaider, chacun peut produire dix témoins, sauf à partie d'en produire autant. Arrêt du Parlement de Grenoble du 18. Août 1621. *Basset,* to. 1. li. 6. tit. 8. chap. 4.

49 Par les anciennes Ordonnances, il est défendu aux Commissaires Enquêteurs d'ouïr plus de 10. témoins pour un fait, & aux Juges d'avoir égard aux dépositions des témoins qui seront au de-là de ce nombre. Il y a des Arrêts anciens du Parlement de Toulouse, qui ont jugé conformément à ces Ordonnances, un entr'autres du 14. Août 1665. Il fut deliberé de ne pas lire l'onziéme témoin & les suivans, quoyque la déposition des dix premiers ne subsistât pas, & qu'il y en eût sept de reprochés par des objets connus, par le Commissaire Enquêteur, les témoins ayant avoüé leur parenté dans les generaux interrogatoires. Nôtre usage est neanmoins contraire, surtout depuis la derniere Ordonnance de 1667. qui défendant de faire ouïr plus de 10. témoins pour un fait, ajoûte seulement que ceux qui seront ouïs au de-là de ce nombre, n'entreront point en taxe. M. de Catellan, liv. 9. chap. 5.

TÉMOIGNAGE DOMESTIQUE.

50 Du témoignage domestique. Voyez M. le Prêtre, Cent. 4. ch. 27.

51 *Testis familiaris aut domesticus quandoque admittitur.* V. *Com. Joan. Const.* sur l'Ordonnance de François I. art. 155.

52 En cas commis de nuit & és maisons, les témoins domestiques sont recevables. *Papon,* li, 9. tit. 1. n. 28.

53 La preuve domestique est admise quand il est question d'un fait domestique, *quoniam non facile quae domi geruntur per alienos possunt probari,* l. 8. §. 5. *Cod, de repudiis.* M. le Prêtre, 4. *Cent.* ch. 27. Voyez *Mornac,* l. 3. *ff. de testibus.* où il y a Arrêt du 9. Août 1613.

ECCLESIASTIQUES TÉMOINS.

54 Des Ecclesiastiques qui ont rendu faux témoignage. *Vide* M. Duperray, *en sa capacité des Ecclef.* p. 165.

55 Les Ecclesiastiques ne sont pas moins obligés de déposer un fait civil & un fait criminel que les seculiers; s'ils le refusent, ils peuvent être contraints par saisie de leur temporel suivant l'Ordonnance du mois d'Août 1670. tit. 6. art. 3.

TÉMOINS EXAMINEZ.

56 *Testes sigillatim & secrete examinandi.* Vide *Franc. Marc,* 10. 1. quest. 898.

57 Les témoins doivent être examinez, selon la forme & stile de la Jurisdiction du Juge qui delegue, & non pas de celuy qui est delegué. Arrêts des 14. & 7. Mars 1532. & 1550. *Charondas,* liv. 4. Rép. 33.

58 Témoin recolé & confronté au procés extraordinaire, peut être examiné au procés ordinaire d'entre les mêmes parties. Arrêt du 8. Octobre 1579. *Charondas,* liv. 7. Rép. 229.

FAUX TÉMOINS.

59 Des faux témoins & de leurs corrupteurs. Voyez le mot *Faux,* nomb. 147. & suiv. & *Papon,* livre 22. titre 13.

60 *Committit falsum qui tacet verum.* Mornac, l. 8. *Cod. de Episcopis & Clericis,* &c.

61 *Poena falsae testationis, corruptionis testis, aut comminantis quae sit?* Voyez *Franc. Marc,* to. 2. quest. 443.

62 Amende honorable contre un faux témoin. Voyez M. d'Olive, *Allions forenses,* 3. partie, Action 6.

63 Le 2. Mars 1519. a été prononcé Arrêt qui condamne plusieurs faux témoins les uns à faire amende ho-

norable en chemise, la hart au col, au foüet, & les autres à avoir les levres coupées & fenduës, le tout en matiere Beneficiale. *La Rocheflavin, liv. 4. lett. T. tit. 4. Arr. 10.*

64 Faux témoins punis de mort. Arrêts du Parlement de Paris de l'an 1534. & du Parlement de Bourgogne 1515. Le même avoit été jugé au Parlement de Grenoble le 13. Septembre 1453. Par Ordonnance de François I. de l'an 1539. verifiée en la Cour, il est porté que les faux témoins tant en matiere civile que criminelle ou faussaire de contrats, seront punis de mort. *Papon, liv. 22. tit. 13. n. 1.* Cette Ordonnance n'est étroitement suivie *in civilibus.*

65 Témoins suspects de subornation peuvent être sur le champ arrêtez ou resserrez par le Commissaire. Le Parlement de Grenoble en fit un arrêté inscrit dans le livre vert le 25. Juin 1541. *Basset, to. 2. liv. 9. tit. 3. chap. 2.*

66 Arrêt du Parlement de Toulouse du 12. May 1559. qui condamne le Substitut de Monsieur le Procureur General au Siege de Beaumont, à faire amende honorable en plein Parquet, tête nuë, avec une torche allumée entre ses mains, en amende pecuniaire, & banny du Royaume pour 10. ans, pour avoir calomnié, injurié & suborné des témoins. *La Rocheflavin, liv. 4. lett. T. tit. 4. Arr. 11.*

67 Le 15. Janvier 1567. le nommé Rivet solliciteur, a été condamné au foüet & aux Galeres pour 10. ans, & en amende honorable & pecuniaire pour avoir attiré des faux témoins en une instance de 10. liv. *La Rocheflavin, liv. 4. lett. T. tit. 4. Arr. 4.*

68 Si la Requête donnée pour faire informer sur la qualité des témoins faussaires oüis en l'information, étoit legitime, lesdits témoins étant absens, & ne paroissans pas pour faire le procés extraordinaire. Arrêt du Parlement d'Aix du 19. Novembre 1678. qui ordonna que le lieu & le domicile des témoins, seroit indiqué pour faire le procés extraordinaire. *Boniface, to. 5. liv. 3. tit. 2. ch. 4.*

69 La déposition d'un seul témoin étant contraire à la déposition de tous les autres pour un fait arrivé en même temps & même lieu, ce seul témoin contraire peut être poursuivi comme faux témoin. Arrêt du 2. Septembre 1684. *Ibidem. ch. 5.*

TÉMOINS, FEMMES.

70 Si les femmes peuvent servir de témoins? *Voyez* le mot FEMME, *n. 131. & suiv.*

71 *De usu damnato quod in criminalibus non in civilibus mulieres in testimonium admittantur; de Jure Canonico in criminalibus non admittuntur, in civilibus sic.* Du Moulin, *to. 2. p. 616.*

72 *Mulier in causâ criminali an testis esse possit?* Vide Franc. Marc. *to. 1. quaest. 900.*

73 Femmes peuvent servir de témoins, tant en matiere civile que criminelle. Arrêt du Parlement de Paris de l'an 1393. réformant la disposition de la Coûtume de Laon, qui ne recevoit les femmes en témoignage qu'au Criminel, & non au Civil. *Papon, liv. 9. tit. 3. n. 17.*

74 La femme peut être obligée de porter témoignage contre son mary. Arrêt du Parlement de Paris du 9. Janvier 1530. *Papon, liv. 9. tit. 1. n. 26.* C'étoit en matiere civile, il en seroit autrement en matiere criminelle.

75 Femme contrainte par Arrêt du Parlement de Paris du 9. Janvier 1532. de porter témoignage contre son mary. *Biblioth. de Bouchel, verbo Preuves.*

76 La femme ne peut déposer contre son mary. Arrêt du Parlement de Toulouse du 26. Octobre 1546. *La Rocheflavin, liv. 4. lettre T. tit. 4. Arr. 8.* c'est-à-dire qu'elle ne pourra être contrainte de déposer.

77 Témoignage des femmes aux testamens faits en temps de peste, est recevable. Arrêt du 5. Juillet 1630. *M. d'Olive, liv. 5. chap. 3.* Voyez *M. le Prêtre, 3. Cent. ch. 39.*

TÉMOINS EN MATIERE CRIMINELLE.

Des témoins en matiere criminelle. *Voyez* le mot PROCEDURE, *n. 260. & suiv.* 78

De ratione dicendi testimonium in causis occultorum criminum; Dialogus qui inscribitur Theoph. Joannis Genesii Sepulveda Cordub. 79

De testium examinatione in causâ criminali. Voyez Franc. Marc. *to. 2. quaest. 719.* 80

Leurs témoignages les uns contre les autres, ne sont qu'une présomption, & ne sont reçûs qu'en quatre cas, *in criminibus laesae Majestatis, in simoniâ, &c. & valent ad torturam si fuerint praesumptiones.* Mornac, *l. 10. C. de testibus.* 81

Jugé par Arrêt des Grands Jours de Poitiers, que les témoins oüis, & confrontez à un prevenu, la matiere aprés civilisée, pourroient être derechef produits par forme d'Enquête, & quoiqu'à Toulouse cela arrive rarement, toutefois le cas avenant, on n'y seroit point de difficulté reservant à la partie de bailler tels reproches, que bon luy sembleroit. *V.* Mainard, *liv. 4. ch. 86. & Ayrault ordre jud. liv. 1. part. 4. n. 7.* 82

De ceux qui peuvent ou ne doivent pas être reçûs témoins en matiere criminelle, & ne sont point contraignables à le devenir. *Voyez* Julius Clarus *liv. 5. Sententiarum §. finalis qu. 24.* & les additions qui sont à la fin de l'ouvrage du même Auteur. *Quando ex naturâ facti alii testes haberi non possunt, admittuntur testes qui alias prohibentur. En crime de læze-Majesté, aut in causâ haeresis testes inhabiles admittuntur.* Ibid. nombre 19. 83

Le témoin qui dépose dans un procés criminel & qui vacille, peut être appliqué à la question. Arrêt du Parlement de Dijon du mois de Juin 1558. *V. Bouvot, to. 1. part. 3. verbo Témoin. quest. 3.* 84

Le Bailly de Forêt ayant debouté un accusateur de la demande qu'il luy faisoit de se transporter dans le lieu où étoient les témoins, qui n'osoient venir à Forêt; les uns craignant d'y être arrêtés pour crime, & les autres pour dettes. Par Arrêt du Parlement de Paris du 23. Août 1565. la Cour a évoqué l'instance, & l'a renvoyée pardevant le Châtelain du lieu où residoient les témoins pour juger diffinitivement, sauf l'appel pardevers elle. *Papon, liv. 24. tit. 5. n. 14.* 85

Celuy qui a été excedé & qui n'est accusateur, peut être témoin. Arrêt du Parlement de Grenoble du 19. Janvier 1645. de l'avis des Chambres, sauf aux Juges de voir *quanta fides adhibenda sit illius testimonio.* Basset, *tom. 1. liv. 6. tit. 8. ch. 2.* 86

Arrêt du Parlement d'Aix du 3. Février 1646. qui a déclaré que les Lieutenans ne peuvent ordonner le recensement des témoins en matiere criminelle; il n'appartient qu'à la Cour de l'ordonner quand il y a quelque soupçon en la procedure, ou qu'il s'agit d'un crime atroce. *Boniface, tom. 1. liv. 1. tit. 10. n. 28.* 87

Un prévenu aprés avoir déclaré vouloir être aux dépositions des témoins, peut s'en retacter & ne s'y tenir. Arrêt du Parlement de Grenoble du 20. Juin 1659. Basset, *tom. 1, liv. 6. tit. 8. ch. 1.* 88

Arrêt rendu au Parlement de Grenoble de l'avis des Chambres le 3. Juillet 1664. que les prévenus pouvoient prendre droit des dépositions des témoins non confrontez, soit qu'ils ayent été recolez ou non, mais non de ceux qui ont été valablement reprochez. *V.* Basset, *tom. 1. liv. 6. tit. 9. ch. 5.* 89

Regulierement on ne peut arrêter les témoins aprés le recolement & confrontation, si ce n'est qu'il y eût des variations essentielles en leurs dépositions, recollemens, &c. les Greffiers obligez de parapher les pieces du procés, qu'ils envoyent au Greffe par premiere & derniere. Arrêt du 6. Avril 1675. *De la Guessiere, tom. 4. liv. 8. chap. 6.* 90

In criminalibus si testis ante repetitionem obierit, irritum manet testimonium. Mornac, *l. 1. circâ finem ff. de testibus.* 91

TÉMOINS, MINEURS.

92 *Minor quinque & viginti annis in criminalibus an testis omni exceptione major sit?* Vide Franc. Marc tom. 1. quæst. 890.

93 *Ætas testis in causâ criminali, cum 20. annis sit, an vigesimum inceptum fuisse sufficiat an absolutum ? Ætas certa ubi requiritur, novissimum annum completum esse debere regulare.* Vide Franc. Marc. to. 1. quæst. 896.

TEMOINS MORTS.

94 Dépositions de témoins morts avant le recolement sont nulles. Arrêt du Parlement de Paris du 20. Mars 1510. Papon, liv. 9. tit. 1. n. 13.

95 Les témoins ja enquis reviendront pour être oüis & interrogez, & où aucun d'eux seroit mort, la partie en pourra supplanter. Arrêt du Parlement de Bretagne du 30. Avril 1554. *Du Fail, liv. 3. ch. 175.*

96 Par Arrêt du Parlement de Bretagne du 3. Octobre 1558. il fut dit que s'il se trouvoit des témoins décedez, les parties pourront en faire enquerir d'autres en leur lieu jusqu'au nombre de l'Ordonnance. Du Fail liv. 2. ch. 78.

TÉMOIN, NOTAIRE.

97 Témoins és actes de Notaires. *Voyez* le mot *Notaire, n. 242. & suiv.*

98 *Tabellio quandoque computatur inter testes?* V. Com. Joan. Consi. sur l'Ordonnance de François I. art. 52.

TEMOINS PARENS.

99 *Frater vel consanguineus in criminali causâ adm'ssus nullam fidem facit.* Voyez Franc. Marc. tom. 1. qu. 895.

100 *Parentes in causâ matrimonii testimonium dicere an valeant.* Ibid. tom. 2. quæst. 71.

Les parens peuvent être témoins dans un Testament nuncupatif, parce que le Testateur qui les fait venir, ne va pas faire enquête sur la vie des témoins. Ainsi jugé au Parlement de Toulouse. Albert, verbo, *testament,* art. 13.

101 Le pere ne peut être contraint à déposer contre son fils, le frere contre son frere, le mary contre sa femme, si ce n'est en crime de Léze-Majesté. *L'Ange, page 138. part. 2.*

102 Une ayeule fut exempte de porter témoignage contre son petit-fils, le 6. Septembre 1519. Papon, liv. 9. tit. 1. n. 27.

103 Arrêt du 14. Octobre 1546. és Grands Jours de Riom, que la mere prise pour témoin son fils, ne seroit point oüie; cependant la Cour permit de la faire interroger, pour l'interrogatoire mis en un sac, y avoir tel égard que de raison. Papon, liv. 9. titre 1. nombre 27.

104 Arrêt du 25. Février 1556. qui enjoint à la mere de porter témoignage en la cause testamentaire d'entre la veuve de l'aîné & d'un autre, pour sçavoir si cet aîné avoit testé suivant la Loy *qui testamento §. per contrarium ff. de test.* Papon, liv. 9. tit. 1. nomb. 27. & Carondas, liv. 4. Rép. 32.

105 Jugé le 20. Juillet 1582. qu'un beau-frere en action d'injures n'étoit tenu de porter témoignage contre son beau frere. Papon, liv. 9. tit. 1. n. 27. & Robert, *rerum judicat. li. 2. cap. ult.*

106 *Voyez cy-après le nomb. 203. & suiv.*

Si deux freres étant en dispute employent leur sœur pour témoin, après sa déposition elle ne peut plus être réprochée. Arrêt du Parlement de Grenoble du 28. Août 1671. *consultis classibus,* quoyque l'Ordonnance de 1667. art. 11. du tit. 22. rejette les dépositions de personnes si proches. *Voyez Chorier,* en sa *Jurisprudence de Guy Pape,* p. 314.

PREUVE PAR TEMOINS.

107 De la preuve par témoins. *Voyez Despeisses,* tome 2. pages 482. & 514.

108 Espece notable en laquelle la preuve par témoins a été reçuë, par Arrêt du 2. Mars 1571. Carondas, liv. 6. *Réponse,* 28.

109 Témoins & du cautionnement que l'on veut verifier par témoins, contre l'Ordonnance de Moulins, art. 54. que l'on avoit cautionné un serviteur, l'on n'est pas recevable d'en faire preuve par témoins. Arrêt du 16. Février 1599. *Carondas,* livre 10. *Rép.* 63.

110 *Servatur constitutio Molinensis inter mercatores.* Arrêt du 8. Juin 1599. Mornac, *L. 9. §. quoniam ff. de reb. creditis.*

111 La preuve par témoins des faits de suggestion, ne peut être reçuë contre un testament. Arrêt du 7. Avril 1664. *Des Maisons,* lettre S. nomb. 5.

112 La preuve par témoins du payement d'une promesse ou obligation, non excedant 100. liv. est recevable, suivant l'art. 54. de l'Ordonnance de Moulins; encore bien que le creancier represente la promesse ou l'obligation. Il faut observer que le fermier après la mort du commis, avoit formé sa demande, & laissé faire l'enquête où la vente du payement étoit justifiée. Jugé à la Cour des Aydes sur la fin d'Août 1682. *Journal du Palais.*

TEMOINS, RECENSEMENT.

113 Du recensement de témoins fait un jour de fête. Arrêt du Parlement de Grenoble du 24. May 1668. qui cassa la procedure, accorda nouveau delay pour la refaire, & oüir de nouveau les mêmes témoins. L'accusateur fit assigner le Commissaire en garantie, lequel fut mis hors de Cour, parce qu'il avoit été requis avec instance de proceder à ce recensement le jour & fête des Rois, sans ajoûter que ce seroit à son peril. *Voyez Basset,* tom. 2. liv. 7. tit. 2. ch. 3.

RECOLEMENT DES TEMOINS.

115 Du recolement des témoins en matiere criminelle. *Voyez* le mot *Procedure, n. 240. & suiv.*

116 *An testes sint recolendi?* V. Du Moulin, to. 2. p. 592. *an post tertiam publicationem sint testes recolendi ?* V. Ibid. p. 611.

117 *Per arrestum Curiæ dictum fuit quod post publicationem testium factam, non est ipse recipienda ad requirendam recollationem dictorum testium propter timorem subornationis, licet judex ex suo officio possit facere si videat expedire, anno 1393.* Voyez Jo. Gall. quæst. 288.

118 Un témoin ayant déposé & signé sa déposition est tenu au recolement répondre & déposer de nouveau, en luy lisant la copie de sa premiere deposition. Arrêt du Parlement de Bourdeaux du mois de Juin 1520. Papon, liv. 24. tit. 8. n. 6.

119 Par l'Ordonnance de François I. publiée en l'an 1539. art. 165, il est ordonné qu'aux dépositions des informations, recolées toutefois sous autorité de Justice sera eu tel égard comme s'ils avoient été affrontez en jugeant le procés: sur quoy par déliberation de la Cour, les Chambres assemblées le 2. Janvier 1539. interpretant ledit article, sçavoir si contre un défaillant & fugitif, il est necessaire que les témoins soient recolez auparavant le jugement ou Arrêt; ou bien si ce mot *recolez.* se rapporte *ad vim & effectum probationis* il a été jugé que cela demeureroit à l'arbitrage des Juges, qu'où ils verroient estre expedient faire ledit recolement ou non le pourroient faire, ou bien passer outre au payement. La Rocneflavin, liv. 4. *lettre T. tit.* 4. *Arr.* 1.

120 Suivant l'Ordonnance du mois d'Août 1670. pour les matieres criminelles, les témoins doivent être indispensablement recolez en leurs dépositions, & ce recolement vaut confrontation à l'égard des prevenus défaillans: ainsi il ne dépend plus de l'arbitre du Juge d'ordonner ou faire le recolement ou non. *Ibid.*

TEMOINS RELIGIEUX.

121 Si un Religieux peut servir de témoin dans un testament *Voyez* le mot *Religieux,* n. 255. *& suiv*

122 Les Religieux peuvent être témoins dans les testamens, sur tout ceux *qui regulæ inserviunt laxiori. Voyez les Arrêts de M. de Catellan,* liv. 2. chap. 11.

123 Un Prêtre ou Religieux ne peut prêter témoignage en matiere criminelle, & n'y doit être contraint par le Juge Lay, sans autorité de son Evêque, Abbé ou Prieur; mais si sans cela ils déposent, leur dé-

position vaut ; en matiere civile ils peuvent être contraints par le Juge Lay *levi coërcitione*, comme d'arrêt de leur cheval ; jugé par plusieurs Arrêts. *Papon, liv. 9. tit. 1. n. 33.* Aujourd'huy cela n'est plus observé, ils peuvent être contraints en matiere criminelle de déposer sans la licence de l'Evêque, Abbé ou Prieur.

124. Moines & Religieux peuvent être reçûs pour témoins en contrats & testamens ; jugé par Arrêt du Parlement de Grenoble de l'an 1460. *Papon, liv. 9. tit. 1. n. 32.* Joan. Faber tient le contraire.

125. Les Religieux ne peuvent être témoins dans les testamens, parce qu'ils sont incapables de toutes fonctions civiles, si quelquefois leur témoignage est reçû dans les affaires criminelles, ce n'est que pour parvenir plûtôt à la connoissance de la verité, & à la punition du crime. Arrêt du Parlement de Paris du 22. May 1645. *Soëfve, tom. 1. Cent. 1. ch. 81.*

126. Testament où sept Capucins étoient témoins, a été déclaré nul, par Arrêt du Parlement de Toulouse du 26. Janvier 1647. l'on citoit un Arrêt du 16. Mars 1643. qui avoit confirmé un testament où sept Récolets étoient témoins ; mais sur la Requête civile, il fut déclaré nul le 7. Septembre 1649. & au mois de May 1650. cet Arrêt fut cassé, sur le fondement que c'étoit la Coûtume en Avignon, que les Religieux pouvoient être témoins. *Voyez Albert*, verbo *Testament*, art. 32.

127. Jugé par Arrêt du 24. Mars 1659. que les Religieux ne peuvent être témoins dans un testament en pays de droit Ecrit, l'Arrêt fit défenses aux Notaires du Pays de Lionnois, de recevoir les Religieux pour témoins aux testamens. *Soëfve, to. 2. Cent. 1. ch. 99. Des Maisons, lettre T. nomb. 3. Jour. des Aud. to. 2. liv. 2. ch. 15. & Henrys, to. 2. liv. 5. qu. 55. Voyez Du Frêne, liv. 4. ch. 24.*

128. Un testament fait à Rome, signé par des Religieux, jugé valable. Arrêt du 31. Juillet 1662. *Des Maisons, lettre T. nomb. 16.*

129. Si dans la Provence & le Ressort du Parlement d'Aix, les Religieux profez peuvent être témoins dans les testamens ? Arrêt du 31. Juillet 1663. qui a confirmé le testament en baillant caution, & a ordonné qu'il seroit informé de l'usage ; il y en avoit déja quelque preuve par l'attestation des Gens du Roy. *Soëfve, to. 2. Cent. 2. chap. 87.*

130. Arrêt du P. de Provence du 10. Mars 1670. qui a déclaré valable le testament fait dans une Eglise, en presence des Religieux tous témoins. *Boniface, tome 4. li. 1. tit. 2. ch. 1.* il observe que l'Arrêt fut particulierement fondé sur la possession de 25. ans par les tiers possesseurs.

131. Les Religieux même les Mendians peuvent assister & être témoins dans un testament ; jugé à Grenoble le 12. Août 1683. pour un testament fait en Savoye, signé de deux Religieux. *Jurisprudence de Guy Pape, par Chorier*, p. 17.

TÉMOINS, REOÜIS.

132. Témoins affaürus valetudinaires, examinez avant le plaids contesté, doivent être réexaminez si lors de l'appointement à informer ils sont vivans, & neanmoins si tel examen a été le premier fait par autorité de la Cour, les témoins ne doivent plus être examinez quoiqu'ils fussent vivans, & doit l'examen être joint au procez comme valable. Arrêt du Parlement de Paris en 1385. *Bibliotheque de Bouchel*, verbo *Preuves*.

133. Témoins peuvent être réoüis dans une seconde information, quand la premiere a été cassée, ou par l'incompetence du Juge, ou par les nullitez ; & cela à cause de la faveur des preuves. Jugé au Parlement de Grenoble le 30. Mars 1666. *Basset, to. 2. liv. 7. tit. 2. ch. 1.*

TÉMOINS REPROCHEZ.

134. Voyez les mots *Objets & Reproches*.

Reproches des témoins. Voyez *la Bibliotheque de Bouchel*, verbo *Témoins*, & *Carondas, liv. 4. ch. 34.*

135. Des témoins & des reproches qui peuvent être proposez à cause de l'affinité, amitié, familiarité, comperage, société, &c. Voyez *Franc. de Claperiis, caus. 35.*

136. Avoir battu pere ou mere, épousé une femme l'autre vivante, être blasphemateur ordinaire du Nom de Dieu, sont des reproches plus que suffisans ; c'est assez de les alleguer. *V. Mainard, liv. 4. ch. 76.*

137. Si un témoin a été produit par les deux parties, il peut être reproché par l'une d'elles qui auroit nouvellement appris cause de le récuser. Jugé au Parlement de Bourdeaux. *Papon, liv. 9. tit. 5. n. 3.* Regulierement on n'est reçû à reprocher un témoin qu'on a produit.

138. La partie presente à la production & serment des témoins produits par sa partie adverse, doit protester & reserver les reproches à la fin de l'Enquête, autrement elle n'y est plus reçuë. Jugé au Parlement de Paris de l'an 1389. *Papon, ibid. nomb. 6. & Mainard, liv. 4. de ses quest. chap. 70.*

139. Témoin doit être oüi nonobstant le reproche. Par Arrêt du Parlement de Paris du 14. Mars 1532. il fut dit d'un Commissaire qui avoit reçû & obéi à tels reproches pour en faire preuve qu'il avoit mal ordonné & qu'il en viendroit en personne. Autre Arrêt de 7. Mars 1550. infirmatif d'une Sentence du Lieutenant General du Maine, portant que le témoin reproché ne seroit point reçû. *Papon, liv. 9. tit. 3. nomb. 8. & 20.*

Il n'est permis de reprocher les témoins oüis en reproches. Arrêt du mois de Juin 1531. *Ibid. nomb. 18.*

140. Quoiqu'une partie ait produit un témoin dans un certain procez, elle peut en autre cause le reprocher s'il est produit contre elle, & même si deux parties ont produit le même témoin, elles pourroient encore le reprocher, en disant que les moyens sont venus depuis à leur connoissance. Arrêt du Parlement de Bourdeaux du 3. Janvier 1536. *Bibliotheque de Bouchel*, verbo *Reproches*.

141. Un accusé pour sa justification peut s'aider des témoins qu'il a luy-même reprochez, & qui luy ont été confrontez, sans par là encourir le danger de la Loy *si quis testib. C. de testibus.* Arrêt du Parlement de Paris du 24. Août 1545. *Papon, liv. 9. tit. 1. n. 35.*

142. Accusé peut faire oüir pour luy témoins qu'il a reprochez sans se départir des reproches par luy fournis. Arrêt du Parlement de Paris du mois d'Août 1545. *Ibidem, liv. 24. tit. 5. n. 8. & 11.*

143. Un Seigneur feodal ayant appris que son vassal étoit mort, met la main aux fiefs. Les heritiers du vassal font la foy & hommage, & demandent les fruits. Le Seigneur dit avoir preuve qu'un tel jour le vassal étoit mort dans une rencontre d'ennemis, & que des soldats à luy inconnus l'ont ainsi déposé. Les heritiers requierent que le Seigneur qui a produit ces témoins soit tenu de les presenter, & bien dire & déclarer d'où ils sont : le Juge l'ordonne ainsi. Arrêt du Parlement de Paris du 25. Juin 1550. qui juge que le Seigneur feodal n'étoit tenu de ce faire. *Ibid. liv. 9. tit. 3. nomb. 8.*

144. Un témoin ne peut intenter action pour le fait d'un reproche injurieux le non prouvé. Arrêt du Parlement de Dijon du 10. Decembre 1571. d'autant qu'il a été proposé *per viam exceptionis, & non animo injuriandi*. Aufrer. decis. 227. *Bouvot, tome 1. part. 3.* verbo *Témoin*, quest. 2.

Un témoin ayant été oüi à la requête de l'une des parties, & ensuite à la requête de l'autre, le fait de reproche qu'il a été intimidé ou suborné depuis sa premiere déposition, est recevable en preuve. Arrêt du Parlement de Dijon du 11. Janvier 1584. *Bouvot, ibidem.*

145. Au procez de Baruch le Breton, il fut dit que sur

des reproches & faits justificatifs prouvez par témoins, partie adverse sera reçuë à requerir les noms des témoins examinez sur les faits, afin de bailler reproches prouvez par Lettres, lesquelles seroient communiquées à partie adverse, sans retardation du procez. Arrêt du 24. Octobre 1576. *Bibliotheque de Bouchel, verbo Reproches.*

146. Les reproches donnez par un de plusieurs complices de même fait, servent aux autres des complices qui ne les auroient pas proposez; mais par Arrêt du Parlement de Toulouse du 10. Février 1581. il fut décidé que les objets du prisonnier ne serviront à un défaillant & contumax, il fut fait Regiſtre de cet Arrêt. *Mainard, to. 1. liv. 4. ch. 79.*

147. Le 12. Mars 1592. par Jugement des Requêtes entre Baron & Morgues, il a été jugé que Baron se feroit ouïr cathegoriquement sur les objets donnez par ledit Morgues contre les témoins de l'Enquête de Baron; ce qu'on dit avoir été ainsi jugé les Chambres assemblées. *La Rocheſlavin, li. 4. leit. T. tit. 4. Arr. 9.*

148. Un accusé peut nommer pour sa justification les mêmes témoins qu'il avoit reprochez, les reproches pourtant demeurent en leur entier. Ainsi jugé de l'avis des Chambres le 11. Decembre 1614. *Baſſet, to. 1. liv. 6. tit. 9. ch. 5.*

149. Les témoins d'une transaction ne peuvent être objectez. Ainsi jugé au Parlement de Toulouse au mois de Février 1644. *Albert, verbo Teſtament, art. 13.*

150. Jugé au Parlement de Grenoble le 19. Janvier 1645. de l'avis des Chambres, que le prévenu ayant reproché un témoin en la confrontation, & depuis nommé le même témoin dans son enquête d'office, on devoit pourtant examiner les reproches. *Baſſet, to. 1. livre 6. tit. 9. chap. 5.*

151. Le reproche d'avoir battu son pere ou sa mere, est bon, & est ainsi marqué, *botùa quoad impietatem.* On reçoit la preuve de ce reproche par témoins, quoy qu'on n'allegue aucun acte. Arrêt du Parlement de Toulouse du 24. Octobre 1659. rapporté par *M. de Catellan, liv. 9. chap. 7.*

[152. Reproches, en matiere civile, *voyez l'Ordonnance nouvelle de 1667. titre 23.* & en matiere criminelle; *voyez M. Expilly, Arrêt 30.*

153. Dans les Inſtances criminelles, l'accusé doit donner des reproches par sa bouche de vive voix, & non par écrit, ni les lire. Arrêt du Parlement de Grenoble du 15. Juin 1668. rapporté par *Chorier en sa juriſprudence de Guy Pape, p. 317.*

154. Les reproches appellez de formule, ne peuvent être baillez que deux fois, celuy de valet à gages ne peut être compté parmi ces reproches; & il peut être baillé contre plusieurs témoins, même au delà du nombre de deux. Arrêt du Parlement de Toulouse du 15. Juillet 1668. c'étoit une enquête faite par un Marchand; celuy de corruptele n'eſt pas aussi un reproche de formule, & peut être baillé plus de deux fois, comme il fut jugé par la Grand'Chambre & Tournelle assemblées pour le Jugement du procez criminel du Comte de la Buſſiere le 26. Mars 1670. *Voyez M. de Catellan, liv. 9. chap. 7.*

REPROCHES, AMITIÉ.

[155. Dire que le témoin eſt ami de l'ennemi capital de l'accusé, ce reproche n'eſt pas valable. Arrêt du Parlement de Toulouse rapporté par *Mainard, livre 4. chapitre 85.*

Le reproche d'amitié, familiarité, ni de service, n'eſt recevable, s'il n'eſt domeſtique ordinaire. *Papon, liv. 9. tit. 3. n. 16.*

REPROCHES, APPEL.

156. *Guid. Pap. queſt.* 500. dit que durant quarante ans il a vû pratiquer au Parlement de Grenoble que l'on étoit reçuë à faire preuve en cauſe d'appel des reproches baillez contre témoins ouïs en premiere inſtance, contre le chapitre *præſentiam de teſtib. Papon, liv. 9. tit. 3. n. 4.*

157. L'Enquêteur ne se doit point arrêter à ouïr un témoin reproché, quoyque sur le champ l'on luy faſſe apparoir du reproche ſuffisant pour le débouter; mais sans préjudice de l'objet, il doit paſſer outre, nonobſtant ce, & oppoſition ou appellation quelconques; & pour avoir differé par un Examinateur de recevoir un témoin pour raison du reproche contre luy proposé, il fut dit qu'il viendroit en personne par Arrêt du Parlement de Paris du 14. Mars 1532. *Bibliotheque de Bouchel, verbo Reproche.*

158. En la cause d'appel, les parties sont reçuës à vérifier les reproches donnez contre les témoins entendus en premiere Inſtance. *Mainard, to. 1. liv. 4. chap. 70.*

REPROCHES, COMPÈRE.

159. Suivant la maxime que *facilius judex quàm teſtis rejicitur,* le compere peut être recusé: mais en témoignage si la partie a donné son enfant à tenir au témoin, l'objet n'eſt pas bon; car ce n'eſt pas une marque de l'affection du témoin d'avoir accepté ce qu'il ne pouvoit honnêtement refuser. Si au contraire le témoin a donné son enfant à tenir à l'une des parties, ce choix qui marque son affection le rend ſuſpect. *Ibidem, liv. 1. ch. 89.*

160. Le témoin peut être reproché, s'il eſt filleul de la partie pour laquelle il dépose. Arrêt du Parlement de Toulouse du 4. May 1676. rapporté par *M. de Catellan, liv. 9. chap. 7.*

REPROCHE, TÉMOIN CORROMPU.

161. *Teſtis corrumpi non dicitur, si aliquid pro victu & dictâ sibi promittatur. V. Franc. Marc. to. 1. queſt. 178.*

162. *Falſitas & corruptela quomodo probentur, & an neceſſum sit utrumque probari? Ibidem, queſt. 487.*

163. Au Parlement de Toulouse pour recevoir le reproche de corruption, il faut qu'il soit accompagné de quelque circonſtance particuliere comme de certaine somme, des moyens de corruption, du lieu, & du temps. *Mainard, liv. 4. de ſes queſt. ch. 91. Papon, liv. 9. tit. 3. n. 14.*

164. Le reproche d'avoir pris certaine somme d'argent pour déposer contre la verité, eſt bon, de même que s'il étoit dit que c'eſt pour déposer fauſſement. Ainsi jugé au Parlement de Toulouse aprés partage au mois de Decembre 1658. *M. de Catellan, liv. 9. chap. 7.*

REPROCHE, TÉMOIN CRIMINEL.

165. Si un homme a été condamné par défaut, & que les cinq ans de la contumace soient paſſez, il peut être reproché. Arrêt du Parlement de Toulouse. *Mainard, liv. 4. ch. 93.*

166. Les reproches injurieux fondez sur des crimes ou sur de méchantes actions des témoins ne donneront pas occasion au Juge de proceder contre eux criminellement: quoyqu'ils ne ſoient pas véritables, ceux qui les ont proposez ne seront non plus déclarez infames, pour avoir au préjudice de leur ſerment menti au Magiſtrat; ce que l'on propose par voye d'exception, n'eſt pas une accuſation; & c'eſt seulement dans les accuſations que le Juge peut prendre connoiſſance des crimes imputez aux accuſez. *Voyez Guy Pape, queſt. 500.*

167. Les reproches de délit ne sont point reçus sans Sentence, ou compoſitions qui puiſſent juſtifier de la condamnation ou composition. Jugé par Arrêt du Parlement de Paris, toutes les Chambres aſſemblées, le 12. Août 1568. *Papon, liv. 9. tit. 3. n. 12.*

168. Témoins ſuſpects de faux ou de ſubornation, peuvent être arrêtez ou empriſonnez par l'ordre du Commiſſaire qui procede à l'inſtruction du procez criminel: cela fut ordonné par un Reglement general inſcrit dans le Livre verd le 25. Juin 1541. *Baſſet, tome 2. liv. 7. tit. 2. chap. 2.*

169. Deux témoins qui diſent avoir été corrompus sont crus contre le corrupteur; il y a un Arrêt du Parlement de Paris séant à Moulins au mois d'Octobre 1550. contre un Lyonnois contumax accusé d'avoir corrompu deux témoins qui l'avoient ainsi déclaré

par leur procez, & qui avoient été pendus. Par cet Arrêt le Lyonnois fut condamné d'être pendu, & condamné en grosses amendes envers la partie civile. Si le corrupteur prétendu étoit present, tels témoins soûtenans la corruption, ne suffiroient pour donner lieu à la condamnation, mais seulement pour faire mettre à la question l'accusé. *V. Papon, liv.* 22. *tit.* 13. *n.* 2.

170 Arrêt du Parlement de Paris du 20. May 1553. qui condamne à la question un homme accusé d'avoir corrompu deux témoins; il la souffre sans rien avoüer; quoique par la les indices fussent purgez, il fut neanmoins condamné en une amende de 120. livres envers le Roy, en pareille somme envers la partie civile; les témoins corrompus condamnez aux galeres. M. Boyer allegue un Arrêt ce semble contraire du Parlement de Bourdeaux du 5. Avril 1530. qui absout le corrupteur, lequel n'avoit rien avoüé à la question. M. le Président Boyer dit qu'ici les deux témoins avoient été corrompus séparément, & étoient singuliers, au lieu que dans l'Arrêt de Paris les deux témoins avoient été corrompus ensemble. *Ibidem*, *n.* 3. & 4.

171 Corrupteur de témoins n'est pas déchargé en se désistant, mais il doit être puni de même que s'il avoit réüssi dans son pernicieux dessein. Arrêt du Parlement de Bourdeaux sans date. *Papon, ibidem, nomb.* 5. & *M. Boyer, décision* 319.

172 Par Arrêt du mois de Juin 1587. en la Cinquiéme Chambre des Enquestes, jugé que le reproche de reprise de Justice pour crime infamant, se doit noter *bona supplendo.* Bibliotheque de Bouchel, *verbo* Reproche.

173 Reproches sur crimes prétendus commis par le témoin, sont non recevables, si l'on n'en produit le Jugement. Arrêt du P. de Grenoble du 16. Mars 1599. *Basset*, *tome* 1. *liv.* 6. *tit.* 9. *chap.* 2.

174 On peut venir par action criminelle pour subornation de témoins. Arrêt du P. d'Aix du 17. Decembre 1654. *Boniface, to.* 2. *part.* 3. *liv.* 1. *tit.* 2. *ch.* 26.

REPROCHES,
DEBAUCHE DU MARY ET DE LA FEMME.

175 Aprés un partage fait en la Grand' Chambre du Parlement de Toulouse, il fut jugé qu'il y avoit lieu de reprocher en témoignage un pere qui prostituoit sa fille, & un mary qui favorisoit la débauche de sa femme. Il fut aussi jugé que le reproche tiré d'un Ministre de la Religion Prétenduë Réformée contre un Prêtre de ce qu'il étoit Prêtre, & le contraire étoit bon au fait de Religion, non autrement. *Voyez Boné, Arrêt* 90.

176 On doute si le reproche donné contre le témoin d'être complice de la prostitution de sa fille, est admissible comme celuy de complice de la prostitution de sa femme qui l'est sans difficulté. Arrêt du Parlement de Toulouse du 17. Mars 1662. pour la validité du reproche. Arrêt postérieur du 6. Novembre 1698. qui a jugé le contraire. Il paroît plus séant comme plus raisonnable de suivre le premier. *Voyez M. de Catellan, liv.* 9. *chap.* 7.

177 Par Arrêt du Parlement de Toulouse du 7. Février 1693. jugé que le reproche baillé contre une femme d'être complice de la débauche de son mary, n'est pas bon, une aveugle facilité, & une grossiere complaisance, le pouvoir trop grand & la trop grande autorité du mary sur la femme, peuvent donner quelque couleur d'excuse à un si mauvais ministere. *Ibidem.*

REPROCHE, DEBITEUR.

178 Le reproche d'avoir mis ses biens en distribution, n'est pas bon : il y a plus souvent du malheur que de la mauvaise conduite. Arrêts du Parlement de Toulouse au mois de Mars 1668. & le 1. Mars 1670. rapportez par *M. de Catellan, ibid.*

179 Reproche baillé par le prévenu contre un témoin, pour être debiteur de ce prévenu, a été jugé non admissible, par Arrêt du Parlement de Toulouse du 7. Février 1693. Seneque a dit *leve as debitorem, grave*

as inimicum facit ; sur ce principe les debiteurs, du moins les debiteurs d'une somme considerable, devroient être sujets aux reproches ; mais c'est plus une sentence & une idée de Philosophe qu'une verité serieuse qui puisse servir de juste fondement à rejetter un témoin. *Voyez Ibidem.*

REPROCHES APRE'S L'ENQUESTE.

180 Un mineur est reçû par Lettres du Prince à proposer reproches contre témoins aprés la publication de l'Enqueste, si de là dépend le gain de la cause. Jugé par Arrêt du Parlement de Bourdeaux. Auffr. tient le contraire en sa *décision* 53. Papon, *liv.* 9. *tit.* 3. *n.* 2.

181 Mineur reçû par Lettres du Prince à proposer réproches aprés la publication, si de-là dépend le gain de sa cause. Arrêt du Parlement de Bourdeaux du 13. Janvier 1515. Bibliotheque de Bouchel, verbo, *Réproches.*

182 Les témoins peuvent être reprochez par actes, aprés les enquestes ouvertes. Arrêt du Parlement de Grenoble le 18. Juillet 1660. *V. Basset, tome* 1. *li.* 2. *tit.* 15. *chapitre* 3.

183 L'Ordonnance exclud tous moyens de reproches aprés les enquestes ouvertes, fors les reproches qui se prouvent par actes. *M. Expilly, Arr.* 15. Voyez l'*Ordonnance de* 1667. *tit.* 22. *art.* 3, 29. & 34. avec le titre 23. Voyez *M. Loüet, lett. R. somm.* 4. & 5.

REPROCHES GENERAUX.

184 Un reproche fourni contre un témoin, doit contenir le cas particulier, le lieu & le temps, afin que celuy qui produit le témoin puisse le sauver, & autrement posé a été rejetté par plusieurs Arrêts. *Papon*, *liv.* 9. *tit.* 3. *n.* 13.

185 Reproches generaux contre tous les témoins *in summâ*, sont recevables pour en informer avant que de juger le procés, quoyque specialement ils n'ayent point été fournis contre chacun des témoins. Arrêt du Parlement de Paris du 14. Février 1450. par toutes les Chambres; & depuis autre Arrêt du dernier Août 1509. *Ibid. n.* 9.

186 Reproches generaux & generalement proposez & *in summâ* contre tous les témoins examinez, de la part de l'un ou de l'autre des parties, sont recevables pour en informer avant que de juger le procés, quoyque specialement contre chacun des témoins ils ne soient proposez, & pourvû qu'il n'y ait pertinence & apparence au propos & reproche general. Arrêt du 14. Février 1507. Bibliot. de Bouchel, verbo, *Reproches.*

187 Reproches de témoins ne sont recevables en termes generaux, d'être infames, parjures, adulteres, homicides, voleurs, larrons, domestiques ou autrement, sans specialement exprimer le lieu & temps du delit commis, ou de la Sentence sur ce intervenuë, & de quel Juge, pour sçavoir s'il est competent ou incompetent, & les autres circonstances. Et quant au temps, il suffit d'exprimer le mois & an, & en l'accusation est necessaire, le jour & heure : & à cette fin ont été donnez plusieurs Arrêts au Parlement de Bourdeaux en 1528. & 1529. *Papon, liv.* 9. *tit.* 3. *n.* 10.

188 Un reproche general est reçû à la Cour, & à condition, que la partie qui a baillé le reproche ainsi general, declarera plus specifiquement le temps, le lieu, les personnes, & les cas par luy proposez confusement, afin que la partie puisse sommer les témoins au contraire. Arrêt donné à Roüen en 1545. *Bibliot. de Bouchel*, verbo, *Reproches.*

189 Reproches generaux ne sont reçûs. Arrêt du Parlement de Bretagne du 8. Août 1559. rapporté par *Du Fail, liv.* 3. *chap.* 350. où il est observé que les reproches generaux sont quand specialement on n'exprime le lieu, le temps du delit, le temps de la Sentence, & de quel Juge, & les personnes, *C. præsentium de test. in* 6. *cap. Tol. dec.* 53. Maynard, *liv.* 4. *chap.* 90.

REPROCHES, HABITANS.

190 Jugé le 10. Juillet 1663. que les témoins du lieu du Buis étoient valablement reprochez dans une affaire
où

où il s'agissoit de sçavoir si un fond devoit être dans les cadastres du Buys, ou être déclaré du Terroir de la Peine, où il ne se paye point de taille ; le mouvement fut que ce fait touchoit *singulos ut singulos*. Basset, *tome* 1. *liv.* 6. *tit.* 9. *ch.* 6.

JUGEMENT DES REPROCHES.

191. Traité de la forme de juger les reproches & objets au Parlement de Toulouse & Chambre de l'Edit de Castres, tant aux procés civils que criminels. *Voyez les Plaidoyez de Boné*, *part.* 2. *p.* 122. *& suiv.*

192. Arrêt du Parlement d'Aix du 3. Mars 1644. qui a jugé que les objets & reproches des témoins doivent être jugez avant le procés. *Boniface*, *tome* 1. *livre* 8. *tit.* 27. *chap.* 1.

REPROCHES, INIMITIEZ.

193. *Testes an inimicitia causâ repelli possint?* Voyez *Franc. Marc.* tom. 1. *quest.* 891.

194. *An testis qui deponit in causâ criminali seu capitali dicatur inimicus meus ut possit repelli à testimonio, in aliâ causâ, at dicendum est quòd sic.* Vide ibid. quest 894. *& 895.*

195. Des inimitiez opposées au témoin pour faire rejetter sa déposition. *Voyez Maynard*, *liv.* 4. *chap.* 83. *& 84.*

196. Quoy qu'en accusation de crime de Léze-Majesté, l'on reçoive témoins infames, vifs, & tels quels, le reproche d'inimitié est pertinente & admissible. Ainsi jugé au Parlement de Paris. *Papon*, *livre* 9. *titre* 3. *nombre* 16.

197. Le reproche fondé sur inimitié, peut être détruit, par la preuve d'une reconciliation non feinte ; toutefois il a été jugé au Parlement du Toulouse, qu'une salutation simple ne prouvoit qu'à demi la reconciliation : il fut mis sur l'objet *un dubie elisa*. Arrêt du mois de Janvier 1585. *Maynard*, *tome* 1. *liv.* 4. *chapitre* 98.

198. Le reproche de l'accusé, fondé sur ce que le témoin l'avoit appellé en duel, n'est pas valable. Arrêt du 10. Novembre 1600. ils ne s'étoient point battus, & le témoin déclara n'avoir aucune inimitié contre le prévenu. *Basset*, *tome* 1. *liv.* 6. *tit.* 9. *chap.* 1.

REPROCHES INJURIEUX.

199. Si le fait injurieux de reproche procede d'animosité du conseil d'une partie, on peut intenter action pour reparation d'injure contre le conseil. Arrêt du 22. Janvier 1563. *Papon*, *liv.* 9. *tit.* 3. *n.* 18.

200. Reproches injurieux & diffamatoires sont bons & recevables en jugement, & n'est permis d'en faire informer, ni de cause de recusation ignominieuse, sinon aprés le procés. Arrêts des 10. Decembre 1584. & 28. Mars 1579. *Ibid.* *n.* 1.

REPROCHES, MANGER ENSEMBLE.

201. Le reproche du mangeant & buvant ordinairement ou journellement avec la partie est bon. Arrêt rendu au Parlement de Toulouse le 18. Mars 1667. La table fait une societé si familiare, que le témoin en est avec beaucoup de raison estimé suspect. *M. de Catellan*, *liv.* 9. *chap.* 7.

202. Le Vicaire d'un Curé qui loge avec luy, mange à sa table & reçoit de luy des appointemens annuels, ne peut être témoin dans l'enquête de ce Curé. Arrêt du Parlement de Toulouse en 1676. rapporté par *M. de Catellan*, *liv.* 9. *ch.* 7.

REPROCHES, PARENTÉ.

Voyez cy-dessus le nombre 99. *& suiv.*

203. Les parens sont reprochables jusqu'au quatriéme degré de parenté ; cela s'observe ainsi au Parlement de Toulouse, si ce n'est qu'il soit question de la preuve de l'âge & de la parentelé en mariage. *Papon*, *li.* 9. *tit.* 3. *n.* 21.

204. En une instance d'execution d'Arrêt où les parties avoient été appointées en leurs faits, le défendeur produit un cousin germain du demandeur, & son fait enquête. Le demandeur venant à faire la sienne, produit ce même cousin germain, qui est objecté par le défendeur, à cause de la parenté ; *quærebatur*, si ledit témoin étoit affidé & irréprochable ? La difficulté fut trouvée si grande en la seconde des Enquêtes, qu'aprés avoir consulté la Grand Chambre, où étoit M. le premier Président Dassis, l'objet fut reservé *in judicandis*. *Voyez Boer*. *quest.* 245. *nom.* 4.

205. Par Arrêt du Parlement de Toulouse de 1592. jugé qu'un frere uterin ne pouvoit être témoin en enquête des faits justificatifs de son frere. *V. Maynard*, *li.* 4. *chapitre* 77.

206. Au procés des Chapitres, le débiteur, emphyteote, cousin remué de germain d'un des Chanoines, peut être oüi témoin dans l'enquête faite par le Chapitre. Arrêt du Parlement de Toulouse au mois de Juillet 1670. aprés partage ; mais le cousin-germain d'un des Chanoines peut être reproché. *Arrêts de M. de Catellan*, *liv.* 9. *ch.* 7.

REPROCHES, PAUVRETÉ.

207. Du reproche sur la pauvreté d'un témoin ; il faut qu'il soit mandiant. *Voyez Basset*, *tome* 1. *liv.* 6. *tit.* 9. *chapitre* 4.

208. Mandiant par les rües ne peut être reçu pour témoin, & est reprochable. Arrêt du Parlement de Paris du mois d'Août 1532. *Papon*, *livre* 9. *titre* 3. *nombre* 15.

REPROCHE, YVROGNE.

209. & 210. Le reproche d'yvrogne ordinaire, regorgeant son vin, étoit autrefois jugé bon en la premiere Chambre des Enquêtes de Toulouse ; mais enfin cette Chambre se reformant à l'usage des autres, a jugé que ce reproche n'étoit pas admissible. L'Arrêt du 18. Mars 1667. & cela se juge ainsi depuis. Le vin est sincere, & fait dire souvent la verité à ceux-là même qui ne voudroient pas la dire. Ainsi ce n'est pas une raison à soupçonner la foy du témoin. *M. de Catellan*, *liv.* 9. *chap.* 7.

REPROCHES, RECREANCE.

211. Reproches contre témoins en incident de provision & récréance non reçus : car le préjudice est réparable ; il y a encore à juger la pleine maintenuë & le petitoire. Arrêt du Parlement de Paris du mois de Juin 1497. *Papon*, *liv.* 9. *tit.* 3. *n.* 5.

TEMOINS, RESIGNATION.

212. *Du Moulin sur la Regle de Infirmis*, *n.* 143. *& 145.* prétend que l'Edit contre les petites dates, desirant que les Procurations *ad resignandum* fussent signées de personnes connuës & domiciliées ; ce n'étoit pas satisfaire à la Loy que de prendre des Ecoliers pour témoins, & il conclut que la Procuration étoit nulle.

TEMOINS, SIGNATURE.

213. Arrêt du Parlement de Grenoble du 27. Janvier 1645. par lequel une donation pour cause de mort, a été déclarée nulle *consultis classibus*, parce que le Notaire n'avoit pas enquis deux témoins qui n'avoient pas signé, s'ils sçavoient écrire. *Voyez Chorier*, *en sa Jurisprudence de Guy Pape*, *p.* 149.

TEMOINS, SUBORNATION.

214. Celuy qui a suborné des témoins, perd son droit, quoy qu'il le prouve d'ailleurs. Arrêt du Parlement de Dijon du 14. Août 1540. *Bouvot*, *tome* 1. *partie* 1. *verbo*, *Subornation*.

TEMOINS, TAXE.

215. La question de sçavoir si en un procés fait d'office, les Juges & les témoins peuvent demander taxe, s'est presentée au Parlement de Roüen le 5. Octobre 1626. Les plus anciens de Messieurs ayans attesté qu'on ne faisoit point de taxe aux témoins en pareil cas, on envoya les témoins qui étoient venus de cinquante lieuës sans leur faire taxe, & on remit l'affaire à la Saint Martin pour en délibérer. *Basnage*, *sur l'art.* 145. *de la Coutume de Normandie*.

TEMOINS, TESTAMENT.

216. Si les témoins d'un Testament peuvent être Legataires ? *Voyez* le mot, *Legs*, *n.* 624. *& suiv.*

Tome III. Tttt

217 *Testamentarii testes non possunt rejici ab eo qui ab intestato vindicat hæreditatem.* Voyez *Francisci Stephani, decis.* 37.

218 Il faut que les témoins des testamens reçus par les Curez ou les Vicaires soient résumez, autrement ils sont déclarez nuls, car étant reçus par une personne privée, le Notaire en les expediant ne peut pas les rendre authentiques. Ainsi jugé au Parlement de Toulouse le 16. Janvier 1623, c'étoit le testament d'un nommé Piqué, où il y avoit sept témoins. *Albert*, verbo *Testament*, art. 8.

219 La présence de cinq témoins en ce temps suffit, à l'exception des Magistrats & des Officiers, qui pour soigner le salut commun, se trouvent saisis du mal contagieux dans l'exercice de leurs charges, qui peuvent tester avec deux ou trois témoins. Arrêt du 19. Avril 1632. *M. d'Olive, liv. 5. chap. 2.*

220 Témoins du testament nuncupatif peuvent être reprochez. Arrêt du Parlement de Toulouse du 22. Juin 1633. Autre Arrêt semblable en 1698. rapporté par *M. de Catellan, liv. 2. ch. 5.*

221 Il n'est point necessaire que les témoins voyent le testateur à cause du danger, il suffit l'avoir reconnu distinctement à sa voix. Arrêt du 14. Juillet 1633. *M. d'Olive, liv. 5. chap. 4.*

222 Le défaut de resomption joint à ce qu'il n'y avoit que cinq témoins, fit casser le testament d'un nommé Pratudel du lieu de Gragnagues, ce testateur s'étant fait porter chez un Notaire, & ne l'ayant pas trouvé, le Vicaire du lieu reçut son testament signé de la main du testateur en presence de 5. témoins. Vingt ans après, la validité de ce testament fut contestée par des gens qui avoient été pupilles. Depuis par Arrêt du Parlement de Toulouse du 15. Février 1648. le testament fut jugé nul. *Albert*, verbo *Testament*, article 8.

223 Par le Droit Romain les témoins qui avoient assisté à la confection d'un testament pouvoient être légataires, l'article 289. de la Coûtume de Paris contient une disposition contraire; neanmoins il a été jugé le 15. May 1648. qu'un legs modique fait à des témoins étoit valable. *Soefve, tome 1. Centurie 2. chapitre 86.*

224 On n'admet point la preuve par témoins des faits contre la teneur & l'énoncé d'un testament, à cause de la consequence. Arrêt du 19. Février 1659. *De la Guess. to. 2. liv. 2. chap. 9.*

225 Le fait que les témoins n'ont pas été presens à la confection du testament, n'est pas recevable contre l'énoncé du testament. Arrêt du 16. Janvier 1664. *Notables Arrets des Audiences, Arr.* 113. *De la Guess. to. 2. liv. 6. chap. 4.* rapporte le même Arrêt, & *liv. 2. du même to. chap. 9.* L'Arrêt du 19. Février 1659.

226 Le testament où les témoins n'ont pas signé, mais où ils ont été enquis de signer, déclaré valable, par Arrêt du Parlement de Dijon du 4. Juillet 1661. Même Arrêt le 26. Février 1672. *Taisand sur la Coûtume de Bourg. tit. 7. art. 4. n. 9.*

227 Dans le ressort du Parlement de Provence les Religieux peuvent être témoins dans un testament; c'est l'usage, comme à Marseille. Arrêt du 31. Juillet 1663. *De la Guess. to. 2. liv. 5. chap. 35.* Le même Arrêt est dans des *Maisons*, lettre T. nomb. 7.

228 Un des sept témoins se trouvant pere de l'un des heritiers institucz dans le testament nuncupatif écrit, le Notaire ne peut suppléer au défaut, parce qu'il ne paroissoit dans l'acte que pour l'autoriser, & non pour en porter témoignage. Arrêt du P. de Grenoble du 31. Juillet 1663. *Basset, to. 1. liv. 5. tit. 1. ch. 2.*

229 Contre la teneur d'un testament portant qu'il a été passé en presence des témoins y dénommez; on ne peut être recevable à prouver que les témoins n'ont point été présens. Jugé par Arrêt du 16. Janvier 1664. *Soefve, to. 2. Cent. 2. chap. 99.*

230 En France on ne pratique plus l'usage de faire apposer les sceaux des témoins sur les testamens. Arrêt du Parlement de Paris du 20. Juin 1669. *Ricard, traité des Donations, chap. 5. sect. 2.*

VARIATION DES TEMOINS.

De la diversité & de la variation des témoignages. Voyez *Guy Pape*, quest. 544. 546. 593.

231

232 *Testes viles & ignoti varia deponentes an torqueri possint, & cui dicto inhærendum sit?* Voyez *Franc. Marc. to. 1. quest.* 486.

233 *Si testis revocet primam depositionem, & dicat se errasse vel falsum deposuisse, tunc ponitur in tormentis, & illa depositio, quam confirmat in torturâ, solet attendi, & ita servandum esse rescripsit senatus commissario Arona 30. Jan. 1557.* Voyez *Julius Clarus, li. 5. Sententiarum, quest.* 53.

234 Laquelle de deux dépositions differentes doit subsister? On distingue; en matiere civile, on a plus d'égard à la premiere, *secùs*, en matiere criminelle. Si la premiere a été faite hors jugement, la seconde judiciellement faite l'emportera. Voyez *Papon, livre 9. tit. 1. n.* 14.

235 Quand un témoin oüy apres serment se dédit ensuite par acte public extrajudiciel, on ne doit point avoir d'égard audit acte, parce que *non juratus*, il a fait ladite déclaration. Jugé par plusieurs Arrêts. *La Rochestavin, liv. 4. lettre T. tit. 4. Arr.* 7.

236 Si les témoins qui ont assisté à un contrat ou enquête, disant l'avoir ainsi ou autrement déposé, & que le Notaire ou enquêteur soûtienne le contraire, il faut examiner la réputation de l'un ou l'autre. Si elle est bonne on s'en tiendra à l'acte, si elle est suspecte, les témoins prévalent. Arrêt du Parlement de Grenoble en 1460. *Bibliotheque de Bouchel*, verbo *Preuves.*

237 Quand un témoin est enquis deux fois, déposé diversement & choses contraires de ce dont il est question, l'on examine si la derniere déposition est aprés la publication de la premiere, & lors on demeure à la premiere, sans s'arrêter à la derniere: mais si la seconde est faite avant la publication, & par un recolement à cause de la nullité de la premiere, on demeure à la derniere. Ainsi jugé à Grenoble le 15. May 1522. *Ibidem.*

238 Témoins varians peuvent être emprisonnez de l'autorité du Commissaire qui les examine. Arrêt du Parlement de Grenoble du 26. Juin 1541. *Basset, tome 1. liv. 6. tit. 8. chap. 5.*

239 Arrêt du 9. Juin 1576. qui condamne un nommé Garrigues en 200. liv. pour avoir varié en une déposition, applicables à la réparation du Palais, sans note d'infamie: la variation qu'on disoit, étoit, qu'il avoit une fois fiancé quelques filles par paroles de present, aprés avoir dit par paroles de futur. *La Rochestavin, li. 4. lettre T. tit. 4. Arr. 2.*

240 Il a été arrêté dans la Chambre du Conseil du Parlement de Grenoble le 5. Juin 1641. que les témoins qui seront contraires à eux mêmes, ou qui varieront notablement seront mis aux arrêts, & même en prison de l'autorité des Commissaires; & par autre Arrêt du 20. Août 1684. rendu les Chambres consultées, il est décidé que le témoin en fait criminel peut non seulement ajoûter ou diminuer à sa déposition dans son récollement, mais aussi la changer entierement, sans qu'il puisse être poursuivi criminellement que lors qu'il a varié à la confrontation. Voyez *Chorier, en sa Jurisprudence de Guy Pape, page* 518.

241 Si le témoin variant extrajudiciairement est punissable? Arrêt du P. d'Aix du 15. Mars 1677. qui décharge le témoin de l'ajournement personnel. *Bonifase, tome 4. liv. 9. tit. 3. chap. 1.*

TEMPS.

Du temps passé, present, & à venir. *L.* 123. *D. de verb. sign.*

Du temps dans lequel l'élection doit être faite. *Voyez* le mot *Election*, nomb. 168. & suiv.

TENEMENT.

LE Tenement de cinq ans dans la Coûtume de Touraine, n'a lieu que contre les creanciers de rentes constituées, dons & legs faits depuis trente ans, & non point contre un creancier de reliqua de compte de tutelle. Arrêt du Parlement de Paris en 1697. *Journal des Aud.* 10. 5. liv. 13. ch. 7.

Dissertation sur le Tenement de cinq ans, par *M. de Laurieres*, in 12. Paris, 1698.

TERME.

*V*oyez le mot *Delay*.
Termes du Droit.
De verborum significatione. D. 50. 16... *Extr.* 5. 40... *S.* 5. 12... *Cl.* 5. 11... *Extr. Jo.* 12. Comme le titre *de verborum significatione*, est general pour toutes les matieres du Droit, on a cité toutes les Loix de ce titre sous les noms des matieres qui y répondent; afin que ces Loix puissent servir d'explication, ou de définition à la plûpart des termes ou articles qui composent cet ouvrage.

De verborum & rerum significatione. C. 6. 38. Ce titre regarde proprement la matiere des legs & des fideicommis, pour l'explication des termes, sous lesquels ils sont laissez dans un testament.

TERRAGE.

*V*oyez *Champart*.
Du droit de terrage. *Voyez droits Seigneuriaux*, nomb. 169.

Les droits de terrage ou champart ne peuvent point être levez avant la dîme. Ainsi jugé par Arrêt du Parlement du 23. Février 1668. rapporté par *Borjon*, to. 3. p. 77.

Si la dîme est payable avant le terrage? *Voyez* le mot *Dîme*, nomb. 463.

TERRES GASTES.

1 SI les herbages & pâturages ayant été baillez à nouveau bail par le Seigneur aux habitans, les habitans les peuvent vendre ou affermer, laissant le pâturage pour les bestiaux du Seigneur ? Si ledit Seigneur peut donner aprés de la terre gaste pour défricher? Arrêt du Parlement d'Aix du 15. Mars 1561. qui a donné la disposition des herbages aux habitans, & fait defenses aux Seigneurs de vendre la terre gaste. *Boniface*, to. 4. li. 3. tit 1. chap. 3.

2 Le 22. Août 1672. autre Arrêt qui fait inhibition à Martin de défricher les terres gastes, conformément aux Arrêts de la Cour, le maintient par provision au droit d'en joüir comme les habitans, ordonne neanmoins que ledit Martin fera preuve qu'il est en possession immemoriale de joüir de la terre gaste déclarée dans son tenement, & d'en vendre les herbages. *Ibid. chap.* 1.

TERRIER.

*V*oyez les mots *Cens*, *Papier*, nomb. 1. & suiv. & *Seigneur*, nomb. 152. & suiv.
Census. Codex agrorum, vectigalium indicem continens.

1 S'il faut Lettres patentes du Roy, & commission du Baillif pour la confection & validité d'un terrier? *V. Bouvot*, tome 1. part 2. verbo *Terrier*, question unique.

2 Quel effet ont les Lettres de terrier qu'on prend en la Chancellerie du Roy ? *Voyez* quille, tome 2. quest. 277.

3 Si un terrier est valable où il n'y a ni date, ni jour, ni lieu, & où il y a des ratures & des additions aux mots essentiels ? *V. Bouvot*, to. 1. part. 2. verbo *Terrier*.

4 Préambules ne peuvent obliger les tenanciers, si les préambules ne sont faits & arrêtez en presence des interessez, & de leur consentement. *Voyez Henrys*, to. 2. liv. 3. quest. 13. & tome 1. livre 3. chap. 3. quest. 19.

5 Le Seigneur direct pour faire son terrier ne doit pas commencer par saisie, mais seulement par ajournement. Arrêt du Parlement de Paris du 10. May 1526. *Papon*, li. 13. tit. 2. n. 17.

6 Un possesseur peut être contraint de donner déclaration & dénombrement par devant le Commissaire à renouveller terrier de tout ce qu'il tient du Seigneur, & les charges & devoirs qu'il en doit : si dans le temps il ne le fait, le Seigneur peut saisir les fonds : & aprés une seconde contumace, il fait les fruits siens. Un appellant de telles procedures ayant été trouvé en retardement & en fuite, par Arrêt du 26. Octobre 1540. il a été dit que si dans deux mois il ne satisfaisoit au dénombrement, les heritage étoient confisquez. *Ibid. Arr.* 15.

7 Le Seigneur haut Justicier peut faire publier la confection de son terrier, & demander nouvelles déclarations par des proclamations generales; mais celuy qui n'a que moyenne & basse Justice se pourvoit par assignations particulieres signifiées à chacun tenancier. Arrêt du Parlement de Paris du 26. Février 1550. *Voyez Auzanet sur l'art.* 73. *de la Coût. de Paris*, & *Charondas*, li. 7. *Rép.* 89.

8 On demande si l'on peut faire publier des Lettres de papier terrier en la Justice d'autruy. Par Arrêt du 10. Février 1550. il fut dit que le Seigneur *etiam* superieur ayant censive, ne peut faire publier son terrier en la Justice d'autruy sans congé. Arrêt contraire du 23. Janvier 1580. confirmatif de la Sentence des Requêtes, par laquelle il avoit été ordonné que les Lettres de terrier obtenuës par les Religieuses de Paraclet, pour avoir reconnoissance de quelque rentes & censives au dedans de la terre de Poüy, seroient publiées nonobstant l'opposition de Hector de saint Blaise, Seigneur du lieu. *Bibliotheque de Bouchel*, verbo *Terrier*.

9 Un Seigneur direct qui fait convenir ses sujets pour renouveller son papier terrier, & luy bailler par déclaration les terres, biens & heritages qu'ils tiennent de luy, requiert qu'ils aient à luy passer nouveau titre pour les rentes à luy dûës, tant de grains, que d'argent, & suivant les déclarations & aveux de leurs prédécesseurs; ils ne peuvent demander vûë parce qu'ils doivent être certains de ce qu'ils tiennent de leur Seigneur, & doivent déclarer ce qu'ils tiennent, ou ce qu'ils ne tiennent pas. Arrêt donné à Paris le 18. Septembre 1550. *Biblioth. de Bouchel*, verbo *Vûë de lieu*.

10 Le Seigneur ne doit augmenter son terrier. Arrêt à Paris du 6. Juillet 1560. à Toulouse du 10. Avril 1571. *Carondas*, li. 8. *Rép.* 58.

11 Le Seigneur peut sans Lettres du Roy faire son terrier, mais l'on a recours aux Lettres quand ces titres sont perdus par feu, invasion des ennemis, ou autre force majeure, & en vertu de ces Lettres on contraint les tenanciers. Si le Seigneur a ses titres, il peut s'adresser au Juge ordinaire, & obtenir contrainte pour renouveller son terrier. Arrêt du Parlement de Paris du 2. Mars 1566. en faveur de l'Archevêque d'Arles, Seigneur Justicier de saint Maurice en Gourgois à raison de son Prieuré de saint Rambert en Forêt. *Papon*, li. 13. tit. 2. n. 31.

12 En Février 1607. il fut jugé au profit de M. Tronçon Avocat, contre la Dame de Luzarche, aprés en avoir consulté és Chambres qu'un Seigneur moyen & bas Justicier ne peut être empêché de faire papier terrier par le Seigneur Justicier. Ce qui faisoit le doute étoit un Arrêt rapporté au contraire par *Carondas* en ses réponses ; mais cet Arrêt ayant été levé au Greffe, il se trouva qu'il ne faisoit à propos, parce qu'il s'agissoit en iceluy d'un Seigneur bas ou moyen

13. Le Seigneur n'ayant que moyenne Justice, peut faire papier terrier, & obtenir les Lettres à cette fin pour contraindre les censitaires à reconnoître les redevances, & s'inscrire à son papier terrier: mais il ne peut faire proclamer ses tenanciers à cry public, & son de trompe, au territoire du Seigneur Haut-Justicier, dans lequel le fief consistant en moyenne Justice est situé. *Filleau*, 4. part. quest. 131.

14. Sentence du Châtelet de Paris du 18. Juillet 1618. confirmée par Arrêt du 1. Septembre 1619. portant, Ordonnons qu'Antoine de Montrouffel Notaire au Châtelet de Paris, commis à faire le papier terrier des Religieux de S. Germain des Prez, Seigneurs d'Anthony & Verrieres, sera tenu pour l'effet dudit terrier, élire domicile sur les lieux d'icelle Seigneurie, chacun en son particulier, même tenu recevoir les declarations qui luy seront apportées & offertes par les particuliers détenteurs des heritages mouvans desdits Religieux, encore qu'ils soient passez & receus par autres Notaires, sans pour ce pouvoir prétendre aucun droit, & lequel de Montrouffel sera tenu de se contenter de 2. s. parisis pour chacune declaration qu'il fera pour raison dudit papier terrier, avec défenses à luy d'en prendre davantage, à peine de concussion. *Voyez les Chartres des Notaires, chap.* 18.

15. Arrêt du Parlement de Paris en 1661. en faveur des Notaires du Châtelet pour la confection d'un papier terrier, contre le Procureur du Roy au Présidial de Melun, ordonne que le papier terrier sera parachevé par le Notaire, à la charge qu'il ira aux frais du Seigneur, & qu'il ne prendra plus grands droits que les Notaires des lieux. *Voyez les Chartres des Notaires, chap.* 18. *p.* 794.

16. Reglement que le Roy en son Conseil veut être observé, pour la confection d'un nouveau papier terrier, de ce qui est mouvant & dépendant de ses domaines, en l'étendüe des Ville, Prévôté & Vicomté de Paris, anciens Ressorts & Enclaves d'icelle, ordonné par sa Majesté être fait, suivant l'Arrêt du Conseil du 28. Décembre 1666. *Voyez le Recüeil des Ordonnances du Domaine*, *p.* 49.

17. Jugement de la Chambre du Tresor du 18. Avril 1670. pour la confection du papier terrier du Roy, en la Ville, Prévôté & Vicomté de Paris. *Voyez le Recüeil du Dom. p.* 186.

18. Declaration portant que les Juges procedant à l'exemption des Lettres de terrier accordées aux communautez & particuliers pour entrer en les biens & devoirs, qu'ils prétendent leur être dûs à cause de leurs Fiefs & Seigneuries, prononceront sur la demande desdites communautez & particuliers, ainsi qu'ils verront être à faire en leurs consciences, nonobstant & sans s'arrêter à ce que par lesdites Lettres les impetrans sont relevez de la prescription autorisée par la Coûtume des lieux, ce qui ne pourra nuire ni préjudicier aux vassaux, &c. A S. Cloud le 19. Avril 1681. Reg. au Parlement de Roüen le 8. & en celuy de Paris le 17. May de la même année.

19. Acte de Notorieté donné par M. le Lieutenant Civil le 3. Août 1689. que les Seigneurs peuvent toutes les 30. années faire renouveller leur terrier, afin d'eviter les prescriptions que les vassaux leur peuvent opposer à l'égard des rentes & charges extraordinaires, & que pour y parvenir, ils doivent obtenir des Lettres de Chancellerie, qui sont toûjours adressées aux Juges Royaux, & que sur les Sentences d'enterinement, le Juge commet un Notaire Royal, pour recevoir les declarations des censitaires, tenanciers ou rentiers, dont il dresse minute, de laquelle le censitaire fournit une expedition au Seigneur à ses frais, sans que le Seigneur en paye aucune chose; lesquels frais sont reglez, à raison de 5. s. pour le premier article de la declaration & 2. s. 6. d. pour chacun des autres articles, moyennant lesquels salaires le Notaire commis doit dresser la minute, & fournir une expedition de chacune declaration. *Recüeil des Act. de Notor. p.* 61.

20. Acte de Notorieté donné par M. le Lieutenant Civil le 20. Janvier 1708. qu'il est d'usage de payer aux Notaires par les vassaux censitaires, pour chacune declaration qu'ils sont tenus de passer aux Seigneurs en execution des Lettres de terrier, cinq sols du premier article d'une declaration, & 2. s. 6. d. de chacun des autres articles, & est donné au censitaire une copie de sa declaration sans en rien payer que les 5. s. & les 2. s. 6. d. Qu'à l'égard des fiefs, comme ils ne doivent pas être compris dans les terriers, le payement s'en doit faire suivant les actes & le temps, en la maniere que l'on a coûtume de payer les expeditions & transports, suivant l'usage des lieux. *Recüeil des Act. de Notor. p.* 131.

TESTAMENT.

UNe des plus amples matieres qui soient traitées dans le Droit, est celle des Testamens, & des Successions. Elle est particulierement traitée, dans le Digeste, depuis le commencement du Livre XXVIII. jusqu'à la fin du XXXVIII. elle contient tout le sixiéme Livre du Code, excepté les trois premiers Titres. Dans les Institutes, elle commence au Titre X. du Livre second, & finit avec le Titre XIII. du troisiéme Livre. Et dans Paulus, cette matiere comprend les troisiéme & quatriéme Livres de ses Sentences.

Des Testamens en général.

De testamentis. Lex 11. *tabb. tit.* 19. *& 20. . . . Caj. lib.* 2. *t.* 2. . . . *Paul.* 3. 4. *Ulp.* 21.
De testamentis, & ultimis voluntatibus. Dec. Gr. 12. *q.* 2. *c.* 46. . . . *q.* 3. *& 5.* . . . 13. *q.* 2. *c.* 7. à §. *sed illud, usque ad c.* 11. . . . 19. *q.* 3. *c.* 7. *usque ad fin. qu.* 9. *Extr.* 3. 26. . . . *Sext.* 3. 11. . . . *Cl.* 3. 6.
De testamentis, & quemadmodum testamenta ordinentur. Inst. 2. 10. . . . *C.* 6. 23. . . . *C. Th.* 4. 4.
Qui testamenta facere possunt, & quemadmodum testamenta fiant. D. 28. 1.
Qui testamenta facere possunt, vel non. C. 6. 22.
Quibus non est permissum facere testamentum. Inst. 2. 12.

Ut monachus de acquisitis testari possit. Leon. N. 5.
Ut domini testamento manumissus, si illum decessisse, aditamque ejus hereditatem esse ignoret, testari possit. Leon. N. 54.
Si quis aliquem testari prohibuerit, vel coëgerit. D. 29. 6. . . . *C.* 6. 34.
Ut Imperatoris servi, de rebus suis, quomodo velint, statuere possint, Leon. N. 38.
Ut prodigus, quæ ex re ipsius sunt, facere possit. Leon. N. 39.
Ut Captivi testamenti factionem habeant. Leon. N. 40.
Cæcos, secreto testamentum facere posse. Leon. N. 69.
Ut in civitatibus, quinque; in itineribus vero & agris, tres testes ad testamentorum fidem sufficiant. Leon. N. 41.
Ut sufficiens numerus testium testamentum ratum faciat, tametsi id neque illorum subscriptiones, neque signacula habeat. Leon. N. 42.
Ut per scribere ignaros testamenta etiam confirmentur. Leon. N. 43. Ceux qui ne sçavent pas signer, peuvent être témoins dans un Testament.
A quibus obsignari testamenta oporteat. Leon. N. 44. Par quel Magistrat les Testamens doivent être enregistrés ou insinués. On en peut voir la formule dans Marculphe. *L.* 2. *c.* 37.

TES   TES

Nemo testatus & intestatus decedit. L. 7. D. de reg. juris.

La volonté du Testateur s'interprete favorablement. *L. 12. D. de reg. juris.*

De quelques formalités des Testamens. N. 66. c. 1. §. 4. . . . N. 119. c. 9. . . N. 107.

De executoribus testamentariis. Const. Imp. Manuel. Comm. 1. Executeurs Testamentaires.

Vices du Testament.

De injusto, rupto, & irrito testamento. D. 28. 3.

De testamentis imperfectis, à parentibus in filios factis. N. 107.

Quibus modis testamenta infirmentur. Inst. 2. 17.

Quemadmodum testamenta rumpuntur. Ulp. 24.

De his quæ in testamento delentur, inducuntur, vel inscribuntur. D. 28. 4.

Ad legem Corneliam testamentariam. Paul. 5. 23. Ce Titre parle des Testamens falsifiez ou alterez, & de quelques autres sortes de faussetez.

De lege Corneliâ de falsis; & de Senatus-consulto Liboniano. D. 48. 10. Le Senatus-consulte Libonien soûmettoit à la peine de faux, celuy qui écrivant un Testament, *sibi aliquid adscribebat.*

De his qui sibi adscribunt in testamento. C. 9. 23. Ce Titre concerne encore le Senatus-consulte Libonien.

De falso testamento. L. 221. D. de verb. sign.

De inofficioso testamento. Inst. 2. 18. . . . D. 5. 2 . . . . C. 3. 28. . . C. Th. 2. 19.

De inofficiosi querelâ. Paul. 4. 5.

De testamento resignato. Leon. N. 82. Si les Cachets des Témoins ont été alterez par hazard, le Testament n'est pas nul.

Ouverture du Testament.

Testamenta quemadmodum aperiantur, inspiciantur, & describantur. D. 29. 3. . . . C. 6. 32.

De tabulis exhibendis. D. 43. 5. . . C. 8. 7. Representation du Testament à ceux qui y ont quelque interêt.

De vicesimâ. Paul. 4. 6. Sous ce Titre, le Jurisconsulte traite de l'ouverture des Testamens. Par le mot de *Vicesima*, il faut entendre la vingtiéme partie de l'hérédité. L'Empereur Auguste avoit établi une Loi qui ordonnoit que la vingtiéme partie des successions déferées aux étrangers, appartiendroit au fisc. Cette Loi s'appelloit *lex vicesima, & lex Julia de vicesima.*

Si tabulæ testamenti extabunt. D. 37. 2. Hic agitur de bonorum possessionibus. V. Succession.

De Senatus-consulto Silaniano, & Claudiano: quorum testamenta ne aperiantur. D. 29. 5. Le Senatus-consulte Silanien introduit par Silanus, au temps d'Auguste, & confirmé par le Senatus-consulte Claudien, sous Neron, portoit que si le Testateur avoit été tué par ses Esclaves, son Testament ne pouvoit être ouvert, qu'aprés que l'Héritier auroit fait punir les coupables.

Ad Senatus-consultum Silanianum. Paul. 3. 7.

De his quibus, ut indignis, hereditates auferuntur; & ad Senatus-consultum Silanianum. C. 6. 35.

Testament Militaire.

De testamento militis. D. 29. 1. . . C. 6. 21.

De militari testamento. Inst. 2. 11.

Voyez les titres Codicile. Héritier. Institution. Legs. Substitution. Succession.

De la nature des Testamens & de leurs especes; qui peut faire un Testament & qui on peut faire héritier ou legataire; des formalitez necessaires dans les Testamens; des diverses causes qui peuvent annuller un Testament en tout ou partie, quoyqu'il soit dans les formes; des regles de l'interpretation des obscuritez, ambiguitez, & autres défauts d'expression dans les Testamens; des conditions, charges, destinations, motifs, désignations, & termes du temps que les Testateurs peuvent ajoûter à leurs dispositions, de l'execution des Testamens; du Testament inofficieux; des personnes qui peuvent s'en plaindre; des causes qui font cesser la plainte d'inofficiosité; des effets de cette plainte. *Voyez le 3. tome des Loix Civiles, liv. 3. tit. 1. & suiv.*

De testamentis. Per Angelum Aretinum.   2

Per Philippum de Cassolis.

Et per Rolandinum Passagerium.

De formulis ad omnia capitula testamentorum. Per Roland. Passag.   3

Joannes Gerson, testamentum Peregrini ejusdem de testamento condendo considerationes 12.   4

Silvester in summâ.

De ultimis voluntatibus, aliter flos, testamento. Rolandini Passagerii.   5

Testandi methodut. Per Jo. Cruceum.   6

Mantica de conjecturis ultimarum voluntatum. vol. in fol. *Lugd. 1581.*   7

Simon de Pretis, de ultimis voluntatibus, vol. in fol. *Pisurti 1583.*   8

De testandi arte & cautelis ultimarum voluntatum. Per Joannem Dilectum.   9

Durantus, de arte testandi. in 8°. Lugd. 1556.   10

Benedicti repetitio de testamentis. vol. in fol. *Lugd. 1611.*   11

Moneta, de commutationibus ultimarum voluntatum. vol. in fol. *Lugd. 1624.*   12

Manzius, de testamentis. vol. in fol. *Ffurti. 1681.*   13

De ultimis voluntatibus. Voyez Andr. Gaill, liv. 2. obser. 112. & suiv.   14

Voyez ce qu'a écrit Julius Clarus sur les testamens.   15

Des Testamens & institution d'heritier. *Voyez Papon, liv. 20. tit. 1.*   16

Des Testamens, Legs, Donations & executions Testamentaires. *Voyez* la nouvelle édition des Oeuvres de *M. Charles Du Moulin, to. 1. p. 857.*   17

De testamento. Voyez le mot Donation, nomb. 304. & hoc verbo, *la Bibliotheque du Droit François par Bouchel.*   18

Testament, matieres Testamentaires. *Voyez M. le Vest, Arrêt 155.*   19

Des Testamens. *Voyez Coquille, to. 2. instit. au Dr. Fr. p. 96.*   20

Des Testamens & Codicilles. *Voyez le 33. chap. de la Coûtume de Nivernois, & Coquille, en son Commentaire sur icelle, to. 2. p. 342.* où il est parlé de choses desquelles on peut disposer & comment; ensemble des executions testamentaires; des *Notaires* qui ne peuvent rien recevoir. *Et en son Institution au Droit François, ibid. p. 96. & p. 100.* où il parle des Notaires qui ne peuvent être legataires.   21

Des personnes qui peuvent faire testament. *Voyez Despeisses, to. 2. p. 2.*   22

Du Testament de celuy qui n'a pas voulu tester. *Ibidem, p. 17.*

Du Testament qui ne contient pas toute la volonté du testateur. *Ibidem, p. 19.*

De la forme du Testament. *Voyez ibidem, p. 20.*

De la faveur des Testamens, de leur force & autorité. *Basset, to. 1. li. 5. tit. 1. ch. 1.*   23

Testament, leur origine & quand ils ont commencé d'être en usage? *Voyez Peleus, q. 135.*   24

Voyez M. Ricard, traité des *Donations entre-vifs, part. 1. chap. 5. & part. 3. chap. 1.* Les Arrêtez de M. le Premier Président de Lamoignon, recüeillis dans le Commentaire de M^e. Barthelemy Auzanet, sur la Coûtume de Paris.   25

De dispensatione seu clausulâ penali in testamento apposita. V. Franc. Marc. to. 1. quæst. 843.   26

Verba hæc, quod non fiat controversia sive molestia in testamento, apposita quomodo accipienda sunt? V. Ibid. quæst. 844.   27

Quando testator prohibet molestari uxorem, intelligitur de molestiâ facti quæ fit malo consilio. Ibid. qu. 845.   28

Tertius an ad testamenti editionem cogi possit? Voyez Franc. Marc, to. 2. quæst. 18.   29

Ttttt iij

702 TES

30. *De tribut testamentis quod attendendum?* Voyez *Franc. Marc*, to. 2. quest. 304.

31. *Testamentum apud acta conditum valet sine solemnibus Edicti anni* 1611. Voyez Stockmans, *décis.* 10.

32. *De testamento relativo, ad aliam scripturam.* Ibid. *décis.* 12.

33. *De testamento, quod post mortem testatoris ruptum vel apertum reperitur.* Ibid, *décis.* 13.

34. *De testamento condito ab agro delirante cui lucida intervalla.* Ibid. *décis.* 15.

35. *Permittens alium de re suâ testari, an postea pœnitere possit?* Ibidem, *décis.* 20.

36. *Approbatio testamenti paterni an vim tribuat fideicommisso quod alioquin non subsisteret?* Ibid. *décis.* 35.

37. L'Ordonnance d'Orleans, art. 84. a lieu aux testamens. Voyez Carondas, *liv.* 3. Rép. 49. & *liv.* 4. Réponse 23.

38. De l'heritier testamentaire. Voyez le mot *Heritier*, nomb. 381. & suiv.

39. Des testamens des *Villageois*. Voyez Guy Pape, question 543.

40. Le testament ne vaut s'il n'est procedé du premier mouvement du testateur; & des testamens que les Notaires apportent tout écrits. V. Coquille, tome 2. quest. 293.

41. Si l'apposition des sceaux ou cachers des témoins en un Testament est requise : & si un Notaire peut être Legataire, & si le défaut de solemnités qui est en un Testament peut être suppléé par la clause codicillaire? Voyez Bouvot, tome 1. part. 1. verbo, Notaire, q. 2.

42. Si le Testament est fait par un *Villageois* & aux champs pardevant sept témoins : & si ces mots, *Je donne tous mes biens, je délaisse tout*, emportent institution d'heritier? Voyez Bouvot, tome 1. part. 2. verbo, Testament, quest. 2.

43. Un Testament où il y a des blancs, des ratures à la date & aux témoins, est nul. Voyez Bouvot, ibidem, quest. 3.

44. Si un Testament est valable, lequel se trouve laceré & rompu en la signature du Notaire ou du Testateur. Ibidem, quest. 13.

45. Si après un Testament, le Testateur donne la moitié de ses biens par donation entre-vifs, le Testament n'a lieu que pour l'autre moitié. Ibid. part. 3. verbo, Testament, quest. 7.

46. Si la peine apposée dans un Testament, où le fils contreviendroit à sa volonté, qu'il l'institué seulement heritier en sa legitime, est valable. V. Bouvot, tome 2. verbo, Peines, quest. 2.

47. Un Contrat peut être fait en un Testament, & par un Contrat de mariage les peres & meres peuvent instituer leurs enfans. Ibidem, verbo, Testament, question 18.

48. Si un Testateur peut par Testament obliger un tiers? Ibidem, quest. 30.

49. Il n'est pas besoin de faire reconnoître les signatures d'un Testament reçu pardevant Notaires. Arrêt du Parlement de Dijon du 10. Février 1611. Ibidem, question 70.

50. Mary qui prohibe à sa femme de tester. Voyez Carondas, liv. 10. Rép. 83.

51. Le Parlement de Toulouse ne rejette pas absolument les Testamens faits *in discrimine vitæ*, pourvû que le Testateur ne soit pas tout à fait moribond, & qu'il ait appellé les témoins. Voyez Mainard, liv. 8. chapitre 59.

52. Sur la difficulté de n'oublier point à laisser par Testament aux ascendans *in 2. gradu*, comme à une ayeule. Jugé au Parlement de Grénoble, que par cette clause mise en Testament, *Je donne à chacun de ceux, à qui de droit je suis tenu de donner la somme de cinq sols*, est satisfait pour la validité du Testament ; la raison est, que les legs & institution particuliere sont de même nature. Bibliotheque de Bouchel, verbo, Testament.

TES

53. Les Ecclesiastiques ont prétendu que la connoissance des Testamens leur appartenoit, comme étant une matiere de conscience, s'en disant même les naturels Executeurs, parce que le corps du défunt Testateur étant delaissé à l'Eglise pour la sepulture, l'Eglise aussi étoit saisie de ses meubles, pour acquitter sa conscience, & executer son Testament ; ce qui s'observe encore à present en Angleterre, où l'Evêque, & les gens préposés de sa part se saisissent des meubles de celuy qui est decedé *ab intestat*, & les gardent pendant sept ans, si les heritiers ne composent avec luy. On voit aussi qu'anciennement en France les Ecclesiastiques ne vouloient enterrer les morts, si on ne leur metroit leur Testament en main, ou si au défaut de Testament, on n'en obtenoit un mandement special de l'Evêque, dont il se trouve dans les Régîstres du Parlement un Arrêt de 1407. contre l'Evêque d'Amiens & les Curez d'Abbeville, que les *intestats* seroient inhumez sans contredit, & sans mandement particulier de l'Evêque & Jo. Galli en sa question 101. remarque, que souvent les heritiers, pour sauver l'honneur du défunt decedé sans tester, demandoient permission de tester pour luy *ad pias causas* : & on voit encore en d'autres endroits qu'il y avoit des Ecclesiastiques qui contraignoient les heritiers des *intestats* de convenir de Preud'hommes pour arbitrer combien ledit défunt avoit dû leguer à l'Eglise. Il reste de cette entreprise que par les Coutumes de France, les Curez & Vicaires sont capables de recevoir des Testamens, ainsi que les Notaires. Bibliotheque Canon. tome 1. page 760. & Du Fail, liv. 1. chapitre 10.

54. Plaidoyé en la cause d'entre Dame d'Allegre, Demanderesse d'une part, & la Dame de la Tremoille & Consors Défendeurs d'autre, sur le Testament fait par le feu Comte de Laval à l'âge de 18. ans. V. M. Servin, page 178. Le Testament étoit fait au profit de la mere. M. Servin avoit conclu à ce qu'il fût declaré nul ; les Parties furent appointées ; c'étoit en la Coûtume du Maine.

55. Arrêt sur deux questions, l'une pour raison du Testament d'Anne d'Escartes fille âgée de 12. ans environ contenant disposition au profit de Dame Isabelle de Beauville sa mere. L'autre sur une autre disposition testamentaire d'icelle Dame de Beauville. La Cour a mis l'appellation, & ce dont est appelé au neant, & les Parties sur la Requête civile hors de Cour & de procez : & évoquant le principal de leur consentement, y faisant droit, a absous l'Appellante des demandes & conclusions de l'Intimé, le tout sans dépens. Voyez M. Servin, tome 2. page 533. le Testament fut confirmé ; on articuloit des faits de suggestion.

56. Plaidoyé & Arrêt sur la validité ou nullité d'un Testament fait par un François étant ennemi du Roy, ou avec ses ennemis durant la guerre de la Ligue. V. Ibidem, page 552. tome 1. Le Testament fut declaré nul, sauf au Procureur General ses actions pour les biens contentieux, ainsi qu'il y verra être à faire.

57. Testament valable à l'égard des heritiers, l'est aussi à l'égard des legataires, & ne peut être cassé en partie. Arrêt du Parlement de Bourdeaux du 7. Septembre 1532. Papon, liv. 20. tit. 1. nomb. 1.

58. Arrêt du Parl. de Paris en forme de Reglement du 14. Août 1559. portant défenses aux Curez des Eglises Paroissiales de la Prevôté & Vicomté de Paris & à leurs Vicaires de commettre en leur lieu aucunes personnes pour recevoir Testament ne ordonnance de derniere volonté, sur peine de nullité, dépens, dommages & interêts des Parties ; ordonné que l'Arrêt seroit lû. Voyez les Chartes des Notaires, chap. 12. page 715.

59. Testament & de la volonté du Testateur, qui n'ayant ni femme, ni enfans, mais il laisse son amie enceinte, si le fait un fils 400. liv. ou le reste de ses

TES   TES   703

meubles, parce qu'il en avoit legué à d'autres, & 100. livres de rente, ou le quint de ses propres au choix de ses heritiers, & si c'est une fille, pareille somme de 400. livres pour aider à la matier, & 40. livres de rente, cette amie fait un fils & une fille. *V. Carondas, liv.* 4. *Rép.* 68.

60 Testament, solemnités requises par la Coûtume, & un Testament ne se prouve point par témoins. Arrêt du 31. May 1566. *Le Vest, Arrêt* 82. Voyez *M. Loüet, lettre T. somm.* 12.

61 Arrêt du 14. Septembre 1567. qui confirme un Testament fait par une mere, suivant la disposition du Juge & Greffier, pardevant lesquels elle avoit declaré ses heritiers ses enfans mâles, & donné aux filles certaine somme pour leur doüaire & legitime. Le Juge & Greffier l'avoient redigé par écrit, mais la mere étoit décedée sans recitation & publication du Testament. *La Rocheflavin, liv.* 4. *lett; T. tit.* 5. *Arr.* 11.

62 Le 18. May 1598. il fut jugé que bien qu'il soit certain qu'un Testament auquel le Notaire a omis de demander suivant l'Ordonnance à la Testatrice, si elle sçavoit écrire, soit nul, comme il est dit dans la conference des Ordonnances; toutefois, vû qu'il apparoissoit clairement de la volonté du Testateur, on ordonna que les témoins seroient oüis sur le contenu du Testament, suivant plusieurs autres préjugez pour avoir été fait valoir sans avoir égard à cette nullité; & si les témoins étoient morts, le Testament ne laisseroit pas de subsister, comme il a été jugé le 15. Mars 1631. *Cambolas, liv.* 2. *chap.* 44.

63 Un Testateur ordonne que l'Executeur de son Testament vendra ses biens pour acquitter; quelques-uns sont vendus; l'Acquereur les revend à un tiers. Long-temps après la fille du Testateur veut rentrer, On luy objecte. 1°. qu'elle n'est pas venuë dans les dix ans de la minorité. 2°. que l'Ordonnance du Testateur en ce cas vaut décret. Arrêt du Parlement de Paris du 1. Juillet 1602. confirmatif de la Sentence de Lyon, qui la declare non-recevable. *Bibliotheque de Bouchel*, verbo, *Decret.*

64 Par Arrêt du Parlement de Roüen du 16. Février 1619. a été un Testament défectueux en la forme, portant donation de quelques meubles, auquel l'heritier avoit souscrit, declaré valable, suivant le §. final, *Inst. de fideicom. hæred.* Berault, *sur la Coûtume de Normandie*, art. 431. *in verbo, son heritage*, Titre des Donations.

65 Par Arrêt du Parlement de Roüen du 3. Decembre 1644. rapporté par *Berault*, art. 412. *de la Coûtume de Normandie*, jugé que deux Testamens faits par une personne, un en 1635. & l'autre en 1637. qui n'avoient point révoqué le premier, étoient bons & valables, & furent toutes les dispositions portées par l'un & par l'autre confirmées. *Juxta l. si alii vestimenta ff. de aur. arg. mand.* & la Loy *Tabernam. ff. de fund. Inst. & instr. leg.* Jovet, *verbo*, Testament, *n.* 116.

66 Arrêt du Parlement d'Aix du 16. Decembre 1645. qui a déclaré nul le Testament de l'Apprentif & du malade, en faveur de son Maître & de l'Apotiquaire. *Boniface, tome* 2. *liv.* 1. *tit.* 10.

67 Pour sçavoir si le Testament clos d'un illiteré est valable, il faut distinguer si l'heritier est nommé dans la subscription ou non; s'il n'est pas nommé, le Testament est nul. Arrêts du Parlement de Toulouse des 26. Août 1647. & 25. May 1648. mais lorsque dans la subscription, le Testateur illiteré nomme l'heritier, alors, comme il ne peut y avoir de tromperie, le Testament est valable. Arrêt du Parlement de Toulouse du 15. Juillet 1650. *Albert*, verbo, *Testament, article* 38.

68 Par Arrêt du Parlement de Paris du 12. Avril 1649. un Testament a été déclaré nul, auquel les declarations (qu'il a été dicté, nommé par le Testateur, lequel a déclaré ne sçavoir signer, ni écrire, & depuis leu & releu) sont apposées après la date dudit Testament. *Journal des Audiences*, tome 1. livre 5. chap. 39.

69 *An duobus testamentis absolutis liceat testari?* sçavoir si un homme ayant fait deux Testamens, le premier en 1635. le second en 1637. par lequel il n'a point dit que ce seroit sans déroger au premier, Si le premier Testament doit subsister? La Cour confirma le double legs fait à la même personne par l'un & l'autre Testament. *Voyez Berault, à la fin du* 2. *tome de la Coûtume de Normandie*, p. 59.

70 Bacquet & Chopin ont tenu que la réduction des legs & des donations n'appartient qu'aux heritiers; ils en alleguent pour preuve un Arrêt prononcé en Robes rouges le 8. Juin 1576. entre l'Amitaut & la Reine d'Ecosse donatrice & usufruitiere de la Touraine, par lequel il fut jugé que la Coûtume de 7 ou raine, qui reduit la liberté de tester à une certaine somme, n'a lieu qu'en faveur des heritiers, & non pour le fisc succedant au donateur. Chopin *de doman. l.* 1. *t.* 8. *in fine.* Bacquet, *du droit de bâtardise, c.* 6.

71 Un pere en la Coûtume d'*Amiens* a cinq enfans, un fils & quatre filles; il fait son Testament, & donne une somme à son fils aîné par prélegs, & à trois de ses filles à chacune 8000. liv. & à la quatrième 3000. liv. pour être Religieuse. Après son décés la fille entre en Religion & en sort, elle demande autant que ses sœurs; le testament confirmé le 15. Janvier 1664. *De la Guessiere*, tome 2. *liv.* 6. *ch.* 3.

72 S'il est necessaire pour la validité d'un Testament non signé du Testateur, que le Notaire qui l'a reçu fasse mention de la requisition par luy faite au Testateur de signer, & de sa réponse. Et si l'heritier institué par Testament étant décedé avant le Testateur, les dispositions demeurent caduques & sans effet, ou si la clause codicillaire les peut faire subsister. Arrêt du 14. Juillet 1664. qui appointa les Parties au Conseil. M. l'Avocat General Talon conclut à la confirmation du Testament. *Sœfve*, *tome* 2. *Cent.* 3. *chap.* 20.

73 Si par l'Acte de reconnoissance faite d'un Testament en présence de témoins, il faut qu'il paroisse que les témoins ont été priés & requis par le Testateur d'y apposer leurs cachets & signatures?
Si le même Acte, quoique cacheté & signé de sept témoins ne faisant mention que de six témoins, peut être debatu de faussété, ou de nullité? Si le Testament olographe peut valoir en pays de Droit, écrit sans y observer les formalitez requises par la Loy *hâc consultissimâ, Cod. de testamentis*?
Si le Testateur ayant choisi une maniere de tester est obligé de l'accomplir entierement, quoyque son Testament pût être valable avec moins de solemnité. Et si un Testateur ayant voulu que son Testament valût en la meilleure forme qu'il pouvoit valoir tant de fait que de droit, cette clause peut avoir le même effet, que la codicillaire? Arrêt du 8. Août 1665. qui appointe au Conseil. M. l'Avocat General Talon avoit conclu définitivement en faveur de l'heritier institué par le dernier Testament. *Ibid.* chap. 60.

74 La procedure criminelle ne compete contre celuy qui donne de l'empêchement à tester; & l'heritier écrit, ayant fait convention avec les parens du Testateur dans l'extremité de sa vie, de succeder également, cette convention est nulle. Arrêt du Parlement d'Aix du 3. Novembre 1670. *Boniface, tome* 5. *liv.* 3. *tit.* 14. *chap.* 1.

75 *Boné, Arrêt* 42. en rapporte un sans date de la Chambre de l'Edit de Castres, par lequel un Testament portant institution de l'enfant, dont la femme du Testateur étoit enceinte, fut déclaré nul, nonobstant que la cause codicillaire y fût inserée, & que par une autre clause le Testateur eût défendu à tous ses parens de débattre ce Testament de nullité. La raison fut qu'après que la femme du Testateur fut accouchée d'un fils, elle eut deux ans après une fille, contre l'opinion de *Ceras, au chap.* 67. & la Loy *pla-*

est. ff. de lib. & post hered. Inst. Ladite Chambre ayant jugé que nonobstant que ledit fils eût survécû le Testateur, la fille sa sœur étoit *ab ignorante præterita*: & par ce même Arrêt il fut jugé que les legataires n'étoient point recevables à demander les legs portez par ce testament contre l'*Autenth. ex causâ de liber. præter.* qui fut jugée n'avoir point lieu *in præteritione posthumi ignoranter factâ* Voyez *Mainard*, livre 4. chap. 11. & Ferrieres, *sur la question* 633. *de Guy Pape.*

76   Récompense en argent donnée par Testament, pour la part du patrimoine ancien de l'heritier. *V. Peleus*, *quest.* 142.

77   Qui demande en vertu d'un testament ce qu'il peut avoir comme donataire, renonce à la donation. Voyez ibid. *quest.* 51.

78   L'enregistrement & publication du testament fait pleine foy sans l'original, quand bien il ne seroit point allegué perte de l'original. *Graff* §. *Testamentum*, *quest.* 61. n. 4. J'ay pourtant vû, dit *la Peirere*, *lettre T. n.* 131. recevoir l'inscription en faux contre l'expedition faite par le Greffier des Insinuations.

79   Representation du Testament à ceux qui ont quelque interêt. Voyez le mot, *Acte*, *n.* 1.

80   L'ayeul par son Testament peut laisser au petit-fils les droits successifs de son fils dissipateur, & l'usufruit au fils. 2. Autre chose est à l'égard des Créanciers du fils. Ainsi jugé au Parlement de Bourdeaux. *La Peirere*, *lettre T. n.* 133.

80 bis   *Factum*, pour M. le Prince de Conty, Prince du Sang, heritier institué, & Legataire universel de M. le Duc de Longueville, Demandeur.

Contre Madame la Duchesse de Nemours, sœur consanguine de Monsieur de Longueville, Défenderesse.

Sur l'execution du Testament solemnel fait en faveur de M. le Prince de Conty par M. de Longueville, son cousin germain, le 1. jour d'Octobre 1668. *Voyez le Recueil des Factums & Memoires imprimé à Lyon chez Antoine Boudet en 1710. tome* 1, *pag.* 510.

81   I. Une disposition testamentaire étant conçuë en ces termes, *Je donne & legue à un tel ma Terre située en Normandie, moyennant la somme de* 13300. *liv. pendant sa vie durant, & au décès du Legataire, retournera ladite somme à mes heritiers.* Si ce legs est taxatif & limitatif de l'usufruit de la Terre, où s'il est d'une somme de 13300. liv. par an pendant la vie du Legataire, & la Terre désignée seulement par démonstration, pour en faciliter le payement.

II. Si la survie de trois mois, requise par la Coûtume de Normandie, est necessaire à un Testateur domicilié à Paris, qui a fait son Testament à Cosne.

III. Si le legs étant de l'usufruit de la Terre, doit être reduit au tiers en usufruit, la Coûtume de Normandie y réduisant les legs en proprieté.

IV. Si le legs étant reduit au tiers, le Legataire doit avoir la récompense sur les autres biens dont le Testateur pouvoit disposer.

La cause fut plaidée aux Requêtes du Palais pendant douze Audiences; les parties furent appointées; ordonné après un delibéré, dont appel, par Madame de Ventadour; la Cour a mis l'appellation de l'appointement interjetté par Madame de Ventadour, & ce au néant; émendant, évoquant le principal, & y faisant droit, ordonne que le Testament sera executé selon sa forme & teneur; ce faisant, que l'appellante aura délivrance de son legs; en consequence condamne les intimez à luy payer 13300. liv. de rente viagere par chacun an, & aux dépens. Jugé au Parlement de Paris le 3. Avril 1699. Par cet Arrêt la Cour jugea le legs démonstratif, indépendamment des trois autres questions que M. l'Avocat General avoit aussi décidées en faveur de Madame de Ventadour. *Voyez le Recueil des Arrêts notables imprimé en* 1710. *chez Michel Guignard, chap.* 15.

TESTAMENT, FILS ABSENT OUBLIÉ. Voyez *Caronias*, *liv.* 10. *Rép.* 57.   82

TESTAMENT, ADULTERE. Testament fait au profit d'un Adultere, declaré nul. Arrêt du 21. Juin 1663. *Des Maisons, lettre T. nombre* 9.   83

AGE POUR TESTER.

De l'âge pour tester dans les Coûtumes qui n'ont aucune disposition expresse. Voyez verbo, *Âge, n.* 47. On suit la disposition du Droit Romain.   84

La Coûtume de *Paris*, art. 293. desire 20. ans accomplis pour tester des meubles, acquêts & conquêts immeubles; & pour tester du quint des propres, l'âge de vingt-cinq ans.   85

Toutefois si le Testateur n'a meubles, acquêts ni conquêts immeubles, peut en ce cas tester du quint des propres après 20. ans accompli, *art.* 294. si bien que pour disposer de tous ses meubles, acquêts, conquêts immeubles, & quint des propres, il faut avoir 25. ans, & le Testateur ne peut pas disposer plus avant, encore que ce fût pour cause pitoyable, *art.* 292. *Coût. de Paris.*   86

Un jeune homme, quoyque par l'Ordonnance de Blois, art. 28. il faille avoir 16. ans accomplis pour faire Profession; neanmoins il ne peut valablement tester, s'il n'a atteint l'âge requis par la Coûtume du lieu; il peut se reserver quelque pension pour étudier. Jugé le 3. Août 1627. *Du Frêne*, *livre* 1. *chapitre* 136.   87

En Droit *in masculis* 14. *annum spectandum: in fœminis* 12. *annum, L.* 5. *quâ ætate ff. De testam. & qui testamenta facere possunt.* Voyez *Du Frêne*, *liv.* 2. *chapitre* 109. où il y a Arrêt du 24. May 1632. qui a jugé de la sorte. La Jurisprudence a varié; lorsque la Coûtume ne dispose à quel âge, en ce cas on suit la Coûtume de *Paris*.   88

Dans la Coûtume du *Maine*, qui ne détermine point l'âge de tester, le legs fait par une fille âgée de 20. ans seulement, de 21. liv. de rente pour la fondation d'une Messe, qui seroit celebrée par son Confesseur, a été confirmé; & la même Coûtume interdisant la disposition des propres quand on a des meubles & acquêts, l'heritage propre sur lequel la Testatrice avoit assigné la rente, en a été déchargé, & l'heritier condamné de la payer sur les meubles. *Bardet*, *tome* 2. *liv.* 2. *ch.* 50. rapporte l'Arrêt du 5. Juillet 1633.   89

Si au lieu où sont situez les biens, l'on peut tester à l'âge de 12. & 14. ans: & si au lieu où s'est passé & fait le Testament, il faut avoir 18. ans: & si le Testament qui n'est point signé du Testateur ni des témoins, est valable? *V. Bouvot, tome* 1. *part.* 2. verbo, *Testament, quest.* 1.   90

Une fille âgée de 13 ou 14. ans, peut disposer de ses biens, tant anciens qu'acquêts, au profit de sa mere Tutrice, quoyque non autorisée de sa mere ni de ses Tuteurs. Arrêt du Parlement de Dijon du 27. Janvier 1611. *Ibid. tom.* 2. verbo, *Testament, quest.* 68.   91

Quand la Coûtume ne fixe point l'âge de tester, on a recours à la disposition du Droit Civil, où la puberté est acquise à 14. ans. Voyez dans *Soefue, tome* 1. *Cent.* 1. *chap.* 2. un Arrêt du 21. Janvier 1641. qui confirme un Testament fait par un mineur de 18. ans, au profit de son pere Tuteur dans la Coûtume de *Ponthieu.*   92

Jugé en la quatrième Chambre des Enquêtes du Parlement de Paris, le Mardy 10 Juillet 1656. qu'un Testateur demeurant à ..... où l'on peut disposer à 14. ans, avoit pû valablement disposer des heritages situez en Angoumois, où l'on ne peut tester qu'à 25. ans, quoy qu'il n'en eût que 17. *V. Ricard, traité du Don mutuel, ch.* 7. *n.* 311.   93

Par Arrêt du 5. Avril 1672. il a été jugé en la Coûtume de *Valois*, qui ne regle pas l'âge pour tester, qu'il falloit avoir recours à la Coûtume de *Paris*, & non   94 non pas à la difpofition du Droit Romain, dont les principes ne s'accordent pas avec les nôtres fur ce fujet ; les raifons de part & d'autre font amplement expliquées au commencement du premier volume du *Journal du Palais*, & au troifiéme de celuy des *Audiences*, liv. 6. chap. 6. Neanmoins cet Arrêt n'a pas encore fait changer l'ufage dans la Province de Senlis, où l'on tient que l'on peut difpofer de fes biens à l'âge de 18. ans, qui eft la pleine puberté. L'on tient auffi la même chofe pour l'ufage des témoins, quoyque les Notaires en ayent prefque toûjours appellé à l'âge de 14. ou 15. ans, qui étoient Clercs dans leurs Etudes, & qu'il ne paroiffe pas que l'on ait jamais débattu aucun Teftament pour ce défaut. *Voyez Ricard, fur l'art. 173. de la Coût. de Senlis. & le Journal du Palais*, 1. part. fol. 1.

TESTAMENT, APOTICAIRE.

95 Par Arrêt du Parlement de Grenoble du 15. Mars 1656. le Teftament d'une femme qui étoit mere de lait de celuy qu'elle avoit inftitué fon heritier, fut confirmé, bien que cet heritier fût Apoticaire de la Teftatrice. *Baffet, tome 1. liv. 5. tit. 1. ch. 12.*

TESTAMENT, APPRENTIF.

96 Teftament fait par l'Apprentif au profit de fon Maître Apoticaire, declaré nul par Arrêt du Parlement de Toulouse du 9. May 1577. *Maynard, tome 1. liv. 2. chapitre 97.*

TESTAMENT APPROUVÉ.

97 *Teftamenti approbatio quid operetur ? Voyez Franc. Marc. tom.* 1. queft. 824.

98 *Hæres ad legatorum præftationem tenetur, & teftamenti approbatio fe extendit ad codicillos, qui poft modum facti fuerunt.* Ibid. queft. 826.

99 Qui a une fois approuvé le Jugement du Teftateur, n'y peut plus contrevenir. *Voyez Peleus, q.* 143. & fi on l'a approuvé en quelque chofe, on doit l'approuver pour le tout. *Idem, q.* 134. Voyez *Carondas, liv.* 4. *Rép.* 60.

100 Le Curé de Meré donne par fon Teftament tous fes meubles à fes petits neveux, & fe referve à choifir le lieu de fa fepulture ; cinq années après il donne fes Livres à fon neveu, Curé d'Epies ; le Curé execute le premier Teftament ; depuis ayant connu fon erreur, il obtint des Lettres de refcifion, fous prétexte que le fecond Teftament ne luy avoit point été connu ; il fut débouté de l'entherinement, fes neveux le foûtintent non recevable à revenir contre un Acte qu'il avoit approuvé. Arrêt du Parlement de Roüen du 1. Février 1652. rapporté par *Bafnage, tome* 2. *fur l'art.* 412. *de la Coût. de Normandie.*

TESTAMENT ATTAQUÉ.

101 La fille qui a reçû le legs n'eft exclufe d'attaquer ou débattre le Teftament de fon pere ou de fa mere. *Voyez Carondas, liv.* 4. *Rép.* 60.

102 L'on n'eft pas recevable à impugner & débattre un Teftament après avoir reçû le legs. *Filleau*, 4. *part. queftion* 221.

103 On n'eft pas recevable après avoir approuvé un Teftament, & longuement plaidé pour avoir la délivrance de fon legs, *folâ fpe lucri*, d'impugner, puis après le Teftament d'une fille par la mere, ni de demander fupplément de fa legitime. Arrêt du 25. Septembre 1581. *M. Loüet, let. L. fomm.* 1.

104 Encore qu'un Teftament défectueux ne foit pas rendu valable par les Actes approbatifs de l'heritier *ab inteftat*, toutefois celuy qui l'a accepté ne peut plus l'impugner. Ainfi jugé au Parlement de Roüen, dans la caufe de Robert Cauchis, heritier de M. Adrien Cauchis, Curé d'Aubetmenil, appellant, & M. Adrien Talbot, Curé de Boifrobert. *Bafnage fur la Coût. de Normandie, art.* 412.

105 La reception d'un legs contenu en un Teftament, & la quitance qui en a été paffée par le Legataire, couvre à fon égard, la nullité du Teftament, fans efperance de reftitution par Lettres du Prince. Arrêt

du 8. Juillet 1635. *Henrys, tome* 1. *livre* 5. *chapitre* 1. *queftion* 1.

106 Une mere fait un legs à fa fille naturelle, & inftituë Titius heritier : fecond Teftament qui revoque le premier ; & au lieu de Titius la mere inftituë la fille naturelle ; le frere de la mere foûtient le fecond Teftament nul. Sentence qui declare la fille naturelle incapable de la fucceffion ; appel ; Titius intervient ; Arrêt qui met l'appellation, & ce au néant, évoquant le principal, fans avoir égard à l'intervention de Titius, ordonne que ce dont eft appel fortira effet, & les parties renvoyées au Juge dont eft appel, pour executer fa Sentence. Jugé à Aix le 25. Février 1672. *Journal du Palais.*

107 Sur la queftion de fçavoir fi l'ayeule n'ayant été comprife dans le Teftament de fa fille, & ne l'ayant impugné de fon vivant, ou l'ayant approuvé, les autres heritiers font recevables à le débattre de nullité ; y ayant claufe que s'il ne valloit comme Teftament, la Teftatrice vouloit qu'il valût comme codicile. Arrêt du Parlement de Dijon du 4. Août 1603. qui appointe. *Bouvot, tome* 2. verbo, *Teftament, queftion* 44.

108 Si la claufe inferée au Teftament, au cas que l'un des heritiers débatte le Teftament, qu'il l'inftituë feulement en fa legitime, eft valable, cette claufe étant au profit d'une feconde femme ? Arrêt du Parlement de Dijon qui declare le Teftament bon à l'égard des enfans, non à l'égard de la femme. *Bouvot, Ibidem, queftion* 48.

TESTAMENT, AVEUGLE.

109 Teftament fait par l'aveugle. *Voyez* le mot, *Aveugle, nombre* 5 *&* fuiv. & *Bouvot, tome* 2. verbo, *Teftament, queft.* 9 *&* 12.

110 Un aveugle âgé de 25. ans peut avoir le gouvernement de fes biens, puifqu'il peut tefter. Arrêt du Parlement de Dijon du 3. Juin 1603. *Ibidem*, verbo, *Tuteurs, queftion* 10.

111 Le 19. Février 1622. il a été jugé au Parlement de Toulouse qu'un aveugle ne peut faire un Teftament purement nuncupatif. *Cambolas, livre* 4. *ch.* 14.

112 Un pere privé de la vûë, eft fujet aux formalitez du Teftament des aveugles, lorsqu'il tefte entre fes enfans. Arrêt du 11. Juillet 1636. *M. d'Olive, liv.* 5. *chapitre* 6. autrement fon Teftament nul.

113 Arrêt du Parlement d'Aix du 20. Février 1652. qui a déclaré nul le Teftament folemnel d'un aveugle, & neanmoins confirmé les legs pieux qu'il contenoit. *Boniface, tome* 2. *livre* 1. *tit.* 1. *chap.* 1.

114 Autre Arrêt rendu au même P. d'Aix, le 7 Decembre 1655. qui a déclaré bon & valable le Teftament nuncupatif d'un aveugle, & que le Notaire fervoit de huitiéme témoin. *Boniface, tome* 2. *liv.* 1. *tit.* 2. *chap.* 1.

TESTAMENT, AVOCAT.

115 Teftament fait au profit d'un Avocat. *Voyez* le mot, *Avocat, n.* 42. *&* fuiv.

TESTAMENT, AUTORISATION.

116 Autorifation neceffaire dans les Teftamens. *Voyez* le mot, *Autorifation, n.* 83. *&* fuiv.

117 Le Teftament fait par une femme en l'abfence & fans l'autorité de fon mary eft nul, fauf à payer les legats pieux. Arrêt du Parlement de Dijon du 26. Juillet 1591. *Bouvot, tom.* 2. verbo, *Teftament, queftion* 6.

TESTAMENT, BANNI.

118 Banni à perpetuité eft incapable de tefter. *Voyez* le mot, *Banniffement, n.* 51. *&* 52.

TESTAMENT DES BASTARDS.

119 Teftament des bâtards. *Voyez* le mot, *Bâtards, nomb.* 254. *&* fuiv.

TESTAMENT BRULÉ.

120 D'un Teftament brûlé par le fils unique du Teftateur en haine d'une fubftitution qui y étoit faite en faveur du frere du Teftateur, & pour anéantir par l'inexiftence du Teftament. Arrêt du Parlement de

Grenoble du 19. Décembre 1640. qui déclare le fils indigne de la propriété de l'heritage, à la reserve de sa legitime, consistant au tiers, dont la propriété demeureroit à ses enfans, & au défaut d'enfans au substitué ; le fils en outre condamné en 300. livres d'amende, le tiers au Roy, le tiers à partie civile, le tiers à l'arbitration de la Cour, sans note d'infamie, & en tous les dépens. Bassét, tome 1. livre 5, titre 1. chapitre 3.

TESTAMENT, CACHETS.

121 De l'usage des cachets dans les Testamens. *Voyez Henrys*, tome 2. liv. 5. ch. 39.

122 De la maniere d'ouvrir & de faire la description des Testamens, lors qu'ils sont clos & cachetez. *Voyez le Recueil des Actes de Notorieté donnez par M. le Lieutenant Civil*, p. 241. & suiv.

123 Testament non cacheté, enveloppé seulement comme une simple Lettre dans une enveloppe, reçu par un Notaire de la Ville de Condé, en presence de deux Bourgeois, a été déclaré valable par Arrêt du Parlement de Toulouse du 17. Juin 1657. Le Testateur avoit dit qu'il vouloit que son Testament fût ouvert en presence de sa tante ; cette clause d'ouverture, quoy qu'il ne fût pas cacheté dans les formes, ne faisoit rien, sur tout dans le Testament d'un Soldat, & fait à la guerre. *Albert, verbo, Testament, art.* 17.

124 Le Testament du Chevalier de la Ferriere, signé de luy & de quelques Notaires, signé de sept témoins sans apposition de cachets ; jugé bon & valable le 20. Juin 1659. *Des Maisons, lettre T. nombre 8. Voyez Henrys, tome 2. liv. 5. question. 39. De la Guessiere, tome 2. liv. 2. chap. 30. rapporte l'Arrêt du Chevalier de la Ferriere.*

125 Si les sceaux & cachets des témoins sont necessaires aux Testamens solemnels ? Arrêt du Parlement d'Aix du 16. Juin 1664. qui ordonna une enquête par turbes. *Boniface, tome 2. liv. 1. tit. 1. chap. 5.*

TESTAMENT, CAUSE PIE.

126 *Andreas Tiraquellus, de privilegiis piæ causæ. Joannis Molani, Liber de piis testamentis.*

127 Le fils de famille peut tester en faveur de la cause pie; mais non y ajoûter aucun legat pour un étranger. *Cambolas, liv. 2. ch. 31.*

Testament pour cause pie, vaut sans solemnité, comme entre enfans. *Boër, dec.* 240. *nomb.* 4. *id. Papon, liv.* 10. *tit.* 6. *n.* 1. *cont. Mornac, ad L.* 10. *ff. de inoff. test. & L.* 34. *ff. de adilit. Edict. sufficiunt duo testes. Mantic. li.* 6. *tit.* 3. *n.* 4. *Faber. C. de testam. def.* 7. *Supplet clausulam codicillarem. Mantic, li. 1. tit. 9. n. 6. supplet clausulam codicillarem, & li. 4. tit. 1. n. 7. supplet institutionem, sed cont. in holographo, li. 6. tit. 3. n. 9. id. Clarus. §. testamentum quæst. 6. sed alia legata intereidunt in sin, Clarus, §. testamentum quæst. 8. n. 48. supplet clausulam codicillarem, cont. si in prejudicium liberorum. Fernand. de fil. nat. ex mat. cap. 4. n. 7. id. Grass. §. testamentum, quæst. 18.*

128 Le fils de famille peut tester en faveur de la cause pie, & en faveur de ses enfans sans le consentement de son pere, parce que tous deux ont même faveur. Ainsi jugé à Toulouse le 25. Novembre 1604. *Voyez Mainard, liv. 9. chap. 36.*

129 L'un des Administrateurs de l'Hôpital du Saint Esprit, ayant par son Testament fait plusieurs legs pies & autres, & l'ayant signé dit au Notaire, *Gardez ce Testament sans le signer, & me le rapportez demain, car je le veux revoir.* Il vécut encore cinq jours après, sans avoir revû ce Testament. Etant décedé, les Legataires demanderent leurs legs ; l'heritier l'empêche, excepté pour les legs pieux, & dit que le Testament est imparfait, n'ayant point été signé des Notaires. Par Arrêt du 18. Mars 1624. le Testament confirmé ; & neanmoins enjoint aux Notaires de signer les minutes des Testamens aussi-tôt que le Testateur aura signé, sauf en cas de revocation, d'en donner Acte au Testateur, & à qui besoin sera ; ordonne que l'Arrêt sera lû & publié au Châtelet, à ce que nul n'en prétende cause d'ignorance, & inseré au Registre du Syndicat des Notaires. *Biblioth. de Bouchel, verbo Testament.*

130 Testament fait en faveur de la cause pieuse, sans aucune solemnité, n'est valable. Arrêt du Parlement de Toulouse du 2. Mars 1626. Autre semblable du 3. Avril 1658. dans l'espece qui suit. Un nommé Cardaillac, Avocat de Cahors, ayant cinq sœurs fort pauvres, étant dans son cabinet, écrivit son Testament sur une demi feuille de papier ; il leguoit certains fonds à ses sœurs, qui ne valoient que 12. livres de rente quittes de charges ; il faisoit heritiers les Chartreux ; ce papier mis dans sa poche, y demeura jusques à sa mort, qui fut subite peu après. Il faut observer qu'il vouloit par ce Testament être enterré chez eux, qu'ils priassent Dieu pour son ame, sans regler aucun service, qu'il étoit daté, mais non signé. Les Chartreux demanderent la maintenuë en cette heredité au Sénéchal ; sur quoy ayant été appointé à écrire, il y eut appel de la part de leur Syndic. La Cour maintint les cinq sœurs aux biens de leur frere, sans restitution de fruits : Neanmoins il faut remarquer qu'un Testament signé du seul Testateur, ne fut reçu par la Cour, ni comme Codicile, mais comme Testament, l'ayant déclaré nul, par Arrêt du 2. Mars 1626. entre les sieurs Dutils, freres du Testateur. *Voyez Cujas, Consul.* 55. *Albert, verbo, Testament, article* 19.

131 Le Testament fait à l'agonie & par interrogation ne vaut, même en faveur de la cause pie, sur tout lorsqu'il y a dans le précedent une clause derogatoire. Arrêt du Parlement de Toulouse du 9. Mars 1669. *Albert, verbo, Testament, art.* 20.

132 Arrêt du Parlement de Paris du 7. Septembre 1701. qui enjoint à tous les Curez, Vicaires, Notaires, & autres personnes publiques, qui recevront des Testamens, & autres Actes contenant les legs, aumônes ou dispositions au profit des Hôpitaux, Eglises, Communautez, Prisonniers, & personnes qui sont dans la necessité, d'en donner avis au Procureur Generaldu Roy, ou à ses Substituts, aussi tôt que lesdits Testamens, ou autres Actes auront lieu, & seront venus à leur connoissance, & de luy mettre entre les mains, ou en celles de ses Substituts, des extraits en bonne forme desdits Testamens & dispositions, pour faire ensuite les poursuites necessaires, à peine de répondre en leurs noms des dépens, dommages & interêts. *Voyez le Recueil des Arrêts notables imprimé en 1710. chez Michel Guignard, chap. 28. Cet Arrêt est tres-favorable aux pauvres.*

TESTAMENT, CHEVALIERS DE MALTHE.

133 Des Testamens faits par les Chevaliers de Malthe, ou à leur profit. *Voyez le mot, Chevaliers, nomb.* 91. *& suivans.*

Voyez cy-dessus le nombre 124.

134 Les Chevaliers de Malthe peuvent disposer du quint de leur pecule par Testament. *Voyez le mot, Quint, nomb.* 24. *& 25.*

135 Arrêt donné le 12. Mars 1571. par Sa Majesté, & prononcé par M. de Thou, premier Président, qui a declaré abusif un Rescrit du Pape, quoyque verifié en Parlement ; permettant aux Chevaliers de Saint Jean de Jerusalem de tester d'immeubles. Messieurs les Gens du Roy avoient conclu au contraire ; le fondement de l'Arrêt est qu'il n'y a que le Roy seul qui puisse donner puissance de disposer des biens temporels. *Papon, liv. 1. tit.* 10. *n.* 5. *& Carondas, liv.* 7. *Réponse* 195. rapporte le même Arrêt, & le date du 12. Mars, qui est sa date veritable.

136 Il est permis aux Chevaliers de Malthe de tester, jusqu'à la cinquième partie de leur pecule, quand ils ont congé du Grand-Maître, cette permission les portant à l'épargne & à la frugalité, parce que quand ils se souviennent qu'ils peuvent tester d'une partie

de ce qu'ils acquierent, *istâ cura exsuscitat animos & magis ad rem gerendam acuit*. Arrêt du Parlement de Paris du 18. Janvier 1604. rapporté par *Peleus*, en ses *Actions Forenses, liv. 2. art. 72*.

TESTAMENT, CODICILE.

136 Le Codicile declaré nul, le Testament ne laisse pas de subsister. *Voyez Henrys, tome 1. liv. 5. ch. 1. qu. 5*. En Droit, aux Codicilles il faut cinq témoins, *L. ult. C. de Codicillis*. Ricard, *des Donations entre-vifs, 1. part. chap. 5. sect. 3*.

137 Si un Testament ne subsiste que pour Codicile, les enfans qui succedent *ab intestat*, peuvent distraire une double quarte? *Voyez Henrys, to. 2. liv. 5. question 25*. où il rapporte les Auteurs pour & contre.

138 Le codicile ne peut confirmer un testament nul. *Voyez Henrys, tome 1. livre 5. chap. 1. q. 5*.

TESTAMENT, CLAUSE CODICILLAIRE.

139 De la clause codicillaire apposée dans les Testamens. *Voyez Clause codicillaire*.
De la clause codicillaire. *Voyez Henrys, tom. 1. liv. 5. ch. 1. quest. 4*. où il dit qu'elle doit être expresse & ne peut être suppléée par une clause rogatoire aux Juges de conformer la volonté du défunt, & de la faire executer.

140 Par Arrêt du Parlement de Toulouse du 21. Août 1573. un Testament fait par un Prêtre fils en faveur de la mere, à laquelle il avoit institué ses freres avec quatre témoins & le Notaire, la clause codicillaire étant en la grosse qui en avoit été délivrée quoiqu'elle ne fût en la minute, mais entenduë par la clause, *& cætera* qui étoit nommément mise, a été jugé bon & valable. *La Rocheslavin, liv. 6. tit. 78. arr. 1*.

141 Par Arrêts des 7. Août 1587. & 25. Janvier 1588. furent préjugées deux choses, l'une que la clause codicillaire étenduë, & au long apposée à un testament, entr'autres effets, pouvoit couvrir le vice de preterition des ascendans, parce qu'en vertu d'icelle *venientes ab intestato censentur rogati restituere hæreditatem hæredibus in testamento scriptis*; l'autre qu'un Notaire ne peut étendre la clause codicillaire qui est par abregé sur la cede pour couvrir le vice de preterition des ascendans, & moins par consequent des descendans. Arrêt contraire du 8. May 1589. par lequel il a été jugé que la clause codicillaire peut bien suppléer au défaut de solemnité, mais non au défaut de volonté, disant qu'un Testament nul, *ex causâ preteritionis* ne peut être valable par la clause codicillaire. *La Rocheslavin, liv. 4. lettre T. Ar. 2*.

142 Quoique la clause codicillaire, entr'autres effets, rende valable un Testament, *alioquin ruptum etiam agnatione posthumi* suivant la glose *in L. ex eâ §. 1. ff. de testam*. neanmoins cela a lieu quand l'heritier institué au Testament, *est unus ex suis*, & des descendans, autrement, s'il est étranger ou des collateraux; car la clause codicillaire ne peut valider un Testament rompu *agnatione posthumi*, pour faire que l'enfant du testateur qui aura été préterit, ayant succedé à son pere *ab intestat*, soit chargé en vertu de cette clause; de rendre l'heredité de son pere à l'heritier institué au Testament, s'il n'est de la qualité susdite. Arrêt du 5. Juin 1587. *La Rocheslavin, li. 4. lettre T. tit. 5. Arr. 3*.

143 Par Arrêt du mois de Février 1575. il a été résolu, *testamentum, in quo filius est præteritus per clausulam codicillarem sustineri, ut saltem habeat vim fideicommissi*, pour Bachelier contre Faur, *quia paria sunt rogare venientes ab intestato vel clausulam codicillarem apponere*: Doct. *in. l. ex testamento C. de fideicom. at si rogati essent venientes ab intestato, tunc filius præteritus teneretur hæreditatem restituere, si quis itâ instituitur, si legitimus, de hæred. instit. Deinde quotiescumque testator dicit; si non valeat jure testamenti, valeat jure codicilli, idem ac si diceret, Si institutio non est valida jure testamenti, saltem valeat jure indirecto*.

144 L'heritier institué venant à deceder avant le Testa-

teur, le Testament devient caduc pour celuy qui est appellé par substitution fideicommissaire, le Testament devenant ainsi caduc par le défaut d'institution d'heritier, la clause codicillaire dans toute son étenduë, à sçavoir que si le Testament ne peut valoir comme Testament, il vaudra comme codicille & en la meilleure maniere qu'il puisse valoir, peut charger l'heritier naturel au défaut de l'institué, & dont il n'est point parlé, de remettre le fideicommis à ceux au profit de qui l'heritier institué étoit chargé de s'en démettre. Arrêt du Parlement de Paris du 10. Janvier 1696. entre M. le Prince de Conty heritier testamentaire de M. l'Abbé d'Orleans, & Madame la Duchesse de Nemours son heritiere du sang. *Journal des Aud. to. 5. liv. 12. ch. 1*.

TESTAMENT, CLAUSE DEROGATOIRE.

145 Des clauses derogatoires apposées és Testamens, comment elles doivent être rappellées, & quel est l'effet de leur omission? *Voyez lettre C. verbo Clause derogatoire, Le 3. tome des Loix civiles, liv. 3. tit. 1. section 5. Cujas, lib. 14. observ. chap. 7. Guy Pape question 127. & 128*. les Arrêts de M. de Catellan, *l. 2. ch. 1*. Ricard *des Donat. part. 3. ch. 2. sect. 1*. Nouvelle Edition d'Henrys, *l. 1. p. 702. & suiv*.

146 *De clausulâ derogatoriâ*. V. *Francisci Stephani dec. 60*.

147 Trois sortes de clauses derogatoires; sçavoir la generale, la speciale & la numerique ou individuelle. La generale est celle qui revoque un Testament contenant une clause derogatoire, sans expression du nom de l'heritier institué, ni des termes de la clause derogatoire. La speciale revoque le précedent Testament contenant une clause derogatoire, avec expression du Notaire qui l'a passé, & du nom de l'heritier qui y est institué, sans faire mention des termes de la clause derogatoire, parce que le Testateur n'en est pas memoratif. L'individuelle contient la revocation avec les termes de la clause derogatoire. *Des Maisons lettre. C. nomb. 11*.

148 Si la révocation d'une donation faite à un mary, & dérogation à toutes autres dispositions, si certains mots n'y étoient inserez, annulle le Testament depuis fait, & confirmation de la donation? *Voyez Bouvot, to. 1. part. 1. verbo Dérogation, qu. 1*.

149 S'il y a clause dans un Testament derogatoire à un autre, si certains mots n'y sont inserez, le Testament par un autre, où il y a revocation generale, est revoqué, le Testateur ayant dit qu'il revoquoit tous autres testamens, d'autant qu'il vouloit que sa succession fût réduite *ab intestat*? V. *Bouvot, tome 2. verbo Testament qu. 75*.

150 Lors que le Testateur affirme par serment, qu'il veut que ce soit son dernier Testament, tel serment infirme toutes clauses derogatoires. 2. N'infirmera pas pourtant le Testament précedent, où pareil serment auroit été fait, s'il n'y est expressément derogé. *Faber. C. de testam. def. 11. 1. id Mantic. lib. 6. tit. 2. n. 21. id, Clar. §. testamentum qu. 99. n. 10. 1. id Papon lib. 9. tit. 6. n. 19. vid. L. 77. §. 23. ff. de leg. 3*. La Peirere *lettre T. nomb. 72. dit*, je fais grand doute en cette décision, parce qu'il n'y a clause derogatoire qui ne s'éludât par un tel serment; & je ne l'ay jamais vû pratiquer.

151 Les clauses derogatoires sont reçuës en Normandie. *Voyez Basnage sur l'art. 413. de cette Coûtume*.

152 Si le Testament qui contient une clause derogatoire, venant à être rompu par la survenance d'un enfant, il est necessaire de rappeller cette clause, soit en un Testament posterieur, soit en un acte de révocation, supposé que l'enfant vienne avant à deceder? *Henrys, to. 2. liv. 5. qu. 19*. dit qu'il a été jugé pour les heritiers contre le mary institué par les testamens de sa femme.

153 Le Testament contenant une clause derogatoire, est révoqué de plein droit par une donation entrevifs de tous les biens. *Brodeau sur M. Loüet, let. T. som. 9*.

154. La clause dérogatoire soûtient le Testament antérieur contre le postérieur, dans lequel elle n'est pas rappellée specifiquement; neanmoins par Arrêt du Parlement de Grenoble du mois d'Août 1457. un Testament posterieur de 17. jours a été déclaré valable, quoique la clause dérogatoire n'y fût pas; mais il y avoit cette circonstance; il étoit dit que le Testateur avoit juré sur les Saints Evangiles dans les mains du Notaire, qu'il se repentoit d'avoir fait le premier Testament, & qu'il ne se souvenoit point des paroles de la clause dérogatoire, qu'il vouloit qu'elles fussent tenuës pour exprimées, & que ce Testament fût fait valable. *Voyez Guy Pape, quest. 127. & 128.*

155. Le Testateur peut en son Testament apposer clause dérogatoire, pour éviter qu'il ne soit seduit à faire autre Testament contre son gré. Arrêt du Parlement de Grenoble en 1461. *Bibliot. de Bouchel, verbo Testament.*

156. Un Testateur ayant apposé pour clause dérogatoire, *l'entendez-vous bien*, & révoqué tout Testament, où cette clause manqueroit. Par Arrêt du 20. May 1580. fut un Testament subsequent, portant revocation de tous autres, déclaré nul, la clause speciale, *l'entendez-vous bien*, n'y étant pas. *Papon, liv. 20. tit. 1. n. 4. & 5. & Chopin sur la Coûtume d'Anjou, liv. 3. ch. 2. tit. 4. art. 16.*

157. Le second Testament étant fait en faveur des enfans, est valable, bien que la clause dérogatoire apposée au Testament précedent, ne soit révoquée par exprés. Arrêt du 15. Janvier 1582. *M. Expilly, Arrêt 79. Voyez de la Guess, tome 2. liv. 8. ch. 10.* où vous trouverez un Arrêt du 29. May 1666.

158. *Bartolus in L. si quis in principio de legat. 3.* tient qu'il faut exprimer au second Testament la clause dérogatoire du premier. *Salycetus in L. Savinius. C. de testam.* tient que s'il y a seule ignorance ou oubly des dérogatoires le Testateur y peut déroger generalement suivant ladite loy; mais si c'est un homme de condition, & qu'on ne puisse pas presumer qu'il ait oublié, il faut speciale dérogation. *L. divi. §. licet de jure Codicil.* Arrêt de la Fête de l'Assomption 1593. qu'il suffit qu'il soit fait expresse mention au second Testament du premier, du jour, du Notaire, & de l'heritier, *La Rochestavin, liv. 6. tit. 78. Ar. 5.*

159. Arrêt prononcé le 14. Août 1596. où il est traité de l'effet des clauses dérogatoires, inserées en Testament pour servir de précaution contre les suivans & posterieurs; jugé que le premier Testament contenant clause dérogatoire, est valablement revoqué par le dernier, bien qu'il ne contienne point expression de la clause *in manibus tuas & catera*, inserée dans le premier, parce que le dernier portoit revocation du Testament qu'il avoit fait un tel jour, ayant marqué précisément le jour & le nom du Notaire qui avoit reçû le Testament premier, & le nom des heritiers instituez en icelui. *Voyez Mainard, liv. 10. ch. 2. & le 2. plaidoyé de Puimisson.*

160. Les clauses dérogatoires apposées aux Testamens des autres Testamens qui pourroient être faits, par aprés ne s'étendent pas aux contrats ni donations entre-vifs, aprés faites & duëment insinuées, lesquelles prévalent ausdits testamens, contenant telles clauses dérogatoires. Arrêt du 6. Mars 1608. *La Rochestavin, liv. 6. tit. 78. Arr. 5.*

161. La clause dérogatoire a plus d'effet pour les enfans contre les étrangers, que pour les étrangers contre les enfans; car en premier cas il faut qu'elle soit expressément & précisément révoquée, si un étranger est institué au préjudice d'un fils ou d'un parent. Arrêt du Parlement de Grenoble du mois de May 1609. rapporté par *Chorier en sa Jurispr. de Guy Pape, p. 157.*

162. Un Testateur ayant dit & inseré ces mots en son Testament, *afin que l'on ne suppose autre testam.t pour révoquer le premier, je veux qu'on n'y ait point d'égard*, si certaines paroles n'y étoient; jugé par Arrêt du Parlement de Bourgogne du 29. May 1612. que la Déclaration depuis faite par le Testateur pardevant Notaire, & en présence des témoins, qu'il révoquoit toutes dispositions qu'il pourroit avoir faites cy devant, desirant de mourir *ab intestat*, & de laisser sa succession à ceux ausquels elle pouvoit appartenir, suffit pour annuller le premier Testament. *Bouvot, tome 2. verbo Dérogation, quest. 2.*

163. Dernier Testament holographe d'un mary fort âgé, au profit de sa femme qui étoit jeune, déclaré nul pour n'avoir repeté la clause dérogatoire, inserée dans un précedent Testament, que le Testateur vouloit être écrite de sa main dans les posterieurs. Arrêt du 1. Février 1618. *Bardet, tome 1. liv. 1. ch. 11.* le Testament étoit soupçonné de suggestion; d'autant plus qu'il portoit une substitution en faveur de l'enfant qui naîtroit du second mariage de la femme.

164. Clause dérogatoire que le testateur ne puisse faire Testament ni donation simple sans faire mention d'icelle, n'empêche pas qu'il ne puisse faire une donation remuneratoire. *Cambolas, liv. 6. chap. 35.*

165. Le 21. Juillet 1623. il a été jugé que quelquefois, & par des circonstances particulieres, le dernier Testament révoquoit le premier, auquel il y avoit une clause dérogatoire, bien qu'au dernier Testament il n'y eût que la clause generale, par laquelle la Testatrice révoquoit tous les Testamens, sans faire mention de la clause dérogatoire ni du Testament dans lequel elle étoit couchée. *Ibidem, liv. 5. ch. 4.*

166. Par Arrêt du mois de Mars 1625. il a été jugé qu'un Testament dans lequel il n'étoit point fait mention d'un autre fait dix années auparavant, ne peut subsister nonobstant l'espace de temps de dix années. *Ibid.*

167. Testament avec clause dérogatoire, n'est révoqué par un posterieur qui ne la repéte, & les legs pieux contenus au dernier, ne sont pas valables. Jugé au Parlement de Paris le 30. Juillet 1614. *Bardet, tome 1. liv. 2. chap. 26.*

168. Testament fait par un frere au profit de son frere avec clause dérogatoire, par laquelle il dérogeoit à tous autres Testamens, si la clause ne s'y trouvoit exprimée de mot à autre. Quatre années aprés le Testateur est blessé à mort, & pendant la maladie il fait un autre Testament, par lequel il institué sa sœur son heritiere, avec révocation de tous autres Testamens, même du premier, nonobstant la clause dérogatoire y contenuë, de laquelle il ne se souvenoit plus. Jugé le 19. Juin 1627. que le second Testament étoit bon & valable. *Henrys, tome 1. liv. 5. chap. 2. q. 9. & q. 13.* Voyez *Des Maisons, lettre T. nombre 10.* où il y a Arrêt du 14. Juillet 1664.

169. Testament en faveur de l'un des enfans avec clause dérogatoire, n'est révoqué par un posterieur au profit d'un autre enfant, sans faire mention de la clause. Arrêt du 11. Mars 1633. *Bardet, tome 2. liv. 2. ch. 15.*

170. Arrêt du 4. Juin 1635. qui appointe pour sçavoir si l'omission d'une clause dérogatoire, peut annuller un Testament posterieur confirmé par un Contract de mariage? *Ibidem, liv. 4. ch. 18.* La Sentence de Poitiers avoit confirmé le dernier Testament.

171. Sur la question de sçavoir lequel de plusieurs Testamens contenans clause dérogatoire, les autres n'en faisant aucune mention, doit être executé; Arrêt du 11. May 1640. qui confirme un sixiéme Testament olographe, par lequel le sieur Baron de Couches institué son heritier universel, avec clause de substitution, le Sieur Comte de Commarin & son fils, qu'il avoit tenu des Fonds Baptismaux six mois auparavant. *Sœve, to. 1. Cent. 1. ch. 19.*

172. Le 20. Mars 1641. au Parlement de Toulouse, jugé pourvû que le Testateur dans son second Testament, exprime qu'il révoque le premier, il est suffisamment révoqué. Un homme par son Testament en faveur d'un autre qu'il disoit être son parent, l'avoit

institué pour ses bons services ; il avoit mis pour clause dérogatoire ces mots, *Dieu soit à mon aide*. Dix mois après, il avoit fait un second testament, sans répeter cette clause, il avoit fait heritier son neveu, qui étoit aussi son filleul, ayant dit seulement qu'il révoquoit ses précedens Testamens, & particulierement celui qui avoit été retenu par tel. Notaire, sans dire le nom de l'heritier, lequel Testament étoit celuy où ce prétendu parent avoit été institué ; il y eut beaucoup d'avis contraires à cet Arrêt. *Voyez* Albert, verbo, *Clause dérogatoire*.

173. Il faut faire mention de la clause dérogatoire en termes spécifiques, & il ne suffit de révoquer tous Testamens, même ceux contenans en clause dérogatoire. Arrêt du 15. Juillet 1641. le premier Testament étoit au profit d'une sœur ; celuy qui le révoquoit en termes generaux, étoit au profit d'un cousin. *Soëfve*, tome 1. Cent. 1. chap. 45.

174. Le 11. Janvier 1644. il fut jugé au Parlement de Toulouse que le Testament de la Demoiselle de Mastre n'étoit pas révoqué par un second, où la clause dérogatoire n'étoit pas répetée. Même Arrêt en 1645. quant au Testament d'un Meûnier, en faveur de la femme d'un nommé Robert ; il fut décidé que la clause doit être révoquée *in individuo*, quoyque le Testament fût specifié ; & le 30. Juillet 1661. il fut jugé de même contre un nommé Perié, en faveur de Vezes Marchand, institué heritier dans le Testament de Jouve Patissier ; c'est l'opinion de la plûpart des Docteurs. M. Duvair rapporte, aussi un Arrêt, dans lequel la clause dérogatoire étoit, *mon Dieu, la femme que vous m'avez donnée m'a fait faire* : Neanmoins il y a des cas ausquels la clause dérogatoire n'a point d'effet contre le Testament, comme lors qu'il y a long-temps que le Testament où elle se trouve a été fait ; ainsi jugé le 7. Decembre 1651. & que par l'espace de vingt ans la clause dérogatoire perd son effet ; la raison est qu'il est difficile après un si long-temps de s'en souvenir. *Albert, verbo, Testament, art. 14*.

175. M. l'Evêque Dupuy ayant fait un Testament holographe en 1633. avoit legué 6000. livres à Damoiselle Jacqueline de Serres, avec cette clause, *qu'il cassoit tous ses Testamens posterieurs au cas qu'ils ne fussent pas signez, & qu'il n'y eût à chaque page ces mots, Just. de Serres, Evêque Dupuy, Comte de Velay*.) En 1641. il en avoit fait un autre, où il ne luy leguoit que 100. liv. sans specifier la clause dérogatoire *in specie*, ou *in individuo* ; il est vray qu'il y avoit une clause au fond du Testament, portant que le Testateur ne se souvenoit pas de la clause dérogatoire qu'il avoit inserée en son premier Testament, malade ; mais elle étoit signée par le Notaire seul sans témoins, & écrite d'autre encre que le corps de l'Acte. Par Arrêt du Parlement de Toulouse du 18. ou 19. Janvier 1645. la Dame de Serres perdit son legat. *Ibidem*.

176. Faute de révoquer expressément une clause dérogatoire mise dans un Testament, il subsiste au préjudice du dernier qui ne contient pas cette révocation spécifique. Arrêt rendu au Parlement de Grenoble le 16. May 1645. *Basset*, tome 1. liv. 5. tit. 2. chap. 2. Il cite d'autres Arrêts des 30. Juillet 1630. 3. Juillet 1647. & 10. Juillet 1654.

177. De la validité d'un Testament fait par un jeune Gentilhomme au profit des enfans de son Procureur Fiscal, qui avoit été son Curateur ; & que ce Testament contenant une clause dérogatoire, avoit pû être révoqué par un posterieur, fait en faveur de ses heritiers collateraux, sans faire mention de la clause dérogatoire. Arrêt du 7. Août 1647. qui ordonna l'execution du premier Testament. M. Talon, Avocat General, déclara ne pouvoir prendre de Conclusions, pour la difficulté qui se rencontroit dans cette affaire. *Soëfve, tome 1. Cent. 2. chap. 42*.

178. Une femme fait son Testament au profit de ses heritiers, avec la clause de *Jesus Maria, &c*. Quelque-temps après, elle âgée d'environ 72. ans, fait un autre Testament au profit de son mary. La clause dérogatoire n'y est point énoncée, mais seulement par equivalence : le premier Testament & Codicile executez. Jugé le Jeudy 19. May 1650. *Du Frêne, livre 3. chapitre 80*. Voyez Brodeau sur M. Louet, lettre T. somm. 9. il remarque trois limitations à la clause dérogatoire.

179. Arrêt du P. d'Aix du 19. Decembre 1652. qui a jugé qu'un Testament fait en faveur des enfans mâles, n'est pas révoqué valablement par un posterieur, en faveur des filles, par la clause generale de révocation, il faut la clause speciale de dérogation. *Boniface, tome 2. liv. 1. tit. 4. chap. 3*.

180. La clause dérogatoire inserée dans un Testament, n'empêche pas toûjours qu'on ne puisse déroger au premier, quoyqu'elle ne soit pas répetée dans un second. Jugé le 12. Mars 1654. *Des Maisons, lettre C. nomb. 11. & lettre T. n. 10*. Voyez Du Frêne, livre 7. chapitre 35. qui rapporte le même Arrêt.

181. Jugé le 14. Janvier 1656. qu'un Testament contenant cette clause dérogatoire, *Sainte Marie mere de Dieu, priez pour nous maintenant, & à l'heure de nôtre mort*, n'avoit pas pû être révoqué par un autre fait six semaines après, quoyque la Testatrice eût dit qu'elle revoquoit un Testament fait quelques jours devant, contenant une clause dérogatoire dont elle ne se souvenoit point. On présuma que ces mots n'étant pas faciles à oublier puisqu'ils composent une priere ordinaire, le dernier Testament avoit été suggeré par le mari. *Soëfve, tome 2. Cent. 1. ch. 8*.

Testament entre enfans contenant clause dérogatoire, n'est point revoqué par le Testament subsequent entre enfans, si la clause n'est point exprimée. *Brod. lit. T. n. 9*.

182. Arrêt du 13. Decembre 1661. Présidant Monsieur le Premier, plaidans Grenier & Dalon. Feu Pierre Gazin par son Testament de l'année 1656. institua Marie Ganteille sa femme son heritiere universelle, dans lequel il met une clause dérogatoire, *in manus tuas, &c*. Au mois de Novembre de l'année 1659. il fait un second Testament holographe, dans lequel il repete en individu ladite clause, & en appose une autre, & donne & legue à ladite Ganteille la somme de sept mille livres, & institue ses heritiers universels, les nommez Pigenat & Bazin ; le premier son cousin germain, & l'autre son parent en degré éloigné. Le second Testament n'est suivi d'aucun acte de clôture, ni signé d'aucun témoin. Au mois de Juin 1660. ce même Testateur fait un troisième Testament étant malade de la maladie dont il decéda, dans lequel il donna & legua à ladite Ganteille la somme de dix mille livres, & institua ses heritiers universels lesdits Pigenat & Bazin, sans faire aucune mention du premier Testament, ni de la clause dérogatoire apposée dans icelui. La Cour confirma le premier Testament, & ajugea l'heredité à ladite Ganteille. Deux choses furent jugées par cet Arrêt, l'une que le Testament holographe étoit de nul effet entre étrangers ; l'autre que bien que les heritiers instituez fussent des proches, il falloit repeter la clause dérogatoire dans le Testament. *La Peirere, lett. T. nomb. 34*.

183. Arrêt du 23. Juin 1660. qui a jugé que pour révoquer un Testament *inter liberos*, il faut une revocation spéciale, non generale quand il y a clause dérogatoire. *Boniface, to. 2. li. 1. tit. 4. ch. 2*.

184. Jugé au Parlement d'Aix le 10. Mars 1662. qu'un Testament fait en faveur des enfans n'est pas valablement revoqué par un Testament posterieur qui n'a que la clause generale de revocation, il faut la clause speciale. *Ibid. ch. 1*.

185. La clause dérogatoire n'est censée apposée du consentement d'un Testateur villageois, ou d'une mineure. Arrêt du Parlement de Grenoble du 5. May 1663. *Basset, to. 1. li. 5. tit. 2. ch. 3*.

Vuuu iij

186. De la clause dérogatoire, apposée dans un Testament, suivi d'un autre, par lequel on prétendoit que cette clause n'avoit point été suffisamment revoquée. Comme le dernier Testament étoit en faveur des sœurs de la défunte heritieres instituées. M. l'Avocat General Talon conclut en leur faveur. Arrêt du 14. Juillet 1664. qui appointe. *Soëfve, tome 2. Cent. 3. chap. 10.*

187. Si un Testament contenant une clause dérogatoire peut être revoqué par un posterieur, écrit & signé de la main du Testateur sans revocation expresse de la clause? M. Talon Avocat General conclut pour l'affirmative. Arrêt du 8. Août 1665. qui appointe la cause au Conseil. *Ibid. ch. 60.*

188. Arrêt du Parlement d'Aix du mois de Février 1666. qui a déclaré qu'un testament fait avec clause dérogatoire, avoit été valablement revoqué par un autre testament fait huit ans après qu'il n'avoit qu'une revocation generale de tous les Testamens. *Boniface, to. 2. li. 1. tit. 4. ch. 5.*

189. Arrêt du premier Juin 1666. qui a jugé qu'un Testament contenant clause dérogatoire, avoit été valablement revoqué par un posterieur, contenant une clause speciale de revocation, & une expression par la Testatrice qu'elle n'étoit memorative de la clause dérogatoire. *Ibid. ch. 4.*

190. Le Testament contenant une clause dérogatoire n'est revoqué par un posterieur fait quatre ans après, sans clause speciale de revocation. Arrêt du 11. May 1671. *Idem, to. 5. li. 1. tit. 14. ch. 1.*

191. Cause dérogatoire du premier testament n'a point d'effet, si dans le Testament suivant le Testateur dérogeant generalement à ladite clause, declare qu'il ne se souvient pas de la teneur d'icelle. 2. Ou si la clause étoit longue & embrouillée. 3. Ou s'il y avoit long-temps de la faction du premier Testament. 4. Ou si le second étoit fait à l'article de la mort. *Mainard, lib. 5. ch. 20. Guy Pap. quest. 117. vid. Ranchin, ibid. vid. Faber, C. de testament. def. 9. 10. cont. Ferrer. simpliciter non habere effectum, quest. 117. 1. id. Loüet & Brod. lit. T. n. 9. & eum vid. vid. Clar. §. testamentum, quest. 99. id. Faber. C. de testam. si adsuerit causa probabilis mutanda voluntatis prioris, vid. Graff. §. Testamentum, quaest. 89. ubi de juramento, vid. Mainard, lib. 10. ch. 1. 1.* La Peirere, *lettre* T. *nomb.* 55. dit, je fais difficulté en ce premier chef, parce qu'il est facile de faire dire au Testateur qu'il ne se souvient pas de la clause. Il rapporte l'Arrêt rendu au Parlement de Bourdeaux le 5. Decembre 1667 Président Monsieur le Premier, plaidant Poictevin & Romat: jugé que la clause dérogatoire contenuë dans un premier Testament avoit été suffisamment revoquée par la déclaration que le Testateur qui étoit un jeune Novice Cordelier avoit faite avant sa profession dans un second Testament, qu'il revoquoit le Testament precedent par luy fait dans le temps de son entrée au Noviciat, & c'est dans ce premier Testament que ladite clause étoit inserée.

192. Un premier Testament portant une clause dérogatoire, ne peut être revoqué par un second, que par la repetition *in terminis* de cette clause; dans ce second testament il y avoit quelques circonstances particulieres. Jugé à Paris sur un appel de Lyon le 18. Juillet 1673. *Journal du Palais. Voyez Du Frêne; li. 3. chap. 80.* où il rapporte deux Arrêts, l'un du 15. Juillet 1641. l'autre du 19. May 1650. *Peleus. quest. 38.* en rapporte un du 20. May 1696. *Carondas, li. 12. Rép. 47.*

193. Arrêt du Parlement de Grenoble du 26. Mars 1676. contre la Dame de Blanis, qui a jugé qu'une simple revocation de tous autres Testamens suffisoit contre un précedent, où il y avoit une clause dérogatoire qui ne consistoit qu'en ces deux mots, *Jesus Maria*. *Chorier, en sa Jurisprudence de Guy Pape, p. 157.*

194. La repetition d'une clause dérogatoire inserée dans un premier testament fait par un mineur en Auvergne, n'est pas absolument necessaire dans un second; la revocation generale suffit: il est vray que la mere instituée en tous les biens par le premier Testament, dans le second ne l'étoit qu'en usufruit, dont elle s'étoit contentée. Jugé à Paris le 15. Avril 1680. *Journal du Palais.*

195. En 1656. une fille fait donation à sa mere à cause de mort, de tous ses biens; la même fille en 1659. fait un testament par lequel elle institue sa mere en sa legitime, & Jacques son frere au surplus de tous ses biens, avec une clause dérogatoire: ensuite elle fait un acte par lequel elle ratifie sa donation de 1656. avec une revocation generale, sans exprimer la clause dérogatoire, & fait Profession: la mere passe en secondes nôces; le Curateur des enfans demande compte. Transaction en 1661. sur leurs differends: en 1662. Jacques ratifie la transaction, & sans avoir connoissance du Testament de sa sœur Religieuse: en 1668. il fait son Testament, institue sa mere en la legitime, & laisse tous ses biens à Marc son frere. Arrêt au Parlement de Dijon, qui ordonne que le Testament de la Religieuse fait au profit de Jacques son frere, sortira effet, sans restitution de fruits. Jugé le 18. Juillet 1681. *Journ. du Palais.*

196. Si le Testament fait en faveur des heritiers du sang, contenant une clause dérogatoire, doit être revoqué par un posterieur fait en faveur des étrangers 15. ans après, contenant simplement la clause generale de revocation? Arrêt du Parlement d'Aix du 19. Janvier 1681. qui confirma le premier Testament, & revoqua le dernier, que la testatrice n'avoit point signé; le Notaire ne disoit pas ne l'avoir interpellée de le faire, mais exprimoit seulement qu'elle étoit illiterée. *Boniface, tome 5. liv. 1. t. 14. ch. 2.*

197. Un pere avoit fait sa fille unique & un étranger ses heritiers par un Testament, avec clause dérogatoire; depuis il en fit un autre où sa fille étoit seule heritiere portant revocation simple du premier. Par Arrêt du P. de Grenoble du 15. Janvier 1681. le dernier a été entretenu au préjudice du coheritier nommé par le premier. *Voyez Chorier en sa Jurisprudence de Guy Pape, p. 157.*

198. Une Testatrice dans un premier Testament legue 1000. liv. aux Augustins pour un Obit, avec la charge d'un service perpetuel, institue un petit fils, substitué un autre petit fils avec clause dérogatoire. Dans un second Testament elle leur legue 800. l. pour un Obit, avec la charge d'un service perpetuel, fait le même heritier, substitué le même, revoqua le precedent Testament & clause dérogatoire, sans revoquer expressément le legs de 1000. liv. contenu au premier. L'heritier menaçant de repudier, attendu la petite portée des biens, le Syndic des Augustins, sous deliberations precedentes reduit ce legs à 600. liv. que l'heritier s'oblige de payer; cet heritier ayant en effet posterieurement repudié l'heredité, les Augustins demandent cassation de cette transaction, les deux legs de 1000. liv. & de 800. liv. Le substitué dit qu'il doit joüir de l'effet de la transaction passée avec l'heritier; en tout cas qu'il doit en être quite en payant 800. liv. Par Arrêt du Parlement de Toulouse au mois de Septembre 1691. les Augustins furent restituez envers la transaction, & neanmoins le substitué n'est condamné de leur payer que le legs de 800. liv. contenu dans le second Testament, par la raison que le premier étant repeté & renouvellé dans le second en tous ses chefs, excepté le legs pieux fait aux Augustins, la revocation de ce premier Testament contenuë dans le second, ne pouvoit tomber précisément que sur le legs fait aux Augustins dans ce premier Testament, legs qu'il paroissoit sensiblement que le Testateur avoit voulu diminuer de la revocation du premier Testament, & encore mieux

par la révocation de la clause dérogatoire y contenuë. *M. de Catellan, liv. 2. chap. 1.*

TESTAMENS CLOS.

199 *De testamento clauso in separatâ membranâ.* Voyez Stockmans, *Decis.* 14.

200 *Testamentum conditum cum solemnibus loci ubi scribitur, effectum habet quoad bona alibi sita.* Voyez *ibid. Decis.* 9.

201 *Testamentum non clausum continens solemnia, in Epistographo seu aversâ paginâ, an validum?* V. Stockmans, *Decis.* 11. où il dit, *probatum fuit testamentum ubi testator totum manu suâ perscripserat, & deindè non in aversâ, sed in interiore paginâ non prajectum signari fecit à Tabellione & Testibus hac formâ, declaro quod in hâc chartâ scripsi, meum esse testamentum cui nunc coram vobis subscribo*: in Junio 1653. in causâ *P. P. Minimorum contrà Colonel Broucq.*

TESTAMENT, COLERE.

202 Des Testamens faits en colere. *Voyez Henrys, to. 2. liv. 6. quest. 7.*

203 *Testamentum à matre iratâ factum, quo pauperibus & collegio quod auferri liberis cuperet, erogaverat, damnavit Senatus mense Junio 1587.* Mornac, *L. antepenult. §. 1. mulier ff. de probationibus.*

204 Révocation d'un Testament holographe fait *ab iratâ matre,* jugée suffisante en faveur de la fille, par une simple déclaration de la mere agonisante au Curé qui l'interrogeoit, quoyque non signée de la Testatrice. Arrêt du 15. Juin 1617. *Bardet, tome 1. livre 1. chapitre 3.*

205 *Voyez* le 17. Plaidoyé de *M. Gaultier, tome 1.* au sujet du Testament d'un ayeul ; dont l'interdiction avoit été poursuivie par ses filles, l'on jugea que c'étoit un Testament fait *ab irato patre,* qui ne pouvoit subsister. Arrêt du 16. May 1640.

206 Testament holographe fait dans la chaleur de la colere, & où il y a des injures contre les proches, étoit nul. Arrêt du 3. Mars 1653. *Du Frêne, livre 7. chapitre 19.*

207 Testament fait en faveur de l'un des enfans, au préjudice des autres, par une mere en colere contre lesdits enfans, déclaré bon & valable, par Arrêt du 24. Avril 1662. Il y avoit preuve que les enfans avoient maltraité leur mere, qui pouvoit même les exhereder. *Soefue, tome 2. Cent. 2. ch. 62.*

208 La preuve de la haine injuste d'un pere contre ses enfans d'un premier lit, annulla son testament holographe, & la Cour ordonna que les parties viendroient à partage avec les enfans du second lit, que la veuve rendroit compte des effets de la communauté d'entr'elle & son défunt mary : jugé à Paris le 11. Septembre 1676. *Journal du Palais.*

209 Arrêt du Parlement d'Aix du 5. Decembre 1686. qui a jugé qu'un frere ne peut faire casser le Testament fait par un frere en colere, *nisi turpis persona sit instituta.* Boniface, *to. 4. liv. 1. tit. 4. ch. 1.*

210 Un Testament fait de ce que la Coûtume permet de tester, vaut, quoiqu'il paroisse que le Testateur l'ait fait en haine de ses parens, qui cependant ne se plaignent pas, la disposition étant faite en faveur d'Hôpitaux. Arrêt du Parlement de Paris du 5. Juillet 1689. *Au Journal des Aud. to. 5. liv. 5. ch. 23.*

211 Un Testament n'est pas valable, lorsqu'il paroît que le Testateur l'a fait étant irrité contre ses enfans & heritiers, & qu'il y a d'ailleurs des marques de foiblesse d'esprit. Jugé en la Grand'Chambre du Parlement de Paris le 23. Mars 1694. *Journal des Audiences, tom. 5. liv. 10. ch. 7.*

TESTAMENT, COLLATERAUX.

212 Le Testateur où il n'y a point de representation en ligne collaterale, ne peut rappeller les enfans de son frere decedé pour succeder avec ses freres. Arrêt à Pâques 1567. *Peleus, quest.* 29.

213 Biens donnez par Testament, ou entre-vifs à un collateral avec substitution, ne peuvent être chargez de dot ou de doüaire de la femme du donataire. Arrêt du 17. Mars 1584. *Peleus, qu.* 41.

214 Arrêt du 15. Decembre 1626. qui confirme un Testament fait avec éloge contre des collateraux. M. Bignon Avocat General, dit que c'étoit plûtôt une infirmité de la nature qu'une nullité au Testament. *Bardet, tom. 1. liv. 2. ch.* 44.

TESTAMENT, COMMISSAIRES.

215 Arrêt du Parlement de Paris du 12. May 1635. portant défenses aux Commissaires de retenir les Testamens, ni d'en délivrer aucunes grosses. V. *les Chartres des Notaires, chap. 7. p.* 470.

216 Autres Arrêts des 23. Mars & 16. Decembre 1647. portant que le Testament dont un Commissaire s'étoit saisi, seroit par luy délivré és mains de l'un des Notaires du Châtelet, & défenses aux Commissaires de contrevenir aux Arrêts & Reglemens : même Arrêt le 15. Septembre 1660. *Ibid. p. 497. & 507.*

TESTAMENT DU CONDAMNÉ.

217 Du Testament fait par un homme condamné à mort par contumace. *Voyez* le mot *Banni, &* le mot *Condamné, nomb. 42. & suiv.*

218 La condamnation à la mort naturelle ou civile, renduë contradictoirement, révoque le testament fait auparavant. *Voyez Duperier, liv. 2. quest. 4.*

219 En l'année 1571. un homme condamné pour avoir volé & assassiné, fait son testament par la permission du Juge, institue ses freres & sœurs, & laisse au Convent des Augustins 200. liv. pour prier Dieu pour son ame : en consequence les Augustins font condamner un debiteur du défunt, par le Senechal de Toulouse. Appel au Parlement, M. le Procureur General s'oppose à l'execution faire par les heritiers & les Religieux. 1. moyen que les condamnez à mort ne peuvent tester 2. que par la Coûtume generale de France qui confisque le corps, confisque le bien. Par Arrêt du 23. Decembre 1580. le Procureur General du Roy reçu opposant, tous les biens du condamné à luy appartenans au jour de son décès, acquis & confisquez au Roy, distraits les frais faits par lesdits heritiers, ensemble la somme de 200. liv. laquelle pour aumône la Cour a ajugée ausdits Religieux, afin de prier Dieu pour l'ame de ceux qu'il avoit tuez. *La Rochestavin, liv. 4. lettre T. tit. 5. Arr.* 16.

220 Par Arrêt donné à Tours le 28. May 1591. jugé qu'un nommé Vauguerin après avoir été condamné par Arrêt à mort, n'avoit pû disposer de ses biens par Testament au profit de ses sœurs, ni d'autres, au préjudice de ses vrais heritiers en la Terre de Vauguerin en la Coûtume de *Tours,* où confiscation n'a point lieu. *Bibliotheque de Bouchel, verbo Testament.*

221 Jugé que M. de S. Preüil condamné à mort, avoit pû tester par la permission du Roy. *Voyez le 9. Plaidoyé de M. Gaultier, to.* 1.

222 Le condamné à mort par défaut, n'est pas capable de faire testament ni de succeder. Arrêt du 4. Juin 1632. *M. d'Olive, liv. 5. chap.* 7.

223 Testament d'une ayeule au profit de ses petits enfans, (issus du mariage de sa fille avec un ravisseur condamné à mort par coutumace,) à la charge que leur pere n'en pourra prétendre l'usufruit, est confirmé contre luy, & une autre fille de la testatrice. Arrêt du 3. Juillet 1642. *Bardet, te. 2. li. 9. ch.* 16.

224 La preterition d'un fils, quoyque condamné à mort par coutumace rend le testament du pere nul, même pour les legs, le fils s'étant depuis justifié. Jugé le Jeudy 3. May 1646. *Du Frêne, liv. 4. ch.* 40.

Un Gentilhomme de Languedoc prévenu de meurtre & condamné par défaut, avant les 5. ans expirez se rend dans les prisons d'Orleans à l'entrée de l'Evêque, & suivant le privilege prétendu par ce Prelat d'accorder des Lettres d'abolition à tous ceux qui se trouvent dans les prisons de la Ville à son entrée, ce prévenu ayant été oüi, obtient ses Lettres d'abolition ; sorti de prison, il entre dans le service, & neglige de purger sa coutumace. Son frere aîné obtint du Roy le don de la confiscation de ses biens, & après les 5. ans ce prevenu meurt, laissant par un testament fait après le même terme, tous ses biens à un frere puîné. Celuy-cy demande au fils de l'aîné détenteur des biens, comme aîné de la maison après la mort de son pere, & comme ayant la confiscation qu'il a trouvée dans sa succession; il luy demande la legitime paternelle, & les droits maternels du prevenu. Le frere prétend que le Testament est bon, à cause des Lettres d'abolition. Par Arrêt rendu au Parlement de Toulouse après partage, au mois de Décembre 1686. il fut jugé que les Lettres d'abolition de l'Evêque d'Orleans, & la remise & l'audition du prévenu, ne l'avoient point justifié ni purgé sa memoire. On reserva seulement au frere puîné de purger la memoire du défunt, sans décider d'avance si le Testament seroit bon, au cas que la memoire fût purgée. On renvoya à décider après la justification de la memoire, si la succession devoit être ajugée aux heritiers *ab intestat*, comme le Testament n'étant pas bon, fait dans la coutumace, ou à l'heritier testamentaire, comme le Testament étant valable par la justification. *Voyez M. de Catellan, liv. 2. ch. 101.*

TESTAMENT, CONDITION.

225 *Conditio morandi Belnæ, pro non scriptâ habita est, testamentum erat de Joanne du May, nato in oppido Belnæ, &c.* Arrêt du 3. Juillet 1614. *Mornac, leg. 12. C. de usufructu & habitat.*

TESTAMENT, CONJONCTIVE.

226 Plusieurs conjonctives dans un Testament ne peuvent jamais être converties en disjonctives pour avoir toutes effet. Arrêt du Parlement de Grenoble du 20. Mars 1670. pour le sieur de Lauberiviere, Maître aux Comptes, contre l'Hôpital de Romans. La cause fut celebre. *Voyez Chorier, en sa Jurisprudence de Guy Pape, p. 220.*

TESTAMENT, CONTRAVENTION.

217 Qui contrevient à la volonté du testateur, ne peut joüir du legs. *Voyez Peleus, q. 143.*

228 Un testateur avoit ordonné que si ses heritiers contestoient ses volontez, il entendoit que tout son bien appartint au Roy. Grand procez entre les heritiers; le fisc demande que la peine soit encouruë, & les biens acquis au Roy. Arrêt du Parlement de Paris du 4. Avril 1329. *Corbin, suite de Patronage, ch. 26.*

TESTAMENT, CONVENT.

229 On ne peut tester au profit d'un Convent dont un Religieux a été le Confesseur de la testatrice. Arrêt du 9. Juillet 1657. *De la Guess. to. 2. liv. 1. chap. 19.*

TESTAMENT, DISPOSITIONS DES COUSTUMES.

230 *Testamentum secundùm consuetudinem loci factum, an ubique valiat?* Voyez *Andr. Gaill. lib. 2. obser. 123.*

231 *Consuetudo vel statutum de rebus vel personis disponens, an extra territorium extendatur?* Voyez *ibidem, observat. 124.*

232 Comment peut tester celuy qui a des biens en diverses Coûtumes, dont l'une permet de tester d'une façon, & l'autre d'une autre façon? *Coquille, tome 2. quest. 227.*

233 En ce qui concerne la forme du Testament, & la validité d'iceluy, il faut considerer le lieu où il a été passé. 2. Mais en ce qui concerne la forme de succeder, il faut considerer le lieu où les biens sont situez. *Brod. lit. C. n. 42. vid. Guy Pap. qu. 261. id. Bacquet justi. chap. 21. n. 323. in donatione 1. id. Mantic. lib. 6. tit. 8. n. 14. id. Bacquet, aubaine, chap. 20. n. 1. id. ubi mobilia sequuntur domicilium id. Mornac ad L. 6.§. de eviction. a. id. Chopin. Paris. lib. 2. tit. 4. n. 2. 1. id. Molin. consil. 53. n. 9. & apud exteros 1. cont. Fachin. lib. 5. cap. 90. 91. 1. id, Maynard, lib. 5. chap. 92. & lib. 8. chap. 51. id. Grassus § Testamentum quæst. 54. n. 24. id. & apud exteros. Du Frêne, lib. 2. ch. 81. à toutes ces citations M. Abraham la Peirere*

en ses décisions du Palais, lettre T. n. 4. joint l'Arrêt qui suit.

Arrêt du Parlement de Bourdeaux du 20. Février 1664. Président Monsieur le Premier, plaidans Brandis & Mommejan, sur ce qu'un François voulant faire voyage en Espagne, fit un Testament contenant institution d'heritier, & étant en Espagne fit un autre Testament contenant autre institution d'heritier. Le testateur depuis décedé, l'heritier institué par le premier Testament joüit de l'heredité pendant plusieurs années, jusques à ce que le second Testament fait en Espagne ayant été découvert & rapporté, il fut debatu par le premier heritier de ce qu'il n'y avoit point clause codicillaire, & qu'il n'y avoit que six témoins. La Cour receut le fait posé par le second heritier, sçavoir, que par la Coûtume du lieu en Espagne, où le Testament avoit été fait, il y avoit assez de six témoins.

234 Aux Testamens on doit garder les solemnitez des Coûtumes où ils sont passez. *M. le Prêtre, 3. Cent. chap. 84.* Voyez *M. Loüet, & son Commentateur lettre C. som. 41. M. Bouguier, lettre T. nomb. 1.* où il y a Arrêt du 6. Août 1602.

235 Il faut observer la disposition de la Coûtume *ad unguem* pour les Testamens, *& non per æquipollentiam.* Jugé le 31. Janvier 1645. *Ricard, des Donations entre-vifs partie 1. chap. 5. section 6. n. 1511. & seqq.* Voyez *Peleus, qu. 27. & Brod. sur M. Loüet, let. R. somm. 52.*

236 Une clause contraire à la Coûtume ne vitie pas le Testament, mais elle est seulement vitiée. *V. Peleus, question 142.*

237 Si par Testament on peut déroger à la Coûtume? *Voyez les notables Arrêts des Audiences, Arrêt 44.*

238 Testament doit être fait selon la Coûtume des lieux où est le testateur, & non celle où les biens sont 239 situez. Arrêt du dernier May 1566. *Papon, liv. 20. tit. 1. n. 1.*

240 Le Testament fait suivant la Coûtume du lieu où l'on se trouve, est valable même pour les biens situez en d'autres Coûtumes. Arrêts du Parlement de Toulouse en 1568. & en 1598. *Maynard, li. 5. ch. 92.*

241 En païs coûtumier un pere testateur peut donner à l'un de ses enfans une sienne maison en recompense des autres enfans sur les biens de sa succession. Jugé le 4. Octobre 1569. *Peleus, qu. 19.*

242 Un testament fait suivant la Coûtume, où les statuts du lieu dans lequel il a été passé, est valable par tout. Arrêt du Parlement de Paris du 16. Juillet 1661. *Soëfve, to. 2. Cent. 2. chap. 44.*

243 Lorsqu'une Coûtume permet de tester d'une partie de ses biens, cette partie s'estime par proportion à tous les biens du testateur, quelque part qu'ils soient situez, pourvû qu'ils soient disponibles par Testament. Arrêt du Parlement de Tournay du 8. May 1697. rapporté par *M. Pinault; to. 2. Avr. 153.*

TESTAMENT, AMIENS.

244 Declaration portant confirmation de tous Testamens passés dans la Coûtume d'Amiens, dans lesquels les mots *(sani suggestion)* ne se trouvent point, &c. A Villeroy le dernier Juillet 1627. Reg. le 27. Août suivant.

245 La Coûtume d'*Amiens* veut que le Testament dans lequel les témoins sont employez, soit dicté, nommé, & releu en présence desdits témoins, & qu'il soit fait mention en iceluy, comme il a été ainsi dicté, nommé, & releu, mais il n'est pas necessaire de répeter que c'est en présence des témoins. Arrêt du 16. Janvier 1646. qui declare le testament valable. *Soëfve, tome 1. Cent. 4. chap. 86.*

TESTAMENT, BERRY.

246 Dans la Coûtume de *Berry*, un Testament secret écrit de la main du Notaire qui a receu l'acte de declaration, est valable. Jugé en 1634. *Bardet, tome 2. liv. 3. ch. 6.*

TESTAMENT

Testament, Bourbonnois.

247 Le partage fait par Testament par un oncle entre ses neveux & niéces au préjudice de ses freres & sœurs, est cassé, & les articles 305. & 306. de la Coûtume de *Bourbonnois* sont expliquez, & remis à partager les biens dudit oncle *ab intestat*. Jugé le 14. Août 1587. *Le Vest*, *Arrêt* 184.

Testament, Bourgogne.

248 Le Testament en *Bourgogne* sous signature privée, écrit d'une autre main que de celle du testateur, est nul. *Bouvot*, *to.* 1. *part.* 1. verbo *Testament*, *quest.* 2.

249 Si un Testament entre collateraux fait sous l'écriture & signature du testateur, avec declaration pardevant deux Notaires, est valable en la Coûtume de *Bourgogne*? *Voyez Bouvot*, *to.* 1. *part.* 3. verbo *Testament*, *quest.* 2.

250 Si un Testateur a disposé des biens qui sont en *Nivernois*, il faut regler la disposition suivant le lieu où sont assis les biens, & non selon le lieu du domicile du Testateur, où a été fait le Testament. *Voyez Bouvot*, *to.* 1. *part.* 1. verbo *Testament*, *quest.* 3.

251 Si en *Bourgogne* un Testament est valable, écrit par un Notaire, signé par le Testateur, clos, & avec declaration pardevant le même Notaire qui l'a écrit en présence de deux témoins que c'est son Testament? *V. Bouvot*, *to.* 1. *part.* 3. verbo *Testament*, *quest.* 4.

252 En *Bourgogne*, un Testament entre collateraux fait sous l'écriture & signature du Testateur avec declaration pardevant deux Notaires que c'est son testament, est nul, d'autant que la Coûtume requiert ladite declaration être faite pardevant un Notaire & deux témoins. Arrêt du Parlement de Dijon du 15. Juin 1602. *Bouvot*, *tome* 1. *part.* 3. verbo *Testament*, *quest.* 9.

253 S'il ne faut pas laisser la legitime aux vrais heritiers, quand le Testament se fait suivant l'ancienne Coûtume de *Bourgogne*, & non suivant la reformée? *V. Bouvot*, *to.* 1. *part.* 3. verbo *Testament*, *quest.* 10.

254 Si le Testament est bon & valable, étant fait selon la forme du lieu où il est fait, quoyque les biens soient situés en un autre lieu où la forme est differente? *V. Bouvot*, *ibidem*.

255 Un Testament secret & clos, écrit de la main d'un tiers, signé du Testateur, n'est valable. Arrêt du Parlement de Dijon du 5 Février 1682. & au mois de Janvier 1583. *Bouvot*, *to.* 2. verbo *Testament*, *quest.* 12.

256 En *Bourgogne* un Testament est valable, signé d'un Notaire & de deux témoins. Arrêt du Parlement de Dijon du mois de Janvier 1597. *Bouvot*, *to.* 2. verbo *Testament*, *quest.* 33.

257 Si la Coûtume est personnelle, ou réelle, & si le Testateur étant en une Province, où il est permis de disposer de ses biens, d'autres biens situés dans une autre Province où il n'est permis de disposer, comme si une femme de *Bourgogne* institué son mary en tous ses biens lesquels se trouvent situés en *Bourgogne* & à *Paris*, si telle disposition est valable, le mary & la femme s'étant reservez par leur Contrat de mariage le pouvoir de se donner ou disposer de tous leurs biens, ou de partie, comme bon leur semblera? *Voyez Bouvot*, *to.* 2. verbo *Testament*, *qu.* 62.

258 Ceux qui sont mariez hors la *Bourgogne*, y venans demeurer, ne peuvent faire Testament au profit l'un de l'autre, n'en ayant fait reservé par leur Contrat de mariage. Arrêt du Parlement de Dijon du 15. May 1612. *Bouvot*, *to.* 2. verbo *Testament*, *qu.* 74.

259 D'un Testament fait en la Coûtume de *Saint Quentin*, des biens assis en celle de *Bourgogne*, & quelle Coûtume il faut suivre pour la validité du Testament, ou de celle en laquelle il a été fait, ou de celle en laquelle les biens du Testateur sont situés?

Si l'institution d'heritier est necessaire pour la validité d'un Testament fait dans une Coûtume qui ne le requiert point, celle en laquelle les biens sont situés le desirant?

Et si la Coûtume ayant voulu que le Testateur soit tenu de laisser à ses vrais heritiers la legitime à titre d'institution, cela se doit entendre aussi bien des ascendans comme des descendans? Arrêt du 22. Août 1656. qui confirme ce Testament. Sous le nom de vrais heritiers on n'entend que les enfans & non les ascendans ni les collateraux, & il suffit de suivre la Coûtume où l'on reste. *Soëfve*, *to.* 2. *Cent.* 1. *ch.* 45.

Testament, Bourges.

260 En la Coûtume de *Bourges* qui veut en l'art. 4. titre des Testamens, que pour les dispositions faites entre les enfans ou pour causes pies les Censures civiles & canoniques soient gardées, le Testament d'un pere entre ses enfans de divers lits, écrit & signé de sa main, sans presence d'aucuns témoins, & quoyque les portions d'entre les enfans fussent fort inégales, a été declaré bon & valable le 27. Août 1607. *Af. le Prêtre*, *és Arrêts de la cinquiéme*.

Testament, Bresse.

261 Si le Testament fait en *Bresse*, païs de droit écrit, est valable, n'étant signé par les témoins quoyqu'ils sçachent signer? *V. Bouvot*, *to.* 1. *par* 1. verbo *Testament*.

Testament, Bretagne.

262 Nonobstant la Coûtume de *Bretagne*, la connoissance de la validité des Testamens esquels ceux de la Religion Prétenduë Reformée ont interêt, appartient aux Juges Seculiers. *Voyez les Décisions Catholiques de Filleau*, *Décision* 92.

Testament, Champagne.

263 En *Champagne*, le serf ne peut faire Testament de plus de cinq sols. Neanmoins par Arrêt du mois de Mars 1541. entre l'Abbé de Tournon, & les habitans de Prisse qui étoient simplement par autre Arrêt declarez hommes de main-morte & de servile condition de cet Abbé, qui, s'ils décedoient sans hoirs, leur succedoit, il fut dit qu'ils pouvoient tester. *Bibliotheque de Bouchel*, verbo *Serf*.

Testament, Maine.

264 Interpretation de l'article 455. de la Coûtume du *Maine*. Henriette & Catherine de Beauregard avoient donné par testament, étant âgées, l'une de dix-huit ans six mois, l'autre de dix-sept ans, tout ce qu'elles pouvoient donner à leur belle-mere. Les deux testamens executez. Appel. La Sentence infirmée en ce qu'elle avoit adjugé le tiers des propres paternels avec les fruits & revenus à leur belle-mere; au residu la Sentence sortissant effet. Jugé le 10. Mars 1682. *De la Guessiere*, *to.* 4 *l.* 5. *chap.* 8.

Coustume de Meaux.

265 Dans la Coûtume de *Meaux*, on ne peut exclure ses heritiers par Testament. Jugé le 23. Juin 1673. *De la Guessiere*, *tome* 3. *liv.* 7. *ch.* 12.

Testament en Normandie.

266 *Homme n'ayant enfans, peut disposer par Testament ou donation à cause de mort, du tiers de ses acquêts & conquêts immeubles à qui bon luy semble, autres toutefois que sa femme & parens d'icelle, pourvû que le testament ou donation soit faite trois mois avant le décés, & qu'il n'ait disposé dudit tiers entre-vifs.* Art. 422. de la Coûtume de *Normandie*. Cette prohibition de disposer des immeubles par testament est prise d'un ancien Arrêt de l'Echiquier de l'année 1246. rapporté par *Chopin*, *liv.* 1. *tit.* 1. *nomb.* 21. *de morib. Paris.* pour le Testament du Comte d'Auge, en l'Echiquier de Pâques tenu à Caën, *Basnage*, *ibid.*

267 Arrêt du Parlement de Roüen du dernier Juillet 1543. qui casse une donation faite à une Eglise à la charge de divin Service. La raison fut que la testatrice n'avoit survêcu que six semaines. Berault, sur l'art. 422. *de la Coût. de Normandie*.

268 Si un Bourgeois de Paris faisant son Testament à *Paris*, doit survivre trois mois à son testament pour le faire valoir à l'égard des biens situez en la Coûtume de *Normandie*, laquelle demande cette survie, ou si cette survie de trois mois n'est pas necessaire, con-

714 TES

269 formément en la Coûtume de Paris? Voyez le Journal du Palais in fol. tome 2. page 999.

La donation d'un propre peut être transferée sur les acquêts ou sur les meubles, quand il y en a, si cette donation est à la charge de dire des Messes & de faire des Services. Arrêt du Parlement de Roüen du 19. Juillet 1637. qui en faveur de l'Eglise de S. Hilaire fit valoir sur les meubles une rente de 30. livres qui étoit du propre du Testateur. Pareillement si le Testateur a donné des acquêts, & qu'il soit mort avant les trois mois, la recompense en est donnée sur les meubles, quand ils peuvent le porter. Arrêts des 24. Novembre 1641. 24. May 1650. 19. Avril 1652. 15. Avril 1655. 26. Janvier 1672. rapportez par Basnage, sur l'art. 427. de la Coût. de Normandie.

270 Catherine Druel n'avoit fait aucune mention par son Testament de Christophe, Guillaume & Pierre Druel ses neveux, heritiers aux propres maternels, parce qu'elle les croyoit ses heritiers aux meubles & acquêts; mais ayant sçû qu'ils étoient exclus par un autre parent, elle ajoûta à son Testament, qu'elle leguoit le reste de ses meubles & le tiers de ses acquêts: depuis avoit avertie que cette donation par Testament n'auroit point d'effet, si elle ne vivoit trois mois après, elle vendit au sieur Adelain un heritage qui ne faisoit pas neanmoins le tiers de ses acquêts, afin que les deniers de cette vente, comme étant un meuble tombassent au profit de ses aveux. Le nommé le Greffier heritier aux meubles & acquêts, fut reçu à faire preuve de quelques faits de suggestion; les Druel appellerent devant le Bailly, qui débouta le Greffier de l'appointement en preuve & ajugea tous les meubles aux legataires, à la reserve des deniers provenans de la vente de l'heritage, les Parties appellerent respectivement de cette Sentence. par Arrêt du Parlement de Roüen du 1. Août 1651. la Cour sur l'appel du Greffier mit les parties hors de Cour, & faisant droit sur l'appel des legataires en infirmant la Sentence, on ajugea aux legataires les 6400. livres provenans de la vente faite au sieur Adelain. Voyez Basnage, sur la Coût. de Normandie, art. 422.

TESTAMENT, ORLEANS.

271 En la Coûtume d'Orleans on peut donner par Testament pour recompense de services aux enfans de ses heritiers collateraux. Jugé le 10. Février 1605. Peleus, quest. 93.

272 Les termes requis par les Coûtumes dans la confection des Testamens sont de droit étroit, ainsi un Testament dans la Coûtume de Poitou où il y avoit dicté & nommé sans induction au lieu de mettre sans suggestion, un autre dans la Coûtume d'Orleans qui étoit dit avoir été proferé par le Testateur de sa propre bouche au lieu des mots dicté & nommé, ont été declarez nuls. Voyez Soëfve, tome 1. Cent. 1. ch. 55.

COUSTUME DE PARIS.

273 Acte de Notorieté donné par M. le Lieutenant Civil, le 30. Janvier 1708. que l'usage de faire des Testamens est ordinaire dans la Prévôté de Paris, comme dans toutes les Provinces du Royaume; mais qu'il n'est pas de necessité d'en faire. Recüeil des Actes de Notorieté, page 232.

COUSTUME DE POITOU.

274 Dans la Coûtume de Poitou, pour disposer valablement de ses meubles & acquêts immeubles, il faut avoir des propres naturels & veritables, & non conventionnels. Jugé le 14. Juin 1633. Bardet, tome 2. liv. 2. chap. 41.

275 Jugé le 3. May 1650. que l'équipolence n'a point lieu à l'égard des mots desirez par les Coûtumes pour rendre un Testament parfait. La Coûtume de Poitou art. 268. porte que le Testament doit être dicté ou nommé aux Notaires sans suggestion, le Testament qui portoit sans persuasion ni seduction d'aucune personne, fut cassé. Soefve, tome 1. Cent. 3. chap. 32. où il remarque que ce qui peut avoir servi de motif à l'Arrêt qui

TES

semble un peu rude, est que la Testatrice avoit déja fait une donation entre-vifs à la legataire.

COUSTUME DE REIMS.

276 Testament confirmé en la Coût. de Reims, quoi qu'il n'eût point été fait mention par icelui qu'il avoit été dicté & nommé sans suggestion. Arrêt du 5. Janvier 1655. On opposoit une fin de non recevoir aux heritiers qui avoient déja executé partie du Testament. Soëfve, tome 1. Cent. 4. chap. 79.

TESTAMENT, LA ROCHELLE.

277 Par Arrêt donné en la Chambre de l'Edit en l'an 1601. jugé que puisque la Coûtume de la Rochelle ne parloit point de la forme des Testamens, il falloit avoir recours & garder le Droit canon. Bibliotéque de Bouchel, verbo, Coûtumes.

TESTAMENT, SENLIS.

278 En la Coûtume de Senlis un Testament écrit de la main d'un tiers par l'ordre du Testateur signé de sa main, & reconnu pardevant deux Notaires, &c. fut declaré nul, le 31. Janvier 1645. Ricard, des Donations entre-vifs, part. 1. chap. 5. section 6. nomb. 1515.

TESTAMENT A TOULOUSE.

279 Par la Coûtume de Toulouse, un Testament fait en presence de deux ou trois témoins seulement, praesente capellano vel subcapello, quoique l'usage d'aujourd'huy soit d'appeller un Notaire au lieu d'un Prêtre; si le Notaire n'y a pû assister, mais le Vicaire, il est necessaire de faire publier le Testament devant le Juge qui entendra les témoins en presence des successeurs ab intestat & autres quorum interest, ou eux duëment appellez. Mainard, tome 1. liv. 5. chap. 5.

280 Si la Coûtume de Toulouse, concernant la forme des Testamens, & l'ordre des successions legitimes, a lieu dans la Viguerie aussi-bien que dans le Gardiage? Voyez M. d'Olive, liv. 5. chap. 32.

281 Dans la Coûtume de Toulouse on peut tester avec deux témoins, parce que la peste y étoit autrefois ordinaire. Le 4. May 1630. en un Testament qui avoit été reçu par un Capucin qui servoit les pestiferez, la Partie ayant mis en fait qu'il y avoit des témoins, mais que le Capucin n'avoit écrit que la seule volonté du Testateur qu'il lui avoit remise, & avoit omis les témoins ne croyant pas qu'ils fussent necessaires; sur quoy il fut ordonné qu'avant faire droit les témoins seroient resumez, & cependant donna la joüissance des biens aux successeurs ab intestat en cas qu'il eût été jugé quelques mois auparavant, & depuis les témoins ayant été oüis, par Arrêt donné en Avril 1631. le Testament fut confirmé. Cambolas, liv. 6. ch. 9.

COUSTUME DE VALOIS.

282 Dans la Coûtume de Valois qui ne dispose point de l'âge requis pour tester, il faut suivre la Coûtume de Paris, & non le Droit Romain. Arrêt du 5. Avril 1672. Journal du Palais.

TESTAMENT 2 CURE'.

283 Testamens reçus par les Curez, Voyez le mot Curez, nomb. 150. & 151.

284 Que les Testamens ne pourront être reçus par les Curez ou Vicaires, si par iceux leur est donné ou legué aucune chose. Ordonnances de Fontanon, tome 1. liv. 4. tit. 4. page 741. secus, si le legs est fait à l'Eglise. Arrêt du 1. Août 1568.

285 Les Curez & Vicaires peuvent recevoir les Testamens. Ordonnance de Blois, art. 63. Voyez la Coûtume de Paris, art. 289. Voyez Cavondas, liv. 3. Rép. 51.

286 Un Testament reçu par un Prêtre est nul. Arrêt du Parlement de Dijon du 19. Juillet 1571. Bouvot, tome 2. verbo, testament, quest. 16.

287 Arrêt du Parlement de Paris du 14. Août 1559. portant défenses aux Curez & à leurs Vicaires de ne mettre aucunes personnes pour recevoir les Testamens de leurs Paroissiens, & le même Arrêt casse un Testament reçu par un simple Prêtre; ce qui donna lieu aux défenses qui furent faites aux Curez & à leurs Vicaires de plus à l'avenir commetre aucun Prêtre

pour cet effet, pour signer un Testament qui auroit été reçu par un Curé ou son Vicaire. *Voyez Chopin, dans son Traité de sacrâ politiâ. & les Définit. du Droit Can. page* 885.

288 Un Testament ne peut être reçu par un Curé ou Vicaire auquel il est legué quelque chose. Arrêt du 1. Août 1668. *Bergeron en ses Memoires d'Arrêts,* Tournet, *lettre T. Arr.* 3.

289 Un Testament écrit en chifre par un Curé, est nul. Arrêt du 19. Janvier 1585. Tournet, *Coûtume de Paris, article* 289.

290 Si les Curez sont obligez d'observer toutes les formalitez de l'Ordonnance pour les Testamens ? Arrêt du Parlement de Paris du 18. Février 1575. par lequel la Cour enjoignit aux Prêtres d'observer l'Ordonnance ainsi que les Notaires. *Définit. du Droit Can. page* 886.

291 Un Gentilhomme malade, voulant faire son Testament, pria le Vicaire déportuaire de permettre au Curé voisin de l'assister, ce qui luy fut permis ; après que ce Curé luy eut administré les Sacremens, il reçut son Testament. On soûtint qu'il étoit nul n'ayant pas été reçu par le Curé du lieu, & que les formes prescrites par la Coûtume devoient être gardées ; ce qui fut ainsi jugé au Parlement de Normandie aprés partage, *Basnage sur l'art.* 412. *de la Coûtume.*

292 Vicaire qui reçoit un Testament doit avoir son Vicariat insinué, & ne suffit qu'il soit reputé Vicaire. Jugé à Paris le 2. Juillet 1590. contre un Testament reçu par un Vicaire de Saint Severin qui l'étoit depuis dix ans. Le même Arrêt enjoignit aux Curez de commettre Vicaires generaux pour recevoir les Testamens, & aux Vicaires de faire enregistrer leurs Vicariats. Papon, *liv.* 4. *titre* 14. *nombre* 3. & Chopin, *liv.* 1. *de sacr. polit. chap.* 1. *nomb.* 14.

293 Un Testament avoit été reçu par un Vicaire, dont le Vicariat n'étoit point enregistré au Greffe du Châtelet de Paris où le Testateur deceda. Les legataires qui par Arrêt du 10. Mars 1609. obtinrent par provision la délivrance de leurs legs, répondoient que les Curez & Vicaires avoient presque tous negligé cette formalité. *Communis hic error faciebat jus*. Biblioth. de Bouchel, verbo, *Vicaires*.

294 Par Arrêt du Parlement de Roüen du 7. Février 1619. rapporté par *Berault, sur l'art.* 412. *de la Coûtume de Normandie, titre des Testamens,* un Testament fut declaré nul, pour avoir été reçu par un Curé autre que celuy de la Paroisse, où ledit Testateur étoit decedé, encore qu'il prît la qualité de Notaire Apostolique, n'ayant pas le pouvoir hors de l'étenduë de la Paroisse, suivant l'opinion de *M. Boyer, Décis.* 128. *nomb.* 11. & Chopin, *liv.* 3. *de sacrâ politiâ. titre* 1. *nombre* 15.

295 Testament reçu par un Curé en presence de deux témoins Religieux de l'Ordre de Saint Augustin, est nul. Arrêt du 22. May 1645. *Du Frêne, livre.* 4. *chapitre* 24.

296 & 297 Le Curé du Fauxbourg S. Jacques de Paris reçoit un Testament d'une femme, dicté & nommé par elle, avec declaration de ne sçavoir signer ni écrire, & depuis *leu & releu*; mais ces declarations étoient opposées après la date du Testament. Ce Testament a été jugé nul conformément aux Conclusions de Monsieur Bignon. Par Arrêt du 12. Avril 1649. *Du Frêne, liv.* 5. *chapitre* 39. Le même Arrêt est rapporté par *M. Soefue, tome* 1. *Cent.* 3. *chap.* 1.

298 Un Testament passé pardevant le Curé ou son Vicaire & trois témoins donne hypotheque à un legataire. Arrêt du 24. Juillet 1651. & est executoire par provision. *M. Ricard, des Donations entre-vifs,* 2. *part. ch.* 1. *sect.* 5. *nomb.* 42. *&* 43.

299 Un Curé ne peut valablement recevoir un Testament hors de sa Paroisse. *Voyez Henrys, tome* 2. *liv.* 5. *quest.* 16. où il dit qu'un Curé voisin peut recevoir le Testament de son Curé voisin à qui il tient lieu de Vicaire. *Ricard, Ibid.* 1. *part. chap.* 4. *sect.* 7. tient le contraire.

300 Un Curé ne peut empêcher l'execution d'un Testament qui porte que des Religieux feront le service en sa Paroisse, ni demander de faire lesdits services à l'exclusion desdits Religieux. Arrêt du 23. Janvier 1672. *De la Guess. tome* 3. *liv.* 6. *ch.* 29. & *liv.* 8. *du même tome ch.* 12. où il rapporte un Arrêt du 4. Juillet 1674.

301 Testament reçu par un Curé & témoins contenant des dispositions universelles au profit de leur Eglise. *Voyez le Journal du Palais,* où il y a Arrêt du 29. Decembre 1687.

TESTAMENT, DATE.

302 Des dates dans les Testamens. *Voyez le mot Dates, nomb.* 16. *& suiv*.

303 La date est necessaire és Testamens ; toutefois és Testamens de pere ou de mere entre leurs enfans les testamens ont été jugés valables sans date. *Voyez Peleus, quest.* 62.

304 Arrêt du P. d'Aix du 10. Nov. 1665. qui a declaré nul un Testament solemnel, à cause que la date avoit été omise en la partie exterieure quoy qu'elle se trouvât en la partie interieure. *Boniface, to.* 1. *liv.* 1. *tit.* 7. *nomb.* 3.

305 En matiere de substitution, le Testament doit être consideré du jour du décés du Testateur, & non du jour de la date. Arrêt du 11. Mars 1675. *De la Guess. tome* 3. *liv.* 9. *ch.* 4.

306 Si la priorité & posteriorité de deux Testamens faits par un pere entre ses enfans doit être reglée par la date de ses Testamens ou par la date des subscriptions qu'il y a apposées dans la suite ? Arrêt du Parlement de Toulouse du 9. May 1699. confirmatif du premier Testament dernier soûscrit. *Voyez les Arrêts de M. de Catellan, liv.* 2. *chap.* 8.

TESTAMENT, DECLARATION.

307 Des confessions & declarations contenuës dans un Testament. *Voyez le mot Confession, nomb.* 68. *& suiv. & le mot Declaration, nomb.* 16. *&* 17.

308 Des Declarations faites dans un Testament pour la décharge de la conscience; elles ne prouvent rien selon l'avis du Président Duranti, *quest.* 26.

309 Declaration d'un Testateur sans date & sans témoins. *Voyez Carondas, liv.* 11. *Rép.* 61.

310 Un Prêtre malade mande Antoine Doublet son ami, luy dépose une somme pour la distribuer ainsi qu'il luy prescrivit, & le fit jurer qu'il n'en reveleroit l'employ. Doublet assigné par l'heritier du défunt declare la somme, mais non l'employ. L'heritier dit que n'y ayant point de disposition par écrit, l'on ne doit point ajoûter foy à Doublet. Arrêt du Parlement de Paris du 19. Février 1624 qui ordonne que Doublet affirmeroit quelle somme luy avoit été mise entre les mains pour être icelle délivrée à l'heritier. Il affirma avoir 1273. l. dont l'heritier eut délivrance. *Du Frêne, liv.* 1. *ch.* 19. *& les additions à la Biblioth. de Bouchel,* verbo, *testament.*

311 La declaration du pere Anat & d'un Gentilhomme, touchant le Testament du sieur de Tajanac, sur laquelle le Parlement de Toulouse avoit rendu Arrêt en faveur de la fille du Testateur, contre sa belle-mere, fut reçuë; & sur une Requête civile l'Arrêt fut confirmé le 27. Novembre 1647. mais c'étoit une fille du Testateur ; la chose au fond étoit juste, la declaration tres forte *Albert, lett. T.* verbo , *Testament , article* 15.

312 Une femme se remarie sans rendre compte de son administration tutelaire aux enfans du premier lit, elle declare par son Testament qu'elle a trouvé dans l'heredité du premier mary certaine somme au delà du contenu en l'inventaire. Jugé au Parlement de Toulouse en Janvier 1657. après partage, qu'une telle declaration n'oblige point le second mary. *Voyez M. de Catellan, liv.* 4. *chap.* 25.

TESTAMENT, DETTES DECLARE'ES.

313. Un particulier fait son Testament par lequel il déclare qu'il doit à un tel la somme de 1000. livres; quatre ans après il révoque ce Testament par un autre. Jugé que sa déclaration ne demeureroit pas révoquée, & les executeurs testamentaires condamnez à payer sans interêts ni dépens. Arrêt à Paris, le 8. Mars 1659. *Journal du Palais*, fine. *Voyez Mornac*, sur la loy 16. *ff. depositi*. §. *ult.* où il rapporte un pareil Arrêt du 18. Juin 1613. *Voyez Ricard, des Donations entre-vifs*, 1. part. ch. 3 sect. 16.

TESTAMENT, DETTES REMISES.

314. Un particulier remettoit par son Testament à une Demoiselle 150. livres de rente qu'elle luy devoit, alleguant que sa conscience l'obligeoit à luy faire cette remise, & prioit son heritier qu'encore que son Testament ne pût valoir suivant la Coûtume; il consentît à cette décharge pour le repos de son ame, & pour les causes qu'il en avoit plus amplement déduites dans un papier qu'il laissoit dans son coffre. Cet homme mourut un an après; cette Demoiselle poursuivit les heritiers pour lui remettre cette rente, & representer l'écrit qu'ils avoient pardevers eux, qui justifieroit les causes pour lesquelles il avoit remis cette rente, qui étoient qu'il avoit eu cette rente pour 700. livres, s'étant prévalu de sa necessité & du besoin qu'elle avoit d'argent pour la poursuite d'un procez dont il étoit solliciteur. Il fut dit par les heritiers que ce legs excedoit le tiers des acquêts du défunt; mais il fut reparti par cette Demoiselle qu'elle ne demandoit pas cette rente par donation, mais par restitution, ayant été acquise injustement d'elle. Par Arrêt du Parlement de Roüen du mois de May 1620. on n'eut point d'égard à la déclaration du Testateur; & on jugea que c'étoit une donation, qui fut réduite au tiers des acquêts. *Basnage, sur la Coûtume de Normandie, art.* 427.

TESTAMENT DICTE' ET NOMME'.

315. Si le Testament qui a été dicté par l'institué heritier,
316. & à son interrogation, est valable? *V. Bouvot*, tome 1. part. 2. verbo *Testament*, quest. 4.

317. Un Testament dicté par l'heritier institué ou substitué n'est valable. Arrêt du Parlement de Dijon du 17. Novembre 1595. *Ibid. quest.* 32.

318. Un Testament qui n'a point été dicté par la bouche du Testateur est nul. *Ibidem, quest.* 2.

319. Par Arrêt du 23. Juillet 1575. le Testament de Claude Despenses fut déclaré nul, pour n'avoir pas été dicté. Et par Arrêt du mois de Decembre 1580. sur la Coûtume de Paris, entre les heritiers de Demoiselle le Tonnellier femme de Garnier Secretaire du Roy, laquelle par son Testament avoit legué cent livres de rente aux pauvres, ce legs fut déclaré nul, à cause que le Testament ne portoit qu'il eût été relû. On allegua le privilege *pie causa*, & que le Testament avoit été fait en un Village où la Testatrice s'étoit retirée pour le danger de la peste, & que par la Coûtume l'observation du Droit Canon receüe par l'ancienne, n'avoit été expressément abrogée. *Bibliot. de Bouchel*, verbo *Testament*.

320. Lors que la Coûtume requiert que le testament soit dicté, nommé, encore que les Notaires & témoins par écrit aient par le Testament dit qu'il a été dicté nommé, si neanmoins il paroit par les témoins oüis en l'enquête que le Testament ait été apporté tout fait, quoiqu'il ait été lû & approuvé, il doit être cassé. Jugé le 23. Juillet 1595. *Papon, livre* 20. *tit.* 1. *n.* 20.

321. Testament *dicté & nommé*. Du premier Decembre 1604. un Testament reçu par un Commis du Tabellion de Loris, est debatu, parce qu'on disoit que la Coûtume d'Orleans requiert que les témoins testamentaires soient majeurs de 25. ans; ce Commis n'avoit que 23. ou 24. ans. De plus la Coûtume veut qu'un Testament, pour être réputé solemnel, soit dicté & nommé par le Testateur; or il étoit écrit en ce testament qu'il avoit été dicté seulement, sans dire nommé. On répondoit au contraire, que le Tabellion étoit reputé vulgairement personne capable, & que *error communis facit jus L. Barbutius Philippus*. Que ce seroit chose dure de casser tous les Contrats & Testamens qui auroient été passez par Tabellion. Quant au mot dicté, *idem erat*, que nommé. Quant au texte du Testament *aliud est* s'il falloit instituer un heritier, ou exhereder, *nominatim*. *V. la Bibliot. de Bouchel*, verbo *Testament*.

322. Le seul mot de *dicté*, quoique la Coûtume desire *dicté & nommé*, suffit. Arrêt du 30. Decembre 1694. M. *Ricard des Donations entre-vifs*, 1. part. chap. 4. section 5.

323. Si la Coûtume de *Rheims* art. 289. ayant desiré que le Testament soit *dicté & nommé sans suggestion*, & qu'en fin d'iceluy il soit fait mention qu'il a été ainsi dicté & nommé, il est necessaire que le mot de suggestion y soit employé? Par Arrêt du premier Decembre 1653. la cause fut appointée au Conseil; les conclusions de Messieurs les Gens du Roy alloient à infirmer le Testament. *Soëfve, to.* 1. *Cent.* 4. *ch.* 49. il rapporte un Arrêt de l'année 1625. qui confirme semblable Testament dans la Coûtume d'Amiens.

324. Si après les mots *dicté & nommé* desirez par la Coûtume pour la perfection d'un Testament, même depuis la date d'iceluy, le Testateur ayant fait de nouvelles dispositions, sans aucune repetition desdits mots le Testament peut être argué de nullité? Si cette prétendue nullité peut être opposée dans le cas d'un Testament fait par un pere entre ses enfans; & si les dispositions contenuës au Testament ayant été laissées par le Testateur à la volonté de sa femme, avec pouvoir de les augmenter ou diminuer; on peut dire qu'il y ait nullité? Arrêt du 19. May 1649. qui ordonne l'execution du Testament. *Soëfve, to.* 1. *Cent.* 3. chapitre 15.

TESTAMENT, DEVOLUTION.

325. *Consensus conjugi datus de bonis devolutioni subjectis testandi, revocari non potest*. Voyez *Stockmans, décis.* 19.

TESTAMENT, DIRECTEUR SPIRITUEL.

326. Une disposition de tous biens faite au profit d'un Directeur spirituel, pour en disposer suivant les intentions de la Testatrice qu'elle dit avoir déclarées à ce Directeur: trois jours après le décez de la Testatrice, & avant l'ouverture du Testament, le Directeur déclare pardevant le Juge de la temporalité de Soissons la maniere de laquelle il souhaitoit disposer des biens suivant l'intention de la défunte. L'oncle de la défunte luy fait procez. Sentence qui confirme le Testament, &c. Appel; après la déclaration réiterée par le Directeur qu'il n'entendoit point profiter des legs universels & particuliers à luy faits, mais de tout employer en œuvres pies, & de rapporter un memoire de l'emploi és mains du Substitut du Procureur General sur les lieux, & d'augmenter les quatre legs faits aux parens jusques à la somme de 2500. livres, l'appellation au neant sans tirer à consequence. Jugé à Paris le 5. Decembre 1673. *Journal du Palais*.

TESTAMENT, DONATION.

327. Donation mutuelle entre deux filles amies, jugée valable le 17. Novembre 1554. *Carondas, livre* 7. *Réponse* 70.

328. Donation entre-vifs par Testament en la Coûtume de Paris, tel don est restraint aux meubles, conquêts immeubles, & quint des propres. Arrêt du 24. Mars 1567. *Le Vest, Arrêt* 91. *Voyez Ricard, des Donations entre-vifs*, 1. part. ch. 4. sect. 2. distinct. 3.

329. Un fils de famille fait son Testament, par lequel il fait quelques legs à son pere, & à ses freres, & institué un Hôpital son heritier, le pere décede devant le fils; le fils décede ensuite; le Testament est

330 Un Testament fait en pays Coûtumier par une personne qui étoit originaire & domiciliée à Lyon où tous ses biens étoient situez, déclaré nul, pour n'avoir fait mention de l'ayeul. Jugé le 1. Septembre 1661. *De la Guess*. to. 2. li. 4. chap. 40. Voyez M. *de Montholon*, Arrêt 126. où il y a Arrêt à la Nôtre-Dame de Septembre 1615. qui paroît contraire.

331 Un pere domicilié en Pays de Droit écrit, testant en pays Coûtumier, n'est pas obligé de garder les solemnitez du Droit écrit pour l'institution d'heritier. Arrêt du 26. Juillet 1661. *Des Maisons*, lettre T. n. 15. De la Guessiere, to. 2. livre 4. chap. 36. Les notables Arrêts des Audiences rapportent le même Arrêt, chap. 65.

332 Quand le Testateur a des biens en pays de Droit écrit & Coûtumier, & que la fille n'est préterite, si outre sa legitime des biens du Droit écrit elle peut demander sa portion égale des biens du pays Coûtumier ? Voyez *Peleus*, quest. 134.

333 Si le Testament de Monsieur le Cardinal de Richelieu fait en pays de Droit écrit est nul, pour être destitué de quelques formalitez, & si Madame la Princesse de Condé sa niéce peut être son heritiere, nonobstant sa renonciation ? La cause fut appointée. Voyez le 19. Plaidoyé au recueil de ceux de Monsieur *Galand*.

TESTAMENT, ECRIT.

334 Si l'écriture est necessairement requise en Testament ? V. *Coquille*, to. 2. qu. 233.

335 Testament lû par le Notaire, qui n'étoit écrit ni de sa main, ni de la main du défunt en la présence de témoins, le testateur n'ayant fait autre réponse qu'oüi au Notaire, luy demandant si c'étoit son Testament, est valable. *Carondas* tient la négative, livre 11. Rép. 46.

336 Un Testateur fait écrire son Testament & le signe, le paraphe en chaque feüillet, va pardevant deux Notaires au Châtelet, &c. Voyez ibidem, livre 11. Responce 36.

337 Par Arrêt prononcé en Robes rouges sur un appointé au Conseil du 21. Mars 1581. sur un legs fait aux pauvres en 1559. par un nommé Jacques Prestjan, par un Testament signé de sa main, mais écrit de la main de son serviteur, déclaré défectueux & non legitime. *Idem judicatum*, en Janvier 1586. *Bibliot. de Bouchel*, verbo Testament.

338 Testament écrit par le Clerc du Testateur reconnu devant deux Notaires par eux relû en présence du Testateur, jugé valable le premier Février 1597. *Peleus*, quest. 27. en la Coûtume de Paris.

339 Testament écrit d'une main étrangere, quoique signé du Testateur, & par luy reconnu pardevant Notaires est déclaré nul, excepté pour les legs pieux; il est à remarquer que les heritiers en consentirent la délivrance. Arrêt du 7. Février 1612. *Bardet*, to. 1. liv. 1. ch. 88.

340 Les écritures privées ne sont point considerées comme Testament qu'après la publication & les enquêtes; jusques là il est de la justice de maintenir par provision les heritiers *ab intestat*. Jugé en la Chambre de l'Edit de Castres le 6. Avril 1631. Voyez *Boné* Arrêt 94. & *Mainard*, sur la publication des testamens, li. 5. ch. 4. & 5.

341 Testament écrit de la main du Clerc du Notaire en la Coûtume d'Orleans, le Notaire present qui a relû & corrigé de sa main en divers endroits, est valable. Arrêt du 11. Août 1631. *Du Fresne*, livre 2. chapitre 89.

342 Une personne qui ne sçait lire ni écrire, peut tester solemnellement en faisant écrire & signer son testament par un Notaire, ou autre personne confidente, sans aucune attestation de sa volonté cachée & secréte. Arrêt du 8. Juillet 1635. *Henrys*, to. 1. li. 5. ch. 1. q. 2.

343 Testament écrit d'une main étrangere signé du testateur & des Notaires, jugé nul, quoique confirmé par un codicile holographe. Arrêt du 22. Février 1658. *Du Fresne*, liv. 3. chap. 47. il vaut en pays de Droit écrit. Voyez *Brodeau sur M. Loüet*, lettre R. somm. 52. nomb. 15. où il rapporte plusieurs Arrêts sur les Testamens touchant l'équipolence.

344 Testament écrit d'une main étrangere, puis signé du Testateur, & par luy reconnu en présence de deux Notaires, déclaré nul en la Coûtume de Senlis qui veut qu'*il soit écrit & signé de la main du Testateur, ou signé de sa main, & à luy lû, & par luy entendu en la présence de trois témoins, ou qu'il soit pardevant deux Notaires*. Arrêt du 31. Janvier 1645. Soefve, tome 1. Cent. 1. ch. 75.

345 Celuy qui ne sçait pas lire l'écriture de main, ne peut faire un Testament clos. Arrêt du Parlement de Toulouse en 1646. Autres du 11. May 1648. 7. Decembre 1649. 2. Août 1665. & en Juillet 1697. Arrêt contraire au mois d'Août 1658. mais il s'agissoit du testament d'une Villageoise écrit par un Notaire, en présence de deux témoins, signé par le Notaire & les témoins, & dans la subscription étoit signé par huit témoins, parmi lesquels étoient les deux qui avoient signé le Testament. Dans ce cas *fides in solo tabulario non fluctuabat*, la verité du Testament étoit suffisamment établie par le témoignage de ces trois personnes. V. les Arrêts de M. de Catellan, li. 2. ch. 12.

346 Arrêts du Parlement d'Aix des 15. Juin 1655. & 28. May 1664. qui ont jugé qu'aux Testamens solemnels, le Testateur n'est pas obligé d'écrire de sa main le nom de l'heritier. *Boniface*, to. 2. liv. 1. titre 1. chapitre 4.

347 Le Testament d'un pere par lequel un des enfans est institué heritier sans Notaire & témoins, s'il est écrit de la main du Testateur, & signé de luy, est bon à l'égard des enfans; c'est l'usage certain du Parlement de Toulouse. Le testament fait en faveur de la cause pie a le même privilege, *etiam* contre les heritiers *ab intestat*, non toutefois contre les enfans. Arrêts des 26. Avril 1659. & 26. Janvier 1672. en faveur des Jésuites de Beziers; entre des cousins germains, rapportez par M. de Catellan, li. 2. ch. 37.

TESTAMENT, EDUCATION.

348 Si la clause portée par un Testament pour l'éducation des enfans est valable ? Voyez le mot *Education*, nomb. 27. & suiv.

TESTAMENT, EMANCIPATION.

349 De l'émancipation necessaire pour faire Testament. Voyez le mot *Emancipation*, nomb. 37.

TESTAMENT ENTRE ENFANS.

350 De Testamento paterno inter liberos. Voyez *Andr. Gaill.* lib. 2. observat. 112.

351 M. Jean Bosquet Chevalier du Roy de Navarre, fait son Testament satis observer la solemnité du Droit sur le nombre des témoins. Il legue à son bâtard 100. écus, & institué heritier universel son neveu. Celuy-ci pour se défendre de la délivrance du legs, dit qu'il n'y a que dans les testamens *inter liberos*, qu'on se relâche de la rigueur des loix, le legataire n'est point legitime, par consequent *non liber*. Il répond que son legs est *in piam causam*, & *pro alimentis*. Arrêt du Parlement de Bourdeaux du 7. Septembre 1532. qui condamna à payer le legs. *Bibliotheque de Bouchel*, verbo Testament.

352 Testament fait par un pere de ses biens entre ses enfans naturels, legitimez à sa poursuite, combien que les uns soient plus avantagez que les autres. Arrêt du 15. Juillet 1560. Le *Vest*, Arr. 68. qui le juge bon.

353 Le Testament *inter liberos* est si favorable que les solemnitez n'y sont si étroitement requises qu'aux autres, & du moins *valet jure codicillorum*. Arrêt du 26. Juin 1565. qui juge que le défaut de la clause de la Coûtume, qui veut que le Testament porte qu'il n'y a de *suggestion*, ne peut vitier le Testament

inter liberos. Papon, *livre* 29. *titre premier*, *nombre premier.*

354. Si un Testament entre enfans redigé par un Notaire, & que pendant qu'il est relû le testateur tienne des propos de réverie, qu'il ne l'ait pû signer, & que les témoins & Notaire ne l'ayent voulu signer, pour sçavoir s'il peut subsister ? *Bouvot*, tome 2, *partie* 1. verbo, *Testament*, *question* 2. tient que le testament est imparfait & nul.

355. Un Testament signé & non écrit de la main du pere entre ses enfans, n'est valable. Arrêt du Parlement de Dijon du 23. Janvier 1583. *Bouvot*, tome 2, verbo, *Testament*, *quæst.* 40.

356. Un Testament est nul, tant pour l'institution d'heritier, substitution, que legats, lors qu'un pere le fait entre ses enfans, avec clause qu'il entend que son Testament vaille par donation à cause de mort, Codicile ou autrement, en la meilleure forme qu'il se pourra, fait ses heritiers ses fils & filles par égale portion, substitué aux filles l'un de ses fils, fait quelques legats à sa femme & à un Etranger, & ne survit les 20. jours. Arrêt du Parlement de Dijon du 3. Juillet 1606. *Ibid.* quæst. 55.

357. Le Testament fait entre les enfans à faute de solemnités, est nul, le Testateur étant decedé avant les 20. jours, requis par la Coûtume. Arrêt du Parlement de Dijon sans date, rapporté par *Bouvot*, ibidem, quæst. 72.

358. Testament imparfait fait entre enfans, ne se peut revoquer par un Testament parfait, subsequent entre étrangers, s'il n'est expressément & specialement derogé au premier. 2. Si ce n'est que le dernier Testament fût entre enfans. *Boër*, *decis.* 240. *n.* 6. 10. 11. Vid. Mantic. *liv.* 6. *tit.* 2. *n.* 19. id. Clar. §. *testament.* *quæst.* 98. id. Maynard, *li.* 5. chap. 19. *si institutus sit extraneus, sed cont. si liberi sint instituti*, chap. 20. ibid. & id. *in causâ piâ.* ibid. *ch.* 21. id. Olive, *li.* 5. *ch.* 1. id. Grassus, §. *testament.* quæst. 86. *n.* 5. & *seq.* vid. Novell. 107. cap. 2. *li.* 34. §. 1. 2. ff. de *testament. militi.*

Par Arrêt du P. de Bourdeaux de 1647. jugé qu'un Testament fait en faveur de la cause pie, ne pouvoit être revoqué par un Testament subsequent, s'il n'étoit expressément derogé au premier Testament. *La Peirere*, lettre T. nombre 48.

359. Une femme par son testament solemnel avec sept témoins, institué ses deux filles heritieres; le lendemain frappée de peste, elle appelle quatre témoins devant lesquels elle fait un autre Testament, par lequel elle avantage sa fille aînée : Par Arrêt du 15. May 1632. il a été jugé que le second Testament devoit prévaloir au premier, quoique moins solemnel. *Cambolas*, *liv.* 6. *ch.* 29.

360. En la Coûtume d'*Amiens* un Curé reçoit un testament, & déclare seulement qu'il *avoit été dicté*, *nommé & relû*, *comme dit est*, sans suggestion d'aucune personne, sans faire mention que c'avoit été en la presence des témoins. Jugé valable le 16. Janvier 1646. *Du Frêne*, *liv.* 4. chap. 30. Il faut observer que l'incision du filet fait par le Testateur, n'induit pas la revocation du Testament. Arrêt du 24. Juillet 1663. *Basset*, tome 1. *liv.* 5. *tit.* 1. *ch.* 6.

361. L'incision du filet fait par le Testateur, n'induit pas la revocation du Testament. Arrêt du 24. Juillet 1663. *Basset*, tome 1. *liv.* 5. *tit.* 1. *ch.* 6.

361 bis. Du Testament entre les enfans, & quand le defaut de solemnité y est excusé ? *V. Peleus*, qu. 62. & si le testament se peut prouver par un autre instrument ? *Voyez Peleus*, quæst. 63. qui dit avoir été jugé pour la négative, le 10. Septembre 1598.

362. Si le Testateur fait écrire sa volonté en presence de témoins, & envoye chercher un Notaire & autres témoins pour la recevoir, & cependant decedé est elle disposition ne vaudra entre enfans.

Arrêt du Parlement de Bourdeaux du 18. Juillet 1651. au rapport de M. de Sabourin, en la seconde des Enquêtes, entre les enfans de feu Jean Gaury. Ledit Jean Gaury étant à l'extrêmité de maladie, envoya chercher un Notaire & des témoins, ausquels il déclara sa volonté ; & tandis que le Notaire l'écrivoit, il rendit l'esprit, sans que luy, ni le Notaire, ni les témoins pussent signer. Les enfans nommez heritiers par le défunt, offroient verifier cette disposition par témoins. Les filles soûtenoient au contraire que cette preuve n'étoit pas recevable au préjudice de l'Ordonnance de Moulins, art. 54. Jugé que ledit feu Jean Gaury étoit mort *intestat*, & que son heredité seroit partagée également entre tous ses enfans. *La Peirere*, lettre T. *n.* 124.

Testament imparfait entre enfans a lieu, bien que les enfans ne soient pas du premier degré, ni successeurs *ab intestat.* Clarus, §. *testament.* quæst. 12. nomb. 15. id. Grass. §. *testament.* quæst. 15. *n.* 4. & 5.

Arrêt du Parlement de Bourdeaux du 9. Août 1661. en la Chambre de l'Edit, president M. de Montesquiou, plaidans Madronnet & Grenier, entre Pallier & Boucherie : jugé qu'un legat fait par un ayeul maternel à sa petite-fille dans un testament holographe, sans autre solemnité, la mere de la petite-fille étant vivante, étoit bon & valable. *La Peirere*, lettre T. nombre 125.

Testament, Etranger.

Testament fait par les Etrangers. *Voyez* le mot, *Aubains*, nomb. 61. & *suiv.* & le mot, *Etranger*, nombre 132. & *suiv.*

363.

Si un François demeurant en Savoye, & y ayant pris femme, la peut instituer heritiere és biens qu'il a en France ? *Voyez Bouvot*, tome 1. part. 2. verbo, *Testament*, qu. 3.

364.

Arrêt du Parlement de Toulouse du 16. Août 1577. qui permet aux habitans de Languedoc de tester, encore qu'ils ne soient du Royaume. *La Roucheslavin*, *liv.* 4. *let.* T. *tit.* 5. *Arr.* 5.

365.

Un Testament fait en terre Papale, selon le Droit Canon, est valable. Arrêt du 7. Septembre 1592. Peleus, *question* 28.

366.

Un François ligueur retiré en Savoye pendant les troubles de la Ligue, fait son Testament au profit d'une Savoyarde. Elle fait demande du bien que le Testateur avoit en France. Par Arrêt du 19. Juin 1596. le Testament declaré nul, comme ayant été fait *ab hoste vel transfuga*. Bibliotheque de Bouchel ; verbo, Testament.

367.

Arrêt du Parlement de Toulouse après partage, qui déclara bon le Testament d'un François fait à Barcelonne par devant le Notaire & deux témoins, suivant la Coûtume du lieu où le défunt étoit decedé. On ne s'arrêta point à une nullité prétenduë, sçavoir, que le Testateur n'avoit point institué son fils heritier, mais deux de ses neveux, à la charge de rendre au fils, s'il revenoit de la guerre, où il mourut. *V. Maynard*, *liv.* 8. chap. 51.

368.

Sur la validité d'un Testament fait à Bâle par un de la Religion Prétenduë Reformée, par lequel il avoit laissé ses biens aux pauvres François qui s'y etoient refugiez durant les troubles, & qui depuis étoient retournez en France. Arrêt du mois de Janvier 1606. *Le Bret*, *liv.* 3. *Décis.* 6.

369.

Testament fait à Rome par un Gentilhomme François, de la suite de l'Ambassadeur de France ; suivant les Statuts observés és terres du Pape, est valable. *V.* le 10. Plaidoyé, au Recueïl de ceux de M. *Galand.*

370.

Par Arrêt du 29. Janvier 1616. la Cour appointa pour sçavoir si un Testament d'un François fait à Rome suivant les Statuts de Rome, est valable, pour les biens situez en France. *V. Bardet*, tome 1. *liv.* 2. ch. 56. où il est marqué que depuis le Testament a été confirmé, contre les Conclusions de M. l'Avocat General.

371.

Par Arrêt du 21. Juillet 1616. la Cour appointa pour sçavoir si un Testament fait à Rome par un François, est valable pour les biens situez en France. M. l'A-

372.

vocat Géneral Bignon avoit conclu pour la nullité & caſſation du Teſtament. La même queſtion ayant été appointée le 29. Janvier 1626. a été décidée en faveur des Legataires, *Bardet, tome 1. liv. 2. ch. 89.*

373 Teſtament d'un Anglois fait en France, a été confirmé par Arrêt du Parlement de Roüen du 19. Janvier 1638. *Voyez* le mot, *Anglois.*

374 Il n'eſt pas révoqué en doute parmi nous qu'un François ne puiſſe valablement teſter en Pays étranger, & que ſon Teſtament fait ne doive être exécuté ſur les biens qu'il a laiſſez dans le Royaume ; il y a ſur ce ſujet un Arrêt du Parlement de Paris du 4. Decembre 1627. par lequel un Teſtament fait à Rome par François Curault, ſieur d'Auge, fut autoriſé. *Ricard, des Donations, part. 1. ch. 3. ſect. 4. n. 229.*

375 Teſtament d'un François au Pays de Canada en préſence de huit témoins, & le Greffier du lieu, conçû à la premiere perſonne, non holographe, & celuy qui l'a écrit n'y étant pas même nommé, eſt déclaré nul. Arrêt du 15. Mars 1639. *Bardet, tome 2. livre 8. chapitre 13.*

376 Si un François originaire qui s'eſt retiré du Royaume en un pays qui n'eſt point de la domination du Roy, demeure déchû de pouvoir faire Teſtament, & recevoir des biens en France, en vertu du Teſtament, d'autres perſonnes, & ſi leurs enfans nez & domiciliez dans les mêmes païs ſont étrangers en France, & incapables d'y recüeillir aucuns biens, ſoit *ab inteſtat,* ou par Teſtament. *Voyez* l'Arrêt du 3. Août 1651. entre le Duc de Mantoüe & la Princeſſe Palatine. *Soëfve, to. 1. Cent. 3. ch. 85.*

377 Teſtament d'un François habitué à Bruxelles depuis pluſieurs années, ſans être marié, ayant diſpoſé des biens qu'il avoit à Bruxelles & en France ; la Cour ſans avoir égard au Teſtament, ordonna que ſa ſucceſſion ſeroit partagée *ab inteſtat.* Arrêt du 18. Février 1660. *Des Maiſons, let. T. nomb. 13.*

378 Un François étant en pays étranger, ne peut teſter ni diſpoſer des biens qu'il a en France, & que décédant dans un pays ennemy, il eſt étranger. Arrêt du 19. Février 1660. *De la Gueſſ. tom. 1. liv. 3. ch. 6.*

379 Teſtament d'un François en Portugal qui ſe regit par le Droit écrit, l'apoſition des cachets à l'égard des témoins, n'y eſt point neceſſaire. Arrêt du 7. Septembre 1662. *De la Gueſſ. to. 2. liv. 4. ch. 67.*

380 Un Teſtament fait en Italie ſigné par des Religieux, jugé valable. Arrêt du 31. Juillet 1662. *Des Maiſons, lettre T. nomb. 16.*

EXECUTEUR TESTAMENTAIRE.

381 Des executions teſtamentaires. *Voyez* le mot *Execution, n. 80. & ſuiv.*

Executeurs de Teſtamens, appellez *ſupremorum mandatorum procuratores*, par Chopin en ſon traité de *Sacr. polit. lib. 3. tit. 5. n. 25.* ou bien *Curatores teſtamentarii.* Ibid. *li. 2. tit. 5, n. 18.*

382 Des executeurs Teſtamentaires ; on ne peut former complainte contr'eux ; de droit ils ne ſont ſaiſis que des meubles ; à l'égard des immeubles ils doivent s'adreſſer à l'heritier pour être mis en poſſeſſion de ceux neceſſaires à l'execution du Teſtament. *Corbin, ſuite de Patronage ch. 160.*

TESTAMENT, EXHIBÉ.

383 Le Teſtament doit être exhibé par celuy qui l'allegue, bien qu'il en ſoit fait mention en une Sentence donnée entr'autres parties. Arrêt du 10. Decembre 1598. *Peleus, q. 63. Charondas, liv. 10. Rép. 61.* avoit rapporté l'Arrêt avant Peleus.

384 Par Arrêt du Parlement de Roüen du 6. Avril 1643. rapporté par *Berault ſur la Coûtume de Normandie, art. 430. du titre des Teſtamens*, jugé que l'exhibition du Teſtament ſe devoit faire aux executeurs teſtamentaires par devant le Juge ordinaire, & ne ſuffiſoit de l'avoir exhibé devant le Juge Eccleſiaſtique.

TESTAMENT ARGUÉ DE FAUX.

385 *Teſtamentum de falſo impugnatur cum duo aut tres teſtes inſtrumentarii dicto teſtamento contradicunt.* Voyez *Franc. Marc. to. 2. qu. 298.*

386 Teſtament authentique accuſé de faux, doit avoir effet par proviſion, en baillant caution par le legataire univerſel. *Voyez le Veſt, Arrêt 236.*

387 Teſtament argué de faux par le ſieur Darquien, contre le ſieur de Marigny, qui prétendoient tous deux la ſucceſſion du ſieur des Pouaſſes leur oncle. *Voyez des Maiſons, let. T. nomb. 16.* pour un Teſtament fait en païs étranger.

388 On ne peut arguer de faux un Teſtament ou autre Acte pour une extenſion faite par le Notaire, qui ne ſe trouve dans la minute. Arrêt au Grand Conſeil du 3. Janvier 1550. *Peleus, queſt. 23. Carondas, livre 11. Rép. 77.* avoit rapporté cet Arrêt.

389 Sur le ſoupçon violent de fauſſeté on ne peut déclarer un Teſtament faux, ni proceder à quelque condamnation ; l'hypotheſe notable ſur ce ſujet. Arrêt du 10. Juillet 1618. *Henrys, tome 2. liv. 5. queſt. 27.*

390 Un interligne ſe rencontrant dans un Teſtament, ſans être approuvé ni conſtaté, ſoit par le Teſtateur, ſoit par le Notaire, doit être conſideré comme choſe non écrite, ſans entrer dans la queſtion du faux. Arrêt du 15. Février 1656. *Soëfve, to. 2. Cent. 1. ch. 11.* le Teſtament ne fut pas déclaré nul, mais étant écrit en interligne, la ſomme leguée *étoit pour employer aux réparations & bâtimens du Monaſtere*, on conſidera cette deſtination comme non faite, enſorte que la ſaiſie des creanciers des Religieux legataires, fut déclarée valable, ce qui n'auroit pas été prononcé, ſi la deſtination avoit été jugée ſerieuſe.

391 De deux Teſtamens, le premier a été executé, & le ſecond comme faux a été rejetté. Arrêt du 27. Août 1661. *Des Maiſons, let. T. n. 4.*

392 Si l'heritier inſtitué ou legataire qui impugne le Teſtament de faux, & ſuccombe, peut s'en prévaloir ? *Voyez Henrys, to. 2. liv. 5. q. 38.* où il rapporte le ſentiment de *M. Ricard en ſa troiſiéme partie des Donations entre-vifs & teſtamentaires chapitre 3.* où il dit que l'indignité qui procede de l'inſcription de faux, n'eſt pas autrement en uſage parmi nous.

TESTAMENT, FEMME, MARY.

393 Teſtament, mary qui prohibe à ſa femme de teſter. *Voyez Charondas, liv. 10. Rép. 83.*

La diſpoſition faite par le mary ou la femme en pays hors du Royaume, & où par la Coûtume l'un d'iceux décedant ſans enfans, l'autre luy ſuccede en l'uſufruit de tous ſes biens ; *Charondas* tient que cette diſpoſition ne lie point les mains pour n'en pouvoir diſpoſer, *liv. 1. Rép. 52.*

394 Contrat fait entre mary & femme par Teſtament, peut être valable, quoique le Teſtament ſoit caſſé. Arrêt du Parlement de Dijon rapporté par *Bouvot, to. 1. verbo Contrats en teſtament.*

395 Si en Bourgogne la femme ſéparée de biens peut teſter, encore que la ſéparation fût valable ? *Voyez Bouvot, to. 1. part. 1. verbo Femme ſéparée, qu. 1.*

396 Le mary & la femme teſtans conjointement, ſi le Teſtament eſt reputé pour deux Teſtamens ou pour un ſeul, & ſi le Teſtament du mary étant nul, celuy de la femme peut ſubſiſter ? *Voyez Bouvot, to. 1. part. 2. verbo Teſtament, qu. 1.*

397 Teſtament ne vaut, auquel les enfans ſont ſeulement inſtituez en la proprieté & l'uſufruit laiſſé au mary. Arrêt du Parlement de Dijon des 8. Janvier 1565. & 9. Mars 1575. *Bouvot, to. 2. verbo Teſtament, queſt. 15.*

398 Un Mary étant inſtitué heritier en tous biens par ſa femme, en baillant à chacun de ſes enfans, une ſomme, telle diſpoſition n'eſt pas valable ; ſur tout la femme n'ayant ſurvécu vingt jours. Arrêt du Parlement de Dijon du 16. Octobre 1595. *Bouvot, tome 2. verbo Teſtament, qu. 29.*

399 Si le mary & la femme font enſemble un Teſtament, ſçavoir ſi le ſurvivant peut le révoquer ? *V,*

Bouvot, to 2. verbo Testament, quest. 42.

400 Les conjoints s'étant reservé de se pouvoir faire toutes donations & contrats, la femme peut tester, au profit de son mary, au préjudice de son pere. Arrêt du Parlement de Dijon du 27. Novembre 1603. Bouvot, tome 2. verbo Testament, qu. 45.

401 Le Testament fait par la femme au profit de son mary, & au préjudice de ses enfans, n'est valable. Arrêt du Parlement de Dijon du 28. Avril 1606. Bouvot, ibid. qu. 53.

402 La femme par son Testament avoit donné à son mary tout ce qu'elle pouvoit luy donner par la Coûtume; le surplus elle le donnoit à sa belle-fille: la Cour ayant découvert le dol, déclara ce qui étoit donné à la belle fille, n'être dû. Arrêt du Parlement de Paris de l'année 1551. autre Arrêt semblable du mois de Janvier 1552. Arrêt contraire de l'an 1547. Voyez Papon, liv. 11. tit. 1. n. 4.

403 La femme qui par contrat de mariage se reserve la faculté de disposer en œuvres pies ou autrement, de partie de sa dot, si elle meurt sans en disposer, elle est acquise au mary, non aux heritiers ab intestat, en vertu de la Coûtume de Toulouse. Arrêt du mois de Novembre 1588. Bibliot. de Bouchel, verbo Mariage.

404 Une femme qui par contrat de mariage se reserve de disposer d'une certaine somme par Testament; elle décéde sans faire aucune disposition. Jugé au Parlement de Toulouse le 24. Janvier 1591. que la somme demeure comprise dans la dot, que le mary gagne par le prédecés de sa femme, à l'exclusion des heritiers ab intestat, parce que la réservation faite d'un cas exclut l'autre cas. Biblioth. de Bouchel, verbo, Doüaire.

405 Testament suspect par lequel le Testateur instituoit sa femme, & luy substituoit le premier enfant qu'elle auroit en secondes nôces. Voyez dans Bardet, tome 1. liv. 1. ch. 11. l'Arrêt du 1. Février 1618. il est vray que le Testament ne rappelloit point une clause dérogatoire.

406 Les Coûtumes ne prohibant point aux conjoints de tester à leur profit, doivent demeurer dans la disposition du Droit commun, qui laisse la liberté de tester à toute personne capable. V. dans Bardet, to. 2. liv. 1. chap. 31. un Arrêt du 15. Juin 1632. qui confirme un testament fait dans la Coûtume d'Anjou par une femme au profit de son mary.

407 D'un testament fait par un mary au profit de sa femme enceinte lors de son décez, & accouchée depuis iceluy, & si la naissance de cet enfant annule le testament. Arrêt du 29. Juillet 1656. qui appointa les Parties au Conseil. Cette question tomboit dans l'application de l'article 209. de la Coûtume de Poitou, qui porte que *le mary peut donner à sa femme, & la femme à son mary, tant par donation mutuelle que simple, par testament ou autrement, tous ses meubles, acquests, & conquests immeubles, & la tierce partie de ses propres, soit qu'il y ait enfans, ou non.* Voyez Soëfve, tome 2. Cent. 1. chap. 41.

408 Testament d'une femme âgée de 21. an portant institution universelle que l'on soûtenoit être un fideicommis au profit du mary, jugé bon & valable, le 8. Juillet 1659. De la Guessiere, tome 3. liv. 3. chap. 15. c'étoit l'Arrêt de la Dame de Guitaut.

409 Arrêt du Parlement de Grenoble du 27. Juillet 1683. qui casse le testament d'une femme qui avoit institué son mary, reçû par le Curé de Champagniez, parce que si l'on avoit voulu, il étoit trés-facile de trouver alors un Notaire. Il n'y a que la nécessité pressante qui excuse. Voyez Chorier en sa Jurisprudence de Guy Fape, page 150.

TESTAMENT, FIDEICOMMIS.

410 Commettre à la foy de son ami tel que le testateur voudra choisir, la disposition de quelque bien ou argent sans en rendre compte à son heritier; c'est l'Arrêt du Curé de S. Jacques de la Boucherie, rendu le 23. Decembre 1580. Peleus, qu. 30. Voyez Caronadat, livre 3. Rép. 48. Montholon, Arrêt premier, & Anne Robert, liv. 1 chap. 3. rapportent le même Arrêt.

411 Le fait du fideicommis prohibé ou injuste, ou de l'incapacité même du legataire, convient encore avec les autres moyens, par lesquels un testament peut être débattu; de sorte que l'heritier l'ayant premierement choisi comme plus prompt & plus convenable à son intention, & en ayant été débouté, il peut valablement reprendre les autres; comme aussi les autres, par lesquels il avoit commencé, ne luy ayant pas réüssi, il peut de nouveau contester sur l'incapacité du legataire, ou l'accuser de tacite fideicommis & de fraude; cette accusation se pouvant même proposer aprés l'execution du testament & la délivrance du legs, suivant qu'il a été jugé par Arrêt rendu à la Grand-Chambre le 5. May 1602. touchant le testament de Marthe Charpi. V. Ricard, des Donations, part. 3. ch. 12. n. 1563.

TESTAMENT DE LA FILLE.

412 Ayrault, sur la fin de son premier Plaidoyé, observe qu'on jugeoit au Parlement de Paris, que le testament d'une fille, quoyque mariée, ne valoit rien, si elle avoit son pere vivant; mais depuis le contraire a été jugé, Roüillard, en ses Reliefs confuses, en rapporte un de 1593. M. Pierre Allard, en sa Catacrise, en cite un de l'an 1597. Au Parlement de Toulouse on juge que le testament d'une fille mariée ayant son pere, est nul. Voyez Mainard, liv. 8. chap. 60.

413 Arrêt du Parlement de Toulouse qui casse le testament d'une fille de dix-huit ans mariée, non emancipée par son pere; celui-ci fut declaré son heritier ab intestat, à l'exclusion du mary institué. Arrêt contraire du Parlement de Paris au mois de Juin 1593. consultis classibus, qui confirme le testament d'une fille mariée & décedée à Lyon. Il y a tant de raisons de part & d'autre, qu'il ne faut pas s'étonner de la contrarieté. Ibidem.

414 Si le testament fait par la fille, où la mere n'est dénommée, est valable, & si celuy qui a approuvé le testament, ou accepté le legs à luy fait, le peut aprés impugner? V. Bouvot, to. 2. verbo Testament, quest. 22.

415 En Païs de Droit écrit, la fille mariée, & à laquelle le pere vivant a constitué dot, ne peut faire testament, & exclure le pere des biens donnez. Arrêt du Parlement de Paris du 6. Avril 1594. Bouvot, to. 1. part. 2. verbo Testament, quest. 8.

416 La fille faisant son testament, laisse à ses veritables heritiers cinq sols, sans parler de sa mere qui est vivante, avec clause que si le testament ne vaut comme testament, elle veut qu'il vaille comme donation, à cause de mort, telle disposition est nulle. Arrêt du Parlement de Dijon du 3. Juillet 1594. Idem, tom. 2. verbo Testament, quest. 27.

417 La fille mariée, bien qu'elle ait pere & mere, peut tester en Païs de Droit écrit. Voyez Peleus, qu. 70.

418 Fille mariée peut tester en Païs de Droit écrit sans consentement du pere. Jugé au Parlement de Paris le 6. Avril 1699. nonobstant l'avis contraire de Chopin, sur la Coûtume de Paris, l. 1. 2. tit. de testamentis. Jugé aussi au Parl. de Bourdeaux, qu'une fille, quoique majeure de 25. ans & mariée, ne pouvoit tester sans le consentement de son pere, à cause de la Coûtume de Bourdeaux qui requiert tel consentement. L'Arrêt est du 20. Mars 1567. Voyez Mainard, liv. 9. ch. 9.

419 Par Arrêt du 12. Juin 1618. rendu au Parlement de Grenoble, jugé 1°. que le simple consentement du pere suffisoit pour valider le testament de la fille de famille mariée. 2°. Que le testament est soûtenu comme donation à cause de mort, en vertu de la clause codicillaire qui en parle nommément. 3°. Que le fils de famille peut en ce cas disposer en faveur de son pere. Semblable Arrêt le 12. Juillet 1628. Basset, tome 1. liv. 5. tit. 1. chapitre 20. il rapporte un Arrêt contraire du 21. May 1623. qui déclara nul un testament

420 Testament d'une fille majeure au profit de son pere tuteur, & remarié, est bon & valable en la Coûtume de Bourgogne. Jugé le 5. Juillet 1623. V. Bardet, to. 1. liv. 1. chap. 116. où il rapporte plusieurs Arrêts semblables en faveur des peres & meres remariez.

421 La fille ne peut tester, quoi qu'étant remariée elle ait vécu dix ans separée de son pere. Arrêts du Parlement de Toulouse au mois de Mars 1641. & le 25. Juin 1646. Autre du 3. Decembre suivant, quoique la fille fût remariée depuis 23. ans; ses sœurs furent maintenuës *ab intestat*, contre la mere heritiere instituée. *Voyez Albert*, verbo *Testament*, art. 30. où il ajoûte un Testament où le pere avoit été preterit par sa fille, fut déclaré nul le 8. Janvier 1665. bien que le pere fût mort avant elle.

422 M. Sebastien Baudinet avoit autorisé Magdelaine Baudinet sa fille, pour une disposition qu'elle avoit faite de ses biens, & elle l'avoit institué son heritier; elle en fit une autre posterieurement sans l'autorité de son pere où il y avoit un legs au profit des Ursulines de la Ville de Mets; & par la seconde elle revoquoit la premiere; aprés la Profession de Magdelaine Baudinet au Monastere des Ursulines de la même Ville, Jean Boichot son frere uterin debatit ces dispositions faites au profit du pere de cette fille; la premiere comme ayant été revoquée par la seconde, & celle-cy comme faite sans l'autorité du pere, lequel au contraire soûtenoit que la derniere disposition étoit bonne. Le Lieutenant au Bailliage de Nuits la confirma; dont appel par Boichot. La Cour mit l'appellation au néant, par Arrêt du 30. Mars 1651. *Voyez Taisand sur la Coût. de Bourgogne*, tit. 9. art. 3. note 2.

423 Au mois d'Août 1653. au Parlement de Toulouse le Testament d'une fille autorisée par son pere, où elle liquidoit ses droits avec luy, fut cassé contre l'avis de M. Mainard, liv. 5. ch. 3. neanmoins le contraire a été jugé touchant une donation faite par Claude Mazet qui avoit été 13. ans mariée & separée de son pere, en faveur de la veuve de Blanc, contre les freres de la Testatrice, & le 8. May 1646. aprés partage en la cause de Rigalde pere dont la fille étoit demeurée 13. ans veuve *seorsim à patre*, étoit émancipée, parce que la séparation du pere & de la fille étoit alors volontaire. *Albert*, verbo *Testament*, art. 30.

TESTAMENT DU FILS.

424 Du Testament fait par un fils de famille. *Voyez* le mot *Fils de famille*, nomb. 32. & suiv.

425 *Filii familias de quibus bonis testari possint in Brabantiâ?* V. Stockmans, *decis.* 8.

426 Le privilege donné aux Avocats fils de famille de pouvoir tester valablement des biens par eux acquis, & du gain fait en l'exercice de leur charge, postulation, consultation, comme étant pecule, *quasi militare*, ou *quasi castrense in l. ult. C. de inofficios. test. l. fori. C. de advoc. divers. judic. Accurs. in l. cum oportet C. de bonis quæ liber.* ne s'étend aux Notaires, Greffiers, ni Chirurgiens. Jugé par plusieurs Arrêts du Parlement de Toulouse. V. M. Duranty, au 1. li. de ses quest. notables, chap. 44. & M. la Rochelavin, liv. 6. tit. 78. art. 4.

427 *De testamento à filio familias facto, consentiente patre,*
428 *& cum clausulâ, si non valeat ut testamentum, valeat ut codicillus, & donatio causâ mortis,* Arrêt du Parlement de Provence du 23. Novembre 1583. confirmatif du Testament. V. *Francisci Stephani, decis.* 49.

429 Si le Testament du fils de famille attesté de cinq témoins, contient clause que s'il ne peut valoir comme Testament, il vaille comme donation à cause de mort, ce Testament est bon. Arrêts du Parlement de Toulouse au mois de Janvier 1574. & Avril 1587. La plûpart des opinans tenoient même qu'il eût suffi de dire ces mots, *qu'il vaille comme codicille, ou autre quelconque derniere volonté.* Mainard, li. 5. ch. 2.

430 Quoique le fils de famille qui est en puissance d'autrui ne puisse faire Testament, Codicilles, legs, ni fideicommis, *etiam patre permittente*, mais seulement donation à cause de mort, *permittente patre*; neanmoins, par Arrêt du Parlement de Toulouse du 5. Decembre 1581. le Testament d'un nommé Jagot, fils de famille en faveur des pauvres, a été confirmé. Observez que le Testateur avoit survécu son pere, en la puissance duquel il étoit. *Ibidem*, chap. 1.

431 Un fils de famille peut faire une donation à cause de mort, si son pere y consent. La principale raison est que la permission du pere n'est pas requise pour rendre le fils capable de donner, mais plûtôt afin que le fils ne fasse rien *inscio patre*, à son préjudice; ainsi l'intervention du pere est necessaire, *ne adeuntò damnosam hæreditatem filius patri præjudicaret*. Arrêt du P. de Toulouse du 7. Février 1586. *Ibid.* ch. 3.

432 Jugé par Arrêt du Parlement de Dijon du 29. Juillet 1616. que le testament d'un fils est bon & valable, quoyque le pere n'y soit dénommé, ni institué, le pere agréant le testament, ou ne disant rien au contraire, les freres du testateur ne le peuvent debattre de nullité. Bouvot, tome 2. verbo *Testament*, qu. 56.

432 Par Arrêt du Parlement de Dijon du 29. Juillet bis. 1616. le Testament de Philippes la Ville, fils de famille, fait du consentement de son pere au profit de ses freres consanguins, fut confirmé. Il fut jugé que le fils de famille peut tester, suivant les mœurs de France, par Arrêt du 15. Juillet 1627. entre le nommé Chanut & le Sr Lieutenant Dardaut; neanmoins la Cour ajoûta pour certaines causes & considerations; on dit que c'étoit parceque le Testament en question étoit au profit du pere, mais à l'égard d'un étranger la question demeura indecise. Par autre Arrêt du 18. Juillet 1633. au profit de Me. Jacob le Mulier Lieutenant particulier à Semur, le testament fait en sa faveur par un de ses fils fut confirmé sans reserve. *Voyez Taisand, sur la Coût. de Bourgogne*, tit. 6. art. 3. note 2.

433 Testament fait au profit d'un beaufrere par un fils de famille sans l'autorité du pere, a été déclaré nul au P. de Dijon le 13 Août 1640. quoiqu'au temps de la mort du testateur le pere fut décedé. M. de Xaintonge Avocat General avoit conclu au contraire. *Taisand, ibid.*

434 Le fils de famille ne peut pas tester ni donner son heredité à cause de mort. Son testament vaut, quand il est fait du consentement du pere, & que la clause codicillaire & de donation y est inserée, & l'heritier present. Arrêt du Parlement de Toulouse au mois de May 1641. confirmatif d'un testament fait par un fils ayant des enfans instituëz son pere à la charge de rendre à celuy qu'il voudroit de ses enfans petits fils de ce pere, quoique le pere fût absent; mais il ratifia ce que le fils avoit fait. Arrêt contraire au mois de Janvier 1647. sans doute il y avoit quelque autre raison de nullité. *Albert*, verbo *Testament*, art. 30.

435 Le testament d'un fils en faveur de sa mere sa Curatrice, est valable. Arrêt du Parlement de Grenoble du 15. Mars 1656. Basset, to. 1. liv. 5. tit. 1. ch. 12.

436 Arrêt du Parlement de Dijon du 7. Juillet 1659. qui déclare bon le testament de Claude Chaussenot âgé de dix-huit ans & demi, au profit de son pere, quoiqu'il ne l'eût point autorisé. V. *Taisand, sur la Coût. ae Bourgogne*, tit. 6. art. 3. n. 1.

437 Arrêt du 5. Avril 1663. qui a déclaré bon & valable le testament d'un fils de famille, séparé de son pere durant dix ans. Cette séparation longue tenoit lieu d'émancipation. *Boniface*, to. 2. liv. 3. tit. 6. ch. 1.

438 Du testament du fils de famille avec la clause de donation à cause de mort. Arrêt du Parlement de Toulouse du mois de Juin 1668. qui juge que la disposition vaut comme donation à cause de mort en faveur du pere contre les enfans du fils décedé. Ce fils de famille avoir fait un testament du consentement & en présence de son pere, par lequel aprés avoir legué la legitime à ses enfans, il institutoit son pere, avec la clause que si le testament ne pouvoit

valoir comme testament, il vouloit qu'il valût comme donation à cause de mort. *Voyez M. de Catellan, liv. 2. chap. 40.* où il rapporte un Arrêt semblable du 16. Mars 1664. confirmatif d'un testament pareil qui même contenoit des liberalitez faites à des Etrangers. On croit que le pere present au testament avoit suffisamment consenti à toutes les clauses.

439 Le fils de famille ne peut faire ni testament ni codicille, quoy qu'avec consentement du pere. 2. Toutefois si dans le testament fait du consentement du pere étoit la clause de valoir comme donation à cause de mort. 3. Ou si le testament étoit entre enfans, il vaudroit comme donation à cause de mort. 1. *Benedict. matrem insuper Cleram n. 5. 47. & seq. 2. id. Clar. §. donatio. quæst. 6. n. 8. 9. 2. id.* Fachin. *lib. 5. cap. 64. 3. vid.* Guy Pap. Ferrer. *quæst. 54. & in causâ piâ vid.* Mainard, *lib. 5. chap. 1. & in causâ piâ 3. id. in causâ piâ* Clar. §. *Testamentum quæst. 5. n. 7. & seq. 2. id.* Mainard, *si sit clausula omni meliori modo lib. 5. cap. 2. id.* Grass. §. *Donatio. si donatarius sit præsens vid.* Automne *art. 2. vid.* L. 7. §. 5. ff. *de donat.* La Peirere, *lett.* T. *nomb.* 111. dit, j'ay vû trois Arrêts en la Chambre de l'Edit, dans lesquels ce second chef de décisions a été confirmé; toutefois les Arrêts du Parlement sont au contraire, & suivant le §. 5. de la Loy 7. ff. *de donat.* telle clause de valoir, comme donation à cause de mort, a été rejettée : & jugé qu'il falloit faire expressément une donation à cause de mort, ce que nous avons toûjours suivi *in consulendo.*

Arrêt rendu au Parlement de Bourdeaux en l'année 1641. en la Seconde des Enquêtes, au Rapport de M. de Maran, en la cause de Maître Jean Lanevete, Garde des Registres de la Cour, contre Aristoy son beaufrere : jugé qu'un testament fait par un frere dudit Aristoy étant fils de famille étoit nul, quoique le pere y eût consenti, & qu'il y eût dans le testament clause codicillaire, & donation à cause de mort.

TESTAMENT, FORMES.

440 Les formes prescrites aux testamens par les Coûtumes, sont de l'essence, & ne peuvent être accomplies par choses équipolentes. Arrêt du 6. Août 1602. M. *Bouquier, lettre* T. *nombre* 2. Peleus, *quæst.* 34.

441 Un testament fait suivant les formes prescrites par la Coûtume du domicile du testateur, vaut & étend son effet par tout, & s'il contient une institution d'heritier universel, l'heritier institué peut prendre tous & chacuns les biens qui ont appartenu au testateur au jour de son décez, en quelque lieu qu'ils soient situez, soit en Païs Coûtumier ou de Droit écrit, pourvû que la Coûtume du lieu ne soit point contre la disposition. Arrêt du 14. Août 1574. Arrêt du 11. Mars 1609. Brodeau *sur M.* Loüet *lett.* C. *somm.* 42. *nomb.* 5. & 7. Voyez Henrys, *tome* 2. *liv.* 5. *q.* 32. où il rapporte un Arrêt du 17. Février 1657. *Voyez M.* Expilly, *Arrêt* 78.

442 Sur la question, si ayant choisi une forme de tester, on peut s'en departir & en observer une autre ? M. l'Avocat General Bignon se servit de la distinction des Docteurs, quand le testateur a témoigné par quelque clause de son testament se vouloir départir de la premiere forme, le testament fait en la seconde est bon, *alias, si non appareat.* Voyez Bardet, *to.* 1. *liv.* 3. *ch.* p. 105. L'Arrêt rendu le 14. May 1630. au Rôle de Vermandois.

TESTAMENT, HAINE.

443 Testament fait par haine en ligne directe, & sur un faux soupçon, déclaré nul. Arrêt du 10. Janvier 1658. *De la Guissere, tome* 2. *liv.* 1. *chap.* 31. Voyez Mornac *l.* 1. *Cod. de inofficiosis donat.*

444 Testament fait par un pere contre son fils, qui avoit quitté la Religion Prétenduë Réformée, déclaré nul fait en haine de ce qu'il avoit changé de Religion. Arrêt de la Chambre de l'Edit à Paris le 30. Mars 1661. *Journal des Audiences, tome* 2. *liv.* 4. *chapitre* 19.

TESTAMENS HOLOGRAPHES.

Voyez Ricard, *des Donations entrevifs,* 1. *part. ch.* 3. 445 *sect.* 12. *n.* 589.

Dans les Parlemens du Droit écrit les testamens 446 holographes ne sont reçus que dans deux cas seulement, sçavoir en faveur de la cause pie & dans les testamens des peres entre leurs enfans. Suivant les Arrêts rapportez par *Mainard, liv. 5. chap.* 15. D'Olive, *liv. 5. chap.* 1. & 36. Duranti, *quest.* 23. & 24. Cambolas, *liv.* 1. *chap.* 13. Catellan, *tome* 1. *liv.* 2. *chap.* 37. Despeisses, *tome* 2. *page* 62. & 64. La Peirere, *lettre* A. *nomb.* 44. 45. & 115. Boniface, *tome* 3. *liv.* 1. *tit.* 3. *chap.* 1. L'Auteur des *Questions notables du Parlement de Provence, liv.* 1. *quest.* 15. Il faut observer que dans les Parlemens du Droit écrit, il n'est pas necessaire pour la validité d'un testament holographe, qu'il soit entierement écrit de la main du testateur ; il suffit qu'il soit signé de luy suivant le témoignage de M. d'Olive, *liv.* 5. *chap.* 36.

Des testamens holographes paternels, & de l'inter- 447 pretation de la Coûtume de Bayonne au titre des *Testamens,* art. 4. & 5. Voyez *les Plaidoyers dés Avocats fameux de Bourdeaux,* dédiez à M. de Nemond, *page* 37.

Si le Testament holographe ou d'ailleurs imparfait 448 peut valoir en faveur de la cause pie, ainsi qu'entre enfans ? *Voyez* Charondas, *liv.* 5. *qu.* 13.

Les faits de suggestion ne sont pas recevables con- 449 tre un Testament holographe. *Voyez* Ricard, *des Donations entre-vifs,* 3. *part.* ch. 1.

Testament holographe n'emporte provision, si ce 450 n'est qu'il soit reconnu en Justice avec l'heritier présomptif, ou bien que le Testateur de son vivant l'ait reconnu par devant Notaires. Tronçon, *sur la Coûtume de Paris,* art. 291. verbo *Saines d'entendement,* fine.

S'il est reçu en Forêt païs de Droit écrit, à la for- 451 me de la Novelle seconde de Valentinien, sans aucune necessité de témoins, au nombre que la loy desire ? Voyez Henrys, *tome* 1. *liv.* 5. *ch.* 1. *quest.* 2.

Testamentum domini Gilbert *Consiliarii inventum in* 452 *suâ bibliothecâ scriptum & signatum ejus manu, sub datâ Octobris* 1546. *& obiit nonâ die Augusti* 1546. C.M. *respondit non valere nisi quantum ad pia, & c. quia hæc consuetudo est privilegiata, idcirco intelligi debet, quando omne vitium & omnis suspicio deest.* Ricard en ses Notes, sur la Coûtume de Paris, att. 289.

Antoine Virot, Seigneur de Tailly, ayant fait un 453 Testament secret & holographe, & ayant écrit luy-même l'acte de déclaration qu'il fit signer par deux Notaires, Antoine & Jaquette Virot debatirent ce Testament de deux nullitez ; l'une parce que la déclaration en suscription doit être écrite par un Notaire ; & la seconde, qu'elle doit être donnée par un Notaire en presence de deux témoins, & non par deux Notaires sans témoins ; surquoy il y eut Arrêt à Dijon le 27. Juin 1587. prononcé aux Arrêts generaux, qui déclara le Testament nul, par ce motif, que la forme prescrite par la Coûtume doit être observée à la lettre. Taisand, *sur la Coûtume de Bourgogne,* tit. 7. art. 8. not. 1.

Testament holographe, au païs d'Auvergne, dé- 454 claré bon & valable, bien qu'il n'y eût aucuns témoins. Arrêt du 24. Juillet 1601. M. le Prêtre *és Arrêts de la cinquieme.*

Henrys, *to.* 2. *liv.* 5. *qu.* 1. rapporte quatre Arrêts 455 qui ont déclaré bons les Testamens holographes faits dans les parties de l'Auvergne qui se regissent par le Droit écrit, le premier du 24. Juillet 1601. le second du 7. Août 1649. le troisiéme du 27. Janvier 1651. le quatriéme du 20. Juillet 1652. il dit à la fin qu'il estime que la Cour a entendu faire valoir le Testament holographe dans tous les pays du Droit écrit de son ressort.

Testament holographe écrit & signé de la main du 456 pere, par lequel il disposoit entre ses enfans de divers lits en la Coûtume de *Bourges*, a été declaré bon & valable, bien qu'il ne l'eût fait en presence d'aucuns témoins, & que les portions d'entre les enfans, fussent fort inégales. Arrêt du 27. Août 1607. *M. le Prêtre, és Arrêts de la cinquiéme*. Le même en la Coûtume d'*Angoulême*. Du Frêne, *liv*. 1. *chap*. 52. Le même en la Ville de *Toul*. Du Frêne, *liv*. 8. *ch*. 16.

457 Testament holographe fait par un pere ayant enfans de cinq lits, sous son seing sans témoins, cacheté du cachet, contenant une disposition & partage de ses biens entre ses enfans, jugé bon & valable en la Coûtume de *Berry*. Arrêt du 1. Septembre 1607. Chenu, 2. *Cent*. *q*. 10.

458 Le testament écrit & signé de la main du testateur, est celuy qu'on appelle holographe; l'un & l'autre est requis: Neanmoins *Berault* rapporte un Arrêt du Parlement de Roüen du 17. Janvier 1608. par lequel il fut jugé qu'un testament, non écrit de la main du testateur, mais seulement signé de luy, & depuis reconnu de deux Notaires, étoit valable: le contraire a été jugé au Parlement de Paris, qui a de plus jugé, que ce que le testateur a écrit & signé de sa main, doit être en forme de testament, c'est-à-dire, que le mot de testament ou de derniere volonté y soit exprimé; & de plus qu'un testament étoit nul, quand on avoit écrit par chiffre les sommes qu'on avoit leguées. *Voyez Pesnelle, sur l'art*. 413. *de la Coûtume de Normandie*.

459 Testament holographe du pere entre ses enfans, la Cour a jugé que le jour ni l'année n'y étoient point necessaires: Arrêt du 25. Juin 1612. *C. M. en sa note sur l'art*. 15. *de l'ancienne Coûtume d'Orleans*, est de contraire avis.

460 Si un Testament doit être reputé holographe, quoy qu'il ait été reconnu devant un Notaire? *Voyez Basnage, sur l'art*. 413. *de la Coûtume de Normandie*, où il rapporte deux Arrêts de ce Parlement des 17. Janvier 1616. & 27. Août 1618 confirmatifs de Testamens sans signatures privées, reconnus devant Notaires & témoins.

461 Le 10. Mars 1610. fut plaidée une cause sur le sujet d'une disposition faite par Gilbert Andras, lequel ayant contracté mariage en cette Ville avec Marie Bonnard, & icelle fiancée, étoit allé à Bruxelles donner ordre à quelques affaires, & y ayant séjourné quelque temps tomba malade; aussi-tôt fit une missive à Marie Bonnard, luy mandant l'état de sa maladie, & ajoûtoit qu'au cas qu'il mourût, il luy donnoit tous ses biens, & particulierement telles & telles sommes qui luy étoient deuës; leguoit à Jacques Andras son frere une somme; aux pauvres une autre; & que cela étoit en signe de son vray Testament qu'il vouloit sortir effet: ainsi portoit la missive entierement écrite & signée de sa main, à Bruxelles le 5. Juillet 1618. L'on demande pardevant le Prevôt de Paris pour l'execution de cette disposition; il mit sur la demande les parties hors de Cour, & neanmoins ajugea pour d'autres considerations à ladite Bonnard 2000. liv. pour ses dommages & interêts; il étoit justifié que le défunt luy avoit dés long-temps promis mariage, appel de cette Sentence. Arrêt confirmatif. Autre Arrêt semblable en 1607. *Voyez la Bibliotheque de Bouchel, verbo Testament*.

462 Arrêt du 5. May 1625. qui a jugé qu'un Testament holographe est bon & valable en la Coûtume d'Angoumois. *Bardet, to*. 1. *liv*. 2. *chap*. 41.

463 Testament holographe mal à propos impugné de suggestion. Arrêt du Parlement de Paris du 30. Janvier 1626. *Journal des Aud*. *to*.1. *liv*. 1. *ch*. 83.

464 Testamens holographes reçus en païs Coûtumier (Coûtume de *Paris*, art. 289.) & en païs de Droit écrit: toutefois le contraire a été jugé par Arrêt prononcé en Robes rouges le 7. Septembre 1626. auquel la cinquiéme Chambre des Enquêtes protesta qu'elle jugeroit le Testament holographe valoir en païs de

Tome III.

Droit écrit. *Voyez M. le Prêtre*, 2. *Cent*. *chapit*. 70. *& és Arrêts de la Cinquiéme*. Du Frêne, liv. 1. *ch*. 21. Hentrys, *to*. 1. *liv*. 5. *chap*. 1. *quest*. 2. & *tome* 2. *liv*. 5. *quest*. 1. où il rapporte plusieurs Arrêts.

465 M. Fouquet Conseiller au Parlement fait son Testament holographe contenant cette disposition, *je donne & legue à Charlote & Françoise*, & au dessus du nom de *Françoise*, il y avoit en interligne *Marie*, sans neanmoins que le nom de *Françoise* fût rayé, *mes niéces filles à marier &c*. Jugé que le legs n'étoit pas annullé par une fausse cause ou demonstration. Arrêt du 21. Février 1628. *Bardet, to*. 1. *li*. 3. *chap*. 3.

466 Testament holographe la date en blanc, & non signé à la main par le Testateur, est nul, même pour le legs contenu en la premiere page, qui se trouve signée. Arrêt du 24. Juillet 1631. Bardet, *to*. 1. *liv*. 4.

467 Arrêt du Parlement d'Aix du 4. Novembre 1636. qui a déclaré que le Testament holographe d'un pere n'avoit pû révoquer un precedent Testament parfait. *Boniface*, *to*. 5. *liv*. 1. *tit*. 13. *ch*. 1.

468 Le Testateur étant en pleine santé avoit fait un Testament holographe en 1636. depuis ayant été frapé de maladie contagieuse, il dicta un Testament par sa fenêtre. Le Notaire sans avoir fait au Testateur aucune interpellation de signer, ni avoir declaré qu'il eût refusé, & inseré la clause du refus se contenta de le signer, & de faire mention qu'il ne l'avoit pas fait signer au Testateur à cause du peril & de sa maladie. Arrêt du Parlement de Paris du 8. Mars 1638. qui annulle ce dernier Testament, & ordonne l'execution de celuy de 1636. *Jour. des Aud*.*to*. 1.*liv*.3.*ch*.49.

469 D'un Testament holographe fait en païs de Droit écrit, & depuis reconnu par devant un Notaire & cinq témoins: Il faut que l'acte de reconnoissance fasse mention que les témoins ont été requis, & les domestiques du Testateur ne peuvent porter témoignage. Cependant il s'agissoit d'un Testament fait par M. le Duc d'Epernon entre ses enfans. Arrêt du 3. May 1646. *Soefue*, *to*. 1. *Cent*. 1. *ch*. 91.

470 Par Arrêt rendu au Parlement de Toulouse le 26. Juin 1647. un Testament holographe souscript par sept Capucins parmi lesquels étoit le Gardien, fut declaré nul. Il est vray que c'étoit dans une Ville où l'on pouvoit avoir d'autres témoins. C'est une affectation en effet singuliere d'appeller sept Capucins, quand on peut aussi facilement appeller d'autres personnes. *M. de Catellan*, *liv*. 2. *chap*. 11.

471 Du Testament holographe fait par une femme pendant l'instance de séparation de corps, d'entr'elle & son mary pour sevices & mauvais traitemens, s'il est valable, la Testatrice ayant par iceluy fait paroître son animosité contre son mary. Arrêt du 3. May 1653. qui confirme les legs pieux, & reduit le legs fait à l'Avocat de la Testatrice. *Soëfue*, *tome* 1. *Cent*. 4. *chapitre* 16.

472 Le Testament holographe est reçu en païs de Droit écrit. Arrêt du 25. May 1655. *Soëfue*, *tome* 1. *Cent*. 4. *chapitre* 91.

473 Un Curé ayant fait écrire son testament par son Vicaire, à l'exception des six dernieres lignes qu'il avoit écrites, & l'avoit signé & fait signer par deux témoins, les heritiers soûtinrent qu'il étoit nul; le Vicaire ne l'ayant point signé, & n'étant pas capable de le recevoir, puisqu'il étoit legataire; ce qui fut ainsi jugé le 8. May 1657. *Bajnage*, *sur l'art*. 413 *de la Coûtume de Normandie*.

474 Testament holographe fait au profit de celuy qui en est porteur, pour le reconnoître, il doit le mettre au Greffe, & ensuite demander permission de verifier que c'est l'écriture du défunt, & après, faire assigner les heritiers du testateur pour voir verifier que c'est son testament, &c. & par provision ordonner que la somme leguée de 30000. l. seroit touchée à caution juratoire. Arrêt du 24. May 1661. *De la Guess*. *tome* 2. *liv*. 4. *chap*. 27.

724 TES TES

475 Par Arrêt du Parlement de Dijon du 14. Mars 1662. il fut dit que le testament holographe d'Isaac Aligan au profit de Blaise Sauvageot de Saulieu étoit valable, quoyque ce testament écrit dans une seule feüille, fût contenu en la premiere page, & que la suscription du Notaire fût sur la quatriéme page : un parent du testateur soûtenoit que le testament étoit nul. *Voyez Taisand, sur la Coûtume de Bourgogne, tit. 7. art. 8. note 3.*

476 Testament holographe fait dans le Duché de *Bourgogne* par un collateral n'est pas bon, lorsque l'acte du Notaire est sur une enveloppe ou feüille séparée. Arrêt du Parlement de Dijon du 30. Avril 1665. M. le Premier Président Brulart avertit les Avocats de ne plus agiter cette difficulté. *Voyez Taisand, sur cette Coû. tit. 7. art. 9. n. 3.*

477 Testament holographe portant institution d'heritier en la Coûtume de *Berry*, où le Notaire & trois témoins avoient souscrit sur l'enveloppe ou couverture seulement, jugé valable le 16. May 1665. *De la Guess. tome 2. liv. 7. chap. 21.*

478 Jugé par Arrêt du 14. Avril 1666. qu'un testament holographe ne peut être débatu de nullité sous prétexte que les feüilles de papier dans lesquelles il se trouve écrit, sont détachées l'une de l'autre. *Soëfve, to. 2. Cent. 3. chap. 78.*

479 Monsieur Poulin Avocat a dit en une consultation qu'en l'année 1668. le testament holographe fait par le Sieur Rinsant Docteur en Medecine de la Faculté de Paris & la Demoiselle sa femme, qui contenoit une substitution à l'égard de la portion hereditaire de l'un de leurs enfans, a été declaré nulle par Sentence des Requêtes du Palais, confirmée ensuite par Arrêt, le testament n'étant écrit que de la main de l'un & signé de deux. *Ricard, des Donations, part. 1. chap. 5. sect. 5. n. 1494.*

480 Quoyque le testament holographe soit bon du pere & l'enfant, il n'est pourtant pas de même de celuy que l'enfant fait en faveur du pere, s'il n'a pas été rendu nuncupatif par la suscription & par la solemnité des témoins suivant l'Arrêt prononcé à l'Audience de la Grand'Chambre le 9. Février 1671. *Graverol sur la Rocheflavin, livre 4. lettre T. titre 5. Arr. 11.*

481 Testament holographe n'ayant paru que quelques années après la Profession de la testatrice en Religion, declaré nul par Arrêt du 6. Février 1673. *Soëfve, to. 2. Cent. 4. ch. 78. & le Journal du Palais.*

482 Testament holographe apostillé d'une main étrangere à la marge, declaré nul. A Paris le 4. Septembre 1677. *Journal du Palais.*

483 Un testament holographe fait au profit d'un étranger de la famille du testateur, ne détruit pas un testament anterieur fait devant Notaire en Hollande au profit de l'heritier présomptif & dans lequel est une clause derogatoire qui n'est point revoquée, ni specifiquement ni individuellement. Arrêt du Parlement de Paris du 1. de Mars 1689. *au Journal des Audiences, tome 5. liv. 5. ch. 9.* où il est observé que la Loi *hâc consultissimâ Cod. de testamentis* est abrogée en Hollande.

484 Au testament holographe, il suffit de la souscription du pere ou de la mere ; pourveu que la souscription exprime que c'est leur testament. *Clarus §. Testamentum quest. 14. n. 4.* M^e. Abraham de la Peirere, *lettre T. nomb. 91.* dit Entends cecy du testament *inter liberos,* dans lequel il suffit que la suscription soit de la main du pere ou de la mere , pourvû que le mot du testateur ou testatrice soit ajoûté au seing, encore bien que le corps du testament soit écrit de main étrangere. J'ay veu davantage, sçavoir un testament solemnel d'un pere, fait *inter liberos,* dans lequel les deux filles du testateur étoient heritieres instituées, & le fils reduit à un simple legat. Le fils après la mort du pere fait trouver un tronçon de papier de date subsequente au testament écrit de main étrangere, signé du pere sans aucune addition au seing, par lequel le fils est institué heritier, & les filles faites legataires ; par Arrêt du Parlement de Bourdeaux, ce tronçon de papier prévalut au testament solemnel ; je ferois grande difficulté en ce préjugé, vû la grande facilité qu'il y a, ou en la supposition, ou en la fausseté d'un simple seing.

485 *Voyez le Recueil des Act. de Notor. donnez par M. le Lieutenant Civil, p. 165. & suiv.* touchant la validité des testamens holographes, & les cas ausquels les dispositions qui y sont contenuës, peuvent avoir lieu, ou être restraintes.

TESTAMENT, IMBECILE.

486 Testament fait par une femme en démence. *Voyez le mot Demence.*

487 On est reçu sans s'inscrire en faux contre un testament à verifier l'imbecillité du testateur, quoyque l'acte porte qu'il étoit en son bon sens & entendement. Arrêt du 20. Decembre 1632. *M. d'Olive, liv. 5. chap. 9.*

TESTAMENT, IMPARFAIT.

488 *Approbatio testamenti imperfecti quid operetur?* Voyez *Stokmans, decis. 21.*

489 Les testamens imparfaits sont valables en faveur de la cause pie. *V. Henrys, to. 2. liv. 5. quest. 13.*

490 *Testamentum primum non tolli per secundum preteritionis ratione imperfectum. Testamentum imperfectum inter liberos etiam duobus tantum testibus roboratum valet. Testamentum secundum in quo intervenit universalis haeredis institutio & septem testes : licet codicillus nuncupetur quod ut perfectum testamentum valeat, & prius tollatur. V. Franc. Marc. to. 1. quest. 319.*

491 Du testament imparfait qui est fait en faveur des heritiers *ab intestat.* Voyez les *Arrêts de M. de Catellan, liv. 2. chap. 2.*

492 Le testament imparfait vaut entre enfans *ex §. imperfecto L. hâc consultissimâ C. de testam.* mais par l'auth. *quod sine* du même titre il faut qu'il soit écrit ou signé de la main du testateur, autrement il ne vaut. Arrêt du Parlement de Bourdeaux rapporté par Automne, contre le testament d'un pere que ne sçachant écrire, l'avoit fait écrire par un Prêtre, & l'avoit plié & mis dans un Coffre duquel il portoit la Clef, par lequel son fils aîné étoit avantagé. Au contraire quand le pere l'a écrit de sa main, quoyque sans date & témoins il ne laisse pas de valoir. Ainsi jugé au Parlement de Bourdeaux en 1573. Il vaut aussi, quoyqu'il ne soit écrit & signé du pere s'il est écrit & signé par un Notaire & un témoin, Arrêt du Parlement de Bourdeaux du 2. Avril 1612. & par autre du 15. Avril 1608. il a été jugé que le testament d'une mere entre ses enfans qui ne sçavoit lire ni écrire sans testamoins, l'un desquels enfans étoit décedé avant elle, laissant des enfans, n'étoit point nul par la preterition d'iceux, mais que la portion laissée à leur frere par le testament leur étoit transmise. *Vide Boer. Cons. 48. & Maynard, liv. 9. ch. 5.*

493 Substitution apposée en un testament imparfait entre enfans est soutenuë en faveur de l'ayeul. Arrêt du 18. Decembre 1586. *Cambolas, liv. 1. ch. 13.*

494 Testament imparfait *inter liberos,* jugé bon & valable. Arrêt du 16. May 1632. *M. d'Olive, liv. 5. ch. 1.* Voyez *Henrys, to. 1. li. 5. chap. 4. q. 32.*

495 On a demandé dans la Coûtume de *Bourgogne*, si le testament imparfait d'un pere oud'une mere qui a survécu les vingt jours, ne laisse pas d'être valable, quoyqu'il contienne inegalité entre les enfans? Arrêt du P. de Dijon du 2. Août 1674. qui confirme le testament ; cet Arrêt étant rendu pour la Bresse qui est païs de Droit écrit, n'empêche pas que la disposition de la Coûtume ne demeure dans sa force. *V. Taisand, sur cette Coûtume, tit. 7. art. 6. n. 12.*

TESTAMENT, INCAPABLE.

496 Le second Testament dans lequel l'incapable de

succeder est institué heritier, ne rompra point le Testament parfait précedent. *Maynard, lib. 8, ch. 50. vid. instit. §. 3. quib. mod. Testam. infirm. & L. 12. & C. 19. ff. de bon. poss. cont. tab.* La Peirere, *lettre T. nomb. 132. dit*, je croi pourtant que s'il y a clause codicillaire dans le second Testament, les legs faits dans iceluy seront dûs par l'heritier institué dans le premier Testament.

Arrêt du Parlement de Bourdeaux du 15. May 1668. Presidant Monsieur le Premier, plaidans Chiquet, Belluye & Pipaut. Un homme natif de Nantes s'étant habitué à Blaye, il y fit des acquêts assez considerables. Par un premier Testament il institua un heritier qui lui étoit étranger. Par un second il institua le nommé Brignon son Apotiquaire à Blayé: étant décedé, procez entre l'heritier du premier Testament, l'heritier du second, & les heritiers présomptifs. L'heritier du premier Testament soûtenoit le second Testament nul par l'incapacité de l'Apotiquaire, sur sa qualité d'Apotiquaire justifiée au procez, & étant le second Testament nul, le premier devoit subsister. L'heritier du second Testament denioit être incapable de succeder. Les parties disoient ensuite l'heritier Testament être revoqué par le second ne pouvoir subsister, attendu l'incapacité de l'Apotiquaire: jugé que le premier testament demeureroit revoqué & annullé par le second, & que le second ne pouvoit subsister, veu la qualité d'Apotiquaire institué par le second, & fut l'heredité ajugée aux heritiers presomptifs. La Cour fit difference entre indigne & incapable, priva l'Apotiquaire de la succession par indignité, & non par incapacité. L'incapable, *est incapax jure & eff. elu.* L'indigne, *est capax jure sed incapax effectu.*

TESTAMENT, INCISION DU FILET.

497 L'incision du filet n'est pas une revocation suffisante d'un testament, s'il paroît que l'intention du testateur n'a été que de changer quelques legs, & non pas d'en alterer la substance. *Barry, lib. 10. tit. 1. n. 36.* mais l'on présume que le testateur a changé de volonté, lorsque le testament se trouve solemnel, ouvert & décacheté parmi ses papiers ; ou du moins la preuve est rejettée sur les heritiers écrits, & les legataires que le défunt a perseveré dans la même volonté, mais la même presomption n'a pas lieu à l'égard du testament nuncupatif qui se trouve ouvert, & décacheté. *Ricard, des Donations, 3. part. ch. 2. sect. 2. p. 137.*

TESTAMENT INOFFICIEUX.

498 Une femme incertaine de la mort de son mary absent, demeure long-temps en la maison d'un particulier, défenses par les Consuls d'habiter ensemble, à cause du soupçon de débauches ; quelque temps aprés cette femme fait son testament, & institué ce particulier son heritier ; le frere de la défunte Religieux profés, attaque le testament ; & comme il étoit incapable, le Procureur General du Roy se joint à luy. Par Arrêt en Robes rouges du Parlement de Toulouse du 14. Août 1582. ce particulier fut declaré indigne de la succession, & parce que le Religieux ni le Monastere pour être mendians, ne pouvoient succeder, les biens ajugez au Roy, sur iceux pris cent écus pour ledit Monastere. *Charondas, liv. 7. Rép. 167.*

499 Les peres ou meres ne peuvent accuser d'inofficiosité le testament de leurs enfans. Arrêt du 18. Juillet 1647. *Soëfve, to. 1. Cent. 2. chap. 33.*

500 Un testament n'est pas inofficieux, lorsque la legitime est reservée aux enfans. Jugé en la Grand'-Chambre du Parlement de Paris le 23. Mars 1694. *Journ. des Aud. tome 5. liv. 10. ch. 7.*

TESTAMENT, INSTITUTION D'HERITIER.

501 Si le testament sans institution d'heritier est valable, où sont inserés ces termes, *delaisse tous ses biens.* Voyez *Bouvot, to. 2. verbo Testament, quest. 35.*

502 La necessité d'instituer un propre enfant, ou ex-

hereder, a lieu au testament de la mere, ainsi que du pere. Arrêt du Parlement de Grenoble en 1461. *Bibliotheque de Bouchel, verbo Testament.*

503 Institution de deux filles par le pere & par moitié, ensuite il marie l'aînée & la fait renoncer, il decede sans autre testament que le premier. Voyez *Henrys, tome 2. liv. 4. q. 6.*

504 Trois Testaments en faveur d'une fille prévalurent à un dernier que le pere avoit fait en faveur d'un étranger. Un legs pieux contenu dans ce dernier testament fut seulement confirmé. Arrêt du Parlement de Toulouse du 21. Avril 1580. Le dernier Testament seroit consideré & vaudroit seul, si un autre des enfans ou descendans du Testateur étoit institué : & en effet le 1. Janvier 1568. un premier testament où l'un des enfans du Testateur étoit seul institué, fut jugé avoir été revoqué *ipso jure*, par le second & dernier fait en faveur de la femme du Testateur, à la charge de rendre à tous les enfans, parce qu'elle est plûtôt censée, *res filiorum & descendentium quibus hæreditatem restituere gravatur, agere quam proprium jus persequi.* Mainard, *liv. 5. chap. 19. & 10.*

505 Pierre Aussagel n'ayant aucuns enfans, pere ni mere, mais Helix de Chauvet son ayeule par testament du 13. Decembre 1586. institue Antoine de Aussagel son oncle, à la charge de rendre à Jean & à Pierre ses enfans, ou l'un d'eux, tel que ledit Antoine nommeroit, fait quelques legs, & aprés donne generalement à tous les autres parens qui pourroient prétendre droit sur ses biens, cinq sols, & n'oublie la clause codicillaire, ne faisant aucune mention de sadite ayeule. Aprés son décès, procés entre l'ayeule & Aussagels heritiers instituez & substituez, sur ce que l'ayeule prétendoit que le Testament étoit nul par sa préterition, & qu'elle succedoit *ab intestat*, à l'exclusion de tous autres. Arrêt du Parlement de Toulouse du 10. Septembre 1594. par lequel la Cour, sans avoir égard à l'institution d'heritier, demeurant le surplus du Testament, maintient l'ayeule du Testateur comme heritiere d'icelui en tous ses biens, à la charge de rendre presentement, suivant le fideicommis universel contenu au Testament ladite heredité à Jean & Pierre d'Aussagels, ou à tel d'eux qui par Antoine leur pere sera nommé, sauf à distraire d'icelle & retenir par l'ayeule la troisiéme partie de l'heredité pour sa legitime, declarant n'y avoir lieu de detraction de trebellianique au profit de l'ayeule, le tout avec restitution de fruits depuis le décès du Testateur, & sans dépens. Voyez *Mainard, liv. 5. ch. 11.*

506 Par la disposition de droit *in § posteriore instit. quib. mod. testam. infirmantur,* un Testament est annullé par le prédecés de l'heritier institué au Testateur ; & la chose se reduit *ad causam intestati* ; mais cela s'entend s'il n'y a pas de substituez survivans au Testateur, car en ce cas le Testament est conservé *& vim capit secundo gradu institutionis,* & sont les substituez tenus de payer les legats & autres charges testamentaires ; ainsi jugé par Arrêt du Parlement de Toulouse avec dépens, & l'amende ordinaire contre l'appellant, quoiqu'avant le jugement de l'appel il eût declaré qu'il s'en remettoit à la discretion de la Cour ; le Suppliant déchargé de la restitution des fruits, dépens & amendes. Voyez *Mainard, livre 7. ch. 10.*

507 Le Testament posterieur dans lequel un incapable par l'Ordonnance a été institué, n'annulle pas le premier qui n'a pas de défaut en la formalité. Jugé à Grenoble le 15. Fevrier 1674. les Chambres assemblées. Il y avoit vingt années d'intervalle entre le premier & le second testament ; & on disoit que la testatrice, en instituant par le second testament un incapable, avoit voulu d'autant mieux confirmer le premier. V. Basset, *tome 2. liv. 8. tit. 1. chap. 8.* où il observe un Arrêt du même Parlement de Dauphiné du 19. Janvier 1660. par lequel la Cour cassa deux testamens, du premier par le dernier, & ce dernier par l'incapacité de

l'heritier y inftitué qui fe trouvoit incapable pour avoir été Curateur du Teftateur.

508 *Henrys*, tome 1. liv. 5. chap. 4. queft. 63. examine s'il fuffit pour la validité des Teftamens des peres & meres, d'inftituer leurs filles mariées pour les sommes qu'ils leur ont conftituées en dot: il rapporte un Arrêt du 7. Mars 1648. qui l'a ainfi jugé entre des parties de la ville de Lyon; il remarque pourtant que la chofe ne fe paffa pas fans difficulté, & que Meffieurs fe trouverent affez empêchés à juger ce point.

509 L'heritier inftitué decedant avant le teftateur, le teftament devient caduc pour celuy qui y eft appellé par fubftitution fideicommiffaire. Cette queftion a été agitée dans la celebre affaire jugée au Parlement de Paris le 10. Janvier 1696. entre M. le Prince de Conty heritier teftamentaire de M. de Longueville Abbé d'Orleans, & Madame la Ducheffe de Nemours heritiere du Sang. *Journal des Audiences*, tome 5. liv. 12. chap. 1.

TESTAMENT, INTERROGATOIRE.

510 *De teftamento ad interrogationem alterius*. Voyez Du Moulin, tome 1. page 904.

511 Si le teftament qui fe fait par interrogation de l'heritier, eft valable? *Voyez* Bouvot, tome 1. part. 2. verbo, *Teftament*, queft. 2.

512 Si le teftament auquel le teftateur a feulement repondu *ouy*, eft bon? *V*. *Cambolas*, liv. 3. chap. 12.

513 Le teftament fera nul, fi le Teftateur proche de la mort répond feulement *oüy*. 2. Ou fi aprés qu'un autre a dicté le teftament, le Teftateur a repondu fimplement *ouy* à la lecture d'iceluy, quoyque fait en prefence de témoins. *Mantic*. lib. 2. tit. 6. n. 8. & feq. 2. id. *Mol. confil*. 31. n. 1. id. *Maynard*, liv. 5. ch. 6. vid. *Molin. confil*. 32. n. 8. & feq. 2. id. *Clarus*. §. *Teftamentum*, queft 37. cont. Fachin. lib. 5. cap. 69. id. *tamen* lib. 10. cap. 17. 2. vid. L. 39.§. 1. ff. *de leg*. 3. n. 77. La Peitere, *let*. T. dit, Je crois la decifion tres-veritable: mais la queftion eft fi le teftament portant que le teftateur eft en fon bon fens & entendement, tel fait peut être reçu, & s'il fe peut verifier par témoins fans infcription en faux. J'admettrois le fait à verifier par les témoins numeraires & non autres.

514 Du teftament *ad interrogata alterius*; on diftingue fi c'eft le legataire qui interroge, ou le Notaire, quelquefois même les interrogations du Notaire font fufpectes. Arrêt du P. de Grenoble du 14. Août 1544. qui caffa le Teftament d'un homme qui avoit toûjours & fimplement répondu *ouy* aux interrogats du Notaire, fans exprimer plus diftinctement fa volonté. Il y avoit preuve que le Teftateur n'étoit pas *fanus mente*, que le teftament luy avoit été porté tout écrit, qu'il n'avoit pas nommé fon heritier de fa propre bouche, ni entendu la publication du teftament *uno contextu*. Baflet, tome 2. liv. 8. tit. 1. ch. 1, où il parle des teftamens par fignes, & par un homme begayant.

515 Par Arrêt du Parlement de Touloufe prononcé en Robes rouges aux prononciations de Noël de 1586. le teftament d'un agonifant qui avoit répondu aux interrogatoires du Notaire par ce mot *oc*, & étoit decedé une heure aprés, fut declaré nul encore qu'il fût foûtenu & verifié par le dire du Notaire, que le jour auparavant le Teftateur étant en fon bon fens & liberté de langue, luy avoit declaré fa volonté telle qu'il l'avoit couchée par écrit, & à la recitation de laquelle le teftateur avoit répondu *oc*.

516 Teftament fait fur l'interrogatoire du Notaire, fait au teftateur qui n'a répondu qu'*ouy*, ne peut être valable. Arrêt du 12. Janvier 1635. Henrys, tome 1. liv. 5. chap. 4. queft. 31.

TESTAMENT, INVENTAIRE.

517 Quoy qu'un teftateur ait défendu tout inventaire, reddition de comptes & caution dont on voudroit charger fon heritier, toutefois fi l'heritier diffipe l'heredité, leve & écarte les dettes actives d'icelle ou autrement en ufe mal, le fubftitué le peut contraindre pour la confervation du fideicommis, de faire inventaire & bailler caution. Ainfi jugé par Arrêt du Parlement de Touloufe de l'an 1561. *Voyez* Mainard, liv. 7. chap. 88.

518 Un pere en païs de Droit écrit ne peut par fon teftament prohiber la confection d'inventaire à fa fille qu'il a inftituée heritiere. Jugé le 7. Juillet 1625. Du Frêne, liv. 1. chap. 62.

TESTAMENT, JUGE.

519 Arrêt du Parlement de Paris du 8. Mars 1319. que la connoiffance des teftamens appartient à la Cour par prévention à tous autres Juges. Corbin, fuite de *Patronage*, chap. 8.

520 Par l'ufage de la France, la connoiffance de tous teftamens & de ceux qui décedent au Royaume, appartient au Roy par prevention. Ainfi eft dit par une Ordonnance du Parlement du 2. Janvier 1355. pour les Executeurs du teftament de M. Gilles de Seville Medecin du Roy. *Bibliotheque de Bouchel*, verbo, *Teftament*.

521 Connoiffance de la validité de Teftament appartient au Juge Lay. Arrêt du Parlement de Paris du 10. Janvier 1427. Papon, liv. 20. tit. 9. nomb. 3.

522 Le Juge d'Eglife n'eft competent pour connoître d'un Teftament reçu par un Curé. C'eft le Lieutenant au Bailliage qui doit en connoître. Arrêt du Parlement de Dijon du 13. Mars 1605. Bouvot, tome 2. verbo, *Reliefs d'appel*, queft. 33.

523 Les Juges, foit fubalternes, foit Royaux ne font pas capables de recevoir des teftamens, & n'ont point cette autorité. Olivier Nicole par fon teftament donne tous fes meubles à fa parente qui le fervoit. Marguerite Paulmier fa mere, fur le foupçon qu'elle eut que le Curé de faint Martin de Caën qui avoit reçu le teftament, n'avoit pas écrit fidellement, fit venir un Tabellion pour luy faire declarer précifément fa volonté; mais cette fille & les freres qui étoient les maîtres de la maifon luy ayant refufé la porte, le Vicomte de Caën requis de s'y tranfporter, ordonna que le Tabellion iroit accompagné d'un Huiffier; la porte leur fut refufée; le Juge & le Procureur du Roy vinrent en perfonne; le malade declara que fon intention étoit que fa fervante eût tous fes meubles feulement pendant fa vie. Le Juge dreffe fon procés verbal & fait figner avec luy le Procureur du Roy & deux Prêtres qui étoient dans la chambre. Aprés la mort du Teftateur la fille demanda l'execution du teftament, fans avoir égard à la declaration reçuë par le Juge, le teftament fut confirmé, quoyqu'il y eût preuve que l'entrée eût été refufée au Notaire que l'heritier avoit amené; fi le Juge avoit fait fon devoir, il auroit appellé un Tabellion pour recevoir la declaration du malade. Arrêt du Parlement de Roüen du 13. Mars 1673. *V*. Bafnage, fur l'art. 412. de la *Coût. de Normandie*.

TESTAMENT EN LANGUE ETRANGERE.

524 Si un teftament fait par un François en autre Langue que la Françoife, eft valable? *V*. Bafnage, fur l'article 412. de la Coûtume de Normandie, où il dit, il me femble que dans les Coûtumes qui ordonnent précifément de fe fervir de certains mots folemnels, un tel teftament ne feroit pas valable; en tout cas, il faudroit que les Notaires entendiffent la Langue en laquelle le Teftateur dicteroit fon teftament.

TESTAMENT, LETTRES MISSIVES.

525 Lettre miffive ne peut paffer pour un teftament holographe. Arrêt du 10. Mars 1610. La Lettre écrite par un homme à fa femme étoit écrite en ces termes; *S'il arrive faute de moy, je te donne tout mon bien de bon cœur, & fpecialement la Lettre de Change; & pour mon frere, je luy donne &c*. Brodeau, *lettre* D. fommaire 17. cite un Arrêt contraire du même jour; mais on doute de la verité de cet Arrêt. Bardet, to. 1. liv. 1. ch. 79.

526 On peut tefter en Pays Coûtumier par une Lettre miffive que l'on dit teftament, & enfuite un autre

Acte que l'on appelle Codicile; & il fut ordonné que les dispositions contenuës en ces deux Actes, seroient executées selon leur forme & teneur, & le pere de la Testatrice condamnée aux dépens. Jugé à Paris le 28. Juin 1678. *Journal du Palais.*

TESTAMENT, LIBERTÉ.

527 La liberté de tester doit être reglée comme dans la Coûtume de *Paris*, art. 292. On peut disposer de tous ses meubles & acquêts & du quint de ses propres, & non plus. *Voyez M. le Prêtre, premiere Centurie, chapitre 50.*

528 Si le Testateur est empêché de tester au profit de ses neveux, dans une Coûtume où la representation n'a lieu, par ses freres ses heritiers, l'empêchement étant justifié, *Carondas, liv. 7. Rép. 63.* est d'avis que les freres doivent être condamnez à bailler aux neveux ce que le Testateur leur avoit voulu laisser. *Voyez M. Du Frêne, li. 1. ch. 35.* où par Arrêt du 20. Janvier 1625. les neveux ont été déclarez non recevables à informer que la Testatrice avoit été empêchée de tester par sa sœur, autre tante desdits neveux : l'Arrêt rendu en la Coûtume de *Boulenois*, où la representation n'a pas lieu. Il faut noter que les neveux avoient laissé passer trois mois entiers sans se plaindre.

TESTATEUR QUI NE SÇAIT ÉCRIRE NI LIRE.

529 Testament solemnel & mistique d'une personne qui ne sçait ni lire ni écrire, est bon & valable. Arrêt du 8. Juillet 1625. Dans le fait, la Testatrice mande un Notaire, lequel écrit son Testament en la même forme que si elle avoit sçû écrire & avoit fait son Testament holographe. Quatre jours aprés en presence d'un autre Notaire & sept témoins, elle déclare que ce qui est écrit en ce papier, est son Testament &, ordonnance de derniere volonté; & quelque temps aprés fait par un Codicile, confirmatif du Testament. *Bardet, tom. 1. liv. 2. chap. 51.*

530 Henrys, tome 1. liv. 5. chap. 1. quest. 1. rapporte un Arrêt du 8. Juillet 1655. confirmatif d'une Sentence renduë dans son Siege, qui avoit déclaré valable un Testament solemnel fait par une femme qui ne sçavoit ni lire ni écrire ; il remarque avec raison que cet Arrêt n'a pas jugé la question generale, mais seulement l'espece particuliere. Dans la question il paroit deux circonstances, qui tiroient l'affaire de la thèse generale. La premiere que la Testatrice avoit fait deux Codiciles pardevant d'autres Notaires que celui qui avoit reçu le Testament. La seconde, que la sœur de la Testatrice, qui débattoit le Testament, avoit reçu le legs à elle fait par le Testament, sans aucune reserve ni protestation. Mais dans la thése generale, l'Auteur soûtient qu'une personne qui ne sçait ni lire ni écrire, ne peut pas tester solemnellement.

531 Un Testament clos fait par une femme qui ne sçait ni lire ni écrire, ne peut être validé par un Codicile, qui le confirme & nomme tout haut pour heritier universel, en presence de sept témoins & du Notaire, la personne instituée par ce Testament ; les biens furent ajugez aux heritiers *ab intestat*. Jugé à Toulouse le 29. Février 1672. *Journal du Palais.*

TESTAMENT LÛ ET RELÛ.

532 Un pere en la Coûtume de *Paris* par son Testament signé, mais non écrit de luy, laissoit aux enfans de son fils mauvais ménager, tous ses meubles & acquêts immeubles, & à son fils l'usufruit. Ce pere apporte ce Testament à deux Notaires, & leur déclare que c'étoit son Testament : ils luy en donnent Acte. Les Creanciers du fils le contestoient, parce qu'il n'avoit été *lu ni relû*. On disoit que cet Acte geminé faisoit présumer que le pere avoit lû & relû son Testament. A l'égard des Creanciers, ils se plaignoient sans raison, le fils est content de l'usufruit, il luy tient lieu de legitime. Arrêt du 17. Février 1600. qui confirme le Testament. *Bibliotheque de Bouchel, verbo, Testament.*

533 S'il est necessaire de faire lecture au Testateur & témoins du Testament & Contracts ? *V. Bouvot, 10. 1. part. 3. verbo, Testament, quest. 10.*

534 Arrêt du Parlement de Roüen du 13. Mars 1614. qui casse un Testament, parce qu'il n'etoit point fait mention qu'il avoit été lû au Testateur. Le Testament ne portant point cette mention, on refusa la p euve qu'il avoit été lû, sauf le recours contre le Tabellion. Arrêt du 17. Décembre 1631. dans l'espece duquel on offroit encore de prouver qu'il avoit été omis à faire mention de la lecture par intelligence avec l'heritier. *Basnage, sur l'article 412. de la Coûtume de Normandie.*

535 Par Arrêt du Parlement de Dijon du 10. Novembre 1642. il fut jugé *in terminis*, que le mot *fait*, dans les Actes solemnels qui se font pardevant Notaires, vaut autant que ceux de *fait & passé*, ou *lû & relû* ; il s'agissoit du Testament de Marie Piot, qui ne portoit pas qu'il eût été *fait & passé*, ni *lû & relû*; mais seulement, *fait* en la Sacristie des Ursulines de Châtillon-les-Dombes, au profit de Claude Mitrat ; & neanmoins il fut confirmé. *Taisand, sur la Coût. de Bourgogne, tit. 7. art. 4. note 13.*

536 Par Arrêt du 8. May 1657. un Testament écrit de la main d'un Vicaire, dont la fin étoit à cinq ou six dernieres lignes écrit de la main du Testateur, qui portoit avoir *lû & relû*, & n'avoir pû écrire à cause de son âge, signé des témoins, fut cassé & déclaré nul. *Berault, à la fin du 2. tome de la Coût. de Normandie, page 100. sur l'art. 413.*

537 Par Arrêt du 8. May 1659. un Testament qui portoit avoir été *lû*, & le Testateur déclaré être sa volonté, & qu'il n'avoit pû signer pour être tombé en sincope, & ensuite être décedé, fut déclaré valable. *Berault, Ibidem, sur l'article 412.*

TESTAMENT A LYON.

538 Si un Notaire du Lyonnois recevant un Testament en Beaujolois, le Testament est nul, les seings du Testateur & témoins se trouvant imitez ? *V. Bouvot, tome 1. part. 1. verbo, Testament, quest. 4.*

539 Si un Testament reçu dans le Lyonnois, doit être écrit de la main du Notaire, ou s'il suffit qu'il signe, & les témoins qui sçavent signer, ou ceux qui ne le sçavent enquis de le faire ? *Ibid. tome 2. verbo, Testament, quest. 76.*

540 Jugé au Parlement de Paris le 19. Juin 1593. que la fille mariée au Pays Lyonnois pouvoit tester sans l'autorité de son pere ; il y a eu mêmes Arrêts les 14. Juillet 1595. & 5 Juillet 1597. *Voyez les Reliefs forensses de Sebastien Roüillard, chap. 29.*

541 Si un homme de Lyon vient se marier à Paris, & qu'il emmene sa femme à Lyon, aussi tôt qu'elle y est arrivée, elle peut tester, même au profit de son mary, le domicile qui se contracte par le mariage, l'emporte par-dessus celuy de la naissance. *Henrys, tome 1. liv. 4. chap. 6. quest. 105.*

542 Un homme en la ville de Lyon, ne sçachant écrire, fait un Testament pardevant Notaire ; quelque temps aprés il est attaqué d'une apoplexie, qui luy ôte la faculté de parler, de telle sorte qu'il ne pouvoit dire qu'oüy & non. Deux ans aprés cet accident il va chez le Notaire, & luy témoigne qu'il vouloit faire un autre Testament, il se le fait lire, & le Notaire l'interroge sur chacun article de sondit premier Testament, qui répond aux uns oüy, aux autres non, en presence des témoins, & révoque son premier Testament, dans lequel il change quelque disposition; le second Testament déclaré bon & valable. Jugé à Paris le 9. Août 1683. *Journal du Palais.*

543 Arrêt du Conseil d'Etat du Roy du 7. Avril 1696. qui ordonne que les Testamens solemnels, holographes, & autres dispositions à cause de mort, seront faits & stipulez par les Notaires de Lyon en la forme qui se pratiquoit avant l'Edit du mois d'Octobre 1691. ce faisant qu'on y appellera toûjours les témoins accoûtumez. *Henrys, tome 1. liv. 5. ch. 1. quest. 7.*

Testament fait sur Mer.

544. L'Ordonnance de 1681. touchant la Marine. *liv.* 3. *tit.* 11. a introduit une nouvelle forme pour les testamens faits sur la mer ; elle dispose en l'*art.* 1. que les testamens faits sur mer par ceux qui decederont dans les voyages, seront reputez valables, s'ils sont écrits & signez de la main du Testateur, ou reçus par l'Ecrivain du Vaisseau, en presence de trois témoins, qui signeront avec le Testateur, & s'il ne peut, ou ne sçait signer, il sera fait mention de la cause pour laquelle il n'a pû signer ; & par l'*art.* 2. il est dit qu'aucun ne pourra par testament reçu par l'Ecrivain, disposer que des effets qu'il aura dans le vaisseau, & des gages qui luy sont dûs.

Testament Militaire.

545. *De militari testamento.* Voyez *Andr. Gaill, lib.* 2. *observat.* 118.

546. Des testamens militaires. Voyez *M. Maynard, li.* 5. *de ses Questions, chap.* 16. 17. & 93. Henrys, *tome* 1. *liv.* 5. *chap.* 4. *quest.* 38.

547. Au testament militaire, la preterition ou exhereda-tion se doit faire avec expression de cause, à peine de nullité au testament. Grassus, §. *testament. quest.* 7. *nombre* 2.

548. Si la preterition des enfans ou du pere, ou l'injuste exhereration dans un testament militaire, ou dans celuy d'un Avocat, qui dispose de son pecule quasi-militaire, rend le testament nul ; & si les privileges des testamens militaires ont lieu en ce Royaume? *Voyez Duperrier, liv.* 1. *quest.* 14.

549. Testament militaire est reçu en Pays Coûtumier, aussi bien qu'en Pays de Droit écrit ; & il faut tenir pour maxime que le privilege militaire déroge seule-ment aux solemnitez & formalitez des testamens com-muns & ordinaires, & non aux dispositions des Coû-tumes ; & si le testament n'est point écrit, il n'a point de lieu, & la preuve par témoins n'est recevable. *Voyez M. Louet & son Commentateur, lettre T. sommaire* 8. Exception pour ceux qui portent les armes contre le service du Roy, ou qui vont en terre étrangere contre sa défense. Chopin, *Coûtume de Paris, liv.* 2. *tit.* 4. *nomb.* 4. Henrys, *tome* 1. *liv.* 5. *chap.* 4. *question* 37. M. d'Olive, *liv.* 5. *chap.* 1. Peleus, *quest.* 61. Tronçon, *Coûtume de Paris, art.* 289. & Ricard, *traité des Donations*, 1. *part. chap.* 5. *sect.* 4.

550. Arrêt du Parlement de Toulouse du 4. Decembre 1571. qui confirme les testamens faits par le Chevalier d'Honnoux, décedé au Siége de Poitiers en faveur de son neveu, *praeterito Antonio patre*, & l'heritier main-tenu, distraite la troisiéme partie des biens au profit dudit Antoine pere, laquelle luy fut ajugée. La Ro-chestavin, *liv.* 4. *let.* T. *tit.* 5. *Arr.* 1.

551. Testament verbal par un homme qui va au combat, est valable, sans formalitez. Arrêt du Parlement de Toulouse du 23. Decembre 1578. ceux qui portent les armes contre le Roy, ne joüissent de ce privilege. Jugé à Paris le 1. Decembre 1598. Testament fait en garnison, doit être revêtu de toutes les formalitez requises. Arrêt du 20. Decembre 1576. Papon, *li.* 20. *tit.* 1. *nombre* 7.

552. Toutes personnes qui sont dans un Camp peuvent se servir du privilege & faire un testament militaire. On a douté si cela pouvoit s'étendre à ceux qui dé-fendent les Villes de leur demeure, dans la conjonc-ture d'une guerre civile. Par Arrêt donné aux Grands Jours de Clermont en 1582. le testament d'un habi-tant blessé à mort, en soûtenant une attaque d'enne-mis, fait suivant le droit militaire, fut cassé. Ce qui semble dur & rigoureux à *Maynard, liv.* 5. *chap.* 17. où il allegue un Arrêt contraire donné au Parlement de Toulouse en 1579. qui déclara valable un testa-ment fait *jure militari* par un habitant de Puylaurens, sur le point d'aller à la bréche pour défendre l'assaut qui alloit être donné.

553. Si le testament d'un homme mourant dans son lit d'une blessure reçuë à un assaut, est militaire? Arrêt des Grands Jours de Clermont de l'an 1582. qui per-met aux Parties d'informer de leurs faits. Papon, *liv.* 20. *tit.* 1. *n.* 23.

554. Testament fait par un Officier allant au combat, disant qu'il entendoit qu'au cas qu'il fût tué dans l'ac-tion, il instituoit son cousin un tel son heritier, priant ses Compagnons de s'en souvenir, ayant réitéré en-core ces paroles, & déclaré qu'il étoit bien fâché de n'avoir ancre ni papier pour l'écrire ; si tel Testament est valable? Arrêt du Parlement de Dijon du 5 Juillet 1588. qui admet la preuve de ces faits. V. Bouvet, *tom.* 2. *verbo Testament, quest.* 17.

555. L'Etranger non enrôlé se trouvant au lieu du com-bat, peut tester militairement. *Clar.* §. *testamentum, quaest.* 15. *in fine.* id. Grassus §. *Testamentum, quaest.* 3. *num.* 6.

556. L'institué en chose particuliere au Testament mili-taire, aura l'entiere heredité, si ce n'est que le Testa-teur eût prohibé le droit d'accroissement, ou qu'il eût distingué son bien castrense d'avec le commun. *Clar.* §. *testamentum, quaest.* 16. M. Abraham la Pei-rere, *verbo* Testament, *n.* 93. dit, Cette décision se peut soûtenir pour le premier chef d'icelle, si tant est que le Testament ait les formalitez du Testament fait *jure communi* : car encore bien que le Testateur ait entendu tester militairement, il n'a pas neanmoins renoncé au droit du Testament fait *jure communi*, sui-vant la Loy 3. *ff. de testament. milit.* car autrement je fais grand doute en ce premier chef, puisque le Sol-dat peut tester *pro parte bonorum*, & instituer en icelle un heritier.

557. Voyez Mornac, L. 19. *Cod. de pactis, ubi multa Cu-riarum placita affert*, des 10. Novembre 1582. 15. May 1592. & 9. Decembre 1598.

558. Testament d'un Soldat François portant les armes en Pays étrangers contre les défenses du Roy, ne peut être dit militaire, & est nul par le défaut de for-malitez. Arrêt du 25. Juin 1618. Bardet, *tome* 1. *liv.* 1. *chapitre* 32.

559. Les Testamens militaires n'ont point de lieu en France. Arrêt du mois de Juin 1619. *Le Bret, liv.* 3. *Décision* 4.

560. Un homme aprés s'être enrôlé va aux Cordeliers de Toulouse à huit heures du matin recevoir le Saint Sacrement. Aprés avoir fait ses dévotions, il appelle deux Religieux, dont l'un étoit son frere, & leur dit, qu'étant prêt de partir pour aller à la guerre, & qu'il y avoit quelque temps qu'il avoit fait le Testament qu'il leur mettoit entre les mains scellé au dessus de huit ou neuf cachets, déclare que c'est sa derniere volonté, & les prie, s'il meurt à la guerre, de témoi-gner cette verité, & faire que son intention soit exe-cutée ; & huit jours aprés ayant été tué à l'assaut, par Arrêt du 13. Avril 1627. le Testament fut confirmé, quoyqu'il fût fait dans la Ville, l'ayant fait sur son départ, il fut censé Testament d'un Soldat. Cambolas, *liv.* 5. *chap.* 37.

561. Un Soldat de la garnison de Montpellier, allant en campagne, avoit donné par une Lettre certaines cho-ses à une fille sous esperance de mariage. L'heritier *ab intestat* contesta la donation : jugée nulle au Parle-ment de Toulouse le 14. Août 1636. Albert, *verbo* Testament, *art.* 33.

562. Un Capitaine fait un Testament holographe, où il instituoit heritier son neveu ; il le cacheta, & remit entre les mains d'un Notaire de Pezenas, disant dans ce Testament qu'il l'avoit fait à cause du danger au-quel sont exposez les gens de guerre ; & qu'il prioit toutes les Cours d'y avoir égard. Par Arrêt du Parle-ment de Toulouse du 11. Février 1637. il fut déclaré valable, & l'heritier maintenu contre son frere, qui disoit en avoir un autre que le Testateur en mourant avoit laissé à des Soldats ; ce premier Testament avoit été suivi d'une Lettre écrite à la mere de l'heritier,
qui

qui déclaroit encore sa volonté. *Albert*, verbo *Testament*, art. 33. Voyez *Mainard*, *liv*. 5. *chap*. 17. & *Cujas*, *Consult*. 49. & *Papon*, titre *des testamens Arrêt* 7. & 8.

563 Arrêt du P. de Roüen du 28. Janvier 1638. qui confirme le Testament militaire du sieur le Coulombiers, lequel étant au siége de Lyon le Saunier en Franche Comté où il deceda, avoit laissé verbalement tous ses équipages à son valet de chambre. On jugea même que l'argent étoit compris sous ce mot d'équipages ; il y avoit beaucoup moins de difficulté à confirmer ce Testament nuncupatif, parce qu'il avoit été fait dans la Franche Comté où le Droit Romain est observé.

Le Testament du sieur du Bois Capitaine au Regiment de Canisy fait en Piémont, & reçu par un Cordelier en la presence de deux soldats, & non signé du Testateur à cause de sa débilité, fut confirmé par Arrêt du Parlement de Roüen du 6. Avril 1628. Autre Arrêt du 2. Juin 1684. qui casse un Testament d'un Soldat en garnison, écrit par un autre Soldat, le Testateur ne l'avoit pas signé quoiqu'il sçût écrire ; il étoit attesté seulement par deux autres Soldats, mais le Soldat qui l'avoit écrit étoit legataire. *Voyez Basnage*. *sur l'article* 413. *de la Coûtume de Normandie*.

564 Un Soldat avoit testé dans la Ville de Cerbere en Catalogne en presence de cinq témoins ; l'Aumônier du Gouverneur avoit reçu le Testament ; mais de ces 5. témoins il n'y en avoit que deux de résumez, encore n'étoit-ce qu'en presence d'un Notaire, qu'on disoit être Greffier de l'armée ; de sorte que ce Testament fut déclaré nul par le seul défaut de résomption, qui devoit être faite devant un Juge, non devant un Notaire, car l'on tombe d'accord que ce Soldat avoit pû tester ainsi en garnison. Arrêt du Parlement de Toulouse du 16. Avril 1648. *Albert*, verbo *Testament*. *article* 33.

565 Un Testament fait par un Soldat en faveur du Lieutenant de la Compagnie en laquelle il s'étoit enrôllé, jugé bon, par Arrêt du 16. Février 1650. *Basset*, *to*. 1. *liv*. 5. *tit*. 1. *ch*. 16.

566 Du Testament militaire. *Voyez les Arrêts de M. de Catellan*, *liv*. 2. *chap*. 54. où il rapporte un Arrêt du Parlement de Toulouse du mois de Decembre 1651. aprés partage, confirmatif d'un Testament fait par un Soldat qui ayant été mortellement blessé à la bataille de Nortlingue, fut porté dans un Hôpital d'une Ville voisine où il avoit fait ce testament, lequel fut retenu par l'Aumônier du regiment, en presence de six témoins ; la raison décisive fut que c'étoit le Testament d'un Soldat retenu par celuy qui luy tenoit lieu de Curé.

567 Par Arrêt du Vendredy 30. Avril 1655. en l'Audience de la Grand'Chambre de l'Edit, à huis clos, conformément à l'avis de M. l'Avocat General Talon, il a été jugé que le Testament fait par le sieur d'Elbert premier Capitaine du Regiment de Cavalerie d'Yssia, au mois de Juin de l'année 1653. dans la Ville de Cadillac où il étoit pour le service du Roy, ne pouvoit pas avoir effet comme Testament militaire, n'étant pas d'ailleurs revêtu des solemnitez necessaires pour le faire valoir, en vertu du Droit commun ; il est vrai qu'en plaidant la cause, on argua aussi le Testament de suggestion. *V. Ricard*, *des Donations*, *part*. 1. *ch*. 5. *sect*. 4. *n*. 1446.

568 Charles Samion Chirurgien avant que d'aller à la guerre fait un Testament au profit de sa mere, avec une clause de substitution au profit de ceux de son nom ; cinq jours aprés il en fit un autre, en faveur du nommé Grostet ; étant malade de dissenterie en garnison à Courtray, dans le Regiment de Tavannes ; il fit son Testament en la presence du Maréchal des Logis de la Compagnie où il servoit, & de trois témoins tous Chirurgiens, par lequel il dit que voulant reconnoître les obligations qu'il avoit à sa mere ;

il revoquoit tous autres testamens, & l'instituoit son heritiere pour disposer de ses biens comme elle voudroit. Grostet ayant contesté ce Testament, il fut confirmé par Sentence arbitrale de la mere du Testateur ; s'étant remariée avec Claude Bresson, elle le fit son heritier. Aprés la mort de cette femme, Claude Samion cousin germain du Testateur demanda l'ouverture de la substitution, soûtenant qu'il n'avoit pû être revoqué, par deux raisons principales, l'une que le Testateur étant Chirurgien & non Soldat n'avoit pû tester militairement, & que par consequent son Testament étoit nul ; l'autre qu'étant en garnison à Courtray hors des pays de la guerre, en pleine liberté d'appeller un Notaire, & ne l'ayant pas fait, vû même que sa maladie avoit long temps duré, il ne falloit pas regler cette disposition, par le privilege des Soldats ; neanmoins ce Testament fut confirmé sur les conclusions de Monsieur l'Avocat General Millotet, par Arrêt du Parlement de Dijon du 10. Decembre 1657. *Taisand*, *sur la Coûtume de Bourgogne*, *tit*. 7. *art*. 4. *note* 19.

569 Le Testament fait par un Soldat en faveur de son Sergent, n'est valable. Clavere Sergent d'une Compagnie, institué par un Soldat de cette même Compagnie, fut en une Ville du pays de Basque, dans un testament fait en presence de trois témoins, suivant la Coûtume de ce pays-là. Par Arrêt du Parlement de Toulouse ce Testament avoit été cassé comme *capté*, de sorte qu'ayant impetré des Lettres en forme de requête civile, il en fut démis le 15. May 1660. parce qu'il peut se faire que le Sergent étoit son seul commandant lors qu'il fit ce testament. *Albert*, verbo *Testament*, *art*. 9.

TESTAMENT, MINEUR, TUTEUR.

570 Si le Mineur de 25. ans en âge de puberté peut tester, même de son heritage ancien ? *V. Coquille*, *to*. 2. *quest*. 228.

571 Voyez le 7. *Plaidoyé de M. Marion*, sur la nullité d'un Testament fait à Paris au temps de l'ancienne Coûtume par un mineur de 25. ans. Le legs étoit considerable ; la cause fut appointée en 1570. & ordonné qu'on s'informeroit de l'usage du Châtelet ; les parties transigerent ; cependant comme cette difficulté s'étoit presentée, les réformateurs de la Coûtume de Paris, voulurent la prevenir par la disposition de l'article 293. portant qu'on ne peut tester des meubles & acquêts avant vingt ans, & du quint des propres avant 25. ans accomplis.

572 Un mineur fait un premier Testament, où il institue deux cousins germains. il en fait un second, où il institue la fille de son tuteur, sa parente en degré plus éloigné ; celle-cy dit qu'elle n'est pas comprise en la rigueur des Ordonnances. Les heritiers *ab intestat* prétendent que par son incapacité le second testament devenu nul anéantissoit le premier. Les heritiers institutez par le premier gagnerent leur cause au Parlement de Toulouse, par Arrêt prononcé en Robes rouges à Noël 1579. le second Testament fut déclaré nul. *Mainard*, *liv*. 8. *ch*. 50.

573 Testament en Avignon auquel il n'y avoit que six témoins & un Notaire ; encore qu'il fût fait par un mineur au profit de son Tuteur, a été confirmé. Jugé à la Nôtre-Dame d'Août 1592. *Montholon*, *Arr*. 76.

574 Testament fait au profit de l'heritier du Tuteur par le mineur, n'est pas valable. *Avis d'Henrys*, *tome* 1. *livre* 5. *chap*. 4. *quest*. 39. Voyez *l'article* 296. *de la Coûtume de Paris*.

575 Le Testament du Mineur au profit de son Curateur, à conseil, & son plus proche parent, est bon. Arrêt du 31. May 1637. le Curateur à conseil, mais il n'a point de pouvoir sur le Mineur ; outre qu'il n'est *ad negotia & in omnem casum*, comme les Curateurs perpetuels, dont il est présumé que l'Ordonnance de 1539. a seulement entendu faire mention. *Basset*, *to*. 1. *liv*. 5. *tit*. 1. *ch*. 14.

576 Le Testament d'un mineur de 14. ans en faveur de sa mere rémariée, & duquel mineur le vitrique avoit geré la tutelle ; infirmé par Arrêt du 8. Mars 1646. on regarda ce vitrique comme une personne interposée, & auquel la mere prétoit son nom. *Basset, tome* 1. *liv.* 5. *tit.* 1. *ch.* 11.

577 Le mineur de vingt ans és Coûtumes qui le permettent indéfiniment, sçavoir aux mâles à vingt ans, & aux femelles à dix-huit accomplis, peuvent esdits âges tester du quint de leurs propres, *secus*, si la Coûtume est prohibitive, & si leurs propres se trouvent en une Coûtume prohibitive, le quint n'aura lieu qu'en la Coûtume non prohibitive. Arrêt du 30. Mars 1647. *Du Frêne, liv.* 5. *ch.* 13.

578 Le mineur peut tester en faveur de sa mere tutrice en pays de Droit écrit. Arrêt du 1. Juin 1647. *Henrys, tome* 1. *liv.* 5. *quest.* 38

579 Testament fait en faveur de celuy qui s'étoit immiscé dans l'administration des personnes, & bien d'un mineur, déclaré nul. A Grenoble le 26. Juin 1659. quoiqu'il ne fût point tuteur. *Voyez Basset, to.* 2. *liv.* 8. *tit.* 1. *ch.* 2.

TESTAMENT, MINISTRES.

580 Les Ministres & Anciens de la Religion prétenduë reformée ne peuvent recevoir les Testamens, és Coûtumes d'Anjou, Poitou, & autres, qui déclarent les Testamens valables reçus par un Curé ou Vicaire. *Voyez les Décisions Catholiques de Filleau, Décision* 91. où il rapporte un Arrêt du 18. Février 1604.

TESTAMENT, MINUTTE.

581 De plusieurs minutes de Testament trouvées après le décez du Testateur de luy écrites, toutes differentes & sans date. *Voyez Carondas, li.* 10. *Rép.* 90.

582 Deux grosses diverses signées par un même Notaire sur une minute où se trouve une addition non signée, toutefois écrite de la main du Notaire. *Voyez ibid. liv.* 7. *Rép.* 169.

583 Testament doit être executé, quoique la minute soit demeurée entre les mains du Testateur, ou de l'heritier, & que le Testament n'ait pas été publié. Arrêt du Parlement de Dijon du 4. Avril 1662. Il y a eu même Arrêt confirmatif d'un Testament mutuel dont la minute étoit restée és mains du mari. *Taisand, sur la Coût. de Bourg. tit.* 7. *art.* 4. *n.* 15.

TESTAMENT, MUET, SOURD.

584 Le muet & sourd de naissance peut faire Testament pourvû qu'il sçache écrire, & soit capable d'affaires au moyen de l'écriture. Arrêt du Parlement de Toulouse au mois d'Août 1679. rapporté par *M. de Catellan, li.* 6. *ch.* 48.

585 Par Arrêt du Grand Conseil du 13. Mars 1567. rapporté par *Berault, sur la Coûtume de Normandie, titre des testamens, art.* 412. in verbo, & après luy doit être lû le testament, jugé qu'un Testament fait en pays de Bourdeaux par un muet, non sourd, ne sçachant lire, ni écrire, & passé pardevant les Notaires qui luy avoient lors representé plusieurs sortes de Testamens, & ayant attesté qu'il avoit entendu par signes instituer heritiers certaines personnes dénommées en Testament, & depuis lors de l'interrogatoire à luy fait, luy ayant été oüy prononcer le mot oüy, fut ledit Testament cassé, comme fait par suggestion. *Voyez d'Argentré sur la Coûtume de Bretagne, titre des testamens, page* 571.

TESTAMENT MUTUEL.

586 *Voyez* le mot *Disposition, art.* 3. & *suiv.* des Arrêts de M. le P. P. de Lamoignon.

587 *De mutuo conjugum testamento. Voyez Andr. Gaill, lib.* 2. *observat.* 117.

588 Du Testament mutuel, & si la révocation peut être faite après le décés de l'un ? *Voyez Bouvot, tom.* 2. verbo *Testament, quest.* 11.

589 *Testamentum commune conjugum superstes solus revocare potest, & si incerta sit promissio de non revocando.* Voyez *Sthokmans, decis.* 18.

Vir & uxor in uno eodemque instrumento testamentum facere possunt. Voyez *Franc. Marc.* 10. 2. qu. 196. 590

591 Si un Testament mutuel fait, peut être révoqué par le survivant, les enfans des Testateurs étant institutez ? *Voyez Bouvot, to.* 1. *part.* 1. verbo *Testament, quest.* 1.

592 Mary & femme singulierement entr'autres peuvent valablement faire Testament ensemble, en même acte, & pardevant mêmes Notaires ; toutefois l'un d'eux survivant à l'autre, peut révoquer tel & semblable Testament de son chef, & en ce qui le concerne. Arrêt du Parlement de Toulouse près celuy qui est allegué en la Chambre Imperiale en Allemagne. Arrêt contraire du Parlement de Paris. *Mainard, liv.* 5. *ch.* 97. & *Bibliot. de Bouchel,* verbo *Testament.*

593 Des Testamens mutuels entre mary & femme, ils sont reçus dans les pays du Droit écrit. *Voyez Henrys, to.* 1. *liv.* 5. *ch.* 4. *qu.* 34.

594 S'il est necessaire que le Testament mutuel soit fait en une même carte. *Ibidem, qu.* 36.

595 Il est certain que le mary & la femme peuvent tester conjointement pardevant même Notaire & témoins, & qu'étant tous deux vivans, ils peuvent l'un sans l'autre révoquer & changer leurs dispositions : mais le doute a été si l'un étant décedé en la volonté, suivant laquelle ils ont disposé conjointement, le survivant peut changer de volonté ? Bartole tient qu'il le peut, quand même il auroit été dit dans le Testament mutuel, que les Testamens posterieurs ne vaudroient, s'il n'avoient été faits du consentement des deux conjoints, d'autant que *testamenti factio non debet, ex alieno arbitrio pendere,* L. *illa institutio. ff. de hæred. instit.* Ainsi jugé en la Chambre imperiale, au rapport de *Minsinger, sing. observat.* 8. *Cent.* 1. & par divers Arrêts du Parlement de Toulouse des années 1576. & par Arrêt du Parlement de Paris du 6. Avril 1581. quoiqu'après le 5. Avril 1583. le contraire fût jugé par autre Arrêt du Parlement de Paris. *Voyez Maynard, liv.* 5. *ch.* 97.

596 Mary & femme par la Coûtume du lieu, peuvent faire tant par donation entre-vifs que par Testament, don mutuel, par lequel ils s'entredonnent au survivant l'usufruit de tous les meubles, acquêts & conquêts, & à un tiers présent qui accepte & fait insinuer le Testament ; le mary décede, elle demande la délivrance du don mutuel ; mais s'étant remariée, elle revoque le Testament. Arrêt du 5. Avril 1584. par lequel sa révocation est déclarée nulle. *Carondas. liv.* 8. *Rép.* 73.

597 Si en Testament mutuel le mary peut autoriser sa femme *in rem suam* ? Voyez *Peleus, qu.* 70.

598 Le Parlement de Paris a jugé par diverses fois que non seulement le mary & la femme pouvoient tester conjointement par un même acte, mais encore que ce Testament étoit comme indivisible, que l'un des conjoints étant décedé dans cette volonté commune, il falloit qu'elle subsistât pour le survivant, sans qu'il eût le pouvoir de la révoquer ou changer, quand le survivant l'a executé. Arrêt du 1. Mars 1601. *M. de Montholon, Arr.* 18. où il rapporte plusieurs autres Arrêts. *Voyez Henrys, to.* 1. *liv.* 5. *ch.* 4. *qu.* 34. *Voyez M. Loüet, let. T. som.* 10. *Carondas, liv.* 6. *Rép.* 85. & *Chenu,* 1. *Cent. qu.* 78.

599 Si la survenance des enfans rompt le Testament mutuel ? *V. Henrys, to.* 1. *liv.* 5. *qu.* 34.

600 Un Testament mutuel ne peut être révoqué par le survivant. Arrêt du Parlement de Paris du 3. May 1608. *Corbin, suite du Patronage, chap.* 19.

601 Testament mutuel fait par père & mère, contenant partage de tous leurs biens entre leurs enfans, à la charge qu'ils ne pourront demander inventaire au survivant, le père ayant survêcu & executé le Testament, & passé à des secondes nôces, les enfans demandent inventaire ; le père prétend par cette dé-

mande que le Testament est revoqué; en second lieu, qu'il y a un enfant du second lit, obtient des Lettres, le Testament executé selon sa forme & teneur, & que l'enfant du second lit se pourvoiroit pour sa legitime. Jugé le 1. Septembre 1612. *Chenu*, 2. *Centurie*, qu. 81. *Voyez Mornac*, *l. 7. ff. de pactis*.

602 Testament mutuel du mary & de la femme, n'est valablement revoqué par un Testament posterieur de l'un d'eux, à l'insçu de l'autre. Arrêt du 9. Juillet 1618. *Bardet*, *to. 1. liv. 1. ch. 33*. Brodeau cite cet Arrêt, *lettre T. n. 5. somm. 10*.

603 Jugé le 23. Janvier 1629. que le Testament mutuel du mary & de la femme, contenant disposition de tous leurs biens entr'eux leurs enfans, n'empêche le pere survivant, qui convole en secondes nôces, de constituer un doüaire à sa seconde femme. *Bardet*, *to. 1. liv. 3. ch. 21*.

604 Testament mutuel accepté par le survivant, ne peut être revoqué. Arrêt du Parlement de Dijon du 23. Mars 1637. quelques-uns estimerent que la faveur d'un legs pieux, donna lieu à cet Arrêt. *Taisand*, *sur la Coûtume de Bourg. tit. 7. art. 4. n. 16*.

605 Testament mutuel du mary & de la femme, n'est pas nul, sous pretexte que les deux en même temps, n'ont pû le dicter & nommer aux Notaires; & l'exheredation de leur fils dissipateur, avec institution des petits enfans, est valable. Arrêt du 16. Mars 1638. *Bardet*, *tom. 2. liv. 7. ch. 16*.

606 La revocation du Testament mutuel ne peut être faite qu'après la signification de la volonté de revoquer. Arrêt du Parlement de Dijon du 19. Novembre 1640. cette signification doit être faite dans un temps non suspect; car si celuy qui veut revoquer choisissoit le temps de sa maladie de laquelle il décederoit, la revocation ne seroit pas valable. *Taisand sur la Coûtume de Bourg. tit. 7. art. 4. n. 16*.

607 Le Testament mutuel ne peut être revoqué par le conjoint survivant, même pour les biens acquis depuis la mort du conjoint predecedé, si ce n'est que dans le Testament il eut été fait partage en corps de tous les biens. *Chopin paris. lib. 2. t. 4. n. 10*. M. Abraham la Peirere *en ses decisions du Palais*, dit, entends, la décision lorsque tout est partagé, & qu'il n'y a point d'institution universelle. Car si après le partage il y a institution universelle, l'acquet fait depuis tomberoit dans l'institution.

Arrêt du 21. Juin 1640. plaidans Mentet, la Jonie & Dalon. La Jonie pour le sieur de Majance, Mentet pour la Damoiselle de la Courtiade, & Dalon, pour Maître Jean de la Barriere. Il s'agissoit d'une donation de six mille livres faite entre-vifs, par ladite la Courtiade à Germaine Majance sa fille, femme dudit la Barriere, au préjudice du Testament mutuel, d'entre les pere & mere desdits Majance; par lequel ledit sieur Majance avoit été institué heritier universel par ses pere & mere, ladite somme payable moitié dans six mois, & l'autre moitié six mois après. Dalon pour ladite Germaine Majance, avoüoit que si ladite donation eût eu trait de temps après la mort de ladite la Courtiade, elle étoit nulle : mais qu'elle se devoit prendre sur les reserves faites ou à faire de l'usufruit, que les Contestateurs s'étoient donnez : jugé que ladite donation étoit bonne, & que ladite Germaine seroit payée de ladite somme sur les fruits appartenans à ladite Courtiade. *La Peirere, ibid.*

608 Le Testament mutuel ne devient pas caduc par le predecés de l'heritier institué, au cas qu'il ait été accepté par le survivant du Testateur, quand cet heritier a laissé des enfans. Arrêt du Parlement de Dijon du 15. May 1642. *Voyez Taisand*, *sur la Coûtume de Bourg. tit. 7. art. 4. n. 16*.

609 Testament mutuel du mary & de la femme, au profit d'un tiers, est confirmé contre les heritiers du mary predecedé ; mais la cause est appointée pour sçavoir si la femme survivante peut le revoquer à son égard. Arrêt du 15. May 1642. *Bardet*, *to. 2. liv. 9. ch. 21*. M. l'Avocat General Talon insinua que la révocation pouvoit avoir lieu.

610 Si le legataire survit l'un des Testateurs, il joüit de la disposition qui vient de luy, c'est-à-dire qu'il conserve à ses heritiers la proprieté de la disposition, l'usufruit reservé au survivant; que si le survivant ne profite point des biens du predecedé, il demeure toûjours en liberté de revoquer. *Idem*, s'il n'y a point de disposition à son profit, encore bien qu'il prête son consentement à l'execution du Testament & promette de l'entretenir, si ce n'est que le nouvel acte porte une donation entre-vifs & irrevocable, qui change la nature de la disposition. *Henrys*, *tom. 1. liv. 5. qu. 36*. rapporte un Arrêt du 29. Novembre 1641. où l'espece a été jugée au contraire; mais Ricard dit que la question s'étant depuis presentée, elle a été jugée conformément à son opinion, entre Simon Massin, Gillette Marceau sa femme, & Jean Casaut Huissier au Parlement, par Arrêt du 18. Juin 1644. par lequel la Cour ayant aucunement égard aux Lettres obtenuës par la veuve, a déclaré la revocation par elle faite du Testament mutuel, bonne & valable, & en consequence il est dit qu'elle pourra disposer de ses biens, comme elle eut pû faire avant le Testament, & que le legs des Marguilliers de saint Sulpice demeureroit réduit à 4000. liv. au lieu de 8000. liv. payable sur les biens du mary. *Ricard*, *du don mutuel*, *traité 2. ch. 5. sect. 7. nomb. 274*.

611 Testament mutuel de deux conjoints signé d'eux, mais écrit seulement de la main du mary, n'est point valable; la nature des dispositions mutuelles & reciproques, est que pour pouvoir subsister elles soient bonnes de part & d'autre, attendu que chaque acte doit être parfait en son genre. *M. Ricard des Donations entre-vifs*, 1. part. *ch. 5. sect. 5. nomb. 1492*. Il faut faire le Testament double, l'un écrit du mary & l'autre de la femme, & tous deux signez de l'un & de l'autre.

612 Pere & mere font un Testament mutuel, & laissent l'option d'une partie de leurs biens à l'aîné; après la mort de l'un d'eux; on demande si cette option se doit faire, ou si elle doit être differée jusques au decés de tous les deux ? Il fut ordonné que la mere survivante, joüiroit de l'usufruit de tous les biens; & que l'option se feroit, parce que l'option n'est pas differée en donations entre-vifs, quoiqu'on reserve l'usufruit, ni à plus forte raison en Testament mutuel entre mary & femme. Arrêt du 16. Juillet 1644. *Diction. de la Ville*, *nomb. 10307*.

613 D'un Testament mutuel entre conjoints par mariage, dans lequel les Notaires avoient déclaré que la testatrice ne sçavoit écrire ni signer, bien que l'on rapportât plusieurs actes dans lesquels elle avoit signé. Jugé par Arrêt du 2. Decembre 1649. que cette déclaration n'induisoit ni fausseté ni nullité du Testament. La femme n'avoit point signé à son contrat de mariage, & depuis la datte des actes rapportez, elle n'avoit fait aucune signature, le long-temps & le défaut d'exercice faisoient presumer qu'elle avoit oublié. De plus le Testament étoit attaqué par des collateraux. *Soefve*, *to. 1. Cent. 3. ch. 21*.

614 Quatre freres s'instituent reciproquement heritiers dans un même Testament; il est dit qu'ils ne pourront le revoquer qu'en faveur de leurs enfans s'ils en ont. Deux de ces quatre freres meurent, conformément au Testament reciproque, l'heredité est partagée entre les survivans, le troisiéme institué un étranger, le quatriéme se plaint de la disposition. Par Arrêt du Parlement de Toulouse au mois de Juillet 1655. après partage, le quatriéme frere fut maintenu aux biens que le défunt avoit eus de ses deux autres freres, en consequence du Testament reciproque, comme étant chargé de luy rendre; & l'heritier institué par ce troisiéme frere, eut les autres biens du défunt. Par ce moyen la liberté des Testa-

Tome. III.   Zzzzij

mens fut confirmée. *Arrêts de M. de Catellan, liv.* 2. *chap.* 55.

615 Si le Testament mutuel holographe dans la Coûtume de *Poitou*, par le mary & la femme en forme de partage entre leurs enfans, est valable. Arrêt du 2. Avril 1658. qui appointe les parties, lesquelles depuis ont transigé. *De la Guess. to.* 2. *liv.* 1. *ch.* 39.

616 Si le survivant a executé le Testament mutuel, il ne le peut plus revoquer. 2. Encore qu'il offre remettre le tout en son entier, ni ne sera rompu par survenance d'enfans d'un second lit, lesquels ne pourront prétendre qu'une legitime. *Louet & Brodeau, lit. T. n.* 10. *id.* Mornac. *ad L.* 7. *ff. de pact. vid.* Mantic. *lib.* 3. *tit. ult. n.* 9. 1. *id.* Charond. *resp. lib.* 6. *n.* 85. *id* Chopin. *Paris. lib.* 2. *tit.* 4. *n.* 16. *generaliter &* Andeg. *lib.* 1. *cap.* 40. *n.* 8. *vid.* Grass. §. *testamentum quast.* 90. La Peirere, *let. T. nom.* 63. dit que le Testament mutuel ne tombe point en caducité, ains est transmis aux enfans de l'heritier institué ou legataire qui meurt avant le conjoint survivant. Autre chose est si l'institué ou le legataire n'avoient point d'enfans; neanmoins la caducité ne concernera que le conjoint survivant.

Arrêt du Parlement de Bourdeaux du 30. Janvier 1659. Présidant Monsieur le Premier, plaidans Fontanel & Dalon. Les sieur & Dame de Nieul avoient fait un Testament mutuel, dans lequel ils s'étoient donnez reciproquement l'usufruit de leurs biens, & institué leurs enfans communs. Ladite Dame ayant survécu à son mary fit des Actes approbatifs dudit Testament, par la jouïssance & administration des biens & affaires de son mary, étant neanmoins mineure de 25. ans, tant lors dudit Testament que desdits actes, contre lesquels elle se pourvut par Lettres, lesquelles furent enterinées par le Sénéchal de Xaintes; & ladite Dame remise en la liberté de disposer de ses biens. Le curateur des enfans s'étant rendu appellant en la Cour, la Sentence fut confirmée. *Nota*, elle perdit tous les avantages à elle faits par le Testament.

Autre Arrêt du 23. Mars 1666. Présidant M. le Premier, Plaidans Comet & Licherie, entre Broc Procureur en Guyenne, & la veuve de Pradeau. Le fait étoit que les pere & mere dudit feu Pradeau, par leur Testament mutuel l'ayant institué leur heritier universel, & le Testament ayant été approuvé par la mere survivante au mary, & ayant pareillement survécu audit Pradeau son fils, jugé que l'institution du fils du chef de la mere étoit tombée en caducité, & qu'à suite la mere avoit pû disposer de ses biens par autre Testament en faveur de ses petits-fils enfans dudit Pradeau, au préjudice dudit Broc creancier dudit Pradeau fils. Je crois pourtant que non seulement dans la Coûtume de Bourdeaux; mais aussi ailleurs, l'ayeulle étoit obligée de laisser ses biens à ses petits fils, en consequence dudit Testament mutuel, & qu'en ce cas il y avoit eu transmission. *La Peirere, ibid.*

617 Testament mutuel peut être revoqué *inter liberos*, il n'est point exempt des formalitez requises par la Coûtume d'Amiens. Arrêt du 20. Février 1663. *De la Guess. tome* 2. *liv.* 5. *chap.* 6.

618 Un pere & une mere avoient seulement donné à l'une de leur fille une métairie pour tout droit, à cause qu'elle avoit changé de Religion, & s'étoit mariée à un Catholique contre leur consentement; sans avoir égard au Testament, ordonné de suppléer à son legs jusques à la concurrence de sa legitime, sans charges & sans dépens. Arrêt du 13. Juin 1663. *Ibidem, chap.* 27.

619 Testament mutuel entre mary & femme, dans le ressort du Parlement de Grenoble, ne peut être valablement revoqué, sans que la revocation faite par l'un, soit signifiée à l'autre. Arrêt du 14. Juillet 1666. *De la Guess. tome* 2. *liv.* 8. *ch.* 15. la revocation faite en extrémité de maladie est nulle; la revocation n'a point de lieu en Contrat de mariage: le Testament mutuel executé par le survivant, ne se revoque point *agnatione posthumi*. Brodeau, *sur M. Louet, lettre S. som.* 10. Henrys, *tome* 2. *liv.* 5. *question* 34. tient que la survenance d'enfant, les choses étant entieres, rompt le Testament. *Voyez* le lieu où il marque la raison de la difference.

Si un Testament reciproque peut être sans effet, l'un des Testateurs ayant fait deux codicilles 17. ans après, où il confirme un Testament solemnel qui ne fut jamais & ne fait nulle mention du reciproque. Arrêt du P. de Grenoble du 27. Août 1667. qui ordonne l'execution du Testament reciproque. Basset. *to.* 1. *liv.* 5. *tit.* 1. *ch.* 22. **610**

Testament mutuel, quoiqu'executé par le survivant, est revocable quand l'heritier est étranger. Louet, *let. T. n.* 10. *id.* Autonne, *art.* 9. entend pourtant que si la revocation choque la volonté du Contestateur, celuy qui revoque perd tout l'emolument qu'il recevoit du contestateur. **611**

Par Arrêt du Parlement de Bourdeaux du 24. Février 1668. jugé qu'un Testament mutuel entre mary & femme, fait en faveur d'une niéce des Testateurs, pouvoit être revoqué par le survivant, quoiqu'il eût executé le Testament. *La Peirere, lettre T. n.* 61.

Femme mineure après la mort de son mary, peut se faire restituer contre un Testament mutuel qu'elle avoit executé, sous protestation que cette execution ne luy pourroit nuire. Jugé à Bourdeaux le 11. Janvier 1672. *Journal du Palais*. **612**

Arrêt du 18. Decembre 1691. qui a jugé qu'un Testament mutuel fait entre deux conjoints, ne peut être revoqué, ni changé par l'un des Testateurs qui survit. *Journ. des Aud. tom.* 5. *liv.* 7. *ch.* 51. **613**

Le Testament mutuel d'un mary & d'une femme, tout écrit & signé par le mary, & seulement signé par la femme, est bon à l'égard du mary, non à l'égard de la femme. Pour faire un Testament mutuel olographe, il faut que chacun des Testateurs en particulier, écrive & signe le Testament entier; s'il n'y a d'autres manieres de tester mutuellement sous écritures & signatures privées. Cette question a été jugée au Grand-Conseil le 9. Decembre 1692. *Journal du Palais in fol. to.* 2. *p.* 819. **614**

TESTAMENT, NOTAIRES.

Testamens faits par les Notaires à leur profit ou autrement. *Voyez* le mot *Notaires*, nombre 245. & *suivans.* **65**

Défenses à tous Notaires du Bailliage de Foret sur peine de faux & de privation de leurs Etats de Notaires d'écrire & recevoir aucun Testament que premierement le Testateur ou Testatrice n'aient en la presence de sept témoins, requis par la disposition du Droit écrit, & déclaré intelligiblement leur derniere volonté, sans aucune suggestion, ou induction; lequel Testament après avoir été reçu par le Notaire, sera lû, relû au Testateur, ou Testatrice en la presence desdits sept témoins, & sera fait mention par les Notaires qu'il aura été lû & relû; après laquelle lecture le Testament sera signé en la même heure, sans divertir à autres actes par les témoins, si tous sçavent écrire & signer en la presence du Testateur, ou Testatrice; ordonné que l'Arrêt sera lû au Siége de Montbrison, & du Bourg Argental les plaids tenans; enjoint au Substitut du Procureur General de le faire executer. Cet Arrêt ne parle que des Notaires de Foret; mais comme c'est un pays de Droit écrit, il semble que la Cour n'a pas entendu dispenser ceux du pays de Droit écrit d'observer telles formalitez. *V. M. Ayrault, Plaidoyé* 1. *page* 55. **916**

Par Arrêt du Parlement de Bourdeaux du 19. Janvier 1537. jugé qu'un Notaire Apostolique ne peut recevoir testament, *etiam in piam causam*, s'il n'est Curé ou Vicaire du Testateur, & en luy administrant le dernier Sacrement; foy n'est ajoutée au testament; **617** sans avoir les témoins numeraires. *Papon, liv. 4. titre 14. nomb. 3. & 4.*

628 Il y a cette difference d'un testament fait par un Paroissien en presence de son Curé & de luy reçu, ou de son Vicaire, d'avec celuy qui auroit été reçu par un Notaire, qu'il ne peut être executé par provision, comme celuy d'un Notaire. Jugé par Arrêt du 29. Octobre 1556. *Défin. du Droit Can. p. 886.*

629 Les testamens passez pardevant Notaires Apostoliques, sont nuls. Arrêt au mois de Juin 1569. *Peleus, question 20.*

630 Arrêt de défenses de n'expedier un testament durant la vie du testateur, du mois de Novembre 1575. entre la femme de Me François Vignaux Conseiller du Roy en la Cour, Commissaire à ce député d'une part, & Me Jean Fabry Lieutenant du Juge de Carmaing appellé d'autre. *La Rochestavin, liv. 4. lett. T. tit. 5. Art. 6.*

631 Arrêt du 7. Decembre 1581. qui declare un testament fait dans la Touraine signé seulement par deux Notaires sans témoins, valable à l'égard du Dauphiné. *Chorier en sa Jurisprudence de Guy Pape, p. 212.*

632 Si le testament reçu par un Notaire est valable, n'étant point entre les mains du Notaire qui l'a reçu? *V. Bouvot, to. 1. part. 1. verbo Testament, quest. 4.*

633 Si le testament reçu par un Notaire Apostolique, est nul? *Ibidem, part. 3. verbo Testateur, quest. 1.*

634 Si un testament est valable, reçu par trois Notaires, n'étant signé par aucun d'iceux, & la minute s'étant trouvée avec d'autres minutes de l'un des Notaires mort, si le Commissaire peut donner expedition dudit testament? *V. Ibidem, verbo Testament, question 5.*

635 Les Notaires ne peuvent donner expedition des Testamens avant la publication. Arrêt du Parlement de Dijon du 17. Mars 1616. *Ibidem, to. 2. verbo Testament, quest. 71.*

636 Un homme venir un Notaire qui n'étoit pas du lieu, luy dicte son Testament, aussi-tôt qu'il eût fini, il le prend des mains du Notaire, le cachete, & declare en presence de sept témoins, que ce qui étoit dans ce papier étoit son Testament. Par Arrêt du 21. Juin 1624. le Testament a été confirmé, quoique le Testateur ne sçût ni lire ni écrire, & que les témoins eussent ignoré le contenu d'iceluy. Par ce même Arrêt il a été jugé que le Notaire tient lieu d'un huitiéme témoin au Testament d'un illiteré. *Cambolas, liv. 5. chapitre 16.*

637 Arrêt du Parlement de Paris du 30. Juin 1629. portant défenses aux Notaires de passer ni de recevoir aucun Testament qu'il ne soit à eux dicté & nommé par le Testateur en presence de témoins, & en faire expresse mention par ledit Testament qu'il a été dicté, nommé & relû au Testateur. *Filleau, part. 3. tit. 5. chapitre 21.*

638 Par Arrêt du Parlem. de Roüen du 9. Juillet 1631. rapporté par *Berault, sur l'art. 412. de la Coûtume de Normandie*, jugé qu'un Testament passé par un Prêtre en presence d'un Notaire Apostolique, étoit nul, conformément à d'autres Arrêts du Parlement de Paris. *Jovet, verbo Testament, nomb. 143.*

639 Arrêt du 21. May 1647. qui a déclaré valable un Testament passé pardevant les Tabellions de la Sergenterie d'Ofrainville, encore que le Testateur fût domicilié dans la Sergenterie de Bourdun, parce que ces deux Sergenteries étoient dans le détroit d'une même Vicomté. *Basnage, sur l'article 412. de la Coût. de Normandie.*

640 Si les Notaires d'une Justice subalterne peuvent recevoir les Testamens des personnes demeurantes hors du Ressort de ladite Justice? Et si un Testament passé pardevant un Curé autre que celuy de la Paroisse du Testateur, est valable? Arrêt du 16. Juillet 1650. qui appointe les parties au Conseil. *Soefve, to. 1 Cent. 3. chapitre 47.*

641 Le Curé ou Notaire qui reçoit le testament, doit être celuy du lieu où le testament est passé. Arrêt du Parlement de Normandie du 15. Mars 1651. La nullité de ce testament étoit d'autant plus essentielle, que ce Notaire étoit d'une autre Province; ce qui vraysemblablement ne pouvoit être ignoré par le Testateur qui étoit le Curé de la Paroisse. La même chose avoit été jugée en l'Audience de la Grand'Chambre, le testament de Boulard fait en l'Abbaye de Bontport, Vicomté du Pontdelarche, fut cassé pour avoir été reçu par Denis, Tabellion à Roüen, qui pour cet effet s'étoit transporté dans cette Abbaye. *Basnage, sur la Coûtume de Normandie, art. 412.*

642 Arrêt du Parlement de Roüen du 3. Decembre 1651. qui a confirmé un testament reçu par un Tabellion Royal dans une Haute-Justice. Mais cet Arrêt ne doit pas être tiré à consequence, quand même un Tabellion Royal pourroit exercer dans le Territoire d'un Haut-Justicier, il ne peut y recevoir un testament, suivant *l'article 412. de la Coût. de Normandie*; il ne peut être reçu que par le Curé ou Tabellion du lieu où il est passé, la Coûtume ayant expressément établi ses personnes, on ne peut y employer d'autres. *Basnage, sur cet article.*

643 Les Notaires Apostoliques sont incapables de recevoir des testamens. Arrêts du Parlement de Roüen des 6. Juillet 1632. & 19. Janvier 1657. Le testament du Curé de Saint Leonard de Fécamp reçu par un autre Curé qui étoit Notaire Apostolique, fut cassé; il leguoit tous ses meubles & ses immeubles au Tresor de sa Paroisse pour faire quelques fondations. *Basnage, ibidem.*

644 Arrêt du Parlement de Roüen du 17. Juillet 1656. qui confirme le testament du Curé de Maisoncelles, quoy qu'il eût été passé devant d'autres Tabellions que ceux de Maisoncelles; l'Arrêt fondé sur ce que ceux qui avoient reçu ce Testament, étoient Tabellions Royaux: cette raison n'est pas considerable, lorsqu'il s'agit de Testamens; car leur validité ne consiste pas en la seule volonté du Testateur; mais en l'observation des formes requises, en quoy ils different des Contracts qui ne laissent pas de valoir, quoy-qu'ils ayent été passez devant un autre Notaire que celuy des parties contractantes, parce que leur consentement seul les oblige; ce n'est donc pas assez pour la validité d'un Testament que le Notaire soit Royal, comme il fut jugé par l'Arrêt de Boulard, dont le Testament fut declaré nul, quoyque celuy qui l'avoit reçu, fût un Tabellion Royal; mais il faut que ce soit le Tabellion du domicile du Testateur. Cependant il n'est pas necessaire que le Testament soit toûjours reçu par le Curé ou par le Notaire du domicile du Testateur, il suffit qu'il le soit passé par le Curé ou Notaire du lieu où il a été passé; de sorte que si quelqu'un étant en voyage ou hors de sa maison faisoit son Testament en quelques lieux où il se seroit arrêté, pourvû qu'il fût fait selon les solemnitez requises par la Coûtume du lieu où il auroit été reçu, les heritiers ne pourroient en empêcher l'execution, quoyque le Testateur fût depuis retourné dans le lieu de son domicile. Arrêt du Parlement de Roüen du 9. Juillet 1635. *Basnage, ibidem.*

645 Testament reçu par un Notaire autentique entre gens hors de son Ressort a été confirmé par Arrêt du Parlement de Dijon du 24. Juillet 1665. *Taisand, sur la Coûtume de Bourg. tit. 7. art. 4. n. 4.* Il y avoit eu même Arrêt le 15. Mars 1627. *Ibid. art. 8. n. 2.*

646 Testament est valable, quoyqu'il ait été retiré des mains du Notaire, qu'il se trouve froissé & comme abandonné parmi des paperasses, & que le Testateur ait declaré verbalement qu'il ne vouloit point que ce Testament eût effet. Arrêt du Parlement de Dijon du 19. Decembre 1665. *Voyez Taisand, sur la Coûtume de Bourgogne, tit. 7. art. 4. num. 14.*

647 Arrêt du Parlement de Roüen du 27. Novembre

1667. qui casse un Testament reçû par le Clerc d'un Tabellion, bien que le Tuteur de l'heritier & le Vicaire de la Paroisse y eussent signé comme témoins, declaré nul. Arrêt du Parlement de Roüen du 22. Novembre 1667. rapporté par *Basnage, sur l'art.* 412. *de la Coût. de Normandie.*

648 Si un Notaire peut recevoir un Testament auquel il a écrit heritiere sa belle-mere? Arrêt du Parlement d'Aix du 16. Janvier 1679. qui le confirme. *Boniface, to.* 5. *liv.* 1. *tit.* 11. *chap.* 1.

TESTAMENT, NOVICE.

649 Un Testament fait par une Religieuse Novice, malade à l'extrémité, au profit de l'Hôpital où elle étoit Religieuse, portant donation de tout son bien, jugé n'être valable. Arrêt du 24. Mars 1650. & 500. livres ajugez à l'Hôpital. *Du Frêne, liv.* 6. *chap.* 2. Autre Arrêt du 12. Juillet 1658. *Des Maisons, lettre* T. *nombre* 2.

TESTAMENT NUL.

650 Nullitez qui peuvent être opposées contre un testament. *Voyez Bouvot, tome* 2. *verbo testament, question* 67.

651 *Legata & fideicommissa, an ex testamento nullo debeantur?* Voyez *Andr. Gaill. lib.* 2. *observat.* 113.

652 Si le fideicommis est dû, quand le Testament est nul? *Voyez* le mot *Fideicommis, nomb.* 215. Carondas, *liv.* 3. *Réponse* 47. & le *Journal du Palais in quarto* II. *part. fol.* 245.

653 Testament nul ne peut être validé par un Codicile qui le rappelle. *V. Henrys, tome* 1. *livre* 5. *chap.* 1. *question* 5.

654 Un Testament declaré nul par l'indignité de l'heritiere instituée, ne rompt pas un testament anterieur. Ainsi jugé au Parlement de Toulouse. *Voyez les Arrêts de M. de Catellan, liv.* 2. *chap.* 83.

655 Le testament n'est pas nul pour laisser moins que la legitime. *Voyez Peleus, qu.* 142.

656 Testament entierement parfait & accompli, n'y ayant que le défaut de la signature du testateur empêchée par la mort depuis survenüe, ne rend le testament nul, au cas particulier de l'Arrêt, ayant dit qu'à cause de son indisposition, il ne pouvoit signer, & qu'il signeroit tantôt, pendant quoy il est mort: & on peut dire ce qui est dit en la Loy *Si mater Cod. de inoff. testa. repentini casus iniquitas, per conjecturam iniquitatis emendanda est:* & par la Novelle de Leon 42. *ut sufficiens numerus testium testamentum ratum faciat, tametsi id neque illorum subscriptiones, neque signacula habeat.* Arrêt du 17. May 1608. *Tronçon, article* 289. *verbo Signé.*

657 Si l'institué heritier peut être renvoyé en la possession de l'heredité, y ayant nullité en la forme resultant de la Coûtume? *V. Bouvot, tome* 1. *part.* 3. *verbo testament, quest.* 4.

658 Si le testament est nul, lorsque la forme prescrite pour les testamens des Coûtumes des lieux n'est pas gardée, & si les legs pieux peuvent être demandez? *Ibidem, quest.* 10.

659 Si un testament est nul pour avoir été reçû par un Notaire autentique au détroit de la Jurisdiction, en l'enclos & territoire du Seigneur qui a droit du scel autentique, & si on doit dans les testamens inserer ces mots, *lûs & relûs au testateur en presence des témoins*, à peine de nullité? *V. Bouvot, tome* 2. *verbo testament, quest.* 66.

660 Le testament doit être entierement lû & relû au testateur & la minute signée de luy ou interpellée de le signer à peine de nullité. Arrêt sans date qui a declaré un testament nul & suggeré, où les formalitez n'avoient pas été observées. Le testament n'en faisant point mention, le legataire n'est recevable à mettre en fait qu'il a été relû comme a remarqué *Du Moulin, sur la Coûtume de Sens. V. Papon, liv.* 2. *tit.* 1. *nomb.* 10.

661 Les heritiers prétendans le testament nul, l'execu-

teur doit avoir provision sur les meubles pour la poursuite du procez & pour le payement des legs *in piam causam*, & ceux faits aux domestiques pour leurs salaires, pourvû qu'il n'y ait point de vice visible. Arrêt du 17. Février 1550. *Papon, li.* 18. *tit.* 1. *n.* 33.

662 Si le pere ou la mere par testament oublient de nommer, instituer ou exhereder l'un de leurs enfans, ou luy laisser sa legitime, le testament est nul. Neanmoins s'il y a un Codicillaire, telles fautes & autres défauts de solemnitéz sont couvertes: le testament vaut *per obliquum*, c'est-à-dire que les heritiers *ab intestat* sont tenus d'accomplir ce qui est ordonné par le testateur. Arrêt du Parlement de Grenoble en 1460. *Bibliotheque de Bouchel, verbo Testament.*

663 Si l'authentique *ex causâ C. de liber. preterit.* a lieu quand le testament est nul par l'Ordonnance de François I. de 1539? *Basset, to.* 2. *liv.* 8. *tit.* 1. *ch.* 3. rapporte un Arrêt du Parlement de Grenoble sans date, lequel declara nul le testament à la reserve des legs pieux. Ils sont dûs & non les autres, le testament étant cassé par l'incapacité de l'heritier.

664 Un pere fait un testament, il institüe son petit fils heritier, & laisse à sa fille tante de l'institué une somme sans partir du pere de l'institué; au jour du decez du testateur, le fils étant décedé la tante plaidant contre le neveu soûtient que le testament est nul, parce que lors qu'il a été fait le petit fils avoit son pere dont il n'a point été parlé, *& proinde ex C. praeteritionis irritum manere, idque sufficere. L. si post mortem. §. si de bon. poss. contra tab.* Par Arrêt du 8. Janvier 1577. il a été jugé en faveur du neveu, après partage en toutes les Chambres. *La Rocheflavin, liv.* 4. *lett.* T. *tit.* 5. *Arr.* 13.

665 *Forma consuetudinis non servata in testamento, totum testamentum corruit etiam in piis legatis*, le 29. Novembre 1580. *Mornac, l.* 10. *ff. de inofficioso testam.*

666 Un pere fait son testament par lequel il declare son fils être depourvû de bon sens, & veut que s'il décede sans enfans ou *ab intestat*, les biens retournent à son frere; le pere & le fils mort, ce dernier frere ayant fait les pauvres de Villasavary ses heritiers universels le frere s'oppose & soûtient que le testament est nul. 1. Que le défunt étoit fils de famille. 2. Qu'il étoit furieux, ce qui se prouve même par le testament du pere. Le sindic des pauvres soûtient & rapporte des contrats passés entre le pere & le fils défunt, dailleurs qu'on ne prouveroit pas qu'une disposition aussi bonne pût provenir de fureur. Par Arrêt du 6. Decembre 1581. la Cour appointa les parties en leurs faits contraires pour les prouver dans le mois, & cependant ajugea au Sindic la joüissance de tous les biens, à la charge de les tenir sous la main du Roy & de la Cour. *La Rocheflavin, liv.* 4. *lett.* T. *tit.* 5. *Arr.* 17.

667 Le 11. Octobre 1587. Barthelemy Bonnet âgé de 15. ans fait un Testament; il institüe ses heritiers universels André Pinguet & Catherine Doronne le 14. ensuivant il institüe heritiere Claude Laurence fille de Barthelemy Laurens, lequel auroit été élu Tuteur dudit Bonnet, & n'avoit pas encore rendu compte de la tutele. Après le décès, la succession est pretendüe par les premiers instituéz, par le second, & ensuite par l'heritier qui prétend que les deux Testamens sont nuls. Par Arrêt du 9. Février 1590. la succession a été ajugée aux instituéz par le premier Testament, parce que Laurence instituée au dernier étoit incapable comme étant fille du Tuteur, & le Testament fait en sa faveur étoit nul suivant l'ordonnance, & par consequent ne pouvoit avoir revoqué valablement le premier Testament. *La Rocheflavin, livre* 4. *lettre* T. *tit.* 5. *Arr.* 14.

668 Thomas Robelin fait son Testament; un témoin signe; l'autre est seulement enquis. Un heritier collateral conteste l'execution: Sentence à Semeur qui declare le Testament nul, à l'exception des legs faits à l'Hôpital de Saulieu. Arrêt du Parlement de Dijon

du 30. Juillet 1618. qui annulle tout le Testament. *Voyez les Plaidoyers de M. de Xaintonge, ch. 35. à la fin.* il rapporte un autre Arrêt semblable, & dit que la nullité du Testament étoit, que l'Acte endossé sur ce Testament étoit reçû par deux Notaires, contre la forme portée par la Coûtume qui requiert en ce cas un Notaire & deux témoins ; dans ce Testament il y avoit un legs fait aux Feüillants de Châtillon, avec charge de celebrer quelque service, le tout confirmé par un codicille en bonne forme. Le premier Juge avoit confirmé ce legs, bien qu'on convînt de la nullité de l'Acte ; mais les heritiers *ab intestat* étoient instituez par le Testament : neanmoins le legs fut aussi declaré nul, quoyque les Feüillants eussent déja celebré le service ordonné, de sorte qu'il faut tenir pour trés certain en *Bourgogne*, que l'art. 3. de la Coûtume reformée contient les formalitez de l'une & l'autre sorte de Testamens qui sont tenuës pour distinctes bien qu'elles soient sous un même article, & que l'une ne doit rien emprunter de l'autre. 2°. Que les Ordonnances ne derogent point à la Coûtume pour ce regard. 3°. Que l'authentique *ex causà* n'y a point de lieu, & qu'il n'y a rien qui puisse faire valoir un legs compris en un Testament qui manque en la moindre des formalités établies.

669 Leonard Velle ayant institué par son Testament le Chapitre de saint Lazare d'Autun, & legué 400. liv. à l'Eglise de Cussi, à la charge d'y faire quelques services pour le salut de son ame, & Lazare Velle ayant débatu de nullité ce Testament, il fut declaré valable par Sentence du Bailliage d'Autun dont il y eut appel, sur lequel intervint Arrêt le 18. Juillet 1634. au Parlement de Dijon, par lequel la succession de Leonard Velle fut reglée *ab intestat*, sur ce motif que le Testament étant holographe, la suscription du Notaire étoit attestée de deux témoins, dont l'un n'avoit que 13. ans ; & neanmoins l'heritier *ab intestat* fut condamné à aumôner 400. liv. à l'Eglise de Cussi à la charge des services portez par le testament. *Taisand, sur la Coûtume de Bourgogne, tit. 7. art. 8. note 3.*

670 Testament écrit d'une main étrangere, signé du Testateur & des Notaires, est declaré nul, quoyqu'il fût confirmé par un codicille holographe. Arrêt du 22. Février 1638. *Bardet, to. 2. liv. 7. ch. 14.*

671 Testament étant declaré nul, l'on peut repeter les legs payez, même ceux faits par forme de compensation, neanmoins la dette subsiste. Arrêt du 12. Juillet 1638. *Bardet, to. 2. liv. 7. ch. 34.*

672 La nullité d'un Testament ne peut être couverte par le consentement que le Testateur exige de son heritier, cependant un Curé qui laissoit beaucoup de meubles à ses freres, donnoit une rente de 20. liv. aux enfans de sa sœur ; la donation agréée par les heritiers présens qui signerent au Testament, fut confirmée par Arrêt du Parlement de Roüen du 18. Janvier 1639. Le fondement de l'Arrêt fut que les meubles étoient de grande valeur ; il eut pû les donner à sa sœur ; autrement la donation eut été cassée. *Basnage, sur l'article 412. de la Coûtume de Normandie.*

673 La ratification d'un Testament nul faite par l'heritier au préjudice de ses creanciers ne peut servir aux legataires. Arrêt du Parlement de Roüen du 21. Novembre 1656. *Voyez Basnage, sur l'art. 412. de la Coûtume de Normandie.*

674 Un Testament nul par l'incapacité de l'heritier, lequel étoit Curateur du Testateur, casse & révoque le premier. Arrêt du Parlement de Grenoble du 19. Janvier 1660. *Basset, to. 1. liv. 5. tit. 1. ch. 17.* Autre chose seroit si le dernier Testament se trouvoit nul par le défaut de solemnitez.

675 Si un Testament nul peut subsister au moyen d'un codicille en bonne forme étant ensuite d'iceluy ? Arrêt du 21. Janvier 1665. *Soëfve, to. 2. Cent. 3. ch. 40.*

676 Un Testament fait en faveur d'un Monastere où la Testatrice s'étoit retirée & y mourut, jugé nul par Ar-

rêt du Parlement de Grenoble du 25. Février 1669. Neanmoins la Cour pour les frais de maladie, funeraires & prieres, accorda 400. liv. *Basset, to. 2. li. 8. tit. 1. ch. 5.*

677 Si l'appellation de la procedure d'ouverture du Testament solemnel est recevable ; si le Testament est nul pour avoir été clos par le Notaire en presence du Testateur ; pour n'avoir le Testateur presenté le Testament au Notaire ; pour avoir le Notaire apposé les cachets ; pour n'avoir le Testateur dicté le Testament ? Arrêt du Parlement d'Aix du 18. Avril 1670. qui confirma la procedure de l'ouverture, & confirma le Testament. *Boniface, to. 5. liv. 1. tit. 20. ch. 1.*

678 Arrêts des 2. Juin 1672. & 26. Janvier 1673. qui ont préjugé que les testamens revocatoires de tous autres, quoyque declarez nuls par l'incapacité des heritiers instituez, empêchent l'execution des precedens faits en faveur de personnes capables, ensorte que les premiers testamens ne reprennent pas leur force ; & la révocation subsiste toûjours pour donner lieu à l'ouverture de la succession *ab intestat*. *Graverol sur la Rockeflavin, livre 4. lettre T. titre 5. Arr. 14.*

679 Un testament n'est pas nul pour avoir été reçu par un Juge qui se trouve parent du testateur, & même legataire & fideicommissaire. Il n'est point aussi nul faute de date, lorsqu'il conste de la volonté du testateur. Arrêt rendu au Parlement de Tournay le 13. May 1694. en révision de 26. Juges, sçavoir 8. étrangers, & 18. de la premiere & deuxiéme Chambre. *Pinault, to. 1. Arr. 27.* où sont citez des Arrêts semblables du Parlement de Bourdeaux de l'an 1573. & de Toulouse en 1627. & un pareil jugement rendu en la Cour de Frise le 22. Decembre 1609.

TESTAMENT NUNCUPATIF.

680 Des testamens nuncupatifs & de leur forme. *Voyez l'Autheur des Observations sur Henrys, tome 1. livre 5. ch. 1. quest. 7. & Carondas, liv. 9. Rép. 15.*

681 Le testament nuncupatif se prouve de deux manieres. 1°. Quand lors de la nuncupation il est rédigé par écrit, ou par un Notaire, ou par le Curé, ou par quelque autre personne, sans qu'il soit besoin que le Testateur ou les témoins signent. 2°. Quand il n'a pas été rédigé par écrit, la preuve s'en fait aprés le décez du Testateur, par le recollement des témoins devant les Juges des lieux. *Henrys, tome 1. liv. 5. ch. 1. quest. 7.*

682 Les Testamens nuncupatifs sont reçus au Parlement de Toulouse. *Maynard, liv. 5. ch. 4.*

683 Au ressort du Parlement de Paris, on ne reçoit la preuve par témoins des Testamens, à cause de l'Ordonnance de Moulins de 1566. art. 54. qui défend la preuve testimoniale és choses excedans 100. liv. Arrêt celebre du 7. Janvier 1593. rapporté par *Robert, liv. 2. c. 10. rér. jud.*

684 La preuve par témoins n'est point reçuë contre un Testament nuncupatif fait en temps de peste. Arrêts du Parlement de Paris des 7. Janvier 1593. & 16. Juin 1594. en forme de reglement, faisant défenses aux Présidiaux de recevoir telle preuve. *Papon, liv. 20. tit. 1. n. 1. Maynard, liv. 5. de ses quest. ch. 16. & 17.* Ces Testamens nuncupatifs n'ont plus lieu en France.

685 Les Testamens nuncupatifs en France doivent être écrits, ne se prouvent par témoins, même en temps de peste. Arrêt du 6. Juin 1594. *Peleus, qu. 61.*

686 *Henrys, to. 2. liv. 5. quest. 40.* décide qu'un Testament nuncupatif signé par le Testateur & les témoins, & non par le Notaire qui avoit oublié de signer la minute, est nul. Il fait mention d'un Arrêt qui l'a ainsi jugé. Il excepte pourtant le Testament entre enfans, lorsque le pere a signé.

687 Si la faveur du Testament *inter liberos*, peut s'étendre au Testament nuncupatif, où s'il est necessaire que le pere teste par écrit pour se dispenser des solemnitez ? *Voyez Henrys, tome 1. liv. 5. ch. 4. qu. 32.*

687 Si le Testament nuncupatif ne se faisant à present que par écrit, peut avoir le privilege du Testament *inter liberos* ? Il faut conclure que la faveur des enfans ni de la cause pie, ne couvre point le défaut de volonté, non plus que la clause codicillaire ne la peut pas suppléer. *Voyez Henrys*, to. 1. liv. 5. chap. 4. quest. 33.

688 Un pere malade à Toulouse, declare à un Notaire mandé à cet effet, quelle est sa volonté, & la distribution qu'il veut faire de ses biens à ses enfans. Il charge le Notaire de l'écrire. A cette declaration & à cette ordonnance se trouve l'Apotiquaire du malade auquel le discours n'étoit point adressé, mais qui l'entend. Le Notaire part pour aller écrire chez luy plus commodément, il commence d'écrire, & lors qu'il a déja écrit les premieres clauses, on vient luy apprendre que le malade est mort ; il cesse de continuer l'acte, en le chargeant du fait de mort qu'on luy annonce ; après quoy la veuve mere des enfans ayant fait resumer tant le Notaire que l'Apotiquaire témoins, les enfans devenus adultes, mais mineurs, passent des actes & des transactions entr'eux, suivant la disposition de ce testament : devenus majeurs, quelques-uns d'eux demandent leur restitution envers ces actes & transactions, la cassation du testament & le partage de la succession *ab intestat* ; le testament fut declaré bon, comme nuncupatif au Parlement de Toulouse. Arrêt de *M. de Catellan*, rapporté en son liv. 2. chap. 4.

689 Le nommé Auzel malade voulant faire un testament par écrit, avoit envoyé querir un Notaire ; celuy-ci occupé ailleurs envoye son Clerc au malade lequel luy dit sa volonté ; le Clerc l'écrit en presence de six témoins. Le Testateur étant mort pendant que le Clerc alloit remettre son écrit au Notaire, qui le met en forme sur son registre avec une déclaration fidelle de tout ce qui s'étoit passé. Procez entre Auzel heritier institué & le plus proche parent nommé de même, qui prétendoit être heritier legitime, soutenant que le testament étoit nul, & ne pouvoit valoir comme nuncupatif, à cause que ce n'avoit pas été la vûë ni l'intention de celuy dont la succession étoit débattuë. L'heritier institué fut neanmoins reçu à prouver le testament nuncupatif par la resomption de six témoins & du Clerc du Notaire. Arrêt rapporté par *M. Catellan*, ibid.

690 Arrêt du Parlement de Paris du 6. May 1594. qui fait défenses aux Juges de recevoir la preuve d'un testament nuncupatif par témoins, ordonné que l'Arrêt seroit verifié au Siége d'Aurillac. *M. Servin*, dit qu'en 1576. il y avoit eu pareil Arrêt prononcé en Robes rouges dans une cause du païs de Maconnois & que les Avocats furent alors avertis que cet Arrêt avoit lieu, tant au païs de Droit écrit que coûtumier. *Biblioth. de Bouchel*, verbo, *Preuves*.

691 Par Arrêt du 6. Juin 1594. défenses aux Juges dont étoit appel, & à tous autres, soit en païs coûtumier ou Droit écrit, de recevoir à verifier par témoins un testament nuncupatif, enjoint de garder l'Ordonnance qui rejette la preuve par témoins d'un testament, & d'autres tels actes. Ibid. verbo, *Testament*.

692 Il est necessaire que le Testament nuncupatif soit lû & relû, & que le Notaire en fasse mention. Arrêt du 31. Août 1602. *Henrys*, tome 1. liv. 5. chap. 1. quest. 7. Voyez Carondas, liv. 9. Rép. 35.

693 Testament nuncupatif est bon avec le Notaire & six témoins. Jugé le 4. Janvier 1605. & fut jugé que le Notaire serviroit de témoin, veu que l'écriture n'étoit point de l'essence dudit testament ; & il fut ordonné que les témoins seroient resumez ; pour le faire valoir comme nuncupatif : parce que le Notaire avoit omis de demander à deux de ces témoins s'ils sçavoient signer. *Cambolas*, liv. 3. ch. 46.

694 Un Testament nuncupatif en Bresse non signé par le Testateur ni par les témoins & n'y étant pas même fait mention, s'ils sçavoient signer ou non, auparavant la reduction du Païs, étoit bon & valable. Arrêt du Parlement de Dijon du 4. Février 1606. *V. Bouvot*, tome 2. verbo, *Testament*, quest. 79. Autre chose seroit aujourd'huy, attendu l'Ordonnance de *Moulins*, art. 54.

695 Si le Testament nuncupatif est reçu en France, & quand il peut être dit nuncupatif ? *V. Bouvot*, tome 1. part. 3. verbo, *Testament*, quest 10.

696 Si le Testament nuncupatif redigé par écrit, doit être signé par le Testateur & témoins ? *Voyez Bouvot*, ibidem.

697 Un Testament nuncupatif, ni les solemnitez d'un Testament ne peuvent être reçus en preuve. Arrêt du Parlement de Dijon du 7. Decembre 1612. *Bouvot*, tome 2. verbo, *Testament*, quest. 76.

698 Avant l'Ordonnance de 1667. suivant l'usage du Dauphiné, le Testament verbal & nuncupatif pouvoit être relevé par témoins, comme il a été jugé au Parlement de Grenoble par Arrêt du 30. Mars 1620. pour un Testament que le testateur n'avoit pû signer, & qui étoit ainsi demeuré imparfait. *Voyez Chorier en sa Jurisprudence de Guy Pape*, page 154.

699 Jugé au Parlement de Grenoble le 10. Mars 1626. qu'un Testament nuncupatif que le Testateur n'avoit pû signer à cause qu'il fut prévenu de mort, pouvoit être relevé par témoins ; mais quand il y a des circonstances qui peuvent donner des soupçons de la verité du Testament, ou de la foiblesse du Testateur, même de subornation, cette preuve n'est pas permise. Ainsi jugé le 13. Août 1664. *Basset*, tome 1. liv. 5. tit. 1. chap. 4.

700 Testament nuncupatif, fait en païs de Droit écrit, est confirmé quoique la Testatrice eût une grande difficulté de parler & répondre, ayant été apparemment interrogée & ne pût se faire entendre aux Notaires & témoins, que séparément & l'un après l'autre. Arrêt du 20. Juillet. 1658. *Voyez Bardet*, tome 2. liv. 7. chap. 35.

701 *Astruc*, païsan demeurant dans une métairie, fit son Testament ; il legua à sa femme l'usufruit de ses biens, & fit un de ses fils heritier. Vingt ans après y ayant eu contestation, on opposoit que ce Testament avoit été reçu par un simple Praticien Procureur Jurisdictionnel du lieu, que les témoins avoient été resumez le lendemain incompetemment devant le Juge du même lieu, qu' ainsi *petitio hæreditatis* étoit *centumvirale judicium*, *L. cum hæreditatis* 12. *Cod. de petit. hæredit.* on demandoit la nullité de ce Testament ; & la cassation de la procedure du Juge ordinaire : mais ayant été representé que ce Testament étoit entre enfans & nuncupatif, que l'écriture ne servoit que pour en conserver la memoire, il fut jugé valable au Parl. de Toulouse le 30. Mars 1643. la veuve s'appelloit de Jammes. *V. la Rocheflavin* tit. des *Testamens*, Arrêt 11. Du Testament fait devant un Juge & son Greffier, quoyque non recité, il faut observer qu'en ce cas tels Testamens ont besoin de resomption, comme il fut, jugé en Février 1646. *Albert*, verbo, *Testament*, art. 8.

702 Si le Testateur a voulu tester par écrit & que toutes les solemnitez ne s'y trouvent pas, comme lors que tous les témoins n'ont pas signé, tel Testament peut valoir, comme nuncupatif. Arrêt du Parlement de Toulouse au mois d'Août 1644. il fut ordonné que les témoins seroient resumez, parce que *actus debet magis valere quam perire*. Même Arrêt du 7. Juillet 1659. *Albert*, ibid. art. 24.

703 Testament nuncupatif peut être écrit par l'heritier. Arrêt du P. de Toulouse du 4. Mars 1646. parce que l'écriture n'est que *memoriæ causâ*. Ibid. art. 116.

704 Arrêt du 5. Février 1654. qui a confirmé un Testament nuncupatif, dont l'original n'étoit point signé par le Notaire qui en avoit donné un extrait par luy signé : on ajoûta dans l'Arrêt, sauf à se pourvoir par inscription

inscription en faux. *Boniface*, *tome 2. livre 1. titre 2. chapitre 2.*

705 Un Testament nuncupatif fait aux champs où il n'y a que quatre témoins signez avec le Notaire, qui n'a déclaré avoir enquis les autres s'il sçavoient signer, confirmé par Arrêt du 25. Juin 1667. Le Testateur étoit un Gentilhomme demeurant à la campagne, il avoit perseveré dans la volonté d'instituer son heritier; ce dernier Testament étoit holographe, & par consequent de grand poids. *Basset*, *tome 1. liv. 5. tit. 1. chap. 21.* il observe que la même chose avoit été jugée le 30. Juillet 1665.

706 Arrêt du Parlement d'Aix du 22. Mars 1671. qui declare nul le Testament nuncupatif pour n'avoir été dit par le Notaire (*publié*) mais seulement fait. *Boniface*, *tome 5. liv. 1. tit. 1. chap. 2.*

707 Si le Testament nuncupatif publié huit jours après est nul, comme n'étant pas fait *uno & eodem contextu* Arrêt du 5. Juin 1678. qui l'a declaré valable; le Testament étoit fait *inter liberos*, confirmé par un Codicille, & avoit été executé après le décès de la Testatrice. *Boniface*, *tome 4. liv. 1. tit. 1. chap. 3.*

708 Si le Testateur a voulu tester solemnellement, & n'a pû le faire, le Testament vaudra comme nuncupatif, si les formalitez du nuncupatif s'y rencontrent, quoique le Testateur n'ait nommé son heritier que par relation de celuy qui est écrit dans son Testament. *Boër. déc. 140. n. 5, 6. vid. Faber. C. de Testam. déf. 4. vid. Mantic. lib. 1. tit. 7. id. Clar. §. Testamentum, quæst. 4. n. 1. 2. 3. distinguendo, vid. Graff. §. Testamentum, quæst. 10. vid. L. 3. ff. de Testam. milit. & L. 35. eod. & L. 35 §. 2. ff. de verb. oblig.* La Peirere, lettre *T. nomb. 46.* dit, *Cette question arrive souvent par l'ignorance des Notaires, qui au testament solemnel, c'est-à-dire clos & cacheté appellent des témoins qui ne sçavent pas signer : mais neanmoins j'ay toûjours cru qu'en ce cas le testament vaut comme nuncupatif.*

Arrêt du Parlement de Bourdeaux du 5. Septembre 1672. rendu en la seconde des Enquêtes, au rapport de M. Tortati, entre Pierre du Bosc Maître Apotiquaire, tant en son nom que comme mary de Marie Intras, & les heritiers de Catherine Albert. Ladite Catherine Albert veuve de feu Rigoulet Maître Apotiquaire, fait son Testament clos & cacheté, ne sçachant lire ni écrire, dans lequel elle legue audit du Bosc son associé les boîtes, unguens & instrumens de la boutique d'Apotiquaire avec la moitié des parties faites depuis la société, & à ladite Intras legue la majeure partie de son bien, institué ses heritiers ceux de droit le pouvoient être. Ledit Testament est écrit de la main du Notaire & signé de luy, & l'Acte de clôture est signé seulement de sept temoins & du Notaire. Pierre & Jean Albert heritiers presomptifs de ladite Catherine Albert, impugne le Testament de nullité, sur ce qu'une personne qui ne sçait lire ni écrire, ne peut point faire un Testament solemnel *inscriptis*, & encore de ce qu'il défailloit un huitiéme témoin : jugé que le Testament étoit bon & valable. L'Arrêt juge deux choses importantes, l'une qu'une personne qui ne sçait lire ni écrire, peut fort bien faire un Testament solemnel, clos & cacheté ; l'autre que le Testament ne pouvant valoir comme Testament solemnel *inscriptis*, il vaut comme nuncupatif. *La Peirere*, *ibid.*

709 Le nommé Baudet malade, appelle un Curé étranger ; ce Curé entend sa Confession & par occasion ensuite retient le Testament que son Penitent malade le prie de recevoir en défaut de Notaire, & dans le danger pressant de mort, il y est dit, que le Testament a été lû mot à mot devant dix témoins, dont cinq n'ont sçû signer, non plus que le Testateur, & que les autres l'ont signé, comme il se trouve qu'ils l'ont signé en effet. Procés sur la succession entre l'heritier & le plus proche parent prétendant sa succession *ab intestat* : il y eut partage au Parlement de Toulouse le 12. Février 1681. la cause départie en faveur du proche parent. *Arrêt de M. Catellan*, *liv. 2. chapitre 4.*

710 Le sieur Pradelles fait en faveur du sieur de Fizes un Testament nuncupatif à Montpellier devant un Notaire & trois témoins, nombre suffisant dans cette ville. Le sieur Decros neveu & plus proche parent du Testateur assigne le sieur de Fizes au Sénéchal à venir voir déclarer nul ce Testament; il soûtient qu'il avoit été revoqué par le Testateur cinq ou six jours avant sa mort ; pour établir ce fait, il met en avant que le Testateur voulant revoquer ce testament avoit le Vendredy 29. Juin 1696. appellé un Notaire & 5. témoins, que le Notaire ne s'étant point trouvé en commodité de retenir cette revocation, & ayant renvoyé la chose au Dimanche suivant, le Testateur y avoit consenti; & neanmoins des lors devant ce Notaire & ces témoins, declaré sa revocation du Testament, laquelle il prétendoit avoir sa force dés ce moment voulant qu'il fût pour non avenu, sauf un legs de 300. liv. en faveur des pauvres, lequel il augmente de 200. livres, priant le Notaire & les témoins de s'en souvenir. Le sieur Ducros demanda d'être reçu à la preuve de ses faits ; le Sénéchal par la refuse & confirme le Testament. Appel au Parlement de Toulouse, qui par Arrêt du mois de Mars 1698. reformant la Sentence du Sénéchal reçut Decros à la preuve des faits par luy alleguez par le nombre de témoins necessaires aux Testamens, suivant le Statut de Montpellier, où Decros disoit que la revocation avoit été faite, & ce, quoique Decros ne nommât point les témoins, & que le Notaire fût mort depuis la revocation. *Arrêt de M. de Catellan*, *liv. 2. ch. 2.*

TESTAMENT, OFFICIAL.

711 Testament redigé par un Official en forme d'instrument public n'est authentique ni executoire. Arrêt du Parlement de Paris du 14. Février 1552. qui appointe sur ce doute. *Papon*, *liv. 20. tit. 1. nomb. 16.*

OUVERTURE DE TESTAMENT.

712 De l'usage des cachets dans les Testamens & de la formule de l'ouverture des Testamens solemnels. Voyez *Henrys*, *tome 2. liv. 5. chap. 39.*

713 Jugé par Arrêt du 13. Août 1613. que l'ouverture d'un Testament clos, suscrit & reconnu pardevant un Notaire Royal, doit être fait en la Justice du haut-Justicier, en laquelle le Testateur étoit domicilié, & l'execution d'iceluy pardevant le Juge Royal. *Filleau*, *part. 3. tit. 7. chap. 13.*

714 Arrêt du 11. Juillet 1634. qui appointe pour sçavoir si le Juge a dû sursoir jusqu'à une heure de relevée l'ouverture du Testament clos & cacheté, que l'heritier legitime prétend avoir été trouvé tout ouvert & presumé revoqué, sans prejudice de l'inscription en faux ; l'execution provisoire du Testament a été ordonnée. *Bardet*, *tome 2. liv. 3. chap. 29.*

Arrêt du Parl. d'Aix du dernier Mars 1667. qui a jugé que le Juge d'un Seigneur haut-Justicier peut ordonner l'ouveture d'un Testament nonobstant l'appel. *Boniface* , *tome 2. liv. 1. tit. 1. chap. 6.*

TESTAMENT, PAPES.

715 *Papa de fructibus Beneficiorum testandi licentiam dare potest.* Voyez *Franc. Marc. to. 1. quest. 505.*

TESTAMENT, PARALITIQUE.

716 Chopin, en son *Commentaire sur la Coûtume de Paris*, *liv. 2. tit. 4. n. 21. & 22.* rapporte un Arrêt de la Cour du Parlement de Paris du 24. Octobre 1595. qui a déclaré nul un testament fait par un paralitique & perclus d'une partie de son corps, quoique par signes évidens & démonstrations, en la presence d'un Conseiller de la Cour du Parlement de Bourdeaux, & du Procureur General député par ladite Cour à la requisition du testateur, & qui en auroient dressé procez verbal, & que le testament eût été reçu par Notaires. *Papon*, *liv. 20. tit. 1. n. 1.*

717 Le testament d'un paralitique qui ne peut parler,

mais seulement ouïr, est nul. Arrêt du 27. Octobre 1595. *Peleus, qu.* 59.

718 Sçavoir si un homme avancé en âge, malade d'une paralisie, qui begaye & semble être retombé en enfance, peut tester, Si un testament fait par une personne ainsi indisposée peut valoir étant fait en presence de deux Notaires beaufreres ? *Voyez le huitiéme Plaidoyé de M. Galand.*

TESTAMENT, PAUVRES.

719 La faveur des pauvres ne rend pas un testament valable qui n'est pas solemnel. Arrêt du 27. Juillet 1598. *Montholon, Arrêt* 3. *circa finem.*

720 Deniers confiez à un Marchand pour employer en œuvres pies, ne peut valider au préjudice des pauvres heritiers, &c. Arrêt du 19. Février 1624. *Du Fréne; liv.* 1. *chap.* 19.

721 Un Curé avoit laissé parmi ses papiers un Billet écrit & signé de sa main sur un quart de feüille de papier, dans lequel il disoit qu'il déclareroit que tout son bien étoit aux pauvres, & qu'il laissoit ce Memoire afin qu'on executât là-dessus sa volonté. Ce Billet fut déclaré bon en faveur des pauvres de la Paroisse, à l'égard des biens du Curé, provenus des revenus de sa Cure, qu'on pouvoit aisément distinguer & separer de son patrimoine, auquel il n'avoit pas touché; les Arbitres crurent qu'à l'égard de cette sorte de revenu, on devoit regarder les pauvres comme étant les enfans du Beneficier, *& quodammodo rerum Domini etiam vivente patre*, sur tout pour le superflu, qui ne peut être plus fortement mieux marqué pour tel, que lors qu'il est laissé en épargne ou en reserve par le Beneficier à sa mort : ainsi le memoire écrit par le Curé, par rapport à la disposition de ses biens provenus de son Benefice, fut regardé en faveur des pauvres, comme le Testament d'un pere en faveur de ses enfans, où la seule écriture privée suffit, sans aucune formalité. *Voyez les Arrêts de M. de Catellan, liv.* 1. *chap.* 18.

722 Reglement portant que tous ceux qui ont faculté de recevoir des Testamens, & autres Actes, contenans des legs & aumônes aux Hôpitaux, Eglises, Communautez ou Prisonniers, seront tenus de mettre és mains de M. le Procureur General des extraits en bonne forme desdits Testamens, du 10. Janvier 1668. *De la Guess, to.* 3. *liv.* 2. *chap.* 1.

TESTAMENT PERDU.

723 De la perte du Testament prouvée par témoins. *Voyez Guy Pape, quest.* 331. L'Ordonnance de 1667. semble avoir détruit cette sorte de preuve, dans *l'art.* 2. *du titre* 20.

724 De la perte du Testament, & si l'affirmation du Notaire peut faire preuve ? *Voyez Franc. Marc. tom.* 2. *quest.* 193.

TESTAMENT D'UN PERE.

725 *Quanti momenti esse debeat testamentum patris in ordinandis rebus domesticis? Mornac, L.* 66. *ff. de ritu nuptiarum.*

726 Du Testament entre enfans. *Voyez Guy Pape, question* 243. *&* 538. où il est remarqué que deux témoins suffisent aux Testamens des peres entre enfans; des femmes peuvent l'être; & tels Testamens subsistent, quoyqu'ils n'ayent été ni publiez ni lûs aux témoins, pourvû que le Testateur leur ait expliqué sa volonté.

727 Le second Testament fait par un pere proche de la mort, sans avoir été dicté proprement par luy, revocatif du premier fait dix ans auparavant, & ayant perdu la parole, quoyque non valable, l'enfant du premier lit & du second préterit au premier Testament; sans avoir égard ni au premier ni au second Testament, les enfans doivent succeder également *ab intestat.* Voyez *Carondas, liv.* 13. *Rép.* 66.

728 Un pere avoit commencé à parfaire son testament entre ses enfans, non achevé. Procès au Parlement de Toulouse, party en deux Chambres, pour sçavoir si ce qui constoit de cette écriture imparfaite, devoit sortir effet ou non ? Pour l'affirmative on alleguoit la Loy *fin. C. fam. ercis.* & la resolution commune, qu'il suffit entre enfans *ut quo quomodo constet de voluntate defuncti.* Pour la négative, que ce qui est dit de la perfection des Testamens entre enfans, s'entend quant aux solemnitez, non quant à la substance, & que celuy qui n'a pas rachevé son Testament, *magis videtur testamentum facere voluisse quam fecisse*; mais comme on portoit le partage en la Grand Chambre, les Parties firent dire qu'elles étoient d'accord. *Voyez Maynard, liv.* 8. *ch.* 8.

729 Sans avoir égard à la rigueur & forme requise de droit, qu'un pere est tenu par necessité instituer, ou exhereder ses enfans expressément par Testament, & laisser *jure institutionis*, ce qu'il luy plaît, sans quoy le Testament est nul, il fut jugé à Bourdeaux le 3. May 1530. qu'un Testament fait par le pere entre enfans étoit valable, nonobstant qu'il n'eût usé de ce mot d'*institution*; mais seulement de legs & donation; le tout neantmoins pourvû qu'il y ait un des enfans ou aucuns heritiers universels. Autre Arrêt semblable en Avril 1537. *Biblioth. de Bouchel,* verbo, *Testament.*

730 Un pere ayant deux enfans, & croyant l'un d'eux mort, fait par son Testament l'autre seul heritier; mais par Arrêt rendu & prononcé en Robes rouges à la prononciation de la Pentecôte de l'an 1543. la Cour du Parlement de Paris déclara le Testament nul. Cet Arrêt est rapporté par *Automne*, en sa Conference sur la Loy *uxorem, ff. de manumissis testamento*, même sur l'Authentique, *novissima C. de inoff. testam.* dit qu'il a été jugé par Arrêt de la Cour du Parlement de Bourdeaux du 3. May 1530. qu'un Testament, fait entre enfans étoit valable, bien que le pere n'eût usé du mot d'*institution*, mais seulement de legat, ou donation, ce qui est bien remarquable.

731 Le pere qui a promis par son Contract de mariage à ses enfans du premier lit de leur conserver leur droit hereditaire, ne peut tester au préjudice de cette promesse. Arrêt du Grand Conseil du 2. Octobre 1551. *Peleus, quest.* 7.

732 Le pere peut ordonner qu'une maison demeurera à l'un de ses enfans, en récompensant les autres sur les biens de la succession. Arrêt du 4. Octobre 1569. *Carondas, liv.* 6. *Rép.* 40.

733 Testament d'un pere qui n'a point de propres, par lequel il donne tous ses meubles & acquêts à l'un de ses enfans pour récompense de services; le Testament jugé nul le 12. May 1570. *Carondas, liv.* 6. *Rép.* 19.

734 Dispositions testamentaires faites par le pere, doivent être restraintes quand elles sont excessives, & en fraude des enfans. Arrêt du 14. Février 1575. *Carondas, liv.* 6. *Rép.* 77.

735 Testament du pere signé par la fille, cassé par Arrêt du Parlement de Bretagne du 22. Octobre 1576. *Du Fail, liv.* 3. *ch.* 249.

736 Quoyque les dispositions testamentaires & de derniere volonté d'un pere entre ses enfans, ne demandent aucunes formalitez de Droit Civil & positif, il faut cependant la présence de deux témoins, & que le Testament soit écrit de la main du pere. *Guy Pape, quest.* 538. *& Consf.* 234. Testament d'un pere écrit par son Clerc, déclaré nul à Toulouse, par Arrêt du mois d'Août 1581. *Maynard, tome* 1. *liv.* 5. *ch.* 15.

737 Le Testament *inter liberos* est présumé contenir une clause révocatoire des autres Testamens faits en faveur d'un étranger. La faveur de ce testament est telle qu'il est censé contenir la clause codicillaire. Arrêt le 7. Mars 1609. *Basset, to.* 1. *liv.* 5. *tit.* 2. *ch.* 4.

738 Un pere par son Testament peut ordonner que tous ses meubles, acquêts & conquêts immeubles seront partagez également entre tous ses enfans, & ce faisant préjudicier à son aîné en ce qui touche les acquêts en Fiefs. Arrêt au Rôlle d'Amiens, du 2. Jan-

vier 1623. qui l'a jugé de la sorte. *Du Frêne*, livre 1. chapitre 1.

739 Jugé par Arrêt du Parlement de Paris du 7. Septembre 1626. qu'un Testament holographe fait par un pere, ayant enfans de cinq lits, sous seing & écriture privée, sans témoins, scellé & cacheté d'un cachet, contenant une disposition & partage de ses biens entre sesdits enfans, est bon en la Coûtume de *Berry*. *Filleau*, *part*. 4. *quest*. 120.

740 Testament du pere en faveur de ses enfans d'un second mariage, ne faisant mention que les témoins ont été requis & appellez, est neanmoins confirmé contre la fille d'un premier lit. Arrêt du 18. Juillet 1633. *Bardet*, tome 2. liv. 2. ch. 52.

741 Un pere par son Testament peut donner à l'un de ses enfans, dont les affaires vont mal, l'usufruit seulement de sa portion hereditaire, & la proprieté à ses petits enfans; & ce faisant charger & grever en quelque façon la legitime; jugé le 9. Avril 1647. *Du Frêne*, liv. 5. chap. 15.

741 bis. Testament d'un pere contre son fils qui avoit quitté la Religion Prétenduë Réformée, déclaré nul, comme présumé fait en haine de ce qu'il avoit changé de Religion. Arrêt du 30. Mars 1661. *De la Guess*. to. 2. liv. 4. chap. 19.

742 Arrêt du 12. Août 1662. donné au Parlement de Dijon en une cause évoquée de celuy de Provence, qui a jugé qu'aprés une enquête par turbes, qu'un Testament holographe d'un pere *inter liberos* sans témoins, ne révoquoit pas un précedent Testament, lequel étoit parfait entre enfans. *Boniface*, tome 2. li. 1. tit. 3. chap. 1.

743 Je donne & legue à mon fils aîné tout ce que je luy puis donner, & dont il m'est permis de disposer dans les Coûtumes où mes biens sont situez, & tous mes meubles qui sont dans mes Terres, outre sa legitime & droit d'aînesse; le Testament confirmé, nonobstant la qualité d'heritier & legataire. Arrêt du 6. Juin 1685. *De la Guess*. tome 4. liv. 8. ch. 43.

TESTAMENT EN TEMPS DE PESTE.

744 Du testament en temps de peste. *Voyez* le mot, *Peste*, nomb. 38. & suiv.

745 *De testamento nuncupativo tempore pestis, & de regiâ constitutione Molinaei lata*, art. 54. Voyez Anne Robert, *rerum judicat*. li. 2. ch. 10.

746 Un testament fait en temps de contagion est valable, bien que le Testateur ne l'ait signé, & qu'il ait vécu plus d'un an aprés. *M. Expilly*, *Plaidoyé* 36.

747 Testament fait en temps de peste, & du nombre des témoins. *M. d'Olive*, liv. 5. chap. 2. Le témoignage des femmes y est admis: *idem*, chap. 3. & quoyque le Droit désire que les témoins voyent le Testateur, jugé qu'il suffisoit de l'avoir oüi: *idem*, chap. 4. Voyez *Henrys*, tome 1. liv. 5. ch. 2. qu. 10.

748 *Henrys*, tome 1. liv. 5. chap. 2. qu. 10. établit que dans les testamens des Pesterez il suffit de cinq témoins: c'est le sentiment de presque tous les Docteurs. Henrys en cite un grand nombre, ausquels il faut joindre *Despeisses*, tome 2. pag. 65. & 66. il faut encore y joindre *Expilly*, *Plaidoyé* 36. Basset, livre 5. tit. 1. chap. 8, & Cambolas, li. 6. chap. 9. Ce dernier Auteur va plus loin que tous les autres, il assure qu'aujourd'huy le Parlement de Toulouse se contente de deux ou trois témoins en semblable cas. *Ferrieres* sur la *quest*. 543. *de Guy Pape*, dit que quand la peste est enflammée, il suffit de deux témoins.

749 *Henrys*, tome 2. li. 5. *quest*. 22. décide qu'un testament fait en temps de peste est valable, quoiqu'un des témoins qui a déclaré sçavoir signer, n'ait pas signé.

750 Contagion du testateur & témoins, ne doit point suppléer pour leurs signatures. Arrêt du Parlement de Paris du 12. May 1570. qui a déclaré nul un testament fait par un homme frappé de la peste, n'étant point signé de luy ni de témoins. *Papon*, livre 20. tit. 1. n. 20.

Tome III.

Un testament solemnel ne peut être révoqué que par un autre aussi solemnel, quoyque le second ait été fait en temps de peste. Arrêt du Parlement de Paris du 4. Juin 1593. *Ibid*. n. 3.

Un Porte-Dieu reçoit le testament d'un malade de 751 la peste en présence de deux témoins, mâles & une femelle. Les heritiers arguent ce testament de nullité, disant que ce Porte-Dieu n'étoit pas capable de le recevoir: il faut que par la Coûtume de *Paris*, ce soit le Curé ou son Vicaire, & encore par l'Ordonnance, il faut que le Vicariat soit enregistré au Greffe. Les Legataires répliquent qu'il faut considerer le temps; d'ailleurs *constat* du Vicariat, en ce que le Curé, entre les mains duquel a été mis le testament, *non improbavit* la qualité dudit Porte-Dieu. Le premier Juge déclare ce testament nul. Arrêt solemnel du 8. May 1598. confirmatif de la Sentence. *Biblioth*. *de Bouchel*, verbo, *Testament*.

En Testament nuncupatif, on est recevable à prou-752 ver que le Testateur en temps de peste, a mandé un Notaire, qui n'auroit voulu venir recevoir son Testament. Arrêt du Parlement de Dijon sans date, rapporté par Bouvot, tome 1. part. 2. verbo, *Testament*, *quest*. 9.

Si le Testament qu'un Chirurgien dit avoir été fait 753 par un Pestiferé, & dont il dicte la disposition à un Notaire en présence de témoins, vaut comme Testament nuncupatif, & fait en temps de peste? *V. Bouvot*, tome 1. part. 3. verbo, *Testament*, qu. 1.

Un homme frappé de la peste, déclare à un Notaire 754 & des témoins, qu'il donne & délaisse à son pere & à son fils ses biens, & à l'Eglise un demi-journal; & le lendemain réitere cette déclaration pardevant les mêmes Notaires & témoins: sçavoir si tel Testament est valable? *V. Bouvot*, tome 2. verbo, *Testament*, *quest*. 38.

Un Testament d'un Pestiferé rédigé par écrit, signé 755 par les témoins & Notaire, & ayant été remis en forme, & fait iceluy signer par les mêmes témoins, sans la presence du testateur un jour aprés, est bon & valable. Arrêt du Parlement de Dijon du 28. Janvier 1600. *Ibid*. question 78.

Un Testament reçu par un Curé ou Vicaire en temps 756 de peste en Bourgogne, est bon & valable. Arrêt du Parlement de Dijon du 5. May 1608. *Bouvot*, *ibidem*, question 61.

Des testamens faits en temps de peste & reçus par 757 des Religieux. *Voyez Henrys*, tome 1. liv. 5. chap. 2. question 9. où il rapporte un Arrêt du Parlement de Paris du 18. Juillet 1634. qui a déclaré nul un Testament reçu par un Capucin dans la Ville de S. Etienne pendant le temps de la contagion.

Arrêt du 29. Juillet 1656. qui confirme le Testa-758 ment d'un homme atteint de maladie contagieuse, quoyqu'il ne l'eût point signé, ni été interpellé, ni déclaré la cause, & que les témoins eussent signé, hors la présence du Testateur. *Bardet*, tome 2. liv. 5. chap. 26.

Le Testament d'une femme malade de la peste re-759 çû par un Capucin commis à la garde des malades, & signé de quelques Marqueurs, avec quelques apparences de la signature de cette femme, fut déclaré nul, par Arrêt du Parlement de Roüen du 18. Juin 1638. il n'y avoit pas de difficulté d'annuller ce Testament, parce qu'on en rapportoit un autre fait en pleine santé; mais la question generale fut décidée le 17. Février 1650, neanmoins on ajugea 400. liv. à l'Hôpital, parce qu'il avoit assisté les Testateurs, *Basnage*, sur l'art. 412. *de la Coûtume de Normandie*.

Le Testament d'un Pestiferé en faveur de son on-760 cle, qui étoit aussi son Apoticaire, & le traitoit dans sa maladie, déclaré valable par Arrêt du P. de Grenoble du 26. Janvier 1644. Etant oncle du Testateur, cette qualité prévalut dans son esprit à celle d'Apoticaire, suivant le raisonnement de la Loy *item corum*,

A Aaaa ij

quasi decurio hoc dedit non quasi domestica persona. ff. *quod cujusque univers. nom.* Basset, tome 1. liv. 5. tit. 1. chapitre 13.

761 Testament fait en temps de peste, où il n'y avoit que cinq témoins, jugé valable, quoyque le Notaire n'eût pas dit pourquoy les témoins n'avoient pas signé. Arrêt du P. de Toulouse du 2. Avril 1644. Même Arrêt le 9. Juillet 1654. pour un Testament, où il n'y avoit que 5. témoins, deux femmes & un Religieux : il fut jugé que ce testament rompoit le premier, où il y en avoit 7. Autre Arrêt semblable, quoyque le Religieux qui l'avoit écrit, n'eût pas inseré dans les memoires qu'il en fit, les témoins qui y étoient, lesquels on fit venir lors de la résomption ; de plus *non erant rogati*,& même il y en avoit trois qui n'avoient pas vû la Testatrice, mais entendu seulement; on avoit encore pris des femmes pour témoins : enfin il y avoit un précedent Testament en bonne forme. Si l'on opposoit un Arrêt du 29. Novembre 1644. par lequel le Testament de Perget Maréchal, riche de 30000. liv. fut déclaré nul, ce n'est point parce qu'il n'étoit pas dit que le Testateur fût frappé de peste, ou parce que les témoins n'avoient pas marqué la cause du défaut de signature ; mais parce que le témoin ayant été contesté deux ans après qu'il fut fait, neanmoins le fils n'avoit pas osé faire resumer les témoins. V. Albert, verbo, *Testament*, art. 10.

762 Le Testament fait en temps de peste sera bon, quoique les témoins n'ayent point vû le Testateur, s'ils ont déclaré avoir connu sa voix. Olive, li. 5. ch. 4. vid. Grass. §. codicillus, n. 9. & §. testamentum, qu. 59. n. 4. Je n'ay jamais approuvé cette décision, dit *La Peirere*, lettre T. n. 118. vû que par la Loy il faut que le Testament soit *in obtutu* des témoins, & le Testament fait en temps de peste, n'a autre décharge des formalitez ordinaires que l'assemblée des témoins, suivant la Loy *casus majoris*. Arrêt du 23. May 1644. qui a jugé qu'un Testament fait en temps de peste non signé du Testateur, ni interpellé de signer, étoit valable & bon.

Par autre Arrêt du 13. May 1666. jugé qu'un testament fait en temps de peste; dans lequel les témoins déposoient avoir connu le Testateur à la voix, sans l'avoir vû, étoit nul. *Ibid.*

763 Testament fait en temps de peste pardevant deux Notaires, faisant mention que le Testateur n'a pû signer pour être atteint de la peste, & non pas d'aucune interpellation à luy faite de signer; le 5. Février 1647. la cause appointée. *Du Frêne*, li. 4. ch. 48.

764 Arrêt du Parlement de Provence du 24. Mars 1665. qui a confirmé un testament en faveur des petits fils à naître. Boniface, tome 2. liv. 1. tit. 8. ch. 2.

765 Un Testament fait par un homme soupçonné de peste, qu'il n'avoit pas signé pour cette cause, a été déclaré valable au Parlement de Grenoble, quoyqu'il eût survécu plus d'un an après. Par autre Arrêt du 9. Juillet 1664. le contraire a été jugé. *Voyez Chorier, en sa Jurisprudence de Guy Pape, pag.* 150.

766 Un Testament fait en temps de peste, doit être fait en présence de cinq témoins, à peine de nullité. Jugé au Parlement de Grenoble, les Chambres assemblées, que deux témoins ne suffisoient point. Arrêt du 17. Juin 1667. rapporté par Chorier, *en sa Jurisprudence de Guy Pape*, p. 150.

TESTAMENT, POSTHUME.

767 *Voyez cy-devant le mot Posthume*, & *Peleus*, q. 43. *An institutio Posthumi in unum casum porrigatur ad alium, &c?* Voyez Henrys, tome 2. liv. 5. qu. 50.

768 De la preterition du posthume, & si elle peut détruire le testament, nonobstant la clause codicillaire? Explication sur ce sujet de la *l. ab intestato* ff. *de jure codicillorum*. Voyez Henrys, tome 2. liv. 5. qu. 44.

769 Le cas exprimé en un Testament d'institution de posthume, se peut étendre au cas qui n'est pas exprimé par une benigne interpretation *ex conjecturâ*

voluntatis. Arrêt en Février 1627. *M. Bouguier*, lettre T, nomb. 4.

770 Un nommé Cazalede institua son heritier le posthume ou les posthumes, dont sa femme étoit alors enceinte ; il ne mourut pas de cette maladie ; outre la fille dont sa femme accoucha, il eut un fils. 21. ans aprés ce Testament, il fit devant un Prêtre un codicile confirmatif de son précedent Testament, & parce, dit-il, que son fils est en âge de regir son bien ; il luy en donne l'adminiſtration, & legue à sa fille 3. ou 400. liv. La sœur sans sçavoir qu'il y eût un Testament, avoit transigé, mais elle s'étoit pourvûë contre la transaction, & demandoit la maintenuë en la moitié des biens, & outre cela les 300. liv. comme un prelegat. Par Arrêt du Parlement de Toulouse du 9. Février 1645. la Cour maintint le frere aux biens, & nonobstant la renonciation, maintint la fille sa legitime, si elle n'aimoit mieux prendre le legat, ce qu'elle opteroit dans un certain temps, aprés lequel elle n'y seroit plus reçuë. Albert, verbo *Testament*, art. 37.

771 Le posthume né d'une autre femme que celle du temps du Testament, le rompt ; & la clause codicillaire ne fait point obstacle. Raimond Paitavin, marié en premieres nôces, avoit une fille appellée Madeleine ; s'étant marié en secondes nôces avec Jeanne Bartissol, il eut un fils appellé Jean, il testa, & ayant laissé quelque chose à Madeleine, il institua heritier Jean de ce second lit avec cette clause, *qu'en cas que sa femme fût enceinte d'un mâle, il le faisoit coheritier de Jean, & si c'étoit une fille, qu'il luy donnoit* 600. liv. Jeanne Bartissol mourut sans être enceinte, Paitavin ayant pris une troisiéme femme, en eut une fille, il mourut sans faire d'autre Testament ; cette fille long-temps aprés la mort de son pere, demande la cassation de ce Testament comme nul, disant qu'elle étoit préterite, Jean soûtenoit au contraire qu'il étoit valable, non seulement en soy, mais à cause de la clause codicillaire qui y étoit apposée, que quand elle seroit heritiere *ab intestat*, elle seroit chargée de luy rendre sa portion. Nonobstant ces raisons, au Parlement de Toulouse le 21. Mars 1646. aprés un partage vuidé le 3. Avril, le Testament fut cassé. V. Albert, verbo *Testament* art. 1.

772 Un pere son Testament déclare qu'il veut que l'enfant dont sa femme est grosse, soit son heritier au cas qu'il soit mâle ; au lieu d'un mâle naît une fille ; une année aprés naît un fils ; jugé que la disposition étoit au profit du fils, & la legitime ajugée à la fille. Arrêt du 5. Juillet 1661. *Voyez des Maisons, let. T. nomb.* 14. De la Guess. 10. 2. liv. 4. ch. 30. rapporte le même Arrêt.

773 La naissance d'un enfant ne rompt pas entierement le Testament d'un pere, attendu que les legs pieux ont été executez, avec la pension d'un Chevalier de Malthe. Arrêt du 23. Juillet 1663. *Des maisons, lettre T. nomb.* 6. & Ricard *des Donations entre-vifs, 3. part. ch.* 2. sect. 2. nomb. 150.

774 *An agnatione posthumi præteriti rumpatur testamentum?* C'est la cause de la veuve & fille posthume du sieur de Bourdeau, le Testament ne fut pas cassé ; mais les legs furent diminuez de la mere & de sa fille bâtarde, & à l'égard du legs fait au valet de chambre du sieur de Bourdeau, que la Sentence avoit réduit, il fut confirmé ; le legs étoit de 6000. liv. & la réduction à 1500. Arrêt du 2. Mars 1665. *Des Maisons, lettre T. nomb.* 11. De la Guess. to. 2. liv. 7. ch. 11. rapporte le même Arrêt. Si cette pension doit être consommée en France, la mere & la fille étant Angloises? V. *Des maisons*, eodem loco.

TESTAMENT, PRETERITION.

Voyez cy-devant le mot *Préterition*.

775 *Testamentum quando nullum defectu præteritionis?* V. Du Moulin, *Cons.* 46. to. 1. p. 939. où il interprete la Coûtume de Bourgogne.

776 Si le Testament étant nul par la préterition de l'ayeule, le contrat fait par le même Testament entre le mary & la femme, est bon & valable ? Arrêt du Parlement de Dijon du 12. Février 1605. qui juge l'affirmative. *Voyez Bouvot, to. 1. part. 1. verbo Institution d'heritier, qu. 1.*

777 La préterition des enfans ; ou injuste exheredation infirmant les Testamens, & le Testament étant déclaré nul, si les legs peuvent être demandez ? *Voyez Bouvot, to. 1. part. 1. verbo Testament, qu. 4.*

778 Le Testament est nul par la préterition de la mere, & quand la legitime ne leur est gardée. Arrêt du Parlement de Dijon du 31. Juillet 1603. *Bouvot, tome 2. verbo Testament, qu. 45.*

779 Le Testateur par son Testament, fait heritiere universelle, sa femme ; & arrivant sa mort, elle instituë son fils, lequel veut ensuite impugner ce Testament, & dit qu'il y a préterition, vû qu'il est fils, & en premier degré ; or il ne se trouve par ce Testament exheredé ni institué. La femme soûtient ce Testament, & dit qu'il vaut, d'autant que c'est assez qu'il prenne sa force du second degré, à sçavoir de la substitution. Le Testament jugé bon par Arrêt du Parlement de Grenoble en 1460. *Bibliotheque de Bouchel*, verbo *Testament*.

780 Droit de faire casser un Testament pour la préterition de l'un des enfans du Testateur, se prescrit par 30. ans & non devant. Arrêt du Parlement de Grenoble de l'an 1461. *Papon, liv. 12. tit. 3. n. 6.*

781 La préterition de l'ayeule rendant le Testament nul, *Henrys* estime que la mere prenant tout ce que l'Edit luy donne, les legs se doivent prendre sur le reste au préjudice de l'ayeule qui succede. *Henrys, tome 1. liv. 5. ch. 4. quest. 42. & au même livre, question 28.*

782 Testament jugé valable, encore que la mere fût préterite, luy laissant neanmoins par l'institué ce qui étoit venu d'elle. Arrêt à la Nôtre-Dame de Septembre 1615. *Montholon, Arrêt 126*, le Testateur étoit de Lyon, & testoit à Paris.

783 Au Testament imparfait entre enfans, la préterition des enfans nez ou à naître, n'annullera point le Testament. 1. *Id. Clar. § testamentum quast. 8. n. 6. 1. id. Mainard lib. 5. chap. 22. & in injusté exheredato 1. cont. Boër. dec. 240. n. 11. vid. Grass. § testamentum quast. 11. n. 9. & seq. vid. L. 7. 8. 9. 33. ff. de testam. milit. & L. 8. C. de inoff. test.* La Peitere, *lettre T. nomb. 110.* dit, j'ay toûjours été d'avis de la décision pour les enfans à naître, & en ay vû un Arrêt de la Chambre de l'Edit rendu entre le fils du premier lit de feu Vidau Benezit & ses enfans du second lit, au rapport de M. de Gachon en l'année 1631.

784 Étant nul par la préterition de l'ayeule, la mere peut prétendre le retour de ce qu'elle a donné. *Avis d'Henrys, tome 1. liv. 6. ch. 5. q. 31.*

785 Préterition d'un fils quoique condamné à mort par contumace, rend le Testament d'un pere nul, même pour les legs, le fils s'étant depuis justifié. Arrêt du 3. May 1646. *Du Frêne, liv. 4. ch. 40.*

TESTAMENT, PREUVE.

786 De la preuve en matiere de Testament. *Voyez le mot Testament, nomb. 145. & suiv.*

787 En France l'on n'est reçu à faire preuve par témoins d'un Testament, & les Testamens nuncupatifs ne sont valables. *Filleau, 4. part. qu. 120.*

788 La preuve qu'un Testateur ne pouvoit parler lors qu'on prétend qu'il a fait Testament, ne doit pas être admise, quoique la partie s'en rejette à l'audition des témoins numeraires. Ainsi jugé au Parlement de Toulouse. *Albert, lettre P. verbo Preuve*, où il observe que M. *Mainard, li. 5. ch. 6. & M. Cambolas, li. 2. ch. 36.* rapportent Arrêt contraire.

789 *Automne*, sur la Loy *Sancimus, C. de test.* parle d'un Testament reçu par un Greffier en presence de son Juge, nonobstant lequel la Cour du Parlement de Bourdeaux chargea l'heritier instituté de verifier que le défunt de la succession duquel il s'agissoit avoit testé, ainsi que par le Testament il étoit contenu ; mais cela n'auroit lieu au Parlement de Paris, où l'on ne reçoit la preuve du Testament nuncupatif, qu'il ait été fait en temps de contagion ; à cela on étend le 54. art. de l'Ordonnance de Moulins qui n'admet les preuves par témoins en chose excedant cent livres. M. R bert, en cite des Arrêts en son Recüeil, *lib. 2. cap. 10.*

790 Sur la preuve par témoins d'un prétendu Testament nuncupatif & militaire de Bertrand Patruçon étant en garnison en une place tenuë par la ligue durant les troubles. La Cour a déclaré le testament nul, & de nul effet & valeur. *Voyez M. Servin, to. 2. page 515.*

791 Le témoignage d'un homme & d'une femme n'est point suffisant pour prouver un Testament d'un pestiferé. Arrêt du 11. Octobre 1590. contre un oncle du défunt qui prétendoit que le témoignage d'un homme & d'une femme qui déposoient que le défunt voulant tester ils avoient appellé plusieurs personnes les priant de vouloir être témoins, mais que personne ne voulut arrêter. ce qui avoit obligé le défunt de leur déclarer sa volonté. *La Rocheflavin, liv. 4. let. T. tit. 5. Arr. 15.*

792 On prétend qu'une femme malade fit un Testament nuncupatif en faveur de son mari. Celui-cy offre de le verifier par témoins, & de prouver que les Notaires mandez firent refus de venir à cause de la contagion. Le pere de la femme allegue l'article 54. de l'Ordonnance de Moulins. Le premier Juge appointe à informer, dont le pere appelle. Arrêt du Parlement de Paris du 7. Janvier 1593. en sa faveur. Le Président demanda à l'Avocat du mari s'il avoit quelque chose par écrit pour montrer du refus des Notaires ; il semble que s'il y avoit eu quelque présomption litterale, le fait eût été reçu. *Bibliotheque de Bouchel,* verbo *Preuves.*

793 Un Testament peut être prouvé par témoins. Arrêt du Parlement de Toulouse du 11. May 1627. par lequel une sœur a été reçuë à prouver que sa belle sœur tenoit caché un second Testament, parce qu'il en revoquoit un premier qui luy étoit favorable, *Benedicti, in virbo testamento. I. num. 91.* dit que si le Testament qui a été fait entre étrangers, s'est perdu par cas fortuit, la teneur d'iceluy peut être prouvée par deux témoins numeraires, pour suppleer l'égarement d'une promesse, *l. testium in fin. Cod. de testibus,* pourvû que ces deux témoins déposent non seulement du contenu audit Testament, mais encore de la solemnité d'iceluy, concernant le nombre des témoins ; comme aussi les legs faits dans un Testament entre enfans, se peuvent prouver par deux témoins, si le fils chargé de les payer refuse de le faire. *Cambolas, liv. 5. ch. 41.*

794 Arrêt du Parlement de Roüen du 19. Janvier 1630. qui reçoit deux filles naturelles à faire preuve, que leur pere avoit été empêché de tester, & que s'en étant plaint, il avoit dit que pour invention étoit de leur donner à chacune 500. liv. pour les marier. L'on opposoit que c'étoit admettre la preuve d'un Testament nuncupatif, & que la somme excedoit l'Ordonnance. *Basnage, sur l'art. 413. de la Coutume de Normandie.*

Arrêt du mois de Mars 1633. qui a jugé que la preuve d'un Testament devoit être reçuë neuf ou dix ans aprés qu'on disoit qu'il avoit été fait, les heritiers alleguans qu'ils avoient ignoré la disposition du Testateur. *Cambolas, liv. 5. ch. 41.*

795 Arrêt du 25. Février 1650. que le fait allegué touchant la suppression d'un prétendu Testament, n'est point recevable pour être prouvé par témoins ; le fait n'alloit qu'à verifier que le Testament avoit été vû entre les mains d'une personne du vivant du Testateur, preuve qui devenoit insuffisante, car le Tes-

AAaaa iij

742 TES   TES

tateur avoit pû luy-même par un changement de volonté en supprimer le dernier acte. *Soëfve*, tome 1. *Cent.* 3. *chap.* 24.

797 Arrêt du 17. Janvier 1651. qui ordonne la preuve par témoins de la souftraction & retention d'un testament. Il y avoit un commencement de preuves par écrit, & par pieces qui faisoient mention de plusieurs legs pieux. *Ibidem*, *chap.* 57.

798 Arrêts du Parlement de Provence des 8. Mars 1657. & dernier Juin 1664. qui ont rejetté la preuve par témoins des faits qui ne vont pas à l'empêchement de tester avec effet. *Boniface*, tome 1. liv. 8. titre 27. chapitre 15.

799 Arrêt du 15. Avril 1655. qui reçoit la preuve par témoins, de l'empêchement de tester *cum effectu*. Boniface, *ibidem*.

800 Un Chanoine d'Ambrun prêt de mourir dit qu'il vouloit tester ; il appella un Avocat & un Notaire, leur parla assez haut pour être entendu du Medecin, Confesseur, & quelques domestiques ; l'Avocat & le Notaire passerent dans une autre chambre pour rédiger le Testament; le Chanoine mourut sans le signer; les neveux instituez heritiers firent ouïr les témoins; les autres neveux demanderent le partage de la succession *ab intestat*, ce qui fut ordonné par Arrêt du Parlement de Grenoble du 13. Juillet 1657. *Basset*, to. 1. liv. 5. tit. 1. chap. 4. La preuve demandée auroit pû avoir lieu dans un Testament *inter liberos*, *aut favore rusticitatis*, *aut tempore pestis*, & encore *inter liberos*, il seroit necessaire qu'en presence de témoins qui eussent été *simul convocati licet non ad hoc rogati*, le Testateur eût déclaré sa volonté.

801 *Si quis alicquem testari prohibuerit vel coëgerit*, & la preuve des faits de violence à une Testatrice, Arrêt du Parlement de Grenoble du 26. Février 1663. qui sans avoir égard à la preuve des faits posez, ordonna l'execution du testament. La Testatrice avoit vécu douze ans sans se plaindre, non plus que ses parens après sa mort & pendant la vie de son mary, ce qui rendoit leur action suspecte, de vexation & de calomnie. S'il y eût eu quelques plaintes faites de son vivant, la décision auroit pû être contraire, & on auroit reçû la preuve des faits, ainsi que peu de jours auparavant il fut jugé. *Voyez Basset*, to. 2. liv. 8. tit. 1. chapitre 7.

802 La preuve par témoins qu'un Testament holographe a été souftrait, n'est point recevable. Arrêt du Parlement de Roüen du 13. Février 1664. on ne lût pas même les informations qui avoient été faites, & on fit droit sur la fin de non recevoir. Arrêt semblable du 19. Août 1677. pour le Sr Marquis de Givry Conseiller au Parlement de Paris ; neanmoins le prétendu legataire fut reçû à faire publier des Censures Ecclesiastiques contre ceux qui connoissoient le testament & le détenoient ; mais on n'eut point d'égard à tous les autres faits avancez dont il offroit la preuve. Voyez *Basnage sur l'art.* 413. *de la Coût. de Normandie*.

803 Les preuves faites par témoins contre un Testament des faits de suggestion & prétendus moyens de nullité, faites à l'occasion de l'inscription en faux, & permission d'informer indirectement obtenuë, déclarées nulles & rejettées, & le Testament executé. Arrêt du 7. Avril 1664. *De la Guessiere*, tome 2. livre 6. chapitre 26.

804 Si l'on peut être reçû à prouver que les témoins du Testament ont testé séparément, & non tous ensemble? Arrêt du Parlement de Toulouse du 11. Septembre 1665. qui déboute de telle preuve; la Cour se fonda sur ce que la volonté du défunt ne pouvoit être contestée, puisqu'il avoit signé le Testament à chaque page, & l'acte de subscription. Par autre Arrêt du 10. Février 1668. Françoise Gay fut reçuë à prouver par le Notaire & témoins numeraires que ceux mentionnez au Testament n'avoient pas tous été presens ensemble, qu'ils n'avoient ni vû ni oüi le Testa-

teur, que le Notaire n'avoit pas pris la volonté du testateur de sa bouche, mais que le Curé luy rapportoit & à une partie des témoins, ce qu'il disoit luy avoir été dit par le testateur. On citoit un Arrêt de 1664. qui avoit admis à pareille preuve, on en rapportoit un contraire du Parlement de Provence. Ce qui détermina la Cour, fut que la preuve de tous ces faits pouvoit rendre la volonté du défunt incertaine. *V. les Arrêts de Catellan*, liv. 2. chap. 67.

805 Le fait d'incapacité de tester est recevable, sur ce qu'on soûtient que le testateur avoit son esprit troublé & aliené, bien que le Notaire eût dit dans l'acte qu'il étoit sain d'entendement. Arrêt du P. de Grenoble du 29. Janvier 1665. *Basset*, to. 1. *livre* 5. tit. 1. ch. 7.

806 On reçoit en preuve celuy qui soûtient l'imbecilité ou frenesie du testateur, quoiqu'il ne s'inscrive point en faux contre le testament. Arrêt du Parlement de Toulouse du 18. Août 1667. Il y en a eu plusieurs autres rapportez par *M. de Catellan*, livre 2. chapitre 67.

807 De tout temps le Parlement a admis la preuve d'un testament ou d'un codicille verbal, fût-il question d'un heritage de valeur de 100000. liv. & la rigueur de la nouvelle Ordonnance qui défend la preuve au dessus de cent livres, n'a pas lieu à cet égard. Arrêt du 21. Février 1670. *Graverol sur la Rochestavin*, liv. 4. lettre T. tit. 5. Arrêt 15.

808 Il y a lieu d'admettre à la preuve testimoniale, qu'un testament holographe a été vû & lû après le décez de la testatrice, quand il paroît que son mary executeur testamentaire, & Tuteur de leurs enfans communs, en a fait donner copie par extrait, souffert Sentence de condamnation de la délivrance, & a passé Contract à l'Oeuvre d'une Paroisse, à laquelle la testatrice leguoit cent livres de rente pour une fondation. Arrêt du Parlem. de Paris du 10. Février 1690. *Au Journal des Audiences*, tome 5. liv. 6. ch. 5.

TESTAMENT, PRIERES.

809 Paroles rogatoires inserées dans les Testamens, comment s'interpretent? *Voyez cy-dessus le mot Substitution*, nomb. 44.

TESTAMENT DU PRISONNIER.

810 Prisonnier de guerre en païs ennemi, peut tester. Arrêt du 21. Juin 1554. confirmatif du Testament fait par le Vicomte de Martigues, mort prisonnier de guerre en Flandres. Les Loix Romaines à cet égard n'ont point lieu en France. *Bibliotheque de Bouchel*, verbo *Prisonnier*.

811 Le sieur de Martigues, prisonnier de l'Empereur, fit un Testament, par lequel il laissoit l'usufruit de tout son bien à M. d'Estampes, luy donnoit pouvoir d'en aliener jusqu'à cent mille écus, &c. On disoit Testament fait par un captif, fils de famille, qui ignoroit la mort de son pere. M. Seguier remontra que le moyen tiré de la captivité n'avoit point lieu en France, non plus que ce qui avoit été allegué *de patriâ potestate*. Par Arrêt du Parlement de Paris du 21. Juin 1554. le Testament fut déclaré bon ; ordonné qu'il seroit enregistré au Greffe, pour être pris extrait par tous les legataires. *Ibid.* verbo *Testamens*.

812 Un Ecolier étudiant à Orleans est arrêté prisonnier par les Ligueurs; *in extremis constitutus*, il fait son testament pardevant deux Notaires d'Orleans, ville rebelle, par lequel il laisse plusieurs choses à son pere. Les heritiers le débattent faute de solemnitez, & disent que les Notaires de la Ligue ne peuvent recevoir testament. Le pere offre de verifier par témoins la derniere volonté de son fils. Là Cour en 1591. a cassé le testament reçû par les Notaires de la Ligue, ordonné que le pere justifiera la derniere volonté de son fils, *ex actu nulla etiam inducitur voluntas*. Ibidem, verbo *Preuve par témoins*.

813 Arrêt du Parlement d'Aix du 26. Avril 1663. qui a confirmé le testament fait par un prisonnier de guerre. *Boniface*, to. 2. liv. . tit. 9.

Testament, Projet.

814 Si un projet de codicille trouvé parmi les feüillets d'un Testament solemnel peut en alterer la disposition? Cette question se presenta à juger en Juillet 1602. aux Etats Generaux d'Artois ; elle fut trouvée difficile, intervint Arrêt conforme aux intentions des parties, qui consentirent de partager le legs par moitié. *Voyez les Reliefs forenses de Rouillard, ch. 32.*

815 Papier écrit & signé par le défunt, encore qu'il n'ait déclaré que ce fût son testament & non daté, s'il est bon & valable? *Voyez Carondas, liv. 6. Rép. 49.* où il tient l'affirmative.

816 Une écriture privée holographe non signée, & ne contenant que des legats pies, doit valoir en forme d'une disposition de derniere volonté. Arrêt du Parlement de Grenoble du 22. May 1675. qui confirme cette disposition de Messire Claude Ruffier, Evêque de Saint Paul Trois-Châteaux, qui mourut en celebrant la Messe. C'étoit neanmoins le frere du défunt qui reclamoit sa succession. *Voyez Bassét, to. 2. liv. 8. tit. 1. chap. 9.*

817 Un projet de testament contenant un legs universel à l'Hôtel-Dieu, la Cour n'eut point d'égard au legs ; elle ordonna que l'Hôtel-Dieu auroit une somme de 15000. livres, & que les autres legs pieux particuliers & des domestiques seroient payez. Arrêt du premier Juin 1676. *De la Guessiere, tome 3. livre 11. chapitre 31.*

Testament, Propres.

818 De la disposition des propres par testament. *Voyez* le mot *Propres, nomb. 136. & suiv.*

Testament, Provision.

819 Testament se doit entretenir par provision en baillant caution à l'heritier *cui incumbit onus* de délivrer. Arrêt du premier Février 1551. *Le Vest, Arrêt 52.*

820 Arrêt qui donne la provision d'un legs universel demandé en vertu du testament de l'Archevêque de Vienne, que les heritiers prétendoient nul & suggeré. *Voyez le Recüeil des Plaidoyez & Arrêts notables, page 227.*

821 Si un procez prend trait pour la validité d'un testament, on peut demander par provision délivrance du legs en baillant caution par le legataire. Arrêt du 25. Juin 1575. *Le Vest, Arrêt 141.* Voyez *Peleus, quest. 134. & M. Ricard, des Donations entre-vifs, 3. part. chap. 1. nombre 72.*

822 Si le testament est débatu par l'heritier, il n'y a point de lieu à la provision pour le legataire, elle doit être jointe au principal. *Voyez Carondas, liv. 13. Réponse 80.*

823 Testament fait il y a 22. ans s'execute par provision pendant l'information du fait d'empêchement de tester de nouveau. Arrêt du 14. Octobre 1596. *Peleus, quest. 25.*

Testament, Rature.

824 *Titius* fait son Testament solemnel, par lequel il institué ses heritiers plusieurs parens, & leur en substitué d'autres ; depuis il fait un autre Testament, par lequel expressément il révoque le premier, & institué par ce dernier ceux qu'il avoit substituez par le premier. Après le decez de *Titius*, ce second testament se trouve rayé & biffé. La question étoit si le premier testament devoit avoir lieu par la nullité du second, ou si le premier ayant été révoqué par le second, bien que depuis annullé, *Titius* sera jugé être décedé intestat? Par Arrêt prononcé en Robes rouges le 14. Avril 1620. jugé que le premier Testament vaudra. *Bibliotheque de Bouchel, verbo Testament.*

825 Testament holographe dont la date étoit rayée. *Voyez Des Maisons, lettre T. nomb. 1.* où il y a Arrêt du mois d'Août 1661.

826 Une rature dans un testament n'est pas toûjours une nulle ; par exemple le Notaire qui l'écrit en la maison de la Testatrice, ayant d'abord mis, *fait & passé és Etudes*, se ressouvenant qu'il est chez la Testatrice, met *en la maison de la testatrice*, & fait une raye sur le mot *és Etudes* sans l'effacer, ensorte qu'on le peut encore lire. Arrêt du 15. Janvier 1686. *Journal des Audiences, tome 5. liv. 2. ch. 2.*

827 La révocation d'un testament raturé n'est présumée que quand la rature vient de la main même du testateur, ou quand elle a été faite en vertu de son pouvoir par écrit. Arrêt du Grand Conseil le 9. Decembre 1692. *Voyez le Journal du Palais, to. 2. p. 829.*

Testament, Reconnoissance.

828 De la reconnoissance des dettes faite par testament. *Voyez* le mot *Dettes, nomb. 170. & suiv.*

829 Reconnoissance portée par un testament, quoyque nul, est valable. *Voyez le mot Reconnoissance, n. 36.*

Testament, Religieux.

830 Testament fait par le Religieux, ou en sa faveur. *Voyez* le mot *Religieux, nomb. 259. & suiv.*

831 Sur le don testamentaire fait par Philippes le Mercier, âgé de dix-neuf ans trois mois ou environ, quatre jours avant son Vœu & Profession, pour parachever le bâtiment du Convent des Capucins d'Angers. *Voyez M. Servin, p. 39. to. 1.* il fut déclaré nul.

832 Lettres du 11. May 1609. par lesquelles le Roy autorise une permission de tester donnée par le Legat à un Evêque qui avoit été Religieux de Saint Benoît. *Preuves des Libertez, to. 2. ch. 35. n. 78.*

833 Voyez le 14. *Plaidoyé de M. le Noble, Substitut de M. le Procureur General au Parl. de Normandie*, sur la validité ou nullité d'un testament fait par un Religieux de l'Ordre de Saint Augustin ; il n'y eut point d'Arrêt. La Sentence du Bailly de Caux accordoit le tiers de tous les meubles à l'Eglise & aux pauvres, & les deux autres tiers au Prieur.

834 Testament d'un Religieux au profit de l'Ordre où il faisoit Profession, a été déclaré nul par Arrêt à la Nôtre-Dame de Septembre 1612. *Montholon, Arrêt 110.*

835 Les Religieux sont du nombre de ceux qui n'ont point la capacité de tester, bien même qu'ils eussent obtenu dispense pour posseder des Benefices. Arrêt du Parlement de Roüen du 20. Avril 1617. entre les Religieux Carmes du Ponteaudemer, prétendans la succession de défunt Jean Gontier Religieux de leur Ordre, lequel avoit obtenu dispense du Pape pour posseder une Cure : la succession leur fut ajugée, sans avoir égard au testament, lequel fut déclaré nul, contre les Tresoriers & les Paroissiens à qui il avoit fait plusieurs legs.

On a fait difference entre les Chanoines Reguliers, & les autres Moines. Gueroüt Religieux de Saint Augustin & Curé avoit donné par son testament 120. livres de rente à l'Eglise dont il étoit pourvû. Par Arrêt du Parlement de Roüen du 12. Janvier 1629. le testament fut confirmé contre les Religieux de sa Maison. *Basnage, sur l'art. 414. de la Coûtume de Normandie.*

836 Testament reçu par un Capucin, preposé pour assister les malades en temps de peste, est nul, même pour les legs pieux ; & ne révoque un precedent testament pardevant Notaires, qui est confirmé par Arrêt du 18. Juillet 1634. *Bardet, tome 2. livre 3. chapitre 31.*

837 Un Religieux de Bonport avant sa Profession avoit fait un testament devant les Tabellions de Roüen, hors leur Territoire ; le testament fut jugé non recevable, par Arrêt du 23. Novembre 1646. rapporté par *Berault, à la fin du 2. tome de la Coûtume de Normandie, p. 100. sur l'art. 412.*

838 Thomas Bruny avoit pris l'habit de Trinitaire à Toulouse ; mais étant sorti à cause de son infirmité, ses freres chagrins de ce qu'il n'étoit pas Religieux, ne voulurent plus le voir ; il alla à Bourdeaux & demeura quelque temps dans le Monastere de S. Laurens dans les Côtes de Medoc ; il en partit, tomba malade sur le chemin, & fit son Testament ; il insti-

tua le Monaſtere de la Trinité de Touloufe. Les freres de Bruny par Arrêt du Parlement de Toulouſe du 11. Février 1652. furent déboutez de leurs Lettres en caſſation de ce Teſtament, ſur un appel d'une Sentence arbitrale relevé par le Sindic des Trinitaires. Il eſt vray que les freres qui avoient perdu leur procez, ſuſciterent le Curateur d'un autre ſrere imbecile du Teſtateur, qui ſe pourvent contre l'Arrêt par oppoſition, & demanda d'être receu à prouver que le Teſtateur étoit imbecile ; laquelle preuve il commençoit par ſon exemple, ajoûtant pluſieurs autres faits ; ſur quoy le 15. Avril ſuivant il fut receu à cette preuve. *Albert*, verbo *Teſtament*, art. 34.

839 Deux filles d'Auvergne faiſans profeſſion, peuvent par leur Teſtament diſpoſer de partie de leurs biens en faveur de leurs ſœurs femmes de leurs tuteurs. Jugé à Paris le 7. Septembre 1676. *Journal du Palais*.

TESTAMENT, RELIGION PRETENDUË REFORME'E.

840 Par Arrêt du Parlement de Roüen de l'an 1604. rapporté par *Berault*, ſur la Coûtume de Normandie, art. 412. & par l'*Hommeau en ſa Juriſprudence Françoiſe*, liv. 2. art. 175. a été declaré nul, un Teſtament fait par un Miniſtre, & reçû par un des ſurveillans de Saumur, prétendant avoir la même puiſſance que les Curez ou Vicaires de l'Egliſe Romaine : mais cela n'eſt permis qu'aux perſonnes dénommées & approuvées par la Coûtume, ce qui a été depuis jugé par Arrêt du dernier Mars 1611. ayant été un Teſtament reçu par un Miniſtre, caſſé.

TESTAMENT, REVOCATION.

841 De la revocation des Teſtamens. Voyez cy-deſſus le mot *Revocation*, nomb. 18. & ſuiv. Mainard, livre 5. chap. 23. Deſpeiſſes, to. 2. p. 82. M. Ricard, *des Donations entre-vifs*, 3. part. ch. 2. ſect. 2. n. 137. Henrys, to. 2. li. 5. queſt. 46. M. de Catellan, liv. 2. ch. 2. *Le Journal du Palais*, in fol. to. 2. p. 830.

842 *Primum teſtamentum quando tollatur per poſterius ?* V. *Franciſci Stephani*, Déciſ. 89.

843 Le Teſtament quelque ſolemnel qu'il ſoit ſe peut revoquer, *nudâ declaratione coram tabellione factâ, etiam legata*. Mornac, l. 32. §. *pœnitentiam, ff. de donationibus inter virum & uxorem*. Voyez Ricard, *des Donations entre-vifs*, 1. part. ch. 5. ſect. 4. nomb. 1456.

844 Donation de tous les biens preſens & à venir ne revoque point un Teſtament precedent, s'il n'y a revocation expreſſe. V. La Rocheflavin, liv. 6. tit. 40. Arr. 22.

845 Si le Teſtament fait conjointement & même acte par deux conjoints par mariage, eſt valable, & s'il peut être revoqué par le ſurvivant ? *Voyez Filleau*, 4. part. queſt. 78.

846 Henrys, to. 1. liv. 5. ch. 2. queſt. 12. parle de la revocation des Teſtamens, & en quel cas le ſecond Teſtament revoque le premier : il traite la queſtion avec beaucoup d'érudition, & dit que dans les principes le ſecond Teſtament revoque le premier, quoyque le ſecond ſoit nul ; mais il diſtingue entre les differentes nullitez, ſi la nullité procede du vice de la perſonne qui eſt inſtituée, dans le ſecond Teſtament, comme s'il elle eſt indigne ou incapable ; en ce cas, quoyque ce dernier Teſtament ne ſoit pas valable, il ne laiſſe pas de revoquer le premier ; mais ſi la nullité provient du défaut de formalitez, pour lors le dernier Teſtament n'étant pas conſideré comme un Teſtament, il ne peut produire aucun effet, ni par conſequent rompre le premier Teſtament.

L'autheur des *Obſervations*, dit : je crois qu'il faut diſtinguer entre l'inſtitution faite d'une perſonne incapable, & celle faite d'une perſonne *indigne*. Quand un *incapable* eſt inſtitué dans un ſecond Teſtament, ce ſecond Teſtament ne revoque point le premier, parce qu'il eſt nul entierement ; mais quand l'heritier inſtitué dans le ſecond teſtament eſt indigne, le premier teſtament n'eſt point revoqué, parce que cet heritier eſt capable de recuëillir la ſucceſſion, mais on la luy ôte à cauſe de ſon indignité. Cette diſtinction eſt fort bien expliquée par *M. Cujas*, ſur la loy *quidam* 12. *de his quib. ut indigni*.

847 Encore qu'il ſoit dit par le teſtament ou par la Coûtume, que le teſtament des deux pourra être changé & revoqué par l'un ou l'autre des mariez de leur vivant ; cela s'entend d'une revocation expreſſe & non occulte. Chopin, *Coûtume de Paris*, liv. 2. titre 4. nombre 10.

848 Toutefois le teſtament commun & conjointement fait par le mary & la femme, ne contenant aucune diſpoſition en leur faveur, mais bien de leurs enfans ou autres, eſt revocable par le ſurvivant pour ce qui le concerne. Voyez M. Loüet & ſon Commentateur, lettre T. ſom. 10. Montholon, Arrêt 18. Mornac, ſur *la loy 7. ff. de pactis*. M. le Prêtre, 2. Cent. chapit. 14. Chopin, *Coûtume de Paris*, liv. 2. tit. 4. n. 9. & 10. Peleus, q. 22.

849 Si un mineur ayant fait un teſtament le peut revoquer ſans en faire un autre, en ſorte que ſon tuteur luy ſuccede étant ſubſtitué. Voyez Henrys, to. 2. liv. 5. queſt. 47.

850 *Secundum teſtamentum per quod primum per fraudem & ſubrogationem revocatur, non valet*. Voyez Franc. Marc, to. 2. queſt. 129.

851 Un teſtament ſolemnel eſt ſuffiſamment revoqué par autre ſecond moins ſolemnel, ſi le teſtateur a vêcu dix ans après le premier teſtament ; quand même la revocation ſeroit faite *inter medio tempore*, fut-ce un mois après le teſtament. Jugé au Parlement de Grenoble le 10. Mars 1459. Papon, liv. 20. tit. 1. n. 3.

852 Un teſtament peut être revoqué par un acte moins ſolemnel. Arrêt du Parlement de Grenoble du 6. Mars 1459. qui declare nul un teſtament revoqué ſept mois aprés par le teſtateur en preſence d'un Notaire & ſept témoins. Cet Arrêt fut depuis confirmé par un autre de 1461. Voyez Guy Pape, queſtion 100.

853 Entre enfans la revocation ſuffit ſans qu'il ſoit beſoin de faire autre teſtament, & un teſtament ſolemnel peut être revoqué par un autre moins ſolemnel. Arrêt du Parlement de Paris prononcé en robes rouges le 1. Juin 1571. Papon, li. 20. tit. 1. n. 3.

854 Il ne ſuffit pas que le pere entre ſes enfans faſſe un autre teſtament, il faut pour le revoquer qu'il y ait une dérogation particuliere au premier, ſuivant la *Novelle* 107. de laquelle a été tirée l'Authentique *inter liberos*, qui veut que le teſtament du pere entre ſes enfans, quoyqu'imparfait, ne puiſſe être infirmé, s'il ne le declare expreſſément par le ſecond qu'il fait, ou par un acte en bonne forme en preſence de ſept témoins. Arrêt du mois d'Août 1634. Henrys, to. 2. liv. 5. q. 49. Voyez *Charondas*, livre 4. Rép. 79. où vous trouverez Arrêt du premier Juin 1571. qui a jugé la revocation bonne, encore que la diſpoſition du Droit écrit n'eût été obſervée.

855 Teſtament peut être revoqué pardevant trois témoins & un Notaire. Arrêt du Parlement de Paris du 1. Juin 1572. il s'agiſſoit d'une revocation favorable à tous les enfans. Papon, liv. 20. tit. 1. n. 21.

856 Teſtament de deux conjoints peut ſe revoquer par l'un d'iceux ſans le conſentement de l'autre pendant leur vie. Arrêt du 19. Février 1575. Peleus, qu. 22.

857 Par le ſecond teſtament le premier eſt revoqué, même pour le regard des legs pitoyables ; Arrêt du 8. Mars 1576. Charondas, liv. 4. Rép. 19.

858 Jean de Cuſſac fait deux teſtamens ; par le premier il fait une de ſes filles nommée Jeanne Cuſſac heritiere ; par le ſecond il inſtitué François Cuſſac ſon neveu *ex fratre*, & par même teſtament revoque tous autres teſtamens faits auparavant, & appoſe la clauſe codicillaire. Aprés le decez du teſtateur, la fille ſoutient que ce dernier teſtament eſt nul, attendu qu'il n'y a expreſſe & particuliere dérogation aux précedens teſtamens, par leſquels elle eſt inſtituée heritiere.

heritiere. Par Arrêt du 21. Mars 1581. il a été dit que ladite Cuſſac fille étoit maintenuë en vertu des premiers teſtamens, à la charge de payer les legs pies contenus au dernier teſtament. *La Rocheflavin*, liv. 4. lettre T. tit. 5. Arr. 10.

859 Le dernier teſtament moins ſolemnel, bien que fait en temps de peſte ne peut revoquer un premier teſtament ſolemnel fait par le même teſtateur au même temps. Arrêt à la Pentecôte 1593. M. Bouguier, lettre T. n. 3. quand le premier eſt cenſé revoqué par le ſecond? *Voyez Henrys*, tom. 1. liv. 5. chap. 2. q. 12.

860 Teſtament de deux conjoints au profit de leurs enfans ne ſe peut revoquer par le ſurvivant, & le partage fait par la mere par ſon codicille, fut infirmé. Arrêt du 21. Mars 1595. *Peleus*, q. 21.

861 Quand un pere fait deux teſtamens, le premier en faveur de ſes enfans, le ſecond & dernier au profit d'un étranger; le premier n'eſt revoqué par le dernier ſi la renonciation n'eſt expreſſe, à cauſe de la faveur de ſes enfans, ſuivant la déciſion 242. de *Boyer*. Jugé par Arrêt du 20. Novembre 1600. *La Rocheflavin*, li. 6. tit. 78. Ar. 6.

862 En droit la revocation d'un teſtament n'eſt valable, ſi elle n'eſt faite par un autre teſtament ſolemnel; au contraire du Droit François; d'autant que les teſtamens ne ſont reputez que pour codicilles, ils ſe peuvent revoquer par un ſimple acte de revocation & de volonté contraire, ſuivant l'opinion de *Guy Pape*, queſt. 200. Arrêt du 28. May 1608. *Tronçon*, art. 289. verbo *Solemnel*, *in fine*. Vide *Mornac*, ad L. 8. ff. de pecul.

863 En Droit écrit l'inſtitution d'heritier ne peut être revoquée que par une autre inſtitution, & par conſequent par un autre teſtament, & qui ſoit parfait. *Voyez Henrys*, tome 2. liv. 5. qu. 46. Secus, en païs Coûtumier où les teſtamens ne ſont que codicilles, qui ſe peuvent revoquer par un ſimple acte n'ayant forme de teſtament. Arrêt du 3. Mars 1612. M. Bouguier, lettre R. nomb. 18. *Henrys* ajoûte que la revocation devant un Notaire & ſept témoins eſt ſuffiſante en tant qu'elle contient une inſtitution tacite, & que le teſtateur declarant qu'il veut mourir *ab inteſtat*, invite par là ſes plus proches à ſa ſucceſſion, non par un ſimple ſilence, mais par un acte formel.

864 Teſtament parfait n'eſt revoqué par un imparfait, quoyque le teſtateur le revoque & annulle expreſſément, & le legs univerſel fait au pere naturel à ſon fils bâtard né *ex ſoluto & ſolutâ*, même le legs particulier fait à la concubine, ſont declarez valables. Jugé le 25. May 1618. *Bardet*, tome 1. liv. 1. ch. 16. *Brodeau* let. D. ſom. 1. n. 11. cite cet Arrêt.

865 Le dernier teſtament revoque le precedent *ipſo jure*, ſans qu'il ſoit beſoin d'en faire mention. Ainſi jugé le 28. Novembre 1619. *Bardet*, to. 1. li. 1. ch. 74.

866 Le dernier teſtament qui revoque le premier, étant biffé & bâtonné par le même teſtateur, le premier reprend ſa force. Arrêt du 23. Decembre 1619. M. Bouguier, lettre T. nomb. 1. Voyez *Montholon*, *Arrêt* 134. où il rapporte un Arrêt prononcé à Pâques 1620.

867 Premier teſtament revoqué par un poſterieur, reprend ſa force, le dernier étant rayé & bâtonné. Arrêt du 14. Avril 1620. en la premiere Chambre des Enquêtes, l'affaire avoit été partagée en la grand'Chambre. *Bardet*, to. 1. liv. 1. chap. 81.

868 Lorſque par un teſtament on a inſtitué un homme incapable, comme un malade ſon Medecin, le teſtament precedent doit ſubſiſter, & un premier teſtament ne peut être revoqué que par un autre en bonne forme. *Cambolas*, liv. 5. chap. 36.

869 Un teſtament eſt cenſé revoqué par une donation poſterieure de tous les biens, faite par le teſtateur en faveur d'un tiers. Voyez le 7. Plaidoyé de M. *Jean Boné*, où il rapporte un Arrêt du Parlement de Toulouſe du 19. Juin 1637. qui l'a ainſi préjugé.

870 Teſtament eſt revoqué par la ſurvenance des enfans du teſtateur en la Coûtume de Chartres. Arrêt du 6. Août 1641. *Bardet*, to. 2. liv. 9. ch. 19.

871 Arrêt du Parlement d'Aix du 18. Mars 1647. qui a déclaré un teſtament parfait revoqué valablement par d'autres teſtamens nuls faits aprés dix ans, & que les declarations faites dans le teſtament revoqué ſubſiſtent ; la femme avoit déclaré que dans la confeſſion de la dot de 1200. écus, il y en avoit 400. du mary. *Boniface*, to. 2. liv. 1. tit. 15.

872 Arrêt rendu au Parlement de Toulouſe le 9. Septembre 1647. entre Brugelles & Perés, neveux de la Demoiſelle de Prunieres teſtatrice, qu'ayant fait deux divers teſtamens parfaits, avoit enſuite, devant un Notaire & ſept témoins, déclaré qu'elle vouloit que le premier teſtament valût. Le premier teſtament fut confirmé, ex L. 20.Titius ff. de teſtam. mil. L.11.§. ult. ff. de bon. poſſ. ſecund. tab. mais ſur tout par cette raiſon que c'étoit de même que ſi la teſtatrice eût fait un troiſiéme teſtament conforme au premier. Voyez les Arrêts de M. de *Catellan*, liv. 2. ch. 2.

873 On n'eſt pas reçû à verifier par témoins la revocation d'un teſtament, même entre enfans, pour venir également à la ſucceſſion de leur pere. Arrêt du 31. Juillet 1651. *Du Frêne*, liv. 6. chap. 28.

874 Jugé le 23. Juillet 1663. qu'un teſtament fait par un homme marié, lequel n'avoit point d'enfans lors de la confection d'icelui, avoit été ſuffiſamment revoqué par la ſurvenance d'un enfant, quoyque le teſtateur depuis ledit teſtament ayant veu ſa femme enceinte, même ſurvêcu plus de 15. jours aprés la naiſſance de cet enfant, au Baptême duquel il avoit même aſſiſté, n'eût point revoqué ſes diſpoſitions. *Soëfve*, tome 2. Cent. 2. ch. 85.

875 Un acte de revocation annulle un teſtament contenant une clauſe dérogatoire, ſans qu'il ſoit fait mention de la clauſe dans la revocation. Arrêt du 10. Février 1665. *De la Gueſſ*. to. 2. liv. 7. chapit. 8. bis.

876 Jugé par Arrêt du 9. Avril 1666. qu'un teſtament par lequel le teſtateur a revoqué tous les precedens par luy faits, étant déclaré nul à cauſe de l'incapacité de ceux au profit deſquels il a été fait, peut empêcher l'execution des autres faits en faveur de perſonnes capables. *Soëfve*, to. 1. Cent. 3. chap. 67.

877 Teſtament portant revocation de tous les autres, ayant été déclaré nul par l'incapacité des heritiers inſtituez, les teſtamens precedens ne reprennent point leur force, & la revocation ſubſiſte toûjours. Arrêt à Paris du 9. Avril 1669. *Journal du Palais*. V. *Montholon*, *Arrêt* 134. où il eſt parlé d'un teſtament rayé & biffé par le teſtateur.

878 Un Teſtament nul par l'incapacité de l'heritier révoque le Teſtament précedent. Arrêt du Parlement de Grenoble du 19. Janvier 1660. Arrêt contraire de l'avis des Chambres, du 18. Février 1674. *Voyez Chorier*, en ſa Juriſprudence de *Guy Pape*, p. 154.

879 Si le Teſtament parfait eſt révoqué par une déclaration de révocation, faite pardevant Notaires & témoins. *Boniface*, to. 5. li. 1. tit. 14. ch. 4. rapporte un Arrêt du 9. Juin 1679. qui a caſſé le Teſtament.

880 En païs Coûtumier, un Teſtament poſterieur déclaré nul, peut revoquer un premier Teſtament pour faire retourner les biens aux heritiers du ſang. *Voyez le 2. to. du Journ. du Palais*, in fol. p. 709.

TESTAMENT, SECONDES NÔCES.

881 Arrêt general de l'an 1567. prononcé avant Pâques, qui caſſe un Teſtament fait en faveur des enfans du ſecond lit, contenant legs d'une piece de terre de la valeur de ſix liv. au profit des enfans du premier lit, & le Teſtateur déclaré décedé *ab inteſtat*. *La Rocheflavin*, liv. 4. let. T. tit. 5. Arr. 8.

TESTAMENT, SERMENT.

882 Serment appoſé à un Teſtament. Voyez le mot *Serment*, nomb. 159.

TESTAMENT, SIGNATURE.

883 S'il eſt neceſſaire que le Teſtateur & les témoins

qui sçavent signer signent, nonobstant le peril & soupçon de la contagion ? M. Mainard & Brodeau tiennent l'affirmative. Henrys tient la négative. *Voyez son to. 1. li. 5. ch. 2. q. 11.*

884. Le Testament étant signé du Testateur & des témoins, & non du Notaire n'est pas valable. Arrêt du 31. May 1566. *Voyez Henrys, to. 2. liv. 5 quest. 40. Voyez l'Ordonnance d'Orleans, art. 84. & de Blois article 165.* avec l'Ordonnance de 1539. *art. 174. M: d'Olive, li. 5. ch. 5.* dit qu'il a été jugé que le Testament sans signature du Testateur est bon. Arrêts des 15. Mars 1630. & 22. May 1632.

885. Les Testamens doivent être signez, ou doit y être fait mention que les parties ne peuvent signer, sinon sont nuls. Arrêts du Parlement de Paris des 15. May 1570. & 22. Decembre 1571. *Papon, livre 4. titre 14. n. 12.*

886. Par Arrêt du 17. Février 1596. entre le Comte de Lauzun, & Dame Charlote d'Estissac sa femme, demandeur, d'une part ; Et Dame Claude d'Estissac, Comtesse de la Rochefoucault, Défenderesse, le Testament de Messire Loüis d'Estissac leur pere, du 9. May 1565. depuis l'Ordonnance d'Orleans & auparavant l'Ordonnance de Blois, a été déclaré valable, nonobstant le défaut de la souscription du Testateur, ou de l'expression de la cause de ce défaut, & nonobstant la preterition d'une fille. *Biblioth. de Bouchel, verbo Testament.*

887. Une femme fait son Testament en la Coûtume de la Rochelle en présence de cinq témoins qui signent tous ; quant à la Testatrice elle déclare ne pouvoir signer à cause de son indisposition, & ajoûte ces mots, *qu'elle signera tantôt* ; elle décede sans avoir signé ; le Testament jugé bon, *quia superflua non nocent, &c.* Arrêt du 7. May 1608. *Brodeau sur M. Loüet, let. T. somm. 9. nomb. 9. Tronçon, Coût. de Paris, art. 289. verbo Ecrit & signé.*

888. Testament non signé des Notaires est déclaré bon & valable, avec injonction pour l'avenir de signer, à peine de nullité ; dépens, dommages & interêts des parties. Jugé le 18. Mars 1624. M. Servin Avocat General dit que suivant la disposition du Droit écrit le Testament seroit bon, qu'en pays Coûtumier il en falloit juger autrement ; qu'il étoit vrai que le défunt avoit disposé en faveur de ses parens, mais que cependant obligé de se tenir à la regle, il devoit conclure pour la nullité du Testament, & que la Cour en pouvoit autrement ordonner ; il requit le Reglement. V. *Bardet, to. 1. li. 2. ch. 15.*

889. Le 21. Juillet 1616. fut plaidée la cause d'un Testament fait à Rome par un Parisien, selon les formes du Droit écrit, gardée à Rome, mais il fut debouté à Paris, & argué de nullité pour n'être pas signé du Testateur. Par Arrêt donné à Paris, appointé au Conseil. *Bibliotheque de Bouchel, verbo Testament.*

890. Par Arrêt du Parlement de Toulouse du 15. Mars 1631. il fut jugé qu'un Testament qui n'étoit pas signé par le Testateur, mais par les seuls témoins, étoit valable, quoiqu'il ne fût pas dit pourquoi le Testateur n'avoit pas signé, suivant *la Novel. 42. de l'Empereur Leon* ; & le 22. Juillet 1646. la procedure de résomption de témoins sur un Testament que le testateur n'avoit pas signé, fut confirmée, quoiqu'il fût soûtenu que le Testateur étoit mort quand le Notaire y arriva : il en est autrement d'un codicille, lorsqu'il y a Testament ; car par Arrêt du 4. Juillet 1663. rendu sur un appointement de résomption, & ordonna que le Testament que ce codicille revoquoit, sortiroit à effet. *Albert, verbo Testament.*

891. Testament non signé du Testateur atteint de contagion, qui ne fait mention de la cause, ni qu'il ait été interpellé de signer, ne peut revoquer un précedent Testament holographe. Jugé le 8. Mars 1638. *Bardet, to. 2. liv. 7. ch. 15.*

892. Testateur ayant déclaré qu'il ne peut signer, étant atteint de la maladie contagieuse, son Testament est valable. Arrêt du 9. Juin 1639. *Ibidem, livre 8. chapitre 25.*

893. Arrêt du Parlement d'Aix du 24. Octobre 1639. qui cassa un Testament solemnel par défaut de la signature du Testateur en la partie exterieure du Testament, & pour n'y avoir que six témoins signez, le Notaire n'ayant pas déclaré la cause du défaut de la signature du septiéme. *Boniface, tome 2. livre 1. titre 1. chap. 3.*

894. Le Testament n'étant point signé du Testateur, mais contenant simplement une déclaration dans le milieu d'iceluy, que le Testateur ne sçavoit écrire, ni signer, ne peut être réputé parfait, cette déclaration n'ayant point été repetée à la fin : d'ailleurs on n'avoit pas mis que le Testament avoit été lû & relû *sans suggestion*, ainsi que la Coûtume de Rheims, article 289. le requiert. M. Talon ne prit point de parti, il s'en rapporta à la prudence de la Cour, qui appointa l'affaire ; & depuis le Testament fut déclaré nul. *Soëfve, 1. Cent. 10. 1. ch. 33.*

895. Un Testateur ayant signé son Testament, il n'est point nécessaire que les Notaires fassent mention qu'il a signé ; l'effet est plus puissant que les paroles ; & quand le Testateur déclare qu'il ne peut signer à cause de son indisposition, il n'est point necessaire que les Notaires l'interpellent de signer, &c. Arrêt du 7 Mars 1652. *Du Frêne, li. 7. ch 5. M. Jean Marie Ricard, des Donations entre-vifs, 1. part. ch. 4. sect. 7.* rapporte un Arrêt du 17. Decembre 1654. qui a jugé la même chose.

896. Testament fait à Montpellier pays de Droit écrit, en présence d'un Notaire, & de sept témoins, le Testateur n'ayant point signé, mais ayant déclaré ne pouvoir signer à cause de son indisposition, jugé valable par Arrêt du 16. Juin 1656. Le même Arrêt a jugé que le défaut d'interpellation de la part du Notaire n'est pas une nullité ; les Ordonnances d'Orleans & de Blois n'ont point été reçuës au Parlement de Toulouse. *Soëfve, to. 2. Cent. 1. ch. 35.*

897. Un Testament qui contenoit qu'il avoit été lû, & que le testateur avoit déclaré être sa volonté, ce qu'il n'avoit pû signer pour être tombé en sincope, & ensuite mort, fut déclaré valable par Arrêt du Parlement de Normandie du 8. May 1659. *Basnage, sur l'article 412. de cette Coutume.*

898. Testament du sieur Marquis d'Alegre confirmé, quoiqu'on alleguât qu'il avoit été reçu par un Notaire Royal hors de son Ressort, & que tous les témoins n'avoient point apposé leur signature. Arrêt du 30. Juillet 1665. *Soëfve, to. 2. Cent. 3. ch. 59.*

899. Arrêt du Parlement d'Aix du 7. Février 1670. qui a déclaré nul le testament, le Notaire ayant dit à la fin de l'acte que le testament étoit fait en présence de témoins requis & signez, qui a sçû, le testateur ne sçachant signer, de ce enquis. *Boniface, to. 5. li. 1. tit. 12. ch. 2.* rapporte au même chapitre plusieurs Arrêts semblables. Le principe de décision est qu'il faut distinguer entre les testateurs qui ne sçavent pas signer, & ceux qui le sçavent, mais qui ne le peuvent pas à cause de quelque indisposition dont la cause doit être exprimée.

900. Autre Arrêt du 23. Decembre 1678. qui a déclaré nul le testament par défaut d'interpellation du Notaire aux témoins de signer, quand ils ne sçavent pas signer, & par le défaut de la clause, *signé qui a sçû.* *Boniface, ibid. ch. 1.*

901. Si un testament fait 24. ans avant le décez du testateur non signé de lui, le Notaire ayant déclaré en présence de témoins qu'il n'avoit pû faire sa marque, peut être valable quoique les noms propres, ni les qualitez des legataires n'y soient point designez. *Voyez le 78. Plaidoyé de M. de Corbiron, Avocat General au Parlement de Metz*, il dit que la Coûtume portant que tous actes sont peris par vingt ans, ne s'entendoit

que des contrats & obligations, non des testamens; à l'égard du défaut de signature, il suffisoit que lors du testament l'empêchement & l'incommodité subsistassent; si l'omission du nom propre étoit capable de causer de l'incertitude, l'heritier ne seroit pas déchargé; ce seroit à charge aux legataires à prouver *testatorem ita sensisse*. L'Arrêt n'est point rapporté, mais il y a lieu de croire qu'il avoit été conforme aux conclusions.

902 Un testateur en pays de Droit écrit fait un testament holographe qu'il enveloppe dans une feüille de papier; il fait mettre l'acte du Notaire signé des témoins sur cette feüille volante. On dispute le testament par cette seule raison qu'il n'est pas signé au pied, ou au dos du testament. *Voyez le* 13. *Plaidoyé de M. Quarré, Avocat General au Parlement de Bourgogne*, il conclut à la validité du testament. La cause fut remise au Conseil.

TESTAMENT PAR SIGNES.

903 Testament ne peut être fait par signes. *Cambolas, liv.* 3. *chap.* 12.

904 *Testamentum nutu factum nullomodo etiam si inter liberos sustineri posse.* Arrêt du P. de Paris dans une cause évoquée de Bourdeaux. *V.* Chopin, *de moribus Paris. L.* 2. *tit.* 4. *n.* 21. *& 22.* Peleus, *quest.* 59. *& Mainard, liv.* 5. *chap.* 7.

905 Depuis l'Ordonnance de Moulins article 54. les signes de testes ne sont point reçus. Arrêt du 23. Octobre 1595. pour le Testament d'Arnould de Catablanc fait à Bourdeaux en presence d'un Conseiller, & du Procureur General de ce Parlement, en consequence d'une Requête presentée sous le nom du Testateur détenu au lit d'une paralisie qui l'empêchoit de s'expliquer par parole & par écrit, fut déclaré nul. *M. Ricard, des Donations entre-vifs,* 1. part. *chap.* 3. *sect.* 2. *numb.* 141.

906 L'institution d'heritier faite en faveur de la cause pie, ou des enfans, par signes de la tête ou des yeux n'est bonne; tel Testament, fût-il fait même par un soldat, ne seroit valable. *Voyez Mainard, livre* 9. *chap.* 40.

907 Du Testament par signes. *Voyez Henrys, to.* 1. *liv.* 5. *chap.* 1. *quest.* 8. où il rapporte un Arrêt du Parlement de Paris, qui a jugé qu'un Testament fait par un pere entre ses enfans n'étoit valable.

908 Testament par signes est nul entre des enfans, c'est l'Arrêt des Broches sans le dater. *Voyez Henrys, to.* 1. *li.* 5. *ch.* 1. *q.* 8. pour l'institution d'heritier. *M. d'Olive, li.* 5. *ch.* 18. parle du legs par signes.

TESTAMENT, SOLEMNITEZ.

909 La solemnité des Testamens est introduite par le Droit Civil, elle peut aussi être corrigée, changée, déclarée par le Droit écrit ou Coûtumier. Arrêt du Parlement de Bourdeaux du 17. Mars 1525. *Biblioth. de Bouchel*, verbo *Testament*.

910 *Testamentum in speciem solemne, si quis nullum, falsum ut esse dicat, intereà legato accepto repromissore, deberi.* Vide *Luc. lib.* 8. *tit.* 6. *cap.* 8.

911 Pour les solemnitez du Testament, il faut avoir égard au lieu où il a été reçu, non au lieu où les biens sont situez. Arrêt du Parlement de Dijon du 21. Juillet 1600. *Bouvot, to.* 2. *verbo Testament, qu.* 61.

912 Si le Testateur qui a qualifié le Testament écrit & signé de sa main, solemnel, & en l'acte de clôture ou souscription d'icelui a appellé un Notaire & des témoins, mais non au nombre requis de Droit, a entendu tester solemnellement, ou faire un Testament holographe? *Voyez Henrys, tome* 1. *livre* 5, *chapitre* 1. *quest.* 3.

913 Solemnité requise en un Testament selon la Coûtume, doit être gardée, observée, & écrite, autrement l'on n'est reçu à en faire preuve par témoins: comme de dire que le Testateur n'a point signé, parce qu'il a déclaré qu'il ne le pouvoit; cette déclaration n'étant écrite par le Notaire. Ainsi un Testament a

Tome III.

été déclaré nul, par Arrêt du dernier May 1566. parce que les Notaires qui l'avoient reçu, n'avoient écrit au désir de la Coûtume, qu'il avoit été *dicté & nommé par le testateur, à luy lû, & relû,* & par luy signé, quoique les legataires eussent prouvé par témoins que cette solemnité avoit été gardée. La Coûtume du lieu est consideree où le Testament est reçu, & non celle du domicile du Testateur. *Le Bret, Arrêt* 82. *V. M. Loüet, let. T. somm.* 12.

914 Le Testateur en faisant son Testament n'est tenu de garder les solemnitez du Droit Civil; il faut remarquer l'Arrêt pour le sieur de saint André, contre la veuve du Président Montbrun, du 8. May 1573. contre lequel y ayant eu proposition d'erreur; il fut jugé depuis au profit de la veuve, le 24. Août 1574. Deplus l'Arrêt au profit des heritiers de Saint Gesly, contre sa veuve, laquelle le mary avoit avantagée; par son Testament sur les biens de Champagne, sous ombre que contractant mariage en Bourgogne, il s'étoit reservé de la pouvoir avantager, comme la Coûtume de Bourgogne le permet, & non celle-cy, du 17. Mars 1575. Il y a autre Arrêt contraire en quelque façon, par lequel la Cour répua telle donation valable pour le regard des biens d'Auvergne, prononcé aux Arrêts de la Pentecôte le 7. Juin 1546. *Voyez la Bibliotheque de Bouchel*, verbo *Solemnitez*.

915 Le défaut de solemnitez prescrites par la Coûtume, vitie même le testament pieux. Arrêt du 20. May 1581. Peleus, qu. 65. elles doivent être exactement gardées. *Voyez Carondas, liv.* 13. *Rép.* 63. *& liv.* 11. *Rép.* 36.

916 Testament non solemnel déclaré nul, encore que la testatrice fût malade de peste. Jugé à la Pentecôte 1598. *Montholon, Arrêt* 86.

TESTAMENT, SOURD.

917 Le sourd peut tester, à moins qu'il ne soit sourd & muet naturellement. *Cambolas, liv.* 4. *chap.* 34.

TESTAMENT, SOUSTRACTION.

918 De la soustraction d'un testament dont la preuve fut admise. Arrêt du Parlement de Paris du 17. Janvier 1651. *Soefve, to.* 1. *Cent.* 3. *chap.* 57.

918 bis. Si pour recelement de Testamens solemnels on peut venir par action criminelle? Arrêt du Parlement d'Aix du 13. Juin 1664. qui infirma la procedure. *Boniface, to.* 5. *li.* 1. *tit.* 10. *ch.* 2.

TESTAMENT, SUGGESTION.

919 *Poena sibi adscribentium in testamento habet locum etiam in nuncupativo*. Du Moulin, *to.* 2. *p.* 906.

D'un Testament suggeré, & qu'on disoit avoir été apporté tout écrit par le Notaire. *Ibid. p.* 901.

920 C'est une regle que toute disposition qui se prend point son principe de l'esprit du Testateur, doit être dite suggerée, & en consequence déclarée nulle. *Ricard, des Donations entre-vifs,* 3. *part. chap.* 1. La Cour reçoit rarement la preuve des faits de suggestion contre un testament. *Idem, eodem loco.*

921 Un homme voulant surprendre la bonne volonté d'un riche Bourgeois de Carcassonne, feignit d'être malade, l'envoya querir & luy dit qu'il le faisoit son heritier; le Notaire fut mandé & redigea le testament. Quelques jours après la feinte maladie dissipée, le testateur interessé rendit visite au legataire; & luy fit entendre qu'ils s'étoient promis une institution reciproque; même ce Bourgeois étant tombé malade, l'autre luy écrivit une lettre, où il le prioit de se souvenir du testament fait en sa faveur, & de celui qu'à son tour il avoit droit d'attendre : le Bourgeois de Carcassonne teste au profit de ce particulier. Arrêt du Parlement de Toulouse en 1574. qui déclare nul ce testament comme captatoire & suggeré. *V. Mainard, liv.* 8. *ch.* 61.

923 Un testament suggeré cassé, par Arrêt du Parlement de Paris du 20. Mars 1635. M. Thibault Conseiller en la Grand'Chambre, beau frere du testateur étoit l'auteur de la suggestion; il avoit fait substituer son fils & les siens au fils du testateur, & l'avoit

engagé de ne donner qu'une portion modique à une fille, sous prétexte d'un mariage, contre la volonté paternelle. *V. le Journal des Audiences*, tome 1. liv. 3. chapitre 16.

914 Sur un Testament fait au profit de la femme du Testateur, débattu pour cause de nullité & de suggestion. *Voyez* le 42. *Plaidoyé de M. de Corberon, Avocat General au Parlement de Metz*. Le Testament fut confirmé, par Arrêt du 26. Novembre 1639.

915 Un Testament auquel les Notaires avoient declaré qu'il avoit été dicté & nommé sans induction d'aucune personne, au lieu d'avoir mis sans suggestion fut declaré nul le 24. Juillet 1642. *V. Du Frêne*, li. 4. ch. 4. & liv. 6. chapitre 6. où il rapporte Arrêt du 4. Mars 1650.

926 La Demoiselle de Brugelles veuve de Germinot avoit un neveu nommé Brugelles & une niéce de même nom, mariée avec Malard, en faveur de laquelle, elle avoit fait un Testament ; son neveu le sçachant, la pressa tant, que pour mettre la paix entre ses parens & se délivrer de ses importunitez, elle en fit un autre en sa faveur ; mais par une déclaration devant un Notaire & deux témoins, elle révoque ce Testament en faveur de son neveu, ajoûtant qu'elle l'a fait contre sa volonté & par importunité, & veut que le Testament fait en faveur de la Demoiselle de Malard ait son effet. Par Arrêt du Parlement de Toulouse du 9. Septembre 1647. la niéce fut maintenuë aux biens. *Albert*, verbo, *Testament*, art. 7.

927 Une femme en la Coûtume de *Chartres* fait, son mary présent au Testament, & de son autorité, legataire universel ; on debat le Testament de suggestion, & pour preuve qu'il avoit été fait en la presence & de l'autorité du mary, on y joignoit un Arrêt qui avoit privé un mary de son legs : la Cour confirma le legs fait au mary le premier Août 1650. *Ricard, des Donations entre-vifs, &c.* 3. *part. Chap*. 1.

928 & 929 Jugé en la Coûtume de *Rheims*, qu'un Testament étoit valable, encore que dans la dernière clause les mots, *sans suggestion*, n'y fussent repetez, parce que la Coûtume n'en parle point en la répetition. Arrêt du 22. Decembre 1654. *Du Frêne*, liv. 8. ch. 3. Ricard, *Traité des Donations entre-vifs*, 1. part. chap. 5. section 4.

930 C'est une maxime au Palais que des faits de suggestion ne sont pas recevables contre un Testament holographe. *Ricard, des Donations entre-vifs. Idem ibidem*, 3. part. ch. 1. Aux autres Testamens la preuve de suggestion y devroit estre admise plus facilement. Arrêts des 14. Janvier 1655. & 22. Janvier 1656. lors que les faits articulez regardent le temps auquel le testament a été fait. *Ricard, des Donations entre-vifs. Ibid.*

931 Un testament fait par avis de conseil ne peut pas être dit suggeré, quoyqu'il se soit trouvé un exemplaire écrit de la main du fils du Legataire, avec une consultation envoyée de Paris. Arrêt du 30. Juillet 1657. *Ibidem*.

932 *Voyez les Notables Arrêts des Audiences*, Arrêt 19. où il y a Arrêt du 2. Juillet 1658. qui ordonne que l'appellant articulera dans huitaine ses faits, & l'intimé au contraire. *Voyez* dans les mêmes *Arrêts*, l'*Arrêt* 24. avec l'*Arrêt* 25.

933 Testament suggeré par un Confesseur en faveur de son Convent, déclaré nul le 9. Juillet 1659. *Des Maisons*, let. T. n. 5.

934 Les preuves faites par témoins contre un testament, des faits de suggestion & prétendus moyens de nullité, faites à l'occasion de l'inscription en faux, & permission d'informer indirectement obtenuë, déclarées nulles & réjettées, & le testament executé. Arrêt du 7. Avril 1664. *De la Guessiere*, tome 2. li. 6. chapitre 26.

935 Jugé qu'il n'est pas necessaire pour la validité d'un testament solemnel fait dans la Coûtume de *Vermandois*, qu'il soit fait mention qu'il a été fait *sans sug-*

gestion. Jugé à Paris le 17. Mars 1685. *Journal du Palais*.

936 Testament suggeré cassé, par Arrêt du Parlement de Toulouse en 1691. on laissa seulement subsister quelques legs pieux modiques. *V. les Arrêts de M. de Catellan*, liv. 2. chap. 97.

Voyez cy-dessus le mot, *Suggestion*.

SURVIE DU TESTATEUR.

937 La survivance des 20. jours n'est requise quand le pere a institué son fils heritier, & substitué sa mere. Arrêt du Parlement de Dijon du 24. Janvier 1623. *Bouvot*, tome 2. verbo, *Testament*, qu. 80.

938 Par Arrêt du Parlement de Dijon du 22. May 1633. le testament de Jean Darrot Hote, demeurant dans un des fauxbourgs de Dijon, contenant inégalité entre ses enfans, fut déclaré nul, parce que le Testateur n'avoit survêcu que 19. jours, & quelques heures, & que les jours s'entendent, non des jours civils, mais des jours naturels, qui sont de 24. heures, & qui doivent être complets ; de sorte qu'il faut que le Testateur survive jusqu'au vingt-uniéme jour commencé. Autre Arrêt semblable du 2. Août 1641. pour la survie de 20. jours. Davantage le défaut de survie de 20. jours rend le testament nul également pour les biens situez hors du Duché de Bourgogne, & pour ceux qui s'y trouvent situez ; quand même le Testateur étant de Bourgogne, affecteroit de disposer hors la Province, pour éviter la survie des 20. jours. Arrêt du 22. Juin 1646. *Taisand, sur la Coût. de Bourgogne*, tit. 7. art. 6. note 2.

939 Autre Arrêt du 15. May 1656. par lequel un testament fut cassé à défaut de survie de 20. jours, quoyque les petits enfans eussent été subrogez, en l'institution qui avoit été faite de la personne de leur mere, en confirmant la Sentence renduë en la Chancellerie d'Autun, qui avoit reglé la succession *ab intestat*. Ibidem.

940 Autre Arrêt du 8. Août 1659. par lequel la disposition faite par l'ayeul au profit du petit-fils, est censée faite au pere, de sorte qu'il faut survivre 20. jours, si l'on donne à ses petits fils, de même que si on avoit donné à leur pere ; le legs étant présumé fait en consideration du pere, & en fraude de l'égalité. *Voyez* Ibidem.

941 La survie des 20. jours est tellement essentielle à la validité du partage des peres & meres, que s'ils ne survivent pas durant ce temps là, les partages ne peuvent subsister, non pas même sous prétexte du serment par eux fait que les avantages qu'ils font à quelques-uns de leurs enfans, sont pour récompense de services. Arrêt du 15. Mars 1643. *Ibidem*.

942 Sur cette question, si les donations ou les faits dans un partage inégal, sont nuls par le défaut de survie de vingt jours ? Il y a diversité d'Arrêts ; s'ils ne sont pas conformes, il est probable que le Parlement a jugé que les Donations mutuelles sont plus dignes de faveur que les legs qui sont purement gratuits. Par Arrêt rendu sur une Donation mutuelle, entre mary & femme, le 4. Mars 1633. il fut jugé que le Testament en partage à l'égard des enfans, étoit nul, & que la Donation faite au profit de la mere étoit valable, d'autant que ce sont deux actes differens, qui ne dépendent point l'un de l'autre, & qui peuvent subsister séparément chacun pour ce qu'il contient ; outre que l'évenement des Donations mutuelles, étant incertain, & ces sortes de Donations n'étant pas pures & simples, mais en quelque maniere onereuses, semblent être plus favorables dans l'execution, que les legs qui sont ordinairement des liberalitez purement gratuites : aussi lorsque le Testament est nul par le défaut de survie de vingt jours, les legs ne sont pas dûs. Arrêt du 18. Avril 1587. autres des 10. Mars 1657, 30. Juillet 1660. & 27. Juin 1670. *Voyez Taisand sur la Coûtume de Bourgogne*, tit. 7. art. 6.

TES TES 749

943 *Tournet en son Commentaire sur la Coûtume de Paris*, art. 192. rapporte un Arrêt du 30. May 1625. par lequel il a été jugé qu'un Testament fait en la Coûtume de Paris, devoit avoir son effet à l'égard des biens immeubles de Normandie, encore que cette Coûtume requiere que le Testateur survive trois mois à son Testament pour disposer du tiers des immeubles, ce que le Testateur n'avoit pas fait.

944 L'on agita cette question en la Grand-Chambre du Parlement de Roüen le 6. Mars 1680. si lorsque le testament avoit été fait hors de Normandie, il étoit necessaire que le testateur vêcût trois mois après pour faire valoir la donation du tiers des acquêts situez en Normandie? Un bâtard qui demeuroit à Paris, fit un legs universel de tous ses biens à l'Hôpital de Paris; il laissa une pension viagere à un fils naturel qu'il avoit; ce Testament ne fut fait qu'un mois avant la mort du Testateur. Le sieur de Digoville, duquel tous les biens étoient mouvans, les prétendit à droit de bâtardise: par l'Arrêt tous les heritages furent ajugez au sieur de Digoville, chargé neanmoins de la pension du bâtard, & de tous les arrerages. *Basnage, sur la Coûtume de Normandie, art. 412.*

TESTAMENT, TEMOINS.

945 Des témoins testamentaires. *Voyez cy-dessus* le mot, *Témoins*, nomb. 216.

946 Par l'Ordonnance d'Orleans, *art. 184.* & *art. 165.* de Blois, les Testamens doivent signer des témoins, ou bien ils doivent déclarer ne le pouvoir; & fut un Testament déclaré nul, faute d'y avoir fait signer le troisiéme témoin, les deux ayans signé: enjoint lors aux Curez, Vicaires ou Notaires Apostoliques, de garder l'Ordonnance d'Orleans, à peine de nullité. *Papon, liv. 10. tit. 1. n. 20.*

947 *Testes esse possunt haeretici in testamentis & contractibus ob utilitatem promiscui hujus.* Mornac, *L. penult. verbo quoniam C. de haereticis.*

947 *Testes duo instrumentarii testamento contradicentes suf-
bis.* ficient testium numero adhuc existente, quod testamenti fidem non imminuant. *Voyez Franc. Marc. tome 1. quest. 321.*

948 Si en Testament les témoins doivent être requis & priez par le Testateur, & s'ils doivent voir le Testateur en face, & s'il ne suffit pas d'entendre sa voix? V. *Bouvot, tome 1. part. 2. verbo, Testament, qu. 2.*

948 Si en testamens nuncupatifs & militaires, non redigez
bis par écrit, il faut entendre les témoins? *Ibid. partie 3. verbo, Testament, quest. 10.*

949 Si l'omission de la qualité & demeure des témoins annulle un Testament? V. *Ibid. to. 2. verbo, Testament, question 36.*

949 Si le testament est valable, auquel il y a quelques
bis. Religieux pour témoins? V. *Henrys, tome 2. livre 5. question 55.*

950 Si un testament avec deux témoins est bon dans la Viguerie de Toulouse? *Voyez Cambolas, livre 4. chapitre 3.*

950 Testament fait aux champs avec cinq témoins,
bis. rompt le premier solemnel fait avec sept. *Cambolas, liv. 6. chap. 29.*

951 En une Coûtume qui n'ordonne rien, un testament passé par deux Notaires sans témoins, est bon; Coûtume de Boulenois. Arrêt du 9. Juillet 1608. *M. le Prêtre, 2. Cent. ch. 81.*

951 Du testament fait aux champs devant cinq témoins,
bis. il est bon. *Voyez les Arrêts de M. de Catellan, liv. 2. chapitre 3.*

952 Si de sept témoins d'un testament, deux déposent contre iceluy, le Testament ne laisse pas d'être bon, *Cambolas, liv. 3. ch. 13.*

952 Un Prêtre envoye querir un Notaire, auquel il dé-
bis. clare sa volonté concernant le Testament qu'il vouloit faire; un des témoins disoit qu'il étoit lors présent. Le testament dressé. il le lût au Testateur en présence de cinq témoins. Sur la demande que luy fit le Notaire, si ce qu'il luy avoit lû étoit sa volonté, ayant répondu qu'oüy; & ayant été empêché de signer le Testament par une foiblesse qui le prit, dont il mourut deux heures après, dont le Notaire fit mention; par Arrêt du dernier Août 1623. le testament fut confirmé. *Cambolas, liv. 5. ch. 5.*

Arrêt du Parlement de Grenoble du 5. Août 1626. 953 qui déclare bon & valable un Testament fait verbalement aux champs par une Demoiselle, en présence de cinq témoins. Arrêt semblable du 30 Juillet 1665. pour un Testament fait à la Murette, à trois lieües de Grenoble, souscrit seulement par trois témoins, ne s'y en étant pas trouvé alors un plus grand nombre, & par le Notaire. *Voyez Chorier, en sa Jurisprudence de Guy Pape, p. 149.*

Testament holographe n'est réputé solemnel en pais 953
de Droit écrit, s'il n'est signé de sept témoins, suivant *bis.*
la Loy *hâc consultissimâ, C. de testamentis*. Arrêt du 7. Septembre 1616. *M. Bouguier, lettre. T. nomb. 5. Du Frêne, livre 1. chapitre 121.* rapporte le même Arrêt.

Arrêt du P. d'Aix du 10. Decembre 1646. qui a 954 cassé le testament solemnel d'une personne non lettrée, pour n'y avoir pas appellé un huitiéme témoin. *Boniface, tome 2. liv. 1. tit. 1. chap. 2.* M. l'Avocat General de Fauris avoit conclu au contraire.

Le testament doit être signé par les témoins & par 954
le Testateur, ou enquis s'ils sçavent signer. Jugé au *bis.*
Parlement de Grenoble au mois de Mars 1656. *Basset, tome 2. liv. 8. tit. 1. chap. 4.* où l'on observe que *M. d'Olive, liv. 5. chap. 5.* dit qu'au Parlement de Toulouse le défaut de signature du Testateur qui sçait signer, ne rend pas le Testament nul, bien que le Notaire ne l'ait enquis de ce faire.

Arrêt du 6. Juillet 1656. qui confirme un testament 955 reçû par le Sacristain de Vizile en présence de sept témoins, signé seulement de quatre, les autres n'ayans sçû ni requis ni enquis: on considera la qualité de l'heritiere instituée, qui étoit fille du Testateur. *Voyez Chorier, en sa Jurisprudence de Guy Pape, p. 150.*

En Pays de Droit écrit, sept personnes requises 955
lesquelles doivent signer & apposer leurs sceaux. *Ri-* *bis.*
card, des Donations entre-vifs, 1. part. ch. 15. sect. 3.
mais cette apposition de sceaux est hors d'usage. *Henrys, tome 2. liv. 5. qu. 36.* Arrêt du Chevalier de la Ferriere, du 20. Juin 1659. *Des Maisons, let. T. n. 8.*
Voyez la Loy hâc consultissimâ 21. C. de Testamentis, &c.

Testament solemnel où il n'y a que cinq témoins, 956 ne peut valoir comme un testament holographe. *Voyez Henrys, tome 1. liv. 5. ch. 1. qu. 3.*

Le 16. Janvier 1664. jugé que le fait que les témoins 956
n'ont pas été présens à la confection du testament, *bis.*
n'est pas recevable contre l'énoncé du testament, qui y est contraire. *Jouet, verbo, Testament, nomb. 42.*
dit l'avoir oüi prononcer.

Les témoins pour la validité des Testamens, doi- 957
vent être au nombre de sept, outre le Notaire, à peine de nullité. Arrêt du 28. Février 1670. les Religieux Profez ne peuvent servir de témoins, étans morts civilement, si ce n'est en temps de peste, à cause de la difficulté d'en trouver. Arrêt du 18. Janvier 1667. *Gravetol sur la Rochestavin, liv. 4. lett. T. tit. 5. Arrêt 15.*

Un frere au Pays de Lyonnois, peut être témoin 957
dans un testament où sa sœur est instituée heritiere, *bis.*
à la charge qu'elle ne pourroit disposer des biens du Testateur qu'au profit de l'un de ses parens; outre cette institution fiduciaire, il luy donne la propriété d'un heritage déclaré dans le testament, &c. Jugé à Paris au mois de Juillet 1673. *Journal du Palais.*

Testament jugé valable par Arrêt du Parlement de 958
Dijon du 3. Février 1656. quoyque l'un des témoins eût été condamné au bannissement. La condamnation étoit ignorée. *Taisand, sur la Coût. de Bourgogne, tit. 7. art. 4. note 8.*

BBbbb iij

958 bis. Arrêt du 29. Mars 1677. en la Grand'-Chambre, suivant les Conclusions de M. l'Avocat General Talon, qui a confirmé un testament, nonobstant le legs d'un Tableau que le Testateur avoit fait à un des témoins ; il n'en seroit pas de même si le legs étoit fait à un Curé ou Vicaire qui reçoit un testament, d'autant que l'Ordonnance d'Orleans défend de leur donner aucune chose. *Ricard, des Donations, part.* 1. *ch.* 3. *sect.* 10. *n.* 546.

959 Arrêt du Parlement d'Aix du 22. Mars 1683. qui a jugé que le testament fait en presence du Juge & son Greffier, n'est pas valable, n'étant signé que de cinq témoins. *Boniface, tome* 5. *liv.* 1. *tit.* 10. *ch.* 1.

TESTAMENT, TRANSACTION.

960 Des freres ne peuvent faire transaction sur le testament de leur pere au préjudice de la substitution du fils de l'un d'eux. Arrêt du Grand Conseil du 22. Septembre 1550. *Carondas, liv.* 11. *Rép.* 82.

TESTAMENT, TUTEUR.

961 Un mineur marié peut valablement disposer de ses biens au profit du tuteur ou curateur. Arrêt du Parlement de Dijon du 2. Août 1613. *Bouvot, tome* 2. *verbo, Testament, question* 69.

TESTAMENT, VICAIRE.

962 Les Vicaires peuvent recevoir les testamens de leurs Paroissiens. *Memoires du Clergé, tome* 1. *partie* 1. *page* 199.

963 Un testament reçu par un Vicaire d'un Curé d'une Paroisse, sans avoir aucune Lettre de Vicariat, & qui l'avoit servi dix ans en cette qualité, jugé valable, & enjoint de commettre des Vicaires Generaux pour recevoir lesdits testamens, & faire registrer leurs Lettres de Vicariat, suivant l'art. 190. de la Coûtume de Paris. Arrêt du 11. Juillet 1590. *Chenu*, 2. *Cent. question* 92.

964 Jugé par Arrêt du 10. Mars 1609. qu'il n'étoit necessaire pour la validité d'un testament, que le Vicaire qui le reçoit ait fait insinuer son Vicariat au Greffe, encore que la Coûtume le requît, & que nonobstant l'opposition formée par le Clergé, lors de la reformation de la Coûtume de Paris, l'article eût passé, ainsi qu'il est porté par le procès verbal d'icelle. *Biblioth. de Bouchel, verbo, Vicaires.*

965 Arrêt du Parlement de Roüen du 31. May 1644. qui a declaré nul, & fait contre la Coûtume, un testament reçu par un Vicaire, quoy qu'ayant pouvoir d'administrer. *Berault, à la fin du* 2. *tome de la Coûtume de Normandie, sur l'art.* 412. *p.* 58.

TESTAMENT, VIEILLESSE.

966 Disposition d'une femme fort âgée, declarée nulle, par Arrêt du Parlement de Toulouse du 2. Avril 1583. *Maynard, liv.* 3. *ch.* 5.

967 Arrêt du Parlement de Toulouse du 29. Avril 1642. qui casse le testament d'un pere âgé de 98. ans, lequel avoit fait un heritier étranger ; ses enfans au nombre de quatre, disoient que le pere avoit été surpris, & que l'on avoit abusé de son grand âge. *V. Albert, verbo, Testament, art.* 4.

VOLONTÉ DU TESTATEUR.

968 *De interpretatione ultimarum voluntatum.* Voyez les Opuscules de *Loisel, page* 320. *Carondas, livre* 4. *Réponse* 68.

969 *De promissione factâ per heredem testatori de adimplendo testatoris voluntatem.* Voyez *Franc. Marc. to.* 1. *quest.* 334.

970 Interpretation de la volonté des Testateurs. Voyez *Peleus, quest* 50.

971 Les questions testamentaires se doivent resoudre par la volonté & l'intention du Testateur. Voyez *M. le Prêtre*, 3. *Cent. chap.* 5.

972 Le Baron de Magalas avoit mis une clause par laquelle il disoit qu'en cas qu'il y eût quelque chose d'ambigu & de douteux dans son Testament, il vouloit que le pere Bon Religieux de Saint Dominique en fût cru, le constituant juge comme sçachant sa volonté : lors de l'ouverture du Testament, le Pere sans être appellé ni interpellé déclara que l'intention du Testateur étoit que l'un de ses enfans eût tous les hommages & droits honorifiques de la Baronnie. Un des enfans s'y opposa. Arrêt du Parlement de Toulouse du 29. May 1663. qui sans avoir égard à la Declaration, ordonna que le Testament sortiroit à effet. *Albert, verbo, Testament, art.* 15.

THEOLOGAL.

1 Voyez le mot *Chanoines, nomb.* 156. & *suiv.* & *Prebende, nomb.* 52. & *suiv.*

De la Prebende Theologale. Voyez *Franc. Pinson*, au Titre *de qualitatibus ordinandorum.* §. 9. & Rebuffe, *sur le Concordat*, au Titre *de Collationibus*, où il observe qu'en quelque temps qu'elle vaque, elle doit être donnée à un Theologien ; s'il n'y en a pas, à un Docteur en Droit Canon.

2 Les Prebendes Theologales sont tellement affectées aux Theologiens, qu'un Docteur en Theologie en étant pourvû, s'il n'en vouloit plus faire les fonctions & qu'il eût dessein de se retirer pour prendre un autre Benefice moins onereux, & moins à charge, il ne pourroit pas le permuter avec un autre qui ne seroit pas Docteur, Licentié, ou Bachelier formé en Theologie. C'est le sentiment de *Probus*, sur le mot, *de alio* du paragraphe *primo cum, tit. de collationibus,* de la Pragmatique, *ubi enim aliqua qualitas exigitur in aliquo ad faciendum aliquem actum, si non adsit, deficit actus.* 2°. En quelque mois de l'année qu'une Prebende Theologale vienne à vaquer, soit dans les mois affectez aux Graduez nommez, soit aux Graduez simples, elles doivent être conferées à un Theologien de la qualité cy-dessus, tous les privileges cessent à son égard. 3. Une troisiéme observation est que les Prebendes Theologales ne font point de tour dans la Collation des Benefices, *Prebenda Theologalis non facit turnum.* Définit. Can. *pagi* 663.

3 Les Arrêts & Reglemens ont étendu l'institution des Theologaux aux Eglises Collegiales où il y a dix Prebendes, & qui ne sont point situées dans les villes Episcopales. *Biblioth. Canon. tome* 2. *page* 46.

4 Le Theologal peut être un des deux Chanoines qui étant à la suite de l'Evêque, ont la presence. Ainsi jugé au Parlement de Toulouse ; permis à l'Archevêque d'Auch de substituer des Predicateurs au lieu de ce Theologal. *Albert, lettre* O. *verbo, Official, art.* 8.

5 *Theologus in divinis fingitur prasens ratione studii & lectura.* Les déliberations contraires des autres Chanoines pour le priver de ses distributions, ne vaudroient, ainsi qu'il a été jugé le 4. Janvier 1523, contre les Chanoines de Reims, & en 1544. contre ceux de l'Eglise de Chartres, *quia solent ignari Canonici hos probos & doctos odio prosequi & litteratos.* Voyez *Rebuffe, sur le Concordat,* au Titre *de Collationibus*, au mot *habeatur pro prasente. Papon, liv.* 1. *tit.* 3. *nombre* 10. & la *Bibliotheque Canonique, tome* 1. *page* 200. *colonne* 2.

6 Le dernier Septembre 1621. le Roy fit une Declaration par laquelle conformément aux saints Decrets & aux Ordonnances, il érigea en Theologale la premiere Prebende qui viendroit à vaquer en l'Eglise Collegiale de saint Michel de Gaillac, & deslors il la confera à Marc Antoine de Bonnefoy, qui prit possession de la Prebende vacante par le decez du nommé Boissel. Un autre pourvû par le Roy comme un simple Chanoine & en la même qualité que Boissel, prit aussi possession. Bonnefoy se voyant troublé obtint du Roy une confirmation de sa Declaration, & une collation speciale de la Prebende, comme Theologale, le Chapitre intervint pour empêcher l'érection. Cependant Arrêt du Grand Conseil du 27. Mars 1624. qui confirme Bonnefoy, & luy enjoint de faire les Leçons & Prédications, & aux Chanoines d'y assister. *V. le* 6. *Plaidoyé de M. Daudiguier du Mazet.*

7 Une Prebende Theologale est tellement affectée à un Docteur en Theologie, qu'il est préferé à tous autres nommez devant luy & insinuez. Jugé le 22. Juin 1624. *M. Bouguier*, *lettre D. nomb.* 1.

8 Theologale est une des premieres Dignitez & la plus importante d'une Eglise, de maniere que celuy qui ne demande qu'une Chanoinie seulement, & qui supprime cette qualité essentielle, ne doit rien obtenir. Jugé au Grand Conseil le 14. Octobre 1642. pour une Prebende Theologale de Saint Michel de Gaillac, contre M. Jean Gabriel Durrand, qui pour l'obtenir plus facilement avoit tû & dissimulé au Collateur que c'étoit une Prebende Theologale. *Définit. Canon. page* 661.

THEOLOGAL GRADUÉ.

9 Le Commentateur de *M. Loüet*, *lett. P. som.* 46. sur la question de sçavoir si la Theologale est sujette aux Graduez dans les mois qui leur sont affectez par le Concordat, ou si elle demeure en tout temps affectée à un Theologien au choix de l'Ordinaire, rapporte deux Arrêts contraires du Parlement de Paris, l'un du 30. Juillet 1610. pour la Theologale de Noyon, par lequel le pourvû par l'Evêque fut maintenû à l'exclusion du Gradué; l'autre est du 17. Février 1642. pour la Theologale de Beauvais, par lequel le Gradué fut maintenu au préjudice du pourvû par M. l'Evêque de Beauvais. *Ibidem*, *page* 664.

THEOLOGAL DE LYON.

10 Le Theologal de Saint Jean de Lyon peut n'être pas d'extraction Noble de 4 races du côté paternel & maternel, comme les autres Chanoines, mais en ce cas, il n'a rang qu'après eux. Jugé au Grand Conseil le 12. Septembre 1641. *Voyez Henrys*, *tome* 1. *liv.* 1. *chap.* 5. *question* 8.

THEOLOGAL, PRÊCHER.

11 Chanoine Theologal peut être contraint par le Chapitre de Prêcher & lire, & ce par la saisie de ses gros fruits. Arrêt du 12. Decembre 1602. *Tournet, lett. C. nomb.* 18.

12 Le Chapitre ne peut par ses déliberations subroger à un Theologal, sous prétexte qu'il n'a fait ni Lectures ni Prédications; & ce n'est point au Chapitre à luy prescrire l'heure des Leçons. Le Theologal qui neglige d'instruire *privandus est fructibus hebdomada* & non de tous les fruits. 2. Il dépend du Theologal de donner lecture, *est Magister Scolæ*. Arrêt du Parlement de Toulouse du 21. Juin 1654. contre le Chapitre de Narbonne. *Albert*, *lettre C. verbo*, *Chapitre*.

13 Arrêt du Parlement d'Aix du 10. May 1658. qui a jugé que le Chanoine Theologal doit prêcher tous les Dimanches & Fêtes solemnelles, & faire aux Chanoines trois Leçons de l'Ecriture Sainte aussi toutes les semaines, ausquelles doivent assister les Chanoines, à peine de perdre leurs distributions. *Boniface, tome* 1. *liv.* 2. *tit.* 21. *chap.* 1.

14 Le Theologal dans l'Eglise Collegiale de Roye prêchera une fois le mois, & sera trois fois la semaine les leçons, sur peine de la perte des fruits, &c. Jugé le 11. Janvier 1667. *De la Guess. to.* 3. *li.* 1. *ch.* 9.

15 Par Arrêt du Parlement de Toulouse du 3. Decembre 1676. il fut dit que le Theologal pouvoit être suivant le Concordat, pointé par le Chapitre, au cas qu'il manquât aux lectures & prédications de son obligation. Il fut encore ordonné, que lorsque le Theologal voudroit aller ailleurs exercer le ministere de la parole Evangelique, il en demanderoit la permission au Chapitre, & qu'en cas qu'il prêchât sans retribution, il seroit tenu pour present, même quant aux distributions manuelles; & qu'au cas contraire, il ne le seroit que pour la grosse, suivant *Rebuffe*, *sur le Concordat au* §. 1. *du Titre de Collation*. Le même Arrêt enjoint à tous les Chanoines, les seules Dignitez exceptées, d'assister aux lectures du Theologal, conformément à l'Ordonnance d'Orleans, art. 8. & de Blois, articles 33. & 34. *M. de Catellan*, *livre* 1. *chapitre* 59.

THEOLOGAL, RELIGIEUX.

16 Affectation de la Theologale à un regulier declarée abusive. *Journal des Audiences*, *tome* 2. *livre* 5. *chapitre* 36.

17 La Prebende Theologale tenüe par un Religieux de l'Ordre des Mendians, n'est obligée aux charges, n'ayant rang au Chœur, n'y entrée & voix en Chapitre. *Bellordeau*, *liv.* 3. *Controv.* 105. & *Tournet*, *lett. P. Arr.* 166.

18 Arrêt du Parlement de Bretagne du 15. Octobre 1573. qui maintient contre un Pourvû en Cour de Rome, un Jacobin pourvû par le Chapitre de Lantreguier, le Siége Episcopal vacant, de la Prebende Theologale. *Du Fail*, *liv.* 1. *chap.* 348.

19 En 1656. le Comte de Marans Collateur des six Chanoinies de l'Eglise de Beüil, presente Requête à M. l'Archevêque de Tours & luy expose que comme il y a beaucoup de Huguenots dans les lieux circonvoisins de cette Eglise Collegiale composée de six Prebendes, il souhaite d'ériger la premiere vacante en Theologal, dont un Docteur en Theologie seroit pourvû à l'avenir. Sur cette Requête, M. l'Archevêque érige la premiere Chanoinie qui vaqueroit en Theologale, pour être affectée à un Docteur tant seculier que regulier, & cependant il destine pour la premiere vacante Frere Durand Religieux Jacobin, Docteur en Theologie, à la charge de prendre de luy de nouvelles Provisions, & que dés à present il sera la fonction de l'Office de Theologal, aura place & séance dans le Chœur de l'Eglise de Beüil, sans neanmoins prétendre aucune retribution, jusqu'à ce qu'il ait une Prebende vacante. Ce Decret est enregistré dans les Registres de l'Eglise de Beüil du consentement de tous les Chanoines.

En 1658. un des six Chanoines se démet en Cour de Rome en faveur de son neveu, du consentement du sieur Comte de Morans Patron Laïc. Durand s'oppose entre les mains de M. l'Archevêque au *Visa*, & dans le Chapitre de Beüil, pour la prise de possession & installation. Il obtint même du Patron une révocation du consentement qu'il avoit donné à la resignation; sur les contestations on déclara abusive l'affectation de la Theologale à un Regulier, par la regle *Regularia Regularibus*, *secularia secularibus*. Journal des Audiences, *tome* 2. *liv.* 5. *chap.* 36.

20 Un Jacobin ne peut être Theologal dans une Eglise Collegiale ou Cathedrale. Jugé le 2. Août 1663. *multis contradicentibus*. *Des Maisons*, *lett. T. nom.* 17.

21 Un Evêque avec le consentement du Patron laïc, ne peut ériger une Prebende en Theologale, pour l'affecter tant au regulier qu'au seculier, encore qu'il y eût des Lettres Patentes du Roy obtenuës en causes d'appel. Jugé le Jeudy 2. Août 1663. *Notables Arrêts des Audiences*, *Arrêt* 110.

THEOLOGAL, RESIGNATION.

22 Arrêt du Parlement d'Aix du 21. Janvier 1666. qui a jugé que le Chanoine Theologal peut resigner son Benefice. *Boniface*, *tome* 1. *liv.* 2. *tit.* 21. *chap.* 2. il rapporte un Arrêt du 16. Juin 1616. & un Arrêt du Grand Conseil du 17. Avril 1663.

THEOLOGIE.

1 Assemblées de Theologie. *Voyez* le mot *Assemblées*, *nomb.* 26.

2 Arrêt du Parlement de Paris du 9. Decembre 1525. par lequel sur les plaintes du Procureur General de disputes frivoles, & scandaleuses, il est ordonné que le Chancelier de l'Université & la Faculté de Theologie seront mandez pour sur ce leur faire aucunes remontrances; ils se justifierent & promirent d'y donner ordre. *Voyez les Preuves des Libertez*, *tome* 2. *ch.* 25. *nombre* 48.

3 *Voyez dans le Livre* intitulé, *Henrici Progymnasmata*, un Reglement fait en 1556. par le Roy Henry II. pour la faculté de Theologie de la Ville de Paris,

concernant la maniere d'y faire les leçons, les matieres qui doivent être enseignées, &c.

4 Reglement touchant les Assemblées de la Faculté de Theologie de Paris, sur les matieres de doctrine qui ont accoûtumé d'y être traitées, du 31. Juillet 1682. *De la Guess. tome 4. liv. 5. chap. 25.*

THESES.

1 Arrêt du Parl. de Paris du 13. Juillet, 1532. donné sur la plainte de quelques Docteurs, au sujet de certaines propositions qui n'avoient dû être faites par le nommé Grandis en soûtenant des Theses. Il fut dit que la Faculté députeroit six Docteurs, lesquels s'assembleroient en presence de quatre Conseillers de la Cour, pour dire les raisons de leur censure. Ouy le rapport des Commissaires, il fut ordonné que Grandis en la premiere Sorbonique declarera qu'inconsiderément il avoit soûtenu telles propositions. *Preuves des Libertez, tome 2. ch. 35. nomb. 51.*

2 Arrêt du Parlement de Paris du 4. Septembre 1624. en faveur de l'Université de Paris. La Cour, après que Declaves a été admonesté, a ordonné que les Theses seront déchirées en sa presence, & que commandement sera fait par l'un des Huissiers de la Cour à Declaves, Villon, & Bidault en leurs domiciles, de sortir dans 24. heures de cette Ville de Paris, avec defenses de se retirer dans les Villes & lieux du ressort de cette Cour pour enseigner la Philosophie en aucune des Universitez d'icelui: & à toutes personnes de quelque état, qualité & condition qu'elles soient, mettre en dispute les propositions contenuës esdites Theses, les publier, vendre, ou debiter, à peine de punition corporelle, soit qu'elles soient imprimées en ce Royaume ou ailleurs, fait défenses à toutes personnes, à peine de la vie, tenir ni enseigner aucune maxime contre les Auteurs anciens & approuvez, ni faire aucunes disputes que celles qui seront approuvées par les Docteurs de la Faculté de Theologie. Ordonne que le present Arrêt sera lû en l'Assemblée de la Faculté de Theologie, mis & transcrit en leur registre, & outre copie collationnée d'iceluy baillée au Recteur de l'Université pour être distribuée par les Colleges, à ce qu'aucun n'en prétende cause d'ignorance. *Filleau, part. 3. tit. 9. ch. 5.*

3 These de Theologie, qui devoit être soûtenuë en Sorbonne, supprimée comme contraire aux privileges de l'Eglise Gallicane, en ce qu'elle élevoit la puissance du Pape audessus de la puissance des Conciles Generaux. Arrêt du 22. Janvier 1663. *De la Guess. tome 2. liv. 5. ch. 2.*

THOULOUSE.

1 *Tholosa Comitatus quod iisdem utatur legibus, quibus utebatur, antequam ditioni Regum Galliæ subjiceretur.* Voyez *Franc. Mars, tome 1. quest. 341.*

2 Le Comté de Toulouse est acquis au Roy par donation, non toutefois uni à la Couronne, & ce sous condition d'user du droit écrit des Romains pour la décision des procés, sauf à garder les Ordonnances Royaux, touchant la forme instructive des procés, & abbreviation d'iceux. Voyez *Mainard, liv. 4. ch. 57.*

TIERCE-SEMAINE.

Tierce-semaine est un droit que prétend l'Evêque de Paris sur plusieurs Marchands de cette Ville, à raison de quatre sols deux deniers par chacun an. Il en est fait mention dans un ancien Arrêt du 10. Avril 1489. & dans une Sentence du Bailly du Fort l'Evêque du mois de Juillet 1612. qui condamne les Fripiers au payement de ce droit. *Bibliotheque du Droit François par Bouchel, verbo, Tierce-semaine.*

TIERCEMENT.

DU Tiercement en enchere. *Voyez* le mot *Enchere, nomb. 79. & suiv.*

TIERS.

QUibus res judicata non nocet. C. 7. 56. Ce qui est fait entre quelques personnes, ne préjudicie point à un Tiers.

Inter alios acta, vel judicata, aliis non nocere. C. 7. 60... L. 73. in fine. L. 74. D. de reg. jur. C'est une regle du Droit, rappellée en divers lieux.

Ne uxor pro marito, vel maritus pro uxore, vel mater pro filio, conveniatur. C. 4. 12.

Ne filius pro patre, vel pater pro filio emancipato: vel libertus pro patrono: vel servus pro Domino, conveniatur. C. 4. 13. Vide lib. 10. tit 60... N. 134. c. 7.

Ut non fiant pignorationes pro aliis personis. N. 52.

Ut nullus ex vicaneis, pro alienis vicaneorum debitis, teneatur. C. 11. 57.

TIERS COUSTUMIER.

1 DU tiers Coûtumier. *Voyez* le mot *Doüaire, nomb. 274. & suiv. &* le mot *Nopces, n. 112. & suiv.*

2 La question que *Berault* avoit agitée sans en rapporter de décision, sçavoir si l'aîné en vertu de l'article 296. de la Coûtume de *Normandie*, peut rembourser le tiers aux puînez donataires, a été depuis décidée. Il avoit été jugé le 3. Février 1633. au profit de Me. Nicolas le Boulanger Avocat en la Cour, que la donation du tiers faite aux puînez, ne privoit point l'aîné du droit qu'il a de le rembourser; mais cet Arrêt fut donné sur des circonstances particulieres. C'est pourquoy la même question s'étant offerte entre les Sieurs de Ricarville, fut réglée sur la these generale le 13. Août 1665. où il fut dit que l'aîné ne pouvoit rembourser le tiers quand les puînez en sont donataires. On avertit les Avocats de n'en douter plus, & depuis on en a fait un reglement. *Art. 58. du Reglement de l'année 1666.* Voyez *Basnage sur cet art. 296.*

3 On a jugé par plusieurs Arrêts que quand les biens étoient alienez, sans venir à des partages, l'on procederoit directement à l'estimation de tous ces biens pour bailler aux enfans leurs tiers en argent. Voyez *Basnage, sur la Coût. de Normandie, art. 299.*

4 Arrêt du Parlement de Roüen du 19. Août 1634. après partage, qui a receu un fils majeur à prendre des Lettres de rescision contre la vente par luy faite conjointement avec son pere de son tiers. Voyez *Basnage sur l'art. 399. de la Coutume de Normandie.*

5 Quoiqu'un fils après la mort de sa mere eût vendu le tiers qui luy avoit été délivré pour son doüaire, étant mort avant son pere, ce Contract fut déclaré nul, & on jugea au Parlement de Roüen le 26. Novembre 1647. qu'il ne privoit pas la sœur de le demander entier.

6 Par autre Arrêt de la Chambre de l'Edit, après en avoir consulté la Grand'Chambre le 11. Août 1655. il fut jugé que le frere ayant contracté des dettes du vivant de son pere, n'avoit pû y engager son tiers, & que venant à mourir la sœur avoit le tiers entier, sans être obligée aux dettes du frere. *Basnage, ibid.*

7 Bien qu'il ait été décidé par l'article 400. de la Coûtume de *Normandie*, que les enfans du second lit peuvent demander leur tiers comme du jour des premieres nôces, pourvû qu'ils fussent nez au temps du decez des enfans du premier lit, il s'est presenté une difficulté touchant ces paroles, *pourvû qu'ils fussent nez*; ensorte qu'un enfant du premier lit étant mort trois-semaines avant que la seconde femme accouchât d'une fille, on prétendoit que son tiers coûtumier ne luy étoit dû que du jour du mariage de son pere. Les premiers Juges l'avoient ainsi décidé; elle interjetta appel, & dit *conceptus pro nato habetur, cum de commodis ejus agitur.* Arrêt du Parlement de Normandie du 10. Mars 1673. infirmatif de la Sentence. V. *Basnage, sur cet article.*

8 Le tiers coûtumier se prend sur les dernieres alienations, quoique les derniers acquereurs n'ayent fait contrôler

TIE TIE 753

controler leurs Contracts. Arrêts du Parlement de Roüen en 1633. & le 18. Janvier 1654. rapportez par *Basnage, sur l'art.* 403. *de la Coûtume de Normandie.* Le controle ne regle la préference qu'entre les creanciers : il en seroit autrement si le premier acquereur demandoit une garantie contre son vendeur ; car en ce cas il n'auroit hypotheque que du jour du controle.

9 Les enfans ont tiers coûtumier sur la moitié appartenante à la mere des conquêts faits par le pere durant leur mariage. Arrêt du Parlement de Roüen du 23. Mars 1679. rapporté par *Basnage sur l'art.* 404. *de la même Coûtume.*

10 Le Contract par lequel les enfans du vivant de leur pere, ou autre ascendant, ont vendu ou hypotheque le tiers à eux destiné par la Coûtume, est executoire sur les autres biens presens & à venir, & non sur ledit tiers, en quelque main qu'il puisse passer, même de l'heritier du fils, ni sur leur personne. *Article 85. du Rglement fait au Parlement de Roüen, les Chambres assemblées, le 6. Avril 1666. Basnage, to. 1. à la fin.*

11 Les enfans n'auront pas le tiers entr'eux, si tous n'ont renoncé ; mais celuy qui aura renoncé aura la part audit tiers qu'il auroit eüe si tous avoient renoncé. *Arrêtez du Parlement de Roüen, les Chambres assemblées, le 6. Avril 1666. art. 89. V. Basnage, to. 1.*

12 Dans la Coûtume de *Normandie* le tiers coûtumier est ouvert du jour de la mort civile, soit séparation de biens, saisie réelle, cession ou abandonnement de biens que fait le pere à ses enfans, ou telle autre voye, par laquelle un pere est privé & dépoüillé de la possession de ses biens, les creanciers du pere vivant, ne peuvent contester valablement cet abandonnement par luy fait à ses enfans quant aux fruits de leur tiers coûtumier, dont ils joüissent dés le jour dudit abandonnement. Arrêt du Parlement de Paris du 9. May 1641. entre les enfans de M. le Duc d'Elbeuf & les creanciers de cette Maison. *Voyez le Journal des Aud. tome 5. liv. 7. ch. 24.*

13 Le tiers coûtumier, qui est le doüaire propre aux enfans dans la Coûtume de *Normandie*, ayant été consommé par les dettes anterieures au doüaire, sa récompense n'en peut être demandée sur les biens situez dans une autre Coûtume que celle de Normandie, qui ne donne qu'un doüaire viager à la femme, & non propre aux enfans. *Voyez le Journal du Palais in fol. to. 2. p. 1003.*

TIERS DETENTEUR.

1 SI le Tiers detenteur doit les arrerages de la rente fonciere non échûs de son temps ? *Voyez* le mot *Arrerages*, nomb. 26.

2 Tiers detenteur obligé de déguerpir. *Voyez* le mot *Déguerpissement*, n. 36. & suiv.

3 De la discussion à l'égard du tiers detenteur. *Voyez* le mot *Discussion*, n. 82. & suiv.

4 Si le Seigneur est tenu de discuter l'obligé personnellement, avant que de s'adresser au Tiers detenteur ? *Voyez* le mot *Discussion*, nomb. 83.

5 Du Tiers detenteur des biens du fideicommis. *Voyez* le mot *Fideicommis*, n. 218. & suiv.

6 *Tertius possessor potest conveniri pro pensione, & anniversariis.* Voyez *Franc. Marc.* to. 1. quest. 550.

7 Du Tiers detenteur, qui peut joüir nonobstant l'établissement de Commissaire, & s'il est tenu à la restitution de fruits ? *V. Coquille*, to. 2. quest. 214.

8 Tiers possesseur aprés la discussion du principal debiteur, peut se défendre *ex integro* du chef du debiteur ou condamné, & alleguer ou prescription, ou payement. Arrêt du Parlement de Paris du 20. May 1559. *Papon, liv.* 11. *tit.* 3. *n.* 6.

9 Tiers detenteur qui est condamné à payer les arrerages d'une rente fonciere, n'est tenu que jusqu'à la concurrence des fruits de la chose ; *sallit*, quand le detenteur a passé titre nouvel, auquel cas il est tenu *in solidum.* Arrêt du 2. Avril 1602. *M. le Prêtre, és Arrêts de la Cinquiéme.* Voyez *M. Loüet, lettre A. somm.* 7. M. Bouguier, *lettre D. nomb.* 3. & 4. & la *Coûtume de Paris, art.* 103.

10 En la Coûtume de Poitou le tiers detenteur déguerpissant l'heritage obligé à une rente, se délivre des arrerages échûs, en rapportant seulement les fruits échûs depuis contestation en cause. Jugé le dernier Février 1612. *M. Bouguier, lettre D. nombre* 4.

11 Par Arrêt du 17. May 1614. jugé en la Coûtume du *Maine*, qu'on peut s'addresser au Tiers detenteur d'heritage ou rente sans faire discussion. *Tronçon sur la Coûtume de Paris, art.* 101. *in verbo Discussion,* suivant la disposition du Droit en la Loy 8. *ff. de contr. pign. ubi creditoris arbitrio permittitur ex pignoribus sibi obligatis, quibus velit distractis, ad suum commodum pervenire.*

12 Un Tiers detenteur ne peut être dépossedé que par la saisie réelle, & nonobstant l'action du creancier en declaration d'hypotheque, il fait les fruits siens jusqu'au jour de la dépossession. Arrêt du Parlement de Roüen du 22. Juillet 1637. *Basnage, sur la Coûtume de Normandie, art.* 532.

13 Suivant l'article 120. du Reglement de 1666. jugé au Parlement de Paris le 3. Août 1672. que dans le Comté d'Eu, comme dans le reste de la Normandie, le Tiers detenteur ne peut être dépossedé que par la saisie réelle ; & le Parlement de Paris ordonna que l'Arrêt seroit lû en la Jurisdiction du Comté d'Eu pour servir de reglement, nonobstant le Certificat contraire des Juges & des Praticiens. *Basnage, ibid. article* 546.

14 Le Tiers acquereur ne peut être obligé de déguerpir ni délaisser son heritage aux creanciers hypothequaires, & ne peut être dépossedé que par la saisie réelle. Arrêtés du Parlement de Normandie du 6. Avril 1666. art. 120. *V. Basnage,* to. 1. à la fin.

15 Un Tiers possesseur qui se trouve executé, est recevable à faire rejetter la saisie sur les autres biens du debiteur en dernier lieu alienez. Arrêt du 13. Août 1668. neanmoins tant qu'il y a des biens existans, un creancier ne peut executer un Tiers possesseur qui les indique, laquelle indication doit toûjours être reçuë, à condition par le Tiers possesseur d'en être garant, comme il a été préjugé par ledit Arrêt, l'indication n'est pourtant pas reçuë lorsqu'il s'agit de l'interêt d'un tiers, lequel venant par action hypothequaire peut demander sa garantie contre d'autres tiers acquereurs, quoyqu'ils indiquent des biens du debiteur commun ou de ses heritiers. Arrêts du 26. Août 1672. & 15. Février 1678. *Graverol sur la Rocheflavin, liv.* 6. *tit.* 49. *Arr.* 3.

16 De la prescription du tiers acquereur. *Voyez* le mot *Prescription, nomb.* 364.

TIERS ET DANGER.

1 Voyez *hoc verbo* la Bibliotheque du Droit François par Bouchel *ubi multa* ; le Traité de Maitre *Christophle Berault*, Avocat au Parlement de Roüen y est inseré.

2 Défenses pour le tiers & danger de la Province de Normandie. Roüen 1673.

3 És Ordonnances des Forêts du Roy Charles V. de 1376. de Charles VI. 1413. art. 236. & autres, où il faut ainsi lire. Et en l'Edit de Charles IX. de 1566. fait pour la conservation du Domaine, article 10. & en la Chartre aux Normands qui est du Roy Loüis Hutin de 1314. le droit de tiers & danger appartient au Roy, aux Bois, Forêts & Buissons de son Domaine, ou aux Bois & Forêts du fond de quelque Seigneur domanier, dont est fait mention en deux Arrêts de Toussaints de l'an 1187.

4 Au Païs de Normandie ce droit est le tiers du prix de la vente, & la dîme ou danger de deux sols pour livre de tout le prix, sçavoir treize livres de trente

Tome III. CCccc

livres. *Bibliotheque de Bouchel*, verbo *Tiers & danger*.
5 Si le droit de tiers & danger qu'a le Roy sur la Province de Normandie est general ou particulier, & s'il s'étend sur les bois des particuliers indistinctement? *Voyez la Bibliotheque de Bouchel, ibid.* où il est prouvé que ce Droit est universel.

TIRAN.

Tiran. *Tyrannus.*
De infirmandis his quæ sub Tyrannis, aut Barbaris gesta sunt. C. Th. 15. 14.
De Tyranno. Per Bartolum.

TITRES.

Titres & Papiers. *Instrumenta, Tabulæ. V. Acte, Contracts, Extraits, Procez,* & la Bibliotheque de *Jouet* au mot *Titres*.
Titre lucratif: Titre onereux. *Causa lucrativa, & onerosa. Jus, lucri, vel oneris causâ, quæsitum.*
De imponendâ lucrativâ (vel lucrativæ) *descriptione. C.* 10. 35. .. *C. Th.* 12. 4. Heritages donnez à titre lucratif, en certains cas par ceux qui étoient appellez *Curiales*, à ceux qui ne l'étoient pas : ces heritages étoient sujets à des droits envers les Décurions.
1 Des Contrôleurs des Titres en chacun Siege Royal. *Joly, des Offices de France,* to. 2. liv. 3. tit. 43. p. 1781. & aux Additions, p. 1946.
2 Des Titres perdus & consommez par le temps. *V. le traité de la Preuve par M. Danty Avocat en Parlement,* chap. 15. part. 1.
3 Titres necessaires pour la reddition d'un compte. *Voyez le mot Compte,* nomb. 72. & *suiv.*
4 Personne ne peut seul se faire un titre à soy-même, cas où les copies de titres peuvent servir d'originaux. *Voyez les Loix Civiles,* tome 2. livre 3. tit. 6. section 2. nombre 9.
5 *In privilegii aut instrumenti exemplatione partis, cujus interest citatio requiritur. Voyez Franc. Marc.* tome 1. quest. 456.
6 *Regnante Jesu,* ou regnant Nôtre-Seigneur Jesus-Christ, qui est une date apposée en aucuns anciens Titres, comment on doit l'expliquer ? *Voyez Du Tillet,* page 9.
7 *Documenta seu scriptura in alienâ Provinciâ vel Territorio à Notariorum Protocollis aut Archivis quomodo exemplari possint? Voyez Franc. Marc.* to. 2. quest. 604.
8 Voyez les *Observations de Du Luc*, li. 11. tit. 1. de edendo.
9 Des défauts qui peuvent annuller un Titre , & *qualiter objectus contrà defectum tituli, repellatur ex præsumptione melioris tituli. Voyez Lotherius, de re beneficiariâ,* li. 2. quest. 46.
10 *Tituli defectus qualiter officio judicio detegatur? Voyez Ibidem,* liv. 3. quest. 24.

TITRES DES ABBAYES.

11 Les Titres des Abbayes doivent être inventoriez en presence du Procureur du Roy , & Copies collationnées mises aux Greffes des Jurisdictions prochaines ; & lesdits Titres mis en lieu sûr , choisi par le Titulaire & enfermez sous trois clefs ; le Titulaire en aura une , les Prieurs claustraux une autre , & la troisiéme mise és mains de celuy que les Religieux choisiront. *Conference des Ordonnances,* liv. 1. tit. 2. partie 2. §. 11. art. 10. fol. 16.
12 Par Arrêt du Parlement de Bretagne du 24. Octobre 1567. rapporté par *Du Fail, livre 2. chapitre* 302. l'Abbesse de la Joye prés de Hennebond fut reçuë à informer que certain acte par elle alleguée a été vû entier signé de Notaires, & que depuis soixante ans il a été brûlé.

TITRES, BENEFICE.

13 Des Titres de Benefice. *Voyez le mot Benefice,* nomb. 227. & *suiv.*
14 L'Arrêt de pleine maintenuë sert de Titre, & celuy qui l'a obtenu & qui l'exhibe , n'est tenu de communiquer ses Titres & capacitez. *Chenu,* quest. 101. *Cent.* 2. quest. 74.
15 *Objectus invaliditatis tituli qualiter evitetur subsidio aut novæ provisionis, aut rescripti perinde valere, autdemque gratia si neutris Voyez Lotherius, de re beneficiariâ,* li. 2. quest. 54.
16 Benefices litigieux ne se doivent ajuger en faveur d'aucun sans voir les titres, quoyque les Parties y consentent. Arrêt du Parlem. de Paris de l'an 1534. & par autre Arrêt donné és Grands Jours de Moulins le 6. Octobre 1540. *Papon,* liv. 8. tit. 7. Alors il faut sequestrer le Benefice.
17 Un Beneficier qui a obtenu Arrêt de pleine maintenuë, n'est tenu exhiber ses titres & capacitez, étant depuis troublé par un tiers prétendant ledit Benefice par dévolut ; l'Arrêt seul luy sert de titre valable. Jugé au Parlement de Toulouse le 4. May 1613. *Chenu,* 2. *Cent.* quest. 74. & *Filleau,* 4. partie, quest. 174.
18 Un Beneficier n'est point tenu de faire apparoir du titre de son predecesseur. *M. le Prêtre*, 3. *Centurie,* chapitre 13.

TITRE COLORÉ.

19 Du titre coloré. *Voyez Pinson au traité quibus modis conserventur beneficia.* §. 4. *Guy Pape,* quest. 71. & 552. & *Henrys,* tome 2. plaid. 1.
20 *Institutio facta propter inferioris negligentiam, quod titulum saltem coloratum in possessorio tribuat. Voyez Franc. Marc.* to. 1. quest. 451.
21 *Confirmatio superioris coloratum possidendi titulum tribuit. Voyez Ibidem,* quest. 926.
22 Pour sçavoir quand un Titre peut être dit coloré , ou non, il faut consulter la glose de la Pragmatique Sanction, sur le mot *Coloratum,* où elle explique toutes les conditions necessaires pour rendre un titre coloré.
23 Le vray & canonique titre est celuy qui donne droit au benefice, suivant la glose de la pragmatique ; mais le titre coloré est celuy qui vient du collateur qui de droit ou par la Coûtume , a la puissance de conferer ; c'est le sentiment de presque tous les Docteurs & de Rebuffe, *Traité de pacif. poss.* nomb. 32. & 33. *coloratus dicitur titulus quando est habitus, ab eo qui habet potestatem conferendi seu eligendi , sive de jure communi sive speciali :* le glossateur de la pragmatique ajoûte : que le titre est coloré, par tout où il n'y a point de défaut de puissance en la personne du collateur. *Dicitur coloratus titulus ubicumque non est defectus potestatis in conferente ; de pacif. poss.* au mot *coloratum.* Voicy une objection ; si le titre est coloré quand il vient de celuy qui a la puissance de conferer, il s'ensuit que toutes les collations du Pape sont des titres colorez, puisqu'il a presque toûjours la puissance de conferer, & que nous reconnoissons qu'il est l'Ordinaire des Ordinaires ; il vaudroit donc mieux dire avec Gomez regle *de trien. possess.* quest. 27. que le titre coloré est celuy qui vitieux dans son principe, devient bon & valable, par l'effet de la triennale paisible possession *Coloratus titulus est qui initio vitiosus beneficio pacificæ triennalis possessionis validatur.* Definit. Can. p. 641.
24 Vray & canonique titre est celuy qui donne droit &
25 au benefice , comme dit le glossateur de la pragmat. sanct. *de pacif. possess.* sur le mot *coloratum :* mais le titre coloré est celuy qui vient du collateur, qui de droit par la Coûtume , a la puissance de conferer, c'est le sentiment de presque tous les Docteurs & de Rebuffe , traité *de pacif. poss.* n. 32. & au n. 33. il ajoûte que le titre s'appelle titre coloré, quand il n'est pas nul de plein droit, que si le titre est coloré quand il vient de celuy qui a la puissance de conferer, il s'ensuit que les Collations du Pape sont des titres colorez, puisqu'il a toûjours la puissance de conferer, & que nous reconnoissons qu'il est l'Ordinaire des Ordinaires : il semble que l'on pourroit mieux dire avec Gomez, reg. *de trien. possess.* qu. 27. que le titre co-

loré eſt celuy qui vitieux dans ſon principe, devient bon & valable par l'effet de la trienn le paiſible poſſeſſion. *Coloratus titulus eſt qui initio vitioſus beneficio pacifica triennalis poſſeſſionis validatur.* Deſin. Can. p. 851.

26. Une penſion créée *pro bono pacis*, eſt dûë indiſpenſablement, quand même le penſionnaire n'auroit pas de titre valable, & qu'il n'en auroit qu'un coloré. Il y en a un Arrêt du Parlement de Paris du 11. Decembre 1543. *Papon, liv. 3. tit. 5. n. 7.*

TITRE, EGLISE.

27. Titres des Fondations. Voyez le mot *Fondation*, nomb. 123.

28. Des titres & papiers concernans les biens, revenus & droits des Eccleſiaſtiques, & des Archives du Clergé de France. *Voyez les Memoires du Clergé, to. 3. part. 3. tit. 2. ch. 4.*

29. *Voulons que leſdits Eccleſiaſtiques joüiſſent de tous les droits, biens, dîmes, juſtices & toutes autres choſes appartenantes à leurs benefices. Faiſons défenſes à toutes perſonnes de leur y donner aucun trouble ni empêchement; Enjoignons à nos Cours & Juges de les y maintenir ſous nôtre protection, quand même ils ne rapporteroient que des titres & preuves de poſſeſſion, & ſans que les Détenteurs des heritages qui peuvent être ſujets aux droits prétendus par leſdits Eccleſiaſtiques, puiſſent alleguer d'autre preſcription que celle de Droit.* Art. 49. de l'Edit du mois d'Avril 1695. concernant la Juriſdiction Eccleſiaſtique.

EXHIBITION DE TITRES.

30. *De edendis inſtrumentis.* Voycz *M. le Prêtre*, 1. Cent. chap. 58.

31. *Edere titulum. Nemo cogitur dicere vel edere titulum rei ſuæ; vera eſt regula in poſſeſſore nomine proprio, & nihil recognoſcente ab actore; ſecus in eo qui fatetur ſe vaſſallum vel emphyteutam.* C. M. tit. 1. des Fiefs, §. 8. n. 6. fine. Tronçon, Coûtume de Paris, art. 73.

32. *Actor in omnibus cauſis, ſive criminalibus, ſive civilibus, poteſt cogi à reo ut edat ſibi inſtrumenta.* Voyez *M. le Prêtre*, 1. Cent. chap. 58. En France tout détenteur d'heritage eſt tenu d'exhiber aux Seigneurs hauts juſticiers feodaux ou cenſiers le titre de leur poſſeſſion. *Voyez la Coûtume de Paris*, art. 73.

33. *Poſſeſſor fundi poteſt cogi titulum ſuæ poſſeſſionis edere fiſco actori.* Mornac, lib. 3. ff. de edendo; atque etiam patrono.

34. L'exhibition des titres d'une ſucceſſion, eſt neceſſaire pour liquider la legitime. *V.* le mot *Légitime*, n. 276. & 277.

35. On ne peut être contraint de fournir des titres préjudiciables, le Fiſc, les Seigneurs feodaux ſont en droit de les demander à ceux qui voudroient les ſouſtraire. Arrêt du Parlement de Normandie de l'an 1543. pour la Reine d'Ecoſſe, contre Pierre des Champs: neanmoins les Religieux de Feſcamp ont été condamnez le 21. Février 1527. à exhiber & montrer à leurs parties adverſes des titres; étant au Treſor & Chartrier de leur Abbaye; ce qui ſe pratique entre parties qui ont un interêt reciproque, & quand le requerant offre affirmer ſa demande eſt dans la bonne foy. *Bibliot. Can.* to. 2. p. 231. Col. 1.

36. Le debiteur, dont les biens ſont ſaiſis, ne peut être contraint de donner à ſon créancier decretiſte, les originaux des titres des biens decretez; mais ſeulement les luy exhiber pour en tirer des extraits. Arrêt du Parlement de Toulouſe du 24. Octobre 1591. *La Rocheſlavin*, liv. 2. tit. 1. Arr. 41.

TITRES DE FAMILLE.

37. *Apud ſeniorem & honeſtiorem deponenda domûs inſtrumenta.* Mornac, l. ult. ff. de fide inſtrument.

38. Regulierement l'aîné doit poſſeder les titres de la Maiſon. *Mornac*, l. 5. C. communia utriuſque jud. l. 4. §. ult. ff. familiæ erciſcun. Ils doivent être és mains de l'heritier, & non de l'uſufruitier, l. 4. Cod. ad exhibendum.

Tome III.

39. *Inſtrumenta hæreditaria debent eſſe penes proprietarium, non penes uſufructuarium.* Voyez *Franc. Marc.* to. 1. queſt. 837.

40. *Fundi auctoritates, ſive cautiones, apud Dominum, non apud auctorem eſſe debere.* Vide *Luc.* lib. 9. tit. 1. caput 1.

FOY DES TITRES.

41. *De fide inſtrumentorum.* Voyez *M. le Bret*, en ſon traité de l'ordre ancien des Jugemens, ch. 39.

42. *Scriptura extracta de archivis Monaſterii ſine ſolemnitatibus quod fidem non faciat; ad hoc ut talis ſcriptura archivi faciat fidem, requiritur quod ſit publicum, & quod habeat officiarios publicos, qui præſtaverint juramentum.* V. *Franc. Marc.* to. 1. queſt. 298.

43. En fait de partage les titres anciens & papiers terriers font foy. *Mornac*, l. 11. ff. finium regundorum.

44. Un inſtrument rongé des rats, & gaſté fait foy, s'il ne l'eſt aux endroits ſubſtantiels. Jugé au Parlement de Grenoble le 2. Mars 1546. *M. Expilly*, Arrêt 24.

45. Titres anciens ſimples & ſans ſolemnitez pourvû qu'ils ſoient aidez de conjectures, ſont dignes de foy & d'autorité, & meritent la proviſion au demandeur. Arrêt du Parlement de Paris du 21. Avril 1551. en faveur de la Reine Catherine de Medicis Comteſſe de Clermont, contre l'Evêque du lieu. *Papon*, liv. 12. tit. 3. n. 21.

TITRE NOUVEL.

46. Voyez le mot *Reconnoiſſance*, n. 37. & 38. & le mot *Rentes*, nomb. 185. & 297.

47. L'acquereur après l'exhibition de ſon Contrat & le payement des arrerages de cens, peut être contraint de paſſer titre nouvel, ou declaration du même cens au Seigneur, & ſouſcrire en ſon papier terrier; & ce par action ou ſommation, & non par ſaiſie. *Brodeau*, Coûtume de Paris, art. 74. nomb. 17.

48. Le tiers detenteur eſt obligé de paſſer titre nouvel, afin d'interrompre la preſcription; ce titre nouvel n'oblige pas le tiers détenteur par une action pure perſonnelle à la continuation de la rente, & n'excluë pas le déguerpiſſement. *M. Brodeau*, Coûtume de Paris, art. 101. n. 7. & 8.

49. Le poſſeſſeur d'heritage chargé de rente ou penſion peut être contraint à paſſer reconnoiſſance & nouveau titre de la rente, quoyqu'il ne ſoit heritier ſucceſſeur n'y ayant droit de celuy qui l'a impoſée. Arrêt du Parlement de Grenoble de l'an 1454. *Papon*, livre 13. tit. 2. n. 18.

50. Celuy qui eſt condamné à payer une rente ne peut ſe diſpenſer d'en paſſer titre nouvel. Jugé au Parlement de Paris en la troiſiéme Chambre des Enquêtes le 14. Août 1551. *Papon*, liv. 13. tit. 2. n. 21.

51. Une veuve conſtituë rente, enſuite ſe remarie; ſon mary paſſe titre nouvel de la rente, il n'eſt tenu de l'hypotheque d'icelle; & quant aux arrerages écheus durant le mariage, il en eſt tenu perſonnellement. Arrêt du 16. Mars 1602. *Charondas*, liv. 13. Rép. 47.

52. Un ſimple titre nouvel non ſuivi d'aucune preſtation, ne prouve *contra tertium poſſeſſorem.* Arrêt du 8. May 1604. *M. Bouguier*, lettre T. nombre 6.

53. Les biens de l'heritier ne ſont pas hypothequez aux dettes de la ſucceſſion par la ſimple adition de l'heredité, mais ſeulement du jour du titre nouvel par luy paſſé, ou de la condamnation contre luy obtenuë. Arrêt du 14. Août 1625. Que ſi le legs eſt d'une choſe indiviſible, ou que le teſtateur ait ordonné la ſolidité, les heritiers en ſont tenus ſolidairement & hypothequairement pour le tout. *M. Ricard*, des Donations entre-vifs, 1. part. chap. 5. ſect. 10.

PERTE DE TITRES.

54. *Inſtrumenti deperditi privilegii tenor teſtibus maximè literatis probari poteſt.* V. *Franc. Marc.* to. 1. qu. 213.

55. Partie qui a perdu ſon titre, peut forcer le défendeur de montrer le ſien pour en lever une expedition

laquelle sert d'original. Arrêt du Parlement de Paris de l'an 1384. pour l'Archevêque de Reims, se prétendant fondateur des Echevins. *Papon, liv. 9. tit. 8. n. 7. & la Bibliotheque de Bouchel*, verbo *Instrument*.

56 Quand on ne peut representer un titre, il suffit de justifier d'un acte en Justice qui en fasse mention, cet acte étant d'ailleurs appuyé par la possession. Arrêt du Parlement de Dijon au mois de Decembre 1560. *Voyez Taisand sur la Coûtume de Bourgogne, titre 13. art. 5. n. 3.*

57 Religieux ayant perdu le titre en vertu duquel ils ont droit de lever une rente sur certains heritages, peuvent faire publier Monitoire, si le possesseur refuse de la produire ou de payer. Arrêt du 2. Mars 1544. *Papon, liv. 18. tit. 7. n. 9.*

58 Quoyque par l'Ordonnance faite à *Melun* en faveur des Ecclesiastiques l'an 1580. confirmée par plusieurs Arrêts donnez au profit de l'Evêque de Bayeux, des Religieux de Montebourg, & des Chanoines de la Sainte Chapelle à Paris, les 17. May & 7. Juillet 1580. & 28. Avril 1587. il leur a été permis, attendu la perte de leurs titres, d'astreindre en vertu de leurs registres particuliers les proprietaires d'heritages sujets au payement des droits fonciers de les continuer, neanmoins comme telles pieces ne sont pas pleinement executées, elles ne seroient pas suffisantes pour faire un decret. *Bibliotheque de Bouchel*, verbo *Advoüer* ou *Désavoüer*.

59 Arrêt du Parlement d'Aix du 2. Decembre 1644. qui a déchargé l'heritier d'un tuteur d'exhiber à son jadis pupille, les titres & instrumens en sa tutelle, en jurant ne les avoir pas à son pouvoir, ni desister de les avoir par dol & fraude, & les avoir perdus par cas fortuit. *Boniface, to. 4. li. 4. tit. 1. ch. 13.*

TITRES, PROCEDURES.

60 Si l'on peut s'aider du titre de la partie contre laquelle on a procés, qu'elle a produit en autre cause? *Voyez Carondas, liv. 1. Réponse 36.*

61 *Instrumenta pendente lite communia sunt, postea autem non.* Arrêt du 4. Juillet 1599. *Mornac, l. 1. ff. de edendo.*

62 Jugé au Parlement de Roüen le 10. Decembre 1660. qu'après les 10. ans les creanciers n'étoient obligez de representer les diligences de la Coûtumace, en vertu de laquelle une dette avoit été declarée bonne, mais bien les pieces en vertu desquelles l'on en avoit jugé le profit. *Basnage, sur la Coûtume de Normandie, art. 386.*

TITRE RECOUVRÉ.

63 *Comperto titulo praestationis annua qua in specie facienda est, nihil nocet praestationum nummariarum quacunque objecta praescriptio.* Arrêt du 29. Decembre 1611. *Mornac, l. 9. ff. de contrahendâ empt. &c.* où il est parlé de la loy *comperit*, *Cod. de praescriptione 30. annorum*, avec Arrêt du 8. Mars 1612.

TITRES, SEIGNEURIE.

64 Titres du Cens. *Voyez* le mot *Cens*, nomb. 90. & *suiv.*

65 Quels titres sont necessaires pour prouver la directe? *Voyez* le mot *Seigneur*, n. 157. & *suiv.*

66 Titres necessaires pour l'établissement des corvées. *Voyez* le mot *Corvées*, nomb. 41. & *suiv.*

67 Le Seigneur n'est pas tenu de montrer ses titres au tenancier, quand il luy justifie d'infeodations ou reconnoissances baillées en un terroir uni & limité alors il suffit qu'il prouve que la terre du tenancier est enclose dans telles limites. Celuy-cy est tenu de payer les mêmes droits que les circonvoisins, à moins qu'il n'exhibe un titre d'affranchissement. Arrêts du Parlement de Toulouse des 9. Juin 1526. & 12. Mars 1592. appellez les Arrêts de Monfrin & de Teride. *La Roche-flavin, des Droits Seigneuriaux, liv. 1. Art. 3. Bibliotheque de Bouchel*, verbo *Reconnoissance*.

68 Si l'emphyteote n'ose ou ne peut aller voir les livres terriers ou de reconnoissance dans la maison du Seigneur, pour crainte, haine, inimitié, à cause du procez ou autrement, & non par mépris du Seigneur; la Cour ordonne ordinairement que le Seigneur remettra ses titres és mains du Commissaire, ou du Greffier de la Cour, ou d'un Notaire prochain hors de la terre, en un lieu de libre accez pour y demeurer trois jours, pendant lesquels pourront être veüs par l'emphyteote & extrait pris s'il veut. Arrêts des 18. May & 9. Novembre 1600. *La Rocheflavin, des Droits Seigneuriaux, chap. 1. Art. 15.*

69 Un seul Acte peut servir de titre entre le Seigneur & le Vassal : c'est la plus commune opinion des Interpretes qu'un seul Acte suffit, s'il est assisté & suivi de la possession. *Henrys, to. 1. liv. 3. chap. 1. qu. 1. V. M. Bougnier, let. T. nomb. 6.* où il est dit qu'un simple titre nouvel non suivi d'aucune prestation, ne prouve pas *contrà tertium possessorem*. Arrêt du 8. May 1604. Cela n'est point contraire, parce que cela est en faveur du tiers possesseur.

TITRE VITIEUX.

70 *Si titulus non sit idoneus ad transferendum dominium; vel si possessum sit contrà titulum, etiam per annos 350. dominium revocatur à tali possessore.* Jugé en 1551. pour la Reyne Catherine de Medicis contre l'Evêque de Clermont. *Mornac, leg. 13. ff. de public. in rem actione.*

TITRE SACERDOTAL.

71 Touchant le titre Sacerdotal. *Voyez cy-dessus* le mot *Resignation*, nomb. 291. & *suiv. & les Mém. du Clergé, to. 1. part. 1. p. 850.*

Le Benefice servant de titre Sacerdotal ne peut être resigné, si le resignant n'a de quoy vivre d'ailleurs. *Ibid.* Il est alienable. *Ibid. & tome 6. part. 9. p. 335.*

Quel revenu est necessaire pour le titre Sacerdotal. *Ibid. to. 1. part. 1. p. 851.*

72 Constitution contre ceux qui se font promouvoir aux Ordres sacrez sans titre, comme s'ils étoient Religieux, quoyqu'ils n'ayent pas fait profession. *Voyez les Mém. du Clergé, to. 1. p. 974. n. 8.*

73 Un titre de Benefice n'est pas seulement pour l'usufruit, mais aussi pour la proprieté. *Tournet, let. T. Arrêt 7.*

74 Du titre patrimonial & clerical & de leurs privileges. *Voyez M. Du Perray, en son traité de la capacité des Ecclesiastiques, liv. 1. ch. 9.*

75 Par l'Ordonnance d'*Orleans*, art. 12. & 13. il est défendu aux Prélats de promouvoir aucun à l'Ordre de Prêtrise s'il n'a bien temporel ou Benefice pour se nourrir de la valeur de cinquante livres; elle declare ce revenu inalienable, & non sujet à aucune obligation & hypotheque créée depuis la promotion du Prêtre durant sa vie. *M. le Prêtre, 3. Cent. chapit. 3. Du Frêne, liv. 4. chap. 25. M. le Maître, ch. 23. des criées* tient avec plusieurs Docteurs que le titre Sacerdotal est alienable. *Voyez Robert, rerum judicatarum, liv. 3. chap. 2.* qui traite cette question exprés & amplement.

76 Un titre Presbyteral ne dure que jusqu'à ce que le Prêtre ait moyen suffisant de se nourrir, ou qu'il a Office ou Benefice. Arrêt du Parlement de Bretagne du 10. Juin 1619. *Bellordeau, part. 2. de ses Controverses, chap. 17.*

77 Jugé par Arrêt du Parlement de Roüen du 8. Decembre 1535. que le titre d'un Prêtre ne peut être decreté pour le reliquat d'une administration de tutele; & telle rente baillée pour le titre d'un Prêtre demeurera toûjours sur l'heritage decreté, sans qu'il luy soit besoin d'opposition pour la conserver; comme il a été jugé par un Arrêt du même Parlement du 9. May 1505, & par un autre du Conseil du 9. Juillet 1533. & par un autre du même Parlement à l'Audience le 22. Mars 1558. fut un nommé Morin condamné à continuer à l'avenir le payement de la pension & titre d'un Prêtre, combien qu'il eût voulu prouver ne

TIT 757

78. l'avoir tiré, sinon jusqu'à ce qu'il eût donné autant de bien à l'Eglise que ledit titre valoit. *Coûtume reformée de Normandie*, titre *des executions par decret*.

Arrêt du Parlement de Toulouse au mois de Janvier 1667. qui condamne l'heritier à payer à son frere une pension que le pere commun luy avoit constituée pour son titre Clerical, qui n'avoit été ni publié ni insinué, quoyque cet heritier repudiât l'heredité, se contentant de donations anterieures à ce titreClerical, bien insinuées & faites en faveur du mariage, qu'il alleguât l'insuffisance des biens. *M. de Catellan*, *liv. 2. chap. 56.*

TITRE SACERDOTAL ALIENÉ.

79. S'il peut être aliené? Les sentimens sont partagez. S'il est imputable en la legitime du Prêtre? On distingue si le titre Sacerdotal est constitué par forme de pension, auquel cas on tient lanegative; Si en fonds & immeubles, il est sujet à imputation. *Voyez Maynard*, *liv. 7. chap. 83.*

79 bis. Le titre d'un Prêtre est inalienable, & ne peut être saisi par ses creanciers. Arrêt du Parlement de Bretagne du 16. Février 1604. *Bellordeau*, *part. 2. Controverse 10.*

80. Le titre Sacerdotal est inalienable. *Voyez les Définit. Can. p. 856. & la Bibliot. Can. to. 2. p. 644.*

81. Si les heritages affectez au titre Sacerdotal étoient vendus à quelqu'un qui s'en fût approprié sans opposition du Prêtre, ils en seroient dechargez, & le Prêtre n'auroit plus qu'un recours contre le vendeur. Arrêt du Parlement de Bretagne du 8. Janvier 1609. *Bellordeau*, *part. 2. de ses Controverses, ch. 22.*

81. Titre Clerical est inalienable. Arrêt du 7. Juillet 1622. *Bardet*, *to. 1. liv. 1. ch. 100.*

83. Arrêt du Parlement d'Aix du 26. Février 1644. qui a jugé que le titre Clerical ne peut être aliené au prejudice de la reversion du pere par le décez du fils. *Boniface*, *to. 1. liv. 2. tit. 14. ch. 1.*

TITRE SACERDOTAL, CONFISCATION.

84. Arrêt du Parlement d'Aix du 14. Mars 1672. qui declare le titre Clerical d'un Prêtre accusé d'homicide confisqué, à la reserve d'une pension de 60. liv. par preference sur les biens confisquez. *Boniface*, *to. 3. liv. 1. tit. 3. ch. 10.*

TITRE SACERDOTAL, DONATION.

85 & 86. Berault, *sur la Coûtume de Normandie*, *titre des Donations*, *art. 434.* rapporte un Arrêt du 4. Juin 1509. par lequel a été approuvé une donation & assignat du titre fait par un pere à son bâtard sur un heritage, pour être iceluy promû aux Ordres. *Jovet*, verbo *Titre*, *nomb. 6.*

87. Par Arrêt du Parlement de Paris du mois de Decembre 1619. jugé que ce qui est donné pour titre Sacerdotal n'est point en usufruit seulement, mais en proprieté, le donataire peut disposer, qu'il n'est sujet ni à insinuation, ni à rapport; c'étoit dans la Coûtume du Maine où l'on prétendoit y avoir en ce cas lieu au rapport. *Voyez les additions à la Biblioth. de Bouchel* verbo *Titre Sacerdotal.*

88. Ce qui est donné pour titre Sacerdotal n'est pas seulement pour l'usufruit, mais la proprieté appartient au Prêtre donataire. Arrêt du Parlement de Paris du 19. Decembre 1619. M. le premier Président de Verdun aprés la prononciation de l'Arrêt, dit, Avocats la Cour m'a chargé de vous avertir que la donation faite à titre n'est point pour l'usufruit seulement, mais pour la proprieté, qu'elle n'est point sujette à rapport, soit en renonçant, soit en acceptant la succession en la Coûtume du pays du Maine : que la chose donnée à titre de Prêtrise se peut aliener, & que nonobstant le défaut d'insinuation, telle donation à titre étoit bonne & valable, attendu qu'elle précedoit la dette du creancier. *Tournet*, *let. T. nombre 7.*

89. Jugé au Parlement de Paris le 3.Avril 1629. que titre Clerical emporte donation de la proprieté, si le pere ne l'a expressément reservé, & tel don n'est compris en la prohibition de la Coûtume du Maine, d'avantager un de ses enfans plus que l'autre; il n'est sujet à insinuation. *Bardet*, *to. 1. liv. 3. ch. 41. & Du Frêne*, *liv. 2. ch. 41.*

90. Un pere & une mere ayant fait conjointement un titre Clerical à leur fils, tant pour les droits paternels, que maternels, il fut jugé au Parlem. de Toulouse le 7. Septembre 1640. qu'ils devoient en payer chacun la moitié. *Albert*, *let. D, art. 8.*

91. L'heritage donné pour servir de titre Sacerdotal ne peut être revoqué par la survenance des enfans. Jugé le 11. Juin. 1643. *Du Frêne*, *liv. 4. chap. 7.*

92. Un riche vieillard nommé Plagnes trouva un pauvre jeune homme, qui luy parut avoir tout ce qu'il faut pour être Prêtre, hors un titre Clerical; il luy fait une donation, dont voici les termes, *étant assuré du dessin que Vergnes* (c'étoit le nom du jeune homme) *a de se faire Prêtre*, *ledit Plagnes luy donne par donation pure & irrévocable les biens y mentionnez*, *pour en jouir dés à present*, *& en disposer à ses plaisir*; *& volonté*, *tant en la vie*, *qu'en la mort.* Cette donation est ensuite publiée dans l'Eglise comme un titre Clerical; & d'autre côté le donateur sans doute, sur quelque crainte & soupçon de surprise de fausseté declare en jugement, comme il n'a pas fait de testament ni de donation autre que le titre Clerical qu'il a fait à Vergnes. Trois ou quatre ans aprés la donation, le donateur meurt *ab intestat*, ayant jusques-là demeuré dans la possession des biens donnez, Procez entre l'heritier & le donataire qui n'étoit pas encore Prêtre, ni tout à fait dans la voie. Arrêt du Parlement de Toulouse du 19. Janvier 1646. qui condamne l'heritier au délaissement des biens compris dans la donation, à la charge que Vergnes se feroit Prêtre dans trois ans. On crut que la promotion à la Prêtrise faisoit dans la donation une espece de condition appellée *sub modo*, qui ne suspend pas l'execution de la donation, mais qui oblige neanmoins le donataire à la remplir.*Voyez M. de Catellan*, *liv. 6. chap. 63.*

93. Si la donation du titre Sacerdotal est sujette à l'insinuation? *Voyez* le mot *Insinuation*, *nombre 183. & suivans.*

TITRE SACERDOTAL, EXEMPTION.

94. *Non debet pati octava tributum.* Arrêt du 11. May 1616. *Mornac*, *leg. 5. Cod. de sacrosanctis Ecclesiis*, *&c.* sans tirer à consequence.

95. Le titre Sacerdotal a été déclaré exempt du droit de huitiéme sans tirer à consequence, & pour cause, le 11. Mars 1616. & ainsi la these est demeurée indecise. *Mornac*, *Ibid. l.*

TITRE SACERDOTAL, FRUITS.

96. Les fruits d'un titre Sacerdotal subsidiaire, & non patrimonial ne se peuvent demander que pour l'avenir, & les arrerages échûs ne se peuvent exiger par le Prêtre, ni arrêter par ses creanciers. Jugé au Parlement de Tournay le 20. Janvier 1694. *Pinault*, *tome 1. n. 14.*

TITRE SACERDOTAL, HYPOTHEQUE.

97. Jugé au Parlement de Toulouse le 21. Juillet 1662. que le titre Clerical étoit bon & valable contre les creanciers posterieurs du pere, quoiqu'il n'eût été ni publié, ni insinué, & que le Prêtre eût une Cure. Même Arrêt le 22. Novembre 1667. Autre Arrêt du mois d'Août 1664. contre un tiers acquereur qui avoit joüi plus de trente ans. Arrêt contraire en 1686. il a aussi été jugé que la dénonce & opposition ne sont point necessaires pour la conservation des creances anterieures. La raison décisive de l'Arrêt fut que l'Ordonnance d'Orleans article 12. declare seulement le revenu du titre Clerical non sujet à aucunes hypotheques depuis la promotion du Clerc aux Ordres. Mais au mois de Decembre 1693. il fut préjugé que la publication nuisoit aux creanciers ante-

CCccc iij

rieurs qui ne s'opposoient point, & que l'insinuation suffisoit pour donner privilege aux Clercs sur les creanciers posterieurs. Et depuis la distribution des biens de Saporta pere la jouïssance de deux maisons données à son fils en titre Clerical, publié dans la Paroisse de saint Etienne où les maisons étoient situées fut délaissée au fils sa vie durant, & la proprieté mise seulement dans le blot de la distribution, quoique presque tous les creanciers fussent anterieurs. Si le titre n'est publié ni insinué il ne doit nuire aux creanciers posterieurs qu'à l'égard de l'usufruit qui doit être reservé au Prêtre sa vie durant. Arrêt du 16. Juillet 1677. Cet usufruit a été fixé à cent livres dans une autre cause. *Voyez les Arrêts de M. de Catellan, liv. 1. chap. 5.*

98 Es Coûtumes de Senlis & de Valois qui sont Coûtumes de nantissement, l'hypotheque d'un titre Sacerdotal non ensaisiné, n'est pas preferable à l'hypotheque d'une rente anterieure non ensaisinée; & les creanciers de la rente furent preferez au titre Sacerdotal. Arrêt à Paris le 3. Février 1679. *Journal du Palais.*

99 L'on a voulu étendre le privilege patrimonial contre les creanciers anterieurs à la donation en pays de Droit écrit; & faire une analise & un parallele au privilege de la dot de la femme, avec la dot du Prêtre, fondé sur la Loy *Julia de fundo dotali*, & sur un usage du Parlement de Toulouse, par lequel les femmes sont preferées aux creanciers anterieurs pour la restitution de leur dot; l'on tiroit une consequence qu'il avoit un privilege exclusif; mais les creanciers anterieurs disoient avoir un droit acquis, que ce privilege ne pouvoit être étendu à leur préjudice, que la Jurisprudence du Parlement de Toulouse à l'égard des titres n'étoit pas certaine. Arrêt du Parlement de Paris du 25. Novembre 1689. en faveur des creanciers du donateur. *V. M. du Perray, liv. 1. ch. 9. n. 27.* Le même Arrêt est au long rapporté au *Journal des Aud. to. 5. liv. 5. ch. 40.*

Titre Sacerdotal, Insinuation.

100 Par Arrêt du 2. Decembre 1616. jugé qu'un titre Sacerdotal donné non en usufruit, mais en pleine proprieté, n'est sujet à insinuation,& qu'en renonçant à la succession du pere, le titre n'est sujet à rapport. C'étoit en une cause du Pays du *Maine*, dont la Coûtume est conforme à celle d'*Anjou. V. la Bibliot. de Bouchel*, verbo *Titre Sacerdotal*.

101 Donation faite par le pere à son fils pour titre Sacerdotal n'est point sujette à insinuation, c'est plûtôt une convention qu'un Contrat; mais si elle est faite par un parent, elle est sujette à insinuation. Jugé le 12. Decembre 16 9. & le 29. May 1645. ces deux Arrêts sont pour la ligne directe; & à l'égard de la collaterale, l'Arrêt est du 4. Septembre 1649. Brodeau sur *M. Loüet, lettre D. somm. 56. M. le Prêtre, 3. Cent. chap. 3. Du Frêne, liv. 4. chap. 25. Soëfve, to. 1. Cent. 1. chap. 82. Ricard, des Donations entrevifs, part. 1. ch. 4. sect. 3. Glos. 1. n. 1140*. rapporte plusieurs Arrêts.

Titre Sacerdotal, Rapport.

102 Fond d'un titre Sacerdotal n'est sujet à rapport, c'est le sentiment de *Joannes Faber*, sur la Loy 9. au Code de collat. *Ideo credo quod Presbyter non tenetur conferre illud quod pater dedit, vel ei assignavit pro titulo in susceptione ordinum.*

103 Le fils qui renonce à la succession de son pere n'est point tenu à rapporter aux coheritiers, ni aux creanciers l'heritage à luy donné par son pere pour son titre Sacerdotal. *Chopin, Coûtume d'Anjou, li. 3. tit. 3. ch. p. 1. nomb. 5.*

104 Du titre Sacerdotal d'un Prêtre, & autres questions, comme sont celles de sçavoir si le titre sur lequel un Prêtre a été promû aux Ordres est rapportable à la succession de son pere, lors que c'est un immeuble, s'il peut être par luy vendu & alièné, saisi reellement, & ajugé par decret pour ses dettes, & s'il le peut resigner lors que ce titre est un Benefice? *V. M. Bruneau en son traité des criées, p. 542.*

Titre Sacerdotal, Rente.

105 Rente donnée & assignée pour servir de titre à celuy qui prétend être admis à l'ordre de Prêtrise est fonciere pendant la vie de celuy à qui elle a été donnée, ensorte que l'heritage venant à être decreté, il ne peut être contraint d'en recevoir le rachat, mais l'adjudicataire est obligé de la continuer jusqu'à la concurrence du prix de son enchere, & pour telle somme que le Prêtre pourra être colloqué à l'ordre de l'heritage vendu. Jugé le 29. May. 1504. *Biblioth. Can. to. 2. p. 645. initio.*

106 Un Prêtre peut executer les meubles & levées étant sur le fond affecté à son titre, & n'est tenu de decreter. Arrêt du Parlement de Normandie du 11. Juillet 1625. Par autre Arrêt du 21. Février 1664. il fut dit qu'un Prêtre pouvoit agir par simple execution, comme pour une rente fonciere. *Basnage, sur l'article 546. de cette Coûtume.*

Titre Sacerdotal, Resignation.

107 Quand la promotion est faite à titre de Benefices, il y en a qui prétendent qu'on ne peut le resigner, s'il ne paroît qu'on a d'ailleurs de quoi vivre, comme il est requis par le Concile de Trente, *neque ea resignatio admittatur nisi constito quod aliundè vivere possit*. Neanmoins l'usage est contraire en France, où celuy qui a pris les Ordres sous le titre de son Benefice, quoiqu'il n'ait pas de quoi vivre en autres biens, ne laisse pas de le resigner valablement contre la prohibition dudit Concile, l'usage & le stile de la Daterie de Rome. *Solier sur Melchior, liv. 3. tit. 3. de renunciat. nomb. 14. Pinson, de titulis benefic. nomb. 19.*

108 Le titre Sacerdotal est tellement favorable qu'on ne peut refuser de le payer, quand même celuy qui l'auroit créé auroit donné un Benefice de plus grande valeur que le même titre, ainsi qu'il a été jugé en faveur d'un Prêtre en la troisiéme Chambre des Enquêtes contre les heritiers de celuy qui luy avoit créé un titre Sacerdotal; & l'Arrêt qui jugea la question, condamna les heritiers de ce défunt à payer à ce Prêtre les arrerages de son titre. *Définitions du Droit Can. verbo Titres, page 855.*

109 *Senatus provisorio judicio resignationem a Titio factam Beneficii, quod titulo Sacerdotali habebat, eo tempore quo presbyter ordinatus fuerat, quasi legitimam & rite factam, confirmavit,* le 16. Avril 1592. *Anne Robert, rerum judicat. liv. 3. chap. 2.*

110 Au mois de Juillet 1627. il étoit question de sçavoir si un Prêtre pouvoit resigner le Benefice sur lequel il avoit été fait Prêtre par l'Evêque, & *in quo*, comme on dit, *intitulatus fuerat*, qui est la même question, si un Prêtre peut vendre les biens qui luy ont été donnez par titre Clerical, parce que sans l'un ou l'autre, l'Evêque ne l'eût pas pourvû. *Cambolas, liv. 5. chap. 44.*

111 Un oncle accorde à son neveu une pension de 100. livres pour luy servir de titre Clerical, à condition que venant à être pourvû d'un Benefice, la rente sera amortie. L'oncle resigne sa Cure au neveu, moyennant une pension en grains; le neveu la resigne à un autre sous la charge de ladite pension, convertie en argent; aprés le décez de l'oncle, son legataire prétendit qu'il ne devoit continuer la pension de 100. livres. Arrêt du 5. Janvier 1677. qui ordonne la continuation, sur le fondement que la resignation ayant été approuvée par l'oncle, il avoit consenti le payement du titre Sacerdotal. *Soefvr, tome 2. Cent. 4. chap. 94. & le Journal des Audiences, tome 3. livre 11. chap. premier.*

Titre Sacerdotal ruiné.

112 Un Prêtre dont le titre est ruiné par les calamitez des temps, ou autrement, & qui peut d'ailleurs

gagner de quoy vivre honnêtement, ne peut obliger son Evêque Diocesain de luy fournir des alimens. Jugé au Parlement de Tournay le 6. Février 1697. pour M. de la Motte-Fenelon, Archevêque de Cambray, contre un Curé qui avoit été destitué par sa mauvaise conduite, & qui n'avoit voulu permuter dans les trois mois que l'Official luy avoit donnez. *Criminosus dignus est ut egeat.* Voyez M. Pinault, *tome* 1. *Arrêt* 140.

TITRE SACERDOTAL SAISI.

113 Si l'immeuble donné par le titre sacerdotal peut être saisi réellement & vendu? *Voyez* Papon, *liv* 18. *tit.* 5. *n.* 14. & 16. L'affirmative se jugeoit autrefois. Depuis l'Ordonnance d'Orleans en l'année 1560. on juge le contraire.

114 Le 7. Mars 1651. jugé que les biens dépendans d'un titre sacerdotal, ne peuvent être saisis ni décretez. *Soëfve, tome* 1. *Cent.* 3. *ch.* 65.

115 Pendant la vie du Prêtre on ne peut décreter son titre Clerical. Arrêt du Parlement de Toulouse en 1662. *V. Albert, lettre P.* verbo, *Prêtre, art.* 1. où il cite un Arrêt de 1661. qui a distrait le titre Clerical des saisies contre les Créanciers anterieurs : ce qui a lieu, quoyque le Prêtre ait un Benefice; car il peut le perdre.

116 Si le titre d'un Prêtre peut être décreté? Arrêt du Parlement de Roüen du 20. Juillet 1671. pour l'affirmative. Autre Arrêt semblable du 10. Juillet 1676. qui ordonne que les heritages demeureront compris au decret, & neanmoins affectez au titre du Prêtre, lequel en joüira par ses mains sa vie durant, si mieux n'aiment les adjudicataires donner bonne & suffisante caution, de luy payer 100. liv. de quartier en quartier & par avance, & par faute de payement de demie année, ordonné qu'il rentrera en possession des heritages. *V.* Basnage, *sur l'art.* 546. *de la Coûtume de Normandie.*

117 Arrêt du Parlement d'Aix du 9. Mars 1679. qui a jugé que le titre Clerical peut être laissé par un créancier pour amendes ajugées pour crime. *Boniface to.* 3. *liv.* 6. *tit.* 9. *ch.* 1.

TOMBE.

IL n'appartient qu'au Patron & au Seigneur haut-Justicier d'avoir une tombe relevée dans le Chœur; encore ne doit-elle pas faire obstacle aux fonctions du Service Divin. L'Archidiacre peut sans abus *in cursu visitationis* ordonner que celles qui apportent incommodité notable seront ôtées. *V. la* 22. *Consultation de M. Duplessis.*

Voyez cy-dessus le mot, *Sépulture.*

TONNELIERS.

ARrêt du Parlement d'Aix du 22. Juin 1647. qui a fait défenses aux Tonneliers d'avancer leurs tonneaux dans les ruës plus de trois pans, & de les desseicher de jour, mais seulement de nuit. *Boniface, tome* 1. *liv.* 8. *tit.* 10.

TONSURE.

1 Voyez Rebuffe, 1. *part.* où il explique la forme des Lettres de Tonsure, & *in his requisita.*

2 *De tonsurâ Clericali.* Voyez *Pinson, au titre de qualitatibus Ordinandorum.* §. 1.

3 Du nom, de l'origine, & des effets de la Tonsure. Voyez M. du Perray, *p.* 2 *en sa capacité des Ecclesiastiques.*

4 Voyez les Memoires du Clergé, *tome* 1. *part.* 1. *page* 817. & *suiv.* On ne doit conferer la Tonsure dans les Monasteres sans la permission de l'Evêque Diocesain. *Ibid. page* 994.

Les Abbez Reguliers, & autres Privilegiez, ne la peuvent conferer aux Seculiers. *Ibid.*

Ils ne peuvent aussi donner aux Reguliers qui ne sont pas de leur Jurisdiction. *Ibid.*

5 Lettres de Tonsure. *Memoires du Clergé, tome* 1. *part.* 1. *pag.* 821. & *suiv.* On ne doit rien prendre pour icelles. *Ibid.*

Elles doivent être insinuées aux Greffes des Insinuations Ecclesiastiques. *tome* 2. *part.* 2. *p.* 511.

6 Des Clercs, par qui & comment ils peuvent être créez & de la Tonsure. *Bibliotheque Canon. tome* 1. *page* 253.

7 Des Lettres de Tonsure, & l'examen du contenu en icelles. *Bibliotheque Canon. tome* 2. *p.* 646. verbo, *Tonsure.*

8 Les Lettres de Tonsure sont necessaires pour obtenir un Benefice. *Tournet, lett. T. Arr.* 16.

9 *Tonsura à non suo Episcopo an valeat?* Voyez ibidem, *Arrêt* 13.

10 Le Concile de Trente, *session* 23. *chap.* 10. *de reformat.* veut que les Abbez, quoy qu'exempts & de nul Diocese, ne puissent conferer la Tonsure qu'aux Religieux qui leur sont soûmis.

11 S'il faut être tonsuré lors de la Provision? *Voyez* le mot, *Chapelle, n.* 19.

12 Homme non tonsuré lors de la vacance ou provision du Benefice. *Voyez* le mot, *Provision, n.* 70.

13 *Ultramontanus non tenetur doctrè de titulo tonsurâ suâ quoad fori privilegium, secùs quoad beneficium obtinendum.* Au premier cas, *possessio sufficiebat*: au second, il faut toûjours *litteratoriè docere.* Joan. Galli, *partie* 5. *question* 53.

14 *M. Charles Du Moulin, in quæst.* 164. Joan. Gall. rapporte un Arrêt qui condamne Pierre Courtois de rendre la Tonsure Clericale qu'il avoit reçuë sans la permission des Doyen & Chanoines du Parvis de Nôtre Dame de Soissons, dont il étoit l'homme, & de servile condition. La Note de *Du Moulin*, est qu'il devoit être dégradé.

15 Clercs doivent porter la Tonsure. *Voyez* le mot, *Clercs, nomb.* 43.

16 Capacité n'est entiere sans montrer Lettres de Tonsure ou Prêtrise, quoyqu'elle ne soit donnée par partie adverse; parce que sans titre on ne peut posseder Benefice, il ne suffiroit pas que par la Bulle on soit nommé Clerc & capable. Papon, *livre* 2. *titre* 4. *nombre* 9.

17 Henrys, *tome* 2. *liv.* 1. *quæst.* 31. soûtient qu'un Resignataire non tonsuré lors de la procuration *ad resignandum*, & tonsuré lors de la Provision, *jure beneficium possidet.*

18 Une personne qualifiée Clerc tonsuré dans une Procuration passée pour resigner un Benefice simple en Cour de Rome, & ne l'étant pas, est valablement pourvû, ayant pris la Tonsure pendant l'envoy de la Procuration, & avant qu'elle fût admise. C'est le sentiment d'Henrys, *tome* 2. *liv.* 1. *qu.* 31.

19 Si l'Indultaire doit être tonsuré lors de sa nomination, ou s'il suffit qu'il le soit au temps de la vacance du Benefice, ou quand il se presente pour le requerir? M. Gaulmin Avocat General, estima que la seule signification donnant l'effet aux Lettres de nomination, il suffisoit d'être alors tonsuré, & que quoique les Lettres portassent, *André le Févre, Clerc tonsuré*, ce n'étoit pas une obreption qui les rendit nulles, parce que cette qualité avoit été inserée, comme supposée veritable. Arrêt du Grand Conseil du 23. Octobre 1629. qui appointe. *V, Bardet, tome* 1. *li.* 3. *chapitre* 63.

TONSURE, AGE.

20 *Puer minor septenario non est capax Clericalis tonsuræ?* Voyez Lotherius, *de re Beneficiariâ, lib.* 2. *quæst.* 49. *num.* 16.

21 Celuy qui ne sçait que lire, & qui n'a que 7. à 8. ans, peut recevoir la Tonsure ; mais non celuy qui ne sçait rien du tout. Rebuffe, *prat. benef. ch.* 6. *n.* 25. 26. 27. 28. 29. *ch.* 7. *n.* 16.

22 La premiere tonsure ne se donne qu'à ceux qui ont sept ans complets, & qui sont confirmez. Rebuf.

prat. benef. ch. 6. *n.* 4. *ch.* 5. *n.* 36. Concile de Trente, *seff.* 23. *chap.* 4. qui commence *prima tonsura*; neanmoins par dispense du Pape elle peut être conferée à l'âge de six ans. *Ibid.* Car il n'y a que le Pape seul qui puisse donner des dispenses d'âge. *Rebuffe. prat. benef. part.* 2. *ch.* 47. *n.* 13. *part.* 1. *ch.* 15. *n.* 41.

TONSURE, DIMISSOIRE.

23 Celuy qui est tonsuré par autre que son Evêque, sans Lettres dimissoires, doit obtenir des Lettres du Pape, qu'on appelle *de perinde valere. C.* à ce que cette tonsure vaille autant que si elle avoit été conferée par son propre Evêque, & il doit faire auparavant que de prendre aucun Ordre, ni d'accepter aucun Benefice; il faut Lettres du Pape & non de ses Penitenciers : car ils n'ont pas le pouvoir d'accorder cette dispense. *C.* 1. *in fin. de temp. Ordin. in* 6.

24 Une Lettre de tonsure conferée par un Evêque, autre que le Diocesain, est valable pour obtenir un Benefice, sans rapporter de dimissoire, la Lettre portant seulement, *ritè dimisso.* Arrêt du Parlement de Paris du 4. Septembre 1690. *Journal des Aud. tom.* 5. *liv.* 5. *chap.* 23.

TONSURE, PREUVE.

25 Quelle doit être la preuve de la Tonsure? *Voyez les Memoires du Clergé, tome* 2. *part.* 1. *p.* 65.

26 An ultramontanus teneatur docere de titulo tonsuræ suæ cui. *Voyez Joan. Galli, quæst.* 53.

27 Pour être réputé capable de posseder un Benefice, il est necessaire de faire apparoir de Tonsure, laquelle ne se presume jamais, quoyqu'on fasse apparoir de Lettres de Prêtrise. *Tournet, let. B. n.* 50. rapporte un Arrêt du Parlement de Bourdeaux.

28 Si l'on peut verifier par témoins les Lettres de Tonsure, les ayans perduës? *Voyez Guy Pape, en la Décision* 474.

29 Quand il y a perte de registres, possession de 30. ou 40. ans, l'on peut être déchargé de rapporter preuve litterale de la Tonsure. Arrêt du Parlement de Paris du 25. May 1515. qui reçoit un Prêtre à son serment, & le maintient dans le Benefice contesté. *Biblioth. de Bouchel, verbo, Election, p.* 980.

30 Pour preuve de la capacité, il faut avoir la Lettre de Tonsure en main, ou la preuve de la perte d'icelle; la preuve que l'on voudroit en faire par équipolent seroit rejettée. Arrêt du Parlement de Paris du 3. Decembre 1614. contre un homme qui ayant été plus de 30. ans Prêtre, justifioit de ses Lettres de Prêtrise, de Diacre, de Soûdiacre & Acolyte, mais *non* des Lettres de Tonsure. *Bibliotheque Canonique, tom.* 2. *page* 647. *col.* 1.

31 Les preuves de Tonsures se doivent faire par écrit & non par témoins; mais si les Lettres de Tonsure & de Clericature sont perduës, leur perte peut être prouvée par témoins. *Voyez la Jurisprudence de Guy Pape, par Chorier, p.* 18.

TONSURE, REITERATION.

32 La réiteration de Tonsure ne produit irregularité. Arrêt du Grand Conseil le 17. Octobre 1673. *De la Guess. tom.* 4. *liv.* 7. *ch.* 19.

TORTURE.

Voyez cy-dessus le mot, *Question.*

TOUL.

Style & ordre judiciaire du Parlement de Toulouse, & de la Chambre de l'Edit de Castres, par *Maltessaigne,* Montpellier, 1645.
Voyez Mets.

TOUR.

1 Collation pour cause de permutation, fait tour, quoyqu'elle n'ait point été suivie de possession. Arrêt du Parlement de Paris du 17 Août 1504. entre M. Pierre Remey & Jean Jacques; ce qui s'entend pourvû que la Collation ait été faite par l'Ordinaire & du consentement du Patron. *Voyez Rebuffe,* sur le Concordat, *tit. de mand. Apost.* §. 1.

2 Démissions és mains des Tournaires dans les mois reservez. Arrêt du Grand Conseil du 20 Avril 1671. qui maintient le Pourvû par le Chapitre d'une Chanoinie & Prébende en l'Eglise Cathedrale de Toul, & débouté le nommé par le Roy. V. *le Journal des Aud. tome* 3. *liv.* 5. *ch.* 8.

3 Si une Collation nulle fait tour? *Voyez le mot, Collation, nomb.* 169. & 170.

TOURNAY.

1 Reglemens du Conseil Souverain de Tournay pour les procedures judiciaires, & pour les Huissiers; dés années 1671. & 1672, Tournay 1672. *in douze.*

2 Conseillers du Parlement de Tournay. *Voyez le mot, Conseillers, n.* 45.

TOURNELLE.

De la Chambre de la Tournelle, & Jurisdiction Criminelle. *Voyez la Rocheflavin, des Parlemens de France, liv.* 13. *ch.* 69.

TOURRIERES.

Voyez le mot, *Paroisse, nombre* 17.

TOURS.

Declaration portant confirmation des Privileges de la Ville de Tours. A Chartres en Mars 1594. registrée le 13. Mars 1595. *Chenu, p.* 297.

TRADITION.

1 Tradition civile & réelle, de quelle maniere elle se doit faire, & si la reserve de l'usufruit suffit pour faire la tradition réelle. *Voyez l'Arrêt du* 4. Janvier 1674 *Journal du Palais. Voyez M. Du Val, de rebus dubiis, tract.* 2. *de donationibus tam inter vivos quam causâ mortis.*

2 Tradition feinte transmet la veritable possession en la personne de *Mævius. Ricard, des Donations entre-vifs,* 1. *part. chap.* 4. *sect.* 2. *dist.* 1.

3 Un heritage est acquis sans tradition naturelle, l'heritier de l'acheteur ne peut intenter le cas de saisine contre l'heritier du vendeur. *Voyez Carondas, liv.* 6. *Rép.* 7.

4 La tradition par voye réelle ayant été une fois parfaite, ne se détruit point par la jouïssance du donateur. *Ricard, des Donations entre-vifs,* 1. *part. ch.* 4. *sect.* 2. *distinction* 1.

Voyez le mot, *Donation, n.* 915. & *suiv.*

TRAITANS.

1 Traitant pour récouvrement des deniers Royaux, n'est point reçu au benefice de cession de biens, à l'égard du Roy, ni à l'égard de son associé, qui a payé pour le prix entier du traité commun, sans avoir pris subrogation. Jugé à la Cour des Aydes à Paris le 20. Decembre 1671. *Journal du Palais.*

2 Les Traitans sont civilement responsables du delit de leurs Commis fait dans l'exercice de leurs Commissions; & par le même Jugement qui condamne le Commis contumax, le Traitant peut être condamné civilement, quoyqu'il ne soit point en cause; mais il n'est tenu de payer qu'en luy donnant caution. Jugé en la Cour des Aydes le 7. Août 1683. *Journal du Palais.*

Voyez le mot, *Hypotheque, nombre* 264. où il est parlé de l'hypotheque acquise au Roy sur les biens des Traitans.

TRAITEMENS

TRAITEMENS.

1. DEs enfans qui sont maltraitez. *Voyez* le mot, *Enfant*, n. 65. & *suiv.*
2. Mauvais traitemens par le mary. *Voyez* le mot, *Mary*, nomb. 15. & *suiv.*
3. Mauvais traitemens faits au Seigneur, ou par luy. Voyez le mot, *Seigneur*, n. 177. & *suiv.*
4. Les Seigneurs ne doivent user de rigoureux ni mauvais traitemens envers leurs Sujets & Justiciables, à cause desquels, par Arrêt du Parlement de Toulouse du pénultiéme Juillet 1578. Damoiselle Robine de Saint Pastour. veuve de Bernard Dalbine, & ses enfans dudit Dalbine, & leurs successeurs, auroient été déclarez exempts à perpetuité de la Jurisdiction du sieur de Fonterailles & de ses successeurs, & de luy payer aucuns cens, oublies & droits Seigneuriaux, par elle ou ses enfans, ou ses successeurs d'eux. *Biblioth. du Droit François*, par *Bouchel*, verbo, *Femme.*
5. Des mauvais traitemens qui causent une demande en séparation. *Voyez* le mot, *Séparation*, nomb. 127. & *suivans.*

TRANSACTION.

EXplication de ces mots, *transactio, transactione componere.* L. 229. & 230. D. *de verborum significatione.*
De transactionibus. D. 2. 15... C. 2. 4... Extr. 1. 36... Instit. L. 3. 3.
De pactis & transactionibus. C. Th. 2. 9.
Si adversus transactionem, vel divisionem minor restitui velit. C. 2. 31.
De usucapione pro emptore, vel pro transactione. C. 7. 26. Celuy qui possede en vertu d'une transaction, peut prescrire.
Ne judex aliquos ad transigendum compellat. N. 114. cap. 4.
V. *Convention. Pacte.* le mot, *Requête*, nomb. 92. & 93. & le mot, *Retrait*, nomb. 906. & *suiv.*

1. De la nature & de l'effet de la resolution & des nullitez des transactions. *Voyez* le 1. Tome des Loix civiles, liv. 1. tit. 13.
2. *De transactionibus*, Per Joan. Bap. Cacialupum, & per Nicolaum Vigelium.
3. *Transactionis instrumentum, quando si fidem faciat, & sollemnitas extrinseca omissa præsumatur?* V. *Andr. Gaill.* lib. 2. observ. 71.
4. *Clausula generalis transactionem, verbaque enunciativa de litibus tantummodo jam motis sunt intelligenda; transactio enim non complectitur quod non est.* Mornac, l. 4 ff. *de transactionibus; sed ad sola porrigitur quæ sunt expressa; in fine posita refertur non solum ad proxima, sed ad præcedentia.* Mornac, l. 3. 29. & 31. Cod. *de transact.*
5. Transaction faite *super usurâ futurâ*, pour astraindre le debiteur à payer à l'avenir, est nulle; elle vaut si elle est faite pour éteindre la recherche de l'interêt payé en vertu du Contract usuraire. *Voyez* M. *Loüet & son Commentateur*, lettre T. somm. 6.
6. Par Edit du Roy donné à Fontainebleau au mois d'Avril 1560. publié à la Cour le 18. May 1563. sont confirmées toutes transactions faites par majeur, quoyqu'il y ait lezion d'outre moitié de juste prix sans dol personnel ou fraude; & par Arrêt du Parlem. de Paris fut un Prêtre condamné à payer suivant la transaction certaine somme excessive. *Papon*, liv. 6. tit. 3. nombre 9.
7. Transactions signées sans voir ont été confirmées par plusieurs Arrêts du Parlement de Toulouse des 24. Avril 1646. & 23. May 1647. Autre du 8. Juin 1657. en la cause des sieurs de Montfaucon & de Saintes Cameles, où les arbitres n'avoient fait que remplir le blanc laissé pour remplir le prix des grains. Autre du 24. Juillet 1663. quoyque Fermineau offrît de proüver par le Notaire & témoins numeraires qu'il avoit signé une Transaction sans voir, il fut demis de ses lettres, il est vray qu'il en avoit souffert l'execution. Autre Arrêt du 30. Juillet 1665. qui confirme un accord signé sans voir par M. de Lartigues Avocat en faveur de sa belle sœur. Quelquefois la Cour casse de telles transactions. Arrêts des 3. Février 1651. & 18. Juillet 1658. cela dépend des circonstances. *Albert*, verbo, *Transaction*, art. 5.
8. Une personne âgée de quatre-vingt douze ans peut passer transaction. Arrêt du Parlement de Bourgogne du premier Mars 1612. *Bouvot*, tome 1. verbo, *Donation*, quest. 28.
9. Si l'on peut demander des dépens, quand par la transaction ils n'ont pas été exceptez? *Voyez* le mot, *Dépens*, nombre 206. & *suiv.*
10. Transaction entre Juges au sujet de leur Jurisdiction. *Voyez* le mot *Jurisdiction*, nomb. 346. & *suiv.*

TRANSACTION ENTRE ABBE' ET RELIGIEUX.

11. Lorsqu'on prétend déroger au droit d'un tiers, & au droit general, il faut que l'acte soit passé par l'ordre du Prince, ou par l'autorité de ceux qui ont en main son pouvoir, si donc de tels concordats faits par les Abbez avec les Religieux ne sont point passez en consequence d'aucunes Lettres Patentes du Roy, ni Arrêt de Cour Souveraine qui les ordonnent, ils ne pourront jamais priver les Evêques de leurs droits; cela a été ainsi jugé par deux Arrêts du Parlement de Paris, l'un du premier May 1561. & l'autre du 7. Août 1625. contre les Chapitres du Mans & de Clermont en Auvergne, au sujet d'une partition que les Chanoines avoient faite de tous les Benefices qui dépendoient du corps du Chapitre en general, & les partageant entr'eux, & les attribuant ou unissant à chaque Prébende pour frustrer les Graduez: car bien que ces partages & ces transactions fussent homologuez en Cour de Rome, ils ne laisseront pas d'être annullez, parce qu'ils avoient été faits sans Lettres Patentes, & pour priver les Graduez de leurs Privileges. *Biblioth. Canon.* tom. 1. p. 377.
12. Transaction passée entre les Religieux, n'obligent pas les Abbez successeurs. Arrêt du Parlement de Toulouse du 18. Février 1633. qui entherine les Lettres de rescision prises par l'Abbé d'Aniane, contre une transaction, par laquelle l'Abbé predecesseur avoit abandonné aux Religieux de la même Abbaye, des terres & moulins, au lieu des pensions qu'il étoit obligé de leur faire pour leur nourriture & entretien, conformément à des transactions précedentes. L'Abbé se fondoit sur la lézion, sur le défaut de pouvoir de celuy à qui il avoit confié sa procuration, & qui en avoit passé les bornes. On luy opposoit la prescription; mais il remontroit qu'elle ne pouvoit luy être objectée, l'Abbaye ayant été long-temps possedée par des Abbez Confidentiaires. *Voyez* M. d'Olive, liv. 1. chap. 1.
13. Les transactions faites par les Abbez avec leurs Religieux, n'obligent point les successeurs, par la raison que les alienations du Domaine des Eglises, & des Benefices, sont défenduës, & que les transactions translatives des Domaines, sont alienations. Jugé au Parlement de Toulouse. Cet Arrêt rapporté par *Jovet* dans sa *Bibliotheque des Arrêts de France.* & dans la Biblioth. Canon. tome 1. verbo, *Curé*, p. 377.

TRANSACTION, ABUS.

14. Aprés l'appel comme d'abus, il n'est pas permis aux Avocats des parties, de traiter & accorder sans le consentement de Messieurs les Gens du Roy, *secùs* quand il s'agit d'un monitoire concedé pour injures verbales. Arrêt du Parlement de Bourgogne du 4. Janvier 1606. *Bouvot*, tome 2. verbo, *Abus*, question 4.

TRANSACTION, ADULTERE.

15. *Transigi non licet de adulterio.* Mornac, l. *transigere* 18. Cod. *de transactionibus.*

762 TRA   TRA

16 Transaction sur crime d'adultere, est bonne & valable. Arrêt en 1619. *Bardet, to. 1. li. 1. ch. 67. & M. le Bret, li. 1. decis. 13.*
Voyez le mot *Adultere*, nomb. 157.

TRANSACTION SUR ALIMENS.

17 *Voyez* le mot *Alimens*, nomb. 122.

TRANSACTION, ARREST.

18 Transaction faite entre deux parties, dont l'une sçait qu'il y a Arrêt, l'autre ne le sçait pas, est sûjere à restitution. Arrêt du 27. Novembre 1524. *Mornac, l. 40. ff. de pactis, secus si ce n'est que d'une Sentence dont on peut appeller. Mornac, l. 7. ff. de transactionibus.*

19 Arrêt rendu par surprise au préjudice d'une transaction, est cassé, par Arrêt du Parlement de Bretagne du 10. Octobre 1555. de même qu'après les Arrêts une transaction surprise est inutile. Arrêt du 26. Mars 1599. *Du Fail, li. 2. ch. 24.*

20 *Post rem judicatam*, la transaction cassée par Arrêt du 7. Septembre 1608. *M. le Prêtre, 2. Centurie, chap. 85.*

21 *An transactio sub pratextu instrumentorum de novo repertorum rescindatur?* Arrêt du Parlement de Grenoble du 21. Juillet 1612. qui a jugé la negative. *Basset, to. 2. li. 6. tit. 1. ch. 7.*

22 La transaction faite par l'une des parties, à la persuasion de l'autre, n'est valable après le procés jugé, quand les deux parties n'ont point connoissance du Jugement. Arrêt du 10. Juillet 1647. *Soëfve, tome 1. Cent. 2. ch. 37. & M. le Prêtre, Cent. 1. ch. 85.*

23 L'on peut transiger de l'évenement d'un Arrêt avant qu'il soit rendu; une partie ne peut opposer que la transaction n'est pas en forme publique. Arrêt du Parlement de Toulouse du 1. Mars 1650. *Albert, verbo Transaction, art. 2.*

24 Transaction sur Requête Civile vaut, *non autem* s'il y avoit eu Arrêt, & que l'une des parties le sçût, & l'autre non. Arrêt du Parlement de Grenoble du 3. Juin 1661. *Basset, to. 1. liv. 4. tit. 14. ch. 1*
Voyez cy-après le nomb. 43. & suiv.

TRANSACTION, BENEFICE.

25 *Transactiones omnes super Beneficio Ecclesiastico, speciem continent simoniæ, quando non fiunt gratis & amicabiliter, sed aliquo dato vel retento.* Arrêt du 1. Decembre 1588. *Voyez M. Louet & son Commentateur, let. C. somm. 40.*

26 Chopin remarque qu'une transaction faite sur un benefice litigieux avec un Seigneur laïc, est permise, & ne peut être tenuë simoniaque; encore qu'il y ait promesse d'argent, & dit avoir été ainsi jugé le 27. Août 1598. l'Arrêt est rapporté *liv. 1. des droits des Religieux & Monasteres.*

27 C'est une maxime qu'en matiere beneficiale, on ne peut donner titre par transaction à celuy qui n'en a aucun, *siquidem beneficia non pactione, non transactione, sed canonica institutione obtineri debent* : on ne peut faire par transaction plus que par collation & provision de l'Ordinaire, & comme une telle provision seroit nulle en la personne d'un confidentiaire, de même une telle transaction. Arrêt du 18. Decembre 1600. rapporté par *Tournet, lettre B. Arr. 66.*

TRANSACTIONS, COMMUNAUTÉ.

28 Les transactions entre Syndics & Echevins passées en vertu d'acte d'assemblée, sont bonnes. *Brodeau sur M. Louet, lettre C. som. 4. nomb. 6.*

29 Les Maire & Echevins, & les Communautez peuvent transiger. Arrêt du Parlement de Dijon du 5. Août 1605. *Bouvot, to. 2. verbo Transaction, question 9.*

30 Arrêt du Parlement d'Aix du 11. Decembre 1671. qui rescinda une transaction passée entre les Syndics Apotiquaires, & les Syndics Medecins, ne paroissant pas, que par déliberation, les Syndics des Apotiquaires eussent été fondez en pouvoir de la passer. *Boniface, tome 2. liv. 4. tit. 6. ch. 1.*

TRANSACTION, COMPROMIS.

31 Le Procureur fondé en pouvoir general, ne peut transiger ni compromettre ; & si le Procureur sans pouvoir special compromet, la peine n'est point dûë. *Brodeau, sur M. Louet, lettre C. som. 4. nomb. 7.*

TRANSACTION, COMPTE.

32 *Qua fit non visis tabulis*, est nulla. *Voyez M. le Prêtre, 1. Cent. chap. 25. Voyez Chenu, 1. Cent. quest. 27.* & pour s'en faire relever, *Voyez l'art. 134. de l'Ordonnance de 1539.*

Une transaction ne peut être rescindée pour l'erreur de calcul. *Voyez Carondas, liv. 4. Rép. 72.*

33 Arrêt du Parlement de Bretagne du 27. Octobre 1571. confirmatif d'une transaction, contre laquelle on avoit pris lettres de rescision; les défendeurs disoient que la transaction avoit été faite en présence des parens, & après les debats fournis sur le compte rendu, de plus qu'on ne venoit point dans les dix ans, & qu'il y en avoit trente passez au jour de l'assignation. *Voyez du Fail, liv. 3. chap. 140.*

34 Transaction faite par un tuteur avec son mineur sur la reddition de son compte, cassée, & condamné à rendre compte. Arrêt du 27. Novembre 1585. *M. Louët & son Commentateur, let. T. som. 3. où vous trouverez plusieurs questions.*

35 Passée en minorité avec la mere tutrice & le beaupere, & cession posterieurement faite par contrat de mariage à leurs profits de tous les droits successifs du pere écheus, les Lettres entherinées, & les parties remises comme elles étoient avant la transaction & cession, &c. Arrêt du 20. Novembre 1684. *De la Guesse. to. 4. liv. 7. ch. 28.*

36 Par Arrêt du Parlement de Toulouse du mois de Decembre 1592. fut cassée une transaction passée entre le majeur & celuy qui avoit été son tuteur, portant décharge de l'administration, sans avoir rendu aucun compte, il fut dit que les comptes seroient clos & rendus, nonobstant l'Edit de 1560. fait sur la validité des transactions entre majeurs, car jusqu'à la reddition de comptes, la charge de tutelle semble continuer. *Mainard, liv. 2. ch. 100.*

TRANSACTION, CONDITION.

37 S'il y a condition en une transaction ou contrat, &c. il faut satisfaire à la condition. Jugé en 1581. *Carondas, liv. 7. Rép. 175.*

CONVENTION, CREANCIERS ET HERITIERS.

38 La convention faite entre les creanciers & les heritiers du debiteur, est bonne & valable. *Voyez M. le Prêtre, 1. Cent. ch. 85.* où il rapporte Arrêts du 12. Juillet 1605. du 15. Decembre 1607. du 26. Avril, & 2. Août 1608. qui ont jugé que la transaction faite entre des creanciers, seroit commune avec les autres creanciers.

TRANSACTION, CRIME.

39 S'il est permis de transiger du crime de faux? *Voyez* le mot *Faux*, n. 161. *& suiv. Bouvot, to. 2. verbo Transaction, qu. 5. 14. 17. Coquille, to. 2. qu. 313. & la Bibliotheque du Droit François, verbo Transaction.*

40 Qu'il ne sera loisible de composer ni transiger sur crime & excés. *Ordonnance de Fontanon, to. 1. liv. 3. tit. 88. p. 703.*

41 *Transigere vel pacisci in delictis an licitum sit?* Voyez *Franc. Marc. 1. part. qu. 660.*

42 *Transigere vel pacisci de crimine non capitali, excepto adulterio, prohibitum non est. Mornac, l. 18. Cod. de transactionibus.* Pour les crimes qui regardent seulement l'utilité publique ou du fisc, les transactions sont nulles; *Voyez Corbin en ses resolutions des doutes, &c. fol. 436. Voyez Valla de rebus dubiis, &c. tract. 17.*

43 Mineur ne peut être relevé de la transaction qu'il a faite à cause de crime ; Arrêt du Parlement de Toulouse du 2. Decembre 1544. *Biblot. de Bouchel, verbo Mineurs.*

44 *Paciſci poteſt de falſo & pactum ſervandum à paciſcentibus, ſed procurator Regius vindictam publicam poteſt exequi.* Jugé au mois de May 1593. Mornac, *l. 6. verbo pactuſve, ff. de his qui notantur infamiâ.* Voyez Brodeau, ſur M. Loüet, *let. A. ſom. 18.*

45 Si un Seigneur peut tranſiger avec un de ſes ſujets qu'il pourſuivoit pardevant un Juge Royal pour crime capital ? *Voyez le mot* Crime, n. 52.

46 Jugé par Arrêt du Parlement de Dijon du mois de Novembre 1557. que celuy qui a compoſé d'un délit, eſt infame ſuivant la L. *non damnatos C. ex quib. cauſ. infam. irrog.* Bouvot, *to. 1. part. 3. verbo Infame.*

47 L'on peut tranſiger de tous crimes, ſans l'avis de Meſſieurs les Gens du Roy, pour ſon intereſt particulier. Arrêts du P. de Dijon des 14. May 1605. & 16. Decembre 1607. on excepte le crime de faux. Bouvot, *to. 2. verbo Tranſaction, qu. 12.*

48 Un Moine ayant tranſigé d'un crime & payé, ne peut être reſtitué. Arrêt du P. de Dijon du 20. Juillet 1611. Bouvot, *tome 2. verbo Tranſaction, qu. 15.*

TRANSACTION, DISMES.

49 De la tranſaction en fait de dîmes. *Voyez le mot* Dîmes, n. 464.

50 La tranſaction faite avec un Curé pour raiſon de dîmes, n'oblige point ſon ſucceſſeur. Arrêt du 28. Juin 1544. Carondas, *liv. 1. Rép. 16.*

TRANSACTION, DOL.

51 *Specialiter de dolo tranſigi poteſt, actione ſcilicet motâ de dolo.* Mornac, *l. 4. Cod. de tranſactionibus.*

52 Le Roy Charles IX. par Edit en 1560. verifié au P. en 1563. confirme toutes tranſactions faites ſans force, impreſſion ou dol perſonnel entre majeurs, ſans avoir égard au dol réel ou à la lezion qui y pourroit être pour le regard du prix, & ne veut qu'aucunes Lettres de reſtitution en ſoient baillées, ſinon au cas du dol perſonnel, force ou impreſſion. *Conference des Ordonnances,* livre 2. §. 3. ou bien *l'Ordonnance de Neron.* Voyez M. le Prêtre 4. Centurie, chap. 30. Et Mornac, *liv. 7. verbo quaſi cauſa ff. de tranſactionibus.*

53 Toutes tranſactions ſont nulles, ſi lors d'icelles par le dol de l'une des parties contractantes quelque acte important a été caché. Jugé en la Chambre de l'Edit de Caſtres le 8. Juin 1617. contre une partie qui ne tranſigea qu'après avoir ſçû qu'elle avoit perdu ſon procès, l'autre partie l'ignoroit. Voyez Boné, Arrêt 96.

TRANSACTION, DROIT LITIGIEUX.

54 La tranſaction entre perſonnes conjointes, pour raiſon d'un droit litigieux entr'elles, a plus de force pour préferer celuy qui a contracté, qu'un échange fait avec un étranger, encore qu'il ſoit précedent en date. Jugé au Parlement de Touloufe le 1. Septembre 1574. Carondas, *liv. 7. Rép. 171.* & Mainard, *li. 2. ch. 62.*

TRANSACTION, EDIT.

55 Voyez M. Expilly, Arrêt III.

TRANSACTION, EGLISE.

56 *Tranſigere de rebus Eccleſiæ Paroco licet, etiam ſine ſuperioris authoritate modo verſetur utilitas Eccleſiæ, item ex temporis diuturnitate, ſolemnitas intervenniſſe præſumitur, quæ alleganda eſt.* Voyez Franc. Marc. tom. 2. queſt. 188.

57 Arrêt du P. d'Aix du 30. Janvier 1673. qui déclara non recevable un prélat en la reſciſion d'une tranſaction ſur des droits douteux en un fief de l'Egliſe faite par ſon devancier. Boniface, *to. 3. li. 5. tit. 6. ch. 7.*

TRANSACTION, EVICTION.

58 Si l'Eviction a lieu en tranſaction ? V. le mot Eviction, n. 29. & ſuiv.

TRANSACTION, FEMME, MARY.

59 Arrêt du Parlement de Paris du 7. Janvier 1574. par lequel une tranſaction faite par une femme procuratrice de ſon mary, ſans avoir pris conſeil comme il étoit porté par la procuration, a été annullée. Papon, *liv. 6. tit. 3. n. 6.*

Tome III.

60 Tranſactions faites en preſence des parens aſſemblés, ne ſont ſujetes à reſciſion. Arrêt donné ès *Grands Jours de Clermont* le 20. Octobre 1582. contre une veuve qui ſe plaignoit d'avoir abandonné pour 2800. liv. tous les droits qu'elle pouvoit prétendre és ſucceſſions de ſon pere & de ſes freres, diſant qu'elle étoit en puiſſance de mary, lequel avoit tranſigé pour une petite ſomme ſur l'accuſation de rapt commis en ſa perſonne. Le défendeur aux Lettres remontroit que l'eſtimation des biens avoit été faite par la famille aſſemblée.

61 Arrêt du Parlement d'Aix du 18. Decembre 1670. qui juge le mary capable de tranſiger des droits de ſa femme, déſcendans des comptes tutelaires rendus par ſes Tuteurs. Boniface, *to. 4. liv. 5. tit. 5. chapitre 1.*

TRANSACTION ENTRE HERITIERS.

62 Si la tranſaction faite avec grande raiſon & neceſſité par l'heritier grevé de rendre, peut préjudicier au fideicommiſſaire, &c ? V. Peleus, *qu. 161.*

63 Une tranſaction faite par celuy qui s'eſtimoit heritier, ne nuit au veritable heritier, &c. Voyez Carondas, *liv. 4. Rép. 24.*

64 Tranſaction ſur un partage; Lettres de reſciſion. Le défendeur demande l'argent qu'il a donné; l'autre répond qu'il luy en ſera dû. Arrêt du Parlement de Bretagne du 27. Août 1566. qui le condamne à rendre l'argent reçu, & aux dépens de l'incident. *Du Fail, liv. 3. ch. 87.*

65 Tranſaction ſur le partage confirmée. Arrêt du Parlement de Bretagne du 18. Février 1576. qui déboute des Lettres de reſciſion. *Ibid. ch. 133.*

66 Par Arrêt du Parlement de Toulouſe du mois d'Avril 1577. fut confirmée une tranſaction paſſée entre deux freres, touchant leurs avantages ſur les biens du pere vivant, & intervenu en ladite tranſaction, quoique depuis il eût changé de volonté, & fait autres diſpoſitions entre leſdits contracts, & leurs autres freres, il fut dit que les autres freres auroient leurs legitimes, s'ils ne ſe contentoient des droits à eux reſervez par le pere en ladite tranſaction. *Voyez Mainard, liv. 8. chap. 68.*

67 *Hæredis gravati tranſactio bonâ fide facta valet contra fideicommiſſarium.* Arrêt du Parlement d'Aix du 5. Decembre 1584. *Voyez Franciſci Stephani, deciſ. 69.*

68 Des tranſactions faites entre coheritiers *non viſis cognitiſque tabulis teſtamenti.* Arrêts du Parlement de Toulouſe des 22. Decembre 1664. & 11. Janvier 1667. qui ont caſſé ſemblables tranſactions, & ont ordonné l'execution des teſtamens. *Voyez M. de Caſtellan, liv. 5. chap. 46.* où il en rapporte un autre ſans date qui admet l'impetrant de Lettres en caſſation à prouver par les témoins numeraires qu'il avoit ſigné la tranſaction ſans la voir.

69 Acte de Notorieté donné par M. le Lieutenant Civil du Châtelet de Paris, le 8. May 1704. portant que les tranſactions faites entre le mari & la femme pendant le mariage, ſont des actes inutiles. *Recueil des Actes de Notor. p. 187. & ſuiv.*

TRANSACTION, HOMICIDE.

70 Le pere ſeul peut compoſer & tranſiger de l'homicide de ſon fils, ſans que ſes enfans puiſſent revenir contre ſa quittance. Arrêt du Parlement de Bourdeaux du 27. Février 1520. Papon, *livre 24. tit. 2. n. 3.*

71 Les heritiers peuvent pourſuivre ou compoſer avec l'homicide de celuy qui les repreſentent. Arrêt du Parlement de Paris de l'an 1544. fondé ſur ce que le Procureur du Roy a toûjours la vindicte publique. Papon, *liv. 24. tit. 1. n. 3.*

72 Marie de Caſenoue condamnée en 1500. livres envers Pardoux, après trois ans de priſon, eſt miſe en liberté à la caution de Petit. On fait des propoſitions d'accommodement. Pardoux ſe contente de

D D d d d ij

400. livres. Le memoire est porté chez le Notaire pour dresser la Transaction; comme on la mettoit au net, l'argent fut compté; aussi-tôt Pardoux qui avoit attiré quelques Sergens les fait entrer, ils saisissent les deniers; l'on crie au voleur; Petit & Marie Casenoue rendent plainte. Pardoux disoit que ce qu'il avoit fait étoit *bonus dolus*; il alleguoit la Loy *Contractus C. de fide instrument*. portant qu'il est permis de resilier d'un acte avant qu'il soit signé. On répondoit que la Loy se devoit entendre *rebus integris*. Arrêt du Parlement de Paris du 17. Juin 1619. qui déclare la saisie nulle, condamne Pardoux à rendre à Petit les deniers, si mieux il n'aime passer l'accord en question, ce qu'il sera tenu déclarer dans huitaine, & outre l'a condamné à aûmoner 6. livres parisis au Pain des prisonniers de la Conciergerie du Palais, & en tous les dépens. *Bibliotheque de Bouchel, verbo Transaction.*

TRANSACTION, IGNORANCE.

73 De Transaction faite sous ignorance d'un Arrêt. *Voyez. Papon, liv. 19. tit. 9. & M. Mainard, liv. 6. de ses quest. chap. 18.*

74 Transactions passées avant ou après la prononciation, & sous ignorance de l'Arrêt, sont nulles, & doivent être cassées. Jugé au Parlement de Paris le 27. Novembre 1524. Autres Arrêts de 1540. & 3. Août 1564. *Papon, liv. 19. tit. 9. n. 1.*

75 Transaction de chose jugée sans faire beaucoup de préjudice, doit subsister. Arrêt du 8. Janvier 1545. *Ibidem, nomb. 2.*

76 Si avant l'Arrêt ou après, sous ignorance d'iceluy, la partie qui a obtenu, transige, la Transaction sera cassée, quoyque faite entre majeurs, & les parties remises en l'état de l'Arrêt. *Papon, liv. 19. tit. 8. n. 4. id. Mornac. ad L. 40. §. 1. ff. de pact. vid. Faber. C. de transf. def. 4.* J'ay vû dit *La Peirere, lettre T. decis. 138.* des Arrêts de nôtre Parlement de Bourdeaux conformes, & croisbien que si par dol, l'une des parties ayant avis de l'Arrêt a surpris l'autre, l'Arrêt doit prévaloir, la Transaction, *habet majorem auctoritatem quam res judicata.*

Arrêt du 11. Janvier 1646. entre Jacobet, demandeur en Lettres, & le défendeur, qui a jugé qu'une Transaction, à laquelle ledit Jacobet avoit attiré sur un procez pendant en la Cour, le défendeur sçachant qu'il y avoit eu Arrêt, étoit un acte nul; & l'Arrêt confirmé.

77 Par autre Arrêt du 6. Mars 1644. une Transaction passée entre les parties, sur un procez pendant au Parl. & qui avoit été jugé quatre jours auparavant au profit de Pichot, fut cassée, & l'Arrêt confirmé sur ce que la Transaction avoit été passée dans un lieu où l'autre partie avoit pû être avertie de l'Arrêt. *Ibidem.*

78 L'ignorance de droit n'est pas un moyen de rescinder une Transaction, Arrêts des 3. Avril 1637. & 5. Février 1655. dont le mouvement fut que les Transactions ne se rescindent que pour les violences ou dol personnel, & non pour le dol appellé *re ipsâ*. Voyez les Ordonnances de Louïs XII. en 1510. art. 44. François I. 1535. art. 30. Charles IX. 1560. & *Basset, to. 1. liv. 4. tit. 14. chap. 3.*

Voyez cy-dessus le nomb. 18. & suiv.

TRANSACTION, MINEUR, TUTEUR.

79 Transaction faite par un mineur. *Voyez* le mot *Mineur, n. 180. & suiv.*

80 Des Transactions passées entre le mineur & le tuteur *non visis tabulis*. V. *Filleau, 4. part. quest. 27. & 28.*

81 Mineur après dix ans de majorité n'est recevable à revenir contre une Transaction par luy passée en minorité. *Papon, liv. 16. tit. 3. n. 6.*

82 L'article 517. de la Coûtume de *Bretagne*, portant ces mots, *& resaisi ceux dont ils ont eu la garde de leurs biens, titres & enseignemens*, a pour fondement un Arrêt du 30. Avril 1577. rendu en forme de Reglement; lequel entherine des Lettres de rescision prises contre une Transaction passée entre tuteur & ses pupilles. Il est rapporté par *Du Fail, liv. 1. chapitre 430.*

83 Le mineur ne peut être relevé d'une Transaction par luy faite pour excés. Arrêt du 2. Decembre 1581. *Carondas, liv. 7. Rép. 110.*

84 Un mineur obtient Lettres de grace & dispense d'âge, on luy rend compte, & depuis il transige sur les debats du compte; il ne peut être restitué, l'Arrêt prononcé le 20. Janvier 1596. *Ibidem, liv. 9. Rép. 47.*

85 Si un mineur a transigé avec son tuteur sur l'administration de la tutelle & reddition de compte, il doit se pourvoir dans les dix ans de la majorité, sinon les dix ans passez, il n'est plus recevable. *Chenu,* dans *la premiere Centurie, quest. 28.* en rapporte un Arrêt rendu en la Troisiéme Chambre des Enquêtes le 19. Janvier 1602. & neanmoins au chapitre précedent il cite un Arrêt du premier Février 1567. qui avoit jugé que dans ce cas le mineur pouvoit se faire relever des trente ans après sa majorité. *Voyez* ces deux Arrêts, qui sont remarquables. *M. le Prêtre, 4. Cent. chapitre 30.*

86 *Minor restitutus adversùs transactionem ab eo cum tutore initam super reddendis tutelæ rationibus, non reddet pecuniam quam accepit à tutore ex causâ transactionis, sed eam tutor in rationes suas referet quas redditurus sit.* Arrêt du 29. Decembre 1609. *Mornac, l. unica Cod. de reputationibus quæ fiunt in judicio.*

87 Arrêt du Parlement d'Aix du 19. Decembre 1639. qui a déclaré nulle la Transaction faite entre le mineur & son Curateur, *non visis neque dispunctis rationibus*, quoyque ratifiée après la majorité. *Boniface, to. 1. liv. 4. tit. 3. chap. 3.*

88 La Transaction faite par une mere pour son fils mineur blessé fortuitement par un autre, ne peut empêcher le fils devenu majeur d'agir pour son interêt particulier. Arrêt du Parlement de Paris le 18. Decembre 1648. *Soefve, to. 1. Cent. 2. chap. 99.*

89 Par nos Loix & par nos Jugemens la Transaction passée entre l'adulte & son Tuteur, *non visis, neque dispunctis rationibus*, est nulle, & quoyque les actions rescisoires ne durent que dix ans, celle que l'adulte peut se pourvoir contre ces sortes de Transactions en dure trente, c'est ce que nous trouvons dans *Mainard, liv. 2. chap. 99. & d'Olive, liv. 4. chap. 16.* ainsi la question a été jugée au Parlement de Toulouse le 24. Mars 1659. en la cause de La Lande Tuteur, & Jeanne Deleloup. V. *M. de Catellan, liv. 8. ch. 6.*

TRANSACTION, PARTAGE.

90 La Transaction sera nulle passée entre freres, de partager également les biens paternels, sur l'incertain évenement de l'élection de leur mere, à qui le pere en avoit laissé le choix. *Cont. Mainard, lib. 5. cap. 68.* Me. Abraham la Peirere, *en ses décisions du Palais, lettre T. nomb. 140.* dit, la raison de douter se prend de ce que ce n'est point transiger, *super hæreditate viventis :* mais comme telles élections sont toûjours ordonnées pour tenir les enfans en devoir envers leur mere; c'est notoirement contrevenir à la volonté du défunt, & donner matiere aux enfans de se mocquer de leur mere, si telle Transaction avoit lieu.

91 Quoyque dans la Transaction les parties ayent promis l'entretenir, & ne venir à l'encontre d'icelle; neanmoins le fils & heritier après le decez du pere, peut choquer la Transaction par son propre droit. Autre chose est si la Transaction porte tant pour soy que pour ses enfans, si ce n'est que les enfans se portassent heritiers sous benefice d'Inventaire. *Peregrin. art. 52. n. 45. & seq.* La Peirere, *lettre T. nomb. 141.* dit, j'ay toûjours crû qu'indifferemment le fils heritier pur & simple du pere, ne peut point choquer la Transaction faite par le pere.

Voyez cy-après le nombre 113. & suiv.

92 Transaction en matiere de partage. *Voyez* le mot *Partage, nomb. 182. & suiv.*

Transaction, Portion congruë.

93 Arrêts du Parlement de Toulouse qui ont annullé des Transactions sur la portion congruë. *V. Albert, lettre C. art. 6.*

94 Arrêt du Parlement d'Aix du 20. Février 1679. qui cassa une Transaction faite sur la portion congruë, & sur le département de nomination des Prêtres par les Vicaires, & luy ajugea 300. liv. de pension congruë, & le maintint au droit de nommer. *Boniface, tome 3. liv. 6. tit. 5. ch. 1.*

95 Une Transaction faite entre les Décimateurs & un Curé ou un Vicaire pour sa portion congruë est un titre suffisant au successeur pour agir par main mise, & obtenir provision. Jugé au Parlement de Tournay le 14. Avril 1696. en faveur du Vicaire de la Paroisse de Nôtre-Dame au Quenoy. *V. M. Pinault, tome 1. Arrêt 102.*

Transaction sur Procez.

96 Des procez feints & simulez ne peuvent donner lieu à des Transactions legitimes. *Voyez Me. Charles Du Moulin, sur la regle de public. n. 281.*

97 *Clausula generalis transactionum, verbaque enuntiativa, de litibus tantummodo intelligenda sunt, quæ jam mota sunt.* Mornac, *l. 4. ff. de transact.*

98 Un mary ayant transigé d'un procez concernant le propre heritage de sa femme, elle peut se faire autoriser par Justice pour reprendre & poursuivre le procez. *Voyez Carondas, liv. 5. Rép. 14.*

99 L'on ne pouvoit se servir d'un accord fait sur un procez, dont la Cour est saisie, qu'il n'eût été auparavant approuvé par icelle. De même si elle avoit permis aux parties de transiger, il falloit auparavant que la Transaction fût homologuée. Jugé par Arrêts du Parlement de Paris des années 1386. & 1387. *Papon, liv. 6. tit. 3. n. 6. 7. & 8.*

100 Quand les parties ont transigé d'un procez, elles ne peuvent retirer du Greffe de la Cour leurs sacs, que la Transaction n'ait été homologuée par Arrêt, ainsi jugé au Parlement de Paris le 27. Septembre 1421. *Bibliotheque de Bouchel, verbo Transaction.*

101 Une femme transige avec son mary sur un procez de divorce; ensuite elle obtient des Lettres contre la Transaction; elle en est déboutée, & ordonné au mary de la bien traiter, avec défenses de vendre les biens de sa femme sans son consentement. Arrêt du 23. Decembre 1560. *Carondas, liv. 7. Rép. 45.*

102 Quoyque la Coûtume de Bretagne en l'article 317. porte qu'en Transaction faite sans fraude sur procez intenté, & pendant entre parties il n'y aura vente ni retrait, bien qu'il y ait argent baillé ou promis pour se départir du procez; neanmoins il a été donné nombre d'Arrêts qui ont restraint cette disposition pour n'avoir lieu quand on transige sur un procez pour un droit naturel, & lorsqu'il y a de l'argent baillé à celuy qui le devoit. Arrêt du 5. Septembre 1586. *Sauvageau sur Du Fail, liv. 1. chap. 369.*

103 On ne peut demander des dépens aprés une Transaction ou un Jugement diffinitif, quoyqu'il n'y ait rien été décidé pour les dépens, *quia consensu remissi.* Arrêt du Parlement de Grenoble du 22. Janvier 1664. *V. Basset, to. 1. liv. 2. tit. 31. ch. 12.*

Transaction, Procureurs, Solliciteurs.

104 Les Contracts & Transactions sont permises entre les Procureurs ou Solliciteurs & leurs Parties, aprés le procez terminé & non pendant iceluy. Jugé en la Chambre de l'Edit de Castres le 20. Decembre 1629. *Voyé Bont, Arr. 65. traité 2.*

Transaction, Rapt.

105 Transaction sur un rapt. *Voyez le mot Rapt, nombre 102.*

Transaction, Retraits.

106 Un mineur ayant transigé d'un retrait sur la nullité du consig, n'est restituable, n'ayant consigné que les arrerages d'une rente constituée, & offert d'entrer au lieu & place & de l'acheteur. Arrêt du Parlement de Dijon du mois de Juillet 1574. *Bouvot, tome 1. verbo Transaction, quest. 3.*

Transaction, Rescision.

107 De la restitution en matiere de Transaction. *Voyez le mot Restitution, n. 162. & suiv.*

108 *Transactio an prætextu læsionis rescindatur?* Voyez *Andr. Gaill, lib. 2. observat. 70.*

109 *Transactio hodie non rescinditur ex causâ enormis læsionis.* Voyez Stockmans, *decis. 137.*

110 *Si transactio amicis intervenientibus, processit, metûs velamento rescindi non potest.* Mornac, *l. 35. transactionem, Cod. de transactionibus.*

111 Transaction contenant plusieurs chefs, ne peut être rescindée pour partie, parce que l'acte est individu, & ne sert l'argument de la Sentence contenant plusieurs chefs, parce que *redditur in invitum, & pendet ex arbitrio judicis, sed transactio vel contractus, in contrahentium voluntate consistit, &c.* Voyez Carondas, *livre 6. Réponse 58.*

112 Le cessionnaire des droits d'un mineur, n'est point recevable à demander la rescision d'une Transaction contre laquelle le mineur ne s'est point pourvû: autre chose seroit si la Transaction ou la quittance & acte de décharge portoit qu'il sera loisible au mineur de demander la reddition de son compte, en rapportant ce qu'il y a été donné, en ce cas l'action est personnelle & dure trente ans, & n'est besoin de Lettres ni de restitution, parce que la décharge n'est pure & simple, mais conditionnelle, & l'effet d'icelle suspendu jusques à trente ans du jour de la majorité. *Brodeau sur M. Loüet, lettre T. sommaire 3. nombres 7. & 8.*

113 Si la transaction faite par un majeur peut être rescindée sur le dol personnel, & si le pupile fait majeur a déchargé son tuteur de l'administration des biens sans discussion de compte, & examen de la recepte & dépense, si telle décharge est valable? *Voyez Bouvot, to. 1. part. 1. verbo Transaction.*

114 L'on ne peut revenir contre une Transaction faite de bonne foy entre majeurs. *Ibidem, part. 2. verbo Transaction, quest. 14.*

115 Si le majeur peut être relevé contre une transaction, quand il y a lezion d'outre-moitié? *Voyez Bouvot, tome 2. verbo, Rescision, quest. 3.*

116 Si une transaction contenant plusieurs chefs peut être rescindée pour quelques-uns, les autres demeurans en leur force & vertu; & si une transaction emporte novation? *V. Bouvot, tome 2. verbo Transaction, quest. 2.*

117 L'on ne peut revenir contre une transaction faite sur les biens d'une Communauté, & renonciation à icelle moyennant certaine somme. Arrêt du 11. Juillet 1613. *Ibidem, quest. 16.*

118 On n'est pas restituable contre une transaction faite sur un Benefice. Arrêt du 13. Juillet 1604. *Ibidem, question 7.*

119 On ne peut être restitué contre une transaction faite entre majeurs; s'il n'y a dol personnel. Arrêt du 10. Juin 1605. *Ibidem, quest. 8.*

120 L'Ordonnance qui exclut les majeurs de restitution contre une transaction, n'a lieu, quand on allegue force & violence. Arrêt du même Parlement de Dijon du 12. Février 1607. *Bouvot, ibid. quest. 10.*

121 On ne peut revenir contre une transaction, quoyqu'il n'y ait lezion d'outre-moitié de juste prix; la loy seconde, *C. de rescind. vend.* ne se pratique en transaction, si ce n'est pour dol ou cause de minorité. Arrêts du 27. Mars 1247. & 16. Septembre 1540. *Papon, liv. 16. tit. 3. numb 6.*

122 Executeur testamentaire transige avec les heritiers pour frauder l'intention du Testateur, l'Executeur poursuivi, prend des Lettres pour faire casser la transaction, il en est débouté par Arrêt du 25. May 1544. *Carondas, liv. 7. Rép. 97.*

DDddd iij

123 L'on n'est pas recevable à venir contre transactions faites *super lite motâ aut movendâ* sous prétexte de lezion d'outre moitié, à moins qu'il n'y ait fraude ou minorité. Arrêt du Parlement de Paris du 27. Mars 1547. Si neanmoins l'on propose lezion énorme, la restitution sera bien fondée. Arrêt du 16. Septembre 1540. aux Grands-Jours de Moulins. *Bibliotheque de Bouchel*, verbo, *Restitution*.

124 Rescision de Transaction fondée sur lezion énorme. Arrêt du 19. Juin 1564. Papon, liv. 16. tit. 3. nomb. 6.

125 Une femme demande son doüaire, la recompense de son propre, & l'amende qui seroit ajugée pour la reparation de l'homicide de son mari. Transaction par laquelle son doüaire est fixé à 50. liv. de rente, la reparation à 500. écus ; elle reçue à renoncer à la Communauté, & à demander la recompense de ses propres alienez. Quelques années après, cette femme obtient Lettres pour être restituée contre la convention du doüaire, & conclut neanmoins à être recompensée des heritages alienez. Les heritiers disent que la transaction est indivisible, ils offrent de l'anéantir, & que les parties soient remises en tel état qu'elles étoient alors. Ainsi jugé par Arrêt du Parlement de Bretagne du 20. Mars 1567. *V. Du Fail.*

126 Une mere pendant sa viduité avoit fait une transaction avec son fils ; elle se contentoit d'une somme de 5000. liv. pour tous ses droits en cas qu'elle se remariât, & où elle demeureroit veuve elle auroit tous entiers; après s'être remariée elle obtint des Lettres de rescision, soutenant que cette paction étoit contre les bonnes mœurs, qu'elle empêchoit la liberté du mariage, & qu'elle avoit même été forcée par les violences de son fils à faire cette transaction. Le fils répondoit que par la disposition du droit *l. his filis*, les meres qui avoient passé en de secondes nôces où qui avoient vécu impudiquement, ne pouvoient revoquer, & par l'authentique *quod mater C. de revocat. donat. l. 8. t. 36.* la mere qui s'étoit remariée ne pouvoit pas même pour cause d'ingratitude revoquer les donations faites à ses enfans hors les trois cas portez par cette authentique. Par Arrêt du Parlement de Rouen du 1. Février 1667. la mere fut deboutée. *Basnage, sur l'art. 244. de la Coûtume de Normandie.*

127 Jugé au Parlement d'Aix le 22. Octobre 1668. qu'une transaction faite sur comptes reciproques des parties n'est point sujette à rescision, sous prétexte d'erreur de calcul, & d'omission. L'on justifioit que le demandeur avoit conservé ses pieces, pendant que le défendeur ayant dechiré les siennes seroit hors d'état de venir à aucun compte. *Boniface, to. 2. liv. 4. tit. 11. ch. 2.*

128 Arrêt du Parlement de Roüen du 15. Mars 1671. qui a déclaré non recevable des enfans qui avoient pris des Lettres de rescision contre une transaction par eux passée avec leur mere & ratifiée pour terminer le procez qui étoit entre eux à cause de pareilles Lettres de rescision qu'ils avoient prises contre une premiere transaction qu'ils avoient passée pour le reliqua de leur compte de tutelle, étant dans la 35. année de leur âge. *V. Basnage, tit. de Jurisdiction, art. 5.*

129 Si pendant la rescision de la transaction elle doit être executée? Arrêt du 26. Mars 1676. qui appointa les parties, & ajugea la moitié de la somme promise par la transaction. *Boniface, to. 4. li. 8. tit. 4. ch. 3.*

130 Si la stipulation penale de se tenir à la transaction qui seroit dressée par des Avocats arbitres, est nulle ; si la transaction dressée par des Avocats arbitres & signée par les parties, sans avoir sçu la teneur, est sujette à rescision? *Boniface, to. 4. liv. 8. tit. 4. ch. 1.* rapporte un Arrêt du 1. Juin 1683. qui rescinda la transaction.

TRANSACTION, SEIGNEUR.

131 *Transactionis, ab altero sociorum inita, utilitatem alteri, si velit, communicandam.* Vide Luc. lib. 11. tit. 7.

Le Parlement de Paris a souvent refusé d'omologuer les transactions faites entre Seigneurs & pauvres personnes, à cause du soupçon de violence. Ainsi jugé entre le Duc de Bourgogne & une pauvre Demoiselle & autres parties és années 1388. & 1391. nonobstant les transactions la Cour veut voir les procez. *Voyez la Bibliotheque du Droit François,* verbo *Arbitres.*

132 Un Seigneur Haut-Justicier ayant transigé pour le droit de confiscation & frais de procez avec un de ses Vassaux prisonnier, est punissable. Le sieur de Vieumaison pour avoir ainsi transigé avec un Vassal prévenu de crime capital, fut condamné à 200. liv. parisis d'amende & aux dépens, & admonesté qu'il meritoit d'être privé de sa Justice. Arrêt du 2. Septembre 1564. *Papon, liv. 5. tit. 10. n. 8.*

133 Si les lods sont deus de transaction ? *Voyez* le mot *Lods & Ventes, n. 350. & suiv.*

134 Pour cession, transport ou transaction, le droit de lods & ventes n'est point deu. Arrêt du mois de Mars 1574. ce qui a lieu seulement, pourvû que les biens demeurent és mains de l'ancien possesseur ou du colitigant ; car s'ils passent à des étrangers, ou bien si le Contrat se trouve frauduleux ou seint, pour priver le Seigneur de ce droit, en ce cas *debentur laudimia.* Arrêt du 9. Septembre 1601. *La Rochestavin, des Droits Seigneuriaux, chap. 38. art. 3.*

TRANSACTION, SIMONIE.

135 Confidence ne peut être authorisée par Sentence ni par transaction. Arrêt du 18. Decembre 1600. pour Fillaut devolutaire contre Leage, pour la Cure de saint Hipolyte de la Chapelle, Diocése de Tours. *Loüet, lettre B. sommaire 10. & Tournet, let. B. n. 66.*

TRANSACTION, SUCCESSION.

136 Transaction en matiere de succession. *Voyez* le mot *Succession, nomb. 572. & suiv.*

137 Quand il y a transaction & accord entre les parties pour les meubles & conquêts, & pour toutes choses quelconques concernant la succession ; cette clause s'étend non seulement aux meubles & fruits des meubles, mais aux réparations arrivées par la faute de la partie. Arrêt du Parlement de Paris du 27. Janvier 1563. *Papon, li. 5. tit. 3. n. 9.*

138 Un pere institué sa femme heritiere, à la charge de rendre ses biens à tel de deux enfans mâles que bon luy semblera; après son décez, & au desçû de la mere les freres conviennent secretement par transaction, que quelque nomination que la mere fasse, ils partageront tous également : la mere décede & nomme l'aîné, qui impetre Lettres en rescision de la transaction, & en est debouté par Arrêt du Parlement de Toulouse du 4. Février 1585. fondé sur ce qu'ils n'avoient point transigé *de hereditate viventis,* mais du pere décedé ; que la mere, quoique vivante, n'avoit autre droit sur les biens du pere que *jus electionis,* de laquelle les enfans ne prenoient leurs droits, mais du testament du pere ; & leur transaction avoit été faite pour éviter discorde, & mettre les choses à égalité. *Voyez Mainard, liv. 2. ch. 69.*

139 Celuy qui transige de la succession d'un défunt, & vend & quitte son droit hereditaire pour quelque petite somme, sous prétexte d'un testament nul, en peut être relevé. *Voyez Charondas, liv. 10. Rep. 32.*

140 *Pactum de futura successione reciprocum valet inter fratres, sed revocari potest prout alteri visum fuerit, quam tamen revocationem nuntiari oportet alteri pactioni steterit.* Arrêt du 9. Juillet 1618. *Mornac, l. 11. Cod. de transact.*

141 Les enfans ne peuvent sous quelque prétexte que
142 ce soit, même pour le bien de la paix, transiger de la succession future de leur pere & mere, ni la regler entr'eux, avant qu'ils soient mariez. Arrêt du Parlement de Toulouse du 17. Janvier 1650. *Voyez Albert,* verbo *Transaction,* art. 3.

143 Une mere ayant fait heritier son mari & ayant chargé

TRA

de tendre l'heritage à tel de ses enfans qu'il voudroit, après sa mort ; après diverses élections faites en faveur des enfans à prix d'argent, les enfans ayant convenu par transaction que les biens maternels seroient partagez ; l'élection du pere rapportée après par l'un des freres, ne doit prévaloir, mais la transaction doit être entretenuë. Arrêt du 29. Octobre 1686. *Boniface*, to. 5. liv. 2. tit. 10.

TRANSACTION, TUTELE.

144. *De transactionibus Tutorum & Curatorum, item administratorum civitatis.* Voyez *Andr. Gaill*, lib. 2. observat. 72.

145. Le Juge du procez sur lequel a été transigé, doit connoître de l'action intentée pour la cassation de la transaction. Arrêt du Parlement de Dijon de l'an 1563. *Bouvot*, to. 1. part. 2. verbo *Transaction*, quest. 2.

146. Un mineur transigeant avec son Tuteur après trente cinq ans d'administration qu'il a euë de ses biens, peut être restitué. Arrêt du Parlement de Dijon du 23. Janvier 1618. *Bouvot*, to. 2. verbo *Transaction*, quest. 18.

147. Par Arrêt du 17. Août 1664. jugé qu'après dix ans on n'étoit plus recevable à se relever de la transaction faite sur l'arrêté de compte de tutelle, encore qu'il n'y eût eu aucunes formalitez observées, point de contredits baillez, point d'examen de compte, & le demandeur fut privé de ses Lettres de relevement ; neanmoins il fut reçu à bailler des obmissions, parce qu'il y venoit dans les 30. ans. *Berault*, à la fin du 2. to. de la *Coûtume de Normandie*, p. 106. col. 2.

148. Quoyque le mineur ait transigé *in solle* sur la reddition de compte, soit facilement relevé. 2. Neanmoins le curateur n'aura pas ce privilege contre luy. 3. Ni même le mineur après les dix ans de restitution. *Mornac*, ad leg. 1. §. *Rationis ff. de edend.* 1. id. *Mornac*, ad L. 7. ff. de cont. empt. en tout comptable, & ad L. 29. C. de transact. 1. 3. id. *Loüet* & *Brod.* lit. T. n. 3. in majore facto sed curret decennium, 1. 2. id. *Mornac*, ad L. 4. C. de transact. 1. d. *Maynard*, lib. 2. chap. 100. 3. cont. *Olive*, lib. 4. chap. 16. vid. L. 8. ff. de lib. leg. §. 5.

Arrêt du mois d'Août de l'année 1666. au rapport de Monsieur de Volusan en la premiere des Enquêtes du Parlement de Toulouse, entre Marie Sauvage Damoiselle, & Françoise de Sauvage sieur Deyquem son frere : jugé que ladite Marie ayant transigé avec ledit sieur Deyquem son frere à certaine somme pour ses droits paternels & maternels, étant majeure n'étoit recevable après dix ans, de quoter aucune lesion contre ladite transaction.

Arrêt du 3. Mars 1662. donné en la premiere des Enquêtes du Parlement fait en la Grand'Chambre. Licterie mineur étant fait majeur transige avec Licterie son Oncle & tuteur, *in folle* ; il vit vingt-sept ans sans se plaindre, & après son décez ses enfans obtiennent Lettres contre la transaction, ausquels on objecte la fin de non recevoir de dix ans : jugé que lesdits enfans avoient pû obtenir Lettres dans les 30. ans. Il y a des Arrêts contraires ausquels il faut se tenir. *La Peirere*, lett. T. n. 139.

TRANSFUGE.

De his qui ad hostes transeunt, suaque sponte revertuntur. Leon. N. 67. V. *Soldat*.

De transfugis. Per Antonium Massam Gallesium.

TRANSLATION.

1. Translation d'un Ordre. Voyez le petit Recueïl de *Borjon*, to. 3. p. 268.

2. De la translation des Eglises. Voyez le mot *Eglise*, n. 13. & suiv. & la Bibliotheque Can. to. 2. p. 647.

3. Translation d'une fondation. Voyez le mot *Fondation*, nomb. 124. & suiv.

4. Translation d'un Religieux. Voyez le mot *Benefice*, nomb. 184. & 185. & le mot *Religieux*, n. 278. & suiv.

5. Des translations en matiere Beneficiale. Voyez les *Definit. Can.* p. 858. & suiv.

6. De la translation des Evêques. Voyez la Bibliotheque du Droit François par *Bouchel*, verbo *Translation*.

7. *De translationibus Episcoporum & aliorum, & quando fieri possint* ? Voyez *Rebuffe*, 1. part. praxis benef.

8. *Majorum beneficiorum translatio quid qualiter fiat, & cujus effectus* ? Voyez *Lotherius de re benefic.* liv. 1. quest. 12.

9. *De translatione Monachorum.* Voyez *Rebuffe*, 1. part. praxis benef.

10. *De Monacho transeunte de Monasterio ad aliud ad consequendum beneficium, & de bonis quae acquisivit.* Voyez *Mornac*, Authent. verum Cod. de *Episcopis & Clericis*, &c.

11. De la translation des Moines. Voyez la Biblioth. Can. to. 2. p. 647. & suiv. où il rapporte un Plaidoyé sur la translation d'une Religieuse Penitente en un autre Monastere, & sa provision d'un Benefice.

12. Avant le 6. Livre des Décretales le Droit commun permettoit de conferer les Benefices d'une Abbaye à des Religieux d'un autre Convent, sans qu'il fût besoin d'aucune translation. Voyez *Du Moulin*, sur la regle *de infirmis*, n. 437.

13. Saint Thomas tient qu'elle ne se doit faire que pour une grande utilité, ou bien pour une grande necessité ; le changement aux Religieux est permis de Droit, quand il est fait à une Religion plus austere ; mais il y a plus, il se peut faire legitimement à une Religion plus libre, &c. Voyez *M. le Prêtre*, 1. Cent. chap. 64.

14. *Bona Monachi translati in aliud Monasterium Monachum non sequuntur.* Voyez *Franc. Marc.* tome 2. quest. 854.

15. Quand il y a translation de la Religieuse d'un Convent à un autre, la dot de la Religieuse demeure au Monastere dans lequel elle a fait sa profession, sans qu'il puisse être obligé de la rendre. *Févret*, Traité de l'Abus, to. 1. liv. 2. ch. 3. p. 126. Mais on demande comme l'usufruit du pecule Religieux transferé passe au Monastere de translation, si le revenu de ces aumônes dotales ne devra pas du moins être ajugé au Convent auquel les Religieuses sont envoyées pour y faire un nouvel établissement, en quittant & abandonnant le Monastere de leur profession ? Le Parlement de Dijon l'a jugé ainsi par plusieurs Arrêts rapportez par *M. Févret, ibid.* p. 252.

16. *Henrys*, to. 1. li. 3. ch. 3. qu. 35. établit que le droit de chauffage accordé à des Religieuses par un Seigneur, se perd par la translation du Monastere dans un autre lieu. Cette question a été jugée au sujet de la translation faite des Religieuses de Chazaux dans la Ville de Lyon en 1618. mais si les Religieuses par cette translation ont perdu le droit de Chauffage qu'elles avoient dans les bois du sieur de Cornillon, de son côté il a perdu les droits de Fondateur de ce même Monastere qui ont été transferez au Roy, pour avoir donné à ces Religieuses une retraite dans la Ville de Lyon, ce Monastere est devenu une Abbaye, dont le Roy nomme l'Abbesse.

17. Lorsqu'un Religieux quitte son lieu de Profession pour passer dans un autre Monastere, à l'effet de posseder un Prieuré qui en dépend, c'est toûjours avec le decret de translation du lieu où il a fait Profession au Monastere dont dépend le Benefice ; *Cum decreto quod dictus orator habita possessione Prioratus hujusmodi, de Monasterio seu alio regulari loco in quo professus est ad Monasterium seu alium regularem locum a quo dictus Prioratus dependere dignoscitur, dummodo inibi par vel arctior vigeat observantia regularis, alioquin praesens gratia nulla sit eo ipso, transferri, ibique in fratrem & monachum recepi debent,* suivant la disposition du chapitre *cum singula* §. *prohibemus de Praeb. & dignit. in* 6. qui défend aux Religieux d'avoir des Benefices

d'un autre Monastere, s'ils n'y sont canoniquement transferez, *nisi canonice transferantur ad ipsa.* Ce que les Officiers de la Daterie de Rome observent tres exactement; & au moyen de la translation, le Religieux cesse d'être sous l'obéïssance de son premier Superieur, & devient Religieux du second Monastere. *Définit. Canon.* verbo, *Pecule*, page 602.

18. Un Religieux qui a fait Profession dans un Monastere y doit en consequence de ses vœux l'obéïssance & la residence; c'est pour cela que par l'usage & le stile de la Daterie, les Officiers ne conferent à un Moine aucun Prieuré ou Office dépendant d'un autre Monastere, qu'avec le decret de translation; ce qui est conforme à la regle de Chancellerie, *de translatione Religiosorum*, & à la disposition du chapitre *cum singula §. prohibemus, de præb. & dignit.* in 6. mais n'étant qu'une translation *de loco ad locum*, d'un Monastere à un autre du même Ordre, l'usage est d'en prendre possession sans se faire transferer, si ce n'est quand le Benefice requiert résidence, & un service personel, en ce cas le Superieur est en droit d'obliger le Religieux à se faire transferer, suivant le decret de ses Provisions. *Ibid.* verbo, *translation*, p. 868.

19. Par Arrêt du 16. Juillet 1545. l'appel comme d'abus de la translation faite par un Abbé d'un Religieux de son Abbaye à une Abbaye hors du Royaume, fut jugée recevable, ordonné que l'Abbé le feroit ramener en son Abbaye. Autre chose seroit, si la translation étoit faite en un lieu du Royaume *quo casu;* s'il y avoit appel, il faudroit le pourvoir *ad Superiorem*, & non comme d'abus. *Bibl. de Bouchel*, verbo, *Translation.*

20. Le Juge Laïc non competent de connoître de la translation d'un Religieux d'un Convent à un autre; jugé le 10. Juin 1571. *La Rochefl. liv.* 6. *tir.* 56. *Art.* 13.

21. Si une Religieuse transferée dans un autre Ordre peut retourner à son premier Monastere & demander d'être rétablie au même rang & place qu'elle avoit avant sa translation. Arrêt du Parlement de Paris du mois de Juillet 1606. qui renvoye les Parties devant le Juge d'Eglise, quoyqu'elles eussent volontairement subi la Jurisdiction de la Cour. *Voyez les Reliefs Forensées de Rouillard*, chap. 15.

22. Monsieur Miron Evêque d'Angers ayant été transferé en l'Archevêché de Lyon, il a été jugé le 6. Juillet 1628. qu'il n'y a eu ouverture de regale en l'Evêché d'Angers, jusqu'au jour de serment de fidelité porté au Roy pour raison de l'Archevêché de Lyon, quoyqu'il parût que le Roy eût déja approuvé cette translation par la creation d'une pension sur les revenus de l'Archevêché. *Définit. Canon.* page 762.

23. Un Religieux ayant obtenu dispense d'être transferé en un Monastere d'un autre Ordre, pour la sûreté de sa conscience, n'y peut tenir un Benefice du même Ordre. Arrêt du 30. Juin 1642. *Du Frêne, liv.* 4. *chapitre* 2.

24. Arrêt du Parlement d'Aix du 2. Decembre 1677. qui a condamné l'Abbé qui a reçu le Religieux à Profession, de luy donner dans le Monastere où il est transferé 200. livres de pension, ou un Benefice de semblable valeur. *Boniface, tome* 3. *livre* 7. *titre* 11. *chapitre* 1.

25. Un Religieux de l'Ordre des Hermites de Saint Augustin, ne peut se faire transferer dans un autre Ordre sans marquer dans sa suplique qu'il a été secularisé *ad tempus*, ce défaut d'expression rend le Bref de la translation nul. Un Bref de la Penitencerie qui le transfere, & un autre Bref confirmatif obtenu dans la Daterie sont pareillement abusifs. Arrêt du Grand Conseil du 20. Septembre 1694. il fut ordonné au Religieux de se retirer dans trois mois du jour de la signification de l'Arrêt dans le Convent de sa Profession en l'Ordre des Hermites de S. Augustin. *Journal du Palais*, in fol. *tome* 2. page 873.

26. Les translations se doivent obtenir du Pape par la voye de la Daterie, & non par l'Office de la grande Penitencerie, dont les Brefs ne peuvent servir en France que pour le Tribunal interieur de la conscience; quand même un transferé, en vertu d'un Bref de l'Office de la Penitencerie, l'auroit fait confirmer par le Pape, il ne pourroit luy servir pour joüir des privileges des autres Religieux & tenir des Benefices. Frere Loüis Oudiart Cordelier transferé dans l'Abbaye de Fontcombaut, de l'Ordre de Saint Benoît, par un Bref de la Penitencerie, en avoit obtenu confirmation du Pape; ensuite il fut pourvû par le Collateur ordinaire du Prieuré de sainte Lurine dépendant de l'Abbaye de Charoux, dont Charles du Sault eut des Provisions posterieurement en Cour de Rome: & quoyque D. Loüis Oudiart eût obtenu des Lettres Patentes sur ledit Bref de confirmation enregistrées au Grand Conseil, neanmoins en ayant été appellé comme d'abus, M. l'Avocat General Daguesseau fut d'avis que le Bref étoit abusif & conclut en ce que du Sault fût maintenu en la possession du Prieuré de sainte Lurine. La cause fut appointée par Arrêt du 7. Août 1693. Depuis Dom Loüis Oudiart a cedé & abandonné le Benefice à du Sault. François Adorne Religieux de l'Ordre des Hermites de Saint Augustin, s'étant fait aussi transferer dans l'Ordre de saint Benoît par Bref de la Penitencerie, il en obtint la confirmation par un autre Bref du Pape; ensuite ayant obtenu en vertu de ses degrez le Prieuré de sainte Gemme de l'Ordre de S. Benoît, Diocese de Soissons, il le permuta avec le sieur du Chêne, pour le Prieuré du Mars de la Pille un autre Ordre Diocése de Tours: Dom Blin Religieux de l'Ordre de Cluny, ayant aussi requis comme Gradué le Prieuré de sainte Gemme; s'en fit pourvoir en Cour de Rome & se rendit appellant comme d'abus, de l'état dudit Adorne; Par Arrêt du Grand Conseil de l'année 1694. Dom Blin fut maintenu au Prieuré de sainte Gemme, & ledit Adorne renvoyé dans son Convent, ensorte que pour ratifier son état, il a été obligé de recommencer & d'obtenir une nouvelle translation, ensuite de laquelle il a fait un autre Noviciat & une autre Profession dans l'Abbaye du Breüil de l'Ordre de Saint Benoît, Diocése de Clermont, & a été pourvû d'un Benefice qui dépend de la même Abbaye. *Définit. Canon.* verbo, *Translation*, page 866.

27. Un Religieux de la Charité peut pour cause de maladie, être transferé dans un autre Ordre en vertu d'un Bref de translation du Pape, & de Lettres Patentes du Roy. Arrêt du 7. Juillet 1707. *Voyez le Recueil des Arrêts Notables imprimez en* 1710. *chez Michel Guignard*, chap. 85.

28. A quel Monastere appartient le Pecule du Religieux transferé? *Voyez* le mot *Pecule*, nomb. 29.

TRANSMISSION.

1. DE la transmission. *Voyez* le mot *Heritier*, nomb. 286. le mot *Substitution*, nomb. 535. & *suiv.* & le Titre des *Successions*, nomb. 575. & 576.

2. Du droit de transmission, à quoy il est restraint, il n'y a pas lieu si l'heritier ou le legataire meurent avant le Testateur; l'heritier qui meurt dans le temps de déliberer, transmet son droit; transmission de legs conditionnel ou à jour incertain. *Voyez le* 3. *tome des Loix Civiles*, liv. 3. tit. 1. *section* 10.

3. De la difference entre la representation & la transmission. *Voyez* le mot *Representation*, nomb. 85. & *suivans.*

4. *Fideicommissum non agnitum, item hæreditas non adita, an transmittatur?* Voyez *Andr. Gaill, lib.* 2. *observat.* 131.

5. Transmission est du droit d'icelle. V. *La Rochefl. vin, liv.* 4. *lettre* T. *tit.* 6.

6. La Transmission a lieu aux déscendans, non aux collateraux étrangers. *Cambolas, liv.* 2. *ch.* 10.

7. De la transmission suivant le droit ancien & nouveau: elle n'a pas lieu pendant la vie du Testateur. Arrêt

Arrêt du Parlement de Toulouse du 1. Septembre 1632. Gambolas, liv. 2. chap. 33.

8 Du legs ou fideicommis à jour incertain, & s'il est transmissible? *Voyez Boniface*, to. 5. liv. 2. tit. 4. ch. 2. Les questions sont traitées ; mais il ne paroît pas quelles ayent été décidées.

9 Par Arrêt du Parl. de Toulouse prononcé par M. le Président d'Affis à Noël 1563. il fut jugé que le droit de transmission avoit lieu entre les descendans, c'est-à-dire, que si un fils ou autre descendant étant substitué par le Testament de son pere ou ayeul sous certaine condition, vient à décéder avant l'évenement de la condition, il transmet l'esperance de cette substitution à ses enfans ; lesquels peuvent, le cas arrivant, la demander aussi bien que leur pere eût fait s'il eût été vivant : suquoy neanmoins les Interpretes ont été de divers avis, la plus grande partie ont tenu la negative ; il se juge aujourd'huy sans difficulté au contraire. Il est vray que M. le Président d'Assis y mettoit deux exceptions, l'une, *quando aliquis de liberis superstes qui absque transmissione vocaretur* ; l'autre, *quando relictum repudiatum esset pacto, vel transactione*. Voyez *Mainard*, liv. 5. chap. 33.

10 Quoyque suivant la commune résolution *spes fideicommissi conditionalis non transmittatur etiam in liberos proprios glos. & DD. in L. unic. C. de his qui ant. ap. tab.* neanmoins au Parlement de Toulouse on juge le contraire, c'est à sçavoir que *fideicommissum conditionale, defuncto fideicommissario ante conditionis eventum, transmittitur in liberos*, & ainsi *non extinguitur mortuo fideicommissario ante conditionis eventum*, quand le fideicommissaire est fils du Testateur, & qu'il laisse des enfans. Arrêt du 15. Juin 1589. *La Rochestavin*, liv. 4. lettre T. tit. 6. Arr. 2.

11 La transmission n'a lieu qu'en faveur des descendans du Testateur, & non des Etrangers, contre lesquels, *militat ratio juris in L. unic. §. sui autem sub conditione, C. de caduc. toll.* ainsi jugé au Parlement de Toulouse par Arrêt du mois de Decembre 1567. *Voyez Mainard*, liv. 5. ch. 36.

12 Pour la transmission en faveur des descendans, & distraction des biens donnez non compris *nominatim* en la substitution ; il y a deux préjugez ; l'un de la Chambre de l'Edit séant à l'Isle d'Albigeois au mois de Juillet 1585. l'autre au Parlement de Toulouse du 16. Avril 1584. *Voyez Mainard, ibidem, ch.* 35.

TRANSMISSION, DONATION.

13 Le mary donataire de sa femme mariée en secondes nôces, doit survivre la donatrice pour transferer à ses heritiers l'effet de la donation. Arrêt du 13. Avril 1688. *Journal du Palais*.

13 *bis*. La donation faite par un pere en faveur des mâles, l'ordre de primogeniture gardé, & au défaut de mâles aux filles, peut être transmise à la petite fille à l'exclusion de la fille sa tante. Arrêt du Parlement de Toulouse au mois d'Août 1655. *Albert*, verbo *Transmission, art.* 1.

TRANSMISSION, FIDEICOMMIS.

14 Si la transmission du fideicommis a lieu ? *Voyez* le mot *Fideicommis*, n. 223. & suiv.

15 *De jure transmissionis in fideicommissis*. V. *Stockmans, decis.* 31.

16 Si la transmission du fideicommis conditionnel est receüe indistinctement en faveur des descendans ? *Voyez M. d'Olive*, liv. 5. chap. 23.

17 Si les biens que recueillent les enfans en vertu de la transmission, sont compris au fideicommis dont le pere se a chargez ? V. Ibid. chap. 24.

18 Le fideicommis conditionnel, *non transmittitur ad suos haeredes ante eventum conditionis, etiamsi factum sit ab avo*. Arrêt du 28. Mars 1589. M. le Prêtre, ès Arrêts de la Cinquième.

TRANSMISSION, LEGS.

19 De la transmission du legs. *Voyez* le mot *Legs*, nomb. 630. & suiv.

Tome III.

TRANSMISSION, SUCCESSION.

20 Par la Loy 7. *Cod. de jure deliberandi*, l'heritier institué ne transmet point l'heredité, si avant sa mort il ne l'a acceptée : *secus*, en Païs Coûtumier le mort saisit le vif, & si un défunt n'accepte pas la succession, faute d'en avoir eu connoissance, cela n'empêche pas la transmission, suivant le §. 2. l. 19. ff. de cast. pecul. Journal du Palais, dans l'Arrêt du 18. Juillet 1681. *Voyez Ricard*, *des Donations entre-vifs*, 1. part. chap. 4. sect. 2. où vous trouverez l'Arrêt d'Albiat du 16. Juillet 1613.

TRANSPORT.

LE Transport, ou cession de droit, est appellé, *Delegatio, Cessio, Transcriptio*.
De novationibus & Delegationibus. D. 46. 2. C. 8. 42. *Delegatio*. Transport fait par un Débiteur à son Créancier, sur un autre Débiteur.
De translatione juris. L. 54. D. de reg. jur.
De alienatione, judicii mutandi causâ, facta. D. 4. 7. C. 2. 55. Dec. Gr. 11. q. 1. c. sin. Extr. 1.42. Contre les transports ou cessions faites à personnes privilegiées.
Ne liceat potentioribus, patrocinium litigantibus praestare, vel actiones in se transferre. C. 2. 14.
De actionibus ad potentes transfatis. C. Th. 2. 13.
De his qui potentiorum nomina in lite praetendunt, aut titulos praediis assigunt. C. Th. 2. 14.
Voyez le mot *Cession*, la Bibliotheque des *Arrêts de Jouet*, celle du *Droit François* par Bouchel, sous le même Titre *Cession*, & les *Arrêtez* faits chez M. le Premier Président de Lamoignon, recueillis dans le Commentaire de M. *Auzanet*, sur la Coût. de Paris.
De cessione jurium & actionum, per Joannem de Graffis & Adrianum Pulveum.
De cessione actionis, Per Jacobum de Arenâ.

1 Toutes les questions qui peuvent concerner la matière des cessions & transports, sont traitées amplement par *Alphonse Olea* Jurisconsulte Espagnol dans son Traité *de cessione jurium & actionum*.

2 Des cessions & transports. *Voyez les Ordonnances* recueillies par Fontanon, tome 1. liv. 4. tit. 17. p. 767.

3 Des cessions faites de choses litigieuses, ou *judicii mutandi causâ*. Voyez *la Bibliotheque de Bouchel*, verbo, *Cession*.

4 De la cession de dette. *Voyez Guy Pape, en ses quest.* 173. 530. & 567.

5 Des cessions & transports. *Voyez Papon*, livre 12. titre 1.

6 *Cessio facta officiario sive in actione personali sive reali non valet*. Voyez *Franc. Marc. tom. 2. quest.* 394.

7 Transport n'est reçû d'entre beaux-freres, ou de beau-pere au beau-fils ; comme il fut déclaré par Arrêt du Parlement de Paris du 14. Decembre 1528. *Biblioth. de Bouchel*, verbo, *Cession*.

8 *Titius* vend un droit successif ; depuis *Titius* cede à un autre le même droit, avec les actions rescindantes & rescisoires moyennant certaine somme. Le Cessionnaire obtient Lettres pour faire casser la vente ; l'acheteur ayant eu communication de la cession & transport, offre de rembourser le Cessionnaire, avec les frais & loyaux coûts. Jugé pour l'acheteur, le 6. May 1536. *Carondas*, liv. 7. Rép. 91.

9 Le transport ne peut changer la condition de l'obligation qui est meuble. Arrêt du 16. Février 1543. *Dictionnaire de la Ville*, verbo, *Obligation*.

10 En cession de faculté de retirer ou autre droit incorporel, le premier occupant est préféré. Arrêt à la Pentecôte 1549. *Carondas*, liv. 3. Rép. 6.

11 Le Cessionnaire est tenu de répondre par serment ce qu'il a payé du prix, & s'il a déboursé la somme mentionnée au Contract. Arrêt du Parlement de Dijon du dernier May 1568. *Bouvot*, tome 2. verbo, *Réponse par credit*, quest. 3.

12 Le Cedant est tenu au remboursement du principal

EEeee

770 TRA TRA

& arrerages d'une rente, quand il paroît par exploit que le débiteur n'a aucuns meubles, & que le Cessionnaire a discuté les immeubles. Arrêt du Parlement de Dijon du 15. Mars 1605. *Ibid. quest. 5.*

13 Le Cessionnaire est tenu de faire déduction du tiers des arrerages de cinq années, suivant l'Edit. Arrêt du Parlement de Dijon du 7. Février 1607. *Ibid.* verbo, *Usures, quest. 5.*

14 Un Cessionnaire d'une obligation, est tenu de répondre par serment quelle somme il a payée, étant dit par le Contract qu'il a payé la somme entiere. Arrêt du Parlement de Dijon du 20. Mars 1607. *Bouvot, tome 2.* verbo, *Transport, quest. 8.* Il rapporte un Arrêt semblable rendu au Parlement de Paris.

15 En transport de choses dûës, s'il y a des privileges, le Cedant n'est tenu de faire valoir ce qui est des privileges, comme en cession de droit d'entrée. Arrêt du Parlement de Dijon du 26. Mars 1613. *Ibidem, question 15.*

16 Un Cessionnaire est tenu de répondre par serment cathegorique, s'il a payé la somme sur la requisition du débiteur, qui dit n'être tenu qu'à rembourser la somme payée. Arrêt du Parlement de Dijon du 5. Juillet 1616. *Ibid.*

TRANSPORT, ACCEPTATION.

17 Comme la cession acceptée est un payement à l'égard du cedant, quoyqu'elle ne soit que verbale, & d'une somme au delà de 100. liv. la preuve en peut être faite par témoins. Arrêt du Parlement de Grenoble du mois d'Août 1655. rapporté par Chorier, en sa *Jurisprudence de Guy Pape*, p. 255.

18 Un Comptable ayant accepté & promis de payer au Cessionnaire, ne peut s'en dispenser, quoy qu'ayant compté depuis, il paroisse qu'il ne doit rien. Arrêt du Parlement de Grenoble du 20. Mars 1680. pour le sieur Perrachon, Trésorier, contre le sieur Sibilat, Receveur des Tailles. *Ibid.*

TRANSPORT, ACTION.

19 En cessions generales de droits & actions, les rescindantes & rescisoires ne viennent, parce que pour les ceder, il faut que la cession contienne une désignation particuliere & speciale des actions rescindantes & rescisoires. Jugé le 26. Juillet 1587. *M. Loüet, lettre C. som. 12.* Voyez *M. le Prêtre*, 1. *Cent. ch. 93.* Voyez Mornac, *ad Rubricam, ff. de rescindendâ venditio. &c.*

20 La cession d'action des Créanciers est necessaire en cas d'éviction. Exemple; un Testateur laisse des heritiers & plusieurs legataires; les Créanciers attaquent l'un des legataires qui est évincé, & qui n'a point demandé cession d'actions des Créanciers du Testateur; les heritiers de ce legataire demanderent contre l'autre legataire qu'il ait à contribuer aux dettes au *pro rata* du legs; ils en furent déboutez pour avoir obmis à demander cession des actions des Créanciers du Testateur. Jugé le 20. Mars 1607. *M. Loüet, let. L. som. 10.* En un mot, un legataire ne peut agir pour éviction de legs contre un autre legataire.

21 *Non datur actio nisi cessâ; fallit in contutoribus, quia tutelam, ex necessitate assumunt; fidejussores autem sponte fidejubent, &c.* Brodeau sur *M. Loüet, lettre F. sommaire 27.*

22 *Cessiones actionum non sunt necessaria ei, qui pecuniâ suâ priorem creditorem dimisit.* Jugé au mois d'Août 1614. Mornac, *L. 11. §. ultimo, ff. qui potiores in pignore, &c.* Voyez la Declaration d'Henry IV. en 1609. rapporté par Neron.

23 Par plusieurs Arrêts du Parlement de Dauphiné, les cessions d'actions comme odieuses, ont été condamnées, sauf au Cessionnaire d'accepter les offres du débiteur cedé de rembourser au Cessionnaire, lequel auroit réellement délivré au cedant, Arrêts des 28. Avril & 23. Juillet 1667. on a voulu excepter de cette regle le Créancier en perte qui acquiert par cession les droits d'un autre Créancier utilement colloqué;

ce Cessionnaire peut se prévaloir de toute la somme allouée à son cedant, jusqu'à concurrence de celle dont il est en perte. Ainsi jugé; l'Arrêt n'est point daté. Voyez *Basset, tome 2. liv. 4. tit. 10. ch. 1.*

TRANSPORT, AVOCAT, PROCUREUR.

14 *Cessiones impensarum judicialium si ris prohibentur patronis & procuratoribus; propridiè Cal. Maii 1613. & 1614. Valet tamen pactio in coharede, quia cohares non est in fide & clientelâ coharedis.* Mornac, *L. 6. §. Maurus, ff. mandati.* Voyez *M. Loüet, let. L. somm. 2. & M. le Prêtre*, 1. *Cent. chap. 93.* Voyez l'Ordonnance d'Orleans, *art. 54.* & *M. Loüet, let. T. somm. 4.*

TRANSPORT DE BAIL.

25 Cession & transport de bail. Voyez le mot, *Bail, nomb. 212. & suiv.*

TRANSPORT, COMPENSATION.

26 Si la compensation peut être opposée au Cessionnaire: Voyez le mot, *Compensation, n. 18. & suivant.*

TRANSPORT, CRIME.

27 Les cessions & transports faits depuis le crime commis sont nuls, & n'empêchent que la Sentence ne soit executée. Jugé le 22. May 1599. *M. le Prêtre*, 1. *Cent. chap. 84.* M. le Maître, traité des Crimes, chapitre 21.

TRANSPORT, DROITS SEIGNEURIAUX.

28 *Non potest cedi jus prahendendi tantum utile, id est quod cessionarius possit nomine suo, tanquam hares sibi competente ratione cessionis prahendere feudum, quia jus prahendendi est inseparabile à fundo, vel fendo dominanti cui adharet, &c.* M. Charles Du Moulin, *§. 1. des Fiefs, Gloss. 3. n. 26.*

29 *Dominus feudi potest cedere jura seu feudalia cui libuerit, & vassallus non potest ex hac lege agere, ut eodem refuso pretio retrocedatur ei quod Dominus feudi cesserit.* Jugé le 9. Mars 1605. Mornac, *L. ult. Cod. mandati, vel contra.*

TRANSPORT, DROITS SUCCESSIFS.

30 Cessions & transports de droits successifs, bien que non litigieux, fait par un des coheritiers à un étranger; l'autre coheritier peut demander à être subrogé en remboursant, afin qu'il n'ait rien à démêler avec un étranger. Jugé le dernier Avril 1613. *Brodeau sur M. Loüet, lett. C. somm. 13.* Voyez *M. le Prêtre*, 1. *Cent. chap. 93.* Voyez Henrys, *tom. 1. liv. 4. chap. 2. question 5.*

TRANSPORT, FRAUDE.

31 *Cedens & cessionarius jurare debent de fraude.* Jugé le 11. Août 1614. Mornac, *L. 21. ff. de interrogationibus, &c.*

TRANSPORT, GARANTIE.

32 De la garantie dûë par le cedant. Voyez le mot, *Garantie, n. 129. & suiv.*

33 Le cedant n'est plus garant, si le Cessionnaire ne fait les poursuites necessaires contre le débiteur, & avant qu'il devienne insolvable. Arrêt du Parlement de Paris du 23. May 1565. *Papon, livre 11. titre 1. nombre 9.*

34 Le cedant d'une rente n'est point garant de l'insolvabilité du debiteur, quand elle survient par la faute & negligence du Cessionnaire. Arrêt du 12. Decembre 1594. *Carondas, liv. 13. Rép. 29.*

35 Le Cessionnaire ne peut agir contre son cedant, en vertu de la clause de garantie, fournir & faire valoir, sans discussion préalable des biens du principal débiteur; & s'il ne s'est opposé aux biens d'iceluy, sur lesquels il auroit été mis en ordre, il perd son recours contre le cedant pour les sommes dont il eût pû être mis en ordre. Jugé le 2. Avril 1602. *M. Bouguier, let. F. n. 4.* Montholon, *Arrêt 98.* M. Loüet, *let. F. som. 25.* Tronçon, sur la Coût. de Paris, *art. 109.* rapporte le même Arrêt.

36 En une cession *periculum & casus*, tombent sur le cessionnaire, quand ils aviennent *post cessionem.* Jugé à Noël 1603. Montholon, *Arrêt 102.* M. Loüet, *let. F. sommaire 25.*

37 Cession d'obligation solidaire au profit du coobligé qui paye, peut agir solidairement contre les autres coobligez, sa part toutefois confuse; & au cas qu'il se trouve quelqu'un des coobligez insolvable, sa part sera également portée par les autres coobligez. Jugé le 3. Septembre 1604. *M. le Prêtre, és Arrêts de la Cinquiéme.*

38 La cession étant faite d'une somme sans conduite, ni garantie, le Cessionnaire ne peut agir, nonobstant contre le cedant, le debiteur se trouvant insolvable. Arêt du Parlement de Dijon du 26. Février 1604. *Bouvot, tome 2. verbo, Transport, quest. 4.*

39 Celuy qui cede une rente dont le debiteur (sans que le cedant en ait connoissance) est insolvable, n'est tenu à la garantie d'icelle, s'il n'y a clause de garantir, fournir & faire valoir. Jugé à Noël 1604. *Peleus, quest. 85. Voyez Montholon, Arrêt 104.*

40 Le cedant d'une rente la doit faire valoir, ayant seulement promis la garantir de tous troubles & empêchemens, le Cessionnaire ayant joüi de la rente, & aprés que le debiteur est devenu insolvable? La cause appointée le 4. Janvier 1605. *Peleus, qu. 86.*

41 Le Cessionnaire d'une somme dûë par une Communauté, & maintenuë exigible, ne peut revenir contre son cedant, sous prétexte des difficultez qui se presentent. Arrêt du Parlement de Grenoble du 23. Juillet 1643. pour le sieur Sanon, Président de l'Election de Grenoble, qui avoit cedé à un de ses Créanciers une somme qui luy étoit dûë par la Ville de Grenoble. *Voyez Chorier, en sa Jurisprudence de Guy Pape, pag. 255.*

42 Cession des droits & actions des Créanciers, avec subrogation à l'un des coobligez, qui paye le total de la dette, ne peut agir contre l'un des autres coobligez que pour sa part & portion, sauf à porter également entr'eux la perte des deux autres. Jugé le 22. Février 1650. *Du Frêne, liv. 5. ch. 55.*

43 Si le cedant de sommes incertaines est tenu de faire valoir la cession? Arrêt rendu au Parlement d'Aix le dernier May 1670. qui ordonna que les biens seroient estimez. *Boniface, tome 4. livre 8. tit. 5. ch. 4.*

44 Henry Robert & sa femme vendent à Dancy des heritages, moyennant une rente annuelle de 50. liv. Robert & sa femme le lendemain cedent cette rente à Gorgeon, avec la clause de garantir, fournir & faire valoir, & sans que Gorgeon fût tenu d'aucune discussion. Gorgeon leur baille une maison; les biens de Dancy, debiteur de la rente, sont saisis réellement à la requête de ses Créanciers. Gorgeon s'oppose pour sa rente, & fait ordonner la ventilation des heritages affectez à sa rente de 50. liv. dénonce la poursuite aux heritiers de Robert; & comme le prix de la ventilation n'étoit pas suffisant pour payer ce qui luy étoit dû, il conclut contre les heritiers de Robert, possesseurs de la maison donnée en échange de la rente de 50. liv. Jugé au profit de Gorgeon le 20. May 1683. *Journal du Palais.* Et la maison des heritiers affectée & hypothequée à ladite rente.

TRANSPORT ex intervallo.

45 *Cessio in continenti fieri debet extraneo solvente; ex intervallo*, elle n'est point considerable; neanmoins pour les particularitez qui étoient au procés, même que le payement avoit été fait en vertu du Contract de mariage, &c. la cession faite *ex intervallo*, jugée bonne le dernier Février 1600. prononcée le 4. Mars. *M. Loüet, lett. C. somm. 38. Voyez M. le Prêtre, 1. Cent. chap. 69.*

TRANSPORT, LITIGIEUX.

46 Choses litigieuses se peuvent ceder en France, mais non pas pour changer de Jurisdiction. *Voyez M. le Prêtre, 1. Cent. chap. 93.* où il cite *Papon, liv. 12. tit. 1. Arêt 4. & 5.*

47 Il est défendu aux Juges d'accepter directement ou indirectement aucun transport de procés ou droit litigieux és Cours où ils sont Officiers, & aux Avocats, Procureurs & Solliciteurs, pour le regard des causes & procés dont ils auront été chargez, à peine de punition exemplaire. *Ordonnance d'Orleans, art. 54. Voyez M. le Prêtre, 1. Cent. chap. 93.*

48 Un coheritier achetant d'un creancier une terre litigieuse, ou s'étant fait ceder des droits réels litigieux, doit la rapporter ou le profit à la masse de la succession, & que le remboursement s'en pouvoit faire. *M. Loüet, lettre C. som. 5.*

49 Le 16. Juillet 1560. fut plaidée à huis clos la cause du Comté de Dampmartin, entre M. le Duc de Montmorency Connêtable de France d'une part, & M. le Duc de Guise d'autre, tous deux étoient demandeurs en Lettres de subrogation & jonction; l'un avoit le droit du sieur de Rambures, l'autre du sieur de Boulinvilliers. Par Arrêt tous deux furent déboutez de leurs Lettres, ordonné que le procez seroit jugé entre les premieres parties & selon les premieres qualitez; par cet Arrêt tous transports de choses litigieuses, comme étoit le Comté de Dampmartin & cessions faites *in potentiores*, ont été declarées nulles. *Bibliotheque de Bouchel*, verbo *Cessions*.

50 Par Arrêt du 14. Mars 1563. un transport fait *de re litigiosâ*, par une veuve cliente à son Avocat & Solliciteur, nommé Pommeraye, fut déclaré nul, & la Sentence de subrogation donnée au profit de Pommeraye, fut cassée. *Bibliotheque de Bouchel*, verbo *Cession.*

51 Une cession faite à des Religieux, de droits litigieux, a été déclarée valable, par Arrêt du 24. Février 1571. *La Rocheflavin, liv. 6. tit. 20. Arr. 2.*

52 Des cessions de droits litigieux & benefice des Loix pour le remboursement de ce que le cessionnaire a payé. *Voyez Henrys, to. 1. li. 4. ch. 2. quest. 5.* L'Auteur des Observations remarque que quand un coheritier a payé une dette de la succession, & montre un transport qui justifie le payement entier, tant en principal qu'interêts, les autres coheritiers ne sont pas reçus à faire preuve par témoins de la fraude, quand la somme excede 100. liv. il en cite un Arrêt du Parl. de Paris du 31. Decembre 1695. infirmatif d'une Sentence du Sénéchal de Lyon.

53 Arrêt du Grand Conseil du 12. Mars 1701. contre les Juges qui acceptent des transports de droits litigieux dans les Cours, Sieges & Ressorts où ils sont Officiers. Ordonne que le Président de Coriolis gardera & observera les Ordonnances, défenses à luy de prendre & recevoir cessions de tels droits pour luy ou ses enfans, directement ou indirectement, l'a condamné en 300. livres de dommages & interêts envers M. l'Evêque de Sisteron, & en tous les dépens de la procedure extraordinaire, & de la presente instance, sans préjudice des dépens, dommages & interêts solidaires demandez contre ledit de Coriolis, pour raison de la complainte, sur lesquels le Conseil a renvoyé les parties à l'audience. Ordonné que les pieces produites par ledit de Coriolis par sa Requête du 18. Février 1701. seront & demeureront supprimées au Greffe du Conseil, & sur chacune d'icelles sera fait mention du present Arrêt, par le Greffier du Conseil. Et demeureront les termes injurieux, au surplus respectivement supprimez; sur le surplus des demandes, a mis & met les parties hors de Cour & de procez. *Voyez le recueil des Arrêts notables imprimé en 1710. ch. 27.*

54 Déclaration du Roy qui défend aux parties de prendre des transports sur les Juges devant lesquels ils plaideront, depuis le jour que leurs procez auront été portez devant lesdits Juges jusqu'au jugement ou Arrêt diffinitif. Donné à Versailles le 27. May 1705. *Voyez le Recueil des Arrêts notables imprimé en 1705. chez Michel Guignard, ch. 59.*

TRANSPORT, LOIX per diversas, &c.

54 bis Les Loix *per diversas & ab Anastasio*, observées en France, & le debiteur reçu à rembourser le Cessionnaire

naire du prix des deboursez, loyaux coûts & frais, lequel moyennant ce, est tenu de retroceder, & transporter ce qui luy a été vendu & cedé. Arrêt du Parlement de Paris du 12. Juillet 1578. Filleau, 4. part. quest. 99.

55. Quelques uns ont tenu que la Loy *per diversas*, & la Loy *ab Anastasio C. mandati*, ont lieu en France, comme Du Moulin *de usurâ*, qu. 61. num. 413. quelques autres praticiens sont d'avis contraire, comme Imbert *In Enchirid. in verb. cedens*, & Chenu, quest. 99. les Arrêts ont fait distinction entre les cessions de droits litigieux & de ceux qui ne le sont pas, les loix citées ont lieu aux droits litigieux. Arrêt du 3. Septembre 1588. en la Chambre des Enquêtes. Autre Arrêt en la Grand'Chambre au profit de l'Evêque de Bazas en Juin 1596. mais si la dette vendue *etiam minori pretio*, est claire & liquide, & non litigieuse, les loix n'ont point de lieu. Arrêt celebre en la Chambre de l'Edit du 9. Mars 1605. *Bibliotheque de Bouchel*, verbo *Cessions*.

56. Cession de droits & des loix *per diversas & ab Anastasio C. mandati*, comme elles ont lieu *in actionibus personalibus*, ainsi qu'il a été jugé par Arrêts, même par un du mois de Septembre 1588. elles ont aussi lieu *in immobilibus* suivant le §. quatuor, *l. ult. de legat*. Arrêts de la Cinquiéme des Enquêtes des 29. Avril 1589. & 27. Juillet 1610. *Lucius l. 11. placit. tit. 7. de litig*.

57. En cession de rente ou droit immobilier la loy *ab Anastasio* & la loy *per diversas. Cod. mandati* n'ont point de lieu. Jugé le 21. Août 1604. M. *Bouguier*, *let. C. no. nb. 2.* Voyez M. *Loüet*, lettre C. *somm*. 13. pour les arrerages cedez.

58. Arrêt du Parlement d'Aix du dernier Avril 1647. qui appointe sur la question de sçavoir si le debiteur cedé peut intenter le remede de la loy *ab Anastasio & per diversas C. mandat*. avant contestation en cause, ou après? *Boniface*, to. 2. liv. 4. tit. 8. ch. 3. Faber & Mornac sont d'opinion contraire au chapitre suivant; il rapporte deux Arrêts du dernier Avril 1663. & dernier Juin 1666. qui ont jugé que le debiteur cedé peut se servir de ce remede, à rachetant la succession des droits litigieux, en remboursant le prix aprés contestation en cause, quand il y a eu fraude & déguisement de prix.

59. Jugé par Arrêt du Parlement de Paris du 27. Août 1662. qu'un tiers détenteur d'heritages appellé & poursuivi en déclaration d'hypotheque, pour une somme de 3000. liv. au payement de laquelle il prétendoit que les heritages par luy acquis, étoient affectez & hypotequez, laquelle somme pendant le procés, avoit été cedée & transportée par le creancier d'icelle à un Marchand de la Ville de Lyon, moyennant une somme de 1650. l. étoit recevable aux offres par luy faites au cessionnaire, de luy rembourser ladite somme de 1650. l. en affirmant par luy l'avoir effectivement payée au cedant, suivant la disposition des loix *per diversas & ab Anastasio Cod. mandati*. *Soëfve*, to. 2. *Cent*. ch. 70.

60. Arrêt du Parlement d'Aix du 16. Février 1681. qui a jugé que le debiteur ne peut pas se servir du remede de la L. *ab Anastasio* pour rembourser les sommes claires & liquides au cessionnaire. *Boniface*, tome 4. l. 8. tit. 3. ch. 9.

TRANSPORT, MINEUR.

61. Un mineur cede ses actions ; le cessionnaire prend des lettres contre les transactions passées par le mineur avec son tuteur ; par lesquelles le mineur le décharge de la reddition de son compte ; le cessionnaire débouté, parce que le mineur avoit trois ou quatre fois transigé, & que ce n'étoit pas luy qui agissoit, mais le cessionnaire. Jugé le 14. Decembre 1603. *Mornac*, l. 6. ff. *de in integrum restitut*. Voyez Brodeau, sur M. *Loüet*, let. T. *somm*. 3.

TRANSPORT, MOINDRE SOMME.

62. Jugé par Arrêt du Parlement de Bourgogne du dernier May 1566. qu'une dette de 300. liv. étant cedée pour 100. liv. le debiteur est quitte en payant les 100. liv. *Bouvot*, to. 1. part. 3. verbo *Dette*, qu. 1.

63. Transport de dette revoqué, parce qu'il avoit été fait pour moindre prix. Arrêt du 10. Août 1591. rapporté par *Philippi és Arrêts de la Cour des Aydes de Montpellier*, art. 157.

64. Dette certaine, liquide & non litigieuse cedée & transportée, ou chose non contestée, bien. que la cession soit faite *minori pretio* ; le debiteur n'est recevable à offrir le remboursement & demander la subrogation. Jugé le 9. Mars 1605. Brodeau, sur M. *Loüet*, let. C. *som*. 13. Il y a un Arrêt contraire du 3. Avril 1604. que M. le *Prêtre* rapporte, 1. *Cent*. ch. 95. in margine.

TRANSPORT, PERE, FILS.

65. Limitation à l'Ordonnance faite à la postulation des Etats, article 36. touchant les cessions & transports faits de pere à fils, & d'oncle à neveu. Voyez le 11 Plaidoyé d'Ayrault.

66. L'Ordonnance Royale qui permet cessions *judicii mutandi causâ* du pere à fils, de frere à frere & d'oncle à neveu, ne s'entend point du beau-pere au beau-fils, ni du beau-frere au beau-frere & autres d'alliance comme il fut declaré par Arrêt du Parlement de Paris du 14. Decembre 1518. *Bibliotheque de Bouchel* verbo *Cession*.

67. Cession faite par un pere à son fils Archer de la Garde du Corps, contre M. Boulond, Conseiller au Parlement, fut declaré nulle par Arrêt du Parlement de Paris du 7. Janvier 1538. les parties renvoyées au Juge ordinaire du défendeur. *Biblioth. de Bouchel*, verbo, *Cession*.

68. L'Edit d'Orleans en défendant les transports de pere à fils, *judicii mutandi causâ*, n'a lieu en transport *ex causâ onerosâ*, & en avancement de droits successifs. Arrêt du Parlement de Paris du 27. Janvier 1564. *Papon*, li. 7. tit. 7. n. 57.

69. Le fils ayant cedé une dette contre son pere, le cessionnaire peut être contraint par le pere, de recevoir la somme par luy déboursée *in odium du fils*. Arrêt du 14. Février 1566. *Papon*, liv. 11. tit. 1. n. 1. où il est observé que cela auroit lieu, même à l'égard d'un debiteur étranger, ainsi jugé en 1578. & 1593.

70. Transport de pere à fils étant en avancement d'hoirie, si ce n'est auparavant le procés, est frauduleux. Arrêt du Parlement de Paris du 5. Mars 1576. qui renvoye les parties au Juge ordinaire, en dérogeant au privilege d'écolier. *Papon*, ibid. n. 7.

71. Un pere cede à son fils étudiant en l'Université de Paris, huit mille livres à luy dûs par un habitant de la Rochelle ; le fils le fait appeller pardevant le Prevôt de Paris ; l'habitant excipe, demande son renvoy. Jugé le 13. Août 1605. que l'habitant défenderoit. *Peleus*, qu. 123.

72. Arrêt du Parlement de Tournay du 15. May 1697. qui a déclaré frauduleux un transport fait par une mere à ses enfans, quoy qu'il fût stipulé que c'étoit pour s'acquitter envers eux comme leur tutrice de ce qu'elle leur devoit ; ce transport parut fait en fraude de ses creanciers, sauf aux mineurs à agir en preference sur les deniers, en vertu du droit de tacite hypotheque. V. M. *Pinault*, to. 2. *Arr*. 156.

TRANSPORT, PRIVILEGIEZ.

73. Du transport fait à un privilegié. *Voyez Guy Pape*, qu. 273. où il dit que la cession doit subsister, si elle est faite, si le cessionnaire privilegié est parent du cedant, ou s'il affirme avec serment qu'il n'y a dol ni mauvaise foy. Le Parlement de Grenoble ne juge pas neanmoins toûjours de la sorte.

74. L'Ordonnance Royale qui permet cessions *judicii mutandi causâ* de pere à fils, de frere à frere, & d'oncle à neveu, ne s'entend point de beau-pere à beau-fils, du beau-frere au beau-frere, & autres d'alliance. Arrêt du Parlement de Paris du 14. De-

TRA   TRA   773

tembre 1528. *Papon*, *livre 2. titre 1. no nb. 4.*

75. Ceſſion faite à un Ecolier de la Marche d'un cens & rente, fut déclarée nulle, par Arrêt du Parlement de Paris du 7. Février 1537. *Bibliotheque de Bouchel*, verbo *Ceſſion*.

76. Tranſport fait à perſonnes privilegiées, autres que de l'Ordonnance, eſt nul, comme l'Ordonnance ne parle que des Ecoliers, ſi le pere tranſporte à ſon fils Garde du Roy, on n'y a point d'égard. Arrêt du 7. Janvier 1538. qui renvoya les parties au Juge ordinaire du défendeur. *Papon*, *liv. 12. tit. 1. n. 7.*

77. Freres bâtards ſont entendus par l'Ordonnance de Loüis XII. article 3 mais non pas freres bâtards d'un Prêtre ou biens adulterins, *& aliàs ex damnato coitu*, ceſſions de l'un de l'autre, pour joüir du privilege d'Ecolier, ne ſont reçuës. Arrêt du Parlement de Paris du 19. May 1545. *Papon*, *li. 12. tit. 1. n. 9.*

78. Le debiteur peut obliger le ceſſionnaire privilegié de joüir *ſuper dolo*, & qu'il ne prête point ſon nom, ſinon la cauſe renvoyée par le Juge privilegié. Arrêt des Grands Jours de Moulins du 3. Octobre 1550. *Papon*, *liv. 12. tit. 1. n. 8.*

79. Un debiteur pendant l'appel d'une Sentence obtenuë contre ſon creancier, a cedé ſa dette à un homme de la qualité de l'Edit pour y attirer l'affaire, par Arrêt de la Chambre de l'Edit du 16. Juillet 1629. la cauſe fut renvoyée au Parlement de Toulouſe, où l'appel étoit interjetté, ce qui n'eût pas été ordonné, ſi la ceſſion eût précedé le procés. *Voyez* Boné, *Arrêt 39.*

80. Arrêt du Parlement d'Aix du 25. Novembre 1674. qui a jugé que le privilegié qui a rapporté ceſſion, n'a droit d'attirer le debiteur cedé pardevant les Juges, & qu'il doit ſuivre les Juges du debiteur cedé. *Boniface*, *to. 3. tit. 2. ch. 2.*

TRANSPORT A UN PUISSANT.

81. L'Ordonnance du Roy Charles V. qui défend les ceſſions & tranſports aux perſonnes puiſſantes, ne s'entend point des choſes immeubles, comme ſont heritages, maiſons & autres. Arrêt du Parlement de Paris du 18. Février 1543. *Papon*, *li. 11. tit. 1. n. 1.*

82. Il eſt défendu de faire ceſſion de dettes à une perſonne puiſſante par donation, vente, ou autrement, ni à aucun Officier du Roy, ni à perſonne privilegiée, tels tranſports ſont déclarez nuls, &c. l'Ordonnance s'eſt toûjours entenduë des dettes ou actions perſonnelles, car pour les immeubles ils ſe peuvent ceder à perſonne plus puiſſante comme Officiers Royaux. *M. le Prêtre*, 1. *Cent. ch.* 93. où il cite *Papon*, *liv. 12. tit. 1. Arrêt* 1. *Voyez Peleus*, *qu.* 89. V. l'*Ordonnance d'Orleans art.* 36. & de *Blois art.* 177. toutes ceſſions faites pour vexer les parties reprouvées. Arrêt du 21. Août 1604. *M. Bouguier*, *lettre C. nomb.* 2.

TRANSPORT DE RENTE.

83. Tranſport d'une partie de rente eſt nul, & doit être du tout. Arrêt du Parlement de Paris du 7. Février 1537. qui déclare nulle une ceſſion faite à un écolier de la moitié d'un cens ou rente, parce qu'il faudroit plaider en deux lieux; autre Arrêt du 30. May 1564. qui a déclaré un tranſport fait d'une certaine choſe d'une ſucceſſion, frauduleux, parce qu'il ſe devoit faire du tout. *Papon*, *li. 12. tit. 1. n. 5.*

84. Si le cédant des arrerages d'une rente a fait don de partie d'iceux, le ceſſionnaire ne peut demander tous les arrerages, mais bien ce qu'il a débourſé actuellement. Jugé le 14. Février 1544. *Carondas*, *livre 7. Rép. 54.*

85. Le ceſſionnaire d'une rente ayant conſenti que le payement de cette rente fût tranſporté ſur d'autres terres que celles qui avoient été affectées par le premier contrat, peut aprés ce changement exercer ſa garantie contre ſon cédant qui n'y a point conſenti. Jugé à Dijon au mois d'Août 1679. ſur la réviſion d'un Arrêt de Beſançon. *Journal du Palais.*

SIGNIFICATION DU TRANSPORT.

86. Un debiteur paye toûjours valablement à ſon creancier, quoiqu'il y ait un tranſport qui ne luy eſt ſignifié. Arrêt du Parlement de Dijon du 5. Août 1599. *Bouvot*, *to. 2.* verbo *Tranſport*, *qu. 1.* la Coûtume de Paris y eſt expreſſe.

87. Le creancier ſaiſiſſant eſt preferable au ceſſionnaire n'ayant fait ſignifier ſon tranſport, lequel eſt neanmoins anterieur à la ſaiſie. Arrêt du Parlement de Dijon du 11. Février 1613. *ibid. qu. 14.*

88. Le ſaiſiſſant eſt preferable au ceſſionnaire, qui n'a point fait ſignifier ſon tranſport, ni donné copie au debiteur. Arrêt du Parlement de Dijon du 11. May 1615. *Bouvot*, *qu.* 17.

89. Arrêt du 22. Avril 1622. qui a jugé qu'en concurrence de deux tranſports de même ſomme, on conſidere le jour de la ſignification, & non la date du contrat, ſi les deux tranſports ont été ſignifiez le même jour, celuy qui porte avoir été ſignifié le matin, eſt preferable à l'autre qui parle ſeulement du jour de la ſignification. *V. Auzanet*, *ſur l'art.* 138. *de la Coûtume de Paris.*

90. Les declarations du cedant, aprés que la ceſſion a été ſignifiée, ne nuiſent point au ceſſionnaire, elles ſont conſiderées comme colluſoires avec le debiteur delegué. Arrêt du Parlement de Grenoble du 11. Juillet 1625. Le débiteur delegué aprés la ſignification ne peut payer qu'au ceſſionnaire, autrement doit payer deux fois. Arrêt du même Parlement du 21. Mars 1679. rapporté par *Chorier en ſa Juriſprudence de Guy Pape. p.* 255.

91. Arrêts du Parlement d'Aix des 12. Septembre 1616. 12. Novembre 1635. & 17. Février 1661. qui ont jugé que le débiteur qui a fait deux ceſſions étant inſolvable, & les deniers encore en état, le premier ceſſionnaire qui étoit creancier anterieur, doit avoir l'expedition des deniers, quoyqu'il n'eût intimé ſa ceſſion que le dernier *Boniface*, *to. 2. li. 4. tit. 8. ch. 2.*

92. De deux tranſports d'une même dette, celuy qui a été ſignifié eſt preferé à l'autre quoyqu'anterieur. Ainſi jugé au Parlement de Grenoble le 30. Juillet 1630. *Baſſet*, *to. 2. liv. 4. tit.* 20. *ch.* 4.

93. Aprés un tranſport ſignifié, la dette n'eſt plus *in bonis* du cedant. Jugé au Parlement de Grenoble le 23. Août 1644. *Baſſet*, *ibidem. ch.* 10.

94. La ſignification au débiteur de la rente eſt neceſſaire, autrement le ſaiſiſſant avant la ſignification du tranſport eſt preferable. Arrêt du Parlement de Dijon du 2. May 1644. & 5. Mars 1648. *Taiſand*, *ſur la Coût. de Bourg. tit. 5. art. 2. n. 4.*

95. Si aprés que la ceſſion a été ſignifiée, le débiteur delegué devient inſolvable; c'eſt au peril du cedant au cas qu'il n'y ait point de temps limité pour la maintenuë. Arrêt du Parlement de Grenoble du 26. Juin 1674. contre un cedant, quoyque le Fermier delegué eût entré en payement. *Voyez Chorier en ſa Juriſprudence de Guy Pape, p.* 255.

96. Acte de Notorieté donné par M. le Lieutenant Civil le 14. Juillet 1705. qu'un ſimple tranſport ne ſaiſit point, & ne peut avoir d'effet qu'il n'ait été ſignifié à la partie, & qu'on ne luy en ait donné copie. *Recueil des Actes de Notor. p.* 203. *& ſuiv.*

TRANSPORT, TUTEUR.

97. Si un Tuteur peut acheter ou ſe faire tranſporter des obligations deuës par les mineurs? *Voyez Bouvot*, *to.* 2. verbo *Tuteurs*, *queſt.* 33.

98. Par Arrêt du Parlement de Bretagne du 19 Février la Cour fait défenſes à tous Tuteurs & Curateurs de prendre & accepter aucunes ceſſions contre leurs mineurs, ſur peine d'amende extraordinaire. *Du Fail*, *liv.* 1. *chap.* 313. *& 320.*

TRANSPORT DE MARCHANDISES.

Quæ res exportari non debeant. C. 4. 41.
De pœna illorum qui res vetitas ad hoſtes transvehunt. Leon. N. 63.

Eeeee iij

De servis exportandis : vel si ita mancipium venierit, ut manumittatur, vel contra. D. 18. 7. Des Esclaves vendus à condition qu'ils seront, ou ne seront pas transportez dans un autre lieu.

TREBELLIANIQUE.

La quarte trebellienne ou trebellianique se distrait sur la succession que l'heritier fideicommissaire est chargé de rendre. *Dicta à Trebelliano Maximo Consule, cum Annæo Seneca, sub Nerone.* Voyez les mots *Falcidie, Fideicommis, & Quarte.*

1. *De trebellianica.* Voyez le traité fait *per Antonium Corsetum.*

2. *Trebellianica, inventario non confecto, an amittatur?* Voyez *Andr. Gaill. lib.* 2 *observat.* 138.

3. Quarte trebellianique a lieu au Testament militaire. *Mantic. lib.* 6. *tit.* 1. *n.* 37. id. Fernand. *ad L. in quartam præfat.* 3. *n.* 8.

4. La prohibition de la quarte falcidie dans le Testament sur les legataires, n'induit point prohibition de la quarte trebellianique sur le substitué. Fernand. *ad L. in quartam præfat.* 4. *n.* 11.

5. Prohibition d'aliener, tant à l'institué qu'au substitué, empêche la detraction de la quarte trebellianique. 2. Autre chose est aux enfans du premier degré institué. 3. Ou lorsque le Testateur a simplement prohibé à l'institué pour conserver les biens dans la famille. *Mantic. lib.* 7. *tit.* 12. *n.* 19. *& seq.* 2. id. Ferrer. *quæst.* 51. *in simplici prohibitione* 1. 2. id. Peregin. *art.* 3. *n.* 91. *& seq.* 1. id. Mantic. *lib.* 9. *tit. ult. n.* 16. *in falcidia* 1. *contr.* Fachin. *lib.* 5. *cap.* 6. *in fideicommisso universali.* id. Cujac. *in falcidia ad cap.* 2. *novel.* 1. 1. id. Fernand. *ad L. in quartam præfat.* 3. *n.* 8. *distinguendo* 3. La Peirere, *en ses décisions du Palais, lett.* T. *nomb.* 149. dit, Je ne vois pas de raison pourquoy pareillement en ces en re étrangers la quarte ne doive être prohibée, puisque détraire la quarte est une alienation hors la famille.

6. Lorsque la détraction de la legitime & de la quarte se rencontrent en même temps, le fils grevé se doit contenter de l'une ou de l'autre à son choix. *Peregrin. art.* 3. *n.* 49. *& seq.* id. Mainard. *lib.* 5. *ch.* 47. *cont.* Grassus §. *Trebellianica quæst.* 4. *n.* 2.

7. Quand il y a plusieurs enfans, & un seul heritier institué chargé de substitution, la quarte trebellianique se prendra sur ce qui se trouvera rester aprés toutes les legitimes comptées, & l'heritier avec sa quarte ne retiendra que sa propre legitime. Fernand. *ad L. in quartam cap.* 3. *art.* 2. *n.* 2.

8. En substitution contractuelle, il n'y a point lieu de détraction de quarte trebellianique. Fernand. *de fil. nat. ex nat. cap.* 10. *n.* 8. *& ad L. in quartam præfat.* 3. *n.* 8. id. Peregrin. *art.* 51. *n.* 22. *nec falcidia,* id. Grassus, §. *Trebellianica quæst.* 5. *in fine, vid. L.* 22. §. *ult. ff. ad trebell.*

9. Le Testateur peut charger par son Testament la fille, de s'imputer en quarte trebellianique, ce qui luy a été constitué en dot. Fernand. *ad L. in quartam cap.* 3. *art.* 1. *n.* 2. Je crois que cela vaut prohibition expresse.

10. Si l'heritier contractuel chargé d'un fideicommis peut detraire la trebellianique? Voyez *Duperrier, liv.* 1. *quæst.* 13. il dit que si l'autorité de la chose jugée ne l'étonnoit plus que le nombre des écrivains, il ne seroit pas difficulté de les combatre, & de tenir absolument pour l'affirmative.

11. S'il faut détraire la trebellianique sur les biens donnés entre-vifs à l'heritier grevé, qui reviennent au fideicommissaire en consequence du droit de retour, stipulé dans la donation au profit du donnant & de son heritier à *V. Duperrier, liv.* 3. *quæst.* 18.

12. Sur la question du nombre des années où il faut que l'heritier grevé ait joüy des biens fideicommissaires pour avoir consumé la trebellianique en fruits; quand c'est un étranger, l'opinion vulgaire est que cinq années suffisent, & c'est ainsi que le Président Fabet semble l'avoir décidé en son Code, *tit. ad Trebell. desi.* 18. & toutefois l'opinion contraire est communément approuvée par les Docteurs, comme témoigne *Peregrin. de fideic. artic.* 49. *num.* 53. *& 54.* Barri, *lib.* 15. *tit.* 5. *num.* 3. *p.* 197. & Faber même *de erro. prag. decad.* 11. *cap.* 4. Voyez *Duperrier, liv.* 4. *quæst.* 5.

13. La quarte trebellianique est duë au petit fils sans imputation des fruits, *facit lex quod de bonis* §. *quod avus ff. ad L. falcid.* Arrêt prononcé en robes rouges, par lequel la legitime & quarte trebellianique furent ajugées, *sine ulla fructuum imputatione.* Gloss. *in l. fideicommissariâ* 18. *ff. ad trebell. L. Jubemus.* C. *eod.* La Rochflavin, *liv.* 6. *tit.* 63. *Arr.* 12.

14. *Trebellianicæ detractio potest prohiberi in liberis primi gradûs.* Arrêts des 23. Août 1507. & 12. May 1581. Voyez la Bibliotheque du Droit François par Bouchel, *verbo Trebellianique.*

15. Par Arrêt du 6. Août 1573. jugé que le Testateur peut prohiber & défendre qu'on défalque la quarte trebellianique ; & cecy a lieu même *in liberis primi gradûs.* Le Vest, *Arrêt* 142.

16. La trebellianique cesse quand le Testateur a voulu que le substitué entrât *de plein droit* dans la succession de ses biens. La commune opinion des Docteurs est qu'en ceci il défend tacitement la détraction de la trebellianique. Le Parlement de Grenoble donne à cette clause la force de la défense expresse. Voyez Guy Pape, *question* 537.

17. Si le Testateur a pourvû que l'heritier retienne pour soy quelque certaine chose pour son droit de trebellianique, quoyqu'elle excede en valeur la trebellianique, l'heritier l'aura entierement quitte sans contribuer au payement d'aucunes dettes, parce qu'en ce cas il est tenu pour simple legataire, & la charge des dettes, ne regarde les legs & choses singulieres, mais la masse de l'heredité & cotité d'icelle. Arrêt du Parlement de Toulouse du mois de Juin 1585. *Vide. l.* 1. *C. ad trebell. & ibi Cujac. &* Mainard, *liv.* 5. *chap.* 50.

18. La trebellianique ne peut être distraite contre les pauvres, même par les enfans. Arrêt du 16. Mars 1586. La Rocheflavin, *liv.* 4. *let.* T. *tit.* 7. *Ar.* 3.

19. La trebellianique peut être prohibée aux enfans qui tiennent le premier degré, pourvu que ce soit expressément même par Codicille. Ainsi jugé au Parlement de Toulouse le 29. Novembre 1592. Cambolas, *liv.* 1. *ch.* 31.

TREIZIE'ME.

Voyez au premier Volume de ce Recüeil, lettre D. le titre *des Droits Seigneuriaux, p.* 921. *nomb.* 175. *& suiv. & au* 2. 10. le mot *Lods, n.* 359. *& suiv.*

1. Lors qu'à un decret ou à une discussion le Seigneur se presente pour être payé de deux treiziémes, il ne peut être payé par privilege que du dernier seulement, & pour l'autre il n'est mis en ordre que du jour de la premiere vente. *Basnage, sur l'art.* 171. *de la Coûtume de Normandie.*

2. Un oncle coheritier avec ses neveux, achetant leur part doit le treiziéme. *Ibid.*

3. Le Seigneur qui fait bail de tous ses droits Seigneuriaux, ne doit point le treiziéme à son Fermier de ses acquisitions, Ainsi jugé au Parlement de Roüen. *Ibidem.*

4. Le treiziéme n'est dû des biens decretez d'un frere, n'ayant baillé à ses sœurs leur legitime, qu'aprés la legitime levée. Arrêt du Parlement de Normandie. *Ibidem.*

5. Il n'est dû qu'un treiziéme de vente à la charge du decret pour purger les hypotheques, & le Seigneur a le choix du prix de la vente ou de l'adjudication. *Basnage, ibidem.*

6. On avoit jugé au Parlement de Roüen, par un an-

cien Arrêt de l'année 1540. que l'on ne pouvoit decreter pour un treiziéme, qu'il falloit saisir les levées: on a donné depuis un Arrêt contraire le 23. Janvier 1664. *Basnage, sur la Coûtume de Normandie*, art. 546.

7 Si en un contrat de vente il y avoit temps ou condition de rachat, les ventes, lods ou treiziéme appartiennent (*quand bien la condition n'auroit sorty effet*) au Fermier du fief dominant au temps dudit Contrat, & non à celuy qui en étoit Fermier lors ou depuis la fin ou expiration du temps de la condition, quoyque les treiziémes n'eussent pû étre plûtôt demandés à l'acquereur. Arrêt du Parlement de Paris le 22. Decembre 1584. *Bibliotheque de Bouchel*, verbo *Treiziéme*.

8 Arrêt du Parlement de Roüen du 22. Avril 1611. qui a jugé que le treiziéme étoit dû d'une rente fonciere de 60. liv. venduë à un tiers pour 1200. l. Si le rachat étoit fait par le débiteur, le treiziéme ne seroit point dû. *Basnage, sur l'article 171. de la Coûtume de Normandie.*

9 En la Chambre de l'Edit à Roüen le 19. Mars 1657. jugé que le treiziéme n'étoit point dû pour un partage, quoyqu'il y eût de l'argent pour le retour, *quia incaperat à divisione*. Deux freres avoient fait des partages durant la minorité de l'un d'entre eux; & sur ce que le mineur en demandoit la rescisión, l'autre frere luy avoit cedé son lot moyennant 500. liv. pour le dédommager de quelque bâtiment qu'il avoit fait, mais avant l'execution de Contrat, les freres s'en étoient départis volontairement. *Basnage, sur l'art. 171. de la Coûtume de Normandie*

10 Il n'est point dû de treiziéme de la folle enchere. Arrêt du Parlement de Roüen du 27. Juillet 1638. Il en est dû de l'enchere entiere au profit particulier, & il doit être payé par le decreté. Arrêt du 9. Juillet 1671. *Basnage, sur l'article 584. de la Coûtume de Normandie.*

11 Du treiziéme dû au cas de vente de bois. *Voyez* le mot *Bois, nomb.* 69. & *suiv.*

12 S'il est dû en coupe & vente de bois? *Voyez* le mot *Bois, nomb.* 69. & *suiv.*

13 Lorsqu'un acquereur a joüy du fonds le treiziéme est dû, & si aprés avoir payé il est dépossedé par les creanciers du vendeur, il ne peut le repeter contre le Seigneur lequel peut encore le demander s'il déguerpit l'heritage & le fait ajuger par decret. Arrêt de la Chambre de l'Edit de Roüen du 10. Decembre 1641. rapporté par *Basnage, sur l'article 171. de la Coûtume de Normandie.*

14 Lorsqu'un heritage est vendu à la charge du decret, le treiziéme ne peut être demandé qu'aprés le decret fini. Arrêt de la Chambre de l'Edit de Roüen du mois de Juillet 1644. *Basnage, sur l'article 171. de la Coûtume de Normandie.*

15 Le treiziéme ne fait partie des deniers que le retrayant doit consigner. Arrêt du Parlement de Normandie du 10. Avril 1649. il s'agissoit d'un retrait conventionnel. *Basnage, sur l'art. 503. de cette Coût.*

16 Le treiziéme n'est point dû sur les tiers Coûtumier des enfans ajugé par distraction; & le Seigneur dont relevent les heritages de ces tiers, ne peut faire contribuer les autres tiers relevans d'autres Seigneurs. Arrêt du Parlement de Normandie du 16. Août 1650. rapporté par *Basnage, sur l'art. 171. de cette Coûtume.*

17 Le Seigneur qui a affermé tous ses droits Seigneuriaux, n'est point tenu de payer à son Fermier le treiziéme de ce qu'il acquiert, mais seulement de ce qu'il retire à droit feodal. Arrêt du Parlement de Roüen du 21. Février 1653 contre le sieur Comte de Thorigny heritier du sieur Baron de la Lutumiere. Autre Arrêt semblable pour M. Soyer d'Intraville Conseiller en la Cour. *Basnage, sur l'article 171. de la Coûtume de Normandie.*

18 Lorsqu'un decret volontaire devient forcé, & est continué par un autre creancier, il n'est dû qu'un droit de treiziéme. Arrêt du Parlement de Roüen du mois de Decembre 1653. *Basnage, sur l'art. 171. de la Coûtume de Normandie.*

19 Un particulier avoit acquis à charge de payer le treiziéme, quoyque cet heritage eût été saisi réellement, le Receveur de Preaux fit condamner cet acquereur au payement du treiziéme; celuy-ci en cause d'appel, disoit que n'ayant point contracté avec ce Receveur il ne pouvoit être condamné personnellement; la soumission portée par son contrat n'étoit qu'entre son vendeur & luy; le Seigneur n'avoit qu'une action réelle, & qu'ayant été dépossedé il ne devoit rien. Par Arrêt du Parlement de Roüen du 8. Août 1656. on mit sur l'appel hors de Cour & de procez. Autre Arrêt du même Parlement du 7. Juillet 1684. qui a jugé qu'un acquereur qui s'étoit chargé de payer le treiziéme d'une acquisition qu'il avoit faite quoyqu'il en eût été dépossedé, étoit obligé personnellement de le payer, parce qu'il en avoit joüi paisiblement 14. années. *Basnage, sur l'art. 171. de la Coûtume de Normandie.*

20 Le Seigneur peut bien demander devant son Sénéchal que l'acquereur soit condamné au payement du treiziéme, mais le Sénéchal seroit incompetent de connoître de cette action si elle étoit formée contre le vendeur, parce que le fond n'étant plus en sa main & n'étant plus vassal, quoyqu'il se fût chargé du treiziéme, le Seigneur n'auroit qu'une action personnelle qu'il seroit obligé d'intenter devant le Juge du domicile du vendeur. Arrêt du Parlement de Roüen du 21. Janvier 1657. *Basnage, sur l'art. 171. de la Coûtume de Normandie.*

21 Ce que dit M. d'Argentré que le treiziéme est dû *ratione omnium feudorum* a reçu de la difficulté. Les habitans de la Valée d'Andelle prétendent qu'ils ne doivent point de treiziéme des heritages qu'ils vendent, & qui sont situés en cette Valée. M. le Premier Président de Roüen ayant demandé un treiziéme à un particulier de la Valée d'Andelle, celuy-ci prétendoit être admis à faire preuve de son exemption, soûtenant que ce droit n'étoit point *de naturalibus nec de essentialibus feudi*, qu'il dépendoit des conditions de l'infeodation & de la disposition des Coûtumes. M. le Premier Président répondoit que par une disposition generale de la Coûtume, le treiziéme est dû aux Seigneurs, & que par le procez-verbal de la réformation de la Coûtume, il est defendu d'alleguer d'autres Coûtumes ni d'autres Usages, que ceux qui sont réduits par écrits; ce qui fut jugé de la sorte en la Chambre de l'Edit, le 17. Juin 1657. *V. Basnage, sur l'art. 171. de la Coût. de Normandie.*

22 Le treiziéme n'est point dû de la vente d'une rente fonciere rachetable. Un particulier avoit pris un heritage par bail à rente de 25. liv. rachetable de 500. livres dont le treiziéme avoit été payé; quelque temps aprés le creancier l'ayant venduë, il a été jugé qu'il n'étoit point dû de treiziéme, Arrêt du Parlem. de Normandie du 14. Février 1658. *Basnage, sur l'art. 171. de cette Coûtume.*

23 Le Seigneur qui acquiert des heritages relevans de son fief, ne peut demander de treiziéme au vendent. Arrêt du Parlement de Roüen du 16. May 1662. rapporté par *Basnage, ibidem.*

24 Si l'on payoit le treiziéme de la chose prise en fieffe, & que par aprés la rente dûë à cause de cette fieffe fut venduë, on en payeroit encore un treiziéme, c'est pourquoy il fut jugé par Arrêt du Parlem. de Roüen du 1. Juillet 1661. qu'il n'étoit point dû de treiziéme de cette fieffe. *Basnage, sur l'article 173. de la Coûtume de Normandie.*

25 S'il est dû deux droits pour un Contract de fieffe stipulé en partie rachetable, & en partie irrachetable? Arrêt du Parlement de Normandie du 1. Juillet 1661. qui juge que le treiziéme n'étoit dû que de la rente

rachetable. Même Arrêt du 28. Juillet 1673. dans l'espece de cet Arrêt la demande du Seigneur étoit favorable, car pour le frustrer de ses droits, on n'avoit pas employé dans le Contract de fieffe l'argent qui avoit été payé; neanmoins on n'ajugea le treiziéme que pour les deniers payez. *V. Basnage, sur la Coûtume de Normandie, art.* 172.

26. Il n'est dû aucun treiziéme pour le retour & licitation de partages entre coheritiers ou proprietaires en commun. *Ibidem.*

27. Il n'est aussi dû aucun treiziéme du rachat d'une rente fonciere, quand il est fait aprés l'an & jour de la fieffe, sinon en cas de fraude ou convention dans l'an & jour d'en faire le rachat. Arrêté du Parlement de Roüen, les Chambres assemblées le 6. Avril 1666. art. 26. & 27. *Basnage*, to. 1. à la fin.

28. Le treiziéme est dû des ormes étans en haye au dessus de 40. ans, comme des autres bois de haute fûtaye, la possession contraire pour la dîme. est nulle & vitieuse. Arrêt du Parlement de Roüen du 13. May 1667. Pour les poiriers & pommiers, il n'en est dû ni treiziéme ni dîsme. *Basnage, sur l'art.* 173. *de la Coûtume de Normandie.*

29. Le Seigneur ne peut demander le treiziéme de l'heritage donné en payement pour la dot d'une fille. Depuis on a fait cette distinction, si l'heritage a été donné au mary par le Contract de mariage, ou si on luy a donné en payement *ex intervallo*. Au premier cas, par Arrêt du Parlement de Roüen du 30. Juin 1671. il a été jugé qu'il n'en étoit point dû; & par Arrêt rapporté par *Berault*, il a été jugé le contraire pour le second cas. Neanmoins l'opinion la plus commune est qu'en quelque temps que l'heritage soit donné pour le don mobil, le treiziéme n'en est point dû, la raison étant égale dans l'un & l'autre cas. *V. Basnage, sur l'art.* 172. *de la Coût. de Normandie.*

30. Sur la question de sçavoir si le treiziéme est dû de l'enchere au profit particulier? Il a été jugé au Parlement de Roüen le 9. Juillet 1671. qu'il est dû parce qu'il fait partie du prix de l'adjudication; mais qu'il ne se devoit payer que sur le quart qui alloit au profit commun; & que pour les autres trois quarts, qui étoient pour le profit particulier de l'adjudicataire, le treiziéme en étoit dû par l'adjudicataire, sauf son recours contre les decreté ou ses heritiers. *Pesnelle, sur l'art.* 584. *de la Coûtume de Normandie.*

31. Le treiziéme est dû d'une vente d'heritages appartenans à une femme mariée, faite par le mary & la femme, quoyque la femme rentre en possession à faute de remploy sur les biens de son mary. Arrêt du Parlement de Roüen du 28. Mars 1681. *Basnage, sur l'art.* 171. *de la Coûtume de Normandie.*

32. Par un acte de partage entre deux freres, il est porté que l'un cede à l'autre le tiers d'une Terre, la vente faite moyennant 1500. livres, à la charge par l'acquereur de payer le treiziéme, s'il en étoit dû. L'acquereur assigné à la requête du Seigneur luy oppose l'article 26. du Reglement de 1666. lequel porte qu'il n'est dû aucun treiziéme pour le retour ou licitation de partage entre coheritiers ou proprietaires en commun; & quoiqu'on se fût servi du mot de *vente*, il falloit considerer l'intention des contractans. Par Arrêt du Parlement de Roüen du 29. Janvier 1683. le Seigneur fut débouté. *Basnage, ibidem.*

33. Un Seigneur de fief qui retire du droit feodal des rotures tenuës de son fief, peut demander le treiziéme sur le prix de l'adjudication par decret desdites rotures. Arrêt du Parlement de Normandie du 30. May 1688. *Basnage, ibidem.*

TRESOR.

DE *Thesauris.* C. 10. 15. ... C. Th. 10. 18. ... I. 2. 1. §. 40.
De invento Thesauro, cujus esse debeat. Leon. N. 51.
Trésor Royal. *Ærarium.*

De canone largitionalium titulorum. C. 10. 23. De quelle maniere les deniers des Tailles & Impositions doivent être apportez au Trésor public.

De his qui cum dispensatore contraxerunt. C. Th. 10. 24. Défenses aux Officiers du Trésor de prêter, & aux particuliers d'emprunter des deniers du Prince.
Voyez *Deniers publics* & *Finances.*

1. Des Tresors. Voyez le 4. tome des Loix Civiles, liv. 1. tit. 6. section 3. n. 7.

2. Voyez hoc verbo *Tresor*, la Bibliotheque du Droit François par *Bouchel*, celle de *Jouet*, & M. le Brun, *en son traité de la Communauté, chap.* 5. distinction 2.

3. *De thesauris.* Voyez *Mornac, l.* 67. ff. de rei vindicat. leg. 7. ff. de usuf. & quemadm. la Loy 22. ff. famil. ercisiun. & les institutes, *de rerum divisione* §. *thesauri.*

4. La Coûtume de Paris ne parle point des Tresors, mais il en est parlé dans la Coûtume de *Sens*, art. 8. Coûtume de *Bar*, art. 44. Coût. de *Cambray*, art. 3. Coûtume de *Bourbonnois*, art. 355. Coûtume de *Bretagne*, art. 46. *Normandie*, 211. & 212. Coûtume d'*Anjou*, article 61. Voyez *Renusson, traité du Droit de garde, p.* 93. où il rapporte la disposition de chacun de ces articles.

TRESOR TROUVÉ.

5. *De thesauris inventis.* Voyez la nouvelle édition des Oeuvres de Mr. Charles Du Moulin, to. 2. p. 591. Papon, liv. 13. titre 7. & M. Expilly, Plaidoyé 37.

6. Comment le tresor trouvé se partage? En trois parts, l'une à celui qui l'a trouvé, l'autre au proprietaire du fonds, & la troisiéme au Seigneur Haut-Justicier; mais si c'est le proprietaire qui l'a trouvé, il se partage en deux, l'une au proprietaire, l'autre au Seigneur. Voyez *Carondas, liv.* 3. *Rép.* 20.

7. Tresor trouvé en or appartient au Roy, non à autre. Arrêt de l'Abbé de Saint Denis à la Toussaint 1295. mais piece d'or trouvée en appert semble plûtôt épave que Tresor. Elle appartient au Haut-Justicier non au Roy. Jugé pour l'Abbé de S. Denis. *Bibliotheque de Bouchel*, verbo *Tresor*, & *Jo. Gall.* quest. 193.

8. A la prononciation des Arrêts en Septembre 1259. entre le Procureur General, & l'Abbé de S. Pierre le Vif de Sens, le Tresor fut ajugé au Seigneur Haut-Justicier, excepté l'or, qui là est appellé *fortune d'or*, qui fut ajugé au Roy. Par autre Arrêt donné par le Roy à la prononciation de Saint Martin 1261. l'argent trouvé en une maison à l'Ocher fut ajugé au proprietaire de la maison. *Bibliotheque de Bouchel*, verbo *Tresor.*

9. Le Seigneur Haut-Justicier joüit de pareil droit que le Roy pour les Tresors trouvez en sa Haute-Justice. Arrêt du Parlement de Paris en 1388. pour les Religieux de Saint Germain des Prés, ausquels fut ajugé moitié d'un Tresor trouvé dans l'étendue de leur Haute Justice. Ce Tresor consistoit en mille pieces d'or. *Papon, liv.* 13. *tit.* 7. *n.* 2.

10. Par Arrêt du Parlement de Roüen du 22. Decembre 1515. rapporté par *Berault*, sur la Coûtume de Normandie, tit. des fiefs, art. 212. in verbo *dans la Nef du Cimetiere*, & par *Terrien, liv.* 4. *chap.* 7. jugé qu'un Tresor qui avoit été découvert en la Nef d'une Eglise Paroissiale appartiendroit à la Fabrique, & seroit employé aux réparations de ladite Eglise, le Curé appellé, aussi la glose dit que les Hauts-Justiciers doivent avoir le Tresor trouvé en leur Terre, *est autem thesaurus vetus quædam depositio pecuniæ, cujus non extat memoria ut jam Dominum non habeat. L. numquam* ff. *de acquir. rerum Dom. de jure. Thesaurus inventus in fundo proprio conceditur Domino fundi; si in alieno, dimidia pars Domino fundi, altera inventori.* §. *thesaurus. Inst. de rer. divis. si vero in locis fiscalibus vel publicis, religiosisve, tum dimidia pars pertinet ad fiscum. L. non intelligitur.* §. *fr. de* ff. *de jure fisci. V. ibid. Terrien, ex dispo. juris, quid thesauro.*

11. Tresor trouvé par un Bourgeois d'Amiens en faisant raccommoder sa maison, par Arrêt du Parlement de

TRE   TRE   777

de Paris a été homologuée la composition faite du partage de ce Tresor, dont moitié au Roy, & l'autre moitié à ce Bourgeois. M. le Procureur General avoit requis que le tout fût ajugé au Roy. V. *Papon, liv.* 13. *tit.* 7. *nomb.* 1.

12. *Chopin au* 2. *livre du Domaine de France,tit.*5. *art.*11. & le *Caron, au* 3. *li. de ses Réponses, ch.* 10. rapportent un Arrêt du 29. Juillet 1570. par lequel un Tresor trouvé a été partagé entre le repertreur, le proprietaire du fonds, & le Seigneur Haut-Justicier. *Papon, liv.* 13. *tit.* 7. *n.* 2.

13. Un Vigneron fouïssant dans sa vigne trouve une chaîne d'or antique : il la vend à Jean Lopin Marchand de Semur en Auxois. Le Procureur d'office fait assigner l'acheteur, pour ouïr dire qu'il la representera, & qu'elle sera ajugée comme épave au Seigneur Haut Justicier du lieu. Sentence en la premiere Justice, qui ordonne que la chaîne sera representée; dont appel par Loupin, qui somme en garantie son vendeur. La Sentence est confirmée au Bailliage d'Auxois : encore appel; la cause ayant été solemnellement plaidée, l'appellation & ce furent mis au néant, & par nouveau Jugement les Parties hors de Cour & de procez. Arrêt du Parlement de Bourgogne du 5. Avril 1612. d'où l'on peut conclure qu'un Tresor, & tout ce qui est compris sous ce mot, n'est pas une épave, & qu'il appartient entierement à celuy qui le trouve dans son propre fond. *Taisand, sur la Coût. de Bourgogne, tit.* 1. *art.* 3.

14. Tresor trouvé dans une Eglise Parochiale située au Bailliage de Melun, a été ajugé à la Fabrique, à la charge de l'employer aux reparations. Arrêt du 6. Février 1614. *Le Bret, liv.* 5. *décision* 4. il rapporte un Arrêt semblable de l'année 1575. au profit des Religieuses de Nôtre-Dame de Soissons, il fut dit qu'un Tresor trouvé en un lieu regulier du Monastere leur demeureroit.

15. On peut agir criminellement en cas d'un Tresor découvert sans avertir le maître. Jugé au Parlement de Grenoble le 24. Juin 1615. contre un Maçon. *Basset p. to.* 2. *liv.* 7. *tit.* 10. *chap.* 1.

TRESOR DES CHARTRES.

16. *Voyez* le mot *Chartres*.

CHAMBRE DU TRESOR.

Voyez le mot *Chambre, nomb.* 44. & *suiv.*

17. De la Chambre du Trésor, & Domaine du Roy. *Ordonnances de Fontanon, to.* 2. *liv.* 2. *tit.* 5 *p.* 245. Voyez cy-après le *nomb.* 48. & *suiv.*

TRESORIER DE COMMUNAUTEZ.

18. Arrêts du Parlement d'Aix des 8. Mars 1634. & 10. Mars 1638. qui ont jugé que celuy qui ne sçait pas écrire, ne peut être Tresorier d'une Communauté. *Boniface, to.* 2. *part.* 3. *liv.* 2. *tit.* 9. *chap.* 1.

19. Jugé le 1. Avril 1639. qu'un Tresorier ne peut être élû deux ans de suite. *Boniface, ibidem, chap.* 3.

20. Le 27. May 1639. il a été jugé que le mineur ne peut être Tresorier. *Ibidem, chap.* 4.

21. Arrêt du 17. May 1639. qui a déchargé un mineur de la charge de Tresorier d'une Communauté de Ville. *Boniface, to.* 1. *liv.* 4. *tit.* 6. *ch.* 1.

22. Il a été jugé au même Parlement de Provence le 16. Février 1652. que celuy qui sçait écrire son nom peut être Tresorier, comme aussi *negotiorum non experti*. Boniface, tome 2. *part.* 3. *liv.* 2. *tit.* 9. *chap.* 2.

TRESORIER D'EGLISE.

Voyez cy-dessus le nombre 17. & *suiv.*

23. De Thesaurariis. Voyez *Pinson au titre de divisione beneficiorum*. §. 13.

24. La Tresorerie de S. Jean de Lion déclarée n'être sujette à l'Expectative des Graduez par Arrêt du 12. Août 1697. sur le fondement que ce Benefice est affecté par les anciens Statuts de Lyon, ainsi que les trois autres Custodes, & les perpetuitez de cette Eglise, à ceux qui ont été élevez dans ses Rits & usages, affectation anterieure au Concordat, & confirmée par les Bulles du Pape Paul IV. de 1545. suivies de Lettres Patentes du Roy de 1547. enregistrées au Parlement en 1548.

Il fut jugé au Grand Conseil en 1650. que ces Benefices n'étoient pas sujets à l'Expectative des Indultaires. *Voyez le Recüeil des Arrêts notables*, imprimé en 1710. chez *Michel Guignard*, chap. 4.

25. Arrêt du 10. Decembre 1658. qui appointa les Parties au Conseil, pour sçavoir si le Tresorier de l'Eglise Cathedrale de *Soissons* ayant une Prébende dans la même Eglise unie à sa Tresorerie, peut prétendre d'entrer & avoir voix délibérative dans le Chapitre. On disoit contre luy qu'il ne faisoit point dans le Chapitre le serment ordinaire des autres Chanoines, qui est de ne reveler jamais le secret du Chapitre, ce qui prouvoit qu'il n'étoit point considéré comme un autre Chanoine. *Scefse, tome* 2. *Cent.* 1. *chapitre* 96.

26. Tresorier de la sainte Chapelle du Palais à Paris, a été conservé dans le privilege que ses Predecesseurs avoient de conferer sans Lettres du Roy les Chapellenies dépendantes de la sainte Chapelle à l'un des Chapelains, *qui sit de gremio*, & qui ait servi deux ans. Arrêt du 14. Janvier 1665. *De la Guessiere, tome* 2. *liv.* 7. *chap.* 3.

27. La Tresorerie de Coûtance est une dignité qui n'est point sujete au Breveta de joyeux avenement & de serment de fidelité, & ainsi le pourvû par l'Ordinaire fut maintenu. Jugé au Grand Conseil le 5. Juillet 1672. *Ibidem, tome* 3. *liv.* 6. *chap.* 9.

TRESORIERS DE FRANCE.

28. Traité de l'origine & progrez des Offices de Tresoriers de France & Generaux des Finances.

Des Tresoriers de France & de l'Epargne. *Ordonnances de Fontanon, to.* 2. *liv.* 2. *tit.* 2. *p.* 49.

29. Du rétablissement des Tresoriers de France, & Generaux des Finances du Royaume, & de la préséance d'iceux au-dessus des Baillifs, Senéchaux, Présidens, Lieutenans & Officiers des Sieges Présidiaux. *Ibidem, liv.* 3. *tit.* 36. *p.* 1193.

30. Lettres Patentes comme la connoissance des franchises, & nouveaux acquests, appartient aux Conseillers du Tresor. *Ibidem, to.* 4. *p.* 1472.

31. De l'origine des Tresoriers de France, leurs Charges & Juridiction. *V. Filleau, part.* 3. *tit.* 11. *ch.* 53.

32. Des Présidens & Tresoriers Generaux de France. Voyez *Escorbiac, tit.* 24. où il rapporte les Edits, Declarations & Arrêts concernant leurs fonctions.

33. De la préséance dûë aux Tresoriers de France. *Voyez* le mot *Préséance, n.* 142. & *suiv.*

34. Par Arrêt de la Cour des Aydes du 11. Decembre 1592. il fut défendu aux Tresoriers Generaux de France de faire aucune Ordonnance séparément, mais seulement assemblez en leur Bureau, ni de prendre connoissance de Jurisdiction contentieuse. *Bibliotheque de Bouchel*, verbo *Tresoriers*.

35. Les Tresoriers de France ne peuvent proceder à la verification des Lettres d'Octroy. Arrêt du Parlement de Dijon du 6. Février 1612. *Bouvot, to.* 2. verbo *Tresoriers*.

36. Tresoriers de France n'ont Jurisdiction contentieuse. Arrêt du 19. Mars 1629. *Bardet, tome* 1. *liv.* 3. *chapitre* 35.

36 bis. Tresoriers de France n'ont point de Jurisdiction contentieuse. Les Edits qui la leur attribuent n'ont point été verifiez au Parlement de Paris. *Ibidem, to.* 2. *liv.* 9. *chap.* 14.

37. Reglement entre la Chambre des Comptes & les Tresoriers de France de la Generalité d'Aix, du 16. May 1640. *Boniface, to.* 3. *liv.* 1. *tit.* 6. *ch.* 1.

38. Arrêt du Conseil d'Etat du dernier May 1659. qui maintient les Tresoriers de France en Provence en la Jurisdiction des causes du Domaine du Roy & de la grande & petite Voirie en premiere Instance sans appel jusqu'à 250. livres, & aux sommes exce-

Tome III.   FFfff

778 TRO

dans 50. liv. par appel au Parlement. *Ibidem*, *tit.* 7. *chapitre* 2.

39 Ordonnance des Présidens Tresoriers Generaux de France, Grands Voyeurs, Intendans du Domaine, Finances & Gabelles en Provence, en conséquence des Arrêts du Conseil, portant declaration de leur Jurisdiction & étenduë d'icelle; du 6. Septembre 1673. *Ibidem*, *chap.* 4.

40 Arrêt du 27. Juillet 1675. qui a jugé que les Tresoriers Generaux de France n'ont pas la connoissance des Regales des Villes & Villages, chemins publics & ruës publiques dans les lieux des Seigneurs Hauts-Justiciers. *Ibidem*, *chap.* 5.

41 Arrêt de Reglement du Conseil d'Etat du 15. Septembre 1685. entre la Chambre des Comptes & les Tresoriers de France de la Generalité de Toulouse & Montpellier. *Ibidem*, *tit.* 6. *chap.* 2.

42 Les privileges des Tresoriers de France sont confirmez par un Edit donné à Versailles au mois d'Août 1694. Il est dans *Taisand*, *Cout. de Bourgogne*, *titre* 3. *article* 1.

TRESORIERS DE LA GUERRE.

43 Des Tresoriers des Guerres. *Ordonnances de Fontanon*, *to.* 4. *p.* 1329.

44 Des Tresoriers ordinaires & extraordinaires des Guerres. *Voyez Corbin* en son *Recueil des Edits & Arrêts concernans les Aydes*, *to.* 1. *liv.* 6.

TRIBUT.

Tribut. *Tributum. Vectigal.*
Le Tribut étoit une imposition faite sur les heritages, laquelle se payoit chaque année en denrées ou especes, ou en argent. En France les sujets payent la Taille en argent seulement. Tous les Titres qui traitent du Tribut, sont expliquez & citez ici sous le mot *Taille*.

Voyez les mots *Droits Royaux*, *Imposition* & *Tailles*.

TROMPETTE.

Titre du Trompette Juré du Roy. *Joly*, *des Offices de France*, tome 2. liv. 3. tit. 25. & aux additions, *page* 1915.

TROUBLE.

Ne vis fiat ei qui in possessionem missus est. *D.* 43. 4. Interdit, ou défense de troubler.
Unde vi. C. 8. 4. .. *C. Th.* 4. 22.
Si per vim, vel alio modo absentis perturbata sit possessio. C. 8. 5. ... *Inst. de interd.* §. 6.
Vi de possessione agi oportet. C. 3. 16. Pardevant qui il faut se pourvoir en trouble
Voyez les mots *Complainte*, *Force*, *Possession*, *Possessoire*, *Reintegrande*.

1 Edits & articles accordez par le Roy Henry IV. pour la réunion de ses sujets, depuis l'an 1593. jusqu'en l'an 1598. *Ordonnances de Fontanon*, tome 4. *p.* 747.

2 Diminution des loyers demandée à cause de la non jouïssance pendant les troubles. *Voyez* le mot *Bail*, *numb.* 7. & 9.

3 Trouble fait aux Commissaires aux saisies réelles. *Voyez* le mot *Commissaires*, *nomb.* 48. & *suiv.*

4 Criées faites durant les troubles. *Voyez* le mot *Criées*, *nomb.* 9.

5 Pendant les troubles les interêts ne courent. *Voyez* le mot *Interets*, *nomb.* 168. & *suiv.*

6 Si la prescription a lieu pendant les troubles? *Voyez* le mot *Prescription*, *n.* 387. & *suiv.*

7 Les procedures faites pendant les troubles, sont nulles. *Voyez* le mot *Procedure*, *n.* 65.

8 Une obligation extorquée d'une communauté par gens de guerre pendant les troubles, a été déclarée nulle par Arrêt du Parlement de Provence du 9. Juin 1633. *Boniface*, tome 2. part. 3. livre 2. titre 1. *chap.* 10.

TUI

9 Le trouble fait au sequestre, après sa décharge. *Voyez* le mot *Sequestre*, *n.* 70. & *suiv.*

TROUPE.

De his quæ per turbam fiunt. *Paul.* 5. 3. Crime, ou dommage fait par une troupe de gens.
De vi bonorum raptorum, & de turbâ. D. 47. 8. Des gens attroupez.
Si familia furtum fecisse dicatur. D. 47. 6. *Familia, est turba vel coetus servorum.*
Ad legem Juliam, de vi publicâ, & privatâ. C. 9. 12. .. D. 48. 6. & 7.
Voyez Force. Violence. & *l'Ordonnance de* 1670. *tit.* 2. *art.* où il est parlé des atroupemens & assemblées illicites.

TROUSSEAU.

Le Troussel, comme on parle en Dauphiné, qui est l'*Arrodium* de Bartole, & le *mundus muliebris* des Latins que la femme apporte avec sa dot dans la maison de son mary, s'il n'a pas été estimé, n'est restituable qu'en l'état où il se trouve au temps qu'il doit l'être. Jugé au Parlement de Grenoble par Arrêt du premier Juin 1587. & par plusieurs autres. *Voyez M. Expilly*, *chap.* 47. & *Chorier* en sa *Jurisprudence de Guy Pape*, *p.* 225.

2 Troussel que la femme porte chez son mary avec sa dot, qui peut se consumer par l'usage, si aucune estimation n'en a été faite lors du Contract de mariage, ne peut être demandé, sinon en l'état qu'il se trouve lors de la restitution des deniers dotaux. Arrêt du 29. Juin 1587. *M. Expilly*, *Arrêt* 96.

TROUVER.

Partage de ce qui est trouvé par plusieurs ensemble. *Leon. N.* 70. *in princip.*
Voyez cy-dessus le mot *Tresor*, *nomb.* 5. & *suiv.*
Des Enfans trouvez. *Voyez* le mot *Enfant*, nombre 98. & 59.

TROYES.

1 Coûtumes de *Troyes* avec des annotations. Un recüeil des Evêques de Troyes, des Memoires des Comtes de Champagne & Brie, &c. Par *Pierre Pithou*. Troyes 1609.

2 La Mairie & Echevinage de Troyes avec les Privileges de ladite Ville. Troyes, 1679. in 8.

3 Reglement de Police militaire pour la ville de Troyes. Troyes 1675. in 8.

SE TUER.

Voyez le mot *Homicide*.
Les biens de celuy qui se tuë soy-même, sont confisquez au préjudice de ses enfans. *Carondas*, livre 7. *Réponse* 115. toutefois rapporte un Arrêt du 24. Janvier 1582. rendu au Parlement de Toulouse au profit de l'enfant. *Voyez M. d'Olive*, *liv.* 1. *chap.* 40. où il parle de la peine qui est imposée à ceux qui se tuent eux-mêmes.

TUILLES, TUILLERIES.

1 Arrêt du 9. Février 1556. qui condamne un Tuillier pour avoir vendu de la brique mal cuite, & possedé quatre Tuilleries à la fois en 50. livres d'amende pour la réparation du College où il l'avoit fourni, en 10. livres d'amende vers le Roy, & fait défenses à toutes sortes de personnes de tenir en propriété ou autrement plusieurs Tuilleries directement ou indirectement, sur peine de confiscation, & outre enjoint aux Capitouls promptement & diligemment réduire & moderer le prix desdites tuilles, ainsi qu'il sera pourveu raisonnable. *La Rochestavin*, liv. 4. lett. T. tit. 8. Arrêt 1.

2 Tuilleries & de leurs constructions. *Voyez Des Maisons*, lettre *T.* nombre 18. où vous trouverez Arrêt

interlocutoire touchant les Religieuses de Popincourt du 14. Août 1666. avec plusieurs remarques curieuses.

TURBES.

Voyez Carondas, liv. 5. Réponse 16. & Papon, liv. 8. tit. 1. nomb. 20. L'enquête par turbes devoit se faire par l'autorité de la Cour ; les Juges subalternes ne pouvoient l'ordonner.

Enquêtes par turbes abrogées. *Voyez l'Ordonnance de 1667. tit. 12.*

TURENNE.

Le Vicomte de Turenne a droit de lods sur les fiefs. *Voyez Papon, titre des Fiefs, & Mainard, liv. 4. chap. 32. & 33.*

TUTELLE.

Il est traité des Tutelles, des Tuteurs, & des Curateurs, dans le Digeste, Livres XXVI. & XXVII. dans le Code, Livre V. depuis le Titre 28. jusqu'à la fin & dans les Institutes, Livre I. depuis le Titre XIII. jusqu'à la fin.

Des Tutelles & des Tuteurs, en général.

De tutelis. D. 26. 1.. *Inst.* 1. 13.. *Lex.* 12. tabb. t. 18.. *Caj.* 1. t. 7. & 8 .. *Ulp.* 12. & 13. *Paul.* 2. tit. 28. 29. 30. & 31.

De tutoribus & curatoribus. C. Th. 3. 17... *Theod. N.* titre 5.

De falso tutore. L. 221. D. *de verb. sign.*

Tutelle Testamentaire.

De testamentaria tutela. D. 26. 2... C. 5. 28... *Inst.* 1. 14.

De confirmando tutore vel curatore. D. 26. 3...C.5.29.

Si contra matris voluntatem tutor datus sit. C. 5. 47. Il ne faut pas donner au Pupille le Tuteur prohibé par le Testament de la mere.

Tutelle legitime.

De legitimis tutoribus. D. 26. 4.

De legitima tutela. C. 5. 30... N. 118. c. 5.

De legitima tutela agnatorum. Inst. 1. 15... *Patronorum.* 17... *Parentum* 18.

De fiduciaria tutela Inst. 1. 19.

Tutelle dative, & nomination des Tuteurs.

De Attiliano tutore, & eo qui ex lege Julia & Titia dabatur Inst. 1. 20. De la Tutelle dative aux mineurs qui n'ont point de Tuteur. Les Tuteurs étoient nommez à Rome par les Tribuns, suivant la Loy Atilia : & dans les Provinces, par les Présidens, ou Proconsuls & Gouverneurs, suivant la Loy *Julia & Titia.*

De tutoribus & Curatoribus datis ab his qui jus dandi habent : & qui, & in quibus causis specialiter dari possunt. D. 26. 5. De ceux qui ont droit de nommer les Tuteurs, & de ceux qui peuvent l'être.

De tutoribus & curatoribus creandis. C. Th. 3. 17.

Ubi petantur tutores vel curatores. C. 5. 32.

Qui petant tutores vel curatores, & ubi petantur. D. 26. 6... C. 5. 31 .. C. Th. 3. 18.

De tutoribus & curatoribus illustrium vel clarissimarum personarum. C. 5. 33.

Qui dare tutores vel curatores, & qui dari non possunt. C. 5. 34... L. 73. D. *de reg. jur.*

De potioribus nominandis. C. 10. 65... *Paul.* 2. 29.

Qui potiores nominare non possunt. Paul. 2. 30. Voyez cy-dessous, Excuses du Tuteur.

Qui tutores vel curatores pupillo vel adolescenti esse non possunt. N. 72. Les Créanciers ou les Débiteurs d'un mineur, ne doivent pas être Tuteurs.

Si post creationem, quis decesserit. C. 10. 68. La nomination d'une Tutelle ne passe pas aux heritiers du Tuteur nommé.

Quando mulier tutela officio fungi potest. C. 5. 35... N. 22. c. 40... N. 94. & N. 118. c. 5.

In quibus casibus, tutorem vel curatorem habenti, tutor vel curator dari potest. C. 5. 36.

Tome III.

De in litem dando tutore vel curatore. C. 5. 35... 44. Des Curateurs à plaids, & à Conseil.

De Magistratibus conveniendis. D. 17. 8... C. 5. 75... I. 1. 24. §. ult. Quand le Juge est responsable de la nomination d'un Tuteur, *ex Senatusconsulto, seu oratione Trajani.*

Actions tutelaires, & reddition de compte.

De tutela, & rationibus distrahendis, & utili curationis causa, actione. D. 27. 3.. *Inst.* 1. 20. §. ult. De la reddition de compte & de la soustraction des effets pupillaires.

Arbitrium tutela. C. 5. 51. De l'action tutelaire qui appartient au mineur. Elle est appellée *Arbitrium,* parce qu'elle dépend de l'arbitrage du Juge.

De contraria tutela, & utili actione. D. 27. 4. De l'action qui appartient au Tuteur & au Curateur.

De contrario judicio tutela. C. 4. 58.

De dividenda tutela, & pro qua parte quisque tutorum conveniatur. C. 5. 52.

De eo qui pro tutore, prove curatore negotia gessit. D. 27. 5... C. 5. 45.

Quod, falso tutore auctore gestum esse dicatur. D. 27. 6. Action contre le Tuteur supposé.

Ut matres etiam tutelæ rationibus obnoxiæ sint. N. 155. V. Mere, Turrice. Compte.

Administration & autorité du Tuteur.

De administratione & periculo tutorum & curatorum qui gesserint, vel non ; & de agentibus vel conveniendis, uno vel pluribus. D. 26. 7.

De administratione tutorum & curatorum, & de pecuniâ pupillari fœneranda, vel deponenda C. 5. 37... C. Th. 3. 19... N. 72. c. 6. 7. & 8. *Voyez* Deniers pupillaires.

De periculo tutorum & curatorum. C. 5. 38... N. 118. c. 5. *in fine.*

Si ex pluribus tutoribus vel curatoribus, omnes, vel unus agere pro minore, vel conveniri possint. C. 5. 40.

Quando ex facto tutoris vel curatoris, minores agere vel conveniri possunt. D. 26. 9... C. 5. 39.

Ut causa, post pubertatem, adsit tutor. C. 5. 48... Le Tuteur doit soutenir le procès qu'il a commencé, jusqu'à ce qu'il ait rendu son compte, & les pieces du procez.

Dolus tutoris. L. 198. D. *de reg. jur.*

De authoritate & consensu tutorum & curatorum. D. 26. 8... *Inst.* 1. 21.. *Ulp.* 12. §. 24.

De authoritate prestanda. C. 5. 59.

Si tutor vel curator intervenerit. C. 2. 24. Intervention du Tuteur, au Contrat de vente passé par son mineur.

Cautions & engagemens du Tuteur.

De satisfactione tutorum vel curatorum. Inst. 1. 24.

Rem pupilli vel adolescentis, salvam fore. D. 46. 6. Caution que le Tuteur & le Curateur légitime, & nommé *sine inquisitione,* devoit donner devant le Préteur.

De fidejussoribus, & nominatoribus, & hæredibus tutorum & curatorum. D. 27. 7.

De fidejussoribus tutorum vel curatorum. C. 5. 57.

De hæredibus tutorum vel curatorum. C. 5. 54.

De tutore vel curatore qui satis non dedit. C. 5. 42.

Excuses du Tuteur.

De excusatoribus. D. 27. 1.

De excusationibus tutorum vel curatorum. Inst. 1. 25... *Paul.* 2. 28. & seqq.

De excusationibus, & temporibus earum. C. 5. 62. Le temps pour proposer les excuses, étoit cinquante jours.

Si tutor vel curator falsis allegationibus excusatus sit. C. 5. 63.

Si tutor vel curator, reipublicæ causa aberit. C. 5. 64.. *Inst.* 1. 25. §. 2.

De excusationibus veteranorum C. 5. 65.

Qui numero liberorum se excusant. C. 5. 66. *Inst.* 1. 25. *in princ.* Trois enfans vivans, dans la ville de Rome ;

FFfff ij

quatre enfans dans l'Italie, & cinq dans les Provinces.

Qui morbo se excusant. C. 5. 67... l. 1. 25. §. 7.

Qui ætate se excusant. C. 5. 68... l. 1. 25. §. 13. Ceux qui ont moins de 25. ans ; & ceux qui en ont plus de soixante & dix.

Qui numero tutelarum. C. 5. 69. Trois tutelles exercées au même temps.

Si tutor vel curator. vel Magistratus creatus appellaverit. D. 49. 10. Le Tuteur appellant de sa nomination, doit administrer pendant l'appel.

De vacatione & excusatione munerum. D. 50. 5... C. 10. 45. & alibi. V. Exemption.

De potioribus ad munera nominandis. C. 10. 65... Paul. 2. 29. & 30. Excuse & moyen d'appel, pour un Tuteur nommé, quand quelqu'un est plus proche que luy.

Si propter inimicitias creatio facta sit. C. 10. 66... Inst. 1. 25. §. 11. Autre excuse de Tutelle.

De sumptuum recuperatione. C. 10. 67. Celuy qui est nommé nonobstant une excuse évidente & légitime, gagne ses dépens contre le nominateur.

Ut Monachi & Clerici tutores esse possint; sed ab administratione, ac pupillorum rectione arceantur. Leon. N. 68.

Episcopi & Clerici immunes à tutelâ & curâ. Lege 51. C. de Episc. D. Gr. 16. q. 1. c. generaliter... Can. Apost. 6. & 80.

Clericis permittitur cognationis jure, tutelam vel curam accipere. N. 123. c. 5. & 6.

Choses défendues au Tuteur.

Ne tutor vel curator vectigalia conducat. C. 5. 41. Défenses aux Tuteurs d'entrer dans les Fermes du Prince.

Si quis eam, cujus tutor fuerit, corruperit. C. 9. 10... C. Th. 9. 8.

De tutore qui pupillam suam vitiat. Leon. N. 34.

De interdicto matrimonio inter pupillam & tutorem, seu curatorem, liberosque eorum. C. 5. 6.

Ut curatores nullo modo suscipiant cessiones adversùs minores. N. 72. c. 5.

Rem alienam gerentibus non interdici rerum suarum alienationem. C. 4. 53.

Fin de la Tutelle.

Quibus modis tutela finitur. Inst. 1. 22.

Quando tutores vel curatores esse desinant. C. 5. 60.

De actore ac tutore eum curatore, dando. C. 61. La Tutelle ne finit pas par l'absence du Tuteur ; mais il doit donner *Actorem*, un homme qui agisse en sa place.

De suspectis tutoribus, vel curatoribus. Inst. 1. 26. ult.

1 Des Tuteurs, de leur pouvoir, engagemens, des engagemens de cautions des Tuteurs ; & de ceux qui les nomment, & de leurs heritiers, des engagemens des mineurs envers leurs tuteurs, comment finit la tutelle, & de la destitution des Tuteurs, des causes qui rendent incapables de la tutelle, & de celles qui en excusent. *Voyez le 2. tome des Loix Civiles, livre 2. tit. 1.*

2 Freherus, *de legitimâ tutelâ curâque Electorali Palatinâ.* Heidelb. 1612.

3 Molius, *de tutelis*, in 8. Moguntiæ, 1667.

4 Voyez le Traité fait par *M. Pierre de Blanchecape, Prieur des Facultez de Droit en l'Université de Caën*, in quarto, à Roüen, chez *Eustache Viret* en 1673.

5 *Voyez Bailliste, Baillisterie*, les mots, *Mineur*, nomb. 186. & suiv. *Mariage*, nomb. 713. & suiv. *Nôces*, nomb. 123. & suiv. *Préference*, nomb. 24. & suiv.

6 Tutelle, Tuteurs. *Voyez sous ce Titre*, la Bibliotheque du Droit François par *Bouchel*. La Bibliotheque de *Jovet*, au mot *Tuteur* & *Despeisses*, tome 1. page 480.

7 De Tutelles & Curatelles. *Voyez le* 30. *chap. de la Coutume de N vernois*, & Coquille en son Commentaire *sur icelle*, tome 2. page 282. où il est parlé des Tuteurs *testamentaires*, & des peres & meres qui sont legitimes administrateurs, & ibid. en son *Institution au Droit François*, page 85.

8 Coquille, tome 2. quest. 378. explique la difference qui est entre Tuteur & Curateur.

9 Observations sur les Tutelles. *Voyez le Traité des Criées par M. Bruneau*, page 494.

10 Des Tutelles. *Voyez les Arrêtez de M. de Lamoignon recueillis dans Auzanet*, page 14.

11 *Tutores legitimi qui de Provinciâ omninò extraneâ sunt Tutoribus dativis, qui de pupilli Jurisdictione sunt, postponuntur.* Voyez *Franc. Marc*, tome 1. quest. 251.

12 *Declarata fuit subreptitia, datio tutelæ facta remotioribus cognatis, eo quod præteriti essent propinquiores non minùs idonei, idque procuratum apparuerit studio quorumdam affectantium administrationem, neque auditi essent in decernendâ tutelâ omninò proximi, qui tamen autori facilè potuissent. Ità in causâ revisionis, Comitissa de Moulart impetrantis, contra Dominum de Romaré, citatum* 10. *Julii* 1651. *Voyez Stockmans, Decis.* 117.

Quod administratio tutoris ex consuetudine, pubertate non finiatur. Voyez *And. Gaill. lib.* 2. *observ.* 96.

13

14 Curateur agissant contre le Tuteur. *Voyez le mot Curateur*, nomb. 48.

15 Tuteur qui est Créancier du Pupille. *Voyez le mot Créancier*, nomb. 78.

16 Le débiteur du mineur valablement pourvû, est liberé purement & simplement, en payant le Tuteur. *Abr. Mainard, liv.* 9. *ch.* 7. vid. *L.* 25. *C. de administ. tut.*

Il faut que ce soit un Tuteur diffinitif bien certifié.

17 En tutelle les mâles sont préferez aux femelles, & les parens paternels aux maternels. *Voyez la Biblioth. de Bouchel*, verbo, *Tutelle*.

18 Si le Tuteur legitime est volontaire, ou s'il a besoin de s'excuser ? *Voyez Coquille*, tome 2. pag. 176.

19 Tuteur baillé à celuy qui en a un, si & comment on peut le donner. *Voyez Peleus*, quest. 15.

20 Tuteur ordonné par le Juge avec la voix des parens doit demeurer. *Voyez Carondas, liv.* 2. *Rép.* 56.

21 Il faut regulierement qu'avant que le Tuteur entre dans les fonctions de sa charge, il ait satisfait à ces préliminaires. 1. qu'il ait reçu par Ordonnance du Juge les choses dépendantes de la tutelle. 2. qu'il en ait fait inventaire. 3. qu'il ait prêté serment. 4. qu'il ait donné caution. 5 qu'il ait promis de défendre son Pupille, comme il y est obligé. Neanmoins par la Coûtume de Dauphiné, tout ce qui a été fait pour, ou contre le Pupille, avec le Tuteur, avant qu'il y ait inventaire, subsiste, comme fait legitimement : par le même usage, il luy est permis d'exercer cette charge sans caution ; & quand il n'auroit satisfait à aucun de ces préalables, ce qu'il auroit fait à l'avantage du Pupille, ne laisseroit pas de subsister ; mais s'il est Creancier, il est obligé de le declarer, & s'il ne le fait pas il perd sa dette ; en cela on suppose que le Testateur qui l'a nommé Tuteur, l'a ignoré ; car s'il l'a sçu, rien ne luy peut être imputé, & sa dette ne court aucun danger ; comme il a été jugé pour N. Jean Alleman. *V. Guy Pape*, qu. 144. & 330.

22 Choses administrées par le Tuteur mal décerné doivent avoir provisoirement leur execution, quoyqu'il soit dit que le Tuteur a été mal décerné. Arrêt du Parlement de Paris du 13. Decembre 1546. *Papon, liv.* 15. *tit.* 5. nomb. 5.

23 Le petit fils est recevable à demander les biens que sa mere mineure nous quittés à son pere Tuteur par son Contrat de mariage, Arrêt du 11. Mars 1558. *Carondas, liv.* 4. *Rép.* 92.

24 Deux conjoints par leur societé s'obligent reciproquement que le survivant sera Tuteur des enfans du défunt : le cas arrivé, le survivant refuse la charge, & fait appeller des parens, & par Arrêt du 26. Decembre 1559. ils furent contraints de prendre la charge, & fut jugé que les conventions ne valoient rien *quia factæ contra jus publicum, cùm tutela sit juris publici*, en dé-

chargeant un proche parent du défunt, parce qu'il étoit Capitoul. *La Rocheflavin, liv. 4. lettre T. tit. 8. Arrêt 11.*

25 Lors qu'on ordonne qu'un Tuteur sera oüy cathegoriquement, on ne dit point qu'autrement les faits seront tenus pour confessez ; mais on le contraint par commination de peines à son nom, n'étant pas raisonnable que le Tuteur soit le maître de faire tort à son pupille. *Ibid. liv. 6. tit. 46. Art. 7.*

26 Un Tuteur ne peut être contraint par corps au payement d'une provision envers son pupille. Arrêt du Parlement de Paris du 13. Décembre 1599. *Bibliot. de Bouchel*, verbo, *contrainte par corps.*

27 Par Arrêt du Parl. de Paris du 19. Février 1605. la Cour enjoint au Prévôt d'Angers, & autres Juges & Officiers, de ne permettre qu'aucune femme mariée soit élûë Tutrice ; & aux Substituts du Procureur General de tenir la main à ce que ceux qui auront été élûs Tuteurs, à la charge de bailler caution, soient contraints d'y satisfaire avant que de s'immiscer en l'administration, sur peine de tous dépens, dommages & intérêts des Parties, & que l'Arrêt sera lû au Siege en la Chambre du Conseil. *Biblioth. de Bouchel*, verbo, *Tuteur.*

28 Un Tuteur peut demander ce qu'il a avancé pour la culture des heritages de son pupille. Arrêt du Parlement de Dijon. *Bouvot, tome 1. part. 1. verbo, Tuteur, question 5.*

29 Jugé par Arrêt du Parlement de Dijon du 9. Decembre 1603. que les suffrages n'ayant été reçus & donnez en presence du Juge, la nomination du Tuteur est nulle. *Ibid. tom. 2. verbo, Tuteurs, qu. 11.*

30 Un parent n'est obligé d'accepter la charge des biens vacans de son pupille. *V. Bouvot, to. 2. verbo, Tuteur, quest. 19.* où il examine si le Tuteur est tenu de payer les arrerages de deniers dont il se trouve reliquataire.

31 Jugé par Arrêt du Parlement de Dijon du 31. Janvier 1617. qu'il est aux choix des parens de nommer un Tuteur, soit du côté paternel, soit du côté maternel, qui se trouve le plus capable. *Bouvot, to. 2. verbo, Tuteurs & Curateurs, quest. 38.*

32 Un mineur ayant trois freres, l'aîné doit être appellé à la tutelle. Arrêt du Parlement de Dijon du 12. Juillet 1619. *Ibid. quest. 40.*

33 Le Tuteur de trois mineurs, desquels il y en a un marié âgé de 23. ans, auquel il remet l'administration de tous les biens, n'est suffisamment déchargé, il doit rendre compte, sauf son recours. Arrêt du Parlement de Dijon du 31. Janvier 1619. *Ibid. quest. 42.*

34 La qualité de Tuteur ne se prouve que par la délation de tutelle, prestation de serment de Tuteur, & confirmation du Juge. Arrêt du Parlement de Grenoble du 12. Juin 1625. *Basset, tome 2. liv. 4. tit. 14. chapitre 1.*

35 Arrêt du 12. Decembre 1616. qui condamne des affirmateurs qui avoient été oüis dans une information en laquelle ils avoient déposé que le Tuteur & Commissaire étoient solvables, à païer subsidiairement au mineur ce qui pourroit luy être dû par son Tuteur ; ce qui n'auroit pas été si le Tuteur étoit devenu insolvable pendant sa minorité. Jugé par divers Arrêts du Parlement de Paris & de Toulouse, rapportez par *Maynard, liv. 6. ch. 56.* Ce qui doit pareillement être observé en la personne des Magistrats. *Cambolas, liv. 5. ch. 29.*

36 Pour être valablement nommé Tuteur, il faut avoir été du nombre des nominateurs. Arrêt du 14. Janvier 1642. *Soëfve, tom. 1. Cent. 1, ch. 48.*

37 Un parent non assigné est déchargé de la tutelle. Arrêt du 13. Avril 1644. *Berault, à la fin du 2. to. de la Coût. de Normandie, p. 106. col. 1.*

38 Arrêt du Parlement de Toulouse du 19. Decembre 1667. en faveur d'une fille d'un premier lit, qui étant majeure de 25. ans, avoit renoncé dans ses pactes de mariage en faveur de sa mere mariée, laquelle avoit administré ses biens, n'apparoissant pas que cette fille eût eu aucun autre Tuteur, quoyque son pere l'eût delaissée impubere ; cette fille ayant renoncé à tous droits paternels & maternels en faveur de sa mere, moyennant la somme de 350. liv. fut reçûë 16. ans après cette renonciation à se pourvoir en restitution, & fut maintenuë aux biens paternels, & la mere condamnée à rendre compte de l'administration. *M. de Catellan, liv. 8. chap. 6.*

39 La premiere chose que le Tuteur doit faire, est de faire proceder à l'inventaire, & ensuite à la vente des meubles és choses périssables, conformément à l'article 103. de l'Ordonnance d'Orleans, à peine d'en demeurer responsable, & de payer l'interêt du prix qu'ils auroient produit. Arrêts des 4. Juillet 1672. & 27. Janvier 1674. Pour ce qui regarde les biens immeubles, lors qu'un Tuteur a fait ses diligences pour les affermer, ayant fait faire les proclamations en tel cas requises, il ne peut être chargé que sur le pied des fruits qu'il a perçus annuellement. *Graverol sur la Rocheflavin, liv. 6. Arr. 2. p. 405.*

40 Jugé au Parlement d'Aix que ceux qui sont déchargez de la tutelle, le sont aussi de cautionner pour le Tuteur. *Boniface, tome 4. liv. 4. tit. 1. ch. 3.*

41 Arrêt du 14. Janvier 1672. qui a préferé l'amy à la mere, pour une tutelle qui avoit été déferée par le pere à cet amy, par acte de déclaration. *Boniface, to. 4. liv. 4. tit. 1. ch. 5.*

42 Arrêt du 2. Août 1681. qui donna la tutelle à l'oncle paternel, & l'éducation à la mere ; elle n'avoit pas des commoditez suffisantes pour répondre de sa gestion. *Boniface, tome 4. liv. 4. tit. 1. chap. 6. Voyez Education.*

43 Si le pere Tuteur de ses enfans, qui n'a point accepté la gardenoble ou bourgeoise, en rendant compte du maniement qu'il a eu du bien des enfans, dont il a joüi, a droit de retenir & d'employer en dépense sur les fruits, leur nourriture & entretien, ou s'il est obligé de les nourrir à ses dépens ? *Voyez le Recueil des Actes de Notorieté donnez par M. le Lieutenant Civil, pag. 122. & suiv.* où il est observé que le Tuteur ne peut jamais faire une dépense qui excede le produit des revenus du pupille : s'il la fait plus grande, il la perd, sans avoir répetition sur les biens des mineurs ; de maniere que s'ils n'avoient aucuns revenus, le Tuteur est personnellement obligé de fournir les nourritures sans répetition.

TUTEUR, PUPILLE ABUSÉE.

44 Un Tuteur ayant été trouvé par les Capitouls couché en chemise avec sa pupille âgée de 10. à 11. ans toute nuë dans un lit, étant appellant de la Sentence des Capitouls, qui l'avoient condamné à être mis en quatre quartiers ; mais étant certifié par la visite faite par deux Barbiers & deux Sages-femmes, que la fille n'avoit point été déflorée, fut seulement condamné à faire amende honorable en Audience, en chemise, tête nuë, la hart au col, & une torche ardente en la main, & aux galeres pour dix ans, & en 500. livres envers ladite pupille pour son mariage, & en 100. liv. à la réparation de la Ville. Arrêt du P. de Toulouse du 13. Septembre 1571. *La Rocheflavin, liv. 4. lettre T. tit. 8. Arrêt 12.*

TUTEUR ADJUDICATAIRE.

45 Tuteurs qui se rendent adjudicataires des biens de leurs mineurs. *Voyez le mot, Adjudication, nomb. 55.*

46 Le Tuteur encherissant l'immeuble de son mineur, fait son profit, & provoque les autres à encherir par dessus ; c'est le sentiment de *Coquille, art. 7. Tit. des Executions, Criées & Subhastations de la Coûtume de Nivernois.* Mornac, sur la Loy 5. *C. de Contrah. empt.* rapporte un Arrêt du Parlement de Paris qui l'a jugé de la sorte.

47 Si le Tuteur peut prendre l'estrousse des fruits de son mineur ? On distingue si la bonne foy du Tuteur

FFfff iij

s'y rencontre, & qu'elle soit visible sans artifice & avec liberté pour les encheres, il le peut;mais si c'est pour y profiter il ne le peut. *Voyez Henrys*, tome 2. *liv.* 4. *quest.* 14.

48 Jugé au Parlement de Paris le 21. Juin 1521. qu'un Tuteur peut s'accommoder du bien de son mineur, quand personne ne fait la condition plus avantageuse. *Biblioth. de Bouchel*, verbo, *Benefice d'âge*.

49 *Henrys*, tome 1. liv. 4. ch. 6. quest. 112. rapporte un Arrêt de Reglement fait aux Grands Jours tenus à Lyon le 27. Novembre 1596. par lequel il est fait défenses aux Tuteurs de retenir les meubles des mineurs pour le prix de la prisée,&c à eux enjoint de les faire vendre au plus offrant & dernier encherisseur, avec les solemnitez accoûtumées, ausquelles ventes ne seront reçus à enchérir les Greffiers qui auront assisté à l'inventaire.

50 *De tutore emente immobilia palam;quod palam factum est præsumitur bonâ fide licitèque factum, licet à personâ prohibitâ factum sit*. Arrêt du 12. Janvier 1610. Mornac, *L.* 5. *C. de contrahendâ empt. & L.* 24. §. *ult. ff. eodem*.

Tuteur, Appel, Arrest.

51 Tuteurs appellans de la nomination, doivent neanmoins administrer,& sont chargez de la tutelle,si leur contumace est vraye; & qu'ils se soient frauduleusement absentez; mais si la contumace est vraye, & que l'on n'y trouve un dol évident, la Sentence ne sera executoire, nonobstant l'appel. Arrêt du Parlement de Paris du 27. Avril 1534. *Papon*, liv. 15. tit. 5. nombre 4.

52 Tuteur ordonné par Justice appellant de ce, doit être contraint, nonobstant son appel, & sans préjudice d'iceluy, de gerer, & exercer le fait de cette tutelle, sinon qu'il eût été ordonné Curateur,sans avoir été oüy, ou par coûtume mal venuë & donnée : car en ce cas il doit être oüy. Arrêt du Parlement de Paris du 17. Avril 1534. Il est à observer que ce que le Tuteur ainsi administrant par provision,doit avoir lieu, quoyqu'il soit dit que mal a été décerné & ordonné. Arrêt du Parlement de Paris du 15. Decembre 1546. *Bibliot. de Bouchel*, verbo, *Tuteur*.

53 Consentement du Tuteur en Jugement, & que l'on peut appeller de la Sentence, sans qu'il soit necessaire de se faire relever de ce consentement. Arrêt du 2. Avril 1595 *Ibid.* verbo, *Consentement*.

54 Appellations de tutelle se relevent directement à la Cour. Arrêt du Parlement de Bretagne du 11. Septembre 1628. rapporté par *Frain*, p. 496.

55 Si un Arrêt qui décerne provisionnellement la tutelle à quelqu'un, peut être executé au préjudice d'une Requête Civile, impetrée par les parens du pupille contre cet Arrêt. *Voyez* le 9. *Plaidoyé de M. Jean Boné*. La cause fut appointée au Parlement de Toulouse, par Arrêt du 24. Avril 1634.

Tuteur, Avis de Parens.

56 Le nombre des parens pour l'élection d'un Tuteur, doit être de douze ou plus, suivant un ordre établi au Parlement de Roüen le 12. Decembre 1550. qui s'est toûjours observé depuis. Pour regler le nombre & la qualité des parens qui doivent entrer dans la deliberation, il y avoit souvent de grandes contestations, suivant le Reglement pour les tutelles, *art.* 14. les ascendans, les freres ou oncles du mineur, doivent être appellez à l'élection du Tuteur, & par l'*article* 15. à l'égard des autres parens collateraux, on doit appeller seulement l'aîné de chaque branche; ce qui avoit été jugé de la sorte, par Arrêt du mois de Novembre 1661. *Basnage*, titre de *Jurisdiction*, *article* 5.

57 Ceux qui ont donné leurs avis pour l'élection d'un Tuteur, ne sont tenus subsidiairement ni autrement, au payement du *reliqua*, ni autres choses pour ledit Tuteur envers ses pupilles. Arrêt du mois de Juin 1585. *La Rochflavin*, liv. 6. tit. 76. *Arr.* 1.

58 Arrêt du Parlement de Bretagne du 4. Juillet 1628. qui enjoint à tous Juges de faire rapporter aux dations de tutelles, le nombre des enfans, leur âge, nom, surnom,& degré de parenté des parens;& leur fait défenses de recevoir aucune femme à nommer aux tutelles que la mere & l'ayeule. *Frain*, p. 495.

59 Les femmes ne peuvent être admises dans une assemblée des parens pour nommer un Tuteur.Arrêt du Parlement de Toulouse du 18. Janvier 1674. mais à leur exclusion il a été jugé par le même Arrêt que l'oncle par alliance pouvoit être Tuteur. *V. M. de Catellan*, liv. 8. chap. 2.

Tuteur, Avocat, Procureur.

60 Les Avocats & Procureurs en Parlement, ne peuvent être à raison de leurs Charges, excusez de la tutelle. *Voyez Maynard*, liv. 9. ch. 49.

61 L'Ordonnance de l'an 1539. n'a lieu aux négociateurs volontaires. 2. Bien aura lieu aux Avocats, Procureurs & Solliciteurs. *Maynard*, livre 2. chap. 97. & li. 3. ch. 12, 2. cont. *Du Frêne aux Avocats*, liv. 7. chap. 5.

Arrêt du Parlement de Bourdeaux du 31. Août 1665. donné en la Grand'-Chambre, au rapport de M. de Pichon, entre le sieur Malat, Lieutenant-Assesseur au Siege de Saint Jean d'Angely, & les Demoiselles de Palet: jugé qu'une donation faite par Marguerite Malat, jeune fille de 16. à 17. ans, sœur germaine dudit sieur Malat, en faveur desdites Palet ses tantes, de tout ce que par Droit & Coûtume elle pouvoit donner, étoit bonne, quoy qu'au temps d'icelle ladite Marguerite Malat fût pourvûë de Curateur, & qu'elle demeuroit chez lesdites Palet,où elle étoit nourrie & entretenuë. Il s'agissoit sans doute d'une donation à cause de mort; & la Cour la jugea, sur ce que lesdites Palet n'avoient nulle administration des biens de ladite Marguerite Malat. *La Peirere*, *let. T.* nombre 172.

Autorité du Tuteur.

62 *Tutor in ipso negotio præsens debet auctor fieri, post tempus verò vel per Epistolam interposita authoritas,nihil agit*. Instit. liv. 1. tit. 21. §. *tutor*.

63 *Tutorum vel Curatorum potestas an & quando tutelâ finitâ expires* ? *Voyez Franc. Marc.* to. 1. qu. 55.

Tuteur, Ayeul.

64 L'ayeul preferé à la mere, & autres proches parens, nommez avec elle. Arrêt du Parlement de Toulouse, rapporté par *Maynard*, liv. 6. ch. 52.

65 Un ayeul paternel ayant été nommé Tuteur de deux siens petits-fils, & aprés sa nomination sa belle-fille étant accouchée d'un autre mâle, il doit être nommé Tuteur du troisiéme, quoyqu'on le soûtint insolvable. Arrêt du Parlement d'Aix du 5. May 1678. *Boniface*, to. 4. liv. 4. tit. 1. ch. 2.

Tuteur, Beau-Pere.

66 Si le beau-pere est Tuteur avant que d'être beau-pere, il ne perd point la tutelle. *L. fin. C. de contrar. tut.* Cujas,*observat.* li. 6. C. 29. observe que non seulement *tutelam sed etiam educationem habere potest*.

67 La mere veuve doit faire pourvoir de Tuteur à ses enfans & satisfaire à la Loy, avant la foy bailleé au second mary, autrement doit encourir les peines de non succeder. *V. Coquille*, tom. 2. quest. 285.

68 Bien que de droit le parastre de pupilles puisse être leur Tuteur, *L. fin. C. de cont. judicio tut.* neanmoins en France il n'y peut être contraint; comme il a été jugé par plusieurs Arrêts du Parlement de Toulouse & de Paris, alleguez par *Maynard*, li. 9. ch. 49. Il remarque que quoyque par les Arrêts de Paris, le parastre qui consent d'être fait Tuteur, soit preferable aux autres parens des pupilles, au contraire à Toulouse les autres parens sont ordinairement preferez aux parastres.

69 Le beau-pere peut être chargé de la tutelle, ou de l'éducation du fils de sa femme. Arrêt du 18. Decembre 1575. pour M. de la Châtre, & Dame Anne

Chabot sa femme, contre M. d'Estanges, oncle d'Anne d'Anglure, sieur de Givry, de la Gardenoble duquel il s'agissoit. *Biblioth. de Bouchel*, verbo, *Beaupere.*

70 Le beau-pere, autrement le parastre peut être Tuteur de son beau-fils & filiâtre; mais il ne peut être contraint d'accepter la charge. Arrêt des Grands Jours à Poitiers, le 3. Octobre 1579. Mêmes Arrêts au Parlement de Toulouse en 1593. & 1594. Si neanmoins des parens plus proches se presentent pour accepter la tutelle, ils sont preferables au beau-pere ; ce qui dépend pourtant de l'arbitrage du Juge. V. *Maynard*, *liv. 7. chap. 26.*

71 Par le Droit écrit, le beau-pere peut être Tuteur des enfans de sa femme. *L. 32. §. imperator. ff. de adoptionibus & ult. C. de contrario tut. judic.* En France les tutelles sont datives & déférées selon l'ordre des successions, & ainsi le beau-pere ne peut être contraint d'accepter la tutelle contre sa volonté. Jugé aux Grands Jours de Poitiers le 17. Octobre 1579. *Chenu, 1. Cent. quest.* 18. mais si le beau pere est élu Tuteur, & veut bien exercer la tutelle, faire le peut, & même il est preferé aux parens du mineur. Arrêt du 18. Decembre 1565. *Chenu, eodem loco.*

72 Un beau-pere nommé Tuteur par les parens, & donné par le Juge, vaut. Arrêt du 31. May 1607: *M. Expilly, chap. 141.*

73 Le vitric peut être Tuteur ou Curateur du fils de sa femme son privigne. *L. si pater, & de contra. jud.* Boër. *decis.* 166 Ainsi jugé à Paris. Arrêt contraire du Parlement de Bourdeaux du 16. Juillet 1609. portant que le vitric ne pouvoit être Curateur de son privigne, quoyqu'il luy eût été nommé Curateur ; il fut ordonné que les parens s'assembleroient pour en nommer un d'entr'eux Par Arrêt neanmoins du Parlement de Paris du mois de May 1610. un vitric fut contraint être Tuteur, suivant l'opinion d' *Acurse*, en la Glos. de la Loy 1. *ubi pup. educ. debeat.* Voyez *Maynard*, *liv. 9. ch. 13.*

74 Un vitric ayant épousé la mere Tutrice des mineurs, si en procedant à l'élection d'un Tuteur, il est nommé à la pluralité des voix, sera contraint d'accepter la tutelle. Arrêt du 10. May 1610. le Parlement seant aux Augustins. *Bibl. de Bouchel*, verbo, *Tuteur*.

75 *Vitricus potest esse tutor privigni sui, cogi non potest.* Jugé le 25. Decembre 1598. & le 7 Août 1614. Mornac, *L. 32. ff. de adoptionibus.*

BELLE-MERE TUTRICE.

76 La belle-mere ou marâtre que le pere a nommée en son Testament pour Tutrice, ne doit être admise à la tutelle. Arrêt du 13. Juillet 1619. *M. d'Olive, liv. 1. chapitre* 33.

77 Par Arrêt du Parlem. de Toulouse du 6. Mars 1646. la Cour cassa un Testament fait par un nommé Glandy en faveur de sa marâtre, qui avoit été instituée par le pere de Glandy, à la charge de nourrir & entretenir son fils du premier lit tant qu'il seroit en bas âge, & qui en effet avoit administré les biens de ce fils & ceux de ses autres enfans, tant qu'il n'avoit pas rendu compte : car quoyque cette tutelle semblât ne devoir être entenduë que des biens des enfans du second lit, non de ceux de cet enfant du premier lit, neanmoins la Cour cassa ce Testament, & maintint la sœur du Testateur aux biens de son frere. *Albert*, verbo, *Restitution, art. 2.*

TUTEUR, CAUTION.

78 Caution demandée au Tuteur, ou par luy donnée. *Voyez* le mot, *Caution, n.* 265. *& suiv.*

TUTEUR, CESSION.

79 Les mineurs déchargez de la dette, profits & interêts d'icelle, en payant la somme de 300. liv. seulement, qui étoit le prix de la cession faite à leur Tuteur. Arrêts des 22. Avril 1595. & 12. Janvier 1624. *M. Louet & son Commentateur, let. T. som.* 4. Voyez *Henrys, tom. 1. liv. 4. ch. 6. qu. 36.*

80 Tuteur non reçu au benefice de cession. *Voyez* le mot, *Cession, n.* 154. *& suiv.*

TUTEUR, COMPROMIS.

81 Si le compromis fait par le Tuteur l'oblige personnellement? *Voyez* le mot, *Compromis*, *nombre* 54. *& suivans.*

COMPTE DE TUTELLE.

82 Compte que doit, ou que rend le tuteur. *Voyez* le mot *Compte*, *nomb.* 75. *& suiv.*

83 Un tuteur couche une dette en son compte, depuis étant annulé, elle n'empêche la prescription. *Voyez Peleus*, *quest.* 120.

84 Comment le tuteur est tenu de la tutelle, aprés la tutelle finie avant qu'il ait rendu compte? *Voyez Coquille*, *tome* 2. *question* 179.

85 *An sit standum assertioni seu confessioni tutoris super receptione pretii, & quod fuerit conversum in utilitatem pupilli ?* Voyez *Franc. Marc*, *to.* 1. *quest.* 248.

86 Le Receveur des biens d'un mineur doit garder le reliqua du compte par luy rendu, si le tuteur le requiert, jusques à ce qu'il ait rendu son compte. *Carondas*, *au liv.* 3. *de ses Rép. ch.* 31.

87 La restitution d'un fideicommis au fils du tuteur, n'est valable, quand son pere n'a pas rendu compte. *Voyez* le mot *Fideicommis*, *nomb.* 124.

88 *Henrys*, *to.* 2. *liv.* 4. *quest.* 31. dit, que quoique les Tuteurs soient toûjours reputez Tuteurs, jusqu'à ce qu'ils ayent rendu compte, & remis les titres, neanmoins l'action des mineurs pour demander la reddition de compte, & la restitution des pieces, ne dure que trente ans. L'Auteur des Observations estime qu'à l'égard de l'action pour demander compte elle est imprescriptible, sur tout si le mineur a eu des raisons legitimes pour ne pas poursuivre le tuteur, comme si c'est un pere, ou autre parent dont le mineur soit heritier presomptif. A l'égard des suites du compte, comme le payement du reliqua, la restitution des pieces, réformation des erreurs, l'action ne dure que trente ans à compter du jour de la majorité.

89 Tout administrateur doit rendre compte au lieu de son administration, sinon qu'il offre de compter ailleurs à ses dépens. Arrêt du 4. Août 1544. *M. Expilly*, *Arrêt* 17.

90 Tuteur peut seulement coucher en compte de la tutelle de son mineur les frais par luy faits depuis qu'il a été reçu tuteur, non ceux faits auparavant. Arrêt le 23. Decembre 1550. *Le Vest*, *Arr.* 46.

91 *Tutor reddere debet rationes apud judicem cui jusjurandum tutorio nomine præstitit, quamvis gesta esset alio loco tutela.* Arrêt du 14. Juin 1560. *Mornac*, *loy* 1. *C. ubi de ratiociniis tam publicis quam privatis agi oporteat.*

92 Si le tuteur offre de rendre compte, il ne peut être condamné à contraindre le debiteur du pupile à payer, sinon à payer luy-même. Arrêt du Parlement de Dijon en Juillet 1563. *Bouvot*, *to.* 1. *part.* 2. verbo *Tuteur*, *quest.* 3.

93 Le tuteur n'est tenu de faire recette particuliere pour les portions des mineurs, mais generale. Arrêt du 13. Juillet 1570. *Cavondas*, *liv.* 6. *Rép.* 22.

94 Un Tuteur ayant géré & administré avant l'élection de Tutelle pour la reddition de compte, l'hypotheque commence du jour de l'administration, & non du jour de l'érection. Arrêt general prononcé avant Pâques 1574. *Papon*, *livre* 15. *tit.* 5. *nomb.* 20.

95 Tuteur élu par les parens, est preferé au testamentaire. Arrêt du 8. Juillet 1587. *M. le Prêtre*, *és Arrêts de la Cinquième*. Voyez *M. Louet*, *let. T. sommaire* 2. où en pays Coûtumier les tutelles sont datives ; *Secus*, en pays de Droit écrit.

96 Un Tuteur prisonnier pour reliqua de compte demande à faire cession, débouté ; il demande contre sa partie adverse provision d'alimens, & le gîte & geolage par le Geolier, le premier Juge le condamne à payer 8. sols parisis par jour ; appel ; la Cour

par Arrêt du 6. Août 1588. modere la taxe à quatre sols par jour, sans tirer à consequence. *Biblioth. de Bouchel*, verbo *Prisons*.

97. Un Tuteur avoit rendu compte, néanmoins les mineurs prétendoient le rendre garant de quelques detres. Le Prévôt de Paris avoit ordonné qu'ils intenteroient leurs actions dans trois mois, à faute de ce, que silence perpetuel leur étoit imposé, défenses à eux de plus inquieter le Tuteur. Appel, dont le moyen étoit qu'ils ne pouvoient dans un si bref delay découvrir la verité des faits; ils ajoûtoient que l'action de tutelle duroit 30. ans, & que le Juge à quo n'avoit pû réduire ce temps à trois mois. Arrêt du 9. Février 1598. qui ordonne que la Cour en déliberera. *Ibid*. verbo *Tutelle*.

98. Par Arrêt du 12. Août 1603. jugé que les parens qui ont élu un tuteur, & l'ont certifié suffisant & solvable par l'acte d'élection ne sont pas tenus de payer aux mineurs le reliqua de compte dû par le Tuteur quand il se trouve insolvable. *Ibidem*, verbo *Nominateurs*.

99. Le Tuteur n'a hypoteque sur les biens du mineur pour le reliqua de son compte, que du jour de la clôture, & non de l'acte de création de tutelle. Arrêt du Parlement de Paris du 4. Janvier 1617. & ce aprés avoir vû les Arrêts intervenus sur la même question. *Ibid*. verbo *Tuteur*.

100. Le Tuteur est obligé de faire recette & dépense année par année. Arrêt du Parlement de Grenoble de l'an 1619. *Bouvot*, tome 1. part. 2. verbo *Tuteur*, question 6.

101. Par Arrêt du Parlement de Roüen du 6. May 1619. sur un partage de la Grand'Chambre, il a été jugé que les mineurs ayant compté étoient tenus solidairement envers leur Tuteur de l'executoire qui luy avoit été ajugé, & non pas plus mis que reçu. Nonobstant cet Arrêt, l'usage est certain que chaque oyant compte n'est tenu qu'à proportion de la dépense que le tuteur a faite sur luy. *Basnage, titre de Jurisdiction*, art. 5.

102. Arrêt du Parlement d'Aix du dernier Juin 1656. qui chargea la prorutrice de rendre compte de son administration, & déclara les biens du second mary affectez pour le payement du reliqua. *Boniface*, tome 4. liv. 4. tit. 1. ch. 14.

103. Aprés la tutelle finie, si le Tuteur abusant de la facilité de son pupille, le fait transiger sur son compte sans connoissance de cause suivant la maxime generale, toutes ces transactions *non visis nec dispunctis rationibus*, sont nulles, & les Lettres de rescision peuvent être obtenuës pendant trente années, l'Ordonnance n'ayant point lieu en ce cas. Arrêt du Parlement de Roüen du 26. Février 1670. conformé à deux précedens. Même Arrêt le 31. Janvier 1674. Autre du 9. Juillet 1680. qui a reçu après 28. années les heritiers à se pourvoir par Lettres de rescision contre une transaction passée entre un Tuteur, & celle dont il avoit été tuteur; ce qui a lieu en faveur de l'heritier du mineur. Le Tuteur est obligé de luy rendre un nouveau compte. *V. Basnage, au tit. de Jurisdiction*, art. 5. où il observe que par les derniers Arrêts on a jugé que les pupilles devoient se pourvoir dans les dix ans après leur majorité.

104. Une mere qui convole en secondes nôces sans avoir rendu compte à un enfant du premier lit, son second mary est tenu de répondre des effets de cette tutelle non exigez, suivant la Loy 2. C. *arbitrium tutelæ*, & la Loy 6. C. *in quibus causis pignus*, &c. Jugé à Aix le 3. May 1672. *Journal du Palais*.

105. Un Tuteur pour être excusé de la tutelle fit offre de fournir deux cents livres par an pendant deux années au profit des mineurs. Un autre fut institué Tuteur, & décéda vingt mois aprés; le premier fut de nouveau choisi & nommé nonobstant la répetition de ses offres. On maria une des mineures, le mary se chargea de toute l'administration; le Tuteur rend compte, on prétendoit qu'il devoit se charger de 400. livres pour deux années, pendant lesquelles il avoit été excusé. L'on disoit en sa faveur que la condition ayant défailly par la seconde dation, l'obligation n'avoit été parfaite ni efficace en aucun temps. Arrêt du Parlement de Bretagne du 19. Janvier 1682. qui le décharge. *Hevin sur Frain*, p. 750.

TUTELLE, CONDECENTE.

106. Le puîné est bien fondé en l'action de condecente sur son aîné, bien que toute leur succession fût toute assise sous la Coûtume generale. Arrêt du 6. Février 1454. *Berault*, à la fin du 2. to. de la *Coûtume de Normandie*, p. 106. col. I.

107. Par Arrêt du 7. Decembre 1649. jugé que l'aîné gereroit à la caution du puîné. *Ibid*.

108. Messieurs du Parlement ne prétendent point avoir exemption de tutelle, & le sieur Bras-de-fer s'étant condecendu sur M. Voisin Conseiller en la Cour, il fut dit à bonne cause la condecente, & M. Voisin condamné de gerer la tutelle des enfans du sieur Haley. Arrêt de 1631. Il est vrai que cet Arrêt porte *sans tirer à consequence*. *Basnage, titre de Jurisdiction*, article 5.

109. L'action en condecente a lieu non seulement d'un parent éloigné contre un plus proche, mais aussi quelquefois contre celuy qui est en parité de degré, ou même plus éloigné, quand tout le profit de la tutelle regarde celuy que l'on poursuit en condecente; il fut ainsi jugé au Parlement de Roüen le 5. Juin 1652. que la condecente d'un oncle sur le fils de son frere aîné dans la Coûtume de Caux étoit valable, le neveu succedant à tout l'ancien propre au préjudice de son oncle; & sur ce même principe on a reçu la condecente en parité de degré; & par Arrêt du 16. Mars 1639. dans la Coûtume de Caux on prononça, *à bonne cause la condecente d'un puîné contre son aîné*, à cause du grand avantage dont cet aîné joüit dans les successions, & sur tout dans les successions collaterales de l'ancien propre qui luy appartiennent entierement.

Autre Arrêt du 18. Novembre 1667. contre les nommez Larcher. Aprés la mort du frere aîné, le dernier puîné qu'on avoit institué Tuteur à ses enfans, ayant été débouté de son action en condecente sur l'aîné des puînez, il en appella, & pour cause d'appel, il disoit *que quò cedit hæreditas, ibi & tutela perveniat*; que ce premier puîné auroit toute la succession si les mineurs mouroient. La même chose avoit été jugée en la Coûtume generale, le 7. Decembre 1649. & afin qu'on n'en doutât plus, la Cour en a fait un Reglement article 24. du Reglement pour les Tutelles *Ibid*.

110. Jugé par Arrêt du 20. Juin 1642. que l'aîné en Pays de Caux doit gerer la Tutelle, & que la condecente y avoit lieu. *Berault, à la fin du 2. to. de la Coûtume de Normandie*, p. 107. col. I.

111. L'alliance où la parenté est survenuë depuis l'institution de Tutelle, le Tuteur n'est pas recevable à demander la condecente. Arrêt du Parlement de Roüen du 7. Juillet 1648. contre un homme qui avoit épousé la tante de ses mineurs; cela ne reçoit plus de doute aprés l'article 34. du Reglement suivant lequel le Tuteur ne peut se démetre de la Tutelle sur celuy qui a épousé la sœur du mineur depuis son institution; mais seulement sur les freres du mineur devenus majeurs depuis cette institution. Autre Arrêt donné contre le Vavasseur lequel voyant son frere mort prit une Commission pour les Eaux & Forêts d'Arpenteur dans les bois, qui exemptoit de Tutelle, mais on n'y eut point d'égard, cette exemption n'ayant été prise que depuis la Tutelle ouverte. *Basnage, tit. de Jurisdiction*, art. 5.

112. La condition des sœurs étant égale, & l'aînée n'ayant d'autre prérogative que celle de pouvoir

voir choisir, l'action en condescente n'est point reçuë entr'elles suivant l'Arrêt du 25. May 1653. *Voyez Basnage*, *titre de Jurisdiction*, *art. 5.*

113 Un cousin germain a l'action en condescente contre l'oncle. Arrêt du Parlement de Roüen du 31. Janvier 1659. l'oncle est plus proche que le cousin d'un demi degré, selon le Droit Canonique, & il l'exclut de la succession aux meubles & acquêts ; il a été neanmoins jugé que la condescente d'un oncle sur le fils aîné de son frere aîné en Caux étoit valable, parce que le neveu succedoit à son préjudice en la meilleure partie. *Basnage*, *tit. de Jurisdiction*, *art. 5.*

114 Celuy qui est demeuré chargé de la Tutelle en consequence de l'action de condescente, (elle consiste au droit qu'a un Tuteur nommé par les parens de se décharger de la gestion de la Tutelle sur un parent plus proche ou plus habile à succeder,) est le veritable Tuteur : c'est pourquoy le mineur doit s'adresser à luy pour demander le compte de sa Tutelle, & le doit discuter avant que d'intenter l'action en garantie. Jugé au Parlement de Roüen le 21. Novembre 1671. *Pesnelle en sa Coût. de Nor. art. 5.*

115 Lorsque celuy sur lequel un Tuteur s'est condescendu n'est pas solvable, les mineurs sont tenus de discuter celuy qui a geré quand le Tuteur nommé le demande. Jugé au Parlement de Roüen le 28. Novembre 1671. *Basnage*, *tit. de Jurisdiction*, *art. 5.*

116 Lorsqu'il s'agit de Tutelle entre deux parens, celuy des deux qui est le plus habile à succeder est toûjours reputé le presomptif heritier à l'égard de celuy qu'il exclud ; de sorte qu'il n'importe qu'il y en ait un plus proche ; car il suffit que celuy sur qui l'on se condescend soit plus habile à succeder que le demandeur en condescente, bien qu'il fussent en degré plus éloigné. M. le Guerchois Avocat General representa que l'on devoit avoir égard au nombre d'enfans & à l'âge ; mais la Cour n'y eut point d'égard ; & par Arrêt du 22. Novembre 1680. il fut dit à bonne cause l'action en condescente. *Voyez Basnage*, *titre de Jurisdiction*, *art. 5.*

TUTEUR, CONSEILLER.

117 Conseillers de la Cour excusez de Tutelle, par Arrêt du 3. Mars 1493. *Papon*, *liv. 15. tit. 5. n. 11.*

Un Conseiller ayant été nommé Tuteur honoraire à une de ses niéces par son frere, en a été dechargé le 28. Avril 1578. ce qui n'auroit pas été ainsi, si le défunt eût été aussi Conseiller. *La Rochestavin*, *li. 4. lettre T. tit. 8. Arr. 8.*

118 Jugé le 6. May 1588. que la charge de Conseiller au Châtelet n'exemptoit de Tutele. *Bibliotheque de Bouchel*, *verbo Tutelle.*

TUTEUR, CREANCIER DU PUPILLE.

119 *Voyez cy-dessus le nomb. 15.*

Tuteur, creancier du mineur en païs de Droit écrit doit demander sa dette en Justice, autrement la prescription peut courir contre luy. *V. Peleus*, *qu. 120.*

120 Si le Tuteur ne reserve, ou proteste de sa dette, soit par l'acte de serment prêté, soit lors de l'inventaire, il en demeure purement déchû par *la Nov. 22. de Justinien*, *chap. 4.* d'où est tirée l'Authentique *minoris C. qui dare tutores.* Voyez *Henrys*, *to. 1. liv. 4. chap. 6. q. 36. & tome 2. liv. 4. q. 15.*

121 Par l'auth. *minoris C. qui tut. dare poss. & c. novell. ut hi qui oblig. se habere perhib. coll. 6.* il est porté que le Tuteur qui est creancier du Pupille, ne se doit charger volontairement de son administration à peine de perdre sa dette, si toutefois il n'étoit proche parent & allié du pupille *auth. ad hac C. quando mulier offic. tut. fungi pot.* Ainsi jugé par Arrêt du Parlement de Toulouse, l'oncle & le frere du pupille ne perdra le droit de fideicommis és biens du pupille pour avoir pris sa Tutelle volontairement, comme aussi le Tuteur testamentaire ordonné par le défunt qui le sçavoit son débiteur, ne tombe dans la peine de la *Nov.* pour avoir accepté volontairement la Tutelle. *Tome III.*

Guid. Pap. quest. 149. & Mainard, *liv. 8. chap. 13.*

122 & 123 Le creancier d'un mineur ne peut être Tuteur, & s'il accepte la Tutelle sans declaration au Juge, il perd sa dette & le droit qu'il a sur les biens du mineur : en Tutelle testamentaire cela n'a lieu, si le Testateur a sçu que celuy qu'il nomme Tuteur étoit son creancier. Arrêt du Parlement de Grenoble le 6. Février 1541. *Bibliotheque du Droit François par Bouchel*, *verbo Tuteur.*

123 Le même Arrêt est rapporté dans *Papon*, *livre 15. titre 5. nombre 2.* il le date de l'année 1461.

124 Le creancier du pupille non seulement peut être Tuteur, Arrêt du Parlement de Toulouse du 26. Novembre 1669. mais il peut être contraint d'accepter la Tutelle. Arrêt du 8. Mars 1689. rapporté par M. de Catellan, *liv. 8. chap. 1.*

125 Quoyque l'Authent. *minoris*, cod. *qui dare tutores*, défende la Tutelle aux creanciers & aux débiteurs du pupille, neanmoins M. Mingot Avocat au Parlement de Toulouse fut preferé à la Tutelle de son cousin & son filleul de même nom, suivant la déliberation des parens, quoyqu'il fût creancier de 3600. liv. L'ayeul avoit fait donation de tous ses biens & par consequent étoit insolvable, d'où s'ensuit qu'en ce cas la *Novelle & l'Authentique* ne furent pas observées, & depuis il fut rendu un même Arrêt au Parlement de Thoulouse, celuy de M. Avangau est du 26. Novembre 1669. *Albert*, verbo *Tutelle*, *art. 1.*

TUTEUR, DEGUERPISSEMENT.

126 Par Arrêt du 11. Juillet 1578. déguerpissement fait par un Tuteur declaré nul. *Tronçon*, *Coûtume de Paris*, *art. 109.* verbo *Renoncer.*

TUTEUR, DENIERS DU PUPILLE.

127 Tuteur obligé de faire employ des deniers pupillaires. *Voyez le mot Employ*, *nomb. 15.*

128 *Tutor convertens in proprios usus pecuniam pupillarem in centesimam tenetur.*

Tutor, *si deteriora fiant pupillaria nomina*, *tenetur tantum de latâ culpâ.* Du Moulin, *to. 2. p. 246.*

Usuras debet tutor ad diem restitutâ intelâ. ibidem. p. 249.

129 Par la Loy 15. *si tutor*, *ff. de administ. & peric. tutor.* le Tuteur est tenu dans les six mois apres la recepte, de mettre à profit les deniers du mineur. *Voyez M. le Prêtre*, 1. *Cent. chap. 52.* où en marge il est parlé des Marchands Tuteurs.

130 Le Tuteur est tenu d'employer les biens meubles & les deniers des mineurs de trois ans en trois ans. *Voyez M. le Prêtre*, *ibidem.* Henrys, *to. 1. liv. 4. ch. 6.* qu. 110. ou les faire profiter. *Le Vest*, *Arrêt 47.*

131 La rusticité du Tuteur l'excuse de n'avoir prêté l'argent de son pupille à interêts. Arrêt du Parlement de Paris du 19. Avril 1574. *Papon*, *liv. 15. tit. 5. n. 13.*

132 Marchand Tuteur est tenu de l'interêt des deniers pupillaires, à raison du denier douze avant l'Edit, & depuis l'Edit au denier seize. Arrêt du 5. Septembre 1597. *M. le Prêtre*, 1. *Cent. ch. 52. in margine.*

133 Le remploy que le Tuteur doit faire des deniers de ses mineurs est l'acte le plus perilleux de la Tutelle ; il doit s'y conduire avec prudence, sur tout quand il le fait de son chef, & sans avoir consulté les parens. Par Arrêt du Parlement de Roüen du 14. Août 1618. quoyqu'un Tuteur eût baillé l'argent de son mineur à une personne trés solvable, & qu'in avoit perdu son bien que par le malheur de la guerre, il en fut neanmoins jugé responsable, pour avoir fait cette constitution sans l'avis des parens : il y avoit cela de particulier que le débiteur n'avoit que des meubles, lesquels étant perissables de leur nature, le Tuteur n'avoit pas dû fonder là-dessus la seureté de cette rente. *Basnage*, *tit. de Jurisdiction*, *art. 5.*

TUTEUR, DE'PENS.

134 En quel cas le Tuteur est tenu des dépens? *Voyez le mot Dépens*, *n. 208, & suiv.*

GGggg

DESTITUTION DU TUTEUR.

135. La destitution du Tuteur peut être demandée par les parens nominateurs, s'ils craignent qu'il ne soit, ou qu'il ne devienne insolvable ; ou ils peuvent l'obliger à donner caution, en cas qu'il prouve qu'il en a mal usé. *Rasnage*, tit. de *Jurisdiction*, art. 5.

136. Par Arrêt du 25. Avril 1591. au lieu de Me. Jean Rochefort Docteur & Avocat & Tuteur d'autre Jean Rochefort, il a été jugé qu'il seroit pourvû d'autre Tuteur audit pupille, parce que ledit Rochefort Tuteur, par Arrêt de la même année avoit été condamné à faire amende honorable, la hart au col & banni de la Ville & Sénéchaussée, où ledit pupille & la plûpart des biens étoient assis, per L. licet C. quand. tutor. La Rocheflavin, liv. 4. lett. T. tit. 8. Arr. 4. cela s'entend d'un bannissement à perpetuité.

137. Les heritages acquis par le Tuteur des deniers de son pupille, appartiennent au mineur, quoique l'acquêt soit fait au profit du Tuteur. Arrêt du Parlement de Dijon du 14. Août 1576. *Bouvot*, to. 1. par. 1. verbo *Tuteur*, quest. 3. Mainard, liv. 6. ch. 94. estime le contraire.

138. Un Tuteur ayant été démis à la poursuite des parens, & la démission étant signifiée, les défenses de payer à autre qu'à celuy qui a été subrogé en son lieu, suffisent. Arrêt du Parlement de Dijon du 11. Mars 1614. *Bouvot*, to. 2. verbo *Tuteurs*, quest. 31.

TUTEUR, DETTES DU MINEUR.

139. Un Tuteur poursuivi par les creanciers de son pupille, peut être contraint d'exiger les dettes de son pupille, faute de ce de payer luy-même. Arrêt du Parlement de Dijon du mois de Juillet 1563. *Bouvot*, to. 1. part. 2. verbo *Tuteur*, quest. 3.

140. Le Tuteur ne peut être contraint en ses biens pour le dû du mineur condamné pour provision d'alimens en cas de blessure, Arrêt du Parlement de Dijon du 27. Février 1616. *Bouvot*, to. 2. verbo *Tuteurs*, qu. 35.

141. Tuteurs & Curateurs ne sont point obligez de faire les dettes actives de leurs mineurs bonnes, mais seulement de faire apparoir de leurs diligences. Arrêts du Parlement de Paris de l'an 1580. & du Parlement de Toulouse du 17. Juin 1585. *Papon*, liv. 15. tit. 5. n. 25. & *Maynard* en ses quest. not. liv. 3. ch. 55. liv. 3. & *Charondas*, liv. 7. Rép. 177.

142. En la Coûtume d'Anjou & du Maine on est reputé majeur à 20. ans. Un jeune homme âgé seulement de 16. ans obtient Lettres de Benefice enterinées par l'avis des parens & du Tuteur. Il dépense beaucoup ; presque ruiné il demande compte à son Tuteur, & appelle de la Sentence d'enterinement des Lettres. Le Tuteur répond qu'elle a été renduë de l'avis des parens, & que les plus grandes dépenses ont été faites depuis 20. ans. Arrêt du Parlement de Paris du 19. Juillet 1599. qui condamne le Tuteur à acquitter le fils de famille de toutes dettes jusqu'à l'âge de 20. ans, *Bibliotheque de Bouchel*, verbo *Tuteur*.

DEUX TUTEURS.

143. Tuteurs, soit qu'ils ayent tous été condamnez ou bien l'un d'eux, *in solidum*, peuvent lors de l'execution s'aider de l'exception de division auparavant non opposée, car toûjours ils sont veus être condamnez selon leur charge & la nature de leur Tutelle. Arrêt du Parlement de Bourdeaux en Juillet 1519. *Bibliotheque de Bouchel*, verbo *Pleige*.

144. Deux Tuteurs sont creez à quelques mineurs, lesquels decedent & laissent chacun des enfans ; les pupilles venus en âge demandent compte ; les heritiers ne le peuvent rendre ny representer l'inventaire : le Juge les condamne à ceraine somme : les heritiers disent qu'ils n'en sont tenus que pour leur part & portion, les mineurs qu'ils en sont tenus chacun solidairement. Jugé que les heritiers de l'un des Tuteurs sont condamnez à payer la moitié, chacun d'eux seul & pour le tout ; le même pour les heritiers de l'autre Tuteur, sauf leur recours les uns contre les autres, par Arrêt du 7. Septembre 1560. *Charondas*, liv. 7. Rép. 72.

145. De deux Tuteurs l'un peut exclure l'autre, & administrer seul en baillant caution pour l'indemnité de l'autre, & à l'égard du relief d'indemnité l'un contre l'autre, ils ont même faveur & privilege d'action que le pupille a contr'eux. Par Arrêts du Parlement de Paris & de Toulouse des années 1566. & 1587. il fut jugé *bonorum cessionem quà pupilli reliquator uti vellet in socium tutela minime admittendam*, & de même que le pupille peut faire emprisonner son Tuteur pour le payement du reliqua, aussi celuy des Tuteurs qui sera poursuivi faire contraint la maille bonne, aura contrainte par corps contre son Cotuteur pour son indemnité. *Voyez* Mainard, liv. 4. ch. 18.

146. Deux Tuteurs sont élus solidairement, si un mineur desquels l'un seul gere & passe indemnité à l'autre, le mineur venu en âge poursuit le Tuteur qui n'a point geré ; la poursuite declarée bonne par Arrêt du Samedy d'aprés la Pentecôte 1597. *Charondas*, liv. 11. Réponse 44.

147. Mineur ne se peut adresser contre son Cotuteur qui n'a pas geré ses biens avant la discussion faite des biens de celuy qui en a eu la gestion. Arrêt du 3. Août 1601. *Papon*, li. 15. tit. 5. n. 23. Carondas, an li. 2. de ses *Rép*. ch. 134. rapporte un ancien Arrêt qui donne au mineur un recours solidaire.

DONATION, LEGS AU TUTEUR.

148. De la donation faite par le pupille à son Tuteur. *Voyez* le mot *Donation*, nombre 923. & *suiv*.

149. Si la prohibition de disposer par les mineurs au profit de leurs Tuteurs, s'étend à leurs heritiers? *V. Henrys*, to. 1. liv. 5. ch. 4. quest. 39.

150. L'Ordonnance qui prohibe les dispositions au profit des Tuteurs, n'a lieu à l'égard de la donation faite au frere consanguin fils du Tuteur. Arrêt du Parlement de Dijon du mois de Janvier 1599. *Bouvot*, to. 2. verbo *Testament*, quest. 16.

151. Prohibition de l'Ordonnance de l'an 1539. n'a lieu, lorsque le Tuteur est le plus proche à succeder au mineur. *Chopin. Parif. lib*. 2. tit. 4. n. 13. cont. Mainard. lib. 2. chap. 94. *si habeat coheredem*. J'ay veu dit, M. Abraham *La Peivere*, en ses *décisions du Palais*, lettre T. nomb. 170. des Arrêts en la Chambre de l'Edit à Bourdeaux, qui ont jugé suivant la décision, encore bien qu'il y eût un coheritier en égal degré, & est juste.

152. La prohibition de l'Ordonnance de l'an 1539. s'étend aprés la Tutelle finie, & jusques à la clôture du compte & payement du reliqua. 2. Autre chose est du Tuteur honoraire. *Mainard. lib*. 2. *chap*. 96. 1. *id*. Olive, *lib*. 5. *chap*. 20. vid. L. 82. ff. *de condit*. & *dem*.

Arrêt du P. de Bourdeaux du 16. Janvier 1661. Président Monsieur le Premier, plaidans Fontenel & Poictevin, par lequel un mineur entrant en Religion, & qui étoit sous puissance de Curateur, ayant fait Testament en faveur de celuy qui avoit été auparavant son Tuteur, sans qu'il eût rendu compte, ledit Testament fut cassé, & l'heredité ajugée à la sœur du testateur ; les parties plaidantes étoient Marie Bascaules sœur du Testateur, & le nommé du Lur heritier institué. *La Peivere*, lettre T. n. 171.

153. Le Tuteur nommé ne voulant accepter la charge, perd les legats. Arrêt du Parlement de Dijon du 11. Juillet 1605. *Bouvot*, to. 2. verbo. *Tuteurs* qu. 13.

154. Jugé par Arrêt du P. de Dijon du 12. Juin 1618. que les donations faites aux Tuteurs honoraires, sont nulles quoiqu'ils n'administrent rien ; ils sont reputez compris dans l'Ordonnance de 1539. *Bouvot*, to. 2. verbo *Tuteurs & curateurs*, qu. 41.

155. De la validité d'un legs fait par une mineure à ses neveux enfans de son Tuteur, aprés le compte rendu, quoiqu'auparavant le payement du reliqua. Arrêt du 28. Mars 1651. *Soëfve*, to. 1. *Cent*. 3. *ch*. 73.

Voyez cy-après le nombre. 230. & suiv.

TUTEUR ÉLOIGNÉ.

156. M. le Boucher, Conseiller en la Cour des Aydes, de Roüen, qui avoit été nommé tuteur aux enfans du sieur Boullais, ayant fait juger par Sentence du Bailly de Roüenne à bonne cause son action en condécente contre le sieur de la Mare Auger, qui étoit domicilié en la Vicomté de Valogne, sur l'appel du sieur de la Mare Auger, l'affaire ayant été portée au parquet, on ne restoit point de difficulté à casser la Sentence : au reste il faut que l'éloignement soit considerable, autrement l'excuse ne seroit pas admissible. Un bourgeois de Bayeux, après avoir été nommé Tuteur, agit en condécente contre un Libraire de Caën, & ayant été débouté de son action, sur son appel, le Tellier soûtenoit que la condécente étoit juste, puisque ce Libraire étoit plus proche parent. Le Libraire se défendoit sur l'éloignement & l'imbecilité de sa vûë: mais l'éloignement n'étant que de six lieuës, & sa vûë n'étant pas entierement perduë, il fut condamné. Voyez Basnage, tit. de Jurisdiction, article 5.

157. Il convient d'élire les Tuteurs en la Province en laquelle les biens des mineurs sont assis. Arrêt du 29. Novembre 1569. Carondas, liv. 6. Rép. 42.

158. Un Tuteur nommé, fut déchargé pour habiter hors du lieu du domicile du pupille. Arrêt rendu au Parlement de Grenoble le 7. May 1638. Basset, to. 2. liv. 4. tit. 14. ch. 4.

159. Quelquefois l'éloignement de celuy qu'on veut charger de la Tutelle, fournit une excuse valable. Du Frêne, liv. 1. ch. 29. assûre que c'est une jurisprudence certaine au Parlement de Paris, que les Tuteurs doivent être pris & choisis dans la Province, c'est-à-dire dans le ressort du Bailliage ou Sénéchaussée, où les biens des mineurs sont assis. Arrêts semblables du Parlement de Normandie en 1653. le 17. May 1675. rapportez par Basnage, tit. de Jurisdiction, article 5.

160. Arrêt du Parlement de Provence du 20. Decembre 1663. qui a jugé que le Tuteur est excusé de la tutelle, par l'éloignement de son domicile, à celuy du pupille. Boniface, to. 1. liv. 4. tit. 1. ch. 1.

TUTEUR, ENFANS.

161. Henrys, to. 2. li. 4. qu. 73. établit que les enfans qui ont fait profession de la vie religieuse, sont comptez pour la décharge des Tutelles ; il cite Fontanon, & Potier. Despeisses, to. 1. pag. 500. col. 2. est aussi de cet avis.

162. A Paris il suffit d'avoir trois enfans pour se dispenser d'accepter une Tutelle, dans les Provinces il faut en avoir cinq. Maynard, li. 7. ch. 25. Papon, dans ses Arrêts, li. 15. art. 11. Carondas en ses Reponses, liv. 9. ch. 26. Despeisses, to. 1. pag. 501. & suivantes, où il marque toutes les causes pour lesquelles on peut s'excuser des Tutelles. Coquille dans ses questions, q. 177. soûtient que la Ville de Paris en cela ni en toutes autres choses, n'a aucun privilege par-dessus toutes les autres Villes du Royaume. M. de Catellan, to. 2. liv. 8. ch. 7. convient que dans le ressort de son Parlement, le nombre de cinq enfans est necessaire, mais il prétend que celuy qui n'est pas encore né, ne doit pas être compté, & il le prouve fort bien. Cela a été ainsi jugé au Parlement de Paris, par un Arrêt du mois d'Avril 1668. rapporté dans le Journ. des Audiences, to. 3. liv. 2. ch. 9.

163. Des excusations de Tutelle pour nombre d'enfans, & si l'on fait bien de se tenir au nombre de cinq. Voyez Coquille, to. 2. quest. 177.

164. Par Arrêt du Parlement de Roüen du 11. Decembre 1550. Simon Baudoüin âgé de 65. ans. pere de 14. enfans, fut déchargé d'une Tutelle. Basnage, tit. de Jurisdiction, art. 5.

165. Ceux qui ont cinq enfans sont exempts de Tutelle. Arrêt du Parlement de Paris du 5. Janvier 1561. Papon, liv. 15. tit. 5. n. 11. & le Caron, liv. 3. ch. 68.

166. Dans Rome le nombre de trois enfans, de quatre en Italie, & de cinq aux Provinces, excuse de la tutelle & curatelle, à Paris à cause du Parlement trois enfans excusent ; le même és autres Villes où le Parlement a été transferé. Arrêts du 18. May 1589. & du 17. Avril 1592. Carondas, liv. 9. Rép. 26. Voyez le même Carondas, liv. 3. Rép. 68.

167. Par le droit Romain, in §. 1. instit. de excusat. Tut, &c. l. 1. ff. qui num. liberos se excusant, il est porté que si quis tres liberos superstites Roma habeat, vel in Italia quatuor, vel in Provinciis quinque, à tutelâ & curâ excusari potest exemplo caterov. Tellement que Paris tenant lieu de Rome en France, il a été jugé que le nombre de trois enfans dans Paris suffisoit pour excuser de la Tutelle, & quand le Parlement de Paris fut transferé à Tours, il fut jugé par deux Arrêts du Parlement séant à Tours du 18. May 1589. & mois d'Avril 1592. que ladite Ville de Tours joüissoit du même privilege de Paris, & excuse de la Tutelle par le nombre de trois enfans; mais à Toulouse, & ressort gouverné par le droit écrit, on ne présume que la Ville de Toulouse ait aucun privilege, mais il se juge indifferemment par tout le ressort, que le nombre de cinq enfans est necessaire pour décharger de la Tutelle, quasi in Provinciis. Voyez Mainard, liv. 7. ch. 21. 22. 24. 25.

168. Par Arrêt du Parlement transferé à Tours, jugé le 12. Février 1593. que les habitans de la Ville de Tours joüiroient du Privilege trium liberorum, ainsi que faisoit la Ville de Paris. Bibliotheque de Bouchel, verbo Tuteur.

169. Un homme de Tours demandoit d'être déchargé de la Tutelle, parce qu'il avoit deux enfans, & étoit contraint de nourrir son pere prisonnier. L'on soûtenoit que ce n'étoit point là une excuse de droit, le nombre des enfans est consideré non pour les charges qu'il cause, mais pour une faveur, iis enim juvatur respublica. Jugé par Arrêt, que le Tuteur demeureroit. Ibidem.

170. Cinq enfans excusent de Tutelle. Arrêt du Parlement de Grenoble du 19. Decembre 1626. fondé sur la disposition du droit Romain. Basset, tome 2. liv. 4. tit. 14. ch. 2.

171. Les Enfans qui ont fait profession religieuse, font nombre pour la décharge de la tutelle ou curatelle. Arrêt du 22. May 1640. Soëfve, tome 1. Centurie 1. ch. 12.

172. Arrêt du Parlement de Toulouse du 12. Mars 1641. qui pour faire le nombre de cinq enfans necessaire, a l'excuse de Tutelle a compté le cinquième seulement conçu, & dont la femme du Tuteur nommé, étoit enceinte. Voyez les Arrêts de M. de Catellan, liv. 8. chap. 7. où il parle des enfans qui peut excuser de la Tutelle. Albert, verbo Tutelle, rapporte le même Arrêt.

173. Simon Heat, Tuteur des enfans de son frere, devenu indisposé, il fit nommer Mauclerc en sa place, qui avoit quatre enfans & sa femme grosse, laquelle avant la décision de l'appel accoucha ; la Cour mit les appellations, & ce dont étoit appelé au néant, émendant, ordonna, qu'à la diligence de Simon Heat nouvelle assemblée de parens seroit faite pour être procedé à la nomination d'un Tuteur autre que lesdits Mauclerc & Heat, le 23. Avril 1668. De la Guess. tome 3. liv. 2. chap. 9.

TUTELLE, EXCUSES.

174. De excusationibus Tutor. per Anto. Augustinum, videlicet nova textus traductio, & per Carolum Camusium Divionensem.

175. Lorsqu'un Tuteur a quelques excuses à proposer il le doit faire devant le Juge, & non pas appeller avant que de les avoir proposées, autrement il sera declaré non recevable. Expilly, Plaidoyé 5. où il ajoûte que l'excuse d'avoir été ennemi du Testateur ou du pere du

Tome III. GGgg ij

Pupille, est illegitime. *Voyez Basset*, tome 2. liv. 4. tit. 14. ch. 4.

176. Un Tuteur élû disoit pour s'excuser qu'il n'avoit que 26. ans, que le pere des Pupilles avoit été son Tuteur, & qu'il vouloit les poursuivre à fin de reddition de compte. Il ajoûtoit que la Cour avoit ordonné que deux Tuteurs seroient commis l'un du côté paternel, l'autre du côté maternel. Arrêt du Parlement de Paris du 17. Juillet 1531. qui confirme sa nomination, & cependant ordonne que les parens paternels seront assemblez pour élire du côté maternel un Tuteur onéraire. *Bibliotheque de Bouchel*, verbo, *Tutelle*.

177. Une tutelle fut déférée à un nommé Regnier, par Sentence du Prévôt de Chartres, pendant que la ville tenoit pour la Ligue. Regnier s'étoit depuis fait décharger par le Bailly. Arrêt du 30. Août 1593. qui ordonne que Regnier demeurera Tuteur. Par cet Arrêt la Cour ne prétendoit pas confirmer les jugemens de la Ligue, mais il fut rendu *ex eo* que Regnier n'avoit aucune excuse valable. *Ibidem*, verbo, *Ligueurs*.

178. Un homme qui a promis au défunt de prendre la tutelle de ses enfans, ne peut s'en excuser. Jugé au Parlement de Toulouse au mois de Juin 1596. Quoyque le Tuteur exposât qu'il avoit un procez auquel il étoit question de la plus grande partie de ses biens, il fut condamné d'accepter & administrer ladite tutelle. *Cambolas*, liv. 2. ch. 19.

179. Celuy qui est Créancier du mineur, se peut excuser de la tutelle. Arrêt du Parlement de Dijon du 11. Juillet 1605. *Bouvot*, tome 2. verbo, *Tuteurs, & Curateurs*, quest. 14.

180. Un Tuteur ayant procez contre les mineurs de la plus grande partie de ses biens, ou inimitié capitale, peut être excusé. Arrêt du Parlement de Dijon du 12. Decembre 1605. *Bouvot*, ibid. quest. 15.

181. *Decurio militiæ urbicæ Parif. vulgo*, un Dizenier, *excusari potest à tutelâ*. Arrêt du 12. Février 1613. Mornac, *l. 7. ff. ex quibus causis majores 25. annis, &c.*

182. Offre de nourrir pour être excusé de la tutelle, cesse par le décez de celuy qui s'est obligé. Arrêt du Parlement de Bretagne du 8. May 1635. *Frain, page 748*.

183. Arrêt du Parlement de Provence du 5. Mars 1646. qui a jugé que le partage des biens à faire entre le Tuteur & le Pupille, n'est pas une legitime excuse de tutelle, pour proceder au partage il fut donné Curateur aux Pupilles. *Boniface*, tome 1. liv. 4. titre. 1. chapitre 2.

184. On est déchargé de la tutelle pour cause de maladie. Arrêt du Parlement de Roüen du 13. Avril 1644. *Berault à la fin du 2. tome de la Coût. de Normandie*, page 106. colon. 1.

185. Le 12. Février 1647. il y eut Arrêt donné en la Chambre de l'Edit, entre Jacques Bloüet demandeur en Lettres de Requête civile, Dame Jeanne le Reverend, femme de Messire Jacques de Mongommery, Chevalier Seigneur de Lorge, auparavant veuve de feu sieur Tobie Barberie, vivant sieur de saint Contest, ayant la garde des enfans mineurs dudit défunt & d'elle, & Monsieur Jacques Moissant sieur de Brieux, Conseiller au Parlement de Metz, & autres parens & parties, par lequel ledit sieur de Brieux à raison de sa maladie & le sieur Marcellet pareillement valetudinaire, ont été déchargez de la tutelle desdits mineurs. *Berault, ibid. page 105. col. 2.*

EXEMPTION D'ESTRE TUTEUR.

186. Capitaine de 50. hommes d'armes declaré exempt de la tutelle, *privilegio militari*, ainsi jugé. *Papon*, liv. 15. tit. 5. nomb. 20.

187. Les Conseillers d'Etat exempts de tutelle, & si la tutelle precéde ils la quittent ; les Echevins pendant leur Echevinage, tous les Officiers de Ville, les Ecclesiastiques *Bacquet, Droit de Batardise, ch. 7. n. 32.* Les Chantres de la Sainte Chapelle, les Huissiers du Conseil, du Parlement, de la Chambre des Comptes,

du Grand Conseil, *M. Loüet*, lettre C. som. 32. Du Frêne, liv. 1. chap. 31.

188. *Confirmata est tota illa viatorum Senatus immunitas*, le 23. Février 1534. Mornac, *l. 6. C. de Episcop. & Clericis*.

189. General des Aydes declaré exempt de tutelle par Arrêt du Parlement de Paris du 8. Janvier 1564. *Papon*, liv. 15. tit. 5. nomb. 18.

190. Receveur des decimes, comme étant Comptable du Roy, ne doit être élû Tuteur & est exempt de tutelle. Arrêt du 14. Juillet 1574. pour celuy de Chartres. *Papon*, ibid. nomb. 2.

191. Le 15. Février 1592. au Parlement de Toulouse M. Jean Maurel Secretaire de la Cour, fut déchargé de la tutelle testamentaire de ses neveux à cause de son Office. *La Rocheflavin*, liv. 4. lettre T. tit. 8. Arr. 13.

192. Les Secretaires du Roy sont exempts aussi des charges de tutelles suivant une declaration du Roy Henry IV. du 23. Decembre 1594. verifiée au Grand Conseil le 25. Octobre 1603. par laquelle le Roy en interpretant leurs privileges, declara qu'ils étoient exempts de toutes charges de tutelle. *Ibidem*.

193. Un Soldat des Gardes déclaré exempt de tutelle. Arrêt du 29. Decembre 1598. cité par *Peleus*, liv. 2. action 8.

194. Par Arrêt du 1. Mars 1605. jugé qu'un Huissier de la Chambre des Comptes n'étoit exempt de tutelle : fut allegué un Arrêt, par lequel les Huissiers de la Cour en sont declarez exempts. *Biblioth. de Bouchel*, verbo, *Tutelle*.

195. *Actuarius Curiæ immunitatem tutelæ obtinuit*. Arrêt du 31. Mars 1620. Mornac, *l. 6. C. de Episcopis & Clericis*.

196. Par Arrêt du 10. Janvier 1622. au Rôle d'Amiens, jugé que la qualité de Procureur du Roy ne donne pas exemption de tutelle. Le même jugé auparavant contre le Procureur du Roy de Provins. *Biblioth. de Bouchel*, verbo, *Tuteur*.

197. Le privilege survenu depuis l'assignation donnée à l'un des parens pour être Tuteur profite. Arrêt du 14. Janvier 1628.

198. Les Officiers de la Chambre des Comptes qui sont en charge, sont exempts de tutelle. Arrêt du Parlement de Roüen des 22. Avril & 16. Decembre 1649. rapportez par *Basnage, tit. de Jurisdiction, art. 5.*

199. Les Receveurs des Tailles ne peuvent être élûs Tuteurs à cause du privilege des deniers Royaux. Jugé au Parlement de Roüen le 12. Juillet 1650. on cassa une Sentence, attendu qu'elle portoit, *sa qualité de Receveur des Tailles*, & on envoya proceder devant le Vicomte à nouvelle élection. *Ibidem*.

200. Chirurgiens de peste exempts de tutelle. Arrêt du Parlement de Toulouse du 13. Mars 1650. *Albert*, verbo, *Tutelle*, art. 3.

TUTEUR, FRAIS.

201. Un Tuteur peut seulement coucher en compte les frais par luy faits depuis qu'il a été Tuteur, & non les frais faits auparavant. Arrêt du 23. Decembre 1550. *Le Vest, Arr. 46.*

202. Mere Tutrice n'est tenuë de payer en son nom les frais & salaires d'un Procureur qui a occupé pour elle en qualité de Tutrice. Elle en doit être déchargée quand elle a rendu compte, & le Procureur est tenu de se pourvoir contre le mineur devenu majeur. Arrêt du Parlement de Paris du 5. Août 1687 *Journal du Palais*, in fol. tome 2. page 675.

TUTEUR HONORAIRE.

203. *Quando tenentur honorarii, tutores & quando non ?* Mornac, *l. 60. ff. de ritu nuptiarum*. Voyez *M. Loüet*, lettre T. somm. 13.

TUTEUR, GARANTIE.

204. Si un Tuteur est responsable des obligations des debiteurs qui deviennent insolvables ? Voyez *Bouvot*, tome 1. part. 1. verbo, *Tuteur*, quest. 1. & 2.

205 & 106. Le Sénéchal de Toulouse ayant ordonné qu'un nommé Druillet, Hallebardier de la morte-paye de

TUT

Carcassonne, administreroit au peril des parens, à cause sur une contrainte par corps obtenuë sur pied de Requête, il avoit prêté le serment ; la Cour le 29. Avril 1647. en reformant l'appointement, le déchargea sans qu'il eût obtenu de Lettres, suivant la Loy 8. §. *Veteranus*, & §. 9. *ff. de excusat.* car il suffit qu'un Soldat, *qualitercumque militet, etiam in coborribus Urbanis*, Albert. *verbo*, Tutelle, *art. 3.*

207   Celuy de qui le Tuteur est chargé de prendre l'avis n'est responsable de l'administration. Arrêt du Parlement de Toulouse du 25 Juin 1667. *Voyez M. de Catellan*, liv. 8. ch. 9.

208   Arrêt du Parlement d'Aix du 4. May 1672. qui a déclaré le second mary responsable de l'administration tutelaire faite aprés & avant le mariage. *Boniface*, tome 4. liv. 4. tit. 1. chap. 15.

209   Un particulier nommé Tuteur par les parens assemblés qui n'étoient que cousins, remuez de germain par affinité, s'étant fait décharger par Sentence du Juge, n'est point responsable envers les mineurs de la mauvaise administration de cette même tutelle gerée par l'oncle des mineurs qui a été nommé en sa place, & qui est devenu depuis insolvable. Jugé au Parlement de Paris le 30. Août 1672. *Journal du Palais*, Voyez *Henrys*, tome 2. liv. 4. quest. 73.

TUTEUR, HERITIER DU PUPILLE.

210   Le Tuteur étant dévenu l'heritier de son Pupille, les actes par luy faits, en qualité de Tuteur ne luy peuvent être opposés comme un obstacle à la restitution. La raison est que ce que le Tuteur fait, il ne le fait jamais librement, mais *necessitate officii*. Voyez la 3. Consultation de *M. Du Plessis*.

TUTEUR, HYPOTHEQUE.

211   De l'hypotheque du Tuteur. *Voyez* le mot *Hypotheque*, *nomb.* 185. 256. 268. & suiv. & Henrys, tome 1. liv. 4. chap. 6. quest. 35.

212   Si le Pupille a son hypotheque du jour de la tutelle sur les biens de son Tuteur ? Voyez Bouvot, tome 1. part. 1. verbo, *Hypotheque*, quest. 1. & tome 2. verbo, *Hypotheque & discussion*, quest. 17. où il rapporte un Arrêt du Parlement de Dijon du 7. Mars 1706. en faveur du Pupille.

TUTELLE, INIMITIEZ.

213   Des inimitiez qui naissent de la Tutelle. *Voyez Bouvot*, to. 2. verbo *Tuteur*, quest. 22. & 23.

214   Un Curateur qui a inimitié capitale contre un Tuteur, ne peut assister au compte ; mais peut bien donner des memoires. Arrêt du Parlement de Dijon du 10. Mars 1610. *Bouvot, ibid.*

215   Par Arrêt de 1604. rapporté par *Expilly, Plaidoyé 4.* il a été jugé que le fait de l'inimitié entre deux freres, n'étoit pas le sujet d'excuse legitime à un, pour s'exempter d'être Tuteur des enfans de l'autre. La raison, d'autant que c'est chose certaine & ordinaire entre parens, que celuy qui a haï le mort, aprés le décez du pere, aime le fils : ainsi Jean Duc de Bretagne, ennemi juré de Charles V. iceluy décedé, fut incontinent reconcilié avec Charles VI. son fils.

TUTEUR, INTERESTS.

216   Interêts du compte de tutelle. *Voyez* le mot *Interêts*, *nomb.* 269. & suiv.

217   Les Tuteurs sont tenus de vendre les meubles des pupilles, & de bailler à rente les deniers, & à faute de ce payer l'interêt. *Ordonnance d'Orleans*, art. 102. Voyez *Bouvot*, to. 1. part. 1. verbo *Tuteur*, quest. 4.

TUTEUR, INVENTAIRE.

218   Tuteur qui ne fait Inventaire doit être destitué comme suspect, & encourt une espece d'infamie. Il est encore tenu en son propre des dommages & interêts du pupille. Arrêt du Parlement de Grenoble du 10. Janvier 1634. *Basset*, to. 2. liv. 4. tit. 14. ch. 3.

219   Tuteur qui ne fait pas inventaire est privé du Reliqua qui peut luy être dû. Arrêt du Parlement de Toulouse aprés partage en 1666. L'un des avis avoit été de permettre au mineur de prouver les omissions ; mais la preuve étant difficile, on considera que la peine d'infamie seroit méprisée par le Tuteur, si elle n'étoit jointe à une peine pecuniaire, *quid enim salvis infamia nummis.* Voyez *M. de Catellan*, liv. 8. chapitre 3.

TUTEUR, JUGE.

220   Tuteur en vertu de son privilege personnel ne peut évoquer. *Voyez* le mot *Evocation*, *nomb.* 40.

221   Le Haut-Justicier a droit de decerner Tuteur aux mineurs d'un Officier Royal, & faire Inventaire. Voyez *les nomb.* 46. & 47. du titre *des Hauts-Justiciers*, lettre H.

222   Arrêt du Parlement de Toulouse du 27 Septembre 1544. qui défend au Juge ordinaire de Toulouse de ne decerner tutelle, ni pourvoir de Tuteurs à ceux qui ne seront point de sa Jurisdiction, sous prétexte des Instances qui pourroient être pardevant luy. *La Rocheflavin*, liv. 4. lettre T. tit. 8. *Arr.* 6.

223   Toutes actions concernans la Tutelle doivent être traitées pardevant le Juge d'icelle, & le Tuteur ne peut alleguer qu'il a son domicile ailleurs. Arrêt du Parlement de Paris du 11. Decembre 1565. *Papon*, liv. 7. tit. 7. n. 54.

224   Celuy qui a confirmé la Tutelle, doit connoître de la reddition du compte. Arrêt du Parlement de Dijon du 22. Mars 1588. *Bouvot*, tome 2. verbo *Renvoy*, question 5.

225   Tuteur étant hors le domicile du pere de son pupille, doit être traduit pardevant son Juge, & non pardevant le Juge du pere défunt. Arrêt du Parlement de Dijon du 17. Janvier 1603. *Bouvot, ibid.* verbo *Tuteurs & Curateurs*, question 5.

226   Les Regins demeurans à Riom en Auvergne, qui est du Ressort du Parlement de Paris, sont appellez en la Ville du Puy, qui est du Parlement de Toulouse, pour nommer les Tuteurs à un mineur, où ils ont comparu & nommé. La Tutelle finie, le mineur fait appeller son Tuteur pardevant le Juge du Puy pour luy rendre compte, ensemble les Nominateurs pour assister au compte & subsidiairement être garants de la tutelle. Quelques-uns des Nominateurs privilegiez font renvoyer la cause aux Requêtes du Palais à Paris où elle est retenuë. Appel par le mineur comme de Juge incompetent ; ce qui faisoit le débat & le principal interêt de l'une & l'autre des Parties, étoit que l'on procedoit dans le Ressort du Parlement de Paris, les Nominateurs ne sont tenus de leur nomination, suivant un Arrêt general servant de Reglement donné en 1587. si au contraire dans le Ressort de Toulouse, ils en sont tenus suivant la disposition de droit, de sorte que le Jugement de la competence jugeoit le fonds. Par Arrêt du 4. Decembre 1608. l'appellation & ce, en émendant les Parties renvoyées au Puy ; la raison, parce que la Tutelle avoit été déferée au Puy, & par consequent l'obligation contractée en ce lieu-là. *Bibliotheque de Bouchel*, verbo *Tuteur*.

227   Un homme demeurant à Paris fait en vertu de son *Committimus* appeller pardevant Messieurs des Requêtes du Palais, le Tuteur de sa femme demeurant en Auvergne, pour luy rendre compte. Le Tuteur décline & demande d'être renvoyé en Auvergne où les biens sont assis. Messieurs des Requêtes retiennent la cause. Appel par le Tuteur. Par Arrêt du 21. Janvier 1608. l'appellation & ce, en émendant, renvoyée en Auvergne. *Ibidem*, verbo *Tutelle*.

228   Par Arrêt du premier Mars 1630. il est défendu aux Vicomtes & autres Juges, de prendre aucune chose pour l'élection du Tuteur & deliberation pour pauvres mineurs & personnes miserables, & ordonné aux Greffiers de délivrer les Actes en papier, autrement à peine de concussion, & que l'Arrêt sera lû & envoyé par les Bailliages suivant la requisition de M. le Procureur General. *Berault*, à la fin du 2. tome de la *Coûtume de Normandie*, p. 107. col. 1.

229 Arrêt du Parlement d'Aix du 19. Octobre 1671. qui a jugé que la dation des Tutelles des Nobles appartient aux Lieutenans ou aux Juges Royaux. *Boniface, to. 3. liv. 1. tit. 8. chap. 1.*

TUTEUR, LEGS.

230 Legs faits aux Tuteurs. *Voyez* cy-dessus *le nombre* 148. & le mot *Legs, nomb. 632. & suiv.*

231 Au mois de Decembre 1592. il a été jugé au Parlement de Toulouse, que les plus proches parens ayans pris la charge d'une Tutelle, pouvoient être instituez heritiers par leurs mineurs ; il fut jugé que le Testament fait en leur faveur étoit bon & valable. *Cambolas, liv. 1. chap. 33.*

232 Les Tuteurs & Curateurs peuvent être instituez par leurs pupilles étans les plus proches, & quand il s'en trouveroit d'autres en pareil degré. Arrêt du 4. Septembre 1624. *Ibidem, chap. 34.*

MARY TUTEUR.

233 Le mary n'est pas obligé d'accepter la Tutelle des parens de sa femme quand elle est morte sans enfans, mais s'il luy en reste, il peut être institué tuteur ; c'est la disposition de l'article 19. pour le Reglement des tutelles. Il fut même jugé au Parlement de Roüen le 5. Avril 1658. qu'un mary pouvoit être nommé tuteur aux enfans de sa femme, issus d'un autre mariage, quoiqu'il soûtint que les enfans étant majeurs, & étant les veritables parens, ils devoient entrer en sa place ; l'on confirma la Sentence qui l'avoit jugé de la sorte. Si ce pere avoit déclaré qu'il remettroit à ses enfans la joüissance du bien de leur mere, son excuse eût été juste. *Basnage, tit. de Jurisdiction, art. 5.*

TUTEUR, MARIAGE DU PUPILLE.

234 Les Promesses & Obligations que le tuteur exige pour consentir au mariage de sa mineure, sont rejettées, & les conjectures servent de preuves. Arrêt du 9. Avril 1652. *Henrys, tome 2. liv. 4. quest. 16.*

235 Quelle authorité de la mere ou du tuteur doit prévaloir au mariage d'une fille sans le consentement du tuteur. Il semble que les liens de la nature sont plus forts que ceux de la loy, neanmoins le tuteur s'étant plaint d'un mariage que la mere avoit fait d'une pupille sans le tuteur avec le sieur Comte de Maillé, le mariage fut déclaré non valablement contracté, &c. le 26. May 1653. *M. le Maistre, en son Plaidoyé 27.* rapporte un Arrêt qui semble contraire. *Henrys, to. 2. livre 4. quest. 18.*

236 Mariage contracté entre une mineure & le fils de son Tuteur, & l'un & l'autre cousins germains, ensuite d'une dispense de Cour de Rome par eux obtenuë, aprés avoir habité charnellement ensemble, déclaré nul & abusif par Arrêt du 11. Août 1663. La Cour permit neanmoins aux Parties pour aucunes bonnes considerations de se retirer pardevers l'Official pour leur être pourvû sur la rehabilitation du mariage, condamna le Tuteur & son fils solidairement en deux mille livres parisis d'aumône, destitua le Tuteur de la Tutelle, & ordonna que pardevant l'un de Messieurs il seroit procédé à nouvelle élection d'un Tuteur. *Soëfve, tome 2. Cent. 2. ch. 89.*

TUTEUR, MEDECIN.

237 La disposition du Droit Romain touchant le privilege des Medecins, n'est point gardée en France à l'égard des Tutelles, & la qualité de Medecin n'est pas une excuse legitime pour prétendre une exemption de cette charge. Arrêt du Parlement de Roüen du 3. Decembre 1652. rapporté par *Basnage, titre de Jurisdiction, art. 5.*

MERE TUTRICE.

238 La tutelle ne peut être refusée à la mere en donnant caution, suivant l'art. second du Reglement fait au Parlement de Normandie. *Basnage, tit. de Jurisdiction, art. 5.*

239 La mere nommée Tutrice de ses enfans, n'est point obligée de donner caution, quand il seroit notoire qu'elle n'auroit aucuns biens. Arrêt du 8. Juillet au rapport de M. Trelon, en infirmant une Sentence du Sénéchal de Toulouse. *La Rocheflavin, liv. 4. let. T. tit. 8. Arr. 5.*

240 Par Arrêt du Parlement de Bourgogne du 1. Février 1557. jugé qu'une mere ne peut être contrainte à être Tutrice de ses enfans. *Bouvot, tome 1. part. 3. verbo, Mere, qu. 4.*

241 La mere qui veut être Tutrice de ses enfans, peut être obligée de donner caution. Arrêt du Parlement de Grenoble du 26. Avril 1555. Il a été aussi jugé que les parens nominateurs d'une mere insolvable, qu'ils n'ont pas obligée de donner cette seureté, sont responsables de son administration & en demeurent garants ; si la mere a demandé un Tuteur & rendu compte, le pupille étant devenu mineur & pubere, sera élevé par elle, ce qu'elle ne sera pas dans sa pupillarité. Arrêt de l'an 1659. *Voyez Chorier, en sa Jurisprudence de Guy Pape, pag. 288. & M. Expilly, Arrêt* 40.

242 La mere qui refuse la tutelle, peut être contrainte de pourvoir de Tuteur dans un certain temps, sinon elle sera contrainte de proceder comme Tutrice. Arrêt du Parlement de Toulouse du 10. Juin 1567. *Papon, liv. 15. tit. 5. n. 15.*

243 La Coûtume d'Auvergne porte, *La mere âgée de 25. ans est Tutrice & Administratrice de ses enfans si elle veut* ; la mere déclara ne vouloir être Tutrice ; les parens ne laisserent pas de la nommer ; le Juge avoit ordonné qu'elle feroit le serment, dont elle appella. Arrêt du 14. Juillet 1567. qui ordonne qu'il seroit pourvû au fils d'autre Tuteur ou Curateur, attendu la déclaration de la mere. *Papon, liv. 15. tit. 6. nombre 27.*

244 *Tutela munus non est necessarium in matre aut aviâ.* Arrêt du Parlement de Paris du 14. Juillet 1567. qui ordonne, attendu la déclaration de la mere, qu'il seroit pourvû au fils d'autre Tuteur ou Curateur. *V. le 22. Plaidoyé d'Ayrault.*

245 La mere n'est tenuë d'accepter la tutelle ; mais l'ayant acceptée, elle ne peut plus s'en décharger, à moins qu'elle ne convolât en secondes nôces. Arrêt du Parlement de Paris, transferé à Tours, le 7. Février 1593. & il fut dit que la mere confirmeroit la tutelle ; jusqu'à ce qu'il fust pourvû d'autre Tuteur aux enfans, elle venant à se marier. La mere convolant en secondes nôces perd la tutelle & non pas le pere. Arrêt du 15. Janvier 1579. elle ne perd toutefois l'éducation. Arrêt du 6. Juin 1578. *Papon, liv. 15. tit. 5. n. 3.*

246 Jugé par Arrêt du mois de Juin 1594. que la mere veuve d'un second mary, pouvoit être Tutrice des enfans du premier lit. *V. Peleus, en ses Actions forenses, lib. 4. act. 62.*

247 La femme élûë Tutrice par le Testament de son mary, n'est tenuë de bailler caution. Arrêt du Parlement de Dijon du 17. Février 1601. *Bouvot, to. 2. verbo, Mary, qu. 4.*

248 La mere mineure peut être donnée Tutrice à ses enfans par le Testament de son mary. Jugé les Chambres assemblées, le 1. Avril 1620. *Cambolas, liv. 4. chap. 22. & 46.*

249 La femme veuve qui n'a point pourvû de Tuteur à ses enfans *repellitur ab eorum hereditate.* Arrêt du 30. Mars 1628.

250 mais si elle est mineure *tunc excusatur.* Arrêt du 15. Juin 1635. *M. d'Olive, li. 3. ch. 5. Voyez Coquille, quest. 285.*

251 La mere Tutrice de ses enfans, ne doit être congediée de l'instance, qu'elle ne leur ait fait pourvoir de Tuteur. Arrêt du Parlement de Grenoble du 19. May 1635. *Basset, tome 2. liv. 4. tit. 11.*

252 Une mere Tutrice de ses enfans, prétend faire décharger de la tutelle, sur ce que son second mary ne veut pas souffrir qu'elle continuë l'administration des biens de ses enfans. Par Arrêt du Parlement de Mets du 17. Septembre 1617. il a été ordonné qu'à la diligence du second mary, les parens ou amis seroient

assemblez au nombre de six, & qu'il seroit procédé à l'élection d'un Tuteur, autre que luy. *Voyez le* 16. *Plaidoyé de M. de Corberon.*

252 bis. Le 10. Decembre 1646. il fut ordonné que M. Constaney Prêtre, oncle du pupille, qui avoit administré quatre semaines la tutelle, continueroit, & cependant que les parens s'assembleroient pour en nommer un autre. *Albert, verbo, Tutelle, art.* 3.

253 Quand un fils, quoyque majeur, & après trois sommations s'est marié malgré sa mere, elle ne peut être obligée d'accepter la tutelle de sa petite fille. Arrêt du Parlement de Paris du 11. Janvier 1691. au *Journal des Aud. tom.* 5. *liv* 7. *ch.* 3.

253 bis. Un voisin nommé Tuteur par le pere du pupille, ne peut se défendre de gerer par provision, en attendant que les parens en ayent nommé un autre. Le 22. Decembre 1649. au Parlement de Toulouse, un appointement qui ordonnoit que Crouset administreroit, pendant que les parens s'assembleroient, fut confirmé, quoyqu'il ne fût parent ni allié, qu'il soûtint qu'il n'étoit habitant de Toulouse, & qu'il suivoit l'armée de Catalogne ; mais il residoit principalement à Toulouse. *Vid. L. amicissimos, ff. de accusat.* Albert, *verbo*, Tutelle, *art.* 4.

TUTEURS, MEUBLES DU MINEUR.

254 Si les Tuteurs ou Curateurs n'ont fait vendre les meubles, ils sont condamnables à la plus valuë qui est de quatre sols pour livre sur le pied du prisage. Du Fail, *livre* 3. *chapitre* 41. dit l'avoir vû juger par Arrêt.

TUTEUR, NOMINATEURS.

255 De la garantie duë par ceux qui nomment les tuteurs. *Voyez* le mot *Garantie, nombre* 143. *& suivans.*

256 Nominateurs ne sont responsables de l'insolvabilité du tuteur. *V.* Filleau, 4. *part. quest.* 21.

257 Il se juge en Bretagne que les Cautions & Nominateurs des Tuteurs insolvables sont obligez à tenir compte & de payer le reliqua, si aucun est dû : il y en a nombre d'Arrêts. *Voyez l'article* 484. *de la Coûtume.* Mais si lors de la tutelle finie les Cautions & Nominateurs faisoient voir que les Tuteurs étoient solvables, ils ne seront tenus, car le majeur doit suivre ses droits. *V.* Sauvageau, *liv.* 2. *chap.* 312. où il dit l'avoir vû ainsi juger.

258 Parens qui élisent un Tuteur ne sont responsables de sa mauvaise administration ou insolvabilité, pourvû que de leur part il n'y ait point de dol. Arrêt du Parlement de Paris en 1387. *Bibliotheque de Bouchel, verbo tutelle.*

259 Par Arrêts du Parlement de Roüen des 19. Mars 1584. & Mars 1619. jugé que les parens qui avoient nommé le Tuteur ; étoient responsables du Tuteur, s'il étoit insolvable au temps de la nomination, *videntur enim suo periculo nominasse*, non les autres qui ont assisté, & n'ont pas d'avis de l'élection. Pareil Arrêt du 23. Mars 1616. Berault, *sur la Coûtume de Normandie, art.* 592. & la *Bibliotheque de Bouchel, verbo Discussion*, où il est observé que si quelques-uns des Nominateurs ont été d'avis contraire, & protesté lors de la nomination, la condamnation ne doit tomber sur eux.

260 Les Nominateurs ayant nommé un homme solvable pour être Tuteur, ne sont point garants, s'il devient insolvable. Arrêt du 14. Août 1587. Autre Arrêt du 14. Decembre 1600. sur un appel du Sénéchal de Saumur, qui a jugé que les Nominateurs ne sont responsables d'un Tuteur insolvable, même au temps de leur nomination. Autres Arrêts semblables des 5. Juillet & 12. Août 1603. Papon, *liv.* 15. *tit.* 5. *nomb.* 21. & Mainard, *liv.* 6. *chap.* 56.

261 En païs Coûtumier on ne s'addresse point aux Nominateurs de Tuteurs. Jugé à la Nôtre-Dame d'Août 1587. Montholon, *Arrêt* 48. *Voyez M. le Prêtre*, 3. *Cent. chap.* 61. Carondas, *liv.* 12. *Rép.* 41. M. Loüet, *lettre T. sommaire* 1. & Mornac, *l.* 3. *C. de probationibus*, où il dit que *nominatores tutorum non possunt conveniri ex administratore tutoris, neque judice*, par Arrêt du 14. Decembre 1600.

262 Autrefois au Parlement de Roüen, l'on jugeoit que les Nominateurs du Tuteur étoient solidairement garans. Il y en a Arrêt du 24. May 1621. Cette action solidaire a été abrogée par le Reglement des Tutelles, ils ne sont tenus que personnellement, & après la discussion de tous les biens du Tuteur. Basnage, *titre de Jurisdiction, art.* 5.

263 Il a été jugé au Parlement de Roüen en 1621. que si au temps de la Tutelle finie le Tuteur étoit insolvable, & que le mineur eût negligé d'intenter son action en compte dans les dix ans, il n'étoit plus recevable à inquieter les Nominateurs, qui depuis sa majorité n'étoient plus en obligation de s'informer de ses affaires. Il a même été jugé qu'il ne suffit pas au mineur pour conserver son action en garantie contre les Nominateurs d'avoir poursuivi son Tuteur dans les dix ans du jour de la Tutelle finie ; mais qu'il est encore obligé de les appeller à l'examen du compte qui a été presenté par son Tuteur. *Ibid.*

264 Nominateurs d'un Tuteur, ne sont responsables de son insolvabilité. Arrêt du 16. Juillet 1646. Bardet, *tome* 2. *liv.* 9. *ch.* 10.

265 Pour être nommé Tuteur, il faut avoir été du nombre des nominateurs. Arrêt du 14. Janvier 1642. Du Frêne, *liv.* 3. *ch.* 84.

266 Jugé par Arrêt du 19. Janvier 1661. que dans le ressort du Parlement de Bordeaux les Attestans ou Affirmateurs d'une tutelle n'ayant point signé l'Acte de nomination ; mais ayant depuis révoqué la nomination avant que le Tuteur eût commencé de gerer, ne sont tenus subsidiairement de l'insolvabilité du Tuteur par eux nommé. Soëfve, *tome* 2. *Centurie* 3. *chapitre* 28.

267 Les nominateurs sont responsables de la gestion du Tuteur, s'il est insolvable ou le devient. Arrêt du Parlement de Roüen au mois de Février 1665. contre les nominateurs d'un Tuteur devenu insolvable par le feu. Basnage, *tit. de Jurisdiction, art.* 5. où il observe que le nombre des nominateurs doit être de douze.

268 En la Coûtume de Bretagne, si les parens nominateurs d'un Tuteur qui devoit bailler caution, & ne l'ayant pas fait, sont responsables du compte de tutelle ? Il y avoit quelques circonstances, la cause appointée, & que dans deux mois les parties seroient juger le compte de tutelle. Arrêt du 4. Juillet 1675. *De la Guess. to.* 3. *liv.* 9. *ch.* 13.

TUTELLES EN NORMANDIE.

269 Par Arrêt du Parlement de Roüen du 12. Decembre 1684. il a été jugé que les paroles du *présomptif heritier*, portées par le Reglement des Tutelles en 1666. ne doivent s'entendre que de celuy qui a cette qualité lors de l'institution de la Tutelle. Basnage, *titre de Jurisdiction, art.* 5.

270 Les Nominateurs du Tuteur sont garants de son administration chacun pour leur part & portion, & non solidairement. Ils ne sont garants que subsidiairement après la discussion des biens, meubles & immeubles du Tuteur. Ceux qui ont été presens à l'élection du Tuteur ne sont point garans de son administration, si le Tuteur a été élû contre leur avis, mais ceux sur lesquels l'on a obtenu deux défauts sont garants de l'élection faite par la pluralité des voix des parens presens. Celuy qui a été élû Tuteur, peut à ses perils & fortunes nommer un parent plus proche du mineur ; lequel sera tenu de gerer la tutelle en son lieu & place. Basnage, *tome* 1. *à la fin.*

271 Quand la femme Tutrice se remarie, les parens la peuvent faire destituer de la Tutelle, & son mari peut aussi faire proceder à nouvelle élection du Tuteur : néanmoins le mari s'il n'est séparé d'avec sa

femme, ou la femme si elle est séparée d'avec luy, sont obligez de continuer la gestion de la Tutelle jusqu'à ce que les parens ayent élû un autre Tuteur en leu. lieu & place, sans qu'il soit besoin qu'ils soient autorisez par Justice. Arrêtés du Parlement de Normandie, les Chambres assemblées le 6. Avril 1666. *Basnage, to. 1. à la fin.*

271 Arrêt du 12. Février 1642. par lequel les parens domiciliez en la Province, seront appellez à la Tutelle jusqu'au quatriéme degré, que le pere & le fils n'auront qu'une voix, & que les parens maternels n'excederont les paternels. *Berault à la fin du 2. 10. de la Coûtume de Normandie*, p. 105. col. 2.

272 Par Arrêt du 9. Juillet 1652. sur les conclusions de M. le Procureur General, jugé qu'un parent non appellé peut être nommé, & que deux ne seront élûs sans qu'ils soient dispensez de nommer. *Ibidem*, page 106.

273 Arrêt du Parlement de Normandie du 18. Novembre 1652. qui déclare les parens défaillans responsables de la gestion du Tuteur nommé par les électeurs. *Ibidem, p. 108. in fine.*

274 Par Arrêt du 19 May 1659. jugé que le fils de l'aîné préféreroit son oncle puîné de son pere, en la délibération & assemblée des parens d'une mineure. *Ibidem, page 104. col. 2.*

275 Par Arrêt du 18. Novembre 1667. jugé qu'un troisiéme frere appellant, ayant été élû Tuteur, suivant les Conclusions de M. l'Avocat General, seroit déchargé, & que le second frere excluroit son cadet en la succession, suivant la Coûtume de *Caux*, & ce suivant les 15. & 26. articles des propositions touchant les tutelles. *Berault, à la fin du 2. tome de la Coût. de Normandie*, p. 106. col. 1.

276 *Basnage, tome 1, à la fin.* rapporte les articles arrêtez au Parlement de Roüen, les Chambres assemblées sur le fait de l'élection de Tuteurs, administration & alienation des biens des mineurs, comptes & transaction sur iceux. Ces articles sont au nombre de 180. & conçûs en ces termes.

I. Le frere aîné par la Coûtume de Normandie est Tuteur naturel & legitime de ses freres & sœurs; & par l'Usage de ladite Province, le pere & ayeul sont aussi Tuteurs naturels & legitimes de leurs enfans & petits-enfans.

II. Et neanmoins s'ils ne sont solvables, les parens du mineur peuvent élire un autre Tuteur en leur lieu & place.

III. Le pere, ayeul & frere aîné, seront preferez en la tutelle de leusdits enfans, petits enfans, & freres puînez, en baillant par eux bonne & suffisante caution de l'administration d'icelle, & d'en payer le *reliqua.*

IV. Pourront lesdits pere, ayeul intenter retrait ou clameur au nom de leursdits enfans, encore qu'ils n'y soient autorisez, & n'ayent été élûs Tuteurs par lesdits parens.

V. Après la mort du pere des mineurs, la mere ou ayeule d'iceux sera tenuë de faire assembler les parens pour proceder à la nomination d'un Tuteur, dans trois mois, du jour que la mort du pere aura été communément sçûë, à peine de répondre par elle de la perte que lesdits mineurs pourroient souffrir, à faute de leur avoir fait établir un Tuteur.

VI. Si la mere & ayeule desdits mineurs sont décedez, le plus proche parent d'iceux doit faire proceder à la nomination dans le même temps, & sur la même peine portée en l'article precedent.

VII. La mere & ayeule ne peuvent être contraintes d'accepter la tutelle de leurs enfans & petits-enfans.

VIII. Et neanmoins au cas que ladite mere & ayeule soient remariées, ayant fait assembler les parens, elles seront preferées en ladite tutelle aux autres parens, en baillant par elles bonne & suffisante caution de l'administration d'icelle, & d'en payer le *reliqua.*

IX. La mere & ayeule pourront se décharger de la tutelle toutefois & quantes, & demander qu'il soit procedé par les parens à l'élection d'un autre Tuteur; & se fera audit cas l'assemblée des parens & élection de Tuteur aux frais de ladite mere ou ayeule, & non du mineur.

X. Quand la femme Tutrice se remarie, les parens la peuvent faire destituer de la tutelle, & son mary peut aussi faire proceder à nouvelle élection de Tuteur.

XI. Neanmoins le mary, s'il n'est séparé d'avec sa femme, ou la femme si elle est séparée d'avec luy, sont obligez de continuer la gestion de ladite tutelle, jusqu'à ce que les parens ayent élû un autre Tuteur en leur lieu & place, sans qu'il soit besoin qu'il y soient autorizez par Justice.

XII. La mere & ayeule du mineur peuvent être presentes à l'élection du Tuteur, sans qu'elles y puissent avoir voix déliberative.

XIII. Ladite élection doit être faite par six parens paternels du mineur, & six maternels, si tant s'en trouve.

XIV. Neanmoins pour diverses considerations, le nombre des parens pourra être augmenté.

XV. Les ascendans, freres & oncles du mineur, seront appellez à l'élection du Tuteur, & y auront chacun voix déliberative.

XVI. Et au regard des autres parens collateraux, on appellera seulement l'aîné de chaque branche, s'il s'en trouve assez pour fournir le nombre susdit en parité de degré, & à faute de ce faire, appellé le plus proche de chaque branche.

XVII. On ne peut instituer qu'un Tuteur aux mineurs, si leurs biens ne sont situez en telle distance qu'ils ne puissent être facilement, & sans beaucoup de frais administrez par un même Tuteur.

XVIII. Ceux qui ne sont point appellez à l'élection du Tuteur, ne peuvent être contraints d'accepter la tutelle.

XIX. Ceux qui ont fait cession ou démission de biens, ou ceux desquels les heritages ont été ajugez par decret, peuvent être exclus de ladite élection.

XX. Le pere qui a des enfans vivans de sa femme décedée, peut être appellé à la nomination du Tuteur, des parens de ladite femme, & être élû leur Tuteur.

XXI. A faute de parens du mineur, les voisins seront appellez à ladite élection, à la diligence du Substitut du Procureur General, ou Procureur Fiscal, & pourront être élûs Tuteurs, sans que les voisins ayant fait ladite élection soient garants de la gestion d'icelui qui sera par eux nommé.

XXII. Les Juges seront tenus à l'avenir de faire signer en l'acte de tutelle les parens qui auront nommé le Tuteur, & à faute par eux de l'avoir fait; ils en répondront en leur nom privé.

XXIII. Celuy qui a été élû Tuteur, peut à ses perils & fortunes nommer un parent plus proche du mineur, lequel sera tenu de gerer la tutelle en son lieu & place.

XXIV. Pourra neanmoins celuy qui a été élû Tuteur se décharger de la tutelle sur celuy qui est heritier présomptif du mineur, soit qu'ils soient parens en pareil degré, ou en degré plus éloigné.

XXV. Ceux qui peuvent succeder également au mineur, ne peuvent se décharger de la tutelle les uns sur les autres, mais seulement sur celuy qui attend plus grande part en la succession dudit mineur.

XXVI. Les nominateurs peuvent employer pour condition de l'élection qui sera par eux faite, que le Tuteur rendra compte en abregé dans le temps qu'ils jugeront à propos, qui ne pourra être moindre que d'un an après ladite élection, & ensuite de trois ans en trois ans après le premier compte.

XXVII.

XXVII. Après l'examen dudit compte les parens pourront obliger le Tuteur d'employer au profit du mineur les deniers qui seront en ses mains, ou de les déposer entre les mains de celuy qui sera par eux nommé.

XXVIII. Comme aussi ils pourront employer pour condition de ladite élection que le Tuteur ne pourra recevoir les deniers du rachat des rentes des mineurs, ni en faire le remploy, qu'en la presence de celuy ou ceux qu'ils auront nommez pour cet effet.

XXIX. Les parens peuvent lors de l'élection du Tuteur choisir le lieu & la personne qu'ils jugeront à propos pour l'éducation du mineur, lesquels ils peuvent aussi changer pendant la suite de la tutelle, s'ils avisent que bon soit.

XXX. Celuy qui a la Garde-noble, soit Royale ou Seigneuriale, ne peut avoir l'éducation du mineur, si les parens qui ont été appellez à la tutelle dudit mineur n'en sont d'avis.

XXXI. Lesdits parens peuvent lors & depuis la nomination du Tuteur, arbitrer la pension & entretien du mineur, & l'augmenter de temps en temps s'il y échet.

XXXII. Lors de l'institution de tutelle les nominateurs pourront choisir deux ou trois parens des Avocats ou autres personnes, par l'avis desquels le Tuteur sera tenu de se conduire aux affaires ordinaires de la tutelle, sans neanmoins qu'il puissent deliberer & resoudre du lieu de la demeure, éducation, ou mariage des mineurs qu'en la presence desdits parens nominateurs.

XXXIII. En cas de décès desdits nominateurs, seront subrogez en leur lieu & place les plus proches parens du mineur, suivant l'ordre susdit.

XXXIV. Les freres & oncles des mineurs devenus majeurs depuis l'élection du Tuteur, ainsi que ceux qui ont épousé les sœurs dudit mineur, ont droit d'assister aux deliberations des affaires de la tutelle, avec lesdits parens nominateurs.

XXXV. Neanmoins le Tuteur ne pourra se démettre de la tutelle sur celuy qui aura épousé la sœur dudit mineur depuis son institution, mais seulement sur les freres dudit mineur, devenus majeurs depuis ladite institution.

XXXVI. Le nombre des deliberans aux affaires de la tutelle, étant augmenté par les oncles, freres, & beaux-freres du mineur, aux cas susdits, s'il arrive contestation, le nombre desdits deliberans sera augmenté; en sorte que l'égalité soit gardée entre les parens paternels & maternels.

XXXVII. Les Juges ne doivent s'ingerer de faire inventaire des biens des mineurs, s'ils n'y sont appellez; mais doivent lesdits inventaires être faits par le Sergent qui en sera requis en la presence du Tuteur Actionnaire, & du Tuteur Consulaire, ou autre qui sera nommé pour cet effet par les parens.

XXXVIII. Les parens peuvent dispenser le Tuteur de faire proclamer en Justice les reparations des Bâtimens & baux à fermes, des heritages du mineur, & l'autoriser de faire lesdites réparations, & baux, par l'avis de ceux d'entr'eux, & autres personnes qu'ils jugeront à propos.

XXXIX. Et au refus des parens d'en deliberer sur la requisition du Tuteur, il sera valablement déchargé des proclamations desdits baux, pourvû qu'il ne diminuë point le prix d'iceux.

XL. Peuvent aussi lesdits parens, si le bien du mineur le peut porter, ou si les affaires le requierent, autoriser le Tuteur de choisir un homme d'affaires pour en faire les poursuites, desquels ils regleront les salaires qui seront passez en compte au Tuteur; en outre les voyages dudit Tuteur, & article general de ses vacations.

XLI. Le Tuteur peut bailler en constitution de rente les deniers du mineur, à la charge de les rendre audit mineur, tant en principal qu'interêts aprés sa majorité.

XLII. Le Tuteur sera tenu de faire payer les deniers provenans de la vente des meubles du défunt, & tous les autres deniers dûs lors de son décés, dans les six mois, du jour que les termes des payemens seront échûs, & dans autres six mois en faire le remploy.

XLIII. Il sera aussi tenu de faire le remploy dans le même temps de six mois, de l'argent comptant trouvé lors dudit décés, des deniers provenans du rachat des rentes, ventes d'heritages, & Offices appartenans au mineur.

XLIV. Si le Tuteur n'a pû faire sortir le payement des obligations, & autres dettes mobiliaires dans ledit temps, il sera déchargé du remploy d'icelles, en justifiant des diligences valables.

XLV. Et au regard des arrerages des rentes, loyers de maisons, & fermages d'heritages, il ne sera tenu de les exiger, ni d'en faire le remploy que dix-huit mois aprés que les termes des payemens seront échûs.

XLVI. Le Tuteur pourra en outre retenir en ses mains une demi-année entiere du revenu annuel du mineur, pour l'employer aux affaires d'iceluy, sans qu'il soit tenu d'en faire aucun interêt.

XLVII. Aprés le temps susdit, le Tuteur sera tenu à l'interêt au denier 20. ce qui aura lieu pour ceux qui seront cy-aprés nommez, & pour le temps restant de la gestion de ceux qui ont été cy-devant instituez Tuteurs.

XLVIII. Les interêts provenans des deniers susdits, seront joints aux sommes desquelles le Tuteur se trouvera redevable de 500. écus en cinq ans, dont du tout il sera interêt au denier 20.

XLIX. Lors que le Tuteur aura en ses mains, outre ladite demi-année du revenu annuel des deniers suffisans pour acquiter les dettes du mineur, il sera tenu d'en faire le payement, sans attendre les temps susdits.

L. Lesdits parens pourront dispenser le Tuteur de faire proclamer en Justice les deniers qu'il aura en ses mains, ou l'autoriser d'en faire le remploy à moindre interêt qu'au denier 20. ce faisant ledit Tuteur sera valablement déchargé dudit interêt, sans que d'iceluy les parens qui luy auront donné ledit avis, en soient responsables.

LI. Le bien du mineur pourra être vendu par l'avis des parens qui ont été appellez à la deliberation de la tutelle pour urgente necessité, ou évidente utilité du mineur.

LII. Les parens donneront ledit avis en la presence du Juge, & aprés qu'il aura été communiqué au Substitut du Procureur General, ou Procureur Fiscal interviendra la Sentence dudit Juge, qui ordonnera l'alienation aprés les proclamations bien & dûement faites.

LIII. Lesdites proclamations seront faites par trois Dimanches consecutifs à l'issuë des Messes Paroissiales de la Paroisse où seront situez les heritages qui seront mis en vente, & de trois des Paroisses voisines; comme aussi en l'Audience de la Jurisdiction, sous laquelle lesdits heritages seront situez, & seront mises lors desdites proclamations des affiches aux portes desdites Paroisses & Jurisdiction.

LIV. Dans lesdites affiches seront designez les heritages qui seront exposez en vente & le prix d'iceux, si aucun a été offert, ensemble le jour & l'heure auquel l'adjudication en sera faite.

LV. Lesdites proclamations ainsi faites & rapportées en Justice, sera procedé en l'Audience de ladite Jurisdiction à l'adjudication desdits heritages, au jour qui sera porté par lesdites proclamations & affiches, dont le delai ne pourra être moindre que de six semaines, aprés la derniere proclamation.

LVI. L'adjudication des biens du mineur étant faite

en la forme susdite, il ne pourra s'en faire restituer, sinon pour les causes pour lesquelles les majeurs peuvent être restituez.

LVII. Les heritiers du Tuteur sont obligez de faire proceder à l'élection d'un nouveau Tuteur, & jusqu'à ce qu'il ait été nommé, doivent continuer l'administration de la tutelle.

LVIII. La tutelle finie, le Tuteur est obligé de rendre incessamment son compte, & n'est point déchargé des interêts pupillaires, jusqu'à ce qu'il l'ait presenté.

LIX. Depuis la presentation du compte & pieces justificatives d'iceluy, & pendant l'examen d'iceluy, le Tuteur ne sera tenu de payer ledit interêt qu'au denier 25. & non aux interêts pupillaires.

LX. En cas de refuites & mauvaises procedures de la part du Tuteur pour empêcher la clôture & afinement de son compte, sera pourvû par le Juge sur l'augmentation des interêts.

LXI. Aprés l'affinement & clôture dudit compte, le Tuteur ne pourra être obligé de payer le *reliqua* pendant six mois, pendant lesquels il ne sera aussi tenu d'en payer aucun interêt.

LXII. Le temps de six mois étant expiré, si le Tuteur ne paye le *reliqua* de son compte, il sera tenu d'en faire l'interêt au prix du Roy, & demeurera neanmoins le principal exigible.

LXIII. Les frais de l'examen du compte doivent être avancez par le Tuteur, & se fera neanmoins ledit examen aux dépens du pupille.

LXIV. Sera ledit compte, contredits, & salvations dressez aux dépens du pupille, lequel sera tenu de payer les vacations, tant des Juges ou Commissaires, procedans à l'examen, que du Tuteur, ainsi que des Avocats & Procureurs qui y seront presens.

LXV. Mais les instances qui naîtront dudit compte, étant renvoyées & reglées en l'Audience, ou par rapport, il sera en l'arbitration du Juge d'ordonner des dépens d'icelles, ainsi qu'il appartiendra.

LXVI. Le Roy sera supplié de permettre qu'il ne pourra assister plus de deux Commissaires à l'examen dudit compte.

LXVII. Sera alloüé au Tuteur pour l'article general de ses vacations, la somme de 50. liv. à raison de 100. liv. du revenu annuel du pupille, sans faire déduction de ses dettes.

LXVIII. Pourra neanmoins ladite somme être augmentée ou diminuée, suivant la facilité ou difficulté de l'administration.

LXIX. Outre ledit article general, seront alloüés au Tuteur les voyages & autres frais qu'il aura utilement faits.

LXX. Le Tuteur sera payé de l'interêt au denier vingt, des sommes qu'il aura été obligé d'avancer pour son mineur, pour lesquelles, ainsi que pour ledit interêt, il aura hypotheque sur les biens dudit mineur, du jour qu'il aura été institué Tuteur.

LXXI. Les nominateurs du Tuteur sont garants de son administration, chacun pour leur part & portion, & non solidairement.

LXXII. Ils ne sont garants que subsidiairement, & aprés la discussion des meubles & immeubles du Tuteur.

LXXIII. Ceux qui ont été presens à l'élection du Tuteur, ne sont point garants de son administration, si le Tuteur a été élû contre leur avis.

LXXIV. Mais ceux sur lesquels on a obtenu un défaut, sont garants de l'élection faite par la pluralité des voix des parens presens.

LXXV. Si le mineur ne fait aucune poursuite contre le Tuteur dans les dix ans aprés sa majorité, les nominateurs seront déchargez de la garantie de son administration.

LXXVI. N'aura aussi le mineur aprés ledit temps de dix ans, hypotheque sur les biens de son Tuteur, au préjudice de ses autres Créanciers, que du jour de son action.

LXXVII. Pareillement le Tuteur n'aura hypotheque sur les biens du mineur pour les sommes qu'il auroit avancées, aprés trois ans du jour du compte apuré que du jour des poursuites qu'il aura faites pour en être payé.

LXXVIII. Le Tuteur ne pourra transiger avec son pupille, s'il ne luy a presenté le compte de son administration & pieces justificatives d'iceluy, & qu'il n'y ait eu contredits & salvations baillez sur ledit compte.

LXXIX. Ne pourra aussi ledit Tuteur transiger avec ledit mineur dans l'an aprés sa majorité, sinon en la presence de deux de ses parens, qui seront nommez par cet effet par les autres parens, ayant procedé à l'élection dudit Tuteur.

LXXX. Ledit temps d'un an aprés la majorité du mineur étant expiré, le Tuteur ne sera valablement déchargé par la restitution des pieces énoncées en la transaction qu'ils pourroient passer entr'eux, si ladite restitution des pieces n'a été faite en la presence des deux parens susdits, & par l'acte par eux signé.

TUTEUR, NOTAIRE.

Par Arrêt du 28. Février 1611. au Parlement de Paris, jugé qu'un Notaire mineur de 25. ans, ne peut être Tuteur, encore qu'en ce qui est de son office il se puisse obliger, & obliger les autres. *Brodeau sur M. Louet, let. G. som. 9. nomb. 5.* 277

TUTEUR, OBLIGATION.

Tuteur obligé en son nom, peut être contraint en son bien, quoique la tutelle soit finie. Arrêt du Parlement de Paris du 21. Mars 1540. autre chose s'il est obligé seulement comme Tuteur, faute d'indiquer les biens de son mineur, peut aussi être contraint en son nom. Arrêt du 27. Avril 1530. *Papon, livre 15. tit. 5. n. 6.* 278

Un Tuteur avoit donné une quittance & remis une obligation faite à son profit, montant à 1200. liv. le pupille faisant rendre compte à l'heritier de son Tuteur, demande qu'il se charge en recette de cette somme; l'heritier répond que l'obligation appartenoit au Tuteur; le pupille allegue l'authentique *minoris*, & la Loy finale, *C. arbitrium tutela*, & dit que le Tuteur n'a dû rien prendre par ses mains; & que la quittance contenant décharge des titres rendus, appartenant à l'heredité, luy tenoit lieu d'inventaire. Arrêt du Parlement de Paris du 7. Juillet 1605. au profit du mineur, quoiqu'on alleguât que l'authent. *minoris* étoit penale, & que toutes les loix penales étoient abrogées en France. *Plaidoyers de Corbin, ch. 44.* 279

Jugé le 10. Decembre 1619. qu'un oncle s'étant fait décharger de la Tutelle, à la charge de nourir l'un des mineurs jusqu'à 25. ans, & luy apprendre son métier, cette obligation cesse par le decez de l'oncle, & ne produit aucune action contre ses heritiers. *Boüet, to. 1. li. 3. ch. 77.* 280

L'emprunt fait par le Tuteur pour acquiter les mineurs, s'il y a preuve dans la suite que le Tuteur avoit des deniers suffisans entre ses mains à eux appartenans, ne peut obliger les mineurs. Arrêt du 13. Juin 1684. qui interloque, & que dans un mois on seroit diligence à faire juger le compte de Tutelle. *De la Guesse, tome 4. liv. 8. ch. 34.* 281

PARENS DU PUPILLE.

Le plus proche parent doit être élû & nommé Tuteur, & le beau pere peut être élû. *Bouvot, to. 2. verbo Tuteurs, qu. 39.* 282

Voyez le 18. Plaidoyé de M. de Corberon Avocat general au Parlement de Mets, pour des parens qui à cause du peu de sûreté des chemins, n'étoient pas comparus à l'assignation qui leur avoit été donnée pour proceder à l'élection d'un Tuteur. 283

En cas de décés, minorité, ou second mariage de 284

la mere, si le pupille a un frere majeur, celuy-cy sera contraint de luy faire nommer un Tuteur, ou d'accepter luy-même la tutelle. Arrêts du Parlement de Toulouse des 10. Juin & 24. Juillet 1567. rapportés par *Maynard*, li. 6. ch. 51.

286. Frere majeur doit pourvoir de Tuteur à son frere pupille, s'il n'y a point de mere, ou qu'elle soit mineure ou remariée, autrement il sera tenu de proceder comme Tuteur. Arrêt du Parlement de Toulouse du 24. Juillet 1567. Papon, liv. 15. tit. 5. n. 16.

287. Arrêt du Parlement d'Aix du 14. Mars 1645. qui a déféré la Tutelle à l'oncle germain, sous la caution d'un consanguin, qui avoit été nommé Tuteur par le Testament du pere, & substitué au pupille, & qui refusoit la tutelle. *Boniface*, to. 1. li. 4. tit. 1. ch. 3.

288. Arrêt rendu au même Parlement de Provence le 23. Février 1674. qui a donné la Tutelle au plus capable de divers parens en même degré, qui sont sans excuse legitime. Boniface, to. 4. liv. 4. tit. 1. ch. 4.

TUTEUR, PAYEMENT.

289. Du payement fait au Tuteur. *Voyez* le mot *Payement*, n. 115. & suiv.

290. Payement fait à un mineur sans son curateur, non valable sauf au debiteur de déduire ce qui paroîtra avoir été employé au profit du mineur. Arrêt prononcé *aux Grands Jours*, tenus au Puy le 15. Octobre 1548. La Rochestavin, li. 2. lettre M. tit. 9.

PRE'TRE, TUTEUR.

291. Titre d'un Prêtre ne peut être saisi pour le reliquat de compte de Tutelle; mais il peut être contraint par corps; jugé au Parlement de Roüen le 5. Decembre 1536. mais à l'égard de la condamnation par corps, quoique l'Ordonnance de 1667. la permette pour un reliqua de compte, on la jugeroit difficilement contre un Prêtre, parce qu'on a même de la peine à prononcer cette condamnation contre une personne laïque. Basnage, tit. de Jurisdiction, art. 5.

293. *Clericus aut Presbyter, qui voluntariè tutelam suscepit, juvari amplius privilegio suo non potest, mense Maio 1586.* Mornac, Authent. *Presbyteros C. de Episcop. & Clericis.*

294. Les Prêtres qui possedent des benefices à charge d'ames, sont exempts de tutelle, & non les autres; jugé au Parlement de Roüen le 24. Janvier 1662. Basnage, tit. de Jurisdiction, art. 5.

TUTEUR, PROCE'S.

295. Tuteur ou Curateur ne peut être contraint de répondre aux assignations données en matiere criminelle à son mineur, les accusations ne peuvent s'adresser à luy. Arrêt du Parlement de Paris du 30. Janvier 1544. Papon, li. 15. tit. 5. n. 10.

296. Procureur constitué par un Tuteur, n'a plus de puissance, le Tuteur étant mort. Arrêt du Parlement de Paris du 26. Novembre 1551. Papon, ibidem n. 7.

297. Tuteurs qui entreprennent des procés sans avis de parens, ne peuvent repeter les frais. Arrêt du P. de Bretagne du 6. Mars 1556. Du Fail, li. 2. ch. 60.

298. Le Tuteur est exclus de toute action qu'il a contre le mineur, duquel il accepte la Tutelle, sans le déclarer. Arrêt du Parlement de Dijon du 15. Janvier 1565. Bouvot, to. 2. verbo Tuteurs, qu. 37.

299. Quand le plus proche parent a des procés importans contre les mineurs *de summâ bonorum*, il ne peut être institué Tuteur. Jugé par Arrêt du Parlement de Roüen du 9. Mars 1651. par ce même Arrêt il a été jugé que le fils ni le gendre du plus proche ne le pouvoient être en ce cas, & le beau-frere du défunt en fut déchargé, parce qu'il étoit éloigné de 17. lieuës. Basnage, tit. de Jurisdiction, art. 5.

300. Les Tuteurs ne doivent rien entreprendre pour l'administration des biens de leurs mineurs que par conseil & avis d'Avocats, autrement ils sont garans des dommages & intérêts qui pourroient être contre eux ajugés. Jugé au Parlement de Tournay le 24. Janvier 1697. au procés d'entre la veuve du Baray

Tome III.

d'Haurincourt appellante, & le Comte d'Avelin. V. M. Pinault, tome 2. Arr. 137.

TUTEUR, RECEVEUR DES CONSIGNATIONS.

301. Les Receveurs des Consignations nommez par les parens tuteurs; la Cour ordonna que les parens qui persevereroient en la nomination, seroient garants & cautions du compte de la Tutelle, & seroient les soumissions à ce necessaires. Arrêt du 30. Decembre 1624. Du Frêne, li. 1 ch. 31.

TUTEUR, RENTE.

302. Arrêt du Parlement de Roüen qui a jugé qu'un Tuteur avoit pû garder le remboursement d'une rente qu'il avoit reçû pour ses mineurs, en leur en faisant rente au denier 14. comme celle qui avoit été remboursée, quoiqu'il eût pû en s'en dessaisissant, la donner au denier 10. il peut aussi retenir une demi-année du revenu, sans en payer l'interêt. Basnage, tit. de Jurisdiction, art. 5.

303. Le Tuteur qui sans avis de parens, & sans autorité du Juge, a employé les deniers de son pupille en rente sur particulier, est tenu de faire valoir la rente. Arrêt du 29. Juillet 1596. Charondas, livre 13. Rép. 31.

304. Un Tuteur avec l'avis des parens ne peut constituer une rente au profit d'un Monastere, absorbant tout le revenu du bien, où la fille se rend Religieuse, & fut la rente reduite à 400. livres, & à vie seulement. Arrêt du 9. Mars 1628. Du Frêne, livre 2. ch. 12.

TUTEUR, RETRAIT.

305. Tuteur qui retire l'heritage appartenant à son pupille. Voyez le mot Retrait, n. 909. & suiv.

SALAIRES DU TUTEUR.

Voyez Peleus, qu. st. 120.

306. Les Tuteurs ordinairement ne peuvent prétendre de salaire pour leurs peines & vacations, si ce n'est au cas qu'ils soient pauvres, & solitì operas suas locare, ou s'il y a beaucoup d'affaires, auquel cas il leur est permis d'y mettre un solliciteur ou négociateur; & la dépense moderée leur est alloüée si lesdits procés ou affaires le requierent. Jugé par plusieurs Arrêts. La Rochestavin, li. 4. lettre T. tit. 8. Arr. 10.

307. Au procés du Procureur General appellant de certains articles de dépens contre Julien Gerault. Arrêt du Parlement de Bretagne du 30. Avril 1567. qui ajuge cent livres au Tuteur pour six ans, & pour ses peines & vacations extraordinaires. Du Fail, livre 3. chap. 244.

308. Les Tuteurs ne sont recevables à demander salaire de leurs peines & vacations pour les affaires & procés de leurs pupilles, principalement lorsqu'ils pouvoient vaquer sans sortir de leur maison, Ville ou lieu où ils étoient. Arrêt du Parlement de Toulouse du mois de Juin 1585. & de la Tournelle 1591. mais s'il faut voyager ou aller loin de la maison, ou si les procés sont en si grand nombre, ou de telle importance, qu'il soit besoin d'employer un solliciteur, audit cas il est juste que les frais moderez soient alloüez au Tuteur. Arrêt du mois de Juillet. 1578. La Rochestavin, l. 6. tit. 78. Ar. 2.

309. Arrêt du 30. Juin 1634. qui ajuge 100. liv. de salaires à un oncle tuteur à Paris pour chacune année de sa gestion. Bardet, tome 2. li 3. ch. 26.

Arrêt de la Chambre de l'Edit de Castres, rendu le 4. May 1635. confirmatif de la Sentence des Auditeurs des Comptes, qui avoit donné 2600. liv. à Terrive Tuteur des Reynauds pour ses peines & vacations. Ce Tuteur en acceptant la Tutelle avoit protesté qu'il vouloit en être payé; il avoit administré pendant 14. ans, avoit abandonné ses affaires & son négoce, étant Marchand, & les biens étoient d'une notable valeur. La Rochestavin, li. 4. tit. 9. art. 10. dit qu'on ajuge un salaire aux Tuteurs lorsqu'ils sont pauvres, & solitì operas suas locare, ce qui est encore conforme à la décision de la Loy premiere §. 6. ff. de Tut.

HHhhh ij

& *Rat. diſtrah.* dans laquelle on paſſe en compte au Tuteur, la ſomme qu'il avoit donnée à l'affranchi cotuteur, *qui aliter ſe exhibere non poterat.* M. de Catellan, *liv.* 8. *ch.* 10.

Tutelle, Secondes nôces.

310 Si la mere convole en ſecondes nôces, fait pourvoir de nouveau Tuteur à ſon enfant, lequel qu'il n'a rien en ſa puiſſance des biens du pupille, & qu'il n'a rien manié, que tout eſt en la puiſſance de la mere & du nouveau mary, ce qu'ils confeſſent, ſçavoir, ſi la mere ſe peut après faire relever de telle confeſſion, & de l'acceptation de la nouvelle Tutelle avant ſon mary, n'ayant renoncé au Velleïen, & en étant relevée par Lettres royaux ? *Voyez* Bouvot, *to.* 1. *part.* 2. *verbo Mere, qu.* 4.

311 La femme roturiere ne perd la Tutelle de ſes enfans par les ſecondes nôces. Arrêt du Parlement de Dijon du 4. Avril 1588. *Bouvot, to.* 1. *part.* 3. *verbo Secondes nôces.*

312 La mere tutrice convolant en ſecondes nôces, eſt tenuë de bailler caution de payer à ſes enfans la ſomme promiſe par un accord fait avec ſon mary. Arrêt du Parlement de Dijon du 26. Janvier 1615. *Bouvot, to.* 2. *verbo Tuteurs, qu.* 33.

313 La veuve qui ſe remarie & vit impudiquement en viduité, perd la Tutelle. *Coquille, Coût. du Nivernois, chap.* 27. *des Donat.*

314 De la mere tutrice qui perd la Tutelle en convolant à de ſecondes nôces. *Voyez* Gay Pape, *qu.* 539.

315 Une mere ſe remariant perd la Tutelle ; elle la redemande après le décez du ſecond mary. M. Servin Avocat General remontra que le fils avoit plus de 25. ans, & qu'étant idiot, il s'agiſſoit plus du gouvernement de ſa perſonne que de ſes biens. Arrêt qui défere la Tutelle à la mere. *Bibliotheque de* Bouchel, *verbo Tutelle.*

316 Mere nommée Tutrice par le Teſtament du mari, ne perd la Tutelle par les ſecondes nôces ; ſi elle adminiſtre mal, la Tutelle doit être donnée au plus riche des parens, ſans avoir égard à la proximité du lignage. Arrêt du Parlement de Bourdeaux le 27. Juillet 1521. *Bibliotheque de* Bouchel, *verbo Tutelle.*

317 Femme mineure de 25. ans peut être nommée Tutrice par le Teſtament de ſon mary, & continuer la Tutelle quoyqu'elle ſe remarie, pourveu que ce ſoit du conſentement des parens ; neanmoins elle ne peut être contrainte d'accepter la Tutelle ; ni de renoncer au Velleïen. Arrêt du Parlement de Bourdeaux du 27. Juillet 1521. & du Parlement de Paris du 8. Juillet 1567. *Papon, liv.* 15. *tit.* 5. *n.* 3.

318 Celle qui a perdu ſa qualité de Tutrice par ſes ſecondes nôces, ne peut la recouvrer devenant une ſeconde fois veuve, quoyqu'elle n'ait point d'enfans du ſecond lit, car dés lors elle a été non ſeulement incapable mais indigne de la Tutelle, *ſemel neglectâ defuncti memoriâ & materno ergâ filios amore ſpreto.* Arrêt du 10. Juin 1567. *Papon, liv.* 15. *tit.* 5. *n.* 27.

319 Dame Jeanne Dupleſſis Doüairiere d'Acigné Tutrice de ſa fille, ſe conſtituë demandereſſe en offre de retrait lignager ; le défendeur la dit non recevable, attendu qu'elle eſt remariée au Seigneur de Saint Faſe, & qu'elle a perdu ſa Tutelle. La demandereſſe répond que par la Coûtume, la femme peut pour elle, ou pour ſon mary, ou pour ſes enfans, s'entremettre de negociation de Cour, de plus qu'elle eſt Tutrice teſtamentaire confirmée par le Roy, *non debet finiri tutela.* Arrêt du Parlement de Bretagne du 7. Mars 1577. qui luy enjoint de faire dans trois mois pourvoir ſa fille de Tuteur ou Curateur univerſel, ſur les peines qui y écheent. *Du Fail, liv.* 1. *chap.* 426.

320 La mere qui ſe remarie ſans avoir fait pourvoir de Tuteur à ſes enfans ni rendu compte, eſt privée de la ſucceſſion de ſes enfans, ſoit qu'elle luy arrive *ab inteſtat* ou par droit de ſubſtitution ; ſi ſon fils décede en pupillarité, & outre cela ſi elle n'eſt pas ſolvable, les biens du ſecond mary ſont obligés pour le reliqua de la Tutelle. *Cambolas, liv.* 4. *ch.* 46. *& li.* 5. *chapitre* 31.

321 Le 3. Décembre 1610. jugé que la mere, quoy qu'elle ne fût pas Tutrice de ſes enfans, s'étant remariée ſans leur avoir fait pourvoir de Tuteur, étoit privable de leur ſucceſſion. Le 9. Février 1621. en l'affaire de Daré contre Montet, Daré s'étant remariée ſans avoir fait pourvoir de Tuteur à ſes enfans ni rendu aucun compte, fut privée de la ſucceſſion de Montet un de ſes enfans du premier lit qui étoit décedé pupille. Elle fut auſſi privée de l'augment & de la donation à cauſe de mort, quoyque reciproque & autres avantages du mary : ce qui ſervit beaucoup au jugement, ce fut parce qu'elle n'avoit pas fait pourvoir de Tuteur à ſes enfans, ni rendu compte avant que de ſe marier. Même Arrêt le 23. May 1628. contre la Vicomteſſe de Seres. *Cambolas, liv.* 4. *chap.* 46.

322 La femme qui s'eſt remariée ſans avoir fait pourvoir de Tuteur à ſes enfans, n'eſt point privée de l'augment ſi les enfans meurent en majorité. Jugé le 24. Septembre 1632. *Cambolas, liv.* 6. *chap.* 36. *Voyez* le mot *Augment, nomb.* 69.

323 La mere ſe remariant ſans avoir fait pourvoir de Tuteur à ſes enfans, n'eſt privée de leur ſucceſſion s'ils meurent après la puberté. Jugé le 23. Juin 1633. *Cambolas, liv.* 6. *chap.* 36.

324 La mere mineure de 25. ans ſe remariant ſans avoir fait pourvoir de Tuteur à ſes enfans ni rendu compte, eſt relevée & ne perd la ſucceſſion de ſes enfans. Jugé au Parlement de Toulouſe le 25. May 1633. *Cambolas, liv.* 6. *chap.* 46.

325 La mere qui ſe remarie ſans avoir rendu compte de ſon adminiſtration, & ſans avoir fait pourvoir de Tuteurs à ſes enfans, étant privée de leur ſucceſſion legitime, il a été douté ſi cette indignité paſſoit après ſa mort à ſes enfans du ſecond lit, en telle ſorte qu'ils fuſſent exclus de la ſucceſſion de leur frere uterin, & que les oncles paternels leur fuſſent preferables ? Arrêt du Parlement de Toulouſe du 9. Juin 1637. qui décide cette queſtion à l'avantage des enfans du ſecond lit. M. *d'Olive, liv.* 3. *chap.* 6.

326 Arrêt du Parlement de Dijon du 1. Février 1640. qui prive une femme de la Tutelle de ſes enfans à cauſe de ſon ſecond mariage. *Taiſand, ſur la Coût. de Bourg. tit.* 6. *art.* 9. *n.* 1.

327 La mere qui s'eſt remariée ſans pourvoir de Tuteur à ſes enfans, doit être privée de ſa ſucceſſion. Arrêt du 18. Août 1655. ce qui n'a pas lieu s'il n'y a point d'enfans ſurvivans du premier lit, & ne doit pas même être réduite à un ſimple droit de legitime. Arrêt du 23. Décembre 1634. en infirmant la Sentence du Juge de Nîmes, qui ajugeoit ſeulement la legitime d'un fonds. *La Rocheflavin, liv.* 3. *lettre* M. *tit.* 4. *Ar.* 16.

328 La femme qui ſe remarie *non petitis tutoribus* à ſes enfans du premier lit, eſt privée de la ſucceſſion legitime de ſon fils mort en pupillarité. Jugé au Parlement de Toulouſe le 17. Juin 1660. qu'ayant perdu la proprieté de l'augment par le convol, elle ne l'avoit pas recouvrée par le prédecez de ce fils mort en pupillarité ſans aucun frere : la perte de la proprieté de l'augment eſt une peine des ſecondes nôces, ne pas la recouvrer par le prédecez du fils mort en pupillarité, eſt une peine de la negligence à luy faire donner un Tuteur. *V. les Arrêts de* M. *de Catellan, liv.* 4. *chap.* 58.

329 Femme qui ſe remarie ſans rendre compte de la Tutelle, eſt privée de la ſucceſſion de ſes enfans. Arrêt du Parlement de Toulouſe du 18. Juin 1663. rapporté par M. *de Catellan, liv.* 4. *chap.* 73.

330 Si la veuve qui ayant pris la Tutelle de ſes enfans ſe remarie, *non petitis tutoribus*, eſt ſujette aux mêmes peines que celle qui ſe remarie dans l'an du deüil ?

M. d'Olive rapporte des Arrêts contraires, il y en a un du 14. Août 1698. quia privé la mere de l'ufufruit des liberalitez de fon premier mary. *Voyez M. de Catellan, liv. 4. ch. 21.*

331   De la femme qui fe remarie *non petitis tutoribus*, & fi étant exclufe de la fucceffion de fes enfans du premier lit morts impuberes, ceux du fecond en font pareillement exclus: Il faut diftinguer fi elle eft morte lorfque le fils du premier lit vient à mourir impubere, le fils du fecond lit, frere uterin du défunt peut fucceder, car il vient de fon chef. Arrêts du Parlement de Touloufe du 17. May 1661. & 30. May 1675. Si la mere eft vivante, fon exiftence empêche les enfans d'un fecond mariage de fucceder. Il pouvoit arriver que la mere leur fuccederoit. *Voyez M. de Catellan, liv. 4. ch. 73. & Cambolas, li. 5. ch. 31.*

TUTEUR, SERMENT.

332   Subrogé Tuteur doit prêter le ferment lors de la confection d'inventaire. *Voyez le mot Communauté, nomb. 84.*

SUBROGÉ TUTEUR.

333   En France le Tuteur fubrogé n'eft point tenu au défaut du Tuteur principal. Arrêt du 7. Septembre 1604. *Peleus, q. 80. M. le Prêtre, és Arrêts de la cinquiéme, & M. Loüet, lettre T. fom. 13.* rapportent le même Arrêt.

334   Le Tuteur fubrogé n'eft point fubfidiairement tenu pour le Tuteur principal. Arrêt du Parlement de Paris du 7. Septembre 1604. il n'y avoit ni geftion ni obligation folidaire. *Papon, liv. 15. tit. 5. n. 24.*

TUTELLE TESTAMENTAIRE.

335   La nomination teftamentaire eft obligatoire, & neanmoins le Tuteur nommé fe peut excufer. Arrêt du Parlement de Dijon fans date, rapporté par *Bouvot, to. 2. verbo Tuteur, queft. 12.*

336   Au païs de Droit écrit, Tuteur élû eft préferé au Tuteur teftamentaire. Arrêt du 8. Juillet 1587. *Bibliotheque de Bouchel, verbo Tutelle.*

337   La mere ne peut répudier la Tutelle, que le mary luy a déferée par Teftament, finon elle perdroit les legs à elle fait fous cette condition. Arrêt du Parlement de Touloufe au mois de May 1581. *Maynard, liv. 6. ch. 31.*

338   *Uxor quæ demandata tutela excufationem meruit, non amittit legatum à marito factum quia cenfetur factum propter merita non propter onus tutelæ.* Arrêt du Parlement d'Aix du 16. Novembre 1582. *Voyez Francifci Stephani, décif. 32.*

339   Arrêt de l'an 1587. qui décharge deux Marchands nommés Tuteurs par le Teftament du pere des mineurs, attendu que le défunt avoit un frere, & par confequent oncle des mineurs, lequel fut élû en leur place. *La Rochflavin, li. 4. lett. T. tit. 8. Arr. 3.*

340   *In Provinciâ quæ jure fcripto regitur, Italus teftamento alium Italum tutorem dederat filiis, petebat mater ut fatisdaret; Senatus teftamentum patris confirmavit, quia nihil in perfonam diceretur.* Arrêt du 7. Mars 1596. *Mornac, l. 20. C. de Epifcopali audientiâ.*

341   Tuteur par un pere donné à fes enfans dans un Teftament imparfait, eft valable. Jugé au Parlement d'Aix le 14. Janvier 1672 *Journal du Palais.*

MAUVAIS TRAITEMENS DU TUTEUR.

342   *Voyez le 27. Plaidoyé de M. le Maitre,* contre les violences d'un Tuteur, & mauvais traitemens envers la pupille.

TUTEUR, TRANSACTION.

343   Tranfactions permifes aux Tuteurs, pourveu qu'ils décident la chofe douteufe à l'avantage du pupille. *Voyez M. d'Olive, liv. 1. ch. 1. circà finem.*

344   Si le mineur fait majeur qui quitte à fon Tuteur le maniement de fa Tutelle par fimple décharge ou par tranfaction, peut reclamer apres le 10. ans ? *Voyez Henrys, to. 2. liv. 4. q. 31. & 74.* Voyez *Bredeau fur M. Loüet, lettre T. fomm. 3. nomb. 3.* Voyez *l'Ordonnance de 1539. art. 134.*

Tutor qui tranfigit cum minore, non reftituitur. Arrêt du 6. Août 1602. *Mornac, l. 1. §. rationes ff. de edendo.*

TUTEUR, VENTE.

345   Si un Tuteur peut acheter les biens de fon pupille ou mineur? *Voyez Bouvot, to. 2. verbo Tuteur, q. 34.*

Le Tuteur qui doit des grains à fon pupille, luy doit tenir compte du prix felon la vente qu'il en a faite, de laquelle il eft crû à fon ferment. Arrêt du Parlement de Dijon du 15. Juillet 1569. *Bouvot, to. 2. verbo Tuteurs, queft. 6.*

346   Le Tuteur ne peut vendre ni bailler à rente les biens des mineurs fans avis de parens & Sentence du Juge, & ce en jugement au plus offrant & dernier encheriffeur. Arrêt du 10. Janvier 1573. *Carondas, li. 11. Rép. 21.*

347   Un particulier ayant vendu en qualité de Tuteur, la Tutelle finie, ne peut être appellé en garantie en fon propre & privé nom. Arrêt du Parlement de Dijon du 28. Janvier 1608. *Bouvot, to. 2. verbo Tuteurs, queft. 8.*

348   Office de judicature peut être vendu par un Tuteur fans decret fur un avis de parens, & le mineur n'eft pas recevable à demander un fupplement du prix. Jugé au Parlement de Paris le 23. Février 1626. *Bardet, to. 1. liv. 2.*

349   Arrêt du Parlement de Provence du 7. Janvier 1671. qui regla les parties à écrire, pour fçavoir fi le Tuteur qui a la permiffion de vendre les biens du mineur par le Teftament du pere fans folemnité, ayant vendu certains biens fans folemnité, la vente eft valable. *Boniface, to. 4. liv. 4. tit. 1. chap. 11.*

TUTEUR, VOISIN DU PUPILLE.

350   C'eft une maxime que tous les Juges doivent bien prendre garde de ne donner Tuteur qui ne foit *ejufdem municipii*, afin d'obvier aux dépens & frais qui fe feroient pour aller & venir, *textus eft in L. Etiam ff. de tutel. & l. 3. ff. de tutor. dat. ab his*, ce qui s'entend du plus prochain parent, & en défaut de parens le plus prochain voifin, lefquelles ne peuvent neanmoins être contraints, que lorfqu'il n'y a parent idoine & fuffifant. Cela s'obferve au Parlement de Touloufe. *La Rochflavin, liv. 4. lett. T. tit. 8. Arr. 2.*

351   Au défaut de parens, le voifin le plus prochain des mineurs fut élû Tuteur, fans qu'il pût s'en difpenfer, fous prétexte qu'il n'étoit parent. Arrêt du Parlement de Paris du 21. May 1534. *Papon. li. 15. tit. 5. n. 1.*

TUTEUR, VOYAGES.

352   Meffire Jean-Baptifte Gafton de Vernoux, Chevalier Seigneur de Melziard, ayant été tué à la bataille de Conis en l'année 1691. Dame Elifabeth de Sainte-Maure de Jouzac fa veuve, étoit alors enceinte de Damoifelle Jeanne de Vernoux, feule fille & heritiere de fon pere, dont elle accoucha plus de quatre mois apres; comme le fieur Melziard faifoit fa réfidence ordinaire en Poitou dans l'une de fes Terres, on auroit élû pour Tuteur à la Damoifelle mineure, Meffire Loüis Charles de Vernoux, Chevalier Seigneur de Bonneüil. Lors du compte de Tutelle, le fieur de Bonneüil employa dans la dépenfe d'iceluy, & coucha plufieurs articles pour frais de voyages qu'il prétendoit avoir été obligé de faire, de Flandres où il étoit à l'armée, à Paris; de Paris en Poitou; & de Poitou à Paris pour les affaires de la mineure, qu'il faifoit monter à plus de 60000. liv. La Dame veuve l'auroit foûtenu non recevable à en pouvoir rien demander.

M. le Lieutenant Civil au Châtelet de Paris ayant été requis le 19. Juin 1708. de donner un Acte de Notorieté concernant l'ufage qui s'obferve en pareil cas, convient que la Coûtume n'en a aucune difpofition précife, mais que c'eft une queftion generale qui dépend entierement de la difpofition des Loix, dont l'efprit eft de donner à ceux qui ne peuvent pas agir, des perfonnes capables, qui dans leur bas âge les défendent & adminiftrent leurs biens; d'où l'on

HHhhh iij

doit conclurre qu'il n'est pas permis à des Tuteurs de dissiper le bien de leurs pupilles, ni de rien faire & entreprendre qui leur soit préjudiciable : c'est pour cela que l'Empereur Justinien en la *Novelle* 72. défend aux Tuteurs de dépenser plus qu'il n'est necessaire pour les mineurs, & leur ordonne de faire employ de l'excedant.

Comme la dépense necessaire ne peut se juger que par rapport à la naissance, au bien & à l'âge des personnes, l'Empereur Antonin dans la Loy 3. *Cod. de administratione Tutorum,* le décide en ces termes : *Sumptus in pupillum tuum, necessario, ex justis & haustis causis judici, qui de eâ re cognoscet, probabuntur, etiamsi Pratoris decretum de dandis eis non sit interpositum : namque quod à tutoribus, seu curatoribus, bonâ fide erogatur, potiùs justitiâ quàm autoritate firmatur.*

De maniere que l'employ de 60000. liv. en dépenses de voyages, sera décidé suivant la necessité, & le Juge en trouvera la décision dans la Loy 12. *Cod. de administ. Tutorum,* qui retranche tout ce que le Tuteur fait en fraude du mineur, & donne au mineur l'action d'indemnité contre un Tuteur, tant eu égard à la fraude, qu'à sa negligence. *Voyez le Recueil des Actes de Notorieté de M. le Lieutenant Civil,* imprimé en 1709. chez Jean-Baptiste Coignard, pag. 251. & suiv. Les Juges devant qui ces sortes de causes sont portées, doivent les décider suivant les circonstances, & prendre garde avec Justinien, Novelle 72. *ne curatio fiat minoris rerum propriarum interitus, & ne hostis potiùs quàm curator datus sit.*

V

VACANCE.

1 La signification de ce mot se détermine particulierement aux vacances de Benefice.
Vacance de Benefice, *Voyez* le mot *Benefice*, nomb. 242. & suiv. & la *Bibliotheque Canonique*, to. 2. page 6.
Des differens genres de vacance. *Voyez Lotherius de re beneficiariâ*, livre 3. question 8.

2 De la vacance qui arrive *per religionis ingressum, per promotionem ad Episcopatum, per matrimonium, militiam*, &c. *Voyez ibid.* quest. 26.

3 *Impetratio Beneficii viventis nulla est, & impetrans efficitur incapax illius Beneficii, si postea vacare contingat.* Voyez *Franc. Marc.* to. 1. quest. 1170.

4 *Non tenet impetratio ex quo non exprimitur verus modus vacandi. Susceptum, C. de rescript. lib. 6. & maxime ubi non est apposita clausula quovis modo vaçaverit.* Voyez *Ibidem*, quest. 1147.

5 Les Benefices sont vacans & impetrables quand celuy qui les possede *se immiscuit sanis & enormibus, & ad bellum profectus est*, Ruzé, *en son traité de la Regale, Priv.* 1. n. 17.

6 Le Benefice vaque par la non résidence. Voyez le mot *Résidence*, nomb. 79. & suiv.

7 De disposition de Droit és cas où un Beneficier étoit privé de son Benefice, comme d'heresie, simonie, faute de promotion, ou autres, il falloit avant que d'impetrer le Benefice obtenir déclaration contre le possesseur, & attendre trois Sentences. Aujourd'huy le contraire se pratique, on attaque tout d'un coup le possesseur. Ainsi jugé en 1543. *Papon*, liv. 3. tit. 6. n. 2.

8 Election du Prieuré de saint Vvast de Soissons déclaré abusive, parce que sans avoir fait déclarer le Doyenné vacant par incapacité, ou autrement, on y avoit procédé avec précipitation contre l'Edit d'Orleans. Arrêt du 9. Decembre 1571. *Papon*, livre 2. tit. 9. n. 6.

9 On considere le temps de la vacation, & non le temps de la nomination pour être capable d'obtenir Benefice. *M. le Prêtre*, 3. *Cent.* ch. 11.

10 La clause generale *quovis modo*, s'étend à tous les genres de vacances non exprimez, qu'il faut pourtant restraindre à ceux-là seulement qui peuvent provenir du chef de la personne nommée dans les provisions; mais la clause generale *quovis modo*, jointe à celle *aut ex alterius cujuscumque persona*, comprend tout genre de vacance du chef de quelque personne que ce soit, dont le nom ne seroit pas exprimé dans les provisions, comme il a été jugé au Grand Conseil dans l'affaire du Prieuré de Montet aux Moines, Ordre de saint Benoît, Diocese de Bourges. *Définit. Can.* p. 841.

11 Vacation des Benefices, de ceux qui ont quitté l'ancienne Religion. *Tournet*, lettre V. Arrêt 3. *Voyez* le mot *Apostat*, nomb. 8.

VACANCE PAR CRIME.

12 De la vacance du Benefice par crime. *Voyez Despeisses*, to. 3. p. 454. & cy-devant le mot *Benefice*, nomb. 69. & suiv. & le mot *Crime*, nomb. 2. & suiv.

13 *De vacatione ex delicto.* Voyez *Pinson*, au titre *quibus modis vacent; vel amittantur Beneficia*, §. 2.

14 *De vacatione ex quasi-delicto.* Ibid. §. 3.

15 *De vacatione per sententiam.* Ibid. §. 4.
De diversis utriusque vacationis effectibus & differentiis. Ibid. §. 5.

16 De la vacance qui arrive par le crime, ou par une Sentence de condamnation. Voyez *Lotherius, de re Beneficiariâ*, liv. 3. quest. 18.

17 Benefice vacant pour avoir assisté à un jugement de mort. Jugé au mois de Mars 1551. *M. Louet*, let. B. somm. 1.

18 Le 15. May 1565. en la cause d'un nommé Lauxerrois, fut par Arrêt appointé au Conseil, sçavoir si un Beneficier condamné aux galeres, & ayant fait amende honorable, par Arrêt de la Cour, *censetur ipso jure privatus*, de ses Benefices, *ita ut vacent*, & qu'on les puisse impetrer, ou bien, s'il faut qu'il y ait déclaration du Juge d'Eglise; suivant ce qui est traité, *in cap. at si Clerici de Judic.* où tous tiennent que *confissio facta in foro seculari, non nocet Clerico in foro Ecclesiastico ut Beneficia Clerici vacare dicantur.* Voyez la Biblioth. *de Bouchel*, verbo *Galeres*.

19 Condamnation contre un Chanoine à une amende honorable, pour irreverence & jugemens faits dans l'Eglise, ne fait point vaquer son Benefice de plein droit; cette question a été appointée au Rôlle de Vermandois en la Grand'Chambre du Parlement de Paris, *Du Frêne*, liv. 2. chap. 125. *de son Journal.* Au même endroit il cite deux Arrêts, l'un dans le cas d'un homicide qu'une Prieure avoit fait commettre, & l'autre dans l'espece d'un adultere, & inceste spirituel par un Curé avec une de ses penitentes, qui ont jugé que ces deux cas avoient donné lieu à la vacance de droit, & que la Prieure & le Curé condamnez n'avoient pû resigner après la condamnation.

20 Par quelles sortes de crimes le Benefice vaque, *ipso jure* ? V. *Albert*, lettre B. art. 23. par le parricide. Arrêt du Parlement de Toulouse, du 23. Février 1640. par l'heresie. Arrêt du 27. Janvier 1656. par un vol fait par un Sacristain de six bâtons d'argent d'une lampe. Arrêt du 9. Avril 1658.

21 Le crime ne fait pas vaquer un Benefice de plein droit, & avant la plainte ou condamnation sans appel; il peut être valablement resigné en faveur, & la resignation en peut être admise par le Pape. Jugé en la Grand'Chambre du Parlement de Paris le 27. Juillet 1694 *Journal des Audiences* tome 5. livre 10. chapitre 16.

VACANCE DE DROIT.

22 *De vacatione ipso jure*, Voyez *Pinson*, au titre *de quibus modis vacent; vel amittantur beneficia*, §. 1.

23 En matiere Beneficiale *vacat ipso jure Beneficium*, quand la resignation est admise, quoique la possession ne soit prise. *Papon*, p. 1363.

24 Le Lundy & le Mardy 26. & 27. Juillet 1694. il s'est plaidé une cause importante à la Grand'Chambre du Parlement de Paris pour la Cure d'Etableaux, Diocese de Tours, pour sçavoir si elle avoit vaqué de plein droit par la condamnation faite de Chauvin qui l'avoit resignée à Guitter, & celuy-cy à Brunet ? On accusoit le premier resignant d'avoir commis un inceste; il n'y avoit pas de preuve entiere de l'action commise & consommée, mais seulement de tous les efforts & actions indecentes & criminelles que la pudeur de l'Audience empêcha de dire. Les conclusions de Monsieur Lamoignon Avocat General étoient à confirmer la Sentence, & à juger que le Benefice avoit vaqué de plein droit, & à mon sens il y en avoit assez pour conclure que cet Ecclesiastique étoit in-

incestueux, encore que l'action n'eût pas été consommée. La cause fut appointée, la Cour voulut s'instruire en voyant les preuves. M. Du Perray, liv. 3. chap. 7. n. 23.

VACANCE DE FAIT.

25 *De vacatione ipso facto tantum.* Voyez Pinson, au titre *de quibus modis vacent, vel amittantur beneficia* §. 6.

VACANCE DE DROIT ET DE FAIT.

26 Vacance de droit est quand le Titulaire n'a plus de droit au Benefice, ou qu'il en a été privé, ou bien quand il a un Titre qui ne peut subsister de droit; Vacance de fait est quand on n'a plus de possession; neanmoins on retient le droit & le Titre du Benefice. Vacance de droit & de fait est quand il n'y a ni Titulaire ni possesseur du Benefice. *Définit. du Droit Canon.* p. 876.

27 Ce qu'on appelle vaquer de droit est lorsque le possesseur n'a point de titre valable, ou qu'en ayant un il l'a perdu par son crime, ou par son fait. Vaquer de fait est lors qu'une personne a un titre bon & valable, mais qu'il n'a point pris de possession, du moins en personne comme il s'y est obligé pour empêcher la Regale. La vacance de droit, selon l'opinion de M. le Maître, s'entend encore *per non promotionem ad sacros ordines intra tempus juris; per contractum matrimonii; per ingressum Religionis, & professionem secutam.* Ibidem, p. 730.

28 De la vacance de droit ou de fait. *Voyez* Rebuffe, 1. part. au titre *Requisita ad Collationem bonam.*

29 *De vacatione jure & facto simul.* Voyez Pinson, au titre *quibus modis vacent vel amittantur beneficia.* §. 7.

30 La Profession Religieuse, aussi-bien que le mariage fût-il clandestin & non valablement contracté, fait vaquer le Benefice de fait & de droit, *Voyez* dans Basset, to. 1. liv. 1. tit. 4. chap. 8. un Arrêt rendu au Parlement de Grenoble le 13. Mars 1665.

VACANCE PAR MARIAGE.

31 A l'égard de la vacance *per contractum matrimonii,* trois questions sont examinées par *Probus, en son traité de la Regale, question 4. depuis le nombre 2. jusqu'au nombre 11.* La premiere, d'un Beneficier qui contracte mariage avec une fille impubere au dessous de douze ans, & qu'il n'a pas consommé; il décide que quoyque le mariage soit nul, les Benefices ne laissent pas de vaquer, n'ayant pas tenu à luy que le mariage n'ait eu entier effet. La seconde, d'un Evêque, d'un Prêtre, ou d'un Soûdiacre, qui contracte mariage de fait, lequel quoyque nul, il ne laisse pas de faire vaquer ses Benefices; & la troisiéme, est d'un Beneficier impubere, mineur de quatorze ans, qui contracte mariage avec une fille majeure. Il semble se déterminer aussi pour l'affirmative.

32 Les Benefices vaquent par le mariage du Beneficier *per verba de præsenti,* & non pas *per verba de futuro,* qui ne sont que des fiançailles, desquelles il peut resilir. Ils vaquent aussi par la Profession reguliere, & pendant l'année du Noviciat ils ne sont point vacans, à moins qu'il n'y renonçât. Ces deux cas sont décidez par *M. Ruzé,* en son traité de la Regale, privil. 1. nomb. 15. & 16. Probus, tract. Reg. q. 6. & per totum & quast. 43. num. 2. & 3.

33 Un Beneficier Prêtre ou constitué aux Ordres sacrez, qui contracte mariage; ce mariage, quoyque nul, ne laisse pas de faire vaquer ses Benefices, ayant fait ce qu'il a pû pour quitter & abandonner son Benefice; d'ailleurs les actes nuls ont leur effet de droit, & sont toûjours valables contre & au préjudice de ceux qui les font, *tum quia ille fecit quod potuit etiam quantum ad suam Ecclesiam, quam pro derelictâ habuit; tum quia actus nulli effectum inducunt juris; tum quia actus nullus in prejudicium facientis est validus:* on peut dire par les mêmes raisons que la Profession d'un Religieux, quoyque nulle, ne laisse pas de faire vaquer les Benefices. *Défin. Can.* p. 853.

VACANCE PAR MORT.

34 *De vacatione per mortem.* Voyez Pinson, au titre *quibus vacent vel amittantur beneficia.* §. 8.

35 Vacation par mort n'est entenduë par la provision faite par resignation. *Carondas, liv. 1. de ses Réponses, chapitre 17.*

36 Une personne qui a droit de demander & impetrer le premier Benefice qui vaquera par mort, ne peut exercer cette faculté à l'égard des autres vacances; par exemple à l'égard des vacances qui viennent de la privation du Benefice ordonné par Sentence contre le Beneficier, ou à l'égard des vacances, qui viennent à cause de son mariage; elle ne doit pas même avoir lieu à l'égard des vacances par mort, lesquelles sont introduites par un droit particulier, telles que celles qui arrivent en consequence de la regle des vingt jours. C'est l'avis de *Gomez & de Du Moulin,* sur la regle *de Infirmis,* n. 293. & suiv.

37 Par Arrêt du Parlement de Paris du onze Mars 1621. jugé que le fils d'un Apotiquaire pouvoit obtenir le Benefice vacant par le décez de celuy que son pere avoit assisté durant sa maladie, principalement quand on ne peut accuser le pere de dol ou de malversation, & que le fils a obtenu le Benefice par les voyes ordinaires, *ut quilibet extraneus.* Voyez le mot *Apotiquaire,* nomb. 14.

38 On doit plûtôt déferer à l'assertion de l'Ordinaire touchant l'heure du décez du dernier Titulaire, qu'à l'extrait mortuaire, & autres actes, qui justifient aussi l'heure du décez, & ainsi le pourvû par l'Ordinaire fut maintenu contre le pourvû par le Vicelegat d'Avignon. Jugé au Parlement d'Aix le 24. Mars 1678. *multis contradicentibus.* Journal du Palais.

39 De la vacance qui arrive par la mort civile du Beneficier. *Voyez M. Charles Du Moulin,* sur la regle *de publicandis,* n. 47. & suiv.

VACANCE PAR PROFESSION.

40 De la vacance qui arrive par la Profession Monacale. *Voyez Du Moulin,* sur la regle *de publicandis,* n. 80. & suiv.

41 Si une personne ayant fait Profession Monacale, mais dans laquelle il se trouve des nullitez, est dépouillé des Benefices dont il étoit d'ailleurs legitimement pourvû? *Voyez les Défin. Can.* p. 853.

VACANCE PAR RESIGNATION.

42 *De vacatione per renuntiationem.* Voyez Pinson, au titre *quibus modis vacent, vel amittantur beneficia.* §. 9.

43 Ne vaque par resignation quand la Resignant décede avant la resignation admise. *Voyez Peleus,* q. 164.

44 Le Benefice ne vaque point par mort si la collation s'en trouve faite avant le décez du Resignant quelque peu de temps qu'il y ait. Jugé le 10. Janvier 1609. *M. le Prêtre, 2. Cent. chap.* 87.

VACANCE A ROME.

45 Des Benefices vacans *in Curiâ.* Voyez le mot *Collation,* nomb. 122. & suiv.

46 Les Benefices vacans *in Curiâ,* sont autant sujets à la Regale, que les autres. *Voyez* le mot *Regale,* nomb. 225. & suiv.

47 *Beneficium vacans in Curiâ censetur vacare sublatâ commendâ.* Voyez *M. de Selve,* 3. part. tract. quest. 33.

48 *De Collationibus Beneficiorum, in Curiâ Romana vacantium.* Voyez Pinson, au titre *de modis acquirendi beneficii,* §. 9.

49 Le Pape ne peut *absque nominatione Regiâ* conferer *prælaturas vacantes in Curiâ.* Voyez Pinson, au titre *de Canonicis institutionum conditionibus,* §. 2. où il rapporte deux Arrêts, l'un du Grand Conseil du mois de Septembre 1546. l'autre du Parlement de Paris du 6. Juillet 1618.

50 Dés Benefices vacans en Cour de Rome, *Voyez Pinson,* au traité *de Canon. institut. condit.* §. 9. où il observe *que majora beneficia, & Patronatus laici & beneficia vacantia tempore Regaliâ aperta non vacant in Curiâ, & c.*

VAC

52 La glose sur le chapitre *Statutum de Præb. in 6.* sur le mot *Numerandam*, dit que le mois porté par la Constitution de Gregoire X. commence à courir du jour de la vacance, & non pas du jour que le Pape a eu connoissance de la vacance, & cela pour deux raisons. La premiere est que cette Constitution a été faite en faveur des Eglises, afin qu'elles ne fussent pas si long-temps vacantes, & non pas en haine de la negligence du Pape, après le mois le droit des Ordinaires revient en son entier & dans sa premiere vigueur: car comme ce droit est tres favorable, & fondé dans le Droit commun *ad illud de facili fit recursus extendendo.* Voyez *Du Moulin*, sur la regle *de Infirmis*, nomb. 168.

53 Pendant le mois que le Pape a pour conferer les Benefices vacans *in Curiâ*, les Collateurs ordinaires ont les mains liées, & ne peuvent toucher à ces Benefices, & les conferer; s'ils les conferoient, leurs Provisions ainsi données contre l'Ordonnance expresse du Pape seroient nulles de plein droit, page 787. & ne pourroient jamais devenir valables, quand même le Pape laisseroit écouler son mois sans conferer ces Benefices ainsi vacans ; ce n'est pas que *Du Moulin* approuve cette opinion, il dit que l'opinion contraire suivie par Imola est plus veritable. Voyez *Du Moulin*, ibid. nombre 170.

53 Plusieurs Docteurs estiment que si le Collateur ordinaire confere un Benefice vacant *in curiâ* dans le mois affecté au Pape, cette Collation est radicalement nulle. *Du Moulin* sur la regle *de infirmis*, nomb. 175. & suiv. tient le contraire, parce qu'on ne peut pas dire que la Provision soit subreptice, en ce cas le Collateur ordinaire ne prévient pas, mais il use de son droit naturel & primitif, en cet endroit il applique les maximes qui ont lieu dans les Benefices qui sont à la présentation des Patrons ; s'ils sont negligens, la Provision de l'Evêque subsiste incommutablement.

54 Lorsque les Nonces & les Envoyez du Pape meurent en chemin faisant, mais dans les lieux voisins de la Cour de Rome, on a décidé que le Pape seul pouvoit conferer leurs Benefices, comme vacans *in curiâ*, il en est de même des Officiers de Cour de Rome qui iroient en quelque voyage ou pelerinage. Idem des Nonces & autres Envoyez qui décederoient prés de la Cour de Rome en s'en retournant de leurs Legations, & des Officiers qui décederoient en revenant de leurs voyages ou pelerinages. Voyez *Du Moulin*, sur la regle *de infirmis*, nomb. 285. où il a ajoûté, si le Pape vient demeurer pour quelque temps à Paris & qu'un Beneficier y domicilié décede, les Benefices ne seront reputez vacans *in curiâ*, si ce n'est que cette personne fût d'ailleurs Officier, le Collateur ordinaire pourra prévenir le Pape, ces difficultez sont décidées par le chap. *in præsenti de præbend.* in 6.

55 *Du Moulin*, sur la regle *de infirmis*, nomb. 285. & suiv. propose plusieurs questions importantes au sujet des vacances en Cour de Rome, c'est-à-dire, à deux journées de chemin, ou vingt lieuës à la ronde du lieu où demeure le Pape.

57 La Cour de Rome ayant demeuré quelque temps à Paris, retourne à Rome ; des Officiers de cette Cour tombent malades en chemin, ou bien même décedent à Paris : la difficulté est de sçavoir, si leurs Benefices vaquoient *in curiâ*, & s'il n'y avoit que le Pape qui les pût conferer dans le mois ? Il est décidé dans le chap. *in præsenti de præbend.* in 6. qu'ils vaquent *in curiâ*, & ainsi pourvû que suivant le chapitre les Benefices ne vaquent point *in curiâ*, mais seulement qu'on ne veuille prétendre qu'ils y ayent vaqué par une resignation faite en Cour de Rome, les Collateurs ordinaires les pourront conferer, si le resignant décede dans les vingt jours hors la Cour de Rome. Voyez *Du Moulin*, sur la regle *de infirmis*, nomb. 285.

58 Ce qu'on dit des Benefices vacans *in curiâ* ne doit

VAC 801

avoir lieu qu'à l'égard de la Cour du Pape, & non à l'égard de celle du Legat, à l'égard duquel on ne peut jamais prétendre que les Benefices vaquent *in curiâ.* *Du Moulin, de infirmis*, nomb. 286.

59 La clause, *aut ex alterius cujuscumque personâ*, ne pourroit s'étendre à la vacance arrivée par le décés de la personne de celuy qui seroit mort en Cour de Rome ; mais seulement à toutes autres personnes du chef desquelles, le Benefice auroit pû vaquer. *Definit. du Droit Canon.* page 840.

60 Pour les Benefices possedez par des François qui sont residens à Rome de l'agrément du Roy, ou pour le service de sa Majesté, le Pape au nom du Roy, & à l'instance de son Ambassadeur à Rome, leur accorde un Bref particulier *de non vacando in curiâ* par lequel sa Sainteté renonce à son droit en cas qu'ils viennent à deceder pendant leur séjour en Cour de Rome, pour laisser à sa Majesté la libre nomination de leurs Benefices, suivant la disposition du Concordat. *ibidem*, page 787.

VACANCE DU SIEGE.

61 Pendant la vacation du Siége Pontifical, *Sacro constante interregno, vel sacro solio vacuo* ; ainsi s'explique Chopin, *de sacr. polit. lib.* 1. tit. 6. nomb 6.

62 L'Evêché vacant, à qui appartiennent les fonctions de l'Eglise Episcopale ? Voyez le mot *Evêque*, nombre 252.

63 *Sede vacante Archiepiscopatûs, Episcopatûs, regulares Ecclesiæ & seculares ad Regis Delphini manus reducenda sunt,* Voyez *Franc. Marc,* tome 2. quest. 552.

64 De quels droits Archiepiscopaux dépendans du Sceau, les Chapitres joüissent, le Siége vacant ; & de quels le Roy par droit de Regale ? Voyez *Tournet*, lett. C. nomb. 28.

VACANCE, SIMONIE.

65 *An & quando per simoniam indultâ sit vacatio beneficii ipso jure ?* Voyez le mot, *Simonie*, nomb. 54. & suivant.

BIENS VACANS.

1 Voyez le mot *Biens*, nomb. 31. & 32. & le mot *Curateur*, nomb. 51. & suiv.

2 Parent n'est obligé d'accepter la charge des biens vacans de son Pupille. Arrêt du Parlement de Dijon du 7. Août 1607. *Bouvot*, tome 2. verbo, *Tuteur*, question 19.

VACATIONS.

1 Voyez le mot *Chambre*, § *Chambre des Vacations*, nombre 47.

2 Du temps des Vacations. *Joly*, des Offices de France, tome 2. liv. 1. tit. 17. page 203. & aux additions, page clxvii. & clxviii. & les *Ordonnances de Fontanon*, tome 1. liv. 1. tit. 16. page 90.

3 De la fin du Parlement. *Ordonnances de Fontanon*, tome 1. liv. 1. tit. 15. page 89. & *Joly*, tome 1. liv. 1. tit. 16. page 202. & aux additions, page clxvi.

4 Edit du mois de Juillet 1679. portant Reglement pour les Chambres des Vacations de Rouen. Voyez les *Edits & Arrêts recüeillis par l'ordre de Monsieur le Chancelier en* 1682.

5 Declaration du Roy, du 13. Janvier 1682. sur le service des Officiers des Présidiaux, dans les Vacations, elle porte : Voulons que depuis le premier jour de Septembre jusqu'à Noël, il réside actuellement dans les Villes, esquelles nos Siéges Présidiaux sont établis le nombre de sept Juges d'entre eux, sans en pouvoir desemparer pour quelque cause & occasion que ce puisse être, sur peine de désobéïssance ; & afin que lesdits Officiers Présidiaux ayent le temps de vaquer à leurs affaires particulieres, Voulons qu'ils se partagent entr'eux de semaine en semaine, ensorte qu'après qu'un Officier aura servi une semaine il puisse aller chez luy, sans que le service en soit retardé. Voyez Ibidem.

Tome III.

6 Declaration du mois d'Avril 1682. portant Reglement pour la Chambre des Vacations du Parlement de *Provence*. Voyez *Ibidem*, en 1687.

7 Edit du mois de Janvier 1683. servant de Reglement pour la Chambre des Vacations du Parlement de *Guyenne*. Ibidem.

8 Declaration du Roy du 12. Avril 1682. portans Reglement pour la Chambre des Vacations du Parlement de *Toulouse*. V. Ibidem. en 1687.

9 Edit du mois de Septembre 1683. portant Reglement pour la Chambre des Vacations du Parlement de *Pau*. Ibidem.

10 Edit du mois de Decembre 1684. pour la tenuë de la Chambre des Vacations du Parlement de *Bezançon*. Voyez *ibidem*.

11 Edit du mois de Septembre 1681. portant Reglement pour la Chambre des Vacations du Parlement de *Dijon*. Voyez *Ibidem*, 1682.

12 Edit du mois de May 1685. pour l'établissement d'une Chambre des Vacations au Parlement de *Grenoble*. Voyez *Ibidem*, 1687.

VACATIONS DES JUGES.

13 Si les Officiers des Greniers à Sel peuvent décerner des contraintes & executoires, pour raison de leurs épices, droits, & vacations, & des droits & salaires de leurs Greffiers? Arrêt du Parlement de Paris le 23. Avril 1704. qui fait & fait inhibitions & défenses aux Officiers du Grenier à Sel de *Montfauson*, & autres Officiers des Greniers à Sel du ressort de la Cour, de décerner aucunes contraintes & executoires pour raison de leurs épices, droits & vacations, ni des droits & salaires des Greffiers, sur les peines portées par l'Ordonnance, sauf à eux à se pourvoir par action en nôtredite Cour.

Voyez le mot *Epices*.

VAGABOND.

Vagabond. *Homo vagus. Erro.*
Définition de ce mot, *Erro. L. 225. D. de verb. sign.*

De fugitivis. D. 11. 4. Ce titre parle des Esclaves fugitifs, & des Vagabonds.

Si vagum petatur mancipium. C. Th. 10. 12.

De servis fugitivis, & libertis, mancipiisque civitatum, artificibus, & ad diversa opera deputatis, & ad rem privatam, vel dominicam pertinentibus. C. 6. 1.

De quæstore. N. 80. Officier qui devoit veiller aux Vagabonds, & gens sans aveu. Ce soin regarde aujourd'huy nos Officiers de Police, dans les Villes; & les Prévôts des Maréchaux, à la Campagne.

1 Des Vagabonds. *Ordonnances de Fontanon*, tome 1. liv. 3. tit. 67. page 659.

2 Celuy-là est vagabond qui n'a point d'habitation ni domicile. *Voyez Bouvot*, tome 2. verbo, *Voleurs*, quest. 2.

3 Religieux vagabonds. *Voyez* le mot *Religieux*, n. 169. & 292. & suiv.

4 Arrêt en 1556. par le Roy Henry II. contre les vagabonds. L'oisiveté n'avoit point alors de prétextes: car il ne falloit que paroître dans la place publique pour être employé. Ceux qui étoient ensuite trouvez oisifs étoient fouëttez pour la premiere fois sous la custode, pour la seconde dans les carrefours, & pour la troisiéme envoyés aux Galeres. *Voyez Henrici Progymnasmata*, Arr. 50.

5 Declaration contre les vagabonds & gens appellez Bohêmes & Bohêmiennes, & ceux qui leur donnent retraite. A Versailles au 11. Juillet 1682. registrée au Parlement de Rouen le 31. du même mois & en celui de Paris le 4. Août suiv.

VAISSEAU.

UN Vaisseau est un meuble, & n'a pas de suite. Arrêt du 14 Janvier 1677. *La Rocheflavin*, liv. 2. lettre H. tit. 4. Arr. 5.

Voyez cy-dessus le mot *Navire*.

VALEUR.

Valeur, plus-valüe: Moins-valüe. *Voyez* les mots *Estimation*, *Lezion*, *Mesure*, *Rescision*, & cy-après le mot *Vente*.

VARECH.

1 LE droit de Varech appartient au Seigneur, & luy acquiert les choses que l'eau jette à terre par fortune ou tourmente de la mer, ou qui se trouvent égarées dans son Fief, quand dans l'an & jour personne ne se presente pour reclamer. La Coûtume de Normandie a un Titre particulier du Varech.

2 Toute sorte de Varech n'appartient pas au Seigneur, il y en a qui appartient au Roy à son exclusion, comme l'or & l'argent monnoyé ou en masse qui excede vingt livres, chevaux de services, francs-chiens, oyseaux, yvoire, corail, pierreries, écarlate, verd de gris, & les peaux zebelines qui ne sont pas encore appropriées à aucun usage d'hommes; les trousseaux de draps entiers, lits, & tous les draps de soye entiers, tout le poisson royal qui vient en terre sans aide d'hommes, en quoy n'est compris la baleine; toutes les autres appartiennent au Seigneur du Fief. V. *l'Auteur de l'esprit de la Coûtume de Normandie*, tit. 23.

3 Après la visitation dûement faite du Varech, il doit être laissé en la Garde du Seigneur, lequel en la qualité de gardien & de dépositaire, est tenu d'en faire une bonne & sûre garde; autrement il en est responsable en son propre & privé nom, & même lorsqu'il n'a pas empêché le pillage & l'enlevement du Varech, s'il étoit en son pouvoir de le faire, & faute d'y avoir apporté les ordres necessaires, il doit être condamné solidairement à la restitution des choses volées suivant l'Arrêt rapporté sur l'article 597. de la Coûtume de Normandie, par *M. Josias Berault*, Voyez *Basnage sur ladite Coûtume*, art. 598.

4 Les Seigneurs Feodaux ont droit de Varech, mais ils n'ont pas droit de *Vraich*, comme quelques uns l'ont prétendu, voulant empêcher leurs vassaux & les habitans de leurs paroisses de l'amasser & de le porter sur leurs terres, ce qui a été jugé en faveur des habitans des paroisses voisines de la mer, par Arrêt rapporté par Berault sur l'art. 596. Par cet Arrêt la liberté fut conservée à un chacun de prendre du Vraich aux lieux où il croît lorsque la mer est retirée, cette prétention des Seigneurs étoit peut-être fondée sur ce que nos Commentateurs se sont imaginez que le mot de Varech venoit de celuy de *Vraich*, dont ils inferoient qu'ayant droit de Varech ils avoient aussi droit de Vraich; mais cette étimologie n'est pas veritable. *Basnage sur la Coûtume de Normandie*, art. 601.

5 Jacques Jalot Ecuyer, Sieur de S. Remy, ayant fait faire défenses aux habitans de S. Remy de prendre du *Vraich* qui est une herbe qui croît au bord de la mer, & dont les Laboureurs se servent pour engraisser leurs terres, les habitans de S. Remy furent maintenus en la liberté d'enlever ce vraich, & de le porter sur leurs terres, par Arrêt du Parlement de Rouen du 18. May 1624. En l'année 1635. l'on tenta par une autre voye de priver ces miserables paisans de ce present que la mer leur fait: on mit le vraich en parti, & le traitant le faisoit brûler & reduire en cendres qu'il vendoit cherement; pour en profiter seul, il fit faire défenses à toutes personnes d'en enlever ni de s'en servir: sur les plaintes qui en furent faites au Parlement, la Cour donna Arrêt le 14. Decembre 1635. contre le nommé Piley & le partisan, par lequel défenses furent faites au partisan de le brûler, ni d'en empêcher l'usage aux riverains, & par l'Ordonnance de 1681. au tit. de la coupe du Varech, il est fait défense à tous Seigneurs des fiefs voisins de la mer, de s'approprier aucune portion

des rochers où croît le varech, d'empêcher leurs vaſſaux, de l'enlever dans le temps que la coupe en ſera ouverte, d'exiger aucune choſe pour leur en accorder la liberté, & d'en donner la permiſſion à d'autres, à peine de concuſſion. Par la même Ordonnance, il eſt enjoint aux habitans des paroiſſes ſituées ſur les côtes de la mer, de s'aſſembler le premier Dimanche du mois de Janvier de chacune année, pour regler les jours auſquels devra commencer & finir la coupe du Vraich. *Baſnage, ſur la Coûtume de Normandie, art.* 601.

VARIATION.

1 Voyez *les Opuſcules de Loyſel*, p 144.
    VARIATION, BENEFICE.
    Voyez le mot *Ordinaire, nomb.* 7.

2 Proviſion du Roy n'eſt ſujete à variation. *Forget, Traité des Droits de Regales*, ¶. 23. & TOURNET, *lettre* P. *Arr.* 224.

    VARIATION, CHOIX.

3 Variation dans le choix. Voyez le mot *Choix, nom.* 26. *& ſuiv. &* le mot *Election.*

4 Si la mere chargée d'élire un heritier, peut varier? *Voyez Henrys, to.* 2. *liv.* 5. *q.* 10. où il rapporte un Arrêt du 27. Juillet 1658. par lequel la variation de la mere dont le choix avoit été fait par teſtament, a été déclarée valable; *ſecus* ſi le choix a été fait par acte entre-vifs.

5 Si l'heritier chargé de reſtituer un fideicommis, après avoir fait choix, peut encore varier? Voyez le mot *Fideicommis, n.* 233. *& 234.*

    VARIATION, PATRON.

6 De la variation du patron. Voyez le mot *Patron, n.* 208. *& ſuiv.*

    VARIATION, TE'MOINS.

7 Variations des témoins. Voyez le mot *Témoins, n.* 231. *& ſuiv.*

VASSAL.

Vaſſal. *Poſſeſſor fundi inferioris, vel clientelaris. Bo neſſecarius cliens.*
Quot teſtes ſunt neceſſarii ad probandam feudi ingratitudinem. F. 2. 57. Il faut cinq témoins pour prouver l'ingratitude du vaſſal.
*Si ſervus exteroſ*ᵃ *ni mandaverit.* C. 4. 36. Ce Titre peut s'appliquer ſelon nôtre uſage, au vaſſal qui reconnoît un autre Seigneur direct, que le ſien. *Mornac, ſur ce Titre, & ſur la Loy* 54. *ff. Mandati.*

1 Voyez les mots *Affranchi, Cens, Directe, Emphiteote & Seigneur.*
Bannito vaſallo, an feudum veniat in publicationem bonorum? Voyez *Andr. Gaill, tract. de pace publicâ, lib.* 2. *cap.* 14.

2 De la maniere d'être vaſſal de pluſieurs Seigneurs ſans violer la foy. *Voyez M. Chanteau*, en ſon Traité *des Fiefs, liv.* 1. *ch.* 15.

3 Vaſſal abſent. Voyez verbo *Abſent, nomb.* 67. *& ſuivans.*

4 Vaſſal qui aliene. Voyez le mot *Alienation, nombre* 94. *& ſuiv.*

5 Alimens dûs au vaſſal par le Seigneur. Voyez le mot *Alimens, nomb.* 120.

6 Si le vaſſal peut être établi Commiſſaire? Voyez le mot *Commiſſaire, nomb.* 52. *& 53.*

7 Vaſſal établi ſequeſtre. Voyez le mot *Sequeſtre, nomb.* 73.

8 *Vaſſallus non perdit feudum ſine culpâ, & poteſt reſtitui in integrum & actionem habet contra dominum ad inveſtituram & fructuum reſtitutionem. Du Moulin, to.* 2. *page* 879.

9 Papon dit avoir été jugé par Arrêt du 14. Juin 1548. que le vaſſal ne peut demander trève, ou ſauve-garde contre ſon Seigneur; le même a été jugé au Parl. de Roüen ſéant à Caën. La raiſon eſt qu'il y a *ipſo jure*, aſſurance entre le Seigneur & le vaſſal, mais le vaſſal ſe doit pourvoir en la Chancellerie, & y obtenir Lettres en forme commune, auſquelles ne ſera dénommé le Seigneur. Jugé de même à l'égard de deux freres, par Arrêt du 2. Septembre 1530. Ces Arrêts ſont rapportez par *Berault, ſur l'article* 45. *de la Coût. de Normandie, tit. de Juriſdiction.*

10 Jugé par Arrêt du Parlement de Normandie du 9. Septembre 1548. que le Vaſſal ſe doit pourvoir pardevant le Juge Royal du lieu auquel le Fief dominant eſt aſſis, & non pardevant le Juge du Fief ſervant, ni du domicile du Seigneur, *quia, cum actor debeat ſequi forum rei*, l'action qu'en ce cas intente le vaſſal, ſemble être plûtôt adreſſée contre le Fief dominant, que contre la perſonne qui le poſſede. *Jovet*, verbo *Felonie, n.* 25.

11 Vaſſal & arriere vaſſaux, ne peuvent rien faire au préjudice du fief dominant. *Voyez Peleus, qu.* 75.

12 Le vaſſal peut faire la condition du Fief meilleure, mais il ne la peut diminuer ſans le conſentement du Seigneur. Voyez *Carondas, li.* 2. *Rép.* 14.

13 Le Seigneur ne peut changer ſon vaſſal retenant ſon fief. *Voyez M. Loüet, lettre V. ſomm.* 10.

14 Vaſſal & du Procureur, & ſi au fait de la cauſe la procuration peut empêcher la ſaiſie de ſes grains. *V. Peleus, queſt.* 141.

15 Si le vaſſal qui a droit de prendre ſur le Seigneur une rente à titre de fief, & pour laquelle il doit foy & hommage, peut en demander les arrerages, encore qu'il n'ait fait ou offert l'hommage à ſon Seigneur? *Voyez Henrys, tome* 1. *liv.* 3. *chapitre* 1. *queſtion* 2.

16 Un vaſſal privé de l'uſufruit de ſon fief ſa vie durant, pour avoir démenti ſon Seigneur dominant en Jugement. Arrêt du 31. Decembre 1556. *M. le Prêtre*, *és Arrêts celebres*, Voyez *Carondas, liv.* 2. *Rép.* 16. & *M. Loüet, lettre F. ſomm.* 9.

17 Un vaſſal peut chaſſer en l'étenduë de ſon fief ſans le congé de ſon Seigneur. *Voyez le Veſt,* Arrêt 88. Voyez *Bacquet des Droits de Juſtice, chap.* 34. *nomb.* 12. *& 13.* où vous trouverez deux Arrêts, l'un du 23 Decembre 1566. l'autre du 17. Mars 1573. *Voyez Carondas, liv.* 4. *Rép.* 82.

18 Le vaſſal eſt tenu de plaider en la Juſtice de ſon Seigneur feodal, quand il s'agit des droits feodaux prétendus par le Seigneur. Deux exceptions, la premiere, quand le vaſſal par ſes offres a prévenu la ſaiſie du Seigneur qui a refuſé ſes offres; la ſeconde, quand il s'agit d'une ventilation, lorſque le fief eſt tenu de pluſieurs Seigneurs. Jugé le 21. Août 1613. & le 21. Février 1612. *Chenu*, 2. *Cent. queſt.* 29.

19 Vaſſal Eccleſiaſtique qui a été une fois reconnu & reçû à foy & hommage, n'eſt tenu de bailler homme vivant & mourant. Arrêt du 9. Juin 1632. *Voyez Henrys, tome* 1. *liv.* 3. *ch.* 1. *queſt.* 3.

20 Le Seigneur offenſé par ſon Vaſſal, luy peut faire faire ſon procés par ſes Officiers: toutefois *Henrys tome* 1. *liv.* 3. *ch.* 1. *queſt.* 5. eſt d'avis de ſe pourvoir en cas ſemblable, plûtôt devant le Juge Royal ſuperieur, que devant ſes Officiers: où il rapporte un Arrêt du 25. May 1637.

21 De l'ingratitude du Vaſſal. Voyez le mot, *Fief, nombre* 71. *bis. &* ingratitude*, n.* 18. *& ſuiv. & Chorier, en ſa Juriſprudence de Guy Pape*, p. 130.

VELLEIEN.

Senatus-conſulte Velleïen.
Ad Senatus-conſultum Vellcianum. D. 16. 1.... C. 4. 29.... N. 134. c. 8.... Paul. 2. 11. Par le Sénatus-conſulte Velleïen, les obligations des Femmes étoient nulles. Cette Loi a été abrogée en France, par Déclarations de 1606. & de 1664. pour les Provinces de Lionnois & de Mâconois.

1 Voyez le mot *Femme, nomb.* 70. *& ſui.* le mot *Renonciation, n.* 271. & *M. le Brun en ſon Traité de la communauté, liv.* 2. *ch.* 3. *p.* 268.

2 *De Senatus-consulto Velleiano.* Vide *Luc. lib.* 10. *tit.* 6.

3 *Du Senatus consulte Velléïen, & en quel cas la renonciation est necessaire ? Voyez Filleau*, 4. part. *q.* 53. *& suiv.*

4 *Si la femme qui s'est départie du benefice d'inventaire, en faveur de quelques creanciers particuliers, se peut aider du Velléïen ? Voyez Duperier*, liv 4. *quest.* 12.

5 *Si la donation d'une somme d'argent faite conjointement & solidairement, en faveur d'un mariage par le pere & la mere, est sujete à l'exception du Velléïen, le pere se trouvant insolvable pour la portion qui le concerne ? Voyez Ibidem,* liv. 4. *q.* 22.

6 *Si le mary & la femme sont obligez un seul & pour le tout, sans qu'elle ait renoncé au Velléïen; comme sera tenuë la femme ? Voyez Coquille,* tome 2. *question.* 110.

7 *Antuerpia locus non est Senatus-consulto Velléïano de intercessionibus mulierum.* Voyez Strockmans, *decis.* 141.

8 Par Arrêt du Parlement de Paris du 21. Mars 1528. une femme fut reçuë au Velléïen, contre un creancier de son mary, auquel elle s'étoit obligée pour mettre son mary hors de prison. *Bibliotheque de Bouchel,* verbo *Velléïen.*

9 Le Velléïen n'a lieu contre une dette répondue par deux fois. Arrêt du Parlement de Paris du 23. Novembre 1543. *Papon,* liv. 12. tit. 5. n. 7.

10 Le mary & la femme avec un laboureur, s'obligent chacun d'eux seul & pour le tout à payer une somme ; le laboureur qui n'est que caution, prend une indemnité, la femme demande d'être reçuë au Velléïen. Arrêt du Parlement de Paris de 1543. qui la déboute. *Biblioth. de Bouchel,* verbo *Velléïen.*

11 Femme ayant en termes generaux, sans expression du Velléïen, renoncé au privilege, pourvû toutefois que *in genere* il soit fait mention du Velléïen, sans expresse déclaration, n'est recevable à s'en aider, & en pareil cas une femme requerant être reçuë par lettres qu'elle avoit obtenuës, fut déboutée, par Arrêt du Parlement de Paris du mois de Février 1544. pour le Seigneur de Crevecœur. *Ibid.*

12 Une femme vend avec une autre solidairement l'une pour l'autre ; en ce cas quoique la femme puisse être censée caution, neanmoins il y a Arrêt du Parlement de Paris du 23. Février 1545. contre les heritiers de Dame Anne de Caligny, pour Jean Olard, que le Velléïen n'a point de lieu en vente, d'autant qu'il y a bien à dire entre pleger & vendre, l'acheteur n'eût jamais acheté, si la femme n'eût vendu, *in solidum.* On en pourroit dire autant *in proprio casu Velléïani,* que le creancier n'eût pleger, si la femme n'eût pleger, vû que le Velléïen est expressément interdit pour tous cas, ausquels la femme prend en soy l'obligation d'autruy, soit prêt, vente ou autre contract. *Ibidem.*

13 Le Velléïen n'a lieu en obligation de garantie, stipulée dans un Contrat de vente. Arrêt du Parlement de Paris du 23. Février 1545. *Papon,* liv. 12. tit. 5. nombre 6.

14 Femme ne peut opposer le Velléïen de dette répondue par deux fois. *l. mulier. C. ad Velléïa.* 2° Une femme condamnée pour dette répondue, & ayant obmis d'alleguer telle exception, le peut faire après la Sentence, par Lettres Royaux, *l. tamen. si. ff. ad Macedo.* Cela présupposé, une femme ainsi condamnée pour la dette de son mary, sans avoir opposé ce privilege, est executée, & de son gré fournit au Sergent executeur gages, & après obtient Lettres pour être reçuë à ce faire ; l'enterinement est contredit par Arrêt du Parlement de Paris du 23. Novembre 1545. elle est déboutée, car un dernier consentement vaut une seconde réponse, contre laquelle elle n'est recevable. *Bibliotheque de Bouchel,* verbo *Velléïen.*

15 Une femme ayant chargé un Marchand de prêter de l'argent à son fils jusqu'à certaine somme, & dont elle avoit promis le payement, est assignée ; elle a recours aux Lettres Royaux, & au Velléïen, déboutée par Arrêt du Parlement de Paris du 26. Novembre 1545. *Ibidem.*

16 Une femme pour être relevée de l'obligation contractée à l'effet de tirer son mari de prison, dit qu'elle n'a pas renoncé au Velléïen, & qu'il n'y avoit aucune communauté entr'eux. L'on répond qu'on ignoroit la clause de leur Contract ; mais que la communauté de biens est introduite par la Coûtume ; l'on ajoûte que *Velléïanum datur deceptis, non decipientibus.* Arrêt du Parlement de Paris du mois de Mars 1551. qui condamne la femme, sans approbation toutefois d'aucune communauté entre les mariez pour autres dettes. *Ibidem.*

17 Par Arrêt prononcé en Robes rouges le 14. Mars 1551. jugé qu'une mere s'étant obligée pour son fils sans avoir renoncé au Velléïen, ne pouvoit être relevée pour l'affection & proximité. *V. Ibid.* où il observe que M. Boutillier nous dit qu'en 1548. M. le Président Brisson en une après dinée, comme une mere se vouloit obliger pour son fils en Jugement, il luy donna premierement à entendre ce que c'étoit que le Velléïen.

18 S'il se trouve que la femme ait sollicité le creancier de luy prêter, & qu'elle ait moyenné le prêt, auquel après elle s'obligea avec le debiteur en qualité de plege, encore qu'elle n'ait expressément renoncé au Velléïen, elle n'est recevable à le proposer. Arrêt du Parlement de Paris du 23. Novembre 1554. pour un nommé Rolland contre une veuve. *Ibidem.*

19 Une femme ayant cautionné, ou s'étant obligée pour autruy, quoy qu'avec serment elle ait renoncé au Velléïen, neanmoins elle en peut être après relevée & restituée en entier. Arrêt de l'an 1578. La Rocheflavin, liv. 5. tit. 2. Arr. 1. Graverol fait cette observation, lorsqu'on ne peut pas présumer que la femme ait été induite à accepter une cession de dette contractée par son mary insolvable, elle peut valablement prendre cession d'un creancier de l'hoirie de son mary en augmentations de ses hypotheques, & pour lors elle ne peut se prévaloir de la faveur du Velléïen. Arrêt du 11. Septembre 1674.

20 Par Arrêt du 10. Février 1573. jugé que Catherine Liger, qui avoit plegé & cautionné son fils Marchand devant les Consuls, sans avoir renoncé, se pouvoit aider du Velléïen. Du Hamel plaidoit pour elle, appellante de ce qu'on l'avoit condamnée, suivant sa fidejussion judiciaire. *Voyez la Bibliotheque de Bouchel,* verbo *Velléïen.*

21 Une femme qui en se rendant caution a renoncé au Velléïen avec serment, peut neanmoins être restituée en entier, parce que *dum renunciat, decipitur,* & d'ailleurs *promissio non potest plus operari quam solutio.* Arrêt du Parlement de Toulouse en 1578. *Ibidem.*

22 Une mere s'étoit obligée en Jugement devant les Consuls de Tours pour son fils qui étoit prisonnier, sans avoir renoncé au Velléïen. La Cour enterinant les Lettres, a cassé l'obligation sans dépens, dommages & interêts. Arrêt du Parlement de Paris de la Saint Martin 1592. *Ibidem.*

23 Une femme étoit appellante de ce que les Consuls de Tours l'avoient condamnée à payer à un creancier, suivant la fidejussion & réponse par elle faite pour son fils en Jugement pardevant les Consuls, sans renoncer au Velléïen. Par Arrêt du 1. Decembre 1592. ayant égard aux Lettres, la Cour a mis l'appellation & ce dont étoit appellé au néant ; & en émendant le Jugement, renvoyée absoute des conclusions prises par le creancier. On alleguoit qu'elle étoit Marchande publique ; mais on répondoit que la fidejussion & réponse par elle faite n'étoit pas faire pour son trafic, & quoyqu'elle y eût faite, le Velléïen assiste à toute femme répondante pour autruy, si elle n'y renonce,

ou si elle n'est en dol, *l. si decipiendi ad Senat. Velleï.* Ibidem, *& Carondas, liv. 8. ch. 2.*

24. Jeanne Taschere obligée solidairement avec son mary par deux obligations, est condamnée à payer de son consentement. Depuis elle est séparée de biens. Pour éviter aux executions, elle transige avec le creancier de l'autorité de son mary, *forte redintegratâ gratiâ*; & par la transaction elle luy vend quelque chose de biens pour s'acquiter; ensuite elle s'oppose à sa jouïssance, veut faire casser la Transaction, prend Lettres fondées sur la force qu'elle articule generalement, & sur le défaut de renonciation au Velleïen. Il fut remontré par M. l'Avocat Servin, qu'il n'étoit pas ici question de Velleïen, ni d'une intercession faite par elle pour autruy; mais bien pour soy-même, *agebatur de Lege Juliâ de fundo dotali*, & la restitution étoit en la Novelle qui étoit posterieure à la Loy derniere *C. ad Vellei.* Arrêt du 4. Janvier 1593. *Voyez la Bibliotheque de Bouchel*, verbo *Velleïen.*

25. Trois Arrêts du Parlement de Paris sur la sommation contre les Notaires, *qui n'avoient fait extension du Velleïen*, à ce qu'ils eussent à faire valoir la renonciation que l'on revoquoit en doute par leur faute; Le premier, du 21. Juillet 1595. entre Bernard, Denise & Thibault: Le deuxième, du 12. Août 1599. entre Gaudrée & Bouju; & le troisième, le 28. Juin 1604. par lesquels Arrêts sur les sommations, les Parties ont été mises hors de Cour & de procez. *Voyez les Chartres des Notaires, chap. 19.*

26. Un premier Juge avoit déclaré nulle une obligation passée par une femme pour son mary prisonnier, en laquelle elle n'avoit point renoncé au Velleïen; appel par le creancier, relevé en la Cour. La Cause vuidée par expedient, par l'avis de Me. Pierre du Lac qui confirme la Sentence. L'expedient signé & passé par Arrêt, le creancier obtient Requête civile par Arrêt du 6. Février 1601. aprés midy; le demandeur fut débouté de ses Lettres en forme de Requête civile, condamné en l'amende & aux depens. *Bibliotheque de Bouchel*, verbo *Velleïen.*

27. Une femme s'oblige avec son mary en une rente de 25. liv. la minute porte ces mots, *obligeant, renonçant aux droits & benefices qui luy ont été donnés à entendre*, &c. la grosse porte la renonciation tout au long. Aprés le decez de son mary, elle renonce à la communauté; neanmoins étant poursuivie, elle offre de payer un tiers. Depuis elle fait refus, & soûtient n'être valablement obligée pour le défaut de renonciation. Elle obtient Lettres pour être relevée de ses offres & du payement. On luy répond qu'elle avoit approuvé l'obligation par son offre & payement, *L. si mulier. C. ad Velleiar.* M. Servin Avocat du Roy remontra que le consentement reïteré *etiam millies*, n'avoit point de lieu, quand la femme étoit obligée pour son mari; mais seulement quand pour un Etranger; qu'en ce cas il apparoissoit qu'elle ne l'avoit voulu consentir en ce qu'incontinent aprés le decez de son mary, elle avoit renoncé à la communauté. Que si elle avoit payé, il y avoit lieu de repetition. Le Bailly d'Amiens l'avoit déboutée de ses Lettres dont étoit appel. Par Arrêt du 11. Janvier 1605. la Cour entherinant les Lettres, a mis l'appellation & ce dont a été appellé au néant, en émendant a absous la femme, & condamné l'Intimé aux dépens. *Ibidem.*

28. Edit du mois d'Août 1606. portant défenses aux Notaires de plus inserer és Contracts, la renonciation au Benefice du Velleïen. *Voyez les Chartres des Notaires, chap. 19. p. 808.* Ordonnances de Neron, *& la Conference des Ordonnances, liv. 4. tit. 6. §. 1.*

29. Velleïen autrefois devoir être donné à entendre par les Notaires aux femmes qui s'obligeoient pour autruy, autrement leurs obligations nulles, même pour leurs maris; à present la renonciation au Velleïen est ôtée, par Edit du mois d'Août 1606. publié en Parlement le 22. May 1607. & les femmes se peuvent obliger valablement & interceder sans faire aucune renonciation. *Voyez M. Loüet & son Commentateur*, lettre V. somm. 7. *Infirmitati fœminarum, non calliditati auxilium debetur.* Mornac, *l. 2. ff. ad Senatusconsultum Velleianum.* Autrefois la femme en vendant, si elle n'avoit renoncé au Velleïen, étoit relevée. *Montholon*, Arrêt 44. *Voyez Carondas, liv. 2. Rép. 43. & liv. 12. Rép. 25.*

30. La femme qui renonce à son hypotheque en faveur d'un autre, n'est pas relevée par le Velleïen; le secours de ce Senatusconsulte ne luy est accordé que pour les obligations qu'elle contracte pour autruy, & non pour les renonciations qu'elle fait; c'est la decision de la Loy *jubemus, Cod. ad Senatusc. Vellei.* Ainsi jugé au Parlem. de Toulouse, aprés partage. Neanmoins si dans le même Contract où elle renonce à une hypotheque, elle s'oblige aussi pour un autre, tout l'acte sera emporté: J'ay vû, dit *M. de Catellan, liv. 5. chap. 17.* tous les Juges en convenir le 13. May 1653. en un procez où la question ne fut pourtant point jugée à cause des circonstances.

31. Par Arrêt du Parlement de Toulouse de 1628. rapporté par *M. d'Olive*, il a été jugé en faveur de la mere qu'elle doit être relevée par le Benefice du Velleïen de toutes les obligations qu'elle contracte des biens propres pour ses enfans dont elle est Tutrice. Cette décision pleine d'équité fut approuvée lors du Jugement du procez de Chaulary, Royer & Colomiez en la premiere Chambre des Enquêtes le 5. Mars 1665. Mais en même temps il fut jugé qu'un creancier ne pouvoit pas se servir du Velleïen *invitâ muliere*. Voyez *M. de Catellan, liv. 4. chap. 49.* où il ajoûte, l'heritier même de la femme, qui a cautionné, & qui s'est chargé de payer une dette qui ne la regarde pas, quoiqu'il entre naturellement dans tous ses droits, & qu'il puisse regulierement se servir du Velleïen, suivant la Loy *si sciens*, & la Loy 20 *C. ad Vellei*, ne peut pas neanmoins y avoir recours. La femme dont il est heritier étant assignée, a témoigné ne vouloir pas se servir du Benefice de ce Senatusconsulte, se contentant, par exemple, de demander sa garantie, de l'instruire & de l'obtenir. Ce fut le principal motif de l'Arrêt rendu au Parlement de Toulouse le 29. Janvier 1675.

32. La femme heritiere avec Inventaire de son mary, qui s'est obligée en son propre aux creanciers ou aux legataires de l'hoirie de son mary, ne se peut servir de Velleïen, parce qu'alors la dette luy devient propre, & on ne peut dire qu'il y ait intercession. Arrêt du Parlement de Grenoble du 11. Mars 1655. *Basset, tome 1. liv. 4. tit. 9. ch. 4.*

33. Femme séparée de biens obligée pour viande prise dans la Boucherie, ne se peut servir du Velleïen. Arrêt du 23. May 1659. *Ibidem, chap. 5.*

34. La femme qui s'oblige pour le payement d'une somme, & des dommages & interêts prononcez contre son fils, pour lesquels il est detenu prisonnier, sans pouvoir faire cession de biens, ne peut être relevée par le Velleïen. Arrêt du Parlement de Toulouse du 3. Février 1667. *Voyez M. de Catellan, liv. 5. chapitre 16.*

35. La restitution par le Velleïen doit être demandée par la femme dans les dix ans, à compter de la date du Contract. Arrêt du Parlement de Toulouse du 3. Septembre 1667. aprés partage, rapporté par *M. de Catellan, ibidem, chap. 17.*

VENDANGES.

1. Ban de Vendange. *Voyez Ban, nombre 9.* Arrêt du Parlement de Paris de l'an 1534. portant défenses de vendanger sans information *super commodo aut incommodo*, & sans avoir pris l'avis des tenanciers à la pluralité des voix. Papon, *liv. 6. tit. 1. nomb. 12.* où il parle de la bannie des vendanges.

3 Les criées faites avec inhibition de vendanger plûtôt que le jour marqué en icelles, ne valent & tiennent, à moins que préalablement par Experts n'ait été
faite information & relation sur la commodité & incommodité de l'avancement, ou retardement des vendanges. Arrêt du Parlement de Toulouse de l'an 1561.
Voyez Mainard, liv. 8. ch. 24.

4 Vendange & d'indire le ban d'icelle, permis aux
Officiers des Seigneurs en leurs terres & Justice d'indire le ban de vendanger, défenses à toutes personnes
de l'enfreindre, sans leur expresse permission, &
congé qu'ils ne pourront bailler, sinon pour cause
raisonnable & gratuitement. Arrêt du 2. Juin 1600.
M. le Prêtre, ès Arrêts celebres. *Voyez M. Henrys, to.
1. liv. 3. chap. 3. quest. 36.*

5 Arrêt du Parlement de Bourgogne du 13. Juin 1605.
qui a jugé que l'Official ne peut connoître d'une contravention faite aux défenses de vendanger un jour de
Dimanche ; il y a lieu d'appeller comme d'abus. *Bouvot, to. 2. verbo Appellation, quest. 44.*

6 Les habitans de la Paroisse S. Marie en l'Isle de Ré
sont condamnez payer & porter ès pressoirs, ès gran-
ges, la sixième partie des vins & raisins de leurs vignes au dedans des fiefs de l'Abbaye de Châteliers,
& la septième partie des bleds provenus ès terres tenuës en censive de l'Abbaye, avec défenses de commencer vendanges sans congé, & d'enlever les fruits
sans avoir actuellement payé, même d'emporter aucuns raisins par pannerée sans appeller & payer la
sixième partie, sur peine de confiscation. Arrêt du
Parlement de Paris du 19. Août 1666. *Corbin, suite de
Patronage, chap. 188.*

7 Un particulier ayant vignes, est sujet au ban ainsi
que les autres Villageois, il ne peut vendanger plûtôt. Arrêt du Parlement de Dijon du 16. Février
1612. contre le Curé de Marvilly. *Bouvot, to. 2. verbo
Droits Seigneuriaux, quest. 3.*

8 Du ban des vendanges, & du privilege qu'a le
Seigneur de vendanger avant ses justiciables. *Voyez
Salvaing, de l'usage des fiefs, ch. 39.* où il dit que le
fait proposé par le Curé de Pollenas, & par le Seigneur de Marcousse d'être en possession immemoriale de vendanger le même jour que le Seigneur,
fut jugé pertinent par Arrêt du Parlement de Grenoble du 26. Janvier 1666.

9 Un Bourgeois de Paris qui a des vignes à Tonnerre, n'est pas obligé du jour de l'ouverture des
vendanges à enlever le vin de son crû, & à le faire
amener à Paris dans six semaines, suivant l'article 7.
de l'Ordonnance de 1680. touchant les anciens &
nouveaux cinq sols ; laquelle Ordonnance ne regarde que les domiciliez de Tonnerre qui passent les
six semaines payent deux entrées. Arrêt de la Cour des
Aydes du 13. May 1686. *Journal du Palais.*

12 Un Seigneur Haut-Justicier a droit de faire abonner les vendanges par son Juge, & le Juge superieur
ne sçauroit rien ordonner au contraire sans bonne
raison & entiere connoissance de cause. Arrêt du
Parlement de Paris du 21. Janvier 1689. *au Journal
des Audiences, tom. 5. liv. 5. ch. 2.*

13 L'Autheur des *Observations sur Henrys, tome 1. liv.
3. ch. 3.* observe que le droit de publier les vendanges
est de la Haute Justice, & que cela a été jugé depuis
peu au Parlement de Paris ; il ajoûte qu'en 1690. le
Juge du sieur de Valorge fit publier une Ordonnance
pour l'ouverture des vendanges ; le Châtelain du
Haut-Justicier, sans avoir égard à l'Ordonnance du
moyen Justicier auquel il fit défenses d'en rendre de
pareilles, en rendit une par laquelle il indiquoit le
ban des vendanges : ce qui fut confirmé.

VENDOSME.

Voyez le differend entre Messieurs de Vendôme &
d'Elbœuf, sur un mariage, rapporté bien au long
dans *Henrys, tome 2. liv. 4. quest. 28.*

VENERATION.

De la veneration des Eglises & autres lieux saints.
*Voyez les Mémoires du Clergé, tome 1. part. 1. tit.
2. chapitre 2.*

VENISE.

Les Statuts de la Comté de Venaissin, trad. du Lat.
par *Phileul.* Avignon 1558.

Traité du Comté de Venise. *Voyez Dupuy, traité
des droits du Roy, p. 248.*

VENTE.

De emptione & venditione. l. 3. 24... D. Gr. 1. q.
1. c. 21. . . q. 2. & 3. . . 33. q. 3. de pœnit. . . Dist.
5. c. 2. . . Extr. 3. 17. . . Extr. co. 3. 5.

De contrahendâ emptione & venditione. C. 4. 38. . . .
C. Th. 3. 1. . Lex 12. tabb. t. 13.

De contrahendâ emptione, & de pactis inter emptorem & venditorem compositis ; & quæ res venire non
possunt. D. 18. 1.

Vente imaginaire. L. 16. D. de reg. juris.

De pactis inter emptorem & venditorem compositis. C.
4. 54.

De in diem addictione. D. 18. 2. Addictio, Adjudication. Ce Titre parle de la vente faite sous cette
condition, que si dans un certain temps le vendeur
trouve à vendre plus avantageusement, la premiere
vente sera nulle.

De Addictione. J. 4. 17. §. ult.

De lege commissoriâ. D. 18. 3. La Loy Commissoire
en cette condition apposée au Contrat de vente, quand
le Vendeur stipule que si l'acheteur ne paye pas le prix
dans un certain temps, la vente sera nulle.

De servis exportandis : vel si itâ mancipium venierit,
ut manumittatur, vel contra. D. 18. 7.

Si servus exportandus veneat. C. 4. 55.

Si mancipium itâ venierit, ne prostituatur. C. 4. 56.

Si mancipium itâ fuerit alienatum, ut manumittatur,
vel contra. C. 4. 57.

De hereditate, vel actione venditâ. D. 18. 4 . . . C.
4. 39.

De rescindendâ venditione, & quando liceat ab emptione discedere. D. 18. 5. . . C. 4. 44. & 45. . . l. de
empt. & vend. in fine prim. V. Rescision.

De rescindendis venditionibus rei dominicæ. Nov.
Th. 17.

De periculo & commodo rei venditæ. D. 18. 6. . . C.
4. 48.

De actionibus empti & venditi. D. 19. 1. . C. 4. 49.

Ex empto & vendito. Paul. 2. 17.

Quæ res venire non possunt, & quæ vendere vel emere
vetantur. C. 4. 40. . . D. 18. 1.

De Eunuchis. C. 4. 42. Défense de vendre des Eu-
nuques.

De pœnâ ejus qui rem aliquam publicam vendiderit.
Leon. N. 62.

De magistratibus non vendendis. Const. 1. Zoa. 1.

De patribus qui filios suos distraxerunt. C. 4. 43.

Abrogatio legis quâ hominem liberum vendere se per-
mittit. Leon. N. 59.

Si propter pensitationes penstationes venditio fuerit celebrata. C. 4. 46. Vente publique de fonds, pour le
payement des Tributs.

De capiendis & distrahendis pignoribus, tributorum
causâ. C. 10. 21. De la vente des choses saisies pour
les Tailles & Tributs.

Si quis alteri, vel sibi, sub alterius nomine, vel aliâ
pecuniâ emerit. C. 4. 50. Des ventes & adjudications
faites pour soy, ou pour son amy élû ou à élire.

De rebus alienis non alienandis ; & de prohibitâ rerum
alienatione & hypotecâ. C. 4. 51.

De communium rerum alienatione. C. 4. 52.

Rem alienam gerentibus non interdici rerum suarum
alienationem. C. 4. 53. Les Tuteurs, & sous autres

VEN

administrateurs du bien d'autrui, peuvent vendre le leur, sauf l'hipoteque tacite.

De æstimatoriâ Actione. D. 19. 3. Contre ceux qui se sont chargez d'une chose, pour la vendre à certain prix, comme les Courtiers & les Revenderesses.

De adilitio Edicto, & redhibitione, & quanti minoris. D. 21. 1. Contre les ventes frauduleuses, soit par quelque vice de la chose venduë : (*V.* Redhibition) soit par l'excez du prix, (*V.* Estimation).

De adilitiis actionibus. C. 4. 58. De même que le Titre précedent.

De exceptione rei venditæ & traditæ. D. 21. 3. Contre le Vendeur qui veut revenir de la vente qu'il a faite.

De usucapione pro emptore, vel pro transactione. C. 7. 26... D. 41. 4. Celuy qui a acheté de bonne foy, peut prescrire la chose par la possession.

De fide & jure hastæ fiscalis, & de adjectionibus. C. 10. 3... C. Th. 10. 17. Des subhastations, encheres, ventes & adjudications faites par decret.

De venditione rerum fiscalium, cum privatis communium. C. 10. 4.

Ne fiscus, rem quam vendidit, evincat. C. 10. 5.

De prædiis curialium sine decreto non alienandis. C. 10. 33... C. Th. 12. 3. Vente nulle par le défaut de formalitez. Ce Titre peut être appliqué à la vente des Immeubles des mineurs.

De vendendis rebus civitatis. C. 11. 31.

De litigiosis. Dig. & cod. Défense de vendre les choses litigieuses, *V.* Litige.

1 De la nature du contrat de vente, & comment il s'accomplit ; des engagemens du vendeur envers l'acheteur pour garantir la chose & la délivrer ; des engagemens de l'acheteur envers le vendeur pour le payement ; quelles choses peuvent être venduës, du prix, des conditions, des changemens de la chose venduë & comment la perte ou le gain en sont pour l'acheteur ; des ventes nulles, des personnes qui ne peuvent vendre des choses qui ne peuvent être venduës, de la rescision des ventes par la vilité du prix ; de la redhibition & diminution du prix ; des autres causes de la résolution des ventes ; des ventes forcées pour le bien public & necessité particuliere. *Voyez* le 1. tome des *Loix Civiles, liv. 1. titre 2.*

Voyez les mots Adjudication, Alienation.

2 *De emptione & venditione.* Per Fabian. de Monte S. Sabini, & per Felicem Maleolum.

3 *Authores varii de emptione & venditione.* in 8. Colon. 1574.

S. Thomas *de venditione ad terminum opusculo 67.*

Vincentius Giacharus *de venditione rerum fructuosarum ad terminum.*

4 *De venditione rerum fructuosarum ad terminum cum impositione Livelli, seu pensionis.* Per Vincentium Giacharum, *Ord. Prædicatorum.*

5 *Si emptor statim post venditionem bonis cedat, an venditor mercibus exstantibus, aliis creditoribus præferendus sit ?* Voyez *Andr.* Gaill, *lib. 2. observat. 15.*

6 De la vente, & des circonstances qui la désignent. *Voyez* le Conseil 30. de M. Charles Du Moulin, *to. 2. p. 897.* où il est parlé de la promesse de vendre.

7 *Venditori nullatenus permissum modum usurarum legitimum excedere, quamvis fructiferum fundum tradiderit, venditor potest rei vendita simplicem possessionem & fruitionem emptori locare ad diem solutæ pecuniæ.* Nouvelle édition des Œuvres de *M. Charles Du Moulin, to. 2. p. 251.*

8 Qui a vendu avec terme, ne laisse pas d'avoir privilege sur la chose venduë contre tous creanciers ; quoyqu'il n'ait pas reservé. Coquille, *instit. des exécutions, id. Molin. verb. alienè à prix d'argent, n. 17. distinguendo cont.* Mornac, *ad L. 5. §. Plané ff. de tribus. act. nisi in mercibus & in manibus emptoris, cont.* Brod. lit. *H. n. 21. id.* Loys. *des ff. lib. 3. ch. 8. en meuble n. 6. & si sit clausula generalis hypotheca n. 19. id.* Loys. *du Deguerpiss. lib. 3. chap. 3. n. 6. cont.* Bac-

VEN 807

quet *justi. chap. 21. n. 280. in mercede locationis, id.* Bacquet *justi. ch. 21. n. 409. id.* en meuble, Coquille, *quæst. 101. vid.* Olive *lib. 4. ch. 10. quid.* au blé converti en farine, *vid.* Brod. lit. *P. n. 19. vid. L. 10. ff. de precario.* Me. Abraham La Peirere, *en ses décisions au Palais, lettre P. nomb. 129.* observe & dit, Nous pratiquons dans nôtre Ressort qu'en vente de fonds, le défaut de reservation d'hypotheque n'empêche pas que le vendeur n'ait privilege, pour ce qui est à payer du prix de la vente ; & à l'égard du meuble s'il est vendu au comptant, le vendeur a suite par tout où il trouve le meuble, suivant le §. *venditæ instit. de rer. divis.* que si le meuble est vendu au credit, & qu'il se trouvé és mains du second acheteur, le privilege aura lieu en faveur du premier vendeur, sur le prix qui est és mains du second acheteur : voire même j'ay veu juger qu'encore bien que le second acheteur eût disposé du meuble, le premier vendeur a privilege sur le prix qui est encore és mains du second acheteur : Et touchant la farine j'ay toûjours crû qu'encore bien que l'espece ait changé par la conversion du blé en farine, neanmoins le vendeur du blé a privilege & hypotheque tacite sur la farine, parce que par effet le vendeur du blé, *salvam facit totius pignor. causam*, suivant la Loi vulgaire, *interdum.*

Arrêt du Parlement de Bourdeaux du 10. Mars 1665. Président Monsieur le Premier, plaidans Grenier, Licterie & Comet, entre le Blanc & la Caze, du lieu d'Aiguillon. Rogier Marchand de Bourdeaux, & Versegol Marchand de Villeneufve : jugé que lesdits le Blanc & la Caze, qui avoient vendu leur vin audit Versegol, & ledit Versegol à Labatut, entre les mains duquel étoit le prix de la vente, devoient être preferez sur ledit prix Rogier creancier de Versegol, & que lesdits le Blanc & la Caze avoient suite sur le prix de leur vin, *licet in re singulari* : j'ay veu juger la même chose au raport de Monsieur de Pichon, en faveur du sieur Boid Marchand dans la Banqueroute de Boisset.

9 *Res vendita in vim sententiæ quâ deinde rescinditur, an repeti possint,* & *an irrita fiat earum hipothecatio ab emptore facta ?* Voyez Stockmans, *décis. 94.*

10 *De pænâ & die adjectis in venditione.* Mornac, *loy 21. ff. de judiciis.*

11 *Valet venditio etiam inter conjunctas personas si dicatur instrumento numeratum fuisse pretium.* Mornac, *l. 8. ff. de donationibus inter, &c.*

Possesseur de la chose venduë n'ayant été payé, est recevable à s'opposer à la saisie de la chose. *Voyez* Carondas, *liv. 7. Rép. 109.*

12 Des termes, clauses & circonstances qui caractérisent le contrat de vente. *Voyez* Franc. de Claperiis, *Causs. 29.*

13 *Venditio domûs, ut quis talem artem in eâ non exerceat, valet.* Voyez Franc. Marc. *to. 1. qu. 22.*

14 *Pactum revenditionis an rem afficiat ?* Voyez *Andr.* Gaill. *lib. 2. observat. 16.*

15 L'acheteur & le vendeur demeurent d'accord du prix d'un heritage, à la charge de le faire délivrer par decret, & que l'acheteur seroit tenu de fournir le prix convenu pour être distribué aux creanciers, & où le prix seroit surhaussé, que le vendeur parfourniroit le surplus. Sçavoir si le contrat de vente est parfait, & si toutes encheres doivent être criées & publiées à la charge de faire ajuger. Le Lieutenant avoit ordonné que toutes encheres seroient reçûës, il n'y a point eu d'Arrêt. Bouvot, *tome 2. verbo* Vente.

16 Un vendeur de bled, ou vin, par défaut de délivrance est tenu de payer la valeur au plus haut prix. Arrêt du Parlement de Dijon du mois de Novembre 1566. *Ibid. part. 2.* Verbo *Vendeur ne délivrant.*

17 L'on peut agir par action de dol, lors que le vendeur a celé quelque charge. Arrêt du Parlement de

18. Dijon du 9. Decembre 1588. *Ibidem*, *quest*. 8.
Un contrat de vente ne peut valoir, l'une des parties étant absente, & qui icelle le Notaire stipulant. Arrêt du Parlement de Dijon du 8. May 1595. *Ibidem*, *quest*. 7.

19. La maison de la femme étant venduë, avec clause que du prix sera acquis heritage à son profit, & que les deniers en seront payez par l'acheteur, & que les biens acquis specialement hypotequez, le vendeur peut prendre les biens retirez par sa fille, & contraindre l'acheteur de rendre le prix en donnant bonne & suffisante caution. Arrêt du Parlement de Dijon du 14. Mars 1605. *Ibid.* qu. 37.

20. Un contrat par lequel un particulier a vendu un heritage chargé de ses charges, sans déclarer un cense qu'il sçavoit être duë, ne peut subsister. Arrêt du Parl. de Dijon du 16. Avril 1605. parce que *dolus dedit causam contractui*. *Ibid.* qu. 38.

21. En chose mobiliaire on peut contraindre le vendeur à reprendre la chose venduë, qui n'est de la qualité & bonté requise, & à rendre le prix. Arrêt du Parlement de Dijon du 27. Novembre 1608. *Ibidem*, *quest*. 47.

22. Celuy qui a vendu une maison à la charge d'acquiter ses creanciers faute de payement, peut faire vendre la maison. Arrêt du Parlement de Dijon du 14. Août 1609. *Ibidem quest*. 53.

23. Celuy qui a acheté des graines, faute de les venir prendre dans le temps, est tenu de payer l'interêt du déchet. Arrêt du Parlement de Dijon du 27. Avril 1610. *Ibid. quest.* 56.

24. Il est permis au vendeur de resilir du contrat avant qu'il soit passé pardevant Notaire. Arrêt du Parlement de Dijon du 15. Septembre 1614. *Ibidem*, *quest*. 65.

25. Le vendeur ne peut être dépossedé de son heritage qu'il ne soit entierement acquitté des rentes, & principaux qu'il doit, dont l'acheteur s'est chargé. Arrêt du Parlement de Dijon du 16. Juillet 1615. *Ibidem*, *quest*. 67.

26. Si la vente peut valoir en cas que l'on ne paye quelque somme prêtée dedans le terme préfix, n'y ayant aucun prix arrêté, ni personne nommée pour en faire l'estimation? *Ibid. quest.* 40.

27. Si la vente du fond vendu comme noble, faisant rente, est cassable? *V.* Cambolas, *liv.* 4. *chap.* 8. où il tient que le vendeur qui a tû sciemment la charge que le fond qu'il vendoit, faisoit, est tenu aux dommages & interêts, non celuy qui a eu une juste cause de l'ignorer.

28. Il n'est permis après la vente d'une maison de faire resilir le contrat en rendant le prix, & payant les réparations. Arrêt du Parlement de Dijon du 18. Avril 1611. Bouvot, *to.* 2. *verbo* Vente, *quest*. 59. V. Nicol. Valla, *de rebus dub. tract.* 20.

29. Si l'on peut obliger un acheteur à jurer? *Voyez* le mot Serment, *nomb.* 161. *& suiv*.

30. Vente est nulle & l'achat réputé usuraire, quand il y a vil prix, & principalement si le vendeur demeure possesseur sans translation de domaine, le contrat est pignoratif. Le Chapitre de Tours fut condamné de recevoir en remboursement de 500. livres, avec les fruits revenans au denier douze pour une terre qui en valoit beaucoup plus, venduë, & neanmoins à l'instant baillée à rente à quarante liv. Arrêt du Parlement de Paris du 7. Decembre 1570. Papon *liv.* 12. *tit.* 7. *n.* 3.

31. Si le vendeur a stipulé qu'au cas que l'acheteur aliene la chose venduë, elle reviendra à luy, cette paction sera inutile, parce que l'effet en est renvoyé à un temps auquel la proprieté sera déja portée à un autre, & l'alienation parfaite : mais s'il a été convenu que la chose viendra au vendeur pour le prix auquel l'acheteur l'aura venduë, cette convention aura effet. Le Parlement de Grenoble l'a approuvé, par Arrêt du 28. Mars 1461. *Voyez* Guy Pape, *question* 569.

32. La promesse de ne vendre point ce que l'on a acheté, à seulement effet, lorsque celuy à qui elle est faite s'y est reservé quelque droit ; néanmoins si elle est jurée, l'alienation qui s'en fera, sera nulle, parce qu'elle seroit l'ouvrage d'un parjure. *Voyez* Guy Pape, *quest*. 569. Chorier *en sa Jurisprudence du même Auteur*, *page* 238. en cite deux Arrêts du Parlement de Grenoble, l'un du mois de Janvier 1550. l'autre du 4. Decembre 1608. pour les Chartreux.

33. Un vendeur vend une maison sans la charge de ladite rente, l'acheteur est poursuivi par le creancier de la rente, *&c.* l'acheteur poursuit son vendeur. Arrêt qui donne un certain temps au vendeur pour racheter ladite rente. Arrêt du 14. Mars 1553. Carondas, *liv.* 7. Rép. 99. où il dit que le crime de stellionat n'a lieu en l'hypotheque generale suivant Faber, & Angelus in *l.* 1. *Cod. de crim. stellion.* & *l. ab eo C. de servo corrupto.*

34. Vendeur contraint précisément à délivrer la chose venduë, s'il a moyen de ce faire, & non d'offrir des dommages & interêts. Arrêt du 18. Decembre 1557. Carondas, *liv.* 12. Rép. 24.

35. Vente de l'heritage de l'enfant par le pere ou la mere, l'enfant le peut revendiquer ; mais s'il est leur heritier, il rendra le prix à l'acheteur. Arrêt à la Pentecôte 1572. Carondas, *liv.* 3. Rép. 29. & *livre* 6. Réponse. 46.

36. Vendeur d'heritage à rente, avec condition qu'il ne pourroit transporter à autre que l'acheteur n'en fût le premier refusant ; un frere l'ayant acquise contre la convention du contrat de vente, l'acheteur de l'heritage a été déclaré recevable à rembourser le tiers acquereur. Arrêt du 17. Avril 1586. *Ibid. li.*7. Rép. 231.

37. Le vendeur d'une heritage se reserve une vente, & s'oblige de ne la ceder à un autre qu'au refus de l'acheteur. Si le vendeur cede la vente sans avertir l'acheteur, il semble que celui-cy n'est pas en droit de rembourser l'acquereur, & qu'il a seulement action contre le vendeur pour les dommages & interêts, parce que *obligatio faciendi non parit actionem nisi ad id quod interest.* Jugé neanmoins au Parl. de Paris & à celuy de Toulouse en 1580. & 1586. que l'acheteur étoit recevable au remboursement. Si le vendeur veut aliener, il suffit qu'il ait fait à l'acheteur une sommation de prendre la rente. Arrêt du mois d'Août 1584. Mainard, *liv.* 4. *ch.* 10. & 11.

38. L'action *quanti minoris*, n'a lieu és ventes necessaires qui se font par interposition du decret. Jugé à Toulouse le 11. Septembre 1635. M. d'Olive *livre* 4. *chap.* 25.

39. Un vendeur a été condamné de rendre à un acquereur qui avoit acheté l'heritage qu'il sçavoit n'appartenir au vendeur, non-seulement le prix de la vente, mais encore 200. liv. pour ses dommages & interêts. Arrêt du 10. Decembre 1640. Brodeau, *sur M. Louet*, *lettre* A. *somm.* 13.

VENTE PAR UN ACCUSÉ.

40. *Accusatus super fractâ pace, an pendente judicio, de rebus suis disponere possit?* Voyez Andr. Gail, *tract. de pace publicâ*, *lib.* 1. *cap.* 19.

41. De la vente faite par un fils parricide, de son bien avant l'accusation. Arrêt du 25. Juin 1619. qui la déclare nulle, & juge que l'acquereur n'avoit pour prescrire par possession de vingt ans, il falloit une possession de trente années. Le Bret, *liv.* 6. *decis.* 4.

42. Si un accusé de crime vend, ou la vente est forcée ou volontaire ; au premier cas elle est bonne, au second cas elle est nulle. *Voyez* M. le Prêtre, *premiere Cent. chap.* 84. & Henrys, *tome* 2. *liv.* 4. *q.* 36.

VENTE, BAIL.

43. De la vente faite de la maison loüée & de l'heritage affermé : que devient le Bail? *Voyez* le mot Bail, *nomb.* 221. *& suiv*.

Un

VEN VEN 809

45 Un fond affermé ayant été vendu pendant le temps de la Ferme, il n'y a aucuns dommages & interets à prétendre contre le vendeur. Arrêt du Parlement de Bourdeaux du 5. Août 1666. *La Peirere, lettre F. n. 29.*

46 Si quelqu'un a baillé à rente un heritage, à la charge que le preneur ne le pourra vendre, sans le consentement du bailleur, si le preneur le vend, & que les creanciers de l'acheteur le fassent saisir réellement, si le bailleur peut demander distraction de l'heritage vendu sans son consentement, comme étant la vente faite du consentement du bailleur, nulle ? *Voyez Bouvot, to. 1. part. 1. verbo Prohibition de vendre, quest. 1.*

Vente de Bestiaux.
47 *Voyez le mot Retrait, nomb. 28. & suiv.*

Vente de Bled.
48 Si quelqu'un vend du bled, & ne l'a délivré, les offres de payer l'estimation au temps du Contract, ne sont valables. Il faut le donner en espece. Arrêt du 3. Juillet 1603. *Bouvot, to. 2. verbo Fraude, question 4.*

49 Vente de bled en verd. *Voyez le mot Bled, nombre 4.*

Vente de Cheval.
Voyez le mot Cheval, nomb. 12. & suiv.

Vente, Chapelle.
50

51 Si l'heritier du Fondateur d'une Chapelle en une Eglise Paroissiale, peut ceder & délaisser cette Chapelle à un tiers étranger de la famille, en faisant vente de la maison que le défunt avoit en la Paroisse, au préjudice de ses coheritiers de même famille : & si telle vente & cession est bonne & valable, étant confirmée par les Marguilliers & Procureurs Fabriciens. *V. Filleau, 4. part. quest. 86. rapporte l'Arrêt du 18. Mars 1602. en faveur du parent.*

Vente, Communauté.
52 Ceux qui sont en Communauté de biens ne peuvent vendre aucune piece ni portion d'iceux, tant petite soit elle sans le sçû & consentement des autres qui y ont part. Arrêt de l'an 1578. *La Rochestavin, liv. 6. tit. 1. Arr. 1. & Mainard, liv. 6. chap. 72.*

Il est permis à un coheritier ou codetenteur de vendre sa portion indivise avant l'action de division ou partage universel. Arrêt du 7. Février de relevée 1602. *Carondas liv. 13. Réponse 37.* Autre Arrêt du 15. Decembre 1648. rapporté *au Journ. des Audiences, tome 1. livre 5. chap. 37.*

53 Vente du bien de Communauté sans autorité de la Cour, nulle. Arrêt du 22. Decembre 1614. *Basset, tome 1. liv. 4. tit. 10. chap. 5.*

54 Alienation des biens appartenans aux Communautez. *Voyez le mot Alienation, nomb. 87. & le mot Communautez, nomb. 94. & suiv.*

55 Es ventes faites à une Communauté le retrait n'a point lieu. *Voyez le mot Retrait, nomb. 255. & suiv.*

Vente a deux.
56 De la vente faite à deux, qui est préferable ? A l'égard des fiefs, c'est celuy qui s'est le premier mis en possession ; à l'égard des censives, c'est celuy qui a reçu le premier l'investiture du Seigneur direct. *Voyez Mainard, liv. 2. de ses quest. chap. 60. & 61. & Papon, liv. 11. tit. 6. nomb. 9.*

57 De deux ventes faites de même chose à deux personnes differentes ; le premier en possession, ne fût-elle que civile, est préferable ; mais il faut que le prix soit payé, ou que le vendeur ait suivi la foy de l'acheteur, & que celuy-cy ait eû investiture, si la chose n'est pas allodiale. *Voyez Guy Pape, quest. 22. 87. 195. 112. & 509.*

58 Martin avoit vendu à trois personnes une même maison, & étoit par consequent tenu de stellionat, *L. qui duobus. ff. ad l. corn. de falsi.* s'il y avoit contestation entre deux des acheteurs ; la premiere vente n'étant faite que par écriture privée, l'acheteur de la seconde vente par contract public avoit été préferé par Arrêt

Tome III.

du Parlement de Toulouse; le premier acheteur se pourvut ; son moyen étoit l'erreur de fait, prise de ce que la Cour en préferant son adversaire, n'avoit pas sçû qu'il fût en possession de la chose venduë depuis la vente qui luy en avoit été faite, & qu'ainsi la tradition luy avoit acquis le plein droit & la proprieté de la chose. *l. traditionibus, cod. de pactis.* & en effet ce premier acheteur l'emporta par cette raison de possession, suivant la Loy *quoties, Cod. de rei vindicat. Albert, verbo, Vente, art. 2.*

59 Celuy qui achete une chose venduë ou donnée à un autre, le sçachant se mettant le premier en possession n'est préferable au premier acheteur ; mais ne le sçachant point il est préferable. Arrêt du Parlement de Dijon du 26. Juillet 1564. *Bouvot, tome 2. verbo, Vente, quest. 68.*

60 De deux particuliers qui disent avoir acheté du vin, il faut s'arrêter à la Déclaration du vendeur, & celui-là est préferable, qui le premier a donné le *denier à Dieu*, goûté & ensuite fait le prix. Arrêt du Parlement de Dijon du 28. Septembre 1609. *Bouvot, ibid. question 51.*

61 Jugé en la Chambre de l'Edit de Castres, le 8. Août 1634. que des conventions signées d'un Notaire & de trois témoins portant vente d'une Metairie, prévaloient à une vente posterieure en forme authentique, d'autant plus que le second acquereur n'avoit pas pris possession du bien vendu. *Voyez Bene, Arrêt 99.*

62 Quand toutes les ventes sont en même forme, la premiere est préferée. Jugé au Parlement de Toulouse le 7. May 1655. quoyqu'il y eût des actes possessoires du pré, dont il s'agissoit de la part de l'un & de l'autre des acheteurs. *Albert, lettre V. verbo, Vente, article 2.*

63 Un coffre ayant été vendu, la clef donnée à l'acheteur, une partie du prix payé & depuis vendu & livré à un autre qui en avoit payé le prix sur le procez entre ces deux acheteurs, par Arrêt du Parlement de Grenoble du 17. Septembre 1673. le coffre a été adjugé au premier à qui la clef en avoit été donnée. Cet Arrêt est rapporté par *Chorier, en sa Jurisprudence de Guy Pape, page 236.*

Vente, Biens dotaux.
64 *Voyez le Vest Arrêt 34, où il rapporte un Arrêt du 20. May 1547. qui a déclaré la vente bonne.*

Vente de fonds dotal faite par la femme authorisée de son mari avec toutes renonciations, a été cassée à la poursuite des enfans de ladite femme, comme ses heritiers. Arrêt du 14. Août 1600. toutefois si la vente a été faite avec serment, la femme ni ses successeurs ne peuvent venir au contraire. *M. Expilly, Arr. 125.*

Vente, Droits Seigneuriaux.
65 Droits en cas de ventes. *Voyez le mot Droits Seigneuriaux, n. 180. & suiv. & le titre des Lods & ventes.*

66 Le vendeur sera privé du prix de la vente, s'il n'a déclaré de quel fief ou censive est la chose venduë ; cela est vray s'il y a malice & affectation de sa part & qu'il ait dissimulé les charges foncieres, l'enregistrement des Lettres Patentes pour la verification de l'Ordonnance de 1549. est dans *Du Moulin, to. 2. p. 802.*

67 D'une vente d'heritage à la charge d'acquitter une rente viagere, sont dûs droits Seigneuriaux à raison du tiers du prix de la rente, à cause qu'elle est viagere, & pour l'incertitude du viage. Arrêt du 8. Octobre 1568. *Carondas, liv. 11. Rép. 30.*

68 Es Coutumes où les droits Seigneuriaux des ventes sont dûs par le vendeur ou moitié par luy, & l'acheteur, quand la vente n'est faite francs deniers qu'és adjudications par decret ; elle est toûjours présumée francs deniers, & est l'adjudicataire tenu des droits. Arrêt du 24. Janvier 1648. *Du Frêne, li. 5. ch. 27.*

69 Quand le dernier vendeur stipule dans le Contract que l'acheteur payera les tailles & censives qui pourront être dûs par les fonds vendus ; en ce cas les autheurs du vendeur ou ceux qui les representent,

KKKKK

comme sont des successeurs, des heritiers, ou même des derniers acquereurs sont à couvert de la demande du *quanti minoris*. Arrêt du Parlement de Toulouse du mois de Juillet 1679. *La Rochestavin, liv. 2. tit. 1. article 12.*

VENTE DE DROITS SUCCESSIFS.

70 La loy 2. *Cod. de rescindendâ venditione*, n'a point de lieu en vente de succession ou de droits successifs, encore que le vendeur allegue que les forces de la succession luy étoient inconnuës. Arrêt du 23. Mars 1580. *Chenu, 1. Cent. quest. 76.*

71 Vente de droits successifs du consentement de celuy *de cujus successione agebatur*, déclarée nulle par Arrêt en Janvier 1530. *M. Loüet, lettre H. somm. 6.*

72 En vente de droits successifs, la lezion d'outre moitié de juste prix n'a lieu. Arrêt du dernier Août 1583. *Voyez M. Loüet, lettre H. somm. 7. & 8.*

73 Vente & cession de droits hereditaires n'est sujette à rescision, pour lezion d'outre-moitié du juste prix, encore moins après dix ans. Jugé le 24. Decembre 1636. *Bardet, tome 2. liv. 5. chap. 34.*

74 Contract entre deux sœurs, par lequel l'une vend à l'autre sa part indivise de ses droits successifs, est reputé partage, & n'en sont dûs lods & ventes. Arrêt du 15. Decembre 1648. *Du Frêne, liv. 5. chap. 37.*

75 Vente de droits successifs, faite à un executeur testamentaire, des mineurs qui obtiennent Lettres contre la vente de leur pere, fondées sur dol personnel & lezion, les Lettres enterinées. Jugé au Parlement de Paris le 7. Decembre 1666. *Journal du Palais.*

VENTE, ECRITURE PRIVE'E.

76 Si la vente faite par écriture privée est parfaite, lorsque l'on est convenu qu'elle seroit redigée en Contract public dans un certain temps? Arrêt du Parlement de Toulouse en 1637. tient pour l'affirmative. Arrêt contraire du 21. Decembre 1646. qui relaxa l'acheteur; il y a apparence que ce fut à cause des ventes posterieures que le proprietaire avoit faites par Contract public qui privoient cet acheteur de son hypotheque. *Albert, verbo, Vente.*

77 Au Parlement de Toulouse la vente d'un fond écrite de main privée ne passe que pour promesse de vendre; celle qui est faite par un Contract public prévaut. Arrêts des 15. Février 1638. & 10. Decembre 1645. *Voyez Albert, lettre P. verbo, Promesse.*

78 De la vente faite par un billet privé, dont il sera passé Contract. Cette vente est bonne & parfaite si le billet est signé par l'acheteur & le vendeur, & le prix reglé, le refusant, peut être contraint de l'executer. On suppose que lorsque les parties ont eu intention de passer un Contract de vente, la vente n'est pas parfaite que le Contract ne soit passé, suivant la loy *Contractus, Cod. de fid. instrum.* mais cette Loy doit être entenduë, suivant l'avis des Docteurs, & entre autres de Mornac, lorsque les parties ont voulu que le Contract fût necessaire pour la validité de leur convention; mais lorsque la convention est précise, signée par les parties, que le prix est reglé, & que le Contract n'est requis que pour la conservation de la memoire de la vente, elle ne cesse point d'être parfaite avant le Contract passé. Arrêts du Parlement de Toulouse des 12. Janvier 1649. & 30. Janvier 1676. rapportez par *M. de Catellan, tome 2. liv. 5. chap. 4.*

79 Il est plus sûr d'acheter par Contract public, non seulement à cause des inconveniens, mais parce que l'achat peut devenir inutile par le retrait, de ceux qui ont droit de l'exercer. Jugé au Parlement de Toulouse le 28. Juin 1650. contre Jean Grimal acquereur d'un fond, quoy qu'il eût passé aux mains de trois divers possesseurs depuis la vente qui en a été faite par un nommé Tamié en 1640. & qu'il resultât du payement de 390. liv. *Albert, verbo, Vente, art. 2.*

VENTE, EGLISE.

80 Vente de biens d'Eglise. *V. les mots Alienation, Eglise.*

81 Redoanus *de alienatione rerum Ecclesiasticarum*, in fol. *Placentiæ* 1576.

82 Villagut *de rebus Ecclesiæ non alienandis*, in oct. *Coloniæ* 1609.

83 Chenu, de l'alienation des biens de l'Eglise, in 8. *Paris.* 1644.

84 Le sieur Montagrier vend au Lieutenant de la Rochelle un Convent de Cordeliers ruiné par les guerres, prétendant que le dit lieu luy avoit été fondé par ses ancêtres. L'acquereur n'ignoroit point qu'il achetoit une chose sacrée; le Contract portoit (*le lieu où cy-devant étoit le Convent des Cordeliers*), moyennant 700. livres; l'acquereur évincé & le vendeur assigné en garantie, ce dernier offre le prix seulement sans dommages & interêts. M. l'Avocat General Servin remontra que cet achat étoit illicite sur tout par un Juge en pleine paix, & certain de la qualité de ce qu'il achetoit; il demanda que le prix de la chose fût donné aux pauvres, par Arrêt du 27. Février 1698. le prix fut jugé, le tiers à l'Hôtel-Dieu, un autre tiers aux pauvres prisonniers, & autant aux Cordeliers de Paris. *Bibliotheque Canon. tome 2. page 539. colon. 2.*

85 Biens de Confrairie alienez. *Voyez le mot Alienation de biens d'Eglise, nomb. 45.*

VENTE, EVICTION.

86 Si la coheritier du vendeur peut évincer l'heritage pour une partie, & si la Loy *cum a maire C. de reivindicat.* est en usage? *Henrys tome 1. liv. 4. ch. 6. quest. 30.* tient la negative.

De l'éviction que craint un vendeur. *Voyez le mot Eviction, nomb. 30. bis & suiv.*

VENTE, FACULTE'.

87 Le Contract de vente d'heritage à peine de rachat est usuraire, quand des fruits l'on tire plus que l'interêt legitime au denier seize. Arrêt du Parlement de Dijon du mois de Février 1567. *Bouvot, tome 2. verbo, Usures, quest. 14.*

88 La faculté reservée par le vendeur d'être préferé en la chose en cas que l'acheteur vienne à la revendre est prescriptible. Arrêt du 16. Juillet 1644. *Henrys, tome 1. liv. 4. chap. 6. quest. 76.*

Voyez le mot, Eviction.

VENTE PAR LA FEMME.

89 Vente faite par une femme qui avoit faussement pris la qualité de veuve, déclarée nulle. *Notables Arrêts des Audiences, Arr. 85.*

90 Vente d'une Terre avec renonciation de la femme à son doüaire préfix, a été cassée; & les arrerages, tant du doüaire préfix que de ses deniers dotaux, luy ont été ajugez. *Voyez le Vest. Arr. 55. où il rapporte Arrêt sans le dater.*

91 Femme mariée ne peut vendre ses propres. Arrêt en Juillet 1605. *M. le Prêtre, ès Arrêts de la Cinquième.*

92 De la vente du bien de la femme. *Voyez le mot, Alienation, n. 55. & suiv. Decret, nomb. 41. & verbo, Femme, n. 123. & 134. & suiv.*

VENTE, FRANC.

93 Un heritage franc, se trouvant chargé d'une rente, le vendeur est obligé d'en affranchir l'heritage, en constituant semblable rente sur heritages suffisans. Arrêt du Parlement de Dijon du 29. Janvier 1574. *Bouvot, tome 1. part. 3. verbo, Vente des heritages censables, & tome 2. verbo, Vente, quest. 4.*

Voyez le mot, Franc & cy-après le nombre 123.

VENTE, FRAUDE.

Voyez le mot Fraude.

94 *De venditione fundi in fraudem.* Voyez la nouvelle édition des Oeuvres de *M. Ch. Du Moulin, to 2. p. 161.*

Pretii paucitate & pacto de revivendendo, an emptionis contractus simulatus, fraudulentus vel pignoratitius censeatur. Voyez *Franc. Marc. tom. 1. qu. 483.*

95 Voyez le 11. Plaidoyé de *M. Marion*, in 8°. sur un Contract prétendu deguisé en forme de vente, bien qu'il soit en effet un simple engagement, resoluble à

toûjours, même après 40. années, en faisant offre de rendre le prix pour dégager la Terre. Cependant la Cour par son Arrêt confirma la vente, en infirmant la Sentence du Bailly de Chartres, qui avoit déclaré le Contrat déguisé & pignoratif.

VENTE, FRUITS.

96 Jugé en la Chambre de l'Edit de Castres, le 13. Decembre 1641. qu'un Contract de vente pure d'une maison fait cesser un Contract de vente des fruits ; & parce que la vente avoit été faite par une mere Tutrice *inconsulto pratore*, la Cour ordonna qu'elle seroit mise aux encheres. Par Arrêt contraire du 8. Mars 1652. la Cour fit subsister une vente de fruits contre la vente pure de la propriété. *Voyez* Boné, *Arrêt* 36. & 37. Il ne rapporte point les circonstances qui ont pû donner lieu à la décision différente.

97 Si la vente d'un fonds est faite avant la Saint Jean, le vendeur a les fermages à proportion des temps, & l'acquereur a le restant du jour de son Contract, jusques à la Saint Michel, qui est le terme ordinaire, où les baux à ferme commencent. Arrêt du Parlement de Roüen du 1. Decembre 1637. Basnage, sur la Coût. de Normandie, art. 505.

VENTE, GARANTIE.

98 De la garantie en fait de vente. *Voyez* le mot, *Garantie, n.* 150. & *suiv.*

99 Si l'acheteur d'harengs en caque qui se trouvent gâtez & corrompus, est tenu de payer le prix. *Voyez* Bouvot, *tome* 1. *part.* 1. *verbo, Vente d'harengs.* Il estime que la restitution demandée par Lettres, auroit son effet.

100 Si l'acheteur qui a promis d'acquiter le vendeur de quelques principaux & arrerages, quoyque le bien vendu soit mis en criées, est tenu de faire l'acquitement, sans que le vendeur baille caution? V. Bouvot, *tome* 2. *verbo, Vente, quest.* 25.

101 En cas d'hypotheque l'on ne peut refuser de payer le prix de la chose ; mais le vendeur est tenu de donner bonne & suffisante caution pour le principal & arrerages en cas d'éviction. Arrêt du Parlement de Dijon du 15. Decembre 1603. *Ibid. quest.* 35.

102 De celuy qui en vendant donne les titres pour toute garantie. *Voyez* Du Moulin, en son Conseil 49. to. 2. *page* 945.

103 Si le vendeur sciemment vend la chose d'autruy, il ne laissera pas d'être tenu à la restitution du prix, quoyque le contraire fût stipulé. Jugé au Parlement de Paris le 27. Novembre 1548. Biblioth. de Bouchel, *verbo, Garantie.*

104 Un mary vend (avec promesse de garantie, & de faire ratifier) le propre de sa femme sans son consentement à un parent de sa femme, & qui sçait bien que ce qu'il achete n'est pas au mary. Jugé le 10. Decembre 1640. que le mary rendroit le prix avec 200. liv. pour dommages & interêts. Brodeau, sur M. Louet, let. A. somm. 13.

105 Lors qu'un vendeur conditionne le rendage ou loyer de l'heritage qu'il vend, être d'une certaine somme, & que par le bail il se trouve d'une moindre somme, l'acquereur a droit de prétendre diminution du prix, non pas à raison de ce qu'il recevra moins pendant le terme du bail seulement ; mais bien à raison de ce que la somme défaillante produit en capital. Jugé au Parlement de Tournay le 8. Janvier 1699. entre le sieur Marquis d'Heuchin, & Damoiselle Jeanne de Lannoy Dumesnil. Arrêt du Parlement de Tournay. *tome* 2. *Arrêt* 248.

VENTE DE GRAINS.

106 Vente de neuf années d'une redevance de grains, est réprouvée. Arrêt du 7. Decembre 1632. Du Frêne, *liv.* 2. *chap.* 120.

107 D'une vente de grains à jour nommé. Arrêt du Parlement de Grenoble du 27. Mars 1637. qui met les parties hors de Cour, sur les dommages & interêts demandez respectivement ; l'acheteur avoit tort de ne

s'être pas trouvé au jour marqué pour recevoir les bleds ; parce que *dies solutionis summa pars est stipulationis*. D'un autre côté le vendeur ne pouvoit pas prétendre un dédommagement, puisque n'ayant pas trouvé l'acheteur, il avoit profité de l'occasion de vendre d'autres. Basset, *tome* 2. *liv.* 4. *tit.* 6. *ch.* 3.

VENTE D'HEREDITÉ.

108 Vendre son droit d'heritier. *Voyez* M. le Prêtre, 3. *Cent. chap.* 94.

109 Vente d'heredité de tout le droit qu'on peut prétendre, il n'y a lieu de restitution, à cause de déception d'outre-moitié de juste prix. Arrêt du 30. Avril 1584. Carondas, *liv.* 8. *Rép.* 75.

VENTE, HYPOTHEQUE.

110 De l'hypotheque en matiere de vente. *Voyez* le *nombre* 277. & *suiv.* verbo, *Hypotheque.*

111 L'hypotheque constituée par l'acheteur, est éteinte lorsque par la Loy 2. *Cod. de rescind. vendit.* la vente a été resoluë en Justice, &c. *Voyez* Carondas, *liv.* 6. *Réponse* 48.

112 Un Notaire Créancier hypothequaire d'un, qui après vend son heritage, franc & quitte de toutes hypotheques, le même Notaire recevant le Contract, renonce tacitement à son droit d'hypotheque au profit de l'acquereur, qui est préferé à luy, quoyque posterieur en hypotheque. Filleau, 4. *part. question* 167. & 168.

113 Vendeur préferé sur sa marchandise au Créancier de l'acheteur, par Arrêt prononcé à Pâques 1588. Montholon, *Arrêt* 51. *Voyez* M. le Prêtre, és Arrêts de la Cinquiéme, & en sa 1. Cent. *chap.* 99. M. Loüet, *lettre* P. *som.* 19. & *let.* H. *som.* 21. M. d'Olive, *liv.* 4. *chapitre* 10. M. Henrys, *tome* 1. *liv.* 4. *chap.* 6. *question* 107.

114 En jugeant le procés de la distribution de Durand, la Cour décida deux points ; l'un que ceux qui avoient vendu certains biens en fonds à Durand, & n'avoient été payez de l'entier prix, n'étoient pourtant pas recevables à demander la distraction des biens vendus ; la vente en fut ordonnée séparément, à la charge que des premiers deniers qui en proviendroient, les vendeurs seroient payez ; l'autre que ceux qui avoient vendu & livré certaines marchandises à Durand, qu'ils soûtenoient être encore en nature, n'avoient hypotheque speciale, ni privilege pour être payez sur le prix de ces marchandises, par préference aux autres Créanciers ; cependant au dernier cas, il fut jugé par Arrêt du dernier Avril 1587. que deux Marchands de Bourdeaux ayant délivré leurs marchandises à un Saffranier, qui avoit perdu son credit à Toulouse, s'étant ravisez promptement, & les ayant fait arrêter, le pouvoient revendiquer, au préjudice des autres Créanciers. Maynard, *liv.* 2. *ch.* 46.

115 Celuy qui a vendu une maison, avec speciale hypotheque, est préferé à tous Créanciers de l'acheteur, Arrêt du Parlement de Dijon du 5. Août 1566. Bouvot, *tome* 1. *part.* 2. verbo, *Hypotheque speciale.*

116 Celuy qui vend l'heritage, encore qu'on ait obmis de stipuler la speciale hypotheque sur la chose venduë à crédit ou baillée à rente, a préference ; le même dans la vente des marchandises. Arrêts du dernier Avril, & 8. Septembre 1616. M. Bouguier, *lettre* H. *nombre* 12. *Voyez* M. d'Olive, *liv.* 4. *chap.* 10. & Henrys, *tome* 1. *liv.* 4. *chap.* 6. *question* 107.

117 Les derniers Créanciers ne peuvent user du droit d'offrir contre les acquereurs anterieurs. Arrêt du 5. Juin 1628. *Voyez* l'espece rapportée par M. d'Olive, *liv.* 4. *chap.* 11. *Voyez* le *chap.* 26. de son troisiéme Livre.

118 Le vendeur d'un fonds n'ayant reçû que partie du prix de sa vente ; & s'étant reservé pour le surplus son hypotheque speciale & privilegiée, peut se pourvoir contre un tiers détenteur, acquereur du premier, sans discussion des biens du premier acquereur. Jugé à Paris le 9. May 1672. *Journal du Palais.*

Tome III. KKKKK ij

812 VEN   VEN

VENTES IMAGINAIRES.
119 Voyez *Peleus*, question 135.

VENTE, INTERESTS.
120 Interêts en cas de vente. Voyez le mot, *Interêts*, nombre 274. & suiv.
121 Si le vendeur doit les interêts du *quanti minoris* depuis le jour qu'il a reçu le prix, ou seulement depuis la demande faite par l'acheteur, d'un fonds qui se trouve emphyteotique, & qui luy avoit été vendu comme allodial. Voyez *Duperrier*, liv. 4. quest. 13.
122 Par Arrêt du Parlement de Dijon du 24. Juillet 1587. un particulier qui avoit vendu des grains, faute de les livrer, fut condamné à rendre le prix, avec les interêts au denier dix. Même Arrêt du 2. May 1588. *Bouvot*, tom. 2. verbo, *Vente*, quest. 11. & 12.
123 Celuy qui vend un heritage franc de toutes charges, redevances, hypotheques, ce qui ne se trouve pas, n'est tenu de donner un autre heritage de même qualité, bonté & quantité; mais seulement de payer les dommages & interêts resultans. Arrêt du Parlement de Dijon du 15. Janvier 1609. *Ibidem*, quest. 48.
124 Par Arrêt du Parlement de Roüen du 13. Avril 1617. il a été jugé que quoyque le prix de l'Office ait été converti en Contract de constitution, toutefois le Creancier avoit son privilege & droit de préference, non seulement pour le principal, mais aussi pour les interêts, *argum. L. quaro. ff. loc.* Jovet, verbo, *Préference*, n. 28.

VENTE JUDICIELLE.
125 Arrêt du 2. Août 1649 du Parlement de Grenoble qui juge qu'une vente judicielle n'est parfaite avant la mise en possession. *Basset*, tome 2, li. 3. tit. 2. ch. 1.

VENTE, LEZION.
126 Au cas de lézion d'outre moitié l'on a égard au temps du contract de vente. Voyez *Bouvot*, to. 2. verbo *Vente*, quest. 71.
127 Un vendeur prend lettres sur le fondement de lézion d'outre moitié; l'acheteur offre le supplément, & demande qu'il luy soit permis de vendre du bois de la piece en question. L'impetrant l'empêche, & dit qu'il pourroit arriver, que l'acheteur ne payeroit pas encore, & seroit forclos de l'option; qu'ainsi la chose vendue retourneroit au vendeur, lequel a interêt qu'elle ne soit pas diminuée. Par Arrêt du Parlement de Paris du 14. Juin 1515. l'acheteur débouté. *Bibliotheque de Bouchel*, verbo *Restitution*.
128 Vendeur renonçant au benefice de la Loy 2. de *rescind.* vend. peut neanmoins être restitué pour lézion d'outre moitié de juste prix. Arrêt du 9. Juin 1571. *Carondas*, liv. 10. Rép. 88.
129 Celuy qui a vendu quelque heritage pour certain prix, à la charge de le faire ajuger par decret par l'acheteur, ne peut être relevé de la vente pour cause de déception d'outre moitié de juste prix, ayant été vendu à bien plus haut prix par le decret, que par le contract d'acquisition. Arrêt du 17. Mars 1584. *Ibid*. liv. 3. Rép. 2.
130 Lézion de moitié de juste prix, n'a lieu à l'égard de l'acheteur. Arrêt à la Nôtre-Dame d'Août 1592. *Montholon*, Arr. 77.

VENTE, CHOSE LITIGIEUSE.
131 De la vente de chose litigieuse. Voyez *Guy Pape*, quest. 337. 437. 479. & 488.

VENTE, LOY COMMISSOIRE.
132 *Lex commissoria* de laquelle il est parlé au troisiéme titre du Digeste, loy 2. est celle qui favorise la convention, *qua venditioni adjicitur, ut si intra certum tempus pratium non fuerit numeratum, res sit tempta*. Du Moulin, tome 2. page 146. parle de cette Loy & l'explique.
In redditiva improba lex commissoria. Ibid. p. 164.
133 Arrêt du Parlement de Paris qui a débouté un vendeur qui se vouloit aider de la Loy commissoire deux ans apres le terme dans lequel il avoit été accordé

que le prix seroit payé, autrement la vente nulle. *Papon*, liv. 12. tit. 8. n. 2.
134 Le pacte commissoire peut être apposé dans un contract de vente, mais l'on peut aussi *purgare moram celeri præstatione.* Arrêt du Parlement de Toulouse qui donne quinzaine à l'acheteur pour payer. M. *de Catellan*, liv. 5. ch. 20.
135 La loy commissoire n'est qu'au profit du vendeur, & ainsi il n'est point au choix de l'acheteur de se départir d'une vente casuelle: c'est le sentiment d'Henrys contre le sentiment de son Siege. Voyez l'espece, to. 1. liv. 4. chap. 6. quest. 2.

VENTE, LOY *quoties*.
136 La loy *quoties duobus* C. *de reivindicatione*, se garde au Palais. Arrêt de préjugé du 24. Avril 1595. M. *Loüet*, lettre V. somm. 1.
137 La Loi *quoties Cod. de rei vendit.* décide que de deux acheteurs ou donataires d'un même vendeur, celuy là est preferé en la proprieté qui se trouve le premier en possession, quoiqu'il soit posterieur en contract. La tradition qui se fait par la retention de l'usufruit n'est pas considerée en la décision de cette Loy, la possession réelle l'emporte. Arrêt du Parlement de Toulouse du 23. Février 1668. Voyez M. *de Catellan*, liv. 5. chap. 18.

VENTE, MESURE.
138 Le vendeur n'est point tenu au mesurage, quand il vend les pieces confinées par bouts & côté; seuls, par arpent ou journaux. Voyez *Tronçon, Coûtume de Paris, art.* 346. Voyez *Mornac*, loy 40. §. 2. ff. *de contrahenda empt.* & Henrys, to. 1. liv. 4. chap. 6. quest. 83. Voyez la loy 69. *qui libertatis ff. de evictionibus, circa finem.*
139 Arrêt de partage au Parlement d'Aix sur la question si le vendeur d'un fonds désigné & confronté, ou limité, ayant commencé par un corps doit suppleer la moindre contenance à l'acheteur. La Sentence avoit ordonné qu'il seroit fait rapport par Experts, si lors de la vente la proprieté contentieuse étoit de la même contenance, que du temps de la collocation, & qu'elle seroit aussi estimée à ce qu'elle pouvoit valoir au temps de la vente. V. *Boniface*, to. 2. liv. 4. tit. 1. chap. 2.
140 Es contrats de vente, il faut suivre la Coûtume où les heritages sont assis pour la mesure, & non pas la Coûtume où les contrats sont passez. Jugé en Juillet 1585. *Carondas*, liv. 7. Rép. 83.
141 De la mesure des heritages vendus & garantie d'iceux. Voyez *Papon*, liv. 11. tit. 4. n. 17. il faut regarder la mesure du lieu de la situation de la chose venduë, & non du contract. Arrêt du Parlement de Paris du 4. Juillet 1585. Ibid.

VENTE, BIENS DU MINEUR.
142 Vente faite par un mineur, ou de ses biens. Voyez le mot *Mineur*, nomb. 194. & suiv.
143 Les deniers procedans de la vente d'heritages, ou rentes propres aux mineurs, tiennent pareille nature que recouvrer lesdits heritages ou rentes pour retourner aux parens du côté & ligne dont lesdites rentes étoient procedées. *Coûtume de Paris*, article 94. parce que ne pouvant disposer de leurs biens, les choses ne changent point de nature, & ce pour éviter les fraudes que pourroient faire les tuteurs. Voyez M. *Bouguier*, lett. R. nomb. 1.
144 Les mineurs sont facilement relevez des ventes faites par leurs tuteurs. Arrêt du 14. Août 1536. Le *Vest*. Arr. 203.
145 Un mineur vendant à un majeur une chose commune, & se faisant apres restituer, l'acheteur n'est tenu d'entretenir la vente à l'égard du majeur. Arrêt du Parlement de Dijon du 16. Février 1582. Voyez *Bouvot*, to. 1. part. 3. verbo *Majeur*.
146 La vente des biens d'un mineur faite par autorité de Justice avec les solemnitez requises, ne peut être revoquée sous pretexte de lézion. Arrêt du Parle-

VEN   V.EN   813

ment de Dijon du 21. Mars 1585. *Ibid. to.* 2. *verbo Vente,* quest. 32. Voyez *M. le Maistre, au traité des Criées,* chap. 19.

147 Les mêmes solemnitez requises par le Droit aux alienations & ventes pures des biens de mineurs & pupilles sont aussi requises aux ventes à faculté de rachat. Arrêt du Parlement de Toulouse du 14. Decembre 1586. *V. la Rocheflavin, livre* 1. *titre* 3. *Arrêt premier.*

148 Vente de meubles des mineurs, comment se doit faire, & comment les tuteurs en sont comptables? *V. Henrys, to.* 1. *liv.* 4. *chap.* 6. *quest* 110. où il y a Arrêt de reglement du 27. Novembre 1596. fait és Grands Jours de Lyon, qui défend aux tuteurs, & à tous autres de retenir les meubles des mineurs pour le prix de la prisée.

149 *Tutor rem pupilli emere potest, modo fiat palam venditio.* Jugé le 12. Janvier 1610. *Alias secus;* Mornac, *L.* 24. §. *ult. tutor, ff. de contrahendâ empt.*

150 En matiere de vente des biens de mineurs, un avis de parens donné en Justice ne suffit pas, il faut qu'il y ait des publications & affiches en l'Auditoire du lieu, &c. Arrêt du Parlement de Paris du 9. Avril 1630. *Du Frêne, liv.* 2. *chap.* 71.

151 Vente faite par Tuteur ou Curateur, des biens de son pupille ou mineur sans solemnitez requises sujette à rescission, s'il y a lézion. Arrêt rendu au Parlement de Grenoble le 14. May 1662. qui ordonne la preuve de la lézion. *Basset, tome* 1. *livre* 4. *titre* 12. *chapitre* 6.

152 La mere heritiere de son fils, peut demander la cassation de la vente d'un fond qu'elle a faite, comme administreresse, sans autorité de Justice. Arrêt du Parlement de Toulouse du 18. Juillet 1662. Voyez *M. de Catellan, liv.* 5. *chap.* 47. où il dit avoir été jugé que si celuy qui demande le délaissement, est heritier, pour une portion seulement du vendeur, il peut obtenir de son chef le délaissement de la chose qui luy appartient, en payant la garantie pour sa portion hereditaire.

153 La lecture est requise en vente ou adjudication par Justice des biens des mineurs, nonobstant deux proclamations. Ainsi jugé au Parlement de Normandie. *V. Berault & Basnage, sur l'art.* 458. *de cette Coûtume,* où il est observé que le vendeur peut servir de témoin contre le retrayant & l'acheteur, & que l'acquereur est recevable à prouver le retrait frauduleux.

VENTE, PAYEMENT.

154 Au commencement du Parlement établi à Tours, il y eut Arrêt au profit de Mademoiselle de Valmer, contre l'acheteur d'une Terre, qui ne pouvoit payer, par lequel il fut dit que dans tel temps il payeroit, *alias* le Contract de vente resolu, & que le vendeur rentreroit en sa Terre. Il y eut aussi pareil Arrêt, contre la veuve d'un Italien, pour la Terre & Seigneurie de la Coste en Touraine, il semble que tels Arrêts de resolution de Contract de vente faute de payement, sont fondez sur la Loy *cum te. C. de pact. inter empt. & vendit.* Biblioth. du Droit François, *par Bouchel, verbo, Resolution de Vente.*

155 Sur un fait & marché, par lequel un Marchand vend à l'autre un devant de cotte fait en broderie, pour le prix de 50. écus sols, payable en laines, à raison de tant la livre, qu'il promet fournir au vendeur dans certains jours, lequel passé, le vendeur demande à son debiteur cinquante écus, & le fait executer, qui s'oppose, disant n'être debiteur de ladite somme, mais de la laine qu'il offre. Le vendeur dit qu'il a laissé passer le jour, qu'il s'est constitué en demeure, qu'il ne peut aujourd'huy payer ; condamné à payer la somme : il appelle, & il releve à Paris, où il est dit par Arrêt, allegué par M. du Luc, qu'il a été bien jugé, & que l'appellant s'amendera ; le motif de l'Arrêt étoit suivant ce qu'on dit communément, que le terme interpelle le debiteur. *Biblioth. de Bouchel, verbo, Terme.*

156 Un Gentilhomme emprunte 500. écus d'un Marchand, qu'il promet luy rendre dans un an, & à cette fin hypotheque un Fief, & convient que l'an passé, sans faire le payement, dés-à-present comme dés-lors, le Fief seroit vendu au Marchand. L'an se passe sans payer, le Marchand veut se saisir du Fief, & forme contrainte : par la Sentence du premier Juge, le Fief est sequestré ; sur l'appel, Arrêt du 19. May 1559. qui ordonne que si dans deux mois l'appellant ne paye, iceux passez, la Terre sera dés-lors vendue au Marchand, à tel prix que les Experts estimeront. *Papon, liv.* 11. *tit.* 3, *n.* 2.

157 Avant le terme de payer le vendeur de bétail le fait saisir ; la saisie déclarée tortionnaire, & le saisissant condamné aux dépens, par Arrêt du 28. Juin 1582. *Carondas, liv.* 7. *Rép.* 118.

158 Arrêt du Parl. de Provence du 19. Février 1644. qui a jugé que le vendeur d'un mulet, avec pacte prohibitif de vendre jusqu'au payement du prix, peut le faire saisir pour le payement du prix entre les mains d'un second acheteur, lequel est obligé de donner caution du prix dû au premier vendeur. *Boniface, to.* 2. *liv.* 4. *tit.* 1, *ch.* 11.

159 Jugé le 3. Decembre 1646. que la vente d'un bien acquis sous clause de constitut & précaire, & pacte, que les ventes en seront nulles, n'est pas nulle, mais donne seulement jour en défaut de payement, de se servir des pactes. *Ibid. ch.* 5.

160 Arrêt du même Parlement de Provence du 18. Février 1662. qui a jugé qu'un acheteur avec pacte de payer le prix à sa commodité en payant les interêts, & de posseder les biens acquis au nom de précaire, jusqu'à l'entier payement, a pû vendre ou ses heritiers, même après 30. ans. *Ibid. ch.* 6.

VENTE, PREFERENCE.

Venditor quando praeferatur caeteris creditoribus in re venditâ & traditâ? Voyez Stockmans, *Décis.* 93.

161 Le vendeur est préferé pour le prix de la chose, à toute sorte de Créanciers, en la Coûtume de Paris, art. 176. & 177. encore qu'il ne soit premier saisissant, *quia venditor non aliter contracturus & venditit pretium recepturus, L. cum te Cod. de pact. inter empt. & vend. composit.* Arrêt de l'an 1584. Autres du 12. Avril 1588. 1. Septembre 1608. 15. Mars 1603. 19. Avril 1611. 12. Avril 1616. & 16. Decembre 1614. *M. Loüet, lettre P. somm.* 19. & ibid. *Brodeau.*

162

163 Par Arrêt de l'an 1604. la préference du vin trouvé saisi en la maison loüée, a été adjugée au Marchand qui l'avoit vendu, ledit vin pris & levé sur l'étappe. *Tronçon, sur la Coût. de Paris, art.* 171. in verbo, *premiers payez.* Cet Arrêt est fondé sur *l'art.* 177. de la Coûtume.

164 En Bourgogne le vendeur de vin à la requête des Créanciers de l'acheteur, n'est préferable aux Créanciers saisissans, le vin étant en la puissance de l'acheteur. Arrêt du Parlement de Dijon du 11. Mars 1616. conforme à plusieurs autres, & publié en Audience, afin que les Avocats ne revoquassent plus en doute. *Bouvot, tome* 1. *part,* 1. *verbo, Vente de vin saisi.*

165 Le vendeur est préferé à tous pour ce qui luy est dû de reste de la chose venduë. Jugé au Parlement de Toulouse le 27. Mars 1630. Par ce même Arrêt il a été jugé que la clause de précaire étoit sous-entenduë au contrat de vente. *Cambolas, liv.* 6. *ch.* 6.

166 Un vendeur après avoir reconnu par le Contract de vente d'avoir été satisfait du prix de la chose venduë, ne peut sur icelle prétendre préference, en vertu d'un billet où l'acheteur reconnoît devoir au vendeur le prix entier ou en partie de la chose venduë. Arrêt du Parlement de Tournay du 6. Novembre 1696. rapporté par *Pinault, tome* 1. *Arr.* 124.

VENTE, PREUVE.

167 On n'est pas recevable à prouver la vente d'un heritage excedant 100. liv. Arrêt du Parlement de Dijon du 30. Juin 1594. *Bouvot, tome* 2. *verbo, Vente, question* 5.

KKkkk iij

VEN

VENTE, PROHIBITION.

168 De la prohibition d'aliener portée dans un Testament. *Voyez* le mot, *Alienation*, n. 6. & suiv. le 7. *Conseil de Du Moulin*, to. 2. p. 824.

PROMESSE DE VENDRE.

169 Des promesses de vendre & de ne pas vendre, & comment elles sont obligatoires ? *Voyez* la question 169. de *Guy Pape*, & *Cujas*, chap. 4. du liv. 27. de ses *Observations*.

170 Des promesses verbales de vendre un fond *toties quoties*, moyennant le prix. Arrêt du Parlement de Grenoble du 21. Avril 1636. qui débouté celuy sur qui la Terre avoit été saisie, le motif fut que le tiers possesseur avoit joüi long-temps, & disoit que celuy à qui la promesse avoit été faite, devoit se pourvoir contre ceux avec qui il avoit contracté. De plus, *promissio de vendendo non est venditio*. Basset, to. 2. liv. 4. tit. 16. chap. 1.

171 La simple promesse de vendre n'oblige pas précisément à la tradition de la chose ; mais cela se résout à de simples dommages & interêts : toutefois il faut bien prendre garde de quelle sorte la promesse est dressée : car si on parle en termes de present & non de futur, la promesse est obligatoire. *Voyez Henrys*, tome 1. liv. 4. ch. 6. quest. 39.

172 Convention de vendre à plusieurs ensemble, est divisible. Arrêt du 22. Decembre 1581. *Montholon*, *Arrêt* 8.

173 La promesse de vendre n'est pas vente, *si substantia venditionis non intervenerit*. Arrêt du Parlement de Grenoble de 1618. entre le Seigneur & les Consuls de l'Espine, rapporté par *Chorier, en sa Jurisprudence de Guy Pape, page* 238.

174 Un homme auquel appartenoit le Fief de la Ganerie, sis au Pays d'Anjou, promet à Damien Dubois de luy vendre dans quatre mois le Fief pour la somme de 6800. liv. Avant les quatre mois expirez il vend ce Fief à M. de la Fautriere Maître des Requêtes, pour le même prix ; mais il expose par le même Contract qu'auparavant il étoit convenu de prix avec Dubois, & stipule que le sieur de la Fautriere l'acquittera de tous dépens, dommages & interêts. Procès aux Requêtes de l'Hôtel ; appel, par Arrêt du 30. Janvier 1625. l'appellation au néant, le principal évoqué, & y faisant droit, le Contract de vente fait au sieur de la Fautriere confirmé, lequel neanmoins est condamné aux dépens, dommages & interêts de Dubois, le tout liquidé à 400. liv. *Biblioth. de Bouchel*, verbo, *Promesse*.

175 Jugé au Parlement de Grenoble le 21. Mars 1631. contre Charles Chamaux, que la promesse de vendre qu'il avoit faite, devoit être entretenuë, y ayant eu convention de prix, & les Parties ayant bû ensemble, *ut moris est inter plebeios* ; tellement qu'une vente qu'il avoit faite à un autre fut déclarée nulle. *Voyez Chorier en sa Jurisprudence de Guy Pape, p.* 238.

176 Des conventions de main privée de la Demoiselle de Bassin & du sieur de Bienassis, qui portoient vente *de præsenti*, & qu'il en seroit fait Contract, par avis d'Avocats, ce qui pourtant n'avoit pas été fait, furent confirmées au Parlement de Grenoble, par Arrêt du 3. Mars 1640. cette Demoiselle fut déboutée de sa Requête, par laquelle elle avoit déclaré le changement de sa volonté, soûtenant que cette vente n'étoit point parfaite. *Voyez Chorier, en sa Jurisprudence de Guy Pape*, p. 238.

177 Il y avoit eu des propositions écrites entre Madame la Marquise du Quêne & M. Bosc, pour l'achat de la Terre & Marquisat du Quêne, le prix 260000. liv. M. Bosc prétendit ne pas executer les propositions. Arrêt du Parlement de Paris du mois de Juillet 1697. confirmatif de la Sentence des Requêtes du Palais, qui le condamnoit à passer Contract. V. *l'Auteur des Observations sur Henrys, tome* 1. *livre* 4. *chapitre* 6. *question* 40.

VEN

VENTE DE PROPRES.

178 L'heritage propre vendu par un mary pendant son second mariage, & depuis racheté, demeure propre. Arrêt du 3. Mars 1557. *Carondas, liv.* 2. *Rép.* 70.

179 Les acquets de la Communauté faits après la vente des propres de la femme, se considerent selon le prix qu'ils ont été acquis, & non à raison de ce qu'ils ont valu depuis. Arrêt du 24. Juillet 1584. *M. Louët, lettre R. somm.* 24.

180 Vente d'heritage propre, ou rente rachetée, les deniers trouvez dans la succession du fils majeur & qui décede, appartiennent au pere ou à la mere, à l'exclusion des heritiers des immeubles. *M. Bouguier, lettre R. nombre* 1. *& suivans*, encore que le terme du payement ne soit échû lors du décés. Arrêt du 8. Janvier 1611. *M. le Prêtre, ès Arrêts de la Cinquième*.

181 Vente des propres de la femme par le mary, sans elle & sans son consentement, avec promesse de garantie, & de faire ratifier ; l'acquereur évincé, le mary fut condamné en 100. livres de dommages & interêts de l'éviction, outre la restitution du prix, encore que l'acquereur fût parent de la femme, & sçût bien que la maison luy appartenoit de son propre. Arrêt du 10. Decembre 1640. *Brodeau, sur M. Louët, lettre A. somm.* 13. De la vente faite par le mary du fonds & heritage dotal. *Voyez le Vest, Arrêt* 34.

182 Dans la Coûtume de *Paris* un particulier vend ses propres maternels, & des deniers en provenans il acquiert d'autres immeubles, & déclare qu'il veut qu'ils tiennent lieu à luy & aux siens de son côté & ligne de propres maternels ; ils ont été jugez acquets au Parle. de Paris le 16. Avril 1671. *Journal du Palais*.

VENTES PUBLIQUES.

183 Des ventes publiques, & si les encheres y sont reçûës ? *Voyez* le mot, *Encheres, n.* 82. *& suiv.*

VENTE, RATIFICATION.

184 Ratification de vente. *Voyez* le mot, *Retrait, n.* 786. *& 787.*

185 Celui qui vend sans procuration une Terre exempte de toutes hypotheques, substitutions, & autres charges, sous signature privée, à la charge d'en passer Contract ; celuy à qui appartient cette Terre, ratifiant la vente, ne peut contraindre l'acheteur de passer Contract, si effectivement cette Terre n'est quitte des charges cy-dessus. Arrêt du Parlement de Dijon du 15. May 1600. *Bouvot, tome* 2. verbo, *Vente, question* 21.

186 Le mary vendant l'heritage de sa femme, avec promesse de la faire ratifier, peut se faire restituer, y ayant lézion d'outre-moitié de juste prix ; mais il ne peut s'exempter des interêts, ni obtenir la restitution des fruits. Arrêt du Parlement de Dijon du 25. Juillet 1593. *Ibid. quest.* 9.

VENTE, RESCISION.

187 Restitution en matiere de vente. *Voyez* le mot *Restitution, n.* 166. *& suiv.*

188 *Voyez* la nouvelle édition des Oeuvres de *M. Charles Du Moulin*, to. 2. p. 64. où il explique la Loy 2. au Code *de rescindendâ venditione*.

189 Clause ajoûtée au contrat de vente, si plus il vaut, le vendeur le donne à l'acheteur, n'empêche la rescision du contrat. Arrêt du 21. Janvier 1559. *Charondas*, liv. 12. Rép. 36. & liv. 9. Rép. 55.

190 Vente d'heritage pour partie de la rançon d'un prisonnier pris durant les troubles, & de l'argent payé. Arrêt du Grand Conseil de l'an 1564. le contrat de vente cassé, & ordonné que le vendeur rentreroit en son heritage, & pour l'argent payé le défendeur absous. *Charondas, liv.* 11. *Rép.* 80.

191 L'acquereur qui est évincé de la moitié de l'heritage vendu, peut être relevé de toute la vente. Jugé les 10. Mars 1565. & 13. Decembre 1587. *Charondas*, liv. 8. Rép. 56.

VEN   VEN. 815

192. Vente d'heritages faite durant les troubles & guerres civiles, est sujette à rescision. Arrêt au mois de Février 1597. *Charondas*, liv. 11. Rép. 1.

193. *Omnis contractus hac in se habet, ut invidia penes emptorem, inopia penes venditorem esse videatur, quia emptor ad hoc emit, ut suam substantiam augeat, venditor ad hoc vendit, ut minuat. Salvian, de gubern. lib. 5.* c'est pourquoy *Beneficium legis secunda C. de rescind. vendit. male ad emptorem porrigitur.* Arrêts du Parlement de Grenoble des 7. Decembre 1637. & 14. Juin 1655. & depuis jugé par d'autres, que l'acheteur ne peut s'en servir. *Voyez Chorier, en sa Jurisprudence de Guy Pape*, p. 235.

194. Rescision entre majeurs; jugé qu'il n'y avoit point de restitution, encore qu'il y eût lezion énorme; la cause étoit entre deux freres, Monsieur de Castres Evêque, & le Sieur Comte de Si son frere, qui luy avoit vendu sa terre d'Irbemont, par Arrêt du 18. Juillet 1658. *Des Maisons, lettre R. nomb.* 4.

195. Si le Benefice de la Loy 2. C. de rescind. vendit. a lieu en emptore? Les préjugez sont differens. Arrêts du Parlement de Grenoble du 30. Août 1606. & 29. May 1619. pour l'affirmative; les derniers Arrêts ont jugé la negative. *Voyez Basset, to. 2. liv. 6. tit. 6. chap. 2.* où il propose un temperament, sçavoir quand la lezion d'outre moitié de juste prix est joint quelque autre moyen de droit, comme un dol, une surprise de la part du vendeur, l'acheteur doit être restitué, & rapporte un Arrêt du Parlement de Paris du 31. Août 1658. la terre avoit été venduë sur le pied de 10000. liv. de rente; par les baux il paroissoit qu'elle n'avoit jamais été affermée plus de trois ou 4000. l. 2°. Il y avoit défaut de délivrance.

196. Arrêt du Parlement de Tournay du 11. Decembre 1698. qui a declaré nulle une vente faite pardevant un Juge de Village au préjudice de l'Edit du Roy du mois d'Avril 1675. pour l'établissement des Tabellions & d'un Arrêt du 6. Août 1676. & en consequence permis au vendeur de rentrer dans la possession des biens vendus, en restituant les sommes touchées avec les interêts au denier vingt. *Voyez M. Pinault, to. 2. Arr. 245.* où il est observé que les Justices des Villages ont si peu le droit de proceder à des ventes volontaires de biens, que les vendeurs aussi-bien que les acheteurs en peuvent resilir du chef de nullité. Il y en a un autre Arrêt du 9. Janvier 1699. rapporté *ibid. Arr. 249.* qui fait défenses aux Aman & Echevins de la Noort-Vierschaere de la Châtellenie de Cassel d'en passer de semblables sous les peines portées par les Edits, & a condamnez aux dépens & aux interêts arbitrez à trois florins.

197. Un vendeur à Tournay est reçu à resilir du contrat pour luy fait, en payant les interêts; jugé au Parlement de Tournay le 4. Février 1699. à la charge neanmoins de payer les interêts quinzaine après la liquidation, sinon que le contrat de vente seroit executé; ainsi faute de payer les interêts effectivement, il est tenu de livrer la chose venduë. *V. M. Pinault, to. 2. Arr. 252.*

Vente, Servitude.

198. Si on revend l'heritage, il faut stipuler dans le contrat la servitude, autrement elle demeure éteinte. *V. Mornac, Loy 12. de servitut. urb. præd.*

Vente, Biens substituez.

199. La reception du prix de la vente des biens substituez, faite par le fideicommissaire fondé de procuration de l'heritier, ne luy peut nuire, le cas du fideicommis étant échû. Arrêt du 6. Avril 1628. *M. d'Olive, liv. 5. ch. 28.*

Vente, Succession.

200. Vente de la succession. *Voyez le mot Succession, n.* 577. & suiv.

Vente, Supplement de prix.

201. Supplément payé pour vente d'heritage, appartient au Seigneur qui a acquis le fief dominant, lors que ce supplément a été fait après la vente du fief dominant, & non au Seigneur du temps de la vente. Arrêt du 5. Janvier 1595. *Charondas, liv. 6. Rép.* 67.

Vente, Tuteur.

102. Le Tuteur ayant vendu les biens de son pupille sans autorité de Justice; le pupille sans obtenir Lettres, peut agir contre l'acheteur & faire déclarer la vente nulle. Arrêt du Parlement de Dijon du 18. Février 1573. *Bouvot, to. 1. pieces, verbo Pupille,* qu. 1.

103. Le Tuteur vendant les biens du mineur, l'acheteur est tenu de prouver le prix être tourné au profit du mineur. Arrêt du Parlement de Dijon du 14. Juin 1588. *Bouvot, to. 2. verbo Rescision, quest.* 1.

104. & 105. Alienations faites par un Tuteur des biens de ses mineurs sans avis de parens, & sans autorité de Justice, sont nulles de plein droit, sans qu'il soit necessaire d'obtenir des Lettres de rescision contre de pareilles alienations.

2. Si une femme peut faire annuller sans Lettres une vente faite par sa mere au profit de son mary & d'elle, d'un de ses propres paternels: La Cour faisant droit sur le tout, sans qu'il soit besoin de s'arrêter aux Lettres de rescision, a mis & met les appellations au néant, ordonne que les Sentences & ce dont a été appellé, sortiront effet; en consequence ordonne que les sommes legitimement payées & déboursées par Charles De Blois, au lieu duquel est Gabriel Lambert, seront & demeureront compensées jusqu'à dûë concurrence, avec les fruits des heritages en question, dont ledit Gabriel Lambert est condamné de faire restitution par ladite Sentence du 29. Juillet 1699. à l'effet de quoy les parties contesteront plus amplement, écriront & produiront dans le temps de l'Ordonnance, & sur le surplus de toutes les autres demandes, les parties hors de Cour & de procès, sauf audit Mercier à se pourvoir pour raison des frais par luy faits en la presente instance, tant sur son débiteur que sur les biens restez dans la saisie réelle, autres que ceux compris dans les Sentences dont est appel, ainsi qu'il avisera bon être; défenses au contraire, condamne lesdits Mercier, & autres parties, és amendes ordinaires & en tous les dépens, tant des causes d'appel, qu'oppositions, Lettres & demandes, chacun à leur égard; est lesdits Valée, sa femme & Lambert; la taxation des ajugez par devers la Cour reservée. Jugé le 19. Février 1704. *Voyez le Recueil des Arrêts notables imprimé en* 1710. *chez Michel Guignard, ch.* 16.

Vente, Chose volée.

106. La vente de choses dérobées est encore moins legitime que celle des choses litigieuses; neanmoins si l'achat est fait, *palam & publice*, d'une marchandise qu'on a de coûtume d'exposer en public, comme de chanvre habillé pour être filé, quoyqu'elle ait été dérobée, l'acheteur ne peut être contraint de la rendre qu'en luy rembourser ce qu'il a payé de bonne foy. Arrêt du Parlement de Grenoble de l'an 1685. rapporté par *Chorier, en sa Jurisprudence de Guy Pape*, p. 236.

Vente, Utilité publique.

207. Vente pour l'utilité publique. *Voyez le mot Alienation, n.* 103.

208. On peut être contraint de vendre un heritage pour la commodité des Religieux, ou pour ôter l'incommodité qu'ils reçoivent. Arrêts du Parlement de Dijon des 2. Juin 1604. & 3. Février 1609. *Bouvot, tome 2. verbo Vente, quest.* 42.

209. Un particulier peut être contraint de vendre son heritage, quand il est question de necessité & utilité publique. Arrêt du Parlement de Dijon du 11. Juillet 1612. *Bouvot, to. 2. verbo Vente, quest.* 63.

VERBA ENUNTIATIVA.

Distinctio aut verba enuntiativa principaliter & propter se prolata atque ad eum solum finem ut enuntient quod proferunt, & tunc dispositionem inducunt, aut non propter se, sed propter aliud emissi sunt, & tunc non disponunt. *Mornac, l. 26. §. ult. ff. depositi.*

VENTILATION.

Ventiler, c'est estimer le prix d'un heritage, eû égard à la totalité du prix de l'acquisition faite de plusieurs heritages acquis par un même contrat, & un seul prix, *habita ratione totius pretii & bonitatis rei, ut in L. si plura ff. de adilit. Edicto.* Tronçon, *sur la Coût. de Paris, art. 29.*

VERIFICATION.

1. DE la verification des écritures contestées en Justice. *Voyez les mots Ecritures & faux.*
2. De la verification des écritures. *Voyez le traitté de la preuve par M. Danty, Avocat en Parlement, chap. 5. part. 2.*

VERITE D'UN ACTE.

Veritatis substantia mutari non potest. Mornac, l. 5. Cod. de juris & facti ignorantiâ.

Verité & non l'écriture. *In contractibus rei veritas potius quam scriptura perspici debet.* Mornac, *l. 1. Cod. plus valere quod agitur quam, &c.*

VEROLE.

Arrêt du Parlement de Paris du 4. Mars 1496. portant que ceux qui avoient la verolle, appellée le mal de Naples, seroient chassés des Villes comme ladres. *Papon, liv. 6. tit. 1. n. 11.* Le prompt remede qu'on a depuis apporté à ce mal, rend l'Arrêt sans consequence.

VERRE.

1. LEs marchandises des Gentilshommes Verriers sont exemptes de tous peages, gabelles & impositions. Jugé par Arrêt du Parlement de Grenoble du 26. May 1575. *Basset, to. 2. liv. 3. tit. 9. ch. 1.*
2. Arrêt de la Chambre de l'Edit de Castres du 7. Decembre 1651. qui declare la marchandise des verres exempte du droit de leude & péage, & condamne les Fermiers de ce droit à restituer ce qu'ils avoient exigé des Chartiers, lorsque les Gentilshommes Verriers avoient envoyés à Narbonne pour y apporter leurs verres, & leur fit défenses à l'avenir d'en exiger sur peines. *Voyez Boné, part. 2. Ar. 85.*

VERSAILLES.

IL y a une Declaration du Roy du 24. Novembre 1672. portant décharge d'hypoteques pour les maisons de Versailles, à la reserve du cens, droits Seigneuriaux, privileges des vendeurs & ouvriers; elle a été enregistrée au Parlement le 10. Decembre suivant.

VERTE MOUTE.

1. SI le droit de verte moute emporte celuy de Bannalité? *Voyez le mot Bannalité, nomb. 45. & suiv.*
   En Normandie les Seigneurs demandent à leurs vassaux banniers un certain droit qu'ils appellent *verte moute,* & ils pretendent qu'il leur est dû lorsque le vassal bannier laboure des terres dans le territoire de la bannalité, & qu'il enleve les grains ailleurs sans les engranger sur le fief; ce droit consiste ordinairement en la seiziéme gerbe ou au seiziéme boisseau, s'il n'y a titre ou possession contraire. *V. Basnage, Coûtume de Normandie, article 210.*
3. Par Arrêt de l'an 1510. il paroît qu'on a étendu le droit de verte moute beaucoup au delà des termes ordinaires, car on le demandoit sur le surplus des bleds que le Fermier n'avoit pas consommez; & qu'il envoyoit à son maître en déduction de ses fermages; mais cet Arrêt eut pour fondement un titre & une possession; autrement ç'auroit été un étrange abus si les Fermiers qui auroient eu grange sur le lieu n'eussent pas pû faire porter ailleurs leurs bleds pour le payement de leurs fermages; aussi cela ne se pratique pas.

Par autre Arrêt du 13. Août 1629. on prétendoit la verte moute, non seulement des bleds, mais aussi des avoines; surquoi après des preuves respectives, il fut dit qu'il n'y avoit cause d'empêcher la droiture & possession de la verte moute, tant pour les avoines que pour le bled, à la raison de la sixiéme gerbe. *Basnage, sur l'article 210. de la Coûtume de Normandie.*

4. Le droit de verte moute n'est pas une dépendance & une suite du droit de bannalité, & il ne peut être demandé qu'en vertu d'un titre & une possession legitime; cette question a été neanmoins disputée entre M. le Comte d'Harcourt & plusieurs de ses vassaux, qui étoient resséans dans le Comté d'Harcourt. Par Arrêt du 30. Juin 1671. la cause fut appointée au Conseil.

Par autre Arrêt donné lors que le Parlement étoit séant à Caën, entre la Dame de Purrecourt & un autre particulier, il fut dit que le droit de bannalité de four n'emportoit avec soy le droit de verte moute, & qu'il falloit un droit special, outre celuy de bannalité. *Basnage, ibid.*

5. Il s'agissoit de sçavoir si un Seigneur dont le vassal non resséant a reconnu la bannalité par un aveu rendu en 1645. & qui a toûjours payé depuis ce temps-là le droit de verte moute, n'est pas bien fondé à luy en demander la continuation, & si le vassal peut se contredire sous prétexte que ce droit de verte moute n'est pas formellement exprimé par l'aveu? M. Richomme possede au droit du sieur de la Marc son ayeul maternel, plusieurs heritages, dont la plus grande partie releve de la Seigneurie d'Estrepagny où il fait sa demeure, & il possede encore deux pieces de terre contenant sept vergées ou environ, qui relevent de la Seigneurie de saint Martin, appartenante au sieur de Brevedent. En 1689. Jean le Fevre Receveur du sieur de Brevedent demanda à M. Richomme la verte-moute ou la seiziéme gerbe des bleds qui avoient crû sur ces deux pieces de terre, ce que M. Richomme ayant refusé, le Receveur fit faire les levées en vertu d'un Mandement obtenu du Juge de Gisors. Le sieur Richomme s'étant opposé, & ayant demandé la main-levée de cette saisie, elle luy fut accordée par provision, en garnissant la somme de 15. livres pour le prétendu droit de verte moute, & après que les parties eurent écrit respectivement, le sieur Richomme fut condamné au payement de la seiziéme partie des gerbes ayant crû sur les deux pieces de terre en question, & à la continuation du droit de verte-moute à l'avenir, lequel aveu seroit tenu de rendre au Seigneur de saint Martin. Appel de la Sentence en la seconde Chambre des Enquêtes, ce procez ayant été mis sur le Bureau le 14. Février 1693. les opinions furent partagées, l'avis de M. du Four Rapporteur étoit d'ordonner que l'appellant rendroit son aveu conformément à celuy rendu en l'année 1645. & vû la bannalité reconnuë par cet aveu, & la possession de la verte-moute sur les deux pieces de terre en question, de maintenir l'intimé en la possession de ladite verte-moute, & de condamner l'appellant à la somme de huit livres pour la levée de l'année 1689. M. Durant de Missy Compartiteur étoit d'avis de dire à tort le Mandement & saisie, à bonne cause l'opposition, & en ce faisant décharger le sieur Richomme du droit de verte-moute; ce partage ayant été porté en la Grand'-Chambre sur un renvoy de la Premiere des Enquêtes, il passa à l'avis de M. le Rapporteur, du nombre d'onze Juges, il y en eut huit de l'avis de l'Arrêt. Cet Arrêt fut rendu le 14. Mars 1693. le veritable motif fut la possession, jointe au titre de bannalité;

lité : ceux des Messieurs qui ne furent pas de l'avis de l'Arrêt, n'estimoient pas que le droit de bannalité emportât celuy de verte-moute, au contraire ils étoient d'un sentiment que la possession du sieur de Brevedent n'étoit pas considerable, puis qu'elle n'é-toit point fondée sur un titre qui est toujours absolument necessaire pour établir une servitude ; de sorte que l'on ne peut assurer que cette question, si le droit de bannalité emporte celuy de verte-moute, quand on n'en est en possession, ait été décidée par cet Arrêt. *V. Basnage aux additions à l'art. 210. de la Coûtume de Normandie.*

VESTIAIRE.

DU Vestiaire dû aux Religieux par les Abbez. *Voyez les Reliefs Forenses de Rouillard, chap. 5.*

VETERAN.

Veteran. *Veteranus : qui à militiâ dimissus est, honestâ missione.*

Veteran, est un Soldat qui a son congé, après avoir servi pendant vingt ans. Il joüit des mêmes privileges que les soldats qui sont actuellement au service. Le nom de veteran s'est étendu à tous ceux qui ont possedé une charge pendant 20. ans.

De Veteranis D. 49. 18. *ult.... C.* 12. 47.... *C. Th.* 7. 20 Privileges des veterans.

De filiis Militarium, & Veteranorum. C. Th. 7. 21... *C.* 12. 48.

De Veteranorum & Militum successione. D. 38. 12.

De his qui, non impletis stipendiis, sacramento soluti sunt. C. 10. 54. Ce Titre parle de l'exemption que les veterans ont des charges publiques.

Quibus muneribus excusentur hi qui, post impletam militiam vel advocationem, per Provincias, suis commodis vacantes, commorantur ; & de privilegiis eorum. C. 10. 55.

De primicerio & Notariis, C. 12. Du Doyen & des Secretaires du Prince. Ce titre parle des veterans.

Voyez Soldat.

1 Lettres de veterance accordées à un Archer de Maréchaussée après 20. ans de service, le 14. May 1672. *Maréchaussée de France, p.* 489.

2 Lettres de veteran accordées le 29. Août 1649. pour le Lieutenant de la Maréchaussée de Châteauroux, quoiqu'il eût resigné la charge à son fils. *Ibid. page* 726.

3 Lettres de veteran accordées le 13. Mars 1662. au Prévôt Provincial du Perche. *Ibid. p.* 835.

4 Lettres de veteran du 17. Juin 1671. pour le Prévôt de Mayenne, pourvû qu'il n'y ait au Siege de la Maréchaussée que deux Officiers honoraires, lui compris. *Ibid. p.* 923.

5 Lettres de veteran pour le Prévôt General de l'Isle de France, du 5. Septembre 1671. *Ibidem, page* 925.

6 Lettres de veteran accordées le 14. May 1678. au Lieutenant de la Maréchaussée du Maine après 30. années de service. *Ibid. p.* 952.

7 Lettres de veteran accordées le 9. Mars 1687. au Prévôt General d'Auvergne après 35. ans de service. *Ibid. page* 1038.

VEUES.

IL y a les vûës & montrées qui sont un examen de l'heritage, & les vûës qui sont des servitudes.

VEUE ET MONTREE.

1 Défendeur qui a pris fait & cause n'est plus reçû à demander vûë de lieu ; il est présumé avoir eu connoissance de la chose. Arrêt du Parlement de Paris de l'an 1327. *Papon, liv.* 8. *tit.* 14. *n.* 3. Il en est de même de celuy qui a pris délay de défendre.

2 Vûë & montrée de lieux faite de plusieurs endroits, & aussi de certains circuits de murailles ou buissons qui renferment des lieux vendiquez, & par le moyen

Tome III.

duquel renfermé, il n'est pas possible d'entrer dans les lieux, la montrée est bonne & valable, & ne peut être redarguée d'insuffisance. Arrêt du Parlement de Paris entre M. de Montmiral Conseiller en la Cour, & M. Jean le Clerc. *Biblioth. de Bouchel, verbo Vûë.*

Vûë ne doit être faite en quatre cas. Le 1. quand 3 on demande une université, comme une hoirie, biens délaissez, Seigneuries, Baronnies, & autres choses universelles. Arrêt de 1398. contre le sieur de Terride pour le Vicomte de Guines. *Idem,* pour la Comtesse de Bar, contre le Duc de Bourgogne. La raison est parce que la Declaration vient en execution de Sentence, & non devant, *not. in cap.* 2. *ext. de libel. abl.* 1. quand un Seigneur direct demande sa rente. Arrêt du 18. Septembre 1550. pour le sieur de Cremeaux, contre Claude Goüart & Consors ses sujets & Justiciables. De même par Arrêt du 3. Juin 1582. Toutefois voyez le contraire en Massuer, tit. *de locato* §. *Item Dominus directus, & tit. de feud.* §. *Item non sequitur, Jo. Gaill, quest.* 5. où Du Moulin dit que cela s'entend d'un sur lui n'a reconnu. Chopin, *sur la Coûtume d'Anjou, lib.* II. *part.* I. *cap.* I. *tit.* I. *art.* 7. 3º. Quand un appellé à garant a pris la cause en main pour celuy qui l'a mis à requis : car la présomption est necessaire, que puis qu'il a pris garantie & défenses, il est certain de ce dont est question, *l.* I. *D. de act. empt. & cap. de excommunicato. ext. de rescript.* En quatrième lieu, un demandeur en execution de Sentence ou Arrêt de partage contre un tiers détenteur de quelque heritage de la succession qui est à partager, n'est tenu de luy faire vûë. Arrêt du dernier Decembre 1556. *Bouchel, Ibid. verbo Vûë & Montrée.*

VEUES, SERVITUDES.

Voyez le mot *Fenêtres,* & le mot *Servitude, n.* 100.

Vûës de maisons partagées entre coheritiers qui 4 ont suivi la disposition du pere de famille, ne doivent être bouchées. Arrêt du 24. Mars 1567. *Carondas, liv.* 2. *Rép.* 69.

Le decret & adjudication d'une maison en l'état 5 qu'elle étoit, n'est suffisant pour conserver les vûës qui subsistoient lors de la saisie réelle, à la poursuite du decret ; mais il est necessaire de rapporter un titre particulier des vûës. Ainsi jugé au Parlement de Paris le premier Mars 1608, & 20. Juillet 1611. *Auzanet sur l'art.* 202. *de la Coût. de Paris.*

Arrêt du 12. Juillet 1670. qui a jugé que celuy qui 6 a fait faire des vûës aux Us & Coûtumes de Paris dans le mur mitoyen qu'il a fait exhausser & bâtir à ses dépens, peut être obligé par son voisin de les boucher en luy remboursant la moitié du mur, depuis l'exhaussement d'icelui, quoique le voisin ne veüille point bâtir contre ledit mur. *Soëfve, to.* 2. *Cent.* 4. *chap.* 51.

VEUVE.

Voyez les mots *Femme, Mariage, Secondes Nopces.*

Sens particulier de ce mot, *Vidua. L.* 242. §. 3. *D. de verb. sign.*

Quando Imperator inter Pupillos, vel Viduas, vel miserabiles personas cognoscat. C. 3. 14.

De raptu virginum, vel Viduarum, vel sanctimonialium. C. 9. 13.

De indictâ viduitate, & de Lege Juliâ Miscellâ tollendâ. C. 6. 40. Des legs faits à condition de garder le veuvage, *Miscella subjectis ; quia pertinet tam ad mares quàm ad foeminas. Vide Nov.* 22. *c.* 43. *& 44.*

De favore viduitati attributo. N. 22. *C.* 20.... *N.* 127. *c.* 3.

De muliere quae parit undecimo mense post mariti mortem. N. 39. *c.* 2... *Lex* 12. *tabb, tit.* 2.

Ut cum matrimonium est sine dote, & conjux superstes inops, mortui quartam partem accipiat. N. 117. *c.* 5. *Leon. N.* 106. Veuf, ou Veuve pauvre, sans dot.

LLlll

De informandis pœnis Cœlibatûs & viduitatis. C. 8. 58. C. Th. 8. 16.

V. lettre N verbo *Secondes Nopces.*

2 S. Augustinus, *de bono viduitatis.*
Ambrosius, *de viduis.*
Hieronymus, *Epist. 10.*
Joannis Chrysostomi, *ad viduam Juniorem Epistola dua 1576.*
Fulgentius, *Epist. 2. de statu viduarum.*
Sylvester, *in summâ.*
Tertulliani, *ad uxorem libri duo.*
Erasmi, *vidua christiana, tomo 5. deletis paucis dictionibus.*
Joannes Ludovicus Vives, *de vidua officio.*
Fulvius Androtius, *de viduitate.*

3 Veuves. *Voyez* hoc verbo, *la Bibliotheque du Droit François par Bouchel*, où est marquée la peine d'une veuve impudique.

4 *Immunitas mariti a publicis oneribus, an ad viduam ejus transeat?* Voyez Stockmans, *décis.* 65.

5 *Consuetudo Bruxellensis, qua optionem tribuit viduis servandi aut repudiandi pacta nuptialia, non comprehendit eas qua alibi contraxerunt.* Voyez Ibidem, *décis.* 54.

6 Provision dotale ajugée à une veuve pour sa nourriture & de ses enfans, doit être continuée après la mort de la mere. *Carondas liv. 2. des ses réponses, chap.* 89.

7 La veuve qui n'a que l'usufruit des biens de son mary doit avant que de s'en mettre en possession, les prendre par autorité de Justice, & les faire estimer par gens qui seront à ce commis, & par inventaire, & sous caution fidejussoire. Ainsi jugé par plusieurs Arrêts du Parlement de Paris. *Papon, livre* 15. *titre* 4. *nomb.* 16.

8 L'Authentique *prætereà, C. unde vir & uxor,* porte que si le mari est décedé riche, & la veuve laissée pauvre & sans dot, elle doit succeder avec les enfans de ce mariage, ou d'autre précedent pour le quart, s'ils ne sont que deux ou trois; s'ils sont quatre ou au dessus, par virile portion, à la charge qu'elle n'en aura que l'usufruit, la propriété reservée aux enfans: si neanmoins il n'y a pas d'enfans, ou qu'ils décedent, elle peut disposer de la portion à elle delivrée. Arrêt du Parlement de Toulouse donné és Grands Jours du Puy au mois d'Octobre 1548. en faveur d'une veuve qui n'ayant enfans de son lit avoit disposé de sa portion. *Ibid. n.* 7.

9 Jugé au Parlement de Toulouse au mois de Février 1569. qu'une femme veuve qui se trouvoit aux assemblées, aux festins, étoit magnifique & vaine en habits, sans neanmoins avoir agi contre son honneur, ne devoit être privée de l'heredité que son mari luy avoit donnée en vivant viduellement, *aliud Papinianus, aliud Paulus præcepit; aliud jus soli aliud jus Poli.* Les Loix de la Religion sont differentes de celles du monde & du Droit. *V. Mainard, liv.* 6. *chap.* 4.

10 Le 8. Janvier 1579. il a été jugé qu'une veuve pour s'être remariée avec l'ennemi capital de son mari ne perdoit point le legs qu'il luy avoit fait, mais bien pour s'être fiancée dans l'an du deüil par paroles de present. *Cambolas, liv.* 1. *ch.* 2.

11 Une veuve ne peut être contrainte pendant sa viduité à reprendre sa dot & augment. Arrêt du 1. Mars 1590. *La Rocheflavin, liv.* 2. *lettre M. tit.* 4. *Arr.* 39.

12 La femme ne peut demander sa pension viduelle, comme son augment lors de sa collocation. Arrêt du Parlement de Grenoble du 20. Decembre 1612. *Basset, tome* 1. *liv.* 4. *ch.* 4.

13 Des preuves necessaires pour l'établissement de la qualité de veuve, lorsque le prétendu mariage a été tenu secret & caché. Arrêt du 4. Mars 1647. qui déboute la veuve de la demande du doüaire. *Soëfve, tome* 1. *Cent.* 2. *ch.* 6.

14 La qualité de veuve d'un défunt doit être établie sur des pieces authentiques & sans contredits. Arrêt du 18. Mars 1647. *Ibid. ch.* 11.

15 Don mutuel à la charge de demeurer en viduité. *Voyez* le mot, *Don mutuel, n.* 65. *&* 66.

16 La veuve qui agit contre les heritiers de son mary, pour la restitution de sa dot. *Voyez* le mot, *Dot, nombre* 425. *& suiv.*

17 Acte de Notorieté donné par M. le Lieutenant Civil le 21. Juillet 1688. portant qu'il est loisible à une veuve après la mort de son mary, de demeurer avec sa famille en la maison où il est décedé, sans que pour cette residence l'on puisse luy imputer avoir fait acte de commune. *Recueil des Actes de Notorieté, page* 45. *& suiv.*

VEUVES CONTRAINTES PAR CORPS.

18 Les femmes veuves ne peuvent être contraintes par corps en vertu d'Arrêt d'*iterato* pour dépens taxez par executoire sur l'interpretation de l'article 8. du titre 34. de l'Ordonnance de 1667. Premier Arrêt du 10. Mars 1672. second Arrêt du 18. May 1672. *De la Guess. tome.* 3. *liv.* 6. *chap.* 6.

VEUVE, EXCLUSION DU FISC.

19 La veuve en la succession de son mary étranger & non naturalisé, n'exclud point le fisc. Arrêt du 23. Novembre 1568. *Broseau, sur M. Louet, lettre V. som.* 13.

VEUVE, HABIT.

20 Les heritiers doivent fournir à la veuve d'habits de deüil. Arrêt au mois de May 1600. *M. Louet, lettre V. som.* 11.

VEUVE IMPUDIQUE.

21 *Vidua impudica læsa.* Voyez *la Bibliotheque de Bouchel*, verbo *Veuves.*

22 Veuve impudique dans l'an du deüil. *Voyez* le mot *Deüil, n.* 2. *& suiv.*

24 La veuve vivant impudiquement dans l'an du deüil, ou dans la maison du défunt, est privée de la dot. Arrêt du Parlement de Toulouse *multis grassantibus*, mais dans la circonstance d'une malversation qualifiée. *V. Mainard, liv.* 8. *ch.* 12.

25 Si la veuve qui vit impudiquement, doit perdre sa dot? *Henrys, tom.* 1. *li.* 4. *& 6. qu.* 66. soûtient l'affirmative. L'Auteur des Observations semble vouloir refuter cette opinion.

26 *Vidua quæ ipso luctûs anno impudicè vixit, privatur doario.* Jugé le 11. Avril 1571. *Anne Robert, li.* 1. *ch.* 13. Voyez *Du Frêne, liv.* 5. *ch.* 26. où il y a Arrêt du 7. Janvier 1648. qui sans tirer à consequence n'a pas privé une veuve villageoise de son doüaire.

27 La mere pour la malversation faite pendant son veuvage, soit durant ou après son deüil, est privable de la succession legitime de ses enfans; aux biens desquels elle ne doit point succeder, soit qu'ils leur soient obvenus de la succession de leur pere, *cujus memoriæ vidua tantam injuriam fecit*, soit que d'ailleurs ils fussent acquis, elle perd aussi l'augment, ensemble tout ce qui luy étoit obvenu, *ex hereditate & ex substantiâ & patrimonio mariti*, toutefois sa dot luy doit être renduë & restituée, & pareillement tous les biens qu'elle a d'ailleurs, qui par le moyen de son mary & de ses enfans luy doivent demeurer, elle en peut librement disposer. Arrêt du 14. Février 1575. rapporté en la *Bibliotheque de Bouchel* verbo *Mariage.*

28 La mere qui s'est mal comportée durant sa viduité, perd la succession de ses enfans, quoique tous ces enfans soient decedez, & qu'il ne reste que des parens du pere, pourvû qu'ils puissent prouver formellement sa malversation. Arrêts des 2. Janvier 1578. & 12. Septembre 1674. Arrêt de la Rocheflavin, *liv.* 2. *lettre M. tit.* 4. *Ar.* 8.

29 Une mere qui s'est mal comportée pendant sa viduité, se rend indigne de la succession de ses enfans prédecedez, & perd l'augment. Jugé le 2. Janvier 1575. contre une mere, quoiqu'elle eût épousé celuy dont elle étoit enceinte; & il fut jugé que ce mariage

VEU   VEU   819

ne pouvoit point avoir un effet rétroactif, au préjudice des enfans du premier mariage, *Cambolas*, *li.* 3. *ch.* 45.

30 La femme qui a malversé durant le veuvage, perd l'augment. Arrêt du Parlement de Toulouse du 2. Janvier 1578. *Cambolas*, *li.* 3. *ch.* 45.

31 Une veuve ayant vécu scandaleusement pendant son veuvage, quoique de son vivant personne ne s'en fût plaint, a été déclarée indigne de la succession de ses enfans,& son frere leur oncle maternel; la succession fut ajugée aux parens du côté paternel, quoiqu'ils étoient en degré plus éloigné. Arrêt du mois de Février 1584. *La Rocheflavin*, *liv.* 6. *tit.* 41. *Art.* 7.

32 Une mere qui a été d'une mauvaise conduite aprés la mort de son mary, est privée de la succession de ses enfans. Arêt du Parlement de Toulouse du 14. Février 1585. qui l'ajuge aux parens du côté paternel, il fut dit que ceux du côté maternel se contenteroient de la dot que la mere avoit apportée, & des autres biens qu'elle pouvoit avoir recuë. Ils d'ailleurs que du chef de son mary : cependant les parens du côté paternel étoient en degré aussi proche que les paternels ; mais il fut jugé que puisque l'injure touchoit au pere, la réparation en étoit dûë à ses heritiers. *Mainard*, *tom.* 1. *li.* 3. *ch.* 99.

33 Une veuve *quæ stuprum commiserat*, a été non seulement déclarée indigne de la succession de son mary; mais aussi l'ayeule de cette veuve, & les biens ajugez aux plus prochains parens du côté paternel. Arrêt de la veille de la Pentecôte 1590. *La Rocheflavin*, *liv.* 2. *lettre I. tit.* 4. *Art.* 1.

34 Veuve impudique dans l'an de deüil, déclarée décheuë des privileges de son mary. Arêt de la Cour des Aydes, en Decembre 1631. *Du Frêne*, *li.* 2. *ch.* 100.

35 Jugé le 7. Janvier 1648. qu'une veuve qui avoit vêcu impudiquement dans l'an du deüil, avec celuy qu'elle a ensuite épousé, ne peut être privée des avantages à elle faits par le Testament de son mary. M. Bignon Avocat General, observa que les parties étoient de basse condition, que l'avantage se reduisoit à un usufruit modique; aussi l'Arrêt porte, *sans tirer à consequence*. *Soëve*, *to.* 1. *Cent.* 2. *ch.* 51.

36 Une veuve vivant impudiquement, perd ses avantages, non pas sa dot. Arrêt du Parlement de Grenoble du 2. Septembre 1660. *Basset*, *to.* 1. *livre* 6. *tit.* 19. *ch.* 3.

37 Pendant l'an du deüil, un enfant est reçû à verifier l'impudicité de sa mere, afin de la faire priver des avantages qu'elle a reçûs de son mary. Jugé à Aix le 3. Février 1674. *Journal du Palais*; *Anne Robert*, *li.* 1. *rerum judicat.* *chap.* 13. *V. Henrys*, *tome* 1. *li.* 4. *ch.* 6. *quest.* 65.

38 Si les enfans sont recevables à opposer par forme d'exception à leur mere, son incontinence pendant l'année du deüil, pour la faire priver du don doüaire, de son deüil, & des autres avantages que son mary peut luy avoir faits? Sur cette demande les parens tant paternels que maternels, ayant été appellez pour donner leur avis, intervint Sentence du Juge de Laval, qui luy ôta la tutelle de ses enfans, nomma pour leur curateur l'ayeul paternel, & ordonna suivant l'avis de toute la famille, qu'il poursuivroit les demandes qu'il avoit intentées contre sa bru. Sur ces poursuites il obtint une seconde Sentence, qui luy permit d'informer par enquête de la débauche de cette veuve, & de la faire visiter. Arrêt conforme aux Conclusions de Monsieur l'Avocat General le Nain, qui a confirmé la Sentence dont étoit appel,& a condamné l'appellante en l'amende & aux dépens. Jugé au Parlement de Paris le 23. May 1704. *Voyez le Recüeil des Arrêts imprimez chez Michel Guignard*, *ch.* 50.

Veuve, Noblesse.

39 Une veuve ayant perdu sa noblesse avec un roturier, épousant un gentil-homme, recouvre sa no-

blesse, & en doit joüir. Arrêt du Parlement de Grenoble du mois d'Avril 1461. *Papon*, *liv.* 5. *tit.* 11. *n.* 26.

Veuves, Privileges du Mary.

40 Les veuves retiennent le privilege de leur mary défunt; ainsi jugé pour une veuve d'un Maître Barbier Chirurgien de la Ville de Paris, il luy fut permis d'exercer par ses serviteurs, & même ces Chirurgiens Experts reçûs & approuvez par les Commissaires de la Cour. Arrêt du Parlement de Paris du 19. Novembre 1417. *Bibliotheque de Bouchel*, verbo *Métiers*.

41 Tant que les veuves demeurent en viduité, elles retiennent l'état & les privileges de leurs maris. Arrêt du 18. Decembre 1553. en faveur de la veuve du General Baiard. *Bibliotheque de Bouchel*,verbo *Veuve*.

Veuve, Recelé.

42 *Joannes Galli* *quest.* 131. dit avoir été jugé que la veuve qui recele perd le droit de renoncer à la Communauté ; mais qu'elle conserve son droit de communauté dans les choses qu'elle a soustraites ; au contraire M. Ch. du Moulin est d'avis qu'elle en doit être privée. *V.* le mot *Recelé*.

Veuve remariée.

43 Si la veuve qui se remarie avant la fin de l'année du deüil doit être privée des avantages à elle faits par son premier mary? *Voyez Henrys*, tome 1. *liv.* 4. *chap.* 6. *quest.* 66. où il dit que les peines des secondes nôces ne sont prononcées que lorsque la précipitation est trop grande,ou que le mariage est scandaleux. Ces peines n'ont pas lieu dans le Ressort du Parlement de Bourdeaux,suivant le témoignage de *Bechet*, dans son Traité *des secondes Nôces*, *chap.* 2. *&* 15. & la Peitere, *lettre N. nomb.* 6. mais elles ont lieu dans tous les autres Parlemens de Droit écrit.

44 Arrêt du 5. Janvier 1575. qui prive de la succession de certains biens & d'un legs de 1000. liv. une femme qui s'étoit remariée dans l'an du deüil. *Biblioth. de Bouchel*, verbo, *Mariage*.

45 Une veuve remariée avec convention portée par le Contract de mariage, que si le survivant se remarioit il perdroit le don mutuel, *Senatus donationis legem observari voluit*. Arrêt du 14. Mars 1592. AnneRobert, *rerum judicat.* *liv.* 2. *chap.* 7.

46 Une veuve ne peut être contrainte de prendre ses conventions matrimoniales & renoncer à l'état de veuve, lorsque le défunt luy a fait des avantages qui doivent cesser lorsqu'elle cessera d'être veuve. Arrêt du Parlement de Toulouse du 22. Novembre 1597. contre des heritiers qui vouloient contraindre la veuve de prendre payement de sa dot & augment. *Mainard*, *tome* 1. *liv.* 2. *chap.* 76.

47 *Vidua in jure scripto non potest impune nubere intra annum luctus*, *& si nubat*, *amittit hæreditatem filiorum primi matrimonii atque usum-fructum à marito relictum*, *augmentum dotis*, *ac cætera commoda quibus frui consueverunt viduæ*. Jugé en 1601. Mornac, *Lege* 11. §. *& si ita l. ff. de his qui notantur infamia*.

48 Arrêt du 12. Juin 1634. qui appointe pour sçavoir si une veuve contractant un second mariage dans l'an du deüil, en la Coûtume du Maine, doit être privée de son doüaire. *Bardet*, *tome* 1. *liv.* 3. *chap.* 21. M. Bignon Avocat General dit que cette peine avoit lieu dans l'Italie,dans l'Allemagne,même en ce Royaume en pays de Droit écrit, mais que dans la France coutumiere il en étoit autrement, sinon au cas d'une grande indignité, d'une extrême inégalité, & conclut en faveur de la femme : au fait particulier il n'y avoit que trois mois & demi d'intervalle.

49 Si la femme est privée des biens que son mari luy a laissez vivant viduellement, lorsqu'elle ne se remarie qu'aprés la mort de ses enfans du premier lit? Le 25. Juin 1654. au Parlement de Toulouse, il fut jugé qu'une nommée Delpech, veuve d'un nommé Caissac qui l'avoit instituée heritiere à la charge de vivre

LLlll ij

Tome III.

viduellement, perdoit cette heredité, qui fut ajugée au frere de son mari, suivant la *Nov.* 22. *ch.* 44. contre le *ch.* 26. de la même *Nov.* qu'on alleguoit, & contre la Loy *Famina*, *Cod.* de 2. *nupt.* & contre l'opinion de Jean de Garron, *Cod.* de 2. *nupt.* qui tient le contraire ; mais la Cour tient que cette condition n'est pas seulement pour les enfans, mais pour la satisfaction du mary, *cujus manes non debent contristari*, suivant la superstition des Anciens. Albert, lettre N. verbo *Nôces*, art. 2.

50 Veuve mineure ne peut se marier sans le consentement de son pere. Arrêt du 13. Mars 1663. *Notables Arrêts des Audiences*, Arrêt 98. Voyez Brodeau sur M. Louet, lettre M. somm. 18. nomb. 3. où il y a Arrêt contraire du 4. Septembre 1632.

51 Jugé le 13. Mars 1663. qu'une veuve mineure ne peut pas se marier sans le consentement de son pere. Suefve, tome 2. Cent. 2. chap. 79. cite un Arrêt du 14. Septembre 1632. par lequel dans la Coûtume d'Auvergne la Cour jugea en faveur d'une fille veuve & mineure, qu'il n'y avoit pas lieu à une accusation de rapt intentée par son pere pour raison du mariage par elle contracté sans son consentement.

VEUVE, RENTE.

54 Comment la veuve peut être tenuë de la rente créée constant le mariage d'entre elle & son défunt mary ? Voyez Carondas, liv. 4. Rép. 90. & liv. 6. Rép. 10.

VEUVE, DROIT DE VIDUITÉ.

55 Pendant l'année du deüil où l'action de dot est suspenduë, l'on donne à la veuve une certaine somme par forme d'alimens, qu'on appelle droit de viduité, il en est traité dans Henrys, to.1. liv. 4. ch. 6. quest. 59.

56 Il y a un cas où le droit de viduité pourroit être sujet au retranchement, c'est quand la femme n'a point apporté de dot ; dans les pays du Droit écrit du ressort du Parlement de Paris, l'an de viduité est dû *ipso jure*, quoique la femme n'ait point apporté de dot ; en ce cas il pourroit être consideré comme une liberalité sujete au retranchement ; cependant il y a beaucoup de doute, parce que c'est une grace de la loy : d'ailleurs, c'est pour faire honneur à la memoire du mary & à sa famille. Le droit de viduité a la même faveur que les habits de deüil qui ne sont pas sujets au retranchement. Henrys, tome 1. liv. 4. chap. 6. quest. 59.

57 *Graverol dans ses Observations* cite un Arrêt du 11. Juillet 1677. qui a jugé que la veuve a droit de demander son deüil & son droit de viduité, quoique l'heritier de son mary luy ait rendu sa dot ; cet Arrêt peut servir à confirmer l'usage de Lyon qui donne le droit de viduité à la femme, quoiqu'elle n'ait point apporté de dot.

58 & 59 L'article 382. de la Coûtume de *Normandie*, porte, *Homme ayant eu enfant né vif de sa femme, joüit par usufruit tant qu'il se tient en viduité de tout le revenu appartenant à sadite femme lors de son décès, encore que l'enfant soit mort avant la dissolution du mariage ; & s'il se remarie, il n'en joüira que du tiers.* Au sujet de l'interpretation de cet article, une question s'est presentée au Parl. de Roüen le 18. Decembre 1636. il s'agissoit de sçavoir si le sieur de Courseulle qui depuis 20. ans entretenoit une femme, (à laquelle il faisoit tenir le rang & la condition de sa femme, & dont il avoit eu une fille qu'il avoit mariée comme sa fille sans ajoûter la qualité de fille naturelle) étoit privable de son droit de viduité, en consequence, ou de la turpitude ou de la présomption du mariage secret ? La cause fut appointée au Conseil ; depuis par un accommodement on fit perdre au mary la moitié de son usufruit. Voyez Basnage, sur cet article.

60 Le pere peut ceder son droit de viduité à ses enfans au préjudice de ses créanciers. Article 77. des Arrêtez du Parlement de Rouen, des Chambres assemblées, le 6. Avril 1666. Basnage, tome 1. à la fin.

61 Quoyqu'on ne puisse renoncer à ce qui appartient de plein droit en fraude des créanciers, neanmoins le pere peut remettre à ses enfans son droit de viduité au préjudice de ses créanciers, quand même ils auroient procedé par voye de saisie sur les arrerages, suivant l'art. 77. du Reglement fait au Parl. de Roüen en 1667. conforme à plusieurs Arrêts. Cet abandonnement du droit de viduité n'auroit pas le même effet, si le mary n'y renonçoit pas en faveur de ses enfans ; mais en faveur des heritiers de sa femme ; il faut neanmoins observer que ces Arrêts n'ont été donnez que quand les femmes étoient séparées de biens d'avec leurs maris. Les Arrêts sont fondez sur cette raison que par la séparation civile de la femme, ses biens cessent d'être obligez aux dettes de son mary ; desorte qu'en étant désaisi ses biens ne sont plus susceptibles de la saisie de ses créanciers. Voyez Basnage, sur l'art. 382. de la Coût. de Normandie.

62 Le mary n'a point droit de viduité sur les biens échûs après la mort de sa femme. Arrêts du Parlement de Roüen des 5. Août 1670. & 17. May 1671. rapportez par Basnage, ibid.

63 Le pere ne peut remettre à ses enfans son droit de viduité sur la dot de leur mere dont il leur étoit debiteur au préjudice de la caution de la dot. Arrêts du Parlement de Roüen du 17. Août 1679. & 28. Avril 1682. rapportez par Basnage, sur l'art. 399. de la même Coûtume.

64 Berault, sur l'art. 391. de la Coûtume de Normandie a remarqué, qu'un mary, quoyqu'il n'eût point eû d'enfant né vif, prétendoit neanmoins joüir à droit de viduité des acquêts faits par sa femme ; la Cour le declara mal fondé dans sa prétention ; & neanmoins ayant égard à sa pauvreté, elle ordonna qu'il prendroit une provision sur ses acquêts, d'où l'on peut inferer que le droit de viduité ne luy auroit point été contesté, s'il avoit eu des enfans. Voyez Basnage, sur le même article.

VIDUITÉ RECOMMANDÉE.

65 Un homme veuf & une veuve se remarient, & par le Contract se font donation de leurs biens à la charge que le survivant ne se remariera. La femme survecut, se remaria, & prétendit les biens donnez, disant que cette condition étoit vicieuse & opposée aux bonnes mœurs. Elle perdit sa cause au Parlement de Toulouse, suivant la nouvelle constitution de Just. 12. §. 43. d'où est tirée l'authentique *cui relictum C. indicta vidui. toll.* qui corrige toutes les constitutions précédentes. Voyez Mainard, liv. 8. chap. 93. & Robert, *rerum judicat.* qui rapporte un Arrêt semblable du 14. Mars 1592.

66 Donation portant clause que si le survivant se remarie, elle sera nulle, a été en effet annullée par le second mariage. Arrêt du Parlement de Paris du 24. Mars 1592. Il s'agissoit d'une donation faite par un homme de Poitou. Carondas, liv. 8. Rép. 39.

67 Donation mutuelle à la charge de garder viduité par le survivant, confirmée par Arrêt prononcé en Robes rouges le 24. Mars 1592. Robert, liv. 2. *rerum judicat.* chap. 7.

68 Cause appointée pour sçavoir si une femme instituée heritiere par son mary, (à la charge de demeurer en viduité, & de restituer l'heredité à celuy de leurs enfans que bon luy sembleroit, n'est privée que pour l'avenir par son convol en secondes nôces ; ou si elle doit compter des fruits perçûs auparavant. Arrêt du 11. May 1635. Bardet, tome 2. liv. 4. chap. 17. La Sentence du Bailly de Mâcon avoit déchargé de la restitution des fruits.

69 La veuve à qui son mary a laissé des heritages, à la charge de demeurer veuve, les perd, si elle se remarie ; ils retournent aux heritiers du défunt. Arrêt du mois de Juin 1654. La Rocheflavin, liv. 2. lettre M. tit. 4. Arrêt 15.

70 Un mary à Lille ne peut par son testament obliger sa veuve restée és biens & dettes, suivant son Con-

VIC VIC 821

tract de mariage, au cas qu'elle convole à de secondes nôces, à plus restituer à ses enfans que la moitié des biens existans lors du remariement; mais un pere peut bien par son testament exclure sa veuve de pouvoir succeder à ceux de ses enfans, qui pourroient déceder sans hoirs, en les substituant les uns aux autres. Arrêt du Parlement de Tournay du 8. Octobre 1698., rapporté par *M. Pinault*, *tome 2. Arr.* 227.

VIAGERE.

Voyez cy-dessus le mot *Rentes*, *nomb.* 298. *& suiv.*
Edit du Roy du mois d'Août 1661. par lequel sa Majesté défend très-expressément à tous ses sujets, de quelque qualité & condition qu'ils soient, de donner à l'avenir aucuns deniers comptans, heritages ou rentes, aux Communautez Ecclesiastiques, Regulieres ou Seculieres, & autres Gens de main-morte, (à l'exception de l'Hôtel-Dieu, du grand Hôpital de Paris, & de la maison des Incurables) par donations entre-vifs, ou autres contracts, directement ou indirectement, en quelque sorte & maniere & pour quelque cause & prétexte que ce soit, à condition d'une rente leur vie durant, plus forte que ce qui est permis par les Ordonnances, ou qui excede le legitime revenu que pourroient produire les maisons, terres ou heritages donnez: & ausdites Communautez & autres Gens de main morte, de les prendre & accepter, à peine de nullité desdits Contracts, & de confiscation sur les donateurs, des choses qui auront été par eux autrement données, & de 4000. liv. d'amende contre lesdites Communautez & Gens de main-morte, qui les auront acceptez, le tout payable, sçavoir, un tiers au dénonciateur, un tiers audit Hôtel-Dieu de Paris, & Hôpital des Incurables, & l'autre tiers à l'Hôpital General. Comme aussi défend à tous Notaires, Tabellions, Greffiers, & autres personnes publiques, de recevoir lesdits Actes, à peine de 500. livres d'amende, en cas de contravention, applicable comme dessus. Registré au Parlement de Paris le 2. Septembre 1661.

Edit du Roy du mois de Janvier 1690. par lequel sa Majesté ordonne que les défenses portées par la Déclaration du mois d'Août 1661. & qu'elle a en tant que de besoin réiterées par le present Edit, soient executées selon leur forme & teneur, à l'égard de tous les Hôpitaux & Communautez, tant Séculieres que Regulieres du Royaume, & même à l'égard de l'Hôtel-Dieu de Paris, de l'Hôpital General, & de l'Hôpital des Enfans trouvez, des Incurables & du grand Bureau; veut que les Administrateurs d'iceux ne puissent prendre aucun argent à fonds perdu, pour constituer lesdites rentes viageres, à peine de le payer & d'en répondre en leurs propres & privez noms. Défend à tous particuliers de leur faire aucun prêt de cette qualité, à peine de restitution des interêts qu'ils en auroient reçus & de perte de leur deu, à l'exception toutefois des dons qui seroient faits ausdits Hôpitaux par aucuns particuliers, à la charge de leur en payer leur vie durant les arrerages à raison du denier vingt. Registré au Parlement de Paris le 6. Février 1690.

VICAIRE.

1 Des Vicaires. *Voyez* hoc verbo *la Bibliotheque du Droit François par Bouchel*, où il est amplement traité du pouvoir des Vicaires des Evêques: *La Bibliot. Canonique, to. 2. p.* 663. *& suiv. & le petit Recüeil de Borjon, to.* 2. où il y a plusieurs décisions.

2 Des qualitez communes aux grands Vicaires & aux Officiaux. *Voyez M. Jean Bordenave, en son traité de l'état des Cours Ecclesiastiques.*

3 *De Vicariis perpetuis. Voyez Pinson*, au titre *de divisione Beneficiorum. §.* 22.

4 Des Vicaires perpetuels. *Voyez Coquille, tome 2. quest.* 79.

5 *Vicarii plures constitui an in solidum possint?* Voyez *Franc. Marc, to, 1. quest.* 995.

6 *Quando Vicarii potestas evacuetur?* Voyez *Franc. Marc, tome 1. quest.* 1098.

7 Déclaration du Roy du mois de Septembre 1554. qui défend à tous Beneficiers de France étrangers, de commettre Vicaires & Officiers qui ne soient du Royaume, à peine de saisie de leur temporel. *Bibliot. Can. to.* 2. *p.* 665. *col.* 2.

VICAIRES, ABBEZ.

8 Les Abbez ne peuvent créer ou commettre aucuns Vicaires ni Officiers étrangers du Royaume. A Villiers-Cotterêts au mois de Septembre 1554. *Conference des Ordonnances, livre* 1. *titre* 3. *partie* 2. §. 49. Voyez *l'Ordonnance de Moulins, art.* 76.

VICAIRE, APPELLATIONS.

9 *Tholosa in Parlamento anno* 1454. *dictum fuit, quod Abbas de Cressá constituerat Vicarios duos ex consiliariis clericis ejusdem curiæ, quibus frater Antonius Chambreti Religiosus prisonerius in Conciergeria redderetur ad faciendum ejus processum Tholosâ & aliqui consiliarii per curiam deputarentur ad assistendum ad fines conducendi processum pendentem in curia tangentem, materiam istam: & dictus Abbas ejus Vicariatum mitteret in curia infra* 8. *deinde* 22. *Januarii viso prædicto Vicariatu, per quem fuerant deputati Gentiam de Trilba, fuit idem prisonerius eisdem per curiam liberatus & commissus, le Valseur ad assistendum cum eis in processurâ, & curiâ, dictis Vicariis id requirentibus, prisones, seu carceres Conciergeriæ commodavit. Bibliotheque Canonique, to.* 2. *p.* 665. *col.* 1.

10 *Rebuff.* fait mention d'un Arrêt donné à Paris le 5. Decembre 1524. portant que l'Archevêque de Bourdeaux établiroit un Vicaire en la Ville de Poitiers, *& hoc propter appellationes ab abusu, ne in urbe Pictaviensi litigantes a finibus senatoriæ Parisiorum Provinciæ distraherentur.* Cet Arrêt fut suivi d'un Edit de François I. en l'an 1542. par lequel il déclare que cet Arrêt seroit gardé és trois autres Dioceses de Poitou, sçavoir de Luçon, de Maillezais, & d'Angoulême; avec clause expresse que si les Prélats refuseroient de le faire, permis aux parties de s'adresser au premier Archevêque qu'ils aviseroient dans le territoire & ressort du Parlement de Paris, ce qui s'observe par tout le Royaume conformément à l'Ordonnance de Moulins, selon *M. René Chopin, lib.* 1. *Monast. tit.* 3. *num.* 27. *& lib.* 2. *de sacr. polit. tit.* 4. *numb.* 26. où il remarque plusieurs Edits & Arrêts donnez en consequence, même contre l'Archevêque de Bourdeaux en faveur des Suffragans qui sont au ressort de Paris; & contre l'Archevêque de Tours pour le contraindre de donner un Vicaire en l'Evêché de Rennes. A quoy l'on peut ajoûter que l'Archevêque d'Aix par divers Arrêts du Parlement de Pau en l'an 1523. est pareillement obligé de mettre & établir dans le Bearn un Vicaire General en faveur des habitans du Païs, afin qu'ils ne soient point obligés de sortir hors de leurs limites, contre le privilege de leurs fors & Coûtumes, pour avoir justice sur les appels interjettez des Evêques & Officiaux de Lascar, d'Oleron, d'Acqs, & de Tarbe, en la partie de leurs Dioceses, qui est située dans les enclaves & territoires de la Cour souveraine. *Voyez la Bibliotheq. Can. tome* 2. *p.* 516.

11 L'Archevêque de Bourdeaux condamné par Arrêt du 27. May 1544. d'instituer un Vicaire au dedans du ressort du Parlement de Paris pour connoître des appellations qui seront interjettées de ses Suffragans, demeurans dans le ressort de ladite Cour, sur les peines & contenuës. *Preuves des Libertez, to.* 2. *ch.* 35. *nombre* 56.

12 L'Archevêque de Roüen condamné par Arrêt du 14. Decembre 1545. d'instituer un Vicaire au dedans du ressort du Parlement de Paris, pour connoître des appellations interjettées de ses Suffragans dans le

LLIII iij

822 VIC VIC

ressort de ladite Cour. *Preuves des Libertez*, tome 2. chap. 35. nombre 57.

13 Ordonné par Arrêt du 14. Decembre 1545. que l'Archevêque de Roüen baillera Vicariat à quelque bon & notable personnage, pour connoître des appellations interjettées par les demeurans au ressort de Séez, ou le Diocésain; & en défaut de ce faire, il sera procédé par saisie de son temporel, & autrement ainsi qu'il appartiendra par raison. *Additions à la Bibliotheque de Bouchel*, verbo *Vicariats*.

14 Arrêt donné aux Grands Jours à Tours le 9. Septembre 1547. entre Pierre Hoët, appellant comme d'abus de l'Official de l'Archevêque de Bourdeaux, & M. Jean Carrey intimé, par lequel il fut dit que dans deux mois le Cardinal du Bellay Archevêque de Bourdeaux & Evêque de Paris, bailleroit Vicariat à un ou deux Chanoines de Poitiers, pour connoître des appellations des Officiaux de ses Suffragans étant au ressort du Parlement de Paris, & à faute de ce faire, seroit le temporel de l'Evêché de Paris saisi & mis en la main du Roy. *Voyez la Bibliotheque de Bouchel*, verbo *Vicaires*.

15 L'Archevêque d'Authun qui est du Parlement de Bourgogne, a son Vicaire à Moulins. Un Prêtre commet plusieurs fautes, & on luy veut faire son procez; l'Archevêque envoye un Vicaire & un Greffier à Lezi petite Ville de son Archevêché assez près de Moulins, lequel Vicaire fait citer le Curé devant luy en personne: il compare & demande son renvoy par devant le Vicaire de Moulins. On replique au Curé qu'il n'a point d'interêt lequel des Vicaires luy fasse son procez, & qu'il n'y avoit que le Procureur General pour l'interêt public; aussi le renvoy luy est denié, dont il appelle comme d'abus. M. Servin pour le Roy soûtenoit que puisqu'il y a un Vicaire ordinaire à Moulins, suivant *l'Ordonnance de Moulins, art. 76.* cela étoit suspect d'envoyer un autre Vicaire & un autre Greffier; il adheroit aux l'appellant. Par Arrêt du 1. Février 1602. sur l'appel comme d'abus, les parties hors de Cour, & neanmoins renvoyé par devant le Vicaire de Moulins. *Bibliotheque de Bouchel*, verbo *Vicaire*.

VICAIRES DES CUREZ.

16 En *Bourgogne*, un Vicaire ne perd point les droits de son domicile ordinaire & de la communauté de biens, quand il va demeurer dans un autre endroit pour remplir les fonctions de son Vicariat. *Voyez* le mot *Domicile*, *n.* 14.

Voyez le mot *Curez*, *p.* 605.

VICAIRES GENERAUX DES EVESQUES.

17 Vicaire des Evêques. *Voyez le mot Evêque*, *n.* 259. & *suiv.*

De Vicariis Episcoporum, formâ Vicariatûs Archipiscoporum & aliorum collatorum. Voyez Rebuffe, 1. *part. prax. Benef.* où il est traité de leur pouvoir.

18 De la Jurisdiction des Grands Vicaires. *Voyez* le mot *Juge*, *n.* 451.

Des Vicaires generaux, Archidiacres, Archiprêtres & Doyens Ruraux. *Voyez les Memoires du Clergé, tome 1. part. 1. tit. 1. ch. 3.*

19 Touchant les Vicaires generaux des Archevêques & Evêques. *Vide les Memoires du Clergé, to. 1. part. 1. p. 157. & suiv.* ils doivent être François & non Etrangers, *Ibid. & to. 3. part. 3. p. 308. & 309.*

Ils doivent aussi être Prêtres & Graduez, *to. 1. part. 1. p. 157.* les Religieux peuvent être Vicaires generaux des Evêques pourvû qu'ils ayent d'ailleurs toutes les qualitez requises, *p.* 158.

20 Le Vicaire General de l'Evêque ne peut conferer au moyen de l'alternative, s'il n'a pouvoir exprés de l'Evêque. *Belloteau, part. 2. liv. 9. controverse 67.*

21 Mendians ne peuvent être Grands Vicaires des Evêques. *Definit. Can. p.* 467.

22 Les Lettres de Grands Vicariats ne sont revoquées par l'établissement d'un autre, peut neanmoins conferer, ladite revocation ne luy ayant été notifiée. Arrêt du 18. Juillet 1514. comme note Rebuffe, *in formâ Vicarii Archiepiscopalis & alio num.* 198. *in praxi benef. & id scribit.* Panorm. *in capite non essent. de præb. Imber. in verbo Abbas*, en son Enchiridion en parle fort diferemment.

13 Les Grands Vicaires doivent être pris dans le ressort des Parlemens, par Arrêts des 27. May 1544. & 7. Juin 1547. suivant l'Edit de *Moulins 1566. art.* 76. lequel fut suivi d'un Arêt du Parlement de Paris de 1577. *Tournet. lettre V. Arr.* 10.

24 Du pouvoir qu'a le Vicaire constitué par l'Evêque, *Voyez M. de Selve, 2. part. tract. quest.* 14.

25 *De Vicariis & Episcoporum Officialibus.* Voyez Pinson, *de divisione beneficiorum*, § 19.

26 Vicaires generaux des Metropolitains, dont les Provinces s'étendent en divers Parlemens. *Memoires du Clergé, to. 1. part. 1. p. 157. & to. 2. add. à la premiere part. p.* 234.

27 Les Prélats de Provence, maintenus en la possession d'envoyer leurs Vicaires generaux aux Etats & autres assemblées pour les y representer. *Memoires du Clergé, to. 2. ad t. à la premiere part. p.* 259.

28 Rang, préseance, & autres prérogatives des Grands Vicaires, tant aux Assemblées de Ville qu'en d'autres occasions. *Memoires du Clergé, tome 1. part. 1. pag. 374. n.* 8.

29 Les Vicaires generaux des Archevêques peuvent en leur absence convoquer les Assemblées Provinciales. *Memoires du Clergé, to. 4. part. 5. p.* 5.

30 Lorsque les Vicaires generaux sont Chanoines, ils sont reputez presens & gagnent franc. *Ibid. p. 107. 162. & to. 4. part 5. p. 104. n.* 8.

31 Arrêt du Parlement d'Aix du 1. Decembre 1597. que l'Archevêque d'Avignon doit avoir des Vicaires François naturels. *Preuves des Libertez, to. 2. chapitre 30. n.* 4.

32 Vicariat d'un Evêque qui a plusieurs Provinces en son Diocese limité à une desdites Provinces, est bon & valable. *Carondas, liv. 1. Rép. 33. & la Bibliot. Can. to. 2. p.* 665.

33 Les Grands Vicaires peuvent faire tout ce qui depend de la Jurisdiction volontaire de l'Evêque qu'ils exercent, conferer les benefices, donner les dimissoires, les penitences, les absolutions, decreter les fondations, & faire des unions & érections de Benefices. *Defin. du Droit Can. p.* 883.

34 Par Arrêt du Parlement de Paris du 20. Avril 1514. il est défendu aux Conseillers d'icelle, d'accepter aucuns Vicariats des Prelats & Evêques. *Registres de la Cour.*

VICAIRE, COLLATION.

35 Vicaires qui conferent. *Voyez le mot Collation, nomb. 171. & suiv.*

36 *De Vicario generali unius Abbatis cum omni potestate conferendi beneficia.* Voyez Franc. Marc. *tome 1. quest.* 991.

37 *Vicarius extrà Dioecesim instituendi praesentatum à patrono potestatem non habet.* Voyez Franc. Marc. *to. 2. quest.* 413.

38 Vicaire conferant concurremment avec l'Evêque, la collation de l'Evêque preferable. *Chopin, liv. 1. de la Police Ecclés. tit. 6. n.* 7.

39 *Voyez Chopin, au 1. liv. de sacrâ politiâ, lib. 1. tit. 6. num. 7. & Carondas, au 1. livre de ses Réponses, art.* 34. où ils traitent de deux collations faites d'un même benefice, l'une par un Abbé, & l'autre par son Grand Vicaire; ils tiennent que celle de l'Abbé est la meilleure, quoique celuy pourvû par le Grand Vicaire ait pris possession. *Tournet, lettre P. Arrêt* 211.

40 Le Vicaire General de l'Evêque peut instituer sur la presentation des patrons, parce que sa provision est necessaire; mais il ne peut sans un special pouvoir, conferer les benefices qui sont en la libre dis-

VIC   VIC   823

position de l'Evêque. *Bibliot. Can. to.* 2. *p.* 189.

41 Un Evêque avoit donné un Vicariat sous ces mois, *cum potestate conferendi omnia beneficia præter ea quæ vacabant per mortem*; un Benefice avoit vaqué par resignation faite entre les mains de ses Vicaires, il avoit conferé : *Quærebatur de validitate talis collationis* ; le point étoit *super validitate vicariatûs & utrum valeret, in his quæ non sunt excepta* : l'affirmation paroît bonne, car *exceptio firmat regulam*.

Item species derogat generi. cap. 1. *de reser. ext.* ces sortes de vicariats ne valent rien , c'est l'opinion de M. Chartier , qu'on dit avoir été confirmée par Arrêt ; elle peut être fondée, *in cap. constitutus de concess. præbend. Bibliot. Can. to.* 2. *p.* 665. *col.* 2.

42 Les Vicaires pour la presentation ou collation des benefices doivent être insinués aux greffes des insinuations Ecclesiastiques aussi bien que les actes de revocation. *Memoires du Clergé*, to.1. part.1.p. 162 *n.* 6.

43 Vicaire General créé par le Chapitre, le Siege vacant , ne peut admettre resignation à cause de permutation de benefices. *Mainard, li.* 1. *chap.* 66.

44 Afin que le Vicaire de l'Evêque puisse conferer les benefices , il faut qu'il soit Ecclesiastique , établi Vicaire General & special , *ad hoc*, à moins qu'il ne s'agisse de collations necessaires ; il faut encore que les Lettres de Vicariat, soient signées de deux témoins & insinuées ; tel Vicaire n'en peut substituer un autre s'il ne luy a été accordé ; le Vicaire fermier de son Vicaire ne peut conferer. *Vide Despeisses, tome* 3. *pag.* 405.

45 Vicaire peut conferer & recevoir par insinuations hors le Diocese. Arrêt du Parlement de Bourdeaux du premier Février 1518. *Papon, liv.* 2. *tit.* 1. *n.* 3.

46 Jugé au Parlement de Paris le 4 Mars 1555. que le Vicaire d'un Archevêque , bien qu'il ait pouvoir general , ne peut admettre les resignations , à moins *ex causa permutationis*. *Papon, li.* 2. *tit.* 2. *n.* 4. & *Chopin, liv.* 2. *de sacrâ politiâ*, *tit.* 6. *n.* 6.

47 Les Ordinaires pendant leur absence , doivent substituer Vicaires capables pour conferer les Benefices vacans és mois de Graduez, sans déroger à l'autorité de le faire eux-mêmes , nonobstant tels Vicariats ; auront un Registre des collations pour obvier aux fraudes , & ne pourront demander plus d'un écu pour chacune collation. Arrêt du Parlement de Paris du 19. Janvier 1548. *Papon, liv.* 3. *tit.* 2. *n.* 5.

48 La Provision de l'Evêque prévaut à celle du Grand Vicaire, en cas de concurrence. Arrêt du 19. Août 1564. *Chopin, liv.* 1. *de la Police Ecclesiastique*, *tit.* 6. *nombre* 7.

49 Arrêt du Parlement d'Aix du 1. Decembre 1597. qui a jugé que les Vicaires Generaux , & Officiaux Forains, doivent être établis en Provence par l'Archevêque d'Avignon , & autres, tant sur la collation des Benefices, Jurisdictions spirituelles & temporelles. *Bonface, tome.* 3. *liv.* 5. *tit.* 7. *ch.* 1.

50 *Vicarius Episcopi conferre potest Beneficia extrà suam Diœcesin*. Jugé le 11. Mars 1613. *Mornac, tit.* 16. *ff. de officio Proconsulis & Legati, Lege* 2.

51 Le Vicaire General ne peut accorder de *Visa*, ni conferer de Benefice que lorsque l'Evêque est hors de son Diocese. Arrêt du Parlement de Toulouse du 16. Avril 1666. *La Rocheflavin, livre* 1. *titre* 34. *article* 1.

VICAIRES FORAINS.

52 Des Vicaires Forains ou Doyens Ruraux. *Voyez les Memoires du Clergé*, tom. 1. part. 1. p. 194. & 470.

VICAIRE, OFFICE.

53 Grand Vicaire ne peut pourvoir aux Offices Domaniaux , à moins que cela ne soit accordé *speciali notâ*. Arrêt du 11. Février 1630. M. l'Avocat General Bignon dit que le pouvoir ne peut même être renfermé sous ces mots, *in tempore alhuc*. V *Bardet,to.* 1. *liv.* 3 *ch.* 88. où est cité un Arrêt du 22. Janvier 1630. qui semble contraire.

VICAIRES PERPETUELS.

54 Au quatriéme Concile de Latran, tenu en 1215. il fut ordonné qu'il seroit établi des Vicaires perpetuels és Eglises desservies par Vicaires amovibles. *Voyez le Journal des Aud.* tom. 4. *liv.* 4. chapitre 15. qui contient une ample & curieuse Dissertation sur cette matiere.

55 Droits des Curez primitifs & Vicaires perpetuels. *in octavo*, Paris 1658.

56 Vicaires perpetuels, leurs devoirs & leurs droits , par rapport aux Curez primitifs. *Voyez le mot*, Curez, *nomb.* 116. & *suiv.*

57 Vicaires perpetuels des Curez primitifs. *Voyez les Memoires du Clergé*, tome 1. part. 1. pag. 200. jusqu'à 221. & 996. art. 14. & tom. 2. part. 2. pag. 922. jusqu'à 428.

Les Curez doivent être tenuës par des Vicaires perpetuels, non par des Vicaires amovibles, quoiqu'elles soient unies à des Communautez Ecclesiastiques. *Ibidem.*

En cas que les Curez primitifs negligent de nommer des Vicaires perpetuels aux Cures desservies par des Vicaires amovibles , les Evêques y suppléront. *ibid.* tom. 1. part. 1. pag. 201. *n.* 14.

Des portions congruës des Curez ou des Vicaires perpetuels. *Voyez les Memoires du Clergé*, tome 2. part. 2. *tit.* 12.

58 L'Evêque Diocesain est Juge de la necessité des Vicaires dans les Cures. *Memoires du Clergé*, tome 2. part. 2. pag. 319. & *suiv.*

59 Les Vicaires perpetuels des Paroisses doivent les décimes, de ce qu'ils prennent en la Paroisse , & doivent les Curez primitifs les faire joüir des six vingts livres pour le moins , toute charge déduite. Arrêt du Parlement de Bretagne du 10 Janvier 1619. *Bellordeau, part.* 2. *liv.* 9. *Contr.* 65.

60 Les Vicaires perpetuels seront instituez dans toutes les Cures unies aux Communautez , tant Seculieres que Regulieres, avec attribution de portion congruë de 300. liv. Arrêt de la Cour de Parlement, portant Reglement general du 15. Mars 1661. & un autre de même du 23 Février 1664. *Sœfve*, *tome* 2. *Centurie* 2. *chap.* 39. *De la Guess. tome* 2. *liv.* 6. *ch.* 15. *Des Maisons, let. V. n.* 3.

61 Arrêt du Parlement de Provence du 23. May 1661. qui a jugé que la Vicairerie perpetuelle ne peut être établie qu'aux Benefices-Cures, unis aux Manses Episcopales , Abbatiales , ou de Chapitre,& non aux Benefices simples. *Bonface*, tome 1. livre 2. titre 19. chapitre 1. où il rapporte un semblable Arrêt , qui avoit été rendu le 16. Mars 1644.

62 Vicaireries de Peronne déclarées n'être sujettes de l'Archidiacre , le Chapitre de Peronne étant Curé primitif. Jugé le 14. Août 1674. *De la Guess. tome* 3. *liv.* 8. *chap.* 14.

63 Au même Parlement de Paris, le 16. Decembre 1682 il a été fait un Reglement entre les Curez primitifs , qui sont les Religieux de Saint Clement de Craon , & leurs Vicaires perpetuels. *Ibid.* to. 4. *li.* 5. *chapitre* 30.

64 L'Evêque peut établir un Secondaire en sa visite, quand il le juge être necessaire ; il n'y a lieu à interjetter appel comme d'abus d'une telle Ordonnance. Arrêt du Parlement de Grenoble du 3. Decembre 1665. *Basse*, tome 1. *liv.* 1. *tit.* 1. *ch.* 4.

65 Secondaire ne peut être établi dans une visite sans connoissance de cause , les interessez non appellez. Arrêt du même Parlement de Grenoble du 5. Septembre 1667. rapporté par *Basset*,tom.2. *liv.*1. *titre* 2. *chapitre* 4.

66 Le 12. Juillet 1678. il a été préjugé au Parlement de Toulouse, que la présentation des Vicaires amovibles appartenoit non au Curé primitif , mais au Vicaire perpetuel, nonobstant la possession de 40. années , prouvée par le Prieur , Curé primitif ; la raison est

que le Vicaire perpetuel connoît mieux ce qui convient à son troupeau, *salus populi suprema lex esto*. Arrêts de M. de Catellan, *li. 1. ch. 10*.

67 Déclaration pour faire établir des Curez ou Vicaires perpetuels en titre, dans les Paroisses qui sont desservies par des Prêtres amovibles. A Versailles le 29. Janvier 1686. registrée le 11. Février de la même année.

VICAIRES, PRESEANCE.

67 *bis.* De la préséance dûe au Grand Vicaire de l'Evêque. Voyez le mot, *Préseance*, n. 143.

VICAIRES, RELIGIEUX.

68 Les Religieux peuvent être Grands Vicaires des Evêques, lorsqu'ils ont d'ailleurs les qualitez requises. *Memoires du Clergé*, tome 1. *part. 1. p. 158*.

69 *Monachus vel Canonicus regularis Vicarii Episcopi esse possunt.* Voyez *Franc. Maro.* tom. 1. quest. 1285.

70 Religieux créé Vicaire par l'Abbé, ou Prieur Commendataire, & non Religieux; si telle création est autorisée par le Pape, ne peut être révoquée. Arrêt du Parlement de Paris, du 18. Juillet 1514. Papon, *livre 2. tit. 2. n. 4.*

71 Un Vicaire Religieux établi par un Abbé Commendataire, avec l'autorité du Pape, ne peut être révoqué. Ainsi, dit *Rebuffe*, a été jugé contre l'Abbé du Chaige, par Arrêt du 18. Juillet 1574. autrement un Abbé Commendataire révoqueroit toûjours un Vicaire qui seroit utile à la Religion, & qui ne luy applaudiroit pas. *Bibliotheque Canonique*, tome 2. page 665. colonne 1.

72 Par Arrêt du 12. Decembre 1579. jugé que l'Abbé de Cluny seroit contraint de bailler Vicariat au Prieur de Saint Martin des Champs, pour la profession de ses Religieux. *Biblioth. de Bouchel*, verbo, *Vicaires*.

VICAIRE, REVOCATION.

73 Comment un Vicaire se révoque, & l'effet de la révocation? V. *Tournet*, *let. V. Arr. 8*. Imbert, *en son Manuel*, in verbo, *Abbas* en parle fort disertement.

74 Vicaire de l'Evêque n'est révoqué par la création d'autre Vicaire, à moins qu'il n'y ait expresse révocation : & le Vicaire révoqué peut avant la notification conferer; enfin le Vicaire révoqué à son sçû, peut conferer si l'Evêque le permet. Jugé au Parlement de Bourdeaux. Papon, *liv. 2. tit. 2. n. 4.*

75 *Vicarius ab Abbate Commendatario revocari non potest.* Arrêt du 18. Juillet 1514. contre l'Abbé du Chaige. *alioqui Abbas Commendatarius semper revocaret utilem Religioni.* V. Rebuffe, 1. part. au Chap. *forma Vicariatus, n. 198.*

VICAIRE, TESTAMENT.

76 Si un Testament reçû par un Prêtre, tenu pour Vicaire d'un Curé d'une Paroisse, qui l'a servie dix ans sans avoir aucun Vicariat, est valable? Arrêt du Parlement de Paris du 11. Juillet 1590. qui le déclare nul, & enjoint aux Curez de commettre des Vicaires Generaux pour recevoir les Testamens, & aux Vicaires Generaux de faire registrer leur Vicariat, suivant la Coûtume. Voyez *Filleau*, 4. part. quest. 192.

Voyez cy-dessus le Titre des *Testamens*, §. *Testamens, Vicaires*, & le Titre suivant des *Vicariats*.

VICARIATS.

A Ce Titre appartient ce qui a été dit cy-dessus au Titre des Vicaires.

1 Vicariat d'un Evêque qui a plusieurs Provinces en son Diocese, limité à une desdites Provinces, est bon & valable. Voyez *Carondat, liv. 1. Rép. 33*.

2 Un Vicaire de M. l'Evêque de Noyon, réquis par celuy à qui il avoit conferé un Benefice, de justifier de son Vicariat, répond qu'il l'a rendu à M. l'Evêque de Noyon; commandement est fait ap Secretaire de l'Evêque aux fins d'exhiber ses Registres; il declare qu'il ne fait aucun Registre des Vicariats; mais qu'il se souvient que M. l'Evêque a envoyé un Vicariat au Vicaire; & que depuis il l'avoit renvoyé à l'Evêque. L'Evêque sommé de montrer ce Vicariat, dit qu'il l'a laissé à sa maison prés de Noyon. Autre commandement, luy est fait en la personne de son Secretaire luy étant à Paris. Il fait réponse par son Secretaire, que le Vicariat est rompu & brisé, & outre qu'il n'est Justiciable du Prévôt de Paris, parce qu'il est Pair de France. Le Procureur du Roy requiert adjournement personnel contre le Secretaire & contre l'Evêque, & conclut ce qu'il soit contraint d'exhiber ce Vicariat, par saisie de son temporel : ainsi a été l'opinion de toûs les assistans; d'où l'on peut conclure que l'Ordonnance qui oblige les Collateurs à tenir Registre de leurs Collations, a lieu aussi pour les Vicariats. *Biblioth. Canon.* to. 2. p. 665.

3 Arrêt du Parlement de Paris du 29. Juillet 1519. qui a déclaré nul un Vicariat qui n'étoit signé d'aucuns témoins, *alias possent Episcopi cum Secretario semper Vicariatus facere cum antidatis, & fraudibus est obviandum.* Voyez *Rebuffe*, sur le Concordat au titre *de Collationibus*, §. *Teneantur*, où il rapporte un Arrêt du 26. Avril 1513. qui a fait défenses aux Conseillers d'accepter les Vicariats des Evêques. L'Edit d'Henry II. prononce la peine de privation de leurs Offices.

4 Vicariats doivent être signez de témoins. Arrêt du Parlement de Paris du 29. Juillet 1519. & doivent être enregistrez. Arrêt du mois de Mars 1548. rapporté par *Rebuffe*, 1. part. au titre *de Vicariis Episcoporum*, n. 13.

Papon, *liv. 2. nomb. 1.* rapporte l'Arrêt du 29. Juillet 1519.

5 Par l'Ordonnance de l'an 1554. tous Vicariats doivent être donnez à des François, & les Etrangers en sont incapables. Papon, *liv. 2. tit. 2. n. 4.*

6 Le Vicariat de *Pontoise* est un Office & non un Benefice; & Monsieur l'Archevêque de Roüen a droit d'y pourvoir sous le titre d'Official destituable *ad nutum*. Arrêt du Parlement de Paris du 3. Juin 1693. *Journal des Audiences*, to. 5. *liv. 9. ch. 16.*

VICE.

CE qui est vicieux dans son origine, ne se rectifie pas par le temps. *L. 29. D. de reg. jur.*

Vice des Actes & Contracts. Voyez le mot *Nullitez.*

VICE-GERENT.

Vice-gerent. *Vicarius : qui vices alicujus gerit.* Voyez cy-dessus le mot *Vicaires*, & ce qui a été dit au titre des *Officiaux.*

De officio ejus qui vicem alicujus judicis vel Præsidis obtinet. C. 1. 50.

De officio adsessorum. D. 1. 22.

De adsessoribus & Domesticis, & Cancellariis judicum. C. 1. 51.

Ut nulli judicum liceat mittere Vicarios. N. 8. c. 4.

Voyez les mots *Juges, Lieutenans.*

VICE-LEGAT.

DU Vice-Legat. Voyez le mot *Avignon*, & le titre du Legat.

VICOMTES.

1 DE la Jurisdiction des Vicomtes. Voyez le mot *Bailly*, nomb. 8. & le mot *Juges*, nomb. 101. & *suiv.* & Filleau, *part. 2. tit. 5.* & Rageau.

2 De la competente des Vicomtes de Normandie. Voyez le mot *Competente*; nomb. 61. & *suiv.*

3 Des Vicomtes de Dauphiné. Voyez *Salvaing, de l'usage des Fiefs*, chap. 50.

4 Declaration portant Reglement pour la Jurisdiction des Vicomtes de la Province de Normandie, contenant 13. articles. A saint Maur le 14. May 1569. Registrée au Parlement de Roüen le 30. Août suivant.

vant. *Joly, des Offices de France*, tome premier, p. 420.

5 Au Vicomté d'ancienne création appartient la connoissance de la saisie & adjudication par decret des heritages situez, partie dans son Ressort, partie dans les Vicomtez qui en ont été démembrées. Article 8. du Reglement fait au Parlement de Roüen en 1666. *Basnage*, à la fin du to. 1.

Voyez *Ragueau*, verbo *Vicomte*.

VIDAMES.

Voyez *Basnage* en son Commentaire sur la Coûtume de Normandie, titre de *Patronage a'Eglise* au Préambule, & *Ragueau*, verbo *Vidame*.

VIDUITE'

1 *Spadazza Theatrum viduitæ, seu tractatus de viduitate*, vol. in fol. *Ferrariæ* 1672.

2 Du droit de viduité qui a lieu en Normandie. Voyez les commentateurs de la Coûtume, sur l'article 382. qui porte qu'homme ayant eu enfant né vif de sa femme joüit par usufruit, tant qu'il se tient en viduité, de tout le revenu appartenant à sadite femme lors de son décez, encore que l'enfant soit mort avant la dissolution du mariage, & s'il se remarie, il n'en joüira que du tiers.

3 Arrêt du Parlement de Roüen du 22. Decembre 1636. qui a jugé que le pere joüiroit des biens de sa femme à droit de viduité, nonobstant la séparation de biens d'avec luy. Voyez *Basnage*, sur l'article 382. de la Coûtume de Normandie

Voyez *Des Maisons*, lettre D. nomb. 10.

VIEILLESSE.

1 *De Senectutis colendæ prærogat. & privilegiis. Per Fabium Monteleonem.*

2 *De Vassallo decrepita ætatis, qui feudum resistavit, ut filii investirentur.* Voyez *Consuetud. feud. lib. 2. tit. 14.*

VIES.

Des biens donnez en emphiteose à plusieurs vies. Voyez le mot *Emphiteose*, nomb. 69.

VIGNES.

1 Voyez *Coquille*, tome 2. p. 164. en son Commentaire sur *le treiziéme titre de la Coûtume de Nivernois.*

2 Les Fabriques qui font valoir leurs vignes par les mains des Marguilliers, ne doivent point le droit de vingtiéme, encore bien qu'il n'y ait point de Déclaration particuliere pour elles, comme pour le reste des Ecclesiastiques, & cela *per extensionem* du privilege des Ecclesiastiques, en ce qui est des Fabriques. Jugé pour la Fabrique de saint Leu de Tavernye. V. le 1. tome du *Journal des Audiences*, livre 3. chapitre 36.

Voyez cy-dessus le mot *Vendanges*.

2 bis. Vignerons à la journée doivent travailler dés le soleil levé, jusqu'au soleil couché, autrement ne leur est dû salaire. Arrêt du Parlement de Paris de l'an 1391. *Papon, li. 6. tit 12. n. 10.*

3 En fait de restitution de fruits, réparation d'un fond mis en vigne, on ne peut prétendre le plantement de la vigne, parce que la perception des fruits pendant neuf ans tient lieu de payement. Arrêt du P. de Grenoble du 9. Juillet 1642. *Basset*, tome 1. liv. 2. titre 24. chapitre 5.

4 Si celuy qui a acheté de vieilles vignes, après les avoir changées en terres labourables pour qu'elles ne rapportent rien, étant recherché pour un droit de terrage, peut déguerpir ? Voyez le mot *Déguerpissement*, nomb. 4.

VIGUIERS.

1 De la Jurisdiction des Viguiers. Voyez le mot *Juges*, n. 107. & suiv. & *Ragueau*, verbo *Viguier*.

Des Viguiers & Juges ordinaires. Voyez le 4. chapitre du traité du Reglement par *la Rocheflavin*, *Escorbiac*, tit. 9. & *Filleau*, part. 2. tit. 5.

2 Arrêt du Parl. de Provence du 14. Janvier 1665. qui ordonne que les Viguiers qui ont Jurisdiction dans un lieu, l'ont dans le terroir dudit lieu. *Boniface*, to. 1. liv. 1. tit. 9.

VILLE.

1 Ce qu'on entend par le mot de Ville. L. 2. D. de *verb. sign.* L. 15. & 16. *in fine.* L. 87. 139. & 147. *eod.*

Voyez les mots *Châtelet, Communauté, Municipal, Officiers de Ville, Public.*

2 Des diverses sortes d'affaires communes des Villes, des distinctions & fonctions des personnes préposées aux charges municipales; des devoirs des Maires & Echevins. Voyez le 4. tome des *Loix Civiles*, liv. 1. tit. 16. sect. 2. & tit.16. sect. 4.

Le Corps de l'Echevinage de Ville appellé *ædilitium Urbis Collegium*, par M. René Chopin, en son traité de *sacr. polit. liv. 3. tit. 5. n. 26.*

3 *De Juribus Castro competentibus & ejus pertinentiis.* Voyez *Andr. Gail, lib. 2. observat. 61.*

4 Bâtimens, rûës & maisons pour la décoration des Villes. Voyez le mot *Bâtimens*, nomb. 6. & suiv.

5 Consuls des Villes. Voyez le mot *Consuls.*

6 Des comptes des biens & revenus appartenans aux Villes. Voyez le mot *Compte*, nomb. 109.

7 Edit intervenu sur la réduction de la Ville d'Orleans. Voyez la 5. action de M. le Bret.

8 Que les Officiers Royaux ne pourront être promûs és charges & états des Villes. *Ordonnances de Fontanon*, to. 1. li. 5. tit. 3. p. 841.

9 Des réparations & fortifications des Villes. Voyez *Ibidem*, tit. 7.

10 Que les saillies des maisons és Villes du Royaume seront abbatuës & retranchées, & de l'entretenement des Ponts, Chaussées, & Chemins. *Ibidem*, titre 5 page 846.

11 Baux des maisons appartenantes à la Ville. Voyez le mot *Bail*, nomb. 247. & suiv.

12 Conseillers de Ville. Voyez le mot *Conseillers*, nombre 46.

13 Des Officiers de Ville. Voyez *Du Luc*, liv. 6. tit.13. & le mot *Officiers*, nomb. 449.

14 Des Capitouls & administrateurs des Villes, & de leur Jurisdiction. Voyez le *Recüeil des Ordonnances par Fontanon*, to. 1. liv. 5. tit. 2. p. 840.

15 De l'excommunication des Villes. Voyez le mot *Excommunication*, nomb. 123.

16 Si après les changemens qui arrivent en une ville les survivans sont tenus de payer les dettes qui ont auparavant été contractées au nom du public? Voyez M. le Bret. *Traité de la Souveraineté du Roy*, liv. 4. ch. 10. il rapporte un Arrêt du Conseil du Roy pour la negative, en faveur de ceux qui avoient survécu la prise de la Rochelle, parce qu'ils étoient censez ne faire plus un Corps de Ville; d'ailleurs le Roy comme successeur par confiscation de tous les biens communs & patrimoniaux de cette Ville rebelle, s'obligea de les acquitter.

17 Si les grandes rûës des Villes doivent être pavées aux dépens du Roy pour être chemins royaux, de certaines toises, & si ce qui est proche des maisons, doit être pavé aux dépens des Maîtres Proprietaires des maisons, & si au marché qui se fait les habitans doivent être appellez? Voyez *Bouvot*, tome 2. verbo *Chemin*, quest. 4.

18 Arrêt du 8. May 1528. confirmatif de certaine Sentence donnée par les Capitouls de Toulouse qui portoit que ceux qui seront à leur aise seroient contraints bâtir de tuilles. *La Rocheslavin*, liv. 6. tit. 42. Arrêt 4.

19 Arrêt du dernier May 1541. qui confirme l'Ordon-

nance des Capitouls de Toulouſe du 29. May 1541. portant que tous les habitans de ladite Ville ſeroient tenus abbatre tous auvents, valets, foraigets, capeladcs & autres édifices faits ſur les ruës de la Ville & Fauxbourgs, & iceux édifices mettre & reduire à plomb & droit du fondement, dans un mois à peine de 500. livres. *Ibidem*, Arrêt 3.

20. Jugé par Arrêt du Parlement de Paris du 7. Août 1571. que la vente d'un heritage faite à Corps de Ville, n'étoit ſujette à retrait; cet Arrêt eſt rapporté par *Berault, ſur la Coûtume de Normandie*, art. 452.

21. Lettres Patentes du Roy du 11. Novembre 1606. & du 6. Mars 1607. pour l'embelliſſement de la Ville de Grenoble. *M. Expilly*, Arrêts 157. & 158.

22. La garde des clefs de la Ville de Saint Flour appartient au Maire & Echevins & non à l'Evêque. Arrêt du mois de Mars 1617. *Le Bret*, liv. 5. Déciſ. 8.

23. Un Curé primitif doit payer le tiers de la capitation faite par une Ville aſſiegée pour empêcher la deſcente des cloches. Jugé au Parlement de Bourdeaux le 15. Mars 1672. *Journal du Palais*.

24. Des rentes ſur la Ville. *Voyez* le mot Rentes, *nomb*. 306. & ſuiv.

25. Les Villes Capitales ne payent la Taille. *Voyez* le mot Taille, *nomb*. 279. & ſuiv.

VIN.

De tritico, vino, vel oleo legato. D. 33. 6.
Vaſa vinaria, quid. L. 206. D. de verb. ſign.
Vin de Meſſager. *Voyez* cy-après le nomb. 31.

1. *Voyez* le mot Ban, *nomb*. 4. & le mot Roy, *nom*. 51.

2. Des Officiers qui ſont exempts des droits pour les vins. *Voyez* le mot Exemption, *nomb*. 124. & ſuiv.

3. Des Jaugeurs, Marqueurs, Meſureurs, Vendeurs, & Controlleurs de vin & autres breuvages & liqueurs. *Ordonnances de Fontanon*, tome 1. liv. 5. tit. 28. p. 1138.

4. Vente de vin, & du droit que le Roy ou les Seigneurs ont pour le debiter pendant un mois de l'année, & ſi ce droit qu'on appelle le ban de May ou le ban d'Août, eſt ceſſible? *Voyez Henrys*, tome 1. liv. 3. chap. 3. queſt. 41.

5. *Vinum venditum in quantitate & menſurâ ſub certo pretio: ſi antequam deguſtetur, vel poſt, efficiatur deterius, cujus erit periculum: an ejus qui vendidit, an qui emit? Voyez Franc. Marc*, tome 2. queſt. 58.

6. *Vinum non deguſtatum licet ab emptore dolia vel vaſa ſint ſignata, periculum eſt venditoris, niſi aliud conveniat; ut periculum pertineat ad emptorem, duo concurrere debent, primùm ut deguſtatum ſit, alterum ut admenſum.* Mornac, l. 1. §. ſi non ſunt deguſtata, ff. de periculo & commodo, &c. & ſuivant le Droit écrit.

7. L'uſage eſt que ſi le Marchand acheteur achete pluſieurs muids de vin, moyennant certain prix pour chaque muid, il fait les *arrhes* ou *denier à Dieu*, & marque tous leſdits muids, &c. le danger regarde l'acheteur & non pas le vendeur. Arrêt du 11. May 1548. *Voyez Carondas*, liv. 9. Rép. 30. où il y a Arrêt du 20. Juillet 1560. au profit du vendeur.

8. Par Arrêt du 10. Février 1550. quelques Chartiers qui avoient voituré du vin pour M. de Hacqueville Preſident aux Requêtes du Palais, convaincus d'avoir buffeté le vin, & après l'avoir remply d'eau, furent condamnez de faire amende honorable, être battus de verges, & en amende pécuniaire au Roy & à la Partie. *Bibliotheque de Bouchel*, verbo, Buffeteurs de vin.

9. Fermiers des devoirs de vin & autres breuvages peuvent ouvrir & viſiter les caves des Taverniers, non celles des particuliers & encore moins des privilegiez. Arrêt du Parlement de Bretagne du 29. Avril 1559. *Du Fail*, liv. 2. chap. 68.

10. De la dime de vin. *Voyez* le mot Dime, nombre 475. & ſuivans.

11. Du dommage avenu au vin depuis la vente, ſans la faute du vendeur, étant demeuré dans les caves par-devers le vendeur. Jugé pour luy le 10. Juillet 1560. *Carondas*, liv. 9. Rép. 30.

12. *Henrys*, tome 1. liv. 4. chap. 6. queſt. 44. examine ſi une redevance de vin payable en eſpeces, ſe doit payer en vin de la même année, ou de l'année précedente? Il rapporte un Arrêt du 16. Juillet 1612. rendu au profit du Chapitre de Saint Martin de l'Iſle-Barbe, proche la Ville de Lyon, auquel le Prieur de Saint Rambert qui eſt ſitué en Forêt eſt obligé de fournir tous les ans une certaine quantité de vin au mois de Novembre. Par cet Arrêt le Prieur a été condamné de fournir au Chapitre du vin du crû de l'année précedente, c'eſt-à-dire, du vin vieux, cet Arrêt ne doit pas être tiré à conſequence, car il paroît par le vû, qu'il a été rendu, ſuivant l'uſage de tout temps obſervé; regulierement la redevance en vin ſe paye de vin recueilli dans l'année de l'échéance de la redevance.

13. Arrêt du 17. Janvier 1615. par lequel il a été jugé que les Officiers domeſtiques, Commenſaux de ſa Majeſté & de la Reine, ne ſont exempts du droit d'appetiſſement de petites meſures de vin vendu en détail & à pot. *Filleau*, part. 3. tit. 1. chap. 48.

14. Si y ayant impôt ſur chaque queüe de vin, qui entre en la Ville, les habitans ſont tenus de payer l'entrée du vin provenant de leur crû? *Voyez Bouvot*, tome 2. verbo, Subſides, Tailles, queſt. 6.

15. De l'impoſition des cinq ſols pour l'entrée de chaque muid de vin. *Ordonnances de Fontanon*, tome 2. liv. 3. tit. 17. page 1117.

16. Il n'eſt pas permis d'acheter bled ou vin en verd. Arrêt du Parlement de Dijon du 8. Juillet 1566. *Bouvot*, tome 2. verbo, Vente, queſt. 15.

17. Le vin vendu ſe trouvant fraudé, le vendeur n'eſt tenu de le reprendre, ni en reſtituer le prix, ayant été goûté, enlevé, & le prix payé. Arrêt du Parlement de Dijon du 11. May 1609. *Bouvot*, ibidem, queſtion 50.

18. Le droit de huitiéme de vin ſur les Hôtelliers, Taverniers, Cabaretiers vendans vin, ſe doit payer en argent. Arrêt du Parlement de Dijon du 15. Decembre 1610. *Bouvot*, tome 2. verbo, Subſides, queſt. 9.

19. Les vins & francs vins ne ſont dûs d'une vente reſoluë. Arrêt du Parlement de Dijon du 14. May 1612. *Bouvot*, tome 2. verbo, Vente, queſt. 62.

20. Les Barons de Vauvert dans le Dioceſe de Nîmes peuvent dans aucun temps faire interdire à leurs habitans la vente du vin, ſauf pour un demi-muid durant cinq ſemaines en tel temps que bon leur ſemble, ſuivant la tranſaction entre eux paſſée le 7. Avril 1618. & conformément à celle du 4. des Calendes d'Avril 1235. *La Rocheflavin, des Droits Seigneuriaux*, chap. 14. Arrêt 1.

21. Arrêt du 12. Août 1561. qui permet au Seigneur du lieu de Seyſſes Toloſanes, contre le Syndic & habitans du lieu de vendre ſon vin en pots pendant le mois d'Août ſeulement, à la charge d'avoir du vin potable & que les habitans en puiſſent acheter, & fait défenſes à tous habitans d'en vendre durant ce temps, leſquels neanmoins en pourront vendre & acheter en gros. *Ibid*.

22. Il n'eſt pas permis à celuy qui a acheté du vin voituré par eau de faire décharger ſon vin par autres que par des Tonneliers, ſans leur payer le droit qui leur eſt attribué pour cela. Arrêt du 13. Decembre 1652. *Soëfve*, tome 1. Cent. 4. chap. 3.

23. Vente qu'un particulier pourroit recueillir dans ſa vigne, moyennant 31. livres la pippe faite huit jours avant les vendanges, eſt bonne & valable. Arrêt du 21. Janvier 1659. *Notables Arrêts des Audiences*, Arrêt 22. De la Gueſſ. tome 2. liv. 2. chap. 3. rapporte le même Arrêt.

24. Si le ſtatut d'une Ville prohibitif de l'entrée du vin étranger dans la Ville, comprend la défenſe de l'entrée de l'eau de vie, & ſi les Echevins, de voye de

fait, ont pû faisir les charettes chargées de ladite eau de vie de leur authorité, & les épancher ? Arrêt du Parlement de Provence du 12. Juin 1671. qui cassa la saisie des charettes chargées de l'eau de vie, l'épanchement & la voye de fait. *Boniface, to. 4. li. 10. tit. 3. chap. 17. 18. & 19.* où il rapporte semblables Arrêts des années 1682. & 1684.

25 Arrêt du Conseil d'Etat du 24. May 1672. contre les nommez Turst, Suisses de Nation, qui les condamne à mettre le tiers de leurs vins sur les Ports & Places, nonobstant le privilege par eux prétendu, comme Suisses. *Voyez les Ordonnances concernant la Jurisdiction de la Ville de Paris, imprimées chez Frederic Leonard en 1676. page 302.*

26 Le bourg d'*Herissy* est sujet aux droits de deux fois cinq sols qui se levent sur le vin ; le transport fait dans les six semaines après la vendange, exempte de ces droits. Jugé en la Cour des Aydes de Paris, le 11. Janvier 1673. *Journal du Palais.*

27 Défenses aux Cabaretiers de mettre dans le vin de la colle de poisson, ni d'autres ingrediens. Jugé au Grand Conseil, le 11. Août 1673. *Ibidem.*

28 *Canonicis à Priore sancti Ramberti, Senatus præstandum esse vinum censuit, quod anni superioris foret.* Arrêt du 15. Juillet 1612. Mornac, *l. 3. ff. de rebus credit.*

29 Un Bourgeois de Paris qui a des vignes à Tonnerre n'est pas obligé du jour de l'ouverture des vendanges à enlever le vin de son crû & le faire amener à Paris dans les six semaines, suivant l'article 7. de l'Ordonnance de 1680. touchant les anciens & nouveaux cinq sols. Arrêt de la Cour des Aydes de Paris du 13. May 1686. *Voyez le Journal du Palais in fol. to. 2. page 601.*

30 Les Paumiers sont obligez de payer les droits de vente en détail du vin qu'ils ont dans leurs caves, quoyqu'ils disent qu'ils n'en vendent point, & qu'ils le consument pour la subsistance de leur maison. Arrêt de la Cour des Aydes de Paris du 25. Avril 1690. *Journal des Audiences, tome 3. liv. 6. chap. 11.*

31 Vin du Messager. *Voyez le mot Dépens, nomb. 228.*

VINAIGRIER.

Par Arrêt du 6. Février 1571. donné entre un particulier Vinaigrier de la ville de Beauvais & les habitans, les Maîtres & Gardes des Vinaigriers de ladite Ville d'autre, ordonné que les parties garderont le Reglement qui avoit été fait environ un an auparavant entre les Vinaigriers de la Ville de Paris. *Bibliotheque de Bouchel,* verbo, *Vinaigriers.*

VINGTAIN.

1 Du droit de Vingtain ; ainsi appellé, parce que la vingtiéme partie des fruits étoit autrefois destinée aux fortifications des Villes & des Châteaux, & aux réparations des murailles ; les Forains n'en payent que la moitié ; ce droit est réel. *Voyez Guy Pape, quest. 372.*

2 Du droit de Vingtain, & si les Nobles en sont exempts ? *Voyez Salvaing, de l'usage des Fiefs, ch. 46.* où il dit que le Vingtain est un droit qu'a le Seigneur fondé de titre de prendre la vingtiéme partie des fruits croissans dans sa Terre, ou de quelques especes seulement, afin de pouvoir fortifier le Château, & clorre le Bourg. Il rapporte un Arrêt du 14. Août 1550. qui déclare les Nobles exempts de ce droit. Ce même Arrêt y a assujetti les Forains, c'est-à-dire, ceux qui n'ont pas leur domicile dans la Terre, où neanmoins ils possedent des heritages. Au chapitre 48. il montre que le Seigneur qui a ce droit est obligé de maintenir à ses dépens les murailles du Bourg, s'il n'a titre ou possession contraire.

VIOL.

1 Une femme violée conçoit avec la même facilité & aussi-tôt que si elle y avoit consenti. Jugé par Arrêt du Parlement de Toulouse, suivant un rapport de Medecins, & qu'en tel cas *voluntas cogi potest non natura, quæ semel irritata jungi voluptate fervescit, rationis & voluntatis sensum amittens.* La Rocheflavin, *liv. 3. lettre R. tit. 2. Arr. 1.*

2 Par Arrêt du Parlement de Bourgogne du 7. Février 1618. jugé que celuy qui est accusé d'avoir violé une fille, à la requête du Procureur d'Office, peut demander qu'il soit enjoint audit Procureur d'Office de représenter la fille pour être oüie & confrontée à l'accusé avant que de juger le procés. *Bouvot, tom. 2. verbo, Injure & Batterie, quest. 16.*

3 Si la conversation d'un particulier avec une jeune fille de sept ans, avec l'effort à sa pudicité, prouvée par rapport de Medecins & Chirurgiens, est suffisante pour le faire condamner à mort, & s'il est tenu de quelques dommages & interêts envers la fille ? Le particulier fut condamné au bannissement perpetuel. *Ibid. tom. 1. part. 5. verbo, Violement.*

4 Force commise contre une femme de mauvaise vie, n'est digne de peine de mort, quand même elle n'auroit commerce qu'avec un seul homme ; il en seroit autrement, si cette femme s'étoit mariée ou retirée. *Voyez Papon, li. 22. tit. 8.*

5 Moins la fille violée est âgée, plus celuy qui l'a forcée, est criminel. Par cette raison, Vital Bargoin, qui avoit forcé une fille âgée de 4. ans & 9. mois seulement, fut condamné à la roüe par le Juge-Mage de Valence ; & ce Jugement fut confirmé au Parlement de Grenoble, le dernier Août 16.6. *Voyez Chorier, en sa Jurisprudence de Guy Pape, p. 270.*

VIOLENCE.

Quid sit, facere vi, aut clam. *L. 73. §. 2. D. de Reg. Jur.*
De vi & metu. *L. 116. D. de reg. jur.*
De his quæ vi, metusve causà, gesta sunt. *C. 2. 20.*
Dec. Gr. 15. q. 1. c. 1. & q. 6... 20. q. 3... 23. q. 3. q. 5. & 6... Extr. 1. 40... S. 1. 20. V. Crainte. Rescision.
De vi, & de vi armatâ. *D. 43. 16... Paul. 5. 6. §. 2. 5. 6. &c.* Possesseur dépossedé par force, ou à force armée, & par violence.
Undè vi. *C. 8. 4... I. 4. 15. de interd. §. 6... C. Th. 4. 22.* De la réintegrande : sorte d'interdit à celuy qui a été dépossedé.
Si per vim, vel alio modo, absentis possessio perturbata sit. *C. 8. 5.*
Ne vis fiat ei qui in possessionem missus est. *D. 43. 4.*
Quod vi aut clam. *D. 43. 24.* Sorte d'interdit pour la démolition d'un ouvrage fait par force, ou en cachette, sur le fonds d'autruy.
De vi bonorum raptorum, & de turbâ. *D. 47. 8... C. 9. 33... I. 4. 2.* Du vol fait avec violence.
Ad legem Juliam de vi publicâ & privatâ. *C. 9. 12... D. 48. 6. & 7... C. Th. 9. 10... Paul. 5. 24... Inst. 4. ult. §. 8... L. 152. D. de reg. jur. Vis publica, proprie fit cum hominibus armatis. Vis privata, omnis alia vis, præsertim sine armis.*
De pœnâ raptoris equi. *Const. Imp. Theoph. 5.* Récit de l'injustice d'un Capitaine qui avoit pris par force un beau cheval à un Soldat, & la punition du Capitaine.
De la violence employée pour extorquer des Contracts. *Voyez le mot, Contract, n. 39. & 40.*
Voyez les mots, Crainte, Dol, Force & Fraude.

VIRILE.

Portion de l'augment, ou de la succession. *Portio virilis.*
Ut mulieres non secundò nubentes, domina sint partis sponsalitiæ largitatis quantum pars facit unius filii. *N. 127. c. 3... Leon. N. 22.* La veuve qui ne se rémarie pas, a sa portion virile dans l'augment.

VIR

Ut patres, qui nuptiis non iterant, unius liberorum portionem capiant. Leon. N. 85. Le même, pour les peres qui ne se remarient pas.

Le Patron a aussi sa virile dans la succession de son Affranchi. *L. 145. D. de verb. sign.*

1. Par le mot *Virile*, l'on entend une portion de l'augment que la Loy accorde à la veuve quand elle demeure en viduité. On l'appelle *Virile*, parce qu'elle est égale à la portion d'un des enfans, *habere verò eam & proprietatis tantùm, quantum filiorum quantitas faciat: ut secundùm proprietatis rationem unius & ipsa filii personam obtinere videatur.* C'est Justinien qui a accordé cette portion aux veuves qui gardent la viduité, afin qu'elles eussent quelque chose de plus que celles qui se remarient, qui sont réduites au simple usufruit de l'augment.

2. De la portion virile que la mere qui ne se remarie point a en l'augment, & si ses Créanciers la peuvent saisir? *Voyez, Henrys*, tom. 1. li. 4. ch. 6. quest. 55. & tom. 2. li. 4. qu. 26.

3. Si l'alienation d'un heritage donné pour augment, comprend la virile? *Henrys, to. 1. li. 4. ch. 6. question 56.* s'éleve contre l'Arrêt, qui a jugé que la vente faite par la mere, d'une Terre qui luy tenoit lieu d'augment, ne comprenoit pas la portion virile; cet Arrêt est directement contraire à la Loy *hâc Edictali, §. 3.* qui permet à la mere qui ne se remarie pas de disposer de ce genre de biens à sa volonté, *pro suo arbitrio alienare*; la Loy *si quis du même titre*, dit la même chose, *quomodo voluerit alienare*; la Novelle 22. chap. 10. confirme la liberté d'aliener, & ce n'est qu'à l'égard des obligations & des dispositions gratuites qu'elle desire une mention expresse.

4. La virile des gains nuptiaux qui est accordée à la femme, ne s'étant point remariée, ne doit être ajugée à ses Legataires en cas d'insuffisance de ses biens. Jugé le 23. Juin 1594. parce qu'elle n'en avoit pas disposé expressément. *Cambolas, li. 2. ch. 4.*

5. La portion virile que les mariez gagnent en ne se remariant pas, est conservée aux enfans contre les Créanciers. Arrêt du Parlement de Toulouse du 19. Février 1631. *Ibid. li. 6. ch. 18.*

6. *Henrys to. 1. li. 4. ch. 6. q 56.* rapporte un Arrêt du 7. Septembre 1644. rendu après une Enquête faite par turbes en la Sénéchaussée de Lyon, qui a jugé que les Créanciers dela mere n'ont aucun droit dans sa portion virile, si elle n'est pas comprise expressément dans l'obligation; mais tom. 2. li. 4. to. 2. il est d'un autre sentiment, & établit démonstrativement qu'il n'est pas necessaire d'une disposition expresse, & que la mere peut disposer de cette portion, comme du surplus de ses biens. *Despeisses, tome 1. p. 299.* dit que les Créanciers de la femme se peuvent faire ajuger cette portion, quoyqu'elle ne leur soit pas obligée expressément, & que cela a été jugé en la Chambre de l'Edit de Languedoc, par Arrêt du 12. Juillet 1628.

7. La virile que la femme gagne sur l'augment par le prédécés de son second mary, en ne convolant pas à de troisiémes nôces, ou par le prédécés de son troisiéme mary, en ne convolant pas à de quatriémes nôces, n'entre pas dans la legitime des enfans du premier ou du second lit, & ne l'augmente pas, quoyque la femme ait disposé nommément de cette virile en faveur d'un des enfans du mariage d'où procede l'augment: Arrêt du Parlement de Toulouse du 5. Mars 1659. après partage, rapporté par *M. de Catellan, li. 4. chapitre 74.*

8. La portion virile gagnée par le survivant des mariez, est acquise à son heritier, quoyqu'il n'en dispose pas expressément. Arrêt du Parlement de Provence du dernier Juin 1660. *Boniface, tome 5. li. 1. tit. 28. chapitre 1.*

9. L'institution universelle, même de l'un des enfans, & l'obligation generale de tous les biens, ne comprennent pas la portion virile que la femme qui s'abstient des secondes nôces, gagne sur l'augment; il en faut dire de même de la portion virile que le mary gagne sur la dot par le prédécés de sa femme. Cette virile est acquise à la verité en proprieté au survivant, mais c'est une proprieté irreguliere. Il se juge presentement que la virile n'est pas hypotequée, en vertu de l'obligation generale de tous les biens, il y en a deux Arrêts du Parlement de Toulouse, au commencement & à la fin de 1661. Il a été aussi jugé le 22. Novembre 1671. que la renonciation à tous droits paternels & maternels, ne comprend pas la virile que le pere a gagnée sur la dot par le prédécés de sa femme, dont il n'a pas nommément disposé. Cette virile ne se mêle & ne se confond avec les biens d'une autre nature, que par une disposition particuliere; tant qu'on n'en dispose pas expressément c'est une espece de biens singuliere. *V. M. de Catellan, li. 4. chap. 28.*

10. Dans la Coûtume de *Toulouse* il s'observe que le mary gagne une portion virile de la dot, comme l'un des enfans: ainsi jugé; cette virile doit être reglée, eu égard au nombre des enfans vivans au temps du décés de celuy des conjoints qui meurt le dernier. *Ibid. chapitre 29.*

11. Si la portion virile de la donation de survie dûë au fils, est comprise dans le legs à luy fait, pour tous droits paternels, maternels, fraternels, & autres, à prendre sur les biens & heritages? Arrêt du Parlement d'Aix du 18. Avril 1673. qui juge l'affirmative. *Boniface, to. 5. li. 1. tit. 28. ch. 2.*

VISA.

1. Des *Visa* que donnent les Ordinaires. *Voyez les Mémoires du Clergé, to. 2. part. 2. tit. 4.*
Voyez les mots *Benefice, Election, Examen, n. 16*. où sont rapportés les articles 2. 3. 4. & 5. de l'Edit de 1695. concernant la Jurisdiction Ecclesiastique.

2. Les Evêques donnant leur *visa* au Beneficier, ne peuvent connoître que de la capacité du Beneficier, & non de la validité de la provision. *Papon, livre 1. titre 4. n. 14.*

3. Les Curez pourvûs par le Pape, doivent avoir le *visa* de l'Evêque Diocesain ou de son Grand Vicaire. *Mémoires du Clergé, to. 1. part. 1. p. 195. & 196. & 996. art. 26.*

4. *Visa* des Ordinaires sur les signatures ou provisions en Cour de Rome. *Mem. du Clergé, to. 2. part. 2. p. 49. 52. & suiv. & p. 69. & suiv.*

5. Un écu, tant pour la lettre que pour le scel d'icelle. *Voyez l'Ordonnance de Blois, art. 11.*

6. Les provisions étant adressées *viciniori Episcopo*, attendu la vacance du Siege, & ayant été donné un *visa* au Clerc seculier par le Chapitre; jugé qu'il n'y avoit lieu à l'appel comme d'abus. *Voyez le Traité de la capacité des Ecclesiast. fait par M. Du Perray, p. 637.*

7. Le *visa* n'est point de la substance de la grace, il fait partie de son execution, cela est si vray qu'on ne considere pas la date du *visa*, mais celle des provisions. *Ibidem, p. 642.*

8. Par Arrêt du Parlement de Paris du 10. Février 1578. sur la Requête du Procureur General, il est enjoint à tous Archevêques & Evêques de ce ressort de faire résidence en leurs Archevêchez, & Evêchez, telle qu'ils sont tenus par le devoir de leurs charges, & par les constitutions de l'Eglise, & où ils s'absenteront de leurs Dioceses pour causes justes & legitimes, de commettre Vicaire en leur absence, & qui seront tenus bailler *visa*, & examiner ceux qui seront pourvûs *in formâ dignum*, & ordonne par maniere de provision & jusqu'à ce qu'autrement en soit ordonné, que pour ledit *visa*, les Archevêques & Evêques ou leurs Vicaires & Secretaires ne pourront prendre qu'un écu, tant pour la Lettre que pour le scel, & sera le present Arrêt lû & publié par

VIS   VIS

9. Arrêt du Parlement de Paris du 27. Juillet 1590. par lequel la Cour ordonne qu'un pourvû aura le *visa* d'un autre Evêque que de l'Ordinaire, à cause de la difficulté du temps. *V. les Preuves des Libertez*, to. 2. ch. 20. n. 38.

tous les sieges de ce ressort, même és Sièges des Officialitez, à ce qu'on n'en puisse prétendre cause d'ignorance. *Preuve des Libertez*, to. 2. ch. 35. n. 71.

10. Les Evêques ou leurs Grands Vicaires donnans leurs *visa* aux Beneficiers pourvûs en Cour de Rome, ne peuvent connoître que de la capacité du Beneficier, & non de la validité de la provision. Arrêt du 17. Juillet 1601. au profit de Me. Philbert Foüillant appellant comme d'abus, contre les Chanoines de Mâcon intimés. *Biblioth. de Bouchel*, verbo *Visa*.

11. Arrêt du Parlement de Paris du 17. Juillet 1601. ou 1602. qui a jugé que les Evêques ou leurs Grands Vicaires, baillans leurs *visa* aux Beneficiers pourvûs en Cour de Rome, ne peuvent connoître que de la capacité du Beneficier, & non pas de la validité de la provision. *Filleau*, 4. part. quest. 9. & *Chenu*, 1. Cent. quest. 9.

12. Par Arrêt rendu au Parlement de Toulouse le 13. Mars 1697. il fut ordonné que M. de Marotte qui avoit obtenu le *visa* du Vicaire General de Beziers sans être present, (car le *visa* même marquoit l'absence,) étant ensuite presenté à M. l'Evêque de Beziers qui luy accorda un *visa* dans toutes les formes requises, il fut declaré y avoir abus dans le titre du Vicaire General, & ni en avoir point dans celuy de l'Evêque. *M. de Catellan*, liv. 1. chap. 36.

VISA, Collation Royale.

13. Les Collations que le Roy fait ne sont point sujettes au *visa*, à la reserve des Dignitez d'un Chapitre, quand le Roy les a conferées en regale, comme est par exemple la Theologale. *Bibliotheque Can.* to. 2. p. 186.

VISA, Examen.

14. De l'examen du Beneficier, & du *visa* par luy obtenu. *Voyez Despeisses*, to. 3. tit. 9. sect. 3. p. 433.

15. Lettres publiées au Parlement de Bretagne le 2. May 1569. par lesquelles le Roy ordonne que tous pourvûs de Benefices-Cures, se presenteront aux Collateurs, pour être informé de leur vie, doctrine & capacité, à la charge que les Examinateurs ne seront Officiers des Evêques ni Collateurs. *Du Fail*, liv. 2. chap. 372.

16. Signature de Cour de Rome *in formâ dignum*, le *visa* doit porter *sufficienti & idoneo examinato*; l'examen est necessaire suivant l'Ordonnance de Blois, article 12. & de Melun, art. 14. *Voyez M. d'Olive*, liv. 1. chap. 16.

17. Par Arrêt du Parlement de Toulouse du 18. May 1637. il a été jugé que le Vicaire du Chapitre ne pouvoit donner le *visa sede vacante*, & ce conformément à la glose de la pragm. *tit. de collat. §. item circâ in verbo Legat*. La raison est que *vacante sede*, *Papa non dirigit litteras in formâ dignum aut dispensationis Vicario capituli vacante sede, sed Episcopo viciniori, aut ejus Vicario*. Il y a eu depuis Arrêt du Conseil Privé du Roy du 16. Mars 1646. confirmatif du Reglement de 1635. fait en l'Assemblée du Clergé qui l'a ainsi arrêté, *Concile de Trente, Sess. 24. chap. 18. de reform. Jovet*, verbo *Provisions*, art. 22.

18. Le *visa* ou *forma dignum* doit faire mention de l'examen, autrement il y a abus: cela est fondé sur l'Ordonnance de Blois, art. 12. sur celle de Melun, art. 14. & sur l'avis de *Mornac*, ad L. 1. ff. de procur. qui dit que quoy qu'il y ait eu des Autheurs contraires, l'on n'en doute plus aujourd'huy, la Cour l'ayant ainsi jugé sur un *visa* de M. l'Evêque de Lescar. Un Chanoine de Virens en Roüergue ayant resigné son Benefice à Blanc son neveu, qui avoit pris le *visa* de M. l'Evêque de Rodés, quoy qu'il y eût *capaci & idoneo*, ni ayant ni *reperto* ni *examinato*, quoy qu'il

dit que ces mots présuposoient l'examen, & qu'il apparût qu'il avoit été examiné, neanmoins à cause de cette omission, la Cour declara y avoir abus, & renvoya aux Requêtes où la cause étoit pendante pour juger la complainte. Arrêt du 1. Decembre 1654. Blanc disoit encore que ces Ordonnances n'étoient point penales, & qu'il n'y avoit point de clause irritante; on rapporta un semblable Arrêt contre un *forma dignum* de M. de Mende. La même chose fut jugée le 14. Janvier 1659. en faveur d'un nommé Boboul Prieur, contre Cariolis, d'un *visa* d'un delegué par le Vicaire General d'Aix; parce qu'outre le *delegatus non potest subdelegare*, il n'y étoit pas fait mention de l'examen. Cariolis voyant le premier défaut, en ayant pris un second du même Vicaire, quoy qu'il y eût *idoneo reperto*, parce qu'il n'étoit pas fait mention de l'examen, il fut declaré aussi abusif; & l'on opposoit un Arrêt du 18. Juillet 1673. où un *visa* de l'Evêque de Condom sur le refus de l'Evêque de Letoure, ne fut pas declaré abusif, c'est que le Titulaire étoit en possession depuis sept ans : la Cour le maintint pour cette raison ; bien plus M. Férrier ayant fait un titre à un nommé Roland, du Diocése de Nîmes un mois aprés l'examen, l'ayant fait *absenti tanquam praesenti nuper examinato*, quoy que *nuper* signifie *noviter*, L. *nuper ff. de leg.* 1. neanmoins il y eut partage, parce que *quae sunt facti non retrotrahuntur, sed qua sunt juris*, arg. l. 7. ff. de jure codicil. *Albert*, verbo *Evêque*, art. 5.

19. Arrêt du Parlement de Toulouse du 6. Mars 1676. qui met hors de Cour sur l'appel comme d'abus d'un *visa* conçu simplement en ces termes, *capaci & idoneo per nos que examinato*. On jugea que l'omission du mot *praesenti* étoit la faute du Secretaire. M. l'Evêque de Vabres qui avoit accordé le *visa*, declara que le pourvû étoit lors present. *Arrêts de M. de Catellan*, liv. 1. chap. 47.

20. Arrêt du Conseil du 24. Avril 1687. qui a cassé les Arrêts du Parlement de Provence, pour avoir pris connoissance des matieres spirituelles. *Boniface*, to. 3. liv. 1. tit. 5. chap. 5. Il s'agissoit particulierement des *visa*, pour le refus desquels il faut se pourvoir aux Superieurs Ecclesiastiques.

21. Arrêt du Parlement de Paris du 30. Decembre 1698. sur le fait de l'Eglise Metropolitaine de Reims, qui declare y avoir abus dans le *visa* & conclusions capitulaires, données par le Chapitre de ladite Eglise Metropolitaine de Reims, au sieur Bachelier, sur les provisions par luy obtenuës en Cour de Rome, du Doyenné de ladite Eglise; & ordonne que ledit Bachelier se retirera pardevers Monsieur l'Archevêque & Duc de Reims, pour prendre son *visa* sur les provisions dudit Doyenné, s'il y échoit; en consequence duquel il sera tenu de reïterer son installation & prise de possession dudit Doyenné. *V. le Recueil de Decombes, Greffier de l'Officialité de Paris*, partie 2. chap. 4. p. 691.

VISA IN FORMA DIGNUM.

22. Les pourvûs à Rome en la forme *dignum* sont tenus se presenter à l'Evêque, & être examinez pour obtenir leur *Visa*, & où les impetrans seront trouvez insuffisans & incapables, le Superieur auquel ils auront recours, ne leur pourra pourvoir sans precedente inquisition des causes du refus; lesquelles à cette fin les Ordinaires seront tenus d'exprimer & inserer aux actes de leur refus. *Ordonnance de Blois*, art. 12. & 13. *Edit de Melun*, article 14.
Voyez M. d'Olive, liv. 1. chap. 16.

23. Celuy qui a impetré du Pape un Benefice avec la clause *in formâ dignum*, peut prendre son *visa* de l'Evêque par Procureur, & toutes & quantes fois que l'Ordonnance n'ajoûte point à peine de nullité, *peccari potest contra edictum*. *Mornac*, l. 1. ff. de procuratoribus & defensor.

24. Qui impetravit Beneficium à Papa *in formâ dignum*,

MMmmm iij

830 VIS VIS

& ingreditur poſſeſſionem, & percipit fructus ſine viſa, le Benefice eſt impetrable ; *Secus, in formâ gratioſâ, tunc poteſt ingredi poſſeſſionem ſervatis ſolemnibus.* Mornac, *l. 8. C. de actionibus empti. & l. 1. §. licet ff. de periculo & commod. rei vend.* Voyez la Conference des Ordonnances, *livre* 1. §. 83. Pour obtenir le Benefice du Pape *in formâ gratioſâ*, l'on envoye à Rome une atteſtation de vie & mœurs & doctrine de la perſonne ; dans les Cures cela eſt tres-difficile à obtenir.

25 Curé pourvû *in formâ dignum*, n'ayant pû obtenir le *viſa*, il fut dit ſur l'appel comme d'abus par luy interjetté, qu'il ſe retireroit vers l'Evêque ou autre Vicaire pour luy délivrer le *viſa*, & témoigner de ſa capacité ou incapacité. Arrêt du Parlement de Paris du 3. Juin 1585 Papon, *liv.* 1. *tit.* 3. *n.* 8.

26 L'Evêque de Rodez ayant fait dépecher à un Prêtre ſon *formâ dignum*, pour y avoir omis *examinato & idoneo reperto*, a été jugé ſur l'appel qu'il y avoit abus le 19. Janvier 1606. l'Evêque condamné en cent ſols d'amende. *La Rocheflavin, liv. 6. lettre A. titre* 5. *Arrêt.* 6.

VISA IN FORMA GRATIOSA.

27 Du *Viſa* anticipé qui doit être envoyé en Cour de Rome pour obtenir des proviſions en forme gracieuſe. *Vide* M. Duperray *in ſa capacité des Eccleſ.* p. 630. *& ſuiv.* ſçavoir s'il le faut de l'Evêque du Dioceſe de l'origine, ou du benefice, ou de la demeure actuelle.

28 Ce n'eſt que le Grand Vicaire qui a la juriſdiction volontaire, & non pas l'Official qui a la Juriſdiction contentieuſe qui doit donner le *Viſa* ; cependant il n'y auroit abus. *Vide ibid.* p. 636.

REFUS DU Viſa.

29 Reglemens des Aſſemblées generales du Clergé, pour empêcher que les Evêques ou leurs Grands Vicaires ne donnent des *Viſa* ſur le refus de ceux dont ils ne ſont pas ſuperieurs, & qu'ils ne faſſent d'autres entrepriſes les uns ſur les autres. *Memoires du Clergé, tome* 2. *part.* 2. p. 52. *& ſuiv.*

30 Nullité des *Viſa* donnez au refus des Evêques Dioceſains par d'autres que par leurs ſuperieurs ordinaires. *Ibid.* p. 253. *& ſuiv.*

31 Défenſes à tous Juges d'y avoir aucun égard, caſſation des Arrêts rendus au contraire. *Ibid.*

32 Vicaire General déclaré incapable d'entrer aux aſſemblées du Clergé, pour avoir donné un *Viſa* au refus de l'Ordinaire n'étant pas ſuperieur. *Ibid.* p. 58. *n.* 15.

33 Les Vicaires generaux qui contreviennent aux Reglemens, doivent auſſi être privez de leurs charges. *Ibid.* p. 59. *n.* 8.

34 Par l'Arrêt du Conſeil privé du 11. Juillet 1670. le Roy caſſant l'Arrêt du Parlement de Bourdeaux du 23. Février audit an, lequel ſur le refus fait par M. l'Evêque de Sarlat, & ſon Metropolitain, de donner un *Viſa* ſur les proviſions de Cour de Rome, d'un Curé du Dioceſe de Sarlat, avoit renvoyé la partie pardevant le premier Prêtre conſtitué en dignité, & tout ce qui avoit été fait en conſequence, renvoye en Cour de Rome celuy qui avoit été refuſé pour luy être pourvû, ainſi qu'il appartiendra. Rapporté dans les *Memoires du Clergé, to.* 2. *partie* 2. *titre* 4. *art.* 20.

35 Si en cas de refus de *Viſa* par les Ordinaires, on peut ſe pourvoir ailleurs que pardevant les ſuperieurs Eccleſiaſtiques ? *Vide Journ. des Aud. to.* 4. *p.* 2. *& ſuiv.* Arrêt du Conſeil d'Etat privé du Roy, qui fait défenſes au Parlement de Grenoble de contraindre les Ordinaires de donner des collations de benefices ou le *Viſa*, & en cas de refus, luy enjoint de les renvoyer pardevant leurs ſuperieurs Eccleſiaſtiques pour ce faire, & conformément à l'art. 64. de l'Ordonnance de Blois. *Vide Duperray,* p. 619. il dit p. 644. quand on a épuiſé la dévolution, le Pape renvoye toûjours à l'Ordinaire ; la Cour conſerve auſſi les Juriſdictions. Un Gradué ayant interjetté appel comme d'abus du refus du *Viſa* comme étant un deni de Juſtice, il fut ordonné que le Gradué ſe retireroit une ſeconde fois pardevers l'Ordinaire. *Voyez le Journ. du Palais in* 4. *part.* 7. p. 130.

36 Un Evêque avoit refuſé de bailler le *Viſa*, ſous prétexte que le Chapitre s'y oppoſoit, & empêchoit qu'il ne le donnât, appel comme d'abus de ce refus. Par Arrêt du 17. Juillet 1601. il fut dit que mal & abuſivement, le *Viſa* a été refuſé par l'Evêque. *Bibliotheque de Bouchel,* verbo *Viſa.*

37 Un jeune homme ayant été pourvû d'une Chanoinie Theologale, par réſignation en Cour de Rome, avec la clauſe *in formâ dignum noviſſimâ* ſe retire au Dioceſain, pour avoir titre. Le Dioceſain refuſe, diſant qu'il n'avoit pas étudié le temps porté par le Concordat, qu'il n'étoit pas auſſi *in ſacris*, & n'avoit pas l'âge requis ; il a recours à l'un des Evêques voiſins, qui l'examine & qu'il admet, après luy avoir apparu du refus par acte qui en avoit été dreſſé. M. le Procureur General releve appel comme d'abus de cette procedure, fondé ſur ce que l'Evêque voiſin n'avoit pas fait informer des motifs du Dioceſain & de la verité d'iceux : On ſatisfait à cela en faiſant voir que le ſens de l'Ordonnance n'eſt pas qu'il ſoit enquis par témoins des cauſes du déni, lorſqu'elles ſe peuvent recüeillir du diſcours du fait, & qu'il y a ſujet de paſſer outre ſans uſer d'autre inſtruction : on remontre qu'il y a diverſes ſortes de décrets ; *in formâ dignum*, & que celui qu'on appelle *in formâ dignum noviſſimâ*, n'eſt pas ſuivi de jugement contradictoire, qu'il ſuffit d'ailleurs qu'un Prédicateur ſoit tonſuré, & qu'il peut être Prédicateur nonobſtant ſa jeuneſſe, pourvû qu'elle ſoit accompagnée de prud'hommie & capacité. Par arrêt du 6. Février 1604. la Cour déclara qu'en la procedure de l'Evêque de Lombez, il n'y avoit point d'abus. V. le 8. *Plaidoyé de Puimiſſon.*

38 *Viſa* de la Cure de ſaint Flour, ſe doit demander à l'Ordinaire, & au refus à ſon ſuperieur, non à Monſieur l'Evêque de Clermont. Arrêt du Parlement de Paris du dernier Juillet 1634. Bardet, *tome* 2. *liv.* 3. *chap.* 33.

39 Arrêt du Parlement de Provence du 13. May 1660. qui a jugé que les Evêques commettent abus, quand ils refuſent le *Viſa* ſur la nullité des titres des pourvûs de benefice. Boniface, *to.* 1. *li.* 1. *tit.* 2. *n.* 17.

40 Un Clerc à qui ſon Evêque refuſe un *viſa* pour ſe mettre en poſſeſſion d'un Benefice, & luy refuſe même les Ordres ſacrez, ne peut ſe pourvoir au Parlement pour être renvoyé devant un autre Evêque ; mais il doit s'adreſſer au Superieur Eccleſiaſtique, & défenſes au Parlement de Grenoble, conformément à l'article 64. de l'Ordonnance de Blois, de contraindre les Ordinaires de donner des collations de Benefices ou le *viſa*. Jugé au Conſeil d'Etat du Roy le 7. Décembre 1677. *Journal du Palais, Bibliotheque Canonique, to.* 1. p. 829. & le Recüeil de Decombes Greffier en l'*Officialité de Paris*, part. 2. chapitre 4. pag. 727.

41 Arrêt du Conſeil du 16. Avril 1680. qui caſſe celuy du Parlement de Provence, par lequel ce Parlement au lieu de renvoyer à un Evêque Superieur pour donner un *viſa*, avoit renvoyé à un Evêque voiſin. V. *les Edits & Arrêts recüeillis par l'ordre de M. le Chancelier en 1682.*

42 Arrêt du Conſeil du 2. Mars 1684. qui caſſe deux Arrêts du Parlement de Metz, par l'un deſquels ledit Parlement avoit commis le Grand Vicaire de M. l'Evêque de Metz, pour donner un *viſa* à un Prêtre pourvû en Cour de Rome, d'une Cure du Dioceſe de Rheims, ſur le refus d'un des Grands Vicaires de M. l'Archevêque Duc de Rheims. *Idem* 1687.

43 *Nos Juges ne pourront maintenir en poſſeſſion d'un Benefice, ceux à qui les Archevêques ou Evêques auront re-*

VIS VIS 831

fuſt des Viſa, ſi ce n'eſt en grande connoiſſance de cauſe, & ſans s'être enquis diligemment, & avoir connu la verité des cauſes du refus, & à la charge d'obtenir viſa deſdits Prelats ou de leurs ſuperieurs avant de faire aucune fonction ſpirituelle & Eccleſiaſtique deſdits benefices, art. 9. de l'Edit concernant la Juriſdiction Eccleſiaſtique du mois d'Avril 1695.

40 Lorſque nos Cours & autres Juges auront permis aux pourvûs deſdits Benefices, à qui les Archevêques ou Evêques auront refuſé de donner des Viſa, d'en prendre poſſeſſion pour la conſervation de leurs droits, ils ne pourront y faire aucunes fonctions ſpirituelles ou Eccleſiaſtiques, en conſequence deſdits Arrêts & Reglemens, art. 7. de l'Edit concernant la Juriſdiction Eccleſiaſtique du mois d'Avril 1695.

VISITE.

Joannes Gerſon, *de viſitatione Prælatorum*, tomo 2.
Petrus Hubertus. *de cultu vineæ Domini.*
Franciſcus Jacobi Trajectenſis, *de modo viſitandi & corrigendi ſubditos.*
Vvenherus Rolevinck, *de viſitatione Monaſticâ.*
Marianus Soccinus, *de viſitatione, quæ fit à Prælatis Eccleſiarum.*
De viſitationibus. Per Jo. Fran. Pavinum in Baculo Paſt.
Per Pet. Suberti. in vineâ Domini.
Et per Marianum.

1 De la viſite des Evêques & Archevêques, & des droits de viſite. Voyez la Bibliotheque Cannonique, to. 2. page 669. Carondas, liv. 1. Rép. 58. Deſpeiſſes, to. 3. tit. 9. ſect. 9. page 438. le petit Recüeil de Borjon, to. 1. verbo Archevêque, & la Bibliotheque des Arrêts de Jovet, au mot Viſite des Ordinaires.

2 De la viſite des Archevêques, Evêques, Archidiacres, & autres. Memoires du Clergé, to. 1. part. 1. p. 223. n. 2. p. 225. n. 25. p. 439. juſqu'à 443. & 854. juſqu'à 961.

A quoi les Evêques doivent pourvoir dans leurs viſites. Ibidem.

Viſite des Egliſes, & la maniere de les viſiter. page 439.

Quelles ſont les choſes dont ceux qui viſitent, doivent particulierement s'informer? p. 440.

Ce qui doit être principalement obſervé dans les viſites. Ibid. & p. 855. & 860.

3 De ce qui peut, ou ne doit être obſervé dans les viſites. Voyez cy-devant verbo Abus, n. 163.

4 La viſite ſe faiſant par d'autres que par l'Evêque, l'on n'eſt point tenu d'aller au devant en Proceſſion. Arrêt du 23. Novembre 1609. Bellordeau, liv. 3. Controverſe 72.

VISITE DES ABBEZ.

5 Abbayes déchargées de la viſitation. V. Tournet, lettre V. Arr. 25.

6 Les Abbez ont droit de viſite ſur les Prieurez dépendans de leurs Abbayes, ils peuvent viſiter plus de deux fois l'an les Benefices dépendans de leurs Abbayes, & toties quoties. Arrêt de 1620. rapporté par Tournet, in lit. A. les Religieux de ſaint Martin de Paris furent declarez mal fondez en leur appel comme d'abus de Ordonnances & viſites de Monſieur le Cardinal de Retz Archevêque de Paris.

VISITE DES ARCHEVESQUES ET EVESQUES.

7 Des Archevêques & Evêques, & de leur viſite. Baſſet, to. 2. liv. 1. tit. 2. chap. 3.

8 De la reception des Evêques dans leurs viſites. Mem. du Clergé, to. 1. part. 1. p. 240. & ſuiv.

9 Viſite des Provinces par les Metropolitains. Ibid. page 855.

10 L'Archevêque de Sens a droit de viſiter l'Egliſe de Sens, Paroiſſes en dépendantes, & l'Egliſe Collegiale de Bray dépendante du Chapitre de Sens, comme auſſi les Cloîtres des Chanoines deſdites Egliſes,

& l'Hôtel-Dieu de Sens, & tous ceux qui le deſervent. Ibid. page 956. & ſuiv. & tome 2. add. à la 1. part. p. 263. & ſuiv.

11 L'Ordinaire dans le cours de ſa viſite peut prendre une fois connoiſſance du titre d'un Benefice. Un Evêque du Mans voulut ſe faire repreſenter celuy que Sibille Prêtre diſoit avoir de Chantre dans l'Egliſe de la Trinité de Laval: il troubloit le ſervice Divin par l'authorité qu'il ſe donnoit dans l'Exercice de ſes fonctions. Sur le refus qu'il fit de repreſenter ſes titres, M. l'Evêque du Mans rendit ſon Ordonnance, & déclara qu'il n'avoit aucun titre, & l'empêcha d'en faire l'exercice. Appel comme d'abus de l'Ordonnance. Arrêt qui déclare n'y avoir point d'abus. S'il y avoit eu un veritable titre, l'Ordonnance auroit reçû atteinte: mais comme les Evêques ſont les ſeuls competens de l'érection & ſuppreſſion des titres, qu'il ne s'agiſſoit que de ſçavoir ſi Sibille en avoit un, & qu'il ne le repreſentoit point, l'Ordonnance ne faiſoit qu'une déclaration de la verité du fait, conformément à la Pragmatique. V. M. Du Perray, en ſon Livre de la capacité des Eccleſiaſtiques, liv. 7. chap. 8. n. 44.

12 L'Evêque en procedant à ſa viſite ne doit point ſe pourvoir contre les Marguilliers pour les choſes ſacrées qui ſe trouveront neceſſaires, mais contre le Curé qui a dû les en avertir, & les y faire contraindre par leur Juge ordinaire. Arrêt du Parlement de Paris du 14. Octobre 1550. Papon, livre 1. titre 11. nombre 3.

13 L'Abbé de ſaint Valery prétendoit être exempt de la viſite de M. l'Evêque d'Amiens par une poſſeſſion immemoriale; Dubois plaidoit pour l'Abbé, Robert pour l'Evêque, Bilin pour les intervenans: la cauſe appointée le 5. Février 1664. & la proviſion ajugée à l'Evêque; l'on ne rapportoit aucuns titres de l'exemption; on alleguoit qu'ils avoient été brûlez. Dictionnaire de la Ville n. 10771.

14 Les Archevêques & Evêques viſiteront tous les ans au moins une partie de leurs Dioceſes, & feront viſiter par leurs Archidiacres, ou autres Eccleſiaſtiques ayant droit de ce faire ſous leur autorité, les endroits où ils ne pourront aller en perſonne; à la charge par leſdits Archidiacres, ou autres Eccleſiaſtiques de remettre aux Archevêques ou Evêques dans un mois leurs procez verbaux de viſites, après qu'elles ſeront achevées, afin d'ordonner ſur iceux ce qu'ils eſtimeront neceſſaire.

Ils pourront viſiter en perſonne les Egliſes Paroiſſiales ſituées dans les Monaſteres, Commanderies, & Egliſes de Religieux qui prétendent exempts de leur Juriſdiction; & pareillement, ſoit par eux, ſoit par leurs Archidiacres ou autres Eccleſiaſtiques, celles dont les Curez ſeront Religieux, & celles où les Chapitres prétendront avoir droit de viſite.

Les Archevêques ou Evêques pourvoiront en faiſant leurs viſites (les Officiers des lieux appellez) à ce que les Egliſes ſoient fournies de Livres, Croix, Calices, Ornemens, & autres choſes neceſſaires pour la celebration du ſervice Divin; à l'extecution des fondations, à la réduction des Banes, & même des ſepultures qui empêcheroient le ſervice Divin, & donneront tous les ordres qu'ils eſtimeront neceſſaires pour la celebration, pour l'adminiſtration des Sacremens, & bonne conduite des Curez, & autres Eccleſiaſtiques Seculiers & Réguliers qui deſſervent leſdites Curez: Enjoignons aux Curez, Marguilliers, Fabriciens deſdites Egliſes d'executer ponctuellement les Ordonnances deſdits Archevêques & Evêques, & à nos Juges, & à ceux des Seigneurs ayant Juſtice d'y tenir la main. article 14. 15. & 16. de l'Edit concernant la Juriſdiction Eccleſiaſtique du mois d'Avril 1695.

Voyez le mot Archevêque, nomb. 22.

VISITE, ARCHIDIACRES.

15 Viſite des Archidiacres. Memoires du Clergé, tome 1. part. 1. p. 856.

16 *Archidiaconorum avaritia vocantium in jus Curiones, ut jura visitationum ex pluribus annis penderent, rejecta est à Senatu, le 8. Avril 1556. Mornac, lege unica codice de Amoniis & Capitu.*

17 Les Prélats & Archidiacres doivent visiter en personne les Eglises & Cures de leur Diocese, & taxer leur droit modérément, & en cas d'empêchement legitime leurs Vicaires Generaux. *Conference des Ordonnances, li. 1. §. 54.*

18 Les Chapitres des Eglises Collegiales sont sujets à la visite & correction des Archidiacres. Arrêt du 16. Juin 1640. *Du Frêne, li. 3, ch. 64.*

19 L'Archidiacre dans ses visites a seul le droit de porter l'Etole, & les Curez obligez de la quitter en sa presence. Arrêt du 31. Juillet 1674. *De la Guess. to. 3. li. 8. chap. 13.*

20 Vicairies de Peronne déclarées n'être sujetes à la visite de l'Archidiacre, le Chapitre de Peronne étant Curé primitif. Jugé le 14. Août 1674. *Ibidem, chapitre 14.*

21 Bien que le Curé soit réduit à la portion congruë, neanmoins il doit payer le droit de visite de l'Archidiacre. Arrêt du Parlement de Paris du 30. Août 1678. *Journ. des Aud. to. 4. liv. 1. ch. 11.*

Visite des Archidiacres. *Voyez* le mot *Archidiacre, nomb. 19.*

Visite, Chapitre.

22 L'Evêque de Toul peut visiter l'Eglise Paroissiale & Collegiale de Ligny, nonobstant l'exemption prétenduë par le Chapitre de ladite Eglise. *Mem. du Clergé, to. 1. part. 1. p. 864.*

23 Le Chapitre de Die étoit appellant comme d'abus d'une visite que l'Evêque de Valence avoit faite, & de ce qu'il avoit par une Ordonnance dispensé son Vicaire General de la résidence en un Canonicat de cette Eglise, ordonnant que les distributions quotidiennes luy seroient faites, alleguant que le revenu de ce Benefice ne consistoit qu'en cela, y ayant peu de gros fruits, & de ce qu'il avoit aussi rendu une Ordonnance portant qu'ils seroient faire certaines réparations, sous peine de privation de leur temporel : Parce que l'Evêque avoit touché au temporel, il fut jugé au Parlement de Toulouse le dernier Juillet 1636. qu'il y avoit abus en ses Ordonnances. Quant à la visite il fut reglé à bailler par écrit, les Chanoines alleguant que sur la déclaration des Cardinaux sur le chap. 3. de la sess. 24. du Concile de Trente, il n'y avoit point d'incompetence que le Chapitre eût droit de visite sans l'Evêque. *Albert, verbo Evêque, art. 11.*

24 Le Chapitre d'une Eglise Cathedrale ne peut faire les visites dans le Diocese *sede Episcopali vacante.* Arrêt du Parlement d'Aix du 26. Février 1693. contre le Prévôt de l'Eglise Cathedrale de Marseille, Grand Vicaire & Official ; le Promoteur condamné aux dépens. *Journal du Palais in folio, to. 2. p. 834.*

Visite, Cures.

25 Visite des Cures, même de celles dépendantes des Communautez exemptes. *Voyez* le mot *Cure, nombre 154. & suiv.*

26 De la visite des Cures dépendantes de l'Ordre de Malthe. *Voyez* le mot *Chevaliers, nombre 97. & suivans.*

27 Les Chanoines Reguliers & autres Religieux, étant pourvûs de Cures, sont sujets à la visite de l'Evêque Diocesain, nonobstant tous les privileges & exemptions que leurs Ordres pourroient avoir. *Memoires du Clergé, tome 1. part. 1. page 784, n. 5. & suiv. & page 202. jusqu'à 220.*

28 Les Evêques Diocesains ont droit de visiter les Cures unies aux Chapitres, & autres Communautez, ou Benefices. *Memoires du Clergé, tome 1. part. 1. pag. 854. & suiv.*

Même les Cures dépendantes des Chevaliers de Malthe. *p. 860. & suiv. & p. 472. & suiv. & encore 570.*

Pareillement celles qui sont desservies dans les Eglises exemptes. *pag. 864. & 87?.*

29 *Chenu, tom. 1. part. 1. tit. 1, chap. 30.* rapporte un Arrêt du 25. Janvier 1629. en faveur des Evêques, qui soûmet à leur visite les Eglises Paroissiales dépendantes de l'Ordre de Malthe, conformément à l'Ordonnance de 1606. portant que les Cures étant dans les Monasteres, Commanderies, & autres Maisons qui se prétendent exemptes, seront visitées par les Evêques, à la charge que la visitation se fera par eux en personne, & sans prendre aucun droit. Il a été ainsi jugé au profit de M. l'Evêque de Poitiers ; mais son Archidiacre a été exclus, dans le cas même d'un Curé, qui n'étoit point Prêtre de l'Ordre de Malthe, mais un Seculier ; cet Arrêt est aussi rapporté au I. *tom. du Journal des Aud. liv. 2. ch. 32.*

30 Arrêt du 25. Janvier 1629. qui juge qu'une Cure dépendante de l'Ordre de Malthe, est sujette à la visite de l'Evêque en personne & sans frais. *Journal des Aud. tom. 1. liv. 2. chap. 32. & Bardet, tome 1. li. 3. ch. 21.*

31 Les Curez exempts de la Jurisdiction des Ordinaires, & soûmis à la Jurisdiction du Chapitre, ne laissent d'être sujets à la visite & correction des Ordinaires, en ce qui regarde leurs fonctions Curiales, & administration des Sacremens. Jugé le 1. Juin 1646. *Du Frêne, li. 4. ch. 42.*

32 La Cure de Saint Maximin du Diocese d'Aix, est demeurée unie au Monastere des Religieux de Saint Dominique Réformez de la Ville de Saint Maximin ; par Arrêt du Parlement de Paris du 20. Août 1667. à la charge qu'ils présenteront un de leurs Corps à l'Archevêque Diocesain pour desservir la Cure, qui sera sujete à la Visite & Jurisdiction, comme les autres Curez, & ne pourra être révoqué sans sa permission, sans que les Religieux puissent prétendre d'autres droits Episcopaux. *Biblioth. Canon. tome 1. page 369.*

Visite, Doyens.

33 De la visite des Doyens Ruraux. *Mem. du Clergé, to. 1. part. 1. p. 855.*

Droits de Visite.

34 Frais de visite, ou droits dûs à l'Evêque. *Memoires du Clergé, to. 1. part. 1. p. 856. & suiv. & 507. jusqu'à 910. & Tournet, let. V, Arr. 19.*

35 Le droit de visiter peut appartenir à deux Evêques, si le Benefice & ses annexes sont en leurs Dioceses. *Bellordeau, part. 2. li. 9. Contr. 71.*

36 L'Evêque de Grasse maintenu au droit de visiter les Paroisses dépendantes de l'Abbaye de Saint Honoré de Lerins, de la Congregation de Mont-Cassin. *Memoires du Clergé, to. 1. part. 1. p. 865. & suiv.*

37 Contre les visites des Archidiacres & Archiprêtres, & les exactions qu'ils commettent sous l'ombre de leur droit de procuration. *V. M. le Prêtre, 4. Cent. chap. 72. & Chenu, quest. 104. & 105.*

38 Le droit de visite des Evêques ne doit se payer qu'en paste, suivant la décision de Boniface VIII. rapportée in cap. si Episcopus. de off. ord. num. 6. & comme il a été jugé par Arrêt du 12. May 1583. rapporté par *Tournet, lettre V. Arr. 19.* de ce prétendu droit, *vide tit. Decretalium de censib. extra 6. in 6. & an acquiri possit. & praescribi possit tempore, Aufrer. in decisione Tolosana 332. Oldradum, Consil. 172. & 243. Chop. lib. 2. de sacra polit. tit. 7. n. 11. & Monast. li. 2, tit. 1. n. 14. Can. inter. cetera. 10. qu. 3. & Concil. Trid. sess. 24. chap. 3.*

39 Le droit de visite se peut prescrire par une longue possession de franchise, exemption & liberté, pourvû qu'elle soit fondée en Privilege, ou sur une speciale Transaction & Concordat ; mais ce qui est fondé sur le Droit commun, ne se peut prescrire, suivant la Constitution du Pape Innocent III. *in cap. I. cum inoff. de praescript. Guillelmus de Monte Laudun, ad cap. 1. de censib. Vid. Bellordeau, dans les Statuts de l'Eglise d'Autun, Rubr. 16. de appellat. §. 1.*

VIS VIS 833

40. Par Arrêt du 8. Avril 1556. l'Archidiacre d'Auxerre fut maintenu en la possession de prendre le droit de visitation, *in pecuniâ aut in pastu*, au choix du Curé ou Vicaire, en faisant par l'Archidiacre la visitation en propre personne, & en faisant inquisition & procés verbal des heretiques. *Biblioth. de Bouchel*, verbo, *Visitation*.

41. Les droits de visite s'appellent Procuration, *Procurationes propter jus visitationis debitæ cap. 23. de censib. visitationis & procurationis Sarcinæ procurationum visitationibus annexæ. Can. venerabilis cod.* & cela consistoit en la nourriture des Visiteurs & de leurs chevaux, *lib. 4. capitul. cap. 59. in victu & pabulis*; c'est pourquoy le Chapitre *cum Apostolus de censibus*, dit *præter pabula equorum, cibos etiam necessarios, non Epulas solemnes præstari*; & ces droits se taxent par la Cour Seculiere aux Archidiacres visitans les Eglises Paroissiales de leur Archidiaconat. *Tournet*, Arrêt du Parlement de Dijon du 1. Février 1559. rapporté par *Févret, en son Traité de l'abus, li. 3. ch. 4. n. 7.*

42. Visitation taxée en deniers, rejettée & déclarée abusive, par Arrêts du Parlement de Paris des dernier Août 1566. & 11. May 1583. *Tournet, let. V. Arr. 23.*

43. Par Arrêt du 22. Avril 1567. jugé que les droits de visitation se payeront *in pastu vel in pecuniâ*, au choix du Curé ou Beneficier, ordonné que cet Arrêt seroit publié au Diocese de Meaux. *Bibliot. de Bouchel*, verbo, *Visitation*.

44. Droits de visite dûs aux Evêques & Archidiacres, se poursuivent pardevant l'Official. Arrêt du Parlement de Bretagne du 29. Avril 1572. *Du Fail, liv. 1. chapitre 338.*

45. Le droit de visite peut appartenir à deux Evêques, si les Benefices & leurs annexes sont en leurs Dioceses. Arrêt du 18 Février 1609. *Bellordeau, part. 2. liv. 3. Contr. 71.*

46. Les Archevêques, Evêques, & leurs Archidiacres, ne peuvent user de contraintes contre les Beneficiers pour leurs droits de visite. Jugé les 12. May 1583. & 31. May 1593. *Chenu. 2. Cent. qu. 4.*

47. Par Arrêt du 28. May 1583. rapporté par *Févret, Traité de l'Abus, li. 3. ch. 4. n. 7.* jugé que les arrerages du droit de visite ne se peuvent demander. Il y en a aussi plusieurs Arrêts rapportez par *Chenu, en ses Questions notables*; il est à observer que les Cours Souveraines ont débouté les Evêques de la répetition des droits de Procuration & Visitation, s'ils ne l'avoient faite en personne, n'étant pas dûs, *nisi iis qui personaliter munus visitationis impendunt, cap. Procurationes de censibus*, à quoy sont conformes les art. 6. de l'Ordonnance d'Orleans, & 23. de celle de Blois, & les Arrêts rapportez par *Chopin, de sacra Polit. li. 2. ch. n. 1.*

48. Recteurs ou Curez doivent nourrir l'Evêque lors de la visite, ou payer les droits, qui sont 3. liv. 18. s. & aller au devant en procession. Arrêt du Parlement de Bretagne du 23. Novembre 1609. *Sauvageau, sur Du Fail, li. 2. ch. 136.*

49. Pour la visitation de chaque Paroisse, est dû par le Recteur à l'Evêque 13. liv. 18. sols. Arrêt du Parlement de Bretagne du 2. May 1614. *Bellordeau, part. 2. liv. 9. Contr. 74.*

50. Droit de visite sur les Curez, appartient à l'Evêque, ou en son absence à ses Grands Vicaires, & non à l'Archidiacre. Jugé au Parlement de Paris le 5. Février 1624. en faveur de l'Evêque de Senlis. *Bardet, tom. 1. li. 2. ch. 3.*

51. En 1568. il a été jugé que le droit de visite seroit payé en argent. En 1640. jugé au Privé Conseil, que l'Evêque de Valence feroit sa visite, pourvû que ce fût en personne, & sans frais ni droit de Procuration. *Voyez M. Louet & son Commentateur, lett. V. som. 4. Voyez Carondas, liv. 1. Rép. 58.*

52. Le Mardy 7. Janvier 1668 Audience, Grand' Chambre, plaidans Robert & Abraham, l'Evêque

Tome III.

d'Amiens touchant le droit de visite, gagna sa cause contre le Chapitre de Roye. *Dict. de la Ville. n. 10773.*

53. Un Curé, quoique réduit à sa portion congrue, doit payer les droits de visite de l'Archidiacre, & non les gros Décimateurs. Jugé à Paris le 30. Août. 1678. *Journal du Palais.*

VISITE DES EVESQUES.

54. Voyez cy-dessus le nombre 7. & suiv. & le mot, *Evêque*, nombre 266. & suivans, & le mot, *Taxe*, nombre 27.

55. Visitation se doit faire par l'Evêque en personne. *Bellordeau, part. 2. li. 3. Contr. 50.*

56. Si la visitation se fait par autres que par l'Evêque, on n'est point tenu d'aller au devant en procession. Arrêt du Parlement de Bretagne du 23. Novembre 1609. *Ibid. li. 9. Controv. 72.*

57. Un Evêque faisant sa visite, doit être honnêtement regalé. *Tournet, lettre V. art. 22.*

VISITE, HOPITAUX.

58. De la visite des Hôpitaux. *Voyez le mot Hôpital*, nomb. 101. & suiv.

VISITE, PRISONNIERS.

59. Visite des Prisonniers. *Voyez le mot Prisonniers*, n. 90. & suiv.

VISITE, RELIGIEUX.

60. Visitation ne se fait en plusieurs Monasteres de l'Ordre de Saint Benoît, prétendans être exempts. *Bellordeau, part. 2. l. 9. controvers. 69.*

61. *Inter Religiosos, Priorem & Conventum Sancti Martini de Campis juxtà Parisios, ex unâ parte, & Abbatem Cluniaci ex alterâ dictum fuit, quod dicti de sancto Martino non sunt admittendi ad proponendum quod dictus abbas possit visitare in dicto prioratu suo plusquam bis in anno: & manu tenebitur in possessione & saisinâ. per ipsum allegatis, dictos religiosos, in expensis condemnandos.* Bibliotheque de Bouchel verbo Visitation.

62. Les Religieux de Saint Martin des Champs prétendoient qu'on ne pouvoit pas faire deux visites en l'année dans leur maison. Jugé au contraire. *Vide Du Moulin, to. 2. p. 581.*

63. Abbez & Abbesses, Prieurs, Prieures n'étant chefs d'Ordre, ensemble tous Chanoines & Chapitres, tant seculiers que reguliers des Eglises Cathedrales ou collegiales, sont indifferemment sujets à la visite du Prelat sans qu'ils puissent s'aider d'aucun privilege. *Conference des Ordonnances, liv. 1. §. 58.*

64. Visite des Eglises exemptes. *Memoires du Clergé, to. 1. part. 1. p. 855.*

65. L'Evêque d'*Amiens* peut visiter l'Eglise paroissiale de S. Vallery dépendante de l'Abbaye du même nom. *Memoires du Clergé, to. 1. part. 1. p. 878. & suiv.*

66. Visite des Monasteres. *Memoires du Clergé, to. 1. part. 1. p. 858. & suiv. & 903. jusqu'au 910.*

67. Visite des Monasteres de Religieuses. *Memoires du Clergé, to. 1. part. 1. p. 911. & suiv.* Vide supra verbo *Religieux*.

Visite des Monasteres. *to. 1. part. 1. p. 858. & 859, n. 12. & to. 2. part. 1. p. 11. & suiv.*

68. L'Evêque d'Avranches maintenu au droit de visiter l'Eglise paroissiale du Mont Saint Michel qui dépend de l'Abbaye du même lieu, & qui est à la collation de plein droit de l'Abbé. *Memoires du Clergé, to. 1. part. 1. p. 867. & suiv.*

69. Les Religieux de l'Abbaye de S. Melaine, quoiqu'aggregez à la Congregation des Monasteres exempts de l'Ordre de S. Benoist en France, ne laissent pas d'être sujets à la visite de l'Evêque Diocesain. *Memoires du Clergé, to. 1. part. 1. p. 904. & suiv.*

La même chose jugée à l'égard des Chanoines reguliers de l'Abbaye de S. Victor de Paris, nonobstant & sans préjudice de l'union qui avoit été faite à la Congregation réformée des Chanoines reguliers. de France. *Ibid. p. 904.*

70. Les Prêtres de la Congregation de la Doctrine Chrétienne sont sujets à la visite des Evêques. *Me-*

834 VIS   UNI

motés du Clergé, to. 2. add. à la premiere part. p. 270. & suivantes.

71 Visite des Eglises des Religieux par l'Evêque Diocesain. *Memoires du Clergé, to. 1. part. 1 p. 991.*

72 En l'absence d'un visiteur d'un Ordre, autres & d'un autre Ordre, peuvent être commis pour visiter un Monastere. Arrêt de l'an 1599. cité par *Peleus*, liv. 2. act. 20.

73 Quoique les Monasteres Benedictins soient sujets à l'Evêque, selon les Ordonnances Capitulaires de Charlemagne, conformes à la disposition du Droit Canon, cela n'empêche pas la visitation des superieurs, sans préjudice du Droit de Visitation appartenant à l'Evêque comme Diocesain, jugé au Parlement de Rennes le 25. Janvier 1602. pour le Pere Regnauld Provincial des Benedictins contre M. l'Evêque de Vannes, & les Religieux des Abbayes de Saint Melaine, Saint Gildas de Rhuis, Saint Gildas de Boys, & de Blanche Couronne, confirmé au Grand Conseil le dernier Mars 1604. contre Jean Girard Prieur Claustral, & Mathieu Ferry, Religieux Profez en la même Abbaye de Saint Gildas de Rhuis. *Biblior. Can. to. 1. p. 11. col. 2*

74 Les Abbayes & Monasteres de la Congregation Benedictine, doivent souffrir la visitation & reformation du General & Provincial. Arrêt du Grand Conseil du dernier Septembre 1605. contre les Religieux de l'Abbaye de Marmoutier. *Biblioth. Can. tome 1. p. 11. col. 2.*

75 L'Ordonnance d'Henry IV. de 1606. porte que les Evêques pourront visiter les Eglises paroissiales, situées és Monasteres, Commanderies & Eglise des Religieux qui se prétendent exempts de la Jurisdiction des Ordinaires, sans préjudice de leurs privileges en autre chose, ce qui est confirmé par l'Ordonnance de Loüis XIII. de l'année 1629.

Lorsque ces sortes de questions se sont presentées elles ont toûjours été décidées par les Parlemens en faveur des Evêques. Arrêt du Parlement de Paris en 1658. contre l'Abbé de Saint Maur. *Bibliot. Can. 10. 2. p. 450.*

76 Visitation des Religieux de saint *Melaine* de Rennes de l'Ordre de saint Benoist, ordonnée être faite par l'Evêque de Rennes. Arrêt du privé Conseil du 11. Juin 1614. *Tournet, lettre V. art. 33.*

77 Voyez le cinquiéme Plaidoyé de M. *Patru*, prononcé au Grand Conseil en Juin 1644. pour les Religieuses de Nôtre-Dame de Nevers, appellantes comme d'abus de la visite que l'Evêque avoit prétendu faire dans cette Abbaye, & de toute la procedure extraordinaire par luy faite contre leur Confesseur.

78 Arrêt du 6. Mars 1653. qui déclare l'Abbaye de la Regle Ordre de Cluny, sujette à la visite, & toute autre Jurisdiction & superiorité de l'Evêque de Limoges *Voyez le 25. Plaidoyé de M. Gaultier, to. 1.*

79 Le 26. Août 1653. Arrêt du Conseil Privé servant de reglement, par lequel l'Evêque du Puy maintenu au droit de Visite seulement contre des Religieuses. *Henrys, tome 2. liv. 1. q. 1.*

80 Bien que de droit commun l'Evêque soit fondé à visiter toutes les Eglises paroissiales de son Diocese; neanmoins il y a de certains privileges attachez aux chefs d'Ordres Religieux, qui font une exception au Droit commun, comme il a été jugé par Arrêt du Parlement de Grenoble du 13. Août 1663. pour l'Abbé & Superieur General de l'Ordre de Saint Antoine, appellant comme d'abus de la visite faite par l'Archevêque & Comte de Vienne dans la Cure de Saint Antoine. On disoit en faveur de l'Evêque, que le Concile de Vienne en Dauphiné, a voulu que les Eglises paroissiales dépendantes des Religieux exempts, fussent entierement sujettes à la Jurisdiction de l'Evêque Diocesain, nonobstant qu'elles soient servies par des Religieux ; les constitutions canoniques ne font point de difference de Paroisses regu-

lieres ou seculieres, ou non exemptes pour ce qui concerne les fonctions curiales, & administration des Sacremens, dont il y a eu Arrêt au Parlement de Paris le 7. Mars 1646. par lequel Monsieur l'Evêque de Seez fut maintenu au droit de connoître de toutes les fautes, crimes & malversations commises par les Religieux & Cutez de son Diocese. *Bibliotheque, Can. to. 2 p. 448.*

81 Les Religieux de Saint Maximin en Provence, sont sujets à l'Archevêque d'Aix leur Diocesain, pour la Cure de Saint Maximin ; & ledit Archevêque y a droit de Jurisdiction, visite & correction, nonobstant les Bulles de Boniface VIII. Sixte IV. & autres Papes : ainsi jugé par un bref d'Urbain VIII. donné le 12. Novembre 1639. par l'avis de la Congregation des Cardinaux, rapporté dans les *Memoires du Clergé, to. 1. tit. 1. ch. 4. art. 16.*

VIVRES.

Vivres. *Cibaria Annona.*
De Lege Julia de annonâ. D. 48. 11. . . . l. 4. ult. §. ult. Des abus commis en la police des Vivres, comme amas de blé, monopole, &c.

De pretio panis Ostiensis. C. Th. 14. 19.
De pretio piscis. C. Th. 14. 20.

Vivres, pour signifier l'entretien. *L. 234. §. 2. D. de verb. sign.*

Voyez les mots *Alimens*, *Bled*, *Nourritures*, *Provisions*. & *Bouchel*, verbo *Vivres.*

UNDE VIR ET UXOR.

Par la Loy unique au Code *li. 6. tit. 18.* la succession du mary est déferée à la femme, & la succession de la femme au mary, quand il n'y a point d'autres heritiers.

Cette Loy a lieu quoique l'un ou l'autre des conjoints soit bâtard ; ainsi jugé au Parlement de Paris le 23. May 1630. conformément aux conclusions de M. Talon Avocat General, qui dit que suivant l'opinion de Du Moulin en France, *istud jus oritur ex contractu matrimonii non ex successorio edicto*, qu'il se contractoit une alliance & affinité entre le mary & la femme par leur mariage. M. Talon ajoûta que la cause du fisc étoit toûjours mauvaise sous les bons Princes, & que prudemment le Jurisconsulte a répondu, *non errare eum qui in dubiis fisci quæstionibus contrà fiscum responderit.* Journal des Aud. *to. 1. liv. 2. chap. 78.*

Voyez cy-dessus le titre des successions, nomb. 587. & suiv. & le Dig. li. 38 tit. 11.

UNION.

1 De *unionibus Eccles. & Beneficiorum, Per Petrum de Ubaldis.*

Per *Jo. Bap. Cacialupum.*

Et Per Thom. Campeg. in tract. de potestate Roma. Pontificis.

2 *Petrus de Perusio* a fait un Traité des unions, il est cité par *du Moulin & Chopin.*

3 Voir Oldrade au *Conseil 261.* où il examine les causes requises pour les unions. *Desin. Can. p. 887.*

4 D'unions de benefices. *Voyez Carondas, liv. 7. Rép. 132. Papon, liv. 3. tit. 7. & la Bibliotheque des Arrêts de Jovet, p. 73.* La Bibliotheque Canonique, tome 2. verbo *Union*, p. 671.

5 *De variis unionum speciebus.* Voyez *Pinson*, au titre *de Beneficiorum sectione, cap. 3. ad vocabulum quædam,* où il examine.

Quæ Beneficia uniri possint vel non ?
Quinam uniones facere possint.
De formâ & conditione unionum.
De revocatione unionis.

6 De l'union ou suppression des Prébendes. *Voyez* le mot *Prébendes, 57. & suiv.*

7 Union des Benefices faite auparavant cent ans, appel-

lée par Chopin, *Sacerdotiorum unio plus quàm secularis*, en son Traité *de sacr. polit. liv. 2. tit. 6. nomb. 8.*

8 Des causes des unions des Benefices. *Voyez Tournet, lett. V. Arr. 42.*

9 *De unionibus Beneficiorum.* Voyez Rebuffe, 1. part. *praxis Benef.* Il explique la 21. regle de Chancellerie Romaine, *de unionibus.*

10 Ceux qui peuvent unir les Benefices, sont premierement l'Evêque, quant à ceux de son Diocese. Rebuffe, *Prat. Benef.* part. 1. chap. 51. nomb. 22.

L'Archevêque de même peut unir ceux de son Diocese, mais non pas ceux qui sont de la collation de son Suffragant. *Ibidem*, nomb. 29. & 30. *Ordonnances d'Orleans, art. 16. de Blois, art. 22. 23. de Melun, article 27.*

11 L'union ne doit être faite que pour cause utile & necessaire, comme si deux Eglises Paroissiales, voisines étoient l'une, ou toutes les deux ruinées par la guerre. Rebuffe, *Prat. Benef.* part. 1. chap. 51. nomb. 11. 38. 40. & sur la regle 12. *de Chancel.*

Ou par une grande mortalité. *Ibidem.*

Ou quand le revenu des Cures & Eglises Paroissiales, n'est pas suffisant pour entretenir le Curé. *Ordonnances, de Blois*, art. 22. *Edit de Melun*, art. 27. *Ordonn. d'Orleans*, art. 16. Rebuffe, *ibid.* nomb. 39. 40. 41. & quand le revenu du Monastere ne peut entretenir les Moines. Rebuffe, *ibid.*

12 Quand il y a tel nombre de Prebendes dans les Eglises Cathedrales ou Collegiales, que le revenu avec la distribution quotidienne, ne suffit pas pour soutenir honnêtement le titre de Chanoine selon la qualité des lieux, & des personnes. *Ordonnances de Blois*, art. 23.

13 Et par cette union l'une des Eglises est soûmise à l'autre comme accessoire, & l'autre est la principale, & superieure. Rebuffe, *ibid.* nomb. 12.

Ou elles demeurent toutes les deux également principales sous un seul Evêque ou Recteur. *Ibidem*, nomb. 15.

14 On reconnoîtra par les termes & par la maniere de l'union, si l'une des Eglises ou l'un des Benefices seront sujets à l'autre. *Ibidem*, nomb. 19.

Comme quand il est dit qu'une telle Eglise est unie à cette autre, il semble pour lors que celle telle Eglise est baillée pour accessoire à l'autre ; mais s'il étoit dit que les Eglises sont unies ensemble, on ne pourroit pas discerner laquelle seroit la principale, il faudroit alors regarder, si l'une est plus digne, & plus relevée que l'autre, auquel cas la plus digne seroit reputée la principale, & l'autre l'accessoire. Rebuffe, *Prat. Ben.* part. 1. chap. 51. nomb. 16. 17. 18. 19.

S'il n'appert pas laquelle est la principale des deux, elles seront également principales. *Ibid.* nomb. 20.

Et celuy qui a les deux Benefices, ou les deux Eglises, peut demeurer au lieu qui luy sera le plus commode. *Ibidem*, nomb. 21.

15 L'union se peut faire de tous Benefices, tant seculiers que reguliers, même dès Evêchez. Rebuffe, *Prat. benef.* part. 1. chap. 1. chap. 65. nomb. 3. 4. 5. Févret, *de l'Abus, liv. 2. chap. 3. art. 2.*

16 Le Pape & les Archevêques, Evêques, ou autres fondez en puissance legitime, peuvent unir les Benefices, & de deux n'en faire qu'un, quand la necessité de l'Eglise, ou l'évidente utilité le requiert. Févret, traité de *l'Abus, liv. 2. chap. 4. art. 1.*

17 Les unions faites sans exprimer la cause & sans y appeller ceux qui y ont interêt, sont nulles, & peuvent être perpetuellement révoquées & cassées par appel comme d'abus, par quelque personne qu'elles ayent été faites. Rebuffe, *ibid. chap. 51. nomb. 43. 44. 45. & 47. Cod. Fab. liv. 7. tit. 18. def. 8.*

18 L'on n'ajoûtera aucune foy à l'Acte d'union, quoy-qu'il porte que les solemnitez requises ont été observées à moins qu'il n'en apparoisse. Rebuffe, *Prat. benef.* part. 1. chap. 51. nomb. 4.

19 Les interessez sont ordinairement l'Evêque & le Chapitre, qui doivent être appellez pour prêter consentement à l'union. Rebuffe, *ibidem*, chapitre 51. nombres 1. & 2.

Lesquels refusans leur consentement sans cause legitime, on ne laisseroit pas de passer outre. *Ibidem*, chap. 51. nomb. 3. 4. 5.

20 Les interessez dans les unions peuvent prêter leur consentement devant lesdites unions, ou même aprés qu'elles sont faites. Rebuffe, *ibidem.* chapitre 76. nombres 20. 21.

21 Le Benefice uni peut être obtenu sans Declaration précedente. Rebuffe, *Prat. benef.* part. 1. chapitre 52. nomb. 1. 2.

Laquelle n'est requise qu'en cas d'obreption. *Ibid.* nombre 3.

22 Le Pape dispense quelquefois, ceux qui tiennent deux petites Eglises, de dire deux Messes les jours de Dimanche, & de Fête, une en chacune des Eglises. Rebuffe, *Prat. benif.* part. 1. chap. 53. nomb. 4.

23 Quelquefois la collation est reservée au Prieur par la fondation ; mais l'autorité de l'Evêque y doit toûjours intervenir. Rebuffe, *Prat. benef.* part. 1. chap. 53. nombre 13.

24 L'union peut être faite des Benefices reservés & même de ceux qui sont possedez. Rebuffe, *Prat. benef.* part. 1. chap. 65. nomb. 25. 31. 33. part. 2. chap. 4. nombre 56. 57.

Mais l'union ne pourra avoir d'effet qu'aprés la mort de celuy qui a la grace expectative. Rebuffe, *ibidem.*

25 Aux Provisions que l'on obtient de ces deux Benefices, il n'est pas necessaire de faire mention du Benefice, ni de l'Eglise qui a été unie accessoirement à l'autre, mais seulement de la principale. Rebuffe, *Prat. benef.* part. 1. chap. 51. nomb. 11. 14.

26 Mais si elles sont toutes deux également principales, il faudra faire mention de toutes les deux, autrement les Provisions seroient nulles. *Ibid.*

27 Les inferieurs, soit Prieurs ou Abbez, ne peuvent proceder à l'union des Benefices, ni à leur désunion, à moins qu'ils n'en ayent prescrit le droit. Rebuffe, *Prat. benef.* part. 1. chap. 51. nomb. 32. 33. 34. 35. chapitre 54. nomb. 20. 21.

28 Elle se peut faire à tems, ou à perpetuité ; mais les unions à tems ne sont pas reçuës en France. Rebuffe, *Prat. benef.* part. 1. chap. 51. nomb. 6. 7. 8. 9. 46. Févret, *Traité de l'Abus, liv. 2. chap. 3. art. 2.*

29 *Constantiani Concilii decretum, de Beneficiis non jocundalis, etiam de Joannitarum & Lazarianorum provinciis, quas vocant præceptorias, esse intelligendum. Vide Luc. fol. 305.*

30 *Beneficiorum vel Collegiorum Ecclesiasticorum conjunctionem non rectè factam, provocatione à veluti abusu, convelli, etiam si longissimum tempus intercesserit. Vide Luc. ibid.*

31 *Adversus Beneficiorum copulationem, ante Constantianam Synodum factam, à veluti abusu provocationem non esse recipiendam, sed ad summum Pontificem recurrendum. Ibidem.*

32 *Ecclesiæ status an per unionem alteretur ?*

Beneficii uniti in impetratione mentionem facere an, & quando necessum sit ?

Ecclesia exempta, si Ecclesiæ non exempta uniatur exemptionis privilegium perdit. Voyez Franc. Marc, tome 1. quest. 1367.

33 L'union ne peut être faite des Benefices Reguliers. Henry III. 1579. art. 23.

34 *Non præsumitur unitum ex diurnitate ; potest impetrari malè unitum : solus Pontifex non potest unire ; & si, appellatur tanquam ab abusu ; unio fit per ordinarios.* Voyez Mornac, n. 10. Cod. *de petitione hereditatis.*

35 On ne peut unir des Benefices libres à ceux qui sont en patronage. Memoires du Clergé, tome 2. part. 2. page 73. & 74.

UNI

36. Union non executée n'empêche la Provision d'un Benefice. Arrêt du Parlement de Bourdeaux pour la Porterie de Saint Pancrace d'Agen, *Cap. fin. de concess. Præb. in 6. V.* la Bibliotheque de Bouchel, verbo, *Union.*

37. Union de Benefice libre à celuy qui est en patronage, declarée nulle. *Memoires du Clergé, tome 2. part. 2. page 73.*

Union des Benefices simples aux Canonicats pour en augmenter le revenu, lorsqu'il n'est pas suffisant. *Ibid. tome 1. part. 1. page 129. & 800. nomb. 15.*

38. Les Ecclesiastiques moindres que l'Evêque ne peuvent pas faire ladite union. *Voyez Despeisses, tome 3. page 426.*

Le Pape seul peut unir les Evêchez.

Dans un Patronage laïc, il faut le consentement du Patron, il faut une cause pour l'union, information préalable, consentement des Paroissiens, elle peut être révoquée par juste cause, comme si la pauvreté cesse.

L'union faite à temps est nulle.

Commanderies de S. Jean de Jerusalem ne peuvent être unies. *Ibidem.*

39. Union de deux Benefices n'empêche la nomination de l'Ordinaire, si les Bulles ne sont levées du vivant du Pape, ni possession prise du Benefice uni, en ce cas on juge qu'il y a inexecution. Arrêt du Parlement de Bourdeaux pour la Porterie de S. Pancrace d'Agen. *Papon, liv. 8. tit. 9. nomb. 4.*

40. Les Evêques pourront proceder à l'augmentation du revenu des Prebendes du consentement du Chapitre & des Patrons, (lorsque le revenu & les distributions quotidiennes des Chanoines ne suffisent pour les entretenir honnêtement selon leur état, & degrez) comme aussi, ils pourront proceder à l'union des Benefices, & distribution des dîmes, quand le revenu des Cures n'est suffisant pour entretenir le Curé. *Henry III. 1579, art. 22. & 1580. art. 27. Charles IX. 1560. art. 16. Cod. Fab. des saintes Eglises, Def. 48. & 49.*

Et quand de deux Eglises Paroissiales voisines, ou toutes deux sont détruites & ruinées par la guerre. *Rebuffe, en sa Prat. benef. part. 1. chap. de Union, benef. nomb. 11.*

Il n'est pas necessaire que le Recteur de l'Eglise soit appellé pour voir proceder à l'union, mais il suffit après qu'elle sera faite, de la luy signifier, quoyque par l'union le pouvoir luy soit ôté de résigner, ou permuter. *Cod. Fab. liv. 1. tit. 2. Déf. 48. aux annot. nomb. 2. ni les Paroissiens, ibid. Cod. Fab.*

Et aux unions qui se font par le Pape, le consentement de l'Evêque n'est pas requis. *Ibid.*

Mais le Procureur du Roy y doit être appellé, autrement, quand la connoissance de cause, & autres formalitez accoûtumées n'ont pas été observées, appel comme d'abus en peut être interjetté, même après cent ans. *Cod. Faber, ibidem. déf. 48. liv. 7. tit. 28. definit. 8.*

Dans l'union il faut que la veritable valeur soit exprimée, tant du Benefice que l'on veut unir, que de celuy auquel on veut faire l'union. *Ibidem, aux annot. nomb. 13.*

A moins que l'union ne se fasse à la mense. *Ibid.*

Et l'Evêque ne peut proceder à l'union d'un Benefice d'un autre Diocése. *Ibid.*

Enfin l'union ne se doit faire qu'à défaut d'autre moyen. *Cod. Faber, liv. 1. tit. 2. déf. 52.*

Parce qu'elle est odieuse. *Ibid. déf. 48.*

Autre que l'Evêque ne peut proceder à l'union, qu'avec un mandement special de luy. *Rebuffe, en sa Prat. benef. part. 1. chap. Form. Vicar. Arch. nombres 102. 103.*

41. Arrêt du Parlement de Paris par lequel l'union faite d'une Commanderie de Saint Lazare avec une autre de Saint Jean de Jerusalem par Bulle a été révoquée cent ans après. *Papon, liv. 3. tit. 8. nomb. 4.*

42. Benefice uni à un autre de peu de revenu, ne peut plus se conferer au préjudice de l'union. Arrêt du Parlement de Bretagne du 13. Mars 1600. *Fournet, lettre B. nomb. 80.*

43. Union d'un Prieuré à une Congregation Religieuse jugée valable, par Arrêt du 1. Mars de l'année 1616. on disoit pour l'aneantir qu'elle étoit *non rei ad rem, nec Beneficii ad Beneficium*; mais en consideration de la personne seule, & que la valeur du Benefice uni n'avoit pas été exprimée. On répondit qu'elle étoit en faveur du Monastere, & que l'expression de la valeur étoit inutile, puisque la modicité étoit la principale cause de l'union. *Voyez les Défin. Canoniques, pag. 39. & suiv.*

44. Quoyque l'Ordonnance de Blois excepte les Benefices Reguliers, lorsqu'elle parle des unions, il faut remarquer que l'esprit de l'Ordonnance & s'entend d'un Benefice Seculier, avec un Regulier; ce qui neanmoins n'empêche pas une grande contestation entre des Religieux Feuillans, & l'Abbé de Gramont, lequel interjetta appel comme d'abus de l'union d'un Prieuré simple à une Congregation de Feüillans, parce que le Benefice étoit & dépendoit de son Ordre. L'union s'étoit faite sans son consentement qui étoit son moyen d'abus; mais comme il ne communiqua sa plainte pour raison de cette union qu'après 40. ans, le Parlement par son Arrêt mit l'appellation au néant, & ordonna que ce dont étoit appel sortiroit effet, l'Arrêt est du premier May 1616. *Definit. du Droit Canon page 895.*

45. Arrêt du Grand Conseil du 3. Mars 1658. qui a confirmé l'union d'un Benefice temporel à la Congregation de Saint Maur, contre un indultaire, qui avoit fait signifier ses Lettres de nomination auparavant. Cet Arrêt est cité dans *Boniface, to. 2. part. 3. liv. 2. p. 213.*

46. L'union d'un Benefice à un autre ne se peut faire valablement sans oüir les parties interessées. Arrêt du Parlement de Paris du dernier May 1660. *Soifve, tome 2. Cent. 2. chap. 24.*

47. Il y a des unions qui se font sans suppression de titres, elle ne sont point reprouvées par les Arrêts. Il y en a un du Parlement de Paris du 5. Janvier 1666. qui confirme l'union d'une Chanoinie de l'Eglise Collegiale de Saint Montain de la Fete Diocése de Laon avec la Cure, sans qu'il y ait eu suppression ni du Canonicat ni de la Cure, en sorte que le Titulaire est demeuré & Curé & Chanoine. *Voyez le Journal des Audiences, tome 2. liv. 8. chap. 1.*

48. En cas d'union que l'on veut faire d'un Benefice à un autre, l'Evêque ayant renvoyé à son Official pour faire l'information, *de commodo & incommodo*, l'Official ne peut pas recevoir les defenses des parties au fond; le refus qu'il fait d'en connoître n'est pas un moyen d'appel comme d'abus. Arrêt du Parlement de Paris du 30. Janvier 1691. *Journal des Audiences, tome 5. liv. 7. chap. 8.*

49. Un particulier qui dote une Chapelle qui étoit auparavant de petit revenu, & acquiert par ce moyen, le Patronage pour luy & ses heritiers, ne peut dans la suite accorder ce Patronage à une Communauté d'Ecclesiastiques, sans que ses heritiers qui y sont interessez y soient appellez.

L'union d'un Benefice ne peut être faite à une autre Eglise par le Grand Vicaire sans un mandat de l'Evêque *ad id.* On y doit observer les formalitez de l'information *de commodo & incommodo.*

Le titre doit être uni, & non les seuls revenus & droit de Patronage; la Communauté à qui on veut unir le Benefice, doit avoir des Lettres Patentes d'établissement, & celles qu'elle obtient par la suite ne rectifient point l'union.

Le Roy ayant interêt, comme devant recevoir la presentation du Patron par droit de Regale, le Siége vacant, si l'on veut faire l'union de ce Patronage à une Communauté Ecclesiastique, il faut pour la rendre valable qu'elle soit consentie & faite avec ses Officiers, ou qu'au moins on obtienne du Roy des Lettres Patentes, qui confirment nommément cette union, autrement & au défaut de ce que dessus, il y a abus dans l'union. Jugé en la Grand'Chambre du Parlement de Paris, le 22. Juillet 1694. *Journal des Audiences, tome 5. liv. 10. chap. 16.*

UNION ABUSIVE.

50 Voyez le Conseil 44. de la nouvelle édition des Oeuvres de *M. Charles Du Moulin*, to. 2. p. 937. où il est parlé des unions abusives.

51 Arrêt du Parlement de Paris du 16. Février 1547. par lequel une union de l'Ordre de S. Lazare à celuy de S. Jean de Jerusalem faite par une Bulle du Pape Innocent VIII. de l'an 1489. est déclarée abusive, n'ayant été executée selon le Decret du Concile de Constance, qui veut que les unions se fassent, en connoissance de cause, avec adresse *in partibus & vocatis quorum interest.* D'ailleurs elle avoit été verifiée en la Cour. *Preuves des Libertez*, to. 2. ch. 36. n. 32. Papon, liv. 19. tit. 2. nomb. 8.

52 Sur l'union abusive, l'on pratique aujourd'huy cette voye d'impetrer le Benefice uni; ensuite l'on forme complainte au possessoire; si l'union est opposée, l'on en appelle comme d'abus. Jugé par plusieurs Arrêts rapportez par *Rebuffe*, au tit. *de unionibus.* Papon, liv. 3. tit. 8. n. 3.

53 L'appel comme d'abus ayant été porté à la Cour d'une union faite avant le Concile de Constance tenu en 1317. l'appellation fut déclarée non recevable, sauf à se pourvoir & à s'adresser au Pape. *Papon, liv. 3. tit. 8. n. 6.*

54 En l'année 1459. la Cure de S. Sauveur fut unie par le Pape au Chapitre de S. Germain de l'Auxerrois, l'union avoit été faite avec quelque solemnité, & avoit duré plus de cent ans, neanmoins sur l'appel comme d'abus interjetté en 1560. elle fut déclarée nulle & abusive; semblable Arrêt du dernier Avril 1575. pour la Cure de Bloun, laquelle avoit été unie à la Collegiale de S. Etienne de Limoges. *Preuves des Libertez*, to. 2. tit. 36. n. 32.

55 Arrêt du Parlement d'Aix du 1. Mars 1640. qui a déclaré l'union des Benefices abusive, faite sans le consentement de M. le Procureur General, & du Patron laïc. *Boniface*, to. 1. liv. 2. tit. 18. chap. 2.

56 Les formalitez établies dans le Concile de Constance pour l'union des Benefices, sont que les interessez y soient appellez, & qu'il y ait preuve de la necessité, ou de l'utilité; elles doivent être observées, à peine de nullité. Jugé le 21. Juillet 1647. qu'il y avoit abus en l'union faite de la Cure de la Paroisse saint Martin de Vienne au Chapitre de l'Eglise Cathedrale, quoique faite 100. ans auparavant. *Jurisprudence de Guy Pape par Chorier*, p. 5.

57 Par l'Arrêt du 31. May 1660. rapporté au 2. tome du *Journal des Audiences*, liv. 3. ch. 21. l'union d'une Cure au Chapitre de l'Eglise de Brignon, faite par M. l'Archevêque de Sens, fut déserté de nulle & abusive pour avoir été faite sans appeler le Patron & le Curé qui étoient les veritables & legitimes contradicteurs, & pour n'avoir pas appellé le peuple; & enfin en ce que l'on n'avoit point exprimé au Pape la valeur du revenu de la Cure, qui valoit 1200. livres: car dans les unions (dit Rebuffe) il faut une information préalable de la valeur des deux Benefices qu'on unit, afin que le tout se fasse avec connoissance de cause. *Rebuffus prax. benefic. de unionibus benefic. gloss. 5, & 7. & la Biblioth. Can. to. 2. p. 678.*

58 Union de Cure à un Chapitre en vertu des Bulles suivies de deux siécles, & confirmées par trois Arrêts, &c. a été cassée & déclarée nulle, le 24. Mars 1664. *De la Guess. tom. 2. li. 6, ch. 22.* Des Maisons, let. *V. nomb.* 14. rapporte le même Arrêt, qui se trouve aussi dans les *Arrêts Notables des Aud. Arrêt.* 122.

59 Le Prieuré-Cure de Nôtre-Dame d'Issia de Château Royal, &c. ayant vaqué par mort, le sieur de Falconis obtint des Provisions en Cour de Rome, voulant prendre possession les Religieux de S. Maximin s'opposent, prétendant que ce Prieuré étoit uni à leur Maison par Bulle du Pape Sixte IV. même par Lettres Patentes du Roy, suivies d'une possession de 200. ans. Au Grand Conseil, l'union jugée abusive, & le Pourvû en Cour de Rome maintenu & gardé en la possession & jouïssance du Benefice en question. Arrêt du 16. Juillet 1683. *Journal du Palais.*

UNION AUX CHAPITRES.

60 Les unions des Cures à des Chapitres sont les moins favorables, car ces Benefices qui ont charge d'ames, ne doivent point être supprimez sous pretexte d'union: cela est défendu par le Concile de Trente, *sess. 24. chap. 13.* excepté le cas auquel une Cure est unie à une autre Cure, & l'Eglise Paroissiale quand elle n'a pas un revenu suffisant pour entretenir le Curé. *Voyez le 2. to. du Jour. des Audiences*, liv. 3. chap. 23.

61 L'union de trois Cures ayant été faite au Chapitre de Beauvais depuis plus de 70. ans, M. Pelegrin ayant impetré celle du Passillargues, appella comme d'abus; il disoit 1°. Que la Bulle d'union avoit été fulminée par l'Evêque de Nicastre, qui étoit Italien, & que par la regle *de unione*, il falloit que ce fût un Sujet du Roy. 2°. Qu'elle avoit été fulminée hors du ressort. 3°. Que ceux qui avoient déposé lors de la fulmination étoient le Notaire & les Fermiers de ce Chapitre, & qu'ils étoient de la Religion Prétenduë Réformée. 4°. Que par la regle 28. *de union. debent vocari quorum interest*, ce qui n'avoit pas été fait. 5°. Que le Vice-Legat n'avoit pas fait enregistrer les facultez à la Cour, suivant les Arrêts rapportez par *M. Maynard*, liv. 1. chap. 37. L'on répondit qu'il y avoit des Lettres patentes du Roy pour faire executer cette Bulle d'union de 1605. telles Lettres tenoient lieu de registre, la Cour l'avoit ainsi jugé en 1610. Quant à des Benefices unis au College des P. P. Jésuites de Tournay, *Fevret* liv. 3. ch. 4. en rapporte un autre du Parlement de Grenoble; il n'y avoit que deux maisons Catholiques dans cette Paroisse, y ayant eu une autre appellation de la même union; ce Chapitre ayoit offert à l'appellant la Vicairerie perpetuelle de Fondevers qui est l'une de ces trois Paroisses, & qu'il offroit à Pelegrin le même avantage quant à la Cure de Passillarges, neanmoins le Parlement de Toulouse déclara y avoir abus, condamna le Vice-Legat mort depuis long-temps en 100. liv. d'amende, & le Sindic du Chapitre en l'amende envers le Roy & aux dépens. *Alberi*, verbo Union, art. 2.

62 En 1483. Sixte IV. accorda Bulles au Chapitre de S. Just de Lyon, par lesquelles il annexa à sa manse la Cure de Villars. Il y eut ensuite quelques transactions entre le Chapitre & les habitans pour la perception des dîmes, confirmées par Arrêt du Senat de Chambery avant l'échange des païs de Bresse & du Marquisat de Saluces. L'un des Chanoines de S. Just chargé de la desserte de la Cure est inquieté par un pourvû en Cour de Rome, lequel appelle comme d'abus de l'union faite *in formâ gratiosâ*. Le Sieur Marquis de Villars pour son droit de patronage, & les habitans pour avoir un Curé en chef interviennent. Arrêt du Parlement de Dijon du 28. Juillet 1620. qui confirme l'union, & enjoint au Chapitre de fournir Prêtre capable pour la desserte, en sorte que les habitans n'ayent occasion d'en former plainte. Ce qui détermina M. de Xaintonge Avocat General, fut que l'union avoit été faite dans les terres du Duc de Savoye, où ces sortes d'unions ne sont point abusives; d'ailleurs prescription plus que centenaire, enfin Bulles énoncées dans un Arrêt du Senat de Chambery. *Voyez les Plaidoyez de M. de Xaintonge*, p. 506.

63 Union de la Cure d'Issoudun au Chapitre de la même Ville, déclarée valable, & luy enjoint de nommer un Vicaire perpetuel, lequel prendroit l'institution

de M. l'Archevêque de Bourges. Arrêt du 15. Avril 1630. *Bardet*, to. 1. *liv*. 3. *ch*. 97.

64 Arrêt du 15. Avril 1630. confirmatif de l'union de la Cure de S. Cyr faite dés l'an 1271. au Chapitre de l'Eglise d'Issoudun. Arrêt semblable en la même année en faveur du Chapitre de S. Morille d'Angers, pour l'union de la Chapelle S. Nicolas à la Fabrique du Chapitre. *Additions à la Bibliotheque de Bouchel*, verbo *Union*.

65 Union d'un Prieuré à la mense Collegiale de la Sainte Chapelle de Bourbon l'Archambault est confirmée, quoyqu'il n'y eût aucunes informations précédentes, par la pauvreté notoire de ce Chapitre, Arrêt du 4. Août 1642. *Bardet*, to. 2. *li*. 9. *ch*. 30.

66 * Lettres patentes du 6. May 1643. par lesquelles le Roy confirme & approuve l'union faite du consentement de l'Evêque de Poitiers, d'une Prébende en l'Eglise Cathédrale de la même Ville à la Prévôté. *Preuve des Libertez*, to. 2. *ch*. 36. *n*. 45.

L'union de partie du revenu de l'Office de Granger dans l'Eglise de saint Martin de Tours à la mense du Chapitre, quoyque faite sans solemnité, a été confirmée au Parlement de Paris le 16. Juillet 1647. Le motif de l'Arrêt est qu'une telle fonction n'est pas un Benefice, mais un Office. *Du Frêne*, livre 5. chapitre 24.

68 De l'union d'une Cure à un Chapitre, où les solemnitez requises par le Concile de Constance ne furent entierement observées. Arrêt du Parlement de Grenoble du 21. Juillet 1647. qui l'a déclarée abusive, quoyqu'on alleguât qu'elle fût faite depuis deux siecles. V. *Basset*, *ta*. 1. *liv*. 1. *tit*. 5. *ch*. 6.

69 De l'union d'une Chapelle au Chapitre de l'Eglise Collegiale sans information précédente; elle ne peut être contestée aprés plus de 50. ans. Arrêt du Parlement de Paris du 31. May 1649. rapporté par *Soëfve*, to. 1. *Cent*. 3. *chap*. 16.

70 Arrêt du 10. Juillet 1651. qui déclare abusive l'union de la Sacristie de l'Eglise Collegiale de S. André de Grenoble à la mense du Chapitre. Voyez les 9. & 10. Plaidoyez de *Basset*, tome 1. Il disoit pour moyens que l'union étoit faite sans cause vraye ni raisonnable; qu'il n'y avoit point eu d'enquête, que les parties interessées, notamment M. le Procureur General n'y avoient point été appellez, & que la Sacristie avoit été unie à la mense du Chapitre par l'Evêque, lors Prévôt de l'Eglise Collegiale.

71 Une Cure unie à la mense d'un Chapitre, peut être desservie par un Chanoine du Chapitre, en resignant son Canonicat trois mois aprés qu'il aura été pourvû de la Vicairerie, autrement la Vicairerie impetrable. Jugé le 23. Février 1664. *Des Maisons*, lettre V, *n*. 3.

72 Arrêt du Parlement d'Aix du 21. Juin 1666. qui a jugé que l'union d'une Cure à la mense d'un Chapitre pour être servie par un Prêtre amovible ou destituable étoit valable, & non abusive. On opposoit plusieurs fins de non recevoir à l'appellant comme d'abus, qui étant Chanoine du Chapitre avoit juré d'observer les statuts; notamment M. le Procureur General n'y avoit point été appellé, & que la Sacristie avoit été unie à la mense du Chapitre par l'Evêque, lors Prévôt de l'Eglise Collegiale, qu'il falloit distinguer entre les unions faites *in gratiam personæ* qui changent l'état du Benefice, & celles faites *favore Ecclesiæ*. Voyez *Boniface*, to. 1. *liv*. 2. *tit*. 18. *chap*. 3.

73 Arrêt du même Par. de Provence du 19. Juin 1673. qui, sur l'appel comme d'abus de la Bulle d'union, mit les parties hors de Cour & de procez; il s'agissoit d'un Benefice Cure uni à la mense d'un Chapitre sans connoissance de cause & sans formalitez. Tous les Juges étoient d'avis de déclarer abusive cette union de la Cure de Merindol, mais la pauvreté du Chapitre de Salon fut le motif de l'Arrêt. Tous les abus qui peuvent se rencontrer dans les unions y sont rapportez. *Boniface*, to. 3. *liv*. 6. *tit*. 4. *ch*. 2.

UNION PAR LE CHAPITRE.

74 Le Siége Episcopal vacant, c'est au Chapitre à unir,

& ce droit n'est pas dévolu au Métropolitain. *Bibliot. Can*. to. 2. *p*. 677.

75 On demande si le Chapitre *sede Episcopali vacante*, peut unir les Benefices qui étoient à la Collation de l'Evêque? Cette question n'a point été décidée. *Rebuffe*, au tit. *de unionibus*, *n*. 36. & *in additionibus ad regulat Cancellaria* sur la regle *de revocatione unionum*, est d'avis qu'il le peut, *dummodo per eam juri Episcopali nihil detrahatur*; ce qui est assez difficile à concevoir, car il est certain que l'Evêque reçoit toûjours préjudice par l'union.

76 Un Chapitre peut sans formalité unir à sa mense partie du revenu de l'Office de Granger dépendant dudit Chapitre. Jugé le 16. Juillet 1647. *Du Frêne*, *liv*. 5. *chap*. 24.

UNION AUX COLLÉGES.

77 Arrêt du Parlement d'Aix du 20. May 1658. qui a jugé qu'un Benefice peut être uni à un College pour l'instruction de la jeunesse. *Boniface*, tome 1. livre 2. tit. 18. chap. 1.

78 Erection d'une Cure en Prieuré simple, pour l'unir à un College n'est point abusive. Arrêt du Grand Conseil du 21. Août 1674. au profit des Jesuites de la ville de Xaintes. V. *le Jour. du Palais*, to. 2. *p*. 869.

UNION, COMMANDERIES.

79 Commanderies unies, Voyez le mot *Chevaliers*, nombre 19.

80 Les Commanderies de S. Jean de Jerusalem, quoy qu'en apparence simples & temporelles administrations, sont comprises au nombre des Benefices dont le Concile de Constance défend les unions. Jugé à Paris le 17. Février 1547. *Papon*, *liv*. 3. *tit*. 8. *n*. 5.

UNION, CONFIRMATION.

81 L'on doit observer les mêmes choses, quand il s'agit de la confirmation des unions déja faites. *Rebuffe*, 1. *part. prax. Benef. ch*. 76. *n*. 11. & 12.

UNION AUX CURES.

82 Union de Benefices aux Cures qui n'ont pas assez de revenu. *Mem. du Clergé*, to. 1. part. 1. *p*. 221. & *suiv*. & *p*. 799. & *suiv*.

83 Une Cure n'étant suffisante pour l'entretenement & nourriture du Curé, il a été ordonné par l'*art*. 16. de l'Edit fait à la postulation & remontrances des Etats, que les Prélats procederont à l'union des Benefices, & par distribution des dîmes & autres revenus suivant la forme des saints Decrets; s'il n'y a aucunes dîmes, & faute d'icelles, on peut attribuer autres profits par équivalent. Arrêt du 13. Decembre 1565. pour le Curé de saint Innocent, par lequel il fut jugé qu'il prendroit moitié des Offrandes & autres casuels, contre les Chanoines de sainte Opportune Curez primitifs de ladite Eglise. *Papon*, *p*. 1358. tiré de M. *Bergeron*.

84 Lorsque l'union de deux Cures est de difficile execution, ne pouvant être faite au préjudice d'un tiers sans appeller celuy qui y peut avoir interêt, le Curé qui n'a de quoy vivre, doit presenter Requête à son Superieur, afin d'avoir portion congruë sur les dîmes s'il y en a, ou d'obtenir provision d'alimens contre ses Paroissiens, ce que le Superieur Archevêque ou Evêque Diocesain peut ordonner, nonobstant opposition ou appellation quelconques en attendant mieux. Arrêt du 21. Juin 1593. Le Concile de Trente pour prévenir ces sortes d'inconveniens, a decreté que desormais ne se fera provision de Benefice, s'il qu'il n'y puisse nourrir son Curé. *Papon*, *p*. 1358.

85 Les Chanoines de S. Montain étoient appellans comme d'abus de l'union d'une Chanoinie à une Cure; ils disoient qu'elle étoit contraire aux reglemens de la Cour, qui déclaroient les Chanoinies incompatibles avec les Cures, & que cette union étoit sans necessité, puisque le revenu de la Cure étoit de plus de 800. liv. M. l'Evêque de Laon avoit uni une Cure à une Chanoinie, qui seroit comme le Doyen parmi eux, à la charge de mettre un Vicaire dans les Faux-

bourgs, qui feroient confiderez comme Eglifes fuccurfales. L'on difoit de la part du Curé & des habitans, que la ville de la Ferté eft une grande Ville avec deux Fauxbourgs, que pour l'adminiftration des Sacremens un feul Curé ne fuffifoit pas, qu'il y avoit toûjours eu deux Vicaires ftipendiez, & que fi le Curé n'étoit pas Chanoine, il n'auroit pas le moyen d'entretenir les deux Vicaires; qu'il falloit aux uns & aux autres une retribution qui répondît à la dignité du Sacerdoce & de leur miniftere. Par Arrêt du Parlement de Paris du 5. Janvier 1666. la Cour mit fur l'appel comme d'abus hors de procez, ordonna que le Canonicat demeureroit uni à la Cure de la Ferté, & que vacation avenant, la nomination en appartiendra au Chanoine, enfuite à l'Evêque, & ainfi alternativement de l'un à l'autre, & que le Curé fera tenu de faire fa fonction de Curé en perfonne, préferablement à celle de Chanoine, & d'entretenir dans fa Cure deux Vicaires. *Jour. des Aud. to. 2. liv. 8. chap. 1.*

86 Par le chapitre unique de la Clementine *de fuppl. neglig. Prælat.* il eft enjoint aux Evêques Diocéfains de ne pas permettre que les Prélats reguliers uniffent à leur menfe les Eglifes, Prieurez & adminiftrations qui dépendoient d'eux, ni de fouffrir qu'ils les chargeaffent de nouvelles penfions, ou qu'ils augmentaffent celles qui y étoint déja établies: car quand on défend d'unir des Prieurez, Eglifes, adminiftrations & autres Benefices à la menfe des Prélats reguliers; cela ne s'entend & ne doit avoir lieu qu'à l'égard de ces Benefices, lorfqu'ils ont coûtume d'être poffedez ou gouvernez par des Prieurs & autres Religieux, quoyqu'ils foient deftituables, & qu'on les puiffe faire revenir dans le Convent; & non pas des Prieurez & autres Benefices, qui font partie de la menfe des Prélats reguliers. *Voyez Du Moulin, fur la regle de infirmis, n. 220.*

87 Les Collateurs inferieurs des Benefices autres que les Evêques, comme par exemple les Abbez, peuvent unir les Benefices qui font en leur pleine difpofition: cette queftion eft examinée par la glofe de la Clementine 2. *de reb. Ecclef. non alienand.* fur le mot *Epifcopum*, & par la glofe de la Clementine *ne in agro. & ad hæc de ftatu Monach.* fur le mot *ordinarios*; elle eft auffi traitée par *Rebuff.* en fa pratique Beneficiaire au titre *de unionibus, n. 32. & 33.* & ils conviennent tous qu'aux termes du chap. *ficut unire de exceffo Prælat.* il n'y a que l'Evêque qui puiffe valablement unir des Benefices qui font fitués dans fon Diocéfe, enforte que *Abbates Ecclefias etiam pleno jure fibi fubjeftas unire non poffunt.* Mais ils apportent une exception à cette maxime, fçavoir fi ces Collateurs inferieurs ont prefcrit la Jurifdiction Epifcopale, ou quafi Epifcopale, auquel cas comme l'union eft de la Jurifdiction Epifcopale, & qu'elle n'eft pas attachée à l'Ordre, ils pourroient proceder à l'union des Benefices dont ils font Collateurs de plein droit, fur tout comme dit la derniere glofe, *circa Prioratus fimplices manuales non habentes curam*; mais pour prefcrire cette Jurifdiction quafi Epifcopale, il faut un titre ou un temps immemorial, comme dit *Rebuffe,* qui cite le chap. *auditis extra de præfcript.* lequel au commencement y eft formel. *Voyez les Défin. du Dr. Can. p. 893.*

UNION DES CURES.

88 De l'union des Cures aux Abbayes. *Voyez le Journal du Palais, in-folio, to. 2. p. 877.*

89 Les Evêques peuvent ériger des Cures dans leurs Diocefes, & unir des Benefices à leurs Seminaires. *Memoires du Clergé, to. 1. tit. 1.*

90 Les unions des Cures à autres Benefices, comme aux Eglifes Collegiales, ou autres femblables, ont été déclarées abufives, par Arrêts du Parlement de Paris, des 1. Avril 1560. & 1. May 1573. *Papon, livre 3. titre 8.*

91 Plaidoyez & Arrêt du Parlement de Paris du 16. Avril 1575. touchant l'union de la Cure de S. Pierre de Douë en Anjou, avec l'Eglife Collegiale de Saint Denys de la même Ville; l'union fut déclarée abufive. *V. le Recüeil des Plaidoyers & Arrêts Notables.*

92 Un Evêque ne peut unir une Cure fans information précedente de la commodité ou incommodité, & confentement des Patrons & Paroiffiens. Arrêt du Parlement de Dijon du 23. Février 1615. *Bouvot, to. 2. verbo, Union de Benefice.*

93 Union de la Cure de Saint Aubin, à l'Abbaye de Paraclet, déclarée nulle, par Arrêt du 22. Mars 1629. *Tournet, let. V. Arr. 49.*

94 Cure unie au Chapitre eft valable, en commettant perfonne capable pour la defservir. Jugé le 15. Avril 1630. *Du Frêne, li. 2. ch. 73.*

95 Les Cures & les autres Benefices qui ont charge d'ames, ne peuvent pas regulierement être unis aux Abbayes, Prieurez, & Eglifes Collegiales ou Cathedrales, ni même aux Evêchez; comme il eft décidé par le Concile de Trente, feff. 24. *de reformat. cap. 13.* & Chopin, *en fon Traité de la Police Ecclefiaftique, li. 2. tit. 6. nomb. 7. & feqq.* rapporte plufieurs Arrêts, par lefquels on a déclaré abufives des unions des Cures à des Chapitres ou à des Convens; & Févret rapporte un Arrêt du Parlement de Paris du 28. Juillet 1646. par lequel on déclara l'union de la Cure du Saulfoy d'Iflan au Chapitre d'Avalon, nulle & abufive, aprés 40. années de poffeffion. Ce qu'il y avoit de particulier, étoit qu'il n'y avoit point de création de Vicaire perpetuel, ni d'affignation de portion congrue. *Définitions du Droit Canonique, page 889.*

96 Jugé par Arrêt du 12. Février 1657. qu'il n'y avoit aucun abus en l'union de l'Eglife Paroiffiale de Saint Gilles de Beauvais, aux Paroiffes de Saint Quentin & Saint Etienne de la même Ville. La raifon de l'union étoit que la moitié des Paroiffiens de l'Eglife Saint Gilles demeuroit dans le fauxbourg, l'autre moitié dans la Ville; en forte que les Portes étant fermées pendant la nuit, il arrivoit fouvent que les malades mouroient fans Sacrement. *Soëfve, tome 2. Cent. 1. chapitre 55.*

97 Arrêts du Parlement de Provence des 7. Mars 1638. & 5. Decembre 1664. par lefquels le Parlement de Grenoble a déclaré nulle l'union de deux Cures faite à deux Beneficiatures par un Chapitre. *Boniface, to. 1. liv. 2. tit. 18. ch. 4.*

98 Union de Cure à une Eglife Collegiale, eft nulle. Jugé le 31. May 1660. *Notables Arrêts des Audiences, Arrêt 47. De la Guef. tome 2. li. 3. ch. 1.* rapporte le même Arrêt.

99 M. l'Archevêque d'Auch unit une Cure, qui étoit d'environ cent Communians; le Curé appella comme d'abus; le Syndic de cette Communauté adherant; les habitans difoient qu'il n'y avoit pas lieu d'unir leur Paroiffe à une autre, & qu'il y avoit du revenu fuffifant, puifque depuis long-temps ils avoient accordé outre la dîme, un droit de prémice au Curé, & que M. l'Archevêque ne l'avoit unie que parce qu'il étoit obligé de payer à ce Curé de tout temps 62. liv. de penfion; d'ailleurs que cette union n'avoit pû être faite fans les appeller. La caufe portée au Parlement de Toulouse le 2. May 1662. la Cour voyant qu'il n'y avoit autre utilité que celle de M. l'Archevêque, déclara y avoir abus: il y avoit un autre moyen d'abus; cette union dépofédoit le Titulaire fans fon confentement; & fans l'avoir appellé contre la feconde Clementine, *de reb. Ecclef. non alien.* Albert, *verbo, Union, art. 1.*

100 Les Chapitres & Communautez qui ont les Cures unies à leurs Menfes, font tenus de nommer & prefenter aux Evêques Diocefains des perfonnes capables, pour être pourvûs des Cures, finon lefdites Cures déclarées vacantes & incompatibles. Arrêt en

forme de Reglement, du 23. Février 1664. contre le Chapitre de Langres. Soëfve, tome 2. Cent. 3. chap. 6. & le *Journal des Audiences*, tome 1. li. 6. ch. 15.

101 Cure unie à un Chapitre en vertu de Bulle, suivie de deux siécles, & confirmée par trois Arrêts, &c. a été caffée & déclarée nulle. Jugé le 24. Mars 1664. *De la Gueff. tom. 2. liv. 6. ch.* 22. Des Maisons, *let. V. nomb.* 14. rapporte le même Arrêt.

102 Union de la Cure de Saint Maximin aux Dominicains de Provence, avec pouvoir d'en nommer un de leur Corps pour defservir la Cure, qui sera sujet à la Visite & Jurisdiction de l'Archevêque d'Aix, comme les autres Curez, & ne pourra être révoqué sans sa permission, & sans qu'à l'avenir les Prieurs & Religieux puissent prétendre aucuns droits Episcopaux. Jugé le 20. Août 1667. *De la Gueff. tom.* 3. *livre* 1. *chapitre* 38. Voyez *le Journal du Palais*, où le même Arrêt est rapporté.

103 Cure unie au Chapitre de Ligny en Barrois, pour être defservie par un Chanoine dudit Chapitre, nonobstant l'incompatibilité du Canonicat avec la Cure. Jugé le 17. Mars 1683. *De la Guessiere, tome* 4. *liv.* 6. *chapitre* 5.

UNION, DESUNIONS.

104 Voyez *Reb. ffe, part.* 1. *ch.* 79. *n.* 35. 36. & 37. & cy-aprés, *le nomb.* 147. & *suiv.*

UNION, DISMES.

105 Union des dîmes & des Benefices, conforme en quelques choses, & comment elle se doit faire ? *V. Tournet, let. D. n.* 120.

UNION, BENEFICES ETRANGERS.

106 *Uniri poteft Ecclesia Parochialis Monafterio Monialium,* Rebuffe, 3. part. prax. Benef sur la Regle 20. *quod quis intelligat idioma.* Au même endroit il prouve que *Unio de Beneficio regni, extrà regnum non valet.*

107 Une union faite de deux Benefices en deux Royaumes differens, seroit nulle. Du Moulin, *Confil.* 44. Chopin, *de sacrâ Polit.* li. 2. tit. 6. Par le Concile de Trente, *de reformat.* seff. 14. cap. 9. *unio vetita est inter Beneficia diversarum Diœcesium.*

Chopin, *de sacrâ Polit.* li. 2. tit. 6. num. 7. dit que l'union d'une Cure sise dans le Royaume à un Chapitre, étant hors le Royaume, étoit valable, parce que la Cure & le Chapitre dépendoient d'un même Diocese, qui est celuy de Toul.

108 Un Benefice situé en France, ne peut être uni à un autre Benefice dépendant d'une autre Souveraineté, sans le consentement du Roy de France. Arrêt du 10. Mars 1668. qui juge l'impetration abusive, condamne à la restitution des fruits, le tiers applicable aux réparations, le tiers à l'Hôpital de la Ville, & l'autre tiers à l'Hôpital General de la Ville de Paris. Soëfve, *tome* 2. *Cent.* 4. *ch.*

UNION AUX EVESCHEZ.

109 L'union des Benefices simples à la Mense Episcopale faite par l'Evêque, est nulle, quand même le Chapitre y consentiroit. *Clement. de rebus Ecclef. non alien. cap.* 2. §. *final.* parce que dit la Glose *nemo author sibi esse potest in facto proprio.* Biblioth Canon. *to. 2. page* 677.

110 Un Archevêque qui uniroit un Benefice à un Chapitre pour amortir une pension, l'union seroit abusive. *Tournet, dans ses Arrêts, let. H. n.* 49. Guy Pape, *en sa quest.* 179.

111 Union faite en 1556. par le Roy Henry II. de la premiere & principale Dignité de la Sainte Chapelle du Vivier en Brie, à la Dignité Episcopale de l'Evêché de Meaux. Voyez *Henrici secundi Progymnasmata, Arr.* 193.

UNION PAR LES EVESQUES.

112 Confirmation de l'union faite par l'Evêque de l'Aumônerie de son Eglise Cathedrale à la Mense du Chapitre, au préjudice des Graduez, qui avoient réquis le Benefice. *Mem. du Clergé, tome* 1. *part.* 1. *p.* 130.

113 L'Evêque a le pouvoir d'autoriser les unions de tous les Benefices de son Diocese, autres que les grands Benefices, dont le Pape seul a la disposition; c'est ce qui est décidé dans le Chapitre *sicut u ire, extrà de excessibus Prælat.* V. les Défin. du Droit Can. *page* 893.

114 Encore que la collation d'un Benefice sût dévolue de l'Evêque au Metropolitain, en sorte que l'Evêque ne pût pas conferer valablement ce Benefice ; comme il a été dit en parlant de dévolution, sur le mot, *Dévolus,* neanmoins il pourra toûjours unir ce Benefice. *Ibid. p.* 894.

115 Encore que les Evêques puissent conferer les Benefices qui sont à leur disposition, sans prendre l'avis ni le conseil de leurs Chapitres; neanmoins ils ne peuvent sans le conseil desdits Chapitres proceder à l'union des Benefices de leurs Dioceses: & cela non seulement à cause de l'étroite union qui est entre l'Evêque & son Chapitre, comme entre le Chef & les Membres; mais aussi parce que du moment qu'il s'agit d'éteindre le titre d'un Benefice, qui est fait par l'union, il faut que l'Evêque prenne le consentement de son Chapitre, aussi bien qu'en matiere d'alienation; comme il est décidé au Chapitre *Pastoralis extra de donat.* & c'est la décision de Rebuffe, *tit. de unionibus, num.* 103. & de *Lotherius,* dans son *Traité des Mat. Beneficiales, liv.* 1. *quest.* 28. *n.* 52. V. les Défin. du Droit Can. *p.* 894.

116 Dans le 36. Chap. des *Preuves des Libertez, tom. 2. nombre* 2. il est fait mention d'une union faite par l'Archevêque de Lyon seul, avec le consentement du Seigneur Patron d'une Eglise Collegiale à un Monastere.

117 Par l'Edit de 1606. art. 18. il est ordonné que les Evêques pourront unir tant les Benefices Seculiers que Reguliers, ainsi qu'ils le jugeront à propos pour le bien de l'Eglise sans exception, si ce n'est des Offices Claustraux: *Avons ordonné & ordonnons que les Archevêques & Evêques,* chacuns en leurs Dioceses, *pourront proceder aufdites unions, tant des Benefices Seculiers que Reguliers, selon qu'ils jugeront estre commode pour le bien & utilité de l'Eglise, pourvû toutefois que ce soit du consentement des Patrons & Collateurs, & qu'ils ne touchent aux Offices Claustraux, qui doivent résidence aux Eglises desquelles ils dépendent;* ce qui est suivi par la Jurisprudence des Arrêts; comme il a été jugé au Parlement, pour la Prévôté de Geneste, Diocese de Limoges, dont la Collation appartenoit à l'Evêque de Tulles, unie à la Chartreuse de Glandiere. On prétendoit que l'union étoit abusive, & qu'elle devoit être révoquée ; & entr'autres moyens on soûtenoit que le Benefice étant Seculier, il ne pouvoit avoir été uni à un Monastere Regulier, par l'Evêque de Limoges ; mais l'union fut confirmée par Arrêt du 6. Février 1681. *Définitions du Droit Canonique, page* 895.

118 L'Evêque seul & sans le consentement du Chapitre peut unir deux Benefices de sa Cathedrale, quand il a raison suffisante pour cela. Arrêt du Parlement de Paris du 13. Decembre 1688. au *Journal des Audiences, tome* 5. *liv.* 4. *ch.* 29.

UNIONS EN FORME GRACIEUSE.

119 L'union de la Cure d'Evrolles à l'Eglise Collegiale & Paroissiale de Brinon, faite par l'Archevêque de Sens, a été déclarée nulle & abusive, par Arrêt du 31. May 1660. sur quoy il faut observer qu'il se fait deux sortes d'unions en Cour de Rome, la premiere, *motu proprio Papæ & in formâ gratiosâ;* les autres avec connoissance de cause, & *in formâ commissionali & delegatoriâ.*

120 Les unions *in formâ gratiosâ* sans les solemnitez necessaires, ne sont point reçuës en France, elles sont nulles; l'execution en est déclarée abusive, & la nullité ne s'en couvre point par le temps, ni même par la possession immémoriale: c'est le sentiment de tous les

les Docteurs François. *Rebuffe*, Titre *de unionibus in prax.* Chopin. *de sacr. Polit. lib. 2. tit. 6. art. 7.* Du Luc, tit. *de appellationibus, lib. 2. art. 2.* Ce dernier observe que M. le Procureur General du Parlement fut reçû appellant comme d'abus de l'union des Ordres de Saint Jean & de Saint Lazare, quoyque faite il y avoit cent ans, & l'on déclara l'union nulle, parce qu'elle n'avoit point été faite avec les solemnitez requises.

A l'égard des unions commissionnelles & dérogatoires, elles sont reçûes en France, parce qu'elles sont faites *causâ cognitâ*; il faut que les causes du rescrit soient veritables & legitimes, & c'est une solemnité essentielle d'appeller tous ceux qui ont interêt à l'union.

121 Arrêt du Grand Conseil du 26. Juillet 1683. qui déclare que les unions des Benefices, faites en forme gracieuse, sont abusives, & que l'abus contre le droit public, & contre la discipline de l'Eglise, est imprescriptible. *Boniface*, tome 3. livre 6. titre 4. chapitre 3.

UNION, GRADUEZ.

122 Union des Benefices sujets aux Graduez. *Voyez* le mot, *Gradué*, *n.* 215. *& suiv.*

UNION, LEGAT.

123 Le Legat *à Latere* peut aussi unir les Benefices, mais c'est sans préjudice d'ailleurs au droit de l'Evêque. *Rebuffe*, *prat. benef. part. 1. ch. 51. nomb. 24. 26. 27.*

124 Quand les Legats par leurs facultez ont le pouvoir d'unir les Benefices, ils sont obligez de donner commissions & rescrits delegatoires *in partibus*, à l'effet de faire les unions, suivant la forme prescrite par le Concile de Constance, & non autrement. *Définit. Can. page* 425.

UNION, LETTRES PATENTES.

125 L'union d'un Benefice dépendant de la collation d'une Abbaye de France à une Abbaye étrangere sans Lettres Patentes, déclarée nulle & abusive, le 10. Mars 1668. *De la Guess. to. 3. liv. 2. ch. 7.*

126 Il y avoit anciennement dans l'Eglise saint Honoré de la Ville de Paris vingt & un Chanoines. Plusieurs étant decedez, le revenu ne paroissant pas suffisant on restraignit les Chanoines à douze, & l'on supprima les neuf autres. Cette suppression faite depuis plus de 400. ans, donna lieu à neuf dévolutés; ils se fondoient principalement sur le défaut de Lettres Patentes, lesquelles étoient necessaires à cause du droit & de l'interêt que la Regale forme en faveur de sa Majesté. On répondoit qu'il y avoit plusieurs exemples qui montroient que la coûtume n'étoit point alors d'en obtenir. Arrêt du 28. Mars 1669. qui jugea contre les neuf Dévolutaires qu'il n'y avoit point eu d'abus dans la suppression & union. *Définit. Can. p.* 847.

UNION, MONASTERES.

127 Unions des Monasteres ne se peuvent faire que par ordre du Roy; un Conseiller de sa Cour commis, par Arrêt du Parlement de Paris du 19. May 1511. pour se transporter au Convent de *l'Ave Maria* pour informer de l'état dudit Convent. *Preuves des Libertez*, *to. 2. ch. 34. n. 10.*

128 Union d'un Prieuré à une Congregation des Religieux Feüillans, jugée valable par Arrêt du premier Mars 1616. quoiqu'on dit que l'Abbé n'eût pas donné son consentement; mais comme le Benefice étoit de fondation Royale, M. le Bret dit que le défaut de consentement n'étoit pas considerable. D'ailleurs l'union étoit faite depuis plus de 40. années. *Le Bret*, *liv. 4. décis.* 8.

129 Union d'une Cure à une Abbaye de Religieuses qui en avoit la représentation est abusive. Arrêt du 12. Mars 1619. qui déclara le Benefice vacant & impetrable, ordonna qu'il y seroit pourvû par l'Evêque de Troyes; à la présentation neanmoins des Religieuses du Paraclet; celuy qui s'étoit fait pourvoir en Cour étant coupable de perfidie envers les Religieuses, M.

Tome III.

l'Avocat General Talon dit qu'il ne devoit gagner sa cause: c'est pourquoi on laissa à l'Abbesse de nommer un autre Curé. *Bardet*, tome premier, livre 3. *chap.* 33.

130 Arrêt du Parlement de Paris du 20. Août 1667. qui a ordonné que la Cure de la Ville de S. Maximin demeurera unie au Monastere des Religieux Dominicains de la même Ville, à la charge de présenter & nommer un de leur Corps à l'Archevêque d'Aix pour desservir la Cure, lequel sera sujet à la visite & Jurisdiction de l'Archevêque, sans qu'à l'avenir les Prieur & Religieux dudit Convent puissent prétendre aucuns droits Episcopaux. *Boniface*, *to.* 2. *part.* 3. *p.* 177.

131 Quand il s'agit de supprimer un Ordre pour l'unir à un autre, ou bien d'en défunir deux qui auroient été joints, cela se doit faire de l'autorité du saint Siege, les Rois & Princes oüis & appellez; pour cette raison que le Pape Innocent VIII. par Bulle du 28. Mars 1490. ayant fait l'union de l'Ordre des Chevaliers de saint Lazare à celuy de saint Jean de Jerusalem sans que le Roy en fût averti, son Procureur General en appella comme d'abus. *Bibliotheque Can. to.* 2 *page* 677.

132 L'union du Mont Valerien à la maison des Religieux Dominicains réformez, & ordonné que les Dominicains vuideroient les lieux, & que les Prêtres & Hermites seroient reintegrez en la possession du Mont Valerien, & les Dominicains condamnez à rendre les meubles & papiers par eux pris. Jugé le 30. Juillet 1664. *De la Guessiere*, tome 2. livre 6. *chapitre* 41.

133 Union de trois Monasteres confirmée sans que les solemnitez necessaires y eussent été gardées : une même Superieure ne peut prendre qualité de Superieure generale & perpetuelle. Jugé le 22. Juin 1666. *Ibid. liv.* 8. *chap.* 12.

134 Les Ordres Religieux ne peuvent faire aucune union à d'autres Ordres sans permission expresse du Roy, & *Lettres patentes* de sa Majesté; il y a un Edit précis du mois de Juin 1671. enregistré au Parlement, la même année. *Bibliotheque Canonique*, *to.* 2. *page* 676.

UNION, ORDRE DE CLUNI.

135 Les Benefices de l'Ordre de Cluni ne peuvent être unis à d'autres Communautez Regulieres ou Seculieres que du consentement de l'Abbé chef, & des Religieux de l'Abbaye de Cluni. Arrêt du Grand Conseil des 30. Septembre 1686. & 12. Mars 1689. Les Evêques n'ont pas même le droit de proceder à l'union des Benefices, quand même tout l'Ordre y consentiroit, cela n'appartient qu'au Pape, dont l'Ordre de Cluni qui est appellé *Allodium Ecclesiæ Romanæ*, dépend immediatement. *V. le Journal du Palais*, in fol. *to.* 2. *page* 761.

UNION, PAPE.

136 Le Pape peut unir tous Benefices, tant grands que petits, & *per omnes unionis species*, & à luy seul appartient l'union des Evêchez. *Reb. prat. benef. part. 1. ch.* 51. *n.* 23. *& 25.* Févret, traité de l'abus, *liv.* 2. *chap.* 3. *art.* 4. *& 5.*

Et celle des Benefices exempts. *Ibid. n.* 22.

Même au préjudice de l'Evêque, en ce qui est de la collation du Benefice, sauf les droits à luy appartenans d'ailleurs. *Ibidem*, chapitre 52. *nomb.* 7. *& 13.*

A moins qu'il ne s'en soit départi en le quittant. *Ibid. n.* 14.

UNION, PATRON.

137 Les Benefices qui sont en Patronage ne peuvent être unis sans le consentement des Patrons. *Rebuffe*, *prat. benef. ch.* 51. *n.* 28. Ordonnance de Blois, *art.* 23.

138 Les Patrons y doivent encore être appellez tant les Ecclesiastiques que Laïcs. *Ibid. part. 1. chap.* 52. *n. 6.* Févret, traité de l'abus, liv. 1. *ch.* 3. *art.* 26.

Mais non les Recteurs des Eglises. *Ibidem*, *nomb.* 8. 9. *& 10.*

OOooo

Ni le peuple, lequel neanmoins peut intervenir & s'opposer. *Ibid. chap.* 54. *n.* 11. & 12.

UNIONS PERPETUELLES.

139 Unions temporelles ne sont point reçûës en France. Ainsi jugé. *Voyez Rebuffe,* 1. *part. praxis benef. cap. de unionibus,* n. 9.

140 L'union pour la vie de celuy en faveur de qui elle seroit faite n'est pas aujourd'huy reçuë en France.

141 Arrêt du Parlement de Paris pour la Cure de S. Jean en Greve. *Bibliot. Can. to.* 2. *p.* 671. Le même Arrêt est rapporté dans *Papon, livre* 3. *titre* 8. *nombre* 8.

UNION, REGALE.

142 Quand une Dignité en quelque Eglise est unie à une Prébende, si elle vient à vaquer en Regale, le Roy pourvoit aussi à la dignité, quoique ce ne soit qu'une commission de l'Evêque. Jugé par Arrêt du dernier Mars 1620. pour la Penitencerie de Rheims. *Ibid.* p. 672. col. 1.

143 Unions ou suppressions de Prébendes faites sans informations *de commodo aut incommodo,* avec Monsieur le Procureur General, ou son Substitut, & sans *Lettres patentes* du Roy, sont nulles à l'égard du droit de Regale. Jugé le 7. Juin 1624. *Du Frêne, liv.* 1. *chap.* 26.

RESIGNATION DES BENEFICES UNIS.

144 Il n'est pas nécessaire de recourir au Pape, ou au Legat pour les admissions des resignations en faveur, & pour les creations des pensions qui se font en consequence des unions, parce que *hîc nulla simonia nulla veritas aut suspecta nundinatio versatur, sed Ecclesiæ jurique communis favor.* V. Du Moulin, sur la *Regle de Publicandis,* n. 175.

145 La Regle de *Publicandis* n'a point lieu dans les resignations faites à dessein d'unir le Benefice à une Eglise, c'est à dire que quoique la possession n'eût pas été prise, ni la resignation publiée dans le temps prescrit par la Regle, l'union ne laisseroit pas de subsister, parce que cette Regle a été établie pour l'avantage même de l'Eglise; il en seroit autrement des unions personnelles, c'est à dire de celles qui se font en consideration d'une personne particuliere pour ôter le vice de l'incompatibilité, & réünir en sa faveur deux Benefices. *Voyez Du Moulin, sur cette Regle,* n. 173. & *suiv.* & le *n.* 234.

146 De la resignation d'un Benefice dont l'union a été donnée pour avoir son effet après la mort du Titulaire, quoique celui-cy n'eût point été appelé à l'on jugea au Parlement de Toulouse le 30. Mars 1676. qu'il n'avoit pû resigner; le resignataire perdit sa cause, & la Cour réserva seulement au resignant la jouïssance & les fruits du Benefice sa vie durant. V. les Arrêts de M. Catellan, liv. 1. ch. 50.

UNION, REVOCATION.

147 *De revocatione unionum.* Per Petrum de Perusio.

148 *De unionis revocatione.* Voyez *Rebuffe,* 1. part. praxis benef.

149 *De revocatione unionum.* Voyez *les additions de Rebuffe* sur la 12. Regle de Chancellerie, 3. part. praxis benef.

150 L'union peut être revoquée quand la cause pour laquelle elle a été faite, cesse. *Rebuff. prat. benef. part.* 1. *chap.* 54. *n.* 12.

Ou quand elle porte préjudice à l'Eglise, ou au service Divin, *Rebuf. ibid. n.* 3. 4. 5. & 13.

151 Quand elle a été faite par simonie. *Ibid. n.* 8.

Et elle peut être revoquée par celuy qui l'a faite, mêmement par l'Evêque du Diocese, & même celle qui auroit été faite par le Pape, ou par son Legat. *Ibidem, n.* 15. 16. 17. & 18.

Et encore par le Chapitre *sede vacante,* le Siege vacant. *n.* 19.

152 Il n'y a que le Pape seul qui puisse faire la désunion des Eglises Cathedrales *Rebuffe, prat. benef. part.* 1. *chap.* 54. *n.* 21.

Et des Benefices exempts. *Ibid. art.* 22.

L'union étant révoquée, les choses retournent dans le même état qu'elles étoient auparavant. *Ibidem, chap.* 64. *n.* 28. 39. 42. 43. 44.

Et chacun retourne à son droit, à moins qu'il ne l'ait expressément quitté. *Ibid. n.* 40. & 41.

153 Neanmoins l'alienation faite pour juste cause pendant l'union, subsiste aprés la désunion. *Ibidem, chap.* 54. *n.* 45. & 46.

154 La désunion se fait sans préjudice de ceux qui possedent les choses unies, lesquelles ils pourront tenir comme auparavant, pendant leur vie. *Rebuffe, ibid. nomb.* 44.

155 L'union des Benefices doit être révoquée avec les mêmes solemnitez qu'elle a été faite. Arrêt du 22. Juin 1673. *Boniface,* to. 3. li. 6. ch. 1.

156 La réünion qui ramene les choses aux termes de la fondation est favorable, il y en a un exemple pour la Cure de saint Mederic de Paris. *Voyez Du Frêne, dans son Journal, liv.* 1. *chap.* 44. *p.* 35. La dispense *ad duo uniformia sub eodem tecto,* est rejettée, & par consequent abusive.

UNION, CONSENTEMENT DU ROY.

157 Unions ne valent sans le consentement du Patron; aux unions d'Abbayes, ou autres Benefices électifs en France, il faut le consentement du Roy, sans quoi l'appel comme d'abus seroit reçû, même après cent ans. *Papon, li.* 3. *tit.* 8. *n.* 2.

158 Un Benefice de France ne peut être uni à un autre de terre étrangere sans le consentement du Roy. *Rebuffe, prat. benef. chap.* 51. *n.* 18. Févret, traité de l'abus liv. 2. chap. 3. art. 28.

159 Les unions d'Abbayes, ou autres Benefices électifs en France, dont la présentation appartient au Roy, ou de membres d'iceux, & de Benefices en dépendans, ne valent au préjudice du Roy sans son consentement, & sur l'appel comme d'abus, elles sont toûjours annullées; ce qui a été souvent jugé, tant par Arrêt du Parlement de Paris, que du Grand Conseil, & telles appellations comme d'abus sont reçûës aprés cent ans. *Tournet, lettre S. nomb.* 44.

160 L'Archevêque ayant prononcé sur l'union du Prieuré de saint Thibault en Champagne, avec l'Abbaye de saint Hubert en la forêt d'Ardennes au Pays de Liege, sans que le Procureur du Roy eût été appellé; Frere Simon Godefroy en ayant appellé comme d'abus, le Parlement de Paris cassa l'union, par Arrêt du 7. May 1584. *Bibliotheque Canonique, tome* 2. *pag.* 678.

161 Union d'un Benefice de fondation Royale qui est à la nomination du Roy, ne peut être faite par le Pape que du consentement du Roy, par *Lettres expresses* verifiées en Parlement. Arrêt du Parlement de Paris du 26. Février 1611. qui enregistre des Lettres patentes confirmatives de l'union faite par le Pape du Prieuré de saint Jean de Messarge au Chapitre de la sainte Chapelle de Bourbon l'Archambault. *Preuves des Libertez,* to. 2. ch. 35. n. 79.

162 Si l'union d'une Prébende avoit été faite sans le ministere des Gens du Roy, & que cette Prébende unie à un autre Benefice non sujet à la Regale, venoit à vaquer aprés la mort de l'Evêque, le Roy la confereroit en Regale, nonobstant l'union. Jugé au Parlement de Paris le 7. Juin 1614. pour une Prébende de saint Mederic de Linas. *Du Frêne, Journal des Audiences, liv.* 1. *ch.* 26. où il observe que M. Talon Avocat General reprit un des Avocats qui plaidoient en la cause, de ce qu'il avoit soûtenu qu'és suppressions, ou unions de Benefices qui n'étoient de fondation Royale, M. le Procureur General n'y avoit point d'interêt, & soûtenoit fortement que le droit du Roy & son interêt s'étendoit generalement sur tous les Benefices, où il y avoit droit de Regale.

UNI

163 Unions ou suppressions de Prébendes faites du consentement du Collateur ordinaire, sans information, avec Monsieur le Procureur General, & sans Lettres patentes du Roy, sont nulles & abusives à l'égard du droit de Regale. Arrêt du 7. Juin 1624. *Bardet, to. 1. liv. 2. chap. 21.*

UNION PAR LE ROY.

164 Le Roy peut unir les Benefices qui sont à sa collation sans Bulles & consentement du Pape; il est censé fondateur de toutes les Eglises, s'il n'y a rien au contraire. Jugé le 8. Février 1604. *M. le Prêtre 2. Cent. chap. 67.*

165 Union faite par le Roy d'une Chanoinie & Prébende de l'Eglise Nôtre Dame de Montbrison à la Fabrique de la même Eglise. Au mois de Decembre 1604. *Preuve des Libertez, to. 2. ch. 36. n. 41.*

UNION AUX SEMINAIRES.

166 Union des Benefices aux Seminaires. *Memoires du Clergé, to. 1. part. 1. p. 296. 297. 298. 302. 303. 310. 311. & 325. 336. 337. & 340.*

Et *Ibid. page 342. 351. 799. n. 12. & 13. & page 800*, il est parlé de l'union des Benefices.

Il n'y a que le Pape & les Evêques qui puissent unir les Benefices, le pouvoir qu'en ont les Evêques. *p. 340. ibid. p. 799. & suiv.*

Conditions requises pour rendre les unions legitimes & canoniques. *Ibid.*

167 Arrêt du 8. Juillet 1631. qui appointe pour sçavoir si l'union du Prieuré de Saint André au Desert, faite au Seminaire de la Ville de Mâcon, est abusive, par le défaut de formalitez? M. l'Avocat General Bignon avoit estimé qu'il y avoit abus. *Bardet, tome 1, liv. 4. chapitre 37.*

168 Les Evêques peuvent unir aux Seminaires les Benefices vacans, au préjudice des Expectans, Graduez & Indultaires, & telle union jugée valable, nonobstant la requisition faite par un Indultaire. Jugé au Grand Conseil le 7. Février 1667. *De la Guessiere, tome 3. livre 1. chapitre 13.*

169 Le même Arrêt est rapporté par *Boniface, tome 2. part. 3. p. 193.* Il s'agissoit de l'union du Prieuré de Saint Raphaël de Cabrieres au Seminaire d'Aix.

UNION PAR UN VICAIRE.

170 *Lotherius*, dans son *Traité des Matieres Beneficiales, liv. 1. quest. 28. n. 118. & seqq.* conclut contre l'opinion de *Rebuffe*, qu'un Vicaire General peut unir les Benefices sans en avoir un pouvoir special, par la raison capitale que le Vicaire General peut faire tout ce qui est de la Jurisdiction volontaire, & par consequent il peut unir, cet Acte étant de la Jurisdiction volontaire. *Définitions du Droit Canonique, verbo, Union. p. 894.*

UNION, VICAIRES PERPETUELS.

171 On laisse un Vicaire perpetuel en l'Eglise unie accessoirement pour la desservir. *Rebuffe, prat. Benef. part. 1. chapitre, le Vicaire perpetuel, nombre 1. 21. & 22.*

Sans que celuy qui tient l'Eglise principale y puisse faire le Service, si le Vicaire ne veut. *Ibid.*

A moins qu'il ne fût autrement réglé, & disposé par le Titre d'union. *Ibid. n. 2.*

Mais si les deux Eglises Paroissiales unies ensemble, étoient également principales, alors le Curé pourra constituer un Vicaire à temps. *Ibid. n. 3.*

172 Quand les Reguliers ou Seculiers tiennent avec dispense des Prieurez Reguliers, qui ont charge d'ames, on y établit aussi des Vicaires perpetuels. *Ibid. nombre 11.*

Et ces sortes de Vicaires sont quelquefois pourvus sur la présentation du Prieur. *Ibid. n. 12.*

Et quelquefois de plein droit par l'Evêque. *Ibid. nombre 13.*

173 Quand c'est un Benefice simple, qui a été uni, on n'y établit point le Vicaire perpetuel. *Ibidem, chapitre 53. nomb. 5.*

Tome III.

UNI 843

Ni quand le Benefice est uni à la Mense de l'Evêque ou du Chapitre. *Ibid. n. 6.*

174 Les Vicaires perpetuels sont reglez à l'instar des autres Benefices. *Rebuffe, ibid. ch. 55. n. 14. & 15.*

Et le Vicaire perpetuel doit joüir des mêmes privileges dont joüit le Monastere, ou l'Eglise à laquelle le Benefice est uni. *Ibid. n. 16.*

UNIVERSITÉ.

1 DE Regiâ Academiarum institutione. Voyez *Chopin*, en son *Traité du Domaine*, li. 3. tit. 27.

2 *Loisæus, de Jure Universitatum*, in octavo, Lugduni 1627.

3 Université. Voyez *hoc verbo*, la *Biblioth. du Droit François*, par *Bouchel*.

4 Des Universitez, & qu'il n'appartient qu'au Roy de les fonder & établir. *V. M. le Bret, en son Traité de la Souveraineté, liv. 4. ch. 13*

5 Les Chaires des Universitez mises à la dispute. Voyez le mot, *Chaires*.

6 Reglement pour les Universitez du Royaume. Voyez *Filleau, part. 3. tit. 9.*

7 Des Universitez, & des regles qui regardent leur police & discipline, & des devoirs de ceux qui la composent. *V. le 4. tome des Loix Civiles, li. 1. tit. 17.* Cela ne regarde pas précisément les Universitez Academiques, mais les Communautez des habitans. Il y a des Loix dont l'application peut neanmoins être faite aux Universitez du Royaume, en ce qu'elles forment un Corps qui a des Regles, des Statuts & des Usages.

8 Reglemens touchant les Principaux & Regens établis dans les Colleges des Universitez. *Memoires du Clergé, tome 2. part. 1. p. 149.*

9 Voyez les *Memoires du Clergé, tome 2. part. 1. p. 134. & suiv.* articles du Cahier presenté au Roy pour la Chambre Ecclesiastique des Etats Generaux de 1614. touchant les Universitez. *tom. 3. part. 8. p. 615.*

10 Si l'Université est un Corps Laïc. Voyez les *Plaidoyez de M. Servin, tom. 1. pag. 242. & suiv.* & quel est le droit de Patronage, en vertu duquel le Recteur presente.

11 Les Officiers & Suppôts de l'Université de Poitiers, ne peuvent être reçûs faisans profession de la Religion Prétenduë Réformée. Voyez les *Décisions Catholiques de Filleau, décis. 90.*

12 Universitez & Ecoles publiques ne peuvent être établies en France sans l'autorité & consentement du Roy. *Preuves des Libertez, tom. 2. chap. 37.* où il est parlé de l'érection des Universitez d'*Orleans* en 1312. de *Bourges* en 1469. d'*Angoulême* en 1516. de *Rheims* le 30. Mars 1548. réformation de l'Université de *Paris* en 1600. réformation & rétablissement de l'Université d'*Orleans* en 1626.

Voyez cy-après les *nombres 28. 36. 39. & 72.*

13 Traité des *Graduez, de leur établissement, & de leurs droits*, où sont expliquez mot à mot les douze Paragraphes du titre des Collations des Benefices, au Concordat fait à Boulogne entre nôtre Saint Pere le Pape Leon X. & le Roy François I. en 1516. & registré en sa Cour de Parlement à Paris, le 22. Mars 1517.

Contenant sur chaque mot un Recueil fort exact des Décisions des plus importantes questions qui se peuvent faire sur le sujet des Graduez, suivant les anciennes & nouvelles Ordonnances, les Libertez de l'Eglise Gallicane, les Arrêts des Cours Souveraines du Royaume, & l'opinion des plus celebres Canonistes, tant anciens que modernes. Imprimé à Paris chez François Grangé en 1710.

Ce nouveau Livre comprend les droits des Universitez, & les regles que doivent suivre les Graduez pour parvenir à une nomination utile, & obtenir le fruit de leur degrez.

Voyez cy-après le *nomb. 129.*

OOooo ij

14. S'il plaisoit au Roy de créer une nouvelle Université, comme l'érection se feroit pour joüir par la nouvelle Université des mêmes Privileges que les autres Universitez du Royaume, il n'y auroit point de doute que cette nouvelle Université ne joüit comme les anciennes, du droit de presenter & nommer aux Collateurs. *Voyez le nouveau Traité des Graduez, imprimé en 1710. p. 372.*

15. En 1408. Reglement fait pour les Graduez des Universitez.

1. Que les Seculiers seroient nommez dans le Rôle des Universitez.

2. Que les Abbez & Superieurs d'Ordres pourvoiroient leurs Religieux qui auroient donné leur nom.

3. Que les Benefices de peu de valeur ne tiendroient lieu de rien, attendu qu'il est au pouvoir des Graduez nommez de les refuser.

4. Qu'on ne pourroit se faire inscrire qu'en un seul Rôlle.

5. Qu'on n'auroit qu'un mois pour accepter ou refuser le Benefice conferé.

6. Que 400. liv. rempliroient un Gradué à moins qu'on ne fût noble de pere & de mere, ou Docteurs, ou Licentiez, ou Bacheliers, formez en Theologie.

Ces Ordonnances de l'Eglise Gallicane furent annullées par le Cardinal Archevêque de Pise, envoyé à Paris par le Pape Jean XXII.

L'Université de Paris en 1417. appella de l'Ordonnance de ce Legat. *Voyez le nouveau Traité des Graduez, imprimé en 1710. p. 9. & 10.*

16. Avertissement aux Universitez du Royaume, qui leur défend sous peine de nullité d'accorder des nominations, sinon à ceux qui auront étudié pendant le temps competent, & de les admettre aux degrez *per saltum.*

Et où elles le feroient, elles sont ménacées de la suspension de leurs Charges. *Voyez le nouveau Traité des Graduez, imprimé en 1710. p. 370.*

17. Il faut ordinairement trois citations ou monitions, pour pouvoir user des censures & des peines contre les Universitez ; une suffit quand elle part de l'autorité du Prince ou du Juge. *Voyez le nouveau Traité des Graduez, imprimé en 1710. p. 370.*

18. Arrêt du Parlement de Paris du 12. Avril 1646. en forme de Reglement ; qui ordonne que ceux des 13. Août 1637. & 13. Avril 1641. seront observez ; & enjoint aux Docteurs des Universitez où il y a exercice public de les garder, & conformément à iceux faire écrire aux Licentiez leurs noms, surnoms & Diocese dans un Registre particulier qu'ils tiendront à cet effet ; & défenses aux autres Universitez où il n'y a aucun exercice public de délivrer aucunes Licences, à peine de nullité. *Soëfve, tome I. Centurie premiere, chapitre 88.*

19. S'il faut se pourvoir par appel comme d'abus envers un décret, ou pour mieux dire, envers une déliberation de l'Université ? Cette question fut agitée & jugée le 21. Novembre 1651. au Parlement de Toulouse, en la cause d'un Curé du Diocese de Comminge, qui disputant une Regence en l'Université de Toulouse, étoit accusé d'avoir mal parlé d'un Religieux, dans l'une des Harangues de ses ouvertures ; c'est pourquoy l'Université par une déliberation, l'excluoit de la dispute. La plus grande raison en faveur de l'Université, étoit que cela se pratique à l'égard des déliberations ou décrets de Sorbonne : neanmoins il fut jugé qu'il falloit se pourvoir par la voye de cassation : la Cour ayant droit de le faire par forme de Reglement, & comme ayant connoissance de l'execution des Edits ; l'Université d'ailleurs n'ayant aucune Jurisdiction, n'en peut par consequent abuser ; s'il se pratique à l'égard des décrets de Sorbonne, qu'on en appelle comme d'abus ; c'est par un privilege particulier, & une Coûtume qui leur a établi une espece de Jurisdiction en certaines matieres ; & qui à cause de la Doctrine, est censée un Corps Ecclesiastique. *Albert, let. A. art. 5.*

20. Par Arrêt du Parlement de Paris du 4. Decembre 1662. jugé que les Universitez étoient Corps mixtes, que pour cela elles étoient de fondation Laïque ; cet Arrêt maintint le Chapitre de Rheims, & les trois Facultez, en la possession d'élire le Recteur, le Principal, les Graduez & les Boursiers de College, & jugea ne pouvoir établir de nouveaux Statuts dans cette Université, au préjudice de son ancien titre d'institution. *Jovet, verbo, Université, nomb. 1.* dit qu'il étoit à la Plaidoyrie. Le même Arrêt est rapporté dans *Des Maisons, let. V. nomb. 16.* & dans le *deuxiéme tome du Journal des Audiences, livre 4. chapitre 68.*

21. Dans les Pays Conquis par le Roy, le privilege des Graduez des Universitez de France, a lieu, conformément au Concordat fait entre le Pape Leon X. & le Roy François I. Arrêt du Conseil Privé du 30. Juin 1688. au *2. tome du Journal du Palais*, in folio, page 739.

UNIVERSITÉ D'AIX.

22. Arrêt rendu au Parlement d'Aix le 11. Février 1675. qui reforme les corrections excessives de l'Université d'Aix sur ses Membres en cas d'irreverences contre le Recteur & l'Université, & maintient les Docteurs au droit de faire des lectures publiques. *Boniface, tome 3. li. 4. tit. 1. ch. 4.*

23. Lettres Patentes du Roy en forme d'Edit, données à Saint Germain en Laye au mois d'Avril 1679. par lesquelles Sa Majesté regle le temps de l'étude dans les principes de la Jurisprudence, tant du Droit Canon & Civil, que du Droit François ; ensemble la maniere que Sa Majesté entend qu'on soit admis après les études aux degrez de Licence & de Docteur. *ib. d. chapitre 4.*

Voyez cy-après le nombre 123.

24. Statuts & Reglemens nouveaux du 30. May 1680. de la Faculté du Droit Canonique & Civil en l'Université d'Aix, ajoûtés aux anciens Statuts, ensuite de la Declaration de Sa Majesté & Arrêt du Conseil. *Ibid. chap. 2.*

25. Declaration du Roy portant Reglement pour la Faculté du Droit d'Aix ; du dernier Decembre 1683. *Ibid. chap. 3.*

UNIVERSITÉ D'ANGERS.

26. *Voyez Peleus, liv. 2. action 1.* où est rapporté un Arrêt du 22. Decembre 1589. en faveur du Docteur de l'Université d'Angers, qui fut reçu sans dispute, à laquelle il sembloit être astraint par le Statut & l'Ordonnance.

UNIVERSITÉ D'ANGOULESME.

27. Voyez cy-dessus le nombre 12.

UNIVERSITAS AURAICENSIS.

Universitas Auraicensis, sicut aura regitur, non puto eam famosam, in illà enim non legitur. Voyez Rebuffe, sur le Concordat, au titre *de Collationibus.* 8. *Præterea.*

UNIVERSITÉ DE BOURGES.

28. Lettres Patentes portant confirmation d'une Bulle du Pape Paul II. du 29. Novembre 1464. pour le rétablissement de l'Université de Bourges. A Mareüil prés Abbeville, en Decembre 1463. registrées au Parlement le 30. Mars 1469. *Chenu, des Privileges de la Ville de Bourges, page 64.* rapporte la Bulle ; & les Lettres se trouvent au *premier vol. des Ordonnances de Louis XI. fol. 228.*

UNIVERSITÉ DE CAEN.

29. Declaration pour l'execution de celle du 28. Mars précedent, pour le rétablissement des Etudes du Droit Civil & Canonique dans l'Université de Caën, contenant 13. articles. A Versailles le 9. Septembre 1682. registrée au Parlement de Roüen le 9. Decembre de la même année.

Université de Cahors.

30. Arrêt du Parlement de Toulouse du 30. Janvier 1539. rendu entre les Docteurs Regens de *Cahors*, & le Rapporteur du Sénéchal, qui juge que les Docteurs Regens précederoient tant en l'Auditoire dudit Sénéchal, que tous autres Actes publics. *La Rochefavin, liv. 5. let. V. tit. 1. Arr. 14.*

31. Par Arrêt rendu au même Parlement de Toulouse, le 9. Avril 1601. défenses aux Chancelier, & Docteurs Regens de l'Université de *Cahors*, de recevoir aucun Docteur Regent sans disputes publiques, & suivant les Ordonnances & Arrêts. *Bibl. de Bouchel*, verbo *,Université.*

Université de Montpellier.

32. Droits & autorité de l'Evêque de *Montpellier* sur l'Université de cette Ville. *Voyez les Mém. du Clergé, tome 2. part. 1. p. 165. & suiv.*

33. Par Arrêt du dernier Août 1584. fut cassée l'élection faite de deux particuliers à une Regence par les Docteurs de *Montpellier*, à la charge qu'ils partageroient également les gages, jusques à la premiere vacance, qui devoit être baillée à l'un d'eux. *Bibliot. de Bouchel*, verbo *,Université.*

34. L'Evêque de *Montpellier* a pouvoir de donner des Statuts, ou Reglemens à l'Université de *Montpellier*, & de la reformer si besoin est, par Lettres Patentes du Roy Loüis XIII. du mois d'Août 1613. confirmatives des droits & prerogatives qui luy appartiennent, verifiées au Parlement de Toulouse le 16 Juillet 1615. *Ibid. page 165. art. 21.*

Université de Nantes.

35. L'Université de *Nantes* fut fondée par le Duc François II. en 1460.

Les Libraires, Parcheminiers & Bedeaux de cette Université, joüissent des Privileges, qui sont exemption de foüage, subsides, emprunts, droits de quintaines, &c. Arrêt du Parlement de Bretagne du 19. Septembre 1572. Ils peuvent vendre leurs Livres en toutes Villes sans empêchement. Arrêt du 14. Août 1618. *Du Fail, liv. 2 ch. 430.*

Université d'Orléans.

36. *Voyez* cy-dessus, *le nombre* 12.

Par Arrêt du 24. Mars 1510. la Cour fit défenses aux Receveur & Docteurs Regens de l'Université d'*Orleans*, de remettre dorénavant les droits des Bourses aux Ecoliers qui prendront degrez en ladite Université, sinon en faveur de pauvreté, & en faisant le serment, presens les quatre Procureurs des quatre Nations : enjoint au Receveur d'appeller le Procureur General de l'Université avant que de signer les approbations des Bacheliers & Licentiez. *Corbin, suite de Patronage, ch.* 286.

37. Arrêt du 25. Juin 1616. qui ordonne que vacation avenant des places des Docteurs Regens de l'Université d'*Orleans*, lesdits Docteurs seront tenus inviter le Lieutenant General, Criminel & Particulier, le Prévôt & Lieutenant de la Prévôté ; ensemble les Avocats & Substituts du Procureur General, aux Leçons, Disputes, & Elections, qu'il conviendra faire des Contendans les places vacantes, pour avoir par lesdits Magistrats, voix excitative, & honoraire seulement, demeurant le droit d'élire, aux seuls Docteurs Regens. *Filleau, partie* 3. *tit.* 9. *chapitre* 3.

38. Arrêt du Parlement de Paris du 25. Juin 1626. qui ordonne que les Theses proposées par Jourdain, seront supprimées, défenses aux Docteurs Regens de l'Université d'*Orleans*, & autres de ce ressort, principaux, Grands Maîtres de Colleges, & Professeurs en quelque séance que ce soit, permettre que dans leurs Colleges ou Ecoles, soient disputées aucunes Theses contenant des maximes contraires à l'autorité Royale, à peine d'en repondre en leurs noms; faisant droit sur l'intervention des Maire & Echevins d'Orleans, & autres intervenans, a ordonné que l'Arrêt de l'an 1512. concernant le nombre de huit Docteurs Royaux en cette Université d'Orleans, sera gardé & observé, quand l'affluence & multitude d'Ecoliers le requerera : & cependant qu'outre les trois Docteurs qui sont à present en cette Université, & l'instituraire, il y aura encore trois Docteurs Regens, faisant le nombre de six : lesquels six Docteurs Regens joüiront également des émolumens de leurs charges de Docteurs hors les gages, dont en sera baillé aux deux anciens à chacun 700. liv. &c. Ordonne, vacation avenant de places de Docteurs Regens, que lesdits Docteurs seront tenus inviter les Lieutenans General Criminel & Particulier, le Prevôt & Lieutenant de la Prévôté, ensemble les Avocats & Substituts du Procureur General aux leçons, disputes & Elections qu'il conviendra faire des contendans les places vacantes, pour avoir par lesdits Magistrats voix excitative & honoraire seulement, demeurant le droit d'élite aux seuls Docteurs Regens: ordonne que les Lettres Patentes & Arrêt sur icelles intervenu, concernant le temps d'Etude, seront gardés & observés selon leur forme & teneur; mettant sur le surplus des demandes & conclusions des autres intervenans, les parties hors de Cour & de procès, sans dépens; ordonné que le present Arrêt sera lû & publié au Siege Présidial d'Orleans. *Voyez la Bibliotheque de Bouchel verbo Université.*

Université de Paris.

Voyez cy-dessus *le nombre* 12.

39. De l'Université de Paris, facultez & suppôts d'icelle, ensemble de leurs Privileges & Reglemens, concernans ladite Université, Lecteurs, Professeurs & Ministres d'icelle. *Ordonnances de Fontanon, tome* 4. *tit.* 11. *page* 413.

40. Divers Reglemens pour la réformation de l'Université de Paris. *Memoires du Clergé, tome* 2. *part.* 1. *page* 154. *& suiv.*

41. Lettres patentes accordées à l'Université de Paris, tant en faveur des Ecoliers outragez & excedez, que contre les mêmes qui seront convaincus d'avoir commis quelque crime ou forfait. A Bethsy l'an 1100. *Ordonnances de Fontanon, to.* 4. *p.* 942.

42. En 1342. l'Université de Paris envoya à Clement VI. les Rôles de ceux qu'elle proposoit pour les Beneficies, ce qu'on croit qu'elle avoit déja fait dès le temps de Jean XXII.

Ce ne fut que le funeste Schisme entre Urbain VI. & Clement VII. qui commença de détourner ailleurs leurs cours naturel des dignitez & des Benefices Ecclesiastiques.

Paul Emile dans la vie de Charles VI. en parle ainsi, *cum Clemens sex & triginta suæ factionis Cardinales haberet eorum cupiditati propè sola Francia proposita erat, quod reliquis terrarum orbis longè maxima ex parte Urbanum Pontificem maximum agnosceret : qui verò Purpuratorum Clementem sequebantur, sacris Franciæ Beneficiis, ut quæque opulentissima erant, ita maximè spe conatu expectationum & reservationum muneribus imminebant, nullo sanctitati honore habito, litterarum musæique nullo.*

En 1408. il se tint à Paris un Concile ou une Assemblée generale des Prélats de France, où il fut fait plusieurs Reglemens qui apprennent comment les Graduez des Universitez montoient par degrez à ce comble de privileges, où ils arriverent dans les siecles suivans. *Voyez le nouveau Traité des Graduez, imprimé en 1710 pag.* 6. *& suiv.*

43. Ordonnances pour les privileges de l'Université de Paris. A Paris le 21. May 1345. *Ordonnances de Fontanon, to.* 4. *p.* 413.

44. Lettres patentes pour les privileges de l'Université de Paris. Au Louvre près Paris le 18. Mais 1366. *ordin. antiq. vol. A. fol.* 1. Ordonnances de Fontanon, tome 4. p. 414.

45. Déclaration en faveur de l'Université de Paris, à Tours en Janvier 1461. *Ord. Barb. vo. D. fol.* 244.

46 Lettres Patentes, portant confirmation des privileges de l'Université de Paris. A .... en Mars 1488. *Volume des Ordonnances de Charles VIII. fol.* 109.

47 Réformation de l'Université de Paris, avec les Arrêts rendus à ce sujet. *Paris*, 1601. in 8.

48 Recueil de pieces, concernant l'état de l'Université de Paris. *Paris*, 1653.

49 Statuts de la Faculté de Medecine en l'Université de Paris, avec les pieces justificatives de ses privileges, recueillis par *Denys Puyl.u. Par.* 1691.

50 Les Graduez de l'Université de Paris l'emportent sur les autres Graduez.

51 L'Université de Paris est un corps mixte, neanmoins le Recteur doit être Ecclesiastique, & les Regens, & ceux qui y demeurent non mariez. Le Recteur a Jurisdiction sur les Regens & les Boursiers; l'appel va directement à la Cour; elle a son Conservateur: un enfant de sept ans étudiant y a son renvoy, en quelque cause que ce soit, à l'exception des feodales, auquel cas un Ecolier se fait recevoir par main Souveraine *offerendo consignationem jurium*; il a son renvoy devant le Conservateur, encore bien que les Cardinaux intervinssent & fissent renvoyer au Grand Conseil, l'Université peut renoncer à son privilege. *Mornac, Novella Frederici C. ne filius pro patre.* Voyez *Peleus*, quest. 123. Le Vest, Arrêt 219. & 220. touchant le droit de peage. Voyez *Henrys*, tome 2. livre premier, quest. 30.

52 Il n'y a à Paris que le Droit Civil qui ne s'y enseigne pas publiquement: mais il ne faut pas que les autres Universitez en tirent avantage, car c'est par privilege, & par une prérogative speciale, que le droit Romain ne s'enseigne pas à Paris, à cause que c'est la Ville Capitale du Royaume, afin qu'on sçache que les sujets du Roy ne sont aucunement liez aux Loix Romaines, & qu'elles ne sont reçûës en France que pour raison, comme il est remarqué au Chapitre, *super speculo. de privilegiis ext.* Voyez. *La Bibliotheque Can.* 10. 1. p. 661. col. 1.

53 Le Roy appelle l'Université de Paris sa tres-chere & amée fille aînée. *Ibidem.* p. 351. col. 1.

54 *Bouchel en sa Bibliotheque du Droit François* verbo *Barreau*, dit avoir appris d'un ancien Avocat nommé M. Jean Choart, que voulant un jour plaider pour l'Université de Paris, qui comme une aînée du Roy a le privilege de plaider au Parlement en premiere instance, & du côté de la cheminée qui est le Barreau des Pairs, il luy fut contesté par M. Regnard Avocat du Pape. Maître Choart répondit que le Pape n'étoit que Prince étranger. Par Arrêt il fut dit que l'Université plaideroit du Barreau des Pairs, & le Pape de l'autre Barreau qui est du côté des Greffes.

55 Arrêt du Parlement de Paris du 7. Août 1386. qui condamne Robert Dumesnil, Chevalier, dit Taupin, pour avoir injurié l'Université, à faire amende honorable, & à une amende de 2000. liv. envers le Roy, 1000. liv. envers chacun des freres qu'il avoit battus, 500. liv. pour la sœur, 200. liv. pour l'Université, les complices pareillement condamnez à faire amende-honorable, en de grosses amendes, & à tenir prison jusqu'à ce qu'ils ayent tout accompli. *Jo. Gal. question* 182.

56 Par Arrêt du 13. Septembre 1470. donné entre les Docteurs Regens, & le Syndic des Etudians en l'Université, a été faire taxe des Degrez de Bacheliers, Licence, Doctorat, & de tout ce que les Officiers de l'Université doivent prendre des Ecoliers, & fut le Degré de Licence, taxé à dix-huit écus, & le Doctorat à 30. *Bibliotheque de Bouchel,* verbo , *Université*.

57 Arrêt du Parlement de Paris du 13. Juin 1554. touchant la réformation de l'Université, & particulierement pour la Faculté de decret & reception des Docteurs en icelle. *Preuves des Libertez*, tome 2. chap. 37. n. 8.

58 Le Procureur de la Nation de Picardie en l'Université de Paris, ayant presenté Requête pour empêcher les Brigues qu'Etienne Couillet Regent au College du Plessis, s'efforçoit de faire à la prochaine Election du Recteur de l'Université, la Cour ordonna qu'inhibitions seroient faites à Couillet, & tous autres qu'il appartiendroit, de faire aucunes brigues, monopoles, abus, assemblées illicites, ou contraventions aux statuts de l'Université, & Arrêt de la Cour, en procedant à la prochaine Election du Recteur; mais leur enjoint la Cour de garder & observer les Statuts & Arrêts, sur peine de nullité de l'Election, de mille livres parisis d'amende au Roy, & de prison, & pour obvier aux abus, monopoles, brigues & assemblées illicites, à ce que les Regens & Suppôts de l'Université qui ont voix élective à l'élection des quatre Intrans, puissent donner leurs voix & suffrages en pleine liberté & seureté, ordonné que l'un des Huissiers de la Cour, appellé avec luy tel nombre de Sergens qu'il avisera, assistera à l'élection des quatre Intrans, en l'Eglise de S. Julien le Pauvre, à l'élection du Recteur, pour empêcher par toute voye de Justice les brigues, monopoles & assemblées illicites, & qu'aucun soit admis à donner voix & suffrages s'il n'est de la qualité ordonnée par les Statuts & Arrêts du 13. Mars 1550. *Corbin, suite du Patronage, chap.* 285.

59 Les Suppôts de l'Université de Paris sont exempts des commissions de Ville, comme de lanternes, boües, &c. par Arrêt du 16. Septembre 1559. pour un Parcheminier; autre Arrêt du 24. Avril 1561. pour un nommé le Vasseur Messager Juré. *Le Vest, Arr.* 219. & 220.

60 Par Arrêt du 14. Février 1563. il fut dit que les deux Scripteurs de l'Université, seront pris du corps & Colleges des Ecrivains, & que l'un se tiendra en l'Université, l'autre en la Ville. *Bouchel en sa Bibliotheque*, verbo *Scripteurs*.

61 Si l'Université est un corps Laïc ou Ecclesiastique, & du droit de Patronage qu'elle a sur quelque Benefice? La cause appointée le 11. Août 1586. *Chenu, premiere Centurie*, quest. 7. Voyez *Carondas, liv.* 7. Rép. 195. qui rapporte le même Arrêt.

62 *Academia Parisiensis est corpus magis Ecclesiasticum, quam Laïcum; judicatum anno* 1589. Mornac, l. 19. §. *matrem tamen C. de Episcopis & Clericis.*

63 Arrêt de la Cour de Parlement du 5. Septembre 1598. portant verification des Statuts de réformation de l'Université de Paris, faits sous le regne d'Henry le Grand, ensuite duquel sont les dires & remontrances de M. de Thou, Conseiller du Roy en ses Conseils d'Etat & Privé, & Président en icelle Cour de Parlement, en procedant à la publication dudit Arrêt.

Ladite Cour a ordonné & ordonne que lesdits articles seront suivant la volonté du Roy, registrez en icelle, oüi ce requerant le Procureur General pour être gardés & observés selon leur forme & teneur, & proceder à l'execution d'iceux en l'assemblée generale de ladite Université, & en tous autres lieux, a commis Messire Jacques Auguste de Thou Président, Lazare Coquelay, & Edouard Molé, Conseillers du Roy en ladite Cour. Voyez *M. Servin*, tome 2, page 724.

64 Sommaire du procés d'entre les Imprimeurs & Marchands Libraires & Relieurs demeurans, tenans maison & boutique dans l'enclos de l'Isle du Palais, appellans d'une Sentence contr'eux renduë par le Lieutenant Civil le 19. May 1616. d'une part, & les Syndics & Gardes de la Communauté des Marchands Libraires Imprimeurs, & Relieurs de cette Ville de Paris, intimez, d'autre, auquel est déclarée l'étenduë de l'Université de Paris, ensemble l'erreur po-pulaire, que l'Université soit renfermée au dessus de l'Eglise Saint Yves. *Voyez la Bibliotheque de Bouchel*, verbo *Université*.

65 Reglement de l'Université de Paris, & faculté de

Theologie touchant les Religieux Mendians, ils ne viennent point au Decanat ni au Syndicat, ils ne président jamais ; ne participent point au droit d'argent qui se donne aux Docteurs Regens ; il n'y en a qu'un de chaque maison, des Cordeliers, Augustins Carmes, & deux des Jacobins. Ils ne se trouvent point aux comptes ; leur nombre est fixé ; ils ne portent aucune marque de Docteur non pas même aux Assemblées, ils font serment après le Doctorat de se retirer en leurs Convents. *Voyez la Biblioth. Can. to.* 2 *p.* 93.

66 Arrêt du Parlement de Paris du 24. Juillet 1626. qui ordonne qu'aux Assemblées qui se font à la Sorbonne, les Superieurs des quatre Mendians ne pourront députer plus grand nombre que deux Docteurs en Theologie de chacun Convent pour assister & avoir voix déliberative aux assemblées ; & le 1. Août suivant est intervenu Arrêt interpretatif par lequel la Cour declare n'entendre exclure les Superieurs des quatre Maisons des quatre Mendians qui seront Docteurs, d'assister en la Faculté de Sorbonne, y avoir séance & voix déliberative comme les autres Docteurs, pourvû qu'ils soient du nombre des deux ordonnez, lequel nombre ne pourra être augmenté, pour quelque cause que ce soit. *Biblioth. Canonique, tome* 2. *page* 94.

67 Declaration portant renvoy de tous les procez de l'Université de Paris en Corps au Parlement, & des particuliers qui la composent, devant le Prévôt de Paris. A Paris en Septembre 1651. registrée le 5. Septembre 1651. 8. *Volume des Ordonnances de Louis XIV.* folio 444.

68 De l'Université de Paris qui est un Corps Lay, & du droit de Patronage qu'elle a sur quelques Benefices, sçavoir sur les Cures de Saint André des Arcs, Saint Germain le Vieux, & Saint Côme. *Voyez Filleau, part.* 4. *quest.* 17. & *les Plaidoyers de M. Servin.*

69 Les Curés dépendantes de l'Université de Paris ne peuvent être resignées en Cour de Rome *spretâ Universitate*, comme un Corps mixte, Ecclesiastique & Laïc. Jugé pour la Cure de Saint Côme de Paris en faveur de M. Denis Deffita Docteur de Sorbonne, par Arrêt du premier Avril 1667. *Journal des Audiences, tome* 3. *liv.* 1. *chap.* 24.

70 Jugé par Arrêt du mois d'Avril 1667. que l'Université de Paris est un Corps Laïc & qu'elle joüit du droit des Patrons Laïcs à l'effet de ne pouvoir être prevenuë par la Cour de Rome. Le sieur Déffita pourvû par l'Université de Paris & le sieur Lisot par le Pape, la Cour maintint & garda l'Université en la possession du Patronage Laïc des Cures de saint Côme saint Damien, & de saint Germain le Vieil. En consequence, Deffita maintenu en ladite Cure de saint Côme sans restitution de fruits & sans dépens. Arrêt du premier Avril 1667. *De la Guess. tome* 3. *liv.* 1. *chap.* 24. Soëfve, *tome* 4. *Cent.* 3. *chap.* 94. date le même Arrêt du 2. Avril.

71 Il a été jugé que les Graduez de l'Université de Paris, pouvoient nommer sur les Benefices des Villes où il y avoit des Universitez, les autres ont aussi ce privilege qui est accordé en faveur des Etudes, en quelque lieu qu'elles se fassent, pourvû que ce soit une Université fameuse. *Le Prêtre,* 2. *Cent. chap.* 31. & *Biblioth. Canon. tome* 2. *page* 47.

UNIVERSITÉ DE REIMS.

72 Voyez cy-dessus le nomb. 11.
Chartres & Lettres Patentes concernans les privileges de l'Université de Reims 1610.

73 Le Chapitre de Reims (le Siége Archiepiscopal vacant) a été maintenu dans la possession de nommer le Recteur & les Grands Maîtres, Principaux & Boursiers de l'Université. *Journal des Audiences, tome* 2. *liv.* 4. *chap.* 68.

74 On ne peut établir de nouveaux Statuts dans l'Université de Reims au préjudice de l'ancien titre. Le Chapitre de Reims, le Siége Episcopal vacant, nomme le Recteur & Officiers de l'Université. Arrêt du 4. Décembre 1662. *De la Guess. tome* 2. *liv.* 4. *chap.* 68. & *Des Maisons, lettre V. nomb.* 16.

UNIVERSITÉ DE TOULOUSE.

75 De l'Université de Toulouse. *Voyez la Rocheflavin, liv.* 5. *tit.* 1.

76 Medecins & Chirurgiens de l'Université de Toulouse. *Voyez le mot Chirurgiens, nomb.* 37.

77 Le 1. Février 1479. par Arrêt donné entre le Syndic des Ecoliers, & Docteurs de l'Université de Toulouse, la forme de la matricule des Ecoliers est prescrite, avec défenses aux Ecoliers d'accepter aucune cession à peine de 200. liv. si ce n'est au cas de l'Ordonnance. *Biblioth. de Bouchel,* verbo, *Université.*

78 &

79 Arrêt du 20. Juillet 1486. entre le Procureur General & le Syndic de la Ville de Toulouse : Enjoint aux Docteurs Regens d'élire en leurs propres personnes, & de n'y commettre aucun substitut, à peine d'être privez de leur Regence, ni d'élire en lieux privés, & que les émolumens seront distribuez également, sauf les trois du decret, qui ne pourront prendre que pour deux, avec défenses de prendre d'argent d'aucun Ecolier ; comme aussi enjoint aux Ecoliers de leur porter honneur & reverence, sur peine de prison. *Ibidem.*

80 Arrêt des privileges & conservations de l'Université du 7. Septembre 1499. & du même jour autre Arrêt de Reglement de l'Université de Cahors. La Rocheflavin, *liv.* 5. *lettre V. tit.* 1. *Arr.* 5.

81 Arrêt du Grand Conseil du 5. Août 1531. qui condamne le Syndic des Capitouls de Toulouse aux dépens de l'execution faite sur les biens de deux Docteurs Regens en l'Université, pour raison de certaine taxe pour l'entretenement des Hôpitaux, & déclare les Docteurs exempts de telle charge, & par Arrêt du même Grand Conseil du 21. Février 1533. confirmé, lesdits Capitouls s'étant pourvûs par autre Requête, contre le Syndic des Docteurs Regens. *Ibidem, Arr.* 7.

82 Anno Domini *millesimo, quingentesimo, trigesimo tertio, die Veneris, primâ mensis Augusti Rex Franciscus primus hujus nominis Francorum Rex in suo novo ingressu in hanc urbem magnificam Tolosanam, concessit florentissimâ illius Universitati nobile & egregio Blasio Aurioli Doctore Regente pro eâ orante, privilegium creandi milites, & die Lunæ, primâ mensis Septembris immediate sequente dictus Auriolus fuit factus primus miles, sub Domino Petro Daffis, Doctore Regente, legum comite, servatis solemnitatibus in statutis militaribus contentis.* Ibidem, *Arr.* 41.

83 Arrêt du Grand Conseil du 29. Août 1534. rendu entre le Syndic des Docteurs Regens & les Capitouls de Toulouse, qui declare lesdits Docteurs Regens exempts de toutes charges. *La Rocheflavin, liv.* 5. *lettre V. tit.* 1. *Arr.* 9.

84 Arrêt du 22. Mars 1538. qui défend aux Docteurs Regens de postuler en la Cour, & pardevant d'autres Juges inferieurs. Arrêt semblable du 22. Mars 1548. *Ibidem, Arr.* 12. & *M. d'Olive, liv.* 1. *chap.* 34.

85 Le 15. May 1540. furent donnés deux Arrêts, l'un concernant la reformation de l'Université, l'autre pour l'incendie des Etudes. *La Rocheflavin, liv.* 5. *lettre V. tit.* 1. *Arr.* 18.

86 Les nouveaux Docteurs Regens qui veulent prétendre auxdites regences doivent préalablement répondre par trois jours publiquement sur la loy & Chapitre qui leur sera donné par le Chancelier & commissaire à ce députez, suivant la forme prescrite par Arrêt du 18. Mars 1543. *Voyez le Journal du Palais, du* 11. *Janvier* 1674. Ibidem, *Arr.* 19.

87 Par Arrêt du 12. Septembre 1547. furent maintenus les Docteurs Regens en leurs privileges accordés par les Edits obtenus du Roy. *La Rocheflavin, livre* 5. *lett. V. tit.* 1. *Arr.* 23.

848 UNI

88 Le 21. Juin 1553. il a été ordonné que M. Martin Rosset Docteur Regent en Droit Canon sur certaines Lettres Patentes qu'il avoit obtenuës du Roy concernant la faculté d'obtenir la premiere Regence vacante en Civil, répondroit publiquement en Civil. *La Rocheflavin*, liv. 5. *lettre* V. *tit.* 1. *Arrêt* 23.

89 Arrêt du 18. Avril 1564. qui ordonne à chacun des Regens en la Faculté des Arts en l'Université de *Toulouse* de continuer une Leçon ordinaire au College de Lesquille sans aucune interruption ou discontinuation, & à faute de ce faire, sont declarez privez de tous les émolumens de leurs Regences pour le temps qu'ils cesseront, & ne vaqueront ausdites lectures, lesquels émolumens en ce cas accroîtront aux autres Regens de la Faculté continuant les lectures. *Bibliot. Canon.* tome 1. page 295.

90 Arrêt du 7. Février 1568. touchant l'Université de *Toulouse*, concernant beaucoup de choses. *La Rocheflavin*, liv. 5. *lett.* V. *tit.* 1. *Arrêt* 24. il ne les specifie pas; recourir à l'Arrêt.

91 Arrêt du 26. Août 1570. en entherinant certaines Lettres Patentes du Roy, qui declare les Docteurs Regens de l'Université de *Toulouse* exempts des deniers royaux ordinaires contre le Syndic de la Ville. *Ibidem*, *Arr.* 36.

92 Le 23. Octobre 1570. en Audience Bertrand Perreri Docteur Regent, étant Recteur, pour avoir fait certain Reglement concernant les lectures, fut condamné en 100. liv. d'amende, & pour certaine immodestie par luy commise aprés la prononciation de l'Arrêt en autres 100. livres. *La Rocheflavin, ibidem, Arrêt* 27.

93 Arrêt du dernier Juillet 1572. entre le Procureur du Roy & les Docteurs Regens, concernant Reglement de l'Université. *La Rocheflavin*, *ibidem*, *Arrêt* 28.

94 Arrêt du Parlement de Toulouse du 8. Mars 1575. contenant Reglement pour la reformation des Colleges fondez en cette ville. *Bibliotheque Canonique*, tome 1. page 293.

95 Arrêt du 18. Août 1582. qui défend tant au Chancelier que Docteurs, de ne recevoir aucuns en Regence vacante, sans avoir préalablement répondu publiquement. *La Rocheflavin*, liv. 5. *lettre* V. *tit.* 1. *Arrêt* 32.

96 Par Arrêt du dérnier Avril 1584. fut cassée l'Election faite de deux à une Regence par les Docteurs de Montpellier, à la charge qu'ils partageroient également les gages jusqu'à la premiere vacante qui devoit être donnée à l'un d'iceux. *La Rocheflavin, ibid. Arrêt* 33.

97 Arrêt du 30. Decembre 1584. qui fait défenses à un Grammairien de poursuivre ou s'ingerer à la charge de Recteur de l'Université, sur les peines portées par l'Arrêt du 8. Juillet 1566. & enjoint tant à luy qu'à tous autres Regens de ladite Université de se comporter tant és Ecoles de Droit, qu'ailleurs à la Ville, & Actes publics, avec habit décent, propre & convenable à leur profession, & porter le chaperon de Regent, comme de tout temps leurs prédecesseurs avoient accoûtumé, à peine de 500. livres, privation de leurs droits, & autre arbitraire. *La Rocheflavin*, *ibidem*, *Arrêt* 39.

98 Arrêt du 14. Août 1586. à la Requête du Procureur General, qui défend au Recteur de l'Université de Toulouse, & aux Bedeaux de n'expedier aucune matricule que préalablement il n'apparût au Docteur & Regent, que l'Ecolier avoit étudié six mois auparavant en ladite Université, & aprés le Docteur Regent luy signera ladite matricule, & ce fait il la portera au Matriculeur, qui enregistrera ledit Ecolier en ladite matricule, & aprés les portera sceller au Recteur de ladite Université, & icelles scellées les portera au Bedeau pour les signer & y mettre *ad Mandatum*, ou *ex Mandato Domini Rectoris* avec inhibitions & défenses, tant au Recteur que Docteur Regent d'en expedier aucune qu'en la forme susdite, sur peine de faux & amende arbitraire, & être privez de tous honneurs, privileges & libertez de ladite Université. *La Rocheflavin*, liv. 5. *lettre* V. *tit.* 1. *Arrêt* 1.

99 Arrêt du 28. Novembre 1587. portant que les Prieurs des Colleges de Toulouse rendront compte & payeront le reliqua trois mois aprés leur charge finie, sur peine de privation de leurs places Collegiales & contraintes par corps. *Biblioth. Canon.* tome 1. p. 295. col. 2.

100 Arrêt rendu au même Parlement de Toulouse le 19. Avril 1602. qui défend aux Chevaliers, & Docteurs Regens de l'Université de Cahors, de recevoir aucun Docteur Regent sans disputes publiques, suivant les Ordonnances & Arrêts. *La Rocheflavin*, liv. 5. *tit.* 1. *Ar.* 38.

UNIVERSITE' DE VALENCE.

101 Université de Valence. *Mem. du Clergé*, tome 2. part. 1. p. 168. & *suiv.*

102 Droits & autorité de l'Evêque de Valence sur cette Université. *Ibidem*.

On commence à ne donner dans l'Université de Valence depuis l'Edit du mois d'Avril 1679. fait pour le reglement des Universitez, que des Lettres de Licence aux François, & on n'en donne de Doctorat qu'aux Etrangers; il n'y a pourtant pas apparence que dans ce nouvel usage on pût disputer aux Avocats seulement licentiez, aucun des privileges des Avocats Docteurs: neanmoins un Licentié ayant été aggregé comme Docteur dans la Faculté de Medecine, aux Professeurs de l'Université de Valence, cette aggregation fut déclarée nulle, par Arrêt du Parlement de Grenoble du 4. Février 1645. rapporté par *Chorier*, en *sa Jurisprudence de Guy Pape*, p. 119.

UNIVERSITEZ, CHAIRES.

103 Chaires qui se donnent à la dispute. *Voyez* les mots *Chaires* & *Docteur*.

CHANCELIER DE L'UNIVERSITE'.

104 Du Chancelier de l'Eglise & Université de Paris, & de sainte Geneviéve. *Voyez le Recueil de Decombes Greffier de l'Officialité*, *part.* 2. *chap.* 6. *p.* 818, & cy-dessus *Chancelier*, *nomb.* 15. *& suiv.*

105 Le 6. Février 1529. l'Université de Paris vint se plaindre au Parlement que son Chancelier prenoit argent pour faire des Maîtres és Arts ou Docteurs. *Bibliotheque de Bouchel*, verbo *Abus*.

106 Le Chancelier de l'Eglise de l'Université de Paris, ne doit donner des absolutions à cautelé ni des collations sur presentations des patrons, signatures de Cour de Rome & permutations. *Mem. du Clergé*, to. 2. *part.* 2. *p.* 59. & 60.

Voyez au 1. *tome de cet Ouvrage* le mot *Chancelier*, §. Chancelier de l'Université.

UNIVERSITE', CHANOINES.

107 Ceux qui lisent dans les Universitez étant Chanoines, ne doivent joüir d'aucuns fruits de leurs Prébendes, qu'ils n'en ayent pris possession en personne. *Mem. du Clergé*, to. 2. part. 2. p. 382.

108 Le 1. Avril 1669. le Roy renvoya par Arrêt de son Conseil d'Etat Privé pardevant les Commissaires députés pour la reformation des Universitez, pour à leur rapport être par sa Majesté ordonné ce que de raison des parties qui contestoient au sujet de la résidence. Un Professeur de Theologie de Sorbonne prétendoit joüir des fruits de sa Prébende & être réputé present; les Chanoines de Chartres prétendoient le contraire. *Vide* la compilation des Arrêts du Conseil d'Etat, p. 12.

CONSERVATEURS DES UNIVERSITEZ.

109 Conservateur des Privileges Royaux de l'Université, appellé par Chopin, *Academicus Regiorum Privilegiorum servator.* Lib. 2. de sacr. polit. tit. 5. n. 7.

110 Conservateurs des Privileges Apostoliques de l'Université de Paris. V. *Tournet, lettre* J. *Arr.* 61.

Conservateurs

111 Conservateurs des Privileges des Universitez. *V.* le mot *Conservateurs*, nomb. 9. *& suiv.* Corrozet, *au chap. 25. des antiquitez de Paris*, & la *Bibliotheque Canonique*, to. 1. verbo *Clercs d'Eglise*, p. 26. col. 1.

112 Conservateurs des Privileges des Universitez. *Mem. du Clergé*, to. 2. part. 1. p. 151.

113 Du Privilege accordé à ceux qui ont étudié en des Universitez célèbres de porter leurs causes aux Conservateurs. *Voyez Despeisses*, to. 2. p. 457. n. 20.

114 Deux Arrêts du Conseil Privé, l'un du 17. Decembre 1604. & l'autre du 13. Decembre 1605. par lesquels il a été jugé que les Principaux de l'Université de Paris ne peuvent être contraints de plaider aux Requêtes du Palais, au préjudice de leurs Privileges qu'ils ont de plaider pardevant le Prévôt de Paris. *Filleau*, part. 3. tit. 9. ch. 11.
Voyez le mot *Conservateurs*.

UNIVERSITÉ, DIGNITEZ.

Voyez le mot *Dignitez*.

115 Dignitez des Eglises Cathedrales ne sont sujettes aux Graduez nommez par les Universitez. Jugé le 23. Février 1638. *Du Frêne*, *liv.* 3. *chap.* 48. *Voyez la Conference des Ordonnances*, livre 1. titre 3. partie 2. §. 96.

UNIVERSITÉ, DOCTEUR.

116 *Voyez* le mot *Docteur*.

UNIVERSITEZ ÉTRANGERES.

117 Les Universitez étrangeres ne peuvent joüir du Privilege de nommer comme les Universitez de France, qui ont seules ce Privilege. *Voyez le nouveau traité des Graduez*, imprimé en 1710. p. 371.

118 Les Universitez de France ont seules le Privilege de nommer & presenter aux Collateurs leurs élevez; & il ne suffiroit pas d'avoir étudié à Padoüe ou à Salamanque, quoyque ces Universitez soient trés fameuses; les dégrez qu'on y prendroit, seroient infructueux pour joüir du Benefice des Graduez; les Parlemens n'y ont point d'égard.

Il y a deux Arrêts qui ont jugé la question, rapportez par *M. Loüet*, litt. G. som. 1. le premier du 14. Février 1595. & l'autre du 18. Avril 1602. lett. G. n. 10. *hinc fit ut Graduatus in Universitate extrâ Regnum non gaudeat Privilegiis Regni, nec Ordinarius cogi potest ei conferre Beneficium in mensibus Graduatorum vacans, licet Concordatum generaliter, & indistinctè loquatur de his qui studuerunt in Universitate famosâ & privilegiatâ.* Rebuff. nom. quaest. 10. n. 5. & in con. tit. de coll. §. 1. verb. *Privilegiata*. Mol. ad Reg. de Inf. resig. n. 128.

119 *Voyez* Rebuffé, *in quaest.* 10. n. 5. où il rapporte au long les raisons de necessité de politique & de convenance, pour rendre les seules Universitez du Royaume capables de nommer & presenter aux Collateurs François.

120 Comme les Universitez des Royaumes étrangers ne peuvent presenter aux Collateurs François, aussi les Universitez de France ne peuvent presenter aux Collateurs étrangers: c'est un Privilege auquel on ne peut rien ajoûter. *Voyez le nouveau traité des Graduez*, imprimé en 1710. page 371.

121 Arrêt du Parlement de Dijon du 30. Juillet 1666. en consequence de la Déclaration du Roy du 30. Decembre 1663. portant défenses à toutes personnes de se presenter au serment d'Avocat, & à la reception d'autres charges de Magistrature en vertu de Lettres de *Bacalaureat* en forme de Licence, obtenuës aux Universitez d'Avignon & d'Orange, à peine de nullité de leur reception & 1000. liv. d'amende; & de faire la fonction d'Avocat & de Magistrat, qu'ils n'ayent rapporté des Lettres de Licence de l'une des Universitez deuëment approuvées. *Boniface*, tome 3. liv. 4. tit. 1. ch. 5.

122 Par un Arrêt du Conseil d'Etat du 30. Juin 1688. rapporté *au Journal du Palais* in fol. to. 2. pag. 739. il a été jugé que le Privilege des Graduez des Universitez de France a lieu dans les Païs conquis par le Roy. L'accessoire participant toûjours des droits du principal, les Païs conquis étant regis par les mêmes Loix, ils doivent profiter des mêmes Privileges.

UNIVERSITÉ, ETUDES.

Voyez cy-dessus le nombre 22.

123 Une Université ne peut nommer un Ecolier qui n'auroit pas étudié le temps competent pour son degré; & il ne rétabliroit point cette nullité de nomination en étudiant aprés être nommé. Rebuffe sur le mot *nisi eos qui secundùm praefata tempora studuerint*, rapporte un Arrêt du 1. Avril 1522.

124 Dans les nominations, les Universitez doivent sur peine de nullité, exprimer le commencement & la fin du temps d'études de ceux qu'ils auront nommez. Arrêt du 28. May 1663. *Loüet*, litt. G. n. 3. *aux addit.* La Guessiere, to. 2. liv. 5. ch. 24.

125 Le certificat du temps des études doit être émané par le Recteur & l'Université, & non par le Recteur & par une Facultez. *Voyez le nouveau traité des Graduez*, imprimé en 1710. pag. 373.

126 Il a été arrêté en la Cour, qu'une attestation du temps d'étude n'est valable *sub hâc formâ*, Nos Decanus & Facultas *notum facimus quod talis studuerit & est actu studens, legens prout Regentis sub digni testimonio nobis legitime fuit facta fides. Primo, quia per haec verba prout Reg. fid. & c. dicta attestatio decani & Facultatis se restringit ad testimonium unius scilicet Regentis tantum. Secundo quod in tali attestatione Facultas duntaxat loquitur; cum tamen in concordat. tit. de collat. in vers. praefaticae Graduati, cautum sit quod attestationes hujusmodi debeant fieri sub nomine Universitatis, & non Facultatis tantùm: & hoc per, Litteras patentes dictae Universitatis manu scribae, & sigillo Universitatis signatas.* Vide Rebuff. in vers. *manu scriba*, in sua Gloss. Vide contrà Ordonnance du Roy Loüis XII. art. 17. 1512. & la *Bibliotheque de Bouchel*, verbo *Testimoniales*.

Voyez le mot *Etudes*.

UNIVERSITÉ, EXEMPTIONS.

127 Des exemptions accordées aux Universitez. *Voyez* le mot *Exemption*, n. 136. *& suiv. &* cy-aprés à n. 138. *& suiv.*

UNIVERSITÉ FAMEUSE.

128 Université fameuse, est celle dans laquelle il y a un nombre reglé de Professeurs qui regentent actuellement, établie par ordre du Roy & du consentement du Pape.

UNIVERSITEZ, GRADUEZ.

Voyez cy-dessus le nomb. 13.

129 Pour joüir des Privileges attribuez aux Graduez nommez, il faut prendre une nomination d'une Université, & notifier le tout aux Collateurs. *Voyez le nouveau traité des Graduez*, imprimé en 1710. p. 247.

130 Les Universitez, quoyque non remplies des quatre Facultez, ne laissent pas de nommer: elles n'en sont pas moins Universitez. De plus le Concordat ne requiert pas que les Universitez soient composées des quatre Facultez. Rebuffe, *nom. quaest.* 6.

131 Les Facultez ne peuvent jamais nommer, quand même elles seroient toutes assemblées, si cela se fait sans le Recteur qui en est le chef. Rebuff, *n. question* 6. *nomb.* 17.

132 S'il y avoit plusieurs Secretaires d'une Université, le seing de l'un d'eux suffiroit, ou de son Substitut, sans que le Gradué fût obligé de prouver que celuy qui auroit signé les Lettres fût pour lors Substitut du Secretaire. A Paris les Lettres ne sont signées que par le Bedeau de la Faculté qui les accorde, & non pas par le Secretaire de l'Université, ce que le Parlement autorise. *Voyez le nouveau traité des Graduez*, imprimé en 1710. p. 269.

133 Ceux qui ont obtenu leurs degrez selon les Statuts de la Faculté où ils ont étudié, aprés le temps d'études competent pour leurs degrez, peuvent avec

850 UNI VOE

aſſeurance compter que l'Univerſité ne leur refuſera pas la grace de les nommer ; & où elle le feroit, ils pourroient, aprés des ſommations honnêtes, l'y contraindre pardevant le Juge Royal des lieux. Car quoi que les nominations ſoient une grace, generalement parlant, que faire une Univerſité à un Gradué de le preſenter à des Collateurs; cependant on les doit encore regarder comme une Juſtice qu'elle rend au merite d'un Gradué, & comme la récompenſe de ſes veilles & de ſes travaux, *Voyez le nouveau traité des Graduez, imprimé en* 1610. *p.* 375.

134 On eſt aujourd'huy diſpenſé de ſe pourvoir contre les Univerſitez : elles ont plus ſouvent tort de preſenter des hommes ignorans, que de refuſer qui que ce ſoit, outre que ſi elles étoient difficiles à accorder leurs nominations, les prétendans ſe feroient graduer ailleurs, ce qui diminuëroit leur petit profit, *quæſtum Academicum*. Voyez *ibidem*, *p.* 375.

Voyez le mot *Gradué*, où cette matiere a été amplement traitée.

UNIVERSITÉ, JESUITES.

135 Si les Jéſuites ont droit d'être admis dans les Univerſitez ? *Voyez* le mot *Jéſuite*, *nomb.* 29. *& ſuiv.*

Les Jéſuites peuvent décaniſer en la Faculté des Arts de l'Univerſité de Poitiers, quant aux droits honorifiques, & non pas percevoir les émolumens attachez au Doyenné. Arrêt du Parlement de Paris du 3. Février 1696. *Journal des Audiences tome* 5. *livre* 12. *chapitre* 4.

UNIVERSITÉ, PATRONAGE.

136 Patronage de l'Univerſité. *Voyez* le mot *Patronage*, *nomb.* 213. *&* 214.

137 Par Arrêt du Parl. de Paris du 4. Mars 1667. que Jovet rapporte, verbo *Univerſité*, *nomb.* 2. jugé que l'Univerſité de Paris étoit en Patronage Laïc, & en conſequence, la Cour ajugea la Cure de ſaint Coſme à Maître Deſſita, pourvû par l'Univerſité contre un pourvû en Cour de Rome, & ordonna que vacance avenant, l'Univerſité y pourvoira en qualité de Patron Laïc ; ce qui avoit été jugé auparavant par Arrêt du 12. Août 1586. & auparavant en 1573, rapporté par *M. Servin, en ſon to.* 1.

PRIVILEGES DES UNIVERSITEZ.

Voyez cy-deſſus le nomb. 127.

138 Privileges des Univerſitez, *Mem. du Clergé, to.* 2. *part.* 1. *p.* 134. *& ſuiv.*

139 Privileges des Ecoliers étudians dans les Univerſitez, & pour combien de temps ? *Mem. du Clergé, to.* 2. *part.* 1. *p.* 134. *& ſuiv. & encore* 141.

Leſdits Privileges n'ont lieu pour ceux qui agiſſent par ceſſion de droits, tranſports &c. *Ibidem, & page* 154.

140 Privileges octroyez par les Rois de France à l'Univerſité de Paris, Suppôts, Officiers, & Serviteurs d'icelle. Enſemble les Arrêts du Conſeil Privé confirmatifs des Privileges.

141 L'Univerſité n'eſt privée de ſes privileges Royaux & Apoſtoliques *ipſo facto*, quand elle a accordé une nomination à un Gradué qui n'avoit pas étudié le temps competent, ou auquel elle a donné un degré ſuperieur, avant qu'il eût l'inferieur, comme ſi elle avoit accordé le degré de Licentié avant celuy de Bachelier. Cette interruption & dereglement d'ordre, eſt menacé de privation de Privilege ; mais cette peine n'eſt que comminatoire. *Voyez le nouveau traité des Graduez imprimé en* 1710. *p.* 375. *&* 376.

142 Arrêt du Grand Conſeil qui ordonne qu'il ſera procedé à la lecture des Lettres de Privilege accordées à l'Univerſité, ſauf aux Cardinaux de s'y oppoſer pour leurs droits ; & aprés la lecture faite des Lettres, oüi ſur ce le Procureur General du Roy, le Conſeil a ordonné qu'elles ſeroient enregiſtrées és Regiſtres du Conſeil.

143 Arrêt du Conſeil Privé du 12. Decembre 1543. portant que le Privilege accordé par ſa Majeſté aux Cardinaux d'attirer au Grand Conſeil tous les procez qu'ils auroient pour cauſe des Benefices qui dépendent d'eux, n'aura point lieu contre ceux accordez à l'Univerſité, leſquels ſont de nouveau confirmez & approuvez, à l'effet d'être jugez par les Conſervateurs. *Bibliot. Can. to.* 1. *p.* 351. *& ſuiv.*

144 Arrêt du Conſeil d'Etat du 21. Juillet 1618. pour les Officiers des Univerſitez, ſur l'exemption des droits des francs-Fiefs, & nouveaux acquets. *Filleau, part.* 3. *tit.* 9. *chap.* 16.

145 Arrêt de la Cour des Aydes du 14. Janvier 1623. pour l'exemption de payer de gros & 20. ſ. en faveur des Officiers de l'Univerſité. *Filleau, part.* 3. *titre* 9. *chap.* 17.

Voyez cy-deſſus le mot *Regens*.

UNIVERSITÉ, PROFESSEUR.

146 *Voyez* les mots *Chaire & Profeſſeur*.

RECTEUR DE L'UNIVERSITÉ.

147 Elections du Recteur, & des autres Officiers des Univerſitez. *Memoires du Clergé, tome* 2. *part.* 1. *page* 144. *&* 161.

148 Le 6. Janvier 1559. ordonné que l'élection du Recteur de l'Univerſité ſeroit faite par le Chancelier & Docteurs Regens, à l'aſſiſtance de deux Meſſieurs de la Cour. *Bibliotheque de Bouchel*, verbo *Univerſité*.

149 Le 23. Octobre 1570. Bertrand Pereri Docteur Regent étant Recteur, pour avoir fait certains Reglemens concernant les lectures, fut condamné en cent livres d'amende, & pour certaine immodeſtie par luy commiſe aprés la prononciation de l'Arrêt, en autre cent livres. *Ibid.*

Voyez cy-deſſus le mot *Recteur*.

UNIVERSITÉ, REGENS.

150

151 La forme de proceder à l'élection des nouveaux Docteurs Regens fut preſcrite par Arrêt du 18. Mars 1543. ſçavoir, que ceux qui veulent prétendre aux Regences, doivent préalablement répondre par trois jours publiquement ſur la Loy & Chapitre qui leur ſera baillée par le Chancelier & Commiſſaires à ce députez. *Biblioth. de Bouchel*, verbo *Univerſité*.

152 Le 21. Juin 1553. ordonné que M. Martin Roſſet Docteur Regent en Canon, ſur certaines Lettres patentes qu'il avoit obtenuës du Roy, concernant faculté d'obtenir la premiere Regence vacante en Civil, répondroit publiquement en Civil. *Biblioth. de Bouchel*, verbo *Univerſité*.

153 Par Arrêt du 18. Avril 1582. fut défendu tant aux Chancelier que Docteurs de recevoir aucuns en Regences vacantes ſans avoir préalablement répondu publiquement. *Ibidem.*

154 Paction faite entre trois prétendans à des Chaires de Profeſſeurs en Droit en l'Univerſité d'Angers, que celui des trois qui en demeureroit exclus, ſeroit payé par les deux autres d'une certaine ſomme par forme de penſion viagere par chacun an, jugé illicite & contre les bonnes mœurs, à cauſe de la faveur & parenté des Chaires, Arrêt du 5. Juin 1651. qui ordonne que les Chaires ſeroient nouvellement diſputées, & renvoya la diſpute en l'Univerſité d'Orleans. *Soëfve, to.* 1. *Cent.* 3. *ch.* 78.

Voyez cy-deſſus le mot *Regens*.

VOEUX.

De votis. L. tx 12. *tabb.*
De voto, & voti redemptione. D. Gr. 27. *q.* 1. *&* .... 32. *q.* 8.... *Extr.* 3. 34.... *S.* 3. 15.... *Exip. Jo.* 6.

De pollicitationibus. D. 50. 12. Dans ce titre il eſt traité du vœu, *L.* 2. parce qu'il eſt une eſpece de Pollicitation, que l'on définit, *promiſſum ſolius offerentis.*

De oblatione votorum. C. 12. 49.... *C. Th.* 7. 24. Au commencement de chaque année les Villes faiſoient des vœux pour le Prince, & luy offroient une livre d'or.

VOE VOE 851

1. Arrêt du Parlement de Toulouse du 7. Février 1615. les Chambres assemblées, par lequel entr'autres choses, il est ordonné qu'à la requête du Procureur General du Roy, il sera enquis des vœux préjudiciables à l'Etat, qui se font sous pretexte de Religion par aucuns Prêtres, & autres. *Preuves des Libertez*, to. 2. *chap.* 35. n. 83.

2. L'enfant qui a promis d'accomplir les vœux de son défunt pere, & est refusant d'y satisfaire sans cause legitime, doit être privé de sa succession. Le même de celuy qui étant heritier n'execute pas la volonté de son pere, *Brodeau sur M. Loüet, lettre. H somm.* 5. *nomb.* 2. fine.

3. Vœux des Fideles. *Voyez* les mots *Fondation, Oblations & Offrandes*.

VŒUX DE RELIGION.

4. *Voyez* les mots *Novices, Profession, Religieux*, toto titulo, & principalement le *nomb* 191.

5. Touchant les vœux de Religion, & en particulier sur les vœux qui se font par les Jésuites. *Voyez Bardet*, to. 1. liv. 4. *chap.* 5.

6. Si les vœux faits dans une Congregation qui n'est pas encore établie, peuvent être bons? *Voyez des Maisons*, lettre V. *nomb.* 6.

7. Nulle puissance spirituelle ou seculiere, même les deux conjointement ne peuvent changer une regle reçûë dans l'Eglise, ni rien innover sans le consentement de ceux qui y sont, ou celles qui s'y sont soûmis par vœu solemnel; autrement le vœu seroit un piege pour surprendre ceux & celles qui s'étant soûmis volontairement à vivre sous l'obedience d'une Superiorité amovible, se trouveroient engagez contre leur regle de subir la loi & le joug d'une Superiorité perpetuelle, *Voyez* le 17. *Plaidoyé de M. Patru*.

Une Religieuse de saint Sulpice fait citer l'Abbesse pardevant l'Official de Rennes, pour voir déclarer nul son vœu. L'Official décerne commission à tous Sergens Royaux de signifier la requête, permet d'informer, & déclare que le vœu est forcé, permet à la Religieuse de prendre telle vocation que Dieu lui conseillera. Appel comme d'abus; 1°. l'on dit, l'Official n'a pû commettre des Sergens Royaux. 2°. Il falloit un Bref Apostolique; enfin l'Official a delégué des Juges Royaux inferieurs pour informer; s'il y avoit appel de leur procedure, il faudroit que l'Official *ut delegans* en connût, ce qui est absurde. Arrêt du Parlement de Bretagne du 17. Avril 1578. qui déclare toutes les procedures abusives. Ordonné que l'intimée reprendra l'habit de Religieuse, rentrera en l'Abbaye, si mieux elle n'aime demeurer avec la Prieure du Teillay sa sœur pour vivre religieusement; & aura (les appellans l'offriront) 600. liv. par an, tant & si longuement qu'elle vivra religieusement, & portera l'habit, sauf à elle à se pourvoir, où & ainsi qu'elle, verra l'avoir à faire, condamné és dépens. *Du Fail*, liv. 1. ch. 452.

9. Arrêt du 7. Septembre 1588. par lequel Damoiselle Françoise Cottin, quoiqu'elle eût demeuré 10. ans dans un Monastere, qu'elle y eut porté l'habit de l'Ordre, qu'on représentât 8. ou 10. quittances de sa pension, où l'Abbesse la qualifioit Religieuse & Professe a été reçûë à partager la succession de ses pere & mere. *Plaidoyers de Corberon*, p. 481.

10. & 11. Dans le recüeil des Plaidoyers de M. de Corberon, Avocat General au Parlement de Mets, il y a trois Plaidoyers, sçavoir le 97. qui est de M. Anne Robert, pour une Religieuse qui demandoit à être restituée contre ses vœux 40. ans après sa profession, n'ayant pû le faire pendant le vivant de son pere, & depuis les troubles de la Religion etant survenus. Le 98. est de M. de sainte Marthe, pour Damoiselle Barbe Girard, qui demandoit partage après avoir demeuré 34. années en Religion, où elle avoit été mise par force; & le troisiéme qui est le 99. est de M. Antoine Arnaud, pour le sieur Girard Seigneur de la Roussiere, qui les soûtenoit non recevables en leurs demandes, le Plaidoyé de M. Servin Avocat General, est inseré ensuite. Par Arrêt de l'année 1590. la Cour appointa les parties au Conseil, & cependant ajugea à chacune des deux sœurs 200. écus, & 50. écus par an pour l'avenir à chacune d'elles.

12. Quelquefois les parens qui ont abusé de l'autorité qu'ils ont euë sur leurs enfans en les forçant d'entrer dans des Cloîtres, font des déclarations pour les aider à en sortir; mais si ces déclarations ne sont pas accompagnées de certaines circonstances, c'està-dire, si le rescrit n'est pas obtenu dans les 5. ans de la profession, s'il n'est pas justifié qu'il y a eu force capable d'abbatre un homme constant, & ainsi des autres, pour lors ces déclarations sont inutiles & infructueuses, les Arrêts l'ont ainsi jugé, auxquels il faut ajoûter celuy de la nommée Louïse Dantail, rendu le 21. Février 1645. elle fut condamnée à rentrer dans son Monastere, encore qu'il fût pleinement justifié que le pere de cette fille l'avoit obligée par force à faire des vœux. *Definitions du Droit Canonique*, page 912. & cy-après le n. 40.

13. Le Samedy 2. Août 1664. à la Grand'Chambre, la cause de Marie Henriette de Monthebeine qui étoit sortie du Monastere, contre la Dame du Châtelet sa mere, fut jugée, & dit sur les Lettres en forme de Requête civile, & icelles enterinant les parties remises, &c. & après le désistement de l'appel comme d'abus de la part de la mere, sur l'appel hors de Cour; & sur l'appel comme d'abus interjetté de la fille, mal nullement & abusivement procedé, qu'elle se pourvoira pardevant l'Official de Noyon, & le Superieur de l'Abbaye au Bois, autre que celuy dont étoit appellé pour faire enquête touchant son Rescrit, & à elle ordonné de se mettre dans une Maison religieuse de Paris, où la mere sera tenuë de payer une pension competente & sans dépens.

14. Vœux d'un jeune homme qui prétendoit avoir fait ses vœux par force, & avoit protesté devant Notaire & deux témoins, sa protestation non signifiée au Superieur regulier, ni à l'Evêque, mais il l'avoit gardée par devers luy, & avoit fait ensorte d'y joindre une déclaration de sa mere, que jamais son fils n'avoit eu inclination pour la Religion, condamné à rentrer dans son Monastere, Arrêt du 13. Octobre 1665. *Des Maisons*, lettre V. *nomb.* 9.

15. Jacques le Févre fait profession dans les Capucins d'Amiens; trois années après il quitta l'habit, va en Flandre, s'enrôle, embrasse le Calvinisme: il revient en France, se marie, a des enfans; ensuite il se pourvoit en Cour de Rome, obtient un bref qui l'absout de son apostasie, & luy permet neanmoins de demeurer avec sa femme, aux conditions & restrictions portées par ce Rescrit. Jacques le Févre fait signifier à ses coheritiers son Rescrit, & une Ordonnance du Lieutenant General d'Abbeville, portant permission de les assigner pour proceder au partage. Ils interjettent appel simple de cette Ordonnance, & appel comme d'abus de l'obtention du rescrit. Arrêt qui dit qu'il n'y a abus, fait main-levée des saisies, & ordonne que F. Jacques le Févre sera tenu de se retirer dans son Convent, sauf à luy à se pourvoir par les voyes de Droit. Il obtient un nouveau Bref pour être relevé de l'émission de ses vœux; ce Bref est adressé à l'Official & au Gardien des Capucins d'Amiens, qui le déclarent non recevable. Il interjette appel comme d'abus. Arrêt du Parlement de Paris, du 15. Avril 1684. qui sans avoir égard à l'intervention de sa femme & de ses enfans, dit qu'il n'y a abus. Les fins de non recevoir étoient tirées de ce qu'il ne paroissoit pas en Maison de force, & le défaut de reclamation dans les cinq ans; l'on ajoûtoit qu'il y avoit obreption, n'ayant point parlé dans la suplique ni de son mariage, ni de son heresie, que ce rescrit étoit annal, & que deux années, huit mois

écoulées depuis, le rendoient caduc. *Voyez le Journal du Palais*, to. 2, p. 981.

DISPENSE DES VŒUX.

16. Des Dispenses de Vœux. *Voyez le mot Dispense*, *n. 91. & suiv.*

17. Le Pape peut dispenser un moine du vœu de chasteté pour un bien public. *Voyez Maynard livre 9. chap. 22.*

18. L'Evêque peut dispenser du vœu de ne point se marier; il faut recourir au Pape pour la dispense du vœu de virginité, elle s'accorde rarement.

NULLITÉ DES VŒUX.

19. Superieurs des Maisons Religieuses, ne peuvent déclarer nul le vœu d'un Religieux, sous prétexte qu'il est atteint du mal caduc. Arrêt du 16. Juin 1626. qui enjoint aux Minimes de reprendre l'appellant en leur Religion, & luy rendre son habit de Religieux, pour y vivre avec eux selon son vœu & profession. *Bardet*, to. 1. li. 2. ch. 87.

20. Vœu d'un Cordelier avant l'âge de 16. ans sur un faux baptistaire est nul, & la nullité prononcée par le Pere Provincial, jugée valable. Arrêt du 8. Avril 1691. *Du Frêne, liv. 2. ch. 95.*

21. Vœux de François Jariel Religieux declarez nuls par Arrêt du 7. Juillet 1682. *De la Guess. tome 4. liv. 5. chap. 21.* pour avoir été reçu avant l'âge de 16. ans, & par Arrêt du Conseil, l'Arrêt du 7. Juillet 1682. cassé, & Jariel renvoyé pardevant les Juges Superieurs Ecclesiastiques sur la nullité prétenduë de ses vœux. Arrêt du 3. Juillet 1685. *De la Guess. tome 4. liv. 8. chap. 48*

VŒUX, MARIAGE.

22. Une Religieuse sortie du Monastere où elle avoit porté l'habit, se maria, eut un enfant, & mourut; le pere fit assigner les freres & sœurs de la défunte, afin de proceder à un partage; ceux cy prétendirent le fils incestueux & pere non recevable. Le pere opposoit qu'on ne rapportoit aucune preuve du vœu. Les défendeurs disoient au contraire qu'elle étoit suffisamment établie par une donation que la novice avoit faite deux jours avant sa profession, par des assemblées capitulaires, & autres actes qu'elle avoit souscrits comme professe. Arrêt du 13. Decembre 1607. qui met le pere hors de cour. *Le Bret*, liv. 4. *decision 12.*

23. Un mariage contracté par un Religieux profez de la Doctrine Chrétienne, sous prétexte de quelque formalité obmise en l'établissement de son Ordre, est nul, & non valablement contracté. Arrêt du 18. May 1645. *Du Frêne*, liv. 4. chap. 23. où il est parlé bien au long des Peres de la Doctrine Chrétienne & de leur Ordre.

24. Religieuse qui reclame dans les cinq ans contre ses vœux, & qui obtient son Bref, renvoyée au siecle, ensuite s'est mariée. Arrêt du 3. Avril 1664. *De la Guess. tome 2. li. 6. chap. 25.*

25. La Doré Derva avoit quitté le Cloître, & avoit obtenu un rescrit du Pape, & sans l'avoir fait entheriner elle s'étoit mariée, avoit des enfans; la Cour sans avoir égard à l'intervention desdits enfans, fit défenses à un nommé Montfort son prétendu mary, de la hanter ni frequenter à peine de la vie; ordonna que la Religieuse rentreroit dans son Cloître; & après l'Arrêt prononcé, la Cour d'Office fit défenses à toutes Religieuses qui auroient obtenu des Rescrits, de se marier avant l'entherinement, à peine de la vie, tant à elles qu'à ceux qui les épouseroient. Arrêt du Lundy 9. Juillet 1668. plaidans Robert & le Verrier à la Grand'Chambre. *De la Guessiere*, tome 3. liv. 2. chap. 19.

26. Jugé au Parlement de Paris le 21. Janvier 1669. que pendant l'appel simple de la Sentence d'entherinement d'un Rescrit de Cour de Rome, obtenu par une Religieuse pour l'annullation de ses vœux, le Juge d'Eglise qui est saisi de l'appel, ne peut sans abus, faire défenses à la Religieuse qui s'est mariée depuis ladite Sentence, & à celuy qu'elle a épousé, d'habiter ensemble sous peine d'excommunication. *Soëfve*, tome 1. Cent. 4. chap. 31.

27. Un parent éloigné d'un Religieux, est recevable à se plaindre du Bref & de la Sentence déclaratoire de la nullité de ses vœux, nonobstant deux mariages contractez pendant 17. années que le Religieux a paru libre dans le siécle; & on peut luy opposer le défaut de réclamation dans les cinq ans. Jugé à Aix le 18. May 1679. *Journal du Palais*.

28. La Cour sans s'arrêter à l'intervention de Collasse Bouthillier & de ses enfans, ni aux demandes de Jacques le Févre, qui avoit été Capucin, & avoit quitté l'habit & épousé ladite Bouthillier, dont elle les débouté; & tant sur l'appel de la profession que de la Sentence définitive de l'Official d'Amiens, dit qu'il y a abus, condamne l'appellant à l'amende & aux dépens. Jugé à Paris, l'Arrêt sans date du jour & de l'année. *Journal du Palais, fine.*

VŒUX, RECLAMATION.

29. De la reclamation contre la profession. *Voyez le mot, Profession, n. 45. & suiv.*

30. Des Religieux qui reclament contre leurs vœux. *Voyez les Memoires du Clergé*, tome 1. part. 1. p. 234. où il est dit qu'ils ne peuvent quitter l'habit jusqu'à ce qu'ils soient restituez au siécle.

31. La connoissance de la validité des vœux appartient à l'Ordinaire. *Memoires du Clergé*, tome 1. part. 1. pag. 235. jusqu'à 244.

32. Par Arrêt du Parlement de Toulouse du 12. Janvier 1616. en la cause de M. Villaret, appellant comme d'abus de la fulmination de la Bulle de secularisation obtenuë par Labé, cy-devant Religieux Profès de l'Ordre de Saint Dominique, où il avoit demeuré Profès 28. ans, ayant exercé la Charge de Superieur; il fut jugé que par le Rescrit fondé sur ce qu'il avoit fait profession avant les 16. ans, & que son pere l'avoit forcé, lequel contenoit encore relief de n'avoir pas reclamé dans les cinq ans; il n'y avoit point d'abus. Arrêt semblable du 10. Juin 1618. à l'égard d'un Feüillant, qui avoit été Religieux pendant vingt ans. *Cambolas*, li. 6. ch. 38.

33. Le Pape restituant un Religieux après les cinq ans, cette restitution ne peut nuire au tiers. Jugé au Parlement de Toulouse, le 7. Decembre 1632. pour un tiers acquereur, contre une fille qui avoit demeuré vingt-trois ans dans un Monastere, où elle avoit fait profession à l'âge de 15. ans: il fut aussi jugé qu'il n'y avoit point d'abus au Rescrit par elle obtenu. *Cambolas, ibid.*

34. En fait de Profession Ecclesiastique, quand un Religieux a demeuré cinq ans dans un Convent, après l'année de Noviciat, & y a vêcu comme les autres Religieux, il ne peut en sortir ni disposer de ses biens. Arrêt du Grand Conseil du 21. Février 1671. & en tel cas la clause relative du laps de cinq ans inserée dans le Rescrit pour la cassation des vœux, doit être rejettée comme abusive, à cause de la contravention au Concile de Trente. *Graverol sur la Rocheflavin, li. 6. titr. 48. Art. 2.*

35. Arrêt rendu au Parlement de Paris au mois de Juin 1612. qui déboute une Religieuse, laquelle n'avoit reclamé dans les cinq ans; elle en avoit laissé passer vingt sans se plaindre. *Le Bret, li. 4. décis. 11.*

36. Religieuse de Saint Victor déclaré non recevable à reclamer contre ses vœux après les cinq ans. Arrêt du 27. Février 1614. L'Official de Paris fit une Enquête des faits de violence alleguez sans appeller la mere de l'exposant; l'Enquête évoquée à Rome, on expedie un Rescrit: la mere interjetta appel comme d'abus; M. Servin Avocat General, requit que défenses fussent faites à tous Officiaux de plus faire telles procedures, à peine d'être déclarez criminels de Leze-Majesté. *Voyez Bardet, tome 1. liv. 2. chap. 10.*

37 Vœu forcé à l'âge de quinze ans, sans Noviciat, sans porter l'habit, ni sans faire fonction de Religieux, déclaré nul aprés les cinq ans. Arrêt du 8. Avril 1625. L'Official avoit ordonné qu'il seroit tenu de prendre l'habit dans huitaine, ce qui fut trouvé abusif. *Bardet, to. 1. li. 2. chapitre 35.*

Jugé par Arrêt du 4. Mars 1617. qu'une Religieuse n'est recevable à reclamer contre son vœu aprés les cinq ans. *Ibid. ch. 101.*

38 Par Arrêt du Parlement de Toulouse du 14. Decembre 1632. jugé que les Religieux restituez contre leur vœu & leur profession, ne sont en droit & ne peuvent reprendre leur patrimoine aliené, pendant qu'ils étoient dans le Cloître, *Restitutio enim principiis,* dit la Glose, *non trahitur retro contra jus quæsitum alteri, unde damnatus restitutus à principe, non revocat bona alienata.* M. d'Olive, li. 1. chap. 5. où il rapporte autre Arrêt du 8. Juillet 1636. qui a jugé que les hemorroïdes n'étoient point capables de donner lieu à revenir contre la profession *Jovet,* verbo, *Religieux, n. 71.*

39 Arrêt du 8. Juillet 1636. qui appointe pour sçavoir si un Religieux qui a pris l'habit à neuf ans, n'a fait l'année entiere de Noviciat dans la même Convent, & depuis sa profession a toûjours porté l'habit seculier en la maison de son pere, est recevable à reclamer aprés les cinq ans. M. Bignon, Avocat General, se détermina en sa faveur, sur le fondement qu'il y avoit eu une reclamation perpetuelle de la part du fils, par la conservation de l'habit seculier ; c'étoit en la cause de Claude Dinet, fils de M. de Montifroy, Président en la Chambre des Comptes de Rennes. *Bardet, tom. 2. liv. 5. ch. 25.*

40 Une Religieuse prétendant avoir été contrainte à faire profession, n'est recevable à reclamer contre ses vœux aprés cinq ans, la clause employée dans le Rescrit pour être relevée du laps des cinq ans, est abusive. Arrêt du 16. Février 1645. dans la celebre cause de la Demoiselle Louïse Dantail, dont le mariage fut déclaré abusif ; ordonné qu'elle rentreroit dans le Monastere. *Soëfve, tom. 1. Cent. 1. ch. 77.* Tous les Auteurs rapportent cet Arrêt, comme un des plus importans. La Demoiselle Dantail s'étant pourvûë par Requête Civile, le Jugement fut renvoyé au Parlement de Mets, qui la conserva en la possession de son mariage. *Voyez le vingt-uniéme Plaidoyé de M. Gaultier, tome 1.*

41 Religieuse qui aprés un Noviciat de cinq mois dans le Convent, & le reste de l'an chez son pere, a fait profession, & est ensuite demeurée cinq ans sans reclamer, n'est pas recevable à se plaindre contre son vœu. Arrêt du 11. May 1647. *Du Frêne, li. 5. ch. 17.*

42 Religieuse non recevable aprés les cinq ans de sa profession à reclamer contre ses vœux, quoyque faits avant l'âge de seize ans accomplis. Arrêt du 12. Mars 1648. La Cour ne jugea pas que le vœu étoit valable ; cela appartient à la Jurisdiction Ecclesiastique ; mais elle se fonda sur la fin de non recevoir, & la prescription des cinq ans établie, *propter commune tranquilitatis religionis bonum. Soëfve, tome 1. Centurie 2. chapitre 73.*

43 Religieuse condamnée de se reïntegrer dans son Monastere, quoiqu'elle eût reclamé dans les cinq ans. L'on montroit qu'elle n'avoit souffert aucune violence ; que pendant son Noviciat elle avoit toûjours été sous la conduite & discipline de l'Abbesse, soit dedans, soit dehors le Monastere ; quoyqu'elle eût prononcé ses vœux en Langue Latine ; on luy avoit fait entendre le contenu ; & qu'enfin c'étoit l'usage dans l'Ordre de Saint Benoît. Arrêt du 14. May 1648. *Ibid. chap. 85.*

44 Aprés les cinq ans on ne peut plus être restitué. Arrêt des Grands Jours de l'année 1655. contre Alexandre Beaufort, Religieux Profés de l'Abbaye de Belaigne, par lequel il fut condamné de rentrer dans l'Abbaye d'où il étoit sorti, faute par luy d'avoir reclamé dans les cinq ans portez par la Constitution Canonique. Au lieu d'obéïr à cet Arrêt, il se porta à tant de violences contre le sieur de Beaufort son frere, qui s'opposoit à sa sortie, qu'il voulut l'assassiner, en sorte qu'ayant donné sa Requête à la même Cour, il obtint un second Arrêt, portant permission d'informer, & decret de prise de corps, avec défenses à sa mere, & à tous autres de luy donner aucune retraite dans leur maison.

Autre Arrêt du 18. Août 1666. contre la nommée Adrienne Gautier, Ursuline, laquelle n'ayant reclamé que dix ans aprés ses vœux & sa profession, fut condamnée de rentrer dans un Monastere des Ursulines.

Autre Arrêt du 14. Mars 1669. contre une fille qui avoit fait profession dans le troisiéme Monastere des Ursulines de la Ville de Lyon, laquelle fut pareillement condamnée à rentrer incessamment dans l'Ordre qu'elle avoit quitté, par la seule raison qu'elle n'avoit reclamé que huit ans aprés sa profession, avec dépens : & pour punir ceux qui l'avoient forcée à faire profession, la Cour condamna leurs heritiers de fournir à cette fille une pension telle qui seroit arbitrée par M. l'Archevêque de Lyon, pour vivre dans le Monastere qu'il luy indiqueroit. *Définitions du Droit Canonique, page 910.*

45 On ne peut reclamer contre des vœux aprés les cinq ans portez par les Constitutions Canoniques. Arrêt du 23. Août 1661. *Des Maisons, let. V. nomb. 6.*

46 Religieuse aprés les cinq ans, ne peut reclamer contre ses vœux, ni se pourvoir, n'articulant ni force ni violence. Arrêt du 18. Août 1666. *Des Maisons, let. V. nombre 10.*

47 Arrêt du Parlement de Provence du 25. Février 1678. qui a ordonné que la Religieuse sortie du Monastere en habit seculier, pour poursuivre la dissolution de ses vœux, doit reïntegrer le Monastere ; trouvée en cet état le Juge seculier n'a pû l'emprisonner. *Boniface, tome 3. liv. 7. tit. 12. ch. 1.*

48 Arrêt du 6. Mars 1679. qui a jugé que la reclamation des vœux d'un Religieux doit être faite par écrit, & dans les cinq ans ; & le Rescrit ayant été annullé, le Religieux doit être renvoyé au Cloître. *Ibid. tit. 7. chapitre 1.*

49 Arrêt rendu au même Parlement de Provence, le 14. Mars 1679. qui ordonna qu'une Religieuse sortie de son Convent pour poursuivre l'annullation de ses vœux, se retireroit dans le Cloître, avec inhibition de converser en habit seculier. *Boniface, ibid. tit. 12. chapitre 2.*

50 De la reclamation faite par un Religieux Cordelier contre les vœux, douze années aprés sa profession. Jugé au Parlement de Paris le 8. Juillet 1680. qu'il n'y avoit abus, ni dans l'obtention du Rescrit, ni dans la procedure de l'Official. Il n'y avoit point eu de probation durant le Noviciat ; il avoit été interrompu pendant deux mois ; le Religieux avoit été reçu par un Superieur sans pouvoir ; la profession avoit été faite avant seize ans. L'Arrêt renvoya par-devant l'Official de Chartres pour y proceder, suivant les derniers erremens, & ajugea 200. liv. de provision alimentaire sur les successions. *Soëfve, tome 2. Cent. 4. ch. 97.*

Vœux, Restitution.

51 Une Religieuse qui a été forcée par ses proches parens de prononcer ses vœux, a été restituée. *Voyez Des Maisons, let. V. n. 7.*

52 Religieuse restituée contre ses vœux, est capable de succession. Arrêt du Parlement de Bretagne du 4. Septembre 1565. *Du Fail, liv. 3. ch. 62.*

53 Restitution contre les vœux, se doit faire avec les parens du Religieux. Arrêt du 11. Mars 1631. *Bardet, tome 2. liv. 1. ch. 14.* M. Talon Avocat General, dit qu'il étoit raisonnable d'ajuger quelques alimens mo-

diques à ce Religieux, & que la Cour l'avoit fait ainsi dans la cause Dallegrin; l'Arrêt n'en donna pourtant aucuns.

54. Chevalier de Malthe qui a fait casser son vœu par Sentence du Juge d'Eglise; mais depuis déclarée abusive, est capable de Commanderie à son tour. Jugé le 13. Mars 1628. *Du Frêne, liv.* 2. *ch.* 13.

55. Les Religieux restituez contre leur profession, ne sont en droit de reprendre leur patrimoine aliené, pendant qu'ils étoient dans le Cloître l'espace de 20. ans sans avoir reclamé. Arrêt du 14. Decembre 1632. *M. d'Olive, liv.* 1. *ch.* 17.

56. Un particulier entré dans les Recollets, par désespoir de n'avoir réüssi en un mariage, y ayant fait profession, nonobstant une maladie de six mois qu'il avoit euë durant son Noviciat, est restituable contre son vœu. Arrêt du 28. Juin 1641. *Du Frêne, livre* 3. *chapitre* 77.

57. Arrêt du Parlement de Paris du 11. Juillet 1658. intervenu dans la cause des Daubriots de Courfraut qui leur ajuge la succession de leur pere, lequel avoit fait ses vœux par force. *Voyez les Plaidoyers de M. de Montauban, & Des Maisons, lettre V. nomb.* 4.

58. Autre Arrêt du 21. Juillet 1659. rapporté par le même *Des Maisons, lettre V. nomb.* 5. par ces deux Arrêts l'on peut voir qu'il faut être en pleine liberté pour faire des vœux.

59. Une Religieuse qui a été forcée de prononcer des vœux par ses proches parens, a été restituée. Arrêt du 3. Avril 1664. *Des Maisons, lettre V. nomb.* 7.

60. Une Religieuse qui a fait ses vœux par force & violence, en peut poursuivre la nullité par un rescrit, *si preces veritate nitantur*. Arrêt du 2. Août 1664. *Ibid. nomb.* 8.

VOEUX RESCRIT.

61. Le Pape accorde quelquefois des rescrits pour le laps de cinq ans, nous les recevons en France. *Voyez l'Auteur des Défin. Canon. lettre V. verbo, Vœux de Religion*, où sont les deux notes qui suivent.

62. Lorsque le Religieux, qui prétend avoir fait Profession par force, se pourvoit contre ses vœux, & qu'il est encore dans les cinq ans, le rescrit qu'il obtient pour faire declarer sa Profession nulle, contient toûjours cette clause, *qui ut asserit intra quinquennium regularibus à Concilio Tridentino ad reclamandum præfixum adhuc existit*; & ensuite le Decret, *dummodo quinquennium à die emissa professionis elapsum non sit*. Et quand le Religieux a reclamé dans les cinq ans du Concile, le Rescrit contient aussi la clause suivante: *Contrà quam formaliter intrà quinquennium regularibus, à Concilio Tridentino ad reclamandum præfixum reclamavit*. Ensuite est le decret, *Dummodo tempore reclamationis prædicta quinquennium à die emissa professionis elapsum non esset*. Mais après les cinq ans le Religieux n'ayant point reclamé, les Officiers de la Daterie ne laissent pas d'accorder un rescrit de restitution pour être relevé du laps des 5. ans portez par le Concile, pourvû que les impressions de force & de crainte ayent toûjours duré, *vi & metu durantibus*, & que la cause qui a empêché la reclamation ait continué.

Il est encore du style ordinaire de mettre cette clause dans le Bref. *Dummodo dicti exponens professionem tacitè, vel expressè numquam ratificaverit*.

En effet le Pape n'entend point dispenser une personne qui auroit ratifié une profession qui seroit soupçonnée de nullité.

63. Les Rescrits declaratoires de nullité de Profession, contiennent toûjours l'expression de ce Decret, pourvû que l'exposant n'ait point ratifié sa Profession tacitement, ou expressément. *Dummodo dictus exponens professionem hujusmodi tacitè, vel expressè, non ratificaverit*. Et quand il se trouve que le Religieux a ratifié sa Profession, il doit aussi se faire relever de la ratification comme de la Profession, & il peut en obtenir la restitution en cas que sa ratification ait eu la même cause que la Profession, & qu'il ait ratifié par les mêmes motifs & les mêmes impressions de force & de crainte, ce que les Officiers expliquent en ces termes: *Dictamque professionem vi & metu prædictis durantibus ratificare coactus fuit*. Ensuite est le Decret, pourvû que l'Exposant n'ait ratifié que de la maniere cy-dessus: *Dummodo idem orator professionem hujusmodi tacitè vel expressè, non aliàs, quam ut præfertur, ratificaverit*. Mais la ratification pour être valable doit être précedée d'un nouveau Noviciat; ainsi il faut qu'elle soit expresse, suivant l'article 45. de l'Ordonnance de Moulins, les Professions tacites sont rejettées en France; les Ultramontains même qui les approuvent sont d'avis, qu'on ne peut revalider des vœux précedemment nuls que par une profession expresse. *Namque ad professionem expressam clarum est eam convalidare actus nullum præcedentem*, dit Amydenius après Rodrigues, livre 1. *de stilo Dataria, cap.* 12. *num.* 15. Les exercices pratiquez par les Religieux quelque volontaires qu'ils paroissent, ne peuvent avoir l'effet d'une ratification, parce que tout cela se fait *ex consuetudine Religionis. Non convalidatur professio per actus proprios professorum, etiamsi voluntarii videantur, durante causa metus factos*. Thesaurus *de pœnis ecclesiasticis, part.* 2. *verbo, Monialis*.

64. Quelque juste cause qu'ait une Religieuse pour se faire dévoiler, il faut qu'elle obtienne un Rescrit du Pape, &c. *Voyez Carondas, liv.* 7. *Rép.* 108.

65. Il a été jugé le 15. Juin 1564. qu'il y avoit abus en un rescript impetré du Pape, par lequel *authoritate Apostolica*, étoit mandé à l'Official de Tours de proceder à l'execution & remettre en possession de biens une Religieuse de Poitou de la maison de Ponsac & connoître de la demonachation; il fut ordonné que pendant le procés & enquête des efforts & violence du pere & de la demonachation, la Religieuse rentreroit avec l'habit à saint Pierre de Poitiers & l'heritier cousin d'elle qui avoit été dépossedé remis en possession; l'abus consistoit en ce que le Rescript portoit *authoritate Apostolica*. Arrêt semblable du 11. Juillet 1573. *Papon, liv.* 19. *tit.* 2. *nomb.* 16.

66. Religieux restitué contre son vœu fait avant l'âge par son Superieur, sans aucun rescript du Pape, les parens avoient montré un Extrait baptistaire. Arrêt du 8. Avril 1631 qui sur leur appel comme d'abus, & pretenduë folle intimation des Cordeliers de Laval, mit les parties hors de Cour, sans neanmoins tirer à consequence pour le regard de la Jurisdiction. *Bardet, tome* 1. *liv.* 4. *chap.* 23.

67. Pour reclamer contre ses vœux, on n'est pas obligé d'obtenir rescript dans les cinq ans; mais il suffit de protester pardevant personnes publiques dans les cinq ans. Jugé le 24. Juillet 1631. *Bardet, tome* 1. *liv.* 4. *ch.* 42. M. Talon Avocat General dit, que la reclamation dans les cinq ans étoit de tout temps observée dans le Royaume par une loy non écrite, & non pas en vertu du Concile de Trente. Cette observation est fondée sur la disposition de droit *ne de statu defunctorum quinquennium quæratur*. La cause d'état est d'une telle importance, qu'on ne doit pas permettre de la revoquer en doute après un aussi long-temps.

68. Dispense & restitution en entier contre les vœux, ne peut être valablement faite qu'après un rescript obtenu en Cour de Rome, & les Superieurs de l'Ordre qui les déclare nuls, commettent abus: ainsi jugé le 12. Juillet 1635. contre le General de Prémontré qui avoit restitué au siecle François Guinay. L'Arrêt prononça qu'il y avoit abus, sauf à l'Intimé à se pourvoir ainsi qu'il verra être à faire par raison, soit pardevant l'Official ou autrement, & sauf à se servir des actes & preuves de violence déja faites au procés. *Bardet, tome* 2. *liv.* 4. *chap.* 21.

69. Les Sentences des Officiaux renduës sur les reclamations de vœux sans aucun rescrit & les Arrêts qui ont confirmé ces Sentences, ou qui ont renvoyé ces

sortes de causes sans rescrit aux Officiaux, sont des preuves incontestables de la Jurisdiction des Ordinaires en cette matiere. Le 22. Janvier 1655. l'Official de Bourdeaux ayant sans aucun Bref en premiere instance déclaré la profession de Paul Gibieuf Capucin, nulle & invalide, sur l'appel comme d'abus, les parties furent mises hors de Cour & de procés. François Gaigné Religieux de l'Etoille de l'Ordre de Prémontré au Diocese de Chartres, sur l'appel comme d'abus de la Sentence du General du même Ordre, la Cour le 11. Juillet prononça qu'il avoit été mal, nullement, & abusivement procedé, sauf aux parties à se pourvoir par-devant l'Official de Chartres, lequel déclara les vœux nuls & invalides sans qu'il eût obtenu aucun rescrit. Anne de Mondoüet ayant procedé sans rescrit sur la nullité de ses vœux pardevant l'Official de Chartres, la cause dévoluë par appel simple devant l'Official de Sens le 18. Septembre 1673. les vœux furent déclarez nuls le 23. Juin 1574. & le 2. May 1584. les vœux de Magdelaine Riviere, & ceux d'Antoinette des Châteaux, en premiere instance sans rescrit furent declarez nuls par le même Official, *Définit. Canon.* page 46. verbo, *Abus.*

70 Le Religieux qui a reclamé dans les cinq ans du Concile, peut impetrer rescrit de sa Sainteté & faire preceder à la cassation de sa profession hors ce temps là. 2°. Le Pape peut habiliter *ad futuras successiones*, ceux qui sont originaires du Comtat Venaissin où le Pape est Seigneur temporel. Arrêt du Parlement de Grenoble du 3. Avril 1656. *Voyez* le 17. *Plaidoyé de Basset, tome* 1.

71 Une fille mise dés l'âge de trois ans dans un Monastere, & prétendant avoir été violentée dans l'émission de ses vœux, rendit plainte à M. l'Evêque de Clermont, le suppliant de pourvoir à son état. L'Evêque se transporta au Convent, entendit la Superieure & les Religieuses, en dressa procez verbal, & rendit son Ordonnance portant que la Professe se pourvoiroit en Cour de Rome à l'effet d'obtenir un rescrit pour être restituée contre ses vœux; ce qu'elle fit; ses parens interjetterent appel comme d'abus de la procedure de l'Evêque, disant qu'il n'avoit point la jurisdiction contentieuse; mais on répondoit que l'Evêque n'avoit rien jugé, qu'il n'avoit fait qu'instruire sa Religion. Arrêt du 3. Avril 1664. qui met hors de Cour sur l'appel comme d'abus. *Soëfve, tome* 2. Cent. 3. chap. 13.

72 Arrêt du 15. Decembre 1670. qui déclare abusif un rescrit du Vice-legat d'Avignon en nullité de vœux, la reclamation des vœux n'ayant pas été faite dans les cinq ans. *Boniface, tome* 3. liv. 5. tit. 4. chap. 5. où il observe que les facultez de Vice-legat portent pouvoir d'accorder tels rescrits; mais le moyen d'abus étoit fondé sur ce que le rescrit étoit obreptice & subreptice, le Religieux n'ayant pas déclaré qu'il avoit par une transaction faite avec ses parens ratifié ses vœux.

73 Quoyque par le Concile de Trente *Sess. de Regul.* chapitre 19. il soit porté que celuy qui reclame doit deduire ses raisons devant son Superieur & son Ordinaire, c'est-à-dire, selon la Declaration des Cardinaux devant l'Ordinaire & le Superieur du Monastere dans lequel, il a fait Profession il a été neanmoins jugé au Parlement de Paris le 2. Mars 1675. que le nommé Lagarde qui avoit fait Profession dans le Monastere de la Bastide des Feüillans, & ensuite étant allé au Convent des Feüillans de Paris pour ses études, s'étoit valablement adressé à M. le Cardinal de Vendôme Legat *à Latere*, pour reclamer contre ses vœux, que le Cardinal délegua l'Official de Paris & le General de l'Ordre qui alors y residoit lui déclarerent la Profession nulle, & l'on jugea qu'il n'y avoit point d'abus. *Voyez les Arrêts de M. de Catelan*, liv 1. ch. 20.

74 Un Religieux peut réclamer contre ses vœux & proceder pardevant l'Ordinaire sans rescrit du Pape. Arrêt du 31. May 1691. *Au Journal des Audiences, tome* 5. liv. 7. chap. 28.

VOIAGES.

Voyez cy-aprés Voyages.

VOIE-DE-FAIT.

VOIE-de-fait. User de voie-de-fait. *Sibi jus dicere: seipsum ulcisci.*

Quando liceat unicuique, sine judice, se vindicare, vel publicam devotionem. C. 3. 27. En quel cas il est permis de se défendre soi-même, & de se faire justice par voie-de-fait? Ce titre permet aussi d'user de voie-de-fait envers les Soldats deserteurs, & de les arrêter: *vindicare publicam devotionem. Milites publicè devoti sunt; igitur, qui ab eâ devotione descisfunt, deserta militia, devotionem publicam ladunt.*

Voyez les mots, *Crime, Délit, Violence.*

VOIER.

Ainsi est appellé l'Officier qui a le soin des chemins publics. *Viocurus. Viarum curator.*

La Police & la Voïerie étoient exercées en partie, par les Ediles à Rome.

De locis & itineribus publicis. D. 43. 7. Ce Titre, & les deux suivans concernent la Voirie pour les chemins de la campagne.

Ne quid in loco publico, vel itinere fiat. D. 43. 8.

De via publicâ, & itinere publico reficiendo. D. 43. 11.

De viâ publicâ, & si quid in eâ factum esse dicatur. D. 43. 10. Ce Titre concerne la Voirie des ruës de la Ville.

Voyez Edile, Police.

Voyez hoc verbo, *Voïer*, la nouvelle Edition des *Droits Royaux & Seigneuriaux* de Ragueau, autrement le nouveau *Glossaire du Droit François*.

Edit portant rétablissement de l'Office du grand Voyer de France, créé par celuy du mois de May 1599. pour être exercé triennalement, & en tant que besoin seroit, création de trois Offices de Conseillers du Roy, Grands Voyers & Surintendans Generaux des Ponts & Chaussées de France, ancien, alternatif & triennal, nonobstant les Edits de suppression des mois de Février 1626. &c. A Paris en May 1645. registré au Parlement le 7. & en la Chambre des Comptes le 11. suiv. *Premier volume des Ordonnances de Louis XIV.* fol. 522.

Voy ez le Titre suivant.

VOIRIE.

Voyez le Titre précedent & celuy des *Tresoriers de France.*

1 Les Voiries ou chemins publics appartiennent au Roy, même dans les Duchez, Comtez & autres Terres & Seigneuries des Prélats & Barons. Arrêt de l'an 1290. par lequel la Voirie du Comté d'Anjou n'étant encore au Roy luy fut ajugée contre le Comte. *Voyez la Bibliotheque de Bouchel*, verbo, *Voirie.*

2 Droit de voirie, à la fin du procez verbal de la Coûtume du Grand Perche, ou de Voüerie; c'est-à-dire de Justice, de laquelle sont gardiens & Protecteurs les Avoüers ou Avoüez, duquel droit a été donné Arrêt entre le Roy, l'Abbé & Convent de Saint Germain des Prez à Paris en Novembre 1383. *Ibidem.*

3 Les Religieux, Prieur & Convent de saint Martin des Champs, ceux de saint Germain des Prez, &c. joüissent du droit de Voirie au dedans de leurs hautes Justices exercées en cette Ville de Paris: pareillement l'Abbé, Religieux & Convent de sainte Genevieve. Arrêt rendu avec M. le Procureur General le 20. Août 1401. *Bacquet des Droit. de Justice*, chap. 28. nomb. 22.

4   En un Arrêt de la Cour du 14. Janvier 1407. pour le Prieur de S. Martin des Champs à Paris, il est dit que le Roy prétend la Voirie & Justice par toutes les ruës au dedans des anciens murs de Paris, & un plaidoyer du 5. Septembre 1404. pour le differend de la Justice entre le Roy & l'Evêque de Paris, il est fait mention de la voirie de l'Evêque, & si le Voyer est haut-Justicier. *Bibliotheque de Bouchel* verbo , *Voirie*. *Voyez* le mot *Chemin*.

VOISIN.

1   Voisins d'un Avocat qui l'incommodent. *Voyez* le mot *Avocat*, nomb. 5. & suiv.

2   *Privato licitum non est in domo suâ artem exercere per quam vicini malo odore vel fétore circumveniuntur.* Voyez *Franc. Marc.* 10. 2. quest. 483.

    Si le voisin peut être contraint par son voisin de refaire , ou réparer l'heritage commun , ou bien s'il est tenu seulement de s'abstenir du fruit & usage de l'heritage commun ; & comment se doivent partir les fruits en l'année du remboursement? *Voyez Coquille*, to. 2. quest. 75.

VOISIN, ARBRES.

3   Si le voisin peut se plaindre de l'ombrage causé dans sa maison par la hauteur des arbres? *Voyez* le mot *Arbres*.

    Boulangers ne peuvent se servir dans leurs maisons de moulins à bluter farine , à cause de l'incommodité qu'en reçoivent les voisins. *Voyez* le mot *Boulanger* , nomb. 17.

VOISIN, BASTIMENS.

4   Bâtimens qui incommodent le voisin. *Voyez* le mot *Bâtimens* , nomb. 80. & suiv.

5   *Quod ad emulationem & injuriam alterius ædificare non liceat.* Voyez *Andr. Gaïll*, lib. 2. observat. 69.

6   Par Arrêt du Parlement de Toulouse du 8. May 1528. il fut dit que quand le voisin n'a moyen ou volonté de bâtir , il est tenu de bailler terre ou place à son voisin qui veut bâtir , lequel est tenu de la prendre , & ne peut rien demander de la construction d'icelle , jusques à ce & à proportion seulement que ledit voisin s'en voudra aider , & alors pour la moitié des frais seulement. *La Rocheflavin*, livre 2. lettre M. tit. 1. Arr. 1.

VOISIN, CHEMIN.

7   Voisin, comment tenu de donner un chemin? *Voyez* le mot *Chemin* , nomb. 31. & suiv.

VOISIN, HERITAGE.

8   Heritages voisins. *Voyez* le mot *Heritages* , nomb. 8.

VOISIN, PAVÉ.

9   Par Arrêt du 14. Août 1566. prononcé en Robes rouges , jugé que le Seigneur haut Justicier n'est tenu contribuer au premier pavé qui est mis devant la maison du sujet qui doit cenfive à autre , mais bien le proprietaire & le sieur censier par moitié. *Voyez la Bibliotheque de Bouchel*, verbo *Voirie*.

VOISIN, TUTELLE.

10 Si le Voisin peut être contraint d'être Tuteur ? *Voyez* cy-dessus le mot *Tutelle* , nomb. 351.

VOITURIERS.

Voiture. Voiturier par eau , ou par terre. *Vectura. Qui vecturam facit. Nauta, &c.*
Nautæ , caupones, stabularii, ut recepta restituant. D. 4. 9. Voituriers sont responsables du vol & du dommage fait par leurs gens ou Commis. *Inst.* 4. §. 3.
Furti adversus nautas , caupones, stabularios. D. 47. 5.
De exercitoriâ & institoriâ actione, & de institoribus , &c. Voyez *Commis*.
De navicularis , seu naucleris, publicas species transportantibus. C. 11. 1... C. Th. 13. 5. Les biens des Voituriers sont garans de leurs fonctions.
De navibus non excusandis. C. 11. 3... C. th. 13. 7.

Aucun vaisseau n'est dispensé de voiturer les Tributs publics.
Ne quid oneri publico imponatur. C. 11. 4... C. th. 13.
8. Défense aux particuliers de rien mettre sur les vaisseaux qui portent les Tributs publics.
De Murilegulis... & Bastagariis. C. 11. 7... C. th. 10. 20.
Bastagarii, étoient les Voituriers des choses portées *in ærarium*, ἀπὸ τῦ βαϛαϗαν , porter.
De cursu publico, & angariis, & parangariis. C. 12. 51... C. th. 8. 5. V. *Poste*.

1   Des engagemens des voituriers par terre & par eau. *Voyez* le premier tome des *Loix Civiles*, titre 16. section 2.
    Ils ont un privilege sur les marchandises qu'ils ont voiturées. *Loix Civiles* , to. 2. liv. 3. titre 1. section 5. nomb. 9.

2   Des voituriers tant par eau que par terre. *Voyez* la fin de la troisiéme édition des *Arrêts recueillis par Philippi.*

3   Du Mardy *antè Nativitatem Domini*. anno 1315. jugé que les voituriers du long de la Seine seroient payez en monnoye courante & de mise à Paris, & non du Pays d'où ils viennent. Feuillet 505. A. *Corbin suite de Patronage* , chap. 142.

4   Voituriers, faute d'avoir rapporté certificat dans le temps accordé, peuvent être contraints par corps, ou bien faute de payer l'imposition foraine, si tout quand il y a promesse de faire l'un des deux , & que le temps accordé est passé. Arrêt des Generaux du 12. Juillet 1540. *Papon* , liv. 13. tit. 9. n. 8.

5   Des voituriers d'Anjou avoient percé & buffeté des vins & rempli d'eau , sable , ou autre chose. M. Simon Sagayer Docteur en Medecine auquel en appartenoit deux pipes ayant fait instance, les voituriers ont été condamnez payer 16. livres parisis , pour les deux pipes , absous Sagayer de la voiture,& fait défenses à tous voituriers de vin par eau & par terre, leurs gens , serviteurs & entremetteurs de boire des vins à eux commis pour mener ou conduire , & de les remplir d'eau, sable, ou autres choses dont les vins soient empirez , sur peine de punition corporelle , & que les défenses seroient publiées par les carrefours de la Ville d'Anjou à jour de marché , dont le Sénéchal certifiera la Cour au mois. Arrêt du 7. Decembre 1548. *Corbin , suite de Patronage* , chapitre 243.

6   Arrêt du Parlement de Paris du 10. Février 1550. contre des Chartiers lesquels pour avoir buffeté des vins qu'ils conduisoient , & rempli le tonneau d'eau, ont été condamnez à faire amende honorable , au foüet , & en deux amendes vers le Roy , & Monsieur le Président Hagueville partie interessée , avec défenses de plus y retourner , & à tous de tomber en pareille faute à peine d'être pendus. *Papon*, liv. 13. tit. 9. n. 1.

7   Un voiturier délinquant est punissable & responsable où il doit rendre sa marchandise. Arrêt du 9. Février 1577. *Papon* ; liv. 13. tit 9. n. 1.

8   Deux voituriers se chargeant de conduire les marchandises , sont tenus l'un pour l'autre de ce qui se trouve perdu. *Voyez Bouvot*, to. 1. part. 2. verbo *Voiturier*.

9   Voiturier par eau est obligé de representer les ballots & bahus qui luy ont été donnez à porter , bien qu'il n'en soit chargé par aucun Registre , & en ce cas la preuve par témoins au dessus de cent livres reçûë. Arrêt du 30. May 1656. *Du Frêne*, livre 8. chapitre 41.

10 Jugé en la premiere Chambre de la Cour des Aydes de Paris que les Marchands qui envoient des marchandises aux Marchands Bourgeois d'Orleans qui ne payent ni droit de gros, ni sol pour livre, sont obligez de faire passer leurs lettres de voiture pardevant Notaires dans les lieux où il y en a , sinon de les

VOL VOL 857

les faire viser par les Commis s'il y en a, ou par le Curé, Vicaire, ou Greffier de leurs Jurisdictions. *Journ. des Aud. to. 5. liv. 7. chap. 46.*

VOIX.

Voyez le mot *Opinion.*

VOIX, CHAPITRE.

1 Voix des Chanoines en Chapitre. *Voyez* le mot *Chanoines*, nomb. 159. *& suiv.*

VOIX, ELECTION.

2 De la pluralité des voix dans les Elections. *Voyez* le mot *Election*, nomb. 112. *& suiv.*

3 En Janvier 1571. jugé que l'Evêque aura une voix, le Chapitre une autre, & le Syndic une autre. *La Rocheflavin*, li. 6. tit. 36. Arr. 6.

4 L'absent ne peut avoir voix en une élection par Procureur. Jugé le 7. Mars 1600. *Carondas*, livre 13. Réponse 1.

VOIX, JUGES.

5 Edit du Roy du mois de Janvier 1681. portant que les voix des Officiers des Cours & Sieges, tant titulaires, honoraires, que veterans qui seront parens aux degrez y mentionnez, ne seront comptées que pour une lors qu'elles seront uniformes. *Voyez le Recueil de Decombes, Greffier en l'Officialité de Paris*, 1. part. chap. 3. page 333.

6 Les voix des pere & fils, de deux freres, beau-pere, & gendre, oncle & neveu étant d'un même avis en affaires generales & publiques, doivent être réduites à une. Arrêt du Conseil d'Etat du 30. Août 1687. *Au Journal des Aud.* 10. 5. liv. 3. ch. 13.

VOL.

1 Du crime de larcin. *Voyez Despeisses, tome 2. tit. des crimes, & Causes criminelles*, part. 1. titre 12. sect. 2. art. 6.

2 Accusation de vol. *Voyez* le mot *Accusation*, nombre 48.

3 Des voleurs, aggresseurs, & guetteurs de chemins, & peines d'iceux, & que les condamnez à mort seront reçûs à confession. *Ordonnances de Fontanon*, to. 1. li. 3. tit. 67. p. 690.

4 Du vol. *Voyez les Observations de Julius Clarus*, liv. 5. Sententiarum, §. furtum, & les Annotations qui sont à la fin de l'ouvrage de ce même Auteur.

5 *Furtum qualificatum translatum per furem in aliâ jurisdictione quàm factum sit contractando novum furtum dicitur: nec fur ad locum delicti remittendus est, cùm puniri possit. Voyez Franc. Marc.* 10. 2. qu. 176.

6 *An Dominus territorii teneatur depradato resarcire rapinam in territorio suo commissam? Voyez Andr. Gaill*, li. 2. observat. 64.

7 Si le dépositaire est tenu de rendre la chose déposée qui luy a été volée? *Voyez* le mot *Dépôt*, nombres 64. *& 65.*

8 Si un ami se charge de quelque argent, & en chemin le perd, s'il est tenu de la perte? *Voyez Bouvot*, to. 2. verbo *Messager*.

9 L'associé qui dit avoir été volé, est obligé de dresser état de son voyage. Arrêt rendu au Parlement de Dijon le 11. Janvier 1609. *Bouvot*, tome 2. verbo *Societé, Communauté*, quest. 7.

10 Jugé qu'un associé au fait de marchandise, Serviteur, Procureur, ou Facteur d'un Marchand, s'il fait quelque perte étant pris des voleurs, la perte regarde le Maître & associé. *Voyez Papon*, livre 6. titre 5. nombre 3.

11 Anciennement ceux qui étoient volez sur les grands chemins pouvoient se pourvoir pour leur remboursement contre celuy qui levoit le peage, & avoit la Justice, lequel étoit tenu de les rembourser, & dédommager. Arrêt du Parlement de la Purification 1269. contre le Seigneur de Vernon, & contre le Comte de Bretagne, és Arrêts de Bretagne de la Pentecôte 1273. & contre le Comte Dartois, és Arrêts de la Toussaint 1287. & par autre Arrêt de la Toussaint 1295. le Roy fit rembourser le vol fait en sa Justice, parce que le Seigneur prenant peage étoit obligé de tenir les passages sûrs contre les particuliers, autrement tenu récompenser la perte. Arrêt de la Chandeleur 1254. ce qui avoit lieu seulement à l'égard des Vols faits en plein jour depuis le soleil levant jusques au couchant, car devant & aprés le Seigneur n'en étoit plus tenu, comme il a été jugé par plusieurs Arrêts. *La Rocheflavin, des Droits Seigneuriaux*, chap. 8. Arr. 8.

12 Perquisition de chose dérobée ne se doit faire en la maison d'autruy sans information préalable, & sans permission du Juge; autrement & si la chose dérobée ne se trouvoit, le Maître de la maison pourroit se plaindre de l'injure. Arrêt du Parlement de Bourdeaux. *Papon*, liv. 23 titre 6. n. 3. *& décision* 174. *de M. Boyer.*

13 En 1596. année sterile & malheureuse, un vigneron chargé d'une femme & plusieurs enfans, trouvant la porte de son voisin ouverte emporta de la pâte qui étoit sur sa table. Les Officiers aprés une longue procedure le condamnent à rendre la valeur de la pâte, en l'amende de cent sols, & aux dépens. Appel *Voyez* le 4. *Plaidoyé de M. Bouchin Procureur du Roy au Siege de Baune*; il conclut au mal jugé, & à décharger de l'amende, d'autant plus que les Avocats demeuroient d'accord que la partie plaignante avoit été satisfaite.

14 Celuy qui prétend avoir été volé doit prouver ce qui luy a été pris ou par témoins, ou par écrit, comme un messager le peut prouver par son Registre, qui est ou doit être chargé des pacquets & des sommes qu'il porte. Des Marchands contre une hôtesse de Lyon pour 300. écus qu'ils prétendoient leur avoir été volez, pour n'avoir pû prouver qu'ils les avoient apportez en la maison, furent déboutez de leur demande. Jugé le 15. Mars 1608. *M. le Prêtre*, 1. Cent. chap. 19. *in margine*, où sont rapportez plusieurs exemples touchant les hôtes, & plusieurs jugemens intervenus sur ce sujet.

15 Touchant un vol fait pendant la guerre, de quelques bestiaux, à celuy qui venoit de les voler à un autre. Arrêt du Parlement de Mets du 24. Novembre 1636. qui condamne le voleur à rendre. *Voyez* le 7. *Plaidoyé de M. Corberon.*

16 Arrêt du Parlement de Provence du 16. Novembre 1640. qui a jugé qu'il suffit à celuy qui est saisi d'une chose dérobée, d'alleguer son auteur pour être excusé de crime. *Boniface*, to. 2. part. 3. livre 1. tit. 5. chap. 1.

17 Arrêt rendu au même Parlement le 26. Janvier 1647. qui a jugé que la perquisition & recherche de choses dérobées est défenduë dans la maison d'autrui, excepté en cas d'information précedente, ou flagrant délit. *Boniface*, tome 2. part. 3. livre 1. titre 5. chapitre 4.

ACHAT DE LA CHOSE VOLÉE.

18 Acheteur de la chose dérobée. *Voyez* le mot *Achat*, nomb. 9.

19 Un Piémontois condamné envers le Prieur de S. Martin des Champs à 43. marcs d'argent, & 16. marcs 5. onces, & 15. estelleins d'autre, ou la valeur qu'il avoit achetés d'un Religieux qui les avoit soustraits de la Chasse de saint Martin, & outre ce fut condamné en 40. livres d'amende envers le Roy : ce qui servit de motif à la condamnation, fut qu'il y avoit encore quelques plis des têtes des images, & que le Religieux étoit venu en habit seculier & pendant la nuit dans la maison du Piémontois. *Papon*, li. 1. tit. 5. n. 38. Il ne date point l'Arrêt.

20 Un Orfévre ayant acheté d'un Prêtre un diamant dérobé, fut condamné à le rendre sans restitution du prix, sauf à luy se pourvoir contre le vendeur. Arrêt du Parlement de Dijon du 29. Fé-

Tome III. QQqqq

858 VOL   VOL

vrier 1616. *Bouvot*, tome 2. verbo *Renonciation*, question 1.

21 Propriétaire vendique sa chose dérobée sans restitution de prix; il s'agissoit d'une chapelle d'argent doré qu'un Orfévre avoit achetée de celuy qui l'avoit volée. Arrêt du Parlement de Paris du 27. Mars 1618. *Bardet*, tome 1. liv. 1. ch. 15.

22 Arrêt du Parlement de Provence du 9. Janvier 1643. qui a jugé que la chose dérobée peut être prise par le Maître en quelque part qu'il la trouve, même d'un acheteur de bonne foy; il s'agissoit d'une barque volée. *Boniface*, tome 2. partie 3. livre 1. titre 5. chapitre 2.

23 Une chose dérobée ne peut être vendiquée par le proprietaire d'icelle sans en rendre le prix à celuy qui l'a achetée de bonne foy. M. Bignon, Avocat General, avoit conclu à ce que pour la seureté du public, l'Orfévre qui avoit acheté le diamant fût condamné purement & simplement à le restituer. Arrêt du 9. Decembre 1648. *Soëfve*, tome 1. Cent. 2. chap. 96.

VOL À L'AUDIENCE.

24 Coupeur de bourses surpris en l'Audience du Parlement de Paris durant les plaids, son procés luy est fait sur le champ; & parce qu'il n'y avoit preuve que de sa confession, il fut banni à perpetuité: une demi heure auparavant un autre Coupeur de Bourses, convaincu par témoins, fut condamné d'être pendu & étranglé: le premier Président Lizet, après l'Arrêt prononcé, dit la raison de la diversité des jugemens contre le dernier accusé, il n'y avoit preuve contre luy que de sa confession, selon la décision de la Loy 2. §. *Divuo. D. de quæstionibus*. Biblioth. Du Droit François, par *Bouchel*, lettre C. verbo, *Coupeur de Bourses*, p. 695. à la fin.

VOL, BESTIAUX.

25 Jugé au Grand Conseil le 20. Decembre 1709. que le vol de bestiaux en pleine campagne étoit un cas Prévôtal. La connoissance en fut renvoyée au Prévôt des Maréchaux de Bayeux. M. Chevalier plaidoit pour le Procureur du Roy en la Maréchaussée, demandeur en Reglement de Juges. M. Brillon, pour le Procureur du Roy au Bailliage de Thorigny. M. Du Puy, Avocat General, fonda ses Conclusions sur la qualité du crime, qui étoit public, & semblable à celui séverement puni chez les Romains, & connu parmi eux sous le nom d'*Abigeat*, dont il y a plusieurs titres dans le Droit. *Voyez* le mot, *Abigeat*.

VOL SUR GRAND CHEMIN.

26 Anciennement si un homme étoit détroussé en chemin public, le Seigneur luy levoit le péage, & avoit la Justice du lieu, étoit tenu de le rembourser, comme il a été jugé contre le Seigneur de Vierzon, aux Enquêtes du Parlement, ch. de la Purification 1269. & contre le Comte de Bretagne, aux Arrêts de la Pentecôte 1273. & contre le Comte d'Artois, dans les Arrêts de la Toussaints 1287. mais si le meurtre se faisoit devant soleil levé & aprés soleil couché, le Seigneur n'en étoit tenu. Jugé pour le Comte d'Artois & de Saint Paul, à la Toussaints 1265. aussi par un Arrêt de la Toussaint 1295. appert que le Roy fit rembourser le détroussement fait en sa Justice en voye publique. *Voyez la Bibliotheque de Bouchel*, verbo, *Péage*.

27 Un serviteur de Marchand est volé par les chemins, il fait poursuite contre les voleurs, achete un autre cheval, & acheve son voyage. Le Maître à son retour luy demande compte, & ne veut avoir égard au vol. Arrêt du 1. Février 1578. qui décharge le serviteur de la somme qui luy avoit été volée, & le Maître condamné à luy payer les dépens de son voyage & poursuite, & le cheval qu'il avoit acheté. *Carondas*, liv. 7. Rép. 186.

VOL DOMESTIQUE.

28 Anciennement à Tours les vols domestiques étoient punis par amputation de membres; ce qui fut reformé par Arrêt de l'an 1269. *Papon*, liv. 23. tit. 6. Arrêt 4.

29 Vol domestique doit être puni de mort. Arrêts du 13. Septembre 1532. & de l'année 1558. par lesquels deux domestiques, l'un pour avoir volé 1500. liv. & l'autre 60. liv. à leurs Maîtres, ont été condamnez à être pendus. *Ibid*. n. 2.

30 Celuy qui adresse un serviteur à un particulier, & le luy recommande, si le serviteur le vole, il n'est pas tenu du vol, ni la preuve par témoins du cautionnement recevable. Arrêt du 16. Février 1599. *Carondas*, liv. 10. Rép. 63.

VOL DANS L'EGLISE.

31 Arrêt du Parlement de Roüen du 11. Octobre 1555. par lequel un Larron qui avoit commis un larcin dans l'Eglise, fut débouté de l'immunité qu'il prétendoit, à cause du lieu. *Preuves des Libertez*, tome 2. ch. 36. nombre 37.

VOL DANS HÔTELLERIE.

32 Un Hôte en chambre garnie est responsable des hardes & argent portez par celuy qui loge en ladite chambre, encore bien que les hardes fussent mises dans un cabinet qui fermoit à clef, & duquel le Locataire avoit la clef. Jugé le 12. Decembre 1654. à la Tournelle. *Du Frêne*, liv. 8. ch. 2.

MESSAGERS VOLEZ.

33 *Voyez* le mot, *Messagers*, nombre 11. & suivans.

PEINE DU VOL.

34 Arrêt du dernier Février 1519. contre Jean de la Haye, dit Hennequin, par lequel ayant eu pour larcin les deux oreilles coupées, il a été condamné pour autre second larcin à avoir le residu des deux oreilles coupées, & être fustigé la corde au col, & banni du Royaume à toujours. *Biblioth. de Bouchel*, verbo, *Oreilles*.

35 Declaration portant que ceux qui seront convaincus d'avoir volé dans les Maisons Royales, seront punis de mort. A . . . . . au mois de Novembre 1539. *Voyez* celle du 15. Janvier 1677.

36 Arrêt du Parlement de Provence du 17. May 1667. qui a jugé que le larcin d'instrumens de labour, est qualifié & public, & comme tel peut être poursuivi à la Requête du Procureur du Roy, ou Procureur Fiscal, sans intervention de partie civile. *Boniface*, tome 2. part. 3. liv. 1. tit. 5. ch. 3.

37 Déclaration portant peine de mort contre ceux qui voleront dans les Maisons Royales, en interpretation de celle du 15. Janvier 1677. A Versailles en Septembre 1682. registrée au Grand Conseil le 15. du même mois.

38 Déclaration du Roy du 7. Decembre 1682. portant peine de mort contre ceux qui voleront dans les Maisons Royales, cours, avant-cours, cours des cuisines & écuries. *V. les Edits & Arrêts recueillis par l'ordre de M. le Chancelier en 1687*.

VOL DU CHAPON.

Voyez au premier Volume de ce Recueil, le mot, *Aînesse*, nombre 102. & Ragueau, verbo, Vol. Vol de chapon en droit d'aînesse, emporte l'étenduë & environ du Château, à prendre depuis le fossé limité, à un arpent de terre simple, & non où seroit le moulin bannal. *Papon*, liv. 21. tit. 5. n. 2.

VOLIERE.

Mademoiselle Alegrin avoit empêché M. Quelin, Conseiller au Châtelet, d'achever un volet pigeons, qu'il avoit commencé à faire construire en sa maison sise à Amblainvilliers, parce qu'elle disoit que n'ayant pas cinquante arpens de terre, cela ne luy devoit être permis, suivant la Coûtume de Paris. Le sieur Quelin répondoit que cet article n'avoit été resolu lors de la réformation de la Coûtume, mais sur l'intervention du Prévôt des Marchands, qui s'y étoit opposé pour la liberté; mais l'article étoit demeuré indécis; sur ce les parties appointées en droit par le Prévôt de Paris: appel en la Cour, & en cause d'appel, Requête pour évoquer le principal. Par Arrêt Robert Desmarchez, & Talon, plaidans, le Lundy 16. Février 1601. les parties appointées au Conseil; & cependant défenses de passer outre à la construction dudit volet. *Voyez* cette question traitée par *Guibert*, qui est à la fin de *Quæstiones juris de columbario animæ*. Vide Platonem, *in Theæteto*. De *columbis veneris*. Vid. Athenæum *Des Colombiers*. Vid. Chassan. *in Consf. Burg.* M. Charles Du Moulin, *sur la Coût. de Blois.* Biblioth. du Droit François, par *Bouchel*, verbo, *Colombier*, page 695. à la fin. Le même Arrêt est rapporté au troisième tome de Bouchel; verbo, *Voliere*.

Voyez au premier Tome de ce Recüeil, le mot, *Colombier*.

VOLONTE'.

1 Intention, *mens*, *voluntas*.
On a plus d'égard à la volonté qu'aux paroles. *Loy.* 116. *D. de verb. sign.*

2 Volonté d'un furieux, est nulle. *L.* 40. *D. de Reg. Juris.*

3 Question sur l'interpretation de la volonté du Testateur. *Voyez Carondas*, liv. 4. Rép. 68.

4 Vide L. 3. *de regulis juris. Ejus est non nolle qui potest velle*, & *L. V. velle non creditur qui obsequitur imperio patris vel domini. Vice versâ, etiam ejus est velle qui potest nolle.*

5 *Voluntas conjectura quasi quæstio facti est in æstimatione judicis*, *L. Voluntatis, C. de fideicom. L. ex verbis. C. de donat. inter vir. & uxor. Nec nì tamen contentus esse debet, concurrant plures necesse est antequam quicquam ex eis constituere rectè possit, ne sub potestate jurisdictionis, vel specie quaque quaque prima oblata voluntatis eret perniciosissimè. Exempla sunt in L. Librorum,* §. *quod tamen. De Leg.* 3. & in *L. prædiis,* §. *Balneas, eodem, tit. Jac. Cujac. Consult.* 35.

6 *Voluntatem potius quàm scriptum sequendum.* Joan. Coras. lib. 2. Miscell. cap. 18. *Bald. in L. Si defunctus, C. de suis* & *legit. Unde eleganter Cicero pro Cæcinna Scriptum sequi calumniatoris est: boni autem judicis voluntatem scriptoris, authoritate defendere,* &c.

Voluntas non exitus spectandus. Omnia honesta opera voluntas inchoat, occasio perficit. Sæpè honorata virtus est, etiam ubi eam fefellit exitus. Scelera quoque quamvis citra exitum subsederunt puniuntur. Nec infelix virtus amittit gloriæ titulum, nec gloriam virtutis interceipit fortuita fælicitas. Senec. lib. 4. Contr. 7.

Voluntas non voce tantùm, sed manu & *vultu significatur.* Quintil. Declam. 247. p. 11.

Petrus Victorius, li. 7. Var. lect. cap. 9. *Non facta, sed voluntatem in judicando spectari oportere, authoritate magnorum virorum docet.*

7 *Cum de voluntate sit mentio, de liberâ intelligendum est*, L. *Cum quidam.* 2. in princ. D. de legat. 2. *L. fideicommiffa.* §. *quanquam. De legat.* 3. & *voluntas libera dicitur quæ est æquipollens ad omnem actum contradictionis, alioqui non est libera; nam si quid vel minimum potentiæ detrahatur, omnis libertas adempta intelligitur, L. si optio. D. Qui* & *à quib.* & *ita inquit Bald. in L. quidam in elogio num.* 11. *C. de jure delib. Nam illud dicitur esse liberum, quod sit nullo cogente imperio, nullaque urgente necessitate, sed spontaneâ voluntate, L. Si quis major. C. de transact. Et voluntas quidem precisè cogi non potest, L. Cùm proponas, C. de hæred. instit. Nam voluntas est animi motus nullo cogente imperio,* & *si cogatur, vim patitur,* & *in suo arbitrio non est, L. Dudum, C. de contr. empt. Itaque ex voluntate fieri dicitur quod ex libero mentis arbitrio proficiscitur, ca.* 1. vers. *ex voluntate* 15. qu. 1. & *velle non creditur, qui obsequitur imperio patris vel domini. L. Velle. De Reg.*

Tome III.

Jur. Unde etiam voluntas coacta propriè voluntas dici non potest, quia nihil consensui tam contrarium quàm vis & *metus, L. Nihil consensui. De Reg. Jur. Et licet coacta voluntas, voluntas dicatur, L. si mulier,* §. *si metu. D. quod met. causâ, L. si patre cogente, De ritu nupt. tamen illa voluntas est oppressa seu depressa, ut idem Bald. scribit in C. verum, in sin.* §. *cum contingat, num.* 4. *De jurejurando: nam voluntas meticulosa habet in superficie volitionem,* & *in medullâ nolitionem. Jas. in L. Rem qua nobis, num.* 3. *De acquir. possess. Unde etiam si quis metu compulsus consentiat, justè succurritur ei per in integrum restitutionem, D. L. si mulier,* §. *si metu. D. quod metûs causâ, quod quidem Edictum Spiritus S. posuit in ore Prætoris,* & *est vox Dei prolata ab homine, ut refert Bald. in Rub. De Controvers. investit.* & *in L. Nominationes, num.* 5. *C. de appell.* & *Boër. in decis.* 100. num. 1. *Item voluntas coacta secundum qualem qualem significationem voluntas dicitur, quando precisè violentia non infertur, sed sub conditione: veluti si quis alicui ità dixerit, si hoc non feceris, te interficiam: in eo enim quod quis elegit facere potius quàm mori,* 15. qu. 1. c. *Majores,* §. *Item quæritur. De bapt. Et quidem dicitur necessitas consequentiæ: voluntas enim est quod libere vult antecedens, hoc est mortem effugere, vel tormenta vitare,* & *ex eâ inducitur ad volendum consequens: ut Bartolus declarat in Extravagant. Ad reprimendum, in verb. videbitur. Imò etiam quod quis facit metu imminentis periculi, liberè facit: veluti si quis subortâ gravi tempestate, merces suas in mare projiciat, ne naufragium patiatur,* & *pereat; aut etiam si id faciat quod Tyrannus jufferit, nisi malit parentes* & *liberos, quos ipse Tyrannus habet in suâ potestate, interfici, ut docet Aristot. li.* 3. *Ethic. ca.* 1. & *seq.* Tiraq. in Tract. du retrait lignager. §. 31. *Gloss.* 1. num. 66. *Et hæc quidem dicitur voluntas mixta, partim scilicet coacta,* & *partim spontanea. Cæterum quando quis præcisè cogitur aliquid facere, nullo modo videtur consentire, imò dicitur pati potius quàm agere,* c. *sacris. Quod met. caus. D. C. Majores,* §. *Item quæritur. D. bapti. Decius in L. Velle. num.* 6. *De Reg. Jur. Et quemadmodum hæc vis præcisa seu absoluta distinguatur à conditionali qua mixtam habet voluntatem, explicat Paul. Castr. in L. qui in alienâ,* §. *Celsus, num.* 4. *D. de acquir. hæred. Hæc Fr. Mantin. lib.* 1. tit. 4. *de conject. ult. volunt.*

D'efforts en delits sans effet. *Papon*, li. 23. *Ar. tit.* 10.

Non unum promittendi genus est. Voluntas hominum non tantùm voce signata est. An verò si manu promisisset, aut vultu annuisset dedisse fidem, & *confirmasse spem puellæ viderentur,* &c. Quintil. Declam. 247.

M. *Tull. pro Milone de servo P. Clodii cum ad Pompeium interficiendum deprehenso. Perindè, inquit, quasi exitus rerum, non hominum consilia legibus vindicentur, minùs dolendum fuit si non perfecerat; sed puniendum certè nihilominus.*

VOULRIE.

Coûtume de *Vitry*, art. 70. 100. 141. 143. & au procès verbal de la Coûtume de Laon.

1 C'est la puissance de pere & mere: *significat etiam patris domicilium, paternos lares vel penates. Sic hodie hanc lineam ducendo hanc exerceo artem, quam velim plures imitari, modò ne invideant. In quemquam autem non cadit tam absolutum opus, ut gloria artis efferri debeat.* Indice de Rageau, verbo, Voulrie.

2 *Voulrie. Advocatia.* C'est le droit qui est dû pour la défense ou protection. En l'aveu rendu par le Vidame de Châlons à l'Abbé l'an 1581. *Item*, un touliou de sel appellé *Voulrie*, qui est tel que chacune charrette chargée de sel, amenée audit Châlons, nous doit quatre deniers tournois; & chacun char huit deniers tournois, & de long-temps ne vaut aucune chose. M. Galand.

3 *Loysel*, en ses Institutes Coûtumieres, liv. 1. tit. 4. fait sur cette sorte de droit qu'il appelle *Voulrie*, les observations suivantes.

I. Bail, Garde, Mainbourg, Gouverneur, legitime Administrateur & Regentant, sont quasi tout un: combien que jadis, & encore en aucuns lieux, Garde se dit en ligne directe, & Bail, en collaterale.

II. Les enfans sont en la Voultie & Mainbournie de leurs pere ou mere, soient francs ou serfs, majeurs ou mineurs.

III. Le mary est Bail de sa femme.

IV. Il n'accepte Garde, ni Bail qui ne veut.

V. Tuteur & Curateur n'est qu'un.

VI. Les Tutelles sont datives.

VII. Toutefois quand par le Testament y a Tuteur nommé, il doit être confirmé, si les parens n'alleguent cause legitime, que le défunt eût vrai-semblablement ignorée.

VIII. Les Baillies ou Gardes sont coûtumieres.

IX. Le mineur n'a Bail ni Tutelle d'autruy.

X. Gardiens & Bailliftres sont tenus faire visiter les lieux dont ils jouïssent, afin de les rendre en bon état.

XI. Qui Bail ou Garde prend, quitte le rend.

XII. Par l'ancienne Coûtume de France, les Gardiens ou Bailliftres, ni les Nobles mineurs de vingt ans, & les non-nobles de quatorze, ne pouvoient autres intenter, ni être contraints de defendre en action petitoire, de ce dont ils étoient saisis, comme heritiers; ce qui fut corrigé par l'Ordonnance du Roy Philippes de Valois, de l'an 1330. en les pourvoyant à cette fin de Curateurs.

XIII. Bail se regle le plus souvent suivant les successions, & se donne coûtumierement à ceux qui sont plus proches du côté dont le Fief vient.

XIV. En vilainie, cotterie, ou roture, n'y a Bail.

XV. En pareil degré l'aîné sera preferé aux autres.

XVI. Les Bailliftres qui entrent en foy en leurs noms, la reçoivent aussi des vassaux de leurs mineurs, & en doivent & prennent les rachats.

XVII. Garde doit rachat & finance pour les Fiefs dont il fait les fruits siens.

XVIII. Relief de Bail se paye toutefois & quantes qu'il y a nouveaux Bailliftres.

XIX. Tuteurs & Curateurs n'entrent point en foy; aussi ne doivent-ils point de rachat; ains demandent souffrance pour leurs mineurs, laquelle doit être accordée; mais peuvent recevoir l'hommage des Vassaux.

XX. Bailliftres ni Tuteurs ne reçoivent aveus; ne les baillent.

XXI. Bail ou Garde ne se peut transporter à autruy.

XXII. Bail ou Garde se perd par mésusage, ou quand le Gardien se remarie; & finit par la majorité ou décés du mineur.

XXIII. La majorité, en ce cas, est aux mâles, à 14. 15. 18. & 20. ans, selon la diversité des Coûtumes; mais en ce qui concerne l'alienation de l'immeuble, elle se doit prendre à 25. ans.

XXIV. Si le Bailliftre rend la terre à son mineur avant son âge, ses hommes ne luy feront point hommage, s'ils ne veulent; comme aussi son Seigneur ne l'y recevra, s'il ne luy plaît.

XXV. Tuteurs & Bailliftres doivent incontinent faire inventaire des meubles & titres des mineurs.

XXVI. Inventaires peuvent être faits à la requête de ceux qui y prétendent interêt.

XXVII. Et par nos Coûtumes se faisoient par les Notaires & Tabellions, selon ce qui est remarqué par *Jean Faure*.

VOYAGES.

1 Des voyages qui sont dûs, & doivent être ajugez dans la taxe des dépens. *Voyez* le mot, *Dépens*, nombre 217. & suiv. où est au long rapporté l'Arrêt de Reglement fait au Parlement de Paris le 10. Avril 1691. sur les voyages & séjours.

2 Arrêt rendu au Parlement de Provence le 29. Mars 1643. qui a reglé la taxe des Lieutenans à 12. livres, celle des Greffiers & Procureurs à 6. liv. quand ils voyagent. *Boniface*, tome 1. livre 1. titre 10. nomb. 26.

3 Pour faciliter la taxe de dépens, & empêcher qu'il ne soit employé dans les Declarations, autres droits que ceux qui sont legitimement dûs, & qui doivent entrer en taxe, sera dressé à la diligence de nos Procureurs Generaux, & de nos Procureurs sur les lieux, & mis dans les Greffes de toutes nos Cours, Siéges & Jurisdictions, un Tableau ou Registre, dans lequel seront écrits tous les droits qui doivent entrer en taxe, même ceux des déclarations, assistances de Procureurs, & droits necessaires pour parvenir à la taxe, ensemble les voyages & séjours, lesquels pourront y être employez & taxez, suivant les differens usages de nos Cours & Siéges, qualités des Parties, & distance des lieux. Voyez l'Ordonnance de 1667. tit. 31. art. 13.

Sur cet article M. *Philippes Bornier*, en sa Conference des Ordonnances, fait l'observation, & rapporte l'Arrêt qui suit.

Le Parlement de Bretagne par le Reglement qu'il a fait du salaire des Procureurs, a ordonné entr'autres choses, que pour les voyages & séjours des parties aux procés évoquez, le tiers examinateur se conformeroit à cet article & au suivant; & que pour ceux de la Province Sa Majesté seroit tres-humblement suppliée d'avoir agréable qu'il en fût usé comme par le passé, & qu'il lui alloüé trois voyages à la partie. Il fut rendu Arrêt au Conseil d'Etat le 1. Avril 1669. par lequel il fut enjoint en procedant à la taxe de dépens, de taxer indistinctement, tant aux procés évoquez qu'aux autres, les voyages & séjours qui doivent entrer en taxe, dont il apparoîtra, selon l'article suivant; & enjoint au Procureur Général dudit Parlement de tenir la main à l'observation entiere de l'Ordonnance, & à l'execution de cet Arrêt, & d'avertir Sa Majesté des contraventions. Cet Arrêt est fondé sur ce que si cette restriction des voyages avoit lieu, elle anéantiroit le principal fruit qui doit revenir aux Sujets de Sa Majesté, de la reformation de la Justice, & de l'execution de l'Ordonnance. Cela a été encore confirmé par un autre Arrêt du Conseil du 25. Novembre 1669. rapporté dans *le Recüeil des Arrêts donnez en interpretation de l'Ordonnance*, page 169. qui casse un Arrêt du Parlement de Provence, lequel apportoit quelque modification à l'execution de cet article & du suivant; & parce que par ledit Arrêt du Parlement de Provence il étoit ordonné, que tres-humbles remontrances seroient faites à Sa Majesté, & cependant que l'Arrêt seroit executé sous son bon plaisir; celuy qui avoit présidé, fut ajourné & interdit. Au Parlement de Paris, & aux autres Jurisdictions qui sont dans l'enclos du Palais, l'on ne taxe pour tout séjour que le voyage & le retour à raison de dix lieuës de France par jour, & quatre jours de séjour pour faire expedier l'Arrêt; & s'il y a des vacations, on taxe deux jours de séjour pour chaque vacation ou consignation consommée.

4 Un Officier qui a le domicile de sa Charge dans une Ville, & qui habite dans une autre, ne peut dans l'adjudication des dépens faire taxer les voyages du lieu de sa demeure à celuy où il exerce sa Charge; parce que son domicile est censé être où il exerce son Office, suivant l'observation de *Mornac*, sur la Loy penult. *ff. de Senator*. Cela a été ainsi jugé par divers Arrêts du Parlement de Provence, & entr'autres, contre un Tresorier General de France en la Generalité d'Aix, habitant à Marseille, lequel ayant obtenu une condamnation de dépens, & fait taxer les voyages de Marseille à Aix, cette taxe fut infirmée, sur ce qu'il devoit être reputé domicilié dans Aix, où il étoit Officier, & non pas dans Marseille; & à l'é-

VOY USA

gard des dépens ajugez à un étranger du Royaume, les voyages ne sont pas taxez du lieu de son habitation, mais seulement de l'extrêmité de la Province. Ces Arrêts sont rapportez pas *Boniface*, tome 1. liv. 1. tit. 25. nomb. 8. & liv. 8. tit. 21. chap. unique.

5 Les voyages & séjours qui doivent entrer en taxe, ne pourront être employez ni taxez, s'ils n'ont été veritablement faits & dû être faits, & que celuy qui en demandera la taxe ne fasse apparoir d'un acte fait au Greffe de la Jurisdiction, en laquelle le procez sera pendant, lequel contiendra son affirmation, qu'il a fait exprès le voyage pour le fait du Procez, & que l'acte n'ait été signifié au Procureur de la Partie aussi-tôt qu'il aura été passé, & le séjour ne pourra être compté que du jour de la signification. Ordonnance de 1667. tit. 31. art. 14.

6 Par l'article 63. du Reglement du Conseil de l'année 1660. il est porté que la taxe du séjour des Parties ne commence que du jour de l'appointement signé pour cet effet, il faut par l'article suivant du même Reglement, que du moment qu'une partie est à la suite du Conseil pour faire instruire ou juger son procez, ou qu'elle y a envoyé quelqu'un, elle fasse signifier à la Partie au contraire, qu'elle est partie de chez elle exprès, & qu'elle est arrivée, afin qu'en cas d'adjudication des dépens, son séjour luy puisse être taxé legitimement.

Il faut encore observer que par l'article 89. du Reglement de 1673. fait par le Conseil d'Etat, il est dit que *les Avocats du Conseil ne pourront employer dans leurs Memoires de frais, & ne leur seront passez en taxe aucuns voyages par eux faits pour leurs Parties, à Saint Germain, à Versailles & autres lieux, à peine d'exaction*. V. *l'Ordonnance de* 1667. tit. 31. & aux notes art. 14.

7 Par l'article 76. du Reglement du Conseil, il est encore porté, que *les Procurations pour affirmer les voyages contiendront tout au long le temps que la Partie ou son Procureur seront partis, le nom, la qualité & la demeure de ce Procureur, & où le Procureur qui auroit fait juger l'instance s'en seroit retourné sans faire taxer ses dépens, & la Procuration pour faire taxer son voyage sera par luy signée & ensemble par la Partie*.

L'article suivant porte que *les Procurations pour affirmer ne seront point reçûës, dont les articles des voyages auront été laissez en blanc, ou cottez seulement sans aucune expression du contenu ausdits articles*; & le 78. porte, *qu'ausdites Declarations de dépens ne sera taxé aucun voyage, séjour, ni retour aux Parties pour être venues, ou envoyées à la suite du Conseil depuis les Arrêts adjudicatifs desdits dépens à l'effet de faire proceder à la taxe d'iceux*.

8 Par Arrêt du Conseil d'enhaut, donné à Versailles le 26. Octobre 1683. il a été ordonné, que les frais qu'il conviendra faire pour l'instruction des procez criminels, & execution des jugemens qui interviendront sur iceux, ausquels il n'y aura point de Partie civile, & dont sa Majesté est tenuë, pour le revenu de ses Domaines, & payez par les Fermiers d'iceux sur les executoires des Juges, visez par les sieurs Intendans & Commissaires départis dans les Provinces, dans lesquels executoires ne seront compris aucunes épices, droits & vacations des Juges, ni les droits & salaires des Greffiers, mais seulement la simple nourriture & frais de voiture des Juges & Officiers qui se transporteront hors de leur résidence à l'effet desdites instructions; lesquels nourriture & frais de voiture sont reglez par provision à quinze livres à un Président ou Conseiller de Cour superieure, dix livres au Substitut du Procureur General, sept livres dix sols au Greffier ou principal Commis, compris les expeditions, & cinq livres à l'Huissier, le tout par jour. Et quant aux Officiers inferieurs, sept livres dix-sols au Lieutenant General, ou Criminel; Conseiller ou Assesseur, cent sols au Procureur du Roy, quatre livres quinze sols au Greffier, compris les expeditions; seront aussi compris dans lesdits

executoires, le pain, medicamens, & conduite & capture, ou assigneront les témoins, les salaires & voyages des témoins, & les frais des executions, sauf à reprendre les sommes contenuës aux executoires sur les deux tiers des biens confisquez des condamnez & executez; & à cet effet que les Arrêts & jugemens en dernier ressort, portant confiscation, seront mis aux mains des Fermiers Generaux, pour en poursuivre le recouvrement. Et par autre Arrêt dudit Conseil du 25. Novembre audit an, expliquant ledit Arrêt, sa Majesté a ordonné, qu'il ne pourra être délivré executoire par les Juges pour les frais de l'instruction des procés criminels, & execution des jugemens qui interviendront sur iceux, ausquels il n'y aura point de Partie civile, & dont sa Majesté est tenuë, que lorsqu'il sera question de la punition des meurtres, viols, incendies, vols de grand chemin & autres crimes de cette nature.

VOYER.

Voyez cy-dessus les Titres, *Tresoriers de France*, *Voier*, & *Voirie*.

VRAICH.

Vraich, Vraicq, ou Varech, c'est une herbe qui croît au bord de la mer, & dont les Laboureurs se servent pour engraisser leurs terres. Quelques Seigneurs de Normandie, qui ont droit de *Varech*, ont prétendu avoir droit de *Vraich*, & qu'en vertu de ce dernier droit, ils pourroient empêcher leurs vassaux & les habitans de leurs Paroisses, d'amasser le *Vraich* & de le porter sur leurs terres. Mais par Arrêt rendu au Parlement de Roüen le 18. May 1624. les habitans de Saint Remy ont été maintenus contre leur Seigneur, en la liberté d'amasser le *Vraich*.

Basnage, sur l'article 601. de la Coûtume de Normandie, remarque qu'en 1635. on mit le *Vraich* en party, que le Traitant le faisoit brûler, qu'il en vendoit les cendres fort cher, & qu'il fit faire défenses à toutes personnes d'en enlever, mais sur les plaintes qui en furent faites, le Parlement de Roüen donna un Arrêt le 14. Decembre 1635. par lequel il défendit au Partisan de le brûler, n'y d'en empêcher l'usage aux Riverains. *Voyez* le titre 10. du livre 4. *de l'Ordonnance de la Marine*.

Voyez sur ce mot le *Glossaire du Droit François*, ou la nouvelle édition des *Droits Royaux & Seigneuriaux*, par Ragueau, & cy-dessus le mot, *Varech*.

USAGES.

IL faut distinguer entre l'usage qui est une coûtume, & l'usage qui est un droit d'user d'une chose & d'en avoir la jouïssance.

USAGES, CONCILE.
Dans la Bibliotheque du Droit François par *Bouchel*, tome 3. verbo, *Usages*, page 928. à la fin il a plusieurs Arrêts du Conseil Privé du Roy concernant les usages du Concile de Trente.
Voyez le mot Concile.

USAGE, COUSTUME.
Sur la question de sçavoir si l'usage devoit être suivi contre la disposition de la Coûtume. Arrêt du Parlement de Paris du 4. Février 1593. qui appointa. Bibliotheque du Droit François par *Bouchel*, verbo, Coûtume, & M. le Prêtre, 1. Centurie, chap. 54.

Voyez le mot *Coûtume*, nombre 57. où est rapporté un Arrêt du 19. Janvier 1591. qui a jugé que quand il y a Ordonnance contraire à la Coûtume *Statur consuetudini*.

Usages mauvais & illicites. *Voyez* le mot *Coûtume*, nombre 29. & suiv.

USAGE, DROIT D'USAGE.

USage : Le droit & la maniere de se servir de quelque chose. *Usus*.

De usu & habitatione. Inst. 2. 5... D. 7. 8.
De usufructu, & habitatione; & ministerio servorum. C. 3. 33.
De usu, & usufructu, & reditu, & habitatione, & operis, per legatum vel fideicommissum datis. D. 33. 2.
De operis servorum. D. 7. 7. C'est le droit de se servir des Esclaves & de les faire travailler, *veluti jumenta.*
Quid sit usus servorum: Le service, & l'usage. L. 103. D. *de verb. sign.*
De usufructu earum rerum quæ consumuntur, vel minuuntur. D. 7. 5.
Quibus modis ususfructus, vel usus amittitur. D. 7. 4.
Voyez les mots *Bois, Communes, Pâturages & Prez,* & hoc verbo, *Usages,* la Bibliotheque de Jovet.

2 Un usage délaissé à un particulier ses hoirs & ayant cause, *hæredes ita excreverant*, qu'il s'en trouve un fort grand nombre. Le Roy ou Madame de Savoye qui étoit au lieu du Duc Jean de Berry, qui avoit octroyé l'usage, disoit que *nimis excreverant* n'étoit fort dommageable. Le premier Juge l'avoit limité aux freres des parens, qui étoient auparavant 40. ans. Par Arrêt il fut dit qu'il sera pris pour tous ses hoirs qui se trouveront de celuy auquel l'usage avoit été donné. *Montholon.*

3 Si la charge de prendre marque en usage de bois pour bâtir, se peut prescrire contre le Seigneur foncier? *Voyez Coquille,* tome 2. quest. 81. où il observe que pour la marque, l'Usager doit exposer au Seigneur foncier du bois, ou à ses Officiers quel bâtiment il veut faire, afin que le Seigneur puisse connoître, quelle quantité de bois il luy faut, & de quelle grosseur & qualité. Et si l'Usager vouloit faire un bâtiment trop somptueux & superflu selon la qualité de son tenement, le Seigneur luy peut refuser ce qui seroit outre la moderation. A quoy fait la loy *ergo, l. ex meo, ff. de servit. rust. præd.* Jugé en la Chambre der Eaux & Forêts, que si l'Usager a commodité passable de recouvrer pierre, chaux & tuile, le Seigneur luy pourra refuser bois à faire murailles de Bois & à couvrir de chaume.

4 Ce que c'est, en usage de paisson. *Porcs de sa nourriture.* Voyez *Coquille,* tome 2. quest. 83. il dit que le nombre des porcs doit être moderé selon l'ancien ménage du proprietaire : car s'il surpassoit ce nombre, on présumeroit que ce fût par negociation, non sujette à l'usage, & non par ménage rustique. Et en telles servitudes *etiam* les Usagers entr'eux peuvent contraindre l'un à l'autre à ce que nul d'eux ne charge l'usage, sinon selon que son tenement peut vray-semblablement porter, en comparant les tenemens les uns aux autres, *per l. si partem, ff. de servit. rust. præd.* Ainsi les tiennent & décident *Steph. Bertrand. consil.* 240. vol. 3. & *Cravete, consil.* 60. & allegat *dictus Alberinum in l. Imperatores. ff. si servit. vendat.*

5 Si le droit d'usage peut être vendu par l'usager & de la maniere d'user? *Voyez* le même *Coquille,* tome 2. question 303.

6 Usage & jouissance ancienne doit l'emporter. Ainsi jugé le 22. Novembre 1611. Mornac, *l. unica, ff. si quis jus dicentis non, &c.*

7 Par Arrêt du 19. Avril 1611. rapporté par *Joly, l.* 3. chap. 19. il a été jugé que les Juges des Eaux & Forêts, doivent connoître des usages privativement aux Juges ordinaires.

8 Edit du Roy du mois d'Avril 1667. portant pouvoir aux Communautez de rentrer dans leurs usages. *Boniface*, tome 2. part. 3. liv. 2. tit. 1. chap. 23.

Usage, Bois.

9 Usage de bois. Voyez le mot *Bois,* nomb. 77. & suivans & *Du Luc, liv.* 6. tit. 7.

10 Des chauffages & autres usages de bois, tant à bâtir qu'à reparer. *Voyez l'Ordonnance des Eaux & Forêts, tit.* 19.

11 *Usus sylvæ concessus huic vel illi privato ; ab eo cedi cuiquam non potest, quâcumque de causâ id fiat.* Mornac, *l.* 7. ff. *de usu & habitatione.*

12 Le proprietaire d'un bois laissant à l'usager où il puisse prendre son usage, le proprietaire peut faire son profit du surplus. Voyez *Du Luc, livre* 6. titre 7. chap. 2.

13 Usage de Manans & Habitans en une Forêt restraint à la tierce partie. Voyez *Du Luc, livre* 6. titre 7. chap. 3.

14 Declaration sur le droit d'usage que les habitans de Montargis ont dans la Forêt de Montargis. A Bourges le 22. Novembre 1447. *Privil. de Mont.* p. 32. *La Thaum. s.* p. 410.

15 Habitans ayant droits d'usage de bois & forêt n'en peuvent user à leur discretion, quoique ce soit pour leurs affaires, mais ils doivent avertir le Forestier, & luy faire marquer les arbres dont ils auront affaires, & s'il n'y satisfait, ils peuvent en couper sans fraude. Jugé par plusieurs Arrêts. *Papon,* liv. 14. titre 3. nombre 4. & *Imbert.*

16 Arrêt du Livre Olim. fol. 33. par lequel il est défendu aux pauvres gens de vendre leurs usages en la Forêt à gens puissans & riches. *Papon,* livre 13. titre 2. nomb. 4.

17 Pour droits d'usages & reglement d'iceux, Arrêt de la Cour de 1287. contre les Religieux de Mortemer, touchant l'usage qu'ils prétendoient en la Forêt de Lyons : Reg. 2. fol. 77. Le Plaidoyé du 11. Février 1528. & le *Dictum* prononcé le 3. Juillet entre les habitans de saint Etienne de Chigné, & M. Jean Binet. L'Arrêt de Reglement des usages de S. Mards entre les habitans & Louis Raguier, Jacques de Pied de-Fer, &c. Entre les juges prononcez le premier Février 1535. Le grand Arrêt des usages de Hayer de Jugny entre Jean de la Val sieur de Châteaubriant, & Messire Menault de Martheri Evêque de Conserans Tuteur des enfans du sieur de Lautere, & Charlotte d'Albret, les Religieux de Moustier-la-Celle joints, du 17. Juillet 1547. par lequel les habitans de la Proisse de Moussey & hameaux sont deboutez du droit d'usage dudit Hayer, sauf le droit de vain pâturage pour les usages & Forêts d'icelles, défendes au contraire. Les Arrêts de Vignori, de Cussangi, & de Chavigny du 16. Juin 1548. l'Arrêt de Reglement entre Hector de saint Blaise sieur de Pouÿ, demandeurs en execution de deux Arrêts des 21. Decembre 1546. & 7. Septembre 1548. par lesquels est jugé quelles maisons de son Village seront usageres, & quelles non ; & cependant par provision sera divisé un tiers par divis aux habitans pour leur droit d'usage, tant en chauffage, mesurage, qu'autrement, sauf à restraindre s'il y échet, & est dit enfin de cause & comment ils doivent user, du premier Juillet 1552. L'Arrêt contre Frere Charles Daulery Tresorier de saint Benoît sur Loire, sieur de Villiers saint Benoît, & les habitans du lieu, du 3. Septembre 1552. par lequel sont ajugez aux habitans les deux tiers en droit d'usage & pâturage aux charges & Reglemens portez par les Arrêts, & au sieur le tiers en proprieté. Voyez la *Bibliotheque de Bouchel,* verbo *Usages.* p. 933.

18 Les usagers ne peuvent prendre les arbres abbatus par les orages ; ainsi jugé au Parlement de Dijon le 7. Avril 1639. Monsieur le Prince étant sur les rangs contre les habitans de Pisy. *V. Taisand sur la Cout. de Bourg. tit.* 13. *art.* 2. *n.* 3. qui fait les notes suivantes.

19 Si le Seigneur ou proprietaire d'une Forêt peut restraindre les usagers à une certaine portion? *Voyez* cette question amplement traitée par *Salvaing, de l'usage des Fiefs, chap.* 96. où il dit, il n'est décidé par aucune loy du Droit que le proprietaire puisse reduire & limiter l'usage à une certaine portion de la Forêt, au contraire Balde écrivant sur la loy penultiéme, §. *licet tam angustus D. de usu & hab.* con-

elut que la faculté qui appartient à quelqu'un ne peut point être malgré lui restrainte, & limitée. Pour soûtenir cette opinion, il se trouve un Arrêt du Parlement de Grenoble rapporté par *François Marc, en ses décisions*, *to. 1. décis. 297.* par lequel il fut jugé que l'Abbé de Lioncel ayant passé des albergemens à des particuliers aux montagnes de Misson & de Saléés situées dans le Madement de saint Nazaire en Royans etant du domaine Delphinal, ne l'avoit pû faire au préjudice du droit de bucherage que les habitans juridictionales du Dauphiné avoient aux mêmes montagnes; les baux emphiteoses ayant été cassez par le même Arrêt, & les droits de champart appellez communément tasques dûs par les nouveaux cultivateurs ayant été sequestrez, jusqu'à ce que les habitans eussent été indemnisez.

Ceux qui tiennent l'opinion contraire disent que le droit d'usage concedé par le proprietaire ne doit jamais être si diffus, & si étendu que celuy-ci soit entierement privé du fruit de sa proprieté. *Matth. de Afflictis*, atteste en sa décision 290. avoir été ainsi jugé par le Conseil souverain de Naples. Arrêt semblable du Parlement de Paris du 5. Mars 1531. par lequel Pierre d'Angest & Marie des Ateaux firent restraindre à une certaine portion de leur Forêt l'usage universel prétendu par Loüis Videlan; l'Arrêt est rapporté par *Du Luc*, *livre 3. tit. 7. de usu nemorum*, *art. 2.* cette maniere de juger a été depuis gardée comme le temoigne *Nicolaus Valla*, *de rebus dubiis tract. 7. sub finem*, en ces termes, *nihilominus hic usus debet restringi ad certam partem nemoris congruam, tertiam aut quartam ut proprietas Domino reddatur inutilis*, *& hoc jure utimur*, & même avant l'Arrêt de 1531. il en avoit été donné un au même Parlement le 22. Decembre 1515. entre Marie de S. Palais & les Religieux de la Prée, lesquels voulant empêcher qu'elle ne fit couper sa Forêt à cause de l'usage qu'ils soûtenoient y avoir, furent restraints à cinquante arpens de bois, le reste luy demeurant libre pour en disposer comme elle voudroit. Cet Arrêt rapporté par *Guenois*, *en la conference des Ordonnances*, *titre des Eaux & Forêts*, *annot. 20. livre 11.*

20 Monsieur le Duc de Lesdiguieres ayant obtenu du Roy le don des deux tiers de la coupe de la Forêt de Clais située en Dauphiné dans la terre de Beauvoir en Royans. l'autre tiers reservé aux usagers; dans les Lettres de don en date du 17. Juillet 1649. les habitans du lieu, le Prieur & les Religieux de l'Ordre des Carmes fondez au même lieu par les anciens Dauphins, s'opposerent à la verification du don, alleguans que par leurs anciennes concessions, dont ils produisoient les titres en bonne forme, ils avoient droit de bucheter dans toute la Forêt, & d'exercer leur faculté *in solidum*: & qu'ainsi ils ne pouvoient être restraints au tiers porté par les Lettres; sur quoi ayant apparu à la Chambre des Comptes, un procez verbal fait auparavant sur les lieux, que le tiers reservé pouvoit suffire aux usagers, elle fit Arrêt le 14. Août 1653. par lequel en déboutant les opposans de leur requête, elle verifia les Lettres de don pour en joüir par l'impetrant selon leur forme & teneur; à la charge que le tiers reservé pour les usagers, seroit laissé en lieu commode sans division suivant la limitation qui en seroit faite par le Commissaire, lequel seroit à ces fins député, les interessez & le Forestier à ce voir faire appellez. Le même Arrêt porte qu'aux endroits où la coupe se fera il sera laissé de trente en trente toises des balliveaux de gros arbres, avec injonction au Forestier de tenir la main tant à la conservation des balliveaux, que des jeunes plantes qui naîtront, lesquelles seront défensables jusqu'à ce qu'elles soient d'une hauteur suffisante pour être exemptes du dommage du bétail, pour après être les usages & facultez des opposans rétablis sur toute la Forêt, conformément à leurs titres. Cette derniere partie d'Arrêt n'a pas été mise sans sujet, mais pour montrer que comme la faculté de l'usager ne peut être restrainte que pour laisser le moyen au Seigneur de tirer quelque profit de sa proprieté, aussi quand la consideration de ce profit a cessé, il doit être permis à l'usager de reprendre l'exercice de sa faculté dans toute son étenduë. *Tuisand, ibid.*

21 Il a été préjugé au Parlement de Grenoble le 4. Mars 1665. par interlocutoire entre les Seigneurs de Roybons & les habitans de Dionay, que si par procedure rapportée il apparoissoit qu'en détrayant les portions des bois défrichez ou albergez, il en restoit suffisamment à ceux de Dionay pour leur usage, ils n'avoient pas eu sujet de se plaindre, & que les albergemens en ce cas devoient être diffinitivement maintenus; ce jugement confirme que le Seigneur pour tirer quelque profit de sa proprieté peut restraindre les usagers à une certaine portion de la Forêt, la moins incommode, pourvû qu'elle suffise pour l'usage. Autre chose seroit si des communautez associées au droit d'usage en des bois communs, ou pâturages demandoient la division & partages entre elles, ce qui leur a été refusé quelquefois, comme en l'espece de l'Arrêt du Parlement de Paris du mois de Decembre 1608. rapporté par *M. le Bret*, *en sa décis. 6.*

Au reste, continuë *Salvaing*, quand j'ay mis en question si le Seigneur ou proprietaire d'une Forêt peut réduire les usagers à une certaine portion, j'ay entendu parler du Seigneur qui justifie par titres sa proprieté contre les usagers, car il ne s'ensuit pas que pour être Seigneur Justicier du territoire dans les limites duquel la Forêt est située, il soit proprietaire de la Forêt, au contraire la présomption est pour les habitans. Ce même Auteur finit ce chapitre par cette observation, J'ay lû dans les Registres du Parlement de Grenoble un Arrêt du 29. Mars 1510. donné entre les habitans d'Ornacieu, & les Seigneurs de la même terre, par lequel ceux-cy qui avoient albergé une partie de leurs bois au préjudice des habitans qui étoient usagers, en sorte qu'il n'en restoit pas suffisamment pour leurs usages & champoyages, furent condamnez à rétablir les bois & passages en leur premier état, & faute d'y satisfaire dans le temps qui leur fut prefigé, que les habitans seroient déchargez à proportion de la redevance qu'ils faisoient pour les mêmes usages.

USAGES, COMMUNES.

22 Si l'usage est concedé en une Communauté d'habitans, les ménages des nouveaux survenus ne doivent charger l'usager. Et se disent nouvellement venus depuis 30. ans, quant aux Seigneurs Laïcs, & 40. aux Ecclesiastiques. *Du Luc en son recueil d'Arrêts*, *livre 7. tit. 7. nomb. 3.* dit avoir été jugé pour l'Abbé de saint Remi de Reims, à la prononciation de Septembre 1545. *Voyez la Bibliotheque de Bouchel*, verbo *Usage.*

23 Arrêts en jugemens pour les partages d'entre les Seigneurs & les habitans usagers d'une Paroisse, comme ils doivent user & joüir des communaux & usages, tant pour bâtir, chauffages, que pour la nourriture de leur bétail. *Filleau*, *2. partie*, *tit. 8. chap. 10.*

24 De l'usage des bois communs entre le Seigneur & les habitans de la Paroisse. *Voyez Henrys*, *to. 1. liv. 3. chap. 3. quest. 43.* où il y a Arrêt du 23. Mars 1561. qui regle le different, *& livre 4. chapitre 6. question 79.*

25 Par Arrêt du Parlement de Dijon du 11. May 1609. rapporté par *Bouvot*, *tome 1. partie 1. in verbo Communauté*, il a été jugé qu'un particulier habitant ne pouvoit faire garder ses bestiaux à part, mais qu'il étoit tenu de les commettre à la garde publique.

26 Par Arrêt du 2. Avril 1613. rapporté par *Joly*, *liv.*

2. chap. 64. 65. & 66. il a été jugé que prez, pâturages, étangs, marais communs se pouvoient partager par moitié entre le Seigneur à sa plus grande commodité, & les habitans sous sujets, réservée au Seigneur sur la part des habitans, la Justice & Seigneurie directe & fonciere, & furent faites défenses aux usagers de vendre ni engager leurs usages, & le Seigneur reçû à demander partage dans les bois dans lesquels les habitans avoient droit d'usage.

27. Par Arrêt du Parl. de Dijon du 13. May 1615. rapporté par *Bouvot*, *tome* 1. part. 1. in verbo *Coûtume*, quest. 2. jugé qu'un pré fermé appartenant à un particulier n'étoit sujet au droit de parcours, bien qu'au lieu où il étoit situé la Coûtume fût d'envoyer par les habitans leurs bestiaux pâturer aprés la premiere herbe. La raison est que le droit de parcours n'est pas une servitude réelle qui affecte le fond, mais seulement les fruits ; & par cet Arrêt il fut jugé que le possessoire étoit de droit, & que *habebat causam mixtam proprietatis*.

28. Droit de parcours en Bourgogne, vide *eumdem Bouvot*, en ses *Notables Arrêts* in verbo *Droits de Parcours*, quest. 1.

29. Les pâturages ne se peuvent partager entre les communes, *ut competentem quisque portionem habeat*, mais il faut qu'ils en usent en commun, sans que l'un puisse provoquer l'autre au partage : C'est une exception de la regle de droit qui a introduit *judicium communi dividundo, ne quis in communione remanere cogatur* : car elle n'a lieu *in his qua sunt universitatis nec singulorum, ut sunt theatra, stadia*, &c. Idem de *pascuis*, parag. 1. *instit. de rer. divis*. Tellement que la forme & la nature n'en peut être changée par les particuliers ; or les Seigneurs sont en cela favorisés par les Arrêts, *ut sibi competentem portionem habeant & in parte divisa pascua*, & peuvent provoquer à partage leurs manans, pour leur voir assigner une part séparée des pâturages, qui est ordinairement le tiers, *l*. 1. *Cod. de pascuis, lib*. 10. Arrêt de l'Edit de l'an 1603. rapporté par *M. Bouguier, lettre P. chapitre* 20. Autre de 1615. rapporté par *Bouvot*, *M. Boyer*, question 1. Vide *Bouvot*, *tome* 2. verbo *Usage*.

30. Les usages & pâtis des Communautez ne peuvent être saisis réellement pour dettes de leur Communauté, parce qu'elle joüit des droits des mineurs, *respublica jure minoris utitur*, dit la loy, & par consequent comme les biens des mineurs ne peuvent être vendus & ajugez par decret, que discussion faite des meubles, ou choses mouvantes qui leur appartiennent selon la loy *à divo Pio, parag. in venditione ff. de re jud*. par la même raison les pâtis ne peuvent être vendus, que discussion faite des meubles de tous les habitans ; & à cela est conforme l'intention de ceux qui ont liberalement donné ces pâtis à la Communauté des habitans, afin qu'ils leur demeurassent pour leur usage perpetuel, & leur servant de nourriture pour leurs bestiaux, qu'ils eussent de quoy se nourrir & subvenir à leurs familles. Arrêt du 23. Août 1651. *Journal des Audiences*, tome 1. livre 7. chap. 1.

31. Le 24. May 1658. en l'Audience de la Grand'-Chambre de relevée, il a été jugé qu'un Seigneur haut-Justicier censier ne pouvoit demander partage d'une Commune aux habitans de la Paroisse qui y avoient usage ; & M. l'Avocat General Bignon, dit que pour demander partage, il en falloit avoir au dessus de cinquante arpens. *Jovet*, au mot, *Usages*, *n*. 5.

32. Par Arrêt du Parlement de Paris, du 5. Avril 1667. de la Cinquiéme des Enquêtes, au rapport de M. l'Hilin, pour M. de Poillecourt, contre la Demoiselle de Radoüay, un partage d'usages & de prez contre ledit sieur de Poillecourt, & les habitans dudit lieu, a été confirmé, nonobstant que ladite Demoiselle prétendît avoir droit d'entrecours. *Jovet*, au mot, *Usage*, nombre 11.

33. Le Mardy 24. Novembre 1664. au Rôlle de Vermandois, il a été jugé que le sieur de Boulan seroit tenu de se désister de trois arpens d'usages par luy acquis des habitans d'Ecli, retirer les bâtimens qu'il avoit fait faire sur iceux, & condamné payer 400. liv. aux Administrateurs de l'Hôtel-Dieu de Rheims, les parties, pour tous dépens, dommages & interêts, & aux dépens vers la Demoiselle de Gaumont, intervenante ; & ce en consequence de la Declaration du Roy du 17. May 1659. qui a ordonné aux Communautez de rentrer en la possession de leurs usages alienez pendant les guerres ; & la Cour enjoignit à ladite Communauté d'Ecli de rentrer en la possession desdits usages, & de tous les autres par elle alienez ; si mieux ledit de Boulan n'aimoit donner à ladite Communauté trois fois la valeur desdits usages vendus. Le particulier étoit que Boulan avoit bâti au préjudice de la dénonciation de nouvel œuvre, & de ce que ladite Declaration luy avoit été signifiée le 2. Juin 1659. Le sieur de Boulan disoit qu'il avoit part à ladite Seigneurie d'Ecli, & qu'il pouvoit demander triage : mais M. l'Avocat General Talon, en concluant contre Boulan, dit qu'il n'y avoit point de mauvais usage de la part des habitans dudit Ecli, cas seul dans lequel le partage se pouvoit demander ; il ajoûta que ladite Declaration avoit été faite par un esprit de police, & par le motif de faire rétablir les villages de la frontiere pour la nourriture des bestiaux, étant ainsi de necessité & non de faculté, & que tous habitans étoient tenus de rentrer dans leurs usages alienez ; ce qui fut ainsi jugé par Arrêt, tellement que les Communautez peuvent rentrer de plein saut en leurs usages, sans rendre que ce qui sera justifié avoir tourné à leur profit & à leur utilité. *Jovet*, au mot, *Usages*, nombre 4. dit avoir oüi prononcer l'Arrêt.

Usage, Habitation.

34. De l'usage & habitation ; de l'usufruit des choses qui se consument par l'usage, ou qui se diminuënt ; des engagemens de l'Usager envers le proprietaire ; des engagemens du proprietaire envers l'usufruitier, & envers l'usager ; comment finissent l'usage & habitation ? *Voyez* le 1. tome de ce *Loix Civiles*, *li*. 1. *tit*. 11.

Voyez au second tome de ce Recüeil, le mot, *Habitation*, & le Titre suivant de l'*usufruit* ; ces deux Titres ont assez de rapport.

USUCAPION.

1. DE *Usucapionibus, lib*. 2. *Instit. tit*. 6. & *lib*. 7. *Cod. tit*. 26. & *li*. 41. *Dig. tit*. 3. & *li*. 2. *Decret. tit*. 26. & *sext. tit*. 13.

De *usucapione transformandâ*, & *sublatâ differentiâ rerum mancipi* & *nec mancipi. li*. 7. *Cod. tit*. 31.

De *usucapione pro donato. li*. 7. *Cod. tit*. 27.

Pro *dote*, *li*. 7. *Cod. tit*. 28.

Pro *emptore*, *vel transactione*. ibid. *tit*. 26.

Pro *herede*. ibid. *tit*. 19.

De 30. *annorum usucapione*. Grimoald. Longobard. *Rex tit*. 1.

2. Ad *usucapionem semper verus titulus requiritur* ; nam falsus nil prodest, L. 3. C. de usuc. pro don. & Cujac. ad H. tit. Idem bona fides requiritur, sed satis est si initio bona fides intervenerit, ut l. bona fidei, D. de adquir. rer. domini ; quod tamen Lateranense Concilium non admittit. C. 41. Cujac. ad tit. C. de usuc. transform. at in triennio justus titulus non exigitur, L. 2. C. de præscript. 30. ann. Cujac ibid.

Ad *usucapionem rei alienæ venditæ, si mobilis sit, requiritur bona fides emptoris & venditoris, si immobilis, empt. tantum*.

Voyez le mot, *Prescription*.

USUFRUIT.

DE *Usufructu*. Inst. 2. 4.
De *usufructu, & quemadmodum quis utatur fruatur*. D. 7. 1.

USU USU

De usufructu, & habitatione, & ministerio servorum. C. 3. 33.

De usufructu accrescendo. D. 7. 2.

Quando dies usufructus legati cedat. D. 7. 3. Quand commence l'usufruit legué.

Quibus modis usufructus vel usus amittitur. D. 7. 4.

De usufructu earum rerum quæ usu consumuntur, vel minuuntur. D. 7. 5.

Si usufructus petatur, vel ad alium pertinere negetur. D. 7. 6. Ce Titre parle des actions pour demander, & pour défendre l'usufruit : *Actio confessoria & negatoria, de quibus. Vide tit. 6. §. 2. Inst. li. 4.*

Usufructuarius quemadmodum caveat. D. 7. 9.

De usu & habitatione. D. 7. 8... Inst. 2. 5. L'usage & l'habitation approchent de l'usufruit.

De usu, & usufructu, & reditu, & habitatione, & operis per legatum vel fideicommissum datis. D. 33. 2.

Si secundo nupserit mulier, cui maritus usumfructum reliquit. C. 5. 10... C. Th. 3. 9... N. 22. c. 32.

Voyez l'article précédent, *Usage.*

1 De la nature de l'usufruit, & des droits de l'usufruitier ; de l'usufruit des choses qui se consument par l'usage, ou qui se diminuënt ; des engagemens de l'usufruitier & de l'usager, envers le proprietaire, & de ceux du proprietaire envers eux, comment finit l'usufruit ? *Voyez le premier tome des Loix Civiles, liv. 1. tit. 11.*

2 Il y a des Coûtumes où l'usufruit est appellé *Viage* ; elles sont dénommées dans le Glossaire du Droit François, ou nouvelle edition des Droits Royaux & Seigneuriaux de *Rageau*, verbo, *Viage.*

3 De l'usufruit. *Voyez Papon, liv. 14. tit. 2.*

4 De la constitution de l'usufruit. *Voyez Despeisses, tom. 1. tit. des Contracts, part. 2. des servitudes, art. 1. page 544.*

5 *Usufructus bonorum & castrorum in quibus sint silva, nemora, saltus, vivaria, parcus, flumina & stanna si relictus sit, piscationis & venationis jus relictum censetur. Voyez Franc. Marc. tom. 1. qu. 531.*

6 L'usufruitier doit prendre & accepter la possession par les mains de l'heritier. *Voyez Franc. Marc. to. 1. quest. 812.*

7 Une maison brûlée en laquelle la veuve avoit droit d'usufruit & de doüaire, & les heritiers de proprieté, est réparée par les heritiers : la veuve veut demeurer à son usufruit, offrant les frais & dépens de la réparation : elle dit aussi que le tout n'étoit point brûlé ; mais qu'il étoit demeuré un celier & un puits, exempts du feu, outre la place & fonds où étoit la maison. Les heritiers disent que par tel incendie, *neque aræ, neque sementorum usufructum deberi*, par Arrêt du Parlement de Paris, il est dit que du celier & du puits le revenu sera estimé à certaine somme, qui sera annuellement payée à la veuve pour son doüaire & usufruit. *Bibliotheque de Bouchel, verbo, Usufruit.*

Voyez cy-après le nombre 94.

8 *Henrys, tome 1. liv. 4 chap. 6. quest. 45.* traite une question particuliere à son Pays ; sçavoir, si le profit provenant du charbon que l'on tire de la terre auprés de la Ville de Saint Etienne, doit appartenir aux proprietaires ou à l'usufruitier. Il dit avoir jugé en qualité d'Arbitre, que ce profit appartient au mary pendant la vie de sa femme, & au pere en qualité d'heritier fiduciaire de la mere ; en sorte que le fils n'étoit pas bien fondé à demander à son pere des revenus que le pere auroit tirez d'une semblable miniere ou perriere, pendant la vie de sa femme, & depuis son décés jusqu'au jour de la restitution du fideicommis par luy faite à son fils. Henrys dit avoir ainsi jugé la cause sur des circonstances particulieres, qu'il explique ; mais dans la thése generale, il prouve que le charbon que l'on tire des mines de S. Etienne, n'appartient point à l'usufruitier, parce que ce tirage détruit le fond ; par cette raison il faut dire le contraire à l'égard des carrieres où l'on tire de la pierre, puisque le tirage de la pierre ne fait préjudice au fonds, que pendant le temps que l'on tire la pierre ; car aprés l'on bouche le trou par où l'on a tiré la pierre ; ensuite l'on cultive & ensemence le fonds, qui produit de la même maniere qu'il faisoit auparavant.

9 Si le revenu du domaine, duquel l'usufruit a été délaissé, appartient à l'usufruitier, les termes des Fermes du Domaine étant échûs aprés la mort du Testateur, & les fruits recüeillis auparavant ? *Voyez Bouvot, tome 1. partie 1. verbo, Usufruit, quest. 2.*

10 Si le mary a délaissé à sa femme l'usufruit à la charge de payer les charges hereditaires, & de nourrir les enfans, & déclaré qu'il vouloit qu'elle ne fût tenuë à rendre compte des fruits, quel est l'effet de telle disposition ? *Ibid. quest. 3.*

11 Si l'usufruitier de tous biens est tenu de payer les arrerages des rentes foncieres & viageres, frais de procés, tailles, & tenu au réparations du chemin, & autres charges ? *Voyez Ibidem,* & au mot, *Usufructuaire.*

12 Si l'usufruitier est tenu de payer sa cotte d'un impôt fait pour fortification de la Ville, ou le proprietaire ? *V. Ibid. to. 2. verbo, Subsides, qu. 7.*

13 Extinction de quelque heritage baillé jusques à ce que payement ait été fait de certaine somme, se doit faire par les heritiers immobiliaires seuls. Arrêt de Noël 1550. *Carondas, liv. 6. Rép. 5.*

14 *Amœnitas pretiosi nemoris non debet ab usufructuario succindi.* Arrêt du 18. Février 1617. Mornac, *L. 16. §. si forte circà finem. ff. de usufructu, & quemadmodum,* folio 333.

15 Jugé par Arrêt du 2. Mars 1654 qu'un pere ou une mere ne peuvent reduire l'un de leurs enfans à l'usufruit de sa portion hereditaire, & en donner la proprieté aux autres enfans. *Soëfve, tome 1. Centurie 4. chapitre 74.*

USUFRUIT, ACCROISSEMENT.

16 Accroissement en usufruit. *Voyez le mot, Accroissement, nombre 54.*

USUFRUITIER, ACTION.

17 *Proprietarius usufructu prudente quod contrà usufructuarium experiri possit. Voyez Franc. Marc. tom. 1, quest. 309.*

18 *Sententia lata contrà heredes ; an executio in bonis hereditariis in usufructuarii prejudicium fieri possit ? V. Ibid, quest. 825.*

19 *Sententiam latam contrà usufructuarium proprietario non præjudicare. Bart. tenet. Voyez ibidem, tome 1. quest. 878.*

20 Si l'usufructuaire qui doit avoir le soin de la cause de l'usufruit, est obligé de dénoncer au proprietaire le danger de la perte des actions hereditaires, s'il n'en veut pas être responsable, & si cette dénonciation doit être faite au proprietaire qui la sçait ? Arrêt rendu au Parlement de Provence le 23. Juin 1687. qui décharge l'usufructuaire de la perte des actions, le proprietaire ayant sçû le danger de la perte. *Boniface, tome 5. liv. 1. tit. 19. ch. 1.*

USUFRUIT, ALIENATION.

21 *Alienationis prohibitionis appellatione, etiam usufructus prohibitus censetur. Voyez Franc. Marc. tom. 1. quest. 870.*

22 L'usufruit peut être vendu & ajugé par decret. Arrêt rendu au Parlement de Bourdeaux le 23. Juillet 1550. qui déboute un fils de l'opposition par luy formée à la distraction aux criées d'un usufruit de biens appartenans au pere, à la charge neanmoins par l'adjudicataire de le nourrir, de même que faisoit le pere. *Papon, liv. 14. tit. 2. n. 8.*

23 *Læsio ultra dimidiam justi pratii in usufructu non admittitur propter incertitudinem.* Arrêt du 7. Janvier 1593. Mornac, *L. 2. circà medium, Cod, de rescindendâ venditione.*

USUFRUIT, AMENDES.

24 Les amendes appartiennent à l'usufruitier. *Voyez Renusson, Traité du droit de Garde-Noble & Bourgeoise*, page 99.

USUFRUIT, ARBRES.

25 Arbres tombez par l'impetuosité des vents, n'appartiennent pas à l'usufruitier. *Voyez* le mot, *Arbres*, nombre 22. *& suiv.*

USUFRUIT, ASCENDANS.

26 Si les ascendans succedent en l'usufruit à leurs enfans aux biens par eux acquis? *Voyez* le mot, *Succession*, n. 592. *& 593.*

USUFRUIT, BAIL.

27 Des baux passez par l'usufruitier. *Voyez* le mot, *Bail*, n. 250. *& suiv.*

28 Des baux à vies. *Voyez* le mot, *Bail*, nombre 238. *& suivans.*

USUFRUIT, BANNI.

29 *Usufructu, filiis alendo uxori concesso; ad eum plenè consequendum, filios exulantes pro mortuis non haberi.* Vide Luc, li. 8. tit. 8. cap. 4.
Voyez cy-après le nombre 41.

USUFRUIT, BASTIMENS.

30 Voyez cy-après le nombre 148.

USUFRUIT, BOIS.

31 Par Arrêt du 2. Août 1612. rapporté par *Joly,liv.* 1. chap. 57. il a été jugé qu'un usufruitier ne peut empêcher le proprietaire de vendre & faire abbattre un bois de haute futaye, en l'indemnisant.

USUFRUIT, CAUTION.

32 De la caution que l'usufruitier est obligé de donner. *Voyez* le mot, *Caution*, n. 273. *& suiv.*

33 *Usufructuarius an antè praestitam cautionem fructus suos faciat?* Voyez *Andr. Gaill*, li. 2. *observat.* 46.

34 *Usufructuarius an curatoriam cautionem praestare possit?* Ibidem, *observat.* 47.

35 *Uxor relicta usufructuaria omnium bonorum, liberis, vel extraneis, scriptis haeredibus qua consignetur?* V. Ibid. *observat.* 144.

36 *Cautio usufructuaria an à testatore remitti possit?* V. Ibid. *observat.* 145.

37 *Cavendi modus per usufructuarium de rebus quae usu consumuntur, aut veterascunt, aut corrumpuntur.* Voyez *Franc. Marc. to.* 1. *quaest.* 816.

38 *Testator cautionis praestationem ei cui usufructus in testamento relictus est, remittere non potest: secus si ex contractu usufructus deberetur.* Voyez ibidem, tom. 1. quaest. 818.

39 L'ayeul mauvais administrateur & usufruitier, ne peut en offrant de donner caution, se conserver l'usufruit; mais l'interet luy doit être ajugé à proportion pour ses alimens. Arrêt du Parlement de Bourdeaux, du 18. Juin 1521. pour un petit-fils. *Papon*, *liv.* 14. *tit.* 2. *n.* 6. & la *Biblioth. du Droit François*, par *Bouchel*, verbo, *Usufruit.*

39 bis Par Arrêt du Parlement de Toulouse, donné le 7. jour de Decembre 1622. au rapport de M. d'Assezat, en la seconde Chambre des Enquêtes, il fut dit, que l'usufruitier étoit tenu de bailler caution, d'user de l'heritage en bon pere de famille. *Cambolas*, livre 4. chap. 43. nomb. 5.

La même chose avoit été jugée au Parlement de Grenoble, par Arrêt de l'an 1616. entre les Morels. *Basset*, en ses *Arrêts*, tome 2. liv. 5. tit. 10. chap. 2.

USUFRUIT, CONFISCATION.

40 Usufruit n'est perdu par la confiscation à laquelle le delit du proprietaire a donné lieu. *Voyez* le mot, *Confiscation*, n. 139.

41 Si le banni à perpetuité est usufruitier d'un heritage, le Seigneur confiscataire en joüira au lieu du banni, jusqu'à ce que sa mort naturelle soit prouvée; comme il a été jugé par Arrêt de l'Echiquier, du 26. Mars 1604. rapporté par *Berault*, *sur l'art.* 143. *de la Coût. de Normandie.*
Voyez cy-dessus le nombre 29.

42 Celuy qui a l'usufruit des biens confisquez sur le proprietaire, ne doit point en souffrir, & l'execution doit être surcise jusqu'après sa mort. Arrêt du Parlement de Bourdeaux du 28. Juillet 1521. pour le pere du Chevalier de Lusignan. *Papon, liv.* 14. *tit.* 2. nomb. 9.

USUFRUIT, CONJOINTS.

43 La Coûtume qui desire que le mary ou la femme décedant sans enfans, le survivant succede en l'usufruit de tous les biens, n'empêche de tester, mais regarde seulement la succession *ab intestat.* Voyez *Carondas, liv.* 11. Rép. 51.

44 La femme s'étant constituée en dot tous ses biens presens & à venir, on ne luy peut leguer ni donner quelque chose sous cette condition, que le mary n'en pourra pas prétendre l'usufruit. *Voyez Duperrier, liv.* 1. quest. 10.

45 Si le mary donne l'usufruit à sa femme, dont il a des enfans. 2. Ou la femme au mary, aux lieux où par la Coûtume le mary n'est pas usufruitier des biens de ses enfans, la femme & le mary ne pourront prétendre sur ledit usufruit que leurs alimens. *Boër, décis.* 61. nomb. 2. *& 3.* 1. id. Papon, li. 14. tit. 2. n. 1. id. Faber, *C. de legat. def.* 14. *in matre filio haerede instituto non extraneo*, 1. cont. Faber, *C. de legat. def.* 14. *glos.* 1. Si la mere est chargée de payer les charges, & entretenir ses enfans. 2. id. *Mantic. li.* 9. tit. 7. n. 10. *etsi liberi sint ex alio matrimonio*, n. 13. *& quamvis liberaverit a rationibus n.* 26. id. Mantic. li, 9. tit. 7. n. 12. *in matre & sorore & similibus testatoris, cont.* Fachin, li, 5. ch. 47. vid. Mantic. li, 6. tit. 8. n. 11. *& tit.* 11. n. 11. *& li.* 9. tit. 7. id. *in matre testatoris.* Maynard, li. 5. chap. 100. vid. Grass. §. *Legatum* quaest. 24. *& quaest.* 30. n. 2. Nous pratiquons dans ce Ressort la décision cy-dessus de M. Boyer, quand la femme est faite dame & maîtresse usufruitiere. C'est l'observation que fait *M. Abraham la Peirere, en ses décisions du Palais, lis. V. n.* 73.

46 Usufruit des acquisitions faites pendant le mariage, ne peut être stipulé au profit du survivant. Arrêt du 3. Février 1631. *Bardet*, tom. 1. liv. 4. ch. 6.
Voyez cy-après le nombre 78. *& suiv.*

USUFRUIT DES CONQUESTS.

47 Usufruit des acquets, conquets, par Contract de mariage entre le mary & la seconde femme, le mary avoit fait les acquisitions sous le nom des enfans de son premier lit en fraude de sa femme. Jugé au profit de la femme le 21. Juillet 1565. *Carondas*, livre 8. *Réponse* 22.

USUFRUIT, DETTES.

48 Si l'usufruitier est tenu des dettes? *Voyez* le mot, *Dettes*, n. 173. *& suiv.*

Comment l'usufruitier contribuë aux dettes? Voyez *l'Auteur des Observations sur Henrys*, tom. 2. livre 6. quest. 16. où il rapporte le sentiment de tous ceux qui ont agité cette question.

49 *Usufructuarius omnium bonorum an aes alienum, & legata solvere teneatur?* Voyez *Andr. Gaill*, li. 2. *observat.* 146.

50 S'il y a usufruit de tous biens, comment se payent les dettes? *Voyez Bouvot*, tome 2. verbo, *Succession*, question 4.

51 *Usufructuarius an ad debita teneatur, usufructus majoris partis bonorum, quod loco portionarii habeatur, & sic ad debitorum praestationem pro rata teneatur?* Voyez *Franc. Marc. to.* 1. quaest. 833.

52 *Usufructuaria universalis omnium bonorum, vel quota quoad at alienum solvere teneatur, & finito usufructu, id quod solutum erit ex haereditate deducere potest.* Ibidem, quaest. 840.

53 Usufruit à deux futurs conjoints en une maison à eux délaissée, jusques au payement de 251. liv. si les obligez décedent laissant des heritiers mobiliaires & immobiliaires, les mobiliaires n'en sont tenus, parce que telle dette est réputée immobiliaire. Arrêt du

20. Decembre 1550. *Le Veſt*, *Arr.* 44. Voyez *Chopin*, *Couſt. de Paris*, *liv.* 2. *tit.* 5. *n.* 22.

USUFRUIT, DONATION.

54 De l'uſufruit par rapport au don mutuel en uſufruit. Voyez *Ricard*, tome 2. Traité du *Don mutuel*, chapitre 8.

55 Celuy qui ne peut diſpoſer que du tiers de ſes biens, ne peut donner que l'Uſufruit du même tiers. Arrêt du 15. Novembre 1537. *Bibliotheque de Bouchel*, verbo, *Diſpoſition teſtamentaire*.

56 Donation entre homme & femme prohibée par la Coûtume ne vaut même en uſufruit, encore que le conſentement de l'heritier y ſoit. Arrêt du 9. Avril 1549. *Le Veſt*, *Arrêt* 25.

57 Somme de deniers donnée à vie avec penſion exceſſive, le donataire ne payant pas la penſion & ayant hypothequé des effets qui ne luy appartenoient pas, pourſuivi comme ſtellionataire, & tel condamné interjetté appel, obtient Lettres contre le Contract de donation; les Lettres entherinées, & condamné à rendre 1000. livres qu'il avoit reçuës, avec les intereſts du jour du Contract au denier dix-huit, &c. Jugé le 29. Avril 1661. *De la Guiff*. tome 2. livre 4. chap. 25. Si la donation d'uſufruit eſt ſujete à inſinuation? *V.* le mot *Inſinuation*, nomb. 189.

USUFRUIT, DOT.

58 Jugé par Arrêt du 21. Juin 1656. rapporté par *Henrys*, tome 2. liv. 5. queſt. 15. que le legs fait à la femme de l'uſufruit de quelques heritages pour luy tenir lieu de ſa dot, ne peut emporter la propriété.

USUFRUIT, DOÜAIRE.

59 Si le doüaire de la veuve eſt réputé uſufruit quant à tous effets, même pour le gain des fruits? Voyez *Coquille*, tome 2. queſt. 290.

60 L'uſufruit dont une veuve a droit par la Coûtume à Tournay ſur les biens de ſon mary, ne s'étend pas ſur les biens qui ſe trouvent encore chargez de fideicommis. Arrêt du Parlement de Tournay du 6. Juin 1693. *Pinault*, tome 2. Arrêt 263.

USUFRUIT, DROITS FEODAUX.

61 Uſufruitier ne doit relief ni autres droits de fief. Voyez la nouvelle Edition des œuvres de *M. Charles du Moulin*, tome 2. page 684.

62 Les lods & ventes appartiennent à l'Uſufruitier, & le profit de la commiſe au proprietaire. Voyez *Guy Pape*, queſt. 411.

63 Le 1 Février 1518. fut prononcé Arrêt au profit de M. Charles de Rohan, Chevalier Seigneur de Gié Comte, Uſufruitier de Gayſe, appellant du Bailly de Vermandois, ayant ſaiſi l'uſufruit de Gayſe, contre le Procureur General, prenant la cauſe pour ſon Subſtitut; par cet Arrêt il fut dit que le Procureur General avoit fait mal & induëment ſaiſir l'Uſufruitier; il fut décidé que l'Uſufruitier ne doit relief, ni autre droit, profit, & émolument de fief; *dixit in conſuet. Pariſ.* §. 22. q. 40. 42. 46. 47. C. M. Voyez la *Bibl. de Bouchel*, verbo, *Uſufruit*.

64 Jugé par Arrêts des 16. Février 1587. & 21. Juin 1597. que l'Uſufruitier d'un fonds heritage, n'eſt tenu acquiter le rachat ou relief, mais bien le proprietaire d'iceluy qui eſt heritier du défunt. La raiſon eſt que l'Uſufruitier ne peut joüir de l'heritage feodal qui eſt legué, ſans payer le relief qui eſt dû par le décés du Teſtateur, & qu'à faute du payement du droit de relief, le Seigneur de fief peut exploiter le fief, & faire les fruits ſiens. *M. Louet*, lettre V. nomb. 9.

65 Arrêt du Parlement de Paris du 27. May 1671. donné en la Coûtume de Chartres, qui condamne une veuve à payer le relief de la part de ſon mary, dont elle devoit joüir, en vertu de la clauſe de ſon Contract de mariage, qui donne tout le profit de la communauté au ſurvivant. *Journal du Palais*.

66 Voyez *Mornac*, l. 60. §. vehiculum, ff. Locati & conducti, fol. 736. Voyez le *Journal du Palais* II. part. Tome III.

fol. 19. où vous trouverez Arrêt du 18. Février 1688. qui déboute le Fermier de Saint Germain des Prez de ſa demande des lods & ventes pour un uſufruit, avec dépens; l'Arrêt rendu au Grand Conſeil.

USUFRUIT, DROITS HONORIFIQUES.

67 Les droits honorifiques n'appartiennent point à l'Uſufruitier. Voyez le mot *Droits honorifiques*, nombre 75.

68 Par Arrêt du 5. Juillet 1554. il a été jugé que les droits honorifiques n'appartiennent pas à l'Uſufruitier. *Tronçon*, ſur la Coûtume de Paris, art. 2. in verbo, *Uſufruitier*. La raiſon eſt, *quia civilis rerum actus & jura competunt potius Domino quam uſufructuario poſſeſſori. l. Item apud Labeonem. §. ſed ſi uſumfructum. ff. de injur.* ſuivant l'opinion de *M. Charles du Moulin*, ſur la Coûtume de Paris, tit. 1. §. 1. num. 19.

ESTIMATION DE L'USUFRUIT.

69 Uſufruit &. de ſon eſtimation. Voyez *Peleus*, queſt. 66. & *Bacquet*, des *Droits de Juſtice*, chapitre 21. nombre 19.

70 De l'uſufruit des conquêts. V. M. le Brun, des Succeſſions, liv. 1. chap. 5. ſect. 3. il obſerve que le dernier uſage eſt, quand l'Uſufruitier eſt au deſſous de l'âge de 30. ans, d'eſtimer l'uſufruit à la moitié de la valeur de la choſe, dont il a l'uſufruit; que s'il a depuis 30. juſqu'à 60. on l'eſtime au quart.

USUFRUIT, EXTINCTION.

71 Uſufruit éteint retourne & eſt conſolidé à la proprieté. Voyez le liv. 2. des *Inſtitutes*, tit. 4. de uſufruct. §. finitur.

72 *Uſusfructus ſtagni legatus, ſtagnum exaruit, mutata re uſusfructus extinguitur*, Mornac, l. 10. §. *ſed & ſi ſtagni*, ff. quibus mod. uſusfruct.

73 *Uſusfructu perdito, perduntur & alimenta, ut quæ uſusfructûs acceſſoria ſint.* Voyez *Franc. Marc.* queſt. 831.

74 *Jus retentionis an in bonis uſusfructus finito uſusfructu competat?* Vide *Franc. Marc.* tome 1. queſt. 862.

75 *Proprietarius uſufructâ finito à proprietate uſufructuarium expellere non debet.* Vide *Franc. Marc.* tome 1. queſt. 865.

76 Une maiſon dont une veuve avoit l'uſufruit ayant été brûlée à l'exception d'un puits & du cellier, il fut ordonné que les heritiers qui l'avoient fait rebâtir en joüiroient & que l'eſtimation ſeroit faite de ce qui n'avoit été brûlé, dont le revenu fixé à une ſomme luy ſeroit annuellement payé. *Papon*, liv. 4. titre 2. nombre 4.

77 Par Arrêt du Parlement de Grenoble du 8. Juin 1459 qui a jugé qu'un uſufruit retenu ou acquis à deux eſt éteint de la moitié, ſi l'un d'eux meurt. *Bibliotheque de Bouchel* verbo, *Uſufruit*.

USUFRUIT, FEMME.

Voyez cy-deſſus le nombre 43. & ſuiv.

78 *Uxor cui uſusfructus omnium bonorum mobilium & immobilium relictus eſt, jura dotalia, quæ per viam contractûs vel hominis diſpoſitione debentur, petere poteſt: ſecus quò ad alimenta, annuum luctûs, & veſtes lugubres.* Vide Franc. Marc. tome 1. queſt. 817.

79 *Mulier uſusfructuaria relicta ſtantibus liberis, quod tantùm ad alimenta relicta cenſeatur.* Vide Franc. Marc. tome 1. queſt. 841.

80 *Uxor cui uſusfructus mediæ partis bonorum eſt relictus, quod totum uſumfructum ex quo ſubſtitutus eſt extraneus capere poteſt.* Voyez Ibidem.

81 La femme uſufruitiere n'a pas la liberté de ſe procurer le payement de ſa dot, à cauſe qu'il faudroit qu'elle agit contre elle même. L'heritier n'eſt pas chargé de ſes habits de deüil ni de ſes alimens, non plus que de ce qui regarde les charges & les devoirs des fonds, & les dépenſes ordinaires & neceſſaires. Neanmoins les émolumens des protocoles de ſon mary, s'il étoit Notaire n'y ſont pas compris. *Guy Pape*, q. 189. 248. & 541. où il traite du legs d'uſufruit.

RRrrr ij

82. La Coûtume en Normandie de donner à la femme la moitié par usufruit aux acquets faits en Caux, est fondée principalement sur un Arrêt du 8. Mars 1517. donné pour la Dame d'Etouteville, après une enquête par turbes de la Coûtume du païs touchant les conquêts. *Basnage, sur la Coûtume de Normandie, article* 329.

83. *Tabulis nuptialibus conventum est, ut si emeretur domus constante matrimonio, eâ superstes conjugum quamdiu viveret frueretur; domus duæ per intervalla temporum emptæ sunt, quarum postrema pretiosior: judicatum est matrem fruituram domo de quâ lis erat secundùm conditiones quas ipsamet mater obtulerat.* Arrêt du 25. Juillet 1541. Mornac, *l. 14. Cod. de usufructu & habitatione.*

84. Par Arrêt du Parlement de Bourdeaux du 12. Octobre 1548. il fut dit qu'une veuve usufruitiere, dépossedée après la mort de son mary, doit être reintegrée, car un Usufruitier joüit naturellement & peut intenter l'interdit *unde vi*, que nous appellons reintegrande, si elle est dépossedée ou empêchée de joüir. V. *La Bibliotheque de Bouchel*, verbo, *Usufruit.*

85. Usufruit laissé à la femme ayant enfans, doit être entendu d'une prérogative seule, & limité à sa nourriture & entretenement. Arrêt du Parlement de Paris du 4. Avril 1550. *Bibliotheque de Bouchel*, verbo, *Usufruit.* Papon rapporte le même Arrêt, *livre* 4. *titre* 2. *nombre* 1. mais il le date du 4. Août 1550.

86. Suivant la Doctrine de *M. Maynard, liv. 5. chap. dernier,* l'usufruit de tous les biens legué par le mary à la femme ayant enfans est restraint à son entretenement *& ad præminentiam in domo.* Arrêt du Parlement de Toulouse du 9. Septembre 1627. Que si l'usufruit est donné à la charge de nourrir & entretenir les enfans communs, elle n'est pas obligée de rendre compte des fruits. Arrêt du 17. Juin 1647. après partage. *Voyez les Arrêts de M. de Catellan, livre* 2. *chapitre* 39.

87. La femme à qui l'usufruit est legué par son mary, d'une partie de ses biens ou du total, ne peut pendant l'usufruit repeter sa dot & ajencement. V. M. Maynard, *l v.* 6. *chap.* 2.

Cette décision est veritable lorsque la femme a l'usufruit du total des biens de son mary: mais elle est trés-fausse, quand elle n'a l'usufruit que de certains corps d'heritage, suivant la Loy unique. §. *primum itaque C. de rei uxor. act.* La Peirere, *lettre V. nomb.* 88.

88. C'est une chose constante, que quand le mary laisse l'usufruit de tous ses biens à sa femme ayant des enfans instituez heritiers, cela ne s'entend que de la nourriture ou alimens & de la prérogative dans la maison. M. Maynard, *li. 5. ch. dernier* en rapporte les Arrêts, néanmoins il s'en trouve deux contraires, l'un du 9. Septembre 1627. en la cause d'Anne Casel, contre Jeanne Garidel, & l'autre le 15. Juillet 1651. en la cause de Jacques Ichy & Boissel; par lesquels les fruits laissez à une marâtre ne furent pas reduits à cela; mais sans doute il falloit qu'il y eût quelque circonstance qui fit rendre ainsi ces Arrêts. Albert, verbo, *Usufruit.*

89. L'usufruit de quelques heritages legué à la femme pour luy tenir lieu de sa dot, n'emporte la proprieté. Arrêt du 21. Juin 1656. Henrys, *tome* 2. *liv.* 5. *quest.* 15.

90. Arrêts du Parlement de Provence de 1638. & 1678. qui ont jugé que l'usufruit legué à la seconde femme étoit reductible à la moindre portion d'un des enfans du premier lit. Cette question s'étant presentée en 1682. par Sentence du Lieutenant de Digne, les enfans furent déboutez de leur demande en reduction; ils appellerent; on transigea sur l'appel. *Voyez* Boniface, *tome* 5. *liv.* 2. *tit.* 2. *chap.* 7.

USUFRUIT, FIEF.
De l'usufruit du fief. *Voyez* le mot, *Fief, nombre* 91. 158. *& suiv.*

USUFRUIT, FOY ET HOMMAGE.
Si l'Usufruitier est tenu de porter la foy & hommage ou si elle est duë par le proprietaire? *Voyez* le 92. mot *Foy & hommage*, *nomb.* 58.

USUFRUIT, FRUITS.
Arrêt du Parlement de Provence rendu le premier 93. jour de Decembre 1657. en la cause de M. le President de Gourgues, au rapport de M. Ponnat, en la troisiéme Chambre, par lequel il fut dit, que l'Usufruitier ne pouvoit demander les fruits pendans au temps de la mort. *Voyez* Basset, *tome* 2. *liv.* 5. *titre* 10. *chapitre* 1. & *cy-après le nombre* 115.

USUFRUIT, INCENDIE.
Maynard, *li.* 8. *ch.* 38. rapporte un Arrêt du Parle- 94. ment de Toulouse en 1570. qui a jugé que l'usufruit d'une maison finit par l'incendie & ne se continuë pas sur la nouvelle construction.
Voyez cy-dessus les nombres 7. *& 76.*

USUFRUIT, LABOURS.
Par Arrêt du Parlement de Paris du 7. Septembre 95. 1570. il a été jugé que l'Usufruitier doit joüir de l'heritage duquel l'usufruit luy a été donné, en tel état qu'il se trouve, sans rembourser les labours. Cet Arrêt est rapporté par *Bacquet*, *Traité des Droits de Justice*, *chap.* 16. *nomb.* 58.

USUFRUIT, LEGITIME.
De l'usufruit de la legitime. *Voyez* le mot *Legitime*, 96. *nomb.* 300. *& suiv.*

USUFRUIT, LEGUÉ.
D'un legs d'usufruit. *Voyez les Loix Civiles*, *tome* 3. 97. *liv.* 4. *sect.* 5. Franc. Marc, *tome* 1. *quest.* 33. & M. Loüet, *lettre V. somm.* 8.

Legs de l'usufruit de tous les biens, ou d'une par- 98. tie. *Voyez le mot Legs*, *nomb.* 671. *& suiv.*

Si aucun peut leguer l'usufruit de tout son heritage 99. au lieu de la proprieté de la cinquiéme? *Voyez* Coquille *tome* 2. *quest.* 226.

Ususfructus legatus uxori quod liberos alere tenetur 100. *etiam si ex alieno sint matrimonio*, *aut alimentis contenta esse teneatur. Vide* Franc. Marc. *tome* 1. *quest.* 847.

Legatarius ususfructûs legatum accipere ante haredi- 101. *tatem aditam*, *non debet*, *nec possessionem propriâ authoritate accipere. Voyez* Franc. Marc. *tome* 2. *quest.* 493.

Testament au quel les enfans sont instituez 102. heritiers seulement en la proprieté, l'usufruit laissé au mary. Ainsi jugé au Parlement de Dijon les 8. Janvier 1565. & 9. Mars 1575. *Bouvot*, *tome* 2. *verbo*, *Testament*, *quest.* 15.

Jugé que la femme à laquelle son mary a legué l'u- 103. sufruit de certains biens, ne pouvoit en retenir l'usufruit & poursuivre la repetition de ses dot & augment, suivant l'Edit *de alter utro* à moins que la volonté du Testateur ne fût expresse, portant qu'elle auroit l'une & l'autre, à quoy n'est point dérogé par la décision de Justinien: or ce qui a été jugé, en l'usufruit particulier, à plus de raison quand l'usufruit de tous les biens est laissé à la femme. *Voyez Maynard*, *liv.* 6. *chap.* 2.

Un pere laissant l'usufruit de ses biens à sa femme 104. ne peut priver leurs enfans des fruits de leur legitime depuis le jour de son décés; il se juge au Parlement de Toulouse que tel usufruit de tous les biens leguez a la femme ayant enfans est restraint à son entretien & nourriture. *Papon* rapporte un Arrêt du Parlement de Paris conforme à cela au tit. d'*Usufruit* Arrêt 1. & *de mort civile*, Arrêt 2. mais si les enfans viennent à deceder avant leur pere, leurs heritiers étrangers & collateraux n'empêcheront que la mere ne joüisse du plein usufruit, sauf des legitimes; & cela a lieu, encore que le Testateur ait laissé l'usufruit non à sa femme, mais à sa mere ayeule desdits enfans. Ainsi jugé par Arrêt du Parlement de Toulouse au mois de Decembre 1576.

105 Arrêt donné aux grands Jours de Lyon de l'an 1596. qui a jugé qu'un Testateur ayant donné à son beaufrere les fruits d'une terre, jusqu'à ce que certains enfans ausquels il leguoit la proprieté eussent atteint l'âge de 25. ans, que le legataire des fruits étant décédé avant que les legataires de la proprieté eussent atteint l'âge prescrit par le Testateur, que l'usufruit ne laissoit pas d'être consolidé à la proprieté dès l'instant du décès de ce legataire. *M. René Chopin en son Commentaire, sur la Coûtume de Paris, liv. 2. tit. 3. nomb. 61.* fait mention d'un Arrêt intervenu au rapport de M. Deligneris, au mois de Février de l'année 1540. par lequel il a été semblablement jugé qu'un pere & une mere ayant donné à l'un de leurs enfans une maison sise en cette Ville de Paris qui étoit un acquest de leur communauté, avec rétention d'usufruit de la totalité de la maison au profit des donateurs, & du survivant des deux sa moitié de l'usufruit étoit demeurée consolidée à la proprieté au profit du donataire par le prédecez du pere, & non seulement que la mere n'en pouvoit pas joüir, parce que c'étoit un avantage indirect aux termes de l'ancienne Coûtume, mais aussi que les autres enfans heritiers de leur pere étoient mal fondez à prétendre que la joüissance leur en devoit appartenir durant la vie de leur mere. *Voyez Ricard, des Donations, part. 3. chap. 4. sect. 5. n. 529.*

106 Legs fait de l'usufruit de tous les biens pendant neuf ans, est valable dans la Coûtume d'Amiens, si mieux n'aime l'heritier abandonner en proprieté au legataire les meubles & acquêts, & quint des propres. Arrêt du 20. Janvier 1632. *Bardet, to. 2. liv. 1. chap. 2.*

Le même Arrêt est cité par *Du Frêne, livre 2. chap. 104.* mais Bardet observe que la citation est mal faite par Du Frêne, qui n'étoit pas même instruit des qualitez des parties, puisqu'il a crû que le legs avoit été fait par la femme à son mari, au lieu que c'étoit la femme qui étoit légataire du mari ; mais il s'est encore plus trompé dans la décison de l'Arrêt en supposant qu'il a jugé que le legs de l'usufruit de tous les propres est réductible à l'usufruit des meubles & acquêts, & du quint des propres dont la Coûtume permet de disposer.

107 Cause appointée pour sçavoir si dans la Coûtume d'Amiens l'usufruit legué à la femme par son mari se perd par son second mariage. Arrêt du 20. Juillet 1634. *Bardet, to. 2. liv. 3. chap. 32.*

108 Le legs d'usufruit jusques à certains temps, ou jusqu'à l'écheance de certaine condition, finit par la mort du légataire avant le temps marqué, ou avant l'évenement de la condition ; & ce légataire ne transmet pas à ses heritiers le droit de joüir des fruits jusques au temps marqué, ou jusqu'à l'évenement de la condition, parce qu'il est de la nature de l'usufruit d'être éteint & consolidé à la proprieté par la mort du legataire. C'est la décison expresse de Justinien dans la loi *ambiguitatem Cod. de usuf.* Il en est de même du legs des fruits & revenus. Cette question fut ainsi jugée au Parl. de Toulouse le 29. Août 1678. *Voyez M. de Catellan, liv. 2. ch. 50.*

109 *Henrys, tome 2. liv. 5. quest. 15. chap. 4.* rapporte un Arrêt du Parlement de Paris du 22. Juin 1656. qui a jugé que le legs d'un usufruit d'un domaine fait par un mari à sa femme pour luy tenir lieu de sa dot ; n'emporte pas la proprieté de ce domaine, & qu'après la mort de la femme il doit revenir aux heritiers du mari.

USUFRUIT, LODS.

110 Si les lods sont dûs de l'heritage vendu avec rétention d'usufruit ? *Voyez* le mot *Lods & Vente, nombre 379.*

Voyez cy-dessus le nomb. 61. *& suiv.*

USUFRUIT, MARI.

111 L'usufruit attribué aux meres par l'Edit de 1567. ne doit leur demeurer au cas de la substitution pupillaire expresse. Cette substitution faite par le mari au profit de sa femme est sujete à l'Edit des secondes nôces. *Voyez Ricard, traité des Subst. part. 1. chap. 2. nomb. 69. & suiv.*

112 Un usufruit constitué en dot à la femme est acquis au mari pendant sa vie, & n'est point rendu à la femme après la dissolution du mariage. Arrêt du Parlement de Provence du 23. May 1664. *Boniface, tome 1. liv. 6. tit. 3. chap. 13.*

Voyez cy-dessus le nomb. 43 & suiv.

USUFRUIT, MERE.

113 Si l'usufruit de tous biens est délaissé à la femme par le mari qui a des enfans, si cet usufruit est réduit à la nourriture de la mere, ou à quelque prééminence ou prérogative qu'elle doit toûjours avoir en la maison du mary ? *Voyez Bouvot, to. 1. part. 1. verbo Usufruit, quest. 3.*

114 Es cas où la mere est présumée alimentaire, quoique faite usufruitiere par le Testament de son mary, la présomption cessera, & l'usufruit deviendra formel ; si la succession tombe entre les mains de l'étranger substitué aux enfans. *Mantic. lib. 9. tit. 7. n. 19. id. Coquille, quest. 156. id. Mainard, lib. 5. chap. 100. id. Grassus, §. Legatum quast. 24. n. 4.*

Arrêt rendu au Parlement de Bordeaux le 6. Juillet 1657. au rapport de Monsieur de Pomiers Doyen de la Cour, après partage fait en l'Audience Feu Laforgue Bourgeois de Bourdeaux, par son Testament avoit fait Jeanne Peyronin sa femme, Dame maîtresse & usufruitiere de ses biens, sans rendre compte ni prêter le reliqua, gardant viduité : Et institué sa sienne fille unique son heritiere universelle ; & en cas que sadite fille décédât sans enfans, luy substitua Odette Lafosse sa sœur. Ladite fille & heritiere étant décédée sans enfans ; procez sur ce que ladite Odette de Lafosse prétendoit que par vertu de la substitution & par le décez de ladite fille heritiere, l'usufruit avoit pris fin : jugé le contraire, en infirmant le jugement de Messieurs des Requêtes, & ladite Peyronin veuve maintenuë dans l'usufruit. Cet Arrêt juge deux choses, l'une que la femme n'étant que simple *massaria* pendant la vie des enfans, devient usufruitiere formelle après le décez des enfans ; l'autre, que l'heritiere instituée étant chargée de l'usufruit, le substitué l'est de même, à quoy est conforme la Loy, *licet, ff. de legat. 1.* La Peirete *en ses décisions du Palais lettre V, nomb. 78.*

MORT DE L'USUFRUITIER.

115 L'usufruitier mourant, son heritier ne gagne que les fruits coupez avant le décez. Arrêt du 19. May 1589. *Chopin, sur la Coûtume d'Anjou, liv. 3. chapitre 3. titre 1. article 4.* Papon, *livre 14. titre 2. nomb. 13. & cy-dessus le nomb. 93.*

USUFRUITIER, OFFICIERS.

116 Destitution faite par l'usufruitier. *Voyez* le mot *Usufruit, nomb. 93, & suiv.*

117 Arrêt du Parlement de Toulouse du 27. Mars 1571. pour la Dame de la Motte usufruitiere de la Baronie de l'Ille, qui a jugé que la création des Officiers de ladite place luy appartenoit, contre le proprietaire, *quia jurisdictio est in usufructu.* Oldrad. *Consil. 124. in l. si. ff. soluto matrimonio.* La Rocheflavin, *livre 5. tit. 3. Arr. 1.*

118 Un usufruitier ne peut disposer des Offices, ni pourvoir aux survivances, ce droit appartient au Seigneur proprietaire. Arrêt du Parlement de Paris du 27. Mars 1648. en faveur du Duc de Mantoüe ; il s'agissoit d'un Office de Capitaine de Grurie dans la Province de Nivernois. *Soëfve, tome 1. Centurie 2. chapitre 77.*

USUFRUIT AU PERE.

119 *Patri debitus usufructus*, & comment ? *Voyez* la Bi-

USU

bliotheque du Droit François par *Bouchel*, verbo *Ufufruit*, p. 936. col. 2.

120 Le pere n'a point d'ufufruit *in eis quæ donantur filiæ ab extraneo causâ dotis, quia actio pro dote adventitia filiæ, non patri competit, & qui habet actionem rem habere dicitur*. Ainfi jugé. *Bibliotheque de Bouchel*, verbo *Ufufruit*.

121 Si la mere eft conftituée ufufruitiere de tous les biens des mineurs, elle aura l'entiere adminiftration des biens procedans du pere, ne fera tenu de leur rendre aucun compte, mais feulement de les nourrir & entretenir. Tel ufufruit ceffera quand ils feront majeurs ou mariez. Ainfi jugé. *Bibliotheque de Bouchel*, verbo *Ufufruit*.

122 Si le pere en Païs de Droit écrit a l'ufufruit des biens échûs à fon fils, & petit fils, nonobftant le mariage d'iceluy, & s'il les a perçûs, ou laiffé à percevoir? *Voyez Bouvot*, tome 1. part. 2. verbo *Pere ufufructuaire*.

123 Jugé que le pere a l'ufufruit des biens adventifs de fon fils, quoique le pere fût remarié. *Papon*, liv. 7. tit. 1. n. 4. où il obferve qu'és pays qui fe conduifent par le Droit des Romains, tel ufufruit n'eft en ufage certain comme au païs Coûtumier.

124 Le pere ne conferve pas l'ufufruit des biens maternels après le decez de fon fils, qui étoit chargé de les rendre à un étranger après fa mort fans enfans. *Du Perrier*, liv. 3. quæft. 9.

125 Un fils s'etoit oppofé aux criées de certains biens defquels fon pere étoit ufufruitier, & ce fils proprietaire l'ufufruit fini, faifis fur fon pere faute de payement de certaine fomme, & tendoit à diftraction. Jugé que l'ufufruit des biens faifis & criez appartenans au pere débiteur, feroit vendu & ajugé pour le temps de la vie du pere, & le fils proprietaire débouté de fon oppofition, à la charge toutefois de nourrir le fils, ainfi que faifoit le pere pour luy conferver la propriété, & l'empêcher d'être vendue & diffipée. Arrêt du Parlement de Bourdeaux du 23. Juillet 1520. *Bibliotheque de Bouchel*, verbo *Ufufruit*.

126 Comme en France les peres n'ont pas fur leurs enfans la puiffance que le droit leur donne, auffi n'ont-ils pas l'ufufruit des biens à eux échûs. Arrêt du Parlement de Paris de l'an 1538. Neanmoins dans un procez de la Rochelle il y a eu Arrêt contre un fils qui fit demander à fa belle mere veuve de fon pere des fruits qu'il avoit pris de fon vivant és biens maternels; elle fe défendoit par la Loy *cum oportet*. C. *de bon. quæ lib.* la prétention du fils fut condamnée, *eâ forfan causâ quod indecens videri potuit*, de rechercher après la mort du pere, fes heritiers. *Papon*, livre 14. tit. 2. n. 10.

127 Dans le Reffort du Parlement de Touloufe, regi par le Droit écrit, le pere a l'ufufruit de tous les biens de fes enfans, encore qu'ils foient mariez; mais c'eft à la charge audit cas d'affigner penfion & meubles aufdits enfans mariez pour leurs nourritures & entretenement, fuivant la faculté des biens qu'ils poffedent, au dire & ordonnance des proches parens; comme il a été jugé par Arrêt du même Parlement, du premier Février 1572. rapporté par M. *Mainard*, liv. 3. ch. 73. de fes queftions notables, & La Rocheflavin, liv. 5. tit. 3. Arr. 2.

128 Par Arrêt du P. de Touloufe du mois de Decembre 1582. rapporté par *Mainard*, liv. 3. ch. 74. jugé que le pere n'avoit l'ufufruit és biens acquis à fa fille par teftament d'un fien oncle, qui l'avoit inftituée heritiere, à la charge d'époufer un tiers, *per quem fteterat*; s'étant remariée ailleurs, ce qui a été tiré du Droit par lequel *pater ufum fructum non habet in iis quæ donantur filiæ ab extraneo, dotis causâ, quia actio fit pro dote adventitiâ, meritò dicendum patrem nullum jus habere; cum qui habeat actionem, rem habere dicatur.* l. 2. §. 1. l. Caius ff. folut. mat.

129 Par Arrêt de 1584. rapporté par M. de *Montholon*, Arrêt 25. il a été jugé que la donation entre conjoints qui ne valoit que pour ufufruit, y ayant enfans, vaudra pour la proprieté, les enfans venans à deceder, les pere & mere vivans.

130 Par deux Arrêts l'un du premier Avril 1586. rapporté par *Chopin*, fur l'article 230. de la Coûtume de Paris, liv. 2. tit. 5. n. 14. & l'autre du 8. May 1606. rapporté par M. *Bouguier*, lettre V, chap. dernier, la fœur uterine a é·é maintenuë en la proprieté & poffeffion des heritages délaiffez par fes deux freres uterins à l'exclufion du pere, & que les 230. & 314. articles de la Coûtume de Paris s'expliquoient l'un l'autre.

131 Les pere & mere joüiffent par ufufruit des conquêts faits propres à leurs enfans après le décez defdits enfans. Arrêt du 14. Septembre 1581. M. le *Prêtre*, 3. Cent. chap. 92. Voyez les articles 230. & 314. de la Coûtume de Paris, lefquels femblent contraires. Jugé que le 230. eft l'exception du 314. Arrêt du 8. May 1608. M. *Bouguier*, lettre V. nomb. 4. Voyez *Carondas*, liv. 8. rép. 35. ch. 92.

132 Par Arrêt du Parlement de Touloufe du 8. Juillet 1597. rapporté par M. *Cambolas*, livre 2. chap. 7. de fes decifions notables de Droit, il a été jugé que l'ufufruit que le pere a fur les biens adventifs de fon fils, ne s'éteint que par la mort du pere, non par celle du fils, vû que par la conftitution de Juftinien en la loy *cum oportet*. Cod. *de bonis quæ lib.* cet ufufruit entre au lieu de la proprieté que le pere avoit anciennement aux biens adventifs de fon fils. Cette queftion eft décidée en termes formels en la loi derniere, Cod. *de ufufructu*.

133 Par Arrêt du Parlement de Touloufe de l'an 1598. il a été jugé fuivant l'opinion de *Joannes Faber*, fur les Inftitutes *quibus non eft permiffum facere teftamentum*. §. 1. qu'encore que l'ufufruit des biens adventifs appartienne aux creanciers du pere; neanmoins il en faut diftraire les nourritures du fils, & ce qui luy eft neceffaire pour fes affaires, d'autant que cela n'eft point cenfé faire partie de l'ufufruit qui luy appartient. l. ult. §. *ubi autem & fequent*. Cod. *de bon. quæ liber*.

134 L'ufufruit acquis au pere fur les biens de fes enfans, finit par leur emancipation, qui n'eft point fujette à l'action revocatoire de la part des creanciers du pere. Jugé le 30. May 1636. *Bardet*, tome 2. livre 5. chap. 19.

135 Arrêt du Parlement de Touloufe du 22. Juin 1638. qui prive le pere remarié de l'ufufruit des biens de fa fille: la circonftance, que cette fille étoit hors de chez fon pere depuis quinze ans, & que c'étoit dans Touloufe où la Coûtume femble emanciper les filles mariées, fut fans doute le motif de l'Arrêt. *Albert*, lettre P. verbo *Pere*.

136 Le pere ne doit point avoir ufufruit de la portion de fes enfans d'un heritage auquel il fuccede avec eux. Arrêt du P. de Grenoble du 5. Février 1661. *Baffet*, to. 2. l. 4. tit. 10. ch. 5. où il obferve que fi l'ufufruit eft prohibé au pere, l'adminiftration des biens du fils lui eft auffi défendue; & on décerne un Curateur au fils. L'Arrêt qu'il dit l'avoir ainfi jugé, n'eft point daté.

137 L'ayeul paternel n'a point l'ufufruit des biens de fon petit fils qu'il adminiftre, mais il en eft comptable. Arrêt du P. d'Aix du 23. Mars 1669. *Boniface*, tome 2. part. 3. li. 2. page 217.

138 Le pere n'a point d'ufufruit *in his quæ donantur filiæ ab extraneo causâ dotis*. L. 2. §. 1. *Caius ff. foluto matrim. quia actio pro dote adventitiâ filiæ, non patri competit, & qui habet actionem, rem habere dicitur.* Bart. Jafon, & alii DD. in cl. §. 1. l. 2. & in l. placet. Il faut obferver que la confideration de la dot ceffant, l'ufufruit des biens de la fille appartient inconteftablement au pere à caufe de la puiffance qu'il a sur ses enfans ; jusques-là, que quand une personne leur auroit donné ses biens, ou les auroit institué en iceux par testament, & chargé quelqu'un de l'administration, le pere se pourroit faire maintenir en Justice en la joüissance desdits biens, à moins que le donateur ou le testateur ne luy eût expressément défendu ladite administration. Arrêt de l'année 1673. *La Rocheflavin, liv. 5. tit. 3. Arr. 3.*

139 L'usufruitier d'un fief dominant peut exercer le Retrait feodal en son nom, mais aprés son usufruit fini, le fief retiré retourne au proprietaire avec l'autre comme y étant consolidé, pourvû qu'il rembourse l'usufruitier, ou ses heritiers du prix, dans le temps préfini par le Juge, autrement le fief retiré demeure à l'usufruitier, ou à ses heritiers ; tel est l'usage ; il y en avoit Arrêt dés l'ancienne Coûtume, du 3. Février 1571. nonobstant l'opinion contraire de Du Moulin, & en ce cas il faut dire que le proprietaire est tenu d'en investir l'heritier de l'usufruitier sans en prendre de droits, si ce n'étoit qu'il en fût dû pour sa mutation particuliére. Voyez *M. Du Plessis, traité des Fiefs*, livre 7. chap. 2.

140 Un homme ayant droit d'usufruit sa vie durant sur quatre boisselées de terre, vend son droit au proprietaire à la somme de vingt-deux écus, dont le proprietaire doit bailler deux écus comptant ; & pour le payement des vingt écus restans, il donne deux boisselées de terres, faisant partie desdites quatre boisselées : ce fait, le proprietaire au nom de son fils, veut retirer ces deux boisselées. L'autre dit que c'est une permutation, & qu'il n'y échet point de retrait ; que jamais son intention n'a été de quitter son usufruit, sinon à la charge de s'approprier les deux boisselées. Par Sentence du Juge de Montereau, le fils reçû au retrait : appel devant le Bailly de Saumur, où l'appellant incidemment prend Lettres pour faire casser le Contract, fondé sur lézion d'outre moitié de juste prix. Le proprietaire dit qu'usufruit est meuble, & qu'en meuble il n'y a lieu de restitution. Le Bailly de Saumur appointe les Parties à informer. Appel. M. Seguier montra que *usufructus neque inter immobilia numeratur, sed est quid tertium*. Par Arrêt, l'appellation, &c. & les parties hors de Cour & de procés. Voyez *la Bibliotheque de Bouchel*, verbo, *Usufruit.*

USUFRUIT, PRESCRIPTION.

141 *Usufructus antequam constituatur non nisi triginta annis præscribitur, constitutus verò decem annis inter præsentes & viginti inter absentes.* Voyez *Franc. Maro. tom. 1. quæst. 829.*

142 *Carondas, liv. 11. Rép. 37.* rapporte un Arrêt du 4. Juillet 1598. qui juge que la prescription court contre le proprietaire, pendant que l'usufruit est à un autre qui en joüit. Voyez *la Coûtume de Paris*, article 105.

USUFRUIT, PROFESSION RELIGIEUSE.

143 Par le Droit Civil & Canon, l'usufruit ne finit point par l'entrée au Monastere ; en la Coûtume de France l'usufruit ne passe point au Monastere, il passe à l'heritier du Moine, qui en joüit durant la vie d'iceluy, & ne retourne au proprietaire, qu'aprés la mort du Moine ; ainsi jugé par Arrêt du Parlement de Paris, rapporté par *Carondas, liv. 94. chap. 29.* Voyez *Mainard, liv. 9. ch. 26.*

144 La profession en Religion n'éteint point l'usufruit, si ce n'est dans les Mendians. Arrêt du Parlement de Grenoble de l'an 1461. *Papon*, livre 14. titre 2. nombre 5.

145 L'usufruit n'est éteint par la profession Monachale ; il fut ordonné qu'il appartiendroit au Syndic des Religieuses, tant que l'usufruitiere vivroit. Arrêt du Parlement de Bourdeaux du dernier Janvier 1612. Voyez *les Plaidoyez celebres dediés à M. de Nesmond*, p. 96.

USUFRUIT, PROPRES.

146 De la disposition de l'usufruit des propres. Voyez le mot, *Propres, n. 148. & suiv.* & cy-dessus, *le nombre 15.* où il est parlé de l'usufruit laissé par pere & mere à un de leurs enfans de sa portion hereditaire.

147 Le 28. jour de Novembre 1537. jugé au procés d'entre Guillaume Pinault & Jean Lainé, que le legs d'un usufruit de tous les propres, ne se devoit pas seulement reduire au quint des propres, en la Coûtume de la Prévôté & Vicomté de Paris, par laquelle on peut disposer du quint de ses propres, mais au quint de l'usufruit des propres : & la raison de cela, d'autant que l'intention du Testateur n'a pas été de donner aucune proprieté des propres ; mais seulement l'usufruit, & que *in legatis non fit extensio de usufructu ad proprietatem : quod testator voluit, non potuit, quod potuit, non fecit*: aucuns voulans reduire le legs au quint des propres. Le procés parti en la seconde Chambre des Enquêtes, depuis en la troisiéme Chambre, & departi en la premiere. Voyez *M. Loüet, lettre V. sommaire 8. & Bouvot*, part. 1. in verbo, *Usufruit.*

USUFRUIT, REPARATIONS.

148 L'usufruitier n'est tenu des grosses réparations, mais seulement des menuës. *Bouvot, tome 1. partie 2.* verbo, *Usufructuaire, quæst. pénultiéme.*

149 *Modica refectiones pertinent ad fructuarium.* Mornac, *L. 8 ff. de usufructu & quemadmodum, &c.*

USUFRUIT, RETRAIT.

150 Le Seigneur peut, l'usufruit éteint, retenir ce que l'usufruitier a acquis par retrait feodal en rendant le prix. Voyez *cy-dessus le n. 139. &* le mot, *Retrait, n. 125.*

USUFRUIT, SAISIE.

151 Le Créancier ne peut faire saisir les biens sur l'usufruitier, quoyque la proprieté appartienne à son debiteur, &c. Arrêt du 4. Juillet 1584. *Carondas, li. 7. Réponse 117.*

USUFRUIT, SECONDES NÔCES.

152 Si le pere perdant par un second mariage la proprieté de la portion virile, qu'il avoit gagnée par la mort de son fils prédecedé, perd aussi l'usufruit des autres portions de ses enfans ? Voyez *Duperrier, li. 1. quæst. 16.* où il fait cette observation. Les derniers Arrêts ont confirmé la distinction de Jean Ripa, *in §. illud L. fœmina Cod. de secundis nuptiis*, suivie par *M. Boyer, décis. 190.* Que si le pere se remarie aprés avoir succedé à l'un de ses enfans, & perdu l'usufruit des portions des autres, il perd aussi la proprieté de sa portion, suivant l'Authent. *ex testamento Cod. de secundis nuptiis*, tirée de la Novelle 22. chapitre 46. Que si cette succession luy arrive aprés le second mariage, il conserve l'usufruit des portions des autres enfans ; parce que n'ayant jamais acquis la proprieté de sa portion virile, de laquelle proprieté il se trouve privé par les secondes nôces ; il ne peut pas être privé de son usufruit, qui ne luy est ôté par la Novelle 118. qu'en consideration de la proprieté qu'elle luy defere ; mais je ne trouve point cette distinction raisonnable, & il me semble qu'en l'un & l'autre cas le pere doit conserver & reprendre son usufruit. Voyez le mot, *Nopces*, nomb. 129. *& suiv.*

USUFRUIT, TAILLE.

153 L'usufruitier est tenu de la Taille. Voyez le mot, *Taille*, nombre 282. & 283.

USURE.

DU prêt & de l'usure. Voyez *le 1. tome des Loix Civiles, liv. 1. tit. 6.*
De usuris. D. Gr. dist. 47. e. 1. 2. 4. & 5... Dist. 88. e. 11... Causa 14. q. 4. 5. & 6... Extr. 5. 19... S. 5. 5... Cl. 5... Inst. L. 4. 7.
Cod. 4. 32... Paul. 2. 14... L. 12. tabb. t. 15.
De usuris & fructibus, & causis, & omnibus accessionibus, & mora. D. 22. 1.

872 USU

2 *De usuris*, L. 22. tit. 1. D. li. 4. Cod. tit. 32. li. 15. Decr. tit. 19. li. 5. sext. tit. 5. l. 4. Clem. tit. 6.
3 *De nautico fœnore*. li. 22. D. tit. 2. li. 4. C. 4. tit. 33. *De nauticis usuris*. Novell. 110.
4 *De usuris & fructibus legatorum & fideicommissorum.* Cod. 6. tit. 47.
5 *De extinctione & sublatione usurarum, & fine, & rationibus promissionis illarum.* Dig. li. 22. c. 4.
6 *De usuris pupillaribus*. Cod. 5. tit. 56.
De usuris judicata. Cod. 7. tit. 54.
De usuris suprà duplum computandis. Novell. 138.
7 *De usurâ. Constit. Imp. 2. Niceph.*
8 *Quod Episcopus, Presbyter & Diaconus non debeat usuras accipere*. Can. ap. 44.
9 *De contractu fœneratitio*. Boër, Consil. 12.
10 *De fœnere, seu usurario, mutuo, & de usuris*, D. l. 22. caput 3. Voyez le Traité de Maître Charles Du Moulin.
11 *De contractibus usurariis & commutativis, eorumque differentiis*. Argentr. Consil. 3.
12 *De usuris.* Per Archiepiscopum Florentinum.
  Per Guidonem Papæ.
  Per Guillelmum Bont.
  Per Laurent. de Rodulphis.
  Per Ambrosium de Vignare, & est rep. C. salubriter de usuris.
  Per Antonium de Rosellis.
  Per Antonium Massam Galesium.
  Per Authorem incertum.
  Per Franciscum de Platea.
  Per Tho. de Vio. *in tractatu de Cambiis.*
  Per Alex. Ariostum, *Ordinis Minorum.*
  Per Franciscum Hottomanum.
  Et per Frat. Dominicum Sotum, *in tracta. de justi. & jure.*
  Mattini, ab Aspilcuetâ, *Commentarius resolutorius de usuris.*
  Petrus Wel, *de usuris.*
  Raymundus, *de usuris.*
  Joannes Medina, *in codice de restitutione.*
  Ambrosius de Vignate, *de usuris.*
  Ægidius Bethsburgius, *de usurâ centesimâ.*
  S. Antonini, *Tractatus de usuris.*
  Guillelmi Bont. *Tractatus de usuris.*
  Franciscus de Plateâ, *de usuris.*
  Joannis Baptistæ Lupi, *de usuris & commerciis illicitis Commentariorum, lib. 4.*
  Laurentius Rodulphus, *de usuris.*
  De modo usurarum, in octavo, Leyde, 1639.
  Joannis Pesserkorn, *hostis Judæorum, contra eorum usuras & dolos.*
  Sixtus Medices, *de usuris Judæorum.*
  Sylvester, *per Tractatus 9.*
  S. Thomas, 22. quæst. 78.
  Angeli Perusini, *Consilium in materiâ usurarum disputatio prima, de Testamento usurarii, septima de Testamento usurarii manifesti.*
  Dominici Soti, *de jure liber sextui.*
  S. Bernardini, *sermones multi in opere de Evangelio æterno.*
  Bartholomæi Romulæi *compendium.*
  Alexander Nevus, *Consilium contra Judæos fœnerantes.*
  Thomas Vius Cajetanus, *de usurâ opusculo 7. tomo 2.*
  Salmasius de usuris, *in 8. Leyde 1638.*
13 Antonius *in summâ 2. part. tit. 1. cap. 6. 7. 8. 9. 10. 11. has tractat quæstiones. De usurâ sub formâ sermonis declarat ipsius continuationem periculosissimam, & extensionem copiosissimam, & palliationem fraudulentissimam, ex quo ferè per universum non deficit de plateis usura.*
De multiplici modo usurarum, ut committitur in mutuis expressis, in pignoribus, depositis & animalibus, atque in Cambiis.

De contractibus usurariis puta emptione & venditione ad terminum.
Verè beati qui terminum positum transgressi non sunt neque conversi aperire terram.
De participatione & cooperatione usuræ nomine Tutorum, Notariorum, Prælatorum, consentientium, & famularum.
De manifestis usurariis, si recipi possunt ad Ecclesiasticam sepulturam.
De materiâ montis Florentiæ Præstitorum Venetiis, & locorum Genuæ.
14 Voyez la nouvelle édition des œuvres de M. Charles du Moulin, tome 2. page 1. & suiv. où est tractatus contractuum & usurarum, reditauumque pecuniâ constitutorum, il parle de trajectitiis, c'est-à-dire de l'argent qu'on met sur les vaisseaux, *mercatores tolerabilis fœnerantur*, pag. 88. & 254. 274.
De Judæis & usuris. Voyez Ibidem, page 527.
Voyez Philbert Collet, Traité in 12. imprimé en 1690. Le Correur Prêtre d'Amiens, en 1684. le Traité du Commerce & du Change par le Pere Thomassin. *Tractatus de usurâ & fœnore* par Gayette in 4. chez Arnoul Seneuse en 1688.
15 *Pro illis qui dicuntur Usurarii, & quis dicatur manifestus Usurarius.* Angel. Perus. Consil. 9.
Turpia lucra fœneris, & velox inopes usura trucidat. Auson. Eclog. *de vitâ humanâ.*
16 *De Usuris in sortem redactis. Unde anatocismus factus atque unum debitum ex sorte & usuris conflatum, posteà fundus in solutum creditoris datus an contractus sit usurarius, & imperceptibilis aut commutativus, ut ex eo dominium transferatur? V.* Argentræus, Consl. 3.
17 Usuræ. Voyez hoc verbo, la Bibliot. du Droit François par Bouchel, *ubi multa.*
Voyez dans le present recueïl, les mots *Anatocisme, Antichrese, Arrerages, Contrat pignoratif, interêt, & Rentes*, nombre 914. & suiv.
18 Voyez la conference des Ordonnances, liv. 4. titre 6. & Papon, liv. 12. des Arrêts, titre 7. & *tractatum Caroli Molinæi, de usuris. Item ejusdem Labyrinthum de eo quod interest.*
19 Usures défendues à toutes personnes. Ordonnances de Saint Loüis en l'an 1254. Philippes IV. 1311. & 1312. & 1318. article 14. Philippes VI. 1349. art. 19. 20. & 21. Louis XII. 1510. Charles IX. 1567. & 1570. Henry III. 1576. 1577. & 1579. article 202. & 1579. & 1580. & 81. 82. 84. 86. & 88.
20 L'execution d'une Obligation ou Contract garantigié, *non impeditur per exceptionem usurarum*. Angel. & Imol. *in l. 4. §. Condemnatum, Di de re judic.* Bart. Consl. lib. 18. libr. 1. & Titaq. *tract. de retract. convent. §. 1. Gloss. 1. num. 38.*
21 Des Usuriers & usures prohibées, Ordonnances de Fontanon, tome 1. liv. 3. chap. 74. page 675.
22 Edit qui porte Reglement pour les interêts des sommes qui seront prêtées, & qui prononce la confiscation de corps & de biens contre les Usuriers. A Montargis le Samedy devant la Purification de la Vierge 1311. Fontanon, tome 1. pag. 675.
23 Declaration en interpretation de l'Edit de 1311. contre les Usuriers, portant modification de la peine
24 de confiscation de corps & de biens, pour les Usures de menuë quantité. A Poissy le 8. Decembre 1311. Ibidem, pag. 676.
25 Edit portant qu'il sera procedé contre les Usuriers, par les peines contenuës dans les Ordonnances. A Paris en Août 1576. registré le 7. Septembre de la même année. Fontanon, Ibidem, pag. 679.
26 Voyez Renusson, au Traité des *Propres*, pag. 444. où à l'occasion des rentes constituées, il parle de ce qui se pratiquoit chez les Romains touchant l'usure conventionelle & les differens changemens depuis apportez dans la stipulation d'interêt.
27 *Contractus antichreseos an sit usurarius?* Voyez Andr. Gaill, lib. 2. Observ. 3.

Pactum

28 *Pactum usurarium contractui licito adjectum, an totum contractum vitiet?* Voyez *Andr. Gaill. lib. 2. observ. 4.*

29 *De usuris & utrum earum stipulatio vitiet contractum principalem?* Voyez *ibidem, observ. 5.*

30 Touchant l'usure. Voyez *les Memoires du Clergé, tome 1. part. 1. page 468. & 469.*

31 Sur le sujet des usures. Voyez *M. Dolive, liv. 4. ch. 19. Anne Robert, rerum judicatarum, liv. 2. ch. 8. & Henrys, tome 1. liv. 4. quest. 9.*

32 L'Ordonnance de Charles IX. porte : *Défendons à tous Marchands & autres, de quelque qualité qu'ils soient, de supposer aucun prêt de marchandise, appellé perte de finances, laquelle se fait par revente de la même marchandise à personnes supposées; & ce à peine contre ceux qui en useront, en quelques sortes qu'elles soient déguisées, de punition corporelle & confiscation de biens, sans que nos Juges en puissent moderer la peine.* Etats d'Orleans, *art. 141.*

Celle d'Henry III. porte : *Faisons inhibitions & défenses à toutes personnes, de quelque état, sexe & condition qu'elles soient, d'exercer aucune usure, ou prêter deniers à profits ou interêts, ou bailler marchandises à perte de finance, par eux ou par autres, encore que ce fût sous prétexte de commerce, & ce sur peine pour la premiere fois, d'amende honorable, bannissement & condamnation de grosses amendes, dont le quart sera ajugé aux dénonciateurs; & pour la seconde fois, de confiscation de corps & de biens, ce que vray semblablement Nous voulons être observé contre les proxenetes, mediateurs & entremetteurs de tels trafics & contracts illicites reprouvez, sinon au cas qu'ils vinssent volontairement à revelation, auquel cas ils seront exempts de ladite peine.* Etats de Blois, *article 202.*

Et par l'article 662. de la même Ordonnance : *Enjoignons à tous Juges de garder & faire garder trés-étroitement l'Ordonnance faite sur la revente des Marchandises, qu'on appelle perte de finance, & non seulement denier action à tels vendeurs & supposeurs de prêts, mais aussi proceder rigoureusement contre eux & contre leurs Courtiers & rachetteurs, qui se trouvent sciemment être participans de tels trafics & marchandises illicites, par multes, & confiscations de biens, amendes honorables, & autres peines corporelles selon les circonstances.*

33 Conjectures d'une obligation usuraire. Voyez *Peleus, quest. 12.*

34 De l'établissement d'un Mont-de-Pieté, ordonné dans chacune des Villes & Justices Royales par Loüis XIII. en 1626. Voyez *Joly des Offices de France, page 1946.* & cy-dessus lettre M. verbo, *Mont-de-Pieté.*

35 Les interêts qui excedent le taux de l'Ordonnance sont usuraires. Voyez le mot *Interêts, nombre 192. & suivans.*

36 Si le Contract de constitution de rente du prix des bœufs vendus est reputé usuraire, & si les arrerages payez doivent être précomptez au sort principal? Si le vice d'usure peut être couvert par transaction? Voyez *Bouvot, tome 1. partie 3. verbo, Contract usuraire, quest. 1.*

37 Si les arrerages dont l'on compose un principal, produisent usure? Voyez le mot *Arrerages, nomb. 87. & suiv.*

38 Plaidoyers de M. Seguier, touchant les Contracts usuraires ou d'engagement, déguisez en vente. Voyez *le Recüeil des Plaidoyers & Arrêts notables imprimés en 1645.*

39 Par Arrêt du Parlement de Bourdeaux sans date, il a été jugé que sans pleine concurrence de ces trois circonstances. 1. de la coûtume usuraire de l'acheteur. 2. de la modicité du prix. 3. de la faculté de pouvoir racheter, une vente ne peut être déclarée usuraire. Voyez *Papon, liv. 12. tit. 7. Arr. 3.*

40 Si un Contract est reputé usuraire, quand il y a vente de bled, vin, bétail, avec stipulation d'interêt? Voyez *Bouvot, tome 1. partie 2. verbo, Usure, question derniere.*

41 Le Contract par lequel on prête à moitié de profit & de perte, n'est point usuraire; la Coûtume generale du Dauphiné l'approuve, & le Droit canon ne le condamne point. Voyez *Guy Pape, quest. 186.*

42 *De annuis redditibus, sive appensionamentis, & pensionibus hujusmodi contractus liciti sunt.* Voyez *Franc. Marc, tome 2. quest. 11.*

43 Quand le Contract d'engagement est censé usuraire, & quand on peut imputer le surplus des fruits au sort principal? Voyez *Albert, lettre C. verbo , Contract, art. 7.* ou en rapportant des Arrêts contraires du Parlement de Toulouse, il dit que la Cour a accoûtumé d'examiner en l'engagement, si la lezion est grande; car si elle est petite, elle considere que si cela se jugeoit à la rigueur & qu'il falût qu'un engagiste rendît compte de Clerc à Maître, personne ne voudroit prendre en engagement; il faut seulement observer que quelques Juges font difference, si le Contract est conçû en ces termes, sçavoir, qu'un tel joüira jusqu'à ce qu'il soit achevé de payer, alors il n'y a point de question & il doit imputer le surplus des interêts : il en est autrement lorsqu'il est dit, qu'il joüira jusqu'à ce qu'il soit achevé de payer, alors il n'y a point de question & il doit imputer le surplus des interêts : il en est autrement lorsqu'il est dit, qu'il joüira jusqu'à ce que le débiteur l'ait payé.

44 Jugemens & Arrêts donnez sur Contracts usuraires ne passent point en force de chose jugée, à moins qu'il n'ait été principalement question de l'usure & que la Cour n'en ait point trouvé, auquel cas on ne pourroit nouvellement intenter procez : secus, s'il ne s'est point agi de la validité du Contract, par exemple, les Marguilliers des saints Innocens, par un Arrêt de discussion, avoient été mis les premiers en ordre, le Creancier posterieur à qui cette collocation faisoit tort, contesta le titre des Marguilliers, & dit qu'il y avoit usures dans la clause, portant que le débiteur de la rente ne pourroit la racheter avant quatre ans. Arrêt du Parlement de Paris du 7. Mars 1513. qui declare le Contract nul, & qui ordonne que le sort principal les arrerages reçus. *Papon, liv. 12. tit. 7. nomb. 23.*

45 Arrêt du 18. Juin 1558. par lequel un Contract de gazailles d'une paire de bœufs pour un carton de bled par chacun an, a été déclaré nul comme usuraire, avec amende. *La Rocheflavin, livre 2. lettre G. tit. 3.*

46 Clauses usuraires rendent les autres nulles. Arrêt du Parlement de Paris des 8. ou 9. May 1558. *Papon, liv. 12. tit. 7. nombre 31.*

47 S'il y a vente de trois journaux de vigne pour 60. livres avec faculté de rachat pour quatre ans, le même jour amodiation pour trois feüillettes de vin, tel Contract n'est valable. Arrêt du Parlement de Dijon du 31. Juillet 1567. & les usures des usures ne peuvent être demandées. *Bouvot, tome 2. verbo, Usures, quest. 1.*

48 Le debiteur d'une obligation de 440. liv. prêtez comptant en presence de Notaire & témoins, est receveable à prouver le fait que les quarante livres n'ont été payées, & que c'étoit pour arrerages. Arrêt du Parlement de Dijon de l'an 1571. *Bouvot, tome 2. verbo, Usures, quest. 11.*

49 Contract usuraire cassé par Arrêt du Parlement de Bretagne du 28. Février 1575. Il fut dit que le vendeur rentreroit en la possession de ses heritages, en remboursant le sort principal, loyaux coûts, sans restitution de fruits & pour cause. *Du Fail, liv. 1. chap. 394. Au chapitre 411.* il rapporte un autre Arrêt du 24. Octobre 1576. rendu dans une espece à peu prés semblable.

50 Edit du Roy Henry IV. de l'an 1594. verifié le 2. Septembre 1597. qui enjoint à tous ceux qui auront pris à grosse usure & interêts excedans le cours limité, par les Ordonnances de le venir declarer, ce qui avoit été ordonné sous le Regne précedent par un Arrêt du premier Février 1577. Voyez *Chorier, en sa Jurisprudence de Guy Pape, page 278.*

Tome III. SSssss

51. Il est permis au Créancier posterieur de soûtenir le Contract pignoratif & usuraire contre le possesseur, & le faire compter des fruits. *Faber, Cod. de luis. pignor. def.* 18.

52. En accusation d'usure, le Créancier est obligé d'exhiber son livre de raison. 2. Et d'accepter le serment qui luy est déferé par le débiteur ou le referer. *Olive, lib.* 4. *cap.* 19. *cum glos.* 1. id Fachin, *lib.* 11. *cap.* 87. 1. *sc.* Mornac, *ad L.* 1. *C. de edend.* M. Abraham La Peirere, *en ses décisions du Palais, let. V. nombre* 101. fait cette courte observation, Entends encore bien que le Créancier ne soit ni Banquier ni Marchand, ni obligé à tenir livre.

53. Par Arrêt du Parlement de Toulouse du 16. Août 1629. suivant la constitution du Concile de Vienne, un particulier qui étoit en prévention d'usure, fut contraint par toutes voyes dûës & raisonnables, de remettre au Greffe ses livres de raison pour instruire l'accusation intentée contre luy, quoyque regulierement, *nemo contra se instrumenta edere debet*; & par le même Arrêt, il fut jugé que lorsque les preuves sont incertaines, *illud per juramentum potest suppleri; juxta Accursum, ad L.* 3. §. *quacumque de jurejur.*

54. *Fœneratores S C. jubentur duas partes patrimonii in solo collocare, & confiscantur qui partem dimidiam rei familiaris in pecunia habent, apud Suet. id Aug. sic Trajanus ut legitur apud Plinium,* 6. *Epist. ambitum in quo ingens pecunia consumebatur corrumpendorum suffragiorum causâ repressit; candidatis tertiam partem patrimonii in eâ quâ solo continentur, conferre jussit. Cujac, ad t.* 6. *ad L. Jul. de ambi.*

Depuis, la Cour par ces Arrêts, a improuvé ces dénonciations publiques. Arrêt du 11. Mars 1623. entre Antoine de Montforbier, dénonciateur, appellant & intimé, & Catherine Chalmot intimée, en la Chambre de l'Edit, procés par écrit: ledit Montforbier déclaré non recevable, & défenses à luy & à tous autres, soy-disans dénonciateurs publics, de faire informer à leur Requête contre les accusez d'usures, & aux Juges des lieux d'y avoir égard, sauf au Substitut du Procureur General, & aux parties interessées à se pourvoir par les voyes de Droit, ledit Montforbier condamné aux dépens. Pareil Arrêt entre Urbain Vivier appellant, & J. Baufran, intimé, en mêmes termes, du 18. Mars 1625. *Additions à la Bibliotheque de Bouchel*, verbo, *Usures*.

55. Le vendeur ne peut point sans usure stipuler l'interêt du prix de la vente, au de là du legitime interêt. *Du Frêne, liv.* 5. *chap.* 38. M. La Peirere, *en ses décisions du Palais, let. V. nom.* 103. dit, Je fais grand doute de cette décision, parce qu'en fait de vente, chacun pacte fait partie du Contract & du prix porté par icelui; & ainsi cet excés d'interêt fait partie du prix, & n'est pas usure.

55 bis. En prêt d'argent ce pacte est illicite & usuraire, si celuy qui prête stipule la moitié du profit, & se reserve le principal sans risque, ne sera pourtant usuraire, si celuy qui reçoit l'argent, & le fait valoir à part à la moitié du profit, sans courir risque du principal, ou s'il ne court risque que de la moitié. *Ferrer, question.* 186. *cont.* Mornac, *ad L.* 8. *Codice, de pactis.*

Arrêt rendu au Parlement de Bourdeaux le 9. Mars 1667. au rapport de M. Dussaut, en la Grand'-Chambre. Un Créancier prête la somme de 2000. livres, & stipule que du profit que ses debiteurs feront de ladite somme, ils luy en donneront le quart au lieu d'interêt. Le Créancier à faute du payement de ladite somme, ayant fait proceder par saisie & criées, sur les biens de ses debiteurs, ou l'un d'eux, le debiteur demande la cassation de la saisie, qu'il fonde sur ce qu'il prétendoit que c'étoit un Contract de societé, & offroit de rendre compte des effets de ladite societé, ou autrement que c'étoit un Contract usuraire. La Cour jugea qu'il n'y avoit point de societé, &

que c'étoit un Contract de prêt, & confirma la saisie. Il faut présupposer que la Cour connut qu'il n'y avoit point eu de profit; car autrement je crois, suivant la décision, que le pacte du quart du profit étoit usuraire. Cet Arrêt est rapporté par *La Peirere*, *en ses décisions du Palais, let. V. n.* 89.

56. Un interêt excedant la taxe des Ordonnances, *non potest cadere in conventionem*, en tant que réprouvé & usuraire, & en Justice on le reduit toûjours *ad legitimum modum*, en imputant l'excedant sur le sort principal, quelque Contract qu'on ait passé; il en faut excepter les usures maritimes; de même les Traitez faits avec le Prince, lequel étant au dessus des Loix, & ne pouvant pas dire qu'il ait été lezé, peut par consequent stipuler un interêt, suivant que l'état des affaires du Royaume l'y oblige, sans qu'il puisse venir contre son fait; un Contract de prêt passé par un Souverain, n'est jamais sujet à restitution en entier; s'agit-il d'un emprunt, comme celuy que fit le Roy Henry II. en l'année 1555. qui prit de l'argent des Banquiers à raison de quatre pour cent par foire; on excepte encore les stipulations entre Marchands & avec les Partisans. *Graverol sur la Rochestavin, liv.* 5. *tit.* 5. *Arr.* 2.

57. Une promesse de soy usuraire, ne peut devenir une constitution, quoyque pendant un long-temps le debiteur en ait payé les interêts, comme arrerages de rente. Jugé au Parlement de Roüen le 15. Decembre 1689. contre un Créancier qui avoit reçû les interêts pendant quarante années, d'une somme de 600. livres qu'il avoit prêtée par billet, conçû en ces termes: *Je reconnois que M. de la Cour, mon beau-frere m'a prêté la somme de 600. liv. que je promets luy rendre toutefois & quantes, & de luy en payer l'interêt tant que j'auray l'argent*. Le Créancier ayant fait la demande de ces interêts, fut condamné à imputer ceux qu'il avoit reçus sur le principal, & à rendre le surplus; quoyqu'il opposât que le debiteur avoit acquis un fonds de cette somme, qui produisoit des fruits. *Recueil des Arrêts du Parlement de Roüen, page* 152. & *suivante,* étant ensuite de l'*esprit de la même Coûtume*.

Usure, Accusation.

Voyez cy-dessus le nombre 54.

58. Accusation d'usure par les parens. *Voyez le mot, Accusation, nombre* 35.

59. Voyez le 16. Plaidoyé de M. Gaultier, tome 1. où il rapporte plusieurs Arrêts, qui ont déclaré non recevables les dénonciateurs publics en fait d'usure, sauf aux Substituts de M. le Procureur General, & aux Parties interessées à se pourvoir par les voyes de Droit. On peut prendre des Lettres de Rescision, & alleguer pour moyen l'usure, auquel cas les interêts seroient imputez au principal, & quelquefois l'obligation cassée.

60. Prouvé qu'en Normandie si l'on accusoit un mort d'avoir commis usure dans l'an ayant sa mort, ses biens étoient saisis & information faite; s'il étoit reconnu coupable, il y avoit condamnation du Parlement de l'an 1258. *Corbin, suite de Patronage,* chapitre 312.

61. Arrêt du Parlement de Paris du 26. Juillet 1565. publié le 1. Août suivant, par lequel la Cour ayant égard à la Requête faite par le Procureur General, a ordonné qu'il y aura monition en termes generaux, sans nulle exception, contre tous ceux & celles, de quelque état, qualité & condition qu'ils soient, qui sous ombre & prétexte de trafic public, & autrement, baillent & prêtent deniers à usure, tant par eux que par gens attitrez, qu'interposez, laquelle monition sera publiée dans les Eglises de cette Ville & Fauxbourgs, & autres lieux où il appartiendra; défenses à toutes personnes de quelque qualité & condition qu'ils soient, Marchands, ou autres, tant hommes que femmes, d'exercer usure, par eux ou par gens attitrez ou interposez, ni de prêter deniers sous pré-

USU

texte de commerce public, à intérêt, soit sur gages ou autrement, sur peine de confiscation de corps & de bien : Enjoint à tous ceux & celles qui en sçavent & connoissent quelques-uns, d'en venir à revelation, sur peine de cent livres parisis d'amende, applicable au Roy, & de punition corporelle ; à ce que telle maniere de gens, comme pestilens & pernicieux à la chose publique soient du tout exterminez ; & sera le present Arrêt lû & publié à son de trompe & cry public par cette Ville de Paris, & Fauxbourgs d'icelle, & lieux & carrefours accoûtumez, à y faire cry & publication, à ce qu'aucun n'en puisse prétendre cause d'ignorance. *Bibliotheque de Bouchel*, verbo, *Usures*.

62 Le 24. Novembre 1576. par Arrêt rendu à la Requête du Procureur General du Roy, il a été enjoint de faire la recherche des Usuriers, même par censures & monitions, la connoissance & revelation neanmoins reservée aux Curez ; & par appel, depuis la connoissance en a été attribuée à la premiere Chambre des Enquêtes. *Papon, liv. 12. tit. 7. initio.*

63 Depuis la Cour par les Arrêts a improuvé les dénonciations publiques. Arrêt du 11. Mars 1623. sauf au Substitut du Procureur General, & aux parties interessées à se pourvoir par les voyes de Droit. Même Arrêt le 18. Mars 1625. *Additions à la Biblioth. de Bouchel*, verbo, *Usures*.

Usure, Anatocisme.

64 L'anatocisme est usuraire ; on ne peut jamais exiger legitimement intérêt d'interêts : comme les fruits ne produisent pas d'autres fruits, les interêts qui sont les fruits de l'argent, ne produisent pas d'autres intérêts ; les Créanciers qui les auroient prétendus ont été condamnez à imputer sur le principal ceux qui leur avoient été payez volontairement. Arrêts du Parlement de Grenoble des 9. Juillet & 3. Août 1611. *Voyez M. Expilly, chap. 49. & Chorier, en sa Jurisprudence de Guy Pape, pag. 278.*

Voyez au premier tome de ce Recueil, le mot, *Anatocisme.*

L'anatocisme est permis en compte de Tutelle en faveur des mineurs. *Voyez le mot, Compte, nomb. 107.*

Usure, Anticrese.

65 Voyez le mot, *Anticrese.*

Usure, Arrerages.

66 Des arrerages qui convertis en fonds, donnent lieu au soupçon & inculpation d'usure.

Voyez le mot, *Arrerages, nombre 87. & suivans*, & cy-après *le nombre 107. & suiv.*

Usure, Bail.

67 Vice d'usure n'est considerable en baux à ferme & moisson, comme en prêt d'argent. Un Commandeur ayant stipulé par le bail qu'il avoit fait à son Fermier, qu'à faute de payer le prix dans les termes marquez, il payeroit cinquante sols par jour ; & le Fermier ayant pris des Lettres de Rescision ; par Arrêt rapporté sans date, il a été jugé qu'il n'y avoit point d'usure, attendu les obligations étroites des Commandeurs pour leurs responsions. *Papon, livre 12. titre 1. nombre 32.*

68 Vente faite à vil prix avec faculté de rachat, & bail à ferme au vendeur, fut déclarée usuraire. Arrêt du 14. Juillet 1573. *Papon, liv. 12. tit. 7. nomb. 4. & Chopin, au 2. Liv. de Privil. Rustic. part. 1. cap. 6.*

Usure, Deniers Pupillaires.

69 Il n'est pas licite de stipuler des interêts pour obligations personnelles, encore que le prêt procede de deniers pupillaires. Arrêts des 15. Mars 1594. 8. Janvier 1604. & 1. Juin 1604. *Chenu .2. Cent. quest. 40.* avec Declaration du Roy Henry IV. pour le Pays de Berry, pour les interêts du passé, avec défenses de prêter à l'avenir, avec stipulation de profit par obligations personnelles, le 17. Février 1605. Le même obtenu pour les habitans d'Angers. *Ibidem.* Les deniers pupillaires peuvent être baillez à interêts, à raison de l'Ordonnance par cedulles & obligation. Arrêt du 14. Mars 1598. *Brodeau sur M. Loüet, let. I. somm. 7. nomb. 7.*

Usuræ usurarum, an possint exigi ? Voyez M. le Prêtre, *2. Cent. chap. 30.*

Usure, Femmes.

70 Les femmes peuvent être accusées en crime d'usures. Arrêt du Parlement de Provence du 8. May 1677. *Boniface, tome 5. liv. 3. tit. 15. ch. 2.*

Usure, Fondation.

71 L'usurier ne peut acquerir le droit de patronage, par la fondation de l'Eglise & dotation, parce qu'on ne peut point faire d'aumônes ou autres œuvres pies des biens mal acquis. *Biblioth. Canon. tome 2. p. 183.*

Usure, Interests.

72 *In conditione indebiti, non veniunt usuræ.* Henrys, tome 2. liv. 4. quest 32. Mornac est de contraire avis, sur la Loy 1. *Cod. de conditione indebiti.*

73 Joannes Güvel,' *in decisione 149.* Senatus Dolani traite cette question. Un Testateur ayant legué à deux niéces, & à chacune 100. liv. pour leur être payées, quatre ans après leur mariage, avec cette clause, *qu'en cas que son heritier ne les voudroit payer, le Testateur vouloit qu'ils portassent arrerages au fur de six pour cent* ; il fut jugé que ce revenu n'étoit point usure, ni le legat usuraire ; l'heritier fut condamné à payer la somme & les interêts.

74 *Pensio quæ duodecim pro centum annuatim solvitur, usuram sapit, nec juri offerendi locus est.* Voyez *Franc. Marc. tom. 2. quest. 595.*

75 Ludovicus à Pegnera, *decisione 145. agitat an conventio facta quod durante termino ad solvendum detur certa quantitas ratione interesse, sit usuraria vel non.*

76 *Usuræ si duplicent sortem, debitum extinguunt.* Jugé au Parlement de Toulouse. *Biblioth. de Bouchel*, verbo, *Usure.*

77 Par Arrêt du 13. Juin 1559. rendu sur une execution faite contre un debiteur de la somme de 700. liv. qui luy avoit été donnée par prêt mutuel à interêt & profit usuraire ; il fut dit qu'il avoit été mal & abusivement procedé & contracté ; ordonné que le profit usuraire, tant dû que payé, seroit, répeté & adjugé au Roy, & les parties respectivement condamnées, chacune en une amende pour la faute commise. *Papon, liv. 12. tit. 7. n. 32.*

78 Il est dit dans une obligation que l'interêt sera payé à raison de huit pour cent. Arrêt du Parlement de Bretagne du 18. Février 1577. qui condamne seulement à payer le principal ; commission décernée au Procureur General pour informer à l'encontre de ceux qui exercent usures illicites. *Du Fail, li. 3. ch. 103.*

Voyez le mot, *Interêt.*

Usure, Juge.

79 *Crimen usurarum est mixti fori, & ideò judices sæculares de his cognoscere possunt inter laicos. Ita sæpè practicatum apud judices delegatos à Rege pro puniendis usuris per rationes Doctorum quæ allegantur per Paulum in cap. cum sit generale: de foro comp. quamvis Bart. in L. cum invocatione cessante de Episcop. & Clericis, & in L. quoties Cod. de Judic. dixerit contrarium quando quæritur de jure non de facto scil. contractus sit ne usura ejus an non. quam opinionem sequitur Aufrerius in sua repetit. C. 1. de off. ord. fol. 112.*

80 *Crimen usurarum cujus fori sit & an præventioni sit locus, & an præventio per simplicem informationem facta censeatur ?* Voyez *Franc. Marc. to. 1. quest. 535.*

81 Prêtre accusé d'usure, jugé par le Juge d'Eglise. *Chopin, li. 2. de sacr. polit. tit. 2. n. 17. Tournet, let. P. Arrêt 189.*

82 Par le Reglement du Parlement de Grenoble, de l'an 1560. il n'est permis qu'aux Juges Seculiers de connoître de l'usure & des conventions illicites ; permis à tous d'en connoître. *Voyez Chorier, en sa Jurisprudence de Guy Pape, p. 279.*

83 S'il s'agit du crime d'usure contre un Ecclesiastique, c'est son Juge qui en doit connoître, à la charge du cas privilegié; comme il a été jugé par les Arrêts. Si un Prêtre ayant dissimulé son état avoit fait commerce & negocié des lettres de change, il pourroit être condamné par corps comme marchand par des Juges Consuls? Cette question s'étant presentée contre un Prêtre de Bourdeaux, il fut condamné par corps; Sentence des Juges Consuls, qui fut confirmée par Arrêt du 9. Août 1609. rapporté par *Mornac. & M. Du Perray*, *page* 245.

84 Arrêt rendu au Parlement d'Aix le 5. May 1670. qui a jugé que l'usure commise par un Prêtre est de la connoissance du Juge Laïc. *Boniface*, *tome* 3. *livre* 1. *tit.* 2. *chap.* 1.

USURE, MARCHANDS.

85 Le commerce est si favorable que l'Ordonnance d'Orleans, qui en l'article 60. permet aux Marchands de prendre l'interêt au denier douze, n'a été corrigée pour ce chef, ni par l'Ordonnance du mois de Juillet 1601. ni par la Declaration du mois de Septembre 1679. les Marchands sont aussi privilegiez en matiere d'interêts pour faciliter, & pour entretenir le commerce. *L. eos qui* 26. *C. de usur. & ibi DD. Voyez* cy dessus *le nomb.* 56.

USURE MARITIME.

86 De l'usure maritime, ou argent à la grosse avanture. *Voyez les Observations d'Hevin sur Frain*, *page* 316. Ces Observations regardent aussi les autres especes d'usures.

Voyez les mots Commerce, Marchands, Mer.

USURE, PEINE.

87 De l'usure, & de la peine des usuriers. *Voyez Julius Clarus*, *liv.* 5. *Sententiarum*, §. *Usura*, & *les Annotations qui sont à la fin de l'ouvrage du même Auteur*.

88 *Majores nostri sic habuere, & ita in legibus posuere, furem dupli condemnari, fœneratorem quadrupli. Quanto pejorem civem existimarint fœneratorem, quàm furem, hinc licet existimari.* M. Cato *in princip. libri* 1. *de re Rustic.*

89 Edit en 1311. qui porte reglement pour les interêts des sommes portées, & qui prononce la confiscation de corps & des biens contre les usuriers. *Voyez Fontanon*, to.1.p.675. En l'année 1312. cette peine fut modifiée pour les usures de menuë quantité. Ordonnance contre les Juifs & Usuriers en l'année 1563.

90 Quand il est question d'une usure excessive, & dont on fait métier, la confiscation emporte ordinairement tout le bien; ce qui a été pratiqué en l'an 1254. sous Loüis II. en 1300. sous Philippes *le Bel* en 1347. sous Philippes de Valois, après que par la recherche qui fut faite des usures par eux commises, on eur découvert que pour 240000. liv. ils avoient tiré en peu d'années 24 millions 300000. livres. *Graverol sur la Rochesflavin*, *liv.* 5. *tit.* 5 *Arr.* 4.

91 Arrêt du 9. Novembre 1558. qui condamne un Bachelier & un Marchand de Toulouse prévenus d'usures chacun en 1500. livres d'amende, & rendre à ceux de qui ils avoient extorqué, & neanmoins bannis, c'est à sçavoir, le premier perpetuellement du Ressort, & le second pour cinq ans de la Sénéchaussée. *La Rocheflavin*, *liv.* 5. *tit.* 5. *Arr.* 5.

92 Le 14. Août 1567. le nommé Barde pour avoir prêté argent à usure à 20. & 40. pour 100. a été condamné à faire amende honorable, banni du lieu de son habitation pour cinq ans, les sommes & interêts confisquez, partie au Roy, partie aux pauvres, & réparation du Palais. *La Rocheflavin, livre* 5. *titre* 5. *Arrêt* 4.

93 La peine ordinaire des usuriers est l'amende honorable. Arrêts des 30. Janvier 1578. & 25. Juin 1584. & quoique par l'Ordonnance de Moulins, l'accusateur soit tenu d'avancer les frais, il y a exception en matiere d'usure où l'accusé est obligé de les avancer. Arrêt du 3. Janvier 1569. *Papon*, *livre* 11. *titre* 7. *nombre* 17.

94 Le 18. Mars 1581. un habitant de Toulouse qui avoit été condamné à être pendu pour usures manifestes, a été seulement condamné en 1200. écus d'amende par jugement des Requêtes. Un nommé la Roche Medecin de Toulouse a été condamné en 400. écus d'amende, & a acquiescé à ladite condamnation. 95 Autre Arrêt du 8. Avril 1581. qui condamne un Usurier en 600. écus, *La Rocheflavin*, *livre* 5. *titre* 5. *Arrêt* 6.

Le même Arrêt est rapporté par *Bouchel*, en sa *Bibliotheque du Droit François*, verbo *Usure*. Il le date du 8. Mars 1581.

96 La peine des usuriers sous le regne d'Henry III. a toûjours été pecuniaire. Arrêt du premier. Août 1584. rendu par les Commissaires départis dans le Dauphiné, portant condamnation seulement de 150. livres d'amende vers le Roy. *Voyez Chorier en sa Jurisprudence de Guy Pape*, *p.* 279.

97 Au mois d'Août 1603. un homme pour crime d'usure fit amende honorable en l'Audience de la Grand' Chambre, *novum & inauditum*. *Voyez la Biblioth. de Bouchel*, verbo *Usures*, où il dit, comme je l'ai appris de mes anciens, quelque griève & insigne qu'ait été l'usure, comme de ceux dont l'un fut condamné en 16000. liv. l'autre en 20000. livres applicables à refaire la couverture du Palais.

98 Arrêt du Parlement de Provence du 23. Decembre 1676 portant reglement contre les Usuriers, qui ordonna la punition de leurs usures. *Boniface*, *tome* 3 *li.* 3. *tit.* 15, *chap.* 1.

USURE, PRESCRIPTION.

99 L'usure ne se couvre point par quelque temps que ce soit. *Voyez Filleau*, *part.* 4. *quest.* 140.

100 Arrêt du Parlement de Provence du 14. Mars 1647. qui a jugé que les usures sont imprescriptibles, & qu'elles ne sont point couvertes par transactions, & par le consentement des parties. *Boniface*, *to.* 1. *liv.* 8. *tit.* 2. *chap.* 8.

101 *Henrys*, *tome* 2. *livre* 4. *question* 33. examine si l'usure peut être couverte par la peremption d'instance; si une personne condamnée à payer des interêts usuraires, ayant appelé du jugement, & laissé perir l'instance d'appel, si la Sentence demeure confirmée de plein droit, & si l'appellant ne peut plus objecter le vice de l'usure? Aujourd'huy cela ne fait plus de difficulté, car dans l'Arrêt de reglement fait au sujet des peremptions le 8. Mars 1692. il y a un article exprés qui porte que les appellations tombent en peremption, & emportent de plein droit la confirmation de la Sentence.

102 Ceux qui sont prévenus du crime d'usure sont tenus d'exhiber leurs livres de raison pour en tirer quelque preuve de leur crime. *Despeisses*, *tome* 2. de l'ordre Jud. és causes Civiles, *liv.* 5. *page* 469.

USURE, PREUVE.

103 *Ad præsumptionem contractus usurarii qua requiruntur? Vide Tiraq.* 1. *in præfat.* Traité du retrait conventionnel, *num.* 5. *& 6.*

104 *Ad probandos contractus usurarios admittuntur & sufficiunt probationes, quæ in aliis causis essent minus sufficientes propter excogitatas fraudes & calliditates quæ in tractatibus fœneratoriis fieri solent, ut not.* Jo. And. *in C. ex litteris, & C.* 2, *ext. de jurejur.* Tiraq. *ibid. num.* 36.

105 Jugé au Parlement de Paris le 31. Mars 1648. que la preuve par témoins est recevable en fait d'usure. *Soefve*, *to.* 1. *Cent.* 3. *ch.* 78.

106 L'article 11. du titre 22. de l'Ordonnance du mois d'Avril 1667. défend de faire oüir plus de dix témoins sur un même fait, *ne effrenatâ potestate ad vexandos homines superflua multitudo testium pertrahatur. L.* 1.

USU USU 877

in si. ff. de Test. ce qui n'a pas lieu en matiere criminelle. Il y en a qui exceptent de la disposition de l'Ordonnance le fait dans lequel il s'agit d'usure, auquel cas dix témoins n'en valent qu'un, à cause que les témoins ne doivent pas être parties, & qu'en fait d'usure il n'y a gueres que les parties mêmes qui puissent déposer. *Voyez le Commentaire de M. Philippes Bornier, sur cet art.*

USURE, RENTES.

107 Un Laboureur assigne sur un heritage sis à Paris douze septiers de bled froment rendu à Paris le jour de la Chandeleur, moyennant cent livres tournois. Le creancier n'étant pas payé s'adresse à l'acquereur des heritages sujets à sa rente. Celuy-ci dit que le contrat est usuraire. Le creancier offre de remettre la rente en deniers, & à la quinziéme partie du sort. Arrêt qui declare le contrat illicite, comme fait en fraude de la prohibition, tout compté au sort. *Biblioth. de Bouchel*, verbo *Usures*.

108 Arrêt du 15. Juin 1425. qui declare usuraire & illicite un contrat par lequel un vendeur de rente fonciere à prix d'argent s'étoit obligé de rembourser à l'acheteur son sort à sa volonté, à quoi il le pourroit contraindre. *Papon, livre 12. titre 7. n. 7.*

109 La liberté de racheter une rente doit être exprimée dans le contrat, mais il ne peut être mis qu'elle ne pourra être rachetée avant un certain temps, ou qu'en cas de rachat l'année commencée sera payée, autrement le tout est usuraire. Arrêt du Parlement de Paris du 2. May 1513. Il étoit dit que le débiteur ne pourroit racheter avant cinq ans. *Papon, liv. 12. tit. 7. n. 25.*

110 Par Arrêt du Parlement de Paris du 16. Juin 1521. fut déclaré usuraire un contrat où il étoit dit que le premier terme de la rente écheoit à Noël, & la vente se faisoit à la Toussaint. *Biblioth. de Bouchel, verbo Usures.*

111 Acceleration du terme rend la rente nulle. Par Arrêt du 17. Juin 1521. une rente constituée à prix d'argent à la Fête de Toussaints, pour avoir dit que le premier payement & terme de la rente étoit accordé à Noël, fut déclarée usuraire. La même a été jugé en une rente livrée en blé, par Arrêt du mois de Novembre 1551. *Papon, liv. 12. tit. 7. nomb. 24. Biblioth. de Bouchel, verbo Acceleration.*

112 En 1509. un Parisien acheta une rente de 18. septiers de froment au prix de 140. livres. Un an aprés le débiteur demande que le contrat soit déclaré usuraire. Le creancier dit que lors du contrat le septier ne valoit que dix livres. Le premier Juge admet la preuve du fait. Arrêt du 9. Février 1551. qui prononce mal jugé; émendant le Jugement évoquant le principal, le contrat déclaré nul & usuraire, le tout reçû, compté au sort principal, & le creancier condamné aux dépens, tant de la cause principale, que d'appel. *Bibliot. de Bouchel, verbo Usures.*

113 On peut constituer rente sur soy pour une somme de deniers dûë à certain jour, non payée au terme échû. Arrêt du mois de Mars 1533. *Papon, livre 12. tit. 7. nomb. 10.*

114 Le 23. Août 1533. Arrêt du Parlement de Paris par lequel une rente constituée à dix pour cent réduite au denier 15. pour les arrerages à payer, nonobstant qu'il y eût 54. ans de prescription. Toutefois il fut dit que la prescription serviroit quant au rachat, & qu'en ce faisant la rente ne seroit rachetable. *Bibliot. de Bouchel, verbo Usure.*

115 Arrêt du Parlement de Paris du 10. Decembre 1551. qui declare usuraire un contrat, par lequel un débiteur s'étoit obligé de payer une certaine somme à luy prêtée dans Pâques, sinon à faute de ce faire, dèslors il avoit vendu, constitué rente au denier 11. 15. ou 20. *Papon, liv. 12. tit. 7. n. 10.*

116 Le Vicomte de Montbas vend 800. livres de rente à la Dame de Graville pour 20000. livres avec clause qu'elle jouïroit par ses mains de son fief, seroit les fruits siens pour le payement des arrerages sans déduction en cas de rachat de ce que les fruits auroient plus valu; & outre, que si le debiteur ne rachetoit la rente dans huit ans, la terre seroit acquise à la Dame de Graville. Arrêt du Parlement de Paris de 1533. qui déclare le contrat nul, & condamne la Dame de Graville de rendre ce qu'elle avoit perçû des fruits outre sa rente, & comme cette somme se montoit à 10000. livres, il fut dit par autre Arrêt que la motié de la rente étoit rachetée, l'autre moitié déclaré rachetable toutefois & quantes, en donnant autres 10000. livres. *Papon, liv. 12. titre 7. nomb. 2.*

117 Bouchel en sa *Biblioth.* verbo *Usures*, rapporte le même Arrêt avec ces circonstances. Un Seigneur de Nemours vend 800. liv. de rente à une Dame pour le prix de 20000. l. avec clause qu'elle jouïroit d'un certain Château à luy appartenant, seroit les fruits siens pour le payement des arrerages sans déduction en cas de rachat de ce que les fruits avoient plus valu que la somme de 800. l. par an; & si avoit encore cette clause, que si le Seigneur ne rachete dans huit ans la terre, elle appartiendra à la creanciere de la rente pour l'acquit. Aprés les huit années expirées, le Seigneur de Nemours prend Lettres pour faire declarer le contrat nul; Sentence du Prévôt de Paris en sa faveur, & qui impute tout au sort principal. Sur l'appel interjetté par la Dame, Arrêt de 1533. qui met l'appellation, & ce dont avoit été appellé au neant, en émendant le Jugement, les pactions vicieuses sont déclarées nulles, au surplus, l'achat de la rente valable, l'appellante condamnée à se désister de la terre, & rendre ce qu'elle avoit perçû des fruits outre sa rente. Ce surplus montoit à 10000. liv. Par autre Arrêt la moitié de la rente fut declarée rachetée, & le residu rachetable toutefois & quantes en fournissant 10000. livres.

118 Guillaume Frain avoit acheté 19. sols de rente sur l'heritage, & employé au contrat principal 4. livres d'arrerages, faisant le total 23. sols de rente. Par Arrêt du Parlement de Bretagne du premier Octobre 1535. la Cour rejette l'augmentation de 4. liv. comme usuraire. *Du Fail, liv. 3. chap. 417.*

119 Les rentes constituées au denier dix ont été tolerées; mais si on les constituoit au dessous du denier dix elles étoient réputées usuraires, & valablement annullées, les fruits & arrerages précomptez & déduits sur le sort principal; ainsi pratiqué en une rente de 150. livres par an pour le prix de 1100. livres, 600. livres en une dette jugée inutile, qui fut jugée avoir été donnée pour argent comptant *in fraudem usurarum*, au sieur Pommereul Maître des Comptes, laquelle rente de 150. livres ne fut moderée & réduite qu'elle de 100. livres pour celle de 1100. livres, telle qu'elle eût pû être bonne & valable, *ab initio*, si elle n'eût compris les 50. livres, mais elle fut déclarée totalement nulle, illicite & reprouvée, les arrerages reçus déduits & précomptez *in sortem*; c'est à sçavoir, sur les 1100. livres qui avoient seulement été déboursez, sans avoir aucun égard à la dette inutile comme ayant été appofée au contrat, *in fraudem usurar. ità sæpè posteà judicatum in magnâ Camerâ Inquæstar.* le 16. Mars 1537. *Bibliotheque de Bouchel*, verbo *Usures*.

110 Arrêt du Parlement de Paris du 8. Octobre 1540. qui a déclaré usuraire un contrat de vente d'un poinçon de vin pour dix livres de rente, l'acheteur condamné en l'amende envers le Roy, & au dépens. *Papon, liv. 12. tit. 7. n. 13.*

121 Si un Marchand avant le terme de l'obligation qui luy est faite pour marchandises vendües, prend un contrat de constitution de rente, il est usuraire. Arrêt solemnel à Paris le 2. May 1543. *Bibliotheque de Bouchel*, verbo *Usures. Voyez Papon, livre 12. titre 7. n. 8.* il date l'Arrêt de 1513.

878 USU — VUE

112. Arrêt du Parlement de Paris du 19. May 1543. qui ordonne l'execution d'un Contract de constitution d'une rente au denier dix. Le successeur & heritier du debiteur prétendoit qu'elle étoit usuraire, & qu'il falloit la reduire au denier quinze ; mais la Cour fut muë par le grand laps de temps qui étoit de six-vingts ans. De plus le Créancier avoit obtenu des jugemens qui declaroient certains fonds du debiteur hypothequez à la rente. *Papon, livre 12. tit. 7. n. 9.*

113. Par plusieurs Arrêts du Parlement de Paris il a été déclaré usuraire & illicite de faire achat de rente, & prix d'arrerages d'autre rente précedente : car ce sont *usura usurarum*. Mais le doute a été grand, si des arrerages de telle rente le debiteur baille en payement & vend un fond, telle vente peut être soûtenuë à raison de ce que si le Créancier étoit payé de ces arrerages, il pourroit employer la somme en fond ? Par Arrêt du 10. Decembre 1548. telles ventes declarées valables. *Bibliotheque de Bouchel, verbo, Usures.*

114. L'achat d'un muid de froment de rente annuelle pour 100. livres, du 13. Mars 1549. reduit à raison de quinze deniers pour livre, & quoique l'achat fût fait en 1510. neanmoins il fut permis au vendeur de racheter en baillant le sort toutes & quantes fois. *Ibidem.*

115. Arrerages dûs montant à 80. livres, on en compose un principal produisant 4. livres de rente. Arrêt du Parlement de Bretagne du 25. Février 1567. qui casse le Contract comme usuraire. *Du Fail, livre 3. chapitre 101.*

116. Prêt avec constitution de rente faite *ex intervallo*, n'est estimée usuraire. Arrêt du 5. Février 1577. pour Marguerite Minard ou ses heritiers, contre certains financiers ayant emprunté d'elle 2400. écus d'or à la charge que si on ne les rendoit, l'an passé, on en payeroit les interêts. *Bibliotheque de Bouchel, verbo, Prêt.*

117. La Cour du Parlement de Toulouse abhorre les usures plus que toute autre. Arrêt du 17. Septembre 1583. qui declare nul un Contract portant vente de trois cens septiers de seigle de rente estimée à 20. sols le septier, pour le prix de trois mille livres, aprés que le vendeur eut payé la rente de trois cens livres : vingt ans durant montant à six mille livres, ordonné que le Contract seroit cancellé. Le procez parti en trois Chambres assemblées. *Maynard, livre 2. ch. 37.*

118. *Vetustas, non confirmat contractum usurarium sed Senatus judicavit annuam illam frumenti præstationem ad legitimum duodecima sortis modum reduci debere, adjecta redimendi quoties debitor vellet facultate, ut intereà annuatim non alium reditum præstari oporteret quam pecuniarium, idque non ex prisca veteris monetæ bonitate, sed habita ratione, astimationis numorum quales nunc in commercio sunt.* Jugé le 1. Avril 1586. Anne Robert, *rerum judicat. liv. 4. chap. 18.*

119. Arrêt du Parlement de Provence du 14. Février 1619. qui a jugé que la rente des brebis en argent, est usuraire. *Boniface, tome 5. liv. 3. tit. 15. ch. 3.*

Les motifs de l'Arrêt ne sont point rapportez. Boniface observe seulement que cet Arrêt est rapporté par *M. Mourgues, en ses Arrêts*, qui remarque que depuis les parties transigerent, & que la rente du bétail restituable de même âge, est censée usuraire.

Voyez Angelus de Perigliis en ses deux traitez de *Societatibus animal. & de Societ. animal.*

Voyez cy-dessus au mot Rentes, nomb. 314. & suiv. les differentes especes où la constitution de rente peut être usuraire.

USURPATION.

DE usurpationibus, lib. 6. 41. D. 9. tit. 3.

USURPATEURS DE BENEFICES.

1. De l'usurpation des Benefices, des biens & lieux qui en dépendent. *Voyez les Memoires du Clergé, to. 2. part. 2. tit. 19.*

2. Des usurpateurs des Benefices, & autres biens Ecclesiastiques ; ensemble de la restitution d'iceux. *Ordonnances de Fontanon, tome 4. tit. 10. p. 505.*

CHEMIN USURPÉ.

3. Usurpation d'un chemin. *Voyez le mot, Chemin, nombre 38.*

USURPATEURS DES BIENS D'EGLISE.

4. Ce nom n'est pas donné seulement à ceux qui s'emparent des biens d'Eglise avec violence, mais à ceux qui les acquierent sans les solemnitez prescrites pour la validité de ces sortes d'alienations.

Voyez le mot *Alienation n. 92.* où est un titre singulier des alienations des biens d'Eglise.

USURPATEURS, NOBLESSE.

5. Usurpateurs de la Noblesse. *Voyez* le mot *Noblesse, nomb. 112. & suiv.*

Les derniers Edits prononcent des amendes si severes contre les faux nobles, qu'il y a lieu d'esperer que les hommes se gueriront de cette fade & sterile vanité par l'exemple de ceux qui en ont subi la peine.

UTENCILES.

U Tencile pour les Soldats.
De Salgamo hospitibus non præstando. C. 12. 41. C. Th. 7. 9. Salgamum, signifie proprement, *Esculenta, quæ ad condiendum valent* ; mais la signification de ce mot s'étend aux choses que l'on fournissoit aux soldats dans leur logement : nous l'appellons l'Utencile. Ce titre défend aux Soldats, & autres d'exiger l'utencile de ceux chez qui ils logeoient.

Voyez les mots Gens de guerre, Guerre, & Soldats.

UTERIN.

F Rere Uterin. Voyez lettre D, verbo, Double lien, & le mot Frere.

En pays de Droit écrit le frere uterin exclut les cousins paternels aux acquêts du pere échus au fils *de cujus successione agitur.* Arrêt du Parlement de Paris du 17. Septembre 1582. la raison de l'Arrêt est que le Droit civil n'a point consideré la regle *Paterna paternis,* n'y fait à l'egard des parens paternels pour les préferer aux maternels ; *sed proximiorem vocat hæredem cujuscumque sexûs L. maximum vitium. C. de legit. hæred.* & y est plus exprés par la Loy des douze tables *quæ proximiorem agnatum hæredem esse jubebat. Voyez M. Louët, lettre V. Somm. 3.*

UTILITE' PUBLIQUE.

1. L'Utilité publique est toûjours préferable à l'utilité particuliere. *L. venditor, in fine. De communi præd. L. 2. D. comm. divid. L. actione 65. §. Labeo D pro socio.*

2. La Republique ou le Prince peut prendre le bien des particuliers pour le bien public en les remboursant neanmoins, comme il a été jugé contre le Syndic de la ville d'Alby, qui fut condamné de payer des sommes considerables pour reédifier le Convent des Carmes dans ladite ville au lieu de celuy qu'on leur avoit démoli pour les fortifications de la ville. *La Rochestavin, liv. 6. tit. 42. Arr. 3.*

Quod princeps ob publicam utilitatem res privatorum auferre possit. Voyez Andr. Gaill, lib. 2. observ. 56.

Lods & ventes ne sont dûs pour vente faite pour la nécessité & utilité publique. *Voyez le mot Lods & Ventes, nomb. 384. & suiv.*

Voyez le mot Bâtiment, nomb. 66. & suiv. où il est parlé des ouvrages publics, & *le mot Public.*

VUE.

V Uë. Prospectus. Lumen.
De novi operis nuntiatione maritimi aspectûs, Nov. 63. & 165. contre ceux qui faisoient bâtir pour ôter aux voisins la vûë de la mer.

Voyez le mot Fenêtres, & le titre *des Servitudes, nomb. 53. & suiv.*

YVE

WEST ET DEWEST.

SI dans la Coûtume de Soiſſons, Bailliage de Vermandois, dans une donation de la femme au mary par Contract de mariage Weſt & de Weſt eſt neceſſaire ? Arrêt du Parlement de Paris du 22. Decembre 1676. qui appointe. Les raiſons de part & d'autre, ne ſont point rapportées ; il eſt dit ſeulement que depuis l'appointement les parties s'accommoderent. *Journal des Audiences*, tome 3. liv. 11. chap. 32.

Y

YVETOT.

IL y a en Normandie une eſpece de Principauté, ſçavoir celle d'Yvetot, dont autrefois le Roy a prétendu avoir la garde Noble & par un Arrêt du 23. Novembre 1503. il fut jugé par proviſion que la Principauté du Roïaume d'Yvetot tomboit en garde, entre M. le Procureur General du Roy & Meſſire René de Clermont ayant le droit du Roy, & Guy Chenu Tuteur des enfans de Penot-Chenu, Seigneur d'Yvetot, *Baſnage, ſur l'art.* 215. *de la Coûtume de Normandie*.

YVRESSE.

Voyez hoc verbo, *la Bibliotheque du Droit François par Bouchel*.

L'yvrognerie eſt une cauſe de ſeparation. *Voyez* le mot *Séparation*, nombre 150. & ſuiv.

Le reproche contre un témoin fondé ſur ce qu'il eſt yvrogne, n'eſt pas admiſſible. Jugé au Parlement de Toulouſe le 18. Mars 1667. *Voyez M. de Catellan*, liv. 9. chap. 7. il obſerve que la Juriſprudence a continué de ſe conformer à cet Arrêt.

Voyez cy-deſſus le Titre *des Témoins*, aux nombres 209. & 210.

FIN.

www.ingramcontent.com/pod-product-compliance
Lightning Source LLC
Chambersburg PA
CBHW070854300426
44113CB00008B/834